2026 쉬운 휘운 행정법 | 유휘운 행정법

진출

통합형
진도별
기출문제집

도서출판 지금

Preface

기출문제는 푸는 게 아닙니다.

1 기출문제 공부법

- 기출문제 공부는 문제를 대상으로 4개 지문 중 정답을 고르는 게 아닙니다. **기출문제라는 것은 이미 써버린 지문 배열**이라는 뜻도 됩니다. 즉, 두 번 다시 그러한 지문 배열로 출제되지 않습니다. 따라서 기출문제의 배열에서 정답을 찾는 것은 별다른 의미가 없습니다. 다시 출제되는 것은 지문이지 문제가 아닙니다.

- 따라서 기출문제 공부는 **문제별 정답이 아닌 지문별 ○×를 판단하는 과정이 되어야** 합니다. 즉, 흘러간 문제 배열에서 답을 맞히려 하지 말고 지문마다 독립적 ○×문제라 생각하고 접근하셔야 합니다. 그래야 향후 어떻게 재배열이 이루어지더라도 맞힐 수 있습니다.

- 지문별 공부방법은 다음과 같습니다.

    ❶ 우선 **해당 지문의 중요도** 파악이 필요합니다. 의미없는 1회성 지엽적 지문인지, 반복출제되거나 향후 출제가능성이 높은 지문인지를 아는 데서부터 이기는 싸움이 시작됩니다.

    ❷ 그 다음으로 해당 지문이 기본서의 어느 목차에서 출제된 것인지를 아셔야 합니다. 즉, **해당지문의 주소**를 아셔야 합니다.

    ❸ 해당 지문이 ×지문이었다면, ○지문이 되기 위해서 어디를 바꿔야 하는지 아셔야 합니다. 반대로 해당 지문이 ○지문이었다면, 그럼에도 불구하고 혹시 ×가 아닐까라고 고민하게 만든 부분이 어디인지 아셔야 합니다. 즉, **출제포인트**를 아셔야 합니다.

    ❹ 해당 지문의 **변형 지문이나 관련 지문**도 대비가 되어야 합니다.

- 위와 같이 공부하면 기출문제 공부에서 실패할 일은 없습니다. 그러나 수험생이 스스로 그리고 의식적으로 위의 ❶~❹를 실천하기란 쉽지 않습니다. 본서는 그냥 **읽어내려가는 것만으로도 자연스럽게 이러한 기출문제 공부법을 실천할 수 있게 하는 것을 목표**로 하였습니다. 그를 위해 다음과 같은 구성과 특징을 택했습니다.

저자의 글

2 구성과 특징

가 최근 21개년 25개 시행처 기출문제 분석 수록 → ALL NEW 통합형 기출문제집

- 최근에 시행된 2025년 국회직 9급 문제(9월 1일 공개)까지, 최신 문제는 물론 21개년 25개 시행처 문제들을 전면 검토하여 다양한 시행처 기출문제를 수록함으로써 각종 공무원 시험에 철저히 대비할 수 있도록 하였습니다.
- 본서에는 인사혁신처, 소방, 소방간부, 군무원, 국회, 서울시, 변시, 행정사, 교행, 경찰, 각종 간부 및 승진시험 등의 주요 기출문제들이 문제(본문)와 관련 ○×(보조단)에 수록되었습니다.

나 모든 지문에 9단계 중요도 표시(S A B C 기 인 소 무 Z) → 압도적 강약조절 & 요플 기반의 기출문제집

- 모든 문제의 모든 지문마다 중요도 표시를 해두었습니다. 객관식 4지선다형의 특징은 1~2지문을 모르더라도 빈출되는 다른 2~3지문을 알면 소거를 통해 답을 도출해 낼 수 있다는 점입니다. 따라서 강약을 둔 공부가 반드시 필요합니다. 지엽적 지문에 시간을 허비해선 안 되고, 중요한 지문을 모르고 소홀히 해도 안 되기 때문입니다.
- 본 교재는 모든 지문에 최고 단계의 S급부터 지엽적 단계의 "Z"까지 9단계로 중요도를 분류해 제시해 두었습니다. 이 작업을 강사가 정확하고 섬세하게 미리 해두었기 때문에 여러분은 경쟁 수험생들보다 훨씬 효율적으로 학습하실 수 있습니다.

다 모든 지문에 목차 및 요약서(요플)·기본서(기풀기) 링크 명기 → 지문별 주소 파악 & 요약서·기본서 연계

- 모든 문제의 모든 지문을 제 요약서(요약노트+기출문제, 이하 "요플") 및 기본서(기출문제 풀어주는 기본서, 이하 "기풀기")와 1:1로 링크하였습니다. 즉, '선지분석 & 요플·기풀기링크'라는 이름으로 지문 하나하나마다 해당 지문의 목차 및 그 지문에 대응하는 요플과 기풀기의 문제번호를 매칭해 두었습니다.
- 이를 통해 해당 지문이 어느 단원에서 출제된 것인지 손쉽게 주소를 파악할 수도 있고, 추가학습이 필요하다면 곧바로 요플이나 기풀기를 통해 해당 내용을 정리하실 수도 있습니다.

라 필수 문제, 고난도 문제, 오답률 TOP3, 지문별 선택률(매력적인 오답 제시) 등 다양한 학습장치 제공

- 테마별로 반드시 풀어봐야 할 필수 문제를 선정해 두었습니다. 시간이 정말 없거나, 빠르게 전 범위 기출문제를 1회독하고 싶을 때 이를 활용하실 수 있습니다. 처음부터 끝까지 꼼꼼히 문제 풀이를 할 분들에게도 어느 문제가 반드시 정복해야 할 중요한 것인지 정보를 제공함은 물론입니다.
- 나아가 최근 6개년 데이터를 기반으로 여러 학습장치를 추가하였습니다. 정답률이 50% 미만이거나 난도가 높은 문제에는 별도로 고난도 표시를 해 두었고, 시험별로 오답률 TOP3에 해당하는 문제에도 별도 표시를 해 두었습니다. 또한 선지별 선택률을 제시해 수험생들이 많이 속은 매력적 오답선지도 즉시 파악할 수 있도록 하였습니다.

Preface

마 지문 단위 관련 OX 수록 → 변형 지문·관련 지문 완벽대비(전 시행처 지문 수록) & 선출 지문 추가 배치

- 지문 단위로 관련 OX 문제를 수록하였습니다. 관련 OX란, 1) 해당 지문 자체의 변형 지문이거나, 2) 해당 지문의 출제 주소와 관련된 지문을 의미합니다. 이는 국회, 소방, 군무원, 변시 등 모든 시행처의 최대 21개년 기출문제를 바탕으로 하였습니다. 관련 OX를 충분히 활용하시면 해당 지문과 관련하여 어떠한 형태의 변형이 있더라도 어려움이 없으실 것입니다.
- 또한 해당 지문과 관련된 선출 지문도 관련 OX로 1:1 연계 수록하되, 등급까지 표기함으로써 요플과의 호환성을 높였습니다.

바 상세해설과 요약정리 모두 수록 → 기본서 발췌독 최소화 및 출제포인트 즉시 파악

- 본서는 시중의 그 어떤 교재보다 상세한 해설을 넣었다고 자부합니다. 기출문제집을 보면서 기본서를 뒤적이는 일을 최소화하기 위함입니다. 이를 위해 대법원 판례에서 지문과 부합하는 부분을 복사해 책에 붙여 넣고 넘어가는 방식(일명 "판례 복붙 해설")을 취하지 않으려 했습니다. 많은 경우에 있어 판례를 표시함은 물론, 그와 관련된 해설도 별도로 달았습니다.
- 또한 수험생분들이 어려워할 만한 부분에 추가로 저자의 해설이나 요약 도표를 추가하여 이해를 돕게 구성하였습니다.
- 나아가 효율성을 위해 판례와 그에 대한 저자의 해설을 별도의 기호(+ PLUS) 등으로 분리하였습니다. 따라서 필요에 따라 판례만 보거나, 이해가 안 되면 추가해설도 함께 보실 것을 선택할 수 있도록 하였습니다.

사 고난도 사례형 문제에 대해서는 별도의 Story해설과 풀이 TIP 제공 → 고난도 완벽대비

- 전문과목 강화로 행정법 시험이 보다 어려워질 수 있음은 주지의 사실입니다. 어려워진다는 것은 지엽적인 퀴즈식 판례가 출제된다는 것이 아니라 난도 높은 사례형 문제나 이해 여부를 측정하는 문제의 출제 증가로 변별력을 높인다는 의미입니다. 특히 이러한 출제의도를 실현할 수 있는 수단이 사례형 문제의 출제입니다. 요컨대 사례형 문제는 출제자가 가장 공을 들여 만든 문제로서 향후 변별력을 발휘할 주요수단이 된다고 볼 수 있습니다.
- 이러한 출제경향에 대비하고자 본서는 기존 수험서에서는 비슷한 것조차 찾아볼 수 없었던 압도적으로 상세한 해설을 별도 제공합니다. 즉, 시중의 수험서와 같은 판례 복붙해설은 그대로 제공하되, 추가로 사례문제에 대한 저자의 Story해설을 제공하고, 사례분석도 제공합니다. 여기에는 출제의도 및 배경, 제시문과 선지들 간 관계, 특정 문구 등장 시 풀이 TIP 등 다양한 장치와 유사변형 문제에 대한 출제 예상까지 포함돼 있습니다.

아 기출OX문제집(부록) & 행.운. 앱(요플 앱) 제공 → 학습 효율의 극대화

- 객관식 문제와 중복 없는 선출 OX지문을 별도로 구성하여 모든 지문에 등급을 표시하고 해설을 덧붙인 『기출OX문제집』을 별책부록 형태로 제공합니다. 요플과 완벽하게 호환되는 요플 기반의 기출문제집을 풀면서 '기본서(기풀기)-요약서(요플)-기출문제집(진출)'의 선출 지문을 다양한 형태로 학습할 수 있습니다.
- '행정법은 유휘운'(행.운.) 앱(요플 앱) 쿠폰을 수록하여 언제 어디서나 교재와 호환되는 선출 지문(요플 OX문제)을 풀어보실 수 있습니다.
- ※ 시행처별 기출문제집(E교재) 다양한 공무원 시험 대비에 활용도를 높이기 위해 이벤트 기간 내 종이책 구매 인증 시 『시행처별 기출문제집』(E교재)을 별도로 제공합니다.

저자의 글

 수록문제

『2026 통합형 진도별 기출문제집』의 수록문제 범위

최근 21개년 25개 시행처 기출문제 분석 수록 → 객관식 문제(본문) & 관련 ○× & 기출 ○×문제집

인사혁신처	• 국가직 9급, 7급 • 지방직(지방직·서울시) 9급, 7급
소방직	• 소방직, 소방간부, 소방승진
군무원	• 군무원 9급, 7급, 5급
국회직	• 국회직 9급, 8급
서울시	• 서울시 9급, 7급, 연구사
경찰직	• 경찰, 경찰간부, 해경간부, 해경승진
기 타	• 변호사, 행정사, 세무사 등 • 사회복지직 9급, 교육행정직 9급 등 • 5급승진 등

『시행처별 기출문제집』(E교재)의 수록문제 범위

시행처별 기출문제집	인사혁신처 맞춤	• 국가직 9급, 7급 : 각 5개년 • 지방직(지방직·서울시) 9급, 7급 : 각 5개년
	소방직 맞춤	• 소방직 : 5개년 • 소방간부 : 5개년 • 소방승진 : 3개년(22, 23, 24년)
	군무원 맞춤	• 군무원 9급, 7급 : 각 5개년
	경찰직 맞춤	• 경찰간부 : 2개년 • 해경간부 : 2개년 • 해경승진 : 5개년 • 경찰채용 : 2개년(20, 21년)
	국회직 맞춤	• 국회직 8급, 9급 : 각 5개년
각론 진도별 기출문제집		전 직렬 각론 문제만 진도별 구성(각풀기 순서대로 배열)

* 모든 시행처 기출문제마다 '각론' 문제도 수록('각론' 별도 표시)   * 각 시행처마다 수록된 각론 기출문제를 별도의 '각론 진출'로 구성

 마치며

- 본서와 관련한 오타·수정사항 등이 발견되면 네이버 카페(cafe.naver.com/exampasslaw)에 업로드하겠습니다.
- 강사를 하면서 세상에는 힘든 상황에서 공부하는 분들이 제 생각보다 훨씬 많다는 것을 알게 되었습니다. 그분들 한 분 한 분이 어디선가 제 책을 보고 있을 수 있다는 생각으로 교재를 만들고 있고, 앞으로도 그럴 것입니다. 현실과 타협하지 않고 꿈을 위해 스스로 힘든 길을 택한 여러분들을 응원합니다. 저희의 노력이 여러분들의 인생의 직업을 찾는 데 약간의 도움이 될 수 있기를 간절히 바랍니다. 그리고 늘 받는 것보다 많이 드릴 방법을 찾아가겠습니다.

2025.09.

저자 **유휘운** 드림

Structure

A 일반 문제   ❷ 오답률 TOP 1~3 & 고난도   ❸ 관련 OX (변형지문, 연관지문)

❶ 테마별 필수 문제 별도 표시

❹ 지문별 중요도 표시 (전 지문, 9단계)

❺ 조문 (개정사항 반영)

❻ PLUS 해설

❼ 핵심요약 (요플 페이지 링크)

❽ 판례

❾ 선지선택률 & 정답률 (매력적인 오답 표시)

구성과 특징

B 사례형 문제

❶ 선지별 목차
❷ 〈요.플.〉〈기.풀.기〉 지문별 1:1 링크
❸ 사례지수(上中下)
❹ 풀이 TIP
❺ 사례 분석
❻ STORY 해설 별도 제공 (판례복붙X)
❼ 다양한 형태로 주요 쟁점 정리

Contents

제1권

PART I 행정법 서론

- T 01 행정과 행정법 ················ 12
- T 02 통치행위 ················ 16
- T 03 법치행정 ················ 20
- T 04 행정법의 법원(法源) ················ 34
- T 05 행정법의 일반원칙(1) – 신뢰보호의 원칙 ················ 44
- T 06 행정법의 일반원칙(2) – 나머지 원칙 ················ 60
- T 07 행정법의 효력 ················ 86
- T 08 법령개정시 적용법령 ················ 91
- T 09 행정주체와 행정객체 ················ 96
- T 10 행정상 법률관계 ················ 100
- T 11 특별권력관계(특별행정법관계) ················ 103
- T 12 행정법관계의 변동 – 사건을 중심으로 ················ 109

PART II 행정작용법

- T 13 행정입법 총설 ················ 118
- T 14 법규명령 ················ 123
- T 15 행정규칙 ················ 154
- T 16 행정행위의 개념과 분류 ················ 173
- T 17 명령적 행정행위 – 하명·허가·면제 ················ 199
- T 18 인·허가의제제도 ················ 206
- T 19 형성적 행위 – 특허·대리·인가 ················ 218
- T 20 정비사업 – 재개발·재건축 등 쟁점 모음 ················ 230
- T 21 준법률행위적 행정행위 – 확인·공증·통지·수리 ················ 237
- T 22 사인의 공법행위 – 개관 ················ 241
- T 23 사인의 공법행위 – 신고·신청 ················ 246
- T 24 건축 관련 쟁점 모음 ················ 273
- T 25 영업양도의 쟁점 ················ 276
- T 26 행정행위의 성립요건·효력발생요건 ················ 288
- T 27 행정행위의 효력(1) – 공정력·구성요건적 효력 ················ 296
- T 28 행정행위의 효력(2) – 불가쟁력·불가변력, 구속력, 강제력 ················ 312
- T 29 행정행위의 하자와 효력 ················ 317
- T 30 하자의 승계·전환·치유 ················ 336
- T 31 행정행위의 효력상실 – 취소·철회·실효 ················ 355
- T 32 행정행위의 부관 ················ 377
- T 33 단계적 행정결정 등 ················ 405
- T 34 행정계획 ················ 416
- T 35 행정지도 ················ 439
- T 36 공법상 계약 ················ 449
- T 37 행정절차법(1) – 조문별 기출정리 ················ 452
- T 38 행정절차법(2) – 헌법적 근거 및 적용범위 ················ 480
- T 39 행정절차법(3) – 사전통지·의견청취 ················ 492
- T 40 행정절차법(4) – 이유제시 ················ 507
- T 41 행정절차법(5) – 절차의 하자 ················ 514

부록 수시참고 사항 ················ 521

이 책의 차례

제 2 권

PART III 행정의 실효성 확보수단

- T 42 실효성 확보수단(1) – 공통쟁점 정리 …… 534
- T 43 실효성 확보수단(2) – 대집행 …… 547
- T 44 실효성 확보수단(3) – 그 외 강제집행 …… 567
- T 45 실효성 확보수단(4) – 즉시강제 …… 584
- T 46 실효성 확보수단(5) – 행정형벌 …… 591
- T 47 실효성 확보수단(6) – 행정질서벌(과태료) …… 602
- T 48 실효성 확보수단(7) – 새로운 실효성 확보수단 …… 616
- T 49 행정조사기본법 …… 634

PART IV 행정구제법

- T 50 행정소송의 개관 …… 654
- T 51 대상적격(1) – 원처분주의와 재결주의 …… 660
- T 52 대상적격(2) – 처분성 등 일괄정리(행정작용을 중심으로) 667
- T 53 대상적격(3) – 처분성 등 일괄정리(법률관계를 중심으로) 696
- T 54 거부처분 관련 쟁점 …… 740
- T 55 공권과 원고적격 …… 746
- T 56 제3자의 지위(1) – 경업자·경원자·인근주민 소송 등 일괄정리 …… 768
- T 57 (협의의) 소의 이익 …… 779
- T 58 피고적격 …… 796
- T 59 관할법원 …… 811
- T 60 행정심판 임의주의 – 예외적 전치주의 …… 815
- T 61 제소기간 …… 820
- T 62 가구제 – 집행정지(항고소송) / 가처분(당사자소송) …… 831
- T 63 행정소송의 심리(1) – 심리의 원칙·종류·내용 …… 848
- T 64 행정소송의 심리(2) – 소송 중 각종 변동제도 일괄정리 853
- T 65 행정소송의 판결(1) – 판단의 기준시와 판결의 종류 876
- T 66 행정소송의 판결(2) – 판결의 효력 …… 890
- T 67 제3자의 지위(2) – 절차순 일괄정리 …… 908
- T 68 행정심판(1) – 조문별 쟁점·기출정리 …… 916
- T 69 행정심판(2) – 이의신청·재심사 등 …… 965
- T 70 고지제도 일괄정리 – 절차법·기본법·심판법·소송법 916
- T 71 국가배상법(1) – 공무원의 위법행위에 대한 국가배상책임(제2조) 975
- T 72 국가배상법(2) – 영조물의 하자에 따른 국가배상책임(제5조) 1013
- T 73 국가배상법(3) – 공통사항 및 특례규정 …… 1031
- T 74 손실보상(1) – 헌법적 검토 …… 1047
- T 75 손실보상(2) – 토지보상법 중심 검토 …… 1060

PART V 정보공개법·보호법

- T 76 공공기관 정보공개법(1) – 조문별 기출정리 …… 1096
- T 77 공공기관 정보공개법(2) – 정보공개청구권 …… 1114
- T 78 공공기관 정보공개법(3) – 정보공개의 대상 …… 1122
- T 79 공공기관 정보공개법(4) – 비공개대상정보 …… 1125
- T 80 개인정보 보호법(1) – 조문별 기출정리 …… 1144
- T 81 개인정보 보호법(2) – 기타 사항 …… 1144

PART VI 종합문제 모음

- 제1절 행정작용법(T1–41) …… 1170
- 제2절 행정쟁송법(T50–69) …… 1183
- 제3절 전범위 종합문제(T1–81) …… 1218
- 제4절 전범위 종합 사례형 문제(T1–81) …… 1244

별책 기출○×문제집

PART

I

행정법 서론

부록

기출 OX 문제집

2026 쉬운 휘운 행정법

2026 쉬운 휘운 행정법 | 유휘운 행정법

기출
OX
문제집

부록

도서출판 지금

01-81 기출OX문제집

T02 통치행정

01 | 기 〔최신〕 25국회9

군사반란 및 내란행위는 국가의 헌정질서의 변혁을 가져온 고도의 정치적 행위라고 할 것인바, 그와 같이 헌정질서 변혁의 기초가 된 고도의 정치적 행위에 대하여 법적 책임을 물을 수 있는지 또는 그 정치적 행위가 사후에 정당화되었는지 여부의 문제는 국가사회 내에서 정치적 과정을 거쳐 해결되어야 할 정치적·도덕적 문제를 불러일으키는 것으로서 그 본래의 성격상 정치적 책임을 지지 않는 법원이 사법적으로 심사하기에는 부적합하다.

지문은 전합 판례의 반대의견이다 따라서 틀린 지문이다.
군사반란과 내란을 통한 정권 장악: 사법심사 대상○, 처벌 가능
[다수의견] 군사반란과 내란을 통하여 폭력으로 헌법에 의하여 설치된 국가기관의 권능행사를 사실상 불가능하게 하고 정권을 장악한 후 국민투표를 거쳐 헌법을 개정하고 개정된 헌법에 따라 국가를 통치하여 왔다고 하더라도 그 군사반란과 내란을 통하여 새로운 법질서를 수립한 것이라고 할 수는 없으며, 우리나라의 헌법질서 아래에서는 헌법에 정한 민주적 절차에 의하지 아니하고 폭력에 의하여 헌법기관의 권능행사를 불가능하게 하거나 정권을 장악하는 행위는 어떠한 경우에도 용인될 수 없다. 따라서 그 군사반란과 내란행위는 처벌의 대상이 된다.
[반대의견] 군사반란 및 내란행위는 국가의 헌정질서의 변혁을 가져온 고도의 정치적 행위라고 할 것인바, 그와 같이 헌정질서 변혁의 기초가 된 고도의 정치적 행위에 대하여 법적 책임을 물을 수 있는지 또는 그 정치적 행위가 사후에 정당화되었는지 여부의 문제는 국가사회 내에서 정치적 과정을 거쳐 해결되어야 할 정치적·도덕적 문제를 불러일으키는 것으로서 그 본래의 성격상 정치적 책임을 지지 않는 법원이 사법적으로 심사하기에는 부적합한 것이고, 주권자인 국민의 정치적 의사형성과정을 통하여 해결하는 것이 가장 바람직하다 (1997.4.17. 96도3376 전합).

〔정답〕 01 ✕

T03 법치행정

01 | ❸ 11지방7

국가의 통치조직과 작용에 관한 기본적이고 본질적인 사항은 반드시 국회가 정하여야 한다.

국가의 통치조직과 작용에 관한 기본적·본질적 사항 → 국회가 직접 정해야
국민의 권리와 의무의 형성에 관한 사항을 비롯하여 **국가의 통치조직과 작용**에 관한 기본적이고 **본질적인 사항은** 반드시 **국회가** 정하여야 할 것이다(헌재 2006.3.30. 2005헌바31 전원).

02 | 기 17교행9

법률유보의 원칙에 반하는 행정작용은 위법하다.

법률유보원칙은 헌법상 원칙인 법치주의(법치행정)의 한 내용이다. 따라서 이를 위반한 행위는 위법(위헌)하다.

03 | ❹ 20국가7

조세를 부과·징수하기 위해서는 법률의 근거가 필요하지만 조세를 감면하기 위해서 법률의 근거가 필요한 것은 아니다.

조세를 부과할 때뿐 아니라, 감면할 때도 법률의 근거가 필요함
특정인이나 특정계층에 대하여 정당한 이유 없이 조세감면의 우대조치를 하는 것은 특정한 납세자군이 조세의 부담을 다른 납세자군의 부담으로 떠맡기는 것에 다름 아니므로 **조세감면의 근거 역시 법률로 정하여야만** 한다(헌재 1996.6.26. 93헌바2 전원).

〔정답〕 01 ○ 02 ○ 03 ✕

T04 행정법의 법원(法源)

01 | 기 11지방9

헌법에 의하여 체결·공포된 조약과 일반적으로 승인된 국제법규가 동일한 효력을 가진 국내의 법률, 명령과 충돌하는 경우에는 신법우위의 원칙 및 특별법우위의 원칙이 적용된다.

조약과 국내법이 충돌하는 경우 상위법우선의 원칙, 특별법우선의 원칙, 신법우선의 원칙 등에 따라 우열이 결정된다. 따라서 조약과 국내법 간 효력상 **우위가 존재**하는 경우 상위법우선의 원칙에 따라 하위규범이 무효가 될 것이다. **동일한 효력**을 갖는 경우라면 특별법 우선의 원칙, 신법우선의 원칙 등이 적용될 것이다.

02 | ㄱ
16교행9

지방자치단체의 학생인권조례는 행정법의 법원이 된다.

> 지방자치단체에서 제정하는 **자치법규** 역시 **헌법이 직접 규정하고 있는** 행정법의 **법원이다**. 따라서 학생인권조례 등 지방자치단체의 각종 조례들도 행정법의 법원이 된다.

03 | ㄱ
17교행9

대통령의 긴급명령과 긴급재정·경제명령은 행정법의 법원이 된다.

> 헌법 제76조에 근거한 명령으로서 행정법의 법원이 된다.
>
> **헌법 제76조** ① 대통령은 내우·외환·천재·지변 또는 중대한 재정·경제상의 위기에 있어서 국가의 안전보장 또는 공공의 안녕질서를 유지하기 위하여 긴급한 조치가 필요하고 국회의 집회를 기다릴 여유가 없을 때에 한하여 최소한으로 필요한 재정·경제상의 처분을 하거나 이에 관하여 법률의 효력을 가지는 명령을 발할 수 있다.
> ② 대통령은 국가의 안위에 관계되는 중대한 교전상태에 있어서 국가를 보위하기 위하여 긴급한 조치가 필요하고 국회의 집회가 불가능한 때에 한하여 법률의 효력을 가지는 명령을 발할 수 있다.
>
> **+ PLUS** **명령**이란 행정권에 의해 제정된 규범으로 행정법의 **법원이 된다**. 명령에는 **헌법에서** 인정한 것과 **법률에서** 인정한 것이 있다. 전자로는 긴급명령과 긴급재정·경제명령, 대통령령, 총리령, 부령, 국회규칙, 대법원규칙, 헌법재판소규칙, 중앙선거관리위원회규칙 등을 들 수 있고, 후자는 감사원규칙, 노동위원회규칙 등을 들 수 있다.

04 | ㄱ
17소간

조례와 규칙의 형식적 효력에 있어 조례가 규칙보다 상위규범으로 보고 있으며, 조례로 정하여야 할 사항을 규칙으로 정하였으면 그 규칙은 무효이다.

> 조례가 규칙보다 상위규범이며 조례로 정해야 할 사항을 규칙으로 정한 경우 그 규칙은 무효이다.
>
> **관련** 교육감의 학교법인 임원취임의 승인취소권을 조례가 아닌 규칙에 의하여 위임: 무효
>
> 사립학교법 제4조 제1항, 제20조의2 제1항에 규정된 교육감의 학교법인 임원취임의 승인취소권은 교육감이 지방자치단체의 교육·학예에 관한 사무의 특별집행기관으로서 가지는 권한이고 정부조직법상의 국가행정기관의 일부로서 가지는 권한이라고 할 수 없으므로 국가행정기관의 사무나 지방자치단체의 기관위임사무 등에 관한 권한위임의 근거규정인 정부조직법 제5조 제1항, 「행정권한의 위임 및 위탁에 관한 규정」 제4조에 의하여 교육장에게 권한위임을 할 수 없고, 구 「지방교육자치에 관한 법률」 제36조 제1항, 제44조에 의하여 조례에 의하여서만 교육장에게 권한위임이 가능하다 할 것이므로, 「행정권한의 위임 및 위탁에 관한 규정」 제4조에 근거하여 **교육감의 학교법인 임원취임의 승인취소권을 교육장에게 위임**함을 규정한 「대전직할시 교육감 소관 행정권한의 위임에 관한 **규칙**」 제6조 제4호는 조례로 정하여야 할 사항을 규칙으로 정한 것이어서 **무효**이다(1997.6.19. 95누8669 전합).

05 | ㅇ
24경찰간부

행정청은 법령등의 해석 또는 행정청의 관행이 일반적으로 국민들에게 받아들여졌을 때에는 공익 또는 제3자의 정당한 이익을 현저히 해칠 우려가 있는 경우를 제외하고는 새로운 해석 또는 관행에 따라 소급하여 불리하게 처리하여서는 아니 된다.

> **행정절차법 제4조(신의성실 및 신뢰보호)** ② 행정청은 법령등의 해석 또는 행정청의 관행이 일반적으로 국민들에게 받아들여졌을 때에는 공익 또는 제3자의 정당한 이익을 현저히 해칠 우려가 있는 경우를 제외하고는 새로운 해석 또는 관행에 따라 소급하여 불리하게 처리하여서는 아니 된다.

정답 01 ○ 02 ○ 03 ○ 04 ○ 05 ○

T05 행정법의 일반원칙(1) - 신뢰보호의 원칙

01 | ㄱ
10지방7

법령의 개정에 있어서 구 법령의 존속에 대한 당사자의 신뢰가 합리적이고도 정당하며, 법령의 개정으로 야기되는 당사자의 손해가 극심하여 새로운 법령으로 달성하고자 하는 공익적 목적이 그러한 신뢰의 파괴를 정당화할 수 없다면, 입법자는 경과규정을 두는 등 당사자의 신뢰를 보호할 적절한 조치를 하여야 하며, 이와 같은 적절한 조치 없이 새 법령을 그대로 시행하거나 적용하는 것은 허용될 수 없는바, 이는 헌법의 기본원리인 법치주의원리에서 도출되는 신뢰보호의 원칙에 위배되기 때문이다.

> 법령개정: 신뢰보호원칙 적용. 신뢰이익 침해 극심시 경과규정 등 적절조치 두어야
>
> **법령의 개정**에 있어서 **구 법령의 존속에 대한 당사자의 신뢰**가 합리적이고도 정당하며, 법령의 개정으로 야기되는 당사자의 손해가 극심한 경우 입법자는 경과규정을 두는 등 당사자의 신뢰를 보호할 적절한 조치를 하여야 하며, 이와 같은 **적절한 조치 없이 새 법령을 그대로 시행**하거나 적용하는 것은 허용될 수 없다 할 것인바, 이는 앞서 본 바와 같이 헌법의 기본원리인 법치주의원리에서 도출되는 **신뢰보호의 원칙에 위배**되기 때문이다(2006.11.16. 2003두12899 전합).

02 | ㅇ
13국가9

도시계획구역 내 생산녹지로 답(畓)인 토지에 대하여 종교회관 건립을 이용목적으로 하는 토지거래계약의 허가를 받으면서 담당공무원이 관련법규상 허용된다고 하여 이를 신뢰하고 건축준비를 하였으나 그 후 토지형질변경허가신청을 불허가한 것은 신뢰보호의 원칙에 위반된다.

> 담당공무원이 종교회관 건립목적의 토지거래계약을 허가(인가)하면서 관련 법령상 허용된다고 한 뒤 형질변경을 불허가: 위반
>
> 종교법인이 도시계획구역 내 생산녹지로 답인 토지에 대하여 **종교회관 건립을 이용목적으로 하는 토지거래계약의 허가**를 받으면서 담당공무

원이 관련 법규상 **허용된다** 하여 이를 신뢰하고 건축준비를 하였으나 그 후 당해 지방자치단체장이 다른 사유를 들어(편저자: 생산녹지로 보전 필요성) 토지**형질변경허가신청**을 **불허가**한 것이 **신뢰보호원칙에 반한 다**(1997.9.12. 96누18380).

03 | 인
_{14국회8}

신뢰보호의 대상인 행정청의 선행조치에는 법적 행위만이 포함되며, 행정지도 등의 사실행위는 포함되지 아니한다.

신뢰보호의 대상이 되는 선행조치는 **법적 행위**뿐 아니라, **행정지도**와 같은 **사실행위**도 포함되고, 특정인을 대상으로 한 **개별적 행위**뿐 아니라, 행정입법·행정계획과 같은 불특정인을 대상으로 한 **일반적 행위**도 포함된다는 것이 다수의 견해이다. 따라서 **행정지도**나 **법령개정**, 행정계획의 변경 등에도 신뢰보호원칙이 적용될 수 있다.

04 | ⓑ
_{18국가7}

법률에 따른 개인의 행위가 국가에 의하여 일정 방향으로 유인된 신뢰의 행사가 아니라 단지 법률이 부여한 기회를 활용한 것이라 하더라도, 신뢰보호의 이익이 인정된다.

국가에 의해 유인된 것: 신뢰이익 인정 원칙 / 개인 스스로 활용한 것: 신뢰이익 부정 원칙

만일 법률에 따른 개인의 행위가 단지 법률이 반사적으로 부여하는 기회의 활용을 넘어서 국가에 의하여 일정 방향으로 **유인된 것**이라면 특별히 보호가치 있는 **신뢰이익이 인정**될 수 있고, 원칙적으로 개인의 신뢰보호가 국가의 법률개정이익에 우선된다고 볼 여지가 있다. … 단지 법률이 부여한 기회를 **활용한 것**으로서 원칙적으로 **사적 위험부담**의 범위에 속하는 것이다(헌재 2002.11.28. 2002헌바45 전원).

05 | 기
_{23국회9}

조세법률관계에 있어서 신의성실의 원칙이나 신뢰보호의 원칙 또는 비과세 관행 존중의 원칙은 합법성의 원칙을 희생하여서라도 납세자의 신뢰를 보호함이 정의에 부합하는 것으로 인정되는 특별한 사정이 있을 경우에 한하여 적용되는 예외적인 법 원칙이다.

위법한 해석이나 관행에도 신뢰보호의 원칙 또는 비과세 관행 존중의 원칙이 적용 가능

조세법률관계에 있어서 신의성실의 원칙이나 신뢰보호의 원칙 또는 **비과세 관행 존중의 원칙**은 **합법성의 원칙을 희생하여서라도** 납세자의 신뢰를 보호함이 정의에 부합하는 것으로 인정되는 특별한 사정이 있을 경우에 한하여 적용되는 예외적인 법 원칙이다(2013.12.26. 2011두5940).

06 | 인
_{23소방}

「행정절차법」은 처분의 방식으로 문서주의를 표방하고 있으므로, 행정청의 공적 견해표명은 묵시적으로 표시되어서는 안 된다.

행정절차법이 처분의 방식으로 **문서주의**를 취한다는 앞부분은 **옳다**. 그러나 신뢰보호원칙의 요건인 행정청의 공적 견해표명은 **묵시적 표시로도 가능**하므로 뒷부분이 **틀렸다**. 이러한 공적 견해표명은 처분에 한정되는 것이 아니기 때문에, 문서기재와 같이 명시적 수단에 한정되지 않는 것이다.

> **행정절차법 제24조(처분의 방식)** ① 행정청이 **처분을** 할 때에는 다른 법령등에 특별한 규정이 있는 경우를 제외하고는 **문서로** 하여야 하며, 다음 각 호의 어느 하나에 해당하는 경우에는 전자문서로 할 수 있다.
> 1. 당사자등의 동의가 있는 경우
> 2. 당사자가 전자문서로 처분을 신청한 경우

- **공적 견해**나 의사는 명시적 또는 **묵시적으로 표시되어야 한다**(2016.10.13. 2016두43077).

07 | 기
_{25변시}

법적으로 혼인한 상태가 아닌 대한민국 국적인 부와 중화인민공화국 국적인 모 사이에 출생한 甲에게 출생신고에 따라 행정청에 의해 주민등록번호와 이에 따른 주민등록증이 부여되었더라도, 행정청에 의해 '외국인 모와의 혼인외자 출생신고'라며 가족관계등록부가 말소된 이상, 법무부장관이 대한민국 국적 보유자가 아니라는 이유로 甲에게 국적비보유판정을 한 것은 정당화될 수 있다.

1. 행정청이 주민등록번호와 이에 따른 주민등록증을 부여한 행위: 국적취득의 공적 견해표명
2. 부모에게는 미성년자에 대해 인정되는 간이한 국적취득절차를 안내하였으나, 그 자녀들에게 이를 안내하지 않았다면 자녀들에게는 귀책사유 ×
3. 사실혼관계의 한국인 부와 중국인 모 사이에서 태어나 주민등록증까지 부여된 원고에게 한 국적비보유 판정: 신뢰보호원칙 위배

법적으로 혼인한 상태가 아닌 대한민국 국적인 父와 중화인민공화국 국적인 母 사이에 출생한 甲과 乙이 출생신고에 따라 **주민등록번호를 부여받고 가족관계등록부에 등록**되었으며 각각 17세 때 **주민등록증을 발급**받았는데, 관할 행정청이 '외국인 모와의 혼인외자 출생신고'라며 가족관계등록부를 말소하고 출입국관리 행정청이 부모들에게 甲과 乙에 대한 국적취득절차를 안내했음에도 이를 진행하지 않다가 성년이 된 후 국적법 제20조에 따라 국적보유판정을 신청했으나, 법무부장관이 대한민국 국적 보유자가 아니라는 이유로 甲과 乙에게 **국적비보유 판정**을 한 사안에서, 주민등록번호와 주민등록증은 외부에 공시되어 대내외적으로 행정행위의 적법한 존재를 추단하는 중요한 근거가 되는 점에 비추어 행정청이 공신력 있는 **주민등록번호와 이에 따른 주민등록증을 부여한 행위**는 甲과 乙에게 **대한민국 국적을 취득하였다는 공적인 견해를 표명**한 것인 점, 미성년자였던 甲과 乙이 자신들이 대한민국 국적을 보유하고 있음을 전제로 반복적으로 이루어진 행정행위를 신뢰하여 국적법 제3조 및 제8조에 따른 국적취득절차를 진행하지 않은 채 성인이 된 점, 성인이 된 甲과 乙은 위 판정으로 이제는 국적법 제3조, 제8조에 따라 간편하게 국적을 취득할 기회를 상실하게 되었고, 평생 보유했다고 여긴 대한민국 국적이 부인되고 국적의 취득 여부가 불안정한 상황에 놓이게 된 결과 자신들이 출생하고 성장한 대한민국에 체류할 자격부터 변경되는 등 평생 이어온 생활의 기초가 흔들리는 중대한 불이익을 입게 된 점, 출입국관리 행정청으로부터(편저자: 부모에게는 미성년자에 대해 인정되는 간이한 국적취득절차를 안내하였으나) **부모가 아닌 甲과 乙에 대하여도 국적취득이 필요하다는 안내가 이루어졌다고 볼 만한 자료가 없는 이상** 甲과 乙이 대한민국 국적을 취득하였다고 <u>신뢰한 데에 **귀책사유가 있다고 보기 어렵다.**</u> 따라서 법무부장관이 대한민국 국적보유자가 아니라는 이유로 대한민국 국적인 부와 중국 국적인 모 사이의 혼외자로 출생한 甲과 乙에게 한 **국적비보유 판정**은 甲과 乙의 신뢰에 반하여 이루어진 것으로 **신뢰보호의 원칙에 위배**된다(2024.3.12. 2022두60011).

08 | ○
09국회8

(신뢰보호원칙과 관련하여) 공적 견해표명을 신뢰한 자가 사실은폐 등 적극적 부정행위를 하지 않는 한 귀책사유가 인정되지 않는다.

귀책사유란 해당 국민에게 부정행위(예컨대 허위서류를 제출해 건축허가를 받음)가 있는 경우에 한정하지 않고, 선행의 견해표명에 하자가 있음을 알았거나 중과실로 깨닫지 못한 경우(예컨대 건축한계선을 깜빡하고 설계서를 작성해 그를 토대로 건축허가를 받음)도 포함한다.

- 신뢰보호의 원칙이 적용되기 위하여는 개인에게 **귀책사유**가 없어야 하며 **귀책사유**라 함은 행정청의 견해표명의 하자가 상대방 등 관계자의 사실은폐나 기타 사위의 방법에 의한 신청행위 등 **부정행위**에 기인한 것이거나 그러한 부정행위가 없다고 하더라도 하자가 있음을 **알았거나 중대한 과실로 알지 못**한 경우 등을 의미한다고 해석함이 상당하고 … (2002.11.8. 2001두1512)

정답 01 ○ 02 ○ 03 × 04 × 05 ○ 06 × 07 × 08 ×

T06 행정법의 일반원칙(2) - 나머지 원칙

01 | 인
18국가9

행정의 자기구속의 원칙은 법적으로 동일한 사실관계, 즉 동종의 사안에서 적용이 문제되는 것으로 주로 재량의 통제법리와 관련된다.

자기구속의 원칙은 동종 사안에 대해 같은 결정을 하게 함으로써 행정의 통일성을 기하고 자의적 **재량권 행사를 통제**하는 기능이 있다.

02 | 인
23지방7

「의료법」 등 관련 법령이 정신병원 등의 개설에 관하여는 허가제로, 정신과의원 개설에 관하여는 신고제로 각 규정하고 있는 것은 합리적 차별로서 평등의 원칙에 반하지 않는다.

병원은 허가제로, 의원은 신고제로 달리 규정: 평등원칙 위반 ×
관련 법령이 정신**병원** 등의 개설에 관하여는 **허가제**로, 정신과**의원** 개설에 관하여는 **신고제**로 각 **규정**하고 있는 것은 각 의료기관의 개설 목적 및 규모 등 차이를 반영한 **합리적 차별**로서 **평등의 원칙에 반**한다고 볼 수 **없다**(2018.10.25. 2018두44302).

정답 01 ○ 02 ○

T08 법령개정시 적용법령

01 | 인
15국가9

건설업자가 시공자격 없는 자에게 전문공사를 하도급한 행위에 대하여 과징금부과처분을 하는 경우, 구체적인 부과기준에 대하여 처분시의 법령이 행위시의 법령보다 불리하게 개정되었고 어느 법령을 적용할 것인지에 대하여 특별한 규정이 없다면 행위시의 법령을 적용하여야 한다.

과징금부과처분의 근거법령이 불리하게 개정된 경우: 위반행위시법 적용
구 건설업법 시행 당시에 건설업자가 도급받은 건설공사 중 전문공사를 그 전문공사를 **시공할 자격 없는 자**에게 하도급한 행위에 대하여 건설산업기본법 시행 이후에 **과징금부과처분을 하는 경우**, 과징금의 부과상한은 건설산업기본법 부칙 제5조 제1항에 의하여 피적용자에게 유리하게 개정된 건설산업기본법 제82조 제2항에 따르되, 구체적인 부과기준에 대하여는 처분시의 시행령이 행위시의 시행령보다 **불리하게 개정**되었고 어느 시행령을 적용할 것인지에 대하여 **특별한 규정이 없**으므로, **행위시의 시행령을 적용**하여야 한다(2002.12.10. 2001두3228).

+ PLUS 현재는 다음과 같이 행정기본법에 명문화되었다. → 행위시법 원칙. 단, 더 유리해진 경우는 변경된 법령 적용

> **행정기본법 제14조(법 적용의 기준)** ③ 법령등을 위반한 행위의 성립과 이에 대한 제재처분은 법령등에 특별한 규정이 있는 경우를 제외하고는 법령등을 위반한 행위 당시의 법령등에 따른다. 다만, 법령등을 위반한 행위 후 법령등의 변경에 의하여 그 행위가 법령등을 위반한 행위에 해당하지 아니하거나 **제재처분기준이 가벼워진 경우**로서 해당 법령등에 특별한 규정이 없는 경우에는 **변경된 법령**등을 적용한다.

02 |
15서울9

「소득세법」이 개정되어 세율이 인상된 경우, 법 개정 전부터 개정법이 발효된 후에까지 걸쳐 있는 과세기간(1년)의 전체 소득에 대하여 인상된 세율을 적용하는 것은 재산권에 대한 소급적 박탈이 되므로 위법하다.

과세연도 진행 중 세율을 인상해 적용: 부진정소급(허용)
과세단위가 시간적으로 정해지는 조세에 있어 과세표준기간인 **과세연도 진행 중에 세율인상** 등 납세의무를 가중하는 세법의 제정이 있는 경우에는 이미 충족되지 아니한 과세요건을 대상으로 하는 강학상 이른바 **부진정소급효**의 경우이므로 그 과세연도 개시시에 소급적용이 **허용**된다(1983.4.26. 81누423).

03 | 인
22국가9

수강신청 후에 징계요건을 완화하는 학칙개정이 이루어지고 이어 시험이 실시되어 그 개정학칙에 따라 대학이 성적불량을 이유로 학생에 대하여 징계처분을 한 경우라면 이는 이른바 부진정소급효에 관한 것으로서 특별한 사정이 없는 한 위법이라고 할 수 없다.

수강신청 후 시험실시 전 학칙을 개정해 시험실시 결과에 적용해 징계: 부진정소급(허용)

대학이 성적불량을 이유로 학생에 대하여 징계처분을 하는 경우에 있어서 수강신청이 있은 후 징계요건을 완화하는 **학칙개정이 이루어지고 이어 당해 시험이 실시되어 그 개정학칙에 따라 징계처분을 한 경우라면** 이는 이른바 **부진정소급효**에 관한 것으로서 구 학칙의 존속에 관한 학생의 신뢰보호가 대학당국의 학칙개정의 목적달성보다 더 중요하다고 인정되는 **특별한 사정이 없는 한 위법이라고 할 수 없다** (1989.7.11. 87누1123).

+ PLUS 수강신청 후 이미 시험까지 치렀는데 개정학칙을 소급적용해 징계한다면 진정소급으로 원칙적으로 금지될 것이다. 그러나 사안과 같이 수강신청 후이긴 하나 아직 시험 전 학칙을 개정해 징계한 것은 부진정소급으로 원칙적으로 허용된다.

04 | Ⓢ   19(2)서울7

허가 등의 행정처분은 원칙적으로 허가 신청시의 법령과 허가기준에 의하여 처리되어야 한다.

허가 등 행정처분: 처분시의 법령과 기준에 의함(신청시×)
허가 등의 행정처분은 원칙적으로 처분시의 법령과 허가기준에 의하여 처리되어야 하고 허가신청 당시의 기준에 따라야 하는 것은 아니며, 비록 허가신청 후 허가기준이 변경되었다 하더라도 그 허가관청이 허가신청을 수리하고도 정당한 이유 없이 그 처리를 늦추어 그 사이에 허가기준이 변경된 것이 아닌 이상 **변경된 허가기준에 따라서 처분을 하여야 한다**(2006.8.25. 2004두2974).

> **행정기본법 제14조(법 적용의 기준)** ② 당사자의 **신청에 따른 처분**은 법령등에 특별한 규정이 있거나 처분 당시의 법령등을 적용하기 곤란한 특별한 사정이 있는 경우를 제외하고는 **처분 당시의 법령등**에 따른다.

정답 01 ○ 02 × 03 ○ 04 ×

T10 행정상 법률관계

01 | 기   23군무원9

조세채무는 법률의 규정에 의하여 정해지는 법정채무로서 당사자가 그 내용 등을 임의로 정할 수 없고, 조세채무관계는 공법상의 법률관계이고 그에 관한 쟁송은 원칙적으로 행정사건으로서 「행정소송법」의 적용을 받는다.

조세채무관계: 공법관계, 원칙적으로 행정소송에 의함
조세채무는 법률의 규정에 의하여 정해지는 **법정채무로서** 당사자가 그 내용 등을 임의로 정할 수 없는 점, 조세채무관계는 **공법상의 법률관계**이며 그에 관한 쟁송은 원칙적으로 **행정사건으로서** 행정소송법의 적용을 받는다(2013.7.12. 2011두20321).

---

02 | ㉢   17(상)지방9

특별한 규정이 없는 경우, 「민법」의 법률행위에 관한 규정 중 의사표시의 효력발생시기, 대리행위의 효력, 조건과 기한의 효력 등의 규정은 행정행위에도 적용된다.

신의성실의 원칙, 권리남용금지의 원칙, 의사표시의 효력발생시기, 대리행위의 효력, 조건 · 기한의 효력 등에 관한 사법의 규정은 일반법원리적 규정으로서 권력적 작용인 행정행위에도 적용될 수 있다는 것이 통설이다. 반면, 사익 상호 간 이익조절적 규정은 행정행위와 같은 권력적 작용에는 적용될 수 없다고 보는 것이 보통이다.

정답 01 ○ 02 ○

T11 특별권력관계(특별행정법관계)

01 | 인   19(2)경행

군인은 국가의 존립과 안전을 보장함을 직접적인 존재의 목적으로 하는 군조직의 구성원인 특수한 신분관계에 있으므로, 그 존립목적을 달성하기 위하여 필요한 한도 내에서 일반국민보다 상대적으로 기본권이 더 제한될 수 있다.

군인은 그 특수신분상 기본권이 더 제한될 수는 있으나, 법률유보원칙 등 헌법상 원칙은 지켜야
군인은 국가의 존립과 안전을 보장함을 직접적인 존재의 목적으로 하는 군조직의 구성원인 특수한 신분관계에 있으므로, 그 존립목적을 달성하기 위하여 필요한 한도 내에서 일반국민보다 상대적으로 **기본권이 더 제한될 수 있으나**, 그러한 경우에도 **법률유보원칙**, 과잉금지원칙 등 기본권 제한의 헌법상 원칙들을 **지켜야** 한다(2018.3.22. 2012두26401).

정답 01 ○

T12 행정법관계의 변동 - 사건을 중심으로

01 | 소   16(2)경행

금전의 급부를 목적으로 하는 국가의 권리에 있어서는 소멸시효의 중단 · 정지 그 밖의 사항에 관하여 「민법」의 규정이 적용될 수 없다.

국가재정법은 소멸시효의 **중단 · 정지**에 대해서 **민법을 적용**하고 있다.

> **국가재정법 제96조(금전채권 · 채무의 소멸시효)** ③ 금전의 급부를 목적으로 하는 국가의 권리의 경우 소멸시효의 중단 · 정지 그 밖의 사항에 관하여 다른 법률의 규정이 없는 때에는 「민법」의 규정을 적용한다. 국가에 대한 권리로서 금전의 급부를 목적으로 하는 것도 또한 같다.

02 | O
20국가7

「지방재정법」상 공유재산에 대한 취득시효가 완성되기 위하여 그 공유재산이 취득시효기간 동안 계속하여 시효취득의 대상이 될 수 있는 일반재산이어야 한다.

> 구 지방재정법상 공유재산에 대한 취득시효가 완성되기 위하여는 그 공유재산이 **취득시효기간 동안 계속하여** 시효취득의 대상이 될 수 있는 잡종재산(**일반재산**)이어야 하고, 이러한 점에 대한 증명책임은 시효취득을 주장하는 자에게 있다(2009.12.10. 2006다19177).

03 | X
20소방

판례는 공법상 부당이득반환청구권은 사권(私權)에 해당되며, 그에 관한 소송은 민사소송절차에 따라야 한다고 보고 있다.

> 조세부과처분이 당연무효임을 전제로 하여 이미 납부한 세금의 반환을 청구하는 것은 민사상의 부당이득반환청구로서 민사소송절차에 따라야 한다(1995.4.28. 94다55019).
> + PLUS 공법관계에서 발생한 부당이득반환청구권도 그 내용이 사권에 해당하므로 민사소송절차에 따른다는 것이 판례의 입장이다.

04 | ○
25소방

행정에 관한 나이는 다른 법령등에 특별한 규정이 있는 경우를 제외하고는 출생일을 산입하여 만(滿) 나이로 계산하고, 연수(年數)로 표시한다. 다만, 1세에 이르지 아니한 경우에는 월수(月數)로 표시할 수 있다.

> 나이는 출생일을 산입하여 계산한다.
>
> **행정기본법 제7조의2(행정에 관한 나이의 계산 및 표시)** 행정에 관한 나이는 다른 법령등에 특별한 규정이 있는 경우를 제외하고는 출생일을 산입하여 만(滿) 나이로 계산하고, 연수(年數)로 표시한다. 다만, 1세에 이르지 아니한 경우에는 월수(月數)로 표시할 수 있다.

05 | O
17(상)지방9

공법관계에 있어서 자연인의 주소는 주민등록지이고, 그 수는 1개소에 한한다.

> 주소는 처분의 송달지, 주민세 납세요건 등 각종 공법상 법률관계의 장소적 기준으로 쓰인다. 주민등록법은 **주민등록지를 공법관계에서의 주소로 정하면서** 이중신고를 불허하여, 자연인에 대한 공법상 주소지 1개 주소로 한정한다. 반면 민법은 복수의 주소를 허용하고 있다.
>
> **주민등록법 제23조(주민등록자의 지위 등)** ① 다른 법률에 특별한 규정이 없으면 이 법에 따른 **주민등록지를 공법(公法)관계에서의 주소로 한다**.

06 | O 최신
25군무원7

당연무효인 1차 변상금부과처분을 비롯하여 여러 차례에 걸친 변상금부과처분과 이에 의한 각 납부 또는 징수가 있은 후에 이와 같이 여러 차례에 걸쳐 부과되었던 변상금의 부과대상, 점유기간, 적용요율 등에 오류 또는 누락이 있다는 이유로 변상금 총액을 새로이 산정하여 그동안 납부 또는 징수된 금원과의 차액에 관하여 추가로 변상금부과처분이 이루어졌다고 하더라도, 당연무효인 1차 변상금부과처분에 의하여 납부 또는 징수당한 오납금에 대한 부당이득반환청구권의 소멸시효의 기산일이 달라진다고 할 수 없다.

> 당연무효인 1차 변상금부과처분에 의한 납부 또는 징수가 있은 후 총액을 새로이 산정하여 추가로 변상금부과처분이 이루어진 경우라도 오납금반환청구권의 소멸시효 기산일이 변경 ✕
>
> 당연무효인 1차 변상금부과처분을 비롯하여 여러 차례에 걸친 변상금부과처분과 이에 의한 각 납부 또는 징수가 있은 후에 이와 같이 여러 차례에 걸쳐 부과되었던 변상금의 부과대상, 점유기간, 적용요율 등에 오류 또는 누락이 있다는 이유로 변상금 총액을 새로이 산정하여 그동안 납부 또는 징수된 금원과의 차액에 관하여 추가로 변상금부과처분이 이루어졌다고 하더라도, 당연무효인 1차 변상금부과처분에 의하여 납부 또는 징수당한 오납금에 대한 **부당이득반환청구권의 소멸시효의 기산일이 달라진다고 할 수 없다**(2005.1.27. 2004다50143).

정답 01 ✕ 02 ○ 03 ✕ 04 ○ 05 ○ 06 ○

T13 행정입법 총설

01 | ✕
18(1)서울7

행정규칙도 행정작용의 하나이므로 하자가 있으면 하자의 정도에 따라 무효 또는 취소할 수 있는 행정규칙이 된다.

> 하자 있는 **행정행위**의 효력은 하자의 정도에 따라 처음부터 **무효**인 경우와 일단 유효하지만 취소할 수 있는 경우로 나뉜다. 그러나 하자 있는 **행정입법(법규명령, 행정규칙 모두)**은 **무효**임이 원칙이다.
> + PLUS 단, 법규명령이 위임범위를 벗어나 무효이더라도 행정규칙으로서는 유효한 경우가 있고, 법령보충적 행정규칙이 위임범위를 벗어나 대외적 효력을 갖지 못하더라도 일반행정규칙으로서의 효력은 갖는 경우가 있다.

02 | O
24국가9

정부는 권한 있는 기관에 의하여 위헌으로 결정되어 법령이 헌법에 위반되거나 법률에 위반되는 것이 명백한 경우 등 대통령령으로 정하는 경우에는 해당 법령을 개선하여야 한다.

> **행정기본법 제39조(행정법제의 개선)** ① 정부는 **권한 있는 기관에 의하여 위헌으로 결정되어 법령이 헌법에 위반되거나 법률에 위반되는 것이 명백한** 경우 등 대통령령으로 정하는 경우에는 **해당 법령을 개선하여야** 한다.

03 | 기
09국가7

법규명령이란 일반적으로 행정권이 정립하는 일반적·추상적 규정으로서 법규의 성질을 가지는 것을 말한다.

법규명령은 행정권이 정립하는 일반적·추상적 규정으로서 **법규성이 인정**되어 대외적 효력과 재판규범성이 있는 규범을 말한다. 반면에, 법규의 성질을 가지지 않는 것을 행정규칙이라고 한다.

(정답) 01 × 02 ○ 03 ○

T14 법규명령

01 | ⓒ
11지방7

대통령의 긴급명령, 긴급재정경제명령은 헌법에 직접 근거를 둔 법규명령에 해당한다.

대통령이 발령하는 법규명령에는 대통령령 외 긴급명령, 긴급재정·경제명령도 있다. 이 역시 헌법에 직접 규정된 형식이다(제76조).

> **헌법 제76조** ① 대통령은 내우·외환·천재·지변 또는 중대한 재정·경제상의 위기에 있어서 국가의 안전보장 또는 공공의 안녕질서를 유지하기 위하여 긴급한 조치가 필요하고 국회의 집회를 기다릴 여유가 없을 때에 한하여 최소한으로 필요한 **재정·경제상**의 처분을 하거나 이에 관하여 **법률의 효력을 가지는 명령**을 발할 수 있다.
> ② 대통령은 국가의 안위에 관계되는 중대한 교전상태에 있어서 국가를 보위하기 위하여 **긴급한** 조치가 필요하고 국회의 집회가 불가능한 때에 한하여 **법률의 효력을 가지는 명령**을 발할 수 있다.

02 | 기
13국회8

긴급명령이나 긴급재정경제명령은 지체 없이 국회의 승인을 받아야 하며 승인을 얻지 못한 때에는 그 명령은 그때부터 효력을 상실한다.

> **헌법 제76조** ① 대통령은 내우·외환·천재·지변 또는 중대한 재정·경제상의 위기에 있어서 국가의 안전보장 또는 공공의 안녕질서를 유지하기 위하여 긴급한 조치가 필요하고 국회의 집회를 기다릴 여유가 없을 때에 한하여 최소한으로 필요한 재정·경제상의 처분을 하거나 이에 관하여 법률의 효력을 가지는 명령을 발할 수 있다.
> ② 대통령은 국가의 안위에 관계되는 중대한 교전상태에 있어서 국가를 보위하기 위하여 긴급한 조치가 필요하고 국회의 집회가 불가능한 때에 한하여 법률의 효력을 가지는 명령을 발할 수 있다.
> ③ 대통령은 제1항과 제2항의 처분 또는 명령을 한 때에는 지체 없이 국회에 보고하여 그 승인을 얻어야 한다.
> ④ 제3항의 승인을 얻지 못한 때에는 그 처분 또는 명령은 그때부터 효력을 상실한다. 이 경우 그 명령에 의하여 개정 또는 폐지되었던 법률은 그 명령이 승인을 얻지 못한 때부터 당연히 효력을 회복한다.

03 | 인
16서울7

국가사무로서 지방자치단체의 장에게 위임된 기관위임사무의 경우에는 지방자치단체의 조례에 의하여 구청장 등에게 재위임할 수 있다.

기관위임사무의 재위임: 조례로×, 규칙으로○
도시재개발법령에 의하면 건설부장관의 권한에 속하는 관리처분계획의 인가등 처분권한은 시·도지사에게 위임되었을 뿐 시·도지사가 이를 구청장, 시장, 군수에게 재위임할 수 있는 근거규정은 없으나, 정부조직법 제5조 제1항과 이에 기한 「행정권한의 위임 및 위탁에 관한 규정」에 재위임에 관한 일반적인 근거규정이 있으므로, 시·도지사는 그 재위임에 관한 일반적인 규정에 따라 위임받은 위 처분권한을 구청장 등에게 재위임할 수 있는 것인바, 위 관리처분계획의 인가등에 관한 사무는 국가사무로서 지방자치단체의 장에게 위임된 이른바 기관위임사무에 해당하므로, 시·도지사가 지방자치단체의 조례에 의하여 이를 구청장 등에게 재위임할 수는 없고, 위 「행정권한의 위임 및 위탁에 관한 규정」 제4조에 의하여 위임기관의 장의 승인을 얻은 후 지방자치단체의 장이 제정한 규칙이 정하는 바에 따라 재위임하는 것만이 가능하다고 할 것이다(1995.8.22. 94누5694 전합).

➕ **PLUS** 기관위임사무를 다시 다른 기관으로 재위임하는 것이 가능한지 문제되는데, 판례는 정부조직법 등 일반법에 근거해 재위임하는 것도 가능하다고 본다. 단, 기관위임사무는 지방자치단체가 아닌 지방자치단체의 장에게 위임된 사무이므로, 이를 재위임할 시 지방자치단체의 조례가 아니라 지방자치단체의 장이 제정한 규칙에 의하여야 한다. 예컨대 국가의 사무를 위임받은 서울시장은 동 사무를 서초구청장에게 재위임할 수는 있으나, 이는 서울시의 조례가 아닌 서울시장이 제정한 규칙에 의해야 하는 것이다.

04 | Ⓑ
17(상)지방9

법률의 시행령이 형사처벌에 관한 사항을 규정하면서 법률의 명시적인 위임범위를 벗어나 처벌의 대상을 확장하는 것은 죄형법정주의원칙에 어긋나는 것이므로, 그러한 시행령은 위임입법의 한계를 벗어난 것으로서 무효이다.

형사처벌 관련 사항을 규정하는 시행령이 법률의 명시적인 위임범위를 벗어나 처벌대상 확장: 죄형법정주의 위반 & 위임입법의 한계 일탈 → 무효
법률의 시행령이 형사처벌에 관한 사항을 규정하면서 법률의 명시적인 **위임 범위를 벗어나** 처벌의 대상을 확장하는 것은 죄형법정주의의 원칙에도 어긋나는 것이므로, 그러한 시행령은 위임입법의 한계를 벗어난 것으로서 **무효**이다(2017.2.16. 2015도16014 전합).

05 | 인
17서울7

지방자치단체가 조례를 제정할 수 있는 것은 원칙적으로 자치사무와 단체위임사무에 한하며, 예외적으로 기관위임사무라도 개별법령에서 일정한 사항을 조례로 정하도록 위임하고 있는 경우에는 조례를 제정할 수 있다.

기관위임사무는 지방자치단체가 아닌 지방자치단체의 장에게 위임된 사무이므로 지방자치단체의 **조례로는 규정할 수 없음**이 원칙이다. 즉, 조례로 정할 수 있는 것은 자치사무와 단체사무에 한함이 원칙이다. 다만, 법령에서 **개별적 위임이 있다면** 기관위임사무에 대해서도 조례로 규정할 수 있다. 이러한 조례를 **위임조례**라 한다.

06 | ⓑ
18국회8

헌법 제107조 제2항의 규정에 따르면 행정입법의 심사는 일반적인 재판절차에 의하여 구체적 규범통제의 방법에 의하도록 하고 있으므로, 원칙적으로 당사자는 구체적 사건의 심판을 위한 선결문제로서 행정입법의 위법성을 주장하여 법원에 대하여 당해 사건에 대한 적용 여부의 판단을 구할 수 있을 뿐 행정입법 자체의 합법성의 심사를 목적으로 하는 독립한 신청을 제기할 수는 없다.

행정입법의 사법심사: 구체적 규범통제 → 구체적 사건의 선결문제로서는 가능 / 행정입법 자체를 대상으로는 불가
헌법 제107조 제2항의 규정에 따르면 **행정입법의 심사**는 일반적인 재판절차에 의하여 **구체적 규범통제**의 방법에 의하도록 명시하고 있으므로, 당사자는 **구체적 사건의 심판을 위한 선결문제로서** 행정입법의 위법성을 주장하여 법원에 대하여 당해 사건에 대한 적용 여부의 **판단을 구할 수 있을** 뿐 **행정입법 자체의 합법성의 심사를 목적으로 하는 독립한 신청을 제기할 수는 없다**(1994.4.26. 93부32).

07 | ❌
18소방

대법원은 유신헌법상 긴급조치가 법률이 아니므로 대법원이 심사권을 가진다고 판시하였다.

대법원은 대법원에 심사권이 있다고 보고(국회 입법권 행사가 아니므로), 헌재는 헌재에 심사권이 있다고 본다(법률의 효력을 가지므로).
- **긴급조치의 위헌 여부에 대한 심사권: 대법원에 있음(대법원 판례)**
헌법재판소에 의한 위헌심사의 대상이 되는 **'법률'이란 '국회의 의결을 거친 이른바 형식적 의미의 법률'을 의미**하고, 위헌심사의 대상이 되는 규범이 형식적 의미의 법률이 아닌 때에는 그와 동일한 효력을 갖는 데에 **국회의 승인이나 동의를 요하는** 등 국회의 입법권 행사라고 평가할 수 있는 실질을 갖춘 것이어야 한다. 유신헌법에 근거한 **긴급조치는 국회의 입법권 행사라는 실질을 전혀 가지지 못한 것으로서**, 헌법재판소의 위헌심판대상이 되는 **'법률'에 해당한다고 할 수 없고, 긴급조치의 위헌 여부에 대한 심사권은 최종적으로 대법원에 속한다**(2010.12.16. 2010도5986 전합).

[비교] 긴급조치의 위헌 여부에 대한 심사권: 헌재에 있음(헌재 판례)
헌법 제107조 제1항, 제2항은 법원의 재판에 적용되는 규범의 위헌 여부를 심사할 때, '법률'의 위헌 여부는 헌법재판소가 법률의 하위 규범인 '명령·규칙 또는 처분' 등의 위헌 또는 위법 여부는 대법원이 그 심사권한을 갖는 것으로 권한을 분배하고 있다. 이 조항에 규정된 '법률'인지 여부는 그 제정 형식이나 명칭이 아니라 규범의 효력을 기준으로 판단하여야 하고, '법률'에는 국회의 의결을 거친 이른바 형식적 의미의 법률은 물론이고 그 밖에 조약 등 '형식적 의미의 법률과 동일한 효력'을 갖는 규범들도 모두 포함된다. 따라서 최소한 법률과 동일한 효력을 가지는 이 사건 긴급조치들의 위헌 여부 심사권한도 헌법재판소에 전속한다(헌재 2013.3.21. 2010헌바70 등).

08 | ⓑ
19국가9

특히 긴급한 필요가 있거나 미리 법률로 자세히 정할 수 없는 부득이한 사정이 있어 법률에 형벌의 종류·상한·폭을 명확히 규정하더라도, 행정형벌에 대한 위임입법은 허용되지 않는다.

형사처벌에 관한 사항의 위임: 다음 3가지 요건이 충족되면 가능 → ① 긴급 혹은 부득이한 사정, ② 처벌대상행위 예측 가능, ③ 형벌의 종류·상한·폭 명백 규정
죄형법정주의와 위임입법의 한계의 요청상 **처벌법규를 위임하기 위하여는** 첫째, 특히 긴급한 필요가 있거나 미리 법률로써 자세히 정할 수 없는 부득이한 사정이 있는 경우에 한정되어야 하며, 둘째, 이러한 경우일지라도 법률에서 범죄의 구성요건은 처벌대상행위가 어떠한 것일 것이라고 이를 예측할 수 있을 정도로 구체적으로 정하여야 하며, 셋째, **형벌의 종류 및 그 상한과 폭을 명백히 규정**하여야 한다(헌재 1995.10.26. 93헌바62 전원).

09 | ⓑ
20지방7

의료기관의 명칭표시판에 진료과목을 함께 표시하는 경우 글자크기를 제한하고 있는 구「의료법 시행규칙」제31조는 그 자체로 국민의 구체적 권리·의무나 법률관계에 직접적 변동을 초래하므로 항고소송의 대상이 될 수 있다.

의료기관 명칭표시판의 글자크기를 제한하는「의료법 시행규칙」: 처분×(항고소송×)
의료기관의 명칭표시판에 진료과목을 함께 표시하는「의료법 시행규칙」은 그 글자의 크기를 의료기관 명칭을 표시하는 글자크기의 2분의 1 이내로 **제한하고 있지만**, 위 규정은 그 위반자에 대하여 과태료를 부과하는 등의 별도의 **집행행위 매개 없이는 그 자체로서 국민의 구체적인 권리·의무나 법률관계에 직접적인 변동을 초래하지 아니하므로 항고소송의 대상이 되는 행정처분이라고 할 수 없다**(2007.4.12. 2005두15168).

10 | ⓒ
21변시

위임입법에 있어 급부행정영역에서는 기본권침해영역보다는 위임의 구체성의 요구가 다소 약화되어도 무방하며, 다양한 사실관계를 규율하거나 사실관계가 수시로 변화될 것이 예상될 때에는 위임의 명확성의 요건이 완화된다.

위임의 구체성·명확성의 정도: 기본권 침해영역은 강화 / 급부행정이나 수시변화 영역은 완화
위임의 구체성·명확성의 요구 정도는 규제대상의 종류와 성격에 따라서 달라진다. **기본권침해영역에서는** 급부행정영역에서보다는 구체성의 요구가 **강화**되고, **다양한 사실관계를 규율하거나 사실관계가 수시로 변화**될 것이 예상될 때에는 위임의 명확성의 요건이 **완화되어야** 한다(헌재 1991.2.11. 90헌가27 전원).

11 | 인 21소간

법률의 위임 없이 보육시설 종사자의 정년을 규정한 「서울특별시 중구 영유아 보육조례 일부개정조례안」은 그 효력을 인정할 수 없으므로, 이 조례안에 대한 재의결은 무효이다.

보육시설 정년규정조례: 침해적 사항(위임이 필요)
영유아보육법이 보육시설 종사자의 정년에 관한 규정을 두거나 이를 지방자치단체의 조례에 위임한다는 규정을 두고 있지 않음에도 **보육시설 종사자의 정년을 규정**한 '서울특별시 중구 영유아 보육조례 일부개정조례안' 제17조 제3항은, **법률의 위임 없이** 헌법이 보장하는 직업을 선택하여 수행할 권리의 제한에 관한 사항을 정한 것이어서 그 효력을 인정할 수 없으므로, 위 조례안에 대한 재의결은 **무효**이다 (2009.5.28. 2007추134).

12 | ◎ 25지방9

법률의 시행령은 모법인 법률에 의하여 위임받은 사항이나 법률이 규정한 범위 내에서 법률을 현실적으로 집행하는 데 필요한 세부적인 사항만을 규정할 수 있을 뿐, 법률에 의한 위임이 없는 한 법률이 규정한 개인의 권리·의무에 관한 내용을 변경·보충하거나 법률에 규정되지 아니한 새로운 내용을 규정할 수는 없다.

시행령은 위임이 없는 한 권리·의무를 변경·보충하거나 새로운 내용 규정 불가
법률의 시행령은 모법인 법률에 의하여 위임받은 사항이나 법률이 규정한 범위 내에서 법률을 현실적으로 집행하는 데 필요한 세부적인 사항만을 규정할 수 있을 뿐, 법률에 의한 **위임이 없는 한** 법률이 규정한 개인의 권리·의무에 관한 내용을 변경·보충하거나 법률에 규정되지 아니한 **새로운 내용을 규정할 수는 없다**(1995.1.24. 93다37342 전합).

+ PLUS 반면, 단순 집행명령은 상위법령의 위임(수권) 불필요

13 | ◎ 07국가7

처벌법규나 조세법규와 같이 국민의 기본권을 직접적으로 제한하거나 침해할 소지가 있는 영역에서는 구체성·명확성의 요구가 완화된다.

위임의 구체성·명확성의 정도: 처벌법규·조세법규는 강화 ↔ 급부행정·조세감면법규는 완화
위임의 구체성·명확성의 요구 정도는 그 규율대상의 종류와 성격에 따라 달라질 것이지만, **처벌법규**나 조세를 부과하는 **조세법규**와 같이 국민의 기본권을 직접적으로 제한하거나 침해할 소지가 있는 법규에서는 **구체성·명확성**의 요구가 **강화**되어 그 위임의 요건과 범위가 더 엄격하게 규정되어야 하는 반면에, 일반적인 **급부행정**이나 **조세감면** 혜택을 부여하는 조세법규의 경우에는 위임의 구체성 내지 명확성의 요구가 **완화**되어 그 위임의 요건과 범위가 덜 엄격하게 규정될 수 있으며, 그리고 규율대상이 지극히 다양하거나 **수시로 변화**하는 성질의 것일 때에는 위임의 구체성·명확성의 요건이 **완화**되어야 할 것이다 (헌재 2005.4.28. 2003헌가23 전원).

14 | ◎ 최신 25경찰간부

감사규칙의 위임을 받아 감사원장이 정한 훈령은 「행정기본법」상 법령에 해당하지 않는다.

감사원규칙의 위임을 받아 감사원장이 정한 훈령은 행정기본법상 법령에 해당한다.

> **행정기본법 제2조(정의)** 이 법에서 사용하는 용어의 뜻은 다음과 같다.
> 1. '법령등'이란 다음 각 목의 것을 말한다.
>   가. 법령: 다음의 어느 하나에 해당하는 것
>   1) 법률 및 대통령령·총리령·부령
>   2) 국회규칙·대법원규칙·헌법재판소규칙·중앙선거관리위원회규칙 및 감사원규칙
>   3) 1) 또는 2)의 위임을 받아 중앙행정기관(「정부조직법」 및 그 밖의 법률에 따라 설치된 중앙행정기관을 말한다)의 장, 국회의장, 대법원장, 헌법재판소장, 중앙선거관리위원회위원장, 감사원장 등이 정한 훈령·예규 및 고시 등 행정규칙
>   나. 자치법규: 지방자치단체의 조례 및 규칙

정답 01 ○ 02 ○ 03 × 04 ○ 05 ○ 06 ○ 07 ○ 08 × 09 × 10 ○ 11 ○ 12 ○ 13 × 14 ×

T15 행정규칙

01 | ㄱ 11국회9

행정규칙은 보통 훈령, 고시, 예규의 형식으로 행하여지며 고유한 서식에 따라야 한다.

행정규칙은 통상 **훈령·지시·예규·일일명령, 고시** 등의 형식으로 행해진다. 그러나 특별한 형식이나 **서식이 정**해져 있는 것은 **아니다**.

02 | ㄱ 14(1)경행

행정규칙 자체는 원칙적으로 「행정소송법」상 처분에 해당되지 않는다.

행정규칙은 원칙적으로 대외적 효력이 없고, 설령 법령보충적 행정규칙으로서 대외적 효력이 인정되는 경우에도 그 **일반적·추상적**인 성격으로 인해 처분성이 인정되지 않는 것이 원칙이다.

03 | 인 17(1)서울9

(행정규칙과 관련하여) 설정된 재량기준이 객관적으로 합리적이 아니라거나 타당하지 않다고 볼 만한 다른 특별한 사정이 없다면 행정청의 의사는 존중되어야 한다.

재량준칙: 그 내용이 객관적 합리성·타당성을 잃지 않았다면 법원도 일단 존중함

재량권 행사의 기준으로 마련된 행정청 내부의 사무처리준칙, 즉 **재량준칙**은 그 기준이 객관적으로 보아 합리적이 아니라든가 타당하지 아니하여 재량권을 남용한 것이라고 인정되지 않는 이상 행정청의 의사는 가능한 한 **존중**되어야 한다(2013.11.14. 2011두28783).

04 | 인
18국가9

재량권이 인정되는 영역에서 재량권 행사의 기준이 되는 지침을 제정하는 것(은 행정청이 법률의 근거 규정 없이도 할 수 있다)

재량권 행사의 기준으로 마련된 행정청 내부의 사무처리준칙을 재량준칙이라 한다. 행정규칙이므로 법률의 위임이 없어도 제정할 수 있다.

05 |
18서울9

'2014년도 건물 및 기타물건 시가표준액 조정기준'은 「건축법」 및 지방세법령의 위임에 따른 것이지만 행정규칙의 성격을 가진다.

건물·기타물건 시가표준액 조정기준(이행강제금 기준): 대외효 인정
2014년도 건물 및 기타물건 시가표준액 조정기준의 각 규정들은 … 이행강제금의 산정기준이 되는 시가표준액에 관하여 지방세법령 규정과 **결합하여 대외적인 구속력**이 있는 **법규명령으로서의 효력을 가진다**(2017.5.31. 2017두30764).

06 | 인
19(1)서울7

고시가 법령이 규정을 보충하는 기능을 가지면서 그와 결합하여 대외적인 구속력이 있는 법규명령으로서의 효력을 가지는 경우에도 그 자체가 법령은 아니고 행정규칙에 지나지 않으므로 적당한 방법으로 이를 일반인 또는 관계인에게 표시 또는 통보함으로써 그 효력이 발생한다.

법령보충규칙은 행정규칙의 형식이므로 적당한 방법으로 표시하면 효력이 발생한다.

- **법령보충규칙: 법령과 같은 공포는 불필요 / 일반인 또는 관계인에의 적당한 방법의 표시·통보는 필요**

수입선다변화품목의 지정 및 그 수입절차 등에 관한 1991.5.13.자 상공부 고시 제91-21호는 그 근거가 되는 대외무역법시행령 제35조의 규정을 보충하는 기능을 가지면서 그와 결합하여 대외적인 구속력이 있는 법규명령으로서의 효력을 가지는 것으로서 그 시행절차에 관하여 대외무역관리규정은 아무런 규정을 두고 있지 않으나, **그 자체가 법령은 아니고 행정규칙에 지나지 않으므로 적당한 방법으로 이를 일반인 또는 관계인에게 표시 또는 통보**함으로써 그 효력이 발생한다(1993.11.23. 93도662).

07 | ⓧ
22국가7

중앙행정기관의 장이 정한 훈령·예규 및 고시 등 행정규칙은 상위법령의 위임이 있다고 하더라도 「행정기본법」상의 '법령'에 해당하지 않는다.

> **행정기본법 제2조(정의)** 이 법에서 사용하는 용어의 뜻은 다음과 같다.
> 1. '법령등'이란 다음 각 목의 것을 말한다.
>   가. 법령: 다음의 어느 하나에 해당하는 것
>   1) 법률 및 대통령령·총리령·부령
>   2) 국회규칙·대법원규칙·헌법재판소규칙·중앙선거관리위원회규칙 및 감사원규칙
>   3) 1) 또는 2)의 **위임**을 받아 **중앙행정기관**(「정부조직법」 및 그 밖의 법률에 따라 설치된 중앙행정기관을 말한다. 이하 같다)의 장, 국회의장, 대법원장, 헌법재판소장, 중앙선거관리위원회위원장, 감사원장 등이 정한 훈령·예규 및 고시 등 행정규칙
>   나. 자치법규: 지방자치단체의 조례 및 규칙

+ **PLUS** 행정기본법은 상위법령의 위임을 받은 행정규칙을 '법령'의 범위로 포섭하고 있다.

08 | ⓧ
24변시

헌법 제40조와 헌법 제75조, 제95조의 의미를 살펴보면, 국회입법에 의한 수권이 행정기관에게 법률 등으로 구체적인 범위를 정하여 위임하더라도 당해 행정기관이 독자적인 법정립의 권한을 갖는 것은 아니므로 헌법이 인정하고 있는 위임입법의 형식은 한정적인 것으로 보아야 한다.

헌법재판소는 법률등의 구체적 위임이 있는 이상 **행정기관에도 법정립 권한**이 인정될 수 있고,[08(앞)] 대통령령·총리령·부령 등 헌법이 규정한 입법형식 역시 그것에 한정한다는 의미가 **아닌** 일종의 **예시**에 불과하여[08(뒤)] 그 외의 형식으로도 가능하다는 논리로 행정규칙에 법규적 내용을 위임하는 것을 인정하고, 이 경우 상위법령과 결합하여 **대외적 구속력**을 갖는다고 보고 있다(즉, 법규명령성을 띠게 된다).

법규적 사항을 헌법이 규정한 법규명령의 형식이 아닌 행정규칙에 위임하는 것: 가능(∵ 의회가 입법 독점×, 입법 중심○ / 형식적 권력분립×, 기능적 분립○ / 헌법상 형식은 한정×, 예시○)

오늘날 의회의 입법독점주의에서 입법중심주의로 전환하여 일정한 범위 내에서 행정입법을 허용하게 된 동기가 사회적 변화에 대응한 입법수요의 급증과 종래의 형식적 권력분립주의로는 현대사회에 대응할 수 없다는 기능적 권력분립론에 있다는 점 등을 감안하여 헌법 제40조와 헌법 제75조, 제95조의 의미를 살펴보면, 국회입법에 의한 수권이 입법기관이 아닌 **행정기관에게 법률등으로 구체적인 범위를 정하여 위임한 사항**에 관하여는 당해 **행정기관에게 법정립의 권한**을 갖게 되고, 입법자가 규율의 형식도 선택할 수 있다 할 것이므로, 헌법이 인정하고 있는 위임입법의 형식은 예시적인 것으로 보아야 할 것이고, 그것은 법률이 행정규칙에 위임하더라도 그 행정규칙은 위임된 사항만을 규율할 수 있으므로, 국회입법의 원칙과 상치되지도 않는다(헌재 2006.12.28. 2005헌바59).

09 | 소
24소방

행정입법을 실질적 기준에 따라 구분하는 학설은 행정입법의 법규성 유무, 즉 대외적 구속력이 있는지 여부에 따라 법규명령과 행정규칙으로 구분한다.

> 행정입법을 실질에 따라 구분한다면 법규성 유무를 기준으로 법규명령과 행정규칙으로 구분될 수 있다. 반면, 그 형식에 따라 구분한다면, 대통령령·총리령·부령 등은 법규명령으로, 훈령·예규·고시 등은 행정규칙으로 분류될 수 있다.

10 | 인
25지방9

구 「지방공무원보수업무 등 처리지침」 [별표 1] '직종별 경력환산율표 해설'이 정한 민간근무경력의 호봉 산정에 관한 부분은 「지방공무원법」과 구 「지방공무원 보수규정」 [별표 3]의 단계적 위임에 따라 행정규칙의 형식으로 법령의 내용이 될 사항을 구체적으로 정한 것이고, 법령의 내용 및 취지에 저촉된다거나 위임한계를 벗어났다고 보기 어렵다면, 대외적 구속력이 있는 법규명령으로서의 효력을 갖는다.

> 「지방공무원보수업무 등 처리지침」(민간근무 호봉환산기준, 행안부 예규): 대외효 인정
> 구 **「지방공무원보수업무 등 처리지침」** [별표 1] '직종별 경력환산율표 해설'이 정한 민간근무경력의 호봉 산정에 관한 부분은 지방공무원법 제45조 제1항과 구 「지방공무원 보수규정」 제8조 제2항, 제9조의2 제2항, [별표 3]의 단계적 위임에 따라 행정자치부장관이 행정규칙의 형식으로 법령의 내용이 될 사항을 구체적으로 정한 것이고, 달리 지침이 위 법령의 내용 및 취지에 저촉된다거나 위임한계를 벗어났다고 보기 어려우므로, 지침은 **상위법령과 결합하여 대외적인 구속력이 있는 법규명령**으로서의 효력을 갖게 된다(2016.1.28. 2015두53121).

정답 01 × 02 ○ 03 ○ 04 ○ 05 × 06 ○ 07 × 08 × 09 ○ 10 ○

T16 행정행위의 개념과 분류

01 | 기
10지방9

평등의 원칙은 행정작용에 있어서 특별히 합리적인 차별사유가 없는 한 국민을 공평하게 처우하여야 한다는 원칙으로 재량권행사의 한계원리로서 중요한 의미를 갖는다.

> 재량권을 행사하면서, 다른 국민과 합리적 이유 없이 다른 처분을 한다면 **평등원칙** 위반에 따른 재량권 일탈·남용이 된다. 나아가 그간의 행정관행에 벗어난 것이었다면 **자기구속의 원칙** 위반에 따른 재량권 일탈·남용도 된다.

02 | ㄷ
24국가9

「여객자동차 운수사업법」에 따르면, 여객자동차 운수사업자가 거짓이나 부정한 방법으로 지급받은 보조금에 대한 국토교통부장관 또는 시·도지사의 환수처분은 기속행위에 해당한다.

> 「여객자동차 운수사업법」상의 거짓·부정수급한 보조금에 대한 반환명령: 기속
> 구 「여객자동차 운수사업법」에 따라 국토해양부장관 또는 시·도지사는 여객자동차 운수사업자가 **'거짓**이나 **부정**한 **방법으로 지급받은 보조금'**에 대하여 **반환할 것을 명하여야** 하고, 위 **환수처분**은 국토해양부장관 또는 시·도지사가 지급받은 보조금을 반환할 것을 명하여야 하는 **기속행위**이다(2013.12.12. 2011두3388).

03 | ㅇ
24변시

지방법무사회는 법무사 감독사무를 수행하기 위하여 법률에 의하여 설립과 법무사의 회원가입이 강제된 공법인으로서 법무사 사무원 채용승인에 관한 한 공권력 행사의 주체라고 보아야 한다.

> 지방법무사회: 행정청(공법적 의무인 사무원 채용승인 처리에 관한 한 공권력 행사의 주체)
> 지방법무사회의 법무사 사무원 채용승인은 단순히 지방법무사회와 소속 법무사 사이의 내부 법률문제라거나 지방법무사회의 고유사무라고 볼 수 없고, 법무사 감독이라는 국가사무를 위임받아 수행하는 것이라고 보아야 한다. 따라서 **지방법무사회는** 법무사 감독사무를 수행하기 위하여 법률에 의하여 설립과 법무사의 회원가입이 강제된 **공법인으로서** 법무사 사무원 채용승인에 관한 한 **공권력 행사의 주체**라고 보아야 한다(2020.4.9. 2015다34444).

04 | 기
25소방

「행정기본법」상 행정청은 재량이 있는 처분을 할 때에는 관련 이익을 정당하게 형량하여야 하며, 그 재량권의 범위를 넘어서는 아니 된다.

> **행정기본법 제21조(재량행사의 기준)** 행정청은 재량이 있는 처분을 할 때에는 관련 이익을 정당하게 형량하여야 하며, 그 재량권의 범위를 넘어서는 아니 된다.

05 | 기
07국가7

대법원은 교과서검정에 대한 판단, 공무원임용을 위한 면접 등의 사안에서 독일의 판단여지 이론을 인정하여 사법심사를 배제하고 있다.

> 판례는 **교과서검정**에 대한 판단, 공무원임용 **면접전형**, 매장문화재 발굴허가 등에서 **요건**(교육에 적합한지 여부, 임용신청자의 능력·적격성, 발굴필요성)에 대한 사항들을 '**판단여지**'가 아닌 '**재량**'으로 표현하였다. 따라서 판례는 재량과 판단여지를 구별하지 않는다고 평가된다.
> 1. 교과서 검정: 재량(86누618)
> 2. 면접전형에서의 판단(임용적격성): 재량(97누11911)

06 | ❌   18국회8

마을버스 운수업자가 유류사용량을 실제보다 부풀려 유가보조금을 과다 지급받은 데 대하여 관할 행정청이 부정수급기간 동안 지급된 유가보조금 전액을 회수하는 내용의 처분을 한 것은 '거짓이나 부정한 방법으로 지급받은 보조금'에 대하여 반환할 것을 명하는 것일 뿐만 아니라 '정상적으로 지급받은 보조금'까지 반환하도록 명할 수 있는 것이어서 위법하다.

'부정수급한 보조금'을 환수대상으로 규정했는데 '정상수급한 보조금'까지 환수: 문언범위 벗어나 위법
마을버스 운수업자 甲이 유류사용량을 실제보다 부풀려 유가보조금을 과다 지급받은 데 대하여 관할 시장이 甲에게 부정수급기간 동안 지급된 유가보조금 전액을 회수하는 내용의 처분을 한 사안에서, 구 「여객자동차 운수사업법」에 따라 관할 행정청은 여객자동차 운수사업자가 **'거짓이나 부정한 방법으로 지급받은 보조금'**에 대하여 **반환할 것을 명하여야** 하고, 위 규정을 **'정상적으로 지급받은 보조금'**까지 **반환**하도록 명할 수 있는 것으로 해석하는 것은 **문언의 범위를 넘어서는 것이어서 위법하다**(2013.12.12. 2011두3388).

07 | ⭕   23국가7

행정청의 의사표시를 요소로 하는 법률행위적 행정행위 중에서 명령적 행위에는 하명, 허가, 대리가 속한다.

하명, 허가는 명령적 행위가 맞다. 그러나 대리는 명령적 행위가 아닌 형성적 행위이다.

법률행위적 행정행위	명령적	하명, 허가, 면제
	형성적	특허, 대리, 인가
준법률행위적 행정행위		확인, 공증, 통지, 수리

08 | 최신   25군무원7

'침익적 행정처분 근거규정 엄격해석의 원칙'이란 단순히 행정실무상의 필요나 입법정책적 필요만을 이유로 문언의 가능한 범위를 벗어나 처분상대방에게 불리한 방향으로 확장해석하거나 유추해석해서는 안 된다는 것이지, 처분상대방에게 불리한 내용의 법령해석은 일체 허용되지 않는다는 취지가 아니다.

침익적 규정은 엄격히 해석해야 하나 상대방에게 불리한 해석을 일체 금지하는 것 아님
'**침익적 행정처분 근거규정 엄격해석의 원칙**'이란 단순히 행정실무상의 필요나 입법정책적 필요만을 이유로 **문언의 가능한 범위를 벗어나 처분상대방에게 불리한 방향으로 확장해석하거나 유추해석해서는 안 된다**는 것이지, 처분상대방에게 **불리한 내용의 법령해석은 일체 허용되지 않는다는 취지가 아니다**(2021.2.25. 2020두51587).

정답 01 ○ 02 ○ 03 ○ 04 ○ 05 × 06 ○ 07 × 08 ○

T17 명령적 행정행위 - 하명·허가·면제

01 | ❌   10지방7

법적인 근거가 없음에도 불구하고 경찰관청이 집단민원의 발생 등을 이유로 신청인에 대하여 인근주민의 동의서 제출을 요구한 경우, 신청인이 주민의 동의서를 제출하지 않은 때에는 허가를 거부할 수 있다.

허가는 원칙적으로 **기속행위**이다. 즉, **법령에서 미리 정해둔 요건만 갖추면 허가를 해주어야** 하며, 법에 규정되지 않은 요건이나 공익적 사유를 임의로 내세워 거부할 수 없다. 예컨대 행정청에서 인근주민들의 집단민원 등을 이유로 허가신청인에게 법령상 근거도 없는 주민 동의서를 받아올 것을 요구하며 동의서 미제출을 이유로 허가를 거부하는 것은 허용되지 않는다.

02 | ⭕   15(3)경행

허가의 요건은 법령으로 규정되어야 하며, 법령의 근거 없이 행정권이 독자적으로 허가요건을 추가하는 것은 허용되지 아니한다.

허가는 원칙적으로 **기속행위**이다. 즉, **법령에서 미리 정해둔 요건만 갖추면 허가를 해주어야** 하며, 법에 규정되지 않은 요건이나 공익적 사유를 임의로 내세워 거부할 수 없다.

정답 01 × 02 ○

T18 인·허가의제제도

01 | ⭕   24국회9

인허가의제제도는 관련 인허가가 행정청의 권한을 제한하거나 박탈하는 효과를 가진다는 점에서 법률 또는 법률의 위임에 따른 법규명령의 근거가 있어야 한다.

인허가의제: 법률 또는 법률의 위임에 따른 법규명령의 근거 필요
인허가의제제도는 관련 인허가가 행정청의 권한을 제한하거나 박탈하는 효과를 가진다는 점에서 **법률 또는** 법률의 위임에 따른 **법규명령의 근거가 있어야** 한다(2022.9.7. 2020두40327).

02 | ⭕   19(2)서울7

「건축법」에서 인허가의제제도를 둔 취지는, 인허가의제사항과 관련하여 건축허가의 관할 행정청으로 창구를 단일화하고 절차를 간소화하며 비용과 시간을 절감함으로써 국민의 권익을 보호하려는 것이다.

인허가의제의 취지: 창구단일화·절차간소화○ / 실체심사배제×
건축법에서 관련 **인허가의제제도를 둔 취지는** 인허가의제사항과 관련하여 건축행정청으로 그 **창구를 단일화**하고 **절차를 간소화**하며 비용과 시간을 절감함으로써 국민의 권익을 보호하려는 것이지, 인허가의제사항 관련 법률에 따른 **각각의 인허가 요건에 관한 일체의 심사를 배제**하려는 것이 **아니다**(2020.7.23. 2019두31839).

➕ PLUS 허가의제는 관련 인허가의 절차를 생략할 수 있게 하여 **절차간소화**에 이바지하지만 적어도 관련 인허가의 실체적 요건은 갖춰야 발급이 가능하다. 즉, 관련 인허가에 대한 **실체심사까지 배제하는 것은 아니다.**

정답 01 ○ 02 ○

T19 형성적 행위 - 특허·대리·인가

01 | Ⓑ 18국회8

「사립학교법」 제20조 제2항에 의한 학교법인의 임원에 대한 감독청의 취임승인은 학교법인의 임원선임행위를 보충하여 그 법률상의 효력을 완성하게 하는 보충적 행정행위로서 성질상 기본행위를 떠나 승인처분 그 자체만으로는 법률상 아무런 효과도 발생할 수 없다.

> 학교법인 임원취임 승인: 임원선임행위(기본행위) + 그에 대한 승인(인가)
> 사립학교법에 의한 **학교법인의 임원에 대한 감독청의 취임승인**은 학교법인의 임원선임행위를 보충하여 그 법률상의 효력을 완성케 하는 **보충적 행정행위**로서 성질상 기본행위를 떠나 승인처분 그 자체만으로는 법률상 아무런 효력도 발생할 수 없으므로 기본행위인 학교법인의 임원선임행위가 불성립 또는 무효인 경우에는 비록 그에 대한 감독청의 취임승인이 있었다 하여도 이로써 무효인 그 선임행위가 유효한 것으로 될 수는 없다(1987.8.18. 86누152).

정답 01 ○

T20 정비사업 - 재개발·재건축 등 쟁점 모음

01 | Ⓒ 19소간

행정청이 관리처분계획에 대한 인가처분을 할 때에는 그 관리처분계획의 내용이 구 「도시 및 주거환경정비법」 기준에 부합하는지 여부 등을 심사·확인하여 그 인가 여부를 결정할 수 있을 뿐 기부채납과 같은 다른 조건을 붙일 수는 없다.

> 관리처분계획인가: 조건 부과 불가
> 관리처분계획 및 그에 대한 인가처분의 의의와 성질, 그 근거가 되는 도시정비법과 그 시행령상의 위와 같은 규정들에 비추어 보면, 행정청이 **관리처분계획에 대한 인가 여부를 결정할 때에는** 그 관리처분계획에 도시정비법에 부합하는지 여부 등을 심사·확인하여 그 인가 여부를 결정할 수 있을 뿐 **기부채납과 같은 다른 조건을 붙일 수는 없다**(2012.8.30. 2010두24951).

02 | 회신 25군무원9

「도시 및 주거환경정비법」상 재건축사업이나 재개발사업의 사업시행자가 조합인 경우 조합과 토지등소유자 사이에 조합원 지위에 관하여 분쟁이 발생하면 토지등소유자는 조합을 상대로 공법상의 당사자소송에 의하여 조합원 자격의 확인을 구할 수 있다.

> 재개발조합의 조합원 자격확인: 당사자소송 대상
> 「도시 및 주거환경정비법」(이하 '도시정비법'이라 한다)상 재건축사업이나 재개발사업의 사업시행자가 조합인 경우 조합과 토지등소유자 사이에 **조합원 지위에 관하여 분쟁**이 발생하면 토지등소유자는 조합을 상대로 공법상의 **당사자소송**에 의하여 조합원 자격의 확인을 구할 수 있다(2025.2.20. 2024두52427).

> 관련 재개발조합은 조합원에 대한 법률관계에서 **공법상의 권리·의무관계**에 서 있다. 따라서 조합을 상대로 한 쟁송에 있어서 **강제가입제**를 특색으로 한 **조합원의 자격 인정 여부**에 관하여 다툼이 있는 경우에는 그 단계에서는 아직 조합의 어떠한 처분등이 개입될 여지는 없으므로 공법상의 **당사자소송**에 의하여 그 조합원 자격의 확인을 구할 수 있다(1996.2.15. 94다31235 전합).

03 | 회신 25군무원7

도시정비법상 시장·군수가 아닌 사업시행자가 분양받는 자를 상대로 공법상 당사자소송의 방법으로 청산금을 청구하는 것은 특별한 사정이 없는 한 허용할 수 없다.

> 도시정비법상 시장·군수가 아닌 사업시행자가 분양받은 자를 상대로 공법상 당사자소송으로 청산금 청구 불가(∵ 특별절차가 있음)
> 「도시 및 주거환경정비법」 제57조 제1항에 규정된 청산금의 징수에 관하여는 지방세체납처분의 예에 의한 징수 또는 징수 위탁과 같은 간이하고 경제적인 특별구제절차가 마련되어 있으므로, 시장·군수가 사업시행자의 청산금 징수 위탁에 응하지 아니하였다는 등의 특별한 사정이 없는 한 시장·군수가 아닌 사업시행자가 이와 별도로 공법상 당사자소송의 방법으로 청산금 청구를 할 수는 없다(2017.4.28. 2016두39498).

정답 01 ○ 02 ○ 03 ○

T21 준법률행위적 행정행위 - 확인·공증·통지·수리

01 | 인 16지방9

건축물 준공검사처분(은 강학상 인가에 해당한다)

> 준공검사처분은 확인에 해당하고, 법령상 요건을 충족하면 거부할 수 없는 기속행위
> **준공검사처분은** 건축허가를 받아 건축한 건물이 건축허가사항대로 건축행정목적에 적합한가의 여부를 **확인**하고, 준공검사필증을 교부하여 줌으로써 허가받은 자로 하여금 건축한 건물을 사용, 수익할 수 있게 하는 법률효과를 발생시키는 것이다. 허가관청은 특단의 사정이 없는 한 건축허가내용대로 완공된 건축물의 준공을 **거부할 수 없다**(1992.4.10. 91누5358).

정답 01 ×

T22 사인의 공법행위 - 개관

01 | Ⓢ 최신 　　　　　　　　　　　　　　　　　25경찰간부

투표에는 「민법」상 착오 규정이 적용되지 않는다.

> 사인의 공법행위의 성질상 허용될 수 있는 범위 내에서 민법상의 법률행위에 관한 규정(ex. 행위능력, 대리행위, 의사표시의 효력발생시기)이나 법원칙이 유추적용된다는 것이 일반적인 견해이다. 그러나 **투표**와 같은 합성행위는 **단체적 성질**의 행위이므로 민법상 **착오 규정이 적용되지 않는다**. 즉 착오에 의한 투표였다고 취소를 주장할 수는 없다.

정답　01 ○

T23 사인의 공법행위 - 신고·신청

01 | 소 　　　　　　　　　　　　　　　　　　　12국가9

「의료법」상 의원·치과의원 개설신고의 경우 그 신고필증의 교부행위는 신고사실의 확인행위에 해당한다.

> **의원개설신고시 신고필증 교부: 신고사실의 확인에 불과 / 교부 없어도 개설신고 효력발생**
> 의원의 개설신고를 받은 행정관청으로서는 별다른 심사, 결정 없이 그 신고를 당연히 수리하여야 하는 것이며 … 의원개설신고서를 수리한 행정관청이 소정의 **신고필증을 교부하도록 되어 있음은** 소론과 같으나 이는 **신고사실의 확인행위**로서 신고필증을 교부하도록 규정한 것에 불과한 것이므로 그와 같은 신고필증의 교부가 없다 하여 개설신고의 효력을 부정할 수 없다(1985.4.23. 84도2953).

02 | Ⓑ 　　　　　　　　　　　　　　　　　　　23소간

「수산업법」 제47조 소정의 어업의 신고는 이른바 자기완결적 신고라 할 것이므로 관할관청의 적법한 수리가 없었다 하더라도 적법한 어업신고가 있는 것으로 볼 수 있다.

> **어업신고: 수리를 요하는 신고: 수리거부된 이상 신고의 효과 ✕**
> 수산업법 제44조 소정의 **어업의 신고**는 행정청의 수리에 의하여 비로소 그 효과가 발생하는 이른바 '**수리를 요하는 신고**'라고 할 것이고, 따라서 설사 관할관청이 어업신고를 **수리하면서** 공유수면매립구역을 조업구역에서 제외한 것이 위법하다고 하더라도, 그 제외된 구역에 관하여 관할관청의 **적법한 수리가 없었던** 것이 분명한 이상 그 구역에 관하여는 같은 법 제44조 소정의 **적법한 어업신고가 있는 것으로 볼 수 없다**(2000.5.26. 99다37382).

03 | 최신 　　　　　　　　　　　　　　　　　25경찰간부

판례는 신청에 필요한 서류의 제출의무가 협력의무의 성질을 갖는 경우 그 신청서류를 제출하지 않았다고 하여 신청을 거부할 수는 없다고 한다.

> 구 조세특례제한법 제66조 제1항, 제8항, 「조세특례제한법 시행령」 제63조 제7항, 구 「농어업경영체 육성 및 지원에 관한 법률」 제16조 제3항, 제4조 제1항의 내용, 체계, 취지 및 개정 경과 등을 고려하면, 구 농어업경영체법에 따른 영농조합법인의 식량작물재배업소득 등에 대해서는 법인세 면제에 관한 구 조특법 제66조 제1항이 적용되고, 면제 신청 절차에 관한 규정인 구 조특법 제66조 제8항 및 「조세특례제한법 시행령」 제63조 제7항은 납세의무자로 하여금 면제 신청에 필요한 서류를 관할 세무서장에게 제출하도록 협력의무를 부과한 것이므로, 영농조합법인이 법인세 면제 신청을 하면서 「조세특례제한법 시행령」 제63조 제7항이 정한 농업경영체 등록확인서를 제출하지 않았다고 하여 과세관청이 해당 법인세 면제를 거부할 수는 없다(2023.3.30. 2019두55972).
>
> ✚ PLUS 신청에 필요한 서류의 제출의무가 법령상의 필수적 요건이 아니라 단순한 협력의무의 성질을 갖는 경우 그 신청서류를 제출하지 않았다고 하여 신청을 거부할 수는 없다고 본 판례

정답　01 ○　02 ✕　03 ○

T24 건축 관련 쟁점 모음

01 | Ⓘ 　　　　　　　　　　　　　　　　　　　19국회8

시장·군수·구청장은 건축신고를 받은 날부터 5일 이내에 신고수리 여부 또는 민원 처리 관련 법령에 따른 처리기간의 연장 여부를 신고인에게 통지하여야 한다.

> **건축법 제14조(건축신고)** ③ 특별자치시장·특별자치도지사 또는 시장·군수·구청장은 제1항에 따른 신고를 받은 날부터 5일 이내에 **신고수리 여부** 또는 민원 처리 관련 법령에 따른 처리기간의 연장 여부를 신고인에게 **통지하여야** 한다. 다만, 이 법 또는 다른 법령에 따라 심의, 동의, 협의, 확인 등이 필요한 경우에는 20일 이내에 통지하여야 한다.

02 | 소 　　　　　　　　　　　　　　　　　　　20소방

「건축법」상 건축허가신청의 경우 심사 결과 그 신청이 법정요건에 합치하는 경우라 할지라도 소음공해, 먼지 발생, 주변인 집단민원 등의 사유가 있는 경우 이를 불허가사유로 삼을 수 있고, 그러한 불허가처분이 비례원칙 등을 준수하였다면 처분 자체의 위법성은 인정될 수 없다.

> **집단민원 등의 발생: 중대한 공익 ✕ → 이를 이유로 건축허가 거부 불가**
> 기존 주유소 사업자의 생계 위협 및 위험시설물인 주유소 설치에 따른 **집단민원 발생**이 이 사건 주유소의 건축허가를 제한할 만한 **중대한 공익상의 필요에 해당한다고 보기 어렵다**(2012.11.22. 2010두22962 전합).

03 | Ⓐ 　　　　　　　　　　　　　　　　　　　24국가7

「건축법」상 수리를 요하지 않는 건축신고에 있어서는 원칙적으로 적법한 요건을 갖춰 신고하면 행정청의 수리 등 별도의 조치를 기다릴 필요 없이 건축행위를 할 수 있다고 보아야 한다.

일반적 건축신고는 **자기완결적 신고**이다. 따라서 적법한 요건을 갖춰 신고하면 행정청의 수리 등 별도의 조치를 기다릴 필요 없이 건축행위를 할 수 있다.

> **+ PLUS** 구 건축법 제9조 제1항에 의하여 신고를 함으로써 건축허가를 받은 것으로 간주되는 경우에는 건축을 하고자 하는 자가 적법한 요건을 갖춘 신고만 하면 행정청의 수리행위 등 별다른 조치를 기다릴 필요 없이 건축을 할 수 있는 것이므로 … (1999.10.22. 98두18435)

04 | ○ 24소간

건축허가권자는 건축신고가 「건축법」, 「국토의 계획 및 이용에 관한 법률」 등 관계 법령에서 정하는 명시적인 제한에 배치되지 않는 경우에도 건축을 허용하지 않아야 할 중대한 공익상 필요가 있는 경우에는 건축신고의 수리를 거부할 수 있다.

건축신고: 법령상 요건을 충족해도 중대한 공익이 있으면 거부 가능
건축허가권자는 건축신고가 건축법, 「국토의 계획 및 이용에 관한 법률」 등 관계 법령에서 정하는 명시적인 제한에 배치되지 않는 경우에도 건축을 허용하지 않아야 할 **중대한 공익**상 필요가 있는 경우에는 건축신고의 **수리를 거부할 수 있**다(2019.10.31. 2017두74320).

05 | ✕ 18국가7(변형)

행정청은 건축신고를 받은 날부터 5일 이내에 신고수리 여부 또는 민원 처리 관련 법령에 따른 처리기간의 연장 여부를 신고인에게 통지하여야 하고, 그 기간 내에 통지하지 아니하면 그 기간이 끝난 날의 다음 날에 신고를 수리한 것으로 본다.

건축법은 건축신고·착공신고에 대하여 신고수리 여부를 통지하도록 하고(수리통지), 특히 착공신고에 대해서는 통지 기한 내 통지하지 않은 경우 수리된 것으로 간주하도록 규정하고 있다(수리간주). 따라서 위 지문의 전단 부분은 옳으나, 후단 부분은 틀리다. 후단 부분에서 말하는 수리간주 제도는 건축신고에는 도입되지 않았고, 착공신고에만 도입되었기 때문이다.

> **건축법 제14조(건축신고)** ③ 특별자치시장·특별자치도지사 또는 시장·군수·구청장은 제1항에 따른 신고를 받은 날부터 5일 이내에 신고수리 여부 또는 민원 처리 관련 법령에 따른 처리기간의 연장 여부를 신고인에게 **통지하여야 한다.** 다만, 이 법 또는 다른 법령에 따라 심의, 동의, 협의, 확인 등이 필요한 경우에는 20일 이내에 통지하여야 한다.
> **제21조(착공신고 등)** ③ 허가권자는 제1항 본문에 따른 신고를 받은 날부터 3일 이내에 신고수리 여부 또는 민원 처리 관련 법령에 따른 처리기간의 연장 여부를 신고인에게 **통지하여야 한다.**
> ④ 허가권자가 제3항에서 정한 기간 내에 신고수리 여부 또는 민원 처리 관련 법령에 따른 처리기간의 연장 여부를 **신고인에게 통지하지 아니하면 그 기간이 끝난 날의 다음 날에 신고를 수리한 것으로 본다.**

정답 01 ○ 02 ✕ 03 ○ 04 ○ 05 ✕

T26 행정행위의 성립요건·효력발생요건

01 | ㄱ 12지방9

행정처분의 송달은 「민법」상 도달주의가 아니라 「행정절차법」 제15조에 의한 발신주의를 취한다.

행정처분의 송달도 도달주의를 취한다.

> **행정절차법 제15조(송달의 효력발생)** ① 송달은 다른 법령등에 특별한 규정이 있는 경우를 제외하고는 해당 문서가 송달받을 자에게 **도달**됨으로써 그 효력이 발생한다.

> **+ PLUS** 도달주의(↔ 발신주의✕)
> – 우편·교부: 문서도달시
> – 전자문서: 상대방 컴퓨터 등에 입력시
> – 공고: 공고일부터 14일 경과시

02 | ○ 23소방승진

훈장 수여 등 서훈수여 처분의 경우, 유족 등 제3자는 처분의 상대방이 될 수 없고, 망인을 대신하여 단지 사실행위로서 훈장 등을 교부받거나 보관할 수 있는 지위에 있을 뿐이다.

03 | B 17(하)지방9

망인에 대한 서훈취소는 유족에 대한 것이 아니므로 유족에 대한 통지에 의해서만 성립하여 효력이 발생한다고 볼 수 없고, 그 결정이 처분권자의 의사에 따라 상당한 방법으로 대외적으로 표시됨으로써 행정행위로서 성립하여 효력이 발생한다고 봄이 타당하다.

망인에 대한 서훈취소: 망인에 대한 통지는 불가능하므로 상당한 방법의 대외적 표시로 효력발생(유족에 통지 필요✕)
1. 망인에 대한 서훈: 일신전속적 성격 → 유족도 상대방이 될 수 없음
2. 망인에 대한 서훈취소: 일신전속적 성격 → 유족도 상대방이 될 수 없음(망인이 상대방)
→ 망인에 대한 통지는 불가능하므로 상당한 방법의 대외적 표시로 효력발생(유족에 통지 필요✕)

[1] 〈서훈〉은 서훈대상자의 특별한 공적에 의하여 수여되는 고도의 **일신전속적 성격**을 가지는 것이다. 상훈법은 일반적인 행정행위와 달리 사망한 사람에 대하여도 그의 공적을 영예의 대상으로 삼아 서훈을 수여할 수 있도록 규정하고 있다. 그러나 그러한 경우에도 서훈은 어디까지나 서훈대상자 본인의 공적과 영예를 기리기 위한 것이므로 비록 **유족이라고 하더라도** 제3자는 **서훈수여처분의 상대방이 될 수 없**고, 구 상훈법에 따라 망인을 대신하여 단지 사실행위로서 훈장 등을 교부받거나 보관할 수 있는 지위에 있을 뿐이다.02

[2] 서훈의 일신전속적 성격은 〈서훈취소〉의 경우에도 마찬가지이므로, 망인에게 수여된 서훈의 취소에서도 **유족은 그 처분의 상대방이 되는 것이 아니다.** 이와 같이 **망인에 대한 서훈취소**는 유족에

대한 것이 아니므로 **유족에 대한 통지**에 의해서만 성립하여 효력이 발생한다고 볼 수 **없고**, 그 결정이 처분권자의 의사에 따라 **상당한 방법**으로 대외적으로 **표시**됨으로써 행정행위로서 성립하여 **효력이 발생**한다고 봄이 타당하다[03] (2014.9.26. 2013두2518).

정답 01 ✕ 02 ○ 03 ○

T27 행정행위의 효력(1) - 공정력·구성요건적 효력

01 | 기   10국가9

위임한계를 벗어난 법령도 공정력을 갖는 결과 권한이 있는 국가기관에 의해 그 효력이 부인될 때까지는 유효한 효력을 보유한다는 것이 판례의 일관된 입장이다.

02 | 기   10지방9

위법한 공법상 계약은 무효이므로 공법상 계약에는 원칙적으로 공정력이 인정되지 않는다.

공정력은 **처분에 인정**되는 것이다. 따라서 처분이 아닌 행정입법,[01] 공법상 계약,[02] 각종 비권력적 행위나 단순 사실행위, 사법상 행위, 내부적 의사결정 등에는 인정될 수 없다.

03 | 인   11지방7

처분등의 효력 유무 및 위법 여부 또는 존재 여부가 민사소송의 선결문제로 되어 당해 민사소송의 수소법원이 이를 심리·판단하는 경우에 대하여 「행정소송법」은 명시적인 규정을 두고 있다.

이 지문은 다 옳지만, '**위법 여부**' 부분이 틀렸다. 행정소송법 제11조는 처분의 '**효력과 존재 여부**'가 선결문제가 되는 경우만 규정하고 있기 때문이다.

> **행정소송법 제11조(선결문제)** ① 처분등의 **효력 유무 또는 존재 여부**가 민사소송의 **선결문제**로 되어 당해 민사소송의 수소법원이 이를 심리·판단하는 경우에는 제17조, 제25조, 제26조 및 제33조의 규정을 준용한다.

04 | 기   14지방9

행정처분이 당연무효가 아닌 한 형사법원은 선결문제로 그 행정처분의 효력을 부인할 수 없다.

처분의 효력 유무가 선결문제가 된 경우, 그 처분이 **당연무효가 아닌 한**(취소할 수 있는 하자에 불과한 이상) 공정력으로 인해 형사법원에서 그 처분의 효력을 부인할 수 **없다**.

+ PLUS 반면, **당연무효라면** 공정력이 없으므로 형사법원에서도 당연히 효력을 부인할 수 있고 그를 전제로 판결할 수 **있다**.

05 | S   23소간

무단으로 공유재산 등을 사용·수익·점유하는 자가 관리청의 변상금부과처분에 따라 그에 해당하는 돈을 납부한 경우라면 위 변상금부과처분이 당연무효이거나 행정소송을 통해 먼저 취소되기 전에는 사법상 부당이득반환청구로써 위 납부액의 반환을 구할 수 없다.

변상금부과처분: 하자가 당연무효사유이거나, 취소사유라면 취소되기 전에는 부당이득✕

무단으로 공유재산 등을 사용·수익·점유하는 자가 관리청의 변상금부과처분에 따라 그에 해당하는 돈을 납부한 경우라면 위 **변상금부과처분**이 당연무효이거나 행정소송을 통해 먼저 **취소되기 전에는** 사법상 **부당이득반환청구로써** 위 납부액의 **반환을 구할 수 없다** (2013.1.24. 2012다79828).

06 | C   23국가7

특정의 사실 또는 법률관계의 존재를 공적으로 증명하여 공적 증거력을 부여하는 행정행위는 확인행위로서 당선인결정, 장애등급결정, 행정심판의 재결 등이 그 예이다.

특정의 사실 또는 법률관계의 존재를 공적으로 증명하여 공적 증거력을 부여하는 행정행위는 확인행위가 아닌 공증행위이다. 따라서 지문의 앞부분은 틀렸다. 당선인결정, 장애등급결정, 행정심판의 재결 등이 확인행위라는 뒷부분은 옳다.

확인	특정사실 또는 법률관계의 존부 또는 정부에 관하여 의문이 있거나 다툼이 있는 경우에 행정청이 이를 공권적으로 확인하는 행위 (당선인결정, 장애등급결정, 행정심판의 재결)
공증	특정의 사실 또는 법률관계의 존재를 공적으로 증명하여 공적 증거력을 부여하는 행위 (당선증발급, 의료유사업자 자격증갱신발급, 특허의 등록)

정답 01 ✕ 02 ○ 03 ✕ 04 ○ 05 ○ 06 ✕

T29 행정행위의 하자와 효력

01 | S   13국회9

취소할 수 있는 행정행위는 제소기간의 제한을 받지만 무효인 행정행위는 제소기간의 제한을 받지 않는다.

취소할 수 있는 행정행위는 제소기간 제한이 **있고**, 제소기간 경과시 불가쟁력이 **발생**한다. 반면, **무효**인 행정행위는 제소기간의 제한이 **없고** 따라서 불가쟁력도 **발생하지 않**는다.

02 | 인   17지방7

「택지개발촉진법」상 택지개발예정지구를 지정함에 있어 거쳐야 하는 관계중앙행정기관의 장과의 협의를 거치지 않은 택지개발예정지구 지정처분(은 무효인 행정행위에 해당한다)

타 기관 협의절차를 생략하고 택지예정지구 지정처분: 절차의 하자로 취소사유
택지개발예정지구를 지정함에 있어 미리 **관계중앙행정기관의 장과 협의를** … 거치지 아니하였다고 하더라도 이는 위 지정처분을 **취소할 수 있는 원인이 되는 하자** 정도에 불과하고 위 지정처분이 당연무효가 되는 하자에 해당하는 것은 아니다(2000.10.13. 99두653).

03 | ❸   20국가7

(판례에 따르면) 행정행위의 무효사유를 판단하는 기준으로서의 명백성은 행정행위의 법적 안정성 확보를 통하여 행정의 원활한 수행을 도모하는 한편, 그 행정행위를 유효한 것으로 믿은 제3자나 공공의 신뢰를 보호하여야 할 필요가 있는 경우에 보충적으로 요구된다.

지문의 내용은 명백성보충요건설에 대한 설명으로서는 정확하게 맞는 내용이다. 다만, 이러한 견해가 '판례'라고 한 부분이 틀렸다. 판례는 중대·명백설이다.

04 | ❸   20국회8

위헌결정은 원칙적으로 장래효를 가지나, 예외적으로 당해사건, 동종사건, 병행사건에 효력을 미치며, 위헌결정 이후 제소된 일반사건에서도 소급효의 부인이 정의와 형평에 반하는 경우에는 소급효가 인정된다.

(헌재) 위헌결정의 효력: 헌법재판소법에도 불구하고 당해·동종·병행 사건은 소급효 인정 → 일반사건의 경우 소급효 부인시 구체적 타당성에 반하게 되는 경우에 한해 소급효 인정
구 헌법재판소법 제47조 제2항 본문은 위헌결정의 시간적 효력범위에 관하여 **장래효를 원칙으로 규정하고** 있으나, 위헌결정을 위한 계기를 부여한 사건(**당해사건**), 위헌결정이 있기 전에 이와 동종의 위헌 여부에 관하여 헌법재판소에 위헌제청을 하였거나 법원에 위헌제청신청을 한 사건(**동종사건**), 따로 위헌제청신청을 아니하였지만 당해 법률조항이 재판의 전제가 되어 법원에 계속 중인 사건(**병행사건**)에 대하여 **예외적으로 소급효가 인정**되고, 위헌결정 이후에 제소된 사건(**일반사건**)이라도 구체적 타당성의 요청이 현저하고 소급효의 부인이 정의와 형평에 반하는 경우에는 **예외적으로 소급효를 인정**할 수 있다(헌재 2013.6.27. 2010헌마535).

05 | ❷   21국가7(변형)

(甲이 1991.10.10. 공무원으로 신규임용되어 근무하였으나, 2007.12.5. 신규임용 당시 임용결격사유에 해당함이 밝혀져 임용이 취소된 경우) 甲이 신규임용되어 임용이 취소될 때까지 공무원으로서 한 행위는 당연무효라고 할 수 없다.

임용결격사유가 있던 행정기관이 행한 행위 역시 **무효임이 원칙**이다. 애초에 임용 자체가 무효여서 정당한 공무원이었던 적이 없기 때문이다. 다만, 상대방이 당해 행정기관이 정당한 권한을 가지고 있는 것으로 믿을 만한 상당한 이유가 있는 경우에는 **상대방의 신뢰를 보호하기 위해** 당해 **행위를 유효로** 보아야 한다(사실상 공무원이론).

06 | ❸   23군무원7

체납취득세에 대한 압류처분권한은 도지사로부터 시장에게 권한위임된 것이고 시장으로부터 압류처분권한을 내부위임받은 데 불과한 구청장이 자신의 명의로 한 압류처분은 권한 없는 자에 의하여 행하여진 위법·무효의 처분이다.

시장으로부터 내부위임받은 데 불과한 구청장이 시장 명의가 아닌 자기명의로 한 압류처분: 무효
체납취득세에 대한 압류처분권한은 도지사로부터 시장에게 권한위임된 것이고 시장으로부터 압류처분권한을 **내부위임받은 데 불과한 구청장**으로서는 시장 명의로 압류처분을 대행처리할 수 있을 뿐이고 자신의 명의로 이를 할 수 없다 할 것이므로 구청장이 **자신의 명의로 한 압류처분**은 권한 없는 자에 의하여 행하여진 위법·**무효의 처분이다**(1993.5.27. 93누6621).

07 | 18국회8

행정행위 효력요건은 정당한 권한 있는 기관이 필요한 절차를 거치고 필요한 표시의 형식을 갖추어야 할 뿐만 아니라, 행정행위의 내용이 법률상 효과를 발생할 수 있는 것이어야 되며 그중의 어느 하나의 요건의 흠결도 당해 행정행위의 취소원인이 된다.

행정행위가 유효하기 위해서는 주체·내용·절차·형식의 요건을 모두 갖추어야 하는바, 그러한 요건의 흠결시 그 위법성의 정도에 따라 무효 또는 취소사유가 된다. 행정행위의 내용 자체가 법률상 효과를 발생할 수 없는 경우, 즉 실현 불능한 경우에는 무효가 됨이 원칙이다.

08 | ❶   18국가7(변형)

행정처분의 이유로 제시한 수개의 처분사유 중 일부가 위법하면, 다른 처분사유로써 그 처분의 정당성이 인정되더라도 그 처분은 위법하다.

수개 처분사유 중 일부 위법: 다른 사유로써 처분의 정당성 인정되면 처분은 위법✕
행정처분에 있어 수개의 처분사유 중 **일부가 적법하지 않다고 하더라도** 다른 처분사유로써 그 처분의 정당성이 인정되는 경우에는 그 처분을 위법하다고 할 수 없다(2013.10.24. 2013두963).

09 | ❹ 회신   25군무원7

어느 법률조항의 개정이 자구만 형식적으로 변경된 데 불과하여 개정 전후 법률조항들의 동일성이 그대로 유지되고 있다면 개정 전 법률조항에 대한 위헌결정의 효력은 개정 법률조항에 대하여도 미친다고 볼 수 있다.

자구만 형식적으로 변경된 데 불과하여 개정 전후 법률조항들의 동일성 유지되는 경우: '개정 전 법률조항' 위헌결정 효력 → '개정 법률조항'에도 미침◯ but '개정 법률조항'에 대한 위헌결정 효력 → '개정 전 법률조항'에는 미치지 않음
어느 법률조항의 개정이 자구만 형식적으로 변경된 데 불과하여 개정 전후 법률조항들 자체의 의미내용에 아무런 변동이 없고, 개정 법률조

항이 해당 법률의 다른 조항이나 관련 다른 법률과의 체계적 해석에서도 개정 전 법률조항과 다른 의미로 해석될 여지가 없어 양자의 **동일성이 그대로 유지**되고 있는 경우에는 '**개정 전 법률조항**'에 대한 **위헌결정의 효력**은 그 주문에 개정 법률조항이 표시되어 있지 아니하더라도 '**개정 법률조항**'에 대하여도 **미친다**. 그러나 이와 달리 '**개정 법률조항**'에 대한 위헌결정이 있는 경우에는, 비록 그 법률조항의 개정이 자구만 형식적으로 변경된 것에 불과하여 개정 전후 법률조항들 사이에 실질적 동일성이 인정된다 하더라도, '**개정 법률조항**'에 대한 위헌결정의 효력이 '**개정 전 법률조항**'에까지 그대로 **미친다고 할 수는 없다**(2020.2.21. 2015모2204).

10 | ⓞ 최신   25경찰간부

변상금 부과처분을 할 것을 사용료 부과처분을 하거나 반대로 사용료 부과처분을 할 것을 변상금 부과처분을 하였다고 하여 그와 같은 부과처분의 하자를 중대한 하자라고 할 수는 없다.

변상금 부과처분을 할 것을 사용료 부과처분을 하거나, 사용료 부과처분을 할 것을 변상금 부과처분을 한 경우: 무효사유✕(∵하자가 중대✕)
공유수면 점·사용 허가 등을 받아 적법하게 사용하는 경우에는 사용료 부과처분을, 허가를 받지 않고 무단으로 사용하는 경우에는 변상금 부과처분을 하는 것이 적법하다. 그러나 적법한 사용이든 무단사용이든 그 공유수면 점·사용으로 인한 대가를 부과할 수 있다는 점은 공통된 것이고, 적법한 사용인지 무단사용인지의 여부에 관한 판단은 사용관계에 관한 사실 인정과 법적 판단을 수반하는 것으로 반드시 명료하다고 할 수 없으므로, 그러한 판단을 그르쳐 **변상금 부과처분을 할 것을 사용료 부과처분**을 하거나 반대로 **사용료 부과처분을 할 것을 변상금 부과처분**을 하였다고 하여 그와 같은 부과처분의 하자를 **중대한 하자**라고 할 수는 **없다**(2013.4.26. 2012두20663).

정답   01 ○ 02 ✕ 03 ○ 04 ○ 05 ○ 06 ○ 07 ✕ 08 ✕ 09 ○ 10 ○

T30 하자의 승계·전환·치유

01 | 인   10(1)경행

토지등급결정내용의 개별통지가 있다고 볼 수 없어 토지등급결정이 무효인 이상, 토지소유자가 그 결정 이전이나 이후에 토지등급결정내용을 알았다거나 또는 그 결정 이후 매년 정기등급수정의 결과가 토지소유자 등의 열람에 공하여졌다 하더라도 개별통지의 하자가 치유되는 것은 아니다.

개별통지 누락한 토지등급결정(무효) → 소유자가 내용을 알았거나, 열람에 공해졌어도 치유✕
토지등급결정내용의 개별통지가 있다고 볼 수 없어 **토지등급결정이 무효인 이상**, 토지소유자가 그 결정 이전이나 이후에 토지등급결정내용을 알았다거나 또는 그 결정 이후 매년 정기 등급수정의 결과가 토지소유자 등의 열람에 공하여졌다 하더라도 개별통지의 **하자가 치유**되는 것은 **아니다**(1997.5.28. 96누5308).
 ✚ PLUS   하자의 **치유는 취소할 수 있는 행위에만** 인정될 뿐 무효인 행위에는 인정되지 않는다.

02 | 인   11국가7

도시계획사업의 실시계획인가고시와 수용재결처분(은 하자의 승계가 인정된다)

도시계획사업 실시계획인가고시 / 수용재결: 승계 부정
〈**도시계획사업의 실시계획인가**〉는 그 자체가 행정처분의 성격을 띠는 것으로서 독립하여 행정쟁송의 대상이 되므로 이것이 당연무효가 아닌 한 이 처분이 위법하다고 주장하는 사람은 이 행정처분을 대상으로 하여 그 취소를 구하여야 하고, 이 선행처분을 다투지 아니하고 그 쟁송기간이 도과한 후 〈**수용재결**〉단계에 있어서는 그 처분의 불가쟁력에 의하여 그 도시계획사업의 실시계획인가고시에 위법이 있음을 들어 수용재결처분의 취소를 구할 수는 **없다**(1991.11.26. 90누9971).
 ✚ PLUS   선행 도시계획사업 실시계획인가도 항고소송의 대상이 되는 독립한 처분 → 후행 수용재결로의 하자승계가 문제 → 승계 부정

03 | Ⓐ   15서울9

개별공시지가 결정과 이에 근거한 개발부담금부과처분(간 하자의 승계가 인정된다)

개발부담금부과처분 / 개별공시지가결정: 승계 긍정
〈**개발부담금부과처분**〉의 취소를 구하는 경우에도 부과종료시점지가 산정의 기초가 된 〈**개별공시지가결정**〉에 위법사유가 있음을 독립된 불복사유로 주장할 수 **있다**(1997.4.11. 96누9096).

04 | 인   16지방7

법률에 규정된 공청회를 열지 아니한 하자가 있는 도시계획결정에 불가쟁력이 발생하였다면, 당해 도시계획결정이 당연무효가 아닌 이상 그 하자를 이유로 후행하는 수용재결처분의 취소를 구할 수는 없다.

도시계획결정 / 수용재결: 승계 부정
〈**도시계획**〉의 수립에 있어서 도시계획법 제16조의2 소정의 **공청회를 열지 아니하고** 「공공용지의취득 및 손실보상에 관한 특례법」 제8조 소정의 **이주대책을 수립하지 아니하였더라도** 이는 **절차상의 위법**으로서 **취소사유에 불과**하고 그 하자가 도시계획결정 또는 도시계획사업시행인가를 무효라고 할 수 있을 정도로 중대하고 명백하다고는 할 수 없으므로 이러한 **위법**을 선행처분인 도시계획결정이나 사업시행인가단계에서 다투지 아니하였다면 그 쟁송기간이 이미 도과한 후인 수용재결단계에 있어서는 도시계획수립행위의 위와 같은 위법을 들어 〈**(수용)재결**〉처분의 취소를 구할 수는 **없다**(1990.1.23. 87누947).

05 | Ⓢ   21변시

도시계획시설사업에 관한 실시계획의 인가처분이 그 하자가 중대·명백하여 당연무효이면, 인가처분에 기초한 수용재결도 무효이다.

도시계획시설사업 실시계획인가처분이 무효: 후행 수용재결 처분도 무효
원심이 같은 취지에서 **도시계획시설사업 실시계획인가**(이하 '이 사건 인가처분')는 그 하자가 중대·명백하여 **당연무효**이고, 당연무효인 이 사건 인가처분에 기초한 이 사건 **수용재결도 무효**라고 판단한 것은 정당하다(2015.3.20. 2011두3746).

06 | A
22소간

계고처분과 대집행비용납부명령은 그 목적을 달리하여 별개의 법률효과를 발생시키는 처분이므로 이미 불가쟁력이 발생한 계고처분에 존재하는 하자를 이유로 아무런 하자가 없는 대집행비용납부명령의 효력을 다툴 수 없다.

대집행절차인 계고 / 통지 / 실행 / 비용납부명령: 승계 인정(하나의 법적 효과) → 계고처분이 위법: 대집행비용납부명령도 위법

대집행의 **계고**, 대집행영장에 의한 통지, 대집행의 실행, 대집행에 요한 **비용의 납부명령** 등은 타인이 대신하여 행할 수 있는 행정의무의 이행을 의무자의 비용부담하에 확보하고자 하는, 동일한 행정목적을 달성하기 위하여 단계적인 일련의 절차로 연속하여 행하여지는 것으로서, 서로 **결합하여 하나의 법률효과**를 발생시키는 것이다. … 선행처분인 계고처분이 하자가 있는 위법한 처분이라면, 대집행비용납부명령 자체에는 아무런 하자가 없다 하더라도, 후행처분인 대집행비용납부명령의 취소를 청구하는 소송에서 청구원인으로 선행처분인 **계고처분이 위법한 것이기 때문에 그 계고처분을 전제로 행하여진 대집행비용납부명령도 위법**한 것이라는 주장을 할 수 있다(1993.11.9. 93누14271).

+ PLUS **대집행절차를 이루는 각 행위들**(계고, 영장에 의한 통지, 실행, 비용납부명령)은 하나의 법적 효과를 목적으로 하는 것으로 **하자의 승계가 인정**된다.

07 | A
23서울시연구사

공인중개사무소 개설등록취소처분은 공인중개사 업무정지처분을 전제로 하고 서로 결합하여 1개의 법률효과를 완성하는 경우이므로 선행처분의 하자가 후행처분에 승계된다.

공인중개사 업무정지 / 공인중개사무소 개설등록취소: 하자승계 부정

공인중개사 업무정지처분과 동 정지기간 중에 중개업무를 하였음을 사유로 한 **사무소개설등록 취소처분은 하자가 승계되지 않는다**. 양 처분은 그 내용과 효과를 달리하는 독립된 행정처분으로서 서로 **결합하여 1개의 법률효과**를 완성하는 때에 해당한다고 볼 수 **없다**. 업무정지처분의 불가쟁력이나 구속력이 그로 인하여 불이익을 입게 되는 원고에게 **수인한도**를 넘는 가혹함을 가져오고 그 결과가 **예측가능하지 않은 경우**에 해당한다고 보기 어려우므로, 선행처분이 당연무효가 아닌 이상 그 하자를 이유로 후행처분의 효력을 다툴 수 **없다**(2019.1.31. 2017두40372).

08 | 소
23소방

불가쟁력이 발생한 부담금 부과처분의 근거 법률에 대한 위헌결정이 있으면, 후행 압류처분의 취소를 구하는 소송에서 재판의 내용과 효력에 대한 법률적 의미가 달라진다.

불가쟁력이 발생한 부담금 부과처분의 근거법규가 위헌인지 여부가 후행 압류처분에 대한 취소소송에서 재판의 전제성이 있는지: 없음

이 사건 각 부과처분의 근거법률이 위헌이라고 하더라도 그 위헌성이 명백하다는 등 특별한 사정이 있다고 볼 자료가 없는 한 각 **부과처분에는 취소할 수 있는 하자가 있음에 불과**하고 각 부과처분에 불가쟁력이 발생하여 더 이상 다툴 수 없는 이상 각 부과처분의 하자가 각 압류처분의 효력에 아무런 영향을 미칠 수 없으므로, 각 부과처분의 근거법률의 **위헌 여부에 의하여** 당해사건인 압류처분취소의 소의 **주문이 달라지거나 재판의 내용과 효력에 관한 법률적 의미가 달라지는 경우로 볼 수 없다**(헌재 2004.1.29. 2002헌바73 전원).

+ PLUS 판례해설

사실관계	압류처분에 대한 취소소송에서 압류처분의 위법사유로 그 전제가 된 **부담금 부과처분의 근거법률이 위헌**이라고 주장하며 헌법소원심판을 청구
판례의 논리	① 설령 부담금 부과처분의 근거법규가 **위헌**이더라도, 이는 부담금 부과처분의 **취소사유**일 뿐, 무효사유는 아님 ② 그런데 부담금 부과처분에 **취소사유**가 생기더라도 이는 후행 압류처분에 **영향이 없음**(하자의 승계가 부정되는 관계) ③ 따라서 부담금 부과처분의 근거법규가 위헌인지 여부는, 후행 압류처분의 취소를 구하는 소송에서 **법적 의미가 없어** 재판의 전제성이 인정되지 않음

09 | A
23지방9

2개 이상의 행정처분이 연속적 또는 단계적으로 이루어지는 경우 선행처분과 후행처분이 서로 합하여 1개의 법률효과를 완성하는 때에는 선행처분에 하자가 있으면 그 하자는 후행처분에 승계된다.

하자의 승계는 선행행위와 후행행위가 **결합하여 동일한 법적 효과**를 목적으로 하는 경우에 인정되고, **독립하여 별개의 법적 효과**를 목적으로 하는 때에는 부정된다는 것이 다수설·판례이다.

- 2개 이상의 행정처분이 연속적 또는 단계적으로 이루어지는 경우 선행처분과 후행처분이 서로 합하여 **1개의 법률효과**를 완성하는 때에는 선행처분에 하자가 있으면 그 하자는 후행처분에 승계된다. 이러한 경우에는 선행처분에 불가쟁력이 생겨 그 효력을 다툴 수 없게 되더라도 선행처분의 하자를 이유로 후행처분의 효력을 다툴 수 있다(2019.1.31. 2017두40372).

10 | A 회신
25경찰간부

선행 독촉과 후행 가산금·중가산금징수처분(의 경우 하자의 승계가 인정된다)

(중)가산금 독촉처분과 징수처분: 하자승계 인정

국세징수법 제21조, 제22조 소정의 가산금, 중가산금은 국세체납이 있는 경우에 위 법조에 따라 당연히 발생하고 그 액수도 확정되는 것이기는 하나 그에 관한 **징수절차**를 개시하려면 독촉장에 의하여 그 납부를 독촉함으로써 가능한 것이고 위 **가산금 및 중가산금의 납부독촉**이 부당하거나 그 절차에 **하자가 있는 경우**에는 그 **징수처분**에 대하여도 취소소송에 의한 **불복이 가능**하다(1986.10.28. 86누147).

+ PLUS 강제징수절차를 이루는 각 행위들(독촉, 압류, 매각)은 하나의 법적 효과를 목적으로 하는 것으로 하자의 승계가 인정된다.

11 | 최신
25경찰간부

선행 한지의사시험자격인정과 후행 한지의사면허처분(의 경우 하자의 승계가 인정된다)

> **한지의사시험자격인정과 한지의사면허처분: 하자승계 인정**
> 한지의사자격시험에 응시하기 위한 〈응시자격인정〉의 결정을 사위의 방법으로 받은 이상 이에 터잡아 취득한 〈한지의사면허처분〉도 면허를 취득할 수 없는 사람이 취득한 하자 있는 처분이 된다 할 것이므로 보건사회부장관이 그와 같은 하자 있는 처분임을 이유로 원고가 취득한 한지의사면허를 취소하는 처분을 하였음은 적법하다(1975.12.9. 75누123).

정답 01 ○ 02 × 03 ○ 04 ○ 05 ○ 06 ○ 07 × 08 × 09 ○ 10 ○ 11 ○

T31 행정행위의 효력상실 - 취소·철회·실효

01 | ○
11국회8

허위의 무사고증명을 제출하여 개인택시면허를 받은 자에 대한 면허를 취소함에 있어서 행정청이 그 자의 신뢰이익을 고려하지 아니하였다면 재량권남용이다.

> **허위의 경력증명서를 내고 택시면허: 직권취소시 신뢰이익 고려×, 재량권남용×**
> **허위의 경력증명을 제출하여** 사위의 방법으로 내무부장관의 표창 및 무사고운전자 영년표시장을 받고 이를 기초로 **개인택시 사업면허를 받은 사람**은, 그 이익이 위법하게 취득되었음을 알고 있어, 그 **취소의 가능성도 예상**하고 있었을 것이므로, 그 자신이 위 행정행위에 대한 **신뢰이익을 원용할 수 없음**은 물론, 위 면허취소행위에 대하여 행정청의 재량권남용의 여부가 논의될 여지가 없다(1987.11.24. 87누39).

02 | ○
13(2)경행

허위의 고등학교 졸업증명서를 제출하는 사위(詐僞)의 방법에 의한 하사관 지원의 하자를 이유로 하사관 임용일로부터 33년이 경과한 후에 행정청이 행한 하사관 및 준사관 임용취소처분은 위법하다.

> **허위의 고교졸업증을 내고 임용: 33년 후 임용취소해도 적법**
> 피고가 원고에 대한 하사관 임용 당시 적극적으로 임용결격사유를 밝혀내지 못하였다 하더라도, 원고가 〈허위의 고등학교 졸업증명서를 제출〉하는 사위의 방법에 의하여 하사관을 지원하여 입대한 이상, 원고로서는 자신에 대한 하사관 임용이 소정의 지원요건을 갖추지 못한 자에 대하여 위법하게 이루어진 것을 알고 있어 그 **취소가능성도 예상할 수 있었다** 할 것이므로, 피고가 **33년이 경과**한 후 뒤늦게 원고에 대한 하사관 및 준사관 임용을 취소함으로써 원고가 입는 불이익이 적지 않다 하더라도 위 취소행위가 **신뢰이익**을 침해하였다고 할 수 없음은 물론 **비례의 원칙**에 위배하거나 재량권을 남용하였다고 볼 수 없어, 결국 원고에 대한 하사관 및 준사관 **임용을 취소한 이 사건 처분은 적법**하다(2002.2.5. 2001두5286).

03 | ○
15교행9

철회의 효과는 장래에 미치는 것이 원칙이지만, 예외적으로 소급효를 인정할 수 있다.

04 | ○
24소방

철회의 효과에 관하여 「행정기본법」은 소급효에 대해 명시적으로 규정함이 없으나, 판례는 별도의 법적 근거가 있다면 소급효 또한 인정할 수 있다는 입장이다.

> 철회는 후발적 사유를 원인으로 하므로 **장래효**이다(행정기본법 제19조 제1항). 다만, 판례는 별도의 **법적 근거가 있는 경우** 등에는 **예외적으로 소급효**를 인정할 수 있다[03]고 한다[04](2018.6.28. 2015두58195).
>
> > 행정기본법 제19조(적법한 처분의 철회) ① 행정청은 적법한 처분이 다음 각 호의 어느 하나에 해당하는 경우에는 그 처분의 전부 또는 일부를 **장래를 향하여 철회**할 수 있다. (각 호 생략)

05 | ○
18서울9

철회 자체가 행정행위의 성질을 가지는 것은 아니어서 「행정절차법」상 처분절차를 적용하여야 하는 것은 아니나, 신뢰보호원칙이나 비례원칙과 같은 행정법의 일반원칙은 준수해야 한다.

> • 행정행위의 철회는 그 자체가 독립된 행정처분이다. 따라서 **행정절차법상 처분절차**에 따른다.[05(앞)] 즉, 철회시 **이유제시**를 하여야 할 것이고(행정절차법 제23조), 수익적 처분 철회시(이는 침익적인 처분이 되므로) **사전통지·의견청취**절차도 거쳐야 할 것이다(제21, 제22조).
> • 또한 침익적 처분의 철회는 결국 수익적이므로 원칙상 자유로우나, 수익적 처분 철회시에는 결과적으로 침익적 처분이 되므로 **행정법의 일반원칙**(비례원칙, 신뢰보호원칙 등)을 준수해야 한다.[05(뒤)]

06 | ○
19국가9

(甲은 「영유아보육법」에 따라 보건복지부장관의 평가인증을 받아 어린이집을 설치·운영하고 있다. 甲은 어린이집을 운영하면서 부정한 방법으로 보조금을 교부받아 사용하였고, 보건복지부장관은 이를 근거로 관련 법령에 따라 평가인증을 취소하였다) 평가인증의 취소는 강학상 취소에 해당하며, 행정청이 평가인증취소처분을 하면서 별도의 법적 근거 없이도 평가인증의 효력을 취소사유 발생일로 소급하여 상실시킬 수 있다.

> **운영 중 보조금 부정수급을 이유로 어린이집 평가인증을 '취소' → '철회'에 해당 so 장래효(소급상실시키려면 별도의 법적 근거가 필요)**
> 영유아보육법 제30조 제5항 제3호에 따른 평가인증의 취소는 평가인증 당시에 존재하였던 하자가 아니라 그 이후에 새로이 발생한 사유로 평가인증의 효력을 소멸시키는 경우에 해당하므로, 법적 성격은 평가인증의 '**철회**'에 해당한다. 그런데 행정청이 평가인증을 철회하면서 그 효력을 철회의 효력발생일 이전으로 소급하게 하면, 철회 이전의

기간에 평가인증을 전제로 지급한 보조금 등의 지원이 그 근거를 상실하게 되어 이를 반환하여야 하는 법적 불이익이 발생한다. 이는 장래를 향하여 효력을 소멸시키는 철회가 예정한 법적 불이익의 범위를 벗어나는 것이다. 이처럼 행정청이 평가인증이 이루어진 이후에 새로이 발생한 사유를 들어 영유아보육법 제30조 제5항에 따라 평가인증을 철회하는 처분을 하면서도, 평가인증의 효력을 과거로 **소급하여 상실시키기 위해서는, 특별한 사정이 없는 한 영유아보육법 제30조 제5항과는 별도의 법적 근거가 필요하다**(2018.6.28. 2015두58195).

07 | 인 19지방7
부관인 부담의 불이행을 이유로 수익적 행정행위를 철회하는 행위(는 행정청이 별도의 법령상의 근거 없이도 할 수 있다)

> 수익적 행정행위의 철회는 1) 법령상 근거규정이 있는 경우 외에도, 2) 철회권이 유보된 경우, 3) 부담 불이행 등 상대방의 유책사유가 있는 경우, 4) 사정변경이 생겼거나 중대한 공익상 필요가 있는 경우 등에 할 수 있다. 지문은 이 중 3)에 해당한다.

08 | B 19지방9
「산업재해보상보험법」상 각종 보험급여 등의 지급결정을 변경 또는 취소하는 처분과 처분에 터잡아 잘못 지급된 보험급여액에 해당하는 금액을 징수하는 처분이 적법한지를 판단하는 경우, 지급결정을 변경 또는 취소하는 처분이 적법하다면 그에 터잡은 징수처분도 적법하다고 판단해야 한다.

> **지급결정취소처분은 적법해도, 그에 기초한 환수처분은 위법할 수 있음**
> 산재보상법상 각종 보험급여 등의 **지급결정을 변경 또는 취소**하는 처분과 처분에 터잡아 **잘못 지급된 보험급여액에 해당하는 금액을 징수**하는 처분이 적법한지를 판단하는 경우 비교·교량할 각 사정이 동일하다고는 할 수 없으므로, **지급결정을 변경 또는 취소**하는 처분이 **적법하다고 하여** 그에 터잡은 **징수처분도 반드시 적법**하다고 판단해야 하는 것은 **아니다**(2014.7.24. 2013두27159).

09 | 기 09지방9
행정행위의 쟁송취소에 있어서 취소할 수 있는 권한을 가진 자는 원칙적으로 당해 행정행위를 한 행정청이다.

> - **직권취소**의 취소권자: 처분청○ / 감독청은 견해대립
> - **쟁송취소**의 취소권자: 행정심판위원회(취소심판) / 행정법원(취소소송)
>
> ✚ PLUS 통상 취소권자에 대한 논의는 '직권취소'를 전제로 나오는데, 위 지문의 경우 이를 '쟁송취소'로 바꾸어서 수험생들이 내용을 알면서도 순간적으로 실수할 수 있게 함정을 둔 것이다.

10 | 기 24국회8
직권취소는 행정행위가 위법한 경우뿐만 아니라, 부당한 경우에도 소급하여 취소할 수 있다.

> **행정기본법 제18조(위법 또는 부당한 처분의 취소)** ① 행정청은 **위법 또는 부당한** 처분의 전부나 일부를 **소급하여 취소할** 수 있다. 다만, 당사자의 신뢰를 보호할 가치가 있는 등 정당한 사유가 있는 경우에는 장래를 향하여 취소할 수 있다.

11 | C 최신 25군무원9
지방병무청장은 군의관의 신체등위판정이 금품수수에 따라 위법하게 이루어졌다고 인정하더라도, 그 신체등위판정을 기초로 자신이 한 병역처분을 직권으로 취소할 수는 없다.

> **위법·부당한 신체등위판정을 기초로 한 병역처분 직권취소 가능**
> 행정처분을 한 처분청은 그 처분의 성립에 하자가 있는 경우 이를 취소할 별도의 법적 근거가 없다고 하더라도 직권으로 이를 취소할 수 있는바, 병역의무가 국가수호를 위하여 전 국민에게 과하여진 헌법상의 의무로서 그를 수행하기 위한 전제로서의 신체등위판정이나 병역처분 등은 공정성과 형평성을 유지하여야 함은 물론 그 면탈을 방지하여야 할 공익적 필요성이 매우 큰 점에 비추어 볼 때, **지방병무청장은 군의관의 신체등위판정이 금품수수에 따라 위법 또는 부당하게 이루어졌다고 인정하는 경우에는 그 위법 또는 부당한 신체등위판정을 기초로 자신이 한 병역처분을 직권으로 취소할 수 있다**(대판 2002.5.28. 2001두9653).

정답 01 × 02 × 03 ○ 04 ○ 05 × 06 ○ 07 ○ 08 × 09 × 10 ○ 11 ×

T32 행정행위의 부관

01 | 12국가7
부관도 행정행위의 내용을 이루는 것이므로 외부에 표시되어야 한다.

> 부관도 행정행위의 내용을 이루는 것인바, 행정행위와 마찬가지로 외부에 **표시되어야** 효력이 발생할 수 있다.

02 | 인 24국가9
행정행위의 부관인 부담에 정해진 바에 따라 당해 행정청이 아닌 다른 행정청이 그 부담상의 의무이행을 요구하는 의사표시를 하였을 경우, 이러한 행위가 당연히 항고소송의 대상이 되는 처분에 해당한다고 할 수는 없다.

> **타 행정청의 부담이행요구행위는 당연히 처분성이 인정되는 것이 아님**
> 행정행위의 부관인 부담에 정해진 바에 따라 당해 **행정청이 아닌 다른 행정청이 그 부담상의 의무이행을 요구하는 의사표시**를 하였을 경우, 이러한 행위가 **당연히** 또는 무조건으로 행정소송법상 항고소송의 대상이 되는 **처분에 해당한다고 할 수는 없다**(1992.1.21. 91누1264).

03 | 기
_{24군무원9}

기한은 연월일로 표기하지 않고 '근속기간 중' 또는 '종신'과 같은 도래시기가 확정되지 않은 방식으로 표기하는 것도 가능하다.

> 예컨대, "2028.2.25.부터 사망시까지(종신까지) 공무원연금을 지급한다."고 할 때, '2028.2.25.'은 도래시점이 확실한 **확정기한**이자 기한 도래시부터 수급권이 발생하므로 **시기**이고 '사망시까지(종신까지)'는 도래시점이 불확실한 **불확정기한**이고, 기한도래시부터 수급권이 상실되므로 **종기**이다.

04 | ⓑ 최신
_{22소방승진}

임시이사를 선임하면서 그 임기를 '후임 정식이사가 선임될 때까지'로 기재한 것은 근거 법률의 해석상 당연히 도출되는 사항을 주의적·확인적으로 기재한 이른바 '법정부관'일 뿐, 행정청의 의사에 따라 붙이는 본래 의미의 행정처분 부관이라고 볼 수 없다.

05 | ⓑ 최신
_{25군무원7}

후임 정식이사가 선임되었다는 사유만으로도 임시이사의 임기가 자동적으로 만료되어 임시이사의 지위가 상실되는 효과가 발생하므로, 관할 행정청이 후임 정식이사가 선임되었음을 이유로 임시이사를 해임하는 행정처분을 해야만 비로소 임시이사의 지위가 상실되는 효과가 발생한다고 할 수는 없다.

> 1) 임시이사를 선임하면서 그 임기를 '후임 정식이사가 선임될 때까지'로 기재한 것: 법정부관04 / 2) 후임 정식이사 선임만으로 임시이사 지위 상실×(해임처분해야 비로소 상실)05
> 임시이사를 선임하면서 그 임기를 '후임 정식이사가 선임될 때까지'로 기재한 것은 근거법률의 해석상 당연히 도출되는 사항을 주의적·확인적으로 기재한 이른바 '법정부관'일 뿐, 행정청의 의사에 따라 붙이는 본래 의미의 행정처분 부관이라고 볼 수 없다.04 (따라서) **후임 정식이사가 선임되었다는 사유만으로** 임시이사의 임기가 자동적으로 만료되어 **임시이사의 지위가 상실되는 효과가 발생하지 않고**, 관할 행정청이 후임 정식이사가 선임되었음을 이유로 임시이사를 **해임하는 행정처분을 해야만** 비로소 임시이사의 지위가 **상실**되는 효과가 발생한다05(2020.10.29. 2017다269152).

정답 01 ○ 02 ○ 03 ○ 04 ○ 05 ×

T33 단계적 행정결정 등

01 |
_{08국가9}

건설교통부 내부지침에 의한 항공노선에 대한 운수권배분처분은 행정처분에 해당한다.

> **건설교통부 내부지침에 의한 항공노선에 대한 운수권배분: 처분에 해당**
> 정부 간 항공노선의 개설에 관한 잠정협정 및 비밀양해각서와 행정규칙인 국토해양부 내부지침에 의한 항공노선에 대한 **운수권배분처분**은 상대방에게 권리의 설정 또는 의무의 부담을 명하거나 기타 법적 효과를 발생하게 하는 등으로 권리의무에 직접 영향을 미치는 행위로서 항고소송의 대상이 되는 행정**처분**에 해당한다(2004.11.26. 2003두10251).

정답 01 ○

T34 행정계획

01 | ⓑ
_{17(하)지방9}

이미 고시된 실시계획에 포함된 상세계획으로 관리되는 토지 위의 건물의 용도를 상세계획 승인권자의 변경승인 없이 임의로 판매시설에서 상세계획에 반하는 일반목욕장으로 변경한 사안에서, 그 영업신고를 수리하지 않고 영업소를 폐쇄한 처분은 위법하다.

> **실시계획에 포함된 상세계획(판매시설)에 반하는 영업신고(목욕장): 수리거부 & 업소폐쇄는 적법**
> 이미 고시된 실시계획에 포함된 상세계획으로 관리되는 토지 위의 건물의 용도를 상세계획 승인권자의 변경**승인 없이** 임의로 판매시설에서 상세계획에 반하는 **일반목욕장으로 변경**한 사안에서, 그 영업신고를 수리하지 않고 **영업소를 폐쇄한 처분은 적법**하다(2008.3.27. 2006두3742·3759).

02 | 소
_{21소방}

행정계획은 현재의 사회·경제적 모든 상황의 조사를 바탕으로 장래를 예측하여 수립되고 장기간에 걸쳐 있으므로, 행정계획의 변경은 인정되지 않는다.

> 행정계획의 확정 당시에는 예상하지 못한 상황의 변화가 일어날 수 있으므로 행정계획에는 **본질적으로 변경가능성**(즉, 지켜지지 않을 수 있다는 점)이 내재되어 있다. 행정계획의 변경이 인정되지 않는다는 부분이 옳지 않다.

03 | 인
_{21지방7}

도시관리계획결정·고시와 그 도면에 특정 토지가 도시관리계획에 포함되지 않았음이 명백한데도 도시관리계획을 집행하기 위한 후속 계획이나 처분에서 그 토지가 도시관리계획에 포함된 것처럼 표시되어 있는 경우, 이는 원칙적으로 취소사유에 해당한다.

도시관리계획에 미포함된 토지를 후속 계획이나 처분에서 포함된 것처럼 표시: 무효

도시관리계획결정·고시와 그 도면에 특정 토지가 도시관리계획에 포함되지 않았음이 명백한데도 도시관리계획을 집행하기 위한 후속 계획이나 처분에서 그 토지가 도시관리계획에 포함된 것처럼 표시되어 있는 경우가 있다. 이것은 실질적으로 도시관리계획결정을 변경하는 것에 해당하여 구「국토의 계획 및 이용에 관한 법률」제30조 제5항에서 정한 도시관리계획 변경절차를 거치지 않는 한 당연무효이다 (2019.7.11. 2018두47783).

정답 01 × 02 × 03 ×

T35 행정지도

01 | ❸ 16교행9

판례에 따르면 세무당국이 주류거래를 일정 기간 중지하여 줄 것을 요청한 행위는 항고소송의 대상이다.

세무당국의 주류거래 중지요청: 권고·협조 요청에 불과 so 처분성× (항고소송×)

항고소송의 대상이 되는 행정처분은 행정청의 공법상의 행위로서 상대방 또는 기타 관계자들의 법률상 지위에 직접적으로 법률적인 변동을 일으키는 행위를 말하는 것이므로 세무당국이 소외 회사에 대하여 원고와의 〈주류거래를 일정 기간 중지〉하여 줄 것을 요청한 행위는 권고 내지 협조를 요청하는 〈권고적 성격의 행위〉로서 소외 회사나 원고의 법률상의 지위에 직접적인 법률상의 변동을 가져오는 행정처분이라고 볼 수 없는 것이므로 **항고소송의 대상이 될 수 없다**(1980.10.27. 80누395).

정답 01 ×

T36 공법상 계약

01 | 기 17교행9

(   )은/는 공법상의 법률관계의 변경을 가져오는 행정주체를 한쪽 당사자로 하는 양 당사자 사이의 반대방향의 의사표시의 합치를 말한다.(① 행정처분, ② 공법상 계약, ③ 사법상 계약, ④ 공법상 합동행위)

02 | 기 18교행9

공법상 계약은 사법상 효과의 발생을 목적으로 한다.

공법상 계약은 **공법적 효과**를 발생시키는 것으로서(즉, 공법상 법률관계를 변동시키는 것으로서), 행정주체를 **적어도 한쪽 당사자**로 하는 당사자 간 **반대방향**의 의사표시의 합치를 말한다. 01, 02

정답 01 ② 02 ×

T37 행정절차법(1) - 조문별 기출정리

01 | 인 12(1)경행

행정청이 어떤 처분을 하였는지가 분명하더라도 처분경위나 처분 이후의 상대방의 태도 등 다른 사정을 고려하여 처분서의 문언과는 달리 다른 처분까지 포함되어 있는 것으로 확대해석할 수 있다.

처분서 문언이 분명: 처분경위 등을 고려해 문언과 다른 처분을 포함하는 것으로 확대해석 불가

행정절차법 제24조 제1항이 행정청이 처분을 하는 때에는 다른 법령등에 특별한 규정이 있는 경우를 제외하고는 **문서로 하도록 규정한 것은 처분내용의 명확성을 확보하고 처분의 존부에 관한 다툼을 방지하기 위한 것**이라 할 것인바, 처분서의 문언이 불분명하다는 등의 특별한 사정이 없는 한, 02 그 문언에 따라 어떤 처분을 하였는지 여부를 확정하여야 할 것이고, **처분서의 문언만으로도** 행정청이 어떤 처분을 하였는지가 **분명함에도** 불구하고 처분경위나 처분 이후의 상대방의 태도 등 다른 사정을 고려하여 처분서의 **문언과는 달리 다른 처분까지 포함되어 있는 것으로 확대해석하여서는 아니 된다**[01](2005.7.28. 2003두469).

02 | 인 22지방7

「행정절차법」상 문서주의 원칙에도 불구하고, 행정청의 처분서의 문언만으로는 행정청이 어떤 처분을 하였는지 불분명하다는 등 특별한 사정이 있는 때에는 처분 경위나 처분 이후의 상대방의 태도 등 다른 사정을 고려하여 처분서의 문언과 달리 그 처분의 내용을 해석할 수도 있다.

01 해설 판례 참조. 처분서의 문언이 불분명하다는 특별한 사정이 있다면 처분서의 문언과 달리 여러 사정을 종합하여 그 처분의 내용을 해석할 수도 있다.

03 | 인 15국가9

청문 주재자는 당사자등의 전부 또는 일부가 정당한 사유 없이 청문기일에 출석하지 아니한 경우라도 이들에게 다시 의견진술 및 증거제출의 기회를 주지 아니하고는 청문을 마칠 수 없다.

행정절차법 제35조(청문의 종결) ② 청문 주재자는 당사자등의 전부 또는 일부가 **정당한 사유 없이** 청문기일에 출석하지 아니하거나 제31조 제3항에 따른 의견서를 제출하지 아니한 경우에는 이들에게 다시 의견진술 및 증거제출의 기회를 주지 아니하고 **청문을 마칠 수 있다.**

04 | 인 21지방9

당사자등은 청문조서의 내용을 열람·확인할 수 있을 뿐, 그 청문조서에 이의가 있더라도 정정을 요구할 수는 없다.

행정절차법 제34조(청문조서) ② 당사자등은 청문조서의 내용을 열람·확인할 수 있으며, 이의가 있을 때에는 그 정정을 요구할 수 있다.

05 | ○
22군무원7

행정청은 당사자에게 사전통지를 하면서 의견제출에 필요한 기간을 10일 이상으로 고려하여 정하여 통지하여야 한다.

> **행정절차법 제21조(처분의 사전통지)** ① 행정청은 당사자에게 의무를 부과하거나 권익을 제한하는 처분을 하는 경우에는 미리 다음 각 호의 사항을 당사자등에게 통지하여야 한다.
> 6. 의견제출기한
> ③ 제1항 제6호에 따른 기한은 의견제출에 필요한 기간을 **10일 이상**으로 고려하여 정하여야 한다.

06 | ○
22지방7

행정청은 사인의 신청에 구비서류의 미비와 같은 흠이 있는 경우 신청인에게 보완을 요구하여야 하는바, 이때 보완의 대상이 되는 흠은 원칙상 형식적·절차적 요건뿐만 아니라 실체적 발급요건상의 흠을 포함한다.

서류미비 등 쉽게 보완 가능한 흠: 보완기회 부여의무 / 내용·실체적 흠: 보완기회 없이 거부 가능

행정절차법 제17조가 '구비서류의 미비 등 흠의 보완'과 '신청 내용의 보완'을 분명하게 구분하고 있는 점에 비추어 보면, 행정절차법 제17조 제5항은 신청인이 신청할 때 관계 법령에서 **필수적으로 첨부하여 제출하도록 규정한 서류를 첨부하지 않은 경우와 같이 쉽게 보완이 가능한 사항을 누락**하는 등의 흠이 있을 때 행정청이 곧바로 거부처분을 하는 것보다는 신청인에게 **보완할 기회**를 주도록 함으로써 행정의 공정성·투명성 및 신뢰성을 확보하고 국민의 권익을 보호하려는 행정절차법의 입법목적을 달성하고자 함이지, 행정청으로 하여금 신청에 대하여 거부처분을 하기 전에 반드시 신청인에게 신청의 **내용이나** 처분의 **실체적 발급요건에 관한 사항까지 보완할 기회를 부여하여야 할 의무를 정한 것은 아니**라고 보아야 한다(2020.7.23. 2020두36007).

+ PLUS 행정청은 상대방의 신청에 구비서류 미비 등 쉽게 보완이 가능한 흠이 있으면 보완할 기회를 주어야 하나, 내용이나 실체적 미비 등의 경우에는 보완할 기회를 주지 않고 거부할 수 있다.

07 | 가
25국회8

행정청은 청문·공청회 또는 의견제출을 거쳤을 때에는 신속히 처분하여 해당 처분이 지연되지 아니하도록 하여야 한다.

> **행정절차법 제22조(의견청취)** ⑤ 행정청은 청문·공청회 또는 의견제출을 거쳤을 때에는 신속히 처분하여 해당 처분이 지연되지 아니하도록 하여야 한다.

정답 01 × 02 ○ 03 × 04 × 05 ○ 06 ○ 07 ○

T38 행정절차법(2) - 헌법적 근거 및 적용범위

01 | ○
17(하)국가9

「행정절차법」은 행정계획의 절차상 통제방법으로 관계 행정기관과의 협의와 주민·이해관계인의 참여에 관한 일반적인 규정을 두고 있다.

행정절차법이 개정되어 신설된 **행정계획**에 관한 규정은 **형량명령**에 관한 것이지 관계행정기간과의 협의와 주민·이해관계인의 참여에 관한 일반적인 규정이 아니다.

> **행정절차법 제40조의4(행정계획)** 행정청은 행정청이 수립하는 계획 중 국민의 권리·의무에 직접 영향을 미치는 계획을 수립하거나 변경·폐지할 때에는 관련된 여러 이익을 정당하게 형량하여야 한다.

정답 01 ×

T39 행정절차법(3) - 사전통지·의견청취

01 | ○
17(1)서울9

「도로법」상 도로구역의 결정·변경고시는 행정처분으로서 「행정절차법」 제21조 제1항의 사전통지나 제22조 제3항의 의견청취의 절차를 거쳐야 한다.

도로구역 결정변경고시: 사전통지·의견청취 생략사유 해당

도로법상 **도로구역을 결정하거나 변경할 경우 이를 고시에 의하도록** 하면서, 그 도면을 일반인이 열람할 수 있도록 한 점 등을 종합하여 보면, 도로구역을 변경한 이 사건 처분은 행정절차법 제21조 제1항의 사전통지나 제22조 제3항의 **의견청취의 대상이 되는 처분은 아니다** (2008.6.12. 2007두1767).

정답 01 ×

T41 행정절차법(5) - 절차의 하자

01 | 인
15지방7

「국방·군사시설 사업에 관한 법률」 및 구 「산림법」에서 보전임지를 다른 용도로 이용하기 위한 사업에 대하여 승인 등 처분을 하기 전에 미리 산림청장과 협의를 하라고 규정한 의미는 그 의견에 따라 처분을 하라는 것이므로, 이러한 협의를 거치지 아니하고서 행해진 승인처분은 당연무효이다.

보전임지 전용을 수반하는 사업의 승인처분 전 산림청장과 협의누락: 구속×, 자문○ → 무효×, 취소○

「국방·군사시설 사업에 관한 법률」 및 구 산림법에서 **보전임지를 다른 용도로 이용하기 위한 사업에 대하여 승인 등 처분을 하기 전에 미리 산림청장과 협의를 하라고 규정한 의미**는 그의 자문을 구하라는 것이지 그 의견을 따라 처분을 하라는 의미는 아니라 할 것이므로, 이러한 **협의를 거치지 아니하였다고 하더라도** 이는 당해 승인처분을 취소할 수 있는 원인이 되는 하자 정도에 불과하고 그 승인처분이 **당연무효가 되는 하자에 해당하는 것은 아니다**(2006.6.30. 2005두14363).

02 | 인 20지방7

도지사의 인사교류안 작성과 그에 따른 인사교류의 권고가 전혀 이루어지지 않은 상태에서, 관할구역 내 A시의 시장이 인사교류로서 소속 지방공무원인 甲에게 B시 지방공무원으로 전출을 명한 처분은 당연무효이다.

시·도지사의 인사교류안 작성 및 권고 없이 관할 지자체장(시장)이 한 교류처분: 무효
(편저자: 지방공무원법 제30조의2 제2항을 해석해 보면) 시·도지사의 인사교류안의 작성과 그에 의한 인사교류의 권고가 선행되지 아니하면 위 조항에 의한 인사교류를 실시할 수 없다. 따라서 **도지사의 인사교류안 작성과 그에 따른 인사교류의 권고가 전혀 이루어지지 않은** 상태에서 행하여진 관할구역 내 **시장의 인사교류에 관한 처분**은 지방공무원법 제30조의2 제2항의 입법취지에 비추어 그 하자가 중대하고 객관적으로 명백하여 **당연무효**이다(2005.6.24. 2004두10968).

03 | 24군무원9

사업시행자가 토지소유자와 협의를 거치지 아니한 채 토지의 수용을 위한 재결을 신청하였다는 하자는 절차상 위법으로서 이의재결의 취소를 구할 수 있는 사유가 될지언정 당연무효의 사유라고 할 수는 없다.

토지소유자와의 협의를 거치지 않고 수용재결 신청: 취소사유
기업자가 **토지소유자와 협의를 거치지 아니한 채** 토지의 **수용**을 위한 **재결**을 **신청**하였다는 등의 하자들 역시 절차상 위법으로서 이의재결의 **취소**를 구할 수 있는 **사유**가 될지언정 당연무효의 사유라고 할 수는 없다(1993.8.13. 93누2148).

+ PLUS 구 토지수용법의 경우 재결주의를 취하고 있어 이의재결이 취소소송의 대상이었기 때문에 이의재결의 취소사유가 된 것이다. 현재는 원처분주의가 적용되어 이의재결의 고유한 위법이 없는 한 수용재결이 취소소송의 대상이 되므로 수용재결의 취소사유가 될 것이다.

정답 01 × 02 ○ 03 ○

T42 실효성 확보수단(1) - 공통쟁점 정리

01 | 11경북교행9

과징금 부과처분에 대해서는 「비송사건절차법」에 따라 즉시항고할 수 있다.

과징금 부과는 금전납부의무를 부담시키는 하명에 해당하고, 과태료와 달리 별도의 불복절차도 없으므로 **처분성이 인정**되어 행정소송(항고소송)으로 불복한다.

02 | 17국가7

행정법관계에서는 강제력의 특질이 인정되므로 행정법상의 의무를 명하는 명령권의 근거규정은 동시에 그 의무불이행에 대한 행정상 강제집행의 근거가 될 수 있다.

의무부과행위와 그 위반에 대한 강제집행은 별개의 것이다. 특히 강제집행수단들은 침익적인 것이므로 각각 법령에 근거가 있어야 하고, 의무부과행위에 대한 근거법규를 강제집행의 근거법규로 삼을 수는 없다. 예컨대 이행강제금을 부과하려면 그 전제가 되는 의무부과에 대한 근거법령 외에 이행강제금을 부과할 수 있게 하는 별도의 법적 근거가 필요하다.

+ PLUS 도출×: 1) 의무부과규정에서 강제집행 권한 도출× / 2) 금지규정(부작위의무)에서 작위의무 부과권한 도출×

03 | S 17국회8

「보조금 관리에 관한 법률」에 따라 중앙관서의 장이 보조사업자에게 보조금반환을 명하였음에도 보조사업자가 이를 반환하지 아니하는 경우, 중앙관서의 장은 강제징수의 방법과 민사소송의 방법을 합리적 재량에 의하여 선택적으로 활용할 수 있다.

미반환 보조금에 대해 강제징수가 가능: 민사소송으로 반환청구 불가
「보조금의 예산 및 관리에 관한 법률」은 반환하여야 할 보조금에 대하여는 국세징수의 예에 따라 이를 징수할 수 있도록 규정하고 있으므로, 중앙관서의 장으로서는 반환하여야 할 보조금을 **국세체납처분의 예에 의하여 강제징수**할 수 있고, 위와 같은 중앙관서의 장이 가지는 반환하여야 할 보조금에 대한 징수권은 공법상 권리로서 사법상 채권과는 성질을 달리하므로, 중앙관서의 장으로서는 보조금을 반환하여야 할 자에 대하여 **민사소송의 방법으로는 반환청구를 할 수 없다**고 보아야 한다(2012.3.15. 2011다17328).

04 | 20지방9

이행강제금은 침익적 강제수단이므로 법적 근거를 요한다.

대집행, 이행강제금 등 강제집행수단들은 침익적인 것이므로 각각 법령에 근거가 있어야 한다. 의무부과에 대한 근거법규가 존재한다고 하더라도 별도로 강제집행 자체에 대한 근거법령이 있어야 하는 것이다. 예컨대 대집행의 경우 행정대집행법이라는 일반법이 있기에 가능한 것이고, 이행강제금의 경우 일반법이 없기에 건축법, 농지법 등과 같이 개별법에서 규정하고 있는 경우에만 부과가 가능하다. 최근 행정기본법에 이행강제금에 관한 규정이 신설되었으나, 이는 이행강제금의 부과에 관한 절차 등을 부과하는 것에 불과하고, 여전히 별도의 법률이 있어야 이행강제금을 부과할 수 있다.

> **행정기본법 제31조(이행강제금의 부과)** ① 이행강제금 부과의 **근거가 되는 법률**에는 이행강제금에 관한 다음 각 호의 사항을 명확하게 규정하여야 한다. 다만, 제4호 또는 제5호를 규정할 경우 입법목적이나 입법취지를 훼손할 우려가 크다고 인정되는 경우로서 대통령령으로 정하는 경우는 제외한다. (각 호 생략)

05 | 소
21소방

농지처분의무통지는 단순한 관념의 통지에 불과하다고 볼 수 없고, 상대방인 농지소유자의 의무에 직접 관계 되는 독립한 행정처분으로서 항고소송의 대상이 된다.

> 농지처분의무통지는 단순한 관념의 통지에 불과하다고 볼 수는 없고, 상대방인 농지소유자의 의무에 직접 관계되는 독립한 행정처분으로서 항고소송의 대상이 된다(2003.11.14. 2001두8742).
> **+ PLUS** **농지법상 이행강제금**은 비송사건절차법에 따라 다투도록 별도의 규정을 두고 있어 항고소송의 대상이 아니나 농지법상 이행강제금 부과에 앞서 이루어지는 **농지처분의무의 통지** 및 **농지처분명령**은 독립한 행정**처분**으로서 항고소송의 대상이 된다.

06 | ㅇ
22국가7

구 「행형법」에 의한 징벌을 받은 뒤에 형사처벌을 한다고 하여 일사부재리의 원칙에 반하는 것은 아니다.

> 행형법상의 징벌의 법적 성질: 행정상의 질서벌 → 징벌 후 형사처벌을 한다고 하여 일사부재리 원칙 위반×
> 피고인이 행형법에 의한 징벌을 받아 그 집행을 종료하였다고 하더라도 **행형법상의 징벌**은 수형자의 교도소 내의 준수사항위반에 대하여 과하는 **행정상의 질서벌**의 일종으로서 형법 법령에 위반한 행위에 대한 형사책임과는 그 목적, 성격을 달리하는 것이므로 **징벌을 받은 뒤에 형사처벌을 한다고 하여 일사부재리의 원칙에 반하는 것은 아니다**(2000.10.27. 2000도3874).

07 | ㄱ
24군무원9

국가 등 과세주체가 당해 확정된 조세채권의 소멸시효 중단을 위하여 납세의무자를 상대로 제기한 조세채권존재확인의 소는 공법상 당사자소송에 해당한다.

> 소멸시효 중단을 위한 조세채권존재확인의 소: 당사자소송에 해당
> 국가 등 과세주체가 당해 확정된 조세채권의 **소멸시효 중단**을 위하여 납세의무자를 상대로 제기한 **조세채권존재확인의 소**의 법적 성질은 공법상 **당사자소송**이다(2020.3.2. 2017두41771).

정답 01 × 02 × 03 × 04 ○ 05 ○ 06 ○ 07 ○

T43 실효성 확보수단(2) - 대집행

01 | ㅇ
20지방7

무허가증축부분으로 인하여 건물의 미관이 나아지고 증축부분을 철거하는 데 비용이 많이 소요된다고 하더라도 건물철거대집행계고처분을 할 요건에 해당된다.

> 무허가증축: 심히 공익을 해침 so 대집행 가능(미관 나아지고 철거비용 많이 소요되더라도)
> **무허가증축**부분으로 인하여 **건물의 미관이 나아지고 위 증축부분을 철거하는 데 비용이 많이 소요된다고 하더라도** 위 무허가증축부분을 그대로 방치한다면 이를 단속하는 당국의 권능이 무력화되어 건축행정의 원활한 수행이 위태롭게 되며 건축법 소정의 제한규정을 회피하는 것을 사전예방하고 또한 도시계획구역 안에서 토지의 경제적이고 효율적인 이용을 도모한다는 **더 큰 공익을 심히 해할 우려가 있다**고 보아 **건물철거대집행계고처분을 할 요건에 해당**된다(1992.3.10. 91누4140).

02 | ㅇ
25지방9

행정청이 구 「토지구획정리사업법」상 토지구획정리사업의 환지예정지를 지정하고, 그 사업에 편입되는 건축물로서 지장물 소유자에게 지장물의 자진이전을 요구한 후 이에 응하지 않자 지장물의 이전에 대한 대집행을 계고하고 다시 대집행영장을 통지한 경우, 위 계고처분 등은 「행정대집행법」 제2조에 따라 명령된 지장물 이전의무가 없음에도 그러한 의무의 불이행을 사유로 행하여진 것이므로 위법하다.

> 법령상 근거 없이 지장물 이전을 요구한 후 그 불이행에 대해서 대집행계고한 것은 위법(∵ 대집행요건인 '법령에 의하여 직접 명령되거나 법령에 근거한 명령에 의한 의무위반'이 부존재)
> 행정청이 토지구획정리사업의 환지예정지를 지정하고 그 사업에 편입되는 건축물 등 지장물의 소유자 또는 임차인에게 **지장물의 자진이전을 요구한 후** 이에 응하지 않자 지장물의 이전에 대한 **대집행을 계고**하고 다시 대집행영장을 통지한 사안에서, 위 계고처분 등은 **행정대집행법 제2조에 따라 명령된 지장물 이전의무가 없음에도** 그러한 의무의 불이행을 사유로 행하여진 것으로 **위법**하다(2010.6.24. 2010두1231).
> **+ PLUS** **판결이유**: 피고가 이 사건 계고처분의 근거 법령으로 삼은 이 사건 조항은 "시행자는 제56조 제1항의 규정에 의하여 환지예정지를 지정하는 경우, 제58조 제1항의 규정에 의하여 종전의 토지에 관한 사용 또는 수익을 정지시키는 경우나 공공시설의 변경 또는 폐지에 관한 공사를 시행하는 경우에 필요한 때에는 시행지구 안에 있는 건축물 등 및 장애물 등을 이전하거나 제거할 수 있다."고 규정하고 있을 뿐이어서, 건축물 등의 소유자 또는 점유자에게 직접 그 **이전 또는 제거의무를 부과하는 규정이 아님**은 법문상 명백하다. 나아가, 이 사건 조항은 ⋯ 사업시행자에게 직접 건축물 등을 이전하거나 제거할 수 있는 권능을 부여하는 규정일 뿐, 사업시행자에게 건축물 등의 소유자 또는 점유자에 대하여 그 이전 또는 제거를 **명할 수 있는 권능까지 부여하는 규정이라고 할 수 없다**. 그렇다면, 이 사건 계고처분은 원고들에게 행정대집행법 제2조가 정한 바에 따라 명령된 이 사건 지장물 이전의무가 없음에도 그러한 의무의 불이행을 사유로 행하여진 것이어서 위법하고, 이 사건 통지처분 또한 위와 같이 위법한 이 사건 계고처분을 전제로 행하여진 것이므로 위법하다.

03 | O
08국가9

무허가로 불법건축되어 철거할 의무가 있는 건축물의 경우라도 도시미관, 주거환경, 교통소통에 지장이 없는 경우에는 공익을 해칠 우려가 없다.

> 무허가건축: 심히 공익을 해침 so 대집행 가능(미관·주거환경·교통에 지장 없더라도)
> 무허가로 불법건축되어 철거할 의무가 있는 건축물을 도시미관, 주거환경, 교통소통에 지장이 없다는 등의 사유만을 들어 그대로 방치한다면 불법건축물을 단속하는 당국의 권능을 무력화하여 건축행정의 원활한 수행을 위태롭게 하고 건축허가 및 준공검사시에 소방시설, 주차시설 기타 건축법 소정의 제한규정을 회피하는 것을 사전예방한다는 더 큰 공익을 해칠 우려가 있다(1989.3.28. 87누930).

정답) 01 ○ 02 ○ 03 ×

T44 실효성 확보수단(3) - 그 외 강제집행

01 | 기
17(1)서울9

(행정상 강제징수는) 행정상의 금전급부의무를 이행하지 않는 경우를 대상으로 한다.

> 강제징수란, 과세납부의무불이행, 이행강제금 납부불이행 등 **금전지급의무 불이행**에 대해 정부가 직접 의무자의 **재산을 압류·매각**하여 (공매) 금전납부의무를 이행시키는 것을 말한다.

02 | ❸
19국가7

사용자가 이행하여야 할 행정법상 의무의 내용을 초과하는 것을 '불이행 내용'으로 기재한 이행강제금 부과 예고서에 의하여 이행강제금 부과 예고를 한 다음 이를 이행하지 않았다는 이유로 이행강제금을 부과하였다면, 초과한 정도가 근소하다는 등의 특별한 사정이 없는 한 이행강제금 부과 예고는 위법하며, 이에 터잡은 이행강제금 부과처분 역시 위법하다.

> 정당의무를 초과하는 것을 불이행사유로 부과 예고(계고) → 계고 위법, 후속 부과처분도 위법
> 사용자가 이행하여야 할 행정법상 **의무의 내용을 초과**하는 것을 '불이행 내용'으로 기재한 이행강제금 부과 예고서에(편저자: 계고서) 의하여 이행강제금 부과 예고를 한 다음 이를 이행하지 않았다는 이유로 이행강제금을 부과하였다면, 초과한 정도가 근소하다는 등의 특별한 사정이 없는 한 이행강제금 **부과 예고**는 계고는 이행강제금제도의 취지에 반하는 것으로서 **위법**하고, 이에 터잡은 **이행강제금 부과처분 역시 위법**하다(2015.6.24. 2011두2170).

03 | ❺
22군무원9

이행강제금은 의무위반에 대하여 장래의 의무이행을 확보하는 수단이라는 점에서 과거의 의무위반에 대한 제재인 행정벌과 구별된다.

> 이행강제금은 현재 불이행 중인 사항에 대해 **장래의 이행**을 도모하려는 수단이다. 반면, 행정벌은 **과거** 의무위반**에 대한 제재**로서 이행강제금과 구별된다.

정답) 01 ○ 02 ○ 03 ○

T45 실효성 확보수단(4) - 즉시강제

01 | O
24소방승진

즉시강제는 법치국가의 요청인 예측가능성과 법적 안정성에 반하고 기본권침해의 소지가 큰 권력작용이므로 행정강제는 행정상 강제집행을 원칙으로 하고 행정상 즉시강제는 예외적으로 인정되어야 한다.

> 행정강제: 강제집행이 원칙, 즉시강제는 예외
> 행정상 즉시강제는 법치국가의 요청인 예측가능성과 법적 안정성에 반하고 기본권침해의 소지가 큰 권력작용이므로 행정강제는 행정상 강제집행을 원칙으로 하고 행정상 즉시강제는 예외적으로 인정되어야 한다(헌재 2002.10.31. 2000헌가12).

02 | ○
25소방

[〈보기〉 소방본부장, 소방서장 또는 소방대장은 소방활동을 위하여 긴급하게 출동할 때에는 소방자동차의 통행과 소방활동에 방해가 되는 주차 또는 정차된 차량 및 물건 등을 제거하거나 이동시킬 수 있다(소방기본법 제25조 제3항).] 〈보기〉와 같은 행정강제에 대하여 헌법재판소는 그 본질상 급박성을 요건으로 하고 있어 법관의 영장을 기다려서는 그 목적을 달성할 수 없다고 할 것이므로, 원칙적으로 영장주의가 적용되지 않는다고 보았다.

> 〈보기〉의 소방기본법 조항은 즉시강제에 해당한다. 헌법재판소는 행정상 즉시강제에 원칙적으로 영장주의가 적용되지 않는다고 한다.
> • 행정상 **즉시강제**는 상대방의 임의이행을 기다릴 시간적 여유가 없을 때 하명 없이 바로 실력을 행사하는 것으로서, 그 본질상 급박성을 요건으로 하고 있어 법관의 영장을 기다려서는 그 목적을 달성할 수 없다고 할 것이므로, 원칙적으로 **영장주의가 적용되지 않는다**고 보아야 할 것이다(헌재 2002.10.31. 2000헌가12).

03 | ○ 최신
25군무원5

「경찰관 직무집행법」 제6조 중 경찰관의 제지에 관한 부분은 범죄의 예방을 위한 경찰행정상 즉시강제, 즉 눈앞의 급박한 경찰상 장해를 제거하여야 할 필요가 있고 의무를 명할 시간적 여유가 없거나 의무를 명하는 방법으로는 그 목적을 달성하기 어려운 상황에서 의무불이행을 전제로 하지 아니하고 경찰이 직접 실력을 행사하여 경찰상 필요한 상태를 실현하는 권력적 사실행위에 관한 근거조항이다.

경직법 제6조 범죄의 예방과 제지: 즉시강제(권력적 사실행위)의 근거조항

구「경찰관 직무집행법」제6조 제1항은 "경찰관은 **범죄행위가 목전에 행하여지려고** 하고 있다고 인정될 때에는 이를 **예방하기 위하여** 관계인에게 필요한 **경고를 발하고**, 그 행위로 인하여 인명·신체에 위해를 미치거나 재산에 중대한 손해를 끼칠 우려가 있어 긴급을 요하는 경우에는 그 행위를 **제지할 수 있다.**"라고 정하고 있다. 위 조항 중 **경찰관의 제지**에 관한 부분은 범죄의 예방을 위한 경찰행정상 **즉시강제**, 즉 눈앞의 급박한 경찰상 장해를 제거해야 할 필요가 있고 의무를 명할 시간적 여유가 없거나 의무를 명하는 방법으로는 그 목적을 달성하기 어려운 상황에서 의무불이행을 전제로 하지 않고 경찰이 직접 실력을 행사하여 경찰상 필요한 상태를 실현하는 **권력적 사실행위**에 관한 근거조항이다(2021.10.28. 2017다219218).

04 | ❸   18국회8

행정상 즉시강제는 그 본질상 행정목적달성을 위하여 불가피한 한도 내에서 예외적으로 허용되는 것이므로, 「경찰관 직무집행법」제6조 경찰관의 범죄의 제지 조치 역시 그러한 조치가 불가피한 최소한도 내에서만 행사되도록 그 발동·행사 요건을 신중하고 엄격하게 해석하여야 한다.

경찰관의 제지조치: 즉시강제에 해당하므로 엄격하게 해석

「경찰관 직무집행법」제6조 제1항 중 경찰관의 제지에 관한 부분은 범죄의 예방을 위한 경찰행정상 즉시강제에 관한 근거 조항이다. 행정상 즉시강제는 그 본질상 행정목적달성을 위하여 불가피한 한도 내에서 예외적으로 허용되는 것이므로, 위 조항에 의한 경찰관의 제지조치 역시 그러한 조치가 불가피한 최소한도 내에서만 행사되도록 그 발동·행사 요건을 신중하고 엄격하게 해석하여야 한다(2008.11.13. 2007도9794).

정답 01 ○ 02 ○ 03 ○ 04 ○

T46 실효성 확보수단(5) - 행정형벌

01 | ❸   17(상)국가9

종업원 등의 범죄에 대해 법인에게 어떠한 잘못이 있는지를 전혀 묻지 않고, 곧바로 그 종업원 등을 고용한 법인에게도 종업원 등에 대한 처벌조항에 규정된 벌금형을 과하도록 규정하는 것은 책임주의에 반한다.

양벌규정에 따라 사업주가 지게 되는 책임은 과실책임으로, 위반행위자인 종업원에 대한 선임·감독상 주의의무를 다하였다면 책임을 지지 않는다. 종래 이를 무과실책임으로 규정한 경우가 많았으나 헌법재판소가 이를 책임주의에 반한다고 판시한 이래 위와 같은 과실책임으로 전환되었다.

02 | ❶   19(2)서울9

죄형법정주의 원칙 등 형벌법규의 해석원리는 행정형벌에 관한 규정을 해석할 때에도 적용되어야 한다.

행정법규 위반행위가 범죄로 인정돼 형벌의 대상으로 입법된 이상, **실체법적으로 형법총칙 및 죄형법정주의** 등 형벌법규의 해석원리가 적용된다.

03 | ❷   08국가9

다단계판매원은 구「방문판매 등에 관한 법률」의 양벌규정의 적용에 있어서 다단계판매업자의 사용인의 지위에 있다.

양벌규정 적용시 다단계판매원은 다단계판매업자의 사용인의 지위
다단계판매원은 다단계판매업자의 통제·감독을 받으면서 다단계판매업자의 업무를 직접 또는 간접으로 수행하는 자로서, 적어도 구「방문판매 등에 관한 법률」의 양벌규정의 적용에 있어서는 **다단계판매업자의 사용인의 지위**에 있다고 봄이 상당하다(2006.2.24. 2003도4966).

정답 01 ○ 02 ○ 03 ○

T47 실효성 확보수단(6) - 행정질서벌(과태료)

01 | ❶   08(상)지방9

행정질서벌은 현실적인 행위자가 아니더라도 법령상 책임자로 규정된 자에게 부과될 수 있다.

질서위반행위규제법은 법인의 대표자, 법인 또는 개인의 대리인·사용인·종업원 등의 위반행위에 대해서는 현실적 행위자인 종업원 등이 아닌 **업무주인 법인이나 개인에게** 과태료를 부과하는 것으로 규정하고 있다(제11조 제1항). 즉, 현실적 행위자가 아니더라도 **법령상 책임자**로 규정된 자에게 부과되는 구조이다.

02 | 10지방9

질서위반행위는 행정질서벌이므로 대한민국 영역 밖에서 질서위반행위를 한 대한민국의 국민에게는 적용되지 않는다.

질서위반행위규제법 제4조(법 적용의 장소적 범위) ② 이 법은 대한민국 영역 밖에서 질서위반행위를 한 대한민국의 국민에게 적용한다.

03 | ❸   19국가7

스스로 심신장애 상태를 일으켜 질서위반행위를 한 자에 대하여는 과태료를 감경한다.

> **질서위반행위규제법 제10조(심신장애)** ① 심신장애로 인하여 행위의 옳고 그름을 판단할 능력이 없거나 그 판단에 따른 행위를 할 능력이 없는 자의 질서위반행위는 과태료를 부과하지 아니한다.
> ② 심신장애로 인하여 제1항에 따른 능력이 미약한 자의 질서위반행위는 과태료를 감경한다.
> ③ 스스로 심신장애 상태를 일으켜 질서위반행위를 한 자에 대하여는 제1항 및 제2항을 적용하지 아니한다.

04 | 기 21국가9

「부동산등기 특별조치법」에 따른 과태료의 부과(는 행정벌에 해당한다)

「부동산등기 특별조치법」에 따른 과태료의 부과는 행정질서벌에 해당한다. 행정질서벌은 행정형벌과 함께 행정벌에 해당한다.
- 죄형법정주의는 무엇이 범죄이며 그에 대한 형벌이 어떠한 것인가는 국민의 대표로 구성된 입법부가 제정한 법률로써 정하여야 한다는 원칙인데, 「부동산등기 특별조치법」 제11조 제1항 본문 중 제2조 제1항에 관한 부분이 정하고 있는 과태료는 행정상의 질서유지를 위한 행정질서벌에 해당할 뿐 형벌이라고 할 수 없어 죄형법정주의의 규율대상에 해당하지 아니한다(헌재 1998.5.28. 96헌바83).

05 | 인 22국회8

법인의 대표자, 법인 또는 개인의 대리인·사용인 및 그 밖의 종업원이 업무에 관하여 법인 또는 그 개인에게 부과된 법률상의 의무를 위반한 때에 법인 또는 그 개인에게 과태료를 부과하는 것은 위법하다.

> **질서위반행위규제법 제11조(법인의 처리 등)** ① 법인의 대표자, 법인 또는 개인의 대리인·사용인 및 그 밖의 종업원이 업무에 관하여 법인 또는 그 개인에게 부과된 법률상의 의무를 위반한 때에는 법인 또는 그 개인에게 과태료를 부과한다.

06 | ㅇ 23지방7

심신(心神)장애로 인하여 행위의 옳고 그름을 판단할 능력이 없거나 그 판단에 따른 행위를 할 능력이 없는 자의 질서위반행위는 과태료를 부과하지 아니한다.

> **질서위반행위규제법 제10조(심신장애)** ① 심신(心神)장애로 인하여 행위의 옳고 그름을 판단할 능력이 없거나 그 판단에 따른 행위를 할 능력이 없는 자의 질서위반행위는 과태료를 부과하지 아니한다.
> ② 심신장애로 인하여 제1항에 따른 능력이 미약한 자의 질서위반행위는 과태료를 감경한다.

07 | 기 24소방승진

행정질서벌인 과태료는 형법총칙이 적용된다.

행정질서벌, 즉 과태료에 대하여는 질서위반행위규제법이 일반법이 되고, 그 성질도 형벌이 아니므로 **형법총칙**은 적용되지 **않는다**.

정답 01 ○ 02 × 03 × 04 ○ 05 × 06 ○ 07 ×

T48 실효성 확보수단(7) - 새로운 실효성 확보수단

01 | 기 10국회9

판례에 따르면, 위법한 공표에 의하여 명예·신용 등이 침해된 경우에는 행정상 손해배상청구소송을 제기하여 그 손해배상을 구할 수 없다.

위법한 공표에 대해 처분성 인정 여부를 불문하고 **국가배상** 등 손해배상을 구할 수 있음은 물론이다.

02 | ㅇ 18지방7

시정명령이란 행정법령의 위반행위로 초래된 위법상태의 제거 내지 시정을 명하는 행정행위를 말하는 것으로서, 그 위법행위의 결과가 더 이상 존재하지 않는다면 시정명령을 할 수 없다.

시정명령이란 행정법규 위반으로 초래된 위법상태를 시정 내지 제거하도록 명하는 행정행위이다. 따라서 이미 위법행위의 결과가 더 이상 존재하지 않게 되었다면 시정명령을 할 수 없는 것이 원칙이다(2011.3.10. 2009두1990).

03 | ㅇ 20군무원9

세무서장 등은 납세자가 허가·인가·면허 및 등록을 받은 사업과 관련된 소득세, 법인세 및 부가가치세를 대통령령으로 정하는 사유 없이 체납하였을 때에는 해당 사업의 주무관서에 그 납세자에 대하여 허가 등의 갱신과 그 허가 등의 근거 법률에 따른 신규 허가 등을 하지 아니할 것을 요구할 수 있다.

> **국세징수법 제112조(사업에 관한 허가등의 제한)** ① 관할 세무서장은 납세자가 허가·인가·면허 및 등록 등(이하 이 조에서 '허가등'이라 한다)을 받은 사업과 관련된 소득세, 법인세 및 부가가치세를 체납한 경우 해당 사업의 주무관청에 그 납세자에 대하여 허가등의 갱신과 그 허가등의 근거 법률에 따른 신규 허가등을 하지 아니할 것을 요구할 수 있다. 다만, 재난, 질병 또는 사업의 현저한 손실, 그 밖에 대통령령으로 정하는 사유가 있는 경우에는 그러하지 아니하다.

04 | 인 23국가7

가산세는 세법에서 규정하는 의무의 성실한 이행을 확보하기 위하여 세법에 따라 산출한 본세액에 가산하여 징수하는 조세로서, 본세에 감면사유가 인정된다면 가산세도 감면대상에 포함된다.

가산세: 본세에 독립된 조세 so 본세에 감면사유가 있다 하여 가산세도 감면대상에 포함×

가산세는 세법에서 규정하는 의무의 성실한 이행을 확보하기 위하여 세법에 따라 산출한 본세액에 가산하여 징수하는 독립된 조세로서, 본세에 감면사유가 인정된다고 하여 가산세도 감면대상에 포함되는 것이 아니다(2018.11.29. 2015두56120).

05 | ⓢ
24경찰간부

「건축법」상 시정명령은 건축 관련 법령을 위반한 객관적 사실이 있는 것만으로는 안 되며, 원칙적으로 상대방의 고의·과실을 요건으로 한다.

시정명령은 상대의 고의·과실 불요. 위법상태를 직접 초래하거나 관여한 바 없어도 부과 가능

구 건축법에 따른 시정명령은 건축 관련 법령 등을 위반한 **객관적 사실이 있으면** 할 수 있고, 원칙적으로 시정명령의 상대방에게 **고의·과실을 요하지 아니하며** 대지 또는 건축물의 위법상태를 직접 초래하거나 또는 그에 관여한 바 없다고 하더라도 부과할 수 있다(2022.10.14. 2021두45008).

06 | ⓒ
25소방

「건축법」상 대지 또는 건축물의 위법상태를 시정할 수 있는 법률상 또는 사실상의 지위에 있지 않은 자는 시정명령의 상대방이 될 수 없다.

위법상태를 시정할 법률상·사실상 지위에 있지 않은 자에게는 시정명령 불가

건축법상 위법상태의 해소를 목적으로 하는 시정명령제도의 본질상, 시정명령의 이행을 기대할 수 없는 자, 즉 대지 또는 건축물의 위법상태를 시정할 수 있는 법률상 또는 사실상의 지위에 있지 않은 자는 시정명령의 상대방이 될 수 없다고 보는 것이 타당하다. 시정명령의 이행을 기대할 수 없는 자에 대한 시정명령은 위법상태의 시정이라는 행정목적달성을 위한 적절한 수단이 될 수 없고, 상대방에게 불가능한 일을 명령하는 결과밖에 되지 않기 때문이다(2022.10.14. 2021두45008).

정답 01 × 02 ○ 03 ○ 04 × 05 × 06 ○

T49 행정조사기본법

01 | ⓒ
20소방

조사원이 조사목적을 달성하기 위하여 시료채취를 하는 경우에는 그 시료의 소유자 및 관리자의 정상적인 경제활동을 방해하지 아니하는 범위 안에서 최소한도로 하여야 한다.

02 | ⓒ
19소방

「행정조사기본법」에 의하면, 조사목적달성을 위한 시료채취로 조사대상자에게 손실이 발생하였더라도 행정기관의 장은 이에 대한 보상책임을 지지 않는다.

행정조사기본법 제12조(시료채취) ① 조사원이 **조사목적**의 달성을 위하여 **시료채취**를 하는 경우에는 그 시료의 소유자 및 관리자의 정상적인 경제활동을 방해하지 아니하는 범위 안에서 **최소한도**로 하여야 한다.[01]
② 행정기관의 장은 제1항에 따른 시료채취로 조사대상자에게 손실을 입힌 때에는 대통령령으로 정하는 절차와 방법에 따라 그 **손실을 보상**하여야 한다.[02]

03 | ⓒ
24경찰간부

행정조사의 한 단계인 시료의 채취가 행정규칙에 정한 절차를 위반하였더라도 그러한 사정만으로 곧바로 그에 기초하여 내려진 행정처분이 위법하다고 볼 수는 없고, 그 위법의 여부는 관계 법령의 규정 내용과 취지 등에 비추어 그 절차상 하자가 채취된 시료를 객관적인 자료로 활용할 수 없을 정도로 중대한지에 따라 판단되어야 한다.

시료채취 방법이 고시에서 정한 절차를 위반한 경우 그에 기초한 처분: 곧바로 위법×

수질오염물질을 측정하는 경우 **시료채취의 방법**, 오염물질 측정의 방법 등을 정한 구 수질오염공정시험기준(2019.12.24. 국립환경과학원 **고시** 제2019-63호로 개정되기 전의 것)은 형식 및 내용에 비추어 행정기관 **내부의 사무처리준칙에 불과**하므로 일반 국민이나 법원을 구속하는 대외적 구속력은 없다. 따라서 **시료채취의 방법** 등이 위 **고시에서 정한 절차에 위반**된다고 하여 그러한 사정만으로 곧바로 **그에 기초하여 내려진 행정처분이 위법하다고 볼 수는 없고**, 관계 법령의 규정 내용과 취지 등에 비추어 절차상 하자가 채취된 시료를 객관적인 자료로 활용할 수 없을 정도로 중대한지에 따라 판단되어야 한다(2022. 9.16. 2021두58912).

04 | ㄱ
24국회9

장부제출명령, 출두명령 등 행정행위의 형식을 취하는 행정조사는 물론 사실행위로서의 행정조사도 권력적인 경우에는 항고소송으로 다툴 수 있다.

행정행위의 형식을 취하는 행정조사는 물론 사실행위로서의 행정조사도 권력적인 경우에는 행정소송법상의 처분이라고 볼 수 있으므로 항고소송으로 다툴 수 있다.

05 | ⓒ
24군무원9

「국세기본법」이 정한 세무조사대상 선정사유가 없음에도 세무조사대상으로 선정하여 과세자료를 수집하고 그에 기하여 과세처분을 하는 것은 위법하다.

선정사유가 없음에도 세무조사대상으로 선정해 과세자료를 수집하고 과세처분: 위법
구 국세기본법 제81조의5가 정한 세무조사대상 **선정사유가 없음에도 세무조사대상으로 선정하여 과세자료를 수집**하고 그에 기하여 **과세처분을 하는 것은** 적법절차의 원칙을 어기고 구 국세기본법 제81조의5와 제81조의3 제1항을 위반한 것으로서 특별한 사정이 없는 한 과세처분은 **위법하다**(2014.6.26. 2012두911).

06 | ⓧ   25소방

세관공무원이 「마약류 불법거래 방지에 관한 특례법」에 따른 조치의 일환으로 특정한 수출입물품을 개봉하여 검사하고 그 내용물의 점유를 취득한 행위는 수출입물품에 대한 적정한 통관 등을 목적으로 실시하는 행정조사라는 점에서 사전 또는 사후 영장을 요하지 않는다.

마약류불법거래방지법에 따른 조치의 일환으로 세관공무원이 수출입물품을 개봉·취득: 영장 필요
수출입물품 통관검사절차에서 이루어지는 물품의 개봉, 시료채취, 성분분석 등의 검사는 수출입물품에 대한 적정한 통관 등을 목적으로 조사를 하는 것으로서 이를 수사기관의 강제처분이라고 할 수 없으므로, 세관공무원은 압수·수색영장 없이 이러한 검사를 진행할 수 있다. … 그러나 「**마약류 불법거래 방지에 관한 특례법**」 제4조 제1항에 따른 조치의 일환으로 특정한 **수출입물품을 개봉**하여 **검사**하고 그 내용물의 점유를 취득한 행위는 위에서 본 수출입물품에 대한 적정한 통관 등을 목적으로 조사를 하는 경우와는 달리, 범죄**수사**인 압수 또는 수색에 **해당**하여 사전 또는 사후에 **영장을 받아야** 한다(2017.7.18. 2014도8719).

+ PLUS 판례는 행정조사의 성격을 가지는 한 영장은 요구되지 않는다고 보지만, 행정조사에서 나아가 범죄수사를 하면서 행하는 압수·수색에는 영장이 필요하다고 본다.

(정답) 01 ○ 02 × 03 ○ 04 ○ 05 ○ 06 ×

T50 행정소송의 개관

01 | 소   08(하)지방9

(무효등확인소송에서) 행정행위의 부존재확인을 청구하는 것은 허용되지 않는다.

> **행정소송법 제4조(항고소송)** 항고소송은 다음과 같이 구분한다.
> 2. 무효등확인소송: 행정청의 처분등의 효력 유무 또는 **존재 여부**를 확인하는 소송

02 | ⓑ   17소간

거부처분에 대하여 의무이행심판을 제기할 수 있으나, 의무이행소송은 허용되지 않는다.

행정소송의 경우 권력분립원칙에 침해될 여지가 있어 거부처분에 대한 의무이행소송은 허용되지 않지만, 행정심판에서는 거부처분 의무이행심판이 가능하다.
현행 행정소송법상 행정청으로 하여금 **일정한 행정처분을 하도록 명하는 이행판결을 구하는 소송**이나 법원으로 하여금 행정청이 일정한 행정처분을 행한 것과 같은 효과가 있는 행정처분을 직접 행하도록 하는 형성판결을 구하는 소송은 **허용되지 아니한다**(1997.9.30. 97누3200).

■ 거부·부작위에 대한 불복수단

	소송	심판
거부	• 취소 • 무효등확인	• 취소 • 무효등확인 • 의무이행
부작위	• 부작위위법확인	• 의무이행

03 | ○   24군무원9

형식적 당사자소송이란 실질적으로 행정청의 처분등을 다투는 것이나 형식적으로는 처분등의 효력을 다투지도 않고, 또한 처분청을 피고로 하지도 않고, 그 대신 처분등으로 인해 형성된 법률관계를 다투기 위해 관련 법률관계의 일방 당사자를 피고로 하여 제기하는 소송을 말한다.

형식적 당사자소송이란 소송형태는 당사자소송의 형식을 취하지만(따라서 피고도 처분청이 아닌 행정주체 등 법률관계의 주체가 됨), 실질적으로는 처분등의 효력을 다투는 항고소송의 성질을 갖는 것을 말한다. 현행법은 토지보상법상 보상금증감소송 등에서 이를 인정하고 있다.

04 | ○   24군무원9

행정행위의 부존재와 무효는 행정쟁송법상 구별된다.

행정소송법은 처분등의 **존재 여부**를 확인하는 것과 **효력 유무**를 확인하는 것을 구별하고 있으므로 맞는 지문이다. 이는 행정심판법도 마찬가지이다.

> **행정소송법 제4조(항고소송)** 항고소송은 다음과 같이 구분한다.
> 2. 무효등확인소송: 행정청의 처분등의 효력 유무 또는 존재 여부를 확인하는 소송
>
> **행정심판법 제5조(행정심판의 종류)** 행정심판의 종류는 다음 각 호와 같다.
> 2. 무효등확인심판: 행정청의 처분의 **효력 유무** 또는 존재 여부를 확인하는 행정심판

(정답) 01 × 02 ○ 03 ○ 04 ○

T52 대상적격(2) - 처분성 등 일괄정리(행정작용을 중심으로)

01 | ㄱ
16사복9

「행정소송법」상 취소소송에 대한 사항으로 무효등확인소송의 경우에 준용되는 것은?
① 행정심판전치주의의 적용   ② 취소소송의 대상
③ 제소기간   ④ 사정판결

무효등확인소송의 경우 행정소송법 제38조 제1항에서 취소소송의 규정 중 일부를 준용하고 있고 대상적격(제19조)도 그중 하나이다.② 반면, **사**정판결(제28조),④ 행정심판**전**치주의(제18조),① 제소**기**간(제20조),③ **간**접강제(제34조)는 준용하지 않는다.

> **행정소송법 제38조(준용규정)** ① 제9조, 제10조, 제13조 내지 제17조, 제19조, 제22조 내지 제26조, 제29조 내지 제31조 및 제33조의 규정은 무효등확인소송의 경우에 준용한다. 대상적격(제19조) 준용○

02 | ○
17지방7

구 「산업집적활성화 및 공장설립에 관한 법률」에 따른 산업단지입주계약의 해지통보는 행정청인 관리권자로부터 관리업무를 위탁받은 한국산업단지공단이 우월적 지위에서 그 상대방에게 일정한 법률상 효과를 발생하게 하는 것으로서 항고소송의 대상이 되는 행정처분에 해당한다.

산업단지 입주계약의 해지통보: 처분
구 「산업집적활성화 및 공장설립에 관한 **법률**」에 따른 〈**산업단지 입주계약의 해지통보**〉는 단순히 대등한 당사자의 지위에서 형성된 공법상 계약을 계약당사자의 지위에서 종료시키는 의사표시에 불과하다고 볼 것이 아니라 행정청인 관리권자로부터 관리업무를 위탁받은 피고가 우월적 지위에서 원고에게 일정한 법률상 효과를 발생하게 하는 것으로서 항고소송의 대상이 되는 행정**처분에 해당**한다(2011.6.30. 2010두23859).

03 | ✕
17지방7

소청심사위원회가 정직 3개월의 처분을 정직 2개월로 변경하라는 재결을 하여 A부 장관이 정직 2개월의 처분을 한 경우, 甲이 이에 불복하여 제기하는 취소소송의 제소기간은 정직 2개월 처분이 있음을 甲이 현실적·구체적으로 안 날로부터 기산한다.

변경처분(감액처분)이 행정심판위원회의 변경재결이나 변경명령재결로서 이뤄진 경우, 취소소송의 제소기간은 당초처분이 있은 날이나, 있음을 안 날이 아닌 **재결서 정본 송달일**을 기준으로 기산된다(행정소송법 제20조 제1항 단서).

04 | ✕
24경찰간부

공정거래위원회가 관계 행정기관의 장에게 「하도급법」을 위반한 사업자에 대한 입찰참가자격제한 등을 요청하는 결정은 해당 사업자에게 장차 후속처분으로 인한 법률상 불이익을 주게 되므로, 항고소송의 대상이 되는 처분에 해당한다.

하도급법상 공정거래위원회의 입찰참가자격제한 요청 결정: 처분○
「하도급거래 공정화에 관한 법률」 및 동법 시행령상 요건을 충족하는 경우(편저자: 벌점 누산점수가 일정 기준을 초과하는 경우) **공정거래위원회**는 동법에 따라 관계 행정기관의 장에게 해당 사업자에 대한 **입찰참가자격제한 요청 결정**을 하게 되며, 이를 요청받은 **관계 행정기관의 장**은 특별한 사정이 없는 한 그 사업자에 대하여 **입찰참가자격을 제한하는 처분을 해야 하므로**, 사업자로서는 입찰참가자격제한 요청 결정이 있으면 장차 후속처분으로 입찰참가자격이 제한될 수 있는 법률상 불이익이 존재한다. 이때 입찰참가자격제한 요청 결정이 있음을 알고 있는 사업자로 하여금 **입찰참가자격제한처분**에 대하여만 **다툴 수 있도록 하는 것보다는** 그에 앞서 직접 **입찰참가자격제한 요청** 결정의 적법성을 다툴 수 있도록 함으로써 분쟁을 조기에 근본적으로 해결하도록 하는 것이 법치행정의 원리에도 부합한다. 따라서 공정거래위원회의 구 「하도급거래 공정화에 관한 법률」에 따른 **입찰참가자격제한 요청** 결정은 항고소송의 대상이 되는 **처분**에 **해당**한다(2023.2.2. 2020두48260).

05 | ✕
24국회8

효력기간이 정해져 있는 제재적 행정처분의 효력이 발생한 후에 별도의 처분으로 효력기간의 시기와 종기를 다시 정했다면, 당초의 제재처분은 실효되고 새로운 처분이 있는 것으로 본다.

효력기간이 정해진 제재처분이 발효된 후에도 별도 처분으로 시기·종기를 다시 정할 수 있음
효력기간이 정해져 있는 제재적 행정처분의 효력이 발생한 이후에도 행정청은 특별한 사정이 없는 한 상대방에 대한 **별도의 처분으로써 효력기간의 시기와 종기를 다시 정할 수 있다.** 이는 **당초의 제재적 행정처분이 유효함을 전제**로 그 구체적인 집행시기만을 변경하는 후속 **변경처분(일부 변경처분)이다**. 이러한 후속 변경처분도 특별한 규정이 없는 한 의사표시에 관한 일반법리에 따라 상대방에게 고지되어야 효력이 발생한다(2022.2.11. 2021두40720).

06 | 최신
25국회9

사립유치원 감사결과에 따른 시정명령(은 항고소송의 대상인 처분에 해당한다)

공공감사법에 따른 감사결과 및 조치사항 통보 후 이에 불응하자 유아교육법에 따라 같은 의무를 부과하는 시정명령: 후속 시정명령은 독자적 처분○
(피고가 원고 운영 사립유치원에 대하여 「공공감사에 관한 법률」에 따라 실시한 **감사결과 및 조치사항을 통보**하였는데, 원고가 이에 응하지 않자 피고가 원고에게 위 조치사항과 **동일한 내용의 시정명령**을 내리면서 그 근거법규로 유아교육법 제30조를 명시한 사안에서) 비록 위 시정명령이 원고에게 **부과하는 의무의 내용은 같을지라도**, 「공공감사에 관한 법률」 제23조에 따라 통보된 조치사항을 이행하지 않은 경우와 유아교육법 제30조에 따른 시정명령을 이행하지 않은 경우에 당사자가 입는 **불이익이 다르므로**, 위 시정명령에 대하여도 처분성을 인정하여 그 **불복기회를 부여할 필요성**이 있다. 따라서, 이 사건 **시정명령은** 이 사건 감사결과 통보와는 별도로 항고소송의 대상이 되는 '**처분**'으로 봄이 타당하다(2022.9.7. 2022두42365).

07 | 회신
25군무원7

운전면허 행정처분처리대장상 벌점의 배점은 그 무효확인 또는 취소를 구하는 소송의 대상이 되는 행정처분이라고 할 수 있다.

운전면허대장 벌점부과: 항고소송 대상인 처분 ×
운전면허 행정처분처리대장상 **벌점**의 배점은 도로교통법규 위반행위를 단속하는 기관이 「도로교통법 시행규칙」[별표 16]의 정하는 바에 의하여 도로교통법규 위반의 경중, 피해의 정도 등에 따라 배정하는 점수를 말하는 것으로 자동차운전**면허의 취소, 정지처분의 기초자료**로 제공하기 위한 것이고 그 배점 자체만으로는 아직 국민에 대하여 구체적으로 어떤 권리를 제한하거나 의무를 명하는 등 법률적 규제를 하는 효과를 발생하는 요건을 갖춘 것이 아니어서 그 무효확인 또는 취소를 구하는 소송의 대상이 되는 행정**처분이라고 할 수 없다**(1994.8.12. 94누2190).

■ 벌점 정리

교통법규 위반에 따른 벌점	처분 ×
하도급법상 벌점	처분 ×
건설기술진흥법상 벌점	처분 ○
회사분할시 분할 전 회사에 부과된 벌점	신설회사로 승계됨 → 분할하는 회사에 분할 전 부과된 벌점을 이유로 신설회사에게 입찰참가자격제한 등 가능

08 | 회신
25군무원7

친일반민족행위자재산조사위원회의 재산조사개시결정은 조사대상자의 권리·의무에 직접 영향을 미치는 독립한 행정처분으로 볼 수 없다.

친일반민족행위자재산조사위원회의 재산조사개시결정: 처분 ○
〈친일반민족행위자재산조사위원회의 재산조사개시결정〉이 있는 경우 조사대상자는 위 위원회의 보전처분 신청을 통하여 재산권행사에 실질적인 제한을 받게 되고, 위 위원회의 자료제출요구나 출석요구 등의 조사행위에 응하여야 하는 법적 의무를 부담하게 되는 점, 조사대상자로 하여금 개개의 과태료 처분에 대하여 불복하거나 조사 종료 후의 국가귀속결정에 대하여만 다툴 수 있도록 하는 것보다는 그에 앞서 재산조사개시결정에 대하여 다툼으로써 분쟁을 조기에 근본적으로 해결할 수 있는 점 등을 종합하면, 친일반민족행위자재산조사위원회의 재산조사개시결정은 조사대상자의 권리·의무에 직접 영향을 미치는 독립한 행정**처분으로서 항고소송**의 대상이 된다고 봄이 상당하다(2009.10.15. 2009두6513).

+ PLUS 친일반민족행위자재산조사위원회의 재산조사개시결정: 처분성 ○ / 친일재산 국가귀속결정: 준법률행위적 행정행위-확인 처분성 ○

09 |
17(1)서울9

상급행정기관의 하급행정기관에 대한 승인·동의·지시 등은 행정기관 상호 간의 내부행위로서 항고소송의 대상이 되는 행정처분이라 볼 수 없다.

행정기관 상호 간 승인·동의·협의·지시 등은 기관 간 처분 ×
상급행정기관의 하급행정기관에 대한 승인·동의·지시 등은 행정기관 상호 간의 **내부행위**로서 국민의 권리·의무에 직접 영향을 미치는 것이 아니므로 항고소송의 대상이 되는 행정**처분에 해당한다고 볼 수 없다**(1997.9.26. 97누8540).

정답 01 ② 02 ○ 03 × 04 ○ 05 × 06 ○ 07 × 08 ○ 09 ○

T53 대상적격(3) - 처분성 등 일괄정리(법률관계를 중심으로)

01 | 인
11국회9

(판례는) 한국전력공사가 정부투자기관 회계규정에 의하여 행한 입찰참가자격을 제한하는 내용의 부정당업자 제재처분을 행정소송의 대상이 되는 행정처분으로 보았다.

(구법하에서 정부투자기관이 행하는 입찰참가자격제한) 구 정부투자기관관리기본법하에서는 한국전력공사, 한국토지개발공사 등을 정부투자기관이라고 칭하였는데, 동법에는 이러한 정부투자기관의 입찰참가자격제한에 대한 근거규정이 없었고, **행정규칙**에 불과한 구 정부투자기관회계규정(재정경제원장관 고시)**에서 이를 규정**하고 있을 뿐이었다. 따라서 **한국전력공사**나, 한국토지개발공사 등 정부투자기관이 정부투자기관회계규정에 따라 행하는 입찰참가자격제한은 **법령의 근거가 없는 것**으로 행정청이 행하는 공권력의 행사가 될 수 없어 **처분성이 부정**된다는 것이 판례의 태도였다[99부3(한국전력공사), 94두36(한국토지개발공사)].

02 | 인
15국가7

승진대상자로 결정되어 대내외에 그 사실이 공표된 공무원이 실제 발령일에 승진하지 못한 경우, 그 공무원은 임용권자에 대하여 승진임용을 신청할 조리상 권리를 가진다.

승진대상자로 결정·공표시: 승진임용 신청권 인정
4급 공무원이 당해 지방자치단체 인사위원회의 심의를 거쳐 3급 〈**승진대상자로 결정되고 임용권자가 그 사실을 대내외에 공표**〉한 경우, 그 공무원에게 승진임용신청권이 있다(2008.4.10. 2007두18611).

03 | 인
15국가7

국유재산의 무단점유자에 대하여 국가가 변상금 부과·징수권을 행사한 경우에는 민사상 부당이득반환청구권의 소멸시효가 중단된다.

변상금 부과·징수권(①)은 민사상 부당이득반환청구권(②)과 별개의 권리 → so ①을 행사하였더라도 ②의 소멸시효는 중단 ×
국유재산법 제72조 제1항, 제73조 제2항에 의한 **변상금 부과·징수권**이 민사상 **부당이득반환청구권**과 법적 성질을 달리하는 **별개의 권리**인 이상 한국자산관리공사가 **변상금 부과·징수권을 행사하였다 하더라도** 이로써 **민사상 부당이득반환청구권의 소멸시효가 중단**된다고 할 수 **없다**(2014.9.4. 2013다3576).

04 | ⓑ   15국가9

지방자치단체가 보조금 지급결정을 하면서 일정 기한 내에 보조금을 반환하도록 하는 교부조건을 부가한 경우, 보조금을 교부받은 사업자에 대한 지방자치단체의 보조금반환청구소송(은 당사자소송에 해당하지 않는다)

보조사업자에 대한 지자체의 보조금반환청구: 당사자소송(공법상 의무이행청구)

지방자치단체가 보조금 지급결정을 하면서 일정 기한 내에 보조금을 반환하도록 하는 교부조건을 부가한 사안에서, 보조사업자의 지방자치단체에 대한 〈**보조금 반환의무**〉는 행정처분인 위 보조금 지급결정에 부가된 **부관상 의무**이고, 이러한 부관상 의무는 보조사업자가 지방자치단체에 부담하는 **공법상 의무**이므로, 보조사업자에 대한 지방자치단체의 〈**보조금 반환청구**〉는 공법상 권리관계의 일방 당사자를 상대로 하여 공법상 의무이행을 구하는 청구로서 행정소송법 제3조 제2호에 규정한 **당사자소송의 대상이다**(2011.6.9. 2011다2951).

05 | 엑   15지방7

일반재산은 사경제적 거래의 대상으로 사적 자치의 원칙이 지배하므로 그의 운용, 관리 등에 관하여는 공법적 규율이 전적으로 배제된다.

국유 일반재산 대부를 받은 사인의 대부료 납부의무는 사법상 의무이다. 다만, 국유재산법 등은 대부료 미납시 이를 국세징수법의 체납처분(행정처분)의 방식으로 징수할 수 있도록 별도 규정을 두고 있는바 이에 따라 행정주체가 체납처분을 실행하였다면, 사인이 다툴 때는 체납처분(=행정처분)에 대한 항고소송에 의하게 된다. 즉, 관련 법령에서 행정편의를 위해 행정처분(체납처분)을 할 수 있게 한 경우는 그 기초 법률관계가 사법상 금전급부불이행(대부료 미납)에 불과하더라도 항고소송으로 다투어야 하는 것이다. 이처럼 일반재산과 관련한 법률관계는 사법관계로 기본적으로 사적 자치의 원칙이 적용되나, 그 운용·관리에 있어 공법적 규율이 전적으로 배제되는 것은 아니다.

06 | ⓢ   16국가9

「국가공무원법」상 당연퇴직의 인사발령은 법률상 당연히 발생하는 퇴직사유를 공적으로 확인하여 알려주는 이른바 관념의 통지에 불과하므로 행정소송의 대상이 되는 독립한 행정처분이라고 할 수 없다.

당연퇴직 인사발령: 관념의 통지(사실행위)에 불과, 행정처분×
국가공무원법상 당연퇴직은 **결격사유가 있을 때 법률상 당연히 퇴직하는 것**이지 공무원관계를 소멸시키기 위한 별도의 행정처분을 요하는 것이 아니며, 〈**당연퇴직의 인사발령**〉은 법률상 당연히 발생하는 **퇴직사유를 공적으로 확인하여 알려주는 이른바 관념의 통지에 불과**하고 공무원의 신분을 상실시키는 새로운 형성적 행위가 아니므로 행정소송의 대상이 되는 독립한 **행정처분이라고 할 수 없다**(1995.11.14. 95누2036).

07 | 엑   19(2)서울9

「국세기본법」에 따른 과세관청의 국세환급금결정(은 항고소송의 대상이 되는 처분에 해당한다)

08 | 엑   16서울9

국세환급금결정신청에 대한 환급거부결정(은 항고소송의 대상이 되는 행정처분이다)

국세환급결정·환급거부결정: 처분×
국세기본법 제51조 및 제52조 국세환급금 및 국세가산금결정에 관한 규정은 **이미 납세의무자의 환급청구권이** 확정된 국세환급금 및 가산금에 대하여 내부적 사무처리절차로서 과세관청의 환급절차를 규정한 것에 지나지 않고 그 규정에 의한 국세환급금(가산금 포함)결정에 의하여 비로소 환급청구권이 확정되는 것은 아니므로, **국세환급금결정이나** 이 결정을 구하는 신청에 대한 **환급거부결정** 등은 납세의무자가 갖는 환급청구권의 존부나 범위에 구체적이고 직접적인 영향을 미치는 처분이 아니어서 항고소송의 대상이 되는 **처분이라고 볼 수 없다**(1989.6.15. 88누6436 전합).

09 | 엑   17국가7

사인이 공공시설을 건설한 후, 국가 등에 기부채납하여 공물로 지정하고 그 대신 그 자가 일정한 이윤을 회수할 수 있도록 일정 기간 동안 무상으로 사용하도록 허가하는 것은 사법상 계약에 해당한다.

구 지방재정법 제75조에 따라 기부채납받은 행정재산의 무상사용허가: 처분
행정재산의 사용·수익에 대한 허가는 순전히 사경제주체로서 행하는 사법상의 행위가 아니라 관리청이 공권력을 가진 우월적 지위에서 행하는 **행정처분**이라고 보아야 할 것인바 … 그 행정재산이 **구 지방재정법 제75조의 규정에 따라 〈기부채납받은 재산이라 하여 그에 대한 사용·수익허가〉의 성질이 달라진다고 할 수는 없다**(2001.6.15. 99두509).

10 | ⓑ   18국가9

「지방공무원법」상 지방전문직 공무원 채용계약에서 정한 채용기간이 만료된 경우에는 채용계약의 갱신이나 기간연장 여부는 기본적으로 지방자치단체장의 재량이다.

계약직 공무원에 대한 계약갱신·연장 여부: 지자체장의 재량
관계법령의 규정내용에 비추어 보면, 지방전문직 공무원 채용계약에서 정한 채용기간이 만료한 경우 〈**채용계약을 갱신하거나 채용기간을 연장**〉할 것인지 여부는 **지방자치단체장의 재량**에 맡겨져 있는 것으로 보아야 할 것이므로 지방전문직 공무원 채용계약에서 정한 기간이 형식적인 것에 불과하고 그 채용계약은 기간의 약정이 없는 것이라고 볼 수 없다(1993.9.14. 92누4611).

11 | ⓑ   18지방7

기간제로 임용된 국·공립대학의 조교수에 대해 임용기간 만료로 한 재임용거부에 대하여 제기된 거부처분 취소소송(은 소송요건을 충족하지 않은 경우에 해당한다)

기간 만료로 재임용을 신청한 조교수: 공정심사 요구할 신청권 있음. 재임용거부는 처분○

관계법령에 임용기간이 만료된 교원에 대한 **재임용의 의무나 그 절차 및 요건 등에 관하여 아무런 규정을 두지 않았다고 하더라도**, … **〈기간제로 임용되어 임용기간이 만료된 국·공립대학의 조교수〉**는 교원으로서의 능력과 자질에 관하여 합리적인 기준에 의한 공정한 심사를 받아 위 기준에 부합되면 특별한 사정이 없는 한 **재임용되리라는 기대**를 가지고 재임용 여부에 관하여 합리적인 기준에 의한 **공정한 심사를 요구할 법규상 또는 조리상 신청권**을 가진다고 할 것이니, 임용권자가 임용기간이 만료된 조교수에 대하여 재임용을 거부하는 취지로 한 임용기간만료의 통지는 위와 같은 대학교원의 법률관계에 영향을 주는 것으로서 행정소송의 대상이 되는 **처분에 해당**한다고 할 것이다(2004.4.22. 2000두7735 전합).

12 | 인 23국가9

국가보훈처장이 서훈추천 신청자에 대한 서훈추천을 거부한 것은 항고소송의 대상으로 볼 수는 없어 항고소송을 제기할 수는 없으나 행정권력의 부작위에 대한 헌법소원으로서 다툴 수 있다.

국가보훈처장의 서훈추천신청자에 대한 서훈추천 거부: 헌법소원×
국가보훈처장이 서훈추천 신청자에 대한 서훈추천을 하여 주어야 할 헌법적 작위의무가 있다고 할 수는 없으므로, **서훈추천을 거부한 것에 대하여 행정권력의 부작위에 대한 헌법소원으로서 다툴 수 없다**(헌재 2005.6.30. 2004헌마859).

+ PLUS 지문 앞부분 서훈추천 거부가 항고소송 대상이 아니라고 한 것은 맞다.

• 서훈 여부는 대통령이 그 재량에 의하여 국무회의의 심의를 거쳐 독자적으로 결정하는 것이므로, 개인에게 훈장을 요구할 수 있는 법규상 또는 조리상 권리가 있는 것으로 볼 수 없다. 또한, 대통령이 영전수여 여부를 결정하는 과정에서 피고 등의 추천을 받도록 하고 있고, 피고 등이 추천을 함에 있어서 공적심사위원회의 심사를 거치도록 하고 있다 하더라도 피고 등의 추천이나 공적심사위원회의 심사 등은 영전수여 여부를 결정하기 위한 일련의 절차 중의 하나를 이루는 데 불과하고 그 자체가 영전의 수여 또는 추천 여부를 결정하는 효력을 가지는 별도의 행정처분이라고 볼 수 없다(서울행정법원 2018.11.2. 2018구합3974). → 서훈추천이 처분이 아니므로 그 거부도 항고소송대상인 거부처분이 될 수 없음

13 | C 23국회8

지방자치단체를 당사자로 하는 계약에 관하여는 그 계약의 성질이 사법상 계약인지 공법상 계약인지와 상관없이 원칙적으로 「지방자치단체를 당사자로 하는 계약에 관한 법률」의 규율이 적용된다고 보아야 한다.

지방자치단체가 당사자인 경우 계약의 성질에 상관없이 지방계약법 적용
다른 법률에 특별한 규정이 있는 경우이거나 또는 지방계약법의 개별 규정의 규율내용이 매매, 도급 등과 같은 특정한 유형·내용의 계약을 규율대상으로 하고 있는 경우가 아닌 한, 지방자치단체를 당사자로 하는 계약에 관하여는 그 **계약의 성질이 공법상 계약인지 사법상 계약인지와 상관없이** 원칙적으로 지방계약법의 규율이 적용된다고 보아야 한다(2020.12.10. 2019다234617).

+ PLUS 국가, 지자체, 공공기관이 한쪽 당사자가 되어 체결하는 계약에는 그것이 **공법상 계약인지, 사법상 계약인지와 상관없이** 각각 「국가를 당사자로 하는 계약에 관한 법률」, 「지방자치단체를 당사자로 하는 계약에 관한 법률」, 「공공기관의 운영에 관한 법률」이 적용된다(2019다234617).

14 | 인 24지방7

구 「지방세징수법」상 지방세의 결손처분은 국세의 결손처분과 마찬가지로 더 이상 납세의무가 소멸하는 사유가 아니라 체납처분을 종료하는 의미만을 가지고, 결손처분의 취소는 국민의 권리와 의무에 영향을 미치는 행정처분이 아니다.

결손처분과 결손처분의 취소: 처분×(체납처분의 종료와 재개라는 절차적 의미에 불과)
지방세법 및 지방세기본법, 지방세징수법의 개정 연혁에 따르면, 구 지방세기본법은 물론 현행 지방세징수법하에서도, 지방세의 **결손처분은 국세의 결손처분과 마찬가지로 더 이상 납세의무가 소멸하는 사유가 아니라 체납처분을 종료하는 의미만을** 가지게 되었고, **결손처분의 취소** 역시 국민의 권리와 의무에 영향을 미치는 **행정처분이 아니라** 과거에 종료되었던 **체납처분절차를 다시 시작한다는 행정절차로서의 의미만을** 가지게 되었다고 할 것이다(2019.8.9. 2018다272407).

15 | A 08국가9

행정재산은 공용폐지가 되지 않더라도 사법상 거래의 대상이 될 수 있다.

행정재산: 공용폐지되지 않는 한 시효취득대상×
행정재산은 공용이 폐지되지 않는 한 사법상 거래의 대상이 될 수 없으므로(편저자: 공용폐지되지 않는 한 공물성이 소멸되는 것이 아니므로) **취득시효의 대상이 되지 않는다**(1994.3.22. 93다56220).

16 | 인 16지방7

헌법재판소는 정부투자기관(한국토지공사)의 출자로 설립된 회사(한국토지신탁) 내부의 근무관계(인사상의 차별 및 해고)에 관한 사항은 특별한 공법적 규정이 존재하는 경우라도 사법관계에 속하는 것이라고 본다.

한국토지공사의 출자로 설립된 한국토지신탁의 내부근무관계: 특별한 공법규정 없는 한 사법관계

정부투자기관(한국토지공사)의 출자로 설립된 회사(**한국토지신탁**) 내부의 근무관계(인사상의 차별 및 해고)에 관한 사항은, 이를 규율하는 **특별한 공법적 규정이 존재하지 않는 한**, 원칙적으로 **사법관계**에 속하므로 헌법소원의 대상이 되는 공권력 작용이라고 볼 수 없다(헌재 2002.3.28. 2001헌마464).

+ PLUS 한국토지신탁의 내부근무관계는 사법관계이다. 다만, 해당 지문은 '특별한 공법적 규정이 존재하는 경우'라는 가상의 경우를 상정했기 때문에 이 경우만큼은 공법관계가 된다. 함정을 판 문제라고 할 수 있다.

17 | 인   16지방7

대법원은 농지개량조합(현 한국농어촌공사)과 그 직원과의 관계는 사법상의 근로계약관계가 아닌 공법상의 특별권력관계이고, 그 조합의 직원에 대한 징계처분의 취소를 구하는 소송은 행정소송사항에 속한다고 본다.

농지개량조합과 직원 간 관계는 공법상 특별권력관계, 직원에 대한 징계는 처분에 해당

〈**농지개량조합**〉과 그 직원과의 관계는 사법상의 근로계약관계가 아닌 공법상의 **특별권력관계**이고, 그 조합의 직원에 대한 징계처분의 취소를 구하는 소송은 **행정소송**사항에 속한다(1995.6.9. 94누10870).

18 | 인   16지방7

헌법재판소는 한국방송공사의 직원 채용관계는 특별한 공법적 규제 없이 한국방송공사의 자율에 맡겨진 셈이 되므로 이는 사법적인 관계에 해당한다고 봄이 상당하고, 직원 채용관계가 사법적인 것이라면 그러한 채용에 필수적으로 따르는 사전절차로 채용시험의 응시자격을 정한 공고 또한 사법적인 성격을 지닌다고 할 것이므로, 이러한 채용시험공고는 헌법소원으로 다툴 수 있는 공권력의 행사에 해당하지 않는다고 한다.

한국방송공사의 직원 채용: 사법관계 so 채용시험 응시자격을 정한 공고도 사법적(공권력행사×)

한국방송공사의 직원 채용관계는 특별한 공법적 규제 없이 한국방송공사의 자율에 맡겨진 셈이 되므로 이는 **사법적인 관계**에 해당한다고 봄이 상당하다. 또한 직원 채용관계가 사법적인 것이라면, 그러한 채용에 필수적으로 따르는 사전절차로서 **채용시험의 응시자격을 정한 공고 또한 사법적**인 성격을 지닌다고 할 것이다. 이 사건 공고는 헌법소원으로 다툴 수 있는 **공권력의 행사**에 해당하지 **않는다**(헌재 2006.11.30. 2005헌마855).

19 | 19(1)서울9

「국가를 당사자로 하는 계약에 관한 법률」에 따른 입찰절차에서의 낙찰자의 결정은 「행정소송법」상 처분에 해당한다.

국가·지방자치단체의 낙찰자 결정: 사법상 행위(편무예약)

지방자치단체가 당사자가 되는 계약의 체결은 계약서의 작성을 성립 요건으로 하는 요식행위로 정하고 있으므로, 이 경우 낙찰자의 결정으로 바로 계약이 성립된다고 볼 수는 없어 낙찰자는 지방자치단체에 대하여 계약을 체결하여 줄 것을 청구할 수 있는 권리를 갖는 데 그치고, 이러한 점에서 위 법률에 따른 낙찰자 결정의 법적 성질은 입찰과 낙찰행위가 있은 후에 더 나아가 본계약을 따로 체결한다는 취지로서 **계약의 편무예약에 해당**한다(2006.6.29. 2005다41603).

20 | 최신   25군무원9

구 「종합유선방송법」(2000.1.12. 법률 제6139호로 전문 개정된 「방송법」 부칙 제2조 제2호에 따라 폐지)상의 종합유선방송위원회는 그 설치의 법적 근거, 법에 의하여 부여된 직무, 위원의 임명절차 등을 종합하여 볼 때 국가기관이고, 그 사무국 직원들의 근로관계는 공법상의 계약관계이므로, 사무국 직원들은 국가를 상대로 당사자소송으로 그 계약에 따른 임금과 퇴직금의 지급을 청구할 수 있다.

종합유선방송위원회 사무국 직원의 근로관계: 사법상 계약관계

구 종합유선방송법상의 종합유선방송위원회는 국가기관이고, 그 **사무국 직원들의 근로관계는 사법(私法)상의 계약관계**이므로, 사무국 직원들은 국가를 상대로 민사소송으로 그 계약에 따른 임금과 퇴직금의 지급을 청구할 수 있다(2001.12.24. 2001다54038).

정답 01 × 02 ○ 03 × 04 × 05 × 06 ○ 07 × 08 × 09 × 10 ○ 11 × 12 × 13 ○ 14 ○ 15 × 16 × 17 ○ 18 ○ 19 × 20 ×

T54 거부처분 관련 쟁점

01 | Ⓢ 22소간

처분청이 처분 후에 원래의 처분을 그대로 존속시킬 필요가 없게 된 사정변경이 생겼거나 중대한 공익상의 필요가 발생한 경우에는 별도의 법적 근거가 없어도 별개의 행정행위로 이를 철회할 수 있다고 하여 상대방 등에게 그 철회 · 변경을 요구할 신청권까지를 부여하는 것은 아니다.

> 처분청에게 직권철회 · 변경권한이 인정된다 하여, 상대방 등에게까지 철회 · 변경신청권 인정×
> **처분청이** 처분 후에 원래의 처분을 그대로 존속시킬 필요가 없게 된 **중대한 사정변경이나 공익상의 필요가 발생한 경우에는 별도의 법적 근거가 없어도 별개의 행정행위로 이를 철회 · 변경할 수 있지만**, 이는 그러한 철회 · 변경의 권한을 처분청에게 부여하는 데 그치는 것일 뿐 처분의 **상대방이나 이해관계인 등에게 그 철회 · 변경을 요구할 신청권**까지 부여하는 것은 **아니다**(1997.9.12. 96누6219 등).

02 | ㄱ 24지방7

임용기간이 만료된 교원의 재임용이 거부되었다가 그 재임용거부처분이 법원의 판결에 의하여 취소되었다면 이러한 취소판결로 인하여 당연히 그 교원은 재임용거부처분 당시로 소급하여 신분관계를 회복한다고 볼 수 있다.

> 임용기간이 만료된 교원에 대한 재임용거부처분 취소판결이 확정 → 임용권자가 재임용 여부를 다시 결정할 의무를 부담하게 될 뿐 교원이 소급하여 신분 회복×
> 기간을 정하여 임용된 국 · 공립대학의 교원은 특별한 사정이 없는 한 그 임용기간의 만료로 교원으로서의 신분관계가 종료되는 것이고, 임용기간이 만료된 교원의 재임용이 거부되었다가 그 **재임용거부처분이** 법원의 **판결에 의하여 취소**되었다고 하더라도 **임용권자는 다시 재임용심의를 하여 재임용 여부를 결정할 의무를 부담할 뿐**(편저자: 재처분의무), 위와 같은 취소판결로 인하여 당연히 그 교원이 재임용거부처분 당시로 **소급하여 신분관계를 회복한다고 볼 수는 없다**(2009.3.26. 2009두416).
> ➕ **PLUS** 거부처분에 대한 취소판결이 확정되면 소급효가 있으므로 거부처분 당시로 소급하여 거부처분이 없었던 것과 같은 상태가 된다(취소판결의 소급효). 그러나 이는 거부가 없는 상태, 즉 재임용신청 당시의 원점으로 돌아간다는 것일 뿐, 재임용을 받아낸 상태가 되거나 이미 기간만료로 실효된 종전 신분이 회복된다는 의미가 아니다.

03 | ㄱ 25소간

공무원에 대한 징계처분을 취소하는 판결이 확정되면 처분청은 판결의 취지에 따라 다시 새로운 징계처분을 하여야 할 의무가 있다.

> **재처분의무는** ㉠ 신청에 대한 **거부처분에 대해 취소판결이 있는 경우**(행정소송법 제30조 제2항)와 ㉡ **신청에 따른 처분이 절차의 위법을 이유로 취소**되는 경우(동법 제30조 제3항)에 인정되는데, 공무원 징계처분은 이에 해당하지 않는다. 따라서 공무원에 대한 징계처분을 취소하는 판결이 확정되더라도 새로운 징계처분을 하여야 할 의무가 있는 것은 아니다.

> **행정소송법 제30조(취소판결 등의 기속력)** ① 처분등을 취소하는 확정판결은 그 사건에 관하여 당사자인 행정청과 그 밖의 관계행정청을 기속한다.
> ② 판결에 의하여 취소되는 처분이 당사자의 신청을 거부하는 것을 내용으로 하는 경우에는 그 처분을 행한 행정청은 판결의 취지에 따라 다시 이전의 신청에 대한 처분을 하여야 한다.
> ③ 제2항의 규정은 신청에 따른 처분이 절차의 위법을 이유로 취소되는 경우에 준용한다.

04 | 15교행9

부작위위법확인소송의 대상이 되는 부작위는 당사자의 신청이 없더라도 성립할 수 있다.

> 부작위가 성립하려면 당사자의 처분의 '**신청**'이 있어야 한다. 따라서 신청 자체가 없으면 부작위가 성립할 수 없다.

> **행정소송법 제2조(정의)** ① 이 법에서 사용하는 용어의 정의는 다음과 같다.
> 2. '**부작위**'라 함은 행정청이 **당사자의 신청**에 대하여 상당한 기간 내에 일정한 처분을 하여야 할 법률상 의무가 있음에도 불구하고 이를 하지 아니하는 것을 말한다.

05 | Ⓒ 회신 25경찰간부

근로복지공단이 사업주의 사업종류변경신청에 대해 이를 거부하는 행위는 항고소송의 대상인 거부처분에 해당하지 아니한다.

> 사업주의 사업종류변경신청에 대한 근로복지공단의 반려행위: 항고소송의 대상이 되는 거부처분○
> 피고(근로복지공단)가 사업주에게 통지한 사업종류에 대하여 사업주가 사업장의 사업실태 내지 현황에 대한 피고의 평가 잘못 등을 이유로 피고에게 사업종류의 변경을 신청하였으나 피고가 이를 거부한 상황에서, 사업주가 자신이 적정하다고 보는 사업종류의 적용을 주장하면서 피고가 통지한 사업종류에 기초한 산재보험료를 납부하지 아니한 경우, 사업주는 연체금이나 가산금을 징수당하게 됨은 물론, 체납처분도 받게 되고, 산재보험료를 납부하지 아니한 기간 중에 재해가 발생한 경우 그 보험급여의 전부 또는 일부를 징수당할 수 있는 등의 불이익이 있는 점을 감안해 보면, **사업주의 사업종류변경신청을 받아들이지 않는 피고의 거부행위는 사업주의 권리 · 의무에 직접 영향을 미치는 행위**라고 할 것이다. … 사업종류는 보험가입자인 사업주가 매 보험연도마다 계속 납부하여야 하는 산재보험료 산정에 있어 필수불가결한 기초가 되는 것이므로 **사업종류변경신청에 대한 거부행위가 있을 경우 바로 사업주로 하여금 이를 다툴 수 있게 하는 것이 분쟁을 조기에 발본적으로 해결**할 수 있는 방안이기도 하다. 이와 같은 사정을 모두 고려하여 보면, 보험가입자인 사업주에게 보험료율의 산정의 기초가 되는 사업종류의 변경에 대한 **조리상 신청권이 있다고 봄**이 상당하다. 따라서 이 사건 **사업종류변경신청 반려행위는 항고소송의 대상**이 되는 행정처분에 해당한다고 할 것이다(2008.5.8. 2007두10488).

정답 01 ○ 02 × 03 × 04 × 05 ×

T55 공권과 원고적격

01 | ✗ 12국회8

「건강보험요양급여행위 및 그 상대가치점수 개정」 고시의 취소소송에서 사단법인 대한의사협회(는 원고적격이 있다)

요양급여 고시의 제3자인 대한의협: 원고적격 인정✗
사단법인 〈대한의사협회〉는 의료법에 의하여 의사들을 회원으로 하여 설립된 사단법인으로서, 국민건강보험법상 요양급여행위, 요양급여비용의 청구 및 지급과 관련하여 직접적인 법률관계를 갖지 않고 있으므로, 보건복지부 고시인 「건강보험요양급여행위 및 그 상대가치점수 개정」으로 인하여 자신의 법률상 이익을 침해당하였다고 할 수 없으므로 위 고시의 취소를 구할 원고적격이 없다(2006.5.25. 2003두11988).

02 | ✗ 18소방(변형)

판례는 항고소송에 있어서 행정청은 피고적격이 인정되며, 국가기관인 시·도선거관리위원회 위원장과 충북대학교 총장의 원고가 될 수 있는 당사자능력도 인정하였다.

판례는 국가기관인 시·도선거관리위원회 위원장의 당사자능력은 인정하였으나, 충북대학교 총장의 당사자능력은 인정하지 않았다.
- 甲이 국민권익위원회에 「부패방지 및 국민권익위원회의 설치와 운영에 관한 법률」에 따른 신고와 신분보장조치를 요구하였고, 국민권익위원회가 乙시·도선거관리위원회 위원장에게 '甲에 대한 중징계요구를 취소하고 향후 신고로 인한 신분상 불이익처분 및 근무조건상의 차별을 하지 말 것을 요구'하는 내용의 조치요구를 한 사안에서, 국가기관인 乙에게 위 조치요구의 취소를 구하는 소를 제기할 당사자능력, 원고적격 및 법률상 이익을 인정한 원심판단을 정당하다(2013.7.25. 2011두1214).
- 예비적 원고 충북대학교 총장의 소는, 원고 충북대학교 총장이 원고 대한민국이 설치한 충북대학교의 대표자일 뿐 항고소송의 원고가 될 수 있는 당사자능력이 없어 부적법하다(2007.9.20. 2005두6935).

03 | ○ 25변시

교육감이 사립학교법인의 이사장 및 학교장에게 소속 직원들의 유사경력 호봉환산이 과다하게 반영되었다는 이유로 호봉이 과다하게 산정된 직원들의 호봉정정에 따른 급여 환수명령 및 미이행시 해당 직원들에 대한 보조금 지원을 중단하겠다는 내용의 시정명령을 하고, 정정된 호봉으로 호봉 재획정 처리를 하고 조치결과를 제출하라는 명령을 한 사안에서, 이는 사립학교 직원들이 각 소속 사립학교법인들에 대한 위 각 명령으로 인하여 법률상 보호되는 이익을 침해당한 경우에 해당한다.

학교법인 이사장 등에 대한 사무직원 호봉정정 및 이에 따른 급여환수명령 등 처분 → 상대방인 이사장 등은 물론 사무직원도 원고적격 인정
교육감이 사립학교 직원 甲 등이 소속된 학교법인의 이사장 및 학교장에게 소속 직원들의 유사경력 호봉환산이 과다하게 반영되었다는 이유로 호봉이 과다하게 산정된 직원들의 호봉정정에 따른 급여를 5년의 범위 내에서 환수하도록 하고 미이행시 해당 직원들에 대한 재정결함 보조금(인건비) 지원을 중단하겠다는 내용의 시정명령을 하고, 재차 정정된 호봉으로 호봉 재획정 처리를 하고 조치결과를 제출하라는 명령을 한 사안에서, 이 사건 각 명령(편저자: 호봉정정에 따른 급여환수명령 및 호봉재획정 처리 및 조치결과 제출명령)은 원고들의 호봉이 과다 산정되었음을 이유로 한 것이므로 … 이 사건 각 명령으로 인하여 원고들은 급여가 실질적으로 삭감되거나 기지급된 급여를 반환하여야 하는 직접적이고 구체적인 손해를 입게 되므로, 사무직원인 원고들은 이 사건 각 명령을 다툴 개별적·직접적·구체적 이해관계가 있다고 볼 수 있다(2023.1.12. 2022두56630).

04 | ✗ 24군무원7

회사의 내부규정으로 운수회사에 부과된 과징금은 그 원인행위를 제공한 운전자가 납부하도록 되어 있다면, 해당 운전자는 부과된 과징금의 취소심판 또는 취소소송을 제기할 수 있는 법적 지위를 갖게 된다.

운수회사에 대한 과징금처분: 위반행위를 한 운전기사는 원고적격✗
회사의 노사 간에 임금협정을 체결함에 있어 운전기사의 합승행위 등으로 회사에 대하여 과징금이 부과되면 당해 운전기사에 대한 상여금지급시 그 금액 상당을 공제하기로 함으로써 과징금의 부담을 당해 운전기사에게 전가하도록 규정하고 이에 따라 당해 운전기사의 합승행위를 이유로 회사에 대하여 한 과징금부과처분으로 말미암아 당해 운전기사의 상여금지급이 제한되었다고 하더라도, 과징금부과처분의 직접 당사자 아닌 〈당해 운전기사〉로서는 그 처분의 취소를 구할 직접적이고 구체적인 이익이 있다고 볼 수 없다(1994.4.12. 93누24247).

05 | ○ 25군무원9

집합건물 공용부분의 대수선과 관련한 행정청의 허가, 사용승인 등 일련의 처분에 관하여는 처분의 직접 상대방 외에 해당 집합건물의 구분소유자에게도 취소를 구할 원고적격이 인정된다고 보는 것이 타당하다.

집합건물 공용부분 대수선 허가·사용승인: 집합건물 구분소유자에게도 원고적격 인정
건축법은 집합건물의 공용부분을 대수선하려는 자로 하여금 구분소유자 전원을 구성원으로 하는 관리단집회에서 구분소유자 2/3 이상 및 의결권 2/3 이상의 결의로써 그 대수선에 동의하였다는 사정을 증명해야 대수선에 관한 허가를 받을 수 있도록 규정하고 있다(건축법 제11조 제11항 제5호, 집합건물법 제15조 제1항). 이와 같은 건축법 규정은 구분소유자들이 공유하고 각자 그 용도에 따라 사용할 수 있는 공용부분의 대수선으로 인하여 공용부분의 소유·사용에 제한을 받을 수 있는 구분소유자의 개별적 이익을 구체적이고 직접적으로 보호하는 규정으로 볼 수 있다. 따라서 집합건물 공용부분의 대수선과 관련한 행정청의 허가, 사용승인 등 일련의 처분에 관하여는 처분의 직접 상대방 외에 해당 집합건물의 구분소유자에게도 취소를 구할 원고적격이 인정된다고 보는 것이 타당하다(2024.3.12. 2021두58998).

정답 01 ✗ 02 ✗ 03 ○ 04 ✗ 05 ○

T56 제3자의 지위(1) - 경업자·경원자·인근주민 소송 등 일괄정리

01 | 기
12지방9

취소소송의 원고적격은 처분등의 취소를 구할 법률상 이익이 있는 자에게 인정되기 때문에, 직접 처분 또는 재결을 받은 상대방 이외의 자에게는 인정되지 아니한다.

> 행정소송법은 항고소송의 원고적격에 대하여 '법률상 이익'을 요구하고 있을 뿐, 처분의 상대방일 것을 요구하지 않는다(제12, 35, 36조). 따라서 취소소송의 **처분상대방은 물론**, 처분상대방이 아닌 **제3자 역시** 법률상 이익이 있다면 원고적격을 인정받을 수 있다.

정답 01 ×

T57 (협의의) 소의 이익

01 | 소
14지방7

서울대학교 불합격처분의 취소를 구하는 소송계속 중 당해연도의 입학시기가 지난 경우에도 불합격처분의 취소를 구할 법률상의 이익이 있다.

> **서울대 불합격처분에 대한 쟁송 중 당해 연도 입학기간이 지남: 여전히 소익 인정**
> 어느 학년도의 합격자는 반드시 당해 연도에만 입학하여야 한다고 볼 수 없으므로 원고들이 불합격처분의 취소를 구하는 이 사건 소송계속 중 〈당해 **연도의 입학시기가 지났더라도**〉 당해 연도의 합격자로 인정되면 다음 연도의 입학시기에 입학할 수도 있다고 할 것이고 … 원고들로서는 피고의 불합격처분의 적법 여부를 다툴 만한 **법률상의 이익이 있다**고 할 것이다(1990.8.28. 89누8255).

02 | 인
17(하)국가7

어떤 사유에 기하여 공무원을 직위해제한 후 그 직위해제사유와 동일한 사유를 이유로 징계처분을 하였다면 뒤에 이루어진 징계처분에 의하여 그 전에 있었던 직위해제처분은 그 효력을 상실한다.

> **직위해제 후 동일사유로 징계처분: 직위해제는 효력 상실**
> 만일 어떤 사유에 기하여 근로자를 **직위해제한 후** 그 직위해제사유와 **동일한 사유를** 이유로 **징계처분을** 하였다면 뒤에 이루어진 징계처분에 의하여 그 전에 있었던 **직위해제**처분은 그 **효력을 상실**한다(2007.12.28. 2006다33999).

03 | 기
23서울(지적)7

과거의 법률관계라 할지라도 현재의 권리 또는 법률상 지위에 영향을 미치고 있고 현재의 권리 또는 법률상 지위에 대한 위험이나 불안을 제거하기 위하여 그 법률관계에 관한 확인판결을 받는 것이 유효적절한 수단이라고 인정될 때에는 확인의 이익이 있다.

> **과거의 법률관계에 대한 확인의 소 → 현재의 권리나 법적 지위에 영향을 미치고 있고 그에 대한 위험이나 불안제거를 위한 유효적절한 수단일 시 확인의 이익 인정**
> 과거의 **법률관계**라 할지라도 **현재의 권리 또는 법률상 지위에 영향**을 미치고 있고 현재의 권리 또는 법률상 지위에 대한 **위험이나 불안**을 **제거**하기 위하여 그 법률관계에 관한 확인판결을 받는 것이 **유효적절한 수단**이라고 인정될 때에는 그 법률관계의 확인소송은 **즉시확정의 이익이 있다**고 보아야 할 것이다(2008.6.12. 2006두16328).

04 | 기
24군무원9

권리보호의 필요성 유무를 판단할 때에는 국민의 재판청구권을 보장한 헌법 제27조 제1항의 취지와 행정처분으로 인한 권익침해를 효과적으로 구제하려는 「행정소송법」의 목적 등에 비추어 행정처분의 존재로 인하여 국민의 권익이 실제로 침해되고 있는 경우는 물론이고 권익침해의 구체적·현실적 위험이 있는 경우에도 이를 구제하는 소송이 허용되어야 한다는 요청을 고려하여야 한다.

> **권리보호 필요성 판단: 권익이 실제 침해되고 있는 경우는 물론 권익침해의 구체적·현실적 위험이 있는 경우에도 이를 구제하는 소송이 허용되어야 한다는 요청을 고려해야 함**
> 구체적인 사안에서 **권리보호의 필요성** 유무를 판단할 때에는 국민의 재판청구권을 보장한 헌법 제27조 제1항의 취지와 행정처분으로 인한 권익침해를 효과적으로 구제하려는 행정소송법의 목적 등에 비추어 행정처분의 존재로 인하여 국민의 **권익이 실제로 침해**되고 있는 경우는 물론이고 권익**침해의 구체적·현실적 위험**이 있는 경우에도 이를 구제하는 소송이 허용되어야 한다는 요청을 고려하여야 한다(2018.7.12. 2015두3485).

05 | ㅇ
25소방

사실심 변론종결일 현재 토석채취 허가기간이 경과하였다면 그 허가는 이미 실효되었다고 할 것이어서 새로 토석채취허가를 받지 아니하고는 채석을 계속할 수 없고, 나아가 토석채취허가 취소처분이 외형상 잔존함으로 말미암아 어떠한 법률상 불이익이 있다고 볼 만한 특별한 사정도 없다면 위 취소처분의 취소를 구하는 소는 소의 이익이 없다.

> **토석채취 허가기간이 경과한 경우: 토석채취허가 취소처분을 취소할 소익×**
> **사실심 변론종결일 현재 토석채취 허가기간이 경과**하였다면 그 허가는 이미 실효되었다고 할 것이어서 새로 토석채취허가를 받지 아니하고는 채석을 계속할 수 없고, 나아가 **토석채취허가 취소처분**이 외형상 잔존함으로 말미암아 어떠한 법률상 불이익이 있다고 볼 만한 특별한 사정도 없다면 위 취소처분의 **취소를 구하는 소는 소의 이익이 없다**(1993.7.27. 93누3899).

06

07국가9

위법한 대집행이라 하더라도 그 대집행이 완료되면 그것의 무효확인 또는 취소를 구할 소의 이익은 없다.

> 위법한 **행정대집행이 완료**되면 그 처분의 무효확인 또는 취소를 구할 **소의 이익은 없다**(1972.4.28. 72다337).

07 최신

25경찰간부

취소소송계속 중 해당 처분이 기간의 경과로 그 효과가 소멸하여 그 처분이 취소되어도 원상회복이 불가능하다고 보이는 경우라도, '그 행정처분과 동일한 사유로 위법한 처분이 반복될 위험성이 있는 경우'에는 예외적으로 그 처분의 취소를 구할 소의 이익을 인정할 수 있다. 여기에서 '그 행정처분과 동일한 사유로 위법한 처분이 반복될 위험성이 있는 경우'란 반드시 '해당 사건의 동일한 소송당사자 사이에서' 반복될 위험이 있는 경우만을 의미한다.

> 처분이 기간경과로 효력이 소멸했음에도 여전히 취소나 무효확인을 구할 소익이 있는 경우: ① 취소등을 통해 회복할 다른 권익이 남아 있는 경우, ② 동일한 사유로 위법한 처분이 반복될 위험이 있어 확인 및 해명이 필요한 경우(해당 사건 소송당사자 사이에서 반복될 위험에 한정×)
> 행정처분의 무효확인 또는 취소를 구하는 소가 제소 당시에는 소의 이익이 있어 적법했는데, 소송계속 중 해당 행정처분이 기간의 경과 등으로 그 효과가 소멸한 때에 처분이 취소되어도 원상회복이 불가능하다고 보이는 경우라도, 무효확인 또는 취소로써 회복할 수 있는 다른 권리나 이익이 남아 있거나 또는 그 행정처분과 동일한 사유로 위법한 처분이 반복될 위험성이 있어 행정처분의 위법성 확인 내지 불분명한 법률문제에 대한 해명이 필요한 경우에는 행정의 적법성 확보와 그에 대한 사법통제, 국민의 권리구제 확대 등의 측면에서 예외적으로 그 처분의 취소를 구할 소의 이익을 인정할 수 있다. 여기에서 '그 행정처분과 동일한 사유로 위법한 처분이 **반복될 위험성이 있는 경우**'란 불분명한 법률문제에 대한 해명이 필요한 상황에 관한 대표적인 예시일 뿐이며, **반드시 '해당 사건의 동일한 소송당사자 사이에서' 반복될 위험이 있는 경우만을 의미하는 것은 아니다**. 이러한 법리는 행정처분의 일종인 중재재정에 대한 무효확인 또는 취소를 구하는 소의 경우에도 마찬가지로 적용된다(2024.4.16. 2022두57138).

08 최신

25군무원9

교원소청심사제도에 관한 「교원의 지위 향상 및 교육활동 보호를 위한 특별법」의 규정내용과 목적 및 취지 등을 종합적으로 고려하면, 사립학교 교원이 소청심사청구를 하여 해임처분의 효력을 다투던 중 형사판결확정 등 당연퇴직사유가 발생하여 교원의 지위를 회복할 수 없는 경우, 해임처분이 취소되거나 변경되면 해임처분일부터 당연퇴직 사유발생일까지의 기간에 대한 보수지급을 구할 수 있는 경우라도 소청심사청구를 기각한 교원소청심사위원회 결정의 취소를 구할 법률상 이익이 없다.

> **사립교원이 해임에 대해 소청심사로 다투던 중 당연퇴직사유발생: 소익 인정(임금 관련 이익)**
> 교원소청심사제도에 관한 「교원의 지위 향상 및 교육활동 보호를 위한 특별법」의 규정내용과 목적 및 취지 등을 종합적으로 고려하면, 사립학교 교원이 소청심사청구를 하여 해임처분의 효력을 다투던 중 형사판결 확정 등 당연퇴직사유가 발생하여 교원의 지위를 회복할 수 없더라도, 해임처분이 취소되거나 변경되면 해임처분일부터 당연퇴직 사유발생일까지의 기간에 대한 **보수지급을 구할 수 있는 경우**에는 소청심사청구를 기각한 교원소청심사위원회 결정의 취소를 구할 **법률상 이익이 있다**(2024.2.8. 2022두50571).

정답 01 ○ 02 ○ 03 ○ 04 ○ 05 ○ 05 ○ 06 ○ 07 × 08 ×

T58 피고적격

01

17서울7

국가를 당사자 또는 참가인으로 하는 소송에서는 법무부장관이 국가를 대표하고, 지방자치단체를 당사자로 하는 소송에서는 지방자치단체의 장이 해당 지방자치단체를 대표한다.

> 당사자소송의 경우 행정청이 피고가 되는 항고소송과 달리, 국가·공공단체 그 밖의 권리주체가 피고가 된다. 국가·지자체 등의 법인·단체가 당사자소송의 피고가 된 경우, 그 대표자를 표시하여야 한다. 국가가 당사자인 경우는 **법무부장관**이, 지자체인 경우는 **지자체장**이 대표자가 된다.
>
> **국가를 당사자로 하는 소송에 관한 법률 제2조(국가의 대표자)** 국가를 당사자 또는 참가인으로 하는 소송(이하 '국가소송'이라 한다)에서는 **법무부장관**이 국가를 대표한다.
> **지방자치법 제114조(지방자치단체의 통할대표권)** 지방자치단체의 장은 지방자치단체를 대표하고, 그 사무를 총괄한다

02

15교행9

당사자소송의 피고는 원칙적으로 당해 처분을 행한 처분청이 된다.

> 당해 처분을 행한 처분청을 피고로 하는 것은 당사자소송이 아니라 취소소송이다.
>
> **행정소송법 제39조(피고적격)** 당사자소송은 국가·공공단체 그 밖의 권리주체를 피고로 한다.

03

08(상)지방9

원고가 사망하거나 소송물인 권리관계의 성질상 이를 승계할 자가 없는 경우와 피고인 행정청이 없게 된 경우에 소송은 종료된다.

원고가 사망하고 소송물의 성질상 승계할 자가 없는 경우 소송이 종료되는 것과 달리, 피고인 행정청이 없게 된 경우는 소송이 종료되는 것이 아니라 그 **사무가 귀속되는 국가나 공공단체**가 피고가 된다(행정소송법 제13조 제2항).

> **행정소송법 제13조(피고적격)** ① 취소소송은 다른 법률에 특별한 규정이 없는 한 그 **처분등을 행한 행정청**을 피고로 한다. 다만, 처분등이 있은 뒤에 그 처분등에 관계되는 권한이 다른 행정청에 승계된 때에는 이를 **승계한 행정청**을 피고로 한다.
> ② 제1항의 규정에 의한 행정청이 없게 된 때에는 그 처분등에 관한 사무가 **귀속되는 국가 또는 공공단체**를 피고로 한다.

정답 01 ○ 02 × 03 ×

T60 행정심판 임의주의 - 예외적 전치주의

01 | ⓒ 14국가7

(「국가공무원법」상) 징계처분 또는 그 밖에 본인의 의사에 반한 불리한 처분이나 부작위에 관한 행정소송은 소청심사위원회의 심사·결정을 거치지 아니하면 제기할 수 없다.

02 | ⓒ 14국가9

(식품의약품안전처 소속 공무원 甲에 대하여 정직 3개월의 징계처분이 내려졌다) 甲은 징계처분에 대하여 소청심사위원회의 심사·결정을 거치지 아니하고 행정소송을 바로 제기할 수 있다.

> **국가공무원법 제16조(행정소송과의 관계)** ① 제75조에 따른 처분(편저자: 징계처분, 강임·휴직·직위해제 또는 면직처분), 그 밖에 본인의 의사에 반한 불리한 처분이나 부작위(不作爲)에 관한 행정소송은 **소청심사위원회의 심사·결정을 거치지 아니하면** 제기할 수 없다.

+ **PLUS** 국가공무원법·지방공무원법·교육공무원법상의 징계 기타 의사에 반하는 불이익처분 등은 필요적 전치주의가 적용된다.01 예컨대 식약처 공무원이 3개월의 정직처분을 받은 경우 곧바로 취소소송을 제기할 수는 없고, 소청심사위원회의 행정심판을 거쳐야 한다.02

03 | 22소간

부작위위법확인소송에 대해서도 행정심판과 취소소송의 관계를 준용하여 임의적 전치가 원칙이며, 다른 법률이 정한 경우에만 예외적으로 행정심판전치주의가 적용된다.

부작위위법확인소송에는 취소소송에서의 임의적 행정심판 전치주의에 관한 규정(행정소송법 제18조 제1항)이 준용된다(행정소송법 제38조 제2항). 이때 거쳐야 하는 행정심판의 유형은 의무이행심판이다. 현행법상 부작위위법확인심판은 존재하지 않는다.

04 | 18국회8

하천구역의 무단점용을 이유로 부당이득금 부과처분과 그 부당이득금 미납으로 인한 가산금 징수처분을 받은 사람이 가산금 징수처분에 대하여 행정청이 안내한 전심절차를 밟지 않았다면 부당이득금 부과처분에 대하여 전심절차를 거쳤다 하더라도 가산금 징수처분에 대하여는 부당이득금 부과처분과 함께 행정소송으로 다툴 수 없다.

하천구역 무단점용으로 부당이득금 부과처분(A) 및 가산금 징수처분(B)을 받은 자 → A에 대한 전심절차 거쳤으면 B는 전심절차 없이 행정소송 가능

하천구역의 무단점용을 이유로 부당이득금 부과처분과 가산금 징수처분을 받은 사람이 가산금 징수처분에 대하여 행정청이 안내한 전심절차를 밟지 않았다 하더라도 부당이득금 부과처분에 대하여 전심절차를 거친 이상 가산금 징수처분에 대하여도 부당이득금 부과처분과 함께 행정소송으로 다툴 수 있다(2006.9.8. 2004두947).

> **행정소송법 제18조(행정심판과의 관계)** ③ 제1항 단서의 경우에(편저자: 필요적 전치주의에 해당하는 경우에) 다음 각 호의 1에 해당하는 사유가 있는 때에는 행정심판을 제기함이 없이 취소소송을 제기할 수 있다.
> 2. 서로 내용상 관련되는 처분 또는 같은 목적을 위하여 단계적으로 진행되는 처분 중 어느 하나가 이미 행정심판의 재결을 거친 때

+ **PLUS** 행정소송법 제18조 제3항 제2호와 관련된 판례이다.

정답 01 ○ 02 × 03 ○ 04 ×

T62 가구제 - 집행정지(항고소송) / 가처분(당사자소송)

01 | ㄱ 11국가7

[택배업을 하는 갑(甲)이 관련 법규에 대한 이해가 부족한 경찰관의 법리오인으로 인하여 30일의 운전면허정지처분을 받아 생업에 상당한 지장을 받게 되었다] 갑(甲)이 면허정지기간 중에 생업유지를 위해 계속하여 운전하고자 한다면, 면허정지처분에 대한 취소소송의 제기와 함께 그 처분에 대한 효력정지를 구하여야 한다.

甲이 면허정지처분에 대해 **취소소송을 제기하더라도** 승소확정될 때까지 **처분의 효력이 정지되지 않아** 운전을 할 수 없어 생업에 피해를 보게 된다(집행부정지의 원칙, 또한 판결이 확정될 때까지는 수년이 걸리는 경우도 많기 때문에 판결이 확정되기 전에 이미 30일이 지나서 소익 흠결로 각하될 가능성이 매우 높다). 그런데 동 처분에 대한 **취소소송의 제기와 함께 집행정지(효력정지)를 구하여 인용될 경우** 동 **처분은 일단 정지되므로** 계속 운전을 하고 생업을 유지해 나가면서 재판을 진행해 나갈 수 있게 된다.

02 | ㄱ 11국가9

「행정소송법」은 집행부정지원칙을 택하면서도 집행정지의 길을 열어 개인(원고)의 권리보호를 목적으로 하고 있다.

행정소송법은 **집행부정지의 원칙을 택하고 있다**(제23조 제1항). 집행부정지원칙을 택할 경우 **행정의 실효성은 보장**되나, **국민의 권리보호는 미흡**하게 된다. 따라서 취소소송을 제기한 자가 일정 요건을 만족한 경우에는, **예외적으로 처분등의 효력이나 그 집행·속행 등을 정지시켜 국민의 권리를 보호**해 주는데 이것이 **집행정지**제도이다(행정소송법 제23조 제2항).

03 | ⓒ   18(1)서울7

집행정지는 본안이 계속되어 있는 법원이 당사자의 신청에 의하여 한다. 처분권주의가 적용되므로 당사자의 신청 없이 직권으로 하지 못한다.

> **행정소송법 제23조(집행정지)** ② 취소소송이 제기된 경우에 처분등이나 그 집행 또는 절차의 속행으로 인하여 생길 회복하기 어려운 손해를 예방하기 위하여 긴급한 필요가 있다고 인정할 때에는 본안이 계속되고 있는 법원은 **당사자의 신청 또는 직권에 의하여** 처분등의 효력이나 그 집행 또는 절차의 속행의 전부 또는 일부의 정지(이하 '집행정지'라 한다)를 **결정할 수 있다**. 다만, 처분의 효력정지는 처분등의 집행 또는 절차의 속행을 정지함으로써 목적을 달성할 수 있는 경우에는 허용되지 아니한다.

04 | ㄱ   13(2)경행

취소소송의 제기는 처분등의 효력이나 그 집행 또는 절차의 속행에 영향을 주지 아니한다.

> **행정소송법 제23조(집행정지)** ① **취소소송의 제기**는 **처분등의 효력이나 그 집행 또는 절차의 속행에 영향을 주지 아니**한다.

정답 01 ○ 02 ○ 03 × 04 ○

T63 행정소송의 심리(1) - 심리의 원칙·종류·내용

01 | 인   22국가7

민간투자사업 실시협약을 체결한 당사자가 공법상 당사자소송에 의하여 그 실시협약에 따른 재정지원금의 지급을 구하는 경우에, 수소법원은 주무관청이 재정지원금액을 산정한 절차 등에 위법이 있는지 여부를 심사할 수는 있지만 실시협약에 따른 적정한 재정지원금액이 얼마인지를 구체적으로 심리·판단할 수 없다.

> 민간투자사업자가 협약에 따른 재정지원금액 청구시 → ① 실시협약은 공법상 계약, ② 소송은 당사자소송, ③ just 적법성 심사×, 구체적 금액 심리○
> **민간투자사업 실시협약**을 체결한 당사자가 공법상 **당사자소송**으로 그 실시협약에 따른 재정지원금의 지급을 구하는 경우에, **수소법원은** 단순히 주무관청이 **재정지원금액을 산정한 절차** 등에 **위법**이 있는지 여부를 **심사하는 데 그쳐서는 아니 되고**, 실시협약에 따른 **적정한 재정지원금액**이 얼마인지를 **구체적으로 심리·판단하여야** 한다(2019.1.31. 2017두46455).
> ✚ PLUS   당사자소송으로 민간투자사업 실시협약에 따른 재정지원금의 지급을 구하는 경우, 법원은 적법성 심사에 그치는 것이 아니라 구체적인 금액에 관한 판단도 하여야 한다.

02 | ⓒ   15교행9

소송요건의 구비 여부는 법원에 의한 직권조사사항으로 당사자의 주장에 구속되지 않는다.

소송요건의 구비 여부는 법원에 의한 직권조사사항이므로 당사자의 주장에 구속되지 않고 법원이 직권으로 판단한다.

03 | ⓒ   12지방7

당사자소송은 본질상 민사소송이므로 「행정소송법」상 직권증거조사 규정이 적용될 수 없다.

당사자소송도 공익과 관련한 공법관계를 대상으로 하는 것이므로 직권심리주의가 가미될 필요가 있다. 실제로 행정소송법은 **직권심리주의**(제26조) 규정을 항고소송인 무효확인소송·부작위위법확인소송뿐 아니라 **당사자소송에도 준용**하고 있다. 행정심판기록 제출명령(제25조) 역시 위 소송들 모두에 준용하고 있다.

정답 01 × 02 ○ 03 ×

T64 행정소송의 심리(2) - 소송 중 각종 변동제도 일괄정리

01 | ⓒ   18지방9

당초 행정처분의 근거로 제시한 이유가 실질적인 내용이 없는 경우에도 행정소송의 단계에서 행정처분의 사유를 추가할 수 있다.

> 당초 처분사유에 실질적 내용이 없어 기사동 판단대상 자체가 없음: 처분사유 추가·변경×
> 당초 처분의 근거로 제시한 사유가 실질적인 내용이 없다고 보는 이상, 위 추가사유는 그와 기본적 사실관계가 동일한지 여부를 판단할 대상조차 없는 것이므로, 결국 소송단계에서 처분사유를 추가하여 주장할 수 없다(2017.8.29. 2016두44186).
> ✚ PLUS   **당초의 처분사유가 실질적 내용이 없었다면**, 처분사유의 추가·변경은 허용될 수 없다. 당초의 처분사유가 없는 것이나 마찬가지이므로, 그와 기사동 관계에 있는 사유 역시 존재할 수 없기 때문이다.

02 | ⓑ   19지방7

甲이 무효확인소송의 제기 전에 이미 A처분의 위법을 이유로 국가배상청구소송을 제기하였다면, 무효확인소송의 수소법원은 甲의 무효확인소송을 국가배상청구소송이 계속된 법원으로 이송·병합할 수 있다.

주된 행정소송인 무효확인소송에 관련청구소송인 국가배상청구소송을 병합시켜야 하는 것이지, 반대로 국가배상청구소송에 무효확인소송을 병합할 수는 없다. 이 경우 민사법원에서 행정소송을 판결하게 되기 때문에 허용될 수 없는 것이다.

03 | 인
20지방9

「행정소송법」상 제3자 소송참가의 경우 참가인이 상소를 하였더라도, 소송당사자 본인인 피참가인은 참가인의 의사에 반하여 상소취하나 상소포기를 할 수 있다.

참가인의 지위: 공동소송적 보조참가 → 참가인의 상소를 피참가인이 취하·포기 불가

행정소송사건에서 참가인이 한 보조참가가 행정소송법 제16조가 규정한 제3자의 소송참가에 해당하지 않는 경우에도, 판결의 효력이 참가인에게까지 미치는 점 등 행정소송의 성질에 비추어 보면 그 참가는 민사소송법 제78조에 규정된 **공동소송적 보조참가**라고 볼 수 있다. 민사소송법 제78조의 공동소송적 보조참가에는 필수적 공동소송에 관한 민사소송법 제67조 제1항, 즉 "소송목적이 공동소송인 모두에게 합일적으로 확정되어야 할 공동소송의 경우에 공동소송인 가운데 한 사람의 소송행위는 **모두의 이익을 위하여서만 효력을 가진다.**"라고 한 규정이 준용되므로, 피참가인의 소송행위는 모두의 이익을 위하여서만 효력을 가지고, 공동소송적 보조참가인에게 불이익이 되는 것은 효력이 없으므로, **참가인이 상소를 할 경우에 피참가인이 상소취하나 상소포기를 할 수는 없다**(2017.10.12. 2015두36836).

+ PLUS 소송에 참가한 제3자에 대하여는 민사소송법상 필수적 공동소송인 규정 준용(행정소송법 제16조 제4항, 민사소송법 제67조) → **공동소송적 보조참가인 지위** → 피참가인에 저촉되는 행위도 가능. 예컨대 참가인은 피참가인의 의사와 달리 상소할 수 있고, 이때 **피참가인은 상고취하나 포기를 할 수 없음**(반대도 당연히 마찬가지) ↔ (일반적) 보조참가에 불과한 타 행정청의 참가에서는 **저촉되는 행위 불가**

> **행정소송법 제16조(제3자의 소송참가)** ① 법원은 소송의 결과에 따라 권리 또는 이익의 침해를 받을 제3자가 있는 경우에는 당사자 또는 제3자의 신청 또는 직권에 의하여 결정으로써 그 제3자를 소송에 참가시킬 수 있다.
> ④ 제1항의 규정에 의하여 소송에 참가한 제3자에 대하여는 민사소송법 제67조의 규정을 준용한다.
>
> **민사소송법 제67조(필수적 공동소송에 대한 특별규정)** ① 소송목적이 공동소송인 모두에게 합일적으로 확정되어야 할 공동소송의 경우에 공동소송인 가운데 한 사람의 소송행위는 모두의 이익을 위하여서만 효력을 가진다.
> ② 제1항의 공동소송에서 공동소송인 가운데 한 사람에 대한 상대방의 소송행위는 공동소송인 모두에게 효력이 미친다.
> ③ 제1항의 공동소송에서 공동소송인 가운데 한 사람에게 소송절차를 중단 또는 중지하여야 할 이유가 있는 경우 그 중단 또는 중지는 모두에게 효력이 미친다.
>
> **제78조(공동소송적 보조참가)** 재판의 효력이 참가인에게도 미치는 경우에는 그 참가인과 피참가인에 대하여 제67조 및 제69조를 준용한다.

04 | ㅇ
23국가7

(甲은 토지 위에 컨테이너를 설치하여 사무실로 사용하였다. 관할 행정청인 乙은 甲에게 이 컨테이너는 「건축법」상 건축허가를 받아야 하는 건축물인데 건축허가를 받지 않고 건축하였다는 이유로 甲에게 원상복구명령을 하면서, 만약 기한 내에 원상복구를 하지 않을 경우에는 행정대집행을 통하여 컨테이너를 철거할 것임을 계고하였다. 이후 甲은 乙에게 이 컨테이너에 대하여 가설건축물 축조신고를 하였으나 乙은 이 컨테이너는 건축허가대상이라는 이유로 가설건축물 축조신고를 반려하였다) 甲이 제기한 원상복구명령 및 계고처분에 대한 취소소송에서, 乙은 처분시에 제시한 '甲의 건축물은 건축허가를 받지 않은 건축물'이라는 처분사유에 '甲의 건축물은 신고를 하지 않은 가설건축물'이라는 처분사유를 추가할 수 있다.

무허가 건축물 vs 무신고 가설건축물: 기본적 사실관계의 동일성× → 처분사유 추가·변경×

이 사건 처분의 **당초 처분사유**는 "이 사건 컨테이너가 건축법 제2조 제1항 제2호의 **건축물에 해당함에도** 건축법 제11조를 위반하여(**건축허가를 받지 않고**) 건축하였다."라는 것이고, 추가된 처분사유는 "이 사건 컨테이너가 가설건축물에 해당함에도 건축법 제20조 제3항을 위반하여 **축조신고를 하지 아니하고 축조하였다.**"라는 것이다. 당초 처분사유인 '건축법 제11조 위반'과 추가한 추가사유인 '건축법 제20조 제3항 위반'은 위반행위의 내용이 다르고 위법상태를 해소하기 위하여 거쳐야 하는 절차, 건축기준 및 허용가능성이 달라지므로 그 기초인 사회적 **사실관계가 동일하다고 볼 수 없어** 처분사유의 추가·변경이 **허용되지 않는다**(2021.7.29. 2021두34756).

05 | ㄱ
23소방승진

(행정처분의 변경에 대하여) 변경사유가 기본적 사실관계와 동일성이 없는 경우에도 가능하다.

처분사유의 추가·변경	처분의 변경
소송 중 계쟁처분의 근거를 보완하는 것	소송 중 계쟁처분 자체를 바꾸는 것
소의 변경 필요×	소의 변경 필요○
기본적 사실관계의 동일성 범위 내에서만 가능	기본적 사실관계의 동일성 범위 내인지를 불문[05]

06 | 인
25지방9

수소법원의 재판관할권 유무는 법원의 직권조사사항이며, 소송당사자에게도 관할위반을 이유로 하는 이송신청권이 인정된다.

관할권 유무: 직권조사사항 / 관할 위반으로 인한 이송: 직권결정사항○(↔ 당사자의 이송신청권×)

수소법원의 **재판관할권** 유무는 법원의 **직권조사사항**으로서 **법원이** 그 관할에 속하지 아니함을 인정한 때에는 민사소송법 제34조 제1항에 의하여 **직권으로 이송결정**을 하는 것이고, **소송당사자**에게 관할위반을 이유로 하는 **이송신청권**이 있는 것은 **아니다.** 따라서 당사자가 관할위반을 이유로 한 이송신청을 한 경우에도 이는 단지 법원의 직권발동을 촉구하는 의미밖에 없다(2018.1.19. 2017마133).

07 | 최신
25군무원7

토지형질변경 불허가처분의 당초의 처분사유인 국립공원에 인접한 미개발지의 합리적인 이용대책 수립시까지 그 허가를 유보한다는 사유와 그 처분의 취소소송에서 추가하여 주장한 처분사유인 국립공원 주변의 환경·풍치·미관 등을 크게 손상시킬 우려가 있으므로 공공목적상 원형유지의 필요가 있는 곳으로서 형질변경허가금지대상이라는 사유는 기본적 사실관계에 있어서 동일성이 인정된다.

(당초) 인접 미개발지의 이용대책 수립시까지 허가유보 → (추가) 주변의 환경·풍치·미관 등을 손상시킬 우려: 기사동 인정
토지형질변경 불허가처분의 당초의 처분사유인 국립공원에 **인접한 미개발지의 합리적인 이용대책 수립시까지 그 허가를 유보**한다는 사유와 그 처분의 취소소송에서 **추가**하여 주장한 처분사유인 **국립공원 주변의 환경·풍치·미관 등을 크게 손상시킬 우려**가 있으므로 공공목적상 원형유지의 필요가 있는 곳으로서 형질변경허가금지대상이라는 사유는 기본적 사실관계에 있어서 **동일성이 인정**된다(2001.9.28. 2000두8684).

08 | ㄱ
08(상)지방9

행정소송에 있어서도 소송절차에 관한 신청을 기각한 결정이나 명령에 대하여 불복이 있으면 항소할 수 있다.

행정소송의 심리과정에서 당사자는 다양한 신청을 하게 된다. 이에 대한 **결정·명령에 대한 불복**은 (즉시)**항고와 재항고**를 한다. 반면 **판결에 대한 불복**은 **항소와 상고**를 통해서 한다. 따라서 위 지문은 '항소'가 아닌 '항고'로 고쳐야 옳은 지문이 된다.

09 | 최신
25군무원7

처분청이 처분 당시에 적시한 구체적 사실을 변경하지 아니하는 범위 내에서 당초의 처분사유인 「국가를 당사자로 하는 계약에 관한 법률 시행령」 제76조 제1항 제12호 소정의 '담합을 주도하거나 담합하여 입찰을 방해하였다'는 것으로부터 같은 항 제7호 소정의 '특정인의 낙찰을 위하여 담합한 자'로 처분의 사유를 변경하는 것은 허용된다.

처분에 적시한 사실은 변경하지 않고, 처분의 근거법령만 추가·변경: 가능 → (당초) 담합을 주도해 입찰방해(제12호) → (변경) 특정인 낙찰을 위해 담합(제7호): 기사동 인정
- 처분청이 처분 당시에 적시한 구체적 **사실을 변경하지 아니**하는 범위 내에서 단지 그 처분의 **근거법령만을 추가·변경**하거나 당초의 처분사유를 구체적으로 표시하는 것에 불과한 경우에는 **새로운 처분사유를 추가하거나 변경하는 것이라고 볼 수 없다**(편저자: 그 추가·변경이 허용돼 추가·변경한 법령을 적용해 처분의 적법 여부를 판단할 수 있다는 의미).
- 당초의 처분사유인 국가계약법 시행령 제76조 제1항 **제12호** 소정의 "담합을 주도하거나 담합하여 입찰을 방해하였다."는 것으로부터 같은 항 **제7호** 소정의 '**특정인의 낙찰을 위하여 담합한 자**'로 이 사건 처분의 사유를 변경한 것은, 그 변경 전후에 있어서 같은 행위에 대한 법률적 평가만 달리하는 것일 뿐 기본적 사실관계를 같이하는 것이므로 허용된다(2008.2.28. 2007두13791·13807).

T65 행정소송의 판결(1) - 판단의 기준시와 판결의 종류

01 | ㄱ
14서울9

재량행위가 위법하다는 이유로 소송이 제기된 경우에 법원은 각하할 것이 아니라 그 일탈·남용 여부를 심사하여 그에 해당하지 않으면 청구를 기각하여야 한다.

재량행위도 사법심사의 대상이 되므로, 재량행위가 위법하다는 이유로 소송이 제기된 경우에 법원은 각하할 것이 아니라 일탈·남용이 있는지를 심사하여 일탈·남용이 있으면 청구를 인용하고 일탈·남용이 없으면 청구를 기각하여야 한다.

> **행정소송법 제27조(재량처분의 취소)** 행정청의 재량에 속하는 처분이라도 재량권의 한계를 넘거나 그 남용이 있는 때에는 법원은 이를 취소할 수 있다.

02 | ㄱ
25해경승진

신청한 내용의 일부를 행정청이 받아들일 수 없는 경우에는 신청내용 전체를 배척하여야 하며 일부에 대해서만 인용하는 처분을 할 수는 없다.

신청한 내용의 일부를 행정청이 받아들일 수 없는 경우: 그 부분을 배척하고 나머지는 인용해야
국가보훈처장은 국가유공자 및 그 유족 등의 등록신청을 받으면 국가유공자 또는 지원대상자 및 그 유족 등으로 인정할 수 있는 요건을 확인한 후 그 지위를 정하는 결정을 하여야 한다(구 「국가유공자 등 예우 및 지원에 관한 법률」 제6조 참조). 따라서 **처분청으로서는 국가유공자 등록신청에 대하여 단지 본인의 과실이 경합되어 있다는 등의 사유만이 문제가 된다면 등록신청 전체를 단순 배척할 것이 아니라 그 신청을 일부 받아들여 지원대상자로 등록하는 처분을 하여야 한다. 그럼에도 행정청이 등록신청을 전부 배척하는 단순 거부처분을 하였다면 이는 위법한 것이니 그 처분은 전부 취소될 수밖에 없다**(2013.7.11. 2013두2402).

03 | B
18국회8

공정거래위원회의 과징금 납부명령이 재량권 일탈·남용으로 위법한지는 다른 특별한 사정이 없는 한 과징금 납부명령이 행하여진 '의결일' 당시의 사실상태를 기준으로 판단하여야 한다.

공정위의 과징금 납부명령의 위법성 판단: 납부명령 등이 행하여진 '의결일' 기준
행정소송에서 행정처분의 위법 여부는 행정처분이 행하여졌을 때의 법령과 사실상태를 기준으로 하여 판단해야 하고, 이는 「독점규제 및 공정거래에 관한 법률」에 기한 공정거래위원회의 시정명령 및 과징금 납부명령에서도 마찬가지이다. 따라서 공정거래위원회의 과징금 납부명령 등이 재량권 일탈·남용으로 위법한지는 다른 특별한 사정이 없는 한 **과징금 납부명령 등이 행하여진 '의결일' 당시의 사실상태를 기준으로 판단하여야** 한다(2015.5.28. 2015두36256).

정답 01 × 02 × 03 × 04 × 05 ○ 06 × 07 ○ 08 × 09 ○

04
13(2)경행

부작위법확인소송에 있어서는 사정판결이 적용되지 아니한다.

> **사**정판결은 취소소송에서만 인정되고, 무효등확인소송이나 부작위법확인소송에서는 인정되지 않는다. **처변집사**

정답 01 ○ 02 × 03 ○ 04 ○

T66 행정소송의 판결(2) - 판결의 효력

01 | 기
24지방9

무효확인판결에는 취소판결의 기속력에 관한 규정이 준용되지 않는다.

> 무효확인판결에도 취소판결의 기속력 규정이 준용된다.
>
> **행정소송법 제38조(준용규정)** ① 제9조, 제10조, 제13조 내지 제17조, 제19조, 제22조 내지 제26조, 제29조 내지 제31조 및 제33조의 규정은 무효등확인소송의 경우에 준용한다.
> **제30조(취소판결등의 기속력)** ① 처분등을 취소하는 확정판결은 그 사건에 관하여 당사자인 행정청과 그 밖의 관계행정청을 기속한다.

02
12지방7

취소판결 후에 취소된 처분을 대상으로 하는 처분은 당연히 무효이다.

> **취소판결이 확정된 처분을 대상으로 하는 처분**은 형성력으로 인해 이미 소급하여 사라진(존재하지 않는) 처분을 대상으로 한 것이므로 하자가 중대·명백하여 **무효**인 처분이 된다.
> - 과세처분에 대한 취소판결이 확정: 해당 처분은 부존재하므로, 이에 대한 경정처분은 무효
>
> 과세처분을 **취소**하는 **판결**이 **확정**되면 그 과세처분은 처분시에 소급하여 소멸하므로 그 뒤에 과세관청에서 **그 과세처분을 경정**하는 경정처분을 하였다면 이는 존재하지 않는 과세처분을 경정한 것으로서 그 하자가 중대하고 명백한 **당연무효**의 처분이다(1989.5.9. 88다카16096).

정답 01 × 02 ○

T68 행정심판(1) - 조문별 쟁점·기출정리

01 | 기
13서울9

행정심판에 있어 피청구인은 처분행정청의 직근 상급 행정청이 된다.

> **행정심판법 제17조(피청구인의 적격 및 경정)** ① 행정심판은 **처분을 한 행정청**(의무이행심판의 경우에는 청구인의 **신청을 받은 행정청**)을 **피청구인으로** 하여 청구하여야 한다. 다만, 심판청구의 대상과 관계되는 권한이 다른 행정청에 승계된 경우에는 권한을 승계한 행정청을 피청구인으로 하여야 한다.

02 | 기
14(1)경행

행정심판은 처분이 있었던 날부터 180일이 지나면 청구하지 못한다. 다만, 정당한 사유가 있는 경우에는 그러하지 아니하다.

> **행정심판법 제27조(심판청구의 기간)** ③ 행정심판은 처분이 있었던 날부터 180일이 지나면 청구하지 못한다. 다만, 정당한 사유가 있는 경우에는 그러하지 아니하다.

03 | S
14서울9

(의무이행심판은) 행정청의 적극적인 행위로 인한 침해로부터 권익을 보호하는 기능을 한다.

> 의무이행심판은 행정청의 소극적인 행위(거부처분이나 부작위)로 인한 권익침해를 보호한다.

04 | C
19(1)서울7(변형)

거부에 대한 의무이행심판에는 청구기간의 제한과 사정재결 규정이 적용되지 않는다.

> 부작위에 대한 의무이행심판은 청구기간의 제한이 없으나, 거부에 대한 의무이행심판은 **청구기간의 제한이 있다.** 따라서 청구기간의 제한이 없다는 부분은 틀렸다. 부작위에 대한 의무이행심판과 거부에 대한 의무이행심판 모두 **사정재결 규정이 적용**된다. 따라서 사정재결 규정이 적용되지 않는다는 뒷부분도 틀렸다.
>
> **행정심판법 제27조(심판청구의 기간)** ⑦ 제1항부터 제6항까지의 규정은 무효등확인심판청구와 부작위에 대한 의무이행심판청구에는 적용하지 아니한다.
> **제44조(사정재결)** ③ 제1항과 제2항은 무효등확인심판에는 적용하지 아니한다.

05 | 기
19(2)서울7

처분의 효과가 기간의 경과, 처분의 집행, 그 밖의 사유로 소멸된 뒤에도 그 처분의 취소로 회복되는 법률상 이익이 있는 자는 취소심판을 청구할 수 있다.

> **행정심판법 제13조(청구인적격)** ① **취소심판**은 처분의 취소 또는 변경을 구할 **법률상 이익**이 있는 자가 청구할 수 있다. 처분의 효과가 기간의 경과, 처분의 집행, 그 밖의 사유로 **소멸된 뒤에도** 그 처분의 취소로 **회복되는 법률상 이익**이 있는 자의 경우에도 또한 같다.

06 | ○
19(2)서울9

종로구청장의 처분이나 부작위에 대한 행정심판청구는 서울특별시 행정심판위원회에서 심리·재결하여야 한다.

> **행정심판법 제6조(행정심판위원회의 설치)** ③ 다음 각 호의 행정청의 처분 또는 부작위에 대한 심판청구에 대하여는 **시·도지사 소속으로 두는 행정심판위원회**에서 심리·재결한다.
> 1. 시·도 소속 행정청
> 2. 시·도의 관할구역에 있는 시·군·**자치구의 장**, 소속 행정청 또는 시·군·자치구의 의회(의장, 위원회의 위원장, 사무국장, 사무과장 등 의회 소속 모든 행정청을 포함한다)
>   → 따라서 서울특별시 관할구역 자치구의 장인 종로구청장의 처분에 대해서는 서울특별시 행정위에서 심리·재결
> 3. 시·도의 관할구역에 있는 둘 이상의 지방자치단체(시·군·자치구를 말한다)·공공법인 등이 공동으로 설립한 행정청

07 | ○
19지방9

행정심판위원회는 임시처분을 결정한 후에 임시처분이 공공복리에 중대한 영향을 미치는 경우에는 직권으로 또는 당사자의 신청에 의하여 이 결정을 취소할 수 있다.

> **행정심판법 제30조(집행정지)** ④ 위원회는 집행정지를 결정한 후에 집행정지가 공공복리에 중대한 영향을 미치거나 그 정지사유가 없어진 경우에는 직권으로 또는 당사자의 신청에 의하여 **집행정지결정을 취소**할 수 있다.

08 | ○
22지방9

행정심판위원회의 기각재결이 있은 후에는 행정청은 원처분을 직권으로 취소할 수 없다.

소송과 마찬가지로 기속력은 **인용재결에만** 인정된다. 따라서 처분이 위법·부당하지 않다고 판단받아 **기각재결이 있는 경우에도 처분청 스스로** 처분에 문제가 있다고 판단해 **취소·변경**하는 것은 **가능**하다.

09 | ○
23군무원9

당해 처분에 관하여 위법한 것으로 재결에서 판단된 사유와 기본적 사실관계에 있어 동일성이 인정되는 사유를 내세워 다시 동일한 내용의 처분을 하는 것은 허용되지 않는다.

> **(실체적 하자로) 인용재결 후 당초 사유와 기사동이 있는 사유로 동일 내용 처분: 불가**
> 행정심판법 제37조가 정하고 있는 재결은 당해 처분에 관하여 재결 주문 및 그 전제가 된 요건사실의 인정과 판단에 대하여 처분청을 기속하므로, 당해 처분에 관하여 위법한 것으로 재결에서 판단된 사유와 **기본적 사실관계에 있어 동일성이 인정되는 사유**를 내세워 다시 동일한 내용의 처분을 하는 것은 **허용되지 않는다**(2003.4.25. 2002두3201).

10 | ○
24국가9

교원소청심사위원회의 결정은 처분청에 대하여 기속력을 가지고 이는 그 결정의 주문에 포함된 사항뿐 아니라 처분등의 구체적 위법사유에 관한 판단에까지 미친다.

11 | ○
24지방9

교원소청심사위원회의 결정은 학교법인에 대하여 기속력을 가지지만 기속력은 그 결정의 주문에 포함된 사항에 미치는 것이지 그 전제가 된 요건사실의 인정과 불리한 처분 등의 구체적 위법사유에 관한 판단에까지 미치는 것은 아니다.

> **교원소청심사위원회의 결정: 결정주문 및 구체적 위법사유에 관한 판단까지 기속력 발생** [10, 11]
> 교원소청심사위원회의 결정은 처분청에 대하여 **기속력**을 가지고 이는 그 결정의 **주문**에 포함된 사항뿐 아니라 그 전제가 된 요건사실의 인정과 판단, 즉 처분 등의 **구체적 위법사유에 관한 판단**에까지 미친다 [10, 11] (2013.7.25. 2012두12297).

12 | ○
24행정사

(甲의 건축허가신청에 대하여 관할군수 乙은 거부처분을 하였으나, 해당 거부처분에 무효사유에 해당하는 하자가 있어 甲이 행정쟁송으로 다투고자 한다) 甲은 거부처분 무효확인심판을 제기할 수 있다.

> **거부처분에** 대해서는 **의무이행심판 외 취소심판·무효등확인심판도** 선택하는 것이 가능하다.
> **+ PLUS 부작위에** 대해서는 **의무이행심판만**이 가능하고, 부작위법확인심판은 할 수 없다.
>
> ■ 거부·부작위에 대한 불복수단 정리
>
> | | 소송 | 심판 |
> |---|---|---|
> | 거부 | • **취소**
• **무효등확인**
• 의무이행 | • **취소**
• **무효등확인**
• 의무이행 |
> | 부작위 | • **부작위위법확인**
• 의무이행 | • 부작위위법확인
• 의**무**이행 |

13 | ○
25변시(변형)

(행정청 乙로부터 3월의 영업정지처분을 받은 甲이 취소심판을 청구함에 따라, 행정심판위원회는 2023.3.6. 3월의 영업정지처분을 2월의 영업정지처분에 갈음하는 560만원의 과징금부과처분으로 변경하라는 취지의 일부인용재결을 하였다) 행정심판위원회의 2023.3.6.자 재결에 대해 乙이 따르지 않을 경우 행정심판위원회가 「행정심판법」 제50조에 의하여 직접 甲에게 과징금부과처분을 하는 것은 허용되지 않는다.

> 직접처분은 거부처분이나 부작위에 대한 의무이행심판에서 내려지는 **처분명령재결의 불이행에서만 인정된다.** 사안은 취소심판에서 변경명령재결이 있는 경우이므로 직접처분이 허용되지 않는다. 이 경우에도 변경명령재결에 따라 처분할 의무는 인정될 수 있으나, 그 불이행에 대한 직접처분은 규정이 없는 것이다.

14 | 소
25소방

양도소득세 및 방위세부과처분이 국세청장에 대한 불복심사청구에 의하여 그 불복사유가 이유 있다고 인정되어 취소되었음에도 처분청이 동일한 사실에 관하여 특별한 사유 없이 부과처분을 되풀이한 경우 그 부과처분이 감사원의 시정요구에 따른 것이라면 위법하지 않다.

> 과세처분이 심사청구(특별행정심판)에서 취소되었음에도, 동일 사실에 대한 재부과 → 감사원 시정요구에 의해 재부과한 것이더라도 위법
> 양도소득세 및 방위세**부과처분이** 국세청장에 대한 **불복심사청구에 의하여** 그 불복사유가 이유 있다고 인정되어 **취소되었음에도** 처분청이 **동일한 사실에 관하여** 부과처분을 **되풀이한 것이라면** 설령 그 부과처분이 감사원의 시정요구에 의한 것이라 하더라도 위법하다(1986.5.27. 86누127).

15 | B
24군무원7

당사자의 신청을 거부하거나 부작위로 방치한 처분에 대한 다툼과 관련하여「행정심판법」은 행정심판위원회에 의한 직접처분을 허용하면서도,「행정소송법」과 마찬가지로 간접강제제도를 도입하여 재결의 실효성을 담보하고 있다.

> 행정소송법에서는 거부나 부작위에 대한 인용판결의 실효성 확보를 위해 **간접강제**는 인정되지만(제34조, 제38조 제2항) 직접처분은 인정되지 않는다. 반면에 행정심판법에서는 거부나 부작위에 대한 인용재결의 실효성 확보수단으로 **직접처분**(제50조)과 **간접강제**(제50조의2)를 모두 인정하고 있다.

16 | A
15지방9

재결의 기속력은 재결의 주문 및 그 전제가 된 요건사실의 인정과 판단, 즉 처분등의 구체적 위법사유에 관한 판단에만 미친다.

> 재결의 기속력: 주문 및 이유 중 구체적 위법사유에 관한 판단까지 발생
> 재결의 기속력은 재결의 **주문 및 그 전제가 된 요건사실**의 인정과 판단, 즉 **처분등의 구체적 위법사유**에 관한 판단에만 미친다(2005.12.9. 2003두7705).

17 | C
15지방9

법률상 이의신청을 제기해야 할 사람이 처분청에 표제를 '행정심판청구서'로 한 서류를 제출하였다면, 서류의 내용에 이의신청요건에 맞는 불복취지와 사유가 충분히 기재되어 있다고 하여도 이를 처분에 대한 이의신청으로 볼 수 없다.

> 이의신청을 제기할 사람이 '행정심판청구서'라는 표제 사용: 이의신청으로 인정 가능
> **이의신청과 행정심판은** 모두 본질에 있어 행정처분으로 인하여 권리나 이익을 침해당한 상대방의 권리구제에 목적이 있고, 행정소송에 앞서 먼저 행정기관의 판단을 받는 데에 목적을 둔 **엄격한 형식을 요하지 않는 서면행위이므로,** 이의신청을 제기해야 할 사람이 처분청에 〈표제를 '행정심판청구서'〉로 한 서류를 제출한 경우라 할지라도 서류의 내용에 이의신청요건에 맞는 불복취지와 사유가 충분히 기재되어 있다면 표제에도 불구하고 이를 처분에 대한 **이의신청으로 볼 수 있다**(2012.3.29. 2011두26886).

> ➕ PLUS 이의신청·행정심판 모두 엄격한 형식을 요하지 않는 서면행위이다. 따라서 행정심판청구서라는 표제를 사용해도 실질이 이의신청이라면 이의신청으로 인정 가능하고, 진정이라는 표제를 사용해도 실질이 행정심판청구라면 행정심판청구로 인정 가능하다.

18 | A
09국회8

재결의 기속력은 재결의 주문 및 그 전제가 된 요건사실의 인정과 판단에 미치므로, 종전 처분이 재결에 의하여 취소되면 종전 처분시와는 다른 사유를 들어서 처분을 하는 것은 기속력에 저촉된다.

> 당초 사유와 기사동 없는 다른 사유로 동일 내용 처분: 기속력 위반×
> 재결의 기속력은 재결의 주문 및 그 전제가 된 요건사실의 인정과 판단, 즉 처분등의 구체적 위법사유에 관한 판단에만 미친다고 할 것이고, 종전 처분이 재결에 의하여 취소되었다 하더라도 종전 처분시와는 **다른 사유를 들어서 처분을 하는 것은 기속력에 저촉되지 않는다**고 할 것이며, 여기에서 동일 사유인지 다른 사유인지는 종전 처분에 관하여 위법한 것으로 재결에서 판단된 사유와 **기본적 사실관계에 있어 동일성**이 인정되는 사유인지 여부**에 따라 판단**되어야 한다(2005.12.9. 2003두7705).

> 정답 01 × 02 ○ 03 × 04 ○ 05 ○ 06 ○ 07 ○ 08 × 09 ○ 10 ○ 11 ×
> 12 ○ 13 ○ 14 ○ 15 × 16 ○ 17 × 18 ×

T69 행정심판(2) - 이의신청·재심사 등

01 | C
25지방9

처분으로 법률상 이익이 침해된 제3자는 해당 처분에 대해 재심사를 청구할 수 있다.

> 재심사신청을 할 수 있는 자는 당사자이지, 제3자가 아니다.

> **행정기본법 제37조(처분의 재심사)** ① **당사자**는 처분(제재처분 및 행정상 강제는 제외한다. 이하 이 조에서 같다)이 행정심판, 행정소송 및 그 밖의 쟁송을 통하여 다툴 수 없게 된 경우(법원의 확정판결이 있는 경우는 제외한다)라도 다음 각 호의 어느 하나에 해당하는 경우에는 해당 처분을 한 행정청에 처분을 취소·철회하거나 변경하여 줄 것을 신청할 수 있다.

02 | 회신
25군무원5

「국가유공자 예우 및 지원에 관한 법률」상의 이의신청에 대한 기각결정은 항고소송인 처분에 해당한다.

국가유공자법상 이의신청에 대한 기각결정: 항고소송대상×
국가유공자법 제74조의18 제1항이 정한 이의신청은, 국가유공자 요건에 해당하지 아니하는 등의 사유로 국가유공자 등록신청을 거부한 처분청인 국가보훈처장이 신청 대상자의 신청 사항을 다시 심사하여 잘못이 있는 경우 스스로 시정하도록 한 절차인 점, 이의신청을 받아들이는 것을 내용으로 하는 결정은 당초 국가유공자 등록신청을 받아들이는 새로운 처분으로 볼 수 있으나, 이와 달리 이의신청을 받아들이지 아니하는 내용의 결정은 종전의 결정내용을 그대로 유지하는 것에 불과한 점, … 등을 종합하면, 국가유공자법 제74조의18 제1항이 정한 **이의신청을 받아들이지 아니하는 결정**은 이의신청인의 권리·의무에 새로운 변동을 가져오는 공권력의 행사나 이에 준하는 행정작용이라고 할 수 없으므로 원결정과 별개로 **항고소송의 대상**이 되지는 **않는다**(2016.7.27. 2015두45953).

03 | 회신
25군무원7

외국인 갑(甲)이 법무부장관에게 귀화신청을 하였으나 법무부장관이 '품행 미단정'을 불허사유로 「국적법」상의 요건을 갖추지 못하였다며 신청을 받아들이지 않는 처분을 한 경우, 법무부장관이 甲을 '품행 미단정'이라고 판단한 이유에 대하여 제1심 변론절차에서 「자동차관리법」위반죄로 기소유예를 받은 전력 등을 고려하였다고 주장하고, 제2심 변론절차에서 불법체류한 전력이 있다는 추가적인 사정까지 고려하였다고 주장하는 것은 허용되지 아니한다.

(당초) '품행 미단정'을 사유로 귀화 불허 → (추가) 기소유예 전력 주장 후 불법체류 전력 추가 주장: 가능
외국인 甲이 법무부장관에게 귀화신청을 하였으나 법무부장관이 심사를 거쳐 **'품행 미단정'을 불허사유**로 국적법상의 요건을 갖추지 못하였다며 신청을 받아들이지 않는 처분을 하였는데, 법무부장관이 甲을 '품행 미단정'이라고 판단한 이유에 대하여 제1심 변론절차에서 자동차관리법 위반죄로 **기소유예를 받은 전력** 등을 고려하였다고 주장하였다가 원심 변론절차에서 **불법체류한 전력**이 있다는 추가적인 사정까지 고려하였다고 주장한 경우, … 법무부장관이 원심에서 추가로 제시한 불법체류 전력 등의 제반 사정은 불허가처분의 처분사유 자체가 아니라 그 근거가 되는 기초사실 내지 평가요소에 지나지 않으므로 법무부장관이 이러한 사정을 **추가로 주장할 수 있다**(2018.12.13. 2016두31616).

정답 01 × 02 × 03 ×

T71 국가배상법(1) - 공무원의 위법행위에 대한 국가배상책임(제2조)

01 | ⓑ
10국가9

「민법」상의 사용자 면책사유는 「국가배상법」상의 고의·과실의 판단에서는 적용되지 않는다.

민법상 사용자면책사유로는 국가배상법상 책임 면책×
공무원이 그 직무를 행함에 당하여 고의 또는 과실로 법령에 위반하여 타인에게 손해를 가한 경우에 국가나 지방자치단체가 그 손해를 배상하는 것은 민법상의 사용자로서 그 배상책임을 부담하는 것이 아니므로 **민법상 사용자의 면책사유**인 피용자의 선임·감독에 과실이 없었다는 것**으로서는 본법상의 손해배상책임을 면할 수 없다**(1970.6.30. 70다727).

02 | 기
15서울9

행정상 손해배상에 관하여는 「국가배상법」이 일반법적 지위를 갖는다고 본다.

행정상 손해배상의 일반법이 국가배상법이다.

> **국가배상법 제8조 (다른 법률과의 관계)** 국가나 지방자치단체의 손해배상책임에 관하여는 이 법에 규정된 사항 외에는 「민법」에 따른다. 다만, 「민법」외의 법률에 다른 규정이 있을 때에는 그 규정에 따른다.

03 | 소
18소방

판례는 기판력이 재판행위로 인한 국가배상책임의 인정을 배제하지 않는다고 본다.

판례는 재판행위에 대한 국가배상책임을 인정은 하고 있다. 즉, 확정된 재판에는 기판력이 있다는 이유로 국가배상책임의 인정을 배제하지는 않는다.

04 | 인
19국가7

「공직선거법」이 후보자가 되고자 하는 자와 그 소속 정당에게 전과기록을 조회할 권리를 부여하고 수사기관에 회보의무를 부과한 것은 공공의 이익만을 위한 것이지 후보자가 되고자 하는 자나 그 소속 정당의 개별적 이익까지 보호하기 위한 것은 아니다.

선거후보자가 되려는 자 및 소속 정당에 전과기록 회보의무: 후보자가 되려는 자 및 정당의 개별적 이익 보호 위한 것(사익보호성 인정)
공직선거법이 위와 같이 후보자가 되고자 하는 자와 그 소속 정당에게 **〈전과기록〉**을 조회할 권리를 부여하고 수사기관에 **〈회보의무〉**를 부과한 것은 단순히 유권자의 알권리 보호 등 **공공일반의 이익만을 위한 것이 아니라**, 그와 함께 **후보자가 되고자 하는 자**가 자신의 피선거권 유무를 정확하게 확인할 수 있게 하고, **정당**이 후보자가 되고자 하는 자의 범죄경력을 파악함으로써 부적격자를 공천함으로 인하여 생길 수 있는 정당의 신뢰도 하락을 방지할 수 있게 하는 등 **개별적인 이익도 보호하기 위한 것**이다(2011.9.8. 2011다34521).

05 | 기
09지방9

(「국가배상법」 제2조의 배상책임은) 고의·과실을 요건으로 하며, 과실에는 중과실은 물론 경과실도 포함된다.

국가배상법 제2조는 공무원의 고의나 과실(중과실은 물론 경과실도 포함)을 배상책임의 요건으로 하고 있다.

06 | ◯
22소간

조례를 통하여 노동운동이 허용되는 사실상의 노무에 종사하는 공무원의 구체적 범위를 규정하지 않고 있는 것에 대하여 부작위위법확인의 소를 제기하였으나 상고심 계속 중에 정년퇴직한 경우에 소의 이익은 인정되지 않는다.

조례제정부작위위법확인소송 중 당사자가 정년퇴직: 소익×
지방자치단체가 **조례**를 통하여 노동운동이 허용되는 사실상의 노무에 **종사하는** 공무원의 구체적 범위를 **규정하지 않고 있는 것**에 대하여 버스전용차로 통행위반 단속업무에 종사하는 자가 **부작위위법확인의 소**를 제기하였으나 상고심 계속 **중에 정년퇴직**한 경우, 위 조례를 제정하지 아니한 부작위가 위법하다는 확인을 구할 **소의 이익이 상실되었다**(2002.6.28. 2000두4750).

07 | 최신
25경찰간부

피의자가 소년 등 사회적 약자인 경우 수사기관은 수사과정에서 방어권 행사에 불이익이 발생하지 않도록 더욱 세심하게 배려할 직무상 의무가 있으므로, 경찰관이 고의 또는 과실로 위 직무상 의무를 위반하여 피의자신문조서를 작성함으로써 피의자의 방어권이 실질적으로 침해되었다고 인정된다면, 국가는 그로 인하여 피의자가 입은 손해를 배상하여야 한다.

경찰관이 고의·과실로 직무상 의무를 위반하여 피의자신문조서를 작성함으로써 피의자의 방어권이 실질적 침해: 국가배상책임◯
수사기관은 수사 등 직무를 수행할 때에 헌법과 법률에 따라 국민의 인권을 존중하고 공정하게 하여야 하며 실체적 진실을 발견하기 위하여 노력하여야 할 법규상 또는 조리상의 의무가 있고, 특히 피의자가 소년 등 사회적 약자인 경우에는 수사과정에서 방어권 행사에 불이익이 발생하지 않도록 더욱 세심하게 배려할 직무상 의무가 있다. 따라서 경찰관은 피의자의 진술을 조서화하는 과정에서 조서의 객관성을 유지하여야 하고, 고의 또는 과실로 위 직무상 의무를 위반하여 피의자신문조서를 작성함으로써 피의자의 방어권이 실질적으로 침해되었다고 인정된다면, 국가는 그로 인하여 피의자가 입은 손해를 배상하여야 한다(2020.4.29. 2015다224797).

08 |
09국회8

경매 담당공무원이 이해관계인에게 기일통지를 잘못한 것이 원인이 되어 경락허가결정이 취소된 사안에서, 그 사이 경락대금을 완납하고 소유권이전등기를 마친 경락인에 대하여 국가는 배상책임을 진다.

경매공무원의 기일통지 잘못으로, 경락대금 내고도 소유권취득 못한 국민에게 배상책임 인정
경매 담당공무원이 이해관계인에 대한 **기일통지를 잘못한 것**이 원인이 되어 경락허가결정이 취소된 사안에서, 그 사이 경락대금을 완납하고 소유권이전등기를 마친 경락인에 대하여 국가배상**책임을 인정**한다(2008.7.10. 2006다23664).

정답 01 ◯ 02 ◯ 03 ◯ 04 × 05 ◯ 06 ◯ 07 ◯ 08 ◯

T72 국가배상법(2) - 영조물의 하자에 따른 국가배상책임(제5조)

01 | ◯
11지방

판례는 사격장에서 발생하는 소음 등으로 지역주민들이 입은 피해가 수인한도를 넘는 경우 사격장의 설치 또는 관리에 하자가 있다고 한다.

매향리사격장 소음: 소음이 수인한도를 넘어 설치·관리상 하자 인정
매향리**사격장에서 발생하는 소음** 등으로 지역 주민들이 입은 피해는 사회통념상 **참을 수 있는 정도를 넘는** 것으로서 사격장의 설치 또는 관리에 **하자가** 있었다고 보아야 한다(2004.3.12. 2002다14242).

02 | ◯
12(1)경행

안전성의 구비 여부를 판단함에 있어서는 제반 사정을 종합적으로 고려하여 설치·관리자가 그 영조물의 위험성에 비례하여 사회통념상 일반적으로 요구되는 정도의 방호조치의무를 다하였는지 여부를 그 기준으로 삼아야 한다.

03 | ◯
23국가7

영조물이 안전성을 갖추었는지 여부는 영조물의 설치자 또는 관리자가 그 영조물의 위험성에 비례하여 사회통념상 일반적으로 요구되는 정도의 방호조치의무를 다하였는지를 기준으로 판단하여야 하고, 그 설치자 또는 관리자의 재정적·인적·물적 제약 등은 고려하지 않는다.

하자(안전성 구비 여부): 방호조치의무 준수 여부가 기준
영조물의 안전성의 구비 여부는 영조물의 설치자 또는 관리자가 그 영조물의 위험성에 비례하여 사회통념상 일반적으로 요구되는 정도의 방호조치의무를 다하였는지를 기준으로 판단하여야 하고,02 아울러 그 설치자 또는 관리자의 재정적·인적·물적 제약 등도 고려하여야 한다03(2022.7.28. 2022다225910).

04 | ○

17(상)국가9

국가배상청구소송에서 공공의 영조물에 하자가 있다는 입증책임은 피해자가 지지만, 관리주체에게 손해발생의 예견가능성과 회피가능성이 없다는 입증책임은 관리주체가 진다.

하자의 존재는 제5조 책임의 요건인바, 그에 대한 입증책임은 그 책임의 성립을 주장하는 **피해자에게** 있는 것이 원칙이다. 반면, 하자의 존재를 멸각시키는 사정 내지 배상책임에서 면책시키는 사정, 즉 필요한 주의의무를 다하였고 **예견가능성과 회피가능성이 없다는 사정**에 대한 입증책임은 **관리주체에** 있다는 것이 판례이다.

- 도로의 관리상 하자를 원고가 입증하면, 주의의무를 해태하지 않았음은 피고가 입증

고속도로의 관리상 하자가 인정되는 이상 고속도로의 점유관리자는 그 하자가 불가항력에 의한 것이거나 손해의 방지에 필요한 주의를 해태하지 아니하였다는 점을 주장·입증하여야 비로소 그 책임을 면할 수 있다(2008.3.13. 2007다29287·29294).

05 | ×

21국가7

집중호우로 제방도로가 유실되면서 보행자가 강물에 휩쓸려 익사한 경우, 사고 당일의 집중호우가 50년 빈도의 최대강우량에 해당한다면 불가항력에 기인한 것으로 볼 수 있다.

50년 만의 집중호우에 따른 제방도로 유실로 보행자사고: 불가항력 부정

집중호우로 제방도로가 유실되면서 그 곳을 걸어가던 보행자가 강물에 휩쓸려 익사한 경우, 사고 당일의 집중호우가 50년 빈도의 최대강우량에 해당한다는 사실만으로 불가항력에 기인한 것으로 볼 수 없다는 이유로 제방도로의 설치·관리상의 하자를 인정한 사례(2000.5.26. 99다53247)

비교 (계획홍수위인 100년을 초과하는) 600~1,000년 만의 집중호우로 하천범람 사고: 불가항력 인정

100년 발생빈도의 강우량을 기준으로 책정된 계획홍수위를 초과하여 600년 또는 1,000년 발생빈도의 강우량에 의한 하천의 범람은 예측가능성 및 회피가능성이 없는 불가항력적인 재해로서 그 영조물의 관리청에게 책임을 물을 수 없다(2003.10.23. 2001다48057).

정답 01 ○ 02 ○ 03 × 04 ○ 05 ×

T73 국가배상법(3) - 공통사항 및 특례규정

01 | ○

13(2)경행

「국가배상법」상 생명·신체의 침해로 인한 국가배상을 받을 권리는 압류하지는 못하나 양도할 수는 있다.

생명·신체 침해에 대한 국가배상청구권은 **양도**와 **압류**가 **모두 금지**

국가배상법 제4조(양도 등 금지) 생명·신체의 침해로 인한 국가배상을 받을 권리는 **양도**하거나 **압류**하지 **못한다**.

02 | ○

17국회8

(甲은 A시장의 영업허가 취소처분이 위법함을 이유로 국가배상청구소송을 제기하였다) A시장의 영업허가 취소처분에 대한 취소소송에서 인용판결이 확정된 이후에도 甲의 국가배상청구소송은 기각될 수 있다.

항고소송에서 인용판결을 받아 기판력이 후소 국가배상청구소송에 미치더라도(선결관계), 이는 후소 법원에서 처분의 위법성을 부정할 수 없다는 것일 뿐 그것이 공무원의 고의·과실 등 다른 배상책임요건을 인정하는 것은 아니므로 국가배상청구소송은 여전히 기각될 수 있다.

03 | ×

24지방7

지방자치단체장 간의 기관위임의 경우에는 사무귀속의 주체가 달라진다고 할 수 있으므로, 하위 지방자치단체장을 보조하는 하위 지방자치단체 소속 공무원이 위임사무처리에 있어 고의 또는 과실로 타인에게 손해를 가하였다면 상위 지방자치단체는 그 사무귀속주체로서 손해배상책임을 지지 않는다.

- 국가사무가 지자체장에게 위임된 경우, 국가는 사무귀속주체로서 제2조에 따른 책임을 지고, 해당 **지자체 역시 대외적 비용부담자로서** 제6조에 따른 책임을 지게 된다.
- 마찬가지로 **지자체 간 기관위임**이 있는 경우, 사무를 위임한 측인 **상위 지자체는 사무귀속주체로서** 제2조에 따른 책임을 지고, 03 사무를 위임받은 지자체장이 속한 **하위 지자체는 비용부담자로서** 제6조에 따른 책임을 지게 된다.

04 | 최신

25군무원9

자동차운전면허시험 관리업무는 국가행정사무이고 지방자치단체의 장인 서울특별시장은 국가로부터 그 관리업무를 기관위임받아 국가행정기관의 지위에서 그 업무를 집행하므로, 국가는 면허시험장의 설치 및 보존의 하자로 인한 손해배상책임을 부담한다.

국가사무인 자동차운전면허시험 관리업무를 서울시장에게 기관위임: 국가가 사무귀속자 책임

자동차운전면허시험 관리업무는 국가행정사무이고 지방자치단체의 장인 서울특별시장은 국가로부터 그 관리업무를 **기관위임**받아 국가행정기관의 지위에서 그 업무를 집행하므로, **국가**는 면허시험장의 설치 및 보존의 **하자로 인한 손해배상책임을 부담**한다(1991.12.24. 91다34097).

+ PLUS 지자체는 면허시험장과 관련한 대외적 비용부담자로서의 책임

정답 01 × 02 ○ 03 × 04 ○

T74 손실보상(1) - 헌법적 검토

01 | 소
22소방

손실보상과 손해배상은 근거규정 및 요건·효과를 달리하지만 손실보상청구권에 '손해전보'라는 요소가 포함되어 있어 실질적으로 같은 내용의 손해에 관하여 양자의 청구권이 동시에 성립한다면 청구권자는 어느 하나만을 선택적으로 행사할 수 있을 뿐이다.

> **손실보상과 손해배상: 별개의 청구권이나 실질적으로 같은 내용의 손해에 관하여는 하나만 선택적으로 행사 가능**
> 「공익사업을 위한 토지 등의 취득 및 보상에 관한 법률」에 따른 손실보상과 환경정책기본법에 따른 손해배상은 근거 규정과 요건·효과를 달리하는 것으로서, 각 요건이 충족되면 성립하는 별개의 청구권이다. 다만 손실보상청구권에는 이미 '손해전보'라는 요소가 포함되어 있어 실질적으로 같은 내용의 손해에 관하여 양자의 청구권을 동시에 행사할 수 있다고 본다면 이중배상의 문제가 발생하므로, 실질적으로 같은 내용의 손해에 관하여 양자의 청구권이 동시에 성립하더라도 영업자는 어느 하나만을 선택적으로 행사할 수 있을 뿐이고, 양자의 청구권을 동시에 행사할 수는 없다(2019.11.28. 2018두227).

02 | ㅇ
23변시

개성공단 전면 중단조치에 의한 영업중단으로 인해 발생하는 영업상 손실이나 주식 등 권리의 가치하락으로 인한 손실은 헌법 제23조의 재산권보장의 범위에 속한다.

> **개성공단 중단조치로 인한 영업손실 및 주가하락: 재산권 보장의 대상×**
> 헌법상 보장된 재산권은 사적 유용성 및 그에 대한 원칙적인 처분권을 내포하는 재산가치 있는 구체적인 권리이므로, 구체적 권리가 아닌 영리획득의 단순한 기회나 기업활동의 사실적·법적 여건은 기업에게는 중요한 의미를 갖는다고 하더라도 재산권보장의 대상이 아니다. 이 사건 중단조치에 의한 영업중단으로 영업상 손실이나 주식 등 권리의 가치하락이 발생하였더라도 이는 영리획득의 기회나 기업활동의 여건 변화에 따른 재산적 손실일 뿐이므로, 헌법 제23조의 재산권 보장의 범위에 속한다고 보기 어렵다(헌재 2022.1.2. 2016헌마364).

03 | 소
25소방

구 「약사법」상 약사에게 인정된 한약조제권은 재산가치 있는 구체적 권리이므로 헌법 제23조 제1항 및 제13조 제2항에 의하여 보호되는 재산권의 보장대상이다.

> **약사에게 인정된 한약조제권: 재산권×**
> (한약사제도를 신설하면서 그전부터 한약을 조제하여 온 약사들에게 향후 2년간만 한약을 조제할 수 있도록 한 약사법 부칙에 대한 위헌소원에서) 구 약사법상 약사에게 인정된 한약조제권은 위 헌법조항들이 말하는 재산권의 범위에 속하지 아니한다(헌재 1997.11.27. 97헌바10).

정답 01 ○ 02 × 03 ×

T75 손실보상(2) - 토지보상법 중심 검토

01 | ㅇ
15(3)경행(변형)

구 「토지수용법」 제51조가 규정하고 있는 '영업상의 손실'이란 수용의 대상이 된 토지·건물 등을 이용하여 영업을 하다가 그 토지·건물 등이 수용됨으로 인하여 영업을 할 수 없거나 제한을 받게 됨으로 인하여 생기는 직접적인 손실을 말한다.

02 | ㅇ
11(1)경행

(구)「토지수용법」 제51조는 영업을 하기 위하여 투자한 비용이나 그 영업을 통하여 얻을 것으로 기대되는 이익에 대한 손실보상의 근거규정이 될 수 없고, 그 보상의 기준과 방법 등에 관한 규정이 없어도 이러한 손실은 그 보상의 대상이 된다.

> **영업상 손실보상: 직접적인 손실을 의미[01] so 투자비용·기대이익 등은 대상×[02]**
> 구 토지수용법 제51조가 규정하고 있는 '영업상의 손실'이란 수용의 대상이 된 토지·건물 등을 이용하여 영업을 하다가 그 토지·건물 등이 수용됨으로 인하여 영업을 할 수 없거나 제한을 받게 됨으로 인하여 생기는 직접적인 손실을 말하는 것이므로[01] 위 규정은 영업을 하기 위하여 투자한 비용이나 그 영업을 통하여 얻을 것으로 기대되는 이익에 대한 손실보상의 근거규정이 될 수 없고 … 이에 대한 손실보상의 근거규정이나 그 보상의 기준과 방법 등에 관한 규정이 없으므로, 이러한 손실은 그 보상의 대상이 된다고 할 수 없다[02](2006.1.27. 2003두13106).

03 | 인
19소간

사업시행자, 토지소유자 또는 관계인은 토지수용위원회의 재결에 대해 행정소송을 제기할 수 있으며, 이 경우 「행정소송법」상의 소송제기기간의 규정을 적용한다.

> 토지보상법상의 제소기간은 재결서를 받은 날 90일(이의신청 거친 경우 60일)로 행정소송법상 소송제기기간과 다르다. 이는 행정소송법 제8조의 '다른 법률에 특별한 규정이 있는 경우'에 해당하므로 행정소송법상 제소기간 규정이 적용되지 않는다.

04 | 인
21국가7

(「공익사업을 위한 토지 등의 취득 및 보상에 관한 법률」상 토지수용 절차로서 사업인정에 대하여) 사업인정의 고시로 수용의 목적물은 확정되고 관계인의 범위가 제한된다.

> 사업인정은 **고시한 날**부터 효력이 발생하는데(토지보상법 제22조 제3항), 사업인정시 수용대상 토지의 세목이 고시되므로 수용 **목적물이 확정**되고(제22조 제1항), 사업인정 고시 후 권리를 취득한 자는 관계인에서 제외되므로(제2조 제5호) **관계인의 범위를 제한**하는 효과가 있다.

05 | O
23소간

사업인정고시는 수용재결절차로 나아가 강제적인 방식으로 토지소유자나 관계인의 권리를 취득·보상하기 위한 요건으로서 영업손실보상청구를 위해서는 반드시 사업인정이나 수용이 전제되어야 한다.

사업인정고시: 수용의 요건일 뿐, 손실보상의 요건× → 사업인정고시가 없어도 보상의무 있음
사업인정고시는 수용재결절차로 나아가 강제적인 방식으로 토지소유자나 관계인의 권리를 취득·보상하기 위한 절차적 요건에 지나지 않고 **영업손실보상의 요건이 아니다.** 토지보상법령도 반드시 사업인정이나 수용이 전제되어야 영업손실보상의무가 발생한다고 규정하고 있지 않다. 따라서 피고가 시행하는 사업이 토지보상법상 공익사업에 해당하고 원고들의 영업이 해당 공익사업으로 폐업하거나 휴업하게 된 것이어서 토지보상법령에서 정한 영업손실 보상대상에 해당하면, 사업인정고시가 없더라도 피고는 원고들에게 영업손실을 보상할 의무가 있다(2021.11.11. 2018다204022).

06 | O
23지방7

동일한 소유자에게 속하는 일단의 토지의 일부가 협의에 의하여 매수되거나 수용됨으로 인하여 잔여지를 종래의 목적에 사용하는 것이 현저히 곤란할 때에는 해당 토지소유자는 사업시행자에게 잔여지를 매수하여 줄 것을 청구할 수 있으며, 사업인정 이후에는 관할 토지수용위원회에 수용을 청구할 수 있고, 이 경우 수용의 청구는 매수에 관한 협의가 성립되지 아니한 경우에만 할 수 있으며 사업완료일까지 하여야 한다.

공익사업을 위한 토지 등의 취득 및 보상에 관한 법률 제74조 (잔여지 등의 매수 및 수용 청구) ① 동일한 소유자에게 속하는 일단의 토지의 일부가 협의에 의하여 매수되거나 수용됨으로 인하여 **잔여지를 종래의 목적에 사용하는 것이 현저히 곤란**할 때에는 해당 토지소유자는 **사업시행자에게** 잔여지를 **매수하여 줄 것을 청구**할 수 있으며, **사업인정 이후에는** 관할 **토지수용위원회에 수용을 청구**할 수 있다. 이 경우 수용의 청구는 매수에 관한 **협의가 성립되지 아니한 경우에만** 할 수 있으며, **사업완료일까지** 하여야 한다.

07 | O
24국가7

공익사업에 필요한 토지 등의 취득 또는 사용으로 인하여 토지소유자나 관계인이 입은 손실은 사업시행자가 보상하여야 한다.

공익사업을 위한 토지 등의 취득 및 보상에 관한 법률 제61조 (사업시행자 보상) 공익사업에 필요한 토지 등의 취득 또는 사용으로 인하여 토지소유자나 관계인이 입은 손실은 **사업시행자**가 보상하여야 한다.

08 | O
24변시

[국토교통부장관은 「공익사업을 위한 토지 등의 취득 및 보상에 관한 법률」(이하 '토지보상법'이라 한다)에 따라 A광역시가 추진하는 관할 구역 내 甲 소유의 대규모 토지를 부지로 하는 도시공원 내 체육시설 조성사업에 대해 사업인정을 하였고, 사업시행자인 A광역시는 甲과의 협의가 성립하지 않자 중앙토지수용위원회의 수용재결을 거쳤다] 甲은 중앙토지수용위원회의 수용재결서 정본을 받은 날부터 30일 이내에 중앙토지수용위원회에 이의를 신청할 수 있으며, 중앙토지수용위원회는 수용재결이 위법 또는 부당하다고 인정하는 때에는 그 전부 또는 일부를 취소하거나 보상액의 변경을 A광역시에 명할 수 있다.

공익사업을 위한 토지 등의 취득 및 보상에 관한 법률 제83조 (이의의 신청) ① 중앙토지수용위원회의 제34조에 따른 재결에 이의가 있는 자는 중앙토지수용위원회에 이의를 신청할 수 있다.
제84조(이의신청에 대한 재결) ① 중앙토지수용위원회는 제83조에 따른 이의신청을 받은 경우 제34조에 따른 재결이 위법하거나 부당하다고 인정할 때에는 그 재결의 전부 또는 일부를 취소하거나 보상액을 변경할 수 있다.

09 | X
24소방

대법원은 국군보안사가 사인 소유의 방송사 주식을 강제로 국가에게 증여하게 한 사건에서 수용유사적 침해이론에 근거해 손실보상을 인정한다고 판시하였다.

국군보안사가 사인 소유의 방송사 주식을 강제로 국가에게 증여: 수용유사적 침해에 해당×
국군보안사령부 정보처장이 언론통폐합조치의 일환으로 사인 소유의 방송사 주식을 강압적으로 국가에 증여하게 한 것이 위 수용유사행위에 해당되지 않는다. 이 사건에서 피고 대한민국의 이 사건 주식취득이 그러한 공권력의 행사에 의한 수용유사적 침해에 해당한다고 볼 수는 없다. 원심이 피고 대한민국의 이 사건 주식취득이 수용유사적 침해에 해당한다 하여 그에 대한 보상을 지급할 것을 명한 것은 손실보상의 법리를 오해(편저자: 수용유사적 침해에 의한 손실보상에 해당하지 않는다)한 위법이 있다(1993.10.26. 93다6409).
✚ **PLUS** 판례는 수용유사침해이론의 존재를 언급한 적은 있으나, 그 도입을 인정한 바는 없다.

10 | 최신
25군무원9

사업시행자는 천재지변 등 특별한 사정이 없는 한 해당 공익사업을 위한 공사에 착수하기 이전에 토지소유자와 관계인에게 보상액 전액을 지급하여야 한다.

공익사업을 위한 토지 등의 취득 및 보상에 관한 법률 제62조 (사전보상) 사업시행자는 해당 공익사업을 위한 공사에 **착수하기 이전**에 토지소유자와 관계인에게 **보상액 전액(全額)**을 **지급**하여야 한다. 다만, 제38조에 따른 천재지변시의 토지 사용과 제39조에 따른 시급한 토지사용의 경우 또는 토지소유자 및 관계인의 승낙이 있는 경우에는 그러하지 아니하다.

정답 01 ○ 02 × 03 × 04 ○ 05 × 06 ○ 07 ○ 08 × 09 × 10 ○

T76 공공기관 정보공개법(1) - 조문별 기출정리

01 | 인　　　　　　　　　　　　　　　21지방9

공공기관은 공개청구된 정보가 공공기관이 보유·관리하지 아니하는 정보인 경우로서 「민원 처리에 관한 법률」에 따른 민원으로 처리할 수 있는 경우에는 민원으로 처리할 수 있다.

> **공공기관의 정보공개에 관한 법률 제11조(정보공개 여부의 결정)** ⑤ 공공기관은 정보공개청구가 다음 각 호의 어느 하나에 해당하는 경우로서 「민원 처리에 관한 법률」에 따른 민원으로 처리할 수 있는 경우에는 민원으로 처리할 수 있다.
> 1. 공개 청구된 정보가 공공기관이 보유·관리하지 아니하는 정보인 경우
> 2. 공개 청구의 내용이 진정·질의 등으로 이 법에 따른 정보공개 청구로 보기 어려운 경우

정답 01 ○

T77 공공기관 정보공개법(2) - 정보공개청구권

01 | S　　　　　　　　　　　　　　　08국가9

국민의 정보공개청구권은 법률상 보호되는 구체적인 권리이다.

정보공개청구권: 그 자체가 구체적인 권리
정보공개청구권은 법률상 보호되는 구체적인 권리이므로 청구인이 공공기관에 대하여 정보공개를 청구하였다가 거부처분을 받은 것 자체가 법률상 이익의 침해에 해당한다(2003.12.12. 2003두8050).

정답 01 ○

T79 공공기관 정보공개법(4) - 비공개대상정보

01 | 인　　　　　　　　　　　　　　　18(2)서울7

국가정보원이 직원에게 지급하는 현금급여 및 월초수당에 대한 정보는 비공개대상에 해당하지 아니한다.

국정원 직원 현금급여·수당: 비공개대상정보(국가정보원법상 비공개)
국가정보원이 그 직원에게 지급하는 **현금급여 및 월초수당**에 관한 정보는 국가정보원 예산집행내역의 일부를 구성하는 것이므로, 위 현금급여 및 월초수당에 관한 정보는 **국가정보원법 제12조에 의하여 비공개사항으로 규정된** 정보로서 「공공기관의 정보공개에 관한 법률」 제9조 제1항 **제1호**의 비공개대상정보인 '다른 법률에 의하여 비공개사항으로 규정된 정보'**에 해당**한다(2010.12.23. 2010두14800).

02 | B　　　　　　　　　　　　　　　20군무원9

의사결정과정에 제공된 회의관련자료나 의사결정과정이 기록된 회의록 등은 의사가 결정되거나 의사가 집행된 경우에는 더 이상 의사결정과정에 있는 사항 그 자체라고는 할 수 없으나, 의사결정과정에 있는 사항에 준하는 사항으로서 비공개대상정보에 포함될 수 있다.

회의자료·회의록: 의사결정·집행 뒤에도 의사결정과정에 있는 사항에 준하여 비공개대상○
의사결정과정에 제공된 **회의관련자료**나 의사결정과정이 기록된 **회의록** 등은 의사가 **결정**되거나 의사가 **집행**된 경우에는 더 이상 의사결정과정에 있는 사항 그 자체라고는 할 수 없으나, **의사결정과정에 있는 사항에 준하는 사항으로서 비공개대상**정보에 포함될 수 있다(2003.8.22. 2002두12946).

03 | 기　　　　　　　　　　　　　　　24소방승진

정보공개는 비공개를 원칙으로 하고 공개는 예외에 해당하므로 비공개대상정보는 제한적으로 해석하여야 한다.

공개를 원칙으로 하고 비공개를 예외로 하므로 비공개사유를 제한적으로 해석해야 한다. 예외규정을 넓게 해석하면 원칙규정의 취지가 무너지기 때문이다.

> **공공기관의 정보공개에 관한 법률 제9조(비공개대상정보)** ① 공공기관이 보유·관리하는 정보는 공개대상이 된다. 다만, 다음 각 호의 어느 하나에 해당하는 정보는 공개하지 아니할 수 있다. (각 호 생략)

➕ PLUS 지문의 앞은 틀리고 뒤는 맞다.

04 | 회신　　　　　　　　　　　　　　25군무원9

문제은행 출제방식을 채택하고 있어도 치과의사 국가시험의 문제지와 정답지는 「공공기관의 정보공개에 관한 법률」상 비공개대상정보에 해당하지 않는다.

치과의사시험 문제·정답(문제은행): 비공개대상○
치과의사 국가시험에서 채택하고 있는 **문제은행 출제방식**이 출제의 시간·비용을 줄이면서도 양질의 문항을 확보할 수 있는 등 많은 장점을 가지고 있는 점, 그 시험문제를 공개할 경우 발생하게 될 결과와 시험업무에 초래될 부작용 등을 감안하면, 위 시험의 **문제지와 그 정답지**를 공개하는 것은 시험업무의 공정한 수행이나 연구·개발에 현저한 지장을 초래한다고 인정할 만한 상당한 이유가 있는 경우에 해당하므로, 「공공기관의 정보공개에 관한 법률」 제9조 제1항 제5호에 따라 이를 공개하지 않을 수 있다(2007.6.15. 2006두15936).

정답 01 × 02 ○ 03 × 04 ×

T80 개인정보 보호법(1) - 조문별 기출정리

01 | ㄱ 23국회9

「개인정보 보호법」에서 '처리'란 개인정보의 수집, 생성, 연계, 연동, 기록, 저장, 보유, 가공, 편집, 검색, 출력, 정정(訂正), 복구, 이용, 제공, 공개, 파기(破棄), 그 밖에 이와 유사한 행위를 말한다.

> **개인정보 보호법 제2조(정의)** 이 법에서 사용하는 용어의 뜻은 다음과 같다.
> 2. '**처리**'란 개인정보의 **수집**, 생성, 연계, 연동, 기록, 저장, 보유, 가공, 편집, 검색, 출력, 정정(訂正), 복구, **이용, 제공**, 공개, 파기(破棄), 그 밖에 이와 유사한 행위를 말한다.

정답 01 ○

T 01　**행정과 행정법**

T 02　통치행위

T 03　법치행정

T 04　행정법의 법원(法源)

T 05　행정법의 일반원칙(1) – 신뢰보호의 원칙

T 06　행정법의 일반원칙(2) – 나머지 원칙

T 07　행정법의 효력

T 08　법령개정시 적용법령

T 09　행정주체와 행정객체

T 10　행정상 법률관계

T 11　특별권력관계(특별행정법관계)

T 12　행정법관계의 변동 – 사건을 중심으로

01-02 행정과 행정법 / 통치행위

T01 행정과 행정법

01

다음 중 실질적 의미의 행정에는 속하나 형식적 의미의 행정이 아닌 것은? 10(1)경행

① 대통령령의 제정
② 국회사무총장의 직원 임명
③ 행정심판의 재결
④ 지방공무원 임명

관련 OX

① 관련
1 행정입법[은 행정의 행위형식(행정작용형식)에 포함되지 않는다] 13지방9

③ 관련
2 행정심판의 재결(은 실질적 의미의 행정에 해당한다) 15지방7

해설

② ✕ 국회사무총장의 직원 임명은 실질적 의미의 행정, 형식적 의미의 입법에 해당한다.

요플 행정의 의의

분류기준		분류결과		
형식적	누가 하는가	① 입법: by 국회	② 사법: by 법원	③ 행정: by 행정부
실질적	무얼 하는가	① 입법: 법제정	② 사법: 분쟁판단·선언/벌	③ 행정: Do 법집행(나머지)

형식 \ 실질	입법	행정	사법
입법	• 법률 제정 • 국회규칙 제정	• 법규명령·행정규칙 제정① • 조례·규칙 제정	• 대법원규칙 제정
행정	• 직원임명 by 국회사무총장②	• **지방공무원**·대법원장·대법관 임명④ • 조세부과·체납처분 • 집회금지통고 • 대집행 • 예산 편성·집행	• 직원·**일반법관** 임명 • 등기사무
사법		• **재결**③: 행정심판, 소청심사 • 이의신청 • 행정벌 부과: 통고처분 등 • 검사의 공소제기	• 재판
(구별개념) 통치행위	• 국회의원의 징계	• 긴급재정경제명령 • 비상계엄의 선포	• 사법부는 통치행위 불가

선지분석 & 요플·기풀가링크

선지	THEME	요플	기풀기
①	T01 행정과 행정법	01	003
②		02	006
③		06	004
④		03	001

정답 ②
OX 1✕ 2✕

02

실질적 의미의 행정에 해당하는 것으로만 묶인 것은? 15지방7

> ㄱ. 비상계엄의 선포
> ㄴ. 집회의 금지통고
> ㄷ. 행정심판의 재결
> ㄹ. 일반법관의 임명
> ㅁ. 대통령령의 제정
> ㅂ. 통고처분

① ㄱ, ㄷ
② ㄴ, ㄷ
③ ㄴ, ㄹ
④ ㅁ, ㅂ

해설

ㄱ. 대통령의 비상계엄 선포는 형식적 행정의 속성을 가지나, 보다 근본적으로는 **통치행위**에 속한다.
- 대통령의 비상계엄의 선포나 확대 행위는 고도의 정치적·군사적 성격을 지니고 있는 행위라 할 것이므로, … 그 계엄선포의 요건 구비 여부나 선포의 당·부당을 판단할 권한이 사법부에는 없다 (1997.4.17. 96도3376 전합).

ㄴ. 집회의 금지통고는 행위자가 경찰서장 등 행정부로서 **형식적 행정**이고, 행위가 「집회 및 시위에 관한 법률」 등의 집행행위로서 **실질적으로도 행정**이다.

ㄷ. 행정심판의 재결은 행위자가 행정부(행정심판위원회)로서 형식적으로는 **행정**이나, 행위가 분쟁해결 작용(심판)으로서 실질적으로는 **사법**이다.

ㄹ. 일반법관의 임명은 행위자가 사법부(대법원장)로서 형식적으로 **사법**이다. 다만, 행위는 법원조직법 등의 집행행위로서 실질적으로는 **행정**이다.

ㅁ. 대통령령의 제정은 행위자가 행정부(대통령)로서 형식적으로는 **행정**이나, 행위가 규정 정립(법규명령 제정)으로서 실질적으로는 **입법**이다.

ㅂ. 통고처분은 행위자가 행정부(경찰서장 등)로서 형식적으로는 **행정**이나, 행위가 형사재판 내지 행정형벌에 대신하는 것으로서 실질적으로는 **사법**이다.

선지분석 & 요플·기풀기링크

선지	THEME	요플	기풀기
ㄱ	T02 통치행위	18	018
ㄴ		04	002
ㄷ		06	004
ㄹ	T01 행정과 행정법	05	007
ㅁ		01	003
ㅂ		01	005

요플 · 행정의 의의

분류기준		분류결과		
형식적	누가 하는가	① 입법: by 국회.	② 사법: by 법원.	③ 행정: by 행정부
실질적	무얼 하는가	① 입법: 법제정.	② 사법: 분쟁판단·선언/벌.	③ 행정: Do 법집행(나머지)

형식 \ 실질	입법	행정	사법
입법	• 법률 제정 • 국회규칙 제정	• 법규명령ㅁ · 행정규칙 제정 • 조례 · 규칙 제정	• 대법원규칙 제정
행정	• 직원임명 by 국회사무총장	• 지방공무원 · 대법원장 · 대법관 임명 • 조세부과 · 체납처분 • 집회금지통고ㄴ • 대집행 • 예산 편성 · 집행	• 직원 · 일반법관 임명ㄹ • 등기사무
사법		• 재결ㄷ: 행정심판, 소청심사 • 이의신청 • 행정벌 부과: 통고처분ㅂ 등 • 검사의 공소제기	• 재판
(구별개념) 통치행위	• 국회의원의 징계	• 긴급재정경제명령 • 비상계엄의 선포ㄱ	• 사법부는 통치행위 불가

정답 ③

03

행정법의 대상인 행정에 대한 설명으로 가장 옳지 않은 것은?　　18서울9

① 행정은 적극적·미래지향적 형성작용이다.
② 국가행정과 자치행정은 행정주체를 기준으로 행정을 구분한 것이다.
③ 행정법의 대상이 되는 행정은 실질적 행정에 한한다.
④ 행정은 그 법형식을 기준으로 하여 공법형식의 행정과 사법형식의 행정으로 구분할 수 있다.

해설

① ○ 행정은 **공익실현**을 목적으로 하고(사적 활동과 차이), 적극적·미래지향적 작용이며(사법과 구별), 또한 **구체적** 작용이다(입법과 구별).

②④ ○

행정의 구분기준	종류
주체②	국가행정, 자치행정, 위임행정
목적	질서행정, 급부행정, 조달행정, 계획행정 등
수단	권력적 행정, 비권력적 행정
법형식④	공법행정(권력행정, 관리행정), 사법행정(행정사법, 국고행정)

③ × 행정법의 대상은 실질적 행정에 한하지 않고 형식적 행정도 포함된다. 예컨대 형식적 행정에는 해당하지만 실질적 행정에 해당하지 않는 행정입법(실질적 입법), 재결(실질적 사법) 등도 **행정법의 대상**이다.

선지분석 & 요플·기풀기링크

선지	THEME	요플	기풀기
①		13	010
②	T01 행정과 행정법	09	008
③		08	013
④		10	009

정답 ③

04

「행정기본법」에 대한 설명으로 옳은 것만을 모두 고른 것은?

21군무원9

ㄱ. 행정은 공공의 이익을 위하여 적극적으로 추진되어야 한다.
ㄴ. 행정작용은 법률에 위반되어서는 아니 되며, 국민의 권리를 제한하거나 의무를 부과하는 경우와 그 밖에 국민생활에 중요한 영향을 미치는 경우에는 법률에 근거하여야 한다.
ㄷ. 행정청은 합리적 이유 없이 국민을 차별하여서는 아니 된다.
ㄹ. 행정청은 행정작용을 할 때 상대방에게 해당 행정작용과 실질적인 관련이 없는 의무를 부과해서는 아니 된다.
ㅁ. 행정청은 처분에 재량이 있는 경우에는 부관(조건, 기한, 부담, 철회권의 유보 등을 말한다)을 붙일 수 있다.

① ㄱ, ㄴ, ㄷ
② ㄱ, ㄴ, ㄷ, ㄹ
③ ㄱ, ㄴ, ㄷ, ㄹ, ㅁ
④ ㄴ, ㄷ, ㄹ, ㅁ

관련 OX

ㄴ. 관련
1 행정작용이 국민의 권리를 제한하거나 의무를 부과하는 경우라면 법률에 근거해야 한다. 25해경승진

ㄹ. 관련
2 행정주체가 행정작용을 함에 있어서 상대방에게 이와 실질적 관련이 없는 의무를 부과하거나 그 이행을 강제하여서는 아니 된다. 20소방

3 ⓒ
「행정기본법」은 부당결부금지의 원칙을 명문으로 규정하고 있다. 23소방승진

해설

ㄱ. ○

행정기본법 제4조(행정의 적극적 추진) ① 행정은 공공의 이익을 위하여 적극적으로 추진되어야 한다.

ㄴ. ○

행정기본법 제8조(법치행정의 원칙) 행정작용은 법률에 위반되어서는 아니 되며, ^{법률우위} 국민의 권리를 제한하거나 의무를 부과하는 경우와 그 밖에 국민생활에 중요한 영향을 미치는 경우에는 법률에 근거하여야 한다. ^{법률유보}

ㄷ. ○

행정기본법 제9조(평등의 원칙) 행정청은 합리적 이유 없이 국민을 차별하여서는 아니 된다.

ㄹ. ○

행정기본법 제13조(부당결부금지의 원칙) 행정청은 행정작용을 할 때 상대방에게 해당 행정작용과 실질적인 관련이 없는 의무를 부과해서는 아니 된다.

ㅁ. ○

행정기본법 제17조(부관) ① 행정청은 처분에 재량이 있는 경우에는 부관(조건, 기한, 부담, 철회권의 유보 등을 말한다. 이하 이 조에서 같다)을 붙일 수 있다.

선지분석 & 요플 · 기풀기링크

선지	THEME	요플	기풀기
ㄱ	T01 행정과 행정법	11	011
ㄴ	T03 법치행정	02	001
ㄷ	T06 기타 일반원칙	25	023
ㄹ		48	050
ㅁ	T32 부관	50	047

정답 ③
OX 1 ○ 2 ○ 3 ○

T02 통치행위

01

다음 중 통치행위에 대한 설명 중 옳지 않은 것은? 13서울7

① 통치행위는 고도의 정치적 결단에 의한 국가의 행위로 사법심사의 대상으로 할 수 있는가에 대하여 논란이 있다.
② 통치행위의 주체는 통상 정부가 거론되나 국회와 사법부에 의한 통치행위를 인정하는 것이 일반적이다.
③ 헌법재판소는 이라크파병결정과 관련하여 외국에의 국군 파병결정은 국방 및 외교에 관련된 고도의 정치적 결단을 요하는 문제로, 헌법재판소가 이에 대하여 사법적 기준만으로 이를 심판하는 것은 자제되어야 한다고 판시하였다.
④ 통치행위가 국민의 기본권 침해와 직접 관련이 있는 경우는 헌법소원의 대상이 될 수 있다.
⑤ 통치행위에 관한 사법자제설은 사법심사가 가능함에도 사법의 정치화를 방지하기 위하여 법원 스스로 자제한다는 견해이다.

관련 OX

② 관련
1 통치행위는 정부에 의해 이루어지는 것이 일반적이며, 국회에 의해 이루어질 수도 있다. 18소방

④ 관련
2 통치행위를 포함하여 모든 국가작용은 국민의 기본권적 가치를 실현하기 위한 수단이라는 한계를 반드시 지켜야 하는 것은 아니다. 24해경승진

해설

①⑤ ○ 통치행위의 존재를 인정할 것인지에 대하여 **긍정설과 부정설**이 대립하고 있다.① 긍정하는 것이 다수설이다. 긍정설은 다시 ① 사법권의 내재적 한계로 권력분립 원칙상 통치행위는 심사할 수 없다는 **권력분립설**과, ② 이론상 사법심사를 할 수는 있지만 사법부 스스로 **자제할 뿐**이라는 **사법자제설** 등으로 나뉜다.⑤

② × 통치행위는 주로 정부가 한다. 단, 국회도 국회의원의 징계·제명 등과 관련하여 통치행위를 할 수 있다. 그러나 **사법부만큼은 통치행위의 판단주체일 뿐 행위주체가 되기 어렵다**.

③ ○ **이라크 파견결정: 고도의 정치적 결단 요하는 통치행위 → 사법심사 자제**
이라크 파병결정은 대통령이 … 국익과 관련한 여러 가지 사정을 고려하여 파병부대의 성격과 규모, 파병기간을 국가안전보장회의 자문을 거쳐 결정한 것으로 … 그 성격상 국방 및 외교에 관련된 **고도의 정치적 결단**을 요하는 문제로서, 헌법과 법률이 정한 **절차를 지켜 이루어진 것임**이 명백하므로, 대통령과 국회의 판단은 존중되어야 하고 헌법재판소가 **사법적 기준만으로 이를 심판하는 것은** 자제되어야 한다(헌재 2004.4.29. 2003헌마814).

+PLUS 통치행위성 인정 → 헌법과 법률에 따른 절차를 지켜 결정되었다면, 더 나아가 그 결정에 대해서는 판단치 않음

④ ○ 통치행위는 원칙적으로 사법심사의 대상이 되지 않는 것이지만, 그것이 국민의 기본권 침해와 직접 관련된다면 사법심사의 대상이 될 수 있다.

관련 헌법재판소는 헌법의 수호와 국민의 기본권 보장을 사명으로 하는 국가기관이므로 비록 고도의 정치적 결단에 의하여 행해지는 국가작용이라고 할지라도 그것이 국민의 **기본권 침해와 직접 관련**되는 경우에는 당연히 **헌법재판소의 심판대상이 된다**(헌재 1996.2.29. 93헌마186 전원).

선지분석 & 요플·기풀기링크

선지	THEME	요플	기풀기
①		04	002
②		02	005
③	T02 통치행위	07	007
④		06	004
⑤		05	003

정답 ②
 1○ 2×

필수문제 02

통치행위에 대한 판례의 입장으로 옳지 않은 것은? 17(상)지방9

① 고도의 정치적 성격을 지니는 남북정상회담 개최과정에서 정부에 신고하지 아니하거나 협력사업 승인을 얻지 아니한 채 북한 측에 사업권의 대가 명목으로 송금한 행위 자체는 사법심사의 대상이 된다.

② 기본권 보장의 최후 보루인 법원으로서는 사법심사권을 행사함으로써, 대통령의 긴급조치권 행사로 인하여 우리나라 헌법의 근본이념인 자유민주적 기본질서가 부정되는 사태가 발생하지 않도록 그 책무를 다하여야 한다.

③ 신행정수도건설이나 수도이전문제는 그 자체로 고도의 정치적 결단을 요하므로 사법심사의 대상에서 제외되고, 그것이 국민의 기본권 침해와 관련되는 경우에도 헌법재판소의 심판대상이 될 수 없다.

④ 외국에의 국군 파견결정은 그 성격상 국방 및 외교에 관련된 고도의 정치적 결단을 요하는 문제로서, 헌법과 법률이 정한 절차가 지켜진 것이라면 대통령과 국회의 판단은 존중되어야 하고 사법적 기준만으로 이를 심판하는 것은 자제되어야 한다.

관련 OX

③ 관련

1 신행정수도건설이나 수도이전의 문제는 그 자체로 고도의 정치적 결단을 요하므로 사법심사의 대상에서 제외되고, 고도의 정치적 결단에 의하여 행해지는 국가작용의 경우 그것이 국민의 기본권침해와 직접 관련되는 경우에도 헌법재판소의 심판대상이 될 수 없다. 11경행

④ 관련

2 외국에의 국군의 파견결정은 그것이 헌법과 법률이 정한 절차를 지켜 이루어진 것이라면 대통령과 회의 판단은 존중되어야 하고 사법적 기준만으로 심판하는 것은 자제되어야 한다. 25변시

해설

① ○ 남북회담 → 개최 자체는 통치행위로서 사법심사 부적절 / 단, 개최과정에서의 대북송금은 사법심사 가능
남북정상회담의 개최는 고도의 정치적 성격을 지니고 있는 행위라 할 것이므로 특별한 사정이 없는 한 그 당부를 **심판하는 것**은 사법권의 내재적·본질적 한계를 넘어서는 것이 되어 **적절하지 못하**지만, 남북정상회담의 개최과정에서 재정경제부장관에게 신고하지 아니하거나 통일부장관의 협력사업 승인을 얻지 아니한 채 북한 측에 사업권의 대가 명목으로 **송금한 행위 자체**는 헌법상 법치국가의 원리와 법 앞에 평등원칙 등에 비추어 볼 때 **사법심사의 대상이 된다**(2004.3.26. 2003도7878).

② ○ **기본권 보장의 최후 보루인 법원으로서는** 마땅히 긴급조치 제1호에 규정된 형벌법규에 대하여 **사법심사권을 행사함으로써,** 대통령의 긴급조치권 행사로 인하여 국민의 기본권이 침해되고 나아가 우리나라 헌법의 근본이념인 자유민주적 기본질서가 부정되는 사태가 발생하지 않도록 그 책무를 다하여야 할 것이다(2010.12.16. 2010도5986).

+ PLUS 긴급조치 제1호: 통치행위○ but 사법심사 함(기본권침해와 직접 관련되므로)

③ × 신행정수도건설 수도이전을 국민투표에 부칠지: 통치행위○ but 사법심사(기본권침해와 직접 관련)
신행정수도건설이나 수도이전의 문제를 국민투표에 부칠지 여부에 관한 대통령의 의사결정이 사법심사의 대상이 될 경우 위 의사결정은 고도의 정치적 결단을 요하는 문제여서 사법심사를 자제함이 바람직하다고는 할 수 있고, 이에 따라 그 의사결정에 관련된 흠을 들어 위헌성이 주장되는 법률에 대한 사법심사 또한 자제함이 바람직하다고는 할 수 있다. 그러나 대통령의 위 의사결정이 국민의 **기본권침해와 직접 관련되는 경우에는 헌법재판소의 심판대상이 될 수 있고,** 이에 따라 위 의사결정과 관련된 **법률도 헌법재판소의 심판대상이 될 수 있다**(헌재 2004.10.21. 2004헌마554·566).

+ PLUS 신행정수도건설·수도이전. ① 그 자체는 통치행위×. ② 그를 국민투표에 부칠지에 대한 의사결정은 통치행위○ but 국민의 기본권(국민투표권)과 관련 있으므로 사법심사 가능

④ ○ 이라크 파견결정: 고도의 정치적 결단 요하는 통치행위 → 사법심사 자제
이라크 파병결정은 대통령이 … 국익과 관련한 여러 가지 사정을 고려하여 파병부대의 성격과 규모, 파병기간을 국가안전보장회의 자문을 거쳐 결정한 것으로 … 그 성격상 국방 및 외교에 관련된 **고도의 정치적 결단을 요하는 문제로서, 헌법과 법률이 정한 절차를 지켜 이루어진 것임이 명백하므로, 대통령과 국회의 판단은 존중되어야 하고 헌법재판소가 사법적 기준만으로 이를 심판하는 것은 자제되어야 한다**(헌재 2004.4.29. 2003헌마814).

선지분석 & 요플·기풀기링크

선지	THEME	요플	기풀기
①	T02 통치행위	17	017
②		16	016
③		12	012
④		07	007

정답 ③

OX 1× 2○

필수 문제 03

통치행위에 관한 판례의 입장으로 옳은 것(○)과 옳지 않은 것(×)을 가장 적절하게 조합한 것은?

24군무원5

> Ⓑ ㄱ. 외국에의 국군 파견결정은 그 성격상 국방 및 외교에 관련된 고도의 정치적 결단을 요하는 문제로서, 헌법과 법률이 정한 절차가 지켜진 것이라면 대통령과 국회의 판단은 존중되어야 하고 사법적 기준만으로 이를 심판하는 것은 자제되어야 한다.
>
> ㄴ. 대통령의 '금융실명거래 및 비밀보장에 관한 긴급재정·경제명령'은 국가긴급권의 일종으로서 고도의 정치적 결단에 의하여 발동되는 행위이고 그 결단을 존중하여야 할 필요성이 있는 행위라는 의미에서 통치행위이지만 그것이 국민의 기본권 침해와 직접 관련되는 경우에는 당연히 헌법재판소의 심판대상이 된다.
>
> Ⓒ ㄷ. 통치행위의 개념을 인정한다고 하더라도 과도한 사법심사의 자제가 기본권을 보장하고 법치주의 이념을 구현하여야 할 법원의 책무를 태만히 하거나 포기하는 것이 되지 않도록 그 인정을 지극히 신중하게 하여야 하며, 그 판단은 오로지 사법부만에 의하여 이루어져야 한다.
>
> ㄹ. 서훈취소는 서훈수여의 경우와는 달리 이미 발생된 서훈대상자 등의 권리 등에 영향을 미치지 않는 행위로서 관련 당사자에게 미치는 불이익의 내용과 정도 등을 고려하면 사법심사의 필요성이 크지 않다. 따라서 서훈취소는 대통령이 국가원수로서 행하는 행위로서 법원이 사법심사를 자제하여야 할 고도의 정치성을 띤 행위라고 볼 수 있다.

① ㄱ(×), ㄴ(×), ㄷ(○), ㄹ(○)
② ㄱ(○), ㄴ(○), ㄷ(×), ㄹ(×)
③ ㄱ(○), ㄴ(○), ㄷ(○), ㄹ(×)
④ ㄱ(○), ㄴ(○), ㄷ(○), ㄹ(○)

관련 OX

ㄱ. 관련

1 국군을 외국에 파견하는 결정은 통치행위로서 고도의 정치적 결단이 요구되는 사안에 대한 대통령과 국회의 판단은 존중되어야 하고 헌법재판소가 사법적 기준만으로 이를 심판하는 것은 자제되어야 한다. 22군무원7

ㄷ. 관련

2 통치행위에 해당하는지의 최종적 판단은 오로지 사법부에 의하여 이루어져야 한다. 24행정사

3 Ⓒ 대법원은 통치행위 인정을 지극히 신중하게 하여야 하지만, 그 판단은 오로지 사법부만에 의하여 이루어져야 하는 것은 아니라고 보았다. 11국회9

해설

ㄱ. ○ **이라크 파견결정: 고도의 정치적 결단 요하는 통치행위 → 사법심사 자제**
외국에의 국군의 파견결정은 그 성격상 국방 및 외교에 관련된 고도의 정치적 결단을 요하는 문제로서, 헌법과 법률이 정한 절차를 지켜 이루어진 것임이 명백하므로, 대통령과 국회의 판단은 존중되어야 하고 헌법재판소가 사법적 기준만으로 이를 심판하는 것은 자제되어야 한다(헌재 2004.4.29. 2003헌마814).

ㄴ. ○ **긴급재정경제명령(금융실명제): 통치행위○ but 사법심사 함(기본권침해와 직접 관련되므로)**
대통령의 긴급재정경제명령은 국가긴급권의 일종으로서 고도의 정치적 결단에 의하여 발동되는 행위이고 그 결단을 존중하여야 할 필요성이 있는 행위라는 의미에서 이른바 통치행위에 속한다고 할 수 있으나, 통치행위를 포함하여 모든 국가작용은 국민의 기본권적 가치를 실현하기 위한 수단이라는 한계를 반드시 지켜야 하는 것이고, 헌법재판소는 헌법의 수호와 국민의 기본권 보장을 사명으로 하는 국가기관이므로 비록 고도의 정치적 결단에 의하여 행해지는 국가작용이라고 할지라도 그것이 국민의 기본권 침해와 직접 관련되는 경우에는 당연히 헌법재판소의 심판대상이 된다(헌재 1996.2.29. 93헌마186 전원).

ㄷ. ○ **통치행위 인정: 지극히 신중히 & 판단은 사법부만**
통치행위의 개념을 인정한다고 하더라도 과도한 사법심사의 자제가 기본권을 보장하고 법치주의 이념을 구현하여야 할 법원의 책무를 태만히 하거나 포기하는 것이 되지 않도록 그 인정을 지극히 신중하게 하여야 하며, 그 판단은 오로지 사법부만에 의하여 이루어져야 한다(2004.3.26. 2003도7878).

ㄹ. × **서훈취소: 사법심사 필요성 큼. 국가원수로서의 행위이지만 고도의 정치성은 없음 → 통치행위×**
서훈취소는 서훈수여의 경우와는 달리 이미 발생된 서훈대상자 등의 권리 등에 영향을 미치는 행위로서 관련 당사자에게 미치는 불이익의 내용과 정도 등을 고려하면 사법심사의 필요성이 크다. 따라서 기본권의 보장 및 법치주의의 이념에 비추어 보면, 비록 서훈취소가 대통령이 국가원수로서 행하는 행위라고 하더라도 법원이 사법심사를 자제하여야 할 고도의 정치성을 띤 행위라고 볼 수는 없다(2015.4.23. 2012두26920).

선지분석 & 요플·기풀기링크 ⑬

선지	THEME	요플	기풀기
ㄱ		07	007
ㄴ	T02 통치행위	15	015
ㄷ		03	006
ㄹ		11	011

정답 ③

OX 1○ 2○ 3×

04

통치행위에 대한 설명으로 옳은 것은? (다툼이 있는 경우 판례에 의함) 24경찰간부

① 개성공단 전면중단 조치는 고도의 정치적 결단을 요하는 문제이므로 기본권 제한이 발생하더라도 헌법소원심판의 대상이 될 수 없다.
② 비상계엄의 선포나 확대가 국헌문란의 목적을 달성하기 위하여 행하여진 경우 법원은 그 자체가 범죄행위에 해당하는지의 여부에 관하여 심사할 수 있다.
③ 「상훈법」제8조의 서훈취소는 대통령이 국가원수로서 행하는 행위이므로 법원이 사법심사를 자제하여야 할 고도의 정치성을 지니는 행위이다.
④ 사면은 형의 선고의 효력 또는 공소권을 상실시키거나 형의 집행을 면제시키는 것으로 사법부의 판단을 변경하는 제도이므로 권력분립의 원리에 반한다.

관련 OX

① 관련

1 헌법재판소는 대통령 등에 의한 일련의 행위로 이루어진 개성공단 전면중단 조치는 북한의 핵실험과 장거리 미사일 발사로 초래된 동북아시아 안보지형의 변화, 개성공단 내 우리 국민의 신변 안전 등을 복합적으로 고려하여 내린 고도의 정치적 결단에 기한 조치라 할 것이므로 사법심사의 대상이 될 수 없다고 보았다. 25군무원7

② 관련

2 대통령의 비상계엄의 선포나 확대 행위는 고도의 정치적·군사적 성격을 지니고 있는 행위라 할 것이므로, 그 계엄선포의 요건구비 여부나 선포의 당·부당을 판단할 권한이 사법부에는 없다고 할 것이고, 비상계엄의 선포나 확대가 국헌문란의 목적을 달성하기 위하여 행하여진 경우에라도 법원은 그 자체가 범죄행위에 해당하는지의 여부에 관하여 심사할 수 없다. 08(하)지방9

③ 관련

3 서훈취소는 대통령이 국가원수로서 행하는 행위이지만 통치행위는 아니다. 23국가9

④ 관련

4 사면은 형의 선고의 효력 또는 공소권을 상실시키거나 형의 집행을 면제시키는 국가원수의 고유한 권한을 의미하며, 사법부의 판단을 변경하는 제도로서 권력분립의 원리에 대한 예외가 된다. 14(2)경행

해설

① ✕ 개성공단 전면중단: 통치행위○ but 사법심사 함(기본권침해와 직접 관련되므로)
개성공단 전면중단조치가 북한의 핵무기 개발로 인한 위기에 대처하기 위한 조치로서 국가안보와 관련된 대통령의 의사결정을 포함하고 그러한 의사결정이 고도의 정치적 결단을 요하는 문제이기는 하나, 그 의사결정에 따른 조치 결과 투자기업인 청구인들의 영업의 자유 등 기본권에 제한이 발생하였다. 그리고 국민의 기본권 제한과 직접 관련된 공권력의 행사는 고도의 정치적 고려가 필요한 대통령의 행위라도 헌법과 법률에 따라 정책을 결정하고 집행하도록 함으로써 국민의 기본권이 침해되지 않도록 견제하는 것이 국민의 기본권 보장을 사명으로 하는 헌법재판소 본연의 임무이므로, 그 한도에서 헌법소원심판의 대상이 될 수 있다(헌재 2022.1.27. 2016헌마364 전원).

② ○ 비상계엄 선포·확대 → 요건 구비, 당·부당은 통치행위로서 사법심사 부적절 / 단, 그것이 범죄행위인지는 사법심사 가능
대통령의 비상계엄의 선포나 확대 행위는 고도의 정치적·군사적 성격을 지니고 있는 행위라 할 것이므로 그 계엄선포의 요건 구비 여부나 선포의 당·부당을 판단할 권한이 사법부에는 없다고 할 것이나, 비상계엄의 선포나 확대가 국헌문란의 목적을 달성하기 위하여 행하여진 경우에는 법원은 그 자체가 범죄행위에 해당하는지의 여부에 관하여 심사할 수 있다(1997.4.17. 96도3376 전합).

③ ✕ 서훈취소: 사법심사 필요성 큼. 국가원수로서의 행위이지만 고도의 정치성은 없음 → 통치행위✕
서훈취소는 서훈수여의 경우와는 달리 이미 발생된 서훈대상자 등의 권리 등에 영향을 미치는 행위로서 관련 당사자에게 미치는 불이익의 내용과 정도 등을 고려하면 사법심사의 필요성이 크다. 따라서 기본권의 보장 및 법치주의의 이념에 비추어 보면, 비록 서훈취소가 대통령이 국가원수로서 행하는 행위라고 하더라도 법원이 사법심사를 자제하여야 할 고도의 정치성을 띤 행위라고 볼 수는 없다 (2015.4.23. 2012두26920).

④ ✕ 사면: 사법부판단을 변경하는 국가원수의 고유권한 → 권력분립의 예외로서 통치행위
사면은 형의 선고의 효력 또는 공소권을 상실시키거나, 형의 집행을 면제시키는 국가원수의 고유한 권한을 의미하며, 사법부의 판단을 변경하는 제도로서 권력분립의 원리에 대한 예외가 된다(헌재 2000.6.1. 97헌바74). → 따라서 대통령의 특별사면은 통치행위라고 볼 수 있다.

선지분석 & 요플·기풀기링크

선지	THEME	요플	기풀기
①	T02 통치행위	14	014
②		19	019
③		11	011
④		08	008

정답 ②

OX 1✕ 2✕ 3○ 4○

THEME 03 법치행정

01

행정의 법률적합성 내지 법치행정의 원리에 관한 설명 중 옳지 않은 것은? 13국회9

① 법률의 법규창조력이란 국민의 권리·의무관계에 구속력을 가지는 법규(법규범)를 창조하는 것은 국민의 대표기관인 의회에서 제정한 법률만이라고 한다.
② 법률의 우위원칙은 행정의 법률에의 구속성을 의미하는 것으로 제한 없이 행정의 모든 영역에 적용된다.
③ 법률유보의 원칙에 있어서 법률은 형식적 의미의 법률을 의미하므로 관습법은 포함되지 않는다.
④ 법률의 우위원칙에 위반된 행정작용의 법적 효과는 행위형식에 따라 상이하여 일률적으로 말할 수 없다.
⑤ 법률의 우위원칙은 행정의 법률에의 구속성을 의미하는 적극적인 성격의 것인 반면에 법률유보의 원칙은 행정은 단순히 법률의 수권에 의하여 행해져야 한다는 소극적 성격의 것이다.

관련 OX

② 관련
1 법률우위의 원칙은 공법적 행위에만 적용되고 사법적(司法的) 행위에는 적용되지 않는다. 24군무원9

③ 관련
2 관습법은 성문법령의 흠결을 보충하기 때문에 법률유보 원칙에서 말하는 법률에 해당한다. 16서울9

해설

① ○ 법치행정의 내용 중 하나인 **법규창조력**은, 국민의 권리·의무관계에 구속력을 가진 법규는 의회가 제정한 **법률에 의해서만** 창조되어야 한다는 원칙이다. 단, 현대와 같이 다양화·전문화되고 급변하는 사회에서 모든 사항을 의회에서 법률로 규정하는 것은 불가능하게 되었고, 이에 의회로부터 수권을 받는 전제로 행정입법이 폭넓게 인정되고 있다. 따라서 법규창조력의 의미는 현대에 와서 다소 퇴색되었다고 할 수 있다.

② ○ 법률우위의 원칙은 법규성, 즉 대외적 구속력이 있는 법은 행정의 모든 영역에서 지켜져야 한다는 원칙이다. 따라서 침해적 행위뿐 아니라 수익적 행위에도, 권력적 사실행위는 물론 비권력 사실행위에도 적용된다.

③ ○ 법률유보의 원칙은 **형식적 법률**(국회가 제정한 법률)에 '의한' 규율만을 뜻하는 것이 아니라 그에 '근거한' 규율을 포함한다. 따라서 법률에 구체적 근거만 있다면 **법률의 형식**이 아닌 **위임입법의 형식**으로도 기본권 제한이 가능하다. 그러나 관습법 등 **불문법원**은 국회가 제정한 형식적 법률에 근거조차 하지 않았으므로 법률유보의 범주에 포섭될 수 없다. 나아가 **판례법**은 불문법원조차 아니다.

④ ○ 법률우위원칙 위반시 위법한 행정작용이 되나 그 효과는 행위형식별로 상이하다. 예컨대 행정행위는 무효 혹은 취소사유가 되지만, 행정입법이나 공법상 계약은 무효사유가 됨이 원칙이다.

⑤ × **법률우위**: 소극적(법을 지키면 됨) / **법률유보**: 적극적(법을 만들어야 함)
→ 지문은 반대로 설명하였다.

선지분석 & 요플·기풀기링크

선지	THEME	요플	기풀기
①		05	005
②		06	040
③	T03 법치행정	09	009
④		15	042
⑤		13	043

정답 ⑤
OX 1× 2×

02

법치행정의 원리에 대한 설명으로 가장 옳은 것은? 19(1)서울7

① 법우위의 원칙에서 법은 형식적 법률뿐 아니라 법규명령과 관습법 등을 포함하는 넓은 의미의 법이다.
② 법치행정원리의 현대적 의미는 실질적 법치주의에서 형식적 법치주의로의 전환이다.
③ 법률유보원칙에서 '법률의 유보'라고 하는 경우의 '법률'에는 국회에서 법률제정의 절차에 따라 만들어진 형식적 의미의 법률뿐만 아니라 국회의 의결을 거치지 않은 명령이나 불문법원으로서의 관습법이나 판례법도 포함된다.
④ 법률유보의 원칙은 행정권의 발동에 있어서 조직규범의 근거가 필요하다는 것을 말한다.

관련 OX

① 관련

1 법률우위의 원칙은 행정행위와 같은 구체적인 규율은 물론 법규명령이나 조례와 같은 행정입법에도 적용된다.
24군무원9

④ 관련

2 모든 행정권 행사는 작용법적 근거가 당연히 요구되기 때문에 법률유보원칙에서 문제되는 것은 조직법적 근거이다.
25해경승진

해설

① ○ 법률우위의 원칙(법우위의 원칙)은 법규성, 즉 대외적 구속력이 있는 법은 행정의 모든 영역에서 지켜져야 한다는 원칙이다. 여기서 지켜져야 하는 '법'이란 대외적 구속력을 가진 것이라면 모두 포함되는바 법률의 위임을 받은 법규명령은 물론 관행으로 성립된 관습법도 포함된다. 반면, 일반적 행정규칙은 법규성이 없으므로 포함되지 않는다.
② × 형식적 법치는 '법의 형식'에 의한 지배를 중시하나, 실질적 법치는 '법의 내용' 통제도 중시한다. 현대 행정에서의 법치주의란 형식적 법치에서 실질적 법치로의 전환이라 할 수 있다. 지문은 반대로 되어 있다.
③ × 법률유보의 원칙은 형식적 법률(국회가 제정한 법률)에 '의한' 규율만을 뜻하는 것이 아니라 그에 '근거한' 규율을 포함한다. 따라서 법률에 구체적 근거만 있다면 법률의 형식이 아닌 위임입법의 형식으로도 기본권 제한이 가능하다. 그러나 관습법 등 불문법원은 국회가 제정한 형식적 법률에 근거조차 하지 않았으므로 법률유보의 범주에 포섭될 수 없다. 나아가 판례법은 불문법원조차 아니다.
④ × 법률유보원칙에서 요구되는 법률적 근거란, 개별적인 작용법적 근거를 의미한다. 반면, 조직법적 근거는 모든 행정권 행사에 당연히 요구되는 것이지, 법률유보의 원칙에 따라 특별히 요구되는 것이 아니다.

선지분석 & 요플·기풀기링크

선지	THEME	요플	기풀기
①		12	041
②	T03 법치행정	43	044
③		09	009
④		11	006

정답 ①
OX 1○ 2×

필수 문제 03

법률유보의 원칙에 대한 설명으로 옳지 않은 것은? (다툼이 있는 경우 판례에 의함) 19국가9

① 법률유보의 원칙에서 요구되는 법적 근거는 작용법적 근거를 의미한다.
② 개인택시운송사업자의 운전면허가 아직 취소되지 않았더라도 운전면허 취소사유가 있다면 행정청은 명문 규정이 없더라도 개인택시운송사업면허를 취소할 수 있다.
③ 법률유보의 원칙은 국민의 기본권실현과 관련된 영역에 있어서는 입법자가 그 본질적 사항에 대해서 스스로 결정하여야 한다는 요구까지 내포하고 있다.
④ 국회가 형식적 법률로 직접 규율하여야 하는 필요성은 규율 대상이 기본권 및 기본적 의무와 관련된 중요성을 가질수록, 그에 관한 공개적 토론의 필요성 또는 상충하는 이익 사이의 조정 필요성이 클수록 더 증대된다.

관련 OX

② 관련
1. 법률에 개인택시운송사업자의 운전면허가 취소된 때에 그의 개인택시운송사업면허를 취소할 수 있도록 규정되어 있더라도, 관할관청은 개인택시운송사업자에게 운전면허 취소사유가 있다는 사유만으로 개인택시운송사업면허를 취소할 수 없다. 20소간

③ 관련
2. 법률유보원칙은 입법자 스스로 국민의 기본권 실현에 본질적인 사항을 직접 정해야 하는 의회유보와는 별개의 원칙이다. 24국회8

선지분석 & 요플·기풀기링크

선지	THEME	요플	기풀기
①	T03 법치행정	11	006
②	T31 VA의 취소·철회·실효	82	049
③	T03 법치행정	23	016
④		25	019

해설

① ○ 법률유보원칙으로 요구되는 것은 개별적인 작용법적 근거이다. 반면, 조직법적 근거는 모든 행정권 행사에 당연히 요구되는 것이지, 법률유보의 원칙에 따라 특별히 요구되는 것이 아니다.

• 「금융감독기구의 설치 등에 관한 법률」 제17조 제1호, 제3호, 제37조 제1호, 제2호의 각 규정은 금융감독위원회 또는 금융감독원의 직무범위를 규정한 조직규범에 불과하여 이들이 당연히 법률유보원칙에서 말하는 법률의 근거가 될 수 없다(2005.2.17. 2003두14765).

② × 도로교통법에 따르면 운전면허가 취소되어야 택시면허 취소(철회)사유가 됨 → 운전면허가 취소되지 않고, 운전면허 취소사유(음주운전 발견)만 있는 상태에서는 택시면허 취소×

관할관청은 개인택시운송사업자의 운전면허가 취소된 때에 그의 개인택시운송사업면허를 취소할 수 있도록 규정되어 있을 뿐 그에게 운전면허 취소사유가 있다는 사유만으로 개인택시운송사업면허를 취소할 수 있도록 하는 규정은 없으므로, 관할관청으로서는 비록 개인택시운송사업자에게 운전면허 취소사유가 있다 하더라도 그로 인하여 운전면허 취소 처분이 이루어지지 않은 이상 개인택시운송사업면허를 취소할 수는 없다(2008.5.15. 2007두26001).

택시면허를 보유한 甲이 음주운전 사고로 사망시, 택시면허 ① 취소(철회) 가능? ② 상속 가능?

• 甲의 운전면허: 甲 사망 즉시 실효 → 취소 불가
• 甲의 택시면허: 甲의 운전면허가 취소되지 않은 한 취소 불가
  [① 甲의 음주운전은 운전면허 취소사유이고, ② 운전면허취소시 택시면허 취소사유가 발생하는 것이지, ③ 음주운전이 곧 택시면허 취소사유는 아님]
⇨ 택시면허 취소 불가, 상속인 승계 가능 → 택시면허를 취소하고, 승계신고 수리거부는 모두 위법

③ ○ 법률유보원칙: 의회유보까지 내포(기본권실현 관련 영역에서의 본질적 사항은 입법자가 법률로 직접 규정해야)

오늘날 법률유보원칙은 단순히 행정작용이 법률에 근거를 두기만 하면 충분한 것이 아니라, 국가공동체와 그 구성원에게 기본적이고도 중요한 의미를 갖는 영역, 특히 국민의 기본권실현에 관련된 영역에 있어서는 행정에 맡길 것이 아니라 국민의 대표자인 입법자 스스로 그 본질적 사항에 대하여 결정하여야 한다는 요구까지 내포하는 것으로 이해하여야 한다(이른바 의회유보원칙)(헌재 1999.5.27. 98헌바70).

④ ○ 어떤 것이 본질적 사항인지 결정기준: 제반 사정을 고려해 구체적·개별적 결정 → 기본권·기본적 의무 관련 중요성이 클수록, 이익조정 필요성이 클수록 본질적 사항에 가까움

어떠한 사안이 국회가 형식적 법률로 스스로 규정하여야 하는 본질적 사항에 해당되는지는, 구체적 사례에서 관련된 이익 내지 가치의 중요성, 규제 또는 침해의 정도와 방법 등을 고려하여 개별적으로 결정하여야 하지만, 규율대상이 국민의 기본권 및 기본적 의무와 관련한 중요성을 가질수록 그리고 그에 관한 공개적 토론의 필요성 또는 상충하는 이익 사이의 조정 필요성이 클수록, 그것이 국회의 법률에 의해 직접 규율될 필요성은 더 증대된다(2015.8.20. 2012두23808 전합).

정답 ②

OX 1○ 2×

04

행정의 법률적합성의 원칙에 대한 설명으로 옳지 않은 것은? (다툼이 있는 경우 판례에 의함)

17국가7

① 법률유보의 원칙에서 요구되는 행정권 행사의 법적 근거는 작용법적 근거를 말하며 원칙적으로 개별적 근거를 의미한다.

② 법규에 명문의 근거가 없음에도 환경보전이라는 중대한 공익상의 이유로 산림훼손허가를 거부하는 것은 법률유보의 원칙에 비추어 허용되지 않는다.

③ 행정청이 행정처분의 단계에서 당해 처분의 근거가 되는 법률이 위헌이라 판단하여 그 적용을 거부하는 것은 권력분립의 원칙상 허용될 수 없다.

④ 납세의무자에게 조세의 납부의무뿐만 아니라 스스로 과세표준과 세액을 계산하여 신고하여야 하는 의무까지 부과하는 경우에 신고의무불이행에 따른 납세의무자가 입게 될 불이익은 법률로 정하여야 한다.

관련 OX

① 관련

1 모든 행정권 행사는 작용법적 근거가 당연히 요구되기 때문에 법률유보원칙에서 문제되는 것은 조직법적 근거이다.

25해경승진

④ 관련

2 법인세, 종합소득세와 같이 납세의무자에게 조세의 납부의무뿐만 아니라 스스로 과세표준과 세액을 계산하여 신고하여야 하는 의무까지 부과하는 경우에는 신고의무 이행에 필요한 기본적인 사항과 신고의무 불이행 시 납세의무자가 입게 될 불이익 등은 납세의무를 구성하는 기본적, 본질적 내용으로서 법률로 정하여야 한다.

24변시

해설

① ○ 법률유보원칙으로 요구되는 것은 **개별적인 작용법적 근거**이다. 반면, 조직법적 근거는 모든 행정권 행사에 당연히 요구되는 것이지, 법률유보의 원칙에 따라 특별히 요구되는 것이 아니다.

② × 산림형질변경허가 · 연장허가 → 법령상 금지 · 제한지역이 아니더라도 환경보전 등 중대한 공익상 필요시 거부 가능

산림형질변경허가(편저자: 산림훼손허가)는 법령상의 금지 또는 제한지역에 해당하지 않더라도 신청 대상 토지의 현상과 위치 및 주위의 상황 등을 고려하여 국토 및 자연의 유지와 상수원 수질과 같은 환경의 보전 등을 위한 중대한 공익상의 필요가 있을 경우 그 허가를 거부할 수 있으며, 이는 산림형질변경 허가기간을 연장하는 경우에도 마찬가지이다(2000.7.7. 99두66).

③ ○ 처분의 근거법률이 위헌이라고 판단될 경우 행정청이 취할 수 있는 조치 → ① 처분을 거부× ② 일단 처분을 한 뒤 소송절차에서 위헌제청신청 내지 헌법소원제기○

행정청이 행정처분 단계에서 당해 처분의 근거가 되는 법률이 위헌이라고 판단하여 그 적용을 거부하는 것은 권력분립의 원칙상 허용될 수 없지만, 행정처분에 대한 소송절차에서는 행정처분의 적법성 · 정당성뿐만 아니라 그 근거 법률의 헌법적합성까지도 심판대상으로 되는 것이므로, 행정처분에 불복하는 당사자뿐만 아니라 행정처분의 주체인 행정청도 헌법의 최고규범력에 따른 구체적 규범통제를 위하여 근거 법률의 위헌 여부에 대한 심판의 제청을 신청할 수 있고 헌법재판소법 제68조 제2항의 헌법소원을 제기할 수 있다고 봄이 상당하다(헌재 2008.4.24. 2004헌바44).

+ PLUS 처분의 근거법률이 위헌이라고 판단되더라도, 1) 처분단계에서 그 적용을 거부하는 것은 불가능, 2) 이후 관련 소송절차에서 그 법률에 대해 위헌심판제청신청을 하는 것은 가능

④ ○ 조세 신고의무 이행에 필요한 사항 및 불이행시 불이익: 본질적 사항 → 법률로 직접 정해야

법인세, 종합소득세와 같이 납세의무자에게 조세의 납부의무뿐만 아니라 스스로 과세표준과 세액을 계산하여 신고하여야 하는 의무까지 부과하는 경우에는 신고의무 이행에 필요한 기본적인 사항과 신고의무 불이행시 납세의무자가 입게 될 불이익 등은 납세의무를 구성하는 기본적, 본질적 내용으로서 법률로 정하여야 한다(2015.8.20. 2012두23808).

선지분석 & 요플 · 기풀기링크

선지	THEME	요플	기풀기
①	T03 법치행정	11	006
②	T17 명령적 VA	24	019
③	T03 법치행정	04	004
④		28	025

정답 ②

OX 1× 2○

05 필수문제

법률유보의 원칙에 대한 설명으로 옳지 않은 것은?
17(상)국가9

① 다수설에 따르면 행정지도에 관해서 개별법에 근거규정이 없는 경우 행정지도의 상대방인 국민에게 미치는 효력을 고려하여 행정지도를 할 수 없다고 본다.

② 대법원은 지방의회의원에 대하여 유급보좌인력을 두는 것은 지방의회의원의 신분·지위 및 그 처우에 관한 현행 법령상의 제도에 중대한 변경을 초래하는 것으로서, 이는 개별 지방의회의 조례로써 규정할 사항이 아니라 국회의 법률로써 규정하여야 할 입법사항이라고 한다.

③ 헌법재판소는 토지등소유자가 도시환경정비사업을 시행하는 경우, 사업시행인가 신청시 필요한 토지등소유자의 동의정족수를 정하는 것은 국민의 권리와 의무의 형성에 관한 기본적이고 본질적인 사항으로 법률유보 내지 의회유보의 원칙이 지켜져야 할 영역이라고 한다.

④ 헌법재판소는 법률에 근거를 두면서 헌법 제75조가 요구하는 위임의 구체성과 명확성을 구비하는 경우에는 위임입법에 의하여도 기본권을 제한할 수 있다고 한다.

관련 OX

② 관련

1 지방의회의원에 대하여 유급보좌인력을 두기 위해서는 법률의 근거가 필요하다. 22소방

2 지방의회의원에 대하여 유급보좌인력을 두는 것은 지방의회의 조례로 규정할 사항이다. 18교행9

③ 관련

3 헌법재판소는 구「도시 및 주거환경정비법」상 도시환경정비사업의 사업시행인가 신청시의 동의요건을 '토지등소유자가 자치적으로 정하여 운영하는 규약'에 정하도록 한 것(동의요건조항)은 법률유보원칙 내지 의회유보원칙에 위배된다고 판단했다. 20소간

④ 관련

4 헌법상 법률유보원칙은 법률에 의한 규율만을 요청하는 것이 아니라 법률에 근거한 규율을 요청하는 것이기 때문에 기본권 제한의 형식이 반드시 법률의 형식일 필요는 없다. 24국회8

해설

① ✗ 행정지도는 비권력적 사실행위로서 강제성이 없으므로 법률의 근거가 없어도 가능하다는 것이 다수설과 판례의 입장이다.

② ○ 지방의회의원에 유급보좌인력을 두는 것 → 조례로 규정✗, 법률로 규정해야
지방의회의원에 대하여 **유급보좌인력**을 두는 것은 지방의회의원의 신분·지위 및 그 처우에 관한 현행 법령상의 제도에 중대한 변경을 초래하는 것으로서, 이는 개별 지방의회의 조례로써 규정할 사항이 아니라 국회의 **법률로써 규정하여야** 할 입법사항이다(2013.1.16. 2012추84).

③ ○ (소유자 직접시행사업에서) 사업시행인가를 위한 동의요건(동의정족수)을 자치규약에 위임 → 행정주체 지위부여 관련 본질적 사항(국회가 정해야): 자치규약에 위임한 것은 법률유보 위배
〈토지등소유자가〉 도시환경정비사업을 시행하는 경우 사업시행인가 신청시 필요한 토지등소유자의 동의는, 개발사업의 주체 및 정비구역 내 토지등소유자를 상대로 수용권을 행사하고 각종 행정처분을 발할 수 있는 행정주체로서의 지위를 가지는 사업시행자를 지정하는 문제로서, 그 동의요건을 정하는 것은 국민의 권리와 의무의 형성에 관한 기본적이고 **본질적인 사항**이므로 국회가 스스로 행하여야 하는 사항에 속하는 것임에도 불구하고, 사업시행인가 신청에 필요한 동의정족수를 토지등소유자가 자치적으로 정하여 운영하는 규약에 정하도록 한 것은 법률유보원칙에 위반된다(헌재 2011.8.30. 2009헌바128, 2012.4.24. 2010헌바1).

➕ **PLUS** 조합이 사업을 시행하는 경우의 동의정족수는 본질사항✗: 의회유보원칙 적용✗(so 위배✗)

④ ○ 법률유보: 법률에 의한 것만✗, 근거한 것도○ → 기본권 제한: 반드시 법률로✗, 위임입법으로도○
법률유보의 원칙은 '**법률에 의한**' 규율만을 뜻하는 것이 아니라 '**법률에 근거한**' 규율을 요청하는 것이므로 기본권 제한의 형식이 **반드시 법률의 형식일 필요는 없고** 법률에 근거를 두면서 헌법 제75조가 요구하는 위임의 구체성과 명확성을 구비하기만 하면 **위임입법에 의하여도 기본권 제한을 할 수 있다**고 할 것이다(헌재 2005.2.24. 2003헌마289).

선지분석 & 요플·기풀기링크

선지	THEME	요플	기풀기
①	T35 행정지도	05	008
②	T03 법치행정	33	031
③	T20 정비사업	28	030
④	T03 법치행정	08	008

정답 ①

OX 1 ○ 2 ✗ 3 ○ 4 ○

필수문제 06

법률유보원칙에 대한 판례의 입장으로 옳지 않은 것은?

17(하)지방9

① 대법원은 구 「도시 및 주거환경정비법」 제28조 제4항 본문이 사업시행인가 신청시의 동의요건을 조합의 정관에 포괄적으로 위임한 것은 헌법 제75조가 정하는 포괄위임입법금지의 원칙이 적용되어 이에 위배된다고 하였다.

② 헌법재판소는 법률유보의 형식에 대하여 반드시 법률에 의한 규율만이 아니라 법률에 근거한 규율이면 되기 때문에 기본권 제한의 형식이 반드시 법률의 형식일 필요는 없다고 하였다.

③ 헌법재판소는 중학교 의무교육 실시 여부 자체는 법률로 정하여야 하는 기본사항으로서 법률유보사항이나 그 실시의 시기, 범위 등 구체적 실시에 필요한 세부사항은 법률유보사항이 아니라고 하였다.

④ 대법원은 지방의회의원에 대하여 유급보좌인력을 두는 것은 지방의회의원의 신분·지위 및 그 처우에 관한 현행 법령상의 제도에 중대한 변경을 초래하는 것으로서, 이는 개별 지방의회의 조례로써 규정할 사항이 아니라 국회의 법률로써 규정할 입법사항이라고 하였다.

관련 OX

① 관련

1 구 「도시 및 주거환경정비법」에서 주택재개발사업시행인가 신청 시 토지 등 소유자의 동의요건을 재개발조합의 정관에 포괄적으로 위임하고 있는 것은 헌법 제75조에서 정하고 있는 포괄위임입법금지 원칙에 위배된다. 22소간

④ 관련

2 지방의회의원에 대하여 유급보좌인력을 두기 위해서는 법률의 근거가 필요하다. 22소방

해설

① ✕ (조합시행사업에서) 사업시행인가를 위한 소유자 동의요건은 소유자 재산권과 관련한 본질적 사항✕: 의회유보원칙 적용✕(so 위배✕)

사업시행자인 〈조합의〉 사업시행계획 작성은 자치법적 요소를 가지고 있는 사항이라 할 것이고, 이와 같이 사업시행계획의 작성이 자치법적 요소를 가지고 있는 이상, 조합의 사업시행인가 신청시의 토지등소유자의 동의요건 역시 자치법적 사항이라 할 것이며, 따라서 … 「도시 및 주거환경정비법」 제28조 제4항 본문이 사업시행인가 신청시의 동의요건을 조합의 정관에 포괄적으로 위임하고 있다고 하더라도 헌법 제75조가 정하는 포괄위임입법금지의 원칙이 적용되지 아니하므로 이에 위배된다고 할 수 없다(2007.10.12. 2006두14476, 2013.11.28. 2012두7332).

[비교] 소유자 직접시행사업에서 사업시행인가를 위한 동의요건(동의정족수) → 본질적 사항(국회가 정해야): 자치규약에 위임한 것은 법률유보 위배

② ○ 법률유보: 법률에 의한 것만✕, 근거한 것도○ → 기본권 제한: 반드시 법률로✕, 위임입법으로도○

법률유보의 원칙은 '법률에 의한' 규율만을 뜻하는 것이 아니라 '법률에 근거한' 규율을 요청하는 것이므로 기본권 제한의 형식이 반드시 법률의 형식일 필요는 없고 법률에 근거를 두면서 헌법 제75조가 요구하는 위임의 구체성과 명확성을 구비하기만 하면 위임입법에 의하여도 기본권 제한을 할 수 있다 할 것이다(헌재 2005.2.24. 2003헌마289).

③ ○ 중학교 의무교육: 실시 여부·연한(본질적 사항, 법률로 정해야) / 실시시기·범위(본질적 사항✕)

중학교 의무교육의 실시 여부 자체라든가 그 연한은 교육제도의 수립에 있어서 본질적 내용으로서 국회입법에 유보되어 있어서 반드시 형식적 의미의 법률로 규정되어야 할 기본적 사항이라 하겠으나 (이에 따라서 교육법 제8조에서 3년의 중등교육을 반드시 실시하여야 하도록 규정하고 있다), 그 실시의 시기·범위 등 구체적인 실시에 필요한 세부사항에 관하여는 반드시 그런 것은 아니다(헌재 1991.2.11. 90헌가27).

④ ○ 지방의회의원에 유급보좌인력을 두는 것 → 조례로 규정✕, 법률로 규정해야

지방의회의원에 대하여 유급보좌인력을 두는 것은 지방의회의원의 신분·지위 및 그 처우에 관한 현행 법령상의 제도에 중대한 변경을 초래하는 것으로서, 이는 개별 지방의회의 조례로써 규정할 사항이 아니라 국회의 법률로써 규정하여야 할 입법사항이다(2013.1.16. 2012추84).

+ PLUS 돈과 직접 관련된 것은 대부분 본질적 사항이다: TV수신료금액 및 납부의무자, 유급보좌관

선지분석 & 요플·기풀기링크

선지	THEME	요플	기풀기
①	T20 정비사업	27	033
②		08	008
③	T03 법치행정	38	034
④		33	031

정답 ①

OX 1✕ 2○

07

행정의 법률적합성에 관한 설명으로 옳지 않은 것은? 21소간

① 기본권 제한에 관한 법률유보원칙은 '법률에 근거한 규율'을 요청하는 것이므로, 그 형식이 반드시 법률일 필요는 없다 하더라도 법률상의 근거는 있어야 한다는 것이 헌법재판소의 입장이다.
② 어떠한 사안이 국회가 형식적 법률로 스스로 규정하여야 하는 본질적 사항에 해당되는지는 구체적 사례에서 관련된 이익 내지 가치의 중요성, 규제 또는 침해의 정도와 방법 등을 고려하여 개별적으로 결정하여야 한다는 것이 대법원의 입장이다.
③ 지방의회에서 근로자를 두어 의정활동을 지원하는 것은 개별 지방의회에서 정할 사항이 아니라 국회의 법률로 규정하여야 할 입법사항에 해당한다는 것이 대법원의 입장이다.
④ 조합의 사업시행인가 신청시의 토지등소유자의 동의요건은 토지등소유자의 재산상 권리·의무에 관한 본질적인 사항으로 법률유보의 원칙이 반드시 지켜져야 하는 영역이라는 것이 대법원의 입장이다.
⑤ 구 「한국방송공사법」상 국회의 결정이나 관여를 배제한 채 한국방송공사로 하여금 수신료금액을 결정해서 문화관광부장관의 승인을 얻도록 한 것은 법률유보원칙에 위반된다는 것이 헌법재판소의 입장이다.

관련 OX

① 관련
1 헌법상 법률유보원칙은 법률에 의한 규율만을 요청하는 것이 아니라 법률에 근거한 규율을 요청하는 것이기 때문에 기본권 제한의 형식이 반드시 법률의 형식일 필요는 없다. 24국회8

③ 관련
2 지방의회에서 근로자를 두어 의정활동을 지원하는 것은 개별 지방의회에서 정할 사항이 아니라 국회의 법률로 규정하여야 할 입법사항에 해당한다는 것이 대법원의 입장이다. 24해경간부

해설

① ○ 법률유보: 법률에 의한 것만×, 근거한 것도○ → 기본권 제한: 반드시 법률로×, 위임입법으로도○
법률유보의 원칙은 '법률에 의한 규율'만을 뜻하는 것이 아니라 '법률에 근거한 규율'을 요청하는 것이므로 기본권 제한의 형식이 반드시 법률의 형식일 필요는 없고 법률에 근거를 두면서 헌법 제75조가 요구하는 위임의 구체성과 명확성을 구비하기만 하면 위임입법에 의하여도 기본권 제한을 할 수 있다 할 것이다(헌재 2005.2.24. 2003헌마289).

② ○ 본질적 사항 결정기준: 제반 사정 고려해 구체적·개별적 결정
어떠한 사안이 국회가 형식적 법률로 스스로 규정하여야 하는 본질적 사항에 해당되는지는, 구체적 사례에서 관련된 이익 내지 가치의 중요성, 규제 또는 침해의 정도와 방법 등을 고려하여 개별적으로 결정하여야 한다(2015.8.20. 2012두23808 전합).

③ ○ 지방의회에 근로자를 두어 의정활동을 지원하는 것 → 조례로 규정×, 법률로 규정해야
지방의회에서 이 사건 근로자를 두어 의정활동을 지원하는 것은 지방의회의원이 담당하고 있는 의정자료의 수집·연구 및 이를 위한 보조활동에 대하여 의정활동비를 지급하는 것에서 더 나아가 실질적으로 유급보좌인력을 두는 것과 마찬가지로 봄이 상당하며, 이 사건 근로자가 기간제근로자라고 하여 달리 볼 것은 아니다. 따라서 이는 개별 지방의회에서 정할 사항이 아니라 국회의 법률로써 규정하여야 할 입법사항에 해당하는데, 지방자치법은 물론 다른 법령에서도 이 사건 근로자를 지방의회에 둘 수 있는 법적 근거를 찾아볼 수 없다(2013.1.16. 2012추84).

④ × (조합시행사업에서) 사업시행인가를 위한 소유자 동의요건은 소유자 재산권과 관련한 본질적 사항×: 의회유보원칙 적용×(so 위배×)
조합의 사업시행인가 신청시의 토지등소유자의 동의요건이 비록 토지등소유자의 재산상 권리·의무에 영향을 미치는 사업시행계획에 관한 것이라고 하더라도, 그 동의요건은 사업시행인가 신청에 대한 토지등소유자의 사전 통제를 위한 절차적 요건에 불과하고 토지등소유자의 재산상 권리·의무에 관한 기본적이고 본질적인 사항이라고 볼 수 없으므로 법률유보 내지 의회유보의 원칙이 반드시 지켜져야 하는 영역이라고 할 수 없고, 따라서 개정된 「도시 및 주거환경정비법」 제28조 제4항 본문이 법률유보 내지 의회유보의 원칙에 위배된다고 할 수 없다(2007.10.12. 2006두14476).

⑤ ○ TV수신료 결정 & 납부의무자의 범위: 본질적 사항 → 국회를 배제하고 결정시 법률유보 위반
텔레비전방송수신료는 대다수 국민의 재산권 보장의 측면이나 한국방송공사에게 보장된 방송자유의 측면에서 국민의 기본권실현에 관련된 영역에 속하고, 수신료금액의 결정은 납부의무자의 범위 등과 함께 수신료에 관한 본질적인 중요한 사항이므로 국회가 스스로 행하여야 하는 사항에 속하는 것임에도 불구하고 한국방송공사법 제36조 제1항에서 국회의 결정이나 관여를 배제한 채 한국방송공사로 하여금 수신료금액을 결정해서 문화관광부장관의 승인을 얻도록 한 것은 법률유보원칙에 위반된다(헌재 1999.5.27. 98헌바70).

선지분석 & 요플·기풀기링크

선지	THEME	요플	기풀기
①		08	008
②	T03 법치행정	24	018
③		34	032
④	T20 정비사업	26	032
⑤	T03 법치행정	29	028

정답 ④
OX 1 ○ 2 ○

08

법률유보의 원칙에 관한 설명으로 옳지 않은 것은? (다툼이 있는 경우 판례에 의함) 24소방

① 법률유보원칙은 단순히 행정작용이 법률에 근거를 두기만 하면 충분한 것이 아니라, 국가공동체와 그 구성원에게 기본적이고도 중요한 의미를 갖는 영역, 특히 국민의 기본권 실현과 관련된 영역에 있어서는 국민의 대표자인 입법자가 그 본질적 사항에 대해서 스스로 결정하여야 한다는 요구까지 내포한다.

② 자치조례에 대한 법률의 위임은 법규명령에 대한 법률의 위임과 같이 반드시 구체적으로 범위를 정하여 할 필요가 없으며 포괄적인 것으로 족하다.

③ 토지등소유자가 도시환경정비사업을 시행하는 경우, 사업시행인가 신청시 필요한 토지등소유자의 동의요건을 정하는 것은 국민의 권리와 의무의 형성에 관한 기본적이고 본질적인 사항이 아니므로 국회의 법률로써 규정해야 할 사항이 아니다.

④ 수신료 징수업무를 한국방송공사가 직접 수행할 것인지 제3자에게 위탁할 것인지, 위탁한다면 누구에게 위탁하도록 할 것인지, 위탁받은 자가 자신의 고유업무와 결합하여 징수업무를 할 수 있는지는 징수업무 처리의 효율성 등을 감안하여 결정할 수 있는 사항으로서 국민의 기본권 제한에 관한 본질적인 사항이 아니다.

관련 OX

③ 관련

1 토지등소유자가 도시환경정비사업시행인가 신청시 요구되는 토지등소유자의 동의정족수를 정하는 것은 법률유보 내지 의회유보의 원칙이 지켜져야 할 영역이다. 22국회8(변형)

④ 관련

2 수신료 징수업무를 한국방송공사가 직접 수행할지 제3자에게 위탁할지 여부는 국민의 기본권 제한에 관한 본질적인 사항이 아니다. 19(1)서울9

해설

① ○ 기본적·중요한 영역(특히 기본권 실현 관련 영역)에서의 본질적 사항에 대한 법률유보의 정도 → 이때는 법률에 근거가 있는 것만으로는 불충분 / 입법자(국회)에서 법률로 직접 규정해야
법률유보원칙은 단순히 행정작용이 법률에 근거를 두기만 하면 충분한 것이 아니라, 국가공동체와 그 구성원에게 기본적이고도 중요한 의미를 갖는 영역, 특히 국민의 기본권실현과 관련된 영역에 있어서는 국민의 대표자인 입법자가 그 본질적 사항에 대해서 스스로 결정하여야 한다는 요구까지 내포하고 있다(의회유보원칙) (헌재 1999.5.27. 98헌바70).

② ○ 조례에 대한 위임: 포괄위임 가능
조례에 대한 법률의 위임은 법규명령에 대한 법률의 위임과 같이 반드시 구체적으로 범위를 정하여 할 필요가 없으며 포괄적인 것으로 족하다(헌재 1995.4.20. 92헌마264·279).
+ PLUS 자치조례: 위임 불필요. 침해적 조례는 위임이 필요하나 포괄위임 가능

③ ✕ (소유자 직접시행사업에서) 사업시행인가를 위한 동의요건(동의정족수)을 자치규약에 위임 → 행정주체 지위부여 관련 본질적 사항(국회가 정해야): 자치규약에 위임한 것은 법률유보 위배
〈토지등소유자가〉 도시환경정비사업을 시행하는 경우 사업시행인가 신청시 필요한 토지등소유자의 동의는, 개발사업의 주체 및 정비구역 내 토지등소유자를 상대로 수용권을 행사하고 각종 행정처분을 발할 수 있는 행정주체로서의 지위를 가지는 사업시행자를 지정하는 문제로서, 그 동의요건을 정하는 것은 국민의 권리와 의무의 형성에 관한 기본적이고 본질적인 사항이므로 국회가 스스로 행하여야 하는 사항에 속하는 것임에도 불구하고, 사업시행인가 신청에 필요한 동의정족수를 토지등소유자가 자치적으로 정하여 운영하는 규약에 정하도록 한 것은 법률유보원칙에 위반된다(헌재 2011.8.30. 2009헌바128, 2012.4.24. 2010헌바1).
+ PLUS 조합이 사업을 시행하는 경우의 동의정족수는 본질사항✕: 의회유보원칙 적용✕(so 위배✕)

④ ○ TV수신료 징수방법(위탁 여부, 수탁자 결정, 수탁자의 고유업무와 결합해 징수할 수 있는지) → 본질적 사항✕
수신료 징수업무를 한국방송공사가 직접 수행할 것인지 제3자에게 위탁할 것인지, 위탁한다면 누구에게 위탁하도록 할 것인지, 위탁받은 자가 자신의 고유업무와 결합하여 징수업무를 할 수 있는지는 징수업무 처리의 효율성 등을 감안하여 결정할 수 있는 사항으로서 국민의 기본권제한에 관한 본질적인 사항이 아니다(헌재 2008.2.28. 2006헌바70).
+ PLUS 이에 반해 TV수신료금액 결정, 납부의무자 범위는 본질적 사항에 해당

선지분석 & 요풀·기풀기링크

선지	THEME	요풀	기풀기
①	T03 법치행정	23	016
②	T14 법규명령	33	030
③	T20 정비사업	28	030
④	T03 법치행정	31	029

선지선택비율 ① 4.77% ② 6.12% ③ 82.75% ④ 6.35% 오답률 17.25%

정답 ③

OX 1○ 2○

09

법률유보와 법률의 위임에 대한 설명으로 옳지 않은 것은? (다툼이 있는 경우 판례에 의함) 22국회8

① 자격이나 신분 등을 취득 또는 부여할 수 없거나 인가, 허가, 지정, 승인, 영업등록, 신고 수리 등을 필요로 하는 영업 또는 사업 등을 할 수 없는 사유는 법률로 정하여야 한다.
② 텔레비전방송수신료금액의 결정은 납부의무자의 범위와는 달리 수신료에 관한 본질적인 중요한 사항이 아니므로 국회가 스스로 결정할 필요는 없다.
③ 도시환경정비사업시행인가 신청시 요구되는 토지등소유자의 동의정족수를 정하는 것은 법률유보 내지 의회유보의 원칙이 지켜져야 할 영역이다.
④ 헌법재판소에 따르면 지방자치단체의 조례에 대한 법률의 위임은 법규명령에 대한 위임과 달리 반드시 구체적으로 범위를 정하여야 할 필요가 없고 포괄적인 것으로 족하다.
⑤ 헌법재판소에 따르면 법률이 자치적인 사항을 공법적 단체의 정관으로 정하도록 위임한 경우에는 포괄위임입법금지원칙이 적용되지 않는다.

관련 OX

② 관련
1 텔레비전방송수신료는 대다수 국민의 재산권 보장의 측면이나 한국방송공사에게 보장된 방송자유의 측면에서 국민의 기본권실현에 관련된 영역에 속하지는 않지만, 수신료금액의 결정은 납부의무자의 범위 등과 함께 수신료에 관한 본질적인 중요한 사항이므로 국회가 스스로 행하여야 하는 사항에 속하는 것이다. 24군무원5

④ 관련
2 기
헌법재판소는 법률이 주민의 권리의무에 관한 사항을 조례에 위임하는 경우 그 위임의 정도는 구체적 위임이어야 한다고 본다. 16서울7

3 기
자치조례의 경우에도 위임조례와 같이 국가법에 적용되는 일반적인 위임입법의 한계가 적용된다. 12사복9

⑤ 관련
4 법률이 행정부가 아니거나 행정부에 속하지 않는 공법적 기관의 정관에 자치입법적 사항을 위임하는 경우 헌법에서 정한 포괄적인 위임입법의 금지는 원칙적으로 적용되지 않는다. 24국가7

해설

① ○

행정기본법 제16조(결격사유) ① 자격이나 신분 등을 취득 또는 부여할 수 없거나 인가, 허가, 지정, 승인, 영업등록, 신고 수리 등(이하 '인허가'라 한다)을 필요로 하는 영업 또는 사업 등을 할 수 없는 사유(이하 이 조에서 **결격사유**라 한다)는 **법률**로 정한다.

② × TV수신료 결정 & 납부의무자의 범위: 본질적 사항 → 국회를 배제하고 결정시 법률유보 위반
텔레비전방송수신료는 대다수 국민의 재산권 보장의 측면이나 한국방송공사에게 보장된 방송자유의 측면에서 국민의 기본권실현에 관련된 영역에 속하고, 수신료금액의 결정은 납부의무자의 범위 등과 함께 수신료에 관한 본질적인 중요한 사항이므로 국회가 스스로 행하여야 하는 사항에 속하는 것임에도 불구하고 한국방송공사법 제36조 제1항에서 국회의 결정이나 관여를 배제한 채 한국방송공사로 하여금 수신료금액을 결정해서 문화관광부장관의 승인을 얻도록 한 것은 법률유보원칙에 위반된다 (헌재 1999.5.27. 98헌바70 전원).

+ PLUS TV수신료 징수방법(위탁 여부, 수탁자 결정, 수탁자의 고유업무와 결합해 징수할 수 있는지) → 본질적 사항×

③ ○ (소유자 직접시행사업에서) 사업시행인가를 위한 동의요건(동의정족수)을 자치규약에 위임 → 행정주체 지위부여 관련 본질적 사항(국회가 정해야): 자치규약에 위임한 것은 법률유보 위배
〈토지등소유자가〉 도시환경정비사업을 시행하는 경우 사업시행인가 신청시 필요한 토지등소유자의 동의는, 개발사업의 주체 및 정비구역 내 토지등소유자를 상대로 수용권을 행사하고 각종 행정처분을 발할 수 있는 행정주체로서의 지위를 가지는 사업시행자를 지정하는 문제로서, 그 동의요건을 정하는 것은 국민의 권리와 의무의 형성에 관한 기본적이고 본질적인 사항이므로 국회가 스스로 행하여야 하는 사항에 속하는 것임에도 불구하고, 사업시행인가 신청에 필요한 동의정족수를 토지등소유자가 자치적으로 정하여 운영하는 규약에 정하도록 한 것은 법률유보원칙에 위반된다(헌재 2011.8.30. 2009헌바128, 2012.4.24. 2010헌바1).

+ PLUS 조합이 사업을 시행하는 경우의 동의정족수는 본질사항×: 의회유보원칙 적용×

선지분석 & 요플 기풀가링크

선지	THEME	요플	기풀기
①	T03 법치행정	27	023
②		30	027
③	T20 정비사업	28	030
④	T14 법규명령	33	030
⑤		38	033

④ ○ 조례에 대한 위임: 포괄위임 가능

조례에 대한 법률의 위임은 법규명령에 대한 법률의 위임과 같이 반드시 구체적으로 범위를 정하여 할 필요가 없으며 **포괄적인 것으로 족하다**(헌재 1995.4.20. 92헌마264·279).

+ PLUS • **자치사무나 단체위임사무에 대해 규정하는 조례를 자치조례**라 한다. 자치조례에는 일반적 위임입법의 한계가 적용되지 않는다. 즉, 침해적이지 않은 사항에 대해서는 **법령의 범위를 벗어난 것만 아니라면**(법령에 저촉되는 것이 아니라면) 위임을 받지 않고도 제정이 가능하다(헌법 제117조 제1항, 「지방자치법」 제28조 제1항 본문).

• 단, 자치조례이더라도 그 내용이 국민의 **권리제한, 의무부과**에 대한 것이거나 벌칙규정이 있을 경우에는 법률의 위임이 있어야 한다(「지방자치법」 제28조 제1항 단서). 예컨대 담배자판기 설치금지·기설치 자판기 철거의무, 정년제한 등의 조례는 권리를 제한하거나 의무를 부과하는 것이어서 그것이 자치사무와 관련된 것이더라도 위임이 필요한 것이다.

• 다만, 이때에도 그 위임은 포괄적 위임도 허용되어 일반적 위임명령보다 요건이 완화된다.

사무	의의	관리주체·효과귀속	예시	관련 조례
자치 사무	지자체의 존립목적이 되는 사무(고유사무)	지자체	주민의 복지증진 관련	• **자치조례** - **위임 불필요** / 법령범위 내이면 족함 - 단, **침해적 조례는 위임필요**하나, 이때도 **포괄위임**으로 가능 - 재위임시에는 재위임의 일반법리 적용(대강을 정해 재위임) • **위임조례** - 조례가 아닌 **규칙으로 정해야** (재위임도 마찬가지) - 단, **개별적 위임이 있다면 조례로 정할 수.** 이것이 위임조례
단체위임 사무	국가·지자체가 다른 **지자체에 위임**한 사무	(위임받은) 지자체	시·도의 국가하천 점용료 징수 (「하천법」)	
기관위임 사무	국가·지자체가 다른 **지자체장에게 위임**한 사무	(위임한) 국가·지자체	국회의원선거 준비사무 (「공직선거법」)	

⑤ ○ 법률이 공법적 단체 등의 정관에 자치법적 사항을 위임한 경우: 포괄위임금지원칙 적용×

법률이 공법적 단체 등의 **정관에 자치법적 사항을 위임**한 경우에는 헌법 제75조가 정하는 **포괄적인 위임입법의 금지**는 원칙적으로 적용되지 않는다고 봄이 상당하고, 그렇다 하더라도 그 사항이 국민의 권리·의무에 관련되는 것일 경우에는 적어도 **국민의 권리·의무에 관한 기본적이고 본질적인 사항은 국회가 정하여야 한다**(2007.10.12. 2006두14476).

+ PLUS 자치법적 사항에 대해서는 포괄위임금지의 원칙은 원칙적으로 적용되지 않으나, 그렇더라도 의회유보의 원칙은 지켜져야 한다는 취지

10

법치행정에 관한 설명 중 옳지 않은 것은? (다툼이 있는 경우 판례에 의함) 24변시

① 법률이 공법적 단체 등의 정관에 자치법적 사항을 위임한 경우 헌법 제75조가 정하는 포괄적인 위임입법의 금지가 원칙적으로 적용되며, 위임을 하더라도 그 사항이 국민의 권리·의무에 관련되는 것일 경우 적어도 국민의 권리·의무에 관한 기본적이고 본질적인 사항은 국회가 정하여야 한다.

② 오늘날의 법률유보원칙은 단순히 행정작용이 법률에 근거를 두기만 하면 충분한 것이 아니라, 국가공동체와 그 구성원에게 기본적이고도 중요한 의미를 갖는 영역에 있어서는 국민의 대표자인 입법자 스스로 그 본질적 사항에 대하여 결정하여야 한다는 요구까지 내포하는 것으로 이해되고 있다.

③ 법외노조 통보는 적법하게 설립된 노동조합의 법적 지위를 박탈하는 중대한 침익적 처분으로서 원칙적으로 국민의 대표자인 입법자가 스스로 형식적 법률로써 규정하여야 할 사항이고, 행정입법으로 이를 규정하기 위하여는 반드시 법률의 명시적이고 구체적인 위임이 있어야 한다.

④ 법인세, 종합소득세와 같이 납세의무자에게 조세의 납부의무뿐만 아니라 스스로 과세표준과 세액을 계산하여 신고하여야 하는 의무까지 부과하는 경우에는 신고의무이행에 필요한 기본적인 사항과 신고의무불이행시 납세의무자가 입게 될 불이익 등은 납세의무를 구성하는 기본적, 본질적 내용으로서 법률로 정하여야 한다.

⑤ 육군3사관학교 생도는 일반국민보다 상대적으로 기본권이 더 제한될 수 있으나, 그러한 경우에도 법률유보원칙, 과잉금지원칙 등 기본권 제한의 헌법상 원칙들이 지켜져야 한다.

관련 OX

① 관련
1 법률이 공법적 단체 등의 정관에 자치법적 사항을 위임한 경우에도 헌법 제75조가 정하는 포괄적인 위임입법의 금지는 원칙적으로 적용된다. 20군무원7

⑤ 관련
2 육군3사관학교의 구성원인 사관생도는 학교 입학일부터 특수한 신분관계에 놓이게 되므로 법률유보원칙은 적용되지 아니한다. 21군무원7

해설

① × 법률이 공법적 단체 등의 정관에 자치법적 사항을 위임한 경우: 포괄위임금지원칙 적용×, 단 의회유보원칙은 적용됨
법률이 공법적 단체 등의 정관에 자치법적 사항을 위임한 경우에는 헌법 제75조가 정하는 포괄적인 위임입법의 금지는 원칙적으로 적용되지 않는다고 봄이 상당하고, 그렇다 하더라도 그 사항이 국민의 권리·의무에 관련되는 것일 경우에는 적어도 국민의 권리·의무에 관한 기본적이고 본질적인 사항은 국회가 정하여야 한다(2007.10.12. 2006두14476).

② ○ 오늘날의 법률유보원칙: 의회유보원칙까지 내포함
오늘날의 법률유보원칙은 단순히 행정작용이 법률에 근거를 두기만 하면 충분한 것이 아니라, 국가공동체와 그 구성원에게 기본적이고도 중요한 의미를 갖는 영역, 특히 국민의 기본권실현에 관련된 영역에 있어서는 행정에 맡길 것이 아니고 국민의 대표자인 입법자 스스로 그 본질적 사항에 대하여 결정하여야 한다는 요구, 즉 의회유보원칙까지 내포한다(2020.9.3. 2016두32992 전합).

③ ○ 법외노조 통보: 중대사항 → 법률로 규정해야. 행정입법으로 규정시 법률의 명시·구체적 위임 필요
고용노동부장관이 한 〈법외노조 통보〉는 적법하게 설립된 노동조합의 법적 지위를 박탈하는 중대한 침익적 처분으로서 원칙적으로 국민의 대표자인 입법자가 스스로 형식적 법률로써 규정하여야 할 사항이고, 행정입법으로 이를 규정하기 위하여는 반드시 법률의 명시적이고 구체적인 위임이 있어야 한다(2020.9.3. 2016두32992 전합).

선지분석 & 요플·기풀기링크

선지	THEME	요플	기풀기
①	T14 법규명령	38	033
②		23	016
③	T03 법치행정	42	036
④		28	025
⑤	T11 특별권력관계	09	010

④ ○ 조세 신고의무 이행에 필요한 사항 및 불이행시 불이익: 본질적 사항 → 법률로 직접 정해야

법인세, 종합소득세와 같이 납세의무자에게 조세의 납부의무뿐만 아니라 스스로 과세표준과 세액을 계산하여 신고하여야 하는 의무까지 부과하는 경우에는 **신고의무 이행에 필요한 기본적인 사항**과 신고의무 불이행시 납세의무자가 입게 될 불이익 등은 납세의무를 구성하는 기본적, 본질적 내용으로서 **법률**로 정하여야 한다(2015.8.20. 2012두23808 전합).

+ PLUS 「노동조합 및 노동관계조정법 시행령」 제9조 제2항은 법률의 위임 없이 법률이 정하지 아니한 법외노조 통보에 관하여 규정함으로써 헌법상 노동3권을 본질적으로 제한하고 있으므로 법률유보의 원칙에 위반되어 그 자체로 무효이고 그에 기초한 위 법외노조 통보는 법적 근거를 상실하여 위법하다.

⑤ ○ 3사생도는 그 특수신분상 기본권이 더 제한될 수는 있으나, 법률유보원칙 등 헌법상 원칙은 지켜야

사관생도는 군 장교를 배출하기 위하여 국가가 모든 재정을 부담하는 특수교육기관인 육군3사관학교의 구성원으로서, 학교에 입학한 날에 육군 사관생도의 병적에 편입하고 준사관에 준하는 대우를 받는 **특수한 신분관계**에 있다(「육군3사관학교 설치법 시행령」 제3조). 따라서 그 존립목적을 달성하기 위하여 필요한 한도 내에서 일반국민보다 **상대적으로 기본권이 더 제한**될 수 있으나, 그러한 경우에도 **법률유보원칙**, 과잉금지원칙 등 기본권 제한의 헌법상 원칙들을 지켜야 한다(2018.8.30. 2016두60591).

정답 ①
OX 1× 2×

11

법치행정에 대한 설명으로 옳지 않은 것은? (다툼이 있는 경우 판례에 의함) 19국회8

① 「공공기관의 운영에 관한 법률」 규정에 따른 '입찰참가자격의 제한기준 등에 관하여 필요한 사항은 기획재정부령으로 정한다'는 부분은 의회유보원칙에 위배되지 않는다.

② 개인택시기사가 음주운전사고로 사망한 경우 음주운전이 운전면허취소사유로만 규정되어 있으므로 관할 관청은 당해 음주운전사고를 이유로 개인택시운송사업면허를 바로 취소할 수는 없다.

③ 복종의무가 있는 군인은 상관의 지시와 명령에 대하여 재판청구권을 행사하기 이전에 군인복무규율에 규정된 내부적 절차를 거쳐야 한다.

④ 공개적 토론의 필요성과 상충하는 이익 사이의 조정 필요성이 클수록 국회의 법률에 의하여 직접 규율될 필요성은 증대된다.

⑤ 관할 행정청은 토지분할이 관계 법령상 제한에 해당되어 명백히 불가능하다고 판단되는 경우에는 토지분할 조건부 건축허가를 거부하여야 한다.

관련 OX

1 국가가 형식적 법률로 직접 규율하여야 하는 필요성은 규율대상이 기본권 및 기본적 의무와 관련된 중요성을 가질수록, 그에 관한 공개적 토론의 필요성 또는 상충하는 이익 사이의 조정 필요성이 클수록 더 증대된다. 19국가9

2 건축행정청은 신청인의 건축계획상 하나의 대지로 삼으려고 하는 '하나 이상의 필지의 일부가 관계 법령상 토지분할이 가능한 경우인지를 심사하여 토지분할이 관계 법령상 제한에 해당되어 명백히 불가능하다고 판단되는 경우에는 토지분할 조건부 건축허가를 거부하여야 한다. 21소간

해설

① ○ 공공기관운영법령상 입찰참가자격제한기준: 기재부령에 위임해도 의회유보 위반 ×
이 사건 제한조항은(편저자: 공공기관운영법 제39조 제2항)이 제재처분의 본질적인 사항, 즉 입찰참가자격제한처분의 주체, 사유, 대상, 기간 및 내용 등을 **법률에서** 규정하고, 이 사건 위임조항은(편저자: 공공기관운영법 제39조 제3항 중 "제2항의 규정에 따른 입찰참가자격의 제한기준 등에 관하여 필요한 사항은 기획재정부령으로 정한다." 부분) 이 사건 제한조항을 기준으로 한 세부적인 입찰참가자격의 제한기준 등에 관하여 필요한 사항을 기획재정부령으로 정하도록 위임하고 있는 이상, 이 사건 위임조항이 의회유보원칙에 위배된다고 볼 수 없다(헌재 2017.8.31. 2015헌바388).

② ○ 도로교통법에 따르면 운전면허가 취소되어야 택시면허 취소(철회)사유가 됨 → 운전면허가 취소되지 않고, 운전면허 취소사유(음주운전 발견)만 있는 상태에서는 택시면허 취소 ×
관할 관청은 개인택시운송사업자의 운전면허가 취소된 때에 그의 개인택시운송사업면허를 취소할 수 있도록 규정되어 있을 뿐 그에게 운전면허 취소사유가 있다는 사유만으로 개인택시운송사업면허를 취소할 수 있도록 하는 규정은 없으므로, 관할관청으로서는 비록 개인택시운송사업자에게 운전면허 취소사유가 있다 하더라도 그로 인하여 운전면허 취소처분이 이루어지지 않은 이상 개인택시운송사업면허를 취소할 수는 없다(2008.5.15. 2007두26001).

③ × 군인이 재판을 청구하기 전에 군인복무규율에 규정된 건의와 고충심사 절차 반드시 거쳐야 한다고 볼 수 없음
구 군인사법의 위임에 따라 제정된 구 군인복무규율(2009.9.29. 대통령령 제21750호로 개정되기 전의 것, 이하 '구 군인복무규율'이라 한다) 제24조와 제25조는 건의와 고충심사에 관하여 규정하고 있다. 위 조항들은 군에 유익하거나 정당한 의견이 있는 경우 부하는 지휘계통에 따라 상관에게 건의할 수 있고(구 군인복무규율 제24조 제1항), 부당한 대우를 받거나 현저히 불편 또는 불리한 상태에 있다고 판단될 경우 지휘계통에 따라 상담, 건의 또는 고충심사를 청구할 수 있다(구 군인복무규율 제25조 제1항)는 내용이므로, 이를 군인에게 건의나 고충심사를 청구하여야 할 의무를 부과한 조항이라고 해석하는 것은 문언의 통상적인 의미를 벗어난다. 나아가 관련 법령의 문언과 체계에 비추어 보면, 건의 제도의 취지는 위법 또는 오류의 의심이 있는 명령을 받은 부하가 명령 이행 전에 상관에게 명령권자의 과오나 오류에 대하여 자신의 의견을 제시할 수 있도록 함으로써 명령의 적법성과 타당성을 확보하고자 하는 것일 뿐 그것이 군인의 재판청구권 행사에 앞서 반드시 거쳐야 하는 군내 사전절차로서의 의미를 갖는다고 보기 어렵다(2018.3.22. 2012두26401 전합).

선지분석 & 요플·기풀기링크

선지	THEME	요플	기풀기
①	T53 대상적격(법률관계)	21	032
②	T31 VA의 취소·철회·실효	83	050
③	각론 공무원법		
④	T03 법치행정	25	019
⑤	T32 부관	73	072

④ ○ 국회의 법률에 의하여 직접 규율될 필요성: 공개적 토론의 필요성과 상충하는 이익 사이의 조정 필요성이 클수록 증대됨

어떠한 사안이 국회가 형식적 법률로 스스로 규정하여야 하는 본질적 사항에 해당되는지는, 구체적 사례에서 관련된 이익 내지 가치의 중요성, 규제 또는 침해의 정도와 방법 등을 고려하여 개별적으로 결정하여야 하지만, 규율대상이 국민의 기본권 및 기본적 의무와 관련한 중요성을 가질수록 그리고 그에 관한 공개적 토론의 필요성 또는 상충하는 이익 사이의 조정 필요성이 클수록, 그것이 국회의 법률에 의해 직접 규율될 필요성은 더 증대된다(2015.8.20. 2012두23808 전합).

⑤ ○ 관계법령상 토지분할이 불가능: 토지분할 조건부 건축허가를 거부해야

행정청이 객관적으로 처분상대방이 이행할 가능성이 없는 조건을 붙여 행정처분을 하는 것은 법치행정의 원칙상 허용될 수 없으므로, 건축행정청은 신청인의 건축계획상 하나의 대지로 삼으려고 하는 '하나 이상의 필지의 일부'가 관계 법령상 토지분할이 가능한 경우인지를 심사하여 토지분할이 관계 법령상 제한에 해당되어 명백히 불가능하다고 판단되는 경우에는 토지분할 조건부 건축허가를 거부하여야 한다(2018.6.28. 2015두47737).

THEME 04 행정법의 법원(法源)

01

행정법의 법원(法源)에 대한 설명 중 가장 옳은 것은? (다툼이 있는 경우 판례를 따름) 16서울9

① 헌법재판소 판례에 의하면 감사원규칙은 헌법에 근거가 없으므로 법규명령으로 인정되지 않는다.
② 법원(法源)을 법의 인식근거로 보면 헌법은 행정법의 법원이 될 수 없다.
③ 관습법은 성문법령의 흠결을 보충하기 때문에 법률유보원칙에서 말하는 법률에 해당한다.
④ 행정법의 일반원칙은 다른 법원(法源)과의 관계에서 보충적 역할에 그치지 않으며 헌법적 효력을 갖기도 한다.

관련 OX

① 관련
1 감사원규칙은 행정기관의 장이 제정한 행정규칙으로서 대외적인 구속력이 없다. 25국회8

④ 관련
2 행정법의 일반원칙의 상당 부분은 헌법원칙의 구체화이다. 11국회9

해설

① × 감사원규칙은 헌법이 아니라 감사원법이라는 법률에 근거가 있지만, 판례와 같이 헌법이 인정하고 있는 법규명령의 형식(대통령령, 총리령, 부령, 독립기관규칙)을 예시적인 것으로 볼 경우 감사원법에 근거한 **감사원규칙 역시 법규명령으로 인정**될 수 있으므로 대외적 구속력이 인정된다.
② × **헌법**은 행정조직과 작용 등에 대해 규정하고 있는바 행정법에서 가장 기본이 되는 **법원(法源)**이다.
③ × 법률유보의 원칙이란 일정한 행정권의 발동에는 법률의 근거가 필요하다는 원칙을 말한다. 법률유보원칙에서의 '법률'에는 국회가 제정하는 형식적 의미의 법률뿐만 아니라 법률의 위임에 따라 제정된 법규명령도 포함되나, 불문법원인 **관습법은 포함되지 않는다.**
④ ○ 비례원칙, 평등원칙, 신뢰보호원칙 등의 일반원칙은 헌법에 근거한 것으로서 **헌법적 효력**을 갖는다.

선지분석 & 요플·기풀기링크

선지	THEME	요플	기풀기
①	T14 법규명령	11	011
②	T04 법원(法源)	01	001
③	T03 법치행정	09	009
④	T04 법원(法源)	18	034

정답 ④
OX 1× 2○

필수문제 02

행정법의 법원(法源)에 대한 설명으로 가장 옳은 것은? (다툼이 있는 경우 판례를 따름)

19(2)서울9

① 인간다운 생활을 할 권리와 같은 헌법상의 추상적인 기본권에 관한 규정은 행정법의 법원이 되지 못한다.
② 국제법규도 행정법의 법원이므로, 사인이 제기한 취소소송에서 WTO협정과 같은 국제협정 위반을 독립된 취소사유로 주장할 수 있다.
③ 위법한 행정관행에 대해서도 신뢰보호의 원칙이 적용될 수 있다.
④ 행정의 자기구속의 원칙은 처분청이 아닌 제3자 행정청에 대해서도 적용된다.

관련 OX

③ 관련

1 (신뢰보호원칙과 관련하여) 신뢰의 대상인 행정청의 선행조치에는 적극적, 소극적 언동이 모두 포함되지만, 적어도 적법한 선행조치일 것이 요구되므로 위법한 선행조치에 대한 신뢰보호는 허용되지 않는다.　08국회8

해설

① ✕ 헌법은 행정조직과 작용 등에 대해 규정하고 있는바 행정법에서 가장 기본이 되는 **법원**이다. 예컨대 헌법상 기본권 규정은 행정작용에 대한 행정법의 법원이 된다고 볼 수 있다. 이는 언론·출판의 자유와 같이 **구체적** 성질을 갖는 **자유권**적 기본권은 물론 인간다운 생활을 할 권리와 같은 **추상적** 성질을 갖는 **사회권**적 기본권도 마찬가지이다.

② ✕ 사인이 조약위반을 처분의 위법사유로 주장: 불가(반덤핑부과처분사건)
　회원국 정부의 반덤핑부과처분이 WTO협정 위반이라는 이유만으로 **사인이** 직접 국내 법원에 그 처분의 취소를 구하는 소를 제기하거나 협정 위반을 처분의 **독립된 취소사유**로 주장할 수 **없다**(2009.1.30. 2008두17936).

③ ○ 위법한 관행에도 신뢰보호의 원칙 적용 가능
　조세법률관계에 있어서 신의성실의 원칙이나 **신뢰보호의 원칙** 또는 비과세 관행 존중의 원칙은 **합법성의 원칙을 희생하여서라도** 납세자의 신뢰를 보호함이 정의에 부합하는 것으로 인정되는 특별한 사정이 있을 경우에 한하여 적용되는 예외적인 법 원칙이다(2013.12.26. 2011두5940).
　+ PLUS 상대방 측에 귀책사유가 없는 한 **위법한** 선행조치에 대한 신뢰도 보호된다는 것이 일반적인 견해이다. 선행행위나 선례가 **적법할** 것을 요건으로 하는 평등의 원칙, 자기구속의 원칙과의 차이점이다.

④ ✕ 자기구속의 원칙은 동일 행정청의 동일·동종 사건처리에 적용되는 것으로 **제3자 행정청에는 미적용**되는 것이 원칙이다(서초구에서는 이렇게 하니 동작구에서도 똑같이 해 달라고 하지 말아라).

선지분석 & 요플·기풀기링크

선지	THEME	요플	기풀기
①	T04 법원(法源)	02	002
②		15	017
③	T05 신뢰보호원칙	12	015
④	T06 기타 일반원칙	45	048

정답 ③
OX 1 ✕

03

행정법의 법원(法源)으로서 헌법에서 직접 규정하고 있지 않은 것은? 24해경승진

① 대통령령, 총리령, 부령
② 중앙선거관리위원회규칙
③ 지방자치단체의 자치에 관한 규정
④ 감사원규칙

관련 OX

② 관련
1 중앙선거관리위원회규칙은 행정법의 법원이 아니다. 16교행9

해설

① ○

헌법 제75조 대통령은 법률에서 구체적으로 범위를 정하여 위임받은 사항과 법률을 집행하기 위하여 필요한 사항에 관하여 대통령령을 발할 수 있다.

제95조 국무총리 또는 행정각부의 장은 소관사무에 관하여 법률이나 대통령령의 위임 또는 직권으로 총리령 또는 부령을 발할 수 있다.

② ○

헌법 제114조 ⑥ 중앙선거관리위원회는 법령의 범위 안에서 선거관리·국민투표관리 또는 정당사무에 관한 규칙을 제정할 수 있으며, 법률에 저촉되지 아니하는 범위 안에서 내부규율에 관한 규칙을 제정할 수 있다.

③ ○

헌법 제117조 ① 지방자치단체는 주민의 복리에 관한 사무를 처리하고 재산을 관리하며, 법령의 범위 안에서 자치에 관한 규정을 제정할 수 있다.

④ × 감사원규칙은 헌법이 아닌 감사원법에서 규정하고 있다.

감사원법 제52조(감사원규칙) 감사원은 감사에 관한 절차, 감사원의 내부 규율과 감사사무 처리에 관한 규칙을 제정할 수 있다.

선지분석 & 요플·기풀기링크

선지	THEME	요플	기풀기
①		04	004
②	T04 법원(法源)	05	005
③		08	008
④		06	006

정답 ④
OX 1 ×

04

행정법의 법원에 관한 설명으로 옳지 않은 것은? (다툼이 있는 경우 판례에 의함) 12지방9

① 헌법재판소에 의한 법률의 위헌결정은 국가기관과 지방자치단체를 기속한다는 「헌법재판소법」 제47조에 의해 법원으로서의 성격을 가진다.
② 대법원은 「남북 사이의 화해와 불가침 및 교류협력에 관한 합의서」를 조약이라고 판시하였다.
③ 대법원은 초·중·고등학교의 학교급식을 위해 지방자치단체에서 생산되는 우수농산물을 사용하여 식재료를 만드는 자에게 식재료 구입비의 일부를 지원하는 지방자치단체의 조례안이 「1994년 관세 및 무역에 관한 일반협정(GATT)」에 위반되어 무효라고 판시한 바 있다.
④ 헌법재판소는 「신행정수도의 건설을 위한 특별조치법」의 위헌확인사건에서 관습헌법은 성문헌법과 같은 헌법개정절차를 통해서 개정될 수 있다고 판시하였다.

관련 OX

① 관련
1 「헌법재판소법」 제47조 제1항은 "법률의 위헌결정은 법원과 그 밖의 국가기관 및 지방자치단체를 기속한다."라고 규정하고 있다. 15(3)경행

③ 관련
2 지방자치단체가 제정한 조례가 「1994년 관세 및 무역에 관한 일반협정」(General Agreement on Tariffs and Trade 1994)이나 「정부조달에 관한 협정」(Agreement on Government Procurement)에 위반되는 경우, 그 조례는 무효이다. 17(상)국가9

해설

① ○ 헌법재판소법 제47조 제1항에서 명문으로 헌재의 위헌결정에 기속력을 부여하고 있다. 따라서 그 범위에서 법원성이 인정된다.

헌법재판소법 제47조(위헌결정의 효력) ① 법률의 위헌결정은 법원과 그 밖의 국가기관 및 지방자치단체를 기속(羈束)한다.

② × '남북합의서'는 조약× → 국내법적 효력×
「남북 사이의 화해와 불가침 및 교류협력에 관한 합의서」는 법적 구속력이 있는 것은 아니어서 이를 국가 간의 조약 또는 이에 준하는 것으로 볼 수 없고, 따라서 국내법과 동일한 효력이 인정되는 것도 아닙니다(1999.7.23. 98두14525).

③ ○ WTO협정(GATT)에 위반되는 국내 우수농산물 지원 조례: 무효
학교급식을 위해 국내 우수농산물을 사용하는 자에게 식재료나 구입비의 일부를 지원하는 것 등을 내용으로 하는 지방자치단체의 조례안은 「1994년 관세 및 무역에 관한 일반협정」(General Agreement on Tariffs and Trade 1994)에 위반되어 그 효력이 없다(2005.9.9. 2004추10).

④ ○ 관습헌법: 성문헌법과 동일 효력 → 개정하려면 성문헌법과 같은 개정절차를 거쳐야
관습헌법도 헌법의 일부로서 성문헌법의 경우와 동일한 효력을 가지기 때문에 그 법규범은 최소한 헌법 제130조에 의거한 헌법개정의 방법에 의하여만 개정될 수 있다. 한편 이러한 형식적인 헌법개정 외에도, 관습헌법은 그것을 지탱하고 있는 국민적 합의성을 상실함에 의하여 법적 효력을 상실할 수 있다(헌재 2004.10.21. 2004헌마554 전원 [「신행정수도의 건설을 위한 특별조치법」 위헌확인]).

선지분석 & 요플·기풀기링크

선지	THEME	요플	기풀기
①		25	038
②	T04 법원(法源)	10	010
③		14	015
④		21	021

정답 ②
OX 1 ○ 2 ○

05

행정법의 법원(法源)에 대한 설명 중 옳은 것은? 07국가9

인 ① 「국세기본법」은 조세행정에서 행정선례법의 존재를 인정하는 조항을 두고 있다.
소 ② 대법원은 "유사사건에 관한 대법원 판례가 하급심 법원을 직접 기속한다."고 판시한 바 있다.
ⓒ ③ 일반적으로 승인된 국제법규라도 의회에 의한 입법절차를 거쳐야 행정법의 법원이 된다.
④ 성문법주의를 원칙으로 하기 때문에 조리(법의 일반원칙)는 행정법의 법원이 되지 못한다.

관련 OX

② 관련
1 대법원은 "유사사건에 관한 대법원 판례가 하급심 법원을 직접 기속한다."고 판시한 바 있다. 07국가9

③ 관련
2 헌법에 의하여 체결·공포된 조약과 일반적으로 승인된 국제법규는 국내법과 동일한 효력을 갖는다. 11지방9

3 ⓒ
헌법에 의하여 체결·공포된 조약은 별도의 시행법률이 없어도 국내에서 효력을 갖는다. 09국회9

해설

① ○

국세기본법 제18조(세법 해석의 기준 및 소급과세의 금지) ③ 세법의 해석이나 국세행정의 관행이 일반적으로 납세자에게 **받아들여진 후에는** 그 해석이나 관행에 의한 행위 또는 계산은 **정당한 것으로** 보며, 새로운 해석이나 관행에 의하여 소급하여 과세되지 아니한다.

② ✗ 판례가 서로 다른 사건을 심판하는 하급심 기속✗
대법원의 판례가 법률해석의 일반적인 기준을 제시한 경우에 유사한 사건을 재판하는 하급심법원의 법관은 판례의 견해를 존중하여 재판하여야 하는 것이나, 판례가 사안이 서로 다른 사건을 재판하는 하급심법원을 직접 기속하는 효력이 있는 것은 아니다(1996.10.25. 96다31307).

법원조직법 제8조(상급심 재판의 기속력) 상급법원 재판에서의 **판단은 해당 사건**에 관하여 하급심을 기속한다.

+ PLUS 대륙법계 국가인 우리나라는 대법원 판례에 법원성이 없다. 따라서 ① 대법원 판결은 법적 구속력을 갖지는 않는다. 즉, 동종·유사 사건에서 하급심 법원이 대법원 판결에 기속되지 않는다. 대법원 판결의 권위상 존중될 뿐이다. 따라서 하급심도 나름대로 판단해 다른 내용의 판결을 하는 것이 가능하다.

③ ✗ 헌법에 의하여 체결·공포된 조약 및 일반적으로 승인된 국제법규는 별도의 시행법률을 마련하는 등의 국내입법절차가 없더라도 국내법으로의 효력을 갖는다(헌법 제6조 제1항).

헌법 제6조 ① 헌법에 의하여 체결·공포된 **조약**과 일반적으로 승인된 **국제법규**는 국내법과 같은 효력을 가진다.

④ ✗ 조리란 사회에서 일반적으로 인정되는 정의·형평을 일컫는 것으로 행정법의 불문법원으로 인정된다.

+ PLUS 단, 조리는 최후의 **보충적 법원**일 뿐이다. 따라서 관습법과 마찬가지로 성문법을 개폐할 수는 없고, 성문법의 흠결을 보충하는 한에서만 **재판규범성이** 인정된다.

선지분석 & 요플·기풀기링크 ⓒ

선지	THEME	요플	기풀기
①		29	023
②	T04 법원(法源)	23	036
③		12	012
④		19	033

정답 ①
OX 1✗ 2○ 3○

06

행정법의 법원(法源)에 대한 설명으로 옳지 않은 것은? (다툼이 있는 경우 판례에 의함) 14지방9

① '1994년 관세 및 무역에 관한 일반협정(GATT)'이나 '정부조달에 관한 협정(AGP)'에 위반되는 조례는 그 효력이 없다.
② 영미법계 국가에서는 '선례구속의 원칙'이 엄격하게 적용되어 유사사건에서 상급심의 판결은 하급심을 구속한다.
③ 「수산업법」은 민중적 관습법인 입어권의 존재를 명문으로 인정하고 있다.
④ 판례는 국세행정상 비과세의 관행을 일종의 행정선례법으로 인정하지 아니한다.

관련 OX

① 관련

1 학교급식을 위해 국내 우수농산물을 사용하는 자에게 식재료나 구입비의 일부를 지원하는 것 등을 내용으로 하는 지방자치단체의 조례안이 '1994년 관세 및 무역에 관한 일반협정'을 위반하여 위법한 이상, 그 조례안은 효력이 없다. 20국가9

해설

① ○ 「1994년 관세 및 무역에 관한 일반협정」은 헌법 제6조 제1항에 의하여 국내법령과 동일한 효력을 가지므로 지방자치단체가 제정한 조례가 GATT나 AGP에 위반되는 경우에는 그 효력이 없다 (2005.9.9. 2004추10).
   + PLUS 조례가 국내법과 동일한 효력을 가지는 협정에 위반되면 효력 인정 X

② ○ 영미법계 국가는 판례의 법원성을 긍정한다. 따라서 동종·유사사건에서의 상급심 판결은 하급심을 구속하는 '선례구속의 원칙'이 엄격하게 적용된다. 이에 반하여 대륙법계인 우리나라는 대법원 판례에 법원성을 인정하지 않는다. 다만, 법원조직법 제8조에 의하여 당해 사건에 한하여 상급법원의 재판이 하급법원을 기속할 뿐이다.

③ ○ 수산업법 제39조에서는 입어권(구 수산업법상 관행어업권)의 존재를 인정하고 있다.

수산업법 제2조(정의) 이 법에서 사용하는 용어의 뜻은 다음과 같다.
8. '입어(入漁)'란 입어자가 마을어업의 어장에서 수산동식물을 포획·채취하는 것을 말한다.
9. '입어자(入漁者)'란 제48조에 따라 어업신고를 한 자로서 **마을어업권이 설정되기 전부터 해당 수면에서 계속하여 수산동식물을 포획·채취하여 온 사실이 대다수 사람들에게 인정되는 자** 중 대통령령으로 정하는 바에 따라 어업권원부(漁業權原簿)에 등록된 자를 말한다.
제39조(입어 등의 제한) ① 마을어업의 어업권자는 **입어자에게** 제37조에 따른 어장관리규약으로 정하는 바에 따라 **해당 어장에 입어하는 것을 허용하여야** 한다.

④ × 판례는 국세행정상 관행(사실)과 확신(의사)이 모두 인정되는 경우 비과세관행을 행정선례법으로 인정하고 있다.
• 국세기본법 제18조 제3항에서 말하는 비과세관행이 성립되었다고 하려면 상당한 기간에 걸쳐 그 사항에 대하여 과세하지 아니하였다는 객관적 사실이 존재하여야 할 뿐 아니라 과세관청이 그 사항에 대하여 과세할 수 있음을 알면서도 어떤 특별한 사정에 의하여 과세하지 않는다는 의사가 있고 이와 같은 의사가 명시적 또는 묵시적으로 표시되어야 하는 것이고, 과세관청이 비과세대상에 해당하는 것으로 잘못 알고 일단 비과세결정을 하였으나 그 후 과세표준과 세액의 탈루 또는 오류가 있는 것을 발견한 때에는, 이를 조사하여 결정할 수 있다(1991.10.22. 90누9360 전합).

선지분석 & 요플·기풀기링크

선지	THEME	요플	기풀기
①		14	015
②	T04 법원(法源)	22	035
③		38	032
④		31	026

정답 ④
OX 1 ○

07

행정법의 법원(法源)에 대한 설명으로 옳지 않은 것은? (다툼이 있는 경우 판례에 의함) 21국가9

① 지방자치단체가 제정한 조례가 헌법에 의하여 체결·공포된 조약에 위반되는 경우 그 조례는 효력이 없다.
② 행정소송에 관하여 「행정소송법」에 특별한 규정이 없는 사항에 대하여는 「법원조직법」과 「민사소송법」 및 「민사집행법」의 규정을 준용한다.
③ 평등원칙은 일체의 차별적 대우를 부정하는 절대적 평등을 의미하는 것이 아니라 입법과 법의 적용에 있어서 합리적인 근거가 없는 차별을 배제하는 상대적 평등을 뜻한다.
④ 개정 법령이 기존의 사실 또는 법률관계를 적용대상으로 하면서 국민의 재산권과 관련하여 종전보다 불리한 법률효과를 규정하고 있는 경우, 그러한 사실 또는 법률관계가 개정 법률이 시행되기 이전에 이미 완성 또는 종결된 것이 아니라면 소급입법금지원칙에 위반된다.

관련 OX

② 관련
1 행정소송에 관하여 「행정소송법」에 특별한 규정이 없는 사항에 대하여는 「법원조직법」과 「민사소송법」 및 (가)의 규정을 준용한다. 19소방

③ 관련
2 행정청은 어떠한 경우에도 국민을 차별하여서는 아니 된다. 22군무원7

해설

① ○ WTO협정(GATT)에 위반되는 국내 우수농산물 지원 조례: 무효
지방자치단체가 제정한 조례가 '1994년 관세 및 무역에 관한 일반협정'(General Agreement on Tariffs and Trade 1994)이나 '정부조달에 관한 협정'(Agreement on Government Procurement)에 위반되는 경우, 그 조례는 무효이다(2005.9.9. 2004추10).
+ PLUS 헌법에 의하여 체결·공포된 조약은 조례보다 효력상 우위에 있으므로 양자가 충돌시 상위법 우선의 원칙에 따라 해당 조례가 무효가 된다.

② ○
행정소송법 제8조(법적용례) ① 행정소송에 대하여는 다른 법률에 특별한 규정이 있는 경우를 제외하고는 이 법이 정하는 바에 의한다.
② 행정소송에 관하여 이 법에 특별한 규정이 없는 사항에 대하여는 법원조직법과 민사소송법 및 민사집행법의 규정을 준용한다.

③ ○ 평등원칙: 상대적 평등을 의미
헌법 제11조 제1항의 평등원칙은 일체의 차별적 대우를 부정하는 절대적 평등을 의미하는 것이 아니라 입법과 법의 적용에 있어서 합리적인 근거가 없는 차별을 하여서는 아니 된다는 상대적 평등을 뜻하고, 이러한 평등원칙은 입법자가 본질적으로 같은 것을 자의적으로 다르게, 본질적으로 다른 것을 자의적으로 같게 취급하는 것을 금지한다(2009.11.19. 2009도6058 전합).

④ × 부진정소급: 원칙적 허용 / 예외적 제한(구법에 대한 신뢰보호 차원)
행정처분은 그 근거 법령이 개정된 경우에도 경과규정에서 달리 정함이 없는 한 처분 당시 시행되는 개정 법령과 그에 정한 기준에 의하는 것이 원칙이고, 그 개정 법령이 기존의 사실 또는 법률관계를 적용대상으로 하면서 국민의 재산권과 관련하여 종전보다 불리한 법률효과를 규정하고 있는 경우에도 그러한 사실 또는 법률관계가 개정 법령이 시행되기 이전에 이미 완성 또는 종결된 것이 아니라면 이를 헌법상 금지되는 소급입법에 의한 재산권 침해라고 할 수는 없으며, 그러한 개정 법령의 적용과 관련하여서는 개정 전 법령의 존속에 대한 국민의 신뢰가 개정 법령의 적용에 관한 공익상의 요구보다 더 보호가치가 있다고 인정되는 경우에 그러한 국민의 신뢰를 보호하기 위하여 그 적용이 제한될 수 있는 여지가 있을 따름이다(2009.4.23. 2008두8918).
+ PLUS 이미 완성·종결된 사실에 대해 개정법을 적용하는 진정소급입법이 아닌 한(부진정소급입법에 해당하는 한) 소급입법금지에 위반된다고 볼 수 없음이 원칙이고, 신뢰보호의 원칙 내지 이익형량의 원칙 등에 따른 제한이 있을 뿐이라는 취지

선지분석 & 요플·기풀가링크

선지	THEME	요플	기풀기
①	T04 법원(法源)	13	014
②	T50 행정소송 개관	02	002
③	T06 기타 일반원칙	26	025
④	T08 개정시 적용법	16	016

선지선택비율 ① 3.70% ② 13.00 ③ 7.39% ④ 75.91% 오답률 24.09%

정답 ④
OX 1 민사집행법 2 ×

필수 문제 08

행정법의 법원(法源)에 대한 설명으로 옳은 것은? (다툼이 있는 경우 판례에 의함) 17(하)국가9

① 회원국 정부의 반덤핑부과처분이 WTO협정 위반이라는 이유만으로 사인이 직접 국내 법원에 회원국 정부를 상대로 그 처분의 취소를 구하는 소를 제기할 수 있다.

② 재량준칙이 공표된 것만으로도 자기구속의 원칙이 적용될 수 있으며, 재량준칙이 되풀이 시행되어 행정관행이 성립될 필요는 없다.

③ 사회의 거듭된 관행으로 생성된 사회생활규범이 관습법으로 승인되었다고 하더라도 사회 구성원들이 그러한 관행의 법적 구속력에 대하여 확신을 갖지 않게 되었다면 그러한 관습법은 법적 규범으로서의 효력이 부정될 수밖에 없다.

④ 신뢰보호의 원칙이 적용되기 위한 요건의 하나인 행정청의 공적 견해표명이 있었는지의 여부를 판단함에 있어서는 반드시 행정조직상의 형식적인 권한분장에 따라야 한다.

관련 OX

② 관련
1. 재량준칙이 공표된 것만으로는 행정의 자기구속의 원칙이 적용될 수 없고, 재량준칙이 되풀이 시행되어 행정관행이 성립한 경우에 행정의 자기구속의 원칙이 적용될 수 있다. 24해경승진

④ 관련
2. 행정청의 공적 견해표명이 있었는지를 판단할 때 행정조직상의 형식적인 권한분장에 구애될 것은 아니다. 23국회8

해설

① ✕ 사인이 조약위반을 이유로 취소소송제기: 불가(반덤핑부과처분사건)
회원국 정부의 반덤핑부과처분이 WTO협정 위반이라는 이유만으로 사인이 직접 국내 법원에 그 처분의 취소를 구하는 소를 제기하거나 협정 위반을 처분의 독립된 취소사유로 주장할 수 없다(2009.1.30. 2008두17936).

요플 · 조약 및 국제법규의 효력

효력발생	헌법에 의해 체결·공포된 조약과 일반적으로 승인된 국제법규는 별도의 시행법률이나 입법절차 없이도 국내법적 효력 인정
위반의 효과	따라서 이러한 조약이나 국제법규에 반하는 조례는 무효(상위법 우선의 원칙) → 급식조례 무효사건 그러나 처분의 위법이 문제된 사건에서는 조약위반을 위법사유로 주장할 수는 없음 → 반덤핑부과처분사건, 대형마트 영업시간 제한사건

26 요플 p.13

② ✕ 지침의 공표만으로 신청인이 보호가치 있는 신뢰를 갖게 되었다고 볼 수 없다(2009.12.24. 2009두7967).

+ PLUS 재량준칙에 대한 자기구속력을 인정되기 위해서 선례가 필요한지에 대해 필요설과 불필요설로 나뉘고, 필요설은 다시 되풀이 필요설과 1회충분설로 나뉜다. 판례는 가장 엄격한 되풀이 필요설을 취한다(2009.12.24. 2009두7967 등). 따라서 재량준칙이 공표된 것만으로는 자기구속이 인정될 수 없다. 또한 동 준칙에 따르지 않았다고 하여 재량의 일탈·남용을 인정할 수도 없다.

③ ○ 사회의 거듭된 관행으로 생성된 사회생활규범이 관습법으로 승인되었다고 하더라도 사회 구성원들이 그러한 관행의 법적 구속력에 대하여 확신을 갖지 않게 되었다거나, 사회를 지배하는 기본적 이념이나 사회질서의 변화로 인하여 그러한 관습법을 적용하여야 할 시점에 있어서의 전체 법질서에 부합하지 않게 되었다면 그러한 관습법은 법적 규범으로서의 효력이 부정될 수밖에 없다(2005.7.21. 2002다1178).

+ PLUS 관습법의 성립요건은 ① 어떠한 관행의 존재와(사실), ② 그것이 법적 요구에 응하는 것이라는 확신의 존재(의사)가 있어야 성립한다. 따라서 이 중 하나인 확신이 사라지면 관습법의 법규성도 사라진다.

④ ✕ 공적 견해표명: 형식적 권한분장에 구애✕, 실질에 따라 판단○
행정청의 공적 견해표명이 있었는지의 여부를 판단하는 데 있어 반드시 행정조직상의 형식적인 권한분장에 구애될 것은 아니고 담당자의 조직상의 지위와 임무, 당해 언동을 하게 된 구체적인 경위 및 그에 대한 상대방의 신뢰가능성에 비추어 실질에 의하여 판단하여야 한다(1997.9.12. 96누18380).

선지분석 & 요플 · 기풀기링크

선지	THEME	요플	기풀기
①	T04 법원(法源)	16	016
②	T15 행정규칙	09	012
③	T04 법원(法源)	27	019
④	T05 신뢰보호원칙	06	004

정답 ③
OX 1○ 2○

THEME 04 행정법의 법원(法源)

09

행정법의 법원(法源)에 관한 설명으로 옳지 않은 것은? (다툼이 있는 경우 판례에 의함) 25소방

① 대법원의 판례가 법률해석의 일반적인 기준을 제시한 경우에 유사한 사건을 재판하는 하급심법원의 법관은 판례의 견해를 존중하여 재판하여야 하는 것이기 때문에, 판례가 사안이 서로 다른 사건을 재판하는 하급심법원도 직접 기속하는 효력이 있다.

② 만일 법률에 따른 개인의 행위가 단지 법률이 반사적으로 부여하는 기회의 활용을 넘어서 국가에 의하여 일정 방향으로 유인된 것이라면 특별히 보호가치가 있는 신뢰이익이 인정될 수 있고, 원칙적으로 개인의 신뢰보호가 국가의 법률개정이익에 우선된다고 볼 여지가 있다.

③ 지방식품의약품안전청장이 수입 녹용 중 전지 3대를 절단부위로부터 5cm까지의 부분을 절단하여 측정한 회분함량이 기준치를 0.5% 초과하였다는 이유로 수입 녹용 전부에 대하여 전량 폐기 또는 반송처리를 지시한 처분은 재량권의 일탈·남용에 해당하지 않는다.

④ 국가공무원이 「국가공무원법」상 정치운동의 금지 규정을 위반한 경우에 징역형과 자격정지형을 필요적으로 병과하는 「국가공무원법」 제84조 제1항이 헌법상 평등원칙, 비례원칙에 위반된다고 볼 수 없다.

관련 OX

① 관련

1 동종사건에 관하여 대법원의 판례가 있더라도 하급법원은 그 판례와 다른 판단을 하는 것이 가능하다. 11국가9

③ 관련

2 행정청이 수입 녹용 중 전지 3대를 측정한 회분 함량이 기준치를 0.5% 초과하였다는 이유로 수입 녹용 전부에 대하여 전량 폐기 또는 반송처리를 지시한 처분은 비례원칙에 위반한 재량권을 일탈·남용한 경우에 해당한다. 19소간

해설

① × 대법원 판례가 사안이 다른 사건을 재판하는 하급심 법원은 기속×
대법원의 판례가 법률해석의 일반적인 기준을 제시한 경우에 유사한 사건을 재판하는 하급심법원의 법관은 판례의 견해를 존중하여 재판하여야 하는 것이나, 판례가 사안이 서로 다른 사건을 재판하는 하급심법원을 직접 기속하는 효력이 있는 것은 아니다(1996.10.25. 96다31307).

② ○ 국가에 의해 유인된 것: 신뢰이익 인정 원칙 / 개인 스스로 활용한 것: 신뢰이익 부정 원칙
개인의 신뢰이익에 대한 보호가치는 법령에 따른 개인의 행위가 국가에 의하여 일정 방향으로 유인된 신뢰의 행사인지, 아니면 단지 법률이 부여한 기회를 활용한 것으로서 원칙적으로 사적 위험부담의 범위에 속하는 것인지 여부에 따라 달라진다. 만일 법률에 따른 개인의 행위가 단지 법률이 반사적으로 부여하는 기회의 활용을 넘어서 국가에 의하여 일정 방향으로 유인된 것이라면 특별히 보호가치가 있는 신뢰이익이 인정될 수 있고, 원칙적으로 개인의 신뢰보호가 국가의 법률개정이익에 우선된다고 볼 여지가 있다(헌재 2002.11.28. 2002헌바45).

③ ○ 일부 수입 녹용에서 회분함량 기준치 0.5% 초과: 전량 폐기·반송처리는 적법
지방식품의약품안전청장이 수입 녹용 중 전지 3대를 절단부위로부터 5cm까지의 부분을 절단하여 측정한 회분함량이 기준치를 0.5% 초과하였다는 이유로 수입 녹용 전부에 대하여 전량 폐기 또는 반송처리를 지시한 경우, 녹용 수입업자가 입게 될 불이익이 의약품의 안전성과 유효성을 확보함으로써 국민보건의 향상을 기하고 고가의 한약재인 녹용에 대하여 부적합한 수입품의 무분별한 유통을 방지하려는 공익상 필요보다 크다고는 할 수 없으므로 위 폐기 등 지시처분이 재량권을 일탈·남용한 경우에 해당하지 않는다(2006.4.14. 2004두3854).

④ ○ 국가공무원법상 정치운동금지 위반시 징역형과 자격정지형 필요적 병과: 적법
국가공무원의 투표권유운동을 금지·처벌하는 국가공무원법 제65조 제2항 제1호, 제84조 제1항과 국가공무원의 선거운동을 금지·처벌하는 공직선거법 제60조 제1항 제4호, 제255조 제1항 제2호가 과잉금지원칙을 위반하여 공무원의 정치적 표현의 자유를 침해한다고 볼 수 없다. 국가공무원법 제65조를 위반한 경우에 징역형과 자격정지형을 필요적으로 병과하는 같은 법 제84조 제1항이 헌법상 평등원칙, 비례원칙에 위반된다고 볼 수도 없다(2024.8.29. 2021도11919).

선지선택비율 ① 82.52% ② 7.26% ③ 4.75% ④ 5.48% 오답률 17.48%

선지분석 & 요플·기풀기링크

선지	THEME	요플	기풀기
①	T04 법원(法源)	23	036
②	T05 신뢰보호원칙	28	022
③	T16 VA의 개념과 분류	80	082
④	T06 기타 일반원칙	22	021

정답 ①
OX 1○ 2×

10

신뢰보호의 원칙과 관련하여 비과세관행에 대한 판례의 설명으로 옳지 않은 것은? 13국가7

① 과세처분을 하면서 장기간 세액산출근거를 부기하지 아니한 경우에 납세자가 자진납부하였다면 처분의 위법성은 치유된다.

② 비과세관행이 성립되었다고 하려면 상당한 기간에 걸쳐 과세를 하지 않은 객관적 사실이 존재하여야 한다.

③ 비과세관행의 성립을 위해서는 과세관청 스스로 과세할 수 있음을 알면서도 어떤 특별한 사정 때문에 과세하지 않는다는 의사가 있고, 이와 같은 의사는 명시적 또는 묵시적으로 표시되어야 한다.

④ 과세관청이 비과세대상에 해당하는 것으로 잘못 알고 일단 비과세결정을 하였으나 그 후 과세표준과 세액의 탈루 또는 오류가 있는 것을 발견한 때에는, 이를 조사하여 결정할 수 있다.

관련 OX

① 관련

1 세액산출근거가 기재되지 아니한 납세고지서에 의한 부과처분은 그 후 부과된 세금을 자진납부하였다거나 또는 조세채권의 소멸시효기간이 만료되었다 하여 하자가 치유되는 것이라고는 할 수 없다. 21지방9

③ 관련

2 「국세기본법」에 따른 비과세관행의 성립요건인 공적 견해나 의사의 묵시적 표시가 있다고 하기 위해서는 과세관청이 상당기간의 불과세 상태에 대하여 과세하지 않겠다는 의사표시를 한 것으로 볼 수 있는 사정이 있어야 한다. 17지방7

해설

① ✕ 세액산출근거가 누락된 과세처분: 취소사유○ / 자진납부로 그 하자치유✕
세액산출근거가 기재되지 아니한 납세고지서에 의한 부과처분은 강행법규에 위반하여 취소대상이 된다 할 것이므로 이와 같은 하자는 납세의무자가 전심절차에서 이를 주장하지 아니하였거나, 그 후 부과된 세금을 **자진납부**하였다거나, 또는 조세채권의 소멸시효기간이 만료되었다 하여 **치유되는 것이라고는 할 수 없다**(1985.4.9. 84누431).

②③④ ○ 비과세관행의 인정요건: ① 관행(사실)과 확신(의사)의 존재 ② 묵시적 확신 포함○ ③ 단순 누락이 아닌 비과세의사를 인정할 만한 별도의 사정 필요
국세기본법 제18조 제3항에서 말하는 비과세관행이 성립되었다고 하려면 상당한 기간에 걸쳐 그 사항에 대하여 과세하지 아니하였다는 **객관적 사실이 존재하여야**② 할 뿐 아니라 과세관청이 그 사항에 대하여 과세할 수 있음을 알면서도 어떤 특별한 사정에 의하여 과세하지 않는다는 **의사**가 있고 이와 같은 의사가 명시적 또는 **묵시적으로 표시되어야** 하는 것이고,③ 과세관청이 비과세대상에 해당하는 것으로 잘못 알고 일단 비과세결정을 하였으나 그 후 과세표준과 세액의 탈루 또는 오류가 있는 것을 발견한 때에는, 이를 조사하여 결정할 수 있다④(1991.10.22. 90누9360 전합).

국세기본법 제18조(세법 해석의 기준 및 소급과세의 금지) ③ 세법의 해석이나 **국세행정의 관행**이 일반적으로 **납세자에게 받아들여진 후**에는 그 해석이나 관행에 의한 행위 또는 계산은 **정당**한 것으로 보며, 새로운 해석이나 관행에 의하여 소급하여 과세되지 아니한다.

선지분석 & 요플·기풀기링크

선지	THEME	요플	기풀기
①	T41 절차의 하자	28	035
②		32	027
③	T04 법원(法源)	35	029
④		36	030

정답 ①
OX 1○ 2○

THEME 05 행정법의 일반원칙(1) - 신뢰보호의 원칙

기 043-059
요 016-019

필수문제 01

신뢰보호원칙에 대한 설명으로 옳지 않은 것만을 〈보기〉에서 모두 고르면? (다툼이 있는 경우 판례에 의함)
23국회8

〈보기〉
- ㉠ ㄱ. 행정청의 공적 견해표명이 있었는지를 판단할 때 행정조직상의 형식적인 권한분장에 구애될 것은 아니다.
- ㉮ ㄴ. 행정청의 공적 견해표명이 있다고 인정하기 위해서는 적어도 담당자의 조직상 지위와 임무, 당해 언동을 하게 된 구체적인 경위 등에 비추어 그 언동의 내용을 신뢰할 수 있는 경우이어야 한다.
- ㉯ ㄷ. 「행정기본법」에 따르면, 행정청은 공익 또는 제3자의 이익을 현저히 해칠 우려가 있는 경우에도 행정에 대한 국민의 정당하고 합리적인 신뢰를 보호하여야 한다.
- ㉮ ㄹ. 특정 사항에 관하여 신뢰보호원칙상 행정청이 그와 배치되는 조치를 할 수 없다고 할 수 있을 정도의 행정관행이 성립되었다고 하려면 상당한 기간에 걸쳐 그 사항에 관하여 동일한 처분을 하였다는 객관적 사실이 존재하는 것으로 족하다.
- ㉠ ㅁ. 행정청이 공적 견해를 표명할 당시의 사정이 사후에 변경된 경우에는 그 공적 견해가 더 이상 개인에게 신뢰의 대상이 된다고 보기 어려운 만큼, 특별한 사정이 없는 한 행정청이 그 견해표명에 반하는 처분을 하더라도 신뢰보호원칙에 위반된다고 할 수 없다.

① ㄱ, ㄴ ② ㄱ, ㅁ ③ ㄴ, ㄹ
④ ㄷ, ㄹ ⑤ ㄷ, ㅁ

관련 OX

ㄴ. 관련
1 행정청의 공적 견해표명이 있다고 인정하기 위해서는 적어도 담당자의 조직상 지위와 임무, 당해 언동을 하게 된 구체적인 경위 등에 비추어 그 언동의 내용을 신뢰할 수 있는 경우이어야 한다. 24소방

ㅁ. 관련
2 행정청의 공적 견해의 표명 후 그 견해표명 당시의 사정이 변경된 경우에도 행정청이 공적 견해표명에 반하는 처분을 하는 경우에는 특별한 사정이 없는 한 신뢰보호의 원칙에 위반된다. 24지방9

해설

- ㄱ. ○ 공적 견해표명: 형식적 권한분장에 구애× / 실질에 따라 판단○
  행정청의 공적 견해표명이 있었는지의 여부를 판단하는 데 있어 반드시 행정조직상의 형식적인 권한분장에 구애될 것은 아니고 담당자의 조직상의 지위와 임무, 당해 언동을 하게 된 구체적인 경위 및 그에 대한 상대방의 신뢰가능성에 비추어 **실질에 의하여 판단하여야 한다**(1997.9.12. 96누18380).

- ㄴ. ○ 공적 견해표명 판단: 지위와 임무, 언동의 경위 등 제반 사정에 비춰 적어도 신뢰할 수 있는 경우여야 함
  신뢰보호원칙의 적용 요건인 행정청의 공적 견해표명이 있다고 인정하기 위해서는 적어도 담당자의 조직상 지위와 임무, 당해 언동을 하게 된 구체적인 경위 등에 비추어 그 언동의 내용을 신뢰할 수 있는 경우이어야 한다(2021.12.30. 2021두45671).

- ㄷ. ✕
  행정기본법 제12조(신뢰보호의 원칙) ① 행정청은 공익 또는 제3자의 이익을 현저히 해칠 우려가 있는 경우를 **제외**하고는 행정에 대한 국민의 **정당**하고 **합리적인 신뢰**를 **보호하여야** 한다.

선지분석 & 요플·기풀기링크

선지	THEME	요플	기풀기
ㄱ		06	004
ㄴ		08	006
ㄷ	T05 신뢰보호원칙	01	027
ㄹ		24	013
ㅁ		37	037

ㄹ. ✗ **행정관행에 신뢰보호원칙이 적용되기 위한 요건: 객관적 사실 외 행정청의 주관적 의사와 명시적·묵시적 의사표시 필요**
특정 사항에 관하여 신뢰보호원칙상 행정청이 그와 배치되는 조치를 할 수 없다고 할 수 있을 정도의 행정관행이 성립되었다고 하려면 상당한 기간에 걸쳐 그 사항에 관하여 동일한 처분을 하였다는 객관적 사실이 존재할 뿐만 아니라, 행정청이 그 사항에 관하여 다른 내용의 처분을 할 수 있음을 알면서도 어떤 특별한 사정 때문에 그러한 처분을 하지 않는다는 의사가 있고 이와 같은 의사가 명시적 또는 묵시적으로 표시되어야 한다(2020.7.23. 2020두33824).

ㅁ. ○ **견해표명 후 사정변경 → 그에 반하는 처분을 해도 신뢰보호원칙 위반✗**
신뢰보호의 원칙은 행정청이 공적인 견해를 표명할 당시의 사정이 그대로 유지됨을 전제로 적용되는 것이 원칙이므로, 사후에 그와 같은 사정이 변경된 경우에는 그 공적 견해가 더 이상 개인에게 신뢰의 대상이 된다고 보기 어려운 만큼, 특별한 사정이 없는 한 행정청이 그 견해표명에 반하는 처분을 하더라도 신뢰보호의 원칙에 위반된다고 할 수 없다(2020.6.25. 2018두34732).

정답 ④
OX 1○ 2✗

필수 문제 02

신뢰보호의 원칙에 대한 설명으로 옳지 않은 것은? (다툼이 있는 경우 판례에 의함) 21국가7

- Ⓐ ① 「개발이익환수에 관한 법률」에 정한 개발사업을 시행하기 전에, 행정청이 민원예비심사에 대하여 관련부서 의견으로 '저촉사항 없음'이라고 기재한 것은 공적인 견해표명에 해당한다.
- Ⓢ ② 행정청이 공적 견해를 표명하였는지를 판단할 때는 반드시 행정조직상의 형식적인 권한분장에 구애될 것은 아니다.
- Ⓑ ③ 행정청은 공익 또는 제3자의 이익을 현저히 해칠 우려가 있는 경우를 제외하고는 행정에 대한 국민의 정당하고 합리적인 신뢰를 보호하여야 한다.
- Ⓢ ④ 신뢰보호의 원칙이 적용되기 위한 요건 중 귀책사유의 유무는 상대방과 그로부터 신청행위를 위임받은 수임인 등 관계자 모두를 기준으로 판단하여야 한다.

해설

① ✕ 민원예비심사에서 '저촉사항 없음'이라고 기재: 개발부담금부과에 대한 견해표명✕

「개발이익환수에 관한 법률」에 정한 개발사업을 시행하기 전에, 행정청이 토지 지상에 예식장 등을 건축하는 것이 관계 법령상 가능한지 여부를 질의하는 민원예비심사에 대하여 관련부서 의견으로 「개발이익환수에 관한 법률」에 '저촉사항 없음'이라고 기재하였다고 하더라도, 이후의 개발부담금부과처분에 관하여 신뢰보호의 원칙을 적용하기 위한 요건인, 개인에 대하여 신뢰의 대상이 되는 공적인 견해표명을 한 것이라고는 보기 어렵다(2006.6.9. 2004두46).

② ◯ 공적 견해표명: 형식적 권한분장에 구애✕ / 실질에 따라 판단◯

행정청의 공적 견해표명이 있었는지의 여부를 판단하는 데 있어 반드시 행정조직상의 <u>형식적인 권한분장에 구애될 것은 아니고</u> 담당자의 조직상의 지위와 임무, 당해 언동을 하게 된 구체적인 경위 및 그에 대한 상대방의 신뢰가능성에 비추어 <u>실질에 의하여 판단하여야 한다</u>(1997.9.12. 96누18380).

③ ◯

행정기본법 제12조(신뢰보호의 원칙) ① 행정청은 공익 또는 제3자의 이익을 현저히 해칠 우려가 있는 경우를 제외하고는 행정에 대한 국민의 정당하고 합리적인 신뢰를 보호하여야 한다.

④ ◯ 귀책사유: 수임인 등 관계자 모두를 기준으로 판단(상대방에 한정✕)

신뢰보호의 원칙이 적용되기 위하여는 … 개인에게 귀책사유가 없어야 하며 … 귀책사유라 함은 행정청의 견해표명의 하자가 상대방 등 관계자의 사실은폐나 기타 사위의 방법에 의한 신청행위 등 부정행위에 기인한 것이거나 그러한 부정행위가 없다고 하더라도 하자가 있음을 알았거나 중대한 과실로 알지 못한 경우 등을 의미한다고 해석함이 상당하고, <u>귀책사유의 유무는 상대방과 그로부터 신청행위를 위임받은 수임인 등 관계자 모두를 기준으로 판단하여야 한다</u>(2002.11.8. 2001두1512).

요플 귀책사유 유무 판단

보호가치 있는 신뢰	· 부정행위(은폐·사위) 한정✕	알았거나 중과실로 모른 경우도 신뢰보호✕
	· 상대방에 한정✕	수임인(ox 건축사) 등 관계자 모두의 귀책 고려

선지선택비율 ① 88.29% ② 6.02% ③ 3.34% ④ 2.34%   오답률 11.71%

관련 OX

① 관련

1. 행정청이 민원예비심사에 대하여 관련부서 의견으로 「개발이익환수에 관한 법률」에 '저촉사항 없음'이라고 기재한 것은, 이후의 개발부담금부과처분에 관하여 공적인 견해표명을 한 것이라고 볼 수 없다. 23서울(지적)7

② 관련

2. Ⓢ 행정청의 공적 견해표명이 있었는지 여부를 판단하는 데 있어 반드시 행정조직상의 형식적인 권한분장에 구애될 것은 아니고 담당자의 조직상의 지위와 임무, 당해 언동을 하게 된 구체적인 경위 및 그에 대한 상대방의 신뢰가능성에 비추어 실질에 의하여 판단하여야 한다. 20국가9

④ 관련

3. 신뢰보호의 원칙에 있어서 신청을 요하는 행정행위와 관련하여 개인의 귀책사유의 유무는 상대방을 기준으로 판단하여야 하고, 상대방으로부터 신청행위를 위임받은 수임인 등 관계자 모두를 기준으로 판단하여야 하는 것은 아니다. 24국회9

선지분석 & 요플·기풀기링크

선지	THEME	요플	기풀기
①		49	049
②	T05 신뢰보호원칙	06	004
③		01	027
④		17	020

정답 ①

OX 1◯ 2◯ 3✕

필수문제 03

신뢰보호원칙에 관한 설명으로 옳은 것은? 08국회8

① 신뢰의 대상인 행정청의 선행조치에는 적극적·소극적 언동이 모두 포함되지만, 적어도 적법한 선행조치일 것이 요구되므로 위법한 선행조치에 대한 신뢰보호는 허용되지 않는다.
② 행정조직상 권한을 가진 처분청 자신의 공적 견해가 아니라 보조기관에 불과한 담당공무원의 공적 견해표명이라도 신뢰보호의 대상이 될 수 있다.
③ 행정청의 선행조치에 대하여 상대방인 사인의 아무런 처리행위가 없었던 경우라도 정신적 신뢰를 이유로 신뢰보호를 요구할 수 있다.
④ 행정의 합법률성 원칙과 신뢰보호원칙이 충돌하는 경우에는 전자가 우위에 있다는 것이 통설적 견해이다.
⑤ 행정청의 선행조치와 무관하게 우연히 행해진 사인의 처리행위도 신뢰보호의 대상이 될 수 있다.

관련 OX

① 관련

1 신뢰보호원칙의 요건은 행정청의 적법한 선행조치, 보호가치가 있는 사인의 신뢰, 신뢰에 기한 사인의 처리, 인과관계, 선행행위에 반하는 후행처분이다. 15서울9

② 관련

2 처분청 자신의 공적 견해표명이 있어야만 하는 것은 아니며, 경우에 따라서는 보조기관인 담당 공무원의 공적인 견해표명도 신뢰의 대상이 될 수 있다. 19소방

④ 관련

3 신뢰보호의 원칙과 행정의 법률적합성의 원칙이 충돌하는 경우 법률적합성의 원칙이 우선한다. 14(1)경행

해설

① ✗ 지문의 앞부분은 옳고 뒷부분이 틀렸다. 행정청의 선행조치는 명시적·적극적인 것은 물론, 묵시적·소극적인 것도 가능하다. 또한, 상대방 측에 귀책사유가 없는 한 **위법한** 선행조치에 대한 신뢰도 보호된다는 것이 일반적인 견해이다.

• **위법한 선행조치에도 신뢰보호원칙 적용 가능**
조세법률관계에 있어서 신의성실의 원칙이나 **신뢰보호의 원칙** 또는 비과세 관행 존중의 원칙은 **합법성의 원칙을 희생하여서라도 납세자의 신뢰를 보호함이 정의에 부합하는 것으로 인정되는 특별한 사정이 있을 경우에 한하여 적용되는 예외적인 법 원칙**이다(2013.12.26. 2011두5940).

② ○ 판례는 행정청의 공적 견해표명(선행조치) 여부는 **형식적 권한분장**이 아니라 **실질적 지위·업무**에 따라 판단한다고 본다. 따라서 처분청이 아닌 그의 보조기관에 불과한 **담당공무원의 견해표명**도 제반 사정에 비추어 그 언동을 신뢰할 수 있는 경우라면 행정청의 공적 견해표명으로 인정될 수 있다.

• **공적 견해표명: 형식적 권한분장에 구애✗ / 실질에 따라 판단○ → 처분청 아닌 보조기관(담당공무원)도 가능**
행정청의 〈공적 견해표명이 있었는지〉의 여부를 판단하는 데 있어 반드시 행정조직상의 **형식적인 권한분장에 구애될 것은 아니고** 담당자의 조직상의 지위와 임무, 당해 언동을 하게 된 구체적인 경위 및 그에 대한 상대방의 신뢰가능성에 비추어 **실질에 의하여 판단**하여야 한다. 종교법인이 도시계획구역 내 생산녹지로 답인 토지에 대하여 종교회관 건립을 이용목적으로 하는 토지거래계약의 허가를 받으면서 **담당공무원이**(편저자: 보조기관) 관련 법규상 허용된다 하여 이를 신뢰하고 건축준비를 하였으나 그 후 당해 **지방자치단체장이**(편저자: 처분청) 다른 사유를 들어 토지형질변경허가신청을 불허가 한 것이 **신뢰보호원칙에 반한다**(1997.9.12. 96누18380).

③⑤ ✗ 선행의 공적 견해표명을 신뢰한 국민이 자본투하 등 **후속 조치에 나아갔어야** 신뢰보호원칙이 적용될 수 있다.③ 또한 그러한 후속 조치가 행정청의 **선행조치에 기인한** 것이어야 하고, 선행조치와 무관히 한 행동에 대해서는 당연히 신뢰보호원칙을 인정할 수 없다.⑤

• **공적 견해표명과 사인 행위 간 인과관계가 필요: 견해표명과 무관한 행위는 보호✗**
행정청의 행위에 대하여 신뢰보호의 원칙이 적용되기 위하여는 개인이 그 견해표명을 신뢰하고⑤ 이에 **상응하는 어떠한 행위**를 하였어야 한다③(2002.11.8. 2001두1512).

④ ✗ 행정청의 선행조치에 하자가 있는 경우 이를 바로잡기 위한 조치를 하면 신뢰이익이 침해되고, 그를 방치하면 법률적합성의 원칙(적법성 원칙)이 침해되는 경우가 있을 수 있다. 이처럼 신뢰보호원칙과 법률적합성의 원칙이 충돌하는 경우 ⅰ) 법률적합성의 원칙이 우선한다는 견해도 있으나, ⅱ) **법률적합성의 원칙과 신뢰보호의 원칙은 모두 법치국가원리에서 도출되는 동위의 원칙이므로 이익형량에 따라 어느 원칙을 우선할지를 결정한다**고 보는 것이 통설이다.

➕ PLUS 평등원칙과 자기구속의 원칙은 불법한 선행조치나 선례에 대해서는 인정되지 않는 것과 구별

선지분석 & 요플·기풀기링크

선지	THEME	요플	기풀기
①		12	015
②		07	005
③	T05 신뢰보호원칙	19	024
④		32	032
⑤		20	025

정답 ②
OX 1✗ 2○ 3✗

THEME 05 행정법의 일반원칙(1) – 신뢰보호의 원칙

04 필수문제

신뢰보호원칙에 대한 설명으로 옳지 않은 것은? (다툼이 있는 경우 판례에 의함) 18지방9

① 건축허가 신청 후 건축허가기준에 관한 관계 법령 및 조례의 규정이 신청인에게 불리하게 개정된 경우, 당사자의 신뢰를 보호하기 위해 처분시가 아닌 신청시 법령에서 정한 기준에 의하여 건축허가 여부를 결정하는 것이 원칙이다.

② 「행정절차법」과 「국세기본법」에서는 법령등의 해석 또는 행정청의 관행이 일반적으로 국민에게 받아들여졌을 때와 관련하여 신뢰보호의 원칙을 규정하고 있다.

③ 신뢰보호원칙에서 행정청의 견해표명이 정당하다고 신뢰한 데에 대한 개인의 귀책사유의 유무는 상대방뿐만 아니라 그로부터 신청행위를 위임받은 수임인 등 관계자 모두를 기준으로 판단하여야 한다.

④ 서울지방병무청 총무과 민원팀장이 국외영주권을 취득한 사람의 상담에 응하여 법령의 내용을 숙지하지 못한 채 민원봉사 차원에서 현역입영대상자가 아니라고 답변하였다면 그것이 서울지방병무청장의 공적인 견해표명이라 할 수 없다.

관련 OX

② 관련

1 신뢰보호원칙의 실정법적 근거로는 「행정절차법」 제4조 제2항, 「국세기본법」 제18조 제3항 등을 들 수 있다. 20군무원9

③ 관련

2 신뢰보호의 원칙에 있어서 신청을 요하는 행정행위와 관련하여 개인의 귀책사유의 유무는 상대방을 기준으로 판단하여야 하고, 상대방으로부터 신청행위를 위임받은 수임인 등 관계자 모두를 기준으로 판단하여야 하는 것은 아니다. 24국회9

해설

① ✕ 건축허가기준 관계 법령 개정시 허가 여부 결정기준: 처분 당시 개정 법령

건축허가기준에 관한 관계 법령의 규정이 개정된 경우, 새로이 개정된 법령의 경과규정에서 달리 정함이 없는 한 처분 당시에 시행되는 **개정 법령에서 정한 기준**에 의하여 건축허가 여부를 결정하는 것이 원칙이고, 그러한 개정법령의 적용과 관련하여서는 개정 전 법령의 존속에 대한 국민의 신뢰가 개정 법령의 적용에 관한 공익상의 요구보다 더 보호가치가 있다고 인정되는 경우에 그러한 국민의 신뢰를 보호하기 위하여 그 적용이 제한될 수 있는 여지가 있을 따름이다(2007.11.16. 2005두8092).

+ PLUS 행정행위는 **처분 당시**에 시행 중인 **법령**과 허가기준에 의하여 하는 것이 원칙이다.

행정기본법 제14조(법 적용의 기준) ② 당사자의 **신청에 따른 처분**은 법령등에 특별한 규정이 있거나 처분 당시의 법령등을 적용하기 곤란한 특별한 사정이 있는 경우를 제외하고는 **처분 당시의 법령등**에 따른다.

② ○

행정절차법 제4조(신의성실 및 신뢰보호) ② 행정청은 법령등의 해석 또는 행정청의 관행이 일반적으로 국민들에게 받아들여졌을 때에는 공익 또는 제3자의 정당한 이익을 현저히 해칠 우려가 있는 경우를 제외하고는 새로운 해석 또는 관행에 따라 소급하여 불리하게 처리하여서는 아니 된다.

국세기본법 제18조(세법 해석의 기준 및 소급과세의 금지) ③ 세법의 해석이나 국세행정의 관행이 일반적으로 납세자에게 받아들여진 후에는 그 해석이나 관행에 의한 행위 또는 계산은 정당한 것으로 보며, 새로운 해석이나 관행에 의하여 소급하여 과세되지 아니한다.

③ ○ 귀책사유: 수임인 등 관계자 모두를 기준으로 판단(상대방에 한정✕)

신뢰보호의 원칙이 적용되기 위하여는 … 개인에게 귀책사유가 없어야 하며 … 귀책사유의 유무는 상대방과 그로부터 신청행위를 위임받은 수임인 등 관계자 모두를 기준으로 판단하여야 한다(2002.11.8. 2001두1512).

④ ○ 병무청 민원팀장의 민원봉사 차원의 안내: 신뢰보호원칙 적용✕

병무청 담당부서의 담당공무원에게 공적 견해의 표명을 구하는 정식의 서면질의 등을 하지 아니한 채 총무과 민원팀장에 불과한 공무원이 민원봉사 차원에서 상담에 응하여 안내한 것을 신뢰한 경우, 신뢰보호원칙이 적용되지 아니한다(2003.12.26. 2003두1875).

선지분석 & 요플·기풀기링크

선지	THEME	요플	기풀기
①	T08 개정시 적용법	04	004
②		05	003
③	T05 신뢰보호원칙	17	020
④		48	048

정답 ①
OX 1○ 2✕

05

신뢰보호의 원칙에 대한 설명으로 옳은 것은? (다툼이 있는 경우 판례에 의함) 19국가7

① 처분청이 착오로 행정서사업 허가처분을 한 후 20년이 다 되어서야 취소사유를 알고 행정서사업 허가를 취소한 경우, 그 허가취소처분은 실권의 법리에 저촉되는 것으로 보아야 한다.
② 법령이나 비권력적 사실행위인 행정지도 등은 신뢰의 대상이 되는 선행조치에 포함되지 않는다.
③ 신뢰보호원칙의 적용에 있어서 귀책사유의 유무는 상대방을 기준으로 판단하여야 하며, 상대방으로부터 신청행위를 위임받은 수임인 등 관계자까지 포함시켜 판단할 것은 아니다.
④ 당초 정구장시설을 설치한다는 도시계획결정을 하였다가 정구장 대신 청소년 수련시설을 설치한다는 도시계획 변경결정 및 지적승인을 한 경우 당초의 도시계획결정만으로는 도시계획사업의 시행자 지정을 받게 된다는 공적 견해를 표명했다고 할 수 없다.

관련 OX

② 관련

1 신뢰보호의 대상인 행정청의 선행조치에는 법적행위만이 포함되며, 행정지도 등의 사실행위는 포함되지 아니한다. 14국회8

③ 관련

2 신뢰보호의 원칙이 적용되기 위하여는 행정청의 견해표명이 정당하다고 신뢰한 데에 대하여 그 개인에게 귀책사유가 없어야 하는데, 여기서 귀책사유의 유무는 견해표명의 상대방과 그로부터 일정한 행위를 위임받은 수임인 등 관계자 모두를 기준으로 판단하여야 한다. 25변시

해설

① × 착오로 행정서사업 허가발급 후 20년 후 발견돼 허가취소 → 적법(취소할 공익이 더 큼)
행정서사의 허가를 받을 자격이 없는 원고가 행정청의 착오로 그 허가를 받았다가 그 후(편저자: 약 20년 후) 그것이 드러나 허가취소됨으로써 입게 되는 불이익보다는 자격 없는 자에게 나간 허가를 취소하여 공정한 법 집행을 함으로써 법 질서를 유지시켜야 할 공익상의 필요가 더 크다(1988.4.27. 87누915).

② × 선행조치는 행정행위와 같이 개별적 법률행위뿐 아니라 행정입법·행정계획과 같은 일반적 행위나, 행정지도와 같은 사실행위도 포함된다는 것이 다수의 견해이다.

③ × 귀책사유: 수임인 등 관계자 모두를 기준으로 판단(상대방에 한정×)
신뢰보호의 원칙이 적용되기 위하여는 … 개인에게 귀책사유가 없어야 하며 … 귀책사유라 함은 행정청의 견해표명의 하자가 상대방 등 관계자의 사실은폐나 기타 사위의 방법에 의한 신청행위 등 부정행위에 기인한 것이거나 그러한 부정행위가 없다고 하더라도 하자가 있음을 알았거나 중대한 과실로 알지 못한 경우 등을 의미한다고 해석함이 상당하고, 귀책사유의 유무는 상대방과 그로부터 신청행위를 위임받은 수임인 등 관계자 모두를 기준으로 판단하여야 한다(2002.11.8. 2001두1512).

요플 귀책사유 유무 판단

보호가치 있는 신뢰	· 부정행위(은폐·사위) 한정×	알았거나 중과실로 모른 경우도 신뢰보호×
	· 상대방에 한정×	수임인(ex 건축사) 등 관계자 모두의 귀책 고려

26 요플 p.16

④ ○ 정구장을 설치한다는 도시계획: 대지 소유자를 사업시행자로 지정한다는 견해표명× → 추후 수련시설로 계획변경해도 신뢰이익 침해×
당초 정구장 시설을 설치한다는 도시계획결정을 하였다가 정구장 대신 청소년 수련시설을 설치한다는 도시계획 변경결정 및 지적승인을 한 경우, 당초의 도시계획결정만으로는 도시계획사업의 시행자 지정을 받게 된다는 공적인 견해를 표명하였다고 할 수 없다. … 도시계획사업의 시행자로 지정받을 것을 예상하고 정구장 설계 비용 등을 지출한 자의 신뢰이익을 침해한 것으로 볼 수 없다(2000.11.10. 2000두727).

선지분석 & 요플·기풀기링크

선지	THEME	요플	기풀기
①		59	059
②	T05 신뢰보호원칙	11	009
③		17	020
④		52	052

정답 ④
OX 1× 2○

필수문제 06

신뢰보호의 원칙에 대한 설명으로 옳지 않은 것은? (다툼이 있는 경우 판례에 의함) 17지방7

① 「국세기본법」에 따른 비과세관행의 성립요건인 공적 견해나 의사의 묵시적 표시가 있다고 하기 위해서는 과세관청이 상당기간의 불과세 상태에 대하여 과세하지 않겠다는 의사표시를 한 것으로 볼 수 있는 사정이 있어야 한다.

② 과세관청이 납세의무자에게 부가가치세 면세사업자용 사업자등록증을 교부하거나 고유번호를 부여하였다고 하더라도 그가 영위하는 사업에 관하여 부가가치세를 과세하지 않겠다는 언동이나 공적 견해를 표명한 것으로 볼 수 없다.

③ 행정관청이 폐기물처리업 사업계획에 대하여 폐기물관리법령에 의한 적정통보를 한 경우에는, 그 사업부지 토지에 대한 국토이용계획변경신청을 승인하여 주겠다는 취지의 공적 견해를 표명한 것으로 볼 수 있다.

④ 행정청이 지구단위계획을 수립하면서 그 권장용도를 판매·위락·숙박시설로 결정하여 고시하였다 하더라도 당해 지구 내에서 공익과 무관하게 언제든지 숙박시설에 대한 건축허가가 가능하다는 취지의 공적 견해를 표명한 것으로 볼 수 없다.

관련 OX

② 관련

1 과세관청이 납세의무자에게 부가가치세 면세사업자용 사업자등록증을 교부한 행위는 그가 영위하는 사업에 관하여 부가가치세를 과세하지 아니함을 시사하는 언동이나 공적인 견해를 표명한 것으로 볼 수 없다. 25국가9

④ 관련

2 지구단위계획을 수립하면서 그 권장용도를 판매·위락·숙박시설로 결정하여 고시한 행위를 당해 지구 내에서는 공익과 무관하게 언제든지 숙박시설에 대한 건축허가를 받을 수 있을 것이라는 공적 견해를 표명한 것이라고 평가할 수는 없다. 21국회8

해설

① ○ 비과세의 묵시적 표시: 의사표시를 한 것으로 볼 수 있는 사정 필요
공적 견해나 의사는 명시적 또는 묵시적으로 표시되어야 하며, 묵시적 표시가 있다고 하기 위하여는 단순한 과세누락과는 달리 과세관청이 상당기간의 불과세 상태에 대하여 과세하지 않겠다는 의사표시를 한 것으로 볼 수 있는 사정이 있어야 한다(2016.10.13. 2016두43077).

② ○ 면세사업자용 사업자등록증 교부 및 고유번호 부여 → 비과세의 견해표명✕
부가가치세법상의 사업자등록은 … 단순한 사업사실의 신고로서 사업자가 소관 세무서장에게 소정의 사업자등록신청서를 제출함으로써 성립하며, 사업자등록증의 교부는 이와 같은 등록사실을 증명하는 증서의 교부행위에 불과한 것으로 과세관청이 납세의무자에게 부가가치세 면세사업자용 사업자등록증을 교부하였다고 하더라도 그가 영위하는 사업에 관하여 부가가치세를 과세하지 아니함을 시사하는 언동이나 공적인 견해를 표명한 것으로 볼 수 없으며, 구 부가가치세법 시행령 제8조 제2항에 정한 고유번호의 부여도 과세자료를 효율적으로 처리하기 위한 것에 불과한 것이므로 과세관청이 납세의무자에게 고유번호를 부여한 경우에도 마찬가지이다(2008.6.12. 2007두23255).

+ PLUS 사업자등록은 신고 그 자체로 완결되는 자기완결적 신고. 따라서 사인 혼자서 완성시킨 등록사실로 그대로 교부된 사업자등록증의 교부나 그에 기초한 고유번호 부여를 행정청의 별도의 견해표명으로 볼 수는 없음

③ ✕ 폐기물처리업 사업계획 적정통보: 사업부지토지 국토이용계획변경신청 승인 공적 견해표명✕
폐기물관리법령에 의한 폐기물처리업 사업계획에 대한 적정통보와 국토이용관리법령에 의한 국토이용계획변경은 각기 그 제도적 취지와 결정단계에서 고려해야 할 사항들이 다르므로, 피고가 위와 같이 폐기물처리업 사업계획에 대하여 적정통보를 한 것만으로 그 사업부지 토지에 대한 국토이용계획변경신청을 승인하여 주겠다는 취지의 공적인 견해표명을 한 것으로 볼 수 없다(2005.4.28. 2004두8828).

+ PLUS 따라서, 적정통보 후 국토이용계획변경신청 승인거부는 신뢰보호원칙 위반✕

④ ○ 지구단위계획상 권장용도를 숙박시설로 고시: 공익과 무관히 숙박용 건축허가를 해주겠다는 견해표명✕
행정청이 지구단위계획을 수립하면서 그 권장용도를 판매·위락·숙박시설로 결정하여 고시한 행위를 당해 지구 내에서는 공익과 무관하게 언제든지 숙박시설에 대한 건축허가가 가능하리라는 공적 견해를 표명한 것이라고 평가할 수는 없다(2005.11.25. 2004두6822·6839·6846).

+ PLUS 판매·위락·숙박시설을 '권장'한다는 것을 두고, 숙박시설을 언제나 '허가'해 주겠다는 견해표명으로 볼 수 없다. 따라서 교육·주거환경상 공익을 이유로 숙박시설 허가를 반려한 것이 신뢰보호원칙 위반✕

선지분석 & 요플·기풀기링크

선지	THEME	요플	기풀기
①	T04 법원(法源)	35	029
②		54	053
③	T05 신뢰보호원칙	40	041
④		50	050

정답 ③
OX 1○ 2○

필수문제 07

신뢰보호원칙에 대한 설명으로 옳지 않은 것은? (다툼이 있는 경우 판례에 의함) 20지방7

① 신뢰보호의 원칙과 행정의 법률적합성의 원칙이 충돌하는 경우 국민보호를 위해 원칙적으로 신뢰보호의 원칙이 우선한다.

② 수익적 행정처분의 하자가 당사자의 사실은폐에 의한 신청행위에 기인한 것이라면 당사자는 그 처분에 관한 신뢰이익을 원용할 수 없다.

③ 면허세의 근거법령이 제정되어 폐지될 때까지의 4년 동안 과세관청이 면허세를 부과할 수 있음을 알면서도 수출확대라는 공익상 필요에서 한 건도 부과한 일이 없었다면 비과세의 관행이 이루어졌다고 보아도 무방하다.

④ 행정청이 상대방에게 장차 어떤 처분을 하겠다고 공적인 의사표명을 하면서 상대방에게 언제까지 처분의 발령을 신청하도록 유효기간을 둔 경우, 그 기간 내에 상대방의 신청이 없었다면 그 공적인 의사표명은 행정청의 별다른 의사표시를 기다리지 않고 실효된다.

해설

① ✕ 행정청의 선행조치에 하자가 있는 경우 이를 바로잡기 위한 조치를 하면 신뢰이익이 침해되고, 그를 방치하면 법률적합성의 원칙(적법성 원칙)이 침해되는 경우가 있을 수 있다. 이처럼 신뢰보호원칙과 법률적합성의 원칙이 충돌하는 경우 ⅰ) 법률적합성의 원칙이 우선한다는 견해도 있으나, ⅱ) **법률적합성의 원칙과 신뢰보호의 원칙은 모두 법치국가원리에서 도출되는 동위의 원칙이므로 이익형량에 따라 어느 원칙을 우선할지를 결정한다고 보는 것이 통설이다.**

+ PLUS 평등원칙과 자기구속의 원칙은 불법한 선행조치나 선례에 대해서는 인정되지 않는 것과 구별

요플 신뢰보호원칙의 한계

법률적합성과 충돌	위법한 선행조치에 대한 **신뢰보호의 원칙**과, 이를 바로잡기 위한 **법률적합성의 원칙**이 충돌시 어느 하나가 우선✕, 동위○ → 이익형량해 무엇을 우선할지 개별적 판단
선행조치가 무효	임용결격사유가 있는 자를 임용시 해당 임용행위는 **당연무효**에 해당 → 임용을 취소해도 신의칙 내지 신뢰보호의 원칙 주장✕ & 취소권 시효소멸✕
유효기간(신청기간)이 도과 or 사실적·법적 상태가 변경	• 별도 의사표시 없이 공적 견해표명 실효 • 당초 견해표명에 반하는 처분을 하더라도 신뢰보호의 원칙 위반✕
법원이 하는 과태료 재판	신뢰보호의 원칙 적용✕

26 요플 p.18

② ○ 처분의 하자가 사실은폐에 의한 신청에 기인: 신뢰이익 원용 불가

신뢰보호의 원칙이 적용되기 위하여는 … 개인에게 귀책사유가 없어야 하며 … 귀책사유라 함은 행정청의 견해표명의 하자가 상대방 등 관계자의 사실은폐나 기타 사위의 방법에 의한 신청행위 등 부정행위에 기인한 것이거나 그러한 부정행위가 없다고 하더라도 하자가 있음을 알았거나 중대한 과실로 알지 못한 경우 등을 의미한다(2002.11.8. 2001두1512).

③ ○ 4년간 면허세 미부과: 비과세 관행 인정

이 사건 보세운송면허세의 부과근거이던 지방세법 시행령이 1973.10.1. 제정되어 1977.9.20.에 폐지될 때까지 **4년 동안 그 면허세를 부과할 수 있는 정을 알면서도** 피고가 수출확대라는 공익상 필요에서 한 건도 이를 **부과한 일이 없었다면** 납세자인 원고는 그것을 믿을 수 밖에 없고 그로써 **비과세의 관행이 이루어졌다**고 보아도 무방하다(1980.6.10. 80누6 전합).

④ ○ 선행 견해표명에서 둔 유효기간이 도과 → 별도 의사표시 없어도 선행 견해표명은 실효

행정청이 상대방에게 장차 어떤 처분을 하겠다고 확약 또는 공적인 의사표명을 하였다고 하더라도, 그 자체에서 상대방으로 하여금 언제까지 처분의 발령을 신청하도록 유효기간을 두었는데도 그 기간 내에 상대방의 신청이 없었다면 … 그와 같은 확약 또는 공적인 의사표명은 행정청의 별다른 의사표시를 기다리지 않고 실효된다(1996.8.20. 95누10877).

관련 OX

② 관련

1 수익적 처분이 상대방의 허위 기타 부정한 방법으로 인하여 행하여졌다면 상대방은 그 처분이 그와 같은 사유로 인하여 취소될 것임을 예상할 수 있으므로, 이러한 경우까지 상대방의 신뢰를 보호하여야 하는 것은 아니다. 23국가9

② ○

(신뢰보호원칙과 관련하여) 공적 견해표명을 신뢰한 자가 사실은폐 등 적극적 부정행위를 하지 않는 한 귀책사유가 인정되지 않는다. 09국회8

④ 관련

3 행정청의 확약 또는 공적인 의사표명 그 자체에서 처분의 발령을 신청하도록 유효기간을 두었을 경우 그 후에 사실적·법률적 상태가 변경되었더라도 직권취소나 철회로 효력이 소멸되고 당연히 실효되는 것은 아니다. 23군무원7

선지분석 & 요플·기풀기링크

선지	THEME	요플	기풀기
①	T05 신뢰보호원칙	33	033
②	T31 VA의 취소·철회·실효	25	015
③	T04 법원(法源)	37	031
④	T05 신뢰보호원칙	35	035

정답 ①
OX 1○ 2✕ 3✕

필수 문제 08

행정법의 일반원칙에 대한 판례의 입장으로 옳지 않은 것은? 19지방9

① 행정청이 폐기물처리업 사업계획에 대하여 적정통보를 한 것만으로 그 사업부지 토지에 대한 국토이용계획변경신청을 승인하여 주겠다는 취지의 공적인 견해표명을 한 것으로 볼 수 없다.

② 헌법재판소의 위헌결정은 행정청이 개인에 대하여 신뢰의 대상이 되는 공적인 견해를 표명한 것이라고 할 수 있으므로 그 결정에 관련한 개인의 행위에 대하여는 신뢰보호의 원칙이 적용된다.

③ 지방자치단체장이 사업자에게 주택사업계획승인을 하면서 그 주택사업과는 아무런 관련이 없는 토지를 기부채납하도록 하는 부관을 붙인 경우, 그 부관은 부당결부금지의 원칙에 위반되어 위법하다.

④ 법령 개폐에 있어서 신뢰보호원칙의 위반 여부는 한편으로는 침해받은 신뢰이익의 보호가치, 침해의 중한 정도, 신뢰침해의 방법 등과 다른 한편으로는 새 입법을 통해 실현코자 하는 공익목적을 종합적으로 비교·형량하여 판단하여야 한다.

관련 OX

② 관련

1. 헌법재판소의 위헌결정이 있다면 행정청이 개인에 대하여 공적인 견해를 표명한 것으로 볼 수 있으므로 위헌결정과 다른 행정청의 결정은 신뢰보호원칙에 반한다. 22군무원9

④ 관련

2. 신뢰보호원칙 위반 여부를 판단하기 위하여, 한편으로는 침해받은 이익의 보호가치, 침해의 중한 정도, 신뢰가 손상된 정도, 신뢰침해의 방법 등과 다른 한편으로는 새 입법을 통해 실현하고자 하는 공익적 목적 등을 종합적으로 비교·형량하여야 한다. 25해경승진

해설

① ○ **폐기물처리업 사업계획 적정통보: 사업부지토지 국토이용계획변경신청 승인 공적 견해표명 ×**
폐기물관리법령에 의한 **폐기물처리업 사업계획**에 대한 **적정통보**와 국토이용관리법령에 의한 **국토이용계획변경**은 각기 그 제도적 취지와 결정단계에서 고려해야 할 사항들이 다르므로, 피고가 위와 같이 **폐기물처리업 사업계획**에 대하여 **적정통보**를 한 것만으로 그 사업부지 토지에 대한 **국토이용계획변경**신청을 승인하여 주겠다는 취지의 공적인 **견해표명**을 한 것으로 볼 수 없다(2005.4.28. 2004두8828).
+ PLUS 따라서, 적정통보 후 국토이용계획변경신청 승인거부는 신뢰보호원칙 위반 ×

요플 · 폐기물처리업 사업허가 적정통보 후 거부 사례

폐기물처리업 적정통보 후	• 청소업자 난립을 이유로 폐기물처리업 불허가	당초 견해표명에 반하는 불허가 처분	위법
	• 국토이용계획변경승인 거부 (∵ 적정통보와 제도적 취지 및 고려사항이 다름)	당초 견해표명에 포함되지 않은 사항에 대한 거부	적법
	• 토지형질변경허가 거부		

26 요플 p.18

② × **헌법재판소의 위헌결정: 행정청의 개인에 대한 공적 견해표명 × → 신뢰보호원칙 적용 ×**
헌법재판소의 위헌결정은 행정청이 개인에 대하여 신뢰의 대상이 되는 공적인 **견해를 표명**한 것이라고 할 수 없으므로 그 결정에 관련한 개인의 행위에 대하여는 **신뢰보호**의 원칙이 적용되지 아니한다(2003.6.27. 2002두6965).

③ ○ **주택사업과 관련 없는 토지의 기부채납의무 부과: 부당결부금지원칙 위반**
지방자치단체장이 사업자에게 주택사업계획승인을 하면서 그 **주택사업과는 아무런 관련이 없는 토지**를 기부채납하도록 하는 부관을 주택사업계획승인에 붙인 경우, 그 부관은 **부당결부금지의 원칙에 위반되어 위법**하지만 지방자치단체장이 승인한 사업자의 주택사업계획은 상당히 큰 규모의 사업임에 반하여, 사업자가 기부채납한 토지 가액은 그 100분의 1 상당의 금액에 불과한데다가, 사업자가 그 동안 그 부관에 대하여 아무런 이의를 제기하지 아니하다가 지방자치단체장이 업무착오로 기부채납한 토지에 대하여 보상협조요청서를 보내자 그 때서야 비로소 부관의 하자를 들고 나온 사정에 비추어 볼 때 부관의 하자가 중대하고 명백하여 **당연무효라고는 볼 수 없다**(1997.3.11. 96다49650).

④ ○ **법령개정시 신뢰보호: 개정으로 침해되는 신뢰이익과 개정으로 달성되는 공익을 비교·형량해야**
법령의 개정에서 … 신뢰보호원칙의 위배 여부를 판단하기 위해서는 한편으로는 **침해된 이익의 보호가치**, 침해의 중한 정도, 신뢰가 손상된 정도, **신뢰침해의 방법** 등과 다른 한편으로는 새 법령을 통해 **실현하고자 하는 공익적 목적**을 종합적으로 비교·형량하여야 한다(2007.10.29. 2005두4649 전합).

정답 ②
OX 1× 2○

09

신뢰보호의 원칙에 관한 설명으로 옳은 것은? (다툼이 있는 경우 판례에 의함) 22소간(변형)

① 납세자에게 신뢰의 대상이 되는 공적인 견해가 표명되었다는 사실은 과세처분의 적법성에 대한 증명책임이 있는 과세관청이 주장·입증하여야 한다.

인 ② 「국세기본법」 제18조 제3항에서 말하는 비과세관행이 성립하려면 상당한 기간에 걸쳐 과세를 하지 않은 객관적 사실이 존재하면 충분하고, 나아가 과세관청 자신이 그 사항에 관하여 과세할 수 있음을 알면서도 어떤 특별한 사정 때문에 과세하지 않는다는 주관적인 의사까지 요구되는 것은 아니다.

③ 행정청이 착오로 인하여 국적이탈을 이유로 주민등록을 말소한 행위를 법령에 따라 국적이탈이 처리되었다는 견해를 표명한 것으로 볼 수는 없으며, 상대방이 이러한 주민등록말소를 통하여 자신의 국적이탈이 적법하게 처리된 것으로 신뢰하였다고 하더라도 이는 보호할 가치 있는 신뢰에 해당하지 않는다.

④ 담당 공무원으로부터 국립공원 인근 자연녹지지역에서 토석채취허가가 법적으로 가능할 것이라는 말을 듣고 관련 토지를 매수하는 등 많은 비용을 투자하고 형질변경 및 토석채취허가를 신청한 사람에 대해 관할 행정청이, 해당 토지에서 토석채취작업을 하면, 주변의 환경·풍치·미관 등이 크게 손상될 우려가 있다는 이유를 들어 이를 불허가처분하는 것은 신뢰보호원칙에 반한다고 볼 수 없다.

관련 OX

① 관련

1 법령의 잘못된 해석이나 행정청의 관행에 대하여도 그것이 평균적인 납세자로 하여금 합리적이고 정당한 기대를 가지게 할 만한 것이면 신의성실의 원칙이나 신뢰보호의 원칙 또는 비과세관행 존중의 원칙이 적용될 수 있는데, 그러한 해석 또는 관행의 존재 여부에 대한 증명책임은 법치행정에 대한 의무를 지는 행정청에 있다. 23변시

해설

① ✕ 과세관청의 공적 견해 표명사실: 납세자(원고)가 주장·입증
"과세관청이 납세자에게 신뢰의 대상이 되는 공적인 견해를 표명하였다."는 사실은, 납세자가 주장·입증하여야 한다(1992.3.31. 91누9824).

② ✕ 비과세관행의 인정요건: 객관적 사실(상당기간 비과세) + 주관적 의사(알면서 비과세)의 명시적·묵시적 표시 필요
국세기본법 제15조, 제18조 제3항의 규정이 정하는 신의칙 또는 비과세관행이 성립되었다고 하려면 장기간에 걸쳐 어떤 사항에 대하여 과세하지 아니하였다는 객관적인 사실이 존재할 뿐만 아니라, 과세관청 자신이 그 사항에 대하여 과세할 수 있음을 알면서 어떤 특별한 사정에 의하여 과세하지 않는다는 의사가 있고 이와 같은 의사가 대외적으로 명시적 또는 묵시적으로 표시될 것임을 요한다(1995.4.21. 94누6574).

③ ✕ 국적이탈을 사유로 주민등록 말소한 것 신뢰하여 뒤늦게 국적이탈신고: 보호가치○ → 국적이탈신고 반려는 신뢰보호원칙 위반
(동사무소 직원이 행정상 착오로 국적이탈을 사유로 주민등록을 말소한 것을 신뢰하여 만 18세가 넘은 후 동사무소의 주민등록 직권 재등록 사실을 알고 국적이탈신고를 하자 이를 반려한 사안에서) 행정청이 원고의 주민등록을 말소한 행위는 원고에게 간접적으로 국적이탈이 법령에 따라 이미 처리되었다는 견해를 표명한 것이라고 보아야 하고, 원고가 위와 같은 주민등록말소를 통하여 자신의 국적이탈이 적법하게 처리된 것으로 신뢰한 것에 대하여 귀책사유가 있다고 할 수 없는바, 따라서 원고는 위와 같은 신뢰를 바탕으로 만 18세가 되기까지 별도로 국적이탈신고 절차를 취하지 아니하였던 것이므로, 피고가 원고의 이러한 신뢰에 반하여 원고의 국적이탈신고를 반려한 이 사건 처분은 신뢰보호의 원칙에 반하여 원고가 만 18세 이전에 국적이탈신고를 할 수 있었던 기회를 박탈한 것으로서 위법하다(2008.1.17. 2006두10931).

④ ○ 한려해상국립공원 인근 자연녹지지역 토석채취불허가처분: 환경상 공익이 우월하여 신뢰보호원칙 위반✕
한려해상국립공원지구 인근의 자연녹지지역에서의 토석채취허가가 법적으로 가능할 것이라는 행정청의 언동을 신뢰한 개인이 많은 비용과 노력을 투자하였다가 불허가처분으로 상당한 불이익을 입게 된 경우, 위 불허가처분에 의하여 행정청이 달성하려는 주변의 환경·풍치·미관 등의 공익이 그로 인하여 개인이 입게 되는 불이익을 정당화할 만큼 강하므로 불허가처분이 재량권의 남용 또는 신뢰보호의 원칙에 반하여 위법하다고 할 수 없다(1998.11.13. 98두7343).

선지분석 & 요플·기풀기링크

선지	THEME	요플	기풀기
①	T05 신뢰보호원칙	26	031
②	T04 법원(法源)	34	028
③ ④	T05 신뢰보호원칙		플지모

정답 ④

OX 1✕

10

신뢰보호의 원칙에 대한 설명으로 옳은 것(○)과 옳지 않은 것(×)을 바르게 연결한 것은? (다툼이 있는 경우 판례에 의함) 21지방9

> (가) 행정청이 공적인 의사표명을 하였다면 이후 사실적·법률적 상태의 변경이 있더라도 행정청이 이를 취소하지 않는 한 여전히 공적인 의사표명은 유효하다.
> (나) 재량권 행사의 준칙인 행정규칙의 공표만으로 상대방은 보호가치 있는 신뢰를 갖게 되었다고 볼 수 있다.
> (다) 행정청이 공적 견해를 표명하였는지를 판단할 때는 반드시 행정조직상의 형식적인 권한분장에 구애될 것은 아니다.
> (라) 신뢰보호원칙의 위반은 「국가배상법」상의 위법 개념을 충족시킨다.

	(가)	(나)	(다)	(라)
①	×	×	○	○
②	○	○	×	○
③	○	×	○	×
④	×	○	○	×

관련 OX

(나) 관련

1 행정청 내부의 사무처리준칙에 해당하는 농림사업시행지침서가 공표된 것만으로는 사업자로 선정되기를 희망하는 자가 당해 지침에 명시된 요건을 충족할 경우 사업자로 선정되어 사업자금 지원 등의 혜택을 받을 수 있다는 보호가치 있는 신뢰를 가지게 되었다고 보기 어렵다. 21변시

2 행정청 내부의 사무처리준칙에 해당하는 지침의 공표만으로도 신청인은 보호가치 있는 신뢰를 갖게 된다. 16지방9

(다) 관련

3 행정청의 공적 견해표명이 있었는지를 판단할 때 행정조직상의 형식적인 권한분장에 구애될 것은 아니다. 23국회8

해설

(가) × 선행 견해표명 후 사실적·법률적 상태변경(사정변경) → 별도 의사표시 없어도 선행 견해표명은 실효됨
행정청이 상대방에게 장차 어떤 처분을 하겠다고 확약 또는 공적인 의사표명을 하였다고 하더라도, 확약 또는 공적인 의사표명이 있은 후에 사실적·법률적 상태가 변경되었다면, 그와 같은 확약 또는 공적인 의사표명은 행정청의 별다른 의사표시를 기다리지 않고 실효된다(1996.8.20. 95누10877).

(나) × 재량준칙의 공표만으로는 보호가치 있는 신뢰×
재량준칙의 공표만으로 신청인이 보호가치 있는 신뢰를 갖게 되었다고 볼 수 없다(2009.12.24. 2009두7967).
관련 행정청 내부의 사무처리준칙에 해당하는 이 사건 지침(2008년도 농림사업시행지침서)이 그 정한 바에 따라 되풀이 시행되어 행정관행이 이루어졌다고 인정할 만한 자료를 찾아볼 수 없을 뿐만 아니라, 위 지침의 공표만으로는 원고가 위 지침에 명시된 요건을 충족할 경우 사업자로 선정되어 벼 매입자금 지원 등의 혜택을 받을 수 있다는 보호가치 있는 신뢰를 가지게 되었다고 보기도 어렵다(2009.12.24. 2009두7967).

(다) ○ 공적 견해표명: 형식적 권한분장에 구애× / 실질에 따라 판단○
행정청의 공적 견해표명이 있었는지의 여부를 판단하는 데 있어 반드시 행정조직상의 형식적인 권한분장에 구애될 것은 아니고 담당자의 조직상의 지위와 임무, 당해 언동을 하게 된 구체적인 경위 및 그에 대한 상대방의 신뢰가능성에 비추어 실질에 의하여 판단하여야 한다(1997.9.12. 96누18380).

(라) ○ 국가배상법상 위법: 형식적 법령 위반에 한정× → 널리 객관적 정당성을 결여한 것
국가배상책임에 있어서 공무원의 가해행위는 '법령에 위반한' 것이어야 하고, 법령 위반이라 함은 엄격한 의미의 법령 위반뿐만 아니라 인권존중, 권력남용금지, 신의성실, 공서양속 등의 위반도 포함하여 널리 그 행위가 객관적인 정당성을 결여하고 있음을 의미한다고 할 것이다(2009.12.24. 2009다70180).
+ PLUS 국가배상법상의 '위법' 개념은 형식적 의미의 법령 위반뿐 아니라, 널리 그 행위가 객관적 정당성을 결여한 것을 의미한다. 따라서 행정법의 일반원칙 위반은 당연히 국가배상법상의 위법 개념을 충족시킨다.

선지선택비율 ① 64.57% ② 6.89% ③ 22.35% ④ 6.19% 오답률 35.43%

선지분석 & 요플·기풀기링크

선지	THEME	요플	기풀기
① T05 신뢰보호원칙	36	036
② T15 행정규칙	08	011
③ T05 신뢰보호원칙	06	004
④ T71 국가배상(2조)	70	049

정답 ①
OX 1○ 2× 3○

필수문제 11

신뢰보호의 원칙에 대한 설명으로 옳지 않은 것은? (다툼이 있는 경우 판례에 의함) <small>22소방</small>

① 행정청이 공적인 견해에 반하는 행정처분을 함으로써 달성하려는 공익이 행정청의 공적 견해표명을 신뢰한 개인이 그 행정처분으로 인하여 입게 되는 이익의 침해를 정당화할 수 있을 정도로 강한 경우에는 그 행정처분은 위법하지 않다.

② 과세관청이 질의회신 등을 통하여 어떤 견해를 대외적으로 표명하였더라도 그것이 중요한 사실관계와 법적인 쟁점을 제대로 드러내지 아니한 채 질의한 데 따른 것이라면, 공적인 견해표명에 의하여 정당한 기대를 가지게 할 만한 신뢰가 부여된 경우로 볼 수 없다.

③ 폐기물처리업에 대하여 관할 관청의 사전 적정통보를 받고 막대한 비용을 들여 요건을 갖춘 다음 허가신청을 한 경우, 행정청이 청소업자의 난립으로 효율적인 청소업무의 수행에 지장이 있다는 이유로 불허가처분을 하였다 할지라도 신뢰보호의 원칙에 반하지 아니한다.

④ 법원이 「질서위반행위규제법」에 따라서 하는 과태료재판은 원칙적으로 행정소송에서와 같은 신뢰보호의 원칙 위반 여부가 문제되지 아니한다.

해설

① ○ 공적 견해에 반하는 처분이더라도 추구하는 공익이 침해되는 사익보다 강한 경우에는 정당화 가능
행정청이 앞서 표명한 공적인 견해에 반하는 행정처분을 함으로써 달성하려는 공익이 행정청의 공적 견해표명을 신뢰한 개인이 그 행정처분으로 인하여 입게 되는 이익의 침해를 정당화할 수 있을 정도로 강한 경우에는 신뢰보호의 원칙을 들어 그 행정처분이 위법하다고는 할 수 없다(2005.11.25. 2004두6822·6839·6846).

행정기본법 제12조(신뢰보호의 원칙) ① 행정청은 **공익 또는 제3자의 이익을 현저히 해칠 우려가 있는 경우를 제외**하고는 행정에 대한 국민의 정당하고 합리적인 **신뢰를 보호**하여야 한다.

② ○ 과세관청의 질의에 의한 질의회신: 공적 견해표명 ✕
과세관청이 질의회신 등을 통하여 어떤 견해를 표명하였다고 하더라도 그것이 중요한 사실관계와 법적인 쟁점을 제대로 드러내지 아니한 채 질의한 데 따른 것이라면 공적인 견해표명에 의하여 정당한 기대를 가지게 할 만한 신뢰가 부여된 경우라고 볼 수 없다(2013.12.26. 2011두5940).

③ ✕ 적정통보 후 청소업자 난립을 이유로 폐기물처리업 불허가: 신뢰보호원칙 위반(위법)
폐기물처리업에 대하여 사전에 관할 관청으로부터 적정통보를 받고 막대한 비용을 들여 허가요건을 갖춘 다음 허가신청을 하였음에도 다수 청소업자의 난립으로 안정적이고 효율적인 청소업무의 수행에 지장이 있다는 이유로 한 불허가처분이 신뢰보호의 원칙 및 비례의 원칙에 반하는 것으로서 재량권을 남용한 위법한 처분이라고 본 사례(1998.5.8. 98두4061)

④ ○ 비송사건절차법에 따른 과태료재판: 신뢰보호의 원칙 위반 여부 문제 ✕
법원이 비송사건절차법에 따라서 하는 과태료재판은 관할 관청이 부과한 과태료처분에 대한 당부를 심판하는 행정소송절차가 아니라 법원이 직권으로 개시·결정하는 것이므로, 원칙적으로 과태료재판에서는 행정소송에서와 같은 신뢰보호의 원칙 위반 여부가 문제로 되지 아니하고, 다만 위반자가 그 의무를 알지 못하는 것이 무리가 아니었다고 할 수 있어 그것을 정당시할 수 있는 사정이 있을 때 또는 그 의무의 이행을 그 당사자에게 기대하는 것이 무리라고 하는 사정이 있을 때 등 그 의무해태를 탓할 수 없는 정당한 사유가 있는 때에는 이를 부과할 수 없다(2006.4.28. 2003마715).

선지선택비율 ① 6.51% ② 4.54% ③ 81.76% ④ 7.19% 오답률 18.24%

관련 OX

① 관련
1 행정청이 공적인 견해표명에 반하는 처분을 함으로써 달성하려는 공익이 행정청의 공적 견해표명을 신뢰한 개인이 그 행정처분으로 인하여 입게 되는 이익의 침해를 정당화할 수 있을 정도로 강한 경우에는 신뢰보호의 원칙을 들어 그 행정처분이 위법하다고는 할 수 없다. <small>12국회8</small>

③ 관련
2 폐기물처리업에 대하여 사전에 관할 관청으로부터 사업계획 적합통보를 받고 막대한 비용을 들여 허가요건을 갖춘 다음 허가신청을 하였음에도 다수 청소업자의 난립으로 안정적이고 효율적인 청소업무의 수행에 지장이 있다는 이유로 한 불허가처분은 신뢰보호의 원칙 및 비례의 원칙에 반하는 것으로서 재량권을 남용한 위법한 처분이다. <small>25국가9</small>

④ 관련
3 법원이 하는 과태료재판에는 원칙적으로 행정소송에서와 같은 신뢰보호의 원칙이 적용된다. <small>22지방9</small>

선지분석 & 요플·기풀기링크

선지	THEME	요플	기풀기
①		22	028
②	T05 신뢰보호원칙	15	018
③		39	039
④		38	038

정답 ③

OX 1○ 2○ 3✕

12

행정법의 일반원칙에 대한 설명으로 옳지 않은 것은? (다툼이 있는 경우 판례에 의함) 21국회8

① 계속 중인 사실이나 그 이후에 발생한 요건사실에 대한 법률적용을 인정하는 부진정소급입법의 경우 개인의 신뢰보호와 법적 안정성을 내용으로 하는 법치국가 원리에 의하여 허용되지 않는 것이 원칙이다.

② 재건축조합에서 일단 내부규범이 정립되면 조합원들은 특별한 사정이 없는 한 그것이 존속하리라는 신뢰를 가지게 되므로, 내부규범을 변경할 경우 내부규범 변경을 통해 달성하려는 이익이 종전 내부규범의 존속을 신뢰한 조합원들의 이익보다 우월해야 한다.

③ 신뢰보호의 원칙은 행정청이 공적인 견해를 표명할 당시의 사정이 그대로 유지됨을 전제로 적용되는 것이 원칙이므로, 사후에 그와 같은 사정이 변경된 경우에는 특별한 사정이 없는 한 행정청이 그 견해표명에 반하는 처분을 하더라도 신뢰보호의 원칙에 위반된다고 할 수 없다.

④ 근로복지공단의 요양불승인처분의 적법 여부는 사실상 근로자의 휴업급여청구권 발생의 전제가 된다고 볼 수 있는 점 등에 비추어, 근로자가 요양불승인에 대한 취소소송의 판결확정 시까지 근로복지공단에 휴업급여를 청구하지 않았던 것에 대한 근로복지공단의 소멸시효 항변은 신의성실의 원칙에 반하여 허용될 수 없다.

⑤ 관할관청이 위법한 직업능력개발훈련과정 인정제한처분을 하여 사업주로 하여금 제때 훈련과정 인정신청을 할 수 없도록 하였음에도, 인정제한처분에 대한 취소판결 확정 후 사업주가 인정제한기간 내에 실제로 실시하였던 훈련에 관하여 비용지원신청을 한 경우에, 사전에 훈련과정 인정을 받지 않았다는 이유만을 들어 훈련비용 지원을 거부하는 것은 신의성실의 원칙에 반하여 허용될 수 없다.

관련 OX

① 관련

1 계속 중인 사실이나 그 이후에 발생한 요건사실에 대한 법률적용을 인정하는 부진정소급입법의 경우 개인의 신뢰보호와 법적 안정성을 내용으로 하는 법치국가 원리에 의하여 허용되지 않는 것이 원칙이다. 24해경간부

③ 관련

2 행정청이 공적인 견해를 표명한 뒤에 그 사정이 변경되었다면 그 공적 견해가 더 이상 개인에게 신뢰의 대상이 된다고 보기 어렵기 때문에, 특별한 사정이 없는 한 행정청은 그 견해표명에 반하는 처분을 할 수 있다. 25변시

해설

① ✕ 부진정소급: 원칙적 허용 / 단, 신뢰보호의 관점이 입법자의 형성권을 제한

소급입법은 새로운 입법으로 이미 종료된 사실관계 또는 법률관계에 작용하게 하는 진정소급입법과 현재 진행 중인 사실관계 또는 법률관계에 작용케 하는 부진정소급입법으로 나눌 수 있는바, **부진정소급입법은 원칙적으로 허용되지만** 소급효를 요구하는 공익상의 사유와 **신뢰보호의 요청** 사이의 교량과정에서 신뢰보호의 관점이 **입법자의 형성권**에 제한을 가하게 된다(헌재 1999.7.22. 97헌바76 전원).

② ○ 재건축조합의 내부규범 개정: 신뢰보호원칙 적용. 변경의 이익이 더 커야

재건축조합에서 일단 **내부규범**이 정립되면 조합원들은 특별한 사정이 없는 한 그것이 존속하리라는 **신뢰**를 가지게 되므로, **내부규범 변경**을 통해 달성하려는 이익이 종전 내부규범의 존속을 **신뢰한 조합원들의 이익보다 우월**해야 한다(2020.6.25. 2018두34732).

③ ○ 선행 견해표명 후 사정변경 → 그에 반하는 처분해도 신뢰보호원칙 위반✕

신뢰보호의 원칙은 행정청이 공적인 견해를 표명할 당시의 사정이 그대로 유지됨을 전제로 적용되는 것이 원칙이므로, 사후에 그와 같은 사정이 변경된 경우에는 그 공적 견해가 더 이상 개인에게 신뢰의 대상이 된다고 보기 어려운 만큼, 특별한 사정이 없는 한 행정청이 그 견해표명에 반하는 처분을 하더라도 신뢰보호의 원칙에 위반된다고 할 수 없다(2020.6.25. 2018두34732).

선지분석 & 요플・기풀기링크

선지	THEME	요플	기풀기
①	T08 개정시 적용법	16	016
②	T05 신뢰보호원칙	27	011
③		37	037
④	T06 기타 일반원칙	62	066
⑤		61	065

④ ○ 요양불승인처분이 위법하여 취소되었음에도 소멸시효 주장하며 휴업급여 지급거부: 신의칙 위반○
근로자가 입은 부상이나 질병이 업무상 재해에 해당하는지 여부에 따라 요양급여 신청의 승인, 휴업급여청구권의 발생 여부가 차례로 결정되고, 따라서 근로복지공단의 **요양불승인처분의 적법 여부**는 사실상 근로자의 **휴업급여청구권 발생의 전제**가 된다고 볼 수 있는 점 등에 비추어, 근로자가 **요양불승인에 대한 취소소송의 판결확정시까지** 근로복지공단에 휴업급여를 청구하지 않았던 것은 이를 행사할 수 없는 사실상의 장애사유가 있었기 때문이라고 보아야 하므로, 근로복지공단의 **소멸시효 항변은 신의성실의 원칙에 반하여 허용될 수 없다**(2008.9.18. 2007두2173 전합).

⑤ ○ 직업개발 훈련과정 인정제한처분이 위법하여 취소되었음에도 비용지원을 거부: 신의칙 위반○
관할관청이 **위법한 직업능력개발훈련과정 인정제한처분**을 하여 사업주로 하여금 제때 훈련과정 인정신청을 할 수 없도록 하였음에도 인정제한처분에 대한 **취소판결 확정 후** 사업주가 인정제한 기간 내에 실제로 실시하였던 훈련에 관하여 **비용지원 신청을 한 경우**에 관할관청은 단지 해당 훈련과정에 관하여 사전에 훈련과정 인정을 받지 않았다는 (형식적인) 이유만을 들어 훈련비용 지원을 거부할 수는 없음이 원칙이다(2019.1.31. 2016두52019).

정답 ①
OX 1× 2○

THEME 05 행정법의 일반원칙(1) – 신뢰보호의 원칙   057

필수문제 13

신뢰보호의 원칙에 대한 설명으로 옳지 않은 것은? (다툼이 있는 경우 판례에 의함) 24국가9

Ⓐ ① 개발사업을 시행하기 전에 사건 토지 지상에 예식장 등을 건축하는 것이 관계 법령상 가능한지 여부를 질의하여 민원 부서로부터 '저촉사항 없음'이라고 기재된 민원예비심사 결과를 통보받았다면, 이는 이후의 개발부담금부과처분에 관하여 신뢰보호의 원칙을 적용하기 위한 공적인 견해표명을 한 것에 해당한다.

Ⓒ ② 시의 도시계획과장과 도시계획국장이 도시계획사업의 준공과 동시에 사업부지에 편입한 토지에 대한 완충녹지 지정을 해제함과 아울러 당초의 토지소유자들에게 환매하겠다는 약속을 했음에도 이를 믿고 토지를 협의매매한 토지소유자의 완충녹지지정해제신청을 거부한 것은 신뢰보호의 원칙을 위반하거나 재량권을 일탈·남용한 위법한 처분이다.

Ⓑ ③ 국회에서 일정한 법률안을 심의하거나 의결한 적이 있다고 하더라도 그것이 법률로 확정되지 아니한 이상 국가가 이해관계자들에게 위 법률안에 관련된 사항을 약속하였다고 볼 수 없으며, 이러한 사정만으로 어떠한 신뢰를 부여하였다고 볼 수도 없다.

Ⓐ ④ 헌법재판소의 위헌결정은 행정청이 개인에 대하여 신뢰의 대상이 되는 공적인 견해를 표명한 것이라고 할 수 없으므로 그 결정에 관련한 개인의 행위에 대하여는 신뢰보호의 원칙이 적용되지 아니한다.

관련 OX

② 관련
1 시의 도시계획과장과 도시계획국장이 도시계획사업의 준공과 동시에 사업부지에 편입한 토지에 대한 완충녹지 지정을 해제함과 아울러 당초의 토지소유자들에게 환매하겠다는 약속을 했음에도, 이를 믿고 토지를 협의매매한 토지소유자의 완충녹지지정해제신청을 거부한 것은 행정상 신뢰보호의 원칙을 위반한 위법한 처분이다. 12국회8

④ 관련
2 헌법재판소의 위헌결정이 있다면 행정청이 개인에 대하여 공적인 견해를 표명한 것으로 볼 수 있으므로 위헌결정과 다른 행정청의 결정은 신뢰보호원칙에 반한다. 22군무원9

해설

① ✕ 민원예비심사에서 '저촉사항 없음'이라고 기재: 개발부담금부과에 대한 견해표명✕
「개발이익환수에 관한 법률」에 정한 개발사업을 시행하기 전에, 행정청이 토지 지상에 예식장 등을 건축하는 것이 관계 법령상 가능한지 여부를 질의하는 민원예비심사에 대하여 관련부서 의견으로 「개발이익환수에 관한 법률」에 '**저촉사항 없음**'이라고 기재하였다고 하더라도, 이후의 개발부담금부과처분에 관하여 **신뢰보호의 원칙을 적용**하기 위한 요건인, 개인에 대하여 신뢰의 대상이 되는 **공적인 견해표명**을 한 것이라고는 보기 **어렵다**(2006.6.9. 2004두46).

② ◯ 도시계획국·과장이 완충녹지해제 및 환매를 약속하고 토지를 협의취득한 뒤 해제거부: 신뢰보호원칙 위반
시의 도시계획과장과 도시계획국장이 도시계획사업의 준공과 동시에 사업부지에 편입한 토지에 대한 **완충녹지 지정**을 해제함과 아울러 당초의 토지소유자들에게 환매하겠다는 **약속**을 했음에도, 이를 믿고 토지를 협의매매한 토지소유자의 **완충녹지지정해제신청**을 거부한 것은 행정상 **신뢰보호의 원칙을 위반**하거나 재량권을 일탈·남용한 위법한 처분이다(2008.10.9. 2008두6127).

③ ◯ 국회의 법률안 심의·의결: 신뢰 부여에 해당✕
국회에서 일정한 **법률안**을 **심의**하거나 **의결**한 적이 있다고 하더라도, 그것이 법률로 확정되지 아니한 이상 국가가 이해관계자들에게 위 법률안에 관련된 사항을 약속하였다고 볼 수 없으며, 이러한 사정만으로 어떠한 **신뢰**를 **부여**하였다고 볼 수도 없다(2008.5.29. 2004다33469).

④ ◯ 헌법재판소의 위헌결정: 행정청의 개인에 대한 공적 견해표명✕ → 신뢰보호원칙 적용✕
헌법재판소의 위헌결정은 행정청이 개인에 대하여 신뢰의 대상이 되는 공적인 **견해를 표명**한 것이라고 할 수 없으므로 그 결정에 관련한 개인의 행위에 대하여는 **신뢰보호의 원칙**이 적용되지 아니한다(2003.6.27. 2002두6965).

선지선택비율 ① 80.21% ② 5.66% ③ 5.11% ④ 9.02%   오답률 19.79%

선지분석 & 요플·기풀기링크

선지	THEME	요플	기풀기
①		49	049
②	T05 신뢰보호원칙	46	046
③		53	012
④		55	054

정답 ①

OX 1◯ 2✕

14 사례형

다음 사례에 대한 설명으로 옳지 않은 것은? (다툼이 있는 경우 판례에 의함) 23지방7

> 甲은 폐기물처리업을 경영하기 위하여 폐기물처리업 사업계획서를 제출하여 관할 도지사 乙로부터 사업계획 적합통보를 받았다. 그 후 甲은 폐기물처리시설의 설치가 허용되지 않는 용도지역을 허용되는 용도지역으로 변경하기 위하여 「국토의 계획 및 이용에 관한 법률」에 따라 乙에게 국토이용계획변경신청을 하였으나, 乙은 위 신청을 거부하였다.

① 만약 乙이 甲에게 사업계획 부적합통보를 하였다면 이는 항고소송의 대상이 되는 행정처분에 해당한다.
② 폐기물처리업 사업계획에 대한 적합통보와 국토이용계획변경은 각기 그 제도적 취지와 결정단계에서 고려해야 할 사항들이 다르다.
③ 乙이 폐기물처리업 사업계획에 대하여 적합통보를 한 것은 그 사업부지 토지에 대한 국토이용계획변경신청을 승인하여 주겠다는 취지의 공적인 견해표명을 한 것으로 볼 수 있다.
④ 甲이 국토이용계획변경신청의 승인을 받을 것으로 신뢰하였더라도 乙의 거부처분이 신뢰보호의 원칙에 위배된다고 할 수 없다.

관련 OX

① 관련
1 폐기물관리법 관계 법령상의 폐기물처리업 허가 전의 사업계획에 대한 적정통보 또는 부적정통보(는 항고소송의 대상이 되는 행정처분이다) 17소간

④ 관련
2 폐기물처리업 사업계획에 대하여 적정통보를 한 것만으로 그 사업부지 토지에 대한 국토이용계획변경신청을 승인하여 주겠다는 취지의 공적인 견해표명을 한 것으로 볼 수 없다. 23국회9

해설

① ○ **폐기물처리업 사업계획 부적정통보: 처분에 해당**
폐기물관리법 관계 법령의 규정에 의하면 폐기물처리업의 허가를 받기 위하여는 먼저 사업계획서를 제출하여 허가권자로부터 사업계획에 대한 적정통보를 받아야 하고, 그 **적정통보를 받은 자**만이 일정 기간 내에 시설, 장비, 기술능력, 자본금을 갖추어 허가신청을 할 수 있으므로, 결국 **부적정통보**는 허가신청 자체를 제한하는 등 개인의 권리 내지 법률상의 이익을 개별적이고 구체적으로 규제하고 있어 **행정처분에 해당한다**(1998.4.28. 97누21086).

②④ ○, ③ ×
적정통보 후 국토이용계획변경신청 승인거부: 양자 간 취지와 고려사항이 다르므로 신뢰보호원칙 위반×
폐기물관리법령에 의한 **폐기물처리업 사업계획**에 대한 **적정통보**와 국토이용관리법령에 의한 **국토이용계획변경**은 각기 그 제도적 취지와 결정단계에서 고려해야 할 사항들이 **다르므로**,② 피고가 위와 같이 폐기물처리업 사업계획에 대하여 **적정통보**를 한 것만으로 그 사업부지 토지에 대한 **국토이용계획변경신청**을 승인하여 주겠다는 취지의 공적인 **견해표명을 한 것으로 볼 수 없고**,③ 그럼에도 불구하고 원고가 그 승인을 받을 것으로 신뢰하였다면 원고에게 귀책사유가 있다 할 것이므로, 이 사건(거부)처분이 **신뢰보호의 원칙에 위배된다고 할 수 없다**④(2005.4.28. 2004두8828).

선지선택비율 ① 4.65% ② 2.48% ③ 86.12% ④ 6.75% 오답률 13.88%

선지분석 & 요플·기풀기링크

선지	THEME	요플	기풀기
①	T33 단계적 행정결정 등	30	029
②		41	040
③	T05 신뢰보호원칙	40	041
④		40	041

정답 ③
OX 1○ 2○

THEME 05 행정법의 일반원칙(1) – 신뢰보호의 원칙

THEME 06 행정법의 일반원칙(2) - 나머지 원칙

기 060-076
요 020-024

필수 문제 01

행정법상 기본원칙에 대한 설명으로 옳지 않은 것은? (다툼이 있는 경우 판례에 의함) 14국가9

> (가) 어떤 행정목적을 달성하기 위한 수단은 그 목적달성에 유효·적절하고 또한 가능한 한 최소침해를 가져오는 것이어야 하며, 아울러 그 수단의 도입으로 인한 침해가 의도하는 공익을 능가하여서는 아니 된다.
> (나) 개별국민이 행정기관의 어떤 언동의 정당성 또는 존속성을 신뢰한 경우 그 신뢰가 보호받을 가치가 있는 한, 그러한 귀책사유 없는 신뢰는 보호되어야 한다.
> (다) 행정기관은 행정결정에 있어서 동종의 사안에 대하여 이전에 제3자에게 행한 결정과 동일한 결정을 상대방에게 하도록 스스로 구속당한다.
> (라) 권리자가 권리행사의 기회가 있음에도 불구하고 장기간에 걸쳐 그의 권리를 행사하지 아니할 것으로 믿을 만한 정당한 사유가 있는 경우, 새삼스럽게 그 권리를 행사하는 것이 신의성실의 원칙에 반한다면 그 권리행사는 허용되지 않는다.

① (가)원칙에 따라 노후된 건축물을 개수하여 붕괴위험을 충분히 방지할 수 있다면 스스로 원하지 않는다는 한도에서 철거명령을 내려서는 안 되는데, (가)원칙 중 필요성원칙이 적용된 결과이다.
② (나)원칙의 요건 중 귀책사유라 함은 행정청의 견해표명의 하자가 상대방 등 관계자의 사실은폐 등 부정행위에 기인한 것이거나 그러한 부정행위가 없다고 하더라도 하자가 있음을 알았거나 중대한 과실로 알지 못한 경우 등을 의미한다.
③ 재량권 행사의 준칙인 규칙이 그 정한 바에 따라 되풀이 시행되어 행정관행이 이루어지면 평등의 원칙에 따라 행정기관은 그 상대방에 대한 관계에서 그 규칙에 따라야 할 자기구속을 당하게 되고, 그러한 경우에는 대외적인 구속력을 가지게 된다는 것이 판례의 입장이며, (다) 원칙은 신뢰보호의 원칙과는 무관하다고 한다.
④ (라)원칙은 신의성실원칙에서 파생된 원칙으로서 공법관계 가운데 권력관계뿐 아니라 관리관계에도 적용되어야 함을 배제할 수는 없다.

관련 OX

② 관련
1 신뢰보호의 원칙에서 개인의 귀책사유라 함은 행정청의 견해표명의 하자가 상대방 등 관계자의 사실은폐나 기타 위의 방법에 의한 신청행위 등 부정행위에 기인한 것이거나 그러한 부정행위가 없더라도 하자가 있음을 알았거나 중대한 과실로 알지 못한 경우 등을 의미한다. 24지방9

③ 관련
2 행정규칙이 그 정한 바에 따라 되풀이 시행되어 행정관행이 이루어지게 되면 행정기관은 그 상대방에 대한 관계에서 그 규칙에 따라야 할 자기구속을 받게 된다. 24행정사

④ 관련
3 「행정기본법」에 의하면 행정청은 권한 행사의 기회가 있음에도 불구하고 장기간 권한을 행사하지 아니하여 국민이 그 권한이 행사되지 아니할 것으로 믿을 만한 정당한 사유가 있는 경우에는, 공익 또는 제3자의 이익을 현저히 해칠 우려가 있는 경우를 제외하고는 그 권한을 행사해서는 아니 된다. 23국가7

해설

① ○ (가)는 행정의 목적과 수단 간 합리적인 비례관계가 있어야 한다는 비례의 원칙이다. 건축물 개수가 가능한데 철거명령을 내려서는 안 된다는 것은 목적실현에 적합한 수단 중 침해를 최소화하는 수단을 사용할 것을 요청하는 필요성의 원칙과 관련된다.

> **행정기본법 제10조(비례의 원칙)** 행정작용은 다음 각 호의 원칙에 따라야 한다.
> 1. 행정목적을 달성하는 데 유효하고 적절할 것 **적합성**
> 2. 행정목적을 달성하는 데 필요한 최소한도에 그칠 것 **필요성**
> 3. 행정작용으로 인한 국민의 이익침해가 그 행정작용이 의도하는 공익보다 크지 아니할 것 **상당성**

선지분석 & 요플·기출기링크

선지	THEME	요플	기출
①	T06 기타 일반원칙	06	002
②	T05 신뢰보호원칙	16	019
③	T15 행정규칙	07	007
④	T10 행정상 법률관계	16	016

② ○ 귀책사유: 부정행위에 한정×(알았거나 중과실로 모른 경우도 포함)
　　신뢰보호의 원칙이 적용되기 위하여는 행정청의 견해표명이 정당하다고 신뢰한 데에 대하여 그 개인에게 귀책사유가 없어야 하며, **귀책사유**라 함은 행정청의 견해표명의 하자가 상대방 등 관계자의 사실은폐나 기타 사위의 방법에 의한 신청행위 등 **부정행위에 기인한** 것이거나 그러한 부정행위가 없다고 하더라도 하자가 있음을 **알았거나 중대한 과실로 알지 못한 경우** 등을 의미한다고 해석함이 상당하다(2002.11.8. 2001두1512).

> **행정기본법 제12조(신뢰보호의 원칙)** ① 행정청은 공익 또는 제3자의 이익을 현저히 해칠 우려가 있는 경우를 제외하고는 행정에 대한 국민의 정당하고 합리적인 **신뢰를 보호**하여야 한다.

③ × (다)는 자기구속의 원칙이다. 판례는 재량준칙이 되풀이 시행되어 관행을 이루면 평등원칙이나 신뢰보호의 원칙에 따라 자기구속을 받게 된다고 한다. 따라서 자기구속원칙과 신뢰보호의 원칙은 무관하지 않다.

- 재량권 행사의 준칙인 행정규칙이 그 정한 바에 따라 되풀이 시행되어 행정관행이 이루어지게 되면 **평등의 원칙이나 신뢰보호의 원칙에 따라** 행정기관은 그 상대방에 대한 관계에서 그 규칙에 따라야 할 자기구속을 받게 된다(2009.12.24. 2009두7967).
  - **+ PLUS** 자기구속의 원칙의 근거: 평등원칙, 신뢰보호의 원칙

④ ○ (라)는 실권(실효)의 원칙이다. 행정기본법 제12조 제2항에서 이에 대하여 규정하고 있다. 판례는 신의성실의 원칙에서 파생된 것으로 보고 있으며, 관리관계 및 권력관계에도 적용된다고 한다.

> **행정기본법 제12조(신뢰보호의 원칙)** ② 행정청은 권한행사의 기회가 있음에도 불구하고 장기간 권한을 행사하지 아니하여 국민이 그 권한이 행사되지 아니할 것으로 믿을 만한 정당한 사유가 있는 경우에는 그 권한을 행사해서는 아니 된다. 다만, 공익 또는 제3자의 이익을 현저히 해칠 우려가 있는 경우는 예외로 한다.

- 실권 또는 실효의 법리는 법의 일반원리인 **신의성실의 원칙**에 바탕을 둔 파생원칙인 것이므로 공법관계 가운데 **관리관계는 물론이고 권력관계에도 적용되어야 함을 배제할 수는 없다**(1988.4.27. 87누915).
  - **+ PLUS** 실권의 법리의 근거: 신의성실의 원칙 / 관리관계 및 권력관계에도 적용○

02

비례원칙에 대한 설명으로 옳지 않은 것은? (다툼이 있는 경우 판례에 의함) 13국가9

① 「도로교통법」 제148조의2 제1항 제1호의 '「도로교통법」 제44조 제1항을 2회 이상 위반한' 것에 구 「도로교통법」 제44조 제1항을 위반한 음주운전 전과도 포함된다고 해석하는 것은 비례원칙에 위반된다.

② 협의의 비례원칙인 상당성의 원칙은 재량권 행사의 적법성의 기준에 해당한다.

③ 침해행정인가 급부행정인가를 가리지 아니하고 행정의 전 영역에 적용된다.

④ 「행정절차법」은 행정지도의 원칙으로 비례원칙을 규정하고 있다.

관련 OX

② 관련

1 재량행위에 있어서도 비례원칙을 위반하는 경우에는 위법한 행위가 된다. 15서울7

③ 관련

2 ◯ 「행정기본법」은 비례의 원칙을 명문으로 규정하고 있다. 22국가7

④ 관련

3 ◯ 행정지도를 함에 있어서 명문의 규정은 없지만 비례원칙이 적용된다. 12국가7

해설

① ✕ 도로교통법 제148조의2 제1항 제1호의 '도로교통법 제44조 제1항을 2회 이상 위반한' 것에 구 도로교통법 제44조 제1항 위반 음주운전 전과도 포함된다고 해석하는 것이 형벌불소급원칙이나 일사부재리원칙 또는 비례원칙에 위배된다고 할 수 없다(2012.11.29. 2012도10269).

② ◯ 비례원칙은 주로 재량행위에 대하여 **재량권 일탈·남용의 심사기준**으로 사용된다. 상당성의 원칙은 협의의 비례원칙이라고도 하며, 재량권 행사의 적법성 심사의 기준이 된다.

■ 재량권 행사의 일탈·남용 심사요소

심사요소	예시
사실오인	비위를 저지르지 않은 공무원을 비위를 저지른 것으로 오인해 징계처분
비례의 원칙	비위를 저지르기는 했으나 징계수위가 과함
평등의 원칙	비위를 저지르기는 했으나 똑같이 저지른 타인들은 경징계, 대상자는 파면
목적위반/동기부정	사적 재산 증식 목적으로 본인 소유 부동산 인근에 개발허가

③ ◯ 비례의 원칙은 법치국가 원리에서 당연히 파생되는 헌법상 기본원리로서 행정뿐 아니라 입법을 포함한 전 국가작용에 적용된다. 행정기본법에 관련 내용이 제정되었다.

행정기본법 제10조(비례의 원칙) 행정작용은 다음 각 호의 원칙에 따라야 한다.
1. 행정목적을 달성하는 데 유효하고 **적절**할 것 (적합성)
2. 행정목적을 달성하는 데 **필요한 최소한도**에 그칠 것 (필요성)
3. 행정작용으로 인한 국민의 이익침해가 그 행정작용이 의도하는 공익보다 **크지 아니할 것** (상당성)

④ ◯ '필요한 최소한도'라는 문구가 비례의 원칙을 뜻한다.

행정절차법 제48조(행정지도의 원칙) ① 행정지도는 그 목적달성에 **필요한 최소한도**에 그쳐야 하며, 행정지도의 상대방의 의사에 반하여 부당하게 강요하여서는 아니 된다. (비례원칙 명문화)

선지분석 & 요플·기풀기링크

선지	THEME	요플	기풀기
①	T06 기타 일반원칙	17	016
②	T16 VA의 개념과 분류	66	067
③	T06 기타 일반원칙	09	009
④		04	006

정답 ①

OX 1◯ 2◯ 3✕

03

다음 설명 중 옳지 않은 것은? (다툼이 있는 경우 판례에 의함) 21소방

① 원고가 단지 1회 훈령에 위반하여 요정출입을 하다가 적발된 정도라면, 면직처분보다 가벼운 징계처분으로써도 능히 위 훈령의 목적을 달성할 수 있다고 볼 수 있는 점에서 이 사건 파면처분은 이른바 비례의 원칙에 어긋난 것으로 위법하다고 판시하였다.

② 수입 녹용 중 일정 성분이 기준치를 0.5% 초과하였다는 이유로 수입 녹용 전부에 대하여 전량 폐기 또는 반송처리를 지시한 처분은 재량권을 일탈·남용한 경우에 해당한다고 판시하였다.

③ 청소년유해매체물로 결정·고시된 만화인 사실을 모르고 있던 도서대여업자가 그 고시일로부터 8일 후에 청소년에게 그 만화를 대여한 것을 사유로 그 도서대여업자에게 금 700만원의 과징금이 부과된 경우, 그 과징금 부과처분은 재량권을 일탈·남용한 것으로서 위법하다고 판시하였다.

④ 사법시험 제2차 시험에 과락제도를 적용하고 있는 (구)사법시험령 제15조 제2항은 비례의 원칙, 과잉금지의 원칙, 평등의 원칙에 위반되지 않는다고 판시하였다.

관련 OX

② 관련

1 행정청이 수입 녹용 중 전지 3대를 측정한 회분 함량이 기준치를 0.5% 초과하였다는 이유로 수입 녹용 전부에 대하여 전량 폐기 또는 반송처리를 지시한 처분은 비례원칙에 위반한 재량권을 일탈·남용한 경우에 해당한다. 19소간

③ 관련

2 청소년유해매체물로 결정·고시된 만화인 사실을 모르고 있던 도서대여업자가 그 고시일로부터 8일 후에 청소년에게 그 만화를 대여한 것을 사유로 그 도서대여업자에게 금 700만원의 과징금이 부과된 경우, 그 과징금 부과처분은 재량권을 일탈·남용한 것으로 볼 수 없다. 11(1)경행

해설

① ○ **1회 훈령위반(요정출입)을 이유로 파면: 비례원칙 위반**
원심이 원고가 단지 1회 훈령에 위반하여 요정출입을 하다가 적발된 것만으로는 공무원의 신분을 보유케 할 수 없을 정도로 공무원의 품위를 손상케 한 것이라 단정키 어려운 한편, 원고를 면직에 처함으로서만 위와 같은 훈령의 목적을 달할 수 있다고 볼 사유를 인정할 자료가 없고, 오히려 원고의 비행정도라면 이보다 가벼운 징계처분으로서도 능히 위 훈령의 목적을 달할 수 있다고 볼 수 있는 점, 징계처분 중 면직처분은 타 징계처분과 달라 공무원의 신분을 박탈하는 것이므로 그 징계사유는 적어도 공무원의 신분을 그대로 보유케 하는 것이 심히 부당하다고 볼 정도의 비행이 있는 경우에 한하는 점 등에 비추어 생각하면 이 사건 파면처분은 이른바 비례의 원칙에 어긋난 것으로서 … 심히 그 재량권의 범위를 넘어서 한 위법한 처분이라고 아니할 수 없다(1967.5.2. 67누24).

② × **일부 수입 녹용에서 회분함량 기준치 0.5% 초과: 전량 폐기·반송처리(적법)**
지방식품의약품안전청장이 수입 녹용 중 전지 3대를 절단부위로부터 5cm까지의 부분을 절단하여 측정한 회분함량이 기준치를 0.5% 초과하였다는 이유로 수입 녹용 전부에 대하여 전량 폐기 또는 반송처리를 지시한 경우, … 위 폐기 등 지시처분이 재량권을 일탈·남용한 경우에 해당하지 않는다(2006.4.14. 2004두3854).

③ ○ **유해매체물 결정·고시 후 8일 된 만화를 모르고 대여: 과징금 700만원 부과(위법)**
청소년유해매체물로 결정·고시된 만화인 사실을 모르고 있던 도서대여업자가 그 고시일로부터 8일 후에 청소년에게 그 만화를 대여한 것을 사유로 그 도서대여업자에게 금 700만원의 과징금이 부과된 경우, 그 도서대여업자에게 청소년유해매체물인 만화를 청소년에게 대여하여서는 아니 된다는 금지의무의 해태를 탓하기는 가혹하다는 이유로 그 과징금 부과처분은 재량권을 일탈·남용한 것으로서 위법하다(2001.7.27. 99두9490).

④ ○ **사법시험 과락제도: 적법**
사법시험령 제15조 제2항이 사법시험의 제2차시험에서 '매과목 4할 이상'으로 과락 결정의 기준을 정한 것을 두고 과락점수를 비합리적으로 높게 설정하여 지나치게 엄격한 기준에 해당한다고 볼 정도는 아니므로, 비례의 원칙 내지 과잉금지에 위반하였다고 볼 수 없다. 사법시험령 제15조 제2항에서 규정한 사법시험 제2차시험의 과락제도와 그 점수의 설정은 제2차시험을 치르는 응시자들 모두를 대상으로 차별 없이 적용되는 것이고, 그 시행이 위에서 본 바와 같이 합리적인 정책판단하에서 이루어진 것이므로, 사법시험 제2차시험에 적용되는 위 규정을 사법시험 제1차시험의 과락제도와 점수의 설정과 비교하여 정의의 원칙, 평등의 원칙, 기회균등의 원칙 등에 반한다고 할 수는 없는 것이다(2007.1.11. 2004두10432).

선지선택비율 ① 5.67% ② 67.01% ③ 22.68% ④ 4.64% 오답률 32.99%

선지분석 & 요플·기풀기링크

선지	THEME	요플	기풀기
①	T06 기타 일반원칙	13	012
②	T16 VA의 개념과 분류	80	082
③		78	080
④	T06 기타 일반원칙	21	020

정답 ②
OX 1× 2×

THEME 06 행정법의 일반원칙(2) - 나머지 원칙

04

평등원칙에 대한 설명으로 옳지 않은 것은? (단, 다툼이 있는 경우 판례에 의함) 21군무원9

① 국가기관이 채용시험에서 국가유공자의 가족에게 10%의 가산점을 부여하는 규정은 평등권과 공무담임권을 침해한다.
② 평등원칙은 동일한 것 사이에서의 평등이므로 상이한 것에 대한 차별의 정도에서의 평등을 포함하지 않는다.
③ 재량준칙이 공표된 것만으로는 행정의 자기구속의 원칙이 적용될 수 없고, 재량준칙이 되풀이 시행되어 행정관행이 성립한 경우에 적용될 수 있다.
④ 행정의 자기구속의 원칙이 인정되는 경우에는 행정관행과 다른 처분은 특별한 사정이 없는 한 위법하다.

관련 OX

③ 관련
1 재량준칙이 공표된 것만으로는 행정의 자기구속의 원칙이 적용될 수 없고, 재량준칙이 되풀이 시행되어 행정관행이 성립한 경우에 행정의 자기구속의 원칙이 적용될 수 있다. 24해경승진

④ 관련
2 자기구속의 원칙이 인정되는 경우 행정관행과 다른 처분은 특별한 사정이 없는 한 위법하다. 20소방

해설

① ○ **국가유공자가산점**: 가산점 자체가 불허되는 것은 아니나 무려 10%의 가산점은 평등권 침해
국·공립학교의 채용시험에 국가유공자와 그 가족이 응시하는 경우 만점의 10퍼센트를 가산하도록 규정하고 있는 「국가유공자 등 예우 및 지원에 관한 법률」, 「독립유공자예우에 관한 법률」, 「5·18민주유공자예우에 관한 법률」의 관련규정은 기타 응시자들의 **평등권과 공무담임권을 침해**한다. 단, 위 조항의 위헌성은 국가유공자 등과 그 가족에 대한 가산점제도 자체가 입법정책상 전혀 허용될 수 없다는 것이 아니고, 그 차별의 효과가 지나치다는 것에 기인한다(헌재 2006.2.23. 2004헌마675 등).

② × 평등의 원칙은 **합리적 근거가 없는 차별을 금지**하는 원칙이다. 즉, ① 동일한 사항을 차별취급하는 것을 금지하고, ② 다른 사항이어서 차별취급 자체는 가능하더라도 그 정도가 과도한 것은 금지하는 원칙이다.

③ ○ 지침의 **공표만으로** 신청인이 보호가치 있는 **신뢰**를 갖게 되었다고 볼 수 없다(2009.12.24. 2009두7967).
＋ PLUS 재량준칙에 대한 자기구속력을 인정하기 위해서 선례가 필요한지에 대해 필요설과 불필요설로 나뉘고, 필요설은 다시 되풀이 필요설과 1회충분설로 나뉜다. 판례는 가장 엄격한 **되풀이 필요설**을 취한다(2009.12.24. 2009두7967 등). 따라서 재량준칙이 **공표된 것만으로는** 자기구속이 인정될 수 없다. 또한 동 준칙에 따르지 않았다고 하여 그것만으로 재량의 일탈·남용을 인정할 수도 없다.

요플 재량준칙의 자기구속력

의의		• 재량준칙은 대외효가 없으나, 내부적 구속력은 있음. 따라서 행정청은 재량준칙에 따라 행정작용을 하기 마련 • 이처럼 재량준칙이 **"되풀이 시행되어 행정관행이 이루어지면"** 자기구속의 원칙에 따라 구속력이 발현됨
근거	다수설	평등원칙
	판례	평등원칙 + 신뢰보호원칙 → 재량준칙의 **공표만으로는** 부족하고, 되풀이 시행돼 **관행이 성립돼야 함**
내용		• 자기구속을 매개로 한 대외적 효력 • 자기구속력이 발현된 재량준칙에 반하는 처분: 위법함 → 재량준칙 위반한 것 자체가 위법×, 재량준칙 위반이 결국 평등원칙·신뢰보호원칙 위반으로 귀결되므로 위법○
한계		적법 관행에 한정 (∵) 평등원칙에 근거 → 위법 관행이라면 구속력이 없으므로, 그 관행과 달리 조치 가능

26 요플 p.49

④ ○ 자기구속의 원칙은 헌법적 효력을 가지므로 이에 위반한 처분은 **위헌·위법**하다.
• 재량권 행사의 준칙인 행정규칙이 그 정한 바에 따라 되풀이 시행되어 행정관행이 이루어지게 되면 평등의 원칙이나 신뢰보호의 원칙에 따라 행정기관은 그 상대방에 대한 관계에서 그 규칙에 따라야 할 자기구속을 받게 되므로, 이러한 경우에는 특별한 사정이 없는 한 그를 위반하는 처분은 평등의 원칙이나 신뢰보호의 원칙에 위배되어 재량권을 일탈·남용한 위법한 처분이 된다(2009.12.24. 2009두7967).

선지분석 & 요플·기풀기링크

선지	THEME	요플	기풀기
①	T06 기타 일반원칙	36	029
②		27	024
③	T15 행정규칙	09	012
④	T06 기타 일반원칙	46	049

정답 ②
OX 1○ 2○

05

행정법의 일반원칙에 대한 설명으로 옳은 것은? (다툼이 있는 경우 판례에 의함) 20지방9

① 비례의 원칙은 행정에만 적용되는 원칙이므로 입법에서는 적용될 여지가 없다.
② 신뢰보호의 원칙이 적용되기 위한 요건인 행정권의 행사에 관하여 신뢰를 주는 선행조치가 되기 위해서는 반드시 처분청 자신의 적극적인 언동이 있어야만 한다.
③ 동일한 사항을 다르게 취급하는 것은 합리적 이유가 없는 차별이므로, 같은 정도의 비위를 저지른 자들은 비록 개전의 정이 있는지 여부에 차이가 있다고 하더라도 징계 종류의 선택과 양정에 있어 동일하게 취급받아야 한다.
❹ 재량권행사의 준칙인 행정규칙이 그 정한 바에 따라 되풀이 시행되어 행정관행이 이루어지게 되면 평등의 원칙이나 신뢰보호의 원칙에 따라 행정기관은 그 상대방에 대한 관계에서 그 규칙에 따라야 할 자기구속을 받게 된다.

관련 OX

③ 관련

1 같은 정도의 비위를 저지른 자들 사이에 있어서 그 직무의 특성 등에 비추어, 개전의 정이 있는지 여부에 따라 징계의 종류의 선택과 양정에 있어서 차별적으로 취급하는 것은, 자의적 취급이라고 할 수 있어서 평등원칙 내지 형평에 반한다. 23군무원9

④ 관련

2 행정규칙이 그 정한 바에 따라 되풀이 시행되어 행정관행이 이루어지게 되면 행정기관은 그 상대방에 대한 관계에서 그 규칙에 따라야 할 자기구속을 받게 된다. 24행정사

해설

① ✗ 국회의 입법작용 역시 비례의 원칙을 지켜야 하고 이를 위반한 법률은 위헌이 된다.
• 비례의 원칙은 법치국가 원리에서 당연히 파생되는 헌법상의 기본원리로서, **모든 국가작용에 적용된다**(2019.7.11. 2017두38874).

② ✗ 공적 견해나 의사는 명시적 또는 묵시적으로 표시되어야 한다(2016.10.13. 2016두43077).
  + PLUS 신뢰보호의 원칙이 적용되기 위한 선행조치는 적극적이고 명시적인 언동은 물론 소극적이고 묵시적인 언동으로도 가능하다.

③ ✗ 개전의 정이 다른 경우의 차등 징계: 평등원칙 위반✗
  같은 정도의 비위를 저지른 자들 사이에 있어서도 그 직무의 특성 등에 비추어, 개전의 정이 있는지 여부에 따라 징계의 종류의 선택과 양정에 있어서 차별적으로 취급하는 것은, 사안의 성질에 따른 **합리적 차별**로서 이를 자의적 취급이라고 할 수 없는 것이어서 평등원칙 내지 형평에 반하지 아니한다(1999.8.20. 99두2611).

요플 평등의 원칙

위반○	위반✗
증인의 직급, 임원 여부 등 신분에 따른 과태료 차등 조례 → 평등원칙 위반 무효	같은 비위 but 직무 특성과 개전의 정에 따른 징계 차등
학력에 따라 집단을 구분해 동일 감축비율 적용(청원경찰) → 평등원칙 위반. 단, 취소사유	일반직 정년 58세 / 전화 교환직 정년 53세 (인력잉여정도, 연령별 인력구성 등을 고려한 차등)
같이 화투쳤는데 혼자 파면 → 평등원칙 위반 근무시간✗ 돈 걸지도✗ 파면 → 비례원칙 위반	• 녹지구역에 LPG 충전소는 금지(가스), 주유소는 허용(석유) • 병원개설은 허가제로, 의원개설은 신고제로 달리 규정 • 미신고 집회 주최자의 법정형이 미신고 시위 주최자와 동일
국가유공자와 그 가족에게 10% 가산점 cf 가산점 자체가 허용될 수 없는 것✗, 10%가 지나친 것○	국방부·병무청·방위사업청 근무: 현역군인만 허용, 군무원은 제외

④ ○ 자기구속 원칙의 근거: 평등원칙이나 신뢰보호원칙
재량권 행사의 준칙인 행정규칙이 그 정한 바에 따라 **되풀이** 시행되어 행정관행이 이루어지게 되면 **평등의 원칙이나 신뢰보호의 원칙**에 따라 행정기관은 그 상대방에 대한 관계에서 그 규칙에 따라야 할 **자기구속**을 받게 된다(2009.12.24. 2009두7967).

선지선택비율 ① 3.64% ② 8.28% ③ 4.97% ④ 83.11% 오답률 16.89%

정답 ④
OX 1✗ 2○

06

다음 중 「행정기본법」에 규정된 행정법상 원칙으로 가장 옳지 않은 것은?

22군무원7

① 성실의무 및 권한남용금지의 원칙
② 신뢰보호의 원칙
③ 부당결부금지의 원칙
④ 행정의 자기구속의 원칙

관련 OX

① 관련

1 「행정기본법」에서는 행정청은 법령 등에 따른 의무를 성실히 수행하여야 한다는 성실의무의 원칙을 명시하고 있다. 23서울(지적)7

③ 관련

2 「행정기본법」은 부당결부금지의 원칙을 명문으로 규정하고 있다. 23소방승진

해설

① ○

행정기본법 제11조(성실의무 및 권한남용금지의 원칙) ① 행정청은 법령등에 따른 의무를 성실히 수행하여야 한다.
② 행정청은 행정권한을 남용하거나 그 권한의 범위를 넘어서는 아니 된다.

② ○

행정기본법 제12조(신뢰보호의 원칙) ① 행정청은 공익 또는 제3자의 이익을 현저히 해칠 우려가 있는 경우를 제외하고는 행정에 대한 국민의 정당하고 합리적인 신뢰를 보호하여야 한다.

③ ○

행정기본법 제13조(부당결부금지의 원칙) 행정청은 행정작용을 할 때 상대방에게 해당 행정작용과 실질적인 관련이 없는 의무를 부과해서는 아니 된다.

④ × 행정기본법은 평등원칙이나 신뢰보호 등 대부분의 일반원칙을 규정하고 있으나, 자기구속의 원칙은 별도로 규정하고 있지 않다.

선지선택비율 ① 22.42% ② 7.73% ③ 13.03% ④ 56.82%   오답률 43.18%

선지분석 & 요플·기풀기링크

선지	THEME	요플	기풀기
①	T06 기타 일반원칙	58	061
②	T05 신뢰보호원칙	04	002
③	T06 기타 일반원칙	49	051
④		01	044

정답 ④
OX 1○ 2○

07

행정법의 일반원칙과 관련한 판례의 태도로 옳은 것은?
20소방

① 연구단지 내 녹지구역에 위험물저장시설인 주유소와 LPG충전소 중에서 주유소는 허용하면서 LPG충전소를 금지하는 시행령 규정은 LPG충전소 영업을 하려는 국민을 합리적 이유 없이 자의적으로 차별하여 결과적으로 평등원칙에 위배된다는 것이 헌법재판소의 태도이다.

② 하자 있는 처분이 국민에게 권리나 이익을 부여하는 이른바 수익적 행정행위인 때에는 취소하여야 할 공익상 필요와 취소로 인하여 당사자가 입게 될 기득권과 신뢰보호 및 법률생활안정의 침해 등 불이익을 비교·교량한 후 공익상 필요가 당사자가 입을 불이익을 정당화할 만큼 강하지 않아도 이를 취소할 수 있다는 것이 판례의 태도이다.

③ 숙박시설 건축허가 신청을 반려한 처분에 관해 학생들의 교육환경과 인근 주민들의 주거환경 보호라는 공익이 그 신청인이 잃게 되는 이익의 침해를 정당화할 수 있을 정도로 크므로, 위 반려처분은 신뢰보호의 원칙에 위배되지 않는다는 것이 판례의 태도이다.

④ 옥외집회의 사전신고의무를 규정한 구「집회 및 시위에 관한 법률」제6조 제1항 중 '옥외집회'에 관한 부분은 과잉금지원칙에 위배하여 집회의 자유를 침해하는 것으로 볼 수 있다는 것이 헌법재판소의 태도이다.

해설

① ✕ 녹지구역에 LPG충전소는 금지하면서, 주유소는 허용하는 것: 평등원칙 위반✕
주유소와 LPG충전소는 '위험물저장시설'이라는 점에서 공통점이 있으나, LPG는 석유에 비하여 화재 및 폭발의 위험성이 훨씬 커서 주택 및 근린생활시설이 들어설 지역에 LPG충전소의 설치금지는 불가피하다 할 것이고 석유와 LPG의 위와 같은 차이를 고려하여 연구단지 내 녹지구역에 LPG충전소의 설치를 금지한 것은 위와 같은 합리적 이유에 근거한 것이므로 이 사건 시행령 규정이 평등원칙에 위배된다고 볼 수 없다(헌재 2004.7.15. 2001헌마646).

② ✕ 수익적 처분의 취소: 취소할 공익과 취소로 입게 될 사익침해 비교·형량해야 함
일정한 행정처분으로 국민이 일정한 이익과 권리를 취득하였을 경우에 종전 행정처분을 취소하는 행정처분은 이미 취득한 국민의 기존 이익과 권리를 박탈하는 별개의 행정처분으로 취소될 행정처분에 하자 또는 취소해야 할 공공의 필요가 있어야 하고, 나아가 행정처분에 하자 등이 있다고 하더라도 취소해야 할 공익상 필요와 취소로 당사자가 입게 될 기득권과 신뢰보호 및 법률생활안정의 침해 등 불이익을 비교·교량한 후 공익상 필요가 당사자가 입을 불이익을 정당화할 만큼 강한 경우에 한하여 취소할 수 있는 것이며, 하자나 취소해야 할 필요성에 관한 증명책임은 기존 이익과 권리를 침해하는 처분을 한 행정청에 있다(2012.3.29. 2011두23375).

③ ○ 교육·주거환경상 공익을 이유로 숙박시설 허가를 반려한 것: 신뢰보호원칙 위반✕
학생들의 교육환경과 인근 주민들의 주거환경 보호라는 공익이 숙박시설 건축허가신청을 반려한 처분으로 그 신청인이 잃게 되는 이익의 침해를 정당화할 수 있을 정도로 크므로, 위 반려처분이 신뢰보호의 원칙에 위배되지 않는다(2005.11.25. 2004두6822).

④ ✕ 옥외집회 사전신고의무 규정: 비례원칙 위반✕
구 집시법 제6조 제1항은 평화적이고 효율적인 집회를 보장하고, 공공질서를 보호하기 위한 것으로 그 입법목적이 정당하고, 집회에 대한 사전신고를 통하여 행정관청과 주최자가 상호 정보를 교환하고 협력하는 것은 위와 같은 목적달성을 위한 적절한 수단에 해당하며, 위 조항이 열거하고 있는 신고사항이나 신고시간 등은 지나치게 과다하거나 신고 불가능하다고 볼 수 없으므로 최소침해성의 원칙에 반한다고 보기 어렵다. 나아가 위 조항이 정하는 사전신고의무로 인하여 집회개최자가 겪어야 하는 불편함이나 번거로움 등 제한되는 사익과 신고로 인해 보호되는 공익은 법익균형성 요건도 충족하므로 위 조항 중 '옥외집회'에 관한 부분이 과잉금지원칙에 위배하여 집회의 자유를 침해한다고 볼 수 없다(헌재 2009.5.28. 2007헌바22).

선지선택비율 ① 15.38% ② 5.13% ③ 58.97% ④ 20.51% 오답률 41.03%

관련 OX

① 관련
1. 위험물지정시설인 주유소와 LPG충전소 중에서 주유소는 허용하면서 LPG충전소를 금지하는 시행령 규정이 LPG충전소 영업을 하려는 국민을 합리적 이유없이 자의적으로 차별하여 평등원칙에 위배된다고 볼 수 없다. 13국회9

② 관련
2. 하자 있는 처분이 국민에게 권리나 이익을 부여하는 이른바 수익적 행정행위인 때에는 취소하여야 할 공익상 필요와 취소로 인하여 당사자가 입게 될 기득권과 신뢰보호 및 법률생활 안정의 침해 등 불이익을 비교·교량 후 공익상 필요가 당사자가 입을 불이익을 정당화할 만큼 강하지 않아도 이를 취소할 수 있다. 24해경간부

선지분석 & 요플·기풀기링크

선지	THEME	요플	기풀기
①	T06 기타 일반원칙	32	040
②	T31 VA의 취소·철회·실효	22	011
③	T05 신뢰보호원칙	51	051
④	T06 기타 일반원칙	20	019

정답 ③
OX 1○ 2✕

08

행정법의 일반원칙에 관련된 다음의 설명 중 옳은 것은? (다툼이 있는 경우 판례에 의함) 21국가9

① 국가가 국민의 생명·신체의 안전에 대한 보호의무를 다하지 않았는지 여부를 헌법재판소가 심사할 때에는 국가가 이를 보호하기 위하여 적어도 적절하고 효율적인 최소한의 보호조치를 취하였는가 하는 '과소보호 금지원칙'의 위반 여부를 기준으로 삼는다.

② 행정청이 조합설립추진위원회의 설립승인 심사에서 위법한 행정처분을 한 선례가 있는 경우에는, 행정청에 대해 자기구속력을 갖게 되어 이후에도 그러한 기준에 따라야 한다.

③ 공무원 임용신청 당시 잘못 기재된 호적상 출생연월일을 생년월일로 기재하고, 임용 후 36년 동안 이의를 제기하지 않다가, 정년을 1년 3개월 앞두고 정정된 출생연월일을 기준으로 정년연장을 요구하는 것은 신의성실의 원칙에 반한다.

④ 일반적으로 행정청이 폐기물처리업 사업계획에 대한 적정통보를 한 경우 이는 토지에 대한 형질변경신청을 허가하는 취지의 공적 견해표명까지도 포함한다.

관련 OX

③ 관련

1 호적상 잘못 기재된 생년월일에 따라 임용된 공무원이 36년이 지난 후, 정년이 임박해서 호적 정정 및 정년연장을 신청하는 것은 본인의 귀책사유가 있는 경우로서 신의칙에 반하는 것이다. 18소간

④ 관련

2 폐기물처리업 사업계획에 대한 적정통보에는 당해 토지에 대한 형질변경신청을 허가하는 취지의 공적 견해표명이 있다고 볼 수 있다. 12지방7

해설

① ○ **국가의 보호의무 위반 여부: 과소보호 금지원칙 기준**
국가가 국민의 생명·신체의 안전에 대한 보호의무를 다하지 않았는지 여부를 헌법재판소가 심사할 때에는 국가가 이를 보호하기 위하여 적어도 적절하고 효율적인 최소한의 보호조치를 취하였는가 하는 이른바 '과소보호 금지원칙'의 위반 여부를 기준으로 삼아, 국민의 생명·신체의 안전을 보호하기 위한 조치가 필요한 상황인데도 국가가 아무런 보호조치를 취하지 않았든지 아니면 취한 조치가 법익을 보호하기에 전적으로 부적합하거나 매우 불충분한 것임이 명백한 경우에 한하여 국가의 보호의무의 위반을 확인하여야 한다(헌재 2008.12.26. 2008헌마419 등 전원).

② × **관행이 위법한 경우: 자기구속원칙 적용×**
평등의 원칙은 본질적으로 같은 것을 자의적으로 다르게 취급함을 금지하는 것이고, 위법한 행정처분이 수차례에 걸쳐 반복적으로 행하여졌다 하더라도 그러한 처분이 위법한 것인 때에는 행정청에 대하여 자기구속력을 갖게 된다고 할 수 없다. 행정청이 조합설립추진위원회의 설립승인 심사에서 위법한 행정처분을 한 선례가 있다고 하여 그러한 기준을 따라야 할 의무가 없다(2009.6.25. 2008두13132).

+ PLUS 자기구속의 원칙은 적법한 관행에 대해서만 적용된다. 따라서 어떠한 처분이 수차례에 걸쳐 반복적으로 행하여졌다 하더라도 동 처분이 위법한 것인 때에는 행정청에 대하여 자기구속력을 갖게 된다고 할 수 없다.

③ × **정년 1년 3개월 전 호적 정정 후 정년 연장 요구: 신의칙 위반×**
공무원 임용신청 당시 잘못 기재된 호적상 출생연월일을 생년월일로 기재하고, 처음 임용된 때부터 약 36년 동안 전혀 이의를 제기하지 않다가, 정년을 1년 3개월 앞두고 호적상 출생연월일을 정정한 후 그 출생연월일을 기준으로 정년의 연장을 요구하는 것이 신의성실의 원칙에 반하지 않는다(2009.3.26. 2008두21300).

+ PLUS 신의성실의 원칙은 행정법관계뿐 아니라, 모든 법률관계에 적용되는 일반원칙이다. 따라서 다른 행정법상의 일반원칙과 같이 국가의 행정작용에 대하여 사인이 주장할 수 있을 뿐 아니라, 반대로 사인의 행위에 대해서 국가가 주장할 수도 있는 원칙이다. 위 사안은 정년이 다가오자 36년 만에 호적을 정정한 사인에 대해서 국가가 신의성실의 원칙 위반을 주장한 사안이다. 대법원은 당시 관련 규정에 인사기록변경신청기간을 제한하지 않은 점 등을 고려하여 신의성실의 원칙 위반이 아니라 보았다.

④ × **적정통보 후 형질변경신청 허가거부: 애초에 허가해주겠다는 견해표명은 없었음(적법)**
폐기물처리업 사업계획에 대한 적정통보에 당해 토지에 대한 형질변경허가신청을 허가하는 취지의 공적 견해표명이 있는 것으로는 볼 수 없다(1998.9.25. 98두6494).

관련 폐기물처리업 사업계획에 대하여 적정통보를 한 것만으로 그 사업부지 토지에 대한 국토이용계획변경신청을 승인하여 주겠다는 취지의 공적인 견해표명을 한 것으로 볼 수 없다(2005.4.28. 2004두8828).

선지분석 & 요플·기풀기링크

선지	THEME	요플	기풀기
①		11	010
②	T06 기타 일반원칙	44	047
③		60	063
④	T05 신뢰보호원칙	42	042

선지선택비율 ① 72.07% ② 6.02% ③ 15.09% ④ 6.81% 오답률 27.93%

정답 ①
OX 1× 2×

09

행정법의 일반원칙에 관한 설명으로 가장 옳은 것은? (다툼이 있는 경우 판례에 의함) 17(2)서울9

① 「행정규제기본법」과 「행정절차법」은 각각 규제의 원칙과 행정지도의 원칙으로 비례원칙을 정하고 있다.
② 위법한 행정규칙에 의하여 위법한 행정관행이 형성되었다 하더라도 행정청은 정당한 사유 없이 이 관행과 달리 조치를 할 수 없는 자기구속을 받는다.
③ 신뢰보호의 원칙과 관련하여, 행정청의 선행조치가 신청자인 사인의 사위나 사실은폐에 의해 이뤄진 경우라도 행정청의 선행조치에 대한 사인의 신뢰는 보호되어야 한다.
④ 지방의회의 감사 또는 조사를 위하여 출석요구를 받은 증인이 출석하지 않을 경우 증인의 사회적 지위에 따라 과태료의 액수에 차등을 두는 것을 내용으로 하는 조례안은 헌법에 규정된 평등의 원칙에 위배된다고 볼 수 없다.

관련 OX

③ 관련

1 처분의 하자가 당사자의 허위 방법에 의한 신청 행위에 기인한 것이면 당사자는 신뢰이익을 주장할 수 없다. 20소간

④ 관련

2 지방의회의 조사·감사를 위해 채택된 증인의 불출석 등에 대한 과태료를 그 사회적 신분에 따라 차등 부과할 것을 규정한 조례안은 과태료를 부과하는 목적에 비추어 볼 때 그 합리성을 인정할 수 있어서 헌법에 규정된 평등의 원칙에 위배되지 않는다. 25국가9

해설

① ○ 행정규제기본법과 행정절차법은 각각 규제의 원칙과 행정지도의 원칙으로 비례원칙을 정하고 있으며, 최근 제정된 행정기본법도 행정법의 일반원칙으로 비례원칙에 대해 규정하고 있다.

행정규제기본법 제5조(규제의 원칙) ③ 규제의 대상과 **수단**은 규제의 **목적** 실현에 **필요한 최소한의 범위**에서 가장 효과적인 방법으로 객관성·투명성 및 공정성이 확보되도록 설정되어야 한다.

행정절차법 제48조(행정지도의 원칙) ① 행정지도는 그 목적달성에 **필요한 최소한도**에 그쳐야 하며, 행정지도의 상대방의 의사에 반하여 부당하게 강요하여서는 아니 된다.

행정기본법 제10조(비례의 원칙) 행정작용은 다음 각 호의 원칙에 따라야 한다.
1. 행정목적을 달성하는 데 유효하고 **적절**할 것
2. 행정목적을 달성하는 데 필요한 **최소**한도에 그칠 것
3. 행정작용으로 인한 국민의 이익침해가 그 행정작용이 의도하는 공익보다 **크지** 아니할 것

② × 행정청의 관행이 위법한 경우: 자기구속력×
위법한 행정처분이 수차례에 걸쳐 반복적으로 행하여졌다 하더라도 그러한 처분이 위법한 것인 때에는 행정청에 대하여 **자기구속력**을 갖게 된다고 할 수 없다(2009.6.25. 2008두13132).

③ × 수익적 처분의 하자가 당사자의 사실은폐·사위 등 당사자 측 귀책에 기인한 경우: 당사자는 신뢰이익 원용 불가. 행정청은 신뢰이익 고려하지 않아도 재량권 남용×(적법)
처분의 하자가 당사자의 사실은폐나 기타 사위의 방법에 의한 신청행위에 기인한 것이라면 당사자는 그 처분에 의한 이익이 위법하게 취득되었음을 알아 그 **취소가능성**도 예상하고 있었다고 할 것이므로, 그 자신이 위 처분에 관한 신뢰이익을 원용할 수 없음은 물론 행정청이 이를 고려하지 아니하였다고 하여도 재량권의 남용이 되지 아니한다(1996.10.25. 95누14190).

④ × 증인의 신분에 따른 과태료 차등 조례: 평등원칙 위반(무효)
조례안이 지방의회의 감사 또는 조사를 위하여 출석요구를 받은 증인이 5급 이상 공무원인지 여부, 기관(법인)의 대표나 임원인지 여부 등 증인의 사회적 신분에 따라 미리부터 과태료의 액수에 차등을 두고 있는 경우, 그와 같은 차별은 증인의 불출석이나 증언거부에 대하여 과태료를 부과하는 목적에 비추어 볼 때 그 합리성을 인정할 수 없고 지위의 높고 낮음만을 기준으로 한 부당한 차별대우라고 할 것이어서 헌법에 규정된 **평등의 원칙**에 위배되어 무효이다(1997.2.25. 96추213).

선지분석 & 요플·기풀기링크

선지	THEME	요플	기풀기
① T06 기타 일반원칙		04	006
② T15 행정규칙		14	014
③ T31 VA의 취소·철회·실효		25	015
④ T06 기타 일반원칙		28	027

정답 ①
OX 1○ 2×

필수문제 10

행정법의 일반원칙에 대한 설명으로 옳지 않은 것은? (다툼이 있는 경우 판례에 의함) 16국가7

① 재량권 행사의 준칙인 행정규칙이 그 정한 바에 따라 되풀이 시행되어 행정관행이 이루어지게 되면 평등의 원칙이나 신뢰보호의 원칙에 따라 행정기관은 그 상대방에 대한 관계에서 그 규칙에 따라야 할 자기구속을 받게 된다.

② 지방자치단체장이 사업자에게 주택사업계획승인을 하면서 그 주택사업과는 아무런 관련이 없는 토지를 기부채납하도록 하는 부관은 부당결부금지의 원칙에 위반되어 위법하지만 당연무효라고 볼 수 없다.

③ 조례안이 지방의회의 조사를 위하여 출석요구를 받은 증인이 5급 이상 공무원인지 여부, 기관(법인)의 대표나 임원인지 여부 등 증인의 사회적 신분에 따라 미리부터 과태료의 액수에 차등을 두고 있는 것은 평등의 원칙에 위반되지 않는다.

④ 병무청 담당부서의 담당공무원에게 공적 견해의 표명을 구하는 정식의 서면질의 등을 하지 아니한 채 총무과 민원팀장에 불과한 공무원이 민원봉사 차원에서 상담에 응하여 안내한 것을 신뢰한 경우, 신뢰보호원칙이 적용되지 아니한다.

관련 OX

① 관련

1 행정규칙이 그 정한 바에 따라 되풀이 시행되어 행정관행이 이루어지게 되면 행정기관은 그 상대방에 대한 관계에서 그 규칙에 따라야 할 자기구속을 받게 된다. 24행정사

② 관련

2 기
부당결부금지원칙은 행정작용을 함에 있어서 상대방에게 이와 실질적인 관련이 없는 의무를 부과하지 말도록 하는 것인데, 판례는 이러한 부당결부금지원칙의 적용을 부정하고 있다. 15서울7

③ 관련

3 지방의회의 조사·감사를 위해 채택된 증인의 불출석 등에 대한 과태료를 그 사회적 신분에 따라 차등 부과할 것을 규정한 조례안은 과태료를 부과하는 목적에 비추어 볼 때 그 합리성을 인정할 수 있어서 헌법에 규정된 평등의 원칙에 위배되지 않는다. 25국가9

해설

① ○ 자기구속원칙의 근거: 평등원칙이나 신뢰보호원칙
재량권 행사의 준칙인 행정규칙이 그 정한 바에 따라 **되풀이** 시행되어 행정관행이 이루어지게 되면 **평등의 원칙이나 신뢰보호의 원칙**에 따라 행정기관은 그 상대방에 대한 관계에서 그 규칙에 따라야 할 **자기구속**을 받게 된다(2009.12.24. 2009두7967).

② ○ 주택사업과 관련 없는 토지의 기부채납의무 부과: 부당결부금지원칙 위반(단, 무효는 아님)
지방자치단체장이 사업자에게 주택사업계획승인을 하면서 그 주택사업과는 아무런 관련이 없는 토지를 기부채납하도록 하는 부관을 주택사업계획승인에 붙인 경우, 그 부관은 부당결부금지의 원칙에 위반되어 위법하지만 지방자치단체장이 승인한 사업자의 주택사업계획은 상당히 큰 규모의 사업임에 반하여, 사업자가 기부채납한 토지 가액은 그 100분의 1 상당의 금액에 불과한데다가, 사업자가 그동안 그 부관에 대하여 아무런 이의를 제기하지 아니하다가 지방자치단체장이 업무착오로 기부채납한 토지에 대하여 보상협조요청서를 보내자 그때서야 비로소 부관의 하자를 들고 나온 사정에 비추어 볼 때 부관의 하자가 중대하고 명백하여 **당연무효라고는 볼 수 없다**(1997.3.11. 96다49650).

③ × 증인의 신분에 따른 과태료 차등 조례: 평등원칙 위반(무효)
조례안이 지방의회의 감사 또는 조사를 위하여 출석요구를 받은 증인이 **5급 이상 공무원인지 여부, 기관(법인)의 대표나 임원인지 여부** 등 증인의 **사회적 신분에 따라** 미리부터 **과태료의 액수에 차등을 두고 있는 경우**, 그와 같은 차별은 증인의 불출석이나 증언거부에 대하여 과태료를 부과하는 목적에 비추어 볼 때 그 합리성을 인정할 수 없고 지위의 높고 낮음만을 기준으로 한 부당한 차별대우라고 할 것이어서 헌법에 규정된 **평등의 원칙에 위배되어 무효이다**(1997.2.25. 96추213).

④ ○ 병무청 민원팀장의 민원봉사 차원의 안내: 신뢰보호원칙 적용×
병무청 담당부서의 담당공무원에게 공적 견해의 표명을 구하는 정식의 서면질의 등을 하지 아니한 채 총무과 민원팀장에 불과한 공무원이 민원봉사 차원에서 상담에 응하여 안내한 것을 신뢰한 경우, 신뢰보호원칙이 적용되지 아니한다(2003.12.26. 2003두1875).

+ PLUS 정식 절차가 아닌 민원봉사에 의한 안내에 불과하여 신뢰보호원칙 적용×

선지분석 & 요플·기풀기링크

선지	THEME	요플	기풀기
①	T15 행정규칙	07	007
②	T32 부관	72	068
③	T06 기타 일반원칙	28	027
④	T05 신뢰보호원칙	48	048

정답 ③

OX 1○ 2× 3×

필수문제 11

행정법의 법원(法源)에 대한 설명으로 옳지 않은 것은? (다툼이 있는 경우 판례에 의함) 25지방9

① 재량권 행사의 준칙인 행정규칙이 그 정한 바에 따라 되풀이 시행되어 행정관행이 이루어지게 되면 평등의 원칙이나 신뢰보호의 원칙에 따라 행정기관은 그 상대방에 대한 관계에서 그 규칙에 따라야 할 자기구속을 받게 된다.

② 위법한 행정처분이 수차례에 걸쳐 반복적으로 행하여졌다 하더라도 그러한 처분이 위법한 것인 때에는 행정청에 대하여 자기구속력을 갖게 된다고 할 수 없다.

③ 구 농림수산식품부에 의하여 공표된 「2008년도 농림사업시행지침서」가 되풀이 시행되어 행정관행이 이루어졌다거나 그 공표만으로 신청인이 보호가치 있는 신뢰를 갖게 되었다고 볼 수 없다면, 이 지침에 명시되지 않은 기준을 충족하지 못하였다는 이유를 들어 신청인의 사업자 인정신청을 반려한 처분은 행정의 자기구속의 원칙에 위배되지 않는다.

④ 세무조사가 과세자료의 수집 또는 신고내용의 정확성 검증이라는 본연의 목적이 아니라 부정한 목적을 위하여 행하여졌다고 하더라도, 이러한 세무조사에 의하여 수집된 과세자료를 기초로 한 과세처분은 위법하지 않다.

관련 OX

① 관련

1 재량권행사의 준칙인 행정규칙이 그 정한 바에 따라 되풀이 시행되어 행정관행이 이루어지게 되면, 평등의 원칙이나 신뢰보호의 원칙에 따라 행정기관은 그 상대방에 대한 관계에서 그 행정규칙에 따라야 할 자기구속을 받게 되고, 그러한 경우에는 대외적인 구속력을 가지게 된다. 23국가7

② 관련

2 평등의 원칙은 본질적으로 같은 것을 자의적으로 다르게 취급함을 금지하는 것이므로, 위법한 행정처분이 수차례에 걸쳐 반복적으로 행하여졌다면 행정청에 대하여 자기구속력을 갖게 된다. 22지방9

해설

① ○ **자기구속 원칙의 근거: 평등원칙이나 신뢰보호원칙**
재량권 행사의 준칙인 행정규칙이 그 정한 바에 따라 **되풀이 시행되어 행정관행이 이루어지게 되면** 평등의 원칙이나 신뢰보호의 원칙에 따라 행정기관은 그 상대방에 대한 관계에서 그 규칙에 따라야 할 **자기구속을 받게 되므로**, 이러한 경우에는 특별한 사정이 없는 한 그를 위반하는 처분은 평등의 원칙이나 신뢰보호의 원칙에 위배되어 재량권을 일탈·남용한 위법한 처분이 된다(2009.12.24. 2009두7967).

② ○ **행정청의 관행이 위법한 경우: 자기구속력×**
위법한 행정처분이 수차례에 걸쳐 반복적으로 행하여졌다 하더라도 그러한 **처분이 위법한 것인 때에는 행정청에 대하여 자기구속력을 갖게 된다고 할 수 없다**(2009.6.25. 2008두13132).

+ PLUS 적법한 관행에 대해서만 자기구속의 원칙이 적용된다. 자기구속의 원칙은 평등의 원칙을 근거로 하는바, 평등의 원칙은 불법 앞의 평등을 주장할 수 없기 때문이다. 이는 선행조치가 위법해도 신뢰보호원칙은 주장할 수 있다는 점과 구별해서 기억한다.

③ ○ **공표만 됐을 뿐 관행화되지 않은 지침이라면, 그에 명시되지 않은 기준을 적용해 거부해도 자기구속원칙 위배×**
시장이 농림수산식품부에 의하여 공표된 '2008년도 농림사업시행지침서'에 명시되지 않은 '시·군별 건조저장시설 개소당 논 면적' 기준을 충족하지 못하였다는 이유로 신규 건조저장시설 사업자 인정신청을 반려한 사안에서, 위 지침이 되풀이 시행되어 행정관행이 이루어졌다거나 그 **공표만으로 신청인이 보호가치 있는 신뢰를 갖게 되었다고 볼 수 없고**, 쌀 시장 개방화에 대비한 경쟁력 강화 등 우월한 공익상 요청에 따라 위 지침상의 요건 외에 '시·군별 건조저장시설 개소당 논 면적 1,000ha 이상' 요건을 추가할 만한 특별한 사정을 인정할 수 있어, 그 처분이 행정의 **자기구속의 원칙 및 행정규칙에 관련된 신뢰보호의 원칙에 위배되거나 재량권을 일탈·남용한 위법이 없다**(2009.12.24. 2009두7967).

④ × **위법한 세무조사에 기한 과세처분도 위법함**
세무조사가 과세자료의 수집 또는 신고내용의 정확성 검증이라는 본연의 목적이 아니라 **부정한 목적을 위하여 행하여진 것이라면 이는 세무조사에 중대한 위법사유가 있는 경우에 해당하고 이러한 세무조사에 의하여 수집된 과세자료를 기초로 한 과세처분 역시 위법**하다(2016.12.15. 2016두47659).

선지분석 & 요플·기풀기링크

선지	THEME	요플	기풀기
①	T15 행정규칙	07	007
②	T06 기타 일반원칙	43	046
③	T15 행정규칙	10	013
④	T49 행정조사	09	011

선지선택비율 ① 4.69% ② 5.74% ③ 7.03% ④ 82.55% 오답률 17.45%

정답 ④
OX 1○ 2×

12

행정법의 일반원칙에 대한 설명으로 옳지 않은 것은? (다툼이 있는 경우 판례에 의함) 20소방

소 ① 신뢰보호원칙에 위반하는 경우 그 행정행위는 위법하며, 판례는 이 경우 취소사유로 보지 않고 무효로만 보았다.
기 ② 행정주체가 행정작용을 함에 있어서 상대방에게 이와 실질적 관련이 없는 의무를 부과하거나 그 이행을 강제하여서는 아니 된다.
소 ③ 「행정절차법」상 규정이 없는 경우에도 행정권 행사가 적정한 절차에 따라 행해지지 아니하면 그 행정권 행사는 적법절차의 원칙에 반한다.
기 ④ 자기구속의 원칙이 인정되는 경우 행정관행과 다른 처분은 특별한 사정이 없는 한 위법하다.

관련 OX

②관련
1 부당결부금지의 원칙이란 행정청이 행정작용을 함에 있어서 상대방에게 이와 실질적인 관련이 없는 의무를 부과하거나 그 이행을 강제하여서는 아니 된다는 원칙을 말한다. 18(2)경행(변형)

④관련
2 행정의 자기구속의 원칙이 인정되는 경우에는 행정관행과 다른 처분은 특별한 사정이 없는 한 위법하다. 21군무원9

해설

① ✕ 신뢰보호원칙에 위반하는 경우 그 행정행위는 하자의 중대·명백성 여부에 따라 무효 또는 취소할 수 있는 행정행위가 된다. 대부분의 경우는 취소할 수 있는 행정행위이다.

② ○ 부당결부금지의 원칙이란 행정주체가 행정작용을 함에 있어서 상대방에게 이와 실질적인 관련이 없는 의무를 부과하거나 그 이행을 강제하여서는 아니 된다는 원칙을 말한다(2009.2.12. 2005다65500).

③ ○ 헌법상 적법절차의 원칙은 형사절차를 넘어 모든 국가작용에 적용된다. 따라서 행정절차법상 규정이 없는 경우에도 행정권 행사(국가작용)가 적정절차에 따르지 아니하면 그 행사는 적법절차에 반하므로 위법·위헌이 된다.

• 적법절차의 원칙의 적용범위를 형사소송절차에 국한하지 않고 **모든 국가작용**에 대하여 문제된 법률의 실체적 내용이 합리성과 정당성을 갖추고 있는지 여부를 판단하는 기준으로 적용된다고 판시함으로써, **행정절차에도 적법절차의 원칙이 적용됨**을 명백히 하고 있다(헌재 2007.4.26. 2006헌바10).

④ ○ 재량준칙이 되풀이되어 관행화: 평등원칙과 신뢰보호원칙에 따라 자기구속의 원칙 발현 → 그에 반하는 처분은 평등원칙·신뢰보호원칙 위반으로 위법
재량준칙은 일반적으로 행정조직 내부에서만 효력을 가질 뿐 대외적인 구속력을 갖는 것은 아니므로 행정처분이 이를 위반하였다고 하여 그러한 사정만으로 곧바로 위법하게 되는 것은 아니고, 다만 그 재량준칙이 정한 바에 따라 되풀이 시행되어 행정관행이 이루어지게 되면 평등의 원칙이나 신뢰보호의 원칙에 따라 행정기관은 상대방에 대한 관계에서 그 규칙에 따라야 할 자기구속을 받게 되므로, 이러한 경우에는 특별한 사정이 없는 한 그에 반하는 처분은 평등의 원칙이나 신뢰보호의 원칙에 어긋나 재량권을 일탈·남용한 위법한 처분이 된다(2013.11.14. 2011두28783).

선지선택비율 ① 87.18% ② 2.56% ③ 5.13% ④ 5.13% 오답률 12.82%

선지분석 & 요플·기풀기링크

선지	THEME	요플	기풀기
①	T29 VA의 하자와 효력	48	044
②	T06 기타 일반원칙	48	050
③	T38 절차법(근거·적용범위)	06	005
④	T06 기타 일반원칙	46	049

정답 ①
OX 1 ○ 2 ○

13

행정법의 일반원칙에 관한 설명으로 옳지 않은 것은?

09국가7

① 신뢰보호의 원칙은 「국세기본법」과 「행정절차법」에 실정법적 근거가 있다.
② 신뢰보호의 원칙은 행정의 적법성 원칙과 갈등관계가 형성될 수 있으며, 후자의 원칙을 배제할 만한 우월한 사정이 있을 때 그 효력을 인정할 수 있게 된다.
③ 과잉금지의 원칙은 특히 경찰행정작용에서 중요한 의미를 가지며, 「경찰관 직무집행법」 제1조 제2항에서 이를 규정하고 있다.
④ 행정기관이 재량준칙에 위반하여 처분을 행하는 때에는 자기구속의 법리에 위반하더라도 당사자는 당해 처분의 위법을 이유로 취소쟁송을 제기할 수 없다.

관련 OX

① 관련

1 신뢰보호원칙의 실정법적 근거로는 「행정절차법」 제4조 제2항, 「국세기본법」 제18조 제3항 등을 들 수 있다. 20군무원9

④ 관련

2 재량권 행사의 준칙인 행정규칙이 그 정한 바에 따라 되풀이 시행되어 행정관행이 이루어지게 되면 평등의 원칙이나 신뢰보호의 원칙에 따라 행정기관은 그 상대방에 대한 관계에서 그 규칙에 따라야 할 자기구속을 받게 되므로, 이러한 경우에는 특별한 사정이 없는 한 그를 위반하는 처분은 평등의 원칙이나 신뢰보호의 원칙에 위배되어 재량권을 일탈·남용한 위법한 처분이 된다. 15지방7

선지분석 & 요플·기풀기링크

선지	THEME	요플	기풀기
①	T05 신뢰보호원칙	05	003
②		32	032
③	T06 기타 일반원칙	05	008
④	T15 행정규칙	11	008

해설

① ○ 2021년부터 시행된 행정기본법은 신뢰보호의 원칙을 행정의 법 원칙으로 규정하고 있다(제12조 제1항). 또한 종전부터 행정절차법과 국세기본법에서 신뢰보호의 원칙을 규정하고 있었다.

행정기본법 제12조(신뢰보호의 원칙) ① 행정청은 공익 또는 제3자의 이익을 현저히 해칠 우려가 있는 경우를 제외하고는 행정에 대한 국민의 정당하고 합리적인 **신뢰를 보호**하여야 한다.

행정절차법 제4조(신의성실 및 신뢰보호) ② 행정청은 법령등의 **해석** 또는 행정청의 **관행**이 일반적으로 국민들에게 **받아들여졌을 때에는** 공익 또는 제3자의 정당한 이익을 현저히 해칠 우려가 있는 경우를 제외하고는 새로운 해석 또는 관행에 따라 **소급하여 불리하게 처리**하여서는 **아니 된다**.

국세기본법 제18조(세법 해석의 기준 및 소급과세의 금지) ③ 세법의 **해석**이나 국세행정의 **관행**이 일반적으로 **납세자에게 받아들여진 후에는** 그 해석이나 관행에 의한 행위 또는 계산은 정당한 것으로 보며, 새로운 해석이나 관행에 의하여 **소급하여 과세되지 아니**한다.

② ○ 행정청의 선행조치에 하자가 있는 경우 이를 바로잡기 위한 조치를 하면 신뢰이익이 침해되고, 그를 방치하면 합법성의 원칙(법률적합성의 원칙)이 침해되는 경우가 있을 수 있다. 이처럼 신뢰보호원칙과 합법성의 원칙이 충돌하는 경우 ① 합법성의 원칙이 우선한다는 견해도 있으나, ② 합법성의 원칙과 신뢰보호의 원칙은 모두 법치국가원리에서 도출되는 동위의 원칙이므로 이익형량에 따라 어느 원칙을 우선할지를 결정한다고 보는 것이 통설이다. 따라서 적법성 원칙을 배제할 만한 우월한 사정이 있을 때는 신뢰보호원칙의 효력을 인정할 수 있게 된다.

③ ○ 행정에서의 비례의 원칙은 전통적으로 **경찰행정작용** 등 침해행정에서 중요한 의미를 가진다. 따라서 「경찰관 직무집행법」에서 아래와 같이 비례의 원칙을 별도로 규정하고 있다.

경찰관 직무집행법 제1조(목적) ② 이 법에 규정된 경찰관의 직권은 그 직무 수행에 필요한 **최소한도**에서 행사되어야 하며 남용되어서는 아니 된다.

④ × 관행화되어 자기구속력이 발생한 재량준칙대로 처분하지 않을 경우 재량의 일탈·남용이 있는 위법한 처분이 된다. 따라서 취소쟁송을 제기할 수 있다.

· 재량준칙이 되풀이되어 관행화: 평등원칙과 신뢰보호원칙에 따라 자기구속의 원칙 발현 → 그에 반하는 처분은 평등원칙·신뢰보호원칙 위반으로 위법

재량권 행사의 준칙인 행정규칙이 그 정한 바에 따라 **되풀이** 시행되어 **행정관행**이 이루어지게 되면 **평등의 원칙**이나 **신뢰보호의 원칙**에 따라 행정기관은 그 상대방에 대한 관계에서 그 규칙에 따라야 할 **자기구속**을 받게 되므로, 이러한 경우에는 특별한 사정이 없는 한 그를 위반하는 처분은 평등의 원칙이나 신뢰보호의 원칙에 위배되어 재량권을 일탈·남용한 위법한 처분이 된다(2009.12.24. 2009두7967).

정답 ④
OX 1 ○ 2 ○

필수 문제 14

행정법의 일반원칙에 대한 설명으로 옳은 것만을 모두 고르면? (다툼이 있는 경우 판례에 의함)

22지방9

- ㄱ. 비례의 원칙은 법치국가원리에서 당연히 파생되는 헌법상의 기본원리이다.
- ㄴ. 평등의 원칙은 본질적으로 같은 것을 자의적으로 다르게 취급함을 금지하는 것이므로, 위법한 행정처분이 수차례에 걸쳐 반복적으로 행하여졌다면 행정청에 대하여 자기구속력을 갖게 된다.
- ㄷ. 국가가 임용결격사유가 있는 자에 대하여 결격사유가 있는 것을 알지 못하고 공무원으로 임용하였다가 나중에 결격사유가 있음을 발견하고 그 임용행위를 취소하는 경우 신의칙이 적용된다.
- ㄹ. 지방자치단체장이 사업자에게 주택사업계획승인을 하면서 그 주택사업과는 아무런 관련이 없는 토지를 기부채납하도록 하는 부관을 주택사업계획승인에 붙인 경우, 그 부관은 부당결부금지의 원칙에 위반되어 위법하다.

① ㄱ, ㄴ
② ㄱ, ㄹ
③ ㄴ, ㄷ
④ ㄷ, ㄹ

관련 OX

ㄷ. 관련

1. 국가가 임용결격자에 대하여 결격사유가 있는 것을 알지 못하고 공무원으로 임용하였다가 사후에 결격사유가 있음을 발견하고 당초의 임용처분을 취소하는 것은 신의칙 내지 신뢰의 원칙에 위반된다. 23변시

2. 국가가 공무원임용결격사유가 있는 자에 대하여 당초의 임용처분을 취소함에 있어서는 신의칙 내지 신뢰보호의 원칙을 적용할 수 없고, 그러한 의미의 취소권은 시효로 소멸되는 것도 아니다. 08국가7

ㄹ. 관련

3. 행정청이 주택사업계획승인을 하면서 그 주택사업과는 아무런 관련이 없는 토지를 기부채납하도록 하는 부관을 붙인 경우, 그 부관은 부당결부금지원칙에 위배되어 위법하다. 24소간

해설

ㄱ. ○ 비례의 원칙: 법치국가원리에서 파생되는 헌법상 기본원리 → 모든 국가작용에 적용됨
비례의 원칙은 **법치국가원리에서 파생되는 헌법상의 기본원리로서 모든 국가작용에 적용**되는 것이므로, 법원이 적극적 조치 판결을 할 때에도 원고와 피고를 비롯한 모든 이해관계인들의 공익과 사익을 종합적으로 비교·형량하여야 한다(2022.2.17. 2019다217421).

ㄴ. × 행정청의 관행이 위법한 경우: 자기구속력×
평등의 원칙은 본질적으로 같은 것을 자의적으로 다르게 취급함을 금지하는 것이고, 위법한 행정처분이 수차례에 걸쳐 반복적으로 행하여졌다 하더라도 그러한 처분이 위법한 것인 때에는 행정청에 대하여 **자기구속력을 갖게 된다고 할 수 없다**(2009.6.25. 2008두13132).

ㄷ. × 임용결격사유 있는 자를 임용한 것은 무효 → 임용을 취소해도 신뢰보호 적용×
국가가 공무원**임용결격사유**가 있는 자에 대하여 결격사유가 있는 것을 알지 못하고 공무원으로 임용하였다가 사후에 결격사유가 있는 자임을 발견하고 공무원 임용행위를 취소하는 것은 당사자에게 원래의 임용행위가 당초부터 **당연무효**이었음을 통지하여 확인시켜 주는 행위에 지나지 아니하는 것이므로, 그러한 의미에서 당초의 임용처분을 취소함에 있어서는 **신의칙 내지 신뢰의 원칙을 적용할 수 없고** 또 그러한 의미의 취소권은 시효로 소멸하는 것도 아니다(1987.4.14. 86누459).

ㄹ. ○ 주택사업과 관련 없는 토지의 기부채납의무 부과: 부당결부금지원칙 위반(단, 무효는 아님)
지방자치단체장이 사업자에게 주택사업계획승인을 하면서 그 주택사업과는 **아무런 관련이 없는 토지를 기부채납하도록 하는 부관을** 주택사업계획승인에 붙인 경우, 그 부관은 **부당결부금지의 원칙에 위반되어 위법**하지만, 지방자치단체장이 승인한 사업자의 주택사업계획은 상당히 큰 규모의 사업임에 반하여, 사업자가 기부채납한 토지 가액은 그 100분의 1 상당의 금액에 불과한데다가, 사업자가 그동안 그 부관에 대하여 아무런 **이의를 제기하지 아니하다가** 지방자치단체장이 업무착오로 기부채납한 토지에 대하여 보상협조요청서를 보내자 그때서야 비로소 부관의 하자를 들고 나온 사정에 비추어 볼 때 부관의 하자가 중대하고 명백하여 **당연무효라고는 볼 수 없다**(1997.3.11. 96다49650).

선지선택비율 ① 7.08% ② 81.22% ③ 5.18% ④ 6.51%   오답률 18.78%

선지분석 & 요플·기풀기링크

선지	THEME	요플	기풀기
ㄱ		02	004
	T06 기타 일반원칙		
ㄴ		43	046
ㄷ	T05 신뢰보호원칙	34	034
ㄹ	T32 부관	72	068

정답 ②
OX 1× 2○ 3○

15

행정법의 일반원칙에 대한 설명으로 옳지 않은 것은? (다툼이 있는 경우 판례에 의함) 17국가7

① 신뢰보호의 원칙은, 국민이 법률적 규율이나 제도가 장래에 지속할 것이라는 합리적인 신뢰를 바탕으로 개인의 법적 지위를 형성해 왔을 때에는 국가에게 그 국민의 신뢰를 되도록 보호할 것을 요구하는 법치국가원리의 파생원칙이다.

② 행정청이 위법한 행정처분을 반복적으로 한 선례가 있다면 신뢰보호의 원칙과 행정의 자기구속의 원칙에 따라 선례구속의 법리가 통용된다.

③ 국가가 국민의 생명·신체의 안전에 대한 보호의무를 다하지 않았는지 여부에 대한 심사는 '과소보호 금지원칙'의 위반 여부를 기준으로 삼는다.

④ 부진정소급입법은 원칙적으로 허용되지만 소급효를 요구하는 공익상의 사유와 신뢰보호의 요청 사이의 형량과정에서 신뢰보호의 관점이 입법자의 형성권에 제한을 가하게 된다.

관련 OX

② 관련

1 평등의 원칙은 본질적으로 같은 것을 자의적으로 다르게 취급함을 금지하는 것이므로, 위법한 행정처분이 수차례에 걸쳐 반복적으로 행하여졌다면 행정청에 대하여 자기구속력을 갖게 된다. 25해경승진

④ 관련

2 부진정소급입법은 원칙적으로 허용되지만 소급효를 요구하는 공익상의 사유와 신뢰보호의 요청 사이의 교량과정에서 신뢰보호의 관점이 입법자의 형성권에 제한을 가하게 된다. 14국가9

해설

① ○ **신뢰보호원칙의 근거: 법치국가원리(법적 안정성의 요구)**
국민이 종전의 법률관계나 제도가 장래에도 지속될 것이라는 합리적인 신뢰를 바탕으로 이에 적응하여 법적 지위를 형성하여 온 경우 국가는 **법치국가의 원칙에 의한 법적 안정성**을 위하여 권리·의무에 관련된 법규·제도의 개폐에 있어서 **국민의 기대와 신뢰를 보호**하지 않으면 안 된다(헌재 2005.2.3. 2003헌마544·603 전원).

② × **행정청의 관행이 위법한 경우: 자기구속력×**
위법한 행정처분이 수차례에 걸쳐 반복적으로 행하여졌다 하더라도 그러한 처분이 **위법한 것인 때에는 행정청에 대하여 자기구속력을 갖게 된다고 할 수 없다**(2009.6.25. 2008두13132).

+ PLUS 선행조치가 위법해도 신뢰보호원칙은 주장할 수 있다. 그러나 자기구속의 원칙은 **적법한 관행**에 대해서만 적용된다. 자기구속의 원칙은 평등의 원칙을 주요 근거로 하는바, 평등의 원칙은 불법 앞의 평등을 주장할 수 없기 때문이다.

③ ○ **국가의 보호의무 위반 여부: 과소보호 금지원칙 기준**
국가가 국민의 생명·신체의 안전에 대한 보호의무를 다하지 않았는지 여부를 헌법재판소가 심사할 때에는 국가가 이를 보호하기 위하여 적어도 적절하고 효율적인 최소한의 보호조치를 취하였는가 하는 이른바 '**과소보호 금지원칙**'의 위반 여부를 기준으로 삼아, 국민의 생명·신체의 안전을 보호하기 위한 조치가 필요한 상황인데도 국가가 아무런 보호조치를 취하지 않았든지 아니면 취한 조치가 법익을 보호하기에 전적으로 부적합하거나 매우 불충분한 것임이 명백한 경우에 한하여 국가의 보호의무의 위반을 확인하여야 한다(헌재 2008.12.26. 2008헌마419 등 전원).

④ ○ **부진정소급: 원칙적 허용 / 단, 신뢰보호의 관점이 입법자의 형성권을 제한**
부진정소급입법은 원칙적으로 허용되지만 소급효를 요구하는 공익상의 사유와 **신뢰보호의 요청 사이의 교량과정에서 신뢰보호의 관점이 입법자의 형성권에 제한**을 가하게 된다(헌재 1999.7.22. 97헌바76 전원).

선지분석 & 요플·기풀기링크

선지	THEME	요플	기풀기
①	T05 신뢰보호원칙	03	001
②	T06 기타 일반원칙	43	046
③		11	010
④	T08 개정시 적용법	18	018

정답 ②

OX 1× 2○

THEME 06 행정법의 일반원칙(2)-나머지 원칙

필수문제 16

행정법의 일반원칙에 대한 설명으로 가장 적절하지 않은 것은? (다툼이 있는 경우 판례에 의함)

18(2)경행

① 수익적 행정행위에 있어서는 법령에 특별한 근거규정이 없다고 하더라도 그 부관으로서 부담을 붙일 수 있으나, 그러한 부담은 비례의 원칙, 부당결부금지의 원칙에 위반되지 않아야 적법하다.

② 과잉금지의 원칙이라 함은 국민의 기본권을 제한함에 있어서 국가작용의 한계를 명시한 것으로서 목적의 정당성·방법의 적정성·피해의 최소성·법익의 균형성 등을 의미하며 그 어느 하나에라도 저촉이 되면 위헌이 된다는 헌법상의 원칙을 말한다.

③ 운전면허 취소사유에 해당하는 음주운전을 적발한 경찰관의 소속 경찰서장이 사무착오로 위반자에게 운전면허정지처분을 한 상태에서 위반자의 주소지 관할 지방경찰청장이 위반자에게 운전면허취소처분을 한 것은 선행처분에 대한 당사자의 신뢰 및 법적 안정성을 저해하는 것으로 볼 수 없다.

④ 부당결부금지의 원칙이란 행정주체가 행정작용을 함에 있어서 상대방에게 이와 실질적인 관련이 없는 의무를 부과하거나 그 이행을 강제하여서는 아니 된다는 원칙을 말한다.

관련 OX

① 관련

1 재량행위에는 법령상 근거가 없더라도 그 내용이 적법하고 이행가능하며 비례의 원칙 및 평등의 원칙에 적합하고 행정처분의 본질적 효력을 해하지 아니하는 한도 내에서 부관을 붙일 수 있다. 24국회8

④ 관련

2 「행정기본법」상 권한남용금지의 원칙이란 행정청이 행정작용을 함에 있어서 상대방에게 이와 실질적인 관련이 없는 의무를 부과하거나 그 이행을 강제하여서는 아니 된다는 원칙을 말한다. 24소방승진(변형)

해설

① ○ 수익적 행정행위에 있어서는 법령에 특별한 근거규정이 없다고 하더라도 그 부관으로서 부담을 붙일 수 있으나, 그러한 부담은 비례의 원칙, 부당결부금지의 원칙에 위반되지 않아야만 적법하다고 할 것이다(1997.3.11. 96다49650).

+ PLUS 수익적 행위는 재량행위인 경우가 많다. 판례는 수익적 행위에 대해서 (그것이 재량행위이므로) 부관을 붙일 수 있다고 판시하는 경우가 있다.

② ○ 과잉금지의 원칙이라 함은 국민의 기본권을 제한함에 있어서 국가작용의 한계를 명시한 것으로서 목적의 정당성·방법의 적정성·피해의 최소성·법익의 균형성 등을 의미하며 그 어느 하나에라도 저촉이 되면 위헌이 된다는 헌법상의 원칙을 말한다(헌재 1997.3.27. 95헌가17).

+ PLUS 헌법재판소는 위헌심사에 있어 목적의 정당성, 수단의 적합성(방법의 적정성), 필요성의 원칙(피해의 최소성), 상당성의 원칙(법익의 균형성)에 위배되는지 여부를 판단한다(과잉금지원칙).

③ × 사무착오로 운전면허정지처분 후 운전면허취소처분 불가

운전면허 취소사유에 해당하는 음주운전을 적발한 경찰관의 소속 경찰서장이 사무착오로 위반자에게 운전면허정지처분을 한 상태에서 위반자의 주소지 관할 지방경찰청장(현 시·도 경찰청장)이 위반자에게 운전면허취소처분을 한 것은 당사자의 신뢰 및 법적 안정성을 저해하는 것으로서 허용될 수 없다(2000.2.25. 99두10520).

④ ○ 부당결부금지의 원칙이란 행정주체가 행정작용을 함에 있어서 상대방에게 이와 실질적인 관련이 없는 의무를 부과하거나 그 이행을 강제하여서는 아니 된다는 원칙을 말한다(2009.2.12. 2005다65500).

행정기본법 제13조(부당결부금지의 원칙) 행정청은 행정작용을 할 때 상대방에게 해당 행정작용과 실질적인 관련이 없는 의무를 부과해서는 아니 된다.

선지분석 & 요플·기풀기링크

선지	THEME	요플	기풀기
①	T32 부관	63	071
②	T06 기타 일반원칙		
③	T05 신뢰보호원칙	44	044
④	T06 기타 일반원칙	48	050

정답 ③

OX 1 ○ 2 ×

17

행정법의 일반원칙과 관련된 대법원 판례의 입장으로 옳은 것은?

08국가9

① 건축설계를 위임받은 건축사가 건축한계선의 제한이 있다는 사실을 간과한 채 건축설계를 하고 이를 토대로 건축물의 신축허가를 받은 경우, 신축허가에 대한 건축주의 신뢰는 보호되어야 한다.

② 주택사업계획을 승인하면서 입주민이 이용하는 진입도로의 개설 및 확장과 이의 기부채납의 무를 부담으로 부과하는 것은 부당결부금지의 원칙에 반한다.

③ 청원경찰의 인원감축을 위하여 초등학교 졸업 이하 학력소지자 집단과 중학교 중퇴 이상 학력소지자 집단으로 나누어 각 집단별로 같은 감원비율의 인원을 선정한 것은 위법한 재량권 행사이다.

④ 법규에 명문의 근거가 없는 경우에 환경보전을 이유로 산림훼손허가를 거부하는 것은 비례원칙에 반한다.

해설

① ✗ 귀책사유는 수임인 등 관계자 모두를 기준으로 판단하므로 건축허가의 **상대방인 건축주** 본인에게는 귀책사유가 없어도, 그가 일을 맡긴 **수임인인 건축사**에게 귀책사유가 있다면 건축주의 신뢰는 보호받지 못한다.

• 건축주와 그로부터 건축설계를 위임받은 건축사가 상세계획지침에 의한 건축한계선의 제한이 있다는 사실을 간과한 채 건축설계를 하고 이를 토대로 건축물의 신축 및 증축허가를 받은 경우, 그 신축 및 증축허가가 정당하다고 신뢰한 데에 귀책사유가 있다(2002.11.8. 2001두1512).

② ✗ 주택건설사업계획을 승인하면서 진입도로 등을 설치하고 그 부지 일부를 기부채납하도록 하는 부관: 부당결부금지원칙 위반 ✗

65세대의 공동주택을 건설하려는 사업주체(지역주택조합)에게 주택건설촉진법 제33조에 의한 **주택건설사업계획의 승인처분**을 함에 있어 그 주택단지의 **진입도로** 부지의 소유권을 확보하여 **진입도로** 등 간선시설을 **설치하고 그 부지 소유권 등을 기부채납**하며 그 주택건설사업 시행에 따라 폐쇄되는 인근 주민들의 기존 통행로를 대체하는 **통행로를 설치하고 그 부지 일부를 기부채납하도록** 조건을 붙인 경우, 주택건설촉진법과 같은 법 시행령 및 「주택건설기준 등에 관한 규정」 등 관련 법령의 관계 규정에 의하면 그와 같은 조건을 붙였다 하여도 다른 특별한 사정이 없는 한 필요한 범위를 넘어 과중한 부담을 지우는 것으로서 형평의 원칙 등에 위배되는 **위법한 부관이라 할 수 없다**(1997.3.14. 96누16698).

+ PLUS 주된 행정행위의 목적인 주택사업과 실질적 관련성이 있어 적법하다.

③ ○ 학력에 따라 집단을 구분해 동일 감축비율로 면직대상자 선정: 평등원칙 위반(취소사유)

행정자치부의 지방조직 개편지침의 일환으로 **청원경찰의 인원감축을 위한 면직처분대상자를 선정함**에 있어서 **초등학교 졸업 이하 학력소지자 집단과 중학교 중퇴 이상 학력소지자 집단으로 나누어** 각 **집단별로 같은 감원비율** 상당의 인원을 선정한 것은 합리성과 공정성을 결여하고, **평등의 원칙에 위배되어 그 하자가 중대하다** 할 것이나, 그렇게 한 이유가 시험문제 출제 수준이 중학교 학력 수준이어서 초등학교 졸업 이하 학력소지자에게 상대적으로 불리할 것이라는 판단 아래 이를 보완하기 위한 것이었으므로 그 하자가 객관적으로 명백하다고 보기는 어렵다(2002.2.8. 2000두4057).

④ ✗ 산림훼손허가(산림형질변경허가): 법령상 금지·제한지역이 아니더라도 환경보전 등 중대한 공익상 필요시 거부 가능

산림형질변경(편저자: 산림훼손허가)은 **법령상의 금지 또는 제한지역에 해당하지 않더라도** 신청대상 토지의 현상과 위치 및 주위의 상황 등을 고려하여 국토 및 자연의 유지와 상수원 수질과 같은 환경의 보전 등을 위한 **중대한 공익상의 필요가 있을 경우 그 허가를 거부할 수 있으며**, 이는 산림형질변경허가기간을 연장하는 경우에도 마찬가지이다(2000.7.7. 99두66).

+ PLUS 허가는 기속행위로서 법령에 규정되지 않은 **공익적 사유를 들어 거부할 수 없음**이 원칙이나, 판례는 건축허가, 산림형질변경허가 및 그 연장, 배출시설 설치허가 등에 대하여 (일반적 공익이 아닌) **중대한 공익상 필요가 있다면 거부할 수 있음**을 인정함

관련 OX

① 관련

1 건축주와 그로부터 건축설계를 위임받은 건축사가 관계 법령에서 정하고 있는 건축한계선의 제한이 있다는 사실을 간과한 채 건축설계를 하고 이를 토대로 건축물의 신축 및 증축허가를 받은 경우, 그 신축 및 증축허가가 정당하다고 신뢰한 데에는 귀책사유가 있다. 22국가9

④ 관련

2 산림훼손은 국토 및 자연의 유지와 수질 등 환경의 보전에 직접적으로 영향을 미치는 행위이므로, 허가관청은 국토 및 자연의 유지와 환경의 보전등 중대한 공익상 필요가 있다고 인정될 때에는 산림훼손허가를 거부할 수 있고, 그 경우 법규에 명문의 근거가 없더라도 거부처분을 할 수 있다. 20소간

선지분석 & 요플·기풀기링크

선지	THEME	요플	기풀기
①	T05 신뢰보호원칙	18	021
②	T32 부관	70	066
③	T06 기타 일반원칙	30	028
④	T17 명령적 VA	24	019

정답 ③
OX 1 ○ 2 ○

필수문제 18

행정법의 일반원칙에 관한 판례의 태도로 옳지 않은 것은? 13국가9

① 대법원과 헌법재판소는 평등의 원칙과 신뢰보호의 원칙을 행정의 자기구속의 원칙의 근거로 삼고 있다.
② 지방자치단체장이 사업자에게 주택사업계획승인을 하면서 그 주택사업과는 아무런 관련이 없는 토지를 기부채납하도록 하는 부관을 주택사업계획승인에 붙인 경우, 그 부관은 부당결부금지의 원칙에 위반되어 위법이다.
③ 위법한 행정처분이 수차례에 걸쳐 반복적으로 행하여진 경우 행정의 자기구속의 원칙이 적용된다.
④ 건축물에 인접한 도로의 개설을 위한 도시계획사업시행허가처분은 건축물에 대한 건축허가처분과는 별개의 행정처분이므로 사업시행허가를 함에 있어 조건으로 내세운 기부채납의무를 이행하지 않았음을 이유로 한 건축물에 대한 준공거부처분은 「건축법」에 근거 없이 이루어진 것으로서 위법하다.

관련 OX

① 관련
1 헌법재판소는 평등의 원칙이나 신뢰보호의 원칙을 근거로 행정의 자기구속의 원칙을 인정하고 있다. 24해경승진

③ 관련
2 위법한 행정처분이 수차례에 걸쳐 반복적으로 행하여졌다 하더라도 그러한 처분이 위법한 것인 때에는 행정청에 대하여 자기구속력을 갖게 된다고 할 수 없다. 25지방9

해설

① ○ 자기구속원칙의 근거: 평등의 원칙 및 신뢰보호의 원칙
- 재량권 행사의 준칙인 행정규칙이 그 정한 바에 따라 되풀이 시행되어 행정관행이 이루어지게 되면 평등의 원칙이나 신뢰보호의 원칙에 따라 행정기관은 그 상대방에 대한 관계에서 그 규칙에 따라야 할 자기구속을 받게 되므로, 이러한 경우에는 특별한 사정이 없는 한 그를 위반하는 처분은 평등의 원칙이나 신뢰보호의 원칙에 위배되어 재량권을 일탈·남용한 위법한 처분이 된다(2009.12.24. 2009두7967).
- 재량권 행사의 준칙인 규칙이 그 정한 바에 따라 되풀이 시행되어 행정관행이 이룩되게 되면, 평등의 원칙이나 신뢰보호의 원칙에 따라 행정기관은 그 상대방에 대한 관계에서 그 규칙에 따라야 할 자기구속을 당하게 되고, 그러한 경우에는 대외적인 구속력을 가지게 된다 할 것이다(헌재 1990.9.3. 90헌마13 전원).

② ○ 주택사업과 관련 없는 토지의 기부채납의무 부과: 부당결부금지원칙 위반
지방자치단체장이 사업자에게 주택사업계획승인을 하면서 그 주택사업과는 아무런 관련이 없는 토지를 기부채납하도록 하는 부관을 주택사업계획승인에 붙인 경우, 그 부관은 부당결부금지의 원칙에 위반되어 위법하다(1997.3.11. 96다49650).

행정기본법 제13조(부당결부금지의 원칙) 행정청은 행정작용을 할 때 상대방에게 해당 행정작용과 실질적인 관련이 없는 의무를 부과해서는 아니 된다.

③ ✕ 관행이 위법한 경우: 자기구속원칙 적용✕
위법한 행정처분이 수차례에 걸쳐 반복적으로 행하여졌다 하더라도 그러한 처분이 위법한 것인 때에는 행정청에 대하여 자기구속력을 갖게 된다고 할 수 없다(2009.6.25. 2008두13132).
+ PLUS 선행조치가 위법한 경우에도 신뢰보호의 원칙은 주장할 수 있다. 그러나 자기구속의 원칙은 적법한 관행에 대해서만 적용된다. 불법 앞의 평등은 인정될 수 없기 때문이다.

④ ○ 도로개설사업 시행허가에 붙은 기부채납을 불이행했다는 이유로 건축물 준공처분을 거부: 위법
건축물에 인접한 도로의 개설을 위한 도시계획사업시행허가처분은 건축물에 대한 건축허가처분과는 별개의 행정처분이므로, 사업시행허가를 함에 있어 조건으로 내세운 (편저자: 도시계획사업시행허가처분에 결부된) 기부채납의무를 이행하지 않았음을 이유로 한 건축물에 대한 준공거부처분은 건축법에 근거가 없이 이루어진 것으로서 위법하다(1992.11.27. 92누10364).
+ PLUS A처분에 붙은 부담불이행을 이유로 별개의 B처분을 거부한 것은 위법하다는 취지

선지분석 & 요플·기풀가링크

선지	THEME	요플	기풀
①	T06 기타 일반원칙	42	043
②	T32 부관	72	068
③	T06 기타 일반원칙	43	046
④		51	054

정답 ③
OX 1○ 2○

19

행정법의 기본원칙에 대한 설명으로 옳은 것은? (다툼이 있는 경우 판례에 의함) 24국가7

① 평등의 원칙은 본질적으로 같은 것을 자의적으로 다르게 취급함을 금지하는 것이므로, 위법한 행정처분이 수차례에 걸쳐 반복적으로 행하여졌다면 행정청에 대하여 자기구속력을 갖게 된다.

② 진정소급입법은 허용되지 않는 것이 원칙이지만 국민이 소급입법을 예상할 수 있었거나 신뢰보호의 요청에 우선하는 심히 중대한 공익상의 사유가 소급입법을 정당화하는 경우에는 허용된다.

③ 어떤 행정처분이 실효의 법리를 위반하여 위법한 것이라면 이는 행정처분의 당연무효사유에 해당한다.

④ 제1종 보통면허로 운전할 수 있는 차량을 음주운전한 경우에도 이와 관련된 면허인 제1종 대형면허와 원동기장치자전거면허까지 취소할 수 있는 것은 아니다.

관련 OX

① 관련

1 행정처분이 수차례에 걸쳐 반복적으로 행하여졌다면, 설령 그러한 처분이 위법한 것인 때에도 행정청에 대하여 자기구속력을 갖게 된다. 24국회9

② 관련

2 일반적으로 국민이 소급입법을 예상할 수 있었거나 법적 상태가 불확실하고 혼란스러워 보호할 만한 신뢰이익이 적은 경우에도 진정소급입법이 허용되지 않는다. 15사복9

④ 관련

3 제1종 대형면허로 운전할 수 있는 차량을 운전면허 정지기간 중에 운전한 경우에는 이와 관련된 제1종 보통면허까지 취소할 수 있다. 23소방승진

해설

① ✗ 행정청의 관행이 위법한 경우: 자기구속력 발현 ✗
평등의 원칙은 본질적으로 같은 것을 자의적으로 다르게 취급함을 금지하는 것이고, **위법한** 행정처분이 수차례에 걸쳐 반복적으로 행하여졌다 하더라도 그러한 처분이 위법한 것인 때에는 행정청에 대하여 **자기구속력을 갖게 된다고 할 수 없다**(2009.6.25. 2008두13132).

② ○ 진정소급: 원칙적 불허 / 예외적 허용(신뢰이익이 적은 경우, 공익이 중대한 경우 등)
진정소급입법은 개인의 신뢰보호와 법적 안정성을 내용으로 하는 법치국가원리에 의하여 특단의 사정이 없는 한 헌법적으로 **허용되지 아니하는 것이 원칙**이고, 다만 일반적으로 국민이 **소급입법을 예상할 수 있었거나** 법적 상태가 불확실하고 혼란스러워 보호할 만한 **신뢰이익이 적은 경우**와 소급입법에 의한 당사자의 손실이 없거나 아주 경미한 경우 그리고 신뢰보호의 요청에 우선하는 심히 중대한 **공익상의** 사유가 소급입법을 정당화하는 경우 등에는 **예외적으로 진정소급입법이 허용된다**(헌재 1999.7.22. 97헌바76 전원).

③ ✗ 실효의 법리 위반 여부: 구체적 사정 심리 후에야 판단할 수 있어 명백 ✗ → 취소사유
어떤 행정처분이 실효의 법리를 위반하여 위법한 것이라고 하더라도, 이러한 하자의 존부는 **개별·구체적인 사정을 심리한 후에야 판단할 수 있는** 사항이어서 객관적으로 명백한 것이라고 할 수 없으므로, 이는 행정처분의 **취소사유에 해당할 뿐 당연무효사유는 아니다**(2021.12.30. 2018다241458).

④ ✗ 제1종 보통면허로 운전가능한 차량을 음주운전: 제1종 대형면허와 원동기면허 취소 가능
제1종 대형면허 소지자는 제1종 보통면허로 운전할 수 있는 자동차와 원동기장치자전거를, 제1종 보통면허 소지자는 원동기장치자전거까지 운전할 수 있도록 규정하고 있어서 제1종 보통면허로 운전할 수 있는 차량의 음주운전은 당해 운전면허뿐만 아니라 제1종 대형면허로도 가능하고, 또한 제1종 대형면허나 제1종 보통면허의 취소에는 당연히 원동기장치자전거의 운전까지 금지하는 취지가 포함된 것이어서 이들 세 종류의 운전면허는 서로 관련된 것이라고 할 것이므로 **제1종 보통면허로 운전할 수 있는 차량을 음주운전한 경우에 이와 관련된 면허인 제1종 대형면허와 원동기장치자전거면허까지 취소할 수 있다**(1994.11.25. 94누9672).

선지선택비율 ① 6.25% ② 85.05% ③ 3.60% ④ 5.11% 오답률 14.77%

선지분석 & 요플·기풀기링크

선지	THEME	요플	기풀기
①	T06 기타 일반원칙	43	046
②	T08 개정시 적용법	08	007
③	T29 VA의 하자와 효력	17	017
④	T06 기타 일반원칙	57	060

정답 ②

OX 1✗ 2✗ 3○

20

행정법의 일반원칙에 대한 설명으로 옳은 것은? (다툼이 있는 경우 판례에 의함) 24국회9

① 행정처분이 수차례에 걸쳐 반복적으로 행하여졌다면, 설령 그러한 처분이 위법한 것인 때에도 행정청에 대하여 자기구속력을 갖게 된다.
② 고등훈련기 양산참여권의 포기대가와 관련하여 국내에서 세금이 면제될 수 있도록 협조를 구하는 국방부장관의 질의에 대하여 답변한 재정경제부장관의 검토의견은, 외국법인의 국내원천소득에 대한 재정경제부장관의 공적인 견해표명으로 신의성실의 원칙이 적용된다.
③ 폐기물처리업에 대하여 사전에 관할 관청으로부터 적정통보를 받고 막대한 비용을 들여 허가요건을 갖춘 다음 허가신청을 하였음에도 다수 청소업자의 난립으로 안정적이고 효율적인 청소업무의 수행에 지장이 있다는 이유로 한 불허가처분은 신뢰보호의 원칙 및 비례의 원칙에 반하는 위법한 처분이라고 할 수 없다.
④ 신뢰보호의 원칙에 있어서 신청을 요하는 행정행위와 관련하여 개인의 귀책사유의 유무는 상대방을 기준으로 판단하여야 하고, 상대방으로부터 신청행위를 위임받은 수임인 등 관계자 모두를 기준으로 판단하여야 하는 것은 아니다.
⑤ 조례안이 지방의회의 감사 또는 조사를 위하여 출석요구를 받은 증인이 5급 이상 공무원인지 여부, 기관(법인)의 대표나 임원인지 여부 등 증인의 사회적 신분에 따라 미리부터 과태료의 액수에 차등을 두고 있는 경우 그 합리성을 인정할 수 없고 지위의 높고 낮음만을 기준으로 한 부당한 차별대우라고 할 것이어서 평등의 원칙에 위배되어 무효이다.

관련 OX

③ 관련

1 폐기물처리업에 대하여 관할 관청의 사전 적정통보를 받고 막대한 비용을 들여 요건을 갖춘 다음 허가신청을 한 경우, 행정청이 청소업자의 난립으로 효율적인 청소업무의 수행에 지장이 있다는 이유로 불허가처분을 하였다 할지라도 신뢰보호의 원칙에 반하지 아니한다. 22소방

④ 관련

2 상대방에게 귀책사유가 있어 그 신뢰의 보호가치가 인정되지 않는다면 신뢰보호의 원칙이 적용되지 않는데, 이때 귀책사유의 유무는 상대방을 기준으로 판단하여야 하고, 상대방으로부터 신청행위를 위임받은 수임인 등의 귀책사유 유무는 고려하지 않는다. 23지방7

해설

① ✕ **행정청의 관행이 위법한 경우: 자기구속력✕**
위법한 행정처분이 수차례에 걸쳐 반복적으로 행하여졌다 하더라도 그러한 처분이 위법한 것인 때에는 행정청에 대하여 자기구속력을 갖게 된다고 할 수 없다(2009.6.25. 2008두13132).

　+ PLUS 적법한 관행에 대해서만 자기구속의 원칙이 적용된다. 자기구속의 원칙은 평등의 원칙을 주요 근거로 하는바, 평등의 원칙은 불법 앞의 평등을 주장할 수 없기 때문이다. 이는 선행조치가 위법해도 신뢰보호원칙은 주장할 수 있다는 점과 구별해서 기억한다.

② ✕ **고등훈련기 양산참여권의 포기대가와 관련해 면세 협조를 구하는 국방부장관의 질의에 대한 재정경제부장관의 검토의견: 일반론적인 견해표명에 불과해 신의칙 적용✕**
과세관청의 의사표시가 일반론적인 견해표명에 불과한 경우에는 신의성실의 원칙의 적용이 부정된다. 고등훈련기 양산참여권의 포기대가와 관련하여 국내에서 세금이 면제될 수 있도록 협조를 구하는 국방부장관의 질의에 대하여 답변한 재정경제부장관의 검토의견은, 외국법인의 국내원천소득에 대한 재정경제부장관의 일반론적인 견해표명에 불과하므로 그에 대하여 신의성실의 원칙이 적용된다고 할 수 없다(2010.4.29. 2007두19447·19454).

　+ PLUS 신뢰보호원칙 위반 여부도 검토될 수 있는 판례에 해당한다. 판례는 (특히 조세법률관계에서) 신의성실의 원칙과 신뢰보호의 원칙을 함께 언급하거나 신뢰보호의 원칙이 문제될 법한 사안에 신의성실의 원칙 위반으로 판시하기도 한다.

③ ✕ **적정통보 후 청소업자 난립을 이유로 폐기물처리업 불허가: 신뢰보호원칙 위반(위법)**
폐기물처리업에 대하여 사전에 관할 관청으로부터 적정통보를 받고 막대한 비용을 들여 허가요건을 갖춘 다음 허가신청을 하였음에도 다수 청소업자의 난립으로 안정적이고 효율적인 청소업무의 수행에 지장이 있다는 이유로 한 불허가처분이 신뢰보호의 원칙 및 비례의 원칙에 반하는 것으로서 재량권을 남용한 위법한 처분이라고 본 사례(1998.5.8. 98두4061)

선지분석 & 요플·기풀기링크

선지	THEME	요플	기풀기
①	T06 기타 일반원칙	43	046
②		63	064
③	T05 신뢰보호원칙	39	039
④		17	020
⑤	T06 기타 일반원칙	28	027

④ ✗ 귀책사유: 수임인 등 관계자 모두를 기준으로 판단(상대방에 한정✗)
귀책사유의 유무는 상대방과 그로부터 신청행위를 위임받은 수임인 등 관계자 모두를 기준으로 판단하여야 한다(2002.11.8. 2001두1512).

⑤ ○ 증인의 신분에 따른 과태료 차등 조례: 평등원칙 위반(무효)
조례안이 지방의회의 감사 또는 조사를 위하여 출석요구를 받은 증인이 5급 이상 공무원인지 여부, 기관(법인)의 대표나 임원인지 여부 등 증인의 사회적 신분에 따라 미리부터 과태료의 액수에 차등을 두고 있는 경우, 그와 같은 차별은 증인의 불출석이나 증언거부에 대하여 과태료를 부과하는 목적에 비추어 볼 때 그 합리성을 인정할 수 없고 지위의 높고 낮음만을 기준으로 한 부당한 차별대우라고 할 것이어서 헌법에 규정된 평등의 원칙에 위배되어 무효이다(1997.2.25. 96추213).

정답 ⑤
OX 1✗ 2✗

21 사례형 고난도

〈보기〉의 사례에 관한 설명으로 옳은 것은? (다툼이 있는 경우에 판례에 의함) 25소방

〈보기〉

갑(甲)이 동성(同性)인 을(乙)과 교제하다가 서로를 동반자로 삼아 함께 생활하기로 합의하고 동거하던 중 결혼식을 올린 뒤 국민건강보험공단에 건강보험 직장가입자인 을(乙)의 '사실혼 배우자'로 피부양자 자격취득 신고를 하자, 국민건강보험공단은「국민건강보험법」제5조 제2항 제1호의 '배우자'를 '자격관리업무지침'에 따라 '사실상 혼인관계에 있는 사람'도 인우보증서*를 제출할 것을 조건으로 피부양자에 포함하는 것으로 해석·적용하여 갑(甲)을 피부양자로 등록하였다. 그런데 이 사실이 언론에 보도되자 국민건강보험공단은 갑(甲)을 피부양자로 등록한 것이 '착오처리'였다며 별도의 사전통지 없이 갑(甲)의 피부양자 자격을 소급하여 상실시키고 지역가입자로 갑(甲)의 자격을 변경한 후 그동안의 지역가입자로서의 건강보험료 등을 납입할 것을 고지하였다.

* 인우보증서: 가까운 관계에 있는 사람이 특정 사실에 대하여 증명하기 위해 기록하는 서류

① 국민건강보험공단은 사회보장제도인 건강보험의 보험자로서 가입자와 피부양자의 자격관리 등의 업무를 집행하는 공익법인으로서 기본권 보장의 수범자로서의 지위를 갖는다고 할 수 있으나, 공권력을 행사하는 주체로서의 지위까지 갖는 것은 아니다.
② '배우자'를 피보험자로 정한 법률 규정을 국민건강보험공단이 내부준칙에 따라 '사실혼 관계에 있는 사람'도 피부양자에 포함한 것은 위법한 해석·적용이다.
③ 국민건강보험공단이 직장가입자와 사실상 혼인관계에 있는 사람, 즉 이성(異性) 동반자와 달리 동성(同性) 동반자인 갑(甲)을 피부양자로 인정하지 않고 처분을 한 것은 헌법상 평등원칙 위반에 해당한다.
④ 갑(甲)의 피부양자 자격을 소급하여 상실시킨 처분은「행정절차법」에 따른 사전통지 대상에 해당하므로 국민건강보험공단이 그 처분에 앞서 갑(甲)에게 그 사실을 통지하거나 의견제출 기회를 주지 않은 것은 실체적 하자로써 위법하다.

해설

※ 동성 동반자에 대한 피부양자 자격 불인정 사건
甲(남성)이 동성인 乙과 교제하다가 서로를 동반자로 삼아 함께 생활하기로 합의하고 동거하던 중 결혼식을 올린 뒤 국민건강보험공단에 건강보험 직장가입자인 乙의 사실혼 배우자로 피부양자 자격취득 신고를 하여 피부양자 자격을 취득한 것으로 등록되었는데, 이 사실이 언론에 보도되자 국민건강보험공단이 甲을 피부양자로 등록한 것이 '착오처리'였다며 甲의 피부양자 자격을 소급하여 상실시키고 지역가입자로 甲의 자격을 변경한 후 그동안의 지역가입자로서의 건강보험료를 납입할 것을 고지한 사안

선지	THEME	요플	기풀기
③	T06 기타 일반원칙	N2	034

A. 실체적 하자: 평등원칙 위반

1-1. 특수공익법인인 건강보험공단은 공권력 행사 주체이자 기본권 수범자[①]

→ 차별처우의 위법성이 사적 단체·사인보다 폭넓게 인정

사회보장제도인 건강보험의 보험자로서 가입자와 피부양자의 자격관리 등의 업무를 집행하는 특수공익법인인 국민건강보험공단은 공권력을 행사하는 주체이자 기본권 보장의 수범자로서의 지위를 갖는다.[①] 그 결과 사적 단체 또는 사인의 경우 차별처우가 사회공동체의 건전한 상식과 법감정에 비추어 볼 때 도저히 용인될 수 없는 경우에 한해 사회질서에 위반되는 행위로서 위법한 행위로 평가되는 것과 달리, 국민건강보험공단은 평등원칙에 따라 국민의 기본권을 보호 내지 실현할 책임과 의무를 부담하므로, 그 차별처우의 위법성이 보다 폭넓게 인정될 수 있다.

1-2. 건강보험공단이 사실상 혼인관계에 있는 동성 동반자를 이성 동반자와 달리 피부양자로 인정하지 않고 보험료를 고지: 평등원칙 위반[③]

국민건강보험법 제5조 제2항 제1호(이하 '쟁점 규정'이라 한다)의 '배우자'에서 사실상 혼인관계에 있는 사람을 배제한다면 평등원칙에 반하는 위헌적 결과가 발생할 수 있기 때문에 국민건강보험공단이 배우자를 피보험자로 정한 쟁점 규정을 국민건강보험공단의 '자격관리업무지침'에 따라 '사실상 혼인관계에 있는 사람'도 인우보증서를 제출할 것을 조건으로 피부양자에 포함하는 것으로 해석·적용하는 것은 적법하고,[②] 국민건강보험공단이 위 처분을 통하여 사실상 혼인관계 있는 사람 집단에 대하여는 피부양자 자격을 인정하면서도, 동성 동반자 집단에 대해서는 피부양자 자격을 인정하지 않음으로써 두 집단을 달리 취급하고 있는데, 이는 성적 지향을 이유로 본질적으로 동일한 집단을 차별하는 행위에 해당하며, 건강보험제도와 피부양자제도의 의의, 취지와 연혁 등을 관련 법리와 기록에 비추어 살펴보면, 국민건강보험공단이 직장가입자와 사실상 혼인관계에 있는 사람, 즉 이성 동반자와 달리 동성 동반자인 甲을 피부양자로 인정하지 않고 위 처분을 한 것은 합리적 이유 없이 甲에게 불이익을 주어 그를 사실상 혼인관계에 있는 사람과 차별하는 것으로 헌법상 평등원칙을 위반하여 위법하다.[③]

B. 절차적 하자: 사전통지·의견청취 누락[④]

1-3. 피부양자 자격을 소급 박탈하는 건강보험공단의 자격변경 처분: 사전통지·의견청취를 해야

위 처분은 국민건강보험공단의 자격변경 처리에 따라 甲의 피부양자 자격을 소급하여 박탈하는 내용을 포함하므로, 국민건강보험공단이 위 처분에 앞서 甲에게 행정절차법 제21조 제1항에 따라 사전통지를 하거나 의견제출의 기회를 주어야 함에도 이를 하지 않은 절차적 하자가 있다[④](2024.7.18. 2023두36800 전합).

① × 공권력 행사주체의 지위를 갖지 않는다는 부분이 틀렸다.
② × 법률상 배우자의 범위에 사실혼 관계의 자도 포함시킨 것은 적법한 해석·적용이다.
④ × 실체적 하자가 아니라 절차적 하자이다. 다른 부분은 옳다.

선지선택비율 ① 7.18% ② 8.41% ③ 64.07% ④ 20.34% 오답률 35.93%

정답 ③

22

(a)의 사안에 대해 (b)와 같은 검토의견이 제시되었다. (b)의 검토의견 중 타당하지 않은 것은?

10국회8

① (a)사안: 대통령은 금융실명제도의 개선을 위하여 「금융실명거래에 관한 긴급재정경제명령」을 발하였고, 이로 인해 甲소유 주식의 시가가 폭락하였다.
   (b)검토의견: 비록 고도의 정치적 결단에 의하여 행해지는 국가작용이라고 할지라도 그것이 국민의 기본권 침해와 직접 관련되는 경우에는 헌법재판소의 심판대상이 된다.

② (a)사안: 「한국방송공사법」은 TV수신료의 금액을 국회의 결정이나 관여 없이 한국방송공사가 결정하도록 하는 내용의 규정을 두고 있다.
   (b)검토의견: 텔레비전방송수신료는 국민의 기본권실현에 관련된 영역에 속하고, 수신료금액의 결정은 수신료에 관한 본질적인 중요한 사항이므로, 「한국방송공사법」에서 국회의 결정이나 관여를 배제한 채 한국방송공사로 하여금 수신료금액을 결정하게 한 것은 법률유보원칙에 위반된다.

③ (a)사안: 甲은 구청장 X에 대하여 재량행위인 건물의 증·개축허가를 신청하였으나 거부되었다. 그런데 이웃에 사는 乙은 동일한 사안임에도 불구하고 X로부터 허가를 받은 사실을 알게 되었다.
   (b)검토의견: 甲은 X행정청이 증·개축허가를 거부한 것은 자기구속의 법리에 위반되어 위법하다고 주장할 수 있다.

④ (a)사안: X도지사는 부가가치세의 부과처분은 원가상승을 가져오고 원가상승은 수출경쟁력의 약화를 가져온다고 판단하여 4년 6개월 동안 부가가치세를 부과하지 않았다. 이에 따라 甲은 물품의 가격정책에 부가가치세를 고려하지 않았다. 그런데 최근에 도세가 잘 거두어지지 않자 X도지사는 세법에 따라 甲에게 4년분의 부가가치세를 부과하였다.
   (b)검토의견: X도지사의 부가가치세 부과처분은 신뢰보호원칙에 위반되어 위법하다.

⑤ (a)사안: 교도소장 X는 복역 중인 甲이 변호사에게 보내기 위하여 발송을 의뢰한 서신을 법령상 검열사유에 해당하지 않음에도 불구하고 발송 전에 이를 검열하였다.
   (b)검토의견: 甲의 서신을 교도소장 X가 검열하는 행위는 이른바 권력적 사실행위로서 행정심판이나 행정소송의 대상이 되는 행정처분으로 볼 수 있으므로 보충성의 원칙상 헌법소원심판을 청구할 수 없다.

관련 OX

① 관련
1 법률의 효력을 가지는 긴급재정경제명령은 국민의 기본권 침해와 직접 관련되므로 헌법재판소의 심판대상이 될 수 있다. 25변시

⑤ 관련
2 수형자의 서신을 교도소장이 검열하는 행위는 항고소송의 대상이 되는 처분에 해당하는 사실행위이다 17(하)지방9

해설

① ○ 긴급재정경제명령(금융실명제): 통치행위○ but 사법심사 함(기본권 침해와 직접 관련되므로)
대통령의 긴급재정경제명령은 국가긴급권의 일종으로서 고도의 정치적 결단에 의하여 발동되는 행위이고 그 결단을 존중하여야 할 필요성이 있는 행위라는 의미에서 이른바 통치행위에 속한다고 할 수 있으나, 통치행위를 포함하여 모든 국가작용은 국민의 기본권적 가치를 실현하기 위한 수단이라는 한계를 반드시 지켜야 하는 것이고, 헌법재판소는 헌법의 수호와 국민의 기본권 보장을 사명으로 하는 국가기관이므로 비록 고도의 정치적 결단에 의하여 행해지는 국가작용이라고 할지라도 그것이 국민의 기본권 침해와 직접 관련되는 경우에는 당연히 헌법재판소의 심판대상이 된다(헌재 1996.2.29. 93헌마186 전원).

선지분석 & 요플·기풀기링크

선지	THEME	요플	기풀기
①	T02 통치행위	15	015
②	T03 법치행정	29	028
③	T06 기타 일반원칙	47	045
④	T04 법원(法源)	37	031
⑤	T52 대상적격(행정작용)	11	011

② ○ TV수신료 결정 & 납부의무자의 범위: 본질적 사항 → 국회를 배제하고 결정시 법률유보 위반
　　텔레비전방송수신료는 대다수 국민의 재산권 보장의 측면이나 한국방송공사에게 보장된 방송자유의 측면에서 국민의 기본권실현에 관련된 영역에 속하고, **수신료금액의 결정은 납부의무자의 범위** 등과 함께 수신료에 관한 **본질적인 중요한 사항**이므로 **국회가 스스로** 행하여야 하는 사항에 속하는 것임에도 불구하고 한국방송공사법 제36조 제1항에서 국회의 결정이나 관여를 배제한 채 한국방송공사로 하여금 수신료금액을 결정해서 문화관광부장관의 승인을 얻도록 한 것은 법률유보원칙에 위반된다(헌재 1999.5.27. 98헌바70).

③ ○ 자기구속의 원칙은 동종의 **재량행위**에서만 인정된다. 기속행위의 경우, 관행 여하를 불문하고 기속된 하나의 행위만 가능하기 때문에 자기구속을 인정할 실익이 없기 때문이다. 사안은 동종의 **재량행위**에 관한 것이므로 자기구속의 원칙을 주장할 수 있다.

④ ○ 사안에서 4년 6개월 동안의 부가가치세 면제는 공적인 견해표명(비과세 관행)으로 볼 수 있으므로 4년분의 부가가치세 부과는 신뢰보호원칙에 위반되어 위법하다.

· 4년간 면허세 미부과: 비과세 관행 인정
　　4년 동안 그 면허세를 부과할 수 있는 정을 알면서도 피고가 수출확대라는 공익상 필요에서 한 건도 이를 부과한 일이 없었다면 납세자인 원고는 그것을 믿을 수밖에 없고 그로써 비과세의 관행이 이루어졌다고 보아도 무방하다(1980.6.10. 80누6 전합).

⑤ × 사안의 경우 보충성의 예외가 인정되므로 헌법소원을 청구할 수 있다.

· 서신검열: 권력적 사실행위로서 처분성○ but 소익×(이미 종료) → 항고소송 대신 헌법소원 가능(보충성 원칙 예외)
　　수형자의 **서신을 교도소장이 검열하는 행위는** 이른바 **권력적 사실행위로서** 행정심판이나 행정소송의 **대상이 되는 행정처분**으로 볼 수 있으나, 위 검열행위가 **이미 완료되어** 행정심판이나 행정소송을 제기하더라도 소의 이익이 부정될 수밖에 없으므로 **헌법소원심판을 청구하는** 외에 다른 효과적인 구제방법이 있다고 보기 어렵기 때문에 **보충성의 원칙에 대한 예외에 해당한다**(헌재 1998.8.27. 96헌마398).

+ PLUS 보충성의 원칙이란 헌법소원은 최종적인 권리구제수단이므로 다른 법률이 정한 구제절차를 모두 거친 뒤에도 구제되지 않은 경우에만 헌법소원을 청구할 수 있다는 원칙이다. 항고소송 등 다른 법적 구제절차가 있음에도 이를 경유하지 않은 헌법소원의 청구는 부적법하다.
　　그런데 이러한 보충성의 원칙을 엄격히 적용할 경우에는 헌법소원의 대상이 극히 협소해지고 그 결과 헌법이 헌법소원제도를 규정하고 있는 취지가 무색해지므로 우리 헌법재판소는 ① 다른 권리구제절차가 없는 경우, ② 청구인의 귀책사유로 돌릴 수 없는 정당한 이유로 전심절차를 밟지 않은 경우, ③ 통상의 권리구제절차로 권리가 구제될 가능성이 희박한 경우, ④ 특정한 경우에 통상의 권리구제절차가 허용되는지가 객관적으로 분명하지 않은 경우, ⑤ 기타 전심절차를 거칠 것을 기대하기 어려운 경우 등에는 보충성의 예외를 인정하고 있다.

정답 ⑤
OX 1○ 2○

07-08 행정법의 효력 / 법령개정시 적용법령

기 077-091
요 025-028

T07 행정법의 효력

01

법령의 효력발생에 관한 설명으로 옳지 않은 것은? 09국가9

① 대통령령·총리령 및 부령은 특별한 규정이 없는 한 공포한 날로부터 14일이 경과함으로써 효력을 발생한다.
② 대통령령·총리령 및 부령의 공포일은 그 법령등을 게재한 관보 또는 신문이 발행된 날로 한다.
③ 법령의 공포시점은 관보 또는 공보가 판매소에 도달하여 누구든지 이를 구독할 수 있는 상태가 된 최초의 시점으로 보는 것이 판례의 입장이다.
④ 새 법령이 시행되기 전에 종결된 사실에 대하여는 당해 법령을 적용하지 않는 것을 원칙으로 한다.

해설

① ✕

법령 등 공포에 관한 법률 제13조(시행일) 대통령령, 총리령 및 부령은 특별한 규정이 없으면 공포한 날부터 **20일**이 경과함으로써 효력을 발생한다.

② ○

법령 등 공포에 관한 법률 제12조(공포일·공고일) 제11조의 법령 등의 공포일 또는 공고일은 해당 법령 등을 게재한 관보 또는 신문이 **발행된 날**로 한다.
제11조(공포 및 공고의 절차) ① 헌법개정·법률·조약·대통령령·총리령 및 부령의 공포와 헌법개정안·예산 및 예산 외 국고부담계약의 공고는 관보(官報)에 게재함으로써 한다.

③ ○ 발행된 날의 의미: 관보에 인쇄된 발행일자✕, 실제로 일반인이 열람 또는 구독 가능하게 된 일자○
관보 게재일이라 함은 관보에 인쇄된 발행일자를 뜻하는 것이 아니고 관보가 전국의 각 관보보급소에 발송 배포되어 이를 일반인이 열람 또는 구독할 수 있는 상태에 놓이게 된 최초의 시기를 뜻한다 (1969.11.25. 69누129).

+ PLUS 공포일 = 발행일 → 인쇄된 발행일자✕, 실제 구독·열람가능일자○

요플 공포방법

	국가 법령 등 (헌법·법률·명령·규칙 / 예산·국고부담계약 등)	지자체 자치법규 (지자체 조례·규칙)
원칙	관보 cf 종이관보, 전자관보 동일 효력	해당 지자체 공보
예외	서울지역 발행 둘 이상 일간신문 (대통령 거부권 행사로 재의결된 법률안을 국회의장 공포시)	공보·일간신문·게시판 중 하나(동시에✕) (지자체장 거부권 행사로 재의결된 조례안을 지방의회 의장 공포시)

26 요플 p.25

④ ○ 진정소급금지의 원칙을 의미한다. 행정기본법에 명문화되었다.

행정기본법 제14조(법 적용의 기준) ① 새로운 법령등은 법령등에 특별한 규정이 있는 경우를 제외하고는 그 법령등의 효력 발생 전에 **완성되거나 종결된 사실관계 또는 법률관계에 대해서는 적용되지 아니한다**.

관련 OX

② 관련
1 법령등의 공포일 또는 공고일은 해당 법령등을 게재한 관보 또는 신문이 발행된 날로 한다. 24소간

④ 관련
2 새로운 법령등은 법령등에 특별한 규정이 있는 경우를 제외하고는 그 법령등의 효력 발생 전에 완성되거나 종결된 사실관계 또는 법률관계에 대해서는 적용되지 아니한다. 23서울(지적)7

선지분석 & 요플·기풀기링크

선지	THEME	요플	기풀기
①		04	004
②	T07 행정법의 효력	07	012
③		08	013
④	T08 개정시 적용법	06	006

정답 ①
OX 1○ 2○

필수문제 02

행정법령의 공포에 대한 설명으로 옳지 않은 것은? 15지방9

① 국민의 권리 제한 또는 의무 부과와 직접 관련되는 법령은 긴급히 시행하여야 할 특별한 사유가 있는 경우를 제외하고는 공포일부터 적어도 30일이 경과한 날부터 시행되도록 하여야 한다.
② 대통령의 법률안거부권의 행사로 인하여 재의결된 법률을 국회의장이 공포하는 경우에는 서울특별시에서 발행되는 둘 이상의 일간신문에 게재함으로써 한다.
③ 지방자치단체의 장에 의한 조례와 규칙의 공포는 해당 지방자치단체의 공보에 게재하는 방법으로 한다.
④ 지방자치단체의 조례와 규칙을 지방의회의 의장이 공포하는 경우에는 일간신문에 게재함과 동시에 해당 지방자치단체의 인터넷 홈페이지에 게시하여야 한다.

관련 OX

① 관련
1 국민의 권리제한 또는 의무부과와 직접 관련되는 법률, 대통령령, 총리령 및 부령은 긴급히 시행하여야 할 특별한 사유가 있는 경우를 제외하고는 공포일부터 적어도 30일이 경과한 날부터 시행되도록 하여야 한다. 20국가9

② 관련
2 「국회법」 제98조 제3항 전단에 따라 하는 국회의장의 법률 공포는 서울특별시에서 발행되는 하나 이상의 일간신문에 게재함으로써 한다. 23국회9

해설

① ○

법령 등 공포에 관한 법률 제13조(시행일) 대통령령, 총리령 및 부령은 특별한 규정이 없으면 공포한 날부터 20일이 경과함으로써 효력을 발생한다.
제13조의2(법령의 시행유예기간) 국민의 권리 제한 또는 의무 부과와 직접 관련되는 법률, 대통령령, 총리령 및 부령은 긴급히 시행하여야 할 특별한 사유가 있는 경우를 제외하고는 공포일부터 적어도 **30일**이 경과한 날부터 시행되도록 하여야 한다.①

② ○

법령 등 공포에 관한 법률 제11조(공포 및 공고의 절차) ② 국회법 제98조 제3항 전단에 따라 하는 국회의장의 법률 공포는 서울특별시에서 발행되는 **둘 이상의 일간신문**에 게재함으로써 한다.
국회법 제98조(의안의 이송) ③ 헌법 제53조 제6항에 따라 대통령이 확정된 법률을 공포하지 아니하였을 때에는 의장은 그 공포기일이 경과한 날부터 5일 이내에 공포하고, 대통령에게 통지하여야 한다.

③ ○, ④ × 조례와 규칙을 지방의회 의장이 공포하는 경우에는 공보나 일간신문에 게재하거나 게시판에 게시한다. 따라서 '일간신문에 게재함과 동시에 해당 지방자치단체의 인터넷 홈페이지에 게시하여야 한다'는 ④는 틀린 지문이다.

지방자치법 제33조(조례와 규칙의 공포 방법 등) ① **조례와 규칙의 공포**는 해당 지방자치단체의 **공보**에 게재하는 방법으로 한다.③ 다만, 제32조 제6항 후단에 따라 **지방의회의 의장**이 조례를 **공포**하는 경우에는 **공보나 일간신문**에 게재하거나 게시판에 게시한다.④

선지분석 & 요플·기풀기링크

선지	THEME	요플	기풀기
①		06	006
②	T07 행정법의 효력	11	009
③		12	010
④		13	011

정답 ④
OX 1○ 2×

03

행정법의 법원(法源)의 효력에 대한 설명으로 옳지 않은 것은? 21지방9

① 헌법개정·법률·조약·대통령령·총리령 및 부령의 공포는 관보에 게재함으로써 한다.
② 「국회법」에 따라 하는 국회의장의 법률 공포는 서울특별시에서 발행되는 둘 이상의 일간신문에 게재함으로써 한다.
③ 법령의 공포일은 해당 법령을 게재한 관보 또는 신문이 발행된 날로 한다.
④ 관보의 내용 해석 및 적용 시기 등에 대하여 종이관보가 전자관보보다 우선적 효력을 가진다.

관련 OX

① 관련
1 헌법개정·법률·조약·대통령령·총리령 및 부령의 공포와 헌법개정안·예산 및 예산 외 국고부담계약의 공고는 관보(官報)에 게재함으로써 한다. 18(2)경행

③ 관련
2 법령등의 공포일 또는 공고일은 해당 법령등을 게재한 관보 또는 신문이 발행된 날로 한다. 24소간

④ 관련
3 「법령등 공포에 관한 법률」상 관보의 내용 해석 및 적용 시기 등에 대하여 종이관보와 전자관보는 동일한 효력을 가진다. 25소방

해설

①②③ ○, ④ ✕

법령 등 공포에 관한 법률 제11조(공포 및 공고의 절차) ① 헌법개정·법률·조약·대통령령·총리령 및 부령의 공포와 헌법개정안·예산 및 예산 외 국고부담계약의 공고는 **관보(官報)에 게재**함으로써 **한다**.①
② 「국회법」 제98조 제3항 전단에 따라 하는 국회의장의 법률 공포는 서울특별시에서 발행되는 **둘 이상의 일간신문**에 게재함으로써 **한다**.②
③ 제1항에 따른 관보는 종이로 발행되는 관보(이하 '종이관보'라 한다)와 전자적인 형태로 발행되는 관보(이하 '전자관보'라 한다)로 운영한다.
④ 관보의 내용 해석 및 적용 시기 등에 대하여 종이관보와 전자관보는 **동일한 효력**을 가진다.④

제12조(공포일·공고일) 제11조의 법령 등의 공포일 또는 공고일은 해당 법령 등을 게재한 관보 또는 신문이 **발행된 날**로 한다.③

- 관보 게재일이라 함은 관보에 인쇄된 발행일자를 뜻하는 것이 아니고 관보가 전국의 각 관보보급소에 발송 배포되어 이를 일반인이 열람 또는 구독할 수 있는 상태에 놓이게 된 최초의 시기를 뜻한다 (1969.11.25. 69누129).

  + PLUS 공포일 = 발행일③ → 인쇄된 발행일자✕, 실제 구독·열람가능일자○

요플 공포방법

	국가 법령 등 (헌법·법률·명령·규칙 / 예산·국고부담계약 등)	지자체 자치법규 (지자체 조례·규칙)
원칙	관보 cf 종이관보, 전자관보 동일 효력	해당 지자체 공보
예외	서울지역 발행 둘 이상 일간신문 (대통령 거부권 행사로 재의결된 법률안을 국회의장 공포시)	공보·일간신문·게시판 **중 하나**(동시에✕) (지자체장 거부권 행사로 재의결된 조례안을 **지방의회 의장 공포시**)

26 요플 p.25

선지분석 & 요플·기풀기링크

선지	THEME	요플	기풀기
①		09	007
②	T07 행정법의 효력	11	009
③		07	012
④		10	008

선지선택비율 ① 7.96% ② 8.45% ③ 9.92% ④ 73.67% 오답률 26.33%

정답 ④
OX 1○ 2○ 3○

04 필수문제

「행정기본법」상 기간의 계산에 대한 설명으로 옳지 않은 것은? (다툼이 있는 경우 판례에 의함)

24국가9

① 행정에 관한 기간의 계산에 관하여는 「행정기본법」 또는 다른 법령등에 특별한 규정이 있는 경우를 제외하고는 「민법」을 준용한다.

② 법령등을 공포한 날부터 일정 기간이 경과한 날부터 시행하는 경우 그 기간의 말일이 토요일 또는 공휴일인 때에는 그 말일로 기간이 만료한다.

③ 법령등을 공포한 날부터 일정 기간이 경과한 날부터 시행하는 경우 법령등을 공포한 날을 첫날에 산입한다.

④ 법령등 또는 처분에서 국민의 권익을 제한하거나 의무를 부과하는 경우 권익이 제한되거나 의무가 지속되는 기간을 계산할 때에 기간을 일, 주, 월 또는 연으로 정한 경우에는 기간의 첫날을 산입한다. 다만, 그러한 기준을 따르는 것이 국민에게 불리한 경우에는 그러하지 아니하다.

관련 OX

② 관련

1 「행정기본법」에 의하면 법령등을 공포한 날부터 일정 기간이 경과한 날부터 시행하는 경우 그 기간의 말일이 토요일 또는 공휴일인 때에는 그 익일로 만료한다.
25국회8

③ 관련

2 법령등을 공포한 날부터 일정 기간이 경과한 날부터 시행하는 경우 법령등을 공포한 날을 첫날에 산입한다.
24경찰간부

추가기출

ⓐ
법령등의 시행일을 정하거나 계산할 때에는 법령등을 공포한 날부터 시행하는 경우 공포한 날을 시행일로 한다.
23소간

해설

①④ ○

행정기본법 제6조(행정에 관한 기간의 계산) ① 행정에 관한 기간의 계산에 관하여는 **이 법** 또는 다른 법령등에 특별한 규정이 있는 **경우를 제외하고는 「민법」을 준용**한다.①
② 법령등 또는 처분에서 국민의 **권익을 제한**하거나 **의무를 부과**하는 경우 권익이 제한되거나 의무가 지속되는 기간의 계산은 다음 각 호의 기준에 따른다. 다만, 다음 각 호의 기준에 따르는 것이 국민에게 불리한 경우에는 그러하지 아니하다.
  1. 기간을 일, 주, 월 또는 연으로 정한 경우에는 기간의 **첫날을 산입**한다.④
  2. 기간의 **말일**이 **토요일** 또는 **공휴일**인 경우에도 기간은 **그 날로 만료**한다.

② ○, ③ ×

행정기본법 제7조(법령등 시행일의 기간 계산) 법령등(훈령·예규·고시·지침 등을 포함한다. 이하 이 조에서 같다)의 시행일을 정하거나 계산할 때에는 다음 각 호의 기준에 따른다.
  1. 법령등을 공포한 날(훈령·예규·고시·지침 등은 고시·공고 등의 방법으로 발령한 날을 말한다. 이하 이 조에서 같다)부터 시행하는 경우에는 공포한 날을 시행일로 한다.ⓐ
  2. 법령등을 공포한 날부터 **일정 기간이 경과한 날부터 시행**하는 경우 법령등을 **공포한 날을 첫날에 산입**하지 아니한다.③
  3. 법령등을 공포한 날부터 일정 기간이 경과한 날부터 시행하는 경우 그 기간의 **말일**이 **토요일** 또는 **공휴일**인 때에는 그 **말일로** 기간이 만료한다.②

선지선택비율 ① 5.89% ② 15.75% ③ 71.81% ④ 6.54%   오답률 28.19%

선지분석 & 요플·기풀기링크

선지	THEME	요플	기풀기
①	T12 사건	01	001
②	T07 행정법의 효력	03	003
③		02	002
④	T12 사건	03	004

정답 ③
OX 1× 2× ⓐ○

05

행정법의 효력에 관한 설명으로 옳은 것만을 〈보기〉에서 있는 대로 고른 것은? (다툼이 있는 경우 판례에 의함)
24소방

〈보기〉
ㄱ. 처분은 무효인 경우를 제외하고, 권한이 있는 기관이 취소 또는 철회하거나 기간의 경과 등으로 소멸되기 전까지는 유효한 것으로 통용된다.
ㄴ. 조례와 규칙은 특별한 규정이 없으면 공포한 날부터 20일이 지나면 효력을 발생한다.
ㄷ. 개정 법령이 기존의 사실 또는 법률관계를 적용대상으로 하면서 국민의 재산권과 관련하여 종전보다 불리한 법률효과를 규정하고 있는 경우에도 그러한 사실 또는 법률관계가 개정 법령이 시행되기 이전에 이미 완성 또는 종결된 것이 아니라면 개정 법령을 적용하는 것이 헌법상 금지되는 소급입법에 의한 재산권 침해라고 할 수는 없다.
ㄹ. 어떠한 법률조항에 대하여 헌법재판소가 헌법불합치결정을 하여 그 법률조항을 합헌적으로 개정 또는 폐지하는 임무를 입법자의 형성재량에 맡긴 이상, 그 개선입법의 소급적용 여부와 소급적용의 범위는 원칙적으로 입법자의 재량에 달린 것이다.

① ㄱ
② ㄴ, ㄹ
③ ㄱ, ㄴ, ㄷ
④ ㄱ, ㄴ, ㄷ, ㄹ

관련 OX

ㄱ.관련
1 처분은 권한이 있는 기관이 취소 또는 철회하거나 기간의 경과 등으로 소멸되기 전까지는 유효한 것으로 통용된다. 다만, 무효인 처분은 처음부터 그 효력이 발생하지 아니한다. 24소방승진

ㄷ.관련
2 계속 중인 사실이나 그 이후에 발생한 요건사실에 대한 법률적용을 인정하는 부진정 소급입법의 경우 개인의 신뢰보호와 법적 안정성을 내용으로 하는 법치국가 원리에 의하여 허용되지 않는 것이 원칙이다. 24해경간부

해설

ㄱ. ○ 공정력에 대한 설명으로 행정기본법에 명문화되었다.

행정기본법 제15조(처분의 효력) 처분은 권한이 있는 기관이 취소 또는 철회하거나 기간의 경과 등으로 소멸되기 전까지는 유효한 것으로 통용된다. 다만, 무효인 처분은 처음부터 그 효력이 발생하지 아니한다.

ㄴ. ○

지방자치법 제32조(조례와 규칙의 제정 절차 등) ⑧ 조례와 규칙은 특별한 규정이 없으면 공포한 날부터 20일이 지나면 효력을 발생한다.

+ PLUS 대통령령, 총리령, 부령도 동일(특별규정 없으면 공포 후 20일)

ㄷ. ○ 부진정소급은 원칙적으로 허용된다.

• 개정 법령이 기존의 사실 또는 법률관계를 적용대상으로 하면서 국민의 재산권과 관련하여 종전보다 불리한 법률효과를 규정하고 있는 경우에도 그러한 사실 또는 법률관계가 개정 법령이 시행되기 이전에 이미 완성 또는 종결된 것이 아니라면 개정 법령을 적용하는 것이 헌법상 금지되는 소급입법에 의한 재산권 침해라고 할 수는 없다(2014.4.24. 2013두26552).

ㄹ. ○ 헌법불합치결정에 따른 개선입법의 소급적용 여부 및 범위는 기본적으로 입법자 재량
어떠한 법률조항에 대하여 헌법재판소가 헌법불합치결정을 하여 그 법률조항을 합헌적으로 개정 또는 폐지하는 임무를 입법자의 형성재량에 맡긴 이상, 그 개선입법의 소급적용 여부와 소급적용의 범위는 원칙적으로 입법자의 재량에 달린 것이다(2008.1.17. 2007두21563).

선지분석 & 요플·기풀기링크

선지	THEME	요플	기풀기
ㄱ	T27 공정력	01	001
ㄴ	T07 행정법의 효력	05	005
ㄷ	T08 개정시 적용법	14	014
ㄹ		21	021

선지선택비율 ① 5.53% ② 3.10% ③ 9.45% ④ 81.92% 오답률 18.08%

정답 ④
OX 1○ 2×

T08 법령개정시 적용법령

01

「행정기본법」상 처분에 대한 설명으로 옳은 것은? 21지방7

① 행정청은 적법한 처분의 경우 당사자의 신청이 있는 경우에만 철회가 가능하다.
② 행정청은 처분에 재량이 있는 경우 법령이나 행정규칙이 정하는 바에 따라 완전히 자동화된 시스템으로 처분할 수 있다.
③ 당사자의 신청에 따른 처분은 다른 법령에 특별한 규정이 있는 경우를 제외하고는 신청 당시의 법령 등에 따른다.
④ 새로운 법령등은 법령등에 특별한 규정이 있는 경우를 제외하고는 그 법령등의 효력 발생 전에 완성되거나 종결된 사실관계 또는 법률관계에 대해서는 적용되지 아니한다.

관련 OX

③ 관련
1 당사자의 신청에 따른 처분은 법령등에 특별한 규정이 있거나 처분 당시의 법령등을 적용하기 곤란한 특별한 사정이 있는 경우를 제외하고는 신청 당시의 법령등에 따른다. 23서울(지적)7

④ 관련
2 새로운 법령등은 법령등에 특별한 규정이 있는 경우를 제외하고는 그 법령등의 효력 발생 전에 완성되거나 종결된 사실관계 또는 법률관계에 대해서는 적용되지 아니한다. 25해경승진

해설

① × 행정기본법 제19조에 의하면 당사자의 신청이 없더라도 법률에서 정한 철회사유가 있거나, 철회권이 유보된 경우, 상대방의 유책행위가 있는 경우, 그리고 사정변경·공익상 필요가 있는 경우에는 적법한 처분을 철회할 수 있다.

행정기본법 제19조(적법한 처분의 철회) ① 행정청은 적법한 처분이 다음 각 호의 어느 하나에 해당하는 경우에는 그 처분의 전부 또는 일부를 장래를 향하여 철회할 수 있다.
1. **법률에서 정한** 철회사유에 해당하게 된 경우
2. **법령등의 변경이나 사정변경**으로 처분을 더 이상 존속시킬 필요가 없게 된 경우
3. **중대한 공익**을 위하여 필요한 경우
② 행정청은 제1항에 따라 처분을 철회하려는 경우에는 철회로 인하여 당사자가 입게 될 불이익을 철회로 달성되는 공익과 비교·형량하여야 한다.

+ PLUS 법·유·상·사에 해당하면 적법한 처분의 철회 가능

② × 행정청은 행정규칙이 아니라 법률이 정하는 바에 따라 자동적 처분을 할 수 있으며, 처분에 재량이 있는 경우는 자동적 처분을 할 수 없다.

행정기본법 제20조(자동적 처분) 행정청은 **법률**로 정하는 바에 따라 완전히 자동화된 시스템(인공지능 기술을 적용한 시스템을 포함한다)으로 처분을 할 수 있다. 다만, 처분에 **재량이 있는 경우는 그러하지 아니하**다.

+ PLUS 법률로 정하는 바에 따라 자동적 처분 가능(재량행위 제외)

③ ×, ④ ○ 당사자의 신청에 따른 처분은 특별한 사정이 없는 한 신청 당시의 법령이 아니라 처분 당시의 법령 등에 따른다.③ 또한 행정기본법 제14조 제1항에 진정소급금지의 원칙이 명문화되었다.④

행정기본법 제14조(법 적용의 기준) ① **새로운 법령등은** 법령등에 특별한 규정이 있는 경우를 제외하고는 그 법령등의 효력 발생 전에 **완성되거나 종결된 사실관계 또는 법률관계에 대해서는 적용되지 아니한다.**④
② 당사자의 **신청에 따른 처분은** 법령등에 특별한 규정이 있거나 처분 당시의 법령등을 적용하기 곤란한 특별한 사정이 있는 경우를 제외하고는 **처분 당시의 법령등에 따른다.**③

선지분석 & 요플·기풀기링크

선지	THEME	요플	기풀기
①	T31 VA의 취소·철회·실효	14	054
②	T33 단계적 행정결정 등	40	041
③	T08 개정시 적용법	02	002
④		06	006

선지선택비율 ① 4.22% ② 6.47% ③ 10.06% ④ 79.25% 오답률 20.75%

정답 ④
OX 1× 2○

02

행정법의 시간적 효력에 대한 설명으로 옳은 것은? (다툼이 있는 경우 판례에 의함) 12사복9

① 법령이 변경된 경우 신 법령이 피적용자에게 유리하여 이를 적용하도록 하는 경과규정을 두는 등의 특별한 규정이 없는 한 그 변경 전에 발생한 사항에 대하여는 변경 후의 신 법령이 아니라 변경 전의 구 법령이 적용되어야 한다.
② 법령을 소급적용하더라도 일반 국민의 이해에 직접 관계가 없는 경우, 오히려 그 이익을 증진시키는 경우, 불이익이나 고통을 제거하는 경우에도 법령의 소급적용은 허용되지 않는다.
③ 법령의 소급적용금지의 원칙은 부진정소급적용에도 적용된다.
④ 한시법은 명문으로 정해진 유효기간이 경과하더라도 당연히 그 효력이 소멸되는 것은 아니다.

관련 OX

① 관련

1 법령이 변경된 경우 신 법령이 피적용자에게 유리하여 이를 적용하도록 하는 경과규정을 두는 등의 특별한 규정이 없는 한 헌법 제13조 등의 규정에 비추어 볼 때 그 변경 전에 발생한 사항에 대하여는 변경 후의 신 법령이 아니라 변경 전의 구 법령이 적용되어야 한다. 20군무원9

③ 관련

2 계속 중인 사실이나 그 이후에 발생한 요건사실에 대한 법률적용을 인정하는 부진정 소급입법의 경우 개인의 신뢰보호와 법적 안정성을 내용으로 하는 법치국가 원리에 의하여 허용되지 않는 것이 원칙이다. 21국회8

해설

① ○ 법령의 변경시 변경 전에 발생한 사항: 별도 경과규정 없는 한 구법 적용이 원칙(소급적용금지원칙)
법령이 변경된 경우 신 법령이 피적용자에게 유리하여 이를 적용하도록 하는 경과규정을 두는 등의 특별한 규정이 없는 한 헌법 제13조 등의 규정에 비추어 볼 때 그 변경 전에 발생한 사항에 대하여는 변경 후의 신 법령이 아니라 변경 전의 구 법령이 적용되어야 한다(2002.12.10. 2001두3228).

② ✕ 진정소급: 예외적 허용(국민의 이해에 직접 관계X, 오히려 유리, 불이익·고통제거의 경우)
법령을 소급적용하더라도 일반 국민의 이해에 직접 관계가 없는 경우, 오히려 그 이익을 증진하는 경우, 불이익이나 고통을 제거하는 경우 등의 특별한 사정이 있는 경우에 한하여 예외적으로 법령의 소급적용이 허용된다(2005.5.13. 2004다8630).

③ ✕ 소급적용금지의 원칙은 진정소급에만 적용될 뿐 부진정소급에는 적용되지 않는다.
• 현재 진행 중인 사실관계 또는 법률관계에 작용케 하는 부진정소급: 원칙적 허용
법령불소급의 원칙은 법령의 효력발생 전에 완성된 요건 사실에 대하여 당해 법령을 적용할 수 없다는 의미일 뿐, 계속 중인 사실이나 그 이후에 발생한 요건 사실에 대한 법령적용까지를 제한하는 것은 아니다(2014.4.24. 2013두26552).

④ ✕ 통상의 법령은 유효기간(종기)을 두지 않으나, 유효기간을 두어 한시적으로만 적용되는 법도 있다. 이를 한시법이라 한다. 한시법은 명문으로 정해진 유효기간이 경과하면 당연히 그 효력이 소멸한다.

선지분석 & 요플·기풀기링크

선지	THEME	요플	기풀기
①		07	010
②	T08 개정시 적용법	10	009
③		14	014
④	T14 법규명령	77	048

정답 ①
OX 1○ 2✕

03

행정법의 효력에 대한 설명으로 옳지 않은 것은? (다툼이 있는 경우 판례에 의함) 14국가9

① 신뢰보호의 요청에 우선하는 심히 중대한 공익상의 사유가 소급입법을 정당화하는 경우 등에는 예외적으로 진정소급입법이 허용된다.
② 부진정소급입법은 원칙적으로 허용되지만 소급효를 요구하는 공익상의 사유와 신뢰보호의 요청 사이의 교량과정에서 신뢰보호의 관점이 입법자의 형성권에 제한을 가하게 된다.
③ 경과규정 등의 특별규정 없이 법령이 변경된 경우, 그 변경 전에 발생한 사항에 대하여 적용할 법령은 개정 후의 신 법령이다.
④ 대통령령, 총리령 및 부령은 특별한 규정이 없으면 공포한 날부터 20일이 경과함으로써 효력을 발생한다.

관련 OX

④ 관련
1 「법령 등 공포에 관한 법률」에 의하면 총리령 및 부령은 특별한 규정이 없으면 공포한 날부터 14일이 경과함으로써 효력을 발생한다. 25국회8

해설

① ○ 신뢰보호의 원칙에 우선하는 중대한 공익상의 사유가 있는 경우 → 예외적으로 진정소급입법도 가능
국민이 소급입법을 예상할 수 있었거나 법적 상태가 불확실하고 혼란스러워 보호할 만한 신뢰이익이 적은 경우와 소급입법에 의한 당사자의 손실이 없거나 아주 경미한 경우 그리고 신뢰보호의 요청에 우선하는 심히 중대한 공익상의 사유가 소급입법을 정당화하는 경우 등에는 예외적으로 진정소급입법이 허용된다(헌재 1999.7.22. 97헌바76, 98헌바50·51·52·54·55 전원).

② ○ 부진정소급입법은 원칙적으로 허용○
부진정소급입법은 원칙적으로 허용되지만 소급효를 요구하는 공익상의 사유와 신뢰보호의 요청 사이의 교량과정에서 신뢰보호의 관점이 입법자의 형성권에 제한을 가하게 된다(헌재 1999.7.22. 97헌바76, 98헌바50·51·52·54·55 전원).

③ × 법령의 변경시 변경 전에 발생한 사항: 별도 경과규정 없는 한 구법 적용이 원칙(소급적용금지원칙)
법령이 변경된 경우 신 법령이 피적용자에게 유리하여 이를 적용하도록 하는 경과규정을 두는 등의 특별한 규정이 없는 한 헌법 제13조 등의 규정에 비추어 볼 때 그 변경 전에 발생한 사항에 대하여는 변경 후의 신 법령이 아니라 변경 전의 구 법령이 적용되어야 한다(2002.12.10. 2001두3228).

④ ○

법령 등 공포에 관한 법률 제13조(시행일) 대통령령, 총리령 및 부령은 특별한 규정이 없으면 공포한 날부터 20일이 경과함으로써 효력을 발생한다.

선지분석 & 요플·기풀기링크

선지	THEME	요플	기풀기
①		09	008
②	T08 개정시 적용법	16	016
③		07	010
④	T07 행정법의 효력	04	004

 정답 ③
 OX 1 ×

04

행정법의 효력에 관한 설명으로 옳지 않은 것은? (다툼이 있는 경우 판례에 의함)  25소방

① 「법령 등 공포에 관한 법률」상 관보의 내용 해석 및 적용 시기 등에 대하여 종이관보와 전자관보는 동일한 효력을 가진다.

② 「헌법재판소법」에 따르면 형벌에 관한 법률 또는 법률의 조항이 헌법재판소에서 위헌으로 결정되는 경우에는 소급하여 그 효력을 상실한다. 다만, 해당 법률 또는 법률의 조항에 대하여 종전에 합헌으로 결정한 사건이 있는 경우에는 그 결정이 있는 날의 다음 날로 소급하여 효력을 상실한다.

③ 법률불소급의 원칙은 그 법률의 효력발생 전에 완성된 요건사실에 대하여 그 법률을 적용할 수 없다는 의미일 뿐, 계속 중인 사실이나 그 이후에 발생한 요건사실에 대한 법률적용까지를 제한하는 것은 아니다.

④ 구 「개발제한구역의 지정 및 관리에 관한 특별조치법」 제11조 제3항 및 같은 법 시행규칙 관련 조항의 신설로 허가나 신고 없이 개발제한구역 내 공작물 설치행위를 할 수 있도록 법령이 개정된 경우, 그 법령의 시행 전에 이미 범하여진 공작물 설치행위에 대한 가벌성은 소멸한다.

관련 OX

① 관련
1 관보의 내용 해석 및 적용 시기는 전자관보를 우선으로 하며, 종이관보는 부차적인 효력을 가진다. 18(2)경행

② 관련
2 「헌법재판소법」 제47조는 위헌으로 결정된 법률 또는 법률의 조항은 원칙적으로 그 법률 또는 법률 조항이 제정된 날까지 소급하여 관련된 사건의 효력을 상실시킨다고 규정하고 있다. 13서울7

③ 관련
3 개정 법령이 기존의 사실 또는 법률관계를 적용대상으로 하면서 국민의 재산권과 관련하여 종전보다 불리한 법률효과를 규정하고 있는 경우 그러한 사실 또는 법률관계가 개정 법령이 시행되기 이전에 이미 완성 또는 종결된 것이 아니라면 개정 법령을 적용하는 것이 헌법상 금지되는 소급입법에 의한 재산권 침해라고 할 수는 없다. 22변시

해설

① ○

법령 등 공포에 관한 법률 제11조(공포 및 공고의 절차) ④ 관보의 내용 해석 및 적용 시기 등에 대하여 종이관보와 전자관보는 동일한 효력을 가진다.

② ○

헌법재판소법 제47조(위헌결정의 효력) ② 위헌으로 결정된 법률 또는 법률의 조항은 그 결정이 있는 날부터 효력을 상실한다.
③ 제2항에도 불구하고 형벌에 관한 법률 또는 법률의 조항은 소급하여 그 효력을 상실한다. 다만, 해당 법률 또는 법률의 조항에 대하여 종전에 합헌으로 결정한 사건이 있는 경우에는 그 결정이 있는 날의 다음 날로 소급하여 효력을 상실한다.

③ ○ 법률불소급원칙은 진정소급에만 적용 → 현재 진행 중인 사실관계 또는 법률관계에 작용케 하는 부진정소급: 원칙적 허용
법령불소급의 원칙은 법령의 효력발생 전에 완성된 요건사실에 대하여 당해 법령을 적용할 수 없다는 의미일 뿐, 계속 중인 사실이나 그 이후에 발생한 요건사실에 대한 법령적용까지를 제한하는 것은 아니다(2014.4.24. 2013두26552).

선지분석 & 요플·기풀기링크

선지	THEME	요플	기풀기
①	T07 행정법의 효력	10	008
②	T29 VA의 하자와 효력	59	055
③	T08 개정시 적용법	14	014
④		27	027

④ ×○ ※ 범죄 후 법령개정에 따라 그 행위가 범죄를 구성하지 않게 되거나 형이 가벼워진 경우

1. (종전 판례) 개정 동기가 반성적 고려라면 신법 적용, 단순 사정변천에 따른 것이라면 구법 적용 → 허가·신고 없이 개발제한구역 내 공작물 설치행위를 할 수 있도록 법령이 개정된 경우는 '반성적 고려에 의한 변경이 아니므로' 기존 설치행위에 대한 가벌성은 소멸×

   구 「개발제한구역의 지정 및 관리에 관한 특별조치법」 제11조 제3항 및 같은 법 시행규칙 관련조항의 신설로 허가나 신고 없이 개발제한구역 내 공작물 설치행위를 할 수 있도록 법령이 개정된 경우, 이는 법률 이념의 변천으로 과거에 범죄로서 처벌하던 일부 행위에 대한 처벌 자체가 부당하다는 **반성적 고려에서 비롯된 것이라기보다는 사정의 변천에 따른 규제 범위의 합리적 조정의 필요에 따른 것이라고 보이므로**, 위 「개발제한구역의 지정 및 관리에 관한 특별조치법」과 같은 법 시행규칙의 신설 조항들이 시행되기 전에 이미 범하여진 개발제한구역 내 비닐하우스 설치행위에 대한 가벌성이 소멸하는 것은 아니다(2007.9.6. 2007도4197).

2. (현재 판례) 개정 동기(구법에 대한 반성적 고려인지, 단순한 사정변경인지)를 불문하고 유리한 신법 적용 → 개정 동기가 반성적 고려일 때만 신법을 적용한다고 한 기존 판례들은 변경됨

   범죄의 성립과 처벌에 관하여 규정한 형벌법규 자체 또는 그로부터 수권 내지 위임을 받은 **법령의 변경**에 따라 **범죄를 구성하지 아니하게 되거나 형이 가벼워진 경우**에는, 종전 법령이 범죄로 정하여 처벌한 것이 부당하였다거나 과형이 과중하였다는 **반성적 고려에 따라 변경된 것인지 여부를 따지지 않고 원칙적으로 형법 제1조 제2항과 형사소송법 제326조 제4호가 적용된다**(편저자: 가벌성이 소멸된다).

   이와 달리 형법 제1조 제2항과 형사소송법 제326조 제4호는 형벌법규 제정의 이유가 된 법률이념의 변경에 따라 종래의 처벌 자체가 부당하였다거나 또는 과형이 과중하였다는 반성적 고려에서 법령을 변경하였을 경우에만 적용된다고 한 앞서 1.의 라.에서 본 대법원판결을 비롯한 같은 취지의 대법원판결들은 이 판결의 견해에 배치되는 범위 내에서 모두 변경하기로 한다(2022.12.22. 2020도16420).

   + PLUS ④의 정답이 ×/○인 이유

   이 문제는 인사처 수험생들은 안 봐도 된다(안 보는 게 좋다). 소방수험생 등 출제오류 가능성을 안고 있는 수험생들만 보면 된다.

   - 과거 판례는 형벌법규가 국민에게 유리하게 개정된 경우, 개정 동기를 고려해 반성적 고려에 의한 변경이면 유리한 **신법**을 적용해 주지만, 단순 **사정변천**에 의한 변경이면 여전히 **구법**을 적용해 처벌한다고 보았다(이른바 동기설). 지문은 이를 출제한 것이다(기존에 여러 시행처에서 빈출된 문제라서 고민 없이 출제한 것으로 보임).
   - 그러나 이 판례는 2022년도 전원합의체 판결에 의해 이미 변경되었으므로 더 이상 유효하다고 보기 어렵다. 따라서 해당 지문은 본래의 판례기준으로는 틀린 지문이 되나 출제 당시 시점인 2025년 기준으로는 이미 변경된 판례로서 오히려 맞는 지문이 되어야 한다.

   선지선택비율 ① 3.43% ② 53.38% ③ 5.29% ④ 37.90%   오답률 62.10%

정답 ④
OX 1× 2× 3○

09-12 행정상 법률관계 등

T09 행정주체와 행정객체

01

다음 중 행정주체가 아닌 것은? (다툼이 있는 경우 판례를 따름) 16서울9

① 법무부장관
② 농지개량조합
③ 서울대학교
④ 대구광역시

관련 OX

③ 관련
1 서울대학교(는 행정주체이다) 16서울9

해설

① ✗ 법무부장관은 행정주체가 아니라 행정기관이다.
② ○ 농지개량조합은 공법상 사단법인으로서 행정주체에 해당한다.
③ ○ 서울대학교는 법인화되었으므로 영조물법인으로서 행정주체에 해당한다.
   + PLUS 법인화된 국·공립대학은 행정주체가 될 수 있으나(영조물법인에 해당), 통상의 국·공립대학은 법인격이 없어 행정주체가 될 수 없다(영조물에 불과). 서울대학교, 인천대학교 등은 법인화된 대학으로 행정주체가 되지만, 전북대학교는 통상의 국·공립대학으로 행정주체가 될 수 없다.
④ ○ 지방자치단체인 대구광역시는 공공단체로서 행정주체에 해당한다.

요플 행정주체의 종류

행정주체의 종류			예시
① 국가		대한민국	대한민국
(광의) 공공단체	② 지자체④	광역: 특별시·광역시·특별자치시·도·특별자치도(법규상: '시·도'로 표기)	서울특별시, 대전광역시, 세종특별자치시, 경기도, 제주특별자치도, 강원특별자치도
		기초: 시·군·자치구(법규상: '시·군·구'로 표기)	경기도 성남시, 울산광역시 울주군, 서울특별시 중구 ↔ 일반 시 산하 구는 자치구✗(성남시 수정구)
	③ (협의의) 공공단체 (행정주체이자 행정청)	공공조합(사단법인): 인적	농지개량조합,② 토지구획정리조합, 재개발·재건축조합, 의료보험조합, 상공회의소, 대한변호사협회
		공법상 재단(재단법인): 물적 (재산)	한국학술진흥재단, 한국연구재단
		영조물법인: 인적+물적	한국방송공사, 국립의료원, 서울대학교③ ↔ 통상의 국·공립대학은 영조물법인✗, 영조물○
④ 공무수탁사인		행정주체이면서 동시에 행정청	항공기장, 민영교도소, 사립대 학위수여, 토지보상법상 사업시행자, 별정우체국 지정 등 ↔ 행정대행자, 행정보조인, 사법상 경영위탁받은 자✗

선지분석 & 요플·기풀기링크

선지	THEME	요플	기풀기
①		02	002
②	T09 행정주체와 객체	06	007
③		11	013
④		04	005

정답 ①
OX 1 ○

02

행정주체가 될 수 없는 것은? (다툼이 있는 경우 판례에 의함) 13국가9

① 대한민국
② 「도시 및 주거환경정비법」에 따른 주택재건축정비사업조합
③ 서울특별시
④ 안전행정부장관

관련 OX

② 관련

1 「도시 및 주거환경정비법」상의 주택재건축정비사업조합은 관할 행정청으로부터 조합설립인가를 받은 후 등기함으로써 법인으로 성립할 경우 주택재건축사업을 시행하는 목적 범위 내에서 법령이 정하는 바에 따라 일정한 행정작용을 행하는 행정주체로서의 지위를 갖는다. 24변시

해설

① ○ 대한민국은 국가로서 행정주체이다.
② ○ 주택재건축정비사업조합은 공공단체로서 행정주체이다(앞 문제 해설 판례 및 다음 페이지 도표 참조).
③ ○ 서울특별시는 지방자치단체로서 공공단체이기에 행정주체이다.
④ × 안전행정부장관(현 행정안전부장관)은 행정주체가 아니라 행정기관이다.

+ PLUS 행정주체는 행정의 효과를 귀속받는 자이고, 행정기관은 그 행정을 실행하는 자이다. 예컨대 서울특별시가 A기업과 협약을 체결할 경우, 그 법효과를 귀속받는 **행정주체**는 서울특별시 자체이나 실제로 A기업과의 협약체결을 행하는 것은 **행정기관**인 서울시장이 된다.

행정주체 vs 행정기관

	행정주체	행정기관
개념	관념상 행정의 주체	실제로 행정을 행하는 자
지위	법적 효과의 귀속주체○	법적 효과의 귀속주체×
예시	대한민국① / 서울특별시③	행안부장관,④ 경찰청장 / 서울시장
종류	국가, 공공단체②(지자체 포함), 공무수탁사인	**행정청**, 보조기관, 보좌기관 등
쟁송	당사자소송의 피고	항고소송의 피고(행정청)

선지분석 & 요플·기풀기링크

선지	THEME	요플	기풀기
①	T09 행정주체와 객체	03	004
②	T20 정비사업	03	003
③	T09 행정주체와 객체	04	005
④		02	002

정답 ④
OX 1○

03

다음 〈보기〉 중 행정주체에 해당하는 것들만 나열한 것은? (다툼이 있는 경우 판례에 의함)

24해경간부

〔보기〕
ㄱ. 주택재건축사업조합
ㄴ. 원천징수의무자
ㄷ. 대한변호사협회
ㄹ. 전북대학교
ㅁ. 서울대학교

① ㄱ, ㄴ, ㅁ
② ㄱ, ㄷ, ㅁ
③ ㄴ, ㄷ, ㄹ
④ ㄷ, ㄹ

관련 OX

ㄱ. 관련

1 「도시 및 주거환경정비법」에 따른 주택재건축정비사업조합은 주택재건축사업을 시행하는 공법인으로서 행정주체의 지위를 갖는다. 15국회8

해설

ㄱ. ○ 주택재건축사업조합은 공공조합으로서 행정주체○
- 행정청이 도시정비법 등 관련 법령에 근거하여 행하는 **조합설립인가처분**은 단순히 사인들의 조합설립행위에 대한 보충행위로서의 성질을 갖는 것에 그치는 것이 아니라 법령상 요건을 갖출 경우 도시정비법상 주택재건축사업을 시행할 수 있는 권한을 갖는 **행정주체(공법인)**로서의 지위를 부여하는 일종의 **설권적 처분**의 성격을 갖는다 보아야 한다(2009.9.24. 2008다60568).

ㄴ. × 원천징수의무자가 행정주체(공무수탁사인)인지와 관련된 논의가 있고, 판례의 입장은 분명하진 않다. 다수설은 판례가 원천징수의무자를 행정주체로 보지 않는다고 해석한다.
- **원천징수의무자**가 비록 과세관청과 같은 행정청이더라도 그의 **원천징수행위**는 법령에서 규정된 징수 및 납부의무를 이행하기 위한 것에 불과한 것이지, 공권력의 행사로서의 **행정처분**을 한 경우에 해당되지 **아니한다**(1990.3.23. 89누4789).

ㄷ. ○ 대한변호사협회는 공공조합으로서 행정주체○
- 대한변호사협회는 단순한 의심만으로 변호사등록 거부 안건을 등록심사위원회에 회부하고, 여죄 유무를 추궁한다며 등록심사기간을 지연시킨 것에 관하여 협회장 乙 및 등록심사위원회 위원들의 과실이 인정되므로, **대한변호사협회는** 이들이 속한 **행정주체의 지위**에서 배상책임을 부담하여야 한다(2021.1.28. 2019다260197).

ㄹ. × 전북대학교는 영조물로서 행정주체×

ㅁ. ○ 서울대학교는 영조물법인으로서 행정주체○

요플 행정주체의 종류

행정주체의 종류			예시
① 국가		대한민국	대한민국
(광의) 공공단체	② 지자체	광역: 특별시·광역시·특별자치시·도·특별자치도(법규상: '시·도'로 표기)	서울특별시, 대전광역시, 세종특별자치시, 경기도, 제주특별자치도, 강원특별자치도
		기초: 시·군·자치구(법규상: '시·군·구'로 표기)	경기도 성남시, 울산광역시 울주군, 서울특별시 중구 ↔ 일반 시 산하 구는 자치구×(성남시 수정구)
	③ (협의의) 공공단체 (행정주체이자 행정청)	공공조합(사단법인): 인적	농지개량조합, 토지구획정리조합, 재개발·재건축조합,ㄱ 의료보험조합, 상공회의소, 대한변호사협회ㄷ
		공법상 재단(재단법인): 물적(재산)	한국학술진흥재단, 한국연구재단
		영조물법인: 인적+물적	한국방송공사, 국립의료원, 서울대학교ㅁ ↔ 통상의 국·공립대학은 영조물법인×, 영조물○ㄹ
④ 공무수탁사인		행정주체이면서 동시에 행정청	항공기장, 민영교도소, 사립대 학위수여, 토지보상법상 사업시행자, 별정우체국 지정 등 ↔ 행정대행자, 행정보조인, 사법상 경영위탁받은 자 ×

26 요플 p.29

정답 ②
OX 1○

04

행정법관계에 관한 설명으로 옳지 않은 것은? 11국회9

① 국고관계란 국가 또는 공공단체 등의 행정주체가 우월적인 지위에서가 아니라 재산권의 주체로서 사인과 맺는 법률관계를 말한다.
② 특별권력관계를 기본관계와 경영수행관계로 나누는 견해에 따르면, 공무원에 대한 직무상 명령에 대해서 사법심사가 가능하게 된다.
③ 판례는 「도시 및 주거환경정비법」상 주택재건축정비사업조합은 행정주체의 지위를 갖는다고 보았다.
④ 사법상의 계약에 의하여 단순히 경영위탁을 받은 사인은 공무수탁사인이 아니다.
⑤ 판례는 산림을 무단형질변경한 자가 사망할 경우 당해 토지의 소유권 또는 점유권을 승계한 상속인이 그 복구의무를 부담한다고 보았다.

관련 OX

③ 관련

1 「도시 및 주거환경정비법」상의 주택재건축정비사업조합은 관할 행정청으로부터 조합설립인가를 받은 후 등기함으로써 법인으로 성립할 경우 주택재건축사업을 시행하는 목적 범위 내에서 법령이 정하는 바에 따라 일정한 행정작용을 행하는 행정주체로서의 지위를 갖는다. 24변시

⑤ 관련

2 산림을 무단형질변경한 자가 사망한 경우 당해 토지의 소유권 또는 점유권을 승계한 상속인은 그 복구의무가 일신전속적이어서 승계하지 않으므로 따라서 관할 행정청은 그 상속인에 대하여 복구명령을 할 수 없다. 23해경간부

해설

① ○ **사법관계**는 행정사법관계와 국고관계로 나뉘는데 **국고관계**는 행정주체가 **사인과 같은 지위**에서 국민과 맺는 관계를 말한다. 국고관계는 전형적 사법관계로 **사법이 전면**적으로 적용된다.

② × 특별권력관계는 행정내부에 대한 법치주의를 전면 부정하는 것이므로 현대국가에서 인정받기 어렵게 되었고, 따라서 이를 제한하거나 수정하는 이론들이 등장한다. 그중 대표적인 것이 Ule의 수정론이다. 이 이론은 특별권력관계를 ① 특별권력관계 자체의 형성 및 소멸(성립·변경·종료)이나 법적 지위의 본질적 사항에 관한 **기본관계**와(임명·입학·면직·퇴학·정직·정학), ② 형성된 특별권력관계하에서 그 목적달성을 위해 필요한 내부적 질서유지인(직무상 명령·강의·연수·훈계) **경영수행관계**로 구별한 뒤, 전자에 대해서는 법치행정의 원리가 적용되고 사법심사의 대상도 되지만, 후자에 대해서는 사법심사가 배제된다고 설명하였다. 이에 따르면 경영수행관계에 해당하는 **직무상 명령**은 **사법심사의 대상**이 되지 **않는다**.

요플 · 수정설(Ule)

종류	의의	사법심사	예시
기본관계	관계 자체를 성립·변경·종료시키거나 법적 지위의 본질적 사항에 대한 것	○	임명·입학, 면직·퇴학, 정직·정학
경영수행관계	목적달성을 위해 필요한 내부적 질서유지에 대한 것	×	직무상 명령·강의,② 연수, 훈계

26 요플 p.33

선지분석 & 요플·기풀기링크 ⑪

선지	THEME	요플	기풀기
① T10 행정상 법률관계	05	005
② T11 특별권력관계	04	004
③ T20 정비사업	03	003
④ T09 행정주체와 객체	21	022
⑤ T42 실효성 확보(공통쟁점)	84	089

③ ○ **주택재건축정비사업조합: 공공단체로서 행정주체성 인정**
「도시 및 주거환경정비법」에 따른 주택재건축정비사업조합은 관할행정청의 감독 아래 위 법상의 주택재건축사업을 시행하는 공법인(동법 제18조)으로서, 그 목적범위 내에서 법령이 정하는 바에 따라 일정한 행정작용을 행하는 <u>행정주체의 지위를 갖는다</u>(2009.10.15. 2008다93001).

④ ○ 단순한 행정보조인, 행정대행자 내지 행정주체와 사법상 계약을 맺은 것에 불과한 자 등은 행정주체인 공무수탁사인이 아니다. 이들이 행한 행위의 법적 효과는 본인이 아닌 본래의 행정주체에게 귀속되기 때문이다. 예컨대 견인업무를 대행하는 **자동차견인업자**는 **사법상의 계약**에 의하여 단순히 **경영위탁**을 받은 사인으로서 공무수탁사인이 아니다.

+ PLUS 자동차견인업자, 생활폐기물 처리 대행업자(쓰레기수거차): 공무수탁사인 ×

⑤ ○ **산림을 무단형질변경한 자가 사망: 상속인이 복구의무 부담**
<u>산림을 무단형질변경한 자가 사망한 경우 당해 토지의 소유권 또는 점유권을 승계한 상속인은 그 복구의무를 부담한다</u>고 봄이 상당하고, 따라서 관할 행정청은 그 **상속인에 대하여 복구명령을 할 수 있다**고 보아야 한다(2005.8.19. 2003두9817).

정답 ②

OX 1 ○ 2 ×

T10 행정상 법률관계

01

행정법관계에 대한 설명으로 옳지 않은 것은? 11사복9

① 행정상의 법률관계 가운데 공법의 규율을 받는 관계이다.
② 권력관계란 행정주체에게 개인에게는 인정되지 않는 우월적 지위가 인정되는 법률관계이다.
③ 관리관계는 공법관계에 속하므로 전면적으로 공법규정 내지 공법원리가 적용된다.
④ 특별권력관계에 있어서 권리를 침해당한 자는 행정소송을 제기할 수 있다.

관련 OX

④ 관련
1 특별행정법관계에서의 행위도 「행정소송법」상 처분개념에 해당하면 사법심사의 대상이 된다. 13지방7

해설

① ○ 행정상 법률관계는 행정활동을 기초로 맺어지는 일체의 법률관계를 의미한다. 이 중 공법의 규율을 받는 관계를 공법관계 또는 행정법관계라 하고 사법의 규율을 받는 관계는 사법관계라 한다.
② ○ 공법관계는 권력관계와 관리관계로 구별된다. 권력관계는 행정주체가 사인에 대해 우월적 지위에서 작용하는 관계를 말한다. 대표적으로 행정행위(권력적 법률행위, 예컨대 병역처분), 행정강제(권력적 사실행위, 예컨대 대집행실행)를 들 수 있다.
③ × 관리관계는 공법관계에 속하나 행정주체가 사인과 대등한 지위에서 공행정을 수행하는 관계이다. 관리관계에서는 공익목적을 달성하기 위해 필요한 범위에서는 공법적 규율이 적용되나, 그 외에는 사법에 의해 규율된다. 지문은 전면적으로 공법이 적용된다고 하여 틀린 것이다.
④ ○ 특별권력관계에 있어서도 권리를 침해당한 자는 행정소송을 제기할 수 있다.
- 동장과 구청장과의 관계는 이른바 행정상의 특별권력관계에 해당되며 이러한 특별권력관계에 있어서도 위법한 특별권력의 발동으로 말미암아 권리를 침해당한 자는 행정소송법 제1조의 규정에 따라 그 위법한 처분의 취소를 구할 수 있다(1982.7.27. 80누86).

선지분석 & 요플·기풀기링크

선지	THEME	요플	기풀기
①		01	001
②	T10 행정상 법률관계	02	002
③		03	003
④	T11 특별권력관계	11	012

정답 ③
OX 1 ○

02

행정상 법률관계에 관한 설명으로 옳은 것을 <보기>에서 고른 것은? (단, 다툼이 있는 경우 판례에 따름)

18교행9

〔보기〕
ㄱ. 공법관계와 사법관계는 1차적으로 관계법령의 규정 내용과 성질 등을 기준으로 구별한다.
ㄴ. 행정상 법률관계를 공법관계와 사법관계로 구분하는 것은 각각의 소송절차와도 관련된다.
ㄷ. 「초·중등교육법」상 사립중학교에 대한 중학교 의무교육의 위탁관계는 사법관계에 속한다.
ㄹ. 행정사법(行政私法) 영역에서는 사법이 적용되며, 공법원리는 추가로 적용될 수 없다.

① ㄱ, ㄴ
② ㄱ, ㄷ
③ ㄴ, ㄹ
④ ㄷ, ㄹ

관련 OX

ㄷ. 관련
1 「초·중등교육법」상 사립중학교에 대한 중학교 의무교육의 위탁관계는 사법관계에 속한다. 20국회8

해설

ㄱ. ○ 공법관계와 사법관계는 1차적으로 관련 법령의 규정에 따라 구별한다. 예컨대 관련법에서 강제집행 등 권력적 행위를 규정하는 경우 이는 원칙적으로 공법이고, 관련 행위는 공법행위라고 볼 수 있다.

ㄴ. ○ 공법관계와 사법관계의 구별실익은 ① 적용법규·적용법리, ② 소송형식·소송절차의 차이에서 찾을 수 있다. 즉, ① 공법관계에는 공법규정과 공법원리가 적용되고(단, 관리관계는 필요 범위에서만 공법이 적용되고 그 외에는 사법이 적용), 사법관계에서는 사법규정과 사법원리가 적용된다(단, 행정사법에서는 공법원리도 적용). ② 공법관계는 행정소송에 의하지만, 사법관계는 민사소송에 의한다. 따라서 공법관계인 조세채무관계에 관한 쟁송은 기본적으로 행정소송에 의하고, 사법관계인 행정사법에 관한 분쟁은 민사소송에 의하게 된다.

ㄷ. × 중학교 의무교육의 위탁관계는 초·중등교육법 제12조 제3항, 제4항 등 관련 법령에 의하여 정해지는 공법적 관계이다(2015.1.29. 2012두7387).

ㄹ. × 행정사법관계는 행정주체가 사법형식에 의해 공행정을 수행함에 있어 국민과 맺는 법률관계를 말한다. 이 역시 사법관계이므로 사법이 적용되지만, 비례원칙, 평등원칙 등의 공법원리도 적용된다는 점에서 국고관계와 차이가 있다.

요플 행정상 법률관계의 분류

			내용	적용 규율	예시	쟁송
행정상 법률관계	공법관계 (행정법관계)	권력관계	전형적 공법	우월적 지위	공법	행정행위·행정강제	항고소송
		관리관계	공·사법 경계	대등관계로 공행정 수행 (공익목적 사업, 재산관리 등)	공익목적 범위 내 공법 적용 그 외 널리 사법 적용	공법상 계약	당사자소송
	사법관계	행정사법관계		사법형식의 공행정 수행	사법 적용 but 공법원리도 적용ᄅ	급부행정·자금행정	민사소송
		국고관계	전형적 사법	사인의 지위 & 사법상 행위	사법	조달계약·도급계약	

선지분석 & 요플·기풀기링크

선지	THEME	요플	기풀기
ㄱ	T10 행정상 법률관계	09	009
ㄴ		06	006
ㄷ	T53 대상적격(법률관계)	192	193
ㄹ	T10 행정상 법률관계	04	004

정답 ①

03

공법관계와 사법관계에 대한 설명으로 옳은 것은? (다툼이 있는 경우 판례에 의함) 20지방9

① 「행정절차법」은 공법관계는 물론 사법관계에 대해서도 적용된다.
② 공법관계는 행정소송 중 항고소송의 대상이 되며, 사인 간의 법적 분쟁에 관한 사법관계는 행정소송 중 당사자소송의 대상이 된다.
③ 법률관계의 한쪽 당사자가 행정주체인 경우에는 공법관계로 보는 것이 판례의 일관된 입장이다.
④ 입찰보증금의 국고귀속조치는 국가가 사법상의 재산권의 주체로서 행위하는 것이지, 공권력을 행사하는 것이거나 공권력작용과 일체성을 가진 것이 아니라 할 것이다.

관련 OX

② 관련
1 '당사자소송'이란 행정청의 처분등을 원인으로 하는 법률관계에 관한 소송 그 밖에 공법상의 법률관계에 관한 소송으로서 그 법률관계의 한쪽 당사자를 피고로 하는 소송을 말한다. 25국회8

④ 관련
2 「국가를 당사자로 하는 계약에 관한 법률」에 따른 입찰보증금의 국고귀속조치는 행정청의 일방적 조치로서 행정처분에 해당하며 그에 의한 법률관계는 공법관계이다. 25소간

해설

① × 행정절차법은 공법관계에 적용되는 것이다. 구체적으로 행정예고, 입법예고, (자기완결적) 신고, 행정지도, 처분, 확약, 위반사실 등의 공표, 행정계획의 절차에 대해 규정하고 있다.
② × 공법관계 중 처분 관련 사항은 항고소송의 대상이 되나, 그 외 공법관계는 당사자소송의 대상이 된다. 사법관계는 민사소송의 대상이 된다. 따라서 위 지문은 전단과 후단이 모두 틀렸다.
③ × 공법관계와 사법관계의 구별기준에 대해서는 주체설, 권력설, 이익설, 귀속설(신주체설), 복수기준설 등이 대립하고 있다. 위 지문은 이 중 주체설의 입장이나 현재 이를 주장하는 학자나 판례는 찾을 수 없다. 현재의 다수설은 복수기준설이다.
④ ○ **예산회계법(현 국가계약법)상 입찰보증금(= 사법상 손해배상 예정) 귀속조치: 민사소송대상**
예산회계법에 따라 체결되는 계약은 사법상의 계약이라고 할 것이고 동법 제70조의5의 **입찰보증금은** 낙찰자의 **계약체결의무이행의 확보**를 목적으로 하여 그 불이행시에 이를 국고에 귀속시켜 국가의 손해를 전보하는 **사법상의 손해배상 예정**으로서의 성질을 갖는 것이라고 할 것이므로 〈**입찰보증금의 국고귀속조치**〉는 국가가 사법상의 재산권의 주체로서 행위하는 것이지 공권력을 행사하는 것이거나 공권력작용과 일체성을 가진 것이 아니라 할 것이므로 이에 관한 분쟁은 **행정소송이 아닌 민사소송의 대상**이 될 수밖에 없다(1983.12.27. 81누366).

선지선택비율 ① 8.28% ② 10.26% ③ 6.29% ④ 75.17% 오답률 24.83%

선지분석 & 요플·기풀기링크

선지	THEME	요플	기풀기
①	T38 절차법(근거·적용범위)	24	009
②	T50 행정소송 개관	14	021
③	T10 행정상 법률관계	11	011
④	T53 대상적격(법률관계)	08	014

정답 ④
OX 1○ 2×

T11 특별권력관계(특별행정법관계)

01

특별권력관계를 기본관계와 경영수행관계로 분류할 경우, 기본관계에 대한 설명으로 옳지 않은 것은?

15국가7

① 기본관계는 공법관계로서 법치행정원리가 적용된다.
② 기본관계가 성립하기 위해서는 상대방의 동의를 필요로 한다.
③ 특별권력관계 자체의 성립·변경·종료와 관련된 경우는 기본관계에 해당한다.
④ 기본관계에서 이루어지는 법률관계의 변동은 행정처분으로서 행정소송의 대상이 된다.

해설

①③④ ○ 특별권력관계는 행정 내부에 대한 법치주의를 전면 부정하는 것이므로 현대국가에서 인정받기 어렵게 되었고, 따라서 이를 제한하거나 수정하는 이론들이 등장한다. 그중 대표적인 것이 Ule의 수정론이다. 이 이론은 특별권력관계를 ⅰ) 특별권력관계 자체의 형성 및 소멸(성립·변경·종료)이나③ 법적 지위의 본질적 사항에 대한 **기본관계**와(임명·입학, 면직·퇴학, 정직·정학), ⅱ) 형성된 특별권력관계하에서 그 목적달성을 위해 필요한 내부적 질서유지인(직무상 명령·강의, 연수, 훈계) **경영수행관계**로 구별한 뒤, 기본관계에 대해서는 법치행정의 원리가 적용되어① 사법심사의 대상이 되지만,④ 경영수행관계에 대해서는 사법심사가 배제된다고 설명하였다.

요플 · 수정설(Ule)

종류	의의	사법심사	예시
기본관계	관계 자체를 성립·변경·종료시키거나 법적 지위의 본질적 사항에 대한 것	○	임명·입학, 면직·퇴학, 정직·정학
경영수행관계	목적달성을 위해 필요한 내부적 질서유지에 대한 것	×	직무상 명령·강의, 연수, 훈계

26 요플 p.33

② × 특별권력관계는 상대방의 동의에 의해 성립하기도 하지만(공무원 임명, 국공립학교 입학, 국공립도서관 이용), 동의가 없더라도 법률에 의해 성립되기도 한다(군 입대, 교도소 수감, 감염병환자의 강제입원). 동의에 의해 성립되는 경우도 자발적 동의가 원칙이나, 법률로 강제되는 비자발적 동의도 있다(학령아동의 초등학교 취학).

선지	THEME	요플	기풀기
①		02	002
②	T11 특별권력관계	05	005
③		01	001
④		03	003

정답 ②

02

기 다음 중 공법상의 특별권력관계(특별행정법관계)가 아닌 것은?

12(1)경행

① 경찰공무원의 근무관계
② 전염병환자의 강제수용
③ 국립대학과 재학생과의 관계
④ 국가와 납세자와의 관계

해설

④ ✕ 국가와 납세자와의 관계(국세납부관계)는 국가와 일반국민과의 관계로 일반행정법관계이다.

요플 특별행정법관계의 종류

종류	예시
공법상 근무관계	공무원의 근무관계,① 군인의 군복무관계
공법상 영조물이용관계	국공립학교 재학관계,③ 국공립도서관 이용관계, 감염병환자의 국공립병원 입원②
공법상 특별감독관계	공공조합·공무수탁사인에 대한 국가의 특별감독관계
공법상 사단관계	공공조합과 그 조합원 간 관계

26 요플 p.33

선지분석 & 요플·기풀기링크

선지	THEME	요플	기풀기
	T11 특별권력관계	N1	007

정답 ④

03 필수문제

특별권력관계에 관한 설명으로 옳은 것은?

09국회9

인 ① 국립대학에 재학 중인 대학생이 퇴학처분을 받은 경우 특별권력관계 내에서의 행위이므로 이에 대하여 사법심사를 청구할 수 없다.
② 서울특별시지하철공사의 임직원의 근무관계의 성격은 공법상의 특별권력관계라고 보는 것이 대법원의 입장이다.
인 ③ 특별권력관계에서도 헌법 제37조 제2항의 기본권 제한의 원칙에 따라 법률의 근거하에 기본권 제한이 인정된다.
기 ④ 특별권력관계에서는 특별권력에 따른 명령권과 형벌권이 인정된다.
ㄹ ⑤ 특별권력관계의 성립은 직접 법률에 의거하는 경우와 상대방의 동의에 의하는 경우가 있는데, 상대방의 동의는 자유로운 의사에 기한 자발적인 동의만을 인정한다.

관련 OX

② 관련
1 서울특별시지하철공사 임직원을 징계하는 행위(는 항고소송의 대상이 되는 행정처분이다) 19국회8

③ 관련
2 교도소장 X의 서신검열행위는 법률에 근거함이 없이 행하여졌다면 위법하다. 11지방9

해설

① ✕ 국립대 학생에 대한 퇴학처분: 행정소송법상 처분에 해당
〈국립 교육대학 학생에 대한 퇴학처분〉은, 국가가 설립·경영하는 교육기관인 동 대학의 교무를 통할하고 학생을 지도하는 지위에 있는 학장이 교육목적실현과 학교의 내부질서유지를 위해 학칙 위반자인 재학생에 대한 구체적 법집행으로서 국가공권력의 하나인 **징계권**을 발동하여 학생으로서의 **신분**을 일방적으로 박탈하는 국가의 교육행정에 관한 의사를 외부에 표시한 것이므로, **행정처분**임이 명백하다(1991.11.22. 91누2144). → 따라서 사법심사를 청구할 수 없다는 지문은 틀렸다.

② ✕ 서울지하철공사의 임원·직원 징계: 사법관계(민사소송으로 불복)
서울특별시지하철공사의 **임원**과 **직원**의 근무관계의 성질은 지방공기업법의 모든 규정을 살펴보아도 **공법상의 특별권력관계**라고는 볼 수 없고 **사법관계**에 속한다. 따라서 이에 대한 불복절차는 **민사소송**에 의할 것이지 행정소송에 의할 수는 없다(1989.9.12. 89누2103).
+ PLUS 판례는 공기업 등의 근무관계를 대체로 사법관계로 보고 있다. 단, 농지개량조합(현 농어촌공사)의 경우는 공법관계로 보았다.

③ ○ 종래 특별권력관계는 일반권력관계에 적용되는 법치국가원리가 적용되지 않는 '법으로부터 자유로운 영역'이라고 보았지만, 오늘날 실질적 법치주의 국가에서는 **특별권력관계도 법치주의가 적용**되어 원칙적으로 법률에 의해서만 기본권의 제한이 가능하다. 다만, 그 특수성으로 인하여 목적과 기능을 수행하는 데 필요한 한도 내에서 법치주의의 적용이 **다소 완화**될 수 있다.

④ ✕ 특별권력관계(특별행정법관계)에서는 **명령권**(포괄적)과 **징계권**이 인정된다. **형벌권**은 죄형법정주의원칙의 범위에서 일반국민과의 관계에서 인정되는 것이지, 특별행정법관계에서 인정되는 것이 아니다.

⑤ ✕ 특별행정법관계는 상대방의 **동의**에 의해 성립하기도 하지만(공무원 임명, 국공립학교 입학, 국공립도서관 이용), 동의가 없더라도 **법률**에 의해 성립되기도 한다(군입대, 교도소수감, 감염병환자의 강제입원). 동의에 의해 성립되는 경우도 자발적 동의가 원칙이나, 법률로 강제되는 **비자발적 동의**도 있다(학령아동의 초등학교 취학). 반면, 일반행정법관계, 즉 행정주체와 일반국민과의 관계는 처음부터 **자동적으로** 형성된다.

선지분석 & 요플·기풀기링크 ③

선지	THEME	요플	기풀기
①	T11 특별권력관계	11	012
②	T53 대상적격(법률관계)	110	011
③		10	011
④	T11 특별권력관계	12	013
⑤		05	005

정답 ③
OX 1✕ 2○

04

특별권력관계에 대한 설명으로 옳지 않은 것은? (다툼이 있는 경우 판례에 의함) 23국회9

① 구 「군인사법」 제47조의2가 군인의 복무에 관한 사항에 관한 규율 권한을 대통령령에 위임하면서 다소 개괄적으로 위임하였다고 하여 헌법 제75조의 포괄위임금지원칙에 어긋난다고 보기 어렵다.

② 금치처분을 받은 수형자에 대해 금치기간 중 운동을 절대적으로 금지하는 것은 필요 최소한도의 범위를 넘어선 것으로서 헌법 제10조의 인간의 존엄과 가치 및 제12조의 신체의 자유를 침해하는 것이다.

③ 육군3사관학교의 사관생도는 학교에 입학한 날에 육군사관생도의 병적에 편입하고 준사관에 준하는 대우를 받는 특수한 신분관계에 있으므로, 그 존립목적을 달성하기 위하여 필요한 한도 내에서 일반 국민보다 상대적으로 기본권이 더 제한될 수 있다.

④ 육군3사관학교의 사관생도 행정예규에 따라 사관생도의 모든 사적 생활에서까지 예외 없이 금주의무를 이행할 것을 요구하면서 경위 등을 묻지 않고 일률적으로 2회 위반시 원칙적으로 퇴학조치하도록 정한 것은 사관생도의 기본권을 지나치게 침해하는 것은 아니다.

⑤ 서울특별시지하철공사의 임원과 직원의 근무관계의 성질은 공법상의 특별권력관계라고는 볼 수 없고 사법관계에 속하기 때문에 소속 직원에 대한 징계는 행정소송이 아니라 민사소송의 대상이 된다.

관련 OX

① 관련

1 군인의 복무에 관한 사항을 규율할 권한을 대통령령에 위임하는 경우에는 대통령령으로 규정될 내용 및 범위에 관한 기본적인 사항을 다소 광범위하게 위임하였다 하더라도 포괄위임금지원칙에 위배된다고 볼 수 없다. 23국회8

⑤ 관련

2 서울특별시 지하철공사의 사장이 소속 직원에게 한 징계처분에 대한 불복절차는 민사소송에 의하여야 한다. 23군무원9

해설

① ○ **군인의 복무에 관한 사항: 다소 광범위하게 위임해도 포괄위임금지원칙 위반 X**
군인사법 제47조의2는 헌법이 대통령에게 부여한 군통수권을 실질적으로 존중한다는 차원에서 **군인의 복무에 관한 사항을 규율할 권한을 대통령령에 위임**한 것이라 할 수 있고, 대통령령으로 **규정될 내용 및 범위에 관한 기본적인 사항을 다소 광범위하게 위임**하였다 하더라도 **포괄위임금지원칙에 위배된다고 볼 수 없다**(헌재 2010.10.28. 2008헌마638).

② ○ **금치처분받은 수형자에 대한 전면적 운동금지: 위헌**
금치처분을 받은 수형자에 대한 절대적인 운동의 금지는 징벌의 목적을 고려하더라도 그 수단과 방법에 있어서 필요한 최소한도의 범위를 벗어난 것으로서, 수형자의 헌법 제10조의 인간의 존엄과 가치 및 신체의 안전성이 훼손당하지 아니할 자유를 포함하는 제12조의 신체의 자유를 침해하는 정도에 이르렀다고 판단된다(헌재 2004.12.16. 2002헌마478).

③ ○ **3사생도는 그 특수신분상 기본권이 더 제한될 수는 있으나, 법률유보원칙 등 헌법상 원칙은 지켜야**
사관생도는 군 장교를 배출하기 위하여 국가가 모든 재정을 부담하는 특수교육기관인 육군3사관학교의 구성원으로서, 학교에 입학한 날에 육군 사관생도의 병적에 편입하고 준사관에 준하는 대우를 받는 **특수한 신분관계에 있다**(「육군3사관학교 설치법 시행령」 제3조). 따라서 그 존립목적을 달성하기 위하여 필요한 한도 내에서 일반국민보다 **상대적으로 기본권이 더 제한될 수** 있으나, 그러한 경우에도 **법률유보원칙, 과잉금지원칙 등 기본권 제한의 헌법상 원칙들을 지켜야** 한다(2018.8.30. 2016두60591).

선지분석 & 요플·기풀기링크

선지	THEME	요플	기풀기
①	T14 법규명령	25	020
②	헌법		
③	T11 특별권력관계	08	009
④	헌법		
⑤	T53 대상적격(법률관계)	110	111

④ ✕ 일률적으로 2회 금주의무 위반시 퇴학조치하도록 한 사관생도 행정예규: 기본권을 지나치게 침해하여 무효
사관생도인 원고가 4회에 걸쳐 학교 밖에서 음주행위를 하였다는 이유로 퇴학처분을 당한 사안에서, 예규에서 사관생도의 모든 **사적 생활에서까지 예외 없이** 금주의무를 이행할 것을 요구하면서 **일률적으로 2회 위반시 원칙으로 퇴학조치**하도록 정한 것은 기본권을 지나치게 침해하는 것이므로, **위 금주조항**은 사관생도의 일반적 행동자유권, 사생활의 비밀과 자유 등 기본권을 과도하게 제한하는 것으로서 **무효**인데도 위 금주조항을 적용하여 내린 **퇴학처분은 위법**하다(2018.8.30. 2016두60591).

⑤ ○ 서울지하철공사의 임원·직원 징계: 사법관계(민사소송으로 불복)
서울특별시지하철공사의 **임원과 직원의 근무관계**의 성질은 지방공기업법의 모든 규정을 살펴보아도 **공법상의 특별권력관계라고는 볼 수 없고 사법관계**에 속한다. 따라서 이에 대한 불복절차는 **민사소송**에 의할 것이지 행정소송에 의할 수는 없다(1989.9.12. 89누2103).

  ✚ PLUS 판례는 공기업 등의 근무관계를 대체로 사법관계로 보고 있다. 단, 농지개량조합(현 농어촌공사)의 경우는 공법관계로 보았다.

정답 ④
OX 1○ 2○

05

다음 글에 대한 설명으로 옳지 않은 것은? (다툼이 있는 경우 판례에 의함) 11지방9

> 교도소장 X는 복역 중인 甲이 변호사에게 보내기 위하여 발송을 의뢰한 서신을 법령상 검열사유에 해당하지 않음에도 불구하고 발송 전에 이를 검열하였다. 이에 甲은 X의 위와 같은 서신검열행위로 말미암아 통신의 비밀이 침해되었다고 주장하며 다투고자 한다.

① 교도소장 X의 서신검열행위는 이른바 특별권력관계 내부에서의 행위이지만 그에 대한 사법심사는 가능하다.
② 교도소장 X의 서신검열행위는 법률에 근거함이 없이 행하여졌다면 위법하다.
③ 교도소장 X의 서신검열행위는 강학상 행정행위에 해당한다.
④ 甲이 교도소장 X의 서신검열행위에 대해 취소소송을 제기함이 없이 곧바로 국가배상청구소송을 제기한 경우, 수소법원은 그 위법성 여부를 심리·판단할 수 있다.

관련 OX

① 관련
1 특별행정법관계에서의 행위도 「행정소송법」상 처분개념에 해당하면 사법심사의 대상이 된다. 13지방7

④ 관련
2 위법한 행정행위에 대한 국가배상소송이 제기된 경우, 민사법원은 해당 행정행위가 취소되어야만 그 위법 여부를 심리·판단하여 배상을 명할 수 있다. 25해경승진

해설

①② ○ 교도소 복역은 법률에 의해 강제되는 특별권력관계(특별행정법관계)이다. 특별권력관계에도 법치주의가 적용되므로, 법령을 위배해서는 안 되며(법률우위), 서신검열 등 기본권을 제한하는 행위시 **법률의 근거**가 필요하다(법률유보). ② 또한 **사법심사**의 대상도 된다. ① 실제로 헌법재판소는 재소자의 서신을 **검열**한 행위를 기본권을 제한하는 권력적 사실행위로 보고 **사법심사**를 한 바 있다.

③ × '행정행위'란 행정청이 **구체적 사실**에 대한 법집행으로 행하는 **권력적 단독행위**로서의 **공법적 행위**를 뜻한다. 교도소장의 서신검열행위는 권력적 사실행위로서 취소소송의 대상이 되는 '처분 등'에 포함될 수 있으나, 법적 행위가 아닌 사실행위라는 점에서 강학상 행정행위에는 해당하지 않는다.

- 수형자의 서신을 교도소장이 검열하는 행위는 이른바 권력적 사실행위로서 행정심판이나 행정소송의 대상이 되는 행정처분으로 볼 수 있다(헌재 1998.8.27. 96헌마398).

④ ○ 행정행위의 위법 여부가 선결문제인 경우, 민사법원에서 그 위법 여부를 심리·판단하여 재판의 전제로 삼아 배상을 명할 수 있고, 이를 위해 당해 처분이 무효가 되거나 **취소될 필요도 없다**(처분이 위법하기만 하면 그만이기 때문이다). 사안에서 甲이 교도소장 X의 서신검열행위에 대해 취소소송을 제기함이 없이 곧바로 국가배상청구소송을 제기한 경우, 수소법원은 그 위법성 여부를 심리·판단할 수 있다.

- 본건 계고처분 행정처분이 위법임을 이유로 배상을 청구하는 취의로 인정될 수 있는 본건에 있어 미리 그 행정처분의 **취소판결이 있어야만** 그 행정처분의 위법임을 이유로 피고에게 **배상을 청구할 수 있는 것은 아니다**(1972.4.28. 72다337).

선지분석 & 요플·기풀기링크

선지	THEME	요플	기풀기
①	T11 특별권력관계	11	012
②		10	011
③	T52 대상적격(행정작용)	11	011
④	T27 공정력	35	033

정답 ③
OX 1○ 2×

T12 행정법관계의 변동 – 사건을 중심으로

필수문제 01

「행정기본법」의 내용으로 옳지 <u>않은</u> 것은? 23소방

① 행정에 대한 기간의 계산에 관하여는 「민법」 또는 다른 법령등에 특별한 규정이 있는 경우를 제외하고는 「행정기본법」에 따른다.

② 당사자의 신청에 따른 처분은 법령등에 특별한 규정이 있거나 처분 당시의 법령등을 적용하기 곤란한 특별한 사정이 있는 경우를 제외하고는 처분 당시의 법령등에 따른다.

③ 국가와 지방자치단체는 소속 공무원이 공공의 이익을 위하여 적극적으로 직무를 수행할 수 있도록 제반 여건을 조성하고, 이와 관련된 시책 및 조치를 추진하여야 한다.

④ 행정청은 공법상 계약의 상대방을 선정하고 계약 내용을 정할 때 공법상 계약의 공공성과 제3자의 이해관계를 고려하여야 한다.

해설

① × 종래에는 행정상 기간 계산에 대한 일반규정이 없어 사법규정인 민법을 준용하는 것이 통설·판례였다. 그러나 새롭게 제정된 행정기본법은 행정상 기간에 관한 별도 규정을 두고, 민법은 행정기본법에 규정이 없는 경우에만 적용하도록 하였다. 따라서 위 지문은 민법과 행정기본법이 반대로 기재되어 틀린 것이다. 수험생으로서는 '다른 법률에 규정이 없을 때 행정기본법이 적용된다'는 행정기본법 제5조와 혼동되어 실수했을 것이다.

행정기본법 제6조(행정에 관한 기간의 계산) ① 행정에 관한 기간의 계산에 관하여는 <u>이 법</u>(편저자: 행정기본법) 또는 다른 법령등에 특별한 규정이 있는 경우를 제외하고는 「민법」을 준용한다.

제5조(다른 법률과의 관계) ① 행정에 관하여 다른 법률에 특별한 규정이 있는 경우를 제외하고는 이 법(편저자: 행정기본법)에서 정하는 바에 따른다.

② ○

행정기본법 제14조(법 적용의 기준) ② 당사자의 <u>신청에 따른 처분</u>은 법령등에 특별한 규정이 있거나 처분 당시의 법령등을 적용하기 곤란한 특별한 사정이 있는 경우를 제외하고는 <u>처분 당시의 법령</u>등에 따른다.

③ ○

행정기본법 제4조(행정의 적극적 추진) ② <u>국가와 지방자치단체는 소속 공무원이 공공의 이익을 위하여 적극적으로 직무를 수행할 수 있도록 제반 여건을 조성하고, 이와 관련된 시책 및 조치를 추진하여야 한다.</u>

④ ○

행정기본법 제27조(공법상 계약의 체결) ② 행정청은 <u>공법상 계약의</u> 상대방을 선정하고 계약 내용을 정할 때 공법상 <u>계약의 공공성과 제3자의 이해관계를</u> 고려하여야 한다.

선지선택비율 ① 82.52% ② 7.26% ③ 4.75% ④ 5.48% 오답률 17.48%

관련 OX

① 관련
1 행정에 관한 기간의 계산에 관하여는 「행정기본법」 또는 다른 법령등에 특별한 규정이 있는 경우를 제외하고는 「민법」을 준용한다. 24국가9

② 관련
2 기
당사자의 신청에 따른 처분은 법령등에 특별한 규정이 있거나 신청 당시의 법령등을 적용하기 곤란한 특별한 사정이 있는 경우를 제외하고는 신청 당시의 법령등에 따른다. 25해경승진

③ 관련
3 국가와 지방자치단체는 소속 공무원이 공공의 이익을 위하여 적극적으로 직무를 수행할 수 있도록 제반여건을 조성하고, 이와 관련된 시책 및 조치를 추진하여야 한다. 23소방승진

④ 관련
4
행정청은 공법상 계약의 상대방을 선정하고 계약 내용을 정할 때 공법상 계약의 공공성과 제3자의 이해관계를 고려하여야 한다. 21지방9

선지분석 & 요플·기풀기링크

선지	THEME	요플	기풀기
①	T12 사건	01	001
②	T08 개정시 적용법	02	002
③	T01 행정과 행정법	12	012
④	T36 공법상 계약	03	016

정답 ①
OX 1○ 2× 3○ 4○

02 사례형 고난도

자가용으로 출퇴근하던 갑(甲)은 「도로교통법」을 위반하였다는 이유로 20일의 면허정지처분과 아울러 10만원의 과태료처분을 받았으나, 별도의 이의제기 없이 각각의 처분에 따르고자 한다. 위 처분에 의한 면허정지 기간의 만료일과 과태료 납부의 만료일은 모두 해당 연도의 △△월 15일(토요일)로 되어 있다. 참고로, 16일(일요일)이 법정공휴일에 속하는 관계로 그 다음 날인 17일(월요일)은 대체공휴일로 되었다. 사정이 이와 같을 때 「행정기본법」과의 관계에서 가장 적절한 것은?

24군무원7

① 갑(甲)의 운전정지 기간의 만료일과 과태료 납부의 만료일은 모두 해당 연도의 △△월 15일(토요일)로 된다.
② 갑(甲)의 운전정지 기간의 만료일과 과태료 납부의 만료일은 모두 해당 연도의 △△월 18일(화요일)로 된다.
③ 갑(甲)의 운전정지 기간의 만료일은 해당 연도의 △△월 15일(토요일)로 되고, 과태료 납부의 만료일은 해당 연도의 △△월 18일(화요일)로 된다.
④ 갑(甲)의 운전정지 기간의 만료일은 해당 연도의 △△월 18일(화요일)로 되고, 과태료 납부의 만료일은 해당 연도의 △△월 15일(토요일)로 된다.

관련 OX

①②③④ 관련

1 기
법령등에서 국민의 권익을 제한하는 경우, 권익이 제한되는 기간의 계산에 있어 기간의 말일이 토요일 또는 공휴일인 경우에는 기간은 그 익일로 만료한다.
22국회8

해설

③ ○

1. 면허정지처분
   면허정지처분은 권익을 제한하는 처분이므로 행정기본법상 특례가 적용돼 기간 말일이 토요일이나 공휴일인 경우에도 익일로 넘어가지 않고 그 날로 만료한다. 따라서 운전정지기간의 만료일은 △△월 15일(토요일)이 된다.

2. 과태료 부과
   과태료 부과는 의무를 부과하는 경우이나, 납부기간 만료일을 면허정지처분과 동일하게 △△월 15일로 보게 되면 익일로 넘어가는 경우보다 납부기간이 짧아지게 되어 오히려 국민에게 불리하게 된다. 따라서 행정기본법상 특례 규정이 적용되지 않고 민법에 따라 계산하여 토요일이나 공휴일의 익일로 넘어간다. 따라서 과태료납부기간의 만료일은 △△월 18일(화요일)이 된다.

행정기본법 제6조(행정에 관한 기간의 계산) ① 행정에 관한 기간의 계산에 관하여는 이 법 또는 다른 법령 등에 특별한 규정이 있는 경우를 제외하고는 「민법」을 준용한다.
② 법령등 또는 처분에서 국민의 권익을 제한하거나 의무를 부과하는 경우 권익이 제한되거나 의무가 지속되는 기간의 계산은 다음 각 호의 기준에 따른다. 다만, 다음 각 호의 기준에 따르는 것이 국민에게 불리한 경우에는 그러하지 아니하다.
  1. 기간을 일, 주, 월 또는 연으로 정한 경우에는 기간의 첫날을 산입한다.
  2. 기간의 말일이 토요일 또는 공휴일인 경우에도 기간은 그 날로 만료한다.

민법 제161조(공휴일 등과 기간의 만료점) 기간의 말일이 토요일 또는 공휴일에 해당한 때에는 기간은 그 익일로 만료한다.

선지선택비율 ① 30.36% ② 8.33% ③ 55.36% ④ 5.95% 오답률 44.64%

선지분석 & 요플·기풀기링크

선지	THEME	요플	기풀기
		N1	006
	T12 사건	05	005
		03	004

정답 ③

OX 1

필수문제 03

행정법관계에 관한 설명으로 옳은 것은?   16교행9

① 기간의 계산에 있어서 기간의 초일(初日)은 원칙상 산입하여 계산한다.
② 판례에 따르면 국유재산 중 일반재산은 시효취득의 대상이 되지 아니한다.
③ 자연인의 공법상 주소지는 다른 법률에 특별한 규정이 없는 한 1개소에 한정한다.
④ 금전의 급부를 목적으로 하는 국가의 권리로서 시효에 관하여 다른 법률에 규정이 없는 것은 10년 동안 행사하지 아니하면 소멸한다.

관련 OX

② 관련
1 「국유재산법」상 국유재산은 시효취득의 대상이 되지 아니한다. 18국회8

③ 관련
2 공법관계에 있어서 자연인의 주소는 주민등록지이고, 그 수는 1개소에 한한다. 17(상)지방9

④ 관련
3 국가에 대한 금전채권은 다른 법률에 특별한 규정이 없는 한 5년간 행사하지 않으면 소멸한다. 09지방9

해설

① ✕ 행정에 관한 기간계산은 **행정기본법**이나 다른 법령에 특별한 규정이 있지 않는 한 **민법**을 준용하는데(행정기본법 제6조 제1항), 기간의 **기산점**은 **초일불산입**의 원칙이 적용돼 익일 0시부터 기산된다(민법 제157조).

② ✕ **행정재산**은 공용폐지되어 공물로서의 성질을 상실하지 않는 한 시효취득의 대상이 되지 않는다(93다56220). 반면, 자산에 불과한 **일반재산**은 시효취득의 대상이 된다.

③ ○ 주소는 처분의 송달지, 주민세 납세요건 등 각종 공법상 법률관계의 장소적 기준으로 쓰인다. 주민등록법은 주민등록지를 공법관계에서의 주소로 정하면서 이중신고를 불허하여, 자연인에 대한 공법상 주소지 1개 주소로 한정한다. 반면 민법은 복수의 주소를 허용하고 있다.

주민등록법 제23조(주민등록자의 지위 등) ① 다른 법률에 특별한 규정이 없으면 이 법에 따른 주민등록지를 공법(公法)관계에서의 주소로 한다.

④ ✕ 민법상 소멸시효는 원칙적으로 10년이다. 그러나 국가재정법·지방재정법은 국가나 지자체 관련 금전채권의 소멸시효에 대하여 5년으로 별도로 규정하고 있다.

국가재정법 제96조(금전채권·채무의 소멸시효) ① 금전의 급부를 목적으로 하는 국가의 권리로서 시효에 관하여 다른 법률에 규정이 없는 것은 **5년** 동안 행사하지 아니하면 시효로 인하여 소멸한다.
② 국가에 대한 권리로서 금전의 급부를 목적으로 하는 것도 또한 제1항과 같다.

선지분석 & 요플·기풀기링크

선지	THEME	요플	기풀기
①		02	002
②	T12 사건	28	029
③		35	038
④		10	012

정답 ③
OX 1✕ 2○ 3○

04

행정상의 법률관계에 있어 소멸시효와 제척기간에 대한 설명으로 옳지 않은 것은? (다툼이 있는 경우 판례에 의함)

24국회8

① 공법상의 소멸시효는 법률에 특별한 규정이 없으면 「민법」의 규정이 유추적용되는데, 공법상 금전채권의 소멸시효기간을 정하는 이유는 사법관계와 마찬가지로 공법관계에서도 법률관계를 오래도록 미확정인 채로 방치하여 두는 것이 타당하지 않기 때문이다.

② 제척기간은 권리자로 하여금 권리를 신속하게 행사하도록 함으로써 그 권리를 중심으로 하는 법률관계를 조속하게 확정하려는 데에 그 제도의 취지가 있는 것으로서, 관계 법령에 따라 정당한 사유가 인정되는 등 특별한 사정이 없는 한 그 기간의 경과 자체만으로 곧 권리소멸의 효과를 발생시킨다.

③ 제척기간은 권리관계를 조속히 확정시키기 위하여 권리의 행사에 중대한 제한을 가하는 것이므로, 모법인 법률에 의한 위임이 없는 한 시행령이 함부로 제척기간을 규정할 수는 없다고 할 것이다.

④ 제척기간에 있어서는 그 성질에 비추어 소멸시효와 같이 기간의 중단이나 정지는 있을 수 없다.

⑤ 소멸시효는 권리가 발생한 때를 기산점으로 하지만, 제척기간은 권리를 행사할 수 있는 때를 기산점으로 한다.

해설

① ○ **공법상 소멸시효: 규정이 없으면 민법 유추적용. 미확정 법률관계를 방치하지 않으려는 취지**
시효는 원래 사법상의 제도로 발달되어 왔으나 오늘날 공법에도 타당한 일반적인 법리로 파악되고, **공법상의 소멸시효**에 관하여 법률에 특별한 규정이 없으면 **민법의 규정이 유추적용**되며, 이렇듯 공법상 금전채권의 소멸시효기간을 정하는 이유는 공법관계에서도 **법률관계를 오래도록 미확정된 채로 방치**하여 두는 것이 타당하지 **않다**는 데 있는 것으로 이해되고 있다(헌재 2009.5.28. 2008헌바107).

② ○ **제척기간의 의의: 신속한 권리행사를 통한 법률관계의 조속한 확정을 목적. 기간 경과 자체로 권리소멸**
제척기간은 권리자로 하여금 권리를 신속하게 행사하도록 함으로써 그 권리를 중심으로 하는 법률관계를 조속하게 확정하려는 데에 그 제도의 취지가 있는 것으로서, 소멸시효가 일정한 기간의 경과와 권리의 불행사라는 사정에 의하여 그 효과가 발생하는 것과는 달리 관계법령에 따라 정당한 사유가 인정되는 등 특별한 사정이 없는 한 그 **기간의 경과 자체만으로 곧 권리소멸의 효과를 발생시킨다**(2021.3.18. 2018두47264 전합).

③ ○ **제척기간의 근거: 권리행사에 중대한 제한 so 법률의 위임이 있어야**
일정한 권리에 관하여 법률이 규정한 존속기간을 뜻하는 **제척기간**은 권리관계를 조속히 확정시키기 위하여 **권리의 행사에 중대한 제한**을 가하는 것이어서 모법인 **법률에 의한 위임이 없는 한 시행령이 함부로 제척기간을 규정할 수는 없다**(1990.9.28. 89누2493).

④ ○ **중단·정지: 소멸시효는 있으나, 제척기간은 없음**
추상적 권리행사에 관한 제척기간은 권리자의 권리행사 태만 여부를 고려하지 않으며, 또 당사자의 신청만으로 추상적 권리가 실현되므로 기간 진행의 **중단·정지를 상정하기 어렵다**. 이러한 점에서 제척기간은 소멸시효와 근본적인 차이가 있다(2021.3.18. 2018두47264 전합).

⑤ × 서술이 반대로 되었다.

- **기산점: 소멸시효는 권리를 행사할 수 있는 때부터 기산, 제척기간은 권리발생시부터 기산**
제척기간 진행의 기산점은 특별한 사정이 없는 한 원칙적으로 **권리가 발생한 때**이고, 당사자 사이에 매매예약 완결권을 행사할 수 있는 시기를 특별히 약정한 경우에도 그 제척기간은 당초 권리의 발생일로부터 10년간의 기간이 경과되면 만료되는 것이지 그 기간을 넘어서 그 약정에 따라 **권리를 행사할 수 있는 때로부터 10년이 되는 날까지로 연장된다고 볼 수 없다**(1995.11.10. 94다22682·22699).

선지분석 & 요플·기풀기링크

선지	THEME	요플	기풀기
①		07	009
②		20	022
③	T12 사건	21	023
④		23	025
⑤		22	024

정답 ⑤

05

행정법관계에서 「민법」의 적용에 대한 설명으로 옳지 않은 것은? 16국가9

① 「민법」상의 일반법원리적인 규정은 행정법상 권력관계에 대해서도 적용될 수 있다.
② 행정법관계에서 기간의 계산에 관하여 특별한 규정이 없으면 「민법」의 기간계산에 관한 규정이 적용된다.
③ 현행법상 국가에 대한 금전채권의 소멸시효에 대하여는 「민법」의 규정이 그대로 적용된다.
④ 현행법상 행정목적을 위하여 제공된 행정재산에 대해서는 공용폐지가 되지 않는 한 「민법」상 취득시효규정이 적용되지 않는다.

관련 OX

② 관련
1 행정에 관한 기간의 계산에 관하여는 「행정기본법」 또는 다른 법령등에 특별한 규정이 있는 경우를 제외하고는 「민법」을 준용한다. 22국회8

④ 관련
2 현행 「국유재산법」에 의하면 공물뿐만 아니라 잡종재산(일반재산)도 시효취득의 대상이 된다. 09국가7

해설

① ○ 신의성실의 원칙, 권리남용금지의 원칙, 의사표시의 효력발생시기, 대리행위의 효력, 조건·기한의 효력 등에 관한 사법의 규정은 일반법원리적 규정으로서 권력적 작용인 행정행위에도 적용될 수 있다는 것이 통설이다. 반면, 사익 상호 간 이익조절적 규정은 권력적 작용에는 적용될 수 없다고 보는 것이 보통이다.

② ○ 민법상 기간의 계산은 일반법원리적 규정이자 기술적 규정으로 행정법관계에도 적용된다.

행정기본법 제6조(행정에 관한 기간의 계산) ① 행정에 관한 기간의 계산에 관하여는 이 법 또는 다른 법령등에 특별한 규정이 있는 경우를 제외하고는 「민법」을 준용한다.

③ × 소멸시효란, 권리자가 권리를 행사할 수 있음에도 일정 기간 이를 행사하지 않은 경우 그 권리를 소멸시키는 것을 뜻한다. 민법상 소멸시효는 원칙적으로 10년이다. 그러나 국가재정법·지방재정법은 국가나 지자체 관련 금전채권의 소멸시효에 대하여 5년으로 별도로 규정하고 있다. 따라서 민법의 소멸시효규정이 국가에도 그대로 적용된다는 지문은 틀린 것이다.

④ ○ 국유재산(공유재산도 마찬가지)은 공적 목적에 직접 제공되는 행정재산과, 자산가치만 갖는 일반재산(구법상 잡종재산)으로 나뉘며, 행정재산은 그것이 공용폐지되어 공물로서의 성질을 상실하지 않는 한 시효취득의 대상이 되지 않는다(93다56220). 반면, 자산에 불과한 일반재산은 시효취득의 대상이 된다.

선지분석 & 요플·기풀기링크

선지	THEME	요플	기풀기
①	T10 행정상 법률관계	15	015
②		01	001
③	T12 사건	09	011
④		26	027

정답 ③
OX 1 ○ 2 ×

06

행정법상 시효제도에 대한 설명으로 옳은 것은? (다툼이 있는 경우 판례에 의함) 16지방9

① 「국유재산법」상 일반재산은 취득시효의 대상이 될 수 없다.
② 「국가재정법」상 5년의 소멸시효가 적용되는 '금전의 급부를 목적으로 하는 국가의 권리'에는 국가의 사법(私法)상 행위에서 발생한 국가에 대한 금전채무도 포함된다.
③ 조세에 관한 소멸시효가 완성된 후에 부과된 조세부과처분은 위법한 처분이지만 당연무효라고 볼 수는 없다.
④ 납입고지에 의한 소멸시효의 중단은 그 납입고지에 의한 부과처분이 추후 취소되면 효력이 상실된다.

관련 OX

② 관련
1 지방자치단체에 대한 금전채권의 소멸시효를 5년의 단기로 정하고 있는 「지방재정법」의 규정은 공법상 금전채권에만 적용된다. 20소간

③ 관련
2 조세채권의 소멸시효기간이 완성된 후에 부과된 과세처분은 당연무효이다. 22소간

해설

① ✕ 행정재산은 그것이 공용폐지되어 공물로서의 성질을 상실하지 않는 한 시효취득의 대상이 되지 않는다(93다56220). 반면, 자산에 불과한 **일반재산은 시효취득의 대상이 된다**.

② ○ 금전이 급부를 목적으로 하는 국가의 권리라 함은 금전의 급부를 목적으로 하는 권리인 이상 금전 급부의 발생원인에 관하여는 아무런 제한이 없으므로 국가의 공권력의 발동으로 하는 행위는 물론 **국가의 사법상의 행위에서 발생한 국가에 대한 금전채무도 포함**한다(1967.7.4. 67다751).
  + PLUS 국가재정법·지방재정법상의 5년의 소멸시효는 공법상 채권은 물론 **사법상 채권에도 적용**되고, 국민에 대한 **국가의 채권**은 물론 국가에 대한 **국민의 채권**에도 다른 법률에 규정이 없는 한 5년의 소멸시효기간이 적용된다.

③ ✕ 소멸시효완성 후에 부과된 부과처분은 납세의무 없는 자에 대하여 부과처분을 한 것으로서 그와 같은 하자는 중대하고 명백하여 그 처분의 효력은 당연무효이다(1985.5.14. 83누655).

④ ✕ 예산회계법 제98조에 의하여 법령의 규정에 의한 납입고지는 시효의 중단사유가 되고, 이러한 납입고지에 의한 시효의 중단은 그 **납입고지에 의한 부과처분이 추후 취소되더라도 그 효력이 상실되지 않는다**(1999.4.9. 98두6982).

선지분석 & 요플·기풀기링크

선지	THEME	요플	기풀기
①		28	029
②	T12 사건	12	014
③		19	021
④		16	018

정답 ②
OX 1✕ 2○

07

공법상 부당이득에 대한 설명으로 옳지 않은 것은? (다툼이 있는 경우 판례에 의함) 17(상)지방9

① 공법상 부당이득에 관한 일반법은 없으므로 특별한 규정이 없는 경우, 민법상 부당이득반환의 법리가 준용된다.
② 부가가치세법령에 따른 환급세액 지급의무 등의 규정과 그 입법취지에 비추어 볼 때 부가가치세 환급세액 반환은 공법상 부당이득반환으로서 민사소송의 대상이다.
③ 잘못 지급된 보상금에 해당하는 금액의 징수처분을 해야 할 공익상 필요가 당사자가 입게 될 불이익을 정당화할 만큼 강한 경우, 보상금을 받은 당사자로부터 오지급금액의 환수처분이 가능하다.
④ 공법상 부당이득반환에 대한 청구권의 행사는 개별적인 사안에 따라 행정주체도 주장할 수 있다.

관련 OX

② 관련

1 국가에 대한 납세의무자의 부가가치세 환급세액 지급청구는 당사자소송이 아니라 민사소송의 절차에 따라야 한다. 21국가7

해설

①④ ○ 법률상 원인 없이(이유 없이) 타인의 재산 등으로부터 이익을 얻고 이로 인해 타인에게 손해를 가하는 경우 그 이득을 부당이득이라 한다. 이때 손해를 본 자는 이익을 본 자에게 그를 돌려받을 권리를 갖는데 이를 부당이득반환청구권이라 한다(민법 제741조). 부당이득의 법리는 공법관계에서도 인정되며, 공법관계에 대한 일반법이 없으므로 민법의 규정이 준용된다.① 부당이득반환청구권은 국민이 행정주체에게 주장할 수 있을 뿐 아니라 행정주체도 국민에게 주장할 수 있다.④ 전자는 과오납조세에 대한 국민의 반환청구, 후자는 공무원의 봉급과액수령이나 무자격자의 기초생활 보장금수령에 대한 정부의 반환청구를 예로 들 수 있다.

② ✕ 납세의무자의 부가가치세 환급세액 반환청구: 민사소송✕, 당사자소송○
납세의무자에 대한 국가의 부가가치세 환급세액 지급의무에 대응하는 국가에 대한 납세의무자의 **부가가치세 환급세액 지급청구는 민사소송이 아니라 행정소송법 제3조 제2호에 규정된 당사자소송의 절차에 따라야 한다**(2013.3.21. 2011다95564 전합).

③ ○ 환수처분이 적법하려면 환수할 공익이 당사자가 입을 불이익보다 커야 함
보상금 등을 받은 당사자로부터 잘못 지급된 부분을 환수하는 처분을 함에 있어서는 … 공익상 필요가 당사자가 입게 될 **불이익을 정당화할 만큼 강한 경우에 한하여** 보상금 등을 받은 당사자로부터 잘못 지급된 보상금 등에 해당하는 금액을 **환수하는 처분을 하여야 한다**고 봄이 타당하다(2014.10.27. 2012두17186).

요플 공법상 부당이득

| 부당이득 | 법률상 원인 없이
자신 이익, 타인 손해 | • 부당이득반환청구권
• 민법 준용○
• 민사소송(판례) | by 국민 | 조세를 과오납한 국민은 국가에 반환청구 가능 |
| | | | by 국가 등 | 무자격자에게 기초생활보장금을 지급한 국가는 해당 국민에 반환청구 가능 |

26 요플 p.37

선지분석 & 요플·기풀기링크

선지	THEME	요플	기풀기
①	T12 사건	32	033
②	T53 대상적격(법률관계)	149	153
③	T31 VA의 취소·철회·실효	58	041
④	T12 사건	34	035

 ②
 1✕

PART II

행정작용법

T 13 행정입법 총설
T 14 법규명령
T 15 행정규칙
T 16 행정행위의 개념과 분류
T 17 명령적 행정행위 – 하명·허가·면제
T 18 인·허가의제제도
T 19 형성적 행위 – 특허·대리·인가
T 20 정비사업
　　　 – 재개발·재건축 등 쟁점 모음
T 21 준법률행위적 행정행위
　　　 – 확인·공증·통지·수리
T 22 사인의 공법행위 – 개관
T 23 사인의 공법행위 – 신고·신청
T 24 건축 관련 쟁점 모음
T 25 영업양도의 쟁점
T 26 행정행위의 성립요건·효력발생요건

T 27 행정행위의 효력(1)
　　　 – 공정력·구성요건적 효력
T 28 행정행위의 효력(2)
　　　 – 불가쟁력·불가변력, 구속력, 강제력
T 29 행정행위의 하자와 효력
T 30 하자의 승계·전환·치유
T 31 행정행위의 효력상실 – 취소·철회·실효
T 32 행정행위의 부관
T 33 단계적 행정결정 등
T 34 행정계획
T 35 행정지도
T 36 공법상 계약
T 37 행정절차법(1) – 조문별 기출정리
T 38 행정절차법(2) – 헌법적 근거 및 적용범위
T 39 행정절차법(3) – 사전통지·의견청취
T 40 행정절차법(4) – 이유제시
T 41 행정절차법(5) – 절차의 하자

THEME 13-15 행정입법

T13 행정입법 총설

01

행정입법에 관한 설명으로 옳지 않은 것은? (다툼이 있는 경우 판례에 의함) 22소간

① 구 「도시 및 주거환경정비법」에서 주택재개발사업시행인가 신청시 토지등소유자의 동의요건을 재개발조합의 정관에 포괄적으로 위임하고 있는 것은 헌법 제75조에서 정하고 있는 포괄위임입법금지원칙에 위배된다.

② 일반적으로 법률의 위임에 따라 효력을 갖는 법규명령의 경우에 그 위임의 근거가 없어 무효였더라도 나중에 법 개정으로 위임의 근거가 부여되면, 그 법규명령이 위임의 한계를 벗어난 해석 규정으로 인정되지 않는 한, 그때부터는 유효한 법규명령으로 볼 수 있다.

③ 행정규칙의 내용이 상위법령에 반하는 것이라면 법원은 해당 행정규칙이 법질서상 부존재하는 것으로 취급하여 행정기관이 한 조치의 당부를 상위법령의 규정과 입법 목적 등에 따라서 판단하여야 한다.

④ 법령이 일부 개정된 경우에는 기존 법령 부칙의 경과규정을 개정 또는 삭제하거나 이를 대체하는 별도의 규정을 두는 등의 특별한 조치가 없는 한 개정 법령에 다시 경과규정을 두지 않았다고 하여 기존 법령 부칙의 경과규정이 당연히 실효되는 것은 아니다.

⑤ 추상적인 법령에 관한 제정의 여부 등은 그 자체로서 국민의 구체적인 권리의무에 직접적 변동을 초래하는 것이 아니어서 부작위법확인소송의 대상이 될 수 없다.

관련 OX

② 관련

1 법률의 위임의 근거가 없어 무효였던 법규명령이 법률의 개정으로 위임의 근거가 부여되면 그때부터 유효한 법규명령으로 볼 수 있다. 24국회9

⑤ 관련

2 부작위법확인소송의 대상이 될 수 있는 것은 구체적 권리의무에 관한 분쟁이어야 하고, 추상적인 법령에 관하여 제정의 여부 등은 그 자체로서 국민의 구체적인 권리의무에 직접적 변동을 초래하는 것이 아니어서 행정소송의 대상이 될 수 없다. 22군무원9

해설

① ✕ (조합시행사업에서) 사업시행인가를 위한 소유자 동의요건은 공법적 단체인 조합의 자치법적 사항: 포괄위임금지원칙 적용✕(so 위배✕)
구 「도시 및 주거환경정비법」상 사업시행자인 조합의 사업시행계획 작성은 자치법적 요소를 가지고 있는 사항이라 할 것이고, 이와 같이 사업시행계획의 작성이 자치법적 요소를 가지고 있는 이상, 조합의 사업시행인가 신청시의 토지등소유자의 동의요건 역시 **자치법적 사항**이라 할 것이며, 따라서 개정된 「도시 및 주거환경정비법」 제28조 제4항 본문이 사업시행인가 신청시의 동의요건을 조합의 정관에 포괄적으로 위임하고 있다고 하더라도 헌법 제75조가 정하는 **포괄위임입법금지의 원칙이 적용되지 아니하므로 이에 위배된다고 할 수 없다**(2007.10.12. 2006두14476).

② ○ 법규명령이 위임근거 없다가 사후 부여: 그때부터 유효 / 위임의 한계를 벗어나는 경우는 여전히 무효
일반적으로 법률의 위임에 따라 효력을 갖는 법규명령의 경우에 위임의 근거가 없어 무효였더라도 **나중에 법 개정으로 위임의 근거가 부여되면 그때부터는 유효한 법규명령으로 볼 수 있다**. 그러나 법규명령이 개정된 법률에 규정된 내용을 함부로 유추·확장하는 내용의 해석규정이어서 **위임의 한계를 벗어난 것으로 인정될 경우에는 법규명령은 여전히 무효**이다(2017.4.20. 2015두45700 전합).

③ ○ 법령에 반하는 위법한 행정규칙: 당연무효 / 내부효도 없음 / 부존재 취급 → 행정작용의 당부는 오로지 상위법령에 따라 판단
행정규칙의 내용이 **상위법령이나 법의 일반원칙에 반하는 것**이라면 법치국가원리에서 파생되는 법질서의 통일성과 모순금지원칙에 따라 그것은 법질서상 **당연무효**이고, **행정내부적 효력도 인정될 수 없다**. 이러한 경우 법원은 해당 행정규칙이 법질서상 **부존재하는 것으로 취급**하여 행정기관이 한 조치의 당부를 **상위법령의 규정과 입법 목적 등에 따라서 판단하여야** 한다(2020.5.28. 2017두66541).

선지분석 & 요플·기풀기링크

선지	THEME	요플	기풀기
①	T20 정비사업	27	033
②	T14 법규명령	17	012
③	T13 행정입법	09	010
④	T08 개정시 적용법	31	031
⑤	T13 행정입법	30	031

④ ○ 일부 개정시 기존 법령부칙의 경과규정은 실효✕

법령이 일부 개정된 경우에는 기존 법령 부칙의 경과규정을 개정 또는 삭제하거나 이를 대체하는 별도의 규정을 두는 등의 특별한 조치가 없는 한 개정 법령에 다시 경과규정을 두지 않았다고 하여 기존 법령 부칙의 경과규정이 당연히 실효되는 것은 아니다(2014.4.30. 2011두18229).

+ PLUS 전문 개정이면 실효○

⑤ ○ 행정입법부작위: 항고소송(부작위위법확인소송) 불가

행정소송은 구체적 사건에 대한 법률상 분쟁을 법에 의하여 해결함으로써 법적 안정을 기하자는 것이므로 부작위위법확인소송의 대상이 될 수 있는 것은 구체적 권리의무에 관한 분쟁이어야 하고 추상적인 법령에 관하여 제정의 여부 등은 그 자체로서 국민의 구체적인 권리의무에 직접적 변동을 초래하는 것이 아니어서 부작위위법확인소송의 대상이 될 수 없다(1992.5.8. 91누11261).

02 필수문제

행정입법에 대한 설명으로 옳지 않은 것은? (다툼이 있는 경우 판례에 의함) 22지방7

① 행정기관 내부의 사무처리준칙에 불과한 행정규칙은 공포되어야 하는 것은 아니므로 특별한 규정이 없는 한, 수명기관에 도달된 때부터 효력이 발생한다.

② 부작위위법확인소송의 대상이 될 수 있는 것은 구체적 권리의무에 관한 분쟁이어야 하고 추상적인 법령에 관하여 제정의 여부 등은 그 자체로서 국민의 구체적인 권리·의무에 직접적 변동을 초래하는 것이 아니어서 그 소송의 대상이 될 수 없다.

③ 부령에서 제재적 행정처분의 기준을 정하였다고 하더라도 이에 관한 처분의 적법 여부는 부령에 적합한 것인가의 여부에 따라 판단할 것이 아니라 처분의 근거 법률의 규정 및 그 취지에 적합한 것인가의 여부에 따라 판단하여야 한다.

④ 법률이 공법적 단체 등의 정관에 자치법적 사항을 위임한 경우에도 원칙적으로 헌법 제75조가 정하는 포괄적인 위임입법금지원칙이 적용되므로 이와 별도로 법률유보 내지 의회유보의 원칙을 적용할 필요는 없다.

관련 OX

① 관련

1 행정규칙은 적당한 방법으로 통보되고 도달하면 효력을 가지며, 반드시 국민에게 공포되어야만 하는 것은 아니다. 21군무원7

② 관련

2 행정입법부작위는 「행정소송법」상 부작위위법확인소송의 대상이 되지 않는다. 18지방7

해설

① ○ 행정규칙은 원칙적으로 내부적 구속을 당할 행정기관인 수명기관에 도달하는 것으로 효력이 발생하며, 별도의 공포가 필요한 것은 아니다. 다만, 행정규칙이 처분기준을 정하는 경우라면 행정절차법에 따른 공표의무는 인정될 수 있다.

행정절차법 제20조(처분기준의 설정·공표) ① 행정청은 필요한 처분기준을 해당 처분의 성질에 비추어 되도록 구체적으로 정하여 공표하여야 한다. 처분기준을 변경하는 경우에도 또한 같다.

② ○ 추상적인 법령의 제정 여부: 부작위위법확인소송의 대상 ✕
행정소송은 구체적 사건에 대한 법률상 분쟁을 법에 의하여 해결함으로써 법적 안정을 기하자는 것이므로 부작위위법확인소송의 대상이 될 수 있는 것은 구체적 권리의무에 관한 분쟁이어야 하고 추상적인 법령에 관하여 제정의 여부 등은 그 자체로서 국민의 구체적 권리의무에 직접적 변동을 초래하는 것이 아니어서 그 소송의 대상이 될 수 없다(1992.5.8. 91누11261).

③ ○ 총리령·부령 형식의 제재처분기준: 행정규칙 → 처분의 적법 여부는 상위법령에 따라 판단
제재적 행정처분의 기준이 부령의 형식으로 규정되어 있더라도 그것은 행정청 내부의 사무처리준칙을 정한 것에 지나지 아니하여 대외적으로 국민이나 법원을 기속하는 효력이 없고, 당해 처분의 적법 여부는 위 처분기준만이 아니라 관계 법령의 규정 내용과 취지에 따라 판단되어야 한다(2007.9.20. 2007두6946).

④ ✕ 법률이 공법적 단체 등의 정관에 자치법적 사항을 위임한 경우: 포괄위임금지원칙 적용✕, 단 의회유보원칙은 적용됨
법률이 공법적 단체 등의 정관에 자치법적 사항을 위임한 경우에는 헌법 제75조가 정하는 포괄적인 위임입법의 금지는 원칙적으로 적용되지 않는다고 봄이 상당하고, 그렇다 하더라도 그 사항이 국민의 권리·의무에 관련되는 것일 경우에는 적어도 국민의 권리·의무에 관한 기본적이고 본질적인 사항은 국회가 정하여야 한다(2007.10.12. 2006두14476).

➕ **PLUS** 자치법적 사항에 대해서는 포괄위임금지의 원칙은 적용되지 않지만, 본질적인 사항은 국회가 정하여야 한다는 의회유보원칙은 적용된다.

선지분석 & 요플·기풀기링크

선지	THEME	요플	기풀기
①	T13 행정입법	13	013
②		30	031
③	T15 행정규칙	16	016
④	T14 법규명령	39	034

선지선택비율 ① 4.96% ② 4.68% ③ 4.57% ④ 85.78%   오답률 14.22%

정답 ④

03

행정입법의 통제에 대한 설명으로 옳지 않은 것은? (다툼이 있는 경우 판례에 의함) 18지방7

① 국무회의에 상정될 총리령안과 부령안은 법제처의 심사를 받아야 한다.
② 법령보충규칙에 해당하는 고시의 관계규정에 의하여 직접 기본권 침해를 받는다고 하여도 이에 대하여 바로 「헌법재판소법」 제68조 제1항에 의한 헌법소원심판을 청구할 수 없다.
③ 「행정절차법」에 따르면, 예고된 법령등의 제정·개정 또는 폐지의 안에 대하여 누구든지 의견을 제출할 수 있다.
④ 행정입법부작위는 「행정소송법」상 부작위위법확인소송의 대상이 되지 않는다.

관련 OX

① 관련

1 총리령·부령의 제정절차는 대통령령의 경우와는 달리 국무회의 심의는 거치지 않아도 된다. 23국가9

④ 관련

2 부작위위법확인소송의 대상이 될 수 있는 것은 구체적 권리·의무에 관한 분쟁이어야 하고 추상적인 법령에 관하여 제정의 여부 등은 그 자체로서 국민의 구체적인 권리·의무에 직접적 변동을 초래하는 것이 아니어서 그 소송의 대상이 될 수 없다. 22지방7

해설

① ○

정부조직법 제23조(법제처) ① 국무회의에 상정될 법령안·조약안과 총리령안 및 부령안의 심사와 그 밖에 법제에 관한 사무를 전문적으로 관장하기 위하여 국무총리 소속으로 법제처를 둔다.

② × 법령보충적 행정규칙으로부터 직접 기본권침해를 받은 경우: 헌법소원 가능

법령의 직접적인 위임에 따라 위임행정기관이 그 법령을 시행하는 데 필요한 구체적 사항을 정한 것이면, 그 제정형식은 비록 법규명령이 아닌 고시, 훈령, 예규 등과 같은 행정규칙이더라도 그것이 상위법령의 위임한계를 벗어나지 아니하는 한, 상위법령과 결합하여 대외적인 구속력을 갖는 법규명령으로서 기능하게 된다고 보아야 할 것인바, 청구인이 법령과 예규의 관계규정으로 말미암아 **직접 기본권침해를 받았다면** 이에 대하여 바로 헌법소원심판을 청구할 수 있다(헌재 1992.6.26. 91헌마25).

+ PLUS 행정규칙은 원칙적으로 행정조직 내부의 행위일 뿐 대외적 구속력이 없어 이를 헌법소원의 대상이 되는 공권력 행사로 볼 수 없다. 단, 예외적으로 구속력을 갖고 국민의 기본권을 직접 침해하게 되는 경우 헌법소원의 대상이 될 수 있다. 따라서 ① 재량준칙이 되풀이 되어 평등원칙 등을 매개로 대외적 구속력을 갖게 되는 경우, ② 법령보충규칙이 상위법령과 결합하여 대외적 구속력을 갖게 되는 경우 등에는 헌법소원의 대상이 될 수 있다.

③ ○

행정절차법 제44조(의견제출 및 처리) ① 누구든지 예고된 입법안에 대하여 의견을 제출할 수 있다.
② 행정청은 의견접수기관, 의견제출기간, 그밖에 필요한 사항을 해당 입법안을 예고할 때 함께 공고하여야 한다.
③ 행정청은 해당 입법안에 대한 의견이 제출된 경우 특별한 사유가 없으면 이를 존중하여 처리하여야 한다.
④ 행정청은 의견을 제출한 자에게 그 제출된 의견의 처리결과를 통지하여야 한다.

④ ○ 행정입법부작위: 항고소송(부작위위법확인소송) 불가

행정소송은 구체적 사건에 대한 법률상 분쟁을 법에 의하여 해결함으로써 법적 안정을 기하자는 것이므로 부작위위법확인소송의 대상이 될 수 있는 것은 구체적 권리·의무에 관한 분쟁이어야 하고 **추상적인 법령에 관하여 제정의 여부** 등은 그 자체로서 국민의 구체적인 권리·의무에 직접적 변동을 초래하는 것이 아니어서 **부작위위법확인소송의 대상이 될 수 없다**(1992.5.8. 91누11261).

선지분석 & 요플·기풀기링크

선지	THEME	요플	기풀기
①	T13 행정입법	20	020
②	T15 행정규칙	69	071
③	T37 절차법(조문)	94	119
④	T13 행정입법	30	031

정답 ②
OX 1○ 2○

04 필수문제

행정입법에 대한 판례의 입장으로 옳지 않은 것은?

16지방9

① 행정입법부작위의 위헌·위법성과 관련하여, 하위 행정입법의 제정 없이 상위법령의 규정만으로 집행이 이루어질 수 있는 경우에도 상위법령의 명시적 위임이 있다면 하위 행정입법을 제정하여야 할 작위의무는 인정된다.

② 법령의 위임관계는 반드시 하위법령의 개별조항에서 위임의 근거가 되는 상위법령의 해당 조항을 구체적으로 명시하고 있어야 하는 것은 아니다.

③ 입법부가 법률로써 행정부에게 특정한 사항을 위임했음에도 불구하고 행정부가 정당한 이유 없이 이를 이행하지 않는다면 권력분립의 원칙과 법치국가 내지 법치행정의 원칙에 위배된다.

④ 상위법령에서 세부사항 등을 시행규칙으로 정하도록 위임하였으나 이를 고시 등 행정규칙으로 정한 경우에는 대외적 구속력을 가지는 법규명령으로서의 효력을 인정할 수 없다.

관련 OX

② 관련

1 법령의 위임관계는 반드시 하위법령의 개별조항에서 위임의 근거가 되는 상위법령의 해당 조항을 구체적으로 명시하고 있어야만 하는 것은 아니다.
24군무원9

④ 관련

2 상위법령에서 세부사항 등을 시행규칙에 정하도록 위임하였으나 이를 고시의 형식으로 정하였더라도 규정 내용이 위임의 범위를 벗어나지 않았다면 그 고시는 대외적 구속력을 가지는 법규명령으로서 효력이 인정된다.
25해경승진

해설

① ✗ 법률상 위임이 있더라도 어차피 상위법령만으로 집행이 가능: 입법의무(작위의무) 부존재
하위 행정입법의 제정 없이 **상위법령의 규정만으로도 집행이 이루어질 수 있는 경우라면** 하위 행정입법을 하여야 할 헌법적 작위의무는 인정되지 아니한다(헌재 2005.12.22. 2004헌마66 전원).

② ○ 위임이 있으면 되는 것이지, 상위법령 몇 조 몇 항에서 위임을 받은 것인지까지 명시할 필요 ✗
법령의 위임관계는 반드시 하위법령의 개별조항에서 위임의 근거가 되는 **상위법령의 해당 조항을 구체적으로 명시하고 있어야만 하는 것은 아니라고** 할 것이다(1999.12.24. 99두5658).

요플 위임명령의 근거와 한계

위임의 존재 (수권의 존재)	1. 근거법령 개폐 – 사후적 위임근거 부여: 무효였다가 **그때부터 유효**(↔ 소급하여 유효✗) – 사후적 위임근거 상실: 유효였다가 **그때부터 무효**(↔ 소급하여 무효✗) – 법개정 **전후에 걸쳐** 살펴야 시기에 따른 유·무효 판단 가능
	2. 수권표시: 하위법령에서 수권근거가 된 상위법령의 구체적 조항까지는 명시 불필요

26 요플 p.44

③ ○ 행정부의 행정입법부작위: 권력분립·법치행정 위배(위헌·위법)
입법부가 법률로써 행정부에게 특정한 사항을 위임했음에도 불구하고 행정부가 정당한 이유 없이 이를 이행하지 않는다면 **권력분립**의 원칙과 법치국가 내지 **법치행정**의 원칙에 위배되는 것으로서 위법함과 동시에 위헌적인 것이 된다(2007.11.29. 2006다3561).

➕ PLUS 따라서 행정부가 정당한 이유 없이 행정입법을 하지 않는 경우 국가배상의 대상이 된다.

④ ○ 시행규칙으로 정하도록 형식을 지정해 위임 → 고시 등 행정규칙에 규정: 위임범위 일탈해 대외효✗
상위법령에서 세부사항 등을 **시행규칙으로 정하도록 위임하였음에도 이를 고시 등 행정규칙으로 정한 경우, 대외적 구속력을 가지는 법규명령으로서 효력을 인정할 수 없다**(2012.7.5. 2010다72076).

선지분석 & 요플·기풀기링크

선지	THEME	요플	기풀기
①	T13 행정입법	26	026
②	T14 법규명령	19	014
③	T13 행정입법	24	024
④	T15 행정규칙	60	062

정답 ①
OX 1○ 2✗

T14 법규명령

01

행정입법에 대한 설명으로 가장 적절하지 않은 것은? (다툼이 있는 경우 판례에 의함) 18(2)경행

① 헌법에 의하면 대통령은 법률에서 구체적으로 범위를 정하여 위임받은 사항과 법률을 집행하기 위하여 필요한 사항에 관하여 대통령령을 발할 수 있다.

② 헌법에 의하면 국무총리 또는 행정각부의 장은 소관사무에 관하여 법률이나 대통령령의 위임의 경우에만 총리령 또는 부령을 발할 수 있다.

③ 「국회법」에 의하면 중앙행정기관의 장은 법률에서 위임한 사항이나 법률을 집행하기 위하여 필요한 사항을 규정한 대통령령·총리령·부령·훈령·예규·고시 등이 제정·개정 또는 폐지되었을 때에는 10일 이내에 이를 국회 소관 상임위원회에 제출하여야 한다.

④ 「국회법」에 의하면 대통령령의 경우에는 입법예고를 할 때(입법예고를 생략하는 경우에는 법제처장에게 심사를 요청할 때를 말한다)에도 그 입법예고안을 10일 이내에 이를 국회 소관 상임위원회에 제출하여야 한다.

관련 OX

① 관련

1 대통령은 법률에서 구체적으로 범위를 정하여 위임받은 사항과 법률을 집행하기 위하여 필요한 사항에 관하여 대통령령을 발할 수 있다. 20군무원7

② 관련

2 입법자는 법률에서 구체적으로 범위를 정하기만 한다면 대통령령뿐만 아니라 부령에 입법사항을 위임할 수 있다. 12국회9

해설

① ○

헌법 제75조 대통령은 법률에서 구체적으로 범위를 정하여 위임받은 사항과 법률을 집행하기 위하여 필요한 사항에 관하여 대통령령을 발할 수 있다.

② ✕ 직권으로도 발할 수 있다.

헌법 제95조 국무총리 또는 행정각부의 장은 소관사무에 관하여 **법률이나 대통령령의 위임 또는 직권으로** 총리령 또는 부령을 발할 수 있다.

③④ ○ 대통령령·총리령·부령·행정규칙 등은 제정·개정·폐지시 국회 상임위에 제출하여야 하고, 나아가 대통령령의 경우 입법예고를 할 때에도 상임위에 제출하여야 한다.

국회법 제98조의2(대통령령 등의 제출 등) ① 중앙행정기관의 장은 법률에서 **위임**한 사항이나 법률을 **집행**하기 위하여 필요한 사항을 규정한 대통령령·총리령·부령·훈령·예규·고시 등이 **제정·개정 또는 폐지**되었을 때에는 10일 이내에 이를 국회 소관 **상임위원회**에 제출하여야 한다.③ 다만, **대통령령의 경우에는 입법예고**를 할 때(입법예고를 생략하는 경우에는 법제처장에게 심사를 요청할 때를 말한다)에도 그 입법예고안을 **10일** 이내에 제출하여야 한다.④

선지분석 & 요플·기풀기링크

선지	THEME	요플	기풀기
①	T14 법규명령	04	002
②		05	005
③	T13 행정입법	16	016
④		17	017

정답 ②

OX 1○ 2○

02

법규명령과 행정규칙에 관한 설명으로 옳은 것은? 15교행9

① 현행 헌법상 헌법적 효력을 갖는 비상명령이 인정된다.
② 헌법은 법규명령의 발령권자를 대통령과 각부장관으로 한정하고 있다.
③ 판례는 대통령령의 형식으로 정해진 제재적 처분기준을 법규명령으로 본다.
④ 대통령령에 대한 법률의 위임은 반드시 구체적으로 범위를 정하여 할 필요가 없으며 포괄적인 것으로 족하다.

관련 OX

③ 관련
1 법률의 위임을 받아 제정된 대통령령 형식의 제재처분기준은 대외적으로 국민이나 법원을 구속하는 힘이 있는 법규명령에 해당한다. 24국회9

④ 관련
2 위임입법이 필요한 분야라고 하더라도 입법권의 위임은 법치주의 원칙과 의회민주주의의 원칙, 권력분립의 원칙에 비추어 구체적으로 범위를 정하여 하는 경우만 허용된다. 10국가7

해설

① ✕ 법규명령은 법률과의 우위를 기준으로 그보다 위인 **헌법대위명령**, 동위인 **법률대위명령**, 아래인 **종속명령**으로 나뉠 수 있다. 헌법대위명령은 현행 헌법에 존재하지 않고, 법률대위명령도 예외적이다.

② ✕ 헌법은 대통령, 국무총리, 각부장관 외에도 독립기관인 **국회, 대법원, 헌법재판소, 중앙선거관리위원회**에 법규명령을(헌법은 독립기관의 법규명령을 '규칙'이라고 표현) 제정할 권한을 인정하고 있다.

헌법 제75조 대통령은 법률에서 구체적으로 범위를 정하여 위임받은 사항과 법률을 집행하기 위하여 필요한 사항에 관하여 대통령령을 발할 수 있다.

제95조 국무총리 또는 **행정각부의 장**은 소관 사무에 관하여 법률이나 대통령령의 위임 또는 직권으로 총리령 또는 부령을 발할 수 있다.

제64조 ① **국회**는 **법률**에 저촉되지 아니하는 범위 안에서 의사와 내부규율에 관한 규칙을 제정할 수 있다.

제108조 대법원은 법률에 저촉되지 아니하는 범위 안에서 소송에 관한 절차, 법원의 내부규율과 사무처리에 관한 규칙을 제정할 수 있다.

제113조 ② **헌법재판소**는 법률에 저촉되지 아니하는 범위 안에서 심판에 관한 절차, 내부규율과 사무처리에 관한 규칙을 제정할 수 있다.

제114조 ⑥ **중앙선거관리위원회**는 법령의 범위 안에서 선거관리·국민투표관리 또는 정당사무에 관한 규칙을 제정할 수 있으며, 법률에 저촉되지 아니하는 범위 안에서 내부규율에 관한 규칙을 제정할 수 있다.

③ ○ 제재적 처분기준을 대통령령(시행령)으로 제정한 경우 판례는 이를 **법규명령**으로 보아 동 기준에 대외적 구속력을 인정한다.

• **대통령령으로 정한 제재처분기준: 법규명령**
영업정지처분의 기준이 된 「주택건설촉진법 시행령」 제10조의3 제1항 [별표 1]은 주택건설촉진법 제7조 제2항의 위임규정에 터잡은 규정형식상 **대통령령**이므로 그 성질이 부령인 시행규칙이나 또는 지방자치단체의 규칙과 같이 통상적으로 행정조직 내부에 있어서의 행정명령에 지나지 않는 것이 아니라 대외적으로 국민이나 법원을 구속하는 힘이 있는 **법규명령**에 해당한다(1997.12.26. 97누15418).
+ PLUS 반면에, **총리령·부령(시행규칙)으로 제정한 경우 행정규칙**으로 본다.

④ ✕ 포괄위임은 금지된다.

헌법 제75조 대통령은 법률에서 **구체적으로 범위를 정**하여 위임받은 사항과 법률을 집행하기 위하여 필요한 사항에 관하여 대통령령을 발할 수 있다

선지분석 & 요플·기풀기링크

선지	THEME	요플	기풀기
①	T14 법규명령	01	001
②		10	008
③	T15 행정규칙	25	026
④	T14 법규명령	20	015

정답 ③
OX 1○ 2○

필수문제 03

행정상 입법에 대한 설명으로 옳지 않은 것은? (다툼이 있는 경우 판례에 의함) 10지방9

① 위임명령은 새로운 법규사항을 정할 수 있으나 집행명령은 상위법령의 집행에 필요한 절차나 형식을 정하는 데 그쳐야 하며 새로운 법규사항을 정할 수 없다.
② 대법원은 제재적 처분의 기준이 대통령령의 형식으로 정해진 경우 당해 기준을 법규명령으로 보고 있다.
③ 판례는 행정입법부작위에 대하여 헌법소원을 인정하고 있지 않다.
④ 법규명령에 대하여 헌법소원을 제기할 수 있는가에 대하여 우리 헌법재판소는 이를 긍정하고 있다.

해설

① ○ 집행명령은 상위법령을 집행하기 위해 필요한 세부적·기술적 사항만을 정하는 명령으로서, 새로운 법규사항을 규정할 수 없다. 새로운 법규사항은 위임명령으로 정할 사항으로서 상위법령의 위임이 있어야만 규정할 수 있다.
+ PLUS 집행명령은 상위법령의 위임(수권)이 불필요

② ○ 제재적 처분기준을 대통령령(시행령)으로 제정한 경우 판례는 이를 법규명령으로 보아 동 기준에 대외적 구속력을 인정한다.

• 대통령령으로 정한 제재처분기준: 법규명령
영업정지처분의 기준이 된 「주택건설촉진법 시행령」 제10조의3 제1항 [별표 1]은 주택건설촉진법 제7조 제2항의 위임규정에 터잡은 규정형식상 대통령령이므로 그 성질이 부령인 시행규칙이나 또는 지방자치단체의 규칙과 같이 통상적으로 행정조직 내부에 있어서의 행정명령에 지나지 않는 것이 아니라 대외적으로 국민이나 법원을 구속하는 힘이 있는 법규명령에 해당한다(1997.12.26. 97누15418).
+ PLUS 반면에, 총리령·부령(시행규칙)으로 제정한 경우 행정규칙으로 본다.

③ × 행정입법부작위에 대해 항고소송(부작위위법확인소송)은 허용되지 않지만 헌법소원은 인정된다.

• 행정입법부작위: 헌법소원 가능 → 진정부작위: 부작위 자체를 대상 / 부진정부작위: 흠 있는 입법규정을 대상(제소기간 준수의무)
넓은 의미의 '입법부작위'에는, ① 입법자가 헌법상 입법의무가 있는 어떤 사항에 관하여 전혀 입법을 하지 아니함으로써 입법행위의 흠결이 있는 경우(즉, 입법권의 불행사)와 ② 입법자가 어떤 사항에 관하여 입법은 하였으나 그 입법의 내용·범위·절차 등이 당해 사항을 불완전, 불충분 또는 불공정하게 규율함으로써 입법행위에 결함이 있는 경우(즉, 결함이 있는 입법권의 행사)가 있는데, 일반적으로 전자를 진정입법부작위, 후자를 부진정입법부작위라고 부르고 있다.
진정입법부작위, 즉 본래의 의미에서의 입법부작위를 대상으로 하여 헌법소원을 제기하고, 부진정입법부작위를 대상으로, 즉 입법의 내용·범위·절차 등의 결함을 이유로 헌법소원을 제기하려면 이 경우에는 결함이 있는 당해 입법규정 그 자체를 대상으로 하여 그것이 평등의 원칙에 위배된다는 등 헌법위반을 내세워 적극적인 헌법소원을 제기하여야 하며, 이 경우에는 헌법재판소법 소정의 제소기간(청구기간)을 준수하여야 한다(헌재 1996.10.4. 94헌마108 전원 [입법부작위위헌확인]).

④ ○ 법규명령이 별도의 집행행위를 기다리지 않고 직접 기본권을 침해하는 것인 때에는 헌법소원심판의 대상이 될 수 있다.

• 명령·규칙이 기본권을 직접 침해하면 대법원의 명령·규칙심사권과 별개로 헌법소원 가능 → 대법원규칙인 「법무사법 시행규칙」에 대한 헌법소원(긍정)
입법부·행정부·사법부에서 제정한 규칙이 별도의 집행행위를 기다리지 않고 직접 기본권을 침해하는 것일 때에는 모두 헌법소원심판의 대상이 될 수 있는 것이다. … 이 사건에서 심판청구의 대상으로 하는 것은 … 법원행정처장으로 하여금 그 재량에 따라 법무사시험을 실시하지 아니해도 괜찮다고 규정한 「법무사법 시행규칙」 제3조 제1항 … 헌법소원심판을 청구할 수 있는 것이다(헌재 1990.10.15. 89헌마178).

관련 OX

③ 관련
1 행정입법부작위는 「행정소송법」상의 부작위위법확인소송으로 다툴 수 있으므로 행정입법부작위에 대한 헌법소원심판 청구는 보충성의 원칙에 위반되는 부적법한 청구이다. 24변시

④ 관련
2 헌법 제107조 제2항에서 명령·규칙에 대한 위헌심사권을 법원에 부여하고 있기 때문에, 헌법재판소는 이에 대한 위헌심사권을 행사할 수 없다는 것이 헌법재판소의 입장이다. 09국가9

선지분석 & 요플·기풀기링크

선지	THEME	요플	기풀기
①	T14 법규명령	12	044
②	T15 행정규칙	25	026
③	T13 행정입법	33	034
④	T14 법규명령	73	078

정답 ③
OX 1× 2×

04

행정입법에 대한 설명으로 옳지 않은 것은? (다툼이 있는 경우 판례에 의함) 12지방7

① 허가를 받기 위한 시설의 기준은 집행명령으로는 독자적으로 정할 수 없다.
② 법령보충적 행정규칙은 그 자체로서 직접적으로 대외적 구속력을 가진다.
③ 법규명령에는 법률유보원칙과 법률우위원칙이 적용된다.
④ 해제조건의 성취는 법규명령과 행정규칙의 공통적 소멸사유이다.

관련 OX

① 관련

1 O
집행명령은 상위법을 집행하기 위한 것이므로 상위법령의 수권이 원칙적으로 요구된다. 11국회9

해설

① ○ 위임명령은 새로운 법규사항을 정하는 것이므로 상위법령의 위임이 필요하나, **집행명령은** 새로운 법규사항을 정하는 것이 아니라 단지 **집행에 필요한 사항**을 정하는 것에 불과해 상위법령의 위임(수권)이 불필요하다. 예컨대 허가가 필요한 시설의 허가기준에 대한 사항은 국민의 권리·의무에 영향을 미치는 새로운 법규사항, 즉 위임명령으로 정할 사항으로서 상위법령의 위임이 있어야만 규정할 수 있다.

② × 법령보충적 행정규칙의 대외효: 그 자체로 직접×, 상위법령과 결합하여 그 일부로서○
법령보충적 행정규칙이라도 그 자체로서 직접적으로 대외적인 구속력을 갖는 것은 아니다. 즉, 상위법령과 결합하여 일체가 되는 한도 내에서 상위법령의 일부가 됨으로써 대외적 구속력이 발생되는 것일 뿐, 그 행정규칙 자체는 대외적 구속력을 갖는 것은 아니라 할 것이다(헌재 2004.10.28. 99헌바91 전원).

③ ○ 법규명령에는 법률우위는 물론 **법률유보**의 원칙도 적용된다. 즉, 법규명령은 상위법령을 위반해서는 아니 되며, 상위법령의 구체적 위임이 있어야 제정 가능하다. 국민과의 관계를 규율하므로 중요한 것이라고 볼 수 있기 때문이다(중요사항유보설).

④ ○ 법규명령과 행정규칙 모두 행정작용의 하나인바 해제조건 성취로 당연 소멸한다.

선지분석 & 요품·기풀기링크

선지	THEME	요품	기풀기
① T14 법규명령		14	046
② T15 행정규칙		47	046
③ T13 행정입법		11	002
④ T14 법규명령		78	049

정답 ②
OX 1×

05

행정입법에 대한 판례의 입장으로 옳은 것은?   17(하)국가7

① 입법부가 법률로써 행정부에게 특정한 사항을 위임했음에도 불구하고 행정부가 정당한 이유 없이 이를 이행하지 않는다면 권력분립의 원칙과 법치국가 내지 법치행정의 원칙에 위배되는 것으로서 위법함과 동시에 위헌적인 것이 된다.
② 재량준칙은 제정됨으로써 일반적으로 행정조직 내부뿐만 아니라 대외적인 구속력을 갖는다.
③ 일반적으로 법률의 위임에 의하여 효력을 갖는 법규명령의 경우, 구법에 위임의 근거가 없어 무효인 경우 사후에 법개정으로 위임의 근거가 부여되더라도 그때부터 유효한 법규명령이 되는 것은 아니다.
④ 법률의 위임 규정 자체가 그 의미 내용을 정확하게 알 수 있는 용어를 사용하여 위임의 한계를 분명히 하고 있는데도 시행령이 위임 규정에서 사용하고 있는 용어의 의미를 넘어 그 범위를 확장하거나 축소함으로써 위임 내용을 구체화하는 단계를 벗어나 새로운 입법을 한 것으로 평가할 수 있는 경우라도 이를 위임의 한계를 일탈한 것으로 보기는 어렵다.

관련 OX

① 관련
1 입법부가 법률로써 행정부에게 특정한 사항을 위임했음에도 불구하고 행정부가 정당한 이유 없이 이를 이행하지 않는다면 권력분립의 원칙과 법치국가 내지 법치행정의 원칙에 위배되는 것으로서 위법함과 동시에 위헌적인 것이 된다. 24군무원7

③ 관련
2 법률의 위임의 근거가 없어 무효였던 법규명령이 법률의 개정으로 위임의 근거가 부여되면 그때부터 유효한 법규명령으로 볼 수 있다. 24국회9

해설

① ○ 행정부의 행정입법부작위: 권력분립·법치행정 위배(위헌·위법)
입법부가 법률로써 행정부에게 특정한 사항을 위임했음에도 행정부가 정당한 이유 없이 이를 이행하지 않는다면 권력분립의 원칙과 법치국가 내지 법치행정의 원칙에 위배되는 것으로서 위법함과 동시에 위헌적인 것이 된다(2007.11.29. 2006다3561).
  + PLUS 따라서 행정부가 정당한 이유 없이 행정입법을 하지 않는 경우 국가배상의 대상이 된다.

② × 재량준칙의 효력: 내부효○, 대외효×
재량준칙은 일반적으로 행정조직 내부에서만 효력을 가질 뿐 대외적인 구속력을 갖는 것은 아니므로 행정처분이 이를 위반하였다고 하여 그러한 사정만으로 곧바로 위법하게 되는 것은 아니다(2013.11.14. 2011두28783).
  + PLUS 재량준칙도 행정규칙이므로 대외적 구속력은 인정되지 않는 것이 원칙이다. 그러나 재량준칙이 되풀이 되어 행정관행이 성립된 경우는 행정청도 상대방에게 그 준칙대로 처분할 자기구속을 받게 된다. 이 경우 재량준칙은 자기구속의 원칙을 매개로 간접적으로 대외적 구속력을 발현하게 된다.

③ × 법규명령에 위임근거 없다가 사후 부여 → 그때부터 유효
일반적으로 법률의 위임에 의하여 효력을 갖는 법규명령의 경우, 구법에 위임의 근거가 없어 무효였더라도 사후에 법개정으로 위임의 근거가 부여되면 그때부터는 유효한 법규명령이 된다(1995.6.30. 93추83).
  + PLUS 반면에, 위임근거 있다가 사후 소멸 → 그때부터 무효

④ × 모법의 문언적 한계를 벗어나거나 아예 새로운 입법을 한 정도: 위임범위 일탈해 무효
법률의 위임 규정 자체가 그 의미 내용을 정확하게 알 수 있는 용어를 사용하여 위임의 한계를 분명히 하고 있는데도 시행령이 그 문언적 의미의 한계를 벗어났다든지, 위임 규정에서 사용하고 있는 용어의 의미를 넘어 그 범위를 확장하거나 축소함으로써 위임 내용을 구체화하는 단계를 벗어나 새로운 입법을 한 것으로 평가할 수 있다면, 이는 위임의 한계를 일탈한 것으로서 허용되지 않는다 (2012.12.20. 2011두30878 전합).
  + PLUS 「화물자동차 운수사업법」에서는 제재조치를 할 수 있는 경우로 '많은' 사상자를 발생한 경우로 규정하였는데 시행령은 '2인 이하' 중상자를 포함시켜 1인의 중상자가 발생한 경우도 제재대상으로 삼게 하였으므로 위임범위를 일탈해 무효라고 본 사안

선지분석 & 요플·기풀기링크

선지	THEME	요플	기풀기
①	T13 행정입법	24	024
②	T15 행정규칙	04	005
③	T14 법규명령	17	012
④		42	040

정답 ①
OX 1○ 2○

THEME 13-15 행정입법

06

행정입법에 관한 설명으로 옳지 않은 것은? (다툼이 있는 경우 판례에 의함) 23소방

① 일반적으로 법률의 위임에 의하여 효력을 갖는 법규명령의 경우, 구법에 위임의 근거가 없어 무효였더라도 사후에 법개정으로 위임의 근거가 부여되면 그때부터는 유효한 법규명령이 된다.

② 법령에서 행정처분의 요건 중 일부 사항을 부령으로 정할 것을 위임한 데 따라 시행규칙 등 부령에서 이를 정한 경우에 그 부령의 규정은 국민에 대해서도 구속력이 있는 법규명령에 해당한다.

③ 상급행정기관이 소속 공무원이나 하급행정기관에 대하여 세부적인 업무처리절차나 법령의 해석·적용 기준을 정해 주는 행정규칙은 상위법령에 반하지 않는다고 하더라도 상위법령의 구체적 위임이 있지 않는 한, 행정조직 내부적으로도 효력을 가지지 못하고 대외적으로도 국민이나 법원을 구속하는 효력이 없다.

④ 법령보충적 행정규칙은 물론이고, 재량권 행사의 준칙이 되는 행정규칙이 그 정한 바에 따라 되풀이 시행되어 행정관행이 이루어지고 행정의 자기구속원리에 따라 대외적 구속력을 가지는 경우에는 헌법소원의 대상이 될 수 있다.

관련 OX

① 관련

1 일반적으로 법률의 위임에 따라 효력을 갖는 법규명령의 경우에 위임의 근거가 없어 무효였더라도 나중에 법개정으로 위임의 근거가 부여되면, 그 법규명령이 법률의 위임의 한계를 벗어나지 않는 한, 그때부터는 유효한 법규명령으로 볼 수 있다. 24경찰간부

③ 관련

2 행정규칙은 특별한 사정이 없는 한 대외적으로 국민이나 법원을 구속하는 효력이 없다. 24행정사

해설

① ○ 법규명령에 위임근거 없다가 사후 부여 → 그때부터 유효

일반적으로 법률의 위임에 의하여 효력을 갖는 법규명령의 경우, 구법에 위임의 근거가 없어 무효였더라도 사후에 법개정으로 위임의 근거가 부여되면 그때부터는 유효한 법규명령이 된다(1995.6.30. 93추83).

+ PLUS 반면에, 위임근거 있다가 사후 소멸 → 그때부터 무효

② ○ 법령의 위임에 따라 처분요건을 규정한 부령: 법규명령

법령에서 행정처분의 요건 중 일부 사항을 부령으로 정할 것을 위임한 데 따라 시행규칙 등 부령에서 이를 정한 경우에 그 부령의 규정은 국민에 대해서도 구속력이 있는 법규명령에 해당한다(2013.9.12. 2011두10584).

+ PLUS 지문은 '위임에 따라' 부령에서 '처분의 요건'에 해당한 사항을 정한 것으로 대외효가 있다. (아래 표의 유형A) 법령의 '위임이 없음에도' 부령에서 '처분의 요건'에 해당하는 사항을 변경규정시, 대외효가 없다는 판례와 구별해야 한다.(유형B) 또한 지문과 같은 '처분의 요건'이 아닌 '제재처분의 기준'을 부령에서 정한 경우에는 '위임이 있더라도' 대외효가 없다는 것과도 구별한다(이른바 법규명령형식의 행정규칙).(유형C) '제재처분의 기준'은 그 실질 자체가 대외효가 인정될 수 없는 행정규칙적 사항이기 때문에, 그 실질이 법규명령인 '처분의 요건'과 구별되기 때문이다. 단, 이러한 경우에도 그 형식이 부령이 아닌 대통령령이면 대외효가 있다는 것이 판례이다.(유형D)

내용/실질	형식	대외효 여부	유형
처분의 요건 (실질: 법규명령)	부령·대통령령	· 위임이 있으면 대외효○	A
		· 위임이 없으면 대외효×	B
제재처분 기준 (실질: 행정규칙)	부령	· 위임이 있어도 대외효×	C
	대통령령	· 위임이 있으면 대외효○	D

선지분석 & 요플·기풀기링크

선지	THEME	요플	기풀기
①	T14 법규명령	17	012
②		N1⑤	055
③	T13 행정입법	02	003
④	T15 행정규칙	68	072

③ ✕ 행정규칙은 대외효는 없으나 상위법령에 어긋나지 않는 한 내부효는 있다. 지문은 내부적 효력조차 없다고 하여 틀린 것이다.

- 상급행정기관이 하급행정기관에 대하여 업무처리지침이나 법령의 해석적용에 관한 기준을 정하여 발하는 이른바 '행정규칙이나 내부지침'은 일반적으로 행정조직 내부에서만 효력을 가질 뿐 대외적인 구속력을 갖는 것은 아니다(2009.12.24. 2009두7967).

④ ○ 법령보충적 행정규칙 또는 자기구속력이 발생된 재량준칙: 헌법소원의 대상 가능

행정규칙이 법령의 규정에 의하여 행정관청에 법령의 구체적 내용을 보충할 권한을 부여한 경우(편저자: 법령보충적 행정규칙)나 재량권행사의 준칙인 규칙이 그 정한 바에 따라 되풀이 시행되어 행정관행이 이룩되게 되면, 평등의 원칙이나 신뢰보호의 원칙에 따라 행정기관은 그 상대방에 대한 관계에서 그 규칙에 따라야 할 자기구속을 당하게 되는 경우에는 대외적인 구속력을 가지게 되는바, 이러한 경우에는 헌법소원의 대상이 될 수도 있다(헌재 2001.5.31. 99헌마413 전원).

선지선택비율 ① 3.49% ② 39.38% ③ 53.12% ④ 4.02% 오답률 46.88%

정답 ③
OX 1○ 2○

07

법규명령에 대한 판례의 내용으로 옳지 않은 것은? 10국가7

① 구법의 위임에 의한 유효한 법규명령이 법개정으로 위임의 근거가 없어지게 되면 그때부터 무효인 법규명령이 되므로, 어떤 법령의 위임 근거 유무에 따른 유효 여부를 심사하려면 법개정의 전·후에 걸쳐 모두 심사하여야만 그 법규명령의 시기에 따른 유효·무효를 판단할 수 있다.

② 위임입법이 필요한 분야라고 하더라도 입법권의 위임은 법치주의 원칙과 의회민주주의의 원칙, 권력분립의 원칙에 비추어 구체적으로 범위를 정하여 하는 경우만 허용된다.

③ 위임받은 사항에 관하여 대강을 정하고 그중의 특정사항을 범위를 정하여 하위법령에 다시 위임하는 경우에만 재위임이 허용된다.

④ 행정규칙인 고시가 법령의 수권에 의하여 법령을 보충하는 사항을 정하는 경우에 그 근거 법령규정과 결합하더라도 그 성질상 행정규칙인 부분만큼은 대외적인 구속력이 없다.

관련 OX

① 관련
1 일단 법률에 근거하여 유효하게 성립한 법규명령은 나중에 위임법률이 개정되어 그 근거가 없어지더라도 그 효력에 지장이 없다. 25해경승진

③ 관련
2 위임명령이 법률에서 위임받은 사항에 관하여 대강을 정하고 그중 특정사항을 범위를 정하여 하위법령에 다시 위임하는 것은 허용된다. 21변시

3
수권법령에 재위임을 허용하는 규정이 없더라도 위임받은 사항에 관하여 대강을 정하고 그중의 특정사항을 범위를 정하여 하위법령에 재위임하는 것은 허용된다. 17국회8

해설

① ○ 위임근거의 사후적 부여(무효였다가 그때부터 유효), 위임근거의 사후적 상실(유효였다가 그때부터 무효) → 법개정 전·후 모두 살펴야 시기에 따른 유·무효 판단 가능

일반적으로 법률의 위임에 의하여 효력을 갖는 법규명령의 경우, 구법에 위임의 근거가 없어 무효였더라도 사후에 법개정으로 위임의 근거가 부여되면 그때부터는 유효한 법규명령이 되나, 반대로 구법의 위임에 의한 유효한 법규명령이 법개정으로 위임의 근거가 없어지게 되면 그때부터 무효인 법규명령이 되므로, 어떤 법령의 위임 근거 유무에 따른 유효 여부를 심사하려면 법개정의 전·후에 걸쳐 모두 심사하여야만 그 법규명령의 시기에 따른 유효·무효를 판단할 수 있다(1995.6.30. 93추83).

② ○ 입법권은 국회에 속하는 것이고(헌법 제40조), 이는 국회의 권한이기도 하지만 의무이기도 하다. 단, 행정의 전문화와 사회의 급변화로 인해 어쩔 수 없이 입법권의 일부를 행정권에 위임하고 있을 뿐이다(헌법 제75, 95조 등).
따라서 법률 등 상위법령에서 하위법령에 법규적 사항을 위임하는 것 자체는 가능하더라도 무책임하게 입법사항의 일체를 일반적·포괄적으로 위임하는 것은 허용될 수 없고 책임감 있게 구체적으로 위임할 필요가 있다. ② 이와 관련하여 헌법 제75조는 법률이 대통령령에 위임시 '구체적으로 위임'할 것을 명시하고 있고, 동 규정은 대통령령 외 다른 위임입법에도 적용된다는 것이 통설·판례이다. 이를 일반적·포괄적 위임금지의 원칙 혹은 포괄위임금지의 원칙이라고 한다.

③ ○ 위임사항의 재위임: 대강을 정하고 범위를 정하여 해야
법률에서 위임받은 사항을 전혀 규정하지 않고 재위임하는 것은 복위임금지원칙에 반할 뿐 아니라 위임명령의 제정 형식에 관한 수권법의 내용을 변경하는 것이 되므로 허용되지 않으나 위임받은 사항에 관하여 대강을 정하고 그중의 특정사항을 범위를 정하여 하위법령에 다시 위임하는 경우에는 재위임이 허용된다(2015.1.15. 2013두14238).

④ × 법령보충적 행정규칙은 상위법령과 결합하여 그 일부로서 대외적 구속력을 갖는다.

- 법령보충적 행정규칙의 대외효: 그 자체로 직접×, 상위법령과 결합하여 그 일부로서○
법령보충적 행정규칙이라도 그 자체로서 직접적으로 대외적인 구속력을 갖는 것은 아니다. 즉, 상위법령과 결합하여 일체가 되는 한도 내에서 상위법령의 일부가 됨으로써 대외적 구속력이 발생되는 것일 뿐, 그 행정규칙 자체는 대외적 구속력을 갖는 것은 아니라 할 것이다(헌재 2004.10.28. 99헌바91 전원).

선지분석 & 요플·기풀기링크

선지	THEME	요플	기풀기
①		18	013
②	T14 법규명령	20	015
③		44	042
④	T15 행정규칙	46	048

정답 ④
OX 1× 2○ 3○

08

조례제정권의 범위와 한계에 대한 설명으로 옳지 않은 것은? (다툼이 있는 경우 판례에 의함)

20지방9

① 지방자치단체는 법령에 위반되지 않는 범위 내에서 자치사무에 관하여 주민의 권리를 제한하거나 의무를 부과하는 사항이 아닌 한 법률의 위임 없이 조례를 제정할 수 있다.
② 담배자동판매기의 설치를 금지하고 설치된 판매기를 철거하도록 하는 조례는 기존 담배자동판매기업자의 직업의 자유와 재산권을 제한하는 조례이므로 법률의 위임이 필요하다.
③ 영유아 보육시설 종사자의 정년을 조례로 규정하고자 하는 경우에는 법률의 위임이 필요 없다.
④ 군민의 출산을 장려하기 위하여 세 자녀 이상 세대 중 세 번째 이후 자녀에게 양육비 등을 지원할 수 있도록 하는 조례의 제정에는 법률의 위임이 필요 없다.

해설

① ○

지방자치법 제28조(조례) ① 지방자치단체는 **법령의 범위**에서 그 사무에 관하여 조례를 제정할 수 있다. 다만, 주민의 **권리 제한** 또는 **의무 부과**에 관한 사항이나 벌칙을 정할 때에는 **법률의 위임**이 있어야 한다.

② ○ 담배자판기금지·철거조례: 침해적 사항 → 위임이 필요
이 사건 조례들은 담배소매업을 영위하는 주민들에게 자판기 설치를 제한하는 것을 내용으로 하고 있으므로 주민의 직업선택의 자유, 특히 직업수행의 자유를 제한하는 것이 되어 지방자치법 제15조 단서 소정의 주민의 권리의무에 관한 사항을 규율하는 조례라고 할 수 있으므로 지방자치단체가 이러한 조례를 제정함에 있어서는 **법률의 위임을 필요로 한다**(헌재 1995.4.20. 92헌마264).

③ × 보육시설 정년규정조례: 침해적 사항 → 위임이 필요
영유아보육법이 보육시설 종사자의 정년에 관한 규정을 두거나 이를 지방자치단체의 조례에 위임한다는 규정을 두고 있지 않음에도 보육시설 종사자의 정년을 규정한 '서울특별시 중구 영유아 보육조례 일부개정조례안' 제17조 제3항은, 법률의 위임 없이 헌법이 보장하는 직업을 선택하여 수행할 권리의 제한에 관한 사항을 정한 것이어서 그 효력을 인정할 수 없으므로, 위 조례안에 대한 재의결은 무효이다(2009.5.28. 2007추134).

④ ○ 세 자녀 이상 지원조례: 위임 없이 가능
지방자치단체의 세 자녀 이상 세대 양육비 등 지원에 관한 조례안은 … 지방자치단체 고유의 자치사무 중 주민의 복지증진에 관한 사무를 규정한 지방자치법 제9조 제2항 제2호 (라)목에서 예시하고 있는 아동·청소년 및 부녀의 보호와 복지증진에 해당되는 사무이고, 또한 위 조례안에는 주민의 편의 및 복리증진에 관한 내용을 담고 있어 그 제정에 있어서 반드시 법률의 개별적 위임이 따로 필요한 것은 아니다(2006.10.12. 2006추38).

요플 조례제정시 위임 필요 여부

조례	사무	위임	사례
자치 조례	자치사무 / 단체위임사무	• 위임 불필요 / 법령*범위 내면 족함(헌117①) (* 법령보충적 행정규칙도 포함) • 침해적 조례에는 위임이 필요① (단, 이때도 포괄위임으로 가능)	• 세 자녀 이상 세대 지원조례④ • 담배자판기금지·철거조례② • 보육시설 정년규정조례③
위임 조례	기관위임사무	• 원칙: 조례가 아닌 **규칙으로 정해야**(재위임도 규칙으로) • 예외: (개별적) 위임이 있으면 **조례**로 정할 수 있음	• 국회의원선거 준비사무(공직선거법)

26 요플 p.44

선지선택비율 ① 6.95% ② 16.23% ③ 65.89% ④ 10.93%　오답률 34.11%

관련 OX

② 관련
1 담배소매업을 영위하는 주민들에게 자판기 설치를 제한하는 것을 내용으로 하는 조례는 주민의 권리·의무에 관한 사항을 규율하는 조례라고 할 수 있으므로 지방자치단체가 이러한 조례를 제정함에 있어서는 법률의 위임을 필요로 한다. 20국회8

④ 관련
2 지방자치단체가 세 자녀 이상의 세대 중 세 번째 이후의 자녀에게 양육비 등을 지원하는 조례제정에 개별적 법률위임이 따로 필요하지 않다. 09지방7

선지분석 & 요플·기풀기링크

선지	THEME	요플	기풀기
①		30	025
②	T14 법규명령	34	028
③		35	029
④		31	026

정답 ③
OX 1○ 2○

09

위임명령의 한계에 대한 설명으로 옳지 않은 것은? (다툼이 있는 경우 판례에 의함) 21국가9

① 법률이 공법적 단체 등의 정관에 자치법적 사항을 위임한 경우에는 헌법 제75조가 정하는 포괄적인 위임입법의 금지는 원칙적으로 적용되지 않지만, 그 사항이 국민의 권리·의무에 관련되는 것일 경우에는 적어도 국민의 권리·의무에 관한 기본적이고 본질적인 사항은 국회가 정하여야 한다.

② 헌법에서 채택하고 있는 조세법률주의의 원칙상 과세요건과 징수절차에 관한 사항을 명령·규칙 등 하위법령에 구체적·개별적으로 위임하여 규정할 수 없다.

③ 법률에서 위임받은 사항에 관하여 대강을 정하고 그중의 특정사항을 범위를 정하여 하위법령에 다시 위임하는 경우에는 재위임이 허용된다. 이러한 법리는 조례가 「지방자치법」에 따라 주민의 권리제한 또는 의무부과에 관한 사항을 법률로부터 위임받은 후, 이를 다시 지방자치단체장이 정하는 '규칙'이나 '고시' 등에 재위임하는 경우에도 마찬가지이다.

④ 법률의 시행령이나 시행규칙의 내용이 모법 조항의 취지에 근거하여 이를 구체화하기 위한 것인 때에는 모법의 규율 범위를 벗어난 것으로 볼 수 없다. 이러한 경우에는 모법에 이에 관하여 직접 위임하는 규정을 두지 않았다고 하여도 이를 무효라고 볼 수 없다.

관련 OX

③ 관련

1 법률에서 위임받은 사항을 전혀 규정하지 아니하고 그대로 하위의 법규명령에 재위임하는 것은 허용되지 않으며 위임받은 사항에 관하여 대강을 정하고 그중의 특정사항을 범위를 정하여 하위의 법규명령에 다시 위임하는 경우에만 재위임이 허용된다. 12사복9

④ 관련

2 법률의 시행령이나 시행규칙은 법률의 위임이 없으면 개인의 권리·의무에 관한 내용을 변경·보충하거나 법률이 규정하지 아니한 새로운 내용을 정할 수는 없으므로, 모법에 이에 관하여 직접 위임하는 규정을 두지 아니하였다면 당연히 이를 무효라고 보아야 한다. 22소방

해설

① ○ 법률이 공법적 단체 등의 정관에 자치법적 사항을 위임한 경우: 포괄위임금지원칙 적용×
법률이 공법적 단체 등의 정관에 자치법적 사항을 위임한 경우에는 헌법 제75조가 정하는 포괄적인 위임입법의 금지는 원칙적으로 적용되지 않는다고 봄이 상당하고, 그렇다 하더라도 그 사항이 국민의 권리·의무에 관련되는 것일 경우에는 적어도 국민의 권리·의무에 관한 기본적이고 본질적인 사항은 국회가 정하여야 한다(2007.10.12. 2006두14476).

+ PLUS 자치법적 사항에 대해서는 포괄위임금지의 원칙은 원칙적으로 적용되지 않으나, 그렇더라도 의회유보의 원칙은 지켜져야 한다는 취지

② × 과세요건·징수절차에 관한 사항: 하위법령에 구체적·개별적 위임 가능
헌법에서 채택하고 있는 조세법률주의의 원칙은 과세요건과 징수절차 등 조세권행사의 요건과 절차는 국민의 대표기관인 국회가 제정한 법률로써 규정하여야 한다는 것이나, 과세요건과 징수절차에 관한 사항을 명령·규칙 등 하위법령에 위임하여 규정하게 할 수 없는 것은 아니고, 이러한 사항을 하위법령에 위임하여 규정하게 하는 경우 구체적·개별적 위임만이 허용되며 포괄적·백지적 위임은 허용되지 아니하고(과세요건법정주의), 이러한 법률 또는 그 위임에 따른 명령·규칙의 규정은 일의적이고 명확하여야 한다(과세요건명확주의)는 것이다(1994.9.30. 94부18).

③ ○ 위임사항의 재위임: 대강을 정하고 범위를 정하여 해야 / 침해적 조례의 재위임도 동일
법률에서 위임받은 사항에 관하여 대강을 정하고 그중의 특정사항을 범위를 정하여 하위법령에 다시 위임하는 경우에는 재위임이 허용된다. 이러한 법리는 조례가 지방자치법 제22조 단서에 따라 주민의 권리제한 또는 의무부과에 관한 사항을 법률로부터 위임받은 후, 이를 다시 지방자치단체장이 정하는 '규칙'이나 '고시' 등에 재위임하는 경우에도 마찬가지이다(2015.1.15. 2013두14238).

④ ○ 행정입법에서 모법의 해석상 가능한 것을 명시하거나 구체화한 데 불과(모법해석규정): 위임 없어도 무효×
법률의 시행령이나 시행규칙의 내용이 모법의 입법 취지와 관련 조항 전체를 유기적·체계적으로 살펴보아 모법의 해석상 가능한 것을 명시한 것에 지나지 아니하거나 모법 조항의 취지에 근거하여 이를 구체화하기 위한 것인 때에는 모법의 규율 범위를 벗어난 것으로 볼 수 없으므로, 모법에 이에 관하여 직접 위임하는 규정을 두지 아니하였더라도 이를 무효라고 볼 수는 없다(2014.8.20. 2012두19526).

선지선택비율 ① 5.41% ② 67.18% ③ 18.31% ④ 9.10% 오답률 32.82%

선지분석 & 요플·기풀기링크

선지	THEME	요플	기풀기
①	T14 법규명령	39	034
②		27	022
③		45	043
④		53	057

정답 ②

OX 1 ○ 2 ×

필수문제 10

행정입법에 대한 설명으로 옳지 않은 것은? (다툼이 있는 경우 판례에 의함)  21지방7

① 어느 시행령의 규정이 모법에 저촉되는지가 명백하지 않은 경우에는 모법과 시행령의 다른 규정들과 그 입법 취지, 연혁 등을 종합적으로 살펴 모법에 합치된다는 해석도 가능한 경우라면 그 규정을 모법위반으로 무효라고 선언해서는 안 된다.

② 법령의 위임이 없음에도 법령에 규정된 처분 요건에 해당하는 사항을 부령에서 변경하여 규정한 경우에 처분의 적법 여부는 그러한 부령에서 정한 요건을 기준으로 판단하여야 한다.

③ 제재적 행정처분의 기준이 부령의 형식으로 규정되어 있는 경우 그러한 처분기준에 적합하다 하여 곧바로 당해 처분이 적법한 것이라고 할 수는 없다.

④ 행정규칙이 이를 정한 행정기관의 재량에 속하는 사항에 관한 것인 때에는 그 규정 내용이 객관적 합리성을 결여하였다는 등의 특별한 사정이 없는 한 법원은 이를 존중하는 것이 바람직하다.

관련 OX

① 관련

1 하위법령의 규정이 상위법령의 규정에 저촉되는지 명백하지 않지만 하위법령의 의미를 상위법령에 합치되는 것으로 해석하는 것이 가능한 경우, 하위법령이 상위법령에 위반된다는 이유로 쉽게 무효를 선언할 것은 아니다. 21소간

④ 관련

2 행정규칙이 이를 정한 행정기관의 재량에 속하는 사항에 관한 것인 때에는 그 규정 내용이 객관적 합리성을 결여하였다는 등의 특별한 사정이 없는 한 법원은 이를 존중하는 것이 바람직하다. 25소간

해설

① ○ 모법저촉 여부가 불명확하고, 합치된다는 해석도 가능: 모법을 위반한 무효인 규정으로 선언 불가
어느 시행령의 규정이 모법에 저촉되는지의 여부가 명백하지 아니하는 경우에는 모법과 시행령의 다른 규정들과 그 입법 취지, 연혁 등을 종합적으로 살펴 모법에 합치된다는 해석도 가능한 경우라면 그 규정을 모법위반으로 무효라고 선언하여서는 안 된다(2001.8.24. 2000두2716).

② × 법령의 위임 없이 처분 요건을 부령에서 변경한 경우: 대외적 효력×, 내부적 효력○ / 그에 근거한 처분의 적법성은 상위법 기준으로 판단
법령에서 행정처분의 요건 중 일부 사항을 부령으로 정할 것을 위임한 데 따라 시행규칙 등 부령에서 이를 정한 경우에 그 부령의 규정은 국민에 대해서도 구속력이 있는 법규명령에 해당한다고 할 것이지만, 법령의 위임이 없음에도 법령에 규정된 처분 요건에 해당하는 사항을 부령에서 변경하여 규정한 경우 처분의 적법 여부는 그러한 규칙 등에서 정한 요건에 합치하는지 여부가 아니라 일반 국민에 대하여 구속력을 가지는 법률 등 법규성이 있는 관계 법령의 규정을 기준으로 판단하여야 한다 (2013.9.12. 2011두10584).

③ ○ 총리령·부령 형식의 제재처분기준: 행정규칙 → 대외효× / 어겨도 위법 단정×, 따라도 적법 보장×
제재적 행정처분의 기준이 부령의 형식으로 규정되어 있더라도 그것은 행정청 내부의 사무처리준칙을 정한 것에 지나지 아니하여 대외적으로 국민이나 법원을 기속하는 효력이 없고, 당해 처분의 적법 여부는 위 처분기준만이 아니라 관계 법령의 규정 내용과 취지에 따라 판단되어야 하므로, 위 처분기준에 적합하다 하여 곧바로 당해 처분이 적법한 것이라고 할 수는 없다(2007.9.20. 2007두6946).

④ ○ 행정규칙 내용이 객관적 합리성 등을 잃은 것이 아니라면 법원은 존중하여야
행정기관이 소속 공무원이나 하급행정기관에 대하여 세부적인 업무처리절차나 법령의 해석·적용 기준을 정해 주는 '행정규칙'은 상위법령의 구체적 위임이 있지 않는 한 조직 내부에서만 효력을 가질 뿐 대외적으로 국민이나 법원을 구속하는 효력이 없다. 행정규칙이 이를 정한 행정기관의 재량에 속하는 사항에 관한 것인 때에는 그 규정 내용이 객관적 합리성을 결여하였다는 등의 특별한 사정이 없는 한 법원은 이를 존중하는 것이 바람직하다(2020.5.28. 2017두66541).

선지선택비율 ① 3.95% ② 84.65% ③ 8.89% ④ 2.52% 오답률 15.36%

선지분석 & 요플·기풀기링크

선지	THEME	요플	기풀기
①	T14 법규명령	41	039
②		52	054
③	T15 행정규칙	17	017
④	T13 행정입법	05	006

정답 ②

OX 1○ 2○

11

행정입법에 대한 설명으로 옳지 않은 것은? (다툼이 있는 경우 판례에 의함)

① 법규명령의 위임근거가 되는 법률에 대하여 위헌결정이 선고되면 그 위임에 근거하여 제정된 법규명령도 원칙적으로 효력을 상실한다.
② 행정소송에 대한 대법원판결에 의하여 명령·규칙이 헌법 또는 법률에 위반된다는 것이 확정된 경우에는 대법원은 지체 없이 그 사유를 행정안전부장관에게 통보하여야 하고, 그 통보를 받은 행정안전부장관은 지체 없이 이를 관보에 게재하여야 한다.
③ 헌법재판소의 결정에 따르면, 대학입학고사 주요 요강은 항고소송의 대상인 처분은 아니지만 헌법소원의 대상이 되는 공권력 행사에는 해당된다.
④ 행정기관이 대법원에 의해 위법으로 판단된 시행령을 적용하여 행정처분을 한 경우, 그 행정처분은 취소할 수 있는 처분에 해당한다.

관련 OX

② 관련
1 행정소송에 대한 대법원판결에 의하여 명령·규칙이 헌법 또는 법률에 위반된다는 것이 확정된 경우에는 대법원은 지체 없이 그 사유를 국무총리에게 통보하여야 한다. 23군무원7

④ 관련
2 이미 위헌결정된 법률에 근거한 처분은 효력을 상실한 법률에 근거한 처분이기 때문에 당연무효사유가 된다. 14국회8

해설

① ○ 위임 근거법률 위헌 → 그 법률에 근거하여 제정된 법규명령 실효
법규명령의 위임의 근거가 되는 법률에 대하여 위헌결정이 선고되면 그 위임규정에 근거하여 제정된 법규명령도 원칙적으로 효력을 상실한다(1998.4.10. 96다52359).

② ○ 위헌판결등 공고: 대법원은 지체 없이 행안부장관에게 통보, 장관은 관보에 게재

행정소송법 제6조(명령·규칙의 위헌판결등 공고) ① 행정소송에 대한 대법원판결에 의하여 명령·규칙이 헌법 또는 법률에 위반된다는 것이 확정된 경우에는 대법원은 지체 없이 그 사유를 행정안전부장관에게 통보하여야 한다.
② 제1항의 규정에 의한 통보를 받은 행정안전부장관은 지체 없이 이를 관보에 게재하여야 한다.

③ ○ 제2외국어에서 일본어를 제외한 서울대 대학입시 주요 요강: 처분✕ → 행정소송✕ / 공권력의 행사○ → 헌법소원○
국립대학인 서울대학교의 '94학년도 대학입학고사 주요 요강'은 사실상의 준비행위 내지 사전안내로서 행정쟁송의 대상이 될 수 있는 행정처분이나 공권력의 행사는 될 수 없지만 그 내용이 국민의 기본권에 직접 영향을 끼치는 내용이고 앞으로 법령의 뒷받침에 의하여 그대로 실시될 것이 틀림없을 것으로 예상되어 그로 인하여 직접적으로 기본권 침해를 받게 되는 사람에게는 사실상의 규범작용으로 인한 위험성이 이미 현실적으로 발생하였다고 보아야 할 것이므로 이는 헌법소원의 대상이 되는 헌법재판소법 제68조 제1항 소정의 공권력의 행사에 해당된다(헌재 1992.10.1. 92헌마68·76 전원).

④ ✕ 이미 위헌결정된 법령에 근거한 처분은, 처분의 근거가 위헌이었다는 점에서(위헌결정의 기속력에 반해) 하자가 중대하고, 또 그러한 사실이 위헌결정으로 이미 처분시에 알려진 상황이므로 하자가 명백하다. 따라서 당연무효이다.
cf 시행령이 위헌·위법이라는 대법원의 판결이 선고되지 아니한 상태에서의 처분 → 취소사유
일반적으로 시행령이 헌법이나 법률에 위반된다는 사정은 그 시행령의 규정을 위헌 또는 위법하여 무효라고 선언한 대법원의 판결이 선고되지 아니한 상태에서는 그 시행령 규정의 위헌 내지 위법 여부가 해석상 다툼의 여지가 없을 정도로 명백하였다고 인정되지 아니하는 이상 객관적으로 명백한 것이라 할 수 없으므로, 이러한 시행령에 근거한 행정처분의 하자는 취소사유에 해당할 뿐 무효사유가 되지 아니한다(2007.6.14. 2004두619).

선지분석 & 요플·기풀기링크

선지	THEME	요플	기풀기
①	T14 법규명령	79	050
②		68	076
③	T15 행정규칙	70	073
④	T29 VA의 하자와 효력	55	051

정답 ④
OX 1✕ 2○

12

행정입법에 관한 설명으로 옳은 것은? (다툼이 있으면 판례에 따름) 16교행9

① 위법한 법규명령은 무효가 된다.
② 부령은 총리령의 위임범위 내에서 제정되어야 한다.
③ 부령의 형식으로 정해진 제재적 처분기준은 법규명령이다.
④ 법규명령이 그에 따른 처분 없이 직접 국민의 권리를 제한하는 경우에도 항고소송의 대상은 될 수 없다.

관련 OX

① 관련

1 지방자치단체가 제정한 조례가 법령에 위배되는 경우에는 무효이다. 17소간

③ 관련

2 부령 형식으로 정해진 제재적 행정처분의 기준은 법규성이 있어서 대외적으로 국민이나 법원을 기속하는 효력이 있다. 22지방9

④ 관련

3 조례가 집행행위의 개입 없이 직접 국민의 구체적 권리·의무에 영향을 미치는 등의 효과를 발생하면 그 조례는 항고소송의 대상이 된다. 18(2)서울7

해설

① ○ 법규명령이 위법한 경우에 그 효력에 관하여는 견해가 대립하나, 판례는 위법한 **법규명령을 무효**라고 판시하고 있다.

• 법률의 시행령이 형사처벌에 관한 사항을 규정하면서 법률의 명시적인 **위임범위를 벗어나 처벌의 대상을 확장**하는 것은 죄형법정주의의 원칙에도 어긋나는 것이므로, 그러한 시행령은 위임입법의 한계를 벗어난 것으로서 **무효**이다(2017.2.16. 2015도16014 전합).

② × 부령도 총리령과 마찬가지로 법률과 대통령령의 위임범위나 직권으로 발하는 것이지, 총리령의 위임범위 내에서 제정되는 것이 아니다.

헌법 제75조 국무총리 또는 행정각부의 장은 소관 사무에 관하여 **법률이나 대통령령의 위임 또는 직권**으로 총리령 또는 **부령**을 발할 수 있다.

③ × 제재적 처분기준을 총리령·부령(시행규칙)으로 제정한 경우 판례는 이를 **행정규칙**으로 본다.

• **총리령·부령 형식의 제재처분기준: 행정규칙**
제재적 행정처분의 기준이 부령의 형식으로 규정되어 있더라도 그것은 **행정청 내부의 사무처리준칙**을 정한 것에 지나지 아니하여 **대외적으로 국민이나 법원을 기속하는 효력이 없고**, 당해 처분의 적법 여부는 위 처분기준만이 아니라 관계 법령의 규정 내용과 취지에 따라 판단되어야 한다(2007.9.20. 2007두6946).

+ PLUS 반면에, **대통령령(시행령)으로 제정한 경우 법규명령**으로 보아 동 기준에 대외적 구속력을 인정한다.

④ × 어떠한 법령이 행정권의 추가적 **집행행위의 매개 없이** 그 자체로서 국민의 권리·의무에 직접적으로 영향을 미치는 경우에는 예외적으로 처분성이 인정되어 **항고소송의 대상이 될 수 있다**. 이를 **처분적 법규명령**이라고도 한다.

• **집행행위 매개 없이 그 자체로 권리·의무에 영향을 미치는 조례(두밀분교 폐지조례): 처분○ (항고소송○)**
조례가 **집행행위의 개입 없이도** 그 자체로서 직접 국민의 구체적인 권리·의무나 법적 이익에 영향을 미치는 등의 법률상 효과를 발생하는 경우 그 조례는 항고소송의 대상이 되는 **행정처분**에 해당한다(1996.9.20. 95누8003).

선지분석 & 요플·기풀기링크

선지	THEME	요플	기풀기
①	T14 법규명령	49	058
②		07	007
③	T15 행정규칙	16	016
④	T14 법규명령	71	066

정답 ①

  1○ 2× 3○

13

행정입법에 관한 설명으로 옳은 것은? (단, 다툼이 있는 경우 판례에 따름) 17교행9

① 행정입법부작위는 행정소송의 대상이 될 수 없다.
② 위법한 법규명령은 무효가 아니라 취소할 수 있다.
③ 법령의 위임 없이 제정한 '2006년 교육공무원 보수업무 등 편람'은 법규명령이다.
④ 구 「식품위생법 시행규칙」에서 정한 제재적 처분기준은 법규명령의 성질을 가진다.

관련 OX

① 관련

1 부작위법확인소송의 대상이 될 수 있는 것은 구체적 권리·의무에 관한 분쟁이어야 하고 추상적인 법령에 관하여 제정의 여부 등은 그 자체로서 국민의 구체적인 권리·의무에 직접적 변동을 초래하는 것이 아니어서 그 소송의 대상이 될 수 없다. 22지방7

④ 관련

2 「식품위생법」이 청소년을 고용한 행위에 대하여 영업허가를 취소하거나 6개월 이내의 기간을 정하여 그 영업의 전부 또는 일부를 정지하거나 영업소 폐쇄를 명할 수 있다고 하면서 행정처분의 세부기준은 총리령으로 위임한다고 정하고 있는 경우에, 총리령에서 정하고 있는 행정처분의 기준은 재판규범이 되지 못한다. 22국가9

해설

① ○ **행정입법부작위: 항고소송(부작위법확인소송) 불가**
행정소송은 구체적 사건에 대한 법률상 분쟁을 법에 의하여 해결함으로써 법적 안정을 기하자는 것이므로 부작위법확인소송의 대상이 될 수 있는 것은 구체적 권리·의무에 관한 분쟁이어야 하고 **추상적인 법령에 관하여 제정의 여부 등**은 그 자체로서 국민의 구체적인 권리·의무에 직접적 변동을 초래하는 것이 아니어서 **부작위법확인소송의 대상이 될 수 없다**(1992.5.8. 91누11261).
+ PLUS 헌법소원의 대상은 된다.

② × 법규명령이 위법한 경우에 그 효력에 관하여는 견해가 대립하나, 판례는 위법한 **법규명령을 무효**라고 판시하고 있다.

• 법률의 시행령이 형사처벌에 관한 사항을 규정하면서 법률의 명시적인 **위임범위를 벗어나** 처벌의 대상을 확장하는 것은 죄형법정주의의 원칙에도 어긋나는 것이므로, 그러한 시행령은 위임입법의 한계를 벗어난 것으로서 **무효**이다(2017.2.16. 2015도16014 전합).

③ × 2006년 교육공무원 보수업무 등 편람: 법규명령 ×
교육공무원법 제34조 제2항, 구 공무원보수규정 … 에서는 … 초임호봉 획정과 관련하여 교육인적자원부장관에게 법령내용의 구체적 사항을 정할 수 있는 권한을 부여하는 규정을 두고 있지 않다. 그렇다면 2006년 〈교육공무원 보수업무 등 편람〉은 교육인적자원부에서 관련 행정기관 및 그 직원을 위한 업무처리지침 내지 참고사항을 정리해 둔 것에 불과하고 **법규명령의 성질을 가진 것이라고는 볼 수 없다**(2010.12.9. 2010두16349).

④ × 「식품위생법 시행규칙」에서 정한 제재기준: 대외효 ×
구 「식품위생법 시행규칙」 제53조에서 [별표 15]로 식품위생법 제58조에 따른 행정처분의 기준을 정하였다고 하더라도 이는 형식만 부령으로 되어 있을 뿐, 그 성질은 행정기관 내부의 사무처리준칙을 정한 것으로서 **행정명령**(편저자: 행정규칙)의 성질을 가지는 것이고, 대외적으로 국민이나 법원을 기속하는 힘이 있는 것은 아니다(1995.3.28. 94누6925).
+ PLUS 「식품위생법 시행규칙」은 2013.3.23.부터 부령에서 총리령으로 변경되었으나, 동 규정상 제재기준의 실질이 행정규칙이라는 판례의 태도는 동일하다(2014두47853).

선지분석 & 요플·기풀기링크

선지	THEME	요플	기풀기
①	T13 행정입법	30	031
②	T14 법규명령	49	058
③	T79 정보공개법(비공개)	08	011
④	T15 행정규칙	22	024

필수문제 14

행정입법에 대한 설명으로 옳은 것은? (다툼이 있는 경우 판례에 의함) 21지방9

① 법규명령이 위임의 근거가 없어 무효였더라도 나중에 법개정으로 위임의 근거가 부여되면, 법규명령 제정 당시로 소급하여 유효한 법규명령이 된다.
② 법률의 시행령 내용이 모법 조항의 취지에 근거하여 이를 구체화하기 위한 것인 때에는 모법에 직접 위임하는 규정을 두지 않았더라도 이를 무효라고 볼 수 없다.
③ 대통령령의 입법부작위에 대한 국가배상책임은 인정되지 않는다.
④ 법규명령의 위임근거가 되는 법률에 대하여 위헌결정이 선고되더라도 그 위임에 근거하여 제정된 법규명령은 별도의 폐지행위가 있어야 효력을 상실한다.

해설

① ✗ 법규명령에 위임근거 없다가 사후 부여 → 그때부터 유효(소급효✗)
일반적으로 법률의 위임에 의하여 효력을 갖는 법규명령의 경우, 구법에 위임의 근거가 없어 무효였더라도 사후에 법개정으로 위임의 근거가 부여되면 그때부터는 유효한 법규명령이 된다. 반대로 구법의 위임에 의한 유효한 법규명령이 법개정으로 위임의 근거가 없어지게 되면 그때부터 무효인 법규명령이 되므로, 어떤 법령의 위임 근거 유무에 따른 유효 여부를 심사하려면 법개정의 전·후에 걸쳐 모두 심사하여야만 그 법규명령의 시기에 따른 유효·무효를 판단할 수 있다(1995.6.30. 93추83).

② ○ 행정입법에서 모법의 해석상 가능한 것을 명시하거나 구체화한 데 불과(모법해석규정): 위임 없어도 무효✗
법률의 시행령이나 시행규칙의 내용이 모법의 입법 취지와 관련 조항 전체를 유기적·체계적으로 살펴보아 모법의 해석상 가능한 것을 명시한 것에 지나지 아니하거나 모법 조항의 취지에 근거하여 이를 구체화하기 위한 것인 때에는 모법의 규율 범위를 벗어난 것으로 볼 수 없으므로, 모법에 이에 관하여 직접 위임하는 규정을 두지 아니하였더라도 이를 무효라고 볼 수는 없다(2014.8.20. 2012두19526).

③ ✗ 군법무관 보수에 관한 시행령 입법부작위: 국가배상 인정
입법부가 법률로써 행정부에게 특정한 사항을 위임했음에도 불구하고 행정부가 정당한 이유 없이 이를 이행하지 않는다면 권력분립의 원칙과 법치국가 내지 법치행정의 원칙에 위배되는 것으로서 위법함과 동시에 위헌적인 것이 되는바, 구 군법무관임용법 등에서 군법무관의 보수를 법관 및 검사의 예에 준하도록 규정하면서 그 구체적 내용을 시행령에 위임하고 있는 이상, 행정부가 정당한 이유 없이 시행령을 제정하지 않은 것은 위 보수청구권을 침해하는 불법행위에 해당한다(2007.11.29. 2006다3561).

+ PLUS 국회의원의 입법작용과 더불어 행정입법작용(대통령령의 행정입법부작위)도 국가배상법상 직무행위의 범주에 포함된다. 특히 행정입법의 경우, 법률 등 상위법령에서 구체적 입법의무가 있는 경우가 상당하므로, 국회입법부작위보다는 입법부작위에 의한 배상책임이 인정되기가 보다 쉬울 것이다.

④ ✗ 근거법령이 폐지되거나 위헌선고: 그에 근거한 법규명령도 당연 실효(별도 폐지행위 필요✗)
법규명령의 위임의 근거가 되는 법률에 대하여 위헌결정이 선고되면 그 위임규정에 근거하여 제정된 법규명령도 원칙적으로 효력을 상실한다(1998.4.10. 96다52359).

선지선택비율 ① 9.84% ② 71.50% ③ 11.88% ④ 6.78% 오답률 28.50%

관련 OX

① 관련
1 법률의 위임의 근거가 없어 무효였던 법규명령이 법률의 개정으로 위임의 근거가 부여되면 그때부터 유효한 법규명령으로 볼 수 있다. 24국회9

③ 관련
2 입법자가 법률로써 특정한 사항을 시행령으로 정하도록 위임했음에도 불구하고 행정부가 정당한 이유 없이 이를 이행하지 않는다면 권력분립의 원칙과 법치국가 내지 법치행정의 원칙에 위배되는 것으로서 위헌성이 인정되나 이는 헌법소원을 통한 구제의 대상이 될 뿐이고 국가배상의 대상이 되는 것은 아니다. 21국회8

3 법률에서 군법무관의 보수의 구체적 내용을 시행령에 위임했음에도 불구하고 행정부가 정당한 이유 없이 시행령을 제정하지 않은 것은 불법행위이므로 이에 대하여 국가배상청구를 할 수 있다. 22소방

④ 관련
4 법규명령의 위임근거가 되는 법률에 대하여 위헌결정이 선고되면 그 위임에 근거하여 제정된 법규명령도 특별한 규정이 없는 한 원칙적으로 효력을 상실한다. 22변시

선지분석 & 요플·기풀기링크

선지	THEME	요플	기풀기
①	T14 법규명령	17	012
②		53	057
③	T13 행정입법	36	037
④	T14 법규명령	79	050

정답 ②
OX 1○ 2✗ 3○ 4○

필수문제 15

행정입법에 대한 판례의 입장으로 옳지 않은 것은? 21국가7

① 고시가 비록 법령에 근거를 둔 것이더라도 규정 내용이 법령의 위임범위를 벗어난 것일 경우에는 법규명령으로서의 대외적 구속력을 인정할 여지는 없다.

② 법률의 위임에 따라 효력을 갖는 법규명령의 경우에 위임의 근거가 없어 무효였더라도 나중에 법개정으로 위임의 근거가 다시 부여된 경우에는 이전부터 소급하여 유효한 법규명령이 있었던 것으로 본다.

③ 어떠한 고시가 다른 집행행위의 매개 없이 그 자체로서 직접 국민의 구체적인 권리·의무나 법률관계를 규율하는 성격을 가질 때에는 행정처분에 해당한다.

④ 법률의 시행령이나 시행규칙의 내용이 모법의 입법 취지와 관련 조항 전체를 유기적·체계적으로 살펴보아 모법의 해석상 가능한 것을 명시한 것에 지나지 아니하는 때에는 모법에 이에 관하여 직접 위임하는 규정을 두지 아니하였다고 하더라도 이를 무효라고 볼 수는 없다.

관련 OX

② 관련

1 일반적으로 법률의 위임에 따라 효력을 갖는 법규명령의 경우에 그 위임의 근거가 없어 무효였더라도 나중에 법개정으로 위임의 근거가 부여되면 그때부터는 유효한 법규명령으로 볼 수 있다. 25소간

④ 관련

2 법률의 시행령이나 시행규칙의 내용이 모법의 입법 취지와 관련 조항 전체를 유기적·체계적으로 살펴보아 모법의 해석상 가능한 것을 명시한 것에 지나지 아니하거나 모법 조항의 취지에 근거하여 이를 구체화하기 위한 것인 때에는, 모법에 이에 관하여 직접 위임하는 규정을 두지 아니하였다고 하더라도 이를 무효라고 볼 수는 없다. 17(하)국가9

해설

① ○ 고시가 법령에 근거가 있더라도 그 위임범위를 벗어난 경우: 대외효×
특정 고시가 비록 법령에 근거를 둔 것이더라도 규정 내용이 법령의 위임범위를 벗어난 것일 경우에는 법규명령으로서의 대외적 구속력을 인정할 여지는 없다(2016.8.17. 2015두51132).
+ PLUS 법령에 근거를 둔 고시는 법령보충적 행정규칙으로서 상위법령과 결합해 대외적 효력을 가질 수도 있으나, 이는 적어도 당해 고시가 법령의 위임범위 내일 것을 요건으로 한다.

② × 법규명령에 위임근거 없다가 사후 부여 → 그때부터 유효
일반적으로 법률의 위임에 의하여 효력을 갖는 법규명령의 경우, 구법에 위임의 근거가 없어 무효였더라도 사후에 법개정으로 위임의 근거가 부여되면 그때부터는(↔ 소급하여×) 유효한 법규명령이 되나, 반대로 구법의 위임에 의한 유효한 법규명령이 법개정으로 위임의 근거가 없어지게 되면 그때부터 무효인 법규명령이 되므로, 어떤 법령의 위임 근거 유무에 따른 유효 여부를 심사하려면 법개정의 전·후에 걸쳐 모두 심사하여야만 그 법규명령의 시기에 따른 유효·무효를 판단할 수 있다(1995.6.30. 93추83).
+ PLUS 사후 위임근거 부여시 '그때부터' 유효가 되는 것이지, '소급하여' 유효가 되는 것이 아니다.
→ 법률위임으로 효력을 갖는 법규명령: ① 사후에 위임 근거(= 그때부터 유효), ② 유효하였다가 위임 근거 사라짐(= 그때부터 무효)

③ ○ 고시가 집행행위 매개 없이 그 자체로서 국민의 권리·의무를 규율하는 경우: 처분
어떠한 고시가 일반적·추상적 성격을 가질 때에는 법규명령 또는 행정규칙에 해당할 것이지만, 다른 집행행위의 매개 없이 그 자체로서 직접 국민의 구체적인 권리의무나 법률관계를 규율하는 성격을 가질 때에는 항고소송의 대상이 되는 행정처분에 해당한다(2003.10.9. 2003무23).

④ ○ 행정입법에서 모법의 해석상 가능한 것을 명시하거나 구체화한 데 불과(모법해석규정): 위임 없어도 무효×
법률의 시행령이나 시행규칙의 내용이 모법의 입법 취지와 관련 조항 전체를 유기적·체계적으로 살펴보아 모법의 해석상 가능한 것을 명시한 것에 지나지 아니하거나 모법 조항의 취지에 근거하여 이를 구체화하기 위한 것인 때에는 모법의 규율 범위를 벗어난 것으로 볼 수 없으므로, 모법에 이에 관하여 직접 위임하는 규정을 두지 아니하였더라도 이를 무효라고 볼 수는 없다(2014.8.20. 2012두19526).
+ PLUS 이와 같이 판례는 모법의 해석규정에 대하여 모법에 위임규정이 없더라도 무효가 아니라고 보았다. 이에 대해서 해석규정도 집행명령의 일종으로 본 것으로 평가하는 견해가 유력하다.

선지분석 & 요플·기풀기링크

선지	THEME	요플	기풀기
①	T15 행정규칙	42	043
②	T14 법규명령	17	012
③	T15 행정규칙	64	065
④	T14 법규명령	53	057

선지선택비율 ① 6.35% ② 85.28% ③ 4.01% ④ 4.35%   오답률 14.72%

정답 ②
OX 1○ 2○

16

행정입법에 대한 설명으로 옳지 않은 것은? (다툼이 있는 경우 판례에 의함) 23국가7

① 법령의 위임이 없음에도 법령에 규정된 처분 요건에 해당하는 사항을 부령에서 변경하여 규정한 경우에는 그 부령의 규정은 행정청 내부의 사무처리기준 등을 정한 것으로서 행정조직 내에서 적용되는 행정명령의 성격을 지닐 뿐 국민에 대한 대외적 구속력은 없다.

② 법원이 법률 하위의 법규명령이 위헌·위법인지를 심사하려면 그것이 재판의 전제가 되어야 하는데, 여기에서 재판의 전제란 구체적 사건이 법원에 계속 중이어야 하고, 위헌·위법인지가 문제된 경우에는 그 법규명령의 특정 조항이 해당 소송사건의 재판에 적용되는 것이어야 하며, 그 조항이 위헌·위법인지에 따라 그 사건을 담당하는 법원이 다른 판단을 하게 되는 경우를 말한다.

③ 재량권행사의 준칙인 행정규칙이 그 정한 바에 따라 되풀이 시행되어 행정관행이 이루어지게 되면, 평등의 원칙이나 신뢰보호의 원칙에 따라 행정기관은 그 상대방에 대한 관계에서 그 행정규칙에 따라야 할 자기구속을 받게 되고, 그러한 경우에는 대외적인 구속력을 가지게 된다.

④ 상위법령에서 세부사항 등을 시행규칙으로 정하도록 위임하였음에도 이를 고시 등 행정규칙으로 정한 경우 그 행정규칙은 대외적 구속력을 가지는 법규명령으로서 효력이 인정된다.

관련 OX

① 관련

1 법령의 위임이 없음에도 법령에 규정된 처분 요건에 해당하는 사항을 부령에서 변경하여 규정한 경우에는 그 부령의 규정은 행정명령의 성격을 지닐 뿐 국민에 대한 대외적 구속력은 없다. 20국가9

④ 관련

2 상위법령에서 세부사항 등을 시행규칙으로 정하도록 위임하였으나 이를 고시의 형식으로 정하였더라도 규정 내용이 위임의 범위를 벗어나지 않았다면 그 고시는 대외적 구속력을 가지는 법규명령으로서 효력이 인정된다. 22변시

해설

① ○ 법령의 위임 없이 처분 요건을 부령에서 변경 → 해당 부령은 대외효×(행정명령에 불과)
법령의 위임이 없음에도 법령에 규정된 처분 요건에 해당하는 사항을 **부령에서 변경하여 규정**한 경우에는 그 부령의 규정은 행정청 내부의 사무처리기준 등을 정한 것으로서 행정조직 내에서 적용되는 **행정명령**의 성격을 지닐 뿐 국민에 대한 **대외적 구속력은 없다**고 보아야 한다(2013.9.12. 2011두10584).

② ○ 재판의 전제: 법원에 계속 중인 / 구체적 사건에 적용돼 / 그 조항의 위헌·위법에 따라 판단이 달라져야
법원이 법률 하위의 법규명령, 규칙, 조례, 행정규칙 등이 위헌·위법인지를 심사하려면 그것이 '**재판의 전제**'가 되어야 한다. 여기에서 '재판의 전제'란 구체적 사건이 법원에 **계속 중**이어야 하고, 위헌·위법인지가 문제된 경우에는 규정의 특정 조항이 해당 소송사건의 재판에 **적용**되는 것이어야 하며, 그 조항이 위헌·위법인지에 따라 그 사건을 담당하는 법원이 **다른 판단**을 하게 되는 경우를 말한다(2019.6.13. 2017두33985).

③ ○ 재량준칙이 되풀이 돼 관행화 → 평등원칙·신뢰보호원칙에 따라 자기구속력 발현 → 대외효 발생
행정조직 내부에서만 효력을 갖는 행정규칙이라 하더라도 **재량권행사의 준칙인 행정규칙**이 그 정한 바에 따라 **되풀이 시행**되어 행정관행이 이룩되어 평등의 원칙 등에 따라 행정기관이 그 규칙에 따라야 할 자기구속을 당하게 되는 경우에는 **대외적 구속력**을 가지게 되어 헌법소원의 대상이 되는 경우가 있다(헌재 2005.5.26. 2004헌마49 전원).

④ × 시행규칙으로 정하도록 위임했으나 고시 등 행정규칙에 규정: 대외효×(위임범위 일탈)
상위법령에서 세부사항 등을 **시행규칙**으로 정하도록 위임하였음에도 이를 고시 등 **행정규칙**으로 정하였다면 그 역시 대외적 구속력을 가지는 **법규명령**으로서 **효력**이 인정될 수 없다(2012.7.5. 2010다72076).

선지분석 & 요플·기풀기링크

선지	THEME	요플	기풀기
①	T14 법규명령	51	053
②		65	072
③	T15 행정규칙	07	007
④		60	062

선지선택비율 ① 9.19% ② 3.47% ③ 3.81% ④ 83.54% 오답률 16.46%

정답 ④

OX 1○ 2×

17

행정입법에 대한 설명으로 옳지 않은 것은? (다툼이 있는 경우 판례에 의함) 24국회8

① 위임입법에 있어 구체적인 위임의 범위는 일률적으로 정할 수는 없지만, 적어도 위임명령에 규정될 내용과 범위의 기본사항이 구체적으로 규정되어 있어서 누구라도 해당 법률이나 상위법령으로부터 위임명령에 규정될 내용의 대강을 예측할 수 있어야 한다.

② 집행명령의 경우 상위법령이 폐지된 것이 아니라 단순히 개정됨에 그친 경우에는 그 개정법령과 성질상 모순·저촉되지 아니하고 개정된 상위법령의 시행에 필요한 사항을 규정하고 있는 이상 그 집행명령은 개정법령의 시행을 위한 집행명령이 제정·발효될 때까지는 그 효력을 유지한다.

③ 한국수력원자력 주식회사가 제정·운용하고 있는 '공급자관리지침' 중 등록취소 및 그에 따른 일정 기간의 거래제한조치에 관한 규정들은 대외적 구속력이 있는 법규명령에 해당한다.

④ 법원이 구체적 규범통제를 통해 위헌·위법으로 선언할 심판대상은, 해당 규정의 전부가 불가분적으로 결합되어 있어 일부를 무효로 하는 경우 나머지 부분이 유지될 수 없는 결과를 가져오는 특별한 사정이 없는 한, 원칙적으로 해당 규정 중 재판의 전제성이 인정되는 조항에 한정된다.

⑤ 「농약관리법」의 위임에 따라 인축독성 시험성적서 검토기준 및 판정기준을 규정하고 있는 농촌진흥청 고시 「농약 및 원제의 등록기준」 제3조 제2항 제3호 [별표 4]는 대외적 구속력을 가지는 법령보충적 행정규칙에 해당한다.

관련 OX

② 관련

1 상위법령의 시행을 위하여 제정한 집행명령은 그 상위법령이 개정되더라도 개정법령과 성질상 모순·저촉되지 않는 이상 여전히 그 효력을 가진다. 17국회8

③ 관련

2 ❌ 한국수력원자력 주식회사가 조달하는 기자재, 용역 및 정비공사, 기기수리의 공급자에 대한 관리업무 절차를 규정함을 목적으로 제정·운용하고 있는 '공급자관리지침' 중 등록·취소 및 그에 따른 일정 기간의 거래제한조치에 관한 규정들은 상위 법령의 구체적 위임 없이 정한 것이어서 대외적 구속력이 없는 행정규칙이다. 22국가9

해설

① ○ **위임의 구체성 판단기준: 예측가능성 유무 → 누구라도 상위법령을 보면, 하위법령에 규정될 내용 대강 예측 가능해야**
위임입법의 경우 그 한계는 **예측가능성**인바, 이는 법률에 이미 대통령령으로 규정될 내용 및 범위의 기본사항이 구체적으로 규정되어 있어서 **누구라도** 당해 법률로부터 대통령령 등에 규정될 내용의 **대강을 예측할 수 있어야** 함을 의미하고, 이러한 예측가능성의 유무는 당해 특정조항 하나만을 가지고 판단할 것은 아니고 관련 법조항 전체를 유기적·체계적으로 종합 판단하여야 한다(2007.10.26. 2007아32, 2007두9884).

② ○ **근거법령이 폐지가 아닌 개정됨에 그침: 그와 모순·저촉 없는 집행명령은 효력유지 가능**
상위법령의 시행에 필요한 세부적 사항을 정하기 위하여 행정관청이 일반적 직권에 의하여 제정하는 이른바 **집행명령은 근거법령인 상위법령이 폐지되면** 특별한 규정이 없는 이상 **실효되는 것이나, 상위법령이 개정됨에 그친 경우**에는 개정법령과 성질상 모순·저촉되지 아니하고 개정된 상위법령의 시행에 필요한 사항을 규정하고 있는 이상 그 집행명령은 상위법령의 개정에도 불구하고 당연히 실효되지 아니하고 개정법령의 시행을 위한 집행명령이 제정·발효될 때까지는 여전히 그 **효력을 유지한다**(1989.9.12. 88누6962).

선지분석 & 요플·기풀기링크

선지	THEME	요플	기풀기
①	T14 법규명령	21	016
②		80	051
③	T53 대상적격(법률관계)	24	024
④	T14 법규명령	64	073
⑤	T15 행정규칙	54	056

③ ✕ 한국수력원자력 주식회사의 내부 공급자관리지침: 행정규칙
공공기관운영법이나 그 하위법령은 공기업이 거래상대방 업체에 대하여 공공기관운영법 및 「공기업·준정부기관 계약사무규칙」 제15조에서 정한 범위를 뛰어넘어 추가적인 제재조치를 취할 수 있도록 위임한 바 없다. 따라서 한수원의 '공급자관리지침' 중 등록취소 및 그에 따른 일정 기간의 거래제한조치에 관한 규정들은 한수원이 상위법령의 구체적 위임 없이 정한 것이어서 대외적 구속력이 없는 행정규칙이다(2020.5.28. 2017두66541).

 ✚ PLUS 판례는 한수원의 거래제한조치규정을 행정규칙으로 보았지만, 동 규정에 근거한 거래제한조치는 처분에 해당한다고 보았음을 유의 → "구속력 있는 법규명령으로 보았으므로 거래제한조치는 처분에 해당한다." 또는 "거래제한조치규정이 행정규칙이므로 이에 의한 거래제한조치는 처분이 아니다."라는 지문으로 출제될 수 있다.

④ ○ 구체적 규범통제로 위헌·위법을 선언할 조항 → 관련 규정들이 불가분적 관계에 있지 않는 한 재판전제성이 인정되는 그 조항에 한정
법원이 구체적 규범통제를 통해 위헌·위법으로 선언할 심판대상은, 해당 규정의 전부가 불가분적으로 결합되어 있어 일부를 무효로 하는 경우 나머지 부분이 유지될 수 없는 결과를 가져오는 특별한 사정이 없는 한, 원칙적으로 해당 규정 중 재판의 전제성이 인정되는 조항에 한정된다(2019.6.13. 2017두33985).

⑤ ○ 농촌진흥청 고시(인축독성 시험성적서 검토기준 및 판정기준): 대외효 인정
농약관리법 제9조 제2항의 위임에 따라 인축독성 시험성적서 검토기준 및 판정기준을 규정하고 있는 농촌진흥청 고시 「농약 및 원제의 등록기준」 제3조 제2항 제3호 [별표 4]가 대외적 구속력을 가지는 법령보충적 행정규칙에 해당한다(2021.2.25. 2019두53389).

18

행정입법의 사법적 통제에 대한 설명으로 옳지 않은 것은? (다툼이 있는 경우 판례에 의함)

23지방9

① 중앙선거관리위원회규칙은 법규명령이므로 구체적 규범통제의 대상이 될 수 있다.
② 처분적 법규명령은 무효등확인소송 또는 취소소송의 대상이 된다.
③ 대법원 이외의 각급법원도 구체적 규범통제의 방법으로 법규명령 조항에 대한 위헌·위법 판단을 할 수 있다.
④ 행정입법부작위는 부작위위법확인소송의 대상이 된다.

관련 OX

② 관련
1 법규명령이 그에 따른 처분 없이 직접 국민의 권리를 제한하는 경우에도 항고소송의 대상은 될 수 없다. 16교행9

④ 관련
2 행정입법부작위는 부작위위법확인소송의 대상이 된다. 21군무원9

추가기출(③ 관련)
ⓐ 기
명령·규칙 또는 처분이 헌법이나 법률에 위반되는 여부가 재판의 전제가 된 경우에는 헌법재판소가 이를 최종적으로 심사할 권한을 가진다. 11국회8

해설

①③ ○ 중앙선거관리위원회규칙은 헌법 제114조 제6항에 근거한 것으로서 법규명령에 해당한다. 헌법 제107조 제2항에 의하면 법규명령인 이상 국회규칙, 대법원규칙, 중앙선거관리위원회규칙 등도 구체적 규범통제의 대상에 포함된다.① 구체적 규범통제의 주체는 각급법원이며, 대법원은 최종적인 심사권한을 갖는다.③

헌법 제114조 ⑥ **중앙선거관리위원회**는 법령의 범위 안에서 선거관리·국민투표관리 또는 정당사무에 관한 **규칙**을 제정할 수 있으며, 법률에 저촉되지 아니하는 범위 안에서 내부규율에 관한 규칙을 제정할 수 있다.
제107조 ② **명령·규칙 또는 처분이 헌법이나 법률에 위반되는 여부가 재판의 전제가 된 경우에는 대법원은 이를 최종적으로 심사할 권한**을 가진다.ⓐ

② ○ 법령 그 자체는 통상 일반적·추상적인 것이므로 처분성 역시 인정되지 않아, 취소소송이나 무효확인소송의 대상이 될 수 없는 것이 원칙이다. 다만, 어떠한 법령이 행정권의 추가적 집행행위의 매개 없이 그 자체로서 국민의 권리·의무에 직접적으로 영향을 미치는 처분법규(처분적 법규명령)는 예외적으로 처분성이 인정되어 항고소송의 대상이 될 수 있다.

• 조례가 집행행위의 개입 없이도 그 자체로서 직접 국민의 구체적인 권리의무나 법적 이익에 영향을 미치는 등의 법률상 효과를 발생하는 경우 그 조례는 항고소송의 대상이 되는 행정처분에 해당한다(1996.9.20. 95누8003).

요플 법규명령에 대한 사법적 통제의 예외

예외적 직접통제 (직접 항고소송)	원칙	설령 명령·규칙에 문제가 있더라도 **법규명령 자체를 항고소송의 대상으로 삼는 직접통제는 원칙적으로 불가능**(∵ 행정입법은 일반적·추상적 → 처분성×)
	예외	당해 명령·규칙이 집행행위 매개 없이 직접 권리의무에 영향을 미치는 경우 처분성이 인정돼 명령·규칙 자체를 대상으로 항고소송 **가능** ex 두밀분교폐지조례

④ × 행정입법부작위: 항고소송(부작위위법확인소송) 불가
행정소송은 구체적 사건에 대한 법률상 분쟁을 법에 의하여 해결함으로써 법적 안정을 기하자는 것이므로 부작위위법확인소송의 대상이 될 수 있는 것은 구체적 권리의무에 관한 분쟁이어야 하고 추상적인 법령에 관하여 제정의 여부 등은 그 자체로서 국민의 구체적인 권리의무에 직접적 변동을 초래하는 것이 아니어서 부작위위법확인소송의 대상이 될 수 없다(1992.5.8. 91누11261).

선지선택비율 ① 9.31% ② 4.47% ③ 13.18% ④ 73.04% 오답률 26.96%

선지분석 & 요플·기풀기링크

선지	THEME	요플	기풀기
①		66	074
②	T14 법규명령	71	066
③		63	071
④	T13 행정입법	30	031

정답 ④
OX 1× 2× ⓐ×

19

다음은 행정입법에 대한 대법원 판결문의 일부이다. 이에 대한 설명으로 옳은 것은? 18국회8

> 「공공기관의 운영에 관한 법률」(이하 '공공기관법'이라 한다) 제39조 제2항, 제3항 및 그 위임에 따라 기획재정부령으로 제정된 「공기업·준정부기관 계약사무규칙」 제15조 제1항(이하 '이 사건 규칙 조항'이라 한다)의 내용을 대비해 보면, 입찰참가자격제한의 요건을 공공기관법에서는 '공정한 경쟁이나 계약의 적정한 이행을 해칠 것이 명백할 것'을 규정하고 있는 반면, 이 사건 규칙 조항에서는 '경쟁의 공정한 집행이나 계약의 적정한 이행을 해칠 우려가 있거나 입찰에 참가시키는 것이 부적합하다고 인정되는 자'라고 규정함으로써, 이 사건 규칙 조항이 법률에 규정된 것보다 한층 완화된 처분요건을 규정하여 그 처분대상을 확대하고 있다. 그러나 공공기관법 제39조 제3항에서 부령에 위임한 것은 '입찰참가자격의 제한기준 등에 관하여 필요한 사항'일 뿐이고, 이는 그 규정의 문언상 입찰참가자격을 제한하면서 그 기간의 정도와 가중·감경 등에 관한 사항을 의미하는 것이지 처분의 요건까지를 위임한 것이라고 볼 수는 없다. 따라서 이 사건 규칙 조항에서 위와 같이 처분의 요건을 완화하여 정한 것은 상위법령의 위임 없이 규정한 것이므로 이는 행정기관 내부의 사무처리 준칙을 정한 것에 지나지 않는다.

① 「공기업·준정부기관 계약사무규칙」 제15조 제1항은 국민에 대하여 구속력이 있다.
② 법률의 위임이 없음에도 법률에 규정된 처분요건을 부령에서 변경하여 규정한 경우에는 그 부령의 규정은 국민에 대하여 대외적 구속력은 없다.
③ 어떤 행정처분이 법규성이 없는 부령의 규정에 위배되면 그 처분은 위법하고, 또 그 부령에서 정한 요건에 부합하면 그 처분은 적법하다.
④ 입찰참가자격제한처분의 적법 여부는 「공기업·준정부기관 계약사무규칙」 제15조 제1항에서 정한 요건에 합치하는지 여부와 공공기관법 제39조의 규정을 기준으로 판단하여야 한다.
⑤ 법령에서 행정처분의 요건 중 일부 사항을 부령으로 정할 것을 위임한 데 따라 부령에서 이를 정하고 있는 경우에 그 부령의 규정은 국민에 대하여 구속력이 없다.

해설

①③④⑤ × ② ○ 법령의 위임 없이 처분 요건을 부령에서 변경한 경우 → 해당 부령은 대외효×,①② 행정명령에 불과 / 그에 근거한 처분의 적법성은 상위법을 기준으로 따져야③④

1. 위임이 있는 경우
   법령에서 행정처분의 요건 중 일부 사항을 부령으로 정할 것을 위임한 데 따라 시행규칙 등 부령에서 이를 정한 경우에 그 부령의 규정은 국민에 대해서도 구속력이 있는 법규명령에 해당한다고 할 것이다.⑤

2. 위임이 없는 경우
   그러나 법령의 위임이 없음에도 법령에 규정된 처분 요건에 해당하는 사항을 부령에서 변경하여 규정한 경우에는 그 부령의 규정은 행정청 내부의 사무처리기준 등을 정한 것으로서 행정조직 내에서 적용되는 행정명령의 성격을 지닐 뿐 국민에 대한 대외적 구속력은 없다고 보아야 한다.①② 따라서 어떤 행정처분이 그와 같이 법규성이 없는 시행규칙 등의 규정에 위배된다고 하더라도 그 이유만으로 처분이 위법하게 되는 것은 아니라 할 것이고, 또 그 규칙 등에서 정한 요건에 부합한다고 하여 반드시 그 처분이 적법한 것이라고 할 수도 없다.③ 이 경우 처분의 적법 여부는 그러한 규칙 등에서 정한 요건에 합치하는지 여부가 아니라④ 일반 국민에 대하여 구속력을 가지는 법률 등 법규성이 있는 관계 법령의 규정을 기준으로 판단하여야 한다(2013.9.12. 2011두10584).

관련 OX

② 관련

① 법령의 위임이 없음에도 법령에 규정된 처분 요건에 해당하는 사항을 부령에서 변경하여 규정한 경우에는 그 부령의 규정은 행정명령의 성격을 지닐 뿐 국민에 대한 대외적 구속력은 없다. 20국가9

선지분석 & 요플·기풀기링크

선지	THEME	요플	기풀기
	T14 법규명령	N1	055
①	T15 행정규칙	23	023
②	T14 법규명령	51	053
③	T13 행정입법	03	004

정답 ②

OX 1 ○

필수문제 20

위임입법에 관한 설명으로 옳지 않은 것은? (다툼이 있는 경우 판례에 의함) 25변시

① 법률이 행정부가 아니거나 행정부에 속하지 않는 공법적 기관의 정관에 특정 사항을 정할 수 있다고 위임하는 경우에는 권력분립의 원칙을 훼손할 여지가 없으므로 헌법 제75조, 제95조가 정하는 포괄위임입법의 금지는 원칙적으로 적용되지 않는다.

② 헌법 제95조는 부령에의 위임근거를 마련하면서 헌법 제75조와 같이 '구체적으로 범위를 정하여'라는 문구를 사용하고 있지는 않지만, 법률의 위임에 의한 대통령령에 가해지는 헌법상의 제한은 당연히 법률의 위임에 의한 부령의 경우에도 적용된다.

③ 「국군포로의 송환 및 대우 등에 관한 법률」은 등록포로 등을 대통령령에 따라 예우할 수 있도록 규정하고 있을 뿐 예우의 내용이나 방식 등에 관하여 아무런 규정을 두고 있지 아니하여 대통령령의 제정 없이 상위법령의 규정만으로는 집행 가능하다고 볼 수 없으므로, 대통령은 등록포로 등의 예우에 관한 대통령령을 제정 또는 개정할 의무가 있다.

④ 헌법이 인정하고 있는 위임입법의 형식은 예시적인 것으로 보아야 할 것이고, 법률이 일정한 사항을 행정규칙에 위임하더라도 그 행정규칙은 위임된 사항만을 규율할 수 있으므로, 국회입법의 원칙과 상치되지 않는다.

⑤ 위임입법의 법리는 헌법의 근본원리인 권력분립주의와 의회주의 내지 법치주의에 바탕을 두는 것이기 때문에 행정부에서 제정된 대통령령에서 규정한 내용이 정당한 것인지 여부와 위임의 적법성은 직접적인 관계가 있다.

관련 OX

① 관련

1 법률이 행정부가 아니거나 행정부에 속하지 않는 공법적 기관의 정관에 자치입법적 사항을 위임하는 경우 헌법에서 정한 포괄적인 위임입법의 금지는 원칙적으로 적용되지 않는다. 24국가7

④ 관련

2 헌법재판소는 헌법이 인정하고 있는 위임입법의 형식을 예시적인 것으로 보고 있다. 13국회8

3 헌법재판소 판례에 의하면, 헌법상 위임입법의 형식은 열거적이기 때문에, 국민의 권리·의무에 관한 사항을 고시 등 행정규칙으로 정하도록 위임한 법률 조항은 위헌이다. 16서울9

해설

① ○ 공법적 단체의 자치법적 사항: 포괄위임금지의 원칙 미적용 → 정관에 포괄위임 가능

법률이 행정부가 아니거나 행정부에 속하지 않는 공법적 기관의 정관에 특정 사항을 정할 수 있다고 위임하는 경우에는 그러한 권력분립의 원칙을 훼손할 여지가 없다. 이는 자치입법에 해당되는 영역이므로 자치적으로 정하는 것이 바람직하다. 따라서 법률이 정관에 자치법적 사항을 위임한 경우에는 헌법 제75조, 제95조가 정하는 포괄적인 위임입법의 금지는 원칙적으로 적용되지 않는다(헌재 2006.3.30. 2005헌바31).

② ○ 비록 헌법에 명시적 문구는 없으나 부령에 대한 위임도 '구체적으로 범위를 정하여' 해야 함

헌법 제95조는 부령에서의 위임근거를 마련하면서 (편저자: 헌법 제75조와 달리) '구체적으로 범위를 정하여'라는 문구를 사용하고 있지는 않지만 법률의 위임에 의한 대통령령에 가해지는 헌법상의 제한은 당연히 법률의 위임에 의한 부령의 경우에도 적용된다. 따라서 법률로 부령에 위임을 하는 경우라도 적어도 법률의 규정에 의하여 부령으로 규정될 내용 및 범위의 기본사항을 구체적으로 규정함으로써 누구라도 당해 법률로부터 부령에 규정될 내용의 대강을 예측할 수 있도록 하여야 한다(헌재 2022.9.29. 2021헌바3).

선지분석 & 요플·기풀기링크

선지	THEME	요플	기풀기
①	T14 법규명령	38	033
②		06	006
③	T13 행정입법		
④	T15 행정규칙	36	037
⑤	T14 법규명령	57	062

③ ○ 대통령에게 국군포로법의 위임에 따른 대통령령을 제정할 작위의무 인정됨(법률상 위임이 있더라도 어차피 상위법령만으로 집행이 가능하면 입법의무 없으나 이에 해당하지 않음)

만일 하위 행정입법의 제정 없이 상위법령의 규정만으로도 집행이 이루어질 수 있는 경우라면 하위 행정입법을 하여야 할 헌법적 작위의무는 인정되지 아니한다고 할 것이다. 그런데 국군포로법은 다른 여러 조항에서 등록포로나 억류지출신 포로가족 등에 대한 금전적 지원, 의료지원, 취업지원 등 각종 지원에 관한 사항을 구체적으로 정하고 있지만, 등록포로 등의 예우에 관해서는 제15조의5에서 대통령령에 따라 예우할 수 있도록 규정하고 있을 뿐, 예우의 내용이나 방식 등에 관하여 아무런 규정을 두고 있지 아니하다. 이와 같이 국군포로법이 직접 규정하고 있는 지원은 직접적인 금전급부, 또는 금전적·경제적 지원에 관한 사항을 내용으로 하고 있는 점, 국군포로법 제15조의5에서 말하는 예우에 관한 사항은 국군포로법에서 이를 직접 정하고 있지 아니한 점 등을 종합하면, 대통령령의 제정 없이 상위법령의 규정만으로 국군포로법 제15조의5에 관한 사항이 집행 가능하다고 볼 수 없다. 따라서 피청구인(편저자: 대통령)에게는 국군포로법 제15조의5 제2항에 따라 등록포로 등의 예우에 관한 대통령령을 제정 또는 개정할 의무가 있다(헌재 2018.5.31. 2016헌마626).

+ PLUS 행정입법부작위가 성립하기 위해서는 ① 행정권이 명령을 제정·개정·폐지할 의무(행정입법 작위의무)가 있음에도 ② 정당한 이유 없이 상당 기간 이를 지체하고 있어야 한다. 위 판시의 경우 ①에 대한 것이다.

④ ○ 헌법의 위임입법의 형식: 예시적 → 행정규칙으로 위임 가능

헌법이 인정하고 있는 위임입법의 형식은 예시적인 것으로 보아야 할 것이고, 그것은 법률이 행정규칙에 위임하더라도 그 행정규칙은 위임된 사항만을 규율할 수 있으므로, 국회입법의 원칙과 상치되지도 않는다(헌재 2006.12.28. 2005헌바59 전원).

⑤ × 대통령령 내용의 정당성 여부와 위임의 적법성은 직접적 관련× → 대통령령이 위헌이라고 수권법률조항이 위헌이 되는 것×

위임입법의 법리는 헌법의 근본원리인 권력분립주의와 의회주의 내지 법치주의에 바탕을 두는 것이기 때문에 행정부에서 제정된 대통령령에서 규정한 내용이 정당한 것인지 여부와 위임의 적법성은 직접적인 관계가 없다. 따라서 대통령령으로 규정한 내용이 헌법에 위반될 경우라도 그 대통령령의 규정이 위헌으로 되는 것은 별론으로 하고 그로 인하여 정당하고 적법하게 입법권을 위임한 수권법률조항까지 위헌으로 되는 것은 아니다(헌재 2006.2.23. 2004헌바79).

21

법규명령에 관한 설명으로 옳지 않은 것은? 09국가9

① 국회전속적 입법사항의 위임이 금지된다는 것이 전적으로 법률로 규율되어야 한다는 것을 의미하지는 않는다.
② 법규명령에 대하여는 특정 법규명령의 위헌·위법 여부가 구체적 사건에 대한 재판의 전제가 된 경우에 법원이 이를 심리·판단하는 선결문제심리방식에 의한 간접적 통제가 인정되고 있다.
③ 법규명령의 근거법령이 소멸된 경우에는 법규명령도 소멸함이 원칙이나, 근거법령이 개정됨에 그친 경우에는 집행명령은 여전히 그 효력을 유지할 수 있다.
④ 헌법 제107조 제2항에서 명령·규칙에 대한 위헌심사권을 법원에 부여하고 있기 때문에, 헌법재판소는 이에 대한 위헌심사권을 행사할 수 없다는 것이 헌법재판소의 입장이다.

관련 OX

① 관련

1 ◯ 국회전속적 입법사항은 반드시 법률에 의하여 규정되어야 하며, 입법자가 법률에서 구체적으로 범위를 정하여도 법규명령에 위임될 수는 없다. 14지방9

③ 관련

2 집행명령의 경우 상위법령이 폐지된 것이 아니라 단순히 개정됨에 그친 경우에는 그 개정법령과 성질상 모순·저촉되지 아니하고 개정된 상위법령의 시행에 필요한 사항을 규정하고 있는 이상 그 집행명령은 개정법령의 시행을 위한 집행명령이 제정·발효될 때까지는 그 효력을 유지한다. 24국회8

해설

① ◯ 국회전속적 입법사항(법률사항이라고도 함)이란, 헌법에서 법률로 정할 것을 명시하거나 이론상 법률로 정하는 것이 필요한 사항을 말한다. 그러나 이러한 국회전속적 입법사항이라 하더라도 전적으로 모든 사항을 법률로만 정하라는 것은 아니고 구체적 범위를 정한 위임은 여전히 가능하다는 것이 다수설이다. 즉, 법률로 정해야 할 중요하고 본질적 사항이 아닌 세부적 사항은 위임이 가능하다.

② ◯ 헌법 제107조 제2항은 명령·규칙의 위헌·위법 여부에 대하여는 그것이 다른 재판의 전제가 된 경우에 대법원이 이를 최종 심사하는 것으로 규정하고 있다. 즉, 법규명령에 대한 사법적 통제는 항고소송 등이 허용되는 다른 구체적 사건에서 해당 법규명령의 위헌·위법 여부가 재판의 전제가 된 경우에(해당 재판의 결론을 내리기 위한 선결문제가 된 경우에), 그 구체적 사건의 해결을 위하여 사법부가 해당 법규명령의 위헌·위법 여부를 판단하는 방식으로 행해지게 된다. 이처럼 법규명령 자체를 대상으로 삼는 직접적 방식이 아니라, 다른 구체적 사건의 해결을 위하여 간접적으로 법규명령을 심사하는 방식을 취하기 때문에 이를 간접적 통제 혹은 구체적 규범통제라고 한다.

③ ◯ 근거법령이 폐지: 그에 근거한 집행명령도 실효 / 근거법령이 개정: 그와 모순·저촉 없는 집행명령은 효력유지 가능

상위법령의 시행에 필요한 세부적 사항을 정하기 위하여 행정관청이 일반적 직권에 의하여 제정하는 이른바 집행명령은 근거법령인 상위법령이 폐지되면 특별한 규정이 없는 이상 실효되는 것이나, 상위법령이 개정됨에 그친 경우에는 개정법령과 성질상 모순·저촉되지 아니하고 개정된 상위법령의 시행에 필요한 사항을 규정하고 있는 이상 그 집행명령은 상위법령의 개정에도 불구하고 당연히 실효되지 아니하고 개정법령의 시행을 위한 집행명령이 제정·발효될 때까지는 여전히 그 효력을 유지한다(1989.9.12. 88누6962).

④ ✕ 법규명령이 별도의 집행행위를 기다리지 않고 직접 기본권을 침해하는 것인 때에는 헌법소원심판의 대상이 될 수 있다.

• 명령·규칙이 기본권을 직접 침해하면 대법원의 명령·규칙심사권과 별개로 헌법소원 가능 → 대법원규칙인 「법무사법 시행규칙」에 대한 헌법소원(긍정)
입법부·행정부·사법부에서 제정한 규칙이 별도의 집행행위를 기다리지 않고 직접 기본권을 침해하는 것일 때에는 모두 헌법소원심판의 대상이 될 수 있는 것이다. … 이 사건에서 심판청구의 대상으로 하는 것은 … 법원행정처장으로 하여금 그 재량에 따라 법무사시험을 실시하지 아니해도 괜찮다고 규정한 「법무사법 시행규칙」 제3조 제1항 … 헌법소원심판을 청구할 수 있는 것이다(헌재 1990.10.15. 89헌마178).

선지분석 & 요플·기풀기링크

선지	THEME	요플	기풀기
①		26	021
②	T14 법규명령	60	069
③		80	051
④		73	078

정답 ④
OX 1✕ 2◯

필수문제 22

행정입법에 대한 설명으로 옳은 것은? (다툼이 있는 경우 판례에 의함)   24국가7

① 법률의 위임에 의해 유효하게 성립된 법규명령은 이후 법개정으로 위임의 근거가 없어지더라도 법규명령의 효력에 영향이 없다.
② 행정권의 행정입법 등 법집행의무는 헌법적 의무라고 보아야 할 것이므로, 하위 행정입법의 제정 없이 상위법령의 규정만으로 집행이 이루어질 수 있는 경우라도 하위 행정입법을 하여야 할 헌법적 작위의무는 인정된다.
③ 법률조항의 위임에 따라 대통령령으로 규정한 내용이 헌법에 위반되는 경우에는 그로 인하여 모법인 해당 수권(授權) 법률조항도 위헌이 된다.
④ 법률이 행정부가 아니거나 행정부에 속하지 않는 공법적 기관의 정관에 자치입법적 사항을 위임하는 경우 헌법에서 정한 포괄적인 위임입법의 금지는 원칙적으로 적용되지 않는다.

관련 OX

① 관련
1 법률의 위임에 의하여 효력을 갖는 법규명령이 법개정으로 위임의 근거가 없어지게 되더라도 효력을 상실하지 않는다.   22국가9

④ 관련
2 법률이 공법적 단체 등의 정관에 자치법적 사항을 위임한 경우 헌법 제75조가 정하는 포괄적인 위임입법의 금지가 원칙적으로 적용되며, 위임을 하더라도 그 사항이 국민의 권리·의무에 관련되는 것일 경우 적어도 국민의 권리·의무에 관한 기본적이고 본질적인 사항은 국회가 정하여야 한다.   24변시

해설

① × 위임근거의 사후적 부여(무효였다가 그때부터 유효), 위임근거의 사후적 상실(유효였다가 그때부터 무효) → 법개정 전후 모두 살펴야 시기에 따른 유·무효 판단 가능
일반적으로 법률의 위임에 의하여 효력을 갖는 법규명령의 경우, 구법에 위임의 근거가 없어 무효였더라도 사후에 법개정으로 위임의 근거가 부여되면 그때부터는 유효한 법규명령이 되나, 반대로 구법의 위임에 의한 유효한 법규명령이 법개정으로 위임의 근거가 없어지게 되면 그때부터 무효인 법규명령이 되므로, 어떤 법령의 위임근거 유무에 따른 유효 여부를 심사하려면 법개정의 전·후에 걸쳐 모두 심사하여야만 그 법규명령의 시기에 따른 유효·무효를 판단할 수 있다(1995.6.30. 93추83).

② × 법률상 위임이 있더라도 어차피 상위법령만으로 집행이 가능: 입법의무(작위의무) 부존재
삼권분립의 원칙, 법치행정의 원칙을 당연한 전제로 하고 있는 우리 헌법하에서 행정권의 행정입법 등 법집행의무는 헌법적 의무라고 보아야 할 것이다. … 하위 행정입법의 제정 없이 상위법령의 규정만으로도 집행이 이루어질 수 있는 경우라면 하위 행정입법을 하여야 할 헌법적 작위의무는 인정되지 아니한다(헌재 2005.12.22. 2004헌마66 전원).

③ × 모법이 위헌인 경우에는 그에 근거한 위임명령도 무효가 된다. 그러나 위임명령이 위헌이라고 하여 모법이 위헌이 되는 것은 아니다.
• 대통령령이 위헌이라고 수권법률조항이 위헌이 되는 것 ×
위임입법의 법리는 헌법의 기본원리인 권력분립주의와 의회주의 내지 법치주의에 바탕을 두는 것이기 때문에 행정부에서 제정된 대통령령에서 규정한 내용이 정당한 것인지 여부와 위임의 적법성은 직접적인 관계가 없다. 따라서 대통령령으로 규정한 내용이 헌법에 위반될 경우라도 그 대통령령의 규정이 위헌으로 되는 것은 별론으로 하고 그로 인하여 정당하고 적법하게 입법권을 위임한 수권법률조항까지 위헌으로 되는 것은 아니다(헌재 2006.2.23. 2004헌바79 전원).

④ ○ 공법적 단체의 자치법적 사항: 포괄위임금지의 원칙 미적용 → 정관에 포괄위임 가능
법률이 행정부가 아니거나 행정부에 속하지 않는 공법적 기관의 정관에 특정 사항을 정할 수 있다고 위임하는 경우에는 그러한 권력분립의 원칙을 훼손할 여지가 없다. 이는 자치입법에 해당되는 영역이므로 자치적으로 정하는 것이 바람직하다. 따라서 법률이 정관에 자치법적 사항을 위임한 경우에는 헌법 제75조, 제95조가 정하는 포괄적인 위임입법의 금지는 원칙적으로 적용되지 않는다(헌재 2006.3.30. 2005헌바31).

선지분석 & 요플·기풀기링크

선지	THEME	요플	기풀기
①	T14 법규명령	18	013
②	T13 행정입법	26	026
③	T14 법규명령	58	063
④	T14 법규명령	38	033

선지선택비율 ① 6.25% ② 4.36% ③ 4.36% ④ 85.04% 오답률 14.96%

정답 ④
OX 1× 2×

23

행정규칙에 관한 설명으로 옳은 것은? (다툼이 있는 경우 판례에 의함)

08(상)지방9

① 재량준칙인 경우에는 행정청에 의하여 반복되어 시행되더라도 이는 행정법상 일반원칙에 따른 대외적인 구속력을 가지는 것은 아니다.
② 행정규칙의 제정을 위해서는 행정의 법률적합성의 원칙상 위임입법금지의 원칙에 따라 법률적 근거가 필요하다.
③ 위법한 법령해석적 행정규칙에 대한 국민의 일반적인 신뢰는 경우에 따라서는 신뢰보호원칙에 의하여 보호될 수 있다.
④ 상급행정기관이 발한 위법이 의심되는 재량준칙에 불복한 공무원은 정당하므로 징계의 대상이 될 수 없다.

관련 OX

① 관련

1 재량권 행사의 준칙인 행정규칙이 그 정한 바에 따라 되풀이 시행되어 행정관행이 이루어지게 되면 평등의 원칙이나 신뢰보호의 원칙에 따라 행정기관은 그 상대방에 대한 관계에서 그 규칙에 따라야 할 자기구속을 받게 된다.

23서울(지적)7

② 관련

2 행정규칙은 법적 근거를 요하지 않는다.

11국회9

해설

① ✕ 재량준칙이 되풀이되어 관행화: 평등원칙과 신뢰보호원칙에 따라 자기구속의 원칙 발현 → 그에 반하는 처분은 평등원칙·신뢰보호원칙 위반으로 위법

재량준칙이 정한 바에 따라 **되풀이** 시행되어 **행정관행**이 이루어지게 되면 **평등의 원칙**이나 **신뢰보호의 원칙**에 따라 행정기관은 상대방에 대한 관계에서 그 규칙에 따라야 할 자기구속을 받게 되므로, 이러한 경우에는 특별한 사정이 없는 한 그에 반하는 처분은 **평등의 원칙이나 신뢰보호의 원칙에 어긋나** 재량권을 일탈·남용한 **위법한** 처분이 된다(2013.11.14. 2011두28783).

+ PLUS 재량준칙은 행정규칙으로서 대외효가 없다. 재량준칙도 행정규칙이므로 대외적 구속력은 인정되지 않는 것이 원칙이다. 그러나 재량준칙이 되풀이 되어 행정관행이 성립된 경우는 행정청도 상대방에게 그 준칙대로 처분할 자기구속을 받게 된다. 이 경우 재량준칙은 **자기구속의 원칙을 매개**로 간접적으로 **대외적 구속력**을 발현하게 된다.

② ✕ 행정규칙은 내부규율에 불과하고 대외적 힘을 부여하는 것이 아니므로 상위법령의 위임이 필요 없다. 즉, **법률유보원칙이 적용되지 않는다**.

+ PLUS 행정규칙 제·개정권은 감독권(상급기관의 하급기관에 대한 것일 경우)이나 처분권(재량준칙의 경우)에서 당연히 유래하는 것이다.

③ ○ 신뢰보호원칙은 선행행위가 위법한 경우에도 적용된다. 따라서 위법한 법령해석적 행정규칙에 대한 신뢰도 보호될 수 있다.

• 위법한 해석이나 관행에도 신뢰보호의 원칙 적용 가능

조세법률관계에 있어서 신의성실의 원칙이나 신뢰보호의 원칙 또는 비과세 관행 존중의 원칙은 **합법성의 원칙을 희생하여서라도 납세자의 신뢰를 보호함이 정의에 부합하는 것으로 인정되는 특별한 사정이 있을 경우에 한하여 적용되는 예외적인 법 원칙**이다(2013.12.26. 2011두5940).

④ ✕ 행정규칙은 행정부 내부적 기준에 불과하여 내부적 효력만 있을 뿐, 대외적 효력은 없다. 다만, 내부적 **구속력**은 있으므로 그것이 명백히 위법하지 않는 한 위반시 징계대상이 될 수 있다. 따라서 단순히 위법이 의심된다는 사유로 행정규칙을 따르지 않을 시 **징계의 대상**이 될 수 있다.

선지분석 & 요플·기풀기링크

선지	THEME	요플	기풀기
①	T15 행정규칙	07	007
②	T13 행정입법	12	012
③	T05 신뢰보호원칙	12	015
④	T13 행정입법	07	008

정답 ③
OX 1○ 2○

24

다음 설명 중 옳지 않은 것은? (다툼이 있는 경우 판례에 의함) 17서울7

① 삼권분립의 원칙, 법치행정의 원칙을 당연한 전제로 하고 있는 우리 헌법하에서 행정권의 행정입법 등 법집행의무는 헌법적 의무라고 보아야 한다.

② 국립대학교의 대학입학고사 주요 요강은 공권력의 행사로서 행정쟁송의 대상이 될 수 있는 행정처분이다.

③ 입법의 내용·범위·절차 등의 결함을 이유로 헌법소원을 제기하려면 결함이 있는 당해 입법규정 그 자체를 대상으로 하여 그것이 평등의 원칙에 위배된다는 등 헌법위반을 내세워 적극적인 헌법소원을 제기하여야 하며, 이 경우에는 「헌법재판소법」 소정의 제소기간을 준수하여야 한다.

④ 어떠한 고시가 일반적·추상적 성격을 가질 때에는 법규명령 또는 행정규칙에 해당할 것이지만, 다른 집행행위의 매개 없이 그 자체로서 직접 국민의 구체적인 권리·의무나 법률관계를 규율하는 성격을 가질 때에는 항고소송의 대상이 되는 행정처분에 해당한다.

관련 OX

① 관련
1 행정권의 시행명령제정의무는 헌법적 의무이다. 21군무원9

③ 관련
2 부진정입법부작위에 대해서는 입법부작위 그 자체를 헌법소원의 대상으로 할 수 있다. 16사복9

해설

① ○ 삼권분립의 원칙, 법치행정의 원칙을 당연한 전제로 하고 있는 우리 헌법하에서 행정권의 **행정입법 등 법집행의무는 헌법적 의무라고 보아야 한다**(헌재 1998.7.16. 96헌마246).

② × 제2외국어에서 일본어를 제외한 서울대 대학입시 주요 요강: 처분× → 행정소송× / 공권력의 행사○ → 헌법소원○

국립대학인 서울대학교의 '94학년도 **대학입학고사 주요 요강**'은 사실상의 준비행위 내지 사전안내로서 **행정쟁송의 대상이 될 수 있는 행정처분이나 공권력의 행사는 될 수 없지만** 그 내용이 국민의 기본권에 직접 영향을 끼치는 내용이고 앞으로 법령의 뒷받침에 의하여 그대로 실시될 것이 틀림없을 것으로 예상되어 그로 인하여 직접적으로 기본권 침해를 받게 되는 사람에게는 **사실상의 규범작용**으로 인한 위험성이 이미 현실적으로 발생하였다고 보아야 할 것이므로 이는 **헌법소원의 대상이 되는** 헌법재판소법 제68조 제1항 소정의 **공권력의 행사에 해당된다**(헌재 1992.10.1. 92헌마68·76 전원).

③ ○ **부진정입부작위에 대한 헌법소원**: 흠 있는 입법규정을 대상으로 적극적으로 제기해야 하며 제소기간 준수해야 함

넓은 의미의 '입법부작위'에는, ① 입법자가 헌법상 입법의무가 있는 어떤 사항에 관하여 전혀 입법을 하지 아니함으로써 입법행위의 흠결이 있는 경우(즉, 입법권의 불행사)와 ② 입법자가 어떤 사항에 관하여 **입법은 하였으나 그 입법의 내용·범위·절차 등이** 당해 사항을 **불완전, 불충분 또는 불공정하게 규율함으로써 입법행위에 결함이 있는 경우**(즉, 결함이 있는 입법권의 행사)가 있는데, 일반적으로 전자를 진정입법부작위, 후자를 **부진정입법부작위**라고 부르고 있다. 이른바 **부진정입법부작위**를 대상으로, 즉 입법의 내용·범위·절차 등의 결함을 이유로 **헌법소원을** 제기하려면 이 경우에는 결함이 있는 당해 **입법규정 그 자체를 대상으로** 하여 그것이 평등의 원칙에 **위배된다는** 등 헌법위반을 내세워 적극적인 헌법소원을 제기하여야 하며, 이 경우에는 헌법재판소법 소정의 **제소기간**(청구기간)을 **준수하여야 한다**(헌재 1996.10.4. 94헌마108 전원).

④ ○ 고시가 집행행위 매개 없이 그 자체로서 국민의 권리·의무를 규율하는 경우: 처분

어떠한 **고시가 일반적·추상적 성격을 가질 때에는 법규명령 또는 행정규칙에 해당할 것이지만**, 다른 **집행행위의 매개 없이 그 자체로서 직접 국민의 구체적인 권리의무나 법률관계를 규율하는 성격을** 가질 때에는 항고소송의 대상이 되는 **행정처분에 해당한다**(2003.10.9. 2003무23).

선지분석 & 요플·기풀기링크

선지	THEME	요플	기풀기
①	T13 행정입법	23	023
②	T15 행정규칙	70	073
③	T13 행정입법	35	036
④	T15 행정규칙	64	065

 ②

 1○ 2×

필수문제 25

행정입법에 대한 설명으로 옳지 않은 것은? (다툼이 있는 경우 판례에 의함) 23국가9

① 총리령·부령의 제정절차는 대통령령의 경우와는 달리 국무회의 심의는 거치지 않아도 된다.

② 법령보충적 행정규칙은 물론이고 재량권 행사의 준칙이 되는 행정규칙이 행정의 자기구속원리에 따라 대외적 구속력을 가지는 경우에는 헌법소원의 대상이 될 수 있다.

③ 상위법령의 위임이 없음에도 상위법령에 규정된 처분 요건에 해당하는 사항을 부령에서 변경하여 규정한 경우 그 부령의 규정은 국민에 대한 대외적 구속력이 있다.

④ 「특정다목적댐법」에서 댐 건설로 손실을 입으면 국가가 보상해야 하고 그 절차와 방법은 대통령령으로 제정토록 명시되어 있음에도 미제정된 경우, 법령제정의 여부는 「행정소송법」상 부작위위법확인소송의 대상이 될 수 없다.

해설

① ○ 대통령령은 필수적으로 국무회의 심의를 거쳐야 하나, 총리령·부령은 그렇지 않다(헌법 제89조 제3호). 물론 총리령·부령도 국무회의에 제출되어 국무회의를 거칠 수는 있다(헌법 제89조 제17호). 또한, 총리령·부령도 법제처 심사는 필수적으로 거쳐야 한다(정부조직법 제23조 제1항).

헌법 제89조 다음 사항은 국무회의 심의를 거쳐야 한다.
3. 헌법개정안·국민투표안·조약안·법률안 및 **대통령령안**
17. **기타 대통령·국무총리 또는 국무위원이 제출**한 사항

정부조직법 제23조(법제처) ① 국무회의에 상정될 법령안·조약안과 **총리령안** 및 부령안의 심사와 그 밖에 법제에 관한 사무를 전문적으로 관장하기 위하여 국무총리 소속으로 법제처를 둔다.

② ○ 법령보충적 행정규칙 또는 자기구속력이 발생된 재량준칙: 헌법소원의 대상 가능
행정규칙이 법령의 규정에 의하여 행정관청에 법령의 구체적 내용을 보충할 권한을 부여한 경우(편저자: 법령보충적 행정규칙)나 재량권행사의 준칙인 규칙이 그 정한 바에 따라 되풀이 시행되어 행정관행이 이룩되게 되면, 평등의 원칙이나 신뢰보호의 원칙에 따라 행정기관은 그 상대방에 대한 관계에서 그 규칙에 따라야 할 자기구속을 당하게 되는 경우에는 대외적인 구속력을 가지게 되는바, 이러한 경우에는 헌법소원의 대상이 될 수도 있다(헌재 2001.5.31. 99헌마413 전원).

+ PLUS 법령보충적 행정규칙으로서 상위법령과 결합하여 대외적 구속력을 갖게 되는 경우, 재량준칙이 되풀이 되어 평등원칙 등을 매개로 대외적 구속력을 갖게 되는 경우 등에는 행정규칙이 대외적 구속력을 갖게 된다. 이때 기본권 침해의 직접성까지 인정된다면 헌법소원의 대상이 될 수 있다.

③ ✕ 법령의 위임 없이 처분 요건을 부령에서 변경한 경우: 대외적 효력✕
법령의 위임이 없음에도 법령에 규정된 처분 요건에 해당하는 사항을 부령에서 변경하여 규정한 경우에는 그 부령의 규정은 행정청 내부의 사무처리기준 등을 정한 것으로서 행정조직 내에서 적용되는 행정명령의 성격을 지닐 뿐 국민에 대한 대외적 구속력은 없다고 보아야 한다(2013.9.12. 2011두10584).

④ ○ 행정입법부작위는 부작위위법확인소송의 대상✕
특정다목적댐법에 의하면 다목적댐 건설로 인한 손실보상 의무가 국가에게 있고, 손실보상 절차와 그 방법 등 필요한 사항은 대통령령으로 규정하도록 되어 있음에도 피고가 이를 제정하지 아니한 것은 행정입법부작위에 해당하는 것이어서 그 부작위위법확인을 구한다고 주장하나, 행정소송은 구체적 사건에 대한 법률상 분쟁을 법에 의하여 해결함으로써 법적 안정을 기하자는 것이므로 부작위위법확인소송의 대상이 될 수 있는 것은 구체적 권리의무에 관한 분쟁이어야 하고 추상적인 법령에 관하여 제정의 여부 등은 그 자체로서 국민의 구체적인 권리의무에 직접적 변동을 초래하는 것이 아니어서 행정소송의 대상이 될 수 없으므로 이 사건 소는 부적법하다(1992.5.8. 91누11261).

선지선택비율 ① 7.22% ② 3.83% ③ 81.71% ④ 7.24%   오답률 18.29%

관련 OX

② 관련

1 법령보충적 행정규칙은 물론이고, 재량권 행사의 준칙이 되는 행정규칙이 그 정한 바에 따라 되풀이 시행되어 행정관행이 이루어지고 행정의 자기구속원리에 따라 대외적 구속력을 가지는 경우에는 헌법소원의 대상이 될 수도 있다.
23소방(변형)

③ 관련

2 법령의 위임이 없음에도 법령에 규정된 처분 요건에 해당하는 사항을 부령에서 변경하여 규정한 경우에는 그 부령의 규정은 행정청 내부의 사무처리 기준 등을 정한 것으로서 행정조직 내에서 적용되는 행정명령의 성격을 지닐 뿐 국민에 대한 대외적 구속력은 없다. 23국가7

선지분석 & 요플·기풀가링크

선지	THEME	요플	기풀기
①	T13 행정입법	20	020
②	T15 행정규칙	68	072
③	T14 법규명령	51	053
④	T13 행정입법	32	033

정답 ③
OX 1 ○ 2 ○

필수문제 26

행정입법에 대한 설명으로 옳지 않은 것은? (다툼이 있는 경우 판례에 의함) 25국가9

① 행정규칙의 내용이 상위법령에 반하는 것이라면 법치국가원리에서 파생되는 법질서의 통일성과 모순금지 원칙에 따라 그것은 법질서상 당연무효이고, 행정내부적 효력도 인정될 수 없다.

② 행정처분이 법규성이 없는 내부지침 등의 규정에 위배된다고 하더라도 그 이유만으로 처분이 위법하게 되는 것은 아니고, 또 내부지침 등에서 정한 요건에 부합한다고 하여 반드시 그 처분이 적법한 것이라고 할 수도 없다.

③ 행정관청 내부의 사무처리규정에 불과한 전결규정에 위반하여 원래의 전결권자 아닌 보조기관 등이 처분권자인 행정관청의 이름으로 행정처분을 하였다면 그 처분은 권한 없는 자에 의하여 행하여진 무효의 처분이다.

④ 행정소송에 대한 대법원판결에 의하여 명령·규칙이 헌법 또는 법률에 위반된다는 것이 확정된 경우에는 대법원은 지체 없이 그 사유를 행정안전부장관에게 통보하여야 한다.

관련 OX

③ 관련

1 전결규정에 위반하여 원래의 전결권자 아닌 보조기관 등이 처분권자인 행정관청의 이름으로 행정처분을 하였다면, 그 처분은 권한 없는 자에 의하여 행하여진 것으로 당연무효이다. 25국회8

④ 관련

2 명령 등이 헌법이나 법률에 위반되어 대법원에서 무효라고 선언하여도 당해 사건에만 적용이 배제될 뿐 형식적으로는 존재하므로 판결확정 후 대법원은 행정안전부장관에게 통보하도록 하고 있다. 18소방

해설

① ○ 법령에 반하는 위법한 행정규칙: 당연무효 / 내부효도 없음
행정기관이 소속 공무원이나 하급행정기관에 대하여 세부적인 업무처리절차나 법령의 해석·적용기준을 정해 주는 '행정규칙'은 상위법령의 구체적 위임이 있지 않는 한 조직 내부에서만 효력을 가질 뿐 대외적으로 국민이나 법원을 구속하는 효력이 없다. 그러나 행정규칙의 내용이 <u>상위법령이나 법의 일반원칙에 반하는</u> 것이라면 법치국가원리에서 파생되는 법질서의 통일성과 모순금지 원칙에 따라 그것은 법질서상 <u>당연무효이고</u>, <u>행정내부적 효력도 인정될 수 없</u>다(2020.5.28. 2017두66541).

② ○ 내부지침(행정규칙) → 안 따라도 위법 단정×, 따라도 적법 보장×
행정처분이 법규성이 없는 내부지침 등의 규정에 위배된다고 하더라도 그 이유만으로 처분이 <u>위법하게 되는 것은 아니고</u>, 또 내부지침 등에서 정한 요건에 <u>부합</u>한다고 하여 반드시 그 처분이 <u>적법한 것이라고 할 수도 없다</u>. 처분의 적법 여부는 그러한 내부지침 등에서 정한 요건에 합치하는지 여부가 아니라 일반 국민에 대하여 구속력을 가지는 법률 등 법규성이 있는 관계 법령의 규정을 기준으로 판단하여야 한다(2018.6.15. 2015두40248).

③ × 전결규정에 위반하여 전결권자 아닌 보조기관이 '처분권자 이름으로' 처분: 무효×
전결과 같은 행정권한의 내부위임은 법률이 위임을 허용하지 않는 경우에도 인정되는 것이므로, 설사 행정관청 내부의 사무처리규정에 불과한 <u>전결규정에 위반하여</u> 원래의 전결권자 아닌 보조기관 등이 <u>처분권자인 행정관청의 이름으로 행정처분</u>을 하였다고 하더라도 그 처분이 권한 없는 자에 의하여 행하여진 <u>무효의 처분이라고는 할 수 없</u>다(1998.2.27. 97누1105).

+ PLUS 내부위임(전결)은 별도의 법적 근거가 없더라도 가능하기에, 이를 위반하여 보조기관이 '처분권자'의 이름으로 행한 처분을 권한 없는 자가 한 것으로 볼 수는 없다.

④ ○

행정소송법 제6조(명령·규칙의 위헌판결등 공고) ① 행정소송에 대한 대법원판결에 의하여 명령·규칙이 헌법 또는 법률에 위반된다는 것이 확정된 경우에는 대법원은 지체 없이 그 사유를 **행정안전부장관**에게 통보하여야 한다.

선지선택비율 ① 11.25% ② 5.16% ③ 73.37% ④ 10.22%   오답률 26.63%

선지분석 & 요플·기풀기링크

선지	THEME	요플	기풀기
①	T13 행정입법	08	009
②		03	004
③	T29 VA의 하자와 효력	41	041
④	T14 법규명령	68	076

정답 ③
OX 1× 2○

THEME 13-15 행정입법

필수문제 27

행정입법에 대한 설명으로 옳지 않은 것은? (다툼이 있는 경우 판례에 의함) 17(하)국가9

① 법령의 규정이 특정 행정기관에게 법령내용의 구체적 사항을 정할 수 있는 권한을 부여하면서 권한행사의 절차나 방법을 특정하지 아니하였다면, 수임 행정기관은 행정규칙이나 규정 형식으로 법령내용이 될 사항을 구체적으로 정할 수 없다.

② 법률의 시행령이나 시행규칙의 내용이 모법의 입법 취지와 관련 조항 전체를 유기적·체계적으로 살펴보아 모법의 해석상 가능한 것을 명시한 것에 지나지 아니하거나 모법 조항의 취지에 근거하여 이를 구체화하기 위한 것인 때에는, 모법에 이에 관하여 직접 위임하는 규정을 두지 아니하였다고 하더라도 이를 무효라고 볼 수는 없다.

③ 입법부가 법률로써 행정부에게 특정한 사항을 위임했음에도 불구하고 행정부가 정당한 이유 없이 이를 이행하지 않는다면 권력분립의 원칙과 법치국가 내지 법치행정의 원칙에 위배된다.

④ 대통령령을 제정하려면 국무회의 심의와 법제처의 심사를 거쳐야 한다.

관련 OX

① 관련

1 법령의 규정이 특정 행정기관에게 법령 내용의 구체적 사항을 정할 수 있는 권한을 부여하면서 권한행사의 절차나 방법을 특정하지 아니한 경우에는 수임 행정기관은 행정규칙으로 법령 내용이 될 사항을 구체적으로 정할 수 있다. 20국가9

② 관련

2 법률의 시행령이나 시행규칙의 내용이 모법 조항의 취지에 근거하여 이를 구체화하기 위한 것인 때에는 모법의 규율 범위를 벗어난 것으로 볼 수 없다. 이러한 경우에는 모법에 이에 관하여 직접 위임하는 규정을 두지 않았다고 하여도 이를 무효라고 볼 수 없다. 21국가9

해설

① × 법령에서 구체화 권한을 부여하면서도 그 절차·방법은 불특정: 행정규칙에의 구체적 위임 인정
법령의 규정이 특정 행정기관에 그 법령내용의 구체적 사항을 정할 수 있는 권한을 부여하면서 그 권한 행사의 절차나 방법을 특정하고 있지 않은 관계로 수임 행정기관이 행정규칙의 형식으로 그 법령의 내용이 될 사항을 구체적으로 정할 수 있다(2003.9.26. 2003두2274).

② ○ 행정입법에서 모법의 해석상 가능한 것을 명시하거나 구체화한 데 불과(모법해석규정): 위임 없어도 무효×
법률의 시행령이나 시행규칙의 내용이 모법의 입법 취지와 관련 조항 전체를 유기적·체계적으로 살펴보아 모법의 해석상 가능한 것을 명시한 것에 지나지 아니하거나 모법 조항의 취지에 근거하여 이를 구체화하기 위한 것인 때에는 모법의 규율 범위를 벗어난 것으로 볼 수 없으므로, 모법에 이에 관하여 직접 위임하는 규정을 두지 아니하였더라도 이를 무효라고 볼 수는 없다(2014.8.20. 2012두19526).

+ PLUS 이와 같이 판례는 모법의 해석규정에 대하여 모법에 위임규정이 없더라도 무효가 아니라고 보았다. 이에 대해서 해석규정도 집행명령의 일종으로 본 것으로 평가하는 견해가 유력하다.

③ ○ 행정부의 행정입법부작위: 권력분립·법치행정 위배(위헌·위법)
입법부가 법률로써 행정부에게 특정한 사항을 위임했음에도 불구하고 행정부가 정당한 이유 없이 이를 이행하지 않는다면 권력분립의 원칙과 법치국가 내지 법치행정의 원칙에 위배되는 것으로서 위법함과 동시에 위헌적인 것이 된다(2007.11.29. 2006다3561).

④ ○

헌법 제89조 다음 사항은 국무회의의 심의를 거쳐야 한다.
3. 헌법개정안·국민투표안·조약안·법률안 및 대통령령안

정부조직법 제23조(법제처) ① 국무회의에 상정될 법령안·조약안과 총리령안 및 부령안의 심사와 그 밖에 법제에 관한 사무를 전문적으로 관장하기 위하여 국무총리 소속으로 법제처를 둔다.

선지분석 & 요플·기풀기링크

선지	THEME	요플	기풀기
①	T15 행정규칙	41	042
②	T14 법규명령	53	057
③	T13 행정입법	24	024
④		19	019

정답 ①
OX 1○ 2○

28

행정입법에 대한 설명으로 옳지 않은 것은? (다툼이 있는 경우 판례에 의함)   20국가7

① 헌법에서 인정한 법규명령의 형식을 예시적으로 이해하는 견해에 의하면 감사원규칙은 법규명령이 아니라고 본다.
② 고시가 상위법령과 결합하여 대외적 구속력을 갖고 국민의 기본권을 침해하는 법규명령으로 기능하는 경우 헌법소원의 대상이 된다.
③ 집행명령은 상위법령의 집행을 위해 필요한 사항을 규정한 것으로 법규명령에 해당하지만 법률의 수권 없이 제정할 수 있다.
④ 상위법령을 시행하기 위하여 하위법령을 제정하거나 필요한 조치를 함에 있어서는 상당한 기간을 필요로 하며 합리적인 기간 내의 지체를 위헌적인 부작위로 볼 수 없다.

관련 OX

① 관련
1 감사원규칙은 행정기관의 장이 제정한 행정규칙으로서 대외적인 구속력이 없다.   25국회8

③ 관련
2 집행명령은 상위법령의 집행을 위하여 필요한 사항을 법률 또는 상위명령의 위임에 의해 직권으로 발하는 명령이다.   13국회8

해설

① × 헌법이 규정한 법규명령의 형식(대통령령, 총리령, 부령, 독립기관규칙)을 예시적인 것으로 볼 경우, 그 외의 형식에 의한 법규명령도 법률의 구체적 위임이 있는 한 인정될 수 있다. 이는 판례의 태도이기도 하다(헌재 99헌바91). 따라서 감사원법에 근거한 감사규칙 역시 법규명령으로 인정될 수 있다.

② ○ 법령보충적 행정규칙으로부터 직접 기본권침해를 받은 경우: 헌법소원 가능
법령의 직접적인 위임에 따라 위임행정기관이 그 법령을 시행하는 데 필요한 구체적 사항을 정한 것이면, 그 제정형식은 비록 법규명령이 아닌 고시, 훈령, 예규 등과 같은 행정규칙이더라도 그것이 상위법령의 위임한계를 벗어나지 아니하는 한, 상위법령과 결합하여 대외적인 구속력을 갖는 법규명령으로서 기능하게 된다고 보아야 할 것인바, 청구인이 법령과 예규의 관계규정으로 말미암아 직접 기본권침해를 받았다면 이에 대하여 바로 헌법소원심판을 청구할 수 있다(헌재 1992.6.26. 91헌마25).
+ PLUS 행정규칙은 원칙적으로 행정조직 내부의 행위일 뿐 대외적 구속력이 없어 이를 헌법소원의 대상이 되는 공권력 행사로 볼 수 없다. 단, 예외적으로 구속력을 갖고 국민의 기본권을 직접 침해하게 되는 경우 헌법소원의 대상이 될 수 있다. 따라서 ① 재량준칙이 되풀이 되어 평등원칙 등을 매개로 대외적 구속력을 갖게 되는 경우, ② 법령보충규칙이 상위법령과 결합하여 대외적 구속력을 갖게 되는 경우 등에는 헌법소원의 대상이 될 수 있다.

③ ○ 위임명령은 새로운 법규사항을 정하는 것이므로 상위법령의 위임이 필요하나, 집행명령은 새로운 법규사항을 정하는 것이 아닌 집행에 필요한 사항을 정하는 것이므로 상위법령의 위임(수권)이 불필요하다.

④ ○ 입법의무(작위의무)가 있더라도 지체된 기간이 합리적인 범위 내: 위헌적 부작위 ×
상위법령을 시행하기 위하여 하위법령을 제정하거나 필요한 조치를 함에 있어서는 상당한 기간을 필요로 하며 합리적인 기간 내의 지체를 위헌적인 부작위로 볼 수 없다(헌재 1998.7.16. 96헌마246).

선지분석 & 요플·기풀기링크

선지	THEME	요플	기풀기
①	T14 법규명령	11	011
②	T15 행정규칙	69	071
③	T14 법규명령	15	045
④	T13 행정입법	27	027

정답 ①
OX 1× 2×

T15 행정규칙

01

행정규칙에 대한 설명으로 옳지 않은 것은? 14국가9

① 훈령, 지시, 예규, 일일명령 등 행정기관이 그 하급기관이나 소속 공무원에 대하여 일정한 사항을 지시하는 문서는 지시문서이다.
② 대법원은 교육부장관이 내신성적산정지침을 시·도 교육감에게 통보한 것은 행정조직 내부에서 내신성적평가에 관한 심사기준을 시달한 것에 불과하다고 보아 위 지침을 행정처분으로 볼 수 없다고 판단하였다.
③ 대법원은 제재적 처분의 기준이 부령 형식으로 규정되어 있더라도 그것은 행정청 내부의 사무처리준칙을 정한 것에 지나지 아니하여 대외적으로 국민이나 법원을 기속하는 효력이 없고, 당해 처분의 적법 여부는 위 처분기준뿐만 아니라 관계 법령의 규정내용과 취지에 따라야 한다고 판단하였다.
④ 대법원은 행정적 편의를 도모하기 위해 법령의 위임을 받아 제정된 절차적 규정을 법령보충적 행정규칙으로 본다.

관련 OX

②관련
1 교육부장관이 대학입시기본계획에서 내신성적 산정기준에 관한 시행지침을 마련하여 시·도교육감에게 통보한 경우, 각 고등학교에서 위 지침에 일률적으로 기속되어 내신성적을 산정할 수밖에 없고 대학에서도 이를 그대로 내신성적으로 인정하여 입학생을 선발할 수밖에 없으므로 내신성적 산정지침은 항고소송의 대상이 되는 행정처분에 해당한다. 24지방9

③관련
2 제재적 행정처분의 기준이 부령 형식으로 규정되어 있더라도 그것은 행정청 내부의 사무처리준칙을 규정한 것에 지나지 않아 대외적으로 국민이나 법원을 기속하는 효력이 없다. 25소간

해설

① ○
> **행정업무의 운영 및 혁신에 관한 규정 제4조(공문서의 종류)** 공문서(이하 '문서'라 한다)의 종류는 다음 각 호의 구분에 따른다.
> 2. 지시문서: 훈령·지시·예규·일일명령 등 행정기관이 그 하급기관이나 소속 공무원에 대하여 일정한 사항을 지시하는 문서

② ○ 교육부장관의 내신성적 산정기준 시행지침: 행정규칙○, 처분×
교육부장관이 내신성적 산정기준의 통일을 기하기 위해 대학입시기본계획의 내용에서 내신성적 산정기준에 관한 시행지침을 마련하여 시·도 교육감에게 통보한 것은 행정조직 내부에서 내신성적 평가에 관한 내부적 심사기준을 시달한 것에 불과하며, 이를 항고소송의 대상이 되는 행정처분으로 볼 수 없다(1994.9.10. 94두33).

③ ○ 부령 형식의 제재적 처분기준의 법적 성질: 행정규칙
제재적 행정처분의 기준이 부령의 형식으로 규정되어 있더라도 그것은 행정청 내부의 사무처리준칙을 정한 것에 지나지 아니하여 대외적으로 국민이나 법원을 기속하는 효력이 없고, 당해 처분의 적법 여부는 위 처분기준만이 아니라 관계 법령의 규정 내용과 취지에 따라 판단되어야 하므로, 위 처분기준에 적합하다 하여 곧바로 당해 처분이 적법한 것이라고 할 수는 없다(2007.9.20. 2007두6946).

④ × 행정적 편의를 도모하기 위한 절차적 규정: 법률의 위임이 있더라도 행정규칙에 불과
소득금액조정합계표 작성요령은 법률의 위임을 받은 것이기는 하나 법인세의 부과징수라는 행정적 편의를 도모하기 위한 절차적 규정으로서 단순히 행정규칙의 성질을 가지는 데 불과하여 과세관청이나 일반국민을 기속하는 것이 아니다(2003.9.5. 2001두403).

선지분석 & 요플·기풀기링크

선지	THEME	요플	기풀기
①		02	002
②	T15 행정규칙	63	064
③		16	016
④		31	032

정답 ④
OX 1× 2○

02

행정입법에 대한 판례의 내용으로 옳지 않은 것은? 15지방7

① 처분의 근거가 행정규칙에 규정되어 있다고 하더라도, 그 처분이 상대방에게 권리 설정 또는 의무 부담을 명하거나 기타 법적인 효과를 발생하게 하는 등으로 상대방의 권리·의무에 직접 영향을 미치는 행위인 경우에는 항고소송의 대상이 되는 행정처분에 해당한다.

② 재량권 행사의 준칙인 행정규칙이 그 정한 바에 따라 되풀이 시행되어 행정관행이 이루어지게 되면 평등의 원칙이나 신뢰보호의 원칙에 따라 행정기관은 그 상대방에 대한 관계에서 그 규칙에 따라야 할 자기구속을 받게 되므로, 이러한 경우에는 특별한 사정이 없는 한 그를 위반하는 처분은 평등의 원칙이나 신뢰보호의 원칙에 위배되어 재량권을 일탈·남용한 위법한 처분이 된다.

③ 행정규칙에서 사용하는 개념이 달리 해석될 여지가 있다 하더라도 행정청이 수권의 범위 내에서 법령이 위임한 취지 및 형평과 비례의 원칙에 기초하여 합목적적으로 기준을 설정하여 그 개념을 해석·적용하고 있다면, 개념이 달리 해석될 여지가 있다는 것만으로 이를 사용한 행정규칙이 법령의 위임한계를 벗어났다고는 할 수 없다.

④ 「국토의 계획 및 이용에 관한 법률」 및 같은 법 시행령이 정한 이행강제금의 부과기준은 단지 상한을 정한 것에 불과한 것이므로 행정청에 이와 다른 이행강제금액을 결정할 재량권이 있다.

관련 OX

① 관련

1 어떠한 처분의 근거나 법적인 효과가 행정규칙에 규정되어 있다면, 그 처분이 행정규칙의 내부적 구속력에 의하여 상대방의 권리·의무에 직접 영향을 미치는 행위라도 항고소송의 대상이 되는 행정처분이라 볼 수 없다. 20국가9

② 관련

2 훈령을 근거로 행정관행이 형성된 경우에는 그 관행에 위반하여 처분을 하게 되면 행정의 자기구속의 법리나 평등의 원칙의 위배로 위법한 처분이 될 수 있다. 23군무원7

해설

① ○ 처분의 근거·효과가 행정규칙에 규정: 그래도 권리·의무에 직접 영향시 처분○
어떠한 처분의 근거나 법적인 효과가 행정규칙에 규정되어 있다고 하더라도, 그 처분이 행정규칙의 내부적 구속력에 의하여 상대방에게 권리의 설정 또는 의무의 부담을 명하거나 기타 법적인 효과를 발생하게 하는 등으로 그 상대방의 권리·의무에 직접 영향을 미치는 행위라면, 이 경우에도 항고소송의 대상이 되는 행정처분에 해당한다(2002.7.26. 2001두3532).

② ○ 재량준칙을 위반한 처분: 곧바로 위법성 인정× / 행정관행 이루어져 자기구속 받게 되는 경우 평등원칙이나 신뢰보호의 원칙 매개하여 재량권 일탈·남용○
재량준칙은 일반적으로 행정조직 내부에서만 효력을 가질 뿐 대외적인 구속력을 갖는 것은 아니므로, 행정처분이 이를 위반하였다고 하여 그러한 사정만으로 곧바로 위법하게 되는 것은 아니고, 다만 그 재량준칙이 정한 바에 따라 **되풀이 시행되어 행정관행**이 이루어지게 되면 **평등의 원칙이나 신뢰보호의 원칙**에 따라 행정기관은 상대방에 대한 관계에서 그 규칙에 따라야 할 **자기구속**을 받게 되므로, 이러한 경우에는 특별한 사정이 없는 한 그에 반하는 처분은 평등의 원칙이나 신뢰보호의 원칙에 어긋나 재량권을 일탈·남용한 위법한 처분이 된다(2013.11.14. 2011두28783).

③ ○ 위임범위를 벗어났는지 판단기준: 다른 해석의 여지가 있다는 것만으로 위임일탈로 단정×
행정규칙에서 사용하는 개념이 달리 해석할 여지가 있다 하더라도 행정청이 수권의 범위 내에서 법령이 위임한 취지 및 형평과 비례의 원칙에 기초하여 합목적적으로 기준을 설정하여 그 개념을 해석·적용하고 있다면, 개념이 달리 해석할 여지가 있다는 것만으로 이를 사용한 행정규칙이 법령의 위임한계를 벗어났다고 할 수 없다(2008.4.10. 2007두4841).

④ × 국토계획법 시행령(이행강제금 부과기준): 법규명령 / 규정된 금액은 상한이 아닌 정액
국토계획법 및 「국토의 계획 및 이용에 관한 법률 시행령」이 정한 이행강제금의 부과기준은 단지 상한을 정한 것에 불과한 것이 아니라, 위반행위 유형별로 계산된 특정 금액을 규정한 것이므로 행정청에 이와 다른 이행강제금액을 결정할 재량권이 없다(2014.11.27. 2013두8653).

최고한도로 본 사례	「청소년보호법 시행령」(과징금 기준)	정액이 아닌 최고한도
	「국민건강보험법 시행령」(업무정지·과징금 기준)	확정기간이나 금액이 아닌 최고한도
특정기간·금액으로 본 사례	「주택건설촉진법 시행령」(영업정지처분 기준)	상한 아닌 특정기간
	「국토계획법 시행령」(이행강제금 부과기준)	상한 아닌 특정금액

선지분석 & 요플·기풀기링크

선지	THEME	요플	기풀기
①	T52 대상적격(행정작용)	02	002
②		11	008
③	T15 행정규칙	43	044
④		27	028

정답 ④

OX 1× 2○

필수 문제 03

행정입법에 대한 판례의 입장으로 옳지 않은 것은? 17(하)지방9

① 제재적 행정처분의 기준이 부령의 형식으로 규정되어 있는 경우, 이 처분기준에 적합하다 하여 곧바로 당해 처분이 적법한 것이라고 할 수는 없다.

② 구 「청소년보호법」의 위임에 따른 동법 시행령상의 위반행위의 종별에 따른 과징금처분기준은 법규명령이다.

③ 어느 시행령의 규정이 모법에 저촉되는지 여부가 명백하지 아니하는 경우에는 모법과 시행령의 다른 규정들과 그 입법취지, 연혁 등을 종합적으로 살펴 모법에 합치한다는 해석도 가능한 경우라면 그 규정을 모법위반으로 무효라고 선언하여서는 안 된다.

④ 치과전문의 시험실시를 위한 시행규칙 규정의 제정 미비로 인해 치과전문의 자격을 갖지 못한 사람은 부작위위법확인소송을 통하여 구제받을 수 있다.

해설

① ○ 총리령·부령 형식의 제재처분기준: 행정규칙 → 대외효× / 어겨도 위법 단정×, 따라도 적법 보장×
제재적 행정처분의 기준이 부령의 형식으로 규정되어 있더라도 그것은 행정청 내부의 사무처리준칙을 정한 것에 지나지 아니하여 대외적으로 국민이나 법원을 기속하는 효력이 없고, 당해 처분의 적법 여부는 위 처분기준만이 아니라 관계 법령의 규정 내용과 취지에 따라 판단되어야 하므로, 위 처분기준에 적합하다 하여 곧바로 당해 처분이 적법한 것이라고 할 수는 없다(2007.9.20. 2007두6946).
+ PLUS 실질은 행정규칙(재량준칙)인 제재적 처분기준인데, 형식은 법규명령인 부령(시행규칙)으로 제정한 경우 판례는 행정규칙으로 보아 동 기준의 대외적 구속력을 부정한다. 이러한 부령 형식의 행정규칙의 예로는 ① 「도로교통법 시행규칙」상 운전면허행정처분기준, ② 「식품위생법 시행규칙」상 제재기준, ③ 「공기업·준정부기관 계약사무규칙」 및 국가계약법 시행규칙상의 입찰참가자격제한기준 등을 들 수 있다.

② ○ 「청소년보호법 시행령」(과징금 부과기준): 법규명령 / 규정된 금액은 정액이 아니라 최고한도액
구 청소년보호법 제49조 제1항, 제2항에 따른 같은 법 시행령 제40조 [별표 6]의 위반행위의 종별에 따른 과징금처분기준은 법규명령이기는 하나 모법의 위임규정의 내용과 취지 및 헌법상의 과잉금지의 원칙과 평등의 원칙 등에 비추어 같은 유형의 위반행위라 하더라도 그 규모나 기간·사회적 비난 정도·위반행위로 인하여 다른 법률에 의하여 처벌받은 다른 사정·행위자의 개인적 사정 및 위반행위로 얻은 불법이익의 규모 등 여러 요소를 종합적으로 고려하여 사안에 따라 적정한 과징금의 액수를 정하여야 할 것이므로 그 수액은 정액이 아니라 최고한도액이다(2001.3.9. 99두5207).
+ PLUS 실질은 행정규칙(재량준칙)인 제재적 처분기준이더라도, 형식을 법규명령인 대통령령(시행령)으로 제정한 경우 판례는 법규명령성을 인정해 동 기준의 대외적 구속력을 인정한다. 다만, 그 구속력에 대해서 1) 「주택건설촉진법 시행령」에 따른 영업정지 처분기준에 대해서는 동 기준에 절대적 구속력을 인정하여, 행정청은 기준에 표시된 정지기간대로만 정지하여야 하고 달리 재량의 여지가 없다고 보았으나, 2) 이후 「청소년보호법 시행령」에 따른 과징금처분기준에 대해서는 동 기준상 금액을 정액이 아니라 최고한도액이라고 보아 동 금액 이하의 범위 내에서는 재량을 갖는다고 보았다. 따라서 「청소년보호법 시행령」에 규정된 금액에 구애받지 않고 그보다 더 낮은 금액을 부과할 수 있는 재량이 여전히 인정된다. 단, 해당 규정은 법규명령이고 또한 상한금액이므로 그보다 높은 금액을 부과할 수는 없다(부과하면 위법이 된다).

③ ○ 모법저촉 여부가 불명확하고, 합치된다는 해석도 가능: 모법을 위반한 무효인 규정으로 선언 불가
어느 시행령의 규정이 모법에 저촉되는지의 여부가 명백하지 아니하는 경우에는 모법과 시행령의 다른 규정들과 그 입법 취지, 연혁 등을 종합적으로 살펴 모법에 합치된다는 해석도 가능한 경우라면 그 규정을 모법위반으로 무효라고 선언하여서는 안 된다(2001.8.24. 2000두2716).

④ × 행정입법부작위에 대해서는 부작위위법확인소송(항고소송)을 제기할 수 없다. 따라서 치과전문의 시험실시를 위한 시행규칙을 전혀 제정하지 않은 사건에서(진정입법부작위) 판례는 항고소송 대신 헌법소원을 받아들였다(헌재 1998.7.16. 96헌마246).

관련 OX

① 관련
1 [시장은 「식품위생법」상 영업시간 제한을 위반한 甲에 대하여 '「식품위생법 시행규칙」 [별표 23] 행정처분기준'(이하, '[별표 23]'이라 함)에 따라 영업정지 1월의 처분을 하였다] A시장의 처분이 [별표 23]에 따라 행해졌다면 곧바로 해당 처분이 적법한 것이라고 할 수 있다. 24경찰간부

② 관련
2 「청소년보호법 시행령」상 과징금처분기준은 대외적으로 국민이나 법원을 구속하는 힘이 있는 법규명령에 해당할뿐더러 사안에 따라 공평하게 정해져야 하므로 그 수액은 정액이 된다. 24군무원5

선지분석 & 요플·기풀기링크

선지	THEME	요플	기풀기
①	T15 행정규칙	17	017
②		28	029
③	T14 법규명령	41	039
④	T13 행정입법	34	035

정답 ④

OX 1× 2×

필수 문제 04

행정입법에 대한 판례의 입장으로 옳지 않은 것은? 17(상)국가9

① 헌법재판소는 대법원규칙인 구 「법무사법 시행규칙」에 대해, 법규명령이 별도의 집행행위를 기다리지 않고 직접 기본권을 침해하는 것일 때에는 헌법 제107조 제2항의 명령·규칙에 대한 대법원의 최종심사권에도 불구하고 헌법소원심판의 대상이 된다고 한다.

② 대법원은 구 「여객자동차 운수사업법 시행규칙」 제31조 제2항 제1호, 제2호, 제6호는 구 「여객자동차 운수사업법」 제11조 제4항의 위임에 따라 시외버스운송사업의 사업계획변경에 관한 절차, 인가기준 등을 구체적으로 규정한 것으로서 행정청 내부의 사무처리준칙을 규정한 행정규칙에 불과하다고 할 수는 없다고 한다.

③ 대법원은 재량준칙이 되풀이 시행되어 행정관행이 성립된 경우에는 당해 재량준칙에 자기구속력을 인정한다. 따라서 당해 재량준칙에 반하는 처분은 법규범인 당해 재량준칙을 직접 위반한 것으로서 위법한 처분이 된다고 한다.

④ 헌법재판소는 법률이 일정한 사항을 행정규칙에 위임하더라도 그 위임은 전문적·기술적 사항이나 경미한 사항으로서 업무의 성질상 위임이 불가피한 사항에 한정된다고 한다.

관련 OX

① 관련

1 법규명령이 구체적인 집행행위를 매개하지 않고 직접 국민의 기본권을 침해하는 경우에는 헌법소원심판의 대상이 된다. 24소방

④ 관련

2 기본권을 제한하는 내용의 입법을 위임할 때에는 법규명령에 위임하는 것이 원칙이고, 고시와 같은 형식으로 입법위임을 할 때에는 법령이 전문적·기술적 사항이나 경미한 사항으로서 업무의 성질상 위임이 불가피한 사항에 한정된다. 24경찰간부

해설

① ○ 명령·규칙이 기본권을 직접 침해하면 대법원의 명령·규칙심사권과 별개로 헌법소원 가능 → 대법원규칙인 「법무사법 시행규칙」에 대한 헌법소원(긍정)
입법부·행정부·사법부에서 제정한 규칙이 별도의 집행행위를 기다리지 않고 직접 기본권을 침해하는 것일 때에는 모두 헌법소원심판의 대상이 될 수 있는 것이다. … 이 사건에서 심판청구의 대상으로 하는 것은 … 법원행정처장으로 하여금 그 재량에 따라 법무사시험을 실시하지 아니하여도 괜찮다고 규정한 「법무사법 시행규칙」 제3조 제1항 … 헌법소원심판을 청구할 수 있는 것이다(헌재 1990.10.15. 89헌마178).

② ○ 구 「여객자동차 운수사업법 시행규칙」[시외버스 사업계획인가(특허)기준]: 대외효 있는 법규명령
구 「여객자동차 운수사업법 시행규칙」 제31조 제2항 제1호, 제2호, 제6호는 구 「여객자동차 운수사업법」 제11조 제4항의 위임에 따라 시외버스운송사업의 사업계획변경에 관한 절차, 인가기준 등을 구체적으로 규정한 것으로서, 대외적인 구속력이 있는 법규명령이라고 할 것이고, 그것을 행정청 내부의 사무처리준칙을 규정한 행정규칙에 불과하다고 할 수는 없다(2006.6.27. 2003두4355).
+ PLUS 판례는 부령형식의 행정규칙에 대하여 ① 제재적 처분기준의 경우는 법규명령성을 부정하면서도(대외효 부정), ② 위와 같이 특허(시외버스운송사업 사업계획변경인가)의 부여기준에 대해서는 법규명령성을 인정하였다(대외효 인정).

③ × 재량준칙도 행정규칙이므로 대외적 구속력은 인정되지 않는 것이 원칙이다. 그러나 재량준칙이 되풀이 되어 행정관행이 성립된 경우는 행정청도 상대방에게 그 준칙대로 처분할 자기구속을 받게 된다. 그 근거로 다수설은 평등원칙만을 들고 있으나, 판례는 평등원칙 외 신뢰보호의 원칙도 들고 있다. 이처럼 재량준칙에 자기구속력이 인정되면 이에 반하는 처분은 재량권을 일탈·남용한 위법한 처분이 된다. 이는 재량준칙 그 자체를 직접 위반한 것은 아니고 평등원칙이나 신뢰보호의 원칙을 위반한 것이다. 즉, 재량준칙의 대외적 구속력은 직접적으로 발현되는 것이 아니라 자기구속의 원칙을 매개로 간접적으로 발현되는 것이다.

• 재량준칙이 정한 바에 따라 되풀이 시행되어 행정관행이 이루어지게 되면 평등의 원칙이나 신뢰보호의 원칙에 따라 행정기관은 상대방에 대한 관계에서 그 규칙에 따라야 할 자기구속을 받게 되므로, 이러한 경우에는 특별한 사정이 없는 한 그에 반하는 처분은 평등의 원칙이나 신뢰보호의 원칙에 어긋나 재량권을 일탈·남용한 위법한 처분이 된다(2013.11.14. 2011두28783).

④ ○ 고시 등 행정규칙에 위임: 전문적·기술적이거나 경미한 사항으로서 위임이 불가피해야
고시와 같은 형식으로 입법위임을 할 때에는 적어도 행정규제기본법 제4조 제2항 단서에서 정한 바와 같이 법령이 전문적·기술적 사항이나 경미한 사항으로서 업무의 성질상 위임이 불가피한 사항에 한정된다 할 것이다(헌재 2006.12.28. 2005헌바59 전원).

선지분석 & 요플·기풀기링크

선지	THEME	요플	기풀기
①	T14 법규명령	74	079
②		30	031
③	T15 행정규칙	12	009
④		38	039

정답 ③

필수문제 05

행정입법의 법적 성질에 관한 판례의 입장으로 옳지 않은 것은?

13국가9

① 「주택건설촉진법 시행령」 제10조의3 제1항 [별표 1]은 「주택건설촉진법」 제7조 제2항의 위임규정에 터잡은 규정형식상 대통령령이므로 대외적으로 국민이나 법원을 구속하는 힘이 있다.

② 구 「청소년보호법」 제49조 제1항·제2항에 따른 동법 시행령 제40조 [별표 6]의 위반행위 의종별에 따른 과징금처분기준은 법규명령에 해당하고 과징금처분기준의 수액은 최고한도액이 아니라 정액이다.

③ 국세청장의 훈령형식으로 되어 있는 「재산제세사무처리규정」은 「소득세법 시행령」의 위임에 따라 「소득세법 시행령」의 내용을 보충하는 기능을 가지므로 「소득세법 시행령」과 결합하여 대외적 효력을 갖는다.

④ 「도로교통법 시행규칙」 제53조 제1항이 정한 [별표 16]의 운전면허행정처분기준은 부령의 형식으로 되어 있으나, 그 규정의 성질과 내용이 행정청 내부의 사무처리준칙을 규정한 것에 지나지 아니하므로 대외적으로 국민이나 법원을 기속하는 효력이 없다.

관련 OX

② 관련

1 「청소년보호법 시행령」상 과징금처분기준은 대외적으로 국민이나 법원을 구속하는 힘이 있는 법규명령에 해당할뿐더러 사안에 따라 공평하게 정해져야 하므로 그 수액은 정액이 된다. 24군무원5

④ 관련

2 대법원은 법률의 위임을 받아 부령인 「도로교통법 시행규칙」 형식으로 정한 운전면허행정처분기준을 행정청 내부의 사무처리준칙이라고 판시하였다. 24소방

해설

① ○ 「주택건설촉진법 시행령」(영업정지처분기준): 법규명령
당해 처분(편저자: 영업정지처분)의 기준이 된 「주택건설촉진법 시행령」 제10조의3 제1항 [별표 1]은 주택건설촉진법 제7조 제2항의 위임규정에 터잡은 **규정형식상 대통령령**이므로 그 성질이 부령인 시행규칙이나 또는 지방자치단체의 규칙과 같이 통상적으로 행정조직 내부에 있어서의 행정명령에 지나지 않는 것이 아니라 대외적으로 국민이나 법원을 구속하는 힘이 있는 **법규명령에 해당한다**(1997.12.26. 97누15418).

＋ PLUS 대통령령으로 제재처분기준을 정한 경우: 대외효 있는 법규명령에 해당

② × 「청소년보호법 시행령」(과징금 부과기준): 법규명령 / 규정된 금액은 정액이 아니라 최고한도액
구 청소년보호법 제49조 제1항, 제2항에 따른 같은 법 시행령 제40조 [별표 6]의 위반행위의 종별에 따른 **과징금처분기준은 법규명령**이기는 하나 모법의 위임규정의 내용과 취지 및 헌법상의 과잉금지의 원칙과 평등의 원칙 등에 비추어 같은 유형의 위반행위라 하더라도 여러 요소를 종합적으로 고려하여 사안에 따라 적정한 과징금의 액수를 정하여야 할 것이므로 그 수액은 정액이 아니라 **최고한도액이다**(2001.3.9. 99두5207).

＋ PLUS 제재처분기준이 대통령령인 경우 법규명령에 해당하며, 청소년보호법 사건의 경우 그 수액은 정액이 아니라 최고한도액이다.

③ ○ 재산제세사무처리규정(거래지정 관련, 국세청 훈령): 대외효 인정
재산제세사무처리규정이 국세청장의 훈령형식으로 되어 있다 하더라도 이에 의한 거래지정은 「소득세법 시행령」의 위임에 따라 그 규정의 내용을 보충하는 기능을 가지면서 그와 **결합하여 대외적 효력을 발생**하게 된다 할 것이므로 그 보충규정의 내용이 위 법령의 위임한계를 벗어났다는 등 특별한 사정이 없는 한 양도소득세의 실지거래가액에 의한 과세의 법령상의 근거가 된다(1987.9.29. 86누484).

＋ PLUS 법령보충적 행정규칙으로 대외적 구속력이 인정된 사안

④ ○ 「도로교통법 시행규칙」(운전면허처분기준): 대외효×
「도로교통법 시행규칙」 제53조 제1항이 정한 [별표 16]의 **운전면허행정처분기준**은 부령의 형식으로 되어 있으나, 그 규정의 성질과 내용이 운전면허의 취소처분 등에 관한 사무처리기준과 처분절차 등 행정청 내부의 사무처리준칙을 규정한 것에 지나지 아니하므로 **대외적으로 국민이나 법원을 기속하는 효력이 없으므로**, 자동차운전면허취소처분의 적법 여부는 그 운전면허행정처분기준만에 의하여 판단할 것이 아니라 도로교통법의 규정 내용과 취지에 따라 판단되어야 한다(1997.5.30. 96누5773).

＋ PLUS 제재처분기준이 부령의 형식인 경우에는 대외적 구속력이 인정되지 않는다.

선지분석 & 요플·기풀기링크

선지	THEME	요플	기풀기
①		26	027
②	T15 행정규칙	28	029
③		49	050
④		21	020

정답 ②

OX 1× 2○

필수문제 06

행정청이 행정사무처리준칙을 부령의 형식으로 발한 것에 대하여 판례가 법규명령의 성질을 인정한 것은?
08(상)지방9

① 구「여객자동차 운수사업법」제11조 제4항의 위임에 따라 시외버스운송사업의 사업계획변경에 관한 절차, 인가기준 등을 구체적으로 규정한「여객자동차 운수사업법 시행규칙」
② 「식품위생법」제58조에 따른 행정처분의 기준을 정한「식품위생법 시행규칙」제53조에서 [별표 15]
③ 「자동차운수사업법」제31조 제2항의 규정에 따라 자동차운수사업면허의 취소처분 등에 관한 사무처리기준과 처분절차 등을 정한「자동차운수사업법 제31조 등의 규정에 의한 사업면허의 취소 등의 처분에 관한 규칙」
④ 구「약사법」제69조 제1항 제3호, 제3항에 근거하여 약사의 의약품 개봉판매행위에 대한「약사법 시행규칙」제89조 [별표 6]의 '행정처분의 기준'

관련 OX

① 관련

1 구「여객자동차 운수사업법」제11조 제4항의 위임에 따라 시외버스운송사업의 사업계획변경에 관한 절차, 인가기준 등을 구체적으로 규정한 구「여객자동차 운수사업법 시행규칙」제31조 제2항 제1호, 제2호, 제6호는 행정청 내부의 사무처리준칙을 규정한 행정규칙에 불과하여 대외적 구속력이 없다. 14지방9

② 관련

2 「식품위생법」이 청소년을 고용한 행위에 대하여 영업허가를 취소하거나 6개월 이내의 기간을 정하여 그 영업의 전부 또는 일부를 정지하거나 영업소 폐쇄를 명할 수 있다고 하면서 행정처분의 세부기준은 총리령으로 위임한다고 정하고 있는 경우에, 총리령에서 정하고 있는 행정처분의 기준은 재판규범이 되지 못한다.
22국가9

해설

① ○ 인가기준을 정하고 있는 운수사업법 시행규칙: 법규명령○
구「여객자동차 운수사업법 시행규칙」제31조 제2항 제1호, 제2호, 제6호는 구「여객자동차 운수사업법」제11조 제4항의 위임에 따라 시외버스운송사업의 사업계획변경에 관한 절차, 인가기준 등을 구체적으로 규정한 것으로서, 대외적인 구속력이 있는 법규명령이라고 할 것이고, 그것을 행정청 내부의 사무처리준칙을 규정한 행정규칙에 불과하다고 할 수는 없다(2006.6.27. 2003두4355).

② × 「식품위생법 시행규칙」별표로 정한 제재기준: 행정규칙(대외효 부정)
구「식품위생법 시행규칙」제53조에서 [별표 15]로 식품위생법 제58조에 따른 행정처분의 기준을 정하였다고 하더라도 이는 형식만 부령으로 되어 있을 뿐, 그 성질은 행정기관 내부의 사무처리준칙을 정한 것으로서 행정명령(편저자: 행정규칙)의 성질을 가지는 것이고, 대외적으로 국민이나 법원을 기속하는 힘이 있는 것은 아니다(1995.3.28. 94누6925).

③ × 자동차운수사업면허 취소처분 등 제재처분의 기준을 정한 사업면허의 취소 등에 관한 규칙(교통부령): 행정규칙(대외효 부정)
교통부령인「자동차운수사업법 제31조 등의 규정에 의한 사업면허의 취소 등에 관한 규칙」은 그 규정의 성격상 행정청 내의 사무처리의 기준과 절차에 관한 준칙의 성질을 가진 것에 불과할 뿐, 이로써 대외적으로 국민이나 법원을 기속할 수 없는 것이므로 자동차운수사업면허의 취소처분이 위 규칙에 적합하다 하여 바로 적법한 처분이라고 할 것이 아니다(1990.10.12. 90누3546).

④ × 의약품 개봉판매 등에 대한 업무정지 등 제재처분기준을 정한「약사법 시행규칙」(보건복지부령): 행정규칙(대외효 부정)
제재적 행정처분의 기준이 부령의 형식으로 규정되어 있더라도 그것은 행정청 내부의 사무처리준칙을 정한 것에 지나지 아니하여 대외적으로 국민이나 법원을 기속하는 효력이 없다(2007.9.20. 2007두6946).

선지분석 & 요플·기풀기링크

선지	THEME	요플	기풀기
①		30	031
②	T15 행정규칙	22	024
③		24	021
④		20	022

정답 ①
OX 1× 2○

07

부령 형식의 처분기준에 대한 판례의 입장으로 옳은 것은?

14지방9

① 구 「도로교통법 시행규칙」 제53조 제1항이 정한 [별표 16]의 운전면허행정처분기준은 부령의 형식으로 되어 있으나, 그 규정의 성질과 내용이 운전면허의 취소처분 등에 관한 사무처리기준과 처분절차 등 행정청 내부의 사무처리준칙을 규정한 것에 지나지 아니하므로 대외적 구속력이 없다.

② 「공익사업을 위한 토지 등의 취득 및 보상에 관한 법률」 제68조 제3항은 협의취득의 보상액 산정에 관한 구체적 기준을 시행규칙에 위임하고 있고, 위임범위 내에서 동법(同法) 시행규칙 제22조는 토지에 건축물 등이 있는 경우에는 건축물 등이 없는 상태를 상정하여 토지를 평가하도록 규정하고 있는데, 이는 대외적 구속력이 없다.

③ 구 「여객자동차 운수사업법」 제11조 제4항의 위임에 따라 시외버스운송사업의 사업계획변경에 관한 절차, 인가기준 등을 구체적으로 규정한 구 「여객자동차 운수사업법 시행규칙」 제31조 제2항 제1호, 제2호, 제6호는 행정청 내부의 사무처리준칙을 규정한 행정규칙에 불과하여 대외적 구속력이 없다.

④ 구 「식품위생법 시행규칙」 제53조가 정한 [별표 15]의 행정처분기준은 구 「식품위생법」 제58조에 따른 영업허가의 취소 등에 관한 행정처분의 기준을 정한 것으로 대외적 구속력이 있다.

관련 OX

① 관련

1 「도로교통법 시행규칙」 제53조 제1항이 정한 [별표 16]의 운전면허행정처분기준은 부령의 형식으로 되어 있으나, 그 규정의 성질과 내용이 행정청 내부의 사무처리준칙을 규정한 것에 지나지 아니하므로 대외적으로 국민이나 법원을 기속하는 효력이 없다. 13국가9

④ 관련

2 「식품위생법」이 청소년을 고용한 행위에 대하여 영업허가를 취소하거나 6개월 이내의 기간을 정하여 그 영업의 전부 또는 일부를 정지하거나 영업소 폐쇄를 명할 수 있다고 하면서 행정처분의 세부기준은 총리령으로 위임한다고 정하고 있는 경우에 총리령에서 정하고 있는 행정처분의 기준은 재판규범이 되지 못한다. 22국가9

해설

① ○ 「도로교통법 시행규칙」(운전면허처분기준): 대외효 ✕
「도로교통법 시행규칙」 제53조 제1항이 정한 [별표 16]의 운전면허행정처분기준은 관할 행정청이 운전면허의 취소 및 효력정지 등의 사무처리를 함에 있어서 처리기준과 방법 등의 세부사항을 규정한 행정기관 내부의 처리지침에 불과한 것으로서 대외적으로 국민이나 법원을 기속하는 효력이 없다(1998.3.27. 97누20236).

② ✕ 토지보상법 시행규칙(협의취득시 보상액 산정기준): 대외효 ○
「공익사업을 위한 토지 등의 취득 및 보상에 관한 법률」(이하 '공익사업법'이라 한다) 제68조 제3항은 협의취득의 보상액 산정에 관한 구체적 기준을 시행규칙에 위임하고 있고, 위임범위 내에서 「공익사업을 위한 토지 등의 취득 및 보상에 관한 법률 시행규칙」 제22조는 토지에 건축물 등이 있는 경우에는 건축물 등이 없는 상태를 상정하여 토지를 평가하도록 규정하고 있는데, 이는 비록 행정규칙의 형식이나 공익사업법의 내용이 될 사항을 구체적으로 정하여 내용을 보충하는 기능을 갖는 것이므로, 공익사업법 규정과 결합하여 대외적인 구속력을 가진다(2012.3.29. 2011다104253).

+ PLUS 토지보상법의 위임을 받아 보상액 산정기준을 정한 토지보상법 시행규칙은 부령으로써 형식상으로도 행정규칙이 아니라 법규명령이다. 그런데 판례는 이를 '행정규칙의 형식'이라 칭하며 마치 동 시행규칙이 법령보충적 행정규칙인 것처럼 설시하였다. 이 판례는 다소 착오가 있었던 판례로 기억할 수밖에 없다(실제로 학자들에 의해 비난받는다). 물론 동 시행규칙이 형식상으로도 법규명령이라는 것을 고려하면 대외적 구속력이 있다는 결론 자체는 당연히 타당하다.

③ ✕ 인가기준을 정하고 있는 운수사업법 시행규칙: 대외효 ○
구 「여객자동차 운수사업법 시행규칙」 제31조 제2항 제1호, 제2호, 제6호는 구 「여객자동차 운수사업법」 제11조 제4항의 위임에 따라 시외버스운송사업의 사업계획변경에 관한 절차, 인가기준 등을 구체적으로 규정한 것으로서, 대외적인 구속력이 있는 법규명령이라고 할 것이고, 그것을 행정청 내부의 사무처리준칙을 규정한 행정규칙에 불과하다고 할 수는 없다(2006.6.27. 2003두4355).

④ ✕ 「식품위생법 시행규칙」 별표로 정한 제재기준: 대외효 ✕
구 「식품위생법 시행규칙」 제53조에서 [별표 15]로 식품위생법 제58조에 따른 행정처분의 기준을 정하였다고 하더라도 이는 형식만 부령으로 되어 있을 뿐, 그 성질은 행정기관 내부의 사무처리준칙을 정한 것으로서 행정명령(편저자: 행정규칙)의 성질을 가지는 것이고, 대외적으로 국민이나 법원을 기속하는 힘이 있는 것은 아니다(1995.3.28. 94누6925).

선지분석 & 요플·기풀기링크

선지	THEME	요플	기풀기
①		21	020
②	T15 행정규칙	61	059
③		30	031
④		22	024

정답 ①

OX 1○ 2○

160 PART Ⅱ 행정작용법

08

다음의 사안과 관련한 설명으로 가장 적절한 것은? (다툼이 있는 경우 판례에 의함) 25군무원5

> B군수로부터 3월의 영업정지처분을 받은 후 그 영업정지기간이 경과하였다. 처분의 상대방 A는 3월의 영업정지처분에 대하여 취소소송을 제기하여 다투려고 한다. 부령인 시행규칙의 [별표] 행정처분기준에서 위반횟수의 가중과 감경에 관한 규정을 두고 있다고 가정한다.

① 시행규칙 [별표] 행정처분기준의 법적 성질은 법규명령이라 대외적 구속력이 인정된다.
② 행정심판단계에서 당초 영업정지처분 3개월에서 2개월로 감경하는 내용의 재결을 할 수 있다.
③ 제재처분의 기간이 도과한 후에 제기한 취소소송은 제재처분의 전력이 장래의 제재처분의 가중요건에 해당하더라도 협의의 소의 이익이 인정되지 않는다.
④ 시행규칙 [별표] 행정처분기준은 일반적으로 처분성이 인정되므로 항고소송을 제기하여 다툴 수 있다.

해설

① × 실질은 **행정규칙(재량준칙)**인 제재적 처분기준인데, 형식은 법규명령인 **부령(시행규칙)**으로 제정한 경우 판례는 실질을 중시해 이를 **행정규칙**으로 본다. 따라서 동 기준에 법규성 내지 대외적 구속력은 없다.

· **제재적 행정처분의 기준이 부령의 형식으로 규정되어 있더라도** 그것은 행정청 내부의 사무처리준칙을 정한 것에 지나지 아니하여 **대외적으로 국민이나 법원을 기속하는 효력이 없고**, 당해 처분의 적법 여부는 위 처분기준만이 아니라 관계 법령의 규정 내용과 취지에 따라 판단되어야 한다(2007.9.20. 2007두6946).

② ○ 취소소송의 경우 인용판결에서 처분을 취소하거나 소극적 변경(일부취소)만 할 수 있고, 그나마도 재량행위의 일부취소는 불가함이 원칙이다.
그러나 취소심판의 경우 ① 처분을 취소하는 취소재결은 물론, ② 변경재결을 통해 적극적 변경도 할 수 있고(예컨대 영업정지를 과징금부과로 변경), 재량행위의 일부취소도 할 수 있다. 예컨대 사안과 같이 3개월 영업정지처분을 2개월로 감경하는 재결이 가능하다.

③ × **제재적 행정처분이 기간경과로 소멸하였으나 후행처분의 가중사유나 전제요건이 되는 경우: 소의 이익 ○**
제재적 행정처분이 그 처분에서 정한 **제재기간의 경과로 인하여 그 효과가 소멸**되었으나, 부령인 시행규칙 또는 지방자치단체의 규칙(이하 이들을 '규칙'이라고 한다)의 형식으로 정한 처분기준에서 제재적 행정처분(이하 '선행처분'이라고 한다)을 받은 것을 **가중사유나 전제요건으로 삼아 장래의 제재적 행정처분**(이하 '후행처분'이라고 한다)을 하도록 정하고 있는 경우, 그러한 규칙이 정한 바에 따라 선행처분을 가중사유 또는 전제요건으로 하는 후행처분을 받을 우려가 현실적으로 존재하는 경우에는, 선행처분을 받은 상대방은 비록 그 처분에서 정한 제재기간이 경과하였다 하더라도 그 처분의 취소소송을 통하여 그러한 불이익을 제거할 권리보호의 필요성이 충분히 인정된다고 할 것이므로, **선행처분의 취소를 구할 법률상 이익이 있다고 보아야 할 것이다**(2006.6.22. 2003두1684 전합).

④ × 사안의 시행규칙 [별표]는 판례에 의할 때 행정규칙에 해당하고, **행정규칙은** 일반적·추상적인 성격으로 인해 원칙적으로 **처분성이 인정되지 않으므로** 항고소송의 대상이 되지 않는다.

+ PLUS 행정규칙이더라도 집행행위의 매개 없이 직접 국민의 권리·의무에 영향을 미치는 구체적 규율성을 지니는 경우에는 처분성이 인정되어 항고소송의 대상이 될 수 있지만 사안의 경우는 이에 해당하지 않는다.

관련 OX

① 관련

1 부령 형식으로 정해진 제재적 행정처분의 기준은 법규성이 있어서 대외적으로 국민이나 법원을 기속하는 효력이 있다. 22지방9

2 부령의 형식으로 정해진 제재적 행정처분의 기준은 그 규정의 성질과 내용이 행정청 내부의 사무처리준칙을 정한 것에 불과하므로 대외적으로 국민이나 법원을 구속하는 것은 아니다. 22국가9

② 관련

3 재량행위인 영업정지처분기간을 1년에서 6개월로 변경하는 일부취소의 재결도 가능하다. 12교행9

4 (甲은 乙군수에게「식품위생법」에 의한 일반음식점 영업신고를 하고 영업을 하던 중 청소년에게 주류를 판매하였다는 이유로 적발되었다. 관할 행정청인 乙군수는「식품위생법 시행규칙」[별표 23] 행정처분기준에 따라 사전통지 등 적법절차를 거쳐 1회 위반으로 영업정지 2월의 제재처분을 하였다.) 甲이 제기한 행정심판에서 심리한 결과 처분이 부당하다고 인정되면 행정심판위원회는 재량행위임에도 처분의 일부를 감경하는 재결을 할 수 있다. 23군무원7

③ 관련

5 부령인 시행규칙 형식으로 정한 처분기준에서 제재적 행정처분을 받은 것을 가중사유나 전제요건으로 삼아 장래의 제재적 행정처분을 하도록 정하고 있는 경우, 선행처분인 제재적 행정처분을 받은 상대방이 그 처분에서 정한 제재기간이 경과하였다 하더라도 그 처분의 취소를 구할 법률상 이익이 있다. 24군무원9

④ 관련

6 행정규칙 자체는 원칙적으로 「행정소송법」상 처분에 해당되지 않는다. 14(1)경행

선지분석 & 요플·기풀기링크

선지	THEME	요플	기풀기
①	T15 행정규칙	16	016
②	T68 행정심판(조문)	20	115
③	T57 소의 이익	19	019
④	T15 행정규칙	16	016

정답 ②
OX 1× 2○ 3○ 4○ 5○ 6○

THEME 13-15 행정입법 161

필수문제 09

다음 중 행정입법에 대한 설명 중 옳은 것을 모두 고른 것은? (단, 다툼이 있는 경우 판례에 의함)

17(1)서울9

ㄱ. 법령의 직접적인 위임에 따라 위임행정기관이 그 법령을 시행하는 데 필요한 구체적인 사항을 정한 것이라면, 그 제정형식이 고시, 훈령, 예규 등과 같은 행정규칙이더라도 그것이 상위법령의 위임한계를 벗어나지 아니하는 한, 상위법령과 결합하여 대외적 구속력을 가진다.

ㄴ. 상위법령에서 세부사항 등을 시행규칙으로 정하도록 위임하였는데, 이를 고시로 정한 경우에 대외적 구속력을 가지는 법규명령으로서의 효력이 인정될 수 있다.

ㄷ. 판례는 종래부터 법령의 위임을 받아 부령으로 정한 제재적 행정처분의 기준을 행정규칙으로 보고, 대통령령으로 정한 제재적 행정처분의 기준은 법규명령으로 보는 경향이 있다.

ㄹ. 하위법령은 그 규정이 상위법령의 규정에 명백히 저촉되어 무효인 경우를 제외하고는 관련 법령의 내용과 그 입법 취지, 연혁 등을 종합적으로 살펴서 그 의미를 상위법령에 합치되는 것으로 해석하여야 한다.

① ㄱ, ㄴ
② ㄴ, ㄷ
③ ㄱ, ㄴ, ㄷ
④ ㄱ, ㄷ, ㄹ

관련 OX

ㄴ. 관련

1 상위법령에서 세부사항 등을 시행규칙에 정하도록 위임하였으나 이를 고시의 형식으로 정하였더라도 규정 내용이 위임의 범위를 벗어나지 않았다면 그 고시는 대외적 구속력을 가지는 법규명령으로서 효력이 인정된다. 25해경승진

ㄷ. 관련

2 법률의 위임을 받아 제정된 대통령령 형식의 제재처분기준은 대외적으로 국민이나 법원을 구속하는 힘이 있는 법규명령에 해당한다. 24국회9

3 제재적 처분기준의 형식이 부령으로 정립된 경우에는 행정조직 내부에 있어서의 행정명령에 지나지 않는 것과는 달리, 대통령령의 경우에는 대외적으로 국민이나 법원을 구속한다. 16국회8

해설

ㄱ. ○ **법령보충적 행정규칙: 상위법령과 결합하여 대외적 구속력** ○
법령의 직접적인 위임에 따라 위임행정기관이 그 법령을 시행하는 데 필요한 구체적 사항을 정한 것이면, 그 제정형식은 비록 법규명령이 아닌 **고시, 훈령, 예규** 등과 같은 행정규칙이더라도 그것이 상위법령의 위임한계를 벗어나지 아니하는 한, **상위법령과 결합하여 대외적인 구속력을 갖는 법규명령으로서 기능**하게 된다고 보아야 할 것이다(헌재 1992.6.26. 91헌마25).

ㄴ. × 시행규칙으로 정하도록 형식을 지정해 위임 → 고시 등 행정규칙에 규정: 위임범위 일탈해 대외효 ×
상위법령에서 세부사항 등을 **시행규칙으로 정하도록 위임하였음에도** 이를 고시 등 **행정규칙으로 정한 경우**, 대외적 구속력을 가지는 법규명령으로서 효력을 인정할 수 없다(2012.7.5. 2010다72076).

ㄷ. ○ 제재적 처분기준을 **총리령 · 부령(시행규칙)으로 제정**한 경우 판례는 이를 **행정규칙**으로 본다. 반면에, **대통령령(시행령)으로 제정**한 경우 **법규명령**으로 보아 동 기준에 대외적 구속력을 인정한다.

• **총리령 · 부령 형식의 제재처분기준: 행정규칙**
제재적 행정처분의 기준이 부령의 형식으로 규정되어 있더라도 그것은 행정청 내부의 사무처리준칙을 정한 것에 지나지 아니하여 대외적으로 국민이나 법원을 기속하는 효력이 없고, 당해 처분의 적법 여부는 위 처분기준만이 아니라 관계 법령의 규정 내용과 취지에 따라 판단되어야 한다(2007.9.20. 2007두6946).

• **대통령령으로 제재처분기준: 법규명령**
영업정지처분의 기준이 된 「주택건설촉진법 시행령」 제10조의3 제1항 [별표 1]은 주택건설촉진법 제7조 제2항의 위임규정에 터잡은 규정형식상 **대통령령**이므로 그 성질이 부령인 시행규칙이나 또는 지방자치단체의 규칙과 같이 통상적으로 행정조직 내부에 있어서의 행정명령에 지나지 않는 것이 아니라 대외적으로 국민이나 법원을 구속하는 힘이 있는 **법규명령**에 해당한다(1997.12.26. 97누15418).

ㄹ. ○ 모법에 명백히 저촉되지 않음: 되도록 모법에 부합하는 유효한 규정으로 해석해야
하위법령은 그 규정이 상위법령의 규정에 명백히 저촉되어 무효인 경우를 제외하고는 관련 법령의 내용과 입법 취지 및 연혁 등을 종합적으로 살펴서 의미를 상위법령에 합치되는 것으로 해석하여야 한다(2016.6.10. 2016두33186).

선지분석 & 요플 · 기풀기링크

선지	THEME	요플	기풀기
ㄱ		46	048
ㄴ	T15 행정규칙	60	062
ㄷ		25	026
ㄹ	T14 법규명령	40	038

정답 ④
OX 1× 2○ 3○

필수문제 10

행정규칙과 행정처분의 위법성 판단에 대한 판례의 입장으로 옳지 않은 것은? 13지방7

① 행정청 내부에서의 사무처리지침이 단순히 하급행정기관을 지도하고 통일적 법해석을 기하기 위하여 상위법규 해석의 준거기준을 제시하는 규범해석규칙의 성격을 가지는 것에 불과하다면 그러한 해석기준이 상위법규의 해석상 타당하다고 보여지는 한 그에 따랐다는 이유만으로 행정처분이 위법하게 되는 것은 아니다.

② 법령의 규정이 행정기관에 그 내용의 구체화 권한을 부여하면서 그 권한 행사의 절차나 방법을 특정하지 않아서 수임행정기관이 행정규칙의 형식으로 그 법령의 내용이 될 사항을 구체적으로 정한 경우, 그 행정규칙은 당해 법령의 위임한계를 벗어나지 아니하는 한 법령과 결합하여 대외적으로 구속력이 있는 법규명령으로서 효력을 가진다.

③ 상위법령에서 세부사항 등을 시행규칙으로 정하도록 위임하였음에도 이를 고시 등 행정규칙으로 정한 경우에는 그 고시 등은 당해 법령과 결합하여 대외적으로 구속력이 있는 법규명령으로서 효력을 가진다.

④ 행정처분이 행정규칙에 위반한 것만으로 곧바로 위법하게 되는 것은 아니지만, 재량준칙인 행정규칙에 의해 행정관행이 이루어지면 평등의 원칙이나 신뢰보호의 원칙에 따라 행정기관은 그 상대방과의 관계에서 그 규칙에 따라야 할 자기구속을 받게 되므로, 이러한 경우 특별한 사정이 없는 한 그에 위반하는 처분은 평등의 원칙이나 신뢰보호의 원칙에 위배되어 재량권을 일탈·남용한 위법한 처분이 된다.

관련 OX

① 관련

1. 행정처분이 법규성이 없는 내부지침 등의 규정에 위배된다고 하더라도 그 이유만으로 처분이 위법하게 되는 것은 아니고, 또 내부지침 등에서 정한 요건에 부합한다고 하여 반드시 그 처분이 적법한 것이라고 할 수도 없다. 25국가9

③ 관련

2. 상위법령에서 세부사항 등을 시행규칙에 정하도록 위임하였으나 이를 고시의 형식으로 정하였더라도 규정 내용이 위임의 범위를 벗어나지 않았다면 그 고시는 대외적 구속력을 가지는 법규명령으로서 효력이 인정된다. 25해경승진

해설

① ○ 행정규칙을 위반하였다고 하여 위법하다고 단정 ×
행정청 내부에서의 **사무처리지침**이 …, 단순히 행정규칙 중 하급행정기관을 지도하고 통일적 법해석을 기하기 위하여 상위법규 해석의 준거기준을 제시하는 **규범해석규칙의 성격**을 가지는 것에 불과하다면 그러한 해석기준이 상위법규의 해석상 타당하다고 보여지는 한 그에 따랐다는 이유만으로 행정처분이 **위법하게** 되는 것은 **아니라** 할 것이다(1992.5.12. 91누8128).

② ○ 법령보충적 행정규칙: 그 자체로서 대외적 구속력× / 상위법령과 결합하여 구속력○
법령의 규정이 특정 행정기관에 그 법령내용의 구체적 사항을 정할 수 있는 권한을 부여하면서 그 권한 행사의 **절차**나 **방법**을 특정하고 있지 않은 관계로 수임 행정기관이 **행정규칙의 형식**으로 그 법령의 내용이 될 사항을 구체적으로 정하고 있는 경우에는, 그 행정규칙이 당해 법령의 위임한계를 벗어나지 않는 한, 그와 **결합**하여 대외적으로 구속력이 있는 **법규명령으로서 효력**을 가지는 것이다(2003.9.6. 2003두2274).

③ × 시행규칙으로 정하도록 형식을 지정해 위임 → 고시 등 행정규칙에 규정: 위임범위 일탈해 대외효×
상위법령에서 세부사항 등을 **시행규칙**으로 정하도록 위임하였음에도 이를 고시 등 **행정규칙**으로 정하였다면 그 역시 대외적 구속력을 가지는 법규명령으로서 **효력이 인정될 수 없다**(2012.7.5. 2010다72076).

④ ○ 재량준칙을 위반한 처분: 곧바로 위법성 인정× / 행정관행 이루어져 자기구속을 받게 되는 경우 평등원칙이나 신뢰보호의 원칙 매개하여 재량권 일탈·남용○
행정처분이 그에(편저자: 행정규칙) 위반하였다고 하여 그러한 사정만으로 곧바로 위법하게 되는 것은 아니다. 다만, 재량권 행사의 준칙인 행정규칙이 그 정한 바에 따라 되풀이 시행되어 행정관행이 이루어지게 되면 **평등의 원칙**이나 **신뢰보호의 원칙**에 따라 행정기관은 그 상대방에 대한 관계에서 그 규칙에 따라야 할 자기구속을 받게 되므로, 이러한 경우에는 특별한 사정이 없는 한 그를 위반하는 처분은 **평등의 원칙**이나 **신뢰보호의 원칙**에 위배되어 **재량권을 일탈·남용**한 위법한 처분이 된다(2009.12.24. 2009두7967).

선지분석 & 요플·기풀기링크

선지	THEME	요플	기풀기
①	T13 행정입법	03	004
②		41	042
③	T15 행정규칙	60	062
④		13	010

 ③
 1○ 2×

11

행정입법에 관한 설명 중 옳은 것을 모두 고른 것은? (다툼이 있는 경우 판례에 의함) 25변시

> ㄱ. 국토교통부 훈령 '개발행위허가운영지침'은 「국토의 계획 및 이용에 관한 법률 시행령」에 따라 정한 개발행위허가기준에 대한 세부적인 검토기준으로서 대외적 구속력을 가진다.
> ㄴ. 행정청이 미리 공표한 처분기준인 행정규칙을 따랐는지 여부가 처분의 적법성을 판단하는 결정적인 지표가 되지 못하는 것과 마찬가지로, 행정청이 미리 공표하지 않은 처분기준을 적용하였는지 여부도 처분의 적법성을 판단하는 결정적인 지표가 될 수 없다.
> ㄷ. 위임근거인 「산업재해보상보험법 시행령」[별표 3] '업무상 질병에 대한 구체적인 인정기준'이 예시적 규정에 불과한 이상, 그 위임에 따른 고용노동부 고시는 대외적으로 국민과 법원을 구속하는 효력이 있는 규범이라고 볼 수 없다.
> ㄹ. 「금융위원회의 설치 등에 관한 법률」에 따라 금융위원회가 고시한 「금융기관 검사 및 제재에 관한 규정」 제18조 제1항은 위 법률의 위임에 따라 법령의 내용이 될 사항을 구체적으로 정한 것으로서, 그 위임한계를 벗어나지 않는다면 그와 결합하여 대외적으로 구속력이 있는 법규명령의 효력을 가진다.

① ㄴ, ㄷ
② ㄴ, ㄹ
③ ㄱ, ㄴ, ㄷ
④ ㄱ, ㄷ, ㄹ
⑤ ㄴ, ㄷ, ㄹ

관련 OX

ㄱ. 관련
1 국토교통부장관이 「국토의 계획 및 이용에 관한 법률」에 근거하여 국토교통부 훈령으로 정한 「개발행위허가운영지침」은 법규명령에 해당한다. 24군무원5

ㄹ. 관련
2 「금융위원회의 설치 등에 관한 법률」의 위임에 따라 금융위원회가 고시한 「금융기관 검사 및 제재에 관한 규정」은 행정규칙에 불과하다. 24군무원5

해설

ㄱ. ✕ 국토계획법 시행령에 따라 국토교통부 훈령으로 정한 '개발행위허가 운영지침': 행정규칙(대외적 구속력✕)

「국토의 계획 및 이용에 관한 법률 시행령」(이하 '국토계획법 시행령'이라 한다) 제56조 제1항 [별표 1의2] '개발행위허가기준'은 국토계획법 제58조 제3항의 위임에 따라 제정된 대외적으로 구속력 있는 법규명령에 해당한다. 그러나 국토계획법 시행령 제56조 제4항은 국토교통부장관이 제1항의 개발행위허가기준에 대한 '세부적인 검토기준'을 정할 수 있다고 규정하였을 뿐이므로, 그에 따라 국토교통부장관이 국토교통부 훈령으로 정한 '개발행위허가운영지침'은 국토계획법 시행령 제56조 제4항에 따라 정한 개발행위허가기준에 대한 세부적인 검토기준으로, 상급행정기관인 국토교통부장관이 소속 공무원이나 하급행정기관에 대하여 개발행위허가업무와 관련하여 국토계획법령에 규정된 개발행위허가기준의 해석·적용에 관한 세부기준을 정하여 둔 **행정규칙(재량준칙)에 불과하여 대외적 구속력이 없다**. 따라서 행정처분이 위 지침에 따라 이루어졌더라도, 해당 처분이 적법한지는 국토계획법령에서 정한 개발행위허가기준과 비례·평등원칙과 같은 법의 일반원칙에 적합한지 여부에 따라 판단해야 한다(2023.2.2. 2020두43722).

➕ PLUS 국토계획법 시행령의 위임을 받아 제정된 훈령(개발행위허가운영지침)에 따라 이루어진 건축허가불허가 처분에 대하여 ① 원심은 위 규정이 대외효가 있다고 보아(법령보충적 행정규칙으로 봄) 동 처분이 적법하다고 판단하였으나, ② 대법원은 위 규정은 위임이 있더라도 사무처리기준에 불과하다고 보아 대외효를 부정하였다. 법령보충적 행정규칙으로 판단하기 쉬우므로 유의해야 한다.

선지분석 & 요플·기풀기링크

선지	THEME	요플	기풀기
ㄱ	T15 행정규칙	34	034
ㄴ	T41 절차의 하자	17	016
ㄷ	T15 행정규칙	33	035
ㄹ		56	057

ㄴ. ○ 공표된 처분기준은 원칙적으로 대외적 구속력이 없는 행정규칙에 불과하므로 → 사전에 공표된 기준을 적용했는지 여부로 처분의 적법성 판단× → 사전 공표의무를 위반해 미리 공표하지 않은 기준을 적용했다는 것만으로는 취소사유×

행정청이 행정절차법 제20조 제1항의 **처분기준 사전공표의무**를 위반하여 미리 공표하지 아니한 기준을 적용하여 처분을 하였다고 하더라도, 그러한 사정만으로 곧바로 해당 처분에 **취소사유**에 이를 정도의 흠이 존재한다고 볼 수는 **없다**. 구체적인 이유는 다음과 같다.

① 행정청이 행정절차법 제20조 제1항에 따라 정하여 **공표한 처분기준**은, 그것이 해당 처분의 근거 법령에서 구체적 위임을 받아 제정·공포되었다는 특별한 사정이 없는 한, 원칙적으로 **대외적 구속력이 없는 행정규칙에 해당**한다.

② 처분이 적법한지는 행정규칙에 적합한지 여부가 아니라 상위법령의 규정과 입법 목적 등에 적합한지 여부에 따라 판단해야 한다. 처분이 행정규칙을 위반하였다고 하여 그러한 사정만으로 곧바로 위법하게 되는 것은 아니고, 처분이 행정규칙을 따른 것이라고 하여 적법성이 보장되는 것도 아니다. 행정청이 미리 공표한 기준, 즉 **행정규칙을 따랐는지** 여부가 처분의 **적법성을 판단하는 결정적인 지표가 되지 못하는** 것과 마찬가지로, 행정청이 미리 공표하지 않은 기준을 적용하였는지 여부도 처분의 **적법성을 판단하는 결정적인 지표가 될 수 없다**(2020.12.24. 2018두45633).

ㄷ. ○ 위임근거가 된 시행령이 예시적 규정: 그 위임에 따른 고시는 대외적 효력이 없는 행정규칙

근로복지공단이 처분시 적용한 '**개정 전 고시**'(뇌혈관 질병 또는 심장 질병 및 근골격계 질병의 업무상 질병 인정 여부 결정에 필요한 사항)는 **대외적 효력이 없다**. 위 고시의 위임근거인 「산업재해보상보험법 시행령」 [별표 3] '업무상 질병에 대한 구체적인 인정기준'이 **예시적 규정**에 불과한 이상, 그 위임에 따른 고용노동부 **고시가 대외적으로 국민과 법원을 구속하는 효력**이 있는 규범이라고 볼 수는 없고, 상급 행정기관이자 감독기관인 고용노동부장관이 그 지도·감독 아래 있는 근로복지공단에 대하여 행정 내부적으로 업무처리지침이나 법령의 해석·적용기준을 정해주는 '**행정규칙**'이라고 보아야 한다 (2020.12.24. 2020두39297).

ㄹ. ○ 금융기관 검사 및 제재에 관한 규정(금융위 고시): 대외효 인정

「금융위원회의 설치 등에 관한 법률」 제60조의 위임에 따라 금융위원회가 고시한 '**금융기관 검사 및 제재에 관한 규정**' 제18조 제1항은 금융위원회법의 위임에 따라 법령의 내용이 될 사항을 구체적으로 정한 것으로서 금융위원회 법령의 위임한계를 벗어나지 않으므로 그와 결합하여 **대외적으로 구속력이 있는 법규명령의 효력**을 가진다(2019.5.30. 2018두52204).

12

행정규칙에 대한 설명으로 옳지 않은 것은? (다툼이 있는 경우 판례에 의함) 23지방7

① 「여객자동차 운수사업법」의 위임에 따른 시외버스운송사업의 사업계획변경 기준 등에 관한 「여객자동차 운수사업법 시행규칙」의 관련 규정은 대외적인 구속력이 있는 법규명령이라고 할 것이다.

② 법령에 반하는 위법한 행정규칙은 무효이므로 위법한 행정규칙을 위반한 것은 징계사유가 되지 않는다.

③ 법률이 일정한 사항을 고시와 같은 행정규칙에 위임하는 것은 전문적·기술적 사항이나 경미한 사항으로서 업무의 성질상 위임이 불가피한 사항에 한정된다.

④ 행정각부의 장이 정하는 고시가 법령에 근거를 둔 것이라면, 그 규정 내용이 법령의 위임 범위를 벗어난 것이라도 법규명령으로서의 대외적 구속력이 인정된다.

관련 OX

① 관련
1 시외버스운송사업의 사업계획변경 기준 등에 관한 구 「여객자동차운수사업법 시행규칙」은 대외적 구속력이 있는 법규명령에 해당한다. 24소간

② 관련
2 공무원이 상급행정기관이나 감독권자의 직무상 명령을 위반하였다는 점을 징계사유로 삼으려면 그 직무상 명령이 상위법령에 반하지 않는 적법·유효한 것이어야 한다. 24국가7

해설

① ○ 구 「여객자동차 운수사업법」 시행규칙[시외버스 사업계획인가(특허)기준]: 대외효 있는 법규명령
구 「여객자동차 운수사업법 시행규칙」 제31조 제2항 제1호, 제2호, 제6호는 구 「여객자동차 운수사업법」 제11조 제4항의 위임에 따라 시외버스운송사업의 사업계획변경에 관한 절차, 인가기준 등을 구체적으로 규정한 것으로서, 대외적인 구속력이 있는 법규명령이라고 할 것이고, 그것을 행정청 내부의 사무처리준칙을 규정한 행정규칙에 불과하다고 할 수는 없다(2006.6.27. 2003두4355).

② ○ 법령에 반하는 위법한 행정규칙: 무효 → 위반해도 징계사유✕
'집행증서 작성사무 지침' 제4조는 행정규칙의 형식으로 일반적으로 공증인에게 촉탁을 거절하여야 할 의무를 부과하는 것이어서 '법률우위원칙'에 위배되어 무효이므로, 원고들이 이 사건 지침 제4조를 위반하였다는 점은 적법한 징계사유가 될 수 없다(2020.11.26. 2020두42262).

③ ○ 행정규칙에 위임: 전문적·기술적이거나 경미한 사항으로서 위임이 불가피해야
고시와 같은 형식으로 입법위임을 할 때에는 적어도 행정규제기본법 제4조 제2항 단서에서 정한 바와 같이 법령이 전문적·기술적 사항이나 경미한 사항으로서 업무의 성질상 위임이 불가피한 사항에 한정된다(헌재 2004.10.28. 99헌바91 전원).

④ ✕ 법령에 근거가 있더라도 그 위임범위를 벗어난 경우: 대외효✕
행정각부의 장이 정하는 특정 고시가 비록 법령에 근거를 둔 것이더라도 규정 내용이 법령의 위임 범위를 벗어난 것일 경우에는 법규명령으로서의 대외적 구속력을 인정할 여지는 없다(2019.5.30. 2016다276177).

선지선택비율 ① 4.90% ② 10.18% ③ 3.06% ④ 81.86% 오답률 18.14%

정답 ④
OX 1○ 2○

13

판례에 따를 때 행정입법에 관한 설명으로 가장 옳지 않은 것은?

17(2)서울9

① 법률의 위임 규정 자체가 그 의미 내용을 정확하게 알 수 있는 용어를 사용하여 위임의 한계를 분명히 하고 있는데도 고시에서 그 문언적 의미의 한계를 벗어나면 위임의 한계를 일탈한 것으로써 허용되지 아니한다.

② 한국표준산업분류는 우리나라의 산업구조를 가장 잘 반영하고 있고, 업종의 분류에 관하여 가장 공신력 있는 자료로 평가받고 있는 점 등을 고려하면, 업종의 분류에 관하여 판단자료와 전문성의 한계가 있는 대통령이나 행정각부의 장에게 위임하기보다는 통계청장이 고시하는 한국표준산업분류에 위임할 필요성이 인정된다.

③ 가공품의 원료로 가공품이 사용될 경우 원산지표시는 원료로 사용된 가공품의 원료 농산물의 원산지를 표시하여야 한다는 농림부고시인 농산물원산지 표시요령은 법규명령으로서의 대외적 구속력을 가진다.

④ 「공공기관의 운영에 관한 법률」에 따라 입찰참가자격제한기준을 정하고 있는 구 「공기업·준정부기관 계약사무규칙」, 「국가를 당사자로 하는 계약에 관한 법률 시행규칙」은 대외적으로 국민이나 법원을 기속하는 효력이 없다.

관련 OX

① 관련

1 위임명령이 위임 내용을 구체화하는 단계를 벗어나 새로운 입법을 한 것으로 평가할 수 있다면 이는 위임의 한계를 일탈한 것으로서 허용되지 않는다.

24지방9

해설

① ○ 모법의 문언적 한계를 벗어나거나 아예 새로운 입법을 한 정도: 위임범위 일탈해 무효
법률의 위임 규정 자체가 그 의미 내용을 정확하게 알 수 있는 용어를 사용하여 위임의 한계를 분명히 하고 있는데도 시행령이 그 문언적 의미의 한계를 벗어났다든지, 위임 규정에서 사용하고 있는 용어의 의미를 넘어 그 범위를 확장하거나 축소함으로써 위임 내용을 구체화하는 단계를 벗어나 새로운 입법을 한 것으로 평가할 수 있다면, 이는 위임의 한계를 일탈한 것으로서 허용되지 않는다(2012.12.20. 2011두30878 전합).

+ PLUS 「화물자동차 운수사업법」에서는 제재조치를 할 수 있는 경우로 '많은' 사상자를 발생한 경우로 규정하였는데 시행령은 '2인 이하' 중상자를 포함시켜 1인의 중상자가 발생한 경우도 제재대상으로 삼게 하였으므로 위임범위를 일탈해 무효라고 본 사안

② ○ 조세감면 또는 중과의 대상이 되는 업종의 분류를 통계청장이 고시하는 한국표준산업분류에 위임할 필요성 인정
국가 내의 모든 업종을 분류하는 작업에는 고도의 전문적·기술적 지식이 요구되고, 막대한 인력과 시간이 소요되며, 분류되는 업종의 범위 역시 방대하다. 한편, 한국표준산업분류는 우리나라의 산업구조를 가장 잘 반영하고 있고, 업종의 분류에 관하여 가장 공신력 있는 자료로 평가받고 있는 점 등을 고려하면, 업종의 분류에 관하여 통계청장이 고시하는 한국표준산업분류에 위임할 필요성이 인정된다(헌재 2014.7.24. 2013헌바183).

+ PLUS 전문적·기술적 영역이어서 위임의 필요성이 인정된 사안

③ × 농산물원산지표시요령(법령: 표시방법만 위임 → 요령: 표시대상도 규율): 위임범위 일탈해 대외효×
농산물원산지 표시요령 제4조 제2항이 "가공품의 원료로 가공품이 사용될 경우 원산지표시는 원료로 사용된 가공품의 원료 농산물의 원산지를 표시하여야 한다."고 규정하고 있더라도 이는 원산지표시방법에 관한 기술적인 사항이 아닌 원산지표시를 하여야 할 대상에 관한 것이어서 구 「농수산물품질관리법 시행규칙」에 의해 고시로써 정하도록 위임된 사항에 해당한다고 할 수 없어 법규명령으로서의 대외적 구속력을 가질 수 없고, 따라서 법원이 구 「농산물품질관리법 시행령」을 해석함에 있어서 농산물원산지 표시요령 제4조 제2항을 따라야 하는 것은 아니다(2006.4.28. 2003마715).

④ ○ 공공기관운영법령상 입찰참가자격제한기준: 부령에 규정됐으나 대외효×(법규명령 형식의 행정규칙)
「공공기관의 운영에 관한 법률」 제39조 제2항, 제3항에 따라 입찰참가자격제한기준을 정하고 있는 구 「공기업·준정부기관 계약사무규칙」 제15조 제2항, 「국가를 당사자로 하는 계약에 관한 법률 시행규칙」 제76조 제1항 [별표 2], 제3항 등은 비록 부령의 형식으로 되어 있으나 규정의 성질과 내용이 공기업·준정부기관이 행하는 입찰참가자격 제한처분에 관한 행정청 내부의 재량준칙을 정한 것에 지나지 아니하여 대외적으로 국민이나 법원을 기속하는 효력이 없다(2014.11.27. 2013두18964).

선지분석 & 요플·기출링크

선지	THEME	요플	기출기
①	T14 법규명령	42	040
②	T15 행정규칙	39	040
③		59	061
④	T15 행정규칙	23	023
	T53 대상적격(법률관계)	22	033

정답 ③

OX 1 ○

필수문제 14

행정규칙에 대한 판례의 입장으로 옳지 않은 것은? 19국가7

- ⑧ ① 행정규칙인 고시가 법령의 수권에 의해 법령을 보충하는 사항을 정하는 경우에는 법령보충적 고시로서 근거법령규정과 결합하여 대외적으로 구속력을 가진다.
- ⓒ ② 법령보충적 행정규칙은 법령의 수권에 의하여 인정되고, 그 수권은 포괄위임금지의 원칙상 구체적·개별적으로 한정된 사항에 대하여 행해져야 한다.
- Ⓐ ③ 고시에 담긴 내용이 구체적 규율의 성격을 갖는다고 하더라도, 해당 고시를 행정처분으로 볼 수는 없으며 법령의 수권 여부에 따라 법규명령 또는 행정규칙으로 볼 수 있을 뿐이다.
- ⓢ ④ 재산권 등의 기본권을 제한하는 작용을 하는 법률이 구체적으로 범위를 정하여 고시와 같은 형식으로 입법위임을 할 수 있는 사항은 전문적·기술적 사항이나 경미한 사항으로서 업무의 성질상 위임이 불가피한 사항에 한정된다.

관련 OX

① 관련

1 법령의 직접적인 위임에 따라 위임행정기관이 그 법령을 시행하는 데 필요한 구체적인 사항을 정한 것이라면, 그 제정형식이 고시, 훈령, 예규 등과 같은 행정규칙이더라도 그것이 상위법령의 위임한계를 벗어나지 아니하는 한, 상위법령과 결합하여 대외적 구속력을 가진다.
17(1)서울9

② 관련

2 법률이 행정규칙 형식으로 입법위임을 하는 경우에는 행정규칙의 특성상 포괄위임금지의 원칙은 인정되지 않는다.
20군무원9

해설

① ○ 법령보충적 행정규칙의 대외효: 그 자체로 직접×, 상위법령과 결합하여 그 일부로서○
법령보충적 행정규칙이라도 그 자체로서 직접적으로 대외적인 구속력을 갖는 것은 아니다. 즉, 상위법령과 결합하여 일체가 되는 한도 내에서 상위법령의 일부가 됨으로써 대외적 구속력이 발생되는 것일 뿐, 그 행정규칙 자체는 대외적 구속력을 갖는 것은 아니라 할 것이다(헌재 2004.10.28. 99헌바91 전원).

②④ ○ 기본권 제한사항을 행정규칙에 위임: 전문적·기술적이거나 경미한 사항으로서 위임이 불가피해야
행정규칙은 법규명령과 같은 엄격한 제정 및 개정절차를 요하지 아니하므로, 재산권 등과 같은 기본권을 제한하는 작용을 하는 법률이 입법위임을 할 때에는 대통령령, 총리령, 부령 등 법규명령에 위임함이 바람직하고, 고시와 같은 형식으로 입법위임을 할 때에는 적어도 행정규제기본법 제4조 제2항 단서에서 정한 바와 같이 법령이 전문적·기술적 사항이나 경미한 사항으로서 업무의 성질상 위임이 불가피한 사항에 한정된다 할 것이고,④ 그러한 사항이라 하더라도 포괄위임금지의 원칙상 법률의 위임은 반드시 구체적·개별적으로 한정된 사항에 대하여 행하여져야 한다②(헌재 2006.12.28. 2005헌바59 전원).

③ ✕ 고시(행정규칙)가 집행행위 매개 없이 그 자체로서 국민의 권리·의무를 규율하는 경우: 처분
어떠한 고시가 일반적·추상적 성격을 가질 때에는 법규명령 또는 행정규칙에 해당할 것이지만, 다른 집행행위의 매개 없이 그 자체로서 직접 국민의 구체적인 권리의무나 법률관계를 규율하는 성격을 가질 때에는 행정처분에 해당한다. 보건복지부 고시인「약제급여·비급여목록 및 급여상한금액표」는 다른 집행행위의 매개 없이 그 자체로서 국민건강보험가입자, 국민건강보험공단, 요양기관 등의 법률관계를 직접 규율하는 성격을 가지므로 항고소송의 대상이 되는 행정처분에 해당한다(2006.9.22. 2005두2506).

+ PLUS 행정규칙은 원칙적으로 대외적 효력이 없고, 법령보충적 행정규칙으로서 예외적으로 대외적 효력이 인정되는 경우에도 그 일반적·추상적인 성격으로 인해 처분성이 인정되지 않는 것이 원칙이다. 예컨대 교육부장관의 내신성적산정지침이 이에 해당한다. 그러나 어떠한 행정규칙이 법령보충적 행정규칙으로서 대외적 효력도 있고, 집행행위의 매개 없이 직접 국민의 권리·의무에 영향을 미치는 경우에는 예외적으로 처분성이 인정되어 항고소송의 대상이 될 수 있다. 대표적인 것이 보건복지부의 약제급여, 요양급여 등과 관련한 고시들이다.

선지분석 & 요플·기풀기링크

선지	THEME	요플	기풀기
①		46	048
②	T15 행정규칙	40	041
③		65	066
④		38	039

 ③
 1○ 2✕

필수 문제 15

행정입법에 대한 설명으로 옳지 않은 것은? (다툼이 있는 경우 판례에 의함) 24지방9

① 위임명령이 위임 내용을 구체화하는 단계를 벗어나 새로운 입법을 한 것으로 평가할 수 있다면 이는 위임의 한계를 일탈한 것으로서 허용되지 않는다.

② 교육부장관이 대학입시기본계획에서 내신성적 산정기준에 관한 시행지침을 마련하여 시·도 교육감에게 통보한 경우, 각 고등학교에서 위 지침에 일률적으로 기속되어 내신성적을 산정할 수밖에 없고 대학에서도 이를 그대로 내신성적으로 인정하여 입학생을 선발할 수밖에 없으므로 내신성적 산정지침은 항고소송의 대상이 되는 행정처분에 해당한다.

③ 법규명령이 법률상 위임의 근거가 없어 무효였더라도 사후에 법개정으로 위임의 근거가 부여되면 그때부터는 유효한 법규명령이 된다.

④ 행정청이 개인택시운송사업면허발급 여부를 심사함에 있어서 이미 설정된 면허기준의 해석상 당해 신청이 면허발급의 우선순위에 해당함이 명백함에도 면허거부처분을 하였다면 특별한 사정이 없는 한 그 거부처분은 위법한 처분이 된다.

관련 OX

① 관련

1 법률의 위임 규정 자체가 그 의미 내용을 정확하게 알 수 있는 용어를 사용하여 위임의 한계를 분명히 하고 있는데도 시행령이 위임 규정에서 사용하고 있는 용어의 의미를 넘어 그 범위를 확장하거나 축소함으로써 위임 내용을 구체화하는 단계를 벗어나 새로운 입법을 한 것으로 평가할 수 있는 경우라도 이를 위임의 한계를 일탈한 것으로 보기는 어렵다. 17(하)국가7

③ 관련

2 법률의 위임에 따라 효력을 갖는 법규명령의 경우에 위임의 근거가 없어 무효였더라도 나중에 법개정으로 위임의 근거가 다시 부여된 경우에는 이전부터 소급하여 유효한 법규명령이 있었던 것으로 본다. 21국가7

해설

① ○ 모법의 문언적 한계를 벗어나거나 아예 새로운 입법을 한 정도: 위임범위 일탈해 무효
법률의 위임 규정 자체가 그 의미 내용을 정확하게 알 수 있는 용어를 사용하여 위임의 한계를 분명히 하고 있는데도 시행령이 그 문언적 의미의 한계를 벗어났다든지, 위임 규정에서 사용하고 있는 용어의 의미를 넘어 그 범위를 확장하거나 축소함으로써 위임 내용을 구체화하는 단계를 벗어나 새로운 입법을 한 것으로 평가할 수 있다면, 이는 위임의 한계를 일탈한 것으로서 허용되지 않는다 (2012.12.20. 2011두30878 전합).

+ PLUS 「화물자동차 운수사업법」에서는 제재조치를 할 수 있는 경우로 '많은' 사상자를 발생한 경우로 규정하였는데 시행령은 '2인 이하' 중상자를 포함시켜 1인의 중상자가 발생한 경우도 제재대상으로 삼게 하였으므로 위임범위를 일탈해 무효라고 본 사안

② × 교육부장관의 대학입시기본계획(내신성적산정지침): 내부기준에 불과 → 처분×
교육부장관이 대학입시기본계획의 내용에서 내신성적 산정기준에 관한 시행지침을 마련하여 시·도 교육감에게 통보한 것은 행정조직 내부에서 내신성적 평가에 관한 내부적 심사기준을 시달한 것에 불과하며, 각 고등학교에서 위 지침에 일률적으로 기속되어 내신성적을 산정할 수밖에 없고 또 대학에서도 이를 그대로 내신성적으로 인정하여 입학생을 선발할 수밖에 없는 관계로 그것만으로는 현실적으로 특정인의 구체적인 권리의무에 직접적으로 변동을 초래케 하는 것은 아니라 할 것이어서 내신성적 산정지침을 항고소송의 대상이 되는 행정처분으로 볼 수 없다(1994.9.10. 94두33).

③ ○ 위임근거의 사후적 부여: 그때부터 유효
일반적으로 법률의 위임에 의하여 효력을 갖는 법규명령의 경우, 구법에 위임의 근거가 없어 무효였더라도 사후에 법개정으로 위임의 근거가 부여되면 그때부터는 유효한 법규명령이 된다(1995.6.30. 93추83).

④ ○ 택시 면허기준상 우선순위임이 명백함에도 제외시켜 면허거부: 위법
「여객자동차 운수사업법」에 따른 개인택시운송사업 면허는 특정인에게 권리나 이익을 부여하는 재량행위이고, 행정청이 면허 발급 여부를 심사함에 있어 이미 설정된 면허기준의 해석상 당해 신청이 면허발급의 우선순위에 해당함이 명백함에도 불구하고 이를 제외시켜 면허거부처분을 하였다면 특별한 사정이 없는 한 그 거부처분은 재량권을 남용한 위법한 처분이다(2002.1.22. 2001두8414).

선지선택비율 ① 6.37% ② 72.41% ③ 8.08% ④ 13.13%   오답률 27.59%

선지분석 & 요플·기풀기링크

선지	THEME	요플	기풀기
①	T14 법규명령	42	040
②	T15 행정규칙	63	064
③	T14 법규명령	17	012
④	T19 형성적 VA	07	010

정답 ②
OX 1× 2×

16

행정규칙 형식의 법규명령에 관한 설명으로 옳지 않은 것은? 09지방9

① 재산제세사무처리규정, 석유판매업허가기준고시, 식품영업허가기준고시 등이 그 예이다.
② 행정규칙 형식의 법규명령은 통상적인 법규명령과는 달리 포괄적 위임금지의 원칙에 구속받지 아니한다.
③ 법령의 규정이 지방자치단체장에게 그 법령내용의 구체적 사항을 정할 수 있는 권한을 부여하면서 그 권한행사의 절차나 방법을 정하지 아니하고 있는 경우, 그 법령의 내용이 될 사항을 구체적으로 규정한 지방자치단체장의 고시는 당해 법령의 위임한계를 벗어나지 않는 한 법규명령으로서의 효력이 있다.
④ 판례는 "주유소의 진출입로는 도로상의 횡단보도로부터 10m 이상 이격되게 설치하여야 한다."고 규정한 「전라남도 주유소 등록요건에 관한 고시」 제2조 제2항 [별표 1]에 대하여 법규명령으로서의 효력을 긍정하였다.

관련 OX

② 관련
1 법률이 행정규칙 형식으로 입법위임을 하는 경우에는 행정규칙의 특성상 포괄위임금지의 원칙은 인정되지 않는다. 20군무원9

③ 관련
2 법령의 규정이 행정기관에 그 내용의 구체화 권한을 부여하면서 그 권한행사의 절차나 방법을 특정하지 않아서 수임 행정기관이 행정규칙의 형식으로 그 법령의 내용이 될 사항을 구체적으로 정한 경우, 그 행정규칙은 당해 법령의 위임한계를 벗어나지 아니하는 한 법령과 결합하여 대외적으로 구속력이 있는 법규명령으로서 효력을 가진다. 13지방7

해설

① ○ 재산제세사무처리규정, 석유판매업허가기준고시, 식품영업허가기준고시 모두 행정규칙 형식의 법규명령(법령보충적 행정규칙)으로서 법규명령의 성질을 가진다.

- **재산제세사무처리규정(거래지정 관련, 국세청 훈령): 대외효 인정**
  재산제세사무처리규정이 국세청장의 훈령 형식으로 되어 있다 하더라도 이에 의한 거래지정은 「소득세법 시행령」의 위임에 따라 그 규정의 내용을 보충하는 기능을 가지면서 그와 결합하여 대외적 효력을 발생하게 된다 할 것이므로 특별한 사정이 없는 한 양도소득세의 실지거래가액에 의한 과세의 법령상의 근거가 된다(1987.9.29. 86누484).

- **석유판매업허가기준고시: 대외효 인정**(2002.9.27. 2000두7933)

- **식품영업허가기준고시: 대외효 인정**(1994.3.8. 92누172)

  + PLUS 단순 암기성 지문으로 최근에는 출제되기 어렵다.

② × 행정규칙 형식의 법규명령(법령보충적 행정규칙)도 상위법령으로부터의 구체적·개별적 위임이 있어야 한다는 것은 일반적 법규명령과 동일하다(포괄위임금지원칙).

- **행정규칙에 위임: 구체적·개별적으로 위임해야**
  고시와 같은 형식으로 입법위임을 할 때에는 적어도 행정규제기본법 제4조 제2항 단서에서 정한 바와 같이 법령이 전문적·기술적 사항이나 경미한 사항으로서 업무의 성질상 위임이 불가피한 사항에 한정된다 할 것이고, 그러한 사항이라 하더라도 포괄위임금지의 원칙상 법률의 위임은 반드시 구체적·개별적으로 한정된 사항에 대하여 행하여져야 한다(헌재 2006.12.28. 2005헌바59 전원).

③ ○ 법령이 권한을 부여하면서도 절차·방법은 불특정하여 행정규칙으로 구체적으로 정한 경우(법령보충규칙): 대외효 인정
법령의 규정이 지방자치단체장(허가관청)에게 그 법령내용의 구체적인 사항을 정할 수 있는 권한을 부여하면서 그 권한행사의 절차나 방법을 정하지 아니하고 있는 경우, 그 법령의 내용이 될 사항을 구체적으로 규정한 지방자치단체장의 고시는, 당해 법률 및 그 시행령의 위임한계를 벗어나지 아니하는 한 그 법령의 규정과 결합하여 대외적인 구속력이 있는 법규명령으로서의 효력을 갖게 된다(2002.9.27. 2000두7933).

④ ○ 전라남도주유소등록요건고시(설치이격거리 규정): 대외효 인정
주유소의 진출입로는 도로상의 횡단보도로부터 10m 이상 이격되게 설치하여야 한다고 규정하였는바, 위 「전라남도주유소등록요건에 관한 고시」는 관련 법령의 규정과 결합하여 대외적인 구속력이 있는 법규명령으로서의 효력을 갖게 된다(1998.9.25. 98두7503).

선지분석 & 요플·기풀기링크

선지	THEME	요플	기풀기
①		53	054
②	T15 행정규칙	40	041
③		41	042
④		52	053

정답 ②
OX 1× 2○

17

행정입법에 대한 설명으로 옳지 않은 것은? (다툼이 있는 경우 판례에 의함) 19국회8

① 국회규칙은 법규명령이다.
② 대통령령은 총리령 및 부령보다 우월한 효력을 가진다.
③ 총리령으로 제정된 「법인세법 시행규칙」에 따른 '소득금액조정합계표 작성요령'은 법령을 보충하는 법규사항으로서 법규명령의 효력을 가진다.
④ '학교장·교사 초빙제 실시'는 행정조직 내부에서만 효력을 가지는 행정상의 운영지침을 정한 것으로서 국민이나 법원을 구속하는 효력이 없는 행정규칙에 해당한다.
⑤ 건강보험심사평가원이 보건복지가족부 고시인 '요양급여비용 심사·지급업무 처리기준'에 근거하여 제정한 심사지침인 '방광내압 및 요누출압 측정시 검사방법'은 내부적 업무처리 기준으로서 행정규칙에 불과하다.

해설

① ○ 국회규칙은 헌법에서 인정하고 있는 법규명령이다.

> **헌법 제64조** ① 국회는 법률에 저촉되지 아니하는 범위 안에서 의사와 내부규율에 관한 규칙을 제정할 수 있다.

② ○ 법원은 서로 다음과 같은 상하관계에 놓여 있다. 하위법이 상위법에 위반할 경우 위법한 규정이 되어 효력이 없다(상위법 우선의 원칙).

요플 · 상위법 우선 원칙

순위	효력	관련 규범
1	헌법	헌법, 헌법적 효력을 갖는 일반원칙
2	법률	• 법률, 법률적 효력을 갖는 일반원칙 • 긴급명령·긴급재정경제명령(명령이지만 법률의 효력)
3	명령	대통령령 > 총리령, 부령②
4	자치법규	광역자치단체의 자치법규(조례 > 규칙) 기초자치단체의 자치법규(조례 > 규칙)

※ 조약·국제법규는 국회동의 여부로 법률 or 명령 중 순위 결정(동의받으면 법률의 효력, 그렇지 않으면 명령의 효력)

③ ✕ '소득금액조정합계표 작성요령': 행정규칙
구 법인세법상 소득금액조정합계표 작성요령은 법률의 위임을 받은 것이기는 하나 법인세의 부과징수라는 행정적 편의를 도모하기 위한 **절차적 규정**으로서 단순히 **행정규칙의 성질**을 가지는 데 불과하여 과세관청이나 일반국민을 기속하는 것이 아니다(2003.9.5. 2001두403).
+ **PLUS** 실질 자체가 행정적 편의를 위한 절차규정에 불과: 일반 행정규칙에 불과(대외효✕)

④ ○ '학교장·교사 초빙제 실시': 행정규칙
경기도교육청의 1999.6.2.자 「학교장·교사 초빙제 실시」는 학교장·교사 초빙제의 실시에 따른 구체적 시행을 위해 제정한 사무처리지침으로서 행정조직 내부에서만 효력을 가지는 행정상의 운영지침을 정한 것이어서, 국민이나 법원을 구속하는 효력이 없는 **행정규칙**에 해당하므로 헌법소원의 대상이 되지 않는다(헌재 2001.5.31. 99헌마413).

⑤ ○ 요양급여 심사기준에 따라 제정된 방광내압·요누출압 측정시 검사방법: 행정규칙
건강보험심사평가원이 요양급여비용 심사·지급업무 처리기준 제4조 제1항 제4호에 근거하여 2008.11.27. 제정한 심사지침인 '방광내압 및 요누출압 측정시 **검사방법**'은 … 요류역학검사가 표준화된 방법으로 실시되지 않아 부정확한 검사결과가 발생하고 이로 인하여 불필요한 수술 등을 하게 되는 경우가 있어 이를 방지하고 적정진료를 하도록 유도할 목적으로, 법령에서 정한 요양급여의 인정기준을 구체적 진료행위에 적용하도록 마련한 건강보험심사평가원의 내부적 업무처리 기준으로서 **행정규칙에 불과하다**(2017.7.11. 2015두2864).

관련 OX

③ 관련
1 소득금액조정 합계표 작성요령과 같이 행정적 편의를 도모하기 위한 절차적 규정의 경우 이는 행정규칙의 성질을 가진 것으로 보아야 한다. 10국회9

선지분석 & 요플·기풀기링크

선지	THEME	요플	기풀기
①	T14 법규명령	08	009
②	T04 법원(法源)	39	040
③		32	033
④	T15 행정규칙		
⑤		71	069

정답 ③
OX 1 ○

필수문제 18

행정입법에 대한 설명으로 옳지 않은 것은? (다툼이 있는 경우 판례에 의함) 18국가9

① 국민의 구체적인 권리·의무에 직접적으로 변동을 초래하지 않는 추상적인 법령의 제정 여부 등은 부작위위법확인소송의 대상이 될 수 없다.

② 보건복지부 고시인 구「약제급여·비급여목록 및 급여상한금액표」는 그 자체로서 국민건강보험가입자, 국민건강보험공단, 요양기관 등의 법률관계를 직접 규율하는 성격을 가지므로 항고소송의 대상이 되는 행정처분에 해당한다.

③ 행정규칙의 공포는 행정규칙의 성립요건이나 효력요건은 아니나,「행정절차법」에서는 행정청은 필요한 처분기준을 당해 처분의 성질에 비추어 될 수 있는 한 구체적으로 공표하도록 하고 있다.

④ 일반적으로 시행령이 헌법이나 법률에 위반된다는 사정은 그 시행령의 규정을 위헌 또는 위법하여 무효라고 선언한 대법원의 판결이 선고되지 않은 상태에서도 그 시행령 규정의 위헌 내지 위법 여부가 객관적으로 명백하다고 할 수 있으므로, 이러한 시행령에 근거한 행정처분의 하자는 무효사유에 해당한다.

해설

① ○ **행정입법부작위: 항고소송(부작위위법확인소송) 불가**
행정소송은 구체적 사건에 대한 법률상 분쟁을 법에 의하여 해결함으로써 법적 안정을 기하자는 것이므로 부작위위법확인소송의 대상이 될 수 있는 것은 구체적 권리·의무에 관한 분쟁이어야 하고 **추상적인 법령에 관하여 제정의 여부 등은** 그 자체로서 국민의 구체적인 권리·의무에 직접적 변동을 초래하는 것이 아니어서 **부작위위법확인소송의 대상이 될 수 없다**(1992.5.8. 91누11261).

+ **PLUS** 행정입법부작위에 대해서는 부작위위법확인소송을 할 수 없다. 헌법소원의 대상은 될 수 있다.

② ○ 「약제급여·비급여목록 및 급여상한금액표」(보건복지부 고시): 처분○
보건복지부 고시인「약제급여·비급여목록 및 급여상한금액표」는 다른 집행행위의 매개 없이 그 자체로서 국민건강보험가입자, 국민건강보험공단, 요양기관 등의 법률관계를 직접 규율하는 성격을 가지므로 항고소송의 대상이 되는 **행정처분**에 해당한다(2006.9.22. 2005두2506).

③ ○ 법규명령과 달리 행정규칙은 그 효력발생요건으로 공표가 필요하지 않다. 내부적 구속을 당할 행정기관에 도달하는 것으로 족하다. 다만 처분기준을 정하는 행정규칙의 경우 행정절차법에 따른 공표의무는 있다.

행정절차법 제20조(처분기준의 설정·공표) ① 행정청은 필요한 **처분기준**을 해당 처분의 성질에 비추어 되도록 **구체적으로** 정하여 **공표하여야** 한다. 처분기준을 변경하는 경우에도 또한 같다.
③ 제1항에 따른 처분기준을 공표하는 것이 해당 처분의 성질상 현저히 곤란하거나 공공의 안전 또는 복리를 현저히 해치는 것으로 인정될 만한 상당한 이유가 있는 경우에는 처분기준을 공표하지 아니할 수 있다.

④ × 처분의 근거가 된 시행령이 위헌·위법이라는 판결선고 전에 이루어진 처분: 무효사유×, 취소사유○
시행령이 헌법이나 법률에 위반된다는 사정은 그 시행령의 규정을 위헌 또는 위법하여 무효라고 선언한 대법원의 판결이 선고되지 아니한 상태에서는 그 시행령 규정의 위헌 내지 위법 여부가 해석상 다툼의 여지가 없을 정도로 명백하였다고 인정되지 아니하는 이상 객관적으로 명백한 것이라 할 수 없으므로, 이러한 시행령에 근거한 행정처분의 하자는 **취소사유**에 해당할 뿐 무효사유가 되지 아니한다(2007.6.14. 2004두619).
(관련) 처분의 근거조례가 상위법령에 위배된다는 판결선고 전에 이루어진 처분: 무효사유×, 취소사유○
일반적으로 **조례가 법률 등 상위법령에 위배된다는** 사정은 그 조례의 규정을 위법하여 무효라고 선언한 **대법원의 판결이 선고되지 아니한 상태에서는** 그 조례규정의 위법 여부가 해석상 다툼의 여지가 없을 정도로 명백하였다고 인정되지 아니하는 이상 객관적으로 명백한 것이라 할 수 없으므로, 이러한 조례에 근거한 행정처분의 하자는 **취소사유**에 해당할 뿐 무효사유가 된다고 볼 수는 없다(2009.10.29. 2007두26285).

관련 OX

① 관련
1 상위법령의 시행을 위하여 법규명령을 제정하여야 할 의무가 인정됨에도 불구하고 법규명령을 제정하고 있지 않은 경우, 그러한 부작위는 부작위위법확인소송을 통하여 다툴 수 있다. 17국회8

② 관련
2 보건복지부 고시인「약제급여·비급여목록 및 급여상한금액표」는 다른 집행행위의 매개 없이 그 자체로서 국민건강보험가입자, 국민건강보험공단, 요양기관 등의 법률관계를 직접 규율하는 행정처분의 성격을 가진다. 24소간

④ 관련
3 조례가 법률 등 상위법령에 위배되면 비록 그 조례를 무효라고 선언한 대법원의 판결이 선고되지 않았더라도 그 조례에 근거한 행정처분은 당연무효가 된다. 18국회8

선지분석 & 요플·기풀가링크

선지	THEME	요플	기풀기
①	T13 행정입법	30	031
②	T15 행정규칙	67	067
③	T13 행정입법	14	014
④	T29 VA의 하자와 효력	64	061

정답 ④
OX 1× 2○ 3×

THEME 16 행정행위의 개념과 분류

기 175-201
요 054-060

01

행정행위에 관한 설명으로 옳지 않은 것을 모두 고른 것은? (다툼이 있는 경우 판례에 의함) 15서울9

> ㄱ. 행정권한을 위임받은 사인도 행정청으로서 행정행위를 할 수 있다.
> ㄴ. 부하 공무원에 대한 상관의 개별적인 직무명령은 행정행위가 아니다.
> ㄷ. 일정한 불복기간이 경과하거나 쟁송수단을 다 거친 후에는 더 이상 행정행위를 다툴 수 없게 되는 효력을 행정행위의 불가변력이라 한다.
> ㄹ. 판례에 따르면 행정행위의 집행력은 행정행위의 성질상 당연히 내재하는 효력으로서 별도의 법적 근거를 요하지 않는다.
> ㅁ. 지방경찰청장이 횡단보도를 설치하여 보행자 통행방법 등을 규제하는 것은 행정행위에 해당한다.

① ㄱ, ㄹ
② ㄷ, ㅁ
③ ㄴ, ㅁ
④ ㄷ, ㄹ

관련 OX

ㄱ. 관련

1 행정청이란 행정에 관한 의사를 결정하여 표시하는 국가 또는 지방자치단체의 기관, 그 밖에 법령 또는 자치법규에 따라 행정권한을 가지고 있거나 위탁을 받은 공공단체나 그 기관 또는 사인(私人)을 말한다. 20군무원9

ㅁ. 관련

2 ❌ 지방경찰청장이 횡단보도를 설치하여 보행자의 통행방법을 규제하는 것은 행정처분이 아니다. 14국가9

해설

ㄱ. ○ 행정행위 내지 처분은 '행정청'의 행위여야 하는데, 행정권한을 위임받은 사인(공무수탁사인)도 행정청에 포함되므로 행정행위를 할 수 있다.

행정기본법 제2조(정의) ② 이 법에서 사용하는 용어의 뜻은 다음과 같다.
2. **'행정청'**이란 다음 각 목의 자를 말한다.
  가. 행정에 관한 의사를 결정하여 표시하는 국가 또는 지방자치단체의 기관
  나. 그 밖에 법령등에 따라 행정에 관한 의사를 결정하여 표시하는 권한을 가지고 있거나 그 **권한을 위임 또는 위탁받은** 공공단체 또는 그 기관이나 **사인**(私人)

ㄴ. ○ 행정행위는 ① 외부에(국민에) ② 직접 법적 효과를 발생시키는 것이어야 한다. 따라서 법적 효과를 발생시키지 않는 내부적 행위(ex. 직무명령)나, ㄴ. 사실행위(ex. 도로보수행위)는 행정행위가 아니다.

ㄷ. ✗ 불가쟁력이란 불복기간이(제소기간이) 경과하거나, 쟁송수단을 다 거친 경우 행정행위의 상대방이나 이해관계인이 더 이상 당해 행정행위를 다툴 수 없게 하는 힘을 말한다. 반면, **불가변력**이란 일정 행정행위에 대하여는 처분청 등도 이를 직권으로 취소하거나 변경할 수 없게 하는 힘을 뜻한다.
  + PLUS 지문은 불가변력이 아닌 불가쟁력에 대한 설명이므로 틀린 것이다.

ㄹ. ✗ 행정행위의 집행력이란 행정법상의 의무를 이행하지 아니할 경우에 행정청이 직접 실력을 행사하여 자력으로 그 의무의 이행을 실현시킬 수 있는 힘을 말한다. 행정행위의 집행력은 의무를 부과하는 행정행위에 추가하여 국민의 권리를 침해할 수 있기 때문에 행정행위와는 **별도의 법적 근거**가 있어야만 인정된다.
  + PLUS 예를 들어, 행정대집행법은 대체적 작위의무에 대한 행정상 강제집행의 일반적인 근거법이 되고 국세징수법은 공법상 금전급부의무에 대한 강제징수의 일반적 근거법이 되고 있다. 그 외에도 행정상 강제집행을 정하는 개별법이 존재한다.

ㅁ. ○ 지방경찰청장의 횡단보도 설치는 일반처분으로서 행정행위에 해당한다.

• 횡단보도 설치: 개별적✗ but 구체적○ → 처분성○(일반처분)
  지방경찰청장이 횡단보도를 설치하여 보행자 통행방법 등을 규제하는 것은 행정청이 특정사항에 대하여 부담을 명하는 행위이고 이는 국민의 권리의무에 직접 관계가 있는 행위로서 행정처분이다 (2000.10.27. 98두8964).

선지분석 & 요플·기풀기링크

선지	THEME	요플	기풀기
ㄱ	T16 VA의 개념과 분류	05	004
ㄴ		12	014
ㄷ	T28 불가쟁력·불가변력 등	01	004
ㄹ		23	023
ㅁ	T16 VA의 개념과 분류	10	013

 ④
 1○ 2✗

02

행정행위에 관한 설명으로 옳은 것은? 15교행9

기 ① 행정행위는 법적 행위이므로, 행정청이 도로를 보수하는 행위는 행정행위가 아니다.
인 ② 행정행위는 당해 행위로써 직접 법적 효과를 가져오는 행위이므로, 행정청이 건축허가의 신청을 반려하는 행위는 행정행위가 아니다.
③ 행정행위는 국민에 대하여 법적 효과를 발생시키는 행위이므로, 행정청이 귀화신청인에게 귀화를 허가하는 행위는 행정행위가 아니다.
④ 행정행위는 공법상의 행위이므로, 행정청이 특정인에게 어업권과 같이 사권의 성질을 가지는 권리를 설정하는 행위는 행정행위가 아니다.

관련 OX

② 관련

1 거부행위가 항고소송의 대상인 처분이 되기 위해서는 그 거부행위가 신청인의 실체상의 권리관계에 직접적인 변동을 일으키는 것이어야 하며, 신청인이 실체상의 권리자로서 권리를 행사함에 중대한 지장을 초래하는 것만으로는 부족하다.   22지방9

해설

① ○ 행정행위는 ① 외부에(국민에) ② 직접 **법적** 효과를 발생시키는 것이어야 한다. 따라서 법적 효과를 발생시키지 않는 **내부적** 행위(ex. 직무명령)나, **사실행위**(ex. 도로보수행위)는 행정행위가 아니다.
② × 행정행위에는 허가·특허 등 적극적으로 현재의 법률상태에 **변동을 초래하는** 적극적 행정행위뿐만 아니라 현재의 법률상태에 **변동을 가져오지 않으려는** 행위인 소극적 행정행위도 포함된다. 허가나 특허 등의 신청에 대한 **거부처분**이 소극적 행정행위에 해당한다.
③ × 귀화허가는 행정행위(강학상 특허)에 해당한다.
• **귀화허가**는 외국인에게 대한민국 국적을 부여함으로써 **국민으로서의 법적 지위를 포괄적으로 설정하는 행위에 해당한다**(2010.10.28. 2010두6496).
④ × 행정행위가 공법행위라는 것은 그 행위의 **법적 성질** 내지 근거가 공법적이어야 한다는 것이지, 그 행위를 통해 도출되는 **법적 효과**까지 공법적이어야 한다는 뜻이 아니다. 예컨대 특정인에게 어업권을 부여하는 행위는 **공법적 성질**의 것으로서 **행정행위**이다. 이는 그 결과로 도출되는 **어업권**이 공권인지 **사권인지**와는 무관한 것이다.

  + PLUS 행정청이 특정인에게 어업권과 같이 사권의 성질을 가지는 권리를 설정하는 행위는 사법상 효과가 발생하지만 수산업법이라는 공법의 규율을 받으므로 행정행위에 해당한다.

선지분석 & 요플·기풀기링크

선지	THEME	요플	기풀기
①	T16 VA의 개념과 분류	13	015
②	T54 거부처분	07	009
③	T19 형성적 VA	21	021
④	T16 VA의 개념과 분류	16	018

 ①
 1 ×

03

행정행위에 대한 설명으로 옳은 것은?

17(상)국가9

① 행정행위를 '행정청이 법 아래서 구체적 사실에 대한 법집행으로서 행하는 공법행위'로 정의하면, 공법상 계약과 공법상 합동행위는 행정행위의 개념에서 제외된다.
② 강학상 허가와 특허는 의사표시를 요소로 한다는 점과 반드시 신청을 전제로 한다는 점에서 공통점이 있다.
③ 행정행위의 효력으로서 구성요건적 효력과 공정력은 이론적 근거를 법적 안정성에서 찾고 있다는 공통점이 있다.
④ 「행정소송법」상 처분의 개념과 강학상 행정행위의 개념이 다르다고 보는 견해는 처분의 개념을 강학상 행정행위의 개념보다 넓게 본다.

관련 OX

① 관련

1 공법상 계약, 공법상 합동행위도 행정행위에 포함된다. 16서울9(변형)

④ 관련

2 경찰허가에 상대방의 신청이 요구되는 것이 일반적이지만, 상대방의 신청 없이 허가가 발령되는 경우도 있다. 10지방7

해설

① ✕ 위 지문은 행정행위의 개념요소인 'ⅰ) 행정청의 ⅱ) 구체적 사실에 대한 ⅲ) 법집행으로 행하는 ⅳ) 권력적 단독행위로서의 ⅴ) 공법행위' 중 ⅳ) '권력적 단독행위'를 뺀 것이다. 이와 같이 행정행위의 개념을 새롭게 정의한다면(ⅳ)를 빼고 정의한다면), 행정청의 구체적 사실에 대한 행위에는 해당하나 권력적 행위는 아닌 공법상 계약과 공법상 합동행위 등도 행정행위의 개념에 포함될 수 있다. 그러나 통설은 ⅳ)도 행정행위의 개념요소로 보고 있으므로, 이러한 일반적 정의에 따르면 공법상 계약과 공법상 합동행위와 같은 비권력적 행위들은 행정행위의 개념에서 제외된다.
② ✕ **허가**는 보통 신청을 전제로 한다. 그러나 신청을 전제로 하지 않는 경우도 있다(통행금지 해제). 반면, **특허는 반드시 신청을 전제로 한다**(법규특허는 제외).
③ ✕ 구성요건적 효력과 공정력을 구별하는 견해에 따르면 구성요건적 효력의 이론적 근거는 **기관 간 상호존중**에 있다. 반면 공정력은 행정의 실효성 확보 및 **법적 안정성**에 이론적 근거를 둔다. 이 점에서 구성요건적 효력과 공정력은 차이점이 있다고 한다.
④ ○ '처분'과 '행정행위'를 다르다고 보는 이원설에 따르면, **행정행위는 사실행위를 제외한 법적 행위만**을 대상으로 하는 것인 반면, **처분의 경우 권력적 사실행위**나 비권력적 행위 중 국민의 권익에 사실상 지배력을 미치는 행위 등 일부 사실행위도 처분개념에 포함된다. 즉, 이원설에 따르면 [처분 = 행정행위 + 일부 사실행위]가 되어, 처분은 행정행위는 물론 행정행위가 아닌 것도 포함하는 보다 넓은 개념이 되는 것이다.

선지분석 & 요플·기풀기링크

선지	THEME	요플	기풀기
①	T16 VA의 개념과 분류	14	016
②	T17 명령적 VA	18	013
③	T27 공정력	12	017
④	T16 VA의 개념과 분류	03	003

정답 ④
OX 1✕ 2○

THEME 16 행정행위의 개념과 분류

04

행정행위에 대한 다음 설명 중 옳은 것은? 07국가9

① 명령적 행정행위는 국민에게 새로운 권리·능력, 기타 포괄적 법률관계를 발생·변경·소멸시키는 행위이다.
② 명령적 행정행위의 수명자가 하명에 의하여 과하여진 의무를 이행하지 않는 경우에는 행정상 강제집행에 의하여 그 의무이행이 강제되거나 또는 행정상 제재가 부과된다.
③ 공법상 대리는 법률의 규정에 의한 법정대리가 아니라, 본인의 의사에 따른 대리행위이다.
④ 명령적 행정행위는 타인을 위하여 그 행위의 효력을 보충·완성하는 행위와 타인을 대신하여 행하는 행위로 나누어진다.

해설

①④ × 법률행위적 행정행위는 다시 인간의 **본래적 자유**를 규율하는 **명령적** 행위와, 국민에게 **새로운 권리**나 지위 등을 발생·변경·소멸시키는 **형성적** 행위로 구별된다.①
- 명령적 행위에는 본래적 자유를 제한하는 **하**명과, 이를 회복시키는 **허**가·**면**제가 있다.
- 형성적 행위에는 직접 상대방에게 권리 등을 설정하는 **특**허, 타인을 대신해 행위하는 **대**리, 타인의 행위를 보충·완성하는 **인**가가 있다.④
② ○ 하명위반행위는 행정상 **강제집행**이나 **행정제재**의 대상이 된다. 예를 들어 철거명령을 미이행시 대집행대상이 되고, 통행금지명령을 위반시 과태료부과대상이 된다.
③ × 공법상 대리란 행정기관이 국민을 대신해 행위하고 그 법률효과를 국민에게 귀속시키는 것이다. 사법상 대리는 법령에 따라 대리권이 부여된 법정대리와 의사에 따라 대리권이 부여된 임의대리가 있으나, **공법상 대리의 경우 법령에 따른 법정대리**만을 의미한다.

선지분석 & 요플·기풀기링크

선지	THEME	요플	기풀기
①	T16 VA의 개념과 분류	22	022
②	T17 명령적 VA	06	005
③	T19 형성적 VA		
④	T16 VA의 개념과 분류	23	025

정답 ②

05

기 일반처분으로 볼 수 있는 것은? 08(하)지방9

① 운전면허
② 주차금지구역의 지정
③ 공유수면매립면허
④ 건축허가

해설

①③④ × ② ○ 주차금지구역의 지정만 일반처분이다.
일반처분은 아래와 같이 그 직접적 규율대상이 사람인지, 물건인지에 따라 인적 일반처분과 물적 일반처분으로 구별된다.

종류		성격	예시		처분성
행정행위	개별처분	개별적·구체적	운전면허(허가),① 건축허가(허가),④ 공유수면매립면허(특허)③		○
	일반처분	일반적·구체적	인적	집회금지, 통행금지	○
			물적	• 주차금지구역 지정,② 교통표지판 • 도로의 공용개시, 개별공시지가결정	
행정입법	처분적 명령	일반적·구체적	두밀분교폐지조례		
	통상의 입법	일반적·추상적	• 통상의 법규명령 – 대외적 구속력○이나, 추상적 • 통상의 행정규칙 – 대외적 구속력조차×, ○여도 추상적		×

선지분석 & 요플·기풀기링크

선지	THEME	요플 기풀기
	T16 VA의 개념과 분류	N2 012

정답 ②

06

甲(갑)은 「공유수면매립법」에 의거하여 관할 행정청으로부터 공유수면매립면허를 받으려고 한다. 공유수면매립면허와 관련된 설명으로 옳은 것은?
09지방9

① 공유수면매립면허는 협력을 요하는 행정행위로 보는 것이 일반적 견해이다.
② 甲이 「공유수면매립법」에서 정한 소정의 요건을 갖춘 경우에 관할 행정청은 반드시 매립면허를 하여야 한다.
③ 甲의 공유수면매립면허 신청에 대한 면허거부처분이 재량권 일탈·남용에 해당하는 경우에도 법원은 이를 취소할 수 없다.
④ 관할 행정청은 甲에게 공유수면매립면허를 함에 있어서 부관을 붙일 수 없다.

관련 OX

② 관련

1 공유수면매립면허는 설권행위인 특허의 성질을 갖는 것이므로 원칙적으로 행정청의 자유재량에 속한다. 13지방7

③ 관련

2 행정청의 재량에 속하는 처분이라도 재량권의 한계를 넘거나 그 남용이 있는 때에는 법원은 이를 취소할 수 있다.
24국회9

해설

① ○ 행정행위는 성립시 상대방의 협력이 필요한지에 따라 협력이 필요하지 않은 **일방적 행위**와 협력이 필요한 **쌍방적 행위**로 구분된다. 여기서 '협력'이란, 상대방의 **신청**(ex. 택시면허를 받기 위한 특허신청)이나 **동의**(ex. 공무원 임명행위에 대한 동의)를 의미한다. 예컨대 허가·특허·인가 등은 수익적 행위로서 원칙적으로 상대방의 신청이 필요한 쌍방적 행정행위이다. 따라서 강학상 특허에 해당하는 **공유수면매립면허**는 협력을 요하는 행정행위이다.

②④ × 공유수면매립면허 부여: **특허(재량)**② → 명문의 규정이 없어도 **부관 가능**④
공유수면매립면허는 설권행위인 특허의 성질을 갖는 것이므로 원칙적으로 행정청의 자유**재량**에 속하며,② 이와 같은 **재량적 행정행위**에 있어서는, 법령상의 근거가 없다고 하더라도 거기에 **부관을 붙일** 것인가의 여부는 당해 행정청의 **재량에 속한다**④(1989.9.12. 88누9206).

✚ PLUS 공유수면매립면허는 재량행위이고, 재량행위에 대해서는 법률에 명문규정이 없더라도 부관을 붙일 수 있으므로 관할 행정청은 甲에게 공유수면매립면허를 하면서 부관을 붙일 수 있다.④

③ × 재량행위라도 재량권 일탈·남용이 있는 경우 법원은 이를 취소할 수 있다.

선지분석 & 요플·기풀기링크

선지	THEME	요플	기풀기
① T16 VA의 개념과 분류	17	019
② T19 형성적 VA	13	016
③ T16 VA의 개념과 분류	54	070
④ T19 형성적 VA	14	017

정답 ①
OX 1 ○ 2 ○

필수문제 07

기속행위와 재량행위에 대한 설명으로 옳은 것은? (다툼이 있는 경우 판례에 의함) 23국가7

① 재량행위에 대한 법원의 심사는 재량권의 일탈 또는 남용 및 재량권의 한계 내에서의 행정청의 판단, 즉 합목적성 내지 공익성의 판단 등을 대상으로 한다.
② 육아휴직 중 「국가공무원법」 제73조 제2항에서 정한 복직요건인 '휴직사유가 없어진 때'에 하는 복직명령은 기속행위이므로 휴직사유가 소멸하였음을 이유로 복직을 신청하는 경우 임용권자는 지체 없이 복직명령을 하여야 한다.
③ 재외동포에 대한 사증발급은 행정청의 기속행위에 속하는 것으로서, 재외동포가 사증발급을 신청한 경우에 구 「출입국관리법 시행령」 [별표 1의2]에서 정한 재외동포체류자격의 요건을 갖추었다면 사증을 발급해야 한다.
④ 구 「주택건설촉진법」 제33조에 의한 주택건설사업계획의 승인은 인간이 본래 가지고 있는 자연적 자유의 회복을 내용으로 하는 행정청의 기속행위에 속한다.

관련 OX

② 관련
1 「국가공무원법」상 휴직사유 소멸을 이유로 한 신청에 대한 복직명령은 기속행위이다. 25해경승진

④ 관련
2 「주택법」상 주택건설사업계획의 승인은 재량행위에 해당하므로, 처분권자는 주택건설사업계획이 법령이 정하는 제한사유에 배치되지 않는 경우에도 공익상 필요가 있으면 사업계획승인신청에 대하여 불허가 결정을 할 수 있다. 21국회8

해설

① × 재량권의 한계 내에서의 행정청의 판단, 즉 합목적성 내지 공익성의 판단은 위법이 아닌 부당의 문제로서 **법원의(소송에서의) 심사대상이 될 수 없다**. 그러나 **행정심판에서는 이러한 부당도 심사**의 대상이 된다.

② ○ 휴직사유 소멸을 이유로 한 복직신청에 대한 복직명령: 기속
국가공무원법 제73조 제2항의 문언에 비추어 복직명령은 기속행위이므로 휴직사유가 소멸하였음을 이유로 신청하는 경우 임용권자는 지체 없이 복직명령을 하여야 한다(2014.6.12. 2012두4852).

국가공무원법 제73조(휴직의 효력) ② 휴직기간 중 그 사유가 없어지면 30일 이내에 임용권자 또는 임용제청권자에게 신고하여야 하며, 임용권자는 지체 없이 복직을 명하여야 한다.

③ × 재외동포 사증발급: 재량행위 → 법령상 요건을 갖췄어도 발급하지 않을 수 있음
재외동포에 대한 사증발급은 행정청의 **재량행위**에 속하는 것으로서, 재외동포가 사증발급을 신청한 경우에 「출입국관리법 시행령」 [별표 1의2]에서 정한 재외동포체류자격의 **요건을 갖추었다고 해서 무조건 사증을 발급해야 하는 것은 아니다**(2019.7.11. 2017두38874).

④ × 주택건설사업계획승인: 재량행위
구 주택건설촉진법 제33조에 의한 **주택건설사업계획의 승인**은 상대방에게 권리나 이익을 부여하는 효과를 수반하는 이른바 수익적 행정처분으로서 법령에 행정처분의 요건에 관하여 일의적으로 규정되어 있지 아니한 이상 행정청의 **재량행위**에 속하므로, 이러한 승인을 받으려는 주택건설사업계획이 관계 법령이 정하는 제한에 배치되는 경우는 물론이고 그러한 제한사유가 없는 경우에도 공익상 필요가 있으면 처분권자는 그 승인신청에 대하여 불허가 결정을 할 수 있다(2007.5.10. 2005두13315).

선지선택비율 ① 13.17% ② 76.95% ③ 6.93% ④ 2.95% 오답률 23.05%

선지분석 & 요플·기풀기링크

선지	THEME	요플	기풀기
①	T50 행정소송 개관	05	005
②		32	051
③	T16 VA의 개념과 분류	36	029
④		35	028

정답 ②
OX 1 ○ 2 ○

THEME 16 행정행위의 개념과 분류

필수문제 08

기속행위와 재량행위에 대한 설명으로 옳지 않은 것은? (다툼이 있는 경우 판례에 의함) 20국가7

① 재량행위는 요건이 충족되어도 공익과의 이익형량을 통하여 법에 정해진 효과를 부여하지 않을 수 있다.

② 기속행위의 경우 법원이 사실인정과 관련 법규의 해석·적용을 통하여 일정한 결론을 도출한 후 그 결론에 비추어 행정청이 한 판단의 적법 여부를 독자의 입장에서 판정한다.

③ 의제되는 인·허가가 재량행위인 경우에는 주된 인·허가가 기속행위인 경우에도 인·허가가 의제되는 한도 내에서 재량행위로 보아야 한다.

④ 사실의 존부에 대한 판단에도 재량권이 인정될 수 있으므로, 사실을 오인하여 재량권을 행사한 경우라도 처분이 위법한 것은 아니다.

관련 OX

④ 관련

1 ◯

「도로법」에 따라 도로관리청이 도로점용허가를 하면서 특별사용의 필요가 없는 부분을 점용장소 및 점용면적에 포함시킨 경우에도 그 특별사용의 필요가 없는 부분이 위법하다고 할 수 없다.

23국가7

해설

① ◯ 재량행위의 경우 행정청은 법령상 요건은 충족되었더라도 공익과의 이익형량을 통하여 그 효과를 부여하지 않을 수도 있다. 즉, **일반적 공익을 이유로 처분에 나아가지 않거나 신청된 처분을 거부할 수 있다.**

- **주택건설사업계획의 승인은 행정청의 재량행위에 속하므로,** 이러한 승인을 받으려는 주택건설사업계획이 관계 **법령이 정하는 제한에 배치되는 경우는 물론이고 그러한 제한사유가 없는 경우에도 공익상 필요가 있으면 처분권자는 그 승인신청에 대하여 불허가결정을 할 수 있다**(2007.5.10. 2005두13315).

② ◯ **기속행위의 경우 그 법규에 대한 원칙적인 기속성으로 인하여 법원이 사실인정과 관련 법규의 해석·적용을 통하여 일정한 결론을 도출한 후 그 결론에 비추어 행정청이 한 판단의 적법 여부를 독자의 입장에서 판정하는** 방식에 의하게 되나, **재량행위의 경우 행정청의 재량에 기한 공익판단의 여지를 감안하여 법원은 독자의 결론을 도출함이 없이 당해 행위에 재량권의 일탈·남용이 있는지 여부만을 심사하게 되고,** 이러한 재량권의 일탈·남용 여부에 대한 심사는 사실오인, 비례·평등의 원칙 위배, 당해 행위의 목적 위반이나 동기의 부정 유무 등을 그 판단대상으로 한다(2001.2.9. 98두17593).

	행정청의 처분	법원의 판단
기속행위	법령상 요건 충족하면 법이 정한 효과 부여함이 원칙	• 법원이 일정 결론 도출◯ • 독자적 입장에서 행정행위 적법 여부 판단
재량행위	법령상 요건 충족돼도 이익형량을 통해 추가 검토(판단결과 미부여 가능)	• 법원은 독자결론 도출 ✕ • 재량권 일탈·남용만 심사

③ ◯ 토지의 형질변경행위를 수반하는(편저자: 토지의 형질변경행위가 의제되는) **건축허가는 결국 재량행위에 속한다**(2005.7.14. 2004두6181).

④ ✕ 재량권 일탈·남용 여부는 아래 사항 등을 대상으로 하여 심사한다. 이 중 **사실오인**은 객관적 사실의 존부를 잘못 판단한 것이고, 여기에는 재량이 인정될 수 없으므로 **사실오인이 있는 처분은 위법하게 된다.**

심사요소	예시
사실오인	비위를 저지르지 않은 공무원을 비위를 저지른 것으로 오인해 징계처분
비례원칙	비위를 저지르기는 했으나 사소한 비위임에도 파면처분
평등원칙	비위를 저지르기는 했으나, 똑같이 저지른 타인들은 경징계, 대상자는 파면
목적위반/동기부정	사적 재산 증식 목적으로 본인 소유 부동산 인근에 개발허가

- 도로관리청이 도로점용허가를 하면서 특별사용의 필요가 없는 부분을 점용장소 및 점용면적에 포함하는 것은 그 재량권 행사의 기초가 되는 **사실인정에 잘못이 있는 경우에 해당하므로 그 도로점용허가 중 특별사용의 필요가 없는 부분은 위법하다**(2019.1.17. 2016두56721·56738).

선지분석 & 요플·기풀기링크

선지	THEME	요플	기풀기
①	T16 VA의 개념과 분류	34	027
②		37	030
③	T18 인·허가의제	18	018
④	T16 VA의 개념과 분류	63	064

정답 ④

OX 1 ✕

09

수익적 행정행위에 대한 설명으로 가장 옳지 않은 것은? (다툼이 있는 경우 판례를 따름)

19(2)서울7

① 배출시설 설치허가의 신청이 구「대기환경보전법」에서 정한 허가기준에 부합하고 동 법령상 허가제한사유에 해당하지 아니하는 한 환경부장관은 원칙적으로 허가를 하여야 한다.

② 구「주택건설촉진법」에 의한 주택건설사업계획의 승인의 경우 승인받으려는 주택건설사업계획에 관계 법령이 정하는 제한사유가 없는 경우에도 공익상 필요가 있으면 처분권자는 그 승인을 받기 위한 신청에 대하여 불허가결정을 할 수 있다.

③ 재량행위와 기속행위의 구분기준에 관한 효과재량설에 따르면 수익적 행정행위는 법규상 또는 해석상 특별한 기속이 없는 한 재량행위이다.

④ 야생동·식물보호법령에 따른 용도변경승인의 경우 용도변경이 불가피한 경우에만 용도변경을 할 수 있도록 제한하는 규정을 두고 있으므로 환경부장관의 용도변경승인처분은 기속행위이다.

관련 OX

② 관련

1 「주택법」상 주택건설사업계획의 승인은 재량행위에 해당하므로, 처분권자는 주택건설사업계획이 법령이 정하는 제한사유에 배치되지 않는 경우에도 공익상 필요가 있으면 사업계획승인신청에 대하여 불허가 결정을 할 수 있다.

21국회8

④ 관련

2 「야생동·식물보호법」에 의한 용도변경승인은 특정인에게만 용도 외의 사용을 허용해주는 권리나 이익을 부여하는 이른바 수익적 행정행위로서 법령에 특별한 규정이 없는 한 재량행위이다.

24국회9

해설

① ○ **배출시설 설치허가: 강학상 허가. 법령상 요건 갖추면 원칙적 발급**

배출시설 설치허가와 설치제한에 관한 규정들의 문언과 그 체제·형식에 따르면 환경부장관은 배출시설 설치허가 신청이 구 대기환경보전법 제23조 제5항에서 정한 허가기준에 부합하고 구 대기환경보전법 제23조 제6항, 같은 법 시행령 제12조에서 정한 허가제한사유에 해당하지 아니하는 한 원칙적으로 허가를 하여야 한다. 다만 환경부장관은 같은 법 시행령 제12조 각 호에서 정한 허가제한사유에 준하는 사유로서 환경기준의 유지가 곤란하거나 주민의 건강·재산, 동식물의 생육에 심각한 위해를 끼칠 우려가 있다고 인정되는 등 중대한 공익상의 필요가 있을 때에는 허가를 거부할 수 있다고 보는 것이 타당하다(2013.5.9. 2012두22799).

cf 수도권 총량관리사업장 설치허가: 강학상 특허. 재량행위

② ○ **주택건설사업계획승인: 재량행위 → 법령상 제한사유가 없어도 공익상 필요로 불허가 가능**

구 주택건설촉진법 제33조에 의한 주택건설사업계획의 승인은 상대방에게 권리나 이익을 부여하는 효과를 수반하는 이른바 수익적 행정처분으로서 법령에 행정처분의 요건에 관하여 일의적으로 규정되어 있지 아니한 이상 행정청의 재량행위에 속하므로, 이러한 승인을 받으려는 주택건설사업계획이 관계 법령이 정하는 제한에 배치되는 경우는 물론이고 그러한 제한사유가 없는 경우에도 공익상 필요가 있으면 처분권자는 그 승인신청에 대하여 불허가결정을 할 수 있다(2007.5.10. 2005두13315).

③ ○ 효과재량설은 행정행위의 효과가 수익적이면 재량행위가 되나(ex. 특허), 징계처분 등 침익적이면 기속행위라고(ex. 징계처분) 보아 국민에 대한 불이익 처분의 재량을 제한하려는 견해이다.

④ × **야생동·식물보호법상 용도변경승인: 재량행위**

야생동·식물보호법 제16조 제3항과 같은 법 시행규칙 제22조 제1항의 체제 또는 문언을 살펴보면 원칙적으로 국제적 멸종위기종 및 그 가공품의 수입 또는 반입 목적 외의 용도로의 사용을 금지하면서 용도변경이 불가피한 경우로서 환경부장관의 용도변경승인을 받은 경우에 한하여 용도변경을 허용하도록 하고 있으므로, 위 법 제16조 제3항에 의한 용도변경승인은 특정인에게만 용도 외의 사용을 허용해주는 권리나 이익을 부여하는 이른바 수익적 행정행위로서 법령에 특별한 규정이 없는 한 재량행위이고, … 용도변경을 승인하기 위한 요건으로서의 용도변경의 불가피성에 관한 판단에 필요한 기준을 정하는 것도 역시 행정청의 재량에 속하는 것이므로, 그 설정된 기준이 객관적으로 합리적이 아니거나 타당하지 않다고 볼 만한 다른 특별한 사정이 없는 이상 행정청의 의사는 가능한 한 존중되어야 한다(2011.1.27. 2010두23033).

선지분석 & 요플·기풀기링크

선지	THEME	요플	기풀기
①	T17 명령적 VA	수1/11	021
②		35	028
③	T16 VA의 개념과 분류	25	033
④		40	038

정답 ④

OX 1 ○ 2 ○

필수 문제 10

기속행위와 재량행위에 대한 설명으로 옳은 것만을 〈보기〉에서 모두 고르면? (다툼이 있는 경우 판례에 의함)   21국회8

〈보기〉

ㄱ. 「주택법」상 주택건설사업계획의 승인은 재량행위에 해당하므로, 처분권자는 주택건설사업계획이 법령이 정하는 제한사유에 배치되지 않는 경우에도 공익상 필요가 있으면 사업계획승인신청에 대하여 불허가 결정을 할 수 있다.

ㄴ. 「부동산 실권리자명의 등기에 관한 법률 시행령」 제3조의2 단서는 조세를 포탈하거나 법령에 의한 제한을 회피할 목적이 아닌 경우에 과징금의 100분의 50을 감경할 수 있다고 규정하고 있으므로 감경사유가 존재하더라도 과징금을 감경할 것인지 여부는 과징금 부과관청의 재량에 속한다.

ㄷ. 재량행위이더라도 수익적 행위에 부관을 붙이기 위해서는 특별한 법적 근거가 있어야 한다.

ㄹ. 「의료법」상 신의료기술의 안전성·유효성 평가나 신의료기술의 시술로 국민보건에 중대한 위해가 발생하거나 발생할 우려가 있는지 여부에 대한 판단과, 그 경우 행정청이 어떠한 종류와 내용의 지도나 명령을 할 것인지의 판단에 관해서는 행정청에 재량권이 부여되어 있다.

ㅁ. 재량행위에 대한 사법심사에 있어서 법원은 사실인정과 관련 법규의 해석·적용을 통하여 일정한 결론을 도출한 후 그 결론에 비추어 행정청이 한 판단의 적법 여부를 독자의 입장에서 판정하는 방식에 의한다.

① ㄱ, ㄴ
② ㄴ, ㄷ
③ ㄱ, ㄴ, ㄹ
④ ㄱ, ㄹ, ㅁ
⑤ ㄷ, ㄹ, ㅁ

관련 OX

ㄷ. 관련
1 수익적 행정처분에 있어서는 법령에 특별한 근거규정이 있는 경우에만 그 부관으로서 부담을 붙일 수 있다. 23국가9

ㅁ. 관련
2 기속행위에 대한 사법심사는 법원이 사실인정과 관련 법규의 해석·적용을 통하여 일정한 결론을 도출한 후 그 결론에 비추어 행정청이 한 판단의 적법 여부를 독자의 입장에서 판정하는 방식에 의하게 된다. 17(하)국가9

해설

ㄱ. ○ **주택건설사업계획승인: 재량행위 → 법령상 제한사유가 없어도 공익상 필요로 불허가 가능**
구 주택건설촉진법 제33조에 의한 **주택건설사업계획의 승인**은 상대방에게 권리나 이익을 부여하는 효과를 수반하는 이른바 수익적 행정처분으로서 법령에 행정처분의 요건에 관하여 일의적으로 규정되어 있지 아니한 이상 행정청의 **재량행위**에 속하므로, 이러한 승인을 받으려는 주택건설사업계획이 관계 법령이 정하는 제한에 배치되는 경우는 물론이고 그러한 **제한사유가 없는 경우에도 공익상 필요가 있으면 처분권자는 그 승인신청에 대하여 불허가 결정을 할 수 있다**(2007.5.10. 2005두13315).

ㄴ. ○ **부동산실명법 위반자에 대한 과징금: 감경 여부는 재량**
「부동산 실권리자명의 등기에 관한 법률 시행령」 제3조의2 단서는 조세를 포탈하거나 법령에 의한 제한을 회피할 목적이 아닌 경우에 과징금의 100분의 50을 감경할 수 있다고 규정하고 있고, 이는 임의적 감경규정임이 명백하므로, 위와 같은 **감경사유가 존재하더라도 과징금을 감경할 것인지 여부는 과징금 부과관청의 재량에 속한다**(2007.7.12. 2006두4554).

선지분석 & 요플·기풀기링크

선지	THEME	요플	기풀기
ㄱ	T16 VA의 개념과 분류	35	028
ㄴ	T48 새로운 확보수단	24	025
ㄷ	T32 부관	51	053
ㄹ	T16 VA의 개념과 분류	48	046
ㅁ		37	030

> **비교** 부동산실명법 위반자에 대한 과징금: 부과 여부는 기속(전액감면 불가)
>
> 「부동산 실권리자명의 등기에 관한 법률」 규정을 종합하면, 명의신탁자에 대하여 과징금을 부과할 것인지 여부는 기속행위에 해당하므로, 명의신탁이 조세를 포탈하거나 법령에 의한 제한을 회피할 목적이 아닌 경우에 한하여 그 과징금을 일정한 범위 내에서 감경할 수 있을 뿐이지 그에 대하여 과징금 부과처분을 하지 않거나 과징금을 전액 감면할 수 있는 것은 아니다(2007.7.12. 2006두4554).

ㄷ. ✕ 재량행위의 경우 관계 법령에서 명시적으로 금지하지만 않으면 법령에 **명시적 근거가 없더라도** 부관을 붙일 수 있다.

> **행정기본법 제17조(부관)** ① 행정청은 처분에 재량이 있는 경우에는 부관(조건, 기한, 부담, 철회권의 유보 등을 말한다. 이하 이 조에서 같다)을 붙일 수 있다.

ㄹ. ○ [1] 의료법 제53조 제1항, 제2항, 제59조 제1항의 문언과 체제, 형식, 모든 국민이 수준 높은 의료 혜택을 받을 수 있도록 국민의료에 필요한 사항을 규정함으로써 국민의 건강을 보호하고 증진하려는 의료법의 목적 등을 종합하면, 불확정개념으로 규정되어 있는 의료법 제59조 제1항에서 정한 지도와 명령의 요건에 해당하는지, 나아가 요건에 해당하는 경우 행정청이 어떠한 종류와 내용의 지도나 명령을 할 것인지의 판단에 관해서는 행정청에 재량권이 부여되어 있다.

[2] 신의료기술의 안전성·유효성 평가나 신의료기술의 시술로 국민보건에 중대한 위해가 발생하거나 발생할 우려가 있는지에 관한 판단은 고도의 의료·보건상의 전문성을 요하므로, 행정청이 국민의 건강을 보호하고 증진하려는 목적에서 의료법 등 관계 법령이 정하는 바에 따라 이에 대하여 전문적인 판단을 하였다면, 판단의 기초가 된 사실인정에 중대한 오류가 있거나 판단이 객관적으로 불합리하거나 부당하다는 등의 특별한 사정이 없는 한 존중되어야 한다. 또한 행정청이 전문적인 판단에 기초하여 재량권의 행사로서 한 처분은 비례의 원칙을 위반하거나 사회통념상 현저하게 타당성을 잃는 등 재량권을 일탈하거나 남용한 것이 아닌 이상 위법하다고 볼 수 없다(2016.1.28. 2013두21120).

ㅁ. ✕ 재량행위의 사법심사: 법원이 독자결론 도출✕ / 재량권 일탈·남용만 심사

재량행위의 경우 행정청의 재량에 기한 공익판단의 여지를 감안하여 **법원은 독자의 결론을 도출함이 없이** 당해 행위에 **재량권의 일탈·남용이 있는지 여부만을 심사**하게 된다(2001.2.9. 98두17593).

정답 ③

OX 1✕ 2○

11

판단여지와 재량을 구별하는 입장에서 재량에 대한 설명으로 옳지 않은 것은? 15국가7

① 재량은 법률효과에서 인정된다.
② 재량의 존재 여부가 법해석으로 도출되기도 한다.
③ 재량행위에 법효과를 제한하는 부관을 붙일 수 없다.
④ 재량행위와 기속행위의 구분은 법규의 규정양식에 따라 개별적으로 판단된다.

관련 OX

④ 관련

1 기속행위와 재량행위의 구분은 당해 행위의 근거가 된 법규의 체재·형식과 그 문언, 당해 행위가 속하는 행정 분야의 주된 목적과 특성, 당해 행위 자체의 개별적 성질과 유형 등을 모두 고려하여 판단하여야 한다. 20지방9

해설

① ○ 판단여지와 재량을 구별하는 입장에 따르면 **판단여지**는 **법률요건의 인식**에 대한 것이고, **재량**은 **법률효과의 선택**에 대한 것이어서 양자가 구별된다고 한다.

②④ ○ 기속행위와 재량행위의 구별기준에 대하여 법문언이 일차적 기준이 되고, 행위의 성질과 기본권·공익관련성 등을 종합고려해 판단한다는 법문언기준설이 통설이다. 판례 역시 기속행위와 재량행위는 법규의 체제·형식·문언과 그 외 다양한 점을 고려해 판단한다고 판시하여 법문언기준설에 가깝다. 따라서 어떠한 행위가 재량행위인지 기속행위인지는 일률적으로 단정할 수 있는 것이 아니라 관련 법규별로 **법해석을 통해**② 개별적으로 판단되는 것이다.④

+ PLUS 행정행위가 그 **재량성의 유무** 및 범위와 관련하여 이른바 기속행위 내지 기속재량행위와 재량행위 내지 자유재량행위로 구분된다고 할 때, 그 구분은 당해 행위의 근거가 된 **법규의 체재·형식과 그 문언**, 당해 행위가 속하는 행정 분야의 주된 목적과 특성, 당해 행위 자체의 **개별적 성질과 유형 등을 모두 고려하여 판단하여야 한다**(2001.2.9. 98두17593).

③ × 판단여지와 재량을 구별하는 입장에 따르면 판단여지는 요건에 대한 것이므로 효과를 제한하는 부관을 붙일 수 없는 것이 원칙이나, **재량행위는 효과에 대한 것이므로 부관을 붙일 수 있다**는 점에서 구별실익이 있다.

행정기본법 제17조(부관) ① 행정청은 처분에 재량이 있는 경우에는 부관(조건, 기한, 부담, 철회권의 유보 등을 말한다. 이하 이 조에서 같다)을 붙일 수 있다.
② 행정청은 처분에 재량이 없는 경우에는 법률에 근거가 있는 경우에 부관을 붙일 수 있다.
(이하 생략)

선지분석 & 요플·기풀기링크

선지	THEME	요플	기풀기
①	T16 VA의 개념과 분류	86	088
②		29	035
③	T32 부관	54	056
④	T16 VA의 개념과 분류	26	036

정답 ③
OX 1 ○

12

불확정개념과 판단여지 및 기속행위와 재량행위에 대한 설명으로 옳지 않은 것은? 17(상)국가9

① 판단여지를 긍정하는 학설은 판단여지는 법률효과 선택의 문제이고 재량은 법률요건에 대한 인식의 문제라는 점, 양자는 그 인정근거와 내용 등을 달리하는 점에서 구별하는 것이 타당하다고 한다.

② 대법원은 재량행위에 대한 사법심사를 하는 경우에 법원은 행정청의 재량에 기한 공익판단의 여지를 감안하여 독자적인 판단을 하여 결론을 도출하지 않고, 당해 처분이 재량권의 일탈·남용에 해당하는지의 여부만을 심사하여야 한다고 한다.

③ 대법원은 처분을 할 것인지 여부와 처분의 정도에 관하여 재량이 인정되는 과징금 납부명령에 대하여 그 명령이 재량권을 일탈하였을 경우, 법원으로서는 재량권의 일탈 여부만 판단할 수 있을 뿐이지 재량권의 범위 내에서 어느 정도가 적정한 것인지에 관하여는 판단할 수 없어 그 전부를 취소할 수밖에 없고, 법원이 적정하다고 인정하는 부분을 초과한 부분만 취소할 수는 없다고 한다.

④ 다수설에 따르면 불확정개념의 해석은 법적 문제이기 때문에 일반적으로 전면적인 사법심사의 대상이 되고, 특정한 사실관계와 관련하여서는 원칙적으로 일의적인 해석(하나의 정당한 결론)만이 가능하다고 본다.

관련 OX

② 관련

1 재량행위에 대한 사법심사에 있어서 법원은 사실인정과 관련 법규의 해석·적용을 통하여 일정한 결론을 도출한 후 그 결론에 비추어 행정청이 한 판단의 적법 여부를 독자의 입장에서 판정하는 방식에 의한다. 21국회8

③ 관련

2 재량이 인정되는 과징금 납부명령이 재량권의 범위를 다소 벗어났다면, 법원은 재량권의 일탈·남용 여부에 대해서만 판단할 수 있을 뿐 과징금액을 변경할 수 없다. 24해경간부

추가기출(① 관련)

ⓐ ㄱ

판례는 재량권과 판단여지를 구분하지 않고, 판단여지가 인정되는 경우에도 재량권이 인정되는 것으로 본다. 24소방

해설

① ✕, ④ ○ **판단여지 긍정설(다수설)**

어떠한 행정작용에 대한 요건으로 '공공의 안녕과 질서', '중대한 사유', '직무수행능력 우수' 등 추상적이고 다의적인 개념이 사용되는 경우가 있는데, 이를 **불확정개념**이라고 한다. 이처럼 요건에 불확정개념이 사용되는 경우라도, 원칙적으로 일의적 해석, 즉 하나의 결론만이 도출되어야 하며 **전면적 사법심사의 대상이 된다**.④ 다만, 예외적으로 일정한 경우에는 둘 이상의 판단이 모두 가능한 경우가 있을 수 있고, 그 범위 내에서는 **행정기관의 판단을 존중하는 제한적 사법심사**가 이루어지는데 이를 **판단여지**라고 한다. 따라서 불확정개념이 사용된 모든 경우 판단여지가 인정되는 것은 아니다(판단여지 긍정설에 따르더라도 예외적으로만 인정된다). 이처럼 판단여지 긍정설에 따르면, **판단여지는 요건의 인식과 관련하여 예외적으로 인정되는 것**이고, **재량은 효과의 선택에 대한 것**이어서 양자가 구별된다고 한다(①지문은 요건과 효과가 반대로 기술되어 틀린 지문).❶

	대상①	심사
재량	효과의 선택문제	독자적(일의적) 결론(✕) → 일탈·남용만 심사
판단여지	요건의 인식문제 (불확정개념이 사용된 경우)	원칙: 일의적 해석·전면적 심사④ 예외: 둘 이상 판단·제한적 심사 → 이것이 **판단여지**

② ○ **재량행위의 사법심사: 법원이 독자결론 도출✕ / 재량권 일탈·남용만 심사**
재량행위의 경우 행정청의 재량에 기한 공익판단의 여지를 감안하여 **법원은 독자의 결론을 도출함이 없이** 당해 행위에 **재량권의 일탈·남용**이 있는지 여부만을 심사하게 된다(2001.2.9. 98두17593).

③ ○ **재량행위인 과징금부과처분에서 법정한도액을 초과한 경우: 전부 취소(초과 부분만 취소✕)**
처분을 할 것인지 여부와 처분의 정도에 관하여 **재량이 인정되는 과징금 납부명령**에 대하여 그 명령이 **재량권을 일탈하였을 경우**, 법원으로서는 재량권의 일탈 여부만 판단할 수 있을 뿐이지 재량권의 범위 내에서 어느 정도가 적정한 것인지에 관하여는 판단할 수 없어 그 **전부를 취소할 수밖에 없고**, **법원이 적정하다고 인정하는 부분을 초과한 부분만 취소할 수는 없다**(2009.6.23. 2007두18062).

선지분석 & 요플·기풀기링크

선지	THEME	요플	기풀기
①	T16 VA의 개념과 분류	86	088
②		37	030
③	T65 판결 기준시/종류	24	025
④	T16 VA의 개념과 분류	87	089

❶ cf • **판단여지 부정설**: 법규정의 일체성으로 인해 긍정설과 같이 요건의 인식과 효과의 선택에 대한 도식적 구별이 어렵고, 어차피 판단여지건, 재량이건 그것이 인정되는 영역에서 사법심사가 제한된다는 동일한 결론을 도출할 뿐이어서 구별할 실익도 적다는 입장

• **판례**: 판례는 공무원임용 면접전형, 매장문화재 발굴허가 등에서 요건(임용신청자의 능력·적격성, 발굴필요성)에 대한 사항들을 '판단여지'가 아닌 '재량'으로 표현하였다. 따라서 판례는 재량과 판단여지를 구별하지 않는다고 평가된다.ⓐ

정답 ①

OX 1✕ 2○ ⓐ○

13

기속행위와 재량행위에 대한 설명으로 옳지 않은 것은? 08(상)지방9

① 재량행위라 하더라도 완전히 법에서 자유로운 행위는 아니고, 행정의 법률적합성의 원리상 행정법령상에서 인정되는 의무에 합당한 재량이라고 볼 수 있다.
② 종전에는 무엇이 '법' 또는 '공익'인가를 기준으로 기속재량과 자유재량을 구분하였으나 판례는 양자가 모두 사법심사의 대상이 된다고 보고 있다.
③ 재량권의 일탈이나 남용에 대한 사법적 통제의 가능성은 「행정소송법」에도 규정되어 있다.
④ 이해관계인에 대한 행정처분의 이유제시는 「행정절차법」상의 문제이고 재량통제의 대상은 아니다.

관련 OX

① 관련
1 행정청의 재량이란 언제나 의무에 합당한 재량을 의미하며 재량권의 남용이나 일탈이 있는 때에는 사법심사의 대상이 된다. 14국회8

③ 관련
2 기
「행정소송법」에 의하면 행정청의 재량에 속하는 처분이라도 재량권의 한계를 넘거나 그 남용이 있는 경우 법원은 이를 취소할 수 있다. 25해경승진

해설

① ○ 현대 법치국가에서는 재량행위도 완전한 **자유**가 아닌 **합당한 범위** 내에서 이루어져야 하고 그러한 범위를 넘어섰는지 여부, 즉 일탈·남용 등이 있는지에 대해서 **사법심사가 가능**하다.

② ○ 재량행위를 다시 기속재량행위와 자유재량행위로 구분하여, **기속재량은 무엇이 '법'**인지에 대한 재량을 의미하고, **자유재량은 무엇이 '공익'**에 적합한가에 대한 재량이라고 설명하는 견해가 있다. 판례는 양자 모두 재량의 일탈·남용이 있으면 **사법심사의 대상**이 된다고 보고 있다.

• 재량권의 남용이나 재량권의 일탈의 경우에는 그 재량권이 <u>기속재량이거나 **자유재량이거나를 막론하</u>고 <u>사법심사의 대상이 된다</u>(1984.1.31. 83누451).

③ ○

행정소송법 제27조(재량처분의 취소) 행정청의 재량에 속하는 처분이라도 재량권의 한계를 넘거나 그 남용이 있는 때에는 법원은 이를 취소할 수 있다.

④ ✕ 재량행위에 대한 거부처분의 경우 재량고려사유 역시 이유제시의무에 포함된다. 따라서 이유제시의무는 합리적 기준 없이 **재량권**을 행사하지 못하도록 **통제**하는 역할도 한다고 볼 수 있다.

선지분석 & 요플·기풀기링크

선지	THEME	요플	기풀기
①	T16 VA의 개념과 분류	51	053
②	T40 절차법(이유제시)		플지모
③	T16 VA의 개념과 분류	53	071
④			플지모

정답 ④
OX 1○ 2○

14

재량권의 한계에 대한 설명으로 옳은 것은? 15국가9

① 재량권의 일탈이란 재량권의 내적 한계를 벗어난 것을 말하고, 재량권의 남용이란 재량권의 외적 한계를 벗어난 것을 말한다.
② 판례는 재량권의 일탈과 재량권의 남용을 명확히 구분하고 있다.
③ 재량권의 불행사에는 재량권을 충분히 행사하지 아니한 경우는 포함되지 않는다.
④ 개인의 신체, 생명 등 중요한 법익에 급박하고 현저한 침해의 우려가 있는 경우 재량권이 영으로 수축된다.

관련 OX

① 관련
1 법이 정한 재량권의 외적 한계를 넘어선 경우를 재량의 일탈이라 한다. 14서울9

③ 관련
2 재량하자의 하나인 재량권의 불행사가 행정청의 부작위를 의미하는 것은 아니다. 08(하)지방9

해설

① ✕ 일탈은 외적 한계를 넘은 것. 남용은 내적 한계를 넘은 것. 지문은 반대로 되어 있다.

- 어떠한 공권력작용이 자유재량행위인 경우라도 그 행위에 부여된 재량권은 법이 허용한 재량권의 범위를 한계로 하여 행사되어야 하고(외적 한계), 또한 외적 한계 내에서 행해지는 재량권행사라도 법이 재량권을 부여한 목적에 적합하여야 하며 헌법원칙과 법의 일반원칙을 준수하여야 한다(내적 한계). 따라서 재량권의 **외적** 한계를 넘어 재량권의 **일탈**이 있거나 **내적** 한계를 넘어 재량권의 **남용**이 있는 재량권의 행사는 그 재량권을 부여한 근거되는 법규범에 위반된다(헌재 2004.10.21. 2004헌마554·566 전원).

② ✕ 판례는 재량 하자의 유형, 즉 일탈과 남용을 엄격하게 구별하지 않고, 어떠한 재량 하자가 있으면 '일탈·남용'이 있다고 뭉뚱그려 표현한다. 그 유형이 무엇이든 재량 하자가 있다면 위법한 것이기 때문에 이러한 표현에 별다른 문제는 없다.

③ ✕ 재량권 행사시 고려할 사정들을 전혀 고려하지 않은 것뿐 아니라, 고려는 하였으나 충분히 고려하지 않은 것 역시 재량권 불행사의 범주에 포함된다. 판례는 재량권 불행사는 그 자체로 위법하다고 본다.

- 처분의 근거 법령이 행정청에 처분의 요건과 효과 판단에 일정한 재량을 부여하였는데도, 행정청이 자신에게 재량이 없다고 오인한 나머지 처분으로 달성하려는 공익과 그로써 처분상대방이 입게 되는 불이익의 내용과 정도를 전혀 비교·형량하지 않은 채 처분을 하였다면, 이는 **재량권 불행사로서 그 자체로 재량권 일탈·남용으로 해당 처분을 취소하여야 할 위법**사유가 된다(2019.7.11. 2017두38874).

④ ○ 생명·신체·재산 등 중요한 법익에 급박하고 현저한 위험이 있는데, 개인의 노력으로는 그를 충분히 막을 수 없으나, 행정권에 의한 제거는 가능한 경우에는 재량이 0으로 수축된다. 특정 상황에서는 행정청에 선택의 여지가 없어져 더 이상 재량이 남지 않게 되었다(0이 되었다)는 의미이다.

- 경찰권의 행사 여부는 원칙적으로 재량처분으로 인정되고 있으나, 목전의 상황이 매우 중대하고 긴박한 것이거나, 그로 인하여 국민의 중대한 법익이 침해될 우려가 있는 경우에는, **재량권이 영으로 수축**하여 경찰권을 발동할 의무가 있다. 따라서 사람이 바다에서 조난을 당하여 인명이 경각에 달린 경우에 해양경찰관으로서는 그 직무상 즉시 출동하여 인명을 구조할 의무가 있다(헌재 2007.10.25. 2006헌마869 전원).

선지분석 & 요플·기풀기링크

선지	THEME	요플	기풀기
①		55	056
②	T16 VA의 개념과 분류	60	062
③		56	058
④	T55 공권과 원고적격	27	033

정답 ④
OX 1 ○ 2 ○

15

행정청의 재량권에 관한 설명으로 옳지 않은 것은? (다툼이 있으면 판례에 따름)   16교행9

① 재량권의 일탈·남용이 있으면 위법하다.
② 구 「주택건설촉진법」상 주택건설사업계획 승인은 재량행위이다.
③ 숙박용 건물의 건축허가는 기속행위이므로 중대한 공익상의 이유가 있다 할지라도 그 허가를 거부할 수 없다.
④ 사실의 존부에 대한 판단에는 재량권이 인정될 수 없으므로 사실을 오인하여 재량권을 행사한 경우에 그 처분은 위법하다.

관련 OX

① 관련

1 「행정소송법」에 의하면 행정청의 재량에 속하는 처분이라도 재량권의 한계를 넘거나 그 남용이 있는 경우 법원은 이를 취소할 수 있다.   25해경승진

② 관련

2 「주택법」상 주택건설사업계획의 승인은 재량행위에 해당하므로, 처분권자는 주택건설사업계획이 법령이 정하는 제한사유에 배치되지 않는 경우에도 공익상 필요가 있으면 사업계획승인신청에 대하여 불허가 결정을 할 수 있다.   21국회8

해설

① ○ 재량권의 일탈·남용이 있으면 재량권 행사의 한계를 넘은 것으로서 위법하게 된다.
- 재량권의 남용이나 재량권의 일탈의 경우에는 그 재량권이 기속재량이거나 자유재량이거나를 막론하고 사법심사의 대상이 된다(1984.1.31. 83누451).

② ○ 주택건설사업계획승인: 재량행위
구 주택건설촉진법 제33조에 의한 주택건설사업계획의 승인은 상대방에게 권리나 이익을 부여하는 효과를 수반하는 이른바 수익적 행정처분으로서 법령에 행정처분의 요건에 관하여 일의적으로 규정되어 있지 아니한 이상 행정청의 재량행위에 속하므로, 이러한 승인을 받으려는 주택건설사업계획이 관계 법령이 정하는 제한에 배치되는 경우는 물론이고 그러한 제한사유가 없는 경우에도 공익상 필요가 있으면 처분권자는 그 승인신청에 대하여 불허가결정을 할 수 있다(2007.5.10. 2005두13315).

③ × 건축법은 위락시설이나 숙박시설용 건축물에 대하여 일반 건축허가와 달리 재량행위로 규정하고 있어, 법상 요건을 충족했더라도 공익상 사유로 거부가 가능하다.

건축법 제11조(건축허가) ④ 허가권자는 제1항에 따른 건축허가를 하고자 하는 때에 「건축기본법」 제25조에 따른 한국건축규정의 준수 여부를 확인하여야 한다. 다만, **다음 각 호의 어느 하나에 해당하는 경우에는** 이 법이나 다른 법률에도 불구하고 건축위원회의 심의를 거쳐 **건축허가를 하지 아니할 수 있다.**
 1. **위락시설이나 숙박시설**에 해당하는 건축물의 건축을 허가하는 경우 해당 대지에 건축하려는 건축물의 용도·규모 또는 형태가 주거환경이나 교육환경 등 주변환경을 고려할 때 부적합하다고 인정되는 경우

④ ○ 사실의 존부에 대한 판단에는 재량권이 인정될 수 없으므로 사실을 오인하여 재량권을 행사한 경우에 그 처분은 위법하다.
- 재량행위가 사실오인에 근거한 경우: 재량의 일탈·남용 인정
법원의 심사 결과 행정청의 재량행위가 사실오인 등에 근거한 것이라고 인정된다면 이는 재량권을 일탈·남용한 것으로서 위법하여 취소를 면치 못한다(2025.3.13. 2024두58692).

선지분석 & 요플·기풀기링크

선지	THEME	요플	기풀기
①	T16 VA의 개념과 분류	54	070
②		35	028
③	T24 건축 관련 쟁점	09	009
④	T16 VA의 개념과 분류	63	064

정답 ③
OX 1 ○ 2 ○

필수문제 16

재량행위에 관한 설명으로 옳지 않은 것은? (다툼이 있는 경우 판례에 의함) 23소방

① 행정청의 재량에 기한 공익판단의 여지를 감안하여 법원은 독자의 결론을 도출함이 없이 당해 행위에 재량권의 일탈·남용이 있는지 여부만을 심사한다.

② 행정청의 전문적인 정성적 평가 결과는 판단의 기초가 된 사실인정에 중대한 오류가 있거나 그 판단이 사회통념상 현저하게 타당성을 잃어 객관적으로 불합리하다는 등의 특별한 사정이 없는 한 법원이 당부를 심사하기에 적절하지 않으므로 가급적 존중되어야 한다.

③ 처분의 근거 법령이 행정청에 처분의 요건과 효과 판단에 일정한 재량을 부여하였으나, 행정청이 자신에게 재량권이 없다고 오인하여 처분으로 달성하려는 공익과 그로써 처분상대방이 입게 되는 불이익의 내용과 정도를 전혀 비교·형량하지 않은 채 처분을 하였다고 하더라도, 그 자체로 재량권 일탈·남용으로 해당 처분을 취소하여야 할 위법사유가 되지는 않는다.

④ 구 「사행행위등규제법」에 의한 허가의 경우 허가신청이 적극적 요건에 해당하는지 여부를 판단하는 것은 재량행위라 할 수 있겠으나 허가제한사유에 해당되는 경우에는 적극적 요건에 해당하는지 여부를 판단할 필요는 없다.

관련 OX

① 관련

1 재량행위에 대한 사법심사는 행정청의 재량에 기한 공익판단의 여지를 감안하여 법원이 독자의 결론을 도출함이 없이 당해 행위에 재량권의 일탈·남용이 있는지 여부를 심사한다. 18국가7

③ 관련

2 ✕

처분의 근거 법령이 행정청에 처분의 요건과 효과 판단에 일정한 재량을 부여하였는데도, 행정청이 자신에게 재량권이 없다고 오인하여 처분으로 달성하려는 공익과 그로써 처분상대방이 입게 되는 불이익의 내용과 정도를 전혀 비교·형량하지 않은 채 처분을 하였다면, 이는 재량권 불행사로서 그 자체로 재량권 일탈·남용에 해당된다. 20변시

해설

① ○ **재량행위의 사법심사: 법원이 독자결론 도출✕ / 재량권 일탈·남용만 심사**
재량행위의 경우 행정청의 재량에 기한 공익판단의 여지를 감안하여 법원은 독자의 결론을 도출함이 없이 당해 행위에 재량권의 일탈·남용이 있는지 여부만을 심사하게 된다(2001.2.9. 98두17593).

② ○ **행정청의 전문적·정성적 평가결과: 중대한 사실인정 오류나 현저한 불합리가 없는 한 존중**
행정청의 전문적인 정성적 평가 결과는 그 판단의 기초가 된 사실인정에 중대한 오류가 있거나 그 판단이 사회통념상 현저하게 타당성을 잃어 객관적으로 불합리하다는 등의 특별한 사정이 없는 한 법원이 그 당부를 심사하기에는 적절하지 않으므로 가급적 존중되어야 한다(2018.6.15. 2016두57564).

③ ✕ 재량행위임에도 재량이 없다고 오인해 공익과의 비교·형량을 안하고 처분한 경우 → 재량권 불행사: 그 자체로 재량의 일탈·남용(취소사유)
처분의 근거 법령이 행정청에 처분의 요건과 효과 판단에 일정한 재량을 부여하였는데도, 행정청이 자신에게 재량권이 없다고 오인한 나머지 처분으로 달성하려는 공익과 그로써 처분상대방이 입게 되는 불이익의 내용과 정도를 전혀 비교·형량하지 않은 채 처분을 하였다면, 이는 재량권 불행사로서 그 자체로 재량권 일탈·남용으로 해당 처분을 취소하여야 할 위법사유가 된다(2019.7.11. 2017두38874).

④ ○ **사행행위허가: 적극적 요건 판단(재량) / 단, 허가제한사유 해당시 적극적 요건 판단할 필요 없이 불허**
구 사행행위규제법은 구 복표발행현상기타사행행위단속법과는 달리 사행행위의 종류별로 허가의 요건을 달리하여, 투전기업에 대하여는 제5조 제1항 제3호, 제4호에서 외국인을 상대로 하는 오락시설로서 외화획득에 특히 필요하다고 인정되거나 관광진흥과 관광객의 유치촉진을 위하여 특히 필요하다고 인정될 것을 적극적 요건으로 규정함과 아울러, 제6조 제3호에서는 기타 다른 법령에서 사행행위영업을 할 수 없도록 규정하고 있는 경우 등에 해당할 때에는 허가를 할 수 없도록 규정하고 있으므로, 이 법에 의한 허가의 경우 허가신청이 적극적 요건에 해당하는지 여부를 판단하는 것은 재량행위라 할 수 있겠으나 허가제한사유에 해당되는 경우에는 적극적 요건에 해당하는 여부를 판단할 필요도 없이 당연히 불허가하여야 한다(1994.8.23. 94누5410).

+ PLUS 사행행위등규제법의 규정상, 허가의 적극적 요건에 대해서는 재량이 주어져 있으나, 허가의 소극적 요건(허가제한사유)에 대해서는 재량의 여지가 없으므로, 어차피 허가제한사유에 해당할 시 적극적 요건에 대해 판단할 필요도 없이 불허가를 하면 된다는 취지

선지분석 & 요플·기풀가링크

선지	THEME	요플	기풀기
①		38	031
②	T16 VA의 개념과 분류	39	032
③		61	057
④	T17 명령적 VA	16	040

정답 ③

OX 1○ 2✕

선지선택비율 ① 3.15% ② 2.58% ③ 89.44% ④ 4.83% 오답률 10.56%

17

행정청의 재량에 관한 설명으로 옳지 않은 것은? (다툼이 있는 경우 판례에 의함) 23소방승진

① 행정청이 제재처분 양정을 하면서 공익과 사익의 형량을 전혀 하지 않았거나 이익형량의 고려대상에 마땅히 포함하여야 할 사항을 누락한 경우 또는 이익형량을 하였으나 정당성·객관성이 결여된 경우, 제재처분은 재량권을 일탈·남용한 것이라고 보아야 한다.

② 행정청이 감경사유를 전혀 고려하지 않았거나 감경사유에 해당하지 않는다고 오인하여 개별처분기준에서 정한 상한으로 처분을 한 경우, 마땅히 고려대상에 포함하여야 할 사항을 누락하였거나 고려대상에 관한 사실을 오인한 경우에 해당하여 재량권을 일탈·남용한 것이라고 보아야 한다.

③ 행정청의 전문적인 정성적 평가 결과는 그 판단의 기초가 된 사실인정에 중대한 오류가 있거나 그 판단이 사회통념상 현저하게 타당성을 잃어 객관적으로 불합리하다는 등의 특별한 사정이 없는 한 법원이 그 당부를 심사하기에는 적절하지 않으므로 가급적 존중되어야 한다.

④ 경찰공무원이 담당사건의 고소인으로부터 금품을 수수하고 향응과 양주를 제공받았으며 이를 은폐하기 위하여 고소인을 무고하는 범죄행위를 하였다는 사유로 해임처분을 받았으나 위 징계사유 중 금품수수사실이 인정되지 않는 경우, 나머지 징계사유만으로 당초의 해임처분을 유지할 수는 없다.

관련 OX

② 관련

1 (甲은 값싼 외국산 수입재료를 국내산 유기농 재료로 속여 상품을 제조·판매하였음을 이유로 식품위생법령에 따라 관할 행정청으로부터 영업정지 3개월 처분을 받았다) 甲에 대하여 법령상 임의적 감경사유가 있음에도, 관할 행정청이 이를 전혀 고려하지 않았거나 감경사유에 해당하지 않는다고 오인하여 영업정지 3개월 처분을 한 경우에는 재량권을 일탈·남용한 위법한 처분이 된다. 17지방7

③ 관련

2 행정청의 전문적인 정성적 평가 결과는 판단의 기초가 된 사실인정에 중대한 오류가 있거나 그 판단이 사회통념상 현저하게 타당성을 잃어 객관적으로 불합리하다는 등의 특별한 사정이 없는 한 법원이 당부를 심사하기에 적절하지 않으므로 가급적 존중되어야 한다. 23소방

해설

① ○ 제재처분 양정시 형량을 하지 않거나, 고려대상을 누락, 형량을 하였으나 정당성·객관성 결여 → 재량권 일탈·남용
행정청이 제재처분 양정을 하면서 공익과 사익의 **형량을 전혀 하지 않았거나** 이익형량의 고려대상에 마땅히 **포함하여야 할 사항을 누락한 경우** 또는 이익형량을 하였으나 **정당성·객관성이 결여된 경우**에는 제재처분은 **재량권을 일탈·남용**한 것이라고 보아야 한다(2020.6.25. 2019두52980).

② ○ 임의적 감경사유 고려 없이 혹은 없다고 오인해 상한으로 처분 → 재량권 일탈·남용
처분상대방에게 법령에서 정한 임의적 감경사유가 있는 경우에, 행정청이 감경사유까지 고려하고도 감경하지 않은 채 개별처분기준에서 정한 상한으로 처분을 한 경우에는 재량권을 일탈·남용하였다고 단정할 수는 없으나, 행정청이 감경사유를 전혀 **고려하지 않았거나** 감경사유에 해당하지 않는다고 **오인하여** 개별처분기준에서 정한 **상한으로** 처분을 한 경우에는 마땅히 고려대상에 포함하여야 할 사항을 누락하였거나 고려대상에 관한 사실을 오인한 경우에 해당하여 **재량권을 일탈·남용한 것이라고 보아야 한다**(2020.6.25. 2019두52980).

③ ○ 행정청의 전문적·정성적 평가결과: 중대한 사실인정 오류나 현저한 불합리가 없는 한 존중
행정청의 **전문적인 정성적 평가 결과**는 그 판단의 기초가 된 **사실인정에 중대한 오류가 있거나** 그 판단이 사회통념상 현저하게 타당성을 잃어 **객관적으로 불합리하다는 등의 특별한 사정이 없는 한** 법원이 그 당부를 심사하기에는 적절하지 않으므로 **가급적 존중되어야 한다**(2018.6.15. 2016두57564).

④ × 해임사유 중 금품수수는 부정됨: 나머지 사유(향응수수·무고)로도 해임의 타당성 인정돼 위법×
경찰공무원이 담당사건의 고소인으로부터 **금품을 수수하고 향응과 양주를 제공받았으며 이를 은폐하기 위하여 고소인을 무고하는 범죄**행위를 하였다는 사유로 해임처분을 받은 경우, 위 징계사유 중 **금품수수사실이 인정되지 않더라도** 나머지 징계사유만으로도 **해임처분의 타당성이 인정되어 재량권의 범위를 일탈·남용한 것이 아니다**(2002.9.24. 2002두6620).

＋ PLUS 수개의 징계사유 중 일부가 인정되지 않더라도 다른 징계사유만으로도 당해 징계처분의 타당성을 인정하기에 충분한 경우에는 징계처분은 위법하지 아니한다.

선지분석 & 요플·기풀기링크

선지	THEME	요플	기풀기
①		57	059
②	T16 VA의 개념과 분류	59	061
③		39	032
④	T29 VA의 하자와 효력	05	005

 ④

 1○ 2○

필수 문제 18

재량행위에 관한 판례의 입장으로 옳지 않은 것은?

14국회8

① 일반음식점영업허가는 관계법령이 정하는 제한사유 이외에 공익적 요소를 감안하여 그 허가를 거부할 수 있는 재량행위로 볼 것이다.
② 행정청의 재량이란 언제나 의무에 합당한 재량을 의미하며 재량권의 남용이나 일탈이 있는 때에는 사법심사의 대상이 된다.
③ 재량권의 일탈·남용 여부에 대한 심사는 사실오인, 비례·평등원칙 위배, 당해 행위의 목적 위반이나 동기의 부정 유무 등을 그 판단대상으로 한다.
④ 과징금 납부명령에 재량권의 일탈이 있는 경우 법원은 재량의 일탈 여부에 대해서만 판단할 수 있을 뿐 법원이 적정하다고 인정하는 부분을 초과한 부분만 취소할 수는 없다.
⑤ 토지형질변경허가는 금지요건이 불확정개념으로 규정되어 있어 그 금지요건의 판단에 행정청의 재량이 있기 때문에 토지형질변경행위를 수반하는 건축허가는 결국 재량행위에 속한다.

관련 OX

④ 관련

1 대법원은 처분을 할 것인지 여부와 처분의 정도에 관하여 재량이 인정되는 과징금 납부명령에 대하여 그 명령이 재량권을 일탈하였을 경우, 법원으로서는 재량권의 일탈 여부만 판단할 수 있을 뿐이지 재량권의 범위 내에서 어느 정도가 적정한 것인지에 관하여는 판단할 수 없어 그 전부를 취소할 수밖에 없고, 법원이 적정하다고 인정하는 부분을 초과한 부분만 취소할 수는 없다고 한다. 17(상)국가9

⑤ 관련

2 「국토의 계획 및 이용에 관한 법률」에 따른 토지의 형질변경허가는 그 금지요건이 불확정개념으로 규정되어 있어 그 금지요건에 해당하는지 여부를 판단함에 있어서 행정청에 재량권이 부여되어 있다고 할 것이므로, 이 법에 따른 토지의 형질변경행위를 수반하는 건축허가는 재량행위에 속한다. 17(하)국가9

해설

① × **일반음식점영업허가: 강학상 허가 / 기속행위 / 법령상 제한사유 외 공공복리를 들어 거부 불가**
식품위생법상 일반음식점영업허가는 성질상 일반적 금지의 해제에 불과하므로 강학상 허가이므로 허가권자는 허가신청이 법에서 정한 요건을 구비한 때에는 허가하여야 하고 관계법령에서 정하는 제한사유 외에 공공복리 등의 사유를 들어 허가신청을 거부할 수는 없다 기속행위이다(2000.3.24. 97누12532).

② ○ 현대 법치국가에서는 재량행위도 완전한 자유가 아닌 **합당한 범위** 내에서 이루어져야 하고 그러한 범위를 넘어섰는지 여부, 즉 일탈·남용 등이 있는지에 대해서 **사법심사**가 가능하다.

③ ○ **재량권 일탈·남용에 대한 심사요소: 사실오인, 행정법의 일반원칙 위반 등**
재량권의 일탈·남용 여부에 대한 심사는 **사실오인, 비례·평등의 원칙 위배, 당해 행위의 목적 위반이나 동기의 부정 유무** 등을 그 판단대상으로 한다(2001.2.9. 98두17593).

④ ○ **재량행위인 과징금부과처분에서 법정한도액을 초과한 경우: 전부 취소(초과 부분만 취소×)**
자동차운수사업면허조건 등을 위반한 사업자에 대하여 행정청이 행정제재수단으로 사업 정지를 명할 것인지, 과징금을 부과할 것인지, 과징금을 부과키로 한다면 그 금액은 얼마로 할 것인지에 관하여 재량권이 부여되었다 할 것이므로 과징금부과처분이 법이 정한 한도액을 초과하여 위법할 경우 법원으로서는 그 **전부를 취소**할 수밖에 없고, 그 한도액을 초과한 부분이나 법원이 적정하다고 인정되는 부분을 초과한 부분만을 취소할 수 없다(1998.4.10. 98두2270).

+ PLUS 기속행위: 가분·특정 가능시 초과부분만 취소, 불가시 전부 취소 ↔ 재량행위: 본질적으로 가분·특정 불가로 전부 취소, 단 수개의 위반행위에 대한 하나의 과징금부과처분의 경우 위법인정 부분만 취소 가능

⑤ ○ **토지형질변경을 수반하는 건축허가: 재량행위**
「국토의 계획 및 이용에 관한 법률」상 토지의 형질변경허가는 그 금지요건이 불확정개념으로 규정되어 있어 그 금지요건에 해당하는지 여부를 판단함에 있어서 행정청에게 재량권이 부여되어 있다고 할 것이므로, 같은 법에 의하여 지정된 도시지역 안에서 **토지의 형질변경행위를 수반하는 건축허가**는 결국 **재량행위**에 속한다(2005.7.14. 2004두6181).

선지분석 & 요플·기풀기링크

선지	THEME	요플	기풀기
①	T17 명령적 VA	22	016
②	T16 VA의 개념과 분류	51	053
③		62	063
④	T65 판결 기준시/종류	24	025
⑤	T24 건축 관련 쟁점	08	008

정답 ①
OX 1○ 2○

필수문제 19

재량행위에 대한 판례의 입장으로 옳지 않은 것은? 17(하)지방9

① 「개발제한구역의 지정 및 관리에 관한 특별조치법」 및 구 「액화석유가스의 안전관리 및 사업법」 등의 관련 법규에 의하면, 개발제한구역에서의 자동차용 액화석유가스충전사업허가는 그 기준 내지 요건이 불확정개념으로 규정되어 있으므로 그 허가 여부를 판단함에 있어서 행정청에 재량권이 부여되어 있다고 보아야 한다.

② 재량행위의 경우 그 근거법규에 대하여 법원이 사실인정과 관련 법규의 해석·적용을 통하여 일정한 결론을 도출한 후 그 결론에 비추어 행정청이 한 판단의 적법 여부를 독자의 입장에서 판정한다.

③ 구 여객자동차운수사업법령상 마을버스운송사업면허의 허용 여부 및 마을버스 한정면허시 확정되는 마을버스 노선을 정함에 있어서 기존 일반노선버스의 노선과의 중복 허용 정도에 대한 판단은 행정청의 재량에 속한다.

④ 「야생동·식물보호법」상 곰의 웅지를 추출하여 비누, 화장품 등의 재료를 사용할 목적으로 곰의 용도를 '사육곰'에서 '식·가공품 및 약용재료'로 변경하겠다는 내용의 국제적 멸종위기종의 용도변경승인행위는 재량행위이다.

관련 OX

② 관련
1 재량행위에 대한 사법심사는 행정청의 재량에 기한 공익판단의 여지를 감안하여 법원이 독자의 결론을 도출함이 없이 당해 행위에 재량권의 일탈·남용이 있는지 여부를 심사한다. 18국가7

④ 관련
2 야생동·식물보호법령에 따른 용도변경승인의 경우 용도변경이 불가피한 경우에만 용도변경을 할 수 있도록 제한하는 규정을 두고 있으므로 환경부장관의 용도변경 승인처분은 기속행위이다. 19(2)서울7

해설

① ○ 개발제한구역 내 액화석유가스충전사업허가: 재량
개발제한구역법 및 액화석유가스법 등의 관련 법규에 의하면, <u>개발제한구역에서의 자동차용 액화석유가스충전사업허가</u>는 그 기준 내지 요건이 불확정개념으로 규정되어 있으므로 그 허가 여부를 판단함에 있어서 행정청에 <u>재량권</u>이 부여되어 있다고 보아야 한다(2016.1.28. 2015두52432).

② ✕ 지문은 재량행위가 아닌 기속행위에 대한 설명이다.

재량행위	법원의 독자결론 도출✕, 행정청의 재량권 일탈·남용 여부만 심사
기속행위	법원이 일정결론 도출○, 행정청 판단의 적부를 독자입장에서 판정

- <u>기속행위</u>의 경우 그 법규에 대한 원칙적인 기속성으로 인하여 <u>법원이 사실인정과 관련 법규의 해석·적용을 통하여 일정한 결론을 도출한 후 그 결론에 비추어 행정청이 한 판단의 적법 여부를 독자의 입장에서 판정</u>하는 방식에 의하게 되나, <u>재량행위의 경우 행정청의 재량에 기한 공익판단의 여지를 감안하여 법원은 독자의 결론을 도출함이 없이 당해 행위에 재량권의 일탈·남용이 있는지 여부만을 심사</u>하게 되고, 이러한 재량권의 일탈·남용 여부에 대한 심사는 사실오인, 비례·평등의 원칙 위배, 당해 행위의 목적 위반이나 동기의 부정 유무 등을 그 판단대상으로 한다(2001.2.9. 98두17593).

③ ○ 마을버스면허: 특허(재량) / 기존 노선과의 중복 허용 정도에 대한 판단(재량)
<u>마을버스운송사업면허의 허용 여부</u>는 사업구역의 교통수요, 노선결정, 운송업체의 수송능력, 공급능력 등에 관하여 기술적·전문적인 판단을 요하는 분야로서 이에 관한 행정처분은 운수 행정을 통한 공익실현과 아울러 합목적성을 추구하기 위하여 보다 구체적 타당성에 적합한 기준에 의하여야 할 것이므로 그 범위 내에서는 법령이 특별히 규정한 바가 없으면 <u>행정청의 재량</u>에 속하는 것이라고 보아야 할 것이고, 또한 마을버스 한정면허시 확정되는 마을버스 노선을 정함에 있어서도 기존 일반노선버스의 노선과의 <u>중복 허용 정도</u>에 대한 판단도 <u>행정청의 재량</u>에 속한다(2001.1.19. 99두3812).

④ ○ 「야생동·식물보호법」상 용도변경승인 및 용도변경 불가피성에 대한 판단기준 설정행위: 재량
야생동·식물보호법에 의한 <u>용도변경승인행위</u> 및 용도변경의 불가피성 판단에 필요한 기준을 정하는 행위의 법적 성질은 재량행위이다. … 곰의 웅지를 추출하여 비누, 화장품 등의 재료로 사용할 목적으로 <u>곰의 용도를 '사육곰'에서 '식·가공품 및 약용 재료'로 변경</u>하겠다는 내용의 국제적 멸종위기종의 용도변경 승인신청에 대하여, 한강유역 환경청장이 용도변경 신청을 거부한 사안에서, 그 처분은 환경부장관의 '사육곰 용도변경시의 유의사항 통보'에 따른 것으로 적법하다(2011.1.27. 2010두23033).

선지분석 & 요플·기풀기링크

선지	THEME	요플	기풀기
①	T16 VA의 개념과 분류	42	040
②		38	031
③	T19 형성적 VA	08	011
④	T16 VA의 개념과 분류	40	038

정답 ②
OX 1○ 2✕

20

재량행위에 대한 판례의 입장으로 옳지 않은 것은? 12사복9

① 법령에 근거한 구체적인 집행행위가 재량행위인 경우에는 법령은 집행관청에게 기본권침해의 가능성만을 부여할 뿐 법령 스스로가 기본권의 침해행위를 규정하고 행정청이 이에 따르도록 구속하는 것이 아니고, 이때의 기본권의 침해는 집행기관의 의사에 따른 집행행위, 즉 재량권의 행사에 의하여 비로소 이루어지고 현실화되므로 이러한 경우에는 법령에 의한 기본권침해의 직접성이 인정될 여지가 없다.

② 제재적 행정처분이 사회통념상 재량권의 범위를 일탈하였거나 남용하였는지 여부는 처분사유로 된 위반행위의 내용과 당해 처분행위에 의하여 달성하려는 공익목적 및 이에 따르는 제반 사정 등을 객관적으로 심리하여 공익침해의 정도와 그 처분으로 인하여 개인이 입게 될 불이익을 비교·교량하여 판단하여야 한다.

③ 생물학적 동등성 시험자료에 조작이 있음을 이유로 해당 의약품의 회수, 폐기를 명한 처분에 어떠한 재량권의 일탈·남용이 있다고 할 수는 없다.

④ 검사의 임용 여부는 임용권자의 자유재량에 속하는 사항이고, 임용권자가 동일한 검사신규 임용의 기회에 원고를 비롯한 다수의 검사 지원자들로부터 임용 신청을 받아 전형을 거쳐 자체에서 정한 임용기준에 따라 이들 일부만을 선정하여 검사로 임용하는 경우에 있어서 법령상 검사임용 신청 및 그 처리의 제도에 관한 명문 규정이 없을 때 조리상 전형결과의 응답을 해줄 의무는 없다.

관련 OX

② 관련

1 행정작용은 행정작용으로 인한 국민의 이익 침해가 그 행정작용이 의도하는 공익보다 크지 아니하여야 한다. 24경찰간부

④ 관련

2 다수의 검사 임용신청자 중 일부만을 검사로 임용하는 결정을 함에 있어, 임용신청자들에게 전형의 결과인 임용 여부의 응답을 할 것인지는 임용권자의 편의재량사항이다. 15국가9

해설

① ○ 집행행위가 재량행위인 경우: 법령헌법소원에서 기본권 침해의 직접성은 부정됨 ❶
법령에 근거한 구체적인 집행행위가 재량행위인 경우에는 법령은 집행기관에게 기본권침해의 가능성만을 부여할 뿐 법령 스스로가 기본권의 침해행위를 규정하고 행정청이 이에 따르도록 구속하는 것이 아니며, **기본권의 침해는** 집행기관의 의사에 따른 **집행행위**, 즉 재량권의 행사에 **의하여 비로소** 이루어지고 현실화되므로, 이러한 경우에는 법령에 의한 기본권침해의 직접성이 인정될 여지가 없는 것이다(헌재 2011.5.26. 2010헌마365).

② ○ 재량권 행사시 처분으로 달성될 공익과 그로 인해 침해될 사익을 비교·교량해야(비례원칙 준수의무)
일반적으로 제재적 행정처분이 사회통념상 재량권의 범위를 일탈한 것인가의 여부는 처분사유인 위반행위의 내용과 당해 처분에 의하여 달성하려는 공익목적 및 이에 따르는 제반 사정 등을 객관적으로 심리하여 **공익침해의 정도와** 그 처분으로 인하여 **개인이 입을 불이익을 비교·교량**하여 판단하여야 한다(1989.4.25. 88누3079).

③ ○ 생물학적 동등성 시험자료 일부에 조작이 있음을 이유로 해당 의약품의 회수 및 폐기를 명한 행정처분: 재량권 일탈·남용×
생물학적 **동등성 시험자료 일부가 〈조작〉**되었음을 이유로 해당 의약품의 회수 및 폐기를 명한 사안에서, … 수익적 행정처분의 하자가 **당사자의 사실은폐나 기타 사위의 방법에 의한 신청행위에 기인한** 것이라면, 당사자는 처분에 의한 이익을 위법하게 취득하였음을 알아 취소가능성도 예상하고 있었을 것이므로, 그 자신이 처분에 관한 신뢰이익을 원용할 수 없음은 물론, 행정청이 이를 고려하지 않았다 하여도 재량권의 남용이 되지 않고, … 그 행정처분으로 제약회사가 입게 될 **경제적 손실이라는** 불이익과 생물학적 동등성이 사전에 제대로 확인되지 않은 의약품이 유통되어 국민건강이 침해될 수 있는 위험을 예방하기 위한 **공익상의 필요**를 단순 비교하기 어려운 점 등에 비추어, 위 처분이 **재량권을 일탈·남용**하여 위법하다고 볼 수 없다(2008.11.13. 2008두8628).

④ × 검사임용을 신청한 사법연수생: 임용 여부는 자유재량 but 응답 여부는 편의재량×(∵ 조리상 응답의무, 조리상 응답신청권이 인정됨)
검사의 임용 여부는 임용권자의 자유재량에 속하는 사항이나, 임용권자가 동일한 검사신규임용의 기회에 원고를 비롯한 다수의 검사 지원자들로부터 임용 신청을 받아 전형을 거쳐 자체에서 정한 임용기준에 따라 이들 일부만을 선정하여 **검사로 임용**하는 경우에 있어서 법령상 검사임용 신청 및 그 처리의 제도에 관한 명문 규정이 없다고 하여도 조리상 임용권자는 임용신청자들에게 전형의 결과인 **임용 여부의 응답을 해줄 의무가 있다**고 할 것이며, **응답할 것인지 여부조차도 임용권자의 편의재량사항이라고는 할 수 없다**(1991.2.12. 90누5825).

선지분석 & 요플·기풀기링크

선지	THEME	요플	기풀기
①	T14 법규명령	75	080
②	T16 VA의 개념과 분류	67	068
③	T31 VA의 취소·철회·실효	30	021
④	T53 대상적격(법률관계)	75	076

❶ 기본권침해의 직접성이란 헌법소원의 적법요건으로서, 기본권침해는 그 침해를 야기한 공권력행사 그 자체로 인해 바로 청구인에게 발생되는 침해이어야 한다는 것을 말한다. 헌법소원 심판대상인 공권력작용 외의 다른 공권력작용이 매개되어야만 기본권침해가 발생한다면 기본권침해의 직접성이 인정되지 않는다. 따라서 법률 또는 법률조항 자체가 헌법소원의 대상이 될 수 있으려면 그 법률 또는 법률조항에 의하여 구체적인 집행행위를 기다리지 않고 법률 그 자체에 의해서 권리 제한이나 의무 부과, 법적 지위의 박탈이 생긴 경우이어야 한다.

정답 ④
OX 1 ○ 2 ×

21 행정행위에 대한 설명으로 옳지 않은 것은? (다툼이 있는 경우 판례에 의함) 22소방

① 재량에 의한 행정처분이 그 재량권의 한계를 벗어난 것이어서 위법하다는 점은 그 행정처분의 효력을 다투는 자가 이를 주장·입증하여야 하고, 처분청이 그 재량권의 행사가 정당한 것이었다는 점까지 주장·입증할 필요는 없다.

② 행정청이 제재처분 양정을 하면서 처분 상대방에게 법령에서 정한 임의적 감경사유가 있는 경우, 그 감경사유까지 고려하고도 감경하지 않은 채 개별처분기준에서 정한 상한으로 처분을 한 경우에는 재량권을 일탈·남용하였다고 보아야 한다.

③ 허가신청 후 허가기준이 변경된 경우에는 원칙적으로 처분시의 기준인 변경된 허가기준에 따라서 처분하여야 한다.

④ 학교법인의 임원이 교비회계 자금을 법인회계로 부당 전출하였고, 업무집행에 있어서 직무를 태만히 하여 학교법인이 이를 시정하기 위한 노력을 하였으나 결과적으로 대부분의 시정요구 사항이 이행되지 아니하였던 점 등을 고려하면, 교육부장관의 임원승인취소처분은 재량권을 일탈·남용한 것으로 볼 수 없다.

관련 OX

③ 관련

1 허가 등의 행정처분은 원칙적으로 허가 신청시의 법령과 허가기준에 의하여 처리되어야 한다. 19(2)서울7

④ 관련

2 학교법인의 임원이 교비회계자금을 법인회계로 부당전출하였고, 학교법인이 사실상 행정청의 시정요구 대부분을 이행하지 아니한 경우에 행한 임원취임승인취소처분(은 재량권의 일탈·남용이라고 인정되었다) 08국회8

해설

① ○ 자유재량에 의한 행정처분이 그 재량권의 한계를 벗어난 것이어서 위법하다는 점은 그 행정처분의 효력을 다투는 자가 이를 주장·입증하여야 하고 처분청이 그 재량권의 행사가 정당한 것이었다는 점까지 주장·입증할 필요는 없다(1987.12.8. 87누861).

② × 임의적 감경사유 고려 후 전액 부과: 위법 단정× / 감경사유 고려 없이 혹은 없다고 오인해 전액 부과: 위법
실권리자명의 등기의무를 위반한 명의신탁자에 대하여 부과하는 과징금의 감경에 관한 「부동산 실권리자명의 등기에 관한 법률 시행령」 제3조의2 단서는 임의적 감경규정임이 명백하므로, 그 감경사유가 존재하더라도 과징금 부과관청이 감경사유까지 고려하고도 과징금을 감경하지 않은 채 과징금 전액을 부과하는 처분을 한 경우에는 이를 위법하다고 단정할 수는 없으나, 위 감경사유가 있음에도 이를 전혀 고려하지 않았거나 감경사유에 해당하지 않는다고 오인한 나머지 과징금을 감경하지 않았다면 그 과징금 부과처분은 재량권을 일탈·남용한 위법한 처분이라고 할 수밖에 없다(2010.7.15. 2010두7031).

③ ○ 허가 등 행정처분: 처분시의 법령과 기준에 의함(신청시×)
허가 등의 행정처분은 원칙적으로 처분시의 법령과 허가기준에 의하여 처리되어야 하고 허가신청 당시의 기준에 따라야 하는 것은 아니며, 비록 허가신청 후 허가기준이 변경되었다 하더라도 그 허가관청이 허가신청을 수리하고도 정당한 이유 없이 그 처리를 늦추어 그 사이에 허가기준이 변경된 것이 아닌 이상 변경된 허가기준에 따라서 처분을 하여야 한다(2006.8.25. 2004두2974).

행정기본법 제14조(법 적용의 기준) ② 당사자의 **신청**에 따른 **처분**은 법령등에 특별한 규정이 있거나 처분 당시의 법령등을 적용하기 곤란한 특별한 사정이 있는 경우를 제외하고는 **처분 당시**의 법령등에 따른다.

④ ○ 학교법인임원이 교비회계자금의 법인회계 부당전출에 동조·방조: 임원승인취소(적법)
학교법인의 임원취임승인취소처분에 대한 취소소송에서, 교비회계자금을 법인회계로 부당전출한 위법성의 정도와 임원들의 이에 대한 가공의 정도가 가볍지 아니하고, 학교법인이 행정청의 시정요구에 대하여 이를 시정하기 위한 노력을 하였다고는 하나 결과적으로 대부분의 시정요구사항이 이행되지 아니하였던 사정 등을 참작하여, 임원취임승인취소처분이 재량권을 일탈·남용하였다고 볼 수 없다(2007.7.19. 2006두19297 전합).

선지분석 & 요플·기풀기링크

선지	THEME	요플	기풀기
①	T63 소송방식	25	026
②	T16 VA의 개념과 분류	58	060
③	T08 개정시 적용법	03	003
④	T16 VA의 개념과 분류	75	078

선지선택비율 ① 28.93% ② 35.78% ③ 14.17% ④ 21.11% 오답률 64.22%

정답 ②

OX 1× 2×

22

행정재량에 대한 설명으로 옳지 않은 것은? (다툼이 있는 경우 판례에 의함) 14지방7

① 건설공사를 계속하기 위한 매장문화재의 발굴허가신청에 대하여, 이를 원형 그대로 매장되어 있는 상태를 유지하기 위해「문화재보호법」등 관계 법령이 정하는 바에 따라 내린 허가권자의 불허가 조치는 재량권의 일탈·남용에 해당하지 아니한다.
② 「국토의 계획 및 이용에 관한 법률」상 토지형질변경의 허가 신청에 대하여, 공익상 또는 이해관계인의 보호를 위하여 부관을 붙일 필요의 유무나 그 내용 등을 판단함에 있어서 행정청에 재량의 여지가 있다.
③ 법령에 과징금의 임의적 감경사유가 있음에도 감경사유에 해당하지 않는다고 오인하여 과징금을 감경하지 않은 경우, 그 과징금 부과처분은 재량권을 일탈·남용한 위법한 처분이 아니다.
④ 개발제한구역 내에서의 건축물의 건축 등에 대한 예외적 허가는 재량행위에 속하는 것이며, 그에 관한 행정청의 판단이 비례·평등의 원칙 위배, 목적위반 등에 해당하지 아니하는 이상 이를 재량권의 일탈·남용에 해당한다고 할 수 없다.

관련 OX

③ 관련

1 (甲은 값싼 외국산 수입재료를 국내산 유기농 재료로 속여 상품을 제조·판매하였음을 이유로 식품위생법령에 따라 관할 행정청으로부터 영업정지 3개월 처분을 받았다) 甲에 대하여 법령상 임의적 감경사유가 있음에도, 관할 행정청이 이를 전혀 고려하지 않았거나 감경사유에 해당하지 않는다고 오인하여 영업정지 3개월 처분을 한 경우에는 재량권을 일탈·남용한 위법한 처분이 된다. 17지방7

④ 관련

2 (甲은 개발제한구역 내의 토지에 건축물을 건축하기 위하여 건축허가를 신청하였다) 甲의 허가신청이 관련 법령의 요건을 모두 충족한 경우에는 관할 행정청은 허가를 하여야 하며, 관련 법령상 제한사유 이외의 사유를 들어 허가를 거부할 수 없다. 19국가7

해설

① ○ 매장문화재를 원형 그대로 유지하기 위하여 한 매장문화재의 발굴 불허가 조치: 적법
건설공사를 계속하기 위한 발굴허가신청에 대하여 원형 그대로 매장되어 있는 상태를 유지하는 조치는 허가권자의 재량행위에 속하는 것이므로, … 신라시대의 주요한 역사·문화적 유적이 다수 소재한 선도산에 위치한 고분에 대한 발굴불허가처분은 재량권의 일탈 또는 남용이 아니다(2000.10.27. 99두264).

② ○ 재량행위에 부관을 붙일 경우 부관 부가 여부와 그 내용 및 기준을 정하는 것도 재량○
형질변경의 허가가 신청된 당해 토지의 합리적인 이용이나 도시계획사업에 지장이 될 우려가 있는지 여부와 공익상 또는 이해관계인의 보호를 위하여 부관을 붙일 필요의 유무나 그 내용 등을 판단함에 있어서 행정청에 재량의 여지가 있으므로 그에 관한 판단기준을 정하는 것 역시 행정청의 재량에 속하고, 그 설정된 기준이 객관적으로 합리적이 아니라거나 타당하지 않다고 볼 만한 특별한 사정이 없는 이상 행정청의 의사는 가능한 한 존중되어야 할 것이다(1999.2.23. 98두17845).

③ × 임의적 감경사유 고려 후 전액 부과: 위법 단정× / 감경사유 고려 없이 혹은 없다고 오인해 전액 부과: 위법
실권리자명의 등기의무를 위반한 명의신탁자에 대하여 부과하는 과징금의 감경에 관한「부동산 실권리자명의 등기에 관한 법률 시행령」제3조의2 단서는 임의적 감경규정임이 명백하므로, 그 감경사유가 존재하더라도 과징금 부과관청이 감경사유까지 고려하고도 과징금을 감경하지 않은 채 과징금 전액을 부과하는 처분을 한 경우에는 이를 위법하다고 단정할 수는 없으나, 위 감경사유가 있음에도 이를 전혀 고려하지 않았거나 감경사유에 해당하지 않는다고 오인한 나머지 과징금을 감경하지 않았다면 그 과징금 부과처분은 재량권을 일탈·남용한 위법한 처분이라고 할 수밖에 없다(2010.7.15. 2010두7031).

④ ○ 개발제한구역 내 건축허가: 예외적 승인 / 재량행위 / 비례원칙 등 반하지 않는 한 위법×
개발제한구역 내에서의 건축물의 건축 등에 대한 예외적 허가는 그 상대방에게 수익적인 것으로서 재량행위에 속하는 것이라고 할 것이므로 그에 관한 행정청의 판단이 사실오인, 비례·평등의 원칙 위배, 목적위반 등에 해당하지 아니하는 이상 재량권의 일탈·남용에 해당한다고 할 수 없다(2004.7.22. 2003두7606).

▶ 재량행위이므로 법령 외 사유로 거부 가능

기속	건축허가	→ 법령 외 사유로 거부×
재량	형질변경 등 수반 건축허가, 개발제한구역 내 건축허가	→ 법령 외 사유로 거부○

선지분석 & 요플·기풀기링크

선지	THEME	요플	기풀기
①	T16 VA의 개념과 분류	83	085
②	T32 부관	53	050
③	T16 VA의 개념과 분류	59	061
④	T24 건축 관련 쟁점3	11	011

정답 ③
OX 1○ 2×

23

재량행위와 기속행위에 대한 설명으로 옳지 않은 것은? (다툼이 있는 경우 판례에 의함) 18국가7

인 ① 「사회복지사업법」상 사회복지법인의 정관변경을 허가할 것인지 여부는 주무관청의 정책적 판단에 따른 재량에 맡겨져 있다.

S ② 재량행위에 대한 사법심사는 행정청의 재량에 기한 공익판단의 여지를 감안하여 법원이 독자의 결론을 도출함이 없이 당해 행위에 재량권의 일탈·남용이 있는지 여부를 심사한다.

C ③ 구 「도시계획법」상의 개발제한구역 내에서의 건축물 용도변경에 대한 허가는 예외적 허가로서 재량행위에 해당한다.

인 ④ 법규정의 일체성에 의해 요건판단과 효과선택의 문제를 구별하기 어렵다고 보는 견해는 재량과 판단여지의 구분을 인정한다.

관련 OX

① 관련

1 사회복지법인의 정관변경을 허가할 것인지의 여부는 주무관청의 정책적 판단에 따른 재량에 맡겨져 있다고 할 것이고, 주무관청이 정관변경허가를 함에 있어서는 비례의 원칙 및 평등의 원칙에 적합하고 행정처분의 본질적 효력을 해하지 않는 한도 내에서 부관을 붙일 수 있다. 20국회8

② 관련

2 재량행위의 경우 법원은 독자의 결론을 도출함이 없이 당해 행위에 재량권의 일탈·남용이 있는지 여부만을 심사한다. 23군무원9

해설

① ○ 사회복지법인의 정관변경허가 → 인가 & 재량행위 → 부관 부가 가능

사회복지법인의 정관변경을 허가할 것인지의 여부는 주무관청의 정책적 판단에 따른 재량에 맡겨져 있다고 할 것이고, 주무관청이 정관변경허가를 함에 있어서는 비례의 원칙 및 평등의 원칙에 적합하고 행정처분의 본질적 효력을 해하지 않는 한도 내에서 부관을 붙일 수 있다(2002.9.24. 2000두5661).

② ○ 재량행위의 사법심사: 법원이 독자결론 도출× / 재량권 일탈·남용만 심사

재량행위의 경우 행정청의 재량에 기한 공익판단의 여지를 감안하여 법원은 독자의 결론을 도출함이 없이 당해 행위에 재량권의 일탈·남용이 있는지 여부만을 심사하게 된다(2001.2.9. 98두17593).

③ ○ 개발제한구역 내 건축허가·용도변경허가 → 예외적 승인 so 재량

〈개발제한구역〉 내에서는 구역 지정의 목적상 건축물의 건축이나 그 용도변경은 원칙적으로 금지되고, 다만 구체적인 경우에 위와 같은 구역 지정의 목적에 위배되지 아니할 경우 예외적으로 허가에 의하여 그러한 행위를 할 수 있게 되어 있음이 위와 같은 관련 규정의 체재와 문언상 분명한 한편, 이러한 건축물의 용도변경에 대한 예외적인 허가는 그 상대방에게 수익적인 것에 틀림이 없으므로, 이는 그 법률적 성질이 재량행위 내지 자유재량행위에 속하는 것이라고 할 것이고, 따라서 그 위법 여부에 대한 심사는 재량권 일탈·남용의 유무를 그 대상으로 한다(2001.2.9. 98두17593).

④ × 법규정의 일체성으로 인해 긍정설과 같이 요건의 인식과 효과의 선택에 대한 도식적 구별이 어렵다는 점을 강조하는 견해는 재량과 판단여지의 구분을 부정하는 판단여지 부정설의 입장이다.

선지분석 & 요플·기풀기링크

선지	THEME	요플	기풀기
①	T19 형성적 VA	38	044
②	T16 VA의 개념과 분류	38	031
③	T24 건축 관련 쟁점	12	012
④	T16 VA의 개념과 분류	89	091

정답 ④
OX 1○ 2○

24

행정행위에 대한 설명으로 옳지 않은 것은? (다툼이 있는 경우 판례에 의함) 23지방7

① 개인택시운송사업의 양도·양수가 있고 그에 대한 인가가 있은 후 그 양도·양수 이전에 있었던 양도인에 대한 운송사업면허 취소사유(음주운전 등으로 인한 자동차운전면허의 취소)를 들어 양수인의 운송사업면허를 취소한 것은 위법하다.

② 공무원 임용을 위한 면접전형에서 임용신청자의 능력이나 적격성 등에 관한 판단은 면접위원의 고도의 교양과 학식, 경험에 기초한 자율적 판단에 의존하는 것으로서 면접위원의 자유재량에 속하고, 그와 같은 판단이 현저하게 재량권을 일탈·남용하지 않은 한 이를 위법하다고 할 수 없다.

③ 「가축분뇨의 관리 및 이용에 관한 법률」에 따른 가축분뇨 처리방법 변경허가는 허가권자의 재량행위에 해당한다.

④ 처분의 근거 법령이 행정청에 처분의 요건과 효과 판단에 관하여 일정한 재량을 부여하였는데도, 행정청이 자신에게 재량권이 없다고 오인하여 전혀 비교·형량하지 않은 채 처분을 하였다면, 이는 재량권 불행사로서 그 자체로 재량권 일탈·남용에 해당한다.

관련 OX

① 관련

1 행정청은 개인택시 운송사업의 양도·양수에 대한 인가가 있은 후에는 그 양도·양수 이전에 있었던 양도인에 대한 운송사업면허 취소사유를 들어 양수인의 운송사업면허를 취소할 수 없다. 14국가7

해설

① × 양도·양수 후 양도인에 대한 면허취소사유를 들어 양수인의 면허를 취소(가능)
개인택시운송사업의 양도·양수가 있고 그에 대한 인가가 있은 후 그 양도·양수 이전에 있었던 양도인에 대한 운송사업면허취소사유(음주운전 등으로 인한 자동차운전면허의 취소)를 들어 양수인의 운송사업면허를 취소한 것은 정당하다(1998.6.26. 96누18960).

② ○ 면접전형에서의 판단(임용적격성): 재량
공무원 임용을 위한 면접전형에 있어서 임용신청자의 능력이나 적격성 등에 관한 판단은 면접위원의 고도의 교양과 학식, 경험에 기초한 자율적 판단에 의존하는 것으로서 오로지 면접위원의 자유재량에 속하고, 그와 같은 판단이 현저하게 재량권을 일탈 내지 남용한 것이 아니라면 이를 위법하다고 할 수 없다(1997.11.28. 97누11911).

③ ○ 「가축분뇨의 관리 및 이용에 관한 법률」에 따른 처리방법 변경허가: 재량(2021.6.30. 2021두35681)

④ ○ 재량행위임에도 재량이 없다고 오인해 공익과의 비교·형량을 안하고 처분한 경우 → 재량권 불행사: 그 자체로 재량의 일탈·남용(취소사유)
처분의 근거 법령이 행정청에 처분의 요건과 효과 판단에 일정한 재량을 부여하였는데도, 행정청이 자신에게 재량권이 없다고 오인한 나머지 처분으로 달성하려는 공익과 그로써 처분상대방이 입게 되는 불이익의 내용과 정도를 전혀 비교·형량하지 않은 채 처분을 하였다면, 이는 재량권 불행사로서 그 자체로 재량권 일탈·남용으로 해당 처분을 취소하여야 할 위법사유가 된다(2019.7.11. 2017두38874).

선지선택비율 ① 87.59% ② 2.10% ③ 6.11% ④ 4.20% 오답률 12.41%

선지분석 & 요플·기풀가링크

선지	THEME	요플	기풀기
① T25 영업양도의 쟁점	23	024
②		91	093
③ T16 VA의 개념과 분류	44	042
④		61	057

정답 ①

OX 1 ×

THEME 16 행정행위의 개념과 분류

25

행정소송에 있어 기속행위와 재량행위의 구별에 대한 설명으로 옳은 것은? (다툼이 있는 경우 판례에 의함)

17(상)지방9

① 기속행위의 경우에는 절차상의 하자만으로 독립된 취소사유가 될 수 없으나, 재량행위의 경우에는 절차상의 하자만으로도 독립된 취소사유가 된다.

② 기속행위의 경우에는 소송의 계속 중에 처분사유를 추가·변경할 수 있으나, 재량행위의 경우에는 처분사유의 추가·변경이 허용되지 않는다.

③ 실체적 위법을 이유로 거부처분을 취소하는 판결이 확정된 경우, 해당 행정행위가 기속행위이든 재량행위이든 원고의 신청을 인용하여야 할 의무가 발생하는 점에서는 동일하다.

④ 과징금 감경 여부는 과징금 부과 관청의 재량에 속하는 것이므로, 과징금 부과 관청이 이를 판단함에 있어서 재량권을 일탈·남용하여 과징금부과처분이 위법하다고 인정될 경우, 법원으로서는 법원이 적정하다고 인정되는 부분을 초과한 부분만 취소할 수는 없다.

관련 OX

① 관련

1 기속행위의 경우에는 실체적 내용에 하자가 없는 이상 절차적 하자만으로 독립된 위법사유가 되지 않는다. 22변시

③ 관련

2 ❸ 원고의 신청을 거부하는 처분에 대해 취소판결이 확정되면 기속력의 결과 행정청은 원고의 신청을 인용하는 처분을 하여야 한다. 16국회8

④ 관련

3 재량이 인정되는 과징금 납부명령이 재량권의 범위를 다소 벗어났다면, 법원은 재량권의 일탈·남용 여부에 대해서만 판단할 수 있을 뿐 과징금액을 변경할 수 없다. 24해경간부

해설

① ✕ 판례는 기속행위, 재량행위를 불문하고 절차적 하자가 독립된 취소사유가 될 수 있다고 본다. 지문과 같이 기속행위에 대해서는 절차적 하자가 독립된 취소사유가 될 수 없으나, 재량행위에 대해서는 독립된 취소사유가 될 수 있다고 보는 것은 절충설의 입장이다.

② ✕ 처분사유의 추가·변경이 가능한지 여부는 추가·변경되는 사유와 당초 처분사유 간 기본적 사실관계의 동일성이 인정되는지에 달린 것이지 재량행위와 기속행위 간 차이가 있는 것이 아니다.

③ ✕ 거부처분을 취소하는 판결이 확정된 경우, 행정청은 판결의 취지에 따라 다시 이전의 신청에 대해 처분을 하여야 할 재처분의무가 있다(행정소송법 제30조 제2항). 단, 이러한 재처분의무는 '판결의 취지'에 따라 다시 처분할 의무이지, 신청을 '인용'해 줄 의무는 아니며, '판결의 취지'에 어긋나지 않는 범위에서 다시 거부처분을 할 수도 있는 것이다. 이는 기속행위이든 재량행위이든 마찬가지이다. 예컨대 거부처분에 형식상 위법(절차·형식 등)이 있어 취소된 경우 문제가 된 절차나 형식을 갖추어 다시 신청을 거부하는 것이 가능하다. 또한 처분의 내용 자체에 위법이 있어 취소된 경우, 즉 실체상 위법이 있는 경우라도 새로운 내용의 거부사유가 발생하였다는 등의 사정이 있다면 다시 거부처분을 할 수도 있을 것이다.

④ ○ 재량행위인 과징금부과처분에서 법정한도액을 초과한 경우: 전부 취소(초과 부분만 취소✕)
처분을 할 것인지 여부와 처분의 정도에 관하여 재량이 인정되는 과징금 납부명령에 대하여 그 명령이 재량권을 일탈하였을 경우, 법원으로서는 재량권의 일탈 여부만 판단할 수 있을 뿐이지 재량권의 범위 내에서 어느 정도가 적정한 것인지에 관하여는 판단할 수 없어 그 전부를 취소할 수밖에 없고, 법원이 적정하다고 인정하는 부분을 초과한 부분만 취소할 수는 없다(2009.6.23. 2007두18062).

선지분석 & 요플·기풀기링크

선지	THEME	요플	기풀기
①	T41 절차의 하자	04	004
②	T64 소송상 제도	63	064
③	T54 거부처분	53	053
④	T65 판결 기준시/종류	24	025

정답 ④

OX 1✕ 2✕ 3○

THEME 17 명령적 행정행위 - 하명·허가·면제

기 202-212
요 061-062

필수 문제 01

명령적 행정행위에 관한 설명으로 옳지 않은 것은? 13국회8

① 위법한 하명으로 권리가 침해된 자는 취소소송이나 무효등확인소송을 제기하여 위법상태를 제거할 수 있고 손해배상청구소송을 제기하여 손해를 배상받을 수 있다.
② 허가가 기속행위인지 재량행위인지 여부는 개별법령이 정하는 바에 의한다.
③ 허가를 받은 후에 할 수 있는 행위를 허가를 받지 아니하고 행하면 일반적으로 행정상 강제집행 또는 행정벌이 가해지며 경우에 따라서는 무효가 되기도 한다.
④ 예외적 승인은 위험방지를 대상으로 하고 허가는 사회적으로 유해한 행위를 대상으로 한다.
⑤ 의무해제라는 점에서 허가와 면제는 같으나 허가는 부작위의무의 해제인 데 반하여 면제는 작위, 급부 및 수인의무의 해제라는 점에서 다르다.

관련 OX

④ 관련

1 허가는 공익침해의 우려가 있어 잠정적으로 금지된 행위를 적법하게 수행하도록 하는 행위인데 반하여, 예외적 승인은 그 자체가 사회적으로 유해하여 법령에 의해 일반적으로 금지된 행위를 예외적으로 적법하게 수행할 수 있도록 하는 것이다. 08(하)지방9

해설

① ○ 하명은 처분에 해당하므로 위법한 하명에 대하여 국민은 항고소송을 통해 위법을 제거하는 등의 방법으로 구제받을 수 있다. 또한 손해배상청구소송을 통해 금전으로 손해를 배상받을 수도 있다. 양자는 선택적으로 할 수도 있고 동시에 할 수도 있다.
② ○ 어떠한 행위가 재량행위인지, 기속행위인지는 일률적으로 단정할 수 있는 것이 아니라 관련 법규별로 **법해석을 통해 개별적으로 판단되는** 것이다. 예컨대 강학상 허가는 대체로 기속행위이나, 개별 법령에서 재량으로 규정되었다면 재량행위일 수 있는 것이다.
③ ○ 무허가행위는 행정상 **강제집행이나 행정벌**의 대상이 되나, 사법상 효력은 인정됨이(유효임이) 원칙이다. 예컨대 무허가영업을 한 경우 그에 대해 과태료나 행정형벌이 부과될 수는 있으나, 그 영업을 통해 형성된 외상채권은 원칙적으로 유효하다. 다만, **개별법령에서** 무허가행위의 사법상 효력까지 부인하는 **규정을** 둔 경우 등에는 사법적 효력이 **무효가 되기도 하는** 등 늘 예외는 존재한다.
④ ✕ 허가는 본래 자유로운 행위를 위험방지·질서유지를 위해(즉, 위험예방을 위해) 일반적·잠정적·상대적으로 금지한 뒤, 법령상 요건을 갖추면 이를 해제해주는 것이다. 이에 반해 **예외적 승인은** 본래 유해한 행위를 원칙적으로 금지하고, **비정형적 사태** 등 예외가 인정되는 경우에만 이를 해제시켜주는 것이다.
⑤ ○ 명령적 행정행위는 인간의 본래적 자유를 대상으로 한다. **자유를 제한하는 것이 하명,** 이러한 제한에서 **자유를 회복시키는** 것이 허가와 면제이다. 그중 허가는 **부작위의무를** 해제해주는 것이고, **면제는 그 외 의무**(작위·급부·수인의무)를 해제한다는 점에서 구별된다. 즉, 허가는 못하게 한 것을 할 수 있게 해주는 것이고, 면제는 해야 하는 것을 안해도 되게 해주는 것이다.

선지분석 & 요플·기풀기링크

선지	THEME	요플	기풀기
① T71 국가배상(2조)		01	001
② T16 VA의 개념과 분류		27	037
③		33	031
④ T17 명령적 VA		08	035
⑤		01	041

정답 ④
OX 1 ○

02

행정법상 허가에 대한 설명으로 옳지 않은 것은? 21군무원9

① 허가는 규제에 반하는 행위에 대해 행정강제나 제재를 가하기보다는 행위의 사법상 효력을 부인함으로써 규제의 목적을 달성하는 방법이다.

② 허가란 법령에 의해 금지된 행위를 일정한 요건을 갖춘 경우에 그 금지를 해제하여 적법하게 행위할 수 있게 해준다는 의미에서 상대적 금지와 관련되는 경우이다.

③ 전통적인 의미에서 허가는 원래 개인이 누리는 자연적 자유를 공익적 차원(공공의 안녕과 질서유지)에서 금지해 두었다가 일정한 요건을 갖춘 경우 그러한 공공에 대한 위험이 없다고 판단되는 경우 그 금지를 풀어줌으로써 자연적 자유를 회복시켜주는 행위이다.

④ 실정법상으로는 허가 이외에 면허, 인가, 인허, 승인 등의 용어가 사용되고 있기 때문에 그것이 학문상 개념인 허가에 해당하는지 검토할 필요가 있다.

관련 OX

① 관련

1 허가를 받지 않고 행한 영업행위는 행정상 강제집행이나 처벌의 대상은 되지만, 행위 자체의 법률적 효력은 영향을 받지 않는 것이 원칙이다.   11국가9

② 관련

2 (전통적 견해에 따르면) 허가는 일반적 금지를 해제하여 본래의 자유를 회복시켜 주는 명령적 행위라고 할 수 있다.   11국가9

해설

① ✕ 무허가행위는 행정상 **강제집행**이나 **행정벌**의 대상이 되나, 사법상 효력은 인정됨이(유효임) 원칙이다. 즉, 허가는 규제에 반하는 행위에 대해 행정강제나 제재를 가하는 것이지, 행위의 사법상 효력을 부인하는 것이 아니다. 지문은 반대로 서술되어 틀렸다.

②③ ○ 전통적 견해에 따르면, 허가란 **자연적 자유**에 대한 일반적·잠정적·**상대적 금지**를 일정요건 충족시에 **해제**시켜 **본래의 자유권**을 **회복**시켜주는 것이다. 즉, 법령에 의해 금지된 행위를 요건을 갖춘 경우에 해제하여 적법하게 행위를 할 수 있게 해주는 것이 허가이다.

④ ○ 강학상 허가는 실정법에서 '허가' 이외에 면허, 인가, 승인 등의 다양한 용어로 표현되고 있다. 반대로 실정법에서 '허가'라고 했어도 그 실질은 특허나 인가인 경우도 있다. 따라서 어떠한 행위가 강학상 허가에 해당하는지는 별도의 검토가 필요하다.

선지분석 & 요플·기풀기링크

선지	THEME	요플	기풀기
①		21	029
②	T17 명령적 VA	10	008
③		09	007
④		17	009

정답 ①

OX 1○ 2○

03

전통적 견해에서 허가를 설명한 내용으로 옳지 않은 것은? 11국가9

① 허가는 일반적 금지를 해제하여 본래의 자유를 회복시켜주는 명령적 행위라고 할 수 있다.
② 허가는 근거법상의 금지를 해제하는 효과만 있을 뿐, 타법에 의한 금지까지 해제하는 효과가 있는 것은 아니다.
③ 이미 허가한 영업시설과 동종의 영업허가를 함으로써 기존업자의 영업이익에 피해가 발생한 경우 기존업자는 동종의 신규 영업허가의 취소소송을 제기할 수 있는 원고적격이 인정된다.
④ 허가를 받지 않고 행한 영업행위는 행정상 강제집행이나 처벌의 대상은 되지만, 행위 자체의 법률적 효력은 영향을 받지 않는 것이 원칙이다.

관련 OX

① 관련

1 허가란 법령에 의해 금지된 행위를 일정한 요건을 갖춘 경우에 그 금지를 해제하여 적법하게 행위할 수 있게 해준다는 의미에서 상대적 금지와 관련되는 경우이다. 21군무원9

② 관련

2 인 甲은 강학상 허가에 해당하는「식품위생법」상 영업허가를 신청하였다. 甲이 공무원인 경우 허가를 받으면 이는「식품위생법」상의 금지를 해제할 뿐만 아니라「국가공무원법」상의 영리업무금지까지 해제하여 주는 효과가 있다. 19지방9

③ 관련

3 허가를 받은 경업자에게는 원고적격이 인정되나, 특허사업의 경업자는 특별한 사정이 없는 한 원고적격이 부인된다. 15국가9

해설

① ○ 허가는 권리를 설정해주는 것이 아니라 인간이 가진 본래적 자유를 회복시켜주는 것에 불과하므로 **명령적 행위**라는 것이 통설·판례이다.

- 강학상 허가: 명령적 행위
  한의사 면허는 경찰금지를 해제하는 **명령적 행위**(강학상 허가)에 해당한다(1998.3.10. 97누4289).

② ○ 허가는 그 **근거법령상의 금지**를 해제하는 것이지, 타 **법령상 제한**까지도 해제하는 것이 아니다. 따라서 타 법령에 따른 금지는 그 법령에 따른 절차를 밟아 별도로 금지해제를 받아야 함이 원칙이다. 예컨대 국가공무원이 **식품위생법상** 영업허가를 받았더라도, **국가공무원법상**의 영리업무금지의무까지 해제된 것이 아니다.

③ ✕ 상대방에게 독점권 내지 지위를 창설시키는 **특허의 경우** 사익보호성이 인정되어 기존업자의 원고적격이 **인정**되지만, 질서유지(공익)목적의 금지를 해제하는 것에 불과한 **허가의 경우** 사익보호성이 부정되어 기존업자의 원고적격이 **부정**되는 것이 원칙이다.

④ ○ 무허가행위는 행정상 **강제집행**이나 **행정벌**의 대상이 되나, 사법상 효력은 인정됨이(유효임이) 원칙이다. 예컨대 무허가영업을 한 경우 그에 대해 과태료나 행정형벌이 부과될 수는 있으나, 그 영업을 통해 형성된 외상채권은 원칙적으로 유효하다.

선지분석 & 요플·기풀기링크

선지	THEME	요플	기풀기
①	T17 명령적 VA	10	008
②		28	026
③	T56 경업·경원·주민	07	007
④	T17 명령적 VA	31	029

정답 ③
OX 1○ 2✕ 3✕

필수 문제 04

강학상 허가와 예외적 승인을 구분한 내용으로 옳지 않은 것은?

08(하)지방9

① 예외적 승인은 상대적으로 금지된 자유를 회복시켜주는 것이어서 허가의 경우보다 개인의 법적 지위를 확대시켜주는 의미가 약하다.

기 ② 일반적으로 허가는 기속행위의 성질을 가지는 데 반하여, 예외적 승인은 재량행위의 성질을 가진다.

③ 허가는 공익침해의 우려가 있어 잠정적으로 금지된 행위를 적법하게 수행하도록 하는 행위인 데 반하여, 예외적 승인은 그 자체가 사회적으로 유해하여 법령에 의해 일반적으로 금지된 행위를 예외적으로 적법하게 수행할 수 있도록 하는 것이다.

④ 허가는 예방적 금지의 해제, 예외적 승인은 억제적 금지의 해제에 관한 것이다.

관련 OX

③ 관련

1 예외적 승인은 위험방지를 대상으로 하고 허가는 사회적으로 유해한 행위를 대상으로 한다.   13국회8

④ 관련

2 (예외적 승인은) 금지의 해제라는 점에서 허가와 차이가 없다.   10국가7

해설

① ✕, ②③④ ○ 허가는 자연적 자유에 대해 이루어진 공공질서유지 목적의 일반적·잠정적·상대적 금지를 일정 요건이 충족되면 해제시켜 본래의 자유권을 회복시켜주는 행위이다. 예외적 승인은 '본래 유해하거나 사회적으로 바람직하지 않은 행위를 법령상 원칙적으로 금지한 뒤, 예외적인 경우에만 이를 해제하여 당해 행위를 할 수 있게 하여 주는 행위'를 말한다.③

이처럼 예외적 승인은 본래 유해하여 억제적으로 금지된 행위를 할 수 있게 해주는 것이므로 본래 자유롭게 할 수 있던 행위를 다시 할 수 있게 해주는 허가보다 개인의 **법적 지위**를 확대시켜주는 의미가 강하다.①

한편, 예외적 승인은 금지의 해제라는 점에서 허가와 차이가 없으나, 허가는 **예방적 금지**를 해제해주는 것이고, 예외적 승인은 **억제적 금지**를 해제하는 것이라는 점,④ 허가는 원칙적으로 기속행위의 성질을 갖는 데 반해, 예외적 승인은 **재량행위**라는 점에서 차이가 있다.②

선지분석 & 요플·기출링크

선지	THEME	요플	기풀기
①		13	037
②	T17 명령적 VA	14	038
③		08	035
④		12	036

요플. 허가와 예외적 승인

분류	허가	예외적 승인
의의	본래 자유로운 행위를 위험방지·질서유지를 위해(즉, 위험예방을 위해) 일반적·잠정적·상대적으로 금지한 뒤, 법령상 요건을 갖추면 이를 해제해주는 것③[앞] 건축허가, 운전면허 등 본래 자유로우나 요건을 갖추기 전에는 위험할 수 있는 행위를 규율	본래 유해한 행위를 원칙적으로 금지하고, 비정형적 사태 등 예외가 인정되는 경우에만 이를 해제시켜주는 것③[뒤] 치료목적의 마약허가·특정지역 내 사행행위허가 등 본래 유해하나 비정형적 사태에서만큼은 인정될 행위들을 규율
특징	예방적·일반적·잠정적·상대적 금지의 해제④[앞] → 본래 자유의 회복	억제적 금지의 해제④[뒤] → 권리범위의 확대①
성격	기속행위 원칙②[앞]	재량행위 원칙②[뒤]
입증책임	행정청이 거부사유 입증	신청인이 승인사유 입증
비교예시	주거지역 내 건축허가 상가지역 내 유흥주점업 허가	개발제한구역 내 건축허가·용도변경허가 학교위생정화구역 내 유흥주점업 허가
공통점	양자 모두 ① 금지의 해제이고, ② 법률행위적 행정행위이다.	

정답 ①

OX 1 ✕   2 ○

05

◎ 강학상 예외적 승인에 해당하지 않는 것은?

15국가9

① 치료목적의 마약류사용허가
② 재단법인의 정관변경허가
③ 개발제한구역 내의 용도변경허가
④ 사행행위 영업허가

관련 OX

② 관련

1 ⓢ 「민법」상 재단법인의 정관변경에 대한 주무관청의 허가는 법률상 표현이 허가로 되어 있기는 하나, 그 성질은 법률행위의 효력을 보충해 주는 것이지 일반적 금지를 해제하는 것은 아니다. 20지방9

해설

①③④ ○ 강학상 예외적 승인이란, 사회적 해악이 큰 행위 등에 대해 원칙적으로 금지를 규정하고 필요에 따라 재량권을 행사하여 허가해주는 행정청의 행위를 말한다. 예컨대 마약투입은 일반적으로는 금지되는 것이 마땅하나, 예외적으로 의료목적하에 허용될 수 있다.

선지분석 & 요플·기풀기링크 ①

선지	THEME	요플	기풀기
	T17 명령적 VA	N1	033
②	T19 형성적 VA	37	043

요플 허가와 예외적 승인

분류	허가	예외적 승인
의의	본래 자유로운 행위를 위험방지·질서유지를 위해(즉, 위험예방을 위해) 일반적·잠정적·상대적으로 금지한 뒤, 법령상 요건을 갖추면 이를 해제해주는 것 건축허가, 운전면허 등 본래 자유로우나 요건을 갖추기 전에는 위험할 수 있는 행위를 규율	본래 유해한 행위를 원칙적으로 금지하고, 비정형적 사태 등 예외가 인정되는 경우에만 이를 해제시켜주는 것 치료목적의 마약허가①·특정지역 내 사행행위허가④ 등 본래 유해하나 비정형적 사태에서만큼은 인정될 행위들을 규율
특징	예방적·일반적·잠정적·상대적 금지의 해제 → 본래 자유의 회복	억제적 금지의 해제 → 권리범위의 확대
성격	기속행위 원칙	재량행위 원칙
입증책임	행정청이 거부사유 입증	신청인이 승인사유 입증
비교예시	주거지역 내 건축허가 상가지역 내 유흥주점업 허가	개발제한구역 내 건축허가·용도변경허가③ 학교위생정화구역 내 유흥주점업 허가
공통점	양자 모두 ① 금지의 해제이고, ② 법률행위적 행정행위이다.	

26 요플 p.61

+ PLUS 개발제한구역 내에서는 구역 지정의 목적상 건축물의 건축이나 그 용도변경은 원칙적으로 금지되고, 다만 구체적인 경우에 위와 같은 구역 지정의 목적에 위배되지 아니할 경우 <u>예외적으로 허가에 의하여 그러한 행위를 할 수 있게 되어 있음</u>③이 위와 같은 관련 규정의 체재와 문언상 분명한 한편, 이러한 건축물의 용도변경에 대한 <u>예외적인 허가</u>는 그 상대방에게 수익적인 것에 틀림이 없으므로, 이는 그 법률적 성질이 <u>재량행위 내지 자유재량</u>행위에 속하는 것이라고 할 것이고, 따라서 그 위법 여부에 대한 심사는 재량권 일탈·남용의 유무를 그 대상으로 한다(2001.2.9. 98두17593).

② ✕ 재단법인 정관변경허가: 인가

민법 제45조와 제46조에서 말하는 재단법인의 <u>정관변경 '허가'</u>는 법률상의 표현이 허가로 되어 있기는 하나, 그 성질에 있어 법률행위의 효력을 보충해주는 것이지 일반적 금지를 해제하는 것이 아니므로, <u>그 법적 성격은 인가라고 보아야 한다</u>(1996.5.16. 95누4810 전합).

정답 ②
OX 1 ○

필수문제 06

판례가 그 법적 성질을 다르게 본 것은? (다툼이 있는 경우 판례를 따름) 18서울9

① 학교환경위생정화구역의 금지행위해제
② 토지거래계약허가
③ 사회복지법인의 정관변경허가
④ 자동차관리사업자단체의 조합설립인가

관련 OX

② 관련
1 토지거래허가는 규제지역 내의 모든 국민에게 전반적으로 토지거래의 자유를 금지하고 일정한 요건을 갖춘 경우에만 금지를 해제하여 계약체결의 자유를 회복시켜 주는 성질을 갖는다. 25소방

④ 관련
2 「자동차관리법」상 자동차관리사업자로 구성하는 사업자단체인 조합 또는 협회의 설립인가처분은 자동차관리사업자들의 단체결성행위를 보충하여 효력을 완성시키는 처분에 해당한다. 23지방9

해설

① **(예외적 승인)** 학교환경위생정화구역 내 금지행위해제: 예외적 승인
　시·도교육위원회교육감 또는 교육감이 지정하는 자가 학교환경위생정화구역 안에서의 금지행위 및 시설의 해제신청에 대하여 그 행위 및 시설이 학습과 학교보건에 나쁜 영향을 주지 않는 것인지의 여부를 결정하여 그 금지행위 및 시설을 해제하거나 계속하여 금지(해제거부)하는 조치는 시·도교육위원회교육감 또는 교육감이 지정하는 자의 재량행위에 속하는 것이다(1996.10.29. 96누8253).

② **(인가)** 토지거래허가: 강학상 인가
　토지거래허가가 규제지역 내의 모든 국민에게 전반적으로 토지거래의 자유를 금지하고 일정한 요건을 갖춘 경우에만 금지를 해제하여 계약체결의 자유를 회복시켜주는 성질의 것이라고 보는 것은 위 법의 입법취지를 넘어선 지나친 해석이라고 할 것이고, 강학상 허가가 아니고 규제지역 내에서도 토지거래의 자유가 인정되나, 다만 위 허가를 허가 전의 유동적 무효상태에 있는 법률행위의 효력을 완성시켜 주는 인가적 성질을 띤 것이라고 보는 것이 타당하다(1991.12.24. 90다12243 전합).

③ **(인가)** 사회복지법인의 정관변경허가: 인가
　사회복지법인의 정관변경을 허가할 것인지의 여부는 주무관청의 정책적 판단에 따른 재량에 맡겨져 있다고 할 것이고, 주무관청이 정관변경허가를 함에 있어서는 비례의 원칙 및 평등의 원칙에 적합하고 행정처분의 본질적 효력을 해하지 않는 한도 내에서 부관을 붙일 수 있다(2002.9.24. 2000두5661 [정관변경허가취소처분취소]).
　➕ PLUS 재단법인 정관변경허가가 인가인 것과 동일하게 생각하면 된다.

④ **(인가)** 자동차관리법상 사업자단체조합 설립인가: 인가
　자동차관리법상 자동차관리사업자로 구성하는 사업자단체인 조합 또는 협회의 설립인가처분은 국토해양부장관 또는 시·도지사가 자동차관리사업자들의 단체결성행위를 보충하여 효력을 완성시키는 처분에 해당한다(2015.5.29. 2013두635).

선지분석 & 요플·기풀기링크

선지	THEME	요플	기풀기
①	T17 명령적 VA	15	034
②		32	039
③	T19 형성적 VA	37	043
④		39	045

 ①
 1× 2○

필수문제 07

판례상 행정행위에 관한 설명으로 옳지 않은 것은? 19소방

① 「출입국관리법」상 체류자격 변경허가는 설권적 처분의 성격을 가지므로, 허가권자는 허가 여부를 결정할 수 있는 재량을 가진다.
② 유기장 영업허가는 유기장영업권을 설정하는 설권행위이다.
③ 한의사면허는 경찰금지를 해제하는 명령적 행위에 해당한다.
④ 개인택시운송사업면허는 특정인에게 권리나 이익을 부여하는 재량행위이다.

관련 OX

③ 관련

1 한의사면허는 허가에 해당하고, 한약조제 시험을 통해 약사에게 한약조제권을 인정함으로써 한의사들의 영업이익이 감소되었다고 하더라도 이는 법률상 이익 침해라고 할 수 없다. 22군무원9

④ 관련

2 기
특정인을 위해 권리·능력 또는 포괄적 법률관계 기타 법상의 힘을 설정·변경·소멸시키는 행정행위를 특허라 하며, 이러한 특허에는 「여객자동차 운수사업법」에 의한 개인택시면허를 들 수 있다. 12(1)경행

3 「여객자동차 운수사업법」에 의한 개인택시운송사업면허는 특정인에게 권리나 이익을 부여하는 행정청의 재량행위이며, 동법(同法) 및 그 시행규칙의 범위 내에서 면허를 위하여 필요한 기준을 정하는 것 역시 행정청의 재량에 속한다. 14지방9

해설

① ○ 체류자격 변경허가: 특허(재량) → 법령상 요건을 충족했더라도 공익을 참작해 거부 가능
체류자격 변경허가는 신청인에게 당초의 체류자격과 다른 체류자격에 해당하는 활동을 할 수 있는 권한을 부여하는 일종의 설권적 처분의 성격을 가지므로, 허가권자는 신청인이 관계 법령에서 정한 요건을 충족하였더라도, 신청인의 적격성, 체류목적, 공익상의 영향 등을 참작하여 허가 여부를 결정할 수 있는 재량을 가진다(2016.7.14. 2015두48846).

② × 유기장영업허가: 허가 / 재량행위
유기장영업허가는 유기장 경영권을 설정하는 설권행위가 아니고 일반적 금지를 해제하는 영업자유의 회복이라 할 것이므로 그 영업상의 이익은 반사적 이익에 불과하고 행정행위의 본질상 금지의 해제나 그 해제를 다시 철회하는 것은 공익성과 합목적성에 따른 당해 행정청의 재량행위라 할 것이다 (1986.11.25. 84누147).
+ PLUS 설권행위(특허)가 아닌 금지해제행위(허가)이다.

③ ○ 한의사면허: 강학상 허가
한의사면허는 경찰금지를 해제하는 명령적 행위(강학상 허가)에 해당한다(1998.3.10. 97누4289).

④ ○ 개인택시면허: 특허(재량)
「여객자동차 운수사업법」에 의한 개인택시운송사업의 면허는 특정인에게 권리나 이익을 부여하는 행정청의 재량행위이다(2009.11.26. 2008두16087).
+ PLUS 면허를 위하여 필요한 〈기준을 정하는 것〉 역시 재량

선지분석 & 요플·기풀기링크

선지	THEME	요플	기풀기
①	T19 형성적 VA	20	020
②	T17 명령적 VA	26	024
③	T56 경업·경원·주민	08	010
④	T19 형성적 VA	03	006

정답 ②
OX 1○ 2○ 3○

THEME 18 인·허가의제제도

기 213-230
요 063-067

필수 문제 01

인허가의제에 관한 설명으로 옳지 않은 것은? (다툼이 있는 경우 판례에 의함) 24소간

기 ① '인허가의제'란 하나의 인허가를 받으면 법률로 정하는 바에 따라 그와 관련된 여러 인허가를 받은 것으로 보는 것을 말한다.
B ② 관련 인허가의제제도는 사업시행자의 이익을 위하여 만들어진 것이므로, 사업시행자가 반드시 관련 인허가의제 처리를 신청할 의무가 있는 것은 아니다.
C ③ 주된 인허가 행정청은 주된 인허가를 하기 전에 관련 인허가에 관하여 미리 관련 인허가 행정청과 협의하여야 한다.
S ④ 주택건설사업계획 승인권자가 도시·군관리계획결정권자와 협의를 거쳐 주택건설사업계획을 승인함으로써 도시·군관리계획결정이 이루어진 것으로 의제되기 위해서는 협의절차와 별도로 「국토의 계획 및 이용에 관한 법률」에 따른 주민의견청취절차를 거쳐야만 한다.
인 ⑤ 인허가의제는 주된 인허가가 있으면 다른 법률에 의한 인허가가 있는 것으로 보는 데 그치고, 거기에서 더 나아가 다른 법률에 의하여 인허가를 받았음을 전제로 하는 그 다른 법률의 모든 규정들까지 적용되는 것은 아니다.

관련 OX

② 관련
1 인·허가의 근거 법령인 건축법령에서 절차간소화를 위하여 관련 인·허가를 의제 처리할 수 있는 근거 규정을 둔 경우, 주된 인·허가를 신청하려는 사업시행자는 반드시 관련 인·허가의제 처리를 동시에 신청해야 한다. 24국가7

⑤ 관련
2 주된 인·허가에 관한 사항을 규정하고 있는 법률에서 주된 인·허가가 있으면 다른 법률에 의한 인·허가를 받은 것으로 의제한다는 규정을 둔 경우, 주된 인·허가가 있으면 다른 법률에 의하여 인·허가를 받았음을 전제로 하는 그 다른 법률의 모든 규정들까지 적용되는 것은 아니다. 18국가7

해설

① ○
행정기본법 제24조(인허가의제의 기준) ① 이 절에서 '인허가의제'란 하나의 인허가(이하 '**주된 인허가**'를 받으면 법률로 정하는 바에 따라 그와 관련된 여러 인허가(이하 '**관련 인허가**')를 받은 것으로 보는 것을 말한다.

② ○ 관련 인허가의제제도는 사업시행자의 이익을 위하여 만들어진 것이므로, 사업시행자가 반드시 관련 인허가의제처리를 신청할 의무가 있는 것은 아니다(2023.9.21. 2022두31143).

③ ○
행정기본법 제24조(인허가의제의 기준) ③ 주된 인허가 행정청은 주된 인허가를 하기 전에 관련 인허가에 관하여 **미리 관련 인허가 행정청과 협의**하여야 한다.

④ × 주택건설사업계획승인시 도시관리계획 의제: 협의절차 외 도시관리계획상 절차인 주민의견청취절차 필요 ×
주택건설사업계획 승인권자가 구 주택법에 따라 도시·군관리계획 결정권자와 협의를 거쳐 관계 주택건설사업계획을 승인하면 도시·군관리계획결정이 이루어진 것으로 의제되고, 이러한 협의절차와 별도로 국토계획법에서 정한 도시·군관리계획 입안을 위한 주민 의견청취절차를 거칠 필요는 없다 (2018.11.29. 2016두38792).
+ PLUS ① 관련 인허가 행정청과 협의(필요), ② 관련 인허가의 절차(불필요, 절차집중)

⑤ ○ A법률상 인허가로 B법률상 인허가의제되어도, B법률상의 인허가를 받은 것을 전제로 한 B법률상의 모든 규정이 적용되는 것은 아님
주된 인허가에 관한 사항을 규정하고 있는 A법률에서 주된 인허가가 있으면 B법률에 의한 인허가를 받은 것으로 의제한다는 규정을 둔 경우에는, 주된 인허가가 있으면 B법률에 의한 인허가가 있는 것으로 보는 데 그치는 것이고, 그에서 더 나아가 B법률에 의하여 인허가를 받았음을 전제로 한 B법률의 모든 규정들까지 적용되는 것은 아니다(2004.7.22. 2004다19715).
+ PLUS 예컨대 의제의 의제와 같은 연쇄적 의제는 불가

선지분석 & 요플·기풀기링크

선지	THEME	요플	기풀기
①		01	001
②		05	005
③	T18 인·허가의제	07	007
④		13	012
⑤		24	023

정답 ④
OX 1× 2○

02 사례형

다음 사례에 있어 「행정기본법」상 인허가의제에 대한 설명으로 옳지 않은 것은? (다툼이 있는 경우 판례에 의함)　24국회8

> 甲은 자신의 토지에 건축을 하기 위하여 건축허가(주된 허가)를 신청하려고 담당공무원에게 문의한 결과, 건축허가뿐만 아니라 개발행위허가(의제된 허가)도 받아야 함을 알게 되었다.

① 甲은 건축허가를 신청할 때 개발행위허가에 필요한 서류를 함께 제출하여야 한다.
② 건축허가 행정청은 건축허가를 하기 전에 개발행위허가에 관하여 미리 개발행위허가 행정청과 협의하여야 한다.
③ 개발행위허가 행정청은 건축허가 행정청으로부터 협의를 요청받으면, 법률에 인허가의제시에도 관련 인허가에 필요한 심의·의견청취 등 절차를 거친다는 명시적인 규정이 있는 경우 그 절차에 걸리는 기간을 제외하고, 그 요청을 받은 날부터 20일 이내에 의견을 제출하여야 한다.
④ 개발행위허가 행정청이 건축허가 행정청으로부터 협의를 요청받고도 법령에서 정한 기간 내에 협의 여부에 관하여 의견을 제출하지 아니하면 건축허가 행정청은 재협의를 요청하여야 한다.
⑤ 건축허가와 개발행위허가에 관해 법령에 따른 협의가 된 사항에 대해서는 건축허가를 받았을 때 개발행위허가를 받은 것으로 본다.

해설

①②③⑤ ○, ④ × 재협의를 요청×, 협의가 된 것으로 간주○

행정기본법 제24조(인허가의제의 기준) ② 인허가의제를 받으려면 주된 인허가를 신청할 때 **관련 인허가에 필요한 서류를 함께 제출하여야 한다.** 동시제출주의원칙 ① 다만, 불가피한 사유로 함께 제출할 수 없는 경우에는 주된 인허가 행정청이 별도로 정하는 기한까지 제출할 수 있다.
③ 주된 인허가 행정청은 주된 인허가를 하기 전에 관련 인허가에 관하여 **미리 관련 인허가 행정청과 협의하여야 한다.** 필요적 협의 ②
④ 관련 인허가 행정청은 제3항에 따른 협의를 요청받으면 그 요청을 받은 날부터 **20일 이내**(제5항 단서에 따른 **절차에 걸리는 기간은 제외**)에 의견을 제출하여야 한다. 의견제출기한 ③ 이 경우 전단에서 정한 기간(민원처리 관련 법령에 따라 의견을 제출하여야 하는 기간을 연장한 경우에는 그 **연장한 기간**) 내에 협의 여부에 관하여 의견을 **제출하지 아니하면 협의가 된 것으로 본다.** 협의의제 ④
⑤ 제3항에 따라 협의를 요청받은 관련 인허가 행정청은 **해당 법령을** 위반하여 협의에 응해서는 아니 된다. 협의의 한계 ⓐ 다만, **관련 인허가에 필요한 심의, 의견청취 등 절차에 관하여는 법률에 인허가의제시에도 해당 절차를 거친다는 명시적인 규정이 있는 경우에만** 이를 거친다. 절차집중 ○

제25조(인허가의제의 효과) ① 제24조 제3항·제4항에 따라 **협의가 된 사항**의제의 범위 에 대해서는 **주된 인허가를 받았을 때** 관련 인허가를 받은 것으로 본다. 의제의 효력발생시점 ⑤
② 인허가의제의 효과는 주된 인허가의 **해당 법률에 규정된 관련 인허가에 한정된다.** 의제의 효과 ⓑ

관련 OX

① 관련

1 (「중소기업창업 지원법」에 따르면 A시장이 공장설립계획을 승인하면 하천법에 따른 하천점용허가가 의제된다) 甲이 하천점용허가를 의제받으려면 위 공장설립계획 승인을 신청할 때 하천점용허가에 필요한 서류를 하천점용허가청이 별도로 정하는 기한까지 제출하여야 한다.　24변시

③ 관련

2 주된 인허가 행정청은 주된 인허가를 하기 전에 관련 인허가에 관하여 미리 관련 인허가 행정청과 협의하여야 하고, 협의요청을 받은 관련 인허가 행정청은 그 요청을 받은 날부터 원칙적으로 20일 이내에 의견을 제출하여야 한다.　24군무원5

추가기출

ⓐ **⑤**
[甲은 건축물을 신축하기 위하여 허가청인 A에게 건축허가(주된 허가)를 신청하였다. 甲은 건축허가를 신청하면서 산지전용허가도 받고자 하는데, 「건축법」상 甲이 건축허가를 받으면 「산지관리법」에 따른 산지전용허가(관련 허가)를 받은 것으로 의제된다.(단, 관련 허가의 허가청은 B임)] B는 산지전용허가에 관한 법령을 위반하여 협의에 응해서는 아니 된다.　24행정사

ⓑ **ⓒ**
[甲은 「국토의 계획 및 이용에 관한 법률」(이하 '국토계획법')상 건축을 위해서는 개발행위허가가 필요한 A시 소재 부지에 건물을 신축하고자 관할 행정청인 A시장에게 「건축법」에 따른 건축허가를 신청하였다. 건축허가가 있으면 국토계획법령에 따른 개발행위허가가 의제된다] 인허가의제의 효과는 건축허가의 근거 법률인 「건축법」에서 규정하고 있는 것으로 위 사안과 관련된 인허가에 한정된다.　24경찰간부

선지분석 & 요플·기풀기링크 ⓒ

선지	THEME	요플	기풀기
①		06	006
②		07	007
③	T18 인·허가의제	08	008
④		09	009
⑤		20	021

정답 ④
OX 1× 2○ ⓐ○ ⓑ○

03

다음 중 인허가의제에 대한 설명으로 가장 적절하지 않은 것은?

24군무원5

① 주된 인허가를 받으면 법률로 정하는 바에 따라 그와 관련된 여러 인허가를 받은 것으로 보는 인허가의제는 민원인에게 편의를 제공하고 절차를 간소화하기 위해 「행정기본법」과 「건축법」 등 개별법에서 규정하고 있다.

② 인허가의제의 경우 관련 인허가 행정청은 관련 인허가의 처분기준을 주된 인허가 행정청에 제출하여야 하고, 주된 인허가 행정청은 제출받은 관련 인허가의 처분기준을 통합하여 공표를 하여야 한다.

③ 주된 인허가 행정청은 주된 인허가를 하기 전에 관련 인허가에 관하여 미리 관련 인허가 행정청과 협의하여야 하고, 협의요청을 받은 관련 인허가 행정청은 그 요청을 받은 날부터 원칙적으로 20일 이내에 의견을 제출하여야 한다.

④ 인허가의제의 효과는 주된 인허가의 해당 법률에 규정된 관련 인허가에 한정되고, 관련 인허가 행정청은 관련 인허가를 직접 한 것이 아니므로 관계 법령에 따른 관리·감독 등 필요한 조치를 할 필요는 없다.

관련 OX

① 관련

1 「건축법」에서 인허가의제제도를 둔 취지는, 인허가 의제사항과 관련하여 건축허가의 관할 행정청으로 창구를 단일화하고 절차를 간소화하며 비용과 시간을 절감함으로써 국민의 권익을 보호하려는 것이다. 19(2)서울7

③ 관련

2 [甲은 자신의 토지에 건축을 하기 위하여 건축허가(주된 허가)를 신청하려고 담당 공무원에게 문의한 결과, 건축허가뿐만 아니라 개발행위허가(의제된 허가)도 받아야 함을 알게 되었다] 개발행위허가 행정청은 건축허가 행정청으로부터 협의를 요청받으면, 법률에 인허가의제시에도 관련 인허가에 필요한 심의·의견 청취 등 절차를 거친다는 명시적인 규정이 있는 경우 그 절차에 걸리는 기간을 제외하고, 그 요청을 받은 날부터 20일 이내에 의견을 제출하여야 한다. 24국회8

해설

① ○ 인허가의제는 하나의 인허가를 받으면 법률로 정하는 바에 따라 그와 관련된 여러 인허가를 받은 것으로 보는 것을 말한다. 인허가의제는 하나의 사업을 하려고 여러 창구를 찾아가야 하는 불편을 없애고 **창구를 단일화**하여 원스톱행정을 실현하려는 데 그 취지가 있다. 또한 관련 인허가의 절차도 생략할 수 있게 하여 **절차간소화**에도 이바지한다.

행정기본법은 인허가의제에 관한 일반규정을 두고 있으며(제24조에서 제26조), 개별법상의 예로 건축허가를 받은 경우 농지법 제34조, 제35조 및 제43조의 규정에 의한 농지전용허가를 포함하여 기타 인허가 등을 받은 것으로 의제하고 있는 건축법 제11조 등을 들 수 있다.❶

② ○

행정절차법 제20조(처분기준의 설정·공표) ② 「행정기본법」 제24조에 따른 인허가의제의 경우 **관련 인허가 행정청**은 관련 인허가의 **처분기준**을 주된 인허가 행정청에 **제출하여야** 하고, **주된 인허가 행정청**은 제출받은 관련 인허가의 처분기준을 **통합하여 공표하여야** 한다. 처분기준을 변경하는 경우에도 또한 같다.

③ ○

행정기본법 제24조(인허가의제의 기준) ③ 주된 인허가 행정청은 주된 인허가를 하기 전에 관련 인허가에 관하여 **미리 관련 인허가 행정청과 협의하여야** 한다. 필요적 협의
④ 관련 인허가 행정청은 제3항에 따른 협의를 요청받으면 그 요청을 받은 날부터 **20일 이내(**제5항 단서에 따른 절차에 걸리는 기간은 제외**)**에 의견을 제출하여야 한다. 의견제출기한 이 경우 전단에서 정한 기간(민원 처리 관련 법령에 따라 의견을 제출하여야 하는 기간을 연장한 경우에는 그 연장한 기간) 내에 협의 여부에 관하여 의견을 제출하지 아니하면 협의가 된 것으로 본다. 협의의제

④ ✕

행정기본법 제26조(인허가의제의 사후관리 등) ① 인허가의제의 경우 **관련 인허가 행정청은** 관련 인허가를 직접 한 것으로 보아 관계 법령에 따른 **관리·감독** 등 필요한 조치를 하여야 한다. 사후관리

선지분석 & 요플·기풀기링크

선지	THEME	요플	기풀기
①		03	002
②	T18 인·허가의제	19	019
③		08	008
④		12	011

❶ **행정기본법 제24조(인허가의제의 기준)** ① 이 절에서 "인허가의제"란 하나의 인허가(이하 '주된 인허가')를 받으면 법률로 정하는 바에 따라 법정주의 그와 관련된 여러 인허가(이하 '관련 인허가')를 받은 것으로 보는 것을 말한다.

건축법 제11조(건축허가) ⑤ 제1항에 따른 건축허가를 받으면 다음 각 호의 허가 등을 받거나 신고를 한 것으로 보며, 공장건축물의 경우에는 「산업집적활성화 및 공장설립에 관한 법률」 제13조의2와 제14조에 따라 관련 법률의 인·허가등이나 허가등을 받은 것으로 본다.
3. 「국토의 계획 및 이용에 관한 법률」 제56조에 따른 **개발행위허가**
7. 「농지법」 제34조, 제35조 및 제43조에 따른 **농지전용허가·신고 및 협의**

제14조(건축신고) ② 제1항에 따른 건축신고에 관하여는 **제11조 제5항 및 제6항**을 준용한다.

정답 ④

OX 1 ○ 2 ○

04 사례형 (고난도)

다음 사례에 관한 설명 중 옳지 않은 것을 모두 고른 것은? (다툼이 있는 경우 판례에 의함) 24변시

> 甲 창업기업은 「중소기업창업 지원법」에 따라 A시장에게 공장설립계획의 승인을 신청하고자 한다. 동법 제47조는 A시장이 공장설립계획의 승인을 할 때 「하천법」 제33조에 따른 하천의 점용허가에 관하여 A시장이 하천점용허가청과 협의를 한 사항에 대하여는 그 허가를 받은 것으로 본다고 규정하고 있다.

> ㄱ. 甲이 하천점용허가를 의제받으려면 위 공장설립계획 승인을 신청할 때 하천점용허가에 필요한 서류를 하천점용허가청이 별도로 정하는 기한까지 제출하여야 한다.
> ㄴ. A시장과 하천점용허가청 간에 협의가 된 사항에 대해서는 협의 성립시점에 하천점용허가를 받은 것으로 의제된다.
> ㄷ. A시장으로부터 협의를 요청받은 하천점용허가청은 하천법령을 위반하여 협의에 응해서는 아니 되며, 하천점용허가에 필요한 심의, 의견청취 등 절차에 관하여는 법률에 인허가의제시에도 해당 절차를 거친다는 명시적인 규정이 있는 경우에만 이를 거친다.
> ㄹ. 하천점용허가가 의제되면 하천점용허가청은 하천점용허가를 직접 한 것으로 보아 관계 법령에 따른 관리 · 감독 등 필요한 조치를 하여야 한다.

① ㄱ, ㄴ   ② ㄱ, ㄷ   ③ ㄱ, ㄹ
④ ㄴ, ㄷ   ⑤ ㄷ, ㄹ

관련 OX

ㄷ.관련

1 행정청이 「주택법」상 주택건설사업계획을 승인하면 「국토의 계획 및 이용에 관한 법률」상의 도시 · 군관리계획결정이 이루어진 것으로 의제되는데, 이 경우 도시 · 군관리계획 결정권자와의 협의절차와 별도로 「국토의 계획 및 이용에 관한 법률」에서 정한 도시 · 군관리계획 입안을 위한 주민 의견청취절차를 거칠 필요는 없다. 22지방7

ㄹ.관련

2 인허가의제의 효과는 주된 인허가의 해당 법률에 규정된 관련 인허가에 한정되고, 관련 인허가 행정청은 관련 인허가를 직접 한 것이 아니므로 관계 법령에 따른 관리 · 감독 등 필요한 조치를 할 필요는 없다. 24군무원5

해설

ㄱ. × 관련 인허가에 필요한 서류는 주된 인허가 신청시 함께 내는 것이 원칙이다. 그런데 지문은 **별도로 정하는 기한까지 제출한다**고 했으므로 틀렸다(행정기본법 제24조 제2항 본문).
다만 관련 인허가 서류를 별도로 정하는 기한까지 제출할 수 있는 예외도 있긴 하다. 그러나 그때에도 '주된 인허가 행정청', 즉 A시장이 해당 기한을 정하는 것이지, 지문과 같이 관련 인허가 행정청인 하천점용허가청이 별도 제출기한을 정하는 것이 아니다. 그 점에서도 틀린 지문이다.

행정기본법 제24조(인허가의제의 기준) ② 인허가의제를 받으려면 주된 인허가를 신청할 때 **관련 인허가에 필요한 서류를 함께 제출**하여야^{동시제출주의원칙} 한다. 다만, 불가피한 사유로 함께 제출할 수 없는 경우에는 **주된 인허가 행정청이 별도로 정하는 기한까지 제출할 수 있다.**

ㄴ. × 인허가의제의 효과, 즉 관련 인허가의 효력은 주된 인허가 발급시점에 함께 발생한다. 지문은 '협의 성립시점에' 효과가 발생한다고 하여 틀린 것이다.

행정기본법 제24조(인허가의제의 기준) ③ 주된 인허가 행정청은 주된 인허가를 하기 전에 관련 인허가에 관하여 **미리 관련 인허가 행정청과 협의**하여야 한다.^{필요적 협의}

제25조(인허가의제의 효과) ① 제24조 제3항 · 제4항에 따라 **협의가 된 사항**에^{의제의 범위} 대해서는 **주된 인허가를 받았을 때** 관련 인허가를 받은 것으로 본다.^{의제의 효력발생시점}

ㄷ. ○

행정기본법 제24조(인허가의제의 기준) ⑤ 제3항에 따라 협의를 요청받은 관련 인허가 행정청은 **해당 법령을 위반하여 협의에 응해서는 아니 된다.**^{협의의 한계} 다만, **관련 인허가에 필요한 심의, 의견청취 등 절차에 관하여는 법률에 인허가의제시에도 해당 절차를 거친다는 명시적인 규정이 있는 경우에만** 이를 거친다.^{절차집중}

ㄹ. ○

행정기본법 제26조(인허가의제의 사후관리 등) ① 인허가의제의 경우 **관련 인허가 행정청은** 관련 인허가를 직접 한 것으로 보아 관계 법령에 따른 **관리 · 감독** 등 필요한 조치를 하여야 한다.^{사후관리}

선지분석 & 요플 · 기풀기링크

선지	THEME	요플	기풀기
①		06	006
②	T18 인 · 허가의제	20	021
③		13	012
④		12	011

정답 ①
OX 1○ 2×

05

인·허가의제에 대한 설명으로 옳은 것은? (다툼이 있는 경우 판례에 의함) 16지방7

① 주된 인·허가처분이 관계기관의 장과 협의를 거쳐 발령된 이상 의제되는 인·허가에 법령상 요구되는 주민의 의견청취 등의 절차는 거칠 필요가 없다.

② 인·허가의제에 관계기관의 장과 협의가 요구되는 경우, 주된 인·허가를 하기 전에 의제되는 모든 인·허가사항에 관하여 관계기관의 장과 사전협의를 거쳐야 한다.

③ 주된 인·허가에 의해 의제되는 인·허가는 원칙적으로 주된 인·허가로 인한 사업을 시행하는 데 필요한 범위 내에서만 그 효력이 유지되는 것은 아니므로, 주된 인·허가로 인한 사업이 완료된 이후에도 효력이 있다.

④ 주된 인·허가거부처분을 하면서 의제되는 인·허가거부사유를 제시한 경우, 의제되는 인·허가거부를 다투려는 자는 주된 인·허가거부 외에 별도로 의제되는 인·허가거부에 대한 쟁송을 제기해야 한다.

관련 OX

② 관련

1 「주택법」상 주택건설사업계획의 승인이 있으면, 관계 행정기관의 장과 협의한 사항에 대하여 「국토의 계획 및 이용에 관한 법률」(이하 '국토계획법'이라 함)에 따른 도시·군관리계획의 결정을 비롯하여 「주택법」 제19조 제1항 각 호에서 열거하는 인·허가를 받은 것으로 의제된다. 甲은 관할 A행정청에 「주택법」에 따른 주택건설사업계획승인을 신청하였고, A행정청은 관계 행정기관의 장과 협의를 거쳐 주택건설사업계획을 승인·고시하였다」 주택건설사업계획의 승인이 있으면 「주택법」 제19조 제1항 각 호에서 열거하는 모든 인·허가가 의제되므로, 모든 인·허가 사항에 대해 사전에 관계 행정기관과 일괄하여 협의를 거쳐야 한다. 23변시

해설

① ○ 판례는 인허가의제시 절차적 요건과 관련하여, 신청된 주된 인허가의 절차만 거치면 되고, 관련 인허가의 절차까지 거칠 필요는 없다고 판시해왔다. 이를 주된 인허가로 절차가 집중된다고 표현한다.

• 주택건설사업계획승인시 도시관리계획 의제: 협의절차외 도시관리계획상 절차인 주민의견청취절차 필요X
주택건설사업계획 승인권자가 구 주택법에 따라 도시·군관리계획 결정권자와 협의를 거쳐 관계 주택건설사업계획을 승인하면 도시·군관리계획결정이 이루어진 것으로 의제되고, 이러한 협의절차와 별도로 국토계획법에서 정한 도시·군관리계획 입안을 위한 주민 의견청취절차를 거칠 필요는 없다 (2018.11.29. 2016두38792).

② × 통상 인허가의제 규정은 주된 인허가시 미리 의제되는 인허가들의 담당 기관장들과 협의하도록 규정하고 있다. 그런데 이처럼 협의가 요구되더라도, 1) 부분 인허가의제제도와 2) 선승인 후 협의제를 통해 관련 기관장들과의 협의를 모두 마치기 전에 주된 인허가에 나아갈 수 있다.

부분 인·허가	주된 인·허가를 하면서 일단 현재까지 협의가 완료된 인·허가부터 의제하는 것이다. 이 경우 아직 협의가 완료되지 않은 인·허가는 추후 협의가 완료되는 대로 순차적으로 의제되거나 별도의 인·허가 대상이 된다.
선승인 후협의	협의가 완료되지 않은 인·허가에 대하여 추후 협의를 완료할 것을 조건으로 모든 인·허가를 의제하는 것이다. 따라서 명문의 법적 근거가 필요하다.

③ × 주된 인허가 사업완료시 더 이상 의제X
구 택지개발촉진법에서는 사업시행자가 택지개발사업 실시계획승인을 받은 때 도로법에 의한 도로공사시행허가 및 도로점용허가를 받은 것으로 본다고 규정하고 있다. … 위와 같은 실시계획승인에 의해 의제되는 도로공사시행허가 및 도로점용허가는 원칙적으로 당해 택지개발사업을(편저자: 주된 인허가사업을) 시행하는 데 필요한 범위 내에서만 그 효력이 유지된다고 보아야 한다. 따라서 원고가 이 사건 택지개발사업과 관련하여 그 사업시행의 일환으로 이 사건 도로예정지 또는 도로에 전력관을 매설하였다고 하더라도 사업시행완료 후 이를 계속 유지·관리하기 위해 도로를 점용하는 것에 대한 도로점용허가까지 그 실시계획승인에 의해 의제된다고 볼 수는 없다(2004.7.22. 2004다19715).

④ × 주된 인허가거부처분을 하면서 의제되는 인허가거부사유를 제시한 경우, 의제되는 인허가거부를 다투려는 자는 주된 인허가거부에 대해 쟁송을 제기하여 동 쟁송에서 의제되는 인허가 관련 사유를 다투면 되는 것이지, 별도로 의제되는 인허가거부에 대한 쟁송을 제기하여 다투는 것이 아니라는 것이 판례의 태도이다(2001.1.16. 99두10988).

선지분석 & 요플·기풀기링크

선지	THEME	요플	기풀기
①	T18 인·허가의제	13	012
②		11	010
③		23	025
④		27	027

정답 ①
OX 1 ×

06

인 · 허가의제에 대한 설명으로 옳지 않은 것은? (다툼이 있는 경우 판례에 의함) 18국가7

① 인 · 허가의제는 행정청의 소관사항과 관련하여 권한행사의 변경을 가져오므로 법령의 근거를 필요로 한다.

② 「국토의 계획 및 이용에 관한 법률」상의 개발행위허가가 의제되는 건축허가신청이 동 법령이 정한 개발행위 허가기준에 부합하지 아니하면, 행정청은 건축허가를 거부할 수 있다.

③ 주된 인 · 허가에 관한 사항을 규정하고 있는 법률에서 주된 인 · 허가가 있으면 다른 법률에 의한 인 · 허가를 받은 것으로 의제한다는 규정을 둔 경우, 주된 인 · 허가가 있으면 다른 법률에 의하여 인 · 허가를 받았음을 전제로 하는 그 다른 법률의 모든 규정들까지 적용되는 것은 아니다.

④ A허가에 대해 B허가가 의제되는 것으로 규정된 경우, A불허가처분을 하면서 B불허가사유를 들고 있으면 A불허가처분과 별개로 B불허가처분도 존재한다.

해설

① ○ 인 · 허가의제가 있게 되면 주된 인 · 허가 담당기관에서 의제되는 인 · 허가 담당기관의 권한을 대신하는 셈이 된다. 즉, 다른 행정기관의 권한을 단순히 보충하는 것이 아니라, 행정권한 자체의 변경을 가져오게 되므로(관계기관의 권한을 제약) 반드시 법률에 명시적 근거가 있어야만 인정된다.

② ○ 인 · 허가의제는 창구를 단일화하고 절차를 간소화하는 데 목적이 있다. 따라서 절차집중은 인정되나, 실체집중은 인정되지 않는다. 즉, 절차적 사항의 경우, 주된 인 · 허가의 절차만 거치면 의제되는 인 · 허가의 절차까지 거칠 필요는 없으나, 실체적 사항의 경우, 주된 인 · 허가의 요건은 물론 의제되는 인 · 허가의 요건도 갖춰야 한다. 따라서 개발행위허가가 의제되는 건축허가신청에 대해 개발행위허가의 요건을 갖추지 못할 경우에는 이를 이유로 건축허가를 거부할 수 있다.

③ ○ A법률상 인허가로 B법률상 인허가의제되어도, B법률상의 인허가를 받은 것을 전제로 한 B법률상의 모든 규정이 적용되는 것은 아님

주된 인 · 허가에 관한 사항을 규정하고 있는 A법률에서 주된 인 · 허가가 있으면 B법률에 의한 인 · 허가를 받은 것으로 의제한다는 규정을 둔 경우에는, 주된 인 · 허가가 있으면 B법률에 의한 인 · 허가가 있는 것으로 보는 데 그치는 것이고, 그에서 더 나아가 B법률에 의하여 인 · 허가를 받았음을 전제로 한 B법률의 모든 규정들까지 적용되는 것은 아니다(2004.7.22. 2004다19715).

④ × 관련 인허가에 거부사유가 있음을 이유로 주된 인허가를 거부한 경우 관련 인허가 거부처분은 별도 존재×

건축불허가처분을 하면서 그 처분사유로 건축불허가 사유뿐만 아니라 형질변경불허가 사유나 농지전용불허가 사유를 들고 있다고 하여 그 건축불허가처분 외에 별개로 형질변경불허가처분이나 농지전용불허가처분이 존재하는 것이 아니다(2001.1.16. 99두10988).

📎 인 · 허가의제 – 불허가처분시 불복 by 상대방

존재하는 처분	쟁송방법	불가쟁력 발생
주된 인 · 허가 거부처분 有 → 건축불허가처분 有	주된 인 · 허가 거부처분에 항고소송 ○ → 건축불허가처분 취소소송제기 (○) → 위 소송에서 형질변경불허가 사유가 없다고 다툼	주된 인 · 허가거부에 불가쟁력 발생 可 → 제소기간 내 건축불허가에 취소소송 제기 要
의제 인 · 허가 거부처분 無④ → 형질변경불허가처분 無 / 농지전용불허가처분 無	의제 인 · 허가 거부처분에 항고소송 × → 형질변경불허가처분 취소소송 × / 농지전용불허가처분 취소소송 ×	의제 인 · 허가 거부에 → 불가쟁력 발생 × 불가쟁력은 처분에 발생하는 것이지 / 사유에 발생하는 것이 아니므로

관련 OX

① 관련

1 인허가의제 제도는 관련 인허가 행정청의 권한을 제한하거나 박탈하는 효과를 가진다는 점에서 법률 또는 법률의 위임에 따른 법규명령의 근거가 있어야 한다. 24국회9

② 관련

2 건축물의 건축이 「국토의 계획 및 이용에 관한 법률」상 개발행위에 해당할 경우 그 건축의 허가권자는 국토계획법령의 개발행위허가기준을 확인하여야 하므로, 국토계획법상 건축물의 건축에 관한 개발행위허가가 의제되는 건축허가신청이 국토계획법령이 정한 개발행위허가기준에 부합하지 아니하면 허가권자로서는 이를 거부할 수 있다. 21국가9

선지분석 & 요플 · 기풀기링크

선지	THEME	요플	기풀기
①		02	004
②	T18 인 · 허가의제	16	016
③		24	023
④		26	026

❶ + PLUS

인허가의제의 효과는 주된 인허가의 법률에 규정된 관련 인허가에 한정되므로, 예컨대 A법률에 따른 주된 인허가시 B법률에 규정된 관련 인허가가 의제되는 것으로 규정된 경우, 문언 그대로 ① **B법률에 따른 인허가 그 자체만 의제되는 것**이지, ② B법률상 인허가가 있으면 적용되는 B법률의 **다른 모든 규정들이 적용되는 것은 아니다**. 예컨대 건축법에 의해 주된 인허가인 건축허가를 받으면 도시계획법 제25조의 도시계획사업 실시계획인가가 의제된다고 하여, 도시계획법 제83조 제2항(행정청이 아닌 자가 도시계획사업 실시계획인가를 받아 새로이 설치한 공공시설은 그 시설을 관리할 행정청에 무상으로 귀속된다는 규정)도 적용되는 것은 아니다.

정답 ④

OX 1 ○ 2 ○

필수문제 07

인허가의제에 대한 설명으로 옳지 않은 것은? (다툼이 있는 경우 판례에 의함) 22지방7

① 도시계획시설인 주차장에 대한 건축허가신청을 받은 행정청으로서는 「건축법」상 허가요건뿐 아니라 그에 의해 의제되는 국토의 계획 및 이용에 관한 법령이 정한 도시계획시설사업에 관한 실시계획인가 요건도 충족하는 경우에 한하여 이를 허가해야 한다.

② 주된 인허가에 의해 의제된 인허가는 통상적인 인허가와 동일한 효력을 가지나, '부분 인허가의제'가 허용되는 경우 의제된 인허가의 취소나 철회는 허용되지 않으므로 이해관계인이 의제된 인허가의 위법함을 다투고자 하는 경우에는 주된 인허가처분을 항고소송의 대상으로 삼아야 한다.

③ 행정청이 「주택법」상 주택건설사업계획을 승인하면 「국토의 계획 및 이용에 관한 법률」상의 도시·군관리계획결정이 이루어진 것으로 의제되는데, 이 경우 도시·군관리계획 결정권자와의 협의절차와 별도로 「국토의 계획 및 이용에 관한 법률」에서 정한 도시·군관리계획 입안을 위한 주민 의견청취절차를 거칠 필요는 없다.

④ 행정청이 건축불허가처분을 하면서 그 처분사유로 건축불허가 사유뿐만 아니라 그 의제의 대상이 되는 형질변경불허가 사유나 농지전용불허가 사유를 들고 있다고 하여 그 건축불허가처분 외에 별개로 형질변경불허가처분이나 농지전용불허가처분이 존재하는 것은 아니다.

관련 OX

② 관련

1 공유수면매립면허처분 이후에 매립실시계획이 승인되면, 공유수면법에 의해 다른 법률상의 인가·허가가 의제될 수 있는데, 이 경우 의제된 인가·허가는 통상적인 인가·허가와 동일한 효력을 가진다. 21변시

2 어떠한 허가처분에 대하여 타법상의 인·허가가 의제된 경우, 의제된 인허가는 통상적인 인·허가와 동일한 효력을 갖는 것은 아니므로 '부분 인·허가의제'가 허용되는 경우에도 의제된 인·허가에 대한 쟁송취소는 허용되지 않는다. 20국가9

④ 관련

3 건축불허가처분을 하면서 건축불허가 사유 외에 형질변경불허가 사유를 들고 있는 경우, 그 건축불허가처분 외에 별개로 형질변경불허가처분이 존재한다. 15국가9

해설

① ○ 도시계획시설인 주차장에 대한 건축허가신청시 → (주된) 건축법상 건축허가요건 + (관련) 국토계획법상 도시계획시설계획인가요건 모두 갖춰야
도시계획시설인 주차장에 대한 건축허가신청을 받은 행정청으로서는 건축법상 허가 요건뿐 아니라 국토의 계획 및 이용에 관한 법령이 정한 도시계획시설사업에 관한 실시계획인가 요건도 충족하는 경우에 한하여 이를 허가해야 한다(2015.7.9. 2015두39590).

+ PLUS 판례는 실체집중을 부정하기에 관련 인허가로서의 고유한 실체적 요건도 갖춰야 인허가 의제가 인정될 수 있다.

② ✕ 의제된 인허가는 통상적인 인허가와 동일한 효력을 가지므로, 적어도 '부분 인허가의제'가 허용되는 경우에는 그 효력을 제거하기 위한 법적 수단으로 의제된 인허가의 취소나 철회가 허용될 수 있고, 이러한 직권 취소·철회가 가능한 이상 그 의제된 인허가에 대한 쟁송취소 역시 허용된다. 따라서 주택건설사업계획 승인처분에 따라 의제된 인허가가 위법함을 다투고자 하는 이해관계인은, 주택건설사업계획 승인처분의 취소를 구할 것이 아니라 의제된 인허가의 취소를 구하여야 한다(2018.11.29. 2016두38792).

+ PLUS 인허가가 의제되는 경우, 관련 인허가처분도 별도로 존재하는 것이기에 의제된 인허가에 하자가 있으면 의제된 인허가 자체에 대하여 항고소송을 제기해야 한다.

선지분석 & 요플·기풀기링크

선지	THEME	요플	기풀기
①		15	015
②	T18 인·허가의제	36	034
③		13	012
④		28	028

③ ○ 주택건설사업계획승인시 도시관리계획 의제: 협의절차 외 도시관리계획상 절차인 주민의견청취절차 필요×

주택건설사업계획 승인권자가 구 주택법 제17조 제3항에 따라 도시·군관리계획 결정권자와 협의를 거쳐 관계 주택건설사업계획을 승인하면 같은 조 제1항 제5호에 따라 도시·군관리계획결정이 이루어진 것으로 의제되고, 이러한 협의절차와 별도로 「국토의 계획 및 이용에 관한 법률」 제28조 등에서 정한 도시·군관리계획 입안을 위한 주민 의견청취절차를 거칠 필요는 없다(2018.11.29. 2016두38792).

+ PLUS 판례는 신청된 주된 인허가의 절차만을 거치면 되고, 관련 인허가의 절차를 거칠 필요는 없다는 입장이다. 이를 두고 절차가 주된 인허가로 집중된다고 한다.

④ ○ 관련 인허가인 형질변경허가에 거부사유가 있음을 이유로 주된 인허가인 건축허가를 거부: 형질변경 거부처분은 별도 존재×

건축불허가처분을 하면서 그 처분사유로 건축불허가 사유뿐만 아니라 형질변경불허가 사유나 농지전용불허가 사유를 들고 있다고 하여 그 건축불허가처분 외에 별개로 형질변경불허가처분이나 농지전용불허가처분이 존재하는 것이 아니다(2001.1.16. 99두10988).

+ PLUS 판례는 관련 인허가에 거부사유가 있음을 이유로 주된 인허가를 거부한 경우 관련 인허가 거부처분이 별도로 존재하는 것이 아니라는 입장이다.

선지선택비율 ① 6.36% ② 69.33% ③ 18.52% ④ 5.80%　오답률 30.67%

정답 ②
OX 1○ 2× 3×

필수문제 08

인·허가의제에 대한 설명으로 옳지 않은 것은? (다툼이 있는 경우 판례에 의함) 21국가9

① 주택건설사업계획 승인권자가 구 「주택법」에 따라 도시·군관리계획 결정권자와 협의를 거쳐 관계 주택건설사업계획을 승인하면 도시·군관리계획결정이 이루어진 것으로 의제되고, 이러한 협의 절차와 별도로 「국토의 계획 및 이용에 관한 법률」 등에서 정한 도시·군관리계획 입안을 위한 주민 의견청취절차를 거칠 필요는 없다.

② 건축물의 건축이 「국토의 계획 및 이용에 관한 법률」상 개발행위에 해당할 경우 그 건축의 허가권자는 국토계획법령의 개발행위허가기준을 확인하여야 하므로, 국토계획법상 건축물의 건축에 관한 개발행위허가가 의제되는 건축허가신청이 국토계획법령이 정한 개발행위허가기준에 부합하지 아니하면 허가권자로서는 이를 거부할 수 있다.

③ 「건축법」에서 관련 인·허가의제제도를 둔 취지는 인·허가의제사항 관련 법률에 따른 각각의 인·허가요건에 관한 일체의 심사를 배제하려는 것이 아니다.

④ 주택건설사업계획 승인처분에 따라 의제된 인·허가가 위법함을 다투고자 하는 이해관계인은, 주택건설사업계획 승인처분의 취소를 구해야지 의제된 인·허가의 취소를 구해서는 아니 되며, 의제된 인·허가는 주택건설사업계획 승인처분과 별도로 항고소송의 대상이 되는 처분에 해당하지 않는다.

관련 OX

① 관련

1 주택건설사업계획 승인권자가 도시·군관리계획결정권자와 협의를 거쳐 주택건설사업계획을 승인함으로써 도시·군관리계획결정이 이루어진 것으로 의제되기 위해서는 협의 절차와 별도로 「국토의 계획 및 이용에 관한 법률」에 따른 주민의견청취 절차를 거쳐야만 한다. 24소간

④ 관련

2 주택건설사업계획 승인처분에 따라 의제된 인·허가의 위법함을 다투고자 하는 이해관계인은 의제된 인·허가의 취소를 구할 것이 아니라, 주된 처분인 주택건설 사업계획 승인처분의 취소를 구하여야 한다. 22소방

해설

① ○ 주택건설사업계획승인시 도시관리계획 의제: 협의절차 외 도시관리계획상 절차인 주민의견청취절차 필요 X
주택건설사업계획 승인권자가 구 주택법에 따라 도시·군관리계획 결정권자와 협의를 거쳐 관계 주택건설사업계획을 승인하면 도시·군관리계획결정이 이루어진 것으로 **의제되고**, 이러한 **협의 절차와 별도로** 국토계획법에서 정한 도시·군관리계획 입안을 위한 주민 **의견청취절차를 거칠 필요는 없다** (2018.11.29. 2016두38792).

② ○ 개발행위허가가 의제되는 건축허가신청시 → (주된) 건축법상 요건 갖췄어도, (관련) 국토계획법상 개발행위허가기준에 미부합시 거부 가능
건축물의 건축이 국토계획법상 개발행위에 해당할 경우 그에 대한 건축허가를 하는 허가권자는 건축허가에 배치·저촉되는 관계 법령상 제한사유의 하나로 국토계획법령의 개발행위허가기준을 확인하여야 하므로, 국토계획법상 건축물의 건축에 관한 개발행위허가가 **의제되는** 건축허가신청이 국토계획법령이 정한 개발행위허가기준에 **부합하지 아니하면 허가권자로서는 이를 거부할 수 있다**(2016.8.24. 2016두35762).

③ ○ 인허가의제의 취지: 창구단일화·절차간소화 ○ / 실체심사배제 X
건축법에서 관련 인허가의제제도를 둔 취지는 인허가의제사항과 관련하여 건축행정청으로 그 창구를 단일화하고 절차를 간소화하며 비용과 시간을 절감함으로써 국민의 권익을 보호하려는 것이지, 인허가의제사항 관련 법률에 따른 각각의 인허가요건에 관한 일체의 심사를 배제하려는 것이 아니다(2020.7.23. 2019두31839).

④ × 인허가의제가 된 경우 관련 인허가는 별도로 항고소송대상이 되는 독립된 처분 ○
주택건설사업계획 승인처분에 따라 의제된 인·허가가 위법함을 다투고자 하는 이해관계인은, 주택건설사업계획 승인처분의 취소를 구할 것이 아니라 **의제된 인·허가의 취소를 구하여야** 하며, **의제된 인·허가는 주택건설사업계획 승인처분과 별도로 항고소송의 대상이 되는 처분에 해당**한다 (2018.11.29. 2016두38792).

+ PLUS 따라서 의제된 인허가에 하자가 있으면 의제된 인허가 자체에 대하여 항고소송을 제기해야 한다(주된 인허가를 대상 X).

선지선택비율 ① 29.88% ② 5.20% ③ 7.02% ④ 57.91%   오답률 42.09%

선지분석 & 요플·기풀기링크

선지	THEME	요플	기풀기
①	T18 인·허가의제	13	012
②		16	016
③		04	003
④		34	036

정답 ④
OX 1× 2×

필수문제 09 사례형

「건축법」에는 건축허가를 받으면 「국토의 계획 및 이용에 관한 법률」에 의한 토지의 형질변경허가도 받은 것으로 보는 조항이 있다. 이 조항의 적용을 받는 甲이 토지의 형질을 변경하여 건축물을 건축하고자 건축허가신청을 하였다. 이에 대한 설명으로 옳은 것은? (다툼이 있는 경우 판례에 의함)

15국가9

① 甲은 건축허가절차 외에 형질변경허가절차를 별도로 거쳐야 한다.
② 건축불허가처분을 하면서 건축불허가 사유 외에 형질변경불허가 사유를 들고 있는 경우, 甲은 건축불허가처분취소청구소송에서 형질변경불허가 사유에 대하여도 다툴 수 있다.
③ 건축불허가처분을 하면서 건축불허가 사유 외에 형질변경불허가 사유를 들고 있는 경우, 그 건축불허가처분 외에 별개로 형질변경불허가처분이 존재한다.
④ 甲이 건축불허가처분에 관한 쟁송과는 별개로 형질변경불허가처분취소소송을 제기하지 아니한 경우 형질변경불허가 사유에 관하여 불가쟁력이 발생한다.

관련 OX

② 관련
1 건축허가를 받은 경우에 토지형질변경허가나 농지전용허가를 받은 것으로 보는 인허가의제의 경우, 건축허가권자가 건축불허가처분을 하면서 그 처분사유로 건축불허가 사유뿐만 아니라 형질변경불허가 사유나 농지전용불허가 사유를 들고 있다면, 그 건축불허가처분에 대한 쟁송과는 별개로 형질변경불허가처분이나 농지전용불허가처분에 대한 쟁송도 제기하여야 한다. 11지방7

③ 관련
2 행정청이 건축불허가처분을 하면서 그 처분사유로 건축불허가 사유뿐만 아니라 그 의제의 대상이 되는 형질변경불허가 사유나 농지전용불허가 사유를 들고 있다고 하여 그 건축불허가처분 외에 별개로 형질변경불허가처분이나 농지전용불허가처분이 존재하는 것은 아니다. 22지방7

해설

① ✕ 판례는 인허가의제시 절차진행에 있어, 신청된 주된 인허가의 절차만 거치면 되고, 관련 인허가의 절차까지 거칠 필요는 없다고 본다(2018.11.29. 2016두38792). 즉, 절차의 집중을 인정한다. 따라서 주된 인허가인 건축허가의 절차 외에 별도로 의제되는 인허가인 형질변경허가의 절차를 거칠 필요는 없다.

② ○, ③④ ✕

※ 관련 인허가인 형질변경허가에 거부사유가 있음을 이유로 주된 인허가인 건축허가를 거부
1) 형질변경거부처분은 별도 존재✕③
2) 건축거부처분에 대한 쟁송을 제기하고, 거기서 형질변경거부사유가 있는지 다투면 됨②
3) 존재하지도 않는 형질변경거부에 불가쟁력 발생 여지✕④

건축불허가처분을 하면서 그 처분사유로 건축불허가 사유뿐만 아니라 형질변경불허가 사유나 농지전용불허가 사유를 들고 있다고 하여 그 건축불허가처분 외에 별개로 형질변경불허가처분이나 농지전용불허가처분이 존재하는 것이 아니므로,③ 그 건축불허가처분을 받은 사람은 그 건축불허가처분에 관한 쟁송에서 건축법상의 건축불허가 사유뿐만 아니라 같은 도시계획법상의 형질변경불허가 사유나 농지법상의 농지전용불허가 사유에 관하여도 다툴 수 있는 것②이지, 그 건축불허가처분에 관한 쟁송과는 별개로 형질변경불허가처분이나 농지전용불허가처분에 관한 쟁송을 제기하여 이를 다투어야 하는 것은 아니며, 그러한 쟁송을 제기하지 아니하였어도 형질변경불허가 사유나 농지전용불허가 사유에 관하여 불가쟁력이 생기지 아니④한다(2001.1.16. 99두10988).

요플 | 불허가처분에 대한 불복

존재하는 처분	쟁송방법	불가쟁력 발생
주된 인허가 거부처분은 존재○ → 건축불허가처분은 존재○	주된 인허가 거부처분에 대해 항고소송○ → 건축불허가처분에 대해 취소소송 제기○ → 위 소송에서 형질변경불허가사유가 없다고 다투면 됨	주된 인허가거부에 불가쟁력 발생 가능 → 제소기간 내 건축불허가에 소송제기 해야
관련 인허가 거부처분은 존재✕ → 형질변경불허가처분은 존재✕	관련 인허가 거부처분에 대해 항고소송✕ → 형질변경불허가처분에 대해 취소소송✕	관련 인허가 거부사유에 불가쟁력 발생✕ → 형질변경불허가 사유에 대해 불가쟁력 발생✕

선지분석 & 요플·기출기링크

선지	THEME	요플	기출기
①	T18 인·허가의제	14	013
②		29	029
③		28	028
④		30	030

정답 ②
OX 1✕ 2○

10 사례형 고난도

A군수는 甲에게 「중소기업창업 지원법」 관련규정에 따라 농지의 전용허가 등이 의제되는 사업계획을 승인하는 처분을 하였다. 이에 관한 설명 중 옳은 것은? (다툼이 있는 경우 판례에 의함) 20변시

【참조】
「중소기업창업 지원법」
제33조(사업계획의 승인) ① 제조업을 영위하고자 하는 창업자는 대통령령으로 정하는 바에 따라 사업계획을 작성하고, 이에 대한 시장·군수 또는 구청장의 승인을 받아 사업을 할 수 있다.
제35조(다른 법률과의 관계) ① 제33조 제1항에 따라 사업계획을 승인할 때 다음 각 호의 허가, 승인, 신고(이하 '허가등'이라 한다)에 관하여 시장·군수 또는 구청장이 제4항에 따라 다른 행정기관의 장과 협의를 한 사항에 대하여는 그 허가등을 받은 것으로 본다.
1. 「산업집적활성화 및 공장설립에 관한 법률」 제13조 제1항에 따른 공장설립 등의 승인
2. 「도로법」 제61조 제1항에 따른 도로의 점용허가
3. 「산지관리법」 제14조 및 제15조에 따른 산지전용허가, 산지전용신고
4. 「농지법」 제34조 및 제35조에 따른 농지의 전용허가, 농지의 전용신고
④ 시장·군수 또는 구청장이 제33조에 따른 사업계획의 승인을 할 때 그 내용 중 제1항에 해당하는 사항이 다른 행정기관의 권한에 속하는 경우에는 그 행정기관의 장과 협의하여야 하며, 협의를 요청받은 행정기관의 장은 대통령령으로 정하는 기간에 의견을 제출하여야 한다.
* 위 내용은 실제 법률과 다를 수 있음

① A군수가 甲에게 사업계획을 승인하려면 「중소기업창업 지원법」 제35조 제1항 제1호부터 제4호까지의 허가등 전부에 관하여 관계 행정기관의 장과 일괄하여 사전협의를 하여야 하며, 농지의 전용허가만이 의제되는 사업계획을 승인할 수는 없다.
② 사업계획의 승인을 받은 甲이 농지의 전용허가와 관련한 명령을 불이행하는 경우, 甲에 대해 사업계획에 대한 승인의 효력은 유지하면서 의제된 농지의 전용허가만을 철회할 수 있다.
③ 의제된 농지의 전용허가에 형식적 하자가 있는 경우에는 甲에 대한 사업계획승인처분도 절차적 하자가 있는 위법한 것이 된다.
④ 甲에 대해 농지의 전용허가가 취소되었고 이를 이유로 사업계획승인처분이 취소된 경우, 甲은 사업계획승인의 취소를 다투어야 하며 따로 농지의 전용허가의 취소를 다툴 수는 없다.
⑤ 甲에 대한 사업계획승인처분 이후에 「중소기업창업 지원법」 제35조에 따른 허가등 의제가 행정권한의 과도한 침해임을 이유로 헌법불합치결정이 내려진 경우라도, 위헌결정과 달리 헌법불합치결정은 당해사건에 대해서도 소급효가 미치지 않는다.

관련 OX

② 관련
1 주된 인허가인 사업계획승인은 그대로 유지하면서 하자 있는 의제된 인허가의 효력을 소멸시킬 수는 없다. 23서울(지적)7

③ 관련
2 의제된 농지의 전용허가에 형식적 하자가 있는 경우에는 주된 인허가인 사업계획승인처분도 절차적 하자가 있는 위법한 것이 된다. 20변시(변형)

3 ◎
(「주택법」상 주택건설사업계획의 승인이 있으면, 「국토의 계획 및 이용에 관한 법률」에 따른 도시·군관리계획 결정 등이 의제된다) 의제되는 국토계획법상 도시·군관리계획의 결정에 하자가 있다면, 주택건설사업계획 승인처분 자체가 위법하게 된다. 23변시

STORY 해설

- 「중소기업창업 지원법」에 따르면 사업계획승인시 농지전용허가 등 동법에 열거된 인허가가 의제된다. 다만, 의제되기 위해서는 해당 허가권자와 미리 협의해야 한다. 이때 열거된 모든 사항에 대해 일괄하여 협의할 의무가 있는 것이 아니라, 의제가 필요한 인허가에 대해서만 협의하면 된다. 따라서 농지전용허가만 의제되는 사업계획승인도 가능하다.① 이 경우 농지전용허가권자와만 미리 협의하면 될 것이다.

- 이처럼 주된 인허가인 사업계획승인과 의제되는 인허가들은 협의를 매개로 함께 주어질 수 있는 관계일 뿐 서로 간에 하자나 효력을 함께하여야만 하는 불가분적인 관계에 있는 것이 아니다. 따라서 의제된 농지전용허가에 하자가 있다 하여 그로 인해 주된 사업계획승인에도 하자가 있다고 할 수 없고,③ 의제된 농지전용허가에 취소·철회사유가 있다면 주된 인허가는 유지한 채 의제되는 인허가만 소멸시킬 수도 있다.②

- 이처럼 의제된 인허가가 취소되고 주된 인허가만 남아 있다가, 이어서 주된 인허가마저 취소된 경우 甲은 양 취소처분(의제된 인허가 취소, 주된 인허가 취소)에 대해서 모두 다툴 수 있는 것이지, 주된 인허가의 취소에 대해서만 다툴 수 있는 것이 아니다. 의제된 인허가의 취소와 주된 인허가의 취소는 취소의 대상이 전혀 다른 것이기 때문이다.④

- 판례는 처분의 근거법률에 사후적으로 위헌결정이 내려진 경우 당해 사건 등에 소급효가 미친다고 한다. 이는 헌법불합치결정이 내려진 경우에도 마찬가지이다.⑤

해설

①④ ×, ② ○

- 구「중소기업창업 지원법」제35조 제1항, 제33조 제4항, 「중소기업창업 지원법」시행령 제24조 제1항, 중소기업청장이 고시한 '창업사업계획의 승인에 관한 통합업무처리지침'의 내용, 체계 및 취지 등에 비추어 보면 중소기업창업법에 따른 사업계획승인의 경우 의제된 인허가만 취소 내지 철회함으로써 사업계획에 대한 승인의 효력은 유지하면서 해당 의제된 인허가의 효력만을 소멸시킬 수 있다.②

- 중소기업창업법 제35조 제1항의 인허가의제 조항에 의하면 사업계획승인권자가 관계 행정기관의 장과 미리 협의한 사항에 한하여 승인시에 그 인허가가 의제될 뿐이고, 해당 사업과 관련된 모든 인허가의제사항에 관하여 일괄하여 사전협의를 거쳐야 하는 것은 아니기 때문이다.①

- 이와 같이 사업계획승인으로 의제된 인허가 중 일부를 취소 또는 철회하면, 취소 또는 철회된 인허가를 제외한 나머지 인허가만 의제된 상태가 된다. 이 경우 취소 또는 철회된 인허가사항에 대한 재인허가가 불가한 경우 사업계획승인 자체를 취소할 수 있다.

- 군수가 甲주식회사에 구「중소기업창업 지원법」제35조에 따라 산지전용허가 등이 의제되는 사업계획을 승인하면서 산지전용허가와 관련하여 재해방지 등 명령을 이행하지 아니한 경우 산지전용허가를 취소할 수 있다는 조건을 첨부하였는데, 甲회사가 재해방지 조치를 이행하지 않았다는 이유로 (의제된) 산지전용허가 취소를 통보하고, 이어 토지의 형질변경 허가 등이 취소되어 공장설립 등이 불가능하게 되었다는 이유로 甲회사에 사업계획승인을 취소한 사안에서, 의제된 산지전용허가 취소가 항고소송의 대상이 되는 처분에 해당하고, 산지전용허가 취소에 따라 사업계획승인은 산지전용허가를 제외한 나머지 인허가사항만 의제하는 것이 되므로 사업계획승인 취소는 산지전용허가를 제외한 나머지 인허가사항만 의제된 사업계획승인을 취소하는 것이어서 산지전용허가 취소와 사업계획승인 취소가 대상과 범위를 달리하는 이상, 甲회사로서는 사업계획승인 취소와 별도로 산지전용허가 취소를 다툴 필요가 있다④(2018.7.12. 2017두48734).

③ × 의제 대상이 되는 처분에 어떤 하자가 있더라도, 그로써 해당 인허가의제의 효과가 발생하지 않을 여지가 있게 될 뿐이고, 그러한 사정이 주택건설사업계획 승인처분(편저자: 주된 인허가) 자체의 위법사유가 될 수는 없다(2018.11.29. 2016두38792).

⑤ × 헌법불합치결정을 하게 된 당해 사건 및 헌법불합치결정 당시에 구법 조항의 위헌 여부가 쟁점이 되어 법원에 계속 중인 사건에 대하여는 헌법불합치결정의 소급효가 미친다(2011.9.29. 2008두18885).

사례분석

- 인허가의제와 관련한 하나의 실제 판례를 가지고 만든 사례문제이다. ①②④ 지문은 해당 판례 그 자체이고, ③은 연관된 다른 판례에서 가져왔다. 다만 ⑤는 제시문과 별 관련이 없는 독자적 지문으로 보아야 한다.

- 인허가의제는 시험에 매년 상당 비중 출제되는 주제이고, 판례가 정교해지고 있으며, 행정기본법에서 일반규정이 도입되기까지 하여 앞으로 출제비중이 늘어날 가능성이 높고 적어도 지금의 비중은 유지될 것이다.

- 사안은 1) 인허가의제는 부분적으로 이루질 수 있다는 점① 2) 따라서 부분적으로 취소할 수도 있고② 3) 하자를 공유하지도 않는다는 점③ 4) 그리고 의제된 인허가가 취소된 후 주된 인허가도 취소된 경우 양자 모두에 소의 이익이 있다는 점④ 등을 묻고 있다. 4)는 아직 공무원 시험에서 정면으로 출제되지 않았고 출제가능성이 매우 높다. 단편적 지문으로 물어볼 수도 있으나, 난도를 높인다면 이 문제와 같이 사례형으로 출제될 가능성도 있다. 이 경우 이 문제와 거의 같은 형태로 출제될 가능성이 높다(판례를 그대로 가져온 것이기 때문).

선지분석 & 요플·기풀기링크

선지	THEME	요플	기풀기
①		11	010
②	T18 인·허가의제	37	037
③		33	035
④		38	038
⑤	T29 VA의 하자와 효력	78	057

정답 ②

 1× 2× 3×

THEME 19 형성적 행위 - 특허·대리·인가

기 231-245
요 068-070

01

특허와 인가에 대한 설명으로 옳지 않은 것은? (다툼이 있는 경우 판례에 의함) 13지방7

① 공유수면매립면허는 설권행위인 특허의 성질을 갖는 것이므로 원칙적으로 행정청의 자유재량에 속한다.
② 전기·가스 등의 공급사업이나 철도·버스 등의 운송사업에 대한 허가는 강학상의 특허로 보는 것이 일반적이다.
③ 재개발조합설립인가신청에 대한 행정청의 조합설립인가처분은 단순히 사인들의 조합설립행위에 대한 보충행위로서의 인가의 성질을 가지는 것이 아니라 법령상 일정한 요건을 갖추는 경우 행정주체의 지위를 부여하는 일종의 설권적 처분이다.
④ 인가는 제3자의 법률행위(기본행위)에 대한 보충행위이므로 본체인 법률행위에 하자가 있는 경우에 그 하자를 이유로 인가처분의 취소 또는 무효확인을 구할 수 있다.

관련 OX

③ 관련

1 행정청이 관련 법령에 근거하여 행하는 조합설립인가처분은 그 설립행위에 대한 보충행위로서의 성질에 그치지 않고 법령상 요건을 갖출 경우 「도시 및 주거환경정비법」상 주택재건축사업을 시행할 수 있는 권한을 갖는 행정주체(공법인)로서의 지위를 부여하는 일종의 설권적 처분의 성격을 갖는다. 17(상)지방9

④ 관련

2 인가처분에 고유한 하자가 없는데 기본행위에 하자가 있다면 기본행위의 무효를 주장하면서 곧바로 인가처분의 무효확인이나 취소를 구할 수 있다. 24소방

추가기출(② 관련)

ⓐ 소
공무원임명(은 특허에 해당한다) 20소방

해설

① ○ 공유수면매립면허: 강학상 특허, 재량행위
공유수면매립면허는 설권행위인 **특허**의 성질을 갖는 것이므로 원칙적으로 행정청의 **자유재량**에 속하며, 일단 실효된 공유수면매립면허의 효력을 회복시키는 행위도 특단의 사정이 없는 한 새로운 면허부여와 같이 면허관청의 자유재량에 속한다(1989.9.12. 88누9206).

② ○ 특허란, 특정 상대방에게 직접 권리·능력·포괄적 법률관계를 설정하는 행위를 의미한다. 전기·가스 등의 공급사업이나 항공·철도·버스운송사업 면허 등은 통상 특허기업의 특허이다.

분류	예시
권리설정행위	특허기업의 특허(전기·가스·각종 운송사업면허)②
능력설정행위	재건축조합설립인가
포괄적 법률관계 설정행위	귀화허가, 공무원임용ⓐ

③ ○ 재개발조합설립인가: 행정주체의 지위를 부여하는 설권적 처분(특허)
행정청이 도시정비법 등 관련 법령에 근거하여 행하는 **조합설립인가처분**은 단순히 사인들의 조합설립행위에 대한 **보충행위**로서의 성질을 갖는 것에 그치는 것이 아니라 법령상 요건을 갖출 경우 도시정비법상 주택재건축사업을 시행할 수 있는 권한을 갖는 **행정주체(공법인)로서의 지위를 부여하는** 일종의 **설권적 처분**의 성격을 갖는다고 보아야 한다(2009.9.24. 2008다60568).

선지분석 & 요플·기풀기링크

선지	THEME	요플	기풀기
① T19 형성적 VA		13	016
②		18	018
③ T20 정비사업		05	005
④ T19 형성적 VA		50	059

④ ✕ 기본행위에 하자가 있으나 인가가 적법한 경우: 기본행위가 항고소송의 대상 / 인가에 대해서 항고소송 불가

인가는 기본행위인 재단법인의 정관변경에 대한 법률상의 효력을 완성시키는 보충행위로서, 그 기본이 되는 정관변경 결의에 하자가 있을 때에는 그에 대한 인가가 있었다 하여도 기본행위인 정관변경 결의가 유효한 것으로 될 수 없으므로 기본행위인 정관변경 결의가 적법·유효하고 보충행위인 인가처분 자체에만 하자가 있다면 그 인가처분의 무효나 취소를 주장할 수 있지만, 인가처분에 하자가 없다면 기본행위에 하자가 있다 하더라도 따로 그 기본행위의 하자를 다투는 것은 별론으로 하고 기본행위의 무효를 내세워 바로 그에 대한 행정청의 인가처분의 취소 또는 무효확인을 소구할 법률상의 이익이 없다(1996.5.16. 95누4810 전합).

✚ PLUS 인가란 타인의 법률적 행위를 보충하여 그 법률적 효력을 완성시키는 행정행위로서, 법률행위적 행정행위 중에서도 형성적 행정행위에 속한다. 이처럼 인가가 보충행위에 불과한 이상 **기본행위에 하자**가 있다면 인가가 있어도 기본행위의 하자는 치유되지 않고, 이 경우 기본행위를 대상으로 소를 제기하여야지 인가를 대상으로 소를 제기할 수는 없다.④ 반면, 기본행위에는 하자가 없고 **인가에만 하자**가 있다면 인가처분에 대해 소를 제기하여 그 효력을 다툴 수 있다.

02

강학상 특허가 아닌 것만을 〈보기〉에서 모두 고른 것은? (다툼이 있는 경우 판례를 따름)

19(2)서울9

〔보기〕
ㄱ. 관할청의 구「사립학교법」에 따른 학교법인의 이사장 등 임원취임승인행위
ㄴ.「출입국관리법」상 체류자격 변경허가
ㄷ. 구「수도권 대기환경개선에 관한 특별법」상 대기오염물질 총량관리사업장 설치의 허가
ㄹ. 지방경찰청장이 운전면허시험에 합격한 사람에게 발급하는 운전면허
ㅁ. 개발촉진지구 안에서 시행되는 지역개발사업에 관한 지정권자의 실시계획승인처분

① ㄱ, ㄷ
② ㄱ, ㄹ
③ ㄴ, ㄹ
④ ㄷ, ㅁ

관련 OX

ㄱ. 관련

1 행정청의 사립학교법인 임원취임 인행위는 학교법인의 임원선임행위의 법률상 효력을 완성하게 하는 보충적 법률행위로서 강학상 인가에 해당한다.
22국회8

ㄴ. 관련

2 「출입국관리법」상 체류자격 변경허가는 설권적 처분의 성격을 가지므로, 허가권자는 허가 여부를 결정할 수있는 재량을 가진다.
19소방

ㄷ. 관련

3 구「수도권대기환경특별법」상 대기오염물질 총량관리사업장 설치허가(는 판례상 재량행위에 해당한다)
22지방9

해설

ㄱ. ✕ 관할청의 학교법인 임원선임 승인: 인가
사립학교법 제20조 제2항에 의한 학교법인의 임원에 대한 감독청의 취임승인은 학교법인의 임원선임행위를 보충하여 그 법률상의 효력을 완성케 하는 보충적 행정행위이다(1987.8.18. 86누152).

ㄴ. ○ 체류자격 변경허가: 특허
체류자격 변경허가는 신청인에게 당초의 체류자격과 다른 체류자격에 해당하는 활동을 할 수 있는 권한을 부여하는 일종의 설권적 처분의 성격을 가지므로, 허가권자는 신청인이 관계 법령에서 정한 요건을 충족하였더라도, 신청인의 적격성, 체류목적, 공익상의 영향 등을 참작하여 허가 여부를 결정할 수 있는 재량을 가진다(2016.7.14. 2015두48846).

ㄷ. ○ 총량관리사업장 설치허가: 특허
구 수도권대기환경특별법에서 정한 대기오염물질 총량관리사업장 설치의 허가 또는 변경허가는 특정인에게 인구가 밀집되고 대기오염이 심각하다고 인정되는 수도권 대기관리권역에서 총량관리대상 오염물질을 일정량을 초과하여 배출할 수 있는 특정한 권리를 설정하여 주는 행위로서(편저자: 특허) 그 처분의 여부 및 내용의 결정은 행정청의 재량에 속한다(2013.5.9. 2012두22799).
➕ PLUS 대기배출시설 설치허가는 허가

ㄹ. ✕ 운전면허는 강학상 허가에 해당한다.

ㅁ. ○ 개발촉진지구 내 지역개발사업 실시계획승인: 특허
구「지역균형개발 및 지방중소기업 육성에 관한 법률」에 따른 개발촉진지구 안에서 시행되는 지역개발사업인 지구개발사업에 관한 지정권자의 실시계획승인처분은 단순히 시행자가 작성한 실시계획에 대한 법률상의 효력을 완성시키는 보충행위에 불과한 것이 아니라 법령상의 요건을 갖춘 경우 법이 규정하고 있는 지구개발사업을 시행할 수 있는 지위를 시행자에게 부여하는 일종의 설권적 처분으로서의 성격을 가진 독립된 행정처분으로 보아야 한다(2014.9.26. 2012두5602).

선지분석 & 요플·기풀기링크

선지	THEME	요플	기풀기
ㄱ	T19 형성적 VA	34	040
ㄴ		20	020
ㄷ	T17 명령적 VA	수1/14	022
ㄹ		수1/12	010
ㅁ	T19 형성적 VA	수01/13	023

정답 ②

OX 1○ 2○ 3○

03

인가에 대한 다음 설명 중 옳지 않은 것은? 14서울9

① 당사자의 법률적 행위를 보충하여 그 법률적 효력을 완성시키는 행정청의 보충적 의사표시를 인가라고 한다.
② 인가의 전제가 되는 기본행위에 하자가 있다고 하더라도 행정청의 적법한 인가가 있으면 그 하자는 치유가 된다.
③ 인가의 대상인 법률행위에는 공법상 행위도 있고 사법상 행위도 있다.
④ 「사립학교법」상 학교법인의 이사장, 이사, 감사 등 임원에 대한 임원취임승인행위가 인가의 대표적인 예이다.
⑤ 인가는 보충적 행위이므로 신청을 전제로 한다.

관련 OX

① 관련
1 인가는 당사자의 법률적 행위를 보충하여 그 법률적 효력을 완성시키는 행정주체의 보충적 의사표시로서의 법률행위적 행정행위이다. 21국가7

③ 관련
2 인가의 대상은 법률행위로서 공법행위이든 사법행위이든 가리지 않는다. 17소간

④ 관련
3 행정청의 사립학교법인 임원취임승인행위는 학교법인의 임원선임행위의 법률상 효력을 완성하게 하는 보충적 법률행위로서 강학상 인가에 해당한다. 22국회8

해설

① ○, ② × 인가란 타인의 법률적 행위를 보충하여 그 법률적 효력을 완성시키는 행정행위로서,① 법률행위적 행정행위 중에서도 형성적 행정행위에 속한다. 이처럼 인가가 보충행위에 불과한 이상 **기본행위에 하자가 있다면 인가가 있어도 기본행위의 하자는 치유되지 않고**,② 이 경우 기본행위를 대상으로 소를 제기하여야지 인가를 대상으로 소를 제기할 수는 없다.

법률행위적 행정행위	명령적	하명, 허가, 면제
	형성적	특허, 대리, 인가
준법률행위적 행정행위		확인, 공증, 통지, 수리

③ ○ 허가는 **법률행위와 사실행위** 모두를 대상으로 하지만, 인가는 오로지 **법률행위만을 대상으로 한다**(인가의 정의가 '법률행위'를 보충하여 효력을 완성시키는 것이다). 이처럼 인가의 대상이 되는 행위를 '기본행위'라 칭한다. 인가의 기본행위는 **공법적 행위**일 수도 있고(ex. 재건축조합의 사업시행계획 결의), **사법적 행위**일 수도 있다(ex. 사립학교법인의 이사선임, 토지거래제한구역 내 토지매매계약).

④ ○ 학교법인 임원취임승인: 인가
사립학교법에 의한 학교법인의 임원에 대한 감독청의 취임승인은 학교법인의 임원선임행위를 보충하여 그 법률상의 효력을 완성케 하는 **보충적 행정행위이다**(인가이다)(1987.8.18. 86누152).

⑤ ○ 인가는 타인의 기본행위를 보충하는 것에 불과하다. 따라서 상대방(그 타인 측)의 신청이 필요하다.

선지분석 & 요플·기풀기링크

선지	THEME	요플	기풀기
①		25	028
②		41	050
③	T19 형성적 VA	07	031
④		34	040
⑤		수01/02	048

정답 ②
OX 1○ 2○ 3○

04

인가에 대한 설명으로 옳은 것은?

07국가9

① 인가의 대상이 되는 법률행위가 무효이면 인가도 당연히 무효가 된다.
② 인가의 대상이 되는 법률행위는 계약에 한한다.
③ 사법(私法)행위는 인가의 대상이 되는 법률행위가 될 수 없다.
④ 기본행위에 취소원인이 있더라도 인가가 있은 후에는 기본행위를 취소할 수 없다.

관련 OX

① 관련
1 인가는 기본행위의 효력을 완성시켜주는 보충적 행위이므로 기본행위가 무효인 경우에는 이에 대한 인가가 내려지더라도 그 인가는 무효이다. 23국가7

③ 관련
2 일반적으로 인가의 기본행위는 공법적 성질을 갖는 것에 한한다. 08(하)지방7

해설

① ○ 인가는 기본행위의 효력을 완성시키는 보충행위에 불과하므로 기본행위를 떠나서 독자적으로 효력이 발생하지 않는다. 따라서 기본행위가 처음부터 불성립·무효라면, 인가 자체는 적법하더라도 인가 역시 처음부터 무효가 된다.

- 인가: 보충적 역할에 불과해 기본행위 없이 그 자체만으로는 효력 없음
  사립학교법에 의한 학교법인의 **임원에 대한 감독청의 취임승인**은 학교법인의 임원선임행위를 보충하여 그 법률상의 효력을 완성케 하는 보충적 행정행위로서 성질상 **기본행위를 떠나 승인처분 그 자체만으로는 법률상 아무런 효력도 발생할 수 없다**(1987.8.18. 86누152).

② × 인가의 기본행위는 **계약**일 수도 있고(ex. 토지거래제한구역 내 토지매매계약), **합동행위**일 수도 있다(ex. 공공조합설립행위).

③ × 인가의 기본행위는 **공법적 행위**일 수도 있고(ex. 재건축조합의 사업시행계획결의), **사법적 행위**일 수도 있다(ex. 사립학교법인의 이사선임, 토지거래제한구역 내 토지매매계약).

④ × 인가는 **보충적**으로 기본행위의 효력을 완성시켜줄 뿐, 직접적으로 기본행위의 하자를 치유하지는 못한다. 따라서 기본행위에 무효인 하자가 있다면 인가가 있더라도 여전히 무효인 것이고, **기본행위에 취소사유의 하자가 있다면 인가 후에도 여전히 취소 가능**하다.

선지분석 & 요플·기풀기링크

선지	THEME	요플	기풀기
①		45	054
②	T19 형성적 VA	26	032
③		07	031
④		42	051

정답 ①
OX 1 ○ 2 ×

05

행정법상 인가에 관한 설명으로 옳지 않은 것은? (다툼이 있으면 판례에 의함) 17소간

① 인가의 대상은 법률행위로서 공법행위이든 사법행위이든 가리지 않는다.
② 수정인가는 법령에 명문의 규정이 없는 한 허용되지 않는다.
③ 학교법인의 임원선임행위가 불성립 또는 무효인 경우에 감독청의 취임승인이 있었다면 그 선임행위는 유효하다.
④ 사업시행계획에 대한 인가처분에 하자가 없는 경우 기본행위인 사업시행계획의 무효를 들어 사업시행계획 인가처분의 취소 또는 무효를 구할 수 없다.
⑤ 인가는 타인의 법률행위의 효력발생요건이다.

관련 OX

②관련
1 다수설에 의하면 법령에 명문의 규정이 없는 한 수정인가를 할 수 없다. 11국가7

④관련
2 주택재개발정비사업조합이 수립한 사업시행계획에 하자가 있음에도 불구하고 관할 행정청이 해당 사업시행계획에 대한 인가처분을 하였다면, 그 인가처분에는 고유한 하자가 없더라도 사업시행계획의 무효를 주장하면서 곧바로 그에 대한 인가처분의 무효확인이나 취소를 구하여야 한다. 23지방9

해설

① ○ 허가는 사실행위와 법률행위 모두를 대상으로 하지만, 인가는 오로지 **법률행위만**을 대상으로 한다. 인가의 대상인 법률행위, 즉 인가의 기본행위는 그 성격을 기준으로 구분하면 **공법적 행위일 수도 있고**(재건축조합의 사업시행계획결의), **사법적 행위일 수도 있다**(토지거래제한구역 내 토지매매계약).

② ○ 인가는 타인의 행위를 전제로 이를 보충하는 것에 불과하므로, 상대방의 신청이 필요하다. 또 보충적 위치에 있을 뿐이므로 타인의 행위를 **수정인가**하는 것도 원칙상 **불가**하다. 반면 허가는 신청 없이 가능한 경우도 있고 수정허가도 가능하다.

③ × **임원선임행위(기본행위)가 불성립·무효: 취임승인(인가)이 있었어도 선임행위는 여전히 무효**
기본행위인 학교법인의 **임원선임행위가 불성립 또는 무효인 경우**에는 비록 그에 대한 감독청의 **취임승인이 있었다 하여도** 이로써 무효인 그 선임행위가 **유효한 것으로 될 수는 없다**(1987.8.18. 86누152).

④ ○ **사업시행계획(기본행위)의 무효를 들어 사업시행계획인가(인가)를 대상으로 쟁송 불가**
기본행위인 사업시행계획이 무효인 경우 그에 대한 인가처분이 있다고 하더라도 그 기본행위인 사업시행계획이 유효한 것으로 될 수 없으며, 기본행위가 적법·유효하고 보충행위인 인가처분 자체에만 하자가 있다면 그 인가처분의 무효나 취소를 주장할 수 있다고 할 것이지만, **인가처분에 하자가 없다면 기본행위에 하자가 있다고 하더라도 따로 그 기본행위의 하자를 다투는 것은 별론으로 하고 기본행위인 사업시행계획의 무효를 내세워 바로 그에 대한 인가처분의 취소 또는 무효확인을 구할 수 없다**(2014.2.27. 2011두25173).

⑤ ○ 인가는 타인의 법률행위를 보충해 그 효력을 발생시키는 행위이다. 즉, 타인의 법률행위의 효력발생요건이다.

선지분석 & 요플·기풀기링크

선지	THEME	요플	기풀기
①		수01/07	031
②	T19 형성적 VA	수01/03	049
③		44	053
④	T20 정비사업	19	012
⑤	T19 형성적 VA	27	033

정답 ③
OX 1○ 2×

06 필수 문제

강학상 인가에 대한 설명으로 옳지 않은 것은? (다툼이 있는 경우 판례에 의함) 17(하)국가9

① 공유수면매립면허로 인한 권리·의무의 양도·양수약정은 이에 대한 면허관청의 인가를 받지 않은 이상 법률상 효력이 발생하지 않는다.
② 기본행위에 하자가 있을 때에는 그에 대한 인가가 있었다고 하여도 기본행위가 유효한 것으로 될 수 없다.
③ 기본행위는 적법하고 인가 자체에만 하자가 있다면 그 인가의 무효나 취소를 주장할 수 있다.
④ 인가의 대상이 되는 기본행위는 법률적 행위일 수도 있고, 사실행위일 수도 있다.

관련 OX

① 관련
1 공유수면매립면허의 공동명의자 사이의 면허로 인한 권리·의무 양도약정은 면허관청의 인가를 받지 않은 이상 법률상 아무런 효력도 발생할 수 없다. 20국가9

② 관련
2 인가의 전제가 되는 기본행위에 하자가 있다고 하더라도 행정청의 적법한 인가가 있으면 그 하자는 치유가 된다. 14서울9

해설

① ○ 공유수면매립면허로 인한 권리·의무 양도·양수약정(기본행위): 인가 전에는 무효
공유수면매립의 면허로 인한 권리·의무의 양도·양수에 있어서의 면허관청의 인가는 효력요건으로서, 위 각 규정은 강행규정이라고 할 것인바, 위 면허의 공동명의자 사이의 면허로 인한 권리·의무 양도약정은 면허관청의 **인가를 받지 않은 이상 법률상 아무런 효력도 발생할 수 없다**(1991.6.25. 90누5184).
  + PLUS 기본행위가 적법하게 이루어졌더라도 인가가 있기 전까지는 효력이 없다. 즉, 인가는 기본행위의 **효력발생요건**이다.

② ○ 인가는 보충적으로 기본행위의 효력을 완성시켜줄 뿐, 적극적으로 기본행위의 하자를 치유하지는 못한다.
• 정관변경결의(기본행위)에 하자: 인가가 있었어도 결의의 하자가 유효로 바뀌지 않음
인가는 기본행위인 재단법인의 정관변경에 대한 법률상의 효력을 완성시키는 보충행위로서, 그 **기본이 되는 정관변경 결의에 하자가 있을 때에는 그에 대한 인가가 있었다 하여도 기본행위인 정관변경 결의가 유효한 것으로 될 수 없다**(1996.5.16. 95누4810 전합).

③ ○ 기본행위는 적법하나 인가 자체에 하자가 있다면, 당연히 인가처분이 소송의 대상이 되고, 그 소송은 항고소송(취소소송, 무효확인소송)이 될 것이다. 인가처분이 취소되면, 기본행위는 무인가행위가 된다.
• 정관변경결의(기본행위)는 적법, 인가처분(인가)에만 하자: 인가처분에 대해 항고소송
기본행위인 정관변경 결의가 적법·유효하고 **보충행위인 인가처분 자체에만 하자**가 있다면 그 **인가처분의 무효나 취소를 주장할 수 있다**(1996.5.16. 95누4810 전합).

④ × 허가는 사실행위와 법률행위 모두를 대상으로 하지만, **인가는 오로지 법률행위만**을 대상으로 한다(인가의 정의가 '법률행위'를 보충하여 효력을 완성시키는 것이다).

선지분석 & 요플·기풀기링크

선지	THEME	요플	기풀기
①		28	035
②	T19 형성적 VA	41	050
③		51	061
④		수01/06	030

정답 ④
OX 1○ 2×

07

강학상 인가에 대한 설명으로 옳지 않은 것은? (다툼이 있는 경우 판례에 의함) 21국가7

① 인가는 당사자의 법률적 행위를 보충하여 그 법률적 효력을 완성시키는 행정주체의 보충적 의사표시로서의 법률행위적 행정행위이다.
② 재단법인의 정관변경 결의가 적법·유효하고 보충행위인 인가처분 자체에만 하자가 있다면 그 인가처분의 무효나 취소를 주장할 수 있다.
③ 재단법인의 정관변경 결의에 하자가 있더라도, 그에 대한 인가가 있었다면 기본행위인 정관변경 결의는 유효한 것으로 된다.
④ 재단법인의 임원취임이 사법인인 재단법인의 정관에 근거하였다 할지라도 재단법인의 임원취임승인 신청에 대하여 주무관청이 그 신청을 당연히 승인하여야 하는 것은 아니다.

관련 OX

③ 관련
1 재단법인의 정관변경시 정관변경 결의의 하자가 있는 경우에 주무부장관의 인가가 있다고 하여도 정관변경 결의가 유효한 것으로 될 수 없다. 20국회8

④ 관련
2 재단법인의 임원 취임이 재단법인의 정관에 근거한다 할지라도 이에 대해 주무관청이 당연히 인가하여야 하는 것은 아니며 인가 여부를 재량으로 결정할 수 있다. 19(1)서울7

해설

①② ○, ③ × 인가는 기본행위인 재단법인의 정관변경에 대한 법률상의 효력을 완성시키는 <u>보충행위</u>로서,① 그 기본이 되는 <u>정관변경 결의에 하자가 있을 때에는 그에 대한 인가가 있었다 하여도 기본행위인 정관변경 결의가 유효한 것으로 될 수 없으므로</u>③ 기본행위인 정관변경 결의가 적법·유효하고 <u>보충행위인 인가처분 자체에만 하자가 있다면 그 인가처분의 무효나 취소를 주장할 수 있지만,</u>② 인가처분에 하자가 없다면 기본행위에 하자가 있다 하더라도 따로 그 기본행위의 하자를 다투는 것은 별론으로 하고 기본행위의 무효를 내세워 바로 그에 대한 행정청의 인가처분의 취소 또는 무효확인을 소구할 법률상의 이익이 없다(1996.5.16. 95누4810 전합).

+ PLUS 인가란 타인의 법률적 행위를 보충하여 그 법률적 효력을 완성시키는 행정행위로서, 법률행위적 행정행위 중에서도 형성적 행정행위에 속한다.① 이처럼 인가가 보충행위에 불과한 이상 <u>기본행위에 하자가 있다면 인가가 있어도 기본행위의 하자는 치유되지 않고,</u>③ 이 경우 기본행위를 대상으로 소를 제기하여야지 인가를 대상으로 소를 제기할 수는 없다. 반면, <u>기본행위에는 하자가 없고 인가에만 하자가 있다면 인가처분에 대해 소를 제기하여 그 효력을 다툴 수 있다.</u>②

법률행위적 행정행위	명령적	하명, 허가, 면제
	형성적	특허, 대리, 인가
준법률행위적 행정행위		확인, 공증, 통지, 수리

④ ○ 재단법인 임원취임 승인: 인가 & 재량(신청에 기속×)
재단법인의 <u>임원취임</u>이 사법인인 재단법인의 정관에 근거한다 할지라도 이에 대한 행정청의 승인(인가)행위는 법인에 대한 주무관청의 감독권에 연유하는 이상 주무관청의 권한에 속하는 사항이라고 할 것이고, 재단법인의 임원취임승인 신청에 대하여 주무관청이 이에 기속되어 이를 <u>당연히 승인(인가)하여야 하는 것은 아니다</u>(2000.1.28. 98두16996).

선지선택비율 ① 7.36% ② 6.69% ③ 82.27% ④ 3.68% 오답률 17.73%

선지분석 & 요플·기풀기링크

선지	THEME	요플	기풀기
①		25	028
②	T19 형성적 VA	52	063
③		43	052
④		35	041

정답 ③
OX 1○ 2○

필수문제 08

인가에 대한 설명으로 옳지 않은 것은? (다툼이 있는 경우 판례에 의함) 15국가9

① 기본행위가 성립하지 않거나 무효인 경우에 인가가 있어도 당해 인가는 무효가 된다.
② 유효한 기본행위를 대상으로 인가가 행해진 후에 기본행위가 취소되거나 실효된 경우에는 인가도 실효된다.
③ 기본행위에 하자가 있는 경우에 그 기본행위의 하자를 다툴 수 있고, 기본행위의 하자를 이유로 인가처분의 취소 또는 무효확인도 소구할 수 있다.
④ 「도시 및 주거환경정비법」상의 조합설립인가처분은 특허의 성질을 가진다.

해설

① ○ 인가는 기본행위의 효력을 완성시키는 보충행위에 불과하므로 기본행위를 떠나서 독자적으로 효력이 발생하지 않는다. 따라서 기본행위가 처음부터 불성립·무효라면, 인가 자체는 적법하더라도 인가 역시 처음부터 무효가 된다.

② ○ 기본행위에 취소사유가 있어 취소되거나, 기본행위인 계약이 해지되는 등 기본행위가 사후적으로 실효되면, 인가 역시 함께 실효된다.

- **외자도입법에 따른 기술도입계약 인가(인가): 기본행위 소멸시 인가처분도 당연 실효**
  외자도입법 제19조에 따른 기술도입계약에 대한 인가는 기본행위인 기술도입계약을 보충하여 그 법률상 효력을 완성시키는 보충적 행정행위에 지나지 아니하므로 기본행위인 기술도입계약이 해지로 인하여 소멸되었다면 위 인가처분은 무효선언이나 그 취소처분이 없어도 당연히 실효된다(1983.12.27. 82누491).

③ × 인가는 기본행위를 보충하는 행위에 불과하다. 따라서 기본행위에 하자가 있다면 기본행위를 대상으로 소를 제기하여야지 기본행위의 하자를 이유로 인가처분을 다툴 수는 없다.

- **인가처분에는 독자적 하자가 없고 기본행위에 하자가 있는 경우: 기본행위를 대상으로 소송해야 → 기본행위의 하자를 이유 삼아 인가처분에 대한 항고소송 제기시 소익 흠결로 각하**
  기본행위에 하자가 있다 하더라도 따로 그 기본행위의 하자를 다투는 것은 별론으로 하고 기본행위의 무효를 내세워 바로 그에 대한 행정청의 인가처분의 취소 또는 무효확인을 소구할 법률상의 이익이 있다고 할 수 없다(2001.12.11. 2001두7541).
  + PLUS 반면, 기본행위에는 하자가 없고 인가에만 하자가 있다면 인가처분에 대해 소를 제기하여 그 효력을 다툴 수 있다.

요플 기본행위나 인가의 하자에 대한 쟁송방법

이론
1. 적법한 인가 있어도 기본행위의 하자치유×
→ 기본행위에 취소사유: 여전히 **기본행위 취소 가능**○
→ 기본행위에 무효사유: 여전히 **기본행위 무효상태**○
2. 인가는 기본행위 없이는 아무런 효력×
→ 기본행위 무효시 **인가도 함께 무효**
→ 기본행위 실효시 **인가도 당연 실효**(← 취소로 소멸×)
3. **기본행위 대상소송**○ / 인가처분에 항고소송×
→ 기본행위가 **사법상** 행위이면 **민사소송**
→ 기본행위가 **공법상** 행위이면 **행정소송**

26 요플 p.70

④ ○ 재개발조합설립인가: 행정주체의 지위를 부여하는 설권적 처분(특허)
조합설립인가처분은 법령상 요건을 갖출 경우 도시정비법상 주택재개발사업을 시행할 수 있는 권한을 가지는 **행정주체(공법인)**로서의 지위를 부여하는 **일종의 설권적 처분**이므로, 양자는 그 목적과 성격을 달리한다(2013.12.26. 2011두8291).
+ PLUS 조합설립인가는 강학상 특허. 조합이 수립한 사업시행계획안·관리처분계획안에 대한 인가는 강학상 인가

관련 OX

③ 관련
1 인가처분에 하자가 없더라도 기본행위의 하자를 이유로 행정청의 인가처분의 취소 또는 무효확인을 구할 법률상 이익이 인정된다. 17국가7

④ 관련
2 행정청이 「도시 및 주거환경정비법」 등 관련법령에 근거하여 행하는 조합설립인가처분은 단순히 사인들의 조합설립행위에 대한 보충행위로서의 성질을 갖는 것에 그치고 법령상요건을 갖출 경우 「도시 및 주거환경정비법」상 주택재건축사업을 시행할 수 있는 권한을 갖는 행정주체(공법인)로서의 지위를 부여하는 일종의 설권적 처분의 성격을 갖지 않는다. 20군무원7

선지분석 & 요플·기풀기링크

선지	THEME	요플	기풀기
①		45	054
②	T19 형성적 VA	46	055
③		50	059
④	T20 정비사업	05	005

정답 ③
OX 1× 2×

09

행정행위에 관한 설명으로 가장 옳지 않은 것은? (다툼이 있는 경우 판례에 의함) 19(1)서울7

① 주유소허가의 양수인은 양도인의 지위를 승계하므로 양도인에게 그 허가를 취소할 법적 사유가 있는 경우 이를 이유로 양수인에게 응분의 제재조치를 할 수 있다.

② 「자동차운수사업법」에 의한 개인택시운송사업 면허는 법령에 특별한 규정이 없는 한 재량행위이고, 그 면허를 위하여 필요한 기준을 정하는 것도 행정청의 재량에 속한다.

③ 특허는 주로 특정인을 대상으로 행해지나 이에 한정되지 않으며 불특정다수인에게 행해지기도 한다.

④ 재단법인의 임원취임이 재단법인의 정관에 근거한다 할지라도 이에 대해 주무관청이 당연히 인가하여야 하는 것은 아니며 인가 여부를 재량으로 결정할 수 있다.

관련 OX

① 관련

1 석유판매업허가는 소위 대물적 허가의 성질을 갖는 것이어서 양수인이 그 양수 후 허가관청으로부터 석유판매업허가를 다시 받았다 하더라도 이는 석유판매업의 양수도를 전제로 한 것이어서 이로써 양도인의 지위승계가 부정되는 것은 아니므로 양도인의 귀책사유는 양수인에게 그 효력이 미친다. 21군무원9

④ 관련

2 재단법인의 임원취임을 인가 또는 거부할 것인지 여부는 주무관청의 권한에 속하는 사항이라고 할 것이고, 재단법인의 임원취임승인 신청에 대하여 주무관청이 이에 기속되어 이를 당연히 승인(인가)하여야 하는 것은 아니다. 20국가9

해설

① ○ 석유판매업(주유소)허가는 소위 대물적 허가의 성질을 갖는 것이어서 그 사업의 양도도 가능하고 이 경우 양수인은 양도인의 지위를 승계하게 됨에 따라 양도인의 위 허가에 따른 권리·의무가 양수인에게 이전되는 것이므로 만약 양도인에게 그 허가를 취소할 위법사유가 있다면 허가관청은 이를 이유로 양수인에게 응분의 제재조치를 취할 수 있다 할 것이고, 양수인이 그 양수 후 허가관청으로부터 석유판매업허가를 다시 받았다 하더라도 이는 석유판매업의 양수도를 전제로 한 것이어서 이로써 양도인의 지위승계가 부정되는 것은 아니므로 양도인의 귀책사유는 양수인에게 그 효력이 미친다(1986.7.22. 86누203).

② ○ 개인택시운송사업면허: 특허(재량행위) / 그 기준을 정하는 것 역시 재량행위
「여객자동차 운수사업법」에 의한 개인택시운송사업의 면허는 특정인에게 권리나 이익을 부여하는 행정청의 재량행위이고, 위 법과 그 시행규칙의 범위 내에서 면허를 위하여 필요한 기준을 정하는 것 역시 행정청의 재량에 속하는 것이므로, 그 설정된 기준이 객관적으로 합리적이 아니라거나 타당하지 않다고 볼 만한 다른 특별한 사정이 없는 이상 행정청의 의사는 가능한 한 존중되어야 하는바, 행정청이 개인택시운송사업의 면허를 하면서, 택시 운전경력이 버스 등 다른 차종의 운전경력보다 개인택시의 운전업무에 더 유용할 수 있다는 점 등을 고려하여 택시의 운전경력을 다소 우대하는 것이 객관적으로 합리적이 아니라거나 타당하지 않다고 볼 수 없다(2009.11.26. 2008두16087).

③ × 불특정 다수인은 특허의 상대방은 될 수 없다. 특허는 특별한 권리나 지위를 설정하는 것이다. 불특정 다수인을 상대로 한다면 개념 자체로 이미 특별한 권리나 지위가 아니다.

④ ○ 재단법인 임원취임 승인: 인가 & 재량(신청에 기속×)
재단법인의 임원취임이 사법인인 재단법인의 정관에 근거한다 할지라도 이에 대한 행정청의 승인(인가)행위는 법인에 대한 주무관청의 감독권에 연유하는 이상 주무관청의 권한에 속하는 사항이라고 할 것이고, 재단법인의 임원취임승인 신청에 대하여 주무관청이 이에 기속되어 이를 당연히 승인(인가)하여야 하는 것은 아니다(2000.1.28. 98두16996).

선지분석 & 요플·기출기링크

선지	THEME	요플	기출기
①	T25 영업양도의 쟁점	20	021
②		03	006
③	T19 형성적 VA	수01/05	004
④		35	041

정답 ③
OX 1○ 2○

10

행정행위에 대한 설명으로 옳지 않은 것은? (다툼이 있는 경우 판례에 의함) 24국가9

① 여객자동차운송사업의 한정면허는 특정인에게 권리나 이익을 부여하는 수익적 행정행위로서 재량행위에 해당한다.
② 난민 인정에 관한 신청을 받은 행정청은 원칙적으로 법령이 정한 난민 요건에 해당하는지를 심사하여 난민 인정 여부를 결정할 수 있을 뿐이고, 법령이 정한 난민 요건과 무관한 다른 사유만을 들어 난민 인정을 거부할 수는 없다.
③ 자동차관리사업자로 구성하는 사업자단체 설립인가는 인가권자가 가지는 지도·감독 권한의 범위 등과 아울러 설립인가에 관하여 구체적인 기준이 정하여져 있지 않은 점 등에 비추어 재량행위로 보아야 한다.
④ 공익법인의 기본재산 처분허가에 부관을 붙인 경우, 그 처분허가의 법적 성질은 명령적 행정행위인 허가에 해당하며 조건으로서 부관의 부과가 허용되지 아니한다.

관련 OX

① 관련
1 구 여객자동차운수사업법령상 마을버스운송사업면허의 허용 여부 및 마을버스 한정면허시 확정되는 마을버스 노선을 정함에 있어서 기존 일반노선버스의 노선과의 중복 허용 정도에 대한 판단은 행정청의 재량에 속한다. 17(하)지방9

④ 관련
2 공익법인의 기본재산처분에 대하여 행정청이 허가하는 경우 그 성질이 형성적 행정행위로서의 인가에 해당한다고 하여 조건으로서의 부관을 붙이지 못하는 것은 아니다. 23국회8

해설

① ○ 여객자동차운송사업의 한정면허: 재량
여객자동차운송사업의 한정면허는 특정인에게 권리나 이익을 부여하는 수익적 행정행위로서, 법령이 특별히 규정한 바가 없으면 행정청이 재량을 보유한다(2020.6.11. 2020두34384).

② ○ 난민 인정: 기속(법령상 요건 외 다른 사유로 거부 불가)
난민 인정에 관한 신청을 받은 행정청은 원칙적으로 법령이 정한 난민 요건에 해당하는지를 심사하여 난민 인정 여부를 결정할 수 있을 뿐이고, 이와 무관한 다른 사유만을 들어 난민 인정을 거부할 수는 없다(2017.12.5. 2016두42913).
　＋ PLUS　귀화허가가 법령상 요건 갖췄어도 공익상 이유로 거부가능한 재량행위인 것과 구별

③ ○ 자동차관리사업자단체인 조합협회 설립인가: 강학상 인가 & 재량행위
구 자동차관리법상 자동차관리사업자로 구성하는 사업자단체인 조합 또는 협회 설립인가 제도의 입법 취지, 조합 등에 대하여 인가권자가 가지는 지도·감독 권한의 범위 등과 아울러 자동차관리법상 조합 등 설립인가에 관하여 구체적인 기준이 정하여져 있지 않은 점에 비추어 보면, 인가권자는 조합 등의 설립인가 신청에 대하여 자동차관리법에 정한 설립요건의 충족 여부는 물론, 사업자단체 설립의 공익적 목적에 부합하는지 등을 함께 검토하여 설립인가 여부를 결정할 재량을 가진다(2015.5.29. 2013두635).

④ × 공익법인의 기본재산처분허가: 인가 & 부관 가능
공익법인의 기본재산 처분허가에 부관을 붙인 경우 그 처분허가의 법률적 성질이 형성적 행정행위로서의 인가에 해당한다고 하여 조건으로서의 부관의 부과가 허용되지 아니한다고 볼 수는 없다(2005.9.28. 2004다50044).

선지선택비율 ① 6.76%　② 31.06%　③ 14.22%　④ 47.96%　오답률 52.04%

선지분석 & 요플·기풀기링크

선지	THEME	요플	기풀기
①		08	011
②	T19 형성적 VA	23	026
③		40	046
④	T32 부관	58	054

정답 ④
OX 1 ○　2 ○

필수문제 11

다음 설명으로 옳지 않은 것은? (다툼이 있는 경우 판례에 의함) 19소방

> A: 사립학교법인 임원의 선임에 대한 승인
> B: 정비조합 정관변경에 대한 인가
> C: 공유수면사용에 대한 허가

① A 행위는 기본행위의 효력을 완성시켜 주는 형성적 행위이다.
② B 행위는 기본행위의 효력을 완성시켜 주는 보충적 행위이다.
③ C 행위는 법률관계의 존부를 확인하는 행위이다.
④ 기본행위가 무효이면 A 행위는 무효가 된다.

해설

① ○ 관할청의 임원취임승인행위는 강학상 인가에 속한다. 인가는 형성적 행정행위이므로 옳은 지문이다.

- **학교법인 임원취임 승인: 임원선임행위(기본행위) + 그에 대한 승인(인가)**
사립학교법 제20조 제2항에 의한 학교법인의 임원에 대한 감독청의 취임승인은 학교법인의 임원선임행위를 보충하여 그 법률상의 효력을 완성케 하는 보충적 행정행위로서 성질상 기본행위를 떠나 승인처분 그 자체만으로는 법률상 아무런 효력도 발생할 수 없으므로 기본행위인 학교법인의 임원선임행위가 불성립 또는 무효인 경우에는 비록 그에 대한 감독청의 취임승인이 있었다 하여도 이로써 무효인 그 선임행위가 유효한 것으로 될 수는 없다(1987.8.18. 86누152).

② ○ 정비조합 정관변경에 대한 인가는 강학상 인가에 해당한다. 따라서 기본행위의 효력을 완성시켜 주는 보충적 행정행위라는 지문은 옳다.

- **정관변경인가: 강학상 인가**
구 「도시 및 주거환경정비법」 제20조 제3항은 조합이 정관을 변경하고자 하는 경우에는 총회를 개최하여 조합원 과반수 또는 3분의 2 이상의 동의를 얻어 시장·군수의 인가를 받도록 규정하고 있다. 여기서 시장 등의 인가는 그 대상이 되는 기본행위를 보충하여 법률상 효력을 완성시키는 행위로서 이러한 인가를 받지 못한 경우 변경된 정관은 효력이 없고, 시장 등이 변경된 정관을 인가하더라도 정관변경의 효력이 총회의 의결이 있었던 때로 소급하여 발생한다고 할 수 없다(2014.7.10. 2013도11532).

③ × 공유수면사용에 대한 허가는 법률관계의 존부를 확인하는 행위, 즉 강학상 확인이 아닌 강학상 특허에 해당한다. 따라서 틀린 지문이다.

- **공유수면 점용·사용허가: 특허**
구 공유수면관리법에 따른 공유수면의 점·사용허가는 특정인에게 공유수면이용권이라는 독점적 권리를 설정하여 주는 처분으로서 그 처분의 여부 및 내용의 결정은 원칙적으로 행정청의 재량에 속한다(2004.5.28. 2002두5016).

④ ○ A 행위는 인가에 해당하므로 기본행위가 무효이면 보충행위인 인가 역시 무효가 된다.

- **외자도입법에 따른 기술도입계약 인가(인가): 기본행위 소멸시 인가처분도 당연 실효**
외자도입법 제19조에 따른 기술도입계약에 대한 인가는 기본행위인 기술도입계약을 보충하여 그 법률상 효력을 완성시키는 보충적 행정행위에 지나지 아니하므로 **기본행위인 기술도입계약이 해지로 인하여 소멸되었다면 위 인가처분은 무효선언이나 그 취소처분이 없어도 당연히 실효**된다(1983.12.27. 82누491).

관련 OX

① 관련

1 행정청의 사립학교법인 임원취임승인행위는 학교법인의 임원선임행위의 법률상 효력을 완성하게 하는 보충적 법률행위로서 강학상 인가에 해당한다. 22국회8

③ 관련

2 공유수면점용허가는 특정인에게 공유수면이용권이라는 독점적 권리를 설정하여 주는 처분으로서 그 처분의 여부 및 내용의 결정은 원칙적으로 행정청의 재량에 속한다. 15서울7

④ 관련

3 (구) 「외자도입법」에 따른 기술도입계약에 대한 인가는 기본행위인 기술도입계약을 보충하여 그 법률상 효력을 완성시키는 보충적 행정행위에 지나지 아니하므로 기본행위인 기술도입계약의 해지로 인하여 소멸되었다면 위 인가처분은 처분청의 직권취소에 의하여 소멸한다. 20군무원9

선지분석 & 요플·기풀기링크

선지	THEME	요플	기풀기
①	T19 형성적 VA	34	040
②	T20 정비사업	35	042
③	T19 형성적 VA	12	015
④		49	057

정답 ③
OX 1○ 2○ 3×

THEME 20 정비사업 - 재개발·재건축 등 쟁점 모음

기 246-265
요 071-075

필수문제 01

오답률 TOP ❶

「도시 및 주거환경정비법」상 행정처분에 대한 판례의 입장으로 옳지 않은 것은?   22지방7

- B ① 주택재개발조합설립추진위원회 구성승인처분은 조합의 설립을 위한 주체인 주택재개발조합설립추진위원회의 구성행위를 보충하여 그 효력을 부여하는 처분이다.
- S ② 주택재건축조합설립인가처분은 법령상 요건을 갖출 경우 주택재건축사업을 시행할 수 있는 권한을 갖는 행정주체로서의 지위를 부여하는 일종의 설권적 처분의 성격을 갖는다.
- 인 ③ 주택재건축조합의 정관변경에 대한 시장·군수 등의 인가는 그 대상이 되는 기본행위를 보충하여 법률상 효력을 완성시키는 행위로서 시장·군수 등이 변경된 정관을 인가하면 정관변경의 효력이 총회의 의결이 있었던 때로 소급하여 발생한다.
- ④ 토지등소유자들이 도시환경정비사업을 위한 조합을 따로 설립하지 아니하고 직접 그 사업을 시행하고자 하는 경우, 사업시행계획인가처분은 일종의 설권적 처분의 성격을 가지므로 토지등소유자들이 작성한 사업시행계획은 독립된 행정처분이 아니다.

해설

① ○ 조합설립추진위원회 구성승인: 강학상 인가
조합설립추진위원회 구성승인처분은 조합의 설립을 위한 주체인 추진위원회의 구성행위를 보충하여 그 효력을 부여하는 처분이다 강학상 인가이다(2013.1.31. 2011두1112, 2011두11129).

② ○ 재개발조합설립인가: 행정주체의 지위를 부여하는 설권적 처분(특허)
행정청이 도시정비법 등 관련 법령에 근거하여 행하는 조합설립인가처분은 단순히 사인들의 조합설립행위에 대한 보충행위로서의 성질을 갖는 것에 그치는 것이 아니라 법령상 요건을 갖출 경우 도시정비법상 주택재건축사업을 시행할 수 있는 권한을 갖는 행정주체(공법인)로서의 지위를 부여하는 일종의 설권적 처분의 성격을 갖는다고 보아야 한다(2009.9.24. 2008다60568).

요플 조합설립 관련 쟁점

인가된 조합의 지위	행정주체(공공조합)
조합설립 인가의 성격	행정주체 지위부여 → 강학상 특허
조합설립 결의의 성격	특허의 절차상 요건에 불과
조합설립 결의에 하자가 있음에도 인가를 한 경우 쟁송대상 및 쟁송형태	처분인 조합설립인가(특허)를 대상으로 항고소송 ○ 절차요건에 불과한 조합설립결의를 대상으로 민사소송 ×(∵ 확인의 이익 ×)

26 요플 p.72

관련 • 사업시행계획인가: 강학상 인가 ⓐ
구 「도시 및 주거환경정비법」에 기초하여 주택재개발정비사업조합이 수립한 사업시행계획은 관할 행정청의 인가·고시가 이루어지면 이해관계인들에게 구속력이 발생하는 독립된 행정처분에 해당하고, 관할 행정청의 사업시행계획 인가처분은 사업시행계획의 법률상 효력을 완성시키는 보충행위에 해당한다 ⓐ(2021.2.10. 2020두48031).

• 관리처분계획인가: 강학상 인가 ⓑ
관리처분계획을 인가하는 행정청의 행위는 주택재개발정비사업조합의 관리처분계획에 대한 법률상의 효력을 완성시키는 보충행위이다 ⓑ(2016.12.15. 2015두51347).

관련 OX

① 관련
1 조합설립추진위원회 구성승인처분은 조합의 설립을 위한 주체인 추진위원회의 구성행위를 보충하여 그 효력을 부여하는 처분으로 인가에 해당한다. 17서울7

② 관련
2 행정청이 관련 법령에 근거하여 행하는 조합설립인가처분은 그 설립행위에 대한 보충행위로서의 성질에 그치지 않고 법령상 요건을 갖출 경우 「도시 및 주거환경정비법」상 주택재건축사업을 시행할 수 있는 권한을 갖는 행정주체(공법인)로서의 지위를 부여하는 일종의 설권적 처분의 성격을 갖는다. 17(상)지방9

추가기출(② 관련)

ⓐ A
구 「도시 및 주거환경정비법」에 기초하여 주택재개발정비사업조합이 수립한 사업시행계획에 대한 관할 행정청의 인가처분은 사업시행계획의 법률상 효력을 완성시키는 보충행위에 해당한다. 24소방

ⓑ A
「도시 및 주거환경정비법」상 주택재개발정비사업조합이 수립한 관리처분계획을 인가하는 행정청의 행위는 조합의 관리처분계획에 대한 법률상의 효력을 완성시키는 보충행위이다. 25국회8

선지분석 & 요플·기풀기링크

선지	THEME	요플	기풀기
①		01	001
②	T20 정비사업	05	005
③		36	043
④		25	028

③ ✕ 정관변경인가: 강학상 인가 / 인가받지 못하면 효력✕ / 인가받아도 장래로 효력발생(↔ 소급✕)
구 「도시 및 주거환경정비법」 제20조 제3항은 (편저자: 주택재건축) 조합이 정관을 변경하고자 하는 경우에는 총회를 개최하여 조합원 과반수 또는 3분의 2 이상의 동의를 얻어 시장·군수의 인가를 받도록 규정하고 있다. 여기서 시장 등의 인가는 그 대상이 되는 **기본행위를 보충하여 법률상 효력을 완성시키는 행위로서** 이러한 인가를 받지 못한 경우 변경된 정관은 효력이 없고, **시장 등이 변경된 정관을 인가하더라도 정관변경의 효력이 총회의 의결이 있었던 때로 소급하여 발생한다고 할 수 없다**(2014.7.10. 2013도11532).

+ PLUS 조합의 정관변경에 대한 인가의 효력은 소급하지 않는다. 토지거래계약허가(인가)의 경우 소급하여 효력이 발생한다는 것과 구분이 필요하다.

④ ○ (소유자 직접시행사업에서) 인가받은 사업시행계획: 독립한 행정처분✕, 인가(특허)의 요건에 불과
도시환경정비사업을(편저자: 조합을 따로 설립하지 아니하고) 직접 시행하려는 토지등소유자들은 시장·군수로부터 사업시행인가를 받기 전에는 행정주체로서의 지위를 가지지 못한다. 따라서 그가 작성한 **사업시행계획은 인가처분의 요건 중 하나에 불과하고 항고소송의 대상이 되는 독립된 행정처분에 해당하지 아니한다고 할 것이다**(2013.6.13. 2011두19994).

선지선택비율 ① 8.03% ② 4.63% ③ 46.18% ④ 41.16%   오답률 53.82%

02

공용수용에 대한 설명으로 옳은 것을 모두 고르면? (다툼이 있는 경우 판례에 의함) 15국회8

> ㄱ. 중앙토지수용위원회의 재결에 이의가 있는 자는 중앙토지수용위원회에, 지방토지수용위원회의 재결에 이의가 있는 자는 해당 지방토지수용위원회를 거쳐 중앙토지수용위원회에 이의를 신청할 수 있다.
> ㄴ. 「도시 및 주거환경정비법」에 따른 주택재건축정비사업조합은 주택재건축사업을 시행하는 공법인으로서 행정주체의 지위를 갖는다.
> ㄷ. 재개발조합이 조합원에게 한 관리처분계획에 대한 다툼은 공법상의 당사자소송을 제기하여 그 위법성을 다툴 수 있다.
> ㄹ. 「도시 및 주거환경정비법」상 주택재개발사업조합의 조합설립인가처분이 법원의 재판에 의하여 취소된 경우 그 조합설립인가처분은 소급하여 효력을 상실한다.
> ㅁ. 「도시 및 주거환경정비법」상 재개발조합설립 인가신청에 대한 행정청의 조합설립인가처분은 법령상 일정한 요건을 갖출 경우 행정주체의 지위를 부여하는 일종의 설권적 처분의 성격을 갖는다.

① ㄱ, ㄴ, ㄷ ② ㄱ, ㄷ, ㄹ ③ ㄴ, ㄹ, ㅁ
④ ㄱ, ㄴ, ㄷ, ㄹ ⑤ ㄱ, ㄴ, ㄹ, ㅁ

해설

ㄱ. ○

공익사업을 위한 토지 등의 취득 및 보상에 관한 법률 제83조(이의의 신청) ① 중앙토지수용위원회의 제34조에 따른 재결에 이의가 있는 자는 **중앙토지수용위원회에** 이의를 신청할 수 있다.
② 지방토지수용위원회의 제34조에 따른 재결에 이의가 있는 자는 **해당 지방토지수용위원회를 거쳐 중앙토지수용위원회에** 이의를 신청할 수 있다.

ㄴ. ○ 주택재건축정비사업조합: 행정주체성 인정
「도시 및 주거환경정비법」에 따른 주택재건축정비사업조합은 관할 행정청의 감독 아래 위 법상의 주택재건축사업을 시행하는 공법인(동법 제18조)으로서, 그 목적범위 내에서 법령이 정하는 바에 따라 일정한 행정작용을 행하는 행정주체의 지위를 갖는다(2009.10.15., 2008다93001).

ㄷ. × 재개발조합의 관리처분계획에 대한 소송: 항고소송
관리처분계획의 내용에 관하여 다툼이 있는 경우에는 그 관리처분계획은 토지 등의 소유자에게 구체적이고 결정적인 영향을 미치는 것으로서 조합이 행한 처분에 해당하므로 항고소송의 방법으로 그 무효확인이나 취소를 구할 수 있다(2002.12.10. 2001두6333). ❶

ㄹ. ○ 조합설립인가처분이 취소 → 인가처분 소급실효
「도시 및 주거환경정비법」상 주택재개발사업조합의 조합설립인가처분이 법원의 재판에 의하여 취소된 경우 그 조합설립인가처분은 소급하여 효력을 상실하고, 이에 따라 당해 주택재개발사업조합 역시 조합설립인가처분 당시로 소급하여 도시정비법상 주택재개발사업을 시행할 수 있는 행정주체인 공법인으로서의 지위를 상실하므로, 당해 주택재개발사업조합이 조합설립인가처분 취소 전에 도시정비법상 적법한 행정주체 또는 사업시행자로서 한 결의 등 처분은 달리 특별한 사정이 없는 한 소급하여 효력을 상실한다고 보아야 한다(2012.3.29. 2008다95885).

ㅁ. ○ 재개발조합설립인가: 행정주체의 지위를 부여하는 설권적 처분(특허)
행정청이 도시정비법 등 관련 법령에 근거하여 행하는 조합설립인가처분은 단순히 사인들의 조합설립행위에 대한 보충행위로서의 성질을 갖는 것에 그치는 것이 아니라 법령상 요건을 갖출 경우 도시정비법상 주택재건축사업을 시행할 수 있는 권한을 갖는 행정주체(공법인)로서의 지위를 부여하는 일종의 설권적 처분의 성격을 갖는다고 보아야 한다(2009.9.24. 2008다60568).

관련 OX

ㅁ. 관련

1 ○
행정청이 관련 법령에 근거하여 행하는 조합설립인가처분은 그 설립행위에 대한 보충행위로서의 성질에 그치지 않고 법령상 요건을 갖출 경우 「도시 및 주거환경정비법」상 주택재건축사업을 시행할 수 있는 권한을 갖는 행정주체(공법인)로서의 지위를 부여하는 일종의 설권적 처분의 성격을 갖는다.

선지분석 & 요플·기풀기링크

선지	THEME	요플	기풀기
ㄱ	T75 손실보상(토지보상법)	51	111
ㄴ		03	003
ㄷ	T20 정비사업	20	023
ㄹ		32	039
ㅁ		05	005

❶ + PLUS
관리처분계획안에 대한 결의의 하자를 다투는 경우, 행정청의 인가가 있기 전에는 그 하자있는 결의를 대상으로 하여 당사자소송으로 다투게 되나, 행정청의 인가가 있은 후에는 구속력 있는 행정계획인 행정처분이 되어버린 관리처분계획을 대상으로 항고소송으로 다투어야 한다.

정답 ⑤
OX 1 ○

필수문제 03

인가에 대한 설명으로 옳지 않은 것은? (다툼이 있는 경우 판례에 의함) 23지방9

① 「자동차관리법」상 자동차관리사업자로 구성하는 사업자단체인 조합 또는 협회의 설립인가처분은 자동차관리사업자들의 단체결성행위를 보충하여 효력을 완성시키는 처분에 해당한다.

② 구 「도시 및 주거환경정비법」상 조합설립추진위원회 구성승인처분은 조합의 설립을 위한 주체인 추진위원회의 구성행위를 보충하여 그 효력을 부여하는 처분이다.

③ 주택재개발정비사업조합이 수립한 사업시행계획에 하자가 있음에도 불구하고 관할 행정청이 해당 사업시행계획에 대한 인가처분을 하였다면, 그 인가처분에는 고유한 하자가 없더라도 사업시행계획의 무효를 주장하면서 곧바로 그에 대한 인가처분의 무효확인이나 취소를 구하여야 한다.

④ 구 「도시 및 주거환경정비법」상 토지소유자들이 조합을 설립하지 아니하고 직접 도시환경정비사업을 시행하고자 하는 경우에 내려진 사업시행인가처분은 설권적 처분의 성격을 가진다.

관련 OX

② 관련
1 조합설립추진위원회 구성승인처분은 조합의 설립을 위한 주체인 추진위원회의 구성행위를 보충하여 그 효력을 부여하는 처분으로 인가에 해당한다. 17서울7

③ 관련
2 「도시 및 주거환경정비법」상 주택재개발정비사업조합이 받은 사업시행계획 인가처분에는 고유한 하자가 없는데 사업시행계획에 하자가 있는 경우, 사업시행계획의 무효를 주장하면서 곧바로 그에 대한 인가처분의 무효확인이나 취소를 구하여서는 아니 된다. 25국회8

해설

① ○ 자동차관리법상 사업자단체조합 설립인가: 인가
자동차관리법상 **자동차관리사업자로 구성하는 사업자단체인 조합 또는 협회의 설립인가처분**은 국토해양부장관 또는 시·도지사가 자동차관리사업자들의 **단체결성행위를 보충하여 효력을 완성시키는 처분에 해당**한다(2015.5.29. 2013두635).

② ○ 조합설립추진위원회 구성승인: 강학상 인가
조합설립추진위원회 구성승인처분은 조합의 설립을 위한 주체인 추진위원회의 **구성행위를 보충하여 그 효력을 부여하는 처분이다**(강학상 인가이다)(2013.1.31. 2011두11112, 2011두11129).

③ × 사업시행계획(기본행위)의 무효를 들어 사업시행계획인가(인가)를 대상으로 쟁송 불가
기본행위인 사업시행계획이 무효인 경우 그에 대한 인가처분이 있다고 하더라도 그 기본행위인 사업시행계획이 유효한 것으로 될 수 없으며, 기본행위가 적법·유효하고 보충행위인 인가처분 자체에만 하자가 있다면 그 인가처분의 무효나 취소를 주장할 수 있다고 할 것이지만, **인가처분에 하자가 없다면 기본행위에 하자가 있다고 하더라도 따로 그 기본행위의 하자를 다투는 것은 별론으로 하고 기본행위인 사업시행계획의 무효를 내세워 바로 그에 대한 인가처분의 취소 또는 무효확인을 구할 수 없다**(2014.2.27. 2011두25173).

+ PLUS 기본행위에 하자가 있고 인가는 적법한 경우, 인가로 기본행위의 하자는 치유되지 않고, 기본행위의 하자를 다투어야 하며, 인가를 대상으로 소를 제기하는 것은 부적법하다.

④ ○ (소유자 직접시행사업에서) 사업시행계획인가: 강학상 인가×, 특허 ○(행정주체 지위부여)
〈토지등소유자들이 직접 시행〉하는 도시환경정비사업에서 토지등소유자에 대한 **사업시행인가처분**은 단순히 사업시행계획에 대한 **보충행위로서의 성질을 가지는 것이 아니라** 구 도시정비법상 **정비사업을 시행할 수 있는 권한을 가지는 행정주체로서의 지위를 부여하는 일종의 설권적 처분의 성격을 가진다**(2013.6.13. 2011두19994).

선지분석 & 요플·기풀기링크

선지	THEME	요플	기풀기
①	T19 형성적 VA	39	045
②		01	001
③	T20 정비사업	19	012
④		24	029

선지선택비율 ① 10.06% ② 10.80% ③ 69.48% ④ 9.66%   오답률 30.52%

정답 ③
OX 1○ 2○

필수문제 04

강학상 인가에 대한 설명으로 옳지 않은 것은? (다툼이 있는 경우 판례에 의함) 20국회8

① 주택재개발조합설립인가는 기본행위에 대한 보충행위에 불과하므로 조합총회결의의 하자를 이유로 인가 취소를 구하는 항고소송을 제기하는 것은 부적법하다.
② 주택재개발조합설립인가에 따라 해당 재개발조합은 공법인으로서 지위를 갖게 된다.
③ 사회복지법인의 정관변경을 허가할 것인지의 여부는 주무관청의 정책적 판단에 따른 재량에 맡겨져 있다고 할 것이고, 주무관청이 정관변경허가를 함에 있어서는 비례의 원칙 및 평등의 원칙에 적합하고 행정처분의 본질적 효력을 해하지 않는 한도 내에서 부관을 붙일 수 있다.
④ 주택재개발정비사업을 위한 관리처분계획이 조합원 총회에서 승인되었으나 아직 관할 행정청의 인가 전이라면 조합원은 해당 총회결의에 대해서 당사자소송으로 다툴 수 있다.
⑤ 「도시 및 주거환경정비법」상 당초 관리처분계획의 경미한 사항을 변경하는 경우와 달리 관리처분계획의 주요 부분을 실질적으로 변경하는 내용으로 새로운 관리처분계획을 수립하여 관할 행정청의 인가를 받은 경우, 당초 관리처분계획은 원칙적으로 그 효력을 상실한다.

관련 OX

① 관련
1 「도시 및 주거환경정비법」에 근거한 조합설립인가처분은 행정주체로서의 지위를 부여하는 설권적 처분이고, 조합설립결의는 조합설립인가처분의 요건이므로, 조합설립결의에 하자가 있다면 그 하자를 이유로 직접 항고소송의 방법으로 조합설립인가처분의 취소 또는 무효확인을 구하여야 한다. 23국가9

② 관련
2 「도시 및 주거환경정비법」에 따른 재건축정비사업조합은 관할 행정청의 감독 아래 재건사업을 시행하는 공법인으로서, 그 목적 범위 내에서 법령이 정하는 바에 따라 일정한 행정작용을 행하는 행정주체의 지위를 갖는다. 25소간

해설

① ×, ② ○
재개발조합설립인가: 행정주체의 지위를 부여하는 설권적 처분(특허) / 설립결의에 하자가 있음에도 설립인가가 있을 시 쟁송: 설립인가를 대상으로 항고소송
행정청이 도시정비법 등 관련 법령에 근거하여 행하는 조합설립인가처분은 단순히 사인들의 조합설립행위에 대한 보충행위로서의 성질을 갖는 것에 그치는 것이 아니라 ①[앞] 법령상 요건을 갖출 경우 도시정비법상 주택재건축사업을 시행할 수 있는 권한을 갖는 행정주체(공법인)로서의 지위를 부여하는 일종의 설권적 처분의 성격을 갖는다고 보아야 한다. ② 그와 같이 보는 이상 조합설립결의는 조합설립인가처분이라는 행정처분을 하는 데 필요한 요건 중 하나에 불과한 것이어서, 조합설립결의에 하자가 있다면 그 하자를 이유로 직접 항고소송의 방법으로 조합설립인가처분의 취소 또는 무효확인을 구하여야 한다①[뒤](2009.9.24. 2008다60568).

③ ○ 사회복지법인·재단법인의 정관변경허가 → 인가 & 재량행위 → 부관 부가 가능
사회복지법인의 정관변경을 허가할 것인지의 여부는 주무관청의 정책적 판단에 따른 재량에 맡겨져 있다고 할 것이고, 주무관청이 정관변경허가를 함에 있어서는 비례의 원칙 및 평등의 원칙에 적합하고 행정처분의 본질적 효력을 해하지 않는 한도 내에서 부관을 붙일 수 있다(2002.9.24. 2000두5661).

④ ○ (인가 전) 관리처분계획안에 대한 총회결의에 하자 → ① 쟁송대상: 하자 있는 결의, ② 쟁송형태: 당사자소송, ③ 피고: 조합
관리처분계획안에 대한 조합총회결의는 관리처분계획이라는 행정처분에 이르는 절차적 요건 중 하나로, 그것이 위법하여 효력이 없다면 관리처분계획은 하자가 있는 것으로 된다. 따라서 행정주체인 재건축조합을 상대로 관리처분계획안에 대한 조합총회결의의 효력 등을 다투는 소송은 행정처분에 이르는 절차적 요건의 존부나 효력 유무에 관한 소송으로서 그 소송결과에 따라 행정처분의 위법 여부에 직접 영향을 미치는 공법상 법률관계에 관한 것이므로, 이는 행정소송법상의 당사자소송에 해당한다(2009.9.17. 2007다2428 전합).

+ PLUS 아직 관리처분계획안에 대한 인가가 있기 전이라면, 다툼의 대상으로 삼을 행위는 하자 있는 결의뿐이다. 그런데 위 결의는 관리처분계획이라는 행정처분에 이르는 요건으로서 처분은 아니나 처분의 위법에 직접 영향을 미치는 공법적 작용이다. 따라서 행정소송으로 다투되 항고소송이 아닌 당사자소송으로 다투게 된다. 피고는 결의를 한 조합이 된다.

⑤ ○ 당초 관리처분계획을 실질적으로 변경하는 新 관리처분계획 수립·인가: 당초 관리처분계획 실효
당초 관리처분계획의 경미한 사항을 변경하는 경우와 달리 당초 관리처분계획의 주요 부분을 실질적으로 변경하는 내용으로 새로운 관리처분계획을 수립하여 시장·군수의 인가를 받은 경우에 당초 관리처분계획은 달리 특별한 사정이 없는 한 그 효력을 상실한다(2012.3.22. 2011두6400 전합).

선지분석 & 요플·기풀기링크

선지	THEME	요플	기풀기
①	T20 정비사업	06	006
②	T20 정비사업	03	003
③	T19 형성적 VA	38	044
④	T20 정비사업	17	020
⑤	T20 정비사업	45	051

정답 ①
OX 1○ 2○

05

다음 대법원 판결요지 중 괄호 안에 들어갈 내용으로 옳지 않은 것은? 12국가9

> 구 「도시 및 주거환경정비법」(2007.12.21. 법률 제8785호로 개정되기 전의 것)에 따른 주택재건축정비사업조합은 관할 행정청의 감독 아래 위 법상 주택재건축사업을 시행하는 공법인으로서, 그 목적범위 내에서 법령이 정하는 바에 따라 일정한 행정작용을 행하는 행정주체의 지위를 가진다 할 것인데, 재건축정비사업조합이 이러한 행정주체의 지위에서 위 법에 기초하여 수립한 사업시행계획은 인가·고시를 통해 확정되면 이해관계인에 대한 (㉠)으로서 독립된 행정처분에 해당하고, 이와 같은 사업시행계획안에 대한 조합총회결의는 그 행정처분에 이르는 절차적 요건 중 하나에 불과한 것으로서, 그 계획이 확정된 후에는 (㉡)의 방법으로 계획의 취소 또는 무효확인을 구할 수 있을 뿐, 절차적 요건에 불과한 총회결의 부분만을 대상으로 그 효력 유무를 다투는 확인의 소를 제기하는 것은 허용되지 아니하고, 한편 이러한 (㉢)의 대상이 되는 행정처분의 효력이나 집행 혹은 절차속행 등의 정지를 구하는 신청은 「행정소송법」상 (㉣)의 방법으로서만 가능할 뿐 「민사소송법」상 가처분의 방법으로는 허용될 수 없다.

① ㉠ - 구속적 행정계획
② ㉡ - 항고소송
③ ㉢ - 당사자소송
④ ㉣ - 집행정지신청

필수문제 06

「도시 및 주거환경정비법」에 관한 설명으로 옳지 않은 것은? (다툼이 있는 경우 판례에 의함)

23소방

① 조합설립인가처분은 단순히 사인들의 조합설립행위에 대한 보충행위로서의 성질을 갖는 것에 그치지 않는다.
② 사업시행계획이 무효인 경우 그에 대한 인가처분이 있다고 하더라도 사업시행계획이 유효한 것으로 될 수 없다.
③ 관리처분계획에 대하여 인가·고시가 있는 경우에 총회결의의 하자를 이유로 그 효력 유무를 다투는 확인의 소를 제기하는 것은 특별한 사정이 없는 한 허용된다.
④ 조합원 지위를 상실한 토지등소유자는 주택재개발사업에 대한 사업시행계획에 당연무효의 하자가 있는 경우, 사업시행계획의 무효확인 또는 취소를 구할 법률상 이익이 있다.

관련 OX

① 관련
1 행정청이 관련 법령에 근거하여 행하는 조합설립인가처분은 그 설립행위에 대한 보충행위로서의 성질에 그치지 않고 법령상 요건을 갖출 경우「도시 및 주거환경정비법」상 주택재건축사업을 시행할 수 있는 권한을 갖는 행정주체(공법인)로서의 지위를 부여하는 일종의 설권적 처분의 성격을 갖는다. 17(상)지방9

③ 관련
2 「도시 및 주거환경정비법」상 주택재건축정비사업조합을 상대로 관리처분계획안에 대한 조합 총회결의의 효력 등을 다투는 소송은 관리처분계획의 인가·고시가 있은 이후라도 특별한 사정이 없는 한 허용되어야 한다. 19지방7

해설

① ○ 조합설립인가: 행정주체의 지위를 부여하는 설권적 처분(특허)
행정청이 도시정비법 등 관련 법령에 근거하여 행하는 조합설립인가처분은 단순히 사인들의 조합설립행위에 대한 보충행위로서의 성질을 갖는 것에 그치는 것이 아니라 법령상 요건을 갖출 경우 도시정비법상 주택재건축사업을 시행할 수 있는 권한을 갖는 행정주체(공법인)로서의 지위를 부여하는 일종의 설권적 처분의 성격을 갖는다고 보아야 한다(2009.9.24. 2008다60568).

② ○ 사업시행계획(기본행위)이 무효이면, 사업시행계획인가(인가)가 있어도 치유 불가: 여전히 무효
기본행위인 사업시행계획이 무효인 경우 그에 대한 인가처분이 있다고 하더라도 그 기본행위인 사업시행계획이 유효한 것으로 될 수 없다(2014.2.27. 2011두25173).

③ ✕ (인가 후) 총회결의에 하자가 있음에도 관리처분계획 인가·고시 → ① 쟁송대상: 관리처분계획(← 결의✕, 인가✕), ② 쟁송형태: 항고소송, ③ 피고: 조합
「도시 및 주거환경정비법」상 주택재건축정비사업조합이 같은 법 제48조에 따라 수립한 관리처분계획에 대하여 관할 행정청의 인가·고시까지 있게 되면 관리처분계획은 행정처분으로서 효력이 발생하게 되므로, 총회결의의 하자를 이유로 하여 행정처분의 효력을 다투는 항고소송의 방법으로 관리처분계획의 취소 또는 무효확인을 구하여야 하고, 그와 별도로 행정처분에 이르는 절차적 요건 중 하나에 불과한 총회결의 부분만을 따로 떼어내어 효력 유무를 다투는 확인의 소를 제기하는 것은 특별한 사정이 없는 한 허용되지 않는다(2009.9.17. 2007다2428 전합).

④ ○ 분양신청을 하지 않아 조합원 지위 상실한 자도 사업시행계획의 무효확인·취소를 구할 소익 존재
주택재개발사업에 대한 사업시행계획에 당연무효인 하자가 있는 경우에는 재개발사업조합은 사업시행계획을 새로이 수립하여 관할관청에게서 인가를 받은 후 다시 분양신청을 받아 관리처분계획을 수립하여야 한다. 따라서 분양신청기간 내에 분양신청을 하지 않거나 분양신청을 철회함으로 인해 구 도시정비법 제47조 및 조합 정관 규정에 의하여 조합원의 지위를 상실한 토지등소유자도 그때 분양신청을 함으로써 건축물 등을 분양받을 수 있으므로 사업시행계획의 무효확인 또는 취소를 구할 법률상 이익이 있다(2014.2.27. 2011두25173).

+ PLUS 사업시행계획이 무효이면, 그에 기초한 관리처분계획 역시 무효가 되므로 처음부터 다시 분양신청을 받아 관리처분계획을 새로 수립해야 한다. 따라서 당초 분양신청을 제때 하지 않는 등의 이유로 조합원 지위를 상실한 토지소유자도 사업시행계획의 무효확인 등을 구할 이익이 있다. 동 계획이 무효로 확인되면 다시 분양신청을 할 기회 등을 부여받게 되는 법률상 이익이 있기 때문이다.

선지분석 & 요플·기풀기링크

선지	THEME	요플	기풀기
①		05	005
②	T20 정비사업	12	011
③		21	022
④		40	046

선지선택비율 ① 18.67% ② 3.65% ③ 64.81% ④ 12.87% 오답률 35.19%

정답 ③

THEME 21 준법률행위적 행정행위 - 확인·공증·통지·수리

01

행정작용과 그 성격을 연결한 것으로 옳지 않은 것을 모두 고르면? (다툼이 있는 경우 판례를 따름) 16서울7

```
ㄱ. 특허출원의 공고 – 확인
ㄴ. 운전면허 – 허가
ㄷ. 국가시험합격자 결정 – 통지
ㄹ. 한의사 면허 – 특허
ㅁ. 선거 당선인 결정 – 확인
```

① ㄱ, ㄴ, ㄹ
② ㄱ, ㄷ, ㄹ
③ ㄱ, ㄷ, ㅁ
④ ㄷ, ㄹ, ㅁ

관련 OX

ㄴ.관련
1 지방경찰청장이 운전면허시험에 합격한 사람에게 발급하는 운전면허(는 강학상 특허에 해당한다) 19(2)서울9

ㄹ.관련
2 한의사 면허는 허가에 해당하고, 한약조제 시험을 통해 약사에게 한약조제권을 인정함으로써 한의사들의 영업이익이 감소되었다고 하더라도 이는 법률상 이익 침해라고 할 수 없다. 22군무원9

해설

ㄱ. × 특허출원의 공고 – 통지
ㄴ. ○ 운전면허 – 허가
ㄷ. × 국가시험합격자 결정 – 확인
ㄹ. × 한의사 면허 – 허가
ㅁ. ○ 선거 당선인 결정 – 확인

■ 준법률행위적 행정행위

확인	공증	통지	수리
특정한 사실·법률관계에 대하여		타인에게 (특정인/불특정 다수)	타인으로부터
의문·다툼 있을 시 그 존부·정부를 판단하는 행위	의문·다툼을 전제함이 없이 그에 대한 공적 인식을 표시한 공적 증거력 부여행위	특정사실이나 의사를 알리는 행위	신고·신청 등을 적법한 것으로 받아들이는 행위 ↔ (구별) 사실행위인 접수
기속행위	기속행위 / 요식행위	독립적으로 법률효과 발생	기속행위
· 합격자·당선인 등 결정ㄷ,ㅁ · 교과서의 검정 · 행정심판의 재결 · 도로구역·하천구역 결정 · 친일재산 국가귀속 결정 · 국가유공자 등록 결정 · 민주화운동 관련자 결정 · 장애등급결정 · (과세 위한) 소득금액 결정 · 건축물 준공검사처분 · 발명의 특허	· 합격증·당선증·영수증 등 증명서 발급 · 의료유사업자 자격증갱신 발급 · 선거인명부등록 · 여권 등 발급 · 건설업면허증 재교부 · 부동산등기 · 특허의 등록 · 상표사용권설정등록행위	· 대집행 계고 · 납세독촉 · (토지수용) 사업인정고시 · 귀화의 고시 · 특허출원의 공고ㄱ	· 행위요건적 신고의 수리 (자기완결적 신고수리×) · 행정심판청구서 수리 · 사직서 수리

선지분석 & 요플·기풀기링크

선지	THEME	요플	기풀기
ㄱ	T21 준법률행위적 VA	수01/36	025
ㄴ	T17 명령적 VA	수01/12	010
ㄷ	T21 준법률행위적 VA	수01/19	007
ㄹ	T56 경업·경원·주민	08	010
ㅁ	T21 준법률행위적 VA	수01/20	008

정답 ②
OX 1× 2○

02

강학상 공증행위에 해당하는 것만을 모두 고른 것은? (다툼이 있는 경우 판례에 의함) 17(하)지방9

> ㄱ. 행정심판의 재결
> ㄴ. 의료유사업자 자격증 갱신발급행위
> ㄷ. 상표사용권설정등록행위
> ㄹ. 건설업 면허증의 재교부
> ㅁ. 특허출원의 공고

① ㄱ, ㄴ, ㄷ
② ㄱ, ㄹ, ㅁ
③ ㄴ, ㄷ, ㄹ
④ ㄴ, ㄹ, ㅁ

관련 OX

ㄴ. 관련

1 서울특별시장의 의료유사업자 자격증 갱신발급은 의료유사업자의 자격을 부여 내지 확인하는 행위의 성질을 가진다. 18교행9

ㄹ. 관련

2 건설업면허증 및 건설업면허수첩의 재교부는 건설업의 면허를 받았다고 하는 특정사실에 대하여 형식적으로 그것을 증명하고 공적인 증거력을 부여하는 행정행위이다. 15국회8

해설

ㄱ. ✕ 행정심판의 재결 – 확인
ㄴ. ○ 의료유사업자 자격증 갱신발급행위 – 공증
ㄷ. ○ 상표사용권설정등록행위 – 공증
ㄹ. ○ 건설업 면허증의 재교부 – 공증
ㅁ. ✕ 특허출원의 공고 – 통지

■ 준법률행위적 행정행위

확인	공증	통지	수리
특정한 사실·법률관계에 대하여		타인에게 (특정인 / 불특정 다수)	타인으로부터
의문·다툼 있을 시 그 존부·정부를 판단하는 행위	의문·다툼을 전제함이 없이 그에 대한 공적 인식을 표시한 공적 증거력 부여행위	특정사실이나 의사를 알리는 행위	신고·신청 등을 적법한 것으로 받아들이는 행위 ↔ (구별) 사실행위인 접수
기속행위	기속행위 / 요식행위	독립적으로 법률효과 발생	기속행위
• **합격자·당선인 등 결정** • 교과서의 검정 • 행정심판의 재결 • 도로구역·하천구역 결정 • 친일재산 국가귀속 결정 • 국가유공자 등록 결정 • 민주화운동 관련자 결정 • 장애등급결정 • (과세 위한) 소득금액 결정 • 건축물 준공검사처분 • 발명의 특허	• 합격증·당선증·영수증 등 증명서 발급 • 의료유사업자 자격증갱신발급 • 선거인명부 등록 • 여권 등 발급 • 건설업면허증 재교부 • 부동산등기 • 특허의 등록 • 상표사용권설정등록행위	• 대집행 계고 • 납세독촉 • (토지수용) 사업인정고시 • 귀화의 고시 • 특허출원의 공고	• 행위요건적 신고의 수리 (자기완결적 신고수리✕) • 행정심판청구서 수리 • 사직서 수리

선지분석 & 요플·기풀기링크

선지	THEME	요플	기풀기
ㄱ		수01/23	010
ㄴ		수01/31	017
ㄷ	T21 준법률행위적 VA	수01/34	022
ㄹ		수01/33	019
ㅁ		수01/36	025

정답 ③

OX 1✕ 2○

03

행정행위의 성질에 관한 설명으로 옳은 것은? (다툼이 있는 경우 판례에 따름) 18교행9

① 「친일반민족행위자 재산의 국가귀속에 관한 특별법」에 따른 친일재산은 친일반민족행위자 재산조사위원회가 국가귀속결정을 하여야 비로소 국가의 소유로 된다.
② 서울특별시장의 의료유사업자 자격증 갱신발급은 의료유사업자의 자격을 부여 내지 확인하는 행위의 성질을 가진다.
③ 정년에 달한 공무원에 대한 정년퇴직 발령은 정년퇴직 사실을 알리는 이른바 관념의 통지에 불과하여 행정소송의 대상이 될 수 없다.
④ 토지거래계약허가는 규제지역 내 토지거래의 자유를 일반적으로 금지하고 일정한 요건을 갖춘 경우에만 그 금지를 해제하여 계약체결의 자유를 회복시켜 주는 성질의 것이다.

관련 OX

① 관련
1 구 「친일반민족행위자 재산의 국가귀속에 관한 특별법」에 정한 친일재산은 친일반민족행위자 재산조사위원회가 국가귀속결정을 하여야 비로소 국가의 소유로 되는 것이 아니다. 24군무원9

④ 관련
2 토지거래허가는 규제지역 내의 모든 국민에게 전반적으로 토지거래의 자유를 금지하고 일정한 요건을 갖춘 경우에만 금지를 해제하여 계약체결의 자유를 회복시켜 주는 성질을 갖는다. 25소방

해설

① ✕ 친일반민족행위자재산조사위원회의 국가귀속결정 → 결정에 의해서 비로소 국가소유✕ / 법에 따라 이미 국가소유○
「친일반민족행위자 재산의 국가귀속에 관한 특별법」 규정들의 취지와 내용에 비추어 보면, 같은 법에서 정한 친일재산은 친일반민족행위자재산조사위원회가 **국가귀속결정을 하여야 비로소 국가의 소유로 되는 것이 아니라 특별법의 시행에 따라 그 취득·증여 등 원인행위시에 소급하여 당연히 국가의 소유로 되고**, 위 위원회의 국가귀속결정은 당해 재산이 친일재산에 해당한다는 사실을 확인하는 이른바 준법률행위적 행정행위의 성격을 가진다(2008.11.13. 2008두13491).

② ✕ 의료유사업자 자격증 갱신발급행위는 공증
서울특별시장 또는 도지사의 의료유사업자 자격증 갱신발급행위는 유사의료업자의 자격을 부여 내지 확인하는 것이 아니라 특정한 사실 또는 법률관계의 존부를 공적으로 증명하는 소위 공증행위에 속하는 행정행위라 할 것이다(1977.5.24. 76누295).

③ ○ 정년퇴직 인사발령: 관념의 통지(사실행위)에 불과, 행정소송대상✕
국가공무원법 제74조에 의하면 공무원이 소정의 정년에 달하면 그 사실에 대한 효과로서 공무담임권이 소멸되어 당연히 퇴직되고 따로 그에 대한 행정처분이 행하여져야 비로소 퇴직되는 것은 아니라 할 것이며 피고(영주지방철도청장)의 원고에 대한 정년퇴직 발령은 정년퇴직 사실을 알리는 이른바 관념의 통지에 불과하므로 행정소송의 대상이 되지 아니한다(1983.2.8. 81누263).

④ ✕ 토지거래허가: 강학상 인가
토지거래허가가 규제지역 내의 모든 국민에게 전반적으로 토지거래의 자유를 금지하고 일정한 요건을 갖춘 경우에만 금지를 해제하여 계약체결의 자유를 회복시켜 주는 성질의 것이라고 보는 것은 위 법의 입법취지를 넘어선 지나친 해석이라고 할 것이고, **강학상 허가가 아니고** 규제지역 내에서도 토지거래의 자유가 인정되나, 다만 위 허가를 허가 전의 유동적 무효상태에 있는 법률행위의 효력을 완성시켜 주는 인가적 성질을 띤 것이라고 보는 것이 타당하다(1991.12.24. 90다12243 전합).

선지분석 & 요플·기풀기링크

선지	THEME	요플	기풀기
①	T21 준법률행위적 VA	02	003
②		31	017
③	T53 대상적격(법률관계)	90	091
④	T19 형성적 VA	32	039

정답 ③
OX 1○ 2✕

04 필수문제

오답률 TOP ❶

행정행위에 관한 설명으로 옳지 않은 것은? (다툼이 있는 경우 판례에 의함) 23소방

① 친일반민족행위자재산조사위원회의 국가귀속결정은 당해 재산이 친일재산에 해당한다는 사실을 확인하는 이른바 준법률행위적 행정행위의 성격을 가진다.

② 사업자등록증에 대한 검열은 납세의무자임을 확인하는 준법률행위적 행정행위로서의 확인에 해당한다.

③ 지적공부 소관청의 지목변경신청 반려행위는 국민의 권리관계에 영향을 미치는 것으로서 항고소송의 대상이 되는 행정처분에 해당한다.

④ 인감증명행위는 출원자의 현재 사용하는 인감에 대하여 구체적인 사실을 증명하는 것일 뿐이므로 무효확인을 구할 법률상 이익이 없다.

관련 OX

① 관련
1 소 친일반민족행위자 재산조사위원회의 국가귀속결정은 친일재산을 국가의 소유로 귀속시키는 형성행위이다. 17(1)서울9

③ 관련
2 지목은 토지소유권을 제대로 행사하기 위한 전제요건이므로 지적공부 소관청의 지목변경신청 반려행위는 항고소송의 대상이 되는 행정처분에 해당한다. 19지방7

④ 관련
3 인감증명행위(는 처분성이 인정된다) 18(1)서울7

해설

① ○ **친일재산 국가귀속결정: 확인**
「친일반민족행위자 재산의 국가귀속에 관한 특별법」 규정들의 취지와 내용에 비추어 보면, 같은 법에서 정한 **친일재산**은 친일반민족행위자재산조사위원회가 국가귀속결정을 하여야 비로소 국가의 소유로 되는 것이 아니라 특별법의 시행에 따라 그 취득·증여 등 원인행위시에 소급하여 당연히 국가의 소유로 되고, 위 위원회의 **국가귀속결정**은 당해 재산이 친일재산에 해당한다는 사실을 **확인하는** 이른바 **준법률행위적 행정행위의 성격을 가진다**(2008.11.13. 2008두13491).

② × **사업자등록증의 교부·검열: 사실행위○ / 확인×**
부가가치세법상의 **사업자등록**은 과세관청으로 하여금 부가가치세의 납세의무자를 파악하고 그 과세자료를 확보케 하려는 데 입법취지가 있으므로 이는 **단순한 사업사실의 신고로서** 사업자가 소관 세무서장에게 소정의 사업자등록신청서를 제출함으로써 성립되는 것이고 **사업자등록증의 교부**는 이와 같은 등록사실을 증명하는 증서의 교부행위에 불과한 것이며, 사업자등록증에 대한 검열 역시 과세관청이 등록된 사업을 계속하고 있는 사업자의 신고사실을 증명하는 사실행위에 지나지 않는다(1988.3.8. 87누156).

③ ○ **지목변경신청반려: 처분성 인정**
지목은 토지소유권을 제대로 행사하기 위한 전제요건으로서 토지소유자의 실체적 권리관계에 밀접하게 관련되어 있으므로 지적공부 소관청의 **지목변경신청 반려행위**는 국민의 권리관계에 영향을 미치는 것으로서 항고소송의 대상이 되는 행정처분에 해당한다(2004.4.22. 2003두9015 전합).

④ ○ **인감증명행위: 사실증명에 불과 / 무효확인에 대한 법률상 이익×**
인감증명행위는 인감증명청이 적법한 신청이 있는 경우에 인감대장에 이미 신고된 인감을 기준으로 출원자의 현재 사용하는 인감을 증명하는 것으로서 구체적인 사실을 증명하는 것일 뿐, 나아가 출원자에게 어떠한 권리가 부여되거나 변동 또는 상실되는 효력을 발생하는 것이 아니고, 인감증명의 무효확인을 받아들인다 하더라도 이로써 이미 침해된 당사자의 권리가 회복되거나 또는 곧바로 이와 관련된 새로운 권리가 발생하는 것도 아니므로 **무효확인을 구할 법률상 이익이 없어 부적법하다**(2001.7.10. 2000두2136).

+ PLUS 인감증명행위를 처분으로 보기도 어렵고, 이를 다툴 소익도 없다는 취지. 즉, 대상적격과 소의 이익 어느 것도 인정하기 어렵다는 취지

선지분석 & 요플·기풀기링크

선지	THEME	요플	기풀기
①	T21 준법률행위적 VA	04	005
②		167	169
③	T53 대상적격(법률관계)	173	175
④		172	174

선지선택비율 ① 10.09% ② 45.04% ③ 8.14% ④ 36.73% 오답률 54.96%

정답 ②
OX 1× 2○ 3×

THEME 22-23 사인의 공법행위

T22 사인의 공법행위 – 개관

01

사인의 공법행위에 대한 설명으로 옳지 않은 것은? (다툼이 있는 경우 판례에 의함) 14국가7

① 공무원의 사직의 의사표시는 상대방에게 도달한 후에는 철회할 수 없다.
② 수리를 요하는 신고의 경우 그 신고에 대한 거부행위는 행정소송의 대상이 되는 처분에 해당한다.
③ 사인의 공법행위는 법적 행위인 점에서 공법상 사실행위와 구별된다.
④ 명문의 금지규정이 있거나 일신전속적인 행위는 대리가 허용될 수 없으나, 그렇지 않은 사인의 공법행위는 대리에 관한 「민법」 규정이 유추적용될 수 있다.

관련 OX

② 관련
1 행정요건적 신고에 대하여 행정청이 수리를 거부한 경우에는 신고의 효력이 발생하지 않으므로, 그 수리거부는 항고소송의 대상이 되는 행정처분에 해당하지 않는다. 24군무원5

③ 관련
2 기
사인의 공법행위는 행정법 관계에서 사인의 행위로서 공법적 효과를 발생시키는 일체의 행위를 말한다. 19소간

④ 관련
3 (사인의 공법행위와 관련하여) 명문의 금지규정이 없어도 해석상 일신전속적인 행위는 대리가 허용될 수 없다. 11국회9

추가기출(③ 관련)
ⓐ 기
(사인의 공법행위는) 사인의 행위만으로 공법적 효과를 가져오는 것과 국가나 지방자치단체의 행위의 전제요건이 되는 것으로 구분할 수 있다. 14서울9

해설

① × 행정청에 도달한 뒤라도 행정행위가 행해지기 전에는 철회 가능하다.
• 사직 의사표시의 취소·철회: 의원면직처분 전까지 가능, 의원면직처분 후에는 불가
공무원이 한 사직 의사표시의 철회나 취소는 그에 터잡은 의원면직처분이 있을 때까지 할 수 있는 것이고, 일단 면직처분이 있고 난 이후에는 철회나 취소할 여지가 없다(2001.8.24. 99두9971).

② ○ 행위요건적 신고의 경우 수리가 거부되면 신고의 효력이 발생하지 않아 국민의 권리·의무에 영향을 미친다. 따라서 이에 대한 거부는 거부처분으로서 처분성이 인정되고, 항고소송으로 다툴 수 있다.

③ ○ 사인의 공법행위는 **사인이 공법적 효과발생을 목적으로 하는 법적 행위**이다. 따라서 사실행위에 해당하는 공법상 사실행위와 구별된다.

+ PLUS 사인의 공법행위의 분류
사인의 공법행위는 다음과 같이 사인의 행위만으로 효과가 발생하는 **자기완결적 공법행위**와, 행정주체가 행하는 행위의 요건이 될 뿐 그 자체만으로는 완결된 효과를 발생시키지 못하는 **행위요건적 공법행위**로 구분된다.ⓐ

종류	내용	예시
자기완결적 공법행위	사인의 행위 자체로 법률효과 완성	자기완결적 신고, 투표행위
행위요건적 공법행위	사인의 행위는 행정주체가 행하는 공법행위의 요건이 될 뿐, 그 자체로 완결된 법률효과 발생시키지 못함	행위요건적 신고, 신청, 사직원 제출, 동의·승낙

④ ○ 명문으로 금지하는 경우에는 당연히 대리가 허용될 수 없으며, 일신전속적인 행위도 그 성격상 대리가 허용되지 않는다. 예컨대 투표나 사직원 제출이 이에 해당한다. 그 외의 경우는 대리가 허용될 수 있으며, 이때 민법 규정이 준용·유추된다.

선지분석 & 요플·기풀기링크

선지	THEME	요플	기풀기
①	T22 사인의 공법행위	20	019
②	T23 신고	38	046
③	T22 사인의 공법행위	02	002
④		11	009

정답 ①
OX 1× 2○ 3○ ⓐ○

02

사인의 공법행위에 대한 설명으로 옳지 않은 것은? (다툼이 있는 경우 판례에 의함) 15지방7

① 사인의 공법행위에는 행정행위에 인정되는 공정력, 존속력, 집행력 등이 인정되지 않는다.
② 「민법」의 비진의의사표시의 무효에 관한 규정은 그 성질상 영업재개신고나 사직의 의사표시와 같은 사인의 공법행위에는 적용되지 않는다.
③ 주민등록의 신고는 행정청이 수리한 경우에 효력이 발생하는 것이 아니라, 행정청에 도달하기만 하면 신고로서의 효력이 발생한다.
④ 「의료법」에 따른 의원개설신고에 대하여 신고필증의 교부가 없더라도 의원개설신고의 효력을 부정할 수는 없다.

관련 OX

③ 관련

1 주민등록의 신고는 행정청에 도달하기만 하면 신고로서의 효력이 발생하는 것이 아니라 행정청이 수리한 경우에 비로소 신고의 효력이 발생한다. 21국가7

④ 관련

2 구 「의료법 시행규칙」 제22조 제3항에 의하면 의원개설 신고서를 수리한 행정관청이 소정의 신고필증을 교부하도록 되어 있기 때문에 이와 같은 신고필증의 교부가 없으면 개설신고의 효력이 없다. 19지방9

해설

① ○ 행정주체의 행정행위에는 그 우월적 지위에 기초해 공정력, 존속력, 집행력 등이 인정된다. 그러나 우월적 지위가 인정될 수 없는 <u>사인의 공법행위에는 이러한 힘이 인정되지 않는다.</u>

② ○ 사기·강박에 관한 민법의 규정은 사인의 공법행위에 준용될 수 있으나, <u>비진의의사표시에 관한 규정은 준용될 수 없다</u>는 것이 판례의 태도이다.

- 민법의 법률행위에 관한 규정은 행위의 격식화를 특색으로 하는 공법행위에 당연히 타당하다고 말할 수 없으므로 공법행위인 <u>영업재개업신고에 민법 제107조(진의 아닌 의사표시)는 적용될 수 없다</u> (1978.7.25. 76누276).
- <u>전역지원(사직)</u>의 의사표시가 진의 아닌 의사표시라 하더라도 그 무효에 관한 법리를 선언한 민법 제107조 제1항 단서의 규정은 그 성질상 사인의 공법행위에는 적용되지 않는다 할 것이므로 그 표시된 대로 유효한 것으로 보아야 한다(1994.1.11. 93누10057).

③ × 주민등록신고: 수리를 요하는 신고 / 수리시에 비로소 신고의 효력발생
주민등록은 단순히 주민의 거주관계를 파악하고 인구의 동태를 명확히 하는 것 외에도 주민등록에 따라 공법관계상의 여러 가지 법률상 효과가 나타나게 되는 것으로서, <u>주민등록의 신고는 행정청에 도달하기만 하면 신고로서의 효력이 발생하는 것이 아니라 행정청이 수리한 경우에 비로소 신고의 효력이 발생한다</u>(2009.1.30. 2006다17850).

④ ○ 의원개설신고시 신고필증 교부: 신고사실의 확인에 불과 / 교부 없어도 개설신고 효력발생
「의료법 시행규칙」 제22조 제3항에 의하면 <u>의원개설 신고서를 수리한 행정관청이</u> 소정의 신고필증을 교부하도록 되어 있다 하여도 이는 신고사실의 확인행위로서 신고필증을 교부하도록 규정한 것에 불과하고 그와 같은 <u>신고필증의 교부가 없다 하여 개설신고의 효력을 부정할 수 없다</u>(1985.4.23. 84도2953).

+ PLUS 판례는 신고의 접수·수리시 교부되는 신고필증은 신고사실을 확인하는 행위에 불과할 뿐, 신고효력발생의 필수요건이 아니라고 본다.

선지분석 & 요플·기풀기링크

선지	THEME	요플	기풀기
①	T22 사인의 공법행위	23	023
②		13	012
③	T23 신고	45	040
④		24	021

정답 ③
OX 1○ 2×

필수문제 03

사인의 공법행위에 대한 설명으로 옳은 것은? (다툼이 있는 경우 판례에 의함) 23지방9

① 공무원에 의해 제출된 사직원은 그에 터잡은 의원면직처분이 있을 때까지 철회될 수 있고, 일단 면직처분이 있고 난 이후에도 자유로이 취소 및 철회될 수 있다.

② 시장 등의 주민등록전입신고 수리 여부에 대한 심사는 「주민등록법」의 입법목적의 범위 내에서 제한적으로 이루어져야 하는바, 전입신고자가 30일 이상 생활의 근거로서 거주할 목적으로 거주지를 옮기는지 여부가 심사대상으로 되어야 한다.

③ 행정청은 신청에 구비서류의 미비 등 흠이 있는 경우 원칙상 형식적·절차적인 요건만을 보완요구하여야 하므로 실질적인 요건에 관한 흠이 민원인의 단순한 착오나 일시적인 사정 등에 기인한 경우에도 보완을 요구할 수 없다.

④ 사인의 공법행위는 원칙적으로 발신주의에 따라 그 효력이 발생한다.

관련 OX

① 관련

1 공무원에 의해 제출된 사직원은 「민법」상의 의사표시에 관한 규정에 따라 면직처분이 있은 후라 하더라도 이를 철회나 취소할 수 있다. 24소간

② 관련

2 시장 등의 주민등록전입신고 수리 여부에 대한 심사는 「주민등록법」의 입법목적의 범위 내에서 제한적으로 이루어져야 하는바, 전입신고자가 30일 이상 생활의 근거로서 거주할 목적으로 거주지를 옮기는지 여부가 심사대상으로 되어야 한다. 24해경승진

해설

① × 사직 의사표시의 취소·철회: 의원면직처분 전까지 가능, 의원면직처분 후에는 불가
공무원이 한 사직 의사표시의 철회나 취소는 그에 터잡은 의원면직처분이 있을 때까지 할 수 있는 것이고, 일단 면직처분이 있고 난 이후에는 철회나 취소할 여지가 없다(2001.8.24. 99두9971).
+ PLUS 행정청에 도달한 뒤라도 행정행위가 행해지기 전에는 철회 가능

② ○ 주민등록전입신고시 심사대상: 주민등록법 규정에 따른 30일 이상 거주 목적이 있는지만 심사
주민들의 거주지 이동에 따른 주민등록전입신고에 대하여 행정청이 이를 심사하여 그 수리를 거부할 수는 있다고 하더라도, 그러한 행위는 자칫 헌법상 보장된 국민의 거주·이전의 자유를 침해하는 결과를 가져올 수도 있으므로, 시장·군수 또는 구청장의 주민등록전입신고 수리 여부에 대한 심사는 주민등록법의 입법목적의 범위 내에서 제한적으로 이루어져야 하고, 전입신고를 받은 시장·군수 또는 구청장의 심사대상은 전입신고자가 30일 이상 생활의 근거로 거주할 목적으로 거주지를 옮기는지 여부만으로 제한된다고 보아야 한다(2009.6.18. 2008두10997).
+ PLUS 따라서 거주 목적 외 다른 의도, 무허가 건물관리에 지장, 당해 지자체에 미칠 악영향 등은 고려대상 ×

③ × 보완요구의 대상: 형식적·절차적 흠 & 실질적 흠이라도 단순 착오·일시적 사정에 불과한 경우
민원사무처리법에 의하면 행정기관은 민원서류에 흠이 있는 경우에는 보완에 필요한 상당한 기간을 정하여 지체 없이 민원인에게 보완을 요구하고 그 기간 내에 민원서류를 보완하지 아니할 때에는 7일(편저자: 현행 10일)의 기간 내에 다시 보완을 요구할 수 있으며, 위 기간 내에 민원서류를 보완하지 아니한 때에 비로소 접수된 민원서류를 되돌려 보낼 수 있도록 규정되어 있는바, 위 규정 소정의 보완의 대상이 되는 흠은 보완이 가능한 경우이어야 함은 물론이고, 그 내용 또한 형식적·절차적인 요건이거나, 실질적인 요건에 관한 흠이 있는 경우라도 그것이 민원인의 단순한 착오나 일시적인 사정 등에 기한 경우 등이라야 한다(2004.10.15. 2003두6573).

민원 처리에 관한 법률 제22조(민원문서의 보완·취하 등) ① 행정기관의 장은 접수한 민원문서에 **보완이 필요한 경우**에는 상당한 기간을 정하여 지체 없이 민원인에게 보완을 요구하여야 한다.

+ PLUS 실질적 요건에 관한 흠이 민원인의 단순한 착오나 일시적인 사정 등에 기한 경우에도 보완 요구를 할 수 없다고 한 부분이 틀렸다.

④ × 사인의 공법행위는 민법과 같이 원칙적으로 도달주의가 적용된다.

민법 제111조(의사표시의 효력발생시기) ① 상대방이 있는 의사표시는 **상대방에게 도달한 때**에 그 효력이 생긴다.

선지분석 & 요플·기풀기링크

선지	THEME	요플	기풀기
①	T22 사인의 공법행위	21	020
②	T23 신고	46	041
③	T37 절차법(조문)	37	048
④	T22 사인의 공법행위	16	015

선지선택비율 ① 5.48% ② 65.35% ③ 17.41% ④ 11.76%   오답률 34.65%

정답 ②
OX 1× 2○

04 사례형

자영업에 종사하는 甲은 일정요건의 자영업자에게는 보조금을 지급하도록 한 법령에 근거하여 관할 행정청에 보조금 지급을 신청하였으나 1차 거부되었고, 이후 다시 동일한 보조금을 신청하였다. 이에 대한 설명으로 옳은 것은? (다툼이 있는 경우 판례에 의함) 20지방7

① 관할 행정청이 다시 2차의 거부처분을 하더라도 甲은 2차 거부처분에 대해서는 취소소송으로 다툴 수 없다.

② 甲이 보조금을 우편으로 신청한 경우, 특별한 규정이 없다면 신청서를 발송한 때에 신청의 효력이 발생한다.

③ 명문으로 금지되거나 성질상 불가능한 경우가 아닌 한, 甲은 신청에 대한 관할 행정청의 처분이 있기 전까지 신청의 내용을 변경할 수 있다.

④ 甲의 신청에 형식적 요건의 하자가 있었다면 그 하자의 보완이 가능함에도 보완을 요구하지 않고 바로 거부하였다고 하여 그 거부가 위법한 것은 아니다.

관련 OX

① 관련

1 (A행정청이 甲에게 한 X행정처분에 대하여 제소기간이 도과하여 불가쟁력이 발생하였다) X행정처분이 甲의 신청을 거부하는 처분인 경우, 甲이 다시 동일한 내용의 새로운 신청을 하고 A행정청이 이를 거부한 경우에도 甲은 반복된 거부처분에 대하여 취소소송을 제기할 수 없다. 22변시

④ 관련

2 행정청은 신청에 구비서류의 미비 등 흠이 있는 경우에는 지체 없이 그 신청을 반려하여야 한다. 15교행9

추가기출 ① 관련

제1차 계고처분 이후 고지된 제2차, 제3차의 계고처분은 처분이 아니나, 거부처분이 있은 후 동일한 내용의 신청에 대하여 다시 거절의 의사표시를 한 경우에는 새로운 처분으로 본다. 17(하)지방9

STORY 해설

- 甲의 신청은 우체국에서 보낸 때가 아니라(발송시), 행정청에서 받은 때(도달시) 발생한다.② 다만, 甲은 행정청에 이미 신청서가 도달한 뒤에도 미진한 부분을 스스로 보완하거나 변경할 수 있다.③ 한편, 행정청은 甲의 신청에 형식상 하자가 있으면 일단 기간을 주고 보완을 요구한 뒤, 기간 내 보완하지 않을 시 반려하여야지, 바로 반려해서는 안 된다.④ 만약 행정청이 甲의 신청을 거부한 경우, 이러한 2차 거부는 최초의 거부처분과 별도의 독자적 처분으로 취소소송으로 다툴 수 있다①는 것이 판례이다(1차 거부, 2차 거부 모두 취소소송 가능).

사례분석

- 시의성 있는 자영업자 보조금이라는 소재로(코로나19 보조금 등) 수익적 행정행위에 대한 신청이 발송(②), 도달(③), 반려(④), 재반려(①)되는 과정에서의 법률관계를 종합적으로 묻고 있다. 다만 제시문이 없더라도 지문의 정오를 판단할 수 있을 만큼 제시문과 지문 간 연결성은 떨어진다.

해설

※ 수익적 행정행위에 대한 신청이 발송(②), 도달(③), 반려(④), 재반려(①)되는 과정에서의 법률관계를 종합적으로 묻는 좋은 사례문제이다.

① ✕ 거부처분은 관할 행정청이 국민의 처분신청에 대하여 거절의 의사표시를 함으로써 성립되고, 그 이후 동일한 내용의 새로운 신청에 대하여 다시 거절의 의사표시를 한 경우에는 새로운 거부처분이 있는 것으로 보아야 한다(1998.3.13. 96누15251).

+ PLUS 1차 거부 후 재신청에 대해 재거부한 경우, 재거부는 단순한 1차 거부의 반복이 아닌 새로운 거부처분으로서 처분성이 인정된다(T54). 사안의 경우 甲은 1차 거부 후 재신청을 하여 재거부를 받은 것인바 두 번째 거부처분에 대해서도 취소소송으로 다툴 수 있다. 대집행의 계고, 강제징수의 독촉의 경우 1차의 계고·독촉만 처분성이 인정되고 그 후의 반복된 계고·독촉은 처분성이 부정된다는 점과 구별한다(T42).

②④ ✕, ③ ○ 甲은 보조금지급결정이라는 수익적 처분을 우편발송으로 신청한 것이다. 이 경우 동 신청은 발송한 것만으로는 효력이 발생하지 못하고② 관할 행정청에 도달하여야 효력이 발생한다(행정절차법 제15조 제1항). 다만 도달 후에도(신청의 효력이 발생한 후에도) 관할 행정청의 처분이 있기 전까지는 신청의 내용을 보완·변경하거나 취하할 수 있다(제17조 제8항).③ 만약 甲의 신청에 형식적 하자가 있다면 일단 상당 기간을 정하여 보완기회를 주는 것이 우선이고, 그럼에도 불구하고 기한 내 보완하지 않을 경우 신청을 반려할 수 있다(제17조 제5, 6항). 따라서 보완이 가능함에도 보완요구 없이 바로 거부하는 것은 위법하다.④

선지분석 & 요플·기풀기링크

선지	THEME	요플	기풀기
①	T54 거부처분	14	042
②	T22 사인의 공법행위	17	016
③		22	021
④	T37 절차법(조문)	33	045

행정절차법 제15조(송달의 효력 발생) ① 송달은 다른 법령등에 특별한 규정이 있는 경우를 제외하고는 해당 문서가 송달받을 자에게 **도달됨으로써** 그 효력이 발생한다.②

제17조(처분의 신청) ⑤ 행정청은 신청에 구비서류의 미비 등 흠이 있는 경우에는 보완에 필요한 상당한 기간을 정하여 지체 없이 신청인에게 **보완을 요구하여야** 한다.

⑥ 행정청은 신청인이 제5항에 따른 기간 내에 보완을 하지 아니하였을 때에는 그 이유를 구체적으로 밝혀 접수된 신청을 되돌려 보낼 수 있다.④

⑧ 신청인은 **처분이 있기 전에는** 그 신청의 내용을 보완·**변경**하거나 취하(取下)할 수 있다.③ 다만, 다른 법령등에 특별한 규정이 있거나 그 신청의 성질상 보완·변경하거나 취하할 수 없는 경우에는 그러하지 아니하다.

T23 사인의 공법행위 – 신고·신청

01

신고에 관한 설명으로 옳지 않은 것은? (다툼이 있는 경우 판례에 의함) 23소방

① 법령등에서 행정청에 일정한 사항을 통지함으로써 의무가 끝나는 신고를 규정하고 있는 경우, 신고가 법령등에 규정된 형식상의 요건에 적합하면 신고서가 접수기관에 도달된 때에 신고의무가 이행된 것으로 본다.
② 「행정절차법」에서는 수리를 요하는 신고를 규정하고 있고, 「행정기본법」에서는 수리를 요하지 않는 신고를 규정하고 있다.
③ 법령등으로 정하는 바에 따라 행정청에 일정한 사항을 통지하여야 하는 신고로서 법률에 신고의 수리가 필요하다고 명시되어 있는 경우에는 행정청이 수리하여야 효력이 발생한다.
④ 「유통산업발전법」상 대규모점포의 개설등록은 수리를 요하는 신고로서 행정처분에 해당한다.

관련 OX

③ 관련

1 「행정기본법」에 따르면 법령등으로 정하는 바에 따라 행정청에 일정한 사항을 통지하여야 하는 신고로서 법률에 신고의 수리가 필요하다고 명시되어 있는 경우에는 행정청이 수리하여야 효력이 발생한다. 25국회8

④ 관련

2 구 「유통산업발전법」에 따른 대규모점포의 개설등록 및 구 「재래시장 및 상점가 육성을 위한 특별법」에 따른 시장관리자 지정은 행정청이 실체적 요건에 관한 심사를 한 후 수리하여야 하는, 수리를 요하는 신고로서 행정처분에 해당한다. 23국가7

추가기출(③ 관련)

ⓐ 법률에 행정기관의 내부업무처리 절차로서 수리를 규정한 경우에도 수리를 요하는 신고로 보아야 한다. 23군무원7

해설

① ○ '행정청에 일정한 사항을 통지함으로써 의무가 끝나는 신고'란 수리를 요하지 않는 신고, 즉 자기완결적 신고를 의미한다.

> **행정절차법 제40조(신고)** ① 법령등에서 행정청에 일정한 사항을 통지함으로써 의무가 끝나는 신고를 규정하고 있는 경우(편저자: 수리를 요하지 않는 신고) 신고를 관장하는 행정청은 신고에 필요한 구비서류, 접수기관, 그 밖에 법령등에 따른 신고에 필요한 사항을 게시(인터넷 등을 통한 게시를 포함한다)하거나 이에 대한 편람을 갖추어 두고 누구나 열람할 수 있도록 하여야 한다.
> ② 제1항에 따른 신고가 다음 각 호의 요건을 갖춘 경우에는 신고서가 접수기관에 도달된 때에 신고의무가 이행된 것으로 본다.
> (각 호 생략)

② × 행정절차법은 수리를 요하지 않는 신고를 규정하고 있고(제40조, ①지문), 행정기본법은 수리를 요하는 신고를 규정하고 있다(제34조, ③지문). 지문은 반대로 기재해 틀렸다.

③ ○

> **행정기본법 제34조(수리 여부에 따른 신고의 효력)** 법령등으로 정하는 바에 따라 행정청에 일정한 사항을 통지하여야 하는 신고로서 **법률에 신고의 수리가 필요하다고 명시되어 있는 경우**(행정기관의 내부 업무 처리 절차로서 수리를 규정한 경우는 제외한다ⓐ)에는(편저자: 수리를 요하는 신고) 행정청이 수리하여야 효력이 발생한다.

④ ○ 대규모점포 개설등록: 수리를 요하는 신고로서 처분
구 유통산업발전법에 따른 **대규모점포의 개설등록** 및 구 재래시장법에 따른 시장관리자 지정은 행정청이 실체적 요건에 관한 심사를 한 후 수리하여야 하는 이른바 '**수리를 요하는 신고**'로서 **행정처분에 해당한다**(2019.9.10. 2019다208953).

선지선택비율 ① 3.65% ② 87.16% ③ 3.69% ④ 5.50% 오답률 12.84%

선지분석 & 요플·기풀기링크

선지	THEME	요플	기풀기
①		03	002
②	T23 신고	01	003
③		04	005
④		07	008

정답 ②
OX 1○ 2○ ⓐ×

02 필수 문제

사인의 공법행위에 대한 설명으로 옳지 않은 것은? (다툼이 있는 경우 판례에 의함) 23국가7

① 공무원이 한 사직 의사표시는 그에 터잡은 의원면직처분이 있고 난 이후라도 철회나 취소할 수 있다.

② 자기완결적 신고의 경우 적법한 요건을 갖춘 신고를 하면 신고의 대상이 되는 행위를 적법하게 할 수 있고, 별도로 행정청의 수리를 기다릴 필요가 없다.

③ 「건축법」에 의한 인·허가의제 효과를 수반하는 건축신고는 특별한 사정이 없는 한 행정청이 그 실체적 요건에 관한 심사를 한 후 수리하여야 하는, 수리를 요하는 신고에 해당한다.

④ 구 「유통산업발전법」에 따른 대규모점포의 개설등록 및 구 「재래시장 및 상점가 육성을 위한 특별법」에 따른 시장관리자 지정은 행정청이 실체적 요건에 관한 심사를 한 후 수리하여야 하는, 수리를 요하는 신고로서 행정처분에 해당한다.

관련 OX

① 관련

1 공무원에 의해 제출된 사직원은 그에 터잡은 의원면직처분이 있을 때까지 철회될 수 있고, 일단 면직처분이 있고 난 이후에도 자유로이 취소 및 철회될 수 있다. 23지방9

④ 관련

2 구 「유통산업발전법」상 대규모점포의 개설등록은 변형된 허가 또는 완화된 허가에 해당하며, 이른바 '수리를 요하는 신고'로 볼 수는 없다. 22변시

해설

① × 사직 의사표시의 취소·철회: 의원면직처분 전까지 가능, 의원면직처분 후에는 불가
공무원이 한 사직 의사표시의 철회나 취소는 그에 터잡은 <u>의원면직처분이 있을 때까지</u> 할 수 있는 것이고, 일단 면직처분이 있고 난 이후에는 철회나 취소할 여지가 없다(2001.8.24. 99두9971).

② ○ 자기완결적 신고의 경우 신고가 적법하기만 하면, 행정청에 도달 즉시 그 수리 여부를 불문하고 신고의 효과가 발생한다.

· 건축법 제14조 제1항의 건축신고(편저자: 자기완결적 신고) 대상 건축물에 관하여는 원칙적으로 건축 또는 대수선을 하고자 하는 자가 적법한 요건을 갖춘 신고를 하면 행정청의 수리 등 별도의 조처를 기다릴 필요 없이 건축행위를 할 수 있다고 보아야 한다(2011.1.20. 2010두14954 전합).

③ ○ 인허가의제 수반 건축신고: 관련 인허가 실체심사가 필요한 수리를 요하는 신고
건축법 제14조 제2항에 의한 인·허가의제 효과를 수반하는 건축신고는 일반적인 건축신고와는 달리, 특별한 사정이 없는 한 행정청이 그 실체적 요건에 관한 심사를 한 후 수리하여야 하는 이른바 '수리를 요하는 신고'로 보는 것이 옳다(2011.1.20. 2010두14954 전합).

④ ○ 대규모점포 개설등록 및 시장관리자 지정: 수리를 요하는 신고로서 처분
구 유통산업발전법에 따른 대규모점포의 개설등록 및 구 재래시장법에 따른 시장관리자 지정은 행정청이 실체적 요건에 관한 심사를 한 후 수리하여야 하는 이른바 '수리를 요하는 신고'로서 행정처분에 해당한다(2019.9.10. 2019다208953).

선지선택비율 ① 91.33% ② 2.43% ③ 3.47% ④ 2.77% 오답률 8.67%

선지분석 & 요플·기풀기링크

선지	THEME	요플	기풀기
①	T22 사인의 공법행위	21	020
②	T23 신고	08	010
③	T24 건축 관련 쟁점	18	019
④	T23 신고	07	008

정답 ①
OX 1× 2×

03

신고에 관한 현행 「행정절차법」의 내용으로 옳지 않은 것은? 10지방7

① 법령등에서 행정청에 대하여 일정한 사항을 통지함으로써 의무가 끝나는 신고를 규정하고 있는 경우 신고를 관장하는 행정청은 신고에 필요한 구비서류와 접수기관 기타 법령등에 의한 신고에 필요한 사항을 게시하거나 이에 대한 편람을 비치하여 누구나 열람할 수 있도록 하여야 한다.
② 법령등에서 행정청에 대하여 일정한 사항을 통지함으로써 의무가 끝나는 신고는 그 기재사항에 흠이 없고, 필요한 구비서류가 첨부되어 있으며, 기타 법령등에 규정된 형식상의 요건에 적합할 때에는 신고서가 접수기관에 도달된 때에 신고의 의무가 이행된 것으로 본다.
③ 행정청은 수리를 요하는 신고의 경우, 그 수리를 거부할 수 있다.
④ 형식적인 흠이 있는 신고의 경우 지체 없이 상당한 기간을 정하여 보완을 요구하여야 하며, 신고인이 상당한 기간 내에 보완을 하지 아니한 때에는 그 이유를 명시하여 신고서를 되돌려 보내야 한다.

관련 OX

①②③ 관련

1 O
「행정절차법」은 수리를 요하는 신고와 수리를 요하지 않는 신고를 구분하여 별도로 규정하고 있다. 15교행9

② 관련

2 「행정절차법」상 신고 요건으로는 신고서의 기재사항에 흠이 없고 필요한 구비서류가 첨부되어 있어야 하며, 신고의 기재사항은 그 진실함이 입증되어야 한다. 14국가9

3 X
「행정절차법」은 '법령등에서 행정청에 일정한 사항을 통지함으로써 의무가 끝나는 신고'에 대하여 '그 밖에 법령등에 규정된 형식상의 요건에 적합할 것'을 그 신고의무 이행요건의 하나로 정하고 있다. 20지방9

③ 관련

4 「행정절차법」에서는 수리를 요하는 신고를 규정하고 있고, 「행정기본법」에서는 수리를 요하지 않는 신고를 규정하고 있다. 23소방

해설

①② ○

행정절차법 제40조(신고) ① 법령등에서 행정청에 **일정한 사항을 통지함으로써 의무가 끝나는 신고**(편저자: 자기완결적 신고)를 규정하고 있는 경우 신고를 관장하는 행정청은 신고에 필요한 구비서류, 접수기관, 그 밖에 법령등에 따른 **신고에 필요한 사항을 게시**(인터넷 등을 통한 게시를 포함한다)하거나 이에 대한 **편람**을 갖추어 두고 **누구나 열람할 수 있도록** 하여야 한다.①
② 제1항에 따른 신고가 다음 **각 호의 요건을 갖춘 경우에는** 신고서가 접수기관에 **도달된 때에, 신고의무가 이행된 것으로 본다.**②
1. 신고서의 기재사항에 흠이 없을 것
2. 필요한 구비서류가 첨부되어 있을 것
3. 그 밖에 법령등에 규정된 형식상의 요건에 적합할 것

③ × 수리를 요하는 신고는 행정절차법이 아니라 행정기본법에 규정되어 있으며(제34조), 행정기본법도 수리를 거부할 수 있다는 규정은 두고 있지 않다.

행정기본법 제34조(수리 여부에 따른 신고의 효력) 법령등으로 정하는 바에 따라 행정청에 일정한 사항을 통지하여야 하는 신고로서 **법률에 신고의 수리가 필요하다고 명시되어** 있는 경우(행정기관의 내부 업무 처리 절차로서 수리를 규정한 경우는 제외한다)에는(편저자: 수리를 요하는 신고) 행정청이 **수리하여야 효력이 발생**한다.

④ ○

행정절차법 제40조(신고) ③ 행정청은 제2항 각 호의 **요건을 갖추지 못한** 신고서가 제출된 경우에는 지체 없이 상당한 기간을 정하여 신고인에게 **보완을 요구**하여야 한다.
④ 행정청은 신고인이 제3항에 따른 기간 내에 **보완을 하지 아니하였을 때**에는 그 이유를 구체적으로 밝혀 해당 신고서를 **되돌려 보내야** 한다.

선지분석 & 요플·기풀기링크

선지	THEME	요플	기풀기
①		02	004
②	T23 신고	30	033
③		01	003
④		22	027

정답 ③
OX 1× 2× 3○ 4×

04

甲은 관할 행정청에 법령상 요건을 갖춘 적법한 신고를 하였다. 이에 관한 설명으로 옳지 않은 것은? (다툼이 있는 경우 판례에 의함) 11국회9

① 수리를 요하지 않는 신고라면, 甲의 신고가 행정청에 도달한 때에 신고는 효력을 발생한다.
② 수리를 요하지 않는 신고라면, 甲의 신고의 수리가 거부된 경우 당해 신고대상인 행위를 하더라도 행정벌의 대상이 되지 않는다.
③ 수리를 요하는 신고라면, 甲의 신고의 수리가 거부된 경우 수리거부에 대해 취소소송으로 다툴 수 있다.
④ 수리를 요하는 신고라면, 甲의 신고의 수리가 거부되었음에도 당해 신고대상인 행위를 하는 경우 행정벌의 대상이 된다.
⑤ 수리를 요하는 신고라면, 관할 행정청은 甲의 신고의 수리 여부에 대하여 재량을 가지는 것이 원칙이다.

관련 OX

② 관련

1 수리를 요하지 아니한 신고에 있어서 적법한 요건을 갖춘 신고의 경우에는 행정청의 수리처분 등 별단의 조처를 기다릴 필요 없이 그 접수시에 신고로서의 효력이 발생하는 것이므로 그 수리가 거부되었다고 하여 무신고 영업이 되는 것은 아니다. 22국회8

해설

①② ○ 수리를 요하지 않는 신고(자기완결적 신고)란 적법한 신고만 있으면, 즉 적법한 신고가 행정청에 도달하기만 하면(도달주의) 행정청의 수리 여부와 무관히 신고의무의 이행이 완료되고 신고의 효과가 발생한다.①
따라서 설령 행정청이 어떠한 이유로 수리를 거부하였더라도 이미 신고의무를 다한 자로서 신고대상행위에 나아갈 수 있고 이를 두고 무신고행위라 하여 벌할 수도 없다.② 이미 신고의 효과가 발생한 자이므로 행정청이 수리거부를 했더라도 유신고행위가 되기 때문이다.

행정절차법 제40조(신고) ① 법령등에서 행정청에 **일정한 사항을 통지함으로써 의무가 끝나는 신고**(편저자: 자기완결적 신고)를 규정하고 있는 경우 신고를 관장하는 행정청은 신고에 필요한 구비서류, 접수기관, 그 밖에 법령등에 따른 **신고에 필요한 사항을 게시**(인터넷 등을 통한 게시를 포함한다)하거나 이에 대한 **편람**을 갖추어 두고 **누구나 열람할 수 있도록** 하여야 한다.
② 제1항에 따른 신고가 다음 **각 호의 요건을 갖춘 경우**에는 신고서가 접수기관에 **도달된 때에 신고의무가 이행된 것**으로 본다.①
1. 신고서의 기재사항에 흠이 없을 것
2. 필요한 구비서류가 첨부되어 있을 것
3. 그 밖에 법령등에 규정된 형식상의 요건에 적합할 것

③ ○ 수리를 요하는 신고(행위요건적 신고)의 경우 수리 여하에 따라 신고의 효과 발생 여부가 달라진다. 따라서 수리와 수리거부 모두 국민의 권리·의무에 영향을 미치는 것으로서 **처분성이 인정**된다. 이때의 수리행위는 **준법률행위적 행정행위**인 수리에 해당한다. 따라서 행정청이 수리를 거부한 경우 취소소송으로 수리거부를 다툴 수 있다.

④ ○ 수리를 요하는 신고(행위요건적 신고)의 경우, 신고가 적법하더라도 행정청에서 수리까지 되어야 신고의 효과가 발생한다. 따라서 행정청이 어떠한 이유로 수리를 거부하였다면 설령 신고 자체가 적법하더라도 신고대상행위에 나아갈 수 없다. 그럼에도 불구하고 **신고대상행위를 해버리면**, 이는 신고의 효과도 발생하지 않았는데 신고를 한 **무신고행위**가 되어 **행정벌의 대상**이 된다.

⑤ × 수리를 요하는 신고(행위요건적 신고)의 수리행위는 **기속행위**임이 원칙이다. 따라서 법령상 요건을 갖춘 신고가 있으면 행정청은 이를 수리하여야 하고, 법령 외 사정을 들어 거부하는 것은 허용되지 않는 것이 원칙이다.

선지분석 & 요플·기풀기링크

선지	THEME	요플	기풀기
①		03	002
②		09	011
③	T23 신고	38	046
④		10	016
⑤		44	048

정답 ⑤
 OX 1○

05

사인의 공법행위에 대한 설명으로 옳지 않은 것은? (다툼이 있는 경우 판례에 의함) 25국가9

① 「체육시설의 설치·이용에 관한 법률」상의 신고체육시설업에 있어서 적법한 요건을 갖춘 신고의 경우에는 행정청의 수리처분 등 별단의 조치를 기다릴 필요 없이 그 접수시에 신고로서의 효력이 발생하는 것이므로 그 수리가 거부되었다고 하여 무신고영업이 되는 것은 아니다.

② 허가대상 건축물의 양수인이 구「건축법 시행규칙」에 규정되어 있는 형식적 요건을 갖추어 시장·군수 등 행정관청에 적법하게 건축주의 명의변경을 신고한 때에는 행정관청은 그 신고를 수리하여야지 실체적인 이유를 내세워 신고의 수리를 거부할 수는 없다.

③ 인허가의제 효과를 수반하는 건축신고는 일반적인 건축신고와는 달리 특별한 사정이 없는 한 행정청이 그 실체적 요건에 관한 심사를 한 후 수리하여야 하는 이른바 '수리를 요하는 신고'에 해당한다.

④ 구「장사 등에 관한 법률」상 납골당설치 신고는 수리를 요하지 않는 자기완결적 신고에 해당하므로, 형식적 요건을 갖춘 신고서가 접수기관에 도달한 때 곧바로 효력이 발생한다.

해설

① ○ 체육시설법상 영업신고(당구장업 영업신고): 적법신고 접수시 신고효과 / 수리거부돼도 영업 가능(무신고영업×)

당구장업과 같은 신고체육시설업을 하고자 하는 자는 체육시설업의 종류별로 같은 법 시행규칙이 정하는 해당 시설을 갖추어 소정의 양식에 따라 신고서를 제출하는 방식으로 시·도지사에 신고하도록 규정하고 있으므로, 적법한 요건을 갖춘 신고의 경우에는 행정청의 수리처분 등 별단의 조치를 기다릴 필요 없이 그 접수시에 신고로서의 효력이 발생하는 것이므로 그 수리가 거부되었다고 하여 무신고영업이 되는 것은 아니다(1998.4.24. 97도3121).

② ○ 건축주명의변경신고: 형식적 요건 갖춘 자에 대해 실체적 사유로 수리거부 불가

허가대상 건축물의 양수인이 구「건축법 시행규칙」에 규정되어 있는 형식적 요건을 갖추어 시장·군수에게 적법하게 건축주의 명의변경을 신고한 때에는 시장·군수는 그 신고를 수리하여야지 실체적인 이유를 내세워 신고의 수리를 거부할 수 없다. 그러나 건축물의 소유권을 둘러싸고 소송이 계속 중이어서 판결로 소유권의 귀속이 확정될 때까지 건축주명의변경신고의 수리를 거부함이 상당하다(1993.10.12. 93누883).

③ ○ 인허가의제 수반 건축신고: 관련 인허가 실체심사가 필요한 수리를 요하는 신고

건축법 제14조 제2항에 의한 인·허가의제 효과를 수반하는 건축신고는 일반적인 건축신고와는 달리, 특별한 사정이 없는 한 행정청이 그 실체적 요건에 관한 심사를 한 후 수리하여야 하는 이른바 '수리를 요하는 신고'로 보는 것이 옳다(2011.1.20. 2010두14954 전합).

④ × 납골당설치 신고: 수리를 요하는 신고

납골당설치 신고는 이른바 '수리를 요하는 신고'라 할 것이므로, 납골당설치 신고가 구 장사법 관련 규정의 모든 요건에 맞는 신고라 하더라도 신고인은 곧바로 납골당을 설치할 수는 없고, 이에 대한 행정청의 수리처분이 있어야만 신고한 대로 납골당을 설치할 수 있다(2011.9.8. 2009두6766).

선지선택비율 ① 7.34% ② 6.12% ③ 5.04% ④ 81.50% 오답률 18.50%

관련 OX

③ 관련

1 구「건축법」에 의한 인·허가의제 효과를 수반하는 건축신고는 일반적인 건축신고와는 달리 특별한 사정이 없는 한 행정청이 그 형식적 요건에 관한 심사를 한 후 수리하여야 한다. 19국회8

④ 관련

2 ○ 납골당설치 신고가 구 장사법 관련 규정의 모든 요건에 맞는 신고라 하더라도 신고인은 곧바로 납골당을 설치할 수는 없고, 이에 대한 행정청의 수리처분이 있어야만 신고한 대로 납골당을 설치할 수 있다. 19(1)서울9

선지분석 & 요플·기풀기링크

선지	THEME	요플	기풀기
①	T23 신고	11	012
②	T24 건축 관련 쟁점	24	025
③		18	019
④	T23 신고	26	017

정답 ④

OX 1× 2○

필수 문제 06

사인의 공법행위에 관한 설명으로 옳지 않은 것은? (다툼이 있는 경우 판례에 의함) 18소방

- 소 ① 적법한 사인의 공법행위가 있는 경우에 발생하는 효과는 개별법규가 정한 바에 따르며, 행정청에 가해지는 기본적인 효과는 처리기간 내에 특별한 사유가 없는 한 처리하여야 할 의무가 발생한다.
- 기 ② 수리를 요하지 아니하는 신고의 경우에 신고에 하자가 있다면 보정되기까지는 신고의 효과가 발생하지 않는다.
- 소 ③ 사인의 공법행위로서 신고는 사인이 공법적 효과의 발생을 목적으로 행정주체에 대하여 일정한 사실을 알리는 행위로서 행정청에 의한 실질적 심사가 요구되는 행위를 말한다.
- ❺ ④ 판례는 대물적 영업의 양도의 경우 명시적인 규정이 없는 경우에도 양도 전에 존재하는 영업정지사유를 이유로 양수인에 대해서도 영업정지처분을 할 수 있다고 보고 있다.

관련 OX

② 관련

1 수리를 요하지 않는 신고의 경우 신고의 적법 여부나 수리 여부와는 관계없이 신고서가 접수기관에 도달하면 신고의무가 이행된 것으로 본다. 13국회8

④ 관련

2 대물적 영업양도의 경우, 명시적인 규정이 없는 경우에도 양도 전에 존재하는 영업정지 사유를 이유로 양수인에 대해서도 영업정지처분을 할 수 있다. 13국가7

해설

① ○ 적법한 사인의 공법행위가 있는 경우, 그 구체적 효과는 개별법에 따른다. 다만 어느 경우이건 원칙적으로 행정청이 처리기간 내에 신고를 처리하여야 할 의무가 발생한다.

② ○ 수리를 요하지 아니하는 신고(자기완결적 신고)가 적법한 경우 상대방에게 도달된 것만으로 바로 신고의 효과가 발생하지만, 하자가 있는 부적법한 신고의 경우에는 그 하자가 보완·보정되지 않는 한 신고의 효과가 발생하지 않는다.

③ ✕ 자기완결적 신고는 형식적 심사로 족함이 원칙이다. 행위요건적 신고도 실질적 심사를 할 수는 있으나, 형식적 심사에 그칠 수도 있다. 따라서 모든 종류의 신고에 실질적 심사가 요구됨이 원칙이라는 지문은 틀린 것이다.

④ ○ 공중위생관리법상 영업정지 등: 대물적 처분, 양도인의 위법을 이유로 양수인에게 제재 가능
공중위생관리법상 영업정지나 영업장폐쇄명령 모두 대물적 처분으로 보아야 할 이치이고, … 공중위생영업의 양도가 가능함을 전제로 한 것이라 할 것이므로, 양수인이 그 양수 후 행정청에 새로운 영업소개설통보를 하였다 하더라도, 그로 인하여 영업양도·양수로 영업소에 관한 권리·의무가 양수인에게 이전하는 법률효과까지 부정되는 것은 아니라 할 것인바, 만일 어떠한 공중위생영업에 대하여 그 영업을 정지할 위법사유가 있다면, 관할 행정청은 그 영업이 양도·양수되었다 하더라도 그 업소의 양수인에 대하여 영업정지처분을 할 수 있다고 봄이 상당하다(2001.6.29. 2001두1611).

선지분석 & 요플·기풀기링크

선지	THEME	요플	기풀기
①	T22 사인의 공법행위	06	022
②	T23 신고	17	026
③		28	035
④	T25 영업양도의 쟁점	19	020

정답 ③

OX 1✕ 2○

07

사인의 공법행위에 관한 설명으로 옳지 않은 것은? (다툼이 있는 경우 판례에 의함) 25소방

① 인·허가의제 효과를 수반하는 건축신고는 일반적인 건축신고와는 달리, 특별한 사정이 없는 한 행정청이 그 실체적 요건에 관한 심사를 한 후 수리하여야 하는 이른바 '수리를 요하는 신고'로 보는 것이 옳다.

② 행정청이 구 「식품위생법」 규정에 의하여 영업자지위승계신고를 수리하는 처분을 함에 있어서는 「행정절차법」 규정 소정의 당사자에 해당하는 종전의 영업자에 대하여 「행정절차법」 규정 소정의 행정절차를 실시하고 처분을 하여야 한다.

③ 구 「유통산업발전법」에 따라 영업시간 제한 등 규제 대상이 되는 대형마트에 해당하는지는, 일단 대형마트로 개설등록되었다면 특별한 사정이 없는 한, 개설등록된 형식에 따라 대규모점포를 일체로서 판단할 것이 아니고, 대규모점포를 구성하는 개별 점포의 실질이 대형마트의 요건에 부합하는지를 다시 살펴야 한다.

④ 구 「체육시설의 설치·이용에 관한 법률」에 따른 당구장업의 신고요건을 갖춘 자라 할지라도 구 「학교보건법」상의 학교환경위생정화구역 내에서는 구 「학교보건법」에 의한 별도 요건을 충족하지 아니하는 한 적법한 신고를 할 수 없다고 보아야 한다.

관련 OX

① 관련

1 인·허가의제 효과를 수반하는 건축신고는 일반적인 건축신고와는 달리, 특별한 사정이 없는 한 행정청이 그 실체적 요건에 관한 심사를 한 후 수리하여야 하는 이른바 '수리를 요하는 신고'로 보는 것이 옳다. 22국회8

② 관련

2 행정청은 영업자지위승계의 신고의 수리를 하기 전에 양수인에게 사전통지를 해야 한다. 23군무원7

해설

① ○ 인허가의제 수반 건축신고: 관련 인허가 실체심사가 필요한 수리를 요하는 신고
건축법 제14조 제2항에 의한 인·허가의제 효과를 수반하는 건축신고는 일반적인 건축신고와는 달리, 특별한 사정이 없는 한 행정청이 그 실체적 요건에 관한 심사를 한 후 수리하여야 하는 이른바 '수리를 요하는 신고'로 보는 것이 옳다(2011.1.20. 2010두14954 전원).

② ○ 영업양도 신고수리(지위승계 신고수리): 기존 업자가 직접 상대방이 되는 침익적 처분 → 기존 업자에게 사전통지·의견청취
영업자지위승계신고를 수리하는 처분은 종전의 영업자의 권익을 제한하는 처분이라 할 것이고 따라서 종전의 영업자는 그 처분에 대하여 직접 그 상대가 되는 자에 해당한다고 봄이 상당하므로, 행정청으로서는 위 신고를 수리하는 처분을 함에 있어서 행정절차법 규정 소정의 당사자에 해당하는 종전의 영업자에 대하여 위 규정 소정의 행정절차(편저자: 사전통지·의견청취)를 실시하고 처분을 하여야 한다(2003.2.14. 2001두7015).

③ × 규제대상 대형마트에 해당하는지 판단기준: 대규모점포 일체로서 판단(개별 점포기준×)
구 유통산업발전법 제12조의2 제1항, 제2항, 제3항에 따라 영업시간 제한 등 규제 대상이 되는 대형마트에 해당하는지는, 일단 대형마트로 개설등록되었다면 특별한 사정이 없는 한, 개설등록된 형식에 따라 대규모점포를 일체로서 판단하여야 하고, 대규모점포를 구성하는 개별 점포의 실질이 대형마트의 요건에 부합하는지를 다시 살필 것은 아니다(2015.11.19. 2015두295 전합).

④ ○ (학교환경위생정화구역 내 당구장) 체육시설법상 요건은 갖춤 but 학교보건법상 요건을 못 갖춤: 체육시설법이 학교보건법에 우선× → 적법한 신고×
학교보건법과 「체육시설의 설치·이용에 관한 법률」은 그 입법목적, 규정사항, 적용범위 등을 서로 달리하고 있어서 당구장의 설치에 관하여 「체육시설의 설치·이용에 관한 법률」이 학교보건법에 우선하여 배타적으로 적용되는 관계에 있다고는 해석되지 아니하므로 「체육시설의 설치·이용에 관한 법률」에 따른 당구장업의 신고요건을 갖춘 자라 할지라도 학교보건법 제5조 소정의 학교환경위생정화구역 내에서는 같은 법 제6조에 의한 별도 요건을 충족하지 아니하는 한 적법한 신고를 할 수 없다고 보아야 한다(1991.7.12. 90누8350).

+ PLUS 개별법령상 신고의 요건을 충족한 경우라도, 타 법령에 의해 신고의 대상이 되는 행위가 갖춰야 할 요건을 충족하지 못하였거나 금지되는 경우 등에는 부적법한 신고로 보는 것이 판례의 태도이다.

선지선택비율 ① 5.33% ② 7.83% ③ 56.46% ④ 30.37% 오답률 43.54%

선지분석 & 요플·기풀기링크

선지	THEME	요플	기풀기
①	T24 건축 관련 쟁점	18	019
②	T39 절차법(통지·청취)	23	030
③	T23 신고	16	009
④		41	025

 ③

 1○ 2×

필수문제 08

사인(私人)의 경제활동에 대한 행정청의 규제방식을 설명한 것으로 옳지 않은 것은? (다툼이 있는 경우 판례에 의함) 14국가9

① 「행정절차법」상 신고 요건으로는 신고서의 기재사항에 흠이 없고 필요한 구비서류가 첨부되어 있어야 하며, 신고의 기재사항은 그 진실함이 입증되어야 한다.
② 유료노인복지주택의 설치신고를 받은 행정관청은 그 유료노인복지주택의 시설 및 운용기준이 법령에 부합하는지와 설치신고 당시 부적격자들이 입소하고 있는지 여부를 심사할 수 있다.
③ 구 「체육시설의 설치·이용에 관한 법률」에 의한 골프장이용료 변경신고서는 행정청에 제출하여 접수된 때에 신고가 있었다고 볼 것이고, 행정청의 수리행위가 있어야만 하는 것은 아니다.
④ 양도인이 자신의 의사에 따라 양수인에게 영업을 양도하면서 양수인으로 하여금 영업을 하도록 허락하였다면 영업승계신고 및 수리처분이 있기 전에 발생한 양수인의 위반행위에 대한 행정적 책임은 양도인에게 귀속된다.

관련 OX

③ 관련
1 「체육시설의 설치·이용에 관한 법률」 제20조에 의한 변경신고서는 도지사의 수리행위가 있어야만 신고가 있었다고 볼 것이다. 15(1)경행

④ 관련
2 사실상 영업이 양도·양수되었지만 승계신고 및 수리처분이 있기 전에 양도인이 허락한 양수인의 영업 중 발생한 위반행위에 대한 행정적 책임은 양수인에게 귀속된다. 22지방9

해설

① × 행정절차법상 제40조가 규정하고 있는 신고는 자기완결적 신고이다. 접수기관은 기재사항의 흠에 대하여 형식적 심사를 할 수는 있으나, 기재사항이 진실한지에 대한 실질적 심사는 할 수 없다. 지문의 경우에는 진실함이 입증되어야 한다고 하였기에 이 부분이 틀렸다.

행정절차법 제40조(신고) ② 제1항에 따른 신고가 다음 각 호의 요건을 갖춘 경우에는 신고서가 접수기관에 **도달된 때에 신고의무가 이행**된 것으로 본다.
1. 신고서의 기재사항에 흠이 없을 것
2. 필요한 구비서류가 첨부되어 있을 것
3. 그 밖에 법령등에 규정된 **형식상의 요건에 적합**할 것

+ PLUS 자기완결적 신고의 심사 → 형식적 심사○ / 실질적 심사×

② ○ 유료노인복지주택 설치신고: 시설·운영기준, 부적격자 분양·입소 여부도 심사 가능
유료노인복지주택의 설치신고를 받은 행정관청으로서는 그 유료노인복지주택의 시설 및 운영기준이 위 법령에 부합하는지와 아울러 그 유료노인복지주택이 적법한 입소대상자에게 분양되었는지 설치신고 당시 부적격자들이 입소하고 있지는 않은지 여부까지 심사하여 그 신고의 수리 여부를 결정할 수 있다(2007.1.11. 2006두14537).

+ PLUS 수리를 요하는 신고 → 필요시 실질적 심사도 가능

③ ○ 골프장이용료 변경신고: 적법신고 접수시 신고효과
「체육시설의 설치·이용에 관한 법률」 제18조에 의한 (편저자: 골프장 이용료) 변경신고서는 그 신고 자체가 위법하거나 그 신고에 무효사유가 없는 한 이것이 도지사에게 제출하여 **접수된 때에 신고가 있었다고 볼 것이고, 도지사의 수리행위가 있어야만 신고가 있었다고 볼 것은 아니다**(1993.7.6. 93마635).

+ PLUS 골프장이용료 변경신고 → 자기완결적 신고

④ ○ 지위승계처리 전 양도인 허락하에 영업 중인 양수인이 위법을 저지른 경우: 행정적 책임은 양도인에 귀속
양도인이 그의 의사에 따라 양수인에게 영업을 양도하면서 양수인으로 하여금 영업을 하도록 허락하였다면 그 양수인의 영업 중 발생한 위반행위에 대한 행정적인 책임은 영업허가자인 양도인에게 귀속된다고 보아야 할 것이다(1995.2.24. 94누9146).

+ PLUS 지위승계신고는 수리를 요하는 신고이므로 신고수리 전까지는 아직 양도인이 허가권자이다. 따라서 제재처분시 상대방은 양도인이고, 양수인의 영업 중 위반행위에 대한 책임도 신고수리 전부터 그 영업을 허락한 양도인에게 귀속되는 것이다.

선지분석 & 요플·기풀기링크

선지	THEME	요플	기풀기
①		30	033
②	T23 신고	34	039
③		12	013
④	T25 영업양도의 쟁점	05	005

정답 ①
OX 1× 2×

09

사인의 공법행위에 대한 설명으로 옳은 것은 모두 몇 개인가? (다툼이 있는 경우 판례에 따름)

13국회8

ㄱ. 공무원이 제출한 사직원은 그에 따른 면직처분이 있을 때까지는 철회할 수 있지만 일단 면직처분이 있고 난 이후에는 철회할 수 없다.

ㄴ. 「건축법」상 건축주 명의변경신고의 수리를 거부하는 행위는 항고소송의 대상이 되는 처분이다.

ㄷ. 수리를 요하지 않는 별도의 법적 근거신고의 경우 신고의 적법 여부나 수리 여부와는 관계없이 신고서가 접수기관에 도달하면 신고의무가 이행된 것으로 본다.

ㄹ. 주민등록전입신고 수리 여부에 대한 심사는 「주민등록법」의 입법목적과 법률효과 이외에 「지방자치법」 및 지방자치의 이념까지 고려하여 실질적으로 판단해야 한다.

ㅁ. 「건축법」상 건축신고에 대한 수리거부행위는 항고소송의 대상이 되지 않는다.

ㅂ. 「건축법」상 건축신고가 다른 법률에서 정한 인·허가의제 효과를 수반하는 경우에는 일반적인 건축신고와는 달리 수리를 요하는 신고에 해당한다.

① 2개   ② 3개   ③ 4개
④ 5개   ⑤ 6개

관련 OX

ㄱ.관련

1 공무원에 의해 제출된 사직원은 그에 터잡은 의원면직처분이 있을 때까지 철회될 수 있고, 일단 면직처분이 있고 난 이후에도 자유로이 취소 및 철회될 수 있다. 23지방9

ㄷ.관련

2 수리를 요하지 아니하는 신고의 경우에 신고에 하자가 있다면 보정되기까지는 신고의 효과가 발생하지 않는다. 18소방

ㅁ.관련

3 「건축법」에 따른 건축신고를 반려하는 행위는 장차 있을지도 모르는 위험에서 미리 벗어날 수 있도록 길을 열어 주고 위법한 건축물의 양산과 그 철거를 둘러싼 분쟁을 조기에 근본적으로 해결할 수 있게 하여야 한다는 점에서 항고소송의 대상이 된다. 17(2)서울9

ㅂ.관련

4 타법상의 인·허가의제가 수반되는 「건축법」상의 건축신고는 특별한 사정이 없는 한 행정청이 그 실체적 요건에 관한 심사를 한 후 수리하여야 한다. 17(1)서울9

해설

ㄱ. ○ 사직 의사표시의 취소·철회: 의원면직처분 전까지 가능, 의원면직처분 후에는 불가
공무원이 한 사직 의사표시의 철회나 취소는 그에 터잡은 의원면직처분이 있을 때까지 할 수 있는 것이고, 일단 면직처분이 있고 난 이후에는 철회나 취소할 여지가 없다(2001.8.24. 99두9971).

ㄴ. ○ 건축주명의변경신고: 수리거부의 처분성 인정
〈건축주명의변경신고수리거부〉행위는 양수인이 건축공사를 계속하기 위하여 또는 건축공사를 완료한 후 자신의 명의로 소유권보존등기를 하기 위하여 가지는 구체적인 법적 이익을 침해하는 결과가 되었다고 할 것이므로, 비록 건축허가가 대물적 허가로서 그 허가의 효과가 허가대상건축물에 대한 권리변동에 수반하여 이전된다고 하더라도, 양수인의 권리·의무에 직접 영향을 미치는 것으로서 취소소송의 대상이 되는 처분이다(1992.3.31. 91누4911).

※ 건축주명의변경신고
1) 형식적 심사 2) 건물소유권 두고 소송 중에는 이를 이유로 수리거부 가능 3) 수리거부의 처분성○

선지분석 & 요플·기풀기링크

선지	THEME	요플	기풀기
ㄱ	T22 사인의 공법행위	21	020
ㄴ	T24 건축 관련 쟁점	26	027
ㄷ	T23 신고	17	026
ㄹ		48	043
ㅁ	T24 건축 관련 쟁점	15	016
ㅂ		18	019

ㄷ. ✕ 수리를 요하지 않는 신고(자기완결적 신고)는 수리 여부와 관련없이 효력이 발생할 수 있지만, 적어도 신고가 적법해야 한다. 따라서 신고에 하자가 있다면 보정되기까지는 효과가 발생할 수 없다.

> **행정절차법 제40조(신고)** ① 법령등에서 행정청에 **일정한 사항을 통지함으로써 의무가 끝나는 신고**(편저자: 자기완결적 신고)를 규정하고 있는 경우 신고를 관장하는 행정청은 신고에 필요한 구비서류, 접수기관, 그 밖에 법령등에 따른 **신고에 필요한 사항을 게시**(인터넷 등을 통한 게시를 포함한다)하거나 이에 대한 **편람**을 갖추어 두고 **누구나 열람할 수 있도록** 하여야 한다.
> ② 제1항에 따른 신고가 다음 **각 호의 요건을 갖춘 경우**에는 신고서가 접수기관에 **도달된 때에 신고의무가 이행된 것으로 본다.**①
> 1. 신고서의 기재사항에 흠이 없을 것
> 2. 필요한 구비서류가 첨부되어 있을 것
> 3. 그 밖에 법령등에 규정된 형식상의 요건에 적합할 것

ㄹ. ✕ 주민등록전입신고시 심사대상: 주민등록법 규정에 따른 30일 이상 거주 목적이 있는지만 심사(거주 목적 외 다른 의도, 무허가 건물관리에 지장, 당해 지자체에 미칠 악영향 등은 고려✕)
〈주민등록전입신고〉 수리 여부에 대한 심사는 … 전입신고자가 30일 이상 생활의 근거로 <u>거주할 목적으로 거주지를 옮기는지 여부만으로 제한</u>된다고 보아야 한다. 따라서 전입신고자가 거주의 목적 이외에 <u>다른 이해관계에 관한 의도</u>를 가지고 있는지 여부, <u>무허가 건축물의 관리</u>, 전입신고를 수리함으로써 <u>당해 지방자치단체에 미치는 영향</u> 등과 같은 사유는 주민등록법이 아닌 다른 법률에 의하여 규율되어야 하고, 주민등록전입신고의 수리 여부를 심사하는 단계에서는 <u>고려대상이 될 수 없다</u>(2009.6.18. 2008두10997 전합).

+ PLUS 주민등록전입신고시 주민등록법 외 지방자치법 및 지방자치의 이념도 고려한다는 종전 판례는 폐기됨

ㅁ. ✕ 건축신고 수리거부 → 건축주의 불안정한 지위 해소 및 위법건물 양산과 관련 분쟁 조기해결을 위해 처분성 인정
건축주 등은 신고제하에서도 건축신고가 반려될 경우 당해 건축물의 건축을 개시하면 시정명령, 이행강제금, 벌금의 대상이 되거나 당해 건축물을 사용하여 행할 행위의 허가가 거부될 우려가 있어 불안정한 지위에 놓이게 된다. 따라서 건축신고 반려행위가 이루어진 단계에서 당사자로 하여금 반려행위의 적법성을 다투어 그 법적 불안을 해소한 다음 건축행위에 나아가도록 함으로써 장차 있을지도 모르는 위험에서 미리 벗어날 수 있도록 길을 열어주고, 위법한 건축물의 양산과 그 철거를 둘러싼 분쟁을 조기에 근본적으로 해결할 수 있게 하는 것이 법치행정의 원리에 부합한다. 그러므로 <u>건축신고 반려행위는 항고소송의 대상이 된다고 보는 것이 옳다</u>(2010.11.18. 2008두167 전합).

ㅂ. ○ 인허가의제 수반 건축신고: 관련 인허가 실체심사가 필요한 수리를 요하는 신고
건축법 제14조 제2항에 의한 인 · 허가의제 효과를 수반하는 건축신고는, 행정청이 그 실체적 요건에 관한 심사를 한 후 수리하여야 하는 이른바 '<u>수리를 요하는 신고</u>'이다. … 「국토의 계획 및 이용에 관한 법률」상의 개발행위허가로 의제되는 건축신고가 개발행위허가의 기준을 갖추지 못한 경우, 행정청이 <u>수리를 거부할 수 있다</u>(2011.1.20. 2010두14954 전합).

+ PLUS 인허가 의제 수반 건축신고: 행위요건적 신고 so 수리거부의 처분성○

10

사인(私人)의 공법행위로서 신고에 관한 설명으로 옳지 않은 것은? (다툼이 있으면 판례에 따름)

16행정사

① 법령상 신고사항이 아닌 신고를 수리한 경우, 그 수리는 항고소송의 대상이 되지 않는다.
② 행정청은 필요한 구비서류가 첨부되어 있지 않은 신고서가 제출된 경우에는 지체 없이 상당한 기간을 정하여 신고인에게 보완을 요구하여야 한다.
③ 법상 금지되어 있는 행위를 해제시키는 기능을 갖는 신고의 경우 그 신고 없이 한 행위는 위법하다.
④ 「건축법」에 따른 착공신고가 반려되었음에도 당해 건축물의 착공을 개시하면 시정명령, 이행강제금, 벌금 등의 대상이 될 우려가 있으므로 행정청의 착공신고 반려행위는 항고소송의 대상이 된다.
⑤ 적법한 요건을 갖추어 당구장업 영업신고를 한 경우 행정청이 그 신고에 대한 수리를 거부하였음에도 영업을 하면 무신고영업이 된다.

관련 OX

② 관련

1 (행정절차법에 따르면) 형식적인 흠이 있는 신고의 경우 지체 없이 상당한 기간을 정하여 보완을 요구하여야 하며, 신고인이 상당한 기간 내에 보완을 하지 아니한 때에는 그 이유를 명시하여 신고서를 되돌려 보내야 한다. 10지방7

⑤ 관련

2 당구장업과 같은 「체육시설의 설치·이용에 관한 법률」상의 신고체육시설업에 있어서 적법한 요건을 갖춘 신고의 경우에는 행정청의 수리처분 등 별단의 조치를 기다릴 필요 없이 그 접수시에 신고로서의 효력이 발생하는 것이므로 그 수리가 거부되었다고 하여 무신고 영업이 되는 것은 아니다. 25국가9(변형)

해설

① ○ **법령상 신고사항이 아닌 신고를 수리한 경우: 항고소송대상×**
공동주택 입주민의 옥외운동시설인 테니스장을 배드민턴장으로 변경하고 그 변동사실을 신고하여 관할 시장이 그 신고를 수리한 경우, 그 용도변경은 주택건설촉진법상 신고를 요하는 입주자 공유인 복리시설의 용도변경에 해당하지 아니하므로 그 변동사실은 신고할 사항이 아니고 관할 시장이 그 신고를 수리하였다 하더라도 그 수리는 공동주택 입주민의 구체적인 권리·의무에 아무런 변동을 초래하지 않는다는 이유로 항고소송의 대상이 되는 행정처분이 아니다(2000.12.22. 99두455).

② ○

행정절차법 제40조(신고) ② 제1항에 따른 신고가 다음 각 호의 요건을 갖춘 경우에는 신고서가 접수기관에 도달된 때에 신고의무가 이행된 것으로 본다.
1. 신고서의 기재사항에 흠이 없을 것
2. 필요한 구비서류가 첨부되어 있을 것
3. 그 밖에 법령등에 규정된 형식상의 요건에 적합할 것
③ 행정청은 제2항 각 호의 **요건을 갖추지 못한 신고**서가 제출된 경우에는 지체 없이 상당한 기간을 정하여 신고인에게 **보완을 요구하여야** 한다.
④ 행정청은 신고인이 제3항에 따른 기간 내에 보완을 하지 아니하였을 때에는 그 이유를 구체적으로 밝혀 해당 신고서를 되돌려 보내야 한다.

③ ○ 금지된 행위에 대해 그 금지를 해제하는 효력을 갖는 신고를 규제적 신고 내지 **금지해제적 신고**라고 한다. 금지해제적 신고의 대상은 법상 금지된 행위로서 신고에 의해 그 금지가 해제된다. 금지해제적 신고의 경우에는 신고 없이 한 행위는 법상 금지된 행위로서 위법한 행위가 되므로 행정형벌의 대상이 될 수 있으며 시정조치의 대상이 된다. 금지해제적 신고는 자기완결적 신고일 수도, 행위요건적 신고일 수도 있다. 즉, 자기완결적 신고는 정보제공적 신고일 수도 있고, 금지해제적 신고일 수도 있으나, 행위요건적 신고는 금지해제적 신고이다.

+ PLUS 정보제공적 신고란 행정청에 대상사실의 정보제공 기능을 갖는 데 그치는 신고를 말한다. 예컨대 집회신고가 이에 해당한다(2010도6388). 이는 본래 자유로운(금지되지 않은) 행위를 대상으로 하므로 언제나 수리를 요하지 않는 신고이고, 논리상 신고의무 위반에 대해 형벌이 아닌 과태료 부과를 하여야 한다.

선지분석 & 요플·기풀기링크

선지	THEME	요플	기풀기
①			
②	T23 신고	22	027
③		54	055
④	T24 건축 관련 쟁점	16	022
⑤	T23 신고	11	012

④ ○ 착공신고 반려: 처분성 인정

건축주 등으로서는 **착공신고가 반려될 경우,** 당해 건축물의 착공을 개시하면 시정명령, 이행강제금, 벌금의 대상이 되거나 당해 건축물을 사용하여 행할 행위의 허가가 거부될 우려가 있어 **불안정한 지위에 놓이게 된다.** 따라서 착공신고 반려행위가 이루어진 단계에서 당사자로 하여금 반려행위의 적법성을 다투어 법적 불안을 해소한 다음 건축행위에 나아가도록 함으로써 장차 있을지도 모르는 위험에서 미리 벗어날 수 있도록 길을 열어주고, 위법한 건축물의 양산과 철거를 둘러싼 분쟁을 조기에 근본적으로 해결할 수 있게 하는 것이 법치행정의 원리에 부합한다. 그러므로 행정청의 착공신고 반려행위는 항고소송의 대상이 된다고 보는 것이 옳다(2011.6.10. 2010두7321).

⑤ × 당구장 영업신고: 적법신고 접수시 신고효과 / 수리거부돼도 영업 가능(무신고영업×)

체육시설업은 등록체육시설업과 신고체육시설업으로 나누어지고, **당구장업과 같은 신고체육시설업**을 하고자 하는 자는 … **적법한 요건을 갖춘 신고**의 경우에는 행정청의 수리처분 등 별단의 조처를 기다릴 필요 없이 그 **접수시에 신고로서의 효력이** 발생하는 것이므로 그 수리가 **거부되었다고 하여 무신고영업**이 되는 것은 **아니다**(1998.4.24. 97도312).

+ PLUS 판례는 이처럼 당구장 영업신고를 자기완결적 신고로 보면서도, 그 수리거부의 처분성을 인정한다(90누8350).

필수문제 11

다음 중 사인의 공법행위로서의 신고에 대한 설명으로 옳지 않은 것은? (다툼이 있는 경우 판례에 의함)

15국회8

① 식품접객업 영업신고와 관련해서는 「식품위생법」이 「건축법」에 우선 적용되므로, 영업신고가 「식품위생법」상의 신고요건을 갖춘 경우라면 그 영업신고를 한 해당 건축물이 무허가건축물이라도 적법한 신고에 해당된다.
② 인·허가의제의 효과를 수반하는 건축신고는 행정청이 인·허가 요건에 대한 실체적 심사를 한 후 수리하여야 하는 '수리를 요하는 신고'에 해당된다.
③ 법령등에서 행정청에 대하여 일정한 사항을 통지함으로써 의무가 끝나는 신고는 그 기재사항에 흠이 없고, 필요한 구비서류가 첨부되어 있으며, 기타 법령등에 규정된 형식상의 요건에 적합할 때에는 신고서가 접수기관에 도달된 때에 신고의 의무가 이행된 것으로 본다.
④ 건축물의 소유권을 둘러싸고 소송이 계속 중이어서 판결로 소유권의 귀속이 확정될 때까지 건축주명의변경신고의 수리를 거부함은 상당하다.
⑤ 수산제조업 신고에 있어서 담당공무원이 관계법령에 규정되지 아니한 서류를 요구하여 신고서를 제출하지 못하였다는 사정만으로는 신고가 있었던 것으로 볼 수 없다.

관련 OX

① 관련

1 ⓢ 식품접객업 영업신고에 대해서는 「식품위생법」이 「건축법」에 우선 적용되므로, 영업신고가 「식품위생법」상의 신고요건을 갖춘 경우라면 그 영업신고를 한 해당 건축물이 「건축법」상 무허가건축물이라도 적법한 신고에 해당된다. 16국가9

③ 관련

2 법령등에서 행정청에 일정한 사항을 통지함으로써 의무가 끝나는 신고를 규정하고 있는 경우, 신고가 법령등에 규정된 형식상의 요건에 적합하면 신고서가 접수기관에 도달된 때에 신고의무가 이행된 것으로 본다. 23소방

⑤ 관련

3 담당공무원이 관계법령에 규정되지 아니한 서류를 요구하여 신고서를 제출하지 못하였다는 사정만으로는 신고가 있었던 것으로 볼 수 없다. 08국가7

해설

① ✕ 식품위생법 요건 갖춤 but 건축법상 무허가건물: 식품위생법이 건축법에 우선✕ → 적법한 신고✕
식품위생법과 건축법은 그 입법 목적, 규정사항, 적용범위 등을 서로 달리하고 있어 식품접객업에 관하여 식품위생법이 건축법에 우선하여 배타적으로 적용되는 관계에 있다고는 해석되지 않는다. 그러므로 식품위생법에 따른 식품접객업(일반음식점영업)의 영업신고의 요건을 갖춘 자라고 하더라도, 그 영업신고를 한 당해 건축물이 건축법 소정의 허가를 받지 아니한 무허가건물이라면 적법한 신고를 할 수 없다(2009.4.23. 2008도6829).

② ○ 인허가의제 수반 건축신고: 관련 인허가 실체심사가 필요한 수리를 요하는 신고
건축법 제14조 제2항에 의한 인·허가의제 효과를 수반하는 건축신고는, 행정청이 그 실체적 요건에 관한 심사를 한 후 수리하여야 하는 이른바 '수리를 요하는 신고'이다. … 「국토의 계획 및 이용에 관한 법률」상의 개발행위허가로 의제되는 건축신고가 개발행위허가의 기준을 갖추지 못한 경우, 행정청이 수리를 거부할 수 있다(2011.1.20. 2010두14954 전합).
+ PLUS 인허가의제 수반 건축신고: 행위요건적 신고 so 수리거부의 처분성○

③ ○
행정절차법 제40조(신고) ① 법령등에서 행정청에 일정한 사항을 통지함으로써 의무가 끝나는 신고(편저자: 자기완결적 신고)를 규정하고 있는 경우 신고를 관장하는 행정청은 신고에 필요한 구비서류, 접수기관, 그 밖에 법령등에 따른 신고에 필요한 사항을 게시(인터넷 등을 통한 게시를 포함한다)하거나 이에 대한 편람을 갖추어 두고 누구나 열람할 수 있도록 하여야 한다.
② 제1항에 따른 신고가 다음 각 호의 요건을 갖춘 경우에는 신고서가 접수기관에 **도달된 때에, 신고의무가 이행된 것**으로 본다.
1. 신고서의 기재사항에 흠이 없을 것
2. 필요한 구비서류가 첨부되어 있을 것
3. 그 밖에 법령등에 규정된 형식상의 요건에 적합할 것

선지분석 & 요품·기풀기링크

선지	THEME	요품	기풀기
①	T23 신고	40	024
②	T24 건축 관련 쟁점	18	019
③	T23 신고	03	002
④	T24 건축 관련 쟁점	25	026
⑤	T23 신고	14	015

④ ○ 건축주명의변경신고: 형식적 요건 갖춘 자에 대해 실체적 사유로 수리거부 불가 but 소유권 관련 소송 중에는 그 확정시까지 수리거부 가능

허가대상 건축물의 양수인이 구 「건축법 시행규칙」에 규정되어 있는 형식적 요건을 갖추어 시장·군수에게 적법하게 건축주의 〈명의변경을 신고〉한 때에는 시장·군수는 그 신고를 수리하여야지 실체적인 이유를 내세워 신고의 수리를 거부할 수 없다. 그러나 건축물의 소유권을 둘러싸고 소송이 계속 중이어서 판결로 소유권의 귀속이 확정될 때까지 건축주명의변경신고의 수리를 거부함이 상당하다(1993.10.12. 93누883).

⑤ ○ 담당공무원이 법령 외 서류제출을 요구해 신고서 미제출: 신고효과×

수산제조업을 하고자 하는 사람이 형식적 요건을 모두 갖춘 수산제조업 신고서를 제출한 경우에는 담당공무원이 관계법령에 규정되지 아니한 사유를 들어 그 신고를 수리하지 아니하고 반려하였다고 하더라도 그 신고서가 제출된 때에 신고가 있었다고 볼 것이나, 담당공무원이 관계법령에 규정되지 아니한 서류를 요구하여 신고서를 제출하지 못하였다는 사정만으로는 신고가 있었던 것으로 볼 수 없다(2002.3.12. 2000다73612).

정답 ①
OX 1× 2○ 3○

필수문제 12

사인의 공법행위에 대한 설명으로 옳지 않은 것은? (다툼이 있는 경우 판례에 의함) 19지방9

① 부동산 투기나 이주대책 요구 등을 방지할 목적으로 주민등록전입신고를 거부하는 것은 「주민등록법」의 입법목적과 취지 등에 비추어 허용될 수 없다.

② 구 「의료법 시행규칙」 제22조 제3항에 의하면 의원개설 신고서를 수리한 행정관청이 소정의 신고필증을 교부하도록 되어 있기 때문에 이와 같은 신고필증의 교부가 없으면 개설신고의 효력이 없다.

③ 「건축법」상 건축신고 반려행위는 항고소송의 대상이 되는 행정처분에 해당한다.

④ 「식품위생법」에 의한 영업양도에 따른 지위승계신고를 수리하는 허가관청의 행위는 단순히 양도·양수인 사이에 이미 발생한 사법상의 사업양도의 법률효과에 의하여 양수인이 그 영업을 승계하였다는 사실의 신고를 접수하는 행위에 그치는 것이 아니라, 영업허가자의 변경이라는 법률효과를 발생시키는 행위이다.

관련 OX

① 관련

1 주민등록전입신고의 수리 여부와 관련하여서는, 전입신고자가 거주의 목적 외에 다른 이해관계에 관한 의도를 가지고 있었는지 여부, 무허가건축물의 관리, 전입신고를 수리함으로써 당해 지방자치단체에 미치는 영향 등도 고려하여야 한다. 17지방7

③ 관련

2 건축주 등은 건축신고가 반려될 경우 건축물의 건축을 개시하면 시정명령, 이행강제금, 벌금의 대상이 되거나 당해 건축물을 사용하여 행할 행위의 허가가 거부될 우려가 있어 불안정한 지위에 놓이게 되므로, 건축신고에 대한 반려처분은 항고소송의 대상이 된다. 23군무원7

해설

① ○ 주민등록전입신고: 주민등록법 규정에 따른 30일 이상 거주 목적이 있는지만 심사(그 외의 이유로 거부 불가)
무허가 건축물을 실제 생활의 근거지로 삼아 10년 이상 거주해 온 사람의 주민등록전입신고를 거부한 사안에서, 부동산투기나 이주대책 요구 등을 방지할 목적으로 주민등록전입신고를 거부하는 것은 주민등록법의 입법목적과 취지 등에 비추어 허용될 수 없다(2009.6.18. 2008두10997 전합).

② × 의원개설신고시 신고필증 교부: 신고사실의 확인에 불과 / 교부 없어도 개설신고 효력발생
「의료법 시행규칙」 제22조 제3항에 의하면 의원개설 신고서를 수리한 행정관청이 소정의 신고필증을 교부하도록 되어 있다 하여도 이는 신고사실의 확인행위로서 신고필증을 교부하도록 규정한 것에 불과하고 그와 같은 신고필증의 교부가 없다 하여 개설신고의 효력을 부정할 수 없다(1985.4.23. 84도2953).
+ PLUS 판례는 신고의 접수·수리시 교부되는 신고필증은 신고사실을 확인하는 행위에 불과할 뿐, 신고효력발생의 필수요건이 아니라고 본다.

③ ○ 건축신고 반려행위는 항고소송의 대상이 된다고 보는 것이 옳다(2010.11.18. 2008두167 전합).
+ PLUS 건축신고반려 및 착공신고반려 모두 처분성○

④ ○ 지위승계신고의 수리: 처분(종전 허가취소+새로운 허가 부여)
구 식품위생법 제25조 제1항, 제3항에 의하여 영업양도에 따른 지위승계신고를 수리하는 허가관청의 행위는, 단순히 양도·양수인 사이에 이미 발생한 사법상의 사업양도의 법률효과에 의하여 양수인이 그 영업을 승계하였다는 사실의 신고를 접수하는 행위에 그치는 것이 아니라, 실질에 있어서 양도자의 사업허가를 취소함과 아울러 양수자에게 적법히 사업을 할 수 있는 권리를 설정하여 주는 행위로서 사업허가자의 변경이라는 법률효과를 발생시키는 행위(편저자: 행정처분)라고 할 것이다(2001.2.9. 2000도2050).

선지분석 & 요플·기풀기링크

선지	THEME	요플	기풀기
①	T23 신고	47	042
②		24	021
③	T24 건축 관련 쟁점	15	016
④	T25 영업양도의 쟁점	10	011

정답 ②
OX 1× 2○

필수문제 13

신고에 대한 설명으로 옳지 않은 것은? (다툼이 있는 경우 판례에 의함) 15지방9

① 수리를 요하는 신고에서 수리는 행정소송의 대상인 처분에 해당한다.
② 행정청에 의한 구「식품위생법」상의 영업자지위승계신고 수리처분이 종전의 영업자의 권익을 제한하는 처분이라면, 해당 행정청은 종전의 영업자에게「행정절차법」소정의 행정절차를 실시하고 처분을 하여야 한다.
③ 자기완결적 신고를 규정한 법률상의 요건 외에 타법상의 요건도 충족하여야 하는 경우, 타법상의 요건을 충족시키지 못하는 한 적법한 신고를 할 수 없다.
④ 인·허가의제 효과를 수반하는 건축신고는 일반적인 건축신고와 같이 자기완결적 신고이다.

해설

① ○ 행위요건적 신고(수리를 요하는 신고)의 경우, 그 수리와 그 수리거부행위 모두 처분성이 인정된다. 반면, 자기완결적 신고(수리를 요하지 않는 신고)의 경우, 원칙적으로 수리와 수리거부행위 모두 처분성이 부정된다. 다만, 근래의 판례는 자기완결적 신고의 거부에 대해서도 처분성을 인정하는 추세이다(건축신고, 원격평생교육시설 신고 등).

• 체육시설의 회원을 모집하고자 하는 자의 시·도지사 등에 대한 회원모집계획서 제출은 수리를 요하는 신고에서의 신고에 해당하며, 시·도지사 등의 검토결과 통보는 수리행위로서 행정처분에 해당한다(2009.2.26. 2006두16243).

② ○ 영업양도 신고수리(지위승계 신고수리): 기존 업자가 직접 상대방이 되는 침익적 처분 → 기존 업자에게 사전통지·의견청취

영업자지위승계신고를 수리하는 처분은 종전의 영업자의 권익을 제한하는 처분이라 할 것이고 따라서 종전의 영업자는 그 처분에 대하여 직접 그 상대가 되는 자에 해당한다고 봄이 상당하므로, 행정청으로서는 위 신고를 수리하는 처분을 함에 있어서 행정절차법 규정 소정의 당사자에 해당하는 종전의 영업자에 대하여 위 규정 소정의 행정절차(편저자: 사전통지·의견청취)를 실시하고 처분을 하여야 한다(2003.2.14. 2001두7015).

③ ○ 개별법령상 신고의 요건을 충족한 경우라도, 타 법령에 의해 신고의 대상이 되는 행위가 갖춰야 할 요건을 충족하지 못하였거나 금지되는 경우 등에는 부적법한 신고로 보는 것이 판례의 태도이다.

• 식품위생법과 건축법은 그 입법목적, 규정사항, 적용범위 등을 서로 달리하고 있어 식품접객업에 관하여 식품위생법이 건축법에 우선하여 배타적으로 적용되는 관계에 있다고는 해석되지 않는다. 그러므로 식품위생법에 따른 식품접객업(일반음식점영업)의 영업신고의 요건을 갖춘 자라고 하더라도, 그 영업신고를 한 당해 건축물이 건축법 소정의 허가를 받지 아니한 무허가건물이라면 적법한 신고를 할 수 없다(2009.4.23. 2008도6829).

④ × 인허가의제 수반 건축신고: 수리를 요하는 신고

인·허가의제 효과를 수반하는 건축신고는 일반적인 건축신고와는 달리, 특별한 사정이 없는 한 행정청이 그 실체적 요건에 관한 심사를 한 후 수리하여야 하는 이른바 '수리를 요하는 신고'로 보는 것이 옳다(2011.1.20. 2010두14954).

일반적 건축신고	자기완결적 신고(수리 불요) but 수리거부의 처분성○
인·허가의제 수반 건축신고	행위요건적 신고(수리 필요) so 수리거부의 처분성○

관련 OX

① 관련

1 ○
구「체육시설의 설치·이용에 관한 법률」의 규정에 따라 체육시설의 회원을 모집하고자 하는 자의 '회원모집계획서 제출'은 수리를 요하는 신고이며, 이에 대하여 회원모집계획을 승인하는 시·도지사 등의 검토결과 통보는 수리행위로서 행정처분에 해당한다. 20국가7

② 관련

2「식품위생법」상의 영업자지위승계신고를 수리하는 경우, 영업시설을 인수하여 영업자의 지위를 승계한 자에 대하여 사전통지를 하고, 그에게 의견제출의 기회를 주어야 한다. 21국가7

④ 관련

3「건축법」상의 건축신고가 다른 법률에서 정한 인가·허가 등의 의제효과를 수반하는 경우, 행정행위의 효율적 측면을 고려하여 수리를 요하지 않는 신고로 볼 수 있다. 23군무원7

선지분석 & 요플·기풀기링크

선지	THEME	요플	기풀기
①	T23 신고	36	044
②	T39 절차법(통지·청취)	23	030
③	T23 신고	23	023
④	T24 건축 관련 쟁점	18	019

정답 ④
OX 1○ 2× 3×

14

판례의 입장에 따를 때 신고의 효과가 발생하는 것(○)과 발생하지 않는 것(×)을 바르게 나열한 것은?

17(하)국가7

- ㄱ. 「체육시설의 설치·이용에 관한 법률」상 신고체육시설업에 대한 변경신고를 적법하게 하였으나, 관할 행정청이 수리를 거부한 경우
- ㄴ. 「수산업법」상 어업신고를 적법하게 하였으나, 관할 행정청이 수리를 거부한 경우
- ㄷ. 「주민등록법」상 전입신고를 적법하게 하였으나, 관할 행정청이 수리를 거부한 경우
- ㄹ. 「축산물 위생관리법」상 축산물판매업에 대한 부적법한 신고가 있었으나, 관할 행정청이 이를 수리한 경우

	ㄱ	ㄴ	ㄷ	ㄹ
①	○	×	×	×
②	×	○	○	×
③	○	○	○	×
④	○	○	○	○

관련 OX

ㄴ. 관련

1 「수산업법」상의 어업의 신고는 행정청의 수리에 의하여 비로소 그 효과가 발생하는 이른바 '수리를 요하는 신고'에 해당한다. 19(1)서울9

ㄷ. 관련

2 주민등록의 신고는 행정청에 도달하기만 하면 신고로서의 효력이 발생하는 것이 아니라 행정청이 수리한 경우에 비로소 신고의 효력이 발생한다. 25국회8

해설

자기완결적 신고 → 수리거부해도 적법신고시 신고의 효력○	행위요건적 신고 → 적법신고해도 수리거부시 신고의 효력×
• 건축신고	• 인·허가의제 수반 건축신고
• 체육시설법상 변경신고(골프장이용료)ㄱ	• 체육시설 회원모집계획서(예탁금회원제 골프장)
• 수산제조업 신고	• 수산업법상 어업신고ㄴ
• 축산물판매업 신고ㄹ	• 대규모점포 개설등록
• 원격평생교육시설(침·뜸센터) 신고	• 유료복지노인주택설치신고 • 장기요양기관 폐업신고·노인의료복지시설 폐지신고 • 납골당설치신고 • 주민등록법상 전입신고ㄷ • 노동조합 설립신고

ㄱ. ○ 자기완결적 신고를 적법하게 하였으므로 신고의 효력○

ㄴ,ㄷ. × 행위요건적 신고이므로, 적법한 신고를 하였더라도 수리가 거부된 이상 신고의 효력×

ㄹ. × 자기완결적 신고이나 신고 자체가 부적법하였으므로, 행정청의 수리 여부와 무관히 신고의 효력×

선지분석 & 요플·기풀기링크

선지	THEME	요플	기풀기
ㄱ		13	014
ㄴ	T23 신고	15	018
ㄷ		45	040
ㄹ		20	028

정답 ①

OX 1○ 2○

필수 문제 15

사인의 공법행위에 대한 설명으로 옳지 않은 것은? (다툼이 있는 경우 판례에 의함) 17지방7

① 주민등록전입신고의 수리 여부와 관련하여서는, 전입신고자가 거주의 목적 외에 다른 이해관계에 관한 의도를 가지고 있었는지 여부, 무허가건축물의 관리, 전입신고를 수리함으로써 당해 지방자치단체에 미치는 영향 등도 고려하여야 한다.

② 허가대상 건축물의 양수인이 구 「건축법 시행규칙」에 규정되어 있는 형식적 요건을 갖추어 행정관청에 적법하게 건축주의 명의변경을 신고한 경우, 행정관청은 실체적인 이유를 내세워 신고의 수리를 거부할 수는 없다.

③ 신고행위의 하자가 중대·명백하여 당연무효에 해당하는지에 대하여는 신고행위의 근거가 되는 법규의 목적, 의미, 기능 및 하자 있는 신고행위에 대한 법적 구제수단 등을 목적론적으로 고찰함과 동시에 신고행위에 이르게 된 구체적 사정을 개별적으로 파악하여 합리적으로 판단하여야 한다.

④ 인·허가의제 효과를 수반하는 건축신고는 특별한 사정이 없는 한 행정청이 그 실체적 요건에 관한 심사를 한 후 수리하여야 하는 이른바 '수리를 요하는 신고'에 해당한다.

관련 OX

②관련

1 허가대상 건축물의 양수인이 구 「건축법 시행규칙」에 규정되어 있는 형식적 요건을 갖추어 시장·군수 등 행정관청에 적법하게 건축주의 명의변경을 신고한 때에는 행정관청은 그 신고를 수리하여야지 실체적인 이유를 내세워 신고의 수리를 거부할 수는 없다. 25국가9

④관련

2 「건축법」상의 건축신고가 다른 법률에서 정한 인가·허가 등의 의제효과를 수반하는 경우, 행정행위의 효율적 측면을 고려하여 수리를 요하지 않는 신고로 볼 수 있다. 23군무원7

해설

① × 주민등록전입신고시 심사대상: 30일 이상 거주 목적이 있는지만 심사(그 외 다른 요소 고려×)
〈주민등록전입신고〉 수리 여부에 대한 심사는 … 전입신고자가 30일 이상 생활의 근거로 거주할 목적으로 거주지를 옮기는지 여부만으로 제한된다고 보아야 한다. 따라서 전입신고자가 거주의 목적 이외에 다른 이해관계에 관한 의도를 가지고 있는지 여부, 무허가 건축물의 관리, 전입신고를 수리함으로써 당해 지방자치단체에 미치는 영향 등과 같은 사유는 주민등록법이 아닌 다른 법률에 의하여 규율되어야 하고, 주민등록전입신고의 수리 여부를 심사하는 단계에서는 고려대상이 될 수 없다 (2009.6.18. 2008두10997 전합).

② ○ 건축주명의변경신고: 형식적 요건 갖춘 자에 대해 실체적 사유로 수리거부 불가
허가대상 건축물의 양수인이 구 「건축법 시행규칙」에 규정되어 있는 형식적 요건을 갖추어 시장·군수에게 적법하게 건축주의 〈명의변경을 신고〉한 때에는 시장·군수는 그 신고를 수리하여야지 실체적인 이유를 내세워 신고의 수리를 거부할 수 없다(1993.10.12. 93누883).
+ PLUS but 소유권 관련 소송 중에는 그 확정시까지 수리거부 가능

③ ○ 신고가 당연무효인지 판단기준: 근거법규, 구제수단, 구체적 사정 등 개별적 고려
신고행위의 하자가 중대하고 명백하여 당연무효에 해당하는지의 여부에 대하여는 신고행위의 근거가 되는 법규의 목적, 의미, 기능 및 하자 있는 신고행위에 대한 법적 구제수단 등을 목적론적으로 고찰함과 동시에 신고행위에 이르게 된 구체적 사정을 개별적으로 파악하여 합리적으로 판단하여야 한다 (2006.1.13. 2004다64340).

④ ○ 인허가의제 수반 건축신고: 관련 인허가 실체심사가 필요한 수리를 요하는 신고
건축법 제14조 제2항에 의한 인·허가의제 효과를 수반하는 건축신고는, 행정청이 그 실체적 요건에 관한 심사를 한 후 수리하여야 하는 이른바 '수리를 요하는 신고'이다(2011.1.20. 2010두14954 전합).

선지분석 & 요플·기풀기링크

선지	THEME	요플	기풀기
①	T23 신고	47	042
②	T24 건축 관련 쟁점	24	025
③	T23 신고	42	029
④	T24 건축 관련 쟁점	18	019

정답 ①
OX 1○ 2×

필수 문제 16

신고에 대한 설명으로 옳은 것은? (다툼이 있는 경우 판례에 의함) 18국가9

① 신고는 사인이 행하는 공법행위로 행정기관의 행위가 아니므로 「행정절차법」에는 신고에 관한 규정을 두고 있지 않다.
② 신고의 수리는 타인의 행위를 유효한 행위로 받아들이는 행정행위를 말하며, 이는 강학상 법률행위적 행정행위에 해당한다.
③ 「행정절차법」상 사전통지의 상대방인 당사자는 행정청의 처분에 대하여 직접 그 상대가 되는 자를 의미하므로, 「식품위생법」상의 영업자지위승계신고를 수리하는 행정청은 영업자지위를 이전한 종전의 영업자에 대하여 사전통지를 할 필요가 없다.
④ 숙박업을 하고자 하는 자가 법령이 정하는 시설과 설비를 갖추고 행정청에 신고를 하면 행정청은 공중위생관리법령의 규정에 따라 원칙적으로 이를 수리하여야 하므로, 새로 숙박업을 하려는 자가 기존에 다른 사람이 숙박업 신고를 한 적이 있는 시설 등의 소유권 등 정당한 사용권한을 취득하여 법령에서 정한 요건을 갖추어 신고하였다면, 행정청으로서는 특별한 사정이 없는 한 이를 수리하여야 하고, 기존의 숙박업 신고가 외관상 남아 있다는 이유로 이를 거부할 수 없다.

관련 OX

① 관련
1 「행정절차법」은 자기완결적 신고를 규정하고 행정청의 수리를 요하는 신고는 규정하고 있지 않다. 25해경승진

③ 관련
2 「식품위생법」상의 영업자지위승계신고를 수리하는 경우, 영업시설을 인수하여 영업자의 지위를 승계한 자에 대하여 사전통지를 하고, 그에게 의견제출의 기회를 주어야 한다. 21국가7

해설

① ✕ 행정절차법은 행정예고, 입법예고, 자기완결적 신고, 행정지도, 처분, 확약, 위반사실 등의 공표, 행정계획에 대해 규정하고 있다. 따라서 신고에 관한 규정을 두고 있지 않다는 지문은 틀린 것이다.

② ✕ 자기완결적 신고에서의 수리행위는 단순 접수행위로 사실행위에 해당하여 처분성이 없다. 행위요건적 신고에서의 수리행위는 준법률행위적 행정행위에 해당하고 처분성이 있다. 지문에서 말하는 '신고'를 자기완결적 신고로 보건, 행위요건적 신고로 보건 적어도 '법률행위적 행정행위'가 아닌 것은 분명하므로 틀린 지문이 된다. 단, 지문은 법적으로 의미 있는 수리, 즉 행위요건적 신고에서의 수리를 염두에 두고 출제한 것으로 보이고, 수험생들도 이러한 관점에서 상대적으로 정답을 찾아야 한다.

③ ✕ 영업양도 신고수리(지위승계 신고수리): 기존 업자가 직접 상대방이 되는 침익적 처분 → 기존 업자에게 사전통지·의견청취

영업자지위승계신고를 수리하는 처분은 종전의 영업자의 권익을 제한하는 처분이라 할 것이고 따라서 종전의 영업자는 그 처분에 대하여 직접 그 상대가 되는 자에 해당한다고 봄이 상당하므로, 행정청으로서는 위 신고를 수리하는 처분을 함에 있어서 행정절차법 규정 소정의 당사자에 해당하는 종전의 영업자에 대하여 위 규정 소정의 행정절차(편저자: 사전통지·의견청취)를 실시하고 처분을 하여야 한다(2003.2.14. 2001두7015).

④ ○ 숙박업 신고: 법령상 요건을 갖춘 자를 법령 외 사유를 들어 거부 불가
→ 규정상 반려사유가 아닌 기존업자 신고가 외관상 남아 있다는 이유로 거부 불가

숙박업을 하고자 하는 자가 법령이 정하는 시설과 설비를 갖추고 행정청에 신고를 하면, 행정청은 공중위생관리법령의 위 규정에 따라 원칙적으로 이를 수리하여야 한다. … 새로 숙박업을 하려는 자가 그 시설 등의 소유권 등 정당한 사용권한을 취득하여 법령에서 정한 요건을 갖추어 신고하였다면, 행정청으로서는 특별한 사정이 없는 한 이를 수리하여야 하고, 단지 해당 시설 등에 관한 기존의 숙박업 신고가 외관상 남아 있다는 이유만으로 이를 거부할 수 없다(2017.5.30. 2017두34087).

➕ **PLUS** 수리행위는 기속행위임이 원칙이다. 따라서 법령상 요건을 갖춘 신고가 있으면 행정청은 이를 수리하여야 하고, 법령 외 사정을 들어 거부하는 것은 불허하는 것이 원칙이다.

선지분석 & 요플·기풀기링크

선지	THEME	요플	기풀기
①	T23 신고	01	003
②		35	045
③	T39 절차법(통지·청취)	23	030
④	T23 신고	51	051

정답 ④
OX 1○ 2✕

필수문제 17

사인의 공법행위로서 신고에 대한 판례의 입장으로 옳지 않은 것은? 19지방7

① 「유통산업발전법」상 대규모점포의 개설등록은 이른바 '수리를 요하는 신고'로서 행정처분에 해당한다.

② 「의료법」에 따라 정신과의원을 개설하려는 자가 법령에 규정되어 있는 요건을 갖추어 개설신고를 한 경우라도 관할 시장·군수·구청장은 법령에서 정한 요건 이외의 사유를 들어 의원급 의료기관 개설신고의 수리를 거부할 수 있다.

③ 인·허가의제 효과를 수반하는 건축신고는 일반적인 건축신고와는 달리, 특별한 사정이 없는 한 행정청이 그 실체적 요건에 관한 심사를 한 후 수리하여야 하는 이른바 '수리를 요하는 신고'에 해당한다.

④ 가설건축물 존치기간을 연장하려는 건축주 등이 법령에 규정되어 있는 제반 서류와 요건을 갖추어 행정청에 연장신고를 한 경우, 행정청으로서는 법령에서 요구하고 있지도 아니한 '대지사용승낙서' 등의 서류가 제출되지 아니하였거나, 대지소유권자의 사용승낙이 없다는 등의 사유를 들어 가설건축물 존치기간 연장신고의 수리를 거부하여서는 아니 된다.

관련 OX

① 관련

1 구 「유통산업발전법」에 따른 대규모점포의 개설등록 및 구 「재래시장 및 상점가 육성을 위한 특별법」에 따른 시장관리자 지정은 행정청이 실체적 요건에 관한 심사를 한 후 수리하여야 하는, 수리를 요하는 신고로서 행정처분에 해당한다. 23국가7

③ 관련

2 인허가의제 효과를 수반하는 건축신고는 일반적인 건축신고와는 달리 특별한 사정이 없는 한 행정청이 그 실체적 요건에 관한 심사를 한 후 수리하여야 하는 이른바 '수리를 요하는 신고'에 해당한다. 25국가9

해설

① ○ 대규모점포 개설등록: 수리를 요하는 신고로 처분○
구 유통산업발전법 … 대규모점포의 개설등록은 행정청이 그 실체적 요건에 관한 심사를 한 후 수리하여야 하는 이른바 '**수리를 요하는 신고**'로서 행정처분에 해당한다(2015.11.19. 2015두295 전합).

② ✕ 정신과의원 개설신고: 법령상 요건을 갖춘 자를 법령 외 사유를 들어 거부 불가
정신과의원을 개설하려는 자가 법령에 규정되어 있는 **요건**을 갖추어 개설신고를 한 경우, 행정청이 법령에서 정한 요건 **이외의 사유**로 의원급 의료기관 개설신고의 수리를 **거부할 수 없다**(2018.10.25. 2018두44302).

③ ○ 인허가의제 수반 건축신고: 관련 인허가 실체심사가 필요한 수리를 요하는 신고
건축법 제14조 제2항에 의한 **인·허가의제 효과를 수반하는 건축신고**는, 행정청이 그 실체적 요건에 관한 심사를 한 후 수리하여야 하는 이른바 '**수리를 요하는 신고**'이다(2011.1.20. 2010두14954 전합).

④ ○ 가설건축물 연장신고: 법령상 요건을 갖춘 자를 법령 외 사유를 들어 거부 불가 → 규정상 요구되지 않는 대지사용승낙(서)을 요구하며 거부 불가
가설건축물 존치기간을 연장하려는 건축주 등이 법령에 규정되어 있는 제반 서류와 요건을 갖추어 행정청에 **연장신고**를 한 때에는 행정청은 원칙적으로 이를 수리하여 신고필증을 교부하여야 하고, **법령에서 정한 요건 이외의 사유를 들어 수리를 거부할 수는 없다**. 따라서 행정청으로서는 법령에서 요구하고 있지도 아니한 '대지사용승낙서' 등의 서류가 제출되지 아니하였거나, 대지소유권자의 사용승낙이 없다는 등의 사유를 들어 가설건축물 존치기간 연장신고의 수리를 거부하여서는 **아니 된다**(2018.1.25. 2015두35116).

선지분석 & 요플·기풀기링크

선지	THEME	요플	기풀기
① T23 신고		07	008
②		49	049
③ T24 건축 관련 쟁점		18	019
④ T23 신고		50	050

정답 ②
OX 1○ 2○

필수문제 18

사인의 공법행위로서의 신고에 대한 설명으로 옳지 않은 것은? (다툼이 있는 경우 판례에 의함)

25국회8

① 행정청은 주민등록전입신고의 수리 여부를 심사하는 단계에서 전입신고자가 거주의 목적 이외에 다른 이해관계에 관한 의도를 가지고 있는지 여부 및 전입신고를 수리함으로써 해당 지방자치단체에 미치는 영향이 있는지 등과 같은 사유를 고려하여야 한다.

② 「식품위생법」상 행정청이 영업양도에 따른 지위승계신고를 수리하는 행위는 양도자에 대한 영업허가 등을 취소함과 아울러 양수자에게 적법하게 영업을 할 수 있는 지위를 설정하여 주는 행위로서 영업허가자 등의 변경이라는 법률효과를 발생시키는 행위로 보아야 한다.

③ 주민등록의 신고는 행정청에 도달하기만 하면 신고로서의 효력이 발생하는 것이 아니라 행정청이 수리한 경우에 비로소 신고의 효력이 발생한다.

④ 「행정기본법」에 따르면 법령등으로 정하는 바에 따라 행정청에 일정한 사항을 통지하여야 하는 신고로서 법률에 신고의 수리가 필요하다고 명시되어 있는 경우에는 행정청이 수리하여야 효력이 발생한다.

⑤ 수리를 요하는 신고의 경우 신고행위에 하자가 있다고 하더라도 행정청이 이를 수리한 경우에는 그 수리행위가 당연무효가 아닌 한 신고의 효력은 일단 발생하며, 그 효력을 부인하기 위해서는 권한 있는 기관에 의하여 수리행위가 취소되어야 한다.

관련 OX

① 관련

1 주민등록전입신고의 수리 여부와 관련하여서는, 전입신고자가 거주의 목적 외에 다른 이해관계에 관한 의도를 가지고 있었는지 여부, 무허가건축물의 관리, 전입신고를 수리함으로써 당해 지방자치단체에 미치는 영향 등도 고려하여야 한다.

17지방7

② 관련

2 「식품위생법」에 의하여 허가영업의 양도에 따른 지위승계신고를 수리하는 허가관청의 행위는 사업허가자의 변경이라는 법률효과를 발생시키는 행위이다.

21지방7

해설

① × 주민등록신고의 심사: 30일 이상 거주목적 여부만 심사(부동산투기나 이주대책요구 등 방지 이유로 수리거부 불가)

주민들의 거주지 이동에 따른 주민등록전입신고에 대하여 행정청이 이를 심사하여 그 수리를 거부할 수는 있다고 하더라도, 전입신고를 받은 시장·군수 또는 구청장의 심사대상은 전입신고자가 30일 이상 생활의 근거로 거주할 목적으로 거주지를 옮기는지 여부만으로 제한된다고 보아야 한다. 따라서 전입신고자가 거주의 목적 이외에 다른 이해관계에 관한 의도를 가지고 있는지 여부는, 주민등록전입신고의 수리 여부를 심사하는 단계에서는 고려대상이 될 수 없다(2009.6.18. 2008두10997 전합).

② ○ 지위승계신고의 수리: 처분(종전 허가취소+새로운 허가 부여)

구 식품위생법 제25조 제1항, 제3항에 의하여 영업양도에 따른 지위승계신고를 수리하는 허가관청의 행위는, 단순히 양도·양수인 사이에 이미 발생한 사법상의 사업양도의 법률효과에 의하여 양수인이 그 영업을 승계하였다는 사실의 신고를 접수하는 행위에 그치는 것이 아니라, 실질에 있어서 양도자의 사업허가를 취소함과 아울러 양수자에게 적법히 사업을 할 수 있는 권리를 설정하여 주는 행위로서 사업허가자의 변경이라는 법률효과를 발생시키는 행위(편저자: 행정처분)라고 할 것이다(2001.2.9. 2000도2050).

③ ○ 주민등록신고: 수리를 요하는 신고

주민등록의 신고는 행정청에 도달하기만 하면 신고로서의 효력이 발생하는 것이 아니라 행정청이 수리한 경우에 비로소 신고의 효력이 발생한다(2009.1.30. 2006다17850).

선지분석 & 요플·기풀기링크

선지	THEME	요플	기풀기
①	T23 신고	47	042
②	T25 영업양도의 쟁점	10	011
③		45	040
④	T23 신고	04	005
⑤		18	032

④ ○

행정기본법 제34조(수리 여부에 따른 신고의 효력) 법령등으로 정하는 바에 따라 행정청에 일정한 사항을 통지하여야 하는 신고로서 **법률에 신고의 수리가 필요하다고 명시**되어 있는 경우(행정기관의 내부 업무 처리 절차로서 수리를 규정한 경우는 제외한다)에는(편저자: 수리를 요하는 신고) 행정청이 **수리하여야 효력이 발생**한다.

⑤ ○ 행위요건적 신고가 부적법한 경우에 이를 간과하고 수리한 경우 하자 있는 수리행위가 된다. 이 경우 하자가 중대·명백한 경우에는 수리행위가 무효가 되므로 신고의 효력도 발생하지 않지만, 하자가 중대·명백하지 않아 단지 취소할 수 있는 정도일 때는 권한 있는 기관에 의해 취소되기 전까지는 일단 수리행위도 유효하고 신고의 효력도 발생한다. 행위요건적 신고의 수리는 처분성이 인정되므로 공정력을 갖기 때문이다.

19

사인의 공법행위에 관한 설명 중 옳은 것은? (다툼이 있는 경우 판례에 의함) 22변시

ⓑ ① 「행정절차법」에 따르면 행정청은 신청을 받았을 때에는 다른 법령등에 특별한 규정이 있는 경우를 제외하고는 그 접수를 보류 또는 거부하거나 부당하게 되돌려 보내서는 아니 되며, 그 신청에 구비서류의 미비 등 흠이 있는 경우에는 보완에 필요한 상당한 기간을 정하여 지체 없이 신청인에게 보완을 요구하여야 한다.

ⓢ ② 신청인이 신청서의 접수에 앞서 담당공무원에게 신청서 및 그 구비서류의 내용검토를 부탁하였고, 공무원이 그 내용을 개략적으로 검토한 후 구비서류 내용을 보완하여야 한다는 취지로 말하자 신청인이 신청서를 접수시키지 않은 경우, 신청인이 검토를 부탁한 행위는 명시적이고 확정적인 신청의 의사표시로 볼 수 있고, 구비서류의 보완을 요청한 행위를 신청거부로 보아야 한다.

③ 서울대공원 시설을 기부채납한 자가 무상사용기간 만료 후 확약 사실에 근거하여 10년의 유상사용허가를 신청하였으나 서울대공원 관리사업소장이 신청서를 반려하고 대신에 1년의 임시사용허가처분을 통보하였다면, 이는 10년의 유상사용허가신청에 대한 거부처분이 아니라 부작위로 보아야 한다.

ⓑ ④ 구 「유통산업발전법」상 대규모점포의 개설등록은 변형된 허가 또는 완화된 허가에 해당하며, 이른바 '수리를 요하는 신고'로 볼 수는 없다.

ⓒ ⑤ 타인 명의로 숙박업 신고가 되어 있는 시설에서 새로 숙박업을 하려는 자가 정당한 사용권한을 취득하여 법령에서 정한 요건을 갖추어 신고를 한 경우, 행정청은 해당 시설에 기존의 숙박업 신고가 외관상 남아 있다는 이유로 신고의 수리를 거부할 수 있다.

관련 OX

① 관련

1 행정청은 신청에 구비서류의 미비 등 흠이 있는 경우에는 지체 없이 그 신청을 반려하여야 한다. 15교행9

② 관련

2 ⓢ
신청인이 신청에 앞서 행정청의 허가업무 담당자에게 신청서의 내용에 대한 검토의 요청에 대해서도 「행정절차법」 소정의 절차가 적용된다. 21소간

④ 관련

3 구 「유통산업발전법」은 기존의 대규모점포의 등록된 유형 구분을 전제로 '대형마트로 등록된 대규모점포' 일체를 규제 대상으로 삼고자 하는 것이 그 입법취지이므로 대규모점포의 개설등록은 이른바 '수리를 요하는 신고'로서 행정처분에 해당한다. 19국회8

해설

① ○

행정절차법 제17조(처분의 신청) ④ 행정청은 **신청을 받았을 때**에는 다른 법령등에 특별한 규정이 있는 경우를 제외하고는 그 접수를 **보류** 또는 **거부**하거나 **부당하게 되돌려 보내서는 아니** 되며, 신청을 접수한 경우에는 신청인에게 접수증을 주어야 한다. 다만, 대통령령으로 정하는 경우에는 접수증을 주지 아니할 수 있다.
⑤ 행정청은 신청에 **구비서류의 미비 등 흠이 있는 경우**에는 보완에 필요한 상당한 기간을 정하여 지체 없이 신청인에게 **보완을 요구**하여야 한다.
⑥ 행정청은 신청인이 제5항에 따른 기간 내에 **보완을 하지 아니하였을 때**에는 그 이유를 구체적으로 밝혀 접수된 신청을 **되돌려 보낼 수** 있다.

② ✕ 신청에 앞서 한 신청서 내용 검토 요청: 신청의 의사표시✕ → 검토 요청에 대해 구비서류 보완요청 행위: 신청거부✕

- 구 행정절차법 제17조 제3항(현행 제4항) 본문은 "행정청은 신청이 있는 때에는 다른 법령등에 특별한 규정이 있는 경우를 제외하고는 그 접수를 보류 또는 거부하거나 부당하게 되돌려 보내서는 아니 되며, 신청을 접수한 경우에는 신청인에게 접수증을 교부하여야 한다."고 규정하고 있다.

- 여기에서의 신청인의 행정청에 대한 신청의 의사표시는 명시적이고 확정적인 것이어야 한다고 할 것이므로 신청인이 신청에 앞서 행정청의 허가업무 담당자에게 신청서의 내용에 대한 검토를 요청한 것만으로는 다른 특별한 사정이 없는 한 명시적이고 확정적인 신청의 의사표시가 있었다고 하기 어렵다.

- 따라서 담당공무원이 구비서류 내용을 보완해야 한다는 취지로 말하자, 신청서를 의왕시에 접수시키지 않았던 이상, (편저자: 처분의 신청이 있음을 전제로 하는 행정절차법 제17조 제4항은 적용될 수 없으므로) 피고가 신청서의 접수를 거부 내지 부당하게 반려하였다고 볼 수 없다(2004.9.24. 2003두13236).

선지분석 & 요플·기풀기링크

선지	THEME	요플	기풀기
①	T37 절차법(조문)	33	045
②		28	043
③	T54 거부처분	05	005
④	T23 신고	07	008
⑤		51	051

③ ✕ 10년의 사용허가신청에 대해 신청서 반려 후 1년 임시허가: 부작위✕, 거부처분○
서울대공원 시설을 기부채납한 사람이 무상사용기간 만료 후 확약 사실에 근거하여 **10년 유상사용 등의 허가를 구하는 확정적인 취지의 신청을 한 사안**에서, 서울대공원 관리사업소장이 그 신청서를 반려하고 조건부 1년의 임시사용허가처분을 통보한 것은 사실상 **거부처분에 해당한다**(2008.10.23. 2007두6212·6229).

④ ✕ 대규모점포 개설등록 및 시장관리자 지정: 수리를 요하는 신고로서 처분
구 유통산업발전법에 따른 **대규모점포의 개설등록** 및 구 재래시장법에 따른 **시장관리자 지정**은 행정청이 실체적 요건에 관한 심사를 한 후 수리하여야 하는 이른바 '**수리를 요하는 신고**'로서 **행정처분에 해당한다**(2019.9.10. 2019다208953).

　　➕ PLUS 실정법상 '등록'이라는 표현을 쓰고 있지만 실질은 허가인 경우도 있고(이를 완화된 허가제 내지 변형된 등록이라 한다), 수리를 요하는 신고를 등록으로 표현하는 경우도 있다. 이와 관련하여 판례는 유통산업발전법상 대규모점포 개설등록을 수리를 요하는 신고로 보았다.

⑤ ✕ 숙박업 신고: 법령상 요건을 갖춘 자를 법령 외 사유를 들어 거부 불가
→ 규정상 반려사유가 아닌 기존업자 신고가 외관상 남아 있다는 이유로 거부 불가
숙박업을 하고자 하는 자가 법령이 정하는 시설과 설비를 갖추고 행정청에 신고를 하면, 행정청은 공중위생관리법령의 위 규정에 따라 원칙적으로 이를 수리하여야 한다. … 새로 숙박업을 하려는 자가 그 시설 등의 소유권 등 정당한 사용권한을 취득하여 **법령에서 정한 요건을 갖추어 신고하였다면**, 행정청으로서는 특별한 사정이 없는 한 이를 수리하여야 하고, 단지 해당 시설 등에 관한 기존의 숙박업 신고가 외관상 남아 있다는 이유만으로 이를 **거부할 수 없다**(2017.5.30. 2017두34087).

　　➕ PLUS 수리행위는 기속행위임이 원칙이다. 따라서 법령상 요건을 갖춘 신고가 있으면 행정청은 이를 수리하여야 하고, 법령 외 사정을 들어 거부하는 것은 불허하는 것이 원칙이다.

20

행정법상 신고에 관한 설명 중 옳지 않은 것은? (다툼이 있는 경우 판례에 의함) 25변시

① 임시도로 개설 목적으로 법령에 규정되어 있는 요건을 갖추어 산지일시사용신고를 한 경우, 신고서 또는 첨부서류에 흠이 있거나 거짓 또는 그 밖의 부정한 방법으로 신고를 한 것이 아닌 한, 행정청은 그 신고를 수리하여야 하고, 법령에서 정한 사유 이외의 다른 사유를 들어 신고수리를 거부할 수 없다.

② 허가를 받거나 신고를 한 건축물의 공사를 착수하려는 건축주가 법령으로 정하는 바에 따라 공사계획의 신고(착공신고)를 하였는데 행정청이 이를 반려한 경우, 건축주는 이 반려를 항고소송으로 다툴 수 있다.

③ 법률에 의해 다른 법률상 허가가 의제되는 「건축법」상 건축신고에서, 행정청은 그 신고가 다른 법령이 정하는 허가기준을 갖추지 못한 경우에 이를 이유로 수리를 거부할 수 있다.

④ 당초 옥외집회를 개최하겠다고 신고하였지만 신고 내용과 달리 옥외집회는 개최하지 아니한 채 신고한 장소와 인접한 건물에서 신고한 옥외집회의 범위와 동일성이 인정되는 옥내집회만을 개최한 경우, 신고범위의 일탈로 처벌되지 않는다.

⑤ 수리를 필요로 하는 신고에서 신고서 위조 등의 사유가 있어 신고행위 자체가 효력이 없는데도 불구하고 행정청이 신고를 수리한 경우, 그 수리행위는 단순 위법에 그칠 뿐 당연무효라고 할 수는 없다.

관련 OX

② 관련

1 「건축법」에 따른 착공신고가 반려되었음에도 당해 건축물의 착공을 개시하면 시정명령, 이행강제금, 벌금 등의 대상이 될 우려가 있으므로 행정청의 착공신고 반려행위는 항고소송의 대상이 된다. 16행정사

③ 관련

2 「국토의 계획 및 이용에 관한 법률」상의 개발행위허가로 의제되는 건축신고가 동법(同法)상의 개발행위허가기준을 갖추지 못한 경우 행정청으로서는 이를 이유로 그 수리를 거부할 수 있다. 14지방9

⑤ 관련

3 장기요양기관의 폐업신고와 노인의료복지시설의 폐지 신고는 행정청이 그 신고를 수리한 경우, 신고서 위조 등의 사유가 있더라도 그대로 유효하다. 22소방

해설

① ○ **산지일시사용신고: 법령상 요건을 갖춘 자를 법령 외 사유를 들어 거부 불가**
산지일시사용신고를 받은 군수 등은 신고서 또는 첨부서류에 흠이 있거나 거짓 또는 그 밖의 부정한 방법으로 신고를 한 것이 아닌 한, 그 신고내용이 법령에서 정하고 있는 신고의 기준, 조건, 대상시설, 행위의 범위, 설치지역 및 설치조건 등을 충족하는 경우에는 그 신고를 수리하여야 하고, 법령에서 정한 사유 외의 다른 사유를 들어 신고수리를 거부할 수는 없다(2022.11.30. 2022두50588).

② ○ **착공신고 반려행위: 항고소송의 대상**○
〈착공신고 반려〉행위가 이루어진 단계에서 당사자로 하여금 반려행위의 적법성을 다투어 법적 불안을 해소한 다음 건축행위에 나아가도록 함으로써 장차 있을지도 모르는 위험에서 미리 벗어날 수 있도록 길을 열어주고, 위법한 건축물의 양산과 철거를 둘러싼 분쟁을 조기에 근본적으로 해결할 수 있게 하는 것이 법치행정의 원리에 부합한다. 그러므로 행정청의 착공신고 반려행위는 **항고소송의 대상이 된다**고 보는 것이 옳다(2011.6.10. 2010두7321).

③ ○ **인허가의제 수반 건축신고: 관련 인허가 실체심사가 필요한 수리를 요하는 신고 → 관련 인허가기준 미충족시 수리 거부 가능**
건축법 제14조 제2항에 의한 인·허가의제 효과를 수반하는 건축신고는 일반적인 건축신고와는 달리 행정청이 그 실체적 요건에 관한 심사를 한 후 수리하여야 하는 이른바 '수리를 요하는 신고'에 해당한다. … 「국토의 계획 및 이용에 관한 법률」상의 개발행위허가로 의제되는 건축신고가 개발행위허가의 기준을 갖추지 못한 경우 행정청으로서는 이를 이유로 그 수리를 거부할 수 있다(2011.1.20. 2010두14954 전합).

선지분석 & 요플·기풀기링크

선지	THEME	요플	기풀기
①	T23 신고	52	052
②	T24 건축 관련 쟁점	16	022
③		19	020
④	T23 신고		
⑤		19	030

④ ○ 옥외집회 개최 신고 후 '옥내집회'만 개최한 경우: '옥외집회' 신고범위 일탈행위를 처벌하는 집시법 위반죄로 처벌 불가

「집회 및 시위에 관한 법률」(이하 '집시법'이라 한다)은 옥외집회나 시위에 대하여는 사전신고를 요구하고 나아가 그 신고범위의 일탈행위를 처벌하고 있지만, 옥내집회에 대하여는 신고하도록 하는 규정 자체를 두지 않고 있다. 따라서 당초 옥외집회를 개최하겠다고 신고하였지만 신고 내용과 달리 아예 옥외집회는 개최하지 아니한 채 신고한 장소와 인접한 건물 등에서 옥내집회만을 개최한 경우에는, 그것이 건조물침입죄 등 다른 범죄를 구성함은 별론으로 하고, 신고한 옥외집회를 개최하는 과정에서 그 신고범위를 일탈한 행위를 한 데 대한 집시법 위반죄로 처벌할 수는 없다(2013.7.25. 2010도14545).

⑤ × 신고가 무효(신고서 위조)시 수리의 효력: 수리행위의 하자 정도를 따질 것도 없이 무효

장기요양기관의 폐업신고와 노인의료복지시설의 폐지신고는, 행정청이 관계법령이 규정한 요건에 맞는지를 심사한 후 수리하는 이른바 '수리를 필요로 하는 신고'에 해당한다. 그러나 행정청이 그 신고를 수리하였다고 하더라도, 신고서 위조 등의 사유가 있어 신고행위 자체가 효력이 없다면, 그 수리행위는 유효한 대상이 없는 것으로서, 수리행위 자체에 중대·명백한 하자가 있는지를 따질 것도 없이 당연히 무효이다(2018.6.12. 2018두33593).

정답 ⑤
OX 1○ 2○ 3×

21

사인의 공법행위에 대한 설명으로 옳지 않은 것은? (다툼이 있는 경우 판례에 의함) 14지방9

① 신청권은 행정청의 응답을 구하는 권리이며, 신청된 대로의 처분을 구하는 권리는 아니다.
② 신청에 따른 행정청의 처분이 기속행위인 때에는 행정청은 신청에 대한 응답의무를 지지만, 재량행위인 때에는 응답의무가 없다.
③ 법규상 또는 조리상 신청권이 없는 경우에는 거부행위의 처분성이 인정되지 아니한다.
④ 사인의 공법상 행위는 명문으로 금지되거나 성질상 불가능한 경우가 아닌 한, 그에 의거한 행정행위가 행하여질 때까지는 자유로이 철회나 보정이 가능하다.

관련 OX

③ 관련
1 신청권이 없는 신청에 대한 거부행위에 대하여 제기된 거부처분 취소소송(은 각하되는 경우에 해당한다)   17국가7

④ 관련
2 사인의 공법행위는 명문으로 금지되거나 성질상 불가능한 경우가 아닌 한, 그에 따른 행정행위가 행하여질 때까지 자유로이 철회하거나 보정할 수 있다.   19소간

해설

① ○ 신청권: 신청한 대로의 처분을 받을 권리× / 신청에 대하여 응답받을 권리○
사인의 공법행위에서 신청이란, 사인이 행정청에 일정한 조치를 취할 것을 요구하는 의사표시이다. 신청이 적법하려면 신청권이 존재하여야 하는데, 여기서 <u>신청권이란 신청한 대로의 처분을 받을 권리가 아니라, 신청에 대하여 상당기간 내 가부 간의 응답을 받을 권리</u>이다.

② × 신청을 받은 행정청에게는 응답의무가 인정되는데, <u>신청대상 처분이 기속행위인 경우는 물론, 재량행위인 경우에도 인정</u>된다.

③ ○ 거부처분이 성립하려면 법규상 또는 조리상 신청권 필요
국민의 적극적 신청행위에 대하여 행정청이 그 신청에 따른 행위를 하지 않겠다고 거부한 행위가 <u>항고소송의 대상이 되는 행정처분에 해당하는 것이라고 하려면</u>, 그 신청한 행위가 공권력의 행사 또는 이에 준하는 행정작용이어야 하고, 그 거부행위가 신청인의 법률관계에 어떤 변동을 일으키는 것이어야 하며, <u>그 국민에게 그 행위발동을 요구할 법규상 또는 조리상의 신청권이 있어야</u> 한다(2009.9.10. 2007두20638).

④ ○ 사인의 공법행위(의사표시)가 상대방에 도달하더라도 그에 따른 행정행위가 행하여지기 전에는 철회를 할 수 있다. 행정절차법 제17조에서도 처분이 있기 전에 보완·변경이나 취하를 할 수 있다고 규정하고 있다.

행정절차법 제17조(처분의 신청) ⑧ 신청인은 처분이 있기 전에는 그 신청의 내용을 보완·변경하거나 취하(取下)할 수 있다. 다만, 다른 법령등에 특별한 규정이 있거나 그 신청의 성질상 보완·변경하거나 취하할 수 없는 경우에는 그러하지 아니하다.

선지분석 & 요플·기풀기링크

선지	THEME	요플	기풀기
①	T23 신고	56	056
②		57	057
③	T54 거부처분	13	011
④	T22 사인의 공법행위	19	018

정답 ②
OX 1○ 2○

THEME 24 건축 관련 쟁점 모음

기 294-305
요 084-086

필수문제 01

건축허가에 대한 설명으로 옳지 않은 것은? (다툼이 있는 경우 판례에 의함)   17(하)국가7

① 「국토의 계획 및 이용에 관한 법률」상 건축물의 건축에 관한 개발행위허가가 의제되는 건축허가신청이 국토의 계획 및 이용에 관한 법령이 정한 개발행위허가기준에 부합하지 아니하면 건축허가권자는 이를 거부할 수 있다.

② 건축허가청은 건축허가신청이 「건축법」 등 관계법령에서 정하는 어떠한 제한에 배치되지 않는 이상 당연히 같은 법에서 정하는 건축허가를 하여야 하고, 중대한 공익상의 필요가 없음에도 불구하고 요건을 갖춘 자에 대한 허가를 관계법령에서 정하는 제한사유 이외의 사유를 들어 거부할 수는 없다.

③ 건축허가청은 건축허가신청에 대하여 건축불허가처분을 하는 경우 미리 처분의 제목과 처분하려는 원인이 되는 사실과 처분의 내용 및 법적 근거를 당사자등에게 통지하여야 한다.

④ 건축허가신청 후 허가기준이 변경된 경우 그 허가청이 허가신청을 수리하고도 정당한 이유 없이 그 처리를 늦추어 그 사이에 허가기준이 변경된 것이 아닌 이상 변경된 허가기준에 따라서 처분을 하여야 한다.

관련 OX

① 관련

1 ◯

「국토의 계획 및 이용에 관한 법률」상의 개발행위허가로 의제되는 건축신고가 동법(同法)상의 개발행위허가기준을 갖추지 못한 경우 행정청으로서는 이를 이유로 그 수리를 거부할 수 있다. 14지방9

해설

① ◯ 개발행위허가가 의제되는 건축허가신청시 → (주된) 건축법상 요건 갖췄어도, (관련) 국토계획법상 개발행위허가기준에 미부합시 거부 가능

건축물의 건축이 국토계획법상 개발행위에 해당할 경우 그에 대한 건축허가를 하는 허가권자는 건축허가에 배치·저촉되는 관계 법령상 제한 사유의 하나로 국토계획법령의 개발행위허가기준을 확인하여야 하므로, 국토계획법상 건축물의 건축에 관한 개발행위허가가 의제되는 건축허가신청이 국토계획법령이 정한 개발행위허가기준에 부합하지 아니하면 허가권자로서는 이를 거부할 수 있다(2016.8.24. 2016두35762).

② ◯ 건축허가: 기속행위 / 법령상 제한사유 외의 사유로 거부 불가 / 단, 중대한 공익 있으면 거부 가능

건축허가권자는 건축허가신청이 건축법 등 관계 법규에서 정하는 어떠한 제한에 배치되지 않는 이상 당연히 같은 법조에서 정하는 건축허가를 하여야 하고, 중대한 공익상의 필요가 없는데도 관계법령에서 정하는 제한사유 이외의 사유를 들어 요건을 갖춘 자에 대한 허가를 거부할 수는 없다(2009.9.24. 2009두8946).

③ × 신청에 대한 거부처분: 사전통지 불필요

신청에 대한 거부처분을 여기에서 말하는 '당사자의 권익을 제한하는 처분'에 해당한다고 할 수 없는 것이어서 처분의 사전통지대상이 된다고 할 수 없다(2003.11.28. 2003두674).

+ PLUS 행정절차법상 사전통지 및 의견청취는 당사자의 권익을 제한하거나 의무를 과하는 침익적 처분을 대상으로 한다. 그런데 거부처분은 이러한 침익적 처분에 해당하지 않으므로 사전통지 등의 대상이 되지 않는다는 것이 판례이다. 지문은 허가신청에 대해 불허가(거부)를 한 것이므로 사전통지를 하지 않아도 된다.

④ ◯ 허가신청 후 법령이 개정된 경우: 정당한 이유 없이 처리를 지연하는 사이 법령이 개정된 경우가 아니라면 처분시법에 따름

행정행위는 처분 당시에 시행 중인 법령과 허가기준에 의하여 하는 것이 원칙이고, … 소관 행정청이 허가신청을 수리하고도 정당한 이유 없이 처리를 늦추어 그 사이에 법령 및 허가기준이 변경된 것이 아닌 한 변경된 법령 및 허가기준에 따라서 한 불허가처분은 위법하다고 할 수 없다(2005.7.29. 2003두3550).

선지분석 & 요플·기풀기링크

선지	THEME	요플	기풀기
①	T18 인·허가의제	16	016
②	T24 건축 관련 쟁점	05	005
③	T54 거부처분	02	002
④	T08 개정시 적용법	05	005

정답 ③
OX 1 ◯

필수 문제 02

건축허가와 건축신고에 대한 설명으로 옳지 않은 것만을 모두 고르면? (다툼이 있는 경우 판례에 의함) 19국가9

> Ⓐ ㄱ. 「건축법」 제14조 제2항에 의한 인·허가의제 효과를 수반하는 건축신고에 대한 수리거부는 처분성이 인정되나, 동 규정에 의한 인·허가의제 효과를 수반하지 않는 건축신고에 대한 수리거부는 처분성이 부정된다.
> Ⓢ ㄴ. 「국토의 계획 및 이용에 관한 법률」에 의해 지정된 도시지역 안에서 토지의 형질변경행위를 수반하는 건축허가는 재량행위에 속한다.
> Ⓒ ㄷ. 건축허가권자는 중대한 공익상의 필요가 없음에도 관계 법령에서 정하는 제한사유 이외의 사유를 들어 건축허가 요건을 갖춘 자에 대한 허가를 거부할 수 있다.
> 인 ㄹ. 건축허가는 대물적 허가에 해당하므로, 허가의 효과는 허가대상 건축물에 대한 권리변동에 수반하여 이전되고 별도의 승인처분에 의하여 이전되는 것은 아니다.

① ㄱ, ㄴ
② ㄱ, ㄷ
③ ㄴ, ㄷ
④ ㄷ, ㄹ

관련 OX

ㄴ. 관련

1 토지의 형질변경행위를 수반하는 건축허가는 「건축법」에 의한 건축허가와 「국토의 계획 및 이용에 관한 법률」에 의한 개발행위허가의 성질을 아울러 갖게 되므로 재량행위에 해당한다. 19(1)서울7

2 Ⓢ 「국토의 계획 및 이용에 관한 법률」상 개발행위허가는 허가기준 및 금지요건이 불확정개념으로 규정된 부분이 많아 그 요건에 해당하는지 여부는 행정청의 재량판단의 영역에 속한다. 25국가9

해설

※ 학습의 편의상 ㄹ → ㄱ의 역순으로 해설함

ㄹ. ○ 건축허가: 대물적 행위 → 건축물 소유권에 수반해 이전하고 별도 승인처분 불요
건축허가는 대물적 허가의 성질을 가지는 것으로 그 허가의 효과는 허가대상 건축물에 대한 권리변동에 수반하여 이전되고, 별도의 승인처분에 의하여 이전되는 것이 아니며, 건축주 명의변경은 당초의 허가대장상 건축주 명의를 바꾸어 등재하는 것에 불과하므로 행정소송의 대상이 될 수 없다 (1979.10.30. 79누190).

관련 건축허가는 대물적 성질을 갖는 것이어서 행정청으로서는 허가를 할 때에 건축주 또는 토지소유자가 누구인지 등 인적 요소에 관하여는 형식적 심사만 한다(2017.3.15. 2014두41190).

ㄷ. ✕ 건축허가: 원칙적 기속행위 – 중대 공익사유 없으면 법령 외 사유로 거부 불가
건축허가권자는 건축허가신청이 건축법 등 관계 법규에서 정하는 어떠한 제한에 배치되지 않는 이상 당연히 같은 법조에서 정하는 건축허가를 하여야 하고, 중대한 공익상의 필요가 없는데도 관계 법령에서 정하는 제한사유 이외의 사유를 들어 요건을 갖춘 자에 대한 허가를 거부할 수는 없다 (2009.9.24. 2009두8946).

ㄴ. ○ ※ 국토계획법상의 형질변경을 수반하는 건축허가
1) 개발행위허가의 성격: 금지요건에 불확정개념이 있어 재량행위
2) 형질변경허가를 수반하는 건축허가: 개발행위허가의 성질을 아울러 갖게 되어 같이 재량행위
「국토의 계획 및 이용에 관한 법률」 제56조에 따른 개발행위허가와 농지법 제34조에 따른 농지전용허가·협의는 금지요건·허가기준 등이 불확정개념으로 규정된 부분이 많아 그 요건·기준에 부합하는지의 판단에 관하여 행정청에 재량권이 부여되어 있으므로, 그 요건에 해당하는지 여부는 행정청의 재량판단의 영역에 속한다. 나아가 국토계획법이 정한 용도지역 안에서 토지의 형질변경행위·농지전용행위를 수반하는 건축허가는 「건축법」 제11조 제1항에 의한 건축허가와 위와 같은 개발행위허가 및 농지전용허가의 성질을 아울러 갖게 되므로 이 역시 재량행위에 해당한다(2017.10.12. 2017두48956).

+ PLUS 예외적 재량행위 – ① 형질변경 등 수반(인·허가의제 등), ② 개발제한구역 내

ㄱ. ✕ [건축신고의 수리거부] ① 자기완결적 신고이지만 예외적 처분성 인정, ② 인·허가의제 수반시 행위요건적 신고이므로 당연히 처분성 인정

선지분석 & 요플·기풀기링크

선지	THEME	요플	기풀기
	T24 건축 관련 쟁점	N1	029
ㄱ		13	014
ㄴ	T24 건축 관련 쟁점	08	008
ㄷ		05	005
ㄹ		04	004

정답 ②
OX 1○ 2○

03 사례형

甲은 관할 행정청에 토지의 형질변경행위가 수반되는 건축허가를 신청하였고, 관할 행정청은 甲에 대해 '건축기간 동안 자재 등을 도로에 불법적치하지 말 것'이라는 부관을 붙여 건축허가를 하였다. 이에 대한 설명으로 옳은 것은? (다툼이 있는 경우 판례에 의함)   19지방9

① 토지의 형질변경의 허용 여부에 대해 행정청의 재량이 인정되더라도 주된 행위인 건축허가가 기속행위인 경우에는 甲에 대한 건축허가는 기속행위로 보아야 한다.
② 위 건축허가에 대해 건축주를 乙로 변경하는 건축주명의변경신고가 관련 법령의 요건을 모두 갖추어 행해졌더라도 관할 행정청이 신고의 수리를 거부한 경우, 그 수리거부행위는 乙의 권리·의무에 직접 영향을 미치는 것으로서 취소소송의 대상이 되는 처분이다.
③ 甲이 위 부관을 위반하여 도로에 자재 등을 불법적치한 경우, 관할 행정청은 바로 「행정대집행법」에 따라 불법적치된 자재 등을 제거할 수 있다.
④ 甲이 위 부관에 위반하였음을 이유로 관할 행정청이 건축허가의 효력을 소멸시키려면 법령상의 근거가 있어야 한다.

관련 OX

① 관련
1 「국토의 계획 및 이용에 관한 법률」에 따른 토지의 형질변경허가는 그 금지요건이 불확정개념으로 규정되어 있어 그 금지요건에 해당하는지 여부를 판단함에 있어서 행정청에 재량권이 부여되어 있다고 할 것이므로, 이 법에 따른 토지의 형질변경행위를 수반하는 건축허가는 재량행위에 속한다.   17(하)국가9

② 관련
2 「건축법」상 건축주 명의변경신고의 수리를 거부하는 행위는 항고소송의 대상이 되는 처분이다.   13국회8

STORY 해설

- (건축허가) 건축허가는 기속행위이나 재량행위인 형질변경허가가 의제되는 범위에서는 재량행위. 따라서 甲에 대한 건축허가는 재량행위①
- (건축주명의변경신고) 건축주명의변경신고수리거부는 향후 소유권 취득과 관련하여 권리·의무에 영향을 직접 미치므로 처분성 있음. 따라서 乙에 대한 수리거부는 처분②
- (대집행) 대집행은 작위의무 위반에 대해서 인정되므로, 부작위의무, 즉 금지의무 위반만으로는 불가. 따라서 甲의 적치금지 위반에 대해 곧바로 대집행 불가③
- (철회) 철회는 법령상 근거가 없어도 됨. 따라서 별도의 법령상 근거 없어도 甲의 부관위반을 이유로 건축허가 철회 가능④

해설

① × 토지의 형질변경행위를 수반하는 건축허가의 경우 기속행위인 건축허가가 재량행위인 형질변경허가를 포함하여 전체적으로 재량행위가 된다.

② ○ 건축주명의변경신고: 수리거부의 처분성 인정
〈건축주명의변경신고수리거부〉행위는 양수인이 건축공사를 계속하기 위하여 또는 건축공사를 완료한 후 자신의 명의로 소유권보존등기를 하기 위하여 가지는 구체적인 법적 이익을 침해하는 결과가 되었다고 할 것이므로, 비록 건축허가가 대물적 허가로서 그 허가의 효과가 허가대상건축물에 대한 권리변동에 수반하여 이전된다고 하더라도, 양수인의 권리·의무에 직접 영향을 미치는 것으로서 취소소송의 대상이 되는 처분이다(1992.3.31. 91누4911).

③ × 대집행은 작위의무 위반에 대한 것이므로, 부작위의무 위반에는 인정될 수 없다. 따라서 부작위의무인 불법적치금지의무에 위반했더라도 대집행으로 이를 제거할 수 없다. 물론 동 부작위의무를 작위의무(불법적치물 제거의무)로 전환하는 별도의 규정이 있는 경우, 그를 통해 작위의무를 부여한 뒤 그 작위의무위반에 대해서 대집행을 할 수는 있을 것이다.

④ × 위 사안은 불법적치시 건축허가를 철회할 수 있다는 철회권 유보의 부관을 붙인 것으로 볼 수 있다. 따라서 甲의 불법적치시 철회사유가 발생하여 처분청의 법령상의 근거가 없어도 철회할 수 있다. 철회는 법령에 근거한 경우뿐 아니라, 법령상의 근거가 없더라도 철회권이 유보된 경우, 상대방에게 귀책사유가 있는 경우, 사정변경이 있는 경우 등에도 인정될 수 있기 때문이다.

사례분석

- 건축을 중심으로 한 사례문제이다. 건축 관련 문제는 크게 1) 건축허가, 2) 건축신고, 3) 착공신고, 4) 건축주명의변경신고, 5) 준공검사, 6) 건축물대장 작성, 7) 위법건축물 철거(대집행)를 중심으로 출제된다. 이 문제는 이 중 건축허가, 건축주명의변경신고, 대집행을 묻고 있다.

- 제시문 중 '**형질변경행위가 수반되는 건축허가를 신청**'이라는 문구를 통해 재량행위가 의제되는 건축허가이므로 재량행위라는 점을,① '**불법적치하지 말 것**'이라는 문구를 통해 금지의무가 부여된 사례이므로 위반이 있더라도 곧바로 대집행은 안 된다는 것을③ 도출할 수 있어야 한다.

선지분석 & 요플·기풀기링크

선지	THEME	요플	기풀기
① T24 건축 관련 쟁점		08	008
②		26	027
③ T43 대집행		24	024
④ T31 VA의 취소·철회·실효		17	053

정답 ②
OX 1○ 2○

THEME 25 영업양도의 쟁점

기 306-317
요 087-089

필수문제

01 사례형

갑(甲)은 「식품위생법」상 식품접객업 영업허가를 받아 영업을 하던 중, 자신의 영업을 을(乙)에게 양도하기로 계약을 체결하였고, 을(乙)은 같은 법이 정한 바에 따라 영업자지위승계신고를 하였다. 이에 대한 설명으로 옳은 것은? (다툼이 있는 경우 판례에 의함)   15국가7

① 관할 행정청이 신고를 수리하기 위해서는 갑(甲)에 대해 「행정절차법」상 불이익 처분 절차를 거쳐야 한다.
② 법령상 신고요건을 갖춘 적법한 신고가 있었다면, 관할 행정청의 수리 여부와 관계없이 영업양도는 효력을 발생한다.
③ 관할 행정청에 의해 신고가 수리되었다면, 갑(甲)과 을(乙) 사이의 양도계약이 무효이더라도 신고는 효력을 발생한다.
④ 관할 행정청이 을(乙)의 신고를 수리하기 전에 갑(甲)의 영업허가가 취소되었을 경우, 을(乙)은 갑(甲)에 대한 영업허가취소에 대하여는 취소소송을 제기할 수 있는 원고적격이 없다.

해설

① ○ 영업양도 신고수리(지위승계 신고수리): 기존 업자가 직접 상대방이 되는 침익적 처분 → 기존 업자에게 사전통지·의견청취
관할 행정청이 구 식품위생법 규정에 의하여 **영업자지위승계신고를 수리하는 처분은 종전의 영업자의 권익을 제한하는 처분**이라 할 것이고 따라서 종전의 영업자는 그 처분에 대하여 직접 그 상대가 되는 자에 해당한다고 봄이 상당하므로, 행정청으로서는 위 영업자지위승계신고를 수리하는 처분을 함에 있어서 행정절차법 규정 소정의 당사자에 해당하는 종전의 영업자에 대하여 위 규정 소정의 행정절차를 실시하고 처분을 하여야 한다(2003.2.14. 2001두7015).
  + PLUS 지문에서 말하는 '불이익 처분 절차'란, 권리를 제한하거나 의무를 부과하는 처분, 즉 불이익한 침해적 처분에 대해서 거쳐야 하는 사전통지, 의견제출 등의 절차를 의미한다.

② × 영업양도시 이루어지는 **지위승계신고는 수리를 요하는 신고이다.** 따라서 그에 대한 **수리가 있어야 수허가자의 변경이 일어난다.** 종전 영업자가 이에 불복할 경우 수리행위에 대하여 항고소송을 제기할 수 있다.
  관련 지위승계신고를 수리하는 허가관청의 행위는 단순히 양도·양수인 사이에 이미 발생한 사법상 사업양도의 법률효과에 의하여 양수인이 그 영업을 승계하였다는 사실의 신고를 접수하는 행위에 그치는 것이 아니라, 영업허가자의 변경이라는 법률효과를 발생시키는 행위이다(2012.12.13. 2011두29144).

③ × **영업양도계약이 무효이면, 지위승계신고 수리처분도 무효**
사업양도·양수에 따른 허가관청의 지위승계신고의 수리는 적법한 사업의 양도·양수가 있었음을 전제로 하는 것이므로 그 수리대상인 사업양도·양수가 존재하지 아니하거나 무효인 때에는 수리를 하였다 하더라도 그 수리는 유효한 대상이 없는 것으로서 당연히 무효라 할 것이다(2005.12.23. 2005두3554).

④ × 지위승계신고수리가 이루어지기 전 양도대상 영업이 취소된 경우, **양수인에게 동 취소처분에 대해 항고소송을 제기할 원고적격이 있다**는 것이 판례의 태도이다(지위승계신고를 한 양수인은 물론, 지위승계신고를 하기 전의 양수인에게도 원고적격 인정).
• 주택건설사업의 양수인이 사업주체의 변경승인신청을 한 이후에 행정청이 양도인에 대하여 그 사업계획변경승인의 전제로 되는 사업계획승인을 취소하는 처분을 한 경우, **양수인은 위 처분의 취소를 구할 법률상의 이익을 가진다**(2000.9.26. 99두646).
• 채석허가를 받은 자에 대한 관할 행정청의 채석허가 취소처분에 대하여 수허가자의 지위를 양수한 양수인에게 그 취소처분의 취소를 구할 **법률상 이익이 있다**(2003.7.11. 2001두6289).

관련 OX

③ 관련
1 甲과 乙 사이의 사업양도·양수계약이 무효이더라도 이에 대한 신고의 수리가 있게 되면 사업양도의 효과가 발생한다.   17지방7

④ 관련
2 [A구청장으로부터 허가를 받아 유흥주점영업을 해오던 갑(甲)은 해당 영업을 을(乙)에게 양도하기로 하였다. 갑(甲)과 을(乙)은 사업을 양도하기로 하는 계약을 체결하였고, 법령에 따라 을(乙)은 A구청장에게 영업자지위승계신고를 하였다] A구청장이 영업자지위승계신고를 수리하기 전에 갑(甲)의 영업허가를 취소하였다면 을(乙)은 이를 다툴 원고적격이 없다.   23서울(지적)7

선지분석 & 요풀·기풀기링크

선지	THEME	요풀	기풀기
①	T39 절차법(통지·청취)	23	030
②		09	010
③	T25 영업양도의 쟁점	13	014
④		06	006

정답 ①
OX 1× 2×

필수문제 02

영업자의 지위승계에 관한 판례의 태도로 옳지 않은 것은? 13국가7

① 영업양도에 따른 지위승계신고를 수리하는 허가관청의 행위는 영업허가자의 변경이라는 법률효과를 발생시키는 행위로서 항고소송의 대상이 될 수 있다.

② 공매 등의 절차로 영업시설의 전부를 인수함으로써 영업자의 지위를 승계한 자가 관계행정청에 이를 신고하여 관계행정청이 그 신고를 수리하는 처분에 대해 종전 영업자는 제3자로서 그 처분의 취소를 구할 법률상 이익이 인정되지 않는다.

③ 법령상 채석허가를 받은 자의 명의변경제도를 두고 있는 경우, 명의변경신고를 할 수 있는 양수인은 관할 행정청이 양도인의 허가를 취소하는 처분에 대해 취소를 구할 법률상 이익이 인정된다.

④ 대물적 영업양도의 경우, 명시적인 규정이 없는 경우에도 양도 전에 존재하는 영업정지사유를 이유로 양수인에 대해서도 영업정지처분을 할 수 있다.

관련 OX

③ 관련

1 채석허가를 받은 자로부터 영업양수 후 명의변경신고 이전에 양도인의 법위반사유를 이유로 채석허가가 취소된 경우, 양수인은 수허가자의 지위를 사실상 양수받았다고 하더라도 그 처분의 취소를 구할 법률상 이익을 가지지 않는다. 17(하)국가7

④ 관련

2 (행정처분에 의한 제재를 받을 사유가 있는 영업자가 영업을 양도하거나 이미 행정처분에 의해 제재를 받은 자가 그 제재나 제재의 효과를 피하기 위하여 영업을 양도하는 경우) 대법원은 명문규정이 없으면 원칙적으로 양수인의 법적 책임을 부인하지만 대인적 처분의 경우에는 명문규정이 없어도 양수인에게 책임이 승계된다고 판시하고 있다. 16국회8

해설

① ○ **지위승계신고의 수리: 처분(종전 허가취소 + 새로운 허가 부여)**
사업양수에 의한 지위승계신고를 수리하는 허가관청의 행위는 단순히 양도, 양수자 사이에 발생한 사법상의 사업양도의 법률효과에 의하여 양수자가 사업을 승계하였다는 사실의 신고를 접수하는 행위에 그치는 것이 아니라 실질에 있어서 양도자의 사업허가를 취소함과 아울러 양수자에게 적법히 사업을 할 수 있는 법규상 권리를 설정하여 주는 행위로서 사업허가자의 변경이라는 법률효과를 발생시키는 행위이므로 허가관청이 법 제7조 제2항에 의한 사업양수에 의한 지위승계신고를 수리하는 행위는 행정처분에 해당한다(1993.6.8. 91누11544).

② × **지위승계신고수리에 대한 다툼: 종전 영업자에게 법률상 이익 인정**
체육시설업자로부터 영업을 양수하거나 문화체육관광부령으로 정하는 체육시설업의 시설기준에 따른 필수시설을 인수한 자가 관계 행정청에 이를 신고하여 행정청이 수리하는 경우에는 종전 체육시설업자는 적법한 신고를 마친 체육시설업자의 지위를 부인당할 불안정한 상태에 놓이게 되므로, 그로 하여금 이러한 수리행위의 적법성을 다투어 법적 불안을 해소할 수 있도록 하는 것이 법치행정의 원리에 맞는다(2012.12.13. 2011두29144).

③ ○ **양도인에 대한 채석허가 취소처분: 양수인이 이에 대해 항고소송 가능**
(편저자: 채석허가) 수허가자의 지위를 양수받아 명의변경신고를 할 수 있는 양수인의 지위는 단순한 반사적 이익이나 사실상의 이익이 아니라 산림법령에 의하여 보호되는 직접적이고 구체적인 이익으로서 법률상 이익이라고 할 것이고, 채석허가가 유효하게 존속하고 있다는 것이 양수인의 명의변경신고의 전제가 된다는 의미에서 관할 행정청이 양도인에 대하여 채석허가를 취소하는 처분을 하였다면 이는 양수인의 지위에 대한 직접적 침해가 된다고 할 것이므로 양수인은 채석허가를 취소하는 처분의 취소를 구할 법률상 이익을 가진다(2003.7.11. 2001두6289).

④ ○ 대물적 영업양도의 경우 판례는 명문의 규정이 없는 경우에도 제재사유의 승계를 긍정한다.

• **석유판매업(주유소)허가: 대물적 허가로 양도 가능, 양도인의 위법을 이유로 양수인에게 제재 가능**
석유판매업(주유소)허가는 소위 대물적 허가의 성질을 갖는 것이어서 그 사업의 양도도 가능하고 이 경우 양수인은 양도인의 지위를 승계하게 됨에 따라 양도인의 위 허가에 따른 권리·의무가 양수인에게 이전되는 것이므로 만약 양도인에게 그 허가를 취소할 위법사유가 있다면 허가관청은 이를 이유로 양수인에게 응분의 제재조치를 취할 수 있다 할 것이고, 양수인이 그 양수 후 허가관청으로부터 석유판매업허가를 다시 받았다 하더라도 이는 석유판매업의 양수도를 전제로 한 것이어서 이로써 양도인의 지위승계가 부정되는 것은 아니므로 양도인의 귀책사유는 양수인에게 그 효력이 미친다(1986.7.22. 86누203).

선지분석 & 요플·기풀기링크

선지	THEME	요플	기풀기
①		10	011
②	T25 영업양도의 쟁점	11	012
③		08	007
④		19	020

정답 ②
OX 1× 2×

03

영업허가의 양도와 제재처분의 효과 및 제재사유의 승계에 대한 설명으로 옳지 않은 것은? (다툼이 있는 경우 판례에 의함)

25지방9

① 「식품위생법」에 따른 영업장 면적 변경에 관한 신고의무가 이행되지 않은 영업을 양수한 자가 그 신고의무를 이행하지 않은 채 영업을 계속하는 경우, 시정명령 또는 영업정지 등 제재처분의 대상이 된다.

② 불법증차를 실행하고 유가보조금을 받은 운송사업자로부터 운송사업 영업을 양수하고 구「화물자동차 운수사업법」에 따라 신고를 하여 운송사업자의 지위를 승계한 양수인에게, 행정청은 불법증차 차량에 관하여 지급된 유가보조금의 반환을 명할 수 있다. 다만, 그에 따른 양수인의 책임범위는 지위승계 후 유가보조금 부정수급액에 한정된다.

③ 행정청은 개인택시운송사업의 양도·양수에 대한 인가를 한 후, 그 양도·양수 이전에 있었던 양도인에 대한 운송사업면허 취소사유를 들어 양수인의 사업면허를 취소할 수 있다.

④ 분할하는 회사의 분할 전「하도급거래 공정화에 관한 법률」위반행위를 이유로 신설회사에 대하여 동법에 따른 시정조치를 명하는 것이 허용된다.

관련 OX

②관련

1 불법증차를 실행한 운송사업의 양수인에 대하여는 양수인의 지위승계 전에 불법증차에 관하여 발생한 유가보조금 부정수급액에 대해서까지 양수인을 상대로 반환명령을 할 수 있다. 24군무원7

③관련

2 개인택시운송사업의 양도·양수에 대한 인가가 있은 후에 그 양도양수 이전에 있었던 양도인에 대한 운송사업면허 취소사유를 들어 양수인의 사업면허를 취소할 수 있다. 20국가7

해설

① ○ 면적변경 미신고 영업을 양수한 자가, 미신고 상태로 영업계속: 양수인에게 시정명령 등 제재 가능
양수인은 영업자 지위승계 신고서에 해당 영업장에서 적법하게 영업을 할 수 있는 요건을 모두 갖추었다는 점을 확인할 수 있는 소명자료를 첨부하여 제출하여야 하며(「식품위생법 시행규칙」 제48조 참조), 그 요건에는 신고 당시를 기준으로 해당 영업의 종류에 사용할 수 있는 적법한 건축물(점포)의 사용권원을 확보하고 식품위생법 제36조에서 정한 시설기준을 갖추어야 한다는 점도 포함된다. 영업장 면적이 변경되었음에도 그에 관한 신고의무가 이행되지 않은 영업을 양수한 자 역시 그와 같은 신고의무를 이행하지 않은 채 영업을 계속한다면 시정명령 또는 영업정지 등 제재처분의 대상이 될 수 있다(2020.3.26. 2019두38830).

② ○ 불법증차된 화물자동차를 양수한 사업자에 대하여 유가보조금 환수처분 가능 / 단, 그 범위는 지위승계 후 발생한 부정수급액에 한정됨
불법증차를 실행한 운송사업자로부터 운송사업을 양수하고 화물자동차법 제16조 제1항에 따른 신고를 하여 화물자동차법 제16조 제4항에 따라 운송사업자의 지위를 승계한 경우에는 설령 양수인이 영업양도·양수 대상에 불법증차 차량이 포함되어 있는지를 구체적으로 알지 못하였다 할지라도, 양수인은 불법증차 차량이라는 물적 자산과 그에 대한 운송사업자로서의 책임까지 포괄적으로 승계한다. 따라서 관할행정청은 양수인의 선의·악의를 불문하고 양수인에 대하여 불법증차 차량에 관하여 지급된 유가보조금의 반환을 명할 수 있다. 다만 그에 따른 양수인의 책임범위는 지위승계 후 발생한 유가보조금 부정수급액에 한정되고, 지위승계 전에 발생한 유가보조금 부정수급액에 대해서까지 양수인을 상대로 반환명령을 할 수는 없다(2021.7.29. 2018두55968).

+ PLUS 책임범위가 한정되는 이유는 유가보조금 반환명령은 '대인적 처분'이기 때문이다.

③ ○ 개인택시운송사업면허 양도·양수 인가 후 양도인의 면허취소사유로 양수인의 면허를 취소할 수 있음
개인택시운송사업을 양수한 사람은 양도인의 운송사업자로서의 지위를 승계하는 것이므로, 관할관청은 개인택시 운송사업의 양도·양수에 대한 인가를 한 후에도 그 양도·양수 이전에 있었던 양도인에 대한 운송사업면허 취소사유를 들어 양수인의 사업면허를 취소할 수 있는 것이고, 가사 양도·양수 당시에는 양도인에 대한 운송사업면허 취소사유가 현실적으로 발생하지 않은 경우라도 그 원인되는 사실이 이미 존재하였다면, 관할관청으로서는 그 후 발생한 운송사업면허 취소사유에 기하여 양수인의 사업면허를 취소할 수 있는 것이다(2010.4.8. 2009두17018).

④ ✕ 분할하는 회사의 분할 전 하도급법 위반행위를 이유로 신설회사에 대하여 시정조치를 명할 수 없음
회사분할시 특별한 규정이 없는 한 신설회사에 대하여 분할하는 회사의 분할 전 「하도급거래 공정화에 관한 법률」(이하 '하도급법'이라 한다) 위반행위를 이유로 하도급법 제25조 제1항에 따른 시정조치를 명하는 것은 허용되지 않는다. 구체적인 이유는 아래와 같다.

㉠ 대법원은 2007.11.29. 선고 2006두18928 판결에서 법률 규정이 없는 이상 분할하는 회사의 분할 전 「독점규제 및 공정거래에 관한 법률」(이하 '공정거래법'이라 한다) 위반행위를 이유로 신설회사에 대하여 과징금을 부과하는 것은 허용되지 않는다고 판시하였다. … 공정거래법상 과징금 부과처분에 관한 위 법리는 아래에서 보는 바와 같이 제재사유의 승계에 관하여 법률 규정을 두고 있지 않은 하도급법상 시정조치명령의 경우에도 그대로 적용되어야 한다.

㉡ 현행 공정거래법은 분할하는 회사의 분할 전 공정거래법 위반행위를 이유로 신설회사에 과징금 부과 또는 시정조치를 할 수 있도록 규정을 신설하였다. 현행 하도급법은 과징금 부과처분에 관하여는 신설회사에 제재사유를 승계시키는 공정거래법 규정을 준용하고 있으나 시정조치에 관하여는 이러한 규정을 두고 있지 않다. 이와 같이 공정거래법과 하도급법이 회사분할 전 법 위반행위에 관하여 신설회사에 과징금 부과 또는 시정조치의 제재사유를 승계시킬 수 있는 경우를 따로 규정하고 있는 이상, 그와 같은 규정을 두고 있지 아니하는 사안, 즉 회사분할 전 법 위반행위에 관하여 신설회사에 시정조치의 제재사유가 승계되는지가 쟁점이 되는 사안에서는 이를 소극적으로 보는 것이 자연스럽다(2023.6.15. 2021두55159).

선지선택비율 ① 8.93% ② 14.12% ③ 9.97% ④ 66.99% 오답률 33.01%

정답 ④

OX 1 ✕ 2 ○

필수 문제 04

사인의 공법행위로서 신고에 관한 설명으로 옳은 것은? (다툼이 있는 경우 판례에 의함)

25소간

① 납세의무자가 취득세를 신고·납부한 경우, 신고에 하자가 있다면 그 신고는 당연무효이므로 취득세의 신고에 하자가 있다는 사실만으로도 이미 납부하여 국가가 보유하고 있는 취득세액은 부당이득에 해당한다.

② 수리를 요하는 신고에서 수리란 신고를 유효한 것으로 판단하고 법령에 의하여 처리할 의사로 이를 수령하는 수동적 행위이므로 수리행위가 효력을 발생하기 위하여 신고필증 교부가 꼭 필요한 것은 아니다.

③ 「지방세법」에 의한 압류재산 매각절차에 따라 영업시설의 전부를 인수한 양수자가 「식품위생법」상의 영업자지위승계신고를 하는 경우 이를 수리하는 행정청의 처분은 양수자에게 적법히 사업을 할 수 있는 권리를 설정하여 주는 행위이므로 종전의 영업자는 「행정절차법」상 당사자에 해당되지 않는다.

④ 사업양도·양수에 따른 허가관청의 지위승계신고의 수리가 있는 경우 사업의 양도행위가 무효라고 주장하는 양도자는 민사쟁송으로 양도·양수행위의 무효를 구하여야 하고 막바로 허가관청을 상대로 하여 행정소송으로 신고수리처분의 무효확인을 구할 법률상 이익이 없다.

⑤ 구 「산림법」상 채석허가자의 지위가 양도·양수된 경우, 양도·양수에 따른 명의변경신고가 수리되기 전에 행정청이 양도인에 대하여 채석허가를 취소하는 처분을 하였다면 양수인은 처분의 직접 상대방에 해당하지 아니하므로 채석허가취소처분의 취소를 구할 법률상 이익이 없다.

관련 OX

① 관련

1 신고납세방식의 조세의 경우 납세의무자의 신고행위가 중대하고 명백한 하자로 인하여 당연무효로 되지 아니하는 한 신고에 따라 납부한 세액이 바로 부당이득에 해당하는 것은 아니다.
23국가7

② 관련

2 납골당설치신고는 수리를 요하는 신고이므로 신고필증의 교부가 필요하다.
20소간

④ 관련

3 사업의 양도·양수신고가 수리된 경우, 甲은 민사쟁송으로 양도·양수행위의 무효를 구함이 없이 곧바로 항고소송으로 신고수리의 무효확인을 구할 법률상 이익이 있다.
17지방7

해설

① ✕ 신고납세방식의 조세: 신고행위가 당연무효가 아닌 한 부당이득✕

취득세, 등록세 등 신고납세방식의 조세의 경우 납세의무자의 신고행위가 중대하고 명백한 하자로 인하여 당연무효로 되지 아니하는 한 그것이 바로 부당이득에 해당한다고 할 수 없다(1995.2.28. 94다31419).

➕ PLUS 신고에 하자가 있다고 하여 당연무효가 되는 것이 아니라 중대·명백한 하자가 있어야 한다.

② ○ 판례는 신고의 접수·수리시 교부되는 신고필증은 신고사실을 확인하는 행위에 불과할 뿐, 신고효력발생의 필수요건이 아니라고 본다. 이는 자기완결적 신고는 물론이고, 행위요건적 신고에서도 마찬가지이다.

• 납골당설치신고: 수리를 요하는 신고이지만, 수리만 필요할 뿐 신고필증의 교부가 필수는 아님

납골당설치신고는 이른바 '수리를 요하는 신고'라 할 것이므로, 납골당설치신고가 구 장사법 관련 규정의 모든 요건에 맞는 신고라 하더라도 신고인은 곧바로 납골당을 설치할 수는 없고, 이에 대한 행정청의 수리처분이 있어야만 신고한 대로 납골당을 설치할 수 있다. 한편 수리란 신고를 유효한 것으로 판단하고 법령에 의하여 처리할 의사로 이를 수령하는 수동적 행위이므로 수리행위에 신고필증 교부 등 행위가 꼭 필요한 것은 아니다(2011.9.8. 2009두6766).

선지분석 & 요플·기풀기링크

선지	THEME	요플	기풀기
①	T27 공정력	23	023
②	T23 신고	25	019
③	T39 절차법(통지·청취)	25	029
④	T25 영업양도의 쟁점	14	015
⑤		08	007

③ ✕ 영업양도 신고수리(지위승계 신고수리): 기존 업자가 직접 상대방이 되는 침익적 처분 → 기존 업자에게 사전통지·의견청취

구 식품위생법 제25조 제2항, 제3항의 각 규정에 의하면, 지방세법에 의한 압류재산 매각절차에 따라 영업시설의 전부를 인수함으로써 그 영업자의 지위를 승계한 자가 관계 행정청에 이를 신고하여 행정청이 이를 수리하는 경우에는 종전의 영업자에 대한 영업허가 등은 그 효력을 잃는다 할 것인데, 위 규정들을 종합하면 위 행정청이 구 식품위생법 규정에 의하여 영업자지위승계신고를 수리하는 처분은 종전의 영업자의 권익을 제한하는 처분이라 할 것이고 따라서 종전의 영업자는 그 처분에 대하여 직접 그 상대가 되는 자에 해당한다고 봄이 상당하므로, 행정청으로서는 위 신고를 수리하는 처분을 함에 있어서 행정절차법 규정 소정의 당사자에 해당하는 종전의 영업자에 대하여 위 규정 소정의 행정절차(편저자: 사전통지·의견청취)를 실시하고 처분을 하여야 한다(2003.2.14. 2001두7015).

④ ✕ 영업양도계약이 무효임에도 지위승계신고가 수리된 경우: 양도자는 곧바로 수리처분 무효확인소송(항고소송) 가능

사업양도·양수에 따른 허가관청의 지위승계신고의 수리는 적법한 사업의 양도·양수가 있었음을 전제로 하는 것이므로 그 수리대상인 사업양도·양수가 존재하지 아니하거나 무효인 때에는 수리를 하였다 하더라도 그 수리는 유효한 대상이 없는 것으로서 당연히 무효라 할 것이고, 사업의 양도행위가 무효라고 주장하는 양도자는 민사쟁송으로 양도·양수행위의 무효를 구함이 없이 막바로 허가관청을 상대로 하여 행정소송으로 위 신고수리처분의 무효확인을 구할 법률상 이익이 있다(2005.12.23. 2005두3554).

⑤ ✕ 양도인에 대한 채석허가 취소처분: 양수인이 이에 대해 항고소송 가능

〈채석허가를 받은 자에 대한〉 관할 행정청의 채석허가 취소처분에 대하여 수허가자의 지위를 양수한 양수인에게 그 취소처분의 취소를 구할 법률상 이익이 있다(2003.7.11. 2001두6289).

+ PLUS 양도인에게 이루어진 영업취소 등 제재처분은 처분으로서 대상적격이 인정되고, 그에 대해 양수인에게 원고적격과 소의 이익이 인정된다.

05 사례형 필수문제

甲은 「여객자동차 운수사업법」상 일반택시운송사업면허를 받아 사업을 운영하던 중, 자신의 사업을 乙에게 양도하고자 乙과 양도·양수계약을 체결하고 관련 법령에 따라 乙이 사업의 양도·양수신고를 하였다. 이와 관련한 설명으로 옳지 않은 것은? (다툼이 있는 경우 판례에 의함) 17지방7

① 甲에 대한 일반택시운송사업면허는 원칙상 재량행위에 해당한다.
② 사업의 양도·양수에 대한 신고를 수리하는 행위는 「행정절차법」의 적용대상이 된다.
③ 甲과 乙 사이의 사업양도·양수계약이 무효이더라도 이에 대한 신고의 수리가 있게 되면 사업양도의 효과가 발생한다.
④ 사업의 양도·양수신고가 수리된 경우, 甲은 민사쟁송으로 양도·양수행위의 무효를 구함이 없이 곧바로 항고소송으로 신고수리의 무효확인을 구할 법률상 이익이 있다.

관련 OX

① 관련

1 「여객자동차 운수사업법」에 의한 개인택시운송사업면허는 특정인에게 권리나 이익을 부여하는 행정청의 재량행위이며, 동법(同法) 및 그 시행규칙의 범위 내에서 면허를 위하여 필요한 기준을 정하는 것 역시 행정청의 재량에 속한다. 14지방9

④ 관련

2 기본행위인 사업의 양도·양수계약이 무효인 경우, 기본행위의 무효를 구함이 없이 곧바로 영업자지위승계신고 수리처분에 대한 무효확인소송을 제기할 법률상 이익이 없다. 22국회8

STORY 해설

- 영업양도에 대한 지위승계신고와 관련해서는 1) 신고수리 전, 2) 신고수리시, 3) 신고수리 후에 따라 고유의 쟁점이 있다. 이 문제는 이 중 2), 3)을 묻고 있다.
- 신고수리시, 영업양도 신고의 수리는 영업자 변동을 가져오는 처분에 해당한다. 따라서 처분에 대한 행정절차법 규정이 적용된다.② 특히 중요한 것은 영업권을 취소당하는 양도인에 대한 사전통지·의견청취 절차를 거쳐야 한다는 점이다.
- 신고수리 후, 수리의 전제가 된 영업양도가 무효이거나 부존재함이 밝혀진 경우의 쟁송방법이 문제된다. 판례는 영업양도계약이 무효인 경우, 신고수리도 무효가 되고, 따라서 사법상 행위인 영업양도계약의 무효를 다툼이 없이(민사쟁송), 공법상 처분인 수리행위의 무효확인을 곧바로 구할 수 있다고 본다(항고소송). 따라서 신고수리가 있어도 사업양도의 효과는 발생하지 않고,③ 甲은 민사쟁송을 거치지 않고 곧바로 항고소송으로 신고수리의 무효확인을 구할 수 있다.④

사례분석 사례지수 상중하

- 영업양도와 관련한 전형적 사례문제이다. 이러한 형태의 문제들은 제시문에서 영업양도계약 및 지위승계신고가 있었다는 상황을 제시할 뿐, 실제 지문은 제시문을 읽지 않아도 풀릴 수 있게 나오는 것이 보통이어서 사례지수는 낮다.
- 다만, 영업양도 관련 문제에서는 1) 신고수리 전, 2) 신고수리시, 3) 신고수리 후의 쟁점이 모두 존재하며, 이들을 복합적으로 물어볼 가능성이 높다는 것을 기억한다. 이 문제 역시 ③에서 수리 전 쟁점을(수리 전 양도인의 영업이 취소됨), ①에서 수리시 쟁점을(수리는 사실행위가 아닌 처분임), ②,④에서 수리 후 쟁점을(신고수리까지 되었는데 알고 보니 영업양도가 무효였음이 드러남) 묻고 있다.

선지분석 & 요플·기풀기링크

선지	THEME	요플	기풀기
①	T19 형성적 VA	03	006
②	T39 절차법(통지·청취)	23	030
③	T25 영업양도의 쟁점	13	014
④		14	015

해설

① ○ 「여객자동차 운수사업법」에 의한 개인택시운송사업의 면허는 특정인에게 권리나 이익을 부여하는 행정청의 재량행위이고, 위 법과 그 시행규칙의 범위 내에서 면허를 위하여 필요한 기준을 정하는 것 역시 행정청의 재량에 속하는 것이다(2009.11.26. 2008두16087).

② ○ 영업양도 신고수리(지위승계 신고수리): 기존 업자가 직접 상대방이 되는 침익적 처분 → 기존 업자에게 사전통지·의견청취
영업자지위승계신고를 수리하는 처분은 종전의 영업자의 권익을 제한하는 처분이라 할 것이고 … 위 신고를 수리하는 처분을 함에 있어서 행정절차법 규정 소정의 당사자에 해당하는 종전의 영업자에 대하여 위 규정 소정의 행정절차(편저자: 사전통지·의견청취)를 실시하고 처분을 하여야 한다(2003.2.14. 2001두7015).

③ ×, ④ ○ ※ 영업양도계약이 무효임에도 지위승계신고가 수리된 경우
영업양도계약이 무효이면, 지위승계신고 수리처분도 무효③ / 곧바로 수리처분 무효확인소송(항고소송) 가능④
사업양도·양수에 따른 허가관청의 지위승계신고의 수리는 적법한 사업의 양도·양수가 있었음을 전제로 하는 것이므로 그 수리대상인 사업양도·양수가 존재하지 아니하거나 무효인 때에는 수리를 하였다 하더라도 그 수리는 유효한 대상이 없는 것으로서 당연히 무효라 할 것이고,③ 사업의 양도행위가 무효라고 주장하는 양도자는 민사쟁송으로 양도·양수행위의 무효를 구함이 없이 막바로 허가관청을 상대로 하여 행정소송으로 위 신고수리처분의 무효확인을 구할 법률상 이익이 있다④(2005.12.23. 2005두3554).

정답 ③
OX 1○ 2×

06

영업허가의 양도와 제재처분의 효과 및 제재사유의 승계에 관한 설명으로 가장 옳지 않은 것은?
(다툼이 있는 경우 판례에 의함)   17(2)서울9

① 양도인의 위법행위로 양도인에게 이미 제재처분이 내려진 경우에 영업정지 등 그 제재처분의 효력은 양수인에게 당연히 이전된다.
② 주택건설사업이 양도되었으나 그 변경승인을 받기 이전에 행정청이 양수인에 대하여 양도인에 대한 사업계획승인을 취소하였다는 사실을 통지한 경우 이러한 통지는 양수인의 법률상 지위에 변동을 일으키므로 행정처분이다.
③ 회사분할시 분할 전 회사에 대한 제재사유가 신설회사에 대하여 승계되지 않으므로 회사의 분할 전 법 위반행위를 이유로 과징금을 부과하는 것은 허용되지 않는다.
④ 양도인이 위법행위를 한 후 제재를 피하기 위하여 영업을 양도한 경우 그 제재사유의 승계에 관하여 명문의 규정이 없는 경우, 위법행위로 인한 제재사유는 항상 인적 사유이고 경찰책임 중 행위책임의 문제라는 논거는 승계부정설의 논거이다.

관련 OX

① 관련

1 (행정처분에 의한 제재를 받을 사유가 있는 영업자가 영업을 양도하거나 이미 행정처분에 의해 제재를 받은 자가 그 제재나 제재의 효과를 피하기 위하여 영업을 양도하는 경우)「식품위생법」제78조나「먹는물관리법」제49조에서와 같이 개별법상 명문규정으로 책임의 승계를 규정하지 않는 한 양수인에게 양도인의 행위에 따른 제재를 할 수 없다.   16국회8

③ 관련

2 특별한 규정이 없는 한 신설회사에 대하여 분할하는 회사의 분할 전 법 위반행위를 이유로 과징금을 부과하는 것은 허용되지 않는다.   09지방7

해설

① ○ 이미 양도인에게 제재처분(영업정지, 허가취소 등)이 내려진 상태에서 지위승계신고가 수리된 경우, 그 제재처분의 효과는 명문규정이 없더라도 **당연히 양수인에게 승계**된다. 양도인에 대한 제재처분의 효과는 양도되는 영업자 지위에 포함된 것이고 물적 상태이기 때문이다. 이는 양수인이 선의(양도인이 이러한 제재처분을 받은 줄 모르고 영업을 양수받은 경우)라도 마찬가지이다.

② × 양수인에 대한 양도인 인허가의 취소사실 통지: 이러한 통지는 처분이 아니어서 항고소송 불가
주택건설사업이 양도되었으나 그 변경승인을 받기 이전에 행정청이 〈양수인에 대하여〉 양도인에 대한 사업계획승인을 취소하였다는 사실을 통지한 경우, 위 통지는 항고소송의 대상이 되는 행정처분이 아니다(2000.9.26. 99두646).

③ ○ 회사분할: 분할 전 회사의 제재사유는 신설회사로 승계되지 않음 → 분할하는 회사의 분할 전 위법행위를 이유로 신설회사에게 과징금 부과 불가
회사분할시 신설회사 또는 존속회사가 승계하는 것은 분할하는 회사의 권리와 의무이고, 분할하는 회사의 분할 전 법 위반행위를 이유로 과징금이 부과되기 전까지는 단순한 사실행위만 존재할 뿐 과징금과 관련하여 분할하는 회사에 승계대상이 되는 어떠한 의무가 있다고 할 수 없으므로, 특별한 규정이 없는 한 신설회사에 대하여 분할하는 회사의 분할 전 법 위반행위를 이유로 과징금을 부과하는 것은 허용되지 않는다(2007.11.29. 2006두18928).

④ ○ 제재사유의 승계에 관한 명문의 규정이 없는 경우 승계 여부에 관한 **승계부정설**은 제재사유는 인적 사유이고 제재는 **행위책임**이므로 잘못한 사람도 아니고, 잘못한 행위도 한 적이 없는 양수인에게 영업이 이전된 이상 더 이상 제재하는 것이 불가하다고 본다.

+ PLUS 반면, 승계긍정설은 제재사유 역시 영업양도로 승계되는 '양도인의 지위'에 포함되고, 영업취소 등의 제재처분 자체는 대물적 처분이며, 승계부정시 영업양도를 악용한 제재회피가 우려된다는 점을 강조한다.

선지분석 & 요플·기풀기링크

선지	THEME	요플	기풀기
①		15	016
②	T25 영업양도의 쟁점	07	008
③		32	033
④		18	019

 ②
 1× 2○

07

다음 중 영업양도와 제재사유의 승계에 관한 판례의 내용으로 가장 적절하지 않은 것은? 24군무원7

① 불법증차를 실행한 운송사업의 양수인에 대하여는 양수인의 지위승계 전에 불법증차에 관하여 발생한 유가보조금 부정수급액에 대해서까지 양수인을 상대로 반환명령을 할 수 있다.

② 「건축법」상의 위반행위에 대하여 건축주 등에 대하여 부과되는 이행강제금 납부의무는 상속인 기타의 사람에게 승계될 수 없는 일신전속적인 성격의 것이므로 이미 사망한 사람에게 이행강제금을 부과하는 내용의 처분이나 결정은 당연무효이다.

③ 사업정지 등의 제재처분이 사업의 전부나 일부에 대한 것으로서 대물적 처분의 성격을 갖고 있는 경우, 종전 석유판매업자가 유사석유제품을 판매함으로써 받게 되는 사업정지 등 제재처분의 승계가 포함되어 그 지위를 승계한 자에 대하여 사업정지 등의 제재처분을 취할 수 있다.

④ 양도인의 운전면허 취소가 운송사업면허의 취소사유에 해당한다는 이유로 양수인의 운송사업면허를 취소하는 처분을 한 사안에서, 그 처분으로 인하여 공익상의 필요보다 상대방이 받게 되는 불이익 등이 막대한 경우에는 재량권의 한계를 일탈한 것으로서 그 자체가 위법하게 된다.

관련 OX

② 관련

1 「건축법」상 이행강제금은 위반행위에 대하여 시정명령을 받은 후 시정기간 내에 당해 시정명령을 이행하지 아니한 건축주 등에 대하여 부과하는 것으로서 그 이행강제금 납부의무는 상속인 기타의 사람에게 승계될 수 없는 일신전속적인 성질의 것이므로 이미 사망한 사람에게 이행강제금을 부과하는 내용의 처분이나 결정은 당연무효이다. 21지방7

③ 관련

2 주유소허가의 양수인은 양도인의 지위를 승계하므로 양도인에게 그 허가를 취소할 법적 사유가 있는 경우 이를 이유로 양수인에게 응분의 제재조치를 할 수 있다. 19(1)서울7

해설

① ✕ 불법증차된 화물자동차를 양수한 사업자에 대하여 유가보조금 환수처분 가능 / 단, 그 범위는 지위승계 후 발생한 부정수급액에 한정됨

불법증차를 실행한 운송사업자로부터 운송사업을 양수하고 화물자동차법 제16조 제1항에 따른 신고를 하여 화물자동차법 제16조 제4항에 따라 운송사업자의 지위를 승계한 경우에는 설령 양수인이 영업양도·양수 대상에 불법증차 차량이 포함되어 있는지를 구체적으로 알지 못하였다 할지라도, 양수인은 불법증차 차량이라는 물적 자산과 그에 대한 운송사업자로서의 책임까지 포괄적으로 승계한다. 따라서 관할행정청은 양수인의 선의·악의를 불문하고 양수인에 대하여 불법증차 차량에 관하여 지급된 유가보조금의 반환을 명할 수 있다. 다만 그에 따른 양수인의 책임범위는 지위승계 후 발생한 유가보조금 부정수급액에 한정되고, 지위승계 전에 발생한 유가보조금 부정수급액에 대해서까지 양수인을 상대로 반환명령을 할 수는 없다(2021.7.29. 2018두55968).

② ○ 이미 사망한 자에게 이행강제금 부과: 무효(이행강제금은 일신전속적으로 상속 등 승계가 불가)

구 건축법상의 이행강제금은 구 건축법의 위반행위에 대하여 시정명령을 받은 후 시정기간 내에 당해 시정명령을 이행하지 아니한 건축주 등에 대하여 부과되는 간접강제의 일종으로서 그 이행강제금 납부의무는 상속인 기타의 사람에게 승계될 수 없는 일신전속적인 성질의 것이므로 이미 사망한 사람에게 이행강제금을 부과하는 내용의 처분이나 결정은 당연무효이다(2006.12.8. 2006마470).

③ ○ 종전 석유판매업자의 위법을 이유로 양수인에게 제재 가능

석유판매업 등록은 원칙적으로 대물적 허가의 성격을 갖고, 또 석유판매업자가 같은 법 제26조의 유사석유제품 판매금지를 위반함으로써 같은 법 제13조 제3항 제6호, 제1항 제11호에 따라 받게 되는 사업정지 등의 제재처분은 사업자 개인의 자격에 대한 제재가 아니라 사업의 전부나 일부에 대한 것으로서 대물적 처분의 성격을 갖고 있으므로, 위와 같은 지위승계에는 종전 석유판매업자가 유사석유제품을 판매함으로써 받게 되는 사업정지 등 제재처분의 승계가 포함되어 그 지위를 승계한 자에 대하여 사업정지 등의 제재처분을 취할 수 있다고 보아야 한다(2003.10.23. 2003두8005).

선지분석 & 요플·기풀기링크

선지	THEME	요플	기풀기
①	T25 영업양도의 쟁점	29	030
②	T42 실효성 확보(공통쟁점)	87	083
③	T25 영업양도의 쟁점	20	021
④		25	026

④ ○ 양도인의 운전면허 취소가 운송사업면허의 취소사유에 해당한다는 이유로 양수인의 운송사업면허를 취소하는 경우에도 상대방의 불이익 등이 막대한 경우에는 재량권의 한계일탈로 위법

(관할관청이 개인택시 운송사업의 양도·양수에 대한 인가를 한 후 그 이전에 있었던 양도인의 음주운전 사실로 운전면허가 취소되자, 양도인의 운전면허 취소가 운송사업면허의 취소사유에 해당한다는 이유로 양수인의 운송사업면허를 취소하는 처분을 한 사안에서) 개인택시 운송사업면허와 같은 **수익적 행정처분**을 취소 또는 철회하거나 중지하는 경우에는 이미 부여된 그 국민의 기득권을 침해하는 것이 되므로, 비록 취소 등의 사유가 있다고 하더라도 그 **취소권 등의 행사**는 기득권의 침해를 정당화할 만한 중대한 공익상의 필요 또는 제3자의 이익보호의 필요가 있는 때에 한하여 상대방이 받는 불이익과 **비교·교량하여 결정하여야** 하고, 그 처분으로 인하여 **공익상의 필요보다 상대방이 받게 되는 불이익 등이 막대한 경우에는 재량권의 한계를 일탈**한 것으로서 그 자체가 **위법**하게 된다(2010.4.8. 2009두17018).

선지선택비율 ① 69.64% ② 10.12% ③ 7.74% ④ 12.50%   오답률 30.36%

정답 ①
OX 1○ 2○

08 행정행위에 관한 설명 중 옳지 않은 것은? (다툼이 있는 경우 판례에 의함)

25변시

① 구 공중위생관리법령에 따라 공중위생영업이 양도·양수된 후 양수인이 행정청에 새로운 영업소개설통보를 하였다면, 양도인에 관한 공중위생업 영업정지의 위법사유로 양수인에게 영업정지처분을 할 수 없다.

② 건축허가는 대물적 성질을 갖는 것이어서 행정청은 그 허가를 할 때 건축주가 누구인가 등 인적 요소에 관하여는 형식적 심사만을 행한다.

③ 요양기관이 속임수나 그 밖의 부당한 방법으로 보험자에게 요양급여비용을 부담하게 한 것을 이유로 「국민건강보험법」에 따라 받게 되는 요양기관 업무정지처분은 대물적 처분의 성격을 가진다.

④ 행정청이 「도시 및 주거환경정비법」 등 관련 법령에 근거하여 행하는 주택재건축조합설립인가처분은 법령상 요건을 갖출 경우 주택재건축사업을 시행할 수 있는 권한을 갖는 행정주체로서의 지위를 부여하는 일종의 설권적 처분의 성격을 가진다.

⑤ 근로복지공단이 사업주에 대해 행하는 개별 사업장의 사업종류 결정은 행정청이 행하는 구체적 사실에 관한 법집행으로서 공권력을 행사하는 확인적 행정행위라고 보아야 한다.

관련 OX

② 관련

1 건축허가는 대물적 성질을 갖는 것이어서 행정청으로서는 허가를 할 때에 건축주 또는 토지 소유자가 누구인지 등 인적 요소에 관하여는 형식적 심사만 한다. 22지방9

④ 관련

2 행정청이 관련 법령에 근거하여 행하는 조합설립인가처분은 그 설립행위에 대한 보충행위로서의 성질에 그치지 않고 법령상 요건을 갖출 경우 「도시 및 주거환경정비법」상 주택재건축사업을 시행할 수 있는 권한을 갖는 행정주체(공법인)로서의 지위를 부여하는 일종의 설권적 처분의 성격을 갖는다. 17(상)지방9

⑤ 관련

3 근로복지공단이 사업주에 대하여 하는 개별 사업장의 사업종류 변경결정은 사업종류 결정의 주체, 내용과 결정기준을 고려할 때 확인적 행정행위로서 처분에 해당한다. 21국회8

해설

① ✕ 공중위생관리법상 영업정지 등: 대물적 처분, 양도인의 위법을 이유로 양수인에게 제재 가능
구 공중위생관리법상 **영업정지나 영업장폐쇄명령** 모두 **대물적 처분**으로 보아야 할 이치이고, 아울러 구 공중위생관리법 제3조 제1항에서 보건복지부장관은 공중위생영업자로 하여금 일정한 시설 및 설비를 갖추고 이를 유지·관리하게 할 수 있으며, 제2항에서 공중위생영업자가 영업소를 개설한 후 시장 등에게 영업소개설사실을 통보하도록 규정하는 외에 공중위생영업에 대한 어떠한 제한규정도 두고 있지 아니한 것은 공중위생영업의 양도가 가능함을 전제로 한 것이라 할 것이므로, 양수인이 그 양수 후 행정청에 새로운 영업소개설통보를 하였다 하더라도, 그로 인하여 영업양도·양수로 영업소에 관한 권리·의무가 양수인에게 이전하는 법률효과까지 부정되는 것은 아니라 할 것인바, 만일 어떠한 **공중위생영업**에 대하여 그 **영업을 정지할 위법사유**가 있다면, 관할 행정청은 그 영업이 양도·양수되었다 하더라도 그 업소의 **양수인에 대하여 영업정지처분을 할 수 있다**고 봄이 상당하다 (2001.6.29. 2001두1611).

② ○ 건축허가: 대물적 성질 → 인적 요소는 형식적 심사만
<u>건축허가는 대물적 성질을 갖는 것이어서 행정청으로서는 허가를 할 때에 건축주 또는 토지소유자가 누구인지 등 인적 요소에 관하여는 형식적 심사만 한다</u>(2017.3.15. 2014두41190).

③ ○ 요양기관에 대한 업무정지처분: 대물적 처분③ / 위반행위를 저지른 요양기관을 폐업한 후, 그 개설자가 요양기관을 새로 개설한 경우 → 새로 개설한 요양기관에 대해서 업무정지처분 불가
요양기관이 속임수나 그 밖의 부당한 방법으로 보험자에게 요양급여비용을 부담하게 한 때에 구 국민건강보험법 제85조 제1항 제1호에 의해 받게 되는 **요양기관 업무정지처분**은 의료인 개인의 자격에 대한 제재가 아니라 요양기관의 업무 자체에 대한 것으로서 **대물적 처분의 성격을 갖는다**.③ 따라서 속임수나 그 밖의 부당한 방법으로 보험자에게 요양급여비용을 부담하게 한 요양기관이 폐업한 때에는 그 요양기관은 업무를 할 수 없는 상태일 뿐만 아니라 그 처분대상도 없어졌으므로 그 요양기관 및 폐업 후 그 요양기관의 개설자가 새로 개설한 요양기관에 대하여 **업무정지처분을 할 수는 없다** (2022.4.28. 2022두30546).

선지분석 & 요플·기풀기링크

선지	THEME	요플	기풀기
①	T25 영업양도의 쟁점	21	022
②	T24 건축 관련 쟁점	03	003
③	T25 영업양도의 쟁점	35	036
④	T20 정비사업	05	005
⑤	T52 대상적격(행정작용)	41	042

④ ○ 조합설립인가: 행정주체의 지위를 부여하는 설권적 처분(특허)

행정청이 「도시 및 주거환경정비법」 등 관련 법령에 근거하여 행하는 **조합설립인가처분은** 단순히 사인들의 조합설립행위에 대한 보충행위로서의 성질을 갖는 것에 그치는 것이 아니라 법령상 요건을 갖출 경우 도시정비법상 주택재건축사업을 시행할 수 있는 권한을 갖는 **행정주체(공법인)로서의 지위를 부여하는** 일종의 **설권적 처분**의 성격을 갖는다고 보아야 한다(2009.9.24. 2008다60568).

⑤ ○ 근로복지공단의 '개별사업장 사업종류 결정': 확인적 행정행위로서 처분

고용노동부장관의 고시에 의하면, 개별 사업장의 사업종류 결정은 그 사업장의 재해발생의 위험성, 경제활동의 동질성, 주된 제품·서비스의 내용, 작업공정과 내용, 한국표준산업분류에 따른 사업내용 분류, 동종 또는 유사한 다른 사업장에 적용되는 사업종류 등을 확인한 후, 매년 고용노동부장관이 고시한 '사업종류예시표'를 참고하여 사업세목을 확정하는 방식으로 이루어진다. 1차적으로 사업주의 보험관계 성립신고나 변경신고를 참고하지만, 사업주가 신고를 게을리하거나 그 신고 내용에 의문이 있는 경우에는 산재보험료를 산정하는 행정청인 근로복지공단이 직접 사실을 조사하여 결정하여야 한다. 이러한 사업종류 결정의 주체, 내용과 결정기준을 고려하면, **개별 사업장의 사업종류 결정은** 구체적 사실에 관한 법집행으로서 공권력을 행사하는 **'확인적 행정행위'라고 보아야 한다** (2020.4.9. 2019두61137).

+ PLUS 근로복지공단의 '사업종류변경결정'과 이에 따른 건강보험공단의 '산재보험료 부과처분' 모두 처분성 인정

THEME 26 행정행위의 성립요건·효력발생요건

기 318-327
요 090-093

필수 문제 01

행정행위의 성립과 효력에 관한 설명으로 옳은 것은? (다툼이 있는 경우 판례에 의함) 21소방

① 일반적으로 행정행위가 주체·내용·절차와 형식의 요건을 모두 갖추고 외부에 표시된 경우에 행정행위의 존재가 인정된다.

② 행정청의 의사가 외부에 표시되어 행정청이 자유롭게 취소·철회할 수 없는 구속을 받게 되는 시점에 행정행위가 성립하는 것은 아니며, 행정행위의 성립 여부는 행정청의 의사를 공식적인 방법으로 외부에 표시하였는지 여부를 기준으로 판단해야 한다.

③ 「행정절차법」은 행정행위 상대방에 대한 송달받을 자의 주소등을 통상적인 방법으로 확인할 수 없는 경우에 한하여, 공고의 방법에 의한 송달이 가능하도록 규정하고 있다.

④ 상대방 있는 행정처분이 상대방에게 고지되지 아니한 경우에도 상대방이 다른 경로를 통해 행정처분의 내용을 알게 된다면 그 행정처분의 효력이 발생한다.

관련 OX

① 관련

1. 일반적으로 처분이 주체·내용·절차와 형식의 요건을 모두 갖추고 외부에 표시된 경우에는 처분의 존재가 인정된다. 24경찰간부

④ 관련

2. 상대방 있는 행정처분이 상대방에게 고지되지 아니한 경우 상대방이 다른 경로를 통해 행정처분의 내용을 알게 되었다면 행정처분의 효력이 발생한다. 25소방

3

처분의 상대방인 원고가 피고인 행정청의 홈페이지에 접속하여 이 사건 처분의 결정 내용을 확인하여 알게 되었다면 피고가 인터넷 홈페이지에 이 사건 처분의 결정내용을 게시한 것만으로도 「행정절차법」제14조에서 정한 바에 따라 송달이 이루어졌다고 볼 수 있다. 23해경간부

해설

① ○, ② × 처분의 성립시점: 주체·내용·절차·형식 요건을 갖추고 외부에 표시돼 취소·철회할 수 없는 구속을 받는 시점 / 이는 공식적 방법의 외부표시인지가 기준

일반적으로 처분이 주체·내용·절차와 형식의 요건을 모두 갖추고 외부에 표시된 경우에는 처분의 존재가 인정된다.① 행정의사가 외부에 표시되어 행정청이 자유롭게 취소·철회할 수 없는 구속을 받게 되는 시점에 처분이 성립하고,② 그 성립 여부는 행정청이 행정의사를 공식적인 방법으로 외부에 표시하였는지를 기준으로 판단해야 한다(2019.7.11. 2017두38874).

+ PLUS ②는 '성립하는 것은 아니며'를 '성립하고'로 고쳐야 옳은 지문이 된다.

③ × 행정행위 상대방에 대한 송달받을 자의 주소 등을 통상적인 방법으로 확인할 수 없는 경우 외에, 송달이 불가능한 경우에도 행정절차법상의 공고의 방법에 의한 송달이 가능하다.

행정절차법 제14조(송달) ④ 다음 각 호의 어느 하나에 해당하는 경우에는 송달받을 자가 알기 쉽도록 관보, 공보, 게시판, 일간신문 중 하나 이상에 공고하고 인터넷에도 공고하여야 한다.
  1. 송달받을 자의 주소등을 통상적인 방법으로 확인할 수 없는 경우
  2. 송달이 불가능한 경우

④ × 상대가 다른 경로를 통해 처분의 내용을 알게 됐어도 송달하지 않는 한 효력발생×

상대방 있는 행정처분은 특별한 규정이 없는 한 의사표시에 관한 일반법리에 따라 상대방에게 고지되어야 효력이 발생하고, 상대방 있는 행정처분이 상대방에게 고지되지 아니한 경우에는 상대방이 다른 경로를 통해 행정처분의 내용을 알게 되었다고 하더라도 행정처분의 효력이 발생한다고 볼 수 없다 (2019.8.9. 2019두38656).

+ PLUS 따라서 상대가 홈페이지를 통해 처분의 내용을 알게 됐어도 홈페이지 게시만으로는 효력발생×

선지분석 & 요플·기풀기링크

선지	THEME	요플	기풀기
①		01	002
②	T26 VA의 성립과 효력	02	003
③		26	030
④		12	011

선지선택비율 ① 39.69% ② 19.07% ③ 36.08% ④ 5.15% 오답률 60.31%

정답 ①

OX 1○ 2× 3×

필수문제 02

처분의 성립과 효력에 관한 설명으로 옳지 않은 것은? (다툼이 있는 경우 판례에 의함) 25소간

① 행정처분의 효력발생요건으로서의 도달이란 처분상대방이 처분서의 내용을 현실적으로 알았을 필요까지는 없고 처분상대방이 알 수 있는 상태에 놓임으로써 충분하다.

② 행정의사가 외부에 표시되어 행정청이 자유롭게 취소·철회할 수 없는 구속을 받게 되는 시점에 처분이 성립하고, 그 성립 여부는 행정청이 행정의사를 공식적인 방법으로 외부에 표시하였는지를 기준으로 판단해야 한다.

③ 행정처분의 권한을 내부적으로 위임받은 수임기관이 그 권한을 행사함에 있어서는 행정처분의 내부적 성립과정을 스스로 결정하여 행하고 그 외부적 성립요건인 상대방에의 표시도 수임기관의 명의로 하여야 한다.

④ 법무부장관의 입국금지결정에 관한 의사가 공식적인 방법으로 외부에 표시된 것이 아니라 단지 그 정보를 내부전산망인 출입국관리정보시스템에 입력하여 관리한 것에 지나지 않으면, 그 입국금지결정은 항고소송의 대상이 될 수 있는 처분에 해당하지 않는다.

⑤ 처분은 권한이 있는 기관이 취소 또는 철회하거나 기간의 경과 등으로 소멸되기 전까지는 유효한 것으로 통용되지만, 무효인 처분은 처음부터 그 효력이 발생하지 않는다.

관련 OX

① 관련
1 보통의 행정행위는 상대방이 수령하여야만 효력이 발생하는 것이므로 상대방이 그 행정행위를 현실적으로 알고 있어야 한다. 19국회8

② 관련
2 행정청의 의사가 외부에 표시되어 행정청이 자유롭게 취소·철회할 수 없는 구속을 받게 되는 시점에 행정행위가 성립하는 것은 아니며, 행정행위의 성립 여부는 행정청의 의사를 공식적인 방법으로 외부에 표시하였는지 여부를 기준으로 판단해야 한다. 21소방

해설

① ○ 도달: 알 수 있는 상태로 족함(현실적으로 알 필요×)
행정처분의 효력발생요건으로서의 도달이란 처분상대방이 처분서의 내용을 현실적으로 알았을 필요까지는 없고 처분상대방이 알 수 있는 상태에 놓임으로써 충분하며, 처분서가 처분상대방의 주민등록상 주소지로 송달되어 처분상대방의 사무원 등 또는 그 밖에 우편물 수령권한을 위임받은 사람이 수령하면 처분상대방이 알 수 있는 상태가 되었다고 할 것이다(2017.3.9. 2016두60577).

② ○ 처분의 성립시점: 주체·내용·절차·형식 요건을 갖추고 외부에 표시돼 취소·철회할 수 없는 구속을 받는 시점 / 이는 공식적 방법의 외부표시인지가 기준
일반적으로 처분이 주체·내용·절차와 형식의 요건을 모두 갖추고 외부에 표시된 경우에는 처분의 존재가 인정된다. 행정의사가 외부에 표시되어 행정청이 자유롭게 취소·철회할 수 없는 구속을 받게 되는 시점에 처분이 성립하고, 그 성립 여부는 행정청이 행정의사를 공식적인 방법으로 외부에 표시하였는지를 기준으로 판단해야 한다(2019.7.11. 2017두38874).

③ × 내부위임이 있는 경우: 의사결정은 스스로 / 외부표시는 '위임기관' 명의로(↔ 수임기관 명의×)
행정처분의 권한을 내부적으로 위임받은 수임기관이 그 권한을 행사함에 있어서는 행정처분의 내부적 성립과정은 스스로 결정하여 행하고 그 외부적 성립요건인 상대방에의 표시만 위임기관의 명의로 하면 된다(1984.12.11. 80누344).

+ PLUS 내부위임을 받은 기관이 위임기관의 명의가 아닌 자신의 이름으로 행정처분을 한 경우, 그 행정처분은 무효

④ ○ 입국금지결정을 내부전산망에 입력했으나 상대에게 통보하진 않음: 처분으로 성립×
병무청장이 법무부장관에게 "가수 甲이 공연을 위하여 국외여행허가를 받고 출국한 후 미국 시민권을 취득함으로써 사실상 병역의무를 면탈하였으므로 재외동포 자격으로 재입국하고자 하는 경우 국내에서 취업, 가수활동 등 영리활동을 할 수 없도록 하고, 불가능할 경우 입국 자체를 금지해 달라."고 요청함에 따라 법무부장관이 입국금지결정을 하고, 그 정보를 내부전산망인 '출입국관리정보시스템'에 입력하였으나, 甲에게는 통보하지 않은 사안에서, 행정청이 행정의사를 외부에 표시하여 행정청이 자유롭게 취소·철회할 수 없는 구속을 받기 전에는 '처분'이 성립하지 않으므로 법무부장관이 출입국관리법령에 따라 위 입국금지결정을 했다고 해서 '처분'이 성립한다고 볼 수는 없고, 위 입국금지결정은 법무부장관의 의사가 공식적인 방법으로 외부에 표시된 것이 아니라 단지 그 정보를 내부전산망인 '출입국관리정보시스템'에 입력하여 관리한 것에 지나지 않으므로, 항고소송의 대상이 될 수 있는 '처분'에 해당하지 않는다(2019.7.11. 2017두38874).

⑤ ○
행정기본법 제15조(처분의 효력) 처분은 권한이 있는 기관이 취소 또는 철회하거나 기간의 경과 등으로 소멸되기 전까지는 유효한 것으로 통용된다. 다만, 무효인 처분은 처음부터 그 효력이 발생하지 아니한다.

선지분석 & 요플·기풀기링크

선지	THEME	요플	기풀기
①	T26 VA의 성립과 효력	06	008
②	T26 VA의 성립과 효력	02	003
③	T29 VA의 하자와 효력	38	038
④	T26 VA의 성립과 효력	03	004
⑤	T27 공정력	01	001

정답 ③
OX 1× 2×

03

「행정절차법」상 송달에 대한 내용으로 옳지 않은 것은? 17(하)국가7

① 교부에 의한 송달은 수령확인서를 받고 문서를 교부함으로써 하며, 송달하는 장소에서 송달받을 자를 만나지 못한 경우에는 그 사무원·피용자 또는 동거인으로서 사리를 분별할 지능이 있는 사람에게 문서를 교부할 수 있다.

② 송달이 불가능한 경우에는 송달받을 자가 알기 쉽도록 관보, 공보, 게시판, 일간신문 중 하나 이상에 공고하고 인터넷에도 공고하여야 한다.

③ 문서를 송달받을 자 또는 그 사무원등이 정당한 사유 없이 송달받기를 거부하는 때에는 그 사실을 수령확인서에 적고, 문서를 송달할 장소에 놓아둘 수 있다.

④ 정보통신망을 이용한 송달을 할 경우 행정청은 송달받을 자의 동의를 얻어 송달받을 전자우편주소 등을 지정하여야 한다.

관련 OX

② 관련

1 (행정행위의 효력발생요건과 관련하여) 송달이 불가능할 경우에는 송달받을 자가 알기 쉽도록 관보, 공보, 게시판, 일간신문, 인터넷 중 하나에 공고하여야 한다. 18교행9

④ 관련

2 「행정절차법」에 따르면 정보통신망을 이용한 송달은 송달받을 자가 동의하는 경우에만 한다. 이 경우 송달받을 자는 송달받을 전자우편주소 등을 지정하여야 한다. 25소방

해설

※ 통상의 송달 외 방법으로 처분의 효력을 발생시키는 경우들을 묻는 문제이다.

①③ ○

▪ 교부송달(①)과 유치송달(③)

행정절차법 제14조(송달) ② 〈교부〉에 의한 송달은 수령확인서를 받고 문서를 교부함으로써 하며, 송달하는 장소에서 송달받을 자를 만나지 못한 경우에는 그 사무원·피용자(被傭者) 또는 동거인으로서 사리를 분별할 지능이 있는 사람(이하 이 조에서 '사무원등'이라 한다)에게 문서를 교부할 수 있다.① 다만, 문서를 송달받을 자 또는 그 사무원등이 정당한 사유 없이 송달받기를 거부하는 때에는 그 사실을 수령확인서에 적고, 문서를 송달할 장소에 〈놓아둘 수〉 있다.③

② ○

▪ 주소불명·송달불능에 따른 공고

행정절차법 제14조(송달) ④ 다음 각 호의 어느 하나에 해당하는 경우에는 송달받을 자가 알기 쉽도록 관보, 공보, 게시판, 일간신문 중 하나 이상에 **공고하고** 인터넷에도 공고하여야 한다.
  1. 송달받을 자의 주소등을 통상적인 방법으로 확인할 수 없는 경우
  2. **송달이 불가능**한 경우

④ ✕ 지문과 같이 행정청이 상대의 동의를 얻어 이메일주소를 지정하는 것이 아니라, 상대방이 직접 지정하는 것이다.

▪ 정보통신망을 통한 송달

행정절차법 제14조(송달) ③ 〈정보통신망〉을 이용한 송달은 송달받을 자가 동의하는 경우에만 한다. 이 경우 송달받을 자는 송달받을 전자우편주소 등을 지정하여야 한다.

선지분석 & 요플·기풀기링크

선지	THEME	요플	기풀기
①		18	025
②	T26 VA의 성립과 효력	27	031
③		19	026
④		21	028

정답 ④
OX 1✕ 2○

필수 문제 04

행정행위의 효력발생요건으로서의 통지에 대한 설명으로 옳지 않은 것은? (다툼이 있는 경우 판례에 의함)
18국가9

① 처분의 통지는 행정처분을 상대방에게 표시하는 것으로서 상대방이 인식할 수 있는 상태에 둠으로써 족하고, 객관적으로 보아 행정처분으로 인식할 수 있도록 고지하면 된다.
② 처분서를 보통우편의 방법으로 발송한 경우에는 그 우편물이 상당한 기간 내에 도달하였다고 추정할 수 없다.
③ 구 「청소년보호법」에 따라 정보통신윤리위원회가 특정 웹사이트를 청소년유해매체물로 결정하고 청소년보호위원회가 효력발생시기를 명시하여 고시하였으나 정보통신윤리위원회와 청소년보호위원회가 웹사이트 운영자에게는 위 처분이 있었음을 통지하지 않았다면 그 효력이 발생하지 않는다.
④ 등기에 의한 우편송달의 경우라도 수취인이 주민등록지에 실제로 거주하지 않는 경우에는 우편물의 도달사실을 처분청이 입증해야 한다.

관련 OX

① 관련

1 행정처분의 효력발생요건으로서의 도달이란 처분상대방이 처분서의 내용을 현실적으로 알았을 필요까지는 없고 처분상대방이 알 수 있는 상태에 놓임으로써 충분하다. 25국회8

② 관련

2 내용증명우편이나 등기우편과는 달리, 보통우편의 방법으로 발송되었다는 사실만으로는 그 우편물이 상당한 기간 내에 도달하였다고 추정할 수 없고, 송달의 효력을 주장하는 측에서 증거에 의하여 이를 입증하여야 한다. 25소방

해설

① ○ 도달이 된 시점: 상대가 알 수 있는 상태에 두었을 때(→상대방이 실제로 알게 됐을 때×)
행정처분의 효력발생요건으로서의 도달이란 처분상대방이 처분서의 내용을 현실적으로 알았을 필요까지는 없고 처분상대방이 알 수 있는 상태에 놓임으로써 충분하다(2017.3.9. 2016두60577).
cf 제소기간의 '안 날'은 현실적으로 안 날을 의미(단, 송달이 되면 안 것으로 추정)

②④ ○

■ 도달의 추정

보통우편	송달추정×②, 처분청 측에서 송달 증명책임
등기우편	송달추정○, 단, ① 반송된 경우, ② 반송되지는 않았더라도 그 주소지는 전입신고만 해뒀을 뿐, 아예 거주 자체를 하지 않는 경우에는 송달추정×, 처분청 측에서 송달 증명책임④

- ② 내용증명우편이나 등기우편과는 달리, 보통우편의 방법으로 발송되었다는 사실만으로는 그 우편물이 상당기간 내에 도달하였다고 추정할 수 없고 송달의 효력을 주장하는 측에서 증거에 의하여 도달사실을 입증하여야 한다(2002.7.26. 2000다25002).
- ④ 우편물이 등기취급의 방법으로 발송된 경우, 특별한 사정이 없는 한, 그 무렵 수취인에게 배달되었다고 보아도 좋을 것이나(편저자: 도달추정), 수취인이나 그 가족이 주민등록지에 실제로 거주하고 있지 아니하면서 전입신고만을 해 둔 경우에는 그 사실만으로써 주민등록지 거주자에게 송달수령의 권한을 위임하였다고 보기는 어려울 뿐 아니라 수취인이 주민등록지에 실제로 거주하지 아니하는 경우에도 우편물이 수취인에게 도달하였다고 추정할 수는 없고, 따라서 이러한 경우에는 우편물의 도달사실을 과세관청이 입증해야 할 것이다(1998.2.13. 97누8977).
- ③ × 청소년유해매체물 결정·고시: 웹사이트 운영자 상대처분×, 불특정 다수인 상대처분○ → 운영자에게 개별통지하지 않아도 되고, 고시의 효력발생시점에 처분으로서의 효력발생
청소년유해매체물 결정 및 고시처분은 … 당해 유해매체물의 소유자 등 특정인만을 대상으로 한 행정처분이 아니라 일반 불특정 다수인을 상대방으로 하여 … 각종 의무를 발생시키는 행정처분으로서, … 정보통신윤리위원회가 특정 인터넷 웹사이트를 청소년유해매체물로 결정하고 청소년보호위원회가 효력발생시기를 명시하여 고시함으로써 그 명시된 시점에 효력이 발생하였다(2007.6.14. 2004두619).

선지분석 & 요플·기풀기링크

선지	THEME	요플	기풀기
①		06	008
②	T26 VA의 성립과 효력	15	014
③		30	020
④		17	016

정답 ③
OX 1○ 2○

05 필수 문제

행정행위의 효력발생요건에 관한 설명으로 옳지 않은 것은? (다툼이 있는 경우 판례에 의함)

25소방

① 내용증명우편이나 등기우편과는 달리, 보통우편의 방법으로 발송되었다는 사실만으로는 그 우편물이 상당한 기간 내에 도달하였다고 추정할 수 없고, 송달의 효력을 주장하는 측에서 증거에 의하여 이를 입증하여야 한다.

② 상대방 있는 행정처분이 상대방에게 고지되지 아니한 경우 상대방이 다른 경로를 통해 행정처분의 내용을 알게 되었다면 행정처분의 효력이 발생한다.

③ 「행정절차법」에 따르면 정보통신망을 이용한 송달은 송달받을 자가 동의하는 경우에만 한다. 이 경우 송달받을 자는 송달받을 전자우편주소 등을 지정하여야 한다.

④ 「행정절차법」상 송달받을 자의 주소등을 통상적인 방법으로 확인할 수 없는 경우에는 송달받을 자가 알기 쉽도록 관보, 공보, 게시판, 일간신문 중 하나 이상에 공고하고 인터넷에도 공고하여야 한다.

관련 OX

③ 관련

1 정보통신망을 이용한 송달을 할 경우 행정청은 송달받을 자의 동의를 얻어 송달받을 전자우편주소 등을 지정하여야 한다. *17(하)국가7*

④ 관련

2 (행정행위의 효력발생요건과 관련하여) 송달이 불가능할 경우에는 송달받을 자가 알기 쉽도록 관보, 공보, 게시판, 일간신문, 인터넷 중 하나에 공고하여야 한다. *18교행9*

해설

① ○ 보통우편: 도달추정×, 송달의 효력을 주장하는 처분청 측에서 도달사실 입증책임 부담
내용증명우편이나 등기우편과는 달리, **보통우편의 방법으로 발송되었다는 사실만으로는 그 우편물이 상당기간 내에 도달하였다고 추정할 수 없고 송달의 효력을 주장하는 측에서 증거에 의하여 도달사실을 입증하여야 한다**(2002.7.26. 2000다25002).

② × 상대가 다른 경로를 통해 처분의 내용을 알게 됐어도 송달하지 않는 한 효력발생×
상대방 있는 행정처분은 특별한 규정이 없는 한 의사표시에 관한 일반법리에 따라 상대방에게 고지되어야 효력이 발생하고, 상대방 있는 행정처분이 상대방에게 **고지되지 아니한 경우에는 상대방이 다른 경로를 통해 행정처분의 내용을 알게 되었다고 하더라도 행정처분의 효력이 발생한다고 볼 수 없다**(2019.8.9. 2019두38656).

③ ○

행정절차법 제14조(송달) ③ 정보통신망을 이용한 송달은 송달받을 자가 동의하는 경우에만 한다. 이 경우 송달받을 자는 송달받을 전자우편주소 등을 지정하여야 한다.

④ ○

행정절차법 제14조(송달) ④ 다음 각 호의 어느 하나에 해당하는 경우에는 송달받을 자가 알기 쉽도록 관보, 공보, 게시판, 일간신문 중 하나 이상에 공고하고 인터넷에도 공고하여야 한다.
  1. 송달받을 자의 주소등을 통상적인 방법으로 확인할 수 없는 경우
  2. 송달이 불가능한 경우

선지선택비율 ① 4.94% ② 88.65% ③ 3.59% ④ 2.82% 오답률 11.35%

선지분석 & 요플·기풀기링크

선지	THEME	요플	기풀기
①		15	014
②	T26 VA의 성립과 효력	12	011
③		21	028
④		27	031

정답 ②
OX 1× 2×

필수문제 06

행정행위의 효력발생요건에 대한 설명으로 옳지 않은 것은? (다툼이 있는 경우 판례에 의함)

25국회8

① 행정처분의 효력발생요건으로서의 도달이란 처분상대방이 처분서의 내용을 현실적으로 알았을 필요까지는 없고 처분상대방이 알 수 있는 상태에 놓임으로써 충분하다.
② 우편물이 등기취급의 방법으로 발송된 경우 그것이 도중에 유실되었거나 반송되었다는 등의 특별한 사정에 대한 반증이 없는 한 그 무렵 수취인에게 배달되었다고 추정할 수 있다.
③ 상대방 있는 행정처분이 상대방에게 고지되지 아니하였더라도 상대방이 다른 경로를 통해 행정처분의 내용을 알게 되었다면 행정처분의 효력이 발생한다.
④ 「행정절차법」 제15조 제2항에 따르면 정보통신망을 이용하여 전자문서로 송달하는 경우에는 송달받을 자가 지정한 컴퓨터 등에 입력된 때에 그 전자문서가 도달된 것으로 본다.
⑤ 상대방이 부당하게 등기취급 우편물의 수취를 거부함으로써 우편물의 내용을 알 수 있는 객관적 상태의 형성을 방해한 경우에는 그 수취거부시에 행정청의 의사표시의 효력이 생긴 것으로 보아야 한다.

관련 OX

③ 관련
1 상대방 있는 행정처분이 상대방에게 고지되지 아니한 경우에는 특별한 규정이 없는 한 상대방이 다른 경로를 통해 행정처분의 내용을 알게 되었다고 하더라도 행정처분의 효력이 발생한다고 볼 수 없다. 22국가7

④ 관련
2 정보통신망을 이용하여 전자문서로 송달하는 경우에는 송달받은 자가 지정한 컴퓨터에서 확인한 때에 도달된 것으로 본다. 08국가9

⑤ 관련
3 부당한 수취거부가 없었더라면 상대방이 우편물의 내용을 알 수 있는 객관적 상태에 놓일 수 있었던 때, 즉 수취거부시에 의사표시의 효력이 생긴 것으로 보아야 한다. 25해경승진

해설

① ○ **도달: 알 수 있는 상태로 족함(현실적으로 알 필요×)**
행정처분의 효력발생요건으로서 도달이란 처분상대방이 처분서의 내용을 현실적으로 알았을 필요까지는 없고 처분상대방이 알 수 있는 상태에 놓임으로써 충분하다(2017.3.9. 2016두60577).

② ○ **등기로 송달: 도달추정○**
우편물이 등기취급의 방법으로 발송된 경우 그것이 도중에 유실되었거나 반송되었다는 등의 특별한 사정에 대한 반증이 없는 한 그 무렵 수취인에게 배달되었다고 추정할 수 있다(2017.3.9. 2016두60577).

• **도달의 추정**

보통우편	송달추정×, 처분청 측에서 송달 증명책임
등기우편	송달추정○, 단, ① 반송된 경우, ② 반송되지는 않았더라도 그 주소지는 전입신고만 해뒀을 뿐, 아예 거주자체를 하지 않는 경우에는 송달추정×, 처분청 측에서 송달 증명책임

③ × **상대방 있는 행정처분: 고지가 없으면 상대방이 다른 경로로 알게 되었더라도 효력발생×**
상대방 있는 행정처분은 특별한 규정이 없는 한 의사표시에 관한 일반법리에 따라 상대방에게 고지되어야 효력이 발생하고, 상대방 있는 행정처분이 상대방에게 고지되지 아니한 경우에는 상대방이 다른 경로를 통해 행정처분의 내용을 알게 되었다고 하더라도 행정처분의 효력이 발생한다고 볼 수 없다(2019.8.9. 2019두38656).

④ ○

행정절차법 제15조(송달의 효력 발생) ② 제14조 제3항에 따라 정보통신망을 이용하여 **전자문서로 송달**하는 경우에는 **송달받을 자가 지정한 컴퓨터 등에 입력된 때에 도달**된 것으로 본다.

⑤ ○ **부당하게 우편물 수취거부: 수취거부시 송달효력발생**
상대방이 부당하게 등기취급 우편물의 수취를 거부함으로써 우편물의 내용을 알 수 있는 객관적 상태의 형성을 방해한 경우 그러한 상태가 형성되지 아니하였다는 사정만으로 발송인의 의사표시의 효력을 부정하는 것은 신의성실의 원칙에 반하므로 허용되지 아니한다. 이러한 경우에는 부당한 수취거부가 없었더라면 상대방이 우편물의 내용을 알 수 있는 객관적 상태에 놓일 수 있었던 때, 즉 수취거부시에 의사표시의 효력이 생긴 것으로 보아야 한다. 이때 우편물의 수취를 거부한 것에 정당한 사유가 있는지에 관해서는 수취거부를 한 상대방이 이를 증명할 책임이 있다(2020.8.20. 2019두34630).

선지분석 & 요플·기풀기링크

선지	THEME	요플	기풀기
①		06	008
②		16	015
③	T26 VA의 성립과 효력	12	011
④		22	029
⑤		24	019

정답 ③
OX 1○ 2× 3○

07

다음 중 행정행위의 통지에 대한 설명으로 가장 옳지 않은 것은? (다툼이 있는 경우 판례에 의함)

25해경승진

① 상대방이 있는 행정처분이 상대방에게 고지되지 않았으나 상대방이 다른 경로를 통해 행정처분의 내용을 알게 된 경우라도, 행정처분의 효력이 발생하는 것은 아니다.

② 부당한 수취거부가 없었더라면 상대방이 우편물의 내용을 알 수 있는 객관적 상태에 놓일 수 있었던 때, 즉 수취거부시에 의사표시의 효력이 생긴 것으로 보아야 한다.

③ 행정청이 처분을 할 때 당사자등의 동의가 있는 경우에는 전자문서로 하여야 한다.

④ 처분서가 처분상대방의 주민등록상 주소지로 송달되어 처분상대방의 사무원 등 또는 그 밖에 우편물 수령권한을 위임받은 사람이 수령하면 처분상대방이 알 수 있는 상태가 되었다고 할 것이다.

관련 OX

②관련

1 상대방이 부당하게 등기취급 우편물의 수취를 거부함으로써 우편물의 내용을 알 수 있는 객관적 상태의 형성을 방해한 경우에는 그 수취거부시에 행정청의 의사표시의 효력이 생긴 것으로 보아야 한다. 25국회8

③관련

2 행정청이 처분을 할 때 당사자등의 동의가 있는 경우에는 전자문서로 할 수 있다. 23해경간부

해설

① ○ 상대가 다른 경로를 통해 처분의 내용을 알게 됐어도 송달하지 않는 한 효력발생×
상대방 있는 행정처분은 특별한 규정이 없는 한 의사표시에 관한 일반법리에 따라 상대방에게 고지되어야 효력이 발생하고, 상대방 있는 행정처분이 상대방에게 고지되지 아니한 경우에는 상대방이 다른 경로를 통해 행정처분의 내용을 알게 되었다고 하더라도 행정처분의 효력이 발생한다고 볼 수 없다 (2019.8.9. 2019두38656).

② ○ 상대방이 등기우편물인 재결신청서 수취를 부당거부해 반송됨: 송달효력○
상대방이 부당하게 등기취급 우편물의 수취를 거부함으로써 우편물의 내용을 알 수 있는 객관적 상태의 형성을 방해한 경우 그러한 상태가 형성되지 아니하였다는 사정만으로 발송인의 의사표시의 효력을 부정하는 것은 신의성실의 원칙에 반하므로 허용되지 아니한다. 이러한 경우에는 부당한 수취거부가 없었더라면 상대방이 우편물의 내용을 알 수 있는 객관적 상태에 놓일 수 있었던 때, 즉 수취거부시에 의사표시의 효력이 생긴 것으로 보아야 한다(2020.8.20. 2019두34630).
(비교) 납세의무자가 고지서 수령을 회피해 세무공무원이 두고 옴: 송달효력×(2004.4.9. 2003두13908)

③ × 당사자등의 동의가 있더라도 전자문서로 처분을 '할 수' 있는 것이지, 전자문서로 처분을 '하여야' 하는 것은 아니다. 따라서 틀렸다.

행정절차법 제24조(처분의 방식) ① 행정청이 처분을 할 때에는 다른 법령등에 특별한 규정이 있는 경우를 제외하고는 **문서로 하여야** 하며, 다음 각 호의 어느 하나에 해당하는 경우에는 **전자문서로 할 수 있다**.
1. 당사자등의 동의가 있는 경우
2. 당사자가 **전자문서로 처분을 신청**한 경우

④ ○ 수령권한을 위임받은 사람이 수령하면 도달된 것으로 인정
행정처분의 효력발생요건으로서의 도달이란 처분상대방이 처분서의 내용을 현실적으로 알았을 필요까지는 없고 처분상대방이 알 수 있는 상태에 놓임으로써 충분하다. 처분서가 처분상대방의 주민등록상 주소지로 송달되어 처분상대방의 사무원 등 또는 그 밖에 우편물 수령권한을 위임받은 사람이 수령하면 처분상대방이 알 수 있는 상태가 되었다고 할 것이다(2017.3.9. 2016두60577).

선지분석 & 요플·기풀기링크

선지	THEME	요플	기풀기
①	T26 VA의 성립과 효력	12	011
②		24	019
③	T37 절차법(조문)	123	024
④	T26 VA의 성립과 효력	07	009

 ③
 1○ 2○

08

송달에 관한 「행정절차법」의 내용으로 옳은 것은? 08국가9

① 교부에 의한 송달은 필히 수령확인서를 받아야 한다.
② 「행정절차법」에서 규정하지 아니하는 사항은 「민사소송법」의 송달에 관한 규정을 준용해야 한다.
③ 송달이 불가능한 경우에는 송달받을 자가 알기 쉽도록 관보·공보·게시판·일간신문·인터넷 중 하나 이상에 공고하여야 한다.
④ 정보통신망을 이용하여 전자문서로 송달하는 경우에는 송달받은 자가 지정한 컴퓨터에서 확인한 때에 도달된 것으로 본다.

관련 OX

③ 관련
1 (행정행위의 효력발생요건과 관련하여) 송달이 불가능할 경우에는 송달받을 자가 알기 쉽도록 관보, 공보, 게시판, 일간신문, 인터넷 중 하나에 공고하여야 한다. 18교행9

④ 관련
2 정보통신망을 이용하여 전자문서로 송달하는 경우에는 송달받을 자가 지정한 컴퓨터 등에 입력된 때에 도달된 것으로 본다. 23국가9

해설

① ○

행정절차법 제14조(송달) ② **교부에 의한 송달**은 **수령확인서를 받고** 문서를 교부함으로써 하며, 송달하는 장소에서 송달받을 자를 만나지 못한 경우에는 그 사무원·피용자 또는 동거인으로서 사리를 분별할 지능이 있는 사람(이하 이 조에서 '사무원등'이라 한다)에게 문서를 교부할 수 있다.

② × 행정절차법은 민사소송법을 준용하지 않는다. 민사소송법상 송달규정을 준용하는 것은 행정심판법이다(제57조).

③ × 관보, 공보, 게시판, 일간신문 중 하나 이상과 추가로 인터넷에도 공고하여야 한다.

행정절차법 제14조(송달) ④ 다음 각 호의 어느 하나에 해당하는 경우에는 송달받을 자가 알기 쉽도록 관보, 공보, 게시판, 일간신문 중 하나 이상에 공고하고 **인터넷에도 공고**하여야 한다.
  1. 송달받을 자의 주소등을 통상적인 방법으로 확인할 수 없는 경우
  2. 송달이 불가능한 경우

④ × 전자문서로 송달하는 경우 송달받은 자가 지정한 컴퓨터에서 확인한 때가 아니라, 컴퓨터에 입력된 때 도달한 것으로 본다.

행정절차법 제15조(송달의 효력발생) ② 제14조 제3항에 따라 정보통신망을 이용하여 **전자문서**로 송달하는 경우에는 **송달받을 자가 지정한 컴퓨터 등에 입력된 때**에 도달된 것으로 본다.

선지분석 & 요플·기풀기링크

선지	THEME	요플	기풀기
①		18	025
②	T26 VA의 성립과 효력	33	035
③		27	031
④		22	029

정답 ①
OX 1× 2○

THEME 27 행정행위의 효력(1) - 공정력·구성요건적 효력

기 328-341
요 094-097

필수문제 01

행정행위의 공정력에 대한 설명으로 옳은 것은? (단, 다툼이 있는 경우 판례에 의함) 08(하)지방7

기 ① 경우에 따라서 공정력은 무효인 행정행위의 경우에도 인정된다.
요 ② 통설은 공정력의 이론적 근거를 행정권에게 선험적인 우월적 지위가 인정된다는 데에 둔다.
S ③ 운전면허취소처분을 받은 후 자동차를 운전하였으나 위 취소처분이 행정쟁송절차에 의하여 취소된 경우, 행정행위에 인정되는 공정력에도 불구하고 무면허운전이 성립하지 않는다.
④ 철거명령의 위법을 전제로 지방자치단체에 손해배상을 청구한 소송에서, 미리 당해 행정처분의 취소판결이 있어야만 그 행정처분이 위법임을 이유로 손해배상청구를 인정한다.

해설

① × 어떠한 처분이 권한이 있는 제한된 기관에 의해서 취소·철회되거나, 혹은 기간 경과 등으로 소멸되기 전까지는 설령 그것이 위법하더라도 유효로 통용되는 힘을 공정력이라 한다. 공정력은 하자가 중대·명백하지 않을 것을 전제로 한다. 중대·명백한 하자가 있는 행정행위까지 유효로 통용시킬 수는 없기 때문이다. 따라서 하자가 중대·명백하여 **무효인 행정행위에는 공정력이 인정될 수 없다.**

+ PLUS 행정행위의 제반 효력들, 즉 공정력·불가쟁력·불가변력·구속력·강제력 모두 무효인 행정행위에서는 인정되지 않는다.

② × 공정력은 인간의 존엄성과 같이 선험적으로 당연히 인정되는 이론이 아니라 **법정책적 선택**에 불과하다. 공정력의 이론적 근거는 행정의 실효성 및 법적 안정성 확보에 있다(통설).

③ ○ 운전면허취소처분을 받은 후에도 운전을 해 무면허운전죄로 기소되었으나, 동 처분이 취소됨 → 운전면허취소처분은 소급하여 처음부터 없던 것이 되어, 무면허운전죄 성립×
행정청의 자동차 **운전면허취소처분**이 직권으로 또는 행정쟁송절차에 의하여 **취소되면, 운전면허취소처분은 그 처분시에 소급하여 효력을 잃고** 운전면허취소처분에 복종할 의무가 원래부터 없었음이 확정되므로, **운전면허취소처분을 받은 사람이 운전면허취소처분이 취소되기 전에 자동차를 운전한 행위**는 도로교통법에 규정된 **무면허운전의 죄에 해당하지 아니한다**(2021.9.16. 2019도11826).

④ × 위법한 대집행이 완료: 대집행에 대한 취소소송은 소익이 없어 불가능하나, 국가배상은 어차피 취소판결을 받지 않아도 가능
위법한 행정대집행이 완료되면 그 처분의 무효확인 또는 취소를 구할 소의 이익은 없다 하더라도, 미리 그 행정처분의 취소판결이 있어야만, 그 행정처분의 위법임을 이유로 한 손해배상청구를 할 수 있는 것은 아니다(1972.4.28. 72다337).

+ PLUS 공정력은 '유효'의 통용력일 뿐, '적법'의 통용력이 아니다. 따라서 행정행위의 위법 여부가 선결문제인 경우, 행정쟁송뿐 아니라 민사법원, 형사법원 등에서도 그 위법 여부를 심리·판단하여 재판의 전제로 삼아 배상을 명할 수 있고, 이를 위해 당해 처분이 무효가 되거나 취소될 필요도 없다(처분이 위법하기만 하면 그만이기 때문이다).

관련 OX

① 관련

1 기
무효인 행정행위에는 불가쟁력은 인정되지만 공정력은 인정되지 않는다. 12사복9

2 기
무효인 행정행위에는 공정력과 불가쟁력이 발생한다. 17교행9

③ 관련

3 운전면허취소처분이 위법하더라도 공정력이 인정되는 결과, 운전면허취소처분을 받은 자가 이후 당해 처분에 대한 취소소송기간 중 자동차를 운전하였다면, 그 이후 판결에 의해 운전면허취소처분이 취소되었더라도 무면허운전에 해당한다. 24소간

④ 관련

4 위법한 행정대집행이 완료되면 대집행계고처분의 무효확인 또는 취소를 구할 소의 이익은 없다 하더라도, 미리 그 행정처분의 취소판결이 있어야만, 그 행정처분이 위법임을 이유로 한 손해배상청구를 할 수 있는 것은 아니다. 25지방9

5 S
위법한 행정행위에 대한 국가배상소송이 제기된 경우, 민사법원은 해당 행정행위가 취소되어야만 그 위법여부를 심리·판단하여 배상을 명할 수 있다. 18교행9

선지분석 & 요플·기풀기링크

선지	THEME	요플	기풀기
①	T27 공정력	08	006
②		14	014
③		41	042
④		37	035

정답 ③
OX 1× 2× 3○ 4○ 5×

02

행정행위의 효력에 대한 설명으로 옳지 않은 것은? (다툼이 있는 경우 판례에 의함) 20국회8

- 기 ① 공정력이란 행정행위의 위법이 중대·명백하여 당연무효가 아닌 한 권한 있는 기관에 의해 취소되기까지는 행정의 상대방이나 이해관계자에게 적법하게 통용되는 힘을 말한다.
- 인 ② 공정력을 인정하는 이론적 근거는 법적 안정성설이 통설이다.
- A ③ 과세처분에 대해 이의신청을 하고 이에 따라 직권취소가 이루어졌다면 특별한 사정이 없는 한 불가변력이 발생한다.
- S ④ 환경영향평가를 거쳐야 함에도 불구하고 환경영향평가를 거치지 않고 개발사업승인을 한 처분에 대해서는 처분이 있은 후 1년이 도과한 경우라도 불가쟁력이 발생하지 않는다.
- 인 ⑤ 구성요건적 효력에 대한 명시적인 법적 근거는 없으나 국가기관 상호 간에 관할권의 배분이 간접적 근거가 된다.

관련 OX

① 관련
1 공정력이란 행정행위가 위법하더라도 취소되지 않는 한 유효한 것으로 통용되는 효력을 의미하는 것이다. 15서울7

③ 관련
2 과세처분에 관한 이의신청절차에서 과세관청이 이의신청 사유가 옳다고 인정하여 과세처분을 직권으로 취소한 이상 그 후 특별한 사유 없이 이를 번복하고 종전 처분을 되풀이하는 것은 허용되지 않는다. 24국가7

해설

① × 공정력은 설령 처분이 위법하더라도 유효로 통용시켜주는 힘이지, 처분의 위법이 의심되더라도 일단 적법하다고 통용시켜주는 것이 아니다.
  + PLUS 이처럼 공정력이 처분을 적법하다고 추정시켜주는 것은 아니므로, 처분의 위법이 다퉈지는 항고소송에서 처분을 한 행정청은 여전히 처분의 적법을 입증할 책임을 진다.

②⑤ ○ 공정력은 인간의 존엄성과 같이 선험적으로 당연히 인정되는 이론이 아니라 법정책적 선택에 불과하다. 공정력의 이론적 근거는 행정의 실효성 및 법적 안정성 확보에 있다(통설).

③ ○ 과세처분에 대한 이의신청을 인정해 직권취소: 번복하여 종전 처분 되풀이 불가(불가변력 인정)
과세처분에 관한 이의신청절차에서 과세관청이 이의신청사유가 옳다고 인정하여 과세처분을 직권으로 취소한 이상 그 후 특별한 사유 없이 이를 번복하고 종전 처분을 되풀이하는 것은 허용되지 않는다 (2010.9.30. 2009두1020).

④ ○ 취소할 수 있는 행정행위에는 불가쟁력이 발생하는 반면, 무효인 행정행위에는 불가쟁력이 발생하지 않는다. 환경영향평가를 거쳐야 함에도 불구하고 환경영향평가를 거치지 않고 개발사업승인을 한 처분은 무효이므로 처분이 있은 후 1년이 도과한 경우라도 불가쟁력이 발생하지 않는다.
- 환경영향평가를 거치지 아니한 환경영향평가 대상사업: 당연무효
환경영향평가를 거쳐야 할 대상사업에 대하여 환경영향평가를 거치지 아니하였음에도 불구하고 승인 등 처분이 이루어진다면, 이러한 행정처분의 하자는 법규의 중요한 부분을 위반한 중대한 것이고 객관적으로도 명백한 것이라고 하지 않을 수 없어, 이와 같은 행정처분은 당연무효이다(2006.6.30. 2005두14363).

⑤ ○ 어떠한 처분이 위법하더라도 처분청이 아닌 국가기관은 그 효력을 부인하지 못하게 되는데 이를 구성요건적 효력이라 하며 공정력과 구별하는 견해가 있다. 구성요건적 효력을 직접 인정하는 근거 규정은 없으나 행정기관 상호 간의 관할권의 배분에 관한 규정이 간접적 근거가 된다고 한다.

선지분석 & 요플·기풀기링크

선지	THEME	요플	기풀기
①	T27 공정력	06	007
②		13	015
③	T28 불가쟁력·불가변력 등	17	012
④	T41 절차의 하자	07	007
⑤	T27 공정력	15	016

정답 ①
OX 1○ 2○

03

행정행위의 효력에 대한 설명으로 옳은 것은? 16사복9

① 구속력이란 행정행위가 적법요건을 구비하면 법률행위적 행정행위의 경우 법령이 정하는 바에 의해, 준법률행위적 행정행위의 경우 행정청이 표시한 의사의 내용에 따라 일정한 법적 효과가 발생하여 당사자를 구속하는 실체법상 효력이다.

② 공정력은 행정청의 권력적 행위뿐 아니라 비권력적 행위, 사실행위, 사법행위에도 인정된다.

③ 행정행위에 불가변력이 발생한 경우 행정청은 당해 행정행위를 직권으로 취소할 수 없으나 철회는 가능하다.

④ 판례에 의하면 사전에 당해 행정처분의 취소판결이 있어야만 그 행정처분의 위법을 이유로 한 손해배상청구를 할 수 있는 것은 아니다.

관련 OX

③ 관련
1 행정행위가 발해지면 일정한 경우에 행정청 자신도 직권으로 자유로이 이를 취소 또는 철회할 수 없다. 09국가9

해설

① ✕ **구속력**이란 행정행위는 적법요건을 구비하면 **법률행위적 행정행위**의 경우 행정청이 **표시한 의사**의 내용에 따라, 준법률행위적 행정행위의 경우 **법령에서 정하고 있는 바**에 따라 일정한 법적 효과가 발생하여 처분의 상대방 및 이해관계인, 처분청 및 관계 행정청을 구속하는 힘을 말한다.
　➕ PLUS 준법률행위적 행정행위와 법률행위적 행정행위가 바뀌어서 틀렸다.

② ✕ **공정력**은 **처분에 인정**되는 것이다. 따라서 처분이 아닌 행정입법, 공법상 계약, 각종 비권력적 행위나 단순 사실행위, 사법상 행위, 내부적 의사결정 등에는 인정될 수 없다.

③ ✕ 본래 행정행위를 발한 행정청은 스스로 이를 취소·변경·철회할 수도 있는 것이 원칙이다(T31). 그러나 **일부 행정행위**에 있어서는 예외적으로 이러한 **직권취소**나 **변경·철회가 제한**되는데 이를 불가변력이라 한다.
　➕ PLUS '철회는 가능하다' 부분이 틀렸다. 취소와 철회가 모두 제한된다.

④ ○ 공정력은 '**유효**'의 통용력일 뿐, '**적법**'의 통용력이 아니다. 따라서 **행정행위의 위법 여부가 선결문제**인 경우, 행정쟁송뿐 아니라 **민사법원**, **형사법원** 등에서도 그 위법 여부를 심리·판단하여 재판의 전제로 삼아 배상을 명할 수 있고, 이를 위해 당해 처분이 무효가 되거나 **취소될 필요도 없다**(처분이 위법하기만 하면 그만이기 때문이다).

- 물품세 과세대상이 아닌 것을 세무공무원이 직무상 과실로 과세대상으로 오인하여 과세처분을 행함으로 인하여 손해가 발생된 경우에는, 동 과세처분이 취소되지 아니하였다 하더라도, 국가는 이로 인한 손해를 배상할 책임이 있다(1979.4.10. 79다262).

선지분석 & 요플·기풀기링크

선지	THEME	요플	기풀기
①	T28 불가쟁력·불가변력 등		
②	T27 공정력	04	004
③	T28 불가쟁력·불가변력 등	06	009
④	T27 공정력	35	033

 ④
 1 ○

필수문제 04

행정행위의 효력에 대한 설명으로 옳지 않은 것은? (다툼이 있는 경우 판례에 의함) 19국가9

① 과오납세금 반환청구소송에서 민사법원은 그 선결문제로서 과세처분의 무효 여부를 판단할 수 있다.

② 행정처분이 위법임을 이유로 국가배상을 청구하기 위한 전제로서 그 처분이 취소되어야만 하는 것은 아니다.

③ 영업허가취소처분이 청문절차를 거치지 않았다 하여 행정심판에서 취소되었더라도 그 허가취소처분 이후 취소재결시까지 영업했던 행위는 무허가영업에 해당한다.

④ 건물소유자에게 소방시설 불량사항을 시정·보완하라는 명령을 구두로 고지한 것은 「행정절차법」에 위반한 것으로 하자가 중대·명백하여 당연무효이다.

관련 OX

② 관련

1 위법한 행정행위에 대한 국가배상소송이 제기된 경우, 민사법원은 해당 행정행위가 취소되어야만 그 위법 여부를 심리·판단하여 배상을 명할 수 있다. 18교행9

④ 관련

2 건물소유자에게 소방시설 불량사항을 시정·보완하라는 명령을 구두로 고지한 것은 「행정절차법」에 위반한 것으로 하자가 중대하나 명백하지는 않아 취소사유에 해당한다. 23국회8

해설

① ○ 민사소송(과오납세금 반환청구소송)에서: 선결문제로 처분 무효 여부 판단 가능

국세 등의 부과 및 징수처분 등과 같은 행정처분이 당연무효임을 전제로 하여 민사소송을 제기한 때에는 그 행정처분의 당연무효인지의 여부가 선결문제이므로, (민사)법원은 이를 심사하여 그 행정처분의 하자가 중대하고 명백하여 당연무효라고 인정될 경우에는 이를 전제로 하여 판단할 수 있으나, 그 하자가 단순한 취소사유에 그칠 때에는 법원은 그 효력을 부인할 수 없다(1973.7.10. 70다1439).

➕ PLUS 과오납세금 반환청구소송, 즉 부당이득반환소송에서는 과세처분의 효력 유무가 선결문제가 된다. 따라서 과세처분이 단순 취소사유일 때는 공정력으로 인해 민사법원이 그 효력을 부인할 수 없다. 그러나 무효일 때는 공정력이 인정될 수 없고 민사법원도 그 효력을 부정하여 이를 전제로 판단할 수 있다. 결국 민사법원은 취소사유인 과세처분을 무효로 만들 수는 없으나 처음부터 무효인 과세처분에 대해서는 그것이 무효라고 판단할 수 있는 것이다.

② ○ 국가배상소송: 선결문제로 처분 위법 여부 심사 가능(취소판결 불요)

본건 계고처분 행정처분이 위법임을 이유로 배상을 청구하는 취의로 인정될 수 있는 본건에 있어 미리 그 행정처분의 취소판결이 있어야만 그 행정처분의 위법임을 이유로 피고에게 배상을 청구할 수 있는 것은 아니다(1972.4.28. 72다337).

③ × 영업허가취소처분이 취소된 경우: 무허가영업죄 성립×

영업의 금지를 명한 영업허가취소처분 자체가 나중에 행정쟁송절차에 의하여 취소되었다면 그 영업허가취소처분은 그 처분시에 소급하여 효력을 잃게 되며, 그 영업허가취소처분에 복종할 의무가 원래부터 없었음이 확정되었다고 봄이 타당하고, 영업허가취소처분이 장래에 향하여서만 효력을 잃게 된다고 볼 것이 아니므로 그 영업허가취소처분 이후의 영업행위를 무허가영업이라고 볼 수는 없다(1993.6.25. 93도277).

➕ PLUS 영업허가취소처분이 행정심판이나 취소소송을 통해 취소되는 경우 허가취소처분의 효력은 소급하여 상실되므로(재결·판결의 형성력) 무허가영업죄가 성립하지 않는다.

관련 운전면허취소처분을 받은 후 자동차를 운전하였으나 위 취소처분이 행정쟁송절차에 의하여 취소된 경우, 행정행위에 인정되는 공정력에도 불구하고 무면허운전이 성립되지 않는다(1999.2.5. 98도4239).

④ ○ 시정보완명령을 구두로 고지: 무효 → 시정명령위반죄 성립×

건물의 소유자인 피고인이 관할 소방서장으로부터 소방시설 불량사항에 관한 시정보완명령을 받고도 따르지 아니하였다는 내용으로 기소된 사안에서, 담당 소방공무원이 행정처분인 위 명령을 구술로 고지한 것은 당연무효이므로 명령위반을 이유로 행정형벌을 부과할 수 없다(2011.11.10. 2011도11109).

➕ PLUS 처분은 문서로 하는 것이 원칙이다. 이러한 문서주의에 위반하여 구두로 행해진 처분은 형식에 관한 하자로서 무효사유이다.

선지분석 & 요플·기풀기링크

선지	THEME	요플	기풀기
①		26	028
②	T27 공정력	35	033
③		39	040
④	T29 VA의 하자와 효력	45	079

정답 ③

OX 1× 2×

필수문제 05

행정행위의 공정력과 선결문제에 대한 설명으로 옳지 않은 것은? (다툼이 있는 경우 판례에 의함) 18국가7

① 처분의 효력 유무가 민사소송의 선결문제로 되어 당해 소송의 수소법원이 이를 심리·판단하는 경우 수소법원은 필요하다고 인정할 때에는 직권으로 증거조사를 할 수 있고, 당사자가 주장하지 아니한 사실에 대하여도 판단할 수 있다.

② 처분의 효력 유무가 당사자소송의 선결문제인 경우, 당사자소송의 수소법원은 이를 심사하여 하자가 중대·명백한 경우에는 처분이 무효임을 전제로 판단할 수 있고, 또한 단순한 취소사유에 그칠 때에도 처분의 효력을 부인할 수 있다.

③ 취소소송에 당해 처분과 관련되는 부당이득반환청구소송이 병합되어 제기된 경우, 부당이득반환청구가 인용되기 위해서는 그 소송절차에서 판결에 의해 당해 처분이 취소되면 충분하고 그 처분의 취소가 확정되어야 하는 것은 아니다.

④ 행정청이 침해적 행정처분인 시정명령을 하면서 사전통지를 하거나 의견제출 기회를 부여하지 않아 시정명령이 절차적 하자로 위법하다면, 그 시정명령을 위반한 사람에 대하여는 시정명령위반죄가 성립하지 않는다.

관련 OX

② 관련

1. 행정처분이 당연무효임을 전제로 하여 민사소송을 제기한 때에는 그 행정처분이 당연무효인지의 여부가 선결문제이므로 법원은 이를 심사하여 그 행정처분의 하자가 당연무효라고 인정될 경우에는 이를 전제로 하여 판단할 수 있으나 그 하자가 단순한 취소사유에 그칠 때에는 법원은 그 효력을 부인할 수 없다. 17(하)국가7

③ 관련

2. 취소소송에 당해 처분의 취소를 선결문제로 하는 부당이득반환청구가 병합된 경우 그 청구가 인용되려면 소송절차에서 당해 처분의 취소가 확정되어야 한다. 15국가9

추가기출 (④ 관련)

ⓐ Ⓢ 「자동차관리법」상 운행정지명령을 위반하여 자동차를 운행하였다는 이유로 처벌을 하기 위해서는 그 운행정지명령이 적법한 것이어야 하고, 그 운행정지명령이 위법한 처분으로 인정된다면 「자동차관리법」상 명령위반죄는 성립할 수 없다. 24경찰간부

해설

① ○ 행정소송법은 법원이 필요하다고 인정시 직권심리가 가능하도록 규정하고 있다(제26조). 나아가 이를 처분등의 효력 등이 선결문제가 된 민사소송에서도 준용하고 있다. 따라서 민사법원도 처분의 효력 유무가 선결문제가 될 시 직권으로 증거를 조사할 수 있고, 당사자가 주장하지 아니한 사실에 대해서도 판단할 수 있다.

> **행정소송법 제11조(선결문제)** ① 처분등의 효력 유무 또는 존재 여부가 민사소송의 **선결문제**로 되어 당해 민사소송의 수소법원이 이를 심리·판단하는 경우에는 제17조, 제25조, 제26조 및 제33조의 규정을 준용한다.
> **제26조(직권심리)** 법원은 필요하다고 인정할 때에는 **직권으로 증거조사**를 할 수 있고, 당사자가 **주장하지 아니한 사실**에 대하여도 판단할 수 있다.

② × 처분의 효력 유무가 선결문제이므로 하자가 중대·명백할 경우 당사자소송의 수소법원도 동 처분이 무효임을 전제로 판단할 수 있으나, 단순 취소사유에 불과한 경우에는 공정력으로 인해 그 효력을 부인할 수 없다. 위 지문은 전단은 옳으나 후단이 틀린 것이다. 당사자소송의 수소법원도 행정법원이니 동 처분을 취소할 수 있다는 생각이 들 수도 있다. 그러나 처분을 취소할 수 있는 것은 행정법원에 취소소송이 제기되었을 경우이다. 당사자소송에서는 행정법원이더라도 처분을 취소할 수 없다.

③ ○ 취소소송 확정 전이라도 취소판결만 있으면 취소를 선결문제로 한 부당이득반환청구 인용 가능
행정소송법 제10조는 처분의 취소를 구하는 취소소송에 당해 처분과 관련되는 부당이득반환소송을 관련 청구로 병합할 수 있다고 규정하고 있는바 … 이러한 부당이득반환청구가 인용되기 위해서는 그 소송절차에서 판결에 의해 당해 처분이 취소되면 충분하고 그 처분의 취소가 확정되어야 하는 것은 아니라고 보아야 한다(2011.9.29. 2008두23153).

선지분석 & 요플·기풀기링크

선지	THEME	요플	기풀기
①	T27 공정력	20	054
②	T29 VA의 하자와 효력	07	007
③	T64 소송상 제도	30	023
④	T27 공정력	49	048

④ ○ 시정명령이 위법: 시정명령위반죄 성립×

행정청으로부터 구 주택법 제91조에 의한 시정명령을 받고도 이를 위반하였다는 이유로 위 법 제98조 제11호에 의한 처벌을 하기 위해서는 그 시정명령이 적법한 것이어야 하고, 그 **시정명령이 위법**하다고 인정되는 한 위 법 제98조 제11호 위반죄는 성립하지 않는다(2009.6.25. 2006도824).

(관련) 정지명령이 위법: 정지명령위반죄 성립×[a]

시장 등이 한 「자동차관리법」상 운행정지명령을 위반하여 자동차를 운행하였다는 이유로 같은 법 제82조 제2호의2에 따른 **처벌**을 하기 위해서는 그 운행**정지명령이** 적법한 것이어야 하고, 그 운행정지명령이 **당연무효는 아니더라도** 위법한 처분으로 인정된다면 같은 법 제82조 제2호의2 **위반죄는 성립할 수 없다**[a](2023.4.27., 2020도17883).

+ PLUS 각종 시정·조치명령위반죄는 당해 명령이 위법할 경우 성립하지 않는다. 따라서 당해 명령에 중대·명백한 위법이 있어 무효사유인 경우는 물론, 절차적 하자 등 취소사유가 있는 것에 불과해 유효성이 인정되더라도(공정력) 그것이 위법한 이상 동 명령위반죄는 성립할 수 없다.

정답 ②

OX 1○ 2× ⓐ○

06

〈보기〉의 행정행위의 하자와 행정소송 상호 간의 관계에 관한 설명으로 옳은 것을 모두 고른 것은?
(다툼이 있는 경우 판례를 따름)   19(2)서울9

〔보기〕
ㄱ. 취소사유 있는 영업정지처분에 대한 취소소송의 제소기간이 도과한 경우 처분의 상대방은 국가배상청구소송을 제기하여 재산상 손해의 배상을 구할 수 있다.
ㄴ. 취소사유 있는 과세처분에 의하여 세금을 납부한 자는 과세처분취소소송을 제기하지 않은 채 곧바로 부당이득반환청구소송을 제기하더라도 납부한 금액을 반환받을 수 있다.
ㄷ. 파면처분을 당한 공무원은 그 처분에 취소사유인 하자가 존재하는 경우 파면처분취소소송을 제기하여야 하고 곧바로 공무원지위확인소송을 제기할 수 없다.
ㄹ. 무효인 과세처분에 의하여 세금을 납부한 자는 납부한 금액을 반환받기 위하여 부당이득반환청구소송을 제기하지 않고 곧바로 과세처분무효확인소송을 제기할 수 있다.

① ㄱ, ㄴ
② ㄷ, ㄹ
③ ㄱ, ㄷ, ㄹ
④ ㄴ, ㄷ, ㄹ

관련 OX

ㄱ.관련
1 (A행정청이 甲에게 한 X행정처분에 대하여 제소기간이 도과하여 불가쟁력이 발생하였다) 甲은 X행정처분의 위법을 이유로 국가배상청구소송을 제기할 수 없다.   22변시

ㄹ.관련
2 무효인 과세처분에 의해 조세를 납부한 자가 부당이득반환청구소송을 제기할 수 있는 경우에도 과세처분에 대한 무효확인소송을 제기할 수 있다. 16지방9

해설

ㄱ. ○ 불가쟁력은 당해 행정행위에 대한 쟁송을 금지할 뿐, 위법을 치유하는 것이 아니므로 불가쟁력이 발생하여 더 이상 쟁송취소할 수 없게 되었다고 하더라도 이와 무관히 국가배상청구가 가능하다.

ㄴ. × 과세처분: 하자가 취소사유라면 직권취소되거나 항고쟁송으로 취소되지 않는 한 부당이득×
과세처분의 하자가 단지 취소할 수 있는 정도에 불과할 때에는 과세관청이 이를 스스로 취소하거나 (편저자: 직권취소되거나) 항고소송절차에 의하여 취소되지 않는 한(편저자: 항고쟁송에서 취소되지 않는 한) 그로 인한 조세의 납부가 부당이득이 된다고 할 수 없다(1994.11.11. 94다28000).

ㄷ. ○ 파면처분에 따라 공무원의 지위를 잃은 경우 역시 과오납금반환 유형과 마찬가지이다. 파면처분의 하자가 당연무효이거나, 취소사유라면 취소되지 않는 한 공무원지위가 인정될 수 없다. 따라서 곧바로 공무원지위확인소송(당사자소송)을 제기할 수 없고, 우선 파면처분취소소송(항고소송) 등을 통해 파면처분을 취소시켜야 한다.

ㄹ. ○ 무효확인소송: 보충성(확인의 이익) 요구×(무효를 전제로 한 이행소송 가부를 따질 필요×)
행정처분의 근거 법률에 의하여 보호되는 직접적이고 구체적인 이익이 있는 경우에는 행정소송법 제35조에 규정된 '무효확인을 구할 법률상 이익'이 있다고 보아야 하고, 이와 별도로 무효확인소송의 보충성이 요구되는 것은 아니므로 행정처분의 무효를 전제로 한 이행소송 등과 같은 직접적인 구제수단이 있는지 여부를 따질 필요가 없다(2008.3.20. 2007두6342 전합).

+ PLUS 종전 판례는 무효등확인소송에서 확인의 소의 보충성을 요구하여 행정처분의 무효를 전제로 한 다른 직접적인 구제수단이 있는 경우 무효등확인소송을 제기할 수 없었다. 그러나 전합판결로 견해가 변경되어 더 이상 무효등확인소송에서 확인의 소의 보충성을 요구하지 않게 되었고 행정처분의 무효를 전제로 한 다른 직접적인 구제수단이 있더라도 무효등확인소송을 제기할 수 있게 되었다. 변경된 현재 판례에 따르면 과세처분이 무효여서 이행소송(부당이득반환소송)이 가능하더라도, 곧바로 과세처분 무효확인소송을 제기하는 것이 가능하다. 물론 이행소송을 하는 것도 여전히 가능하므로 국민은 선택하면 된다.

선지분석 & 요플·기풀기링크

선지	THEME	요플	기풀기
ㄱ	T28 불가쟁력·불가변력 등	14	007
ㄴ	T27 공정력	24	020
ㄷ		32	026
ㄹ	T57 소의 이익	64	063

정답 ③
OX 1× 2○

07

행정행위의 효력에 대한 설명으로 옳은 것은? (다툼이 있는 경우 판례에 의함) 18지방7

① 과세대상이 아닌 것을 세무공무원이 직무상 과실로 과세대상으로 오인하여 과세처분을 행함으로 인하여 손해가 발생된 경우, 동 과세처분이 취소되지 아니하였다 하더라도 국가는 이로 인한 손해를 배상할 책임이 있다.

② 과세처분의 하자가 취소할 수 있는 사유인 경우 과세관청이 이를 스스로 취소하거나 항고소송절차에 의하여 취소되지 아니하여도 해당 조세의 납부는 부당이득이 된다.

③ 행정행위의 불가변력은 해당 행정행위에 대해서뿐만 아니라 그 대상을 달리하는 동종의 행정행위에 대해서도 인정된다.

④ 행정처분이나 행정심판 재결이 불복기간의 경과로 인하여 확정될 경우 확정력은 처분으로 인하여 법률상 이익을 침해받은 자가 처분이나 재결의 효력을 더 이상 다툴 수 없다는 의미에서 판결에 있어서와 같은 기판력이 인정된다.

관련 OX

③ 관련

1 Ⓑ
행정행위의 불가변력은 당해 행정행위에 대해서만 인정되는 것이 아니고, 동종의 행정행위라면 그 대상을 달리하더라도 인정된다. 21지방9

해설

① ○ 공무원이 과실로 과세대상이 아닌 것을 과세: 과세처분 취소되지 않았어도 국가배상책임 있음
물품세 과세대상이 아닌 것을 세무공무원이 직무상 과실로 과세대상으로 오인하여 과세처분을 행함으로 인하여 손해가 발생된 경우에는, 동 과세처분이 취소되지 아니하였다 하더라도, 국가는 이로 인한 손해를 배상할 책임이 있다(1979.4.10. 79다262).
✚ PLUS 국가배상청구 등 각종 손해배상청구는 위법성이 선결문제가 될 뿐, 처분의 효력 여부와는 무관하므로 배상을 청구하기 위해 문제된 처분을 취소하여야 하는 것이 아니다. 공정력은 '유효'의 통용력일 뿐, '적법'의 통용력이 아니기 때문이다.

② ✕ 과세처분: 하자가 취소사유라면 직권취소되거나 항고쟁송으로 취소되지 않는 한 부당이득✕
과세처분의 하자가 단지 취소할 수 있는 정도에 불과할 때에는 과세관청이 이를 스스로 취소하거나(편저자: 직권취소되거나) 항고소송절차에 의하여 취소되지 않는 한(편저자: 항고쟁송에서 취소되지 않는 한) 그로 인한 조세의 납부가 부당이득이 된다고 할 수 없다(1994.11.11. 94다28000).
✚ PLUS 과세처분의 하자가 취소사유에 불과할 경우, 공정력으로 인해 과세관청이 이를 직권취소하거나 행정쟁송에서 취소되지 않는 한 동 처분은 유효한 것으로 통용된다. 따라서 그에 기한 조세납부는 부당이득이 된다고 할 수 없다.

③ ✕ 불가변력은 당해 행정행위에만 인정(동종 행위까지 인정✕)
행정행위의 불가변력은 당해 행정행위에 대하여서만 인정되는 것이고, 동종의 행정행위라 하더라도 그 대상을 달리할 때에는 이를 인정할 수 없다(1974.12.10. 73누129).

④ ✕ 불복기간 경과시 불가쟁력○ / 기판력✕
행정처분이나 행정심판 재결이 불복기간의 경과로 인하여 확정될 경우 그 확정력은, 그 처분으로 인하여 법률상 이익을 침해받은 자가 당해 처분이나 재결의 효력을 더 이상 다툴 수 없다는 의미일 뿐, 더 나아가 판결에 있어서와 같은 기판력이 인정되는 것은 아니어서 그 처분의 기초가 된 사실관계나 법률적 판단이 확정되고 당사자들이나 법원이 이에 기속되어 모순되는 주장이나 판단을 할 수 없게 되는 것은 아니다(2004.7.8. 2002두11288).

선지분석 & 요플·기풀기링크

선지	THEME	요플	기풀기
①	T27 공정력	36	034
②		24	020
③	T28 불가쟁력·불가변력 등	19	014
④	T65 판결 기준시/종류	60	029

정답 ①
OX 1 ✕

필수 문제 08

행정행위의 효력에 대한 설명으로 옳지 않은 것은? (다툼이 있는 경우 판례에 의함) 19지방9

① 민사소송에 있어서 어느 행정처분의 당연무효 여부가 선결문제로 되는 때에는 당해 소송의 수소법원은 이를 판단하여 그 행정처분의 무효확인판결을 할 수 있다.

② 과세처분의 하자가 단지 취소할 수 있는 정도에 불과할 때에는 과세관청이 이를 스스로 취소하거나 행정쟁송절차에 의하여 취소되지 않는 한 그로 인한 조세의 납부가 부당이득이 된다고 할 수 없다.

③ 구 「소방시설 설치·유지 및 안전관리에 관한 법률」 제9조에 의한 소방시설 등의 설치 또는 유지·관리에 대한 명령이 행정처분으로서 하자가 있어 무효인 경우에는 명령에 따른 의무위반이 생기지 아니하므로, 명령위반을 이유로 행정형벌을 부과할 수 없다.

④ 행정처분이 불복기간의 경과로 인하여 확정될 경우, 그 확정력은 처분으로 인하여 법률상 이익을 침해받은 자가 처분의 효력을 더 이상 다툴 수 없다는 의미일 뿐 판결에 있어서와 같은 기판력이 인정되는 것은 아니다.

관련 OX

② 관련

1 과세처분의 하자가 취소할 수 있는 사유인 경우 과세관청이 이를 스스로 취소하거나 항고소송절차에 의하여 취소되지 아니하여도 해당 조세의 납부는 부당이득이 된다. 18지방7

④ 관련

2 행정처분이나 행정심판 재결이 불복기간의 경과로 인하여 확정될 경우 확정력은 처분으로 인하여 법률상 이익을 침해받은 자가 처분이나 재결의 효력을 더 이상 다툴 수 없다는 의미에서 판결에 있어서와 같은 기판력이 인정된다. 18지방7

3 행정처분이나 행정심판 재결이 불복기간의 경과로 확정될 경우 그 처분의 기초가 된 사실관계나 법률적 판단이 확정되고 당사자들이나 법원은 이에 기속되어 모순되는 주장이나 판단을 할 수 없다. 23서울(지적)7

해설

① × 민사소송에서 처분의 무효 여부가 선결문제가 될 경우 민사법원은 그 무효 여부를 판단할 수 있다. 그러나 무효확인판결을 할 수 있는 것은 아니다. <u>무효확인판결은 항고소송의 판결로서 행정법원이 아닌 민사법원에서는 할 수 없다.</u> 민사법원은 당해 처분이 무효임을 전제로 당사자가 청구한 민사적 청구(예컨대 과오납금 반환)에 대해 판결할 수 있을 뿐이다.

② ○ 과세처분의 하자가 <u>취소사유에 불과할 경우</u>, 공정력으로 인해 과세관청이 이를 직권취소하거나 행정쟁송에서 취소되지 않는 한 동 처분은 <u>유효한 것으로 통용</u>된다. 따라서 그에 기한 조세납부는 <u>부당이득이 된다고 할 수 없다</u>.

③ ○ <u>시정명령이 무효: 시정명령위반죄 성립 ×</u>
건물의 소유자인 피고인이 관할 소방서장으로부터 소방시설 불량사항에 관한 시정보완명령을 받고도 따르지 아니하였다는 내용으로 기소된 사안에서, 담당 소방공무원이 행정처분인 <u>위 명령을 구술로 고지한 것은 당연무효이므로 명령위반을 이유로 행정형벌을 부과할 수 없다</u>(2011.11.10. 2011도11109).

④ ○ <u>불가쟁력: 당해 처분의 쟁송을 금지할 뿐, 기판력과 같이 그에 대한 법적 판단이 확정되는 것이 아님</u>
일반적으로 행정처분이나 행정심판 재결이 <u>불복기간의 경과로 인하여 확정될 경우 그 확정력은, 그 처분으로 인하여 법률상 이익을 침해받은 자가 당해 처분이나 재결의 효력을 더 이상 다툴 수 없다는 의미일 뿐</u>, 더 나아가 <u>판결에 있어서와 같은 기판력이 인정되는 것은 아니어서</u> 그 처분의 기초가 된 사실관계나 법률적 판단이 확정되고 당사자들이나 법원이 이에 기속되어 모순되는 주장이나 판단을 할 수 없게 되는 것은 아니다(1993.4.13. 92누17181).

+ PLUS 불복기간 경과로 인해 발생하는 불가쟁력은 상대방등이 더 이상 동 처분을 <u>다투지 못하게 하는 힘일 뿐</u>, 동 처분에 대한 사실관계가 법률적 판단을 확정시키는 <u>기판력과는 다르다</u>.

선지분석 & 요플·기풀기링크

선지	THEME	요플	기풀기
①		30	030
②	T27 공정력	24	020
③		50	049
④	T66 판결의 효력	60	029

정답 ①
OX 1× 2× 3×

필수문제 09

행정행위의 효력에 대한 설명으로 옳지 않은 것은? (다툼이 있는 경우 판례에 의함) 22국가9

① 영업허가취소처분이 나중에 행정쟁송절차에 의하여 취소되었더라도, 그 영업허가취소처분 이후의 영업행위는 무허가영업이다.

② 연령미달 결격자가 다른 사람 이름으로 교부받은 운전면허는 당연무효가 아니고 취소되지 않는 한 유효하므로 그 연령미달 결격자의 운전행위는 무면허운전에 해당하지 아니한다.

③ 구「도시계획법」상 원상회복 등의 조치명령을 받고도 이를 따르지 않은 자에 대해 형사처벌을 하기 위해서는 적법한 조치명령이 전제되어야 하며, 이때 형사법원은 그 적법 여부를 심사할 수 있다.

④ 조세부과처분을 취소하는 행정판결이 확정된 경우 부과처분의 효력은 처분시에 소급하여 효력을 잃게 되므로 확정된 행정판결은 조세포탈에 대한 무죄를 인정할 명백한 증거에 해당한다.

해설

① ✕ 영업허가취소처분이 취소된 경우: 영업허가취소처분 이후의 영업행위는 무허가영업 ✕
영업의 금지를 명한 영업허가취소처분 자체가 나중에 행정쟁송절차에 의하여 취소되었다면 그 영업허가취소처분은 그 처분시에 소급하여 효력을 잃게 되므로 그 영업허가취소처분 이후의 영업행위를 무허가영업이라고 볼 수는 없다(1993.6.25. 93도277).
+ PLUS 영업허가취소처분이 취소되면, 영업은 처음부터 취소된 적이 없던 것이 된다(취소판결의 소급효). 따라서 영업허가취소처분을 받고 계속 영업을 해왔더라도 무허가영업에 해당하지 않게 된다.

② ○ 연령미달자가 위법하게 운전면허를 취득해 운전: 운전면허는 취소사유(당연무효✕), 무면허운전✕
연령미달의 결격자인 피고인이 소외인의 이름으로 운전면허시험에 응시, 합격하여 교부받은 운전면허는 당연무효가 아니고 도로교통법 제65조 제3호의 사유에 해당함에 불과하여 취소되지 않는 한 유효하므로 피고인의 운전행위는 무면허운전에 해당하지 아니한다(1982.6.8. 80도2646).
+ PLUS 사인이 위법하게 면허를 취득하였더라도, 그 위법이 중대명백해 당연무효가 아닌 한 공정력으로 인해 당해 면허는 유효하다. 따라서 당해 면허가 취소되지 않는 한 동 면허를 가지고 한 행위를 무면허행위로 볼 수 없다. ①은 행정청의 위법한 취소처분의 효력이 선결문제가 되는 사안이고, ②는 국민이 위법하게 취득한 인허가처분의 효력이 선결문제가 되는 사안이다.

③ ○ 조치명령이 위법: 조치명령위반죄 성립✕
구 도시계획법 제78조 제1항에 정한 처분이나 조치명령을 받은 자가 이에 위반한 경우 이로 인하여 같은 법 제92조에 정한 처벌을 하기 위하여는 그 처분이나 조치명령이 적법한 것이라야 하고, 그 처분이 당연무효가 아니라 하더라도 그것이 위법한 처분으로 인정되는 한 같은 법 제92조 위반죄가 성립될 수 없다(1992.8.18. 90도1709).
+ PLUS 명령위반죄의 경우 그 명령이 적법할 것이 범죄구성요건이라고 보는 것이 일반적이다. 따라서 시정명령이나, 조치명령, 정지(중지)명령 등이 위법한 경우 공정력과 무관히 형사법원은 그 위법성을 판단할 수 있으므로 범죄가 성립되지 않게 된다.

④ ○ 조세포탈에 대해 유죄판결 후 조세부과처분이 취소된 경우: 무죄 등의 명백한 증거 → 재심사유에 해당
조세의 부과처분을 취소하는 행정소송판결이 확정된 경우 그 조세부과처분의 효력은 처분시에 소급하여 효력을 잃게 되고 따라서 그 부과처분을 받은 사람은 그 처분에 따른 납부의무가 없다고 할 것이므로 위 확정된 행정판결은 조세포탈에 대한 무죄 내지 원판결이 인정한 죄보다 경한 죄를 인정할 명백한 증거라 할 것이다. 따라서 조세포탈에 관하여 원심 판결이 있은 후에 그 조세부과처분을 취소하는 행정소송판결이 확정된 경우에는 형사소송법 제420조 제5호 소정의 재심사유에 해당한다(1985.10.22. 83도2933). ❶
+ PLUS 선결문제가 된 행정행위가 유죄판결이 확정된 후에야 취소된 경우도 있을 수 있다. 이는 무죄 등을 인정할 명백한 증거가 사후적으로 발생한 경우에 해당하여 재심사유가 되므로 형사소송법상 재심절차를 통해 구제받을 수 있다.

선지선택비율 ① 78.46% ② 11.95% ③ 4.38% ④ 5.21% 오답률 21.54%

관련 OX

① 관련

1 영업허가취소처분이 청문절차를 거치지 않았다 하여 행정심판에서 취소되었더라도 그 허가취소처분 이후 취소재결시까지 영업했던 행위는 무허가영업에 해당한다. 19국가9

③ 관련

2 구「도시계획법」에 정한 처분이나 조치명령을 받은 자가 이에 위반한 경우 이로 인하여 동법 제92조에 정한 처벌을 하기 위하여는 그 처분이나 조치명령이 적법한 것이라야 하고, 그 처분이 당연무효가 아니라 하더라도 그것이 위법한 처분으로 인정되는 한 동법 제92조 위반죄가 성립될 수 없다. 13국가9

선지분석 & 요플·기풀기링크

선지	THEME	요플	기풀기
①		39	040
②	T27 공정력	47	046
③		51	050
④		43	044

❶ **형사소송법 제420조(재심이유)**
재심은 다음 각 호의 어느 하나에 해당하는 이유가 있는 경우에 유죄의 확정판결에 대하여 그 선고를 받은 자의 이익을 위하여 청구할 수 있다.
5. 유죄를 선고받은 자에 대하여 무죄 또는 면소를, 형의 선고를 받은 자에 대하여 형의 면제 또는 원판결이 인정한 죄보다 가벼운 죄를 인정할 명백한 증거가 새로 발견된 때

정답 ①
OX 1✕ 2○

10

선결문제에 대한 설명으로 옳지 않은 것은? (다툼이 있는 경우 판례에 의함) 25지방9

① 위법한 행정대집행이 완료되면 대집행계고처분의 무효확인 또는 취소를 구할 소의 이익은 없다 하더라도, 미리 그 행정처분의 취소판결이 있어야만, 그 행정처분이 위법임을 이유로 한 손해배상청구를 할 수 있는 것은 아니다.

② 행정행위의 하자가 취소사유에 불과한 때에는 그 처분이 취소되지 않는 한 처분의 효력을 부정하여 그로 인한 이득을 법률상 원인 없는 이득이라고 말할 수 없다.

③ 과세대상과 납세의무자 확정이 잘못되어 당연무효한 과세에 대하여는 체납이 문제될 여지가 없으므로 체납범이 성립하지 않는다.

④ 연령미달의 결격자인 피고인이 소외인의 이름으로 운전면허시험에 응시, 합격하여 교부받은 운전면허는 당연무효이므로, 그 경우 피고인의 운전행위는 무면허운전에 해당한다.

관련 OX

② 관련
1. 과세처분의 하자가 취소할 수 있는 사유인 경우 과세관청이 이를 스스로 취소하거나 항고소송절차에 의하여 취소되지 아니하여도 해당 조세의 납부는 부당이득이 된다. 18지방7

④ 관련
2. 연령미달 결격자가 다른 사람 이름으로 교부받은 운전면허는 당연무효가 아니고 취소되지 않는 한 유효하므로 그 연령미달 결격자의 운전행위는 무면허운전에 해당하지 아니한다. 22국가9

해설

① ○ **위법한 대집행이 완료**: 대집행에 대한 취소소송은 소익이 없어 불가능하나, 국가배상은 어차피 취소판결을 받지 않아도 가능
위법한 행정대집행이 완료되면 그 처분의 무효확인 또는 취소를 구할 소의 이익은 없다 하더라도, 미리 그 행정처분의 취소판결이 있어야만, 그 행정처분의 위법임을 이유로 한 손해배상청구를 할 수 있는 것은 아니다(1972.4.28. 72다337).
+ PLUS 이미 대집행이 완료되어 원상회복이 불가능한 상황에 이르면 당해 대집행의 취소를 구하는 항고소송은 소의 이익이 없어 제기할 수 없게 되나, 그렇다 하더라도 위법한 대집행으로 인한 손해배상을 구하는 국가배상소송은 가능하다. 국가배상은 처분의 위법 여부를 선결문제로 할 뿐, 처분의 효력을 선결문제로 하지 않는 것으로서, 해당 처분에 대한 취소판결이 없더라도 민사법원에서 그 위법여부를 판단할 수 있기 때문이다.

② ○ **하자가 취소사유**: 직권취소되거나 항고쟁송으로 취소되지 않는 한 부당이득×
행정처분이 아무리 위법하다고 하여도 그 하자가 중대하고 명백하여 당연무효라고 보아야 할 사유가 있는 경우를 제외하고는 아무도 그 하자를 이유로 무단히 그 효과를 부정하지 못하는 것으로, 이러한 행정행위의 공정력은 판결의 기판력과 같은 효력은 아니지만 그 공정력의 객관적 범위에 속하는 행정행위의 하자가 취소사유에 불과한 때에는 그 처분이 취소되지 않는 한 처분의 효력을 부정하여 그로 인한 이득을 법률상 원인 없는 이득이라고 말할 수 없는 것이다(1994.11.11. 94다28000).
+ PLUS 취소사유에 불과하다는 것은 처분이 유효하다는 것이므로 그로 인한 이득은 부당이득이 아니다.

③ ○ **당연무효인 과세처분**: 납부하지 않아도 체납범 성립×
과세대상과 납세의무자 확정이 잘못되어 당연무효한 과세에 대하여는 체납이 문제될 여지가 없으므로 체납범이 성립하지 않는다(1971.5.31. 71도742).
+ PLUS 무효인 과세처분에 대해서는 납부의무가 없으므로 납부하지 않아도 체납이 되는 것이 아니다. 만일 체납범으로 기소된 경우 당연무효인 처분은 공정력이 없으므로 형사법원에서도 당연히 과세처분의 효력을 부인할 수 있고 이를 전제로 무죄판결을 할 수 있다.

선지분석 & 요플·기풀기링크

선지	THEME	요플	기풀기
①		37	035
②	T27 공정력	24	020
③		46	039
④		47	046

④ ✕ 연령미달자가 위법하게 운전면허를 취득해 운전: 운전면허는 취소사유(당연무효✕), 무면허운전✕
연령미달의 결격자인 피고인이 소외인의 이름으로 운전면허시험에 응시, 합격하여 교부받은 운전면허는 당연무효가 아니고 도로교통법 제65조 제3호의 사유에 해당함에 불과하여 취소되지 않는 한 유효하므로 피고인의 운전행위는 무면허운전에 해당하지 아니한다(1982.6.8. 80도2646).

+ PLUS 사인이 위법하게 면허를 취득하였더라도, 그 위법이 중대명백해 당연무효가 아닌 한 공정력으로 인해 당해 면허는 유효하다. 따라서 당해 면허가 취소되지 않는 한 동 면허를 가지고 한 행위를 무면허행위로 볼 수 없다.

선지선택비율 ① 8.17% ② 6.32% ③ 6.29% ④ 79.22% 오답률 20.78%

정답 ④
OX 1✕ 2○

필수문제 11

선결문제에 대한 판례의 입장으로 옳지 않은 것은? 　　22지방9

① 조세부과처분이 무효임을 이유로 이미 납부한 세금의 반환을 청구하는 민사소송에서 법원은 그 조세부과처분이 무효라는 판단과 함께 세금을 반환하라는 판결을 할 수 있다.

② 영업허가취소처분으로 손해를 입은 자가 제기한 국가배상청구소송에서 법원은 영업허가취소처분에 취소사유에 해당하는 하자가 있는 경우에는 영업허가취소처분의 위법을 이유로 배상청구를 인용할 수 없다.

③ 물품을 수입하고자 하는 자가 세관장에게 수입신고를 하여 그 면허를 받고 물품을 통관한 경우에는, 세관장의 수입면허가 중대하고도 명백한 하자가 있는 행정행위이어서 당연무효가 아닌 한「관세법」소정의 무면허수입죄가 성립될 수 없다.

④ 영업허가취소처분 이후에 영업을 한 행위에 대하여 무허가영업으로 기소되었으나 형사법원이 판결을 내리기 전에 영업허가취소처분이 행정소송에서 취소되면 형사법원은 무허가영업 행위에 대해서 무죄를 선고하여야 한다.

관련 OX

③ 관련
1 기
형사법원은 행정행위가 당연무효라면, 선결문제로서 그 행정행위의 효력을 부인할 수 있다.　　25해경승진

추가기출(① 관련)
ⓐ S
조세과오납에 따른 부당이득반환청구사안에서 민사법원은 사전통지 및 의견제출절차를 거치지 않은 하자를 이유로 행정행위의 효력을 부인할 수 있다.　　20국회8

해설

① ○ 민사소송에서도 처분의 당연무효 여부를 판단해 이를 전제로 판결 가능(행정소송을 먼저 거칠 필요×)
민사소송에 있어서 어느 행정처분의 **당연무효 여부가 선결문제**로 되는 때에는 이를 판단하여 **당연무효임을 전제로 판결**할 수 있고 반드시 행정소송 등의 절차에 의하여 그 취소나 무효확인을 받아야 하는 것은 아니다(2010.4.8. 2009다90092).

 ✚ PLUS 관련 처분의 효력 유무가 선결문제가 되는 부당이득반환 유형이다. 판례는 과오납세금의 반환을 구하는 소송을 민사상 부당이득반환소송으로 본다. 이때, 부당이득이 성립하려면 당해 과세처분이 무효여야 한다. 즉, 처음부터 당연무효이거나 취소되어 사후적으로라도 효력이 없어져야 한다. 따라서 과세처분이 당연무효에 해당한다면 민사법원에서 과세처분이 무효라고 판단하고 세금을 반환하라는 판결을 할 수 있으나, 취소사유에 불과하다면 권한 있는 기관에 의하여 과세처분이 취소가 되지 않는 한 반환판결을 할 수 없다.ⓐ 취소사유에 불과하다는 것은 유효하다는 것이고(공정력), 과세처분이 유효하다면 국가는 부당이득을 한 것이 아니기 때문이다.

② ✕ 위법한 영업허가취소처분을 받아 손해를 입었다면, 해당 동 처분의 하자가 **취소사유에 불과해 유효하다고 하더라도, 곧바로 국가배상청구를 할 수 있다.**

 관련 위법한 행정대집행이 완료되면 그 처분의 무효확인 또는 취소를 구할 소의 이익은 없다 하더라도, 미리 그 행정처분의 **취소판결이 있어야만**, 그 행정처분의 위법임을 이유로 한 **손해배상청구를 할 수 있는 것은 아니다**(1972.4.28. 72다337).

 ✚ PLUS 관련 처분의 위법 여부가 선결문제가 되는 국가배상 유형이다. 이 경우 민사법원은 관련 처분이 위법하다면, 그것이 무효사유인지, 취소사유인지를 불문하고(취소사유에 해당하는 위법성이 있는 경우에도 취소판결이 없어도) 배상청구를 인용할 수 있다. 공정력은 행정행위의 유효의 통용력일 뿐, 적법의 통용력이 아니므로 취소사유에 불과하더라도 그 처분이 유효할지언정 위법성은 인정되기 때문이다.

선지분석 & 요플·기풀기링크 ①

선지	THEME	요플	기풀기
①		28	029
②	T27 공정력	34	036
③		48	047
④		40	041

③ ○ 수입업자가 부정한 방법으로 받은 수입면허: 당연무효가 아니라면 무면허수입죄✕

물품을 수입하고자 하는 자가 일단 세관장에게 수입신고를 하여 그 면허를 받고 물품을 통관한 경우에는, 세관장의 **수입면허**가 중대하고도 명백한 하자가 있는 행정행위이어서 **당연무효가 아닌 한** 관세법 제181조 소정의 **무면허수입죄가 성립될 수 없다**(1989.3.28. 89도149).

+ PLUS 관련 처분의 효력 유무가 선결문제가 되는 무면허죄 유형이다. 국민이 발급받은 면허에 취소사유가 있다 하더라도 당연무효가 아닌 한 유효이다. 즉, 그 면허는 취소사유가 있을 뿐 유효한 면허이다. 따라서 무면허죄는 성립할 수 없다.

④ ○ 영업허가취소처분을 받은 후에도 영업을 해 무허가영업죄로 기소되었으나, 동 처분이 취소됨 → 영업허가취소처분은 소급하여 처음부터 없던 것이 되어, 무허가영업죄 성립✕

영업의 금지를 명한 **영업허가취소처분** 자체가 나중에 행정쟁송절차에 의하여 **취소**되었다면 그 영업허가취소처분은 그 처분시에 **소급하여 효력을 잃게** 되므로 그 영업허가취소처분 이후의 영업행위를 **무허가영업이라고 볼 수는 없다**(1993.6.25. 93도277).

+ PLUS 영업허가취소처분이 취소되면 소급하여 효력이 상실된다. 그렇다면 처음부터 영업허가는 취소된 적이 없는 셈이 되기 때문에 형사법원은 무죄를 선고하여야 한다.

선지선택비율 ① 17.39% ② 55.94% ③ 10.57% ④ 16.10%　오답률 44.06%

12

선결문제에 관한 설명으로 옳지 않은 것은? (다툼이 있는 경우 판례에 의함) 25소간

① 자동차 운전면허취소처분을 받은 사람이 자동차를 운전하였으나 운전면허취소처분의 원인이 된 법규위반에 대하여 범죄사실의 증명이 없음을 이유로 무죄판결이 확정된 경우에는 그 취소처분이 취소되지 않았더라도 「도로교통법」에 규정된 무면허운전의 죄로 처벌할 수 없다.

② 민사소송에서 어느 행정처분의 당연무효 여부가 선결문제로 되는 때에는 당사자는 행정처분의 당연무효를 주장할 수 있으나, 이 경우 행정처분의 당연무효를 주장하는 자에게 그 행정처분이 무효인 사유를 주장·증명할 책임이 있다.

③ 「개발제한구역의 지정 및 관리에 관한 특별조치법」에 의하여 행정청으로부터 시정명령을 받은 자가 이를 위반한 경우, 그로 인하여 같은 법에서 정한 처벌을 하기 위하여는 시정명령이 적법한 것이어야 한다.

④ 행정대집행상 계고처분의 위법을 이유로 손해배상청구를 하려면 미리 계고처분의 취소판결이 있어야만 한다.

⑤ 처분의 효력 유무가 민사소송의 선결문제로 되어 당해 민사소송의 수소법원이 이를 심리·판단하는 경우 당해 수소법원은 그 처분을 행한 행정청에게 그 선결문제로 된 사실을 통지하여야 한다.

관련 OX

③ 관련

1 행정청이 침해적 행정처분인 시정명령을 하면서 사전통지를 하거나 의견제출 기회를 부여하지 않아 시정명령이 절차적 하자로 위법하다면, 그 시정명령을 위반한 사람에 대하여는 시정명령위반죄가 성립하지 않는다. 18국가7

④ 관련

2 위법한 행정대집행이 완료되면 대집행계고처분의 무효확인 또는 취소를 구할 소의 이익은 없다 하더라도, 미리 그 행정처분의 취소판결이 있어야만 그 행정처분이 위법임을 이유로 한 손해배상청구를 할 수 있는 것은 아니다. 25지방9

해설

① ○ 운전면허취소처분의 원인이 된 법규위반에 무죄판결이 확정됨①
→ 운전면허취소처분 자체는 아직 취소되지 않았더라도 무면허운전죄로 처벌 불가

행정청의 자동차 운전면허취소처분이 직권으로 또는 행정쟁송절차에 의하여 취소되면, 운전면허취소처분은 그 처분시에 소급하여 효력을 잃고 운전면허취소처분에 복종할 의무가 원래부터 없었음이 확정되므로, 운전면허취소처분을 받은 사람이 운전면허취소처분이 취소되기 전에 자동차를 운전한 행위는 도로교통법에 규정된 무면허운전의 죄에 해당하지 아니한다. 관련 규정 및 법리, 헌법 제12조가 정한 적법절차의 원리, 형벌의 보충성 원칙을 고려하면, 자동차 운전면허취소처분을 받은 사람이 자동차를 운전하였으나 운전면허취소처분의 원인이 된 교통사고 또는 법규위반에 대하여 범죄사실의 증명이 없는 때에 해당한다는 이유로 무죄판결이 확정된 경우에는 그 취소처분이 취소되지 않았더라도 도로교통법에 규정된 무면허운전의 죄로 처벌할 수는 없다(2021.9.16. 2019도11826).

+ PLUS 판례는 운전면허취소처분 자체는 취소되지 않았더라도, 그 원인이 된 법규위반행위가 없는 것으로 확정되었다면, 어차피 운전면허취소처분도 취소될 운명에 처해진다는 이유로 무면허운전죄의 성립을 부정하였다.

비교 연령미달자가 위법하게 운전면허를 취득해 운전: 운전면허는 취소사유(당연무효X), 무면허운전X
연령미달의 결격자인 피고인이 소외인의 이름으로 운전면허시험에 응시, 합격하여 교부받은 운전면허는 당연무효가 아니고 도로교통법 제65조 제3호의 사유에 해당함에 불과하여 취소되지 않는 한 유효하므로 피고인의 운전행위는 무면허운전에 해당하지 아니한다(1982.6.8. 80도2646).

② ○ 민사소송에서 처분의 당연무효가 선결문제: 당연무효 주장하는 원고가 무효사유 입증책임
민사소송에서 어느 행정처분의 당연무효 여부가 선결문제로 되는 때에는 당사자는 행정처분의 당연무효를 주장할 수 있으나, 이 경우 행정처분의 당연무효를 주장하는 자(편저자: 원고)에게 그 행정처분이 무효인 사유를 주장·증명할 책임이 있다(2012.6.14. 2010다86723).

선지분석 & 요플·기풀기링크

선지	THEME	요플	기풀기
①	T27 공정력	44	043
②	T63 소송방식	28	029
③		49	048
④	T27 공정력	37	035
⑤		19	053

③ ○ 시정명령이 위법하면 위반죄 성립×

「개발제한구역의 지정 및 관리에 관한 특별조치법」(이하 '개발제한구역법'이라 한다) 제30조 제1항에 의하여 행정청으로부터 시정명령을 받은 자가 이를 위반한 경우, 그로 인하여 개발제한구역법 제32조 제2호에 정한 처벌을 하기 위하여는 시정명령이 적법한 것이라야 하고, 시정명령이 당연무효가 아니더라도 위법한 것으로 인정되는 한 개발제한구역법 제32조 제2호 위반죄가 성립될 수 없다 (2017.9.21. 2017도7321).

④ × 계고처분의 위법 여부가 손해배상청구소송의 선결문제인 경우, 수소법원은 위법 여부를 직접 판단할 수 있고 이 경우 미리 계고처분의 취소판결이 있어야 손해배상청구를 할 수 있는 것은 아니다.

· 위법한 행정대집행이 완료되면 그 처분의 무효확인 또는 취소를 구할 소의 이익은 없다 하더라도, 미리 그 행정처분의 취소판결이 있어야만, 그 행정처분의 위법임을 이유로 한 손해배상청구를 할 수 있는 것은 아니다(1972.4.28. 72다337).

⑤ ○

행정소송법 제11조(선결문제) ① 처분등의 효력 유무 또는 존재 여부가 민사소송의 선결문제로 되어 당해 민사소송의 수소법원이 이를 심리·판단하는 경우에는 제17조, 제25조, 제26조 및 제33조의 규정을 준용한다.
② 제1항의 경우 당해 수소법원은 그 처분등을 행한 행정청에게 그 선결문제로 된 사실을 통지하여야 한다.

정답 ④
OX 1○ 2○

THEME 28 행정행위의 효력(2) - 불가쟁력·불가변력, 구속력, 강제력

기 342-347
요 098-100

01

행정행위의 효력에 관한 설명으로 옳지 않은 것은? 15교행9

소 ① 불가쟁력은 행정행위의 상대방 및 이해관계인에 대한 구속력이다.
② 상대방에게 일정한 의무를 부과하는 하명은 집행력을 가진다.
③ 구성요건적 효력은 행정행위의 유·무효를 불문하고 인정되는 구속력이다.
ⓒ ④ 불가변력이 있는 행정행위도 쟁송제기기간이 경과하기 전에는 쟁송을 제기하여 그 효력을 다툴 수 있다.

관련 OX

① 관련
1 소
행정행위의 불가쟁력은 형식적 존속력이라고도 한다. 18소방

④ 관련
2 소
불가변력이라 함은 행정행위를 한 행정청이 당해 행정행위를 직권으로 취소 또는 변경할 수 없게 하는 힘으로 실질적 확정력 또는 실체적 존속력이라고도 한다. 22군무원9

3 실질적 존속력이 발생한 행위라도 형식적 존속력이 발생하지 않는 동안에는 상대방은 그 행위를 다툴 수 있다. 14서울7

4 ⓒ
불가변력이 발생한 행정행위는 당연히 불가쟁력을 가진다. 09지방7

해설

①④ ○ 불가쟁력이란 불복기간이(제소기간이) 경과하거나, 쟁송수단을 다 거친 경우 행정행위의 상대방이나 이해관계인이 더 이상 당해 행정행위를 다툴 수 없게 하는 힘을 말한다. 반면, 불가변력이란 일정 행정행위에 대하여는 처분청 등도 이를 직권으로 취소하거나 변경할 수 없게 하는 힘을 뜻한다.
이처럼 불가쟁력은 '쟁송제기자' 측인, 행정행위의 상대방이나 이해관계인에 대한 힘이고,① 불가변력은 '직권취소자' 측인 처분행정청이나 상급감독청에 대한 힘이므로, 불가쟁력이 발생하였더라도 취소권을 가진 행정청은 이를 직권취소할 수 있고, 불가변력이 있더라도 상대방이나 이해관계인은 쟁송제기가 가능하다.④

+ PLUS 불가쟁력은 쟁송이라는 절차를 제한하는 절차법적 효력을 갖기 때문에 형식적 존속력 내지 절차적 존속력이라고 한다. 반면, 불가변력은 처분의 성질과 내용에 대한 것으로 실체법적 효력을 갖고 있기에 실질적 존속력 내지 실체적 존속력이라고도 부른다.

② ○ 집행력이란 행정의사의 강제력에서 비롯된 힘으로서 행정행위에 의해 부과된 의무를 상대방이 이행하지 않는 경우 행정청이 스스로 강제력을 발동하여 그 의무를 실현시키는 힘을 의미한다. 하명은 행정청이 개인에게 작위·부작위·수인·급부 등의 의무를 부과하는 행위로써 집행력을 가진다.

구속력	자기구속력	처분청 스스로를 구속(자박력이라고도 함)
	구성요건적 효력	타 기관을 구속
	규준력	후행행위를 구속
강제력	집행력	• 집행력은 하명에서만 문제②
	제재력	• 집행력·제재력 모두 별도의 법적 근거가 필요

③ ✕ (공정력과 구성요건적 효력을 구별하는 견해에 의할 때) 구성요건적 효력이란 행정행위에 하자가 있더라도 그 하자가 중대하고 명백하여 무효가 아닌 한 법원을 포함한 모든 국가기관은 그 행정행위의 존재와 효과를 존중하여 스스로 판단의 기초 내지는 구성요건으로 삼아야 하는 구속력을 말한다. 구성요건적 효력도 공정력과 마찬가지로 당해 처분이 무효가 아닌 범위에서만 인정된다.

선지분석 & 요플·기풀기링크

선지	THEME	요플	기풀기
①	T28 불가쟁력·불가변력 등	04	005
②		22	022
③	T27 공정력	10	011
④	T28 불가쟁력·불가변력 등	13	020

정답 ③
OX 1○ 2○ 3○ 4✕

02

행정행위의 존속력에 관한 설명으로 옳지 않은 것은? (다툼이 있는 경우 판례에 의함) 21소방

① 불가변력은 처분청에 미치는 효력이고, 불가쟁력은 상대방 및 이해관계인에게 미치는 효력이다.
② 불가쟁력이 생긴 경우에도 국가배상청구를 할 수 있다.
③ 불가변력이 있는 행위가 당연히 불가쟁력을 발생시키는 것은 아니다.
④ 불가쟁력은 실체법적 효력만 있고, 절차법적 효력은 전혀 가지고 있지 않다.

관련 OX

② 관련

1 취소사유 있는 영업정지처분에 대한 취소소송의 제소기간이 도과한 경우 처분의 상대방은 국가배상청구소송을 제기하여 재산상 손해의 배상을 구할 수 있다. 19(2)서울9

③ 관련

2 불가변력이 발생한 행정행위는 당연히 불가쟁력을 가진다. 09지방7

해설

① ○ 불가변력은 처분청이나 상급감독청에 미치는 효력이고, 불가쟁력은 상대방 및 이해관계인에게 미치는 효력이다. 따라서 불가쟁력이 발생하였더라도 취소권을 가진 행정청은 이를 직권취소할 수 있고, 불가변력이 있더라도 상대방 및 이해관계인은 쟁송제기가 가능하다.

② ○ 불가쟁력은 당해 행정행위에 대한 쟁송을 금지할 뿐, **위법을 치유하는 것이 아니므로** 불가쟁력이 발생하여 더 이상 쟁송취소할 수 없게 되었다고 하더라도 이와 무관히 국가배상청구가 가능하다.

③ ○ 불가변력이 있는 행정행위이더라도 행정청이 이를 직권 취소·철회하지 못한다는 것일 뿐, 국민은 그에 대해 쟁송을 제기할 수 있다. 즉, 불가변력이 있는 행위라도 당연히 불가쟁력을 발생시키는 것은 아니다.

④ × 불가쟁력은 쟁송이라는 절차를 제한하는 **절차법적 효력**을 갖기 때문에 **형식적 존속력** 내지 절차적 존속력이라고 한다. 반면, **불가변력**은 처분의 성질과 내용에 대한 것으로 **실체법적 효력**을 갖고 있기에 **실질적 존속력** 내지 실체적 존속력이라고도 부른다. 불가쟁력이 실체법적 효력을 갖고 절차법적 효력을 전혀 갖지 않는다는 지문은 틀렸다.

선지선택비율 ① 6.19% ② 8.76% ③ 3.61% ④ 81.44% **오답률** 18.56%

선지분석 & 요플·기풀기링크

선지	THEME	요플	기풀기
①		04	005
②	T28 불가쟁력·불가변력 등	14	007
③		12	019
④		03	001

정답 ④
OX 1 ○ 2 ×

필수문제 03

행정행위의 효력에 대한 설명으로 옳은 것만을 모두 고른 것은? (다툼이 있는 경우 판례에 의함)

17(하)국가7

> ㄱ. 불가변력은 모든 행정행위에 공통되는 것이 아니라 행정심판의 재결 등과 같이 예외적이고 특별한 경우에 처분청 등 행정청에 대한 구속으로 인정되는 실체법적 효력을 의미한다.
> ㄴ. 산업재해요양보상급여취소처분이 불복기간의 경과로 인해 확정되면 요양급여청구권 없음이 확정되므로 다시 요양급여를 청구할 수 없다.
> ㄷ. 동일한 사유에 관하여 보다 무거운 면허취소처분을 하기 위하여 이미 행하여진 가벼운 면허정지처분을 취소하는 것은 선행처분에 대한 당사자의 신뢰 및 법적 안정성을 크게 저해하는 것이 되어 허용될 수 없다.
> ㄹ. 제소기간이 이미 도과하여 불가쟁력이 생긴 행정처분에 대하여는 개별 법규에서 그 변경을 요구할 신청권을 규정하고 있거나 관계 법령의 해석상 그러한 신청권이 인정될 수 있는 등 특별한 사정이 없는 한 국민에게 그 행정처분의 변경을 구할 신청권이 없다.

① ㄱ, ㄴ
② ㄴ, ㄹ
③ ㄱ, ㄷ, ㄹ
④ ㄱ, ㄴ, ㄷ, ㄹ

관련 OX

ㄴ.관련

1 (A행정청이 甲에게 한 X행정처분에 대하여 제소기간이 도과하여 불가쟁력이 발생하였다) X행정처분이 산업재해 요양급여결정을 취소하는 처분인 경우, 甲에게 요양급여청구권이 없다는 내용의 법률관계가 확정된다. 22변시

ㄹ.관련

2 ⓢ 불가쟁력이 발생한 행정행위라도 관계법령에서 해석상 그러한 신청권이 인정될 수 있는 경우에는 해당 처분의 변경에 대한 신청권이 인정된다고 볼 수 있다. 08(상)지방9

3 영업허가를 취소하는 처분에 대해 불가쟁력이 발생하였더라도 이후 사정변경을 이유로 그 허가취소의 변경을 요구하였으나 행정청이 이를 거부한 경우라면, 그 거부는 원칙적으로 항고소송의 대상이 되는 처분이다. 19지방7

해설

ㄱ. ○ 본래 행정행위를 발한 행정청은 스스로 이를 취소·변경·철회할 수 있는 것이 원칙이다. 그러나 준사법적 행위(재결, 심결, 이의신청에 따른 직권취소), 확인행위(합격자 결정, 당선인 결정) 등 일부 행정행위에 있어서는 예외적으로 이러한 직권 취소나 변경·철회가 제한되는데 이러한 실체법적 효력을 불가변력이라 한다. 반면, 불가쟁력은 일체의 행정행위에 대해서 인정되는 절차법적 효력이다.

ㄴ. × 산재요양급여취소처분에 불가쟁력 발생 → 요양급여 재신청 가능
종전의 산업재해요양보상급여취소처분이 불복기간의 경과로 인하여 확정되었더라도 요양급여청구권이 없다는 내용의 법률관계까지 확정된 것은 아니며 원고로서는 소멸시효에 걸리지 아니한 이상 다시 요양급여를 청구할 수 있고 그것이 거부된 경우 이는 새로운 거부처분으로서 그 위법 여부를 소구할 수 있다(1993.4.13. 92누17181).

+ PLUS 불복기간 경과로 인해 발생하는 불가쟁력은 상대방 등이 더 이상 동 처분의 효력을 다투지 못하게 하는 힘일 뿐, 동 처분에 대한 사실관계나 법률적 판단을 확정시키는 기판력과는 다르다. 따라서 산업재해요양보상급여취소처분이 불복기간 경과로 불가쟁력이 발생하였더라도, 상대방은 다시 요양급여를 청구한 뒤 그 거부처분에 대해 소구할 수 있다.

선지분석 & 요플·기풀기링크 ③

선지	THEME	요플	기풀기
ㄱ	T28 불가쟁력·불가변력 등	07	008
ㄴ	T66 판결의 효력	63	031
ㄷ	T05 신뢰보호원칙	44	044
ㄹ	T54 거부처분	35	031

ㄷ. ○ 동일한 사유에 관하여 무거운 면허취소처분을 하기 위하여 이미 행하여진 가벼운 면허정지처분을 취소하는 것: 불가(신뢰보호위반)

운전면허 취소사유에 해당하는 음주운전을 적발한 경찰관의 소속 경찰서장이 사무착오로 위반자에게 운전면허정지처분을 한 상태에서 위반자의 주소지 관할 지방경찰청장이 위반자에게 운전면허취소처분을 한 것은 선행처분에 대한 당사자의 신뢰 및 법적 안정성을 저해하는 것으로서 허용될 수 없다. … 동일한 사유에 관하여 보다 무거운 면허취소처분을 하기 위하여 이미 행하여진 가벼운 면허정지처분을 취소하는 것은 선행처분에 대한 당사자의 신뢰 및 법적 안정성을 크게 저해하는 것이 되어 허용될 수 없다(2000.2.25. 99두10520).

ㄹ. ○ 불가쟁력 발생시 관계 법령에서 취소신청권을 규정하거나, 해석상 신청권이 인정되는 경우 등 특별사정 없는 한 처분변경 신청권 인정×

제소기간이 이미 도과하여 불가쟁력이 생긴 행정처분에 대하여는 개별 법규에서 그 변경을 요구할 신청권을 규정하고 있거나 관계 법령의 해석상 그러한 신청권이 인정될 수 있는 등 특별한 사정이 없는 한 국민에게 그 행정처분의 변경을 구할 신청권이 있다 할 수 없다. … 거부행위인 이 사건 통지는 항고소송의 대상이 되는 행정처분이 될 수 없다(2007.4.26. 2005두11104).

+ PLUS 판례는 원칙적으로 행정처분의 취소·철회·변경에 대한 조리상 신청권을 인정하지 않는다(동 처분에 불가쟁력이 발생했어도 마찬가지). 따라서 개별 법령상 또는 법령의 해석상 동 신청권이 도출되는 등의 특별한 사정이 없는 한 행정처분에 대한 취소·철회·변경 신청에 대해 거부했더라도 동 거부행위에 처분성이 인정될 수 없다.

필수문제 04

행정처분의 효력에 대한 설명으로 옳지 않은 것은? (다툼이 있는 경우 판례에 의함) 24국가7

① 과세처분에 관한 이의신청절차에서 과세관청이 이의신청사유가 옳다고 인정하여 과세처분을 직권으로 취소한 이상 그 후 특별한 사유 없이 이를 번복하고 종전 처분을 되풀이하는 것은 허용되지 않는다.

② 점용료 부과처분에 취소사유에 해당하는 흠이 있는 경우 도로관리청으로서는 당초 처분 자체를 취소하고 흠을 보완하여 새로운 부과처분을 하거나, 흠 있는 부분에 해당하는 점용료를 감액하는 처분을 할 수 있다.

③ 행정처분이 불복기간의 경과로 인하여 확정될 경우 그 처분의 기초가 된 사실관계나 법률적 판단이 확정되고 당사자들이나 법원이 이에 기속되어 모순되는 주장이나 판단을 할 수 없게 된다.

④ 민사소송에 있어서 어느 행정처분의 당연무효 여부가 선결문제로 되는 때에는 이를 판단하여 당연무효임을 전제로 판결할 수 있고 반드시 행정소송 등의 절차에 의하여 그 취소나 무효확인을 받아야 하는 것은 아니다.

해설

① ○ 과세처분에 대한 이의신청을 인정해 직권취소: 번복하여 종전 처분 되풀이 불가(불가변력 인정)
과세처분에 관한 이의신청절차에서 과세관청이 이의신청사유가 옳다고 인정하여 과세처분을 직권으로 취소한 이상 그 후 특별한 사유 없이 이를 번복하고 종전 처분을 되풀이하는 것은 허용되지 않는다(2010.9.30. 2009두1020).

② ○ 점용료 부과처분 중 취소사유에 해당하는 위법이 있는 경우 → 부과처분 자체를 취소하고 새로 처분하는 대신, 하자 있는 부분만 감액하는 것도 가능① → 하자 있는 부분을 감액하는 것은 하자치유×, 일부취소 ○ⓐ(제소 후에도 가능하기 때문)
도로관리청이 도로점용허가를 하면서 특별사용의 필요가 없는 부분을 점용장소 및 점용면적에 포함하는 것은 그 재량권행사의 기초가 되는 사실인정에 잘못이 있는 경우에 해당하므로 그 도로점용허가 중 특별사용의 필요가 없는 부분은 위법하다. 점용료부과처분에 취소사유에 해당하는 흠이 있는 경우 도로관리청으로서는 당초 처분 자체를 취소하고 흠을 보완하여 새로운 부과처분을 하거나, 흠 있는 부분에 해당하는 점용료를 감액하는 처분을 할 수 있다.① 흠 있는 부분에 해당하는 점용료를 감액하는 처분은 당초 처분 자체를 일부 취소하는 변경처분에 해당하고, 그 실질은 종래의 위법한 부분을 제거하는 것으로서 흠의 치유와는 차이가 있다.ⓐ 그러므로 이러한 변경처분은 흠의 치유와는 성격을 달리하는 것으로서, 변경처분 자체가 신뢰보호원칙에 반한다는 등의 특별한 사정이 없는 한 점용료 부과처분에 대한 취소소송이 제기된 이후에도 허용될 수 있다(2019.1.17. 2016두56721·56738).

③ × 불복기간 경과시 불가쟁력○ / 기판력× → 관련 당사자나 법원은 여전히 관련 처분에 모순되는 주장·판단 가능
행정처분이나 행정심판 재결이 불복기간의 경과로 인하여 확정될 경우 그 확정력은, 그 처분으로 인하여 법률상 이익을 침해받은 자가 당해 처분이나 재결의 효력을 더 이상 다툴 수 없다는 의미일 뿐, 더 나아가 판결에 있어서와 같은 기판력이 인정되는 것은 아니어서 그 처분의 기초가 된 사실관계나 법률적 판단이 확정되고 당사자들이나 법원이 이에 기속되어 모순되는 주장이나 판단을 할 수 없게 되는 것은 아니다(2004.7.8. 2002두11288).

④ ○ 민사소송에서 처분의 당연무효 여부를 판단해 이를 전제로 판결 가능(행정소송을 먼저 거칠 필요×)
민사소송에 있어서 어느 행정처분의 당연무효 여부가 선결문제로 되는 때에는 이를 판단하여 당연무효임을 전제로 판결할 수 있고 반드시 행정소송 등의 절차에 의하여 그 취소나 무효확인을 받아야 하는 것은 아니다(2010.4.8. 2009다90092).

선지선택비율 ① 6.82% ② 5.49% ③ 81.63% ④ 6.06% 오답률 18.18%

관련 OX

③ 관련

1 행정처분이나 행정심판 재결이 불복기간의 경과로 확정될 경우 그 처분의 기초가 된 사실관계나 법률적 판단이 확정되고 당사자들이나 법원은 이에 기속되어 모순되는 주장이나 판단을 할 수 없다. 23서울(지적)7

④ 관련

2 민사소송에 있어서 어느 행정처분의 당연무효 여부가 선결문제로 되는 때에는 이를 판단하여 당연무효임을 전제로 판결할 수 있고 반드시 행정소송 등의 절차에 의하여 그 취소나 무효확인을 받아야 하는 것은 아니다. 24해경간부

추가기출(② 관련)

ⓐ 도로관리청이 도로점용허가를 함에 있어서 특별사용의 필요가 없는 부분을 도로점용허가의 점용장소 및 점용면적으로 포함한 흠이 있고 그로 인하여 점용료 부과처분에도 흠이 있게 된 경우, 흠 있는 부분에 해당하는 점용료를 감액하는 것은 당초 처분 자체를 일부 취소하는 변경처분이 아니라 흠의 치유에 해당한다. 20(2)경행

선지분석 & 요플·기풀기링크

선지	THEME	요플	기풀기
①	T28 불가쟁력·불가변력 등	17	012
②	T30 하자의 승계	07	012
③	T66 판결의 효력	61	030
④	T27 공정력	27	027

정답 ③

OX 1× 2○ ⓐ×

THEME 29 행정행위의 하자와 효력

01

행정행위의 하자에 관한 설명으로 옳지 않은 것은? 08국회8

① 무효인 행정행위는 행정행위의 외형은 갖추고 있는 데 대해서, 행정행위의 부존재는 외형 자체가 존재하지 않는다.
② 통설에 의하면 취소할 수 있는 행정행위에 대해서는 사정판결이 인정되나, 무효인 행정행위에 대해서는 인정되지 아니한다.
③ 행정행위의 내용이 공익위반인 때에는 무효원인이 되는 데 대하여, 단순한 위법인 때에는 취소사유가 된다.
④ 단순한 계산의 착오만으로는 법규에 특별한 규정이 없는 한 행위의 효력에 영향이 없다.
⑤ 국가시험에 불합격한 자에 대한 의사면허는 「의료법」에 위배되는 법률상 실현불능의 행위로서 내용에 관한 흠에 해당되어 무효이다.

해설

① ○ 무효인 행정행위는 적어도 행정행위의 외형은 존재하나 하자가 중대·명백하여 효력이 처음부터 없는 경우이고, 행정행위의 부존재는 행정행위로 성립조차 되지 못해 행정행위의 외관조차 없는 경우이다(성립요건 불충족).
② ○ 사정판결은 취소할 수 있는 행정행위에만 허용된다. 판례도 같다.
③ × 법 위반이 아닌 공익위반은 위법한 행위가 아니라 부당한 행위이다(통설). 따라서 취소사유가 될 수 있을 뿐 무효사유는 아니다. 또한 취소심판으로 취소할 수는 있으나, 취소소송으로 취소할 수는 없다.
④ ○ 관련 문서 등에 단순히 기재를 잘못한 것(오기), 단순한 계산착오(오산) 등 명백한 오류는 행정행위의 효력발생에 장애가 되지 않고, 단순 정정사유가 될 뿐이다. 즉, 하자에 해당하지 않는다.

행정절차법 제25조(처분의 정정) 행정청은 처분에 **오기(誤記), 오산(誤算)** 또는 그 밖에 이에 준하는 명백한 잘못이 있을 때에는 직권으로 또는 신청에 따라 지체 없이 **정정**하고 그 사실을 당사자에게 통지하여야 한다.

⑤ ○ 행정행위의 내용이 사실상·법률상 실현불가능한 경우에는 무효가 됨이 원칙이다. 국가시험에 불합격한 자에 대한 의사면허는 의료법에 위배되는 법률상 실현불능의 행위로서 내용에 관한 흠에 해당되어 무효이다.

선지분석 & 요플·기풀기링크

선지	THEME	요플	기풀기
①	T29 VA의 하자와 효력	06	006
②	T65 판결 기준시/종류	10	010
		38	041
③		49	045
④	T29 VA의 하자와 효력	02	002
⑤		50	046

정답 ③

필수문제 02

행정행위의 하자에 대한 설명으로 옳은 것만을 〈보기〉에서 모두 고르면? (다툼이 있는 경우 판례에 의함)

25국회8

〈보기〉
- ㄱ. 적법한 권한위임 없이 세관출장소장에 의하여 행하여진 관세부과처분은 그 하자가 중대하고 객관적으로 명백한 것으로서 당연무효이다.
- ㄴ. 행정행위 하자 유무의 여부는 행정처분이 행하여졌을 때의 법령과 사실상태를 기준으로 하여 판단하여야 하고, 처분 후 법령의 개폐나 사실상태의 변동에 의하여 영향을 받지는 않는다.
- ㄷ. 사실관계의 자료를 정확히 조사하여야 비로소 그 하자의 유무가 밝혀질 수 있는 경우에는 외관상 명백한 하자라고 보아야 할 것이다.
- ㄹ. 행정청이 법률의 규정을 적용하여 행정처분을 한 경우에, 해당 법률관계에 대하여는 그 법률의 규정을 적용할 수 없다는 법리가 명백히 밝혀지지 아니하여 그 해석에 다툼의 여지가 있다면 행정청이 이를 잘못 해석하여 행정처분을 하였더라도 그 하자가 명백하다고 할 수 없다.

① ㄱ, ㄴ
② ㄱ, ㄷ
③ ㄴ, ㄷ
④ ㄴ, ㄹ
⑤ ㄷ, ㄹ

해설

ㄱ. × 세관장(정당한 권한자)이 아닌 세관출장소장 명의의 관세부과처분: 취소사유
적법한 권한위임 없이 세관출장소장 명의로 행해진 관세부과처분은 그 하자가 중대하기는 하지만 객관적으로 명백하다고 할 수는 없어 당연무효는 아니다(2004.11.26. 2003두2403).
+ PLUS 무권한자의 행위는 원칙적으로 무효. 그러나 세관장이 아닌 세관출장소장의 관세부과, 대통령이 아닌 국정원장의 5급 이상 직원 의원면직 처분에 대해서는 취소사유로 보았음

ㄴ. ○ 처분의 위법 판단기준시: 처분시(원칙), 처분 후 법령 및 사실의 변경 고려 불가
행정소송에서 행정처분의 위법 여부는 행정처분이 행하여졌을 때의 법령과 사실상태를 기준으로 하여 판단하여야 하고, 처분 후 법령의 개폐나 사실상태의 변동에 의하여 영향을 받지는 않는다(2007.5.11. 2007두1811).

ㄷ. × 사실관계를 조사하여야 밝혀질 수 있는 경우: 명백한 하자 ×
과세요건을 오인한 과세처분에 있어, 과세대상이 되는 법률관계나 사실관계가 있는 것으로 오인할 만한 객관적인 사정이 있고 사실관계를 정확히 조사하여야만 과세대상이 되는지 여부가 밝혀질 수 있는 경우라면, 그 하자는 외관상 명백하다고 할 수 없으므로 과세대상의 법률관계 내지 사실관계를 오인한 과세처분은 비록 그 하자가 중대하다 하더라도 당연무효로 볼 수 없다(1995.11.21. 94다44248).

ㄹ. ○ 해석에 다툼의 여지: 명백한 하자 ×
행정처분에 존재하는 하자가 중대하다고 하더라도 외형상 객관적으로 명백하지 않다면 그 처분을 당연무효라고 할 수 없는 것인바, 행정청이 어느 법률관계나 사실관계에 대하여 어느 법률의 규정을 적용하여 행정처분을 한 경우에, 그 법률관계나 사실관계에 대하여는 그 법률의 규정을 적용할 수 없다는 법리가 명백히 밝혀져 그 해석에 다툼의 여지가 없음에도 불구하고 행정청이 위 규정을 적용하여 처분을 한 때에는 그 하자가 중대하고도 명백하다고 할 것이나, 그 법률관계나 사실관계에 대하여 그 법률의 규정을 적용할 수 없다는 법리가 명백히 밝혀지지 아니하여 그 해석에 다툼의 여지가 있는 때에는 행정관청이 이를 잘못 해석하여 행정처분을 하였더라도 이는 그 처분 요건사실을 오인한 것에 불과하여 그 하자가 명백하다고 할 수 없다(1997.5.9. 95다46722).

관련 OX

ㄴ. 관련

1 ×
행정소송에서 행정처분의 위법 여부는 행정처분이 있을 때의 법령과 사실상태를 기준으로 하여 판단하여야 하고 처분 후 법령의 개폐나 사실상태의 변동이 있다면 그러한 법령의 개폐나 사실상태의 변동에 의하여 처분의 위법성이 치유될 수 있다.
20소방

ㄷ. 관련

2 행정처분의 대상이 되는 법률관계나 사실관계가 있는 것으로 오인할 만한 객관적인 사정이 있고 사실관계를 정확히 조사하여야만 그 대상이 되는지 여부가 밝혀질 수 있는 경우에는 비록 그 하자가 중대하더라도 명백하지 않아 무효로 볼 수 없다.
21소방

ㄹ. 관련

3 ○
행정청이 어느 법률관계나 사실관계에 대하여 어느 법률의 규정을 적용하여 행정처분을 한 경우에, 그 법률관계나 사실관계에 대하여는 그 법률의 규정을 적용할 수 없다는 법리가 명백히 밝혀져 해석에 다툼의 여지가 없음에도 행정청이 그 규정을 적용하여 처분을 한 때에는 하자가 중대하고 명백하다.
22지방7

선지분석 & 요플·기풀가링크

선지	THEME	요플	기풀기
①	T29 VA의 하자와 효력	36	032
②	T65 판결 기준시/종류	06	006
③	T29 VA의 하자와 효력	15	015
④		22	024

정답 ④
OX 1× 2○ 3○

필수문제 03

행정처분의 무효에 대한 설명으로 옳지 않은 것은? (다툼이 있는 경우 판례에 의함) 23국회8

① 「행정기본법」은 행정처분이 무효가 되기 위해서는 그 하자가 법규의 중요한 부분을 위반한 중대한 것으로서 객관적으로 명백한 것이어야 한다고 규정하고 있다.

② 일반적으로 시행령이 헌법이나 법률에 위반된다는 사정은 그 시행령 규정을 위헌 또는 위법하여 무효라고 선언한 대법원의 판결이 선고되지 아니한 상태에서는 그 시행령 규정의 위헌 내지 위법 여부가 해석상 다툼의 여지가 없을 정도로 명백하였다고 인정되지 아니하는 이상 객관적으로 명백한 것이라 할 수 없으므로 이러한 시행령에 근거한 행정처분의 하자는 취소사유에 해당할 뿐 무효사유가 된다고 볼 수는 없다.

③ 행정처분의 무효확인을 구하는 소에는 원고가 그 처분의 취소를 구하지 아니한다고 밝히지 아니한 이상 그 처분이 당연무효가 아니라면 그 취소를 구하는 취지도 포함되어 있는 것으로 보아야 하고, 그와 같은 경우에 취소청구를 인용하려면 먼저 취소를 구하는 항고소송으로서의 제소요건을 구비하여야 한다.

④ 국토계획법령이 정한 도시계획시설사업의 대상 토지의 소유와 동의 요건을 갖추지 못하였는 데도 행정청이 사업시행자로 지정하였다면, 이는 국토계획법령이 정한 법규의 중요한 부분을 위반한 것으로서 특별한 사정이 없는 한 그 하자가 중대하다고 보아야 한다.

⑤ 선행처분인 도시계획시설 사업시행자 지정처분이 처분 요건을 충족하지 못하여 당연무효인 경우에는 사업시행자 지정처분이 유효함을 전제로 이루어진 후행처분인 실시계획 인가처분도 무효라고 보아야 한다.

관련 OX

④ 관련

1 소
국토계획법령이 정한 도시계획시설사업의 대상 토지의 소유와 동의요건을 갖추지 못하였음에도 도시계획시설사업의 사업시행자 지정처분을 한 경우(는 행정행위의 하자로서 무효사유가 아니다)
22소방

⑤ 관련

2 도시계획시설사업 시행자 지정 처분이 처분 요건을 충족하지 못하여 당연무효인 경우에는 사업시행자 지정 처분이 유효함을 전제로 이루어진 후행처분인 실시계획 인가처분도 무효이다. 24지방7

해설

① × 행정처분이 무효가 되는 기준을 정한 명문규정은 없다. 따라서 이에 대한 해결은 학설과 판례에 맡겨져 있다.

② ○ 처분의 근거가 된 시행령이 위헌·위법이라는 판결선고 전에 이루어진 처분: 무효사유×, 취소사유○
시행령이 헌법이나 법률에 위반된다는 사정은 그 시행령의 규정을 위헌 또는 위법하여 무효라고 선언한 대법원의 판결이 선고되지 아니한 상태에서는 그 시행령 규정의 위헌 내지 위법 여부가 해석상 다툼의 여지가 없을 정도로 명백하였다고 인정되지 아니하는 이상 객관적으로 명백한 것이라 할 수 없으므로, 이러한 시행령에 근거한 행정처분의 하자는 취소사유에 해당할 뿐 무효사유가 되지 아니한다(2007.6.14. 2004두619).

③ ○ 무효확인소송: 무효가 아닐 시 취소를 구하는 취지도 포함 / 단, 취소판결을 하려면 취소소송으로서의 소송요건 갖춰야
행정처분의 무효확인을 구하는 청구에는 특별한 사정이 없는 한 그 처분의 취소를 구하는 취지까지도 포함되어 있다고 볼 수는 있으나 위와 같은 경우에 취소청구를 인용하려면 먼저 취소를 구하는 항고소송으로서의 제소요건을 구비한 경우에 한한다(1986.9.23. 85누838).

④ ○ 도시계획시설사업의 토지소유와 동의요건 불충족: 그럼에도 내려진 사업시행자지정처분은 무효
도시계획시설사업의 시행자가 작성한 실시계획을 인가하는 처분은 도시계획시설사업 시행자에게 도시계획시설사업의 공사를 허가하고 수용권을 부여하는 처분으로서 선행처분인 도시계획시설사업 시행자 지정처분이 처분 요건을 충족하지 못하여 당연무효인 경우에는 사업시행자 지정처분이 유효함을 전제로 이루어진 후행처분인 실시계획 인가처분도 무효라고 보아야 한다(2017.7.11. 2016두35120).

⑤ ○ 도시계획시설사업자 지정처분이 무효: 후행 실시계획 인가처분도 무효
도시계획시설사업의 시행자가 작성한 실시계획을 인가하는 처분은 도시계획시설사업 시행자에게 도시계획시설사업의 공사를 허가하고 수용권을 부여하는 처분으로서 선행처분인 도시계획시설사업 시행자 지정처분이 처분요건을 충족하지 못하여 당연무효인 경우에는 사업시행자 지정처분이 유효함을 전제로 이루어진 후행처분인 실시계획 인가처분도 무효라고 보아야 한다(2017.7.11. 2016두35120).

선지분석 & 요플·기풀기링크

선지	THEME	요플	기풀기
①	T29 VA의 하자와 효력	12	012
②		64	061
③	T65 판결 기준시/종류	49	050
④	T29 VA의 하자와 효력	31	035
⑤	T30 하자의 승계	24	024

정답
OX 1× 2○

04

처분의 하자에 관한 판례의 내용으로 옳지 않은 것은? 23소간

① 과징금을 부과하면서 여러 개의 처분사유에 터잡아 하나의 과징금 부과처분을 하였고 그 처분사유들 중 일부에 위법이 있으나 그 부분이 과징금 부과처분에 영향을 미치지 아니하였다면 그 부과처분을 위법하다고 할 수 없다.

② 단속경찰관이 자신의 명의로 운전면허정지처분통지서를 작성·교부하였다면 권한 없는 자에 의하여 행하여진 점에서 무효의 처분에 해당한다.

③ 구 「학교보건법」상 학교환경위생정화구역에서의 금지행위 및 시설의 해제 여부에 관한 행정처분을 함에 있어 학교환경위생정화위원회의 심의절차를 누락한 것은 취소사유가 된다.

④ 행정처분의 하자가 중대하고 명백한 것인지 여부를 판별함에 있어서는 그 법규의 목적, 의미, 기능 등을 목적론적으로 고찰함과 동시에 구체적 사안 자체의 특수성에 관하여도 합리적으로 고찰하여야 한다.

⑤ '4대강 살리기 사업' 중 한강 부분에 관한 각 하천공사시행계획 및 각 실시계획승인처분에 보의 설치와 준설 등에 대한 예비타당성조사를 실시하지 아니한 하자는 예산 자체의 하자가 되며 이에 따라 해당 하천 부분에 관한 각 하천공사시행계획 및 각 실시계획승인처분의 하자도 인정된다.

관련 OX

② 관련
1 음주운전단속경찰관이 자신의 명의로 운전면허행정처분통지서를 작성·교부하여 행한 운전면허정지처분은 위법하며, 취소의 원인이 된다. 12지방7

③ 관련
2 구 「학교보건법」상 학교환경위생정화구역에서의 금지행위 및 시설의 해제 여부에 관한 행정처분을 함에 있어 학교환경위생정화위원회의 심의절차를 누락한 행정처분은 무효이다. 17(하)지방9

④ 관련
3 기
하자 있는 행정처분이 당연무효가 되기 위하여는 그 하자가 법규의 중요한 부분을 위반한 중대한 것으로서 객관적으로 명백한 것이어야 하며 하자가 중대하고 명백한 것인지 여부를 판별함에 있어서는 구체적 사안 자체의 특수성은 고려함이 없이 법규의 목적, 의미, 기능 등을 목적론적으로 고찰함을 요한다. 15서울7

해설

① ○ 과징금 부과사유 중 일부가 위법: 그 부분이 과징금 처분에 영향이 없다면 처분은 위법×
과징금을 부과함에 있어 여러 개의 처분사유에 기하여 하나의 과징금 부과처분을 하였으나 그 **처분사유들 중 일부에 위법이 있다고 하더라도** 위법한 부분이 그 과징금 **부과처분에 영향을 미치지 아니**하였다면 그 부과처분을 **위법하다고 볼 것은 아니다**(2010.12.9. 2010두15674).

② ○ 단속경찰관이 자신의 명의로 한 운전면허정지처분: 무효
운전면허에 대한 정지처분권한은 경찰청장으로부터 경찰서장에게 권한위임된 것이므로 음주운전자를 적발한 단속경찰관으로서는 관할 경찰서장의 명의로 운전면허정지처분을 대행처리할 수 있을지는 몰라도 자신의 명의로 이를 할 수는 없다 할 것이므로, **단속경찰관이 자신의 명의로 운전면허행정처분통지서를 작성·교부하여 행한 운전면허정지처분은** 비록 그 처분의 내용·사유·근거 등이 기재된 서면을 교부하는 방식으로 행하여졌다고 하더라도 **권한 없는 자에 의하여 행하여진 점에서 무효의 처분에 해당한다**(1997.5.16. 97누2313).

③ ○ 학교환경위생정화위원회 심의누락: 하자○ → 취소사유
행정청이 구 학교보건법 소정의 학교환경위생정화구역 내에서 금지행위 및 시설의 해제 여부에 관한 행정처분을 함에 있어 학교환경위생정화위원회의 심의를 누락한 흠이 있다면 그와 같은 흠을 가리켜 위 행정처분의 효력에 아무런 영향을 주지 않는다거나 경미한 정도에 불과하다고 볼 수는 없으므로, 특별한 사정이 없는 한 이는 행정처분을 위법하게 하는 **취소사유가 된다**(2007.3.15. 2006두15806).

선지분석 & 요플·기풀기링크

선지	THEME	요플	기풀기
①	T29 VA의 하자와 효력	04	004
②		35	030
③	T41 절차의 하자	33	029
④	T29 VA의 하자와 효력	13	013
⑤	T41 절차의 하자	20	020

④ ○ 중대·명백 여부 판단: 추상적 법규의 목적론적 고찰은 물론, 구체적 사안의 특수성도 고려
하자 있는 행정처분이 **당연무효**로 되려면 그 하자가 법규의 중요한 부분을 위반한 **중대**한 것이어야 할 뿐 아니라 객관적으로 **명백**한 것이어야 하고, 하자가 중대하고 명백한 것인지 여부를 판별함에 있어서는 그 **법규의 목적·의미·기능** 등을 목적론적으로 고찰함과 동시에 **구체적 사안** 자체의 특수성에 관하여도 합리적으로 고찰함을 요한다(1995.7.11. 94누4615 전합).

⑤ × (예비타당성 조사 미실시 등) 예산편성절차의 하자가 있더라도 그로 인해 관련 처분에는 하자 인정×
예비타당성조사는 각 처분과 형식상 전혀 별개의 행정계획인 예산의 편성을 위한 절차일 뿐 각 처분에 앞서 거쳐야 하거나 근거 법규 자체에서 규정한 절차가 아니므로, 예비타당성조사를 실시하지 아니한 하자는 원칙적으로 예산 자체의 하자일 뿐, 그로써 곧바로 각 **처분의 하자가 된다고 할 수 없어**, 예산이 각 처분 등으로써 이루어지는 '**4대강 살리기 사업**' 중 한강 부분을 위한 재정 지출을 내용으로 하고 있고 **예산의 편성에 절차상 하자가 있다는 사정만으로** 각 **처분에 취소사유에 이를 정도의 하자가 존재한다고 보기 어렵다**(2015.12.10. 2011두32515).

정답 ⑤

OX 1× 2× 3×

필수문제 05

오답률 TOP ❶

행정행위의 하자에 관한 설명으로 옳지 않은 것은? (다툼이 있는 경우 판례에 의함) 21소방

① 행정처분의 대상이 되는 법률관계나 사실관계가 있는 것으로 오인할 만한 객관적인 사정이 있고 사실관계를 정확히 조사하여야만 그 대상이 되는지 여부가 밝혀질 수 있는 경우에는 비록 그 하자가 중대하더라도 명백하지 않아 무효로 볼 수 없다.

② 조례제정권의 범위를 벗어나 국가사무를 대상으로 한 무효인 조례의 규정에 근거하여 지방자치단체의 장이 행정처분을 한 경우 그 행정처분은 하자가 중대하나, 명백하지는 아니하므로 당연무효에 해당하지 아니한다.

❸ 보충역편입처분에 하자가 있다고 할지라도 그것이 중대하고 명백하지 않는 한, 그 하자를 이유로 공익근무요원 소집처분의 효력을 다툴 수 없다.

④ 부동산에 관한 취득세를 신고하였으나 부동산매매계약이 해제됨에 따라 소유권 취득의 요건을 갖추지 못한 경우에는 그 하자가 중대하지만 외관상 명백하지 않아 무효는 아니며 취소할 수 있는 데 그친다.

관련 OX

① 관련

1 사실관계의 자료를 정확히 조사하여야 비로소 그 하자의 유무가 밝혀질 수 있는 경우에는 외관상 명백한 하자라고 보아야 할 것이다. 25국회8

③ 관련

2 「병역법」상 보충역편입처분과 공익근무요원소집처분은 각각 단계적으로 별개의 법률효과를 발생하는 독립된 행정처분이 아니므로, 불가쟁력이 발생한 보충역편입처분의 위법을 이유로 공익근무요원소집처분의 효력을 다툴 수 있다. 25소방

해설

① ○ 오인할 객관적 사정이 있고 조사를 해야 비로소 하자가 밝혀질 경우: 하자 명백×(무효×)
과세요건을 오인한 과세처분에 있어, 과세대상이 되는 법률관계나 사실관계가 있는 것으로 **오인할 만한 객관적인 사정이 있고 사실관계를 정확히 조사하여야만** 과세대상이 되는지 여부가 밝혀질 수 있는 경우라면, 그 하자는 외관상 **명백하다고 할 수 없으므로** 과세대상의 법률관계 내지 사실관계를 오인한 과세처분은 비록 그 하자가 중대하다 하더라도 **당연무효로 볼 수 없다**(1995.11.21. 94다44248).

② ○ 조례제정권의 범위를 벗어난 무효인 조례에 근거한 처분: 무효사유×, 취소사유○(하자가 명백×)
조례제정권의 범위를 벗어나 국가사무를 대상으로 한 무효인 서울특별시행정권한위임조례의 규정에 근거하여 구청장이 건설업영업정지**처분을 한 경우**, 그 처분은 결과적으로 적법한 위임 없이 권한 없는 자에 의하여 행하여진 것과 마찬가지가 되어 **그 하자가 중대하나**, 지방자치단체의 사무에 관한 조례와 규칙은 조례가 보다 상위규범이라고 할 수 있고, 또한 헌법 제107조 제2항의 '규칙'에는 지방자치단체의 조례와 규칙이 모두 포함되는 등 이른바 규칙의 개념이 경우에 따라 상이하게 해석되는 점 등에 비추어 보면 위 처분의 위임 과정의 하자가 **객관적으로 명백한 것이라고 할 수 없으므로** 이로 인한 하자는 결국 **당연무효사유는 아니라고** 봄이 상당하다(1995.7.11. 94누4615 전합).

   ➕ PLUS 처분의 근거가 된 법령이 위헌·위법으로 결정되었더라도, 그 이전에 행해진 처분은 하자가 중대하다고 볼 수 있으나, 명백하다고는 볼 수 없어 무효사유가 아닌 취소사유에 불과하다는 취지이다. 즉, 조례제정권의 범위를 벗어난 조례는 무효이다. 그러나 그것이 위헌·위법으로 선언되기 전이라면 그에 기한 처분은 취소사유에 불과하다.

③ ○ 보충역편입 / 공익근무요원소집: 승계 부정
선행처분인 〈보충역편입처분〉의 효력을 다투지 아니하여 불가쟁력이 생긴 경우, 선행처분의 하자를 이유로 후행처분인 〈공익근무요원소집처분〉의 효력을 **다툴 수 없다**(2002.12.10. 2001두5422).

   ➕ PLUS 보충역편입처분과 공익근무요원소집처분 간에는 하자가 승계되지 않는다. 따라서 선행 보충역편입처분에 하자가 있더라도 그것이 당연무효사유에 해당하지 않는 한 후행 공익근무요원소집처분의 효력을 다툴 수 없다.

선지분석 & 요플·기풀기링크

선지	THEME	요플	기풀기
①	T29 VA의 하자와 효력	15	015
②		66	063
③	T30 하자의 승계	68	066
④	T29 VA의 하자와 효력	28	022

④ ✕ 취득세 신고 후 매매계약이 해제된 경우: 신고의 하자가 명백하진 않으나 중대하므로 무효

아파트 매매계약을 체결하고 계약금만을 지급한 상태에서 지방자치단체에 **취득세 등의 신고를 하였**다가 잔금을 지급하지 못하여 **매매계약이 해제**되었는데, 지방자치단체가 체납처분을 통해 취득세 등을 징수한 경우, 위 신고행위의 하자가 외관상 **명백하다고 보기는 어려우나**, 甲에게 '중대한 하자가 있는 위 신고행위로 인한 과세'라는 불이익을 그대로 감수시키는 것은 권익구제의 측면에서 현저하게 부당하므로, 위 취득세 등 신고행위가 **당연무효**이다(2018.3.22. 2017나115369).

+ PLUS 신고납부방식의 조세인 취득세와 관련하여 예외적으로 **명백성보충요건설**을 취한 판례이다. 즉, 신고행위의 하자가 명백하지 않은 사안이었으나 국민의 권익구제 측면에서 무효로 보았다. 동 판결 자체는 하급심 판결이나 이후 대법원에서 그대로 확정되었다.

선지선택비율 ① 8.25% ② 59.28% ③ 17.01% ④ 15.46%   오답률 84.54%

정답 ④
OX 1✕ 2✕

필수문제 06

무효인 행정행위에 대한 설명으로 옳은 것은? (다툼이 있는 경우 판례에 의함) 16지방7

① 행정청이 권한을 유월하여 공무원에 대한 의원면직처분을 하였다면 그러한 처분은 다른 일반적인 행정행위에서의 그것과 같이 보아 당연무효로 보아야 한다.
② 환경영향평가법령의 규정상 환경영향평가를 거쳐야 할 사업인 경우에, 환경영향평가를 거치지 아니하고 행한 사업승인처분을 당연무효라 볼 수는 없다.
③ 법률이 위헌으로 선언된 경우, 위헌결정 전에 이미 형성된 법률관계에 기한 후속처분은 비록 그것이 새로운 위헌적 법률관계를 생성·확대하는 경우라도 당연무효라 볼 수는 없다.
④ 사직원 제출자의 내심의 의사가 사직할 뜻이 없었더라도 「민법」상 비진의의사표시의 무효에 관한 규정이 적용되지 않으므로 그 사직원을 받아들인 의원면직처분을 당연무효라 볼 수는 없다.

관련 OX

① 관련

1 무권한의 행위는 원칙적으로 무효라고 할 것이므로, 5급 이상의 국가정보원직원에 대해 임면권자인 대통령이 아닌 국가정보원장이 행한 의원면직처분은 당연무효에 해당한다. 18지방9

② 관련

2 법령상 환경영향평가를 거쳐야 할 대상사업에 대하여 환경영향평가를 거치지 않고 행하여진 승인처분은 위법하지만 당연무효는 아니며, 취소의 대상이 될 뿐이다. 16서울7

추가기출(② 관련)

ⓐ 법행정청이 사전에 교통영향평가를 거치지 아니한 채 '건축허가 전까지 교통영향평가 심의필증을 교부받을 것'을 부관으로 붙여서 한 '실시계획변경 승인 및 공사시행변경 인가 처분'은 그 하자가 중대하고 객관적으로 명백하여 당연무효이다. 19지방9

ⓑ 행정청이 사전환경성검토협의를 거쳐야 할 대상사업에 관하여 법의 해석을 잘못한 나머지 세부용도지역이 지정되지 않은 개발사업 부지에 대하여 사전환경성검토협의를 할지 여부를 결정하는 절차를 생략한 채 승인 등의 처분을 하였다면, 그 행정처분은 당연무효이다. 22소방

해설

① ✕ 정당한 권한이 없는 자 명의의 의원면직처분: 취소사유

행정청의 권한에는 사무의 성질 및 내용에 따르는 제약이 있고, 지역적·대인적으로 한계가 있으므로 이러한 권한의 범위를 넘어서는 **권한유월의 행위는 무권한행위로서 원칙적으로 무효**라고 할 것이나, 행정청의 공무원에 대한 **의원면직처분**은 공무원의 사직의사를 수리하는 소극적 행정행위에 불과하고, 당해 공무원의 사직의사를 확인하는 확인적 행정행위의 성격이 강하며 재량의 여지가 거의 없기 때문에 … **당연무효는 아니다**(2007.7.26. 2005두15748).

✚ PLUS 임면권자인 대통령이 아닌 국가정보원장 명의로 국가정보원 직원에 대해 의원면직처분을 한 사안. 판례는 의원면직행위의 성격(소극적이고 재량도 거의 없음)을 들어, 무권한자의 행위지만 하자가 중대하지 않아 당연무효는 아니라고 보았다.

② ✕ 환경영향평가를 누락한 승인처분: 무효

환경영향평가를 거쳐야 할 대상사업에 대하여 **환경영향평가를 거치지 아니하였음에도** 불구하고 승인 등 처분이 이루어진다면 … 이와 같은 행정처분은 **당연무효이다**(2006.6.30. 2005두14363).

비교 **교통영향평가를 관련 부관으로 대체하고 인가처분: 무효사유✕**ⓐ

행정청은 교통영향평가를 배제한 것이 아니라 '건축허가 전까지 교통영향평가 심의필증을 교부받을 것'을 **부관으로 하여** 실시계획변경 및 공사시행변경 인가 처분을 한 점 등에 비추어, 행정청이 사전에 **교통영향평가를 거치지 아니한 채** 위와 같은 부관을 붙여서 한 위 처분에 중대하고 명백한 흠이 있다고 할 수 없으므로 이를 **무효로 보기는 어렵다**ⓐ(2010.2.25. 2009두102).

비교 (관련 대법원 판결이 있기 전 법해석을 잘못하여) 사전환경성 검토협의 누락: 취소사유○ⓑ

행정청이 사전환경성검토협의를 거쳐야 할 대상사업에 관하여 법의 해석을 잘못한 나머지 세부용도지역이 지정되지 않은 개발사업 부지에 대하여 **사전환경성검토협의를 할지 여부를 결정하는 절차를 생략한 채 승인 등의 처분을 한 사안**에서, … 사전환경성 검토협의 여부를 결정하여야 한다는 법리는 이 사건 처분이 있은 후에 비로소 이 사건 대법원판결에 의하여 선언되는 것이므로, 설령 피고가 법의 해석을 잘못한 나머지 이 사건 개발사업이 사전환경성 검토협의대상이 아니라고 보고 그 절차를 생략한 채 이 사건 처분을 하였다고 하더라도, 그 **하자가 객관적으로 명백하다고 할 수 없다**(편저자: 취소사유)고 한 사례ⓑ(2009.9.24. 2009두2825).

선지분석 & 요플·기풀기링크

선지	THEME	요플	기풀기
①	T29 VA의 하자와 효력	37	033
②	T41 절차의 하자	06	006
③	T29 VA의 하자와 효력	71	068
④	T22 사인의 공법행위	14	013

③ ✕ 위헌결정 전 이미 이루어진 처분에 대한 후속처분이더라도, 그로 인해 위헌적 관계가 생성·확대된다면 무효

국가기관 및 지방자치단체는 위헌으로 선언된 법률규정에 근거하여 새로운 행정처분을 할 수 없음은 물론이고, 위헌결정 전에 이미 형성된 법률관계에 기한 후속처분이라도 그것이 새로운 위헌적 법률관계를 생성·확대하는 경우라면 … 하자가 중대하고 객관적으로 명백하여 당연무효라고 보아야 한다(2012.2.16. 2010두10907 전합).

④ ○ 비진의의사표시 무효규정: 사인의 공법행위에는 적용✕ → 사직의 의사표시가 진의가 아니었더라도 유효 so 이를 수리한 의원면직처분은 무효✕

위 전역지원의 의사표시가 진의 아닌 의사표시(편저자: 비진의의사표시)라 하더라도 그 무효에 관한 법리를 선언한 민법 제107조 제1항 단서의 규정은 그 성질상 사인의 공법행위에는 적용되지 않는다 할 것이므로 그 표시된 대로 유효한 것으로 보아야 한다(1994.1.11. 93누10057).

+ PLUS 민법은 진의(진심)가 아닌 의사표시, 즉 비진의의사표시에 대해 상대방이 그것이 진의가 아님을 알았거나 알 수 있었다면 무효로 본다. 그러나 이러한 민법의 규정은 행정법상 사인의 공법행위에는 적용되지 않고, 따라서 사직원 제출자의 내심은 사직의사가 없었더라도 그가 사직의사를 표시한 이상 상대방이 이를 알았는지를 불문하고 유효한 것이 된다. 그러므로 이를 받아들인 의원면직처분 역시 유효하게 된다.

정답 ④
OX 1✕ 2✕ ⓐ✕ ⓑ✕

THEME 29 행정행위의 하자와 효력 325

07

행정행위의 하자에 대한 판례의 입장으로 옳은 것은? 17(하)국가7

① 구 폐기물처리시설 설치촉진 및 주변지역지원 등에 관한 법령상 입지선정위원회는 일정 수 이상의 주민대표 등을 참여시키도록 하고 있음에도 불구하고 이에 위배하여 군수와 주민대표가 선정·추천한 전문가를 포함시키지 않은 채 입지선정위원회를 임의로 구성하여 의결한 경우 이에 따른 폐기물처리시설 입지결정처분의 하자는 무효사유에 해당한다.

② 「국민연금법」상 장애연금지급을 위한 장애등급결정을 하는 경우에는 원칙상 장애연금지급청구권을 취득할 당시가 아니라 장애연금지급을 결정할 당시의 법령을 적용한다.

③ 적법하게 건축된 건축물에 대한 철거명령을 전제로 행하여진 후행행위인 건축물철거 대집행계고처분은 당연무효라 할 수 없다.

④ 세액산출근거가 누락된 납세고지서에 의한 과세처분에 대하여 상고심 계류 중 세액산출 근거의 통지가 행하여지면 당해 과세처분의 하자는 치유된다.

해설

① ○ **입지선정위원회(의결기관) 임의구성: 그 의결에 터잡은 입지결정처분은 무효**
구「폐기물처리시설 설치촉진 및 주변지역지원 등에 관한 법률」… 각 규정들에 의하면, **입지선정위원회는 폐기물처리시설의 입지를 선정하는 의결기관** … 군수와 주민대표가 선정·추천한 전문가를 포함시키지 않은 채 **임의로 구성되어 의결**을 한 경우, 그에 터잡아 이루어진 폐기물처리시설 입지결정처분의 **하자는** 중대한 것이고 객관적으로도 명백하므로 **무효사유에 해당한다**(2007.4.12. 2006두20150).

② × **장애등급결정: 처분시법× / 지급사유발생시법(= 지급청구권발생시법 = 치료종결시법)○**
국민연금법상 장애연금은 … **치료종결 후에도** 신체 등에 장애가 있을 때 **지급사유가 발생**하고 그때 가입자는 장애연금**지급청구권**을 취득한다. 따라서 장애연금지급을 위한 **장애등급결정**은 장애연금지급청구권을 취득할 당시, 즉 치료종결 후 신체 등에 장애가 있게 된 당시의 법령에 따르는 것이 원칙이다(2014.10.15. 2012두15135).
  + PLUS 장애(장해)급여지급청구권은 치료종결 후 장애가 남은 때 지급되는 것이다. 따라서 치료종결시 장애급여지급청구권을 취득하고, 바로 그때의 법령을 적용하여 장애등급결정처분이 이루어지는 것이 원칙이다. 위 지문은 지급청구권 취득시가 아닌 실제 지급결정시의 법령을 적용한다고 했으므로 틀린 지문이다.

③ × **적법한 건축물에 대한 철거명령(= 무효): 후행 대집행계고처분도 무효**
원고의 이 사건 대문설치신고는 형식적 하자가 없는 적법한 요건을 갖춘 신고라고 할 것이어서 피고의 신고증 교부 또는 수리처분 등 별단의 조처를 기다릴 필요가 **없이** 그 신고의 **효력**이 발생하였다고 할 것이어서 이 사건 **대문은 적법**한 것임에도 피고가 원고에 대하여 명한 이 사건 **대문의 철거명령은** 그 하자가 중대하고 명백하여 **당연무효**라고 할 것이고, 그 후행행위인 이 사건 **계고처분 역시 당연무효**라고 할 것이다(1999.4.27. 97누6780).

④ × **과세처분시 세액산출근거를 누락했다가 상고심 계류 중에야 산출근거를 통지: 치유×**
세액산출근거가 누락된 납세고지서에 의한 과세처분의 하자의 치유를 허용하려면 늦어도 과세처분에 대한 불복 여부의 결정 및 불복신청에 편의를 줄 수 있는 상당한 기간 내에 하여야 한다고 할 것이므로 위 과세처분에 대한 전심절차가 모두 끝나고 **상고심의 계류 중에** 세액산출근거의 통지가 있었다고 하여 이로써 위 **과세처분의 하자가 치유되었다고는 볼 수 없다**(1984.4.10. 83누393).
  + PLUS 이유제시의무를 둔 취지는 국민의 쟁송제기 결정에 편의를 주려는 것이다(이유를 알려줄 테니, 읽어보고 소송할지 말지 정하라). 따라서 이미 국민이 소송을 제기한 후에는 이유제시의 하자가 치유될 수 없다. 지문과 같이 상고심에 가서야 산출근거를 제시하는 경우는 당연히 이유제시의 하자를 치유시킬 수 없다.

관련 OX

② 관련
1 장해급여 지급을 위한 장해등급결정과 같이 행정청이 확정된 법률관계를 확인하는 처분을 하는 경우에는 처분시 법령을 적용하여야 한다. 14지방7

③ 관련
2 자기완결적 신고에 해당하는 대문설치신고가 형식적 하자가 없는 적법한 요건을 갖춘 신고임에도 불구하고 관할 행정청이 수리를 거부한 후 당해 대문의 철거명령을 하였더라도, 후행행위인 대문철거 대집행계고처분이 당연무효가 되는 것은 아니다. 24지방9

④ 관련
3 세액산출근거가 누락된 납세고지서에 의한 과세처분에 대한 취소소송의 사실심 변론종결 직전에 세액산출근거의 통지가 있었다면 이로써 위 과세처분의 하자가 치유되었다고 볼 수 있다. 23서울(지적)7

선지분석 & 요플·기풀기링크

선지	THEME	요플	기풀기
①	T29 VA의 하자와 효력	30	034
②	T08 개정시 적용법	29	029
③	T30 하자의 승계	21	021
④	T31 VA의 취소·철회·실효	31	038

정답 ①
OX 1× 2× 3×

08

행정행위의 성립요건과 효력요건에 대한 설명으로 옳지 않은 것은? (다툼이 있는 경우 판례에 의함)

13지방9(변형)

① 행정청의 권한은 지역적 한계가 있으므로 행정청이 자신의 권한이 미치는 지역적 한계를 벗어나 발하는 행정행위는 위법하게 된다.
② 당사자등의 동의가 있는 경우에 한하여 전자문서로 처분할 수 있다.
③ 면허관청이 운전면허정지처분을 하면서 통지서에 의하여 면허정지사실을 통지하지 아니하거나 처분집행예정일 7일 전까지 이를 발송하지 아니한 경우에는 절차와 형식을 갖추지 아니한 조치로서 효력이 없고, 면허관청이 임의로 출석한 상대방의 편의를 위하여 구두로 면허정지사실을 알렸다고 하더라도 마찬가지이다.
④ 납세고지서의 교부송달 및 우편송달에 있어서 반드시 납세의무자 또는 그와 일정한 관계에 있는 사람의 현실적인 수령행위를 전제로 하고 있다고 보아야 하며, 납세자가 과세처분의 내용을 이미 알고 있는 경우에도 납세고지서의 송달이 불필요하다고 할 수 없다.

관련 OX

④ 관련
1 납세자가 과세처분의 내용을 미리 알고 있는 경우 납세고지서의 송달은 불필요하다. 17교행9

해설

① ○ **행정청의 지역적·대인적 권한유월의 행위: 원칙적으로 무효**
행정청의 권한에는 사무의 성질 및 내용에 따르는 제약이 있고, **지역적·대인적**으로 한계가 있으므로 이러한 권한의 범위를 넘어서는 **권한유월의 행위**는 무권한행위로서 원칙적으로 **무효**라고 할 것이다(2007.7.26. 2005두15748).

② × 행정절차법이 개정되어 당사자가 전자문서로 처분을 신청한 경우에도 전자문서로 처분을 할 수 있고, 긴급히 처분을 할 필요가 있거나 사안이 경미한 경우에는 말, 전화, 문자, 팩스 또는 전자우편 등 문서가 아닌 방법으로 처분을 할 수도 있다.

행정절차법 제24조(처분의 방식) ① 행정청이 처분을 할 때에는 다른 법령 등에 특별한 규정이 있는 경우를 제외하고는 문서로 하여야 하며, 다음 각 호의 어느 하나에 해당하는 경우에는 전자문서로 할 수 있다.
1. 당사자등의 동의가 있는 경우
2. 당사자가 전자문서로 처분을 신청한 경우
② 제1항에도 불구하고 공공의 안전 또는 복리를 위하여 긴급히 처분을 할 필요가 있거나 사안이 경미한 경우에는 말, 전화, 휴대전화를 이용한 문자 전송, 팩스 또는 전자우편 등 문서가 아닌 방법으로 처분을 할 수 있다. 이 경우 당사자가 요청하면 지체 없이 처분에 관한 문서를 주어야 한다.

③ ○ **운전면허정지처분을 하면서, 임의출석한 상대방의 편의를 명목으로 구두로 고지: 무효**
면허관청이 운전면허정지처분을 하면서 별지 52호 서식의 **통지서에 의하여** 면허정지사실을 **통지하지 아니하거나** 처분집행예정일 7일 전까지 이를 발송하지 아니한 경우에는 특별한 사정이 없는 한 위 관계 법령이 요구하는 절차·형식을 갖추지 아니한 조치로서 그 **효력이 없고**, 이와 같은 법리는 면허관청이 **임의로 출석한 상대방의 편의를 위하여 구두로** 면허정지사실을 알렸다고 하더라도 **마찬가지이다**(1996.6.24. 95누17823).

+ PLUS 처분은 문서로 함이 원칙이고 예외적으로만 구두로 할 수 있다. 사안은 어차피 상대방이 행정관청에 출석해 왔으니, 복잡하게 문서로 처분을 할 필요 없이 구두로 면허정지라고 알려주었고, 상대방도 그것이 편했을 거라고 주장한 사안이다. 그러나 처분을 구두로 할 수 있는 경우는 공공의 안전 또는 복리를 위하여 긴급하게 처리할 필요성이 있거나 사안이 경미한 경우에 한하므로(행정절차법 제24조 제2항) 이러한 주장은 인정될 수 없다. 상대방 편의 핑계를 대며 하는 구두처분은 무효이다.

④ ○ **상대방이 처분의 내용을 이미 알고 있어도 처분이 고지되어야 효력 발생**
납세고지서의 교부송달 및 우편송달에 있어서는 반드시 납세의무자 또는 그와 일정한 관계에 있는 사람의 현실적인 수령행위를 전제로 하고 있다고 보아야 하며, 납세자가 과세처분의 내용을 이미 알고 있는 경우에도 납세고지서의 송달이 불필요하다고 할 수는 없다(2004.4.9. 2003두13908).

선지분석 & 요품·기풀기링크

선지	THEME	요품	기풀기
①	T29 VA의 하자와 효력	34	029
②	T37 절차법(조문)	123	024
③	T29 VA의 하자와 효력	46	080
④	T26 VA의 성립과 효력	11	010

정답 ②
OX 1 ×

09

처분의 하자에 관한 설명으로 옳지 않은 것은? (다툼이 있는 경우 판례에 의함) 25소간

① 운전면허효력 정지처분을 할 권한이 없는 음주운전 단속경찰관이 자신의 명의로 처분통지서를 작성·교부하여 행한 운전면허효력 정지처분은 무효의 처분이다.
② 선행처분과 후행처분이 서로 독립하여 별개의 법률효과를 목적으로 하는 때에는 선행처분이 당연무효이더라도 선행처분의 하자를 이유로 후행처분의 효력을 다툴 수 없다.
③ 환경영향평가를 거쳐야 할 대상사업에 대하여 환경영향평가를 거치지 아니하였음에도 불구하고 승인 등 처분이 이루어진다면, 이러한 행정처분의 하자는 중대한 것이고 객관적으로도 명백한 것이다.
④ 절차상 또는 형식상 하자로 인하여 무효인 행정처분이 있은 후 행정청이 관계 법령에서 정한 절차 또는 형식을 갖추어 다시 동일한 행정처분을 하였다면 당해 행정처분은 종전의 무효인 행정처분과 관계없이 새로운 행정처분이라고 보아야 한다.
⑤ 증액경정처분이 있는 경우 당초처분은 증액경정처분에 흡수되어 소멸하고, 소멸한 당초처분의 절차적 하자는 존속하는 증액경정처분에 승계되지 아니한다.

관련 OX

① 관련
1 음주운전 단속경찰관이 자신의 명의로 운전면허행정처분통지서를 작성·교부하여 행한 운전면허정지처분은 위법하며, 취소의 원인이 된다. 12지방7

③ 관련
2 법령상 환경영향평가를 거쳐야 할 대상사업에 대하여 환경영향평가를 거치지 않고 행하여진 승인처분은 위법하지만 당연무효는 아니며, 취소의 대상이 될 뿐이다. 16서울7

해설

① ○ 음주운전을 단속한 경찰관 자신의 명의로 행한 운전면허정지처분: 무효
운전면허에 대한 정지처분권한은 경찰청장으로부터 경찰서장에게 권한위임된 것이므로 음주운전자를 적발한 단속경찰관으로서는 관할 경찰서장의 명의로 운전면허정지처분을 대행처리할 수 있을지는 몰라도 자신의 명의로 이를 할 수는 없다 할 것이므로, **단속경찰관이 자신의 명의로 운전면허행정처분통지서를 작성·교부하여 행한 운전면허정지처분은** 비록 그 처분의 내용·사유·근거 등이 기재된 서면을 교부하는 방식으로 행하여졌다고 하더라도 권한 없는 자에 의하여 행하여진 점에서 **무효의 처분에 해당한다**(1997.5.16. 97누2313).

② × 선행처분이 무효인 경우에는 당연히 하자가 승계됨
선행처분과 후행처분이 서로 독립하여 별개의 법률효과를 목적으로 하는 때에도 선행처분이 **당연무효이면 선행처분의 하자를 이유로 후행처분의 효력을 다툴 수 있다**(2017.7.11. 2016두35120).

③ ○ 환경영향평가를 누락한 승인처분: 무효
환경영향평가를 거쳐야 할 대상사업에 대하여 **환경영향평가를 거치지 아니하였음에도 불구하고 승인 등 처분이 이루어진다면 ⋯ 이와 같은 행정처분은 당연무효이다**(2006.6.30. 2005두14363).

④ ○ 절차상 하자로 무효인 처분이 있은 후 절차하자를 보완해 동일 내용 처분: 새로운 처분
절차상 또는 형식상 하자로 인하여 무효인 행정처분이 있은 후 행정청이 관계 법령에서 정한 **절차 또는 형식을 갖추어 다시 동일한 행정처분을 하였다면** 당해 행정처분은 종전의 무효인 행정처분과 관계없이 **새로운 행정처분**이라고 보아야 한다(2014.3.13. 2012두1006).

⑤ ○ 증액경정처분이 있는 경우 당초처분의 절차하자는 승계×
증액경정처분이 있는 경우 당초처분은 증액경정처분에 흡수되어 소멸하고, 소멸한 당초처분의 **절차적 하자는** 존속하는 증액경정처분에 **승계되지 아니한다**(2010.6.24. 2007두16493).
+ PLUS 증액경정처분은 감액경정처분과 달리 당초처분은 증액경정처분에 흡수되어 소멸되므로 증액경정처분만이 항고소송의 대상이 되고 당초처분에 존재하는 절차상의 하자도 증액경정처분에 승계되지 않는다(흡수설).

선지분석 & 요플·기풀기링크

선지	THEME	요플	기풀기
①	T29 VA의 하자와 효력	35	030
②	T30 하자의 승계	19	018
③	T41 절차의 하자	06	006
④		39	039
⑤	T52 대상적격(행정작용)	64	064

정답 ②
OX 1× 2×

필수문제 10

행정행위의 하자에 관한 설명으로 옳지 않은 것은? (다툼이 있는 경우 판례에 의함) 13국가9

① 법률이 위헌으로 결정된 후 그 법률에 근거하여 발령되는 행정처분은 위헌결정의 기속력에 반하므로 그 하자가 중대하고 명백하여 당연무효가 된다.

② 법률에 근거하여 행정청이 행정처분을 한 후에 헌법재판소가 그 법률을 위헌으로 결정하였다면 결과적으로 그 행정처분은 하자가 있는 것이 된다고 할 것이나, 특별한 사정이 없는 한 이러한 하자는 위 행정처분의 취소사유에 해당할 뿐 당연무효사유는 아니라고 봄이 상당하다.

③ 행정처분에 대하여 그 행정처분의 근거가 된 법률이 위헌이라는 이유로 무효확인청구의 소가 제기된 경우에는 다른 특별한 사정이 없는 한 법원으로서는 그 법률이 위헌인지 여부에 대하여는 판단할 필요 없이 그 무효확인청구를 각하하여야 한다.

④ 행정처분이 있은 후에 집행단계에서 그 처분의 근거된 법률이 위헌으로 결정되는 경우 그 처분의 집행이나 집행력을 유지하기 위한 행위는 위헌결정의 기속력에 위반되어 허용되지 않는다.

관련 OX

② 관련

1 대법원은 행정처분이 발하여진 후에 그 행정처분의 근거가 된 법률이 위헌으로 결정된 경우, 그 행정처분의 근거가 되는 법률이 헌법에 위반된다는 사유는 특별한 사정이 없는 한 그 행정처분의 취소소송의 전제가 될 수 있을 뿐, 당연무효사유는 아니라고 판시하였다. 14지방9

④ 관련

2 대법원은 처분이 있은 후에 근거법률이 위헌으로 결정된 경우, 그 처분의 집행이나 집행력을 유지하기 위한 행위는 위헌결정의 기속력에 위반되어 허용되지 않는다고 보았다. 12국가7

해설

① ○ 이미 위헌결정된 법령에 근거한 처분은 **당연무효**이다. 처분의 근거가 위헌이었다는 점에서 위헌결정의 기속력에 반하여 하자가 중대하고, 처분의 근거가 없다는 것이 처분 당시에 알려진 상황이므로 **명백**하기 때문이다.

② ○ 처분 후 근거법률에 위헌결정: 무효사유×, 취소사유○(하자가 명백×)
법률에 근거하여 행정청이 **행정처분을 한 후에** 헌법재판소가 그 법률을 위헌으로 **결정**하였다면 결과적으로 그 행정처분은 법률의 근거가 없이 행하여진 것과 마찬가지가 되어 하자가 있는 것이 된다고 할 것이나, 하자 있는 행정처분이 당연무효가 되기 위하여는 그 하자가 중대할 뿐만 아니라 명백한 것이어야 하는데, 일반적으로 법률이 헌법에 위반된다는 사정이 헌법재판소의 위헌결정이 있기 전에도 객관적으로 명백한 것이라고 할 수는 **없**으므로 특별한 사정이 없는 한 이러한 하자는 위 행정처분의 취소사유에 해당할 뿐 당연무효사유는 아니라고 봄이 상당하다(1994.10.28. 93다41860).

③ × 처분의 근거 법률이 위헌이라며 무효확인청구의 소를 제기한 경우 → 법원의 판결: 기각○ / 각하×
어느 행정처분에 대하여 그 행정처분의 **근거가 된 법률이 위헌**이라는 이유로 **무효확인청구의 소가 제기된 경우**에는 다른 특별한 사정이 없는 한 법원으로서는 그 법률이 위헌인지 여부에 대하여는 판단할 필요 없이 그 무효확인청구를 **기각하여야** 한다(1994.10.28. 92누9463).

④ ○ 당해 처분의 근거 법령에 위헌결정이 있는 경우, 위헌결정 후 집행이나 집행력 유지를 위한 행위는 위헌결정의 기속력에 반하여 모두 당연무효이다.

• 위헌결정 이후 체납처분에 나아간 경우, 체납처분은 위헌결정의 기속력에 반하여 당연무효
위헌결정 이후에 조세채권의 집행을 위한 **새로운 체납처분**에 착수하거나 이를 속행하는 것은 더 이상 허용되지 않고, 나아가 이러한 위헌결정의 효력에 위배하여 이루어진 체납처분은 그 사유만으로 **하자가 중대하고 객관적으로 명백하여 당연무효**라고 보아야 한다(2012.2.16. 2010두10907 전합).

선지분석 & 요플·기풀기링크

선지	THEME	요플	기풀기
①		55	051
②	T29 VA의 하자와 효력	63	060
③		68	065
④		72	069

정답 ③
OX 1○ 2○

11

헌법재판소의 위헌결정에 따른 효력에 대한 설명으로 옳지 않은 것은? (다툼이 있는 경우 판례에 의함)

14지방9

① 위헌으로 결정된 법률 또는 법률의 조항은 그 결정이 있는 날부터 효력을 상실한다.
② 대법원은 금고 이상의 형의 선고유예를 받은 경우에 공무원직에서 당연히 퇴직하는 것으로 규정한 구「지방공무원법」제61조 중 제31조 제5호 부분에 대한 헌법재판소의 위헌결정의 효력에 대하여, 종래의 법령에 의하여 형성된 공무원의 신분관계에 관한 법적 안정성과 신뢰보호의 요청에 비하여 퇴직공무원의 권리구제의 요청이 현저하게 우월하므로, 위 위헌결정 이후 제소된 일반사건에 대하여 위 위헌결정의 소급효가 인정된다고 판시하였다.
③ 대법원은 행정처분이 발하여진 후에 그 행정처분의 근거가 된 법률이 위헌으로 결정된 경우, 그 행정처분의 근거가 되는 법률이 헌법에 위반된다는 사유는 특별한 사정이 없는 한 그 행정처분의 취소소송의 전제가 될 수 있을 뿐, 당연무효사유는 아니라고 판시하였다.
④ 헌법재판소는 행정처분 자체의 효력이 쟁송기간 경과 후에도 존속 중이고 그 행정처분의 근거가 된 법규가 위헌으로 선고되는 경우, 그 행정처분을 무효로 하더라도 법적 안정성을 크게 해치지 않는 반면에, 그 하자가 중대하여 그 구제가 필요한 경우에는 당연무효사유로 보아 무효확인을 구할 수 있다고 결정하였다.

해설

① ○ 위헌결정의 효력 → 결정이 있는 날부터 효력 상실(장래효)

헌법재판소법 제47조(위헌결정의 효력) ② 위헌으로 결정된 법률 또는 법률의 조항은 그 결정이 있는 날부터 효력을 상실한다.

② × 선고유예 공무원 당연퇴직 규정에 대한 위헌결정: 소급효 부정
금고 이상의 형의 선고유예를 받은 경우에 공무원직에서 당연히 퇴직하는 것으로 규정한 구 지방공무원법 제61조 중 제31조 제5호 부분에 대한 헌법재판소의 위헌결정의 소급효를 인정할 경우 그로 인하여 보호되는 퇴직공무원의 권리구제라는 구체적 타당성 등의 요청에 비하여 종래의 법령에 의하여 형성된 공무원의 신분관계에 관한 법적 안정성과 신뢰보호의 요청이 현저하게 우월하다는 이유로, 위 위헌결정 이후 제소된 일반사건에 대하여 위 위헌결정의 소급효가 제한된다(2005.11.10. 2005두5628).

③ ○ 처분 후 근거법률에 위헌결정: 무효사유×, 취소사유○(하자가 명백×)
법률에 근거하여 행정청이 행정처분을 한 후에 헌법재판소가 그 법률을 위헌으로 결정하였다면 결과적으로 그 행정처분은 법률의 근거가 없이 행하여진 것과 마찬가지가 되어 하자가 있는 것이 된다고 할 것이나, 하자 있는 행정처분이 당연무효가 되기 위하여는 그 하자가 중대할 뿐만 아니라 명백한 것이어야 하는데, 일반적으로 법률이 헌법에 위반된다는 사정이 헌법재판소의 위헌결정이 있기 전에도 객관적으로 명백한 것이라고 할 수는 없으므로 특별한 사정이 없는 한 이러한 하자는 위 행정처분의 취소사유에 해당할 뿐 당연무효사유는 아니라고 봄이 상당하다(1994.10.28. 93다41860).

④ ○ 처분 후 근거법률 위헌결정 선고 → 처분을 무효로 봐도 법적 안정성을 해하지 않는 반면 하자가 중대해 권리구제 필요시: 무효(처분의 효력이 제소기간 경과 후에도 존속 중 & 그 목적달성을 위해 필요한 후행처분이 아직 이뤄지기 전인 경우가 이에 해당)
행정처분 자체의 효력이 쟁송기간 경과 후에도 존속 중인 경우, 특히 그 처분이 위헌법률에 근거하여 내려진 것이고 그 행정처분의 목적달성을 위하여서는 후행 행정처분이 필요한데 후행 행정처분은 아직 이루어지지 않은 경우와 같이 그 행정처분을 무효로 하더라도 법적 안정성을 크게 해치지 않는 반면에 그 하자가 중대하여 그 구제가 필요한 경우에 대하여서는 그 예외를 인정하여 이를 당연무효사유로 보아서 쟁송기간 경과 후라도 무효확인을 구할 수 있는 것이라고 봐야 할 것이다(헌재 1994.6.30. 92헌바23 전원).

관련 OX

①관련
1 「헌법재판소법」 제47조는 위헌으로 결정된 법률 또는 법률의 조항은 원칙적으로 그 법률 또는 법률 조항이 제정된 날까지 소급하여 관련된 사건의 효력을 상실시킨다고 규정하고 있다. 13서울7

④관련
2 행정처분 자체의 효력이 쟁송기간 경과 후에도 존속 중인 경우, 그 행정처분이 위헌인 법률에 근거하여 내려졌고 그 목적달성을 위해 필요한 후행 행정처분이 아직 이루어지지 않았다면 그 하자가 중대하여 그 구제가 필요한 경우에 대하여서는 쟁송기간 경과 후라도 무효확인을 구할 수 있다. 18지방9

3 헌법재판소는 위헌법률에 근거한 행정처분의 효력과 관련하여, 그 행정처분을 무효로 하더라도 법적 안정성을 크게 해치지 않는 반면에 그 하자가 중대하여 구제할 필요가 있는 경우에도 그 예외를 인정하여 이를 당연무효사유로 볼 수는 없다는 입장을 취하고 있다. 24해경간부

선지분석 & 요플·기풀기링크 ③

선지	THEME	요플	기풀기
①		58	054
②	T29 VA의 하자와 효력	61	058
③		63	060
④		70	067

정답 ②
OX 1× 2○ 3×

12

행정행위의 하자에 대한 설명으로 옳은 것은? (다툼이 있는 경우 판례에 의함) 16국가9

① 임용 당시 법령상 공무원 임용결격사유가 있었더라도 임용권자의 과실에 의하여 임용결격자임을 밝혀내지 못한 경우라면 그 임용행위가 당연무효가 된다고 할 수는 없다.
② 철거명령이 당연무효인 경우에는 그에 근거한 후행행위인 건축물철거 대집행계고처분도 당연무효이다.
③ 행정행위의 내용상의 하자는 치유의 대상이 될 수 있으나, 형식이나 절차상의 하자에 대해서는 치유가 인정되지 않는다.
④ 부담금 부과처분 이후에 처분의 근거법률이 위헌결정된 경우, 그 부과처분에 불가쟁력이 발생하였고 위헌결정 전에 이미 관할 행정청이 압류처분을 하였다면, 위헌결정 이후에도 후속절차인 체납처분절차를 통하여 부담금을 강제징수할 수 있다.

관련 OX

① 관련

1 ❶ 납세자가 아닌 제3자의 재산을 대상으로 한 압류처분은 그 처분의 내용이 법률상 실현될 수 없는 것이어서 당연무효이다. 22국가7

② 관련

2 적법하게 건축된 건축물에 대한 철거명령을 전제로 행하여진 후행행위인 건축물철거 대집행계고처분은 당연무효라 할 수 없다. 17(하)국가7

③ 관련

3 행정행위 하자의 치유는 행정행위의 성질이나 법치주의 관점에서 볼 때 원칙적으로 허용될 수 없지만, 예외적으로 행정행위의 무용한 반복을 피하고 당사자의 법적 안정성을 위해서는 내용상 하자뿐 아니라 절차상 하자도 치유될 수 있다. 24변시

추가기출(① 관련)

ⓐ ❶ 임용 당시 乙에게 임용결격사유가 있음에도 임용되어 근무하다가 퇴직한 경우, 乙은 「공무원연금법」상 퇴직급여 청구 또는 「근로자퇴직급여 보장법」상 퇴직금 청구를 할 수 없다. 18국가7

해설

① ✕ 임용당시 임용결격 : 국가의 과실이 있어도 임용은 당연무효 → 그동안 사실상 근무해 왔어도 「공무원연금법」상 퇴직급여청구✕ ⓐ
임용 당시 공무원 **임용결격사유가 있었다면**, 비록 국가의 과실에 의하여 임용결격자임을 밝혀내지 못하였다 하더라도 임용행위는 **당연무효로 보아야 하고**, 당연무효인 임용행위에 의하여 공무원의 신분을 취득한다거나 근로고용관계가 성립할 수는 없다. 따라서 임용결격자가 공무원으로 임용되어 **사실상 근무하여 왔다 하더라도** 적법한 공무원으로서의 신분을 취득하지 못한 자로서는 공무원연금법이나 근로자퇴직급여 보장법에서 정한 **퇴직급여를 청구할 수 없다** ⓐ (2017.5.11. 2012다200486).

② ○ 적법한 건축물에 대한 철거명령(= 무효): 후행 대집행계고처분도 무효
적법한 건축물에 대한 **철거명령은 그 하자가 중대하고 명백하여 당연무효라고 할 것이고**, 그 **후행행위인 건축물철거 대집행계고처분** 역시 **당연무효라고 할 것이다** (1999.4.27. 97누6780).
+ PLUS 선행행위가 당연무효이면, 그를 전제로 하는 후행행위도 당연무효일 수밖에 없다. 이는 하나의 법률효과를 목적으로 하는지, 독립하여 별개의 법률효과를 목적으로 하는지를 불문한다. 따라서 철거명령과 대집행계고처분은 별개의 법적 효과를 목적으로 하는 관계이지만, 선행 철거명령이 무효이면, 그로써 대집행계고처분의 효력도 무효이다.

③ ✕ 절차상 하자, 형식상 하자의 치유는 인정하나, 내용상 하자는 치유될 수 없다는 것이 판례이다(90누1359).

④ ✕ 위헌결정 전 부담금부과처분 및 압류처분까지 이루어졌더라도, 위헌결정 후에는 후속 체납처분 진행 불가
위헌결정 이전에 이미 부담금 부과처분과 압류처분 및 이에 기한 압류등기가 이루어지고 위의 각 처분이 확정되었다고 하여도, **위헌결정 이후에는 별도의 행정처분인 매각처분, 분배처분 등 후속 체납처분절차를 진행할 수 없는 것은 물론이고**, 특별한 사정이 없는 한 기존의 압류등기나 교부청구만으로는 다른 사람에 의하여 개시된 경매절차에서 **배당을 받을 수도 없다**(2002.8.23. 2001두2959).

선지분석 & 요플·기풀기링크

선지	THEME	요플	기풀기
①	T29 VA의 하자와 효력	24	026
②	T30 하자의 승계	21	021
③		05	010
④	T29 VA의 하자와 효력	75	073

정답 ②

OX 1○ 2✕ 3✕ ⓐ○

13

위헌법률에 근거한 처분의 효력에 대한 설명으로 옳지 않은 것은? (다툼이 있는 경우 판례에 의함)

18지방9

① 위헌인 법률에 근거한 행정처분이 당연무효인지의 여부는 위헌결정의 소급효와는 별개의 문제로서 취소소송의 제기기간을 경과하여 확정력이 발생한 행정처분에는 위헌결정의 소급효가 미치지 않는다.

② 근거법률의 위헌결정 이전에 이미 부담금 부과처분과 압류처분 및 이에 기한 압류등기가 이루어지고 각 처분이 확정된 경우에는 기존의 압류등기나 교부청구로도 다른 사람에 의하여 개시된 경매절차에서 배당을 받을 수 있다.

③ 어느 행정처분에 대하여 그 행정처분의 근거가 된 법률이 위헌이라는 이유로 무효확인청구의 소가 제기된 경우, 다른 특별한 사정이 없는 한 법원으로서는 그 법률이 위헌인지 여부에 대하여는 판단할 필요 없이 그 무효확인청구를 기각하여야 한다.

④ 행정처분 자체의 효력이 쟁송기간 경과 후에도 존속 중인 경우, 그 행정처분이 위헌인 법률에 근거하여 내려졌고 그 목적달성을 위해 필요한 후행 행정처분이 아직 이루어지지 않았다면 그 하자가 중대하여 그 구제가 필요한 경우에 대하여서는 쟁송기간 경과 후라도 무효확인을 구할 수 있다.

관련 OX

② 관련

1 위헌결정 이전에 이미 부담금 부과처분과 압류처분 및 이에 기한 압류등기가 이루어지고 각 처분이 확정되었다고 하여도, 특별한 사정이 없는 한 기존의 압류등기나 교부청구만으로는 다른 사람에 의하여 개시된 경매절차에서 배당을 받을 수 없다. 20국회8

③ 관련

2 행정처분에 대하여 그 행정처분의 근거가 된 법률이 위헌이라는 이유로 무효확인청구의 소가 제기된 경우에는 다른 특별한 사정이 없는 한 법원으로서는 그 법률이 위헌인지 여부에 대하여는 판단할 필요 없이 그 무효확인청구를 각하하여야 한다. 13국가9

해설

① ○ 이미 제소기간이 도과해 확정력(불가쟁력)이 발생한 처분: 소급효 부정
위헌인 법률에 근거한 행정처분이 당연무효인지의 여부는 위헌결정의 소급효와는 별개의 문제로서, 위헌결정의 소급효가 인정된다고 하여 위헌인 법률에 근거한 행정처분이 당연무효가 된다고는 할 수 없고, 오히려 이미 취소소송의 제기기간을 경과하여 확정력(불가쟁력)이 발생한 행정처분에는 위헌결정의 소급효가 미치지 않는다고 보아야 한다(1994.10.28. 92누9463).

② ✕ 위헌결정 전 부담금 부과처분 및 압류처분까지 이루어졌더라도, 위헌결정 후에는 후속 체납처분 진행 불가 / 기존 압류에 터잡아 타인이 개시한 경매에서 배당도 받을 수 없음
위헌결정 이전에 이미 부담금 부과처분과 압류처분 및 이에 기한 압류등기가 이루어지고 위의 각 처분이 확정되었다고 하여도, 위헌결정 이후에는 별도의 행정처분인 매각처분, 분배처분 등 후속 체납처분절차를 진행할 수 없는 것은 물론이고, 특별한 사정이 없는 한 기존의 압류등기나 교부청구만으로는 다른 사람에 의하여 개시된 경매절차에서 배당을 받을 수도 없다(2002.8.23. 2001두2959).

③ ○ 처분의 근거법률이 위헌이라는 이유로 제기된 무효확인소송: 위헌인지 판단할 필요도 없이 기각
위헌인 법률에 근거한 행정처분이 당연무효인지의 여부는 위헌결정의 소급효와는 별개의 문제로서, 위헌결정의 소급효가 인정된다고 하여 위헌인 법률에 근거한 행정처분이 당연무효가 된다고는 할 수 없고, … 어느 행정처분에 대하여 그 행정처분의 근거가 된 법률이 위헌이라는 이유로 무효확인청구의 소가 제기된 경우에는 다른 특별한 사정이 없는 한 법원으로서는 그 법률이 위헌인지 여부에 대하여는 판단할 필요 없이 그 무효확인청구를 기각하여야 한다(1994.10.28. 92누9463).

④ ○ 처분 후 근거법률 위헌결정 선고: 원칙 취소사유 / but 무효로 봐도 법적 안정성을 해치지 않는 반면 하자가 중대해 권리구제 필요시 무효(처분의 효력이 제소기간 경과 후에도 존속 중 & 그 목적달성을 위해 필요한 후행처분이 아직 이뤄지기 전인 경우가 이에 해당)
행정처분 자체의 효력이 쟁송기간 경과 후에도 존속 중인 경우, 특히 그 처분이 위헌법률에 근거하여 내려진 것이고 그 행정처분의 목적달성을 위하여서는 후행 행정처분이 필요한데 후행 행정처분은 아직 이루어지지 않은 경우와 같이 그 행정처분을 무효로 하더라도 법적 안정성을 크게 해치지 않는 반면에 그 하자가 중대하여 그 구제가 필요한 경우에 대하여서는 그 예외를 인정하여 이를 당연무효 사유로 보아서 쟁송기간 경과 후에라도 무효확인을 구할 수 있는 것이라고 봐야 할 것이다(헌재 1994.6.30. 92헌바23).

정답 ②

OX 1○ 2✕

14 사례형

다음 사례에 대한 설명으로 옳지 않은 것만을 모두 고르면? (다툼이 있는 경우 판례의 의함)

24국가9

> 세무서장 A가 甲에게 과세처분을 하였는데, 그 후 과세처분의 근거가 되었던 법률규정은 헌법재판소에 의해 위헌으로 선언되었다. 그러나 그 과세처분에 대한 제소기간은 이미 경과하여 확정되었고, A는 甲 명의의 예금에 대한 압류처분을 하였다. 한편, 과세처분의 집행을 위한 위 압류처분의 근거규정 자체는 따로 위헌결정이 내려진 바 없다.

> ㄱ. 甲에 대한 과세처분과 압류처분은 별개의 행정처분이므로 선행처분인 과세처분이 당연무효가 아닌 이상 압류처분을 다툴 수 있는 방법은 존재하지 않는다.
> ㄴ. 압류처분은 과세처분 근거규정이 직접 적용되지 않고 압류처분 관련 규정이 적용될 뿐이므로, 과세처분 근거규정에 대한 위헌결정의 기속력은 압류처분과는 무관하다.
> ㄷ. 과세처분 이후 조세부과의 근거가 되었던 법률규정에 대하여 위헌결정이 내려진 경우, 과세처분이 당연무효가 아니더라도 위헌결정 이후에 과세처분의 집행을 위한 압류처분을 하는 것은 더 이상 허용되지 않는다.

① ㄱ
② ㄱ, ㄴ
③ ㄱ, ㄷ
④ ㄴ, ㄷ

관련 OX

ㄷ.관련

1 대법원은 처분이 있은 후에 근거법률이 위헌으로 결정된 경우, 그 처분의 집행이나 집행력을 유지하기 위한 행위는 위헌결정의 기속력에 위반되어 허용되지 않는다고 보았다.
12국가7

2 과세처분이 조세부과처분의 근거법령에 대한 위헌결정전에 이루어졌고 과세처분의 제소기간이 경과하여 조세채권이 확정되었더라도 그 위헌결정 이후 조세채권의 새로운 체납처분에 착수하거나 이를 속행하는 것은 허용되지 않는다.
17서울7

해설

ㄱ, ㄴ. ×, ㄷ. ○

• 2012.2.16. 2010두10907 전원

> [다수의견]
> 조세 부과의 근거가 되었던 법률규정이 위헌으로 선언된 경우, 비록 그에 기한 과세처분이 위헌결정 전에 이루어졌고, 과세처분에 대한 제소기간이 이미 경과하여 조세채권이 확정되었으며, 조세채권의 집행을 위한 체납처분의 근거규정 자체에 대하여는 따로 위헌결정이 내려진 바 없다고 하더라도, 위와 같은 위헌결정 이후에 조세채권의 집행을 위한 새로운 체납처분에 착수하거나 이를 속행하는 것은 더 이상 허용되지 않고, 나아가 이러한 위헌결정의 효력에 위배하여 이루어진 체납처분은 그 사유만으로 하자가 중대하고 객관적으로 명백하여 당연무효라고 보아야 한다. ㄷ

> [대법관 안대희, 대법관 신영철, 대법관 김용덕의 반대의견]
> 과세처분과 압류처분은 별개의 행정처분이므로 선행처분인 과세처분이 당연무효인 경우를 제외하고는 과세처분의 하자를 이유로 후속 체납처분인 압류처분의 효력을 다툴 수 없다. ㄱ 압류처분 등 체납처분은 과세처분과는 별개의 행정처분으로서 과세처분 근거규정이 직접 적용되지 않고 체납처분 관련 규정이 적용될 뿐이므로, 과세처분 근거규정에 대한 위헌결정의 기속력은 체납처분과는 무관하다. ㄴ

+ PLUS ㄷ.이 대법원의 견해로서 옳은 지문이다. ㄱ, ㄴ은 대법원의 견해가 아니라, 소수 대법관의 반대견해이다. 따라서 틀린 지문이다.

선지선택비율 ① 15.93% ② 58.85% ③ 15.76% ④ 9.45% 오답률 41.15%

선지분석 & 요플·기풀기링크

선지	THEME	요플	기풀기
	T29 VA의 하자와 효력	N3	072
ㄱ		74	071
ㄴ	T29 VA의 하자와 효력	72	069
ㄷ		73	070

정답 ②

OX 1○ 2○

15

행정행위의 하자에 대한 판례의 입장으로 옳지 않은 것은?   18지방9

① 친일반민족행위자로 결정한 최종발표와 그에 따라 그 유가족에 대하여 한 「독립유공자 예우에 관한 법률」 적용배제자 결정은 별개의 법률효과를 목적으로 하는 처분이다.

② 무권한의 행위는 원칙적으로 무효라고 할 것이므로, 5급 이상의 국가정보원 직원에 대해 임면권자인 대통령이 아닌 국가정보원장이 행한 의원면직처분은 당연무효에 해당한다.

③ 「국가유공자 등 예우 및 지원에 관한 법률」에 따른 여러 개의 상이에 대한 국가유공자요건비해당처분에 대한 취소소송에서 그중 일부 상이만이 국가유공자요건이 인정되는 상이에 해당하는 경우, 국가유공자요건비해당처분 중 그 요건이 인정되는 상이에 대한 부분만을 취소하여야 한다.

④ 위법하게 구성된 폐기물처리시설 입지선정위원회가 의결을 한 경우, 그에 터잡아 이루어진 폐기물처리시설 입지결정처분의 하자는 무효사유로 본다.

관련 OX

② 관련

1 판례는 권한유월의 행위는 무권한의 행위로서 원칙적으로 취소사유로 보면서도 의원면직처분에서의 권한유월은 확인적 행정행위의 성격을 갖고 있기 때문에 원칙적으로 무효사유로 보아야 한다는 입장이다.   17국회8

④ 관련

2 구 「폐기물처리시설 설치촉진 및 주변지역 지원 등에 관한 법률」상 입지선정위원회가 동법 시행령의 규정에 위배하여 군수와 주민대표가 선정·추천한 전문가를 포함시키지 않은 채 임의로 구성되어 의결을 한 경우에, 이에 터잡아 이루어진 폐기물처리시설 입지결정처분은 당연무효가 된다.   19국가7

해설

① ○ 친일반민족행위자 결정과 독립유공자예우배제 결정: 하자승계 인정(독립하여 별개의 법적 효과를 가져오는 것이나, 예측가능성, 수인가능성이 없어)

甲을 <u>친일반민족행위자로 결정한</u> 친일반민족행위진상규명위원회의 최종발표(<u>선행처분</u>)에 따라 지방보훈지청장이 「독립유공자예우에 관한 법률」(이하 '독립유공자법') 적용 대상자로 보상금 등의 예우를 받던 甲의 유가족 乙 등에 대하여 <u>독립유공자법 적용배제자 결정(후행처분)</u>을 한 사안에서, … 선행처분의 하자를 이유로 후행처분의 효력을 다툴 수 없게 하는 것은 乙에게 <u>수인한도를 넘는 불이익</u>을 주고 그 결과가 乙에게 <u>예측가능</u>한 것이라고 할 수 없어 선행처분의 후행처분에 대한 구속력을 인정할 수 없으므로 <u>선행처분의 위법을 이유로 후행처분의 효력을 다툴 수 있다</u>(2013.3.14. 2012두6964).

+ PLUS 선행처분인 <u>친일반민족행위자결정</u>과 후행처분인 유가족에 대한 <u>독립유공자법 적용배제결정</u>은 별개의 법적 효과를 발생시키는 경우로 원칙적 기준에 의하면 하자승계가 인정될 수 없다. 그러나 선행처분의 특성상(유가족에 통지X, 선행처분을 독립된 처분으로 생각하기 어려움) 하자승계를 부정하는 것은 수인가능성과 예측가능성이 없어 예외적 기준에 따라 <u>하자승계를 인정</u>한다.

▷TIP

별개의 법적 효과 but 승계긍정
- 친일반민족행위자결정 / 독립유공자법 적용배제결정
- 표준지공시지가결정 / 수용재결(보상금액)
- 개별공시지가결정 / 과세처분

선지분석 & 요플·기풀기링크

선지	THEME	요플	기풀기
①	T30 하자의 승계	63	078
②	T29 VA의 하자와 효력	37	033
③	T65 판결 기준시/종류	19	021
④	T29 VA의 하자와 효력	30	034

② × 무권한행위는 원칙적 무효 / but 대통령(정당한 권한자)이 아닌 국정원장 명의의 의원면직처분: 취소사유(중대×)

행정청의 권한에는 사무의 성질 및 내용에 따르는 제약이 있고, 지역적·대인적으로 한계가 있으므로 이러한 권한의 범위를 넘어서는 **권한유월의 행위는 무권한 행위로서 원칙적으로 무효**라고 할 것이나, 행정청의 공무원에 대한 의원면직처분은 공무원의 사직의사를 수리하는 소극적 행정행위에 불과하고, 당해 공무원의 사직의사를 확인하는 확인적 행정행위의 성격이 강하며 재량의 여지가 거의 없기 때문에 … **5급 이상의 국가정보원직원에 대한 의원면직처분**이 임면권자인 대통령이 아닌 **국가정보원장에 의해 행해진 것으로 위법**하고, 나아가 국가정보원직원의 명예퇴직원 내지 사직서 제출이 직위해제 후 1년여에 걸친 국가정보원장 측의 종용에 의한 것이었다는 사정을 감안한다 하더라도 그러한 하자가 중대한 것이라고 볼 수는 없으므로, 대통령의 내부결재가 있었는지에 관계없이 **당연무효는 아니다**(2007.7.26. 2005두15748).

+ PLUS 행정청의 무권한 내지 권한유월 행위는 주체의 하자가 있는 것으로서 원칙적으로 무효이다. 다만, 판례는 ① 대통령이 아닌 국정원장이 한 의원면직처분과 ② 세관장이 아닌 세관출장소장이 한 관세부과처분에 대해 위법하기는 하나 무효사유는 아니라고 보았다.

③ ○ 여러 개의 상이에 대한 국가유공자요건비해당처분에 대한 취소소송에서 그중 〈**일부 상이가 국가유공자요건이 인정**〉되는 상이에 해당하더라도 나머지 상이에 대하여 위 요건이 인정되지 아니하는 경우에는 국가유공자요건비해당처분 중 위 요건이 인정되는 상이에 대한 **부분만을 취소**하여야 할 것이고, 그 비해당처분 전부를 취소할 수는 없다(2012.3.29. 2011두9263).

④ ○ 구「폐기물처리시설 설치촉진 및 주변지역지원 등에 관한 법률」… 각 규정들에 의하면, **입지선정위원회**는 폐기물처리시설의 입지를 선정하는 **의결기관** … 입지선정위원회가 그 구성방법 및 절차에 관한 같은 법 시행령의 규정에 위배하여 **군수와 주민대표가 선정·추천한 전문가를 포함시키지 않은 채 임의로 구성되어 의결**을 한 경우, 그에 터잡아 이루어진 폐기물처리시설 **입지결정처분의 하자는 중대한 것이고 객관적으로도 명백**하므로 **무효사유**에 해당한다(2007.4.12. 2006두20150).

+ PLUS 사안의 경우 입지선정위원회는 입지결정처분의 의결기관이다. 따라서 입지선정위원회 구성에 하자가 있는 경우, 이처럼 하자 있게 구성된 위원회 의결에 터잡아 이루어진 입지결정처분은 주체의 하자가 있는 것으로 무효사유이다.

THEME 30 하자의 승계·전환·치유

01

하자의 승계에 대한 설명으로 옳지 않은 것은? (다툼이 있는 경우 판례에 의함) 17(상)지방9

① 선행행위에 무효의 하자가 존재하더라도 선행행위와 후행행위가 결합하여 하나의 법적 효과를 목적으로 하는 경우에는 하자의 승계에 대한 논의의 실익이 있다.

② 적정행정의 유지에 대한 요청에서 나오는 하자의 승계를 인정하면 국민의 권리를 보호하고 구제하는 범위가 더 넓어진다.

③ 선행행위에 대하여 불가쟁력이 발생하지 않았거나 선행행위와 후행행위가 서로 독립하여 각각 별개의 법률효과를 목적으로 하는 때에는 원칙적으로 선행행위의 하자를 이유로 후행행위의 효력을 다툴 수 없다.

④ 선행행위와 후행행위가 서로 독립하여 별개의 법률효과를 목적으로 하는 경우라도 선행행위의 불가쟁력이나 구속력이 그로 인하여 불이익을 입는 자에게 수인한도를 넘는 가혹함을 가져오고 그 결과가 예측가능한 것이 아닌 때에는 하자의 승계를 인정할 수 있다.

관련 OX

③ 관련

1 제소기간이 경과하여 선행위에 불가쟁력이 발생한다면 하자의 승계는 문제되지 않는다. 16사복9

2 선행처분과 후행처분이 서로 독립하여 별개의 법률효과를 발생시키는 경우 선행처분에 취소사유가 있다면 선행처분의 하자를 이유로 후행처분의 효력을 다툴 수 있는 것이 원칙이다. 23서울(지적)7

④ 관련

3 선행 행정행위와 후행 행정행위가 서로 독립하여 별개의 법률효과를 목적으로 하는 경우에도 선행 행정행위의 불가쟁력이나 구속력이 그로 인하여 불이익을 입게 되는 자에게 수인한도를 넘는 가혹함을 가져오며, 그 결과가 당사자에게 예측가능한 것이 아닌 경우에는 선행행위의 위법을 후행행위의 위법사유로 주장할 수 있다. 24소방승진

해설

① ✕ 선행행위가 당연무효이면, 그를 전제로 하는 후행행위도 당연무효일 수밖에 없다. 이는 하나의 법률효과를 목적으로 하는지, 독립하여 별개의 법률효과를 목적으로 하는지를 불문한다. 결국 <u>선행행위가 무효인 경우 하자의 승계에 대한 논의실익이 없다.</u>

② ○ 하자의 승계이론은 제소기간을 놓친 국민의 권리보호 내지 <u>구제범위 확장</u>(쟁송가능성을 넓힘) 및 <u>적정행정의 유지</u>에 그 목적과 기능이 있다고 할 수 있다.

③ ○ 선행행위에 불가쟁력이 발생하지 않은 경우 하자의 승계를 인정할 필요가 없다(전제조건), 선행행위와 후행행위가 별개의 효과를 목적으로 하는 때에는 하자의 승계를 인정할 수 없다(인정요건). 결국, <u>선행행위에 불가쟁력이 발생하지 않았거나 선행행위와 후행행위가 독립하여 별개의 효과를 목적으로 하는 때에는 선행행위의 하자를 이유로 후행행위의 효력을 다툴 수 없다.</u>

④ ○ 판례는 선행행위와 후행행위가 독립하여 별개의 법적 효과를 가져오는 경우에는 하자의 승계가 인정되지 않는 것이 원칙이나, 그로 인한 불이익이 수인한도를 넘고, 선행행위의 결과가 당사자에게 예측불가능한 경우에는 하자의 승계를 인정하고 선행처분의 구속력(규준력)을 부정한다.

• <u>선행처분과 후행처분이 서로 독립하여 별개의 효과를 목적으로 하는 경우에도 선행처분의 불가쟁력이나 구속력이 그로 인하여 불이익을 입게 되는 자에게 수인한도를 넘는 가혹함을 가져오며, 그 결과가 당사자에게 예측가능한 것이 아닌 경우에는</u> 국민의 재판받을 권리를 보장하고 있는 헌법의 이념에 비추어 <u>선행처분의 후행처분에 대한 구속력은 인정될 수 없다</u>(2013.3.14. 2012두6964).

선지분석 & 요플·기풀기링크

선지	THEME	요플	기풀기
①		20	020
②	T30 하자의 승계	14	014
③		32	032
④		33	033

정답 ①
OX 1✕ 2✕ 3○

02 필수문제

행정행위의 하자에 대한 설명으로 옳은 것만을 모두 고른 것은? (다툼이 있는 경우 판례에 의함)

17(하)지방9

- C ㄱ. 명백성보충설에 의하면 무효판단의 기준에 명백성이 항상 요구되지는 아니하므로 중대명백설보다 무효의 범위가 넓어지게 된다.
- S ㄴ. 조세부과처분이 무효라 하더라도 그로써 압류 등 체납처분의 효력을 다툴 수는 없다.
- B ㄷ. 구 「학교보건법」상 학교환경위생정화구역에서의 금지행위 및 시설의 해제여부에 관한 행정처분을 함에 있어 학교환경위생정화위원회의 심의절차를 누락한 행정처분은 무효이다.
- S ㄹ. 선행행위의 하자를 이유로 후행행위를 다투는 경우뿐 아니라 후행행위의 하자를 이유로 선행행위를 다투는 것도 하자의 승계이다.

① ㄱ
② ㄱ, ㄹ
③ ㄴ, ㄷ
④ ㄴ, ㄷ, ㄹ

해설

ㄱ. ○ 하자가 중대하고 동시에 명백할 것을 요구하는 통설·판례와 달리 명백성 요건이 보충적으로만 요구된다는 명백성보충요구설에 따르면 하자가 명백하지 않더라도 중대하기만 하면 무효가 될 수 있어 무효의 범위가 넓어지게 된다.

ㄴ. × **조세부과처분이 무효: 후행 체납처분도 무효**
조세의 부과처분과 압류 등의 체납처분은 별개의 행정처분으로서 독립성을 가지므로 부과처분에 하자가 있더라도 그 부과처분이 취소되지 아니하는 한 그 부과처분에 의한 체납처분은 위법이라고 할 수는 없지만, 체납처분은 부과처분의 집행을 위한 절차에 불과하므로 그 **부과처분에 중대하고도 명백한 하자가 있어 무효인 경우에는 그 부과처분의 집행을 위한 체납처분도 무효**라 할 것이다 (1987.9.22. 87누383).
  + PLUS 선행행위가 당연무효이면, 그를 전제로 하는 후행행위도 당연무효일 수밖에 없다. 이는 하나의 법률효과를 목적으로 하는지, 독립하여 별개의 법률효과를 목적으로 하는지를 불문한다. 따라서 조세처분과 체납처분은 별개의 법적 효과를 목적으로 하는 관계이지만, 선행 조세부과처분이 무효이면, 그로써 후행 압류 등 체납처분의 효력을 다툴 수 있다.

ㄷ. × **학교환경위생정화위원회 심의누락: 취소사유**
행정청이 구 학교보건법 소정의 학교환경위생정화구역 내에서 금지행위 및 시설의 해제 여부에 관한 행정처분을 함에 있어 **학교환경위생정화위원회의 심의를 … 누락**한 흠이 있다면 그와 같은 흠을 가리켜 위 행정처분의 효력에 아무런 영향을 주지 않는다거나 경미한 정도에 불과하다고 볼 수는 없으므로, 특별한 사정이 없는 한 이는 행정처분을 위법하게 하는 **취소사유가 된다**(2007.3.15. 2006두15806).
  + PLUS 절차적 하자에 해당해 취소사유이다.

ㄹ. × **후행 대집행의 위법을 이유로 선행 계고의 위법을 주장하는 것은 불가**
계고처분의 후속절차인 대집행에 위법이 있다고 하더라도, 그와 같은 후속절차에 위법성이 있다는 점을 들어 선행절차인 계고처분이 부적법하다는 사유로 삼을 수는 없다(1997.2.14. 96누15428).
  + PLUS 하자의 승계는 선행행위의 하자를 이유로 후행행위의 효력을 다투기 위한 이론이다. 후행행위의 하자를 이유로 선행행위의 효력을 다투는 것은 하자의 승계이론과 무관하며, 논리적으로 가능하지도 않다. 예컨대 선행 계고처분의 위법을 후행 대집행의 위법사유로 주장하는 것은 가능하나(하나의 목적이므로 승계인정), 후행 대집행의 위법을 선행 계고처분의 위법사유로 삼는 것은 불가능하다.

관련 OX

ㄱ. 관련

1 명백성 보충설에 의하면 무효판단의 기준에 명백성이 항상 요구되지는 아니하므로 중대·명백설보다 무효의 범위가 넓어지게 된다. 24해경간부

ㄴ. 관련

2 S 조세부과처분과 압류 등의 체납처분은 별개의 행정처분으로서 독립성을 가지므로 조세부과처분에 하자가 있더라도 그 부과처분이 취소되지 아니하는 한 그에 근거한 체납처분은 위법이라고 할 수 없으나, 그 부과처분에 중대하고도 명백한 하자가 있어 무효인 경우에는 그 부과처분의 집행을 위한 체납처분도 무효이다. 22국회8

ㄹ. 관련

3 S 계고처분의 후속절차인 대집행에 위법이 있는 경우에 그와 같은 후속절차에 위법성이 있다는 점을 들어 선행절차인 계고처분이 부적법하다는 사유로 삼을 수 있다. 14(1)경행

선지분석 & 요플·기풀기링크

선지	THEME	요플	기풀기
ㄱ	T29 VA의 하자와 효력	20	020
ㄴ	T30 하자의 승계	23	023
ㄷ	T41 절차의 하자	33	029
ㄹ	T30 하자의 승계	15	015

정답 ①
OX 1○ 2○ 3×

03

행정처분의 하자에 대한 설명으로 옳지 않은 것은? (다툼이 있는 경우 판례에 의함) 24지방7

① 「공익사업을 위한 토지 등의 취득 및 보상에 관한 법률」에 따른 사업인정처분이 당연무효이면 그것이 유효함을 전제로 이루어진 수용재결도 무효라고 보아야 한다.

② 수익적 행정처분의 하자가 당사자의 사실은폐나 기타 부정한 방법에 의한 신청행위 때문인 경우, 당사자는 처분에 관한 신뢰이익을 원용할 수 있고 행정청이 이를 고려하지 아니하였다면 재량권을 일탈·남용한 것이다.

③ 도시계획시설사업 시행자 지정처분이 처분 요건을 충족하지 못하여 당연무효인 경우에는 사업시행자 지정처분이 유효함을 전제로 이루어진 후행처분인 실시계획 인가처분도 무효이다.

④ 관할청이 시정을 요구하면서 부여한 기간이 너무 불합리하거나 부당하지 않는 한 단기간이라는 이유만으로 그 시정요구가 위법하다고 볼 수는 없다.

관련 OX

② 관련

1 당사자의 부정한 방법에 의한 신청행위를 이유로 수익적 행정처분을 직권취소하는 경우, 당사자는 처분에 관한 신뢰이익을 원용할 수 없음은 물론 행정청이 이를 고려하지 아니하였다고 하여도 재량권의 일탈·남용이 아니다. 22변시

③ 관련

2 선행 도시계획시설사업시행자 지정처분이 당연무효이면 후행처분인 실시계획 인가처분도 당연무효이다. 18(2)서울7

해설

① ○ 사업인정처분이 당연무효이면 그것이 유효함을 전제로 이루어진 수용재결도 무효라고 보아야 한다(2017.7.11. 2016두35144).
   + PLUS 선행행위가 당연무효이면, 그를 전제로 하는 후행행위도 당연무효일 수밖에 없다. 이는 하나의 법률효과를 목적으로 하는지, 독립하여 별개의 법률효과를 목적으로 하는지를 불문한다.

② ✗ 수익적 처분의 하자가 당사자의 사실은폐·사위 등 당사자 측 귀책에 기인한 경우: 당사자는 신뢰이익 원용 불가, 행정청은 신뢰이익 고려하지 않아도 재량권 남용✗
수익적 행정처분의 하자가 **당사자의 사실은폐나 기타 사위의 방법에 의한 신청행위에 기인한 것**이라면 **당사자는 처분에 의한 이익이 위법하게 취득되었음을 알아 취소가능성도 예상하고 있었다 할 것이므로, 그 자신이 처분에 관한 신뢰이익을 원용할 수 없음은 물론 행정청이 이를 고려하지 아니하였더라도 재량권의 남용이 되지 아니한다**(2014.11.27. 2013두16111).

③ ○ 도시계획시설사업자 지정처분이 무효: 후행 실시계획 인가처분도 무효
도시계획시설사업의 시행자가 작성한 실시계획을 인가하는 처분은 도시계획시설사업 시행자에게 도시계획시설사업의 공사를 허가하고 수용권을 부여하는 처분으로서 **선행처분인 도시계획시설사업 시행자 지정처분**이 처분 요건을 충족하지 못하여 **당연무효**인 경우에는 사업시행자 지정처분이 유효함을 전제로 이루어진 **후행처분인 실시계획 인가처분도 무효**라고 보아야 한다(2017.7.11. 2016두35120).

④ ○ 시정요구하면서 부여한 기간이 단기간이라는 이유만으로 위법✗
관할청이 시정을 요구하면서 부여한 기간이 너무 불합리하거나 부당하지 않는 한 단기간이라는 이유만으로 그 시정요구가 위법하다고 볼 수는 없다(2007.7.19. 2006두19297 전합).

선지선택비율 ① 7.18% ② 81.90% ③ 4.81% ④ 6.11%   오답률 18.10%

선지분석 & 요플·기풀기링크

선지	THEME	요플	기풀기
①	T30 하자의 승계	26	026
②	T31 VA의 취소·철회·실효	24	018
③	T30 하자의 승계	24	024
④	T48 새로운 확보수단	05	003

정답 ②
OX 1 ○ 2 ○

04

행정행위의 하자의 승계에 관한 설명으로 옳지 않은 것은? (다툼이 있으면 판례에 따름) 16교행9

① 대집행계고처분과 대집행영장발부통보처분 사이에는 하자의 승계가 인정된다.
② 광고물에 대한 자진철거명령과 대집행영장발부통보처분 사이에는 하자의 승계가 부정된다.
③ 하자의 승계가 인정되기 위해서는 선행행위와 후행행위에 모두 불가쟁력이 발생한 경우이어야 한다.
④ 하자의 승계가 인정되기 위해서는 선행행위와 후행행위가 모두 항고소송의 대상이 되는 처분이어야 한다.

관련 OX

① 관련
1 대집행에 있어서 선행처분인 계고처분이 하자가 있는 위법한 처분이라면 후행처분인 대집행영장발부통보처분의 취소를 청구하는 소송에서 청구원인으로 선행처분인 계고처분이 위법한 것이기 때문에 그 계고처분을 전제로 행하여진 대집행영장발부통보처분도 위법한 것이라는 주장을 할 수 있다. 17(2)경행

② 관련
2
철거명령과 대집행 절차를 이루는 행위는 별개의 법적 효과를 가져오는 행위이므로 철거명령의 흠은 대집행 절차를 이루는 각 행위에 승계되지 아니한다. 13지방7

④ 관련
3 선행행위도 행정행위이고 후행행위도 행정행위이면서 그 행위들이 연속하여 단계적으로 행하여지는 경우에 흠의 승계가 문제된다. 09국회9

선지분석 & 요플·기풀기링크

선지	THEME	요플	기풀기
①		41	043
②	T30 하자의 승계	35	036
③		29	030
④		17	017

해설

① ○ **계고처분 / 대집행영장발부통보처분: 하자승계 인정**
대집행의 계고, 대집행영장에 의한 통지, 대집행의 실행, 대집행에 요한 비용의 납부명령 등은 타인이 대신하여 행할 수 있는 행정의무의 이행을 의무자의 비용부담하에 확보하고자 하는, 동일한 행정목적을 달성하기 위하여 단계적인 일련의 절차로 연속하여 행하여지는 것으로서, 서로 결합하여 하나의 법률효과를 발생시키는 것이다. 선행처분인 계고처분이 위법한 것이기 때문에 그 계고처분을 전제로 행하여진 대집행영장발부통보처분도 위법한 것이라는 주장을 할 수 있다(1996.2.9. 95누12507).

+ **PLUS** 대집행절차를 이루는 각 행위들(계고, 영장에 의한 통지, 실행, 비용납부명령)은 하나의 법적 효과를 목적으로 하는 것으로 하자의 승계가 인정된다.

② ○ **철거명령 / 대집행: 승계 부정**
건물〈철거명령〉이 당연무효가 아닌 이상 행정심판이나 소송을 제기하여 그 위법함을 소구하는 절차를 거치지 아니하였다면 위 선행행위인 건물철거명령은 적법한 것으로 확정되었다고 할 것이므로 후행행위인 〈대집행계고처분〉에서는 그 건물이 무허가건물이 아닌 적법한 건축물이라는 주장이나 그러한 사실인정을 하지 못한다(1998.9.8. 97누20502).

+ **PLUS** 공법상 의무부과와 그 의무불이행에 대한 강제집행은 별개 법적 효과를 발생시키는 것이므로 하자승계가 부정된다. 따라서 의무부과에 해당하는 철거명령과, 강제집행에 해당하는 대집행(계고, 영장통보, 실행, 비용납부명령) 간에는 하자가 승계되지 않는다. 위 관련판례는 건물철거명령과 계고처분의 하자의 승계를 부정한 판례이나, 건물철거명령과 대집행영장발부통보처분의 경우도 마찬가지이다.

③ ✕, ④ ○ 하자승계는 ① 선행행위·후행행위 모두 처분성이 인정될 것, ② 선행행위에 취소사유가 있고 불가쟁력이 발생할 것, ③ 후행행위는 적법하고 불가쟁력이 발생하지 않았을 것을③ 전제조건으로 한다.

하자승계의 전제조건

	전제조건 (하자승계의 논의가 필요한 상황)	전제조건 미충족시 하자승계를 논의할 실익이 없는 이유
공통	선행도 **처분**이고④	선행이 처분이 아닌 후행의 절차에 불과하면 선행의 위법은 당연히 후행의 위법이 됨
	후행도 **처분**이어야④	후행이 처분이 아닌 경우 후행에 대한 취소소송이 성립 불가
선행 행위	(a) **취소사유 존재**	(a) 선행이 당연무효이면 어차피 후행도 당연무효
	(b) 제소기간 도과(**불가쟁력**○)	(b) 선행에 불가쟁력 발생 전이면 선행에 대해 직접 취소소송 가능
후행 행위	(c) **위법사유 없음**	(c) 후행에 독자적 위법사유가 있으면 후행취소로 목적달성 가능
	(d) 제소기간 남음(**불가쟁력**✕)③	(d) 후행에도 불가쟁력이 발생했으면 더 이상 소송이 불가능

정답 ③
OX 1○ 2○ 3○

05

쟁송제기기간이 경과한 개별공시지가결정에 기초한 양도소득세부과처분에 대하여 취소소송을 제기한 경우에 대한 설명으로 옳은 것은?   10국가7

① 양도소득세 산정의 기초가 되는 개별공시지가결정에 대하여 한 재조사청구에 따른 조정결정을 통지받고서도 더 이상 다투지 않았다 하더라도 위 개별공시지가결정의 위법을 양도소득세부과처분의 위법사유로 주장할 수 있다.
② 개별공시지가결정이 무효인 경우 양도소득세부과처분의 취소를 주장할 수 없다.
③ 당사자의 수인한도를 넘는 불이익이 강요되는 경우에는 개별공시지가결정의 위법을 양도소득세부과처분의 위법사유로 주장할 수 있다는 것이 판례의 입장이다.
④ 개별공시지가결정과 양도소득세부과처분은 서로 결합하여 하나의 효과를 완성하는 처분이라고 보는 것이 판례의 입장이다.

관련 OX

① 관련

1 개별공시지가 결정에 대한 재조사청구에 따른 감액조정에 대하여 더 이상 불복하지 아니한 경우에는 선행처분의 불가쟁력이나 구속력이 수인한도를 넘는 가혹한 것이거나 예측불가능하다고 볼 수 없어 이를 기초로 한 양도소득세부과처분 취소소송에서 다시 개별공시지가결정의 위법을 당해 과세처분의 위법사유로 주장할 수 없다.   17(하)국가9

③ 관련

2 위법한 개별공시지가결정에 대하여 그 정해진 시정절차를 통하여 시정하도록 요구하지 아니하였다는 이유로 위법한 개별공시지가를 기초로 한 과세처분 등 후행행정처분에서 개별공시지가결정의 위법을 주장할 수 없도록 하는 것은 수인한도를 넘는 불이익을 강요하는 것이다.   18서울9

해설

① ✕ 이미 개별공시지가결정에 대해 재조사청구를 하여 그 결과에 불복하지 않았던 경우라면 → 개별공시지가결정과 과세처분 간 승계 부정
개별토지가격결정에 대한 재조사청구에 따른 감액조정에 대하여 더 이상 불복하지 아니한 경우, 이를 기초로 한 양도소득세부과처분 취소소송에서 다시 개별토지가격결정의 위법을 당해 과세처분의 위법사유로 주장할 수 없다(1998.3.13. 96누6059).
+ PLUS 개별공시지가결정과 과세처분은 별개의 법적 효과를 가져오는 관계에 있으나, 개별공시지가결정의 특성상(개별고지✕, 유·불리 예측 어려움) 하자승계 부정시 수인한도를 넘게 된다고 보아 하자승계를 인정한다. 개별공시지가결정과 부담금부과처분 역시 같은 이유로 하자의 승계가 인정된다. 다만, 이미 개별공시지가결정에 대해 국민 스스로 다투고(재조사청구) 더 불복하지 않은 별도의 사정이 있다면 하자의 승계를 부정한다. 이때는 국민 스스로 불복하지 않고 수인하기로 한 것이므로 하자의 승계를 인정해 또다시 다툼을 벌일 수 있게 해줄 필요가 없기 때문이다.

② ✕ 선행행위가 무효인 경우 당연히 하자가 승계되므로 후행행위인 양도소득세부과처분의 취소를 주장할 수 있다.
+ PLUS 아래에서 보듯, 개별공시지가결정과 과세처분 사이에는 본래부터도 하자의 승계가 인정되는 관계이다. 따라서 지문과 같이 선행행위가 무효인 경우는 물론, 선행행위가 취소사유에 불과해도 하자가 승계된다.

• 개별공시지가결정에 위법: 후행 과세처분도 위법
개별공시지가결정에 위법이 있는 경우에는 이를 기초로 한 과세처분의 취소를 구하는 행정소송에서도 선행처분인 개별공시지가결정의 위법을 독립된 위법사유로 주장할 수 있다(1994.1.25. 93누8542).

선지분석 & 요플·기풀기링크

선지	THEME	요플	기풀기
①		59	064
②	T30 하자의 승계	27	027
③		55	060
④		54	059

③ ○, ④ × 개별공시지가결정 / 과세처분: 하자승계 긍정(별개의 법적 효과를 가져오는 관계에 있으나,④ 불이익에 대한 예측가능성과 승계 부정시 수인한도 넘는 불이익이 있으므로 과세처분 취소소송에서 개별공시지가결정의 위법을 주장 가능③)

〈개별공시지가결정〉은 이를 기초로 한 〈과세처분〉 등과는 별개의 독립된 처분으로서 서로 독립하여 **별개의 법률효과**를 목적으로 하는 것이나,④ 개별공시지가는 이를 토지소유자나 이해관계인에게 개별적으로 고지하도록 되어 있는 것이 아니어서 토지소유자 등이 개별공시지가결정 내용을 알고 있었다고 전제하기도 곤란할 뿐만 아니라 결정된 개별공시지가가 자신에게 유리하게 작용될 것인지 또는 불이익하게 작용될 것인지 여부를 쉽사리 예견할 수 있는 것도 아니며, 더욱이 장차 어떠한 과세처분 등 구체적인 불이익이 현실적으로 나타나게 되었을 경우에 비로소 권리구제의 길을 찾는 것이 우리 국민의 권리의식임을 감안하여 볼 때 토지소유자 등으로 하여금 결정된 개별공시지가를 기초로 하여 장차 과세처분 등이 이루어질 것에 대비하여 항상 토지의 가격을 주시하고 개별공시지가결정이 잘못된 경우 정해진 시정절차를 통하여 이를 시정하도록 요구하는 것은 부당하게 높은 주의의무를 지우는 것이라고 아니할 수 없고, 위법한 개별공시지가결정에 대하여 그 정해진 시정절차를 통하여 시정하도록 요구하지 아니하였다는 이유로 위법한 개별공시지가를 기초로 한 과세처분 등 후행 행정처분에서 개별공시지가결정의 위법을 주장할 수 없도록 하는 것은 **수인한도를 넘는 불이익을 강요**하는 것으로서 국민의 재산권과 재판받을 권리를 보장한 헌법의 이념에도 부합하는 것이 아니라고 할 것이므로, 개별공시지가결정에 위법이 있는 경우에는 그 자체를 행정소송의 대상이 되는 행정처분으로 보아 그 위법 여부를 다툴 수 있음은 물론 이를 기초로 한 과세처분 등 행정처분의 취소를 구하는 행정소송에서도 선행처분인 개별공시지가결정의 위법을 독립된 위법사유로 주장할 수 있다[3] (1994.1.25. 93누8542).

정답 ③
OX 1○ 2○

필수문제 06

행정행위의 하자의 승계에 대한 설명으로 가장 적절하지 않은 것은? (다툼이 있는 경우 판례에 의함)

17(2)경행

① 구 「경찰공무원법」 제50조 제1항에 의해 선행된 직위해제처분의 위법사유를 들어 동법 제50조 제3항에 의한 후행 면직처분의 효력을 다툴 수 없다.

② 대집행에 있어서 선행처분인 계고처분이 하자가 있는 위법한 처분이라면 후행처분인 대집행영장발부통보처분의 취소를 청구하는 소송에서 청구원인으로 선행처분인 계고처분이 위법한 것이기 때문에 그 계고처분을 전제로 행하여진 대집행영장발부통보처분도 위법한 것이라는 주장을 할 수 있다.

③ 하자의 승계문제는 선행 행정행위에 하자가 존재하고, 그 하자가 무효가 아닌 취소사유인 경우에 문제가 되는 것이다.

④ 수용보상금의 증액을 구하는 소송에서, 선행처분으로서 그 수용대상토지 가격 산정의 기초가 된 비교표준지공시지가결정의 위법을 독립한 사유로 주장할 수 없다.

관련 OX

③ 관련

1 선행 행정행위가 무효인 경우에는 후행 행정행위도 당연히 무효이므로 하자의 승계문제가 제기되지 않는다.
24소방승진

2 선행행위의 흠이 후행행위에 승계되는가의 문제는 무효인 행정행위에만 해당하고, 선행행위가 취소할 수 있는 행정행위와는 무관하다.
10지방7

④ 관련

3 수용보상금의 증액을 구하는 소송에서는 선행처분으로서 그 수용대상 토지 가격 산정의 기초가 된 비교표준지공시지가결정의 위법을 독립된 사유로 주장할 수 없다.
24국가7

해설

① ○ **직위해제 / 면직처분: 하자승계 부정**
구 경찰공무원법 제50조 제1항에 의한 〈직위해제처분〉과 같은 제3항에 의한 〈면직처분〉은 후자가 전자의 처분을 전제로 한 것이기는 하나 각각 단계적으로 **별개의 법률효과**를 발생하는 행정처분이어서 선행직위해제처분의 위법사유가 면직처분에는 **승계되지 아니한다** 할 것이므로 선행된 직위해제처분의 위법사유를 들어 면직처분의 효력을 다툴 수는 없다(1984.9.11. 84누191).

② ○ **계고처분 / 대집행영장발부통보처분: 하자승계 인정**
대집행의 계고, 대집행영장에 의한 통지, 대집행의 실행, 대집행에 요한 비용의 납부명령 등은 타인이 대신하여 행할 수 있는 행정의무의 이행을 의무자의 비용부담하에 확보하고자 하는, 동일한 행정목적을 달성하기 위하여 단계적인 일련의 절차로 연속하여 행하여지는 것으로서, 서로 결합하여 하나의 법률효과를 발생시키는 것이다. 선행처분인 **계고처분이 위법한 것이기** 때문에 그 계고처분을 전제로 행하여진 **대집행영장발부통보처분도 위법한 것**이라는 주장을 할 수 있다(1996.2.9. 95누12507).

+ PLUS 대집행절차를 이루는 각 행위들(계고, 영장에 의한 통지, 실행, 비용납부명령)은 하나의 법적 효과를 목적으로 하는 것으로 하자의 승계가 인정된다.

③ ○ 하자의 승계는 선행행위에 취소사유가 있을 때를 전제로 그 인정 여부 및 인정범위에 대한 논의가 시작되는 것이고, 선행행위가 무효인 경우에는 어차피 후행행위도 무효가 되는바 논의의 실익이 없다.

하자의 승계이론이 논의되는 상황(전제조건)
• 선행 – 취소사유는 있으나 제소기간 지나 취소소송을 못함: 처분 + 취소사유○ + 불가쟁력○
• 후행 – 제소기간이 남아 취소소송은 할 수 있으나 취소사유가 없음: 처분 + 위법사유× + 불가쟁력×
⇨ 선행행위의 취소사유를 후행행위에 승계시켜 후행행위의 취소사유로 쓰게 함

④ × **표준공시지가결정 / 수용재결(보상금 결정): 하자승계 인정**
표준지공시지가결정은 이를 기초로 한 수용재결 등과는 별개의 독립된 처분으로서 서로 독립하여 **별개의 법률효과**를 목적으로 하지만, … 위법한 표준지공시지가를 기초로 한 수용재결 등 후행 행정처분에서 표준지공시지가결정의 위법을 주장할 수 없도록 하는 것은 수인한도를 넘는 불이익을 강요하는 것으로서 … 표준지공시지가결정이 위법한 경우에는 … 수용보상금의 증액을 구하는 소송에서도 선행처분으로서 그 수용대상 토지 가격 산정의 기초가 된 비교표준지공시지가결정의 위법을 독립한 사유로 주장할 수 있다(2008.8.21. 2007두13845).

선지분석 & 요플·기풀기링크

선지	THEME	요플	기풀기
①		69	067
②	T30 하자의 승계	41	043
③		18	019
④		53	058

정답 ④
OX 1○ 2× 3×

07

행정행위의 하자의 승계에 대한 설명으로 옳지 않은 것은? (다툼이 있는 경우 판례에 의함)

18국가9

① 「도시 및 주거환경정비법」상 사업시행계획에 관한 취소사유인 하자는 관리처분계획에 승계되지 않는다.
② 「행정대집행법」상 선행처분인 계고처분의 하자는 대집행영장발부통보처분에 승계된다.
③ 「국토의 계획 및 이용에 관한 법률」상 도시·군계획시설결정과 실시계획인가는 동일한 법률효과를 목적으로 하는 것이므로 선행처분인 도시·군계획시설결정의 하자는 실시계획인가에 승계된다.
④ 구 「부동산 가격공시 및 감정평가에 관한 법률」상 선행처분인 표준지공시지가의 결정에 하자가 있는 경우에 그 하자는 보상금 산정을 위한 수용재결에 승계된다.

관련 OX

② 관련
1. 대집행에 있어서 선행처분인 계고처분이 하자가 있는 위법한 처분이라면 후행처분인 대집행영장발부통보처분의 취소를 청구하는 소송에서 청구원인으로 선행처분인 계고처분이 위법한 것이기 때문에 그 계고처분을 전제로 행하여진 대집행영장발부통보처분도 위법한 것이라는 주장을 할 수 있다. 17(2)경행

③ 관련
2. 도시·군계획시설결정과 실시계획인가는 별도의 요건과 절차에 따라 별개의 법률효과를 발생시키는 독립적인 행정처분이므로 선행처분인 도시·군계획시설결정에 하자가 있더라도 그것이 당연무효가 아닌 한 원칙적으로 후행처분인 실시계획인가에 승계되지 않는다. 24국가7

해설

① ○ 사업시행계획 / 관리처분계획: 승계 부정
정기총회에서 사업시행계획수립에 조합원 3분의 2 이상의 동의를 얻지 못한 하자가 있다고 하더라도 그 하자가 객관적으로 명백하다고 보기 어려워 무효사유가 아니라 취소사유에 불과하고, **사업시행계획에 관한 취소사유인 하자는 관리처분계획에 승계되지 아니**하여 그 하자를 들어 관리처분계획의 적법 여부를 다툴 수 없다(2012.8.23. 2010두13463).

② ○ 대집행절차를 이루는 각 행위들은(계고, 영장에 의한 통지, 실행, 비용납부명령) 하나의 법적 효과를 목적으로 하는 것으로 하자의 승계가 인정된다. 따라서 선행 계고처분의 하자로 후행 **영장발부통보처분이 위법하다는 주장도 가능**하고, 선행 계고처분의 하자로 후행 **비용납부명령이 위법한 것**이라는 주장도 가능하다.

• 계고처분 / 대집행영장발부통보처분: 승계 인정
선행처분인 계고처분이 위법한 것이기 때문에 그 계고처분을 전제로 행하여진 대집행영장발부통보처분도 위법한 것이라는 주장을 할 수 있다(1996.2.9. 95누12507).

③ × 도시군계획(시설)결정 / 실시계획인가: 승계 부정
〈도시·군계획시설결정〉과 〈실시계획인가〉는 도시·군계획시설사업을 위하여 이루어지는 단계적 행정절차에서 별도의 요건과 절차에 따라 **별개의 법률효과를 발생시키는 독립적인 행정처분이다**. 그러므로 선행처분인 도시·군계획시설결정에 하자가 있더라도 그것이 당연무효가 아닌 한 원칙적으로 후행처분인 실시계획인가에 **승계되지 않는다**(2017.7.18. 2016두49938).

④ ○ 표준공시지가결정 / 수용재결(보상금 결정): 승계 인정
〈표준지공시지가결정〉은 이를 기초로 한 〈수용재결〉 등과는 별개의 독립된 처분으로서 서로 독립하여 별개의 법률효과를 목적으로 하지만, … 위법한 표준지공시지가를 기초로 한 수용재결 등 후행 행정처분에서 표준지공시지가결정의 위법을 주장할 수 없도록 하는 것은 **수인한도를 넘는 불이익을 강요**하는 것으로서 … 표준지공시지가결정이 위법한 경우에는 그 자체를 행정소송의 대상이 되는 행정처분으로 보아 그 위법 여부를 다툴 수 있음은 물론, 수용보상금의 증액을 구하는 소송에서도 선행처분으로서 그 수용대상 토지 가격 산정의 기초가 된 비교표준지공시지가결정의 위법을 독립한 사유로 주장할 수 있다(2008.8.21. 2007두13845).

+ PLUS 표준공시지가결정과 수용재결은 별개의 법적 효과를 가져오는 관계에 있으나, 표준공시지가결정의 특성상(개별 고지×, 기준 표준지 알 수 없음) 하자승계 부정시 국민의 **수인한도를 넘게 된다**고 보아 하자의 승계를 인정한다. 따라서 수용보상금액을 구하는 소송에서 선행처분인 비교표준공시지가결정의 위법을 주장할 수 있다.

선지분석 & 요플·기풀기링크

선지	THEME	요플	기풀기
①		43	045
②	T30 하자의 승계	41	043
③		50	050
④		52	057

정답 ③

OX 1○ 2○

08

행정행위의 하자승계에 대한 설명으로 가장 옳지 않은 것은? (다툼이 있는 경우 판례를 따름)

18서울9

① 위법한 개별공시지가결정에 대하여 그 정해진 시정절차를 통하여 시정하도록 요구하지 아니하였다는 이유로 위법한 개별공시지가를 기초로 한 과세처분 등 후행 행정처분에서 개별공시지가결정의 위법을 주장할 수 없도록 하는 것은 수인한도를 넘는 불이익을 강요하는 것이다.
② 사업시행계획과 관리처분계획은 서로 독립하여 별개의 법적 효과를 발생시키는 것으로서 사업시행계획의 수립에 관한 취소사유인 하자가 관리처분계획에 승계되지 아니한다.
③ 대집행의 계고, 대집행영장에 의한 통지, 대집행의 실행, 대집행비용의 납부명령은 동일한 행정목적을 달성하기 위하여 일련의 절차로 연속하여 행하여지는 것으로서, 서로 결합하여 하나의 법률효과를 발생시키는 것이다.
④ 선행처분과 후행처분이 서로 독립하여 별개의 법률효과를 목적으로 하는 경우에 선행처분이 당연무효의 하자가 있다는 이유로 후행처분의 효력을 다툴 수 없다.

관련 OX

① 관련

1 (쟁송제기 기간이 경과한 개별공시지가결정에 기초한 양도소득세부과처분에 대하여 취소소송을 제기한 경우) 당사자의 수인한도를 넘는 불이익이 강요되는 경우에는 개별공시지가결정의 위법을 양도소득세부과처분의 위법사유로 주장할 수 있다는 것이 판례의 입장이다.

10국가7

② 관련

2 「도시 및 주거환경정비법」상 사업시행계획에 관한 취소사유인 하자는 관리처분계획에 승계되지 않는다. 18국가9

해설

① ○ 개별공시지가결정과 과세처분: 승계 인정(별개의 법적 효과를 가져오는 관계에 있으나, 불이익에 대한 예측가능성과 승계 부정시 수인한도 넘는 불이익이 있으므로)

개별공시지가결정은 이를 기초로 한 과세처분 등과는 별개의 독립된 처분으로서 서로 독립하여 별개의 법률효과를 목적으로 하는 것이나, 결정된 개별공시지가가 자신에게 유리하게 작용될 것인지 또는 불이익하게 작용될 것인지 여부를 쉽사리 예견할 수 있는 것도 아니고, 위법한 개별공시지가결정에 대하여 그 정해진 시정절차를 통하여 시정하도록 요구하지 아니하였다는 이유로 위법한 개별공시지가를 기초로 한 과세처분 등 후행 행정처분에서 개별공시지가결정의 위법을 주장할 수 없도록 하는 것은 수인한도를 넘는 불이익을 강요하는 것이므로, 개별공시지가결정에 위법이 있는 경우에는 그 자체를 행정소송의 대상이 되는 행정처분으로 보아 그 위법 여부를 다툴 수 있음은 물론 이를 기초로 한 과세처분 등 행정처분의 취소를 구하는 행정소송에서도 선행처분인 개별공시지가결정의 위법을 독립된 위법사유로 주장할 수 있다(1994.1.25. 93누8542).

② ○ 사업시행계획 / 관리처분계획: 승계 부정

정기총회에서 사업시행계획수립에 조합원 3분의 2 이상의 동의를 얻지 못한 하자가 있다고 하더라도 그 하자가 객관적으로 명백하다고 보기 어려워 무효사유가 아니라 취소사유에 불과하고, **사업시행계획과 관리처분계획은 서로 독립하여 별개의 법적 효과를 발생시키는 것으로서** 이 사건 사업시행계획의 수립에 관한 취소사유인 하자가 이 사건 관리처분계획에 승계되지 아니하므로, 위 취소사유를 들어 이 사건 관리처분계획의 적법 여부를 다툴 수는 없다(2012.8.23. 2010두13463).

선지분석 & 요플·기풀기링크

선지	THEME	요플	기풀기
①		55	060
②	T30 하자의 승계	43	045
③		40	042
④		19	018

③ ○ 대집행절차인 계고 / 통지 / 실행 / 비용납부명령: 승계 인정(하나의 법적 효과)
　대집행의 **계고**, 대집행영장에 의한 **통지**, 대집행의 **실행**, 대집행에 요한 **비용의 납부명령** 등은 타인이 대신하여 행할 수 있는 행정의무의 이행을 의무자의 비용부담하에 확보하고자 하는, 동일한 행정목적을 달성하기 위하여 단계적인 일련의 절차로 연속하여 행하여지는 것으로서, 서로 **결합하여 하나의 법률효과**를 발생시키는 것이다. 선행처분인 계고처분이 위법한 것이기 때문에 그 계고처분을 전제로 행하여진 대집행영장발부통보처분도 위법한 것이라는 주장을 할 수 있다(1996.2.9. 95누12507).
　✚ PLUS 대집행절차를 이루는 각 행위들(계고, 영장에 의한 통지, 실행, 비용납부명령)은 하나의 법적 효과를 목적으로 하는 것으로 **하자의 승계가 인정된다**.

④ ✕ 선행행위가 당연무효: 하자승계○
　선행처분과 후행처분이 서로 독립하여 별개의 법률효과를 목적으로 하는 때에는 선행처분의 하자가 중대하고 명백하여 **당연무효인 경우를 제외**하고는 선행처분의 하자를 이유로 후행처분의 효력을 다툴 수 없다(1996.3.22. 95누10075).
　✚ PLUS 하나의 법률효과를 목적으로 하는 경우는 물론, **별개**의 **법률효과**를 목적으로 하는 경우에도 선행행위의 무효를 들어 후행행위의 효력을 다툴 수 있다.

정답 ④
OX 1○ 2○

09

행정처분의 하자에 대한 설명으로 옳은 것은? (다툼이 있는 경우 판례에 의함) 19국회8

① 과세관청의 소득처분과 그에 따른 소득금액변동통지가 있는 경우 원천징수하는 소득세의 납세의무에 관하여는 이를 확정하는 소득금액변동통지에 대한 항고소송에서 다투어야 하고 소득금액변동통지가 취소사유에 불과한 경우 징수처분에 대한 항고소송에서 이를 다툴 수는 없다.

② 토지구획정리사업 시행 후 시행인가처분의 하자가 취소사유에 불과하더라도 사업 시행 후 시행인가처분의 하자를 이유로 환지청산금 부과처분의 효력을 다툴 수 있다.

③ 선행처분인 국제항공노선 운수권 배분 실효처분 및 노선면허거부처분에 대하여 이미 불가쟁력이 생겨 그 효력을 다툴 수 없게 되었더라도 후행처분인 노선면허처분을 다투는 단계에서 선행처분의 하자를 다툴 수 있다.

④ 선행처분인 개별공시지가결정이 위법하여 그에 기초한 개방부담금 부과처분도 위법하게 되었지만 그 후 적법한 절차를 거쳐 공시된 개별공시지가결정이 종전의 위법한 공시지가결정과 그 내용이 동일하다면 위법한 개별공시지가결정에 기초한 개발부담금 부과처분은 적법하게 된다.

⑤ 선행처분인 계고처분이 하자가 있는 위법한 처분이라도 당연무효의 처분이 아니라면 후행처분인 대집행비용납부명령의 취소를 청구하는 소송에서 그 계고처분을 전제로 행하여진 대집행비용납부명령도 위법한 것이라는 주장을 할 수는 없다.

④ ✕ 위법한 개별공시지가결정에 기초한 개발부담금 부과처분 but 적법한 절차를 다시 거쳐 동일 금액으로 재공시되면 치유되는지 → 치유✕(치유 허용시 납부의무자에게 가산금 등 불이익 발생)

선행처분인 개별공시지가결정이 위법하여 그에 기초한 개발부담금 부과처분도 위법하게 된 경우 그 하자의 치유를 인정하면 개발부담금 납부의무자로서는 위법한 처분에 대한 가산금 납부의무를 부담하게 되는 등 불이익이 있을 수 있으므로, 그 후 적법한 절차를 거쳐 공시된 개별공시지가결정이 종전의 위법한 공시지가결정과 그 내용이 동일하다는 사정만으로는 위법한 개별공시지가결정에 기초한 개발부담금 부과처분이 적법하게 된다고 볼 수 없다(2001.6.26. 99두11592).

⑤ ✕ 계고처분 / 대집행영장발부통보처분: 하자승계 인정

대집행의 계고, 대집행영장에 의한 통지, 대집행의 실행, 대집행에 요한 비용의 납부명령 등은 타인이 대신하여 행할 수 있는 행정의무의 이행을 의무자의 비용부담하에 확보하고자 하는, 동일한 행정목적을 달성하기 위하여 단계적인 일련의 절차로 연속하여 행하여지는 것으로서, 서로 결합하여 하나의 법률효과를 발생시키는 것이다. 선행처분인 계고처분이 위법한 것이기 때문에 그 계고처분을 전제로 행하여진 대집행영장발부통보처분도 위법한 것이라는 주장을 할 수 있다(1996.2.9. 95누12507).

필수문제 10

판례가 행정행위의 하자의 승계를 인정한 것을 모두 고른 것은?

17(2)서울9

- ㄱ. 행정대집행에서의 계고와 대집행영장의 통지
- ㄴ. 안경사시험합격취소처분과 안경사면허취소처분
- ㄷ. 개별공시지가결정과 과세처분
- ㄹ. 「일제강점하 반민족행위 진상규명에 관한 특별법」에 따른 친일반민족행위자 결정과 「독립유공자 예우에 관한 법률」에 의한 법적용 배제결정
- ㅁ. 공무원의 직위해제처분과 면직처분
- ㅂ. 건물철거명령과 대집행계고처분
- ㅅ. 과세처분과 체납처분

① ㄱ, ㄴ, ㄷ, ㄹ
② ㄱ, ㄷ, ㄹ, ㅅ
③ ㄱ, ㄹ, ㅁ, ㅅ
④ ㄴ, ㄷ, ㄹ, ㅁ

관련 OX

ㄷ. 관련

1 甲은 과세처분의 위법성이 인정되지 않더라도 과세처분 취소소송에서 개별공시지가결정의 위법을 독립된 위법사유로 주장할 수 있다. 21국가9

ㄹ. 관련

2 친일반민족행위자결정과 독립유공자 예우의 법적용 대상으로부터의 배제결정 (간에는 하자의 승계가 인정된다) 24해경간부

해설

ㄱ. (인정) 계고처분 / 대집행영장발부통보처분: 승계 인정

대집행의 계고, 대집행영장에 의한 통지, 대집행의 실행, 대집행에 요한 비용의 납부명령 등은 타인이 대신하여 행할 수 있는 행정의무의 이행을 의무자의 비용부담하에 확보하고자 하는, 동일한 행정목적을 달성하기 위하여 단계적인 일련의 절차로 연속하여 행하여지는 것으로서, 서로 결합하여 하나의 법률효과를 발생시키는 것이다. 선행처분인 〈계고처분〉이 위법한 것이기 때문에 그 계고처분을 전제로 행하여진 〈대집행영장발부통보처분〉도 위법한 것이라는 주장을 할 수 있다(1996.2.9. 95누12507).

+ PLUS 대집행절차를 이루는 각 행위들(계고, 영장에 의한 통지, 실행, 비용납부명령)은 하나의 법적 효과를 목적으로 하는 것으로 하자의 승계가 인정된다.

ㄴ. (인정) 안경사시험합격취소 / 면허취소: 승계 인정

안경사 국가시험의 합격을 무효로 하는 처분을 함에 따라 보건사회부장관이 안경사면허를 취소하는 처분을 한 경우 〈합격무효처분(편저자: 안경사시험합격취소처분)〉과 〈면허취소처분〉은 동일한 행정목적을 달성하기 위하여 단계적인 일련의 절차로 연속하여 행하여지는 행정처분으로서, 안경사 국가시험에 합격한 자에게 주었던 안경사면허를 박탈한다는 하나의 법률효과를 발생시키기 위하여 서로 결합된 선행처분과 후행처분의 관계에 있다(1993.2.9. 92누4567).

ㄷ. (인정) 개별공시지가결정 / 과세처분: 승계 인정

〈개별공시지가결정〉에 위법이 있는 경우에는 이를 기초로 한 〈과세처분〉의 취소를 구하는 행정소송에서도 선행처분인 개별공시지가결정의 위법을 독립된 위법사유로 주장할 수 있다(1994.1.25. 93누8542).

+ PLUS 개별공시지가결정과 이에 기초한 과세처분은 서로 독립하여 별개의 법률효과를 목적으로 하는 처분이지만 예외적으로 하자의 승계가 인정됨

선지분석 & 요플·기풀기링크

선지	THEME	요플	기풀기
ㄱ		41	043
ㄴ		67	077
ㄷ		57	062
ㄹ	T30 하자의 승계	64	079
ㅁ		69	067
ㅂ		34	035
ㅅ		37	038

ㄹ. (인정) 친일반민족행위자결정 / 독립유공자법 적용배제자 결정: 승계 인정
甲을 〈친일반민족행위자로 결정〉한 친일반민족행위진상규명위원회의 최종발표(선행처분)에 따라 지방보훈지청장이 「독립유공자예우에 관한 법률」(이하 '독립유공자법') 적용대상자로 보상금 등의 예우를 받던 甲의 유가족 乙 등에 대하여 〈독립유공자법 적용배제자 결정〉(후행처분)을 한 사안에서, … 선행처분의 하자를 이유로 후행처분의 효력을 다툴 수 없게 하는 것은 乙에게 수인한도를 넘는 불이익을 주고 그 결과가 乙에게 예측가능한 것이라고 할 수 없어 선행처분의 후행처분에 대한 구속력을 인정할 수 없으므로 선행처분의 위법을 이유로 후행처분의 효력을 다툴 수 있다(2013.3.14. 2012두6964).

+ PLUS 선행처분인 친일반민족행위자결정과 후행처분인 유가족에 대한 독립유공자법 적용배제결정은 별개의 법적 효과를 발생시키는 경우로 원칙적 기준에 의하면 하자승계가 인정될 수 없다. 그러나 선행처분의 특성상(유가족에 통지×, 선행처분을 독립된 처분으로 생각하기 어려움) 하자승계를 부정하는 것은 수인가능성과 예측가능성이 없어 예외적 기준에 따라 하자승계를 인정한다.

▷TIP

별개의 법적 효과 but 승계 긍정 **독일수표세개**
① **친일**반민족행위자결정 / **독**립유공자법 적용배제결정
② **표**준지공시지가결정 / **수**용재결(보상금액)
③ **개**별공시지가결정 / 과**세**처분

ㅁ. (부정) 직위해제 / 면직처분: 승계 부정
구 경찰공무원법 제50조 제1항에 의한 〈직위해제처분〉과 같은 제3항에 의한 〈면직처분〉은 후자가 전자의 처분을 전제로 한 것이기는 하나 각각 단계적으로 별개의 법률효과를 발생하는 행정처분이어서 선행직위해제처분의 위법사유가 면직처분에는 승계되지 아니한다 할 것이므로 선행된 직위해제처분의 위법사유를 들어 면직처분의 효력을 다툴 수는 없다(1984.9.11. 84누191).

ㅂ. (부정) 철거명령 / 대집행: 승계 부정
건물 〈철거명령〉이 당연무효가 아닌 이상 행정심판이나 소송을 제기하여 그 위법함을 소구하는 절차를 거치지 아니하였다면 위 선행행위인 건물철거명령은 적법한 것으로 확정되었다고 할 것이므로 후행행위인 〈대집행계고처분〉에서는 그 건물이 무허가건물이 아닌 적법한 건축물이라는 주장이나 그러한 사실인정을 하지 못한다(1998.9.8. 97누20502).

ㅅ. (부정) 과세처분 / 체납처분: 승계 부정
일정한 행정목적을 위하여 독립된 행위가 단계적으로 이루어진 경우에 선행행위인 〈과세처분〉의 하자는 당연무효사유를 제외하고는 집행행위인 〈체납처분〉에 승계되지 아니한다(1961.10.26. 4292행상73).

11 사례형

다음 사례에 관한 설명으로 옳은 것은? (다툼이 있는 경우 판례에 의함) 21국가9

> - 甲은 자신의 토지에 대한 개별공시지가결정을 통지받은 후 90일이 넘어 과세처분을 받았는데, 과세처분이 위법한 개별공시지가결정에 기초하였다는 이유로 과세처분의 취소를 구하고자 한다.
> - 甲은 토지대장에 전(田)으로 기재되어 있는 지목을 대(垈)로 변경하고자 지목변경신청을 하였다.
> - 乙은 甲의 토지가 사실은 자신 소유라고 주장하면서 토지대장상의 소유자명의변경을 신청하였으나 거부되었다.

① 甲은 과세처분이 있기 전에는 개별공시지가결정에 대해서 취소소송을 제기할 수 없다.
② 甲은 과세처분의 위법성이 인정되지 않더라도 과세처분 취소소송에서 개별공시지가결정의 위법을 독립된 위법사유로 주장할 수 있다.
③ 토지대장에 등재된 사항을 변경하는 행위는 행정사무집행의 편의와 사실증명의 자료로 삼기 위한 것이므로, 甲은 지목변경신청이 거부되더라도 이에 대하여 취소소송으로 다툴 수 없다.
④ 乙에 대한 토지대장상의 소유자명의변경신청 거부는 처분성이 인정된다.

해설

① ✕, ② ○ 개별공시지가결정은 이를 기초로 한 과세처분 등과는 별개의 독립된 처분으로서 서로 독립하여 별개의 법률효과를 목적으로 하는 것이나, 결정된 개별공시지가가 자신에게 유리하게 작용될 것인지 또는 불이익하게 작용될 것인지 여부를 쉽사리 예견할 수 있는 것도 아니고, 위법한 개별공시지가결정에 대하여 그 정해진 시정절차를 통하여 시정하도록 요구하지 아니하였다는 이유로 위법한 개별공시지가를 기초로 한 과세처분 등 후행 행정처분에서 개별공시지가결정의 위법을 주장할 수 없도록 하는 것은 수인한도를 넘는 불이익을 강요하는 것이므로, 개별공시지가결정에 위법이 있는 경우에는 그 자체를 행정소송의 대상이 되는 행정처분으로 보아 그 위법 여부를 다툴 수 있음은 물론① 이를 기초로 한 과세처분 등 행정처분의 취소를 구하는 행정소송에서도 선행처분인 개별공시지가결정의 위법을 독립된 위법사유로 주장할 수 있다② (1994.1.25. 93누8542).

+ PLUS 개별공시지가결정은 과세처분의 기준금액이 된다. 판례는 어떠한 결정은 후행처분의 기준을 정하는 중간적 결정인 경우 처분성을 부정하는 것이 보통이나 개별공시지가결정에 대해서는 처분성을 인정한다.① 나아가 개별공시지가결정과 과세처분을 독립하여 별개의 효과를 가져오는 행위로 보면서도 예견가능성과 수인가능성이 없음을 이유로 예외적으로 하자의 승계를 인정한다.②

③ ✕ 지목은 토지소유권을 제대로 행사하기 위한 전제요건으로서 토지소유자의 실체적 권리관계에 밀접하게 관련되어 있으므로 지적공부 소관청의 지목변경신청 반려행위는 국민의 권리관계에 영향을 미치는 것으로서 항고소송의 대상이 되는 행정처분에 해당한다(2004.4.22. 2003두9015 전합).

④ ✕ 토지대장에 기재된 일정한 사항을 변경하는 행위는, 그것이 지목의 변경이나 정정 등과 같이 토지소유권 행사의 전제요건으로서 토지소유자의 실체적 권리관계에 영향을 미치는 사항에 관한 것이 아닌 한 행정사무집행의 편의와 사실증명의 자료로 삼기 위한 것일 뿐이어서, 그 소유자 명의가 변경된다고 하여도 이로 인하여 당해 토지에 대한 실체상의 권리관계에 변동을 가져올 수 없고 토지소유권이 지적공부의 기재만에 의하여 증명되는 것도 아니다. 따라서 소관청이 토지대장상의 소유자명의변경신청을 거부한 행위는 이를 항고소송의 대상이 되는 행정처분이라고 할 수 없다(2012.1.12. 2010두12354).

선지선택비율 ① 18.10% ② 53.66% ③ 15.16% ④ 13.07% 오답률 46.34%

관련 OX

③ 관련

1. 지목은 토지소유권을 제대로 행사하기 위한 전제요건이므로 지적공부 소관청의 지목변경신청 반려행위는 항고소송의 대상이 되는 행정처분에 해당한다. 19지방7

④ 관련

2. 토지대장의 기재는 토지소유권을 제대로 행사하기 위한 전제요건으로서 토지소유자의 실체적 권리관계에 밀접하게 관련되어 있으므로 토지대장상의 소유자명의변경신청을 거부한 행위는 국민의 권리관계에 영향을 미치는 것이어서 항고소송의 대상이 되는 행정처분에 해당한다. 16국가9

사례분석

- 3개의 사례를 제시하고 있다. 첫 사례는 선행처분에 불가쟁력이 발생하여 다툴 수 없게 되자 후행처분이라도 다퉈보려는 **하자의 승계**사례이고, 두 번째, 세 번째 사례는 **토지대장상 각종 기재사항에 대한 변경신청이 거부**당했을 때 거부행위의 처분성 문제이다. 골고루 물어봤지만 제시문과 지문 간 연관성은 크지 못하다. 첫 사례의 '**통지받은 후 90일이 넘어**'라는 문구를 통해 "아, 선행처분인 개별공시지가결정에 불가쟁력이 발생했구나. 따라서 못 다투는구나. 할 수 없이 후행처분인 과세처분에 대해 다투는 얘기, 즉 하자의 승계가 나오겠구나."라는 점을 도출할 수 있으면 충분하다. 심지어 그나마도 도출하지 못해도 지문이 너무나 정직해 독자적 OX 문제로 풀더라도 문제가 없다.

선지분석 & 요플·기풀가링크

선지	THEME	요플	기풀기
①	T30 하자의 승계	56	061
②		57	062
③	T53 대상적격(법률관계)	173	175
④		177	178

정답 ②

OX 1 ○ 2 ✕

12

행정행위의 하자에 관한 설명으로 옳지 않은 것은? (다툼이 있는 경우 판례에 의함) 25소방

① 「병역법」상 보충역편입처분과 공익근무요원소집처분은 각각 단계적으로 별개의 법률효과를 발생하는 독립된 행정처분이 아니므로, 불가쟁력이 발생한 보충역편입처분의 위법을 이유로 공익근무요원소집처분의 효력을 다툴 수 있다.

② 행정처분의 당연무효를 선언하는 의미에서 그 취소를 구하는 행정소송을 제기하는 경우에는 전치절차와 그 제소기간의 준수 등 취소소송의 제소요건을 갖추어야 한다.

③ 선행처분인 소득금액변동통지에 하자가 존재하더라도 당연무효사유에 해당하지 않는 한 후행처분인 징수처분에 그대로 승계되지 아니한다.

④ 행정청이 구 「학교보건법」상 학교환경위생정화구역 내에서 금지행위 및 시설의 해제 여부에 관한 행정처분을 하면서 학교환경위생정화위원회의 심의를 누락한 흠이 있다면, 특별한 사정이 없는 한 이는 행정처분을 위법하게 하는 취소사유가 된다.

관련 OX

③ 관련

1 과세관청의 소득처분과 그에 따른 소득금액변동통지가 있는 경우 원천징수하는 소득세의 납세의무에 관하여는 이를 확정하는 소득금액변동통지에 대한 항고소송에서 다투어야 하고 소득금액변동통지가 취소사유에 불과한 경우 징수처분에 대한 항고소송에서 이를 다툴 수는 없다. 19국회8

④ 관련

2 구 「학교보건법」상 학교환경위생정화구역에서의 금지행위 및 시설의 해제 여부에 관한 행정처분을 함에 있어 학교환경위생정화위원회의 심의절차를 누락한 행정처분은 무효이다. 17(하)지방9

해설

① ✕ 보충역편입처분과 공익근무요원소집처분: 하자승계✕
병역법상 공익근무요원소집처분은 보충역편입처분을 전제로 하는 것이기는 하나 각각 단계적으로 별개의 법률효과를 발생하는 독립된 행정처분이라고 할 것이므로, 따라서 보충역편입처분의 기초가 되는 신체등위판정에 잘못이 있다는 이유로 이를 다투기 위하여는 신체등위판정을 기초로 한 보충역편입처분에 대하여 쟁송을 제기하여야 할 것이며, 그 처분을 다투지 아니하여 이미 불가쟁력이 생겨 그 효력을 다툴 수 없게 된 경우에는, 병역처분변경신청에 의하는 경우는 별론으로 하고, 보충역편입처분에 하자가 있다고 할지라도 그것이 당연무효라고 볼 만한 특단의 사정이 없는 한 그 위법을 이유로 공익근무요원소집처분의 효력을 다툴 수 없다(2002.12.10. 2001두5422).

② ○ 무효선언 의미의 취소소송: 허용 단, 취소소송으로서의 소송요건(전심절차, 제소기간 등) 갖춰야
행정처분의 당연무효를 선언하는 의미에서 그 취소를 구하는 행정소송을 제기한 경우에도 전심절차와 제소기간의 준수 등 취소소송의 제소요건을 갖추어야 한다(1990.12.26. 90누6279).

③ ○ 소득금액변동통지와 징수처분(납세고지): 하자승계✕
원천징수의무자인 법인이 원천징수하는 소득세의 납세의무를 이행하지 아니함에 따라 과세관청이 하는 납세고지는 확정된 세액의 납부를 명하는 징수처분에 해당하므로 선행처분인 소득금액변동통지에 하자가 존재하더라도 당연무효사유에 해당하지 않는 한 후행처분인 징수처분에 그대로 승계되지 아니한다. 따라서 과세관청의 소득처분과 그에 따른 소득금액변동통지가 있는 경우 원천징수하는 소득세의 납세의무에 관하여는 이를 확정하는 소득금액변동통지에 대한 항고소송에서 다투어야 하고, 소득금액변동통지가 당연무효가 아닌 한 징수처분에 대한 항고소송에서 이를 다툴 수는 없다(2012.1.26. 2009두14439).

④ ○ 학교환경위생정화위원회 심의누락: 취소사유
행정청이 구 학교보건법 소정의 학교환경위생정화구역 내에서 금지행위 및 시설의 해제 여부에 관한 행정처분을 함에 있어 학교환경위생정화위원회의 심의를 … 누락한 흠이 있다면 그와 같은 흠을 가리켜 위 행정처분의 효력에 아무런 영향을 주지 않는다거나 경미한 정도에 불과하다고 볼 수는 없으므로, 특별한 사정이 없는 한 이는 행정처분을 위법하게 하는 취소사유가 된다(2007.3.15. 2006두15806).

선지선택비율 ① 82.17% ② 3.55% ③ 9.03% ④ 5.25% 오답률 17.83%

선지분석 & 요플·기풀기링크

선지	THEME	요플	기풀기
①	T30 하자의 승계	68	066
②	T65 판결 기준시/종류	43	044
③	T30 하자의 승계	38	039
④	T41 절차의 하자	33	029

정답 ①

OX 1○ 2✕

13

Q 행정행위의 하자승계론에서 구속력설(규준력설)의 입장에 대한 설명으로 옳지 않은 것은?

15국가7

① 선행행위의 사실적·법적 상태가 유지되는 한도에서 선행행위의 구속력은 인정된다.
② 선행행위의 상대방과 후행행위의 상대방이 일치하는 경우에 선행행위의 구속력은 인정된다.
③ 선행행위와 후행행위의 목적 및 법효과가 동일한 경우에 선행행위의 구속력은 인정된다.
④ 선행행위의 구속력의 법적 결과를 예측할 수 없거나 수인이 불가능한 경우에 선행행위의 구속력은 인정된다.

해설

①②③ ○

④ ✕ 구속력(규준력)이란 후행 행정행위의 단계에 와서는 그 전제가 되는 선행 행정행위에 배치되는 주장을 하지 못하게 하는 선행행위의 후행행위에 대한 효력을 뜻한다. 이는 명문의 직접적 근거는 없으며, 하자의 승계이론을 대체하는 이론으로 주장되는 학설이다. 위 학설에 따르면 구속력(규준력)의 인정요건은 다음과 같다.

요건	내용
객관적 한계(물적 한계)	선행·후행행위는 동일 목적, 동일 법적 효과③
주관적 한계(인적 한계)	선행·후행행위의 상대방 일치②
시간적 한계	선행행위의 사실적·법적 상태유지①

단, 위 요건을 모두 만족하더라도 수인가능성·예측가능성 없는 경우에는 구속력 부정④

+ PLUS 아래와 같이 판례가 예측가능성, 수인가능성 등을 언급하는 것을 두고 판례가 구속력이론을 어느 정도는 받아들였다고 설명하는 경우도 있다.

• 선행처분과 후행처분이 서로 독립하여 별개의 효과를 목적으로 하는 경우에도 선행처분의 불가쟁력이나 구속력이 그로 인하여 불이익을 입게 되는 자에게 수인한도를 넘는 가혹함을 가져오며, 그 결과가 당사자에게 예측가능한 것이 아닌 경우에는 국민의 재판받을 권리를 보장하고 있는 헌법의 이념에 비추어 선행처분의 후행처분에 대한 구속력은 인정될 수 없다(1994.1.25. 93누8542).

정답 ④

14

행정행위의 하자에 관한 설명으로 옳지 않은 것은? (다툼이 있는 경우 판례에 의함) 24소방

① 하자 있는 행정행위의 치유는 행정행위의 성질이나 법치주의의 관점에서 볼 때 원칙적으로 허용될 수 없으며, 예외적으로 행정행위의 무용한 반복을 피하고 당사자의 법적 안정성을 위해 이를 허용하는 때에도 국민의 권리나 이익을 침해하지 않는 범위에서 구체적 사정에 따라 합목적적으로 인정할 필요가 있다.

② 행정처분을 한 처분청은 그 처분의 성립에 하자가 있는 경우, 이를 취소할 별도의 법적 근거가 없다고 하더라도 직권으로 이를 취소할 수 있다.

③ 징계처분이 중대하고 명백한 흠 때문에 당연무효의 것이라면 징계처분을 받은 자가 이를 용인하였다 하여 그 흠이 치유되는 것은 아니다.

④ 수도과태료의 부과처분에 대한 납세고지서의 송달이 부적법하면 그 부과처분은 효력이 발생할 수 없지만 처분의 상대방이 객관적으로 위 부과처분의 존재를 인식할 수 있었다는 사실로써 송달의 하자가 치유된다.

관련 OX

② 관련

1 「행정기본법」은 직권취소에 관한 일반적 근거 규정을 두고 있어, 개별 법률의 근거가 없더라도 직권취소가 가능하다. 23군무원7

③ 관련

2 징계처분이 중대하고 명백한 하자로 인해 당연무효의 것이라도 징계처분을 받은 원고가 이를 용인하였다면 그 하자는 치유된다. 16지방9

해설

① ○ 하자의 치유 → 원칙적 불허(법치주의) / 예외적 허용(행정의 무용한 반복을 피하고 법적 안정성을 위해 필요시) → 단, 이때에도 국민 권익 해하지 않는 범위에서만 허용 가능

하자 있는 행정행위의 치유는 행정행위의 성질이나 **법치주의의 관점에서 볼 때 원칙적으로 허용될 수 없는 것**이고 **예외적으로 행정행위의 무용한 반복을 피하고 당사자의 법적 안정성을 위해 이를 허용하는 때에도 국민의 권리나 이익을 침해하지 않는 범위에서 구체적 사정에 따라 합목적적으로 인정**하여야 할 것이다(1992.5.8. 91누13274).

+ PLUS 하자의 치유: 취소할 수 있는 행정행위에만 인정

② ○ 처분의 성립에 하자가 있는 경우: 처분청은 별도의 법적 근거가 없어도 직권취소 가능

행정처분을 한 **처분청**은 그 처분의 성립에 하자가 있는 경우 이를 취소할 **별도의 법적 근거가 없다고** 하더라도 **직권으로 이를 취소할 수 있다**(2002.5.28. 2001두9653).

③ ○ 징계처분이 무효 → 당사자가 용인해도 치유 ×

징계처분이 중대하고 명백한 흠 때문에 당연무효의 것이라면 징계처분을 받은 자가 이를 용인하였다 하여 그 흠이 치료되는 것은 아니다(1989.12.12. 88누8869).

④ × 상대가 처분의 존재를 인식할 수 있었음: 그래도 송달이 부적법해 무효인 이상 효력발생 ×

수도과태료의 부과처분에 대한 납세고지서의 송달이 부적법하면 그 부과처분은 효력이 발생할 수 없고, 또한 송달이 부적법하여 송달의 효력이 발생하지 아니하는 이상 상대방이 객관적으로 위 부과처분의 존재를 인식할 수 있었다 하더라도 그와 같은 사실로써 **송달의 하자가 치유된다고 볼 수 없다**(1988.3.22. 87누986).

선지선택비율 ① 4.61% ② 4.02% ③ 3.39% ④ 87.98% 오답률 12.02%

선지분석 & 요플·기풀기링크

선지	THEME	요플	기풀기
①	T30 하자의 승계	03	003
②	T31 VA의 취소·철회·실효	06	004
③	T30 하자의 승계	10	007
④	T26 VA의 성립과 효력	10	013

정답 ④
OX 1○ 2×

필수문제 15

행정행위의 하자의 치유에 대한 설명으로 옳은 것은? (다툼이 있는 경우 판례에 의함) 16지방9

① 처분에 하자가 있더라도 처분청이 처분 이후에 새로운 사유를 추가하였다면, 처분 당시의 하자는 치유된다.

② 징계처분이 중대하고 명백한 하자로 인해 당연무효의 것이라도 징계처분을 받은 원고가 이를 용인하였다면 그 하자는 치유된다.

③ 행정청이 청문서 도달기간을 다소 어겼다 하더라도 당사자가 이에 대하여 이의하지 아니한 채 스스로 청문일에 출석하여 방어의 기회를 충분히 가졌다면 청문서 도달기간을 준수하지 아니한 하자는 치유된다.

④ 토지소유자 등의 동의율을 충족하지 못했다는 주택재건축 정비사업조합설립인가처분 당시의 하자는 후에 토지소유자 등의 추가동의서가 제출되었다면 치유된다.

관련 OX

③ 관련

1 행정청이 청문서 도달기간을 다소 어겼다하더라도 영업자가 이에 대하여 이의하지 아니한 채 스스로 청문일에 출석하여 그 의견을 진술하고 변명하는 등 방어의 기회를 충분히 가졌다면 청문서 도달기간을 준수하지 아니한 하자는 치유된다. 16국가7

④ 관련

2 주택재건축정비사업조합설립인가처분 당시 토지소유자 등의 동의율을 충족하지 못한 하자는 소제기 이후에 추가동의서가 제출되어 동의율을 충족한다면 치유된다. 25지방9

해설

① × 처분 후 발생한 새로운 사유를 추가해 처분시의 하자를 치유: 불가
행정처분의 적법 여부는 특별한 사정이 없는 한 그 **처분 당시를 기준으로 하여 판단하여야 하고**, 처분청이 **처분 이후에 추가한 새로운 사유를 보태어 처분 당시의 흠을 치유시킬 수는 없다**(1996.12.20. 96누9799).

② × 징계처분이 무효 → 당사자가 용인해도 치유×
징계처분이 중대하고 명백한 흠 때문에 당연무효의 것이라면 징계처분을 받은 자가 이를 **용인하였다 하여 그 흠이 치료되는 것은 아니다**(1989.12.12. 88누8869).
➕ PLUS 하자의 치유는 취소할 수 있는 행위에만 인정될 뿐 무효인 행위에는 인정되지 않는다. 따라서 무효인 징계처분의 하자는 치유될 수 없고, 당사자가 용인하였더라도 마찬가지이다.

③ ○ 청문서 도달이 늦었으나 이의하지 않고 자진출석·의견진술: 하자치유됨
행정청이 청문서 도달기간을 다소 어겼다 하더라도 영업자가 이에 대하여 이의하지 아니한 채 **스스로 청문일에 출석하여 그 의견을 진술하고 변명하는 등 방어의 기회를 충분히 가졌다면 청문서 도달기간을 준수하지 아니한 하자는 치유되었다고** 봄이 상당하다(1992.10.23. 92누2844).

④ × 조합설립인가 당시 동의율 부족: 추가동의서로 치유 불가
조합설립인가처분 당시 동의율을 충족하지 못한 하자는 후에 **추가동의서가 제출되었다는 사정만으로 치유될 수 없다**(2013.7.11. 2011두27544).

선지분석 & 요플·기풀기링크

선지	THEME	요플	기풀기
①	T65 판결 기준시/종류	07	007
②	T30 하자의 승계	10	007
③	T41 절차의 하자	25	034
④	T20 정비사업	34	041

정답 ③
OX 1○ 2×

THEME 31 행정행위의 효력상실 - 취소·철회·실효

기 397-423
요 114-121

01

다음 ㉠, ㉡, ㉢에 해당하는 용어가 바르게 나열된 것은?   14서울7

> ㉠ 하자 없이 성립한 행정행위에 대해 그의 효력을 존속시킬 수 없는 새로운 사정이 발생하였음을 이유로 장래에 향하여 그의 효력을 소멸시키는 행정행위
> ㉡ 일단 유효하게 성립한 행정행위를 하자가 있음을 이유로 또는 부당함을 이유로 행정청이 그 효력을 소멸시키는 행정행위
> ㉢ 하자 없이 적법하게 성립한 행정행위가 일정한 사실의 발생에 의하여 당연히 그 효력이 소멸되는 것

	㉠	㉡	㉢		㉠	㉡	㉢
①	철회	실효	취소	②	철회	취소	실효
③	실효	취소	철회	④	실효	철회	취소
⑤	취소	실효	철회				

해설

㉠ (철회) 성립시 하자 없는 행정행위를 후발적 사유를 이유로 장래를 향해 효력을 상실시키는 것은 철회
㉡ (취소) 성립시 하자 있는 행정행위를 그 원시적 하자를 이유로 소급적으로 효력을 상실시키는 것은 취소
㉢ (실효) 유효하게 성립한 행정행위가 후발적 사유로 효력을 당연 상실하는 것은 실효

■ 취소·철회·실효의 비교

	폐지: 별도 의사표시로 효력상실		실효: 사유발생시 당연히 상실㉢
	취소㉠	철회㉡	
대상	성립시 **하자 있는** 행정행위	성립시 적법한 행정행위	유효한 행정행위
사유	**원시적** 하자(성립시 존재)	**후발적** 사유(성립 후 발생)	**후발적** 사유(성립 후 발생)
효력	소급효	장래효	장래효
성격	독립한 행위	독립한 행위	사실의 발생
행사	사유발견 + 별도의 취소 의사표시로 효력상실	사유발생 + 별도의 철회 의사표시로 효력상실	사유발생시 **당연히** 효력상실
	하자발견 + 취소의사표시 → 의사표시로 효력소멸	사유발생(ex. 철회유보사유) + 철회의사표시 → 의사표시로 효력소멸	사유발생(ex. 해제조건성취) → 바로 효력소멸
예시	**요건미달 숨기고** 영업허가받은 경우	영업허가 후 **불법영업**을 한 경우	영업허가 후 **폐업**한 경우

정답 ②

02

다음 중 행정행위의 철회에 해당하지 않은 것은?

① 허위사실기재로 인한 공무원임용취소
② 음주운전으로 인한 운전면허취소
③ 불법영업으로 인한 영업허가취소
④ 중요한 공익상 필요에 따른 도로점용허가취소
⑤ 도로확장에 따른 주유소영업허가취소

관련 OX

①②③④ 관련

1 행정행위의 직권취소사유는 행정행위의 성립 당시에 존재하였던 하자를 말하고, 철회사유는 행정행위가 성립된 이후에 새로이 발생한 것으로서 행정행위의 효력을 존속시킬 수 없는 사유를 말한다. 15국가7

① 관련

2 허위사실기재로 인한 공무원임용취소(는 행정행위의 철회에 해당한다) 09국회9

해설

※ 철회는 후발적 사유를 원인으로, 취소는 원시적 하자를 원인으로 한다.

① × 공무원임용처분시부터 존재한 **원시적 하자(허위사실기재)**가 존재하는 경우로써, 행정행위의 **취소**에 해당한다.
② ○ 운전면허처분 이후 발생한 **후발적 사유(음주운전)**가 있는 경우로써, 행정행위의 **철회**에 해당한다.
③ ○ 영업허가처분 이후 발생한 **후발적 사유(불법영업)**가 있는 경우로써, 행정행위의 **철회**에 해당한다.
④ ○ 도로점용허가처분 이후 발생한 **후발적 사유(중요한 공익)**가 있는 경우로써, 행정행위의 **철회**에 해당한다.
⑤ ○ 주유소영업허가처분 이후 발생한 **후발적 사유(도로확장)**가 있는 경우로써, 행정행위의 **철회**에 해당한다.

선지분석 & 요플·기풀기링크

선지	THEME	요플	기풀기
T31	VA의 취소·철회·실효	N1	002

정답 ①

OX 1○ 2×

03 사례형

〈보기〉에 대한 설명으로 옳지 않은 것은? (다툼이 있는 경우 판례에 의함)   17국회8

> [보기]
> 甲은 녹지지역의 용적률 제한을 충족하지 못한다는 점을 숨기고 마치 그 제한을 충족하는 것처럼 가장하여 관할 행정청 A에게 건축허가를 신청하였고 A는 사실관계에 대하여 명확한 확인을 하지 아니한 채 甲에게 건축허가를 하였다. 그 후 A는 甲의 건축허가신청이 위와 같은 제한을 충족하지 못한다는 사실을 알게 되자 甲에 대한 건축허가를 직권으로 취소하였다.

① A의 건축허가취소는 강학상 철회가 아니라 직권취소에 해당한다.
② 甲이 건축허가에 관한 자신의 신뢰이익을 원용하는 것은 허용되지 아니한다.
③ 건축관계법령상 명문의 취소근거규정이 없다고 하더라도 그 점만을 이유로 A의 건축허가취소가 위법하게 되는 것은 아니다.
④ 만약 甲으로부터 건축허가신청을 위임받은 乙이 건축허가를 신청한 경우라면, 사실은폐나 기타 사위의 방법에 의한 건축허가신청행위가 있었는지 여부는 甲과 乙 모두를 기준으로 판단하여야 한다.
⑤ A는 甲의 신청내용에 구애받지 아니하고 조사 및 검토를 거쳐 관련법령에 정한 기준에 따라 허가조건의 충족 여부를 제대로 따져 허가 여부를 결정하여야 함에도 불구하고 자신의 잘못으로 건축허가를 한 것이므로 A의 건축허가취소는 위법하다.

관련 OX

② 관련
1 수익적 처분이 상대방의 허위 기타 부정한 방법으로 인하여 행하여졌다면 상대방은 그 처분이 그와 같은 사유로 인하여 취소될 것임을 예상할 수 있으므로, 이러한 경우까지 상대방의 신뢰를 보호하여야 하는 것은 아니다. 23국가9

③ 관련
2 처분청이라도 자신이 행한 수익적 행정행위를 위법 또는 부당을 이유로 취소하려면 취소에 대한 법적 근거가 있어야 한다. 16국가9

[해설]

① ○ 행정행위의 취소는 일단 유효하게 성립한 행정행위를 그 행위에 위법 또는 부당한 하자가 있음을 이유로 소급하여 그 효력을 소멸시키는 별도의 행정처분이고, 철회는 적법요건을 구비하여 완전히 효력을 발하고 있는 행정행위를 사후적으로 그 행위의 효력의 전부 또는 일부를 장래에 향해 소멸시키는 행정처분이다(2003.5.30. 2003다6422). 甲이 건축허가를 받을 당시 녹지지역의 용적률 제한을 충족하지 못하는 하자가 존재하였으므로 A의 건축허가취소는 강학상 직권취소에 해당한다.

②④ ○ 수익적 처분의 하자가 당사자의 사실은폐·사위 등 당사자 측 귀책에 기인한 경우: 당사자는 신뢰이익 원용 불가② / 당사자의 귀책 유무는 상대방 외 수임인 등 관계인 모두를 기준으로 판단④
수익적 행정처분의 하자가 〈당사자의 사실은폐나 기타 사위〉의 방법에 의한 신청행위에 기인한 것이라면 당사자는 처분에 의한 이익이 위법하게 취득되었음을 알아 취소가능성도 예상하고 있었다 할 것이므로, 그 자신이 처분에 관한 신뢰이익을 원용할 수 없음은 물론② 행정청이 이를 고려하지 아니하였더라도 재량권의 남용이 되지 아니한다. 한편 당사자의 사실은폐나 기타 사위의 방법에 의한 신청행위가 있었는지 여부는 행정청의 상대방과 그로부터 신청행위를 위임받은 수임인 등 관계자 모두를 기준으로 판단하여야 한다④(2014.11.27. 2013두16111).

③ ○ 성립에 하자가 있는 경우: 처분청은 별도의 법적 근거가 없어도 직권취소 가능
행정처분을 한 처분청은 그 처분의 성립에 하자가 있는 경우 이를 취소할 별도의 법적 근거가 없다고 하더라도 직권으로 이를 취소할 수 있다(2002.5.28. 2001두9653).

⑤ × 당사자 측에 귀책이 있는 경우, 설령 행정청 측에도 하자를 발견하지 못한 과실이 있더라도 직권취소가 가능하다.
• 허가권자가 신청 내용에 구애받지 아니하고 조사 및 검토를 거쳐 관련 법령에 정한 기준에 따라 허가 여부를 결정하여야 하는 것은 맞지만, 그렇다고 신청인 측에서 의도적으로 법령에 정한 각종 규제를 탈법적인 방법으로 회피하려고 하는 것을 정당화할 수는 없다(2014.11.27. 2013두16111).

선지분석 & 요플·기풀가링크

선지	THEME	요플	기풀기
①		01	001
②		25	015
③	T31 VA의 취소·철회·실효	05	005
④		27	017
⑤		26	016

정답 ⑤
OX 1○ 2×

04 필수문제

행정행위의 직권취소에 대한 설명으로 옳지 않은 것은? (다툼이 있는 경우 판례에 의함)

16국가9

① 처분청이라도 자신이 행한 수익적 행정행위를 위법 또는 부당을 이유로 취소하려면 취소에 대한 법적 근거가 있어야 한다.

② 과세처분을 직권취소한 경우 그 취소가 당연무효가 아닌 한 과세처분은 확정적으로 효력을 상실하므로, 취소처분을 직권취소하여 원과세처분의 효력을 회복시킬 수 없다.

③ 위법한 행정행위에 대하여 불가쟁력이 발생한 이후에도 당해 행정행위의 위법을 이유로 직권취소할 수 있다.

④ 행정행위의 위법이 치유된 경우에는 그 위법을 이유로 당해 행정행위를 직권취소할 수 없다.

관련 OX

② 관련

1 「국세기본법」상 상속세부과처분의 취소에 하자가 있는 경우, 부과의 취소의 취소에 대하여는 법률이 명문으로 그 취소요건이나 그에 대한 불복절차에 대하여 따로 규정을 두고 있지 않더라도 과세관청은 부과의 취소를 다시 취소함으로써 원부과처분을 소생시킬 수 있다.

18지방9

④ 관련

2 행정행위에 하자가 있으나 하자가 이미 치유되었거나 다른 적법한 행위로 전환된 경우에는 취소의 대상이 되지 않는다.

11사복9

해설

① × 처분의 성립에 하자가 있는 경우: 처분청은 별도의 법적 근거가 없어도 직권취소 가능
행정처분을 한 처분청은 그 처분의 성립에 하자가 있는 경우 이를 취소할 별도의 법적 근거가 없다고 하더라도 직권으로 이를 취소할 수 있다(2002.5.28. 2001두9653).

요플 직권취소

처분청	
처분청에게 취소권○ - 별도의 법적 근거 불필요 - 현재는 행정기본법에 일반적 법적 근거도 두고 있음	실제 처분을 한 처분청을 의미○ ↔ 처분 권한 있는 행정청을 의미×

26 요플 p.115

② ○ 과세처분의 직권취소에 하자가 있어도 이를 다시 취소해 원과세처분을 소생시킬 수 없음
부과의 취소에 위법사유가 있다고 하더라도 당연무효가 아닌 한 일단 유효하게 성립하여 부과처분을 확정적으로 상실시키는 것이므로, 과세관청은 부과의 취소를 다시 취소함으로써 원부과처분을 소생시킬 수는 없다(1995.3.10. 94누7027).

+ PLUS 침익적 행위를 취소했다가, 이를 또다시 취소해 당초의 침익적 처분을 부활시키는 것은 불가하다.

③ ○ 불가쟁력과 불가변력은 별개이다. 따라서, 1) 불가쟁력이 발생하였더라도 국민이 제소를 못하게 되는 것일 뿐 행정청은 여전히 그를 직권취소시킬 수 있다.③ 예컨대 위법한 하천점용허가에 대하여 제소기간 도과로 불가쟁력이 발생한 경우, 이해관계인은 쟁송을 제기할 수는 없게 되었지만(불가쟁력○), 처분청은 여전히 이를 직권취소시킬 수 있다(불가변력×). 2) 불가변력이 있는 행정행위더라도 행정청이 이를 직권 취소·철회 못한다는 것일 뿐 국민은 그에 대해 쟁송을 제기할 수 있다. 예컨대 행정청이 당선자 결정을 하면 스스로는 이를 취소·철회 못하지만(준법률행위적 행정행위로서의 확인에 해당하므로)(불가변력○), 낙선자는 이에 대해 제소기간 내라면 자유로이 제소할 수 있다(불가쟁력×).

④ ○ 하자가 존재하였으나 치유·전환되어 적법한 행위가 된 경우, 행정청은 더 이상 이를 직권취소할 수 없다.

선지분석 & 요플·기출기링크

선지	THEME	요플	기출기
①	T31 VA의 취소·철회·실효	05	005
②		62	032
③	T28 불가쟁력·불가변력 등	09	016
④	T31 VA의 취소·철회·실효	12	009

정답 ①

OX 1× 2○

필수문제 05

행정행위의 직권취소에 대한 설명으로 옳은 것은? (다툼이 있는 경우 판례에 의함) 19국가7

① 법률에서 직권취소에 대한 근거를 두고 있는 경우에는 이해관계인이 처분청에 대하여 위법을 이유로 행정행위의 취소를 요구할 신청권을 갖는다고 보아야 한다.

② 행정행위를 한 행정청은 그 행정행위에 하자가 있는 경우에는 원칙적으로 별도의 법적 근거가 없더라도 스스로 그 행정행위를 직권으로 취소할 수 있다.

③ 직권취소는 행정행위의 성립상의 하자를 이유로 하는 것이므로, 개별법에 특별한 규정이 없는 한 「행정절차법」에 따른 절차규정이 적용되지 않는다.

④ 행정행위의 위법 여부에 대하여 취소소송이 이미 진행 중인 경우 처분청은 위법을 이유로 그 행정행위를 직권취소할 수 없다.

관련 OX

② 관련

1 행정처분을 한 행정청은 처분의 성립에 하자가 있는 경우라도 별도의 법적 근거가 없으면 직권으로 이를 취소할 수 없다. 22소방

③ 관련

2 직권취소는 처분의 성격을 가지므로, 이유제시절차 등의 「행정절차법」상 처분절차에 따라야 하며, 특히 수익적 행위의 직권취소는 상대방에게 침해적 효과를 발생시키므로 「행정절차법」에 따른 사전통지, 의견청취의 절차를 거쳐야 한다. 18국회8

해설

① × 처분청에게 직권취소권한이 인정된다 하여, 이해관계인에게까지 취소신청권을 인정 ×

행정처분을 한 처분청은 그 처분에 하자가 있는 경우에는 원칙적으로 별도의 법적 근거가 없더라도 스스로 이를 직권으로 취소할 수 있지만, 그와 같이 직권취소를 할 수 있다는 사정만으로 이해관계인에게 처분청에 대하여 그 취소를 요구할 신청권이 부여된 것으로 볼 수는 없다(2006.6.30. 2004두701).

+ PLUS 판례는 원칙적으로 행정처분의 취소·철회·변경에 대한 조리상 신청권을 인정하지 않는다. 즉, 행정청은 법령상 근거가 없더라도 스스로 하자 있는 처분을 직권취소할 권한이 있으나 이것이 이해관계인에게 직권취소를 요구할 신청권을 인정한 것으로는 볼 수 없고, 이는 직권취소에 대해 별도의 법적 근거가 있더라도 마찬가지라는 것이다. ① 법령상 행정청에 직권취소권을 인정한다는 것과 이해관계인에게 취소요구 신청권을 인정한다는 것은 별개의 것이기 때문이다. 이처럼 취소 등에 대한 신청권이 부정되는 것은 동 처분에 불가쟁력이 발생하였더라도 마찬가지이다.

② ○ 성립에 하자가 있는 경우: 처분청은 별도의 법적 근거가 없어도 직권취소 가능

행정처분을 한 처분청은 그 처분의 성립에 하자가 있는 경우 이를 취소할 별도의 법적 근거가 없다고 하더라도 직권으로 이를 취소할 수 있다(2002.5.28. 2001두9653).

③ × 직권취소도 독립한 처분으로 처분에 대한 행정절차법의 규정이 적용된다.

	직권취소	쟁송취소
절차	• 행정절차법상 처분절차③ - 이유제시(공통), 사전통지·의견청취(수익취소)	• 행정심판법상 심판절차 • 행정소송법상 소송절차
기간	취소기간 법정×. 단, 실권의 법리로 제한 가능	제소기간 법정○. 도과시 불가쟁력 발생
형식	• 처분의 형식 • 종전과 양립불가 처분으로 묵시적으로 가능	• 재결·판결형식 • 주문에 의해 명시적으로 해야

④ × 취소소송 진행 중에도 직권취소 가능

변상금 부과처분에 대한 취소소송이 진행 중이라도 그 부과권자로서는 위법한 처분을 스스로 취소하고 그 하자를 보완하여 다시 적법한 부과처분을 할 수도 있는 것이어서 그 권리행사에 법률상의 장애사유가 있는 경우에 해당한다고 할 수 없으므로, 그 처분에 대한 취소소송이 진행되는 동안에도 그 부과권의 소멸시효가 진행된다(2006.2.10. 2003두5686).

선지분석 & 요플·기풀기링크

선지	THEME	요플	기풀기
①	T54 거부처분	33	029
②		06	004
③	T31 VA의 취소·철회·실효	44	025
④		60	042

정답 ②

OX 1× 2○

06

수익적 행정처분의 취소에 관한 설명 중 옳은 것을 모두 고른 것은? (다툼이 있는 경우 판례에 의함)
22변시

ㄱ. 행정행위를 한 처분청이 그 행위의 하자를 이유로 수익적 행정처분을 취소하려는 경우에는 별도의 법적 근거가 있어야 한다.

ㄴ. 당사자의 부정한 방법에 의한 신청행위를 이유로 수익적 행정처분을 직권취소하는 경우, 당사자는 처분에 관한 신뢰이익을 원용할 수 없음은 물론 행정청이 이를 고려하지 아니하였다고 하여도 재량권의 일탈·남용이 아니다.

ㄷ. 수익적 행정처분을 직권으로 취소하는 경우에는 비록 취소의 사유가 있다고 하더라도 그 취소권의 행사가 기득권의 침해를 정당화할 만한 중대한 공익상의 필요 또는 제3자의 이익보호의 필요가 있고, 이를 상대방이 받는 불이익과 비교·교량하여 볼 때 공익상의 필요 등이 상대방이 입을 불이익을 정당화할 만큼 강한 경우에 허용된다.

ㄹ. 수익적 행정처분을 직권으로 취소하는 경우, 행정청이 종전 처분과 양립할 수 없는 처분을 함으로써 묵시적으로 종전의 수익적 행정처분을 취소할 수는 없다.

ㅁ. 수익적 행정처분의 쟁송취소는 취소를 통한 기득권의 침해를 정당화할 만한 중대한 공익상의 필요 또는 제3자 이익보호의 필요가 있는 때에 한하여 허용된다.

① ㄴ, ㄷ
② ㄷ, ㅁ
③ ㄱ, ㄴ, ㄹ
④ ㄱ, ㄹ, ㅁ
⑤ ㄴ, ㄷ, ㄹ, ㅁ

관련 OX

ㄱ.관련

1 처분청이라도 자신이 행한 수익적 행정행위를 위법 또는 부당을 이유로 취소하려면 취소에 대한 법적 근거가 있어야 한다. 16국가9

ㄷ.관련

2 수익적 행정처분을 직권취소할 때에는 이를 취소하여야 할 중대한 공익상 필요와 취소로 인하여 처분상대방이 입게 될 기득권과 법적 안정성에 대한 침해 정도 등 불이익을 비교·교량한 후 공익상 필요가 처분상대방이 입을 불이익을 정당화할 만큼 강한 경우에 한하여 취소할 수 있다. 23국가9

해설

ㄱ. ✕ 처분의 성립에 하자가 있는 경우: 처분청은 별도의 법적 근거가 없어도 직권취소 가능
행정처분을 한 **처분청은** 그 처분의 성립에 하자가 있는 경우 이를 취소할 별도의 **법적 근거가 없다고 하더라도 직권으로 이를 취소할 수 있다**(2002.5.28. 2001두9653).

ㄴ. ○ 수익적 처분의 하자가 당사자의 사실은폐·사위 등 당사자 측 귀책에 기인한 경우: 당사자는 신뢰이익 원용 불가, 행정청은 신뢰이익 고려하지 않아도 재량권 남용✕
수익적 행정처분의 하자가 **당사자의 사실은폐나 기타 사위의 방법에 의한 신청행위에 기인한 것이라면 당사자는** 처분에 의한 이익이 위법하게 취득되었음을 알아 취소가능성도 예상하고 있었다 할 것이므로, 그 자신이 처분에 관한 **신뢰이익을 원용할 수 없음은** 물론 **행정청이 이를 고려하지 아니하였더라도 재량권의 남용이 되지 아니한다**(2014.11.27. 2013두16111).

ㄷ. ○ 수익적 행정행위의 철회제한: 공익, 제3자의 이익보호, 상대방의 불이익 비교·교량의무○
수익적 행정행위를 취소 또는 **철회하거나 중지시키는 경우에는 비록 취소 등의 사유가 있다고 하더라도 그 취소권 등의 행사는 기득권의 침해를 정당화할 만한 중대한 공익상의 필요 또는 제3자의 이익을 보호할 필요가 있고, 이를 상대방이 받는 불이익과 비교·교량하여 볼 때 공익상의 필요 등이 상대방이 입을 불이익을 정당화할 만큼 강한 경우에 한하여 허용될 수 있다**(2017.3.15. 2014두41190).

ㄹ. ✕ 취소의 방식: 종전 처분과 양립할 수 없는 처분을 함으로써 묵시적 방식의 취소도 가능
행정행위의 취소라 함은 일단 유효하게 성립한 행정처분이 위법 또는 부당함을 이유로 소급하여 그 효력을 소멸시키는 별도의 행정처분을 말하고, 행정청은 **종전 처분과 양립할 수 없는 처분을 함으로써 묵시적으로 종전 처분을 취소할 수도 있다**(1999.12.28. 98두1895).

ㅁ. ✕ 수익적 처분의 취소·철회 제한법리: 쟁송취소에는 적용✕
수익적 행정처분에 대한 **취소·철회**권 등 행사의 **제한법리**는, 처분청이 수익적 행정처분을 직권으로 취소·철회하는 경우에 적용되는 법리일 뿐 **쟁송취소의 경우에는 적용되지 않는다**(2019.10.17. 2018두104).

필수 문제 07

행정행위의 취소에 대한 설명으로 옳지 않은 것은? (다툼이 있는 경우 판례에 의함) 25국가9

① 도로관리청이 도로점용허가 중 특별사용의 필요가 없는 부분을 소급적으로 직권취소하였더라도, 도로관리청은 이미 징수한 점용료 중 취소된 부분의 점용면적에 해당하는 점용료를 반환하여야 하는 것은 아니다.

② 과세관청이 조세부과처분을 취소하면 그 부과처분으로 인한 법률효과는 일단 소멸하는 것이므로, 그 후 다시 동일한 과세대상에 대하여 조세부과처분을 하여도 이미 소멸한 법률효과가 다시 회복되는 것은 아니다.

③ 수익적 행정처분에 대한 취소권의 행사는 기득권의 침해를 정당화할 만한 중대한 공익상의 필요 또는 제3자의 이익보호의 필요가 있는 때에 한하여 허용될 수 있다는 법리는 쟁송취소의 경우에는 적용되지 않는다.

④ 행정청이 의료법인의 이사에 대한 이사취임승인취소처분(제1처분)을 직권으로 취소(제2처분)한 경우, 제1처분과 제2처분 사이에 법원에 의하여 선임결정된 임시이사들의 지위는 법원의 해임결정이 없더라도 당연히 소멸된다.

해설

① ✕ 특별사용 필요 없는 부분을 포함한 도로점용허가: 소급적 직권취소시 행정청은 취소된 부분에 대응하는 점용료 반환의무 ○

도로점용허가는 도로의 일부에 대한 특정사용을 허가하는 것으로서 도로의 일반사용을 지해할 가능성이 있으므로 그 범위는 점용목적 달성에 필요한 한도로 제한되어야 한다. 도로관리청이 도로점용허가를 하면서 특별사용의 필요가 없는 부분을 점용장소 및 점용면적에 포함하는 것은 그 재량권행사의 기초가 되는 사실인정에 잘못이 있는 경우에 해당하므로 그 도로점용허가 중 특별사용의 필요가 없는 부분은 위법하다. 이러한 경우 도로점용허가를 한 도로관리청은 위와 같은 흠이 있다는 이유로 유효하게 성립한 도로점용허가 중 특별사용의 필요가 없는 부분을 직권취소할 수 있음이 원칙이다. 다만, 이 경우 행정청이 소급적 직권취소를 하려면 이를 취소하여야 할 공익상 필요와 그 취소로 인하여 당사자가 입을 기득권 및 신뢰보호와 법률생활안정의 침해 등 불이익을 비교·교량한 후 공익상 필요가 당사자의 기득권 침해 등 불이익을 정당화할 수 있을 만큼 강한 경우여야 한다. 이에 따라 도로관리청이 도로점용허가 중 특별사용의 필요가 없는 부분을 소급적으로 직권취소하였다면, 도로관리청은 이미 징수한 점용료 중 취소된 부분의 점용면적에 해당하는 점용료를 반환하여야 한다(2019.1.17. 2016두56721·56738).

② ○ 과세처분을 직권취소한 후 다시 동일 과세대상에 대해 과세처분 → 소멸된 종전 처분의 효과 회복✕

과세관청이 부과처분을 취소하면 그 부과처분으로 인한 법률효과는 일단 소멸하는 것이므로, 그 후 다시 동일한 과세대상에 대하여 부과처분을 하여도 이미 소멸한 법률효과가 다시 회복되는 것은 아니고 새로운 부과처분에 근거한 법률효과가 생길 뿐이며, 그 새로운 부과처분의 내용이 실질에 있어서는 당초의 부과처분의 감액경정처분에 불과한 것이었다 하여 달리 해석할 것이 아니다(1996.9.24. 96다204).

(관련) 유리한 병역처분(현역을 보충역으로, 보충역을 제2국민역으로) 후 이를 다시 취소해 원 병역처분 부활 불가

지방병무청장이 재신체검사 등을 거쳐 〈현역병입영대상편입처분을 보충역편입처분이나 제2국민역편입처분〉으로 변경하거나 〈보충역편입처분을 제2국민역편입처분〉으로 변경하는 경우 비록 새로운 병역처분의 성립에 하자가 있다고 하더라도 그것이 당연무효가 아닌 한 일단 유효하게 성립하고 제소기간의 경과 등 형식적 존속력이 생김과 동시에 종전의 병역처분의 효력은 취소 또는 철회되어 확정적으로 상실된다고 보아야 할 것이므로 그 후 새로운 병역처분의 성립에 하자가 있었음을 이유로 하여 이를 취소한다고 하더라도 종전의 병역처분의 효력이 되살아난다고 할 수 없다ⓐⓑ(2002.5.28. 2001두9653).

+ PLUS 침익적 행위를 취소한 경우 재취소로 침익적 행위를 부활시킬 수 없다.

관련 OX

③ 관련

1. 수익적 행정처분에 대한 취소권 등의 행사는 기득권의 침해를 정당화할 만한 중대한 공익상의 필요 또는 제3자의 이익보호의 필요가 있는 때에 한하여 허용될 수 있다는 법리는 처분청이 수익적 행정처분을 직권으로 취소·철회하는 경우에 적용되는 법리일 뿐 쟁송취소의 경우에는 적용되지 않는다. 23국회8

④ 관련

2. 행정청이 의료법인의 이사에 대한 이사취임승인취소처분(제1처분)을 직권으로 취소(제2처분)한 경우, 제1처분과 제2처분 사이에 법원에 의하여 선임결정된 임시이사들의 지위는 법원의 해임결정이 있어야 소멸된다. 23지방7

추가기출(② 관련)

ⓐ 현역병 입영대상편입처분을 보충역편입처분으로 변경한 경우, 보충역편입처분에 불가쟁력이 발생한 이후 보충역편입처분이 하자를 이유로 직권취소 되었다면 종전의 현역병 입영대상편입처분의 효력은 되살아난다. 14지방9

ⓑ 지방병무청장이 재신체검사 등을 거쳐 보충역편입처분을 제2국민역편입처분으로 변경한 경우, 그 후 새로운 병역처분의 성립에 하자가 있었음을 이유로 하여 이를 취소하게 되면 종전의 병역처분의 효력이 되살아난다. 16서울7

선지분석 & 요플·기풀기링크

선지	THEME	요플	기풀기
①		55	031
②	T31 VA의 취소·철회·실효	64	034
③		19	013
④		69	072

③ ○ 수익적 처분의 취소·철회 제한법리: 쟁송취소에는 적용×

수익적 행정처분에 대한 **취소·철회권** 등 행사의 **제한법리**는, 처분청이 수익적 행정처분을 직권으로 취소·철회하는 경우에 적용되는 법리일 뿐 **쟁송취소의 경우에는 적용되지 않는다**(2019.10.17. 2018두104).

④ ○ 이사취임승인취소처분을 직권취소: 기존 이사지위는 소급 회복 / 임시이사의 지위는 당연 소멸

행정처분이 취소되면 그 소급효에 의하여 처음부터 그 처분이 없었던 것과 같은 효과를 발생하게 되는바, 행정청이 의료법인의 이사에 대한 이사취임승인취소처분(제1처분)을 직권으로 취소(제2처분)한 경우에는 그로 인하여 이사가 소급하여 이사로서의 지위를 회복하게 되고, 그 결과 위 제1처분과 제2처분 사이에 법원에 의하여 선임결정된 **임시이사들의 지위**는 법원의 해임결정이 없더라도 **당연히 소멸**된다(1997.1.21. 96누3401).

선지선택비율 ① 64.77% ② 5.01% ③ 20.84% ④ 9.38%   오답률 35.23%

08 필수문제

행정행위의 취소와 철회에 대한 설명으로 옳지 않은 것은? (다툼이 있는 경우 판례에 의함)

23국가9

① 「행정기본법」은 직권취소나 철회의 일반적 근거규정을 두고 있고, 직권취소나 철회는 개별 법률의 근거가 없어도 가능하다.

② 행정행위의 철회사유는 행정행위가 성립되기 이전에 발생한 것으로서 행정행위의 효력을 존속시킬 수 없는 사유를 말한다.

③ 수익적 처분이 상대방의 허위 기타 부정한 방법으로 인하여 행하여졌다면 상대방은 그 처분이 그와 같은 사유로 인하여 취소될 것임을 예상할 수 있으므로, 이러한 경우까지 상대방의 신뢰를 보호하여야 하는 것은 아니다.

④ 수익적 행정처분을 직권취소할 때에는 이를 취소하여야 할 중대한 공익상 필요와 취소로 인하여 처분상대방이 입게 될 기득권과 법적 안정성에 대한 침해 정도 등 불이익을 비교·교량한 후 공익상 필요가 처분상대방이 입을 불이익을 정당화할 만큼 강한 경우에 한하여 취소할 수 있다.

관련 OX

① 관련

1 ◯ 「행정기본법」은 직권취소에 관한 일반적 근거 규정을 두고 있어, 개별 법률의 근거가 없더라도 직권취소가 가능하다.
23군무원7

2 처분 당시에 별다른 하자가 없이 일단 적법하게 성립한 행정행위는 별도의 법적 근거가 없이는 철회할 수 없다.
12국가9

③ 관련

3 수익적 행정처분의 하자가 당사자의 사실은폐나 기타 사위의 방법에 의한 신청행위에 기인한 것이라면, 당사자는 처분에 의한 이익을 위법하게 취득하였음을 알아 취소가능성도 예상하고 있었을 것이므로, 그 자신이 처분에 관한 신뢰이익을 원용할 수 없다.
15국회8

해설

① ◯ 행정기본법은 처분청의 직권취소와 철회에 대한 일반적 근거규정을 두고 있다(제18, 19조). 따라서 별도로 개별법률에 근거가 없어도 직권취소나 철회가 가능하다.

행정기본법 제18조(위법 또는 부당한 처분의 취소) ① 행정청은 위법 또는 부당한 처분의 전부나 일부를 소급하여 **취소할 수 있다**. 다만, 당사자의 신뢰를 보호할 가치가 있는 등 정당한 사유가 있는 경우에는 장래를 향하여 취소할 수 있다.

제19조(적법한 처분의 철회) ① 행정청은 적법한 처분이 다음 각 호의 어느 하나에 해당하는 경우에는 그 처분의 전부 또는 일부를 장래를 향하여 **철회**할 수 있다.
1. 법률에서 정한 철회사유에 해당하게 된 경우
2. 법령등의 변경이나 사정변경으로 처분을 더 이상 존속시킬 필요가 없게 된 경우
3. 중대한 공익을 위하여 필요한 경우

② ✕ 취소사유: 성립 당시 하자 ↔ 철회사유: 성립 이후 하자
행정행위의 취소사유는 행정행위의 성립 당시에 존재하였던 하자를 말하고, 철회사유는 행정행위가 성립된 이후에 새로이 발생한 것으로서 행정행위의 효력을 존속시킬 수 없는 사유를 말한다(2003.5.30. 2003다6422).

③ ◯ 수익적 처분의 하자가 당사자의 사실은폐·사위 등 당사자 측 귀책에 기인한 경우: 당사자는 신뢰이익 원용 불가
수익적 행정처분의 하자가 당사자의 사실은폐나 기타 사위의 방법에 의한 신청행위에 기인한 것이라면 당사자는 처분에 의한 이익이 위법하게 취득되었음을 알아 취소가능성도 예상하고 있었다 할 것이므로, 그 자신이 처분에 관한 신뢰이익을 원용할 수 없음은 물론 행정청이 이를 고려하지 아니하였더라도 재량권의 남용이 되지 아니한다(2014.11.27. 2013두16111).

④ ◯ 수익적 행정처분 직권취소: 공익상의 필요가 당사자가 입은 불이익을 정당화할 만큼 강한 경우여야
행정행위를 한 처분청은 그 행위에 흠이 있는 경우 별도의 법적 근거가 없더라도 스스로 이를 취소할 수 있고, 다만 **수익적 행정처분을 취소**할 때에는 이를 취소하여야 할 공익상의 필요와 그 취소로 인하여 당사자가 입게 될 기득권과 신뢰보호 및 법률생활 안정의 침해 등 불이익을 **비교·교량**한 후 공익상의 필요가 당사자가 입을 불이익을 정당화할 만큼 강한 경우에 한하여 취소할 수 있다(2006.5.25. 2003두4669).

선지분석 & 요플·기풀기링크

선지	THEME	요플	기풀기
①		07	045
②	T31 VA의 취소·철회·실효	13	048
③		25	015
④		22	011

정답 ②

OX 1◯ 2✕ 3◯

선지선택비율 ① 13.25% ② 77.92% ③ 4.79% ④ 4.04% 오답률 22.08%

09

행정행위의 취소와 철회에 대한 설명으로 옳은 것만을 모두 고르면? (다툼이 있는 경우 판례에 의함)
18지방9

ㄱ. 행정행위를 한 처분청은 처분 당시에 별다른 하자가 없었고, 또 그 처분 후에 이를 철회할 별도의 법적 근거가 없다면 사정변경을 이유로 그 효력을 상실케 하는 별개의 행정행위로 이를 철회할 수 없다.

ㄴ. 「국세기본법」상 상속세부과처분의 취소에 하자가 있는 경우, 부과의 취소의 취소에 대하여는 법률이 명문으로 그 취소요건이나 그에 대한 불복절차에 대하여 따로 규정을 두고 있지 않더라도 과세관청은 부과의 취소를 다시 취소함으로써 원부과처분을 소생시킬 수 있다.

ㄷ. 행정청이 여러 종류의 자동차운전면허를 취득한 자에 대해 그 운전면허를 취소하는 경우, 취소사유가 특정 면허에 관한 것이 아니고 다른 면허와 공통된 것이거나 운전면허를 받은 사람에 관한 것일 경우에는 여러 면허를 전부 취소할 수 있다.

ㄹ. 국세감액결정처분은 이미 부과된 과세처분에 하자가 있음을 이유로 사후에 이를 일부 취소하는 처분이고, 취소의 효력은 판결 등에 의한 취소이거나 과세관청의 직권에 의한 취소이거나에 관계없이 그 부과처분이 있었을 당시로 소급하여 발생한다.

① ㄱ, ㄴ
② ㄱ, ㄹ
③ ㄴ, ㄷ
④ ㄷ, ㄹ

해설

ㄱ. ✕ 처분청은 별도의 법적 근거가 없더라도 철회사유 존재시 처분의 철회 가능
행정행위를 한 처분청은 비록 그 처분 당시에 별다른 하자가 없었고, 또 그 처분 후에 이를 철회할 **별도의 법적 근거가 없다** 하더라도 원래의 처분을 존속시킬 필요가 없게 된 **사정변경**이 생겼거나 또는 중대한 공익상의 필요가 발생한 경우에는 그 효력을 상실케 하는 별개의 행정행위로 이를 **철회할 수 있다**(2004.11.26. 2003두10251·10268).

ㄴ. ✕ 과세처분의 직권취소에 하자가 있어도 이를 다시 취소해 원과세처분을 소생시킬 수 없음
부과의 취소에 위법사유가 있다고 하더라도 당연무효가 아닌 한 일단 유효하게 성립하여 부과처분을 확정적으로 상실시키는 것이므로, 과세관청은 **부과의 취소를 다시 취소함으로써** 원부과처분을 **소생시킬 수는** 없다(1995.3.10. 94누7027).
＋PLUS 침익적 행위를 취소했다가, 이를 또다시 취소해 당초의 침익적 처분을 부활시키는 것은 불가하다. 반면에 수익적 처분을 재취소하여 원처분을 소생시키는 것은 가능하다.

ㄷ. ○ 복수 운전면허소지자에게 면허취소사유 발생시 취소범위
→ 각 면허를 별개 취급해 관련 면허만 취소함이 원칙
→ 단, 취소사유가 면허 간 공통되거나 사람에 관한 것이면 전부 취소 가능
한 사람이 여러 자동차운전면허를 취득한 경우 이를 취소함에 있어서 서로 별개로 취급하는 것이 원칙이나, 취소사유가 특정의 면허에 관한 것이 아니고 다른 면허와 **공통된** 것이거나 운전면허를 받은 **사람**에 관한 것일 경우에는 여러 면허를 전부 취소할 수도 있다(1998.3.24. 98두1031).

ㄹ. ○ 국세감액결정: 하자 있는 과세처분의 일부취소에 해당 → 처분시로 소급하여 발생
국세감액결정 처분은 이미 부과된 과세처분에 하자가 있음을 이유로 사후에 이를 일부취소하는 처분이므로, 취소의 효력은 그 취소된 국세 부과처분이 있었을 당시에 **소급하여** 발생하는 것이고, 이는 판결 등에 의한 취소이거나 과세관청의 직권에 의한 취소이거나에 따라 차이가 있는 것이 아니다(1995.9.15. 94다16045).
＋PLUS 침익적 처분의 직권취소는 상대방에게 수익적이므로 소급효가 인정됨이 원칙이다. 국세감액결정은 침익적 처분인 과세처분을 취소하는 것으로 소급효가 인정된다.

관련 OX

ㄱ. 관련

1 ◯ 행정행위를 한 처분청은 그 처분 당시에 그 행정처분에 별다른 하자가 없었고 또 그 처분 후에 이를 취소할 별도의 법적 근거가 없다 하더라도 원래의 처분을 그대로 존속시킬 필요가 없게 된 사정변경이 생겼거나 또는 중대한 공익상의 필요가 발생한 경우에는 별개의 행정행위로 이를 철회하거나 변경할 수 있다. 25소방

ㄴ. 관련

2 직권취소도 원행정행위와 별개의 행정행위이므로 조세부과처분을 취소한 후, 취소에 하자가 있다고 하여 이를 취소하면 원부과처분을 소생시킬 수 있다. 24국회8

ㄷ. 관련

3 ◯ 한 사람이 여러 종류의 자동차운전면허를 취득하는 경우뿐 아니라 이를 취소함에 있어서도 서로 별개의 것으로 취급하는 것이 원칙이다. 23군무원9

4 행정청이 여러 종류의 자동차운전면허를 취득한 자에 대하여 그 운전면허를 취소하는 경우, 취소사유가 특정 면허에 관한 것이 아니고 다른 면허와 공통된 것일 경우에는 여러 면허를 전부 취소할 수도 있다. 25소방

선지분석 & 요플·기풀가링크

선지	THEME	요플	기풀기
ㄱ	T31 VA의 취소·철회·실효	15	055
ㄴ		62	032
ㄷ	T06 기타 일반원칙	55	057
ㄹ	T31 VA의 취소·철회·실효	48	029

정답 ④
OX 1◯ 2✕ 3◯ 4◯

THEME 31 행정행위의 효력상실-취소·철회·실효

10

행정행위의 직권취소 및 철회에 대한 설명으로 옳지 않은 것은? (다툼이 있는 경우 판례에 의함)

24국가9

① 처분에 대하여 행정심판이나 행정소송이 제기되어 쟁송이 진행되고 있는 도중에는 행정청은 스스로 대상 처분을 취소할 수 없다.

② 행정청은 사정변경으로 적법한 처분을 더 이상 존속시킬 필요가 없게 된 경우 그 처분의 전부 또는 일부를 장래를 향하여 철회할 수 있다.

③ 제소기간의 경과 등으로 처분에 불가쟁력이 발생하였다 하여도 행정청은 실권의 법리에 해당하지 않는다면 직권으로 처분을 취소할 수 있다.

④ 행정청은 위법 또는 부당한 처분의 전부나 일부를 소급하여 취소할 수 있다. 다만, 당사자의 신뢰를 보호할 가치가 있는 등 정당한 사유가 있는 경우에는 장래를 향하여 취소할 수 있다.

관련 OX

① 관련

1 행정행위의 위법 여부에 대하여 취소소송이 이미 진행 중인 경우 처분청은 위법을 이유로 그 행정행위를 직권취소할 수 없다. 19국가7

② 관련

2 행정행위를 한 처분청은 그 처분 당시에 그 행정처분에 별다른 하자가 없었고 또 그 처분 후에 이를 취소할 별도의 법적 근거가 없다 하더라도 원래의 처분을 그대로 존속시킬 필요가 없게 된 사정변경이 생겼거나 또는 중대한 공익상의 필요가 발생한 경우에는 별개의 행정행위로 이를 철회하거나 변경할 수 있다.

25소방

해설

① × 처분에 대한 행정심판이나 소송이 계속 중이더라도 행정청은 위법한 처분을 직권취소할 수 있다.

- 변상금 부과처분에 대한 취소소송이 진행 중이라도 그 부과권자로서는 위법한 처분을 스스로 취소하고 그 하자를 보완하여 다시 적법한 부과처분을 할 수 있다(2006.2.10. 2003두5686).

② ○

행정기본법 제19조(적법한 처분의 철회) ① 행정청은 **적법한 처분**이 다음 각 호의 어느 하나에 해당하는 경우에는 그 처분의 **전부 또는 일부를 장래를 향하여 철회할 수 있다.**
  1. **법률**에서 정한 철회**사유**에 해당하게 된 경우
  2. 법령등의 변경이나 **사정변경으로 처분을 더 이상 존속시킬 필요가 없게 된 경우**
  3. **중대한 공익**을 위하여 필요한 경우

③ ○ 불가쟁력이 발생하였더라도 국민의 쟁송취소가 제한될 뿐, 행정청의 직권취소는 가능하다. 다만, 행정청의 직권취소가 실권의 법리 등에 따라 제한될 수는 있다.

④ ○

행정기본법 제18조(위법 또는 부당한 처분의 취소) ① 행정청은 위법 또는 부당한 처분의 **전부**나 **일부**를 소급하여 **취소할 수 있다.** 다만, 당사자의 신뢰를 보호할 가치가 있는 등 **정당한 사유**가 있는 경우에는 **장래를 향하여 취소할 수 있다.**

선지선택비율 ① 81.14% ② 3.77% ③ 9.41% ④ 5.68%   오답률 18.86%

선지분석 & 요플·기풀기링크

선지	THEME	요플	기풀기
①	T31 VA의 취소·철회·실효	60	042
②		15	055
③	T28 불가쟁력·불가변력 등	11	018
④	T31 VA의 취소·철회·실효	49	028

정답 ①

OX 1× 2○

11

다음 중 행정행위의 취소와 철회에 대한 설명으로 가장 옳은 것은? (다툼이 있는 경우 판례를 따름)

16서울9

① 특별한 사정이 없는 한 부담적 행정행위의 취소는 원칙적으로 자유롭지 않다.
② 수익적 행정행위에 대한 철회권유보의 부관은 그 유보된 사유가 발생하여 철회권이 행사된 경우 상대방이 신뢰보호원칙을 원용하는 것을 제한한다는 데 실익이 있다.
③ 철회권이 유보된 경우라도 수익적 행정행위의 철회에 있어서는 반드시 법적 근거가 필요하다.
④ 판례는 불가쟁력이 생긴 행정처분이라도 공권의 확대화 경향에 따라 이에 대한 취소 또는 변경을 구할 신청권을 적극적으로 인정하고 있다.

관련 OX

① 관련

1 위법한 침익적 행정행위에 대해서는 행정청이 이를 직권취소할 수 없다.

13서울7

해설

① ✕ 침익적 처분의 취소는 원칙적으로 **자유롭다**. 결과적으로 당사자에게 유리해지므로 **사익보호**가 문제되지 않고, 법적합성을 회복하는 것이므로 **공익**에도 부합하기 때문이다.

② ○ 철회권이 유보된 경우, 철회제한사유 중 **신뢰보호의 원칙은 적용되지 않는다**. 상대방도 철회가능성을 예견할 수 있기 때문이다. 결국 행정청이 철회권을 유보하는 것은 향후 사유발생시 상대방이 신뢰보호원칙을 주장하는 것을 제한하는 데 실익이 있다고 할 수 있다.

③ ✕ **처분청은 별도의 법적 근거가 없더라도 철회사유 존재시 처분의 철회 가능**
행정행위를 한 **처분청**은 비록 처분 당시에 별다른 하자가 없었고, 처분 후에 이를 철회할 **별도의 법적 근거가 없더라도** 원래의 처분을 존속시킬 필요가 없게 된 **사정변경**이 생겼거나 중대한 공익상 필요가 발생한 경우에는 그 효력을 상실케 하는 **별개의 행정행위로 이를 철회할 수 있다**(2017.3.15. 2014두41190).

④ ✕ **불가쟁력 발생시 관계 법령에서 취소신청권을 규정하거나, 해석상 신청권이 인정되는 경우 등 특별사정 없는 한 처분변경 신청권 인정✕**
제소기간이 이미 도과하여 **불가쟁력이 생긴 행정처분**에 대하여는 개별 법규에서 그 변경을 요구할 신청권을 규정하고 있거나 관계 법령의 해석상 그러한 신청권이 인정될 수 있는 등 특별한 사정이 없는 한 국민에게 그 행정처분의 **변경을 구할 신청권이 있다 할 수 없다**(2007.4.26. 2005두11104).

선지분석 & 요플 · 기풀기링크

선지	THEME	요플	기풀기
①		20	010
②	T31 VA의 취소·철회·실효	74	080
③		07	045
④	T54 거부처분	35	031

정답 ②
OX 1✕

필수문제 12

행정행위의 취소와 철회에 대한 판례의 입장으로 옳지 않은 것은? 17.(상)국가9

① 행정처분을 한 처분청은 그 처분에 하자가 있는 경우에는 원칙적으로 별도의 법적 근거가 없더라도 스스로 이를 직권으로 취소할 수 있고, 이러한 경우 이해관계인에게는 처분청에 대하여 그 취소를 요구할 신청권이 부여된 것으로 볼 수 있다.

② 변상금 부과처분에 대한 취소소송이 진행 중이라도 그 부과권자는 위법한 처분을 스스로 취소하고 그 하자를 보완하여 다시 적법한 부과처분을 할 수도 있다.

③ 행정행위를 한 처분청은 사정변경이 생겼거나 또는 중대한 공익상의 필요가 발생한 경우에는 그 효력을 상실케 하는 별개의 행정행위로 이를 철회할 수 있다고 할 것이나, 기득권을 침해하는 경우에는 기득권의 침해를 정당화할 만한 중대한 공익상의 필요 또는 제3자의 이익 보호의 필요가 있는 때에 한하여 상대방이 받는 불이익과 비교·교량하여 철회하여야 한다.

④ 행정청이 의료법인의 이사에 대한 이사취임승인취소처분을 직권으로 취소하면 이사의 지위가 소급하여 회복된다.

관련 OX

① 관련

1 행정청이 직권취소를 할 수 있다는 사정만으로 이해관계인인 제3자에게 행정청에 대한 직권취소청구권이 부여된 것으로 볼 수 없다. 15국회8

② 관련

2 행정행위의 위법 여부에 대하여 취소소송이 이미 진행 중인 경우 처분청은 위법을 이유로 그 행정행위를 직권취소할 수 없다. 19국가7

해설

① ✗ 처분청에게 직권취소권한이 인정된다 하여, 이해관계인에게까지 취소신청권을 인정 ✗
행정처분을 한 처분청은 그 처분에 하자가 있는 경우에는 원칙적으로 별도의 법적 근거가 없더라도 스스로 이를 직권으로 취소할 수 있지만, 그와 같이 직권취소를 할 수 있다는 사정만으로 이해관계인에게 처분청에 대하여 그 취소를 요구할 신청권이 부여된 것으로 볼 수는 없다(2006.6.30. 2004두701).
➕ PLUS 따라서 직권취소 신청의 거부는 처분 ✗

② ○ 변상금 부과처분에 대해 취소소송 진행 중에도 직권취소하고 하자를 보완해 재부과 가능
변상금 부과처분에 대한 취소소송이 진행 중이라도 그 부과권자로서는 위법한 처분을 스스로 취소하고 그 하자를 보완하여 다시 적법한 부과처분을 할 수도 있다(2006.2.10. 2003두5686).

③ ○ 수익적 행정행위의 철회제한: 공익, 제3자의 이익보호, 상대방의 불이익 비교·교량의무
행정행위를 한 처분청은 … 사정변경이 생겼거나 또는 중대한 공익상의 필요가 발생한 경우에는 그 효력을 상실케 하는 별개의 행정행위로 이를 철회할 수 있다고 할 것이나, 수익적 행정처분을 취소 또는 철회하는 경우에는 … 기득권의 침해를 정당화할 만한 중대한 공익상의 필요 또는 제3자의 이익보호의 필요가 있는 때에 한하여 상대방이 받는 불이익과 비교·교량하여 결정하여야 하고, 그 처분으로 인하여 공익상의 필요보다 상대방이 받게 되는 불이익 등이 막대한 경우에는 재량권의 한계를 일탈한 것으로서 그 자체가 위법하다(2004.11.26. 2003두10251·10268).

④ ○ 이사취임승인취소처분을 직권취소: 기존 이사지위는 소급회복
행정청이 의료법인의 이사에 대한 이사취임승인취소처분(제1처분)을 직권으로 취소(제2처분)한 경우에는 그로 인하여 이사가 소급하여 이사로서의 지위를 회복하게 되고, 그 결과 위 제1처분과 제2처분 사이에 법원에 의하여 선임결정된 임시이사들의 지위는 법원의 해임결정이 없더라도 당연히 소멸된다(1997.1.21. 96누3401).

선지분석 & 요플·기풀기링크

선지	THEME	요플	기풀기
①	T54 거부처분	31	027
②		60	042
③	T31 VA의 취소·철회·실효	35	059
④		68	071

정답 ①
OX 1○ 2✗

필수문제 13

행정처분의 취소·철회에 대한 설명으로 옳지 않은 것은? (다툼이 있는 경우 판례에 의함)

23국회8

① 행정청은 당사자의 신뢰를 보호할 가치가 있는 등 정당한 사유가 있는 경우에는 장래를 향하여 위법 또는 부당한 처분의 전부나 일부를 취소할 수 있다.

② 처분의 상대방이 처분의 위법성을 알고 있었거나 중대한 과실로 알지 못한 경우에는 행정청이 처분의 상대방에게 권리나 이익을 부여하는 처분을 취소하는 경우에도 취소로 인하여 처분의 상대방이 입게 될 불이익과 취소로 달성되는 공익을 비교·형량하지 않아도 된다.

③ 행정청은 처분을 철회하려는 경우에는 철회로 인하여 처분의 상대방이 입게 될 불이익과 철회로 달성되는 공익을 비교·형량하여야 한다.

④ 수익적 행정처분에 대한 취소권 등의 행사는 기득권의 침해를 정당화할 만한 중대한 공익상의 필요 또는 제3자의 이익보호의 필요가 있는 때에 한하여 허용될 수 있다는 법리는 처분청이 수익적 행정처분을 직권으로 취소·철회하는 경우에 적용되는 법리일 뿐 쟁송취소의 경우에는 적용되지 않는다.

⑤ 처분청은 행정처분에 하자가 있는 경우라도 취소에 관한 별도의 법적 근거가 없으면 해당 행정처분을 스스로 취소할 수 없다.

관련 OX

① 관련
1 행정청은 위법 또는 부당한 처분의 전부나 일부를 소급하여 취소할 수 있다. 다만, 당사자의 신뢰를 보호할 가치가 있는 등 정당한 사유가 있는 경우에는 장래를 향하여 취소할 수 있다. 24국가9

② 관련
2 행정청은 당사자에게 권리나 이익을 부여하는 처분을 취소하려는 경우에는 취소로 인하여 당사자가 입게 될 불이익을 취소로 달성되는 공익과 비교·형량하여야 하지만, 거짓이나 그 밖의 부정한 방법으로 처분을 받은 경우 또는 당사자가 처분의 위법성을 알고 있었거나 중대한 과실로 알지 못한 경우에는 그러하지 아니하다. 25소간

해설

① ○
행정기본법 제18조(위법 또는 부당한 처분의 취소) ① 행정청은 위법 또는 부당한 처분의 전부나 일부를 **소급하여 취소**할 수 있다. 다만, 당사자의 신뢰를 보호할 가치가 있는 등 정당한 사유가 있는 경우에는 **장래를 향하여 취소**할 수 있다.

② ○
행정기본법 제18조(위법 또는 부당한 처분의 취소) ② 행정청은 제1항에 따라 당사자에게 **권리나 이익을 부여하는 처분을 취소**하려는 경우에는 취소로 인하여 당사자가 입게 될 **불이익**을 취소로 달성되는 **공익과 비교·형량**(衡量)하여야 한다. 다만, 다음 각 호의 어느 하나에 해당하는 경우에는 그러하지 아니하다.
1. 거짓이나 그 밖의 부정한 방법으로 처분을 받은 경우
2. 당사자가 처분의 위법성을 알고 있었거나 중대한 과실로 알지 못한 경우

③ ○
행정기본법 제19조(적법한 처분의 철회) ① 행정청은 적법한 처분이 다음 각 호의 어느 하나에 해당하는 경우에는 그 처분의 전부 또는 일부를 장래를 향하여 철회할 수 있다.
1. 법률에서 정한 철회사유에 해당하게 된 경우
2. 법령등의 변경이나 사정변경으로 처분을 더 이상 존속시킬 필요가 없게 된 경우
3. 중대한 공익을 위하여 필요한 경우
② 행정청은 제1항에 따라 처분을 철회하려는 경우에는 철회로 인하여 당사자가 입게 될 불이익을 철회로 달성되는 공익과 비교·형량하여야 한다.

④ ○ 수익적 처분의 취소·철회 제한법리: 쟁송취소에는 적용×
수익적 행정처분에 대한 취소·철회권 등 행사의 제한법리는, 처분청이 수익적 행정처분을 직권으로 취소·철회하는 경우에 적용되는 법리일 뿐 쟁송취소의 경우에는 적용되지 않는다(2019.10.17. 2018두104).

⑤ × 처분의 성립에 하자가 있는 경우: 처분청은 별도의 법적 근거가 없어도 직권취소 가능
행정처분을 한 처분청은 그 처분의 성립에 하자가 있는 경우 이를 취소할 별도의 법적 근거가 없다고 하더라도 직권으로 이를 취소할 수 있다(2002.5.28. 2001두9653).

선지분석 & 요품·기풀기링크

선지	THEME	요품	기풀기
①		49	028
②		23	014
③	T31 VA의 취소·철회·실효	36	058
④		19	013
⑤		06	004

정답 ⑤
OX 1○ 2○

필수 문제 14

행정행위의 직권취소 및 철회에 대한 설명으로 옳지 않은 것은? (다툼이 있는 경우 판례에 의함)

18국회8

① 수익적 행정행위의 철회는 법령에 명시적인 규정이 있거나 행정행위의 부관으로 그 철회권이 유보되어 있는 등의 경우가 아니라면, 원래의 행정행위를 존속시킬 필요가 없게 된 사정변경이 생겼거나 또는 중대한 공익상의 필요가 발생한 경우 등의 예외적인 경우에만 허용된다.

② 행정행위의 처분권자는 취소사유가 있는 경우 별도의 법적 근거가 없더라도 직권취소를 할 수 있다.

③ 행정청이 행한 공사중지명령의 상대방은 그 명령 이후에 그 원인사유가 소멸하였음을 들어 행정청에게 공사중지명령의 철회를 요구할 수 있는 조리상의 신청권이 없다.

④ 외형상 하나의 행정처분이라 하더라도 가분성이 있거나 그 처분대상의 일부가 특정될 수 있다면 그 일부만의 취소도 가능하고 그 일부의 취소는 당해 취소부분에 관하여 효력이 생긴다.

⑤ 직권취소는 처분의 성격을 가지므로, 이유제시절차 등의 「행정절차법」상 처분절차에 따라야 하며, 특히 수익적 행위의 직권취소는 상대방에게 침해적 효과를 발생시키므로 「행정절차법」에 따른 사전통지, 의견청취의 절차를 거쳐야 한다.

관련 OX

① 관련

1 행정행위를 한 처분청은 그 처분 당시에 그 행정처분에 별다른 하자가 없었고 또 그 처분 후에 이를 취소할 별도의 법적 근거가 없다 하더라도 원래의 처분을 그대로 존속시킬 필요가 없게 된 사정변경이 생겼거나 또는 중대한 공익상의 필요가 발생한 경우에는 별개의 행정행위로 이를 철회하거나 변경할 수 있다.

25소방

② 관련

2 「행정기본법」은 직권취소에 관한 일반적 근거 규정을 두고 있어, 개별 법률의 근거가 없더라도 직권취소가 가능하다.

23군무원7

해설

① ○ 철회사유: 법령, 철회권유보, 사정변경, 중대한 공익
〈수익적 행정행위의 철회〉는 그 처분 당시 별다른 하자가 없었음에도 불구하고 사후적으로 그 효력을 상실케 하는 행정행위이므로, 법령에 명시적인 규정이 있거나 행정행위의 부관으로 그 철회권이 유보되어 있는 등의 경우가 아니라면, 원래의 행정행위를 존속시킬 필요가 없게 된 사정변경이 생겼거나 또는 중대한 공익상의 필요가 발생한 경우 등의 예외적인 경우에만 허용된다고 할 것이다(2005.4.29. 2004두11954).

+ **PLUS** 행정기본법도 판례가 제시했던 철회사유와 거의 같게 입법되었다.

행정기본법 제19조(적법한 처분의 철회) ① 행정청은 **적법한 처분**이 다음 각 호의 어느 하나에 해당하는 경우에는 그 처분의 전부 또는 일부를 장래를 향하여 **철회할 수 있다**.
  1. **법률에서 정**한 철회사유에 해당하게 된 경우
  2. **법령등의 변경**이나 **사정변경**으로 처분을 더 이상 존속시킬 필요가 없게 된 경우
  3. **중대한 공익**을 위하여 필요한 경우

② ○ 처분의 성립에 하자가 있는 경우: 처분청은 별도의 법적 근거가 없어도 직권취소 가능
행정처분을 한 **처분청은** 그 처분의 성립에 하자가 있는 경우 이를 취소할 별도의 **법적 근거가 없다고 하더라도 직권으로 이를 취소할 수 있다**(2002.5.28. 2001두9653).

+ **PLUS** 한편, 행정기본법은 처분청의 직권취소권에 대한 일반적 근거규정을 두고 있다(제18조 제1항). 따라서 처분청은 자신이 한 위법·부당처분에 대해서는 **개별법률의 근거가 없어도** 취소할 수 있고 이는 침익적 행정행위는 물론 수익적 행정행위에도 마찬가지이다. 다만, 수익적 행정행위에서는 이익형량에 따라 직권취소가 제한될 수 있을 뿐이다(제18조 제2항).

행정기본법 제18조(위법 또는 부당한 처분의 취소) ① **행정청은** 위법 또는 부당한 처분의 전부나 일부를 소급하여 **취소할 수 있다.** 다만, 당사자의 신뢰를 보호할 가치가 있는 등 정당한 사유가 있는 경우에는 장래를 향하여 취소할 수 있다.

선지분석 & 요플·기풀기링크

선지	THEME	요플	기풀기
①	T31 VA의 취소·철회·실효	15	055
②		06	004
③	T54 거부처분	39	035
④	T31 VA의 취소·철회·실효	40	023
⑤		44	025

③ ✕ 공사중지명령 후 원인사유가 소멸: 명령상대방의 공사중지명령 철회신청권 인정

행정청이 행한 공사중지명령의 상대방은 그 명령 이후에 그 원인사유가 소멸하였음을 들어 행정청에게 공사중지명령의 철회를 요구할 수 있는 조리상의 신청권이 있다 할 것이고, 상대방으로부터 그 신청을 받은 행정청으로서는 상당한 기간 내에 그 신청을 인용하는 적극적 처분을 하거나 각하 또는 기각하는 등의 소극적 처분을 하여야 할 법률상의 응답의무가 있다(2005.4.14. 2003두7590).

④ ○ 외형상 하나의 처분이라도 가분성·특정성 있으면 일부취소 가능

외형상 하나의 행정처분이라 하더라도 가분성이 있거나 그 처분대상의 일부가 특정될 수 있다면 그 일부만의 취소도 가능하고 그 일부의 취소는 당해 취소부분에 관하여 효력이 생긴다(1995.11.16. 95누8850 전합).

⑤ ○ 처분의 직권취소는 그 자체가 또 다른 처분이다. 따라서 이유제시 등 처분에 관한 행정절차법상의 절차가 적용된다. 특히 수익적 행정행위의 직권취소는 상대방의 권리를 제한하는 처분에 해당하므로 사전통지, 의견청취의 절차를 거쳐야 한다.

15

처분의 취소와 철회에 관한 설명으로 옳지 않은 것은? (다툼이 있는 경우 판례에 의함) 25소간

① 행정청은 당사자에게 권리나 이익을 부여하는 처분을 취소하려는 경우에는 취소로 인하여 당사자가 입게 될 불이익을 취소로 달성되는 공익과 비교·형량하여야 하지만, 거짓이나 그 밖의 부정한 방법으로 처분을 받은 경우 또는 당사자가 처분의 위법성을 알고 있었거나 중대한 과실로 알지 못한 경우에는 그러하지 아니하다.

② 수익적 행정처분에 대한 취소권의 행사는 기득권의 침해를 정당화할 만한 중대한 공익상의 필요 또는 제3자의 이익보호의 필요가 있는 때에 한하여 허용될 수 있다는 법리는 쟁송취소의 경우에는 적용되지 않는다.

③ 행정행위의 철회는 적법요건을 구비하여 유효한 행정행위를 행정행위 성립 이후 새로이 발생한 사유로 그 행위의 효력을 장래에 향해 소멸시키는 행정처분이다.

④ 건축주가 토지소유자로부터 토지사용승낙서를 받아 그 토지 위에 건축물을 건축하는 건축허가를 받았다가 그 착공에 앞서 건축주의 귀책사유로 해당 토지를 사용할 권리를 상실한 경우, 토지소유자는 그 건축허가의 철회를 신청할 수 있다.

⑤ 행정청이 중대한 공익상 필요가 있어 적법한 처분의 전부 또는 일부를 철회하려는 경우에는 철회로 인하여 당사자가 입게 될 불이익을 철회로 달성되는 공익과 비교·형량하지 않을 수 있다.

관련 OX

② 관련

1 수익적 행정처분에 대한 취소권 등의 행사는 기득권의 침해를 정당화할 만한 중대한 공익상의 필요 또는 제3자의 이익보호의 필요가 있는 때에 한하여 허용될 수 있다는 법리는 처분청이 수익적 행정처분을 직권으로 취소·철회하는 경우에 적용되는 법리일 뿐 쟁송취소의 경우에는 적용되지 않는다. 23국회8

⑤ 관련

2 행정청은 처분을 철회하려는 경우에는 철회로 인하여 처분의 상대방이 입게 될 불이익과 철회로 달성되는 공익을 비교·형량하여야 한다. 23국회8

해설

① ○

행정기본법 제18조(위법 또는 부당한 처분의 취소) ② 행정청은 제1항에 따라 당사자에게 **권리나 이익을 부여하는 처분을 취소**하려는 경우에는 취소로 인하여 당사자가 입게 될 **불이익**을 취소로 달성되는 **공익과 비교·형량**(衡量)하여야 한다. 다만, 다음 각 호의 어느 하나에 해당하는 경우에는 그러하지 아니하다.
  1. **거짓이나 그 밖의 부정한 방법**으로 처분을 받은 경우
  2. 당사자가 처분의 위법성을 **알고 있었거나 중대한 과실로 알지 못한** 경우

② ○ 수익적 처분의 취소·철회 제한법리: 쟁송취소에는 적용×
수익적 행정처분에 대한 취소·철회권 등 행사의 제한법리는, 처분청이 수익적 행정처분을 직권으로 취소·철회하는 경우에 적용되는 법리일 뿐 쟁송취소의 경우에는 적용되지 않는다(2019.10.17. 2018두104).

③ ○ 철회: 성립 이후 사유 / 장래를 향하여 소멸
행정행위의 취소는 일단 유효하게 성립한 행정행위를 그 행위에 위법 또는 부당한 하자가 있음을 이유로 소급하여 그 효력을 소멸시키는 별도의 행정처분이고, **행정행위의 철회는 적법요건을 구비하여 완전히 효력을 발하고 있는 행정행위를 사후적으로 그 행위의 효력의 전부 또는 일부를 장래에 향해 소멸시키는 행정처분**이므로, 행정행위의 취소사유는 행정행위의 성립 당시에 존재하였던 하자를 말하고, **철회사유는 행정행위가 성립된 이후에 새로이 발생한 것으로서 행정행위의 효력을 존속시킬 수 없는 사유**를 말한다(2003.5.30. 2003다6422).

선지분석 & 요플·기풀기링크

선지	THEME	요플	기풀기
①		23	014
②	T31 VA의 취소·철회·실효	19	013
③		01	001
④	T54 거부처분	37	033
⑤	T31 VA의 취소·철회·실효	36	058

④ ○ 건축주가 귀책으로 토지사용권을 상실 → 토지소유자에게 건축허가 철회신청권 인정

건축주가 토지소유자로부터 토지사용승낙서를 받아 그 토지 위에 건축물을 건축하는 대물적 성질의 건축허가를 받았다가 착공에 앞서 건축주의 귀책사유로 해당 토지를 사용할 권리를 상실한 경우, 건축허가의 존재로 말미암아 토지에 대한 소유권 행사에 지장을 받을 수 있는 토지소유자로서는 건축허가의 철회를 신청할 수 있다고 보아야 한다(2017.3.15. 2014두41190).

⑤ ✕

행정기본법 제19조(적법한 처분의 철회) ① 행정청은 적법한 처분이 다음 각 호의 어느 하나에 해당하는 경우에는 그 처분의 전부 또는 일부를 장래를 향하여 철회할 수 있다.
 1. 법률에서 정한 철회사유에 해당하게 된 경우
 2. 법령등의 변경이나 사정변경으로 처분을 더 이상 존속시킬 필요가 없게 된 경우
 3. 중대한 공익을 위하여 필요한 경우
② 행정청은 제1항에 따라 처분을 **철회하려는 경우**에는 철회로 인하여 당사자가 입게 될 불이익을 철회로 달성되는 공익과 **비교·형량하여야** 한다.

+ PLUS 철회의 경우 취소(① 해설 참조)와는 달리 비교·형량 원칙에 대한 예외조항이 없다. 따라서, 사정변경이나 공익상 필요에 따르는 철회와 같이 당사자에게 귀책이 없는 경우는 물론이고, 부담불이행을 사유로 한 철회와 같이 당사자에게 유책사유가 있는 경우라도 비교·형량을 해야 한다.

정답 ⑤
OX 1○ 2○

16

행정행위의 실효에 관한 설명으로 옳지 않은 것은?

07국가7

① 신청에 의한 허가처분을 받은 자가 그 영업을 폐업한 경우에는 그 허가도 당연히 실효된다고 할 것이고, 이 경우 허가행정청의 허가취소처분은 허가가 실효되었음을 확인하는 것에 불과하다.

② 행정행위가 그 성립상의 중대·명백한 하자가 존재한다면 이는 실효사유로서 그 효력이 소멸한다.

③ 행정행위의 직권취소는 별개의 행정행위에 의하여 원행정행위의 효력을 소멸시키는 것인 데 반하여, 행정행위의 실효는 일정한 사유의 발생에 따라 당연히 기존의 행정행위의 효력이 소멸하는 것이다.

④ 해제조건부 행정행위에 있어서 조건의 성취, 종기부 행정행위에 있어서 종기의 도래는 행정행위의 효력의 소멸을 가져온다.

해설

① ○ 영업허가는 폐지시에 당연 실효 / 후속 허가취소는 실효의 확인에 불과

청량음료 제조업허가는 신청에 의한 처분이고, 이와 같이 신청에 의한 허가처분을 받은 원고가 그 영업을 폐업한 경우에는 그 영업허가는 당연 실효되고, 이런 경우 허가행정청의 허가취소처분은 허가의 실효됨을 확인하는 것에 불과하므로 원고는 그 허가취소처분의 취소를 구할 소의 이익이 없다고 할 것이다(1981.7.14. 80누593).

② × 행정행위의 효력상실사유인 폐지(취소·철회)와 실효는 적어도 유효하게 성립된 행정행위를 전제로 논해지는 것이다. 따라서 행정행위의 성립에 중대·명백한 하자가 있어 성립시부터 무효인 경우 애초에 상실시킬 효력이 없어 효력상실사유인 취소·철회·실효 중 그 어느 것도 인정될 수 없다.

③ ○ 행정행위의 직권취소와 철회는 행정청의 의사표시가 필요하나 실효는 행정청의 의사표시와 무관하게 당연히 효력이 소멸한다.

④ ○ 해제조건의 성취, 종기의 도래는 실효사유에 해당한다.

취소·철회·실효의 비교

	폐지: 별도 의사표시로 효력상실③[앞]		실효: 사유발생시 당연히 상실③[뒤]
	취소	철회	
대상	성립시 **하자 있는** 행정행위	성립시 **적법한** 행정행위	유효한 행정행위②
사유	**원시적** 하자(성립시 존재)	**후발적** 사유(성립 후 발생)	**후발적** 사유(성립 후 발생)
효력	소급효	장래효	장래효
성격	독립한 행위	독립한 행위	사실의 발생
행사	사유발견 + 별도의 취소 **의사표시로** 효력상실	사유발생 + 별도의 철회 **의사표시로** 효력상실	사유발생시 **당연히** 효력상실
	하자발견 + 취소의사표시 → 의사표시로 효력소멸	사유발생(ex. 철회유보사유) + 철회의사표시 → 의사표시로 효력소멸	사유발생(ex. 해제조건성취, 종기 도래)④ → 바로 효력소멸
예시	**요건미달 숨기고** 영업허가받은 경우	영업허가 후 **불법영업**을 한 경우	영업허가 후 **폐업**한 경우

선지분석 & 요플·기풀기링크

선지	THEME	요플	기풀기
①		80	085
②	T31 VA의 취소·철회·실효	03	003
③		01	001
④		79	084

정답 ②

17

행정행위의 실효사유에 해당되지 않는 것은? 11국회9

① 행정행위의 대상소멸
② 행정행위의 목적달성
③ 사기 등 부정행위
④ 해제조건의 성취
⑤ 행정행위의 종기도래

관련 OX

③ 관련

1 부정한 수단으로 운전면허를 취득한 자에 대한 운전면허취소는 강학상 행정행위의 철회에 해당한다. 19소간

해설

①②④⑤ ○ 행정행위의 실효란 적법·유효하게 성립한 행정행위가 후발적 사유로 효력을 당연 상실하는 것을 말한다. 실효의 사유로는 ㉠ 행정행위의 대상이 소멸한 경우, ㉡ 목적의 달성 또는 달성 불가능의 확정, ㉢ 해제조건의 성취 또는 종기의 도래를 들 수 있다.

실효사유	예시
대상소멸①	• 운전면허의 대상이 된 사람이 **사망시 운전면허**는 당연 실효
목적의 달성②/ 달성불가능의 확정	• 건축철거 완료시 **철거명령**은 당연 실효 • 추진위가 새로운 정비구역에서 정비사업을 계속 추진하는 것이 도저히 어렵다고 보여 그 **추진위 목적달성이 사실상 불가능**하다고 인정되는 경우에 한하여 추진위 구성승인 처분은 실효됨(2013.9.12. 2011두31284 [동의서제공신청반려처분취소]) → 정비예정구역과 달리 정비구역이 지정되었다는 사정만으로는 당연 실효 ×
해제조건의 성취④/ 종기의 도래⑤	• 기간 내 **공사착수하지 않을 경우 공유수면매립면허** 당연 실효 • **유효기간 도과시 도로점용허가**가 당연 실효

③ × 사기 등 부정행위로 행정행위를 발급받은 경우, 이는 성립시 하자 있는 행정행위로서 취소사유가 되는 것이지 유효하게 성립한 행정행위를 당연 실효시키는 사유가 아니다.

+ PLUS • 성립시 하자 있는 행정행위를 그 원시적 하자를 이유로 소급적으로 효력을 상실시키는 것은 **취소**
• 성립시 하자 없는 행정행위를 후발적 사유를 이유로 장래를 향해 효력을 상실시키는 것은 **철회**
• 유효하게 성립한 행정행위가 후발적 사유로 효력을 당연 상실하는 것은 **실효**

선지분석 & 요플·기풀기링크

선지	THEME	요플	기풀기
①		77	082
②		78	083
③	T31 VA의 취소·철회·실효	01	001
④		79	084
⑤		79	084

정답 ③

OX 1 ×

18 사례형

다음 사례 상황에 대한 설명으로 옳은 것은? (다툼이 있는 경우 판례에 의함) 16국가9

> 甲은 「식품위생법」상 유흥주점 영업허가를 받아 영업을 하던 중 경기부진을 이유로 2015.8.3. 자진폐업하고 관련 법령에 따라 폐업신고를 하였다. 이에 관할 시장은 자진폐업을 이유로 2015.9.10. 甲에 대한 위 영업허가를 취소하는 처분을 하였으나 이를 甲에게 통지하지 아니하였다.
> 이후 甲은 경기가 활성화되자 유흥주점 영업을 재개하려고 관할 시장에 2016.2.3. 재개업 신고를 하였으나, 영업허가가 이미 취소되었다는 회신을 받았다. 허가취소 사실을 비로소 알게 된 甲은 2016.3.10.에 위 2015.9.10.자 영업허가 취소처분의 취소를 구하는 소송을 제기하였다.

① 甲에 대한 유흥주점 영업허가의 효력은 2015.9.10.자 영업허가취소처분에 의해서 소멸된다.
② 위 2015.9.10.자 영업허가취소처분은 甲에게 통지되지 않아 효력이 발생하지 아니하였으므로 甲의 영업허가는 여전히 유효하다.
③ 甲이 2015.9.10.자 영업허가취소처분에 대하여 제기한 위 취소소송은 부적법한 소송으로서 각하된다.
④ 甲에 대한 유흥주점 영업허가는 2016.2.3. 행한 甲의 재개업 신고를 통하여 다시 효력을 회복한다.

해설

①② ×, ③ ○ 유흥주점 영업허가는 신청에 의한 허가이다. 이처럼 신청에 의한 영업허가에서 그 영업을 자진폐업하면 영업허가는 당연 실효된다. 따라서 甲에 대한 유흥주점 영업허가의 효력은 2015.8.3. 甲의 자진폐업행위로 당연 소멸한 것이지, 2015.9.10. 관할 시장의 허가취소처분에 의해 소멸한 것이 아니다(이는 이미 실효된 것의 확인에 불과).① 즉, 관할 시장의 통지 여부와 무관히 甲의 허가권은 이미 2015.8.3. 효력을 상실하여 무효이다.② 따라서 관할 행정청의 2015.9.10.자 허가취소행위는 취소시킬 소의 이익이 없고, 위 취소소송은 각하될 것이다.③

- 청량음료 제조업허가는 신청에 의한 처분이고, 이와 같이 신청에 의한 허가처분을 받은 원고가 그 영업을 폐업한 경우에는 그 영업허가는 당연 실효되고,② 이런 경우 허가행정청의 허가취소처분은 허가의 실효됨을 확인하는 것에 불과하므로① 원고는 그 허가취소처분의 취소를 구할 소의 이익이 없다③(1981.7.14. 80누593).

④ × 甲이 2016.2.3. 재개업신고를 한 것은, 새로운 영업허가의 신청에 불과할 뿐, 이미 실효된 종전 허가를 부활시킬 수는 없다.

- 종전의 결혼예식장영업을 자진폐업한 이상 위 예식장영업허가는 자동적으로 소멸하고 위 건물 중 일부에 대하여 다시 예식장영업허가신청을 하였다 하더라도 이는 전혀 새로운 영업허가의 신청임이 명백하므로 일단 소멸한 종전의 영업허가권이 당연히 되살아난다고 할 수는 없는 것이다(1985.7.9. 83누412).

선지분석 & 요플·기풀기링크

선지	THEME	요플	기풀기
T31	VA의 취소·철회·실효	N4	087

정답 ③

THEME 32 행정행위의 부관

01

행정행위의 부관에 관한 설명으로 옳지 않은 것은? 09국가9

① 부관은 행정을 수행함에 있어서 유연성 및 탄력성을 보장하는 기능을 가진다.
② 부관은 당해 행정행위의 목적과 무관한 다른 목적을 위하여 붙일 수 없다.
③ 부관은 행정행위의 법률효과를 제한하거나 보충하는 기능을 수행한다.
④ 부관은 부담을 제외하고 독립하여 항고소송의 대상이 된다는 것이 판례의 입장이다.

관련 OX

② 관련
1 부관은 주된 행정행위와 형식적 관련성이 있으면 족하고 주된 행정행위의 목적으로부터는 자유롭다. 16교행9

④ 관련
2 부담의 경우에는 다른 부관과는 달리 행정행위의 불가분적인 요소가 아니고 그 존속이 본체인 행정행위의 존재를 전제로 하는 것일 뿐이므로 부담 그 자체로서 행정쟁송의 대상이 될 수 있다. 17(하)국가9

해설

① ○ 부관은 행정행위에 붙어서 그 효력을 적절히 제한하거나 요건을 보충하는 등 **행정에 유연성 및 탄력성을 부여**하고 **법의 불비를 보충**하는 순기능을 갖는다.

② ○ 당해 행정행위의 목적과 관련이 없는 다른 목적을 위하여 부관을 붙일 경우, 부당결부금지의 원칙을 위반하여 위법하다.

행정기본법 제17조(부관) ① 행정청은 처분에 재량이 있는 경우에는 부관(조건, 기한, 부담, 철회권의 유보 등을 말한다. 이하 이 조에서 같다)을 붙일 수 있다.
④ 부관은 다음 각 호의 요건에 적합하여야 한다.
  1. 해당 처분의 목적에 위배되지 아니할 것
  2. 해당 처분과 실질적인 관련이 있을 것
  3. 해당 처분의 목적을 달성하기 위하여 필요한 최소한의 범위일 것

③ ○ 부관은 주된 행정행위에 붙은 종된 규율로서, 행정행위의 ① 효과를 제한하거나(조건·기한·법률효과 일부배제 등) ② 의무를 부과시킨다(부담). 최근에는 ③ 부관이 요건을 보충하는 기능도 한다고 보는 견해가 다수이다(이를 요건충족적 부관이라 한다).

④ × 부담만이 독립하여 항고소송의 대상이 된다는 것이 판례이다.

선지분석 & 요플·기풀기링크

선지	THEME	요플	기풀기
①		02	002
②	T32 부관	66	062
③		01	001
④		77	076

정답 ④
OX 1× 2○

02

다음 부관의 설명 중 바르게 연결된 것은? 12(1)경행

① 시설완성을 조건으로 하는 학교법인설립인가 – 해제조건
② 2012년 2월 25일까지의 도로사용허가 – 기간
③ 도로점용허가에 부가된 점용료의 부가 – 부담
④ 일정한 기간 내에 공사에 착수할 것을 조건으로 하는 공유수면매립면허 – 철회권 유보

해설

① ✕ 행정행위의 효력의 발생 혹은 소멸을 장래 성취 여부가 불확실한 사실에 의존시키는 부관을 '조건'이라 한다. 그중 정지조건은 조건이 성취되면 행정행위의 효력을 발생시키는 부관이고, 해제조건은 조건이 성취되면 효력을 해제(소멸)시키는 부관을 말한다.
지문의 경우 시설이 완성되어야 학교법인설립인가의 효력이 발생하므로 **정지조건**에 해당한다.

② ✕ 기한이란 행정행위의 효력을 **장래 발생(도래)**할 것이 확실한 사실에 의존시키는 부관을 말한다. 기한 중에서 도래시점까지 확실한 것을 **확정기한**, 도래시점은 불확실한 것을 **불확정기한**이라 한다. 또한 기한도래로 비로소 효력이 발생하는 것을 시기, 일단 효력발생 후 기한도래시 효력을 상실하는 것을 **종기**라 한다.
2012.2.25.까지의 도로사용허가는 도래시점도 확실하다는 점에서 **확정기한**이고, 기한도래시 행정행위(허가)의 효력이 상실된다는 점에서 **종기**이다.

③ ○ 부담은 행정행위의 주된 내용에 부수하여 상대방에게 작위·부작위·수인·급부 등의 **의무를 과하는** 부관을 의미한다. 조건·기한이 행정행위에 붙인 종된 '효력제한사유'라면, 부담은 행정행위에 붙인 종된 '의무'이다.
도로점용허가를 하면서 점용료를 부과하는 부관은 **부담**에 해당한다.

④ ✕ 일정 기간 내 공사착수를 조건으로 하는 공유수면매립면허는 **일단 공유수면매립면허를 발효시켜** 합법적으로 공사를 착수할 수 있게 한 뒤, 일정 기간 내 공사를 착수하지 않을 시 공유수면매립면허의 **효력을 소멸시키겠다는 것으로서 해제조건**에 해당한다.

선지분석 & 요플·기풀기링크

선지	THEME	요플	기풀기
①		11	009
②	T32 부관	08	013
③		14	026
④		13	011

정답 ③

03

행정행위의 부관에 관한 설명 중 옳지 않은 것은? (다툼이 있으면 판례에 의함) 13국회9

① 해제조건부 행정행위는 조건성취시 기발생했던 행정행위의 효력이 사라져 버리므로 부담부 행정행위보다 당사자에게 미치는 불이익이 더 크다.

② 재량행위에 있어서는 법령상의 근거가 없다고 하더라도 부관을 붙일 수 있는데, 그 부관의 내용은 적법하고 이행가능하여야 하며 비례의 원칙 및 평등의 원칙에 적합하고 행정행위의 본질적 효력을 해하지 아니하는 한도의 것이어야 한다.

③ 도매시장법인 지정시 지정기간 중 유통정책 방침에 따라 도매시장법인의 이전 또는 폐쇄지시에도 일체 소송이나 손실보상을 청구할 수 없다는 부관을 붙인 경우, 이 부제소특약은 허용될 수 있다.

④ 해제조건은 조건사실이 발생하면 당연히 행정행위의 효력이 소멸되지만 철회권 유보는 유보된 사실이 발생하더라도 그 효력을 소멸시키려면 행정청의 별도의 의사표시(철회)가 필요하다.

⑤ 도로점용허가의 점용기간은 행정행위의 본질적인 요소에 해당한다고 볼 것이어서 부관인 점용기간을 정함에 있어서 위법사유가 있다면 이로써 도로점용허가처분 전부가 위법하게 된다.

관련 OX

① 관련

1 해제조건의 경우에 조건이 성취되면 행정행위의 효력은 당연히 소멸되지만, 부담의 경우에 부담에 의해 부과된 의무의 불이행은 행정행위의 철회사유가 된다. 20소간

② 관련

2 ○
행정청이 처분을 하면서 부제소(不提訴) 특약의 부관을 붙인 것은 당사자가 임의로 처분할 수 없는 공법상 권리관계를 대상으로 하여 사인의 국가에 대한 소권을 당사자의 합의로 포기하는 것으로 허용될 수 없다. 13지방7

④ 관련

3 철회권의 유보는 유보된 사실이 발생하여도 행정청에 의한 철회의 의사표시가 있어야 비로소 행정행위의 효과가 소멸된다. 17소간

해설

① ○ 해제조건부 행정행위는 조건이 되는 사실의 성취에 의하여 당연히 행정행위의 효력이 소멸, 즉 실효된다. 그러나 부담부 행정행위는 부담을 이행하지 않더라도 당연히 그 효력이 소멸되지는 않고 행정청이 철회함으로써 행정행위의 효력이 소멸된다. 그런데 부관은 주로 수익적 행정행위에 부가되는바, 부담의 경우 부담불이행이 있더라도 철회되기 전까지는 그 효력이 유지된다는 점에서 해제조건이 부담보다 더 불이익하다고 볼 수 있다.

② ○ 부관의 적법요건: 내용은 적법·이행가능, 일반원칙 등에 부합, 처분의 본질을 해하지 않음
재량행위에 있어서는 법령상의 근거가 없다고 하더라도 부관을 붙일 수 있는데, 부관의 내용은 적법하고 이행가능하여야 하며 비례의 원칙 및 평등의 원칙에 적합하고 행정처분의 본질적 효력을 해하지 아니하는 한도의 것이어야 한다(1997.3.14. 96누16698).

③ × 도매시장법인 지정을 하면서 이후 폐쇄지시를 해도 소송할 수 없다는 부제소특약을 붙임: 무효
도매시장법인으로 다시 지정함에 있어서 그 지정조건 제2호로 "지정기간 중이라도 개설자가 농수산물 유통정책의 방침에 따라 도매시장법인 이전 및 지정취소 또는 폐쇄지시에도 일체 소송이나 손실보상을 청구할 수 없다."라는 부관을 붙였으나, 그중 부제소특약에 관한 부분은 당사자가 임의로 처분할 수 없는 공법상의 권리관계를 대상으로 하여 사인의 국가에 대한 공권인 소권을 당사자의 합의로 포기하는 것으로서 허용될 수 없다(1998.8.21. 98두8919).

④ ○ 해제조건과 철회권 유보는 행정행위의 효력을 사후적으로 상실시키는 원인이 된다는 점에서는 같지만, ① 해제조건의 경우 조건사실 발생만으로 당연히 효력이 소멸된다는 점에서 실효사유의 하나에 해당하는 것이나, ② 철회권 유보의 경우 유보사유 발생시 행정청이 철회권을 취득하게 될 뿐 그 자체로 행정행위가 실효되는 것은 아니고, 별도로 철회권을 행사해야(철회의 의사표시를 해야) 비로소 행정행위가 실효된다는 점에서 행정행위의 철회사유에 해당하는 것이다.

⑤ ○ 도로점용허가의 점용기간: 처분의 본질적 요소 so 기간이 위법한 경우 허가처분이 위법
도로점용허가의 점용기간(편저자: 원고가 신축한 상가 등 시설물을 부산광역시에 기부채납함에 있어 그 무상사용을 위한 도로점용기간)은 행정행위의 본질적인 요소에 해당한다고 볼 것이어서 부관인 점용기간을 정함에 있어서 위법사유가 있다면 이로써 도로점용허가 처분 전부가 위법하게 된다(1985.7.9. 84누604).
+ PLUS 위법한 부관이 행정행위의 본질적 부분이면 그로 인해 주된 행정행위까지 위법하게 된다. 예컨대 도로점용허가 등 행정재산의 사용·수익허가에서 그 기간이 위법한 경우 허가 전부가 위법하게 된다.

선지분석 & 요플·기풀기링크

선지	THEME	요플	기풀기
①		23	028
②	T32 부관	66	062
③		65	061
④	T31 VA의 취소·철회·실효	02	073
⑤	T32 부관	76	075

정답 ③
OX 1○ 2○ 3○

THEME 32 행정행위의 부관

04

부관에 관한 설명으로 옳지 않은 것은? (다툼이 있으면 판례에 의함) 12국회9

① 행정행위의 효력 발생 또는 소멸을 장래의 불확실한 사실에 의존시키는 부관을 '조건'이라고 한다.
② '기한'은 행정행위의 시간상의 효력범위를 정하는 점에서 조건과 같으나, 확정기한이든 불확정기한이든 그 도래가 확실하다는 점에서 조건과 구별된다.
③ 건축허가를 하면서 일정 토지를 기부채납하도록 하는 내용의 허가조건은 부관을 붙일 수 없는 기속행위 내지 기속적 재량행위인 건축허가에 붙인 부담이거나 또는 법령상 아무런 근거가 없는 부관이어서 무효이다.
④ 영업허가를 발급하면서 일정한 시설설치의무를 부가하는 것을 '정지조건'으로 본다면, 시설설치의무를 불이행한 상태에서 한 영업일지라도 적법하다.
⑤ 행정청이 종교단체에 대하여 기본재산전환인가를 함에 있어, 인가처분의 효력이 발생하여 기본재산 처분행위가 유효하게 이루어진 이후에 비로소 이행할 수 있는 인가조건을 부가하고 그 불이행시 인가를 취소할 수 있도록 하였다면, 인가조건의 의미는 '철회권 유보'에 해당한다.

해설

① ○ 행정행위의 효력의 발생 혹은 소멸을 장래 **성취 여부가 불확실한** 사실에 의존시키는 부관을 '조건'이라 한다. 그중 정지조건은 조건이 성취되면 행정행위의 효력을 발생시키는 부관이고, 해제조건은 조건이 성취되면 효력을 해제(소멸)시키는 부관을 말한다.

② ○ 기한은 **도래가 확실한** 사실에 행정행위를 의존시킨다는 점에서 조건과 구별된다. 기한 중에서 도래시점까지 확실한 것을 **확정기한**, 도래시점은 불확실한 것을 **불확정기한**이라 한다. 또한 기한도래로 비로소 효력이 발생하는 것을 **시기**, 일단 효력발생 후 기한도래시 효력을 상실하는 것을 **종기**라 한다.

③ ○ **기속행위 내지 기속재량행위인 건축허가에 붙인 기부채납조건: 무효**
건축허가를 하면서 일정 토지를 **기부채납하도록** 하는 내용의 허가조건은 부관을 붙일 수 없는 기속행위 내지 기속적 재량행위인 건축허가에 붙인 부담이거나 또는 법령상 아무런 근거가 없는 부관이어서 **무효이다**(1995.6.13. 94다56883).
　+ PLUS 건축허가에 붙인 무효인 기부채납조건에 따라 이행한 증여계약 및 소유권이전 → 동기의 착오에 불과해 무효×, 소유권이전등기 말소×ⓐ
허가조건이 **무효라고 하더라도** … 이를 믿고 **증여계약**을 체결하여 허가관청인 시 앞으로 위 토지에 관하여 소유권이전등기를 경료하여 주었다면 이는 일종의 **동기의 착오로서** 그 허가조건상의 하자가 허가신청대행자의 증여의사표시 자체에 직접 영향을 미치는 것은 아니므로, 이를 이유로 하여 위 시 명의의 **소유권이전등기의 말소를 청구할 수는 없다**ⓐ(1995.6.13. 94다56883).

④ × 영업허가 등에 붙인 시설설치의무를 정지조건으로 볼 경우, **설치의무이행이 완료되어야** 비로소 영업허가의 효력이 발생하고 시설설치 전에는 아직 허가의 효력이 발생하지 않은 무허가상태이다. 따라서 시설설치 전에 영업을 할 경우 위법한 **무허가영업**이 된다.

⑤ ○ **인가조건을 부가하고 불이행시 인가를 취소할 수 있다고 한 것: 철회권 유보에 해당**
행정청이 종교단체에 대하여 기본재산전환인가를 함에 있어 인가조건을 부가하고 그 불이행시 인가를 '취소할 수 있다'고 한 경우, 인가조건의 의미는 **철회권을 유보**한 것이다(2003.5.30. 2003다6422).
　+ PLUS 사안에서 부가된 인가조건들은 모두 기본재산전환인가처분의 효력이 발생하여 기본재산 처분행위가 유효하게 이루어진 이후에 비로소 이행할 수 있는 것들이고, 인가처분 당시에 그 처분에 그와 같은 흠이 존재하였던 것은 아니었으므로 인가조건 부가의 의미를 전체적으로 철회권의 유보로 본 것이다.

관련 OX

③ 관련

1 ⓢ
건축허가를 하면서 일정 토지의 기부채납을 허가조건으로 하는 부관은 기속행위 내지 기속적 재량행위에 붙인 부담이거나 또는 법령상 근거가 없는 부관이어서 무효이다. 11지방9

⑤ 관련

2 행정청이 종교단체에 대하여 기본재산전환인가를 함에 있어 인가조건을 부가하고 그 불이행시 인가를 취소할 수 있도록 한 경우, 인가조건의 의미는 인가처분에 대한 철회권을 유보한 것이다. 18지방7

추가기출(③ 관련)

ⓐ ⓢ
건축허가를 하면서 일정 토지를 기부채납하도록 한 허가조건의 효력이 무효라고 하더라도, 무효인 허가조건을 유효한 것으로 믿고 토지를 증여하였다면 이는 동기의 착오에 불과하여 그 소유권이전등기의 말소를 청구할 수는 없다. 24국회8

선지분석 & 요플·기풀기링크

선지	THEME	요플	기풀기
①		09	006
②	T32 부관	06	012
③		45	043
④		22	010
⑤	T31 VA의 취소·철회·실효	75	074

정답 ④
OX 1○ 2○ ⓐ○

05

행정행위의 부관에 대한 설명으로 옳지 않은 것은? (다툼이 있는 경우 판례에 의함) 15사복9

① 해제조건부 행정행위는 조건사실의 성취에 의하여 당연히 효력이 소멸된다.
② 정지조건은 독립하여 취소소송의 대상이 되지 못하는 데 반하여, 부담은 독립하여 취소소송의 대상이 될 수 있다.
③ 부담과 조건의 구분이 명확하지 않을 경우, 조건이 당사자에게 부담보다 유리하기 때문에 원칙적으로 조건으로 추정해야 한다.
④ 철회권유보의 경우 유보된 사유가 발생하였더라도 철회권을 행사함에 있어서는 이익형량에 따른 제한을 받게 된다.

관련 OX

① 관련
1 행정행위의 부관의 유형 중에서 장래의 불확실한 사실에 의해서 행정행위의 효력을 소멸시키는 것은 해제조건이다. 20소방

③ 관련
2 부담과 조건의 구별이 애매한 경우 조건으로 보는 것보다 부담으로 해석하는 것이 상대방에게 유리하다. 10국가9

해설

① ○ 해제조건은 행정행위의 효력의 소멸을 장래의 불확실한 사실에 의존시키는 것을 말한다. 해제조건이 부가된 행정행위는 처음부터 효력이 발생하나, 조건이 성취되면 당연히 효력을 상실한다.

② ○ 부담만이 독립하여 항고소송의 대상이 될 수 있으며, 정지조건과 같은 부관의 경우에는 독립하여 항고소송의 대상이 될 수 없다는 것이 판례의 태도이다.

• 부담: 독립쟁송 가능 / 부담 외 부관: 독립쟁송 불가
행정행위의 〈부관은〉 행정행위의 일반적인 효력이나 효과를 제한하기 위하여 의사표시의 주된 내용에 부가되는 종된 의사표시이지 그 자체로서 직접 법적 효과를 발생하는 독립된 처분이 아니므로 현행 행정쟁송제도 아래서는 부관 그 자체만을 독립된 쟁송의 대상으로 할 수 없는 것이 원칙이나 행정행위의 부관 중에서도 행정행위에 부수하여 그 행정행위의 상대방에게 일정한 의무를 부과하는 행정청의 의사표시인 〈부담의 경우에는〉 다른 부관과는 달리 행정행위의 불가분적인 요소가 아니고 그 존속이 본체인 행정행위의 존재를 전제로 하는 것일 뿐이므로 부담 그 자체로서 행정쟁송의 대상이 될 수 있다(1992.1.21. 91누1264).

③ ✕ 부담의 경우 조건성취와 무관히 행정행위의 효력이 발생하고, 효력이 당연 상실되지도 않아 상대방에게 조건보다 유리하다. 따라서 어떠한 부관이 부담인지 조건인지 명확하지 않으면 상대방에게 유리한 부담으로 추정하는 것이 바람직하다.

④ ○ 철회권이 유보된 경우라도 철회에 관한 일반요건이 충족되어야 하므로 철회시 이익형량에 따른 제한을 받게 된다.

선지분석 & 요플 · 기풀기링크

선지	THEME	요플	기풀기
①		12	008
②	T32 부관	81	080
		77	076
③		24	029
④	T31 VA의 취소·철회·실효	72	078

정답 ③
OX 1 ○ 2 ○

필수 문제 06

허가 자체의 존속기간과 허가조건의 존속기간에 대한 설명으로 옳지 않은 것은? (다툼이 있는 경우 판례에 의함)
11지방9

① 행정행위가 그 내용상 장기간에 걸쳐 계속될 것이 예상되는데, 유효기간이 허가 또는 특허된 사업의 성질상 부당하게 단기로 정해진 경우에는 그 유효기간을 허가조건의 존속기간으로 보아야 한다.
② 허가조건의 존속기간 내에 적법한 갱신신청이 있었음에도 갱신 가부의 결정이 없으면 주된 행정행위는 효력이 상실된다.
③ 연장신청이 없는 상태에서 허가기간이 만료하였다면 그 허가의 효력은 상실된다.
④ 허가의 갱신으로 갱신 전의 허가는 동일성을 유지하면서 효력을 유지한다.

해설

① ○ 유효기간이 허가사업 성질에 비춰 부당하게 짧은 경우: 허가조건의 존속기간○ (허가 자체의 존속기간×)
일반적으로 행정처분에 효력기간이 정하여져 있는 경우에는 그 기간의 경과로 그 행정처분의 효력은 상실되며, 다만 허가에 붙은 기한이 그 허가된 사업의 성질상 **부당하게 짧은 경우**에는 이를 그 **허가 자체의 존속기간**이 아니라 그 **허가조건의 존속기간**으로 보아 그 기한이 도래함으로써 그 **조건의 개정**을 고려한다는 뜻으로 해석할 수 있다(2004.3.25. 2003두12837).

② × 유효기간 내에 적법한 갱신신청을 한 경우, 허가는 갱신될 수 있다. 또한 기간 내 적법한 갱신신청을 한 이상 행정청의 갱신 가부의 결정이 없는 상태로 유효기간이 지났어도 일단은 주된 행정행위의 효력이 상실된다고 볼 수는 없다.

③ ○ 유효기간 내 연장신청을 하지 않은 경우에는 허가는 실효된다. 이는 유효기간이 부당히 짧아 허가 자체의 존속기간이 아닌 허가조건의 존속기간으로 해석되는 경우라도 마찬가지이다.

• **부당히 짧아 허가조건의 존속기간으로 해석되는 기간이더라도, 종기 전 연장신청이 없으면 실효**
허가에 붙은 기한이 그 허가된 사업의 성질상 부당하게 짧은 경우에는 이를 그 허가 자체의 존속기간이 아니라 그 허가조건의 존속기간으로 보아 그 기한이 도래함으로써 그 조건의 개정을 고려한다는 뜻으로 해석할 수는 있지만, 그와 같은 경우라 하더라도 그 허가기간이 연장되기 위하여는 그 종기가 도래하기 전에 그 허가기간의 연장에 관한 신청이 있어야 하며, 만일 그러한 연장신청이 없는 상태에서 허가기간이 만료하였다면 그 허가의 효력은 상실된다(2007.10.11. 2005두12404).

관련 **기간 경과 후 연장신청시 이는 새로운 허가신청에 불과**ⓐ
종전의 허가가 기한의 도래로 실효한 이상 원고가 **종전 허가의 유효기간이 지나서 신청**한 이 사건 기간연장신청은 그에 대한 종전의 허가처분을 전제로 하여 단순히 그 유효기간을 연장하여 주는 행정처분을 구하는 것이라기보다는 … **새로운 허가신청으로 보아** 법의 관계 규정에 의하여 허가요건의 적합 여부를 새로이 판단하여 그 허가 여부를 결정하여야 할 것이다ⓐ(1995.11.10. 94누11866).

➕ PLUS 유효기간이 지난 허가는 그로써 효력이 상실된다. 따라서 그 후의 연장신청은 새로운 허가신청이지, 종전 허가의 연장을 구하는 신청으로 볼 수 없다.

④ ○ 허가의 갱신으로 갱신 전 허가는 동일성을 유지한 채로 지속되고, 따라서 갱신 전 제재사유를 근거로 갱신 후 제재하는 것도 가능하다.

• **갱신의 효과: 갱신된 허가는 종전 허가와 동일성 유지**
건설업면허의 **갱신**이 있으면 기존 면허의 효력은 **동일성을 유지하면서** 장래에 향하여 지속한다 할 것이고 갱신에 의하여 갱신 전의 면허는 실효되고 새로운 면허가 부여된 것이라고 볼 수는 없으므로 면허갱신에 의하여 갱신 전의 건설업자의 모든 위법사유가 치유된다거나 일정한 시일의 경과로서 그 위법사유가 치유된다고 볼 수 없다(1984.9.11. 83누658).

관련 OX

③ 관련

1 허가에 붙은 기한이 부당하게 짧은 경우에는 허가기간의 연장신청이 없는 상태에서 허가기간이 만료하였더라도 그 후에 허가기간 연장신청을 하였다면 허가의 효력은 상실되지 않는다. 17(1)서울9

2 허가에 붙은 기한이 그 허가된 사업의 성질상 부당하게 짧아 그 기한을 허가조건의 존속기간으로 볼 수 있는 경우에 허가기간이 연장되기 위하여는 그 종기가 도래하기 전에 그 허가기간의 연장에 관한 신청이 있어야 한다. 20국가9

추가기출(③ 관련)

ⓐ 기한의 도래로 실효한 종전의 허가에 대한 기간연장신청은 새로운 허가를 내용으로 하는 행정처분을 구하는 것이 아니라, 종전의 허가처분을 전제로 하여 단순히 그 유효기간을 연장하여 주는 행정처분을 구하는 것으로 보아야 한다. 22국가7

선지분석 & 요플·기풀기링크

선지	THEME	요플	기풀기
①		34	015
②	T32 부관	35	017
③		41	022
④		37	018

정답 ②
OX 1× 2○ ⓐ×

07

행정행위의 부관에 대한 설명으로 옳지 않은 것은? (다툼이 있는 경우 판례에 의함) 18지방9

① 행정행위의 부관은 법령이 직접 행정행위의 조건이나 기한 등을 정한 경우와 구별되어야 한다.
② 재량행위에는 법령상의 제한에 근거한 것이 아니라 하더라도 공익상 필요에 의하여 부관을 붙일 수 있다.
③ 허가에 붙은 기한이 그 허가된 사업의 성질상 부당하게 짧은 경우에 그 기한은 허가조건의 존속기간이 아니라 허가 자체의 존속기간으로 보아야 한다.
④ 부담은 독립하여 항고소송의 대상이 될 수 있으며, 부담부 행정행위는 부담의 이행 여부를 불문하고 효력이 발생한다.

관련 OX

③ 관련

1 허가에 붙은 기한이 그 허가된 사업의 성질상 부당하게 짧은 경우에는 이를 그 허가 자체의 존속기간이 아니라 그 허가조건의 존속기간으로 보아 그 기한이 도래함으로써 그 조건의 개정을 고려한다는 뜻으로 해석할 수 있을 것이다. 18국회8

④ 관련

2 부담부 행정행위의 경우 부담에서 부과하고 있는 의무의 이행이 있어야 비로소 주된 행정행위의 효력이 발생한다. 17(상)지방9

해설

① ○ 법령에서 직접 행정행위의 조건·기한 등을 정한 것을 법정부관이라 한다. 이는 본래 의미의 부관이 아니며, 따라서 부관의 한계에 관한 일반원칙이 적용되는 대신 법률 및 법규명령에 대한 통제제도(구체적 규범통제 등)에 의해 통제된다.

- **법정부관: 부관× so 부관의 한계에 관한 원칙 적용×**
고시에 정한 허가기준에 따라 보존음료수 제조업의 허가에 붙여진 전량수출 또는 주한외국인에 대한 판매에 한한다는 내용의 조건은 이른바 **법정부관**으로서 행정청의 의사에 기하여 붙여지는 본래의 의미에서의 행정행위의 부관은 아니므로, 이와 같은 법정부관에 대하여는 행정행위에 부관을 붙일 수 있는 한계에 관한 일반적인 원칙이 적용되지는 않는다(1994.3.8. 92누1728).

② ○ 재량행위의 경우 별도의 법령상 근거가 없더라도 공익상 필요 등에 따라 부관을 붙일 수 있다. 반면, 기속행위는 별도의 법령상 근거가 없는 한 부관을 붙일 수 없는 것이 원칙이다.

행정기본법 제17조(부관) ① 행정청은 처분에 재량이 있는 경우에는 부관(조건, 기한, 부담, 철회권의 유보 등을 말한다. 이하 이 조에서 같다)을 붙일 수 있다.
② 행정청은 처분에 재량이 없는 경우에는 법률에 근거가 있는 경우에 부관을 붙일 수 있다.

③ × 유효기간이 사업 성질에 비춰 부당하게 짧은 경우: 허가조건의 존속기간
허가에 붙은 기한이 그 허가된 사업의 성질상 부당하게 짧은 경우에는 이를 그 허가 자체의 존속기간이 아니라 그 허가조건의 존속기간으로 보아 그 기한이 도래함으로써 그 조건의 개정을 고려한다는 뜻으로 해석할 수 있다(2007.10.11. 2005두12404).
+ PLUS 지문은 반대로 되어 있다.

④ ○ 부담에 대해서는 독립쟁송이 가능하다. 또한 부담부 행정행위는 그 이행 여부를 불문하고 행정행위의 효력이 발생한다. 또한 향후 이를 불이행하더라도 행정행위의 효력이 당연 상실되는 것도 아니고 철회사유가 될 뿐이다(89누2431).

선지분석 & 요플·기풀기링크

선지	THEME	요플	기풀기
①		26	098
②	T32 부관	52	048
③		34	015
④		19	027

정답 ③
OX 1○ 2×

필수 문제 08

행정행위의 부관에 대한 설명으로 옳지 않은 것은? (다툼이 있는 경우 판례에 의함) 17(하)지방9

① 행정청이 행정행위에 부가한 부관과 달리 법령이 직접 행정행위의 조건을 정한 경우에 그 조건이 위법하면 이는 법률 및 법규명령에 대한 통제제도에 의해 통제된다.

② 행정청이 행정처분을 하기 이전에 행정행위의 상대방과 협의하여 의무의 내용을 협약의 형식으로 정한 다음에 행정처분을 하면서 그 의무를 부과하는 것은 부담이라고 할 수 없다.

③ 철회권이 유보된 경우에도 철회의 제한이론인 이익형량의 원칙이 적용되나, 행정행위의 계속성에 대한 상대방의 신뢰는 유보된 철회사유에 대해서는 인정되지 않는다.

④ 허가에 붙은 기한이 그 허가된 사업의 성질상 부당하게 짧은 경우, 이를 그 허가 자체의 존속기간이 아니라 그 허가조건의 존속기간으로 볼 수 있다.

해설

① ○ 법령에서 직접 행정행위의 조건·기한 등을 정한 것을 법정부관이라 한다. 이는 본래 의미의 부관이 아니며, 따라서 부관의 한계에 관한 일반원칙이 적용되는 대신 법률 및 법규명령에 대한 통제제도(구체적 규범통제 등)에 의해 통제된다.

• **법정부관: 부관× so 부관의 한계에 관한 원칙 적용×**
고시에 정한 허가기준에 따라 보존음료수 제조업의 허가에 붙여진 전량수출 또는 주한외국인에 대한 판매에 한한다는 내용의 조건은 이른바 법정부관으로서 행정청의 의사에 기하여 붙여지는 본래의 의미에서의 행정행위의 부관은 아니므로, 이와 같은 법정부관에 대하여는 행정행위에 부관을 붙일 수 있는 한계에 관한 일반적인 원칙이 적용되지는 않는다(1994.3.8. 92누1728).

② × **부담: 일방적으로 or 협약 형식으로 미리 정한 다음 부가 가능**
수익적 행정처분에 있어서는 법령에 특별한 근거규정이 없다고 하더라도 그 부관으로서 부담을 붙일 수 있고, 그와 같은 부담은 행정청이 행정처분을 하면서 일방적으로 부가할 수도 있지만 부담을 부가하기 이전에 상대방과 협의하여 부담의 내용을 협약의 형식으로 미리 정한 다음 행정처분을 하면서 이를 부가할 수도 있다(2009.2.12. 2005다65500).

③ ○ 철회권이 유보된 경우, 그 유보된 사유의 발생은 철회사유에 해당한다. 그러나 이 경우에도 철회제한사유가 있으면 철회할 수 없음은 물론이다. 따라서 유보된 사유가 발생하여도, 철회제한사유 중 하나인 이익형량의 원칙에 따른 제한을 받게 된다. 다만 철회제한사유 중 신뢰보호의 원칙은 적용되지 않는다. 상대방도 철회가능성을 예견할 수 있었기 때문이다. 결국 행정청이 철회권을 유보하는 것은 향후 사유발생시 상대방이 신뢰보호원칙을 주장하는 것을 제한하는 데 실익이 있다고 할 수 있다. 같은 논리로 철회권 유보사유 발생으로 인한 철회의 경우 상대방은 철회에 따른 손실보상도 요구할 수 없음이 원칙이다.

④ ○ **유효기간이 사업 성질에 비춰 부당하게 짧은 경우: 허가조건의 존속기간○(허가 자체의 존속기간×)**
허가에 붙은 기한이 그 허가된 사업의 성질상 부당하게 짧은 경우에는 이를 그 허가 자체의 존속기간이 아니라 그 허가조건의 존속기간으로 보아 그 기한이 도래함으로써 그 조건의 개정을 고려한다는 뜻으로 해석할 수 있다(2007.10.11. 2005두12404).

+ PLUS 연장을 거듭한 결과 누적기간이 더 이상 짧지 않은 경우: 재량권을 행사해 연장거부 가능
이와 같이 당초에 붙은 기한을 허가 자체의 존속기간이 아니라 허가조건의 존속기간으로 보더라도 그 후 당초의 기한이 상당 기간 연장되어 연장된 기간을 포함한 존속기간 전체를 기준으로 볼 경우 더 이상 허가된 사업의 성질상 부당하게 〈짧은 경우에 해당하지 않게 된 때〉에는 관계 법령의 규정에 따라 허가 여부의 재량권을 가진 행정청으로서는 그 때에도 허가조건의 개정만을 고려하여야 하는 것은 아니고 재량권의 행사로서 더 이상의 기간연장을 불허가할 수도 있는 것이며, 이로써 허가의 효력은 상실된다(2004.3.25. 2003두12837).

관련 OX

② 관련

1. ❌ 부담은 그 자체로서 독립된 행정처분이므로 행정청이 행정처분을 하면서 일방적으로 부가하는 것이지, 사전에 상대방과 협의하여 부담의 내용을 협약의 형식으로 미리 정한 후에 행정처분을 하면서 이를 부가할 수는 없다. 16국가9

④ 관련

2. 허가에 붙은 기한이 그 허가된 사업의 성질상 부당하게 짧은 경우에는 이를 그 허가 자체의 존속기간이 아니라 그 허가조건의 존속기간으로 보아 그 기한이 도래함으로써 그 조건의 개정을 고려한다는 뜻으로 해석할 수 있을 것이다. 18국회8

추가기출(④ 관련)

ⓐ 허가에 붙은 기한이 그 허가된 사업의 성질상 부당하게 짧아 이 기한을 그 허가조건의 존속기간으로 해석할 수 있더라도, 그 후 당초의 기한이 상당 기간 연장되어 연장된 기간을 포함한 존속기간 전체를 기준으로 보면 더 이상 허가된 사업의 성질상 부당하게 짧은 경우에 해당하지 않게 된 때에는, 관계법령상 허가여부의 재량권을 가진 행정청은 허가조건의 개정만을 고려하여야 하는 것은 아니고, 재량권의 행사로서 더 이상의 기간 연장을 불허가하여 허가의 효력을 상실시킬 수 있다. 16지방7

선지분석 & 요플·기풀기링크

선지	THEME	요플	기풀기
①	T32 부관	27	099
②		29	033
③	T31 VA의 취소·철회·실효	73	079
④	T32 부관	34	015

정답 ②

OX 1× 2○ ⓐ○

09

행정행위의 부관에 대한 설명으로 옳지 않은 것은? (다툼이 있는 경우 판례에 의함)

12사복9(변형)

① 어업에 관한 허가 또는 신고의 경우에는 어업면허와 달리 유효기간연장제도가 마련되어 있지 아니하므로 그 유효기간이 경과하면 그 허가나 신고의 효력이 당연히 소멸하며, 재차 허가를 받거나 신고를 하더라도 허가나 신고의 기간만 갱신되어 종전의 어업허가나 신고의 효력 또는 성질이 계속된다고 볼 수 없고 새로운 허가 내지 신고로서의 효력이 발생한다.

② 철회권이 유보된 경우라도 철회권의 행사는 그 자체만으로는 정당화되지 않고 그 외에 철회의 일반적 요건이 충족되어야 한다.

③ 위법한 부담 이외의 부관으로 인해 권리를 침해받은 자는 부관부 행정행위 전체를 취소청구하든지, 아니면 행정청에 부관이 없는 처분으로의 변경을 청구한 다음 그것이 거부된 경우에 거부처분취소소송을 제기하여야 한다.

④ 법령상 근거가 없어도 기속행위에 그 효과를 제한하는 부관을 붙일 수 있다.

관련 OX

① 관련

1 어업에 관한 허가 또는 신고는 어업면허와 마찬가지로 유효기간이 경과해도 그 허가나 신고의 효력이 당연히 소멸되는 것은 아니므로 재차허가를 받거나 신고를 하면 허가나 신고의 기간이 갱신되어 종전의 어업허가나 신고의 효력 또는 성질이 계속된다고 볼 수 있다. 21소간

② 관련

2 행정행위의 부관으로 철회권의 유보가 되어 있는 경우라 하더라도 그 철회권의 행사에 대해서는 행정행위의 철회의 제한에 관한 일반원리가 적용된다. 13국가9

④ 관련

3
기속행위에 대해서는 법령상 특별한 근거가 없는 한 부관을 붙일 수 없고, 가사 부관을 붙였다고 하더라도 이는 무효이다. 19국가9

해설

① ○ 연장제도가 없는 어업허가·신고 → 재차 허가신고 있더라도 이는 새로운 허가·신고에 해당(→ 종전 허가·신고가 계속×)
어업에 관한 허가 또는 신고의 경우에는 어업면허와 달리 <u>유효기간연장제도가 마련되어 있지 아니하므로</u> 그 유효기간이 경과하면 그 허가나 신고의 효력이 당연히 소멸하며, <u>재차 허가를 받거나 신고를 하더라도 허가나 신고의 기간만 갱신되어 종전의 어업허가나 신고의 효력 또는 성질이 계속된다고 볼 수 없고 새로운 허가 내지 신고로서의 효력이 발생</u>한다고 할 것이다(2011.7.28. 2011두5728).

② ○ 철회권이 유보된 경우, 그 유보된 사유의 발생은 **철회사유**에 해당한다. 그러나 이 경우에도 철회제한의 일반적 요건은 충족되어야 철회할 수 있다. 따라서 유보된 사유가 발생하여도, 철회제한사유 중 하나인 **이익형량의 원칙**에 따른 제한을 받게 된다.

③ ○ 판례는 **부담 외 부관의 경우 독립쟁송이 불가**하다고 보고 있으며, 따라서 부관만을 대상으로 소를 제기하여 부관만의 취소를 구하는 진정일부취소소송은 물론, 형식상으로는 **부관부 행정행위 전체를 대상으로 소를 제기하면서 실질적으로는 부관만의 취소**를 구하는 부진정일부취소소송 역시 불가하다고 본다. 부담 외 부관의 위법을 다투기 위해서는 ① **전체취소소송**, 즉 부관부 행정행위 전체를 대상으로 소송을 제기하여 주된 행정행위까지 통째로 취소를 구하는 소송을 하거나, ② 일단 행정청에 부관을 변경해 줄 것을 신청한 후, 이를 거부당하면 그 **거부처분에 대하여 취소소송**을 제기하는 우회적 방법을 사용할 수밖에 없다.

④ × 재량행위에는 법령의 근거가 없어도 부관을 붙일 수 있으나, 기속행위에는 법령에 근거 없는 한 부관을 붙일 수 없고 붙였다 하더라도 무효가 된다.

• 일반적으로 **기속행위**나 **기속적 재량행위**에는 <u>부관을 붙일 수 없고</u> 가사 부관을 <u>붙였다</u> 하더라도 이는 <u>무효</u>의 것이다(1988.4.27. 87누1106).

행정기본법 제17조(부관) ② 행정청은 처분에 **재량이 없는 경우**에는 **법률에 근거가 있는 경우**에 부관을 붙일 수 있다.

+ PLUS 주된 법률행위의 효과를 제한하는 효과제한적 부관이 아닌 법률행위의 요건을 충족시킬 것을 정지조건으로 하는 **요건충족적 부관**은 법령상 근거가 없어도 붙일 수 있다는 견해도 있지만, 이 견해에 의하더라도 효과를 제한하는 부관은 법률에 근거가 없는 한 부관을 붙일 수 없다.

정답 ④
OX 1× 2○ 3○

10

「식품위생법」은 관할관청이 영업허가를 하는 때에는 필요한 조건을 붙일 수 있다고 규정하고 있다. 이에 군수 A는 유흥주점영업을 허가하면서 일정한 규모의 주차공간을 확보할 것을 조건으로 붙였다. 이에 대한 설명으로 옳은 것은?

10국가9

① 「식품위생법」상의 영업허가는 재량행위이므로 이러한 조건을 붙일 수 있는 것이다.
② 여기에서 조건은 강학상 법률효과의 일부배제라고 부른다.
③ 「식품위생법」상의 근거규정이 있기 때문에 유흥주점영업허가에 조건을 붙일 수 있다.
④ 취소소송을 통하여 조건을 다투는 경우에 조건을 포함한 유흥주점영업허가를 취소소송의 대상으로 하면서 조건만을 취소해 달라고 청구하는 경우를 진정일부취소소송이라 한다.

관련 OX

①③ 관련

1 행정청은 처분에 재량이 없는 경우에는 법률에 근거가 있더라도 조건을 붙일 수 없다. 24군무원7

④ 관련

2 (甲은 관할 행정청 A에 도로점용허가를 신청하였고, 이에 대하여 행정청 A는 주민의 민원을 고려하여 甲에 대하여 공원부지를 기부채납할 것을 부관으로 하여 도로점용허가를 하였다) 위 부관을 조건으로 본다면, 甲은 부관부 행정행위 전체를 취소소송의 대상으로 하여 부관만의 일부취소를 구하여야 한다. 16국가9

해설

① ✕ ③ ○ 처분에 재량이 없는 기속행위라 하더라도 법령에서 **명시적으로 근거를 둔 경우**에는 당연히 조건 등 각종 부관을 붙일 수 있다(행정기본법 제17조 제2항). ③ 예컨대 식품위생법상 유흥주점영업허가의 경우 기속행위이지만 조건을 붙일 수 있다는 **명문규정이 있으므로** 부관을 붙일 수 있게 된다. ①

식품위생법 제37조(영업허가 등) ② 식품의약품안전처장 또는 특별자치시장·특별자치도지사·시장·군수·구청장은 제1항에 따른 영업허가를 하는 때에는 필요한 조건을 붙일 수 있다.

+ PLUS ① 지문은 조건을 붙일 수 있다는 부분은 옳으나, 재량행위라는 부분이 틀린 것이다.

② ✕ 영업허가 등에 붙인 시설설치의무는 정지조건 혹은 부담으로 볼 수 있다. 적어도 법률효과의 일부배제는 될 수 없다.

④ ✕ **진정일부취소소송**이란 부담만을 대상으로 소송을 제기하여 부담만의 취소를 구하는 형태의 취소소송을 의미한다. 이에 반해 부관부 행정행위 전체를 대상으로 소송을 제기한 뒤 부관만의 취소를 구하는 소송을 **부진정일부취소소송**이라고 한다. 지문의 경우는 부진정일부취소소송에 해당한다.

선지분석 & 요플·기풀기링크

선지	THEME	요플	기풀기
①		49	046
②	T32 부관	11	009
③		49	046
④		86	085

정답 ③
OX 1 ✕ 2 ✕

11

행정행위의 부관에 관한 설명으로 옳지 않은 것은? 15교행9

① 법률효과의 일부배제는 법률에 근거가 있어야 한다.
② 부관은 주된 행정행위와 실질적 관련성이 있어야 한다.
③ 부담을 불이행하면 주된 행정행위의 효력이 당연히 소멸한다.
④ 장래의 도래가 불확실한 사실에 행정행위의 효력발생을 의존시키는 조건을 정지조건이라 한다.

관련 OX

① 관련
1 법률효과의 일부배제는 법령상에 규정된 효과의 일부를 배제하는 것이지만, 항상 법령에 명시적 근거를 요하는 것은 아니다. 10국회8

② 관련
2 행정청은 처분에 재량이 있는 경우에는 조건을 붙일 수 있는데 그러한 조건은 해당 처분과 실질적인 관련성이 있어야 하는 것은 아니다. 24군무원7

해설

① ○ 법률효과의 일부배제란 법령이 행정행위에 부여하는 일반적인 법률효과 중 일부를 배제하는 것이다. 법률효과의 일부배제는 법령이 부여하는 법률효과를 배제하는 것이므로 반드시 **법률상 근거가 있어야** 한다.

② ○ 부관은 주된 행정행위와 실질적 관련성을 가져야 하고, 그렇지 않을 경우 부당결부금지의 원칙을 위반하여 위법하다.

> **행정기본법 제17조(부관)** ① 행정청은 처분에 재량이 있는 경우에는 부관(조건, 기한, 부담, 철회권의 유보 등을 말한다. 이하 이 조에서 같다)을 붙일 수 있다.
> ④ 부관은 다음 각 호의 요건에 적합하여야 한다.
> 1. 해당 처분의 목적에 위배되지 아니할 것
> 2. **해당 처분과 실질적인 관련이 있을 것**
> 3. 해당 처분의 목적을 달성하기 위하여 필요한 최소한의 범위일 것

③ × 조건·기한은 행정행위의 효력발생이나 소멸에 직접 영향을 미치는 반면, **부담은 행정행위의 효력에 직접 영향을 미치지 않고**, 다만 그 의무불이행시 주된 행정행위를 **철회할 수 있는 사유**가 될 뿐이다.

④ ○ 행정행위의 효력의 발생 혹은 소멸을 장래 **성취 여부가 불확실한 사실에 의존시키는 부관을 '조건'**이라 한다. 조건이 된 사실 발생시 비로소 행정행위의 **효력이 발생**하도록 한 것을 '**정지조건**', 일단 행정행위의 효력이 발생하였다가 조건이 된 사실 발생시 그때부터 행정행위의 **효력이 소멸**되도록 한 것을 '**해제조건**'이라 한다.

선지분석 & 요플·기풀기링크

선지	THEME	요플	기풀기
①		16	038
②	T32 부관	69	065
③		20	031
④		10	007

정답 ③
OX 1× 2×

12

행정행위의 부관에 대한 설명으로 옳은 것은? (다툼이 있는 경우 판례에 의함) 17(상)지방9

① 부담부 행정행위의 경우 부담에서 부과하고 있는 의무의 이행이 있어야 비로소 주된 행정행위의 효력이 발생한다.
② 공유재산의 관리청이 기부채납된 행정재산에 대하여 행하는 사용·수익허가의 경우, 부관인 사용·수익허가의 기간에 위법사유가 있다면 허가 전부가 위법하게 된다.
③ 학설의 다수견해는 수정부담의 성격을 부관으로 이해한다.
④ 행정행위의 부관은 법령에 명시적 근거가 있는 경우에만 부가할 수 있다.

관련 OX

① 관련
1 부담은 독립하여 항고소송의 대상이 될 수 있으며, 부담부 행정행위는 부담의 이행 여부를 불문하고 효력이 발생한다. 18지방9

④ 관련
2 재량행위에 대해서는 법령상 특별한 근거가 없는 한 부관을 붙일 수 없고 만약 부관을 붙였다고 할지라도 무효이다. 23소간

해설

① ✗ <u>부담부 행정행위는</u> 그 이행 여부를 불문하고 <u>행정행위의 효력이 발생한다</u>. 또한 향후 이를 불이행하더라도 행정행위의 효력이 당연 상실되는 것도 아니고 철회사유가 될 뿐이다(89누2431). 반면 조건부 행정행위는 이를 이행해야만 행정행위의 효력이 발생하거나(정지조건의 경우), 조건발생시 행정행위의 효력이 당연 상실된다(해제조건의 경우). 따라서 어떠한 부관이 부담인지 조건인지 명확하지 않으면 부담으로 추정하는 것이 바람직하다. 그것이 상대방인 국민에게 더 유리하기 때문이다.

② ○ <u>기부채납받은 행정재산의 사용·수익기간: 처분의 본질적 요소 so 기간이 위법한 경우 허가처분이 위법</u> 기부채납받은 행정재산에 대한 사용·수익허가 중 <u>사용·수익허가의 기간</u>에 대하여 … 그 허가기간은 행정행위의 본질적 요소에 해당한다고 볼 것이어서, 부관인 <u>허가기간에 위법사유가 있다면</u> 이로써 <u>이 사건 허가 전부가 위법</u>하게 될 것이다(2001.6.15. 99두509).

+ PLUS 재량행위에 붙은 위법한 부관이 행정행위의 본질적 부분이면 그로 인해 주된 행정행위까지 위법하게 된다.

③ ✗ <u>수정부담</u>이란, 상대방이 신청한 것과 다른 내용의 행정행위를 하는 것이다. 예컨대 A진로로 시위할 것을 신청하였는데, B진로로 변경해 허가해 준 경우나, A국가 축산물에 대한 수입허가 신청에 대해 B국가로 변경해 수입허가를 하는 경우 등이다. 이는 신청한 내용의 행정행위를 하면서 그 효력을 제한하는 것이 아니라 아예 신청된 내용을 변경해 버리는 것이므로 <u>부관이 아니라고 보는 것이 다수설이다.</u>

④ ✗ 부관은 재량행위에 부가하는 것이 원칙이고, <u>재량행위에는 법령에 별도의 근거가 없어도 부관을 부가할 수 있다</u>. 반면, 기속행위에는 부관을 부가할 수 없는 것이 원칙이고, 부가하려면 법령에 별도의 근거가 있어야 한다(단, 요건충족적 부관의 경우 법령에 근거가 없어도 된다는 유력설 존재).

행정기본법 제17조(부관) ① 행정청은 처분에 재량이 있는 경우에는 부관(조건, 기한, 부담, 철회권의 유보 등을 말한다. 이하 이 조에서 같다)을 붙일 수 있다.
② 행정청은 처분에 재량이 없는 경우에는 법률에 근거가 있는 경우에 부관을 붙일 수 있다.

선지분석 & 요플·기풀기링크

선지	THEME	요플	기풀기
①		19	027
②	T32 부관	75	074
③		28	101
④		50	047

정답 ②
OX 1○ 2✗

13

행정행위의 부관에 대한 설명으로 옳지 않은 것은? (다툼이 있는 경우 판례에 의함) 20소방

① 사정변경으로 인하여 당초에 부담을 부가한 목적을 달성할 수 없게 된 경우에도 부관의 사후변경은 그 목적달성에 필요한 범위 내에서 예외적으로 허용된다는 것이 판례의 태도이다.

② 행정행위의 부관의 유형 중에서 장래의 불확실한 사실에 의해서 행정행위의 효력을 소멸시키는 것은 해제조건이다.

③ 지방국토관리청장이 일부 공유수면매립지에 대하여 한 국가 또는 직할시(현 광역시) 귀속처분은 법률효과의 일부배제에 해당하는 것으로 행정행위의 부관의 유형으로 볼 수 없다는 것이 판례의 태도이다.

④ 부담과 조건의 구별이 명확하지 않은 경우에는 부담으로 보는 것이 행정행위의 상대방에게 유리하다고 본다.

해설

① ○ **부관의 사후변경: 법률규정, 사후변경 유보, 당사자 동의 있는 경우에 가능 / 사정변경시에도 가능**
행정처분에 이미 부담이 부가되어 있는 상태에서 그 의무의 범위 또는 내용 등을 변경하는 부관의 사후변경은, 법률에 명문의 규정이 있거나 그 변경이 미리 유보되어 있는 경우 또는 상대방의 동의가 있는 경우에 한하여 허용되는 것이 원칙이지만, 사정변경으로 인하여 당초에 부담을 부가한 목적을 달성할 수 없게 된 경우에도 그 목적달성에 필요한 범위 내에서 예외적으로 허용된다(1997.5.30. 97누2627).

+ PLUS 다음과 같이 사후부담 및 부관의 사후변경이 입법화되었다.

행정기본법 제17조(부관) ③ 행정청은 부관을 붙일 수 있는 처분이 다음 각 호의 어느 하나에 해당하는 경우에는 그 처분을 한 후에도 부관을 새로 붙이거나 종전의 부관을 변경할 수 있다.
1. 법률에 근거가 있는 경우
2. 당사자의 동의가 있는 경우
3. 사정이 변경되어 부관을 새로 붙이거나 종전의 부관을 변경하지 아니하면 해당 처분의 목적을 달성할 수 없다고 인정되는 경우

② ○ 해제조건은 행정행위의 효력의 소멸을 장래의 불확실한 사실에 의존시키는 것을 말한다. 해제조건이 부가된 행정행위는 처음부터 효력이 발생하나, 조건이 성취되면 당연히 효력을 상실한다.

③ × **일부 공유수면매립지 국고귀속처분(법률효과 일부배제 부관)에 대한 독립쟁송: 불가**
행정행위의 부관은 부담의 경우를 제외하고는 독립하여 행정소송의 대상이 될 수 없는 것인바, 지방국토관리청장이 일부 공유수면매립지에 대하여 한 국가 또는 직할시 귀속처분은 매립준공인가를 함에 있어서 매립의 면허를 받은 자의 매립지에 대한 소유권취득을 규정한 공유수면매립법 제14조의 효과 일부를 배제하는 부관을 붙인 것이고, 이러한 행정행위의 부관은 위 법리와 같이 독립하여 행정소송 대상이 될 수 없다(1993.10.8. 93누2032).

+ PLUS 법률효과의 일부배제의 성격에 대해 학설대립이 있다. 판례는 부관으로 본다.

④ ○ 부담의 경우 조건 성취와 무관히 행정행위의 효력이 발생하고, 효력이 당연 상실되지도 않아 상대방에게 조건보다 유리하다. 따라서 어떠한 부관이 부담인지 조건인지 명확하지 않으면 상대방에게 유리한 부담으로 추정하는 것이 바람직하다.

선지선택비율 ① 15.38% ② 20.51% ③ 56.41% ④ 7.69% 오답률 43.59%

관련 OX

① 관련

1 부관의 사후변경은 법률에 명문의 규정이 있거나 그 변경이 미리 유보되어 있는 경우 또는 상대방의 동의가 있는 경우에 한하여 허용되는 것이 원칙이지만, 사정변경으로 인하여 당초에 부담을 부가한 목적을 달성할 수 없게 된 경우에도 그 목적달성에 필요한 범위 내에서 예외적으로 허용된다. 17(하)국가9

③ 관련

2 지방국토관리청장이 일부 공유수면매립지에 대하여 한 국가 귀속처분은 매립준공인가를 함에 있어서 매립의 면허를 받은 자의 매립지에 대한 소유권취득을 규정한 구「공유수면매립법」의 법률효과를 일부 배제하는 부관을 붙인 것이다. 24지방9

④ 관련

3 부담과 조건의 구분이 명확하지 않을 경우, 조건이 당사자에게 부담보다 유리하기 때문에 원칙적으로 조건으로 추정해야 한다. 15사복9

선지분석 & 요플·기풀기링크

선지	THEME	요플	기풀기
①	T32 부관	61	059
②		12	008
③		15	037
④		24	029

정답 ③

OX 1○ 2○ 3×

필수문제 14

행정행위의 부관에 관한 설명으로 옳지 않은 것은? (다툼이 있으면 판례에 의함) 20소간

① 지방국토관리청장이 일부 공유수면매립지에 대하여 한 국가 또는 직할시(현 광역시) 귀속처분은 독립하여 행정소송의 대상이 될 수 있다.
② 65세대의 주택건설사업에 대한 사업계획승인시 '진입도로 설치 후 기부채납, 인근 주민의 기존 통행로 폐쇄에 따른 대체 통행로 설치 후 그 부지 일부 기부채납'을 조건으로 붙인 것은 위법한 부관에 해당하지 않는다.
③ 부관은 면허 발급 당시에 붙이는 것뿐만 아니라 면허 발급 이후에 붙이는 것도 법률에 명문의 규정이 있거나 변경이 미리 유보되어 있는 경우 또는 상대방의 동의가 있는 경우 등에는 특별한 사정이 없는 한 허용된다.
④ 해제조건의 경우에 조건이 성취되면 행정행위의 효력은 당연히 소멸되지만, 부담의 경우에 부담에 의해 부과된 의무의 불이행은 행정행위의 철회사유가 된다.
⑤ 부담은 행정처분을 하면서 일방적으로 부가할 수 있으며, 부담을 부가하기 전에 상대방과 협의하여 협약의 형식으로 부가할 수 있다.

관련 OX

① 관련

1 ◯ 공유수면매립준공인가처분을 하면서 매립지 일부에 대하여 한 국가 및 지방자치단체에의 귀속처분은 부관 중 부담에 해당하므로 독립하여 행정소송 대상이 될 수 있다. 19지방9

③ 관련

2 ◯ 부관을 행정행위 당시가 아니라 행정행위가 행하여진 후에 새로이 붙일 수 있는지에 대하여는 비록 법령에 근거가 있고 상대방의 동의가 있다고 해도 인정하지 않는 것이 판례의 태도이다. 11국가9

해설

① ✕ **일부 공유수면매립지 국고귀속처분(법률효과 일부배제 부관)에 대한 독립쟁송: 불가**
행정행위의 부관은 부담의 경우를 제외하고는 독립하여 행정소송의 대상이 될 수 없는 것인바, 지방국토관리청장이 일부 공유수면매립지에 대하여 한 국가 또는 직할시 귀속처분은 매립준공인가를 함에 있어서 매립의 면허를 받은 자의 매립지에 대한 소유권취득을 규정한 공유수면매립법 제14조의 효과 일부를 배제하는 부관을 붙인 것이고, 이러한 행정행위의 부관은 위 법리와 같이 독립하여 행정소송 대상이 될 수 없다(1993.10.8. 93누2032).

② ◯ **주택건설사업계획을 승인하면서 진입도로 등을 설치하고 그 부지 일부를 기부채납하도록 하는 부관 → 적법(65세대에 불과해도 동일)**
65세대의 공동주택을 건설하려는 사업주체(지역주택조합)에게 주택건설촉진법 제33조에 의한 주택건설사업계획의 승인처분을 함에 있어 그 주택단지의 진입도로 부지의 소유권을 확보하여 진입도로 등 간선시설을 설치하고 그 부지 소유권 등을 기부채납하며 그 주택건설사업 시행에 따라 폐쇄되는 인근 주민들의 기존 통행로를 대체하는 통행로를 설치하고 그 부지 일부를 기부채납하도록 조건을 붙인 경우, 주택건축촉진법과 같은법 시행령 및 「주택건설기준 등에 관한 규정」등 관련 법령의 관계 규정에 의하면 그와 같은 조건을 붙였다 하여도 다른 특별한 사정이 없는 한 필요한 범위를 넘어 과중한 부담을 지우는 것으로서 형평의 원칙 등에 위배되는 위법한 부관이라 할 수 없다(1997.3.14. 96누16698).

③ ◯ **사후부관: 법률규정, 사후부관 유보, 당사자 동의 있는 경우에 가능**
부관은 면허 발급 당시에 붙이는 것뿐만 아니라 면허 발급 이후에 붙이는 것도 법률에 명문의 규정이 있거나 변경이 미리 유보되어 있는 경우 또는 상대방의 동의가 있는 경우 등에는 특별한 사정이 없는 한 허용된다(2016.11.24. 2016두45028).

행정기본법 제17조(부관) ③ 행정청은 부관을 붙일 수 있는 처분이 다음 각 호의 어느 하나에 해당하는 경우에는 그 처분을 한 후에도 부관을 새로 붙이거나 종전의 부관을 변경할 수 있다.
1. 법률에 근거가 있는 경우
2. 당사자의 동의가 있는 경우
3. 사정이 변경되어 부관을 새로 붙이거나 종전의 부관을 변경하지 아니하면 해당 처분의 목적을 달성할 수 없다고 인정되는 경우

선지분석 & 요플·기풀기링크

선지	THEME	요플	기풀기
①		84	083
②		71	067
③	T32 부관	62	058
④		23	028
⑤		29	033

④ ○ 해제조건의 경우 해제조건이 발생시 행정행위가 당연 실효된다. 반면 부담의 경우 부담을 이행하지 않아도 행정행위의 철회사유가 될 뿐이다. 따라서 부담이 해제조건보다 당사자에게 유리하다.

⑤ ○ 부담: 일방적으로 or 협약 형식으로 미리 정한 다음 부가 가능
수익적 행정처분에 있어서는 법령에 특별한 근거규정이 없다고 하더라도 그 부관으로서 부담을 붙일 수 있고, 그와 같은 **부담**은 행정청이 행정처분을 하면서 **일방적**으로 부가할 수도 있지만 부담을 부가하기 이전에 상대방과 **협의하여 부담의 내용을 협약의 형식으로 미리 정한 다음** 행정처분을 하면서 이를 부가할 수도 있다(2009.2.12. 2005다65500).

15 사례형

甲은 관할 행정청 A에 도로점용허가를 신청하였고, 이에 대하여 행정청 A는 주민의 민원을 고려하여 甲에 대하여 공원부지를 기부채납할 것을 부관으로 하여 도로점용허가를 하였다. 이와 관련한 판례의 입장으로 옳지 않은 것은?

16국가9

① 위 부관을 조건으로 본다면, 甲은 부관부 행정행위 전체를 취소소송의 대상으로 하여 부관만의 일부취소를 구하여야 한다.
② 위 부관을 부담으로 본다면, 부관만 독립하여 취소소송의 대상으로 할 수 있으며 부관만의 독립취소가 가능하다.
③ 위 부관을 부담으로 보는 경우, 甲이 정해진 기간 내에 공원 부지를 기부채납하지 않은 경우에도 도로점용허가를 철회하지 않는 한 도로점용허가는 유효하다.
④ 부가된 부담이 무효임에도 불구하고 甲이 부관을 이행하여 기부채납을 완료한 경우, 甲의 기부채납 행위가 당연히 무효로 되는 것은 아니다.

관련 OX

② 관련
1 형식상 부관부 행위 전체를 소송의 대상으로 하면서 내용상 일부, 즉 부관만의 취소를 구하는 소송형태는 진정일부취소소송이다. 14(1)경행

③ 관련
2 부담에 의하여 부가된 의무의 불이행으로 부담부 행정행위가 당연히 효력을 상실하는 것은 아니고 당해 의무불이행은 부담부 행정행위의 철회사유가 될 수 있다. 16국가7

④ 관련
3 부관인 부담의 이행행위인 법률행위는 공법상의 법률행위의 성격을 갖기 때문에 부담이 무효이거나 취소가 되면, 그 이행행위인 기부채납이나 금전납부는 법률상 원인 없이 이루어진 것으로 부당이득이 된다. 14국회8

해설

※ 기부채납 부관은 사안에 따라 부담일 수도 있고(주된 인·허가의 효력을 일단 발생시키고, 별도로 기부채납 의무부과), 정지조건일 수도 있다(기부채납을 먼저 하면 그때 비로소 주된 인·허가의 효력 발생). 실무상은 보통 부담으로 쓰인다. 이 문제는 ①에서 이를 조건으로 보는 경우, ②③④에서 이를 부담으로 보는 경우로 나누어 묻는 방식으로 부관의 큰 두 줄기를(부담과 부담이 아닌 것) 구별시키면서, 부관 관련 각종 쟁점도 종합적으로 묻고 있는 좋은 문제이다.

① × 위 기부채납 부관을 <조건>으로 본다면 부관만을 대상으로 한 독립쟁송이 불가하다. 처음부터 부관만을 대상으로 소를 제기하는 진정일부취소소송은 물론, 일단 부관부 행정행위 전체를 대상으로 소송을 제기한 뒤 부관만의 취소를 구하는 부진정일부취소소송조차 불가하다는 것이 판례의 태도이다.

② ○ 위 기부채납 부관을 <부담>으로 볼 경우, 부관만을 대상으로 한 독립쟁송이 가능하다. 즉, 부관만을 대상으로 소를 제기해 부관만 독립취소시키는 진정일부취소소송이 가능하다.

③ ○ 위 기부채납 부관을 <부담>으로 볼 경우, 이를 불이행하더라도 주된 행정행위인 도로점용허가의 효력이 당연 상실되는 것이 아니라 철회사유가 될 뿐이다(89누2431). 따라서 행정청이 도로점용허가를 철회하지 않는 한 도로점용허가는 여전히 유효하다.

④ ○ 부담과 부담이행행위는 별개 → 부담이 무효여도 부담이행행위는 당연 무효 ×
행정처분에 부담인 부관을 붙인 경우 부관의 무효화에 의하여 본체인 행정처분 자체의 효력에도 영향이 있게 될 수는 있지만, 그 처분을 받은 사람이 부담의 이행으로 사법상 매매 등의 법률행위를 한 경우에는 그 부관은 특별한 사정이 없는 한 법률행위를 하게 된 동기 내지 연유로 작용하였을 뿐이므로 이는 법률행위의 취소사유가 될 수 있음은 별론으로 하고 그 법률행위 자체를 당연히 무효화하는 것은 아니다(2009.6.25. 2006다18174).

+ PLUS 부담과 그 이행행위가 별개의 관계에 있는 이상, 부담이 무효여도 그 이행행위가 무효가 되는 것은 아니다. 예를 들어 기속행위에 기부채납부관을 붙인 경우 해당 기부채납부관은 무효이나 그 사법상의 기부채납행위까지 무효가 되는 것은 아니다. 따라서 기부채납을 받은 행정주체가 부당이득을 하고 있는 것도 아니게 되고, 상대방 국민은 그 이행으로 경료한 소유권이전등기를 말소해 기부한 토지소유권 등을 되찾아 올 수도 없다.

선지분석 & 요플·기풀기링크

선지	THEME	요플	기풀기
①		86	085
②	T32 부관	79	084
③		21	032
④		93	093

정답 ①
OX 1× 2○ 3×

16 사례형

다음 사례에 대한 판례의 입장으로 옳지 않은 것은? 17(상)국가9

> 고속국도 관리청이 고속도로 부지와 접도구역에 송유관 매설을 허가하면서 상대방인 甲과 체결한 협약에 따라 송유관 시설을 이전하게 될 경우 그 비용을 甲이 부담하도록 하였는데, 그 후 「도로법 시행규칙」이 개정되어 접도구역에는 관리청의 허가 없이도 송유관을 매설할 수 있게 되었다.

① 협약에 따라 송유관 시설을 이전하게 될 경우 그 비용을 甲이 부담하도록 한 것은 행정행위의 부관 중 부담에 해당한다.
② 甲과의 협약이 없더라도 고속국도 관리청은 송유관매설허가를 하면서 일방적으로 송유관 이전시 그 비용을 甲이 부담한다는 내용의 부관을 부가할 수 있다.
③ 「도로법 시행규칙」의 개정 이후에도 위 협약에 포함된 부관은 부당결부금지의 원칙에 반하지 않는다.
④ 「도로법 시행규칙」의 개정으로 접도구역에는 관리청의 허가 없이도 송유관을 매설할 수 있게 되었기 때문에 위 협약 중 접도구역에 대한 부분은 효력이 소멸된다.

해설

①②③ ○, ④ × 고속국도 관리청인 한국도로공사와 송유관 건설·운영업체인 대한송유관공사 간 송유관 이설공사비를 두고 10년 가까이 벌인 분쟁으로 민사소송이지만 행정법의 부관에 관한 주요 법리들이 정면으로 판시된 매우 중요한 행정법상 판례이다. 아래 4개 쟁점은 매년 출제되므로, 문제를 푸는 것뿐 아니라, 판례 문구도 꼼꼼히 숙지한다.

- (부가방식) 부담은 통상 행정처분과 동시에 일방적으로 내리나,② 행정처분 전 미리 협약의 형식으로 정하는 것도 당연히 가능한바, 협약에 따라 이설비 부담을 지운 것도 실질상 부담①
- (위법성 판단) 부담의 위법성 판단은 처분시 법령을 기준으로 하는바, 처분시 법령상 부담부과가 가능했다면, 처분 후 법령개정으로 부담부과가 불가능해졌어도 부담은 적법유효④
- (부당결부 여부) 또한 매설을 허용해 주는 대신 추후 이전비용을 부담하라는 것이므로 실질적 관련성도 존재하여 부당결부금지원칙위반도 아님③
- (결론) 이설비 부담을 지운 것은 적법유효 so 송유관공사는 이설비를 부담해야 함

수익적 행정처분에 있어서는 법령에 특별한 근거규정이 없다고 하더라도 그 부관으로서 부담을 붙일 수 있고, 그와 같은 부담은 행정청이 행정처분을 하면서 일방적으로 부가할 수도 있지만② 부담을 부가하기 이전에 상대방과 협의하여 부담의 내용을 협약의 형식으로 미리 정한 다음 행정처분을 하면서 이를 부가할 수도 있다.①
행정청이 수익적 행정처분을 하면서 부가한 부담의 위법 여부는 처분 당시 법령을 기준으로 판단하여야 하고, 부담이 처분 당시 법령을 기준으로 적법하다면 처분 후 부담의 전제가 된 주된 행정처분의 근거 법령이 개정됨으로써 행정청이 더 이상 부관을 붙일 수 없게 되었다 하더라도 곧바로 위법하게 되거나 그 효력이 소멸하게 되는 것은 아니다. 따라서 행정처분의 상대방이 수익적 행정처분을 얻기 위하여 행정청과 사이에 행정처분에 부가할 부담에 관한 협약을 체결하고 행정청이 수익적 행정처분을 하면서 협약상의 의무를 부담으로 부가하였으나 부담의 전제가 된 주된 행정처분의 근거 법령이 개정됨으로써 행정청이 더 이상 부관을 붙일 수 없게 된 경우에도 곧바로 협약의 효력이 소멸하는 것은 아니다.
고속국도 관리청이 고속도로 부지와 접도구역에 송유관 매설을 허가하면서 상대방과 체결한 협약에 따라 송유관〈시설을 이전하게 될 경우 그 비용을 상대방에게 부담〉하도록 하였고, 그 후 「도로법 시행규칙」이 개정되어 접도구역에는 관리청의 허가 없이도 송유관을 매설할 수 있게 된 사안에서, 위 협약이 효력을 상실하지 않을 뿐만 아니라④ 위 협약에 포함된 부관이 부당결부금지의 원칙에도 반하지 않는다③(2009.2.12. 2005다65500).

관련 OX

④ 관련

1 ⓢ
행정청이 수익적 행정처분을 하면서 부가한 부담의 위법 여부는 처분 당시 법령을 기준으로 판단하여야 한다. 15지방9

선지분석 & 요플·기풀기링크

선지	THEME	요플	기풀기
	T32 부관	N4	036
①		14	026
②	T32 부관	29	033
④		31	035

정답 ④
OX

THEME 32 행정행위의 부관

17

행정행위의 부관에 대한 설명으로 옳은 것만을 모두 고르면? (다툼이 있는 경우 판례에 의함)

18지방7

> ㄱ. 행정청은 수익적 행정처분으로서 재량행위인 주택재건축사업시행 인가에 대하여 법령상의 제한에 근거한 것이 아니라 하더라도 공익상 필요 등에 의하여 필요한 범위 내에서 조건(부담)을 부과할 수 있다.
> ㄴ. 행정청이 수익적 행정처분을 하면서 사전에 상대방과 체결한 협약상의 의무를 부담으로 부가하였는데 부담의 전제가 된 주된 행정처분의 근거 법령이 개정되어 행정청이 더 이상 부관을 붙일 수 없게 된 경우, 위 협약의 효력이 곧바로 소멸하게 되는 것은 아니다.
> ㄷ. 허가에 붙은 기한이 그 허가된 사업의 성질상 부당하게 짧은 경우에는 이를 그 허가 자체의 존속기간이 아니라 그 허가조건의 존속기간으로 본다.
> ㄹ. 행정청이 종교단체에 대하여 기본재산전환인가를 함에 있어 인가조건을 부가하고 그 불이행시 인가를 취소할 수 있도록 한 경우, 인가조건의 의미는 인가처분에 대한 철회권을 유보한 것이다.

① ㄱ, ㄷ
② ㄷ, ㄹ
③ ㄱ, ㄴ, ㄹ
④ ㄱ, ㄴ, ㄷ, ㄹ

관련 OX

ㄴ. 관련

1 부담이 처분 당시 법령을 기준으로 적법하더라도, 처분 후 부담의 전제가 된 주된 행정처분의 근거 법령이 개정됨으로써 행정청이 더 이상 부관을 붙일 수 없게 되었다면 그 부담은 곧바로 위법하게 되거나 그 효력이 소멸된 것으로 보아야 한다. 22지방7

ㄷ. 관련

2 허가에 붙은 기한이 그 허가된 사업의 성질상 부당하게 짧은 경우에는 이를 그 허가 자체의 존속기간이 아니라 그 허가 조건의 존속기간으로 보아 그 기한이 도래함으로써 그 조건의 개정을 고려한다는 뜻으로 해석할 수 있을 것이다. 18국회8

해설

ㄱ. ○ **재량행위: 법령상 근거가 없어도 공익상 필요에 의해 부관 가능**
주택재건축사업시행의 인가는 … 재량행위에 속하므로, 처분청으로서는 법령상의 제한에 근거한 것이 아니라 하더라도 공익상 필요 등에 의하여 필요한 범위 내에서 여러 <u>조건(부담)</u>을 부과할 수 있다(2007.7.12. 2007두6663).

ㄴ. ○ **처분 후 법령개정으로 부관을 붙일 수 없게 되었어도 부담은 위법X, 소멸X**
행정청이 수익적 행정처분을 하면서 부가한 부담의 위법 여부는 처분 당시 법령을 기준으로 판단하여야 하고, <u>부담이 처분 당시 법령을 기준으로 적법하다면 처분 후 부담의 전제가 된 주된 행정처분의 근거 법령이 개정됨으로써 행정청이 더 이상 부관을 붙일 수 없게 되었다 하더라도 곧바로 위법하게 되거나 그 효력이 소멸하게 되는 것은 아니다</u>(2009.2.12. 2005다65500).

ㄷ. ○ **유효기간이 허가사업 성질에 비춰 부당하게 짧은 경우: 허가조건의 존속기간○ (허가 자체의 존속기간X)**
일반적으로 행정처분에 효력기간이 정하여져 있는 경우에는 그 기간의 경과로 그 행정처분의 효력은 상실되며, 다만 허가에 붙은 기한이 그 허가된 사업의 성질상 <u>부당하게 짧은 경우에는 이를 그 허가 자체의 존속기간이 아니라 그 허가조건의 존속기간으로 보아</u> 그 기한이 도래함으로써 그 <u>조건의 개정을 고려한다는 뜻으로 해석할 수 있다</u>(2004.3.25. 2003두12837).

ㄹ. ○ **인가조건을 부가하고 불이행시 인가를 취소할 수 있다고 한 것: 철회권 유보에 해당**
행정청이 종교단체에 대하여 <u>기본재산전환인가를 함에 있어 인가조건을 부가하고 그 불이행시 인가를 취소할 수 있도록 한 경우, 인가조건의 의미는 철회권을 유보한 것이다</u>(2003.5.30. 2003다6422).

선지분석 & 요플·기풀기링크

선지	THEME	요플	기풀기
ㄱ	T20 정비사업	49	015
ㄴ	T32 부관	31	035
ㄷ		34	015
ㄹ	T31 VA의 취소·철회·실효	75	074

정답 ④

OX 1× 2○

필수문제 18

행정행위의 부관에 대한 설명으로 옳지 않은 것은? (다툼이 있는 경우 판례에 의함) 17(하)국가9

① 행정처분과 실제적 관련성이 없어서 부관으로는 붙일 수 없는 부담을 사법상 계약의 형식으로 행정처분의 상대방에게 부과하였더라도 이는 법치행정의 원리에 반하는 것은 아니다.
② 기속행위도 법률에서 명시적으로 부관을 허용하고 있으면 부관을 붙일 수 있다.
③ 부담의 경우에는 다른 부관과는 달리 행정행위의 불가분적인 요소가 아니고 그 존속이 본체인 행정행위의 존재를 전제로 하는 것일 뿐이므로 부담 그 자체로서 행정쟁송의 대상이 될 수 있다.
④ 부관의 사후변경은 법률에 명문의 규정이 있거나 그 변경이 미리 유보되어 있는 경우 또는 상대방의 동의가 있는 경우에 한하여 허용되는 것이 원칙이지만, 사정변경으로 인하여 당초에 부담을 부가한 목적을 달성할 수 없게 된 경우에도 그 목적달성에 필요한 범위 내에서 예외적으로 허용된다.

관련 OX

① 관련

1 ❸ 행정처분과 부관 사이에 실제적 관련성이 있다고 볼 수 없는 경우, 공무원이 공법상의 제한을 회피할 목적으로 행정처분의 상대방과 사이에 사법상 계약을 체결하는 형식을 취하였더라도 법치행정의 원리에 반하는 것으로서 위법하다고 볼 수 없다. 21국가9

② 관련

2 행정청은 처분에 재량이 없는 경우에는 법률에 근거가 있더라도 조건을 붙일 수 없다. 24군무원7

해설

① ✕ 처분과 실제적 관련이 없어 부관으로 못 붙이는 내용을 사법상 계약으로 체결: 법치행정 위반(위법)
행정처분과 부관 사이에 **실제적 관련성**이 있다고 볼 수 **없는 경우** 공무원이 위와 같은 공법상의 제한을 회피할 목적으로 행정처분의 상대방과 사이에 **사법상 계약을 체결하는 형식**을 취하였다면 이는 법치행정의 원리에 반하는 것으로서 **위법**하다(2009.12.10. 2007다63966).

② ○ 기속행위에는 부관을 부가할 수 없는 것이 원칙이나, 별도로 법령에 근거가 있다면 당연히 부가할 수 있다.

③ ○ 부담은 독립쟁송의 대상이 된다. 반면 부담 외 부관은 독립쟁송이 불가하다.

요플 독립쟁송 가능성

	1. 독립쟁송 가부	2. 쟁송형태의 선택	3. 독립취소의 요건
부담	가능(부관만 제소시 본안)	진정일부취소소송도 가능	특별한 요건✕
부담 외 부관	불가능(부관만 제소시 각하)	부진정일부취소소송조차 불가능	–

26 요플 p.128

④ ○ 사후변경: 법률규정, 사후변경 유보, 당사자 동의 있는 경우에 가능 / 사정변경시에도 가능
행정처분에 이미 부담이 부가되어 있는 상태에서 그 의무의 범위 또는 내용 등을 변경하는 〈부관의 사후변경〉은, 법률에 명문의 규정이 있거나 그 변경이 미리 유보되어 있는 경우 또는 상대방의 동의가 있는 경우에 한하여 허용되는 것이 원칙이지만, 사정변경으로 인하여 당초에 부담을 부가한 목적을 달성할 수 없게 된 경우에도 그 목적달성에 필요한 범위 내에서 예외적으로 허용된다(1997.5.30. 97누2627).

선지분석 & 요플·기풀기링크

선지	THEME	요플	기풀기
①		32	069
②	T32 부관	48	045
③		77	076
④		61	059

정답 ①
OX 1✕ 2✕

19 사례형

A행정청은 甲에게 처분을 하면서 법령에 근거 없이 일정 토지를 기부채납하도록 하는 부담을 붙였다. 이에 대한 설명으로 옳지 않은 것은? (다툼이 있는 경우 판례에 의함)   21국회8

① A행정청이 처분 이전에 甲과 협의하여 기부채납에 관한 내용을 협약의 형식으로 미리 정한 다음에 부담을 붙이는 것도 허용된다.
② 처분이 기속행위임에도 甲이 부담의 이행으로 기부채납을 하였다면, 그 기부채납행위는 당연무효인 행위가 된다.
③ 사정변경으로 인하여 당초에 부담을 부가한 목적을 달성할 수 없게 된 경우에는 A행정청은 甲의 동의가 없더라도 그 목적달성에 필요한 범위 내에서 부담을 변경할 수 있다.
④ 甲은 기부채납을 하도록 하는 부담에 대해서만 취소소송을 제기하여 다툴 수 있다.
⑤ 처분이 기속행위라면 甲은 기부채납 부담을 이행할 의무가 없다.

관련 OX

① 관련

1 부담은 그 자체로서 독립된 행정처분이므로 행정청이 행정처분을 하면서 일방적으로 부가하는 것이지, 사전에 상대방과 협의하여 부담의 내용을 협약의 형식으로 미리 정한 후에 행정처분을 하면서 이를 부가할 수는 없다. 16국가9

④ 관련

2 (행정청 A는 甲에 대하여 주택건설사업계획 승인처분을 하면서 사업부지 중 일부를 공공시설용 토지로 기부채납할 것을 부관으로 하였고, 甲은 그 부관의 이행으로 토지에 대한 소유권이전등기를 마쳤다) 甲은 기부채납 부관에 대하여서 독립하여 취소소송을 제기할 수 있다. 17국회8

STORY 해설

- (시간적 한계 및 방식) 부담은 처분과 동시에 일방적으로 붙이는 것이 원칙이나, 처분 전 미리 협약의 형식으로 정한 뒤 붙일 수도 있다.① 나아가 처분 후 붙이거나, 붙였던 부관을 사후적으로 변경하는 것도 일정 요건하에 가능하다(행정기본법 제17조 제3항).③
- (대상적 한계 및 부담과 사법상 이행행위와의 관계) 법령에 근거 없이 기속행위에 붙인 부담은 무효이다. 따라서 이행할 의무가 없다.⑤ 다만 이를 이행해 버린 경우, 그 이행행위인 사법상 행위가 당연무효가 되는 것은 아니다.② 공법행위인 부담과 사법행위인 이행행위는 별개이기 때문이다.
- (독립쟁송) 부담은 그 자체가 처분이므로 주된 처분과 독립하여 쟁송이 가능하지만,④ 부담 외 부관은 처분이 아니므로, 주된 처분과 함께로만 쟁송이 가능하다. 사례의 '기부채납 부관'은 정지조건일 수도 부담일 수도 있지만, 제시문 및 지문에서 '부담'이라고 전제하였으므로 문제가 없다.

사례분석

- 제시문 중 "**법령에 근거 없이 … 부담을 붙였다.**"는 부분을 통해 기속행위에는 법령에 근거 없이는 부관을 붙일 수 없음이 원칙이나, 재량행위에는 가능하다는 쟁점을 물을 것임을 알 수 있다. ②, ⑤가 이와 관련된 지문이다. 해당 지문 외에는 제시문과 지문 간 연관성이 없다.

해설

① ○ 부담은 행정청이 행정처분을 하면서 일방적으로 부가할 수도 있지만 부담을 부가하기 이전에 상대방과 협의하여 부담의 내용을 협약의 형식으로 미리 정한 다음 행정처분을 하면서 이를 부가할 수도 있다(2009.2.12. 2005다65500).

② ✕

- 일반적으로 기속행위나 기속적 재량행위에는 부관을 붙일 수 없고 가사 부관을 붙였다 하더라도 이는 무효의 것이다(1988.4.27. 87누1106).
- 행정처분에 부담인 부관을 붙인 경우 부관의 무효화에 의하여 본체인 행정처분 자체의 효력에도 영향이 있게 될 수는 있지만, 그 처분을 받은 사람이 부담의 이행으로 사법상 매매 등의 법률행위를 한 경우에는 그 부관은 특별한 사정이 없는 한 법률행위를 하게 된 동기 내지 연유로 작용하였을 뿐이므로 이는 법률행위의 취소사유가 될 수 있음은 별론으로 하고 그 법률행위 자체를 당연히 무효화하는 것은 아니다(2009.6.25. 2006다18174).

선지분석 & 요플·기풀기링크

선지	THEME	요플	기풀기
①		29	033
②		93	093
③	T32 부관	61	059
④		78	077
⑤		46	044

③ ○

행정기본법 제17조(부관) ③ 행정청은 부관을 붙일 수 있는 처분이 다음 각 호의 어느 하나에 해당하는 경우에는 그 처분을 한 후에도 부관을 새로 붙이거나 종전의 부관을 변경할 수 있다.
   1. 법률에 근거가 있는 경우
   2. 당사자의 동의가 있는 경우
   3. **사정이 변경**되어 부관을 새로 붙이거나 종전의 부관을 변경하지 아니하면 해당 처분의 목적을 달성할 수 없다고 인정되는 경우

④ ○ 부담의 경우에는 다른 부관과는 달리 행정행위의 불가분적인 요소가 아니고 그 존속이 본체인 행정행위의 존재를 전제로 하는 것일 뿐이므로 부담 그 자체로서 행정쟁송의 대상이 될 수 있다 (1992.1.21. 91누1264).

⑤ ○ 일반적으로 기속행위나 기속적 재량행위에는 부관을 붙일 수 없고 가사 부관을 붙였다 하더라도 이는 무효의 것이다(편저자: 부담이 무효이므로 이행의무 없음)(1988.4.27. 87누1106).

정답 ②
OX 1× 2○

필수문제 20

행정행위의 부관에 대한 설명으로 옳지 않은 것은? (다툼이 있는 경우 판례에 의함) 25국가9

① 어업면허처분에서 면허의 유효기간을 1년으로 정하는 경우, 면허의 유효기간은 어업면허처분의 효력을 제한하기 위한 행정행위의 부관이라 할 것이고 이러한 행정행위의 부관은 독립하여 행정소송의 대상이 될 수 없다.

② 도로점용허가의 점용기간은 행정행위의 본질적인 요소에 해당한다고 볼 것이어서 부관인 점용기간을 정함에 있어서 위법사유가 있다면 이로써 도로점용허가 처분 전부가 위법하게 된다.

③ 행정처분과 실제적 관련성이 없어 부관으로 붙일 수 없는 부담은 사법상 계약의 형식으로도 행정처분의 상대방에게 부과할 수 없다.

④ 사도개설허가에서 정해진 공사기간은 사도개설허가 자체의 존속기간을 정한 것이라 보아야 하므로, 공사기간 내에 사도로 준공검사를 받지 못하였다면 사도개설허가는 당연히 실효된다.

관련 OX

① 관련

1 어업면허처분을 함에 있어 그 면허의 유효기간을 1년으로 정한 경우, 그 유효기간만의 취소를 구하는 행정소송이 허용된다. 25해경승진

③ 관련

2 행정처분과 부관 사이에 실제적 관련성이 있다고 볼 수 없는 경우, 공무원이 공법상의 제한을 회피할 목적으로 행정처분의 상대방과 사이에 사법상 계약을 체결하는 형식을 취하였더라도 법치행정의 원리에 반하는 것으로서 위법하다고 볼 수 없다. 21국가9

추가기출(① 관련)

ⓐ 기부채납받은 행정재산에 대한 사용·수익허가에서 공유재산의 관리청이 정한 사용·수익허가의 기간은 그 허가의 효력을 제한하기 위한 행정행위의 부관으로서 이러한 사용·수익허가의 기간에 대해서는 독립하여 행정소송을 제기할 수 있다. 25소방

해설

① ○ 어업면허처분을 함에 있어 그 면허의 유효기간을 1년으로 정한 경우, 위 면허의 **유효기간**은 행정청이 위 어업면허처분의 효력을 제한하기 위한 행정행위의 부관이라 할 것이고 이러한 행정행위의 부관은 **독립하여 행정소송의 대상이 될 수 없는** 것이므로 위 어업면허처분 중 그 면허유효기간만의 **취소를 구하는 청구는 허용될 수 없다**(1986.8.19. 86누202).

(관련) 사용·수익허가기간(기한)에 대한 독립쟁송: 불가 ⓐ
(원고가 신청한 사용·수익허가기간 40년 가운데 20년간만 허가기간으로 인정하고 그 나머지 기간에 대한 신청을 받아들이지 않은 부분의 취소를 구한 데 대하여) 행정행위의 부관은 **부담인 경우를 제외하고는 독립하여 행정소송의 대상이 될 수 없는바**, 기부채납받은 행정재산에 대한 사용·수익허가에서 공유재산의 관리청이 정한 사용·수익허가의 기간은 그 허가의 효력을 제한하기 위한 행정행위의 부관으로서 이러한 **사용·수익허가의 기간**에 대해서는 **독립하여 행정소송을 제기할 수 없다**ⓐ (2001.6.15. 99두509).

+ PLUS 부관만의 독립쟁송: ① 부담(가능), ② 조건·기한 등 부담이 아닌 부관(불가)

② ○ 도로점용허가의 점용기간: 처분의 본질적 요소 so 기간이 위법한 경우 허가처분이 위법
도로점용허가의 점용기간(편저자: 원고가 신축한 상가 등 시설물을 부산광역시에 기부채납함에 있어 그 무상사용을 위한 도로점용기간)은 행정행위의 **본질적인 요소**에 해당한다고 볼 것이어서 부관인 점용기간을 정함에 있어서 **위법사유가 있다면** 이로써 **도로점용허가 처분 전부가 위법**하게 된다(1985.7.9. 84누604).

+ PLUS 위법한 부관이 행정행위의 본질적 부분이면 그로 인해 주된 행정행위까지 위법하게 된다. 예컨대 도로점용허가 등 행정재산의 사용·수익허가에서 그 기간이 위법한 경우 허가 전부가 위법하게 된다.

③ ○ 처분과 실제적 관련이 없어 부관으로 못 붙이는 내용을 사법상 계약으로 체결: 위법
행정처분과 부관 사이에 **실제적 관련성이 있다고 볼 수 없는 경우** 공무원이 위와 같은 공법상의 제한을 회피할 목적으로 행정처분의 상대방과 사이에 **사법상 계약을 체결하는 형식을 취하였다면** 이는 법치행정의 원리에 반하는 것으로서 **위법하다**(2009.12.10. 2007다63966).

선지분석 & 요플·기풀기링크

선지	THEME	요플	기풀기
①		83	082
②	T32 부관	76	075
③		32	069
④		25	030

④ ✕ 사도개설허가에 정해진 공사기간은 허가의 기한이 아닌 부담이므로, 기간 내 사도 준공검사를 못 받아도 허가가 당연 실효✕

사도개설허가에서 정해진 공사기간 내에 사도로 준공검사를 받지 못한 경우, 이 공사기간을 사도개설허가 자체의 존속기간(유효기간)으로 볼 수 없다는 이유로 사도개설허가가 당연히 실효되는 것은 아니라고 한 사례(2004.11.25. 2004두7023)

+ PLUS 부담의 경우 의무이행기한이 도래해 의무불이행이 성립하더라도 철회사유가 될 뿐 행정행위가 바로 소멸되지 않는다. 사도개설허가를 하면서 공사기간을 준수할 것을 명한 부관은 부담이므로 정해진 공사기간 내에 준공검사를 받지 못한 경우라도 사도개설허가가 당연히 실효되는 것은 아니다.

선지선택비율 ① 11.16% ② 14.20% ③ 11.04% ④ 63.59%   오답률 36.41%

정답 ④
OX 1✕ 2✕ ⓐ✕

21

부관에 관한 설명으로 옳은 것은? 12국회8

① 판례는 부관 중 부담과 그 외의 부관 즉 기한과 조건 등을 구별하지 않고 모두 독립성을 인정하고 취소소송의 대상이라고 본다.
② 건설부장관이 공유수면매립면허를 주면서 공유수면에 이미 토사를 부은 울산지방해운항만청장에게 대가를 지급하라는 부담을 붙였고 그에 따라 그 항만청장이 수토대금부과처분을 발급한 경우 판례는 이 부담에 대해 행정쟁송을 인정하였다.
③ 판례는 개발제한구역 내에서 광산에 대한 개발행위 허가기간의 연장신청을 거부한 처분에 대해서는 독립적 쟁송의 대상으로 인정하지 않았다.
④ 판례는 대구직할시 교육위원회 교육감이 사립학교의 이사회소집을 승인하면서 일정한 일시와 장소에 한정하여 이사회를 개최할 수 있다고 붙인 부관의 구속력을 인정하였다.
⑤ 부관에 설정되어 있는 일반적 한계를 살펴보면, 본체인 행정행위의 본질적 목적에 위반하는 것은 허용되지 않지만 행정법상 일반원칙은 준수하지 않아도 된다고 한다.

해설

① ×, ② ○

부담: 독립쟁송 가능 / 부담 외 부관: 독립쟁송 불가①
건설부장관이 공유수면매립면허를 주면서 공유수면에 이미 토사를 부은 울산지방해운항만청장에게 대가를 지급하라는 부관은 부담으로서 독립쟁송 인정②

행정행위의 〈부관은〉 행정행위의 일반적인 효력이나 효과를 제한하기 위하여 의사표시의 주된 내용에 부가되는 종된 의사표시이지 그 자체로서 직접 법적 효과를 발생하는 독립된 처분이 아니므로 현행 행정쟁송제도 아래서는 부관 그 자체만을 독립된 쟁송의 대상으로 할 수 없는 것이 원칙이나 행정행위의 부관 중에서도 행정행위에 부수하여 그 행정행위의 상대방에게 일정한 의무를 부과하는 행정청의 의사표시인 〈부담의 경우에는〉 다른 부관과는 달리 행정행위의 불가분적인 요소가 아니고 그 존속이 본체인 행정행위의 존재를 전제로 하는 것일 뿐이므로 부담 그 자체로서 행정쟁송의 대상이 될 수 있다.① … 건설부장관이 공유수면매립면허를 함에 있어 그 면허받은 자에게 당해 공유수면에 이미 토사를 투기한 지방해운항만청장에게 그 대가를 지급하도록 한 면허조건은 행정행위의 부관 중 부담에 해당하는 것이므로 부담 그 자체로서 행정쟁송의 대상이 될 수 있다②(1992.1.21. 91누1264).

③ × 판례는 광산개발행위 허가기간의 연장신청을 거부한 것에 대해 본안판단을 한 바 있다(거부처분의 처분성 인정).

• **개발행위 허가기간: 연장신청 거부에 대한 취소소송 가능**
개발제한구역 내의 위 광산에서 개발행위 허가기간 연장신청을 허가함으로 인하여 예상되는 공익의 침해보다도 위 신청을 불허함으로 인하여 초래되는 원고의 불이익이 매우 중대하여, 이 사건 처분은 재량권을 남용하였거나 재량권의 범위를 일탈한 위법한 처분이다(1991.8.27. 90누7920).

+ PLUS 판례에 따르면 부담 외 부관에 대한 독립쟁송은 진정일부취소소송은 물론 부진정일부취소소송으로도 할 수 없으므로, 부담 외 부관의 위법을 다투기 위해서는 ① 전체취소소송, 즉 부관부 행정행위 전체를 대상으로 소송을 제기하여 주된 행정행위까지 통째로 취소를 구하는 소송을 하거나, ② 일단 행정청에 부관을 변경해 줄 것을 신청한 후, 이를 거부당하면 그 거부처분에 대하여 취소소송을 제기하는 우회적 방법을 사용할 수밖에 없다. 위 판례가 ②의 경우이다.

관련 OX

① 관련

1 부담의 경우에는 다른 부관과는 달리 행정행위의 불가분적인 요소가 아니고 그 존속이 본체인 행정행위의 존재를 전제로 하는 것일 뿐이므로 부담 그 자체로서 행정쟁송의 대상이 될 수 있다. 17(하)국가9

2 ⓢ
부담이 아닌 부관은 독립하여 행정소송의 대상이 될 수 없으므로 이의 취소를 구하는 소송에 대하여는 각하판결을 하여야 한다. 17(2)서울9

② 관련

3 (행정청 A는 甲에 대하여 주택건설사업계획 승인처분을 하면서 사업부지 중 일부를 공공시설용 토지로 기부채납할 것을 부관으로 하였고, 甲은 그 부관의 이행으로 토지에 대한 소유권이전등기를 마쳤다) 甲은 기부채납 부관에 대하여서 독립하여 취소소송을 제기할 수 있다. 17국회8

⑤ 관련

4 ⓑ
재량행위에 있어서 법령상의 근거가 없더라도 부관은 붙일 수 있는데, 그 부관의 내용은 적법하고 이행가능하여야 하며 비례의 원칙 및 평등의 원칙에 적합하고 행정처분의 본질적 효력을 해하지 아니하는 한도의 것이어야 한다. 09지방7

선지분석 & 요플·기풀기링크

선지	THEME	요플	기풀기
①		77	076
②		78	077
③	T32 부관	89	088
④		47	042
⑤		63	071

④ × 기속행위에는 부관 불가, 붙이면 무효 → 이사회소집승인에 붙인 일시·장소제한은 무효
일반적으로 기속행위나 기속적 재량행위에는 부관을 붙일 수 없고 가사 부관을 붙였다 하더라도 이는 무효의 것이다. 감독청으로서는 위와 같은 요건을 갖춘 이사회소집승인신청이 있으면 이를 승인할 의무가 있다 할 것이고 다른 이유를 들어 이를 거부할 수는 없다(편저자: 기속행위이다). 감독청은 이사회소집승인을 함에 있어서 회의의 목적사항을 정한 이사회의 소집 자체를 승인할 수 있을 뿐이고, 여기에 이사회를 소집할 시기·장소를 지정할 수는 없는 것이며, 가사 감독청이 소집승인을 하면서 일시·장소를 지정하였다 하더라도 그 일시·장소의 지정은 아무런 구속력이 없는 무의미한 것에 지나지 않는다 할 것이므로 그 소집승인은 그러한 일시·장소의 지정이 없는 소집승인으로서의 효력이 있을 뿐이다(1988.4.27. 87누1106).

⑤ × 부관의 적법요건: 내용은 적법·이행가능, 일반원칙 등에 부합, 처분의 본질을 해하지 않음
재량행위에 있어서는 법령상의 근거가 없다고 하더라도 부관을 붙일 수 있는데, 부관의 내용은 적법하고 이행가능하여야 하며 비례의 원칙 및 평등의 원칙에 적합하고 행정처분의 본질적 효력을 해하지 아니하는 한도의 것이어야 한다(1997.3.14. 96누16698).

필수 문제 22 사례형

〈보기〉에 대한 설명으로 옳지 않은 것은? (다툼이 있는 경우 판례에 의함) 17국회8

〔보기〕
행정청 A는 甲에 대하여 주택건설사업계획 승인처분을 하면서 사업부지 중 일부를 공공시설용 토지로 기부채납할 것을 부관으로 하였고 甲은 그 부관의 이행으로 토지에 대한 소유권이전등기를 마쳤다.

① 행정청 A는 법령에 특별한 근거가 없더라도 甲에 대하여 부관을 붙일 수 있다.
② 甲은 기부채납 부관에 대하여서 독립하여 취소소송을 제기할 수 있다.
③ 甲에 대한 기부채납 부관이 무효가 되더라도 그 부담의 이행으로 한 소유권이전등기가 당연히 무효가 되는 것은 아니다.
④ 甲에 대한 기부채납 부관이 제소기간의 도과로 불가쟁력이 발생한 이후에는 그 부담의 이행으로 한 소유권이전등기의 효력을 다툴 수 없다.
⑤ 위 기부채납 부관이 처분과 실체적 관련성이 없어 부관으로 붙일 수 없는 경우, 사법상 계약의 형식으로 甲에게 토지이전의무를 부과할 수는 없다.

관련 OX

③ 관련

1 (A행정청은 甲에게 처분을 하면서 법령에 근거 없이 일정 토지를 기부채납하도록 하는 부담을 붙였다.) 처분이 기속행위임에도 甲이 부담의 이행으로 기부채납을 하였다면, 그 기부채납 행위는 당연 무효인 행위가 된다. 21국회8

2 S
행정처분에 부가한 부담이 무효인 경우에는 그 부담의 이행으로 이루어진 사법상 법률행위도 무효가 된다. 22지방9

⑤ 관련

3 행정처분과 부관 사이에 실제적 관련성이 있다고 볼 수 없는 경우, 공무원이 공법상의 제한을 회피할 목적으로 행정처분의 상대방과 사이에 사법상 계약을 체결하는 형식을 취하였더라도 법치행정의 원리에 반하는 것으로서 위법하다고 볼 수 없다. 21국가9

해설

① ○ 주택건설사업계획 승인처분은 재량행위에 해당하므로, 법적 근거가 없더라도 부관을 붙일 수 있다.
- 구 주택건설촉진법 제33조에 의한 <u>주택건설사업계획의 승인은 상대방에게 권리나 이익을 부여하는 효과를 수반하는 이른바 수익적 행정처분으로서 법령에 행정처분의 요건에 관하여 일의적으로 규정되어 있지 아니한 이상 행정청의 재량행위에 속하므로,</u> … (2007.5.10. 2005두13315)

② ○ 기부채납 부관은 소유권이전의무를 부과하는 부담이므로 독립하여 취소소송을 제기할 수 있다.
- 행정행위의 부관 중에서도 행정행위에 부수하여 그 행정행위의 상대방에게 일정한 의무를 부과하는 행정청의 의사표시인 〈부담의 경우에는〉 다른 부관과는 달리 행정행위의 <u>불가분적인 요소가 아니고 그 존속이 본체인 행정행위의 존재를 전제로 하는 것일 뿐이므로 부담 그 자체로서 행정쟁송의 대상이 될 수 있다</u>(1992.1.21. 91누1264).

③ ○ 부담과 부담이행행위는 별개 → 부담이 무효여도 부담이행행위는 당연 무효×
행정처분에 부담인 부관을 붙인 경우 <u>부관의 무효화</u>에 의하여 본체인 행정처분 자체의 효력에도 영향이 있게 될 수는 있지만, 그 처분을 받은 사람이 <u>부담의 이행</u>으로 사법상 매매 등의 법률행위를 한 경우에는 그 부관은 특별한 사정이 없는 한 법률행위를 하게 된 동기 내지 연유로 작용하였을 뿐이므로 이는 법률행위의 취소사유가 될 수 있음은 별론으로 하고 그 법률행위 자체를 <u>당연히 무효화하는 것은 아니다</u>(2009.6.25. 2006다18174).

④ × 부담에 불가쟁력이 발생: 그 이행행위에 대해서는 여전히 효력을 다툴 수 있음
행정처분에 붙은 부담인 〈부관이 제소기간의 도과로 확정되어 이미 불가쟁력〉이 생겼다면 … 부담의 이행으로서 하게 된 사법상 매매 등의 법률행위는 부담을 붙인 행정처분과는 어디까지나 별개의 법률행위이므로 그 부담의 불가쟁력의 문제와는 <u>별도로 법률행위가 사회질서 위반이나 강행규정에 위반되는지 여부 등을 따져보아 그 법률행위의 유효 여부를 판단하여야 한다</u>(2009.6.25. 2006다18174).

⑤ ○ 처분과 실제적 관련이 없어 부관으로 못 붙이는 내용을 사법상 계약으로 체결: 법치행정 위반(위법)
행정처분과 부관 사이에 실제적 관련성이 있다고 볼 수 없는 경우 공무원이 위와 같은 <u>공법상의 제한을 회피할 목적으로 행정처분의 상대방과 사이에 사법상 계약을 체결하는 형식을 취하였다면 이는 법치행정의 원리에 반하는 것으로서 위법</u>하다(2009.12.10. 2007다63966).

선지분석 & 요플·기풀기링크

선지	THEME	요플	기풀기
①		55	049
②		78	077
③	T32 부관	93	093
④		96	096
⑤		32	069

정답 ④
OX 1× 2× 3×

23

행정행위의 부관에 대한 설명으로 옳은 것은? (다툼이 있는 경우 판례에 의함) 22지방7

① 일반적으로 보조금 교부결정은 법령과 예산에서 정하는 바에 엄격히 기속되므로, 행정청은 보조금 교부결정을 할 때 조건을 붙일 수 없다.

② 수익적 행정처분에 있어서는 행정청이 행정처분을 하면서 부담을 일방적으로 부가할 수 있을 뿐, 부담을 부가하기 이전에 상대방과 협의하여 부담의 내용을 협약의 형식으로 미리 정한 다음 부가할 수는 없다.

③ 토지소유자가 토지형질변경행위허가에 붙은 기부채납의 부관에 따라 토지를 국가나 지방자치단체에 기부채납한 경우, 기부채납의 부관이 당연무효이거나 취소되지 아니한 이상 토지소유자는 위 부관으로 인하여 증여계약의 중요 부분에 착오가 있음을 이유로 증여계약을 취소할 수 없다.

④ 부담이 처분 당시 법령을 기준으로 적법하더라도, 처분 후 부담의 전제가 된 주된 행정처분의 근거 법령이 개정됨으로써 행정청이 더 이상 부관을 붙일 수 없게 되었다면 그 부담은 곧바로 위법하게 되거나 그 효력이 소멸한 것으로 보아야 한다.

해설

① ✕ 보조금 교부결정은 재량행위 → 조건 부과 가능
일반적으로 보조금 교부결정에 관해서는 행정청에게 광범위한 재량이 부여되어 있고, 행정청은 보조금 교부결정을 할 때 법령과 예산에서 정하는 보조금의 교부목적을 달성하는 데에 필요한 조건을 붙일 수 있다(2021.2.4. 2020두48772).

보조금 관리에 관한 법률 제18조(보조금의 교부 조건) ① 중앙관서의 장은 보조금의 교부를 결정할 때 법령과 예산에서 정하는 **보조금의 교부목적을 달성하는 데에 필요한 조건을 붙일 수** 있다.

② ✕ 부담: 일방적으로 or 협약 형식으로 미리 정한 다음 부가 가능
수익적 행정처분에 있어서는 법령에 특별한 근거규정이 없다고 하더라도 그 부관으로서 부담을 붙일 수 있고, 그와 같은 **부담은** 행정청이 행정처분을 하면서 **일방적으로** 부가할 수도 있지만 부담을 부가하기 이전에 상대방과 **협의하여** 부담의 내용을 협약의 형식으로 미리 정한 다음 행정처분을 하면서 이를 부가할 수도 있다(2009.2.12. 2005다65500).

③ ◯ 부담이 유효(당연무효이거나 취소되지 않음): 그 이행행위를 중요착오가 있다는 이유로 취소 불가
토지소유자가 토지형질변경행위허가에 붙은 기부채납의 부관에 따라 토지를 국가나 지방자치단체에 기부채납(증여)한 경우, 기부채납의 부관이 당연무효이거나 취소되지 아니한 이상 토지소유자는 위 부관으로 인하여 증여계약의 중요부분에 착오가 있음을 이유로 증여계약을 취소할 수 없다(1999.5.25. 98다53134).

민법 제109조(착오로 인한 의사표시) ① 의사표시는 법률행위의 내용의 **중요부분에 착오**가 있는 때에는 취소할 수 있다. 그러나 그 착오가 표의자의 중대한 과실로 인한 때에는 취소하지 못한다.

+ PLUS 부담이 유효하다면 민법상 착오 취소의 요건인 중요부분에 대한 착오가 인정되지 않으므로, 착오를 이유로 이행행위를 취소할 수는 없다.

④ ✕ 처분 후 법령개정으로 부관을 붙일 수 없게 되었어도 부담은 위법✕, 소멸✕
행정청이 수익적 행정처분을 하면서 부가한 부담의 위법 여부는 처분 당시 법령을 기준으로 판단하여야 하고, **부담이 처분 당시 법령을 기준으로 적법하다면** 처분 후 부담의 전제가 된 주된 행정처분의 근거 법령이 개정됨으로써 행정청이 더 이상 부관을 붙일 수 없게 되었다 하더라도 곧바로 위법하게 되거나 그 효력이 소멸하게 되는 것은 아니다(2009.2.12. 2005다65500).

선지선택비율 ① 7.19% ② 4.63% ③ 82.60% ④ 5.58% 오답률 17.40%

관련 OX

② 관련

1 부담은 그 자체로서 독립된 행정처분이므로 행정청이 행정처분을 하면서 일방적으로 부가하는 것이지, 사전에 상대방과 협의하여 부담의 내용을 협약의 형식으로 미리 정한 후에 행정처분을 하면서 이를 부가할 수는 없다. 16국가9

③ 관련

2 토지소유자가 토지형질변경행위허가에 붙은 기부채납의 부관에 따라 토지를 국가나 지방자치단체에 기부채납한 경우, 기부채납의 부관이 당연무효이거나 취소되지 아니한 이상 토지소유자는 위 부관으로 인하여 기부채납계약의 중요부분에 착오가 있음을 이유로 기부채납계약을 취소할 수 없다. 23국가9

선지분석 & 요플·기풀기링크

선지	THEME	요플	기풀기
①	T32 부관	56	051
②		29	033
③		97	097
④		31	035

정답 ③
OX 1 ✕ 2 ◯

필수문제 24

행정행위의 부관에 대한 설명으로 옳지 않은 것은? (다툼이 있는 경우 판례에 의함) 23국가9

① 수익적 행정처분에 있어서는 법령에 특별한 근거규정이 있는 경우에만 그 부관으로서 부담을 붙일 수 있다.

② 기선선망어업의 허가를 하면서 운반선, 등선 등 부속선을 사용할 수 없도록 제한한 부관은 그 어업허가의 목적달성을 사실상 어렵게 하여 그 본질적 효력을 해하는 것이므로 위법한 것이다.

③ 부관은 면허 발급 당시에 붙이는 것뿐만 아니라 면허 발급 이후에 붙이는 것도 법률에 명문의 규정이 있거나 변경이 미리 유보되어 있는 경우 또는 상대방의 동의가 있는 경우 등에는 특별한 사정이 없는 한 허용된다.

④ 토지소유자가 토지형질변경행위허가에 붙은 기부채납의 부관에 따라 토지를 국가나 지방자치단체에 기부채납한 경우, 기부채납의 부관이 당연무효이거나 취소되지 아니한 이상 토지소유자는 위 부관으로 인하여 기부채납계약의 중요부분에 착오가 있음을 이유로 기부채납계약을 취소할 수 없다.

관련 OX

① 관련

1 O 수익적 행정처분에 있어서는 법령에 특별한 근거규정이 있는 경우에 한하여 부관을 붙일 수 있다. 22소방

② 관련

2 X 허가의 목적달성을 사실상 어렵게 하여 그 본질적 효력을 해하는 부관은 적법하지 않다. 23소방

③ 관련

3 부관을 행정행위 당시가 아니라 행정행위가 행하여진 후에 새로이 붙일 수 있는지에 대하여는 비록 법령에 근거가 있고 상대방의 동의가 있다고 해도 인정하지 않는 것이 판례의 태도이다. 11국가9

해설

① X 수익적 행정처분에 있어서는 법령에 특별한 근거규정이 없다고 하더라도 그 부관으로서 부담을 붙일 수 있다(2009.2.12. 2005다65500).

+PLUS 위 판례에서 말하는 '수익적 행정처분'이란 재량행위를 의미한다. 재량행위의 경우 법률상 근거가 없어도 부관 부가가 가능하기 때문에 위 지문은 틀렸다(행정기본법 제17조 제1항). 다만, '수익적 행정처분' 중에는 기속행위도 있기 때문에 좋은 지문은 아니다(예컨대 건축허가는 수익적 처분이지만, 기속행위로서 법령에 별도의 근거규정이 없는 한 부관을 붙일 수 없다).

② O 기선선망어업허가를 하면서 부속선을 쓸 수 없도록 하는 부관: 어업허가의 본질을 해함(위법)
기선선망어업의 허가를 하면서 운반선, 등선 등 부속선을 사용할 수 없도록 제한한 부관은 그 어업허가의 목적달성을 사실상 어렵게 하여 그 본질적 효력을 해하는 것 … 위법한 것이다(1990.4.27. 89누6808).

+PLUS 부관은 주된 행정행위에 종속된 것이다(부종성). 따라서 주된 행정행위의 목적에 반하거나 주된 행정행위의 본질적 효력을 해하는 부관은 허용될 수 없다(위법하다).

③ O 사후부관: 법률규정, 사후부관 유보, 당사자 동의 있는 경우에 가능
부관은 면허 발급 당시에 붙이는 것뿐만 아니라 면허 발급 이후에 붙이는 것도 법률에 명문의 규정이 있거나 변경이 미리 유보되어 있는 경우 또는 상대방의 동의가 있는 경우 등에는 특별한 사정이 없는 한 허용된다(2016.11.24. 2016두45028).

행정기본법 제17조(부관) ③ 행정청은 부관을 붙일 수 있는 처분이 다음 각 호의 어느 하나에 해당하는 경우에는 그 처분을 한 후에도 부관을 새로 붙이거나 종전의 부관을 변경할 수 있다.
1. 법률에 근거가 있는 경우
2. 당사자의 동의가 있는 경우
3. 사정이 변경되어 부관을 새로 붙이거나 종전의 부관을 변경하지 아니하면 해당 처분의 목적을 달성할 수 없다고 인정되는 경우

④ O 부담이 유효(당연무효이거나 취소되지 않음): 그 이행행위를 중요착오가 있다는 이유로 취소 불가
토지소유자가 토지형질변경행위허가에 붙은 기부채납의 부관에 따라 토지를 국가나 지방자치단체에 기부채납(증여)한 경우, 기부채납의 부관이 당연무효이거나 취소되지 아니한 이상 토지소유자는 위 부관으로 인하여 증여계약의 중요부분에 착오가 있음을 이유로 증여계약을 취소할 수 없다(1999.5.25. 98다53134).

선지선택비율 ① 77.39% ② 4.95% ③ 7.84% ④ 9.81%   오답률 22.61%

선지분석 & 요플·기풀가링크

선지	THEME	요플	기풀기
①	T32 부관	51	053
②		68	064
③		62	058
④		97	097

정답 ①
OX 1X 2O 3X

THEME 33 단계적 행정결정 등

필수 문제 01

확약에 대한 설명으로 가장 옳지 않은 것은? (다툼이 있는 경우 판례를 따름) 16서울9(변형)

① 「행정절차법」은 확약에 관한 명문규정을 두고 있다.
② 판례는 어업권면허에 선행하는 우선순위결정의 처분성을 인정하고 있다.
③ 확약을 행한 행정청은 확약의 내용인 행위를 하여야 할 자기구속적 의무를 지며, 상대방은 행정청에 그 이행을 청구할 권리를 갖게 된다.
④ 확약이 있은 이후에 사실적·법률적 상태가 변경되었다면 그와 같은 확약은 행정청의 별다른 의사표시 없이도 실효된다.

관련 OX

② 관련
1 어업면허에 선행하는 우선순위결정은 취소소송의 대상적격이 인정된다 24해경간부

③ 관련
2 행정청이 당사자의 신청에 따라 장래에 어떤 처분을 하거나 하지 아니할 것을 내용으로 하는 의사표시인 확약을 했다면, 그 확약이 위법한 경우라도 행정청은 이에 기속된다. 23변시

해설

① ○ 2022.7.12. 시행된 개정 행정절차법은 확약에 관한 규정을 신설하였다.

> **행정절차법 제40조의2(확약)** ① 법령등에서 당사자가 신청할 수 있는 처분을 규정하고 있는 경우 행정청은 당사자의 신청에 따라 장래에 어떤 처분을 하거나 하지 아니할 것을 내용으로 하는 의사표시(이하 '확약'이라 한다)를 할 수 있다.

② × 어업면허 우선순위결정: 확약 → 처분×
어업권면허에 선행하는 우선순위결정은 행정청이 우선권자로 결정된 자의 신청이 있으면 어업권면허처분을 하겠다는 것을 약속하는 행위로서 강학상 확약에 불과하고 행정처분은 아니다(1995.1.20. 94누6529).

③ ○ 확약을 한 행정청은 이를 이행할 자기구속적 의무를 지고, 확약을 받은 상대방은 행정청에게 그 이행을 청구할 권리를 갖게 된다. 다만, 행정청은 확약을 이행할 수 없을 정도로 법령등이나 사정이 변경된 경우 혹은 확약이 위법한 경우에는 이에 기속되지 않는다.

> **행정절차법 제40조의2(확약)** ④ 행정청은 다음 각 호의 어느 하나에 해당하는 경우에는 확약에 기속되지 아니한다.
> 1. 확약을 한 후에 확약의 내용을 **이행할 수 없을 정도로 법령등이나 사정이 변경**된 경우
> 2. **확약이 위법**한 경우

④ ○ 확약 후 사실적·법률적 상태변경(사정변경) → 별도 의사표시 없어도 확약은 실효됨
행정청이 상대방에게 장차 어떤 처분을 하겠다고 확약 또는 공적인 의사표명을 하였다고 하더라도, 확약 또는 공적인 의사표명이 있은 후에 사실적·법률적 상태가 변경되었다면, 그와 같은 확약 또는 공적인 의사표명은 행정청의 별다른 의사표시를 기다리지 않고 실효된다(1996.8.20. 95누10877).

선지분석 & 요플·기풀기링크

선지	THEME	요플	기풀기
①		13	001
②	T33 단계적 행정결정 등	26	005
③		17	015
④		22	018

정답 ②
OX 1○ 2×

02 필수 문제

「행정절차법」상 확약에 대한 설명으로 옳은 것은? (다툼이 있는 경우 판례에 의함)

① 확약은 문서가 아닌 방법으로도 할 수 있으나, 당사자가 요청하면 지체 없이 문서로 하여야 한다.
② 행정청은 확약이 위법함을 이유로 확약을 이행할 수 없는 경우에는 지체 없이 당사자에게 그 사실을 통지하고 의견제출의 기회를 주어야 한다.
③ 확약을 한 후에 확약의 내용을 이행할 수 없을 정도로 법령등이나 사정이 변경된 경우에도 그 확약이 위법하지 않는 한 행정청은 확약에 기속된다.
④ 행정청은 다른 행정청과의 협의 등의 절차를 거쳐야 하는 처분에 대하여 확약을 하려는 경우에는 확약을 하기 전에 그 절차를 거쳐야 한다.
⑤ 법령등에서 당사자가 신청할 수 있는 처분을 규정하고 있는 경우 행정청은 당사자의 신청에 따라 장래에 어떠한 처분을 할 것을 내용으로 하는 확약을 할 수 있으나, 어떠한 처분을 하지 아니할 것을 내용으로 하는 확약을 할 수는 없다.

관련 OX

① 관련
1 확약은 서면이나 말로 할 수 있으며, 확약이 말로 이루어지는 경우에는 상대방이 서면의 교부를 요구하면 직무 수행에 특별한 지장이 없는 한 이를 교부하여야 한다. 24소방

③ 관련
2 확약을 한 후에 확약의 내용을 이행할 수 없을 정도로 사정이 변경된 경우, 행정청은 확약에 기속되지 아니한다. 24소방

④ 관련
3 행정청은 다른 행정청과의 협의 등의 절차를 거쳐야 하는 처분에 대하여 확약을 하려는 경우에는 확약을 하기 전에 그 절차를 거쳐야 한다. 24소방

해설

① × 확약은 문서로 하여야 한다.
② × 확약을 이행할 수 없는 경우 통지의무는 있으나 의견제출의 기회를 줄 의무는 없다.
③ × 사정이 변경된 경우 확약에 기속되지 않는다.
④ ○ 행정절차법 제40조 제3항
⑤ × 어떠한 처분을 하지 아니할 것을 내용으로 하는 확약도 가능하다.

행정절차법 제40조(확약) ① 법령등에서 당사자가 신청할 수 있는 처분을 규정하고 있는 경우 행정청은 당사자의 신청에 따라 장래에 어떤 **처분을 하거나 하지 아니할 것**을 내용으로 하는 **의사표시**를 할 수 있다.⑤
② 확약은 **문서로** 하여야 한다.①
③ 행정청은 다른 행정청과의 **협의** 등의 절차를 **거쳐야 하는** 처분에 대하여 확약을 하려는 경우에는 **확약을 하기 전에** 그 절차를 거쳐야 한다.④
④ 행정청은 다음 각 호의 어느 하나에 해당하는 경우에는 확약에 **기속되지 아니한다**.③뒤
  1. 확약을 한 후에 확약의 내용을 이행할 수 없을 정도로 **법령등**이나 **사정이 변경된** 경우③앞
  2. **확약이 위법**한 경우②
⑤ 행정청은 확약이 제4항 각 호의 어느 하나에 해당하여 **확약을 이행할 수 없는 경우**에는 지체 없이 **당사자에게 그 사실을 통지**하여야 한다.②

선지분석 & 요플·기풀기링크

선지	THEME	요플	기풀기
①		14	013
②		21	020
③	T33 단계적 행정결정 등	18	016
④		16	014
⑤		08	004

정답 ④

OX 1× 2○ 3○

03

확약에 대한 설명으로 옳지 않은 것은? (다툼이 있는 경우 판례에 의함)   14사복9(변형)

① 장래 일정한 처분을 할 것을 약속하는 행정청의 확약은 처분이 아니다.
② 행정청의 확약의 불이행으로 인해 손해를 입은 자는 「국가배상법」상 요건을 충족하는 경우에 한하여 손해배상을 청구할 수 있다.
③ 「행정절차법」에 확약에 관한 규정을 두고 있지 않으므로 확약의 가능성에 대해서 학설이 대립한다.
④ 확약이 있은 후 사실적·법률적 상태가 변경된 경우에는 그 확약은 행정청의 별다른 의사표시를 기다리지 않고 실효된다.

관련 OX

④ 관련

1 행정청이 상대방에게 확약을 한 후에 사실적·법률적 상태가 변경되었다면 확약은 행정청의 별다른 의사표시가 없더라도 실효된다.   18국가9

2 확약에는 공정력이나 불가쟁력과 같은 효력이 인정되는 것은 아니라고 하더라도, 일단 확약이 있은 후에 사실적·법률적 상태가 변경되었다고 하여 행정청의 별다른 의사표시 없이 확약이 실효된다고 할 수 없다.   19지방7

해설

① ○ 판례는 확약의 처분성을 부정하고 있다

- **어업면허 우선순위결정: 확약 → 처분×**
  어업권면허에 선행하는 우선순위결정은 행정청이 우선권자로 결정된 자의 신청이 있으면 어업권면허처분을 하겠다는 것을 약속하는 행위로서 강학상 확약에 불과하고 행정처분은 아니다(1995.1.20. 94누6529).

② ○ 판례는 확약의 처분성을 부인하기 때문에 항고소송은 불가하다. 그러나 국가배상청구는 위법행위가 처분일 것을 요하지 않으므로 확약과 관련한 손해 역시 국가배상법상의 요건을 충족하면 당연히 청구할 수 있다.

③ × 2022.7.12. 시행된 개정 행정절차법은 확약에 관한 규정을 신설하였다. 따라서 확약의 가능성에 대한 견해대립은 존재하지 않는다.

행정절차법 제40조의2(확약) ① 법령등에서 당사자가 신청할 수 있는 처분을 규정하고 있는 경우 행정청은 당사자의 신청에 따라 장래에 어떤 처분을 하거나 하지 아니할 것을 내용으로 하는 의사표시(이하 '확약'이라 한다)를 할 수 있다.

④ ○ **확약 후 사실적·법률적 상태변경(사정변경) → 별도 의사표시 없어도 확약은 실효됨**
행정청이 상대방에게 장차 어떤 처분을 하겠다고 확약 또는 공적인 의사표명을 하였다고 하더라도, 확약 또는 공적인 의사표명이 있은 후에 사실적·법률적 상태가 변경되었다면, 그와 같은 확약 또는 공적인 의사표명은 행정청의 별다른 의사표시를 기다리지 않고 실효된다(1996.8.20. 95누10877).

선지분석 & 요플·기풀기링크

선지	THEME	요플	기풀기
①	T33 단계적 행정결정 등	24	006
②		29	023
③	T38 절차법(근거·적용범위)	17	011
④	T33 단계적 행정결정 등	22	018

정답 ③
OX 1○ 2×

04

행정청의 확약에 대한 설명으로 옳은 것은? (다툼이 있는 경우 판례에 의함) 18국가9(변형)

① 행정청의 확약은 위법하더라도 중대·명백한 하자가 있어 당연무효가 아닌 한 취소되기 전까지는 유효한 것으로 통용된다.
② 확약을 하려면 개별법에 확약에 대한 법적 근거가 있어야 한다.
③ 행정청이 상대방에게 확약을 한 후에 사실적·법률적 상태가 변경되었다면 확약은 행정청의 별다른 의사표시가 없더라도 실효된다.
④ 행정청의 확약에 대해 법률상 이익이 있는 제3자는 확약에 대해 취소소송으로 다툴 수 있다.

관련 OX

① 관련

1 O
어업권면허에 선행하는 우선순위결정은 행정청이 우선권자로 결정된 자의 신청이 있으면 어업면허처분을 하겠다는 것을 약속하는 행위로서 그 우선순위결정에 공정력과 불가쟁력이 인정된다.
13국가9

해설

①④ × 판례는 어업면허에 선행하는 우선순위결정에 대하여 그 성격을 확약으로 보면서, 이는 처분이 아니므로 공정력이 발생하지 않는다고 보았다. 따라서 제3자가 확약에 대해 법률상 이익이 있더라도 확약의 처분성이 인정되지 않으므로 취소소송으로 다툴 수 없다.④ 또한 확약이 위법하더라도 무효가 아닌 한 유효하게 통용된다는(공정력이 있다는) 지문도 틀린 것이 된다.①

- 어업면허 우선순위결정: 확약 → 처분×, 공정력·불가쟁력×
  어업권면허에 선행하는 〈우선순위결정〉은 행정청이 우선권자로 결정된 자의 신청이 있으면 어업권면허처분을 하겠다는 것을 약속하는 행위로서 강학상 확약에 불과하고 행정처분은 아니므로,④ 우선순위결정에 공정력이나 불가쟁력과 같은 효력은 인정되지 아니하며,① 따라서 우선순위결정이 잘못되었다는 이유로 종전의 어업권면허처분이 취소되면 행정청은 종전의 우선순위결정을 무시하고 다시 우선순위를 결정한 다음 새로운 우선순위결정에 기하여 새로운 어업권면허를 할 수 있다(1995.1.20. 94누6529).

② × 재량행위의 경우 별도의 법적 근거가 없어도 확약이 가능하다. 기속행위의 경우에도 견해대립은 있으나 가능하다는 것이 다수설이다. 확약뿐 아니라, 가행정행위, 사전결정, 부분허가 모두 본처분 내지 최종처분에 대한 법률적 근거가 있으면 그것으로 족하고 그 외 별도의 법적 근거가 없어도 할 수 있다고 본다.

행정절차법 제40조의2(확약) ① 법령등에서 당사자가 신청할 수 있는 처분을 규정하고 있는 경우 **행정청은 당사자의 신청**에 따라 장래에 어떤 처분을 하거나 하지 아니할 것을 내용으로 하는 의사표시(이하 '**확약**'이라 한다)를 할 수 있다.

③ ○ 확약 또는 공적인 의사표명이 있은 후에 사실적·법률적 상태가 변경되었다면, 그와 같은 확약 또는 공적인 의사표명은 행정청의 별다른 의사표시를 기다리지 않고 실효된다(1996.8.20. 95누10877).

선지분석 & 요플·기풀기링크

선지	THEME	요플	기풀기
①		24	006
②	T33 단계적 행정결정 등	12	002
③		22	018
④		25	022

 ③
 1×

05

확약에 대한 설명으로 옳지 않은 것은? (다툼이 있는 경우 판례에 의함) 23국가7

① 「행정절차법」상 법령등에서 당사자가 신청할 수 있는 처분을 규정하고 있는 경우 행정청은 당사자의 신청에 따라 장래에 어떤 처분을 하거나 하지 아니할 것을 내용으로 하는 확약을 할 수 있으며, 문서 또는 말에 의한 확약도 가능하다.

② 「행정절차법」상 행정청은 확약을 한 후에 확약의 내용을 이행할 수 없을 정도로 법령등이나 사정이 변경된 경우에는 확약에 기속되지 아니하며, 그 확약을 이행할 수 없는 경우에는 지체 없이 당사자에게 그 사실을 통지하여야 한다.

③ 행정청이 상대방에게 장차 어떤 처분을 하겠다고 확약을 하였더라도, 그 자체에서 상대방으로 하여금 언제까지 처분의 발령을 신청하도록 유효기간을 두었는데도 그 기간 내에 상대방의 신청이 없었다면, 그 확약은 행정청의 별다른 의사표시를 기다리지 않고 실효된다.

④ 어업권면허에 선행하는 우선순위결정은 행정청이 우선권자로 결정된 자의 신청이 있으면 어업권면허처분을 하겠다는 것을 약속하는 행위로서 강학상 확약에 불과하고 행정처분은 아니다.

관련 OX

① 관련

1 확약은 서면이나 말로 할 수 있으며, 확약이 말로 이루어지는 경우에는 상대방이 서면의 교부를 요구하면 직무 수행에 특별한 지장이 없는 한 이를 교부하여야 한다. 24소방

③ 관련

2 행정청의 확약 또는 공적인 의사표명 그 자체에서 처분의 발령을 신청하도록 유효기간을 두었을 경우 그 후에 사실적·법률적 상태가 변경되었더라도 직권취소나 철회로 효력이 소멸되고 당연히 실효되는 것은 아니다. 23군무원7

해설

① ✕ 말에 의한 확약은 불가. ② ○

행정절차법 제40조의2(확약) ① 법령등에서 당사자가 **신청할 수 있는 처분**을 규정하고 있는 경우 행정청은 당사자의 **신청**에 따라 장래에 어떤 처분을 하거나 하지 아니할 것을 내용으로 하는 **의사표시**(이하 '확약'이라 한다)를 할 수 있다.①(앞)
② 확약은 **문서**로 하여야 한다.①(뒤)
④ 행정청은 다음 각 호의 어느 하나에 해당하는 경우에는 확약에 **기속되지 아니한다**.②(앞)
 1. 확약을 한 후에 확약의 내용을 **이행할 수 없을 정도로 법령등이나 사정이 변경**된 경우
 2. **확약이 위법**한 경우
⑤ 행정청은 확약이 제4항 각 호의 어느 하나에 해당하여 **확약을 이행할 수 없는 경우**에는 지체 없이 **당사자에게 그 사실을 통지**하여야 한다.②(뒤)

③ ○ 확약상 신청 유효기간 경과: 확약은 행정청의 별도 의사표시 없이 실효

행정청이 상대방에게 장차 어떤 처분을 하겠다고 확약을 하였다고 하더라도, 그 자체에서 상대방으로 하여금 언제까지 처분의 발령을 신청을 하도록 유효기간을 두었는데도 그 기간 내에 상대방의 신청이 없었다면, 그와 같은 확약 또는 공적인 의사표명은 행정청의 별다른 의사표시를 기다리지 않고 실효된다(1996.8.20. 95누10877).

④ ○ 어업면허 우선순위결정: 확약 → 처분✕, so 공정력·불가쟁력도✕

어업권면허에 선행하는 우선순위결정은 행정청이 우선권자로 결정된 자의 신청이 있으면 어업권면허처분을 하겠다는 것을 약속하는 행위로서 강학상 확약에 불과하고 행정처분은 아니다(1995.1.20. 94누6529).

선지선택비율 ① 65.68% ② 19.93% ③ 5.72% ④ 8.67%　오답률 34.32%

선지분석 & 요플 · 기풀기링크

선지	THEME	요플	기풀기
①	T33 단계적 행정결정 등	14	013
②		20	019
③	T05 신뢰보호원칙	35	035
④	T33 단계적 행정결정 등	26	005

정답 ①

OX 1✕ 2✕

필수문제 06 사례형

甲은 폐기물관리법에 따라 폐기물처리업의 허가를 받기 전에 행정청 乙에게 폐기물처리사업계획서를 작성하여 제출하였고, 乙은 그 사업계획서를 검토하여 적합통보를 하였다. 이에 대한 설명으로 옳지 않은 것은? (다툼이 있는 경우 판례에 의함)   18국가7

① 적합통보를 받은 甲은 폐기물처리업의 허가를 받기 전이라도 부분적으로 폐기물처리를 적법하게 할 수 있다.
② 사업계획의 적합 여부는 乙의 재량에 속하고, 사업계획 적합 여부 통보를 위하여 필요한 기준을 정하는 것도 역시 乙의 재량에 속한다.
③ 사업계획서 적합통보가 있는 경우 폐기물처리업의 허가단계에서는 나머지 허가요건만을 심사한다.
④ 甲이 폐기물처리업허가를 받기 위해서는 용도지역을 변경하는 국토이용계획변경이 선행되어야 할 경우, 甲에게 국토이용계획변경을 신청할 권리가 인정된다.

관련 OX

④ 관련
1 폐기물처리사업의 적정통보를 받은 자가 폐기물처리업허가를 받기 위해서는 국토이용계획의 변경이 선행되어야 하는 경우 일반적·추상적 효력을 가지는 이용계획의 특성상 그 변경을 신청할 개인의 권리는 인정되지 아니한다.   14국회8

STORY 해설

- 폐기물처리업 적정통보는 폐기물처리업 허가라는 최종허가 전에 일부 허가요건에 대해 우선적으로 이루어지는 사전결정이라고 봄이 일반적이다. 따라서 이를 받게 되면 최종 허가단계에서는 사전결정단계에서 심사하지 않은 나머지 요건만을 심사한다.③ 다만, 이는 허가요건 중 일부에 대해 통과됐다는 것을 의미할 뿐, 더 나아가 사업의 일부를 행할 수 있게 하는 것은 아니다.① 이 점에서 사업을 일부나마 실행할 수 있게 해주는 부분허가와 구별된다.
- 폐기물처리업 허가는 재량행위이다. 따라서 그에 대한 사전결정인 적정통보도 재량행위이고, 그 기준을 정하는 것 역시 재량이다.②
- 한편, 판례는 폐기물처리업 적정통보를 받은 자가 최종 허가를 받기 위해 국토이용계획변경신청을 하였으나 거부당한 경우, 거부의 처분성을 인정한다. 본래 행정계획에 대한 변경신청권은 인정되지 않고, 따라서 거부의 처분성도 인정되지 않는 것이나, 사안과 같이 계획변경에 대한 거부가 결국 사업의 좌절(폐기물처리업 허가거부)과 마찬가지가 되는 경우에는 소송을 허용하여 사법부의 판단을 받을 수 있도록 하자는 고려에서 조리상 신청권을 인정하는 것이다(국토계획변경이 안 되면 시설을 못 지어 어차피 폐기물허가를 못 받게 된다). 다만 판례는 행정청의 사업 적정통보만으로는 국토이용계획 변경을 승인해주겠다는 공적 견해표명을 한 것으로 볼 수 없다는 이유로 행정청의 거부가 신뢰보호원칙에 반하지는 않는다고 보았다. 즉, 신청권을 인정받아 대상적격(처분성)이 인정돼 본안판단은 받았으나, 본안에서 처분의 위법성은 부인돼 기각판결을 받은 사안이다.

사례분석 사례지수 상중하

- 폐기물사업계획 적정통보를 소재로 하여 사전결정의 한계,① 효과,③ 행정계획 변경신청권(예외적으로만 인정)④ 등을 묻고 있다. 실제 판례사안에 기초한 문제로서 사전결정 관련 판례가 많지 않고, 동 판례에서 사전결정과 행정계획 등 행정법의 주요 쟁점들이 다양하게 등장했기 때문에 꾸준히 출제되고 있다. 완벽히 숙지할 필요가 있는 문제이다.
- 다만 제시문을 보지 않더라도 지문의 정도가 가려지는 형태여서 사례문제로서의 지수는 낮다.

해설

폐기물처리업 사업계획 적정통보·부적정통보

성격	처분성○ / 재량행위②
구속력	인정 → 최종 허가단계에서는 나머지 허가요건만을 심사③ (구별) 단, 판례는 주택건설사업계획에 대하여 그 사전결정의 구속력(기속)은 부정
최종결정시	허가 여부에 대한 최종결정시, 그에 흡수되어 더 이상 소익×

관련판례	① 사업계획 적정통보 후 **청소업자 난립**이유로 불허가
	  → 신뢰보호원칙 위반○
	② 사업계획 적정통보 후 사업에 필요한 **국토계획변경거부*·형질변경불허가**
	  → 신뢰보호원칙 위반×
	  * 국토계획변경거부 관련하여 신청권은 인정되었으나,④ 신뢰보호원칙 위반으로까지 인정받지는 못했다는 점 기억

선지분석 & 요플·기풀기링크

선지	THEME	요플	기풀기
①		04	027
②	T33 단계적 행정결정 등	31	030
③		32	031
④	T34 행정계획	62	062

① ✕ 1) 사전결정은 최종 결정 전 요건 일부에 대해 종국적으로 결정하는 것이다. 종국적 결정이기는 하나 일부 요건에 대한 것일 뿐으로 그것만으로 어떠한 행위를 할 수는 없다. 예컨대 폐기물처리업 적합통보(사전결정)를 받았다고 하여 폐기물처리업을 일부라도 할 수 있게 되는 것이 아니다.① 앞으로 폐기물처리업에 필요한 인적·물적 시설을 갖추어 종국적 허가신청을 할 자격이 생길 뿐이다. 반면, 2) 부분허가는 원자로 등 대규모 시설에 있어 일부 행위에 대해 종국적으로 허가하는 것이다. 따라서 허가받은 부분에 대해서는 행위가(공사가) 가능하다. 예컨대 원자로부지 사전결정이 있으면, 부지굴착공사 등 일정 범위에서 공사가 가능해진다. 3) 사전결정(예비결정)과 부분허가 모두 일부에 대한 최종적 결정으로서 그 자체가 하나의 행정행위이다. 즉, 처분성이 인정된다.

②③ ○ 적정통보: 적정 여부 판단 및 그 기준을 정하는 것 모두 재량② / 적정통보 후 허가단계에서의 심사사항: 적정통보에서 심사된 사항 외 나머지 요건만 심사③
폐기물처리업의 적정 여부에 대하여 **재량**의 여지를 남겨 두고 있다 할 것이고, 이러한 경우 사업계획 적정 여부 통보를 위하여 필요한 기준을 정하는 것도 역시 행정청의 **재량**에 속하는 것② … 폐기물처리업의 허가에 앞서 사업계획서에 대한 적정·부적정통보제도를 두고 있는 것은 … 허가관청으로 하여금 미리 사업계획서를 심사하여 그 적정·부적정통보 처분을 하도록 하고, 나중에 허가단계에서는 나머지 허가요건만을 심사하여③ 신속하게 허가업무를 처리하는 데 그 취지가 있다(1998.4.28. 97누21086).

④ ○ 폐기물처리계획 적정통보를 받고 동 사업을 위해 계획변경신청을 한 자 → 계획변경신청권○
폐기물처리사업계획의 적정통보를 받은 원고가 폐기물처리업허가를 받기 위하여는 … 국토이용계획변경이 선행되어야 하고, 원고의 위 계획변경신청을 피고가 거부한다면 이는 실질적으로 원고에 대한 폐기물처리업허가신청을 불허하는 결과가 되므로, 원고는 위 국토이용계획변경의 입안 및 결정권자인 피고에 대하여 그 **계획변경을 신청할 법규상 또는 조리상 권리를 가진다**(2003.9.23. 2001두10936).

07

다음 내용을 근거로 판단할 때, 폐기물처리사업계획의 적합통보에 대한 설명으로 옳지 않은 것은?

15국가7

> **폐기물관리법 제25조(폐기물처리업)** ① 폐기물의 수집·운반, 재활용 또는 처분을 업으로 하려는 자는 환경부령으로 정하는 바에 따라 지정폐기물을 대상으로 하는 경우에는 폐기물처리사업계획서를 환경부장관에게 제출하고, 그 밖의 폐기물을 대상으로 하는 경우에는 시·도지사에게 제출하여야 한다.
> ② 환경부장관이나 시·도지사는 제1항에 따라 제출된 폐기물처리사업계획서를 다음 각 호의 사항에 관하여 검토한 후 그 적합 여부를 폐기물처리사업계획서를 제출한 자에게 통보하여야 한다.
> (각 호 중략)
> ③ 제2항에 따라 적합통보를 받은 자는 그 통보를 받은 날부터 2년 이내에 … 허가를 받아야 한다. 이 경우 환경부장관 또는 시·도지사는 제2항에 따라 적합통보를 받은 자가 그 적합통보를 받은 사업계획에 따라 시설·장비 및 기술인력 등의 요건을 갖추어 허가신청을 한 때에는 지체 없이 허가하여야 한다.

① 사업계획에 대한 부적합통보는 그 자체로 하나의 완결된 행정행위이다.
② 사업계획에 대한 적합통보가 있는 경우 사업의 허가단계에서는 나머지 허가요건만을 심사하면 된다.
③ 사업계획에 대한 적합통보는 사업허가 전에 신청자의 편의를 위하여 미리 그 사업허가의 일부 요건을 심사하여 행하는 사전결정의 성격이 있는 것이어서 사업허가처분이 있게 되면 그 허가처분에 흡수되어 독립된 존재가치를 상실한다.
④ 사업계획에 대한 적합통보결정은 최종행정행위인 폐기물처리사업허가에 기본적으로 구속력을 미치지 않는다.

해설

①②③ ○, ④ × 폐기물처리업 사업계획에 대한 적정·부적정통보는 사업허가 전 신청자의 편의를 위해 미리 그 허가요건 중 일부를 심사하여 행하는 **사전결정의 성격을 갖는다**.③ 따라서 적정통보가 있는 경우 이는 최종 행정행위인 사업허가에 기본적으로 **구속력을 미치게 되어**④ 사업허가단계에서는 **나머지 요건만을 심사하면 된다**.② 적정통보, 부적정통보 모두 그 자체로 하나의 **독립된 처분으로서**① 항고소송의 대상이 되지만, 적정통보 후 최종 허가처분이 있게 되면 적정통보는 그에 흡수되어 독립된 소의 이익이 없어지게 된다.③

- 폐기물관리법 관계 법령의 규정에 의하면 폐기물처리업의 허가를 받기 위하여는 먼저 사업계획서를 제출하여 허가권자로부터 사업계획에 대한 적정통보를 받아야 하고, 그 적정통보를 받은 자만이 일정기간 내에 시설, 장비, 기술능력, 자본금을 갖추어 허가신청을 할 수 있으므로, 결국 **부적정통보는** 허가신청 자체를 제한하는 등 개인의 권리 내지 법률상의 이익을 개별적이고 구체적으로 규제하고 있어 **행정처분에 해당한다**.① 폐기물처리업의 허가에 앞서 사업계획서에 대한 **적정·부적정통보 제도를 두고 있는 것은** 허가관청으로 하여금 미리 사업계획서를 심사하여 그 적정·부적정통보 처분을 하도록 하고, **나중에 허가단계에서는 나머지 허가요건만을 심사하여**② 신속하게 허가업무를 처리하는 데 그 취지가 있다(1998.4.28. 97누21086).

관련 OX

① 관련

1 구 「폐기물관리법」 관계 법령상의 폐기물처리업허가를 받기 위한 사업계획에 대한 부적정통보는 허가신청 자체를 제한하는 등 개인의 권리 내지 법률상의 이익을 개별적이고 구체적으로 규제하고 있어 행정처분에 해당한다. 17(상)국가9

② 관련

2 (甲은「폐기물관리법」에 따라 폐기물처리업의 허가를 받기 전에 행정청 乙에게 폐기물처리사업계획서를 작성하여 제출하였고, 乙은 그 사업계획서를 검토하여 적합통보를 하였다) 사업계획서 적합통보가 있는 경우 폐기물처리업의 허가단계에서는 나머지 허가요건만 심사한다. 25해경승진

선지분석 & 요플·기풀기링크

선지	THEME	요플	기풀기
①		30	029
②	T33 단계적 행정결정 등	32	031
③		35	033
④		33	032

정답 ④
OX 1 ○ 2 ○

08

자동화된 행정결정에 대한 설명으로 옳지 않은 것은? (다툼이 있는 경우 판례에 의함) 23지방9

① 자동화된 행정결정의 예로는 컴퓨터를 통한 중·고등학생의 학교배정, 신호등에 의한 교통신호 등이 있다.
② 「행정기본법」상 자동적 처분은 항고소송의 대상이 된다.
③ 「행정기본법」상 자동적 처분을 할 수 있는 '완전히 자동화된 시스템'에는 '인공지능 기술을 적용한 시스템'이 포함되지 않는다.
④ 「행정기본법」은 재량행위에 대해서 자동적 처분을 허용하지 않고 있다.

관련 OX

④ 관련

1 행정청은 처분에 재량이 있는 경우 법령이나 행정규칙이 정하는 바에 따라 완전히 자동화된 시스템으로 처분할 수 있다. 21지방7

해설

① ○ 행정의 자동결정에 대해서는 아래 표 내용 참조

요플. 행정의 자동결정

의의	미리 입력된 프로그램에 따라 자동적으로 행해지는 행정결정
근거	행정기본법 제20조 등
예시	컴퓨터로 이루어지는 학교배정, 신호등으로 이루어지는 교통신호
성격	• 컴퓨터로 이루어진다 하더라도 행정행위의 개념요소를 갖추는 한 **행정행위에 해당 → 통지 필요** • 자동결정의 근거가 되는 프로그램은 명령(행정규칙 포함)
구제	일반적 행정작용과 동일 → 처분성 인정시 항고소송, 국가배상요건 인정시 국가배상청구

행정기본법 제20조(자동적 처분) 행정청은 **법률로** 정하는 바에 따라	법률로○, 법령으로✕
완전히 자동화된 시스템(인공지능 기술을 적용한 시스템을 포함)으로 처분을 할 수 있다.	'완전' 자동화○, '일부' 자동화✕
다만, 처분에 재량이 있는 경우는 그러하지 아니하다.	기속행위○, 재량행위✕

★ 자동적 처분도 '처분'이므로 항고소송의 대상이 된다.

26 요플 p.132

② ○ 자동적 처분도 행정소송법상 처분 개념을 만족한다면 당연히 항고소송의 대상이 된다.

③ ✕, ④ ○ 행정기본법은 법률에 근거가 있다면 인공지능을 포함한 완전히 자동화된 시스템에 의한 자동적 처분을 허용하는 것으로 규정하였고,③ 그 범위에 인공지능 시스템도 포함시켰다. 다만 재량행위에는 자동적 처분을 허용하지 않는 것으로 규정하였다.④

행정기본법 제20조(자동적 처분) 행정청은 **법률로** 정하는 바에 따라 완전히 자동화된 시스템(인공지능 기술을 적용한 시스템을 포함)으로 처분을 할 수 있다.③ 다만, 처분에 **재량**이 있는 경우는 그러하지 아니하다.④

선지선택비율 ① 4.40% ② 12.56% ③ 74.75% ④ 8.29% 오답률 25.25%

선지분석 & 요플·기풀기링크

선지	THEME	요플	기풀기
①		N1①	039
②	T33 단계적 행정결정 등	41	042
③		39	040
④		40	041

정답 ③
OX 1 ✕

09

다단계행정결정에 대한 설명으로 옳지 않은 것은? (다툼이 있는 경우 판례에 의함) 22국가9

① 「공유재산 및 물품 관리법」에 근거하여 공모제안을 받아 이루어지는 민간투자사업 '우선협상대상자 선정행위'나 '우선협상대상자 지위배제행위'에서 '우선협상대상자 지위배제행위'만이 항고소송의 대상인 처분에 해당한다.

② 구 「원자력법」상 원자로 및 관계 시설의 부지사전승인처분 후 건설허가처분까지 내려진 경우, 선행처분은 후행처분에 흡수되어 건설허가처분만이 행정쟁송의 대상이 된다.

③ 공정거래위원회가 부당한 공동행위를 한 사업자에게 과징금 부과처분을 한 뒤 다시 자진신고 등을 이유로 과징금 감면처분을 한 경우, 선행처분은 후행처분에 흡수되어 소멸하므로 선행처분의 취소를 구하는 소는 부적법하다.

④ 자동차운송사업 양도·양수인가신청에 대하여 행정청이 내인가를 한 후 그 본인가신청이 있음에도 내인가를 취소한 경우, 다시 본인가에 대하여 별도로 인가 여부의 처분을 한다는 사정이 보이지 않는다면 내인가취소는 행정처분에 해당한다.

관련 OX

③ 관련

1 ❸ 「공정거래위원회가 부당한 공동행위를 한 사업자들 중 자진신고자에 대하여 구 독점규제 및 공정거래에 관한 법령에 따라 과징금 부과처분(선행처분)을 한 뒤, 다시 자진신고자에 대한 사건을 분리하여 자진신고를 이유로 과징금 감면처분(후행처분)을 한 경우라도 선행처분의 취소를 구하는 소는 적법하다. 21국가9

2 「독점규제 및 공정거래에 관한 법률」을 위반한 부당공동행위 사업자에 대한 과징금 부과처분 후에 다시 자진신고나 조사협조 등을 이유로 이에 대한 과징금 감면처분이 이루어진 경우 취소소송의 대상이 되는 것은 과징금 감면처분이다. 23국회9

④ 관련

3 자동차운수사업 양도·양수인가신청에 대하여 행정청이 내인가를 한 후, 본인가신청이 있음에도 내인가를 취소한 경우에 내인가 취소행위를 본인가신청의 거부로 볼 것은 아니다. 23변시

해설

① × 민투법이 아닌 공유재산법에 근거한 민투사업(가능). 그에 따른 우협대상자 선정·배제(모두 처분)
지방자치단체의 장이 공유재산법에 근거하여 기부채납 및 사용·수익허가 방식으로 민간투자사업을 추진하는 과정에서 사업시행자를 지정하기 위한 전 단계에서 공모제안을 받아 일정한 심사를 거쳐 우선협상대상자를 선정하는 행위와 이미 선정된 우선협상대상자를 그 지위에서 배제하는 행위는 민간투자사업의 세부내용에 관한 협상을 거쳐 공유재산법에 따른 공유재산의 사용·수익허가를 우선적으로 부여받을 수 있는 지위를 설정하거나 또는 이미 설정한 지위를 박탈하는 조치이므로 모두 항고소송의 대상이 되는 행정처분으로 보아야 한다(2020.4.29. 2017두31064).
➕ PLUS 민간투자법이 아닌 공유재산법에 근거한 민간투자사업도 가능하며, 이에 따른 우협대상자선정과 배제를 모두 처분이라고 본 의미 있는 최신판례. 어업면허 우선순위결정은 단순 확약으로서 처분이 아니라고 본 판례와 구별해야 함

② ○ 원자로부지사전승인: 독립된 처분이지만 건설허가처분이 있게 되면 소익 상실하고, 건설허가처분만 소송대상
원자로 및 관계 시설의 부지사전승인처분은 그 자체로서 건설부지를 확정하고 사전공사를 허용하는 법률효과를 지닌 독립한 행정처분이기는 하지만, 건설허가 전에 신청자의 편의를 위하여 미리 그 건설허가의 일부 요건을 심사하여 행하는 사전적 부분 건설허가처분의 성격을 갖고 있는 것이어서 나중에 건설허가처분이 있게 되면 그 건설허가처분에 흡수되어 독립된 존재가치를 상실함으로써 그 건설허가처분만이 쟁송의 대상이 되는 것이므로, 부지사전승인처분의 취소를 구하는 소는 소의 이익을 잃게 되고, 따라서 부지사전승인처분의 위법성은 나중에 내려진 건설허가처분의 취소를 구하는 소송에서 이를 다투면 된다(1998.9.4. 97누19588).

선지분석 & 요플·기풀기링크

선지	THEME	요플	기풀기
①	T52 대상적격(행정작용)	57	054
②	T33 단계적 행정결정 등	38	037
③	T52 대상적격(행정작용)	71	073
④	T33 단계적 행정결정 등	23	021

③ ○ 공정위의 과징금 부과처분 후 자진신고자 등 감면처분: 종국적 처분인 후행처분이 소의 대상

공정거래위원회가 부당한 공동행위를 행한 사업자로서 구 「독점규제 및 공정거래에 관한 법률」 제22조의2에서 정한 자진신고자나 조사협조자에 대하여 **과징금 부과처분(선행처분)**을 한 뒤, 「독점규제 및 공정거래에 관한 법률 시행령」 제35조 제3항에 따라 다시 자진신고자 등에 대한 사건을 분리하여 **자진신고 등을 이유로 한 과징금 감면처분(후행처분)**을 하였다면, 후행처분은 자진신고 감면까지 포함하여 처분 상대방이 실제로 납부하여야 할 최종적인 과징금액을 결정하는 **종국적 처분**이고, **선행처분**은 이러한 종국적 처분을 예정하고 있는 일종의 **잠정적 처분**으로서 후행처분이 있을 경우 **선행처분은 후행처분에 흡수되어 소멸**한다. 따라서 위와 같은 경우에 **선행처분의 취소를 구하는 소**는 이미 효력을 잃은 처분의 취소를 구하는 것으로 **부적법**하다(2015.2.12. 2013두987).

+ PLUS 자신신고 등을 이유로 과징금 부과처분(선행처분)이 감면된 경우(후행처분) 후행처분이 소의 대상이 된다. 선행처분은 잠정적 처분이고 후행처분이 종국적 처분이기 때문이다. 일반적 감경처분의 경우 감경된 원처분(선행처분)이 소의 대상이 되는 것과 구별해야 한다.

감액처분	감액된 선행처분을 대상으로 소송제기(후행 감액처분에 대한 소송은 부적법)
자신신고자 등에 대한 감면처분	종국적 후행처분을 대상으로 소송제기(선행 잠정처분에 대한 소송은 부적법)

④ ○ 내인가(확약)받은 자가 본인가신청을 하자 내인가를 취소 → 이때의 내인가취소는 본인가신청에 대한 거부처분에 해당 so 처분성○

자동차운송사업양도양수계약에 기한 양도양수인가신청에 대하여 피고 시장이 **내인가를 한 후** 위 내인가에 기한 **본인가신청이** 있었으나 자동차운송사업 양도양수인가신청서가 합의에 의한 정당한 신청서라고 할 수 없다는 이유로 위 **내인가를 취소한 경우**, 피고가 위 내인가를 취소함으로써 **다시 본인가에 대하여 따로이 인가 여부의 처분을 한다는 사정이 보이지 않는다면 위 내인가취소를 인가신청을 거부하는 처분**으로 보아야 할 것이다(1991.6.28. 90누4402).

+ PLUS 내인가를 받은 자가 본인가를 신청하자 내인가를 취소 → 본인가의 거부와 마찬가지

선지선택비율 ① 47.86% ② 10.96% ③ 23.03% ④ 18.15% 오답률 52.14%

THEME 34 행정계획

기 464-485
요 133-138

01
15교행9(변형)

행정계획에 관한 설명으로 옳은 것은?

① 행정계획은 법률의 형식으로 수립되어야 한다.
② 행정계획에는 행정청의 재량이 인정되지 않는다.
③ 「행정절차법」에는 행정계획에 대해서 독립적 규정을 두고 있지 않다.
④ 국민의 권리·의무에 구체적·개별적인 영향을 미치는 행정계획은 처분성이 인정된다.

관련 OX

① 관련
1 행정계획은 법률의 형식일 수도 있다. 13지방9

④ 관련
2 행정계획은 항고소송의 대상이 될 수 없다. 16서울9

해설

① ✕ 행정계획은 법률·법규명령·조례 등 특정의 법적 형식으로 수립되는 경우도 있고 그 경우의 성격은 행정입법에 해당할 것이다. 그러나 행정계획이 특정의 법적 형식을 취하지 않는 경우도 상당하다.

② ✕ 행정계획의 주체는 계획법에 근거한 구체적 계획을 수립·변경하는 과정에서 광범위한 형성의 자유를 가지는바, 이를 계획재량이라 한다. 즉, 계획재량은 계획법의 구조적 특성에 기인하는 것으로 행정청이 행정계획을 수립함에 있어서 일반 재량행위에 비하여 더욱 광범위한 판단여지 내지 형성의 자유를 갖는 것을 말한다.

③ ✕ 개정 전 행정절차법은 행정계획에 대해서 행정예고(정책, 제도, 계획 등의 예고)의 일종으로 예고기간 등을 규정하고 있었을 뿐(제46조), 별도의 규정을 두고 있지 않았으나, 2022.7.12. 시행된 개정 행정절차법은 행정계획에 관한 독립적 규정을 신설하였다(제40조의4).

행정절차법 제3조(적용범위) ① 처분, 신고, 확약, 위반사실 등의 공표, **행정계획**, 행정상 입법예고, 행정예고 및 행정지도의 절차(이하 '행정절차'라 한다)에 관하여 다른 법률에 특별한 규정이 있는 경우를 제외하고는 이 법에서 정하는 바에 따른다.

제40조의4(행정계획) 행정청은 행정청이 수립하는 계획 중 국민의 권리·의무에 직접 영향을 미치는 **계획을 수립하거나 변경·폐지**할 때에는 **관련된 여러 이익을 정당하게 형량**하여야 한다.

제46조(행정예고) ① 행정청은 정책, 제도 및 **계획**(이하 '정책등'이라 한다)을 수립·시행하거나 변경하려는 경우에는 이를 **예고하여야** 한다. 다만, 다음 각 호의 어느 하나에 해당하는 경우에는 예고를 하지 아니할 수 있다. (각 호 생략)

④ ○ 구속력 없이 지침으로서의 의미만 있는 비구속적 계획이나 행정조직 내부에서만 효력을 갖는 계획은 처분에 해당할 수 없으나, 구속적 계획 중 국민의 권리·의무에 구체적으로 영향을 미치는 행정계획은 처분성이 인정될 수 있다.

- 도시계획법 제12조 소정의 고시된 **도시계획결정**은 특정 개인의 권리 내지 법률상의 이익을 개별적이고 구체적으로 규제하는 효과를 가져오게 하는 **행정청의 처분**이라 할 것이고, 이는 행정소송의 대상이 된다(1982.3.9. 80누105).

선지분석 & 요플·기풀기링크

선지	THEME	요플	기풀기
①	T34 행정계획	14	009
②		38	035
③	T38 절차법(근거·적용범위)	19	013
④	T34 행정계획	05	013

정답 ④

필수문제 02

항고소송의 대상이 되는 행정처분에 해당하는 것만을 〈보기〉에서 모두 고른 것은? (다툼이 있는 경우 판례에 의함) 25소방

〔보기〕
ㄱ. 구 「도시계획법」 제12조에 의하여 고시된 도시계획결정
ㄴ. 구 「택지개발촉진법」에 의한 건설부장관의 택지개발예정지구의 지정
ㄷ. 구 「공공기관 지방이전에 따른 혁신도시 건설 및 지원에 관한 특별법」에 따라 국토해양부장관이 발표한 한국토지주택공사의 지방이전방안
ㄹ. 구 도시계획법령에 의한 도시기본계획

① ㄱ, ㄴ
② ㄱ, ㄷ
③ ㄱ, ㄷ, ㄹ
④ ㄴ, ㄷ, ㄹ

관련 OX

ㄱ.관련
1 구 「도시계획법」 제12조의 도시관리계획(현 「국토의 계획 및 이용에 관한 법률」 제30조의 도시·군관리계획) 결정의 경우 도시관리계획구역 안의 토지나 건물소유자의 토지형질변경, 건축물의 신축·개축 또는 증축 등 권리행사가 일정한 제한을 받게 되므로 항고소송의 대상이 되는 처분에 해당한다. 17국회8

ㄹ.관련
2 위법한 도시기본계획에 대하여 제기되는 취소소송은 법원에 의하여 허용되지 아니한다. 17(상)지방9

추가기출(ㄷ.관련)
ⓐ 인
정부의 수도권 소재 공공기관의 지방이전 시책을 추진하는 과정에서 도지사가 도내 특정시를 공공기관이 이전할 혁신도시 최종입지로 선정한 행위는 항고소송의 대상이 되는 행정처분이다. 24해경간부

해설

ㄱ. ○ 도시계획결정(도시관리계획): 처분○
도시계획법 제12조 소정의 고시된 **도시계획결정**은 특정 개인의 권리 내지 법률상의 이익을 개별적이고 구체적으로 규제하는 효과를 가져오게 하는 **행정청의 처분**이라 할 것이고, 이는 행정소송의 대상이 된다(1982.3.9. 80누105).

ㄴ. ○ 택지개발예정지구 지정 및 택지개발계획승인: 행정처분○
택지개발촉진법 제3조에 의한 건설부장관의 **택지개발예정지구의 지정**과 같은 법 제8조에 의한 건설부장관의 택지개발사업시행자에 대한 **택지개발계획의 승인**은 그 처분의 고시에 의하여 개발할 토지의 위치, 면적, 권리내용 등이 특정되어 그 후 사업시행자에게 택지개발사업을 실시할 수 있는 권한이 설정되고, 나아가 일정한 절차를 거칠 것을 조건으로 하여 일정한 내용의 수용권이 주어지며 고시된 바에 따라 특정 개인의 권리나 법률상 이익이 개별적이고 구체적으로 규제받게 되므로 건설부장관의 위 각 처분은 **행정처분**의 성격을 갖는 것이다(1992.8.14. 91누11582).

ㄷ. × 한국토지주택공사 지방이전방안: 처분×(비구속적 행정계획안에 불과)
피청구인(국토해양부장관)이 발표한 이 사건 이전방안은 한국토지주택공사와 각 광역시·도, 관련 행정부처 사이의 의견 조율 과정에서 행정청으로서의 내부 의사를 밝힌 행정계획안 정도에 불과하고, 법적 구속력을 가진 행정행위라고 보기는 어렵다. … 이 사건 (국토해양부장관의) **이전방안**은 행정청의 기본방침을 밝히는 **비구속적 행정계획안에 불과**하여 직접 국민의 권리·의무에 영향을 미치지 아니하므로 헌법재판소법 제68조 제1항의 공권력의 행사에 해당한다 할 수 없다(헌재 2014.3.27. 2011헌마291).

관련 혁신도시 최종입지선정: 처분×ⓐ
정부의 수도권 소재 공공기관의 지방이전시책을 추진하는 과정에서 도지사(강원도지사)가 도내 특정시(원주시)를 공공기관이 이전할 **혁신도시 최종입지로 선정한 행위**는 항고소송의 대상이 되는 **행정처분이 아니다**ⓐ(2007.11.15. 2007두10198).

ㄹ. × 도시기본계획: 처분×
도시기본계획이라는 것은 도시의 장기적 개발방향과 미래상을 제시하는 도시계획 입안의 지침이 되는 장기적·종합적인 개발계획으로서 **직접적인 구속력은 없는 것**이다(1998.11.27. 96누13927).

선지선택비율 ① 74.26% ② 15.52% ③ 6.14% ④ 4.09% 오답률 25.74%

선지분석 & 요플·기풀기링크

선지	THEME	요플	기풀기
①	T34 행정계획	23	026
②	T30 하자의 승계	46	048
③	T34 행정계획	16	025
④		19	015

정답 ①
OX 1○ 2○ ⓐ×

03

행정계획에 대한 판례의 입장으로 옳지 않은 것은?　16국회8

① 공유수면점용허가를 필요로 하는 채광계획인가신청에 대하여, 공유수면관리청이 공유수면점용을 허용하지 않기로 결정한 경우, 채광계획인가관청은 이를 사유로 채광계획인가신청을 반려할 수 없다.

② 건설부장관이 구 「주택건설촉진법」에 따라 관계기관의 장과의 협의를 거쳐 사업계획승인을 한 이상 허가·인가·결정·승인 등이 있는 것으로 볼 것이고, 그 절차와 별도로 구 「도시계획법」 소정의 중앙도시계획위원회의 의결이나 주민의 의견청취 등 절차를 거칠 필요는 없다.

③ 구 「도시계획법」 제12조 소정의 고시된 도시계획결정은 특정 개인의 권리 내지 법률상의 이익을 개별적이고 구체적으로 규제하는 효과를 가져오게 하는 행정청의 처분이라 할 것이고, 이는 행정소송의 대상이 된다.

④ 환지계획은 환지예정지 지정이나 환지처분의 근거가 될 뿐, 고유한 법률효과를 수반하는 것이 아니어서 항고소송의 대상이 되는 처분에 해당한다고 할 수가 없다.

⑤ 행정계획은 행정에 관한 전문적·기술적 판단을 기초로 하여 도시의 건설·정비·개량 등과 같은 특정한 행정목표를 달성하기 위하여 서로 관련되는 행정수단을 종합·조정함으로써 장래의 일정한 시점에 있어서 일정한 질서를 실현하기 위한 활동기준이다.

관련 OX

② 관련

1 행정청이 「주택법」상 주택건설사업계획을 승인하면 「국토의 계획 및 이용에 관한 법률」상의 도시·군관리계획결정이 이루어진 것으로 의제되는데, 이 경우 도시·군관리계획 결정권자와의 협의절차와 별도로 「국토의 계획 및 이용에 관한 법률」에서 정한 도시·군관리계획 입안을 위한 주민 의견청취절차를 거칠 필요는 없다.　22지방7

③ 관련

2 구 「도시계획법」 제12조의 도시관리계획(현 「국토의 계획 및 이용에 관한 법률」 제30조의 도시·군관리계획) 결정의 경우 도시관리계획구역 안의 토지나 건물소유자의 토지형질변경, 건축물의 신축·개축 또는 증축 등 권리행사가 일정한 제한을 받게 되므로 항고소송의 대상이 되는 처분에 해당한다.　17국회8

④ 관련

3 환지계획은 환지예정지 지정이나 환지처분의 근거가 되고 그 자체가 직접 토지소유자 등의 법률상의 지위를 변동시키거나 다른 고유한 법률효과를 수반하는 것이어서 항고소송의 대상이 되는 처분에 해당한다.　25국가9

선지분석 & 요플·기풀기링크

선지	THEME	요플	기풀기
①	T18 인·허가의제	17	017
②		13	012
③		23	026
④	T34 행정계획	27	020
⑤		01	001

해설

① ✕ **공유수면점용허가(재량행위)가 의제되는 채광계획인가(기속행위) 신청시**
→ (관련) 공유수면점용허가를 불허하기로 결정하면, (주된) 채광계획인가를 거부 가능

채광계획인가는 기속재량행위에 속하는 것으로 보아야 할 것이나, 구 광업법 제47조의2 제5호에 의하여 **채광계획인가를 받으면 공유수면점용허가를 받은 것으로 의제**되고, 이 공유수면점용허가는 공유수면관리청이 공공위해의 예방 경감과 공공복리의 증진에 기여함에 적당하다고 인정하는 경우에 그 **자유재량에 의하여 허가의 여부를 결정하여야 할 것**이므로, **공유수면점용허가를 필요로 하는 채광계획인가신청에 대하여도, 공유수면관리청이 재량적 판단에 의하여 공유수면점용의 허가 여부를 결정할 수 있고, 그 결과 공유수면점용을 허용하지 않기로 결정하였다면, 채광계획인가관청은 이를 사유로 하여 채광계획을 인가하지 아니할 수 있는 것이다**(2002.10.11. 2001두151).

② ○ **주택법에 의한 주택건설사업계획승인시 도시계획법상 도시계획결정 의제: 협의를 거쳐 주택건설사업계획승인을 한 이상 별도로 도시계획법의 절차 거칠 필요X(절차집중)**

도시계획법 제12조 제1항, 제16조의 2 제2항 등에 의하면 도시계획을 결정하거나 변경함에 있어서는 건설부장관이 관계지방의회의 의견을 들은 후 중앙도시계획위원회의 의결을 거쳐야 하고, 시장 또는 군수가 도시계획을 입안하고자 하는 때에는 주민들의 의견을 청취하여야 하나, 주택건설촉진법 제33조 제1, 4, 6항에 의하면 건설부장관이 주택건설사업계획을 승인하고자 하는 경우에 그 사업계획에 제4항 각 호의 1에 해당하는 사항이 포함되어 있는 때에는 관계기관의 장과 협의하여야 하고, 사업주체가 제1항에 의하여 **사업계획의 승인을 얻은 때에는 도시계획법 제12조에 의한 도시계획의 결정 등을 받은 것으로 보는바**, 위 각 규정의 내용과 촉진법의 목적 및 기본원칙(제1, 2조)에 비추어 보면, 건설부장관이 구 주택건설촉진법 제33조에 따라 관계기관의 장과의 **협의를 거쳐 사업계획승인을 한 이상** 같은 조 제4항의 허가·인가·결정·승인 등이 있는 것으로 볼 것이고, **그 절차와 별도로 도시계획법 제12조 등 소정의 중앙도시계획위원회의 의결이나 주민의 의견청취 등 절차를 거칠 필요는 없다**(1992.11.10. 92누1162).

③ ○ 도시관리계획: 처분○

도시계획법 제12조 소정의 **도시계획결정**(편저자: 현행법상 도시관리계획)이 고시되면 도시계획구역 안의 토지나 건물소유자의 토지형질변경, 건축물의 신축, 개축 또는 증축 등 권리행사가 일정한 제한을 받게 되는바 이런 점에서 볼 때 고시된 도시계획결정은 특정 개인의 권리 내지 법률상의 이익을 개별적이고 구체적으로 규제하는 효과를 가져오게 하는 행정청의 **처분**이라 할 것이고, 이는 **행정소송의 대상**이 되는 것이라 할 것이다(1982.3.9. 80누105).

④ ○ 환지계획: 처분✕(→ 환지예정지 지정: 처분○ / 환지처분: 처분○)

토지구획정리사업법 제57조, 제62조 등의 규정상 환지예정지 지정이나 환지처분은 그에 의하여 직접 토지소유자 등의 권리의무가 변동되므로 이를 항고소송의 대상이 되는 처분이라고 볼 수 있으나, **환지계획**은 위와 같은 환지예정지 지정이나 환지처분의 근거가 될 뿐 그 자체가 직접 토지소유자 등의 법률상의 지위를 변동시키거나 또는 환지예정지 지정이나 환지처분과는 다른 고유한 법률효과를 수반하는 것이 아니어서 이를 항고소송의 대상이 되는 **처분에 해당한다고 할 수가 없다**(1999.8.20. 97누6889).

+ PLUS 도시개발사업은 ① 사용·수용방식, ② 환지방식, ③ 혼용방식 중 하나로 시행된다. 이 중 환지방식은 [환지계획 → 환지예정지 지정 → 환지처분]의 순서로 진행된다. 환지계획이란 환지처분에 대한 계획을 의미하며 그것만으로는 토지소유자 등의 권리·의무를 변동시키지 않아 **처분성이 부정**된다. 환지예정지란 환지처분이 행해지기 전 종전의 토지 대신에 사용·수익하도록 지정된 토지를 말하며, 이처럼 사용·수익권의 변동을 일으키는 **환지예정지의 지정**은 **처분성이 인정**된다. 환지처분은 공사완료 후 환지계획에 따라 실제로 환지교부 등을 하는 것으로 소유권 등의 변동을 가져와 당연히 **처분성이 인정**된다.

⑤ ○ 행정계획의 의의: 목표를 설정 → 관련된 수단을 종합·조정 → 기준·지침을 제시

행정계획이라 함은 행정에 관한 전문적·기술적 판단을 기초로 하여 도시의 건설·정비·개량 등과 같은 특정한 **행정목표**를 달성하기 위하여 서로 관련되는 행정수단을 종합·조정함으로써 장래의 일정한 시점에 있어서 일정한 질서를 실현하기 위한 **활동기준**으로 설정된 것이다(2007.4.12. 2005두1893).

04

행정계획에 대한 설명으로 옳지 않은 것은? (다툼이 있는 경우 판례에 의함) 18국가7

① 「국토의 계획 및 이용에 관한 법률」에 따른 도시기본계획은 일반 국민에 대한 직접적인 구속력은 인정되지 않지만, 도시의 장기적 개발방향과 미래상을 제시하는 도시계획 입안의 지침이 되기에 행정청에 대한 직접적인 구속력은 인정된다.

② 관계 법령에 추상적인 행정목표와 절차만이 규정되어 있을 뿐 행정계획의 내용에 관하여 별다른 규정을 두고 있지 아니하는 경우에, 행정주체는 구체적인 행정계획의 입안·결정에 관하여 비교적 광범위한 형성의 자유를 가진다.

③ 비구속적 행정계획안이나 행정지침이라도 국민의 기본권에 직접적으로 영향을 끼치고, 앞으로 법령의 뒷받침에 의하여 그대로 실시될 것이 틀림없을 것으로 예상될 수 있을 때에는, 공권력행위로서 헌법소원의 대상이 될 수 있다.

④ 행정주체가 행정계획을 입안·결정함에 있어서 행정계획에 관련되는 자들의 이익을 공익과 사익 사이에서는 물론이고 공익 상호 간과 사익 상호 간에도 정당하게 비교·교량하여야 한다.

관련 OX

③ 관련

1 ❺ 비구속적 행정계획안이나 행정지침은 비록 그것이 국민의 기본권에 직접적으로 영향을 끼치고, 앞으로 법령의 뒷받침에 의하여 그대로 실시될 것이 틀림없을 것으로 예상될 수 있을 때에도 헌법소원의 대상이 될 수 없다. 15지방7

④ 관련

2 (A시는 노외주차장 건물을 신축하기 위해 도시계획시설결정을 하였고, 이어 사업시행자를 지정하고 도시계획시설사업에 관한 실시계획인가를 하였다) 노외주차장을 도시계획시설로 결정함에 있어 A시의 형성의 재량은 무제한적인 것이 아니고, A시는 관련되는 제반 공익과 사익을 비교·형량하여야 한다. 21변시

해설

① × 도시기본계획은 국민에 대한 구속력× / 행정청에 대한 구속력도×
- 도시기본계획은 도시의 기본적인 공간구조와 장기발전방향을 제시하는 종합계획으로서 그 계획에는 토지이용계획, 환경계획, 공원녹지계획 등 장래의 도시개발의 일반적인 방향이 제시되지만, 그 계획은 도시계획입안의 지침이 되는 것에 불과하여 '일반 국민'에 대한 직접적인 구속력은 없는 것이다 (2002.10.11. 2000두8226).
- 도시기본계획은 도시의 장기적 개발방향과 미래상을 제시하는 도시계획 입안의 지침이 되는 장기적·종합적인 개발계획으로서 행정청에 대한 직접적인 구속력은 없다(2007.4.12. 2005두1893).

② ○ 행정주체의 행정계획 입안·결정: 광범위한 형성의 자유
관계 법령에는 추상적인 행정목표와 절차만이 규정되어 있을 뿐 행정계획의 내용에 관하여는 별다른 규정을 두고 있지 아니하므로 행정주체는 구체적인 **행정계획을 입안·결정함에 있어서 비교적 광범위한 형성의 자유**를 가지는 것이다(2007.4.12. 2005두1893).

➕ PLUS 행정계획의 수립·변경에 대하여 행정청에게 인정되는 재량을 계획재량이라고 한다. 계획재량은 일반적인 행정재량보다 광범위한 재량이 인정된다.

③ ○ 비구속적 계획이라도 국민의 기본권에 직접적 영향 & 그대로 실시될 것으로 예상: 헌소대상○
비구속적 행정계획안이나 행정지침이라도 **국민의 기본권에 직접적으로 영향**을 끼치고, 앞으로 법령의 뒷받침에 의하여 그대로 실시될 것이 **틀림없을 것으로 예상**될 수 있을 때에는, 공권력행위로서 예외적으로 **헌법소원의 대상**이 될 수 있다(헌재 2000.6.1. 99헌마538 등).

④ ○ 계획재량의 제한(형량명령): 공익과 사익, 공익 상호 간, 사익 상호 간 모두에 걸친 비교·교량 필요
행정주체가 가지는 이와 같은 형성의 자유는(편저자: 계획재량은) 무제한적인 것이 아니라 그 행정계획에 관련되는 자들의 이익을 공익과 사익 사이에서는 물론이고 공익 상호 간과 사익 상호 간에도 정당하게 비교·교량하여야 한다는 제한이 있다(2007.4.12. 2005두1893).

선지분석 & 요플·기풀기링크

선지	THEME	요플	기풀기
①		20	016
②	T34 행정계획	38	035
③		74	074
④		44	041

정답 ①
OX 1× 2○

05

행정계획에 관한 설명으로 옳지 않은 것은? (다툼이 있는 경우 판례에 의함) 23소방

① 구 도시계획법령에 따르면 도시계획의 입안에 있어 해당 도시계획안의 내용을 공고 및 공람하여야 하는데, 이러한 공고 및 공람 절차에 하자가 있으면 도시계획결정은 위법하다.
② 국토해양부, 환경부, 문화체육관광부, 농림수산식품부가 합동으로 2009.6.8. 발표한 '4대강 살리기 마스터플랜'은 행정기관 내부에서 사업의 기본방향을 제시하는 것일 뿐, 국민의 권리·의무에 직접 영향을 미치는 것은 아니라고 할 것이어서 행정처분에 해당하지 아니한다.
③ 재건축정비사업조합의 사업시행계획은 행정주체의 지위에서 수립한 구속적 행정계획으로서 인가·고시를 통해 확정되면 독립된 행정처분에 해당한다.
④ 구 「환경정책기본법」 제25조의2에 따라 사전환경성 검토를 거쳐야 하는 행정계획이나 개발사업에 대하여 사전환경성 검토를 거친 경우, 그 부실의 정도가 사전환경성 검토제도를 둔 입법취지를 달성할 수 없을 정도가 아니더라도 그 부실로 인하여 행정계획은 위법하게 된다.

해설

① ○ 도시계획안에 대한 공고·공람절차의 하자: 위법
도시계획의 입안에 있어 해당 도시계획안의 내용을 공고 및 공람하게 한 것은 다수 이해관계자의 이익을 합리적으로 조정하여 국민의 권리자유에 대한 부당한 침해를 방지하고 행정의 민주화와 신뢰를 확보하기 위하여 국민의 의사를 그 과정에 반영시키는 데 있는 것이므로 이러한 공고 및 공람 절차에 하자가 있는 도시계획결정은 위법하다(2000.3.23. 98두2768).

② ○ 4대강 살리기 마스터플랜: 기본계획에 불과하여 처분×
국토해양부, 환경부, 문화체육관광부, 농림수산식품부가 합동으로 2009.6.8. 발표한 '4대강 살리기 마스터플랜' 등은 4대강 정비사업과 주변 지역의 관련 사업을 체계적으로 추진하기 위하여 수립한 종합계획이자 '4대강 살리기 사업'의 기본방향을 제시하는 계획으로서, 행정기관 내부에서 사업의 기본방향을 제시하는 것일 뿐, 국민의 권리·의무에 직접 영향을 미치는 것이 아니어서 행정처분에 해당하지 않는다(2011.4.21. 2010무111 전합).

③ ○ 인가받은 사업시행계획: 독립한 행정처분(구속적 행정계획)
도시환경정비사업조합이 수립한 사업시행계획은 그것이 인가·고시를 통해 확정되면 이해관계인에 대한 구속적 행정계획으로서 독립된 행정처분에 해당한다(2010.12.9. 2010두1248).

④ × 사전환경성 검토 부실: 그 자체로 승인처분이 당연히 위법×, just 재량의 일탈·남용 판단요소
구 환경정책기본법 제25조의2에 따라 사전환경성 검토를 거쳐야 하는 행정계획이나 개발사업에 대하여 사전환경성 검토를 거치지 아니하였는데도 행정계획을 수립하거나 개발사업에 대하여 허가 또는 승인 등을 하였다면 그 처분은 위법하다 할 것이나, 그러한 절차를 거쳤다면, 비록 그 사전환경성 검토의 내용이 다소 부실하다 하더라도 그 부실의 정도가 사전환경성 검토제도를 둔 입법취지를 달성할 수 없을 정도이어서 사전환경성 검토를 하지 아니한 것과 다를 바 없는 정도의 것이 아닌 이상, 그 부실은 당해 처분에 재량권 일탈·남용의 위법이 있는지 여부를 판단하는 하나의 요소로 됨에 그칠 뿐, 그 부실로 인하여 당연히 당해 처분이 위법하게 되는 것은 아니라고 할 것이다(2014.7.24. 2012두4616).

+ PLUS 사전환경성 검토: 누락은 위법○ / 다소 부실은 원칙적으로 위법×

선지선택비율 ① 6.60% ② 4.29% ③ 5.33% ④ 83.78%　오답률 16.22%

관련 OX

① 관련

1 ○
도시계획의 입안에 있어 해당 도시계획안의 내용을 공고 및 공람하게 한 것은 다수 이해관계자의 이익을 합리적으로 조정하여 국민의 권리자유에 대한 부당한 침해를 방지하고 행정의 민주화와 신뢰를 확보하기 위하여 국민의 의사를 그 과정에 반영시키는 데 있는 것이므로 이러한 공고 및 공람 절차에 하자가 있는 도시계획결정은 위법하다. 24국회9

2 법령이 관할 행정청으로 하여금 도시관리계획을 입안할 때 해당 도시관리계획안의 내용을 주민에게 공고·열람하도록 한 것은 행정의 민주화와 신뢰를 확보하기 위하여 국민의 의사를 그 과정에 반영시키는 데 그 취지가 있다. 23국회9

③ 관련

3 「도시 및 주거환경정비법」에 기초하여 주택재건축정비사업조합이 수립한 사업시행계획은 인가·고시를 통해 확정되어도 이해관계인에 대한 직접적인 구속력이 없는 행정계획으로서 독립된 행정처분에 해당하지 아니한다. 20국가9

선지분석 & 요플·기풀기링크

선지	THEME	요플	기풀기
①	T34 행정계획	33	032
②		22	018
③	T20 정비사업	08	008
④	T41 절차의 하자	12	012

정답 ④
OX 1○ 2○ 3×

06

다음 중 행정계획에 관한 설명으로 옳지 않은 것은? (다툼이 있는 경우 판례에 의함) 23군무원9

① 국립대학인 서울대학교의 '94학년도 대학입학고사 주요 요강'은 행정계획이므로 헌법소원의 대상이 되는 공권력행사에 해당되지 않는다.
② 행정주체가 행정계획을 입안·결정하면서 이익형량을 전혀 행하지 않거나 이익형량의 고려대상에 마땅히 포함시켜야 할 사항을 빠뜨린 경우 또는 이익형량을 하였으나 정당성과 객관성이 결여된 경우에는 행정계획결정은 형량에 하자가 있어 위법하게 된다.
③ 개발제한구역지정처분은 그 입안·결정에 관하여 광범위한 형성의 자유를 가지는 계획재량처분이다.
④ 「도시 및 주거환경정비법」에 따른 주택재건축정비사업조합이 행정주체의 지위에서 수립하는 관리처분계획은 구속적 행정계획으로서 주택재건축정비사업조합이 행하는 독립된 행정처분에 해당한다.

관련 OX

① 관련
1 헌법재판소의 결정에 따르면, 대학입학고사 주요요강은 항고소송의 대상인 처분은 아니지만 헌법소원의 대상이 되는 공권력 행사에는 해당된다. 14지방7

④ 관련
2 재건축조합이 「도시 및 주거환경정비법」에 따라 수립하는 관리처분계획은 조합원의 재산상 권리·의무 등에 구체적이고 직접적인 영향을 미치지 않는 비구속적 행정계획이다. 25소간

해설

① ✕ 제2외국어에서 일본어를 제외한 서울대 대학입시 주요 요강: 처분✕ → 행정소송✕ / 공권력의 행사○ → 헌법소원○
국립대학인 서울대학교의 '94학년도 대학입학고사 주요 요강'은 사실상의 준비행위 내지 사전안내로서 행정쟁송의 대상이 될 수 있는 행정처분이나 공권력의 행사는 될 수 없지만 그 내용이 국민의 기본권에 직접 영향을 끼치는 내용이고 앞으로 법령의 뒷받침에 의하여 그대로 실시될 것이 틀림없을 것으로 예상되어 그로 인하여 직접적으로 기본권 침해를 받게 되는 사람에게는 사실상의 규범작용으로 인한 위험성이 이미 현실적으로 발생하였다고 보아야 할 것이므로 이는 헌법소원의 대상이 되는 헌법재판소법 제68조 제1항 소정의 공권력의 행사에 해당된다고 할 것이며, 이 경우 헌법소원 외에 달리 구제방법이 없다(헌재 1992.10.1. 92헌마68 전원).

② ○ 형량하자의 유형: 형량의 불행사, 형량의 흠결, 오형량
행정주체가 행정계획을 입안·결정하면서 이익형량을 전혀 행하지 않거나 이익형량의 고려대상에 마땅히 포함시켜야 할 사항을 빠뜨린 경우 또는 이익형량을 하였으나 정당성과 객관성이 결여된 경우에는 행정계획결정은 형량에 하자가 있어 위법하게 된다(2012.1.12. 2010두5806).

③ ○ 개발제한구역지정: 광범위한 형성의 자유를 가지는 계획재량처분으로서 항고소송의 대상
개발제한구역지정처분은 건설부장관이 법령의 범위 내에서 도시의 무질서한 확산 방지 등을 목적으로 도시정책상의 전문적·기술적 판단에 기초하여 행하는 일종의 행정계획으로서 그 입안·결정에 관하여 광범위한 형성의 자유를 가지는 계획재량처분이다(1997.6.24. 96누1313).
 + PLUS 개발제한구역지정처분은 입안·결정에 관하여 광범위한 형성의 자유를 가지는 계획재량처분으로서 형량의 하자의 여부로 위법성을 심사한다.

④ ○ 인가받은 관리처분계획: 독립한 행정처분(구속적 행정계획)
재건축조합이 행정주체의 지위에서 도시정비법 제48조에 따라 수립하는 관리처분계획은 정비사업의 시행 결과 조성되는 대지 또는 건축물의 권리귀속에 관한 사항과 조합원의 비용 분담에 관한 사항 등을 정함으로써 조합원의 재산상 권리·의무 등에 구체적이고 직접적인 영향을 미치게 되므로, 이는 구속적 행정계획으로서 재건축조합이 행하는 독립된 행정처분에 해당한다(2009.10.29. 2008다97737).
 + PLUS 인가·고시된 사업시행계획과 관리처분계획은 모두 구속적 행정계획으로서 독립된 행정처분

선지선택비율 ① 84.56% ② 4.61% ③ 5.63% ④ 5.20%　　오답률 15.44%

선지분석 & 요플·기풀기링크

선지	THEME	요플	기풀기
①	T15 행정규칙	70	073
②	T34 행정계획	52	044
③		25	028
④	T20 정비사업	09	009

정답 ①
OX 1○ 2✕

07

행정계획의 사법적 통제에 관한 설명으로 옳지 않은 것은? 18소방

① 행정계획에 대한 사법적 통제와 관련하여서는 계획재량이 중요한 의미를 가진다.
② 계획재량은 재량행위의 일종이므로 일정한 법치국가적 한계가 있다.
③ 형량명령은 계획을 수립함에 있어 관계되는 모든 이익을 정당하게 형량하여야 한다는 행정법의 일반원칙이다.
④ 계획재량, 형량명령 및 형량명령의 하자에 관한 이론은 판례에는 반영되고 있지 아니하다.

관련 OX

① 관련
1 공청회와 이주대책이 없는 도시계획 수립행위는 당연무효인 행위이다. 12지방9

② 관련
2 행정계획의 수립에 있어서 행정청에게 인정되는 광범위한 형성의 자유, 즉 '계획재량'은 '형량명령의 원칙'에 따라 통제한다. 18국회8

해설

※ 행정계획이 가지는 재량(계획재량), 통제(형량명령), 하자(형량하자)를 아래 판례의 태도에 기초해 종합적으로 묻는 좋은 문제이다.

- 행정계획이라 함은 행정에 관한 전문적·기술적 판단을 기초로 하여 도시의 건설·정비·개량 등과 같은 특정한 행정목표를 달성하기 위하여 서로 관련되는 행정수단을 종합·조정함으로써 장래의 일정한 시점에 있어서 일정한 질서를 실현하기 위한 활동기준으로 설정된 것으로서, 구 도시계획법 등 관계 법령에는 추상적인 행정목표와 절차만이 규정되어 있을 뿐 행정계획의 내용에 관하여는 별다른 규정을 두고 있지 아니하므로 행정주체는 구체적인 행정계획을 입안·결정함에 있어서 비교적 광범위한 형성의 자유를(편저자: 계획재량)① 가진다고 할 것이지만, 행정주체가 가지는 이와 같은 형성의 자유는 무제한적인 것이 아니라② 그 행정계획에 관련되는 자들의 이익을 공익과 사익 사이에서는 물론이고 공익 상호 간과 사익 상호 간에도 정당하게 비교·교량하여야 한다는 제한이 있으므로(편저자: 형량명령),③ 행정주체가 행정계획을 입안·결정함에 있어서 이익형량을 전혀 행하지 아니하거나 이익형량의 고려대상에 마땅히 포함시켜야 할 사항을 누락한 경우 또는 이익형량을 하였으나 정당성과 객관성이 결여된 경우에는 그 행정계획결정은 형량에 하자가 있어 위법하다(편저자: 형량하자)④ (2006.9.8. 2003두5426).

① ○ 계획재량이란 행정계획의 수립·변경에 대하여 행정청에게 인정되는 재량이며, 일반적인 행정재량보다 광범위한 재량이 인정된다. 따라서 계획재량은 형성의 자유가 인정되는 범위 내에서 사법적 통제로부터 자유롭다. 결국 행정계획의 사법적 통제와 관련하여서는 계획재량의 인정범위 내인지가 중요한 의미를 갖게 된다.

② ○ 계획재량은 행정계획의 수립에 계획주체가 갖는 광범위한 형성의 자유를 말하지만, 법치국가적 한계 내에서 인정될 수 있을 뿐이다.

③ ○ 형량명령이란 행정계획의 수립에서 관련 모든 이익을 정당하게 형량하여야 한다는 행정법의 원칙이다. 즉, 관련되는 공익 상호 간, 공익과 사익 상호 간, 사익 상호 간의 모든 이익을 비교·교량하여 정당한 형량을 하도록 하는 것이다.

④ × 계획재량에서 요구되는 형량명령, 즉 관련 이익 간 비교·교량을 정당하게 하지 않은 것을 형량하자라 한다. 판례는 이러한 형량명령과 형량의 하자에 관한 이론을 반영하고 있다. 즉, 형량하자의 유형을 형량의 불행사(해태·부존재), 형량의 흠결(누락), 평가의 과오 내지 불비례(오형량)로 나누고 이 중 어느 하나에 해당하면 해당 행정계획결정으로 위법하다고 본다.

선지분석 & 요플·기풀기링크

선지	THEME	요플	기풀기
①		36	043
②	T34 행정계획	40	040
③		41	039
④		36	043

정답 ④
OX 1× 2○

필수 문제 08

행정계획에 대한 설명으로 옳지 않은 것은? (다툼이 있는 경우 판례에 의함) 22소방

① 행정청은 구체적인 행정계획의 입안·결정에 관하여 광범위한 형성의 재량을 가진다.
② 행정청이 행정계획을 입안·결정할 때 이익형량을 전혀 행하지 아니하였다면, 그 행정계획결정은 재량권을 일탈·남용한 것으로 위법하다.
③ (구)「도시계획법」및 지방자치단체의 도시계획조례상 규정된 도시기본계획은 장기적·종합적인 개발계획으로서 행정청에 대한 직접적 구속력을 가지지 않는다.
④ 개발제한구역으로 지정되어 있는 부지에 묘지공원과 화장장 시설들을 설치하기로 하는 도시계획시설결정은 위법하다.

해설

① ○ **행정주체의 행정계획 입안·결정: 광범위한 형성의 자유**
관계 법령에는 추상적인 행정목표와 절차만이 규정되어 있을 뿐 행정계획의 내용에 관하여는 별다른 규정을 두고 있지 아니하므로 **행정주체는 구체적인 행정계획을 입안·결정함에 있어서 비교적 광범위한 형성의 자유**를 가지는 것이다(2007.4.12. 2005두1893).

② ○ **형량하자의 유형: ① 이익형량을 안함, ② 포함될 사항을 누락, ③ 정당성·객관성이 결여 위 3가지 중 어느 경우건 재량권 일탈·남용으로 위법**
행정주체가 행정계획을 입안·결정함에 있어서 **이익형량을 전혀 행하지 아니하거나** 이익형량의 고려대상에 마땅히 포함시켜야 할 사항을 누락한 경우 또는 이익형량을 하였으나 **정당성·객관성이 결여**된 경우에는 그 행정계획결정은 **재량권을 일탈·남용**한 것으로 **위법**하다(1996.11.29. 96누8567).
➕ **PLUS** 판례는 형량하자가 있는 경우 이처럼 '재량권 일탈·남용이 있어' 위법하다고 하기도 하고, 아래와 같이 '형량에 하자가 있어' 위법하다고 하기도 한다.

행정절차법 제40조의4(행정계획) 행정청은 행정청이 수립하는 계획 중 국민의 권리·의무에 직접 영향을 미치는 계획을 수립하거나 변경·폐지할 때에는 **관련된 여러 이익을 정당하게 형량**하여야 한다.

③ ○ **도시기본계획: 구속력 인정×**
도시기본계획은 도시의 장기적 개발방향과 미래상을 제시하는 도시계획 입안의 지침이 되는 장기적·종합적인 개발계획으로서 행정청에 대한 직접적인 **구속력은 없다**(2007.4.12. 2005두1893).

④ × **개발제한구역에 묘지공원·화장장을 설치하는 도시계획시설결정: 지정목적에 위배× so 적법**
개발제한구역에서의 개발행위는 제한되는 것이기는 하지만 위와 같은 개발제한구역의 **지정목적에 위배되지 않는다면 허용될 수 있는 것**인바, 도시계획시설인 묘지공원과 화장장 시설의 설치가 위와 같은 개발제한구역의 지정목적에 위배된다고 보이지 않으므로, 시장이 이미 **개발제한구역으로 지정되어 있는 부지에 묘지공원과 화장장 시설들을 설치하기로 하는 내용의 도시계획시설결정을 하였다 하더라도 이를 두고 위법하다고 할 수 없다**(2007.4.12. 2005두1893).

선지선택비율 ① 8.04% ② 9.60% ③ 19.86% ④ 62.50%   오답률 37.50%

관련 OX

① 관련

1 행정주체가 행정계획을 결정할 때 광범위한 형성의 자유가 인정되지 않는다. 17교행9

② 관련

2 행정주체가 행정계획을 입안·결정함에 있어서 이익형량의 고려대상에 마땅히 포함시켜야 할 사항을 누락한 경우 그 행정계획결정은 재량권을 일탈·남용한 것으로서 위법하다. 22국가7

3 판례에 의하면, 행정주체가 행정계획을 입안·결정함에 있어서 이익형량을 전혀 행하지 아니하거나 이익형량의 고려대상에 마땅히 포함시켜야 할 사항을 누락한 경우가 아닌 한 이익형량에서 정당성과 객관성이 결여된 것만으로는 그 행정계획결정은 위법한 것으로 되지 않는다. 11국가7

4 행정주체가 행정계획을 입안·결정함에 있어서 이익형량을 전혀 행하지 아니하거나 이익형량의 고려대상에 마땅히 포함시켜야 할 사항을 누락한 경우, 또는 이익형량을 하였으나 정당성·객관성이 결여된 경우에는 그 행정계획결정은 재량권을 일탈·남용한 것으로서 위법하게 된다. 14국가7

③ 관련

5 「국토의 계획 및 이용에 관한 법률」에 따른 도시기본계획은 일반 국민에 대한 직접적인 구속력은 인정되지 않지만, 도시의 장기적 개발방향과 미래상을 제시하는 도시계획 입안의 지침이 되기에 행정청에 대한 직접적인 구속력은 인정된다. 18국가7

선지분석 & 요플·기풀가링크

선지	THEME	요플	기풀기
①	T34 행정계획	38	035
②		46	046
③		20	016
④		21	005

정답 ④

OX 1× 2○ 3× 4○ 5×

09

행정계획에 대한 설명으로 옳지 않은 것은? 24국가9

① 행정청은 구체적인 행정계획을 입안·결정할 때 비교적 광범위한 형성의 재량을 가진다.
② 행정청이 행정계획을 입안·결정할 때 이익형량을 하였으나 정당성과 객관성이 결여된 경우에는 그 행정계획 결정은 위법하게 될 수 있다.
③ 도시계획의 결정·변경 등에 관한 권한을 가진 행정청은 이미 도시계획이 결정·고시된 지역에 대하여도 다른 내용의 도시계획을 결정·고시할 수 있고, 이때에 후행 도시계획에 선행 도시계획과 서로 양립할 수 없는 내용이 포함되어 있다면, 특별한 사정이 없는 한 선행 도시계획은 후행 도시계획과 같은 내용으로 변경된다.
④ 도시기본계획은 도시의 장기적 개발방향과 미래상을 제시하는 도시계획 입안의 지침이 되는 장기적·종합적인 개발계획으로서 직접적인 구속력이 있으므로, 도시계획시설결정 대상면적이 도시기본계획에서 예정했던 것보다 증가할 경우 도시기본계획의 범위를 벗어나 위법하다.

관련 OX

② 관련
1 행정청이 행정계획을 입안·결정할 때 이익형량을 하였으나 정당성과 객관성이 결여된 경우에는 그 행정계획 결정은 위법하게 될 수 있다. 24국가9

④ 관련
2 도시계획시설결정의 대상면적이 도시기본계획에서 예정했던 것보다 증가하였다 하여 그 도시계획시설결정이 위법한 것은 아니다. 21국회8

해설

①② ○ 행정청은 구체적인 행정계획을 입안·결정할 때 비교적 광범위한 형성의 재량을 가진다. 행정청이 행정계획을 입안·결정할 때 이익형량을 전혀 행하지 아니하거나 이익형량의 고려대상에 마땅히 포함시켜야 할 사항을 누락한 경우 또는 이익형량을 하였으나 정당성과 객관성이 결여된 경우에는 그 행정계획 결정은 이익형량에 하자가 있어 위법하게 될 수 있다(2021.7.29. 2021두33593).
  + PLUS 형량의 해태·흠결, 오형량 중 하나라도 해당시 형량의 하자로 위법

③ ○ 변경된 후행 도시계획에 선행 도시계획과 양립할 수 없는 내용이 포함: 변경권 가진 행정청이 변경한 경우 → 선행 도시계획은 후행 도시계획으로 변경된 것
도시계획의 결정·변경 등에 관한 권한을 가진 행정청은 이미 도시계획이 결정·고시된 지역에 대하여도 다른 내용의 도시계획을 결정·고시할 수 있고, 이때에 후행 도시계획에 선행 도시계획과 서로 양립할 수 없는 내용이 포함되어 있다면, 특별한 사정이 없는 한 선행 도시계획은 후행 도시계획과 같은 내용으로 변경되는 것이다(2000.9.8. 99두11257).
  + PLUS 반대로 권한이 없는 행정청이 양립할 수 없는 내용이 포함된 후행 도시계획결정을 하면 후행 계획은 무효

④ × 도시기본계획은 구속력× so 기본계획보다 대상면적이 증가된 도시계획시설결정은 위법×
도시기본계획이라는 것은 도시의 장기적 개발방향과 미래상을 제시하는 도시계획 입안의 지침이 되는 장기적·종합적인 개발계획으로서 직접적인 구속력은 없는 것이므로, 도시계획시설결정 대상면적이 도시기본계획에서 예정했던 것보다 증가하였다 하여 그것이 도시기본계획의 범위를 벗어나 위법한 것은 아니다(1998.11.27. 96누13927).
  + PLUS 처분성 부정되는 행정계획: 도시기본계획, 하수도정비기본계획, 4대강 살리기 마스터플랜 등

선지선택비율 ① 4.94% ② 4.66% ③ 12.05% ④ 78.36%   오답률 21.64%

선지분석 & 요플·기풀기링크

선지	THEME	요플	기풀기
①		38	035
②	T34 행정계획	51	051
③		31	030
④		07	007

정답 ④
OX 1○ 2○

10

행정계획에 관한 아래의 설명 중 옳지 않은 것은? 14서울7

① 적법한 행정계획의 시행으로 국민 또는 주민의 재산권 행사가 제한된다면, 법령이 손실보상의 근거규정을 두고 있는 경우에는 손실보상을 청구할 수 있다.

기 ② 행정계획이 행정활동의 지침으로서만의 성격에 그치거나 행정조직 내부에서의 효력만을 가질 때는 항고소송의 대상으로서의 처분성을 갖지는 않는다.

소 ③ 형량시에 여러 이익 간의 형량을 행하기는 하였으나 그것이 객관성·비례성을 결한 경우를 '형량의 해태'라고 한다.

④ 행정계획에서 행정기관이 가지는 계획재량의 통제를 위한 법리로는 '형량명령'이 있다.

⑤ 형량의 대상 중 당연히 포함되어야 할 사항을 빠뜨린 경우를 '형량의 흠결'이라고 한다.

관련 OX

④ 관련

1 행정계획의 수립에 있어서 행정청에게 인정되는 광범위한 형성의 자유, 즉 '계획재량'은 '형량명령의 원칙'에 따라 통제한다. 18국회8

해설

① ○ 적법한 행정계획의 시행으로 재산권 행사가 제한된 국민은 법령이 손실보상의 근거규정을 두고 있는 경우 손실보상청구가 가능하다.

② ○ 구속력 없이 지침으로서의 의미만 있는 비구속적 계획이나 행정조직 내부에서만 효력을 갖는 계획은 처분에 해당할 수 없다.

③ × 이익형량을 하였으나 그것이 정당성·객관성 등을 결여한 경우는 평가의 과오 내지 불비례(오형량)를 말한다. 형량의 해태는 아예 이익형량을 하지 않은 경우이다. 따라서 틀린 지문이다.

④ ○ 계획재량은 일반재량보다 광범위한 것이기는 하나, 관련되는 이익을 정당하게 비교·교량하여야 한다는(저울질하여 더 정당한 이익을 택해야 한다는) 제한을 받는다. 이러한 계획재량에 대한 통제이론을 형량명령이라 한다.

⑤ ○ 이익형량을 하였으나 고려하여야 할 이익을 고려하지 않은 것을 형량의 흠결 혹은 형량의 누락이라고 한다.

형량하자의 유형

형량의 불행사(해태·부존재)	이익형량을 하지 않음
형량의 흠결(누락)	이익형량은 하였으나 고려해야 할 이익을 누락
평가의 과오 내지 불비례(오형량)	이익형량은 하였으나 정당성과 객관성이 결여

선지분석 & 요플·기풀기링크

선지	THEME	요플	기풀기
①			
②		04	012
③	T34 행정계획	40	040
④		49	050
⑤		47	047

정답 ③
OX 1 ○

11

행정계획에 관한 설명으로 옳은 것은? (다툼이 있는 경우 판례에 의함) 12지방9

① 「도시재개발법」상의 관리처분계획은 처분성이 없다.
② 헌법재판소에 의하면 도시계획사업의 시행으로 토지를 수용당한 사람은 도시계획결정과 토지수용이 당연무효가 아닌 한 도시계획결정 자체의 취소를 청구할 법률상의 이익이 없다.
③ 공청회와 이주대책이 없는 도시계획수립행위는 당연무효인 행위이다.
④ 권한 있는 행정청이 정당하게 도시계획결정 등의 처분을 하였다면 이를 관보에 게재하여 고시하지 아니하였다 하더라도 대외적으로 효력을 발생한다.

관련 OX

① 관련

1 「도시 및 주거환경정비법」에 따른 주택재건축정비사업조합이 행정주체의 지위에서 수립하는 관리처분계획은 구속적 행정계획으로서 주택재건축정비사업조합이 행하는 독립된 행정처분에 해당한다. 23군무원9

② 관련

2 도시계획시설결정과 토지의 수용이 위법하더라도 당연무효가 아닌 경우에, 일단 도시계획시설사업의 시행에 착수한 뒤에도 이해관계인에게는 그 도시계획시설결정 자체의 취소를 청구할 법률상 이익이 있다. 12사복9

해설

① ✕ 관리처분계획의 내용에 관하여 다툼이 있는 경우에는 그 관리처분계획은 토지 등의 소유자에게 구체적이고 결정적인 영향을 미치는 것으로서 조합이 행한 처분에 해당하므로 항고소송의 방법으로 그 무효확인이나 취소를 구할 수 있다(2002.12.10. 2001두6333).

② ○ 도시계획사업 시행으로 토지를 수용당한 사람: 도시계획결정과 토지수용이 당연무효가 아닌 한 도시계획결정 자체의 취소를 구할 법률상 이익✕
도시계획사업의 시행으로 인한 토지수용에 의하여 이미 이 사건 토지에 대한 소유권을 상실한 청구인은 도시계획결정과 토지의 수용이 법률에 위반되어 당연무효라고 볼 만한 특별한 사정이 보이지 않는 이상 이 사건 토지에 대한 도시계획결정의 취소를 청구할 법률상의 이익을 흠결하여 당해 소송은 적법한 것이 될 수 없다(헌재 2002.5.30. 2000헌바58).
 + PLUS 이는 계획 자체에 대해 항고소송이 벌어진 케이스는 아니고, 계획취소신청이 거부되자, 거부처분 취소소송을 제기하면서 관련 법률의 위헌 여부가 문제된 헌법소원 사건이다. 판례는 일단 도시계획시설사업의 시행이 착수되었다면, 이러한 계획취소청구권을 인정할 수 없고, 손해배상이나 손실보상만 가능하다고 보았다. 따라서 이미 사업이 착수되어 토지까지 수용당한 원고에게는 법률상 이익이 인정될 수 없다고 본 사례이다.

③ ✕ 도시계획안 수립시 공청회를 열지 않고 이주대책 미수립: 절차상 하자 so 취소사유
도시계획의 수립에 있어서 도시계획법 제16조의2 소정의 〈공청회〉를 열지 아니하고 「공공용지의 취득 및 손실보상에 관한 특례법」 제8조 소정의 〈이주대책〉을 수립하지 아니하였더라도 이는 절차상의 위법으로서 취소사유에 불과하고 그 하자가 중대하고 명백하다고는 할 수 없다(1990.1.23. 87누947).

④ ✕ 도시계획결정 등의 미고시: 효력발생요건 결여 so 무효
〈도시계획결정 등 처분의 고시〉를 도시계획구역, 도시계획결정 등의 효력발생요건으로 규정하였다고 볼 것이어서 건설부장관 또는 그의 권한의 일부를 위임받은 서울특별시장, 도지사 등 지방장관이 기안, 결재 등의 과정을 거쳐 정당하게 도시계획결정 등의 처분을 하였다고 하더라도 이를 관보에 게재하여 고시하지 아니한 이상 대외적으로는 아무런 효력도 발생하지 아니한다(1985.12.10. 85누186).

선지분석 & 요플·기풀기링크

선지	THEME	요플	기풀기
①	T20 정비사업	09	009
②		71	071
③	T34 행정계획	34	033
④		35	034

정답 ②
OX 1○ 2✕

필수 문제 12

행정계획에 대한 설명으로 옳지 않은 것은? (다툼이 있는 경우 판례에 의함) 17(상)지방9

① 개발제한구역의 지정·고시에 대한 헌법소원심판청구는 행정쟁송절차를 모두 거친 후가 아니면 부적법하다.

② 국공립대학의 총장직선제 개선 여부를 재정지원 평가요소로 반영하고 이를 개선하지 않을 경우 다음 연도에 지원금을 삭감 또는 환수하도록 규정한 교육부장관의 '대학교육역량강화사업 기본계획'은 헌법소원의 대상이 된다.

③ 관계 법령에 따라 일정한 행정처분을 구하는 신청을 할 수 있는 법률상 지위에 있는 자의 국토이용계획변경신청을 거부하는 것이 실질적으로 당해 행정처분 자체를 거부하는 결과가 되는 경우, 그 신청인에게 국토이용계획변경을 신청할 권리가 인정된다.

④ 위법한 도시기본계획에 대하여 제기되는 취소소송은 법원에 의하여 허용되지 아니한다.

해설

① ○, ② ×

- ① 건설부장관의 개발제한구역의 지정·고시가 공권력의 행위로서 헌법소원심판의 대상이 됨은 물론이나 헌법소원심판은 다른 법률에 구제절차가 있는 경우에는 그 절차를 모두 거친 후가 아니면 청구할 수 없으므로 건설부장관의 개발제한구역의 지정·고시에 대한 헌법소원심판청구는 행정쟁송절차를 모두 거친 후가 아니면 부적법하다(헌재 1991.7.22. 89헌마174).

- ② 2012년도 대학교육역량강화사업 기본계획 중 총장직선제 개선을 국공립대 선진화 지표로 규정한 부분, 2013년도 대학교육역량강화사업 기본계획 중 총장직선제 개선 규정을 유지하지 않는 경우 지원금 전액을 삭감 또는 환수하도록 규정한 부분이 헌법소원의 대상이 되는 공권력 행사에 해당하지 않는다(헌재 2016.10.27. 2013헌마576 전원).

  + PLUS 헌법소원의 보충성의 원칙상 항고소송의 대상이 되는 행정계획, 즉 처분성이 인정되는 행정계획은 먼저 항고소송으로 다투어야 한다(헌법재판소법 제68조 제1항 단서). 개발제한구역의 지정·고시는 구속적 행정계획으로 처분성이 인정되므로 항고소송(행정쟁송)으로 다투어야 한다.① 따라서 헌법소원 대상 여부가 문제되는 것은 비구속적 행정계획 등 처분성이 없는 행정계획이다. 이와 관련하여 판례는 총장직선제 개선 관련 대학교육역량강화사업 기본계획이 헌법소원의 대상이 되지 않는다고 보았다.② 단, 비구속적 행정계획이더라도 그것이 국민의 기본권에 직접 영향을 미치고, 그대로 실시될 것이 예상될 수 있는 경우라면 헌법소원의 대상이 될 수 있다고 하였다.

- ③ ○ 계획변경신청의 거부가 신청권을 가진 다른 처분의 거부로 귀결되는 경우: 계획변경신청권○
  일정한 행정처분을 구하는 신청을 할 수 있는 법률상 지위에 있는 자의 **국토이용계획변경신청을 거부**하는 것이 실질적으로 **당해 행정처분 자체를 거부하는 결과**가 되는 경우에는 예외적으로 그 신청인에게 **국토이용계획변경을 신청할 권리**가 인정된다(2003.9.23. 2001두10936).

  + PLUS 폐기물처리계획 적정통보를 받고 동 사업을 위해 계획변경신청을 한 자 → 계획변경신청권○ so 거부에 처분성○

  (관련) • 도시관리계획구역 내 토지 소유 주민 → 도시관리계획(납골시설)에 대한 입안신청권○ so 거부에 처분성○ [a]
  군수가 도시관리계획구역 내 토지 등을 소유하고 있는 주민의 납골시설에 관한 도시관리계획의 입안제안을 반려한 **처분**이, 항고소송의 대상이 되는 행정처분에 해당한다[a](2010.7.22. 2010두5745).

관련 OX

③ 관련

1 장래 일정한 기간 내에 관계법령이 규정하는 시설 등을 갖추어 일정한 행정처분을 구하는 신청을 할 수 있는 법률상 지위에 있는 자의 국토이용계획변경신청을 거부하는 것이 실질적으로 당해 행정처분 자체를 거부하는 결과가 되는 경우에는 그 신청인에게 국토이용계획을 신청할 권리가 인정된다고 보아야 하므로, 이러한 신청에 대한 거부행위는 행정처분에 해당한다. 17국회8

④ 관련

2 구 도시계획법령에 의한 도시기본계획(은 항고소송의 대상이 되는 행정처분에 해당한다) 25소방

추가기출(③ 관련)

[a] S
도시관리계획 구역 내 토지 등을 소유하고 있는 주민의 납골시설에 관한 도시관리계획의 입안제안을 반려한 군수의 처분은 항고소송의 대상이 된다. 15서울7

[b] B
문화재보호구역 내의 토지소유자가 문화재보호구역의 지정해제를 신청하는 경우에는 그 신청인에게 법규상 또는 조리상 행정계획 변경을 신청할 권리가 인정되지 않는다. 20지방9

[c] C
산업단지개발계획상 산업단지 안의 토지소유자로서 산업단지개발계획에 적합한 시설을 설치하여 입주하려는 자는 산업단지지정권자 또는 그로부터 권한을 위임받은 기관에 대하여 산업단지개발계획의 변경을 요청할 수 있는 법규상 또는 조리상 신청권이 있고, 이러한 신청에 대한 거부행위는 항고소송의 대상이 되는 행정처분에 해당한다. 24국가7

선지분석 & 요플·기풀기링크

선지	THEME	요플	기풀기
①		73	073
②	T34 행정계획	76	076
③		61	061
④		34	015

- 문화재보호구역 내 토지소유자: 보호구역 지정해제신청권○ so 신청거부에 처분성○ⓑ

  문화재보호구역 내에 있는 토지소유자 등으로서는 위 보호구역의 지정해제를 요구할 수 있는 법규상 또는 조리상의 신청권이 있다고 할 것이고, 이러한 신청에 대한 거부행위는 항고소송의 대상이 되는 행정처분에 해당한다ⓑ(2004.4.27. 2003두8821).

- 산업단지 내 토지소유자로서 계획에 따른 시설을 설치해 입주하려는 자 → 산업단지개발계획 변경신청권○ so 신청거부에 처분성○ⓒ

  산업단지개발계획상 산업단지 안의 토지소유자로서 산업단지개발계획에 적합한 시설을 설치하여 입주하려는 자는 산업단지지정권자 또는 그로부터 권한을 위임받은 기관에 대하여 산업단지개발계획의 변경을 요청할 수 있는 법규상 또는 조리상 신청권이 있고, 이러한 신청에 대한 거부행위는 항고소송의 대상이 되는 행정처분에 해당한다고 보아야 한다ⓒ(2017.8.29. 2016두44186).

④ ○ 도시기본계획은 구속력×→ 항고소송 대상×

도시기본계획이라는 것은 도시의 장기적 개발방향과 미래상을 제시하는 도시계획 입안의 지침이 되는 장기적·종합적인 개발계획으로서 직접적인 구속력은 없는 것이다(1998.11.27. 96누13927).

필수문제 13

행정계획에 대한 설명으로 옳지 않은 것은? (다툼이 있는 경우 판례에 의함) 24지방7

① 행정청은 행정청이 수립하는 계획 중 국민의 권리·의무에 직접 영향을 미치는 계획을 수립하거나 변경·폐지할 때에는 관련된 여러 이익을 정당하게 형량하여야 한다.

② 도시계획구역 내 토지 등을 소유하고 있는 주민은 도시시설계획의 입안 내지 변경을 요구할 수 있는 법규상 또는 조리상의 신청권이 있다.

③ 구「도시계획법」상 도시기본계획은 도시의 기본적인 공간구조와 장기발전방향을 제시하는 종합계획으로서 도시계획입안의 지침이 되지만 일반 국민에 대한 직접적인 구속력은 없다.

④ 구「택지개발촉진법」상 관할행정청의 택지개발사업시행자에 대한 택지개발계획의 승인은 그 승인의 고시에 의하여 개발할 토지의 위치, 면적, 권리내용 등이 특정되어 그 후 사업시행자에게 택지개발사업을 실시할 수 있는 권한이 설정된다고 하더라도 행정처분의 성격을 갖는 것은 아니다.

관련 OX

① 관련

1 ○ 행정청은 행정청이 수립하는 계획 중 국민의 권리·의무에 직접 영향을 미치는 계획을 수립하거나 변경·폐지할 때에는 관련된 여러 이익을 정당하게 형량하여야 한다(는 것은 「행정절차법」에 규정된 내용이다) 23국회8

② 관련

2 판례는 도시계획구역 내 토지 등을 소유하고 있는 주민은 입안권자에게 도시계획입안을 요구할 수 있는 법규상 또는 조리상의 신청권이 있으며, 도시계획입안 신청에 대한 거부행위는 항고소송의 대상이 되는 행정처분에 해당한다고 보았다. 12국가7

해설

① ○

행정절차법 제40조의4(행정계획) 행정청은 행정청이 수립하는 계획 중 국민의 권리·의무에 직접 영향을 미치는 계획을 수립하거나 변경·폐지할 때에는 **관련된 여러 이익을 정당하게 형량**하여야 한다.

② ○ 도시계획구역 내 토지등소유자와 같이 이해관계 있는 주민 → 도시시설계획의 입안·변경신청권○ so 거부에 처분성○

도시계획구역 내 토지 등을 소유하고 있는 사람과 같이 당해 도시계획시설결정에 이해관계가 있는 주민으로서는 도시시설계획의 입안권자 내지 결정권자에게 도시시설계획의 입안 내지 변경을 요구할 수 있는 법규상 또는 조리상의 신청권이 있고, 이러한 신청에 대한 거부행위는 항고소송의 대상이 되는 행정처분에 해당한다(2015.3.26. 2014두42742).

③ ○ 도시기본계획: 국민에 대한 직접적 구속력× so 항고소송×

구 도시계획법령의 각 규정을 종합하면, **도시기본계획은 도시의 기본적인 공간구조와 장기발전방향**을 제시하는 종합계획으로서 그 계획에는 토지이용계획, 환경계획, 공원녹지계획 등 장래의 도시개발의 일반적인 방향이 제시되지만, 그 계획은 도시계획입안의 **지침**이 되는 것에 불과하여 일반 국민에 대한 직접적인 **구속력은 없는 것**이다(2002.10.11. 2000두8226).

④ × 택지개발계획 승인: 행정처분○

택지개발촉진법 제3조에 의한 건설부장관의 **택지개발예정지구의 지정**과 같은 법 제8조에 의한 건설부장관의 택지개발 사업시행자에 대한 **택지개발계획의 승인은 그 처분의 고시에 의하여 개발할 토지의 위치, 면적, 권리내용 등이 특정되어 그 후 사업시행자에게 택지개발사업을 실시할 수 있는 권한이 설정되고, 나아가 일정한 절차를 거칠 것을 조건으로 하여 일정한 내용의 수용권이 주어지며 고시된 바에 따라 특정 개인의 권리나 법률상 이익이 개별적이고 구체적으로 규제받게 되므로 건설부장관의 위 각 처분은 **행정처분의 성격을 갖는 것**이다(1992.8.14. 91누11582).

선지선택비율 ① 3.95% ② 6.18% ③ 3.95% ④ 85.92% 오답률 14.08%

선지분석 & 요플·기풀기링크

선지	THEME	요플	기풀기
①		42	042
②	T34 행정계획	63	063
③		18	014
④	T30 하자의 승계	47	049

정답 ④

OX 1○ 2○

14

「문화재보호법」상 문화재보호구역의 지정과 관련한 설명으로 옳은 것은? (다툼이 있는 경우 판례에 의함)
18지방7

① 문화재보호구역 내에 토지를 소유하고 있는 자는 문화재보호구역의 지정에 대해 항고소송을 통해 다툴 수 없다.

② 문화재보호구역 내의 국유토지는 「국유재산법」상 보존재산에 해당하므로 시효취득의 대상이 될 수 있다.

③ 문화재보호구역의 확대지정이 공공사업인 택지개발사업의 시행을 직접 목적으로 하여 가하여진 것이 아님이 명백한 이상, 문화재보호구역의 확대지정이 당해 공공사업의 시행 이후에 행해진 경우라 하더라도, 공공사업지구에 포함된 토지에 대한 수용보상액은 문화재보호구역의 확대지정에 의한 공법상 제한을 받지 아니한 것으로 보고 평가하여야 한다.

④ 문화재보호구역 내에 토지를 소유하고 있는 자가 문화재보호구역의 지정해제를 요구하였으나 거부된 경우, 그 거부행위는 행정처분에 해당한다.

관련 OX

③ 관련

1 공법상의 제한을 받는 토지의 수용보상액을 산정함에 있어서는 그 공법상 제한이 해당 공공사업의 시행을 직접 목적으로 하여 가하여진 경우가 아니라면 그러한 제한을 받는 상태 그대로 평가하여야 하지만, 그와 같은 제한이 해당 공공사업의 시행 이후에 가하여진 경우라고 하면 그 제한을 받지 아니하는 상태대로 평가하여야 한다. 25변시

④ 관련

2 문화재보호구역 내 토지 소유자의 문화재보호구역 지정해제 신청에 대한 행정청의 거부행위(는 항고소송의 대상인 처분에 해당한다) 07국가7

해설

① ×, ④ ○ 문화재보호구역 내 토지소유자: 보호구역 지정해제신청권○, so 신청거부에 처분성○

문화재보호구역 내에 있는 토지소유자 등으로서는 위 보호구역의 지정해제를 요구할 수 있는 법규상 또는 조리상의 신청권이 있다고 할 것이고, 이러한 신청에 대한 거부행위는 항고소송의 대상이 되는 행정처분에 해당한다④(2004.4.27. 2003두8821). → 따라서 항고소송으로 다툴 수 있다.①

② × 행정재산은 그것이 공용폐지되어 공물로서의 성질을 상실하지 않는 한 시효취득의 대상이 되지 않는다. 행정재산은 공용·공공용·기업용·보존용재산을 의미하는바, 보존재산인 문화재보호구역 내 국유토지는 시효취득의 대상이 될 수 없는 것이다(93다23442).

+ PLUS 반면, 자산에 불과한 일반재산은 시효취득의 대상이 된다.

③ × 문화재보호구역 확대지정으로 인한 가격하락 → 당해 사업에 기인한 가격변동이 아니라면 문화재보호구역에 따른 제한을 받는 상태대로 평가

공법상의 제한을 받는 토지의 수용보상액을 산정함에 있어서는 그 공법상의 제한이 당해 공공사업의 시행을 직접 목적으로 하여 가하여진 경우에는 그 제한을 받지 아니하는 상태대로 평가하여야 할 것이지만, 공법상 제한이 당해 공공사업의 시행을 직접 목적으로 하여 가하여진 경우가 아니라면 그러한 제한을 받는 상태 그대로 평가하여야 하고, 그와 같은 제한이 당해 공공사업의 시행 이후에 가하여진 경우라고 하여 달리 볼 것은 아니다. … (문화재보호구역의 확대)지정이 당해 공공사업인 택지개발사업의 시행을 직접 목적으로 하여 가하여진 것이 아님이 명백하므로 토지의 수용보상액은 그러한 공법상 제한을 받는 상태대로 평가하여야 한다(2005.2.18. 2003두14222).

+ PLUS 보상액 산정시 당해 공익사업으로 인한 가격변동은 고려하지 않으나, 다른 사업으로 인한 가격변동은 고려한다. 따라서 당해 공익사업이 아닌 다른 이유(문화재보호구역 확대지정)로 가격하락이 있는 경우, 그러한 제한을 받는 상태대로 보상액이 산정된다.

선지분석 & 요플·기출기링크

선지	THEME	요플	기출기
① T34 행정계획	67	068
② T12 사건	25	028
③ T75 손실보상(토지보상법)	09	009
④ T34 행정계획	67	068

정답 ④

OX 1× 2○

필수문제 15

행정계획에 대한 설명으로 옳지 않은 것은? (다툼이 있는 경우 판례에 의함) 20국가9

① 행정주체가 구체적인 행정계획을 입안·결정할 때 가지는 형성의 자유의 한계에 관한 법리는 주민의 입안 제안 또는 변경신청을 받아들여 도시관리계획결정을 하거나 도시계획시설을 변경할 것인지를 결정할 때에도 동일하게 적용된다.

② 「도시 및 주거환경정비법」에 기초하여 주택재건축정비사업조합이 수립한 사업시행계획은 인가·고시를 통해 확정되어도 이해관계인에 대한 직접적인 구속력이 없는 행정계획으로서 독립된 행정처분에 해당하지 아니한다.

③ 장래 일정한 기간 내에 관계 법령이 규정하는 시설 등을 갖추어 일정한 행정처분을 구하는 신청을 할 수 있는 법률상 지위에 있는 자의 국토이용계획변경신청을 거부하는 것이 실질적으로 당해 행정처분 자체를 거부하는 결과가 되는 경우에는 예외적으로 그 신청인에게 국토이용계획변경을 신청할 권리가 인정된다.

④ 장기미집행 도시계획시설결정의 실효제도에 의해 개인의 재산권이 보호되는 것은 입법자가 새로운 제도를 마련함에 따라 얻게 되는 법률에 기한 권리일 뿐 헌법상 재산권으로부터 당연히 도출되는 권리는 아니다.

해설

① ○ 행정계획 입안·결정시 갖는 형성의 자유의 한계에 관한 법리(형량명령·형량하자 이론): 주민의 제안·변경신청에 따른 행정계획 수립·변경에도 동일하게 적용

행정주체가 구체적인 행정계획을 입안·결정할 때에 가지는 비교적 광범위한 형성의 자유는 무제한적인 것이 아니라 행정계획에 관련되는 자들의 이익을 공익과 사익 사이에서는 물론이고 공익 상호간과 사익 상호 간에도 정당하게 비교교량하여야 한다는 제한이 있는 것이므로, 행정주체가 행정계획을 입안·결정하면서 이익형량을 전혀 행하지 않거나 이익형량의 고려 대상에 마땅히 포함시켜야 할 사항을 빠뜨린 경우 또는 이익형량을 하였으나 정당성과 객관성이 결여된 경우에는 행정계획결정은 형량에 하자가 있어 위법하게 된다. 이러한 법리는 행정주체가 주민의 도시관리계획 입안 제안을 받아들여 도시관리계획결정을 할 것인지를 결정할 때에도 마찬가지이고, 나아가 도시계획시설구역 내 토지 등을 소유하고 있는 주민이 장기간 집행되지 아니한 도시계획시설의 결정권자에게 도시계획시설의 변경을 신청하고, 결정권자가 이러한 신청을 받아들여 도시계획시설을 변경할 것인지를 결정하는 경우에도 동일하게 적용된다고 보아야 한다(2012.1.12. 2010두5806).

② ✕ 인가받은 사업시행계획: 독립한 행정처분(구속적 행정계획)
도시환경정비사업조합이 수립한 사업시행계획은 그것이 인가·고시를 통해 확정되면 이해관계인에 대한 구속적 행정계획으로서 독립된 행정처분에 해당한다(2010.12.9. 2010두1248).

③ ○ 폐기물처리계획 적정통보를 받고 동 사업을 위해 계획변경신청을 한 자
→ 계획변경신청권○ so 거부에 처분성○
장래 일정한 기간 내에 관계 법령이 규정하는 시설 등을 갖추어 일정한 행정처분을 구하는 신청을 할 수 있는 법률상 지위에 있는 자의 국토이용계획변경신청을 거부하는 것이 실질적으로 당해 행정처분 자체를 거부하는 결과가 되는 경우에는 예외적으로 그 신청인에게 국토이용계획변경을 신청할 권리가 인정된다고 봄이 상당하므로, 이러한 신청에 대한 거부행위는 항고소송의 대상이 되는 행정처분에 해당한다(2003.9.23. 2001두10936).

관련 OX

① 관련

1 ○
행정주체가 구체적인 행정계획을 입안·결정할 때 가지는 형성의 자유의 한계에 관한 법리는 도시계획시설의 결정권자가 장기간 집행되지 아니한 도시계획시설을 변경할 것인지를 결정함에 있어서는 적용되지 않는다. 25소간

③ 관련

2 장래 일정한 기간 내에 관계법령이 규정하는 시설 등을 갖추어 일정한 행정처분을 구하는 신청을 할 수 있는 법률상 지위에 있는 자의 국토이용계획변경신청을 거부하는 것이 실질적으로 당해 행정처분 자체를 거부하는 결과가 되는 경우에는 그 신청인에게 국토이용계획을 신청할 권리가 인정된다고 보아야 하므로, 이러한 신청에 대한 거부행위는 행정처분에 해당한다. 17국회8

④ 관련

3 도시계획시설결정의 장기미집행으로 인해 재산권이 침해된 경우, 도시계획시설결정의 실효를 주장할 수 있고, 이는 헌법상 재산권으로부터 당연히 직접 도출되는 권리이다. 24지방9

추가기출(③ 관련)

ⓐ ○
구 「국토이용관리법」상 국토이용계획이 확정된 후 일정한 사정의 변동이 있다면 지역주민에게 일반적으로 계획의 변경 또는 폐지를 청구할 권리가 있다. 14국가9

선지분석 & 요플·기풀기링크

선지	THEME	요플	기풀기
①	T34 행정계획	53	053
②	T20 정비사업	08	008
③	T34 행정계획	61	061
④		77	077

비교 국토이용계획이 확정된 후 사정의 변동 발생: 그렇더라도 지역주민 등에게 계획변경신청권 인정×ⓐ
구 「국토이용관리법」상 주민이 국토이용계획의 변경에 대하여 신청을 할 수 있다는 규정이 없을 뿐만 아니라, 국토건설종합계획의 효율적인 추진과 국토이용질서를 확립하기 위한 국토이용계획은 장기성, 종합성이 요구되는 행정계획이어서 원칙적으로는 그 계획(편저자: 국토이용계획)이 일단 확정된 후에 어떤 사정의 변동이 있다고 하여 그러한 사유만으로는 지역주민이나 일반 이해관계인에게 일일이 그 계획의 변경을 신청할 권리를 인정하여 줄 수는 없다ⓐ(2003.9.23. 2001두10936).

④ ○ 장기미집행 도시계획시설결정의 실효제도 → 헌법상 재산권으로부터 당연 도출×(별도 입법 필요)
장기미집행 도시계획시설결정의 실효제도는 … 입법자가 새로운 제도를 마련함에 따라 얻게 되는 법률에 기한 권리일 뿐 헌법상 재산권으로부터 당연히 도출되는 권리는 아니다(헌재 2005.9.29. 2002헌바84 등).

선지선택비율 ① 14.86% ② 63.04% ③ 11.59% ④ 10.51% 오답률 36.96%

정답 ②
OX 1× 2○ 3× ⓐ×

THEME 34 행정계획

필수 문제 16

행정계획에 대한 설명으로 옳은 것을 〈보기〉에서 모두 고르면? (다툼이 있는 경우 판례에 의함)

17국회8

〈보기〉

ㄱ. 장래 일정한 기간 내에 관계법령이 규정하는 시설 등을 갖추어 일정한 행정처분을 구하는 신청을 할 수 있는 법률상 지위에 있는 자의 국토이용계획변경신청을 거부하는 것이 실질적으로 당해 행정처분 자체를 거부하는 결과가 되는 경우에는 그 신청인에게 국토이용계획을 신청할 권리가 인정된다고 보아야 하므로, 이러한 신청에 대한 거부행위는 행정처분에 해당한다.

ㄴ. 구「도시계획법」제2조의 도시관리계획(현「국토의 계획 및 이용에 관한 법률」제30조의 도시·군관리계획) 결정의 경우 도시관리계획구역 안의 토지나 건물소유자의 토지형질변경, 건축물의 신축·개축 또는 증축 등 권리행사가 일정한 제한을 받게 되므로 항고소송의 대상이 되는 처분에 해당한다.

ㄷ. 인허가의제에서 계획확정기관이 의제되는 인허가의 실체적 및 절차적 요건에 기속되는지 여부가 문제되는데, 인허가의 실체적 요건 및 절차적 요건 모두에 기속된다고 보는 것이 일반적이다.

ㄹ. 도시계획의 결정·변경 등에 관한 권한을 가진 행정청은 이미 도시계획이 결정·고시된 지역에 대하여도 다른 내용의 도시계획을 결정·고시할 수 있고 이때에 후행 도시계획에 선행 도시계획과 서로 양립할 수 없는 내용이 포함되어 있다면, 특별한 사정이 없는 한 선행 도시계획은 후행 도시계획과 같은 내용으로 변경되는 것이나, 후행 도시계획의 결정을 하는 행정청이 선행 도시계획의 결정·변경 등에 관한 권한을 가지고 있지 아니한 경우에 선행 도시계획과 서로 양립할 수 없는 내용이 포함된 후행 도시계획결정을 하는 것은 취소사유에 해당한다.

① ㄱ, ㄴ
② ㄱ, ㄹ
③ ㄴ, ㄷ
④ ㄱ, ㄴ, ㄷ
⑤ ㄱ, ㄴ, ㄹ

관련 OX

ㄱ. 관련

1. 국토이용계획변경 신청을 거부하였을 경우 실질적으로 폐기물처리업허가신청과 같은 처분을 불허하는 결과가 되는 경우 국토이용계획변경의 입안 및 결정권자인 행정청에게 계획변경을 신청할 법규상 또는 조리상 권리를 가진다. 21군무원7

ㄷ. 관련

2. 도시계획시설인 주차장에 대한 건축허가신청을 받은 행정청으로서는「건축법」상 허가 요건뿐 아니라 그에 의해 의제되는 국토의 계획 및 이용에 관한 법령이 정한 도시계획시설사업에 관한 실시계획인가 요건도 충족하는 경우에 한하여 이를 허가해야 한다. 22지방7

해설

ㄱ. ○ 폐기물처리계획 적정통보를 받고 동 사업을 위해 계획변경신청을 한 자
→ 계획변경신청권○ so 거부에 처분성○

장래 일정한 기간 내에 관계 법령이 규정하는 시설 등을 갖추어 일정한 행정처분을 구하는 신청을 할 수 있는 법률상 지위에 있는 자의 <u>국토이용계획변경신청</u>을 거부하는 것이 실질적으로 <u>당해 행정처분 자체를 거부하는 결과</u>가 되는 경우에는 예외적으로 그 신청인에게 <u>국토이용계획변경을 신청할 권리가 인정</u>된다고 봄이 상당하므로, 이러한 신청에 대한 <u>거부행위는 항고소송의 대상이 되는 행정처분</u>에 해당한다(2003.9.23. 2001두10936).

ㄴ. ○ 도시관리계획: 처분○

도시계획법 제12조 소정의 <u>도시계획결정</u>(편저자: 현행법상 도시관리계획)이 고시되면 도시계획구역 안의 토지나 건물 소유자의 <u>토지형질변경, 건축물의 신축, 개축 또는 증축 등 권리행사가 일정한 제한을 받게 되는바</u> 이런 점에서 볼 때 고시된 도시계획결정은 특정 개인의 권리 내지 법률상의 이익을 개별적이고 구체적으로 규제하는 효과를 가져오게 하는 행정청의 <u>처분</u>이라 할 것이고, 이는 <u>행정소송의 대상</u>이 되는 것이라 할 것이다(1982.3.9. 80누105).

선지분석 & 요플 · 기풀기링크

선지	THEME	요플	기풀기
ㄱ	T34 행정계획	61	061
ㄴ		23	026
ㄷ	T18 인·허가의제	15	015
ㄹ	T34 행정계획	32	031

ㄷ. ✕ 판례는 인허가의제시 절차적 요건과 관련하여, 신청된 주된 인허가의 절차만 거치면 되고, 관련 인허가의 절차까지 거칠 필요는 없다고 하여 **절차집중**은 **인정**하나, 어떠한 인허가가 관련 인허가로서 의제되기 위해서는 관련 인허가로서의 고유한 실체적 요건도 별도로 갖춰야 한다고 보아 **실체집중**을 **부정**한다.

   ✚ PLUS 즉, 인허가의 실체적 요건에는 기속되나 절차적 요건 모두에 기속되지 않는다.

ㄹ. ✕ 변경된 후행 도시계획에 선행 도시계획과 양립할 수 없는 내용이 포함된 경우: 변경권 가진 행정청이 변경한 경우: 선행 도시계획은 후행 도시계획으로 변경된 것 but 변경권 없는 행정청이 변경한 경우: 선행 폐지는 무효(그대로 존속) / 후행 결정이 무효

   도시계획의 결정·변경 등에 관한 권한을 가진 행정청은 이미 도시계획이 결정·고시된 지역에 대하여도 다른 내용의 도시계획을 결정·고시할 수 있고, 이때에 〈후행 도시계획에 선행 도시계획과 서로 양립할 수 없는 내용이 포함되어 있다면〉 특별한 사정이 없는 한 선행 도시계획은 후행 도시계획과 같은 내용으로 변경되는 것이나, 후행 도시계획의 결정을 하는 행정청이 선행 도시계획의 결정·변경 등에 관한 권한을 가지고 있지 아니한 경우에 … 선행 도시계획결정의 폐지 부분은 권한 없는 자에 의하여 행해진 것으로서 무효이고 … 후행 도시계획결정 역시 위법하고, 그 하자는 중대하고도 명백하여 다른 특별한 사정이 없는 한 무효라고 보아야 한다(2000.9.8. 99두11257).

   ▣ 선행 도시계획과 후행 도시계획이 양립할 수 없는 경우

원칙	• 선행 도시계획은 후행 도시계획으로 변경된 것
예외	• 단, 후행 도시계획을 한 행정청이 선행 도시계획에 대한 **변경권이 없는 경우** – 선행은 그대로 존속(폐지✕, 변경✕) → 선행 폐지는 무효 – 후행은 주체의 하자(무권한자 행위) → 후행 결정은 무효ㄹ

17

행정계획에 대한 설명으로 옳지 않은 것은? (다툼이 있는 경우 판례에 의함) 25지방9

① 이미 고시된 실시계획에 포함된 상세계획으로 관리되는 토지 위의 건물의 용도를 상세계획승인권자의 변경승인 없이 임의로 판매시설에서 상세계획에 반하는 일반목욕장으로 변경한 경우, 행정청이 그 영업신고를 수리하지 않고 영업소를 폐쇄한 처분은 적법하다.

② 구 건설교통부장관이 구역지정의 실효성이 적은 7개 중소도시권은 개발제한구역을 해제하고 구역지정이 필요한 7개 대도시권은 개발제한구역을 부분조정하는 등의 내용을 담은 '개발제한구역제도개선방안'을 발표한 것은 헌법소원의 대상이 되는 공권력의 행사에 해당되지 아니한다.

③ 구 「도시계획법」상 도시계획은 도시기본계획에 부합되어야 한다고 규정되어 있으므로, 서울특별시 도시기본계획에 포함되어 있지 않은 원지동 추모공원의 설치를 내용으로 하는 서울특별시장의 도시계획시설결정은 위법하다.

④ 자연환경 보호 등을 목적으로 하는 도시관리계획결정은 식생이 양호한 수림의 훼손 등과 같이 장래 발생할 불확실한 상황과 파급효과에 대한 예측 등을 반영한 행정청의 재량적 판단으로서, 그 내용이 현저히 합리성을 결여하거나 형평이나 비례의 원칙에 뚜렷하게 반하는 등의 사정이 없는 한 폭넓게 존중하여야 한다.

관련 OX

① 관련

1 이미 고시된 실시계획에 포함된 상세계획으로 관리되는 토지 위의 건물의 용도를 상세계획승인권자의 변경승인 없이 임의로 판매시설에서 상세계획에 반하는 일반목욕장으로 변경한 사안에서, 그 영업신고를 수리하지 않고 영업소를 폐쇄한 처분은 적법하다고 한 판례가 있다.
22군무원9

④ 관련

2 '환경오염 발생 우려'와 같이 장래에 발생할 불확실한 상황과 파급효과에 대한 예측이 필요한 요건에 관한 행정청의 재량적 판단은 그 내용이 현저히 합리성을 결여하였다거나 상반되는 이익이나 가치를 대비해 볼 때 형평이나 비례의 원칙에 뚜렷하게 배치되는 등의 사정이 없는 한 폭넓게 존중하여야 한다.
24지방7

해설

① ○ 실시계획에 포함된 상세계획(판매시설)에 반하는 영업신고시(목욕장): 수리거부와 업소폐쇄는 적법
이미 고시된 **실시계획에 포함된 상세계획**으로 관리되는 토지 위의 건물의 용도를 상세계획 승인권자의 **변경승인 없이** 임의로 판매시설에서 상세계획에 반하는 일반목욕장으로 **변경한** 경우, 그 영업신고를 수리하지 않고 영업소를 폐쇄한 처분은 **적법**하다(2008.3.27. 2006두3742,3759).
  + PLUS 실시계획에 포함된 상세계획은 대외적으로 구속력 있는 계획이므로 이에 반하는 행위는 인정될 수 없다.

② ○ 건교부장관의 7대 도시 개발제한구역제도 개선방안: 헌법소원대상 ✕
건설교통부장관이 1999.7.22. 구역지정의 실효성이 적은 7개 중소도시권은 개발제한구역을 해제하고 구역지정이 필요한 7개 대도시권은 개발제한구역을 부분조정하는 등의 내용을 담은 '**개발제한구역제도개선방안**'은 개발제한구역을 해제하거나 조정하기 위한 추상적이고 일반적인 기준들만을 담고 있을 뿐, 개발제한구역의 해제지역이 구체적으로 확정되어 있지 않아서, 해당 지역 주민들은 개발제한구역을 해제하는 구체적인 도시계획결정이 내려진 이후에야 비로소 법적인 영향을 받게 되므로, 이 사건 개선방안이 청구인들의 기본권에 직접적으로 영향을 끼칠 가능성이 없다. 그리고 이 사건 개선방안의 내용들은 예고된 내용이 그대로 틀림없이 실시될 것으로 예상할 수는 없다. 따라서 이 사건 개선방안의 발표는 예외적으로 **헌법소원의 대상이 되는 공권력의 행사에 해당되지 아니한다**(헌재 2000.6.1. 99헌마538 등 [개발제한구역제도개선방안확정발표위헌확인]).

선지분석 & 요풀 · 기풀가링크

선지	THEME	요풀	기풀기
①		10	004
②	T34 행정계획	75	075
③		08	008
④	T16 VA의 개념과 분류	45	043

③ ✕ 도시기본계획에 포함되어 있지 않은 추모공원의 설치를 내용으로 하는 도시계획시설결정: 위법✕(∵도시기본계획은 구속력 없음)

'도시계획법' 제19조 제1항 및 이 사건 도시계획시설결정 당시의 서울특별시 도시계획조례 제3조 제3항에서는, 도시계획은 도시기본계획에 부합되어야 한다고 규정되어 있으나, 도시기본계획이라는 것은 도시의 장기적 개발방향과 미래상을 제시하는 도시계획 입안의 지침이 되는 장기적·종합적인 개발계획으로서 직접적인 구속력은 없는 것이므로, 이 사건 추모공원의 조성계획이 서울특별시 도시기본계획에 포함되어 있지 아니하다는 이유만으로는 이 사건 도시계획시설결정이 위법하다 할 수는 없다(2007.4.12. 2005두1893).

④ ○ 예측이 필요한 요건에 관한 행정청의 재량판단: 폭넓게 존중되어야

자연환경 보호 등을 목적으로 하는 도시관리계획결정은 식생이 양호한 수림의 훼손 등과 같이 **장래 발생할 불확실한 상황과 파급효과에 대한 예측** 등을 반영한 행정청의 **재량적** 판단으로서, 그 내용이 현저히 합리성을 결여하거나 형평이나 비례의 원칙에 뚜렷하게 반하는 등의 사정이 없는 한 폭넓게 존중해야 한다(2023.11.16. 2022두61816).

선지선택비율 ① 10.51% ② 18.85% ③ 65.83% ④ 4.81% 오답률 34.17%

정답 ③

OX 1○ 2○

THEME 34 행정계획

필수 문제 18

행정계획에 대한 설명으로 옳지 않은 것은? 24지방9

① 후행 도시계획결정을 하는 행정청이 선행 도시계획의 결정·변경 등에 관한 권한을 가지고 있지 아니한 경우 선행 도시계획과 양립할 수 없는 내용이 포함된 후행 도시계획결정은 다른 특별한 사정이 없는 한 무효이다.

② 「도시 및 주거환경정비법」에 따라 인가·고시된 관리처분계획은 구속적 행정계획으로서 처분성이 인정된다.

③ 도시계획시설의 지정으로 말미암아 당해 토지의 이용가능성이 배제되거나 또는 토지소유자가 토지를 종래 허용된 용도대로도 사용할 수 없기 때문에 이로 인하여 현저한 재산적 손실이 발생하는 경우에는, 원칙적으로 국가나 지방자치단체는 이에 대한 보상을 해야 한다.

④ 도시계획시설결정의 장기미집행으로 인해 재산권이 침해된 경우, 도시계획시설결정의 실효를 주장할 수 있고, 이는 헌법상 재산권으로부터 당연히 직접 도출되는 권리이다.

관련 OX

① 관련

1 ◯ 후행 도시계획을 결정하는 행정청이 선행도시계획의 결정·변경에 관한 권한을 가지고 있지 아니한 경우 선행 도시계획과 양립할 수 없는 후행 도시계획결정은 취소사유에 해당한다. 17서울7

② 관련

2 「도시 및 주거환경정비법」에 따른 주택 재건축정비사업조합이 행정주체의 지위에서 수립하는 관리처분계획은 구속적 행정계획으로서 주택재건축정비사업조합이 행하는 독립된 행정처분에 해당한다. 23군무원9

해설

① ◯ 변경권 없는 행정청이 선행 도시계획과 양립할 수 없는 내용이 포함된 후행 도시계획결정을 한 경우: 후행 결정은 무효

도시계획의 결정·변경 등에 관한 권한을 가진 행정청은 이미 도시계획이 결정·고시된 지역에 대하여도 다른 내용의 도시계획을 결정·고시할 수 있고, 이때에 〈후행 도시계획에 선행 도시계획과 서로 양립할 수 없는 내용이 포함되어 있다면〉 특별한 사정이 없는 한 선행 도시계획은 후행 도시계획과 같은 내용으로 변경되는 것이나, 후행 도시계획의 결정을 하는 행정청이 선행 도시계획의 결정·변경 등에 관한 권한을 가지고 있지 아니한 경우에 … 선행 도시계획결정의 폐지 부분은 권한 없는 자에 의하여 행해진 것으로서 무효이고 … 후행 도시계획결정 역시 위법하고, 그 하자는 중대하고도 명백하여 다른 특별한 사정이 없는 한 **무효**라고 보아야 한다(2000.9.8. 99두11257).

② ◯ 인가·고시된 관리처분계획: 구속적 행정계획으로서 독립적 행정처분

「도시 및 주거환경정비법」에 기초하여 주택재개발정비사업조합이 수립한 **관리처분계획은 그것이 인가·고시를 통해 확정되면** 이해관계인에 대한 구속적 행정계획으로서 독립적인 **행정처분**에 해당한다. 이러한 관리처분계획을 인가하는 행정청의 행위는 조합의 관리처분계획에 대한 법률상의 효력을 완성시키는 보충행위이다(2016.12.15. 2015두51347).

③ ◯ 도시계획시설 지정으로 토지이용가능성 배제 or 종래 용도 사용 불능: 보상해야

도시계획시설의 지정으로 말미암아 당해 **토지의 이용가능성이 배제**되거나 또는 토지소유자가 토지를 **종래 허용된 용도대로도 사용할 수 없기** 때문에 이로 말미암아 현저한 재산적 손실이 발생하는 경우에는, 원칙적으로 사회적 제약의 범위를 넘는 수용적 효과를 인정하여 **국가나 지방자치단체는 이에 대한 보상을 해야** 한다(헌재 1999.10.21. 97헌바26 전원).

④ ✕ 장기미집행 도시계획시설결정의 실효제도: 헌법상 재산권으로부터 당연 도출✕(별도 입법 필요)

장기미집행 도시계획시설결정의 실효제도는 도시계획시설부지로 하여금 도시계획시설결정으로 인한 사회적 제약으로부터 벗어나게 하는 것으로서 결과적으로 개인의 재산권이 보다 보호되는 측면이 있는 것은 사실이나, 이와 같은 보호는 입법자가 새로운 제도를 마련함에 따라 얻게 되는 법률에 기한 권리일 뿐 **헌법상 재산권으로부터 당연히 도출되는 권리는 아니다**(헌재 2005.9.29. 2002헌바84 등).

선지분석 & 요플·기풀기링크

선지	THEME	요플	기풀기
①	T34 행정계획	32	031
②	T20 정비사업	09	009
③	T74 손실보상(헌법)	15	015
④	T34 행정계획	77	077

선지선택비율 ① 13.89% ② 11.47% ③ 10.54% ④ 64.10% 오답률 35.90%

정답 ④

OX 1✕ 2◯

THEME 35 행정지도

01

다음 설명 중 옳지 않은 것은? (다툼이 있는 경우 판례에 의함) 20소방

① 일정한 행정목적을 실현하기 위하여 상대방인 국민에게 임의적인 협력을 요청하는 비권력적 사실행위를 행정지도라 한다.
② 행정지도를 하는 자는 그 상대방에게 그 행정지도의 취지 및 내용을 밝혀야 하지만 신분은 생략할 수 있다.
③ 상대방의 의사에 반하여 부당하게 강요하는 행정지도는 위법하다.
④ 행정지도에는 법률의 근거가 필요하지 않다는 것이 판례의 태도이다.

관련 OX

① 관련
1 행정지도란 행정기관이 그 소관 사무의 범위에서 일정한 행정목적을 실현하기 위하여 특정인에게 일정한 행위를 하거나 하지 아니하도록 지도, 권고, 조언 등을 하는 행정작용을 말한다. 21소방

2 ○
행정지도는 의무를 부과하거나 권익을 제한하는 것이 아니므로 「행정절차법」의 적용을 받지 않는다. 23국회8

④ 관련
3 다수설에 따르면 행정지도에 관해서 개별법에 근거규정이 없는 경우 행정지도의 상대방인 국민에게 미치는 효력을 고려하여 행정지도를 할 수 없다고 본다. 17(상)국가9

해설

① ○ 일정한 행정목적을 실현하기 위해 국민에게 임의적인 협력을 요하는 행정작용을 행정지도라 한다. 즉, 행정지도는 비권력적 사실행위라는 성격을 지니고 있다. 다만, 행정지도는 형식적 비권력성에도 불구하고 실무에서는 사실상 강제력이 있기 때문에 행정지도에 대한 논의는 그에 대한 실효적 통제와 국민의 권리구제에 집중된다. 행정절차법 역시 행정지도에 대한 절차규정을 두어 이를 통제하고 있다.

행정절차법 제2조(정의) 이 법에서 사용하는 용어의 뜻은 다음과 같다.
3. '행정지도'란 행정기관이 그 소관 사무의 범위에서 일정한 행정목적을 실현하기 위하여 특정인에게 일정한 행위를 하거나 하지 아니하도록 지도, 권고, 조언 등을 하는 행정작용을 말한다.

② ✕

행정절차법 제49조(행정지도의 방식) ① 행정지도를 하는 자는 그 상대방에게 그 행정지도의 취지 및 내용과 신분을 밝혀야 한다.

③ ○

행정절차법 제48조(행정지도의 원칙) ① 행정지도는 그 목적달성에 필요한 최소한도에 그쳐야 하며, 행정지도의 상대방의 의사에 반하여 부당하게 강요하여서는 아니 된다.

④ ○ 판례에 따르면, 행정지도는 비권력적 사실행위로서 강제성이 없으므로 법률의 근거(작용법적 근거)가 없어도 가능하다.

선지선택비율 ① 10.26% ② 76.92% ③ 0.00% ④ 12.82% 오답률 23.08%

선지분석 & 요플·기풀기링크

선지	THEME	요플	기풀기
①		02	001
②	T35 행정지도	16	016
③		13	013
④		05	008

정답 ②
OX 1○ 2✕ 3✕

02 필수 문제

행정지도에 대한 내용으로 옳지 않은 것은? 20소방

① 행정기관은 상대방이 행정지도에 따르지 아니하였다는 이유로 불이익조치를 하여서는 아니 된다.
② 행정절차에 소요되는 비용은 원칙적으로 행정청이 부담하도록 규정되어 있다.
③ 행정지도의 상대방은 당해 행정지도의 방식·내용 등에 관하여 행정기관에 의견을 제출할 수 없다.
④ 행정지도는 그 목적달성에 필요한 최소한도에 그쳐야 한다.

관련 OX

① 관련

1 ○ 「행정절차법」에 따르면, 행정기관은 행정지도의 상대방이 행정지도에 따르지 않았다는 것을 이유로 불이익한 조치를 하여서는 아니된다고 규정하고 있다. 13지방9

③ 관련

2 행정기관은 행정지도의 상대방이 행정지도에 따르지 아니하였다는 것을 이유로 불이익한 조치를 하여서는 아니 되며, 행정지도의 상대방은 해당 행정지도의 방식·내용 등에 관하여 행정기관에 의견제출을 할 수 있다. 17(상)지방9

해설

① ○

행정절차법 제48조(행정지도의 원칙) ② 행정기관은 행정지도의 상대방이 행정지도에 따르지 아니하였다는 것을 이유로 불이익한 조치를 하여서는 아니 된다.

② ○

행정절차법 제54조(비용의 부담) 행정절차에 드는 비용은 행정청이 부담한다. 다만, 당사자등이 자기를 위하여 스스로 지출한 비용은 그러하지 아니하다.

③ × 행정지도가 비권력적인 것과 별개로 그 상대방은 의견제출권이 있고, 이는 내용뿐만 아니라 방식에 대해서도 인정된다.

행정절차법 제50조(의견제출) 행정지도의 상대방은 해당 행정지도의 방식·내용 등에 관하여 행정기관에 의견제출을 할 수 있다.

④ ○

행정절차법 제48조(행정지도의 원칙) ① 행정지도는 그 목적달성에 필요한 최소한도에 그쳐야 하며, 행정지도의 상대방의 의사에 반하여 부당하게 강요하여서는 아니 된다.

선지선택비율 ① 10.26% ② 7.69% ③ 79.49% ④ 2.56%   오답률 20.51%

선지분석 & 요플·기풀기링크

선지	THEME	요플	기풀기
①	T35 행정지도	14	014
②	T37 절차법(조문)	106	131
③	T35 행정지도	17	018
④		12	011

정답 ③
OX 1 ○ 2 ○

03

행정지도에 대한 설명으로 옳은 것은? (다툼이 있는 경우 판례에 의함) 11지방9

① 직접적 규제목적이 없는 행정지도는 법령에 직접 근거규정이 없어도 권한업무의 범위 내에서 행해질 수 있다.
② 행정지도가 다수인을 대상으로 할 경우에도 명령·강제작용이 아니기 때문에「행정절차법」은 특별한 사정이 없으면 공표할 필요가 없다고 규정한다.
③ 행정지도는 행정목적을 달성하기 위하여 상대방의 의사에 반하여 강요할 수 있다.
④ 행정지도는 사실상 강제력으로 인하여 권력적 행정활동임이 원칙이다.

관련 OX

① 관련

1 다수설에 따르면 행정지도에 관해서 개별법에 근거규정이 없는 경우 행정지도의 상대방인 국민에게 미치는 효력을 고려하여 행정지도를 할 수 없다고 본다. 17(상)국가9

② 관련

2 (여름철 식중독예방을 위해 A구의 보건행정담당 공무원 甲이 관내 일반·휴게·계절음식점 업주에 대해 위생지도를 실시하고 있다) 甲의 위생지도가 다수인을 대상으로 하는 것이라면 특별한 사정이 없는 한 위생지도에 관한 공통적인 내용과 사항을 공표해야 한다. 15서울9

해설

① ○, ④ ×

- 행정지도는 〈비권력적 사실행위〉이다. 즉, 상대방 국민의 임의적 협력을 구하는 지도·권고·조언이므로 비권력적 행위이고, ④ 그 자체로는 아무런 법적 효과를 가져오지 않으므로 사실행위이다.
- 행정지도는 비권력적 사실행위로서 강제성이 없으므로 (작용법적) 근거규정이 없어도 조직법상의 권한업무의 범위 내에서 행해질 수 있다(다수설·판례).①

  + PLUS 이에 대해서 규제적 행정지도는 근거를 요한다는 견해(김남진)나 행정지도가 사실상 강제력을 갖는 경우는 법률의 근거를 요한다는 견해(박균성)도 있다.

② ×

행정절차법 제51조(다수인을 대상으로 하는 행정지도) 행정기관이 같은 행정목적을 실현하기 위하여 **많은 상대방에게 행정지도를 하려는 경우에는** 특별한 사정이 없으면 행정지도에 **공통적인 내용**이 되는 사항을 **공표하여야** 한다.

③ ×

행정절차법 제48조(행정지도의 원칙) ① 행정지도는 그 목적달성에 필요한 최소한도에 그쳐야 하며, 행정지도의 상대방의 의사에 반하여 부당하게 **강요하여서는 아니** 된다.

선지분석 & 요플·기풀기링크

선지	THEME	요플	기풀기
①		05	008
②	T35 행정지도	19	020
③		13	013
④		03	002

정답 ①

OX 1× 2○

필수문제 04

행정지도에 대한 설명으로 옳지 않은 것은? (다툼이 있는 경우 판례에 의함) 17(상)국가9

① 위법한 행정지도에 따라 행한 사인의 행위는 법령에 명시적으로 정함이 없는 한 위법성이 조각된다고 할 수 없다.

② 행정지도의 상대방은 행정지도의 내용에 동의하지 않는 경우 이를 따르지 않을 수 있으므로, 행정지도의 내용이나 방식에 대해 의견제출권을 갖지 않는다.

③ 행정지도가 말로 이루어지는 경우에 상대방이 행정지도의 취지 및 내용, 행정지도를 하는 자의 신분에 관한 사항을 적은 서면의 교부를 요구하면 그 행정지도를 하는 자는 직무수행에 특별한 지장이 없으면 이를 교부하여야 한다.

④ 「국가배상법」이 정한 배상청구의 요건인 '공무원의 직무'에는 권력적 작용만이 아니라 행정지도와 같은 비권력적 작용도 포함된다.

관련 OX

③ 관련
1 「행정절차법」은 행정지도는 반드시 서면으로 하여야 하고 그 서면에는 행정지도의 취지·내용을 기재하도록 규정함으로써 행정지도의 명확성을 요구하고 있다. 17국회8

④ 관련
2 「국가배상법」이 정한 배상청구의 요건인 '공무원의 직무'에는 권력적 작용만이 아니라 행정지도와 같은 비권력적 작용도 포함된다. 25변시

해설

① ○ 판례는 사인의 위법행위가 행정관청의 위법한 행정지도나 업무관행에 기인한 것이더라도 위법성이 조각되지 않는다고 보았다(정당화되지 않는다고 보았다). 이러한 견지에서 사인이 실거래가가 아닌 기준시가로 토지매매금을 신고한 것이 행정관청의 행정지도 및 관행에 따른 것이었다 하더라도 허위신고로서 처벌대상이라고 보았다(91도1609).

② × 행정지도가 비권력적인 것과 별개로(따르지 않을 수 있는 것과 별개로) 그 상대방은 의견제출권이 있고, 이는 내용뿐 아니라 방식에 대해서도 인정된다.

행정절차법 제50조(의견제출) 행정지도의 상대방은 해당 행정지도의 방식·내용 등에 관하여 행정기관에 **의견제출을 할 수 있다.**

③ ○ 행정지도는 말로도 할 수 있다. 단, 국민이 요구하면 서면교부한다.

행정절차법 제49조(행정지도의 방식) ② 행정지도가 말로 이루어지는 경우에 상대방이 제1항의 사항을 적은 **서면의 교부를 요구하면** 그 행정지도를 하는 자는 직무수행에 특별한 지장이 없으면 이를 **교부하여야 한다.**

④ ○ 국가배상법이 정한 배상청구의 요건인 '공무원의 직무'에는 권력적 작용만이 아니라 행정지도와 같은 비권력적 작용도 포함되며 단지 행정주체가 사경제주체로서 하는 활동만 제외되는 것이다(1998.7.10. 96다38971).

선지분석 & 요플·기풀기링크

선지	THEME	요플	기풀기
①		32	036
②	T35 행정지도	17	018
③		20	017
④	T71 국가배상(2조)	16	016

정답 ②

OX 1× 2○

05

행정지도에 관한 설명으로 옳지 않은 것은? (다툼이 있는 경우 판례에 의함) 21소방

① 행정지도란 행정기관이 그 소관 사무의 범위에서 일정한 행정목적을 실현하기 위하여 특정인에게 일정한 행위를 하거나 하지 아니하도록 지도, 권고, 조언 등을 하는 행정작용을 말한다.

② 행정지도 중 규제적·구속적 행정지도의 경우에는 법적 근거가 필요하다는 견해가 있다.

③ 교육인적자원부장관(현 교육부장관)의 (구)공립대학 총장들에 대한 학칙시정요구는 고등교육법령에 따른 것으로, 그 법적 성격은 대학총장의 임의적인 협력을 통하여 사실상의 효과를 발생시키는 행정지도의 일종으로 헌법소원의 대상이 되는 공권력의 행사로 볼 수 없다.

④ 행정지도가 강제성을 띠지 않은 비권력적 작용으로서 행정지도의 한계를 일탈하지 아니하였다면, 그로 인해 상대방에게 어떤 손해가 발생하였다고 해도 행정기관은 그에 대한 손해배상책임이 없다.

해설

① ○

행정절차법 제2조(정의) 이 법에서 사용하는 용어의 뜻은 다음과 같다.
3. '행정지도'란 행정기관이 그 소관 사무의 범위에서 일정한 행정목적을 실현하기 위하여 특정인에게 일정한 행위를 하거나 하지 아니하도록 지도, 권고, 조언 등을 하는 행정작용을 말한다.

② ○ 판례는 행정지도가 비권력적 사실행위로서 강제성이 없으므로 법률의 근거가 없어도 가능하다는 입장이다. 반면 학설 중에는 규제적·구속적 행정지도에 대해서는 법적 근거가 필요하다는 입장도 있다.

+ PLUS 행정지도의 종류는 조성적 지도(영농지도), 조정적 지도(구조조정 등을 위한 행정지도), 규제적 지도(물가억제를 위한 행정지도)로 나눌 수 있다.

③ × 교육부장관의 국공립대 총장들에 대한 학칙시정요구: 공권력 행사 so 헌법소원 가능
교육인적자원부장관의 대학총장들에 대한 이 사건 〈학칙시정요구〉는 고등교육법 제6조 제2항, 동법 시행령 제4조 제3항에 따른 것으로서 그 법적 성격은 대학총장의 임의적인 협력을 통하여 사실상의 효과를 발생시키는 행정지도의 일종이지만, 그에 따르지 않을 경우 일정한 불이익조치를 예정하고 있어 사실상 상대방에게 그에 따를 의무를 부과하는 것과 다를 바 없으므로 단순한 행정지도로서의 한계를 넘어 규제적·구속적 성격을 상당히 강하게 갖는 것으로서 헌법소원의 대상이 되는 공권력의 행사라고 볼 수 있다(헌재 2003.6.26. 2002헌마337, 2003헌마7·8 전원).

+ PLUS 행정지도의 형식을 취했을지라도 불이행시 불이익을 예정하는 등 행정지도의 한계를 넘는 규제적·구속력 성격을 갖는 작용이라면 공권력의 행사로 인정되어 헌법소원 등이 허용될 수 있다.

④ ○ 행정지도가 행정지도의 한계를 일탈하지 않았다면 상대에게 손해발생해도 배상책임 ×
행정지도가 강제성을 띠지 않은 비권력적 작용으로서 행정지도의 한계를 일탈하지 아니하였다면, 그로 인하여 상대방에게 어떤 손해가 발생하였다 하더라도 행정기관은 그에 대한 손해배상책임이 없다 (2008.9.25. 2006다18228).

선지선택비율 ① 2.58% ② 14.43% ③ 64.43% ④ 18.56% 오답률 35.57%

관련 OX

③ 관련

1 교육인적자원부장관의 국공립대학 총장들에 대한 학칙시정요구는 대학총장의 임의적인 협력을 통하여 사실상의 효과를 발생시키는 행정지도의 일종으로 헌법소원의 대상이 되는 공권력행사라고 볼 수 없다. 17(하)지방9

④ 관련

2 행정지도가 강제성을 띠지 않은 비권력적 작용으로서 행정지도의 한계를 일탈하지 아니하였다 하더라도 그로 인하여 상대방에게 어떤 손해가 발생하였다면 행정기관은 그에 대한 손해배상책임을 진다. 14(1)경행

선지분석 & 요플·기풀기링크

선지	THEME	요플	기풀기
①		02	001
②	T35 행정지도	06	009
③		26	027
④		28	031

정답 ③
OX 1× 2×

06 필수 문제

행정지도에 대한 설명으로 옳은 것은? (다툼이 있는 경우 판례에 의함) 17국회8

- ① 「국가배상법」이 정하는 손해배상청구의 요건인 '공무원의 직무'에는 비권력작용인 행정지도는 포함되지 아니한다.
- ② 강제성을 띠지 아니한 행정지도로 인하여 손해가 발생한 경우에 행정청은 손해배상책임이 있다.
- ③ 행정지도는 비권력적 사실행위이므로 행정지도가 그 한계를 넘어 규제적·구속적 성격을 강하게 갖는 경우라 하여 헌법소원의 대상이 되는 공권력의 행사에 해당한다고 볼 수는 없다.
- ④ 「행정절차법」에 따르면 행정지도의 상대방은 해당 행정지도의 내용에 관하여서뿐만 아니라 그 방식에 관하여도 행정기관에 의견을 제출할 수 있다.
- ⑤ 「행정절차법」은 행정지도는 반드시 서면으로 하여야 하고 그 서면에는 행정지도의 취지·내용을 기재하도록 규정함으로써 행정지도의 명확성을 요구하고 있다.

관련 OX

① 관련

1 「국가배상법」이 정한 배상청구의 요건인 '공무원의 직무'에는 권력적 작용만이 아니라 행정지도와 같은 비권력적 작용도 포함된다. 25변시

② 관련

2 행정지도가 강제성을 띠지 않은 비권력적 작용으로서 행정지도의 한계를 일탈하지 아니하였다 하더라도 그로 인하여 상대방에게 어떤 손해가 발생하였다면 행정기관은 그에 대한 손해배상책임을 진다. 14(1)경행

해설

① × **국가배상법상 공무원의 직무: 비권력적 작용인 행정지도도 포함**
국가배상법이 정한 배상청구의 요건인 '공무원의 직무'에는 **권력적 작용만이 아니라 행정지도와 같은 비권력적 작용도 포함**되며 단지 행정주체가 사경제주체로서 하는 활동만 제외되는 것이다(1998.7.10. 96다38971).

② × 행정지도로 국민에게 손해가 발생시, 국가배상법상 요건이 충족된다면 당연히 배상청구를 할 수 있다. 즉, 행정지도가 위법하고 손해가 그 행정지도와 인과관계가 있다면 배상책임이 인정되는 것이다(2008.09.25. 2006다18228).

③ × 행정지도의 형식을 취했을지라도 불이행시 불이익을 예정하는 등 행정지도의 한계를 넘는 **규제적·구속력** 성격을 갖는 작용이라면 공권력의 행사로 인정되어 **헌법소원** 등이 허용될 수 있다.

• 교육인적자원부장관의 대학총장들에 대한 이 사건 〈학칙시정요구〉는 고등교육법 제6조 제2항, 동법 시행령 제4조 제3항에 따른 것으로서 그 법적 성격은 대학총장의 임의적인 협력을 통하여 사실상의 효과를 발생시키는 행정지도의 일종이지만, 그에 따르지 않을 경우 일정한 불이익조치를 예정하고 있어 사실상 상대방에게 그에 따를 의무를 부과하는 것과 다를 바 없으므로 단순한 행정지도로서의 한계를 넘어 규제적·구속적 성격을 상당히 강하게 갖는 것으로서 헌법소원의 대상이 되는 공권력의 행사라고 볼 수 있다(헌재 2003.6.26. 2002헌마337, 2003헌마7·8 전원).

④ ○

행정절차법 제50조(의견제출) 행정지도의 상대방은 해당 행정지도의 방식·내용 등에 관하여 행정기관에 의견제출을 할 수 있다.

⑤ × 행정지도는 말로도 할 수 있다.

행정절차법 제49조(행정지도의 방식) ① 행정지도를 하는 자는 그 상대방에게 그 행정지도의 **취지 및 내용**과 **신분을 밝혀야** 한다.
② 행정지도가 **말로 이루어지는 경우**에 상대방이 제1항의 사항을 적은 **서면의 교부를 요구하면** 그 행정지도를 하는 자는 직무 수행에 특별한 지장이 없으면 이를 **교부하여야 한다.**

선지분석 & 요플·기풀기링크

선지	THEME	요플	기풀기
①	T71 국가배상(2조)	16	016
②		28	031
③	T35 행정지도	25	026
④		18	019
⑤		20	017

정답 ④

OX 1○ 2×

07

행정지도에 관한 설명으로 옳은 것은? (단, 다툼이 있는 경우 판례에 따름) 18교행9

① 행정지도는 법적 효과의 발생을 목적으로 하는 의사표시이다.
② 법규에 근거가 없는 행정지도에 대해서는 행정법의 일반원칙이 적용되지 아니한다.
③ 토지매매대금의 허위신고가 위법한 행정지도에 따른 것이라 하더라도 그 범법행위가 정당화되지는 않는다.
④ 행정지도의 한계 일탈로 인해 상대방에게 손해가 발생한 경우 행정기관은 손해배상책임이 없다.

관련 OX

② 관련
1 기 행정지도는 작용법적 근거가 필요하지 않으므로, 비례원칙과 평등원칙에 구속되지 않는다. 19국가9

해설

① ✗ 행정지도는 〈비권력적 사실행위〉이다. 즉, 상대방 국민의 임의적 협력을 구하는 지도·권고·조언이므로 비권력적 행위이고, 그 자체로는 아무런 법적 효과를 가져오지 않으므로 사실행위이다.

② ✗ 행정지도는 작용법적 근거가 없더라도 가능하나, 행정지도도 행정작용이므로 법치주의원칙에 따라 당연히 비례원칙, 평등원칙 등 행정법의 일반원칙(불문법원)이 적용된다.

③ ○ 사인의 허위신고가 실거래가가 아닌 기준지가를 기준으로 매매가를 신고토록 한 행정지도에 따른 것이라도 위법성 조각✗, 처벌○
행정관청이 토지거래계약신고에 관하여 공시된 기준지가를 기준으로 매매가격을 신고하도록 행정지도하여 왔고 그 기준가격 이상으로 매매가격을 신고한 경우에는 거래신고서를 접수하지 않고 반려하는 것이 관행화되어 있다 하더라도 이는 법에 어긋나는 관행이라 할 것이므로 그와 같은 위법한 관행에 따라 허위신고행위에 이르렀다고 하여 그 범법행위가 사회상규에 위배되지 않는 정당한 행위라고는 볼 수 없다(1992.4.24. 91도1609).

④ ✗ 행정지도로 인해 상대방에게 손해가 발생한 경우, 행정지도가 비권력적 작용으로서의 한계를 일탈하였다면 위법하여 손해배상책임이 있으나, 강제성이 없이 한계를 일탈하지 않았다면 그와 관련하여 손해가 발생하였더라도 배상책임이 없다.

선지분석 & 요플·기풀기링크

선지	THEME	요플	기풀기
①		04	003
②	T35 행정지도	10	021
③		32	036
④		29	030

정답 ③
OX 1 ✗

08

행정지도에 대한 판례의 입장으로 옳은 것(○)과 옳지 않은 것(×)을 바르게 조합한 것은? 17(하)지방9

ㄱ. 행정관청이 구 「국토이용관리법」 소정의 토지거래계약신고에 관하여 공시된 기준시가를 기준으로 매매가격을 신고하도록 행정지도를 하여 그에 따라 허위신고를 한 것이라 하더라도 이와 같은 행정지도는 법에 어긋나는 것으로서 그 범법행위가 정당화될 수 없다.

ㄴ. 교육인적자원부장관의 국·공립대학총장들에 대한 학칙시정요구는 대학총장의 임의적인 협력을 통하여 사실상의 효과를 발생시키는 행정지도의 일종으로 헌법소원의 대상이 되는 공권력행사라고 볼 수 없다.

ㄷ. 노동부장관이 공공기관 단체협약 내용을 분석하여 불합리한 요소를 개선하라고 요구한 행위는 행정지도로서의 한계를 넘어 규제적·구속적 성격을 강하게 갖는다고 할 수 없어 헌법소원의 대상이 되는 공권력의 행사에 해당한다고 볼 수 없다.

ㄹ. 행정기관의 위법한 행정지도로 일정 기간 어업권을 행사하지 못하는 손해를 입은 자가 그 어업권을 타인에게 매도하여 매매대금 상당의 이득을 얻은 경우, 손해배상액의 산정에서 그 이득을 손익상계할 수 있다.

	ㄱ	ㄴ	ㄷ	ㄹ
①	○	○	○	○
②	○	×	×	×
③	○	×	○	×
④	×	×	○	○

ㄷ. ○ 노동부장관의 공공기관들에 대한 단체협약 개선요구: 행정지도 한계 내 so 공권력 행사×(헌법소원 ×)

노동부장관이 노동부 산하 7개 공공기관의 〈단체협약내용을 분석하여 불합리한 요소를 개선〉하라고 요구한 행위는 이를 따르지 않을 경우의 불이익을 명시적으로 예정하고 있다고 보기 어렵고, 행정지도로서의 한계를 넘어 규제적·구속적 성격을 강하게 갖는다고 할 수 없어 헌법소원의 대상이 되는 공권력의 행사에 해당한다고 볼 수 없다(헌재 2011.12.29. 2009헌마330·344).

+ PLUS 항고쟁송이나 헌법소원은 권력적인 작용에 대해 허용되는 쟁송수단이다. 따라서 비권력적으로 행해지는 지도·권고·조언에 불과한 행정지도에서는 허용되지 않음이 원칙이다.

행정지도 판례정리

세무당국의 주류거래 중지요청	처분× → 항고소송×
노동부장관의 단체협약 개선요구	공권력× → 헌법소원×
교육부장관의 학칙시정요구	공권력○ → 헌법소원○

ㄹ. × 위법한 행정지도로 어업권을 행사하지 못한 자에 대한 손해배상책임
→ 그 어업권을 타인에게 매도하여 받은 매매대금은 배상액에서 공제×

행정기관의 위법한 행정지도로 일정 기간 어업권을 행사하지 못하는 손해를 입은 자가 그 어업권을 타인에게 매도하여 매매대금 상당의 이득을 얻었더라도 그 이득은 손해배상책임의 원인이 되는 행위인 위법한 행정지도와 상당인과관계에 있다고 볼 수 없고, 행정기관이 배상하여야 할 손해는 위법한 행정지도로 피해자가 일정 기간 어업권을 행사하지 못한 데 대한 것임에 반해 피해자가 얻은 이득은 어업권 자체의 매각대금이므로 위 이득이 위 손해의 범위에 대응하는 것이라고 볼 수도 없어, 피해자가 얻은 매매대금 상당의 이득을 행정기관이 배상하여야 할 손해액에서 공제할 수 없다(2008.09.25. 2006다18228).

09

사실행위에 관한 설명으로 가장 옳지 않은 것은? (다툼이 있는 경우 판례에 의함) 18(1)서울7

① 위법한 행정지도에 따라 행한 사인의 행위는 법령에 명시적으로 정함이 없는 한 위법성이 조각된다고 할 수 없다.
② 헌법재판소는 "수형자의 서신을 교도소장이 검열하는 행위는 이른바 권력적 사실행위로서 행정심판이나 행정소송의 대상이 되는 행정처분으로 볼 수 있다."라고 하여 명시적으로 권력적 사실행위의 처분성을 긍정하였다.
③ 위법한 행정지도로 손해가 발생한 경우 국가 등을 상대로 손해배상을 청구할 수 있으나, 이 경우 「국가배상법」 제2조가 정한 배상책임의 요건을 갖추어야 한다.
④ 판례에 의하면, 행정규칙에 의한 불문경고 조치는 차후 징계감경사유로 작용할 수 있는 표창 대상자에서 제외되는 등의 인사상 불이익을 줄 수 있다 하여도 이는 간접적 효과에 불과하므로 항고소송의 대상인 행정처분에 해당하지 않는다.

관련 OX

③ 관련
1 위법한 행정지도로 인한 국가배상청구에 있어서 행정지도로 인해 손해가 발생했다는 사실만으로는 부족하고 행정지도가 한계를 넘어서 위법해야 하고, 나아가 이러한 행정지도와 손해발생 사이에 인과관계가 인정되어야 한다. 18소간

④ 관련
2 행정규칙에 의한 '불문경고조치'는 차후 징계감경사유로 사용될 수 있었던 표창공적의 사용가능성을 소멸시키는 효과를 가지므로 항고소송의 대상이 되는 행정처분에 해당한다. 08지방7

해설

① ○ 판례는 사인의 위법행위가 행정관청의 위법한 행정지도나 업무관행에 기인한 것이더라도 위법성이 조각되지 않는다고 보았다(정당화되지 않는다고 보았다).

• 위법한 행정지도에 따른 행위: 위법성 조각×
행정관청이 토지거래계약신고에 관하여 공시된 기준지가를 기준으로 매매가격을 신고하도록 행정지도하여 왔고 그 기준가격 이상으로 매매가격을 신고한 경우에는 거래신고서를 접수하지 않고 반려하는 것이 관행화되어 있다 하더라도 그와 같은 위법한 관행에 따라 허위신고행위에 이르렀다고 하여 그 범법행위가 사회상규에 위배되지 않는 정당한 행위라고는 볼 수 없다(1992.4.24. 91도1609).

② ○ 수형자 서신검열: 처분성 인정 but 보충성 예외로 헌법소원 인정
수형자의 〈서신을 교도소장이 검열〉하는 행위는 이른바 권력적 사실행위로서 행정심판이나 행정소송의 대상이 되는 행정처분으로 볼 수 있으나, 위 검열행위가 이미 완료되어 행정심판이나 행정소송을 제기하더라도 소의 이익이 부정될 수밖에 없으므로 헌법소원심판을 청구하는 외에 다른 효과적인 구제방법이 있다고 보기 어렵기 때문에 보충성의 원칙에 대한 예외에 해당한다(헌재 1998.8.27. 96헌마398).

③ ○ 국가배상청구의 요건 중 직무집행행위에는 비권력적 행위인 행정지도도 포함된다. 따라서 위법한 행정지도로 국민에게 손해가 발생하면, 고의·과실, 상당인과관계 등 국가배상청구의 나머지 요건이 충족된다면 당연히 배상청구를 할 수 있다.

④ × 행정규칙에 근거한 불문경고: 처분에 해당
〈행정규칙에 의한 '불문경고조치'〉가 비록 법률상의 징계처분은 아니지만 위 처분을 받지 아니하였다면 차후 다른 징계처분이나 경고를 받게 될 경우 징계감경사유로 사용될 수 있었던 표창공적의 사용가능성을 소멸시키는 효과와 1년 동안 인사기록카드에 등재됨으로써 그동안은 장관표창이나 도지사 표창 대상자에서 제외시키는 효과 등이 있다는 이유로 항고소송의 대상이 되는 행정처분에 해당한다(2002.7.26. 2001두3532).

선지분석 & 요플·기풀기링크

선지	THEME	요플	기풀기
①	T35 행정지도	32	036
②	T52 대상적격(행정작용)	11	011
③	T35 행정지도	30	029
④	T53 대상적격(법률관계)	80	082

정답 ④
OX 1○ 2○

THEME 36 공법상 계약

01

공법상 계약에 대한 설명으로 옳은 것은?   17(상)국가9(변형)

① 현행 「행정절차법」은 공법상 계약에 대한 규정을 두고 있다.
② 대법원은 구 「농어촌 등 보건의료를 위한 특별조치법」 및 관계법령에 따른 전문직공무원인 공중보건의사의 채용계약 해지의 의사표시는 일반공무원에 대한 징계처분과 같은 성격을 가지며, 따라서 항고소송의 대상이 된다고 본다.
③ 공법상 계약은 행정주체와 사인 간에만 체결 가능하며, 행정주체 상호 간에는 공법상 계약이 성립할 수 없다.
④ 종래 다수설에 따르면 공법상 계약은 당사자의 자유로운 의사의 합치에 의하므로 원칙적으로 법률유보의 원칙이 적용되지 않는다고 본다.

관련 OX

① 관련
1 행정청은 공법상 계약의 상대방을 선정하고 계약 내용을 정할 때 공법상 계약의 공공성과 제3자의 이해관계를 고려하여야 한다는 것은 「행정절차법」에 규정된 내용이다. 23국회8

② 관련
2 전문직공무원인 공중보건의사의 채용계약 해지가 관할 도지사의 일방적인 의사표시에 의하여 그 신분을 박탈하는 불이익처분이라 해도 곧바로 그러한 의사표시가 관할 도지사가 행정청으로서 공권력을 행사하여 행하는 행정처분이라고 단정할 수는 없다. 25변시

해설

① ✗ 행정절차법은 모든 공법작용이 아닌, 행정예고, 행정상 입법예고, 신고, 행정지도, 처분, 확약, 위반사실 등의 공표, 행정계획에 한하여 규정하고 있다. 공법상 계약, 행정조사 등에 대해서는 명문의 규정을 두고 있지 않다. 다만, 최근 제정된 **행정기본법이 공법상 계약을 규율하고 있다**.

행정절차법 제3조(적용 범위) ① 처분, 신고, 확약, 위반사실 등의 공표, 행정계획, 행정상 입법예고, 행정예고 및 행정지도의 절차(이하 '행정절차'라 한다)에 관하여 다른 법률에 특별한 규정이 있는 경우를 제외하고는 이 법에서 정하는 바에 따른다.

② ✗ 계약직공무원인 공중보건의사의 채용계약해지: 처분✗, 대등 의사표시 → 당사자소송
현행 실정법이 **전문직공무원인 공중보건의사의 채용계약 해지의 의사표시는** 일반공무원에 대한 징계처분과는 달라서 항고소송의 대상이 되는 **처분 등의 성격을 가진 것으로 인정되지 아니하고**, 일정한 사유가 있을 때에 관할 도지사가 채용계약관계의 한쪽 당사자로서 대등한 지위에서 행하는 의사표시로 취급하고 있는 것으로 이해되므로, 공중보건의사 채용계약 해지의 의사표시에 대하여는 대등한 당사자 간의 소송형식인 공법상 **당사자소송으로 그 의사표시의 무효확인을 청구할 수 있는 것이지 … 항고소송을 제기할 수는 없다**(1996.5.31. 95누10617).

③ ✗ 공법상 계약은 공법상 효과를 발생시키는 것으로(즉, 공법상 법률관계를 변동시키는 것으로), 행정주체를 적어도 한쪽 당사자로 하는 당사자 간 반대방향의 의사표시의 합치를 말한다. 한쪽 이상이 행정주체이면 되므로, **양쪽 당사자 모두 행정주체인 것도 가능하다(행정주체 상호 간 계약)**. 예컨대 행정주체 간 업무위탁계약, 행정비용부담계약 등이 이에 해당한다. 공법상 계약의 당사자가 되는 행정주체에는 공무수탁사인도 포함한다.

④ ○ 행정청이 일방적으로 행하는 행정처분과 달리 공법상 계약은 의사의 합치로 성립되므로 **법률유보의 원칙이 적용되지 않는다고 보는 것이 다수의 견해이다**. 즉, 법률상 근거가 없어도 공법상 계약을 체결할 수 있다(다만 행정기본법에 공법상 계약의 일반적 근거조항이 들어온 이상 종래의 논쟁일 뿐이다). 반면에, 공법상 계약에도 법률우위의 원칙은 당연히 적용된다. 법률우위의 원칙은 모든 행정작용에 적용되는 것이다.

선지분석 & 요플·기풀기링크

선지	THEME	요플	기풀기
①	T38 절차법(근거·적용범위)	22	017
②	T53 대상적격(법률관계)	95	099
③	T36 공법상 계약	10	002
④		17	012

정답 ④

1✗ 2○

02

〈보기〉의 공법상 계약에 관한 설명으로 옳은 것을 모두 고르면? (다툼이 있는 경우 판례를 따름)

19(1)서울9(변형)

〔보기〕
ㄱ. 행정주체가 체결하는 계약은 모두 공법상 계약이다.
ㄴ. 광주광역시문화예술회관장의 단원 위촉은 공법상 근로계약이 아니라 행정청으로서 공권력을 행사하여 행하는 행정처분이다.
ㄷ. 계약직공무원에 대한 채용계약 해지의 의사표시는 국가 또는 지방자치단체가 대등한 지위에서 행하는 의사표시로 이해된다.
ㄹ. 공법상 계약에 관한 통칙적 규정은 없다.

① ㄱ, ㄴ ② ㄱ, ㄹ
③ ㄴ, ㄷ ④ ㄷ

관련 OX

ㄴ 관련
1 시립합창단원에 대한 위촉은 처분에 의한 임명행위라 할 수 있다. 20국회8

ㄷ 관련
2 계약직공무원에 관한 현행 법령의 규정에 비추어볼 때, 계약직공무원 채용계약해지의 의사표시는 일반공무원에 대한 징계처분과는 달라서 항고소송의 대상이 되는 처분 등의 성격을 가진 것으로 인정되지 아니한다. 20군무원9

해설

ㄱ. ✕ 공법상 계약은 공법적 효과를 발생시켜야 한다. 따라서 행정주체가 체결하는 계약이더라도 사법적 효과를 발생시키는 조달계약 등은 공법상 계약이 아닌 사법상 계약에 불과하다.

ㄴ. ✕ 광주시 시립합창단원 위촉: 공법상 계약 / 해촉·재위촉 거부: 처분✕
광주광역시문화예술회관장의 **합창단원 위촉**은 광주광역시문화예술회관장이 행정청으로서 공권력을 행사하여 행하는 행정처분이 아니라 공법상의 근무관계의 설정을 목적으로 하여 광주광역시와 단원이 되고자 하는 자 사이에 대등한 지위에서 의사가 합치되어 성립하는 **공법상 근로계약**에 해당한다고 보아야 할 것이므로, 광주광역시립합창단원으로서 위촉기간이 만료되는 자들의 재위촉신청에 대하여 광주광역시문화예술회관장이 실기와 근무성적에 대한 평정을 실시하여 **재위촉을 하지 아니한 것을 항고소송의 대상이 되는 불합격처분이라고 할 수는 없다**(2001.12.11. 2001두7794).

ㄷ. ○ 계약직공무원 채용계약해지 의사표시: 처분✕ → 처분과 같은 행정절차법상 이유제시 절차✕
계약직공무원에 관한 현행 법령의 규정에 비추어 볼 때, **계약직공무원 채용계약해지의 의사표시**는 일반공무원에 대한 징계처분과는 달라서 항고소송의 대상이 되는 처분 등의 성격을 가진 것으로 인정되지 아니하고, 일정한 사유가 있을 때에 국가 또는 지방자치단체가 채용계약 관계의 한쪽 당사자로서 대등한 지위에서 행하는 의사표시로 취급되는 것으로 이해되므로, 이를 징계해고 등에서와 같이 그 징계사유에 한하여 효력 유무를 판단하여야 하거나, 행정처분과 같이 행정절차법에 의하여 근거와 이유를 제시하여야 하는 것은 아니다(2002.11.26. 2002두5948).

ㄹ. ✕ 출제 당시는 옳은 지문이었지만 현재는 틀린 지문이다.
2021년 제정된 행정기본법은 다음과 같이 공법상 계약의 체결가능성 및 그 방식(계약서 작성)과 상대방 선정·내용 결정(공공성, 제3자 고려) 등에 대해 규정하고 있다.

행정기본법 제27조(공법상 계약의 체결) ① 행정청은 법령등을 위반하지 아니하는 범위에서(편저자: 법률우위) 행정목적을 달성하기 위하여 필요한 경우에는 **공법상 법률관계에 관한 계약**(이하 '공법상 계약')을 체결할 수 있다. 이 경우 계약의 목적 및 내용을 명확하게 적은 **계약서를 작성하여야** 한다.
② 행정청은 공법상 계약의 **상대방**을 선정하고 계약**내용**을 정할 때 공법상 계약의 공공성과 제3자의 이해관계를 고려하여야 한다.
부칙 제4조(공법상 계약에 관한 적용례) 제27조는 이 법 시행 이후 공법상 계약을 체결하는 경우부터 적용한다.

선지분석 & 요플·기풀기링크

선지	THEME	요플	기풀기
ㄱ	T36 공법상 계약	14	005
ㄴ	T53 대상적격(법률관계)	105	107
ㄷ		94	096
ㄹ	T38 절차법(근거·적용범위)	22	017

정답 ④
OX 1✕ 2○

03

공법상 계약에 관한 설명으로 옳은 것은? 07국가9

① 공법상 계약에는 법률우위의 원칙이 적용되지 않는다.
② 공공조합의 설립행위도 공법상 계약이다.
③ 공법상 계약의 체결·집행상의 불법행위로 인한 손해배상책임은 실무상 민사소송으로 본다.
④ 판례는 고궁안내원의 채용계약을 공법상 계약이라고 본다.

관련 OX

① 관련

1 공법상 계약에는 법률우위의 원칙이 적용된다. 21지방9

해설

① ✗ 공법상 계약에도 **법률우위의 원칙은 당연히 적용**된다. 법률우위의 원칙은 모든 행정작용에 적용되는 것이기 때문이다.

② ✗ 공공조합의 설립행위는 **공법상 합동행위**에 해당한다.
   + PLUS 공법상 합동행위는 공법적 효과발생을 목적으로 하고 의사합치로 일어난다는 점에서는 공법상 계약과 같으나, **동일방향**의 의사합치라는 점에서 **반대방향**의 의사합치인 공법상 계약과 구별된다. 지방자치단체조합설립, 공공조합설립 등이 이에 해당한다.

③ ○ 공법상 계약의 체결이나 집행과 관련하여 불법행위가 있을 경우 **국가배상청구**가 가능한데, 이에 대하여 학설은 공법상 당사자소송의 대상으로 보지만 **판례는 민사소송의 대상으로 보고 있다.**

④ ✗ 고궁안내원의 채용계약: 사법상 근로관계
   판례는 문체부 문화재관리국 소속 기관인 〈창덕궁〉 사무소의 비정규직 안내원에 대해 **민사소송으로** 제기된 해고무효확인소송에 대하여 본안판단을 하였다(1995.10.13. 95다184). 즉, 사법관계로 봤다.

선지분석 & 요플·기풀기링크

선지	THEME	요플	기풀기
①		18	013
②	T36 공법상 계약	16	009
③		23	024
④	T53 대상적격(법률관계)	117	119

정답 ③
OX 1 ○

37-41 행정절차법

기 502-570
요 142-163

T37 행정절차법(1) - 조문별 기출정리

01

「행정절차법」의 내용에 대한 설명으로 옳지 않은 것은? (다툼이 있는 경우 판례에 의함) 24국회8

① 행정절차에 관한 사항이라도 국회 또는 지방의회의 의결을 거치거나 동의 또는 승인을 받아 행하는 사항의 경우에는 「행정절차법」의 적용이 배제된다.
② 「행정절차법」상 '당사자등'이란 행정청의 처분에 대하여 직접 그 상대가 되는 당사자 및 행정청이 직권으로 또는 신청에 따라 행정절차에 참여하게 한 이해관계인을 의미한다.
③ 「행정절차법」상 '의견제출'이란 행정청이 어떠한 행정작용을 하기 전에 당사자등이 의견을 제시하는 절차로서 청문이나 공청회에 해당하는 절차를 말한다.
④ 행정청이 처분을 할 때에는 다른 법령 등에 특별한 규정이 있는 경우를 제외하고는 문서로 하여야 하며, 이를 위반한 처분은 하자가 중대·명백하여 원칙적으로 무효이다.
⑤ 국회사무총장·법원행정처장·헌법재판소사무처장 및 중앙선거관리위원회사무총장을 제외한 행정청은 정부시책이나 행정제도 및 그 운영의 개선에 관한 국민의 창의적인 의견이나 고안을 접수·처리하여야 한다.

관련 OX

① 관련
1 행정절차법은 행정절차에 관한 일반법이지만, 국회 또는 지방의회의 의결을 거치거나 동의 또는 승인을 얻어 행하는 사항에 대하여는 행정절차법의 적용이 배제된다. 17(2)서울9

② 관련
2 행정청이 직권으로 행정절차에 참여하게 한 이해관계인은 당사자등에 해당하지 않는다. 18(2)서울7

③ 관련
3 행정청이 당사자에게 의무를 부과하거나 권익을 제한하는 처분을 함에 있어 청문이나 공청회를 거치지 않은 경우에는 당사자에게 의견제출의 기회를 주어야 한다. 20소방

해설

① ○

행정절차법 제3조(적용 범위) ② 이 법은 다음 각 호의 어느 하나에 해당하는 사항에 대하여는 **적용하지 아니**한다.
 1. **국회** 또는 **지방의회**의 의결을 거치거나 동의 또는 승인을 받아 행하는 사항

② ○

행정절차법 제2조(정의) 이 법에서 사용하는 용어의 뜻은 다음과 같다.
 4. '**당사자등**'이란 다음 각 목의 자를 말한다.
  가. 행정청의 처분에 대하여 **직접 그 상대**가 되는 당사자
  나. **행정청이** 직권으로 또는 신청에 따라 행정절차에 **참여하게 한 이해관계인**

③ ✕

행정절차법 제2조(정의) 이 법에서 사용하는 용어의 뜻은 다음과 같다.
 7. '**의견제출**'이란 행정청이 어떠한 행정작용을 하기 전에 당사자등이 의견을 제시하는 절차로서 **청문이나 공청회에 해당하지 아니하는** 절차를 말한다.

④ ○ 행정절차법 제24조를 위반하여 처분을 문서로 하지 않은 경우: 무효
행정절차에 관한 일반법인 행정절차법은 제24조 제1항에서 "행정청이 처분을 할 때에는 다른 법령등에 특별한 규정이 있는 경우를 제외하고는 **문서로 하여야 하며**, …"라고 정하고 있다. 이 규정은 처분내용의 명확성을 확보하고 처분의 존부에 관한 다툼을 방지하여 처분상대방의 권익을 보호하기 위한 것이므로, 이를 위반한 처분은 하자가 중대·명백하여 무효이다(2019.7.11. 2017두38874).

선지분석 & 요플·기풀기링크

선지	THEME	요플	기풀기
①	T38 절차법(근거·적용범위)	10	018
②	T37 절차법(조문)	02	003
③	T39 절차법(통지·청취)	20	011
④	T29 VA의 하자와 효력	44	078
⑤	T37 절차법(조문)	103	128

행정절차법 제24조(처분의 방식) ① 행정청이 처분을 할 때에는 다른 법령등에 특별한 규정이 있는 경우를 제외하고는 **문서로** 하여야 하며, 다음 각 호의 어느 하나에 해당하는 경우에는 **전자문서**로 할 수 있다.
1. 당사자등의 **동의**가 있는 경우
2. **당사자가 전자문서로 처분을 신청**한 경우

② 제1항에도 불구하고 **공공의 안전 또는 복리를 위하여 긴급히 처분을 할 필요**가 있거나 **사안이 경미**한 경우에는 말, 전화, 휴대전화를 이용한 문자 전송, 팩스 또는 전자우편 등 문서가 아닌 방법으로 처분을 할 수 있다. 이 경우 당사자가 요청하면 지체 없이 처분에 관한 문서를 주어야 한다.

③ 처분을 하는 문서에는 그 처분 행정청과 담당자의 소속·성명 및 연락처(전화번호, 팩스번호, 전자우편주소 등을 말한다)를 적어야 한다.

⑤ ○

행정절차법 제52조의2(국민제안의 처리) ① **행정청**(국회사무총장·**법원**행정처장·**헌법재판소**사무처장 및 **중앙선거관리위원회**사무총장은 **제외**한다)은 정부시책이나 행정제도 및 그 운영의 개선에 관한 국민의 창의적인 의견이나 고안(이하 '**국민제안**'이라 한다)을 **접수·처리**하여야 한다.

필수문제 02

「행정절차법」상 행정절차에 대한 설명으로 옳지 않은 것은?

14국가7(변형)

① 처분, 신고, 확약, 위반사실 등의 공표, 행정계획, 행정상 입법예고, 행정예고 및 행정지도의 절차에 관하여 다른 법률에 특별한 규정이 있는 경우를 제외하고는 원칙적으로 「행정절차법」이 정하는 바에 의한다.

② 행정청은 처분을 할 때에는 원칙적으로 당사자에게 그 근거와 이유를 제시하여야 하며, 이유 제시의 정도는 처분사유를 이해할 수 있을 정도로 구체적이어야 한다.

③ 처분에 관한 권리 또는 이익을 사실상 양수한 자는 행정청의 승인을 받아 당사자등의 지위를 승계할 수 있다.

④ 신청에 대한 거부처분은 당사자의 권익을 제한하는 처분에 해당하므로 거부처분의 경우에도 사전통지를 하여야 한다는 것이 판례의 입장이다.

해설

① ○ 최근 행정절차법이 개정되어 확약, 위반사실 등의 공표, 행정계획도 적용 범위에 포함○

행정절차법 제3조(적용 범위) ① 처분, 신고, 확약, 위반사실 등의 공표, 행정계획, 행정상 입법예고, 행정예고 및 행정지도의 절차(이하 '행정절차'라 한다)에 관하여 다른 법률에 특별한 규정이 있는 경우를 제외하고는 이 법에서 정하는 바에 따른다.

② ○ 처분의 이유 제시는 당사자가 이해할 수 있을 정도로 구체적이어야 한다.

행정절차법 제23조(처분의 이유 제시) ① 행정청은 처분을 할 때에는 다음 각 호의 어느 하나에 해당하는 경우를 제외하고는 당사자에게 그 **근거와 이유를 제시하여야** 한다. (이하 생략)

행정절차법 시행령 제14조의2(처분의 이유 제시) 행정청은 법 제23조의 규정에 의하여 처분의 이유를 제시하는 경우에는 처분의 원인이 되는 사실과 근거가 되는 법령 또는 자치법규의 내용을 **구체적으로 명시하여야** 한다.

> 관련 면허 취소처분의 근거와 위반사실의 적시를 누락: 상대가 처분시 알았거나 그 후 알게 됐어도 치유× ⓐ
> 면허의 취소처분(편저자: 철회처분)에는 그 근거가 되는 법령이나 취소권 유보의 부관 등을 명시하여야 함은 물론 처분을 받은 자가 어떠한 위반사실에 대하여 당해 처분이 있었는지를 알 수 있을 정도로 사실을 적시할 것을 요하며, 이와 같은 **취소처분의 근거와 위반사실의 적시를 빠뜨린 하자는** 피처분자가 처분 당시 그 취지를 알고 있었다거나 그후 알게 되었다 하여도 **치유될 수 없다** ⓐ (1990.9.11. 90누1786).
>
> **+ PLUS** 철회는 그 자체가 독립된 처분이므로 철회시 철회의 근거법령과 사유에 대해 이유제시를 하여야 한다. 이유제시는 객관적으로 상대방이 '알 수 있을 정도로' 제시되어야 하고, 주관적으로 상대방이 '알고 있었다' 하여 생략하거나, '알게 되었다' 하여 치유될 수 없다.

③ ○ 지위의 특정승계: 행정청의 승인 필요

행정절차법 제10조(지위의 승계) ④ 처분에 관한 권리 또는 이익을 **사실상 양수한** 자는 행정청의 **승인을 받아** 당사자등의 지위를 **승계할 수 있다.**
⑤ 제3항에 따른 통지가 있을 때까지 사망자 또는 합병 전의 법인등에 대하여 행정청이 한 통지는 제1항 또는 제2항에 따라 당사자등의 지위를 승계한 자에게도 효력이 있다.

④ × 신청에 대한 거부처분: 사전통지 불필요
신청에 따른 처분이 이루어지지 아니한 경우에는 아직 당사자에게 권익이 부과되지 아니하였으므로 특별한 사정이 없는 한 신청에 대한 거부처분이라고 하더라도 직접 당사자의 권익을 제한하는 것은 아니어서 신청에 대한 거부처분을 여기에서 말하는 '당사자의 권익을 제한하는 처분'에 해당한다고 할 수 없는 것이어서 처분의 **사전통지대상이 된다고 할 수 없다**(2003.11.28. 2003두674).

관련 OX

② 관련

1 처분 당시 당사자가 어떠한 근거와 이유로 처분이 이루어진 것인지를 충분히 알 수 있어 그에 불복하여 행정구제절차로 나아가는 데 별다른 지장이 없었던 것으로 인정되는 경우에도 처분서에 처분의 근거와 이유가 구체적으로 명시되지 않았다면 그 처분은 위법하다.
25지방9

④ 관련

2 행정청이 당사자에게 의무를 과하거나 권익을 제한하는 처분을 하는 경우에는 처분의 사전통지를 하여야 하는데, 이때의 처분에는 신청에 대한 거부처분도 포함된다.
20지방9

3 신청에 대한 거부처분은 특별한 사정이 없는 한 직접 당사자의 권익을 제한하는 것은 아니어서 처분의 사전통지대상이 된다고 할 수 없다.
24국회9

추가기출(② 관련)

ⓐ
면허의 취소처분에는 그 근거가 되는 법령이나 취소권 유보의 부관 등을 명시하여야 함은 물론 처분을 받은 자가 어떠한 위반사실에 대하여 당해 처분이 있었는지를 알 수 있을 정도로 사실을 적시할 것을 요하지만, 이와 같은 취소처분의 근거와 위반사실의 적시를 빠뜨린 하자는 피처분자가 처분 당시 그 취지를 알고 있었거나 그 후 알게 되었다면 그 하자는 치유될 수 있다.
20지방7

선지분석 & 요품·기풀기링크

선지	THEME	요품	기풀기
①	T38 절차법(근거·적용범위)	09	010
②	T40 절차법(이유제시)	11	011
③	T37 절차법(조문)	13	013
④	T54 거부처분	01	001

정답 ④

OX 1× 2× 3○ ⓐ×

03

「행정절차법」에 대한 설명으로 옳지 않은 것은? 21소방

① 공청회는 다른 법령등에서 공청회를 개최하도록 규정하고 있는 경우 또는 당해 처분의 영향이 광범위하여 널리 의견을 수렴할 필요가 있다고 행정청이 인정하는 경우에 개최된다.
② 행정응원을 위하여 파견된 직원은 당해 직원의 복무에 관하여 다른 법령등에 특별한 규정이 없는 한, 응원을 요청한 행정청의 지휘·감독을 받는다.
③ 행정응원에 소요되는 비용은 응원을 요청한 행정청이 부담하며, 그 부담금액 및 부담방법은 응원을 행하는 행정청의 결정에 의한다.
④ 송달이 불가능하여 관보, 공보 등에 공고한 경우에는 다른 법령등에 특별한 규정이 있는 경우를 제외하고 공고일부터 14일이 경과한 때에 그 효력이 발생한다. 다만, 긴급히 시행하여야 할 특별한 사유가 있어 효력 발생 시기를 달리 정해 공고한 경우에는 그에 따른다.

관련 OX

③ 관련

1 행정청이 다른 행정청에 행정응원을 요청하는 경우 행정응원에 소요되는 비용은 응원을 요청한 행정청이 부담한다. 11국회9

④ 관련

2 송달이 불가능하여 관보, 공보 등에 공고한 경우에는 다른 법령등에 특별한 규정이 있는 경우를 제외하고는 공고일부터 14일이 지난 때에 그 효력이 발생한다. 다만, 긴급히 시행하여야 할 특별한 사유가 있어 효력 발생 시기를 달리 정하여 공고한 경우에는 그에 따른다. 22국회8

해설

① ○

행정절차법 제22조(의견청취) ② 행정청이 처분을 할 때 다음 각 호의 어느 하나에 해당하는 경우에는 공청회를 개최한다.
1. 다른 **법**령등에서 공청회를 개최하도록 규정하고 있는 경우
2. 해당 처분의 영향이 광범위하여 널리 의견을 수렴할 **필**요가 있다고 행정청이 인정하는 경우
3. 국민생활에 큰 영향을 미치는 처분으로서 대통령령으로 정하는 처분에 대하여 대통령령으로 정하는 수 이상의 당사자등이 공청회 개최를 요구하는 경우

② ○

행정절차법 제8조(행정응원) ⑤ 행정응원을 위하여 파견된 직원은 **응원을 요청한 행정청의 지휘·감독**을 받는다. 다만, 해당 직원의 복무에 관하여 다른 법령등에 특별한 규정이 있는 경우에는 그에 따른다.

③ × 부담금액·부담방법: 협의결정○ ↔ 요청행정청의 결정 ×

행정절차법 제8조(행정응원) ⑥ 행정응원에 드는 비용은 응원을 요청한 행정청이 부담하며, 그 **부담금액 및 부담방법**은 응원을 요청한 행정청과 응원을 하는 행정청이 **협의하여 결정**한다.

④ ○

행정절차법 제14조(송달) ④ 다음 각 호의 어느 하나에 해당하는 경우에는 송달받을 자가 알기 쉽도록 관보, 공보, 게시판, 일간신문 중 하나 이상에 공고하고 인터넷에도 공고하여야 한다.
1. 송달받을 자의 주소등을 통상적인 방법으로 확인할 수 없는 경우
2. 송달이 불가능한 경우

제15조(송달의 효력 발생) ③ 제14조 제4항의 경우에는 다른 법령등에 특별한 규정이 있는 경우를 제외하고는 공고일부터 **14일**이 지난 때에 그 효력이 발생한다. 다만, 긴급히 시행하여야 할 특별한 사유가 있어 효력 발생 시기를 달리 정하여 공고한 경우에는 그에 따른다.

선지선택비율 ① 7.22% ② 14.43% ③ 43.30% ④ 35.05% 오답률 56.70%

정답 ③
OX 1○ 2○

04

다수의 당사자등이 공동으로 행정절차에 관한 행위를 할 때에 정하는 대표자에 관한 「행정절차법」의 규정 내용으로 옳지 않은 것은?

20군무원9

① 당사자등은 대표자를 변경하거나 해임할 수 있다.
② 대표자는 각자 그를 대표자로 선정한 당사자등을 위하여 행정절차에 관한 모든 행위를 할 수 있다. 다만, 행정절차를 끝맺는 행위에 대하여는 당사자등의 동의를 받아야 한다.
③ 대표자가 있는 경우에는 당사자등은 그 대표자를 통하여서만 행정절차에 관한 행위를 할 수 있다.
④ 다수의 대표자가 있는 경우 그중 1인에 대한 행정청의 행위는 모든 당사자등에게 효력이 있다. 다만, 행정청의 통지는 대표자 1인에게 하여도 그 효력이 있다.

해설

①②③ ○, ④ ✕

행정절차법 제11조(대표자) ① 다수의 당사자등이 공동으로 행정절차에 관한 행위를 할 때에는 대표자를 선정할 수 있다.
② 행정청은 제1항에 따라 당사자등이 대표자를 선정하지 아니하거나 대표자가 지나치게 많아 행정절차가 지연될 우려가 있는 경우에는 그 이유를 들어 상당한 기간 내에 3인 이내의 대표자를 선정할 것을 요청할 수 있다. 이 경우 당사자등이 그 요청에 따르지 아니하였을 때에는 행정청이 직접 대표자를 선정할 수 있다.
③ **당사자등은 대표자를 변경**하거나 **해임할 수 있다.**①
④ **대표자**는 각자 그를 대표자로 선정한 당사자등을 위하여 행정절차에 관한 **모든 행위**를 할 수 있다. **다만, 행정절차를 끝맺는 행위**에 대하여는 당사자등의 **동의를 받아야** 한다.②
⑤ 대표자가 있는 경우에는 당사자등은 그 대표자를 통하여서만 행정절차에 관한 행위를 할 수 있다.③
⑥ 다수의 대표자가 있는 경우 그중 **1인에 대한** 행정청의 **행위는 모든 당사자등에게 효력**이 있다. 다만, **행정청의 통지**는 대표자 **모두에게 하여야** 그 효력이 있다.④

+ PLUS 대표자가 다수인 경우 1인에 대한 행정청의 행위는 모든 당사자등에게 효력○ ↔ 행정청의 통지는 모두에게 하여야 효력○

정답 ④

05

「행정절차법」의 내용으로 옳지 않은 것은? (다툼이 있는 경우 판례에 의함) 22국회8

① 행정청은 처분 후 2년 이내에 당사자등이 요청하는 경우에는 청문·공청회 또는 의견제출을 위하여 제출받은 서류나 그 밖의 물건을 반환하여야 한다.
② 송달이 불가능하여 관보, 공보 등에 공고한 경우에는 다른 법령 등에 특별한 규정이 있는 경우를 제외하고는 공고일부터 14일이 지난 때에 그 효력이 발생한다. 다만, 긴급히 시행하여야 할 특별한 사유가 있어 효력 발생 시기를 달리 정하여 공고한 경우에는 그에 따른다.
③ 행정청은 긴급히 처분을 할 필요가 있는 경우 당사자에게 처분의 근거와 이유를 제시하지 않아도 되지만, 처분 후 당사자가 요청하는 경우에는 그 근거와 이유를 제시하여야 한다.
④ 처분에 관한 권리 또는 이익을 사실상 양수한 자는 행정청의 승인을 받아 당사자등의 지위를 승계할 수 있다.
⑤ 정보통신망을 이용한 송달은 송달받을 자가 동의하는 경우에만 한다.

관련 OX

③ 관련
1 행정청은 긴급히 처분을 할 필요가 있는 경우 당사자에게 처분의 근거와 이유를 제시하지 않아도 되지만, 처분 후에는 당사자의 요청이 없어도 그 근거와 이유를 제시하여야 한다. 17서울7

④ 관련
2 처분에 관한 권리 또는 이익을 사실상 양수한 자는 행정청의 승인을 받아 당사자등의 지위를 승계할 수 있다. 14국가7

해설

① ✗

행정절차법 제22조(의견청취) ⑥ 행정청은 처분 후 **1년 이내**에 당사자등이 요청하는 경우에는 청문·공청회 또는 의견제출을 위하여 제출받은 서류나 그 밖의 물건을 반환하여야 한다.

② ○

행정절차법 제14조(송달) ④ 다음 각 호의 어느 하나에 해당하는 경우에는 송달받을 자가 알기 쉽도록 관보, 공보, 게시판, 일간신문 중 하나 이상에 공고하고 **인터넷에도 공고**하여야 한다.
1. 송달받을 자의 **주소등을** 통상적인 방법으로 **확인할 수 없는** 경우
2. 송달이 **불가능**한 경우

제15조(송달의 효력 발생) ③ 제14조 제4항의 경우에는 다른 법령등에 특별한 규정이 있는 경우를 제외하고는 공고일부터 14일이 지난 때에 그 효력이 발생한다. 다만, 긴급히 시행하여야 할 특별한 사유가 있어 효력 발생 시기를 달리 정하여 공고한 경우에는 그에 따른다.

③ ○

행정절차법 제23조(처분의 이유 제시) ① 행정청은 처분을 할 때에는 다음 각 호의 어느 하나에 해당하는 경우를 제외하고는 당사자에게 그 근거와 **이유를 제시**하여야 한다.
1. 신청 내용을 모두 그대로 인정하는 처분인 경우
2. 단순·반복적인 처분 또는 경미한 처분으로서 당사자가 그 이유를 명백히 알 수 있는 경우
3. **긴급히** 처분을 할 필요가 있는 경우
② 행정청은 제1항 제2호 및 제3호의 경우에 **처분 후 당사자가 요청**하는 경우에는 그 **근거와 이유를 제시**하여야 한다.

④ ○

행정절차법 제10조(지위의 승계) ④ 처분에 관한 권리 또는 이익을 **사실상 양수**한 자는 행정청의 **승인을 받아** 당사자등의 지위를 **승계할 수 있다**.

⑤ ○

행정절차법 제14조(송달) ③ **정보통신망**을 이용한 송달은 송달받을 자가 **동의하는 경우에만** 한다. 이 경우 송달받을 자는 송달받을 전자우편주소 등을 지정하여야 한다.

선지분석 & 요플·기풀기링크

선지	THEME	요플	기풀기
①	T37 절차법(조문)	91	112
②	T26 VA의 성립과 효력	29	033
③	T40 절차법(이유제시)	09	008
④	T37 절차법(조문)	13	013
⑤	T26 VA의 성립과 효력	20	027

정답 ①
OX 1✗ 2○

06

처분의 신청에 대한 「행정절차법」의 내용으로 옳은 것은? 16서울9

① 행정청은 신청인의 편의를 위하여 다른 행정청에 신청을 접수하게 할 수 있다.
② 행정청에 처분을 구하는 신청은 문서로만 가능하다.
③ 처분을 신청할 때 전자문서로 하는 경우에는 신청인의 컴퓨터 등에 입력된 때에 신청한 것으로 본다.
④ 행정청은 신청에 구비서류의 미비등 흠이 있는 경우에는 그 이유를 구체적으로 밝혀 접수된 신청을 되돌려 보내야 한다.

관련 OX

②관련
1 행정청에 처분을 구하는 신청은 문서로 하는 것이 원칙이다. 16소간

③관련
2 행정청에 처분을 구하는 신청을 전자문서로 하는 경우에는 행정청의 컴퓨터 등에 입력된 때에 신청한 것으로 본다. 18서울9

해설

① ○

행정절차법 제17조(처분의 신청) ⑦ 행정청은 신청인의 편의를 위하여 다른 **행정청**에 **신청을 접수**하게 할 수 있다. 이 경우 행정청은 다른 행정청에 접수할 수 있는 신청의 종류를 미리 정하여 공시하여야 한다.

②③ ✕

- ② 행정청에 처분을 구하는 신청은 문서로 함이 원칙. 단, 법령이나 행정청이 사전 공시한 경우 다른 방법도 가능
- ③ 행정청의 컴퓨터○, 신청인의 컴퓨터✕

행정절차법 제17조(처분의 신청) ① 행정청에 처분을 구하는 신청은 **문서**로 하여야 한다. 다만, 다른 법령등에 특별한 규정이 있는 경우와 행정청이 미리 **다른 방법**을 정하여 공시한 경우에는 그러하지 아니하다.②
② 제1항에 따라 처분을 신청할 때 **전자문서**로 하는 경우에는 **행정청의 컴퓨터 등에 입력된 때**에 신청한 것으로 본다.③

④ ✕ 보완요구 없이 반려는 불가

행정절차법 제17조(처분의 신청) ⑤ 행정청은 신청에 **구비서류의 미비 등 흠**이 있는 경우에는 보완에 필요한 상당한 기간을 정하여 지체 없이 신청인에게 **보완을 요구하여야** 한다.
⑥ 행정청은 신청인이 제5항에 따른 기간 내에 보완을 하지 아니하였을 때에는 그 이유를 구체적으로 밝혀 접수된 신청을 되돌려 보낼 수 있다.

선지분석 & 요플·기풀기링크

선지	THEME	요플	기풀기
①		39	050
②	T37 절차법(조문)	118	034
③		119	036
④		34	044

정답 ①
OX 1○ 2○

07

신청에 관한 기술 중 옳은 것은? (다툼이 있는 경우 판례에 의함) 18소방

① 행정청에 대하여 처분을 구하는 신청은 문서로 하여야 하지만, 일반민원의 신청은 구술이나 전화로 할 수 있다.
② 신청에 대해 서류 등이 미비할 경우, 바로 접수를 거부할 수 있다.
③ 흠결된 서류의 보완이 주요 서류의 대부분을 새로 작성함이 불가피하게 되어 사실상 새로운 신청으로 보아야 할 경우, 접수를 거부하거나 반려할 수 있다.
④ 신청인은 신청서가 일단 접수되면, 신청한 내용을 보완하거나 변경 또는 취하할 수 없다.

관련 OX

② 관련
1 행정청은 신청에 구비서류의 미비 등 흠이 있는 경우에는 지체 없이 그 신청을 반려하여야 한다. 15교행9

④ 관련
2 신청인은 처분이 있기 전에는 그 신청의 내용을 보완, 변경하거나 취하(取下)할 수 있다. 16소간

해설

① ✕ 행정청에 처분을 구하는 신청은 문서로 함이 원칙이다. 단, 법령등에 특별한 규정이 있거나 행정청이 사전 공시한 경우는 다른 방법으로도 가능하다. 「민원 처리에 관한 법률」상 민원 역시 문서신청이 원칙이고, 기타민원의 경우에(↔일반민원✕)는 구술이나 전화로 가능하다. 따라서 지문 중 "일반민원의 신청은 구술이나 전화로 할 수 있다."는 부분이 틀렸다. '일반민원'이란 법정민원, 질의민원, 건의민원, 기타민원으로 나뉘고(「민원 처리에 관한 법률」 제2조 제1호), 이 중 '기타민원'의 신청이 구술이나 전화로 할 수 있는 것이다.

행정절차법 제17조(처분의 신청) ① 행정청에 처분을 구하는 신청은 문서로 하여야 한다. 다만, 다른 법령등에 특별한 규정이 있는 경우와 행정청이 미리 다른 방법을 정하여 공시한 경우에는 그러하지 아니하다.
민원 처리에 관한 법률 제8조(민원의 신청) 민원의 신청은 문서(「전자정부법」 제2조 제7호에 따른 전자문서를 포함한다. 이하 같다)로 하여야 한다. 다만, **기타민원**은 **구술(口述)** 또는 전화로 할 수 있다.

② ✕ 신청 서류의 미비시 바로 접수를 거부할 것이 아니라, 보완을 요구하여야 한다.

행정절차법 제17조(처분의 신청) ⑤ 행정청은 신청에 구비서류의 미비 등 흠이 있는 경우에는 보완에 필요한 상당한 기간을 정하여 지체 없이 신청인에게 **보완을 요구**하여야 한다.

③ ○ 서류 미비 but 그 보완이 사실상 새로운 신청에 이름: 즉시반려 가능
민원사무처리규정 제11조 제1항 소정의 보완 또는 보정의 대상이 되는 흠결은 보완 또는 보정할 수 있는 경우이어야 함은 물론이고 그 내용 또한 형식적, 절차적인 요건에 한하고 실질적인 요건에 대하여까지 보완 또는 보정요구를 하여야 한다고 볼 수 없으며, 또한 흠결된 서류의 보완 또는 보정을 하면 이미 접수된 주요 서류의 대부분을 새로 작성함이 불가피하게 되어 사실상 새로운 신청으로 보아야 할 경우에는 그 흠결서류의 접수를 거부하거나 그것을 반려할 정당한 사유가 있는 경우에 해당하여 이의 접수를 거부하거나 반려하여도 위법이 되지 않는다(1991.6.11. 90누8862).

④ ✕ 신청서 접수 뒤에도 그 처분이 있기 전에는 보완·변경·취하가 가능하다.

행정절차법 제17조(처분의 신청) ⑧ 신청인은 **처분이 있기 전**에는 그 신청의 내용을 보완·변경하거나 취하(取下)할 수 있다. 다만, 다른 법령등에 특별한 규정이 있거나 그 신청의 성질상 보완·변경하거나 취하할 수 없는 경우에는 그러하지 아니하다.

선지분석 & 요플·기풀기링크

선지	THEME	요플	기풀기
①		117	035
②	T37 절차법(조문)	33	045
③		36	047
④		40	051

정답 ③

OX 1✕ 2○

08

행정절차법령상 처분의 신청에 대한 설명으로 옳지 않은 것은? 23국가9

① 행정청은 신청인의 편의를 위하여 다른 행정청에 신청을 접수하게 할 수 있다.
② 행정청은 신청에 구비서류의 미비 등 흠이 있는 경우 접수를 거부하여야 한다.
③ 행정청은 처리기간이 '즉시'로 되어 있는 신청의 경우에는 접수증을 주지 아니할 수 있다.
④ 행정청은 다수의 행정청이 관여하는 처분을 구하는 신청을 접수한 경우에는 관계 행정청과의 신속한 협조를 통하여 그 처분이 지연되지 아니하도록 하여야 한다.

관련 OX

① 관련

1 행정청은 행정청의 편의를 위하여 신청인이 다른 행정청에 처분을 구하는 신청을 접수하게 할 수 있다. 24행정사

2 인
행정청은 신청인의 편의를 위하여 다른 행정청에 신청을 접수하게 할 수 있다. 이 경우 행정청은 다른 행정청에 접수할 수 있는 신청의 종류를 미리 정하여 공시하여야 한다. 20군무원9

② 관련

3 「행정절차법」에 따르면 행정청은 신청을 받았을 때에는 다른 법령등에 특별한 규정이 있는 경우를 제외하고는 그 접수를 보류 또는 거부하거나 부당하게 되돌려 보내서는 아니 되며, 그 신청에 구비서류의 미비 등 흠이 있는 경우에는 보완에 필요한 상당한 기간을 정하여 지체 없이 신청인에게 보완을 요구하여야 한다. 22변시

해설

① ○, ② × 구비서류 미비시: 일단 보완기회 부여○, 바로 접수거부×

행정절차법 제17조(처분의 신청) ⑤ 행정청은 신청에 구비서류의 미비 등 흠이 있는 경우에는 보완에 필요한 상당한 기간을 정하여 지체 없이 <u>신청인에게 **보완을** 요구하여야 한다.</u>②
⑦ 행정청은 신청인의 편의를 위하여 **다른 행정청**에 **신청을 접수**하게 할 수 있다.① 이 경우 행정청은 다른 행정청에 접수할 수 있는 신청의 종류를 미리 정하여 공시하여야 한다.

③ ○

행정절차법 제17조(처분의 신청) ④ 행정청은 신청을 받았을 때에는 다른 법령등에 특별한 규정이 있는 경우를 제외하고는 그 접수를 보류 또는 거부하거나 부당하게 되돌려 보내서는 아니 되며, 신청을 접수한 경우에는 신청인에게 접수증을 주어야 한다. 다만, <u>대통령령으로 정하는 경우에는 **접수증을 주지 아니할 수** 있다.</u>

행정절차법 시행령 제9조(접수증) 법 제17조 제4항 단서에서 '대통령령이 정하는 경우'라 함은 다음 각 호의 1에 해당하는 신청의 경우를 말한다.
1. 구술·우편 또는 정보통신망에 의한 신청
2. **처리기간이 '즉시'로 되어 있는 신청**③
3. 접수증에 갈음하는 문서를 주는 신청

④ ○

행정절차법 제18조(다수의 행정청이 관여하는 처분) 행정청은 다수의 행정청이 관여하는 처분을 구하는 신청을 접수한 경우에는 관계 행정청과의 신속한 협조를 통하여 그 처분이 지연되지 아니하도록 하여야 한다.

선지선택비율 ① 5.48% ② 84.23% ③ 8.94% ④ 1.35% 오답률 15.77%

선지분석 & 요플·기풀기링크

선지	THEME	요플	기풀기
①		39	050
②	T37 절차법(조문)	33	045
③		32	040
④		41	052

정답 ②

OX 1× 2○ 3○

09

「행정절차법」상 행정절차에 관한 설명으로 옳은 것은? 24소방

① 행정청은 처분의 신청을 받았을 때에는 항상 그 접수를 처리하여야 하며, 신청을 접수한 경우에는 신청인에게 접수증을 주어야 한다.
② 행정청은 처분의 처리기간을 연장할 수 있는데, 이때 처분의 신청인에게 반드시 연장 사유와 처리 예정 기한을 통지할 필요는 없다.
③ 행정청은 필요한 처분기준을 해당 처분의 성질에 비추어 되도록 구체적으로 정하여 공표하여야 한다. 그러나 처분기준을 변경하는 경우에는 그러하지 아니하다.
④ 처분의 신청인은 처분이 있기 전에는 그 신청의 내용을 보완·변경하거나 취하할 수 있다. 다만, 다른 법령등에 특별한 규정이 있거나 그 신청의 성질상 보완·변경하거나 취하할 수 없는 경우에는 그러하지 아니하다.

관련 OX

② 관련

1 ○
행정청은 부득이한 사유로 공표한 처리기간 내에 처분을 처리하기 곤란한 경우에는 해당 처분의 처리기간의 범위에서 한 번만 그 기간을 연장할 수 있다. 16지방9

④ 관련

2 신청인은 신청서가 일단 접수되면, 신청한 내용을 보완하거나 변경 또는 취하할 수 없다. 18소방

해설

① ×, ④ ○

- ① 다른 법령등에 특별한 규정이 있는 경우에는 접수를 보류 또는 거부할 수 있으므로 옳지 않은 지문이다.

  행정절차법 제17조(처분의 신청) ④ 행정청은 **신청을 받았을 때**에는 다른 법령등에 **특별한 규정**이 있는 경우를 **제외하고**는 그 접수를 **보류** 또는 **거부**하거나 부당하게 되돌려 보내서는 **아니** 되며, 신청을 접수한 경우에는 신청인에게 **접수증을 주어야** 한다.① 다만, 대통령령으로 정하는 경우에는 접수증을 주지 아니할 수 있다.
  ⑧ 신청인은 **처분**이 있기 **전**에는 그 신청의 내용을 **보완·변경**하거나 **취하**(取下)할 수 있다. 다만, 다른 법령등에 **특별한 규정**이 있거나 그 신청의 **성질상** 보완·변경하거나 취하할 수 **없는** 경우에는 그러하지 아니하다.④

② ×

  행정절차법 제19조(처리기간의 설정·공표) ② 행정청은 부득이한 사유로 제1항에 따른 처리기간 내에 처분을 처리하기 곤란한 경우에는 해당 처분의 처리기간의 범위에서 한 번만 그 기간을 연장할 수 있다.
  ③ 행정청은 제2항에 따라 처리기간을 연장할 때에는 처리기간의 **연장 사유**와 처리 예정 **기한**을 지체 없이 신청인에게 **통지하여야** 한다.

③ ×

  행정절차법 제20조(처분기준의 설정·공표) ① 행정청은 필요한 **처분기준**을 해당 처분의 성질에 비추어 되도록 **구체적으로** 정하여 **공표**하여야 한다. 처분기준을 **변경하는 경우**에도 또한 **같다**.

선지선택비율 ① 6.55% ② 2.14% ③ 3.00% ④ 88.31% 오답률 11.69%

선지분석 & 요플·기풀기링크

선지	THEME	요플	기풀기
①		31	039
②	T37 절차법(조문)	44	055
③		19	020
④		40	051

정답 ④
OX 1 ○ 2 ×

10

「행정절차법」상의 처분절차에 관한 설명으로 옳지 않은 것은? (다툼이 있는 경우 판례에 의함)

12지방9

① 행정청은 필요한 처분기준을 당해 처분의 성질에 비추어 될 수 있는 한 구체적으로 정하여 공표하여야 하지만 처분기준을 공표하는 것이 당해 처분의 성질상 현저히 곤란하거나 공공의 안전 또는 복리를 현저히 해하는 때에는 공표하지 아니할 수 있다.

② 행정청은 처분에 오기, 오산 기타 이에 준하는 명백한 잘못이 있는 때에는 직권 또는 신청에 의하여 지체 없이 정정하고 이를 당사자에게 통지하여야 한다.

③ 「행정절차법」은 행정청이 처분을 하는 때에는 당사자에게 그 근거와 이유를 제시하도록 이유제시 원칙을 규정하고 있는바, 이러한 이유제시의 원칙은 상대방에게 부담을 주는 행정처분의 경우뿐만 아니라 수익적 행정행위의 거부에도 적용된다.

④ 세액산출근거가 누락된 납세고지서에 의한 하자 있는 과세처분에 대하여 전심절차가 모두 끝나고 상고심의 계류 중에 세액산출근거의 통지가 있었다면 위 과세처분의 하자가 치유되었다고 볼 수 있다.

관련 OX

②관련

1 행정청은 처분에 오기, 오산 또는 그 밖에 이에 준하는 명백한 잘못이 있을 때에는 직권으로 또는 신청에 따라 지체 없이 정정하고 그 사실을 당사자에게 통지하여야 한다. 14사복9

③관련

2 「행정절차법」은 당사자에게 의무를 부과하거나 당사자의 권익을 제한하는 처분을 하는 경우에 대해서만 그 근거와 이유를 제시하도록 규정하고 있다.
18지방7

해설

① ○

행정절차법 제20조(처분기준의 설정·공표) ① 행정청은 필요한 **처분기준**을 해당 처분의 성질에 비추어 되도록 **구체적**으로 정하여 **공표하여야** 한다. 처분기준을 **변경하는 경우에도** 또한 같다.
③ 제1항에 따른 처분기준을 **공표하는** 것이 해당 처분의 성질상 현저히 곤란하거나 공공의 안전 또는 복리를 현저히 해치는 것으로 인정될 만한 상당한 이유가 있는 경우에는 처분기준을 **공표하지 아니할 수** 있다.

② ○

행정절차법 제25조(처분의 정정) 행정청은 처분에 오기(誤記), 오산(誤算) 또는 그 밖에 이에 준하는 명백한 잘못이 있을 때에는 직권으로 또는 신청에 따라 지체 없이 **정정**하고 그 사실을 당사자에게 **통지**하여야 한다.

③ ○ 사전통지·의견제출의 경우 '의무를 부과하거나 권익을 제한하는 처분을 할 때', 즉 침익적 처분을 하는 경우를 대상으로 하나(행정절차법 제21조 제1항, 제22조 제3항), 이유제시의 경우 '처분을 할 때', 즉 모든 처분을 할 때 적용되는 것을 원칙으로 한다(행정절차법 제23조 제1항).

행정절차법 제23조(처분의 이유 제시) ① 행정청은 **처분을 할 때**에는 다음 각 호의 어느 하나에 해당하는 경우를 제외하고는 당사자에게 그 근거와 이유를 제시하여야 한다.

④ × 세액산출근거를 누락했다가 상고심 계류 중에야 산출근거 통지: 치유×
세액산출근거가 누락된 납세고지서에 의한 과세처분의 하자의 치유를 허용하려면 늦어도 과세처분에 대한 불복 여부의 결정 및 불복신청에 편의를 줄 수 있는 상당한 기간 내에 하여야 한다고 할 것이므로 위 과세처분에 대한 전심절차가 모두 끝나고 상고심의 계류 중에 세액산출근거의 통지가 있었다고 하여 이로써 위 과세처분의 하자가 치유되었다고는 볼 수 없다(1984.4.10. 83누393).

+ PLUS 소송을 제기한 후에는 이유제시의 하자가 치유될 수 없음

선지분석 & 요플·기풀기링크

선지	THEME	요플	기풀기
①	T37 절차법(조문)	18	019
②		26	033
③	T40 절차법(이유제시)	04	003
④	T41 절차의 하자	31	038

정답 ④

OX 1○ 2×

11

「행정절차법」의 내용에 대한 설명으로 옳은 것은? 17(상)국가9(변형)

① 행정청이 신청내용을 모두 그대로 인정하는 처분을 하는 경우 당사자에게 그 근거와 이유를 제시하여야 한다.
② 행정청은 신분·자격의 박탈을 하는 경우에 당사자의 신청이 없더라도 청문을 한다.
③ 법령등에서 행정청에 일정한 사항을 통지함으로써 의무가 끝나는 신고를 규정하고 있는 경우 신고가 본법 제40조 제2항 각 호의 요건을 갖춘 경우에는 신고서가 접수기관에 발송된 때에 신고의무가 이행된 것으로 본다.
④ 행정청은 직권으로 또는 당사자 및 이해관계인의 신청에 따라 여러 개의 사안을 병합하거나 분리하여 청문을 할 수 있다.

관련 OX

① 관련
1 신청내용을 모두 그대로 인정하는 처분인 경우라 할지라도 이유·근거를 구체적으로 제시해야 할 행정청의 의무가 완화되는 것은 아니다. 18교행9

③ 관련
2 자기완결적 신고는 적법한 신고서가 접수기관에 도달된 때에 신고의무가 이행된 것으로 본다. 17소간

해설

① ✕

행정절차법 제23조(처분의 이유 제시) ① 행정청은 처분을 할 때에는 다음 각 호의 어느 하나에 해당하는 경우를 제외하고는 당사자에게 그 근거와 이유를 제시하여야 한다.
1. 신청 내용을 모두 그대로 **인정**하는 처분인 경우
2. 단순·반복적인 처분 또는 경미한 처분으로서 당사자가 그 이유를 명백히 알 수 있는 경우
3. 긴급히 처분을 할 필요가 있는 경우

+ PLUS · 이유제시 생략사유: **경단·긴·인정** / **경단·긴** 사후제시의무○, **인정**은 사후제시의무✕

② ○

행정절차법 제22조(의견청취) ① 행정청이 처분을 할 때 다음 각 호의 어느 하나에 해당하는 경우에는 **청문**을 한다.
3. 다음 각 목의 처분을 하는 경우
  가. 인허가 등의 취소
  나. **신분·자격의 박탈**
  다. 법인이나 조합 등의 설립허가의 취소

③ ✕ 행정절차법은 수리를 요하지 않는 신고, 즉 자기완결적 신고에 대해 규정하고 있다. 이는 적법한 신고가 접수기관에 도달된 때 신고만으로 효력을 발생한다. 지문은 도달된 때가 아닌 발송된 때라고 하여 틀린 것이다. 반면, 행위요건적 신고의 경우 신고가 수리까지 되어야 신고의 효력이 발생한다. 판례는 납골당설치신고에 대해 행위요건적 신고로 보아 수리처분이 있어야만 설치가 가능하다고 보았다.

행정절차법 제40조(신고) ① 법령등에서 행정청에 일정한 사항을 통지함으로써 의무가 끝나는 신고를 규정하고 있는 경우 신고를 관장하는 행정청은 신고에 필요한 구비서류, 접수기관, 그 밖에 법령등에 따른 신고에 필요한 사항을 게시(인터넷 등을 통한 게시를 포함한다)하거나 이에 대한 편람을 갖추어 두고 누구나 열람할 수 있도록 하여야 한다.
② 제1항에 따른 신고가 다음 각 호의 요건을 갖춘 경우에는 신고서가 접수기관에 도달된 때에 신고의무가 이행된 것으로 본다.

④ ✕ 청문의 병합·분리신청권은 당사자에게만 있고, 이해관계인에게는 없다.

행정절차법 제32조(청문의 병합·분리) 행정청은 직권으로 또는 **당사자의 신청**에 따라 여러 개의 사안을 병합하거나 분리하여 청문을 할 수 있다.

선지분석 & 요플·기풀기링크

선지	THEME	요플	기풀기
①	T40 절차법(이유제시)	07	006
②	T37 절차법(조문)	52	071
③	T23 신고	03	002
④	T37 절차법(조문)	69	088

정답 ②
OX 1✕ 2○

필수문제 12

행정절차에 대한 설명으로 옳지 않은 것은? (다툼이 있는 경우 판례에 의함) 20군무원7(변형)

① 행정청은 인허가 등의 취소, 신분·자격의 박탈, 법인이나 조합 등의 설립허가의 취소에 관한 처분시 청문을 한다.

② 행정청은 처분을 함에 있어 국민생활에 큰 영향을 미치는 처분으로서 대통령령으로 정하는 처분에 대하여 대통령령으로 정하는 수 이상의 당사자등이 공청회 개최를 요구하는 경우 공청회를 개최한다.

③ 행정청은 국민생활에 매우 큰 영향을 주는 사항, 많은 국민의 이해가 상충되는 사항, 많은 국민에게 불편이나 부담을 주는 사항, 그 밖에 널리 국민의 의견을 수렴할 필요가 있는 사항에 대한 정책, 제도 및 계획을 수립·시행하거나 변경하려는 경우에 한해 이를 예고할 의무가 있다.

④ 판례는 당사자가 신청하는 허가 등을 거부하는 처분을 하면서 당사자가 그 근거를 알 수 있을 정도로 이유를 제시한 경우에는 처분의 근거와 이유를 구체적으로 명시하지 않았더라도 그로 인해 처분이 위법하게 되는 것은 아니라고 보았다.

관련 OX

① 관련

1 ❌ 인허가 등을 취소하는 경우에는 개별 법령상 청문을 하도록 하는 근거 규정이 없고 당사자등의 신청이 없는 경우에도 청문을 하여야 한다. 19(2)서울9

② 관련

2 행정청은 처분을 함에 있어 국민생활에 큰 영향을 미치는 처분으로서 대통령령으로 정하는 처분에 대하여 대통령령으로 정하는 수 이상의 당사자 등이 공청회 개최를 요구하는 경우 공청회를 개최한다. 24해경간부

④ 관련

3 행정청이 허가를 거부하는 처분을 하면서 처분의 근거와 이유를 구체적으로 명시하지 않은 이상, 당사자가 그 근거를 알 수 있을 정도로 이유를 제시하였다 하더라도 그 처분은 위법하다. 21변시

해설

① ○ 2022년 개정법에 맞게 지문을 변형하였다. 옳은 지문이다.

> **행정절차법 제22조(의견청취)** ① 행정청이 처분을 할 때 다음 각 호의 어느 하나에 해당하는 경우에는 **청문**을 한다.
> 1. 다른 **법**령등에서 청문을 하도록 규정하고 있는 경우
> 2. 행정청이 **필**요하다고 인정하는 경우
> 3. 다음 각 목의 처분을 하는 경우
>   가. **인**허가 등의 취소
>   나. **신**분·자격의 박탈
>   다. 법인이나 조합 등의 **설립**허가의 취소

② ○

> **행정절차법 제22조(의견청취)** ② 행정청이 처분을 할 때 다음 각 호의 어느 하나에 해당하는 경우에는 **공청회**를 개최한다.
> 1. 다른 **법**령등에서 공청회를 개최하도록 규정하고 있는 경우
> 2. 해당 처분의 영향이 광범위하여 널리 의견을 수렴할 **필**요가 있다고 행정청이 인정하는 경우
> 3. **국민생활에 큰 영향**을 미치는 처분으로서 대통령령으로 정하는 처분에 대하여 대통령령으로 정하는 **수 이상의 당사자등**이 공청회 개최를 **요구**하는 경우
>
> **행정절차법 시행령 제13조의3(공청회의 개최 요건 등)** ③ 법 제22조 제2항 제3호에서 '대통령령으로 정하는 수'란 **30명**을 말한다.

➕ **PLUS** 공청회 실시사유: **공법필 30인**

③ ✗ 구법은 정책, 제도, 계획 등의 수립·시행·변경에 대해 예고하여야 하는 경우를 국민생활에 매우 큰 영향을 주는 사항 등으로 한정하여 열기하고 있었다. 그러나 2019년 개정법은 이러한 정책등에 대하여 원칙적으로 예고를 하고, 예외적으로 예고하지 않을 수 있도록 하였다. 지문은 구법의 태도로, 현행법하에서는 틀린 것이다.

선지분석 & 요플·기풀기링크

선지	THEME	요플	기풀기
①		52	071
②	T37 절차법(조문)	75	094
③		98	121
④	T40 절차법(이유제시)	12	012

행정절차법 제46조(행정예고) ① 행정청은 정책, 제도 및 계획(이하 '정책등'이라 한다)을 수립·시행하거나 변경하려는 경우에는 이를 **예고하여야** 한다. 다만, 다음 **각 호**의 어느 하나에 해당하는 경우에는 **예고를 하지 아니할 수** 있다.
1. **신속**하게 국민의 권리를 보호하여야 하거나 예측이 어려운 특별한 사정이 발생하는 등 **긴급**한 사유로 예고가 현저히 곤란한 경우
2. 법령등의 단순한 **집**행을 위한 경우
3. 정책등의 내용이 국민의 **권**리·의무 또는 일상생활과 관련이 없는 경우
4. 정책등의 예고가 **공**공의 안전 또는 복리를 현저히 해칠 우려가 상당한 경우

+ PLUS 행정예고 생략사유: **신속집권공**

④ ○ 거부처분시 근거를 알 수 있을 정도로 제시: 구체적 조항 및 내용까지 명시하지 않아도 위법×
행정절차법 제23조 제1항은 행정청은 처분을 하는 때에는 당사자에게 그 근거와 이유를 제시하여야 한다고 규정하고 있는바, 일반적으로 당사자가 근거규정 등을 명시하여 신청하는 인·허가 등을 〈거부하는 처분〉을 함에 있어 당사자가 그 근거를 알 수 있을 정도로 상당한 이유를 제시한 경우에는 당해 처분의 근거 및 이유를 구체적 조항 및 내용까지 명시하지 않았더라도 그로 말미암아 그 처분이 위법한 것이 된다고 할 수 없다(2002.5.17. 2000두8912).

정답 ③
OX 1○ 2○ 3×

13

「행정절차법」상의 내용으로 옳은 것은? 17서울7(변형)

① 「행정절차법」은 「행정심판법」, 「행정소송법」과 마찬가지로 '처분'의 개념을 정의하고 있고, 그 내용도 동일하다.
② 행정청은 긴급히 처분을 할 필요가 있는 경우 당사자에게 처분의 근거와 이유를 제시하지 않아도 되지만, 처분 후에는 당사자의 요청이 없어도 그 근거와 이유를 제시하여야 한다.
③ 당사자등의 동의가 있는 경우에 한하여 전자문서로 처분할 수 있다.
④ 입법예고기간은 예고할 때 정하되, 특별한 사정이 없으면 자치법규의 입법예고기간은 15일 이상으로 한다.

관련 OX

② 관련

1 행정청은 긴급히 처분을 할 필요가 있는 경우 당사자에게 처분의 근거와 이유를 제시하지 않아도 되지만, 처분 후 당사자가 요청하는 경우에는 그 근거와 이유를 제시하여야 한다. 22국회8

③ 관련

2 행정청이 처분을 할 때 당사자등의 동의가 있는 경우에는 전자문서로 하여야 한다. 25해경승진

④ 관련

3 ⓒ
입법예고기간은 예고할 때 정하되, 특별한 사정이 없으면 (ⓛ)일[자치법규는 (ⓒ)일] 이상으로 한다. 17(하)지방9

해설

① ○ 아래와 같이 행정기본법, 행정절차법, 행정심판법, 행정소송법상 처분개념은 모두 동일하게 정의되어 있다.

행정절차법 제2조(정의) 이 법에서 사용하는 용어의 뜻은 다음과 같다.
2. **'처분'**이란 행정청이 행하는 **구체적 사실**에 관한 법집행으로서의 **공권력**의 행사 또는 그 거부와 그 밖에 이에 준하는 행정작용(行政作用)을 말한다.

행정기본법 제2조(정의) 이 법에서 사용하는 용어의 뜻은 다음과 같다.
4. **'처분'**이란 행정청이 구체적 사실에 관하여 행하는 법집행으로서 공권력의 행사 또는 그 거부와 그 밖에 이에 준하는 행정작용을 말한다.

행정심판법 제2조(정의) 이 법에서 사용하는 용어의 뜻은 다음과 같다.
1. **'처분'**이란 행정청이 행하는 구체적 사실에 관한 법집행으로서의 공권력의 행사 또는 그 거부, 그 밖에 이에 준하는 행정작용을 말한다.

행정소송법 제2조(정의) ① 이 법에서 사용하는 용어의 정의는 다음과 같다.
1. **'처분등'**이라 함은 행정청이 행하는 구체적 사실에 관한 법집행으로서의 공권력의 행사 또는 그 거부와 그 밖에 이에 준하는 행정작용(이하 '처분'이라 한다) 및 행정심판에 대한 재결을 말한다.

② ✕ 긴급히 처분을 할 필요가 있는 경우 이유제시를 생략할 수 있으나 처분 후 당사자가 요청하면 그 근거와 이유를 제시해야 한다.

행정절차법 제23조(처분의 이유 제시) ① 행정청은 처분을 할 때에는 다음 각 호의 어느 하나에 해당하는 경우를 제외하고는 당사자에게 그 근거와 이유를 제시하여야 한다.
1. 신청 내용을 모두 그대로 인정하는 처분인 경우
2. 단순·반복적인 처분 또는 경미한 처분으로서 당사자가 그 이유를 명백히 알 수 있는 경우
3. 긴급히 처분을 할 필요가 있는 경우
② 행정청은 제1항 제2호 및 제3호의 경우에 처분 후 당사자가 요청하는 경우에는 그 근거와 이유를 제시하여야 한다.

+ PLUS ・이유제시 생략사유: **경단·긴·인정 / 경단·긴** 사후제시의무○ **인정**은 사후제시의무✕

선지분석 & 요플·기풀기링크

선지	THEME	요플	기풀기
①	T37 절차법(조문)	01	001
②	T40 절차법(이유제시)	09	008
③	T37 절차법(조문)	123	024
④		116	118

③ ✕ 구법에서는 행정청이 전자문서로 처분을 하는 경우 당사자등의 동의가 있어야만 했으나 2022년 행정절차법 개정으로 당사자가 전자문서로 처분을 신청한 경우에도 행정청이 전자문서로 처분을 할 수 있게 되었다. 따라서 개정법에 따르면 틀린 지문이 된다.

> **행정절차법 제24조(처분의 방식)** ① 행정청이 처분을 할 때에는 다른 법령등에 특별한 규정이 있는 경우를 제외하고는 문서로 하여야 하며, 다음 각 호의 어느 하나에 해당하는 경우에는 전자문서로 할 수 있다.
> 1. 당사자등의 **동의**가 있는 경우
> 2. 당사자가 **전자문서로 처분을 신청**한 경우

④ ✕

> **행정절차법 제43조(예고기간)** 입법예고기간은 예고할 때 정하되, 특별한 사정이 없으면 40일(**자치법규는 20일**) 이상으로 한다.

정답 ①

OX 1 ○ 2 ✕ 3 40, 20

14

「행정절차법」상 행정절차에 대한 설명으로 옳지 않은 것은? 18국가9(변형)

① 단순·반복적인 처분 또는 경미한 처분으로서 당사자가 그 이유를 명백히 알 수 있는 경우라 하더라도 처분 후 당사자가 요청하는 경우에는 행정청은 그 근거와 이유를 제시하여야 한다.
② 행정청이 당사자에게 의무를 과하거나 권익을 제한하는 처분을 하는 경우라도 당사자가 명백히 의견진술의 기회를 포기한다는 뜻을 표시한 경우에는 의견청취를 하지 않을 수 있다.
③ 행정청은 대통령령을 입법예고하는 경우에는 이를 국회 소관 상임위원회에 제출하여야 한다.
④ 인허가 등의 취소 또는 신분·자격의 박탈, 법인이나 조합 등의 설립허가의 취소시 공청회를 개최한다.

관련 OX

① 관련
1 단순·반복적인 처분 또는 경미한 처분으로서 당사자가 그 이유를 명백히 알 수 있는 경우, 처분 후 당사자가 요청하더라도 행정청은 그 근거와 이유를 제시하지 않아도 된다. 25지방9

② 관련
2 위반사실등의 공표에 관하여 당사자가 의견진술의 기회를 포기한다는 뜻을 명백히 밝힌 경우라도 행정청은 미리 당사자에게 그 사실을 통지하고 의견제출의 기회를 주어야 한다. 24소방

해설

① ○

행정절차법 제23조(처분의 이유 제시) ① 행정청은 처분을 할 때에는 다음 각 호의 어느 하나에 해당하는 경우를 제외하고는 당사자에게 그 근거와 이유를 제시하여야 한다.
1. 신청 내용을 모두 그대로 인정하는 처분인 경우
2. 단순·반복적인 처분 또는 경미한 처분으로서 당사자가 그 이유를 명백히 알 수 있는 경우
3. 긴급히 처분을 할 필요가 있는 경우
② 행정청은 제1항 제2호 및 제3호의 경우에 처분 후 **당사자가 요청**하는 경우에는 그 근거와 이유를 제시하여야 한다.

+ PLUS · 이유제시 생략사유: **경단·긴·인정** / **경단·긴** 사후제시의무○ **인정**은 사후제시의무✕

② ○

행정절차법 제22조(의견청취) ④ 제1항부터 제3항까지의 규정에도 불구하고 제21조 제4항 각 호의 어느 하나에 해당하는 경우와 당사자가 의견진술의 기회를 포기한다는 뜻을 명백히 표시한 경우에는 의견청취를 하지 아니할 수 있다.

+ PLUS 의견청취 생략사유: 사전통지 생략사유(**성공전자판**) + 명백한 포기

③ ○ 대통령령·총리령·부령·행정규칙 등은 제정·개정·폐지시 국회 상임위에 제출하여야 하고, 나아가 대통령령의 경우 입법예고를 할 때에도 상임위에 제출하여야 한다.

행정절차법 제42조(예고방법) ② 행정청은 대통령령을 입법예고하는 경우 국회 소관 상임위원회에 이를 제출하여야 한다.

④ ✕ 지문은 공청회가 아닌 청문의 실시사유이다.

행정절차법 제22조(의견청취) ① 행정청이 처분을 할 때 다음 각 호의 어느 하나에 해당하는 경우에는 청문을 한다.
1. 다른 **법령**등에서 청문을 하도록 규정하고 있는 경우
2. 행정청이 **필요**하다고 인정하는 경우
3. 다음 각 목의 처분을 하는 경우
   가. 인허가 등의 취소
   나. 신분·자격의 박탈
   다. 법인이나 조합 등의 설립허가의 취소

+ PLUS 청문실시사유: **문법필 설신인** / 공청회 실시사유: **공법필 30인**

선지분석 & 요플·기풀기링크

선지	THEME	요플	기풀기
①	T40 절차법(이유제시)	08	007
②	T39 절차법(통지·청취)	15	020
③	T37 절차법(조문)	97	116
④		53	072

정답 ④
OX 1✕ 2✕

15

「행정절차법」에 대한 설명으로 옳지 않은 것은?   13지방7

① 당사자등은 처분 전에 그 처분의 관할 행정청에 서면이나 말로 또는 정보통신망을 이용하여 의견제출을 할 수 있다.
② 행정청은 당사자등이 말로 의견제출을 하였을 때에는 서면으로 그 진술의 요지와 진술자를 기록하여야 한다.
③ 행정지도의 상대방은 해당 행정지도의 방식·내용 등에 관하여 행정기관에 의견제출을 할 수 있다.
④ 청문은 당사자가 공개를 신청하거나 청문 주재자가 필요하다고 인정하는 경우 공개하여야 한다.

관련 OX

① 관련

1 「행정절차법」상 당사자등은 처분 전에 그 처분의 관할 행정청에 서면이나 정보통신망을 이용하여 의견을 제출할 수 있으나, 말로는 할 수 없다.   18(2)경행

④ 관련

2 청문은 당사자가 공개를 신청하거나 청문 주재자가 필요하다고 인정하는 경우 공개할 수 있다. 다만, 공익 또는 제3자의 정당한 이익을 현저히 해칠 우려가 있는 경우에는 공개하여서는 아니 된다.   24국가9

3 기
청문은 당사자가 공개를 신청하더라도 공익 또는 제3자의 정당한 이익을 현저히 해칠 우려가 있는 경우에는 공개하여서는 아니 된다   25소간

추가기출(① ② 관련)

ⓐ 인
당사자등이 정당한 이유 없이 의견제출 기한까지 의견제출을 하지 아니한 경우에는 의견이 없는 것으로 본다.   15지방7

해설

①② ○ 당사자는 말로도 의견제출을 할 수 있으며, 행정청은 이를 서면화하여야 한다.

행정절차법 제27조(의견제출) ① 당사자등은 처분 전에 그 처분의 관할 행정청에 **서면**이나 **말로** 또는 **정보통신망**을 이용하여 의견제출을 할 수 있다.①
② 당사자등은 제1항에 따라 의견제출을 하는 경우 그 주장을 입증하기 위한 증거자료 등을 첨부할 수 있다.
③ 행정청은 당사자등이 말로 의견제출을 하였을 때에는 서면으로 그 진술의 요지와 진술자를 기록하여야 한다.②
④ 당사자등이 정당한 이유 없이 의견제출기한까지 의견제출을 하지 아니한 경우에는 의견이 없는 것으로 본다.ⓐ

③ ○ 행정지도가 비권력적인 성질을 갖는 것과 별개로 상대방은 내용뿐만 아니라 방식에 관해서도 의견을 제출할 수 있다.

행정절차법 제50조(의견제출) 행정지도의 상대방은 해당 행정지도의 **방식·내용** 등에 관하여 행정기관에 의견제출을 할 수 있다.

④ × 당사자가 신청하거나 주재자가 필요하다고 인정한 경우 공개를 할 수 있는 것이지 해야 하는 것이 아니다.

행정절차법 제30조(청문의 공개) 청문은 당사자가 공개를 신청하거나 청문 주재자가 필요하다고 인정하는 경우 **공개할 수 있다.** 다만, 공익 또는 제3자의 정당한 이익을 현저히 해칠 우려가 있는 경우에는 공개하여서는 아니 된다.

선지분석 & 요플·기풀기링크

선지	THEME	요플	기풀기
①	T37 절차법(조문)	121	059
②		122	060
③	T35 행정지도	18	019
④	T37 절차법(조문)	64	083

정답 ④
OX 1 × 2 ○ 3 ○ ⓐ ○

16

청문에 대한 설명으로 옳은 것은?

11사복9

① 침익적 처분의 경우 처분청은 사전에 반드시 청문을 실시하여야 한다.
② 행정청이 당사자등과 협약을 체결하여 관계 법령 및 「행정절차법」에 규정된 청문의 실시 등 의견청취절차를 배제하는 조항을 두었다면 청문을 실시하지 않아도 되는 예외적인 경우에 해당한다.
③ 청문 주재자는 당사자등이 주장하는 사실에 한하여 증거조사를 할 수 있다.
④ 행정청은 처분을 함에 있어서 청문조서, 청문 주재자의 의견서, 그 밖의 관계서류 등을 충분히 검토하고 상당한 이유가 있다고 인정하는 경우에는 청문결과를 반영하여야 한다.

관련 OX

① 관련

1 다른 법령등에서 청문절차를 거치도록 규정하고 있지 않은 경우에는 원칙적으로 청문을 거치지 않고 다른 의견청취절차만 거치더라도 위법하지 않다.
13지방9

④ 관련

2 행정청은 처분시 상당한 이유가 있다고 인정하면 청문결과를 반영하여야 한다.
24군무원9

해설

① ✗ 침익적 처분이라고 해서 처분청이 사전에 반드시 청문을 하여야 하는 것은 아니다.

행정절차법 제22조(의견청취) ① 행정청이 처분을 할 때 다음 각 호의 어느 하나에 해당하는 경우에는 **청문**을 한다.
1. 다른 **법**령등에서 청문을 하도록 규정하고 있는 경우
2. 행정청이 **필**요하다고 인정하는 경우
3. 다음 각 목의 처분을 하는 경우
  가. **인**허가 등의 취소
  나. **신**분·자격의 박탈
  다. 법인이나 조합 등의 **설**립허가의 취소

+ PLUS 청문 실시사유: **문법필 설신인**

② ✗ 협약으로 행정절차법상 의견청취절차 배제 불가
행정청이 당사자와 사이에 도시계획사업의 시행과 관련한 협약을 체결하면서 관계 법령 및 행정절차법에 규정된 청문의 실시 등 의견청취절차를 배제하는 조항을 두었다고 하더라도, 위와 같은 협약의 체결로 청문의 실시에 관한 규정의 적용을 배제할 수 있다고 볼 만한 법령상의 규정이 없는 한, 이러한 협약이 체결되었다고 하여 청문의 실시에 관한 규정의 적용이 배제된다거나 청문을 실시하지 않아도 되는 예외적인 경우에 해당한다고 할 수 없다(2004.7.8. 2002두8350).

③ ✗

행정절차법 제33조(증거조사) ① 청문 주재자는 직권으로 또는 당사자의 신청에 따라 필요한 조사를 할 수 있으며, 당사자등이 **주장하지 아니한 사실**에 대하여도 조사할 수 있다.

④ ○

행정절차법 제35조의2(청문결과의 반영) 행정청은 처분을 할 때에 제35조 제4항에 따라 받은 청문조서, 청문 주재자의 의견서, 그 밖의 관계 서류 등을 충분히 검토하고 **상당한 이유가 있다고 인정**하는 경우에는 **청문결과를 반영하여야 한다.**

+ PLUS 의견청취절차, 즉 의견제출, 청문, 공청회 어느 것이건 행정청이 상당한 이유가 있다고 인정한다면 행정청은 이를 반영하여야 한다(제27조의2, 제35조의2, 제39조의2).

선지분석 & 요플·기풀기링크

선지	THEME	요플	기풀기
①	T37 절차법(조문)	49	067
②	T39 절차법(통지·청취)	35	028
③	T37 절차법(조문)	70	064
④	T39 절차법(통지·청취)	38	040

정답 ④
OX 1○ 2○

17

「행정절차법」상 청문에 대한 설명으로 옳지 않은 것은? (다툼이 있는 경우 판례에 의함)

23국회9

① 행정청이 특히 침해적 행정처분을 할 때 그 처분의 근거 법령 등에서 청문을 실시하도록 규정하고 있다면, 「행정절차법」 등 관련 법령상 청문을 실시하지 않아도 되는 예외적인 경우에 해당하지 않는 한 반드시 청문을 실시하여야 한다.
② 행정청은 다수 국민의 이해가 상충되는 처분을 하려는 경우에 청문 주재자를 2명 이상으로 선정하여야 한다.
③ 행정청은 청문이 시작되는 날부터 7일 전까지 청문 주재자에게 청문과 관련한 필요한 자료를 미리 통지하여야 한다.
④ 청문제도의 취지는 행정처분의 사유에 대하여 당사자에게 변명과 유리한 자료를 제출할 기회를 부여함으로써 위법사유의 시정 가능성을 고려하고, 처분의 신중과 적정을 기하려는 데 있다.
⑤ 청문 주재자는 독립하여 공정하게 직무를 수행하며, 그 직무수행을 이유로 본인의 의사에 반하여 신분상 어떠한 불이익도 받지 아니한다.

관련 OX

① 관련

1 행정청이 특히 침해적 행정처분을 할 때 그 처분의 근거 법령 등에서 청문을 실시하도록 규정하고 있다면, 「행정절차법」 등 관련 법령상 청문을 실시하지 않아도 되는 예외적인 경우에 해당하지 않는 한 반드시 청문을 실시하여야 한다.

23국회9

② 관련

2
행정청은 다수 국민의 이해가 상충되는 처분이나 다수 국민에게 불편이나 부담을 주는 처분을 하려는 경우에는 청문주재자를 2명 이상으로 선정할 수 있다.

23군무원7

해설

① ○ 법령등에 규정된 청문을 미실시: 절차상 하자로서 취소사유
행정청이 특히 침해적 행정처분을 할 때 그 처분의 근거 **법령등**에서 청문을 실시하도록 규정하고 있다면, 행정절차법 등 관련 법령상 청문을 실시하지 않아도 되는 예외적인 경우에 해당하지 않는 한 **반드시 청문을 실시하여야** 하며, 그러한 절차를 결여한 처분은 위법한 처분으로서 취소사유에 해당한다(2007.11.16. 2005두15700).

② ×, ③⑤ ○

행정절차법 제28조(청문 주재자) ② 행정청은 다음 각 호의 어느 하나에 해당하는 처분을 하려는 경우에는 **청문 주재자를 2명 이상**으로 선정할 수 있다. 이 경우 선정된 청문 주재자 중 **1명이 청문 주재자를 대표**한다.
1. **다수** 국민의 이해가 **상충**되는 처분②
2. **다수** 국민에게 **불편**이나 **부담**을 주는 처분
3. 그 밖에 **전문**적이고 **공정**한 청문을 위하여 행정청이 청문 주재자를 2명 이상으로 선정할 필요가 있다고 인정하는 처분
③ 행정청은 청문이 시작되는 날부터 **7일** 전까지 청문 주재자에게 청문과 관련한 필요한 자료를 미리 통지하여야 한다.③
④ 청문 주재자는 **독립**하여 **공정**하게 직무를 수행하며, 그 직무수행을 이유로 본인의 의사에 반하여 신분상 어떠한 불이익도 받지 아니한다.⑤

④ ○ 청문제도의 취지: 위법사유의 시정가능성을 고려하고 처분의 신중과 적정을 기하기 위함
행정절차법 제22조 제1항 제1호에 정한 청문제도는 행정처분의 사유에 대하여 당사자에게 변명과 유리한 자료를 제출할 기회를 부여함으로써 위법사유의 시정가능성을 고려하고 처분의 신중과 적정을 기하려는 데 그 취지가 있다(2007.11.16. 2005두15700).

선지분석 & 요플·기풀기링크

선지	THEME	요플	기풀기
①	T41 절차의 하자	24	024
②		57	076
③	T37 절차법(조문)	59	078
④		48	066
⑤		60	079

정답 ②
OX 1○ 2○

18

「행정절차법」상의 처분절차에 관한 설명으로 옳은 것은? 09지방7

① 행정청에 대하여 처분을 구하는 신청은 문서에 의해서만 할 수 있다.
② 청문 주재자에게 공정한 청문진행을 할 수 없는 사정이 있는 경우 당사자등은 행정청에 청문 주재자에 대한 기피신청을 할 수 있고, 이 경우 행정청은 청문을 정지하고 그 신청이 이유가 있다고 인정하는 때에는 당해 청문 주재자를 지체 없이 교체하여야 한다.
③ 공청회를 개최하고자 하는 경우에는 공청회 개최 10일 전까지 당사자등에게 통지하여야 한다.
④ 판례에 따르면 행정청과 당사자 간 도시계획사업시행과 관련한 협약을 체결하면서 합의에 의하여 청문실시 등 의견취취절차를 배제하면 설사 청문실시에 관한 규정의 적용을 배제할 수 있다고 볼 만한 법령상의 규정이 없더라도 예외적으로 청문을 실시하지 않아도 된다.

관련 OX

③ 관련

1 행정청은 공청회를 개최하려는 경우에는 공청회 개최 (㉠)일 전까지 제목, 일시 및 장소 등을 당사자등에게 통지하고 관보, 공보, 인터넷 홈페이지 또는 일간신문 등에 공고하는 등의 방법으로 널리 알려야 한다. 17(하)지방9

④ 관련

2 ⓢ
행정청이 당사자와 도시계획사업의 시행과 관련한 협약을 체결하면서 관계 법령 및 「행정절차법」에 규정된 청문의 실시 등 의견취취절차를 배제하는 조항을 두었다고 하더라도, 청문의 실시에 관한 규정의 적용을 배제할 수 있다고 볼 만한 법령상의 규정이 없는 한, 청문의 실시에 관한 규정의 적용이 배제된다거나 청문을 실시하지 않아도 되는 예외적인 경우에 해당한다고 할 수 없다. 22국가7

해설

① ✕

행정절차법 제17조(처분의 신청) ① 행정청에 처분을 구하는 신청은 **문서**로 하여야 한다. 다만, 다른 법령등에 특별한 규정이 있는 경우와 행정청이 미리 **다른 방법**을 정하여 공시한 경우에는 그러하지 아니하다.

② ○

행정절차법 제29조(청문 주재자의 제척·기피·회피) ② 청문 주재자에게 공정한 청문 진행을 할 수 없는 사정이 있는 경우 **당사자등은** 행정청에 **기피신청을 할 수 있다**. 이 경우 행정청은 청문을 정지하고 그 신청이 이유가 있다고 인정할 때에는 해당 청문 주재자를 지체 없이 교체하여야 한다.

③ ✕

행정절차법 제38조(공청회 개최의 알림) 행정청은 공청회를 개최하려는 경우에는 공청회 개최 **14일** 전까지 다음 각 호의 사항을 당사자등에게 **통지**하고 관보, 공보, 인터넷 홈페이지 또는 일간신문 등에 **공고**하는 등의 방법으로 널리 알려야 한다. **다만**, 공청회 개최를 알린 후 예정대로 개최하지 못하여 **새로 일시 및 장소 등을 정한 경우**에는 공청회 개최 **7일** 전까지 알려야 한다. (각 호 생략)

④ ✕ 협약으로 행정절차법상 의견취취절차 배제 불가

행정청이 당사자와 사이에 도시계획사업의 시행과 관련한 **협약**을 체결하면서 관계 법령 및 행정절차법에 규정된 청문의 실시 등 **의견취취절차를 배제하는** 조항을 두었다고 하더라도, 위와 같은 협약의 체결로 청문의 실시에 관한 규정의 적용을 배제할 수 있다고 볼 만한 법령상의 규정이 없는 한, 이러한 협약이 체결되었다고 하여 청문의 실시에 관한 규정의 적용이 배제된다거나 청문을 실시하지 않아도 되는 예외적인 경우에 해당한다고 할 수 없다(2004.7.8. 2002두8350).

선지분석 & 요플·기풀기링크

선지	THEME	요플	기풀기
①		118	034
②	T37 절차법(조문)	63	082
③		111	095
④	T39 절차법(통지·청취)	35	028

정답 ②
OX 114 2○

필수 문제 19

「행정절차법」에 대한 설명으로 옳은 것은?   14국가9(변형)

① 행정예고기간은 예고내용의 성격 등을 고려하여 정하되, 특별한 사정이 없으면 14일 이상으로 한다.
② 「행정절차법」은 국민의 권익을 보호하기 위하여 모든 행정처분을 문서로 하도록 규정하고 있다.
③ 행정청은 온라인공청회를 개최하는 경우 공청회와 병행하여 실시할 수 없다.
④ 청문 주재자는 직권으로 또는 당사자의 신청에 따라 필요한 조사를 할 수 있으며, 당사자등이 주장하지 아니한 사실에 대하여도 조사할 수 있다.

관련 OX

① 관련
1 행정예고기간은 예고 내용의 성격 등을 고려하여 정하되, 특별한 사정이 없으면 40일 이상으로 한다.   21지방7

④ 관련
2 행정절차에는 당사자주의가 적용되므로 행정청은 당사자가 제출한 증거나 당사자의 증거신청에 구속된다.   17국회8

해설

① ✕ 행정예고기간 → 원칙: 20일 이상 / 예외: 긴급한 필요가 있으면 10일 이상으로 단축 가능

> **행정절차법 제46조(행정예고)** ③ **행정예고기간**은 예고 내용의 성격 등을 고려하여 정하되, **20일** 이상으로 한다.
> ④ 제3항에도 불구하고 행정목적을 달성하기 위하여 **긴급**한 필요가 있는 경우에는 행정예고기간을 **단축**할 수 있다. 이 경우 단축된 행정예고기간은 **10일** 이상으로 한다.

② ✕ 처분의 방식 → 원칙: 문서주의 / 예외: 긴급히 처분을 할 필요가 있거나 사안이 경미하면 문서가 아닌 방법으로도 가능

> **행정절차법 제24조(처분의 방식)** ① 행정청이 처분을 할 때에는 다른 법령등에 특별한 규정이 있는 경우를 제외하고는 **문서로 하여야** 하며, 다음 각 호의 어느 하나에 해당하는 경우에는 **전자문서**로 할 수 있다.
> 1. 당사자등의 **동의**가 있는 경우
> 2. 당사자가 **전자문서로 처분을 신청**한 경우
> ② 제1항에도 불구하고 공공의 안전 또는 복리를 위하여 **긴급**히 처분을 할 필요가 있거나 사안이 **경미**한 경우에는 말, 전화, 휴대전화를 이용한 문자 전송, 팩스 또는 전자우편 등 **문서가 아닌 방법으로** 처분을 할 수 있다. 이 경우 당사자가 요청하면 지체 없이 처분에 관한 문서를 주어야 한다.

③ ✕ 온라인공청회: 공청회와 병행하여만 실시 가능 / 최근 단독 개최 가능 사유 신설됨

> **행정절차법 제38조의2(온라인공청회)** ① 행정청은 제38조에 따른 공청회와 **병행하여서만** 정보통신망을 이용한 공청회(이하 '온라인공청회'라 한다)를 실시할 수 있다.
> ② 제1항에도 불구하고 다음 각 호의 어느 하나에 해당하는 경우에는 **온라인공청회를 단독으로** 개최할 수 있다.
> 1. 국민의 생명·신체·재산의 보호 등 **국민의 안전 또는 권익보호** 등의 이유로 제38조에 따른 공청회를 개최하기 어려운 경우
> 2. 제38조에 따른 공청회가 행정청이 **책임질 수 없는** 사유로 개최되지 못하거나 개최는 되었으나 정상적으로 진행되지 못하고 **무산된 횟수가 3회 이상**인 경우
> 3. **행정청이** 널리 의견을 수렴하기 위하여 온라인공청회를 단독으로 개최할 필요가 있다고 **인정**하는 경우. 다만, 제22조 제2항 제1호 또는 제3호에 따라 공청회를 실시하는 경우는 제외한다.

④ ○

> **행정절차법 제33조(증거조사)** ① 청문 주재자는 **직권**으로 또는 당사자의 신청에 따라 필요한 조사를 할 수 있으며, 당사자등이 **주장하지 아니한 사실**에 대하여도 조사할 수 있다.

선지분석 & 요플·기풀기링크

선지	THEME	요플	기풀기
①		114	124
②	T37 절차법(조문)	126	023
③		76	097
④		70	064

정답 ④
OX 1✕ 2✕

THEME 37-41 행정절차법

20

「행정절차법」상 송달과 처분절차에 대한 설명으로 옳지 않은 것은? 23국가9

① 처분기준의 설정·공표의 규정은 침익적 처분뿐만 아니라 수익적 처분의 경우에도 적용된다.
② 정보통신망을 이용하여 전자문서로 송달하는 경우에는 송달받을 자가 지정한 컴퓨터 등에 입력된 때에 도달된 것으로 본다.
③ 공청회가 개최는 되었으나 정상적으로 진행되지 못하고 무산된 횟수가 2회인 경우 온라인공청회를 단독으로 개최할 수 있다.
④ 송달이 불가능한 경우에는 송달받을 자가 알기 쉽도록 관보, 공보, 게시판, 일간신문 중 하나 이상에 공고하고 인터넷에도 공고하여야 한다.

관련 OX

② 관련
1 「행정절차법」제15조 제2항에 따르면 정보통신망을 이용하여 전자문서로 송달하는 경우에는 송달받을 자가 지정한 컴퓨터 등에 입력된 때에 그 전자문서가 도달된 것으로 본다. 25국회8

④ 관련
2 「행정절차법」상 송달받을 자의 주소 등을 통상적인 방법으로 확인할 수 없는 경우에는 송달받을 자가 알기 쉽도록 관보, 공보, 게시판, 일간신문 중 하나 이상에 공고하고 인터넷에도 공고하여야 한다. 25소방

해설

① ○ 행정절차법은 처분기준 설정·공표 규정의 적용대상을 사전통지나 의견제출처럼 침익적 처분에 한정하고 있지 않은바, 수익적 처분에도 적용된다.

행정절차법 제20조(처분기준의 설정·공표) ① 행정청은 **필요한 처분**(편저자: 침해적 처분으로 한정하지 않음)기준을 해당 처분의 성질에 비추어 되도록 구체적으로 정하여 공표하여야 한다. 처분기준을 변경하는 경우에도 또한 같다.

② ○

행정절차법 제15조(송달의 효력 발생) ② 제14조 제3항에 따라 정보통신망을 이용하여 전자문서로 송달하는 경우에는 송달받을 자가 지정한 컴퓨터 등에 입력된 때에 도달된 것으로 본다.

③ × 공청회가 개최는 되었으나 무산된 횟수가 2회가 아니라 3회 이상인 경우에 온라인공청회를 단독으로 개최할 수 있다.

행정절차법 제38조의2(온라인공청회) ① 행정청은 제38조에 따른 공청회와 병행하여서만 정보통신망을 이용한 공청회(이하 '온라인공청회'라 한다)를 실시할 수 있다.
② 제1항에도 불구하고 다음 각 호의 어느 하나에 해당하는 경우에는 **온라인공청회를 단독**으로 개최할 수 있다.
1. 국민의 생명·신체·재산의 보호 등 국민의 안전 또는 권익보호 등의 이유로 제38조에 따른 공청회를 개최하기 어려운 경우
2. 제38조에 따른 **공청회**가 행정청이 책임질 수 없는 사유로 개최되지 못하거나 **개최는 되었으나 정상적으로 진행되지 못하고 무산**된 횟수가 **3회 이상**인 경우
3. 행정청이 널리 의견을 수렴하기 위하여 온라인공청회를 단독으로 개최할 필요가 있다고 인정하는 경우. 다만, 제22조 제2항 제1호 또는 제3호에 따라 공청회를 실시하는 경우는 제외한다.

④ ○

행정절차법 제14조(송달) ④ 다음 각 호의 어느 하나에 해당하는 경우에는 송달받을 자가 알기 쉽도록 **관보, 공보, 게시판, 일간신문 중 하나 이상**에 공고하고 **인터넷에도** 공고하여야 한다.
1. 송달받을 자의 주소등을 통상적인 방법으로 확인할 수 없는 경우
2. **송달이 불가능**한 경우

선지선택비율 ① 13.18% ② 9.62% ③ 70.98% ④ 6.22% 오답률 29.02%

선지분석 & 요플·기풀기링크

선지	THEME	요플	기풀기
①	T37 절차법(조문)	17	018
②	T26 VA의 성립과 효력	22	029
③	T37 절차법(조문)	79	100
④	T26 VA의 성립과 효력	27	031

정답 ③
OX 1 ○ 2 ○

21

「행정절차법」상 행정절차에 관한 설명으로 옳지 않은 것은? 15교행9(변형)

① 「행정절차법」은 당사자의 신청이 있어야만 실시하는 청문을 별도로 규정하고 있지 않다.
② 행정청은 신청에 구비서류의 미비 등 흠이 있는 경우에는 지체 없이 그 신청을 반려하여야 한다.
③ 행정청은 긴급히 처분할 필요가 있어 말로 처분을 하는 경우 당사자가 요청하면 해당 처분에 관한 문서를 주어야 한다.
④ 행정청이 온라인공청회를 실시하는 경우에는 누구든지 정보통신망을 이용하여 의견을 제출할 수 있다.

해설

① ○ 개정 전 행정절차법에서는 '인·허가 등의 취소, 신분·자격의 박탈, 법인이나 조합 등의 설립허가의 취소를 하는 경우'에는 당사자등의 신청이 있는 경우에 청문을 하도록 규정하고 있었다. 그러나 2022년 개정 행정절차법에서는 이 경우 신청이 없더라도 청문 행정청이 처분을 할 때 다음 각 호의 어느 하나에 해당하는 경우에는 청문을 하도록 규정하였다. 따라서 당사자의 신청이 있어야 실시하는 청문을 규정하고 있지 않다는 지문은 옳다.

행정절차법 제22조(의견청취) ① 행정청이 처분을 할 때 다음 각 호의 어느 하나에 해당하는 경우에는 **청문을 한다.**
1. 다른 법령등에서 청문을 하도록 규정하고 있는 경우
2. 행정청이 필요하다고 인정하는 경우
3. 다음 각 목의 처분을 하는 경우
   가. 인허가 등의 취소
   나. 신분·자격의 박탈
   다. 법인이나 조합 등의 설립허가의 취소

② ✕

행정절차법 제17조(처분의 신청) ⑤ 행정청은 신청에 구비서류의 미비 등 흠이 있는 경우에는 보완에 필요한 상당한 기간을 정하여 지체 없이 신청인에게 **보완을 요구하여야** 한다.
⑥ 행정청은 신청인이 제5항에 따른 기간 내에 보완을 하지 아니하였을 때에는 그 이유를 구체적으로 밝혀 접수된 신청을 되돌려 보낼 수 있다.

+ PLUS 구비서류 미비 등 흠 있는 신청의 처리
  • 1차 일정 기간 내 보완요구(제5항)
  • 2차 동 기간 미보완시 반려 가능(제6항)
  • 보완요구 없이 반려는 불가

③ ○

행정절차법 제24조(처분의 방식) ① 행정청이 처분을 할 때에는 다른 법령등에 특별한 규정이 있는 경우를 제외하고는 **문서로** 하여야 하며, 다음 각 호의 어느 하나에 해당하는 경우에는 **전자문서로** 할 수 있다.
1. 당사자등의 **동의**가 있는 경우
2. **당사자가 전자문서로 처분을 신청**한 경우
② 제1항에도 불구하고 공공의 안전 또는 복리를 위하여 **긴급히** 처분을 할 필요가 있거나 사안이 **경미한** 경우에는 말, 전화, 휴대전화를 이용한 문자 전송, 팩스 또는 전자우편 등 **문서가 아닌 방법**으로 처분을 할 수 있다. 이 경우 당사자가 **요청하면** 지체 없이 처분에 관한 **문서를 주어야** 한다.
③ 처분을 하는 문서에는 그 처분 행정청과 담당자의 소속·성명 및 연락처(전화번호, 팩스번호, 전자우편주소 등을 말한다)를 적어야 한다.

④ ○

행정절차법 제38조의2(온라인공청회) ④ 온라인공청회를 실시하는 경우에는 누구든지 정보통신망을 이용하여 의견을 제출하거나 제출된 의견 등에 대한 토론에 참여할 수 있다.

관련 OX

① 관련

1 행정청은 당사자가 요청한 경우에는 청문을 실시하여야 한다. 24군무원9

② 관련

2 신청 내용상 보완이 가능함에도 불구하고 처분청이 보완을 요구하지 않고 곧바로 신청을 거부하였다면 위법하다. 16소간

선지분석 & 요플·기풀기링크

선지	THEME	요플	기풀기
①		54	069
②	T37 절차법(조문)	33	045
③		128	025
④		81	102

정답 ②

 1✕ 2○

22

공청회와 관련하여 「행정절차법」에 규정된 내용이 아닌 것은?

07국가7

① 행정청은 공청회의 발표자 선정에 있어 공정성이 확보될 수 있도록 하여야 한다.
② 공청회의 주재자는 공청회를 공정하게 진행하여야 하며, 공청회의 원활한 진행을 위하여 발표내용을 제한할 수 있다.
③ 당사자등은 공청회의 통지가 있는 날부터 공청회가 끝날 때까지 행정청에 대하여 당해 사안의 조사결과에 관한 문서 기타 공청회와 관련되는 문서의 열람 또는 복사를 요청할 수 있다.
④ 행정청은 처분을 함에 있어서 공청회에서 제시된 사실 및 의견이 상당한 이유가 있다고 인정하는 경우에는 이를 반영하여야 한다.

해설

① ○

　행정절차법 제38조의3(공청회의 주재자 및 발표자의 선정) ③ 행정청은 공청회의 주재자 및 발표자를 지명 또는 위촉하거나 선정할 때 공정성이 확보될 수 있도록 하여야 한다.

② ○

　행정절차법 제39조(공청회의 진행) ① 공청회의 주재자는 공청회를 공정하게 진행하여야 하며, 공청회의 원활한 진행을 위하여 발표내용을 제한할 수 있고, 질서유지를 위하여 발언 중지 및 퇴장 명령 등 행정안전부장관이 정하는 필요한 조치를 할 수 있다.

③ ✕ 의견청취절차에서의 열람·복사청구권: 청문, 의견제출○ / 공청회는✕

　행정절차법 제37조(문서의 열람 및 비밀유지) ① 당사자등은 **의견제출**의 경우에는 처분의 사전통지가 있는 날부터 **의견제출기한까지**, **청문**의 경우에는 청문의 통지가 있는 날부터 **청문이 끝날 때까지** 행정청에 해당 사안의 조사결과에 관한 문서와 그 밖에 해당 처분과 관련되는 문서의 **열람 또는 복사**를 요청할 수 있다. 이 경우 행정청은 다른 법령에 따라 공개가 제한되는 경우를 제외하고는 그 요청을 거부할 수 없다.

④ ○

　행정절차법 제39조의2(공청회 및 온라인공청회 결과의 반영) 행정청은 처분을 할 때에 공청회, 온라인공청회 및 정보통신망 등을 통하여 제시된 사실 및 의견이 상당한 이유가 있다고 인정하는 경우에는 이를 반영하여야 한다.

> **PLUS** 의견청취절차, 즉 의견제출, 청문, 공청회 어느 것이건 의견이 상당한 이유가 있다고 인정한다면 반영하여야 함 but 기속✕

선지분석 & 요플·기풀기링크

선지	THEME	요플	기풀기
①		83	104
②	T37 절차법(조문)	84	105
③		89	110
④		39	041

정답 ③

23

「행정절차법」상 행정상 입법예고를 하지 않아도 되는 사유에 해당하지 않는 것은? 18소방

① 법령등을 제정·개정 또는 폐지하려는 경우
② 상위 법령등의 단순한 집행을 위한 경우
③ 입법내용이 국민의 권리·의무 또는 일상생활과 관련이 없는 경우
④ 신속한 국민의 권리 보호 또는 예측 곤란한 특별한 사정의 발생 등으로 입법이 긴급을 요하는 경우

해설

※ ②③④는 입법예고를 하지 않아도 되는 사유가 맞다. 그러나 ①은 입법예고를 하여야 하는 경우 그 자체이다.
① ×, ②③④ ○

행정절차법 제41조(행정상 입법예고) ① 법령등을 제정·개정 또는 폐지(이하 '입법'이라 한다)하려는 경우에는 해당 입법안을 마련한 행정청은 이를 예고하여야 한다. 다만, 다음 각 호의 어느 하나에 해당하는 경우에는 예고를 하지 아니할 수 있다.
  1. 신속한 국민의 권리 보호 또는 예측 곤란한 특별한 사정의 발생 등으로 입법이 긴급을 요하는 경우④
  2. 상위 법령등의 단순한 집행을 위한 경우②
  3. 입법내용이 국민의 권리·의무 또는 일상생활과 관련이 없는 경우③
  4. 단순한 표현·자구를 변경하는 경우 등 입법내용의 성질상 예고의 필요가 없거나 곤란하다고 판단되는 경우
  5. 예고함이 공공의 안전 또는 복리를 현저히 해칠 우려가 있는 경우

선지분석 & 요플·기풀기링크

선지	THEME	요플	기풀기
	T37 절차법(조문)	N2	114

정답 ①

24

「행정절차법」상 행정예고절차에 관한 설명으로 옳은 것은? 22소간

① 행정청은 정책, 제도 및 계획(이하 '정책등')을」수립·시행하거나 변경하려는 경우 국민생활에 매우 큰 영향을 주거나 많은 국민의 이해가 상충되는 사항 그리고 널리 국민의 의견을 수렴할 필요가 있는 사항에 한하여 행정예고를 하여야 한다.
② 행정청이 정책등을 수립·시행하거나 변경하려는 경우라도 법령의 단순한 집행을 위한 때에는 예고를 하지 아니할 수 있다.
③ 긴급한 사유로 예고가 현저히 곤란한 경우에도 행정청은 정책등을 예고하여야 한다.
④ 공공의 안전 또는 복리를 현저히 해할 상당한 우려가 있는 경우에는 행정예고에 관한 규정을 적용하지 아니한다.
⑤ 정책등의 내용이 국민의 권리·의무 또는 일상생활과 관련이 없더라도 행정청은 예고를 하여야 한다.

관련 OX

② 관련

1 상위 법령등의 단순한 집행을 위해 총리령을 제정하려는 경우, 행정상 입법예고를 하지 아니할 수 있다. 19국가9

해설

①③⑤ ×, ② ○

- ① 행정청이 정책 등을 수립·시행하거나 변경하려는 경우에는 **행정예고를 함이 원칙**이고 일정한 경우에 한하여 이를 하지 아니할 수 있을 뿐이다. 지문은 일정한 사항에 한해서만 행정예고의무를 인정하던 구 행정절차법의 내용이다.

  행정절차법 제46조(행정예고) ① 행정청은 정책, 제도 및 계획(이하 '정책등'이라 한다)을 수립·시행하거나 변경하려는 경우에는 이를 예고하여야 한다. 다만, 다음 각 호의 어느 하나에 해당하는 경우에는 예고를 하지 아니할 수 있다.①
  1. **신속**하게 국민의 권리를 보호하여야 하거나 예측이 어려운 특별한 사정이 발생하는 등 긴급한 사유로 예고가 현저히 곤란한 경우③
  2. 법령등의 단순한 **집**행을 위한 경우②
  3. 정책등의 내용이 국민의 **권**리·의무 또는 일상생활과 관련이 없는 경우⑤
  4. 정책등의 예고가 **공**공의 안전 또는 복리를 현저히 해칠 우려가 상당한 경우④

  + PLUS 행정예고 생략사유: **신속집권공**

- 지문 ④와 관련하여 행정예고에 관한 규정을 적용하지 않는 것이 아니라 행정예고를 생략할 수 있을 뿐이다. 이 경우에도 행정청이 행정예고를 하였다면 행정예고에 관한 규정이 적용되므로 이러한 의미에서 지문은 옳지 않다.

선지분석 & 요플·기풀가링크

선지	THEME	요플	기풀기
①		98	121
②		101	123
③	T37 절차법(조문)	100	122
④		98	121
⑤		N2③	114

정답 ②
OX 1 ○

25

「행정절차법」이 규정하고 있는 내용으로 옳지 않은 것은? 17(상)지방9(변형)

① 행정청에 처분을 구하는 신청은 문서로 함이 원칙이며, 행정청은 신청에 필요한 구비서류, 접수기관, 처리기간, 그 밖에 필요한 사항을 게시하거나 이에 대한 편람을 갖추어 두고 누구나 열람할 수 있도록 하여야 한다.

② 행정청은 정책, 제도 및 계획을 수립·시행하거나 변경하려는 경우에는 이를 예고하여야 하나, 정책등의 내용이 국민의 권리·의무 또는 일상생활과 관련이 없는 경우에는 예고하지 않을 수 있다.

③ 행정기관은 행정지도의 상대방이 행정지도에 따르지 아니하였다는 것을 이유로 불이익한 조치를 하여서는 아니 되며, 행정지도의 상대방은 해당 행정지도의 방식·내용 등에 관하여 행정기관에 의견제출을 할 수 있다.

④ 행정청은 정책등안의 취지, 주요 내용을 관보·공보나 인터넷·신문·방송 등을 통하여 널리 공고하여야 하고 국회 소관 상임위원회에 이를 제출하여야 한다.

관련 OX

② 관련

1 행정청은 국민생활에 매우 큰 영향을 주는 사항, 많은 국민의 이해가 상충되는 사항, 많은 국민에게 불편이나 부담을 주는 사항, 그 밖에 널리 국민의 의견을 수렴할 필요가 있는 사항에 대한 정책, 제도 및 계획을 수립·시행하거나 변경하려는 경우에 한해 이를 예고할 의무가 있다. 20군무원7

③ 관련

2 행정지도의 상대방은 당해 행정지도의 방식·내용 등에 관하여 행정지도를 한 행정기관의 상급행정기관에 의견제출을 하여야 한다. 11국회8

해설

① ○

행정절차법 제17조(처분의 신청) ① 행정청에 처분을 구하는 신청은 **문서**로 하여야 한다. 다만, 다른 법령등에 특별한 규정이 있는 경우와 행정청이 미리 다른 방법을 정하여 공시한 경우에는 그러하지 아니하다.
③ 행정청은 신청에 필요한 구비서류, 접수기관, 처리기간, 그 밖에 필요한 사항을 게시(인터넷 등을 통한 게시를 포함한다)하거나 이에 대한 **편람**을 갖추어 두고 누구나 **열람**할 수 있도록 하여야 한다.

② ○

행정절차법 제46조(행정예고) ① 행정청은 정책, 제도 및 계획(이하 '정책등'이라 한다)을 수립·시행하거나 변경하려는 경우에는 이를 예고하여야 한다. 다만, 다음 각 호의 어느 하나에 해당하는 경우에는 **예고를 하지 아니할 수** 있다.
3. 정책등의 내용이 국민의 권리·의무 또는 일상생활과 관련이 없는 경우

③ ○

행정절차법 제48조(행정지도의 원칙) ② 행정기관은 행정지도의 상대방이 행정지도에 따르지 아니하였다는 것을 이유로 **불이익한 조치**를 하여서는 아니 된다.
제50조(의견제출) 행정지도의 상대방은 해당 행정지도의 **방식·내용** 등에 관하여 행정기관에 **의견제출**을 할 수 있다.

④ × 앞부분은 행정절차법 제47조 제1항의 내용으로 옳다. 그러나 뒷부분이 틀렸다. 정책등안의 행정예고시 입법예고의 규정을 준용하고 있는데, 그중 국회 소관 상임위 제출규정은 준용 대상에서 제외하고 있기 때문이다(행정절차법 제47조 제2항, 제42조 제2항).

행정절차법 제47조(예고방법 등) ① 행정청은 정책등안(案)의 취지, 주요 내용 등을 관보·공보나 인터넷·신문·방송 등을 통하여 공고하여야 한다.
② 행정예고의 방법, 의견제출 및 처리, 공청회 및 온라인공청회에 관하여는 제38조, 제38조의2, 제38조의3, 제39조, 제39조의2, 제39조의3, **제42조**(제1항·**제2항** 및 제4항**은 제외**한다), 제44조 제1항부터 제3항까지 및 제45조 제1항을 준용한다. 이 경우 '입법안'은 '정책등안'으로, '입법예고'는 '행정예고'로, '처분을 할 때'는 '정책등을 수립·시행하거나 변경할 때'로 본다.

제42조(예고방법) ② 행정청은 대통령령을 입법예고하는 경우 국회 소관 상임위원회에 이를 제출하여야 한다.

선지분석 & 요플·기풀기링크

선지	THEME	요플	기풀기
①	T37 절차법(조문)	30	038
②		98	121
③	T35 행정지도	17	018
④	T37 절차법(조문)	99	126

정답 ④
OX 1× 2×

T38 행정절차법(2) - 헌법적 근거 및 적용범위

01

「행정절차법」에 관한 설명으로 옳지 않은 것은? (다툼이 있는 경우 판례에 의함) 24소방승진

① 적법절차원칙은 형사절차상의 영역에 한정되지 않고 입법, 행정 등 국가의 모든 공권력의 작용에 적용되는데 이것은 국가권력이 개인의 권익을 제한하는 경우에 개인의 권익을 보호하기 위한 적정한 절차를 거쳐야 한다는 것을 의미한다.

② 적법절차는 헌법적 효력을 가지며 행정절차에도 적용되므로 적법한 행정절차규정이 없는 경우 적법절차원칙이 직접 적용되어 적법절차에 따르지 않는 행정처분은 위법하다.

③ 행정처분을 함에 있어서 이해관계인에게 의견진술의 기회를 주는 것은 행정절차의 요소인데 「행정절차법」상 의견청취에는 의견제출, 청문, 공청회가 있다.

④ 행정청은 당사자등이 제출한 의견을 반영하지 아니하고 처분을 한 경우 당사자등이 처분이 있음을 안 날로부터 180일 이내에 그 이유의 설명을 요청하면 서면으로 그 이유를 알려야 한다.

관련 OX

① 관련

1 헌법 제12조의 적법절차의 원리는 형사사법권에 대한 것이며 행정절차에 대하여는 적용되지 아니한다. 08(하)지방7

② 관련

2 「행정절차법」상 규정이 없는 경우에도 행정권 행사가 적정한 절차에 따라 행해지지 아니하면 그 행정권 행사는 적법절차의 원칙에 반한다. 20소방

해설

①② ○ • 적법절차원칙은 개인의 권익을 제한하는 모든 국가작용은 적법절차에 따라 행하여져야 한다는 헌법상의 원칙이다. 헌법재판소는 적법절차의 원칙에 대하여 ① 내용적으로 절차의 **적법성**뿐 아니라, 그 **적정성**까지 의미하는 것이고, ② 적용범위 역시 **형사절차**에 국한되는 것이 아니라 **행정절차를 포함한 모든 국가작용**에 적용되는 것①이라고 판시하면서, ③ 행정절차의 헌법적 근거를 **적법절차의 원리**에서 찾고 있다(헌재 2007.4.26. 2006헌바10 등).

• 따라서 행정작용에도 적법절차의 원칙은 당연히 준수되어야 하고, 설령 **행정절차법상의 규정이 없더라도** 행정권 행사가 적법 혹은 적정하지 않은 절차에 따라 행해질 경우 이는 헌법상의 적법절차의 원칙에 반하여 위헌·위법하게 된다.②

③ ○ 행정절차법상 의견청취방법으로는 의견제출, 청문, 공청회가 있다(제22조).

행정절차법 제22조(의견청취) ① 행정청이 처분을 할 때 다음 각 호의 어느 하나에 해당하는 경우에는 **청문**을 한다. (각 호 생략)
② 행정청이 처분을 할 때 다음 각 호의 어느 하나에 해당하는 경우에는 **공청회를** 개최한다. (각 호 생략)
③ 행정청이 당사자에게 의무를 부과하거나 권익을 제한하는 처분을 할 때 제1항 또는 제2항의 경우 외에는 당사자등에게 **의견제출**의 기회를 주어야 한다.

④ ✕

행정절차법 제27조의2(제출의견의 반영 등) ① 행정청은 처분을 할 때에 당사자등이 제출한 의견이 상당한 이유가 있다고 인정하는 경우에는 이를 반영하여야 한다.
② 행정청은 당사자등이 제출한 의견을 **반영하지 아니하고 처분**을 한 경우 당사자등이 처분이 있음을 **안 날부터 90일 이내**에 그 이유의 **설명을 요청하면 서면으로** 그 이유를 알려야 한다. 다만, 당사자등이 동의하면 말, 정보통신망 또는 그 밖의 방법으로 알릴 수 있다.

선지분석 & 요플·기풀기링크

선지	THEME	요플	기풀기
①	T38 절차법(근거·적용범위)	04	002
②		06	005
③	T39 절차법(통지·청취)	18	008
④	T39 절차법(통지·청취)	41	
	T37 절차법(조문)		062

정답 ④
OX 1✕ 2○

02

처분·신고·행정상 입법예고·행정예고 및 행정지도의 절차에 관한 사항이라도 「행정절차법」의 적용이 배제되는 경우에 해당하지 않는 것은? 11국가9

① 감사원이 감사위원회의 결정을 거쳐 행하는 사항
② 각급 선거관리위원회의 의결을 거쳐 행하는 사항
③ 대통령이 직접 행하는 처분사항
④ 심사청구·해양안전심판·조세심판·특허심판·행정심판 기타 불복절차에 의한 사항

관련 OX

① 관련
1 감사원이 감사위원회의 결정을 거쳐 행하는 사항(은 「행정절차법」이 적용된다) 24군무원7

② 관련
2 각급 선거관리위원회의 의결을 거쳐 행하는 사항(은 「행정절차법」이 적용된다) 24군무원7

③ 관련
3 대통령의 한국방송공사 사장의 해임처분(은 「행정절차법」의 적용이 배제된다) 24해경간부

추가기출(①②③④ 관련)
ⓐ 인
국가안전보장·국방·외교 또는 통일에 관한 사항 중 행정절차를 거칠 경우 국가의 중대한 이익을 현저히 해칠 우려가 있는 사항은 「행정절차법」의 적용대상에서 제외된다. 17소간

해설

①②④ ○

행정절차법 제3조(적용 범위) ② 이 법은 다음 각 호의 어느 하나에 해당하는 사항에 대하여는 적용하지 아니한다.
1. 국회 또는 지방의회의 의결을 거치거나 동의 또는 승인을 받아 행하는 사항
2. 법원 또는 군사법원의 재판에 의하거나 그 집행으로 행하는 사항
3. 헌법재판소의 심판을 거쳐 행하는 사항
4. 각급 선거관리위원회의 의결을 거쳐 행하는 사항②
5. 감사원이 감사위원회의 결정을 거쳐 행하는 사항①
6. 형사(刑事), 행형(行刑) 및 보안처분 관계 법령에 따라 행하는 사항
7. 국가안전보장·국방·외교 또는 통일에 관한 사항 중 행정절차를 거칠 경우 국가의 중대한 이익을 현저히 해칠 우려가 있는 사항ⓐ
8. 심사청구, 해양안전심판, 조세심판, 특허심판, 행정심판, 그 밖의 불복절차에 따른 사항④
9. 「병역법」에 따른 징집·소집, 외국인의 출입국·난민인정·귀화, 공무원 인사 관계 법령에 따른 징계와 그 밖의 처분, 이해 조정을 목적으로 하는 법령에 따른 알선·조정·중재(仲裁)·재정(裁定) 또는 그 밖의 처분 등 해당 행정작용의 성질상 행정절차를 거치기 곤란하거나 거칠 필요가 없다고 인정되는 사항과 행정절차에 준하는 절차를 거친 사항으로서 대통령령으로 정하는 사항

③ × 대통령의 처분에는 행정절차법이 적용된다.

- 대통령의 공기업 사장 해임에는 행정절차법 배제사유×: 행정절차법 적용됨
  대통령의 한국방송공사 사장의 해임절차에 관하여 방송법이나 관련 법령에도 별도의 규정을 두지 않고 있고, 행정절차법의 입법 목적과 행정절차법 제3조 제2항 제9호와 관련 시행령의 규정 내용 등에 비추어 보면, 이 사건 해임처분이 행정절차법과 그 시행령에서 열거적으로 규정한 예외사유에 해당한다고 볼 수 없으므로 이 사건 해임처분에도 행정절차법이 적용된다고 할 것이다(2012.2.23. 2011두5001).

선지분석 & 요플·기풀기링크

선지	THEME	요플	기풀기
①		13	021
②	T38 절차법(근거·적용범위)	12	020
③		36	036
④		15	023

정답 ③
OX 1× 2× 3× ⓐ○

03

다음 중 행정절차에 대한 설명으로 옳은 것은? 13서울7

① 「행정절차법」에는 행정지도와 행정계약에 관한 명문의 규정을 두고 있다.
② 행정청은 경미한 처분으로 당사자가 이유를 명백하게 알 수 있는 경우에는 처분 후 당사자가 요청하여도 그 근거와 이유를 제시할 필요가 없다.
③ 처분의 이유의 제시는 처분과 동시에 하며, 당사자가 그 근거를 알 수 있을 정도로 상당한 이유이어야 하고, 충분히 납득할 수 있도록 구체적이고 명확하여야 한다.
④ 「행정절차법」에 신의성실에 대한 규정은 있으나 신뢰보호에 관한 규정은 없다.
⑤ 행정절차는 행정의 민주화, 행정의 능률화, 사후적 행정구제 등의 기능을 수행한다.

관련 OX

③ 관련
1 이유제시는 처분의 상대방에게 제시된 이유에 대해 방어할 기회를 보장하기 위해 처분에 앞서 사전에 함이 원칙이다. 15국가7

④ 관련
2 ❌ 「행정절차법」은 순수한 절차규정만으로 이루어져 있다. 11(1)경행

⑤ 관련
3 행정절차는 사전적 권리구제로서의 기능을 갖는다. 10국회9

해설

① ✕ 행정절차법에는 행정지도에 관한 규정은 있지만 행정계약에 관한 규정은 두고 있지 않다.

행정절차법 제3조(적용 범위) ① 처분, 신고, 확약, 위반사실 등의 공표, 행정계획, 행정상 입법예고, 행정예고 및 **행정지도**의 절차(이하 '행정절차'라 한다)에 관하여 다른 법률에 특별한 규정이 있는 경우를 제외하고는 이 법에서 정하는 바에 따른다.

+ PLUS
• 행정절차법이 규정하는 것은 **처**분, **신**고, **확**약, 위반사실 등의 공**표**, 행정**계**획, 행정상 입**법**예고, **행**정예고 및 행정**지**도의 8가지 공법상 행위이다. **행법신지처 확공계**
• 행정절차법은 행정조사나 공법상 계**약**에 대해서는 별도의 규정을 두고 있지 않다. 공법상 계약은 행정기본법에 관련 규정이 있고, 행정조사는 행정조사기본법이 규정하고 있다. **조약**

② ✕ 경미한 처분으로 당사자가 이유를 명백하게 알 수 있는 경우여서 이유제시를 생략하더라도 처분 후 당사자가 요청하면 그 근거와 이유를 제시해야 한다.

행정절차법 제23조(처분의 이유 제시) ① 행정청은 처분을 할 때에는 다음 각 호의 어느 하나에 해당하는 경우를 제외하고는 당사자에게 그 근거와 이유를 제시하여야 한다.
1. 신청 내용을 모두 그대로 **인정**하는 처분인 경우
2. 단순·반복적인 처분 또는 **경미**한 처분으로서 당사자가 그 이유를 명백히 알 수 있는 경우
3. **긴급**히 처분을 할 필요가 있는 경우
② 행정청은 제1항 제2호 및 제3호의 경우에 처분 후 당사자가 요청하는 경우에는 그 근거와 이유를 제시하여야 한다.

+ PLUS 행정절차법 제23조에 따르면, 이유**제**시 생략사유 3가지[1) **경미** / **단순**·반복, 2) **긴급**, 3) 신청내용 모두 **인정**] 중 1), 2)의 경우는 당사자 요청시 사후적으로나마 이유제시를 해 주어야 한다(요청에 따른 사후제시의무). 반면, 3)의 경우는 당사자가 요청하더라도 사후제시의무가 없다.
• **경단긴** 사후제시의무○ / **인정**은 사후제시의무✕

③ ○ 이유제시는 원칙적으로 **처분시**에 하여야 하며, 처분의 원인이 되는 사실과 근거가 되는 법령 등을 **구체적으로** 제시하여야 한다(시행령 제14조의2). 그 구체성의 정도는 당사자가 '이해할 수 있을 정도' 여야 한다는 것이 통설의 태도이고, 대법원도 이러한 전제에서 판결을 내리고 있다.

선지분석 & 요플·기풀기링크

선지	THEME	요플	기풀기
①	T38 절차법(근거·적용범위)	22	017
②	T40 절차법(이유제시)	08	007
③		01	010
④	T37 절차법(조문)	04	005
⑤	T38 절차법(근거·적용범위)	07	007

④ × 행정절차법은 신의성실과 신뢰보호를 모두 규정하고 있다.

> **행정절차법 제4조(신의성실 및 신뢰보호)** ① 행정청은 직무를 수행할 때 신의에 따라 성실히 하여야 한다.
> ② 행정청은 법령등의 해석 또는 행정청의 관행이 일반적으로 국민들에게 받아들여졌을 때에는 공익 또는 제3자의 정당한 이익을 현저히 해칠 우려가 있는 경우를 제외하고는 새로운 해석 또는 관행에 따라 소급하여 불리하게 처리하여서는 아니 된다.

+ **PLUS** 행정절차법은 절차법적 규정이 중심이 되나, 신의성실 및 신뢰보호의 원칙과 같은 실체법적 규정도 포함하고 있다.

⑤ × 행정절차는 ① 국민의 행정참여를 보장하여 행정의 민주화, ② 행정을 예고하고 국민의 의견을 반영하여 궁극적으로 행정의 능률화에 기여하고, ③ 국민의 권익을 사전적으로 구제하는 기능이 있다.

정답 ③
OX 1× 2× 3○

04

행정절차에 관한 설명으로 옳지 않은 것은? (다툼이 있는 경우 판례에 따름) 13국회8

① 적법절차의 원칙은 헌법의 기본원리이고 「행정절차법」은 행정절차에 관한 일반법적 성격을 가지기는 하지만 「행정절차법」이 모든 행정작용에 적용되는 것은 아니다.
② 개별 세법에 납세고지에 관한 별도의 규정이 없더라도 「국세징수법」이 정한 것과 같은 납세고지의 요건을 갖추어야 한다는 것은 적법절차의 원칙이 과세처분에도 적용됨에 따른 당연한 귀결이다.
③ 「행정절차법」에는 행정계획의 확정절차, 행정조사절차에 관한 규정이 없다.
④ 계약직공무원의 채용계약해지의 의사표시가 항고소송의 대상이 되는 처분등의 성격을 가진 것으로 인정되지 않는다고 하더라도 「행정절차법」에 의한 근거와 이유는 제시되어야 한다.
⑤ 「행정절차법」 제21조 제1항은 행정청은 당사자에게 의무를 가하거나 권익을 제한하는 처분을 하는 경우에는 일정한 사항을 미리 당사자에게 통지하도록 하고 있지만 신청에 대한 거부처분은 특별한 사정이 없는 한 '당사자의 권익을 제한하는 처분'에 해당한다고 할 수 없다.

관련 OX

③ 관련
1 「행정절차법」은 공법상 계약에 관한 규정을 두고 있다. 25소방

⑤ 관련
2 신청에 대한 거부처분은 특별한 사정이 없는 한 직접 당사자의 권익을 제한하는 것은 아니어서 처분의 사전통지대상이 된다고 할 수 없다. 24국회9

추가기출(⑤ 관련)
ⓐ ⓑ
행정청은 모든 처분을 함에 있어서 미리 일정한 사항을 당사자등에게 통지하여야 한다. 08(상)지방9

해설

① ○ 적법절차원칙은 헌법 제12조에 규정된 헌법상의 원칙으로서 형사사법절차뿐만 아니라 행정절차에도 적용된다. 한편, 행정절차법은 공법관계에 적용되는 행정절차에 관한 일반법이지만 모든 행정작용을 규정하고 있는 것은 아니며 설령 규정하고 있는 행정작용이더라도 특수성을 고려하여 적용이 배제되는 사항도 존재한다(아래 제3조 참조).

행정절차법 제3조(적용 범위) ① 처분, 신고, 확약, 위반사실 등의 공표, 행정계획, 행정상 입법예고, 행정예고 및 행정지도의 절차(이하 '행정절차'라 한다)에 관하여 다른 법률에 특별한 규정이 있는 경우를 제외하고는 이 법에서 정하는 바에 따른다.
② 이 법은 다음 각 호의 어느 하나에 해당하는 사항에 대하여는 적용하지 아니한다.
1. 국회 또는 지방의회의 의결을 거치거나 동의 또는 승인을 받아 행하는 사항
2. 법원 또는 군사법원의 재판에 의하거나 그 집행으로 행하는 사항
3. 헌법재판소의 심판을 거쳐 행하는 사항 (이하 각 호 생략)

② ○ 판례는 여기에서 한발 더 나아가 설령 부가가치세법과 같이 개별 세법에서 납세고지에 관한 별도의 규정을 두지 않은 경우라 하더라도 해당 본세의 납세고지서에 국세징수법 제9조 제1항이 규정한 것과 같은 세액의 산출근거 등이 기재되어 있지 않다면 그 과세처분은 적법하지 않다고 한다. 말하자면 개별 세법에 납세고지에 관한 별도의 규정이 없더라도 국세징수법이 정한 것과 같은 납세고지의 요건을 갖추지 않으면 안 된다는 것이고, 이는 적법절차의 원칙이 과세처분에도 적용됨에 따른 당연한 귀결이다(2012.10.18. 2010두12347 전합).

③ ○ 행정절차법에는 처분, 신고, 확약, 위반사실 등의 공표, 행정계획(형량명령 원칙), 행정상 입법예고, 행정예고 및 행정지도의 절차에 관한 규정은 있으나 행정계획의 확정절차, 행정조사절차에 관한 규정은 없다.

+ PLUS 행정절차법은 행정계획과 관련하여 ① 행정청이 수립하는 계획 중 국민의 권리·의무에 직접 영향을 미치는 계획을 수립하거나 변경·폐지할 때에는 관련된 여러 이익을 정당하게 형량하여야 한다고 규정하고(제40조의4), ② 국민생활에 매우 큰 영향을 주거나 많은 국민의 이해가 상충되는 행정계획은 예고하고 국민의 의견을 수렴하도록 규정하고 있지만(제46조, 제47조). 행정계획의 확정절차는 아니다.

선지분석 & 요플·기풀기링크

선지	THEME	요플	기풀기
①		09	010
②	T38 절차법(근거·적용범위)	38	038
③		21	015
④	T53 대상적격(법률관계)	96	097
⑤	T54 거부처분	01	001

④ × 계약직공무원 채용계약해지 의사표시: 처분× → 처분과 같은 행정절차법상 이유제시 절차×

계약직공무원에 관한 현행 법령의 규정에 비추어 볼 때, **계약직공무원 채용계약해지의 의사표시**는 일반 공무원에 대한 징계처분과는 달라서 항고소송의 대상이 되는 **처분등의 성격을 가진 것으로 인정되지 아니하고**, 일정한 사유가 있을 때에 국가 또는 지방자치단체가 채용계약관계의 한쪽 당사자로서 대등한 지위에서 행하는 의사표시로 취급되는 것으로 이해되므로, 이를 징계해고 등에서와 같이 그 징계사유에 한하여 효력 유무를 판단하여야 하거나, 행정처분과 같이 **행정절차법에 의하여 근거와 이유를 제시하여야 하는 것은 아니다**(2002.11.26. 2002두5948).

⑤ ○ 신청에 대한 거부처분: 사전통지 불필요

행정절차법 제21조 제1항은 행정청은 당사자에게 의무를 과하거나 권익을 제한하는 처분을 하는 경우에는 미리 처분의 제목, 당사자의 성명 또는 명칭과 주소, 처분하고자 하는 원인이 되는 사실과 처분의 내용 및 법적 근거, 그에 대하여 의견을 제출할 수 있다는 뜻과 의견을 제출하지 아니하는 경우의 처리방법, 의견제출기관의 명칭과 주소, 의견제출기한 등을 당사자등에게 통지하도록 하고 있는바, 신청에 따른 처분이 이루어지지 아니한 경우에는 아직 당사자에게 권익이 부과되지 아니하였으므로 특별한 사정이 없는 한 신청에 대한 **거부처분**이라고 하더라도 직접 당사자의 권익을 제한하는 것은 아니어서 **신청에 대한 거부처분을** 여기에서 말하는 '당사자의 권익을 제한하는 처분'에 해당한다고 할 수 없는 것이어서 처분의 **사전통지대상이 된다고 할 수 없다**(2003.11.28. 2003두674).

+ PLUS ⓐ해설

사전통지는 **상대방에게 침해적인 처분**, 즉, '당사자에게 의무를 부과하거나 권익을 제한하는 처분'을 대상으로 한다(행정절차법 제21조 제1항). 따라서 수익적 처분은 사전통지의 대상이 아니다. 또한 위 판례에서 보듯이 **거부처분도 사전통지의 대상이 되지 않는다**.

필수 문제 05

「행정절차법」상 행정절차에 대한 설명으로 옳은 것은? (다툼이 있는 경우 판례에 의함) 18지방7

① 청문은 행정청이 어떠한 처분을 하기 전에 당사자등의 의견을 직접 듣는 절차일 뿐, 증거를 조사하는 절차는 아니다.
② 「국가공무원법」상 직위해제처분에는 처분의 사전통지 및 의견청취 등에 관한 「행정절차법」의 규정이 별도로 적용되지 않는다.
③ 「행정절차법」은 당사자에게 의무를 부과하거나 당사자의 권익을 제한하는 처분을 하는 경우에 대해서만 그 근거와 이유를 제시하도록 규정하고 있다.
④ 법령에 의해 당연히 퇴직연금 환수금액이 결정되는 경우에도 퇴직연금의 환수결정은 당사자에게 의무를 과하는 처분이기 때문에, 퇴직연금의 환수결정에 앞서 당사자에게 의견진술의 기회를 주어야 한다.

해설

① ✕

행정절차법 제2조(정의) 이 법에서 사용하는 용어의 뜻은 다음과 같다.
5. '**청문**'이란 행정청이 어떠한 처분을 하기 전에 당사자등의 의견을 직접 듣고 **증거를 조사하는 절차**를 말한다.
6. '**공청회**'란 행정청이 공개적인 토론을 통하여 어떠한 행정작용에 대하여 당사자등, 전문지식과 경험을 가진 사람, 그 밖의 일반인으로부터 의견을 널리 수렴하는 절차를 말한다.

② ○ 직위해제처분: 행정절차법 적용✕

국가공무원법상 **직위해제처분**은 구 행정절차법 제3조 제2항 제9호, 구 「행정절차법 시행령」 제2조 제3호에 의하여 당해 행정작용의 **성질상 행정절차를 거치기 곤란하거나 불필요하다고 인정되는 사항**(편저자: 잠정적·가처분적 성질) 또는 행정절차에 준하는 절차를 거친 사항에 해당하므로, **처분의 사전통지 및 의견청취 등에 관한 행정절차법의 규정이 별도로 적용되지 않는다**(2014.5.16. 2012두26180).

➕ PLUS 직위해제: 성격상 징계 등과 동일한 절차보장✕ⓐ

직위해제는 일시적인 인사조치로서 당해 공무원에게 직위를 부여하지 아니함으로써 직무에 종사하지 못하도록 하는 **잠정적이고 가처분적인 성격을 가진 조치**이다. 따라서 그 성격상 과거 공무원의 비위행위에 대한 공직질서 유지를 목적으로 행하여지는 징벌적 제재로서의 **징계 등에서 요구되는 것과 같은 동일한 절차적 보장을 요구할 수는 없다**ⓐ (2014.5.16. 2012두26180).

비교 군인사법령에 의한 진급선발취소: 행정절차법 적용 so 의견제출 기회 미부여시 위법ⓑ

공무원 인사관계 법령에 의한 처분에 관한 사항 전부에 대하여 행정절차법의 적용이 배제되는 것이 아니라 성질상 행정절차를 거치기 곤란하거나 불필요하다고 인정되는 처분이나 행정절차에 준하는 절차를 거치도록 하고 있는 처분의 경우에만 행정절차법의 적용이 배제된다. 군인사법령에 의하여 진급예정자명단에 포함된 자에 대하여 의견제출의 기회를 부여하지 아니한 채 **진급선발을 취소하는 처분을 한 것이 절차상 하자가 있어 위법하다**ⓑ(2007.9.21. 2006두20631).

③ ✕ 사전통지와 의견청취는 권익제한·의무부과 처분에 한한다. 그러나 **이유제시는 모든 처분**에 대해 함이 원칙이다.

행정절차법 제23조(처분의 이유 제시) ① 행정청은 **처분**을 할 때에는 다음 각 호의 어느 하나에 해당하는 경우를 제외하고는 당사자에게 그 **근거와 이유를 제시하여야 한다**. (이하 생략)

④ ✕ 퇴직연금 환수결정: 법령에 따라 당연히 확정 so 의견제출 생략 가능

퇴직연금의 환수결정은 당사자에게 의무를 과하는 처분이기는 하나, 관련 법령에 따라 당연히 환수금액이 정하여지는 것이므로, 퇴직연금의 환수결정에 앞서 당사자에게 **의견진술의 기회를 주지 아니하여도** 행정절차법 제22조 제3항이나 신의칙에 어긋나지 아니한다(2000.11.28. 99두5443).

관련 OX

② 관련

1 임용권자가 형사기소를 당한 자에 대해 「국가공무원법」에 따라 직위해제처분을 하려고 할 때에는 직위해제처분이 당사자에게 의무를 부과하거나 권익을 제한하는 처분이므로 「행정절차법」상 사전통지·의견청취 절차에 관한 규정이 적용된다. 17서울7

④ 관련

2 퇴직연금의 환수결정은 당사자의 권익을 침해하는 처분이므로 관련 법령에 따라 당연히 환수금액이 정해지는 것이라 하더라도 행정청은 환수결정에 앞서 당사자에게 의견진술의 기회를 부여하여야 한다. 22변시

추가기출(② 관련)

ⓐ 인

직위해제처분은 당해 공무원에게 직위를 부여하지 아니함으로써 직무에 종사하지 못하도록 하는 잠정적이고 가처분적인 성격을 갖는 조치이므로, 징벌적 제재로서의 징계 등에서 요구되는 것과 같은 동일한 절차적 보장을 요구할 수는 없다. 15지방7

ⓑ A

공무원 인사관계 법령에 따른 처분에 관하여는 「행정절차법」 적용을 배제하고 있으므로, 군인사법령에 의하여 진급예정자명단에 포함된 자에 대하여 의견제출의 기회를 부여하지 아니하고 진급선발취소처분을 한 것이 절차상 하자가 있어 위법하다고 할 수 없다. 24국가9

선지분석 & 요플·기풀기링크 ⓒ

선지	THEME	요플	기풀기
①	T37 절차법(조문)	47	063
②	T38 절차법(근거·적용범위)	32	033
③	T40 절차법(이유제시)	04	003
④	T39 절차법(통지·청취)	34	038

정답 ②

OX 1✕ 2✕ ⓐ○ ⓑ✕

06

현행 「행정절차법」의 적용과 관련하여 가장 옳지 않은 것은? (다툼이 있는 경우 판례에 의함)

17(2)서울9

① 「행정절차법」은 행정절차에 관한 일반법이지만, '국회 또는 지방의회의 의결을 거치거나 동의 또는 승인을 얻어 행하는 사항'에 대하여는 「행정절차법」의 적용이 배제된다.

② 행정과정에 대한 국민의 참여와 행정의 공정성, 투명성 및 신뢰성을 확보하고 국민의 권익을 보호함을 목적으로 하는 「행정절차법」의 입법목적과 「행정절차법」 제3조 제2항 제9호의 규정 내용 등에 비추어 보면, 공무원 인사관계법령에 의한 처분에 관한 사항에 대하여 「행정절차법」의 적용이 배제된다.

③ 대법원에 따르면 「행정절차법」 적용이 제외되는 의결·결정에 대해서는 「행정절차법」을 적용하여 의견청취절차를 생략할 수는 없다.

④ 「행정절차법」은 「국세기본법」과는 달리 행정청에 대해서만 신의성실의 원칙에 따를 것을 규정하고 있다.

관련 OX

① 관련

1 행정절차에 관한 사항이라도 국회 또는 지방의회의 의결을 거치거나 동의 또는 승인을 받아 행하는 사항의 경우에는 「행정절차법」의 적용이 배제된다.

24국회8

③ 관련

2 대법원에 따르면 「행정절차법」 적용이 제외되는 의결 결정에 대해서는 「행정절차법」을 적용하여 의견청취절차를 생략할 수 없다.

25해경승진

해설

① ○

행정절차법 제3조(적용 범위) ② 이 법은 다음 각 호의 어느 하나에 해당하는 사항에 대하여는 **적용하지 아니**한다.
1. **국회** 또는 **지방의회**의 의결을 거치거나 동의 또는 승인을 받아 행하는 사항

② × 공무원 인사관계법령에 의한 처분: 전부가 행정절차법 배제× → 성질상 곤란·불필요하거나 행정절차에 준하는 절차를 거치는 처분에 한하여 배제

공무원 인사관계법령에 의한 처분에 관한 사항이라 하더라도 전부에 대하여 행정절차법의 적용이 배제되는 것이 아니라, 성질상 행정절차를 거치기 곤란하거나 불필요하다고 인정되는 처분이나 행정절차에 준하는 절차를 거치도록 하고 있는 처분의 경우에만 행정절차법의 적용이 배제되는 것으로 보아야 한다(2013.1.16. 2011두30687).

③ ○ 행정절차법 적용 배제 → 행정절차법 적용해 의견청취 생략 불가

행정절차법 제3조 제2항, 같은 법 시행령 제2조 제6호에 의하면 공정거래위원회의 의결·결정을 거쳐 행하는 사항에는 행정절차법의 적용이 제외되게 되어 있으므로, 설사 공정거래위원회의 시정조치 및 과징금납부명령에 행정절차법 소정의 의견청취절차 생략사유가 존재한다고 하더라도, 공정거래위원회는 행정절차법을 적용하여 의견청취절차를 생략할 수는 없다(2001.5.8. 2000두10212).

④ ○ 국세기본법은 공무원뿐만 아니라 납세자에게도 신의성실의 원칙에 따를 것을 규정하고 있는 반면에, 행정절차법은 행정청에 대해서만 신의성실의 의무를 지우고 있다.

국세기본법 제15조(신의·성실) 납세자가 그 의무를 이행할 때에는 신의에 따라 성실하게 하여야 한다. **세무공무원**이 직무를 수행할 때에도 또한 같다.

행정절차법 제4조(신의성실 및 신뢰보호) ① **행정청**은 직무를 수행할 때 신의에 따라 성실히 하여야 한다.

선지분석 & 요플·기풀기링크

선지	THEME	요플	기풀기
①		10	018
②	T38 절차법(근거·적용범위)	26	028
③		42	042
④	T06 기타 일반원칙	59	062

정답 ②

OX 1○ 2○

필수문제 07

행정절차법의 적용 대상이 되지 않는 것만을 모두 고르면? (다툼이 있는 경우 판례에 의함)

20지방7

ㄱ. 「병역법」에 따른 징집·소집
ㄴ. 산업기능요원편입취소처분
ㄷ. 「국가공무원법」상 직위해제처분
ㄹ. 헌법재판소의 심판을 거쳐 행하는 사항
ㅁ. 대통령의 한국방송공사 사장의 해임처분

① ㄱ, ㄴ, ㄷ
② ㄱ, ㄷ, ㄹ
③ ㄴ, ㄹ, ㅁ
④ ㄷ, ㄹ, ㅁ

관련 OX

ㄴ. 관련

1 「병역법」에 의한 소집에 관한 사항에는 「행정절차법」이 적용되지 않으나 「병역법」상의 산업기능요원의 편입취소처분에 대해서는 「행정절차법」이 적용된다.
20국회8

ㅁ. 관련

2 대통령에 의한 한국방송공사 사장의 해임에는 「행정절차법」이 적용된다.
17(1)서울9

해설

ㄱ. (적용×), ㄹ. (적용×)

행정절차법 제3조(적용 범위) ② 이 법은 다음 각 호의 어느 하나에 해당하는 사항에 대하여는 적용하지 아니한다.
3. 헌법재판소의 심판을 거쳐 행하는 사항 ㄹ
9. 「병역법」에 따른 징집·소집, ㄱ 외국인의 출입국·난민인정·귀화, 공무원 인사 관계 법령에 따른 징계와 그 밖의 처분, 이해 조정을 목적으로 하는 법령에 따른 알선·조정·중재(仲裁)·재정(裁定) 또는 그 밖의 처분등 해당 행정작용의 성질상 행정절차를 거치기 곤란하거나 거칠 필요가 없다고 인정되는 사항과 행정절차에 준하는 절차를 거친 사항으로서 대통령령으로 정하는 사항

ㄴ. (적용○) 산업기능요원 편입취소처분: 행정절차법 적용○
지방병무청장이 산업기능요원에 대하여 한 산업기능요원 편입취소처분은, … '당사자의 권익을 제한하는 처분'에 해당하는 한편, … 행정절차법의 적용이 배제되는 사항인 '병역법에 의한 소집에 관한 사항'에는 해당하지 아니하므로, 행정절차법상의 '처분의 사전통지'와 '의견제출 기회의 부여' 등의 절차를 거쳐야 한다(2002.9.6. 2002두554).

ㄷ. (적용×) 직위해제처분: 행정절차법 적용×
국가공무원법상 직위해제처분은 구 행정절차법 제3조 제2항 제9호, 구 「행정절차법 시행령」 제2조 제3호에 의하여 당해 행정작용의 성질상 행정절차를 거치기 곤란하거나 불필요하다고 인정되는 사항 또는 행정절차에 준하는 절차를 거친 사항에 해당하므로, 처분의 사전통지 및 의견청취 등에 관한 행정절차법의 규정이 별도로 적용되지 않는다(2014.5.16. 2012두26180).
➕ **PLUS** 행정절차법 적용 여부: 직권면직○ / 진급선발취소○ / 직위해제×

ㅁ. (적용○) 대통령의 공기업(KBS) 사장 해임: 행정절차법 적용○
방송법의 입법 경과와 연혁, 다른 법률과의 관계, 입법 형식 등을 종합하면, 한국방송공사 사장의 임명권자인 대통령에게 그 해임권한도 있다고 봄이 타당하다. … 〈대통령의 한국방송공사 사장의 해임〉 절차에 관하여 방송법이나 관련 법령에도 별도의 규정을 두지 않고 있고, 행정절차법의 입법 목적과 행정절차법 제3조 제2항 제9호와 관련 시행령의 규정 내용 등에 비추어 보면, 이 사건 해임처분이 행정절차법과 그 시행령에서 열거적으로 규정한 예외 사유에 해당한다고 볼 수 없으므로 이 사건 해임처분에도 행정절차법이 적용된다고 할 것이다. ㅁ … 이 사건 해임처분 과정에서 원고가 그 처분의 내용을 사전에 통지받거나 그에 대한 의견제출의 기회 등을 받지 못했고, 해임처분시 그 법적 근거 및 구체적 해임사유를 제시받지 못해 이 사건 해임처분은 위법하지만, 그 절차나 처분형식의 하자가 중대하고 명백하다고 볼 수 없어 취소사유에 해당한다(2012.2.23. 2011두5001).

선지분석 & 요플·기풀가링크

선지	THEME	요플	기풀기
ㄱ		45	045
ㄴ		46	046
ㄷ	T38 절차법(근거·적용범위)	32	033
ㄹ		11	019
ㅁ		36	036

정답 ②
OX 1○ 2○

08

행정절차에 대한 설명으로 옳지 않은 것은? (다툼이 있는 경우 판례에 의함) 16국가7

① 신청인이 신청에 앞서 행정청의 허가업무 담당자에게 신청서의 내용에 대한 검토를 요청한 것만으로는 다른 특별한 사정이 없는 한 명시적이고 확정적인 신청의 의사표시가 있었다고 하기 어렵다.

② 당사자가 근거규정 등을 명시하여 신청하는 인·허가 등을 거부하는 처분을 함에 있어 당사자가 그 근거를 알 수 있을 정도로 상당한 이유를 제시한 경우에는 당해 처분의 근거 및 이유를 구체적 조항 및 내용까지 명시하지 않았더라도 그로 말미암아 그 처분이 위법한 것이 된다고 할 수 없다.

③ 행정청이 청문서 도달기간을 다소 어겼다 하더라도 영업자가 이에 대하여 이의하지 아니한 채 스스로 청문일에 출석하여 그 의견을 진술하고 변명하는 등 방어의 기회를 충분히 가졌다면 청문서 도달기간을 준수하지 아니한 하자는 치유된다.

④ 공정거래위원회의 시정조치 및 과징금납부명령에 「행정절차법」 소정의 의견청취절차 생략사유가 존재한다면, 공정거래위원회는 「행정절차법」을 적용하여 의견청취절차를 생략할 수 있다.

관련 OX

① 관련

1 신청인이 행정청의 허가업무 담당자에게 신청서의 내용에 대한 검토를 요청하였다면 명시적이고 확정적인 신청의 의사표시가 있었다고 보아야 한다. 16소간

② 관련

2 판례에 의하면 이유제시의 정도는 당사자가 처분사유를 이해할 수 있을 정도로 구체적이어야 하므로 인·허가 사항의 거부 등 신청 당시 당사자가 근거규정을 알 수 있을 정도의 상당한 이유가 있더라도 당해 처분의 근거 및 이유의 구체적 조항 및 내용을 명시하여야 한다. 10국회8

해설

① ○ 신청에 앞서 한 신청서 내용 검토 요청: 신청의 의사표시 ✕
신청인의 행정청에 대한 신청의 의사표시는 명시적이고 확정적인 것이어야 한다고 할 것이므로 신청인이 신청에 앞서 행정청의 허가업무 담당자에게 신청서의 내용에 대한 검토를 요청한 것만으로는 다른 특별한 사정이 없는 한 명시적이고 확정적인 신청의 의사표시가 있었다고 하기 어렵다(2004.9.24. 2003두13236).

② ○ 거부처분시 근거를 알 수 있을 정도로 제시: 구체적 조항 및 내용까지 명시하지 않아도 위법 ✕
행정절차법 제23조 제1항은 행정청은 처분을 하는 때에는 당사자에게 그 근거와 이유를 제시하여야 한다고 규정하고 있는바, 일반적으로 당사자가 근거규정 등을 명시하여 신청하는 인·허가 등을 〈거부하는 처분〉을 함에 있어 당사자가 그 근거를 알 수 있을 정도로 상당한 이유를 제시한 경우에는 당해 처분의 근거 및 이유를 구체적 조항 및 내용까지 명시하지 않았더라도 그로 말미암아 그 처분이 위법한 것이 된다고 할 수 없다(2002.5.17. 2000두8912).

③ ○ 청문서 도달이 늦었으나 이의하지 않고 자진출석·의견진술: 하자치유됨
행정청이 청문서 도달기간을 다소 어겼다 하더라도 영업자가 이에 대하여 이의하지 아니한 채 스스로 청문일에 출석하여 그 의견을 진술하고 변명하는 등 방어의 기회를 충분히 가졌다면 청문서 도달기간을 준수하지 아니한 하자는 치유되었다고 봄이 상당하다(1992.10.23. 92누2844).

④ ✕ 공정거래위원회의 의결을 거쳐 행하는 사항은 행정절차법 적용 배제 → 행정절차법 적용해 의견청취 생략 불가
공정거래위원회의 의결·결정을 거쳐 행하는 사항에는 행정절차법의 적용이 제외되게 되어 있으므로, 설사 공정거래위원회의 시정조치 및 과징금납부명령에 행정절차법 소정의 의견청취절차 생략사유가 존재한다고 하더라도, 공정거래위원회는 행정절차법을 적용하여 의견청취절차를 생략할 수는 없다(2001.5.8. 2000두10212).

선지분석 & 요플·기풀기링크

선지	THEME	요플	기풀기
①	T37 절차법(조문)	27	041
②	T40 절차법(이유제시)	14	013
③	T41 절차의 하자	25	034
④	T38 절차법(근거·적용범위)	43	043

정답 ④
OX 1✕ 2✕

09

「행정절차법」에 대한 설명으로 옳지 않은 것은? (다툼이 있는 경우 판례에 의함) 20국회8

① 「국가공무원법」상 직위해제처분은 행정작용의 성질상 행정절차를 거치기 곤란하거나 불필요하다고 인정되는 사항 또는 행정절차에 준하는 절차를 거친 사항에 해당되므로 「행정절차법」이 적용되지 않는다.
② 외국인의 출입국에 관한 사항은 「행정절차법」이 적용되지 않으므로, 미국국적을 가진 교민에 대한 사증거부처분에 대해서도 처분의 방식에 관한 「행정절차법」 제24조는 적용되지 않는다.
③ 「병역법」에 의한 소집에 관한 사항에는 「행정절차법」이 적용되지 않으나 「병역법」상의 산업기능요원의 편입취소처분에 대해서는 「행정절차법」이 적용된다.
④ 「독점규제 및 공정거래에 관한 법률」 규정에 의한 처분의 상대방에게 부여된 절차적 권리의 범위와 한계를 확정하려면 「행정절차법」이 당사자에게 부여한 절차적 권리의 범위와 한계 수준을 고려하여야 한다.
⑤ 「행정절차법 시행령」 제2조 제8호는 '학교·연수원 등에서 교육·훈련의 목적을 달성하기 위하여 학생·연수생들을 대상으로 하는 사항'을 「행정절차법」이 적용되지 않는 경우로 규정하고 있으나 생도의 퇴학처분과 같이 신분을 박탈하는 징계처분은 여기에 해당한다고 할 수 없다.

관련 OX

① 관련

1 ○
임용권자가 형사기소를 당한 자에 대해 「국가공무원법」에 따라 직위해제처분을 하려고 할 때에는 직위해제처분이 당사자에게 의무를 부과하거나 권익을 제한하는 처분이므로 「행정절차법」상 사전통지·의견청취 절차에 관한 규정이 적용된다. 17서울7

③ 관련

2 산업기능요원 편입취소처분(은 「행정절차법」의 적용 대상에 해당하지 않는다) 25해경승진

3 ○
「병역법」에 따라 지방병무청장이 산업기능요원에 대하여 산업기능요원 편입취소처분을 할 때에는 「행정절차법」에 따라 처분의 사전통지를 하고 의견제출의 기회를 부여하여야 한다. 20국가7

⑤ 관련

4 ○
육군3사관학교의 사관생도에 대한 퇴학처분(은 「행정절차법」의 적용이 배제되는 경우가 아니다) 19소방

선지분석 & 요플·기풀기링크

선지	THEME	요플	기풀기
①		32	033
②		27	025
③	T38 절차법(근거·적용범위)	46	046
④		44	044
⑤		47	047

해설

① ○ **직위해제처분: 행정절차법 적용 ×**
국가공무원법상 **직위해제처분**은 구 행정절차법 제3조 제2항 제9호, 구 행정절차법 시행령 제2조 제3호에 의하여 당해 행정작용의 성질상 행정절차를 거치기 곤란하거나 불필요하다고 인정되는 사항(편저자: 잠정적·가처분적 성질) 또는 행정절차에 준하는 절차를 거친 사항에 해당하므로, 처분의 사전통지 및 의견청취 등에 관한 행정절차법의 규정이 별도로 적용되지 않는다(2014.5.16. 2012두26180).

② × **외국인 사증발급거부: 성질상·준하는 사항× → 행정절차법 제외×, 제24조 문서주의 적용○**
사증발급 신청에 대한 거부처분이 성질상 행정절차법 제24조에서 하도록 정한 처분서 작성·교부를 할 필요가 없거나 곤란하다고 일률적으로 단정하기 어렵다. 출입국관리법령에 사증발급 거부처분서 작성에 관한 규정을 따로 두고 있지 않으므로, 외국인의 사증발급 신청에 대한 거부처분을 할 때에도 '행정절차에 준하는 절차'로 대체할 수도 없고, 행정절차법 제24조에 정한 절차를 따라야 한다(2019.7.11. 2017두38874).

③ ○ **산업기능요원 편입취소처분: 행정절차법 적용배제× → 사전통지·의견청취○**
지방병무청장이 산업기능요원에 대하여 한 산업기능요원 편입취소처분은, … '당사자의 권익을 제한하는 처분'에 해당하는 한편, … 행정절차법의 적용이 배제되는 사항인 '병역법에 의한 소집에 관한 사항'에는 해당하지 아니하므로, 행정절차법상의 '처분의 사전통지'와 '의견제출 기회의 부여' 등의 절차를 거쳐야 한다(2002.9.6. 2002두554).

④ ○ **공정거래법상 절차적 보호는 행정절차법상의 절차적 보호수준을 고려해 그 이상으로 이루어져야 함**(공정거래법상 절차에 행정절차법을 배제한 것은 더 강한 절차적 보장을 위함이기 때문)
행정절차법령이 공정거래법에 대하여 행정절차법 적용이 배제되도록 규정하는 취지는 공정거래법의 적용을 받는 당사자에게 행정절차법이 정한 것보다 더 약한 절차적 보장을 하려는 것이 아니라, 오히려 그 의결절차상 인정되는 절차적 보장의 정도가 일반 행정절차와 비교하여 보다 더 강화되어 있기 때문이다. 공정거래법이 당사자에게 단순한 열람·복사 '요청권'이 아닌 열람·복사 '요구권'을 부여한 취지 역시 이와 마찬가지이다. 공정거래법에 의한 처분의 상대방에게 부여된 절차적 권리의 범위와 한계를 확정하려면, 행정절차법이 당사자에게 부여한 절차적 권리의 범위와 한계 수준을 고려하여야 한다(2018.12.27. 2015두44028).

⑤ ○ 육군3사관학교 생도에 대한 퇴학처분: 행정절차법 적용 배제×

행정절차법의 적용이 제외되는 공무원 인사관계법령에 의한 처분에 관한 사항이란 **성질상 행정절차를 거치기 곤란하거나 불필요하다고 인정되는 처분이나 행정절차에 준하는 절차를 거치도록 하고 있는 처분에 관한 사항만을 말하는 것으로 보아야 한다.** 이러한 법리는 '공무원 인사관계법령에 의한 처분'에 해당하는 육군3사관학교 생도에 대한 퇴학처분에도 마찬가지로 적용된다.

생도에 대한 퇴학처분과 같이 신분을 박탈하는 징계처분은 여기(「행정절차법 시행령」 제2조 제8호에서 말하는 행정절차의 적용이 제외되는 경우)에 해당한다고 볼 수 없다. 「행정절차법 시행령」 제2조 제8호는 '학교·연수원 등에서 교육·훈련의 목적을 달성하기 위하여 학생·연수생들을 대상으로 하는 사항'을 행정절차법의 적용이 제외되는 경우로 규정하고 있으나, 이는 교육과정과 내용의 구체적 결정, 과제의 부과, 성적의 평가, 공식적 징계에 이르지 아니한 질책·훈계 등과 같이 **교육·훈련의 목적을 직접 달성하기 위하여 행하는 사항**을 말하는 것으로 보아야 하기 때문이다(2018.3.13. 2016두33339).

T39 행정절차법(3) - 사전통지·의견청취

01

「행정절차법」상의 사전통지절차에 대한 설명으로 옳지 않은 것은? (다툼이 있는 경우 판례에 의함)

17(상)국가7

① 처분의 사전통지가 적용되는 제3자는 '행정청이 직권 또는 신청에 따라 행정절차에 참여하게 한 이해관계인'으로 한정된다.

② 공기업 사장에 대한 해임처분 과정에서 처분 내용을 사전에 통지받지 못했고 해임처분시 법적 근거 및 구체적 해임사유를 제시받지 못하였다면, 그 해임처분은 위법하지만 당연무효는 아니다.

③ 처분상대방이 이미 행정청에 위반사실을 시인하였다는 사정은 사전통지의 예외가 적용되는 '의견청취가 현저히 곤란하거나 명백히 불필요하다고 인정될 만한 상당한 이유가 있는 경우'에 해당한다.

④ 특별한 사정이 없는 한 신청에 대한 거부처분은 '당사자의 권익을 제한하는 처분'에 해당한다고 할 수 없는 것이어서 처분의 사전통지대상이 된다고 할 수 없다.

해설

① ○

행정절차법 제21조(처분의 사전 통지) ① 행정청은 당사자에게 의무를 부과하거나 권익을 제한하는 처분을 하는 경우에는 미리 다음 각 호의 사항을 당사자등에게 통지하여야 한다.

제2조(정의) 이 법에서 사용하는 용어의 뜻은 다음과 같다.
4. '당사자등'이란 다음 각 목의 자를 말한다.
   가. 행정청의 처분에 대하여 직접 그 상대가 되는 당사자
   나. 행정청이 직권으로 또는 신청에 따라 행정절차에 참여하게 한 이해관계인

+ PLUS 행정절차법이 보호대상으로 삼는 것은 '당사자등'이다. '당사자'란 처분의 직접 상대방을 뜻하고, '등'은 행정청이 직권 또는 신청에 따라 행정절차에 참여하게 한 이해관계인을 의미한다. 그 외의 제3자에게는 설령 관련 처분에 법률상 이익이 있더라도 행정절차법의 규정이 적용되지 않는다.

② ○ 대통령의 공기업(KBS) 사장 해임에는 행정절차법 적용됨 → 사전통지·의견청취 등 누락한 것은 절차상 하자 so 취소사유

대통령의 한국방송공사 사장의 해임절차에 관하여 … 이 사건 해임처분 과정에서 원고가 그 처분의 내용을 사전에 통지받거나 그에 대한 의견제출의 기회 등을 받지 못했고, 해임처분시 그 법적 근거 및 구체적 해임사유를 제시받지 못해 이 사건 해임처분은 위법하지만, 그 절차나 처분형식의 하자가 중대하고 명백하다고 볼 수 없어 **취소사유에 해당한다**(2012.2.23. 2011두5001).

+ PLUS 사전통지·의견청취·이유제시 절차의 하자는 원칙적으로 취소사유이다.

③ ✕ 위반사실 시인: 사전통지 생략사유✕

원고가 〈원고가 위반사실을 시인하였다거나 위반경위를 진술〉하였다는 사정만으로는 행정절차법 제21조 제4항 제3호가 정한 '의견청취가 현저히 곤란하거나 명백히 불필요하다고 인정될 만한 상당한 이유가 있는 경우'로서 처분의 **사전통지를 하지 아니하여도 되는 경우에 해당한다고 볼 수도 없다**(2016.10.27. 2016두41811).

+ PLUS 사전통지 예외사유인 의견청취의 곤란·불필요 여부는 '처분의 성질'을 기준으로 판단하는 것이지, '당사자의 태도'를 기준으로 판단하는 것이 아니므로 사전통지 예외사유 해당✕

④ ○ 신청에 대한 거부처분: 사전통지 불필요

신청에 대한 거부처분이라고 하더라도 직접 당사자의 권익을 제한하는 것은 아니어서 신청에 대한 거부처분을 여기에서 말하는 '당사자의 권익을 제한하는 처분'에 해당한다고 할 수 없는 것이어서 처분의 사전통지대상이 된다고 할 수 없다(2003.11.28. 2003두674).

관련 OX

① 관련

1 ○ 「행정절차법」상 사전통지 및 의견제출에 대한 권리를 부여하고 있는 '당사자등'에는 불이익처분의 직접 상대방인 당사자와 행정청이 직권으로 또는 신청에 따라 행정절차에 참여하게 한 이해관계인, 그 밖에 제3자가 포함된다. 23지방9

③ 관련

2 「행정절차법」 제21조 제4항에서 규정한 '의견청취가 현저히 곤란하거나 명백히 불필요하다고 인정될 만한 상당한 이유가 있는 경우'에 해당하는지는 해당 행정처분의 성질에 비추어 판단하여야 하며, 처분상대방이 이미 행정청에 위반 사실을 시인하였다거나 처분의 사전통지 이전에 의견을 진술할 기회가 있었다는 사정을 고려하여 판단할 것은 아니다. 24소간

선지분석 & 요플·기풀기링크

선지	THEME	요플	기풀기
① T39 절차법(통지·청취)	05	006
② T38 절차법(근거·적용범위)	37	037
③ T39 절차법(통지·청취)	31	023
④ T54 거부처분	01	001

정답 ③

OX 1✕ 2○

02 필수문제

「행정절차법」상 처분절차에 대한 설명으로 가장 옳지 않은 것은? (다툼이 있는 경우 판례를 따름)

18서울9

① 행정청이 법인이나 조합 등의 설립허가 취소처분을 할 때에는 청문을 해야 한다.
② 행정청에 처분을 구하는 신청을 전자문서로 하는 경우에는 행정청의 컴퓨터 등에 입력된 때에 신청한 것으로 본다.
③ 행정청이 공공의 안전 또는 복리를 위하여 긴급히 처분을 할 필요가 있는 경우에는 의견청취를 하지 아니할 수 있다.
④ 처분의 전제가 되는 사실이 법원의 재판 등에 의하여 객관적으로 증명된 경우에는 행정청이 당사자에게 의무를 부과하거나 권익을 제한하는 처분을 하는 경우에도 사전통지를 하지 아니할 수 있다.

관련 OX

② 관련
1 처분을 신청할 때 전자문서로 하는 경우에는 신청인의 컴퓨터 등에 입력된 때에 신청한 것으로 본다. 16서울9

해설

① ○ 구법에서는 행정청이 법인이나 조합 등의 설립허가 취소처분시 의견제출기한 내에 당사자등의 신청이 있는 경우 청문을 하도록 규정하고 있었으나 2022년 행정절차법 개정으로 당사자등의 신청 여부에 상관없이 청문을 실시하는 것으로 변경되었다. 따라서 개정법에 따르면 옳은 지문이 된다.

행정절차법 제22조(의견청취) ① 행정청이 처분을 할 때 다음 각 호의 어느 하나에 해당하는 경우에는 **청문을 한다.**
 1. 다른 **법**령등에서 청문을 하도록 규정하고 있는 경우
 2. 행정청이 **필**요하다고 인정하는 경우
 3. 다음 각 목의 처분을 하는 경우
    가. **인**허가 등의 취소
    나. **신**분·자격의 박탈
    다. 법인이나 조합 등의 설**립**허가의 취소

② ○

행정절차법 제17조(처분의 신청) ② 제1항에 따라 **처분을 신청할 때 전자문서로 하는 경우에는 행정청의 컴퓨터 등에 입력**된 때에 신청한 것으로 본다.

③④ ○

행정절차법 제22조(의견청취) ④ 제1항부터 제3항까지의 규정에도 불구하고 제21조 제4항 각 호의 어느 하나에 해당하는 경우와 당사자가 의견진술의 기회를 포기한다는 뜻을 명백히 표시한 경우에는 **의견청취를 하지 아니할 수 있다.**
제21조(처분의 사전 통지) ① 행정청은 당사자에게 **의무를 부과하거나 권익을 제한하는 처분**을 하는 경우에는 미리 다음 각 호의 사항을 당사자등에게 통지하여야 한다. 〈각 호 생략〉
 ④ 다음 각 호의 어느 하나에 해당하는 경우에는 제1항에 따른 **통지를 하지 아니할 수 있다.**
 1. **공**공의 안전 또는 복리를 위하여 긴급히 처분을 할 필요가 있는 경우
 2. 법령등에서 요구된 자격이 없거나 없어지게 되면 반드시 일정한 처분을 하여야 하는 경우에 그 **자**격이 없거나 없어지게 된 사실이 법원의 재**판** 등에 의하여 객관적으로 증명된 경우
 3. 해당 처분의 **성**질상 의견청취가 현저히 곤란하거나 명백히 불필요하다고 인정될 만한 상당한 이유가 있는 경우
 ⑤ 처분의 **전**제가 되는 사실이 법원의 재판 등에 의하여 객관적으로 증명된 경우 등 제4항에 따른 사전통지를 하지 아니할 수 있는 구체적인 사항은 대통령령으로 정한다.

+ PLUS • 의견청취 생략사유: 사전통지 생략사유(**성공전자판**) + 명백한 **포기**

선지분석 & 요플·기풀기링크

선지	THEME	요플	기풀기
①	T37 절차법(조문)	51	070
②		119	036
③	T39 절차법(통지·청취)	11	014
④		12	015

정답 정답없음(개정법)
OX 1 ×

03

「행정절차법」상 처분의 사전통지 및 의견제출 절차에 대한 설명으로 옳지 않은 것은? (다툼이 있는 경우 판례에 의함) 22국가9

① 법령등에서 요구된 자격이 없거나 없어지게 되면 반드시 일정한 처분을 하여야 하는 경우에 그 자격이 없거나 없어지게 된 사실이 법원의 재판에 의하여 객관적으로 증명된 경우에는 사전통지를 생략할 수 있다.
② 행정청의 처분으로 의무가 부과되거나 권익이 제한되는 경우라도 당사자가 의견진술의 기회를 포기한다는 뜻을 명백히 표시한 경우에는 의견청취를 생략할 수 있다.
③ 별정직 공무원인 대통령기록관장에 대한 직권면직처분에는 처분의 사전통지 및 의견청취 등에 관한 「행정절차법」 규정이 적용되지 않는다.
④ 대통령이 한국방송공사 사장을 해임하면서 사전통지절차를 거치지 않은 경우에는 그 해임처분은 위법하다.

관련 OX

② 관련
1 위반사실등의 공표에 관하여 당사자가 의견진술의 기회를 포기한다는 뜻을 명백히 밝힌 경우라도 행정청은 미리 당사자에게 그 사실을 통지하고 의견제출의 기회를 주어야 한다. 24소방

④ 관련
2 공기업 사장에 대한 해임처분 과정에서 처분 내용을 사전에 통지받지 못했고 해임처분 시 법적 근거 및 구체적 해임 사유를 제시받지 못하였다면, 그 해임처분은 위법하지만 당연무효는 아니다. 17국가7

추가기출(① 관련)
ⓐ Ⓑ
행정청이 침해적 행정처분을 할 경우에는 사전통지를 반드시 하여야 한다. 15국가7

선지분석 & 요플·기풀기링크

선지	THEME	요플	기풀기
①	T39 절차법(통지·청취)	13	017
②		15	020
③	T38 절차법(근거·적용범위)	30	030
④		37	037

해설

① ○

행정절차법 제21조(처분의 사전 통지) ① 행정청은 당사자에게 **의무를 부과하거나 권익을 제한하는 처분을** 하는 경우에는 미리 다음 각 호의 사항을 당사자등에게 통지하여야 한다.
(각 호 생략)
④ 다음 각 호의 어느 하나에 해당하는 경우에는 제1항에 따른 통지를 하지 아니할 수 있다.ⓐ
1. 공공의 안전 또는 복리를 위하여 긴급히 처분을 할 필요가 있는 경우
2. 법령등에서 요구된 자격이 없거나 없어지게 되면 반드시 일정한 처분을 하여야 하는 경우에 그 자격이 없거나 없어지게 된 사실이 법원의 재판 등에 의하여 객관적으로 증명된 경우
3. 해당 처분의 성질상 의견청취가 현저히 곤란하거나 명백히 불필요하다고 인정될 만한 상당한 이유가 있는 경우
⑤ 처분의 전제가 되는 사실이 법원의 재판 등에 의하여 객관적으로 증명된 경우 등 제4항에 따른 사전통지를 하지 아니할 수 있는 구체적인 사항은 대통령령으로 정한다.

② ○

행정절차법 제22조(의견청취) ① 행정청이 처분을 할 때 다음 각 호의 어느 하나에 해당하는 경우에는 **청문을** 한다.
(각 호 생략)
② 행정청이 처분을 할 때 다음 각 호의 어느 하나에 해당하는 경우에는 **공청회를** 개최한다.
(각 호 생략)
③ 행정청이 당사자에게 의무를 부과하거나 권익을 제한하는 처분을 할 때 제1항 또는 제2항의 경우 외에는 당사자등에게 **의견제출**의 기회를 주어야 한다.
④ 제1항부터 제3항까지의 규정에도 불구하고 제21조 제4항 각 호의 어느 하나에 해당하는 경우와 당사자가 의견진술의 기회를 포기한다는 뜻을 명백히 표시한 경우에는 의견청취를 하지 아니할 수 있다.

③ ✕ 별정직 공무원 직권면직: 행정절차법 적용 so 사전통지·의견청취해야
공무원 인사관계법령에 의한 처분에 관한 사항이라 하더라도 전부에 대하여 행정절차법의 적용이 배제되는 것이 아니라, 성질상 행정절차를 거치기 곤란하거나 불필요하다고 인정되는 처분이나 행정절차에 준하는 절차를 거치도록 하고 있는 처분의 경우에만 행정절차법의 적용이 배제되는 것으로 보아야 하고, 이러한 법리는 '공무원 인사관계법령에 의한 처분'에 해당하는 별정직 공무원에 대한 직권면직처분의 경우에도 마찬가지로 적용된다. 그런데 별정직 공무원에 대한 직권면직처분의 경우,

의무를 과하거나 권익을 제한하는 처분이고, 행정절차에 준하는 절차를 거치도록 하는 규정이 없으며, 이 사건 처분이 성질상 행정절차를 거치기 곤란하거나 불필요하다고 인정되는 처분에도 해당하지 아니하므로, **사전통지**를 하지 않고 **의견제출의 기회를 주지 아니한** 이 사건 처분은 구 행정절차법 제21조 제1항, 제22조 제3항을 위반한 절차상 하자가 있어 **위법하다**(2013.1.16. 2011두30687).

+ PLUS 공무원 인사관계 처분은 행정절차법이 배제될 수 있는 처분으로 규정되어 있다. 그러나 공무원 인사관계 처분이라는 이유만으로 행정절차법이 배제되진 않는다. 행정절차를 거치기가 성질상 곤란·불필요하거나, 어차피 타 법령에서 그에 준하는 절차가 예정된 경우에만 행정절차법이 배제된다. 별정직 공무원에 대한 직권면직 처분은 성질상 곤란·불필요하지도 않고, 그에 준하는 절차 규정도 없다. 따라서 행정절차법이 배제되지 않고, 동법에 따른 사전통지·의견청취를 거쳐야 하며, 이를 생략할 경우 위법한 처분이 된다.

④ ○ 대통령의 KBS사장 해임사건: 행정절차법이 적용되는데도 사전통지·의견청취 등 누락한 것은 절차상 하자 so 취소사유

대통령의 한국방송공사 사장의 해임 절차에 관하여 방송법이나 관련 법령에도 별도의 규정을 두지 않고 있고, 행정절차법의 입법 목적과 행정절차법 제3조 제2항 제9호와 관련 시행령의 규정 내용 등에 비추어 보면, 이 사건 해임처분이 행정절차법과 그 시행령에서 열거적으로 규정한 예외사유에 해당한다고 볼 수 **없으므로** 이 사건 해임처분에도 **행정절차법이 적용**된다고 할 것이다. 따라서 해임처분 과정에서 한국방송공사 사장이 처분 내용을 사전에 **통지받거나 그에 대한 의견제출 기회 등을 받지 못했고** 해임처분시 법적 근거 및 구체적 해임사유를 제시받지 못해 이 사건 해임처분은 **위법**하지만, 그 절차나 처분형식의 하자가 중대하고 명백하다고 볼 수 없어 **취소사유에 해당**한다(2012.2.23. 2011두5001).

선지선택비율 ① 13.38% ② 12.76% ③ 59.57% ④ 14.28% 오답률 40.43%

필수문제 04

「행정절차법」의 적용에 대한 설명으로 옳은 것은? (다툼이 있는 경우 판례에 의함) 16국가9

① 상대방의 귀책사유로 야기된 처분의 하자를 이유로 수익적 행정행위를 취소하는 경우에는 특별한 규정이 없는 한 「행정절차법」상 사전통지의 대상이 되지 않는다.

② 행정절차법령이 '공무원 인사관계법령에 의한 처분에 관한 사항'에 대하여 「행정절차법」의 적용이 배제되는 것으로 규정하고 있는 이상, '공무원 인사관계법령에 의한 처분에 관한 사항' 전부에 대해 「행정절차법」의 적용이 배제되는 것으로 보아야 한다.

③ 「식품위생법」상 허가영업에 대해 영업자지위승계신고를 수리하는 처분은 종전의 영업자에 대하여 다소 권익을 침해하는 효과가 발생한다고 하더라도 「행정절차법」상 사전통지를 거쳐야 하는 대상이 아니다.

④ 행정청과 당사자 사이에 「행정절차법」상 규정된 청문절차를 배제하는 내용의 협약이 체결되었다고 하여, 그러한 협약이 청문의 실시에 관한 「행정절차법」 규정의 적용이 배제된다거나 청문을 실시하지 않아도 되는 예외적인 경우에 해당한다고 할 수 없다.

관련 OX

② 관련

1 공무원 인사관계 법령에 의한 처분에 관한 사항 전부에 대하여 「행정절차법」의 적용이 배제되는 것이 아니라 성질상 행정절차를 거치기 곤란하거나 불필요하다고 인정되는 처분이나 행정절차에 준하는 절차를 거치도록 하고 있는 처분의 경우에만 「행정절차법」의 적용이 배제된다. 24지방9

④ 관련

2 행정청이 당사자와 도시계획사업의 시행과 관련한 협약을 체결하면서 관계 법령 및 「행정절차법」에 규정된 청문의 실시 등 의견청취절차를 배제하는 조항을 두었다고 하더라도, 청문의 실시에 관한 규정의 적용을 배제할 수 있다고 볼 만한 법령상의 규정이 없는 한, 청문의 실시에 관한 규정의 적용이 배제된다거나 청문을 실시하지 않아도 되는 예외적인 경우에 해당한다고 할 수 없다. 22국가7

해설

① ✕ 수익적 행정행위를 취소하는 것은 침익적 처분인바 그 귀책사유를 불문하고 사전통지의 대상이다. 상대방에게 귀책사유가 있어 수익적 행정행위를 취소·철회할 경우 상대방이 신뢰이익을 주장할 수 없고, 행정청도 상대방의 신뢰이익을 고려하지 않아도 된다는 쟁점과 구별한다(T31).

② ✕ 공무원 인사관계법령에 의한 처분: 전부가 행정절차법 배제✕ → 성질상 곤란·불필요하거나 행정절차에 준하는 절차를 거치는 처분에 한하여 배제
공무원 인사관계법령에 의한 처분에 관한 사항이라 하더라도 **전부에 대하여 행정절차법의 적용이 배제되는 것이 아니라, 성질상** 행정절차를 거치기 곤란하거나 불필요하다고 인정되는 처분이나 행정절차에 **준하는 절차**를 거치도록 하고 있는 처분의 **경우에만 행정절차법의 적용이 배제**되는 것으로 보아야 한다(2013.1.16. 2011두30687).

③ ✕ 지위승계 신고수리: 종전 업자에 대한 침익적 처분 → 종전 업자에게 사전통지·의견청취 필요
영업자지위승계신고를 수리하는 처분은 종전의 영업자의 권익을 제한하는 처분이라 할 것이고 따라서 … 당사자에 해당하는 **종전의 영업자에 대하여 위 규정 소정의 행정절차를 실시하고 처분을 하여야 한다**(2003.2.14. 2001두7015).

④ ○ 협약으로 행정절차법상 의견청취절차 배제 불가
행정청이 당사자와 사이에 도시계획사업의 시행과 관련한 **협약**을 체결하면서 관계 법령 및 행정절차법에 규정된 청문의 실시 등 **의견청취절차를 배제하는** 조항을 두었다고 하더라도 … 청문의 실시에 관한 규정의 적용이 배제된다거나 **청문을 실시하지 않아도 되는 예외적인 경우에 해당한다고 할 수 없다**(2004.7.8. 2002두8350).

선지분석 & 요플·기풀기링크

선지	THEME	요플	기풀기
①	T39 절차법(통지·청취)	21	004
②	T38 절차법(근거·적용범위)	26	028
③	T39 절차법(통지·청취)	23	030
④		35	028

정답 ④
OX 1○ 2○

필수 문제 05

행정절차에 관한 설명으로 옳지 않은 것은? 09국회9

① 행정청은 처분을 함에 있어서 당사자등이 제출한 의견이 상당한 이유가 있다고 인정하는 때에는 이를 반영하여야 한다.
② 행정청이 처분을 함에 있어서 필요하다고 인정하는 경우에는, 법령등에서 청문을 실시하도록 규정하고 있지 않아도 청문을 실시할 수 있다.
③ 행정청이 당사자에게 의무를 과하거나 권익을 제한하는 처분을 하는 경우, 이에 대해 청문을 실시하거나 공청회를 개최하는 경우에는 당사자에게 별도의 의견제출의 기회를 주지 않을 수도 있다.
④ 행정처분의 상대방이 청문일시에 불출석하였다면 이를 이유로 청문을 실시하지 않고 침해적 행정처분을 발하였다 하여도 위법하지 않다는 것이 판례의 입장이다.
⑤ 행정처분의 이유제시는 침해적 행정행위뿐만 아니라 수익적 행정행위에도 요구된다.

해설

① ○

행정절차법 제27조의2(제출의견의 반영 등) ① 행정청은 처분을 할 때에 당사자등이 제출한 의견이 상당한 이유가 있다고 인정하는 경우에는 이를 반영하여야 한다.

② ○

행정절차법 제22조(의견청취) ① 행정청이 처분을 할 때 다음 각 호의 어느 하나에 해당하는 경우에는 청문을 한다.
1. 다른 법령등에서 청문을 하도록 규정하고 있는 경우
2. 행정청이 **필**요하다고 인정하는 경우
3. 다음 각 목의 처분을 하는 경우
   가. 인허가 등의 취소
   나. 신분·자격의 박탈
   다. 법인이나 조합 등의 설립허가의 취소

③ ○ 의견제출은 침해적 처분 일반에 대해서 이루어지나, 청문과 공청회의 경우 실시하는 경우가 제한되어 있다(행정절차법 제22조 제1항, 제2항). 만약 침해적 처분에 해당하더라도 청문이나 공청회를 실시하는 경우라면, 의견청취가 이루어진 것이므로 의견제출기회를 부여하지 않아도 된다(동법 제22조 제3항).

행정절차법 제22조(의견청취) ③ 행정청이 당사자에게 의무를 부과하거나 권익을 제한하는 처분을 할 때 제1항(청문의 실시) 또는 제2항(공청회의 개최)의 경우 외에는 당사자등에게 의견제출의 기회를 주어야 한다.

④ ✕ 청문통지서 반송·불출석: 청문 생략사유✕
행정처분의 상대방에 대한 청문통지서가 반송되었다거나, 행정처분의 상대방이 청문일시에 불출석하였다는 이유로 청문을 실시하지 아니하고 한 침해적 행정처분은 위법하다(2001.4.13. 2000두3337).
+ PLUS 사전통지·의견청취의 예외사유 중 하나인 '처분의 성질상 의견청취 곤란/불필요'(제22조 제4항, 제21조 제4항 제3호)는 문언 그대로 해당 처분의 성질을 기준으로 그 곤란성이나 불필요 여부를 판단하는 것이지, 당사자에게 보낸 통지서가 반송되었다거나 당사자가 출석하지 않았다는 등 당사자 측 사정을 기준으로 의견청취가 곤란 여부 등을 판단해 청문절차를 생략할 수는 없는 것이다.

⑤ ○ 사전통지와 의견청취는 권익제한·의무부과 처분에 한한다. 그러나 이유제시는 모든 처분에 대해 함이 원칙이다.

행정절차법 제23조(처분의 이유 제시) ① 행정청은 처분을 할 때에는 다음 각 호의 어느 하나에 해당하는 경우를 제외하고는 당사자에게 그 근거와 이유를 제시하여야 한다. (이하 생략)

관련 OX

② 관련
1 행정청은 처분을 할 때 필요하다고 인정하는 경우에 청문을 할 수 있다. 20소방

③ 관련
2 행정청이 당사자에게 의무를 부과하거나 권익을 제한하는 처분을 함에 있어 청문이나 공청회를 거치지 않은 경우에는 당사자에게 의견제출의 기회를 주어야 한다. 20소방

④ 관련
3 행정처분의 상대방에 대한 청문통지서가 반송되었거나 행정처분의 상대방이 청문일시에 불출석하였다는 이유만으로 행정청이 관계 법령상 그 실시가 요구되는 청문을 실시하지 아니하고 한 침해적 행정처분은 위법하다. 23지방9

선지분석 & 요플·기풀기링크

선지	THEME	요플	기풀기
①	T39 절차법(통지·청취)	37	039
②	T37 절차법(조문)	50	068
③	T39 절차법(통지·청취)	19	010
④		26	022
⑤	T40 절차법(이유제시)	04	003

정답 ④
OX 1✕ 2○ 3○

필수문제 06

오답률 TOP ❷

「행정절차법」상 행정절차에 대한 설명으로 옳은 것은? (다툼이 있는 경우 판례에 의함) 25국가9

① 행정청은 행정입법안에 관하여 공청회를 마친 후 입법할 때까지 새로운 사정이 발견되어 공청회를 다시 개최할 필요가 있다고 인정할 때에는 공청회를 다시 개최하여야 한다.
② 구「국적법」에 따른 귀화는 성질상 행정절차를 거치기 곤란하거나 거칠 필요가 없다고 인정되는 사항이 아니므로, 처분의 이유제시를 규정한「행정절차법」이 적용된다.
❸ 국가에 대해 행정처분을 할 때에도 사전통지, 의견청취, 이유제시와 관련한「행정절차법」이 그대로 적용된다고 보아야 한다.
④ 다수의 당사자등에 의해 선정된 대표자가 있는 경우에는 당사자등은 직접 또는 그 대표자를 통하여 행정절차에 관한 행위를 할 수 있다.

관련 OX

③ 관련
1 국가에 대한 행정처분도 가능하며, 이때에도 사전 통지, 의견청취, 이유 제시와 관련한「행정절차법」규정이 그대로 적용된다. 25변시

④ 관련
2 다수의 대표자가 있는 경우 그중 1인에 대한 행정청의 통지는 모든 당사자등에게 효력이 있다. 18(2)서울7

해설

① ✗

행정절차법 제45조(공청회) ① 행정청은 입법안에 관하여 **공청회를 개최할 수 있다.**
② 공청회에 관하여는 제38조(공청회 개최의 알림), 제38조의2(온라인공청회), 제38조의3(공청회의 주재자 및 발표자의 선정), 제39조(공청회의 진행) 및 제39조의2(공청회 및 온라인공청회 결과의 반영)를 준용한다. 제39조의3(공청회의 재개최)는 준용하지 않음

제39조의3(공청회의 재개최) 행정청은 공청회를 마친 후 처분을 할 때까지 새로운 사정이 발견되어 공청회를 다시 개최할 필요가 있다고 인정할 때에는 공청회를 다시 **개최할 수 있다.**

+ PLUS 이 지문은 ① 입법안에 대해서도 공청회를 개최할 수 있고, 기본적으로 처분에서의 공청회 규정들을 준용하고 있으나 공청회 재개최 규정(제39조의3)은 준용하지 않는다는 점(제45조 제2항), ② 나아가 공청회 재개최 규정 자체도 재개최를 '하여야 한다'가 아닌 '할 수 있다'고 규정한 점(제39조의3)에서 틀린 지문이다.

② ✗ 외국인 귀화: 성질상 곤란·불필요 사항에 해당 → 행정절차법 적용 제외됨
구 국적법 제5조 각 호와 같이 **귀화**는 요건이 항목별로 구분되어 구체적으로 규정되어 있다. 그리고 성질상 행정절차를 거치기 곤란하거나 거칠 필요가 없다고 인정되어 처분의 이유제시 등을 규정한 **행정절차법이 적용되지 않는다**(제3조 제2항 제9호)(2018.12.13. 2016두31616).

행정절차법 제3조(적용 범위) ② 이 법은 다음 각 호의 어느 하나에 해당하는 사항에 대하여는 적용하지 아니한다.
9.「병역법」에 따른 징집·소집, 외국인의 출입국·난민인정·**귀화**, 공무원 인사 관계 법령에 따른 징계와 그 밖의 처분, 이해 조정을 목적으로 하는 법령에 따른 알선·조정·중재(仲裁)·재정(裁定) 또는 그 밖의 처분 등 해당 행정작용의 성질상 행정절차를 거치기 곤란하거나 거칠 필요가 없다고 인정되는 사항과 행정절차에 준하는 절차를 거친 사항으로서 대통령령으로 정하는 사항

선지분석 & 요플·기풀기링크

선지	THEME	요플	기풀기
①	T37 절차법(조문)	95	120
②	T38 절차법(근거·적용범위)	29	027
③	T39 절차법(통지·청취)	07	007
④	T37 절차법(조문)	N1③	014

③ ○ 국가에 대한 행정처분: 사전통지, 의견청취, 이유제시 등 행정절차법 그대로 적용됨

행정절차법 제2조 제4호에 의하면, '당사자등'이란 행정청의 처분에 대하여 직접 그 상대가 되는 당사자와 행정청이 직권 또는 신청에 의하여 행정절차에 참여하게 한 이해관계인을 의미하는데, 같은 법 제9조에서는 자연인, 법인, 법인 아닌 사단 또는 재단 외에 '다른 법령등에 따라 권리·의무의 주체가 될 수 있는 자' 역시 '당사자등'이 될 수 있다고 규정하고 있을 뿐, 국가를 '당사자등'에서 제외하지 않고 있다. 또한 행정절차법 제3조 제2항에서 행정절차법이 적용되지 않는 사항을 열거하고 있는데, '국가를 상대로 하는 행정행위'는 그 예외사유에 해당하지 않는다. 위와 같은 행정절차법의 규정과 행정의 공정성·투명성 및 신뢰성 확보라는 행정절차법의 입법취지 등을 고려해 보면, 행정기관의 처분에 의하여 불이익을 입게 되는 국가를 일반국민과 달리 취급할 이유가 없다.

따라서 국가에 대한 행정처분을 함에 있어서도 앞서 본 사전통지, 의견청취, 이유제시와 관련한 행정절차법이 그대로 적용된다고 보아야 한다(2023.9.21. 2023두39724).

④ ×

행정절차법 제11조(대표자) ① 다수의 당사자등이 공동으로 행정절차에 관한 행위를 할 때에는 대표자를 선정할 수 있다.
⑤ 대표자가 있는 경우에는 당사자등은 그 **대표자를 통하여서만** 행정절차에 관한 행위를 할 수 있다.

선지선택비율 ① 22.38% ② 11.18% ③ 51.21% ④ 15.23%   오답률 48.79%

정답 ③
OX 1○ 2×

필수문제 07

오답률 TOP ❷

행정절차에 대한 설명으로 옳은 것은? (다툼이 있는 경우에는 판례에 의함) 21국가7

① 「도로법」상 도로구역을 변경할 경우, 이를 고시하고 그 도면을 일반인이 열람할 수 있도록 하고 있는바, 도로구역을 변경한 처분은 「행정절차법」상 사전통지나 의견청취의 대상이 되는 처분이 아니다.
② 「군인사법」에 따라 당해 직무를 수행할 능력이 없다고 인정하여 장교를 보직해임하는 경우, 처분의 근거와 이유제시 등에 관하여 「행정절차법」의 규정이 적용된다.
③ 특별한 사정이 없는 한, 신청에 대한 거부처분은 사전통지 및 의견제출의 대상이 된다.
④ 「식품위생법」상의 영업자지위승계신고를 수리하는 경우, 영업시설을 인수하여 영업자의 지위를 승계한 자에 대하여 사전통지를 하고, 그에게 의견제출의 기회를 주어야 한다.

관련 OX

① 관련
1 「도로법」에 따라 도로구역을 변경하는 처분은 당사자에게 의무를 부과하거나 권익을 제한하므로 「행정절차법」상 사전통지의 대상이 된다. 24변시 ×

③ 관련
2 특별한 사정이 없는 한 신청에 대한 거부처분이라고 하더라도 직접 당사자의 권익을 제한하는 것은 아니어서 신청에 대한 거부처분은 사전통지대상이 된다고 할 수 없다. 23서울(지적)7 ○

해설

① ○ **도로구역 결정변경고시: 사전통지·의견청취 생략사유 해당**
도로법상 **도로구역을 결정하거나 변경할 경우** 이를 **고시에 의하도록** 하면서, 그 도면을 일반인이 열람할 수 있도록 한 점 등을 종합하여 보면, 도로구역을 변경한 이 사건 처분은 행정절차법 제21조 제1항의 사전통지나 제22조 제3항의 의견청취의 **대상이 되는 처분은 아니다**(2008.6.12. 2007두1767).

② × **군인사법상 보직해임: 이유제시 규정 적용×**
군인사법상 보직해임처분은 구 행정절차법 제3조 제2항 제9호, 같은 법 시행령 제2조 제3호에 의하여 당해 행정작용의 **성질상** 행정절차를 거치기 곤란하거나 불필요하다고 인정되는 사항 또는 행정절차에 준하는 절차를 거친 사항에 해당하므로, **처분의 근거와 이유제시 등에 관한** 구 **행정절차법의 규정이 별도로 적용되지 아니한다**(2014.10.15. 2012두5756).

행정절차법상 절차(○)	임용취소, 직권면직, 진급선발취소
행정절차법상 절차(×)	직위해제·보직해임

③ × **신청에 대한 거부처분: 사전통지·의견청취 불필요**
신청에 따른 처분이 이루어지지 아니한 경우에는 아직 당사자에게 권익이 부과되지 아니하였으므로 **특별한 사정이 없는 한 신청에 대한 거부처분**이라고 하더라도 직접 당사자의 권익을 제한하는 것은 아니어서 신청에 대한 거부처분을 여기에서 말하는 '당사자의 권익을 제한하는 처분'에 해당한다고 할 수 없는 것이어서 처분의 **사전통지대상이 된다고 할 수 없다**(2003.11.28. 2003두674).

④ × **지위승계신고수리: 종전업자(양도인)에게 사전통지·의견청취**
행정청이 구 식품위생법 규정에 의하여 영업자지위승계신고를 수리하는 처분은 종전의 영업자의 권익을 제한하는 처분이라 할 것이고 따라서 종전의 영업자는 그 처분에 대하여 직접 그 상대가 되는 자에 해당한다고 봄이 상당하므로, 행정청으로서는 위 신고를 수리하는 처분을 함에 있어서 **행정절차법 규정 소정의 당사자에 해당하는 종전의 영업자에 대하여**(편저자: 영업자의 지위를 승계한 자에 대하여 ×) 위 규정 소정의 행정절차를 실시하고 처분을 하여야 한다(2003.2.14. 2001두7015).

선지선택비율 ① 65.55% ② 14.05% ③ 7.02% ④ 13.38% 오답률 34.45%

선지분석 & 요플·기풀기링크

선지	THEME	요플	기풀기
①	T39 절차법(통지·청취)	29	035
②	T38 절차법(근거·적용범위)	34	034
③	T54 거부처분	01	001
④	T39 절차법(통지·청취)	23	030

정답 ①
OX 1× 2○

08

「행정절차법」상 사전통지와 의견제출에 대한 판례의 입장으로 옳은 것은? 19국가9

① 항만시설 사용허가신청에 대하여 거부처분을 하는 경우, 사전에 통지하여 의견제출 기회를 주어야 한다.
② 용도를 무단변경한 건물의 원상복구를 명하는 시정명령 및 계고처분을 하는 경우, 사전에 통지할 필요가 없다.
③ 고시의 방법으로 불특정 다수인을 상대로 권익을 제한하는 처분을 하는 경우, 상대방에게 사전에 통지하여 의견제출 기회를 주어야 한다.
④ 공매를 통하여 체육시설을 인수한 자의 체육시설업자 지위승계 신고를 수리하는 경우, 종전 체육시설업자에게 사전에 통지하여 의견제출 기회를 주어야 한다.

관련 OX

③ 관련

1 '고시'의 방법으로 불특정 다수인을 상대로 의무를 부과하거나 권익을 제한하는 처분은 성질상 의견제출의 기회를 주어야 하는 상대방을 특정할 수 없으므로, 이와 같은 처분에 있어서까지 그 상대방에게 의견제출의 기회를 주어야 하는 것은 아니다. 22지방7

④ 관련

2 행정청이 구「체육시설의 설치·이용에 관한 법률」의 규정에 의하여 체육시설업자 지위승계신고를 수리하는 처분을 하는 경우, 종전 체육시설업자에 대하여 「행정절차법」상 사전통지 등 절차를 거칠 필요는 없다. 17(하)지방9

해설

① × 신청에 대한 거부처분: 사전통지 불필요
신청에 대한 거부처분이라고 하더라도 직접 당사자의 권익을 제한하는 것은 아니어서 신청에 대한 거부처분을 여기에서 말하는 '당사자의 권익을 제한하는 처분'에 해당한다고 할 수 없는 것이어서 처분의 사전통지대상이 된다고 할 수 없다(2003.11.28. 2003두674).

② × 침익적 처분으로서 사전통지 및 의견청취의 대상이 된다.

③ × 고시로 하는 불특정 다수인 상대 처분: 사전통지·의견청취 생략사유 해당
'고시'의 방법으로 불특정 다수인을 상대로 의무를 부과하거나 권익을 제한하는 처분은 성질상 의견제출의 기회를 주어야 하는 상대방을 특정할 수 없으므로, 이와 같은 처분에 있어서까지 구 행정절차법 제22조 제3항에 의하여 그 상대방에게 의견제출의 기회를 주어야 한다고 해석할 것은 아니다(2014.10.27. 2012두7745).

④ ○ 영업양도에 따른 지위승계 신고수리: 종전 업자에 대한 침익적 처분 → 종전 업자에게 사전통지·의견청취
영업자지위승계신고를 수리하는 처분은 종전의 영업자의 권익을 제한하는 처분이라 할 것이고 따라서 종전의 영업자는 그 처분에 대하여 직접 그 상대가 되는 자에 해당한다고 봄이 상당하므로, 행정청으로서는 위 신고를 수리하는 처분을 함에 있어서 행정절차법 규정 소정의 당사자에 해당하는 종전의 영업자에 대하여 위 규정 소정의 행정절차를 실시하고 처분을 하여야 한다(2003.2.14. 2001두7015).

선지분석 & 요플·기풀기링크

선지	THEME	요플	기풀기
①	T54 거부처분	02	002
②		02	003
③	T39 절차법(통지·청취)	28	033
④		24	031

정답 ④
OX 1○ 2×

필수문제 09

행정절차에 대한 설명으로 옳지 않은 것은? (다툼이 있는 경우 판례에 의함) 17(하)국가9(변형)

① 행정청은 「식품위생법」 규정에 의하여 영업자지위승계신고 수리처분을 함에 있어서 종전의 영업자에 대하여 「행정절차법」상 사전통지를 하고 의견제출 기회를 주어야 한다.
② 퇴직연금의 환수결정은 당사자에게 의무를 과하는 처분이므로 퇴직연금의 환수결정에 앞서 당사자에게 의견진술의 기회를 주지 아니하였다면 위법하다.
③ 행정청은 「행정절차법」 제38조에 따른 공청회와 병행하여서만 정보통신망을 이용한 공청회(온라인공청회)를 실시할 수 있는 것이 원칙이다.
④ 행정청이 정당한 처리기간 내에 처분을 처리하지 아니하였을 때에는 신청인은 해당 행정청 또는 그 감독 행정청에 신속한 처리를 요청할 수 있다.

관련 OX

① 관련

1 행정청이 구 「식품위생법」 규정에 의하여 영업자지위승계신고를 수리하는 처분을 함에 있어서는 「행정절차법」 규정 소정의 당사자에 해당하는 종전의 영업자에 대하여 「행정절차법」 규정 소정의 행정절차를 실시하고 처분을 하여야 한다. 25소방

② 관련

2 「공무원연금법」상 퇴직연금의 환수결정은 당사자에게 의무를 과하는 처분이므로 퇴직연금의 환수결정에 앞서 당사자에게 의견진술의 기회를 주지 아니하면 「행정절차법」상 의견제출에 관한 규정이나 신의칙에 어긋난다. 25국가9

해설

① ○ 지위승계 신고수리: 종전 업자가 직접 상대방이 되는 침익적 처분 → 종전 업자에게 사전통지·의견청취
영업자지위승계신고를 수리하는 처분은 종전의 영업자의 권익을 제한하는 처분이라 할 것이고 따라서 종전의 영업자는 그 처분에 대하여 직접 그 상대가 되는 자에 해당한다고 봄이 상당하므로, 행정청으로서는 위 신고를 수리하는 처분을 함에 있어서 행정절차법 규정 소정의 당사자에 해당하는 종전의 영업자에 대하여 위 규정 소정의 행정절차를 실시하고 처분을 하여야 한다(2003.2.14. 2001두7015).

② × 퇴직연금 환수결정: 법령에 따라 당연히 확정 so 의견제출 생략 가능
퇴직연금의 환수결정은 당사자에게 의무를 과하는 처분이기는 하나, 관련 법령에 따라 당연히 환수금액이 정하여지는 것이므로, 퇴직연금의 환수결정에 앞서 당사자에게 의견진술의 기회를 주지 아니하여도 행정절차법 제22조 제3항이나 신의칙에 어긋나지 아니한다(2000.11.28. 99두5443).

③ ○ 온라인공청회는 원칙적으로 오프라인공청회와 병행하여서만 실시할 수 있다. 단독으로 개최하기 위해서는 아래의 절차법상 요건을 충족하여야 한다.

행정절차법 제38조의2(온라인공청회) ① 행정청은 제38조에 따른 공청회와 **병행하여서만** 정보통신망을 이용한 공청회(이하 '온라인공청회'라 한다)를 실시할 수 있다.
② 제1항에도 불구하고 다음 각 호의 어느 하나에 해당하는 경우에는 **온라인공청회를 단독으로** 개최할 수 있다.
1. 국민이 생명·신체·재산의 보호 등 **국민의 안전 또는 권익보호** 등의 이유로 제38조에 따른 공청회를 개최하기 어려운 경우
2. 제38조에 따른 **공청회가** 행정청이 책임질 수 없는 사유로 **개최되지 못**하거나 개최는 되었으나 정상적으로 **진행되지 못**하고 무산된 횟수가 **3회 이상**인 경우
3. **행정청**이 널리 의견을 수렴하기 위하여 온라인공청회를 **단독으로 개최할 필요가 있다고 인정**하는 경우. 다만, 제22조 제2항 제1호 또는 제3호에 따라 공청회를 실시하는 경우는 제외한다.

＋ PLUS 온라인공청회 – 원칙: 일반 공청회와 병행하여서만○ / 예외: 단독개최 가능(① 국민안전·권익보호, ② 개최 실패·진행 무산(3회 이상), ③ 행정청이 필요성 인정)

④ ○
행정절차법 제19조(처리기간의 설정·공표) ④ 행정청이 정당한 처리기간 내에 처리하지 아니하였을 때에는 신청인은 해당 행정청 또는 그 감독 행정청에 **신속한 처리를 요청할 수 있다.**

선지분석 & 요플·기풀기링크

선지	THEME	요플	기풀기
①	T39 절차법(통지·청취)	23	030
②		34	038
③	T37 절차법(조문)	76	097
④		45	056

정답 ②
OX 1○ 2×

10

다음 사례에 대한 甲, 乙, 丙, 丁의 대화 중 옳은 것은? 16사복9

> 임용권자는 정규공무원으로 임용된 A가 정규임용시에는 아무런 임용결격사유가 없었지만 그 이전에 시보로 임용될 당시 「국가공무원법」에서 정한 임용결격사유가 있었다는 사실을 알게 되었다. 이에 해당 임용권자는 이러한 사실을 이유로 A의 시보임용처분을 취소하고 그 후 정규임용처분도 취소하였다.

① 甲: 시보임용처분은 당연무효이다.
② 乙: 시보임용처분에 근거한 정규임용처분은 무효이다.
③ 丙: 시보임용취소처분과 정규임용취소처분은 별개의 처분이 아니라 단계적으로 이루어지는 하나의 처분이다.
④ 丁: 정규임용취소처분은 성질상 행정절차를 거치는 것이 불필요하여 「행정절차법」의 적용이 배제된다.

해설

① ○, ②③④ ✕

※ 시보임용 당시 결격사유가 원인이 된 정규임용의 취소사례

- **정규임용취소: 공무원인사 관련 처분이지만 행정절차법 적용제외사항✕**④
  이 사건 처분과 같이 **정규임용처분을 취소**하는 처분은 원고의 이익을 침해하는 처분이라 할 것이고, 한편 지방공무원법 및 그 시행령에는 이 사건 처분과 같이 정규임용처분을 취소하는 처분을 함에 있어 행정절차에 준하는 절차를 거치도록 하는 규정이 없을 뿐만 아니라 위 처분이 성질상 행정절차를 거치기 곤란하거나 불필요하다고 인정되는 처분이라고 보기도 어렵다고 할 것이어서 이 사건 처분이 **행정절차법의 적용이 제외되는 경우에 해당한다고 할 수 없다.**④

- **시보임용처분에 무효사유가 있을 시(임용결격)① 정규임용처분의 효력**
  → 양자는 별개처분이므로③ 정규임용은 무효✕(취소사유)② / 정규임용취소시 사전통지·의견청취 필요
  나아가 이 사건 처분은, 지방공무원법 제31조 제4호 소정의 공무원임용결격사유가 있어 **당연무효인**① 이 사건 시보임용처분과는 달리, 위 시보임용처분의 무효로 인하여 시보공무원으로서의 경력을 갖추지 못하였다는 이유만으로, 위 결격사유가 해소된 후에 한 별도의③ 정규임용처분을 **취소**②하는 처분이어서, 성질상 행정절차를 거치는 것이 불필요하여 행정절차법의 적용이 배제되는 경우에 해당하지 않으므로, 그 처분을 하면서 사전통지를 하거나 의견제출의 기회를 부여하지 않은 것은 위법하다(2009.1.30. 2008두16155).

  + PLUS • 정규임용취소처분은 공무원 인사관계 처분이지만, 그 성질상 행정절차를 거치기 곤란·불필요하지도 않고, 행정절차에 준하는 절차를 거치지도 않으므로 **행정절차법이 적용된다**(제3조 제2항 제9호).④

- 시보임용처분은 임용 당시 결격사유가 있어 **당연무효이지만**,① 정규임용처분은 이러한 결격사유가 해소된 뒤에서 **취소사유가 있을 뿐으로**② 양자는 **별개의 처분이다.**③ 따라서 시보임용이 무효라는 이유로, 이 사건 정규임용취소처분이 성질상 사전통지·의견청취가 **불필요한 예외에 해당**하게 되었다고 볼 수도 없다.

- 이처럼 정규임용취소처분에 대하여 행정절차법이 적용되고, 사전통지·의견청취의 예외사유에 해당하지 않음에도 이러한 절차를 거치지 않은 이상 그 처분은 위법하여 취소되어야 한다.

선지분석 & 요플·기풀기링크

선지	THEME	요플	기풀기
	T39 절차법(통지·청취)	N2	032

정답

필수문제 11

「행정절차법」상 처분의 이유제시 및 의견제출절차에 대한 판례의 입장으로 옳지 않은 것은?

17지방7

① 고시 등 불특정 다수인을 상대로 의무를 부과하거나 권익을 제한하는 처분에 있어서는 그 상대방에게 의견제출의 기회를 주어야 하는 것은 아니다.

② 가산세 부과처분에 관해서는 「국세기본법」이나 개별 세법 어디에도 그 납세고지의 방식 등에 관하여 따로 정한 규정이 없으므로, 가산세의 종류와 세액의 산출근거 등을 전혀 밝히지 않고 가산세의 합계액만을 기재한 경우 그 부과처분은 위법하지 않다.

③ 행정청이 토지형질변경허가신청을 불허하는 근거규정으로 '「도시계획법 시행령」제20조'를 명시하지 아니하고 '「도시계획법」'이라고만 기재하였으나, 신청인이 자신의 신청이 개발제한구역의 지정 목적에 현저히 지장을 초래하는 것이라는 이유로 구「도시계획법 시행령」 제20조 제1항 제2호에 따라 불허된 것임을 알 수 있었던 경우에는 그 불허처분이 위법하지 않다.

④ 불이익처분의 직접 상대방인 당사자 또는 행정청이 참여하게 한 이해관계인이 아닌 제3자에 대하여는 의견제출에 관한 「행정절차법」의 규정이 적용되지 아니한다.

해설

① ○ 고시로 하는 불특정 다수인 상대 처분: 사전통지·의견청취 생략사유 해당

'고시'의 방법으로 불특정 다수인을 상대로 의무를 부과하거나 권익을 제한하는 처분은 성질상 의견제출의 기회를 주어야 하는 상대방을 특정할 수 없으므로, 이와 같은 처분에 있어서까지 구 행정절차법 제22조 제3항에 의하여 그 상대방에게 의견제출의 기회를 주어야 한다고 해석할 것은 아니다(2014.10.27. 2012두7745).

+ PLUS 따라서 보건복지부장관의 요양급여 상대가치점수 변경고시처분은 상대방을 특정할 수 없으므로 의견제출의 기회를 주어야 하는 것은 아니다.@(2014.10.27. 2012두7745).

② ✕ 하나의 납세고지서에 여러 종의 가산세 부과: 가산세별로 구분해 산출근거 등 기재해야 → 합계액만 기재시 위법

하나의 납세고지서에 의하여 복수의 과세처분을 함께 하는 경우에는 과세처분별로 그 세액과 산출근거 등을 구분하여 기재함으로써 납세의무자가 각 과세처분의 내용을 알 수 있도록 해야 하는 것 역시 당연하다고 할 것이다. … 가산세 부과처분이라고 하여 그 종류와 세액의 산출근거 등을 전혀 밝히지 않고 가산세의 합계액만을 기재한 경우에는 그 부과처분은 위법함을 면할 수 없다(2012.10.18. 2010두12347 전합).

③ ○ 형질변경허가불허처분의 근거규정으로 '도시계획법'이라고만 기재하였으나, 근거조항을 알 수 있었던 경우: 위법✕

행정청이 토지형질변경허가신청을 불허하는 근거규정으로 '「도시계획법 시행령」 제20조'를 명시하지 아니하고 '도시계획법'이라고만 기재하였으나, 신청인이 자신의 신청이 개발제한구역의 지정목적에 현저히 지장을 초래하는 것이라는 이유로 구「도시계획법 시행령」 제20조 제1항 제2호에 따라 불허된 것임을 알 수 있었던 경우, 그 불허처분이 위법하지 아니하다(2002.5.17. 2000두8912).

+ PLUS 거부처분시 근거를 알 수 있을 정도로 제시하였다면 구체적 조항 및 내용까지 명시하지 않아도 위법✕

④ ○

행정절차법 제22조(의견청취) ③ 행정청이 당사자에게 의무를 부과하거나 권익을 제한하는 처분을 할 때 제1항 또는 제2항의 경우 외에는 **당사자등**에게 의견제출의 기회를 주어야 한다.

제2조(정의) 이 법에서 사용하는 용어의 뜻은 다음과 같다.
4. '당사자등'이란 다음 각 목의 자를 말한다.
  가. 행정청의 처분에 대하여 직접 그 상대가 되는 당사자
  나. 행정청이 직권으로 또는 신청에 따라 행정절차에 참여하게 한 이해관계인

관련 OX

① 관련

1 고시의 방법으로 불특정 다수인을 상대로 의무를 부과하거나 권익을 제한하는 처분에 있어서까지 그 상대방에게 의견제출의 기회를 주어야 한다고 해석할 것은 아니다. 24국회9

② 관련

2 하나의 납세고지서로 본세와 여러 종류의 가산세를 함께 부과하는 경우에 납세고지서에 가산세의 종류와 세액의 산출근거 등을 따로 구별하지 않고 가산세의 합계액만을 기재하였다면 그 부과처분은 위법하다. 18국가7

추가기출(① 관련)

ⓐ ○

보건복지부장관의 국민건강보험법령상 요양급여의 상대가치점수 변경 고시처분의 경우 상대방을 특정할 수 없으므로 그 상대방에게 의견제출의 기회를 주어야 하는 것은 아니다. 24소간

선지분석 & 요플·기풀기링크

선지	THEME	요플	기풀기
①	T39 절차법(통지·청취)	28	033
②	T38 절차법(근거·적용범위)	41	041
③	T40 절차법(이유제시)	15	014
④	T39 절차법(통지·청취)	06	009

정답 ②

OX 1○ 2○ ⓐ○

12

「행정절차법」상 의견청취절차에 대한 설명으로 옳은 것만을 모두 고르면? (다툼이 있는 경우 판례에 의함) 19지방7

ㄱ. 의견제출제도는 당사자에게 의무를 부과하거나 권익을 제한하는 경우에 적용되고 수익적 행위나 수익적 행위의 신청에 대한 거부에는 적용이 없으며, 일반처분의 경우에도 적용이 없다.

ㄴ. 처분의 상대방에게 이익이 되며 제3자의 권익을 침해하는 이중효과적 행정행위는 「행정절차법」상 사전통지·의견제출의 대상이 된다.

ㄷ. 「공무원연금법」상 퇴직연금의 환수결정은 당사자에게 의무를 과하는 처분이므로, 퇴직연금의 환수결정에 앞서 당사자에게 「행정절차법」상의 의견진술의 기회를 주지 아니한 경우 당해 처분은 「행정절차법」 위반이다.

ㄹ. 행정청과 당사자 사이에 청문의 실시 등 의견청취절차를 배제하는 협약이 있었다 하더라도, 이와 같은 협약의 체결로 청문의 실시에 관한 규정의 적용을 배제할 수 있다고 볼 만한 법령상의 규정이 없는 한, 청문의 실시에 관한 규정의 적용이 배제되지 않으며 청문을 실시하지 않아도 되는 예외적인 경우에 해당하지 아니한다.

① ㄱ, ㄴ
② ㄱ, ㄹ
③ ㄴ, ㄷ
④ ㄷ, ㄹ

관련 OX

ㄷ. 관련

1 법령상 확정된 의무에 따른 불이익처분에 대해서도 의견제출의 기회를 부여해야 한다는 것이 판례의 입장이다. 12사복9

2 「공무원연금법」상 퇴직연금의 환수결정은 당사자에게 의무를 과하는 처분이므로 퇴직연금의 환수결정에 앞서 당사자에게 의견진술의 기회를 주지 아니하면 「행정절차법」상 의견제출에 관한 규정이나 신의칙에 어긋난다. 25국가9

ㄹ. 관련

3 의견청취절차를 배제하는 내용의 협약을 체결한 경우의 처분(은 「행정절차법」의 적용이 배제된다) 24해경간부

해설

ㄱ. ○ 사전통지 및 의견청취절차는 의무를 부과하거나 권익을 제한하는 경우에만 적용된다. 따라서 수익적 행위나, 수익적 행위의 신청에 대한 거부처분에는 적용되지 않는다. 이들은 오히려 권익을 부여하거나 적어도 권익을 제한하는 것은 아니기 때문이다. 나아가 고시와 같은 일반처분에도 적용되지 않는다. 처분의 성질상 절차를 거치기가 곤란하기 때문이다.

ㄴ. × 사전통지 및 의견제출은 처분의 상대방, 즉 당사자의 권익을 제한하거나 의무를 부과하는 경우에 행해지는 것이지 제3자의 권익을 침해하는 경우에 행해지는 것이 아니다.

행정절차법 제21조(처분의 사전 통지) ① 행정청은 **당사자**에게 **의무를 부과하거나 권익을 제한하는 처분**을 하는 경우에는 미리 다음 각 호의 사항을 당사자등에게 통지하여야 한다.
제22조(의견청취) ③ 행정청이 **당사자**에게 **의무를 부과하거나 권익을 제한하는 처분**을 할 때 제1항 또는 제2항의 경우 외에는 당사자등에게 의견제출의 기회를 주어야 한다.

ㄷ. × 퇴직연금 환수결정: 법령에 따라 당연히 확정 so 의견제출 생략 가능
퇴직연금의 환수결정은 당사자에게 의무를 과하는 처분이기는 하나, 관련 법령에 따라 당연히 환수금액이 정하여지는 것이므로, 퇴직연금의 환수결정에 앞서 당사자에게 의견진술의 기회를 주지 아니하여도 행정절차법 제22조 제3항이나 신의칙에 어긋나지 아니한다(2000.11.28. 99두5443).

ㄹ. ○ 협약으로 행정절차법상 의견청취절차 배제 불가
행정청이 당사자와 사이에 도시계획사업의 시행과 관련한 협약을 체결하면서 관계 법령 및 행정절차법에 규정된 청문의 실시 등 의견청취절차를 배제하는 조항을 두었다고 하더라도 … 청문의 실시에 관한 규정의 적용이 배제된다거나 청문을 실시하지 않아도 되는 예외적인 경우에 해당한다고 할 수 없다(2004.7.8. 2002두8350).

선지분석 & 요플·기풀기링크

선지	THEME	요플	기풀기
ㄱ		22	034
ㄴ	T39 절차법(통지·청취)	04	005
ㄷ		34	038
ㄹ		35	028

정답 ②

OX 1× 2× 3×

필수문제 13

행정절차에 대한 설명으로 옳은 것은? (다툼이 있는 경우 판례에 의함)　19지방9

① 공정거래위원회의 시정조치 및 과징금납부명령에 「행정절차법」 소정의 의견청취절차 생략 사유가 존재하면 공정거래위원회는 「행정절차법」을 적용하여 의견청취절차를 생략할 수 있다.

② 묘지공원과 화장장의 후보지를 선정하는 과정에서 추모공원건립추진협의회가 후보지 주민들의 의견을 청취하기 위하여 그 명의로 개최한 공청회는 「행정절차법」에서 정한 절차를 준수하여야 하는 것은 아니다.

③ 구 「공중위생법」상 유기장업허가취소처분을 함에 있어서 두 차례에 걸쳐 발송한 청문통지서가 모두 반송되어 온 경우, 처분의 상대방이 청문일시에 불출석하였다는 이유로 청문을 거치지 않고 한 침해적 행정처분은 적법하다.

④ 구 「광업법」에 근거하여 처분청이 광업용 토지수용을 위한 사업인정을 하면서 토지소유자와 토지에 관한 권리를 가진 자의 의견을 들을 경우 처분청은 그 의견에 기속된다.

관련 OX

② 관련

1 도시계획시설인 추모공원 건립을 위해 지방자치단체, 비영리법인, 일반 기업 등이 공동발족한 추모공원건립추진협의회에서 후보지 주민들의 의견을 청취하기 위하여 추진협의회 명의로 개최한 공청회의 경우 「행정절차법」에서 정한 절차를 준수하여야 한다. 24소간

③ 관련

2 행정처분의 상대방이 청문일시에 불출석하였다는 이유로 행정청이 관계 법령상 그 실시가 요구되는 청문을 실시하지 아니하고 한 침해적 행정처분은 위법하다. 12국회8

해설

① ✕ 공정거래위원회의 의결을 거쳐 행하는 사항은 행정절차법 적용 배제 → 행정절차법 적용해 의견청취 생략 불가

공정거래위원회의 의결·결정을 거쳐 행하는 사항에는 행정절차법의 적용이 제외되게 되어 있으므로, 설사 공정거래위원회의 시정조치 및 과징금납부명령에 행정절차법 소정의 의견청취절차 생략사유가 존재한다고 하더라도, 공정거래위원회는 행정절차법을 적용하여 의견청취절차를 생략할 수는 없다(2001.5.8. 2000두10212).

② ○ 추모공원건립추진협의회가 개최한 공청회: 행정청이 개최한 공청회✕ → 행정절차법 준수의무✕

묘지공원과 화장장의 후보지를 선정하는 과정에서 서울특별시, 비영리법인, 일반 기업 등이 공동발족한 협의체인 추모공원건립추진협의회가 후보지 주민들의 의견을 청취하기 위하여 그 명의로 개최한 공청회는 행정청이 도시계획시설결정을 하면서 개최한 공청회가 아니므로, 위 공청회의 개최에 관하여 행정절차법에서 정한 절차를 준수하여야 하는 것은 아니다(2007.4.12. 2005두1893).

+ PLUS 공청회에 관한 행정절차법상 절차는 행정청이 처분을 하면서 개최한 공청회에 적용되는 것이다. 지자체와 민간기업 등의 협의체에 불과한 추모공원건립추진협의회가 그 명의로 개최한 공청회는 행정청이 처분을 하면서 개최한 공청회가 아니므로 행정절차법상 절차를 준수하지 않아도 된다.

③ ✕ 청문통지서 반송·불출석: 청문 생략사유✕

행정절차법 제21조 제4항 제3호는 침해적 행정처분을 할 경우 청문을 실시하지 않을 수 있는 사유로서 '당해 처분의 성질상 의견청취가 현저히 곤란하거나 명백히 불필요하다고 인정될 만한 상당한 이유가 있는 경우' … 는 당해 행정처분의 성질에 비추어 판단하여야 하는 것이지, 청문통지서의 반송여부, 청문통지의 방법 등에 의하여 판단할 것은 아니며, 또한 행정처분의 상대방이 통지된 청문일시에 불출석하였다는 이유만으로 행정청이 관계 법령상 그 실시가 요구되는 청문을 실시하지 아니한 채 침해적 행정처분을 할 수는 없을 것이므로, 행정처분의 상대방에 대한 청문통지서가 반송되었다거나, 행정처분의 상대방이 청문일시에 불출석하였다는 이유로 청문을 실시하지 아니하고 한 침해적 행정처분은 위법하다(2001.4.13. 2000두3337).

④ ✕ 사업인정시 소유자등의 의견청취의무: 청취 자체는 의무이나 그 의견에 구속(기속)되는 것은 아님

광업용 토지수용을 위한 사업인정을 하고자 할 때에 토지소유자와 토지에 관한 권리를 가진 자의 의견을 들어야 한다고 한 것은 그 사업인정 여부를 결정함에 있어서 소유자나 기타 권리자가 의견을 반영할 기회를 주어 이를 참작하도록 하고자 하는 데 있을 뿐, 처분청이 그 의견에 기속되는 것은 아니다(1995.12.22. 95누30).

+ PLUS 행정청은 의견제출, 청문, 공청회 등 의견청취절차에서 제출된 의견이 상당한 이유가 있다고 인정되면 이를 반영하여야 한다. 단, 이는 행정청 스스로 상당한 이유가 있다고 인정한 것을 전제로 하는바, 행정청이 제출의견에 기속된다고 볼 수는 없다.

선지분석 & 요플·기출기링크

선지	THEME	요플	기출기
①	T38 절차법(근거·적용범위)	43	043
②	T37 절차법(조문)	86	107
③	T39 절차법(통지·청취)	26	022
④		40	042

정답 ②

OX 1✕ 2○

T40 행정절차법(4) - 이유제시

01

「행정절차법」상 처분의 이유제시에 대한 설명으로 옳지 않은 것은? (다툼이 있는 경우 판례에 의함)
15국가7

① 이유제시는 처분의 결정과정을 보다 투명하게 하는 데 기여한다.
② 이유제시는 처분의 상대방에게 처분의 적법성을 보다 확신시켜 이를 수용하게 한다는 점에서 법원의 부담을 경감시켜주는 기능을 한다.
③ 거부처분을 하면서 이유제시에 구체적 조항 및 내용을 명시하지 않았어도 상대방이 그 근거를 알 수 있을 정도로 상당한 이유가 제시된 경우에는 그로 말미암아 그 처분이 위법하게 되는 것은 아니다.
④ 이유제시는 처분의 상대방에게 제시된 이유에 대해 방어할 기회를 보장하기 위해 처분에 앞서 사전에 함이 원칙이다.

관련 OX

③ 관련
1 행정청이 허가를 거부하는 처분을 하면서 처분의 근거와 이유를 구체적으로 명시하지 않은 이상, 당사자가 그 근거를 알 수 있을 정도로 이유를 제시하였다 하더라도 그 처분은 위법하다. 21변시

④ 관련
2 처분의 이유의 제시는 처분과 동시에 하며, 당사자가 그 근거를 알 수 있을 정도로 상당한 이유이어야 하고, 충분히 납득할 수 있도록 구체적이고 명확하여야 한다. 13서울7

해설

①② ○ 처분시 그 이유를 밝히도록 함으로써 1) 행정청의 밀실행정을 방지하고, 투명행정에 기여하게 된다.① 2) 상대방 국민으로서도 처분의 이유를 알게 되므로 무리한 쟁송을 스스로 자제하게 되고(타당한 이유는 수용하게 되고), 이는 법원의 부담 경감으로 이어진다.②(무리한 소송제기가 줄어드니까)

행정절차법 제1조(목적) 이 법은 행정절차에 관한 공통적인 사항을 규정하여 국민의 행정참여를 도모함으로써 행정의 공정성·투명성 및 신뢰성을 확보하고 국민의 권익을 보호함을 목적으로 한다.
제5조(투명성) ① 행정청이 행하는 행정작용은 그 내용이 구체적이고 명확하여야 한다.
② 행정작용의 근거가 되는 법령등의 내용이 명확하지 아니한 경우 상대방은 해당 행정청에 그 해석을 요청할 수 있으며, 해당 행정청은 특별한 사유가 없으면 그 요청에 따라야 한다.
③ 행정청은 상대방에게 행정작용과 관련된 정보를 충분히 제공하여야 한다.

③ ○ 행정절차법 제23조 제1항은 행정청은 처분을 하는 때에는 당사자에게 그 근거와 이유를 제시하여야 한다고 규정하고 있는바 일반적으로 당사자가 근거규정 등을 명시하여 신청하는 인·허가 등을 거부하는 처분을 함에 있어 당사자가 그 근거를 알 수 있을 정도로 상당한 이유를 제시한 경우에는 당해 처분의 근거 및 이유를 구체적 조항 및 내용까지 명시하지 않았더라도 그로 말미암아 그 처분이 위법한 것이 된다고 할 수 없다(2002.5.17. 2000두8912).

④ × 처분의 이유제시는 처분시에 한다. 사전에 하는 것이 아니다.

행정절차법 제23조(처분의 이유제시) ① 행정청은 처분을 할 때에는 다음 각 호의 어느 하나에 해당하는 경우를 제외하고는 당사자에게 그 근거와 이유를 제시하여야 한다.

시기	작용	취지	테마
처분 전	사전통지·의견청취	방어권 보장	T39
처분시	이유제시	쟁송편의	T40
처분 후~제소 전	이유제시 보완·치유	절차하자의 치유	T41
제소 후~사실심 변론종결 전	처분사유 추가·변경	소송경제	T64

선지분석 & 요플·기풀가링크

선지	THEME	요플	기풀기
①		02	001
②	T40 절차법(이유제시)	03	002
③		12	012
④		01	010

 ④
 1× 2○

02 필수문제

처분의 이유제시에 대한 설명으로 옳지 않은 것은? 12국가9

① 세무서장이 주류도매업자에 대하여 일반주류도매업면허취소 통지를 하면서 그 위반사실을 구체적으로 특정하지 아니한 것은 위법하다는 것이 판례의 입장이다.

② 단순·반복적인 처분 또는 경미한 처분으로서 당사자가 그 이유를 명백히 알 수 있는 경우에는 이유제시의무가 면제된다.

③ 신청내용을 모두 그대로 인정하는 처분인 경우 이유제시의무가 면제되지만 처분 후 당사자가 요청하는 경우에는 그 근거와 이유를 제시하여야 한다.

④ 이유제시의 하자는 행정쟁송의 제기 전에 한해 치유가 가능한 것으로 보는 것이 판례의 입장이다.

관련 OX

② 관련

1 ❌
단순·반복적인 처분 또는 중대한 처분이지만 당사자가 그 이유를 명백히 알 수 있는 경우 처분의 이유제시를 생략할 수 있다. 14서울7

③ 관련

2 ❌
신청내용을 모두 그대로 인정하는 처분인 경우라 할지라도 이유·근거를 구체적으로 제시해야 할 행정청의 의무가 완화되는 것은 아니다. 18교행9

④ 관련

3 처분에 이유제시의 하자가 있는 경우 행정쟁송 계속 중에 이유제시를 보완하였다면 그 하자는 치유된다. 22변시

해설

① ○ 세무서장이 주류도매업자에 대하여 한 일반주류도매면허취소 통지에 "상기 주류도매장은 무면허 주류판매업자에게 주류를 판매하여 주세법 제11조 및 국세법사무처리규정 제26조에 의거 지정조건 위반으로 주류판매면허를 취소합니다."라고만 되어 있어서 <u>주류도매업자의 영업기간과 거래상대방 등에 비추어 주류도매업자가 어떠한 거래행위로 인하여 위 처분을 받았는지 알 수 없게 되어 있다면 이 면허취소처분은 위법하다</u>(1990.9.11. 90누1786).

② ○, ③ ✕ 신청내용을 모두 그대로 인정하는 처분인 경우 이유제시의무가 면제되고, 처분 후 당사자가 요청하는 경우에도 그 근거와 이유를 제시하지 않을 수도 있다.

행정절차법 제23조(처분의 이유제시) ① 행정청은 처분을 할 때에는 <u>다음 각 호의 어느 하나에 해당하는 경우를 제외하고는 당사자에게 그 근거와 이유를 제시하여야 한다.</u>
  1. 신청 내용을 모두 그대로 인정하는 처분인 경우
  2. 단순·반복적인 처분 또는 경미한 처분으로서 당사자가 그 이유를 명백히 알 수 있는 경우②
  3. 긴급히 처분을 할 필요가 있는 경우
② 행정청은 제1항 제2호 및 제3호의 경우에 처분 후 당사자가 요청하는 경우에는 그 근거와 이유를 제시하여야 한다.③

+ PLUS • **이유제**시 생략사유: **경단·긴·인정** / **경단·긴** 사후제시의무○ / **인정**은 사후제시의무✕

④ ○ 판례는 이유제시의 하자를 치유하려면 늦어도 처분에 대한 불복 여부의 결정 및 불복신청에 편의를 줄 수 있는 상당한 기간 내에 하여야 한다고 하고 있다(행정쟁송제기전설).

• **과세처분시 세액산출근거를 누락했다가 취소소송 진행 중에야 세액산출근거 보정: 치유✕**
과세처분시 납세고지서에 과세표준, 세율, 세액의 산출근거 등이 누락된 경우에는 늦어도 과세처분에 대한 <u>불복 여부의 결정 및 불복신청에 편의를 줄 수 있는 상당한 기간 내에 보정행위를 하여야 그 하자가 치유된다</u> 할 것이므로 과세처분이 있은 지 4년이 지나서 그 <u>취소소송이 제기된 때에 보정된 납세고지서를 송달하였다는 사실이나 오랜 기간(4년)의 경과로써 과세처분의 하자가 치유되었다고 볼 수는 없다</u>(1983.7.26. 82누420).

선지분석 & 요플·기풀기링크

선지	THEME	요플	기풀기
①		13	015
②	T40 절차법(이유제시)	05	004
③		10	009
④	T41 절차의 하자	30	037

 ③
 1✕ 2✕ 3✕

필수문제 03

행정행위의 이유제시에 관한 설명 중 옳지 않은 것은? 　　　　　10국회8

① 이유제시는 원칙적으로 처분시점에 구비되어야 한다.
② 이유제시의 하자가 있는 것만으로도 처분의 무효확인이나 취소를 구할 수 있다.
③ 판례는 이유제시의 하자의 추완이나 보완은 처분에 대한 불복 여부의 결정 및 불복신청에 편의를 줄 수 있는 상당한 기간 내에 하여야 한다는 입장이다.
④ 이유제시의 하자로 인용판결을 받은 후 처분청이 이를 보완하여 종전과 동일한 내용의 처분을 하더라도 판결의 기속력에 위반되지 않는다.
⑤ 판례에 의하면 이유제시의 정도는 당사자가 처분사유를 이해할 수 있을 정도로 구체적이어야 하므로 인·허가 사항의 거부 등 신청 당시 당사자가 근거규정을 알 수 있을 정도의 상당한 이유가 있더라도 당해 처분의 근거 및 이유의 구체적 조항 및 내용을 명시하여야 한다.

관련 OX

① 관련

1 이유제시는 처분의 상대방에게 제시된 이유에 대해 방어할 기회를 보장하기 위해 처분에 앞서 사전에 함이 원칙이다. 　15국가7

③ 관련

2 하자의 치유는 늦어도 행정처분에 대한 불복 여부의 결정 및 불복신청을 할 수 있는 상당한 기간 내에 해야 하므로, 소가 제기된 이후에는 하자의 치유가 인정될 수 없다. 　14사복9

④ 관련

3 과세처분권자가 확정판결에 적시된 위법사유를 보완하여 행한 새로운 과세처분은 확정판결에 의해 취소된 종전의 과세처분과는 별개의 처분으로 기속력에 저촉되지 않는다. 　24경찰간부

해설

① ○ 이유제시는 '처분을 할 때' 하도록 규정되어 있다.

행정절차법 제23조(처분의 이유제시) ① 행정청은 **처분을 할 때**에는 다음 각 호의 어느 하나에 해당하는 경우를 제외하고는 당사자에게 그 근거와 이유를 제시하여야 한다.

② ○ 실체적(내용적)으로는 적법하나 절차상 하자가 있는 행정행위에(ex. 음주운전을 하여 면허정지사유가 있는 것은 맞으나 이유제시를 안 하고 면허정지를 한 경우) 독자적 위법성을 인정할 것인지가 문제되는데, 판례는 당해 처분이 실체적으로는 적법하더라도 **절차법상의 하자만으로 독립된 취소사유가 된다**고 본다. 따라서 이유제시의 하자가 있는 것만으로도 처분의 무효확인이나 취소를 구할 수 있다.

③ ○ 판례는 이유제시의 하자를 치유하려면 늦어도 처분에 대한 불복 여부의 결정 및 불복신청에 편의를 줄 수 있는 상당한 기간 내에 하여야 한다고 하고 있다(행정쟁송제기전설).

* **과세처분시 세액산출근거를 누락했다가 취소소송 진행 중에야 세액산출근거 보정: 치유×**
과세처분시 납세고지서에 과세표준, 세율, 세액의 산출근거 등이 누락된 경우에는 늦어도 과세처분에 대한 불복 여부의 결정 및 불복신청에 편의를 줄 수 있는 상당한 기간 내에 보정행위를 하여야 그 하자가 치유된다 할 것이므로 과세처분이 있은 지 4년이 지나서 그 취소소송이 제기된 때에 보정된 납세고지서를 송달하였다는 사실이나 오랜 기간(4년)의 경과로써 과세처분의 하자가 치유되었다고 볼 수는 없다(1983.7.26. 82누420).

　+ PLUS 이유제시의무를 둔 취지는 국민의 **불복 여부 및 불복신청에 편의**를 주려는 것이다(이유를 알려줄 테니, 읽어보고 소송할지 말지 정해라). 따라서 이미 국민이 소송을 제기한 후에는 이유제시의 하자가 치유될 수 없다.

④ ○ 처분청이 판결에서 적시한 위법사유를 보완하여 새로운 행정처분을 할 경우 확정판결의 기속력에 저촉되지 않는다. 따라서 종전 처분이 이유제시의 누락과 같은 **절차적 위법으로 취소된 경우에는**, 절차하자만 보완하여 동일 내용으로 다시 처분하더라도 기속력(반복금지의무)에 반하지 않는다.

⑤ × **거부처분시 근거를 알 수 있을 정도로 제시: 구체적 조항 및 내용까지 명시하지 않아도 위법×**
행정절차법 제23조 제1항은 행정청은 처분을 하는 때에는 당사자에게 그 근거와 이유를 제시하여야 한다고 규정하고 있는바, 일반적으로 당사자가 근거규정 등을 명시하여 신청하는 인·허가 등을 〈거부하는 처분〉을 함에 있어 당사자가 그 근거를 알 수 있을 정도로 상당한 이유를 제시한 경우에는 당해 처분의 근거 및 이유를 구체적 조항 및 내용까지 명시하지 않았더라도 그로 말미암아 그 처분이 위법한 것이 된다고 할 수 없다(2002.5.17. 2000두8912).

선지분석 & 요플·기풀기링크

선지	THEME	요플	기풀기
①	T40 절차법(이유제시)	01	010
②	T41 절차의 하자	26	026
③		29	036
④	T66 판결의 효력	31	049
⑤	T40 절차법(이유제시)	14	013

정답 ⑤
OX 1× 2○ 3○

04 필수문제

행정절차에 대한 판례의 입장으로 옳지 않은 것은? 19국가7

① 당사자가 신청하는 허가 등을 거부하는 처분을 하면서 당사자가 그 근거를 알 수 있을 정도로 이유를 제시한 경우에는 처분의 근거와 이유를 구체적으로 명시하지 않았더라도 그로 말미암아 그 처분이 위법하다고 볼 수는 없다.

② 구 「폐기물처리시설 설치촉진 및 주변지역 지원 등에 관한 법률」상 입지선정위원회가 동법 시행령의 규정에 위배하여 군수와 주민대표가 선정·추천한 전문가를 포함시키지 않은 채 임의로 구성되어 의결을 한 경우에, 이에 터잡아 이루어진 폐기물처리시설 입지결정처분은 당연무효가 된다.

③ 「공무원연금법」상 퇴직연금 지급정지 사유기간 중 수급자에게 지급된 퇴직연금의 환수결정은 당사자에게 의무를 과하는 처분으로, 퇴직연금의 환수결정에 앞서 당사자에게 의견진술의 기회를 주지 아니하면 「행정절차법」에 반한다.

④ 납세고지서에 세액산출근거 등의 기재사항이 누락되었거나 과세표준과 세액의 계산명세서가 첨부되지 않은 납세고지의 하자는 납세의무자가 그 나름대로 산출근거를 알고 있다거나 사실상 이를 알고서 쟁송에 이르렀다 하더라도 치유되지 않는다.

관련 OX

① 관련

1 행정청이 허가를 거부하는 처분을 하면서 처분의 근거와 이유를 구체적으로 명시하지 않은 이상, 당사자가 그 근거를 알 수 있을 정도로 이유를 제시하였다 하더라도 그 처분은 위법하다. 21변시

③ 관련

2 「공무원연금법」상 퇴직연금의 환수결정은 당사자에게 의무를 과하는 처분이므로 퇴직연금의 환수결정에 앞서 당사자에게 의견진술의 기회를 주지 아니하면 「행정절차법」상 의견제출에 관한 규정이나 신의칙에 어긋난다. 25국가9

해설

① ○ 처분시 근거와 이유를 알 수 있어 불복제기에 지장×: (더) 구체적으로 명시되지 않았어도 위법×
처분서에 기재된 내용과 관계 법령 및 당해 처분에 이르기까지 전체적인 과정 등을 종합적으로 고려하여, 처분 당시 당사자가 어떠한 근거와 이유로 처분이 이루어진 것인지를 **충분히 알 수 있어서 그에 불복하여 행정구제절차로 나아가는 데에 별다른 지장이 없었던 것으로 인정되는 경우에는 처분서에 처분의 근거와 이유가 구체적으로 명시되어 있지 않다고 하더라도 그로 말미암아 그 처분이 위법한 것으로 된다고 할 수는 없다**(2013.11.14. 2011두18571).

② ○ 입지선정위원회(의결기관) 임의구성: 그 의결에 터잡은 입지결정처분은 무효
구 「폐기물처리시설 설치촉진 및 주변지역지원 등에 관한 법률」 … 각 규정들에 의하면, **입지선정위원회는 폐기물처리시설의 입지를 선정하는 의결기관** … 군수와 주민대표가 선정·추천한 전문가를 포함시키지 않은 채 **임의로 구성되어 의결을 한 경우**, 그에 터잡아 이루어진 폐기물처리시설 입지결정처분의 하자는 중대한 것이고 객관적으로도 명백하므로 **무효**사유에 해당한다(2007.4.12. 2006두20150).

  + PLUS 타 기관의 의결·동의·승인 등이 필요한 행정행위의 경우 그러한 의결 등을 거치지 않았거나, **의결기관 구성에 하자가 있었던 경우**, 이 역시 **주체의 하자**로서 원칙적으로 **무효**사유이다. 이는 당해 행정행위가 의결 등에 기속되기 때문이다.

③ × 퇴직연금 환수결정: 법령에 따라 당연히 확정 so 의견제출 생략 가능
퇴직연금의 환수결정은 당사자에게 의무를 과하는 처분이기는 하나, 관련 법령에 따라 당연히 환수금액이 정하여지는 것이므로, 퇴직연금의 환수결정에 앞서 당사자에게 의견진술의 기회를 주지 아니하여도 행정절차법 제22조 제3항이나 신의칙에 어긋나지 아니한다(2000.11.28. 99두5443).

④ ○ 납세고지서에 산출근거 등 누락: 당사자가 산출근거를 알고 있다거나 알고서 쟁송했더라도 치유×
납세고지서에 세액산출근거 등의 기재사항이 누락되었거나 과세표준과 세액의 계산명세서가 첨부되지 않았다면 적법한 납세의 고지라고 볼 수 없으며, 위와 같은 납세고지의 하자는 납세의무자가 그 나름대로 **산출근거를 알고 있다거나 사실상 이를 알고서 쟁송에 이르렀다 하더라도 치유되지 않는다**(2002.11.13. 2001두1543).

선지분석 & 요플·기풀기링크

선지	THEME	요플	기풀기
①	T40 절차법(이유제시)	12	012
②	T29 VA의 하자와 효력	30	034
③	T39 절차법(통지·청취)	34	038
④	T40 절차법(이유제시)	19	021

정답 ③

OX 1× 2×

05

행정절차에 대한 설명으로 옳지 않은 것은? (다툼이 있는 경우 판례에 의함) 22지방9

① 계약직공무원 채용계약해지의 의사표시는 「행정절차법」에 의하여 근거와 이유를 제시하여야 하는 것은 아니다.
② 교육부장관이 부적격사유가 없는 후보자들 사이에서 어떤 후보자를 상대적으로 더욱 적합하다고 판단하여 국립대학교의 총장으로 임용제청을 하였다면, 그러한 임용제청행위 자체로서 이유제시의무를 다한 것이다.
③ 「국가공무원법」상 직위해제처분에는 처분의 사전통지 및 의견청취 등에 관한 「행정절차법」의 규정이 적용된다.
④ 과세처분시 납세고지서에 법으로 규정한 과세표준 등의 기재가 누락되면 그 과세처분 자체가 위법한 처분이 되어 취소의 대상이 된다.

해설

① ○ 계약직공무원 채용계약해지 의사표시: 처분× → 처분과 같은 행정절차법상 이유제시 절차×
계약직공무원에 관한 현행 법령의 규정에 비추어 볼 때, **계약직공무원 채용계약해지의 의사표시는** 일반공무원에 대한 징계처분과는 달라서 항고소송의 대상이 되는 **처분**등의 성격을 가진 것으로 인정되지 아니하고, 일정한 사유가 있을 때에 국가 또는 지방자치단체가 채용계약관계의 한쪽 당사자로서 **대등한 지위**에서 행하는 의사표시로 취급되는 것으로 이해되므로, 이를 징계해고 등에서와 같이 그 징계사유에 한하여 효력 유무를 판단하여야 하거나, 행정처분과 같이 **행정절차법에 의하여 근거와 이유를 제시하여야 하는 것은 아니다**(2002.11.26. 2002두5948).

② ○ 교육부장관의 총장후보자 임용제청 제외시 더 적합한 자가 있어서 제외한 경우: 행위 자체로 이유제시 ○ / 추가로 개별심사항목 등을 밝힐 의무×
교육부장관이 ① 어떤 후보자를 총장 임용에 부적격하다고 판단하여 배제하고 다른 후보자를 임용제청하는 경우라면 배제한 후보자에게 연구윤리 위반, 선거부정, 그 밖의 비위행위 등과 같은 부적격사유가 있다는 점을 **구체적으로 제시할 의무가 있다**. ② 그러나 **부적격사유가 없는 후보자들 사이에서 어떤 후보자를 상대적으로 더욱 적합**하다고 판단하여 임용제청하는 경우라면, 이는 후보자의 경력, 인격, 능력, 대학운영계획 등 여러 요소를 종합적으로 고려하여 총장 임용의 적격성을 정성적으로 평가하는 것으로 그 판단 결과를 수치화하거나 이유제시를 하기 어려울 수 있다. 이 경우에는 교육부장관이 어떤 후보자를 총장으로 **임용제청하는 행위 자체에** 그가 총장으로 더욱 적합하다는 정성적 평가 결과가 당연히 포함되어 있는 것으로, 이로써 **행정절차법상 이유제시의무를 다한** 것이라고 보아야 한다. 여기에서 나아가 교육부장관에게 개별 심사항목이나 고려요소에 대한 평가결과를 더 자세히 밝힐 의무까지는 없다(2018.6.15. 2016두57564).

+ PLUS 부적격을 이유로 제외(제외사유 구체적으로 밝혀야) / 더 적격자가 있음을 이유로 제외(타인 제청행위 자체로 이유제시된 것)

③ × 직위해제처분: 행정절차법 적용×
국가공무원법상 **직위해제처분은** 당해 행정작용의 **성질상** 행정절차를 거치기 곤란하거나 불필요하다고 인정되는 사항 또는 행정절차에 **준하는** 절차를 거친 사항에 해당하므로, **처분의 사전통지 및 의견청취** 등에 관한 **행정절차법의 규정이 별도로 적용되지 않는다**(2014.5.16. 2012두26180).

④ ○ 납세고지서 기재사항 누락: 절차(이유제시) 하자로 취소대상
법인세를 부과징수하고자 할 때에는 과세표준과 세율, 세액 및 그 산출근거를 납세고지서에 명시하여 발부 통지하도록 한 것은, 단순한 세무행정상의 편의를 위한 훈시규정이 아니라 강행규정이라 할 것이고, 따라서 세액산출근거가 기재되지 아니한 납세고지서에 의한 부과처분은 강행법규에 위반하여 취소대상이 된다(1985.4.9. 84누431).

선지선택비율 ① 9.65% ② 14.24% ③ 63.97% ④ 12.15% 오답률 36.03%

관련 OX

① 관련

1 구 「국가공무원법」 등에 의한 계약직공무원 채용계약해지의 의사표시는 항고소송의 대상이 되는 처분 등의 성격을 가진 것으로 행정처분과 같이 「행정절차법」에 의하여 근거와 이유를 제시하여야 한다. 24경찰간부

③ 관련

2 임용권자가 형사기소를 당한 자에 대해 「국가공무원법」에 따라 직위해제처분을 하려고 할 때에는 직위해제처분이 당사자에게 의무를 부과하거나 권익을 제한하는 처분이므로 「행정절차법」상 사전통지·의견청취 절차에 관한 규정이 적용된다. 17서울7

선지분석 & 요플·기풀기링크

선지	THEME	요플	기풀기
①	T53 대상적격(법률관계)	96	097
②	T40 절차법(이유제시)	21	016
③	T38 절차법(근거·적용범위)	32	033
④	T41 절차의 하자	27	025

정답 ③
OX 1× 2×

06

행정절차에 관한 설명 중 옳지 않은 것을 모두 고른 것은? (다툼이 있는 경우 판례에 의함)

21변시

- ㄱ. 징계와 같은 불이익처분절차에서 징계심의대상자에게 변호사를 통한 방어권의 행사를 보장하는 것이 필요하고, 징계심의대상자가 선임한 변호사가 징계위원회에 출석하여 징계심의대상자를 위하여 필요한 의견을 진술하는 것은 방어권 행사의 본질적 내용에 해당하므로, 행정청은 특별한 사정이 없는 한 이를 거부할 수 없다.
- ㄴ. 행정청이 허가를 거부하는 처분을 하면서 처분의 근거와 이유를 구체적으로 명시하지 않은 이상, 당사자가 그 근거를 알 수 있을 정도로 이유를 제시하였다 하더라도 그 처분은 위법하다.
- ㄷ. 교육부장관이 관련 법령에 따른 부적격사유가 없는 A와 B총장후보자 가운데 A후보자가 상대적으로 더욱 적합하다고 판단하여 대통령에게 총장으로 A후보자를 임용제청한 경우, 교육부장관은 B후보자에게 개별 심사항목이나 총장 임용 적격성에 대한 정성적 평가결과를 구체적으로 밝힐 의무가 있다.
- ㄹ. 법령에서 사업의 승인 이전에 관계행정청과의 협의를 거치도록 규정한 취지가 미리 자문을 구하라는 의미인 경우에는 비록 승인 전에 이러한 협의를 거치지 아니하였더라도 그 승인처분이 당연무효가 되는 것은 아니다.

① ㄱ, ㄴ, ㄹ
② ㄱ, ㄷ
③ ㄱ, ㄷ, ㄹ
④ ㄴ, ㄷ
⑤ ㄴ, ㄹ

해설

- ㄱ. ○ 징계심의대상자가 선임한 변호사 → 징계위에서 출석거부 불가 so 출석거부하고 내린 징계처분은 절차상 위법(취소사유)
- 행정절차법 제12조 제1항 제3호, 제2항, 제11조 제4항 본문에 따르면, 당사자등은 변호사를 대리인으로 선임할 수 있고, 대리인으로 선임된 변호사는 당사자등을 위하여 행정절차에 관한 모든 행위를 할 수 있다고 규정되어 있다. 또한 헌법상 법치국가원리와 적법절차원칙에 비추어 징계와 같은 불이익처분절차에서 징계심의대상자에게 변호사를 통한 방어권의 행사를 보장하는 것이 필요하다.
- 따라서 징계심의대상자가 선임한 변호사가 징계위원회에 출석하여 징계심의대상자를 위하여 필요한 의견을 진술하는 것은 방어권 행사의 본질적 내용에 해당하므로, 행정청은 특별한 사정이 없는 한 이를 거부할 수 없다.
- 육군3사관학교의 사관생도에 대한 징계절차에서 징계심의대상자가 대리인으로 선임한 변호사가 징계위원회 심의에 출석하여 진술하려고 하였음에도, 징계권자나 그 소속 직원이 변호사가 징계위원회의 심의에 출석하는 것을 막았다면 징계위원회 심의·의결의 절차적 정당성이 상실되어 그 징계의결에 따른 징계처분은 위법하여 원칙적으로 취소되어야 한다(2018.3.3. 2016두33339).

관련 OX

ㄱ. 관련

1. ◉ 징계심의대상자가 선임한 변호사가 징계위원회에 출석하여 징계심의대상자를 위하여 필요한 의견을 진술하는 것은 방어권 행사의 본질적 내용에 해당하므로, 행정청은 특별한 사정이 없는 한 이를 거부할 수 없다. 19(1)서울9

2. ◉ 육군3사관학교의 사관생도에 대한 징계절차에서 징계심의대상자가 대리인으로 선임한 변호사가 징계위원회 심의에 출석하여 진술하려고 하였음에도, 징계권자나 그 소속 직원이 변호사가 징계위원회의 심의에 출석하는 것을 막은 후 내린 징계위원회의 징계의결에 따른 징계처분은 특별한 사정이 없는 한 위법하여 원칙적으로 취소되어야 한다. 24지방9

ㄴ. 관련

3. 당사자가 신청하는 허가 등을 거부하는 처분을 하면서 당사자가 그 근거를 알 수 있을 정도로 이유를 제시한 경우에는 처분의 근거와 이유를 구체적으로 명시하지 않았더라도 그로 말미암아 그 처분이 위법하다고 볼 수는 없다. 19국가7

선지분석 & 요플·기풀기링크

선지	THEME	요플	기풀기
①	T37 절차법(조문)	15	016
②	T40 절차법(이유제시)	12	012
③		22	017
④	T29 VA의 하자와 효력	32	036

ㄴ. ✕ 거부처분시 근거를 알 수 있을 정도로 제시: 구체적 조항 및 내용까지 명시하지 않아도 위법✕

행정절차법 제23조 제1항은 행정청은 처분을 하는 때에는 당사자에게 그 근거와 이유를 제시하여야 한다고 규정하고 있는바, 일반적으로 당사자가 근거규정 등을 명시하여 신청하는 인·허가 등을 〈거부하는 처분〉을 함에 있어 당사자가 그 근거를 알 수 있을 정도로 상당한 이유를 제시한 경우에는 당해 처분의 근거 및 이유를 구체적 조항 및 내용까지 명시하지 않았더라도 그로 말미암아 그 처분이 위법한 것이 된다고 할 수 없다(2002.5.17. 2000두8912).

ㄷ. ✕ 교육부장관의 총장후보 임용제청 제외시 더 적합한 자가 있어서 제외한 경우: 행위 자체가 이유제시 / 추가로 개별심사항목 등을 밝힐 의무✕

교육부장관이 ① 어떤 후보자를 총장 임용에 부적격하다고 판단하여 배제하고 다른 후보자를 임용제청하는 경우라면 배제한 후보자에게 연구윤리 위반, 선거부정, 그 밖의 비위행위 등과 같은 부적격사유가 있다는 점을 구체적으로 제시할 의무가 있다. ② 그러나 부적격사유가 없는 후보자들 사이에서 어떤 후보자를 상대적으로 더욱 적합하다고 판단하여 임용제청하는 경우라면, 이는 후보자의 경력, 인격, 능력, 대학운영계획 등 여러 요소를 종합적으로 고려하여 총장 임용의 적격성을 정성적으로 평가하는 것으로 그 판단 결과를 수치화하거나 이유제시를 하기 어려울 수 있다. 이 경우에는 교육부장관이 어떤 후보자를 총장으로 임용제청하는 행위 자체에 그가 총장으로 더욱 적합하다는 정성적 평가 결과가 당연히 포함되어 있는 것으로, 이로써 행정절차법상 이유제시의무를 다한 것이라고 보아야 한다. 여기에서 나아가 교육부장관에게 개별 심사항목이나 고려요소에 대한 평가 결과를 더 자세히 밝힐 의무까지는 없다(2018.6.15. 2016두57564).

+ PLUS 부적격을 이유로 제외(제외사유 구체적으로 밝혀야) / 더 적격자가 있음을 이유로 제외(타인 제청행위 자체로 이유제시된 것)

ㄹ. ○ 판례는 구속력이 인정되지 아니하는 다른 행정기관의 협의나 자문을 거치지 않은 것은 통상 취소원인에 불과한 것으로 본다.

• 보전임지 전용을 수반하는 사업의 승인처분 전 산림청장과 협의누락: 구속✕, 자문○ → 무효✕, 취소○

「국방·군사시설 사업에 관한 법률」 및 구 산림법에서 보전임지를 다른 용도로 이용하기 위한 사업에 대하여 승인 등 처분을 하기 전에 미리 산림청장과 협의를 하라고 규정한 의미는 그의 자문을 구하라는 것이지 그 의견을 따라 처분을 하라는 의미는 아니라 할 것이므로, 이러한 협의를 거치지 아니하였다고 하더라도 이는 당해 승인처분을 취소할 수 있는 원인이 되는 하자 정도에 불과하고 그 승인처분이 당연무효가 되는 하자에 해당하는 것은 아니다(2006.6.30. 2005두14363).

T41 행정절차법(5) – 절차의 하자

01

행정절차에 대한 설명으로 옳은 것은? (다툼이 있는 경우 판례에 의함) 17국회8

① 행정절차에는 당사자주의가 적용되므로 행정청은 당사자가 제출한 증거나 당사자의 증거신청에 구속된다.
② 환경영향평가법령에서 요구하는 환경영향평가절차를 거쳤더라도 그 내용이 부실한 경우, 부실의 정도가 환경영향평가를 하지 아니한 것과 마찬가지인 정도가 아니라면 이는 취소사유에 해당한다.
③ 행정처분의 직접 상대방이 아닌 제3자라도 법적 보호이익이 있는 자는 당연히 「행정절차법」상 당사자에 해당한다.
④ 기속행위의 경우에도 행정처분의 절차상 하자만으로 독자적인 취소사유가 된다.
⑤ 행정처분이 절차의 하자를 이유로 취소된 경우, 적법한 절차를 갖추더라도 이전의 처분과 동일한 내용의 처분을 다시하는 것은 기속력에 위반되어 허용되지 않는다.

관련 OX

① 관련
1 청문 주재자는 직권으로 당사자등이 주장한 사실에 한하여 필요한 조사를 하여야 한다. 24행정사

④ 관련
2 행정처분이 절차상 중대한 하자가 있다고 하더라도 실체적 하자가 없다면 취소판결을 할 수 없다. 25해경승진

해설

① ✕

행정절차법 제33조(증거조사) ① 청문 주재자는 **직권**으로 또는 당사자의 신청에 따라 필요한 조사를 할 수 있으며, 당사자등이 **주장하지 아니한 사실**에 대하여도 조사할 수 있다.

② ✕ 사전환경성 검토 부실: 그 자체로 승인처분이 당연히 위법✕, just 재량의 일탈·남용 판단요소
구 환경정책기본법 제25조의2에 따라 **사전환경성 검토**를 거쳐야 하는 행정계획이나 개발사업에 대하여 사전환경성 검토를 거치지 아니하였는데도 행정계획을 수립하거나 개발사업에 대하여 허가 또는 승인 등을 하였다면 그 처분은 위법하다 할 것이나, 그러한 절차를 거쳤다면, 비록 그 사전환경성 검토의 내용이 다소 부실하다 하더라도 그 부실의 정도가 사전환경성 검토제도를 둔 입법 취지를 달성할 수 없을 정도이어서 사전환경성 검토를 하지 아니한 것과 다를 바 없는 정도의 것이 아닌 이상, 그 부실은 당해 처분에 재량권 일탈·남용의 위법이 있는지 여부를 판단하는 하나의 요소로 됨에 그칠 뿐, 그 부실로 인하여 당연히 당해 처분이 위법하게 되는 것은 아니라고 할 것이다(2014.7.24. 2012두4616).
   ✚ PLUS 사전환경성 검토: 누락은 위법○ / 다소 부실은 원칙적으로 위법✕

③ ✕ 행정절차법상 절차를 보장받는 '당사자등'은 당사자 외 제3자도 포함되나, 그는 행정청이 직권 혹은 신청에 따라 행정절차에 참여시킨 이해관계인에 한정된다(제2조 제4호 나목).

행정절차법 제2조(정의) 이 법에서 사용하는 용어의 뜻은 다음과 같다.
   4. **'당사자등'**이란 다음 각 목의 자를 말한다.
      가. 행정청의 처분에 대하여 **직접 그 상대가 되는 당사자**
      나. 행정청이 **직권**으로 또는 **신청**에 따라 **행정절차에 참여하게 한 이해관계인**

선지분석 & 요플·기풀기링크

선지	THEME	요플	기풀기
①	T37 절차법(조문)	70	064
②	T41 절차의 하자	08	008
③	T37 절차법(조문)	03	002
④	T41 절차의 하자	04	004
⑤	T66 판결의 효력	31	049

④ ○ 판례는 재량행위인 식품위생법상 영업정지처분뿐만 아니라 기속행위인 국세징수법상의 과세처분에 대해서도 절차상의 하자를 이유로 취소를 인정하였다. 즉 행정처분이 기속행위인지 재량행위인지를 불문하고 당해 처분이 실체적으로는 적법하더라도 **절차법상의 하자만으로 독립된 취소사유가 된다**고 본다.

■ 절차상 하자의 독자적 위법성 인정 여부

	소극설	적극설	절충설	판례④
인정 여부	×	○	• 기속행위 – × • 재량행위 – ○	○
논거	[독자적 취소사유로 인정해 기존 처분을 취소하고 절차를 준수해 재처분할 시]			**기속행위 · 재량행위 불문**하고, 독자적 위법사유 인정(적극설)
	어차피 **동일 처분**이 다시 나올 것 (실체적 사유는 적법) → **소송경제**	**다른 처분** 나올 수도 (행정청이 보다 신중하고 합리적 결정을 할 것) → **행정절차의 실효성**	• **기속행위** – 어차피 **동일 처분**이 다시 나올 것 • **재량행위** – **다른 처분** 나올 수도	

⑤ × 절차상 하자로 행정처분이 취소: 적법절차를 갖춰 동일한 내용의 처분을 반복 가능

과세처분시 납세고지서에 과세표준, 세율, 세액의 산출근거 등이 누락되어 있어 이러한 **절차 내지 형식의 위법**을 이유로 과세처분을 취소하는 판결이 확정된 경우에 그 확정판결의 기판력(편저자: 기속력)은 확정판결에 적시된 절차 내지 형식의 위법사유에 한하여 미친다고 할 것이므로 과세처분권자가 그 확정판결에 적시된 **위법사유를 보완하여 행한 새로운 과세처분은** 확정판결에 의하여 취소된 종전의 과세처분과는 별개의 처분으로서 **확정판결의 기판력**(편저자: 기속력)**에 저촉되는 것은 아니다**(1986.11.11. 85누231).

정답 ④
OX 1× 2×

02

「행정절차법」상 행정절차에 대한 설명으로 옳지 않은 것은? (다툼이 있는 경우 판례에 의함)

23국가7

① 행정청이 처분기준 사전공표 의무를 위반하여 미리 공표하지 아니한 기준을 적용하여 처분을 하였다고 하더라도, 그러한 사정만으로 곧바로 해당 처분에 취소사유에 이를 정도의 흠이 존재한다고 볼 수는 없다.

② 처분의 처리기간에 관한 규정은 강행규정이므로 행정청이 처리기간이 지나 처분을 하였다면 이는 처분을 취소할 절차상 하자로 볼 수 있다.

③ 행정청은 위반사실등의 공표를 할 때에는 특별한 사정이 없는 한 미리 당사자에게 그 사실을 통지하고 의견제출의 기회를 주어야 하며, 의견제출의 기회를 받은 당사자는 공표 전에 관할 행정청에 서면이나 말 또는 정보통신망을 이용하여 의견을 제출할 수 있다.

④ 다수의 당사자등이 공동으로 행정절차에 관한 행위를 할 때에는 대표자를 선정할 수 있고, 다수의 대표자가 있는 경우 그중 1인에 대한 행정청의 행위는 모든 당사자등에게 효력이 있지만, 행정청의 통지는 대표자 모두에게 하여야 그 효력이 있다.

관련 OX

① 관련

1 행정청이 「행정절차법」 제20조 제1항의 처분기준 사전공표 의무를 위반하여 미리 공표하지 아니한 기준을 적용하여 처분을 하였다면, 그러한 사정만으로 곧바로 해당 처분에 취소사유가 존재한다. 24변시

③ 관련

2 행정청은 위반사실 등의 공표를 할 때에는 특별한 사정이 없는 한 미리 당사자에게 그 사실을 통지하고 의견제출의 기회를 주어야 한다는 것은 「행정절차법」에 규정된 내용이다) 23국회8

추가기출(① 관련)

ⓐ C

사전에 공표한 갱신기준을 심사대상기간이 이미 경과하였거나 상당부분 경과한 시점에서 처분상대방의 갱신 여부를 좌우할 정도로 중대하게 변경하는 것은 특별한 사정이 없는 한 허용되지 않는다. 23변시

해설

① ○ 사전공표하지 않은 처분기준 적용만으로는 취소사유✕

행정청이 행정절차법 제20조 제1항의 처분기준 사전공표 의무를 위반하여 미리 공표하지 아니한 기준을 적용하여 처분을 하였다고 하더라도, 그러한 사정만으로 곧바로 해당 처분에 취소사유에 이를 정도의 흠이 존재한다고 볼 수는 없다(2020.12.24. 2018두45633).

+ PLUS '갱신제'의 경우 → 심사대상기간이 상당 부분 경과한 시점에 공표된 심사기준을 중대하게 변경·적용하는 것은 불가ⓐ

사전에 공표한 심사기준 중 경미한 사항을 변경하거나 다소 불명확하고 추상적이었던 부분을 명확하게 하거나 구체화하는 정도를 뛰어넘어, 심사대상기간이 이미 경과하였거나 상당 부분 경과한 시점에서 처분상대방의 갱신 여부를 좌우할 정도로 중대하게 변경하는 것은 갱신제의 본질과 사전에 공표된 심사기준에 따라 공정한 심사가 이루어져야 한다는 요청에 정면으로 위배되는 것이므로, … 특별한 사정이 없는 한, 허용되지 않는다ⓐ(2020.12.24. 2018두45633).

② ✕ 행정절차법·민원처리법상 처리기간 규정: 강행규정✕, 훈시규정○ → 취소사유✕

처분이나 민원의 처리기간을 정하는 것은 신청에 따른 사무를 가능한 한 조속히 처리하도록 하기 위한 것이다. 처리기간에 관한 규정은 훈시규정에 불과할 뿐 강행규정이라고 볼 수 없다. 행정청이 처리기간이 지나 처분을 하였더라도 이를 처분을 취소할 절차상 하자로 볼 수 없다(2019.12.13. 2018두41907).

③ ○

행정절차법 제40조의3(위반사실 등의 공표) ③ 행정청은 위반사실등의 공표를 할 때에는 미리 당사자에게 그 사실을 통지하고 의견제출의 기회를 주어야 한다.③(앞) 다만, 다음 각 호의 어느 하나에 해당하는 경우에는 그러하지 아니하다.
1. 공공의 안전 또는 복리를 위하여 긴급히 공표를 할 필요가 있는 경우
2. 해당 공표의 성질상 의견청취가 현저히 곤란하거나 명백히 불필요하다고 인정될 만한 타당한 이유가 있는 경우
3. 당사자가 의견진술의 기회를 포기한다는 뜻을 명백히 밝힌 경우
④ 제3항에 따라 의견제출의 기회를 받은 당사자는 공표 전에 관할 행정청에 서면이나 말 또는 정보통신망을 이용하여 의견을 제출할 수 있다.③(뒤)

④ ○

행정절차법 제11조(대표자) ① 다수의 당사자등이 공동으로 행정절차에 관한 행위를 할 때에는 **대표자를 선정할 수** 있다.④(앞)

⑥ 다수의 대표자가 있는 경우 그중 **1인에** 대한 행정청의 **행위는** 모든 당사자등에게 **효력**이 있다. 다만, 행정청의 **통지**는 대표자 **모두에게** 하여야 그 효력이 있다.④(뒤)

선지선택비율 ① 17.33% ② 68.11% ③ 4.16% ④ 10.40% 오답률 31.89%

03

행정절차의 하자에 대한 설명으로 옳은 것은? (다툼이 있는 경우 판례에 의함) 16국회8

① 처분 이전에 개최하도록 되어 있는 민원조정위원회의 경우, 민원조정위원회의 절차요건에 하자가 있을 때에는 그 처분이 재량행위이면 위법하다고 할 수 없으나 그 처분이 기속행위이면 재량권 일탈·남용이라고 볼 수 있는 한 취소의 대상이 되는 위법한 행위이다.
② 변상금부과처분을 하면서 그 납부고지서 또는 적어도 사전통지서에 그 산출근거를 제시하지 아니하였다면 위법이지만 그 산출근거가 법령상 규정되어 있거나 부과통지서 등에 산출근거가 되는 법령을 명기하였다면 이유제시의 요건을 충족한 것이다.
③ 예산의 편성에 절차적 하자가 있으면 그 예산을 집행하는 처분이 위법하게 된다.
④ 난민인정·귀화 등과 같이 성질상 행정절차를 거치기 곤란하거나 불필요하다고 인정되는 처분이나 행정절차에 준하는 절차를 거치도록 하고 있는 처분의 경우에는 「행정절차법」의 적용이 배제되는 것으로 보아야 하고, 이러한 법리는 '공무원 인사관계법령에 의한 처분'에 해당하는 별정직 공무원에 대한 직권면직처분의 경우에도 마찬가지로 적용된다.
⑤ 사전통지와 청문 등의 주요 절차를 위반하면 위법이 되나 의견제출절차, 타 기관과의 협의절차를 위반한다고 하여 위법이 되는 것은 아니다.

관련 OX

① 관련

1 민원사무를 처리하는 행정기관이 민원 1회 방문처리제를 시행하는 절차의 일환으로 민원사항의 심의·조정 등을 위한 민원조정위원회를 개최하면서 사전통지의 흠결로 민원인에게 의견진술의 기회를 주지 아니한 결과 민원조정위원회의 심의과정에서 고려대상에 마땅히 포함시켜야 할 사항을 누락하는 등 재량권의 불행사 또는 해태로 볼 수 있는 구체적 사정이 있다면, 그 거부처분은 재량권을 일탈·남용한 것으로서 위법하다. 18(2)경행

③ 관련

2 '4대강 살리기 사업' 중 한강 부분에 관한 각 하천공사시행계획 및 각 실시계획승인처분에 보의 설치와 준설 등에 대한 예비타당성조사를 실시하지 아니한 하자는 예산 자체의 하자가 되며 이에 따라 해당 하천 부분에 관한 각 하천공사시행계획 및 각 실시계획승인처분의 하자도 인정된다. 23소간

해설

① × (민원 1회 방문처리제 시행을 위한) 민원조정위원회 회의일정 사전통지 누락 → 원칙: 취소사유조차× / 예외: 사전통지 흠결로 의견청취 안 된 것이 고려사항 누락으로 이어져 관련 거부처분의 재량권 불행사·해태가 인정됨: 위법○

민원사무를 처리하는 행정기관이 민원 1회 방문처리제를 시행하는 절차의 일환으로서 민원사항의 심의·조정 등을 위한 민원조정위원회를 개최하면서 민원인에게 그 회의일정 등을 사전에 통지하지 아니하였다 하더라도, 이러한 사정만으로 곧바로 그 민원사항에 대한 행정기관의 장의 거부처분에 **취소사유**에 이를 정도의 흠이 존재한다고 보기는 어렵다. 다만 행정기관의 장의 거부처분이 **재량행위**인 경우에, 위와 같은 **사전통지의 흠결로 민원인에게 의견진술의 기회를 주지 아니한 결과 민원조정위원회의 심의과정에서 그 고려대상에 마땅히 포함시켜야 할 사항을 누락하는 등 재량권의 불행사 또는 해태로 볼 수 있는 구체적 사정이 있다면, 그 거부처분은 재량권을 일탈·남용한 것으로서 위법**하다(2015.8.27. 2013두1560).

② × 법령에 산출근거가 규정 or 산출근거가 규정된 법령을 명기: 이유제시한 것×

국유재산 무단점유자에 대하여 **변상금을 부과함에 있어서 그 납부고지서 또는 적어도 사전통지서에 그 산출근거를 밝히지 아니하였다면 위법한 것**이고, 위 시행령 제26조, 제26조의2에 변상금 산정의 기초가 되는 사용료의 산정방법에 관한 규정이 마련되어 있다고 하여 산출근거를 명시할 필요가 없다거나, 부과통지서 등에 위 **시행령 제56조를 명기함으로써 간접적으로 산출근거를 명시하였다고는 볼 수 없다**(2001.12.14. 2000두86).

③ × (예비타당성 조사 미실시 등) 예산편성절차의 하자가 있더라도 그로 인해 관련 처분에는 하자 인정×

예비타당성 조사를 실시하지 아니한 하자는 원칙적으로 예산 자체의 하자일 뿐, 그로써 곧바로 각 처분의 하자가 된다고 할 수 없어, 예산이 각 처분 등으로써 이루어지는 '4대강 살리기 사업' 중 한강 부분을 위한 재정 지출을 내용으로 하고 있고 **예산의 편성에 절차상 하자가 있다는 사정만으로 각 처분에 취소사유에 이를 정도의 하자가 존재한다고 보기 어렵다**(2015.12.10. 2011두32515).

선지분석 & 요플·기풀기링크

선지	THEME	요플	기풀기
①	T41 절차의 하자	15	015
②	T40 절차법(이유제시)	18	020
③	T41 절차의 하자	20	020
④	T38 절차법(근거·적용범위)	16	029
⑤	T41 절차의 하자	23	023

④ ○ 별정직 공무원 직권면직: 행정절차법 적용 so 사전통지·의견청취해야

　　공무원 인사관계법령에 의한 처분에 관한 사항이라 하더라도 전부에 대하여 행정절차법의 적용이 배제되는 것이 아니라, **성질상 행정절차를 거치기 곤란하거나 불필요하다고 인정되는 처분이나 행정절차에 준하는 절차를 거치도록 하고 있는 처분의 경우에만 행정절차법의 적용이 배제**되는 것으로 보아야 하고, 이러한 법리는 '공무원 인사관계법령에 의한 처분'에 해당하는 **별정직 공무원에 대한 직권면직처분의 경우에도 마찬가지로 적용**된다(2013.1.16. 2011두30687).

⑤ × 사전통지와 청문 등 주요 절차 위반뿐만 아니라, 의견제출절차, 타 기관과의 협의절차를 위반하여도 위법하다.

- 행정청이 침해적 행정처분을 함에 있어서 당사자에게 위와 같은 **사전통지를 하거나 의견제출의 기회를 주지 아니하였다면** 사전통지를 하지 않거나 의견제출의 기회를 주지 아니하여도 되는 예외적인 경우에 해당하지 아니하는 한 그 **처분은 위법**하여 취소를 면할 수 없다(2000.11.14. 99두5870).

- 국방·군사시설 사업에 관한 법률 및 구 산림법에서 보전임지를 다른 용도로 이용하기 위한 사업에 대하여 승인 등 처분을 하기 전에 미리 산림청장과 협의를 하라고 규정한 의미는 그의 자문을 구하라는 것이지 그 의견을 따라 처분을 하라는 의미는 아니라 할 것이므로, 이러한 **협의를 거치지 아니하였다고 하더라도 이는 당해 승인처분을 취소할 수 있는 원인이 되는 하자** 정도에 불과하고 그 승인처분이 당연무효가 되는 하자에 해당하는 것은 아니라고 봄이 상당하다(2006.6.30. 2005두14363).

정답 ④
OX 1○ 2×

수시참고 1   행정행위별 개념·사례 총정리

❖ 행정행위

법률행위적 행정행위 [행정청의 의사가 법적 효과로 발생]	명령적 행위 [본래적 자유를 규율]	**하**명	본래적 자유의 제한 / 작위·부작위·급부·수인의무 부과
		허가	본래적 자유의 회복 / 부작위(잠정적 금지)의무의 해제
		면제	본래적 자유의 회복 / 작위·급부·수인의무의 해제
	형성적 행위 [새로운 권리·지위 등 변동]	**특**허	권리·지위·법률관계 등 설정
		대리	타인을 대신해 **법률행위**하여 법률관계 변동
		인가	타인의 **법률행위**를 보충하여 완성
준법률행위적 행정행위[법정내용이 법적 효과로 발생]		**확**인, **공**증, **통**지, **수**리	

❖ 법률행위적 행정행위

예외적 허가(승인)	허가	특허	인가
권리범위의 확대 억제적 금지의 해제	본래 자유 회복 예방적·잠정적 금지해제	권리·지위 등 설정	타인의 법률행위를 보충

유해행위
• (치료목적) 마약류사용허가
• (특정지역) 사행행위영업허가
 	
• (학교위생정화구역) 유흥주점허가
 	
• (개발제한구역) 개발행위
  - 건축, 형질변경, 용도변경 등
	통상의 영업
	• 음식점영업허가
	• 주류판매업면허
	• 공중목욕장영업허가
	• 숙박업허가
	• (상가지역) 유흥주점허가
	• 석탄가공업 허가
	• 학원설립 인가
	
	환경·개발
	• 산림훼손행위허가
	  - 산림형질변경허가 등, 재량
	• 어업허가
	• 수렵허가
	• 국토계획법 개발행위허가
	  - 형질변경, 토석채취 등, 재량
	• 대기배출시설 설치허가
	
	질서·안전
	• (주거지역) 건축허가(기속)
	• 운전면허
	• 의사·한의사면허
	• 기부금품 모집 허가
		재개발·재건축(정비사업)
		• (조합시행) 조합설립인가
		
		• (소유자시행) 사업시행인가
		
		행정재산 사용·수익 등
		• 도로점용허가
		• 하천점용허가
		• 공유수면점용허가
		
		환경·개발
		• 공유수면 매립면허/회복
		• 어업면허
		• 광업허가
		• 개발촉진지구 내 지역
		  개발사업 실시계획승인
		• 총량관리사업장 설치허가
		
		교통
		• 버스운송사업면허
		• 개인택시면허
		
		신분
		• 공무원 임용
		• 귀화허가
		• 체류자격 변경허가
		
		세금
		• 보세구역 설영특허/갱신
			재개발·재건축(정비사업)
			• (조합시행) 사업시행계획·
			  관리처분계획인가
			• (소유자시행) 관리처분계획인가
			
			사인 간 거래
			• 토지거래계약허가
			• 기술도입계약 인가
			
			영업양도
			• 특허기업의 사업양도허가
			• 공유수면매립면허로 인한
			  권리·의무의 양도·양수
			
			공공단체
			• 「자동차관리법」상 사업자단체
			  조합의 설립인가
			• 공익법인의 기본재산처분 허가
			• 정관변경허가
			  - 재건축조합·공공조합·재단법인·
			    사회복지법인(재량)
			• 재단법인 임원취임 승인(재량)
			
			교육
			• 학교법인 임원취임 승인
			• 학교법인 기본재산에 대한
			  용도변경 등 허가
			• 사립대학설립인가

수시참고 1 : 행정행위별 개념·사례 총정리

	허가	인가	특허
의의	일반적·잠정적 **금지해제** (적법요건)	타인의 법률행위를 **보충** (유효요건)	권리·능력·지위 등 설정
성격	명령적 행위(반대설 존재)	형성적 행위(**보충**행위)	형성적 행위(설권행위)
기속·재량 (부관 가부)	기속행위 원칙 → 부관× 원칙	기속행위 or 재량행위 → 부관○× 공존	재량행위 원칙 → 부관○ 원칙
선원주의	원칙적 적용(∵기속행위)		원칙적 미적용(∵재량행위)
형식	법규허가×		법규특허○(공법인설립법률)
•신청 요부 •상대방 •수정처분	•신청 없이 가능한 경우도 존재 •불특정 다수인도 가능 (통행금지해제) •수정허가 가능	•신청 필요(∵**보충**행위) •특정인만 가능 •수정인가 불가(∵**보충**행위)	•신청 필요(단, 법규특허는 불요) •특정인만 가능
대상	•법률행위(영업허가) •사실행위(통행금지해제)	only **법률행위** - 공법적·사법적 행위 모두 대상 - 계약·합동행위 모두 대상	
효과	•기존 허가권자: 반사적 이익 (경업관계에서 원고적격×)	•인가 전 유동적 무효 •인가 후 유효가 됨	•기존 특허권자: 법률적 이익 (경업관계에서 원고적격○)
무허가/ 무인가	•강제집행·행정벌 대상○ •무허가행위는 유효 원칙	•강제집행·행정벌 대상× •무인가행위는 (유동적) 무효	

- **대리**: 압류재산 공매처분(체납자가 팔아야 할 재산을 대신 매각), 행려병자·사자의 유류품처분(행려병자 측이 처분하여야 할 물건을 대신 처분), 감독청의 공법인 정관작성·임원임명, 토지수용위원회의 수용재결

❖ 준법률행위적 행정행위

	확인	공증	통지	수리
	특정한 사실·법률관계에 대하여		타인에게(특정인/불특정 다수)	타인으로부터
	의문·다툼 있을 시 그 존부(存否)·정부(正否)를 **판단**하는 행위	의문·다툼을 전제함이 없이 그에 대한 공적 인식을 표시한 **공적 증거력 부여**행위	특정사실이나 의사를 알리는 행위 → (구별) 사실행위인 통지 → (구별) 효력발생요건의 통지	신고·신청 등을 **적법한 것으로** **받아들이는 행위** → (구별) 사실행위인 접수
	기속행위 / 단, 판단여지 가능	기속행위 / **요식행위**	독립적으로 법률효과 발생	기속행위

	•**합격자·당선인 등 결정**
	•연구개발확인서 발급(국방훈련)
	•교과서의 검정
	•**행정심판의 재결**
	•도로구역·하천구역 결정
	•**친일재산 국가귀속결정**
	•소득금액결정 / 납세의무확정
	•국가유공자 등록결정
	•민주화운동 관련자 결정
	•장애등급결정
	•(과세 위한) 소득금액결정
	•건축물 준공검사처분
	•발명의 **특허**
		•**합격증·당선증·영수증 등**
		  증명서발급
		•**의료유사업자 자격증갱신 발급**
		•선거인명부등록
		•여권 등 발급
		•**건설업 면허증의 재교부**
		
		•부동산등기
		•상표사용권설정등록행위
		•**특허**의 등록
			•대집행 계고
			•납세 독촉
			•(토지수용) 사업인정고시
			
			•귀화의 고시
			
			•**특허**출원의 공고
				•**행위요건적 신고의 수리**
				  (자기완결적 신고수리×)
				•사직서 수리
				•행정심판청구서 수리

- **공증의 처분성**: 행정편의적 기재에 해당하는 것은 처분성 부정(인감증명) / 권리·의무에 직접 영향을 미치면 처분성 긍정(토지대장작성거부)
→ 단, 개별법에서 그에 관한 **분쟁해결을 사법(私法)원리**에 맡긴 경우는 당연히 **처분성 부정**(∵ 처분성 유무는 행위 자체의 성질뿐 아니라 행정소송제도의 목적·기능도 고려) so **상표사용권 설정등록행위**를 공증으로 보면서 **처분성을 부정**함

수시참고 2 행정행위의 하자와 효력의 구조도

❖ 기본기

논의의 전제	성립요건(외관) & 효력발생요건(송달 등) 충족한 상황
하자의 정도	적법 / 부당 / 위법 / 중대·명백 위법 ↔ 행정행위 불성립
효력의 모습	유무(유효·무효) / 상실(폐지·실효) / 조절(부관)
양자의 관계	하자의 정도 → 효력의 유무

❖ 하자와 효력의 구조

성립요건 T26			외관 有				외관 無
효력발생요건 T26			송달 등 有			송달 등 無	
하자	변동 T30		치유·전환[위법→적법] / 승계[적법→위법]				
	정도 T29		적법	부당	위법 [중대·명백×]	위법 [중대·명백○]	부존재
효력	발생	유무 T29	유효 & 취소 불가능	유효 but 취소 가능 (소송은×)	유효 but 취소 가능 (소송도○)	무효	무효
		내용 T27, 28	–	공정력, 불가쟁력			
			불가변력, 구속력, 집행력				
	상실 T31	폐지: 철회 + 취소 (독립한 행정행위) 사유발생·존재 + 별도 의사표시로 효력상실	철회만 가능	취소도 가능		〈무효 vs 부존재 구별실익〉	
			• 철회사유 - 후발적 사유 - 성립 후 발생 - 철회권 유보 - 부담불이행 - 사정변경·공익	• 취소사유: 직권취소 + 쟁송취소 - 원시적 하자 - 성립시 존재		• 전환 가능 • 무효확인소송 외 무효선언 구하는 취소소송 가능	• 전환 불가능 • 부존재확인소송 외 부작위선언 구하는 취소소송 불가능
		실효 (just 사실발생) 사유발생시 당연히 효력상실	• 실효사유 - 후발적 사유 - 대상의 소멸 - 목적의 달성확정·달성불가능의 확정 - 해제조건성취 [기간 내 공사착수 조건 공유수면매립면허] - 종기도래 [2025.12.31.까지 도로사용허가(유효기간)]			–	–
	제한 T32	발생 제한	• 정지조건성취 [시설완성 조건 학교법인설립인가] • 시기도래 [2025.1.1.부터 도로사용허가]			–	–
		발생 배제	• 법률효과의 일부배제 [공유수면매립준공인가시 일부 국고귀속, 택시격일제 운행]			–	–

• Yellow: ① 외곽선: 유효한 행정행위의 운명(발생부터 소멸) / ② 글씨: 부관들

수시참고 3 | 행정소송의 종류·내용·구도

❖ 행정소송의 종류·내용 개관

주관소송 (개괄주의)	항고소송 (피고: 행정청)	취소소송	행정청의 위법한 처분등을 **취소** 또는 변경하는 소송
		무효등확인소송	행정청의 처분등의 **효력** 유무 / **존재** 여부를 확인하는 소송 → 유효·**무효**·실효 확인 / 존재·**부존재** 확인
		부작위위법확인소송	행정청의 부작위(무응답)이 **위법**하다는 것을 **확인**하는 소송 → 부작위의 위법을 확인함으로써 **무응답**이라는 소극적 위법상태를 **제거** → 부작위의 위법성만 확인○ / 처분을 하여야 할 의무 여부는 판단✕
		• 무명항고소송	예방적 부작위소송, 의무이행소송 → 부정(판례)
	당사자소송 (피고: 권리주체)	의의	• 행정청의 처분등을 원인으로 하는 법률관계에 관한 소송 • 그 밖에 **공법상의 법률관계**에 관한 소송
		종류	① 실질적: 대등 당사자 간 공법상 법률관계를 다툼　[ex 공법상 계약에 관한 소송] ② 형식적: 우월한 **처분의 효력부인**이 전제된 당사자소송　[ex 보상금증감소송] 　　　　　　　　　　　　　　　　　　　　　　　　∞ [T75] 손실보상(토지보상법)
객관소송 (열기주의·법정주의)	민중소송	의의	국가 또는 공공단체의 기관이 법률에 위반되는 행위를 한 때에 직접 **자기의 법률상 이익과 관계없이** 그 시정을 구하기 위하여 제기하는 소송
		법정주의	법률이 정한 경우에 법률이 정한 자만 제기 가능 → 행정청의 여론조사를 다투는 소송: 규정이 없어 불가(행소법 제46조는 재판절차 규정일 뿐 소송의 근거✕)
		종류	선거소송·당선소송(「공직선거법」), 투표소송(「국민투표법」, 「주민투표법」) 주민소송(「지방자치법」)
	기관소송	의의	국가 또는 공공단체의 **기관 상호 간** 권한의 존부 또는 그 행사에 관한 다툼이 있을 때에 이에 대하여 제기하는 소송
		법정주의	법률이 정한 경우에 법률이 정한 자만 제기 가능
		제외	내용: 「헌법재판소법」 제2조의 규정에 의해 **헌법재판소의 관장사항**으로 되는 소송은 제외 제외○: 국가기관 상호 간, 지자체 상호 간, 국가기관과 지자체 간(∵헌재의 권한쟁의 대상이므로) 제외✕: 동일 지자체 내 지자체장(교육감) vs 지방의회 소송○(재의결된 조례에 대한 대법원 제소)

▶ **객관소송**(민중·기관)은 그 소송내용에 따라 유사한 **주관소송**(취소·무효등확인·부작위법확인, 당사자)의 규정 준용(제46조)

❖ 항고쟁송의 구도 / 구도별 주요 쟁점 / 무명항고소송의 논의(Blue 글씨)

관련 처분		처분 상대방			제3자
		행정심판	행정소송		
			법정항고소송	무명항고소송	
침익	전	권익보호 공백		예방적 금지소송? ✕	행정개입청구
	후	취소·무효	취소·무효	–	–
수익	무응답	의무이행	부작위위법확인	• 권익보호 부족	의무이행소송? ✕	–
	거부		거부처분 취소·무효	• 신청권 논의	[형성판결은 당연부정]	–
	인용	처분상대방은 쟁송 필요✕			경업자·경원자·주민 (원고적격 논의)

수시참고 4 | 한눈에 보는 목차

T01	행정과 행정법	T32	부관	T63	소송방식
T02	통치행위	T33	단계적 행정결정 등	T64	소송상 제도
T03	법치행정	T34	행정계획	T65	판결 기준시/종류
T04	법원(法源)	T35	행정지도	T66	판결의 효력
T05	신뢰보호원칙	T36	공법상 계약	T67	제3자의 지위
T06	기타 일반원칙	T37	절차법(조문)	T68	행정심판(조문)
T07	행정법의 효력	T38	절차법(근거·적용범위)	T69	이의신청·재심사 등
T08	개정시 적용법	T39	절차법(통지·청취)	T70	고지제도
T09	행정주체와 객체	T40	절차법(이유제시)	T71	국가배상(2조)
T10	행정상 법률관계	T41	절차의 하자	T72	국가배상(5조)
T11	특별권력관계	T42	실효성 확보(공통쟁점)	T73	국가배상(공통·특례)
T12	사건	T43	대집행	T74	손실보상(헌법)
T13	행정입법	T44	강제집행 등	T75	손실보상(토지보상법)
T14	법규명령	T45	즉시강제	T76	정보공개법(조문)
T15	행정규칙	T46	행정형벌	T77	정보공개법(청구권)
T16	VA의 개념과 분류	T47	행정질서벌	T78	정보공개법(공개)
T17	명령적 VA	T48	새로운 확보수단	T79	정보공개법(비공개)
T18	인·허가의제	T49	행정조사	T80	정보보호법(조문)
T19	형성적 VA	T50	행정소송 개관	T81	정보보호법(기타)
T20	정비사업	T51	원처분주의/재결주의		
T21	준법률행위적 VA	T52	대상적격(행정작용)		
T22	사인의 공법행위	T53	대상적격(법률관계)		
T23	신고	T54	거부처분		
T24	건축 관련 쟁점	T55	공권과 원고적격		
T25	영업양도의 쟁점	T56	경업·경원·주민		
T26	VA의 성립과 효력	T57	소의 이익		수시참고
T27	공정력	T58	피고적격	01	VA별 개념·사례 총정리
T28	불가쟁력·불가변력 등	T59	관할법원	02	VA의 하자와 효력 구조도
T29	VA의 하자와 효력	T60	행정심판 임의주의	03	행정소송의 종류·내용·구도
T30	하자의 승계	T61	제소기간	04	한눈 목차
T31	VA의 취소·철회·실효	T62	집행정지		

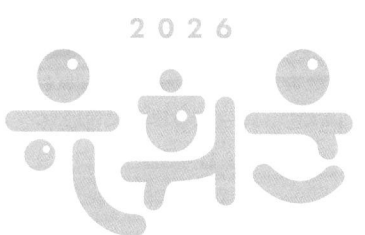

2026 쉬운 휘운 행정법 | 유휘운 행정법

통합
진출

통합형
진도별
기출문제집

②

도서
출판 지금

Contents

제 1 권

PART I 행정법 서론

- T 01 행정과 행정법 …… 12
- T 02 통치행위 …… 16
- T 03 법치행정 …… 20
- T 04 행정법의 법원(法源) …… 34
- T 05 행정법의 일반원칙(1) – 신뢰보호의 원칙 …… 44
- T 06 행정법의 일반원칙(2) – 나머지 원칙 …… 60
- T 07 행정법의 효력 …… 86
- T 08 법령개정시 적용법령 …… 91
- T 09 행정주체와 행정객체 …… 96
- T 10 행정상 법률관계 …… 100
- T 11 특별권력관계(특별행정법관계) …… 103
- T 12 행정법관계의 변동 – 사건을 중심으로 …… 109

PART II 행정작용법

- T 13 행정입법 총설 …… 118
- T 14 법규명령 …… 123
- T 15 행정규칙 …… 154
- T 16 행정행위의 개념과 분류 …… 173
- T 17 명령적 행정행위 – 하명·허가·면제 …… 199
- T 18 인·허가의제제도 …… 206
- T 19 형성적 행위 – 특허·대리·인가 …… 218
- T 20 정비사업 – 재개발·재건축 등 쟁점 모음 …… 230
- T 21 준법률행위적 행정행위 – 확인·공증·통지·수리 …… 237
- T 22 사인의 공법행위 – 개관 …… 241
- T 23 사인의 공법행위 – 신고·신청 …… 246
- T 24 건축 관련 쟁점 모음 …… 273
- T 25 영업양도의 쟁점 …… 276
- T 26 행정행위의 성립요건·효력발생요건 …… 288
- T 27 행정행위의 효력(1) – 공정력·구성요건적 효력 …… 296
- T 28 행정행위의 효력(2) – 불가쟁력·불가변력, 구속력, 강제력 …… 312
- T 29 행정행위의 하자와 효력 …… 317
- T 30 하자의 승계·전환·치유 …… 336
- T 31 행정행위의 효력상실 – 취소·철회·실효 …… 355
- T 32 행정행위의 부관 …… 377
- T 33 단계적 행정결정 등 …… 405
- T 34 행정계획 …… 416
- T 35 행정지도 …… 439
- T 36 공법상 계약 …… 449
- T 37 행정절차법(1) – 조문별 기출정리 …… 452
- T 38 행정절차법(2) – 헌법적 근거 및 적용범위 …… 480
- T 39 행정절차법(3) – 사전통지·의견청취 …… 492
- T 40 행정절차법(4) – 이유제시 …… 507
- T 41 행정절차법(5) – 절차의 하자 …… 514

부록 수시참고 사항 …… 521

이 책의 차례

제2권

PART III 행정의 실효성 확보수단

- T 42 실효성 확보수단(1) – 공통쟁점 정리 …………… 534
- T 43 실효성 확보수단(2) – 대집행 ……………………… 547
- T 44 실효성 확보수단(3) – 그 외 강제집행 …………… 567
- T 45 실효성 확보수단(4) – 즉시강제 …………………… 584
- T 46 실효성 확보수단(5) – 행정형벌 …………………… 591
- T 47 실효성 확보수단(6) – 행정질서벌(과태료) ……… 602
- T 48 실효성 확보수단(7) – 새로운 실효성 확보수단 … 616
- T 49 행정조사기본법 ……………………………………… 634

PART IV 행정구제법

- T 50 행정소송의 개관 ……………………………………… 654
- T 51 대상적격(1) – 원처분주의와 재결주의 …………… 660
- T 52 대상적격(2) – 처분성 등 일괄정리(행정작용을 중심으로) … 667
- T 53 대상적격(3) – 처분성 등 일괄정리(법률관계를 중심으로) … 696
- T 54 거부처분 관련 쟁점 …………………………………… 740
- T 55 공권과 원고적격 ……………………………………… 746
- T 56 제3자의 지위(1) – 경업자·경원자·인근주민 소송 등 일괄정리 …………………………………… 768
- T 57 (협의의) 소의 이익 …………………………………… 779
- T 58 피고적격 ……………………………………………… 796
- T 59 관할법원 ……………………………………………… 811
- T 60 행정심판 임의주의 – 예외적 전치주의 …………… 815
- T 61 제소기간 ……………………………………………… 820
- T 62 가구제 – 집행정지(항고소송) / 가처분(당사자소송) … 831
- T 63 행정소송의 심리(1) – 심리의 원칙·종류·내용 …… 848
- T 64 행정소송의 심리(2) – 소송 중 각종 변동제도 일괄정리 … 853
- T 65 행정소송의 판결(1) – 판단의 기준시와 판결의 종류 … 876
- T 66 행정소송의 판결(2) – 판결의 효력 ………………… 890
- T 67 제3자의 지위(2) – 절차순 일괄정리 ………………… 908

- T 68 행정심판(1) – 조문별 쟁점·기출정리 ……………… 916
- T 69 행정심판(2) – 이의신청·재심사 등 ………………… 965
- T 70 고지제도 일괄정리 – 절차법·기본법·심판법·소송법 … 916
- T 71 국가배상법(1) – 공무원의 위법행위에 대한 국가배상책임(제2조) … 975
- T 72 국가배상법(2) – 영조물의 하자에 따른 국가배상책임(제5조) … 1013
- T 73 국가배상법(3) – 공통사항 및 특례규정 …………… 1031
- T 74 손실보상(1) – 헌법적 검토 ………………………… 1047
- T 75 손실보상(2) – 토지보상법 중심 검토 ……………… 1060

PART V 정보공개법·보호법

- T 76 공공기관 정보공개법(1) – 조문별 기출정리 ……… 1096
- T 77 공공기관 정보공개법(2) – 정보공개청구권 ……… 1114
- T 78 공공기관 정보공개법(3) – 정보공개의 대상 ……… 1122
- T 79 공공기관 정보공개법(4) – 비공개대상정보 ……… 1125
- T 80 개인정보 보호법(1) – 조문별 기출정리 …………… 1144
- T 81 개인정보 보호법(2) – 기타 사항 …………………… 1144

PART VI 종합문제 모음

- 제1절 행정작용법(T1-41) ……………………………… 1170
- 제2절 행정쟁송법(T50-69) ……………………………… 1183
- 제3절 전범위 종합문제(T1-81) ………………………… 1218
- 제4절 전범위 종합 사례형 문제(T1-81) ……………… 1244

별책 기출○×문제집

PART III

행정의 실효성 확보수단

T 42 **실효성 확보수단(1) – 공통쟁점 정리**

T 43 실효성 확보수단(2) – 대집행

T 44 실효성 확보수단(3) – 그 외 강제집행

T 45 실효성 확보수단(4) – 즉시강제

T 46 실효성 확보수단(5) – 행정형벌

T 47 실효성 확보수단(6) – 행정질서벌(과태료)

T 48 실효성 확보수단(7) – 새로운 실효성 확보수단

T 49 행정조사기본법

42-48 실효성 확보수단

기 582-683
요 166-194

T42 실효성 확보수단(1) – 공통쟁점 정리

필수문제 01

행정상 강제에 대한 설명으로 옳은 것은? (다툼이 있는 경우 판례에 의함) 25지방9

B ① 외국인의 출입국에 관한 사항에 대하여는 「행정기본법」상 행정상 강제에 대한 규정이 적용된다.
기 ② 행정상 강제조치에 관하여 「행정기본법」에서 정한 사항 이외의 사항을 다른 법률에서 정할 수 없다.
A ③ 행정상 즉시강제는 현재의 급박한 행정상의 장해를 제거하기 위한 경우로서 의무를 명할 시간적 여유가 없는 상황에서 의무불이행을 전제로 하지 않고 행정청이 곧바로 국민의 신체 또는 재산에 실력을 행사하여 행정목적을 달성하는 것을 말한다.
인 ④ 보안처분 관계 법령에 따라 행하는 사항에 관하여는 「행정기본법」상 행정상 강제에 대한 규정이 적용된다.

관련 OX

① 관련
1 외국인의 출입국에 관한 사항에 관하여는 「행정기본법」상 행정상 강제에 관한 규정을 적용하지 아니한다. 24소간

③ 관련
2 (행정상 즉시강제는) 과거의 의무위반에 대하여 가해지는 제재이다. 22국가9

해설

①②④ ×, ③ ○

행정기본법 제30조(행정상 강제) ① 행정청은 행정목적을 달성하기 위하여 필요한 경우에는 법률로 정하는 바에 따라 필요한 최소한의 범위에서 다음 각 호의 어느 하나에 해당하는 조치를 할 수 있다.
  5. **즉시강제**: 현재의 급박한 행정상의 장해를 제거하기 위한 경우로서 다음 각 목의 어느 하나에 해당하는 경우에 행정청이 곧바로 국민의 신체 또는 재산에 실력을 행사하여 행정목적을 달성하는 것③ 의무불이행을 전제로 하지 않음
    가. 행정청이 미리 행정상 의무이행을 명할 시간적 여유가 없는 경우③
    나. 그 성질상 행정상 의무의 이행을 명하는 것만으로는 행정목적 달성이 곤란한 경우
② 행정상 강제조치에 관하여 이 법에서 정한 사항 외에 필요한 사항은 따로 법률로 정한다.②
③ 형사(刑事), 행형(行刑) 및 **보안처분** 관계 법령에 따라 행하는 사항④[앞]이나 **외국인의 출입국**①[앞]·난민인정·귀화·국적회복에 관한 사항에 관하여는 이 절을 **적용하지 아니한다**.①[뒤],④[뒤]

선지선택비율 ① 9.82% ② 7.34% ③ 76.40% ④ 6.44% 오답률 23.60%

선지분석 & 요플·기풀기링크

선지	THEME	요플	기풀기
①	T42 실효성 확보(공통쟁점)	14	007
②		12	005
③	T45 즉시강제	01	001
④	T42 실효성 확보(공통쟁점)	13	006

정답 ③

OX 1○ 2×

02

행정법상 실효성(의무이행) 확보수단에 관한 설명으로 옳지 않은 것은? (다툼이 있는 경우 판례에 의함) 24소방

① 행정청은 행정목적을 달성하기 위하여 필요한 경우에는 법률로 정하는 바에 따라 행정대집행, 이행강제금의 부과, 직접강제, 강제징수, 즉시강제 등의 조치를 취할 수 있으며, 이러한 조치는 필요한 최소 범위에서 취해야 한다.

② 직접강제는 보충성을 특징으로 삼기 때문에 행정대집행이나 이행강제금 부과의 방법으로는 행정상 의무이행을 확보할 수 없거나 그 실현이 불가능한 경우에 실시하여야 한다.

③ 토지의 명도의무는 특별한 사정이 없는 한 「행정대집행법」에 의한 대집행의 대상이 될 수 있다.

④ 행정상 즉시강제와 관련하여 급박한 상황에 대처하기 위한 것으로 그 불가피성과 정당성이 충분히 인정되는 경우에 헌법상 영장주의에 반하지 않는다고 본 헌법재판소 판례가 있다.

관련 OX

② 관련
1 직접강제는 행정대집행이나 이행강제금 부과의 방법으로는 행정상 의무이행을 확보할 수 없거나 그 실현이 불가능한 경우에 하여야 한다. 24경찰간부

③ 관련
2 토지의 명도 의무를 이행하지 않을 경우 직접강제 또는 대집행을 통해 이를 실현할 수 있다. 20국회8

3 구 「토지수용법」상 피수용자가 기업자에 대하여 부담하는 수용대상 토지의 인도의무에는 명도도 포함되고, 이러한 명도의무는 특별한 사정이 없는 한 「행정대집행법」상 대집행의 대상이 된다. 14지방9

해설

① ○

행정기본법 제30조(행정상 강제) ① 행정청은 행정목적을 달성하기 위하여 필요한 경우에는 법률로 정하는 바에 따라 필요한 **최소한의 범위**에서 다음 각 호의 어느 하나에 해당하는 조치를 할 수 있다.
1. 행정대집행
2. 이행강제금의 부과
3. 직접강제
4. 강제징수
5. 즉시강제

② ○ 직접강제는 대집행, 이행강제금에 대한 보충적 지위를 가진다.

행정기본법 제32조(직접강제) ① 직접강제는 행정**대집행**이나 **이행강제금** 부과의 방법으로는 행정상 의무이행을 확보할 수 없거나 그 실현이 **불가능한 경우**에 실시하여야 한다.

③ × 수용대상 토지의 인도(명도)의무: 대체적 작위의무× → 대집행×
수용대상 토지의 인도의무에 관한 구 토지수용법 제63조, 제64조, 제77조 규정에서의 '인도'에는 명도도 포함되는 것으로 보아야 하고, 이러한 **명도의무는 특별한 사정이 없는 한 행정대집행법에 의한 대집행의 대상이 될 수 있는 것이 아니다**(2005.8.19. 2004다2809).

④ ○ 헌재: 즉시강제에는 원칙적으로 사전영장주의 예외 인정 / 불법게임물 즉시수거·폐기 규정: 사전영장주의 위반×
이 사건 법률조항(편저자: 불법게임물 즉시수거·폐기에 관한 즉시강제 근거규정)은 앞에서 본 바와 같이 급박한 상황에 대처하기 위한 것으로서 그 불가피성과 정당성이 충분히 인정되는 경우이므로, 이 사건 법률조항이 영장 없는 수거를 인정한다고 하더라도 이를 두고 헌법상 영장주의에 위배되는 것으로는 볼 수 없다(헌재 2002.10.31. 2000헌가12).
cf 대법원의 경우 원칙적 사전영장 필요, 예외적인 경우에만 불필요

선지분석 & 요플·기풀기링크

선지	THEME	요플	기풀기
① T42 실효성 확보(공통쟁점)	11	009
② T44 강제집행 등	34	034
③ T43 대집행	10	008
④ T45 즉시강제	12	022

선지선택비율 ① 2.90% ② 4.35% ③ 89.56% ④ 3.19% 오답률 10.44%

정답 ③
OX 1○ 2× 3×

03

행정상 강제집행에 관한 설명으로 옳지 않은 것은? 08국가7(변형)

① 행정상 강제집행은 행정법상 개별·구체적인 의무의 불이행을 전제로 그 불이행한 의무를 장래에 향해 실현시키는 것을 목적으로 한다는 점에서 과거의 의무위반에 대한 제재로써 가하는 행정벌과 구별된다.

② 행정대집행은 대체적 작위의무를 대상으로 하기 때문에 부작위의무는 그 의무를 위반함으로써 발생한 결과를 시정하기 위한 작위의무로 전환시킨 후에 비로소 대집행의 대상이 될 수 있다.

③ 현행「건축법」에 따른 이행강제금에 대하여 불복하고자 하는 때에는「비송사건절차법」에 의한 재판을 통하여야 한다.

④「국세징수법」에 의하면 체납자가 사망한 후 체납자명의의 재산에 대하여 한 압류는 그 재산을 상속한 상속인에 대하여 한 것으로 본다.

관련 OX

③ 관련

1「건축법」상 이행강제금 부과처분은 이에 대한 불복방법에 관하여 별도의 규정을 두지 않고 있으므로 이는 행정소송의 대상이 된다. 16서울9

2「건축법」상 이행강제금의 부과에 대해서는 항고소송을 제기할 수 없고「비송사건절차법」에 따라 재판을 청구할 수 있다. 17(상)지방9

해설

① ○ 강제집행이 의무불이행에 대해서 **장래를 향해** 의무를 달성시키는 수단이라면, **행정벌**은 과거 의무불이행에 대한 제재라는 점에서 양자는 구별된다.

② ○ 대집행은 '작위'의무 위반에 대한 것이므로, '부작위'의무 위반에는 인정될 수 없다. 따라서 시설설치 금지나 물건적치금지의무 등 부작위의무 위반으로 인해 발생한 결과를 시정하기 위해서는 **곧바로 대집행에 나아갈 수는 없고**, 우선 위반자 등에게 시정명령이나 원상복구명령 등을 발령해 **작위의무를 부여**한 뒤, 이를 이행하지 않아 위반자가 **작위의무 위반상태로** 전환되면 그때 비로소 **대집행이 가능**하다.

- 부작위의무인 시설설치 금지의무를 위반하여 금지된 건축물·옥외광고물·도로장애물 등을 시설한 경우 그 시설에 대하여 곧바로 대집행을 할 수는 없고, 법령의 근거(예컨대 건축법 제79조,「옥외광고물 등 관리법」제10조, 도로법 제83조, 하천법 제69조 등)에 따라 작위의무를 부과(예컨대 철거명령)하여 그 부작위의무를 작위의무로 전환한 후에 그 작위의무의 불이행에 대해 대집행을 할 수 있다 (1996.6.28. 96누4374).

③ ✕ 이행강제금의 부과에 대해서 별도의 불복규정이 있으면 그에 따라 불복하면 되나, 이러한 불복규정이 없다면 하명으로서 처분성이 인정되어 항고소송으로 불복할 수 있다. 종래 **건축법은 이행강제금**에 대해 비송사건절차법에 따라 다투도록 별도의 규정을 두고 있었으나 현재는 이러한 규정이 삭제되었으므로 **항고소송의 대상이 된다**.

④ ○

> **국세징수법 제27조(상속 또는 합병의 경우 강제징수의 속행 등)** ① 체납자의 재산에 대하여 강제징수를 시작한 후 **체납자가 사망**하였거나 체납자인 법인이 합병으로 소멸된 경우에도 그 재산에 대한 **강제징수는 계속 진행**하여야 한다.
> ② 제1항을 적용할 때 **체납자가 사망**한 후 체납자 명의의 재산에 대하여 한 압류는 그 재산을 상속한 **상속인에 대하여** 한 것으로 본다.

선지분석 & 요플·기출기링크

선지	THEME	요플	기출기
①	T42 실효성 확보(공통쟁점)	06	015
②	T43 대집행	21	019
③	T42 실효성 확보(공통쟁점)	26	026
④		85	086

정답 ③

OX 1○ 2✕

필수문제 04

행정의 실효성 확보수단에 대한 설명으로 옳지 않은 것은? (다툼이 있는 경우 판례에 의함)

23지방9

① 「농지법」상 이행강제금 부과처분에 대한 불복은 「비송사건절차법」에 따른 재판절차뿐만 아니라 「행정소송법」상 항고소송 절차에 따를 수 있다.

② 관계 법령상 행정대집행의 절차가 인정되어 행정청이 행정대집행의 방법으로 건물의 철거 등 대체적 작위의무의 이행을 실현할 수 있는 경우에는 따로 민사소송의 방법으로 그 의무의 이행을 구할 수 없다.

③ 「행정조사기본법」에 따르면 조사대상자의 자발적인 협조를 얻어 행정조사를 실시하고자 하는 경우 조사대상자는 문서·전화·구두 등의 방법으로 당해 행정조사를 거부할 수 있다.

④ 통고처분은 상대방의 임의의 승복을 그 발효요건으로 하기 때문에 그 자체만으로는 통고이행을 강제하거나 상대방에게 아무런 권리·의무를 형성하지 않으므로 행정심판이나 행정소송의 대상으로서의 처분성을 인정할 수 없다.

관련 OX

① 관련

1 「농지법」에 근거한 이행강제금 부과처분은 금전급부의무를 부과하는 하명행위로서 처분에 해당하므로 이에 불복하는 경우에는 행정심판이나 행정소송을 통해서 다투어야 한다. 24국회8

③ 관련

2 행정기관의 장이 조사대상자의 자발적인 협조를 얻어 행정조사를 실시하고자 하는 경우 조사대상자는 문서·전화·구두 등의 방법으로 당해 행정조사를 거부할 수 있다. 23군무원7

해설

① ✕ 농지법상 이행강제금 부과에 대한 불복: 항고소송✕

농지법에 따른 이행강제금 부과처분에 불복하는 경우에는 **비송사건절차법**에 따른 재판절차가 적용되어야 하고, 행정소송법상 항고소송의 대상은 될 수 없다(2019.4.11. 2018두42955).

요플 이행강제금의 처분성

이행강제금	부과	※ 법리: 별도 불복규정 없으면 항고소송으로(처분○), 있으면 그에 따라(처분✕)	
		건축법 (긍정)	별도의 불복규정이 없으므로 항고소송으로 이행강제금 부과를 다툼
		농지법 (부정)	• 비송절차로 불복하도록 규정돼 항고소송 불가 • 관할관청이나 행심위가 항고소송하도록 안내했어도 동일
			cf 농지법상 작용의 처분성: 처분의무통지○, 처분명령○, **이행강제금부과✕**

26 요플 p.168

② ○ 대집행으로 철거 가능: 민사소송으로 철거청구 불가

관계 법령상 행정대집행의 절차가 인정되어 행정청이 **행정대집행의 방법**으로 건물의 철거 등 대체적 작위의무의 이행을 실현할 수 있는 경우에는 따로 **민사소송의 방법**으로 그 의무의 이행을 **구할 수 없다**(2017.4.28. 2016다213916).

③ ○

행정조사기본법 제20조(자발적인 협조에 따라 실시하는 행정조사) ① 행정기관의 장이 제5조 단서에 따라 조사대상자의 **자발적인 협조**를 얻어 행정조사를 실시하고자 하는 경우 조사대상자는 **문서·전화·구두 등의 방법**으로 당해 행정조사를 거부할 수 있다.

④ ○ 통고처분은 임의의 승복을 발효요건으로 한다. 상대방은 스스로의 선택에 의하여 범칙금을 납부하여 사건에서 벗어나거나 납부하지 않고 별도의 불복절차를 거치게 되므로 통고처분 자체는 **처분성**이 인정되지 않는다.

• 「조세범 처벌절차법」에 의하여 범칙자에 대한 세무관서의 통고처분은 행정소송의 대상이 아니다(1980.10.14. 80누380).

선지선택비율 ① 79.64% ② 7.28% ③ 4.84% ④ 8.24% 오답률 20.36%

선지분석 & 요플·기풀기링크

선지	THEME	요플	기풀기
①	T42 실효성 확보(공통쟁점)	27	027
②		93	091
③	T49 행정조사	77	077
④	T42 실효성 확보(공통쟁점)	39	038

정답 ①

OX 1✕ 2○

05

행정의 실효성 확보수단에 대한 대법원 판례의 입장으로 옳지 않은 것은? 23국가9

① 행정법상의 질서벌인 과태료의 부과처분과 형사처벌은 그 성질이나 목적을 달리하는 별개의 것이므로 행정법상의 질서벌인 과태료를 납부한 후에 형사처벌을 한다고 하여 이를 일사부재리의 원칙에 반하는 것이라고 할 수는 없다.

② 「건축법」상 시정명령을 받은 의무자가 그 시정명령의 취지에 부합하는 의무를 이행하기 위한 정당한 방법으로 행정청에 신청 또는 신고를 하였으나 행정청이 위법하게 이를 거부 또는 반려함으로써 결국 그 처분이 취소되기에 이르렀더라도, 이행강제금 제도의 취지에 비추어 볼 때 그 시정명령의 불이행을 이유로 이행강제금을 부과할 수 있다.

③ 건물의 소유자에게 위법건축물을 일정기간까지 철거할 것을 명함과 아울러 불이행할 때에는 대집행한다는 내용의 철거대집행 계고처분을 고지한 후 이에 불응하자 다시 제2차, 제3차 계고서를 발송하여 일정 기간까지의 자진철거를 촉구하고 불이행하면 대집행을 한다는 뜻을 고지한 경우, 제2차, 제3차의 계고처분은 새로운 철거의무를 부과한 것이 아니라 대집행기한을 연기통지한 것에 불과하다.

④ 관할 행정청이 여객자동차운송사업자가 범한 여러 가지 위반행위 중 일부만 인지하여 과징금 부과처분을 하였는데 그 후 과징금 부과처분 시점 이전에 이루어진 다른 위반행위를 인지하여 이에 대하여 별도의 과징금 부과처분을 하게 되는 경우, 종전 과징금 부과처분의 대상이 된 위반행위와 추가 과징금 부과처분의 대상이 된 위반행위에 대하여 일괄하여 하나의 과징금 부과처분을 하는 경우와의 형평을 고려하여 추가 과징금 부과처분의 처분양정이 이루어져야 한다.

해설

① ○ 과태료 + 형벌: 이중처벌·일사부재리 위반 X
행정법상의 질서벌인 **과태료**의 부과처분과 **형사처벌**은 그 성질이나 목적을 달리하는 **별개**의 것이므로 행정법상의 질서벌인 과태료를 납부한 후에 형사처벌을 한다고 하여 이를 **일사부재리의 원칙**에 반하는 것이라고 할 수는 없다(1996.4.12. 96도158).

+ PLUS 임시운행허가기간을 넘어 운전시 과태료 + 무등록 차량에 대한 형사처벌 가능
자동차의 **임시운행허가를 받은 자**가 그 허가 목적 및 기간의 범위 안에서 운행하지 아니한 경우에 과태료를 부과하는 것은 당해 자동차가 무등록 자동차인지 여부와는 관계없이, 이미 등록된 자동차의 등록번호표 또는 봉인이 멸실되거나 식별하기 어렵게 되어 임시운행허가를 받은 경우까지를 포함하여, 허가받은 목적과 기간의 범위를 벗어나 운행하는 행위 전반에 대하여 행정질서벌로써 제재를 가하고자 하는 취지라고 해석되므로, 만일 **임시운행허가기간을 넘어 운행한 자**가 등록된 차량에 관하여 그러한 행위를 한 경우라면 과태료의 제재만을 받게 되겠지만, 무등록 차량에 관하여 그러한 행위를 한 경우라면 **과태료와 별도로 형사처벌**의 대상이 된다(1996.4.12. 96도158). → 임시운행기간을 벗어나 운전하였다는 이유로 과태료를 납부한 자에 대해서 또다시 **무등록차량운전**을 이유로 형사처벌을 가한다고 해도 일사부재리에 반하지 않는다.

② X 행정청이 시정명령 이행을 위한 정당 신고를 거부 & 동 거부처분이 취소됨: 이행강제금 부과 X
시정명령을 받은 의무자가 그 시정명령의 취지에 부합하는 **의무를 이행하기 위한 정당한 방법으로 행정청에 신청 또는 신고**를 하였으나 행정청이 위법하게 이를 거부 또는 반려함으로써 결국 그 처분이 취소되기에 이르렀다면, 특별한 사정이 없는 한 그 시정명령의 불이행을 이유로 **이행강제금을 부과할 수는 없다**(2018.1.25. 2015두35116).

관련 OX

① 관련

1 ○ 임시운행허가기간을 넘어 운행한 자가 등록된 차량에 관하여 그러한 행위를 한 경우라면 과태료의 제재만을 받게 되겠지만, 무등록 차량에 관하여 그러한 행위를 한 경우라면 과태료와 별도로 형사처벌의 대상이 된다. 24국회9

② 관련

2 (A행정청은 甲 소유의 건축물이 법령에 위반됨을 이유로 甲에게 「건축법」에 따른 시정명령을 하였는데, 甲이 시정명령에서 정한 의무를 이행하지 않으면 이행강제금을 부과하려 한다.) 甲이 시정명령의 취지에 부합하는 의무를 이행하기 위한 정당한 방법으로 A행정청에 신고를 하였으나 A행정청이 이를 위법하게 반려함으로써 그 반려처분이 취소를 면할 수 없는 경우, 특별한 사정이 없는 한 A행정청은 시정명령 불이행을 이유로 甲에게 이행강제금을 부과할 수 없다. 25변시

③ 관련

3 건물의 소유자에게 위법건축물을 일정 기간까지 철거할 것을 명함과 아울러 불이행하면 대집행한다는 내용의 계고처분을 고지한 후, 이에 불응하자 다시 제2차 계고서로 일정 기간까지의 철거를 촉구하고 불이행하면 대집행한다는 뜻을 고지하였다면, 「행정대집행법」상 건물철거의무는 제2차 계고처분으로 인하여 발생한다. 22국회8

선지분석 & 요플·기풀기링크

선지	THEME	요플	기풀기
①	T42 실효성 확보(공통쟁점)	77	070
②	T44 강제집행 등	10	010
③	T42 실효성 확보(공통쟁점)	19	022
④	T48 새로운 확보수단	27	028

+ **PLUS** 시정명령의 이행을 위한 정당한 신고를 행정청이 위법하게 거부하였다면(그리고 그 거부처분의 위법성이 인정돼 취소되었다면), 시정명령의 불이행을 이유로 이행강제금을 부과할 수 없다.

③ ○ 반복 계고: 최초 계고는 처분○, 이후 2, 3차 계고는 처분×(연기통지에 불과)
건물의 소유자에게 위법건축물을 일정 기간까지 철거할 것을 명함과 아울러 불이행할 때에는 대집행한다는 내용의 **철거대집행 계고처분**을 고지한 후 이에 불응하자 다시 **제2차, 제3차 계고서를 발송**하여 일정 기간까지의 자진철거를 촉구하고 불이행하면 대집행을 한다는 뜻을 고지하였다면, **제2차, 제3차의 계고처분은 새로운 철거의무를 부과한 것이 아니고 다만 대집행기한의 연기통지에 불과하므로 행정처분이 아니다**(1994.10.28. 94누5144).

④ ○ 일부 위반행위만 먼저 인지한 상태에서 부과를 한 후 나머지 위반행위를 인지한 경우 → 모두에 대해서 일괄 부과하는 경우와 형평을 고려해 2차 부과해야
관할 행정청이 여객자동차운송사업자가 범한 여러 가지 위반행위 중 **일부만 인지하여 과징금 부과처분**을 하였는데 그 후 과징금 부과처분 시점 이전에 이루어진 다른 위반행위를 인지하여 이에 대하여 별도의 과징금 부과처분을 하게 되는 경우에도 종전 과징금 부과처분의 대상이 된 위반행위와 추가 과징금 부과처분의 대상이 된 위반행위에 대하여 **일괄하여 하나의 과징금 부과처분을 하는 경우와의 형평을 고려하여 추가 과징금 부과처분의 처분양정이 이루어져야 한다**(2021.2.4. 2020두48390).
+ **PLUS** 이 경우 (일괄 부과할 경우의 정당 금액 - 이미 부과된 금액)을 한도로 추가 과징금 부과처분을 할 수 있다.

선지선택비율 ① 5.41% ② 79.59% ③ 6.44% ④ 8.57%   오답률 20.41%

필수 문제 06

행정의 실효성 확보수단에 대한 판례의 입장으로 옳지 않은 것은? 16지방9

① 과세관청이 체납처분으로서 행하는 공매는 우월한 공권력의 행사로서 행정소송의 대상이 되는 행정처분이나, 공매에 의하여 재산을 매수한 자는 그 공매처분이 취소된 경우에 그 취소처분의 위법을 주장하여 행정소송을 제기할 법률상 이익이 없다.

② 「식품위생법」에 따른 식품접객업(일반음식점영업)의 영업신고의 요건을 갖춘 자는 그 영업신고를 한 당해 건축물이 「건축법」 소정의 허가를 받지 아니한 무허가건물이라면 적법한 신고를 할 수 없다.

③ 과세관청의 체납자 등에 대한 공매통지는 국가의 강제력에 의하여 진행되는 공매절차에서 체납자 등의 권리 내지 재산상 이익을 보호하기 위하여 법률로 규정한 절차적 요건에 해당하지만, 그 통지를 하지 아니한 채 공매처분을 하였다 하여도 그 공매처분이 당연무효로 되는 것은 아니다.

④ 「건축법」상 이행강제금은 일정한 기한까지 의무를 이행하지 않을 때에는 일정한 금전적 부담을 과할 뜻을 미리 계고함으로써 의무자에게 심리적 압박을 주어 장래에 그 의무를 이행하게 하려는 행정상 간접적인 강제집행수단의 하나로서 반복적으로 부과되더라도 헌법상 이중처벌금지의 원칙이 적용될 여지가 없다.

관련 OX

① 관련

1 과세관청이 체납처분으로서 행하는 공매는 우월한 공권력의 행사로서 행정소송의 대상이 되는 공법상의 행정처분이며 공매에 의하여 재산을 매수한 자는 그 공매처분이 취소된 경우에 그 취소처분의 위법을 주장하여 행정소송을 제기할 법률상 이익이 있다. 23군무원9

④ 관련

2 ⓑ 이행강제금은 과거의 일정한 법률위반 행위에 대한 제재로서의 형벌이 아니라 장래의 의무이행의 확보를 위한 강제수단일 뿐이어서 이중처벌금지의 원칙이 적용될 여지가 없다. 23국회9

해설

① ✕ 공매: 처분에 해당 / 공매취소: 처분에 해당. 매수인은 공매취소에 대해 항고소송 가능
과세관청이 체납처분으로서 행하는 공매는 우월한 공권력의 행사로서 행정소송의 대상이 되는 공법상의 행정처분이며 공매에 의하여 재산을 매수한 자는 그 공매처분이 취소된 경우에 그 취소처분의 위법을 주장하여 행정소송을 제기할 법률상 이익이 있다(1984.9.25. 84누201).

② ○ 식품위생법 요건 갖춤 but 건축법상 무허가건물: 식품위생법이 건축법에 우선✕ → 적법한 신고✕
식품위생법과 건축법은 그 입법 목적, 규정사항, 적용범위 등을 서로 달리하고 있어 식품접객업에 관하여 식품위생법이 건축법에 우선하여 배타적으로 적용되는 관계에 있다고는 해석되지 않는다. 그러므로 식품위생법에 따른 식품접객업(일반음식점영업)의 영업신고의 요건을 갖춘 자라고 하더라도, 그 영업신고를 한 당해 건축물이 건축법 소정의 허가를 받지 아니한 무허가건물이라면 적법한 신고를 할 수 없다(2009.4.23. 2008도6829).

③ ○ 공매통지의 하자: 취소사유○, 당연무효✕(∵절차적 하자)
체납자 등에 대한 공매통지는 국가의 강제력에 의하여 진행되는 공매절차에서 체납자 등의 권리 내지 재산상 이익을 보호하기 위하여 법률로 규정한 절차적 요건에 해당하지만, 그 통지를 하지 아니한 채 공매처분을 하였다 하여도 그 공매처분이 당연무효로 되는 것은 아니다(2012.7.26. 2010다50625).

+ PLUS 공매통지는 독자적 처분이 아닌 공매처분의 절차적 요건 중 하나이다. 따라서 공매통지를 하지 않는 등 위법이 있을 시 공매처분에 절차적 하자(취소사유)가 있게 된다. 단, 이는 체납자 등은 자신에 대한 공매통지에 하자가 있을 때 이를 위법사유로 주장할 수 있다는 것이지, 다른 권리자에 대한 공매통지의 하자를 들어 공매처분의 위법사유로 주장할 수는 없다.

관련 공매통지의 목적이나 취지 등에 비추어 보면, 체납자 등은 자신에 대한 공매통지의 하자만을 공매처분의 위법사유로 주장할 수 있을 뿐 다른 권리자에 대한 공매통지의 하자를 들어 공매처분의 위법사유로 주장하는 것은 허용되지 않는다(2008.11.20. 2007두18154 전합).

선지분석 & 요플 · 기풀기링크

선지	THEME	요플	기풀기
①	T42 실효성 확보(공통쟁점)	35	036
②	T23 신고	40	024
③	T44 강제집행 등	44	049
④	T42 실효성 확보(공통쟁점)	79	079

④ ○ 건축법상 이행강제금: 반복 부과하더라도 이중처벌×

(건축법상) 이행강제금은 일정한 기한까지 의무를 이행하지 않을 때에는 일정한 금전적 부담을 과할 뜻을 미리 계고함으로써 의무자에게 심리적 압박을 주어 장래에 그 의무를 이행하게 하려는 행정상 간접적인 강제집행수단의 하나로서 **과거의 일정한 법률위반행위에 대한 제재로서의 형벌이 아니라 장래의 의무이행의 확보를 위한 강제수단일 뿐이어서** 범죄에 대하여 국가가 형벌권을 실행한다고 하는 과벌에 해당하지 아니하므로 헌법 제13조 제1항이 금지하는 **이중처벌금지의 원칙이 적용될 여지가 없다**(헌재 2011.10.25. 2009헌바140 전원).

+ PLUS 이행강제금은 반복 부과가 가능하다. 단, 관련 법률에서 그 반복횟수를 제한하는 경우가 많다(예컨대 1년에 2회).

필수문제 07

행정의 실효성 확보수단에 관한 설명으로 옳은 것은? (다툼이 있는 경우 판례에 의함) 22소간

① 행정법규 위반에 대한 제재조치는 법령상의 책임자로 규정된 자가 아닌 현실적 행위자에게 부과되어야 하고, 특별한 사정이 없는 한 위반자에게 고의나 과실이 있어야 부과할 수 있다.

② 행정청이 행정제재수단으로 사업정지 또는 과징금을 부과할 것인지, 과징금의 경우 얼마로 할 것인지의 재량이 부여된 경우 과징금부과처분이 법이 정한 한도액을 초과하여 위법한 경우 법원은 그 초과된 부분만을 취소할 수 있다.

③ 공정거래위원회가 위반행위에 대한 과징금을 부과하면서 여러 개의 위반행위에 대하여 외형상 하나의 과징금 납부명령을 하였으나 여러 개의 위반행위 중 일부의 위반행위에 대한 과징금 부과만이 위법하고 소송상 그 일부의 위반행위를 기초로 한 과징금액을 산정할 수 있는 자료가 있는 경우에는, 하나의 과징금 납부명령일지라도 그 일부의 위반행위에 대한 과징금액에 해당하는 부분만을 취소하여야 한다.

④ 세법상 가산세는 행정상 제재로서 납세자의 고의·과실은 고려되지 않으므로 설령 납세자에게 그 의무해태를 탓할 수 없는 정당한 사유가 있는 경우라도 이를 부과할 수 있다.

⑤ 국가기관이 행정목적 달성을 위하여 언론을 통해 행정상 공표의 방법으로 실명을 공개함으로써 타인의 명예를 훼손한 경우라면 사인의 행위에 의한 경우보다 훨씬 엄격한 기준이 요구되므로 국가기관이 공표 당시 이를 진실이라고 믿었고 또 그렇게 믿을 만한 상당한 이유가 있더라도 위법성이 인정된다.

관련 OX

① 관련

1 행정법규 위반에 대하여 가하는 제재조치는 원칙적으로 위반자에게 고의나 과실이 있어야 부과될 수 있다. 24소방

② ⑤

(甲은 주유소를 운영하던 중 가짜 석유제품을 저장·판매하여 「석유사업법」을 위반한 사실이 적발되었다) 행정법규 위반에 대한 제재조치는 행정목적의 달성을 위하여 행정법규 위반이라는 객관적 사실에 착안하여 가하는 제재이므로, 甲이 고용한 직원이 위반행위를 한 경우라도 법령상 책임자인 甲에게 이 사건 처분을 할 수 있다. 22변시

④ 관련

3 가산세는 납세자가 법에 규정된 신고, 납세 등의 의무를 위반한 경우에 부과되는 행정상의 제재로서 납세자의 고의, 과실은 고려되지 않는 것이고 그 의무해태를 탓할 수 없는 정당한 사유가 있는 경우 이를 부과할 수 없다. 14국회8

해설

① × 행정상 제재: 현실적 행위자×, 법령상 책임자에 부과 / 고의·과실, 책임능력 등 불요
행정법규 위반에 대하여 가하는 제재조치는 행정목적의 달성을 위하여 행정법규 위반이라는 객관적 사실에 착안하여 가하는 제재이므로 반드시 현실적인 행위자가 아니라도 법령상 책임자로 규정된 자에게 부과되고 특별한 사정이 없는 한 위반자에게 고의나 과실이 없더라도 부과할 수 있다(2017.5.11. 2014두8773).

② × 재량행위인 과징금부과처분에서 법정한도액을 초과한 경우: 전부 취소(초과 부분만 취소×)
자동차운수사업면허조건 등을 위반한 사업자에 대하여 행정청이 행정제재수단으로 사업정지를 명할 것인지, 과징금을 부과할 것인지, 과징금을 부과키로 한다면 그 금액은 얼마로 할 것인지에 관하여 재량권이 부여되었다 할 것이므로 과징금부과처분이 법이 정한 한도액을 초과하여 위법할 경우 법원으로서는 그 전부를 취소할 수밖에 없고, 그 한도액을 초과한 부분이나 법원이 적정하다고 인정되는 부분을 초과한 부분만을 취소할 수 없다(1998.4.10. 98두2270).

③ ○ 수개 위반행위에 외형상 한 개 과징금. 그중 일부만 위법: 해당 부분 산정 가능시 그 부분만 취소
공정거래위원회가 위반행위에 대한 과징금을 부과하면서 〈여러 개의 위반행위〉에 대하여 〈외형상 하나의 과징금〉 납부명령을 하였으나 여러 개의 위반행위 중 일부의 위반행위에 대한 과징금 부과만이 위법하고 소송상 그 일부의 위반행위를 기초로 한 과징금액을 산정할 수 있는 자료가 있는 경우에는, 하나의 과징금 납부명령일지라도 그 일부의 위반행위에 대한 과징금액에 해당하는 부분만을 취소하여야 한다(2019.1.31. 2013두14726).

④ × 가산세: 고의·과실 불필요하나, 정당한 사유가 있으면 부과 불가
세법상 가산세는 과세권의 행사 및 조세채권의 실현을 용이하게 하기 위하여 납세자가 정당한 이유 없이 법에 규정된 신고, 납세 등 각종 의무를 위반한 경우에 개별 세법이 정하는 바에 따라 부과되는 행정상의 제재로서 납세자의 고의·과실은 고려되지 않는 것이고, 다만 납세의무자가 그 의무를 알지 못한 것이 무리가 아니었다거나 그 의무의 이행을 당사자에게 기대하는 것이 무리라고 하는 사정이 있을 때 등 그 의무해태를 탓할 수 없는 정당한 사유가 있는 경우에는 이를 부과할 수 없다(2003.9.5. 2001두403).

선지분석 & 요플·기풀기링크

선지	THEME	요플	기풀기
①	T42 실효성 확보(공통쟁점)	51	052
②	T65 판결 기준시/종류	23	024
③		25	026
④	T42 실효성 확보(공통쟁점)	57	057
⑤	T48 새로운 확보수단	51	057

⑤ ✕ 국가기관이 행정상 공표로 명예훼손을 한 경우 → 이를 진실이라고 믿었고 그렇게 믿을 만한 상당한 이유가 있으면 위법성이 조각됨 → 단, 상당한 이유의 존부와 관련해 국가기관에는 사인보다 엄격한 기준이 요구됨

국가기관이 행정목적달성을 위하여 언론에 보도자료를 제공하는 등 이른바 **행정상 공표의 방법으로** 실명을 공개함으로써 **타인의 명예를 훼손한 경우**, 그 공표된 사람에 관하여 적시된 사실의 내용이 진실이라는 증명이 없더라도 국가기관이 공표 당시 이를 **진실이라고 믿었고** 또 그렇게 믿을 만한 **상당한 이유가 있다면 위법성이 없는 것이고**, 이 점은 언론을 포함한 사인에 의한 명예훼손의 경우에서와 마찬가지이다. 이 경우 **상당한 이유의 존부의 판단**에 있어서는, 실명공표 자체가 매우 신중하게 이루어져야 한다는 요청에서 비롯되는 무거운 주의의무와 공권력의 광범한 사실조사능력, 공표된 사실이 진실하리라는 점에 대한 국민의 강한 기대와 신뢰, 공무원의 비밀엄수의무와 법령준수의무 등에 비추어, **사인의 행위에 의한 경우보다는 훨씬 더 엄격한 기준**이 요구된다 할 것이다(1993.11.26. 93다18389).

+ PLUS 국가기관이 행정상 공표의 방법으로 타인의 명예를 훼손한 경우에도 위법성조각사유가 인정될 수는 있다. 단지 그 인정에 있어서 사인의 경우보다 훨씬 더 엄격한 기준이 요구될 뿐이다.

정답 ③

OX 1✕ 2○ 3○

08 행정의 실효성 확보수단에 대한 설명으로 옳은 것은? (다툼이 있는 경우 판례에 의함) 15국가9

① 행정상 강제집행이 법률에 규정되어 있는 경우에도 민사상 강제집행은 인정된다.
② 「건축법」상의 이행강제금은 간접강제의 일종으로서 그 이행강제금 납부의무는 일신전속적인 성질의 것이므로 이미 사망한 사람에게 이행강제금을 부과하는 내용의 처분은 당연무효이다.
③ 이행강제금은 형벌과 병과될 경우 이중처벌금지원칙에 반한다.
④ 이행강제금은 비대체적 작위의무 위반에만 부과될 뿐 대체적 작위의무의 위반에는 부과될 수 없다.

해설

① ✕ 대집행으로 철거 가능: 민사소송으로 철거청구 불가
관계 법령상 행정대집행의 절차가 인정되어 행정청이 행정대집행의 방법으로 건물의 철거 등 대체적 작위의무의 이행을 실현할 수 있는 경우에는 따로 민사소송의 방법으로 그 의무의 이행을 구할 수 없다(2017.4.28. 2016다213916).
+ PLUS 행정청이 일단 법률상 강제집행 권한을 부여받은 이상 강제집행을 하지 않고 민사소송의 방법으로 행정목적을 실현하는 것은 불허된다. 예컨대 ① 대집행으로 건물철거가 가능한데도 건물철거를 구하는 민사소송을 제기한다든지, ② 강제징수로 대집행 실행비용을 징수할 수 있는데(대집행 실행비용은 국세징수법을 준용해 강제징수함) 민사소송으로 비용상환청구를 하는 것은 모두 소의 이익이 없어 각하대상이다. ③ 미반환 보조금을 체납처분으로 징수할 수 있음에도 민사소송으로 반환청구하는 것 역시 불가하다. ④ 반면, 행정청이 위와 같은 강제집행 권한을 행사하지 않을 경우 그에 법률상 이해관계를 가진 사인이 행정주체를 대위해 민사소송의 방법으로 목적실현을 구하는 것은 당연히 가능하다.

② ○ 이미 사망한 자에게 이행강제금 부과: 무효(이행강제금은 일신전속적이므로 상속이 불가하므로)
구 건축법상의 이행강제금은 구 건축법의 위반행위에 대하여 시정명령을 받은 후 시정기간 내에 당해 시정명령을 이행하지 아니한 건축주 등에 대하여 부과되는 간접강제의 일종으로서 이행강제금 납부의무는 상속인 기타의 사람에게 승계될 수 없는 일신전속적인 성질의 것이므로 이미 사망한 사람에게 이행강제금을 부과하는 내용의 처분이나 결정은 당연무효이고 이행강제금을 부과받은 사람의 이의에 의하여 비송사건절차법에 의한 재판절차가 개시된 후에 그 이의한 사람이 사망한 때에는 사건 자체가 목적을 잃고 절차가 종료한다(2006.12.8. 2006마470).
+ PLUS 이행강제금은 일신전속적이므로 상속될 수 없다. 따라서 이미 사망한 사람에 대한 이행강제금 부과처분은 상속의 가능성도 없어 무효이다.

③ ✕ 이행강제금+형벌: 이중처벌·일사부재리 위반✕
건축법 제78조에 의한 무허가 건축행위에 대한 형사처벌과 건축법 제83조 제1항에 의한 시정명령위반에 대한 이행강제금의 부과는 그 처벌 내지 제재대상이 되는 기본적 사실관계로서의 행위를 달리하며, 또한 그 보호법익과 목적에서도 차이가 있으므로 헌법 제13조 제1항이 금지하는 이중처벌에 해당한다고 할 수 없다(헌재 2004.2.26. 2001헌바80 등 전원).
+ PLUS 동일 행위에 대한 복수의 형사처벌은 금지되나, 형사처벌과 행정제재를 병과하는 것은 허용

④ ✕ 이행강제금: 대체적 작위의무에도 부과 가능
전통적으로 행정대집행은 대체적 작위의무에 대한 강제집행수단으로, 이행강제금은 부작위의무나 비대체적 작위의무에 대한 강제집행수단으로 이해되어 왔으나, 이는 이행강제금제도의 본질에서 오는 제약은 아니며, 이행강제금은 대체적 작위의무의 위반에 대하여도 부과될 수 있다(헌재 2004.2.26. 2001헌바80 등 전원).
+ PLUS 이행강제금은 대체적 작위의무, 비대체적 작위의무위반 모두에 가능. 대집행은 대체적 작위의무위반에만 가능

관련 OX

③ 관련
1 형사처벌과 이행강제금은 병과될 수 있다. 20지방9

2 「건축법」에 의한 무허가건축행위에 대한 형사처벌과 「건축법」 관련조항에 따른 이행강제금의 부과는 그 처벌 내지 제재대상이 되는 기본적 사실관계로서의 행위를 달리하며 또한 그 보호법익과 목적에서도 차이가 있으므로 이중처벌에 해당한다고 할 수 없다. 15(3)경행

④ 관련
3 이행강제금은 부작위의무나 비대체적 작위의무에 대한 강제집행수단이므로 대체적 작위의무의 위반에 대하여는 부과될 수 없다. 24소방

선지분석 & 요플·기풀기링크

선지	THEME	요플	기풀기
①		90	090
②	T42 실효성 확보(공통쟁점)	87	083
③		74	077
④	T44 강제집행 등	06	006

정답 ②
OX 1○ 2○ 3✕

09

행정의 실효성 확보수단에 대한 설명으로 가장 옳은 것은? (다툼이 있는 경우 판례를 따름)

19(1)서울7

① 이행강제금은 장래의 의무이행을 심리적으로 강제하기 위한 것으로서 의무이행이 있을 때까지 반복하여 부과할 수 있다.
② 비상시 또는 위험이 절박한 경우에 있어서 계고·대집행영장의 통지규정에서 정하는 수속을 취할 여유가 없을 경우라도 위의 두 수속 모두를 거치지 아니하고는 대집행을 할 수 없다.
③ 「행정대집행법」 절차에 따라 국세징수의 대집행비용을 징수할 수 있음에도 불구하고 민사소송절차에 의하여 그 비용의 상환을 청구할 수 있다.
④ 공매통지 자체가 그 상대방인 체납자 등의 법적 지위나 권리·의무에 직접적인 영향을 주는 행정처분에 해당한다고 할 것이므로 다른 특별한 사정이 없는 한 체납자 등은 공매통지 자체를 항고소송의 대상으로 삼아 그 취소 등을 구할 수 있다.

해설

① ○ 이행강제금은 과거 위반에 대한 제재(벌)가 아니라 장래 의무의 확보를 위한 간접적 강제집행수단이다. 따라서 이중의 과벌을 금지하는 이중처벌금지의 원칙이 적용될 여지 자체가 없고, 반복 부과가 가능하다. 단, 관련 법률에서 그 반복 횟수를 제한하는 경우가 많다(예컨대 건축법상 이행강제금은 1년에 2회, 건축법 제80조 제5항).

② ✕

행정대집행법 제3조(대집행의 절차) ③ 비상시 또는 위험이 절박한 경우에 있어서 당해 행위의 급속한 실시를 요하여 전2항에 규정한 수속을 <s>계고, 대집행영장통지</s> 취할 여유가 없을 때에는 그 수속을 거치지 **아니하고 대집행**을 할 수 있다.

③ ✕ 국세징수법에 따라 대집행비용 강제징수가 가능: 민사소송으로 비용상환청구 불가
대한주택공사가 구 대한주택공사법 및 구 「대한주택공사법 시행령」에 의하여 대집행권한을 위탁받아 공무인 **대집행**을 실시하기 위하여 지출한 **비용**을 행정대집행법 절차에 따라 **국세징수법의 예에 의하여 징수할 수 있음에도 민사소송절차**에 의하여 그 비용의 상환을 청구한 사안에서, 행정대집행법이 대집행비용의 징수에 관하여 민사소송절차에 의한 소송이 아닌 간이하고 경제적인 특별구제절차를 마련해 놓고 있으므로, 위 청구는 소의 이익이 없어 부적법하다(2011.9.8. 2010다48240).
+ PLUS 간이하고 경제적인 특별구제절차가 있음에도 제기한 민사소송은 소의 이익이 없어 부적법

④ ✕ 공매통지: 항고소송대상✕
체납자 등에 대한 공매통지는 국가의 강력력에 의하여 진행되는 공매에서 체납자 등의 권리 내지 재산상의 이익을 보호하기 위하여 법률로 규정한 절차적 요건이라고 보아야 하며, 공매처분을 하면서 체납자 등에게 공매통지를 하지 않았거나 공매통지를 하였더라도 그것이 적법하지 아니한 경우에는 절차상의 흠이 있어 그 공매처분이 위법하게 되는 것이지만, 공매통지 자체가 그 상대방인 체납자 등의 법적 지위나 권리·의무에 직접적인 영향을 주는 행정처분에 해당한다고 할 것은 아니므로 공매통지 자체를 항고소송의 대상으로 삼아 그 취소 등을 구할 수는 없다(2011.3.24. 2010두25527).

관련 OX

① 관련
1 이행강제금은 장래의 의무이행을 심리적으로 강제하기 위한 것으로서 의무이행이 있을 때까지 반복하여 부과할 수 있다.
24해경간부

② 관련
2 비상시 또는 위험이 절박한 경우에 있어서 당해 행위의 급속한 실시를 요하여 계고를 취할 여유가 없을 때에는 계고를 거치지 아니하고 대집행을 할 수 있다.
24소방승진

③ 관련
3 구 대한주택공사가 대집행권한을 위탁받아 공무인 대집행을 실시하기 위하여 지출한 비용을 「행정대집행법」 절차에 따라 「국세징수법」의 예에 의하여 징수할 수 있음에도 민사소송절차에 의하여 그 비용의 상환을 구하는 청구는 소의 이익이 없어 부적법하다.
19지방9

④ 관련
4 「국세징수법」상 체납자 등에 대한 공매통지는 체납자 등의 법적 지위나 권리·의무에 직접적인 영향을 주는 행정처분에 해당하지 아니하므로 공매통지가 적법하지 아니한 경우에도 그에 따른 공매처분이 위법하게 되는 것은 아니다.
18지방9

선지분석 & 요플·기풀기링크

선지	THEME	요플	기풀기
①	T42 실효성 확보(공통쟁점)	80	080
②	T43 대집행	62	044
③	T42 실효성 확보(공통쟁점)	91	092
④		36	035

정답 ①
OX 1○ 2○ 3○ 4✕

필수 문제 10

행정강제에 대한 설명으로 옳은 것은? (다툼이 있는 경우 판례에 의함) 19국가9

① 행정대집행의 방법으로 건물철거의무이행을 실현할 수 있는 경우, 철거의무자인 건물점유자의 퇴거의무를 실현하려면 퇴거를 명하는 별도의 집행권원이 있어야 하고, 철거 대집행과정에서 부수적으로 건물점유자들에 대한 퇴거조치를 할 수는 없다.

② 즉시강제란 법령 또는 행정처분에 의한 선행의 구체적 의무의 불이행으로 인한 목전의 급박한 장해를 제거할 필요가 있는 경우에 행정기관이 즉시 국민의 신체 또는 재산에 실력을 행사하여 행정상의 필요한 상태를 실현하는 작용을 말한다.

③ 공법인이 대집행권한을 위탁받아 공무인 대집행 실시에 지출한 비용을 「행정대집행법」에 따라 강제징수할 수 있음에도 민사소송절차에 의하여 상환을 청구하는 것은 허용되지 않는다.

④ 이행강제금은 심리적 압박을 통하여 간접적으로 의무이행을 확보하는 수단인 행정벌과는 달리 의무이행의 강제를 직접적인 목적으로 하므로, 강학상 직접강제에 해당한다.

관련 OX

① 관련
1 행정청이 행정대집행의 방법으로 건물철거의무의 이행을 실현할 수 있는 경우에는 건물철거 대집행과정에서 부수적으로 건물의 점유자들에 대한 퇴거조치를 할 수 없다. 25지방9

③ 관련
2 공법인은 법령에 의하여 행정청의 대집행권한을 위탁받아 대집행을 실시하기 위하여 지출한 비용을 「행정대집행법」상 절차에 따라 징수할 수 있는 것과는 별개로, 민사소송절차에 의하여 그 비용의 상환을 구할 소의 이익이 있다. 23변시

해설

① ✕

종류	성격	실현방법
철거·제거·복구의무	대체적 의무	• 대집행○
인도·명도·퇴거의무	비대체적 의무	• 대집행✕ → 민사소송(퇴거소송 등) 제기해야 함
철거의무에 부수한 퇴거조치	대체적 의무에 부수	• 대집행○ → 집행권원 불필요 → 민사소송(퇴거소송) 제기시 부적법 • 점유자들의 위력방해시 공무집행방해죄 성립 → 경찰 도움받을 수

② ✕ 즉시강제란 시간적 급박성, 혹은 그 성질상 상대방에게 의무를 명하지 않고 곧바로 상대의 신체·재산에 행해지는 실력행사를 말한다. 직접적인 실력행사라는 점에서 강제집행(직접강제)과 같지만, 선행의 의무위반을 전제하지 않는다는 점에서 구별된다.

③ ○ 국세징수법에 따라 대집행비용 강제징수가 가능: 민사소송으로 비용상환청구 불가
대한주택공사가 … 대집행권한을 위탁받아 공무인 대집행을 실시하기 위하여 지출한 비용을 행정대집행법 절차에 따라 국세징수법의 예에 의하여 징수할 수 있음에도 민사소송절차에 의하여 그 비용의 상환을 청구한 사안에서, 행정대집행법이 대집행비용의 징수에 관하여 민사소송절차에 의한 소송이 아닌 간이하고 경제적인 특별구제절차를 마련해 놓고 있으므로, 위 청구는 소의 이익이 없어 부적법하다(2011.9.8. 2010다48240).

④ ✕ 이행강제금과 행정벌 모두 간접적 수단이다. 즉, 이행강제금은 금전부과의 고지를 통한 심리적 압박을 매개하여 간접적으로 의무이행을 확보하려는 것이고, 행정벌은 그 존재를 통해 위반행위를 억제시켜 간접적으로 법규준수를 확보하려는 것이다.

• 이행강제금: 금전부과 고지를 통해 심리적 압박을 주어 장래 의무이행을 확보하려는 간접적 수단
이행강제금은 행정법상의 부작위의무 또는 비대체적 작위의무를 이행하지 않은 경우에 '일정한 기한까지 의무를 이행하지 않을 때에는 일정한 금전적 부담을 과할 뜻'을 미리 '계고'함으로써 의무자에게 심리적 압박을 주어 장래를 향하여 의무의 이행을 확보하려는 간접적인 행정상 강제집행수단이다(2015.6.24. 2011두2170).

선지분석 & 요플·기풀기링크

선지	THEME	요플	기풀기
①	T43 대집행	14	013
②	T45 즉시강제	01	001
③	T42 실효성 확보(공통쟁점)	91	092
④	T44 강제집행 등	04	004

정답 ③
OX 1✕ 2✕

T43 실효성 확보수단(2) – 대집행

필수문제 01

행정상 강제집행에 관한 설명으로 옳지 않은 것은? (다툼이 있는 경우 판례에 의함) 24소방승진(변형)

① 행정법상의 의무불이행이 있는 경우에 행정청이 의무자의 신체 또는 재산에 실력을 가하여 의무를 이행시키거나 이행한 것과 동일한 상태를 실현하는 작용을 행정상 강제집행이라고 한다.

② 행정상 강제집행에는 장래에 향하여 의무이행을 강제하는 것을 직접적인 목적으로 하며 이에는 행정대집행, 이행강제금의 부과, 직접강제, 강제징수, 즉시강제, 보안처분 등이 있다.

③ 대집행의 근거법으로는 대집행에 관한 일반법인 「행정대집행법」과 대집행에 관한 개별법 규정이 있고 행정상 강제징수에 대한 근거법으로 「국세징수법」과 「국세징수법」을 준용하는 여러 개별법 규정이 있다.

④ 행정청이 행정대집행의 방법으로 건물의 철거 등 대체적 작위의무의 이행을 실현할 수 있는 경우에는 따로 민사소송의 방법으로 그 의무의 이행을 구할 수 없다.

관련 OX

② 관련

1 행정상 강제집행의 수단은 대집행, 집행벌, 직접강제, 행정상 강제징수 등이 있다. 13(2)경행

2 ○ 행정상 즉시강제는 직접강제와는 달리 행정상 강제집행에 해당하지 않는다. 21국가9

④ 관련

3 관계 법령상 행정대집행의 절차가 인정되어 행정청이 행정대집행의 방법으로 건물의 철거 등 대체적 작위의무의 이행을 실현할 수 있는 경우에는 따로 민사소송의 방법으로 그 의무의 이행을 구할 수 없다. 24국회9

해설

① ○ 행정상 **강제집행**은 행정법상의 의무불이행이 있는 경우에 행정청이 의무자의 신체 또는 재산에 실력을 가하여 의무를 이행시키거나 이행한 것과 동일한 상태를 실현하는 작용으로서 의무불이행을 전제로 이루어지는 강제수단이다.

② ✕ 행정상 강제집행에는 **이**행강제금, 행정**대**집행, **직**접강제, **강**제징수가 있다. 즉시강제는 선행하는 의무의 불이행을 전제로 하지 않으므로 행정상 강제집행이 아니다. 보안처분은 장래의 위험예방을 위한 형사제재로서 행정상 강제집행이 아니다.

③ ○ 대집행의 근거법으로는 대집행에 관한 일반법인 행정대집행법과 기타 개별법 규정이 있고 행정상 강제징수에 대한 근거법으로 국세징수법과 국세징수법을 준용하는 여러 개별법 규정이 있다.

		주요 관련법	키워드·의의	사례	성격
행정상강제	강제집행	이행강제금 T44	• 건축법, 농지법 등 • 행정기본법	각종 의무불이행시 돈 내게 하여 심리적 압박을 못 견디고 이행하게 함	건물철거 안 하면 철거할 때까지 계속 돈 내게 함	간접
		대집행 T43	• 행정대집행법(일반법) • 행정기본법	대체적 작위의무 불이행에 대해 행정청이 대신 해버리고 비용징수	건물철거 안 하면 행정청이 대신 철거하고 철거비용 물림	직접
		직접강제 T44	• 식품위생법 등 • 행정기본법	각종 의무불이행시 직접 실력행사	영업중지 안 하면 강제로 영업소 폐쇄시킴	
		강제징수 T44	• 국세징수법 등(사실상 일반법) • 행정기본법	금전지급의무 불이행시 직접 실력행사	세금 안 내면 재산압류해(압류) 팔아버리고(공매), 그 돈으로 메꾸고 남은 건 돌려줌(청산)	
	즉시강제 T45		• 감염병예방법 등 • 행정기본법	의무불이행을 전제로 하지 않고 즉시 실력행사 – 급박함/성질상	미승인 마약류 발견시 즉시 폐기(스스로 폐기할 기회를 주면 빼돌림)	

④ ○ 대집행으로 철거 가능: 민사소송으로 철거청구 불가
관계 법령상 행정대집행의 절차가 인정되어 행정청이 행정**대집행**의 방법으로 건물의 철거 등 대체적 작위의무의 이행을 실현할 수 있는 **경우**에는 따로 **민사소송**의 방법으로 그 의무의 이행을 **구할 수 없다**(2017.4.28. 2016다213916).

선지분석 & 요플·기풀기링크

선지	THEME	요플	기풀기
①	T42 실효성 확보(공통쟁점)	04	003
②		02	002
③	T43 대집행	01	001
④	T42 실효성 확보(공통쟁점)	93	091

정답 ②
OX 1○ 2○ 3○

필수문제 02

대집행에 대한 설명으로 옳지 않은 것은? (다툼이 있는 경우 판례에 의함) 13국가7

① 행정청의 위임을 받아 대집행을 실행하는 제3자는 대집행의 주체가 아니다.
② 구 「공공용지의 취득 및 손실보상에 관한 특례법」에 따른 토지 등의 협의취득시 건물소유자가 철거의무를 부담하겠다는 약정을 한 경우, 그 철거의무는 「행정대집행법」상 대집행의 대상이 되는 대체적 작위의무이다.
③ 토지의 명도의무는 특별한 사정이 없는 한 「행정대집행법」에 의한 대집행의 대상이 될 수 없다.
④ 행정청이 대집행계고를 함에 있어서는 의무자가 스스로 이행하지 아니하는 경우에 대집행할 행위의 내용 및 범위가 구체적으로 특정되어야 한다.

해설

① ○ 대집행은 대집행의 대상이 되는 의무(ex. 건물철거의무)를 부과한 행정청이 주체가 된다. 단, 당해 행정청은 대집행을 제3자가 행하게 할 수도 있는데, 이때 행정청의 위탁을 받아 대집행을 실행하는 자는 원칙적으로 대집행의 주체가 아닌 당해 행정청의 행정보조자에 불과하다는 것이 통설이다. 즉, 이 경우의 위탁은 권한이전을 수반하는 강학상 위탁이 아니라고 보는 것이다. 다만, 대집행의 위탁이 법령에 근거해 이루어졌다면 권한의 이전이 일어나 위탁받은 기관이 대집행의 주체가 될 수 있다. 1번 지문의 경우 법령에 근거한 것인지에 대한 논의가 없기에 대집행을 실행하는 제3자는 대집행의 주체가 아니다.

행정대집행법 제2조(대집행과 그 비용징수) … 당해 행정청은 **스스로** 의무자가 하여야 할 행위를 하거나 또는 **제삼자로 하여금** 이를 하게 하여 그 비용을 의무자로부터 징수할 수 있다.

- 군수가 군사무위임조례의 규정에 따라 무허가 건축물에 대한 철거대집행사무를 하부 행정기관인 읍·면에 위임하였다면, 읍·면장에게는 관할구역 내의 무허가 건축물에 대하여 그 철거대집행을 위한 계고처분을 할 권한이 있다(1997.2.14. 96누15428)(편저자: 위탁이 법령에 근거가 있어서 권한이 이전되는 경우에 관한 판례이다).

② × 대집행: 공법적 의무위반에 한정 so 협의취득시 약정에 따른 건물철거의무 불이행은×
행정대집행법상 대집행의 대상이 되는 대체적 작위의무는 **공법상** 의무이어야 할 것인데, **사법상 계약**의 실질을 가지는 것이므로, 그 협의취득시 건물소유자가 매매대상 건물에 대한 철거의무를 부담하겠다는 취지의 약정을 하였다고 하더라도 이러한 철거의무는 공법상의 의무가 될 수 없고, 이 경우에도 행정대집행법을 준용하여 대집행을 허용하는 별도의 규정이 없는 한 위와 같은 철거의무는 행정대집행법에 의한 **대집행의 대상이 되지 않는다**(2006.10.13. 2006두7096).

③ ○ 수용대상 토지의 인도(명도)의무: 대체적 작위의무× → 대집행×
수용대상 토지의 인도의무에 관한 구 토지수용법 제63조, 제64조, 제77조 규정에서의 '인도'에는 명도도 포함되는 것으로 보아야 하고, 이러한 **명도의무는 특별한 사정이 없는 한 행정대집행법에 의한 대집행의 대상이 될 수 있는 것이 아니다**(2005.8.19. 2004다2809).

④ ○ 계고시 대집행할 내용과 범위 특정 필요
행정청이 대집행계고를 함에 있어서는 의무자가 스스로 이행하지 아니하는 경우에 **대집행할 행위의 내용 및 범위가 구체적으로 특정**되어야 하나, 그 행위의 내용 및 범위는 반드시 대집행계고서에 의하여서만 특정되어야 하는 것이 아니다(1996.10.11. 96누8086).

관련 OX

② 관련

1. 구 「공공용지의 취득 및 손실보상에 관한 특례법」에 의한 협의취득시 건물소유자가 협의취득대상 건물에 대한 철거의무를 부담하겠다는 취지의 약정을 하였다고 하더라도 이러한 철거의무는 공법상의 의무가 될 수 없고, 대집행을 허용하는 별도의 규정이 없는 한 대집행의 대상이 될 수 없다. 22국회8

③ 관련

2. 토지·건물 등의 인도의무는 비대체적 작위의무이므로 「행정대집행법」상 대집행대상이 될 수 없다. 21군무원9

3. 토지나 건물의 명도의무를 강제적으로 실현하는 데는 직접적인 실력행사가 필요한 것이지 대체적 작위의무에 해당하는 것은 아니어서 대집행의 대상이 되는 것은 아니다. 24경찰간부

선지분석 & 요플·기풀기링크

선지	THEME	요플	기풀기
①		04	004
②	T43 대집행	34	030
③		10	008
④		46	049

정답 ②
OX 1○ 2○ 3○

필수문제 03

행정대집행에 관한 설명 중 옳지 않은 것은? (다툼이 있으면 판례에 의함)  13국회9

① 부작위의무의 이행을 확보하기 위하여 활용하는 대표적인 행정작용의 실효성 확보수단에 해당한다.
② 대집행의 주체는 당사자에 의해 불이행되고 있는 의무를 부과한 행정청이다.
③ 법령이나 조례에 의해 직접 명령되었거나 법령에 근거한 처분에 의한 행위를 대상으로 한다.
④ 계고와 대집행영장에 의한 통지 사이에는 행정행위 하자의 승계를 허용하는 것이 판례의 태도이다.
⑤ 토지나 가옥의 인도의무 불이행은 대집행의 대상에 해당하지 않는다고 보는 것이 판례의 태도이다.

관련 OX

① 관련

1 A
법률상 시설설치금지의무를 위반하여 시설을 설치한 경우 별다른 규정이 없어도 대집행요건이 충족된다. 16서울7

② 관련

2 대집행을 결정하는 대집행 주체는 의무를 부과한 행정청에 한정되며 감독청은 대집행 주체가 될 수 없다. 07국가9

③ 관련

3 C
대집행의 대상이 되는 행위는 법률에서 직접 명령된 것이 아니라, 법률에 의거한 행정청의 명령에 의한 행위를 말한다. 18서울9

해설

① ✗ 대집행은 '작위'의무 위반에 대한 것이므로, '부작위'의무 위반에는 인정될 수 없다.
+ PLUS 따라서 시설설치금지나 물건적치금지의무 등 **부작위의무 위반**으로 인해 발생한 결과를 시정하기 위해서는 **곧바로 대집행에 나아갈 수는 없고**, 우선 위반자 등에게 시정명령이나 원상복구명령 등을 발령해 작위의무를 부여한 뒤, 이를 이행하지 않아 위반자가 작위의무 위반상태로 전환되면 그때 비로소 대집행이 가능하다.

② ○ 대집행은 대집행의 대상이 되는 의무(ex. 건물철거의무)를 **부과한 행정청**이 주체가 된다.
③ ○ 대집행의 대상이 되는 의무는 **행정청이 명령한 것(하명)**뿐 아니라, **법률에 의해 직접 부과된 것**도 포함된다(행정대집행법 제2조). 여기서 '법률'이란 법률의 위임에 의한 명령, 지방자치단체의 조례를 포함하는 것이다.

> **행정대집행법 제2조(대집행과 그 비용징수)** 법률(법률의 위임에 의한 명령, 지방자치단체의 조례를 포함한다. 이하 같다)에 의하여 직접명령되었거나 또는 법률에 의거한 행정청의 명령에 의한 행위로서 타인이 대신하여 행할 수 있는 행위를 의무자가 이행하지 아니하는 경우 다른 수단으로써 그 이행을 확보하기 곤란하고 또한 그 불이행을 방치함이 심히 공익을 해할 것으로 인정될 때에는 당해 행정청은 스스로 의무자가 하여야 할 행위를 하거나 또는 제삼자로 하여금 이를 하게 하여 그 비용을 의무자로부터 징수할 수 있다.

④ ○ 계고처분 / 대집행영장발부통보처분: **하자승계 인정**
대집행의 계고, 대집행영장에 의한 통지, 대집행의 실행, 대집행에 요한 비용의 납부명령 등은 타인이 대신하여 행할 수 있는 행정의무의 이행을 의무자의 비용부담하에 확보하고자 하는, 동일한 행정목적을 달성하기 위하여 **단계적인 일련의 절차로 연속하여 행하여지는 것으로서, 서로 결합하여 하나의 법률효과를 발생시키는 것이다**. 선행처분인 **계고처분이 위법한 것이기 때문에 그 계고처분을 전제로 행하여진 대집행영장발부통보처분도 위법한 것이라는 주장을 할 수 있다**(1996.2.9. 95누12507).
+ PLUS 대집행절차를 이루는 각 행위들(계고, 영장에 의한 통지, 실행, 비용납부명령)은 하나의 법적 효과를 목적으로 하는 것으로 하자의 승계가 인정된다.

⑤ ○ 토지·건물 등의 **인도**(명도)나 **퇴거의무**는 해당 토지나 건물로부터 문제된 **사람이 나가야 할 의무**이다. 따라서 바로 그 **사람이 나가야만** 달성될 수 있는 **비대체적 작위의무**로서 대집행의 대상이 될 수 없다.

• **수용대상 토지의 인도(명도)의무: 대체적 작위의무✗ → 대집행✗**
수용대상 토지의 인도의무에 관한 구 토지수용법 제63조, 제64조, 제77조 규정에서의 '인도'에는 명도도 포함되는 것으로 보아야 하고, 이러한 **명도의무는 특별한 사정이 없는 한 행정대집행법에 의한 대집행의 대상이 될 수 있는 것이 아니다**(2005.8.19. 2004다2809).

선지분석 & 요플·기풀기링크

선지	THEME	요플	기풀기
①		18	018
②	T43 대집행	02	002
③		29	033
④	T30 하자의 승계	40	042
⑤	T43 대집행	18	018

정답 ①
OX 1✗ 2○ 3✗

필수문제 04

행정대집행에 대한 설명으로 옳지 않은 것은? (다툼이 있는 경우 판례에 의함) 24국가7

① 정당한 사유 없이 공유재산에 시설물을 설치한 경우 행정청은 행정대집행의 방법으로 이 시설물을 철거할 수 있고, 이러한 행정대집행이 인정되는 경우에는 민사소송의 방법으로 시설물의 철거를 구하는 것은 허용되지 아니한다.

② 건물의 점유자가 철거의무자일 때에도 건물철거의무에 퇴거의무가 포함되어 있지 않으므로 별도로 퇴거를 명하는 집행권원이 필요하다.

③ 아무런 권원 없이 국유재산에 설치한 시설물에 대하여 행정청이 행정대집행을 실시하지 않는 경우, 그 국유재산에 대한 사용청구권을 가지고 있는 자는 국가를 대위하여 민사소송으로 그 시설물의 철거를 구할 수 있다.

④ 공공사업에 필요한 토지와 건물을 사업시행자가 협의취득할 때 건물소유자가 매매대상 건물에 대한 철거의무를 부담하겠다는 취지의 약정을 하였다고 하더라도 이러한 철거의무는 「행정대집행법」에 의한 대집행의 대상이 되는 공법상의 의무가 아니다.

해설

① ○ 대집행으로 철거 가능: 민사소송으로 철거청구 불가
「공유재산 및 물품 관리법」은 "지방자치단체의 장은 정당한 사유 없이 공유재산을 점유하거나 공유재산에 시설물을 설치한 경우에는 원상복구 또는 시설물의 철거 등을 명하거나 이에 필요한 조치를 할 수 있다."라고 규정하고, 제2항은 "제1항에 따른 명령을 받은 자가 그 명령을 이행하지 아니할 때에는 '행정대집행법'에 따라 원상복구 또는 시설물의 철거 등을 하고 그 비용을 징수할 수 있다."라고 규정하고 있다. 위 규정에 따라 지방자치단체장은 행정대집행의 방법으로 공유재산에 설치한 시설물을 철거할 수 있고, 이러한 행정대집행의 절차가 인정되는 경우에는 민사소송의 방법으로 시설물의 철거를 구하는 것은 허용되지 아니한다(2017.4.13. 2013다207941).

② ✕ 철거 대집행에 부수해서 철거의무자에 대한 퇴거조치 가능
건물의 점유자가 철거의무자일 때에는 건물철거의무에 퇴거의무도 포함되어 있는 것이어서 별도로 퇴거를 명하는 집행권원이 필요하지 않다. … 행정청이 행정대집행의 방법으로 건물철거의무의 이행을 실현할 수 있는 경우에는 건물철거 대집행 과정에서 부수적으로 건물의 점유자들에 대한 퇴거조치를 할 수 있다(2017.4.28. 2016다213916).

  + PLUS 퇴거조치: 원칙적으로 대집행 불가. 그러나 건물철거에 부수한 퇴거조치는 대집행으로 가능

③ ○ 대집행 가능한 경우 민사소송으로 철거 청구 불가 / 행정청이 대집행하지 않는 경우, 사용청구권 있는 자가 국가 대위하여 민사소송으로 철거 청구는 가능
아무런 권원 없이 국유재산에 설치한 시설물에 대하여 행정청이 행정대집행을 할 수 있음에도 민사소송의 방법으로 그 시설물의 철거를 구하는 것은 허용되지 않는다. 아무런 권원 없이 국유재산에 설치한 시설물에 대하여 행정청이 행정대집행을 실시하지 않는 경우, 그 국유재산에 대한 사용청구권을 가지고 있는 자가 국가를 대위하여 민사소송으로 그 시설물의 철거를 구할 수는 있다(2009.6.11. 2009다1122).

④ ○ 대집행: 공법적 의무위반에 한정 so 협의취득시 약정에 따른 건물철거의무 불이행은 ✕
행정대집행법상 대집행의 대상이 되는 대체적 작위의무는 공법상 의무이어야 할 것인데, 사법상 계약의 실질을 가지는 것이므로, 그 협의취득시 건물소유자가 매매대상 건물에 대한 철거의무를 부담하겠다는 취지의 약정을 하였다고 하더라도 이러한 철거의무는 공법상의 의무가 될 수 없고, 이 경우에도 행정대집행법을 준용하여 대집행을 허용하는 별도의 규정이 없는 한 위와 같은 철거의무는 행정대집행법에 의한 대집행의 대상이 되지 않는다(2006.10.13. 2006두7096).

  + PLUS 행정대집행의 대상이 되는 대체적 작위의무는 공법상 의무이다. 따라서 비대체적 의무, 부작위의무, 사법적 의무는 행정대집행의 대상이 될 수 없다.

선지선택비율 ① 6.25% ② 82.77% ③ 6.06% ④ 4.92% 오답률 17.05%

관련 OX

① 관련

1 관계 법령상 행정대집행의 절차가 인정되어 행정청이 행정대집행의 방법으로 건물의 철거 등 대체적 작위의무의 이행을 실현할수 있는 경우에는 따로 민사소송의 방법으로 그 의무의 이행을 구할 수 없다. 22군무원7

② 관련

2 행정청은 퇴거를 명하는 집행권원이 없더라도 건물철거 대집행 과정에서 부수적으로 철거의무자인 건물의 점유자들에 대해 퇴거 조치를 할 수 있다. 22지방9

④ 관련

3 공익사업을 위해 토지를 협의 매도한 종전 토지소유자가 토지 위의 건물을 철거하겠다는 약정을 하였다고 하더라도 이러한 약정 불이행시 대집행의 대상이 되지 아니한다. 24해경승진

선지분석 & 요플 · 기풀기링크

선지	THEME	요플	기풀기
①	T42 실효성 확보(공통쟁점)	93	091
②	T43 대집행	13	012
③	T42 실효성 확보(공통쟁점)	94	094
④	T43 대집행	34	030

정답 ②

OX 1 ○ 2 ○ 3 ○

필수문제 05

대집행에 대한 설명으로 옳지 않은 것은? (다툼이 있는 경우 판례에 의함) 15국가9

① 건축물의 철거와 토지의 명도는 대집행의 대상이 된다.
② 부작위의무를 규정한 금지규정에서 작위의무명령권이 당연히 도출되지는 않는다.
③ 계고는 행정처분으로서 항고소송의 대상이 된다.
④ 대집행이 완료되어 취소소송을 제기할 수 없는 경우에도 국가배상청구는 가능하다.

해설

① ✕ 건축물의 철거는 대체적 작위의무이므로 대집행의 대상이 되지만, 토지의 명도는 비대체적 작위의무이므로 대집행의 대상이 되지 않는다.

• 도시공원시설인 매점에서의 퇴거 및 시설물 등 반출의무: 대체적 작위의무✕ → 대집행✕
도시공원시설 점유자의 퇴거 및 명도의무는 대집행의 대상이 아니다. 도시공원시설인 매점의 관리청이 그 공동점유자 중의 1인에 대하여 소정의 기간 내에 위 매점으로부터 퇴거하고 이에 부수하여 그 판매 시설물 및 상품을 반출하지 아니할 때에는 이를 대집행하겠다는 내용의 계고처분은 그 주된 목적이 매점의 원형을 보존하기 위하여 점유자가 설치한 불법 시설물을 철거하고자 하는 것이 아니라, 매점에 대한 점유자의 점유를 배제하고 그 점유이전을 받는 데 있다고 할 것인데, 이러한 의무는 그것을 강제적으로 실현함에 있어 직접적인 실력행사가 필요한 것이지 대체적 작위의무에 해당하는 것은 아니어서 직접강제의 방법에 의하는 것은 별론으로 하고 행정대집행법에 의한 대집행의 대상이 되는 것은 아니다(1998.10.23. 97누157).

② ○ 금지규정에서 그 위반에 대한 시정명령 권한까지 도출✕
부작위의무로부터 그 의무를 위반함으로써 생긴 결과를 시정하기 위한 작위의무를 당연히 끌어낼 수는 없으며, 또 위 금지규정(특히 허가를 유보한 상대적 금지규정)으로부터 작위의무, 즉 위반결과의 시정을 명하는 권한이 당연히 추론되는 것도 아니다(1996.6.28. 96누4374).

③ ○ 계고: 항고소송대상○
대집행의 계고는 다른 수단으로써 이행을 확보하기 곤란하고, 또한 그 불이행을 방치함이 심히 공익을 해하는 것으로 인정되는 경우에 행정청이 그의 우월적인 입장에서 의무자에게 대하여 상당한 이행기한을 정하고 그 기한 내에 이행을 하지 않을 경우에는 대집행을 한다는 의사를 통지하는 준법률적 행정행위라 할 것이며, 상대방은 계고 절차의 단계에서 이의 취소를 소구할 법률상 이익이 있다 할 것이고 계고는 행정소송법 소정 처분에 포함된다고 보아 계고처분 자체에 위법이 있는 경우에 한하여 항고소송의 대상이 될 수 있다(1966.10.31. 66누25).

④ ○ 대집행이 완료되어도 국가배상(손해배상)은 가능
위법한 행정대집행이 완료되면 그 처분의 무효확인 또는 취소를 구할 소의 이익은 없다 하더라도, 미리 그 행정처분의 취소판결이 있어야만, 그 행정처분의 위법임을 이유로 한 손해배상청구를 할 수 있는 것은 아니다(1972.4.28. 72다337).

+ PLUS 이미 대집행이 완료되어 원상회복이 불가능한 상황에 이르면 당해 대집행의 취소를 구하는 항고소송은 소의 이익이 없어 제기할 수 없게 되나, 그렇다 하더라도 위법한 대집행으로 인한 손해배상을 구하는 국가배상소송은 가능하다. 국가배상은 처분의 위법 여부를 선결문제로 할 뿐, 처분의 효력을 선결문제로 하지 않는 것으로서, 해당 처분에 대한 취소판결이 없더라도 민사법원에서 그 위법 여부를 판단할 수 있기 때문이다.

관련 OX

① 관련

1 기
행정대집행의 대상이 되는 의무는 대체성이 있는 의무이어야 한다. 14서울9

2 도시공원시설인 매점의 소유자에 대한 매점으로부터의 퇴거와 이에 부수하여 그 판매시설물 및 상품을 반출하는 행위는 대체적 작위의무가 아니다. 08국가9

3 ⓢ
도시공원시설인 매점의 관리청이 그 공동점유자 중의 1인에 대하여 소정의 기간 내에 매점으로부터 퇴거하고 그 시설물 및 상품을 반출하지 아니할 때에는 이를 대집행하겠다는 계고처분을 한 사건에서 판례는 도시공원시설 점유자의 퇴거 및 명도의무를 「행정대집행법」에 의한 대집행의 대상으로 보고 있다. 11국회8

② 관련

4 부작위의무를 위반함으로써 생긴 결과를 시정하기 위한 작위의무를 명하는 행위는 행정청이 별도의 법령상의 근거 없이도 할 수 있다. 19지방7

선지분석 & 요플·기풀기링크

선지	THEME	요플	기풀기
①	T43 대집행	11	011
②		19	020
③	T42 실효성 확보(공통쟁점)	17	017
④	T43 대집행	58	060

정답 ①
OX 1○ 2○ 3✕ 4✕

필수문제 06

행정대집행에 대한 설명으로 옳지 않은 것은? 10국가9

Ⓐ ① 판례에 의하면 용도위반 부분을 장례식장으로 사용하는 것을 중지할 것과 이를 불이행할 경우 행정대집행을 하겠다는 내용의 계고처분은 적법하다고 본다.
Ⓢ ② 토지나 가옥 등의 인도는 행정대집행의 대상이 되지 않는 것이 원칙이다.
Ⓒ ③ 판례에 의하면 상당한 이행기간을 정하여 계고하지 않고 행한 행정대집행은 적법절차에 위반된 위법한 처분으로 본다.
Ⓢ ④ 반복된 계고의 경우는 1차 계고가 처분성을 가지며, 2차, 3차의 계고처분은 대집행기한의 연기통지에 불과하므로 독립한 처분으로 보지 않는다.

해설

① ✗ 위법한 영업을 한 장례식장의 사용중지의무: 부작위의무 → 대집행계고 불가
"장례식장의 사용을 중지할 것을 명하며 만일 중지하지 아니하면 대집행하겠다."는 취지의 대집행계고처분 … '장례식장 사용중지의무'가 원고 이외의 '타인이 대신'할 수도 없고, 타인이 대신하여 '행할 수 있는 행위'라고도 할 수 없는 비대체적 부작위의무에 대한 것이므로, 그 자체로 위법함이 명백하다(2005.9.28. 2005두7464).

② ○ 토지·건물 등의 인도(명도)나 퇴거의무는 해당 토지나 건물로부터 문제된 사람이 나가야 할 의무이다. 따라서 바로 그 사람이 나가야만 달성될 수 있는 비대체적 작위의무로서 대집행의 대상이 될 수 없다.

· 수용대상 토지의 인도(명도)의무: 대체적 작위의무✗ → 대집행✗
수용대상 토지의 인도의무에 관한 구 토지수용법 제63조, 제64조, 제77조 규정에서의 '인도'에는 명도도 포함되는 것으로 보아야 하고, 이러한 명도의무는 특별한 사정이 없는 한 행정대집행법에 의한 대집행의 대상이 될 수 있는 것이 아니다(2005.8.19. 2004다2809).

③ ○ 상당한 이행기간을 부여하지 않은 계고처분은 위법 → 계고에서 부족했던 기간을 뒤의 영장기간으로 치유 불가
상당한 의무이행기간을 부여하지 아니한 대집행계고처분에 대해서는 그 후 대집행영장으로써 대집행의 시기를 늦춘 경우에도 그 계고처분은 위법하다. 따라서 행정청인 피고가 의무이행한이 1988.5.24.까지로 된 이 사건 대집행계고서를 5.19. 원고에게 발송하여 원고가 그 이행종기인 5.24. 이를 수령하였다면, 설사 피고가 대집행영장으로써 대집행의 시기를 1988.5.27. 15:00로 늦추었더라도 위 대집행계고처분은 상당한 이행기한을 정하여 한 것이 아니어서 대집행의 적법절차에 위배한 것으로 위법한 처분이라고 할 것이다(1990.9.14. 90누2048).

+ PLUS 계고란, 의무불이행자에 대해서 상당기간 내 의무를 이행하지 않으면 대집행당할 것임을 알려주는 것이다. 이처럼 계고에서 상당한 이행기간을 부여할 의무가 있는 이상, 상당기간을 부여하지 않은 계고처분은 위법하다. 후속 대집행영장으로 대집행시기를 늦췄다 하더라도 마찬가지이다. 또한 계고는 문서로 해야 한다. 구두에 의한 계고는 문서주의 위반으로 무효이다.

관련 OX

② 관련

1 토지나 건물의 인도 의무는 사람이 그 신체로 토지나 건물을 점유하여 인도를 거부하는 때에는 신체에 대한 직접강제를 필요로 하고, 대집행에는 포함되지 않는다. 23소방승진

③ 관련

2 Ⓒ 대집행계고처분을 함에 있어서 의무이행을 할 수 있는 상당한 기간을 부여하지 아니하였다 하더라도, 행정청이 대집행계고처분 후에 대집행영장으로써 대집행의 시기를 늦추었다면 그 대집행계고처분은 적법한 처분이다. 17(하)지방9

3 Ⓒ 대집행계고처분에서 정한 의무이행기간의 이행종기인 날짜에 그 계고서를 수령하였고 행정청이 대집행영장으로써 대집행의 시기를 늦추었다고 하여도 대집행의 적법절차에 위배한 것으로 위법한 처분이다. 21군무원7

④ 관련

4 위법건축물에 대한 철거명령 및 계고처분에 불응하자 제2차로 계고처분을 행한 경우, 제2차 계고처분은 항고소송의 대상인 행정처분에 해당한다. 23소방

추가기출(④ 관련)

ⓐ Ⓑ 국세체납절차에 의한 강제징수에 있어 금전 납부를 독촉한 후 다시 동일한 내용의 독촉을 하는 경우 최초의 독촉만 처분성이 인정되고 이후 반복된 독촉은 처분성이 인정되지 않는다. 25소방

선지분석 & 요플·기풀기링크 💿

선지	THEME	요플	기풀기
①		26	026
②	T43 대집행	08	009
③		48	052
④	T42 실효성 확보(공통쟁점)	20	023

정답 ①
OX 1○ 2✗ 3○ 4✗ ⓐ○

07 필수 문제 〔오답률 TOP ❸〕

「행정대집행법」상 대집행에 대한 설명으로 옳지 않은 것은? (다툼이 있는 경우 판례에 의함)
20국가9

① 「공익사업을 위한 토지 등의 취득 및 보상에 관한 법률」상의 협의취득시에 매매대상 건물에 대한 철거의무를 부담하겠다는 취지의 약정을 건물소유자가 하였다고 하더라도, 그 철거의무는 대집행의 대상이 되지 않는다.
② 공유수면에 설치한 건물을 철거하여 공유수면을 원상회복하여야 할 의무는 대체적 작위의무에 해당하므로 행정대집행의 대상이 된다.
③ 행정청이 건물철거의무를 행정대집행의 방법으로 실현하는 과정에서, 건물을 점유하고 있는 철거의무자들에 대하여 제기한 건물퇴거를 구하는 소송은 적법하다.
④ 철거대상건물의 점유자들이 적법한 행정대집행을 위력을 행사하여 방해하는 경우, 행정청은 필요하다면 「경찰관 직무집행법」에 근거한 위험발생 방지조치 차원에서 경찰의 도움을 받을 수 있다.

해설

① ○ 대집행: 공법적 의무위반에 한정 so 협의취득시 약정에 따른 건물철거의무 불이행은 ✕
협의취득시 건물소유자가 협의취득대상 건물에 대하여 약정한 철거의무는 공법상 의무가 아닐 뿐만 아니라, 「공익사업을 위한 토지 등의 취득 및 보상에 관한 법률」 제89조에서 정한 행정대집행법의 대상이 되는 '이 법 또는 이 법에 의한 처분으로 인한 의무'에도 해당하지 아니하므로 위 철거의무에 대한 강제적 이행은 행정대집행법상 대집행의 방법으로 실현할 수 없다(2006.10.13. 2006두7096).

+ PLUS 대집행의 대상이 되는 의무는 공법적 의무여야 하며, 사법적 의무는 이에 해당하지 않는다. 예컨대 행정주체와 맺은 도급계약상의 의무불이행, 토지보상법에 따른 협의취득시 약정된 철거의무 불이행 등이 있더라도 이는 대집행의 대상이 될 수 없다.

②④ ○, ③ ✕

종류	성격	실현방법
철거·제거·복구의무	대체적 의무	• 대집행○ ②
인도·명도·퇴거의무	비대체적 의무	• 대집행✕ → 민사소송(퇴거소송 등) 제기해야 함
철거의무에 부수한 퇴거조치	대체적 의무에 부수	• 대집행○ → 집행권원 불필요 → 민사소송(퇴거소송) 제기시 부적법 ③ • 점유자들의 위력방해시 공무집행방해죄 성립 → 경찰 도움받을 수 ④

• 피고들이 이 사건 건물을 철거하여 이 사건 공유수면을 원상회복하여야 할 의무는 대체적 작위의무에 해당하므로 행정대집행의 대상이 된다.② … 행정대집행의 방법으로 건물의 철거 등 대체적 작위의무의 이행을 실현할 수 있는 경우에는 따로 민사소송의 방법으로 그 의무의 이행을 구할 수 없다. 한편 건물의 점유자가 철거의무자일 때에는 건물철거의무에 퇴거의무도 포함되어 있는 것이어서 별도로 퇴거를 명하는 집행권원이 필요하지 않다. … 행정청이 행정대집행의 방법으로 건물철거의무의 이행을 실현할 수 있는 경우에는 건물철거 대집행 과정에서 부수적으로 건물의 점유자들에 대한 퇴거 조치를 할 수 있고,③ 점유자들이 적법한 행정대집행을 위력을 행사하여 방해하는 경우 형법상 공무집행방해죄가 성립하므로, 필요한 경우에는 「경찰관 직무집행법」에 근거한 위험발생 방지조치 또는 형법상 공무집행방해죄의 범행방지 내지 현행범체포의 차원에서 경찰의 도움을 받을 수도 있다④ (2017.4.28. 2016다213916).

선지선택비율 ① 26.45% ② 17.03% ③ 50.00% ④ 6.52%   오답률 50.00%

관련 OX

① 관련

1 「공익사업을 위한 토지 등의 취득 및 보상에 관한 법률」에 의한 토지 등의 협의취득시 건물소유자가 협의취득 대상 건물에 대한 철거의무를 부담하겠다는 취지의 약정을 하였다고 하더라도 이러한 철거의무는 공법상의 의무가 될 수 없고 행정대집행에 의한 대집행의 대상이 되지 않는다. 24해경간부

③ 관련

2 행정청이 건물소유자들을 상대로 건물철거 대집행을 실시하기에 앞서, 건물소유자들을 건물에서 퇴거시키기 위해 별도로 퇴거를 구하는 민사소송은 부적법하다. 24소간

④ 관련

3 적법한 행정대집행을 건물의 점유자들이 위력을 행사하여 방해하는 경우에 행정청은 「경찰관 직무집행법」에 근거한 위험발생 방지조치 또는 「형법」상 공무집행방해죄의 범행방지 내지 현행범 체포의 차원에서 경찰의 도움을 받을 수도 있다. 19(1)서울9

선지분석 & 요플·기풀기링크

선지	THEME	요플	기풀기
①		34	030
②	T43 대집행	07	007
③		15	014
④		16	015

정답 ③

OX 1○ 2○ 3○

필수 문제 08

행정대집행에 대한 판례의 입장으로 옳은 것은? 16지방7

① 법령상 부작위의무 위반에 대해 작위의무를 부과할 수 있는 법령의 근거가 없음에도, 행정청이 작위의무를 명한 후 그 의무불이행을 이유로 대집행계고처분을 한 경우 그 계고처분은 유효하다.

② 「건축법」에 위반한 건축물의 철거를 명하였으나 불응하자 이행강제금을 부과·징수한 후, 이후에도 철거를 하지 아니하자 다시 행정대집행계고처분을 한 경우 그 계고처분은 유효하다.

③ 계고서라는 명칭의 1장의 문서로 일정 기간 내에 위법건축물의 자진철거를 명함과 동시에 그 소정 기한 내에 자진철거를 하지 아니할 때에는 대집행할 뜻을 미리 계고한 경우, 철거명령에서 주어진 일정 기간이 자진철거에 필요한 상당한 기간이라도 그 기간 속에 계고시에 필요한 '상당한 이행기간'이 포함된다고 볼 수 없다.

④ 행정청이 대집행계고를 함에 있어서 의무자가 스스로 이행하지 아니하는 경우에 대집행할 행위의 내용 및 범위는 반드시 대집행계고서에 의해서만 특정되어야 하는 것이지, 계고처분 전후에 송달된 문서나 기타 사정을 종합하여 행위의 내용이 특정되거나 대집행의무자가 그 이행의무의 범위를 알 수 있는 것만으로는 부족하다.

관련 OX

① 관련

1 ◯ 부작위의무 위반행위에 대하여 대체적 작위의무로 전환하는 규정이 없는 경우, 부작위의무 위반결과의 시정을 명하는 원상복구명령은 무효이고, 원상복구명령의 실효성 확보를 위한 대집행의 계고처분 역시 무효로 봄이 타당하다. 22국회8

② 관련

2 「건축법」에 위반된 건축물의 철거를 명하였으나 불응하자 이행강제금을 부과·징수한 후 이후에도 철거를 하지 아니하자 다시 행정대집행계고처분을 한 경우 그 계고처분은 유효하다. 19국회8

④ 관련

3 대집행계고처분을 함에 있어 대집행할 행위의 내용 및 범위가 대집행계고서에 의해서만 특정되어야 한다. 23소방승진

해설

① ✕ 금지규정만 있고 작위의무 전환규정 없는데 작위의무를 명한 후 불이행하자 계고처분을 한 경우: 계고처분은 무효

권한의 범위를 넘어서는 권한유월의 행위는 무권한행위로서 원칙적으로 무효이고, 선행행위가 부존재하거나 무효인 경우에는 그 하자는 당연히 후행행위에 승계되어 후행행위도 무효로 된다. 그런데 … 부작위의무 위반행위에 대하여 대체적 작위의무로 <u>전환하는 규정</u>을 두고 있지 아니하므로 위 금지규정으로부터 그 위반결과의 시정을 명하는 원상복구명령을 할 수 있는 권한이 도출되는 것은 아니다. 결국 행정청의 원고에 대한 <u>원상복구명령</u>은 권한 없는 자의 처분으로 <u>무효</u>라고 할 것이고, 위 원상복구명령이 당연무효인 이상 <u>후행처분인 계고처분의 효력에 당연히 영향을 미쳐 그 계고처분 역시 무효</u>로 된다(1996.6.28. 96누4374).

➕ PLUS 금지규정으로부터는 이에 대한 <u>시정명령</u>이나 <u>복구명령</u> 등을 발령할 권한이 도출될 수 없고 따라서 별도의 <u>전환규정</u>(부작위의무 위반상태를 작위의무 위반상태로 전환시킬 수 있는 규정, 즉 작위의무 발령규정을 의미)을 두고 있지 <u>않는</u> 한 부작위의무 위반상태를 작위의무 위반상태로 치환시킬 수 없어 <u>대집행이 불가능하다. 전환규정이 없음에도 원상복구명령 등을 발령한 경우, 이는 법령에 근거가 없는 무권한행위로서 <u>무효</u>이고, 그에 근거한 대집행 역시 <u>무효</u>이다(선행행위가 무효이므로 후행행위도 무효).

② ◯ 이행강제금과 대집행은 선택적 활용이 가능하고 이를 이중처벌이라고 할 수 없다. 따라서 철거명령 불이행에 대해 대집행과 이행강제금을 모두 인정하는 건축법 규정에 따라 처음에는 이행강제금을 부과·징수하였다가, 그래도 철거를 하지 않는 경우 이번에는 대집행의 방법을 택하여 계고처분에 나아가는 것도 가능하다.

• 현행 <u>건축법상 위법건축물에 대한 이행강제수단으로 대집행과 이행강제금이 인정되고 있는데, 양 제도는 각각의 장·단점이 있으므로 행정청은 개별사건에 있어서 위반내용, 위반자의 시정의지 등을 감안하여 대집행과 이행강제금을 선택적으로 활용할 수 있으며, 이처럼 그 합리적인 재량에 의해 선택하여 활용하는 이상 중첩적인 제재에 해당한다고 볼 수 없다</u>(헌재 2004.2.26. 2001헌바80·84·102·103, 2002헌바26 전원).

선지분석 & 요플·기풀기링크

선지	THEME	요플	기풀기
①	T43 대집행	22	022
②	T44 강제집행 등	09	009
③	T43 대집행	53	056
④		47	050

③ × 1장의 문서에 철거명령 + 계고 결합해서도 가능 → 이 경우 철거명령 이행기간에 계고에 필요한 '상당기간'도 포함되었다고 봄

계고서라는 명칭의 〈1장의 문서〉로서 일정 기간 내에 위법건축물의 자진철거를 명함과 동시에 그 소정 기한 내에 자진철거를 하지 아니할 때에는 대집행할 뜻을 미리 계고한 경우라도 건축법에 의한 철거명령과 행정대집행법에 의한 계고처분은 독립하여 있는 것으로서 각 그 요건이 충족되었다고 볼 것이다. 이 경우, 철거명령에서 주어진 일정 기간이 자진철거에 필요한 상당한 기간이라면 그 기간 속에는 계고시에 필요한 '상당한 이행기간'도 포함되어 있다고 보아야 할 것이다(1992.6.12. 91누13564).

④ × 계고: 불이행시 대집행될 범위 특정 필요 → 단, 계고서 외의 전후사정 종합해 특정 가능하면 충분

행정청이 행정대집행법 제3조 제1항에 의한 대집행계고를 함에 있어서는 의무자가 스스로 이행하지 아니하는 경우에 대집행할 행위의 내용 및 범위가 구체적으로 특정되어야 하나, 그 행위의 내용 및 범위는 반드시 대집행계고서에 의하여서만 특정되어야 하는 것이 아니고, 계고처분 전후에 송달된 문서나 기타 사정을 종합하여 행위의 내용이 특정되거나 실제 건물의 위치, 구조, 평수 등을 계고서의 표시와 대조·검토하여 대집행의무자가 그 이행의무의 범위를 알 수 있을 정도로 하면 족하다(1996.10.11. 96누8086).

09

행정대집행에 관한 설명으로 옳지 않은 것은? (다툼이 있는 경우 판례에 의함) 21소방

① 대집행의 근거법으로는 대집행에 관한 일반법인 「행정대집행법」과 대집행에 관한 개별법 규정이 있다.
② 대집행의 요건을 충족한 경우에 행정청이 대집행을 할 것인지 여부에 관해서 소수설은 재량행위로 보나, 다수설과 판례는 기속행위로 본다.
③ 대집행의 절차인 '대집행의 계고'의 법적 성질은 준법률행위적 행정행위이므로 계고 그 자체가 독립하여 항고소송의 대상이나, 2차 계고는 새로운 철거의무를 부과하는 것이 아니고 대집행기한의 연기 통지에 불과하므로 행정처분으로 볼 수 없다는 판례가 있다.
④ 계고처분의 후속절차인 대집행에 위법이 있다고 하여 그와 같은 후속절차에 위법성이 있다는 점을 들어 선행절차인 계고처분이 부적법하다는 사유로 삼을 수는 없다.

관련 OX

③ 관련

1 ◯ 건물철거명령 및 철거대집행계고를 한 후에 이에 불응하자 다시 제2차, 제3차의 계고를 하였다면 철거의무는 처음에 한 건물철거명령 및 철거대집행계고로 이미 발생하였고 그 이후에 한 제2차, 제3차의 계고는 새로운 철거의무를 부과한 것이 아니라 대집행 기한을 연기하는 통지에 불과하다. 18국가9

④ 관련

2 계고처분의 후속절차인 대집행에 위법이 있다고 하더라도 그와 같은 후속절차에 위법성이 있다는 점을 들어 선행절차인 계고처분이 부적법하다는 사유로 삼을 수는 없다. 24국회9

해설

① ◯ 대집행에 대한 일반법으로 행정대집행법이 있다. 또한 도로교통법, 「공익사업을 위한 토지 등의 취득 및 보상에 관한 법률」 등 개별법에서도 대집행을 규정하고 있다.

② ✕ 대집행의 요건을 충족한 경우, 대집행 여부에 관해서 판례는 재량행위로 본다.
 - 건물 중 위법하게 구조변경을 한 건축물 부분은 제반 사정에 비추어 그 원상복구로 인한 불이익의 정도가 그로 인하여 유지하고자 하는 공익상의 필요 또는 제3자의 이익보호의 필요에 비하여 현저히 크므로, 그 건축물 부분에 대한 대집행계고처분은 재량권의 범위를 벗어난 위법한 처분이라고 한 원심판결을 수긍한 사례(1996.10.11. 96누8086).

③ ◯ **반복 계고: 최초 계고는 처분◯, 이후 2, 3차 계고는 처분✕(연기통지에 불과)**
건물의 소유자에게 위법건축물을 일정 기간까지 철거할 것을 명함과 아울러 불이행할 때에는 대집행한다는 내용의 철거대집행 계고처분을 고지한 후 이에 불응하자 다시 제2차, 제3차 계고서를 발송하여 일정 기간까지의 자진철거를 촉구하고 불이행하면 대집행을 한다는 뜻을 고지하였다면 행정대집행법상의 건물철거의무는 제1차 철거명령 및 계고처분으로서 발생하였고 제2차, 제3차의 계고처분은 새로운 철거의무를 부과한 것이 아니고 다만 대집행기한의 연기통지에 불과하므로 행정처분이 아니다(1994.10.28. 94누5144).
 ✚ PLUS 최초 계고는 처분◯, 이후 2차, 3차 계고는 처분✕(연기통지에 불과)

④ ◯ **후행 대집행의 위법을 이유로 선행 계고의 위법을 주장하는 것은 불가**
계고처분의 후속절차인 대집행에 위법이 있다고 하더라도, 그와 같은 후속절차에 위법성이 있다는 점을 들어 선행절차인 계고처분이 부적법하다는 사유로 삼을 수는 없다(1997.2.14. 96누15428).
 ✚ PLUS 대집행절차인 계고, 영장통지, 실행, 비용징수 사이에는 하자의 승계가 인정된다. 그러나 하자의 승계는 선행처분의 위법이 후행처분의 위법으로 승계되는 것이지, 지문과 같이 후행처분의 위법을 들어 선행처분의 위법을 주장할 수는 없다.

선지분석 & 요플·기풀기링크

선지	THEME	요플	기풀기
①	T43 대집행	01	001
②		41	042
③	T42 실효성 확보(공통쟁점)	20	023
④	T30 하자의 승계	16	016

선지선택비율 ① 7.73% ② 73.71% ③ 7.73% ④ 10.82% 오답률 26.29

정답 ②
OX 1◯ 2◯

필수문제 10

행정상 강제집행에 대한 판례의 입장으로 옳은 것은?   10국가9

① 대집행계고처분 취소소송의 변론이 종결되기 전에 대집행의 실행이 완료된 경우라도 그 계고처분의 취소 또는 무효확인을 구할 법률상 이익이 있다.

② 행정청이 대집행의 계고를 함에 있어서 의무자가 이행하여야 할 행위와 그 의무불이행시 대집행할 행위의 내용과 범위가 특정되어야 하지만, 그것은 반드시 대집행계고서에 의하여서만 특정되어야 하는 것은 아니다.

③ 대집행영장의 통지는 대집행을 실행하겠다는 단순한 사실의 통지에 불과하여 행정처분이라고 보기 어려우므로 이에 대해서는 취소소송을 제기할 수 없다.

④ 의무를 부과하는 처분을 할 때에 이미 대집행 요건이 충족될 것이 확실하고 또한 그 급속한 실시를 요하는 긴급한 필요가 있는 경우라도 대집행계고는 의무를 명하는 처분과 결합될 수는 없다.

관련 OX

② 관련
1 대집행계고처분을 함에 있어 대집행할 행위의 내용 및 범위가 대집행계고서에 의해서만 특정되어야 한다. 23소방승진

④ 관련
2 위법건축물 철거명령과 대집행한다는 계고처분은 각각 별도의 처분서에 의하여만 한다. 20국회8

해설

① ✕ 대집행이 완료됨: 계고처분, 실행처분 등에 대한 항고소송은 법률상 이익✕
계고처분에 기한 대집행의 실행이 이미 사실행위로서 완료되었다면, 계고처분이나 대집행의 실행행위 자체의 무효확인 또는 취소를 구할 **법률상 이익은 없다**(1995.7.28. 95누2623).
+ PLUS 대집행 실행이 완료된 경우, 계고·영장통지·대집행실행처분 무엇에 대해서도 더 이상 항고소송으로 다툴 수 없다. 소의 이익이 없기 때문이다. 소의 이익과 같은 소송요건은 변론종결시에도 갖추어야 하므로 지문과 같이 **변론종결 전 대집행 실행이 완료되었다면**, 각하판결을 받게 된다.

② ○ 계고: 불이행시 대집행될 범위 특정 필요 → 단, 계고서 외의 전후사정 종합해 특정 가능하면 충분
행정청이 행정대집행법 제3조 제1항에 의한 대집행계고를 함에 있어서는 의무자가 스스로 이행하지 아니하는 경우에 **대집행할 행위의 내용 및 범위가 구체적으로 특정되어야** 하나, 그 행위의 내용 및 범위는 반드시 **대집행계고서에 의하여서만 특정되어야** 하는 것이 아니고, 계고처분 전후에 송달된 문서나 기타 사정을 **종합하여** 행위의 내용이 특정되거나 실제 건물의 위치, 구조, 평수 등을 계고서의 표시와 대조·검토하여 **대집행의무자가 그 이행의무의 범위를 알 수 있을 정도로 하면 족하다**(1996.10.11. 96누8086).

③ ✕ 대집행영장에 의한 통지의 법적 성질은 준법률행위적 행정행위로서의 통지이다. 따라서 그 자체가 독립하여 항고소송의 대상이 되는 처분에 해당한다.
+ PLUS 대집행은 계고(준법률행위적 행정행위로서의 통지), 영장통지(준법률행위적 행정행위로서의 통지), 실행(권력적 사실행위), 비용징수(하명)의 순으로 진행된다. 이들은 **모두 처분**으로서 항고소송의 대상이 된다.

④ ✕ 본래 대집행은 철거명령 등을 통해 작위의무를 부여하고, 이를 불이행시 계고에 나아가는 것이 원칙이다. 그러나 판례는 철거명령(의무를 명하는 처분)과 계고처분을 결합하여 1장의 문서로 행하는 것도 가능하다고 본다.

• 1장의 문서에 철거명령 + 계고 결합해서도 가능. 이 경우 각 처분은 독립해서 요건 충족한 것
계고서라는 명칭의 <1장의 문서>로서 일정 기간 내에 위법건축물의 **자진철거를 명함과 동시에** 그 소정 기한 내에 자진철거를 하지 아니할 때에는 **대집행할 뜻을 미리 계고한 경우라도** 건축법에 의한 철거명령과 행정대집행법에 의한 계고처분은 독립하여 있는 것으로서 **각 그 요건이 충족되었다고 볼 것이다.** 이 경우, 철거명령에서 주어진 일정 기간이 자진철거에 필요한 상당한 기간이라면 그 기간 속에는 계고시에 필요한 '상당한 이행기간'도 포함되어 있다고 보아야 할 것이다(1992.6.12. 91누13564).

선지분석 & 요플·기풀기링크

선지	THEME	요플	기풀기
①	T43 대집행	57	059
②		47	050
③	T42 실효성 확보(공통쟁점)	22	018
④	T43 대집행	52	055

정답 ②
OX 1✕ 2✕

필수문제 11

행정대집행에 대한 설명으로 옳은 것은? (다툼이 있는 경우 판례에 의함) 17(하)국가9

① 부작위의무의 근거규정인 금지규정으로부터 그 의무를 위반함으로써 생긴 결과를 시정할 작위의무나 위반결과의 시정을 명할 행정청의 권한이 당연히 추론되는 것은 아니다.

② 관계 법령상 행정대집행의 절차가 인정되어 행정청이 행정대집행의 방법으로 대체적 작위의무의 이행을 실현할 수 있는 경우에 「민사소송법」상 강제집행의 방법으로도 그 의무의 이행을 구할 수 있다.

③ 관계 법령에 위반하여 장례식장 영업을 한 사람이 행정청으로부터 장례식장 사용중지명령을 받고도 이에 따르지 않은 경우에 그의 사용중지의무 불이행은 행정청의 명령에 의한 대체적 작위의무의 불이행에 해당하므로 대집행의 대상이 된다.

④ 대집행할 행위의 내용과 범위는 반드시 철거명령서와 대집행계고서에 의해 구체적으로 특정되어야 한다.

관련 OX

① 관련

1 ⓢ 부작위의무 위반행위에 대하여 대체적 작위의무로 전환하는 규정을 두고 있지 아니하더라도 그 금지규정으로부터 그 위반결과의 시정을 명하는 원상복구명령을 할 수 있는 권한이 도출될 수 있다. 19(2)서울7

④ 관련

2 「행정대집행법」에 의한 대집행계고를 함에 있어서는 그 행위의 내용 및 범위는 반드시 대집행계고서에 의하여서만 특정되어야 하는 것이 아니고 계고처분 전후에 송달된 문서나 기타 사정을 종합하여 행위의 내용이 특정되거나 대집행 의무자가 그 이행의무의 범위를 알 수 있으면 족하다. 25소간

해설

① ○ 금지규정에서 그 위반에 대한 시정명령 권한까지 도출×(별도의 작위의무 전환규정 필요)
법치주의의 원리에 비추어 볼 때 위와 같은 부작위의무로부터 그 의무를 위반함으로써 생긴 결과를 시정하기 위한 작위의무를 당연히 끌어낼 수는 없으며, 또 위 금지규정(특히 허가를 유보한 상대적 금지규정)으로부터 작위의무, 즉 위반결과의 시정을 명하는 권한이 당연히 추론되는 것도 아니다(1996.6.28. 96누4374).

+ PLUS 금지규정, 즉 부작위의무의 근거규정으로부터 시정명령 등 작위의무를 부과할 권한이 도출되는 것은 아니고, 따라서 별도의 작위의무 부여규정이 없는 한 대집행에 나아갈 수 없다는 의미

② × 대집행으로 철거 가능: 민사소송으로 철거청구 불가
관계 법령상 행정대집행의 절차가 인정되어 행정청이 행정대집행의 방법으로 건물의 철거 등 대체적 작위의무의 이행을 실현할 수 있는 경우에는 따로 민사소송의 방법으로 그 의무의 이행을 구할 수 없다(2017.4.28. 2016다213916).

③ × 위법한 영업을 한 장례식장의 사용중지의무: 부작위의무 → 대집행 불가
"장례식장의 사용을 중지할 것을 명하며 만일 중지하지 아니하면 대집행하겠다."는 취지의 대집행계고처분 … '장례식장 사용중지의무'가 원고 이외의 '타인이 대신'할 수도 없고, 타인이 대신하여 '행할 수 있는 행위'라고도 할 수 없는 비대체적 부작위의무에 대한 것이므로, 그 자체로 위법함이 명백하다(2005.9.28. 2005두7464).

+ PLUS 대집행은 철거의무, 제거의무 등의 대체적 작위의무를 대상으로 한다. 각종의 장례식장 사용중지, 영업금지 등의 각종의 중지·금지의무는 부작위의무이므로 대집행의 대상이 될 수 없다.

④ × 계고: 불이행시 대집행될 범위 특정 필요 → 단, 계고서 외의 전후사정 종합해 특정 가능하면 충분
행정청이 행정대집행법 제3조 제1항에 의한 대집행계고를 함에 있어서는 의무자가 스스로 이행하지 아니하는 경우에 대집행할 행위의 내용 및 범위가 구체적으로 특정되어야 하나, 그 행위의 내용 및 범위는 반드시 대집행계고서에 의하여서만 특정되어야 하는 것이 아니고, 계고처분 전후에 송달된 문서나 기타 사정을 종합하여 행위의 내용이 특정되거나 실제 건물의 위치, 구조, 평수 등을 계고서의 표시와 대조·검토하여 대집행의무자가 그 이행의무의 범위를 알 수 있을 정도로 하면 족하다(1996.10.11. 96누8086).

선지분석 & 요플·기풀기링크

선지	THEME	요플	기풀기
①	T43 대집행	19	020
②	T42 실효성 확보(공통쟁점)	93	091
③	T43 대집행	25	025
④		47	050

정답 ①
OX 1× 2○

12

「행정대집행법」상 행정대집행에 대한 설명으로 옳은 것은? (다툼이 있는 경우 판례에 의함)

17(상)국가9

① 의무를 명하는 행정행위가 불가쟁력이 발생하지 않은 경우에는 그 행정행위에 따른 의무의 불이행에 대하여 대집행을 할 수 없다.
② 부작위하명에는 행정행위의 강제력의 효력이 있으므로 당해 하명에 따른 부작위의무의 불이행에 대하여는 별도의 법적 근거 없이 대집행이 가능하다.
③ 원칙적으로 '의무의 불이행을 방치하는 것이 심히 공익을 해하는 것으로 인정되는 경우'의 요건은 계고를 할 때에 충족되어 있어야 한다.
④ 「행정대집행법」 제2조에 따른 대집행의 실시 여부는 행정청의 재량에 속하지 않는다.

관련 OX

② 관련

1 법령에 규정된 절대적 금지나 허가를 유보한 상대적 금지를 위반한 경우 비록 당해 법령에서 그 위반자에 대하여 위반으로 생긴 유형적 결과의 시정을 명하는 행정처분의 권한을 인정하는 규정을 두고 있지 않더라도 위 금지규정을 위반한 결과를 시정하기 위하여 행정대집행을 할 수 있다. 22소간

④ 관련

2 법률에 의하여 직접 명령되었거나 또는 법률에 의거한 행정청의 명령에 의한 행위로서 타인이 대신하여 행할 수 있는 행위를 의무자가 이행하지 아니하는 경우 다른 수단으로써 그 이행을 확보하기 곤란하고 또한 그 불이행을 방치함이 심히 공익을 해할 것으로 인정될 때에는 당해 행정청은 스스로 의무자가 하여야 할 행위를 하거나 또는 제3자로 하여금 이를 하게 하여 그 비용을 의무자로부터 징수할 수 있다. 24해경간부

해설

① ✕ 대집행 실시를 위해 상대방이 불이행 중인 의무부과처분에 불가쟁력이 발생할 것을 요하지는 않는다. 즉, 의무부과처분에 대한 쟁송가능성이 사라질 때까지 기다린 뒤에야 대집행을 할 수 있는 것이 아니다.
② ✕ 부작위의무의 근거규정만으로는 그 위반을 시정하게 하는 작위의무명령 권한이 도출되지 않는다. 따라서 부작위의무 불이행이 있더라도 이를 작위의무로 전환시키는 별도의 법적 근거가 없다면 대집행을 할 수 없다.
③ ○ 대집행 실시요건은 대집행 개시시, 즉 계고시 충족되어야 함이 원칙이다. 그렇지 않을 경우, 대집행 남용이 일어날 수 있기 때문이다. 단, 대체적 작위의무를 부여할 때 계고도 동시에(1장의 문서에) 하는 것은 판례가 허용하고 있다.
④ ✕ 대집행 실시 여부는 행정청의 재량이다.

행정대집행법 제2조(대집행과 그 비용징수) 법률(법률의 위임에 의한 명령, 지방자치단체의 조례를 포함한다. 이하 같다)에 의하여 직접명령되었거나 또는 법률에 의거한 행정청의 명령에 의한 행위로서 타인이 대신하여 할 수 있는 행위를 의무자가 이행하지 아니하는 경우 다른 수단으로써 그 이행을 확보하기 곤란하고 또한 그 불이행을 방치함이 심히 공익을 해할 것으로 인정될 때에는 당해 행정청은 스스로 의무자가 하여야 할 행위를 하거나 또는 제삼자로 하여금 이를 하게 하여 그 비용을 의무자로부터 징수할 수 있다.

선지분석 & 요플·기풀기링크

선지	THEME	요플	기풀기
①		31	035
②	T43 대집행	20	021
③		43	047
④		41	042

정답 ③
OX 1✕ 2○

필수문제 13

행정대집행에 관한 설명으로 옳지 않은 것은? (다툼이 있는 경우 판례에 의함) 24소방승진

① 대집행은 계고, 대집행영장에 의한 통지, 대집행의 실행, 대집행비용의 징수를 거쳐 행한다.
② 비상시 또는 위험이 절박한 경우에 있어서 당해 행위의 급속한 실시를 요하여 계고를 취할 여유가 없을 때에는 계고를 거치지 아니하고 대집행을 할 수 있다.
③ 대집행비용의 징수에 있어서는 행정청은 그 금액과 그 납기일을 정하여 의무자에게 구두로써 납부를 명하여야 한다. 비용납부명령은 비용납부의무를 발생시키는 행정행위이다.
④ 계고처분은 상당한 이행기간을 정하여야 하는데 상당한 이행기간이라 함은 사회통념상 의무자가 스스로 의무를 이행하는 데 필요한 기간을 말한다.

관련 OX

② 관련
1 구두에 의한 계고는 무효이며, 계고와 통지는 동시에 생략할 수 없다. 20국회8

③ 관련
2 대집행 비용의 징수에 있어서는 행정청은 그 금액과 그 납기일을 정하여 의무자에게 구두로써 납부를 명하여야 한다. 비용납부명령은 비용납부의무를 발생시키는 행정행위이다. 24소방승진

3 대집행비용의 납부명령은 독립하여 항고소송의 대상이 된다. 11국가7

추가기출(③ 관련)
ⓐ (행정상 대집행과 관련하여) 대집행의 실행행위는 권력적 사실행위로서의 성질을 갖는다. 13서울9

해설

①② ○ 대집행은 계고, 대집행영장에 의한 통지, 대집행의 실행, 비용징수의 단계를 거쳐 이루어진다.① 단, 비상시나 위험이 절박해 급속한 실시가 필요한 경우 계고와 대집행영장통지를 생략할 수 있다.②

행정대집행법 제3조(대집행의 절차) ③ **비상시** 또는 위험이 절박한 경우에 있어서 당해 행위의 급속한 실시를 요하여 전2항에 규정한 수속(편저자: 계고, 대집행영장통지)을 취할 여유가 없을 때에는 그 수속을 **거치지 아니하고** 대집행을 할 수 있다.②

③ × 앞부분이 틀렸다. 비용납부명령은 문서로 해야 한다. 비용납부명령이 비용납부의무를 발생시키는 행정행위라는 뒷부분은 맞다.

행정대집행법 제5조(비용납부명령서) 대집행에 요한 비용의 징수에 있어서는 실제에 요한 비용액과 그 납기일을 정하여 의무자에게 문서로써 그 납부를 명하여야 한다.

+ PLUS 비용납부명령은 금전급부의무를 부과하는 행정행위로서 하명에 해당하므로 항고소송의 대상이 되는 처분에 해당한다. → 대집행은 계고(준법률행위적 행정행위로서의 통지), 영장통지(준법률행위적 행정행위로서의 통지), 실행(권력적 사실행위), 비용징수(하명)의 순으로 진행된다. 이들은 모두 처분으로서 항고소송의 대상이 된다.

④ ○ 계고는 불이행 중인 의무를 이행할 만한 상당한 기간(사회통념상 의무자가 스스로 의무를 이행하는 데 필요한 기간)을 부여하고, 그때까지 이행하지 않으면 대집행을 실시한다고 알리는 것이다.

행정대집행법 제3조(대집행의 절차) ① 전조의 규정에 의한 처분(이하 '대집행'이라 한다)을 하려 함에 있어서는 상당한 이행기한을 정하여 그 기한까지 이행되지 아니할 때에는 대집행을 한다는 뜻을 미리 문서로써 계고하여야 한다. 이 경우 행정청은 상당한 이행기한을 정함에 있어 의무의 성질·내용 등을 고려하여 **사회통념상 해당 의무를 이행하는 데 필요한 기간**이 확보되도록 하여야 한다.

선지분석 & 요플·기풀기링크

선지	THEME	요플	기풀기
①		42	043
②	T43 대집행	66	044
③		59	061
④		49	051

정답 ③
OX 1× 2× 3○ ⓐ○

필수 문제 14

행정대집행에 대한 설명으로 옳은 것을 모두 고른 것은? (다툼이 있는 경우 판례에 의함) 17지방7

> ㄱ. 토지나 건물의 명도는 대집행의 대상이 된다.
> ㄴ. 대집행권한을 위탁받아 공무인 대집행을 실시하기 위하여 지출한 비용은 「행정대집행법」의 절차에 따라 「국세징수법」의 예에 의하여 징수할 수 있다.
> ㄷ. 비상시 또는 위험이 절박한 경우에 있어서 당해 행위의 급속한 실시를 요하여 대집행영장에 의한 통지절차를 취할 여유가 없을 때에는 그 절차를 거치지 아니하고 대집행을 할 수 있다.
> ㄹ. 행정대집행의 절차가 인정되는 경우에는 따로 민사소송의 방법으로 의무이행을 구할 수는 없다.
> ㅁ. 공유재산대부계약이 적법하게 해지되었음에도 불구하고 공유재산의 점유자가 그 지상물을 점유하고 있는 경우, 지방자치단체의 장은 원상회복을 위해 행정대집행의 방법으로 그 지상물을 철거시킬 수는 없다.

① ㄱ, ㄴ, ㄷ
② ㄴ, ㄷ, ㄹ
③ ㄷ, ㄹ, ㅁ
④ ㄱ, ㄹ, ㅁ

관련 OX

ㄱ. 관련
1 토지의 명도의무를 이행하지 않을 경우 직접강제 또는 대집행을 통해 이를 실현할 수 있다. 20국회8

ㄴ. 관련
2 대집행에 소용된 비용을 납부하지 아니할 때에는 국세징수의 예에 의하여 징수할 수 있다. 16지방9

해설

ㄱ. ✕

종류	성격	실현방법
철거·복구의무	대체적 의무	• 대집행 ○
인도·명도·퇴거의무	비대체적 의무	• 대집행 ✕ → 민사소송(퇴거소송 등) 제기해야 함
철거의무에 부수한 퇴거조치	대체적 의무에 부수	• 대집행 ○ → 집행권원 불필요 → 민사소송(퇴거소송) 제기시 부적법함 • 점유자들의 위력방해시 공무집행방해죄 성립 → 경찰 도움받을 수

ㄴ. ○

행정대집행법 제6조(비용징수) ① 대집행에 요한 비용은 국세징수법의 예에 의하여 징수할 수 있다.

ㄷ. ○

행정대집행법 제3조(대집행의 절차) ③ 비상시 또는 위험이 절박한 경우에 있어서 당해 행위의 급속한 실시를 요하여 전2항에 규정한 수속을(계고, 대집행영장통지) 취할 여유가 없을 때에는 그 수속을 거치지 아니하고 대집행을 할 수 있다.

ㄹ. ○ 대집행으로 철거 가능: 민사소송으로 철거청구 불가

관계 법령상 행정대집행의 절차가 인정되어 행정청이 행정대집행의 방법으로 건물의 철거 등 대체적 작위의무의 이행을 실현할 수 있는 경우에는 따로 민사소송의 방법으로 그 의무의 이행을 구할 수 없다(2017.4.28. 2016다213916).

ㅁ. ✕ 대부계약 해지 후 철거의무 불이행: 대집행 가능

공유재산의 점유자가 그 공유재산에 관하여 대부계약 외 달리 정당한 권원이 있다는 자료가 없는 경우 그 대부계약이 적법하게 해지된 이상 그 점유자의 공유재산에 대한 점유는 정당한 이유 없는 점유라 할 것이고, 따라서 지방자치단체의 장은 지방재정법 제85조에 의하여 행정대집행의 방법으로 그 지상물을 철거시킬 수 있다(2001.10.12. 2001두4078).

+ PLUS 공유재산인 대지에 대한 대부계약이 해지되었음에도 사인이 지상물을 철거하지 않고 있을 경우, 위 대부계약은 사법상 계약이지만 이미 해지된 것이고, 그 의무위반행위는 더 이상 사법적인 것이 아닌 공법적인 것(무단점유자로서의 철거의무)이므로 대집행의 방법으로 이를 철거할 수 있다(공유재산법에 근거규정도 두고 있음).

선지분석 & 요플·기풀기링크

선지	THEME	요플	기풀기
ㄱ		10	008
ㄴ	T43 대집행	60	062
ㄷ		62	044
ㄹ	T42 실효성 확보(공통쟁점)	93	091
ㅁ	T43 대집행	35	031

정답 ②

OX 1 ✕ 2 ○

15

행정대집행에 대한 설명으로 옳지 않은 것은? (다툼이 있는 경우 판례에 의함) 23국회9

① 「행정대집행법」에 따른 행정대집행에서 건물의 점유자가 철거의무자일 때에는 건물철거의무에 퇴거의무도 포함되어 있는 것이어서 별도로 퇴거를 명하는 집행권원이 필요하지 않다.

② 행정청은 대집행을 할 때 대집행 과정에서의 안전 확보를 위하여 필요하다고 인정하는 경우 현장에 긴급 의료장비나 시설을 갖추는 등 필요한 조치를 하여야 한다.

③ 대집행에 대해서는 「행정기본법」에 따른 이의신청을 할 수 있고, 「행정심판법」에 따른 행정심판도 청구할 수 있다.

④ 대집행에 요한 비용의 징수에 있어서는 실제에 요한 비용액과 그 납기일을 정하여 의무자에게 문서로써 그 납부를 명하여야 한다.

⑤ 행정청은 해가 지기 전에 대집행을 착수한 경우라도 해가 진 후에는 대집행을 하여서는 아니 된다.

관련 OX

① 관련

1 대집행의 방법으로 건물의 철거 등을 실현할 때 건물의 점유자가 철거의무자일 때에는 건물철거의무에 퇴거의무도 포함되어 있는 것이어서 별도로 퇴거를 명하는 집행권원이 필요하지 않다. 24경찰간부

⑤ 관련

2 ⓒ
행정대집행을 실행하는 행정청은 해가 뜨기 전이나 해가 진 후에는 대집행을 할 수 없지만, 해가 지기 전에 대집행을 착수한 경우에는 그렇지 않다. 25국회8

해설

① ○ 철거 대집행에 부수해 이루어지는 철거의무자에 대한 퇴거조치: 철거의무에 퇴거의무도 포함되어 별도의 집행권원 없이 퇴거조치 가능

관계법령상 행정대집행의 절차가 인정되어 행정청이 행정대집행의 방법으로 건물의 철거 등 대체적 작위의무의 이행을 실현할 수 있는 경우에는 따로 민사소송의 방법으로 그 의무의 이행을 구할 수 없다. 한편, 건물의 점유자가 철거의무자일 때에는 **건물철거의무에 퇴거의무도 포함되어 있는 것이어서 별도로 퇴거를 명하는 집행권원이 필요하지 않다**. 또한, 행정청이 건물소유자들을 상대로 건물철거 대집행을 실시하기에 앞서, 건물소유자들을 건물에서 퇴거시키기 위해 별도로 퇴거를 구하는 민사소송은 부적법하다(2017.4.28. 2016다213916).

② ○

행정대집행법 제4조(대집행의 실행 등) ② 행정청은 대집행을 할 때 대집행 과정에서의 안전 확보를 위하여 필요하다고 인정하는 경우 현장에 긴급 의료장비나 시설을 갖추는 등 필요한 조치를 하여야 한다.

③ ○

행정기본법 제36조(처분에 대한 이의신청) ① 행정청의 처분(「행정심판법」 제3조에 따라 같은 법에 따른 **행정심판의 대상이 되는 처분**을 말한다. 이하 이 조에서 같다)에 이의가 있는 당사자는 처분을 받은 날부터 30일 이내에 해당 행정청에 **이의신청**을 할 수 있다.

행정대집행법 제7조(행정심판) 대집행에 대하여는 **행정심판**을 제기할 수 있다.

➕ PLUS 행정기본법상 이의신청은 행정심판의 대상이 되는 처분을 대상으로 하는데(제36조 제1항), 대집행은 행정심판의 대상이 되므로(행정대집행법 제7조), 행정기본법상 이의신청의 대상도 된다는 취지의 지문이다.

④ ○

행정대집행법 제5조(비용납부명령서) 대집행에 요한 **비용**의 징수에 있어서는 실제에 요한 비용액과 그 납기일을 정하여 **의무자에게 문서로써** 그 납부를 명하여야 한다.

⑤ ×

행정대집행법 제4조(대집행의 실행 등) ① 행정청(제2조에 따라 대집행을 실행하는 제3자를 포함한다. 이하 이 조에서 같다)은 해가 뜨기 전이나 해가 진 후에는 대집행을 하여서는 아니 된다. 다만, 다음 각 호의 어느 하나에 해당하는 경우에는 그러하지 아니하다.
  1. 의무자가 동의한 경우
  2. 해가 지기 전에 대집행을 착수한 경우
  3. 해가 뜬 후부터 해가 지기 전까지 대집행을 하는 경우에는 대집행의 목적달성이 불가능한 경우
  4. 그 밖에 비상시 또는 위험이 절박한 경우

필수문제 16

행정상 강제집행 중 대집행에 대한 설명으로 옳지 않은 것은? (다툼이 있는 경우 판례에 의함)

20지방9

① 대집행의 대상은 원칙적으로 대체적 작위의무에 한하며, 부작위의무위반의 경우 대체적 작위의무로 전환하는 규정을 두고 있지 아니하는 한 대집행의 대상이 되지 않는다.

② 행정청이 계고를 함에 있어 의무자가 스스로 이행하지 아니하는 경우 대집행의 내용과 범위가 구체적으로 특정되어야 하며, 대집행의 내용과 범위는 반드시 대집행계고서에 의해서만 특정되어야 한다.

③ 대집행을 함에 있어 계고요건의 주장과 입증책임은 처분행정청에 있는 것이지, 의무불이행자에 있는 것이 아니다.

④ 대집행비용은 원칙상 의무자가 부담하며 행정청은 그 비용액과 납기일을 정하여 의무자에게 문서로 납부를 명하여야 한다.

관련 OX

③ 관련

1 ❌ 허가 없이 신축·증축한 불법건축물의 철거의무를 대집행하기 위한 계고처분 요건의 주장·입증책임은 처분 행정청에 있다. 16국가7

2 ❌ 「행정대집행법」상 건물철거 대집행은 다른 방법으로는 이행의 확보가 어렵고 불이행을 방치함이 심히 공익을 해하는 것으로 인정될 때에 한하여 허용되고 이러한 요건의 주장·입증책임은 처분 행정청에 있다. 19지방7

④ 관련

3 대집행에 요한 비용의 징수에 있어서는 실제에 요한 비용액과 그 납기일을 정하여 의무자에게 문서로써 그 납부를 명하여야 한다. 23국회9

해설

① ○ 금지규정에서 그 위반에 대한 시정명령 권한까지 도출× (별도의 작위의무 전환규정 필요)
부작위의무로부터 그 의무를 위반함으로써 생긴 결과를 시정하기 위한 작위의무를 당연히 끌어낼 수는 없으며, 또 위 금지규정(특히 허가를 유보한 상대적 금지규정)으로부터 작위의무, 즉 위반결과의 시정을 명하는 권한이 당연히 추론되는 것도 아니다(1996.6.28. 96누4374).
 + PLUS 대집행은 작위의무위반에 대한 것이므로, 부작위의무위반에는 인정될 수 없다. 부작위의무의 근거규정만으로 그 위반을 시정하게 하는 작위의무명령 권한이 도출되지도 않는다. 결국 부작위의무위반에 대해서는 별도로 작위의무로의 전환규정이 있을 때만 그에 근거해 부작위의무를 작위의무로 전환시킨 뒤, 그 작위의무위반에 대해 대집행할 수 있을 뿐이다.

② × 계고: 불이행시 대집행될 범위 특정 필요 → 단, 계고서 외의 전후사정 종합해 특정 가능하면 충분
대집행계고를 함에 있어서는 의무자가 스스로 이행하지 아니하는 경우에 대집행할 행위의 내용 및 범위가 구체적으로 특정되어야 하나, 그 행위의 내용 및 범위는 반드시 대집행계고서에 의하여서만 특정되어야 하는 것이 아니고, 계고처분 전후에 송달된 문서나 기타 사정을 종합하여 행위의 내용이 특정되거나 실제 건물의 위치, 구조, 평수 등을 계고서의 표시와 대조·검토하여 대집행의무자가 그 이행의무의 범위를 알 수 있을 정도로 하면 족하다(1996.10.11. 96누8086).

③ ○ 대집행 실시요건의 충족 내지 계고처분의 요건: 처분 행정청이 주장·입증책임
건축법에 위반하여 건축한 것이어서 철거의무가 있는 건물이라 하더라도 그 철거의무를 대집행하기 위한 계고처분을 하려면 다른 방법으로는 이행의 확보가 어렵고 불이행을 방치함이 심히 공익을 해하는 것으로 인정될 때에 한하여 허용되고 이러한 요건의 주장·입증책임은 처분 행정청에 있다(1996.10.11. 96누8086).

④ ○

행정대집행법 제5조(비용납부명령서) 대집행에 요한 비용의 징수에 있어서는 실제에 요한 비용액과 그 납기일을 정하여 의무자에게 문서로써 그 납부를 명하여야 한다.

선지선택비율 ① 5.30% ② 79.80% ③ 6.62% ④ 8.28% 오답률 20.20%

선지분석 & 요플·기풀기링크

선지	THEME	요플	기풀기
①		20	021
②	T43 대집행	47	050
③		63	064
④		59	061

정답 ②
OX 1 ○ 2 ○ 3 ○

필수 문제 17

행정대집행에 대한 설명으로 옳지 않은 것은? (다툼이 있는 경우 판례에 의함) 23국가9

오답률 TOP ❷

① 행정대집행은 「행정기본법」상 행정상 강제에 해당한다.
② 대집행에 요한 비용은 「국세징수법」의 예에 의하여 징수할 수 있다.
③ 「행정대집행법」상 대집행의 대상이 되는 대체적 작위의무는 공법상 의무이어야 한다.
④ 대집행에 요한 비용에 대하여서는 행정청은 사무비의 소속에 따라 국세와 동일한 순위의 선취득권을 가지며, 대집행에 요한 비용을 징수하였을 때에는 그 징수금은 국고의 수입으로 한다.

관련 OX

② 관련

1 대집행에 소용된 비용을 납부하지 아니할 때에는 국세징수의 예에 의하여 징수할 수 있다. 16지방9

③ 관련

2 대집행은 비금전적인 대체적 작위의무를 의무자가 이행하지 않는 경우 행정청이 스스로 의무자가 행하여야 할 행위를 하거나 제3자로 하여금 행하게 하는 것으로, 그 대집행의 대상은 공법상 의무에만 한정하지 않는다. 21소방

3 행정주체와 사인 사이의 건축도급계약에 있어서, 사인이 의무불이행을 하였다고 하여도 행정대집행은 허용되지 않는다. 15지방9

해설

① ○ 행정기본법은 행정대집행을 행정상 강제의 일종으로 규정한다.

행정기본법 제30조(행정상 강제) ① 행정청은 행정목적을 달성하기 위하여 필요한 경우에는 법률로 정하는 바에 따라 필요한 최소한의 범위에서 다음 각 호의 어느 하나에 해당하는 조치를 할 수 있다.
1. **행정대집행**: 의무자가 행정상 의무(법령등에서 직접 부과하거나 행정청이 법령등에 따라 부과한 의무를 말한다. 이하 이 절에서 같다)로서 타인이 대신하여 행할 수 있는 의무를 이행하지 아니하는 경우 법률로 정하는 다른 수단으로는 그 이행을 확보하기 곤란하고 그 불이행을 방치하면 공익을 크게 해칠 것으로 인정될 때에 행정청이 의무자가 하여야 할 행위를 스스로 하거나 제3자에게 하게 하고 그 비용을 의무자로부터 징수하는 것

② ○, ④ × 대집행비용은 국세 다음의 순위를 갖는 것이고, 그 징수금은 소속에 따라 국고 또는 지자체의 수입이 되는 것이다. 따라서 ④번 지문은 국세와 '동일한' 순위라는 부분과, '국고의 수입'으로만 한다는 부분이 모두 틀렸다.

행정대집행법 제6조(비용징수) ① 대집행에 요한 비용은 **국세징수법의 예**에 의하여 징수할 수 있다.②
② 대집행에 요한 비용에 대하여서는 행정청은 사무비의 소속에 따라 **국세에 다음가는 순위**의 선취득권을 가진다.④
③ 대집행에 요한 비용을 징수하였을 때에는 그 징수금은 사무비의 소속에 따라 **국고 또는 지방자치단체의 수입**으로 한다.④

요플 비용징수의 실시절차

비용징수	납부명령	의무자로부터 비용징수 → 실제 비용액과 납기일을 정해 문서로 납부명령
	강제징수 (미납시)	① 국세징수법에 따라 강제징수(독압매청) so 민사소송으로 징수× ② 국세 다음 순위의 선취득권 부여 ③ 징수금은 소속에 따라 국고 또는 지자체의 수입으로 함

③ ○ 행정대집행의 대상이 되는 의무는 **공법적 의무**여야 하며, 사법적 의무는 이에 해당하지 않는다. 예를 들어 행정주체와 맺은 건축도급계약(사법상 계약)의 의무불이행이 있더라도 이는 행정대집행의 대상이 될 수 없다.

선지선택비율 ① 13.55% ② 9.77% ③ 15.52% ④ 61.15% 오답률 38.85%

정답 ④
OX 1○ 2× 3○

필수문제 18

다음 중 행정상 대집행에 대한 판례의 설명으로 가장 적절하지 않은 것은?   24군무원9

① 하천유수인용허가신청이 불허되었음을 이유로 하천유수인용행위를 중단할 것과 이를 불이행할 경우 「행정대집행법」에 의하여 대집행을 하겠다는 내용의 계고처분은 대집행의 대상이 될 수 없는 부작위의무에 대한 것으로서 그 자체로 위법하다.

② 피수용자 등이 사업시행자에 대하여 부담하는 수용대상 토지의 인도의무는 「행정대집행법」에 의한 대집행의 대상이 될 수 있다.

③ 대집행의 실행이 완료된 경우에는 행위가 위법한 것이라는 이유로 손해배상이나 원상회복 등을 청구하는 것은 별론으로 하고 처분의 취소를 구할 법률상 이익은 없다.

④ 계고서라는 명칭의 1장의 문서로서 일정 기간 내에 위법건축물의 자진철거를 명함과 동시에 그 소정 기한 내에 자진철거를 하지 아니할 때에는 대집행할 뜻을 미리 계고한 경우라도 「건축법」에 의한 철거명령과 「행정대집행법」에 의한 계고처분은 독립하여 있는 것으로서 각 그 요건이 충족되었다고 볼 것이다.

관련 OX

② 관련

1 「공익사업을 위한 토지 등의 취득 및 보상에 관한 법률」상 토지소유자가 수용 또는 사용의 개시일까지 토지를 사업시행자에게 인도하여야 할 의무는 「행정대집행법」에 의한 대집행의 대상이 된다.   23변시

③ 관련

2 대집행의 실행이 완료된 후에는 소의 이익이 없으므로 행정쟁송으로 다툴 수 없음이 원칙이다.   15국회8

해설

① ○ 하천유수인용행위 중단의무: 부작위의무 → 대집행계고 불가
하천유수인용허가신청이 불허되었음을 이유로 하천유수인용행위를 중단할 것과 이를 불이행할 경우 「행정대집행법」에 의하여 대집행하겠다는 내용의 계고처분은 대집행의 대상이 될 수 없는 <u>부작위의무에 대한 것으로서 그 자체로 위법함이</u> 명백하다(1998.10.2. 96누5445).

② × 수용대상 토지의 인도(명도)의무: 대체적 작위의무× → 대집행×
수용대상 토지의 인도의무에 관한 구 토지수용법 제63조, 제64조, 제77조 규정에서의 '인도'에는 명도도 포함되는 것으로 보아야 하고, 이러한 명도의무는 특별한 사정이 없는 한 <u>행정대집행법에 의한 대집행의 대상이 될 수 있는 것이 아니다</u>(2005.8.19. 2004다2809).

③ ○ 대집행이 완료됨: 항고소송은 법률상 이익×
대집행계고처분 취소소송의 변론종결 전에 대집행영장에 의한 통지절차를 거쳐 사실행위로서 <u>대집행의 실행이 완료된 경우에는 행위가 위법한 것이라는 이유로 손해배상이나 원상회복 등을 청구하는 것은 별론으로 하고 처분의 취소를 구할 법률상 이익은 없다</u>(1995.7.28. 95누2623).

④ ○ 1장의 문서에 철거명령 + 계고 결합해서도 가능. 이 경우 각 처분은 독립해서 요건 충족한 것
계고서라는 명칭의 〈1장의 문서〉로서 일정 기간 내에 위법건축물의 <u>자진철거를 명함과 동시에 그 소정 기한 내에 자진철거를 하지 아니할 때에는 대집행할 뜻을 미리 계고한 경우라도</u> 건축법에 의한 철거명령과 행정대집행법에 의한 <u>계고처분은 독립하여 있는 것으로서 각 그 요건이 충족되었다고 볼 것이다</u>. 이 경우, 철거명령에서 주어진 일정 기간이 자진철거에 필요한 상당한 기간이라면 그 기간 속에는 계고시에 필요한 '상당한 이행기간'도 포함되어 있다고 보아야 할 것이다(1992.6.12. 91누13564).

선지선택비율 ① 9.15% ② 80.31% ③ 5.53% ④ 5.01%   오답률 19.69%

선지분석 & 요플·기풀기링크

선지	THEME	요플	기풀기
①		27	027
②	T43 대집행	09	010
③		57	059
④		52	055

정답 ②

OX 1× 2○

T44 실효성 확보수단(3) - 그 외 강제집행

01

이행강제금에 대한 설명으로 옳지 않은 것은? (다툼이 있는 경우 판례에 의함) 15국가7(변형)

① 이행강제금은 작위의무 또는 부작위의무를 불이행한 경우에 그 의무를 간접적으로 강제이행 시키는 수단으로서 집행벌이라고도 한다.
② 이행강제금의 부과는 의무불이행에 대한 집행벌로 가하는 것이기 때문에 행정절차상 의견청 취를 거치지 않아도 된다.
③ 행정청은 개별사건에 있어서 위반내용, 위반자의 시정의지 등을 감안하여 대집행을 할 것인 지 아니면 이행강제금을 부과할 것인지와 관련하여 양자의 선택에 있어서 재량을 갖는다.
④ 이행강제금의 부과처분에 대한 불복방법에 관하여 아무런 규정을 두고 있지 않는 경우에는 이행강제금 부과처분은 행정행위이므로 행정심판 또는 행정소송을 제기할 수 있다.

관련 OX

① 관련

1 ◯
(이행강제금은) 집행벌이라 부르기도 한다. 14서울9

④ 관련

2 이행강제금 부과처분에 대한 불복방 법에는 개별법의 규정에 의한 방법과 일 반행정쟁송에 의하는 방법이 있다.
12국회9

해설

① ◯ 이행강제금은 행정상 작위의무(대체적·비대체적 불문)나 부작위의무 불이행에 대하여 행정청이 적절한 이행기간을 부여하고, 그 기한까지 행정상 의무를 이행하지 않을 시 금전급부의무를 부과시 킴으로써 간접적으로 의무이행을 확보하려는 수단이다. 이행강제금을 집행벌이라고 하기도 한다.
  + PLUS 다만, '벌'은 통상 과거의무 위반으로서의 제재를 의미하나, 이행강제금은 과거 의무불이행 에 대한 제재가 아니라, 현재 불이행 중인 사항에 대한 장래의 이행 확보를 목적으로 하므로 집행벌 이라는 용어를 쓰는 것은 부적절하다는 견해가 최근 유력하다.
② ✕ 이행강제금의 부과는 의무를 부과하는 침해적 처분에 해당하므로 행정절차상 의견청취의 대상이 된다.
③ ◯ 위법건물에 대해 대집행과 이행강제금을 선택할 재량이 있으며, 이는 중첩적 제재 아님
  이행강제금은 대체적 작위의무의 위반에 대하여도 부과될 수 있다. 현행 건축법상 위법건축물에 대한 이행강제수단으로 대집행과 이행강제금(제83조 제1항)이 인정되고 있는데, 양 제도는 각각의 장·단 점이 있으므로 행정청은 개별사건에 있어서 위반내용, 위반자의 시정의지 등을 감안하여 **대집행과 이행강제금을 선택적으로 활용**할 수 있으며, 이처럼 그 **합리적인 재량**에 의해 선택하여 활용하는 이 상 **중첩적인 제재에 해당한다고 볼 수 없다**(헌재 2004.2.26. 2001헌바80).
  + PLUS 대집행은 대체적 작위의무위반에만 가능하나, 이행강제금은 대체적 작위의무, 비대체적 작 위의무위반 모두에 가능하다. 따라서 대체적 작위의무위반에 대해서 대집행과 이행강제금을 선택적 으로 활용할 수 있다.
④ ◯ 이행강제금의 부과에 대해서 별도의 불복규정이 있으면 그에 따라 불복하면 되나, 이러한 불복규 정이 없다면 하명으로서 처분성이 인정되어 행정심판·항고소송으로 불복할 수 있다.
  + PLUS 예컨대 건축법에 따른 이행강제금은 별도의 불복규정을 두고 있지 않으므로 항고소송으로 불복하고, 농지법에 따른 이행강제금은 비송사건절차법에 따르도록 규정되어 있으므로 비송사건절 차법에 따른 재판절차가 적용되고 항고소송의 대상은 될 수 없다.

선지분석 & 요플·기풀기링크

선지	THEME	요플	기풀기
①		01	002
②	T44 강제집행 등	18	018
③		07	007
④	T42 실효성 확보(공통쟁점)	25	025

정답 ②
OX 1 ◯ 2 ◯

02 필수 문제

행정의 실효성 확보수단에 대한 설명으로 옳은 것만을 모두 고른 것은? (다툼이 있는 경우 판례에 의함)

17(하)국가7

> ㄱ. 하나의 납세고지서에 의하여 본세와 가산세를 함께 부과할 때 납세고지서에 본세와 가산세 각각의 세액과 산출근거 등을 구분하여 기재하여야 하는 것은 아니다.
> ㄴ. 시정명령의 이행 기회가 제공되지 아니한 과거의 기간에 대한 이행강제금까지 한꺼번에 부과할 수는 없으나, 이를 위반하여 이루어진 이행강제금 부과처분이라 하여 중대하고도 명백한 하자라고는 할 수 없다.
> ㄷ. 지방자치단체 소속 공무원이 지정항만순찰 등의 업무를 위해 관할관청의 승인 없이 개조한 승합차를 운행함으로써 구 「자동차관리법」을 위반한 경우, 해당 지방자치단체는 구 「자동차관리법」 제83조의 양벌규정에 따른 처벌대상이 될 수 없다.
> ㄹ. 행정청은 개별사건에 있어서 위반내용, 위반자의 시정의지 등을 감안하여 대집행을 할 것인지 아니면 이행강제금을 부과할 것인지와 관련하여 양자의 선택에 있어서 재량을 갖는다.

① ㄱ
② ㄴ, ㄷ
③ ㄷ, ㄹ
④ ㄱ, ㄴ, ㄷ, ㄹ

관련 OX

ㄴ. 관련

1 장기간 시정명령을 이행하지 아니하였더라도, 그 기간 중에는 시정명령의 이행 기회가 제공되지 아니하였다가 뒤늦게 시정명령의 이행 기회가 제공된 경우라면, 시정명령의 이행 기회 제공을 전제로 한 1회분의 이행강제금만을 부과할 수 있고, 시정명령의 이행 기회가 제공되지 아니한 과거의 기간에 대한 이행강제금까지 한꺼번에 부과할 수는 없으며 이를 위반하여 이루어진 이행강제금 부과처분은 무효이다. 22국회8

ㄷ. 관련

2 ○ 국가가 그의 사무의 일부를 지방자치단체의 장에게 위임하여 처리하게 하는 기관위임사무의 경우 지방자치단체는 양벌규정에 의한 처벌대상이 되는 법인에 해당한다고 볼 수 없다. 12국회8

ㄹ. 관련

3 행정청은 개별사건에 있어서 위반내용, 위반자의 시정의지 등을 감안하여 대집행과 이행강제금을 선택적으로 활용할 수 있으며, 이처럼 그 합리적인 재량에 의해 선택하여 활용하는 이상 중첩적인 제재에 해당한다고 볼 수 없다. 22국회8

해설

ㄱ. ✕ 하나의 납세고지서에 여러 종의 가산세 부과: 가산세별로 구분해 산출근거 등 기재해야 → 합계액만 기재시 위법
하나의 납세고지서에 의하여 **복수의 과세처분을** 함께하는 경우에는 **과세처분별로** 그 세액과 산출근거 등을 구분하여 기재함으로써 납세의무자가 각 과세처분의 내용을 알 수 있도록 해야 하는 것 역시 당연하다고 할 것이다. … 가산세 부과처분이라고 하여 그 종류와 세액의 산출근거 등을 전혀 밝히지 않고 가산세의 합계액만을 기재한 경우에는 그 부과처분은 위법함을 면할 수 없다(2012.10.18. 2010두12347 전합).

ㄴ. ✕ 뒤늦게 시정명령 이행 기회를 제공한 뒤 시정기회 미제공 기간에 대해서까지 한꺼번에 이행강제금 부과: 불가 → 부과시 무효
비록 건축주 등이 **장기간 시정명령을 이행하지 아니하였더라도**, 그 기간 중에는 시정명령의 이행 기회가 제공되지 아니하였다가 **뒤늦게 시정명령의 이행 기회가 제공된** 경우라면, 시정명령의 이행 기회 제공을 전제로 한 1회분의 이행강제금만을 부과할 수 있고, **시정명령의 이행 기회가 제공되지 아니한 과거의 기간에 대한 이행강제금까지 한꺼번에 부과할 수는 없다.** 그리고 이를 위반하여 이루어진 이행강제금 부과처분의 … 하자는 중대할 뿐만 아니라 객관적으로도 명백하다(편저자: 무효이다)(2016.7.14. 2015두46598).

선지분석 & 요플·기풀기링크

선지	THEME	요플	기풀기
ㄱ	T38 절차법(근거·적용범위)	39	039
ㄴ	T44 강제집행 등	12	013
ㄷ	T46 행정형벌	34	035
ㄹ	T44 강제집행 등	07	007

ㄷ. ○ 지방공무원이 기관위임사무처리 중 위반행위(지정항만순찰업무 중 자동차관리법 위반) → 지자체는 사업주(행정주체)의 지위에 있지 않으므로 양벌규정상 처벌대상✕

지방자치단체 소속 공무원이 **지정항만순찰** 등의 업무를 위해 관할관청의 승인 없이 개조한 승합차를 운행함으로써 구 자동차관리법을 위반한 사안에서 … 위 항만순찰 등의 업무가 지방자치단체의 장이 국가로부터 위임받은 **기관위임사무**에 해당하여, 해당 **지방자치단체가 구 자동차관리법 제83조의 양벌규정에 따른 처벌대상이 될 수 없다**(2009.6.11. 2008도6530).

+ PLUS • 지자체 소속 공무원이 **기관위임사무**를 처리하다가 위반행위를 한 경우, 본래 양벌규정에 따라 처벌받아야 할 사무귀속자(사업주)는 지자체가 아닌 국가가 되는데, 국가는 형사처벌의 대상이 될 수 없으므로 지자체와 국가 모두 양벌규정에 따라 처벌받지 않는다.

• 지자체 공무원의 위반행위 - 1) **자치사무** 관련: 양벌규정○ / 2) **기관위임사무** 관련: 양벌규정✕

ㄹ. ○ 대집행과 이행강제금을 선택할 재량이 있으며, 중첩적 제재 아님

현행 건축법상 위법건축물에 대한 이행강제수단으로 대집행과 이행강제금이 인정되고 있는데, 양 제도는 각각의 장·단점이 있으므로 행정청은 개별사건에 있어서 위반내용, 위반자의 시정의지 등을 감안하여 대집행과 이행강제금을 선택적으로 활용할 수 있으며, 이처럼 그 합리적인 재량에 의해 선택하여 활용하는 이상 중첩적인 제재에 해당한다고 볼 수 없다(헌재 2004.2.26. 2001헌바80·84·102·103, 2002헌바26 전원).

정답 ③
OX 1○ 2○ 3○

필수문제 03

이행강제금에 대한 설명으로 옳지 않은 것은? (다툼이 있는 경우 판례에 의함) 21지방7

① 「건축법」상 이행강제금은 시정명령의 불이행이라는 과거의 위반행위에 대한 제재가 아니라 시정명령을 이행하지 않고 있는 건축주 등에 대하여 다시 상당한 이행기한을 부여하고 기한 안에 시정명령을 이행하지 않으면 이행강제금이 부과된다는 사실을 고지함으로써 의무자에게 심리적 압박을 주어 시정명령에 따른 의무의 이행을 간접적으로 강제하는 수단의 성질을 가진다.

② 「건축법」상 행정청은 의무자가 행정상 의무를 이행할 때까지 이행강제금을 반복하여 부과할 수 있으나, 의무자가 의무를 이행하면 새로운 이행강제금의 부과를 즉시 중지하여야 하고 이미 부과한 이행강제금은 징수하지 아니한다.

③ 「농지법」에 따른 이행강제금을 부과할 때에는 그때마다 이행강제금을 부과·징수한다는 뜻을 미리 문서로 알려야 하고, 이와 같은 절차를 거치지 아니한 채 이행강제금을 부과하는 것은 이행강제금 제도의 취지에 반하는 것으로써 위법하다.

④ 「건축법」상 이행강제금은 위반행위에 대하여 시정명령을 받은 후 시정기간 내에 당해 시정명령을 이행하지 아니한 건축주 등에 대하여 부과하는 것으로서 그 이행강제금 납부의무는 상속인 기타의 사람에게 승계될 수 없는 일신전속적인 성질의 것이므로 이미 사망한 사람에게 이행강제금을 부과하는 내용의 처분이나 결정은 당연무효이다.

관련 OX

① 관련

1 이행강제금은 행정상 간접적인 강제집행 수단의 하나로서, 과거의 일정한 법률위반 행위에 대한 제재인 형벌이 아니라 장래의 의무이행 확보를 위한 강제수단일 뿐이어서, 범죄에 대하여 국가형벌권을 실행하는 과벌에 해당하지 아니한다. 21군무원9

④ 관련

2 (A행정청은 甲 소유의 건축물이 법령에 위반됨을 이유로 甲에게 「건축법」에 따른 시정명령을 하였는데, 甲이 시정명령에서 정한 의무를 이행하지 않으면 이행강제금을 부과하려 한다) 甲의 사망 이후 甲에게 이행강제금이 부과된 경우 그 납부 의무는 甲의 상속인에게 승계된다. 25변시

해설

① ○ 이행강제금: 금전부과 고지를 통해 심리적 압박을 주어 장래 의무이행을 확보하려는 간접적 수단
 구 건축법상 <U>이행강제금</U>은 시정명령의 불이행이라는 과거의 위반행위에 대한 제재가 아니라, 시정명령을 이행하지 않고 있는 건축주·공사시공자·현장관리인·소유자·관리자 또는 점유자(이하 '건축주 등'이라 한다)에 대하여 다시 상당한 이행기한을 부여하고 기한 안에 시정명령을 이행하지 않으면 <U>이행강제금이 부과된다는 사실을 고지함으로써 의무자에게 심리적 압박을 주어 시정명령에 따른 의무의 이행을 간접적으로 강제하는 행정상의 간접강제수단</U>에 해당한다(2016.7.14. 2015두46598).

행정기본법 제30조(행정상 강제) ① 행정청은 행정목적을 달성하기 위하여 필요한 경우에는 법률로 정하는 바에 따라 필요한 최소한의 범위에서 다음 각 호의 어느 하나에 해당하는 조치를 할 수 있다.
  2. **이행강제금의 부과**: 의무자가 행정상 의무를 이행하지 아니하는 경우 행정청이 적절한 이행기간을 부여하고, 그 기한까지 행정상 의무를 이행하지 아니하면 금전급부의무를 부과하는 것

② × 건축법에 의하면 이행강제금은 의무자가 의무를 이행하면 새로운 이행강제금의 부과를 즉시 중지하되, 이미 부과된 이행강제금은 징수하여야 한다. 행정기본법에서 같은 내용을 규정하고 있다.

건축법 제80조(이행강제금) ⑥ 허가권자는 제79조 제1항에 따라 <U>시정명령을 받은 자가 이를 이행하면 새로운 이행강제금의 부과를 즉시 중지하되, 이미 부과된 이행강제금은 징수하여야 한다.</U>

행정기본법 제31조(이행강제금의 부과) ⑤ 행정청은 의무자가 행정상 의무를 이행할 때까지 이행강제금을 반복하여 부과할 수 있다. 다만, <U>의무자가 의무를 이행하면 새로운 이행강제금의 부과를 즉시 중지하되, 이미 부과한 이행강제금은 징수하여야 한다.</U>

선지분석 & 요플·기풀기링크

선지	THEME	요플	기풀기
①		04	004
②	T44 강제집행 등	28	027
③		16	016
④	T42 실효성 확보(공통쟁점)	87	083

③ ○ 이행강제금을 부과할 때마다 문서로 계고해야

농지법 제62조 제1항에 따른 이행강제금을 부과할 때에는 그때마다 이행강제금을 부과·징수한다는 뜻을 미리 문서로 알려야 하고, 이와 같은 절차를 거치지 아니한 채 이행강제금을 부과하는 것은 이행강제금 제도의 취지에 반하는 것으로서 위법하다(2018.11.2. 2018마5608).

농지법 제63조(이행강제금) ② 시장·군수 또는 구청장은 제1항에 따른 이행강제금을 부과하기 전에 이행강제금을 부과·징수한다는 뜻을 미리 문서로 알려야 한다.

행정기본법 제31조(이행강제금의 부과) ③ 행정청은 이행강제금을 부과하기 전에 미리 의무자에게 적절한 이행기간을 정하여 그 기한까지 행정상 의무를 이행하지 아니하면 이행강제금을 부과한다는 뜻을 문서로 계고(戒告)하여야 한다.

④ ○ 이미 사망한 자에게 이행강제금 부과: 무효(이행강제금은 일신전속적으로 상속 등 승계가 불가)

구 건축법상의 이행강제금은 구 건축법의 위반행위에 대하여 시정명령을 받은 후 시정기간 내에 당해 시정명령을 이행하지 아니한 건축주 등에 대하여 부과되는 간접강제의 일종으로서 그 이행강제금 납부의무는 상속인 기타의 사람에게 승계될 수 없는 일신전속적인 성질의 것이므로 이미 사망한 사람에게 이행강제금을 부과하는 내용의 처분이나 결정은 당연무효이다(2006.12.8. 2006마470).

선지선택비율 ① 5.30% ② 66.49% ③ 20.31% ④ 7.91% 오답률 33.51%

04

다음 중 「행정기본법」상 이행강제금에 대한 설명으로 가장 적절하지 않은 것은? 24군무원7

① 행정청은 이행강제금을 부과하기 전에 미리 의무자에게 적절한 이행기간을 정하여 그 기한까지 행정상 의무를 이행하지 아니하면 이행강제금을 부과한다는 뜻을 문서로 계고(戒告)하여야 한다.

② 행정청은 의무자가 계고에서 정한 기한까지 행정상 의무를 이행하지 아니한 경우 이행강제금의 부과 금액·사유·시기를 문서로 명확하게 적어 의무자에게 통지하여야 한다.

③ 행정청은 의무자가 행정상 의무를 이행할 때까지 이행강제금을 반복하여 부과할 수 있다.

④ 의무자가 의무를 이행하면 새로운 이행강제금의 부과를 즉시 중지하고, 이미 부과한 이행강제금은 징수하지 아니한다.

관련 OX

③ 관련

1 이행강제금은 장래의 의무이행을 심리적으로 강제하기 위한 것으로서 의무이행이 있을 때까지 반복하여 부과할 수 있다. 24해경간부

④ 관련

2 행정청이 의무자가 행정상 의무를 이행할 때까지 이행강제금을 반복하여 부과하는 경우에 의무자가 의무를 이행하더라도 이미 부과한 이행강제금은 징수하여야 한다. 25소방

해설

①②③ ○, ④ × 통상의 이행강제금은 이행기한을 다소 도과했더라도 늦게나마 이행한 이상 부과하지 않는다. 그러나 이미 부과까지 이루어진 뒤에는 그 후에 이행하더라도 부과된 이행강제금을 징수한다(행정기본법 제31조 제5항).

행정기본법 제31조(이행강제금의 부과) ③ 행정청은 이행강제금을 부과하기 전에 미리 의무자에게 적절한 이행기간을 정하여 그 기한까지 행정상 의무를 이행하지 아니하면 이행강제금을 부과한다는 뜻을 문서로 계고(戒告)하여야 한다.①
④ 행정청은 의무자가 제3항에 따른 계고에서 정한 기한까지 행정상 의무를 이행하지 아니한 경우 이행강제금의 부과 금액·사유·시기를 문서로 명확하게 적어 의무자에게 통지하여야 한다.②
⑤ 행정청은 의무자가 행정상 의무를 이행할 때까지 이행강제금을 반복하여 부과할 수 있다.③ 다만, 의무자가 의무를 이행하면 새로운 이행강제금의 부과를 즉시 중지하되, **이미 부과한 이행강제금은 징수**하여야 한다.④

선지선택비율 ① 8.93% ② 8.33% ③ 8.33% ④ 74.4% 오답률 25.6%

선지분석 & 요플·기풀기링크

선지	THEME	요플	기풀기
①	T44 강제집행 등	14	014
②	T44 강제집행 등	19	019
③	T42 실효성 확보(공통쟁점)	80	080
④	T44 강제집행 등	28	027

정답 ④

OX 1 ○ 2 ○

05

이행강제금에 대한 설명으로 옳지 않은 것은? (다툼이 있는 경우 판례에 의함) 24지방9

① 「건축법」상 이행강제금은 시정명령의 불이행이라는 과거의 위반행위에 대한 제재이다.
② 행정청은 이행강제금을 부과받은 자가 납부기한까지 이행강제금을 내지 아니하면 국세강제징수의 예 또는 「지방행정제재·부과금의 징수 등에 관한 법률」에 따라 징수한다.
③ 처분의 근거법령에 의하면 「비송사건절차법」에 따라 이행강제금 부과처분에 불복하도록 규정하고 있었지만, 관할청이 이행강제금 부과처분을 하면서 재결청에 행정심판을 청구하거나 관할 행정법원에 행정소송을 할 수 있다고 잘못 안내한 경우라도 이행강제금 부과처분에 대해 행정법원에 항고소송을 제기할 수 없다.
④ 「건축법」상 이행강제금을 부과받은 사람이 이행강제금사건의 제1심결정 후 항고심결정이 있기 전에 사망한 경우, 항고심결정은 당연무효이고, 이미 사망한 사람의 이름으로 제기된 재항고는 보정할 수 없는 흠결이 있는 것으로서 부적법하다.

관련 OX

② 관련
1 행정청은 이행강제금을 부과받은 자가 납부기한까지 이행강제금을 내지 아니하면 국세강제징수의 예 또는 「지방행정제재·부과금의 징수 등에 관한 법률」에 따라 징수한다. 24소간

③ 관련
2 관할청이 「농지법」상의 이행강제금 부과처분을 하면서 재결청에 행정심판을 청구하거나 관할 행정법원에 행정소송을 할 수 있다고 잘못 안내한 경우 행정법원의 항고소송 재판관할이 생긴다. 22국가9

해설

① ✕ 이행강제금: 과거 위반의 제재수단✕, 장래 이행의 확보수단○
구 건축법상 이행강제금은 시정명령의 불이행이라는 과거의 위반행위에 대한 제재가 아니라, 시정명령을 이행하지 않고 있는 건축주 등에 대하여 다시 상당한 이행기한을 부여하고 그 기한 안에 시정명령을 이행하지 않으면 이행강제금이 부과된다는 사실을 고지함으로써 의무자에게 **심리적 압박**을 주어 시정명령에 따른 **의무의 이행**을 **간접적으로 강제**하는 행정상의 간접강제수단에 해당한다(2016.7.14. 2015두46598).

② ○

행정기본법 제31조(이행강제금의 부과) ⑥ 행정청은 이행강제금을 부과받은 자가 납부기한까지 이행강제금을 내지 아니하면 국세강제징수의 예 또는 「지방행정제재·부과금의 징수 등에 관한 법률」에 따라 **징수한다**.

③ ○ 관할청이 농지법상 이행강제금에 대한 불복을 항고소송으로 잘못 안내했더라도 항고소송 불가
농지법에 따른 이행강제금 부과처분에 불복하는 경우에는 비송사건절차법에 따른 재판절차가 적용되어야 하고, 행정소송법상 항고소송의 대상은 될 수 없다. 농지법이 이행강제금 부과처분에 대한 불복절차를 분명하게 규정하고 있으므로, 이와 다른 불복절차를 허용할 수는 없다. 설령 관할청이 이행강제금 부과처분을 하면서 재결청에 행정심판을 청구하거나 관할 행정법원에 행정소송을 할 수 있다고 잘못 안내하거나 관할 행정심판위원회가 각하재결이 아닌 기각재결을 하면서 관할 법원에 행정소송을 할 수 있다고 잘못 안내하였다고 하더라도, 그러한 잘못된 안내로 행정법원의 항고소송 재판관할이 생긴다고 볼 수도 없다(2019.4.11. 2018두42955).

+ PLUS 농지법상 이행강제금의 경우 비송사건절차법에 따른 과태료 재판에 준하여 불복하도록 별도의 규정이 있다. 이렇게 법률에서 별도의 불복방법을 규정하고 있는 한, 설령 **행정청**이 행정심판 내지 행정소송을 할 수 있다고 **잘못 알렸다고 하여 행정쟁송**으로 다툴 수 있게 되는 것도 아니다.

④ ○ 이행강제금사건 항고심결정 전 사망: 항고심결정(무효), 사망자 명의 재항고(부적법)
구 건축법상 이행강제금을 부과받은 사람이 이행강제금사건의 제1심결정 후 항고심결정이 있기 전에 사망한 경우, 항고심결정은 당연무효이고, 이미 사망한 사람의 이름으로 제기된 재항고는 보정할 수 없는 흠결이 있는 것으로서 부적법하다(2006.12.8. 2006마470).

선지선택비율 ① 59.74% ② 7.95% ③ 25.57% ④ 6.75% 오답률 40.26%

선지분석 & 요플·기풀기링크

선지	THEME	요플	기풀기
①	T44 강제집행 등	05	003
②		20	028
③	T42 실효성 확보(공통쟁점)	28	028
④		89	085

정답 ①
OX 1○ 2✕

필수문제 06

이행강제금에 대한 설명으로 옳지 않은 것은? (다툼이 있는 경우 판례에 의함) 19지방9

ⓢ ① 이행강제금은 과거의 의무불이행에 대한 제재의 기능을 지니고 있으므로, 이행강제금이 부과되기 전에 의무를 이행한 경우에도 시정명령에서 정한 기간을 지나서 이행한 경우라면 이행강제금을 부과할 수 있다.

ⓒ ② 「건축법」상 허가권자는 이행강제금을 부과하기 전에 이행강제금을 부과·징수한다는 뜻을 미리 문서로써 계고하여야 한다.

ⓑ ③ 「건축법」상 이행강제금 납부의 최초 독촉은 징수처분으로서 항고소송의 대상이 되는 행정처분이 될 수 있다.

ⓢ ④ 부작위의무나 비대체적 작위의무뿐만 아니라 대체적 작위의무의 위반에 대하여도 이행강제금을 부과할 수 있다.

관련 OX

③ 관련

1 「건축법」상 이행강제금 납부의 최초 독촉은 징수처분으로서 항고소송의 대상이 되는 행정처분이 될 수 있다.
24해경승진

④ 관련

2 이행강제금은 부작위의무나 비대체적 작위의무에 대한 강제집행수단이므로 대체적 작위의무의 위반에 대하여는 부과될 수 없다.
24소방

해설

① ✕ 이행강제금 : 부과 전 이행 시 기간 지난 이행이라도 부과✕
부과가 중지되는 '새로운 이행강제금'에는 국토계획법 제124조의2 제3항의 규정에 의하여 반복 부과되는 이행강제금뿐만 아니라 이행명령 불이행에 따른 최초의 이행강제금도 포함된다. 따라서 <u>이행명령을 받은 의무자가 그 명령을 이행한 경우에는 이행명령에서 정한 기간을 지나서 이행한 경우라도 최초의 이행강제금을 부과할 수 없다</u>(2014.12.11. 2013두15750).

+ PLUS 이행강제금은 장래 이행을 확보하기 위한 심리적 압박수단이지, 금전급부의무의 부과 자체가 목적이 아니므로 이행기간을 도과더라도 늦게나마 의무를 이행한 이상 부과하지 않는다. 다만, 이미 부과된 이행강제금은 징수한다. 이러한 법리는 최초의 이행강제금부과에서도 마찬가지이다. 즉, 판례는 실제로 이행강제금이 부과되기 전 의무이행을 한 이상 '새로운' 이행강제금의 부과를 중지하도록 한 국토계획법 규정에 대해서 '새로운 이행강제금'의 범주에 2번째 이후의 이행강제금뿐 아니라 최초의 이행강제금도 포섭된다고 보았다.

건축법 제80조(이행강제금) ⑥ 허가권자는 제79조 제1항에 따라 시정명령을 받은 자가 이를 <u>이행하면 새로운 이행강제금의 부과를 즉시 중지</u>하되, <u>이미 부과된 이행강제금은 징수하여야 한다.</u>

② ○ 대집행 계고(행정대집행법), 이행강제금 부과의 계고(건축법), 강제징수의 독촉(국세징수법) → 모두 문서로 해야 한다.

건축법 제80조(이행강제금) ③ 허가권자는 제1항 및 제2항에 따른 이행강제금을 부과하기 전에 제1항 및 제2항에 따른 <u>이행강제금을 부과·징수한다는 뜻을 미리 문서로써</u> 계고(戒告)하여야 한다.

③ ○ 이행강제금 납부의 최초 독촉: 징수처분으로서 처분
건축법상 이행강제금 납부의 <u>최초 독촉이 항고소송의 대상이 되는 행정처분에 해당한다</u>(2009.12.24. 2009두14507).

+ PLUS 대집행 계고, 이행강제금 납부독촉, 강제징수절차의 독촉 → 모두 최초 계고·독촉은 처분성○, 이후의 것은 처분성✕

④ ○ 이행강제금은 대체적 작위의무의 위반에 대하여도 부과될 수 있다(헌재 2004.2.26. 2001헌바80·84·102·103, 2002헌바26 전원).

선지분석 & 요플·기풀기링크

선지	THEME	요플	기풀기
①	T44 강제집행 등	21	020
②		15	015
③	T42 실효성 확보(공통쟁점)	31	031
④	T44 강제집행 등	06	006

정답 ①
OX 1○ 2✕

필수문제 07

행정의 실효성 확보수단에 대한 설명으로 옳은 것만을 모두 고르면? (다툼이 있는 경우 판례에 의함)

18국가7

> ㄱ. 「건축법」상의 이행강제금과 관련하여, 시정명령을 받은 의무자가 시정명령에서 정한 기간을 지나서 시정명령을 이행한 경우, 이행강제금이 부과되기 전에 그 이행이 있었다 하더라도 시정명령상의 기간을 준수하지 않은 이상 이행강제금을 부과하는 것은 정당하다.
> ㄴ. 과징금 부과처분의 경우 원칙적으로 위반자의 고의·과실을 요하지 아니하나, 위반자의 의무해태를 탓할 수 없는 정당한 사유가 있는 등의 특별한 사정이 있는 경우에는 이를 부과할 수 없다.
> ㄷ. 「건축법」상 위법 건축물에 대하여 행정청은 대집행과 이행강제금을 선택적으로 활용할 수 있으며, 이러한 선택적 활용이 중첩적 제재에 해당한다고 볼 수 없다.
> ㄹ. 「질서위반행위규제법」에 의한 과태료부과처분은 처분의 상대방이 이의제기하지 않은 채 납부기간까지 과태료를 납부하지 않으면 「도로교통법」상 통고처분과 마찬가지로 그 효력을 상실한다.

① ㄷ
② ㄴ, ㄷ
③ ㄱ, ㄴ, ㄹ
④ ㄴ, ㄷ, ㄹ

관련 OX

ㄱ. 관련

1 ❺ 「건축법」상 시정명령을 받은 의무자가 이행강제금이 부과되기 전에 그 의무를 이행하였더라도 그 시정명령에서 정한 기간을 지나서 이행한 경우라면 행정청은 이행강제금을 부과할 수 있다. 23국가7

ㄴ. 관련

2 과징금 부과처분은 원칙적으로 위반자의 고의·과실을 요하지 아니하나, 위반자의 의무 해태를 탓할 수 없는 정당한 사유가 있는 등의 특별한 사정이 있는 경우에는 이를 부과할 수 없다. 25소간

추가기출 (ㄱ. 관련)

ⓐ ❺ 「부동산 실권리자명의 등기에 관한 법률」상 장기미등기자가 이행강제금 부과 전에 등기신청의무를 이행하였더라도 동법에 규정된 기간이 지나서 등기신청의무를 이행하였다면 이행강제금을 부과할 수 있다. 21지방9

해설

ㄱ. ✕ 이행시 부과가 중지되는 '새로운 이행강제금'의 의미: 최초 부과되는 이행강제금도 포함 → 기간 지난 이행이라도 부과 전 이행시 최초의 이행강제금 역시 부과✕

「국토의 계획 및 이용에 관한 법률」제124조의2 제5항이 이행명령을 받은 자가 그 명령을 이행하는 경우에 새로운 이행강제금의 부과를 즉시 중지하도록 규정한 것은 이행강제금의 본질상 이행강제금 부과로 이행을 확보하고자 한 목적이 이미 실현된 경우에는 그 이행강제금을 부과할 수 없다는 취지를 규정한 것으로서, 이에 의하여 부과가 중지되는 '새로운 이행강제금'에는 국토계획법 제124조의2 제3항의 규정에 의하여 반복 부과되는 이행강제금뿐만 아니라 이행명령 불이행에 따른 최초의 이행강제금도 포함된다. 따라서 이행명령을 받은 의무자가 그 명령을 이행한 경우에는 이행명령에서 정한 기간을 지나서 이행한 경우라도 최초의 이행강제금을 부과할 수 없다(2014.12.11. 2013두15750).

관련 부동산실명법상 장기미등기에 대한 이행강제금: 부과 전 이행시 기간 지난 이행이라도 부과✕ⓐ

「부동산 실권리자명의 등기에 관한 법률」상 '장기미등기자'에 대하여 부과되는 이행강제금은 … 심리적 압박을 주어 의무의 이행을 간접적으로 강제하는 행정상의 간접강제수단에 해당한다. 따라서 장기미등기자가 이행강제금 부과 전에 등기신청의무를 이행하였다면 이행강제금의 부과로써 이행을 확보하고자 하는 목적은 이미 실현된 것이므로 규정된 기간이 지나서 등기신청의무를 이행한 경우라 하더라도 이행강제금을 부과할 수 없다ⓐ(2016.6.23. 2015두36454).

ㄴ. ○ 과징금, 가산세, 영업정지 등 행정상 제재처분에는 위반자의 고의·과실이 요구되지 않는다. 단, 정당한 사유가 있다면 제재할 수 없다.

ㄷ. ○ 위법건물에 대해 대집행과 이행강제금을 선택할 재량이 있으며, 중첩적 제재 아님

대집행과 이행강제금을 선택적으로 활용할 수 있으며, 이처럼 그 합리적인 재량에 의해 선택하여 활용하는 이상 중첩적인 제재에 해당한다고 볼 수 없다(헌재 2004.2.26. 2001헌바80·84·102·103, 2002헌바26 전원).

ㄹ. ✕

과태료	이의제기 없이 납부기한 도과시 과태료가 확정ㄹ → 상대방은 과태료 납부해야
통고처분	이의제기 없이 납부기한 도과시 통고처분이 실효 → 행정청이 고발하면 정식의 형사소송으로

선지분석 & 요플·기풀기링크

선지	THEME	요플	기풀기
ㄱ	T44 강제집행 등	22	021
ㄴ	T42 실효성 확보(공통쟁점)	56	056
ㄷ	T44 강제집행 등	08	008
ㄹ	T47 행정질서벌	43	044

정답 ②

OX 1✕ 2○ ⓐ✕

필수문제 08

행정의 실효성 확보수단에 대한 설명으로 옳지 않은 것은? 24국가7

① 「행정기본법」에 따르면, 행정청은 이행강제금을 부과받은 자가 납부기한까지 이행강제금을 내지 아니하면 국세강제징수의 예 또는 「지방행정제재·부과금의 징수 등에 관한 법률」에 따라 징수한다.

② 「농지법」상 이행강제금의 부과는 행정처분이므로 취소소송을 제기할 수 있으며 법원은 당해 사건에서 과도한 이행강제금이 부과되었다고 판단하면 그 금액을 감액하여야 한다.

③ 구 「주택건설촉진법」의 규정을 위반하여 주택을 공급한 자에게 과태료를 부과한다고 하여 주택을 공급한 자와 제3자 간에 체결한 주택공급계약의 사법적 효력까지 부인된다고 볼 수는 없다.

④ 수도조례 및 하수도사용조례에 기한 과태료의 부과 여부 및 그 당부는 최종적으로 「질서위반행위규제법」에 의한 절차에 의하여 판단되어야 하므로, 그 과태료 부과처분은 행정소송의 대상이 되는 행정처분이라고 할 수 없다.

관련 OX

① 관련

1 행정청은 이행강제금을 부과받은 자가 납부기한까지 이행강제금을 내지 아니하면 국세강제징수의 예 또는 「지방행정제재·부과금의 징수 등에 관한 법률」에 따라 징수한다. 24소간

③ 관련

2 구 「주택건설촉진법」의 규정을 위반하여 주택을 공급한 자에게 과태료를 부과한다고 하여 그 사법적 효력까지 부인된다고 볼 수는 없다. 08(상)지방9

해설

① ○

행정기본법 제31조(이행강제금의 부과) ⑥ 행정청은 이행강제금을 부과받은 자가 납부기한까지 이행강제금을 내지 아니하면 국세강제징수의 예 또는 「지방행정제재·부과금의 징수 등에 관한 법률」에 따라 징수한다.

② × 농지법상 이행강제금 부과처분은 항고소송의 대상이 아니다. 한편 이행강제금 부과처분은 행정청의 재량행위이므로 이행강제금이 과도한 경우 법원은 원칙적으로 전부를 취소해야 하고 과도하다고 인정하는 금액만을 감액하는 것은 행정청의 재량권을 침해하는 것이 되므로 허용되지 않는다.

- 농지법상 이행강제금 부과에 대한 불복: 항고소송×, 비송절차○
  농지법 제62조(현 63조) 제1항에 따른 이행강제금 부과처분에 불복하는 경우에는 비송사건절차법에 따른 재판절차가 적용되어야 하고, 행정소송법상 항고소송의 대상은 될 수 없다. 농지법 제62조 제6항, 제7항이 위와 같이 **이행강제금 부과처분에 대한 불복절차를 분명하게 규정하고 있으므로, 이와 다른 불복절차를 허용할 수는 없다.** 설령 피고가 이행강제금부과처분을 하면서 재결청에 행정심판을 청구하거나 관할 행정법원에 행정소송을 할 수 있다고 잘못 안내하거나 경기도행정심판위원회가 각하재결이 아닌 기각재결을 하면서 관할법원에 행정소송을 할 수 있다고 **잘못 안내하였다고 하더라도, 그러한 잘못된 안내로 행정법원의 항고소송 재판관할이 생긴다고 볼 수도 없다**(2019.4.11. 2018두42955).

③ ○ 주택건설촉진법에 위반한 주택공급행위: 과태료대상이나 주택공급의 사법적 효력은 부인×
  주택건설촉진법 제52조의3 제1항 제6호는 '제32조 제2호의 규정을 위반하여 주택을 공급한 자'를 과태료에 처하도록 규정하고 있으나, **주택공급계약이 구 주택건설촉진법 제32조, 구 「주택공급에 관한 규칙」 제27조 제4항, 제3항에 위반하였다고 하더라도 그 사법적 효력까지 부인된다고 할 수는 없다**(2007.8.23. 2005다59475·59482·59499).

④ ○ 과태료 부과: 처분×
  서울특별시 수도조례 및 서울특별시 하수도사용조례에 기한 과태료의 부과 여부 및 그 당부는 최종적으로 질서위반행위규제법에 의한 절차에 의하여 판단되어야 한다고 할 것이므로, 그 **과태료 부과처분은** 행정청을 피고로 하는 **행정소송의 대상이 되는 행정처분이라고 볼 수 없다**(2012.10.11. 2011두19369).

선지선택비율 ① 6.82% ② 79.92% ③ 4.73% ④ 8.52% 오답률 19.89%

선지분석 & 요플·기풀기링크

선지	THEME	요플	기풀기
①	T44 강제집행 등	20	028
②	T42 실효성 확보(공통쟁점)	27	027
③	T01 행정과 행정법	14	015
④	T42 실효성 확보(공통쟁점)	42	042

정답 ②
OX 1○ 2○

09

행정상 강제집행에 대한 설명으로 옳지 않은 것은? (다툼이 있는 경우 판례에 의함) 20군무원7

① 군수가 군사무위임조례의 규정에 따라 무허가 건축물에 대한 철거대집행사무를 하부 행정기관인 읍·면에 위임하였다면, 읍·면장에게는 관할구역 내의 무허가 건축물에 대하여 그 철거대집행을 위한 계고처분을 할 권한이 있다.

② 이행강제금은 간접적인 행정상 강제집행수단이며, 대체적 작위의무 위반에 대하여도 부과될 수 있다.

③ 직접강제는 대체적 작위의무뿐만 아니라 비대체적 작위의무·부작위의무·수인의무 등 일체의 의무의 불이행에 대해 행할 수 있다.

④ 「개발제한구역의 지정 및 관리에 관한 특별조치법」에 따르면, 이행강제금을 부과·징수할 때마다 그에 앞서 시정명령절차를 다시 거쳐야 한다.

관련 OX

② 관련

1 이행강제금은 부작위의무나 비대체적 작위의무에 대한 강제집행수단이므로 대체적 작위의무의 위반에 대하여는 부과될 수 없다. 24소방

④ 관련

2 개발제한구역법에 따른 행정청의 시정명령 불이행에 대한 이행강제금의 부과·징수를 위한 계고는 시정명령을 불이행한 경우에 취할 수 있는 절차라 할 것이고, 따라서 이행강제금을 부과·징수할 때마다 그에 앞서 시정명령절차를 다시 거쳐야 할 필요는 없다. 24소간

해설

① ○ 군수가 군사무위임조례의 규정에 따라 무허가 건축물에 대한 철거대집행사무를 하부 행정기관인 읍·면에 위임하였다면, 읍·면장에게는 관할구역 내의 무허가 건축물에 대하여 그 철거대집행을 위한 계고처분을 할 권한이 있다(1997.2.14. 96누15428).

② ○ 이행강제금은 의무자에게 심리적 압박을 주어 장래를 향하여 의무의 이행을 확보하려는 간접적인 행정상 강제집행수단이며(2015.6.24. 2011두2170), 부작위의무 또는 비대체적 작위의무 위반뿐 아니라 대체적 작위의무 위반에 대하여도 부과될 수 있다(헌재 2004.2.26. 2001헌바80 등).

③ ○ 직접강제는 행정기관이 직접 의무자의 신체·재산에 실력을 가하여 의무가 이행된 것과 같은 상태를 실현하는 것으로, 일체의 의무불이행에 대해서(비대체적 작위의무, 부작위의무, 수인의무와 같은 비대체적 의무는 물론 대체적 작위의무에도) 행할 수 있다.

④ × **시정명령 발령: 이행강제금을 부과·징수시마다 다시 할 필요×(최초 한 번으로 충분)**
개발제한구역의 지정 및 관리에 관한 특별조치법령의 규정에 의하면 시정명령을 받은 후 그 시정명령의 이행을 하지 아니한 자에 대한 이행강제금의 부과·징수를 위한 계고는 시정명령을 불이행한 경우에 취할 수 있는 절차라 할 것이고, 따라서 이행강제금을 부과·징수할 때마다 그에 앞서 시정명령절차를 다시 거쳐야 할 필요는 없다(2013.12.12. 2012두20397).

+ PLUS 계고는 이행강제금 부과시마다 거쳐야 한다. 그러나 시정명령은 그렇지 않다.

선지분석 & 요플·기풀기링크

선지	THEME	요플	기풀기
①	T43 대집행	05	005
②		06	006
③	T44 강제집행 등	30	030
④		13	011

정답 ④
OX 1× 2○

10

행정상 강제징수에 대한 설명으로 옳지 않은 것은? 15사복9(변형)

- ① 「국세징수법」은 행정상 강제징수에 관한 사실상 일반법의 지위를 갖는다.
- ② 「국세징수법」에 의한 강제징수절차는 독촉, 재산압류, 압류재산의 매각, 청산의 단계로 이루어진다.
- ③ 판례에 의하면, 압류는 체납국세의 징수를 실현하기 위하여 체납자의 재산을 보전하는 강제행위로서 항고소송의 대상이 되는 처분이다.
- ④ 독촉과 체납처분에 대하여 불복이 있는 자는 바로 취소소송을 제기할 수 있다.

관련 OX

① 관련
1 행정상 강제징수의 일반법으로 「경찰관 직무집행법」이 있다. 11(1)경행

④ 관련
2 과세관청의 압류처분에 대해서는 심사청구 또는 심판청구 중 하나에 대한 결정을 거친 후 행정소송을 제기하여야 한다. 15국가9

해설

① ○ 국세징수법은 국세의 징수에 관한 법률이기는 하지만 다른 개별법상 각종 개별법들이 금전급부의무를 불이행하는 경우 국세징수법상 강제징수절차를 준용하고 있어 사실상 국세징수법이 일반법의 지위를 갖는다.

② ○ 국세징수법상의 강제징수절차는 독촉 및 체납처분으로 나누어지며, 체납처분은 다시 재산의 압류, 압류재산의 매각, 청산의 3단계로 나누어진다.

  + PLUS · 독촉, 압류, 매각(공매) 모두 처분성이 있고, 이들 사이에 하자승계가 이루어진다는 쟁점도 함께 기억

  · 종래 압류, 매각, 청산을 합하여 '체납처분'이라 하였으나, 현행 국세징수법은 체납처분이라는 용어를 그 본질적 부분인 강제성을 드러내는 표현인 강제징수로 변경하였다. 그러나 지방세징수법 등 타법에서는 '체납처분'이라는 표현이 유지되고 있고, 판례도(기출문제도) '체납처분'으로 축적돼 있으므로 본서에서는 '체납처분'도 함께 사용한다.

③ ○ 압류란 의무자의 재산에 대해 사실상·법률상 처분을 금지하고 재산을 확보하는 권력적 사실행위로서 항고소송의 대상이 되는 행정처분에 해당한다.

④ × 국세기본법은 독촉, 압류, 공매 등 강제징수와 관련한 처분에 대해서 필요적 행정심판 전치주의로 규정하고 있다. 즉, 심사청구, 심판청구 중 하나에 대한 결정을 거친 후에만 행정소송을 제기할 수 있다(제56조 제2항). 또한 심사청구, 심판청구에 앞서 이의신청도 할 수 있다(제55조 제3항).

선지분석 & 요플·기출링크

선지	THEME	요플	기풀기
①	T44 강제집행 등	37	038
②	T44 강제집행 등	38	039
③	T42 실효성 확보(공통쟁점)	33	033
④	T44 강제집행 등	50	051

  ④
 1× 2○

11

행정상 강제징수에 관한 설명으로 옳지 않은 것은? 18소방

① 국세납부의무의 불이행에 대하여는 「국세징수법」에서 강제징수를 인정하고 있다.
② 독촉은 이후에 행해지는 압류의 적법요건이 되며 최고 기간 동안 조세채권의 소멸시효를 중단시키는 법적 효과를 갖는다.
③ 「국세징수법」상의 독촉, 압류, 압류해제거부 및 공매처분에 대하여는 이의신청을 제기할 수 있고, 심사청구와 심판청구의 결정을 모두 거친 후에 행정소송을 제기할 수 있다.
④ 과세관청이 체납처분으로서 행하는 공매는 우월한 공권력의 행사로서 행정소송의 대상이 되는 공법상의 행정처분이며 공매에 의하여 재산을 매수한 자는 그 공매처분이 취소된 경우에 그 취소처분의 위법을 주장하여 행정소송을 제기할 법률상 이익이 있다.

관련 OX

① 관련
1 「국세징수법」은 행정상 강제징수에 관한 사실상 일반법의 지위를 갖는다. 15사복9

② 관련
2 (행정상 강제징수와 관련하여) 독촉만으로는 시효중단의 효과가 발생하지 않는다. 24해경승진

해설

① ○

국세징수법 제24조(강제징수) 관할 세무서장(체납기간 및 체납금액을 고려하여 대통령령으로 정하는 체납자의 경우에는 지방국세청장을 포함한다. 이하 이 장에서 같다)은 납세자가 제10조에 따른 독촉 또는 제9조 제2항에 따른 납부기한 전 징수의 고지를 받고 지정된 기한까지 국세 또는 체납액을 완납하지 아니한 경우 재산의 압류(교부청구·참가압류를 포함한다), 압류재산의 매각·추심 및 청산의 절차에 따라 **강제징수를 한다**.

② ○ 국세기본법 제28조에 따르면 독촉에 대한 시효중단의 효과를 인정하고 있다.

국세기본법 제28조(소멸시효의 중단과 정지) ① 제27조에 따른 소멸시효는 다음 각 호의 사유로 중단된다.
1. 납부고지
2. **독촉**
3. 교부청구
4. 압류(「국세징수법」 제57조 제1항 제5호 및 제6호의 사유로 압류를 즉시 해제하는 경우는 제외한다)

③ × 국세기본법은 동법 내지 국세징수법 등 세법에 따른 처분에 대하여 이의신청, 심사청구, 심판청구의 방법으로 불복할 수 있도록 규정하고 있다. 이 중 이의신청은 임의적이나, 심사청구 및 심판청구는 필요적 전치주의가 적용된다. 따라서 행정소송을 제기하기 위해 이의신청을 거칠 것은 의무가 아닌 선택이나, 심사청구·심판청구를 거칠 것은 선택이 아닌 의무이다. 즉, 필요적 전치주의를 채택하고 있다. 다만, 심사청구와 심판청구를 모두 거쳐야 하는 것은 아니고, 둘 중 하나만 거치면 되는 것이며, 또한 둘 중 하나만 거칠 수 있다.

국세기본법 제55조(불복) ⑨ 동일한 처분에 대해서는 심사청구와 심판청구를 중복하여 제기할 수 없다.

④ ○ 공매: 처분에 해당 / 공매취소: 처분에 해당. 매수인은 공매취소에 대해 항고소송 가능
과세관청이 체납처분으로서 행하는 공매는 우월한 공권력의 행사로서 행정소송의 대상이 되는 공법상의 행정처분이며 공매에 의하여 재산을 매수한 자는 그 공매처분이 취소된 경우에 그 취소처분의 위법을 주장하여 행정소송을 제기할 **법률상 이익이 있다**(1984.9.25. 84누201).

선지분석 & 요플·기풀기링크

선지	THEME	요플	기풀기
①	T44 강제집행 등	37	038
②	T12 사건	17	019
③	T60 행정심판 임의주의	19	008
④	T42 실효성 확보(공통쟁점)	35	036

정답 ③
 1○ 2×

필수문제 12

행정상 강제에 관한 설명으로 옳은 것은? (다툼이 있는 경우 판례에 의함) 25소간

① 관계 법령상 행정대집행의 절차가 인정되어 행정청이 행정대집행의 방법으로 건물의 철거 등 대체적 작위의무의 이행을 실현할 수 있는 경우에도 따로 민사소송의 방법으로 그 의무의 이행을 구할 수 있다.

② 건물의 점유자가 철거의무자이더라도 건물철거의무에 퇴거의무는 포함되어 있는 것이 아니어서 그 건물철거를 위한 행정대집행을 하려면 별도로 퇴거를 명하는 집행권원이 필요하다.

③ 직접강제는 행정대집행이나 이행강제금 부과의 방법으로 행정상 의무이행을 확보할 수 있는 경우에도 실시할 수 있다.

④ 이행강제금은 일신전속적인 성질의 것이 아니어서 그 이행강제금 납부의무는 상속인 기타의 사람에게 승계된다.

⑤ 독촉절차 없이 압류처분을 하였다고 하더라도 이러한 사유만으로는 압류처분을 무효로 되게 하는 중대하고도 명백한 하자가 되지 아니한다.

관련 OX

① 관련
1 관계 법령상 행정대집행의 절차가 인정되어 행정청이 행정대집행의 방법으로 건물의 철거 등 대체적 작위의무의 이행을 실현할 수 있는 경우에는 따로 민사소송의 방법으로 그 의무의 이행을 구할 수 없다. 23군무원9

② 관련
2 관계 법령상 행정대집행의 절차가 인정되어 행정청이 행정대집행의 방법으로 건물의 철거 등 대체적 작위의무의 이행을 실현할 수 있는 경우, 건물의 점유자가 철거의무자일 때에는 별도로 퇴거를 명하는 집행권원이 필요하다. 24지방7

④ 관련
3 구 「건축법」상 이행강제금을 부과받은 자의 이의에 의해 「비송사건절차법」에 의한 재판절차가 개시된 후에 그 이의한 자가 사망했다면 그 재판절차는 종료된다. 17(1)서울9

해설

①② ✕ 행정대집행으로 철거 가능하면 민사소송 불가 / 건물점유자가 철거의무자이면 별도 집행권원 없이 퇴거조치 가능

관계법령상 행정대집행의 절차가 인정되어 행정청이 행정대집행의 방법으로 건물의 철거 등 대체적 작위의무의 이행을 실현할 수 있는 경우에는 따로 민사소송의 방법으로 그 의무의 이행을 구할 수 없다.① 한편, 건물의 점유자가 철거의무자일 때에는 건물철거의무에 퇴거의무도 포함되어 있는 것이어서 별도로 퇴거를 명하는 집행권원이 필요하지 않다②(2017.4.28. 2016다213916).

③ ✕ 직접강제는 국민의 기본권을 강하게 제한하는 것으로, 행정대집행, 이행강제금 등 다른 수단으로는 목적을 달성할 수 없는 경우에 보충적으로 행해져야 한다.

행정기본법 제32조(직접강제) ① 직접강제는 행정대집행이나 이행강제금 부과의 방법으로는 행정상 의무이행을 확보할 수 없거나 그 실현이 불가능한 경우에 실시하여야 한다.

④ ✕ 이행강제금 납부의무는 일신전속적 / 이미 사망한 사람에게 한 이행강제금 부과처분은 당연무효 / 이행강제금을 부과받은 자가 쟁송 중 사망: 재판 종료(관련 사항의 상속 여지가 없으므로)

구 건축법 상의 이행강제금은 구 건축법의 위반행위에 대하여 시정명령을 받은 후 시정기간 내에 당해 시정명령을 이행하지 아니한 건축주 등에 대하여 부과되는 간접강제의 일종으로서 그 이행강제금 납부의무는 상속인 기타의 사람에게 승계될 수 없는 일신전속적인 성질의 것이므로 이미 사망한 사람에게 이행강제금을 부과하는 내용의 처분이나 결정은 당연무효이고, 이행강제금을 부과받은 사람의 이의에 의하여 비송사건절차법에 의한 재판절차가 개시된 후에 그 이의한 사람이 사망한 때에는 사건 자체가 목적을 잃고 절차가 종료한다(2006.12.8. 2006마470).

⑤ ○ 독촉절차 없이 행하여진 압류처분: 당연무효 아님

독촉절차 없이 압류처분을 하였다고 하더라도 이러한 사유만으로는 압류처분을 무효로 되게 하는 중대하고도 명백한 하자가 되지 아니한다(1988.6.28. 87누1009).

선지분석 & 요플·기풀기링크

선지	THEME	요플	기풀기
①	T42 실효성 확보(공통쟁점)	93	091
②	T43 대집행	13	012
③	T44 강제집행 등	34	034
④	T42 실효성 확보(공통쟁점)	87	083
⑤	T44 강제집행 등	40	041

정답 ⑤

OX 1 ○ 2 ✕ 3 ○

13

「국세징수법」상 강제징수절차에 대한 판례의 입장으로 옳지 않은 것은? 17(상)국가9

① 세무공무원이 국세의 징수를 위해 납세자의 재산을 압류하는 경우 그 재산의 가액이 징수할 국세액을 초과한다면 당해 압류처분은 무효이다.

② 국세를 납부기한까지 납부하지 아니하면 과세권자의 가산금 확정절차 없이 「국세징수법」 제21조에 의하여 가산금이 당연히 발생하고 그 액수도 확정된다.

③ 조세부과처분의 근거규정이 위헌으로 선언된 경우, 그에 기한 조세부과처분이 위헌결정 전에 이루어졌다 하더라도 위헌결정 이후에 조세채권의 집행을 위해 새로이 착수된 체납처분은 당연무효이다.

④ 공매통지가 적법하지 아니하다면 특별한 사정이 없는 한, 공매통지를 직접 항고소송의 대상으로 삼아 다툴 수 없고 통지 후에 이루어진 공매처분에 대하여 다투어야 한다.

해설

① ✗ **압류재산 가액이 징수할 국세액을 초과한 경우: 무효✗**
세무공무원이 국세의 징수를 위해 납세자의 재산을 압류하는 경우 그 재산의 가액이 징수할 국세액을 초과한다 하여 위 압류가 당연무효의 처분이라고는 할 수 없는 것이다(1986.11.11. 86누479).

국세징수법 제32조(초과압류의 금지) 관할 세무서장은 국세를 징수하기 위하여 필요한 재산 외의 재산을 압류할 수 없다. 다만, 불가분물(不可分物) 등 부득이한 경우에는 압류할 수 있다.

+ **PLUS** 세무서장은 국세를 징수하기 위해 필요한 재산 외의 재산을 압류할 수는 없다. 단, 결과적으로 압류된 재산의 가액이 체납액을 초과하더라도 그것만으로 압류를 무효로 볼 수는 없다는 것이 판례의 태도이다.

② ○ **가산금·중가산금의 고지: 별도의 확정절차 없이 법률에 의해 당연 발생 so 처분✗**
가산금 또는 중가산금은 국세를 납부기한까지 납부하지 아니하면 과세청의 확정절차 없이도 법률규정에 의하여 당연히 발생하는 것이므로 가산금 또는 중가산금의 고지가 항고소송의 대상이 되는 처분이라고 볼 수 없다(2005.6.10. 2005다15482).

③ ○ **위헌결정 전에 이루어진 과세처분에 대한 체납처분이더라도, 위헌결정 후에 착수속행하는 것은 불허 / 위반시 무효**
조세 부과의 근거가 되었던 법률규정이 위헌으로 선언된 경우, 비록 그에 기한 과세처분이 위헌결정 전에 이루어졌고, 과세처분에 대한 제소기간이 이미 경과하여 조세채권이 확정되었으며, 조세채권의 집행을 위한 체납처분의 근거규정 자체에 대하여는 따로 위헌결정이 내려진 바 없다고 하더라도, 위와 같은 위헌결정 이후에 조세채권의 집행을 위한 새로운 체납처분에 착수하거나 이를 속행하는 것은 더 이상 허용되지 않는다. 나아가 이러한 위헌결정의 효력에 위배하여 이루어진 **체납처분은 그 사유만으로 하자가 중대하고 객관적으로 명백하여 당연무효라고 보아야 한다**(2012.2.16. 2010두10907 전합).

④ ○ **재공매 결정, 공매통지: 처분✗**
한국자산공사가 당해 부동산을 인터넷을 통하여 **재공매(입찰)하기로 한 결정** 자체는 내부적인 의사결정에 불과하여 항고소송의 대상이 되는 **행정처분이라고 볼 수 없고**, 또한 한국자산공사의 **공매통지는** 공매의 요건이 아니라 공매사실 자체를 체납자에게 알려주는 데 불과한 것으로서, 통지의 상대방의 법적 지위나 권리·의무에 직접 영향을 주는 것이 아니라고 할 것이므로 이것 역시 행정**처분에 해당한다고 할 수 없다**(2007.7.27. 2006두8464).

+ **PLUS** 공매 자체는 처분성이 있으나 공매에 이르는 내부의사결정에 불과한 **재공매의 결정**이나 사실행위에 불과한 **공매통지**는 처분성이 없다. 따라서 공매통지가 위법하더라도 그를 직접 항고소송의 대상으로 삼을 수는 없고, 실제로 공매처분이 이루어지면 그에 대해 절차적 하자(공매통지의 하자)가 있음을 이유로 다투어야 한다.

관련 OX

③ 관련

1 과세처분 이후 처분의 근거규정에 대하여 위헌결정이 내려지고 난 뒤 조세채권의 집행을 위한 체납처분의 근거규정에 대하여는 따로 위헌결정이 내려진 바 없다면 제소기간 내에 취소소송으로 다투어야 한다. 23소방승진

2 과세처분 이후 조세 부과의 근거가 되었던 법률규정에 대하여 헌법재판소의 위헌결정이 내려진 경우, 비록 체납처분의 근거법률에 대하여 따로 위헌결정이 내려진 바 없더라도 그 조세채권의 집행을 위한 체납처분은 당연무효이다. 16국회8

④ 관련

3 한국자산공사가 당해 부동산을 인터넷을 통하여 재공매하기로 한 결정 자체는 내부적인 의사결정에 불과하여 항고소송의 대상이 되는 행정처분이라고 볼 수 없지만 이에 관한 공매통지는 공매사실 자체를 체납자에게 알려줌으로써 통지의 상대방의 법적 지위나 권리·의무에 직접 영향을 주게 되므로 항고소송의 대상인 행정처분에 해당한다. 17지방7

선지분석 & 요플·기풀기링크

선지	THEME	요플	기풀기
①	T44 강제집행 등	42	043
②	T48 새로운 확보수단	35	037
③	T29 VA의 하자와 효력	74	071
④	T44 강제집행 등	47	047

정답 ①
OX 1✗ 2○ 3✗

14

행정상 강제징수에 대한 설명으로 옳지 않은 것은? 15국가9

① 「국세징수법」상의 체납처분에서 압류재산의 매각은 공매를 통해서만 이루어지며 수의계약으로 해서는 안 된다.
② 세무서장은 한국자산관리공사로 하여금 공매를 대행하게 할 수 있으며, 이 경우 공매는 세무서장이 한 것으로 본다.
③ 과세관청의 압류처분에 대해서는 심사청구 또는 심판청구 중 하나에 대한 결정을 거친 후 행정소송을 제기하여야 한다.
④ 과세관청이 체납처분으로서 행하는 공매는 우월한 공권력의 행사로서 행정소송의 대상이 되는 행정처분이다.

관련 OX

① 관련

1 (행정상 강제징수와 관련하여) 매각은 원칙적으로 공매에 의하나 예외적으로 수의계약에 의할 수도 있다. 24해경승진

③ 관련

2 국세기본법에 의하면 강제징수절차에 불복하는 당사자는 심사청구 또는 심판청구를 거친 후 행정소송을 제기하여야 한다. 16교행9

해설

① ✕ 압류재산의 매각은 공매에 의해서뿐 아니라, 수의계약으로 할 수 있는 경우도 있다.

국세징수법 제65조(매각 방법) ① 압류재산은 공매 또는 수의계약으로 매각한다.
제67조(수의계약) 관할 세무서장은 압류재산이 다음 각 호의 어느 하나에 해당하는 경우 수의계약으로 매각할 수 있다.
　1. 수의계약으로 매각하지 아니하면 매각대금이 강제징수비 금액 이하가 될 것으로 예상되는 경우
　2. 부패·변질 또는 감량되기 쉬운 재산으로서 속히 매각하지 아니하면 그 재산가액이 줄어들 우려가 있는 경우 (이하 생략)

② ○ 단, 이때 한국자산관리공사는 권한의 위임을 받아 공매를 수행하는 것이므로 공매에 대한 항고소송의 피고는 세무서장이 아닌 한국자산관리공사(구 성업공사)가 됨을 유의한다.

국세징수법 제103조(공매등의 대행) ① 관할 세무서장은 다음 각 호의 업무(이하 이 조에서 '공매등'이라 한다)에 전문지식이 필요하거나 그 밖에 직접 공매등을 하기에 적당하지 아니하다고 인정되는 경우 대통령령으로 정하는 바에 따라 **한국자산관리공사에 공매등을 대행**하게 할 수 있다. 이 경우 공매등은 **관할 세무서장이 한 것으로 본다.**

③ ○ 압류, 공매 등 강제징수에 대해서는 심사청구나 심판청구를 거쳐야만 행정소송을 거치도록 하고 있다(필요적 전치주의).

④ ○ 공매: 처분에 해당
과세관청이 체납처분으로서 행하는 공매는 우월한 공권력의 행사로서 행정소송의 대상이 되는 공법상의 행정처분이며 공매에 의하여 재산을 매수한 자는 그 공매처분이 취소된 경우에 그 취소처분의 위법을 주장하여 행정소송을 제기할 법률상 이익이 있다(1984.9.25. 84누201).

선지분석 & 요플·기풀기링크

선지	THEME	요플	기풀기
①		44	045
②	T44 강제집행 등	43	044
③		50	051
④	T42 실효성 확보(공통쟁점)	34	034

정답 ①
OX 1○ 2○

15

행정의 실효성 확보수단에 대한 설명으로 옳은 것만을 모두 고르면? (다툼이 있는 경우 판례에 의함)

19국가9

> ㄱ. 조세부과처분에 취소사유인 하자가 있는 경우 그 하자는 후행 강제징수절차인 독촉·압류·매각·청산절차에 승계된다.
> ㄴ. 세법상 가산세는 과세권 행사 및 조세채권 실현을 용이하게 하기 위하여 납세자가 정당한 이유 없이 법에 규정된 신고, 납세 등의 의무를 위반한 경우에 개별 세법에 따라 부과하는 행정상 제재로서, 납세자의 고의·과실은 고려되지 아니하고 법령의 부지·착오 등은 그 의무위반을 탓할 수 없는 정당한 사유에 해당하지 아니한다.
> ㄷ. 세무공무원이 강제징수를 하기 위하여 질문·검사 또는 수색을 하거나 재산을 압류할 때에는 그 신분을 표시하는 증표를 지니고 이를 관계자에게 보여주어야 한다.
> ㄹ. 구「국세징수법」상 가산금은 국세를 납부기한까지 납부하지 아니하면 과세청의 확정절차 없이도 법률에 의하여 당연히 발생하는 것이므로 가산금의 고지는 항고소송의 대상이 되는 처분이라고 볼 수 없다.

① ㄱ, ㄴ
② ㄴ, ㄷ
③ ㄷ, ㄹ
④ ㄴ, ㄷ, ㄹ

관련 OX

ㄱ. 관련

1 선행행위인 과세처분의 제소기간이 지난 후에 후행행위인 압류처분의 취소소송을 제기할 경우 취소사유에 해당하는 과세처분의 하자는 승계될 수 없다. 23서울(지적)7

ㄹ. 관련

2 구「국세징수법」상 가산금 또는 중가산금의 고지는 항고소송의 대상이 되는 처분이 아니다. 23지방9

해설

ㄱ. ✕ 과세처분 / 체납처분: 승계 부정
일정한 행정목적을 위하여 독립된 행위가 단계적으로 이루어진 경우에 선행행위인 〈과세처분〉의 하자는 당연무효사유를 제외하고는 집행행위인 〈체납처분〉에 승계되지 아니한다(1961.10.26. 4292행상73).
+ PLUS 공법상 의무부과(철거명령, 과세처분)와 그 의무불이행에 대한 강제집행[대집행(계고·통지·실행·비용납부명령), 체납처분(독촉·압류·매각·청산)]은 별개 법적 효과를 발생시키는 것이므로 하자승계가 부정된다.

ㄴ. ○ 가산세: 고의·과실 불필요하나, 정당한 사유가 있으면 부과 불가 but 법령의 부지·오인은 정당한 사유✕
세법상 가산세는 과세권의 행사 및 조세채권의 실현을 용이하게 하기 위하여 납세자가 정당한 이유 없이 법에 규정된 신고, 납세 등 각종 의무를 위반한 경우에 법이 정하는 바에 따라 부과하는 행정상 제재로서 납세자의 고의·과실은 고려되지 아니하고 법령의 부지·착오 등은 그 의무위반을 탓할 수 없는 정당한 사유에 해당하지 아니한다(2004.6.24. 2002두10780).

ㄷ. ○
국세징수법 제38조(증표 등의 제시) 세무공무원은 다음 각 호의 어느 하나를 하는 경우 그 신분을 나타내는 증표 및 압류·수색 등 통지서를 지니고 이를 관계자에게 보여주어야 한다.
1. 제31조에 따른 압류
2. 제35조에 따른 수색
3. 제36조에 따른 질문·검사

지방세징수법 제34조(신분증의 제시) 세무공무원이 체납처분을 하기 위하여 질문·검사 또는 수색을 하거나 재산을 압류할 때에는 신분을 표시하는 증표를 지니고 관계자에게 보여주어야 한다.

ㄹ. ○ 가산금·중가산금의 고지: 별도의 확정절차 없이 법률에 의해 당연 발생 so 처분✕
국세징수법 제21조, 제22조가 규정하는 가산금 또는 중가산금은 국세를 납부기한까지 납부하지 아니하면 과세청의 확정절차 없이도 법률규정에 의하여 당연히 발생하는 것이므로 가산금 또는 중가산금의 고지가 항고소송의 대상이 되는 처분이라고 볼 수 없다(2005.6.10. 2005다15482).

선지분석 & 요플·기풀기링크

선지	THEME	요플	기풀기
①	T30 하자의 승계	37	038
②	T42 실효성 확보(공통쟁점)	58	058
③	T49 행정조사	46	048
④	T48 새로운 확보수단	38	038

정답 ④
OX 1○ 2○

T45 실효성 확보수단(4) – 즉시강제

01

행정상 즉시강제에 대한 설명으로 옳지 않은 것은? (다툼이 있는 경우 판례에 의함) 17(하)국가9

① 행정강제는 행정상 강제집행을 원칙으로 하고, 행정상 즉시강제는 예외적으로 인정되는 강제수단이다.
② 행정상 즉시강제는 실정법의 근거를 필요로 하고, 그 발동에 있어서는 법규의 범위 안에서도 행정상의 장해가 목전에 급박하고, 다른 수단으로는 행정목적을 달성할 수 없는 경우이어야 하며, 이러한 경우에도 그 행사는 필요 최소한도에 그쳐야 함을 내용으로 하는 한계에 기속된다.
③ 행정상 즉시강제에 관한 일반법은 없고 개별법에서 행정상 즉시강제에 해당하는 수단을 규정하고 있다.
④ 불법게임물을 발견한 경우 관계공무원으로 하여금 영장 없이 이를 수거하여 폐기하게 할 수 있도록 규정한 구 「음반·비디오물 및 게임물에 관한 법률」의 조항은 급박한 상황에 대처하기 위해 행정상 즉시강제를 행할 불가피성과 정당성이 인정되지 않으므로 헌법상 영장주의에 위배된다.

해설

① ○ (의의) 즉시강제는 행정상 강제의 일종이고, 강제집행을 원칙으로 하나, 상대방의 의무불이행을 전제하지 않는다는 점에서 일반적인 강제집행인 직접강제와 차이가 있다. 이러한 측면에서 즉시강제는 급박한 행정상의 장해를 제거하기 위하여 예외적으로 인정되는 수단이다.

② ○ (실체법적 한계) 즉시강제는 다른 수단으로 행정목적을 달성할 수 없는 경우, 최소한으로 실시해야 한다는 실체법적 한계를 갖는다.

> **행정기본법 제33조(즉시강제)** ① 즉시강제는 **다른 수단으로는 행정목적을 달성할 수 없는 경우에만** 허용되며, 이 경우에도 **최소한으로만 실시하여야 한다.**
> ② 즉시강제를 실시하기 위하여 현장에 파견되는 집행책임자는 그가 집행책임자임을 표시하는 **증표**를 보여 주어야 하며, 즉시강제의 **이유와 내용**을 고지하여야 한다.
> ③ 제2항에도 불구하고 집행책임자는 즉시강제를 하려는 재산의 소유자 또는 점유자를 알 수 없거나 현장에서 그 소재를 즉시 확인하기 어려운 경우에는 즉시강제를 실시한 후 집행책임자의 이름 및 그 이유와 내용을 고지할 수 있다. 다만, 다음 각 호에 해당하는 경우에는 게시판이나 인터넷 홈페이지에 게시하는 등 적절한 방법에 의한 공고로써 고지를 갈음할 수 있다. 〈신설 2024.1.16.〉
> 1. 즉시강제를 실시한 후에도 재산의 소유자 또는 점유자를 알 수 없는 경우
> 2. 재산의 소유자 또는 점유자가 국외에 거주하거나 행방을 알 수 없는 경우
> 3. 그 밖에 대통령령으로 정하는 불가피한 사유로 고지할 수 없는 경우

③ ○ (근거) 즉시강제는 실정법의 근거가 있어야 가능하다. 즉, 즉시강제의 발동에 관한 일반법은 없고, 「경찰관 직무집행법」, 「감염병의 예방 및 관리에 관한 법률」 등에서 개별적으로 즉시강제의 발동을 규정하고 있다. 행정기본법상 즉시강제 규정은 즉시강제의 요건과 절차 등에 관한 규정에 불과하다.

관련 OX

② 관련

1 즉시강제는 현재의 급박한 행정상의 장해를 제거하기 위한 경우로서, 다른 수단으로 행정목적을 달성할 수 있는 경우에는 허용되지 않는다. 24경찰간부

④ 관련

2 불법게임물에 대하여 당사자에게 수거·폐기를 명하고 그 불이행을 기다려 직접강제 등 행정상의 강제집행으로 나아가는 원칙적인 방법으로는 행정목적 달성이 곤란한 경우라 하더라도 법률이 영장 없는 수거를 인정한다고 하면 이는 헌법상 영장주의에 위반된다. 24해경간부

추가기출(② 관련)

ⓐ 즉시강제를 실시하기 위하여 현장에 파견되는 집행책임자는 그가 집행책임자임을 표시하는 증표를 보여 주어야 하며, 즉시강제의 이유와 내용을 고지하여야 한다. 24소간

ⓑ 즉시강제의 집행책임자는 즉시강제를 하려는 재산의 소유자나 점유자를 알 수 없거나 현장에서 즉시 그 소재를 확인하기 어려운 경우에는 즉시강제의 이유와 내용을 고지하지 않고 즉시강제를 실시한 후에 고지할 수 있다. 24해경간부

선지분석 & 요플·기풀기링크

선지	THEME	요플	기풀기
①		03	002
②	T45 즉시강제	06	014
③		04	012
④		12	022

행정기본법 제30조(행정상 강제) ① 행정청은 행정목적을 달성하기 위하여 필요한 경우에는 **법률로 정하는 바에 따라**③ 필요한 최소한의 범위에서 다음 각 호의 어느 하나에 해당하는 조치를 할 수 있다.

  5. **즉시강제**: 현재의 **급박한 행정상의 장해를 제거**하기 위한 경우로서 다음 각 목의 어느 하나에 해당하는 경우에 행정청이 **곧바로 국민의 신체 또는 재산에 실력을 행사**하여 행정목적을 달성하는 것①
     가. 행정청이 **미리 행정상 의무 이행을 명할 시간적 여유가 없**는 경우
     나. 그 **성질상 행정상 의무의 이행을 명하는 것만으로는 행정목적 달성이 곤란**한 경우

④ ✕ 불법게임물 즉시수거·폐기 규정: 사전영장주의 위반✕

이 사건 법률조항은 앞에서 본 바와 같이 급박한 상황에 대처하기 위한 것으로서 그 불가피성과 정당성이 충분히 인정되는 경우이므로, 이 사건 법률조항이(편저자: 불법게임물의) 영장 없는 수거를 인정한다고 하더라도 이를 두고 헌법상 영장주의에 위배되는 것으로는 볼 수 없다(헌재 2002.10.31. 2000헌가12 전원).

02

직접강제와 즉시강제를 구분하는 전통적 견해에 의할 때 성질이 다른 하나는? 13국가9

① 「출입국관리법」상의 외국인 등록의무를 위반한 사람에 대한 강제퇴거
② 「소방기본법」상의 소방활동에 방해가 되는 물건 등에 대한 강제처분
③ 「식품위생법」상의 위해식품에 대한 압류
④ 「마약류 관리에 관한 법률」상의 승인을 받지 못한 마약류에 대한 폐기

해설

직접강제 vs 즉시강제

	직접강제	즉시강제
공통점	직접 개인의 신체·재산에 대한 실력 행사	
차이점	의무불이행 전제○	의무불이행 전제✕
예시	• 영업소폐쇄조치 • 외국인 강제퇴거①	• 강제입원(감염병예방법) • 교통장애물 제거(도로교통법) • 방해물 파괴 등 강제처분(소방기본법)② • 위해식품 수거·폐기(식품위생법)③ • 불법게임물 수거·폐기(영화비디오법) • 미승인 마약류폐기(마약류관리법)④

＋ PLUS 구체적인 의무불이행의 전제 여부: 직접강제○ / 즉시강제✕

① ○ 출입국관리법 제46조 제1항 제12호에 의하여 외국인등록의무를 위반한 사람은 강제퇴거의 대상이 된다. **강제퇴거①** 는 외국인등록의무를 불이행한 자를 대상으로 직접 가해지는 개인의 신체에 대한 실력행사이기에 행정상 **직접강제**에 해당한다.
②③④ ✕ 소방기본법상 방해물 파괴 등 강제처분,② 식품위생법상 위해식품 수거·폐기,③ 마약류관리법상 미승인 마약류폐기④ 등은 구체적인 의무불이행을 전제로 하지 않는 행정상 즉시강제에 해당한다.

선지분석 & 요플·기풀기링크

선지	THEME	요플	기풀기
	T45 즉시강제	N2	009

정답

필수문제 03

행정상 즉시강제에 해당하지 않는 것은? 11지방9

① 「행정대집행법」에 의한 무허가건물의 강제철거
② 「소방기본법」에 의한 강제처분
③ 「경찰관 직무집행법」에 의한 범죄의 예방과 제지
④ 「재난 및 안전관리 기본법」에 의한 응급조치

관련 OX

추가기출(①②③④관련)

ⓐ 감염병의심자에 대한 격리조치는 직접강제에 해당한다. 21군무원7

ⓑ 술에 취한 상태로 인하여 자기 또는 타인의 생명·신체와 재산에 위해를 미칠 우려가 있는 피구호자에 대한 보호조치는 경찰행정상 즉시강제에 해당한다. 17지방7

ⓒ 「도로교통법」상의 위법인공구조물에 대한 제거(는 즉시강제에 해당한다) 12사복9

해설

① ✕, ②③④ ○ 철거명령 불이행을 전제로 한 강제철거는 의무불이행이 전제된 강제집행(대집행)이다. 나머지는 즉시강제가 맞다.

요플 · 행정상 즉시강제의 종류

성격	예시
대인적	• 강제입원(감염병예방법),ⓐ 강제건강진단·예방접종 • 보호조치ⓑ · 범죄의 예방과 제지(「경찰관 직무집행법」)③ • 긴급수송 등 응급조치(「재난 및 안전관리 기본법」)④
대물적	• 폐쇄조치(감염병예방법), 흉기영치(「경찰관 직무집행법」), 진화 등 응급조치(「재난 및 안전관리 기본법」) • 교통장애물 제거(도로교통법),ⓒ 방해물 파괴 등 강제처분(소방기본법),② 위해식품 수거·폐기(식품위생법), 불법게임물 수거·폐기(영화비디오법), 미승인 마약류폐기(마약류관리법)
대가택	• 가택출입·수색(「경찰관 직무집행법」, 조세범처벌법)

26 요플 p.184

선지분석 & 요플 · 기풀기링크

선지	THEME	요플	기풀기
	T45 즉시강제	N1	008

정답 ①
OX ⓐ✕ ⓑ○ ⓒ○

04

행정상 즉시강제에 관한 설명으로 옳지 않은 것은? (다툼이 있는 경우 대법원 판례에 의함)

19소방(변형)

① 「소방기본법」상 소방활동에 방해가 되는 물건 등에 대한 강제처분은 행정상 즉시강제에 해당한다.
② 행정상 즉시강제는 권력적 사실행위이므로, 항고소송의 대상이 되는 처분성이 인정된다.
③ 「식품위생법」상 영업소 폐쇄명령을 받은 자가 영업을 계속할 경우 강제폐쇄하는 조치는 행정상 즉시강제에 해당한다.
④ 행정상 즉시강제에서 그 목적을 달성할 수 없는 지극히 예외적인 경우에만 헌법상 사전영장주의원칙의 예외가 인정된다.

관련 OX

② 관련
1 (행정상 즉시강제는) 항고소송의 대상이 되는 처분의 성질을 갖는다. 22국가9

③ 관련
2 「식품위생법」상 영업소 폐쇄명령을 받은 후에도 계속하여 영업을 하는 경우 해당 영업소를 폐쇄하는 조치는 행정상 즉시강제의 수단에 해당한다. 14지방9

해설

① ○ 소방기본법상 소방활동에 방해가 되는 물건 등에 대한 강제처분은 상대방의 이행을 기다릴 급박한 사정인 경우에 하명 없이 바로 실력행사를 하는 '행정상 즉시강제'에 해당한다.

② ○ 행정상 즉시강제는 권력적 사실행위로서 처분성이 인정되므로 항고소송의 대상적격은 인정된다.
  + PLUS 행정상 즉시강제는 특성상 단기간에 종료되므로(소방대상물 파괴, 조세범처벌법상 수색) 소의 이익이 부정되는 경우가 많을 것이다. 그러나 감염병환자가 강제입원되어 입원이 계속되고 있는 경우와 같이 그 조치가 계속되고 있다면 소의 이익이 인정돼 당연히 항고소송으로 다툴 수 있다.

③ × 식품위생법상 영업소 폐쇄명령을 받은 자가 영업을 계속할 경우 강제폐쇄하는 조치는 행정상 즉시강제가 아닌 '직접강제'에 해당한다.
  + PLUS 행정상 즉시강제는 의무불이행을 전제하지 않지만, 직접강제는 의무불이행을 전제로 한다.

④ ○ 대법원: 지극히 예외적인 경우에만 즉시강제에 대해 사전영장주의 예외 인정
  헌법 제12조 제3항은 현행법 등 일정한 예외를 제외하고는 인신의 체포, 구금에는 반드시 법관이 발부한 사전영장이 제시되어야 하도록 규정하고 있는데, 이러한 **사전영장주의원칙**은 인신보호를 위한 헌법상의 기속원리이기 때문에 인신의 자유를 제한하는 국가의 모든 영역(예컨대, 행정상의 **즉시강제**)에서도 **존중되어야** 하고 다만 사전영장주의를 고수하다가는 도저히 그 목적을 달성할 수 없는 **지극히 예외적인 경우에만** 형사절차에서와 같은 **예외가 인정**된다고 할 것이다(1995.6.30. 93추83).
  + PLUS 한편, 헌법재판소는 다음과 같이 행정상 즉시강제에 원칙적으로 영장주의가 적용되지 않는다고 하였으므로 구별이 필요하다.
  비교 헌재: 즉시강제에는 원칙적으로 사전영장주의 예외 인정
  행정상 즉시강제는 상대방의 임의이행을 기다릴 시간적 여유가 없을 때 하명 없이 바로 실력을 행사하는 것으로서, 그 본질상 급박성을 요건으로 하고 있어 법관의 영장을 기다려서는 그 목적을 달성할 수 없다고 할 것이므로, **원칙적으로 영장주의가 적용되지 않는다**고 보아야 할 것이다. 만일 어떤 법률조항이 영장주의를 배제할 만한 합리적인 이유가 없을 정도로 급박성이 인정되지 아니함에도 행정상 즉시강제를 인정하고 있다면, 이러한 법률조항은 이미 그 자체로 과잉금지의 원칙에 위반되는 것으로서 위헌이라고 할 것이다(헌재 2002.10.31. 2000헌가12 전원).

선지분석 & 요플·기풀기링크

선지	THEME	요플	기풀기
① T45 즉시강제	N2②	009
② T42 실효성 확보(공통쟁점)	37	037
③ T44 강제집행 등	31	032
④ T45 즉시강제	07	017

정답 ③
OX 1 ○ 2 ×

05

행정상 즉시강제에 대한 설명으로 옳은 것은? (다툼이 있는 경우 판례에 의함) 14지방9

① 구「음반·비디오물 및 게임물에 관한 법률」상 등급분류를 받지 아니한 게임물을 발견한 경우 관계행정청이 관계공무원으로 하여금 이를 수거·폐기하게 할 수 있도록 한 규정은 헌법상 영장주의와 피해 최소성의 요건을 위배하는 과도한 입법으로 헌법에 위반된다.

② 재범의 위험성이 현저한 자를 상대로 긴급히 보호할 필요가 있는 경우에 단기간의 동행보호를 허용한 구「사회안전법」상 동행보호규정은 사전영장주의를 규정한 헌법규정에 반한다.

③ 「식품위생법」상 영업소 폐쇄명령을 받은 후에도 계속하여 영업을 하는 경우 해당 영업소를 폐쇄하는 조치는 행정상 즉시강제의 수단에 해당한다.

④ 손실발생의 원인에 대하여 책임이 없는 자가 경찰관의 적법한 보호조치에 자발적으로 협조하여 재산상의 손실을 입은 경우, 국가는 손실을 입은 자에 대하여 정당한 보상을 하여야 한다.

관련 OX

① 관련

1 행정상 즉시강제와 관련하여 급박한 상황에 대처하기 위한 것으로 그 불가피성과 정당성이 충분히 인정되는 경우에 헌법상 영장주의에 반하지 않는다고 본 헌법재판소 판례가 있다. 24소방

④ 관련

2 손실발생의 원인에 대하여 책임이 없는 자가 경찰관의 적법한 보호조치에 자발적으로 협조하여 재산상의 손실을 입은 경우, 국가는 손실을 입은 자에 대하여 정당한 보상을 하여야 한다. 24해경간부

해설

① ✕ 불법게임물 즉시수거·폐기 규정: 사전영장주의 위반✕

이 사건 법률조항은 앞에서 본 바와 같이 급박한 상황에 대처하기 위한 것으로서 그 불가피성과 정당성이 충분히 인정되는 경우이므로, 이 사건 법률조항이(편저자: 불법게임물의) 영장 없는 수거를 인정한다고 하더라도 이를 두고 헌법상 영장주의에 위배되는 것으로는 볼 수 없다(헌재 2002.10.31. 2000헌가12 전원).

② ✕ 재범위험자에 대한 동행보호규정: 사전영장주의 위반✕

동행보호규정은 재범의 위험성이 현저한 자를 상대로 긴급히 보호할 필요가 있는 경우에 한하여 단기간의 동행보호를 허용한 것으로서 그 요건을 엄격히 해석하는 한, 동 규정 자체가 사전영장주의를 규정한 헌법규정에 반한다고 볼 수는 없다(1997.6.13. 96다56115).

③ ✕ 식품위생법상 영업소 폐쇄조치는 폐쇄명령을 받은 후에도 이러한 행정상 의무를 이행하지 아니하는 경우에 직접 실력을 행사하는 직접강제에 해당한다. 즉시강제가 아니다.

식품위생법 제79조(폐쇄조치 등) ① 식품의약품안전처장, 시·도지사 또는 시장·군수·구청장은 제37조 제1항, 제4항 또는 제5항을 위반하여 허가받지 아니하거나 신고 또는 등록하지 아니하고 영업을 하는 경우 또는 제75조 제1항 또는 제2항에 따라 허가 또는 등록이 취소되거나 **영업소 폐쇄명령을 받은 후에도** 계속하여 영업을 하는 경우에는 해당 영업소를 폐쇄하기 위하여 관계 공무원에게 다음 각 호의 조치를 하게 할 수 있다. (각 호 생략)

④ ○

경찰관 직무집행법 제11조의2(손실보상) ① 국가는 경찰관의 적법한 직무집행으로 인하여 다음 각 호의 어느 하나에 해당하는 손실을 입은 자에 대하여 정당한 보상을 하여야 한다.
1. 손실발생의 원인에 대하여 책임이 없는 자가 생명·신체 또는 재산상의 손실을 입은 경우(손실발생의 원인에 대하여 **책임이 없는 자**가 경찰관의 직무집행에 **자발적으로 협조**하거나 물건을 제공하여 생명·신체 또는 재산상의 손실을 입은 경우를 포함한다)
2. 손실발생의 원인에 대하여 책임이 있는 자가 자신의 책임에 상응하는 정도를 초과하는 생명·신체 또는 재산상의 손실을 입은 경우

선지분석 & 요플·기풀기링크

선지	THEME	요플	기풀기
①	T45 즉시강제	12	022
②		11	021
③	T44 강제집행 등	31	032
④	T74 손실보상(헌법)	35	035

정답 ④

OX 1 ○ 2 ○

06 필수 문제

행정상 즉시강제에 대한 설명으로 옳은 것만을 모두 고르면? 22국가9

- ㄱ. 항고소송의 대상이 되는 처분의 성질을 갖는다.
- ㄴ. 과거의 의무위반에 대하여 가해지는 제재이다.
- ㄷ. 목전에 급박한 장해를 예방하기 위한 경우에는 예외적으로 법률의 근거가 없이도 발동될 수 있다는 것이 일반적인 견해이다.
- ㄹ. 강제 건강진단과 예방접종은 대인적 강제수단에 해당한다.
- ㅁ. 위법한 즉시강제작용으로 손해를 입은 자는 국가나 지방자치단체를 상대로 「국가배상법」이 정한 바에 따라 손해배상을 청구할 수 있다.

① ㄴ, ㄷ
② ㄱ, ㄴ, ㅁ
③ ㄱ, ㄹ, ㅁ
④ ㄷ, ㄹ, ㅁ

관련 OX

ㄱ. 관련
1 행정상 즉시강제는 처분성이 인정되지 않으므로 직접 항고소송을 제기할 수는 없고 국가배상청구만 가능하다. 23소방승진

ㄷ. 관련
2 화재진압작업을 위해서 화재발생현장에 불법주차차량을 제거하는 것은 급박성을 이유로 법적 근거가 없더라도 최후수단으로서 실행이 가능하다. 20소방

해설

ㄱ, ㄹ, ㅁ. ○ / ㄴ, ㄷ. ×

■ 즉시강제 쟁점정리

의의	• 직접 개인의 신체·재산에 실력행사 → 강제집행(직접강제)과 동일 • 의무불이행을 전제하지 않음 ↔ 강제집행(직접강제)과 차이 (∵) 시간적 급박성 / 성질상 → 강제집행에 비해 제한적·예외적으로 인정돼야		
근거	• 일반법상 근거 없음 → **개별법상 근거 필요** ᄃ (↔ 시간적 여유가 없으므로 법률적 근거가 불필요 ×) → 행정기본법은 즉시강제의 일반적 요건·절차를 규정하고 있을 뿐, 즉시강제 발동의 근거 아님		
종류	대인적	강제입원·**강제건강진단**(감염병예방법), ᄅ 보호조치(「경찰관 직무집행법」) 등	
	대물적	폐쇄조치(감염병예방법), 흉기영치(「경찰관 직무집행법」), 교통장애물 제거(도로교통법), 방해물 강제처분(소방기본법), 불법게임물 수거·폐기(영화비디오법), 미승인 마약류폐기(마약관리법) 등	
	대가택	가택출입·수색(「경찰관 직무집행법」, 조세범처벌법)	
한계	• 실체법상 - ① 급박한 경우에 한해, ② 비례원칙을 준수하여, ③ 보충적으로만		
	• 절차법상		
		영장주의 요부	사례
	대법	원칙상 사전영장 필요 but 예외적 불필요	재범위험자에 대한 **동행보호규정**은 영장주의 위반 ×
	헌재	원칙상 사전영장 불필요	**불법게임물 즉시수거·폐기조항**은 즉시강제로서 영장주의 위반 ×
구제	항고소송	**권력적 사실행위로서 처분성은** ○ ᄀ but 대부분 이미 종료돼 소의 이익이 없음(ex. 소방대상물 파괴, 수색 종료 등) → 강제조치가 계속되고 있는 등 소의 이익이 있는 상황이라면 항고소송이 가능(ex. 강제입원 중)	
	국가배상	단, 이미 종료된 경우이더라도 위법한 즉시강제로 손해를 입은 경우 **국가배상청구 가능** ᄆ	

선지선택비율 ① 3.51% ② 11.44% ③ 63.65% ④ 21.40% 오답률 36.35%

선지분석 & 요플·기풀기링크

선지	THEME	요플	기풀기
ㄱ	T42 실효성 확보(공통쟁점)	37	037
ㄴ		01	001
ㄷ	T45 즉시강제	05	010
ㄹ		17	004
ㅁ	T71 국가배상(2조)	15	015

정답 ③
OX 1× 2×

T46 실효성 확보수단(5) – 행정형벌

01
행정벌에 관한 설명으로 옳지 않은 것은? 09국가9

① 행정형벌에는 특별한 규정이 있는 경우를 제외하고는 형법총칙이 적용된다.
② 행정질서벌인 과태료의 과벌절차는 현행법상 특별한 규정이 없는 한 「비송사건절차법」이 정하는 바에 의한다.
③ 행정형벌은 「형사소송법」이 정하는 절차에 따라 법원이 과벌하는 것이 원칙이다.
④ 통고처분은 현행법상 조세범, 관세범, 출입국사범, 교통사범 등에 대하여 형사소송절차에 대신하여 벌금 또는 과료에 상당하는 금액의 납부를 명하는 것이다.

해설

①③ ○ 행정법규 위반행위가 범죄로 인정돼 형벌의 대상으로 입법된 이상, **실체법적으로 형법총칙 및 죄형법정주의** 등 형벌법규의 해석원리가 적용된다. 또한 **절차법적으로는 형사소송법이 적용된다.** 따라서 행정청에서 부과하는 과태료와 달리 검사가 기소해 **법원에 의해 형벌이 부과되고,** 행정청은 원칙적으로 수사기관에의 고발권 내지 고발의무가 있을 뿐이다(단, 통고처분의 특례 있음).

② ✕ 행정질서벌, 즉 과태료에 대하여는 **질서위반행위규제법**이 일반법이 되어 동법상의 절차에 따라 부과된다. 이처럼 질서위반행위규제법이 일반법이 되고, 그 성질도 형벌이 아니므로 형법총칙은 적용되지 않는다.

④ ○ 통고처분이란, **경미범죄** 등에 대해서 처음부터 사법부에 의한 형사소송절차를 밟도록 하기보다는, 우선 행정청에서 벌금, 과료 상당액의 **범칙금**을 납부하도록 통고하고, 상대방이 이를 받아들여 기간 내 납부하면 그것으로 과형절차를 종료시키록 하는 절차이다. 조세범, 관세범, 출입국관리사범, 교통사범 등에서 인정되고 있다.

선지분석 & 요플·기풀기링크

선지	THEME	요플	기풀기
①	T46 행정형벌	04	004
②	T47 행정질서벌	03	004
③	T46 행정형벌	06	006
④		07	008

정답 ②

02

「의료법」 제87조는 면허증을 대여한 자에 대하여 5년 이하의 징역 또는 2천만원 이하의 벌금에 처하는 것으로 규정하고 있다. 이에 대한 설명으로 옳지 않은 것은? 12국가9

① 행정벌 가운데 행정형벌을 규정한 것이다.
② 형사소송절차에 의하여 과벌된다.
③ 행정행위의 실효성을 확보함에 있어서 간접적인 의무이행 확보수단이 된다.
④ 대여행위가 있기만 하면 고의 또는 과실이 없는 자도 처벌의 대상이 된다.

관련 OX

② 관련

1 행정형벌은 형사소송법이 정하는 절차에 따라 법원이 과벌하는 것이 원칙이다. 09국가9

해설

①③ ○ 의료법 제87조는 행정형벌을 규정한 것이다.
- 행정형벌이란 직접적으로 행정목적과 공익을 침해하는 행정법상 의무위반에 대해서 **범죄성립**을 인정하고 **형사처벌**을 과한 것이고(ex. 면허증 대여에 대해 징역이나 벌금에 처하는 의료법),① 행정질서벌은 간접적으로 행정상 **질서**에 **장해**를 줄 위험이 있는 행위에 대해 **과태료**를 부과하는 것이다(ex. 불법주차에 대해 과태료를 부과하는 도로교통법). 이들은 과거 의무위반에 대한 제재이지만, 이러한 제재의 존재가 심리적 압박을 가해 위반행위를 예방·억지하는 기능을 하므로 **간접적 의무이행 확보수단**이 된다.③

② ○ 행정법규 위반행위가 범죄로 인정돼 형벌의 대상으로 입법된 이상, 행정형벌은 **실체법적으로 형법 총칙** 및 **죄형법정주의** 등 형벌법규의 해석원리가 적용된다. 또한 **절차법적으로는 형사소송법**이 적용된다.

④ × 형벌은 고의 또는 과실이 있어야 부과할 수 있다. 행정형벌도 형벌이므로 대여행위를 했어도 고의 또는 과실이 없다면 처벌할 수 없다.

선지분석 & 요플·기풀기링크

선지	THEME	요플	기풀기
①		01	001
②	T46 행정형벌	06	006
③		02	002
④	T42 실효성 확보(공통쟁점)	65	068

정답 ④
OX 1 ○

03

행정벌에 대한 설명으로 옳지 않은 것은? 23국가7

① 양벌규정에 의한 영업주의 처벌은 그 자신의 종업원에 대한 선임감독상의 과실로 인하여 처벌되는 것이므로 종업원의 범죄성립이나 처벌이 영업주 처벌의 전제조건이 될 필요는 없다.

② 질서위반행위를 한 자가 자신의 책임 없는 사유로 위반행위에 이르렀다고 주장하는 경우 법원은 그 내용을 살펴 행위자에게 고의나 과실이 있는지를 따져보아야 한다.

③ 지방국세청장 또는 세무서장이 「조세범 처벌절차법」에 따라 통고처분을 거치지 아니하고 즉시 고발하였다면 이로써 조세범칙사건에 대한 조사 및 처분 절차는 종료되고 형사사건 절차로 이행되어 지방국세청장 또는 세무서장으로서는 동일한 조세범칙행위에 대하여 더 이상 통고처분을 할 권한이 없다.

④ 「질서위반행위규제법」상 과태료 사건은 다른 법령에 특별한 규정이 있는 경우를 제외하고는 행정청의 주소지의 지방법원 또는 그 지원의 관할로 한다.

관련 OX

① 관련

1 양벌규정에 의한 영업주의 처벌은 독립하여 그 자신의 종업원에 대한 선임감독상의 과실로 인하여 처벌되는 것이므로 종업원의 범죄 성립이나 처벌이 영업주 처벌의 전제조건이 될 필요는 없다. 24군무원9

④ 관련

2 과태료 사건은 다른 법령에 특별한 규정이 있는 경우를 제외하고는 당사자의 주소지의 지방법원 또는 그 지원의 관할로 한다. 19(2)서울9

해설

① ○ 양벌규정에 의한 영업주 처벌: 종업원의 범죄성립·처벌이 전제 ×
양벌규정에 의한 영업주의 처벌은 금지위반행위자인 종업원의 처벌에 종속하는 것이 아니라 독립하여 그 자신의 종업원에 대한 선임감독상의 과실로 인하여 처벌되는 것이므로 종업원의 범죄성립이나 처벌이 영업주 처벌의 전제조건이 될 필요는 없다(2006.2.24. 2005도7673).

② ○ 질서위반행위를 한 자가 자신의 책임이 없음을 주장: 법원은 그의 고의·과실 유무를 따져봐야
질서위반행위를 한 자가 자신의 책임 없는 사유로 위반행위에 이르렀다고 주장하는 경우 법원으로서는 그 내용을 살펴 행위자에게 고의나 과실이 있는지를 따져보아야 한다(2011.7.14. 2011마364).

③ ○ 일단 고발했으면, 당해 사건 처리권한은 수사기관에 이전돼 더 이상 통고처분 권한 ×
지방국세청장 또는 세무서장이 「조세범 처벌절차법」 제17조 제1항에 따라 통고처분을 거치지 아니하고 즉시 고발하였다면 이로써 조세범칙사건에 대한 조사 및 처분 절차는 종료되고 형사사건 절차로 이행되어 지방국세청장 또는 세무서장으로서는 동일한 조세범칙행위에 대하여 더 이상 통고처분을 할 권한이 없다(2016.9.28. 2014도10748).

④ × 행정청의 주소지(×), 당사자의 주소지(○)

질서위반행위규제법 제25조(관할 법원) 과태료 사건은 다른 법령에 특별한 규정이 있는 경우를 제외하고는 **당사자의 주소지**의 지방법원 또는 그 지원의 관할로 한다.

선지선택비율 ① 9.71% ② 10.40% ③ 7.80% ④ 72.10%   오답률 27.90%

선지분석 & 요플·기풀기링크

선지	THEME	요플	기풀기
①	T46 행정형벌	29	030
②	T42 실효성 확보(공통쟁점)	62	062
③	T46 행정형벌	19	012
④	T47 행정질서벌	49	049

정답 ④
OX 1 ○ 2 ○

04

기 다음 글이 설명하고 있는 것은?   11국가9

> 경미한 교통법규 위반자로 하여금 형사처벌절차에 수반되는 심리적 불안, 시간과 비용의 소모, 명예와 신용의 훼손 등의 여러 불이익을 당하지 않고 범칙금 납부로써 위반행위에 대한 제재를 신속·간편하게 종결할 수 있게 하여 주며, 교통법규 위반행위가 홍수를 이루고 있는 현실에서 행정공무원에 의한 전문적이고 신속한 사건처리를 가능하게 하고, 검찰 및 법원의 과중한 업무 부담을 덜어 준다.

① 행정질서벌 ② 통고처분
③ 과징금   ④ 즉결심판

해설

② 통고처분에 대한 설명이다. 통고처분이란, **경미범죄** 등에 대해서 처음부터 사법부에 의한 형사소송절차를 밟도록 하기보다는, 우선 행정청에서 벌금, 과료 상당액의 **범칙금**을 납부하도록 통고하고, 상대방이 이를 받아들여 기간 내 납부하면 그것으로 과형절차를 종료시키도록 하는 절차이다.

- 통고처분의 의의
  통고처분제도는 경미한 교통법규 위반자로 하여금 형사처벌절차에 수반되는 심리적 불안, 시간과 비용의 소모, 명예와 신용의 훼손 등의 여러 불이익을 당하지 않고 범칙금 납부로써 위반행위에 대한 제재를 신속·간편하게 종결할 수 있게 하여 주며, 교통법규 위반행위가 홍수를 이루고 있는 현실에서 행정공무원에 의한 전문적이고 신속한 사건처리를 가능하게 하고, 검찰 및 법원의 과중한 업무 부담을 덜어 준다(헌재 2003.10.30. 2002헌마275).

선지	THEME	요플	기풀기
		N1	007
	T46 행정형벌	07	008

정답 ②

05

통고처분에 관한 설명으로 옳지 않은 것은? 18소방

① 통고처분은 현행법상 조세범, 관세범, 출입국관리사범, 교통사범 등에 대하여 인정되고 있다.
② 통고처분에 의해 부과된 금액(범칙금)은 벌금이다.
③ 판례는 통고처분을 행정소송의 대상이 되는 행정처분이 아니라고 보고 있다.
④ 판례는 통고처분에 의해 부과된 범칙금을 납부한 경우 다시 처벌받지 아니한다고 규정하고 있는 것은 범칙금의 납부에 확정재판의 효력에 준하는 효력을 인정하는 취지로 해석하고 있다.

관련 OX

③ 관련

1 통고처분은 법정기간 내에 납부하지 않는 것을 해제조건으로 하는 행정처분이므로 행정소송의 대상이 된다. 22지방9

2 「도로교통법」에 의한 경찰서장의 통고처분에 대한 항고소송은 부적법하고 이에 대하여 이의가 있는 경우에는 통고처분에 따른 범칙금을 이행하지 아니함으로써 경찰서장의 즉결심판청구에 의하여 법원의 심판을 받을 수 있게 된다. 19국회8

해설

① ○ 통고처분은 경미한 범죄 등에 대해 사법부에 의한 정식의 형사재판절차를 밟는 대신 행정청이 벌금, 과료, 상당액의 범칙금 납부를 통고하고 상대방이 이를 받아들여 기간 내 납부를 하면 형사확정판결과 같은 효력을 부여하는 것이다. 사건의 신속처리, 행정공무원의 전문성 활용, 수사기관 및 법원의 업무경감 등에 의의가 있다. 조세범, 관세범, 출입국관리사범, 교통사범 등에서 인정되고 있다.

② × 통고처분에 의해 부과된 금액(범칙금)은 벌금이 아닌, 행정제재금이다.

③ ○ 통고처분은 처분이 아니므로 항고소송×
도로교통법 제118조에서 규정하는 경찰서장의 통고처분은 행정소송의 대상이 되는 행정처분이 아니므로 그 처분의 취소를 구하는 소송은 부적법하고, 도로교통법상의 통고처분을 받은 자가 그 처분에 대하여 이의가 있는 경우에는 통고처분에 따른 범칙금의 납부를 이행하지 아니함으로써 경찰서장의 즉결심판청구에 의하여 법원의 심판을 받을 수 있게 될 뿐이다(1995.6.29. 95누4674).

④ ○ 기간 내 납부시 확정판결에 준하는 효력 인정
도로교통법 제119조 제3항은 같은 법 제118조에 의하여 범칙금 납부통고서를 받은 사람이 그 범칙금을 납부한 경우 그 범칙행위에 대하여 다시 벌받지 아니한다고 규정하고 있는바, 이는 범칙금의 납부에 확정재판의 효력에 준하는 효력을 인정하는 취지로 해석할 것이다(2002.11.22. 2001도849).

선지분석 & 요플·기풀기링크

선지	THEME	요플	기풀기
①	T46 행정형벌	07	008
②		08	009
③	T42 실효성 확보(공통쟁점)	39	038
④	T46 행정형벌	13	019

정답 ②
 1× 2○

06

통고처분에 관한 설명으로 옳지 않은 것은? 08국가9

① 통고처분을 받은 자가 통고처분의 내용을 이행하지 아니하면 권한행정청은 일정 기간 내에 고발할 수 있고, 그에 따라 형사소송절차로 이행되게 된다.

② 헌법재판소는 통고처분에 대해 행정심판이나 행정소송의 대상에서 제외하고 있는 「관세법」 제38조 제3항 제2호가 법관에 의해 재판을 받을 권리를 침해한다든가 적법절차의 원칙을 위반하지 않는다고 보았다.

③ 범칙자가 범칙금을 납부하면 과형절차는 종료되고, 범칙자는 다시 형사소추되지 아니한다.

④ 법률의 규정에 의하여 통고처분을 할 수 있음에도 불구하고 법률이 정한 즉시고발사유의 존재를 이유로 통고처분을 하지 않고 고발하였다면 그 고발 및 이에 기한 공소의 제기는 부적법한 것이다.

관련 OX

① 관련

1 통고처분에 따른 범칙금을 납부하지 않은 경우에는 고발 등의 절차를 거쳐 형사소송절차로 이행되는 것이 일반적이다. 08(하)지방9

2
통고처분에 대하여 이의가 있으면 통고내용을 이행하지 않음으로써 고발되어 형사재판절차에서 통고처분의 위법·부당함을 다툴 수 있으므로 행정소송의 대상으로서의 처분성이 인정되지 않는다. 23소방

④ 관련

3 「관세법」상 통고처분을 할 것인지의 여부는 관세청장 또는 세관장의 재량에 맡겨져 있고, 따라서 관세청장 또는 세관장이 관세범에 대하여 통고처분을 하지 아니한 채 고발하였다는 것만으로는 그 고발 및 이에 기한공소의 제기가 부적법하게 되는 것은 아니다. 20군무원9

해설

① ○ 통고처분이란, **경미범죄** 등에 대해서 처음부터 사법부에 의한 형사소송절차를 밟도록 하기보다는, 우선 행정청에서 벌금, 과료 상당액의 **범칙금**을 납부하도록 통고하고, 상대방이 이를 받아들여 기간 내 납부하면 그것으로 과형절차를 종료시키록 하는 절차이다. 만약 상대방이 기간 내 납부하지 않으면 그때에는 고발 등을 통해 형사소송절차가 시작된다.

② ○ 통고처분의 처분성 부정해도 형사재판에서 다툴 수 있으므로 재판받을 권리 등 침해X
통고처분은 상대방의 임의의 승복을 그 발효요건으로 하기 때문에 그 자체만으로는 통고이행을 강제하거나 상대방에게 아무런 권리의무를 형성하지 않으므로 행정심판이나 행정소송의 대상으로서의 처분성을 부여할 수 없고, 통고처분에 대하여 이의가 있으면 통고내용을 이행하지 않음으로써 고발되어 형사재판절차에서 통고처분의 위법·부당함을 얼마든지 다툴 수 있기 때문에 관세법 제38조 제3항 제2호가 법관에 의한 재판받을 권리를 침해한다든가 적법절차의 원칙에 저촉된다고 볼 수 없다(헌재 1998.5.28. 96헌바4).

③ ○ 통고처분을 받은 자가 기간 내에 이를 이행하면 **과벌절차는 종료**되고 동일한 사건으로 다시 처벌받지 않는다. 즉, 통고처분 이행에 확정판결에 준하는 효력이 인정되고 있다.

④ × 행정청이 통고처분 대신 고발을 한 경우, 그 고발 및 그에 기한 검사의 공소제기는 부적법X
통고처분을 할 것인지의 여부는 관세청장 또는 세관장의 재량에 맡겨져 있고, 따라서 관세청장 또는 세관장이 관세범에 대하여 통고**처분**을 하지 아니한 채 고발하였다는 것만으로는 그 **고발** 및 이에 기한 공소의 제기가 부적법하게 되는 것은 아니다(2007.5.11. 2006도1993).

선지분석 & 요플·기풀가링크

선지	THEME	요플	기풀기
①	T46 행정형벌	15	021
②	T42 실효성 확보(공통쟁점)	40	040
③	T46 행정형벌	12	018
④		18	011

정답 ④

OX 1○ 2○ 3○

07

통고처분에 대한 설명으로 옳은 것은? (다툼이 있는 경우 판례에 의함) 15지방9

① 「조세범 처벌절차법」에 근거한 범칙자에 대한 세무관서의 통고처분은 행정소송의 대상이 되는 행정처분이다.

② 법률에 따라 통고처분을 할 수 있으면 행정청은 통고처분을 하여야 하며, 통고처분 이외의 조치를 취할 재량은 없다.

③ 행정법규 위반자가 법정기간 내에 통고처분에 의해 부과된 금액을 납부하지 않으면 「비송사건절차법」에 의해 처리된다.

④ 행정법규 위반자가 통고처분에 의해 부과된 금액을 납부하면 과벌절차가 종료되며 동일한 사건에 대하여 다시 처벌받지 아니한다.

관련 OX

① 관련

1 통고처분은 상대방의 임의의 승복을 발효요건으로 하기 때문에 통고처분 그 자체만으로는 통고이행을 강제하거나, 상대방에게 아무런 권리·의무를 형성하지 않는다. 25해경승진

② 관련

2 구 「관세법」상 통고처분을 할 것인지의 여부는 관세청장 또는 세관장의 재량에 맡겨져 있다. 24군무원9

해설

① ✕ 통고처분은 처분이 아니므로 항고소송✕
「조세범 처벌절차법」에 의하여 범칙자에 대한 세무관서의 통고처분은 행정소송의 대상이 아니다 (1980.10.14. 80두380).
  ✚ PLUS 통고처분은 상대방의 **임의의 승복을** 그 발효요건으로 하기 때문에 그 자체만으로는 통고이행을 강제하거나 상대방에게 아무런 권리·의무를 형성하지 않으므로 행정심판이나 행정소송의 대상으로서의 **처분성을 부여할 수 없다**(헌재 1998.5.28. 96헌바4 전원).

② ✕ 통고처분이 가능한 경우이더라도 통고처분을 할지, 고발을 할지는 행정청 재량
통고처분을 할 것인지의 여부는 관세청장 또는 세관장의 재량에 맡겨져 있고, 따라서 관세청장 또는 세관장이 관세범에 대하여 통고처분을 하지 아니한 채 고발하였다는 것만으로는 그 고발 및 이에 기한 공소의 제기가 부적법하게 되는 것은 아니다(2007.5.11. 2006도1993).

③ ✕ 통고처분을 받은 자가 기한 내 이를 납부하지 않으면 통고처분은 당연히 효력을 상실하고, 행정청은 이를 고발하여 **형사소송절차로**(비송사건절차✕) 처리된다.

④ ○ 통고처분을 받은 자가 기간 내에 이를 이행하면 **과벌절차는 종료되고 동일한 사건으로 다시 처벌받지 않는다.** 즉, 통고처분 이행에 확정판결에 준하는 효력이 인정되고 있다. 이때 다시 벌받지 않게 되는 범죄행위는 통고이유에 기재된 그 행위 자체뿐 아니라, 그와 기본적 동일성이 인정되는 범죄까지이다.

• 기간 내 납부시 확정판결에 준하는 효력 인정 → 동일사건(통고된 당해행위 + 그와 기본적 동일성 있는 행위)으로 다시 과벌 불가
범칙금의 통고를 받고 납부기간 내에 그 범칙금을 납부한 경우 범칙금의 납부에 확정판결에 준하는 효력이 인정됨에 따라 다시 벌받지 아니하게 되는 행위사실은 범칙금 통고의 이유에 기재된 당해 범칙행위 자체 및 그 범칙행위와 동일성이 인정되는 범칙행위에 한정된다고 해석함이 상당하다(2002.11.22. 2001도849).

선지분석 & 요플·기풀기링크

선지	THEME	요플	기풀기
①	T42 실효성 확보(공통쟁점)	39	038
②		17	010
③	T46 행정형벌	15	021
④		12	018

정답 ④
OX 1○ 2○

08

행정범 및 행정형벌에 관한 설명으로 옳지 않은 것은? (다툼이 있는 경우 판례에 의함) 12지방9

① 행정범의 경우에는 과실행위를 벌한다는 명문의 규정이 없는 경우에도 그 법률규정 중에 과실행위를 벌한다는 명백한 취지를 알 수 있는 경우에는 과실행위에 행정형벌을 부과할 수 있다.
② 행정범의 경우에는 법인의 대표자 또는 종업원 등의 행위자뿐 아니라 법인도 아울러 처벌하는 규정을 두는 경우가 있다.
③ 종업원의 위반행위에 대해 사업주도 처벌하는 경우, 사업주가 지는 책임은 무과실책임이다.
④ 통고처분에 의해 범칙금이 부과되는 경우, 부과된 금액을 납부하면 동일한 사건에 대하여 다시 처벌받지 아니한다.

관련 OX

① 관련

1 행정상의 단속을 주안으로 하는 법규상으로 명문규정이 없더라도 해석상 과실범도 벌할 뜻이 명확한 경우에는 과실범도 처벌할 수 있다. 23서울(지적)7

④ 관련

2 통고처분을 받은 자가 그 통고에 따라 이행한 경우에는 다시 소추할 수 없다. 11지방7

3 ⓧ

통고처분에 의해 범칙금을 납부한 경우, 그 납부의 효력에 따라 다시 벌 받지 아니하게 되는 행위사실은 범칙금 통고의 이유에 기재된 당해 범칙행위 자체에 한정될 뿐, 그 범칙행위와 동일성이 인정되는 범칙행위에는 미치지 않는다. 17국가7

추가기출(① 관련)

ⓐ ⓒ
구「대기환경보전법」에 따라 배출허용기준을 초과하는 배출가스를 배출하는 자동차를 운행하는 행위를 처벌하는 규정은 과실범의 경우에 적용하지 아니한다. 14국가9

해설

① ○ 해석상 과실범 처벌의 뜻이 명확하면 명문규정 없이도 과실범처벌이 가능
행정상의 단속을 주안으로 하는 법규라 하더라도 명문규정이 있거나 해석상 과실범도 벌할 뜻이 명확한 경우를 제외하고는 형법의 원칙에 따라 고의가 있어야 벌할 수 있다. 행정범의 경우에는 과실행위를 벌한다는 명문의 규정이 없는 경우에도 그 법률규정 중에 과실행위를 벌한다는 명백한 취지를 알 수 있는 경우에는 과실행위에 행정형벌을 부과할 수 있다(1993.9.10. 92도1136).

+ PLUS 대기환경보전법상 기준 초과 배출가스 배출 운행 처벌 규정 → 과실범에게도 적용○ⓐ
구 대기환경보전법의 입법목적이나 제반 관계규정의 취지 등을 고려하면, 법정의 배출허용기준을 초과하는 배출가스를 배출하면서 자동차를 운행하는 행위를 처벌하는 위 법 제57조 제6호의 규정은 고의범의 경우는 물론 과실로 인하여 그러한 내용을 인식하지 못한 과실범의 경우도 함께 처벌하는 규정이다ⓐ(1993.9.10. 92도1136).

② ○ 행정범의 경우, 대표자·종업원 등의 위반행위에 대해 법인이나 사용자 등 **사업주도 아울러 처벌**하도록 규정하는 경우가 있다. 이를 양벌규정이라 한다.

③ × 양벌규정에 따라 사업주가 지게 되는 책임은 원칙적으로 **과실책임**이다. 즉, 위반행위자인 종업원에 대한 선임·감독상 주의의무를 다하지 않은 과실에 대해 지는 책임이다. 따라서 선임·감독상 과실이 없다면 처벌받지 않는다.

④ ○ 통고처분을 받은 자가 기간 내에 이를 이행하면 **과벌절차는 종료**되고 동일한 사건으로 다시 **처벌받지 않는다**. 즉, 통고처분 이행에 확정판결에 준하는 효력이 인정되고 있다. 이때 다시 벌받지 않게 되는 범죄행위는 통고이유에 기재된 그 행위 자체뿐 아니라, 그와 기본적 동일성이 인정되는 범죄까지이다.

- 기간 내 납부시 확정판결에 준하는 효력 인정 → 동일사건(통고된 당해행위 + 그와 기본적 동일성 있는 행위)으로 다시 과벌 불가
범칙금의 통고를 받고 납부기간 내에 그 범칙금을 납부한 경우 범칙금의 납부에 확정판결에 준하는 효력이 인정됨에 따라 다시 벌받지 아니하게 되는 행위사실은 범칙금 통고의 이유에 기재된 당해 범칙행위 자체 및 그 범칙행위와 동일성이 인정되는 범칙행위에 한정된다고 해석함이 상당하다(2002.11.22. 2001도849).

선지분석 & 요플·기풀기링크

선지	THEME	요플	기풀기
①	T42 실효성 확보(공통쟁점)	67	066
②		22	023
③	T46 행정형벌	26	026
④		12	018

정답 ③

OX 1○ 2○ 3× ⓐ×

09

행정벌에 관한 설명으로 옳지 않은 것은? (다툼이 있는 경우 판례에 의함) 25소간

① 양벌규정에 의한 영업주의 처벌은 금지위반행위자인 종업원의 처벌에 종속하는 것이므로 종업원의 범죄성립이나 처벌이 영업주 처벌의 전제조건이 되어야 한다.

② 행정형벌에 있어 행정상의 단속을 주안으로 하는 법규라 하더라도 명문규정이 있거나 해석상 과실범도 벌할 뜻이 명확한 경우를 제외하고는 「형법」의 원칙에 따라 고의가 있어야 벌할 수 있다.

③ 특별한 사정이 없는 이상 경찰서장은 범칙행위에 대한 형사소추를 위하여 이미 한 통고처분을 임의로 취소할 수 없다.

④ 「질서위반행위규제법」에 따르면 당사자와 검사는 과태료 재판에 대하여 즉시항고를 할 수 있으며, 이 경우 항고는 집행정지의 효력이 있다.

⑤ 「질서위반행위규제법」에 따르면 과태료 사건은 다른 법령에 특별한 규정이 있는 경우를 제외하고는 당사자의 주소지의 지방법원 또는 그 지원의 관할로 한다.

관련 OX

① 관련

1 양벌규정에 의한 영업주의 처벌은 독립하여 그 자신의 종업원에 대한 선임감독상의 과실로 인하여 처벌되는 것이므로 종업원의 범죄 성립이나 처벌이 영업주 처벌의 전제조건이 될 필요는 없다. 24군무원9

④ 관련

2 「질서위반행위규제법」상 당사자와 검사는 과태료 재판에 대하여 즉시항고를 할 수 있으며 이 경우 항고는 집행정지의 효력이 있다. 23서울(지적)7

해설

① × 양벌규정에 의한 영업주 처벌: 종업원 등의 위반행위가 전제되는 것일 뿐, 이들에게 법률상 범죄가 성립하거나 처벌이 전제될 필요 없고, 영업주만 처벌하는 것도 가능

양벌규정에 의한 **영업주의 처벌**은 금지위반행위자인 종업원의 처벌에 종속하는 것이 아니라 **독립하여 그 자신의 종업원에 대한 선임감독상의 과실로 인하여 처벌되는 것이므로 종업원의 범죄성립이나 처벌이 영업주 처벌의 전제조건이 될 필요는 없다**(2006.2.24. 2005도7673).

② ○ 행정형벌: 명문 or 해석상 과실범도 처벌함이 명확한 경우를 제외하고 고의범만 처벌

행정상의 단속을 주안으로 하는 법규라 하더라도 명문규정이 있거나 해석상 과실범도 벌할 뜻이 명확한 경우를 제외하고는 형법의 원칙에 따라 고의가 있어야 벌할 수 있다(1986.7.22. 85도108).

③ ○ 일단 통고처분을 한 이상 형사소추 위해 통고처분 취소 불가

경찰서장이 범칙행위에 대하여 **통고처분을 한 이상**, 범칙자의 위와 같은 절차적 지위를 보장하기 위하여 통고처분에서 정한 범칙금 납부기간까지는 원칙적으로 경찰서장은 즉결심판을 청구할 수 없고, 검사도 동일한 범칙행위에 대하여 공소를 제기할 수 없다. 또한 범칙자가 범칙금 납부기간이 지나도록 범칙금을 납부하지 아니하였다면 경찰서장이 즉결심판을 청구하여야 하고, 검사는 동일한 범칙행위에 대하여 공소를 제기할 수 없다. 나아가 특별한 사정이 없는 이상 경찰서장은 범칙행위에 대한 형사소추를 위하여 이미 한 통고처분을 임의로 취소할 수 없다(2021.4.1. 2020도15194).

+ PLUS 통고처분에 기한 범칙금 납부기간 중 → 경찰서장은 즉결심판 불가, 검사는 공소제기 불가, 형사소추를 위한 통고처분 취소도 불가

④ ○

질서위반행위규제법 제38조(항고) ① 당사자와 검사는 과태료재판에 대하여 즉시항고를 할 수 있다. 이 경우 항고는 집행정지의 효력이 있다

⑤ ○

질서위반행위규제법 제25조(관할법원) 과태료 사건은 다른 법령에 특별한 규정이 있는 경우를 제외하고는 당사자의 주소지의 지방법원 또는 그 지원의 관할로 한다.

선지분석 & 요플·기풀기링크

선지	THEME	요플	기풀기
①	T46 행정형벌	29	030
②	T42 실효성 확보(공통쟁점)	66	065
③	T46 행정형벌	10	016
④	T47 행정질서벌	51	051
⑤		49	049

정답 ①
OX 1 ○ 2 ○

10

행정법규의 양벌규정에 대한 설명으로 옳지 않은 것은? (다툼이 있는 경우 판례에 의함) 22국가9

① 양벌규정은 행위자에 대한 처벌규정임과 동시에 그 위반행위의 이익귀속주체인 영업주에 대한 처벌규정이다.
② 종업원의 범죄성립이나 처벌이 영업주 처벌의 전제조건이 되는 것은 아니다.
③ 법인 대표자의 법규위반행위에 대한 법인의 책임은 법인 자신의 법규위반행위로 평가될 수 있는 행위에 대한 법인의 직접책임이다.
④ 양벌규정에 의한 법인의 처벌은 어디까지나 행정적 제재처분일 뿐 형벌과는 성격을 달리한다.

관련 OX

① 관련

1 행정범의 경우에는 법인의 대표자 또는 종업원 등의 행위자뿐 아니라 법인도 아울러 처벌하는 규정을 두는 경우가 있다. 12지방9

② 관련

2 양벌규정에 의한 영업주의 처벌은 독립하여 그 자신의 종업원에 대한 선임감독상의 과실로 인하여 처벌되는 것이므로 종업원의 범죄 성립이나 처벌이 영업주 처벌의 전제조건이 될 필요는 없다. 24군무원9

③ 관련

3 인
법인은 기관을 통하여 행위하므로 법인이 대표자를 선임한 이상 그의 행위로 인한 법률효과는 법인에게 귀속되어야 하고, 법인 대표자의 범죄행위에 대하여는 법인이 자신의 행위에 대한 책임을 부담하는 것이다. 22군무원7

해설

■ 양벌규정

의의		행정법규를 위반한 당해 **행위자**(법인의 대표자, 종업원 등) 외 그를 선임한 법인·개인 **사업주**도① **형사처벌**④하는 규정. 각종 행정법규 벌칙규정에 이러한 양벌규정을 두는 경우가 많음
성격	일반론	**타인의 범죄**와 관련해 처벌받는 것 → 종래 **무과실책임**으로 규정한 예가 다수 있었으나 **위헌결정** 받음 　(∵ **책임주의위반**) → 현재 **과실책임**으로 입법 → 선임·감독상 주의의무 다했으면 면책 가능
	위반자가 법인의 대표자인 경우	**자신의 범죄**와 관련해 처벌받는 것(**직접책임**에 해당)③ → 대표자의 고의·과실을 법인의 고의·과실로 보아 처벌해도 합헌 　(∵ 책임주의위반×)
성립		• 종업원 등의 위반행위가 전제되는 것일 뿐, 이들에게 법률상 **범죄가 성립**하거나, **처벌이 전제될 필요 없음**② (ex 종업원은 심신상실로 처벌받지 않아도, 그를 선임·감독한 데 과실이 있는 사업주는 처벌 가능)

① ○ 양벌규정은 행위자의 처벌규정임과 동시에 그 위반행위의 이익귀속주체인 업무주에 대한 처벌규정이다(2005.12.22. 2003도3984).

② ○ 양벌규정에 의한 영업주의 처벌은 금지위반행위자인 종업원의 처벌에 종속하는 것이 아니라 독립하여 그 자신의 종업원에 대한 선임감독상의 과실로 인하여 처벌되는 것이므로 종업원의 범죄성립이나 처벌이 영업주 처벌의 전제조건이 될 필요는 없다(2006.2.24. 2005도 7673).

③ ○ 법인은 기관을 통하여 행위하므로 법인이 대표자를 선임한 이상 그의 행위로 인한 법률효과는 법인에게 귀속되어야 하고, 법인 대표자의 범죄행위에 대하여는 법인이 자신의 행위에 대한 책임을 부담하는 것이다. 법인 대표자의 법규위반행위에 대한 법인의 책임은 법인 자신의 법규위반행위로 평가될 수 있는 행위에 대한 법인의 직접책임이므로 심판대상조항 중 법인의 대표자 관련 부분은 책임주의원칙에 위배되지 않는다(헌재 2020.4.23. 2019헌가25 전원).

　+ PLUS • 1. 종업원의 위반에 대한 법인처벌: 타인의 위법이므로 법인 독자의 책임이 인정돼야 (따라서 법인고유의 과실이 없어도 처벌하도록 한 것은 위헌)
　• 2. 대표자의 위반에 대한 법인처벌: 직접책임이므로 그 자체가 법인의 독자적 책임

④ × 양벌규정에 의한 법인의 처벌은 어디까지나 **형벌의 일종**으로서 행정적 제재처분이나 민사상 불법행위책임과는 성격을 달리한다(2015.12. 24. 2015도13946).

선지선택비율 ① 13.41% ② 7.72% ③ 42.51% ④ 36.35% 오답률 63.65%

정답 ④

OX 1○ 2○ 3○

필수문제 11

행정벌에 대한 설명으로 옳은 것은? (다툼이 있는 경우 판례에 의함) 22지방9

① 양벌규정에 의한 영업주의 처벌은 금지위반행위자인 종업원의 처벌에 종속되는 것이므로 영업주만 따로 처벌할 수는 없다.
② 통고처분은 법정기간 내에 납부하지 않는 것을 해제조건으로 하는 행정처분이므로 행정소송의 대상이 된다.
③ 행정청의 과태료 부과에 대해 서면으로 이의가 제기된 경우 과태료 부과처분은 그 효력을 상실한다.
④ 법원이 하는 과태료재판에는 원칙적으로 행정소송에서와 같은 신뢰보호의 원칙이 적용된다.

관련 OX

② 관련
1 통고처분은 상대방의 임의의 승복을 발효요건으로 하기 때문에 통고처분 그 자체만으로는 통고이행을 강제하거나, 상대방에게 아무런 권리·의무를 형성하지 않는다. 25해경승진

③ 관련
2 당사자의 이의제기가 있으면 행정청의 과태료 부과처분은 그 효력을 상실한다. 24소간

해설

① ✕ 양벌규정에 의한 영업주 처벌: 종업원 등의 위반행위가 전제되는 것일 뿐, 이들에게 법률상 범죄가 성립하거나 처벌이 전제될 필요 없고, 영업주만 처벌하는 것도 가능
양벌규정에 의한 영업주의 처벌은 금지위반행위자인 종업원의 처벌에 종속하는 것이 아니라 독립하여 그 자신의 종업원에 대한 선임감독상의 과실로 인하여 처벌되는 것이므로 종업원의 범죄성립이나 처벌이 영업주 처벌의 전제조건이 될 필요는 없다(2006.2.24. 2005도7673).

② ✕ 통고처분: 임의의 승복을 발효요건으로 하여 강제성이 없어 처분성✕
통고처분은 상대방의 임의의 승복을 그 발효요건으로 하기 때문에 그 자체만으로는 통고이행을 강제하거나 상대방에게 아무런 권리·의무를 형성하지 않으므로 행정심판이나 행정소송의 대상으로서의 처분성을 부여할 수 없다(헌재 1998.5.28. 96헌바4 전원).

③ ◯
질서위반행위규제법 제20조(이의제기) ① 행정청의 과태료 부과에 불복하는 당사자는 제17조 제1항에 따른 과태료 부과 통지를 받은 날부터 60일 이내에 해당 행정청에 **서면으로 이의제기**를 할 수 있다.
② 제1항에 따른 **이의제기가 있는 경우**에는 행정청의 과태료 **부과처분은 그 효력을 상실**한다.
③ 당사자는 행정청으로부터 제21조 제3항에 따른 통지를 받기 전까지는 행정청에 대하여 서면으로 이의제기를 철회할 수 있다.

+ PLUS 과태료(이의제기시 효력상실) / 통고처분(미납시 효력상실)

④ ✕ 비송사건절차법에 따른 과태료재판: 신뢰보호의 원칙 위반 여부 문제✕
법원이 비송사건절차법에 따라서 하는 과태료재판은 관할 관청이 부과한 과태료처분에 대한 당부를 심판하는 행정소송절차가 아니라 법원이 직권으로 개시·결정하는 것이므로, 원칙적으로 과태료재판에서는 행정소송에서와 같은 신뢰보호의 원칙 위반 여부가 문제로 되지 아니하고, 다만 위반자가 그 의무를 알지 못하는 것이 무리가 아니었다고 할 수 있어 그것을 정당시할 수 있는 사정이 있을 때 또는 그 의무의 이행을 그 당사자에게 기대하는 것이 무리라고 하는 사정이 있을 때 등 그 의무해태를 탓할 수 없는 정당한 사유가 있는 때에는 이를 부과할 수 없다(2006.4.28. 2003마715).

+ PLUS 이는 비송사건절차법에 따라 하는 과태료재판에 대한 판례이고, 질서위반행위규제법에 따라 하는 과태료재판에 대한 판례는 찾을 수 없다. 따라서 부적절한 출제이다.

선지분석 & 요플·기풀기링크

선지	THEME	요플	기풀기
①	T46 행정형벌	30	031
②	T42 실효성 확보(공통쟁점)	39	038
③	T47 행정질서벌	41	041
④	T05 신뢰보호원칙	38	038

선지선택비율 ① 6.28% ② 8.39% ③ 68.05% ④ 17.28%   오답률 31.95%

정답 ③
OX 1 ◯ 2 ◯

T47 실효성 확보수단(6) - 행정질서벌(과태료)

01

「질서위반행위규제법」에 관한 설명으로 가장 옳은 것은? (다툼이 있는 경우 판례를 따름)

19(2)서울9

① 「민법」상의 의무를 위반하여 과태료를 부과하는 행위는 「질서위반행위규제법」상 질서위반행위에 해당한다.
② 하나의 행위가 2 이상의 질서위반행위에 해당하는 경우에는 각 질서위반행위에 대하여 정한 과태료를 합산하여 부과한다.
③ 과태료는 행정청의 과태료 부과처분이나 법원의 과태료재판이 확정된 후 3년간 징수하지 아니하거나 집행하지 아니하면 시효로 인하여 소멸한다.
④ 과태료 사건은 다른 법령에 특별한 규정이 있는 경우를 제외하고는 당사자의 주소지의 지방법원 또는 그 지원의 관할로 한다.

관련 OX

① 관련

1 ❌
지방자치단체의 조례상의 의무를 위반하여 과태료를 부과하는 행위는 질서위반행위에 해당되지 않는다. 19지방9

③ 관련

2 과태료는 행정청의 과태료 부과처분이나 법원의 과태료 재판이 확정된 후 5년간 징수하지 아니하거나 집행하지 아니하면 시효로 인하여 소멸한다. 15지방9

④ 관련

3 「질서위반행위규제법」에 따르면 과태료 사건은 다른 법령에 특별한 규정이 있는 경우를 제외하고는 당사자의 주소지의 지방법원 또는 그 지원의 관할로 한다. 25소간

해설

① ✕

질서위반행위규제법 제2조(정의) 이 법에서 사용하는 용어의 뜻은 다음과 같다.
1. '질서위반행위'란 법률(지방자치단체의 조례를 포함한다. 이하 같다)상의 의무를 위반하여 과태료를 부과하는 행위를 말한다. 다만, 다음 각 목의 어느 하나에 해당하는 행위를 제외한다.
   가. 대통령령으로 정하는 **사법**(私法)상·소송법상 의무를 위반하여 과태료를 부과하는 행위
   나. 대통령령으로 정하는 법률에 따른 징계사유에 해당하여 과태료를 부과하는 행위

질서위반행위규제법 시행령 제2조(질서위반행위에서 제외되는 행위) ① 「질서위반행위규제법」(이하 '법'이라 한다) 제2조 제1호 가목에서 '대통령령으로 정하는 사법(私法)상·소송법상 의무를 위반하여 과태료를 부과하는 행위'란 「민법」, 「상법」 등 사인(私人) 간의 법률관계를 규율하는 법 또는 「민사소송법」, 「가사소송법」, 「민사집행법」, 「형사소송법」, 「민사조정법」 등 분쟁 해결에 관한 절차를 규율하는 법률상의 의무를 위반하여 과태료를 부과하는 행위를 말한다.

② ✕

질서위반행위규제법 제13조(수개의 질서위반행위의 처리) ① 하나의 행위가 2 이상의 질서위반행위에 해당하는 경우에는 각 질서위반행위에 대하여 정한 과태료 중 **가장 중한** 과태료를 부과한다.

③ ✕

질서위반행위규제법 제15조(과태료의 시효) ① 과태료는 행정청의 과태료 부과처분이나 법원의 과태료 재판이 확정된 후 5년간 징수하지 아니하거나 집행하지 아니하면 시효로 인하여 소멸한다.

④ ○

질서위반행위규제법 제25조(관할 법원) 과태료 사건은 다른 법령에 특별한 규정이 있는 경우를 제외하고는 당사자의 주소지의 지방법원 또는 그 지원의 관할로 한다.

선지분석 & 요플·기풀기링크

선지	THEME	요플	기풀기
①		09	009
②	T47 행정질서벌	28	028
③		38	039
④		49	049

정답 ④
OX 1✕ 2○ 3○

필수문제 02

행정벌에 대한 설명으로 옳지 않은 것은? (다툼이 있는 경우 판례에 의함) 19국가9

① 과실범을 처벌한다는 명문의 규정이 없더라도 행정형벌법규의 해석에 의하여 과실행위도 처벌한다는 뜻이 도출되는 경우에는 과실범도 처벌될 수 있다.

② 통고처분에 따른 범칙금을 납부한 후에 동일한 사건에 대하여 다시 형사처벌을 하는 것이 일사부재리의 원칙에 반하는 것은 아니다.

③ 과태료는 행정질서벌에 해당할 뿐 형벌이라고 할 수 없어 죄형법정주의의 규율대상에 해당하지 아니한다.

④ 과태료를 부과하는 근거 법령이 개정되어 행위시의 법률에 의하면 과태료 부과대상이었지만 재판시의 법률에 의하면 부과대상이 아니게 된 때에는 특별한 사정이 없는 한 과태료를 부과할 수 없다.

해설

① ○ 명문에서 과실범도 처벌한다는 점을 명시하지는 않았어도, 해석을 통한 과실범 처벌이 가능
구 대기환경보전법의 입법목적이나 제반 관계규정의 취지 등을 고려하면, 법정의 배출허용 기준을 초과하는 배출가스를 배출하면서 자동차를 운행하는 행위를 처벌하는 위 법 제57조 제6호의 규정은 자동차의 운행자가 그 자동차에서 배출되는 배출가스가 소정의 운행 자동차 배출허용기준을 초과한다는 점을 실제로 인식하면서 운행한 고의범의 경우는 물론 과실로 인하여 그러한 내용을 인식하지 못한 과실범의 경우도 함께 처벌하는 규정이다(1993.9.10. 92도1136).

+ PLUS 형벌은 원칙적으로 고의범에게만 부과할 수 있고(ex. 폭행죄), 예외적으로 별도의 처벌규정이 있다면 과실범에게도 부과할 수 있다(ex. 과실치상죄). 과실조차 없는 자를 형사처벌하는 경우는 없다. 그런데 행정형벌의 경우는 그 특성상 과실범 처벌을 전제하는 경우가 많고, 따라서 명문에서 명시적으로 과실범을 처벌한다고 규정하지 않더라도 그 해석에 의하여 과실행위도 처벌한다는 점이 드러난다면 과실범을 처벌할 수 있다는 것이 판례이다.

② × 통고처분에 따라 범칙금을 납부한 경우 형사확정판결과 같은 효력이 발생하여 당해 행위에 대한 형사절차는 종료된다. 따라서 이에 대해 다시 정식의 형사처벌을 하는 것은 일사부재리의 원칙에 반한다. 이미 형사처벌이 완료된 사안을 다시 형사처벌하는 것이기 때문이다.

③ ○ 질서위반행위는 범죄가 아니고, 과태료는 형벌이 아니다. 따라서 범죄와 형벌에 적용되는 죄형법정주의의 규율대상이 아니다. 다만, 질서위반행위규제법은 법률에 의하지 않고는 질서위반행위로 과태료를 부과할 수 없도록 규정해, 죄형법정주의와 유사한 취지의 질서위반행위법정주의를 규정하고 있다.

질서위반행위규제법 제6조(질서위반행위 법정주의) 법률에 따르지 아니하고는 어떤 행위도 질서위반행위로 과태료를 부과하지 아니한다.

④ ○ 질서위반행위에 대하여 과태료를 부과하는 근거법령이 개정되어 행위시의 법률에 의하면 과태료 부과대상이었지만 재판시의 법률에 의하면 부과대상이 아니게 된 때에는 개정법률의 부칙 등에서 행위시의 법률을 적용하도록 명시하는 등 특별한 사정이 없는 한 재판시의 법률을 적용하여야 하므로 과태료를 부과할 수 없다(2017.4.7. 2016마1626).

질서위반행위규제법 제3조(법 적용의 시간적 범위) ① 질서위반행위의 성립과 과태료 처분은 행위시의 법률에 따른다.
② 질서위반행위 후 법률이 변경되어 그 행위가 질서위반행위에 해당하지 아니하게 되거나 과태료가 변경되기 전의 법률보다 가볍게 된 때에는 법률에 특별한 규정이 없는 한 변경된 법률을 적용한다.
③ 행정청의 과태료 처분이나 법원의 과태료 재판이 확정된 후 법률이 변경되어 그 행위가 질서위반행위에 해당하지 아니하게 된 때에는 변경된 법률에 특별한 규정이 없는 한 과태료의 징수 또는 집행을 면제한다.

관련 OX

① 관련
1 행정상의 단속을 주안으로 하는 법규상으로 명문규정이 없더라도 해석상 과실도 벌할 뜻이 명확한 경우에는 과실범도 처벌할 수 있다. 23서울(지적)7

④ 관련
2 질서위반행위에 대하여 과태료를 부과하는 근거 법령이 개정되어 행위시의 법률에 의하면 과태료 부과대상이었지만 재판시의 법률에 의하면 부과대상이 아니게 된 때에는 개정 법률의 부칙 등에서 행위시의 법률을 적용하도록 명시하는 등 특별한 사정이 없는 한 재판시의 법률을 적용하여야 하므로 과태료를 부과할 수 없다. 24국가7

추가기출(④ 관련)
ⓐ 행정청의 과태료 처분이나 법원의 과태료 재판이 확정된 후 법률이 변경되어 그 행위가 질서위반행위에 해당하지 아니하게 되더라도 변경된 법률에 특별한 규정이 없는 한 과태료의 징수 또는 집행은 면제되지 않는다. 13국가9

선지분석 & 요플·기풀기링크

선지	THEME	요플	기풀기
①	T42 실효성 확보(공통쟁점)	67	066
②		69	069
③	T47 행정질서벌	18	017
④		13	013

정답 ②
OX 1○ 2○ ⓐ×

필수문제 03

질서위반행위와 과태료처분에 관한 설명으로 옳은 것은? 17(2)서울9

① 과태료의 부과·징수, 재판 및 집행 등의 절차에 관하여 「질서위반행위규제법」과 타 법률이 달리 규정하고 있는 경우에는 후자를 따른다.
② 하나의 행위가 2 이상의 질서위반행위에 해당하는 경우에는 각 질서위반행위에 대하여 정한 과태료 중 가장 중한 과태료를 부과하는 것이 원칙이다.
③ 과태료는 행정질서유지를 위한 의무 위반이라는 객관적 사실에 대하여 과하는 제재이므로 과태료 부과에는 고의, 과실을 요하지 않는다.
④ 과태료에는 소멸시효가 없으므로 행정청의 과태료처분이나 법원의 과태료재판이 확정된 이상 일정한 시간이 지나더라도 그 처벌을 면할 수는 없다.

관련 OX

① 관련
1 과태료의 부과·징수의 절차에 관해 「질서위반행위규제법」의 규정에 저촉되는 다른 법률의 규정이 있는 경우에는 그 다른 법률의 규정이 정하는 바에 따른다. 17국회8

③ 관련
2 「질서위반행위규제법」에 따르면 고의 또는 과실이 없는 질서위반행위는 과태료를 부과하지 아니한다. 24국가7

해설

① ✕ 과태료 부과·징수 등에 대해서 타 법률과 충돌시 질서위반행위규제법이 우선한다.

질서위반행위규제법 제5조(다른 법률과의 관계) 과태료의 부과·징수, 재판 및 집행 등의 절차에 관한 다른 법률의 규정 중 이 법의 규정에 저촉되는 것은 <u>이 법으로 정하는 바에 따른다</u>.

② ○

질서위반행위규제법 제13조(수개의 질서위반행위의 처리) ① <u>하나의 행위가 2 이상의 질서위반행위에 해당</u>하는 경우에는 각 질서위반행위에 대하여 정한 과태료 중 **가장 중한** 과태료를 부과한다.
② 제1항의 경우를 제외하고 2 이상의 질서위반행위가 경합하는 경우에는 각 질서위반행위에 대하여 정한 과태료를 각각 부과한다. 다만, 다른 법령(지방자치단체의 조례를 포함한다. 이하 같다)에 특별한 규정이 있는 경우에는 그 법령으로 정하는 바에 따른다.

③ ✕ 통상의 행정상 제재에는 고의·과실을 요하지 않음이 원칙이다. 그러나 질서위반행위규제법은 과태료에 대해서 고의·과실을 요하는 것으로 규정하고 있다.

질서위반행위규제법 제7조(고의 또는 과실) <u>고의 또는 과실이 없는 질서위반행위는 과태료를 부과하지 아니한다</u>.

➕ PLUS 통상의 행정상 제재와 달리 행정벌, 즉 질서벌(과태료)과 행정형벌은 고의·과실을 요한다.

④ ✕

질서위반행위규제법 제15조(과태료의 시효) ① 과태료는 행정청의 과태료 부과처분이나 법원의 과태료재판이 확정된 후 <u>5년간 징수하지 아니하거나 집행하지 아니하면 시효로 인하여 소멸한다</u>.

선지분석 & 요플·기풀기링크

선지	THEME	요플	기풀기
①	T47 행정질서벌	16	016
②		27	027
③	T42 실효성 확보(공통쟁점)	61	061
④	T47 행정질서벌	36	037

정답 ②
OX 1✕ 2○

04

「질서위반행위규제법」상 과태료에 대한 설명으로 옳지 않은 것은? 23국가9

① 신분에 의하여 성립하는 질서위반행위에 신분이 없는 자가 가담한 때에는 신분이 없는 자에 대하여도 질서위반행위가 성립한다.
② 하나의 행위가 2 이상의 질서위반행위에 해당하는 경우에는 각 질서위반행위에 대하여 정한 과태료 중 가장 중한 과태료를 부과한다.
③ 자신의 행위가 위법하지 아니한 것으로 오인하고 행한 질서위반행위는 그 오인에 정당한 이유가 있는 때에 한하여 과태료를 부과하지 아니한다.
④ 행정청이 위반사실을 적발하면 과태료를 부과받을 자의 주소지를 관할하는 지방법원에 통보하여야 하고, 당해 법원은 「비송사건절차법」에 따라 결정으로써 과태료를 부과한다.

관련 OX

① 관련

1 신분에 의하여 성립하는 질서위반행위에 신분이 없는 자가 가담한 때에는 신분이 없는 자에 대하여는 질서위반행위가 성립하지 아니한다. 24행정사

③ 관련

2 자신의 행위가 위법하지 아니한 것으로 오인하고 행한 질서위반행위는 그 오인에 정당한 이유가 있는 때에 한하여 과태료를 부과하지 아니한다. 17국회8

3 자신의 행위가 위법하지 아니한 것으로 오인하고 행한 질서위반행위에 대해서는 과태료를 부과하지 아니한다. 11지방7

해설

① ○

질서위반행위규제법 제12조(다수인의 질서위반행위 가담) ① 2인 이상이 질서위반행위에 가담한 때에는 각자가 질서위반행위를 한 것으로 본다.
② **신분에 의하여 성립**하는 질서위반행위에 **신분이 없는 자가 가담**한 때에는 **신분이 없는 자에 대하여도 질서위반행위가 성립**한다.
③ 신분에 의하여 과태료를 감경 또는 가중하거나 과태료를 부과하지 아니하는 때에는 그 신분의 효과는 신분이 없는 자에게는 미치지 아니한다.

② ○

질서위반행위규제법 제13조(수개의 질서위반행위의 처리) ① 하나의 행위가 **2 이상의 질서위반행위에 해당**하는 경우에는 각 질서위반행위에 대하여 정한 과태료 중 **가장 중한** 과태료를 부과한다.

③ ○

질서위반행위규제법 제8조(위법성의 착오) 자신의 행위가 **위법하지 아니한 것으로 오인**하고 행한 질서위반행위는 그 오인에 **정당한 이유**가 있는 때에 한하여 **과태료를 부과하지 아니**한다.

④ × 위반사실 적발 후 과태료 부과는 법원이 아니라 행정청이 한다. 행정청은 자신이 부과한 과태료에 대해 이의제기가 있는 경우에 비로소 관할 법원에 통보할 뿐이다.

질서위반행위규제법 제17조(과태료의 부과) ① **행정청은** 제16조의 의견 제출 절차를 마친 후에 서면(당사자가 동의하는 경우에는 전자문서를 포함한다. 이하 이 조에서 같다)으로 **과태료를 부과하여야 한다.**
제21조(법원에의 통보) ① 제20조 제1항에 따른 **이의제기를 받은 행정청은** 이의제기를 받은 날부터 14일 이내에 이에 대한 의견 및 증빙서류를 첨부하여 **관할 법원에 통보하여야** 한다. 다만, 다음 각 호의 어느 하나에 해당하는 경우에는 그러하지 아니하다.
1. 당사자가 이의제기를 철회한 경우
2. 당사자의 이의제기에 이유가 있어 과태료를 부과할 필요가 없는 것으로 인정되는 경우

선지선택비율 ① 9.00% ② 6.41% ③ 18.54% ④ 66.06% 오답률 33.94%

선지분석 & 요플·기풀기링크

선지	THEME	요플	기풀기
①	T47 행정질서벌	25	025
②		27	027
③	T42 실효성 확보(공통쟁점)	64	064
④	T47 행정질서벌	31	032

정답 ④
OX 1× 2○ 3×

05

행정벌에 대한 설명으로 옳지 않은 것은? (다툼이 있는 경우 판례에 의함) 21소방

① 과태료는 행정상의 질서유지를 위한 행정질서벌에 해당할 뿐 형벌이라 할 수 없어 죄형법정주의의 규율대상에 해당하지 않는다.

② 행정형벌은 행정법상 의무위반에 대한 제재로 과하는 처벌로 법인이 법인으로서 행정법상 의무자인 경우 그 의무위반에 대하여 형벌의 성질이 허용하는 한도 내에서 그 법인을 처벌하는 것은 당연하며, 행정범에 관한 한 법인의 범죄능력을 인정함이 일반적이나, 지방자치단체와 같은 공법인의 경우는 범죄능력 및 형벌능력 모두 부정된다.

③ 과태료 재판은 이유를 붙인 결정으로써 하며, 결정은 당사자와 검사에게 고지함으로써 효력이 발생하고, 당사자와 검사는 과태료 재판에 대하여 즉시항고할 수 있으며 이 경우 항고는 집행정지의 효력이 있다.

④ 행정청이 질서위반행위에 대하여 과태료를 부과하고자 하는 때에는 미리 당사자에게 과태료 부과의 원인이 되는 사실, 과태료 금액 및 적용법령 등을 통지하고 10일 이상의 기간을 정하여 의견을 제출할 기회를 주어야 한다.

관련 OX

① 관련

1 과태료는 행정상의 질서유지를 위한 행정질서벌에 해당할 뿐 형벌이라 할 수 없어 죄형법정주의의 규율대상에 해당하지 않는다. 24해경승진

③ 관련

2 과태료 재판은 이유를 붙인 결정으로써 한다. 23소방승진

해설

① ○ 과태료는 행정질서벌일 뿐 형벌× so 죄형법정주의 적용대상×

죄형법정주의는 무엇이 범죄이며 그에 대한 형벌이 어떠한 것인가는 국민의 대표로 구성된 입법부가 제정한 법률로써 정하여야 한다는 원칙인데,「부동산등기 특별조치법」제11조 제1항 본문 중 제2조 제1항에 관한 부분이 정하고 있는 과태료는 행정상의 질서유지를 위한 행정질서벌에 해당할 뿐 형벌이라 할 수 없어 죄형법정주의의 규율대상에 해당하지 아니한다(헌재 1998.5.28. 96헌바83).

② × 형사범이건 행정범이건 법인은 범죄능력이 인정되지 않으므로, 범죄를 저지를 수 없다. 범죄를 저지를 수 있는 것은 생물인 자연인이지 무생물인 법인이 아니기 때문이다. 따라서 "행정범에 관한 한 법인의 범죄능력을 인정함이 일반적이다."는 부분은 틀렸다. 다만, 자연인 외 법인도 처벌하겠다는 양벌규정을 둔 경우 법인도 처벌대상은 될 수 있다.

• 법인은 기관인 자연인을 통하여 행위를 하게 되는 것이기 때문에, 자연인이 법인의 기관으로서 범죄행위를 한 경우에도 행위자인 자연인이 범죄행위에 대한 형사책임을 지는 것이고, 다만 법률이 목적을 달성하기 위하여 특별히 규정하고 있는 경우에만 행위자를 벌하는 외에 법률효과가 귀속되는 법인에 대하여도 벌금형을 과할 수 있을 뿐이다(1994.2.8. 93도1483).

③ ○

질서위반행위규제법 제36조(재판) ① 과태료 재판은 **이유를 붙인 결정**으로써 한다.

제37조(결정의 고지) ① 결정은 당사자와 검사에게 **고지함으로써 효력**이 생긴다.

제38조(항고) ① 당사자와 검사는 과태료 재판에 대하여 **즉시항고**를 할 수 있다. 이 경우 항고는 **집행정지의 효력**이 있다.

④ ○

질서위반행위규제법 제16조(사전통지 및 의견 제출 등) ① 행정청이 질서위반행위에 대하여 과태료를 부과하고자 하는 때에는 미리 당사자(제11조 제2항에 따른 고용주등을 포함한다. 이하 같다)에게 **대통령령으로 정하는 사항을 통지하고, 10일 이상의 기간**을 정하여 의견을 제출할 기회를 주어야 한다. 이 경우 지정된 기일까지 의견 제출이 없는 경우에는 의견이 없는 것으로 본다.

질서위반행위규제법 시행령 제3조(사전통지 및 의견 제출 등) ① 법 제16조 제1항에 따라 행정청이 과태료 부과에 관하여 미리 통지하는 경우에는 다음 각 호의 사항을 모두 적은 서면(당사자가 동의하는 경우에는 전자문서를 포함한다)으로 하여야 한다.
   2. **과태료 부과의 원인이 되는 사실, 과태료 금액 및 적용 법령**

선지분석 & 요플·기풀기링크

선지	THEME	요플	기풀기
①	T47 행정질서벌	18	017
②	T46 행정형벌	31	032
③	T47 행정질서벌	51	051
④		32	031

선지선택비율 ① 6.19% ② 76.80% ③ 13.92% ④ 3.09%   오답률 23.20%

정답 ②

OX 1○ 2○

06 필수문제

「질서위반행위규제법」상 과태료에 대한 설명으로 옳지 않은 것만을 모두 고른 것은? 15국가7

> ㄱ. 고의 또는 과실이 없는 질서위반행위는 과태료를 부과하지 아니한다.
> ㄴ. 신분에 의하여 성립하는 질서위반행위에 신분이 없는 자가 가담한 때에는 신분이 없는 자에 대해서는 질서위반행위가 성립하지 않는다.
> ㄷ. 과태료는 당사자가 과태료 부과처분에 대하여 이의를 제기하지 아니한 채 이의제기 기한이 종료한 후 사망한 경우에는 집행할 수 없다.
> ㄹ. 행정청은 질서위반행위가 종료된 날부터 5년이 경과한 경우에는 해당 질서위반행위에 대하여 과태료를 부과할 수 없다.

① ㄱ, ㄴ
② ㄴ, ㄷ
③ ㄱ, ㄷ, ㄹ
④ ㄴ, ㄹ, ㄷ

관련 OX

ㄷ. 관련
1 과태료는 당사자가 과태료 부과처분에 대하여 이의를 제기하지 아니한 채 「질서위반행위규제법」에 따른 이의제기 기한이 종료한 후 사망한 경우에는 그 상속재산에 대하여 집행할 수 있다. 16지방7

ㄹ. 관련
2 행정청은 질서위반행위가 종료된 날부터 5년이 경과하면 과태료를 부과할 수 없다. 10국회8

추가기출(ㄴ. 관련)
ⓐ ⓑ 신분에 의하여 과태료를 감경 또는 가중하거나 과태료를 부과하지 아니하는 때에는 그 신분의 효과는 신분이 없는 자에게는 미치지 않는다. 21국가7

해설

ㄱ. ○

질서위반행위규제법 제7조(고의 또는 과실) 고의 또는 과실이 없는 질서위반행위는 과태료를 부과하지 아니한다.

ㄴ. × 신분에 의해 성립하는 질서위반행위의 경우 신분의 효과가 신분이 없는 자에게 미친다. 따라서 신분이 있는 자에 가담한 신분 없는 자에 대해서도 질서위반행위가 성립한다. 반면, 신분에 의해 가감되거나 성립되지 않는 질서위반행위의 경우 신분의 효과가 신분이 없는 자에게 미치지 않는다.

질서위반행위규제법 제12조(다수인의 질서위반행위 가담) ② 신분에 의하여 성립하는 질서위반행위에 신분이 없는 자가 가담한 때에는 신분이 없는 자에 대하여도 질서위반행위가 성립한다.ㄴ
③ 신분에 의하여 과태료를 감경 또는 가중하거나 **과태료를 부과하지 아니**하는 때에는 그 신분의 효과는 신분이 없는 자에게는 미치지 아니한다.ⓐ

ㄷ. ×

질서위반행위규제법 제24조의2(상속재산 등에 대한 집행) ① 과태료는 당사자가 과태료 부과처분에 대하여 이의를 제기하지 아니한 채 제20조 제1항에 따른 기한이 종료한 후 사망한 경우에는 그 상속재산에 대하여 **집행할 수** 있다.

ㄹ. ○

질서위반행위규제법 제19조(과태료 부과의 제척기간) ① 행정청은 질서**위반행위가 종료된 날**(다수인이 질서위반행위에 가담한 경우에는 최종행위가 종료된 날을 말한다)부터 **5년이 경과**한 경우에는 해당 질서위반행위에 대하여 과태료를 부과할 수 없다.

선지분석 & 요플·기풀기링크

선지	THEME	요플	기풀기
ㄱ	T42 실효성 확보(공통쟁점)	61	061
ㄴ	T47 행정질서벌	25	025
ㄷ	T42 실효성 확보(공통쟁점)	86	087
ㄹ	T47 행정질서벌	35	036

정답 ②
OX 1○ 2○ ⓐ○

07 필수문제

행정벌에 대한 설명으로 옳지 않은 것은? (다툼이 있는 경우 판례에 의함) 17국회8

① 행정형벌의 과벌절차로서의 통고처분은 행정소송의 대상이 되는 행정처분이 아니다.
② 고의 또는 과실이 없는 질서위반행위는 과태료를 부과하지 아니한다.
③ 과태료의 부과는 서면으로 하여야 한다. 이때 당사자가 동의하는 경우에는 전자문서도 여기서의 서면에 포함된다.
④ 과태료의 부과·징수의 절차에 관해 「질서위반행위규제법」의 규정에 저촉되는 다른 법률의 규정이 있는 경우에는 그 다른 법률의 규정이 정하는 바에 따른다.
⑤ 자신의 행위가 위법하지 아니한 것으로 오인하고 행한 질서위반행위는 그 오인에 정당한 이유가 있는 때에 한하여 과태료를 부과하지 아니한다.

관련 OX

① 관련
1 통고처분은 상대방의 임의의 승복을 그 발효 요건으로 하기 때문에 그 자체만으로는 통고 이행을 강제하거나 상대방에게 아무런 권리·의무를 형성하지 않으므로 행정심판이나 행정소송의 대상으로서의 처분성을 부여할 수 없다. 24군무원5

② 관련
2 「질서위반행위규제법」은 고의 또는 과실이 없는 질서위반행위는 과태료를 부과하지 않는다고 규정한다. 18소방

해설

① ○ 통고처분은 처분이 아니므로 항고소송 ×
도로교통법 제118조에서 규정하는 경찰서장의 통고처분은 행정소송의 대상이 되는 행정처분이 아니므로 그 처분의 취소를 구하는 소송은 부적법하다(1995.6.29. 95누4674).

② ○

질서위반행위규제법 제7조(고의 또는 과실) 고의 또는 과실이 없는 질서위반행위는 과태료를 부과하지 아니한다.

③ ○

질서위반행위규제법 제17조(과태료의 부과) ① 행정청은 제16조의 의견 제출 절차를 마친 후에 서면(당사자가 동의하는 경우에는 전자문서를 포함한다. 이하 이 조에서 같다)으로 과태료를 부과하여야 한다.

④ ×

질서위반행위규제법 제5조(다른 법률과의 관계) 과태료의 부과·징수, 재판 및 집행 등의 절차에 관한 다른 법률의 규정 중 이 법의 규정에 저촉되는 것은 이 법으로 정하는 바에 따른다.

⑤ ○

질서위반행위규제법 제8조(위법성의 착오) 자신의 행위가 위법하지 아니한 것으로 오인하고 행한 질서위반행위는 그 오인에 정당한 이유가 있는 때에 한하여 과태료를 부과하지 아니한다.

선지분석 & 요플·기풀기링크

선지	THEME	요플	기풀기
①	T42 실효성 확보(공통쟁점)	39	038
②		61	061
③	T47 행정질서벌	34	033
④		16	016
⑤	T42 실효성 확보(공통쟁점)	64	064

정답 ④
OX 1 ○ 2 ○

08

「질서위반행위규제법」상의 과태료에 관한 내용으로 옳지 않은 것은? 12국회9

① 과태료의 재판은 이유를 붙인 결정으로써 한다.
② 검사가 과태료의 재판에 대하여 즉시항고를 하는 경우, 이 항고는 집행정지의 효력은 없다.
③ 행정청은 당사자가 의견제출기한 이내에 과태료를 자진납부하고자 하는 경우에는 과태료를 감경할 수 있다.
④ 다른 법률에 특별한 규정이 없으면 14세가 되지 아니한 자의 질서위반행위는 과태료를 부과하지 아니한다.
⑤ 하나의 행위가 2 이상의 질서위반행위에 해당하는 경우, 각 질서위반에 대하여 정한 과태료 중 가장 중한 과태료를 부과한다.

관련 OX

④ 관련

1 다른 법률에 특별한 규정이 없는 경우, 14세가 되지 아니한 자의 질서위반행위는 과태료를 부과하지 아니한다. 20국가9

⑤ 관련

2 하나의 행위가 둘 이상의 질서위반행위에 해당하는 경우에는 각 질서위반행위에 대하여 정한 과태료를 각각 부과한다. 16서울9

3 하나의 행위가 2 이상의 질서위반행위에 해당하는 경우에는 각 질서위반행위에 대하여 정한 과태료를 가중하여 부과한다. 16지방7

해설

① ○

질서위반행위규제법 제36조(재판) ① 과태료 재판은 <u>이유를 붙인 결정으로써</u> 한다.

② ✕

질서위반행위규제법 제38조(항고) ① 당사자와 검사는 과태료 재판에 대하여 **즉시항고**를 할 수 있다. 이 경우 항고는 **집행정지의 효력이 있다**.
② 검사는 필요한 경우에는 제1항에 따른 즉시항고 여부에 대한 행정청의 의견을 청취할 수 있다.

③ ○

질서위반행위규제법 제18조(자진납부자에 대한 과태료 감경) ① 행정청은 당사자가 제16조에 따른 의견 제출 기한 이내에 과태료를 <u>자진하여 납부하고자 하는 경우</u>에는 대통령령으로 정하는 바에 따라 <u>과태료를 감경할 수</u> 있다.

④ ○

질서위반행위규제법 제9조(책임연령) <u>14세가 되지 아니한 자의 질서위반행위는 과태료를 부과하지 아니한다</u>. 다만, 다른 법률에 특별한 규정이 있는 경우에는 그러하지 아니하다.

⑤ ○

질서위반행위규제법 제13조(수개의 질서위반행위의 처리) ① <u>하나의 행위가 2 이상의 질서위반행위에 해당</u>하는 경우에는 각 질서위반행위에 대하여 정한 과태료 중 **가장 중한 과태료**를 부과한다.
② 제1항의 경우를 제외하고 2 이상의 질서위반행위가 경합하는 경우에는 각 질서위반행위에 대하여 정한 과태료를 각각 부과한다. 다만, 다른 법령(지방자치단체의 조례를 포함한다. 이하 같다)에 특별한 규정이 있는 경우에는 그 법령으로 정하는 바에 따른다.

선지분석 & 요플·기풀기링크

선지	THEME	요플	기풀기
①		51	051
②		51	051
③	T47 행정질서벌	33	034
④		19	019
⑤		27	027

정답 ②

OX 1○ 2✕ 3✕

필수 문제 09

「질서위반행위규제법」의 내용으로 옳은 것만을 모두 고르면? 20국가9

> ㄱ. 행정청이 질서위반행위에 대하여 과태료를 부과하고자 하는 때에는 미리 당사자에게 대통령령으로 정하는 사항을 통지하고, 10일 이상의 기간을 정하여 의견을 제출할 기회를 주어야 한다.
> ㄴ. 행정청에 의해 부과된 과태료는 질서위반행위가 종료된 날(다수인이 질서위반행위에 가담한 경우에는 최종행위가 종료된 날을 말한다)부터 5년간 징수하지 아니하거나 집행하지 아니하면 시효로 인하여 소멸한다.
> ㄷ. 과태료 사건은 다른 법령에 특별한 규정이 있는 경우를 제외하고는 과태료 부과관청의 소재지의 지방법원 또는 그 지원의 관할로 한다.
> ㄹ. 다른 법률에 특별한 규정이 없는 경우, 14세가 되지 아니한 자의 질서위반행위는 과태료를 부과하지 아니한다.

① ㄱ, ㄹ
② ㄴ, ㄹ
③ ㄱ, ㄴ, ㄷ
④ ㄱ, ㄷ, ㄹ

관련 OX

ㄴ.관련
1 과태료는 행정청의 과태료 부과처분 이후 5년간 징수하지 아니하면 시효로 인하여 소멸한다. 20국회8

ㄷ.관련
2 과태료 사건은 다른 법령에 특별한 규정이 있는 경우를 제외하고는 당사자의 주소지의 지방법원 또는 그 지원의 관할로 한다. 19(2)서울9

해설

ㄱ. ○

질서위반행위규제법 제16조(사전통지 및 의견 제출 등) ① 행정청이 질서위반행위에 대하여 과태료를 부과하고자 하는 때에는 미리 당사자(제11조 제2항에 따른 고용주등을 포함한다. 이하 같다)에게 대통령령으로 정하는 사항을 통지하고, **10일 이상의 기간을 정하여 의견을 제출할 기회를 주어야 한다**. 이 경우 지정된 기일까지 의견 제출이 없는 경우에는 의견이 없는 것으로 본다.

ㄴ. ×

부과 제척기간	위반행위 종료 후(다수인 가담시 최종행위 종료 후) 5년 내(제19조 제1항)
징수 소멸시효	부과처분이나 과태료재판이 확정된 후 5년 내(제20조 제1항)

+ PLUS 위 지문은 부과 제척기간과 징수 소멸시효를 절반씩 섞어서 틀리게 낸 것이다(아래 조문의 밑줄부분을 혼합한 것). 단순히 '5년'만 외우고 내용을 이해하지 못한 수험생을 거르기 위해 출제된 것이라 할 수 있다.

질서위반행위규제법 제19조(과태료 부과의 제척기간) ① 행정청은 질서위반행위가 종료된 날(다수인이 질서위반행위에 가담한 경우에는 최종행위가 종료된 날을 말한다)부터 5년이 경과한 경우에는 해당 질서위반행위에 대하여 과태료를 부과할 수 없다.

제15조(과태료의 시효) ① 과태료는 행정청의 과태료 부과처분이나 법원의 과태료 재판이 확정된 후 **5년간 징수하지 아니하거나 집행하지 아니하면 시효로 인하여 소멸한다**.

ㄷ. × 과태료 재판의 관할은 부과관청의 소재지가 아닌 상대방(당사자) 주소지의 법원으로 한다. 항고소송은 피고(행정청) 소재지의 법원을 관할로 하고 있는 점과 구별해야 한다(T59).

질서위반행위규제법 제25조(관할 법원) 과태료 사건은 다른 법령에 특별한 규정이 있는 경우를 제외하고는 **당사자의 주소지**의 지방법원 또는 그 지원의 관할로 한다. ↔ 항고소송의 관할: 피고(행정청) 소재지

ㄹ. ○

질서위반행위규제법 제9조(책임연령) **14세가 되지 아니한 자**의 질서위반행위는 과태료를 부과하지 아니한다. 다만, 다른 법률에 특별한 규정이 있는 경우에는 그러하지 아니하다.

선지분석 & 요플·기풀기링크

선지	THEME	요플	기풀기
ㄱ		32	031
ㄴ	T47 행정질서벌	37	038
ㄷ		49	049
ㄹ		19	019

선지선택비율 ① 25.72% ② 31.16% ③ 22.83% ④ 20.29%   오답률 74.28%

정답 ①

필수문제 10

「질서위반행위규제법」의 내용으로 가장 옳지 않은 것은? (다툼이 있는 경우 판례를 따름)

19(2)서울7

① 고의 또는 과실이 없는 질서위반행위는 과태료를 부과하지 아니한다.
② 자신의 행위가 위법하지 아니한 것으로 오인하고 행한 질서위반행위는 그 오인에 정당한 이유가 있는 때에 한하여 과태료를 부과하지 아니한다.
③ 법률에 따르지 아니하고는 어떤 행위도 질서위반행위로 과태료를 부과하지 아니한다.
④ 행정청의 과태료 부과에 불복하려는 당사자는 과태료 부과 통지를 받은 날부터 90일 이내에 해당 행정청에 서면으로 이의제기를 할 수 있다.

관련 OX

③ 관련
1 법률에 따르지 아니하고는 어떤 행위도 질서위반행위로 과태료를 부과하지 아니한다. 21지방9

④ 관련
2 「질서위반행위규제법」상 행정청의 과태료 부과에 불복하는 당사자는 과태료 부과 통지를 받은 날부터 60일 이내에 해당 행정청에 서면으로 이의제기를 할 수 있다. 14지방7

해설

① ○

질서위반행위규제법 제7조(고의 또는 과실) 고의 또는 과실이 없는 질서위반행위는 과태료를 부과하지 아니한다.

② ○

질서위반행위규제법 제8조(위법성의 착오) 자신의 행위가 위법하지 아니한 것으로 오인하고 행한 질서위반행위는 그 오인에 정당한 이유가 있는 때에 한하여 과태료를 부과하지 아니한다.

③ ○

질서위반행위규제법 제6조(질서위반행위 법정주의) 법률에 따르지 아니하고는 어떤 행위도 질서위반행위로 과태료를 부과하지 아니한다.

④ ×

질서위반행위규제법 제20조(이의제기) ① 행정청의 과태료 부과에 불복하는 당사자는 제17조 제1항에 따른 과태료 부과통지를 받은 날부터 **60일** 이내에 해당 행정청에 서면으로 이의제기를 할 수 있다.

선지분석 & 요플·기풀기링크

선지	THEME	요플	기풀기
①	T42 실효성 확보(공통쟁점)	61	061
②		64	064
③	T47 행정질서벌	17	018
④		40	040

정답 ④
OX 1 ○ 2 ○

11

「질서위반행위규제법」의 내용에 대한 설명 중 옳지 않은 것은? 15서울9

① 과태료 사건은 다른 법령에 특별한 규정이 있는 경우를 제외하고는 과태료를 부과한 행정청의 소재지를 관할하는 행정법원의 관할로 한다.

② 행정청의 과태료 부과에 불복하는 당사자는 과태료 부과 통지를 받은 날부터 60일 이내에 해당 행정청에 서면으로 이의제기를 할 수 있는바, 이의제기가 있는 경우에는 행정청의 과태료 부과처분은 그 효력을 상실한다.

③ 이의제기를 받은 행정청은 이의제기를 받은 날부터 14일 이내에 이에 대한 의견 및 증빙서류를 첨부하여 관할 법원에 통보하여야 하는 것이 원칙이다.

④ 질서위반행위가 종료된 날부터 5년이 경과한 경우에는 해당 질서위반행위에 대하여 과태료를 부과할 수 없는바, 다수인이 질서위반행위에 가담한 경우에는 질서위반행위가 종료된 날은 최종행위가 종료된 날을 말한다.

관련 OX

② 관련

1 「질서위반행위규제법」에는 행정청의 과태료 부과에 대해 상대방이 이의를 제기하면 과태료 부과처분은 그 집행이 정지된다고 규정하고 있다. 14(1)경행

2 행정청의 과태료 부과에 불복하는 자는 서면으로 이의제기를 할 수 있으나, 이의제기가 있더라도 과태료 부과처분은 그 효력을 유지한다. 20지방9

③ 관련

3 행정청에 의해 부과되는 경우에 과태료 부과행위는 행정행위인데 「질서위반행위규제법」은 과태료 부과에 이의가 제기된 경우에 행정청의 과태료 부과처분은 그 효력이 상실되고 이의제기를 받은 부과행정청은 관할 검찰에 통보하여 검사가 과태료를 결정한다. 24소방승진

④ 관련

4 질서위반행위가 종료된 날부터 3년이 경과한 경우에는 해당 질서위반행위에 대하여 과태료를 부과할 수 없다. 22국회8

해설

① ✗

질서위반행위규제법 제25조(관할법원) 과태료 사건은 다른 법령에 특별한 규정이 있는 경우를 제외하고는 **당사자의 주소지의 지방법원 또는 그 지원의 관할로 한다.**

② ○

질서위반행위규제법 제20조(이의제기) ① 행정청의 과태료 부과에 불복하는 당사자는 제17조 제1항에 따른 과태료 부과 통지를 받은 날부터 60일 이내에 해당 행정청에 서면으로 이의제기를 할 수 있다.
② 제1항에 따른 **이의제기**가 있는 경우에는 행정청의 과태료 부과처분은 그 **효력을 상실**한다.

③ ○

질서위반행위규제법 제21조(법원에의 통보) ① 제20조 제1항에 따른 이의제기를 받은 행정청은 **이의제기를 받은 날부터 14일 이내에 이에 대한 의견 및 증빙서류를 첨부하여 관할 법원에 통보하여야** 한다. 다만, 다음 각 호의 어느 하나에 해당하는 경우에는 그러하지 아니하다.
1. 당사자가 이의제기를 철회한 경우
2. 당사자의 이의제기에 이유가 있어 과태료를 부과할 필요가 없는 것으로 인정되는 경우

④ ○

질서위반행위규제법 제19조(과태료 부과의 제척기간) ① 행정청은 질서위반행위가 종료된 날(다수인이 질서위반행위에 가담한 경우에는 최종행위가 종료된 날을 말한다)부터 **5년**이 경과한 경우에는 해당 질서위반행위에 대하여 과태료를 **부과할 수 없다.**

선지분석 & 요플·기풀기링크

선지	THEME	요플	기풀기
①		49	049
②	T47 행정질서벌	41	041
③		44	043
④		35	036

정답 ①
OX 1✗ 2✗ 3✗ 4✗

12

다음 설명 중 옳지 않은 것은? (다툼이 있는 경우 판례에 의함) 20소방

① 「질서위반행위규제법」상의 질서위반행위는 고의 또는 과실이 있는 경우에 과태료를 부과할 수 있다.
② 질서위반행위의 성립은 행위시의 법률을 따르고 과태료 처분은 판결시의 법률에 따른다.
③ 행정청은 질서위반행위가 발생하였다는 합리적 의심이 있어 그에 대한 조사가 필요하다고 인정하는 경우에 법정조사권을 행사할 수 있다.
④ 행정질서벌인 과태료는 형벌이 아니므로 행정질서벌에는 형법총칙이 적용되지 않는다.

관련 OX

① 관련
1 「질서위반행위규제법」에 따르면 고의 또는 과실이 없는 질서위반행위는 과태료를 부과하지 아니한다. 24국가7

④ 관련
2 행정질서벌인 과태료는 형법총칙이 적용된다. 24소방승진

해설

① ○

질서위반행위규제법 제7조(고의 또는 과실) 고의 또는 과실이 없는 질서위반행위는 과태료를 부과하지 아니한다.

② ×

질서위반행위규제법 제3조(법 적용의 시간적 범위) ① 질서위반행위의 성립과 과태료 처분은 행위시의 법률에 따른다.

③ ○

질서위반행위규제법 제22조(질서위반행위의 조사) ① 행정청은 질서위반행위가 발생하였다는 합리적 의심이 있어 그에 대한 조사가 필요하다고 인정할 때에는 대통령령으로 정하는 바에 따라 다음 각 호의 조치를 할 수 있다.
  1. 당사자 또는 참고인의 출석 요구 및 진술의 청취
  2. 당사자에 대한 보고 명령 또는 자료 제출의 명령

④ ○ 행정질서벌인 과태료는 질서위반행위규제법의 절차에 의해 부과된다. 이처럼 질서위반행위규제법이 일반법이 되고 그 성질도 형벌이 아니므로 형법총칙이 적용되지는 않는다.

선지선택비율 ① 15.38% ② 58.97% ③ 15.38% ④ 10.26% 오답률 41.03%

선지분석 & 요플·기풀기링크

선지	THEME	요플	기풀기
①	T42 실효성 확보(공통쟁점)	61	061
②		11	011
③	T47 행정질서벌	45	046
④		04	005

정답 ②
OX 1○ 2×

13

「질서위반행위규제법」에 대한 설명으로 옳지 않은 것은? (다툼이 있는 경우 판례에 의함) 23지방9

① 질서위반행위 후 법률이 변경되어 그 행위가 질서위반행위에 해당하지 아니하게 되거나 과태료가 변경되기 전의 법률보다 가볍게 된 때에는 법률에 특별한 규정이 없는 한 변경된 법률을 적용하여야 한다.
② 고의 또는 과실이 없는 질서위반행위라고 하더라도 과태료를 부과할 수 있다.
③ 행정청의 과태료 부과에 불복하는 당사자는 과태료 부과 통지를 받은 날부터 60일 이내에 해당 행정청에 서면으로 이의제기를 할 수 있다.
④ 법원이 심문 없이 과태료 재판을 하고자 하는 때에는 당사자와 검사는 특별한 사정이 없는 한 약식재판의 고지를 받은 날부터 7일 이내에 이의신청을 할 수 있다.

관련 OX

① 관련

1 질서위반행위 후 법률이 변경되어 그 행위가 질서위반행위에 해당하지 아니하게 된 때에는 법률에 특별한 규정이 없는 한 변경된 법률을 적용한다. 24행정사

② 관련

2 「질서위반행위규제법」에 따르면 고의 또는 과실이 없는 질서위반행위는 과태료를 부과하지 아니한다. 24국가7

해설

① ○

질서위반행위규제법 제3조(법 적용의 시간적 범위) ② 질서위반행위 후 **법률이 변경**되어 그 행위가 질서위반행위에 **해당하지 아니**하게 되거나 과태료가 변경되기 전의 법률보다 **가볍게** 된 때에는 법률에 특별한 규정이 없는 한 **변경된 법률을 적용**한다.

② ✕

질서위반행위규제법 제7조(고의 또는 과실) 고의 또는 **과실**이 **없는** 질서위반행위는 과태료를 **부과하지 아니**한다.

+ PLUS 행정상 제재는 원칙적으로 행위자의 고의·과실을 요하지 않는다. 다만, 질서위반행위규제법은 과태료에 대해 고의·과실을 요구하고 있다.

요플 행정질서벌의 적극요건

질서벌 (과태료)	고의·과실, 책임능력 등 필요 - 질서위반행위규제법에서 명문으로 요구하기 때문 - 위반자가 자신의 책임이 없음을 주장시 고의·과실 유무 따져봐야 함	위법하지 않은 것으로 오인한 경우 → 오인에 정당한 사유 있다면 부과✕

26 요플 p.170

③ ○

질서위반행위규제법 제20조(이의제기) ① 행정청의 과태료 부과에 불복하는 당사자는 제17조 제1항에 따른 **과태료 부과 통지를 받은 날부터 60일 이내**에 해당 행정청에 **서면으로** 이의제기를 할 수 있다.
② 제1항에 따른 이의제기가 있는 경우에는 행정청의 과태료 부과처분은 그 효력을 상실한다.

④ ○ 과태료 재판은 심문기일을 열어 당사자의 진술을 들어야 하나, 법원이 상당하다고 인정할 시 심문 없이 과태료 재판을 할 수 있다. 이를 약식재판이라 한다. 약식재판에 대해서 정식의 재판을 원하는 당사자와 검사는 약식재판의 고지를 받은 날로부터 7일 내 이의신청을 할 수 있다.

질서위반행위규제법 제44조(약식재판) 법원은 상당하다고 인정하는 때에는 제31조 제1항에 따른 **심문 없이** 과태료 재판을 할 수 있다.
제45조(이의신청) ① 당사자와 검사는 제44조에 따른 **약식재판의 고지를 받은 날부터 7일 이내**에 이의신청을 할 수 있다.

선지분석 & 요플·기풀기링크

선지	THEME	요플	기풀기
①	T47 행정질서벌	12	012
②	T42 실효성 확보(공통쟁점)	61	061
③	T47 행정질서벌	40	040
④		53	053

정답 ②

OX 1○ 2○

14

행정벌에 대한 설명으로 옳지 않은 것은? (다툼이 있는 경우 판례에 의함) 24국가9

① 지방자치단체 소속 공무원이 지방자치단체 고유의 자치사무를 수행하던 중 「도로법」 규정에 의한 위반행위를 한 경우 지방자치단체는 「도로법」 소정의 양벌규정에 따라 처벌대상이 되는 법인에 해당하지 않는다.

② 「개인정보 보호법」에 따르면, 죄형법정주의의 원칙상 '법인격 없는 공공기관'을 「개인정보 보호법」 소정의 양벌규정에 의하여 처벌할 수 없고, 그 경우 행위자 역시 위 양벌규정으로 처벌할 수 없다.

③ 과태료의 부과·징수, 재판 및 집행 등의 절차에 관한 다른 법률의 규정 중 「질서위반행위규제법」의 규정에 저촉되는 것은 「질서위반행위규제법」으로 정하는 바에 따른다.

④ 「질서위반행위규제법」에 따르면, 당사자와 검사는 과태료 재판에 대하여 즉시항고를 할 수 있으며, 이 경우 항고는 집행정지의 효력이 있다.

관련 OX

② 관련

1 법인격 없는 공공기관은 「개인정보 보호법」상 양벌규정에 의하여 처벌할 수 없고, 그 경우 행위자 역시 위 양벌규정으로 처벌할 수 없다. 23서울(지적)7

④ 관련

2 당사자는 과태료 재판에 대하여 즉시항고할 수 있으나 이 경우의 항고는 집행정지의 효력이 없다. 17교행9

해설

① ✕ 지자체 공무원이 자치사무 수행하던 중 위반행위한 경우: 지자체도 양벌규정에 따라 처벌 ○
지방자치단체가 그 고유의 **자치사무**를 처리하는 경우에는 지방자치단체는 국가기관의 일부가 아니라 국가기관과는 별도의 독립한 공법인이므로, 지방자치단체 소속 공무원이 지방자치단체 고유의 자치사무를 수행하던 중 도로법 제81조 내지 제85조의 규정에 의한 위반행위를 한 경우에는 지방자치단체는 도로법 제86조의 양벌규정에 따라 **처벌대상**이 되는 법인에 해당한다(2005.11.10. 2004도2657).

cf 기관위임사무의 경우 지자체는 양벌규정상 처벌대상 ✕

② ○ 구 「개인정보 보호법」 양벌규정에 의하여 처벌되는 개인정보처리자로는 같은 법에서 '법인 또는 개인'만을 규정하고 있을 뿐이고, 법인격 없는 공공기관에 대하여도 위 양벌규정을 적용할 것인지 여부에 대하여는 명문의 규정을 두고 있지 않으므로, 죄형법정주의의 원칙상 '법인격 없는 공공기관'을 위 양벌규정에 의하여 처벌할 수 없고, 그 경우 행위자 역시 위 양벌규정으로 처벌할 수 없다 (2021.10.28. 2020도1942).

③ ○

질서위반행위규제법 제5조(다른 법률과의 관계) 과태료의 부과·징수, 재판 및 집행 등의 절차에 관한 다른 법률의 규정 중 이 법의 규정에 저촉되는 것은 **이 법으로 정하는 바에 따른다**.

+ PLUS 통상적으로 다른 법률에 특별한 규정이 있는 경우에 해당 법을 따르는 것과는 대비됨

④ ○

질서위반행위규제법 제38조(항고) ① 당사자와 검사는 과태료 재판에 대하여 즉시항고를 할 수 있다. 이 경우 항고는 **집행정지의 효력**이 있다.

선지분석 & 요플·기풀기링크

선지	THEME	요플	기풀기
①	T46 행정형벌	32	033
②	T80 정보보호법(조문)	82	082
③	T47 행정질서벌	16	016
④		51	051

선지선택비율 ① 67.95% ② 14.93% ③ 5.96% ④ 11.17%   오답률 32.05%

정답 ①
OX 1○ 2✕

T48 실효성 확보수단(7) - 새로운 실효성 확보수단

01

제재처분에 대한 설명으로 옳지 않은 것은? (다툼이 있는 경우 판례에 의함) 22국가7

① 일정한 법규위반 사실이 행정처분의 전제사실이자 형사법규의 위반사실이 되는 경우, 형사판결이 확정되기 전에 그 위반사실을 이유로 제재처분을 하였다면 절차적 위반에 해당한다.

② 행정청이 여러 개의 위반행위에 대하여 하나의 제재처분을 하였으나, 위반행위별로 제재처분의 내용을 구분하는 것이 가능하고 여러 개의 위반행위 중 일부의 위반행위에 대한 제재처분 부분만이 위법하다면, 법원은 제재처분 전부를 취소하여서는 아니 된다.

③ 법령위반 행위가 2022년 3월 23일 있은 후 법령이 개정되어 그 위반행위에 대한 제재처분 기준이 감경된 경우, 특별한 규정이 없다면 해당 제재처분에 대해서는 개정된 법령을 적용한다.

④ 행정법규 위반에 대한 영업정지 처분은 행정목적의 달성을 위하여 행정법규 위반이라는 객관적 사실에 착안하여 가하는 제재이므로, 반드시 현실적인 행위자가 아니라도 법령상 책임자로 규정된 자에게 부과되고, 특별한 사정이 없는 한 위반자에게 고의나 과실이 없더라도 부과할 수 있다.

해설

① ✕ 어떠한 법규위반 사실이 제재처분 등의 전제이자 형사법규 위반사실에 해당 → 관련 형사 확정판결 전에 제재처분 등에 나아가도 절차 위반✕

행정처분과 형벌은 각각 그 권력적 기초, 대상, 목적이 다르다. 일정한 법규위반 사실이 행정처분의 전제사실이자 형사법규의 위반사실이 되는 경우에 동일한 행위에 관하여 독립적으로 행정처분이나 형벌을 부과하거나 이를 병과할 수 있다. 법규가 예외적으로 형사소추 선행원칙을 규정하고 있지 않은 이상 형사판결 확정에 앞서 일정한 위반사실을 들어 **행정처분을 하였다고 하여 절차적 위반이 있다고 할 수 없다**(2017.6.19. 2015두59808).

② ○ 여러 위반행위에 대해 하나의 제재처분. 그중 일부 처분만 위법: 구분 가능시 그 일부만 취소

행정청이 여러 개의 위반행위에 대하여 하나의 제재처분을 하였으나, 위반행위별로 제재처분의 내용을 구분하는 것이 가능하고 여러 개의 위반행위 중 일부의 위반행위에 대한 제재처분 부분만이 위법하다면, 법원은 제재처분 중 위법성이 인정되는 부분만 취소하여야 하고 제재처분 전부를 취소하여서는 아니 된다(2020.5.14. 2019두63515).

③ ○

행정기본법 제14조(법 적용의 기준) ③ 법령등을 위반한 행위의 성립과 이에 대한 제재처분은 법령등에 특별한 규정이 있는 경우를 제외하고는 법령등을 위반한 행위 당시의 법령등에 따른다. 다만, **법령등을 위반한 행위 후 법령등의 변경**에 의하여 그 행위가 법령등을 위반한 행위에 해당하지 아니하거나 **제재처분기준이 가벼워진 경우**로서 해당 법령등에 특별한 규정이 없는 경우에는 **변경된 법령등을 적용**한다.

+ PLUS 행정기본법 제14조는 부칙에 의하여 기본법 시행일 2021.3.23. 이후 제재처분에 관한 법령등이 변경된 경우부터 적용된다. 문제에서 제시한 2022.3.23.은 위의 시행일 이후이기에 개정된 법령을 적용한다.

④ ○ 행정상 제재: 현실적 행위자✕, 법령상 책임자에 부과 / 고의·과실, 책임능력 등 불요

행정법규 위반에 대한 제재조치는 행정목적의 달성을 위하여 행정법규 위반이라는 객관적 사실에 착안하여 가하는 제재이므로, 반드시 현실적인 행위자가 아니라도 **법령상 책임자로 규정된 자에게 부과되고**, 특별한 사정이 없는 한 위반자에게 **고의나 과실이 없더라도** 부과할 수 있다(2017.5.11. 2014두8773).

선지선택비율 ① 26.44% ② 5.81% ③ 13.18% ④ 54.57% 오답률 45.43%

관련 OX

① 관련

1 법규가 예외적으로 형사소추 선행 원칙을 규정하고 있지 않은 이상 형사판결 확정에 앞서 일정한 위반사실을 들어 행정처분을 하였다고 하여 절차적 위반이 있다고 할 수 없다. 20군무원9

③ 관련

2 ⓒ 법령을 위반한 행위 후 법령의 변경에 의하여 그 행위가 법령을 위반한 행위에 해당하지 아니하는 경우에도 해당 법령에 특별한 규정이 없는 경우 변경 이전의 법령을 적용한다. 21군무원7

④ 관련

3 행정법규 위반에 대한 제재조치는 법령상의 책임자로 규정된 자가 아닌 현실적 행위자에게 부과되어야 하고, 특별한 사정이 없는 한 위반자에게 고의나 과실이 있어야 부과할 수 있다. 22소간

4 ⓢ 현실적 행위자가 아닌 법령상 책임자로 규정된 자에게는 행정법규 위반에 대한 제재조치를 부과할 수 없다. 14지방7

5 ⓢ 대법원은 행정법규 위반에 대하여 가하는 제재조치로서의 행정처분에도 특별한 경우가 아닌 한 고의 또는 과실을 그 요건으로 한다고 판시하였다. 17서울7

선지분석 & 요플·기풀기링크

선지	THEME	요플	기풀기
①	T42 실효성 확보(공통쟁점)	81	081
②	T65 판결 기준시/종류	25	026
③	T08 개정시 적용법	26	025
④	T42 실효성 확보(공통쟁점)	51	052

정답 ①

OX 1○ 2✕ 3✕ 4✕ 5✕

02

행정상 제재처분에 관한 설명으로 옳은 것은? (다툼이 있는 경우 판례에 의함) 24소방

① 행정법규 위반에 대하여 가하는 제재조치는 원칙적으로 위반자에게 고의나 과실이 있어야 부과될 수 있다.
② 행정청은 법령등의 위반행위가 종료된 날부터 3년이 지나면 해당 위반행위에 대하여 제재처분(인허가의 정지·취소·철회, 등록 말소, 영업소 폐쇄와 정지를 갈음하는 과징금 부과를 말한다)을 할 수 없다.
③ 법령등을 위반한 행위의 성립과 이에 대한 제재처분은 법령등에 특별한 규정이 있는 경우를 제외하고는 원칙적으로 제재처분 당시의 법령등에 따른다.
④ 여러 처분사유에 관하여 하나의 제재처분을 하였을 때 그중 일부가 인정되지 않는다고 하더라도 나머지 처분사유들만으로도 처분의 정당성이 인정되는 경우에는 그 처분을 위법하다고 보아 취소하여서는 아니 된다.

관련 OX

① 관련
1 행정법규 위반에 대한 영업정지 처분은 행정목적의 달성을 위하여 행정법규 위반이라는 객관적 사실에 착안하여 가하는 제재이므로, 반드시 현실적인 행위자가 아니라도 법령상 책임자로 규정된 자에게 부과되고, 특별한 사정이 없는 한 위반자에게 고의나 과실이 없더라도 부과할 수 있다. 22국가7

④ 관련
2 여러 처분사유에 관하여 하나의 제재처분을 하였을 때 그중 일부가 인정되지 않고 나머지 처분사유들만으로 처분의 정당성이 인정된다고 하더라도 그 처분은 위법하다고 보아 취소할 수 있다. 25국가9

해설

① ✗ 행정상 제재: 현실적 행위자✗, 법령상 책임자에 부과 / 고의·과실, 책임능력 등 불요
  행정법규 위반에 대한 제재조치는 행정목적의 달성을 위하여 행정법규 위반이라는 객관적 사실에 착안하여 가하는 제재이므로, 반드시 현실적인 행위자가 아니라도 **법령상 책임자**로 규정된 자에게 부과되고, 특별한 사정이 없는 한 위반자에게 **고의나 과실이 없더라도** 부과할 수 있다(2017.5.11. 2014두8773).
  + PLUS 반면 과태료, 형벌은 고의·과실 필요

② ✗ 3년(✗) → 5년(○)
  행정기본법 제23조(제재처분의 제척기간) ① 행정청은 법령등의 위반행위가 **종료된 날부터 5년**이 지나면 해당 위반행위에 대하여 **제재처분**(인허가의 정지·취소·철회, 등록 말소, 영업소 폐쇄와 정지를 갈음하는 과징금 부과를 말한다. 이하 이 조에서 같다)을 **할 수 없다**.

③ ✗ 제재적 처분은 행위 당시의 법령등에 따르는 것이 원칙이다.
  행정기본법 제14조(법 적용의 기준) ③ 법령등을 위반한 행위의 성립과 이에 대한 **제재처분**은 법령등에 특별한 규정이 있는 경우를 제외하고는 법령등을 위반한 **행위 당시의 법령**등에 따른다. 다만, 법령등을 위반한 **행위 후 법령등의 변경**에 의하여 그 행위가 법령등을 **위반한 행위에** 해당하지 **아니**하거나 제재처분기준이 가벼워진 경우로서 해당 법령에 특별한 규정이 없는 경우에는 **변경된 법령**등을 적용한다.

  + PLUS 당사자의 신청에 따른 처분은 처분 당시의 법령등에 따르는 것이 원칙임과 구별

④ ○ 수개 처분사유 중 일부 위법: 다른 사유로써 처분의 정당성 인정되면 처분은 위법✗
  여러 처분사유에 관하여 하나의 제재처분을 하였을 때 그중 일부가 인정되지 않는다고 하더라도 나머지 처분사유들만으로도 그 처분의 정당성이 인정되는 경우에는 그 처분을 위법하다고 보아 취소하여서는 아니 된다(2020.5.14. 2019두63515).

선지선택비율 ① 7.9% ② 4.02% ③ 18.41% ④ 69.67% 오답률 30.33%

선지분석 & 요플·기풀기링크

선지	THEME	요플	기풀기
① T42 실효성 확보(공통쟁점)	51	052
② T48 새로운 확보수단	09	009
③ T08 개정시 적용법	23	023
④ T29 VA의 하자와 효력	03	003

정답 ④
OX 1○ 2✗

필수문제 03

다음 중 「행정기본법」상 제재처분에 대한 설명으로 가장 적절하지 않은 것은? (다툼이 있는 경우 판례에 의함)
24군무원7

① 제재처분의 근거가 되는 법률에는 제재처분의 주체, 사유, 유형 및 상한을 명확하게 규정하여야 한다.
② 행정청은 법령등의 위반행위가 종료된 날부터 5년이 지나면 해당 위반행위에 대하여 인허가의 정지·취소·철회, 등록 말소, 영업소 폐쇄와 정지를 갈음하는 과징금 부과의 제재처분을 할 수 없다.
③ 선지 ②에 있어서 다른 법률에서 5년 기간보다 짧은 기간을 규정하고 있으면 그 법률에서 정하는 바에 따르고, 다른 법률에서 긴 기간을 규정하고 있으면 5년으로 한다.
④ 정당한 사유 없이 행정청의 조사·출입·검사를 기피·방해·거부하여 제척기간이 지난 경우에는 행정청은 법령등의 위반행위가 종료된 날부터 5년이 지난 후에도 해당 위반행위에 대하여 인허가의 정지·취소·철회, 등록 말소, 영업소 폐쇄와 정지를 갈음하는 과징금 부과의 제재처분을 할 수 있다.

관련 OX

② 관련
1 행정청은 법령등의 위반행위가 종료된 날부터 3년이 지나면 해당 위반행위에 대하여 제재처분(인허가의 정지·취소·철회, 등록 말소, 영업소 폐쇄와 정지를 갈음 하는 과징금 부과를 말한다)을 할 수 없다. 24소방승진

추가기출(① 관련)
ⓐ 기
행정청은 재량이 있는 제재처분을 할 때에는 위반행위의 동기, 목적 및 방법, 위반행위의 결과, 위반행위의 횟수 등을 고려하여야 한다. 24경찰간부

해설

① ○

행정기본법 제22조(제재처분의 기준) ① 제재처분의 근거가 되는 법률에는 제재처분의 주체, 사유, 유형 및 상한을 명확하게 규정하여야 한다. 이 경우 제재처분의 유형 및 상한을 정할 때에는 해당 위반행위의 특수성 및 유사한 위반행위와의 형평성 등을 종합적으로 고려하여야 한다.
② 행정청은 재량이 있는 제재처분을 할 때에는 다음 각 호의 사항을 고려하여야 한다.ⓐ
1. 위반행위의 동기, 목적 및 방법
2. 위반행위의 결과
3. 위반행위의 횟수
4. 그 밖에 제1호부터 제3호까지에 준하는 사항으로서 대통령령으로 정하는 사항

②④ ○, ③ × 다른 법률에서 5년보다 짧은 기간을 규정하고 있는 경우는 물론, 5년보다 긴 기간을 규정하고 있는 경우에도 그 법률에서 정한 기간을 따른다.

요플 행정기본법 제23조(제재처분의 제척기간)

제척기간		
	5년 원칙	제23조(제재처분의 제척기간) ① 행정청은 법령등의 위반행위가 종료된 날부터 5년이 지나면 해당 위반행위에 대하여 제재처분(인허가의 정지·취소·철회, 등록 말소, 영업소 폐쇄와 정지를 갈음하는 과징금 부과를 말한다. 이하 이 조에서 같다)을 할 수 없다.②
	제척기간 적용배제	② 다음 각 호의 어느 하나에 해당하는 경우에는 제1항을 적용하지 아니한다. 1. 거짓이나 그 밖의 부정한 방법으로 인허가를 받거나 신고를 한 경우 2. 당사자가 인허가나 신고의 위법성을 알고 있었거나 중대한 과실로 알지 못한 경우 3. 정당한 사유 없이 행정청의 조사·출입·검사를 기피·방해·거부하여 제척기간이 지난 경우④ 4. 제재처분을 하지 아니하면 국민의 안전·생명 또는 환경을 심각하게 해치거나 해칠 우려가 있는 경우
	제재처분이 쟁송취소 되어 새로 부과시	③ 행정청은 제1항에도 불구하고 행정심판의 재결이나 법원의 판결에 따라 제재처분이 취소·철회된 경우에는 재결이나 판결이 확정된 날부터 1년(합의제행정기관은 2년)이 지나기 전까지는 그 취지에 따른 새로운 제재처분을 할 수 있다.
	타법과의 관계	④ 다른 법률에서 제1항 및 제3항의 기간보다 짧거나 긴 기간을 규정하고 있으면 그 법률에서 정하는 바에 따른다.③

26 요플 p.191

선지선택비율 ① 10.12% ② 13.10% ③ 57.14% ④ 19.64% 오답률 42.86%

선지분석 & 요플·기풀기링크

선지	THEME	요플	기풀기
①		07	007
②	T48 새로운 확보수단	09	009
③		20	011
④		10	011

정답 ③

OX 1× ⓐ○

04

「행정기본법」상 제재처분의 제척기간인 5년이 지나면 제재처분을 할 수 없는 경우는? (다툼이 있는 경우 판례에 의함)

23국가9

① 제재처분을 하지 아니하면 국민의 안전·생명 또는 환경을 심각하게 해치거나 해칠 우려가 있는 경우
② 거짓이나 그 밖의 부정한 방법으로 인허가를 받거나 신고를 한 경우
③ 정당한 사유 없이 행정청의 조사·출입·검사를 기피·방해·거부하여 제척기간이 지난 경우
④ 당사자가 인허가나 신고의 위법성을 경과실로 알지 못한 경우

[해설]

①②③ ○, ④ × 당사자가 인허가나 신고의 위법성을 경과실로 알지 못한 경우가 아니라 중대한 과실로 알지 못한 경우에 제재처분의 제척기간에 관한 규정이 적용되지 아니한다.

[요플] 행정기본법 제23조(제재처분의 제척기간)

제척기간	5년 원칙	제23조(제재처분의 제척기간) ① 행정청은 법령등의 위반행위가 종료된 날부터 5년이 지나면 해당 위반행위에 대하여 **제재처분**(인허가의 정지·취소·철회, 등록 말소, 영업소 폐쇄와 정지를 갈음하는 과징금 부과를 말한다. 이하 이 조에서 같다)을 할 수 없다.
	제척기간 적용배제	② 다음 각 호의 어느 하나에 해당하는 경우에는 제1항을 적용하지 아니한다. 1. **거짓이나 그 밖의 부정한 방법으로 인허가를 받거나 신고를 한 경우**② 2. 당사자가 인허가나 신고의 위법성을 알고 있었거나 **중대한 과실로 알지 못한 경우**④ 3. 정당한 사유 없이 행정청의 **조사·출입·검사를 기피·방해·거부하여 제척기간이 지난 경우**③ 4. 제재처분을 하지 아니하면 **국민의 안전·생명 또는 환경을 심각하게 해치거나 해칠 우려가 있는 경우**①
	제재처분이 쟁송취소되어 새로 부과시	③ 행정청은 제1항에도 불구하고 행정심판의 재결이나 법원의 판결에 따라 제재처분이 취소·철회된 경우에는 재결이나 판결이 확정된 날부터 1년(합의제행정기관은 2년)이 지나기 전까지는 그 취지에 따른 새로운 제재처분을 할 수 있다.
	타법과의 관계	④ 다른 법률에서 제1항 및 제3항의 기간보다 **짧거나 긴** 기간을 규정하고 있으면 그 **법률**에서 정하는 바에 따른다.

선지분석 & 요플·기풀기링크

선지	THEME	요플	기풀기
	T48 새로운 확보수단	N1	010

선지선택비율 ① 12.52% ② 6.54% ③ 13.33% ④ 67.61% **오답률** 32.39% **정답** ④

05

제재처분에 대한 설명으로 옳지 않은 것은? (다툼이 있는 경우 판례에 의함) 25국가9

① 자동차운수사업면허조건 등을 위반한 사업자에 대한 과징금부과처분이 법이 정한 한도액을 초과하여 위법할 경우 법원으로서는 그 전부를 취소할 수밖에 없다.

② 「행정기본법」상 제재처분 제척기간의 적용 대상인 제재처분은 '인허가의 정지·취소·철회, 등록 말소, 영업소 폐쇄와 정지를 갈음하는 과징금 부과'에 한정된다.

③ 여러 처분사유에 관하여 하나의 제재처분을 하였을 때 그중 일부가 인정되지 않고 나머지 처분사유들만으로 처분의 정당성이 인정된다고 하더라도 그 처분은 위법하다고 보아 취소할 수 있다.

④ 효력기간이 정해져 있는 제재적 행정처분의 효력이 발생한 이후에도 행정청은 특별한 사정이 없는 한 상대방에 대한 별도의 처분으로써 효력기간의 시기와 종기를 다시 정할 수 있다.

관련 OX

① 관련

1 행정청이 행정제재수단으로 사업정지 또는 과징금을 부과할 것인지, 과징금의 경우 얼마로 할 것인지의 재량이 부여된 경우 과징금 부과처분이 법이 정한 한도액을 초과하여 위법할 경우 법원으로서는 그 전부를 취소할 수 밖에 없다. 24해경간부

③ 관련

2 수개의 징계사유 중 일부가 인정되지 않더라도 인정되는 다른 일부 징계사유만으로도 당해 징계처분의 타당성을 인정하기에 충분한 경우에는 그 징계처분은 위법하지 않다. 24소방승진

해설

① ○ **재량행위인 과징금부과처분에서 법정한도액을 초과한 경우: 전부 취소(초과 부분만 취소×)**
자동차운수사업면허조건 등을 위반한 사업자에 대하여 행정청이 행정제재수단으로 사업정지를 명할 것인지, 과징금을 부과할 것인지, 과징금을 부과키로 한다면 그 금액은 얼마로 할 것인지에 관하여 재량권이 부여되었다 할 것이므로 과징금부과처분이 법이 정한 한도액을 초과하여 위법할 경우 법원으로서는 그 전부를 취소할 수밖에 없고, 그 한도액을 초과한 부분이나 법원이 적정하다고 인정되는 부분을 초과한 부분만을 취소할 수 없다(1998.4.10. 98두2270).

② ○

「**행정기본법**」 제23조(제재처분의 제척기간) ① 행정청은 법령등의 위반행위가 종료된 날부터 5년이 지나면 해당 위반행위에 대하여 **제재처분**(인허가의 정지·취소·철회, 등록 말소, 영업소 폐쇄와 정지를 갈음하는 과징금 부과를 말한다. 이하 이 조에서 같다)을 할 수 없다.

③ × **수개 처분사유 중 일부 위법: 다른 사유로써 처분의 정당성 인정되면 처분은 위법×**
여러 처분사유에 관하여 하나의 제재처분을 하였을 때 그중 일부가 인정되지 않는다고 하더라도 나머지 처분사유들만으로도 그 처분의 정당성이 인정되는 경우에는 그 처분을 위법하다고 보아 취소하여서는 아니 된다(2020.5.14. 2019두63515).

④ ○ **효력기간이 정해진 제재처분이 발효된 후에도 별도 처분으로 시기·종기를 다시 정할 수 있음**
효력기간이 정해져 있는 제재적 행정처분의 효력이 발생한 이후에도 행정청은 특별한 사정이 없는 한 상대방에 대한 별도의 처분으로써 효력기간의 시기와 종기를 다시 정할 수 있다. 이는 당초의 제재적 행정처분이 유효함을 전제로 그 구체적인 집행시기만을 변경하는 후속 변경처분이다. 이러한 후속 변경처분도 특별한 규정이 없는 한 의사표시에 관한 일반법리에 따라 상대방에게 고지되어야 효력이 발생한다. 위와 같은 후속 변경처분서에 효력기간의 시기와 종기를 다시 특정하는 대신 당초 제재적 행정처분의 집행을 특정 소송사건의 판결시까지 유예한다고 기재되어 있다면, 처분의 효력기간은 원칙적으로 그 사건의 판결선고시까지 진행이 정지되었다가 판결이 선고되면 다시 진행된다. 다만 이러한 후속 변경처분 권한은 특별한 사정이 없는 한 당초의 제재적 행정처분의 효력이 유지되는 동안에만 인정된다. 당초의 제재적 행정처분에서 정한 효력기간이 경과하면 그로써 처분의 집행은 종료되어 처분의 효력이 소멸하는 것이므로(행정소송법 제12조 후문 참조), 그 후 동일한 사유로 다시 제재적 행정처분을 하는 것은 위법한 이중처분에 해당한다(2022.2.11. 2021두40720).

선지분석 & 요플·기풀기링크

선지	THEME	요플	기풀기
①	T65 판결 기준시/종류	23	024
②	T48 새로운 확보수단	08	008
③	T29 VA의 하자와 효력	03	003
④	T52 대상적격(행정작용)	76	079

정답 ③

선지선택비율 ① 8.75% ② 10.24% ③ 66.71% ④ 14.30% 오답률 33.29%

06

행정법상 의무의 위반이나 불이행에 대한 금전적 제재수단에 관한 설명으로 옳지 않은 것은?

14국회8(변형)

① 전형적 과징금은 원칙적으로 행정법상의 의무를 위반한 자에 대하여 당해 위반행위로 얻게 된 경제적 이익을 박탈하기 위한 목적으로 부과하는 금전적인 제재이다.

② 전형적 과징금의 경우 실정법에서 통상 '위반행위의 내용·정도, 위반행위의 기간·횟수 이외에 위반행위로 인해 취득한 이익의 규모 등'을 고려요소로 규정하기 때문에 법령위반으로 취득한 이익이 없는 경우에는 부과할 수 없다.

ⓒ ③ 변형된 과징금은 인·허가사업에 관한 법률상의 의무위반이 있음에도 불구하고 공익상 필요하여 그 인·허가사업을 취소·정지시키지 않고 사업을 계속하되, 이에 갈음하여 사업을 계속함으로써 얻은 이익을 박탈하는 행정제재금이다.

④ 국세의 가산금은 체납된 국세의 3/100이며, 납부기한이 지난 날부터 매 1개월이 지날 때마다 체납된 12/1000의 중가산금을 가산금에 가산하여 징수한다.

Ⓢ ⑤ 가산세는 납세자가 법에 규정된 신고, 납세 등의 의무를 위반한 경우에 부과되는 행정상의 제재로서 납세자의 고의, 과실은 고려되지 않는 것이고, 그 의무해태를 탓할 수 없는 정당한 사유가 있는 경우 이를 부과할 수 없다.

관련 OX

① 관련

1 과징금의 원래 취지는 위반행위의 경제적 인센티브를 제거하고자 하는 것이다. 09국회8

⑤ 관련

2 세법상 가산세를 부과할 때 납세자에게 조세납부를 거부 또는 지연하는데 고의 또는 과실이 있었는지는 원칙적으로 고려하지 않지만, 납세의무자의 의무해태를 탓할 수 없는 정당한 사유가 있는 경우에는 가산세를 부과할 수 없다. 18국가9

추가기출(⑤ 관련)

ⓐ Ⓢ

구 「법인세법」 제76조 제9항에 근거하여 부과하는 가산세는 형벌이 아니므로 행위자의 고의 또는 과실·책임능력·책임조건 등을 고려하지 아니하며, 조세의 부과 절차에 따라 과징할 수 있다. 20지방7

해설

① ○ 본래의 과징금(전형적 과징금)은 위반행위에 대한 **경제적 이익**을 박탈하는 금전상 제재이다.

② × 본래 과징금은 이익환수적 성격을 가지므로 기본적으로 매출액이나 수익에 연동될 것이나, 「독점규제 및 공정거래에 관한 법률」에서는 매출액 등을 산정할 수 없거나, 나아가 매출액 등이 없는 경우에도 과징금을 부과할 수 있도록 규정하고 있다(제8조 단서).

독점규제 및 공정거래에 관한 법률 제8조(과징금) 공정거래위원회는 시장지배적 사업자가 남용행위를 한 경우에는 그 사업자에게 대통령령으로 정하는 매출액(대통령령으로 정하는 사업자의 경우에는 영업수익을 말한다. 이하 같다)에 100분의 6을 곱한 금액을 초과하지 아니하는 범위에서 과징금을 부과할 수 있다. 다만, 매출액이 없거나 매출액의 산정이 곤란한 경우로서 대통령령으로 정하는 경우(이하 '매출액이 없는 경우 등'이라 한다)에는 20억원을 초과하지 아니하는 범위에서 과징금을 부과할 수 있다.

③ ○ 본래 영업정지 등을 하여야 할 사안이나, 이 경우 중대한 공익침해가 예상되는 영업에 대하여(ex. 대중교통, 통신 등), 영업을 정지시키거나 취소시키지 않고 대신 그 수익을 향유하지 못하게 과징금을 부과하기도 한다. 이를 변형된 과징금이라 한다.

④ × 지문은 구 국세징수법 제21조의 내용이다. 2020년부터 가산금 제도가 폐지되고 국세기본법에 가산세(납부지연가산세)로 통합되었으므로 현재는 틀린 지문이다.

⑤ ○ **가산세: 고의·과실 불필요하나, 정당한 사유가 있으면 부과 불가**
세법상 가산세는 과세권의 행사 및 조세채권의 실현을 용이하게 하기 위하여 납세자가 정당한 이유 없이 법에 규정된 신고, 납세 등 각종 의무를 위반한 경우에 개별 세법이 정하는 바에 따라 부과되는 행정상의 제재로서 납세자의 고의·과실은 고려되지 않는 것이고, 다만 납세의무자가 그 의무를 알지 못한 것이 무리가 아니었다거나 그 의무의 이행을 당사자에게 기대하는 것이 무리라고 하는 사정이 있을 때 등 그 의무해태를 탓할 수 없는 정당한 사유가 있는 경우에는 이를 부과할 수 없다(2003.9.5. 2001두403).

관련 가산세는 형벌이 아니므로 행위자의 고의 또는 과실·책임능력·책임조건 등을 고려하지 아니하고 가산세 과세요건의 충족 여부만을 확인하여 조세의 부과 절차에 따라 과징할 수 있다ⓐ(헌재 2006.7.27. 2004헌가13).

선지분석 & 요플·기풀기링크 ⓓ

선지	THEME	요플	기풀기
①		12	013
②	T48 새로운 확보수단	17	015
③		13	017
④	T42 실효성 확보(공통쟁점)		
⑤		57	057

정답 ②, ④(개정법)
OX 1○ 2○ ⓐ○

07

과징금 제도에 관한 설명으로 옳지 않은 것은? (다툼이 있는 경우 판례에 따름) 09국회8

① 위반행위에 대한 확정판결을 받지 않고도 과징금을 강제징수하는 것은 무죄추정의 원칙에 반하지 않는다.
② 위반행위로 인한 수익을 정확히 계산할 수 없는 경우에도 과징금 제도가 인정되고 있다.
③ 과징금의 원래 취지는 위반행위의 경제적 인센티브를 제거하고자 하는 것이다.
④ 변형과징금의 1차적 목적은 영업정지처분을 받는 자에 대한 최소침해의 수단을 찾는 것이다.
⑤ 하나의 위반행위에 대해 과징금과 벌금을 병과하는 것은 이중처벌금지원칙에 반하지 않는다.

해설

①⑤ ○ 과징금 + 형벌: 이중처벌✕ / 관련 형사판결 확정 전에 제재처분 등에 나아가도 무죄추정의 원칙 위반✕
구 「독점규제 및 공정거래에 관한 법률」 제24조의2에 의한 부당내부거래에 대한 과징금은 … 부당내부거래 억지라는 행정목적을 실현하기 위하여 그 위반행위에 대하여 제재를 가하는 행정상의 제재금으로서의 기본적 성격에 부당이득환수적 요소도 부가되어 있는 것이라 할 것이고, 이를 두고 헌법 제13조 제1항에서 금지하는 국가형벌권 행사로서의 '처벌'에 해당한다고는 할 수 없으므로, 공정거래법에서 형사처벌과 아울러 과징금의 병과를 예정하고 있더라도 이중처벌금지원칙에 위반된다고 볼 수 없으며,⑤ 이 과징금 부과처분에 대하여 공정력과 집행력을 인정한다고 하여 이를 확정판결 전의 형벌집행과 같은 것으로 보아 무죄추정의 원칙에 위반된다고도 할 수 없다①(헌재 2003.7.24. 2001헌가25 전원).

②③ ○
- 본래의 과징금은 위반행위에 대한 경제적 이익을 박탈하는 금전상 제재이다.③ 의무위반 행위로 경제적 이익을 얻은 경우를 대상으로 하여 그 이익을 박탈하는 데 목적이 있다는 점에서 과태료와 구별된다.
- 과징금에 대한 대표적인 법률로 공정거래위원회 소관의 「독점규제 및 공정거래에 관한 법률」을 들 수 있다. 본래 과징금은 이익환수적 성격을 가지므로 기본적으로 매출액이나 수익에 연동될 것이나, 동법에서는 매출액 등을 산정할 수 없거나, 나아가 매출액 등이 없는 경우에도 과징금을 부과할 수 있도록 규정하고 있다(제8조 단서).②

④ ✕ 본래 영업정지 등을 하여야 할 사안이나, 이 경우 중대한 공익침해가 예상되는 영업에 대하여(ex. 대중교통, 통신 등), 영업을 정지시키거나 취소시키지 않고 대신 그 수익을 향유하지 못하게 과징금을 부과하기도 한다. 이를 변형된 과징금이라 한다. 따라서 그 목적이 상대방에 대한 최소침해가 아니라 공중의 편의 등 공익에 있다고 할 수 있다.

정답 ④

08

행정의 실효성 확보수단으로서 금전상 제재에 대한 설명으로 옳은 것만을 모두 고른 것은? (다툼이 있는 경우 판례에 의함)   17지방7

> ㄱ. 구 「독점규제 및 공정거래에 관한 법률」 제24조의2에 의한 부당내부거래행위에 대한 과징금은 부당내부거래 억지라는 행정목적을 실현하기 위하여 그 위반행위에 대한 행정상의 제재금으로서의 기본적 성격에 부당이득환수적 요소도 부가되어 있는 것으로, 이는 헌법 제13조 제1항에서 금지하는 국가형벌권의 행사로서의 '처벌'에 해당하지 아니한다.
> ㄴ. 가산금은 행정법상의 금전급부의무의 불이행에 대한 제재로서 가해지는 금전부담으로, 금전채무의 이행에 대한 간접강제의 효과를 갖는다.
> ㄷ. 세법상 가산세는 납세자가 정당한 이유 없이 법에 규정된 신고·납세의무 등을 위반한 경우에 부과되는 행정상 제재로서, 납세의무자가 세무공무원의 잘못된 설명을 믿고 그 신고납부의무를 이행하지 아니한 경우에는 그것이 관계 법령에 어긋나는 것임이 명백하다고 하더라도 정당한 사유가 있는 경우에 해당한다.

① ㄱ
② ㄱ, ㄴ
③ ㄴ, ㄷ
④ ㄱ, ㄴ, ㄷ

관련 OX

ㄱ. 관련

1 「독점규제 및 공정거래에 관한 법률」상 부당내부거래에 대한 과징금에는 행정상의 제재금으로서의 기본적 성격에 부당이득환수적 요소도 부가되어 있다.   21지방7

2 「독점규제 및 공정거래에 관한 법률」상 부당지원행위에 대한 과징금의 경우 행정상 의무위반에 대한 금전적 제재라는 면에서 벌금과 동일한 성격을 가지므로 동일한 의무위반행위에 대해 과징금을 부과한 경우 벌금을 병과할 수 없다.   10국회9

ㄷ. 관련

3 납세의무자가 세무공무원의 잘못된 설명을 믿고 신고납부의무를 이행하지 아니하였다 하더라도 그것이 관계 법령에 어긋나는 것임이 명백한 때에는 그러한 사유만으로는 가산세를 부과할 수 없는 정당한 사유가 있는 경우에 해당한다고 할 수 없다.   18지방7

해설

ㄱ. ○ 공정거래법상 과징금: 제재금(기본)+부당이득환수(부가) / 형벌은 아니므로 형벌과 병과 가능
구 「독점규제 및 공정거래에 관한 법률」 제24조의2에 의한 부당내부거래에 대한 과징금은 … 부당내부거래 억지라는 행정목적을 실현하기 위하여 그 위반행위에 대하여 제재를 가하는 행정상의 제재금으로서의 기본적 성격에 부당이득환수적 요소도 부가되어 있는 것이라 할 것이고, 이를 두고 헌법 제13조 제1항에서 금지하는 국가형벌권 행사로서의 '처벌'에 해당한다고는 할 수 없으므로, 공정거래법에서 형사처벌과 아울러 과징금의 병과를 예정하고 있더라도 이중처벌금지원칙에 위반된다고 볼 수 없으며, 이 과징금 부과처분에 대하여 공정력과 집행력을 인정한다고 하여 이를 확정판결 전의 형벌집행과 같은 것으로 보아 무죄추정의 원칙에 위반된다고도 할 수 없다(헌재 2003.7.24. 2001헌가25 전원).

+ PLUS 과징금은 형벌권 행사로서의 처벌이 아니다. 따라서 어떠한 위법행위에 대하여 형벌과 과징금을 함께 부과하여도 이중처벌금지원칙에 위반되지 않는다.

ㄴ. ○ 가산금은 금전급부의무를 기한 내 완납하지 않은 경우 법률에 따라 자동적으로 발생하는 지연이자로서 금전채무 이행에 대한 간접적 실효성 확보수단이다[단, 2020년부터 가산금은 가산세(납부지연가산세)로 통합].

ㄷ. × 법령의 부지·오인: 정당한 사유× → 세무공무원 설명에 따른 것이더라도 위법이 명백한 사항: 정당한 사유×
법령의 부지 또는 오인은 그 정당한 사유에 해당한다고 볼 수 없으며, 또한 납세의무자가 세무공무원의 잘못된 설명을 믿고 그 신고납부의무를 이행하지 아니하였다 하더라도 그것이 관계 법령에 어긋나는 것임이 명백한 때에는 그러한 사유만으로는 정당한 사유가 있는 경우에 해당한다고 할 수 없다 (2002.4.12. 2000두5944).

선지분석 & 요플·기풀기링크

선지	THEME	요플	기풀기
ㄱ	T48 새로운 확보수단	16	016
ㄴ		34	036
ㄷ	T42 실효성 확보(공통쟁점)	59	059

정답 ②

OX 1○ 2× 3○

09 필수 문제

오답률 TOP ❸

과징금에 대한 설명으로 옳지 않은 것은? (다툼이 있는 경우 판례에 의함) 22지방7

① 과징금의 근거가 되는 법률에는 과징금의 상한액을 명확하게 규정하여야 한다.
② 「행정기본법」 제28조 제1항에 과징금 부과의 법적 근거를 마련하였으므로 행정청은 직접 이 규정에 근거하여 과징금을 부과할 수 있다.
③ 영업정지처분에 갈음하는 과징금이 규정되어 있는 경우 과징금을 부과할 것인지 영업정지처분을 내릴 것인지는 통상 행정청의 재량에 속한다.
④ 과징금부과처분은 원칙적으로 위반자의 고의·과실을 요하지 아니하나, 위반자의 의무해태를 탓할 수 없는 정당한 사유가 있는 등의 특별한 사정이 있는 경우에는 이를 부과할 수 없다.

관련 OX

① 관련

1 과징금의 근거가 되는 법률에는 과징금에 관한 부과·징수 주체, 부과 사유, 상한액, 가산금을 징수하려는 경우 그 사항, 과징금 또는 가산금 체납 시 강제징수를 하려는 경우 그 사항을 명확하게 규정하여야 한다. 24국가9

③ 관련

2 영업정지처분에 갈음하는 과징금이 규정되어 있는 경우 과징금을 부과할 것인지 영업정지처분을 내릴 것인지는 통상 행정청의 재량에 속한다. 24해경승진

④ 관련

3 S

행정상 의무위반행위자에 대하여 과징금을 부과하기 위해서는 원칙적으로 위반자의 고의 또는 과실이 있어야 한다. 21국가7

선지분석 & 요플·기풀기링크

선지	THEME	요플	기풀기
①		19	020
②	T48 새로운 확보수단	18	019
③		25	026
④	T42 실효성 확보(공통쟁점)	56	056

해설

① ○

행정기본법 제28조(과징금의 기준) ① 행정청은 법령등에 따른 의무를 위반한 자에 대하여 법률로 정하는 바에 따라 (→ 행정기본법에 직접 근거해 부과×) 그 위반행위에 대한 제재로서 과징금을 부과할 수 있다.
② **과징금의 근거가 되는 법률**에는 과징금에 관한 다음 각 호의 사항을 **명확하게 규정**하여야 한다.
1. 부과·징수 주체
2. 부과 사유
3. **상한액**
4. 가산금을 징수하려는 경우 그 사항
5. 과징금 또는 가산금 체납시 강제징수를 하려는 경우 그 사항

② ✕

행정기본법 제28조(과징금의 기준) ① 행정청은 법령등에 따른 의무를 위반한 자에 대하여 **법률로 정하는 바에 따라** 그 위반행위에 대한 제재로서 **과징금을 부과할 수** 있다.

+ PLUS 행정기본법상 과징금 규정은 과징금 부과의 일반적 근거가 아니라 개별법에 별도의 법적 근거가 필요하다고 정하고 있다. 따라서 행정기본법만으로 과징금을 부과할 수는 없다.

③ ○ 변형된 과징금: 영업정지를 할지, 변형된 과징금을 부과할지는 재량
행정청에는 운영정지 처분이 영유아 및 보호자에게 초래할 불편의 정도 또는 그 밖에 공익을 해칠 우려가 있는지 등을 고려하여 어린이집 운영정지 처분을 할 것인지 또는 이에 갈음하여 과징금을 부과할 것인지를 선택할 수 있는 재량이 인정된다(2015.6.24. 2015두39378).

④ ○ 과징금 부과: 고의·과실 불필요하나, 정당한 사유가 있으면 부과 불가
과징금부과처분은 제재적 행정처분으로서 여객자동차 운수사업에 관한 질서를 확립하고 여객의 원활한 운송과 여객자동차 운수사업의 종합적인 발달을 도모하여 공공복리를 증진한다는 행정목적의 달성을 위하여 행정법규 위반이라는 객관적 사실에 착안하여 가하는 제재이므로 반드시 현실적인 행위자가 아니라도 법령상 책임자로 규정된 자에게 부과되고 원칙적으로 위반자의 고의·과실을 요하지 아니하나, 위반자의 의무해태를 탓할 수 없는 정당한 사유가 있는 등의 특별한 사정이 있는 경우에는 이를 부과할 수 없다(2014.10.15. 2013두5005).

선지선택비율 ① 23.37% ② 56.61% ③ 6.41% ④ 13.61% 오답률 43.39%

정답 ②

OX 1○ 2○ 3✕

필수 문제 10

과징금에 대한 설명으로 옳지 않은 것은? (다툼이 있는 경우 판례에 의함) 24지방7

① 「부동산 실권리자명의 등기에 관한 법률」 제5조에 의하여 부과된 과징금 채무는 대체적 급부가 가능한 의무이므로 그 과징금을 부과받은 자가 사망한 경우 그 상속인에게 포괄승계된다.

② 「부동산 실권리자명의 등기에 관한 법률」 제5조에 규정된 과징금은 행정청이 명의신탁행위로 인한 불법적인 이익을 박탈하거나 실명등기의무의 이행을 강제하기 위하여 의무자에게 부과·징수하는 것일 뿐 국가형벌권 행사로서의 처벌에 해당한다고 할 수 없다.

③ 법이 규정한 범위 내에서 부과처분 당시까지 부과관청이 확인한 사실을 기초로 과징금의 부과처분을 하나, 추후에 부과금 산정기준이 되는 새로운 자료가 나온 경우 부과관청은 새로운 부과처분을 하여야 한다.

④ 재량권이 부여된 과징금 부과처분이 법정 한도액을 초과하여 위법할 경우 법원은 그 초과부분만을 취소할 수 없고 부과된 과징금 전부를 취소하여야 한다.

해설

① ○ 부동산실명법 위반으로 과징금을 부과받은 자 사망: 그 상속인에게 포괄승계
「부동산 실권리자명의 등기에 관한 법률」 제5조에 의하여 부과된 과징금 채무는 대체적 급부가 가능한 의무이므로 위 과징금을 부과받은 자가 사망한 경우 그 상속인에게 포괄승계된다(1999.5.14. 99두35).

② ○ 과징금은 형사처벌인 벌금× → 과징금 + 형벌: 이중처벌·일사부재리 위반×
구「부동산 실권리자명의 등기에 관한 법률」 제5조에 규정된 과징금은 그 취지와 기능, 부과의 주체와 절차 등에 비추어 행정청이 명의신탁행위로 인한 불법적인 이익을 박탈하거나 위 법률에 따른 실명등기의무의 이행을 강제하기 위하여 의무자에게 부과·징수하는 것일 뿐 그것이 헌법 제13조 제1항에서 금지하는 국가형벌권 행사로서의 처벌에 해당한다고 할 수 없으므로 위 법률에서 형사처벌과 아울러 과징금의 부과처분을 할 수 있도록 규정하고 있다 하더라도 이중처벌금지 원칙에 위반한다고 볼 수 없다(2007.7.12. 2006두4554).

③ × 동일 위반행위에 대해 과징금 부과 후 새로운 자료가 나왔다고 추가 과징금 부과 불과
구「독점규제 및 공정거래에 관한 법률」에 의하여 부과되는 과징금은 같은 법이 규정한 범위 내에서 그 부과처분 당시까지 부과관청이 확인한 사실을 기초로 일의적으로 확정되어야 할 것이고, 그렇지 아니하고 부과관청이 과징금을 부과하면서 추후에 부과금 산정 기준이 되는 새로운 자료가 나올 경우에는 과징금액이 변경될 수도 있다고 유보한다든지, 실제로 추후에 새로운 자료가 나왔다고 하여 새로운 부과처분을 할 수는 없다(1999.5.28. 99두1571).

+ PLUS 특정 위반행위에 대해 과징금 부과 후 새로운 산정기준자료가 발견되었다 하여 다시 부과처분을 할 수 없다는 취지. 여러 위반행위 중 일부만 인지하여 과징금을 부과한 경우, 후에 나머지 위반행위를 인지하였다면 (한번에 부과한 경우와 형평을 고려한 범위 내에서) 추가 과징금 부과처분을 할 수 있다는 최신 판례와 구별하여야 한다.

④ ○ 재량행위인 과징금부과처분에서 법정한도액을 초과한 경우: 전부 취소(초과 부분만 취소×)
자동차운수사업면허조건 등을 위반한 사업자에 대하여 행정청이 행정제재수단으로 사업 정지를 명할 것인지, 과징금을 부과할 것인지, 과징금을 부과키로 한다면 그 금액은 얼마로 할 것인지에 관하여 재량권이 부여되었다 할 것이므로 과징금 부과처분이 법이 정한 한도액을 초과하여 위법할 경우 법원으로서는 그 전부를 취소할 수밖에 없고, 그 한도액을 초과한 부분이나 법원이 적정하다고 인정되는 부분을 초과한 부분만을 취소할 수 없다(1998.4.10. 98두2270).

+ PLUS 기속행위: 가분·특정 가능시 초과부분만 취소, 불가시 전부 취소 ↔ 재량행위: 본질적으로 가분·특정 불가로 전부 취소, 단 수개의 위반행위에 대한 하나의 과징금부과처분의 경우 위법인 정부분만 취소 가능

선지선택비율 ① 12.72% ② 7.04% ③ 72.20% ④ 8.05% 오답률 27.80%

관련 OX

① 관련
1 「부동산 실권리자명의 등기에 관한 법률」 제5조에 의하여 부과된 과징금 채무는 대체적 급부가 가능한 의무이므로 과징금을 부과받은 자가 사망한 경우 그 상속인에게 포괄승계된다. ○ 23국가7

③ 관련
2 과징금은 법이 규정한 범위 내에서 그 부과처분 당시까지 부과관청이 확인한 사실을 기초로 일의적으로 확정되어야 할 것이고, 그렇지 아니하고 부과관청이 과징금을 부과하면서 추후에 부과금 산정기준이 되는 새로운 자료가 나올 경우에는 과징금 금액이 변경될 수도 있다고 유보한다든지, 실제로 추후에 새로운 자료가 나왔다고 하여 새로운 부과처분을 할 수는 없다. ○ 24해경간부

선지분석 & 요플·기풀기링크

선지	THEME	요플	기풀기
①	T42 실효성 확보(공통쟁점)	83	088
②		73	075
③	T48 새로운 확보수단	28	029
④	T65 판결 기준시/종류	23	024

정답 ③
OX 1 ○ 2 ○

THEME 42-48 실효성 확보수단

11

행정의 실효성 확보수단에 대한 설명으로 옳지 않은 것은? (다툼이 있는 경우 판례에 의함)

23국회8

① 「행정기본법」에 따르면, 행정청은 의무자가 행정상 의무를 이행할 때까지 이행강제금을 반복하여 부과할 수 있다. 다만, 의무자가 의무를 이행하면 새로운 이행강제금의 부과를 즉시 중지하되, 이미 부과한 이행강제금은 징수하여야 한다.

② 경찰서장이 「경범죄 처벌법」상 범칙행위에 대하여 통고처분을 하였는데 통고처분에서 정한 범칙금 납부기간이 지나지 아니한 경우, 경찰서장이 즉결심판을 청구하거나 검사가 동일한 범칙행위에 대하여 공소를 제기할 수 없다.

③ 행정청이 행정대집행의 방법으로 건물철거의무의 이행을 실현할 수 있는 경우에 건물철거 대집행 과정에서 부수적으로 건물의 점유자들에 대한 퇴거조치를 할 수 없다.

④ 「가맹사업거래의 공정화에 관한 법률」(이하 '가맹사업법'이라 함)에 따르면, 공정거래위원회는 가맹사업법 위반행위에 대하여 과징금을 부과할 것인지, 부과할 경우 과징금 액수를 구체적으로 얼마로 정할 것인지를 재량으로 판단할 수 있다.

⑤ 질서위반행위의 과태료 부과의 근거법률이 개정되어 행위시 법률에 의하면 과태료 부과대상이었지만 재판시 법률에 의하면 과태료 부과대상이 아니게 된 때에는 개정법률 부칙에서 종전 법률 시행 당시에 행해진 질서위반행위에 행위시 법률을 적용하도록 특별한 규정을 두지 않은 이상 재판시 법률을 적용하여야 하므로 과태료를 부과하지 못한다.

관련 OX

① 관련

1 행정청이 의무자가 행정상 의무를 이행할 때까지 이행강제금을 반복하여 부과하는 경우에 의무자가 의무를 이행하더라도 이미 부과한 이행강제금은 징수하여야 한다. 25소방

② 관련

2 경찰서장이 범칙행위에 대하여 「경범죄 처벌법」상 통고처분을 하였다면, 통고처분에서 정한 범칙금 납부기간까지는 원칙적으로 경찰서장은 즉결심판을 청구할 수 없지만 검사는 동일한 범칙행위에 대하여 공소를 제기할 수 있다. 22소간

해설

① ○

행정기본법 제31조(이행강제금의 부과) ⑤ 행정청은 의무자가 행정상 의무를 이행할 때까지 이행강제금을 반복하여 부과할 수 있다. 다만, 의무자가 의무를 이행하면 새로운 이행강제금의 부과를 즉시 중지하되, 이미 부과한 이행강제금은 징수하여야 한다.

② ○ 통고처분에 기한 범칙금 납부기간 중 → 경찰서장은 즉결심판 불가, 검사는 공소제기 불가, 형사소추를 위한 통고처분 취소도 불가

「경범죄 처벌법」의 규정 내용과 통고처분제도의 입법 취지를 고려하면, 「경범죄 처벌법」상 범칙금제도는 범칙행위에 대하여 형사절차에 앞서 경찰서장의 **통고처분에 따라 범칙금을 납부할 경우** 이를 납부하는 사람에 대하여는 **기소를 하지 않는 처벌의 특례**를 마련해 둔 것으로 법원의 재판절차와는 제도적 취지와 법적 성질에서 차이가 있다. 따라서 경찰서장이 범칙행위에 대하여 **통고처분을 한 이상**, 범칙자의 위와 같은 절차적 지위를 보장하기 위하여 통고처분에서 정한 **범칙금 납부기간까지는** 원칙적으로 **경찰서장은 즉결심판을 청구할 수 없고, 검사도 동일한 범칙행위에 대하여 공소를 제기할 수 없다**. 나아가 특별한 사정이 없는 이상 경찰서장은 범칙행위에 대한 형사소추를 위하여 **이미 한 통고처분을 임의로 취소할 수 없다**(2021.4.1. 2020도15194).

③ × 건물철거를 위한 대집행 과정에서 부수적으로 건물점유자들을 퇴거시킬 수 있음

행정청이 행정대집행의 방법으로 건물철거의무의 이행을 실현할 수 있는 경우에는 **건물철거 대집행 과정에서 부수적으로 건물의 점유자들에 대한 퇴거조치를 할 수 있고** … (2017.4.26. 2016다213916)

선지분석 & 요플·기풀기링크

선지	THEME	요플	기풀기
① T44 강제집행 등	28	027
② T46 행정형벌	09	015
③ T43 대집행	14	013
④ T48 새로운 확보수단	22	023
⑤ T47 행정질서벌	13	013

④ ○ 「가맹사업거래의 공정화에 관한 법률」상 과징금: 부과 여부 및 부과금액 모두 재량

「가맹사업거래의 공정화에 관한 법률」(이하 '가맹사업법'이라 한다) 제35조 제1항에 따르면, 공정거래위원회는 가맹사업법 위반행위에 대하여 **과징금을 부과할 것인지**와 만일 과징금을 부과할 경우 가맹사업법과 「가맹사업거래의 공정화에 관한 법률 시행령」이 정하고 있는 일정한 범위 안에서 과징금의 액수를 구체적으로 얼마로 정할 것인지를 재량으로 판단할 수 있으므로, 공정거래위원회의 법 위반행위자에 대한 과징금 부과처분은 재량행위이다(2021.9.30. 2020두48857).

⑤ ○ 질서위반행위 후 행위자에게 유리한 법률변경이 있는 경우: 신법 적용

질서위반행위에 대하여 과태료를 부과하는 근거법령이 개정되어 **행위시의 법률**에 의하면 **과태료 부과대상**이었지만 재판시의 법률에 의하면 **부과대상**이 아니게 된 때에는 개정법률의 부칙 등에서 행위시의 법률을 적용하도록 명시하는 등 특별한 사정이 없는 한 재판시의 **법률**을 적용하여야 하므로 과태료를 부과할 수 없다(2017.4.7. 2016마1626).

질서위반행위규제법 제3조(법 적용의 시간적 범위) ② 질서위반**행위 후 법률이 변경**되어 그 행위가 질서위반행위에 **해당하지 아니**하게 되거나 과태료가 변경되기 전의 법률보다 **가볍게** 된 때에는 법률에 특별한 규정이 없는 한 **변경된 법률을 적용**한다.

필수문제 12

과징금 부과처분에 대한 설명으로 옳지 않은 것은? (다툼이 있는 경우 판례에 의함)  22국가9

Ⓐ ① 「독점규제 및 공정거래에 관한 법률」상의 과징금은 법이 규정한 범위 내에서 그 부과처분 당시까지 부과관청이 확인한 사실을 기초로 일의적으로 확정되어야 할 것이지, 추후에 부과금 산정기준이 되는 새로운 자료가 나왔다고 하여 새로운 부과처분을 할 수 있는 것은 아니다.

Ⓑ ② 영업정지에 갈음하여 부과되는 이른바 변형된 과징금의 부과 여부는 통상 행정청의 재량행위이다.

Ⓒ ③ 과징금은 행정상 제재금이고 범죄에 대한 국가형벌권의 실행이 아니므로 행정법규 위반에 대해 벌금 이외에 과징금을 부과하는 것은 이중처벌금지의 원칙에 위반되지 않는다.

④ 「부동산 실권리자명의 등기에 관한 법률」상 명의신탁자에 대한 과징금의 부과 여부는 행정청의 재량행위이다.

관련 OX

② 관련

1 영업정지처분에 갈음하는 과징금이 규정되어 있는 경우 과징금을 부과할 것인지 영업정지처분을 내릴 것인지는 통상 행정청의 재량에 속한다. 22지방7

③ 관련

2 행정법규위반에 대하여 벌금 이외에 과징금을 함께 부과하는 것은 이중처벌 금지원칙에 위반된다. 18교행9

해설

① ○ 동일 위반행위에 대해 과징금 부과 후 새로운 자료가 나왔다고 추가 과징금 부과 불가

구 「독점규제 및 공정거래에 관한 법률」에 의하여 부과되는 과징금은 같은 법이 규정한 범위 내에서 **그 부과처분 당시까지 부과관청이 확인한 사실을 기초로 일의적으로 확정되어야 할 것이고**, 그렇지 아니하고 부과관청이 과징금을 부과하면서 추후에 부과금 산정 기준이 되는 새로운 자료가 나올 경우에는 과징금액이 변경될 수도 있다고 유보한다든지, 실제로 **추후에 새로운 자료가 나왔다고 하여 새로운 부과처분을 할 수는 없다**(1999.5.28. 99두1571).

+ PLUS 특정 위반행위에 대해 과징금 부과 후 새로운 산정기준자료가 발견되었다 하여 다시 부과처분을 할 수 없다는 취지. 여러 위반행위 중 일부만 인지하여 과징금을 부과한 경우, 후에 나머지 위반행위를 인지하였다면 (한번에 부과한 경우와 형평을 고려한 범위 내에서) 추가 과징금 부과처분을 할 수 있다는 최신 판례와 구별하여야 한다.

② ○ 변형된 과징금: 영업정지를 할지, 변형된 과징금을 부과할지는 재량

구 영유아보육법 제45조 제1항 각 호의 사유가 인정되는 경우, 행정청에는 운영정지 처분이 영유아 및 보호자에게 초래할 불편의 정도 또는 그 밖에 공익을 해칠 우려가 있는지 등을 고려하여 어린이집 **운영정지 처분을 할 것인지** 또는 이에 갈음하여 **과징금을 부과할 것인지를 선택할 수 있는 재량**이 인정된다(2015.6.24. 2015두39378).

③ ○ 과징금 + 형벌: 이중처벌·일사부재리 위반×

과징금은 **행정상의 제재금**으로서의 기본적 성격에 부당이득환수적 요소도 부가되어 있는 것이라 할 것이고, 이를 두고 헌법 제13조 제1항에서 금지하는 **국가형벌권 행사로서의 '처벌'에 해당한다고는 할 수 없으므로**, 공정거래법에서 형사처벌과 아울러 과징금의 병과를 예정하고 있더라도 **이중처벌금지원칙에 위반된다고 볼 수 없으며**, 이 과징금 부과처분에 대하여 공정력과 집행력을 인정한다고 하여 이를 확정판결 전의 형벌집행과 같은 것으로 보아 **무죄추정의 원칙에 위반된다고도 할 수 없다**(헌재 2003.7.24. 2001헌가25 전원).

선지분석 & 요플·기풀기링크

선지	THEME	요플	기풀기
①	T48 새로운 확보수단	28	029
②		25	026
③	T42 실효성 확보(공통쟁점)	71	073
④	T48 새로운 확보수단	23	024

④ ✗ 부동산실명법 위반자에 대한 과징금: 부과 여부는 기속(전액감면 불가), 감경 여부는 재량

「부동산 실권리자명의 등기에 관한 법률」을 종합하면, 명의신탁자에 대하여 과징금을 **부과할 것인지 여부는 기속행위**에 해당하므로, 명의신탁이 조세를 포탈하거나 법령에 의한 제한을 회피할 목적이 아닌 경우에 한하여 그 과징금을 일정한 범위 내에서 **감경할 수 있을 뿐**이지 그에 대하여 과징금 부과처분을 하지 않거나 과징금을 **전액** 감면할 수 있는 것은 아니다(2007.7.12. 2005두17287).

■ 과징금

성격	행정상 제재 + 부당이득환수(↔ 형벌✗) → 형사처벌과 병과해도 **이중처벌**✗③	
재량 여부	공정거래법상 과징금	부과 여부 및 부과금액 결정 모두 **재량**
	부동산실명법상 과징금	부과 여부는 **기속**④(전액감면은 불가) / 부과금액 결정(감경 여부)은 **재량**
	변형된 과징금	영업정지를 할지, 변형된 과징금을 부과할지는 **재량**②
수개 위반 행위	처음부터 여러 위반행위를 **동시에 인지**한 경우	전부에 대하여 **일괄해** 최고액 내에서 **하나의 부과처분하여야** → 일부에만 우선 부과하고, 나머지에는 차후 부과하는 것은 금지
	일부 위반행위만 먼저 인지한 상태에서 부과를 한 후 나머지 위반행위를 인지한 경우	모두에 대해서 일괄 부과하는 경우와 **형평을 고려해 2차 부과** → [일괄 부과할 경우의 정당금액 – 이미 부과된 금액]을 한도
동일 위반 행위	• 새로운 자료가 나올 경우 **변경할 수 있다고 유보**하는 과징금 부과처분: 불가 • 새로운 자료가 나왔다는 이유로 차액만큼 **추가**로 과징금 **부과처분**: 불가①	

선지선택비율 ① 26.44% ② 5.81% ③ 13.18% ④ 54.57%　　오답률 45.43%

필수문제 13

오답률 TOP ❶

과징금에 대한 설명으로 옳지 않은 것은? (다툼이 있는 경우 판례에 의함) 24국가9

① 구「독점규제 및 공정거래에 관한 법률」소정의 부당지원행위에 대한 과징금은 부당지원행위의 억지라는 행정목적을 실현하기 위한 행정상 제재금으로서의 성격에 부당이득환수적 요소도 부가되어 있으므로 국가형벌권 행사로서의 처벌에 해당하지 아니한다.

② 행정기본법령에 따르면, 과징금 납부의무자가 과징금을 분할 납부하려는 경우에는 납부기한 7일 전까지 과징금의 분할 납부를 신청하는 문서에 해당 사유를 증명하는 서류를 첨부하여 행정청에 신청해야 한다.

③ 관할 행정청이 여객자동차운송사업자의 여러 가지 위반행위를 인지하였다면 전부에 대하여 일괄하여 최고한도 내에서 하나의 과징금 부과처분을 하는 것이 원칙이고, 인지한 위반행위 중 일부에 대해서만 우선 과징금 부과처분을 하고 나머지에 대해서는 차후에 별도의 과징금 부과처분을 하는 것은 다른 특별한 사정이 없는 한 허용되지 않는다.

④ 과징금의 근거가 되는 법률에는 과징금에 관한 부과·징수 주체, 부과 사유, 상한액, 가산금을 징수하려는 경우 그 사항, 과징금 또는 가산금 체납시 강제징수를 하려는 경우 그 사항을 명확하게 규정하여야 한다.

관련 OX

① 관련
1 「독점규제 및 공정거래에 관한 법률」상의 부당내부거래에 대한 과징금에는 행정상의 제재금으로서의 기본적 성격에 부당이득환수적 요소도 부가되어 있다. 18(2)서울7

④ 관련
2 과징금의 근거가 되는 법률에는 과징금의 상한액을 명확하게 규정하여야 한다. 24해경승진

추가기출(②관련)
ⓐ 인
과징금은 한꺼번에 납부하는 것이 원칙이나 행정청은 과징금을 부과받은 자가 재해 등으로 재산에 현저한 손실을 입어 전액을 한꺼번에 내기 어렵다고 인정될 때에는 그 납부기한을 연기하거나 분할 납부하게 할 수 있다. 23소간

해설

① ○ **공정거래법상 과징금: 제재금(기본) + 부당이득환수(부가) / 형벌은 아니므로 형벌과 병과 가능**
구「독점규제 및 공정거래에 관한 법률」제24조의2에 의한 부당내부거래에 대한 **과징금**은 … 부당내부거래 억지라는 행정목적을 실현하기 위하여 그 위반행위에 대하여 제재를 가하는 행정상**의 제재금으로서의 기본적 성격에 부당이득환수적 요소도 부가되어 있는 것**이라 할 것이고, 이를 두고 헌법 제13조 제1항에서 금지하는 국가형벌권 행사로서의 '**처벌**'에 해당한다고는 할 수 없다(헌재 2003.7.24. 2001헌가25 전원).

② × 7일 전(×) → 10일 전(○)

행정기본법 시행령 제7조(과징금의 납부기한 연기 및 분할 납부) ① 과징금 납부의무자는 법 제29조 각 호 외의 부분 단서에 따라 과징금 납부기한을 연기하거나 과징금을 분할 납부하려는 경우에는 **납부기한 10일 전**까지 과징금 납부기한의 연기나 과징금의 분할 납부를 신청하는 문서에 같은 조 각 호의 사유를 증명하는 서류를 첨부하여 행정청에 신청해야 한다.

행정기본법 제29조(과징금의 납부기한 연기 및 분할 납부) 과징금은 **한꺼번에** 납부하는 것을 **원칙**으로 한다. **다만,** 행정청은 과징금을 부과받은 자가 다음 각 호의 어느 하나에 해당하는 사유로 과징금 전액을 한꺼번에 내기 어렵다고 인정될 때에는 그 납부기한을 **연기**하거나 **분할 납부**하게 **할 수** 있으며, 이 경우 필요하다고 인정하면 담보를 제공하게 할 수 있다.
1. **재해 등으로 재산에 현저한 손실을 입은 경우**ⓐ
2. 사업 여건의 악화로 사업이 중대한 위기에 처한 경우
3. 과징금을 한꺼번에 내면 자금 사정에 현저한 어려움이 예상되는 경우
4. 그 밖에 제1호부터 제3호까지에 준하는 경우로서 대통령령으로 정하는 사유가 있는 경우

③ ○ **여러 위반행위를 동시에 인지: 전부에 대하여 일괄해 최고액 내에서 하나의 부과처분해야 → 일부에만 우선 부과하고, 나머지는 차후에 별도로 부과하는 것은 금지**
관할 행정청이 여객자동차운송사업자의 여러 가지 위반행위를 인지하였다면 전부에 대하여 일괄하여 5,000만원의 최고한도 내에서 하나의 과징금 부과처분을 하는 것이 원칙이고, 인지한 여러 가지 위반행위 중 일부에 대해서만 우선 과징금 부과처분을 하고 나머지에 대해서는 차후에 별도의 과징금 부과처분을 하는 것은 다른 특별한 사정이 없는 한 허용되지 않는다(2021.2.4. 2020두48390).

선지분석 & 요플·기풀기링크

선지	THEME	요플	기풀기
①		16	016
②	T48 새로운 확보수단	31	032
③		26	027
④		19	020

④ ○

행정기본법 제28조(과징금의 기준) ② 과징금의 근거가 되는 **법률**에는 과징금에 관한 다음 각 호의 사항을 **명확하게 규정하여야** 한다.
  1. 부과·징수 **주체**
  2. 부과 **사유**
  3. **상한액**
  4. 가산금을 징수하려는 경우 그 사항
  5. 과징금 또는 가산금 체납시 강제징수를 하려는 경우 그 사항

선지선택비율 ① 25.97% ② 42.03% ③ 27.06% ④ 4.94%   오답률 57.97%

정답 ②
OX 1○ 2○ ⓐ○

14

행정의 실효성 확보수단에 대한 설명으로 옳지 않은 것은? (다툼이 있는 경우 판례에 의함)

23지방9

① 구「국세징수법」상 가산금 또는 중가산금의 고지는 항고소송의 대상이 되는 처분이 아니다.
② 지방자치단체 소속 공무원이 지방자치단체 고유의 자치사무를 수행하던 중 구「도로법」에 위반하는 행위를 한 경우 지방자치단체는 구「도로법」상 양벌규정에 따라 처벌대상이 되는 법인에 해당한다.
③ 구「음반·비디오물 및 게임물에 관한 법률」상 불법게임물에 대한 수거 및 폐기조치는 행정상 즉시강제에 해당한다.
④ 공매처분을 하면서 체납자에게 공매통지를 하지 않았거나 공매통지를 하였지만 그것이 적법하지 아니하다 하더라도 공매처분 자체는 위법하지 않다.

관련 OX

①관련

1 구「국세징수법」상 가산금은 국세를 납부기한까지 납부하지 아니하면 과세청의 확정절차 없이도 법률에 의하여 당연히 발생하는 것이므로 가산금의 고지는 항고소송의 대상이 되는 처분이라고 볼 수 없다. 19국가9

③관련

2 구「음반·비디오물 및 게임물에 관한 법률」상 불법게임물에 대한 수거 및 폐기조치는 행정상 즉시강제에 해당한다. 21국가9

해설

① ○ 가산금·중가산금의 고지: 별도의 확정절차 없이 법률에 의해 당연 발생 so 처분 ✕
국세징수법 제21조, 제22조가 규정하는 가산금 또는 중가산금은 국세를 납부기한까지 납부하지 아니하면 과세청의 확정절차 없이도 법률규정에 의하여 당연히 발생하는 것이므로 가산금 또는 중가산금의 고지가 항고소송의 대상이 되는 처분이라고 볼 수 없다(2005.6.10. 2005다15482).

② ○ 지방공무원이 자치사무처리 중 위반행위: 지자체도 사업주(행정주체)로서 양벌규정상 처벌대상
지방자치단체 소속 공무원이 지방자치단체 고유의 자치사무를 수행하던 중 도로법 제81조 내지 제85조의 규정에 의한 위반행위를 한 경우에는 지방자치단체는 도로법 제86조의 양벌규정에 따라 처벌대상이 되는 법인에 해당한다(2005.11.10. 2004도2657).

③ ○ 행정상 즉시강제는 실정법상 근거를 필요로 한다. 실정법상 허용되는 즉시강제는 다음과 같다.

요플 행정상 즉시강제의 종류

성격	예시
대인적	• 강제입원·강제격리·강제건강진단(**감염병예방법**) • 보호조치·범죄의 예방·제지(「경찰관 직무집행법」), 긴급수송 등 응급조치(「재난 및 안전관리 기본법」)
대물적	• 폐쇄조치(감염병예방법), 흉기영치(「경찰관 직무집행법」), 진화 등 응급조치(「재난 및 안전관리 기본법」) • **교통장애물 제거**(도로교통법), **방해물 파괴 등 강제처분**(소방기본법), 위해식품 수거·폐기(식품위생법), **불법게임물 수거·폐기**(영화비디오법), 미승인 마약류폐기(마약류관리법)
대가택	• 가택출입·수색(「경찰관 직무집행법」, 조세범처벌법)

26 요플 p.184

④ ✕ 공매통지의 하자는 공매처분의 절차적 위법에 해당
체납자 등에 대한 공매통지는 국가의 강제력에 의하여 진행되는 공매에서 체납자 등의 권리 내지 재산상의 이익을 보호하기 위하여 법률로 규정한 절차적 요건이라고 보아야 하며, 공매처분을 하면서 체납자 등에게 공매통지를 하지 않았거나 공매통지를 하였더라도 그것이 적법하지 아니한 경우에는 절차상의 흠이 있어 그 **공매처분은 위법**하다(2008.11.20. 2007두18154 전합).

+ PLUS 공매통지는 독자적 처분이 아닌 공매처분의 절차적 요건 중 하나이다. 따라서 공매통지에 위법이 있을 시 공매처분도 위법하게 된다. 이는 절차적 하자로서 취소사유이다.

선지분석 & 요플·기풀기링크

선지	THEME	요플	기풀기
①	T48 새로운 확보수단	38	038
②	T46 행정형벌	32	033
③	T45 즉시강제	20	007
④	T44 강제집행 등	45	046

선지선택비율 ① 14.10% ② 8.02% ③ 6.69% ④ 71.19% **오답률** 28.81%

정답 ④
OX 1○ 2○

15

「행정절차법」상 위반사실등의 공표에 관한 규정 내용으로 옳지 않은 것은? 24소방승진

① 위반사실등의 공표는 관보, 공보 또는 인터넷 홈페이지 등을 통하여 한다.
② 행정청은 법령에 따른 의무를 위반한 자의 성명·법인명, 위반사실, 의무 위반을 이유로 한 처분사실 등을 법률로 정하는 바에 따라 일반에게 공표할 수 있다.
③ 행정청은 위반사실등의 공표를 하기 전에 당사자가 공표와 관련된 의무의 이행, 원상회복, 손해배상 등의 조치를 마친 경우에도 위반사실등의 공표를 하여야 한다.
④ 행정청은 위반사실등의 공표를 하기 전에 사실과 다른 공표로 인하여 당사자의 명예·신용 등이 훼손되지 아니하도록 객관적이고 타당한 증거와 근거가 있는지를 확인하여야 한다.

관련 OX

③ 관련

1 행정청은 위반사실등의 공표를 하기 전에 당사자가 공표와 관련된 의무의 이행, 원상회복, 손해배상 등의 조치를 마친 경우에는 위반사실등의 공표를 하지 아니할 수 있다. 24소방

추가기출

ⓐ ⓒ

행정청은 공표된 내용이 사실과 다른 것으로 밝혀지거나 공표에 포함된 처분이 취소된 경우라도 당사자가 원하지 아니하면 정정한 내용을 공표하지 아니할 수 있다. 24소방

해설

①②④ ○, ③ ✕

행정절차법 제40조의3(위반사실 등의 공표) ① 행정청은 법령에 따른 의무를 위반한 자의 성명·법인명, 위반사실, 의무위반을 이유로 한 처분사실 등(이하 '위반사실등'이라 한다)을 **법률로 정하는 바에 따라 일반에게 공표**할 수 있다.②
② 행정청은 위반사실등의 **공표를 하기 전**에 사실과 다른 공표로 인하여 당사자의 명예·신용 등이 훼손되지 아니하도록 객관적이고 타당한 **증거와 근거가 있는지를 확인하여야** 한다.④
⑥ 위반사실등의 공표는 **관보, 공보 또는 인터넷** 홈페이지 등을 통하여 한다.①
⑦ 행정청은 위반사실등의 공표를 하기 전에 **당사자가** 공표와 관련된 의무의 이행, 원상회복, 손해배상 등의 **조치를 마친 경우**에는 위반사실등의 **공표를 하지 아니할 수** 있다.③
⑧ 행정청은 **공표된 내용이 사실과 다른 것**으로 밝혀지거나 공표에 **포함된 처분이 취소**된 경우에는 그 내용을 정정하여, 정정한 내용을 **지체 없이 해당 공표와 같은 방법**으로 공표된 기간 이상 **공표하여야** 한다. 다만, 당사자가 **원하지 아니하면** 공표하지 **아니할 수** 있다.ⓐ

선지분석 & 요플·기풀기링크

선지	THEME	요플	기풀기
①		46	052
②	T48 새로운 확보수단	43	047
③		47	053
④		44	050

정답 ③

OX 1 ○ ⓐ ○

THEME 49 행정조사기본법

01

행정조사에 대한 설명으로 옳지 않은 것은? (다툼이 있는 경우 판례에 의함) 12사복9

① 일반적으로 행정조사 그 자체는 법적 효과를 가져오지 않는 사실행위에 해당한다.
② 행정기관의 장은 조사대상자가 신고한 내용이 거짓의 신고라고 인정할 만한 근거가 있거나 신고내용을 신뢰할 수 없는 경우를 제외하고는 그 신고내용을 행정조사에 갈음하여야 한다.
③ 위법한 행정조사에 기초하여 내려진 행정처분은 위법한 처분이다.
④ 권력적 성격을 가지는 행정조사의 경우에는 근거된 법규의 범위 내에서만 가능하다.

관련 OX

④ 관련
1 조사대상자의 자발적인 협조를 얻어 실시하는 행정조사를 제외하고는 행정기관은 법령등에서 행정조사를 규정하고 있는 경우에 한하여 행정조사를 실시할 수 있다. 24국회9

해설

① ○ 행정조사는 대체로 사실행위로 이루어진다. 예컨대, 문답, 출입, 시료채취 등이다.
  + PLUS 그러나 반드시 사실행위의 형식으로만 가능한 것은 아니다. 예컨대 서류제출명령과 같은 행정행위(법적 행위)의 형식으로 행해질 수도 있다.

② × 신고내용을 행정조사에 갈음할 수 있으나, 갈음하여야 하는 것은 아니다.

  행정조사기본법 제25조(자율신고제도) ① 행정기관의 장은 법령등에서 규정하고 있는 조사사항을 조사대상자로 하여금 스스로 신고하도록 하는 제도를 운영할 수 있다.
  ② 행정기관의 장은 조사대상자가 제1항에 따라 신고한 내용이 거짓의 신고라고 인정할 만한 근거가 있거나 신고내용을 신뢰할 수 없는 경우를 제외하고는 그 신고내용을 행정조사에 갈음할 수 있다.

③ ○ 위법한 세무조사에 기초한 과세처분: 위법
  납세자에 대한 부가가치세부과처분이 종전의 부가가치세 경정조사와 같은 세목 및 같은 과세기간에 대하여 중복하여 실시된 위법한 세무조사에 기초하여 이루어진 것이어서 위법하다(2006.6.2. 2004두12070).

④ ○ 비권력적 행정조사와 달리 권력적 행정조사는 법률에 근거가 있어야 하며, 그 범위 내에서 이루어져야 한다.

선지분석 & 요플·기풀기링크

선지	THEME	요플	기풀기
①		20	001
②	T49 행정조사	69	070
③		08	010
④		72	075

정답 ②
OX 1 ○

02

행정조사에 대한 설명으로 옳지 않은 것은? (다툼이 있는 경우 판례에 의함) 25국회8

① 조사대상자의 자발적인 협조를 얻어 실시하는 행정조사 외에는, 행정기관은 법령등에서 행정조사를 규정하고 있는 경우에 한하여 행정조사를 실시할 수 있다.
② 조사원이 현장조사 중에 자료·서류·물건 등을 영치하는 때에는 조사대상자 또는 그 대리인을 입회시켜야 한다.
③ 행정조사를 실시하고자 하는 행정기관의 장은 「행정조사기본법」에 따른 출석요구서, 보고요구서·자료제출요구서 및 현장출입조사서를 조사개시 7일 전까지 조사대상자에게 서면으로 통지하여야 한다.
④ 행정조사의 범위에는 행정기관이 정책을 결정하거나 직무를 수행하는 데 필요한 정보나 자료를 수집하기 위한 문서열람 활동이 포함된다.
⑤ 근로감독관이 특별사법경찰관으로서 중대재해와 관련한 「산업안전보건법」 위반 또는 「근로기준법」 위반 여부를 수사하는 경우에 관계법령의 특별한 근거가 없다면 그 수사절차는 「행정조사기본법」상 행정조사절차에 해당한다.

해설

① ○

행정조사기본법 제5조(행정조사의 근거) 행정기관은 법령등에서 행정조사를 규정하고 있는 경우에 한하여 행정조사를 실시할 수 있다. 다만, 조사대상자의 자발적인 협조를 얻어 실시하는 행정조사의 경우에는 그러하지 아니하다.

② ○

행정조사기본법 제13조(자료등의 영치) ① 조사원이 현장조사 중에 자료·서류·물건 등(이하 이 조에서 '자료등'이라 한다)을 영치하는 때에는 조사대상자 또는 그 대리인을 입회시켜야 한다.

③ ○

행정조사기본법 제17조(조사의 사전통지) ① 행정조사를 실시하고자 하는 행정기관의 장은 제9조에 따른 출석요구서, 제10조에 따른 보고요구서·자료제출요구서 및 제11조에 따른 현장출입조사서(이하 '출석요구서등'이라 한다)를 조사개시 **7일 전까지** 조사대상자에게 **서면으로** 통지하여야 한다. 다만, 다음 각 호의 어느 하나에 해당하는 경우에는 행정조사의 **개시와 동시에** 출석요구서등을 조사대상자에게 제시하거나 행정조사의 목적 등을 조사대상자에게 **구두로** 통지할 수 있다.
   1. 행정조사를 실시하기 전에 관련 사항을 미리 통지하는 때에는 **증거인멸** 등으로 행정**조사의 목적을 달성할 수 없다고 판단되는 경우**
   2. 「통계법」 제3조 제2호에 따른 지정통계의 작성을 위하여 조사하는 경우
   3. 제5조 단서에 따라 조사대상자의 자발적인 협조를 얻어 실시하는 행정조사의 경우

④ ○

행정조사기본법 제2조(정의) 이 법에서 사용하는 용어의 정의는 다음과 같다.
   1. '**행정조사**'란 행정기관이 정책을 결정하거나 직무를 수행하는 데 필요한 정보나 자료를 수집하기 위하여 현장조사·문서열람·시료채취 등을 하거나 조사대상자에게 보고요구·자료제출요구 및 출석·진술요구를 행하는 활동을 말한다.

⑤ ✕ 근로감독관이 특별사법경찰관으로서 관련법 위반을 수사: 형사소송법 등에 따른 절차에 해당
근로감독관이 특별사법경찰관으로서 중대재해와 관련한 산업안전보건법 위반 내지 근로기준법 위반을 수사하는 경우에는, 산업안전보건법, 근로기준법 등에 **특별한 근거가 없는 이상**, 그 수사절차는 **형사소송법, 사법경찰직무법, 구 「특별사법경찰관리 집무규칙」에 따른 절차**라고 보는 것이 타당하다 (2022.1.13. 2015도6326).

관련 OX

① 관련
1 조사대상자의 자발적 협조를 얻는 경우가 아니라면 행정기관은 법령등에서 행정조사를 규정하고 있는 경우에 한하여 행정조사를 실시할 수 있다. 24소간

③ 관련
2 행정조사를 실시하고자 하는 행정기관의 장은 출석요구서 등을 조사개시 7일 전까지 조사대상자에게 서면으로 통지하여야 한다. 15(3)경행

추가기출(③ 관련)
ⓐ 「행정조사기본법」상 행정조사를 실시하기 전에 관련 사항을 미리 통지하는 경우 증거인멸 등으로 행정조사의 목적을 달성할 수 없다고 판단되는 때에는, 행정기관의 장은 행정조사 종료 후 지체 없이 행정조사의 목적 등을 조사대상자에게 구두로 통지할 수 있다. 24지방9

선지분석 & 요플·기풀기링크

선지	THEME	요플	기풀기
①		72	075
②		49	051
③	T49 행정조사	75	059
④		19	021
⑤		04	006

정답 ⑤
OX 1 ○ 2 ○ ⓐ ✕

THEME 49 행정조사기본법

필수문제 03

행정조사에 대한 설명으로 옳지 않은 것은? (다툼이 있는 경우 판례에 의함) 16국가9

① 행정조사는 조사목적을 달성하는 데 필요한 최소한의 범위 안에서 실시하여야 한다.
② 위법한 행정조사로 손해를 입은 국민은 「국가배상법」에 따른 손해배상을 청구할 수 있다.
③ 위법한 세무조사를 통하여 수집된 과세자료에 기초하여 과세처분을 하였더라도 그러한 사정만으로 그 과세처분이 위법하게 되는 것은 아니다.
④ 우편물 통관검사절차에서 이루어지는 우편물 개봉 등의 검사는 행정조사의 성격을 가지는 것으로서 수사기관의 강제처분이라고 할 수 없으므로, 압수·수색영장 없이 검사가 진행 되었다 하더라도 특별한 사정이 없는 한 위법하다고 볼 수 없다.

관련 OX

① 관련
1 행정조사는 조사목적을 달성하는 데 필요한 최소한의 범위 안에서 실시하여야 하며, 다른 목적 등을 위하여 조사권을 남용하여서는 아니 된다. 21군무원7

③ 관련
2 세무조사가 과세자료의 수집 또는 신고내용의 정확성 검증이라는 본연의 목적이 아니라 부정한 목적을 위하여 행하여진 경우, 세무조사에 의하여 수집된 과세자료를 기초로 한 과세처분 역시 위법하다. 24소간

해설

① ○
행정조사기본법 제4조(행정조사의 기본원칙) ① 행정조사는 조사목적을 달성하는 데 **필요한 최소한의 범위** 안에서 실시하여야 하며, 다른 목적 등을 위하여 조사권을 남용하여서는 아니 된다.

② ○ 행정조사가 위법하고 공무원의 고의·과실이 인정되는 등 국가배상법상 요건을 만족한다면 동법에 따른 손해배상청구는 할 수 있다.

③ × 위법한 세무조사에 기초한 과세처분: 위법
납세자에 대한 부가가치세부과처분이 종전의 부가가치세 경정조사와 같은 세목 및 같은 과세기간에 대하여 중복하여 실시된 위법한 세무조사에 기초하여 이루어진 것이어서 위법하다(2006.6.2. 2004두12070).

④ ○ 우편물 통관검사시 이루어지는 우편물 개봉: 영장주의 적용×, 영장 없이 압수·수색 가능
우편물 통관검사절차에서 이루어지는 우편물의 개봉, 시료채취, 성분분석 등의 검사는 수출입물품에 대한 적정한 통관 등을 목적으로 한 행정조사의 성격을 가지는 것으로서 수사기관의 강제처분이라고 할 수 없으므로, 압수·수색영장 없이 우편물의 개봉, 시료채취, 성분분석 등 검사가 진행되었다 하더라도 특별한 사정이 없는 한 위법하다고 볼 수 없다(2013.9.26. 2013도7718).

선지분석 & 요플·기풀기링크

선지	THEME	요플	기풀기
①		29	029
②	T49 행정조사	07	009
③		09	011
④		01	003

정답 ③
OX 1○ 2○

필수 문제 04

「행정조사기본법」상 행정조사의 기본원칙에 대한 설명으로 옳지 않은 것은? (단, 다툼이 있는 경우 판례에 의함)
21군무원9

① 행정조사는 조사목적을 달성하는 데 필요한 최소한의 범위 안에서 실시하여야 하며, 다른 목적 등을 위하여 조사권을 남용하여서는 아니 된다.
② 행정기관은 유사하거나 동일한 사안에 대하여는 공동조사 등을 실시함으로써 행정조사가 중복되지 아니하도록 하여야 한다.
③ 행정조사는 법령등의 위반에 대한 처벌에 중점을 두되 법령등을 준수하도록 유도하여야 한다.
④ 행정기관은 행정조사를 통하여 알게 된 정보를 다른 법률에 따라 내부에서 이용하거나 다른 기관에 제공하는 경우를 제외하고는 원래의 조사목적 이외의 용도로 이용하거나 타인에게 제공하여서는 아니 된다.

관련 OX

① 관련
1 행정조사는 조사목적을 달성하는 데 필요한 최소한의 범위 안에서 실시하여야 하며, 다른 목적 등을 위하여 조사권을 남용하여서는 아니 된다. 23소간

③ 관련
2 행정조사는 법령 등의 준수를 유도하기보다는 법령 등의 위반에 대한 처벌에 중점을 두어야 한다. 20소방

해설

①②④ ○, ③ ✕

행정조사기본법 제4조(행정조사의 기본원칙) ① 행정조사는 조사목적을 달성하는 데 필요한 최소한의 범위 안에서 실시하여야 하며, 다른 목적 등을 위하여 조사권을 남용하여서는 아니 된다.①
② 행정기관은 조사목적에 적합하도록 **조사대상자**를 선정하여 행정조사를 실시하여야 한다.
③ 행정기관은 유사하거나 동일한 사안에 대하여는 공동조사 등을 실시함으로써 행정조사가 중복되지 아니하도록 하여야 한다.②
④ 행정조사는 법령등의 위반에 대한 처벌보다는 법령등을 준수하도록 유도하는 데 중점을 두어야 한다.③
⑤ 다른 법률에 따르지 아니하고는 행정조사의 **대상자** 또는 행정**조사의 내용**을 공표하거나 직무상 알게 된 비밀을 누설하여서는 아니 된다.
⑥ 행정기관은 행정조사를 통하여 알게 된 정보를 다른 법률에 따라 내부에서 이용하거나 다른 기관에 제공하는 경우를 제외하고는 원래의 조사목적 이외의 용도로 이용하거나 타인에게 제공하여서는 아니 된다.④

선지분석 & 요플·기풀기링크

선지	THEME	요플	기풀기
①		29	029
②	T49 행정조사	51	035
③		32	032
④		34	034

정답 ③
OX 1 ○ 2 ✕

05

행정조사에 대한 설명으로 옳지 않은 것은? (다툼이 있는 경우 판례에 의함) 19지방7

① 조세부과처분을 위한 과세관청의 세무조사결정은 사실행위로서 납세의무자의 권리·의무에 직접 영향을 미치는 것은 아니므로 항고소송의 대상이 되지 아니한다.
② 부가가치세부과처분이 종전의 부가가치세 경정조사와 같은 세목 및 같은 과세기간에 대하여 중복하여 실시한 위법한 세무조사에 기초하여 이루어진 경우 그 과세처분은 위법하다.
③ 「행정조사기본법」에 의하면 행정기관은 행정조사를 통하여 알게 된 정보를 다른 법률에 따라 내부에서 이용하거나 다른 기관에 제공하는 경우를 제외하고는 원래의 조사목적 이외의 용도로 이용하거나 타인에게 제공하여서는 아니 된다.
④ 「행정조사기본법」에 의하면 조사대상자의 자발적인 협조를 얻어 실시하는 행정조사의 경우에는 법령등의 근거 없이도 행할 수 있으며, 이러한 행정조사에 대하여 조사대상자가 조사에 응할 것인지에 대한 응답을 하지 아니하는 경우에는 법령등에 특별한 규정이 없는 한 그 조사를 거부한 것으로 본다.

관련 OX

① 관련
1 세무조사결정은 항고소송의 대상이 되는 행정처분에 해당하지 않는다. 24소방승진

③ 관련
2 행정기관은 행정조사를 통하여 알게 된 정보를 다른 법률에 따라 내부에서 이용하거나 다른 기관에 제공하는 경우를 제외하고는 원래의 조사목적 이외의 용도로 이용하거나 타인에게 제공하여서는 아니 된다. 21군무원9

해설

① ✕ 세무조사결정은 납세의무자의 권리·의무에 직접 영향을 미치는 공권력의 행사에 따른 행정작용으로서 항고소송의 대상이 된다(2011.3.10. 2009두23617·23624).

② ○ **위법한 재조사에 기초한 과세처분: 위법**
납세자에 대한 부가가치세부과처분이 종전의 부가가치세 경정조사와 같은 세목 및 같은 과세기간에 대하여 중복하여 실시된 위법한 세무조사에 기초하여 이루어진 것이어서 위법하다(2006.6.2. 2004두12070).

③ ○

행정조사기본법 제4조(행정조사의 기본원칙) ⑥ 행정기관은 행정조사를 **통하여 알게 된 정보**를 다른 법률에 따라 내부에서 이용하거나 다른 기관에 제공하는 경우를 제외하고는 **원래의 조사목적 이외의 용도로 이용하거나 타인에게 제공하여서는 아니 된다.**

④ ○

행정조사기본법 제5조(행정조사의 근거) 행정기관은 **법령등에서 행정조사를 규정하고 있는 경우에 한하여** 행정조사를 실시할 수 있다. 다만, 조사대상자의 자발적인 협조를 얻어 실시하는 행정조사의 경우에는 그러하지 아니하다.
제20조(자발적인 협조에 따라 실시하는 행정조사) ② 제1항에 따른 행정조사(편저자: 자발적인 협조에 따라 실시하는 행정조사)에 대하여 조사대상자가 조사에 응할 것인지에 대한 **응답을 하지 아니하는 경우**에는 법령등에 특별한 규정이 없는 한 그 조사를 **거부한 것으로 본다.**

■ 자발적 협조의 특례

규제완화 규정 (제5, 17조)	• 원칙: 개별법에 근거가 있어야 행정조사 가능 / 개시 7일 전 서면통지해야 • 자발적 협조시: 개별법 근거 없어도 조사 가능④ / 개시와 동시에 제시·구두통지 등 가능
대상자보호 규정 (제20조)	• 대상자는 자발적 협조 요청에 대해 문서·전화·구두 등 다양한 방법으로 거부 가능 • 무응답은 거부로 간주④

선지분석 & 요플·기풀기링크

선지	THEME	요플	기풀기
①	T53 대상적격(법률관계)	142	144
②		10	012
③	T49 행정조사	34	034
④		78	078

정답 ①
OX 1✕ 2○

06

「행정조사기본법」상 행정조사에 대한 설명으로 옳은 것은? 18지방9

① 행정조사를 행하는 행정기관에는 법령 및 조례·규칙에 따라 행정권한이 있는 기관뿐만 아니라 그 권한을 위임 또는 위탁받은 법인·단체 또는 그 기관이나 개인이 포함된다.

② 「행정조사기본법」은 행정조사 실시를 위한 일반적인 근거규범으로서 행정기관은 다른 법령 등에서 따로 행정조사를 규정하고 있지 않더라도 「행정조사기본법」을 근거로 행정조사를 실시할 수 있다.

③ 조사대상자가 조사대상 선정기준에 대한 열람을 신청한 경우에 행정기관은 그 열람이 당해 행정조사업무를 수행할 수 없을 정도로 조사활동에 지장을 초래한다는 이유로 열람을 거부할 수 없다.

④ 정기조사 또는 수시조사를 실시한 행정기관의 장은 조사대상자의 자발적인 협조를 얻어 실시하는 경우가 아닌 한, 동일한 사안에 대하여 동일한 조사대상자를 재조사하여서는 아니 된다.

해설

① ○

행정조사기본법 제2조(정의) 이 법에서 사용하는 용어의 정의는 다음과 같다.
2. '**행정기관**'이란 법령 및 조례·규칙(이하 '법령등'이라 한다)에 따라 행정권한이 있는 기관과 그 권한을 위임 또는 위탁받은 법인·단체 또는 그 기관이나 개인을 말한다.

② ×

행정조사기본법 제5조(행정조사의 근거) 행정기관은 **법령등에서 행정조사를 규정하고 있는 경우에 한하여** 행정조사를 실시할 수 있다. 다만, 조사대상자의 자발적인 협조를 얻어 실시하는 행정조사의 경우에는 그러하지 아니하다.

③ × 행정기관의 장은 원칙적으로 조사대상자 선정기준을 열람할 수 있도록 하여야 한다. 단, 당해 조사업무를 수행할 수 없을 정도로 지장이 있거나, 내부고발자 등 제3자의 보호가 필요한 경우는 열람을 거부할 수 있다(제8조 제3항).

행정조사기본법 제8조(조사대상의 선정) ② 조사대상자는 **조사대상 선정기준에 대한 열람**을 행정기관의 장에게 신청할 수 있다.
③ 행정기관의 장이 제2항에 따라 열람신청을 받은 때에는 다음 각 호의 어느 하나에 해당하는 경우를 제외하고 신청인이 조사대상 선정기준을 열람할 수 있도록 하여야 한다.
1. 행정기관이 당해 행정조사업무를 수행할 수 없을 정도로 조사활동에 지장을 초래하는 경우③
2. 내부고발자 등 제3자에 대한 보호가 필요한 경우

④ × 재조사는 새로운 증거가 확보된 경우에만 가능하고, 그 외에는 금지된다(제15조 제1항). 자발적인 협조를 얻어 실시하는 경우라 하더라도 마찬가지이다(새로운 증거가 있어야 한다).

행정조사기본법 제15조(중복조사의 제한) ① 제7조에 따라 **정기조사 또는 수시조사를 실시한 행정기관의 장은 동일한 사안에 대하여 동일한 조사대상자를 재조사하여서는 아니** 된다. 다만, 당해 행정기관이 이미 조사를 받은 조사대상자에 대하여 위법행위가 의심되는 새로운 증거를 확보한 경우에는 그러하지 아니하다.

선지	THEME	요플	기풀기
①		22	022
②	T49 행정조사	71	072
③		41	043
④		54	053

정답 ①

07

행정조사에 관한 설명으로 옳은 것은?　17(2)서울9

① 행정조사는 사실행위의 형식으로만 가능하다.
② 조사대상자의 자발적 협조가 있을지라도 법령등에서 행정조사를 규정하고 있어야 실시가 가능하다.
③ 조사대상자의 동의가 있는 경우 해가 뜨기 전이나 해가 진 뒤에도 현장조사가 가능하다.
④ 자발적인 협조에 따라 실시하는 행정조사에 대하여 조사대상자가 조사에 응할 것인지에 대한 응답을 하지 아니하는 경우에는 법령등에 특별한 규정이 없는 한 그 조사에 동의한 것으로 본다.

관련 OX

② 관련

1 행정기관이 조사대상자의 자발적인 협조를 얻어 실시하는 행정조사의 경우에도 법령등에서 행정조사를 규정하고 있지 아니한 경우에는 행정조사를 실시할 수 없다.　15지방7

④ 관련

2 「행정조사기본법」에 따르면 조사대상자의 자발적인 협조에 따라 실시하는 행정조사에 대하여 조사대상자가 조사에 응할 것인지에 대한 응답을 하지 아니하는 경우에는 법령등에 특별한 규정이 없는 한 그 조사를 거부한 것으로 본다.　24지방9

해설

① × 행정조사는 대체로 사실행위로 이루어진다. 그러나 반드시 사실행위의 형식으로만 가능한 것은 아니다. 예컨대 서류제출명령과 같은 행정행위(법적행위)의 형식으로 행해질 수도 있다.

② × 행정조사는 다른 법령등에서 행정조사를 규정하고 있어야 가능하다(제5조 본문). 다만 조사대상자의 자발적 협조를 얻은 경우(임의조사)에는 **다른** 법령등에 근거가 없어도 행정조사를 실시할 수 있다(제5조 단서).

행정조사기본법 제5조(행정조사의 근거) 행정기관은 법령등에서 행정조사를 규정하고 있는 경우에 한하여 행정조사를 실시할 수 있다. 다만, 조사대상자의 자발적인 협조를 얻어 실시하는 행정조사의 경우에는 그러하지 아니하다.

③ ○

행정조사기본법 제11조(현장조사) ② 제1항에 따른 현장조사는 해가 뜨기 전이나 해가 진 뒤에는 할 수 없다. 다만, 다음 각 호의 어느 하나에 해당하는 경우에는 그러하지 아니하다.
1. 조사대상자(대리인 및 관리책임이 있는 자를 포함한다)가 **동의**한 경우
2. 사무실 또는 사업장 등의 업무시간에 행정조사를 실시하는 경우
3. 해가 뜬 후부터 해가 지기 전까지 행정조사를 실시하는 경우에는 조사목적의 달성이 불가능하거나 증거인멸로 인하여 조사대상자의 법령등의 위반 여부를 확인할 수 없는 경우

④ ×

행정조사기본법 제20조(자발적인 협조에 따라 실시하는 행정조사) ① 행정기관의 장이 제5조 단서에 따라 조사대상자의 자발적인 협조를 얻어 행정조사를 실시하고자 하는 경우 조사대상자는 문서·전화·구두 등의 방법으로 당해 행정조사를 거부할 수 있다.
② 제1항에 따른 행정조사에 대하여 조사대상자가 조사에 응할 것인지에 대한 **응답을 하지 아니**하는 경우에는 법령등에 특별한 규정이 없는 한 그 조사를 **거부한 것으로 본다**.

선지분석 & 요플·기풀기링크

선지	THEME	요플	기풀기
①		21	002
②	T49 행정조사	73	073
③		43	045
④		78	078

정답 ③
OX 1× 2○

08

행정조사에 관한 설명으로 옳은 것(○)과 옳지 않은 것(×)을 바르게 표기한 것은? (다툼이 있는 경우 판례에 의함)   21소방

ㄱ. 행정조사는 그 실효성 확보를 위해 수시조사를 원칙으로 한다.
ㄴ. 「행정절차법」은 행정조사절차에 관한 명문의 규정을 일부 두고 있다.
ㄷ. (구)「국세기본법」에 따른 금지되는 재조사에 기초한 과세처분은 특별한 사정이 없는 한 위법하다.
ㄹ. 우편물 통관검사절차에서 이루어지는 우편물의 개봉, 시료채취, 성분분석 등의 검사는 행정조사의 성격을 가지는 것으로 압수·수색영장 없이 진행되었다고 해도 특별한 사정이 없는 한 위법하다고 볼 수 없다.

	ㄱ	ㄴ	ㄷ	ㄹ
①	×	×	○	○
②	×	○	×	○
③	○	×	○	×
④	×	○	○	○

관련 OX

ㄱ. 관련
1 행정조사는 수시로 실시함을 원칙으로 한다.   23국회8

ㄷ. 관련
2 위법한 중복세무조사에 기초하여 이루어진 과세처분은 위법한 처분이다.   15지방7

해설

ㄱ. × 행정조사는 법령등 또는 행정조사운영계획으로 정하는 바에 따라 정기조사를 원칙으로 한다.

행정조사기본법 제7조(조사의 주기) 행정조사는 법령등 또는 행정조사운영계획으로 정하는 바에 따라 정기적으로 실시함을 원칙으로 한다. 다만, 다음 각 호 중 어느 하나에 해당하는 경우에는 수시조사를 할 수 있다.
1. 법률에서 수시조사를 규정하고 있는 경우
2. 법령등의 위반에 대하여 혐의가 있는 경우
3. 다른 행정기관으로부터 법령등의 위반에 관한 혐의를 통보 또는 이첩받은 경우
4. 법령등의 위반에 대한 신고를 받거나 민원이 접수된 경우
5. 그 밖에 행정조사의 필요성이 인정되는 사항으로서 대통령령으로 정하는 경우

ㄴ. × 행정절차법은 공법상 행정작용에 적용된다. 그러나 모든 공법상 작용이 아닌 처분, 신고, 확약, 위반사실 등의 공표, 행정계획, 행정상 입법예고 및 행정지도의 절차에 관하여 명문의 규정을 두고 있다. 공법상 계약은 행정기본법에서 규정하고 있고, 행정조사에 대해서는 행정조사기본법에서 규정하고 있다.

ㄷ. ○ 위법한 재조사에 기초한 과세처분: 위법
납세자에 대한 부가가치세부과처분이 종전의 부가가치세 경정조사와 같은 세목 및 같은 과세기간에 대하여 중복하여 실시된 위법한 세무조사에 기초하여 이루어진 것이어서 위법하다(2006.6.2. 2004두12070).

ㄹ. ○ 우편물 통관검사시 이루어지는 우편물 개봉: 영장주의 적용×, 영장 없이 압수·수색 가능
우편물 통관검사절차에서 이루어지는 우편물의 개봉, 시료채취, 성분분석 등의 검사는 수출입물품에 대한 적정한 통관 등을 목적으로 한 행정조사의 성격을 가지는 것으로서 수사기관의 강제처분이라고 할 수 없으므로, 압수·수색영장 없이 우편물의 개봉, 시료채취, 성분분석 등 검사가 진행되었다 하더라도 특별한 사정이 없는 한 위법하다고 볼 수 없다(2013.9.26. 2013도7718).

선지선택비율 ① 54.12% ② 10.31% ③ 7.73% ④ 27.84% 오답률 45.88%

선지분석 & 요플·기풀기링크

선지	THEME	요플	기풀기
ㄱ	T49 행정조사	36	038
ㄴ	T38 절차법(근거·적용범위)	21	015
ㄷ	T49 행정조사	10	012
ㄹ		01	003

정답 ①
OX 1× 2○

필수문제 09

행정조사에 대한 설명으로 옳지 않은 것은? (다툼이 있는 경우 판례에 의함) 18국가9

① 「행정조사기본법」에 따르면, 행정기관은 법령등에서 행정조사를 규정하고 있는 경우에 한하여 행정조사를 실시할 수 있지만 조사대상자가 자발적으로 협조하는 경우에는 법령등에서 행정조사를 규정하고 있지 않더라도 행정조사를 실시할 수 있다.

② 「행정조사기본법」에 따르면, 행정조사를 실시하는 경우 조사 개시 7일 전까지 조사대상자에게 출석요구서, 보고요구서·자료제출요구서, 현장출입조사서를 서면으로 통지하여야 하나, 조사대상자의 자발적인 협조를 얻어 행정조사를 실시하는 경우에는 미리 서면으로 통지하지 않고 행정조사의 개시와 동시에 이를 조사대상자에게 제시할 수 있다.

③ 헌법 제12조 제1항에서 규정하고 있는 적법절차의 원칙은 형사소송절차에 국한되지 않고 모든 국가작용 전반에 대하여 적용되는 원칙이므로 세무공무원의 세무조사권의 행사에서도 적법절차의 원칙은 준수되어야 한다.

④ 행정조사는 처분성이 인정되지 않으므로 세무조사결정이 위법하더라도 이에 대해서는 항고소송을 제기할 수 없다.

관련 OX

① 관련

1 행정기관이 조사대상자의 자발적인 협조를 얻어 실시하는 행정조사의 경우에도 법령등에서 행정조사를 규정하고 있지 아니한 경우에는 행정조사를 실시할 수 없다. 15지방7

④ 관련

2 조세부과처분을 위한 과세관청의 세무조사결정은 사실행위로서 납세의무자의 권리·의무에 직접 영향을 미치는 것은 아니므로 항고소송의 대상이 되지 아니한다. 19지방7

해설

①② ○

행정조사기본법 제5조(행정조사의 근거) 행정기관은 **법령등에서 행정조사를 규정하고 있는 경우에 한하여** 행정조사를 실시할 수 있다. 다만, **조사대상자의 자발적인 협조**를 얻어 실시하는 행정조사의 경우에는 그러하지 아니하다.①

제17조(조사의 사전통지) ① 행정조사를 실시하고자 하는 행정기관의 장은 제9조에 따른 출석요구서, 제10조에 따른 보고요구서·자료제출요구서 및 제11조에 따른 현장출입조사서(이하 '출석요구서등'이라 한다)를 **조사개시 7일 전**까지 조사대상자에게 **서면으로 통지**하여야 한다. 다만, 다음 각 호의 어느 하나에 해당하는 경우에는 행정조사의 개시와 **동시에** 출석요구서등을 조사대상자에게 제시하거나② 행정조사의 목적 등을 조사대상자에게 구두로 통지할 수 있다.
(1~2. 생략)
3. 제5조 단서에 따라 조사대상자의 자발적인 협조를 얻어 실시하는 행정조사의 경우

자발적 협조의 특례

규제완화 규정 (제5, 17조)	· 원칙: 개별법에 근거가 있어야 행정조사 가능 / 개시 7일 전 서면통지해야 · 자발적 협조시: 개별법 근거 없어도 조사 가능① / 개시와 동시에 제시·구두통지 등 가능②
대상자보호 규정 (제20조)	· 대상자는 자발적 협조 요청에 대해 문서·전화·구두 등 다양한 방법으로 거부 가능 · 무응답은 거부로 간주

③ ○ 세무공무원의 세무조사권의 행사에서도 적법절차의 원칙은 마땅히 준수되어야 한다(2014.6.26. 2012두911).

④ × 세무조사결정은 납세의무자의 권리·의무에 직접 영향을 미치는 공권력의 행사에 따른 행정작용으로서 항고소송의 대상이 된다(2011.3.10. 2009두23617·23624).

선지분석 & 요플·기풀기링크

선지	THEME	요플	기풀기
①	T49 행정조사	73	073
②		76	076
③	T38 절차법(근거·적용범위)	05	004
④	T53 대상적격(법률관계)	142	144

정답 ④

OX 1× 2×

10

「행정조사기본법」에 대한 설명으로 옳은 것은? (다툼이 있는 경우 판례에 의함) 23국회8

① 행정기관의 장은 법령등에 특별한 규정이 있는 경우를 제외하고는 행정조사의 결과를 확정한 날부터 10일 이내에 그 결과를 조사대상자에게 통지하여야 한다.
② 유사하거나 동일한 사안에 대하여 서로 다른 기관이 공동으로 조사하는 것은 원칙적으로 허용되지 않는다.
③ 행정조사는 수시로 실시함을 원칙으로 한다.
④ 행정조사의 기본원칙은 군사시설·군사기밀보호 및 방위사업에 관한 사항에 대하여도 적용한다.
⑤ 행정조사를 실시한 행정기관의 장은 이미 조사를 받은 조사대상자에 대하여 위법행위가 의심되는 새로운 증거를 확보한 경우에도 동일한 사안에 대하여 동일한 조사대상자를 재조사하여서는 아니 된다.

해설

① ✗

행정조사기본법 제24조(조사결과의 통지) 행정기관의 장은 법령등에 특별한 규정이 있는 경우를 제외하고는 행정조사의 결과를 확정한 날부터 <u>7일</u> 이내에 그 결과를 조사대상자에게 통지하여야 한다.

② ✗

행정조사기본법 제4조(행정조사의 기본원칙) ③ 행정기관은 유사하거나 동일한 사안에 대하여는 공동조사 등을 실시함으로써 행정조사가 중복되지 아니하도록 하여야 한다.

③ ✗

행정조사기본법 제7조(조사의 주기) 행정조사는 법령등 또는 행정조사운영계획으로 정하는 바에 따라 정기적으로 실시함을 원칙으로 한다. 다만, 다음 각 호 중 어느 하나에 해당하는 경우에는 수시조사를 할 수 있다.
 1. 법률에서 수시조사를 규정하고 있는 경우
 2. 법령등의 위반에 대하여 혐의가 있는 경우
 3. 다른 행정기관으로부터 법령등의 위반에 관한 혐의를 통보 또는 이첩받은 경우
 4. 법령등의 위반에 대한 신고를 받거나 민원이 접수된 경우
 5. 그 밖에 행정조사의 필요성이 인정되는 사항으로서 대통령령으로 정하는 경우

④ ○

행정조사기본법 제3조(적용범위) ② 다음 각 호의 어느 하나에 해당하는 사항에 대하여는 이 법을 적용하지 아니한다.
 2. 국방 및 안전에 관한 사항 중 다음 각 목의 어느 하나에 해당하는 사항
  가. <u>군사시설·군사기밀보호 또는 방위사업에 관한 사항</u>
 ③ 제2항에도 불구하고 <u>제4조(행정조사의 기본원칙)</u>, 제5조(행정조사의 근거) 및 제28조(정보통신수단을 통한 행정조사)는 제2항 각 호의 사항에 대하여 적용한다.

⑤ ✗

행정조사기본법 제15조(중복조사의 제한) ① 제7조에 따라 정기조사 또는 수시조사를 실시한 행정기관의 장은 동일한 사안에 대하여 동일한 조사대상자를 재조사하여서는 아니 된다. 다만, 당해 행정기관이 이미 조사를 받은 조사대상자에 대하여 위법행위가 의심되는 새로운 증거를 확보한 경우에는 그러하지 아니하다.

관련 OX

① 관련

1 행정기관의 장은 법령등에 특별한 규정이 있는 경우를 제외하고는 행정조사의 결과를 확정한 날부터 10일 이내에 그 결과를 조사대상자에게 통지하여야 한다. 24해경승진

② 관련

2 행정기관은 유사하거나 동일한 사안에 대하여는 공동조사 등을 실시함으로써 행정조사가 중복되지 아니하도록 하여야 한다. 21군무원9

선지분석 & 요플·기풀기링크

선지	THEME	요플	기풀기
①		67	068
②		51	035
③	T49 행정조사	36	038
④		28	026
⑤		53	054

정답 ④

OX 1✗ 2○

11

행정조사 및 「행정조사기본법」에 대한 설명으로 옳은 것(○)과 옳지 않은 것(×)을 바르게 연결한 것은? (다툼이 있는 경우 판례에 의함) 18국가7

> ㄱ. 우편물 통관검사절차에서 이루어지는 우편물의 개봉, 시료채취, 성분분석 등의 검사는 수출입물품에 대한 적정한 통관 등을 목적으로 한 행정조사의 성격을 가지는 것으로서 수사기관의 강제처분이라고 할 수 없다.
> ㄴ. 조사원이 현장조사 중에 자료·서류·물건 등을 영치하는 경우에 조사대상자의 생활이나 영업이 사실상 불가능하게 될 우려가 있는 때에는 조사원은 증거인멸의 우려가 있는 경우가 아니라면 사진촬영 등의 방법으로 영치에 갈음할 수 있다.
> ㄷ. 행정기관의 장이 조사대상자의 자발적인 협조를 얻어 행정조사를 실시하고자 하는 경우 조사대상자는 문서·전화·구두 등의 방법으로 당해 행정조사를 거부할 수 있다.
> ㄹ. 조사대상자가 행정조사의 실시를 거부하거나 방해하는 경우 조사원은 「행정조사기본법」상의 명문규정에 의하여 조사대상자의 신체와 재산에 대해 실력을 행사할 수 있다.

	ㄱ	ㄴ	ㄷ	ㄹ		ㄱ	ㄴ	ㄷ	ㄹ
①	○	○	○	×	②	○	×	○	×
③	×	×	○	○	④	○	○	×	×

해설

ㄱ. ○ **우편물 통관검사시 이루어지는 우편물 개봉: 영장주의 적용×, 영장 없이 압수·수색 가능**
우편물 통관검사절차에서 이루어지는 우편물의 개봉, 시료채취, 성분분석 등의 검사는 수출입물품에 대한 적정한 통관 등을 목적으로 한 행정조사의 성격을 가지는 것으로서 수사기관의 강제처분이라고 할 수 없으므로, 압수·수색영장 없이 우편물의 개봉, 시료채취, 성분분석 등 검사가 진행되었다 하더라도 특별한 사정이 없는 한 위법하다고 볼 수 없다(2013.9.26. 2013도7718).

ㄴ. ○

행정조사기본법 제13조(자료등의 영치) ① 조사원이 현장조사 중에 자료·서류·물건 등(이하 이 조에서 '자료등'이라 한다)을 영치하는 때에는 조사대상자 또는 그 대리인을 입회시켜야 한다.
② 조사원이 제1항에 따라 자료등을 영치하는 경우에 조사대상자의 생활이나 영업이 사실상 불가능하게 될 우려가 있는 때에는 조사원은 자료등을 **사진**으로 촬영하거나 **사본**을 작성하는 등의 방법으로 영치에 갈음할 수 있다. 다만, 증거인멸의 우려가 있는 자료등을 영치하는 경우에는 그러하지 아니하다.

ㄷ. ○

행정조사기본법 제20조(자발적인 협조에 따라 실시하는 행정조사) ① 행정기관의 장이 제5조 단서에 따라 조사대상자의 **자발적인 협조**를 얻어 행정조사를 실시하고자 하는 경우 조사대상자는 **문서·전화·구두 등**의 방법으로 당해 행정조사를 **거부할 수** 있다.

▣ 자발적 협조의 특례

규제완화 규정 (제5, 17조)	• 원칙: 개별법에 근거가 있어야 행정조사 가능 / 개시 7일 전 서면통지해야 • 자발적 협조시: 개별법 근거 없어도 조사 가능 / 개시와 동시에 제시·구두통지 등 가능
대상자보호 규정 (제20조)	• 대상자는 자발적 협조 요청에 대해 문서·전화·구두 등 다양한 방법으로 거부 가능 • 무응답은 거부로 간주

ㄹ. × 행정조사시 실력행사를 할 수 있는지에 대해서는 명문의 규정이 없고, 학설의 대립이 있다.
+ PLUS 강제집행(대집행)에서도 같은 논의가 있다(이때도 명문은 없고 학설은 대립).

관련 OX

ㄱ.관련

1 우편물 통관검사절차에서 이루어진 우편물의 개봉, 시료채취, 성분분석 등의 검사는 수출입물품에 대한 적정한 통관을 목적으로 한 행정조사의 성격을 가지며, 수사기관의 강제처분이라고 할 수 없다. 24경찰간부

ㄷ.관련

2 행정기관의 장이 조사대상자의 자발적인 협조를 얻어 행정조사를 실시하고자 하는 경우 조사대상자는 문서·전화·구두 등의 방법으로 당해 행정조사를 거부할 수 있다. 23군무원7

선지분석 & 요플·기풀기링크

선지	THEME	요플	기풀기
ㄱ		01	003
ㄴ	T49 행정조사	50	052
ㄷ		77	077
ㄹ		05	007

정답 ①

필수문제 12

행정조사에 대한 설명으로 옳은 것을 〈보기〉에서 모두 고르면?   17국회8

〔보기〕

ㄱ. 행정조사가 사인에게 미치는 중요한 사항인 경우에는 설령 비권력적 행정조사라고 하더라도 중요사항유보설에 의하면 법률의 근거를 필요로 한다.
ㄴ. 행정기관의 장은 법령등에서 규정하고 있는 조사사항을 조사대상자로 하여금 스스로 신고하도록 하는 제도를 운영할 의무가 있다.
ㄷ. 「행정절차법」은 행정조사절차에 관한 명문의 규정을 두고 있다.
ㄹ. 판례에 의하면 우편물 통관검사절차에서 이루어지는 우편물의 개봉·시료채취·성분분석 등의 검사는 행정조사의 성격을 가지므로 압수·수색영장 없이 진행되어도 특별한 사정이 없는 한 위법하지 않다.
ㅁ. 판례에 의하면 세무조사결정은 납세의무자의 권리·의무에 직접 영향을 미치는 것이 아니라 행정내부의 행위로서 항고소송의 대상이 아니다.

① ㄹ
② ㄱ, ㄴ
③ ㄱ, ㄹ
④ ㄱ, ㄴ, ㄹ
⑤ ㄷ, ㄹ, ㅁ

관련 OX

ㄴ.관련
1 행정기관의 장은 법령등에서 규정하고 있는 조사사항을 조사대상자로 하여금 스스로 신고하도록 하는 제도를 운영할 수 있다. 24소방승진

ㅁ.관련
2 세무조사는 과세처분을 위한 중간행위에 불과하여 세무조사 결정은 상대방의 권리·의무에 직접적으로 법률적 변동을 일으키지 아니하므로 항고소송의 대상이 되지 않는다. 24경찰간부

해설

ㄱ. ○ 현재의 통설·판례인 중요사항유보설(의회유보설)은 그것이 중요한 사항인지에 따라 법률에 근거가 필요한지 여부를 결정한다. 따라서 그것이 침해적이지 않거나 비권력적인 사항이더라도 중요한 사항이라면 법률에 근거가 필요하다고 본다.

ㄴ. × 법령등에서 규정하고 있는 조사사항을 조사대상자가 스스로 신고하도록 하는 것을 자율신고제도라고 한다. 행정기관의 장은 동 제도를 운영할 수 있다(행정조사기본법 제25조 제1항). 운영할 의무가 있는 것은 아니다.

행정조사기본법 제25조(자율신고제도) ① 행정기관의 장은 법령등에서 규정하고 있는 조사사항을 조사대상자로 하여금 스스로 신고하도록 하는 제도를 운영할 수 있다.

ㄷ. × 행정절차법은 행정조사나 공법상 계약에 대해서는 별도의 규정을 두고 있지 않다. 다만 행정조사는 행정조사기본법이라는 별도의 법률에서 규율되고 있고, 공법상 계약은 행정기본법 제27조에 근거규정을 두고 있다. **조약**

ㄹ. ○ 우편물 통관검사시 이루어지는 우편물 개봉: 영장주의 적용×, 영장 없이 압수·수색 가능
우편물 통관검사절차에서 이루어지는 우편물의 개봉, 시료채취, 성분분석 등의 검사는 수출입물품에 대한 적정한 통관 등을 목적으로 한 행정조사의 성격을 가지는 것으로서 수사기관의 강제처분이라고 할 수 없으므로, 압수·수색영장 없이 우편물의 개봉, 시료채취, 성분분석 등 검사가 진행되었다 하더라도 특별한 사정이 없는 한 위법하다고 볼 수 없다(2013.9.26. 2013도7718).

ㅁ. × 세무조사결정: 권리·의무에 직접 영향을 미치므로 처분성 인정 → 항고소송의 대상
세무조사결정이 있는 경우 납세의무자는 세무공무원의 과세자료 수집을 위한 질문에 대답하고 검사를 수인하여야 할 법적 의무를 부담하게 되는 점, … 조사 종료 후의 과세처분에 대하여만 다툴 수 있도록 하는 것보다는 그에 앞서 세무조사결정에 대하여 다툼으로써 분쟁을 조기에 근본적으로 해결할 수 있는 점 등을 종합하면, 세무조사결정은 납세의무자의 권리·의무에 직접 영향을 미치는 공권력의 행사에 따른 행정작용으로서 항고소송의 대상이 된다(2011.3.10. 2009두23617·23624).

선지분석 & 요플·기풀기링크

선지	THEME	요플	기풀기
ㄱ	T03 법치행정	20	015
ㄴ	T49 행정조사	68	069
ㄷ	T38 절차법(근거·적용범위)	21	015
ㄹ	T49 행정조사	01	003
ㅁ	T53 대상적격(법률관계)	142	144

정답 ③
OX 1○ 2×

THEME 49 행정조사기본법

13

「행정조사기본법」상의 행정조사에 대한 설명으로 옳은 것은? 08(상)지방9

① 금융감독기관의 감독·검사·조사 및 감리에 관한 사항에는 「행정조사기본법」이 전면적으로 직접 적용된다.
② 행정기관이 유사한 사안이라고 하여 공동조사 등을 실시하는 것은 국민의 권익을 침해할 수 있으므로 허용되지 않는다.
③ 임의조사를 제외하고 행정기관은 법령등에서 행정조사를 규정한 경우에 한하여서만 행정조사를 실시할 수 있다.
④ 행정기관은 행정조사를 통하여 알게 된 정보를 임의로 다른 국가기관에 제공할 수 있다.

해설

① ✕

행정조사기본법 제3조(적용범위) ① 행정조사에 관하여 다른 법률에 특별한 규정이 있는 경우를 제외하고는 이 법으로 정하는 바에 따른다.
② 다음 각 호의 어느 하나에 해당하는 사항에 대하여는 이 법을 적용하지 아니한다.
 1. 행정조사를 한다는 사실이나 조사내용이 공개될 경우 국가의 존립을 위태롭게 하거나 국가의 중대한 이익을 현저히 해칠 우려가 있는 국가안전보장·통일 및 외교에 관한 사항
 2. 국방 및 안전에 관한 사항 중 다음 각 목의 어느 하나에 해당하는 사항
  가. 군사시설·군사기밀보호 또는 방위사업에 관한 사항
  나. 「병역법」·「예비군법」·「민방위기본법」·「비상대비에 관한 법률」·「재난관리자원의 관리 등에 관한 법률」에 따른 징집·소집·동원 및 훈련에 관한 사항
 3. 「공공기관의 정보공개에 관한 법률」 제4조 제3항의 정보에 관한 사항
 4. 「근로기준법」 제101조에 따른 근로감독관의 직무에 관한 사항ⓐ
 5. 조세·형사·행형 및 보안처분에 관한 사항ⓑ
 6. **금융감독기관**의 감독·검사·조사 및 감리에 관한 사항①
 7. 「독점규제 및 공정거래에 관한 법률」, 「표시·광고의 공정화에 관한 법률」, 「하도급거래 공정화에 관한 법률」, 「가맹사업거래의 공정화에 관한 법률」, 「방문판매 등에 관한 법률」, 「전자상거래 등에서의 소비자보호에 관한 법률」, 「약관의 규제에 관한 법률」 및 「할부거래에 관한 법률」에 따른 공정거래위원회의 법률위반행위 조사에 관한 사항
③ 제2항에도 불구하고 제4조(행정조사의 기본원칙), 제5조(행정조사의 근거) 및 제28조(정보통신수단을 통한 행정조사)는 제2항 각 호의 사항에 대하여 적용한다.ⓑⓒ

② ✕

행정조사기본법 제4조(행정조사의 기본원칙) ③ 행정기관은 **유사**하거나 **동일**한 사안에 대하여는 **공동조사** 등을 실시함으로써 행정조사가 중복되지 아니하도록 하여야 한다.

③ ○ 행정조사는 다른 법령등에서 행정조사를 규정하고 있어야 가능하다(제5조 본문). 다만 조사대상자의 자발적 협조를 얻은 경우(임의조사)에는 **다른** 법령등에 근거가 없어도 행정조사를 실시할 수 있다(제5조 단서).

행정조사기본법 제5조(행정조사의 근거) 행정기관은 법령등에서 행정조사를 규정하고 있는 경우에 한하여 행정조사를 실시할 수 있다. 다만, 조사대상자의 자발적인 협조를 얻어 실시하는 행정조사의 경우에는 그러하지 아니하다.

④ ✕ 다른 국가기관에 제공하기 위해서는 법률에 근거가 있어야 한다.

행정조사기본법 제4조(행정조사의 기본원칙) ⑥ 행정기관은 행정조사를 통하여 알게 된 정보를 다른 법률에 따라 내부에서 이용하거나 다른 기관에 제공하는 경우를 제외하고는 원래의 조사목적 이외의 용도로 이용하거나 타인에게 제공하여서는 아니 된다.

관련 OX

② 관련

1 유사하거나 동일한 사안에 대하여 서로 다른 기관이 공동으로 조사하는 것은 원칙적으로 허용되지 않는다. 24해경승진

③ 관련

2 조사대상자의 자발적인 협조를 얻어 실시하는 행정조사 외에는, 행정기관은 법령 등에서 행정조사를 규정하고 있는 경우에 한하여 행정조사를 실시할 수 있다 24군무원7

3 행정기관이 조사대상자의 자발적인 협조를 얻어 실시하는 행정조사의 경우에도 법령등에서 행정조사를 규정하고 있지 아니한 경우에는 행정조사를 실시할 수 없다. 15지방7

추가기출(① 관련)

ⓐ 「근로기준법」상 근로감독관의 직무에 관한 사항에 대하여는 「행정조사기본법」이 적용된다. 12지방9

ⓑ 「행정조사기본법」 제4조(행정조사의 기본원칙)는 조세·보안처분에 관한 사항에 대하여 적용하지 아니한다. 22국가7

ⓒ 금융감독기관의 감독·검사·조사에 대하여는 「행정조사기본법」이 적용될 여지가 없다. 08(하)지방7

선지분석 & 요플·기풀기링크

선지	THEME	요플	기풀기
①	T49 행정조사	25	025
②		51	035
③		72	075
④		34	034

정답 ③

OX 1✕ 2○ 3✕ ⓐ✕ ⓑ✕ ⓒ✕

14

다음 중 「행정조사기본법」상 행정조사의 원칙인 것은 모두 몇 개인가? 16(2)경행

> ㉠ 행정조사는 조사목적을 달성하는 데 필요한 최소한의 범위 안에서 실시하여야 한다.
> ㉡ 행정조사는 법령등의 위반에 대한 처벌보다는 법령등을 준수하도록 유도하는 데 중점을 두어야 한다.
> ㉢ 행정기관이 유사하거나 동일한 사안이라고 하여 공동조사 등을 실시하는 것은 국민의 권익을 침해할 수 있으므로 허용되지 않는다.
> ㉣ 다른 법률에 따르지 아니하고는 행정조사의 대상자 또는 행정조사의 내용을 공표하거나 직무상 알게 된 비밀을 누설하여서는 아니 된다.
> ㉤ 행정기관은 조사목적에 적합하도록 조사대상자를 선정하여 행정조사를 실시하여야 한다.

① 2개 ② 3개
③ 4개 ④ 5개

관련 OX

㉠관련

1 행정조사는 조사목적을 달성하는 데 필요한 최소한의 범위 안에서 실시하여야 하며, 다른 목적 등을 위하여 조사권을 남용하여서는 아니 된다. 21군무원7

㉢관련

2 유사하거나 동일한 사안에 대하여 서로 다른 기관이 공동으로 조사하는 것은 원칙적으로 허용되지 않는다. 24해경승진

해설

㉠ ○

> 행정조사기본법 제4조(행정조사의 기본원칙) ① 행정조사는 조사목적을 달성하는 데 **필요한 최소한의 범위** 안에서 실시하여야 하며, 다른 목적 등을 위하여 조사권을 남용하여서는 아니 된다.

㉡ ○

> 행정조사기본법 제4조(행정조사의 기본원칙) ④ 행정조사는 법령등의 위반에 대한 **처벌보다는** 법령등을 **준수**하도록 **유도**하는 데 중점을 두어야 한다.

㉢ ✕

> 행정조사기본법 제4조(행정조사의 기본원칙) ③ 행정기관은 **유사**하거나 **동일**한 사안에 대하여는 **공동조사** 등을 실시함으로써 행정조사가 중복되지 아니하도록 하여야 한다.

㉣ ○

> 행정조사기본법 제4조(행정조사의 기본원칙) 다른 법률에 따르지 아니하고는 행정조사의 **대상자** 또는 행정조사의 **내용**을 공표하거나 직무상 알게 된 **비밀**을 누설하여서는 아니 된다.

㉤ ○

> 행정조사기본법 제4조(행정조사의 기본원칙) ② 행정기관은 조사목적에 적합하도록 **조사대상자**를 선정하여 행정조사를 실시하여야 한다.

선지분석 & 요플·기풀기링크

선지	THEME	요플	기풀기
ㄱ		29	029
ㄴ		32	032
ㄷ	T49 행정조사	51	035
ㄹ		33	033
ㅁ		61	062

정답 ③
OX 1○ 2✕

15

「행정조사기본법」에 대한 설명으로 옳은 것은? 　　　　　10지방9

① 행정조사에 현장조사, 문서열람, 시료채취, 보고요구, 자료제출요구, 진술요구는 포함되지만 출석요구는 포함되지 않는다.
② 행정조사는 법령등의 위반에 대한 처벌보다는 법령등을 준수하도록 유도하는 것에 중점을 두어야 한다.
③ 조세에 관한 사항도 행정조사의 대상에 해당한다.
④ 조사대상자는 행정기관의 장이 승인하지 않는 한 조사원의 교체신청을 할 수 없다.

관련 OX

① 관련
1 행정조사의 범위에는 행정기관이 정책을 결정하거나 직무를 수행하는 데 필요한 정보나 자료를 수집하기 위한 문서열람 활동이 포함된다. 　25국회8

④ 관련
2 조사대상자는 조사원에게 공정한 행정조사를 기대하기 어려운 사정이 있다고 판단되는 경우에는 행정기관의 장에게 당해 조사원의 교체를 신청할 수 있다.
　15서울7

해설

① × 행정조사에 출석요구도 포함된다.

> **행정조사기본법 제2조(정의)** 이 법에서 사용하는 용어의 정의는 다음과 같다.
> 1. **'행정조사'**란 행정기관이 정책을 결정하거나 직무를 수행하는 데 필요한 정보나 자료를 수집하기 위하여 **현장조사·문서열람·시료채취** 등을 하거나 조사대상자에게 **보고요구·자료제출요구 및 출석·진술**요구를 행하는 활동을 말한다.

② ○

> **행정조사기본법 제4조(행정조사의 기본원칙)** ④ 행정조사는 법령등의 위반에 대한 **처벌보다는** 법령등을 **준수**하도록 **유도**하는 데 중점을 두어야 한다.

③ × 조세에 관한 사항은 행정조사의 대상에서 제외된다.

> **행정조사기본법 제3조(적용범위)** ① 행정조사에 관하여 다른 법률에 특별한 규정이 있는 경우를 제외하고는 이 법으로 정하는 바에 따른다.
> ② 다음 각 호의 어느 하나에 해당하는 사항에 대하여는 이 법을 적용하지 아니한다.
> 5. **조세**·형사·행형 및 보안처분에 관한 사항

④ × 조사대상자는 조사원 교체신청을 할 수 있고, 이러한 신청을 하기 위해 승인을 받아야 하는 것은 아니다.

> **행정조사기본법 제22조(조사원 교체신청)** ① 조사대상자는 조사원에게 공정한 행정조사를 기대하기 어려운 사정이 있다고 판단되는 경우에는 행정기관의 장에게 당해 **조사원의 교체를 신청할 수** 있다.

선지분석 & 요플·기풀기링크

선지	THEME	요플	기풀기
①		19	021
②	T49 행정조사	32	032
③		24	024
④		62	063

 ②
 1○ 2○

16

「행정조사기본법」상 행정조사에 대한 설명으로 옳지 않은 것은? 15지방9

① 조사대상자는 법령등에서 규정하고 있는 경우에 한하여 조사대상 선정기준에 대한 열람을 행정기관의 장에게 신청할 수 있다.
② 조사대상자에 의한 조사원 교체신청은 그 이유를 명시한 서면으로 행정기관의 장에게 하여야 한다.
③ 행정기관의 장은 인터넷 등 정보통신망을 통하여 조사대상자로 하여금 자료의 제출 등을 하게 할 수 있다.
④ 행정기관은 조사대상자의 자발적인 협조를 얻어 실시하는 행정조사의 경우를 제외하고는 법령등에서 행정조사를 규정하고 있는 경우에 한하여 행정조사를 실시할 수 있다.

관련 OX

① 관련
1 조사대상자는 조사대상 선정기준에 대한 열람을 행정기관의 장에게 신청할 수 있다. 24군무원7

④ 관련
2 조사대상자의 자발적인 협조를 얻어 실시하는 행정조사 외에는, 행정기관은 법령 등에서 행정조사를 규정하고 있는 경우에 한하여 행정조사를 실시할 수 있다. 25국회8

추가기출(③ 관련)
ⓐ B
행정기관의 장은 조사대상자의 신상이나 사업비밀 등이 유출될 우려가 있으므로 인터넷 등 정보통신망을 통하여 조사대상자로 하여금 자료의 제출 등을 하게 할 수 없다. 23국가9

해설

① ✕ 조사대상자는 별도로 법령등에서 규정하고 있지 않더라도 조사대상 선정기준에 대한 열람을 행정기관의 장에게 신청할 수 있다.

행정조사기본법 제8조(조사대상의 선정) ② 조사대상자는 조사대상 선정기준에 대한 열람을 행정기관의 장에게 신청할 수 있다.

② ○

행정조사기본법 제22조(조사원 교체신청) ① 조사대상자는 조사원에게 공정한 행정조사를 기대하기 어려운 사정이 있다고 판단되는 경우에는 행정기관의 장에게 당해 조사원의 교체를 신청할 수 있다.
② 제1항에 따른 교체신청은 그 이유를 명시한 서면으로 행정기관의 장에게 하여야 한다.

③ ○

행정조사기본법 제28조(정보통신수단을 통한 행정조사) ① 행정기관의 장은 인터넷 등 **정보통신망을 통하여 조사대상자로 하여금 자료의 제출 등을 하게 할 수** 있다.③
② 행정기관의 장은 정보통신망을 통하여 자료의 제출 등을 받은 경우에는 **조사대상자의 신상이나 사업비밀 등이 유출되지 아니하도록 제도적·기술적 보안조치를 강구**하여야 한다.ⓐ

+ **PLUS** ⓐ 해설: 행정기관의 장은 조사대상자의 신상이나 사업비밀 등이 유출될 우려가 있다고 정보통신망을 통하여 자료의 제출 등을 하게 할 수 없는 것이 아니라, 해당 내용이 유출되지 아니하도록 보안조치를 강구하여야 한다.

④ ○ 행정조사기본법만으로 행정조사를 실시할 수는 없다. 다른 법령등에서 행정조사를 규정하고 있어야 가능하다. 단, 조사대상자가 자발적으로 협조하는 경우는 법령의 근거가 없어도 할 수 있다. 결국, 자발적 협조를 얻어서 하는 조사, 즉, 임의조사 외에는 법령등에 별도의 근거가 있어야만 행정조사를 할 수 있다.

행정조사기본법 제5조(행정조사의 근거) 행정기관은 **법령등에서 행정조사를 규정하고 있는 경우에 한하여** 행정조사를 실시할 수 있다. **다만, 조사대상자의 자발적인 협조**를 얻어 실시하는 행정조사의 경우에는 그러하지 아니하다.

선지분석 & 요플·기풀기링크

선지	THEME	요플	기풀기
①		40	042
②	T49 행정조사	63	064
③		70	071
④		72	075

 정답 ①
 OX 1○ 2○ ⓐ✕

THEME 49 행정조사기본법

17

행정조사에 대한 설명으로 옳지 않은 것은? (다툼이 있는 경우 판례에 의함) 24국가7

① 「행정조사기본법」상 조사원이 가택·사무실 또는 사업장 등에 출입하여 현장조사를 실시하는 경우, 그 권한을 나타내는 증표를 지니고 이를 조사대상자에게 내보여야 한다.

② 「행정조사기본법」 제5조 단서에서 정한 '조사대상자의 자발적인 협조를 얻어 실시하는 행정조사'는 개별 법령 등에서 행정조사를 규정하고 있는 경우에도 실시할 수 있다.

③ 납세자 등이 대답하거나 수인할 의무가 없고 납세자의 영업의 자유 등을 침해하거나 세무조사권이 남용될 염려가 없는 조사행위라 하더라도 재조사가 금지되는 세무조사에 해당한다.

④ 우편물 통관검사절차에서 이루어지는 우편물의 개봉, 시료채취, 성분분석 등의 검사는 행정조사의 성격을 가지는 것으로서 압수·수색영장 없이 우편물의 개봉, 시료채취, 성분분석 등 검사가 진행되었다 하더라도 특별한 사정이 없는 한 위법하다고 볼 수 없다.

관련 OX

③ 관련

1 납세자 등이 대답하거나 수인할 의무가 없고 납세자의 영업의 자유 등을 침해하거나 세무조사권이 남용될 염려가 없는 조사행위는 원칙적으로 「국세기본법」 제7장의2 내의 각 규정이 적용되는 세무조사에 해당한다고 볼 것은 아니다.

22소간

④ 관련

2 우편물 통관검사절차에서 이루어진 우편물의 개봉, 시료채취, 성분분석 등의 검사는 수출입물품에 대한 적정한 통관을 목적으로 한 행정조사의 성격을 가지며, 수사기관의 강제처분이라고 할 수 없다.

24경찰간부

해설

① ○

행정조사기본법 제11조(현장조사) ① 조사원이 가택·사무실 또는 사업장 등에 출입하여 현장조사를 실시하는 경우에는 행정기관의 장은 다음 각 호의 사항이 기재된 현장출입조사서 또는 법령등에서 현장조사시 제시하도록 규정하고 있는 문서를 조사대상자에게 발송하여야 한다. (각 호 생략)
② 제1항에 따른 현장조사는 해가 뜨기 전이나 해가 진 뒤에는 할 수 없다. 다만, 다음 각 호의 어느 하나에 해당하는 경우에는 그러하지 아니한다. (각 호 생략)
③ 제1항 및 제2항에 따라 현장조사를 하는 조사원은 그 권한을 나타내는 증표를 지니고 이를 조사대상자에게 내보여야 한다.

② ○

행정조사기본법 제5조(행정조사의 근거) 행정기관은 법령등에서 행정조사를 규정하고 있는 경우에 한하여 행정조사를 실시할 수 있다. 다만, 조사대상자의 자발적인 협조를 얻어 실시하는 행정조사의 경우에는 그러하지 아니하다.

③ × 수인할 의무가 없고 세무조사권이 남용될 염려가 없는 조사: 재조사가 금지되는 '세무조사' ×
과세자료의 수집 또는 신고내용의 정확성 검증 등을 위한 과세관청의 모든 조사행위가 재조사가 금지되는 세무조사에 해당한다고 볼 경우에는 과세관청으로서는 단순한 사실관계의 확인만으로 충분한 사안에서 언제나 정식의 세무조사에 착수할 수밖에 없고 납세자 등으로서도 불필요하게 정식의 세무조사에 응하여야 하므로, 납세자 등이 대답하거나 수인할 의무가 없고 납세자의 영업의 자유 등을 침해하거나 세무조사권이 남용될 염려가 없는 조사행위까지 재조사가 금지되는 '세무조사'에 해당한다고 볼 것은 아니다(2017.3.16. 2014두8360).

④ ○ 우편물 통관검사시 이루어지는 우편물 개봉: 영장주의적용×, 영장 없이 압수·수색 가능
우편물 통관검사절차에서 이루어지는 우편물의 개봉, 시료채취, 성분분석 등의 검사는 수출입물품에 대한 적정한 통관 등을 목적으로 한 행정조사의 성격을 가지는 것으로서 수사기관의 강제처분이라고 할 수 없으므로, 압수·수색영장 없이 우편물의 개봉, 시료채취, 성분분석 등 검사가 진행되었다 하더라도 특별한 사정이 없는 한 위법하다고 볼 수 없다(2013.9.26. 2013도7718).

선지선택비율 ① 6.25% ② 10.8% ③ 76.89% ④ 6.06% 오답률 22.92%

선지분석 & 요플·기풀기링크

선지	THEME	요플	기풀기
①		45	047
②	T49 행정조사	74	074
③		58	058
④		01	003

정답 ③

OX

18

「행정조사기본법」에 대한 설명이다. 아래 ㉠부터 ㉣까지의 설명 중 옳고 그름의 표시(○, ×)가 바르게 된 것은?

17(2)경행

> ㉠ 행정기관은 법령등에서 행정조사를 규정하고 있는 경우에 한하여 행정조사를 실시할 수 있다. 다만, 조사대상자의 자발적인 협조를 얻어 실시하는 행정조사의 경우에는 그러하지 아니한다.
> ㉡ 행정기관의 장은 매년 12월말까지 다음 연도의 행정조사운영계획을 수립하여 국무조정실장에게 제출하여야 한다. 다만, 행정조사운영계획을 제출해야 하는 행정기관의 구체적인 범위는 총리령으로 정한다.
> ㉢ 행정기관의 장은 당해 행정기관 내의 2 이상의 부서가 동일하거나 유사한 업무분야에 대하여 동일한 조사대상자에게 행정조사를 실시하는 경우에는 공동조사를 할 수 있다.
> ㉣ 행정기관의 장은 법령등에 특별한 규정이 있는 경우를 제외하고는 행정조사의 결과를 확정한 다음 날부터 7일 이내에 그 결과를 조사대상자에게 통지하여야 한다.

① ㉠(○) ㉡(○) ㉢(×) ㉣(○)
② ㉠(○) ㉡(×) ㉢(○) ㉣(○)
③ ㉠(○) ㉡(×) ㉢(×) ㉣(×)
④ ㉠(×) ㉡(○) ㉢(○) ㉣(×)

관련 OX

㉠관련
1 행정기관이 행정조사를 행하는 경우 조사대상자의 자발적인 협조가 있다면 법령등에서 행정조사를 규정하고 있지 않더라도 실시할 수 있다. 25소방

㉢관련
2 당해 행정기관 내의 2이상의 부서가 동일하거나 유사한 업무분야에 대하여 동일한 조사대상자에게 행정조사를 실시하는 경우에는 공동조사를 하여야 한다. 24해경간부

해설

㉠ ○

> **행정조사기본법 제5조(행정조사의 근거)** 행정기관은 법령등에서 행정조사를 규정하고 있는 경우에 한하여 행정조사를 실시할 수 있다. 다만, 조사대상자의 자발적인 협조를 얻어 실시하는 행정조사의 경우에는 그러하지 아니하다.

㉡ × '총리령'이 아닌 '대통령령'이다.

> **행정조사기본법 제6조(연도별 행정조사운영계획의 수립 및 제출)** ① 행정기관의 장은 매년 12월말까지 **다음 연도의 행정조사운영계획**을 수립하여 **국무조정실장에게** 제출하여야 한다. 다만, 행정조사운영계획을 제출해야 하는 행정기관의 구체적인 범위는 **대통령령**으로 정한다.

㉢ × '할 수 있다'를 '하여야 한다'로 고쳐야 한다. 이 경우 공동조사는 재량이 아닌 의무이기 때문이다.

> **행정조사기본법 제14조(공동조사)** ① 행정기관의 장은 다음 각 호의 어느 하나에 해당하는 행정조사를 하는 경우에는 **공동조사를 하여야** 한다.
> 1. 당해 행정기관 내의 2 이상의 부서가 동일하거나 유사한 업무분야에 대하여 동일한 조사대상자에게 행정조사를 실시하는 경우

㉣ × 확정한 '다음 날부터' 7일 이내가 아니라 확정한 '날부터' 7일 이내이다.

> **행정조사기본법 제24조(조사결과의 통지)** 행정기관의 장은 법령등에 특별한 규정이 있는 경우를 제외하고는 행정조사의 **결과를 확정한 날부터 7일 이내**에 그 결과를 조사대상자에게 통지하여야 한다.

선지분석 & 요플 · 기풀기링크

선지	THEME	요플	기풀기
ㄱ		73	073
ㄴ	T49 행정조사	35	037
ㄷ		52	036
ㄹ		67	068

정답 ③
OX 1○ 2○

PART
IV

행정구제법

T 50 **행정소송의 개관**

T 51 대상적격(1) – 원처분주의와 재결주의

T 52 대상적격(2)
　　 – 처분성 등 일괄정리(행정작용을 중심으로)

T 53 대상적격(3)
　　 – 처분성 등 일괄정리(법률관계를 중심으로)

T 54 거부처분 관련 쟁점

T 55 공권과 원고적격

T 56 제3자의 지위(1)
　　 – 경업자 · 경원자 · 인근주민 소송 등 일괄정리

T 57 (협의의) 소의 이익

T 58 피고적격

T 59 관할법원

T 60 행정심판 임의주의 – 예외적 전치주의

T 61 제소기간

T 62 가구제
　　 – 집행정지(항고소송) / 가처분(당사자소송)

T 63 행정소송의 심리(1)
　　 – 심리의 원칙 · 종류 · 내용

T 64 행정소송의 심리(2)
　　 – 소송 중 각종 변동제도 일괄정리

T 65 행정소송의 판결(1)
　　 – 판단의 기준시와 판결의 종류

T 66 행정소송의 판결(2) – 판결의 효력

T 67 제3자의 지위(2) – 절차순 일괄정리

T 68 **행정심판(1) – 조문별 쟁점 · 기출정리**

T 69 행정심판(2) – 이의신청 · 재심사 등

T 70 고지제도 일괄정리
　　 – 절차법 · 기본법 · 심판법 · 소송법

T 71 **국가배상법(1)**
　　 – 공무원의 위법행위에 대한 국가배상책임(제2조)

T 72 국가배상법(2)
　　 – 영조물의 하자에 따른 국가배상책임(제5조)

T 73 국가배상법(3) – 공통사항 및 특례규정

T 74 손실보상(1) – 헌법적 검토

T 75 손실보상(2) – 토지보상법 중심 검토

THEME 50 행정소송의 개관

기 708-717
요 202

01

행정소송의 한계에 관한 설명으로 옳지 않은 것은? 09지방9

① 단순한 사실관계의 존부 등의 문제는 행정소송의 대상이 되지 아니한다.
② 반사적 이익의 침해는 행정소송의 대상이 되지 아니한다.
③ 통치행위는 행정소송의 대상에서 제외된다는 것이 우리의 학설과 판례의 경향이다.
④ 법령은 그 자체가 직접 국민의 권리·의무를 침해하는 경우에도 행정소송의 대상이 되지 아니한다.

관련 OX

④ 관련

1 법규명령은 행정입법의 일반·추상성으로 인해 항고소송의 대상이 될 수 없다. 13지방7

2 법규명령이 구체적인 집행행위 없이 직접 개인의 권리·의무에 영향을 주는 경우 처분성이 인정된다. 18국가9

해설

①② ○ 행정소송은 사법(司法)작용이다. 즉, 행정소송의 대상이 되려면 적어도 법적 문제이어야 하고, 반사적 이익의 침해나② 단순한 사실관계의 존부 확인① 등은 대상이 될 수 없다.

➕ PLUS 과거의 역사적 사실관계의 존부나 공법상의 구체적인 법률관계가 아닌 사실관계에 관한 것들을 확인의 대상으로 하는 것이거나 행정청의 단순한 부작위를 대상으로 하는 것은 항고소송의 대상이 되지 아니하는 것이다(1990.11.23. 90누3553).

③ ○ 통치행위는 고도의 정치성을 갖기 때문에 사법심사가 제한되는 행위를 말하는데 이를 인정하는 것이 학설·판례의 경향이다. 따라서 통치행위도 행정소송의 한계에 속한다.

④ × 법령 그 자체는 통상 일반적·추상적인 것이므로 처분성 역시 인정되지 않아, 항고소송의 대상이 될 수 없는 것이 원칙이다. 다만, 어떠한 법령이 행정권의 추가적 집행행위의 매개 없이 그 자체로서 국민의 권리·의무에 직접적으로 영향을 미치는 처분법규(처분적 법규명령)는 예외적으로 처분성이 인정되어 항고소송의 대상이 될 수 있다(1996.9.20. 95누8003 등).

선지분석 & 요플·기풀기링크

선지	THEME	요플	기풀기
①	T50 행정소송 개관	04	004
②		03	003
③	T02 통치행위	01	001
④	T14 법규명령	71	066

정답 ④

OX 1 2

필수 문제 02

「행정소송법」에 관한 설명으로 옳지 않은 것은? 12지방9

① 「행정소송법」 제3조에서는 행정소송을 취소소송, 당사자소송, 민중소송, 기관소송으로 구분한다.
② 당사자소송이란 행정청의 처분등을 원인으로 하는 법률관계에 관한 소송 그 밖에 공법상의 법률관계에 관한 소송으로서 그 법률관계의 한쪽 당사자를 피고로 하는 소송을 말한다.
③ 취소소송이란 행정청의 위법한 처분등을 취소 또는 변경하는 소송을 말한다.
④ 기관소송이란 국가 또는 공공단체의 기관 상호 간에 있어서의 권한의 존부 또는 그 행사에 관한 다툼이 있을 때에 이에 대하여 제기하는 소송을 말한다.

관련 OX

② 관련
1 공법관계는 행정소송 중 항고소송의 대상이 되며, 사인 간의 법적 분쟁에 관한 사법관계는 행정소송 중 당사자소송의 대상이 된다. 20지방9

2 기
(당사자소송은) 대등 당사자 간에 다투어지는 공법상의 법률관계를 소송의 대상으로 한다. 13지방9

추가기출
ⓐ 기
항고소송이란 행정청의 처분등이나 부작위에 대하여 제기하는 소송이다.
17(2)경행

해설

②③④ ○, ① × 취소소송을 항고소송으로 고쳐야 옳은 지문이 된다.

행정소송법 제3조(행정소송의 종류) 행정소송은 다음의 네 가지로 구분한다.
1. **항**고소송: 행정청의 처분등이나 부작위에 대하여 제기하는 소송 ⓐ
2. **당**사자소송: 행정청의 처분등을 원인으로 하는 법률관계에 관한 소송 그 밖에 공법상의 법률관계에 관한 소송으로서 그 법률관계의 한쪽 당사자를 피고로 하는 소송 ②
3. **민**중소송: 국가 또는 공공단체의 기관이 법률에 위반되는 행위를 한 때에 직접 자기의 법률상 이익과 관계없이 그 시정을 구하기 위하여 제기하는 소송
4. **기**관소송: 국가 또는 공공단체의 기관 상호 간에 있어서의 권한의 존부 또는 그 행사에 관한 다툼이 있을 때에 이에 대하여 제기하는 소송.④ 다만, 헌법재판소법 제2조의 규정에 의하여 헌법재판소의 관장사항으로 되는 소송은 제외한다.

제4조(항고소송) 항고소송은 다음과 같이 구분한다.
1. **취**소소송: 행정청의 위법한 처분등을 취소 또는 변경하는 소송 ③
2. **무**효등확인소송: 행정청의 처분등의 효력 유무 또는 존재 여부를 확인하는 소송
3. **부**작위위법확인소송: 행정청의 부작위가 위법하다는 것을 확인하는 소송

+ PLUS 행정소송 종류: **항당민기** / 취소소송 종류: **취무부**

선지분석 & 요플·기풀기링크

선지	THEME	요플	기풀기
①		수2/06	006
②	T50 행정소송 개관	수2/14	021
③		수2/09	011
④		수2/27	037

정답 ①
OX 1× 2○ ⓐ○

THEME 50 행정소송의 개관

03

객관소송에 관한 설명으로 가장 옳지 않은 것은? 10국회9

① 「행정소송법」 제46조는 법률에서 민중소송을 허용하고 있는 경우에 한하여 그 재판절차를 규정한 것에 불과하다.

② 「공공기관의 정보공개에 관한 법률」 제5조에 따른 일반적 정보공개청구권을 다투는 소송은 민중소송이라는 것이 다수설과 판례의 입장이다.

③ 국가기관 상호 간의 권한의 존부에 관한 다툼이 있는 경우 행정소송인 기관소송을 제기할 수 없다.

④ 우리나라에서 객관소송은 당사자의 구체적인 권리·의무에 관한 분쟁해결이 아니라 행정감독적 견지에서 행정법규의 정당한 적용을 확보하거나 선거 등의 공정의 확보를 위한 소송으로 이해된다.

⑤ 「지방교육자치에 관한 법률」 제28조 제3항에 따라 교육감이 시·도의회를 상대로 대법원에 제기하는 소송은 객관소송이다.

관련 OX

② 관련

1 시민단체가 공개청구한 정보에 대해 직접적인 이해관계가 있는 경우에는 행정청의 정보공개거부에 대해 정보공개의 이행을 구하는 당사자소송을 제기하여 다툴 수 있다. 22국가9(변형)

③ 관련

2 (기관소송은) 「헌법재판소법」에 따라 헌법재판소의 관장사항으로 되는 소송은 제외한다. 19(2)경행

해설

① ○ 행정소송법 제46조(준용규정)는 법률에서 민중소송을 허용하고 있는 경우에 그 재판절차를 규정한 것에 불과 행정소송법 제45조는 민중소송 및 기관소송은 법률이 정한 경우에 법률이 정한 자에 한하여 제기할 수 있다고 규정하고 있고, 행정청이 주민의 여론을 조사한 행위에 대하여는 법상 소로서 그 시정을 구할 수 있는 아무런 규정이 없으며, 행정소송법 제46조는 법률에서 민중소송을 허용하고 있는 경우에 그 재판절차를 규정한 것에 불과하므로, 원심이 여론조사의 무효확인을 구하는 소송을 각하한 것은 정당하다(1996.1.23. 95누12736).

행정소송법 제46조(준용규정) ① 민중소송 또는 기관소송으로써 처분등의 취소를 구하는 소송에는 그 성질에 반하지 아니하는 한 취소소송에 관한 규정을 준용한다.

+ PLUS 행정청이 한 여론조사의 무효확인을 구하는 소송: 민중소송 대상×

② × · 민중소송이란 국가 또는 공공단체의 기관이 법률에 위반되는 행위를 한 때에 직접 자신의 법률상 이익과 관계없이 그 시정을 구하기 위하여 제기하는 소송을 말한다(행정소송법 제3조 제3호). 이에 반해 항고소송이란 처분 또는 부작위로 인해 자신의 법률상 이익을 침해받은 자가 제기하는 소송이다.

· 정보공개법은 이해관계와 무관히 모든 국민에게 일반적인 정보공개청구권을 인정하고 있는바(제5조 제1항), 다수설 및 판례에 따르면 이러한 정보공개청구권은 법률상 보호되는 구체적인 권리이므로, 어떠한 국민의 정보공개청구가 거부당할 경우, 이는 법률상 신청권을 보유한 자에 대한 거부로서 거부의 처분성과 그로 인한 법률상 이익의 침해가 모두 인정된다. 따라서 일반적 정보공개청구권을 다투는 소송은 자신의 법률상 이익침해를 받은 자가 제기하는 소송으로서 주관적 소송 중 항고소송에 해당한다.

③⑤ ○ · 기관소송이란 국가 또는 공공단체의 기관 상호 간에 있어서의 권한의 존부 또는 그 행사에 관한 다툼이 있을 때에 이에 대하여 제기하는 소송을 말한다(행정소송법 제3조 제4호).

· 「지방교육자치에 관한 법률」에 따르면 교육감은 교육·학예에 관한 시·도의회의 의결에 대해 재의를 요구하고 이에 따라 재의결된 사항이 법령에 위반된다고 판단될 때에는 재의결된 날부터 20일 이내에 시·도의회를 피고로 하여 대법원에 제소할 수 있는데(제28조 제3항), 이는 객관소송 중 기관소송에 해당한다.⑤

· 한편, 행정기관 상호 간의 권한분쟁에 해당하더라도 헌법재판소의 권한쟁의심판의 대상이 되는 것은 기관소송의 대상에서 제외된다(행정소송법 제3조 제4호 단서). 따라서 ① 국가기관 상호 간, ② 지방자치단체 상호 간, ③ 국가기관과 지방자치단체 간 권한의 존부나 범위에 관한 다툼에 대해서는 행정소송법상 기관소송을 제기할 수 없고, 헌법재판소법상 권한쟁의심판을 청구하여야 한다.③

④ ○ 민중소송과 기관소송은 객관소송으로 행정의 위법시정이나 기관 상호 간 권한에 관한 다툼 해결을 목적으로 한다. 지문은 객관소송 중 행정기관의 위법시정(행정법규의 정당한 적용 확보)을 목적으로 하는 민중소송(선거소송, 주민소송, 투표소송)에 대한 설명이라고 할 수 있다.

정답 ②

OX 1× 2○

04

주관적 소송에 속하지 않는 것은?   13서울9

① 취소소송
② 부작위위법확인소송
③ 당사자소송
④ 기관소송
⑤ 무효등확인소송

관련 OX

③ 관련

1 (당사자소송은) 개인의 권익구제를 주된 목적으로 하는 주관적 소송이다.   13지방9

해설

①②③⑤ ○, ④ × 기관소송은 객관소송이다.

행정소송의 종류 및 내용

주관소송	항고소송	취소소송①	행정청의 위법한 처분등을 취소 또는 변경하는 소송
		무효등확인소송⑤	행정청의 처분등의 효력 유무 / 존재 여부를 확인하는 소송
		부작위위법확인소송②	행정청의 부작위가 위법하다는 것을 확인하는 소송
	당사자소송③		① 행정청의 처분등을 원인으로 하는 법률관계에 관한 소송 ② 그 밖에 공법상의 법률관계에 관한 소송
객관소송	민중소송		국가 또는 공공단체의 기관이 법률에 위반되는 행위를 한 때에 직접 자기의 법률상 이익과 관계없이 그 시정을 구하기 위하여 제기하는 소송
	기관소송④		국가 또는 공공단체의 기관 상호 간에 있어서의 권한의 존부 또는 그 행사에 관한 다툼이 있을 때에 이에 대하여 제기하는 소송. 다만, 헌법재판소법 제2조의 규정에 의하여 헌법재판소의 관장사항으로 되는 소송은 제외한다.

선지분석 & 요플·기풀기링크

선지	THEME	요플 기풀기
	T50 행정소송 개관	수2/N2 008

정답 ④

OX 1 ○

05

다음 중 「행정소송법」에 대한 내용으로 가장 적절하지 않은 것은? 24군무원9

① 당사자소송은 원칙적으로 당해 처분을 행한 행정청을 피고로 한다.
② 민중소송은 법률이 정한 경우에 법률에 정한 자에 한하여 제기할 수 있다.
③ 기관소송은 법률이 정한 경우에 법률에 정한 자에 한하여 제기할 수 있다.
④ 국가의 사무를 위임 또는 위탁받은 공공단체 또는 그 장에 해당하는 피고에 대하여 취소소송을 제기하는 경우에는 대법원 소재지를 관할하는 행정법원에 제기할 수 있다.

관련 OX

① 관련
1 취소소송은 다른 법률에 특별한 규정이 없는 한 그 처분등을 행한 행정청을 피고로 하며, 당사자소송은 국가·공공단체 그 밖의 권리주체를 피고로 한다. 18서울9

② 관련
2 민중소송은 특별히 법률의 규정이 있을 때에 한하여 예외적으로 인정된다. 16국회8

추가기출(② 관련)
ⓐ 소
「행정소송법」은 행정소송사항에 관하여 개괄주의를 채택하였지만, 민중소송은 예외적으로 열기주의를 채택하였다. 19소방

해설

① ✕

행정소송법 제39조(피고적격) 당사자소송은 국가·공공단체 그 밖의 권리주체를 피고로 한다.

②③ ○

행정소송법 제45조(소의 제기) 민중소송 및 기관소송은 법률이 정한 경우에 법률에 정한 자에 한하여 제기할 수 있다.

+ PLUS 주관소송인 항고소송·당사자소송의 경우 개괄주의를 택하여 법이 특별히 정하고 있지 않더라도 권익구제가 필요한 자에 대해서 일반적으로 소송이 허용되나, 객관소송인 **민중소송·기관소송**의 경우 법이 정한 경우에 한해 그 법에서 정한 자에 한해 소송을 제기할 수 있도록 규정하고 있어 **열기주의**를 택하고 있다고 볼 수 있다. ⓐ

④ ○

행정소송법 제9조(재판관할) ① 취소소송의 제1심 관할법원은 피고의 소재지를 관할하는 행정법원으로 한다.
② 제1항에도 불구하고 다음 각 호의 어느 하나에 해당하는 피고에 대하여 취소소송을 제기하는 경우에는 대법원 소재지를 관할하는 행정법원에 제기할 수 있다.
1. 중앙행정기관, 중앙행정기관의 부속기관과 합의제 행정기관 또는 그 장
2. 국가의 사무를 위임 또는 위탁받은 공공단체 또는 그 장

선지선택비율 ① 72.71% ② 10.19% ③ 7.08% ④ 10.02% 오답률 27.29%

선지분석 & 요플·기풀기링크

선지	THEME	요플	기풀기
①	T58 피고적격	01	001
②	T50 행정소송 개관	수2/20	026
③		수2/34	043
④	T59 관할법원	12	013

정답 ①
OX 1 ○ 2 ○ ⓐ ○

06

행정소송에 있어서 기관소송에 관한 설명으로 옳지 않은 것은? 09국가7

① 국가 또는 공공단체의 행정기관 상호 간에 권한의 존부 또는 권한행사에 관한 분쟁이 있는 경우 이에 관한 소송을 기관소송이라고 한다.
② 지방자치단체 상호 간의 권한쟁의는 행정법원의 관할에 속한다.
③ 개별 법률에 특별한 규정이 있는 경우에 인정되고 그 법률에 정한 자만이 제기할 수 있다.
④ 기관소송으로서 처분등의 취소를 구하는 소송에는 그 성질에 반하지 아니하는 한 취소소송에 관한 규정이 준용된다.

관련 OX

③ 관련

1 「행정소송법」은 민중소송에 대해서는 법률이 정한 경우에 법률이 정한 자에 한하여 제기하도록 하는 법정주의를 취하고 있으나, 기관소송에 대해서는 이러한 제한을 두지 않아 기관소송의 제기가능성은 일반적으로 인정된다. 20군무원7

2 민중소송 및 기관소송은 법률이 정한 자에 한하여 제기할 수 있다. 21소방

해설

① ○, ② × 행정기관 상호 간의 권한분쟁에 해당하더라도 헌법재판소의 권한쟁의심판의 대상이 되는 것은 기관소송의 대상에서 제외된다(행정소송법 제3조 제4호 단서). 따라서 ① 국가기관 상호 간, ② 지방자치단체 상호 간, ③ 국가기관과 지방자치단체 간 권한의 존부나 범위에 관한 다툼에 대해서는 <u>행정소송법상 기관소송을 제기할 수 없고</u>, 헌법재판소법상 권한쟁의심판을 청구하여야 한다.

행정소송법 제3조(행정소송의 종류) 행정소송은 다음의 네 가지로 구분한다.
4. **기관소송**: 국가 또는 공공단체의 기관 상호 간에 있어서의 권한의 존부 또는 그 행사에 관한 다툼이 있을 때에 이에 대하여 제기하는 소송.① 다만, 헌법재판소법 제2조의 규정에 의하여 **헌법재판소의 관장 사항**으로 되는 **소송은 제외**한다.②

③ ○

행정소송법 제45조(소의 제기) 민중소송 및 기관소송은 **법률이 정한 경우에 법률에 정한 자**에 한하여 제기할 수 있다.

④ ○

행정소송법 제46조(준용규정) ① 민중소송 또는 기관소송으로써 처분등의 취소를 구하는 소송에는 그 성질에 <u>반하지 아니하는</u> 한 **취소소송에 관한 규정을 준용**한다.

선지분석 & 요플·기풀기링크

T50 행정소송 개관

선지	THEME	요플	기풀기
①		수2/27	037
②		수2/30	040
③		수2/28	038
④		수2/34	043

정답 ②
OX 1× 2○

THEME 50 행정소송의 개관 659

51-53 대상적격 - 처분성 등 정리

기 718-811
요 203-231

T51 대상적격(1) - 원처분주의와 재결주의

01

행정소송의 대상에 관한 설명 중 옳지 않은 것은? (다툼이 있는 경우 판례에 의함) 10국회9

① 구 「남녀차별금지 및 구제에 관한 법률」상 국가인권위원회의 성희롱결정 및 시정조치권고는 행정소송의 대상이 된다.
② 사립학교 교원에 대한 학교법인의 해임처분은 행정소송의 대상이 되는 행정처분에 해당한다고 볼 수 없다.
③ 「약제급여 · 비급여목록 및 급여상한금액표」와 같이 어떤 고시가 다른 집행행위의 매개 없이 그 자체로 직접 국민의 권리 · 의무나 권리관계를 규율하는 성격을 가지는 경우에는 행정처분에 해당한다.
④ 「행정소송법」상 재결에 대한 취소소송은 재결 자체에 고유한 위법이 있음을 이유로 하는 경우에 한한다.
⑤ 공정거래위원회의 고발조치나 고발의결은 「독점규제 및 공정거래에 관한 법률」 제71조에서 위 기관의 고발을 동 법률위반죄의 소추요건으로 규정하고 있으므로 항고소송의 대상이 되는 처분에 해당한다.

관련 OX

① 관련

1 ❌
구 「남녀차별금지 및 구제에 관한 법률」상 국가인권위원회의 성희롱 결정 및 시정조치권고는 행정소송의 대상이 되는 행정처분에 해당하지 않는다. 24소방승진

④ 관련

2 취소소송은 처분등을 대상으로 하나, 재결취소소송은 처분 및 재결 자체에 고유한 위법이 있음을 이유로 하는 경우에 한한다. 20소방

3 원처분의 위법을 이유로 행정심판재결에 대한 취소소송을 제기할 수 없다. 13국가9

해설

① ○ 국가인권위의 성희롱결정과 그에 따른 시정권고조치: 처분○
국가인권위원회의 성희롱결정과 이에 따른 시정조치의 권고는 불가분의 일체로 행하여지는 것인데 국가인권위원회의 이러한 결정과 시정조치의 권고는 성희롱 행위자로 결정된 자의 인격권에 영향을 미침과 동시에 공공기관의 장 또는 사용자에게 일정한 법률상의 의무를 부담시키는 것이므로 국가인권위원회의 성희롱결정 및 시정조치권고는 행정소송의 대상이 되는 행정**처분**에 해당한다고 보지 않을 수 없다(2005.7.8. 2005두487).

② ○ 사립학교 교원의 징계처분에 대한 불복: 민사소송○ 행정소송✕(학교법인의 징계는 처분✕)
사립학교 교원은 학교법인 또는 사립학교 경영자에 의하여 임면되는 것으로서 사립학교 교원과 학교법인의 관계를 공법상의 권력관계라고는 볼 수 없으므로 사립학교 교원에 대한 학교법인의 해임처분을 취소소송의 대상이 되는 행정청의 처분으로 볼 수 없고, 따라서 학교법인을 상대로 한 불복은 행정소송에 의할 수 없고 민사소송절차에 의할 것이다(1993.2.12. 92누13707).

③ ○ 「약제급여 · 비급여목록 및 급여상한금액표」(보건복지부 고시): 처분○
보건복지부 고시인 「약제급여 · 비급여목록 및 급여상한금액표」는 다른 집행행위의 매개 없이 그 자체로서 국민건강보험가입자, 국민건강보험공단, 요양기관 등의 법률관계를 직접 규율하는 성격을 가지므로 항고소송의 대상이 되는 행정처분에 해당한다(2006.9.22. 2005두2506).

선지분석 & 요플 · 기풀가링크

선지	THEME	요플	기풀기
①	T52 대상적격(행정작용)	18	018
②	T51 원처분주의/재결주의	23	023
③	T15 행정규칙	67	067
④	T51 원처분주의/재결주의	02	002
⑤	T52 대상적격(행정작용)	32	032

④ ○

행정소송법 제19조(취소소송의 대상) 취소소송은 처분등을 대상으로 한다. 다만, **재결취소소송의 경우에는 재결 자체에 고유한 위법**이 있음을 이유로 하는 경우에 한한다.

⑤ × 공정위의 고발의결, 그에 따른 고발조치: 모두 처분×

고발은 수사의 단서에 불과할 뿐 그 자체 국민의 권리·의무에 어떤 영향을 미치는 것이 아니고, 특히「독점규제 및 공정거래에 관한 법률」제71조는 공정거래위원회의 고발을 위 법률위반죄의 소추요건으로 규정하고 있어 공정거래위원회의 고발조치는 사직 당국에 대하여 형벌권 행사를 요구하는 행정기관 상호 간의 행위에 불과하여 항고소송의 대상이 되는 행정처분이라 할 수 없으며, 더욱이 공정거래위원회의 고발 의결은 행정청 내부의 의사결정에 불과할 뿐 최종적인 처분은 아닌 것이므로 이 역시 항고소송의 대상이 되는 행정처분이 되지 못한다(1995.5.12. 94누13794 [시정명령등취소]).

정답 ⑤
OX 1× 2× 3○

02

「행정소송법」상 재결취소소송에 관한 설명으로 옳지 않은 것은? (다툼이 있으면 판례에 의함)

20소간

① 재결 자체의 고유한 위법이 있는 경우란 재결의 주체, 절차, 형식에 관한 위법뿐만 아니라 내용에 관한 위법도 포함한다.
② 인용재결의 당부를 그 심판대상으로 하고 있는 인용재결의 취소를 구하는 당해 소송에서는 재결청이 심판청구인의 심판청구원인 사유를 배척한 판단 부분이 정당한가도 심리·판단하여야 한다.
③ 행정처분에 대한 재결에 이유모순의 위법이 있다는 사유는 재결 자체에 고유한 하자로서 재결처분의 취소를 구하는 소송에서 이를 주장할 수 있고, 원처분의 취소를 구하는 소송에서도 그 취소를 구할 위법사유로서 주장할 수 있다.
④ 처분이 아닌 자기완결적 신고의 수리에 대한 심판청구는 행정심판의 대상이 되지 아니하여 부적법 각하하여야 함에도 인용재결한 경우 이는 재결 자체에 고유한 위법이 있다고 할 것이다.
⑤ 행정심판청구가 부적법하지 않음에도 각하한 재결은 심판청구인의 실체심리를 받을 권리를 박탈한 것으로서 재결 자체에 고유한 위법이 있는 경우에 해당한다.

관련 OX

① 관련
1 재결취소소송에 있어서 재결 자체의 고유한 위법은 재결의 주체, 절차 및 형식상의 위법만을 의미하고, 내용상의 위법은 이에 포함되지 않는다. 16지방9

⑤ 관련
2 행정심판청구가 부적법하지 않음에도 각하한 재결은 원처분주의에 의해서 취소소송의 대상이 되지 않는다. 15지방9

해설

① ○ 재결 자체의 고유한 위법: 주체, 절차, 형식 외 내용상 위법도 포함
행정소송법 제19조에서 말하는 '재결 자체에 고유한 위법'이란 원처분에는 없고 재결에만 있는 **재결청의 권한 또는 구성의 위법**(편저자: 주체), 재결의 절차나 형식의 위법, 내용의 위법 등을 뜻하고, 그중 내용의 위법에는 위법·부당하게 인용재결을 한 경우가 해당한다(1997.9.12. 96누14661).

② ○ 인용재결 취소소송: 재결청이 심판청구원인 사유를 배척한 판단 부분이 정당한가도 심리·판단하여야
인용재결의 취소를 구하는 당해 소송은 그 인용재결의 당부를 그 심판대상으로 하고 있고, 그 점을 가리기 위하여는 행정심판청구인들의 심판청구원인 사유에 대한 재결청의 판단에 관하여도 그 당부를 심리·판단하여야 할 것이므로, 원심으로서는 재결청이 원처분의 취소 근거로 내세운 판단사유의 당부뿐만 아니라 재결청이 **심판청구인의 심판청구원인** 사유를 **배척한 판단 부분이 정당한가도 심리·판단하여야 한다**(1997.12.23. 96누10911).

③ ✕ 재결의 이유모순(내용상 위법) 주장: 재결취소소송에서 주장할 사항(원처분취소소송에서 주장✕)
행정처분에 대한 행정심판의 **재결에 이유모순의 위법이 있다는** 사유는 재결처분 자체에 고유한 하자로서 **재결처분의 취소를 구하는 소송에서는 그 위법사유로서 주장할 수 있으나, 원처분의 취소를 구하는 소송에서는 그 취소를 구할 위법사유로서 주장할 수 없다**(1996.2.13. 95누8027).
+ PLUS 내용상의 위법도 재결 자체의 고유한 위법이 될 수 있지만, 재결의 내용상 위법, 즉 재결의 이유모순 등은 재결을 대상으로 한 재결취소소송에서 주장하여야지, 원처분을 대상으로 한 처분취소소송에서 주장할 수는 없다. 원처분을 대상으로 한 취소소송에서는 원처분의 위법사유를 주장하면 족하다.

④ ○ 처분성이 없어 각하돼야 하는 심판청구가 인용됨: 재결 고유의 위법이므로 재결취소소송 가능
피고보조참가인들의 (편저자: 처분성이 인정되지 않는) 수리처분에 대한 **취소심판청구는 행정심판의 대상이 되지 아니하여 부적법 각하하여야 함에도** 이 사건 재결은 그 청구를 인용하여 수리처분을 취소하였으므로 **재결 자체에 고유한 하자가 있다**(2001.5.29. 99두10292).

⑤ ○ 적법한 행정심판을 부적법하다고 각하: 재결 고유의 하자에 해당하여 재결취소소송 가능
행정심판청구가 **부적법하지 않음에도 각하한 재결**은 심판청구인의 실체심리를 받을 권리를 박탈한 것으로서 원처분에 없는 고유한 하자가 있는 경우에 해당하고, 따라서 위 재결은 **취소소송의 대상이 된다**(2001.7.27. 99두2970).

선지분석 & 요플·기풀기링크

선지	THEME	요플	기풀기
①	T51 원처분주의/재결주의	05	007
②		플지모	
③		06	008
④	T51 원처분주의/재결주의	11	012
⑤		09	009

정답 ③
 1✕ 2✕

필수문제 03

취소소송에 대한 설명 중 옳지 않은 것은? (다툼이 있을 경우 판례에 의함) 13서울7

① 행정심판청구가 부적법하지 않음에도 각하한 재결은 심판청구인의 실체심리를 받을 권리를 박탈한 것으로서 원처분에는 없는 고유한 하자에 해당하고, 이 재결은 취소소송의 대상이 된다.

② 감사원의 변상판정처분에 대해서는 행정소송을 제기할 수 없고, 재결에 해당하는 재심의판정에 대해서만 감사원을 피고로 하여 행정소송을 제기할 수 있다.

③ 특허출원에 대한 심사관의 거절사정에 대하여 행정소송을 제기할 수 없고, 특허심판원에 심판청구를 한 후 그 심결을 소송대상으로 하여 특허법원에 심결취소를 요구하는 소를 제기하여야 한다.

④ 행정소송에서 쟁송의 대상이 되는 행정처분의 존부는 자백의 대상이므로 그 존재를 당사자들이 다투지 아니하는 경우, 의심이 있어도 그 존부에 대해 법원이 직권으로 조사할 권한이 없다.

⑤ 행정처분이 취소되면 그 처분은 효력을 상실하여 더 이상 존재하지 않는 것이고, 존재하지 않는 행정처분을 대상으로 한 취소소송은 소의 이익이 없어 부적법하다.

관련 OX

① 관련
1 행정심판청구가 부적법하지 않음에도 각하한 재결은 원처분주의에 의해서 취소소송의 대상이 되지 않는다. 15지방9

④ 관련
2 행정소송의 대상이 되는 행정처분의 존부는 소송요건으로서 직권조사사항이고, 자백의 대상이 될 수 없는 것이므로, 설사 그 존재를 당사자들이 다투지 아니한다 하더라도 그 존부에 관하여 의심이 있는 경우에는 이를 직권으로 밝혀 보아야 할 것이다. 15지방9

⑤ 관련
3 행정처분의 취소소송계속 중 처분청이 다툼의 대상이 되는 행정처분을 직권으로 취소하면 그 처분은 효력을 상실하여 더 이상 존재하지 않는 것이므로 존재하지 않는 처분을 대상으로 한 항고소송은 원칙적으로 소의 이익이 소멸하여 부적법하다. 22군무원9

해설

① ○ 적법한 행정심판을 부적법하다고 각하: 재결 고유의 하자에 해당하여 재결취소소송 가능
행정심판청구가 부적법하지 않음에도 각하한 재결은 심판청구인의 실체심리를 받을 권리를 박탈한 것으로서 원처분에 없는 고유한 하자가 있는 경우에 해당하고, 따라서 위 재결은 취소소송의 대상이 된다(2001.7.27. 99두2970).

② ○ 감사원 변상판정에 불복: 감사원 재심의를 거쳐, 감사원을 피고로 재심의판정취소의 소
감사원의 변상판정처분에 대하여서는 행정소송을 제기할 수 없고, 재결에 해당하는 재심의판정에 대하여서만 감사원을 피고로 하여 행정소송을 제기할 수 있다(1984.4.10. 84누91).

③ ○ 특허출원에 대한 거절결정에 대해서는 그에 대한 특허심판원 심결을 거쳐 그 심결(재결의 일종)을 대상으로 소송을 제기하여야 한다(특허법 제186조, 제189조).

특허법 제187조(피고적격) ① 제186조 제1항에 따라 소를 제기하는 경우에는 **특허청장을 피고**로 하여야 한다. 다만, 제133조 제1항, 제134조 제1항·제2항, 제135조 제1항·제2항, 제137조 제1항 또는 제138조 제1항·제3항에 따른 심판 또는 그 재심의 심결에 대한 소를 제기하는 경우에는 그 청구인 또는 피청구인을 피고로 하여야 한다.

+ PLUS 개별법상 재결주의를 규정한 것은 중앙**노**동위원회의 재심판정, **특**허심판원의 심결, ③ **감**사원의 변상판정에 대한 재심의판정② 등이 있다.

④ × 행정처분의 존부: 소송요건으로서 직권조사사항(자백 대상×, 당사자 간 다툼이 없어도 심리해야)
행정소송에서 쟁송의 대상이 되는 행정처분의 존부는 소송요건으로서 직권조사사항이고, 자백의 대상이 될 수 없는 것이므로, 설사 그 존재를 당사자들이 다투지 아니한다 하더라도 그 존부에 관하여 의심이 있는 경우에는 이를 직권으로 밝혀 보아야 할 것이고, 사실심에서 변론종결시까지 당사자가 주장하지 않던 직권조사사항에 해당하는 사항을 상고심에서 비로소 주장하는 경우 그 직권조사사항에 해당하는 사항은 상고심의 심판범위에 해당한다(2004.12.24. 2003두15195).

⑤ ○ 처분이 직권취소됨: 소익×
행정처분이 취소되면 그 처분은 취소로 인하여 그 효력이 상실되어 더 이상 존재하지 않는 것이고, 존재하지 않는 행정처분을 대상으로 한 취소소송은 소의 이익이 없어 부적법하다(2006.9.28. 2004두5317).

선지분석 & 요플·기풀기링크

선지	THEME	요플	기풀기
①		09	009
②	T51 원처분주의/재결주의	18	018
③		17	017
④	T63 소송방식	02	014
⑤	T57 소의 이익	02	002

정답 ④
OX 1× 2○ 3○

필수문제 04

재결취소소송에 대한 설명으로 옳지 않은 것은? (다툼이 있는 경우 판례에 의함) 24국가7

① 행정심판의 재결에 이유모순의 위법이 있다는 사유는 재결처분 자체에 고유한 하자로서 재결처분의 취소를 구하는 소송에서는 그 위법사유로서 주장할 수 있으나, 원처분의 취소를 구하는 소송에서는 그 취소를 구할 위법사유로서 주장할 수 없다.

② 징계혐의자에 대한 감봉 1월의 징계처분을 견책으로 변경한 소청결정 중 그를 견책에 처한 조치는 재량권의 남용 또는 일탈로서 위법하다는 사유는 소청결정 자체에 고유한 위법을 주장하는 것이어서 소청결정의 취소사유가 된다.

③ 행정심판청구가 부적법하지 않음에도 각하한 재결은 심판청구인의 실체심리를 받을 권리를 박탈한 것으로서 원처분에 없는 고유한 하자가 있는 경우에 해당하고, 따라서 위 재결은 취소소송의 대상이 된다.

④ 제3자효를 수반하는 행정행위에 대한 행정심판청구에 있어서 그 청구를 인용하는 내용의 재결로 인하여 비로소 권리이익을 침해받게 되는 자는 그 인용재결에 대하여 다툴 필요가 있고, 그 인용재결은 원처분과 내용을 달리하는 것이므로 그 인용재결의 취소를 구하는 것은 원처분에는 없는 재결에 고유한 하자를 주장하는 셈이어서 당연히 항고소송의 대상이 된다.

해설

① ○ 재결의 이유모순(내용상 위법) 주장: 재결취소소송에서 주장할 사항(원처분취소소송에서 주장×)
행정처분에 대한 행정심판의 재결에 이유모순의 위법이 있다는 사유는 재결처분 자체에 고유한 하자로서 재결처분의 취소를 구하는 소송에서는 그 위법사유로서 주장할 수 있으나, 원처분의 취소를 구하는 소송에서는 그 취소를 구할 위법사유로서 주장할 수 없다(1996.2.13. 95누8027).

② × 소청결정에서 견책으로 감경된 징계도 과하여 재량의 일탈·남용이라 주장: 소청결정 고유의 위법 주장×
항고소송은 원칙적으로 당해 처분을 대상으로 하나, 당해 처분에 대한 재결 자체에 고유한 주체, 절차, 형식 또는 내용상의 위법이 있는 경우에 한하여 그 재결을 대상으로 할 수 있다고 해석되므로, 징계혐의자에 대한 감봉 1월의 징계처분을 견책으로 변경한 소청결정 중 그를 견책에 처한 조치는 재량권의 남용 또는 일탈로서 위법하다는 사유는 소청결정 자체에 고유한 위법을 주장하는 것으로 볼 수 없어 소청결정의 취소사유가 될 수 없다(1993.8.24. 93누5673).

+ PLUS 변경재결: 소청결정에서 감경된 징계도 과하여 재량의 일탈·남용이라 주장하며 소송을 제기 → 불복대상: 감경된 원징계처분 / 피고: 원처분청(소청위×) → 해당 주장이 소청결정 고유의 위법 주장이라면 동 결정(재결)이 소송의 대상이 될 수도 있으나 이에 해당하지 않음

③ ○ 적법한 행정심판을 부적법하다고 각하: 재결 고유의 하자에 해당하여 재결취소소송 가능
행정심판청구가 부적법하지 않음에도 각하한 재결은 심판청구인의 실체심리를 받을 권리를 박탈한 것으로서 원처분에 없는 고유한 하자가 있는 경우에 해당하고, 따라서 위 재결은 취소소송의 대상이 된다(2001.7.27. 99두2970).

④ ○ 제3자효 행위가 인용재결로 취소됨: 재결취소소송은 재결 고유 위법 주장이므로 가능
이른바 복효적 행정행위, 특히 제3자효를 수반하는 행정행위에 대한 행정심판청구에 있어서 그 청구를 인용하는 내용의 재결로 인하여 비로소 권리이익을 침해받게 되는 자는 그 인용재결에 대하여 다툴 필요가 있고, 그 인용재결은 원처분과 내용을 달리하는 것이므로 그 인용재결의 취소를 구하는 것은 원처분에는 없는 재결에 고유한 하자를 주장하는 셈이어서 당연히 항고소송의 대상이 된다. 당해 재결과 같이 그 인용재결청 스스로가 직접 당해 사업계획승인처분을 취소하는 형성적 재결을 한 경우, 그 재결 외에 그에 따른 별도의 처분이 없기 때문에 재결 자체를 쟁송의 대상으로 할 수 있다(1997.12.23. 96누10911).

+ PLUS 인용재결로 인하여 비로소 권리이익을 침해받게 되는 자는, 그 인용재결의 취소를 구할 수 있다. 인용재결은 원처분과 반대의 내용(원처분이 위법하다는 내용)이므로 원처분에는 없는 고유의 위법이 있기 때문이다. 예컨대 인용재결이 수익적 처분의 취소재결(형성재결)인 경우가 이에 해당한다. 인용재결로 인해 수익적 처분이 침해되는 권리이익을 침해받았기 때문이다.

선지선택비율 ① 12.88% ② 72.92% ③ 7.39% ④ 6.82% 오답률 26.89%

관련 OX

① 관련
1 행정처분에 대한 재결에 이유모순의 위법이 있다는 사유는 재결 자체에 고유한 하자로서 재결처분의 취소를 구하는 소송에서 이를 주장할 수 있고, 원처분의 취소를 구하는 소송에서도 그 취소를 구할 위법사유로서 주장할 수 있다. 20소간

② 관련
2 징계혐의자에 대한 감봉 1월의 징계처분을 견책으로 변경한 소청결정 중 그를 견책에 처한 조치가 재량권의 남용 또는 일탈로서 위법하다는 사유는 소청결정 자체에 고유한 위법을 주장하는 것으로 볼 수 없어 소청결정의 취소사유가 될 수 없다. 19(2)경행

③ 관련
3 행정심판청구가 부적법하지 않음에도 각하한 재결은 원처분주의에 의해서 취소소송의 대상이 되지 않는다. 15지방9

④ 관련
4 제3자효를 수반하는 행정행위에 대한 행정심판청구에 있어서 그 청구를 인용하는 내용의 재결로 인해 비로소 권리이익을 침해받게 되는 자라도 인용재결에 대해서는 항고소송을 제기하지 못한다. 15서울7

선지분석 & 요플·기풀기링크

선지	THEME	요플	기풀기
①	T51 원처분주의/재결주의	06	008
②	T52 대상적격(행정작용)	75	077
③	T51 원처분주의/재결주의	09	009
④		10	010

정답 ②
OX 1× 2○ 3× 4×

05

행정소송의 대상에 대한 설명으로 옳지 않은 것은? (다툼이 있는 경우 판례에 의함) 24국회9

① 건축허가권자가 건축불허가처분을 하면서 건축불허가 사유뿐만 아니라 구「소방법」에 따른 소방서장의 건축부동의 사유를 들고 있는 경우, 그 건축불허가처분에 관한 소송에서「건축법」상의 건축불허가사유뿐만 아니라 소방서장의 부동의사유에 관하여도 다툴 수 있다.

② 과세관청이 사업자등록을 관리하는 과정에서 위장사업자의 사업자명의를 직권으로 실사업자의 명의로 정정하는 행위는 사업자로서의 지위에 변동을 가져오는 것이므로 항고소송의 대상이 되는 행정처분으로 볼 수 있다.

③ 소송의 대상이 되는 행정처분의 존부는 소송요건으로서 직권조사사항이고, 자백의 대상이 될 수 없다.

④ 감사원의 변상판정처분에 대하여는 행정소송을 제기할 수 없고, 재결에 해당하는 재심의 판정에 대하여만 감사원을 피고로 하여 행정소송을 제기할 수 있다.

⑤ 행정청이 재결에 따라 이전의 신청을 받아들이는 후속처분을 하였더라도 후속처분이 위법한 경우에는 재결에 대한 취소소송을 제기하지 않고도 곧바로 후속처분에 대한 항고소송을 제기하여 다툴 수 있다.

해설

① ○ 건축불허가의 계기가 된 소방서장의 부동의: 처분X, 불허가처분에 관한 소송에서 다퉈야
건축허가권자가 건축불허가처분을 하면서 그 처분사유로 건축불허가사유뿐만 아니라 소방법에 따른 소방서장의 건축부동의사유를 들고 있다고 하여 그 건축불허가처분 외에 별개로 건축부동의처분이 존재하는 것이 아니므로, 그 건축불허가처분을 받은 사람은 그 건축불허가처분에 관한 쟁송에서 건축법상의 건축불허가사유뿐만 아니라 소방서장의 부동의사유에 관하여도 다툴 수 있다(2004.10.15. 2003두6573).

② × 사업자등록 직권말소·사업자 명의 정정: 처분성X
과세관청의 〈사업자등록 직권말소〉행위도 폐업사실의 기재일 뿐 그에 의하여 사업자로서의 지위에 변동을 가져오는 것이 아니라는 점에서 항고소송의 대상이 되는 행정처분으로 볼 수 없다. 이러한 점에 비추어 볼 때, 과세관청이 사업자등록을 관리하는 과정에서 위장사업자의 사업자명의를 〈직권으로 실사업자의 명의로 정정〉하는 행위 또한 당해 사업사실 중 주체에 관한 정정기재일 뿐 그에 의하여 사업자로서의 지위에 변동을 가져오는 것이 아니므로 항고소송의 대상이 되는 행정처분으로 볼 수 없다(2011.1.27. 2008두2200).

③ ○ 행정처분의 존부: 소송요건 → 직권조사사항(자백대상X)
행정소송에서 쟁송의 대상이 되는 행정처분의 존부는 소송요건으로서 직권조사사항이고, 자백의 대상이 될 수 없는 것이므로, 설사 그 존재를 당사자들이 다투지 아니한다 하더라도 그 존부에 관하여 의심이 있는 경우에는 이를 직권으로 밝혀 보아야 할 것이다(2004.12.24. 2003두15195).
+ PLUS 이 판례는 대상적격(처분의 존부)에 대한 것이나, 제소기간, 전치주의 등 다른 소송요건에서도 동일한 법리가 적용된다.

④ ○ 감사원 변상판정에 불복: 감사원 재심의를 거쳐, 감사원을 피고로 재심의판정취소의 소
감사원의 변상판정처분에 대하여서는 행정소송을 제기할 수 없고, 재결에 해당하는 재심의판정에 대하여서만 감사원을 피고로 하여 행정소송을 제기할 수 있다(1984.4.10. 84누91).
+ PLUS 감사원법에서는 재결주의를 취하고 있으므로 감사원의 변상판정에 대해서는 행정소송을 제기할 수 없고 재결에 해당하는 재심의 판정에 대해서만 소송을 제기할 수 있다.

⑤ ○ 거부처분이 인용재결로 취소됨 → 인근주민은 재결취소소송X / 후속처분에서 신청을 받아들일 시 그에 대해 항고소송이 가능
거부처분이 재결에서 취소된 경우 재결에 따른 후속처분이 아니라 그 재결의 취소를 구하는 것은 실효적이고 직접적인 권리구제수단이 될 수 없어 분쟁해결의 유효적절한 수단이라고 할 수 없으므로 법률상 이익이 없다(2017.10.31. 2015두45045).

관련 OX

② 관련

1 인
사업자등록의 말소는 폐업사실의 기재일 뿐만 아니라 그에 의해 사업자로서의 지위에 변동을 가져오는 점에서 과세관청의 사업자등록 직권말소행위는 불복의 대상이 되는 행정처분으로 볼 수 있다. 23국회9

⑤ 관련

2 소
행정청이 한 처분등의 취소를 구하는 것보다 실효적이고 직접적인 구제수단이 있음에도 처분등의 취소를 구하는 것은 특별한 사정이 없는 한 분쟁해결의 유효적절한 수단이라고 할 수 없어 법률상 이익이 없다. 23소방

선지분석 & 요플·기풀기링크

선지	THEME	요플	기풀기
①	T18 인·허가의제	32	032
②	T53 대상적격(법률관계)	169	171
③	T63 소송방식	02	014
④	T51 원처분주의/재결주의	18	018
⑤		14	014

❶ + PLUS

제3자효 행정행위에 대해 거부처분을 받은 사업자가 행정심판을 제기해 인용재결이 내려진 경우는 주민들이 동 인용재결에 대해 **취소소송을 제기할 수는 없고**(소의 이익 없음), 후속처분으로 신청을 받아들이는 처분이 발급되면 그에 대해 다툴 수 있을 뿐이다. 위와 같은 후속처분이 있기 전까지는 아직 어떠한 권익 침해가 있는 것이 아니고, 후속처분이 있게 되면 그 **후속처분에 대해 곧바로 항고소송**이 가능하며 그것이 보다 실효적 수단이기 때문이다.

정답 ②
OX 1× 2○

06

재결취소소송에 대한 설명으로 가장 옳지 않은 것은? (다툼이 있는 경우 판례를 따름) 18서울9

① 교원징계처분에 대해 취소소송을 제기하는 경우 사립학교 교원이나 국·공립학교 교원 모두 원처분주의가 적용된다.
② 국·공립학교 교원의 경우에는 원처분주의에 따라 원처분만이 소의 대상이 된다.
③ 사립학교 교원에 대한 학교법인의 징계는 항고소송의 대상이 되는 처분이 아니다.
④ 사립학교 교원의 경우에는 소청심사위원회의 결정이 원처분이 된다.

관련 OX

③ 관련
1 사립학교 교원에 대한 학교법인의 해임처분을 취소소송의 대상이 되는 행정청의 처분으로 볼 수 있으므로 학교법인을 상대로 한 불복은 행정소송에 의한다. 15국가9

④ 관련
2 사립학교 교원에 대한 징계처분의 경우에는 학교법인 등의 징계처분은 행정처분이 아니므로 그에 대한 소청심사청구에 따라 위원회가 한 결정이 행정처분이고, 행정소송에서의 심판대상은 학교법인 등의 원징계처분이 아니라 위원회의 결정이 되며, 따라서 피고도 행정청인 위원회가 된다. 22변시

3 인
사립학교 교원의 경우 교원소청심사위원회의 결정에 불복하는 경우 교원소청심사위원회를 피고로 하여 항고소송을 제기할 수 있다. 13국회8

4 인
사립학교 교원에 대한 징계는 사법관계이나 그에 대해 교원소청심사가 제기되어 그에 대한 결정이 있으면 그 결정은 공법의 문제가 된다. 20국회8

해설

①③④ ○, ② × '원처분만' 소의 대상이 된다는 부분이 틀렸다.
사립학교 교원이나 국·공립학교 교원 모두 원처분주의가 적용된다.① 즉, 1) 사립학교 교원의 경우 학교법인의 징계처분은 처분이 아니므로③ 소청심사위원회의 결정이 원처분으로서 소의 대상이 되고,④ 2) 국·공립학교 교원의 경우도 원처분주의에 따라 원처분인 교육감 등의 징계처분이 소의 대상이 됨이 원칙이지만, 소청심사위원회의 결정(재결) 자체에 고유한 하자가 있는 경우에는 소청심사위원회의 결정 자체가 취소소송의 대상이 될 수도 있다.②

- 국·공립학교 교원의 징계처분에 대한 불복 → (소청위 결정 고유 위법이 없는 한) 원징계처분에 대해 소송①② / 피고는 동 처분을 한 행정청
국·공립학교 교원에 대한 징계처분의 경우에는 원징계처분 자체가 행정처분이므로 그에 대하여 위원회에 소청심사를 청구하고 위원회의 결정이 있은 후 그에 불복하는 행정소송이 제기되더라도 그 심판대상은 교육감 등에 의한 원징계처분이 되는 것이 원칙이다. 다만 위원회의 심사절차에 위법사유가 있다는 등 고유의 위법이 있는 경우에 한하여 위원회의 결정이 소송에서의 심판대상이 된다.② 따라서 그 행정소송의 피고도 위와 같은 예외적 경우가 아닌 한 원처분을 한 처분청이 되는 것이지 위원회가 되는 것이 아니다(2013.7.25. 2012두12297).

- 사립학교 교원의 징계처분에 대한 불복: 학교법인의 징계는 처분×③ / 소청위 결정이 원행정처분④ → 소청위 결정에 대해 소송① / 피고는 동 결정을 한 소청위
사립학교 교원에 대한 징계처분의 경우에는 학교법인 등의 징계처분은 행정처분성이 없는 것이고③ 그에 대한 소청심사청구에 따라 위원회가 한 결정이 행정처분이고④ 교원이나 학교법인 등은 그 결정에 대하여 행정소송으로 다투는 구조가 되므로, 행정소송에서의 심판대상은 학교법인 등의 원징계처분이 아니라 위원회의 결정이 되고, 따라서 피고도 행정청인 위원회가 되는 것이다(2013.7.25. 2012두12297).

선지분석 & 요플·기풀기링크

선지	THEME	요플	기풀기
①		26	027
②	T51 원처분주의/재결주의	26	027
③		23	023
④		24	024

정답 ②
OX 1× 2○ 3○ 4○

T52 대상적격(2) - 처분성 등 일괄정리(행정작용을 중심으로)

필수문제 01

처분에 관한 설명으로 옳지 않은 것은? (다툼이 있는 경우 판례에 의함) 13국가9

① 「행정소송법」상 '처분'이라 함은 행정청이 행하는 구체적 사실에 관한 법집행으로서의 공권력의 행사 또는 그 거부와 그 밖에 이에 준하는 행정작용을 말한다.

② 「병역법」상 신체등위판정은 행정청이라고 볼 수 없는 군의관이 하도록 되어 있으며, 그 자체만으로 권리·의무가 정하여지는 것이 아니라 그에 따라 지방병무청장이 병역처분을 함으로써 비로소 병역의무의 종류가 정하여지는 것이므로 항고소송의 대상이 되는 행정처분이라 보기 어렵다.

③ 항고소송의 대상이 되는 행정처분이라 함은 원칙적으로 행정청의 공법상 행위로서 특정 사항에 대하여 법규에 의한 권리의 설정 또는 의무의 부담을 명하거나 기타 법률상 효과를 발생하게 하는 등으로 일반 국민의 권리·의무에 직접 영향을 미치는 행위를 가리킨다.

④ 어떠한 처분이 상대방에게 권리의 설정 또는 의무의 부담을 명하거나 기타 법적인 효과를 발생하게 하는 등으로 그 상대방의 권리·의무에 직접 영향을 미치는 행위라도 그 처분의 근거가 행정규칙에 규정되어 있다면, 이 경우에 그 처분은 항고소송의 대상이 되는 행정처분에 해당하지 않는다.

관련 OX

② 관련
1 「병역법」에 따른 군의관의 신체등위판정은 처분이 아니지만 그에 따른 지방병무청장의 병역처분은 처분이다. 16사복9

④ 관련
2 어떠한 처분의 근거나 법적인 효과가 행정규칙에 규정되어 있다면, 그 처분이 행정규칙의 내부적 구속력에 의하여 상대방의 권리·의무에 직접 영향을 미치는 행위라도 항고소송의 대상이 되는 행정처분이라 볼 수 없다. 20국가9

해설

① ○

행정소송법 제2조(정의) ① 이 법에서 사용하는 용어의 정의는 다음과 같다.
1. '처분등'이라 함은 행정청이 행하는 구체적 사실에 관한 법집행으로서의 공권력의 행사 또는 그 거부와 그 밖에 이에 준하는 행정작용(이하 '처분'이라 한다) 및 행정심판에 대한 재결을 말한다.

+ PLUS 행정소송법상 '처분등' = 처분 + 재결

② ○ 군의관의 신체등위판정: 처분× / 그에 따른 지방병무청장의 병역처분: 처분○
병역법상 신체등위판정은 행정청이라고 볼 수 없는 군의관이 하도록 되어 있으며, 그 자체만으로 바로 병역법상의 권리의무가 정하여지는 것이 아니라 그에 따라 지방병무청장이 병역처분을 함으로써 비로소 병역의무의 종류가 정하여지는 것이므로 항고소송의 대상이 되는 행정처분이라 보기 어렵다 (1993.8.27. 93누3356).

③ ○, ④ × 항고소송의 대상이 되는 행정처분이라 함은 원칙적으로 행정청의 공법상 행위로서 특정 사항에 대하여 법규에 의한 권리의 설정 또는 의무의 부담을 명하거나 기타 법률상 효과를 발생하게 하는 등으로 일반 국민의 권리·의무에 직접 영향을 미치는 행위를 가리키는 것③이지만, 어떠한 처분의 근거나 법적인 효과가 행정규칙에 규정되어 있다고 하더라도, 그 처분이 행정규칙의 내부적 구속력에 의하여 상대방에게 권리의 설정 또는 의무의 부담을 명하거나 기타 법적인 효과를 발생하게 하는 등으로 그 상대방의 권리·의무에 직접 영향을 미치는 행위라면, 이 경우에도 항고소송의 대상이 되는 행정처분에 해당한다④ (2002.7.26. 2001두3532).

+ PLUS 행정규칙에 근거한 행정행위도 행정처분의 요건을 갖추었으면 처분에 해당한다.

선지분석 & 요풀·기풀기링크

선지	THEME	요풀	기풀기
①	T16 VA의 개념과 분류	01	001
②	T52 대상적격(행정작용)	36	036
③	T16 VA의 개념과 분류	02	002
④	T52 대상적격(행정작용)	02	002

정답 ④
OX 1○ 2×

02

행정쟁송법상의 처분에 관한 설명으로 옳지 않은 것은? (다툼이 있는 경우 판례에 의함) 18소방

① 공무수탁사인의 공무를 수행하는 공권력 행사도 처분에 해당한다.
② 처분성이 있는 법규명령의 효력이 있는 행정규칙은 항고소송의 대상이 된다.
③ 구 「청소년보호법」에 따른 청소년유해매체물 결정 및 고시처분은 당해 유해매체물의 소유자 등 특정인만을 대상으로 한 행정처분이 아니라 일반 불특정 다수인을 상대방으로 하여 일률적으로 각종 의무를 발생시키는 행정처분이다.
④ 국가인권위원회의 성희롱결정과 이에 따른 시정조치의 권고는 불가분의 일체로 행하여지는 것인데, 이는 비권력적 사실행위로서 행정소송의 대상이 되는 행정처분이 아니다.

관련 OX

② 관련

1 어떠한 고시가 다른 집행행위의 매개 없이 그 자체로서 직접 국민의 구체적인 권리·의무나 법률관계를 규율하는 성격을 가질 때에는 행정처분에 해당한다. 21국가7

④ 관련

2 구 「남녀차별금지 및 구제에 관한 법률」상 국가인권위원회의 성희롱 결정 및 시정조치권고는 행정소송의 대상이 되는 행정처분에 해당하지 않는다. 24소방승진

해설

① ○ 행정행위 내지 처분은 '행정청'의 행위여야 하는데, 행정기본법 등은 행정청의 범주에 본래적 행정청(국가·지방자치단체의 행정청 및 공공단체)뿐 아니라 법령등에 따라 권한을 위임·위탁받은 기관·단체·사인도 포함하고 있다. 따라서 공무수탁사인의 공무를 수행하는 공권력 행사도 처분에 해당한다.

행정기본법 제2조(정의) ② 이 법에서 사용하는 용어의 뜻은 다음과 같다.
2. '**행정청**'이란 다음 각 목의 자를 말한다.
 가. 행정에 관한 의사를 결정하여 표시하는 국가 또는 지방자치단체의 기관
 나. 그 밖에 법령등에 따라 행정에 관한 의사를 결정하여 표시하는 권한을 가지고 있거나 그 **권한을 위임 또는 위탁받은** 공공단체 또는 그 기관이나 **사인**(私人)

② ○ 처분의 근거·효과가 행정규칙에 규정: 그래도 권리·의무에 직접 영향시 처분○
어떠한 처분의 근거나 법적인 효과가 행정규칙에 규정되어 있다고 하더라도, 그 처분이 행정규칙의 내부적 구속력에 의하여 상대방에게 권리의 설정 또는 의무의 부담을 명하거나 기타 법적인 효과를 발생하게 하는 등으로 그 상대방의 권리·의무에 직접 영향을 미치는 행위라면, 이 경우에도 항고소송의 대상이 되는 행정처분에 해당한다(2002.7.26. 2001두3532).

+ PLUS 판례는 행정작용의 근거가 무엇이었는지에 형식적으로 얽매이지 않고, 그것이 국민의 권리·의무에 직접적 영향을 미친다면 처분성을 인정한다(ex. 불문경고).

③ ○ 청소년유해매체물 결정·고시: 웹사이트 운영자 상대 처분×, 불특정 다수인 상대 처분○
구 청소년보호법에 따른 〈청소년유해매체물 결정 및 고시처분〉은 당해 유해매체물의 소유자 등 특정인만을 대상으로 한 행정처분이 아니라 일반 불특정 다수인을 상대방으로 하여 일률적으로 표시의무, 포장의무, 청소년에 대한 판매·대여 등의 금지의무 등 각종 의무를 발생시키는 행정처분으로서, 정보통신윤리위원회가 특정 인터넷 웹사이트를 청소년유해매체물로 결정하고 청소년보호위원회가 효력발생시기를 명시하여 고시함으로써 그 명시된 시점에 효력이 발생하였다(2007.6.14. 2004두619).

④ × 국가인권위의 성희롱결정과 그에 따른 시정권고조치: 법률상 의무 수반 so 처분성 인정
국가인권위원회의 성희롱결정과 이에 따른 시정조치의 권고는 불가분의 일체로 행하여지는 것인데 국가인권위원회의 이러한 결정과 시정조치의 권고는 성희롱행위자로 결정된 자의 인격권에 영향을 미침과 동시에 공공기관의 장 또는 사용자에게 일정한 법률상의 의무를 부담시키는 것이므로 국가인권위원회의 성희롱결정 및 시정조치권고는 행정소송의 대상이 되는 행정처분에 해당한다고 보지 않을 수 없다(2005.7.8. 2005두487).

선지분석 & 요플·기풀기링크

선지	THEME	요플	기풀기
①	T16 VA의 개념과 분류	06	005
②	T15 행정규칙	64	065
③	T52 대상적격(행정작용)	04	004
④		18	018

정답 ④

OX 1○ 2×

03

행정상 사실행위에 관한 설명으로 옳지 않은 것은? (다툼이 있는 경우 판례에 의함) 23소방

① 권력적 사실행위가 행정처분의 준비단계로서 행하여지거나 행정처분과 결합된 경우에는 행정처분에 흡수·통합되어 불가분의 관계에 있다 할 것이므로 행정처분이 취소소송의 대상이 되지만, 처분과 분리하여 따로 권력적 사실행위를 다툴 실익이 있다.

② 비권력적 사실행위는 공권력의 행사에 해당하지 않지만, 행정청이 우월적 지위에서 일방적으로 강제하는 권력적 사실행위는 헌법소원의 대상이 되는 공권력의 행사에 해당한다.

③ 도지사가 도에서 설치·운영하는 지방의료원을 폐업하겠다는 결정을 발표하고 그에 따라 폐업을 위한 일련의 조치를 한 경우, 폐업결정은 공권력의 행사로서 행정처분에 해당한다.

④ 일반적으로 어떤 행위가 헌법소원의 대상이 되는 권력적 사실행위에 해당하는지 여부는 당해 행정주체와 상대방과의 관계, 그 사실행위에 대한 상대방의 의사·관여 정도·태도, 그 사실행위의 목적·경위, 법령에 의한 명령·강제수단의 발동 가부 등 그 행위가 행하여질 당시의 구체적 사정을 종합적으로 고려하여 개별적으로 판단해야 한다.

해설

① ✕ 처분의 준비단계, 처분과 결합된 권력적 사실행위는 처분과 분리해 별도로 항고쟁송할 실익✕
권력적 사실행위가 행정처분의 준비단계로서 행하여지거나 행정처분과 결합된 경우에는 행정처분에 흡수·통합되어 불가분의 관계에 있다 할 것이므로 <u>행정처분만이 취소소송의 대상이 되고, 처분과 분리하여 따로 권력적 사실행위를 다툴 실익은 없다</u>(헌재 2003.12.18. 2001헌마754 전원).

②④ ○ 비권력적 사실행위와 달리 권력적 사실행위는 공권력의 행사에 해당② / 어떤 행위가 헌법소원대상이 되는 권력적 사실행위인지는 종합적 고려, 개별적 판단 필요④
행정상의 사실행위는 대외적 구속력이 없는 '비권력적 사실행위'와 행정청이 우월적 지위에서 일방적으로 강제하는 '권력적 사실행위'로 나뉘고, 그중 <u>권력적 사실행위는 헌법소원의 대상이 되는 공권력의 행사에 해당한다.</u>② 일반적으로 어떤 행정행위가 <u>헌법소원의 대상이 되는 권력적 사실행위에 해당하는지의 여부는 당해 행정주체와 상대방과의 관계, 그 사실행위에 대한 상대방의 의사·관여정도·태도, 그 사실행위의 목적·경위, 법령에 의한 명령·강제수단의 발동 가부 등 그 행위가 행하여질 당시의 구체적 사정을 종합적으로 고려하여 개별적으로 판단하여야 한다</u>④(헌재 2017.7.25. 2017헌마730).

③ ○ 도지사의 지방의료원 폐업결정: 처분성○ but 원상회복이 불가능해 폐업결정의 취소를 구할 소의 이익 ✕
甲도지사가 도에서 설치·운영하는 乙지방의료원을 폐업하겠다는 결정을 발표하고 그에 따라 폐업을 위한 일련의 조치가 이루어진 후 乙지방의료원을 해산한다는 내용의 조례를 공포하고 乙지방의료원의 청산절차가 마쳐진 사안에서, 지방의료원의 설립·통합·해산은 지방자치단체의 조례로 결정할 사항이므로, 도가 설치·운영하는 乙지방의료원의 폐업·해산은 도의 조례로 결정할 사항인 점 등을 종합하면, <u>甲도지사의 폐업결정은</u> 행정청이 행하는 구체적 사실에 관한 법집행으로서의 공권력 행사로서 입원환자들과 소속 직원들의 권리·의무에 직접 영향을 미치는 것이므로 <u>항고소송의 대상에 해당</u>③하지만, 폐업결정 후 乙지방의료원을 해산한다는 내용의 조례가 제정·시행되었고 조례가 무효라고 볼 사정도 없어 乙지방의료원을 폐업 전의 상태로 되돌리는 원상회복은 불가능하므로 법원이 폐업결정을 취소하더라도 단지 폐업결정이 위법함을 확인하는 의미밖에 없고, 폐업결정의 취소로 회복할 수 있는 다른 권리나 이익이 남아 있다고 보기도 어려우므로, 甲도지사의 폐업결정이 법적으로 권한 없는 자에 의하여 이루어진 것으로서 위법하더라도 취소를 구할 소의 이익을 인정하기 어렵다 (2016.8.30. 2015두60617).

선지선택비율 ① 69.03% ② 7.14% ③ 20.38% ④ 3.45%   오답률 30.97%

정답 ①

선지분석 & 요플·기풀기링크

선지	THEME	요플	기풀기
①	T52 대상적격(행정작용)	07	007
②	T52 대상적격(행정작용)	08	008
③	T57 소의 이익	35	035
④	T52 대상적격(행정작용)	09	009

04

행정상 사실행위에 대한 설명으로 옳지 않은 것은? (다툼이 있는 경우 판례에 의함) 23지방9

오답률 TOP ❶

① 행정상 사실행위의 예로는 폐기물 수거, 행정지도, 대집행의 실행, 행정상 즉시강제 등이 있다.
② 행정청이 위법 건축물에 대한 단전 및 전화통화 단절조치를 요청한 것은 항고소송의 대상이 되는 행정처분이라고 볼 수 없다.
③ 교도소장이 영치품인 티셔츠 사용을 재소자에게 불허한 행위는 항고소송의 대상이 되는 행정처분에 해당한다.
④ 교도소 내 마약류 관련 수형자에 대한 교도소장의 소변강제채취는 권력적 사실행위이나 헌법소원의 대상은 아니다.

관련 OX

② 관련

1 전기·전화의 공급자에게 위법 건축물에 대한 단전 또는 전화통화 단절조치의 요청행위(는 처분에 해당한다)
17서울9

2 ⓒ
행정청이 위법 건축물에 대한 시정명령을 하고 나서 위반자가 이를 이행하지 아니하여 전기·전화의 공급자에게 그 위법 건축물에 대한 전기·전화공급을 하지 말아 줄 것을 요청한 행위는 권고적 성격의 행위에 불과한 것으로서 전기·전화공급자나 특정인의 법률상 지위에 직접적인 변동을 가져오는 것은 아니므로 이를 항고소송의 대상이 되는 행정처분이라고 볼 수 없다.
21국회8

추가기출(② 관련)

ⓐ ✕
지방자치단체의 장에 의한 수도의 공급거부는 사실행위이므로 처분성이 인정되지 않는다.
11지방7

해설

① ○ 행정상 사실행위는 권력적인 것과 비권력적인 것이 있다. 대집행의 실행, 행정상 즉시강제 등이 전자에 해당하고, 폐기물 수거, 행정지도 등이 후자에 해당한다. 전자는 처분성이 인정됨이 원칙이나, 후자는 그렇지 않음이 원칙이다.

② ○ 전기·전화 공급 거부 요청: 비권력적 사실행위(권고에 불과) → 처분성✕
행정청이 위법 건축물에 대한 시정명령을 하고 나서 위반자가 이를 이행하지 아니하여 전기·전화의 공급자에게 그 위법 건축물에 대한 전기·전화공급을 하지 말아 줄 것을 요청한 행위는 권고적 성격의 행위에 불과한 것으로서 전기·전화공급자나 특정인의 법률상 지위에 직접적인 변동을 가져오는 것은 아니므로 이를 항고소송의 대상이 되는 행정처분이라고 볼 수 없다(1996.3.22. 96누433).

비교 단수처분: 처분○
지방자치단체장(종로구청장)에 의한 수도의 공급거부(단수조치)는 항고소송의 대상이 되는 처분이다(1979.12.28. 79누218). ⓐ

③ ○ 판례는 교도소장이 수형자의 영치품에 대한 사용신청을 불허한 행위에 대하여 처분성을 인정한 뒤 본안판단을 하였다.
· 수형자의 영치품에 대한 사용신청 불허처분 후 수형자가 다른 교도소로 이송되었다 하더라도 수형자의 권리와 이익의 침해 등이 해소되지 않은 점 등에 비추어, 위 영치품 사용신청 불허처분의 취소를 구할 이익이 있다(2008.2.14. 2007두13203).

④ ✕ 수형자 소변강제채취: 권력적 사실행위 / 헌법소원 가능
교도소 수형자에게 소변을 받아 제출하게 한 것은, 형을 집행하는 우월적인 지위에서 외부와 격리된 채 형의 집행에 관한 지시, 명령을 복종하여야 할 관계에 있는 자에게 행해진 것으로서 그 목적 또한 교도소 내의 안전과 질서유지를 위하여 실시하였고, 일방적으로 강제하는 측면이 존재하며, 응하지 않을 경우 직접적인 징벌 등의 제재는 없다고 하여도 불리한 처우를 받을 수 있다는 심리적 압박이 존재하리라는 것을 충분히 예상할 수 있는 점에 비추어, 권력적 사실행위로서 헌법재판소법 제68조 제1항의 공권력의 행사에 해당한다. 이 사건 소변채취는 권력적 사실행위로서 행정소송의 대상이 되는지 명확하지 않고, 그 대상이 된다고 하여도 당해 침해행위는 즉시 종료되어 그 침해행위에 대한 소의 이익이 부정될 것이므로, 청구인으로서는 헌법소원청구를 하는 외에 달리 효과적인 구제방법이 있다고 할 수 없다(편저자: 헌법소원의 대상이 된다)(헌재 2006.7.27. 2005헌마277).

선지선택비율 ① 24.68% ② 8.59% ③ 12.28% ④ 54.45% 오답률 45.55%

선지분석 & 요플·기풀기링크 ⓒⅅ

선지	THEME	요플	기풀기
①	T52 대상적격(행정작용)	06	006
②		16	016
③	T57 소의 이익	57	056
④	T52 대상적격(행정작용)	12	012

정답 ④
OX 1✕ 2○ ⓐ✕

05 필수문제

오답률 TOP ❸

항고소송의 대상이 되는 처분에 관한 설명으로 옳지 않은 것은? (다툼이 있는 경우 판례에 의함)

23소방

① 과태료의 부과 여부 및 그 당부는 최종적으로 「질서위반행위규제법」의 절차에 의하여 판단되어야 한다고 할 것이므로, 그 과태료 부과처분은 행정청을 피고로 하는 항고소송의 대상이 되는 처분이라고 볼 수 없다.

② 행정청의 행위가 항고소송의 대상이 되는 처분에 해당하는지가 불분명한 경우에는 그에 대한 불복방법 선택에 중대한 이해관계를 가지는 상대방의 인식가능성과 예측가능성을 중요하게 고려해서 규범적으로 판단해야 한다.

③ 어떠한 처분의 근거나 법적인 효과가 행정규칙에 규정되어 있다고 하더라도, 그 처분이 행정규칙의 내부적 구속력에 의하여 상대방에게 권리의 설정 또는 의무의 부담을 명하거나 기타 법적인 효과를 발생하게 하는 등으로 그 상대방의 권리·의무에 직접 영향을 미치는 행위라면, 이 경우에도 항고소송의 대상이 되는 처분에 해당한다고 보아야 한다.

④ 「총포·도검·화약류 등의 안전관리에 관한 법률」에 따른 총포·화약안전기술협회가 회비납부의무자에 대하여 한 회비납부통지는 항고소송의 대상이 되는 처분에 해당하지 않는다.

관련 OX

③ 관련

1 어떠한 처분의 근거나 법적인 효과가 행정규칙에 규정되어 있다고 하더라도, 그 처분이 행정규칙의 내부적 구속력에 의하여 상대방에게 권리의 설정 또는 의무의 부담을 명하거나 기타 법적인 효과를 발생하게 하는 등으로 그 상대방의 권리·의무에 직접 영향을 미치는 행위라면, 이 경우에도 항고소송의 대상이 되는 행정처분에 해당한다. 21군무원7

④ 관련

2 공법상 재단법인인 총포·화약안전기술협회가 자신의 공행정활동에 필요한 재원을 마련하기 위하여 회비납부의무자에 대하여 한 회비납부통지에 대해 판례는 그 처분성을 인정하였다. 24국회8

해설

① ○ 과태료 부과: 처분 ✕

과태료의 부과 여부 및 그 당부는 최종적으로 질서위반행위규제법에 의한 절차에 의하여 판단되어야 한다고 할 것이므로, 그 과태료 부과처분은 행정청을 피고로 하는 행정소송의 대상이 되는 행정처분이라고 볼 수 없다(2012.10.11. 2011두19369).

② ○ 처분성 판단시 상대방의 인식가능성·예측가능성 중요 고려

행정청의 행위가 '처분'에 해당하는지 불분명한 경우에는 그에 대한 불복방법 선택에 중대한 이해관계를 가지는 상대방의 인식가능성과 예측가능성을 중요하게 고려하여 규범적으로 판단하여야 한다(2021.1.14. 2020두50324).

③ ○ 처분의 근거·효과가 행정규칙에 규정: 그래도 권리·의무에 직접 영향시 처분 ○

어떠한 처분의 근거나 법적인 효과가 행정규칙에 규정되어 있다고 하더라도, 그 처분이 행정규칙의 내부적 구속력에 의하여 상대방에게 권리의 설정 또는 의무의 부담을 명하거나 기타 법적인 효과를 발생하게 하는 등으로 그 상대방의 권리·의무에 직접 영향을 미치는 행위라면, 이 경우에도 항고소송의 대상이 되는 행정처분에 해당한다(2002.7.26. 2001두3532).

+ PLUS 판례는 행정작용의 근거가 무엇이었는지에 형식적으로 얽매이지 않고, 그것이 국민의 권리·의무에 직접적 영향을 미친다면 처분성을 인정한다(ex. 불문경고).

④ ✕ 총포·화약안전기술협회(공법상 재단법인)의 회비납부통지: 처분에 해당

총포·화약안전기술협회(이하 '협회')는 총포화약류의 안전관리와 기술지원 등에 관한 국가사무를 수행하기 위하여 법률에 따라 설립된 '공법상 재단법인'이라고 보아야 한다. 총포·도검·화약류 등의 안전관리에 관한 법령 및 협회정관의 관련 규정의 내용을 위 법리에 비추어 살펴보면, 공법인인 협회가 자신의 공행정활동에 필요한 재원을 마련하기 위하여 회비납부의무자에 대하여 한 '회비납부통지'는 납부의무자의 구체적인 부담금액을 산정·고지하는 '부담금 부과처분'으로서 항고소송의 대상이 된다(2021.12.30. 2018다241458).

선지선택비율 ① 17.49% ② 18.60% ③ 11.46% ④ 52.45%   오답률 47.55%

선지분석 & 요플·기풀기링크

선지	THEME	요플	기풀기
①	T42 실효성 확보(공통쟁점)	41	041
②	T52 대상적격(행정작용)	03	003
③		02	002
④	T53 대상적격(법률관계)	139	141

정답 ④

OX 1 ○ 2 ○

06

판례가 그 처분성을 인정하지 않은 것은 〈보기〉에서 모두 몇 개인가? 24국회8

〔보기〕

ㄱ. 코로나바이러스감염증-19의 예방을 위해 음식점 및 PC방 운영자 등에게 영업시간을 제한하거나 이용자 간 거리를 둘 의무를 부여하는 서울특별시고시

ㄴ. 금융감독원장이 종합금융주식회사의 전 대표이사에게 재직 중 위법·부당행위 사례를 첨부하여 금융 관련 법규를 위반하고 신용질서를 심히 문란하게 한 사실이 있다는 내용으로 '문책경고장(상당)'을 보낸 행위

ㄷ. 무단 용도변경을 이유로 단전조치된 건물의 소유자로부터 새로이 전기공급신청을 받은 한국전력공사가 관할 구청장에게 전기공급의 적법 여부를 조회한 데 대하여, 관할 구청장이 한국전력공사에 대하여 「건축법」 규정에 의하여 해당 건물에 대한 전기공급이 불가하다는 내용의 회신

ㄹ. 공법상 재단법인인 총포·화약안전기술협회가 자신의 공행정활동에 필요한 재원을 마련하기 위하여 회비납부의무자에 대하여 한 회비납부통지

ㅁ. 「자본시장과 금융투자업에 관한 법률」 제172조 제3항에 따라 관할관청이 주권상장법인에 한 단기매매차익 발생사실 통보

① 1개
② 2개
③ 3개
④ 4개
⑤ 5개

관련 OX

ㄹ. 관련

1 「총포·도검·화약류 등의 안전관리에 관한 법률」에 따른 총포·화약안전기술협회가 회비납부의무자에 대하여 한 회비납부통지는 항고소송의 대상이 되는 처분에 해당하지 않는다. 23소방

해설

ㄱ. ○ 코로나-19의 예방을 위해 영업시간을 제한하거나 이용자 간 거리를 둘 의무를 부여하는 고시: 처분○
코로나바이러스감염증-19의 예방을 위하여 음식점 및 PC방 운영자 등에게 **영업시간을 제한하거나 이용자 간 거리를 둘 의무를 부여하는** 심판대상고시는 관내 음식점 및 PC방의 관리자·운영자들에게 일정한 방역수칙을 준수할 의무를 부과하는 것으로서, 항고소송의 대상인 행정**처분에 해당한다**(헌재 2023.5.25. 2021헌마21).

ㄴ. × 전 금융기관 임원(전 대표이사)에 대한 금감원장의 문책경고장(상당): 처분×
금융감독원장이 종합금융주식회사의 전 대표이사에게 재직 중 위법·부당행위 사례를 첨부하여 금융 관련 법규를 위반하고 신용질서를 심히 문란하게 한 사실이 있다는 내용으로 '**문책경고장(상당)**'을 보낸 행위가 항고소송의 대상이 되는 행정**처분에 해당하지 아니한다**(2005.2.17. 2003두10312).

ㄷ. × 한전이 전기공급의 적법 여부를 조회한 데 대한 관할 구청장의 전기공급 불가 취지 회신: 처분성×
무단 용도변경을 이유로 단전조치된 건물의 소유자로부터 새로이 전기공급신청을 받은 한국전력공사가 관할 구청장에게 전기공급의 적법 여부를 조회한 데 대하여, **관할 구청장이 한국전력공사에 대하여 건축법 규정에 의하여 위 건물에 대한 전기공급이 불가하다는 내용의 회신**을 하였다면, 그 회신은 권고적 성격의 행위에 불과한 것으로서 한국전력공사나 특정인의 법률상 지위에 직접적인 변동을 가져오는 것은 아니므로 **항고소송의 대상이 되는 행정처분이라고 볼 수 없다**(1995.11.21. 95누9099).

ㄹ. ○ 총포·화약안전기술협회(공법상 재단법인)의 회비납부통지: 처분○
총포·도검·화약류 등의 안전관리에 관한 법령 및 협회정관의 관련 규정의 내용을 위 법리에 비추어 살펴보면, **공법인인 협회가 자신의 공행정활동에 필요한 재원을 마련하기 위하여 회비납부의무자에 대하여 한 '회비납부통지'는** 납부의무자의 구체적인 부담금액을 산정·고지하는 '**부담금 부과처분**'으로서 **항고소송의 대상이 된다**고 보아야 한다(2021.12.30. 2018다241458).

선지분석 & 요플·기출기링크

선지	THEME	요플	기출기
ㄱ	T52 대상적격(행정작용)	05	005
ㄴ	T53 대상적격(법률관계)	84	086
ㄷ	T52 대상적격(행정작용)	17	017
ㄹ	T53 대상적격(법률관계)	139	141
ㅁ	T52 대상적격(행정작용)		플지모

ㅁ. ○ 「자본시장과 금융투자업에 관한 법률」에 따라 관할관청이 주권상장법인에 한 단기매매차익 발생사실 통보: 처분○

「자본시장과 금융투자업에 관한 법률」 제172조 제3항은 관할관청은 단기매매차익의 발생사실을 알게 된 경우에는 해당 법인에 이를 통보하여야 하고, 이 경우 그 법인은 통보받은 내용을 일정한 방법에 따라 공시하여야 한다고 규정하고 있다. 위 조항에 따라 관할관청이 주권상장법인에 한 단기매매차익 발생사실 통보는 주권상장법인 등이 단기매매차익을 취득한 자를 상대로 반환청구권을 행사할 수 있도록 자료를 제공하는 것일 뿐, 단기매매차익 반환청구권을 발생시키거나 확정짓는 효력은 없다. 그러나 다음과 같은 측면에서 **단기매매차익 발생사실 통보**는 항고소송의 대상이 되는 **처분**에 해당한다고 봄이 타당하다. 단기매매차익 발생사실 통보를 받은 주권상장법인은 통보받은 내용을 일정한 방법에 따라 공시하여야 한다. 단기매매차익 발생사실 통보는 **주권상장법인의 공시의무를 발생시키는 효력을 가져 상대방의 법적 지위에 직접적인 영향을 준다**. 행정청이 주권상장법인의 공시의무 이행을 강제할 직접적인 수단이 없다고 하더라도, 실체법상 법적 지위의 변동이 생긴다는 점을 부인할 수 없다(2022.8.19. 2020두44930).

07

항고소송의 대상이 되는 처분에 해당하는 사실행위만을 모두 고른 것은? (다툼이 있는 경우 판례에 의함)

17(하)지방9

> ㄱ. 수형자의 서신을 교도소장이 검열하는 행위
> ㄴ. 구청장이 사회복지법인에 특별감사 결과 지적사항에 대한 시정지시와 그 결과를 관계서류와 함께 보고하도록 지시한 경우, 그 시정지시
> ㄷ. 구 「공원법」에 의해 건설부장관이 행한 국립공원지정처분에 따라 공원관리청이 행한 경계측량 및 표지의 설치

① ㄱ
② ㄱ, ㄴ
③ ㄴ, ㄷ
④ ㄱ, ㄴ, ㄷ

관련 OX

ㄱ.관련

1 (교도소장 X는 복역 중인 甲이 변호사에게 보내기 위하여 발송을 의뢰한 서신을 법령상 검열사유에 해당하지 않음에도 불구하고 발송 전에 이를 검열하였다. 이에 甲은 X의 위와 같은 서신검열행위로 말미암아 통신의 비밀이 침해되었다고 주장하며 다투고자 한다) 교도소장 X의 서신검열행위는 강학상 행정행위에 해당한다. 11(상)지방9

2 수형자의 서신을 교도소장이 검열하는 행위는 행정심판이나 행정소송의 대상이 되는 행정처분으로 볼 수 있다. 11(하)지방7

3 (교도소장 X는 복역 중인 甲이 변호사에게 보내기 위하여 발송을 의뢰한 서신을 법령상 검열 사유에 해당하지 않음에도 불구하고 발송전에 이를 검열하였다) 甲의 서신을 교도소장 X가 검열하는 행위는 이른바 권력적 사실행위로서 행정심판이나 행정소송의 대상이 되는 행정처분으로 볼 수 있으므로 보충성의 원칙상 헌법소원심판을 청구할 수 없다. 10국회8

ㄷ.관련

4 권한 있는 장관이 행한 국립공원지정처분에 따라 공원관리청이 행한 경계측량 및 표지의 설치는 행정처분이다. 14국가9

해설

ㄱ. ○ 서신검열: 권력적 사실행위로서 처분성○
수형자의 서신을 교도소장이 검열하는 행위는 이른바 권력적 사실행위로서 행정심판이나 행정소송의 대상이 되는 행정처분으로 볼 수 있으나, 위 검열행위가 이미 완료되어 행정심판이나 행정소송을 제기하더라도 소의 이익이 부정될 수밖에 없으므로 헌법소원심판을 청구하는 외에 다른 효과적인 구제방법이 있다고 보기 어렵기 때문에 보충성의 원칙에 대한 예외에 해당한다(헌재 1998.8.27. 96헌마398).

ㄴ. ○ 구청장의 사회복지법인에 대한 감사결과 시정지시 및 그 결과 보고지시: 처분성○
구청장이 사회복지법인에 특별감사 결과 지적사항에 대한 시정지시와 그 결과를 관계서류와 함께 보고하도록 지시한 경우, 그 시정지시는 비권력적 사실행위가 아니라 항고소송의 대상이 되는 행정처분에 해당한다(2008.4.24. 2008두3500).

ㄷ. × 건설부장관의 국립공원지정처분: 처분○, 그에 따른 시장의 경계측량 및 표지의 설치: 처분×(사실행위)
건설부장관이 행한 국립공원지정처분 그 결정 및 첨부된 도면의 공고로써 그 경계가 확정되는 것이고, 시장이 행한 경계측량 및 표지의 설치 등은 공원관리청이 공원구역의 효율적인 보호, 관리를 위하여 이미 확정된 경계를 인식, 파악하는 사실상의 행위로 봄이 상당하며, 위와 같은 사실상의 행위를 가리켜 공권력행사로서의 행정처분의 일부라고 볼 수 없다(1992.10.13. 92누2325).

선지분석 & 요플·기풀가링크

선지	THEME	요플	기풀기
ㄱ		11	011
ㄴ	T52 대상적격(행정작용)	20	020
ㄷ		28	028

정답 ②
OX 1× 2○ 3× 4×

08

항고소송에 관한 설명으로 옳지 않은 것은? (다툼이 있으면 판례에 의함) 18소간

❸ ① 취소소송은 위법한 처분으로 인해 발생한 위법상태의 제거를 위한 것이고, 취소소송의 판결은 유효한 행위의 효력을 소멸시키는 것이므로 형성소송에 속한다.

② 과세관청 내지 그 상급관청이나 수사기관의 강요로 합리적이고 타당한 근거도 없이 작성된 과세자료에 터잡은 과세처분의 하자는 중대하고 명백한 하자로 볼 수 있다.

ⓒ ③ 「행정소송법」 제2조 소정의 행정처분이라고 하더라도 그 처분의 근거 법률에서 행정소송 이외의 다른 절차에 의하여 불복할 것을 예정하고 있는 처분은 항고소송의 대상이 될 수 없다.

❸ ④ 거부처분은 관할 행정청이 국민의 처분 신청에 대하여 거절의 의사표시를 함으로써 성립되고, 그 이후 동일한 내용의 새로운 신청에 대하여 다시 거절의 의사표시를 한 경우에는 새로운 거부처분이 있는 것으로 본다.

ⓒ ⑤ 「행정소송법」상 행정청의 개념은 행정조직법상 의미의 행정청이 아니라 기능적으로 이해되어야 하므로, 「병역법」상 신체등위판정은 행정청이라 볼 수 없는 군의관이 하도록 되어 있지만 이는 항고소송의 대상이 되는 행정처분이라 할 수 있다.

관련 OX

① 관련

1 행정처분을 취소한다는 확정판결이 있으면 그 취소판결의 형성력에 의하여 당해 행정처분의 취소나 취소통지 등의 별도의 절차를 요하지 아니하고 당연히 취소의 효과가 발생한다. 15(1)경행

④ 관련

2 거부처분이 있은 후 당사자가 다시 신청을 한 경우에는 그 내용이 새로운 신청을 하는 취지라면 관할 행정청이 이를 다시 거절하는 것은 새로운 거부처분이라고 보아야 한다. 25국가9

해설

① ○ 통설·판례상 취소소송은 형성력을 가진 형성소송이다. 따라서 확정된 취소판결은 형성력을 갖는다. 형성력이란, 1) 당해 처분의 효력을 처분청의 취소를 기다릴 것 없이 판결 그 자체로서 상실시키는 힘(형성효), 2) 이러한 형성효를 처분시로 소급시키는 힘(소급효), 3) 형성효와 소급효를 소송 당사자가 아닌 제3자에게도 주장할 수 있게 하는 힘으로(대세효) 이루어진다.

② ○ 과세관청 등의 강요로 합리적 근거 없이 작성된 과세자료에 터잡은 과세처분: 하자가 중대·명백
과세처분의 근거가 된 확인서, 명세서, 자술서, 각서 등이 과세관청 내지 그 상급관청이나 수사기관의 일방적이고 억압적인 강요로 작성자의 자유로운 의사에 반하여 별다른 합리적이고 타당한 근거 없이 작성된 것이라면 이러한 자료들은 그 작성경위에 비추어 내용이 진정한 과세자료라고 볼 수 없으므로, 이러한 과세자료에 터잡은 과세처분의 하자는 중대한 하자임은 물론 위와 같은 과세자료의 성립과정에 직접 관여하여 그 경위를 잘 아는 과세관청에 대한 관계에 있어서 객관적으로 명백한 하자라고 할 것이다(1992.3.31. 91다32053).

③ ○ 별도의 불복절차가 있는 경우 작용: 처분 개념에 해당해도 항고소송대상인 처분×
행정소송법 제2조 소정의 행정처분이라고 하더라도 그 처분의 근거 법률에서 행정소송 이외의 다른 절차에 의하여 불복할 것을 예정하고 있는 처분은 항고소송의 대상이 될 수 없다(2000.3.28. 99두11264).

④ ○ 1차 거부 후 동일한 내용의 재신청에 대한 2차 거부: 새로운 거부처분
거부처분은 관할 행정청이 국민의 처분신청에 대하여 거절의 의사표시를 함으로써 성립되고, 그 이후 동일한 내용의 새로운 신청에 대하여 다시 거절의 의사표시를 한 경우에는 새로운 거부처분이 있는 것으로 보아야 할 것이다(2002.3.29. 2000두6084).

⑤ × 군의관의 신체등위판정: 처분× / 그에 따른 지방병무청장의 병역처분: 처분○
병역법상 신체등위판정은 행정청이라고 볼 수 없는 군의관이 하도록 되어 있으며, 그 자체만으로 바로 병역법상의 권리의무가 정하여지는 것이 아니라 그에 따라 지방병무청장이 병역처분을 함으로써 비로소 병역의무의 종류가 정하여지는 것이므로 항고소송의 대상이 되는 행정처분이라 보기 어렵다(1993.8.27. 93누3356).

선지분석 & 요플·기풀기링크

선지	THEME	요플	기풀기
①	T66 판결의 효력	03	002
②	T49 행정조사	14	016
③	T52 대상적격(행정작용)	83	086
④	T54 거부처분	14	042
⑤	T52 대상적격(행정작용)	36	036

정답 ⑤
OX 1 ○ 2 ○

필수문제 09

항고소송의 대상에 대한 설명으로 옳지 않은 것은? (다툼이 있는 경우 판례에 의함) 23국가9

① 어떠한 처분에 법령상 근거가 있는지, 「행정절차법」에서 정한 처분 절차를 준수하였는지는 소송요건 심사단계에서 고려하여야 한다.
② 병무청장이 「병역법」에 따라 병역의무 기피자의 인적사항 등을 인터넷 홈페이지에 게시하는 등의 방법으로 공개한 경우 병무청장의 공개결정은 항고소송의 대상이 되는 행정처분이다.
③ 국민건강보험공단이 행한 '직장가입자 자격상실 및 자격변동안내' 통보는 가입자 자격의 변동 여부 및 시기를 확인하는 의미에서 한 사실상 통지행위에 불과할 뿐, 항고소송의 대상이 되는 행정처분에 해당하지 않는다.
④ 행정청의 행위가 '처분'에 해당하는지가 불분명한 경우에는 그에 대한 불복방법 선택에 중대한 이해관계를 가지는 상대방의 인식가능성과 예측가능성을 중요하게 고려하여 규범적으로 판단하여야 한다.

해설

① ✕ 법령상 근거 유무, 처분절차 준수 여부: 처분성(소송요건) 문제✕, 위법성(본안) 문제○
어떠한 처분에 **법령상 근거가 있는지**, 행정절차법에서 정한 **처분절차를 준수하였는지**는 **본안에서** 당해 처분이 적법한가를 판단하는 단계에서 **고려할 요소이지, 소송요건 심사단계에서 고려할 요소가 아니다**(2020.1.16. 2019다264700).

② ○ 병무청장의 병역기피자 인적사항 공개결정: 처분○
병무청장이 병역법에 따라 병역의무 기피자의 인적사항 등을 인터넷 홈페이지에 게시하는 등의 방법으로 공개한 경우 **병무청장의 공개결정을 항고소송의 대상이 되는 행정처분으로 보아야 한다**(2019.6.27. 2018두49130).

+ PLUS 병무청장의 최종결정시 중간결정인 지방병무청장의 공개결정에 대한 항고소송✕ ⓐ
관할 [지방병무청장의 공개대상자 결정]의 경우 상대방에게 통보하는 등 외부에 표시하는 절차가 관계 법령에 규정되어 있지 않아, 행정실무상으로도 상대방에게 통보되지 않는 경우가 많다. 또한 관할 지방병무청장이 위원회의 심의를 거쳐 공개대상자를 1차로 결정하기는 하지만, 병무청장에게 최종적으로 공개 여부를 결정할 권한이 있으므로, 관할 지방병무청장의 공개대상자 결정은 병무청장의 최종적인 결정에 앞서 이루어지는 행정기관 내부의 중간적 결정에 불과하다. 가까운 시일 내에 최종적인 결정과 외부적인 표시가 예정된 상황에서, 외부에 표시되지 않은 행정기관 내부의 결정을 항고소송의 대상인 처분으로 보아야 할 필요성은 크지 않다. 관할 지방병무청장이 1차로 공개대상자 결정을 하고, 그에 따라 병무청장이 같은 내용으로 최종적 공개결정을 하였다면, 공개대상자는 병무청장의 최종적 공개결정만을 다투는 것으로 충분하고, 관할 지방병무청장의 공개대상자 결정을 별도로 **다툴 소의 이익은 없어진다**ⓐ(2019.6.27. 2018두49130).

③ ○ '직장가입자 자격상실 및 자격변동안내' 통보, '사업장 직권탈퇴에 따른 가입자 자격상실 안내' 통보 → 사실상 통지행위○, 처분✕
국민건강보험 직장가입자 또는 지역가입자 자격변동은 법령이 정하는 사유가 생기면 별도 처분 등의 개입 없이 사유가 발생한 날부터 변동의 효력이 당연히 발생하므로, 국민건강보험공단이 甲 등에 대하여 가입자 자격이 변동되었다는 취지의 '**직장가입자 자격상실 및 자격변동 안내**' 통보를 하였거나, 그로 인하여 사업장이 국민건강보험법상의 적용대상사업장에서 제외되었다는 취지의 '**사업장 직권탈퇴에 따른 가입자 자격상실 안내**' 통보를 하였더라도, 이는 甲 등의 가입자 자격의 변동 여부 및 시기를 확인하는 의미에서 한 사실상 통지행위에 불과할 뿐, 위 각 통보에 의하여 가입자 자격이 변동되는 효력이 발생한다고 볼 수 없고, 또한 위 각 통보로 甲 등에게 지역가입자로서의 건강보험료를 납부하여야 하는 의무가 발생함으로써 甲 등의 권리·의무에 직접적 변동을 초래하는 것도 아니라는 이유로, 위 **각 통보의 처분성이 인정되지 않는다**(2019.2.14. 2016두41729).

④ ○ 처분성 판단시 상대방의 인식가능성·예측가능성 중요 고려
행정청의 행위가 '처분'에 해당하는지 불분명한 경우에는 그에 대한 불복방법 선택에 중대한 이해관계를 가지는 **상대방의 인식가능성과 예측가능성을 중요하게 고려하여 규범적으로 판단하여야 한다**(2021.1.14. 2020두50324).

선지선택비율 ① 69.48% ② 11.87% ③ 9.18% ④ 9.47% 오답률 30.52%

관련 OX

① 관련
1 어떠한 처분에 법령상 근거가 있는지, 「행정절차법」에서 정한 처분절차를 준수하였는지는 본안에서 당해 처분이 적법한가를 판단하는 단계에서 고려할 요소이지, 소송요건 심사단계에서 고려할 요소가 아니다. 21국회8

③ 관련
2 국민건강보험공단이 甲 등에게 한 '직장가입자 자격상실 및 자격변동 안내' 통보 및 '사업장 직권탈퇴에 따른 가입자 자격상실 안내' 통보는 항고소송의 대상이 되는 처분이 아니다. 24군무원9

추가기출(② 관련)
ⓐ ⓒ
관할 지방병무청장이 병역의무 기피를 이유로 그 인적사항 등을 공개할 대상자를 1차로 결정하고 그에 이어 병무청장의 최종 공개결정이 있는 경우, 지방병무청장의 1차 공개결정은 병무청장의 최종 공개결정과는 별도로 항고소송의 대상이 된다. 20변시

선지분석 & 요플·기풀기링크

선지	THEME	요플	기풀기
①	T52 대상적격(행정작용)	01	001
②	T42 실효성 확보(공통쟁점)	45	045
③	T52 대상적격(행정작용)	22	022
④		03	003

정답 ①
OX 1○ 2○ ⓐ✕

필수 문제 10

항고소송의 대상이 되는 처분에 대한 대법원 판례의 입장으로 옳지 않은 것은? 16국회8

A ① 조례가 집행행위의 개입 없이도 그 자체로써 국민의 구체적인 권리·의무나 법적 이익에 영향을 미치는 등 법률상 효과를 발생시키는 경우 그 조례는 항고소송의 대상이 되는 처분이다.

C ② 내부행위나 중간처분이라도 그로써 실질적으로 국민의 권리가 제한되거나 의무가 부과되면 항고소송의 대상이 되는 처분이다. 따라서 개별공시지가결정은 처분이다.

C ③ 상표권의 말소등록이 이루어져도 법령에 따라 회복등록이 가능하고 회복신청이 거부된 경우에는 그에 대한 항고소송이 가능하므로 상표권의 말소등록행위 자체는 항고소송의 대상이 될 수 없다.

④ 국·공립대학 교원 임용지원자가 임용권자로부터 임용거부를 당하였다면 이는 거부처분으로서 항고소송의 대상이 된다.

S ⑤ 어업면허에 선행하는 우선순위결정은 최종적인 법적 효과를 가져오는 것이 아니므로 처분이 아니지만 어업면허우선순위결정대상탈락자 결정은 최종적인 법적 효과를 가져오므로 처분이다.

관련 OX

② 관련

1 개별공시지가결정은 행정청의 중간행위에 불과하여 항고소송의 대상이 되는 처분이 아니다. 09지방9

③ 관련

2 C 상표권자인 법인에 대한 청산종결등기가 되었음을 이유로 특허청장이 행한 상표권 말소등록 행위(는 판례상 항고소송의 대상으로 인정된다) 20지방9

⑤ 관련

3 어업권면허에 선행하는 우선순위결정은 행정청이 우선권자로 결정된 자의 신청이 있으면 어업권면허처분을 하겠다는 것을 약속하는 행위로서 강학상 확약에 불과하고 행정처분은 아니다. 23국가7

4 어업권면허에 선행하는 확약인 우선순위결정(은 취소소송의 대상이 된다) 21지방7

해설

① ○ 집행행위 매개 없이 그 자체로 권리·의무에 영향을 미치는 조례(두밀분교 폐지조례): 처분○(항고소송○)
조례가 집행행위의 개입 없이도 그 자체로서 직접 국민의 구체적인 권리·의무나 법적 이익에 영향을 미치는 등의 법률상 효과를 발생하는 경우 그 조례는 항고소송의 대상이 되는 행정처분에 해당한다(1996.9.20. 95누8003).

② ○ 개별공시지가 결정: 처분○
시장, 군수, 구청장이 산정하여 한 개별토지가액의 결정은 토지초과이득세, 택지초과소유부담금 또는 개발부담금 산정 등의 기준이 되어 국민의 권리, 의무 내지 법률상 이익에 직접적으로 관계된다고 할 것이므로 행정처분으로 보아야 할 것이다(1993.1.15. 92누12407).
+ PLUS 내부행위나 중간처분이라도 그것이 국민의 권리·의무에 직접 영향을 미치게 되는 경우라면 항고소송의 대상이 되는 처분에 해당한다. 개별공시지가결정은 중간처분이지만 국민의 권리나 의무 또는 법률상 이익에 직접적으로 관계되는 것으로서 항고소송의 대상이 되는 처분이다.

③ ○ 상표권 말소등록: 사실적·확인적 행위로 항고소송대상×
상표원부에 상표권자인 법인에 대한 청산종결등기가 되었음을 이유로〈상표권의 말소등록〉이 이루어졌다고 해도 이는 상표권이 소멸하였음을 확인하는 사실적·확인적 행위에 지나지 않고, 말소등록으로 비로소 상표권 소멸의 효력이 발생하는 것이 아니어서, 상표권자인 법인에 대한 청산종결등기가 되었음을 이유로 한 상표권의 말소등록행위는 항고소송의 대상이 될 수 없다(2015.10.29. 2014두2362).

④ × 교원임용지원자: 임용신청권 없음. 거부해도 처분×
국·공립대학 교원〈임용지원자〉는 임용권자에게 임용 여부에 대한 응답을 신청할 법규상 또는 조리상 권리가 없다(2003.10.23. 2002두12489). → 따라서 항고소송의 대상이 아니다.

⑤ ○ 대법원은 우선순위결정의 경우에는 확약에 불과하고 처분이 아니라고 본다. 그러나 어업면허우선순위결정 대상탈락자 결정은 상대방을 우선순위결정의 대상에서 배제함으로써 어업권면허를 부여하지 않겠다는 최종적인 법률효과를 발생시키는 것이므로, 우선순위결정과는 달리 독립한 처분으로 볼 수 있다.

• 어업면허 우선순위결정: 확약 → 처분×
어업권면허에 선행하는 우선순위결정은 행정청이 우선권자로 결정된 자의 신청이 있으면 어업권면허처분을 하겠다는 것을 약속하는 행위로서 강학상 확약에 불과하고 행정처분은 아니다(1995.1.20. 94누6529).
+ PLUS 지문 중 우선순위결정이 처분이 아니라는 앞부분까지가 판례이고, 우선순위결정에서 탈락하는 결정은 처분이라는 뒷부분은 이 판례가 아닌 보통의 견해이다. 따라서 뒷부분은 거의 출제되지 않고, 앞부분에서 집중 출제된다.

선지분석 & 요플·기풀기링크

선지	THEME	요플	기풀기
①	T14 비규명령	72	067
②	T52 대상적격(행정작용)	42	040
③	T53 대상적격(법률관계)	170	172
④		68	070
⑤	T33 단계적 행정결정 등	26	005

정답 ④

OX 1× 2× 3○ 4×

11

항고소송의 대상인 행정처분에 대한 설명으로 옳지 않은 것은? (다툼이 있는 경우 판례에 의함)

17(상)지방9

① 중소기업기술정보진흥원장이 甲주식회사와 체결한 중소기업 정보화지원사업 지원대상인 사업의 지원협약을 甲의 책임 있는 사유로 해지하고 협약에서 정한 대로 지급받은 정부지원금을 반환할 것을 통보한 경우, 협약의 해지 및 그에 따른 환수통보는 행정청이 우월한 지위에서 행하는 공권력의 행사로서 행정처분에 해당한다.

② 재단법인 한국연구재단이 甲대학교 총장에게 연구개발비의 부당집행을 이유로 두뇌한국(BK)21 사업 협약을 해지하고 연구팀장 乙에 대한 대학 자체징계를 요구한 것은 항고소송의 대상인 행정처분에 해당하지 않는다.

③ 지방자치단체 등이 건축물을 건축하기 위해 건축물 소재지 관할 허가권자인 지방자치단체의 장과 건축협의를 하였는데 허가권자인 지방자치단체의 장이 그 협의를 취소한 경우, 건축협의취소는 항고소송의 대상인 행정처분에 해당한다.

④ 甲시장이 감사원으로부터 소속 공무원 乙에 대하여 징계의 종류를 정직으로 정한 징계요구를 받게 되자 감사원에 징계요구에 대한 재심의를 청구하였고 감사원이 재심의청구를 기각한 경우, 감사원의 징계요구와 재심의결정은 항고소송의 대상이 되는 행정처분에 해당하지 않는다.

관련 OX

② 관련

1 재단법인 한국연구재단이 A대학교 총장에게 연구개발비의 부당집행을 이유로 과학기술기본법령에 따라 '두뇌한국(BK)21 사업' 협약의 해지를 통보한 것은 공법상 계약을 계약당사자의 지위에서 종료시키는 의사표시에 해당한다. 19국가7

③ 관련

2 지방자치단체가 건축물 소재지 관할 허가권자인 지방자치단체의 장을 상대로 건축협의 취소의 취소를 구하는 사안에서의 지방자치단체(는 원고적격을 갖는다) 19국회8

해설

① ✕ 중소기업 정보화지원협약의 해지·환수통보: 처분✕, 계약당사자로서의 대등지위 의사표시○

중소기업기술정보진흥원장이 甲주식회사와 [중소기업 정보화지원사업] 지원대상인 사업의 지원에 관한 협약을 체결하였는데, 협약이 甲회사에 책임이 있는 사업실패로 해지되었다는 이유로 협약에서 정한 대로 지급받은 정부지원금을 반환할 것을 통보한 사안에서, … 지원금 환수에 관한 구체적인 법령상 근거가 없는 점 등을 종합하면, 〈협약의 해지 및 그에 따른 환수통보〉는 공법상 계약에 따라 행정청이 대등한 당사자의 지위에서 하는 의사표시로 보아야 하고, 이를 행정청이 우월한 지위에서 행하는 공권력의 행사로서 행정처분에 해당한다고 볼 수는 없다(2015.8.27. 2015두41449).

② ○

■ BK21사건 정리

행위	처분성	원고적격 (법률상 이익)	판단
대학과의 협약 해지통보	○(∵)법령에 근거	연구팀장 개인도○	본안
연구팀장에 대한 국가연구사업 참여제한	○(∵)법령에 근거	연구팀장 본인은○	본안
연구팀장에 대한 대학 자체징계 요구②	✕(∵)권유에 불과	–	각하

• 재단법인 한국연구재단이 甲대학교 총장에게 연구개발비의 부당집행을 이유로 … 2단계 두뇌한국(BK)21 사업' (대학과의) 협약을 해지하고 연구팀장 乙에 대한 국가연구개발사업의 3년간 참여제한, 대학 자체징계요구를 통보한 사안에서, … 乙에 대한 〈대학 자체징계를 요구한 것〉은 법률상 구속력이 없는 권유 또는 사실상의 통지로서 乙의 권리·의무 등 법률상 지위에 직접적인 법률적 변동을 일으키지 않는 행위에 해당하므로, 항고소송의 대상인 행정처분에 해당하지 않는다(2014.12.11. 2012두28704).

③ ○ 지자체장의 건축협의취소: 처분○

건축협의취소는 상대방이 다른 지방자치단체 등 행정주체라 하더라도 '행정청이 행하는 구체적 사실에 관한 법집행으로서의 공권력 행사'(행정소송법 제2조 제1항 제1호)로서 **처분**에 해당한다(2014.2.27. 2012두22980).

  ✚ PLUS 지자체가 타 지자체의 건축협의취소(건축허가취소)의 상대방이 된 경우, 위 **건축협의취소는 처분에 해당**하고, 동 처분의 상대방이 된 지자체에는 이를 다툴 실효적 수단이 없다는 이유로 **원고적격**도 갖는다고 본 사안이다.

④ ○ 감사원의 징계요구, 그에 대한 재심의결정: 모두 처분✕

甲시장이 감사원으로부터 감사원법 제32조에 따라 乙에 대하여 징계의 종류를 정직으로 정한 징계요구를 받게 되자 감사원에 징계요구에 대한 재심의를 청구하였고, 감사원이 재심의청구를 기각하자 乙이 감사원의 징계요구와 그에 대한 재심의결정의 취소를 구하고 甲시장이 감사원의 재심의결정 취소를 구하는 소를 제기한 사안에서, **감사원의 징계요구와 재심의결정**이 항고소송의 대상이 되는 행정**처분**이라고 할 수 **없고**, 甲시장이 제기한 소송이 기관소송으로서 감사원법 제40조 제2항에 따라 허용된다고 볼 수 없다(2016.12.27. 2014두5637).

  ✚ PLUS 감사원의 징계요구는 이를 이행하지 않더라도 불이익을 받는 규정도 없고, 이는 '징계' 자체가 아닌 징계의 '요구'에 불과하므로 처분성이 없는 행정청 사이의 내부행위이다. 따라서 **감사원의 징계요구나 그에 대한 감사원의 재검토에 해당하는 재심의결정 모두 처분성이 없다**. 실제 징계를 당하면 그때 징계권자를 상대로 다투면 된다.

정답 ①
OX 1✕ 2○

12

항고소송의 처분등에 대한 설명으로 옳지 않은 것은? (다툼이 있는 경우 판례에 의함) 21국회8

① 어떠한 처분에 법령상 근거가 있는지, 「행정절차법」에서 정한 처분절차를 준수하였는지는 본안에서 당해 처분이 적법한가를 판단하는 단계에서 고려할 요소이지, 소송요건 심사단계에서 고려할 요소가 아니다.

② 방위사업법령 및 '국방전력발전업무훈령'에 따른 연구개발확인서 발급은 사업관리기관이 개발업체에게 해당 품목의 양산과 관련하여 수의계약의 방식으로 국방조달계약을 체결할 수 있는 지위가 있음을 인정해 주는 확인적 행정행위로서 처분에 해당한다.

③ 근로복지공단이 사업주에 대하여 하는 개별 사업장의 사업종류변경결정은 사업종류 결정의 주체, 내용과 결정기준을 고려할 때 확인적 행정행위로서 처분에 해당한다.

④ 甲시장이 감사원으로부터 「감사원법」에 따라 乙에 대하여 징계의 종류를 정직으로 정한 징계 요구를 받게 되자 감사원에 징계요구에 대한 재심의를 청구하였는데 감사원이 재심의청구를 기각한 사안에서, 감사원의 징계요구와 재심의청구 기각결정은 항고소송의 대상이 되는 행정처분이다.

⑤ 「교육공무원법」상 승진후보자 명부에 의한 승진심사 방식으로 행해지는 승진임용에서 승진후보자 명부에 포함되어 있던 후보자를 승진임용인사발령에서 제외하는 행위는 불이익처분으로서 항고소송의 대상인 처분에 해당한다.

해설

① ○ 법령상 근거 유무, 처분절차 준수 여부: 처분성(소송요건) 문제×, 위법성(본안) 문제○
어떠한 처분에 법령상 근거가 있는지, 행정절차법에서 정한 처분절차를 준수하였는지는 본안에서 당해 처분이 적법한가를 판단하는 단계에서 고려할 요소이지, 소송요건 심사단계에서 고려할 요소가 아니다(2020.1.16. 2019다264700).

② ○ 국방전력발전업무훈령에 의한 연구개발확인서 발급 → 행정규칙에 근거 but '확인적' 처분, 발급거부도 처분
국방전력발전업무훈령에 의한 연구개발확인서 발급은 개발업체가 전력지원체계 연구개발사업을 성공적으로 수행하여 군사용 적합판정을 받고 국방규격이 제·개정된 경우에 사업관리기관이 개발업체에게 해당 품목의 양산과 관련하여 경쟁입찰에 부치지 않고 수의계약의 방식으로 국방조달계약을 체결할 수 있는 지위(경쟁입찰의 예외사유)가 있음을 인정해 주는 '확인적 행정행위'로서 공권력의 행사인 '처분'에 해당하고, 연구개발확인서 발급 거부는 신청에 따른 처분 발급을 거부하는 '거부처분'에 해당한다(2020.1.16. 2019다264700).

③ ○ 근로복지공단의 '개별사업장 사업종류 결정': 확인적 행정행위로서 처분
고용노동부장관의 고시에 의하면, 개별 사업장의 사업종류 결정은 그 사업장의 재해발생의 위험성, 경제활동의 동질성, 주된 제품·서비스의 내용, 작업공정과 내용, 한국표준산업분류에 따른 사업내용 분류, 동종 또는 유사한 다른 사업장에 적용되는 사업종류 등을 확인한 후, 매년 고용노동부장관이 고시한 '사업종류예시표'를 참고하여 사업세목을 확정하는 방식으로 이루어진다. 1차적으로 사업주의 보험관계 성립신고나 변경신고를 참고하지만, 사업주가 신고를 게을리하거나 그 신고 내용에 의문이 있는 경우에는 산재보험료를 산정하는 행정청인 근로복지공단이 직접 사실을 조사하여 결정하여야 한다. 이러한 사업종류 결정의 주체, 내용과 결정기준을 고려하면, 개별 사업장의 사업종류 결정은 구체적 사실에 관한 법집행으로서 공권력을 행사하는 '확인적 행정행위'라고 보아야 한다(2020.4.9. 2019두61137).

+ PLUS 근로복지공단의 '사업종류변경결정'과 이에 따른 건강보험공단의 '산재보험료 부과처분' 모두 처분성 인정

관련 OX

① 관련

1 어떠한 처분에 법령상 근거가 있는지, 「행정절차법」에서 정한 처분절차를 준수하였는지는 본안에서 당해 처분이 적법한가를 판단하는 단계에서 고려할 요소가 아니라, 소송요건 심사단계에서 고려할 요소이다. 23군무원7

② 관련

2 '국방전력발전업무훈령'에 따른 연구개발확인서 발급은 개발업체가 전력지원체계 연구개발사업을 성공적으로 수행하여 군사용 적합판정을 받고 경우에 따라 사업관리기관이 개발업체에게 수의계약의 방식으로 국방조달계약을 체결할 수 있는 지위가 있음을 인정해 주는 확인적 행정행위로서 처분에 해당한다. 22소방

③ 관련

3 근로복지공단이 사업주에 대하여 하는 '개별 사업장의 사업종류변경결정'만으로는 사업주의 권리·의무에 직접적인 변동이나 불이익이 발생한다고 볼 수 없고, 국민건강보험공단이 보험료 부과처분을 함으로써 비로소 사업주에게 현실적인 불이익이 발생하게 되므로, 위 사업종류변경결정은 항고소송의 대상이 되는 처분에 해당하지 않는다. 23변시

선지분석 & 요플·기풀기링크

선지	THEME	요플	기풀기
①	T52 대상적격(행정작용)	01	001
②	T21 준법률행위적 VA	수01/21	013
③	T52 대상적격(행정작용)	41	042
④		31	031
⑤	T53 대상적격(법률관계)	78	080

④ × 감사원의 징계요구, 그에 대한 재심의결정: 모두 처분×

甲시장이 감사원으로부터 감사원법 제32조에 따라 乙에 대하여 징계의 종류를 정직으로 정한 징계요구를 받게 되자 감사원에 징계요구에 대한 재심의를 청구하였고, 감사원이 재심의청구를 기각하자 乙이 감사원의 징계요구와 그에 대한 재심의결정의 취소를 구하고 甲시장이 감사원의 재심의결정취소를 구하는 소를 제기한 사안에서, **감사원의 징계요구와 재심의결정이 항고소송의 대상이 되는 행정처분이라고 할 수 없고**, 甲시장이 제기한 소송이 기관소송으로서 감사원법 제40조 제2항에 따라 허용된다고 볼 수 없다(2016.12.27. 2014두5637).

⑤ ○ 승진후보자 명부에 포함됐으나 승진인사에서 제외: 처분에 해당

교육공무원법상 승진후보자 명부에 의한 승진심사 방식으로 행해지는 승진임용에서 승진후보자 〈명부에 포함되어 있던 후보자를 승진임용인사발령에서 제외〉하는 행위가 항고소송의 대상인 처분에 해당한다(2018.3.27. 2015두47492).

(비교) 〈시험승진후보자명부에서의 삭제행위〉는 결국 그 명부에 등재된 자에 대한 승진 여부를 결정하기 위한 행정청 내부의 준비과정에 불과하고, 그 자체가 어떠한 권리나 의무를 설정하거나 법률상 이익에 직접적인 변동을 초래하는 별도의 행정처분이 된다고 할 수 없다(1997.11.14. 97누7325).

필수 문제 13

공법상 계약에 대한 설명으로 옳지 않은 것은? (다툼이 있는 경우 판례에 의함) 17국가7

① 「지방자치단체를 당사자로 하는 계약에 관한 법률」에 따라, 지방자치단체가 당사자가 되는 이른바 공공계약은 본질적인 내용이 사인 간의 계약과 다를 바가 없다.

② 공법상 채용계약에 대한 해지의 의사표시는 공무원에 대한 징계처분과 달라서 「행정절차법」에 의하여 그 근거와 이유를 제시하여야 하는 것은 아니다.

③ 택시회사들의 자발적 감차와 그에 따른 감차보상금의 지급 및 자발적 감차조치의 불이행에 따른 행정청의 직권 감차명령을 내용으로 하는 택시회사들과 행정청 간의 합의는 대등한 당사자 사이에서 체결한 공법상 계약에 해당하므로, 그에 따른 감차명령은 행정청이 우월한 지위에서 행하는 공권력의 행사로 볼 수 없다.

④ 공법상 계약의 무효확인을 구하는 당사자소송의 청구는 당해 소송에서 추구하는 권리구제를 위한 다른 직접적인 구제방법이 있는 이상 소송요건을 구비하지 못한 위법한 청구이다.

해설

① ○ **지방자치단체가 당사자가 되는 공공계약: 사법상 계약**
〈지방자치단체가 당사자〉가 되는 이른바 공공계약은 사경제의 주체로서 상대방과 대등한 위치에서 체결하는 **사법상의 계약**으로서 그 본질적인 내용은 사인 간의 계약과 다를 바가 없으므로, 그에 관한 법령에 특별한 정함이 있는 경우를 제외하고는 사적 자치와 계약자유의 원칙 등 **사법의 원리가 그대로 적용**된다(2006.6.19. 2006마117).

+ PLUS 국가계약법, 지방계약법, 공공기관운영법에 따른 **공공계약**은, 일방 당사자가 국가, 지자체, 공공기관(과거: 정부투자기관 / 현재: 공기업·준정부기관·기타 공공기관) 중 어디에 해당하든지 **사법상 계약**이고 관련 법령에서 달리 정하는 외에는 사법의 원리가 그대로 적용되며, 따라서 관련 분쟁 역시 원칙적으로 행정소송의 대상이 되지 않는다.

② ○ **계약직공무원 채용계약해지 의사표시: 처분× → 처분과 같은 행정절차법상 이유제시 절차×**
계약직공무원에 관한 현행 법령의 규정에 비추어 볼 때, **계약직공무원 채용계약해지의 의사표시**는 일반공무원에 대한 징계처분과는 달라서 항고소송의 대상이 되는 **처분등의 성격을 가진 것으로 인정되지 아니하고, … 행정처분과 같이 행정절차법에 의하여 근거와 이유를 제시하여야 하는 것은 아니다**(2002.11.26. 2002두5948).

③ × **감차합의에 의한 감차명령: 처분○**
피고는 2012.9.19. 원고들을 포함한 관내 11개 택시회사들과 업체별 감차계획표를 첨부하여 "**택시회사들이 3년간 순차적으로 택시 총 272대**(보유대수의 약 40%)를 **자발적으로 감차**하고, 피고는 택시회사들에게 감차대수에 따라 일정액의 **감차보상금을 지급**하며, 만일 택시회사들이 합의한 바대로 **자발적인 감차 조치를 이행하지 않을 경우** 피고가 **직권감차명령을 할 수 있다.**"는 내용의 합의(이하 '이 사건 합의'라 한다)를 하였다. 따라서 이 사건 합의는 여객자동차법 제4조 제3항이 정한 '면허조건'을 원고들의 동의하에 사후적으로 붙인 것으로서, 이러한 면허조건을 위반하였음을 이유로 한 이 사건 직권감차 통보는 피고가 우월적 지위에서 여객자동차법 제85조 제1항 제38호에 따라 원고들에게 일정한 법적 효과를 발생하게 하는 것이므로 **항고소송의 대상이 되는 처분에 해당한다고 보아야** 하고, 단순히 대등한 당사자의 지위에서 형성된 공법상 계약에 근거한 의사표시에 불과한 것으로는 볼 수 없다(2016.11.24. 2016두45028).

+ PLUS 감차명령에 대해 합의한 바가 있다 하더라도 애초에 감차명령은 법(「여객자동차 운수사업법」)에 근거한 우월적 행정작용으로 처분에 해당한다. 따라서 본 합의는 **감차명령 관련 조건을 원고들 동의하에 사후적으로 붙인 것에 불과할 뿐**(일종의 사후부관), 더 나아가 감차명령 자체의 성질을 처분이 아닌 본 합의에 근거한 의사표시라고 볼 수는 없는 것이다.

④ ○ 공법상 법률관계의 확인을 구하는 **당사자소송**의 경우 민사소송과 같이 **보충성이 요구된다**. 따라서 다른 직접적인 구제방법이 있다면 소송요건(소익) 흠결로 위법한 소송이 되어 각하될 것이다. ❶

관련 OX

① 관련

1 ○ 지방자치단체가 체결하는 이른바 '공공계약'이 사경제의 주체로서 상대방과 대등한 위치에서 체결하는 사법상 계약에 해당하는 경우, 그 계약에는 법령에 특별한 정함이 있는 경우 외에는 사적 자치와 계약자유의 원칙 등 사법의 원리가 그대로 적용된다. 19지방7

2 ○ 「국가를 당사자로 하는 계약에 관한 법률」에 따라 국가가 당사자가 되는 이른바 공공계약은 공법상 계약에 해당한다. 13국회8

② 관련

3 계약직공무원 채용계약해지의 의사표시는 일반공무원에 대한 징계처분과는 달리 일정한 사유가 있을 때에 국가 또는 지방자치단체가 채용계약관계의 한쪽 당사자로서 대등한 지위에서 행하는 의사표시로 이해되지만 계약해지의 의사를 표시함에 있어서 「행정절차법」상 근거와 이유를 제시하여야 하는 점에 있어서는 처분과 동일하다. 10국회8

4 (공법상 계약에는) 「민법」의 계약 해지 규정이 그대로 적용될 수 없다. 19서울7

④ 관련

5 계약직공무원 채용계약해지의 의사표시의 무효확인을 구하는 소송의 경우 즉시확정의 이익이 요구된다. 10국회8

선지분석 & 요플·기풀기링크

선지	THEME	요플	기풀기
①	T53 대상적격(법률관계)	03	003
②		96	097
③	T52 대상적격(행정작용)	54	057
④		66	065

❶ + PLUS

무효등확인소송의 경우 보충성이 요구되지 않고, 따라서 다른 직접적인 구제방법이 있는지 따질 필요 없이 제기할 수 있다는 점도 함께 기억한다.

정답 ③
OX 1○ 2× 3× 4○ 5○

14

공법상 계약에 해당하는 것만을 모두 고른 것은? (다툼이 있는 경우 판례에 의함)   25경찰간부

> 가. 「중소기업 기술혁신 촉진법」에 따라 중소기업기술정보진흥원장이 사기업과 중소기업 정보화지원사업 지원대상인 사업의 지원에 관하여 체결한 협약
> 나. 지방자치단체가 사기업과 체결한 자원회수시설에 대한 위탁운영협약
> 다. 한국에너지기술평가원이 사기업과 「산업기술혁신 촉진법」에 따라 체결한 산업기술개발 사업에 관한 협약
> 라. 「국유림의 경영 및 관리에 관한 법률」에 따른 국유임산물 매각계약

① 가, 나
② 가, 다
③ 나, 라
④ 다, 라

관련 OX

가. 관련

1 구 「중소기업 기술혁신 촉진법」상 중소기업 정보화지원사업에 따른 지원금 출연을 위하여 중소기업청장이 체결하는 협약은 공법상 대등한 당사자 사이의 의사표시의 합치로 성립하는 공법상 계약에 해당한다. 21지방7

나. 관련

2 지방자치단체가 사인과 체결한 자원회수시설에 대한 위탁운영협약은 사법상 계약에 해당하므로 그에 관한 다툼은 민사소송의 대상이 된다. 20지방7

3 「국유림의 경영 및 관리에 관한 법률」에 따른 국유임산물 매각계약은 공법상 계약이 아니라 사법상 계약에 해당한다. 24국회8

해설

가. ○ 중소기업 정보화지원협약: 공법상 계약

중소기업기술정보진흥원장이 甲주식회사와 **중소기업 정보화지원사업** 지원대상인 사업의 지원에 관한 협약을 체결하였는데, 협약이 甲회사에 책임이 있는 사업실패로 해지되었다는 이유로 **협약에서 정한 대로 지급받은 정부지원금을 반환할 것을 통보한** 사안에서, **중소기업 정보화지원사업에 따른 지원금 출연을 위하여 중소기업청장이 체결하는 협약은 공법상 대등한 당사자 사이의 의사표시의 합치로 성립하는 공법상 계약에 해당한다**(2015.8.27. 2015두41449).

+ PLUS 지원금 출연을 위한 중소기업청장이 체결하는 협약: 공법상 계약 → 협약의 해지 및 그에 따른 환수통보: 행정청이 대등한 당사자의 지위에서 하는 의사표시○, 처분×

나. × 지자체와 사인 간 자원회수시설 위탁협약: 사법상 계약

甲지자체가 乙주식회사 등 4개 회사로 구성된 공동수급체를 **자원회수시설과 부대시설의 운영·유지관리 등을 위탁할 민간사업자로 선정하고** 회사 등의 공동수급체와 **체결한 위 시설에 관한 위 수탁·운영 협약**은 당사자의 합의에 따라 체결한 용역계약으로서 **사법상 계약에 해당한다**(2019.10.17. 2018두60588).

다. ○ 「산업기술혁신 촉진법」상 산업기술개발사업에 관한 협약: 공법상 계약

甲주식회사 등으로 구성된 컨소시엄과 한국에너지기술평가원은 「산업기술혁신 촉진법」 제11조 제4항에 따라 **산업기술개발사업에 관한 협약**을 체결하고, 위 협약에 따라 정부출연금이 지급되었는데, 한국에너지기술평가원이 甲회사가 외부인력에 대한 인건비를 위 협약에 위반하여 집행하였다며 甲회사에 정산금 납부통보를 하자, 甲회사는 한국에너지기술평가원 등을 상대로 정산금 환반채무가 존재하지 아니한다는 확인을 구하는 소를 민사소송으로 제기한 사안에서, **위 협약은 공법상 계약에 해당하고 그에 따른 계약상 정산의무의 존부·범위에 관한 甲회사와 한국에너지기술평가원의 분쟁은 공법상 당사자소송의 대상이다**(2023.6.29. 2021다250025).

라. × 국유임산물 매각계약: 사법상 계약

「국유림의 경영 및 관리에 관한 법률」에 따른 **국유임산물 매각계약**은 甲과 국가가 사경제주체로서 대등한 위치에서 체결한 **사법상 계약**에 해당한다(2020.5.14. 2018다298409).

선지분석 & 요플·기풀기링크

선지	THEME	요플	기풀기
가		45	045
나	T52 대상적격(행정작용)	59	059
다			
라		60	060

정답 ②

OX 1○ 2× 3○

15

공법상 계약에 대한 설명으로 옳은 것은? (다툼이 있는 경우 판례에 의함) 20지방7

① 지방자치단체가 사인과 체결한 자원회수시설에 대한 위탁운영협약은 사법상 계약에 해당하므로 그에 관한 다툼은 민사소송의 대상이 된다.
② 구 「사회간접자본시설에 대한 민간투자법」에 근거한 서울-춘천 간 고속도로 민간투자시설사업의 사업시행자 지정은 공법상 계약에 해당한다.
③ 과학기술기본법령상 사업 협약의 해지 통보는 대등 당사자의 지위에서 형성된 공법상 계약을 계약당사자의 지위에서 종료시키는 의사표시에 해당한다.
④ A광역시립합창단원으로서 위촉기간이 만료되는 자들의 재위촉 신청에 대하여 A광역시문화예술회관장이 실기와 근무성적에 대한 평정을 실시하여 재위촉을 하지 아니한 것은 항고소송의 대상이 되는 불합격처분에 해당한다.

관련 OX

 관련

1 사회기반시설에 대한 민간투자법상 민간투자사업의 사업시행자 지정은 공법상 계약이 아니라 행정처분에 해당한다. 16국가9

2 ❶ 구 「사회간접자본시설에 대한 민간투자법」상 민간투자에 관한 협약은 공법상 계약이라고 할 수 있을지라도 사업시행자 지정행위는 행정처분이다. 10국회8

해설

① ○ 지자체와 사인 간 자원회수시설 위탁협약: 사법상 계약, 민사소송
甲지방자치단체가 사인인 乙회사 등에 **자원회수시설과 부대시설의 운영**을 위탁하고 그 위탁운영비용을 지급하는 것을 내용으로 하는 **협약**은 용역계약으로서 상호 대등한 입장에서 당사자의 합의에 따라 체결한 **사법상 계약**에 해당한다(2019.10.17. 2018두60588).

② × 민간투자사업시행자 지정: 처분○
선행처분인 서울-춘천 간 고속도로 〈민간투자시설사업의 사업시행자 지정〉처분의 무효를 이유로 그 후행처분인 도로구역결정처분의 취소를 구하는 소송에서, 선행처분인 사업시행자 지정처분을 무효로 할 만큼 중대하고 명백한 하자가 없다고 한 사례(2009.4.23. 2007두13159)

(관련) 「사회기반시설에 대한 민간투자법」 제13조 제3항상의 **실시협약은 공법상 계약**이고, 그 이전에 행해지는 동법 제13조 제2항상의 행정청의 협상대상자 지정행위는 행정행위의 성질을 갖는 것으로 보아야 한다(서울고법 2004.6.24. 2003누6483).

③ × (BK21 사건) 대학과의 협약해지통보: 처분○
과학기술기본법령상 사업 〈협약의 해지 통보〉는 단순히 대등 당사자의 지위에서 형성된 공법상 계약을 계약당사자의 지위에서 종료시키는 의사표시에 불과한 것이 아니라 행정청이 우월적 지위에서 연구개발비의 회수 및 관련자에 대한 국가연구개발사업 참여제한 등의 **법률상 효과**를 발생시키는 **행정처분**에 해당한다(2014.12.11. 2012두28704).

④ × 광주시 시립합창단원 재위촉 거부: 처분×
광주광역시문화예술회관장의 **합창단원 위촉**은 광주광역시문화예술회관장이 행정청으로서 **공권력**을 행사하여 행하는 행정처분이 아니라 공법상의 근무관계의 설정을 목적으로 하여 광주광역시와 단원이 되고자 하는 자 사이에 대등한 지위에서 의사가 합치되어 성립하는 **공법상 근로계약**에 해당한다고 보아야 할 것이므로, 광주광역시립합창단원으로서 위촉기간이 만료되는 자들의 재위촉신청에 대하여 광주광역시문화예술회관장이 실기와 근무성적에 대한 평정을 실시하여 〈재위촉을 하지 아니한 것〉을 항고소송의 대상이 되는 불합격처분이라고 할 수는 **없다**(2001.12.11. 2001두7794).

선지분석 & 요플·기풀기링크

선지	THEME	요플	기풀기
①		59	059
②	T52 대상적격(행정작용)	55	053
③		47	047
④	T53 대상적격(법률관계)	106	108

정답 ①
OX 1○ 2○

16

항고소송의 대상인 처분에 대한 설명으로 옳지 않은 것은? (다툼이 있는 경우 판례에 의함)

16사복9

① 행정청의 지침에 의해 내린 행위가 상대방에게 권리의 설정이나 의무의 부담을 명하거나 기타 법적 효과에 직접적 영향을 미치는 경우에는 처분성을 긍정한다.
② 취소소송에서 처분의 위법성은 소송요건이 아니다.
③ 「병역법」에 따른 군의관의 신체등위판정은 처분이 아니지만 그에 따른 지방병무청장의 병역처분은 처분이다.
④ 행정청이 식품위생법령에 따라 영업자에게 행정제재처분을 한 후 당초 처분을 영업자에게 유리하게 변경하는 처분을 한 경우, 취소소송의 대상 및 제소기간 판단기준이 되는 처분은 유리하게 변경된 처분이다.

관련 OX

③ 관련

1 「병역법」상 신체등위판정은 항고소송의 대상이 된다. 19소방

2 「병역법」상 신체등위판정은 행정청이라고 볼 수 없는 군의관이 하도록 되어 있으며, 그 자체만으로 권리·의무가 정하여지는 것이 아니라 그에 따라 지방병무청장이 병역처분을 함으로써 비로소 병역의무의 종류가 정하여지는 것이므로 항고소송의 대상이 되는 행정처분이라 보기 어렵다. 13국가9

④ 관련

3 행정청이 식품위생법령에 따라 영업자에게 행정제재처분을 한 후 당초처분을 영업자에게 유리하게 변경하는 처분을 한 경우, 취소소송의 대상 및 제소기간 판단기준은 변경처분이 아니라 변경된 내용의 당초처분이다. 17서울7

해설

① ○ 지침에 의한 행위도 그것이 국민의 권리·의무에 직접 영향을 미치게 되는 경우라면 항고소송의 대상이 되는 처분에 해당한다.

• 검사징계법상 징계처분이 아닌 내부지침에 근거한 검사에 대한 경고조치: 처분에 해당
검찰총장이 사무검사 및 사건평정을 기초로 「대검찰청 자체감사규정」, 「검찰공무원의 범죄 및 비위 처리지침」 등에 근거하여 검사에 대하여 하는 '경고조치'는 … 검사의 권리·의무에 영향을 미치는 행위로서 항고소송의 대상이 되는 **처분이라고 보아야** 한다(2021.2.10. 2020두47564).

② ○ 취소소송에 있어 처분의 위법성은 소송요건이 아닌 본안심리의 대상에 해당한다.

③ ○ 군의관의 신체등위판정: 처분× / 그에 따른 지방병무청장의 병역처분: 처분○
병역법상 신체등위판정은 행정청이라고 볼 수 없는 군의관이 하도록 되어 있으며, 그 자체만으로 바로 병역법상의 권리·의무가 정하여지는 것이 아니라 그에 따라 지방병무청장이 병역처분을 함으로써 비로소 병역의무의 종류가 정하여지는 것이므로 항고소송의 대상이 되는 행정처분이라 보기 어렵다 (1993.8.27. 93누3356).

④ × 행정청이 제재처분을 유리하게 변경: 변경된 당초처분이 불복대상·제소기간 판단기준
행정청이 식품위생법령에 따라 영업자에게 〈행정제재처분을 한 후 그 처분을 영업자에게 유리하게 변경〉하는 처분을 한 경우, 변경처분에 의하여 **당초처분은 소멸**하는 것이 아니고 당초부터 유리하게 변경된 내용의 처분으로 존재하는 것이므로, 변경처분에 의하여 유리하게 변경된 내용의 행정제재가 위법하다 하여 그 취소를 구하는 경우 그 **취소소송의 대상은 변경된 내용의 당초처분**이지 변경처분이 아니고, 제소기간의 준수 여부도 변경처분이 아닌 **변경된 내용의 당초처분을 기준**으로 판단하여야 한다(2007.4.27. 2004두9302).

선지분석 & 요플·기풀기링크

선지	THEME	요플	기풀기
①	T52 대상적격(행정작용)	02	002
②	T63 소송방식	07	018
③	T52 대상적격(행정작용)	36	036
④		73	075

정답 ④
OX 1× 2○ 3○

17

항고소송의 대상적격에 관한 판례의 내용으로 옳지 않은 것은?

① 신청에 대한 거부처분이 있은 후 다시 한 신청이 새로운 신청을 한 취지라면 그에 대한 거부처분도 새로운 거부처분으로 보아야 한다.
② 기존의 행정처분을 변경하는 후속처분의 내용이 종전처분의 유효를 전제로 내용 중 일부만을 추가·철회·변경하는 것이고 그 부분이 내용과 성질상 나머지 부분과 불가분적인 것이 아닌 경우, 종전처분이 항고소송의 대상이 된다.
③ 감액경정처분에서 항고소송의 대상은 당초 신고나 부과처분 중 경정결정에 의하여 취소되지 않고 남은 부분이며, 감액경정처분이 아니다.
④ 어떠한 처분의 근거가 행정규칙에 규정되어 있다고 하면, 그 처분이 상대방에게 권리 설정 또는 의무 부담을 명하거나 기타 법적인 효과를 발생하게 하는 경우라도, 항고소송의 대상이 되는 행정처분에 해당되지 않는다.
⑤ 지방병무청장이 복무기관을 정하여 공익근무요원 소집통지를 한 후 소집대상자의 원에 의하여 그 기일을 연기한 다음 다시 한 공익근무요원 소집통지는 항고소송의 대상이 되는 독립된 행정처분이 아니다.

해설

① ○ 거부처분 후 재신청이 새로운 신청 취지라면 다시 거절하는 것은 새로운 거부처분에 해당
수익적 행정처분을 구하는 신청에 대한 거부처분은 당사자의 신청에 대하여 관할 행정청이 이를 거절하는 의사를 대외적으로 명백히 표시함으로써 성립된다. 거부처분이 있은 후 당사자가 다시 신청을 한 경우에는 신청의 제목 여하에 불구하고 그 내용이 새로운 신청을 하는 취지라면 관할 행정청이 이를 다시 거절하는 것은 새로운 거부처분이라고 보아야 한다(2021.1.14. 2020두50324).

② ○ 종전처분의 일부만 변경: 해당 부분이 나머지와 분리가능하다면 종전처분은 여전히 항고소송대상
기존의 행정처분을 변경하는 내용의 행정처분이 뒤따르는 경우, 후속처분이 종전처분을 완전히 대체하는 것이거나 주요 부분을 실질적으로 변경하는 내용인 경우에는 특별한 사정이 없는 한 종전처분은 효력을 상실하고 후속처분만이 항고소송의 대상이 되지만, 후속처분의 내용이 종전처분의 유효를 전제로 내용 중 일부만을 추가·철회·변경하는 것이고 추가·철회·변경된 부분이 내용과 성질상 나머지 부분과 불가분적인 것이 아닌(편저자: 즉, 가분적인) 경우에는, 후속처분에도 불구하고 종전처분이 여전히 항고소송의 대상이 된다(2015.11.19. 2015두295 전합).

③ ○ 감액경정처분시 소송의 대상: 당초처분 중 남은 부분
감액경정처분은 당초의 신고 또는 부과처분과 별개인 독립의 과세처분이 아니라 그 실질은 당초의 신고 또는 부과처분의 변경이고 그에 의하여 세액의 일부취소라는 납세자에게 유리한 효과를 가져오는 처분이므로, 그 경정결정으로도 아직 취소되지 않고 남아 있는 부분이 위법하다 하여 다투는 경우 항고소송의 대상은 당초 신고나 부과처분 중 경정결정에 의하여 취소되지 않고 남은 부분이며, 감액경정결정이 항고소송의 대상이 되는 것이 아니다(1996.11.15. 95누8904).

④ × 처분의 근거·효과가 행정규칙에 규정: 그래도 권리·의무에 직접 영향시 처분○
어떠한 처분의 근거나 법적인 효과가 행정규칙에 규정되어 있다고 하더라도, 그 처분이 행정규칙의 내부적 구속력에 의하여 상대방에게 권리의 설정 또는 의무의 부담을 명하거나 기타 법적인 효과를 발생하게 하는 등으로 그 상대방의 권리·의무에 직접 영향을 미치는 행위라면, 이 경우에도 항고소송의 대상이 되는 행정처분에 해당한다(2002.7.26. 2001두3532).
  + PLUS 판례는 행정작용의 근거가 무엇이었는지에 형식적으로 얽매이지 않고, 그것이 국민의 권리·의무에 직접적 영향을 미친다면 처분성을 인정한다(ex. 불문경고).

⑤ ○ 공익근무요원 소집통지 후 대상자의 원에 의해 기일을 연기해 다시 한 소집통지: 항고소송대상×
지방병무청장이 복무기관을 정하여 공익근무요원 소집통지를 한 후 소집대상자의 원에 의하여 또는 직권으로 그 기일을 연기한 다음 다시 한 공익근무요원 소집통지가 항고소송의 대상이 되는 독립된 행정처분으로 볼 수 없다(2005.10.28. 2003두14550).

관련 OX

③ 관련
1 감액경정처분이 있는 경우, 항고소송의 대상은 당초의 부과처분 중 경정처분에 의하여 아직 취소되지 않고 남은 부분이고, 적법한 전심절차를 거쳤는지 여부도 당초처분을 기준으로 판단하여야 한다.

선지분석 & 요플·기풀기링크

선지	THEME	요플	기풀기
①	T54 거부처분	14	042
②		81	084
③	T52 대상적격(행정작용)	65	065
④		02	002
⑤		43	043

정답 ④
OX 1 ○

필수문제 18

행정청이 종전의 과세처분에 대한 경정처분을 함에 따라 상대방이 제기하는 항고소송에 대한 설명으로 옳지 않은 것은? (다툼이 있는 경우 판례에 의함)   19지방7

① 「국세기본법」에 정한 경정청구기간이 도과한 후 제기된 경정청구에 대하여는 과세관청이 과세표준 및 세액을 결정 또는 경정하거나 거부처분을 할 의무가 없으므로, 과세관청의 경정 거절에 대하여 항고소송을 제기할 수 없다.

② 증액경정처분이 있는 경우, 원칙적으로는 당초 신고나 결정에 대한 불복기간의 경과 여부 등에 관계없이 증액경정처분만이 항고소송의 대상이 되고 납세의무자는 그 항고소송에서 당초 신고나 결정에 대한 위법사유를 주장할 수 없다.

③ 증액경정처분이 있는 경우, 당초처분은 증액경정처분에 흡수되어 소멸하고, 소멸한 당초처분의 절차적 하자는 존속하는 증액경정처분에 승계되지 아니한다.

④ 감액경정처분이 있는 경우, 항고소송의 대상은 당초의 부과처분 중 경정처분에 의하여 아직 취소되지 않고 남은 부분이고, 적법한 전심절차를 거쳤는지 여부도 당초처분을 기준으로 판단하여야 한다.

관련 OX

② 관련

1 증액경정처분이 있는 경우, 원칙적으로는 당초 신고나 결정에 대한 불복기간의 경과 여부 등에 관계없이 증액경정처분만이 항고소송의 심판대상이 되고, 납세의무자는 그 항고소송에서 당초 신고나 결정에 대한 위법사유도 함께 주장할 수 있다.   22국가7

③ 관련

2 과세처분에 대하여 증액경정처분이 있는 경우 당초처분은 증액경정처분에 흡수되어 소멸하므로 소멸한 당초처분의 절차적 하자는 존속하는 증액경정처분에 승계된다.   17국가7

해설

① ○ 국세기본법에 따른 경정청구권: 경정거부는 처분으로 인정 → 단, 경정기간 도과시 처분성✕
〈경정청구기간이 도과〉한 후에 제기된 경정청구는 부적법하여 과세관청이 과세표준 및 세액을 결정 또는 경정하거나 거부처분을 할 의무가 없으므로, 과세관청이 경정을 거절하였다고 하더라도 이를 항고소송의 대상이 되는 거부처분으로 볼 수 없다(2017.8.23. 2017두38812).

② ✕ 증액경정처분이 항고소송의 대상이 된다는 앞부분은 맞고, 당초 신고나 결정의 위법사유를 다툴 수 없다는 뒷부분이 틀렸다.
• 증액경정처분에 대한 항고소송에서 당초 신고·결정에 대한 위법사유도 주장 가능
국세기본법 제22조의2의 시행 이후에도 증액경정처분이 있는 경우, 당초 신고나 결정은 증액경정처분에 흡수됨으로써 독립한 존재가치를 잃게 된다고 보아야 하므로, 원칙적으로는 당초 신고나 결정에 대한 불복기간의 경과 여부 등에 관계없이 증액경정처분만이 항고소송의 심판대상이 되고, 납세의무자는 그 항고소송에서 당초 신고나 결정에 대한 위법사유도 함께 주장할 수 있다(2009.5.14. 2006두17390).

③ ○ 증액경정처분이 있는 경우 당초처분의 절차하자는 승계✕
증액경정처분이 있는 경우 당초처분은 증액경정처분에 흡수되어 소멸하고, 소멸한 당초처분의 절차적 하자는 존속하는 증액경정처분에 승계되지 아니한다(2010.6.24. 2007두16493).

④ ○ 감액경정처분시 불복대상과 전치주의 기준: 당초처분(중 감액되고 남은 부분)
과세표준과 세액을 감액하는 경정처분은 당초의 부과처분과 별개 독립의 과세처분이 아니라 그 실질은 당초의 부과처분의 변경이고, 그에 의하여 세액의 일부 취소라는 납세자에게 유리한 효과를 가져오는 처분이므로, 그 경정처분으로도 아직 취소되지 아니하고 남아 있는 부분이 위법하다 하여 다투는 경우, 항고소송의 대상은 당초의 부과처분 중 경정처분에 의하여 아직 취소되지 않고 남은 부분이고, 그 경정처분이 항고소송의 대상이 되는 것은 아니며, 이 경우 적법한 전심절차를 거쳤는지 여부도 당초처분을 기준으로 판단하여야 한다(2009.5.28. 2006두16403).

선지분석 & 요플·기풀기링크

선지	THEME	요플	기풀기
①	T54 거부처분	27	023
②		63	063
③	T52 대상적격(행정작용)	64	064
④		68	067

정답 ②
OX 1○ 2✕

19

국세에 대한 과세처분의 판례 내용으로 가장 옳지 않은 것은? (다툼이 있는 경우 판례를 따름)

18(1)서울7

① 과세관청이 과세처분을 한 뒤에 과세표준과 세액을 감액하는 경정처분을 한 경우에는 위 감액경정처분은 처음의 과세표준에서 결정된 과세표준과 세액의 일부를 취소하는 데 지나지 아니하는 것이므로 처음의 과세처분이 감액된 범위 내에서 존속하게 되고 이 처분만이 쟁송의 대상이 되며 이 경우 전심절차의 적법 여부는 당초처분을 기준으로 하여 판단하여야 한다.

② 증액경정처분이 있는 경우 당초 신고나 결정은 증액경정처분에 흡수됨으로써 독립된 존재가치를 잃게 된다고 보아야 할 것이므로, 원칙적으로는 당초 신고나 결정에 대한 불복기간의 경과 여부 등에 관계없이 증액경정처분만이 항고소송의 심판대상이 된다.

③ 과세처분이 있은 후 이를 증액하는 경정처분이 있고, 다시 이를 감액하는 재경정처분이 있으면 재경정처분은 위 증액경정처분과는 별개인 독립의 과세처분으로서 그 실질은 위 증액경정처분의 변경이고 그에 의하여 세액의 일부취소라는 납세의무자에게 유리한 효과를 가져오는 처분이라 할 것이므로, 감액재경정결정이 항고소송의 대상이 된다.

④ 원천징수의무자에 대하여 납세의무의 단위를 달리하여 순차 이루어진 2개의 징수처분은 별개의 처분으로서 당초처분과 증액경정처분에 관한 법리가 적용되지 아니하므로, 당초처분이 후행처분에 흡수되어 독립한 존재가치를 잃는다고 볼 수 없고, 후행처분만이 항고소송의 대상이 되는 것도 아니다.

관련 OX

② 관련

1 당초의 조세부과처분의 과세표준과 세액을 증액하는 경정처분이 있으면 당초처분은 경정처분에 흡수됨으로써 독립한 존재가치를 잃게 된다. 24변시

해설

① ○ 감액경정처분시 불복대상과 전심절차기준: (감액되고 남은) 당초처분
과세관청이 과세처분을 한 뒤에 과세표준과 세액을 **감액**하는 **경정처분**을 한 경우에는 처음의 과세처분이 감액된 범위 내에서 존속하게 되고 이 처분만이 쟁송의 대상이 되고 이 경우 전심절차의 적법 여부는 **당초처분을** 기준으로 하여 판단하여야 한다(1987.12.22. 85누599).

② ○ 증액경정처분시 불복대상: 증액경정처분
국세기본법 제22조의2의 시행 이후에도 **증액경정처분이** 있는 경우, 당초 신고나 결정은 증액경정처분에 흡수됨으로써 독립한 존재가치를 잃게 된다고 보아야 하므로, 원칙적으로는 당초 신고나 결정에 대한 불복기간의 경과 여부 등에 관계없이 **증액경정처분만이** 항고소송의 **심판대상이** 되고, 납세의무자는 그 항고소송에서 당초 신고나 결정에 대한 위법사유도 함께 주장할 수 있다(2009.5.14. 2006두17390).

③ ✕ 증액경정처분 후 감액재경정처분시 불복대상: 감액되고 남은 증액경정처분
과세처분이 있은 후 이를 **증액하는 경정처분이** 있으면 당초처분은 경정처분에 흡수되어 독립된 존재가치를 상실하여 소멸하는 것이고, 그 후 다시 **이를 감액하는 재경정처분이** 있으면 **재경정처분은** 위 증액경정처분과는 별개인 독립의 과세처분이 아니라 그 실질은 위 증액경정처분의 변경이고 그에 의하여 세액의 일부 취소라는 납세의무자에게 유리한 효과를 가져오는 처분이라 할 것이므로, 그 감액하는 재경정결정으로도 아직 취소되지 않고 남아 있는 부분이 위법하다 하여 다투는 경우 **항고소송의 대상은 위 증액경정처분 중 감액재경정결정에 의하여 취소되지 않고 남은 부분이고, 감액재경정결정이 항고소송의 대상이 되는 것은 아니다**(1996.7.30. 95누6328).

➕ PLUS 증액과 감액이 혼합된 경우, 즉 당초처분(A)을 증액경정 후(B) 감액재경정(C)을 한 경우, A → B의 관계에서는 B가 소송의 대상이 되고, B → C의 관계에서도 B가 소송의 대상이 되므로, 결국 B(증액경정처분 중 감액재경정결정에 의해 취소되지 않고 남은 부분)가 소송의 대상이 된다.

선지분석 & 요플·기풀기링크

선지	THEME	요플	기풀기
①		65	065
②	T52 대상적격(행정작용)	62	062
③		70	070
④	각론 재무행정법		

④ ○ 납세의무단위가 다른 2개의 징수처분은 별개의 처분에 해당

원천징수의무자에 대하여 납세의무의 단위를 달리하여 순차 이루어진 2개의 징수처분은 **별개의 처분**으로서 당초처분과 증액경정처분에 관한 법리가 적용되지 아니하므로, 당초처분이 후행처분에 흡수되어 독립한 존재가치를 잃는다고 볼 수 없고, 후행처분만이 항고소송의 대상이 되는 것도 아니다 (2013.7.11. 2011두7311).

■ 증액감액사례 일괄정리

	증액처분	감액처분 / 감액재결 / 감액명령재결 등
의의	**전체**적으로 하나의 처분을 **새로** 하는 것	**당초**처분 중 감액부분만큼만 **소멸**시키는 것
당초처분	변경처분에 흡수되어 **소멸**	감액된 채로 **존속**
불복대상	변경처분(증액경정처분)②	당초처분 중 남아 있는 부분①
피고	변경 처분청	당초 처분청
제소기간 등	변경처분 기준 (제소기간 늦춤) (불이익금지의 원칙상 행심위의 재결로 증액되는 사례는 있을 수 없음)	당초처분 기준① (제소기간 그대로) (단, 행심위의 감액재결·감액명령재결 사례라면, 당연히 재결서 송달일이 제소기간의 기준이 될 것)
위법사유	①-1 증액사유의 위법에 한정× ①-2 당초신고나 결정의 위법사유 주장○ ② 단, 당초신고나 결정의 절차하자는 승계×	-
증액 후 감액	① (증액사례) 당초처분은 증액경정처분에 흡수되어 소멸하고 **증액경정처분**이 **전체**로서 **새로** 이루어짐 ② (감액사례) 감액재경정처분은 증액경정처분의 변경(일부취소)에 불과. **증액재경정처분**이 감액된 채로 **존속** → 불복대상은 **증액경정**○, 감액재경정×③	

20 사례형

판례에 따를 경우 甲이 제기하는 소송이 적법하게 되기 위한 설명으로 옳은 것은? 18국가9

> A시장은 2016.12.23. 「식품위생법」 위반을 이유로 甲에 대하여 3월의 영업정지처분을 하였고, 甲은 2016.12.26. 처분서를 송달받았다. 甲은 이에 대해 행정심판을 청구하였고, 행정심판위원회는 2017.3.6. "A시장은 甲에 대하여 한 3월의 영업정지처분을 2월의 영업정지에 갈음하는 과징금부과처분으로 변경하라."라는 일부인용의 재결을 하였으며, 그 재결서 정본은 2017.3.10. 甲에게 송달되었다. A시장은 재결취지에 따라 2017.3.13. 甲에 대하여 과징금부과처분을 하였다. 甲은 여전히 자신이 「식품위생법」 위반을 이유로 한 제재를 받을 이유가 없다고 생각하여 취소소송을 제기하려고 한다.

① 행정심판위원회를 피고로 하여 2016.12.23.자 영업정지처분을 대상으로 취소소송을 제기하여야 한다.
② 행정심판위원회를 피고로 하여 2017.3.13.자 과징금부과처분을 대상으로 취소소송을 제기하여야 한다.
③ 과징금부과처분으로 변경된 2016.12.23.자 원처분을 대상으로 2017.3.10.부터 90일 이내에 제기하여야 한다.
④ 2017.3.13.자 과징금부과처분을 대상으로 2017.3.6.부터 90일 이내에 제기하여야 한다.

STORY 해설

- 처분청이 3월의 영업정지처분을(2016.12.26.) 2월의 영업정지에 준하는 과징금처분으로 변경하였다(2017.3.13.). 이처럼 당초처분보다 유리하게 변경되었으나, 상대방이 그 유리하게 변경된 처분마저 못마땅하게 여겨 불복하고자 하는 경우, 소송의 대상을 '유리하게 변경된 당초처분'으로 볼지, '변경처분'으로 볼지가 문제 된다.
- 전자는 불복대상인 과징금처분의 정체는 원래 있었던 영업정지처분의 변신한 모습이라고 보는 것이고(따라서 과징금처분은 2016.12.26.에 생긴 것), 후자는 불복대상인 과징금처분은 변경처분을 통해 새롭게 생겨난 것이라고 보는 것이다(따라서 과징금처분은 2017.3.13.에 처음 생긴 것).
- 판례는 전자이다(학설은 다툼이 심하다). 이는 처분청의 변경처분이 **처분청 스스로의 의사**에 따른 것이건, 사안과 같이 **행정심판위원회의 변경명령재결**에 의한 것이건 마찬가지이다. 따라서 소송의 대상은 현재는 과징금부과처분의 모습을 하고 있으나, <u>당초 영업정지처분으로 태어났던 2016.12.23.자 원처분</u>이 되고, 제소기간은 원처분에 대한 행정심판재결서 송달인인 <u>2017.3.10.부터 90일</u>이 된다.

	후속처분이 소송대상(유력학설)	변경된 당초처분이 소송대상(판례)
소송대상	2017.3.13.자 후속 과징금부과처분	과징금부과처분으로 변경된 2016.12.23.자 원처분
제소기간	2017.3.13.자 처분을 안 날로부터 90일, 동 처분이 있은 날로부터 1년	재결서를 송달받은 2017.3.10.부터 90일, 동 재결이 있은 날부터 1년
피고	A시장	A시장

관련 OX

③ 관련

1 영업자에 대한 행정제재처분에 대하여 행정심판위원회가 영업자에게 유리한 적극적 변경명령재결을 하고 이에 따라 처분청이 변경처분을 한 경우, 그 변경처분에 의해 유리하게 변경된 행정제재가 위법하다는 이유로 그 취소를 구하려면 변경된 내용의 당초처분을 취소소송의 대상으로 하여야 한다.   17국가9

2 행정청 A는 2024.2.1. 甲에게 1월의 영업정지처분을 하였다. 이에 대해 甲이 청구한 행정심판에서 영업정지 1월에 갈음하는 과징금으로 변경을 명하는 재결이 있었고, 이에 따라 행정청 A는 2024.4.29. 과징금 100만원을 부과하는 처분을 하였다. 이 경우 甲이 제기하는 취소소송의 대상과 제소기간 기산점이 옳게 연결된 것은? (다툼이 있는 경우 판례에 의함)   25해경승진

① 2024.2.1.자 1월의 영업정지처분
　- 재결서의 정본을 송달받은 날
② 2024.2.1.자 100만원 과징금 부과처분
　- 재결서의 정본을 송달받은 날
③ 2024.4.29.자 100만원 과징금 부과처분
　- 재결서의 정본을 송달받은 날
④ 2024.4.29.자 100만원 과징금 부과처분
　- 과징금 부과처분이 있음을 안 날

사례분석

- 실제 판례와 날짜까지 똑같게 출제한 사례문제이다(출제시기에 맞춰서 연도만 바꿈). 변경처분과 관련한 최고 난도인, **질적으로 유리한 변경처분이 행정심판위원회의 변경명령재결을 거쳐 일어난 케이스**이다. 변경처분 관련 문제는 1) **대상적격**(다툴 대상이 원처분이냐, 변경처분이냐), 2) **제소기간**(원처분시부터 기산하냐, 변경처분시부터 기산하냐, 재결서 송달일부터 기산하냐), 3) **피고적격**(원처분청이냐 변경처분청이냐 행정심판위원회냐)를 묻는 것으로 출제된다. 그리고 2), 3)은 1)을 확정하면 그에 따라 정해진다. 이 문제는 1)과 2)를 묻고 있다. 계속 출제될 수 있는 난이도 있는 사례문제이므로 확실히 숙지한다.

> **해설**

①②④ ✗, ③ ○

- 피고는 2002.12.26. 원고에 대하여 3월의 영업정지처분이라는 이 사건 당초처분을 하였고, 이에 대하여 원고가 행정심판청구를 하자 재결청은 2003.3.6. "피고가 2002.12.26. 원고에 대하여 한 3월의 영업정지처분을 2월의 영업정지에 갈음하는 과징금부과처분으로 변경하라."는 일부기각(일부인용)의 이행재결을 하였으며, 2003.3.10. 그 재결서 정본이 원고에게 도달한 사실, 피고는 위 재결취지에 따라 2003.3.13. "3월의 영업정지처분을 과징금 560만원으로 변경한다."는 취지의 이 사건 후속 변경처분을 함으로써 이 사건 당초처분을 원고에게 유리하게 변경하는 처분을 하였으며, 원고는 2003.6.12. 이 사건 소를 제기하면서 청구취지로써 2003.3.13.자 과징금부과처분의 취소를 구하고 있음을 알 수 있다.

- 행정청이 식품위생법령에 기하여 영업자에 대하여 행정제재처분을 한 후 그 처분을 영업자에게 유리하게 변경하는 처분을 한 경우(이하 처음의 처분을 '당초처분', 나중의 처분을 '변경처분'이라 한다), 변경처분에 의하여 당초처분은 소멸하는 것이 아니고 당초부터 유리하게 변경된 내용의 처분으로 존재하는 것이므로, 변경처분에 의하여 유리하게 변경된 내용의 행정제재가 위법하다 하여 그 취소를 구하는 경우 그 취소소송의 대상은 변경된 내용의 당초처분이지 변경처분은 아니고, 제소기간의 준수 여부도 변경처분이 아닌 변경된 내용의 당초처분을 기준으로 판단하여야 한다.

- 이러한 법리에 비추어 보면, 이 사건 후속 변경처분에 의하여 유리하게 변경된 내용의 행정제재인 과징금부과가 위법하다 하여 그 취소를 구하는 이 사건 소송에 있어서 위 청구취지는 이 사건 후속 변경처분에 의하여 당초부터 유리하게 변경되어 존속하는 2002.12.26.자 과징금부과처분의 취소를 구하고 있는 것으로 보아야 할 것이고(편저자: 12.26.자 원처분이 취소소송의 대상), 일부기각(일부인용)의 이행재결에 따른 후속 변경처분에 의하여 변경된 내용의 당초처분의 취소를 구하는 이 사건 소 또한 행정심판재결서 정본을 송달받은 날로부터 90일 이내 제기되어야 하는데(편저자: 원처분에 대한 재결서 송달일로부터 90일이 제소기간) 원고가 위 재결서의 정본을 송달받은 날로부터 90일이 경과하여 이 사건 소를 제기하였다는 이유로 이 사건 소가 부적법하다고 판단한 원심판결은 정당하다(2007.4.27. 2004두9302).

행정소송법 제20조(제소기간) ① 취소소송은 처분등이 있음을 안 날부터 90일 이내에 제기하여야 한다. 다만, 제18조 제1항 단서에 규정한 경우와 그 밖에 행정심판청구를 할 수 있는 경우 또는 행정청이 행정심판청구를 할 수 있다고 잘못 알린 경우에 행정심판청구가 있은 때의 기간은 재결서의 정본을 송달받은 날부터 기산한다.

선지분석 & 요플·기풀기링크

선지	THEME	요플	기풀기
T52 대상적격(행정작용)		N3	078

정답 ③

OX 1 ○ 2 ②

THEME 51-53 대상적격-처분성 등 정리

21

행정처분의 변경에 따른 효과에 관한 설명 중 옳은 것을 모두 고른 것은? (다툼이 있는 경우 판례에 의함)

24변시

> ㄱ. 집단에너지사업허가의 주요 부분을 실질적으로 변경하는 내용으로 사업변경허가를 한 경우에 본래의 집단에너지사업허가는 특별한 사정이 없는 한 그 효력을 상실한다.
> ㄴ. 선행처분이 후행처분에 의하여 변경되지 아니한 범위 내에서 존속하고 후행처분은 선행처분의 내용 중 일부를 변경하는 범위 내에서 효력을 가지는 경우에, 선행처분에만 존재하는 취소사유를 이유로 후행처분의 취소를 청구할 수 있다.
> ㄷ. 당초의 조세부과처분의 과세표준과 세액을 증액하는 경정처분이 있으면 당초처분은 경정처분에 흡수됨으로써 독립한 존재가치를 잃게 된다.
> ㄹ. 당초의 과징금 부과처분을 한 후 그 과징금 액수를 감액하는 처분을 한 경우, 감액처분은 당초처분과 별개인 독립의 과징금 부과처분이 아니라 그 실질은 당초 과징금의 일부 취소라는 유리한 결과를 가져오는 처분에 불과하므로 독립한 항고소송의 대상이 되지 않는다.
> ㅁ. 영업정지처분을 영업자에게 유리하게 변경하는 처분을 한 경우 당초의 영업정지처분은 변경처분에 흡수되어 독립한 존재가치를 잃게 된다.

① ㄱ, ㄴ, ㄷ
② ㄱ, ㄷ, ㄹ
③ ㄱ, ㄹ, ㅁ
④ ㄴ, ㄷ, ㄹ
⑤ ㄴ, ㄹ, ㅁ

관련 OX

ㄱ.관련
1 종전처분이 주요 부분을 실질적으로 변경하는 내용의 새로운 처분으로 대체되었다면, 종전처분은 그 효력을 상실한다. 24국회8(변형)

ㄴ.관련
2 (행정처분의 변경에 대하여) 일부만을 변경하는 경우, 변경된 부분과 나머지 부분이 불가분적인 것이 아닌 때에는 종전처분이 항고소송의 대상이 된다. 23소방승진

ㄷ.관련
3 증액경정처분이 있는 경우 당초 신고나 결정은 증액경정처분에 흡수됨으로써 독립된 존재가치를 잃게 된다고 보아야 할 것이므로, 원칙적으로는 당초 신고나 결정에 대한 불복기간의 경과 여부 등에 관계없이 증액경정처분만이 항고소송의 심판대상이 된다. 18(1)서울7

ㄹ.관련
4 행정청이 금전부과처분을 한 후 감액처분을 한 경우에 감액되고 남은 부분이 위법하다고 다투고자 할 때에는 감액처분 자체를 항고소송의 대상으로 삼아야 한다. 17(하)국가7

ㅁ.관련
5 행정청이 식품위생법령에 따라 영업자에게 행정제재처분을 한 후 당초처분을 영업자에게 유리하게 변경하는 처분을 한 경우, 취소소송의 대상 및 제소기간 판단기준은 변경처분이 아니라 변경된 내용의 당초처분이다. 17서울7

해설

ㄱ. ○, ㄴ. × ※ 선행처분(종전처분)의 내용을 변경하는 후행처분(후속처분)이 있는 경우

- 선행처분의 주요 부분 실질변경: 선행처분 효력상실ㄱ → 후행처분만 존재 / 선행처분의 일부만을 소폭 변경: 선행처분 소멸× → 선행·후행 병존
  선행처분의 주요 부분을 실질적으로 변경하는 내용으로 후행처분을 한 경우에 선행처분은 특별한 사정이 없는 한 그 효력을 상실하지만,ㄱ 후행처분이 있었다고 하여 일률적으로 선행처분이 존재하지 않게 되는 것은 아니고 선행처분의 내용 중 일부만을 소폭 변경하는 정도에 불과한 경우에는 선행처분이 소멸한다고 볼 수 없다.

- 선행·후행처분이 병존시, 선행처분에 대한 취소소송에 후행처분 취소가 추가·변경된 경우 → 후행처분의 제소기간(=변경시 기준) / 선행처분만의 취소사유로는 후행처분 취소청구×ㄴ
  선행처분이 후행처분에 의하여 변경되지 아니한 범위 내에서 존속하고 후행처분은 선행처분의 내용 중 일부를 변경하는 범위 내에서 효력을 가지는 경우에, 선행처분의 취소를 구하는 소를 제기한 후 후행처분의 취소를 구하는 청구를 추가하여 청구를 변경하였다면 후행처분에 관한 제소기간 준수 여부는 청구변경 당시를 기준으로 판단하여야 하나, 선행처분에만 존재하는 취소사유를 이유로 후행처분의 취소를 청구할 수는 없다ㄴ(2012.12.13, 2010두20782·20799).

선지분석 & 요플·기풀기링크

선지	THEME	요플	기풀기
ㄱ		79	082
ㄴ		82	083
ㄷ	T52 대상적격(행정작용)	62	062
ㄹ		65	065
ㅁ		72	074

ㄷ. ○ 증액경정처분시 불복대상: 증액경정처분
과세관청이 과세처분을 한 뒤에 과세표준과 세액을 **증액**하는 것으로 다시 **경정**하는 **처분**을 하는 경우, 그 증액경정처분은 당초 결정된 과세표준과 세액을 그대로 둔 채 탈루된 부분만을 추가하는 것이 아니라 증액되는 부분을 포함시켜 전체로서 하나의 과세표준과 세액을 다시 결정하는 것이므로, **당초 결정은 증액경정처분에 흡수됨으로써 독립된 존재가치를 잃게 된다고 보아야 할 것이어서 증액경정처분만이 항고소송의 심판대상이** 된다(2011.10.13. 2009두22270).

ㄹ. ○ 감액변경처분시 불복대상: 당초처분(중 감액되고 남은 부분)
과징금 부과처분에서 행정청이 납부의무자에 대하여 부과처분을 한 후 그 부과처분의 하자를 이유로 과징금의 액수를 감액하는 경우에 그 **감액처분**은 감액된 과징금 부분에 관하여만 법적 효과가 미치는 것으로서 처음의 부과처분과 별개 독립의 과징금 부과처분이 아니라 그 실질은 당초 부과처분의 변경이고, 그에 의하여 과징금의 일부취소라는 납부의무자에게 유리한 결과를 가져오는 처분이므로 처음의 부과처분이 전부 실효되는 것은 아니며, 그 감액처분으로도 아직 취소되지 않고 남아 있는 부분이 위법하다고 하여 다투는 경우 **항고소송의 대상은 처음의 부과처분 중 감액처분에 의하여 취소되지 않고 남은 부분이고 감액처분이 항고소송의 대상이 되는 것은 아니다**(2008.2.15. 2006두3957).

ㅁ. ✕ 제재처분을 유리하게 변경: 변경된 당초처분이 불복대상
행정청이 식품위생법령에 따라 영업자에게 〈행정제재처분을 한 후 그 처분을 영업자에게 유리하게 변경〉하는 처분을 한 경우, 변경처분에 의하여 **당초처분은 소멸**하는 것이 아니고 당초부터 유리하게 **변경된 내용의 처분**으로 존재하는 것이므로, 변경처분에 의하여 유리하게 변경된 내용의 행정제재가 위법하다 하여 그 취소를 구하는 경우 그 **취소소송의 대상은 변경된 내용의 당초처분이지 변경처분**은 아니고, 제소기간의 준수 여부도 변경처분이 아닌 **변경된 내용의 당초처분을 기준으로 판단하여야 한다**(2007.4.27. 2004두9302).

필수 문제 22

항고소송의 대상이 되는 처분에 대한 설명으로 옳은 것을 〈보기〉에서 모두 고르면? (다툼이 있는 경우 판례에 의함)

17국회8

〈보기〉

ㄱ. 조례가 집행행위의 개입이 없이도 그 자체로서 직접 국민의 구체적인 권리·의무나 법적 이익에 영향을 미치는 등의 법률상 효과를 발생하는 경우 그 조례는 항고소송의 대상이 되는 행정처분에 해당한다.

ㄴ. 공정거래위원회의 표준약관 사용권장행위는 비록 그 통지를 받은 해당 사업자 등에게 표준약관을 사용할 경우 표준약관과 다르게 정한 주요 내용을 고객이 알기 쉽게 표시하여야 할 의무를 부과하고 그 불이행에 대해서는 과태료에 처하도록 되어 있으나, 이는 어디까지나 구속력이 없는 행정지도에 불과하므로 행정처분에 해당되지 아니한다.

ㄷ. 국가인권위원회의 각하 및 기각결정은 항고소송의 대상이 되는 처분에 해당하지 아니하므로 헌법소원의 보충성 요건을 충족하여 헌법소원의 대상이 된다.

ㄹ. 지방계약직공무원의 보수삭감행위는 대등한 당사자 간의 계약관계와 관련된 것이므로 처분성은 인정되지 아니하며 공법상 당사자소송의 대상이 된다.

ㅁ. 3월의 영업정지처분을 2월의 영업정지처분에 갈음하는 과징금부과처분으로 변경하는 재결의 경우 취소소송의 대상이 되는 것은 변경된 내용의 당초처분이지 변경처분은 아니다.

① ㄱ, ㅁ
② ㄷ, ㄹ
③ ㄱ, ㄹ, ㅁ
④ ㄱ, ㄴ, ㄷ, ㄹ
⑤ ㄱ, ㄴ, ㄷ, ㅁ

관련 OX

ㄴ. 관련

1 공정거래위원회의 '표준약관 사용권장행위'는 항고소송의 대상이 되는 행정처분이 아니다. 15(1)경행

2 권장에 따르지 않으면 일정한 특정 조치를 하여야 하는 공정거래위원회의 표준약관 사용권장행위(는 취소소송의 대상적격이 인정된다) 24해경간부

ㄹ. 관련

3 지방계약직공무원에 대한 보수삭감조치(는 항고소송의 대상이 되는 행정처분이다) 16서울9

4 공법상 계약에 기초한 공무원의 근무관계에서 징계행위는 행정처분이다. 20국회8

ㅁ. 관련

5 (「학교폭력예방 및 대책에 관한 법률」에 따라 출석정지 5일의 처분을 받았으나 행정심판을 거쳐 서면사과처분으로 변경된 경우) 서면사과도 과중한 처벌이라고 하여 불복하는 경우에는 재결을 취소소송의 대상으로 한다. 18(1)서울7

해설

ㄱ. ○ 집행행위 매개 없이 그 자체로 권리·의무에 영향을 미치는 조례: 처분○
조례가 집행행위의 개입 없이 그 자체로서 직접 국민의 구체적인 권리·의무나 법적 이익에 영향을 미치는 등의 법률상 효과를 발생하는 경우 그 조례는 항고소송의 대상이 되는 행정처분에 해당한다(1996.9.20. 95누8003).

ㄴ. × 공정위의 표준약관 사용권장행위: 법률상 의무 및 불이행시 제재가 수반 so 처분성 인정
공정거래위원회의 '표준약관 사용권장행위'는 그 통지를 받은 해당 사업자 등에게 표준약관과 다른 약관을 사용할 경우 표준약관과 다르게 정한 주요 내용을 고객이 알기 쉽게 표시하여야 할 의무를 부과하고, 그 불이행에 대해서는 과태료에 처하도록 되어 있으므로, 이는 사업자 등의 권리·의무에 직접 영향을 미치는 행정처분으로서 항고소송의 대상이 된다(2010.10.14. 2008두23184).

ㄷ. × 국가인권위원회에 대한 진정: 각하·기각결정은 거부처분으로 인정 → 항고소송 가능 so 헌법소원은 불가(보충성)
국가인권위원회는 법률상의 독립된 국가기관이고, 피해자인 진정인에게는 국가인권위원회법이 정하고 있는 구제조치를 신청할 법률상 신청권이 있는데 〈국가인권위원회가 진정을 각하 및 기각결정〉을 할 경우 피해자인 진정인으로서는 자신의 인격권 등을 침해하는 인권침해 또는 차별행위 등이 시정되고 그에 따른 구제조치를 받을 권리를 박탈당하게 되므로, 진정에 대한 국가인권위원회의 각하 및 기각결정은 피해자인 진정인의 권리행사에 중대한 지장을 초래하는 것으로서 항고소송의 대상이 되는 행정처분에 해당하므로, 그에 대한 다툼은 우선 행정심판이나 행정소송에 의하여야 할 것이다. 따라서 이 사건 심판청구는 행정심판이나 행정소송 등의 사전 구제절차를 모두 거친 후 청구된 것이 아니므로 보충성 요건을 충족하지 못하였다(헌재 2015.3.26. 2013헌마214 등).

선지분석 & 요플·기풀기링크

선지	THEME	요플	기풀기
ㄱ	T14 법규명령	72	067
ㄴ	T52 대상적격(행정작용)	19	019
ㄷ	T54 거부처분	28	024
ㄹ	T53 대상적격(법률관계)	88	090
ㅁ	T52 대상적격(행정작용)	74	076

ㄹ. ✕ 지방계약직공무원에 대한 보수삭감 징계처분으로 항고소송대상 ○

지방계약직공무원규정의 시행에 필요한 사항을 규정하기 위한 '서울특별시 지방계약직공무원 인사관리규칙' 제8조 제3항은 근무실적 평가 결과 근무실적이 불량한 사람에 대하여 봉급을 삭감할 수 있도록 규정하고 있는바, 〈〈지방계약직 공무원에 대한) 보수의 삭감〉은 이를 당하는 공무원의 입장에서는 징계처분의 일종인 감봉과 다를 바 없다(2008.6.12. 2006두16328).

ㅁ. ○ 제재처분을 유리하게 변경: 변경된 당초처분이 불복대상

행정청이 식품위생법령에 따라 영업자에게 〈행정제재처분을 한 후 그 처분을 영업자에게 유리하게 변경〉하는 처분을 한 경우, 변경처분에 의하여 당초처분은 소멸하는 것이 아니고 당초부터 유리하게 변경된 내용의 처분으로 존재하는 것이므로, 변경처분에 의하여 유리하게 변경된 내용의 행정제재가 위법하다 하여 그 취소를 구하는 경우 그 취소소송의 대상은 변경된 내용의 당초처분이지 변경처분은 아니고, 제소기간의 준수 여부도 변경처분이 아닌 변경된 내용의 당초처분을 기준으로 판단하여야 한다(2007.4.27. 2004두9302).

T53 대상적격(3) - 처분성 등 일괄정리(법률관계를 중심으로)

01

공법과 사법의 관계에 대한 설명으로 옳은 것만을 〈보기〉에서 모두 고르면? (다툼이 있는 경우 판례에 의함)

21국회8

〈보기〉
ㄱ. 「국가를 당사자로 하는 계약에 관한 법률」상 국가가 당사자가 되는 공공계약은 국가가 사경제의 주체로서 상대방과 대등한 위치에서 체결하는 사법상의 계약에 해당한다.
ㄴ. 「국가를 당사자로 하는 계약에 관한 법률」상 국가기관에 의한 입찰참가자격 제한행위는 사법상 관념의 통지에 해당한다.
ㄷ. 공기업이나 준정부기관의 입찰참가자격제한은 계약에 근거할 수도 있고, 행정처분에 해당할 수도 있다.
ㄹ. 사립학교 교원의 징계는 사립학교의 공적 성격을 고려할 때 행정처분에 해당한다.
ㅁ. 행정재산의 사용·수익허가는 강학상 특허로서 공법관계의 일종에 해당한다.

① ㄱ, ㄴ, ㄷ
② ㄱ, ㄷ, ㅁ
③ ㄴ, ㄷ, ㄹ
④ ㄴ, ㄹ, ㅁ
⑤ ㄱ, ㄷ, ㄹ, ㅁ

관련 OX

ㄱ. 관련

1 ◯ 「국가를 당사자로 하는 계약에 관한 법률」에 따라 국가가 당사자가 되는 이른바 공공계약은 공법상 계약에 해당한다. 13국회8

ㄷ. 관련

2 단순히 계약상의 규정에 근거한 것이 아니라 계약상의 규정과 중첩되더라도 법령상의 근거를 가진 행위에 대해서는 공권력성을 인정하여 이를 처분으로 인정하는 경우가 있다. 20국회8

ㅁ. 관련

3 행정재산의 목적 외 사용에 대한 허가는 강학상 인가에 해당한다. 19(1)서울7

4 국·공유 행정재산의 사용·수익에 대한 허가 신청의 거부(는 판례에 의할 때 사법관계에 해당한다) 13서울9

해설

요플 공공계약 판례정리

당사자		준거법	입찰참가자격제한 (부정당업자 제재)	공공계약	낙찰자 결정	입찰보증금 귀속
구법	국가	(구) 예산회계법 (현) 국가계약법	처분○ ㄴ	사법상 계약○ ㄱ	사법상 행위○ (편무예약)	사법상 행위○ (손해배상액 예정)
	지자체	(구) 지방재정법 (현) 지방계약법	처분○		↕	↕
	정부투자기관 (한전)	(구) 정부투자기관 관리기본법	처분×, 사법상 통지○	공법상 계약× ⇩ 사법의 원리가 그대로 적용 & 민사소송	처분×	처분×
현행법	공기업 (한전)	(현) 공공기관 운영법	처분○ 단, 사법상 통지일 수도 ㄷ (불분명→의사표시 해석)			
	준정부기관					
	기타 공공기관 (매립지공사)		처분×, 사법상 통지○			

26 요플 p.218

ㄱ. ○ 국가를 당사자로 하는 공공계약: 사법상 계약
「국가를 당사자로 하는 계약에 관한 법률」에 따라 <u>국가가 당사자</u>가 되는 이른바 공공계약은 사경제주체로서 상대방과 대등한 위치에서 체결하는 <u>사법상 계약</u>에 해당한다(2012.9.20. 2012마1097).

ㄴ. ✕ 국가기관의 입찰참가자격제한: 처분에 해당

「국가를 당사자로 하는 계약에 관한 법률」 제27조 제1항에 의하면, "각 중앙관서의 장은 대통령령이 정하는 바에 의하여 경쟁의 공정한 집행 또는 계약의 적정한 이행을 해칠 염려가 있거나 기타 입찰에 참가시키는 것이 부적합하다고 인정되는 자에 대하여서는 일정 기간 입찰참가자격을 제한하여야 한다."라고 규정하고 … 입찰참가자격제한처분은 국민의 권리나 이익을 박탈하거나 제재를 가하는 침해적 행정처분으로서 … (2000.10.13. 99두3201)

ㄷ. ○ 공기업·준정부기관의 입찰참가자격제한: 법령에 근거한 처분일 수도, 계약에 근거한 권리행사일 수도 → 불분명시 의사표시 해석 필요

〈공기업·준정부기관이 법령 또는 계약에 근거하여 선택적으로 입찰참가자격제한조치를 할 수 있는 경우〉, 계약상대방에 대한 입찰참가자격제한조치가 법령에 근거한 행정처분인지 아니면 계약에 근거한 권리행사인지는 원칙적으로 의사표시의 해석문제이다. … 그럼에도 불구하고 공기업·준정부기관이 법령에 근거를 둔 행정처분으로서의 입찰참가자격 제한조치를 한 것인지 아니면 계약에 근거한 권리행사로서의 입찰참가자격 제한조치를 한 것인지 여전히 불분명한 경우에는, 그에 대한 불복방법 선택에 중대한 이해관계를 가지는 그 조치 상대방의 인식가능성 내지 예측가능성을 중요하게 고려하여 규범적으로 이를 확정함이 타당하다(2018.10.25. 2016두33537).

ㄹ. ✕ 사립학교 교원 징계: 처분✕

사립학교 교원은 학교법인 또는 사립학교 경영자에 의하여 임면되는 것으로서 사립학교 교원과 학교법인의 관계를 공법상의 권력관계라고는 볼 수 없으므로 사립학교 교원에 대한 학교법인의 해임처분을 취소소송의 대상이 되는 행정청의 처분으로 볼 수 없고, 따라서 학교법인을 상대로 한 불복은 행정소송에 의할 수 없고 민사소송절차에 의할 것이다(1993.2.12. 92누13707).

ㅁ. ○ 행정재산 사용·수익허가의 성질: 특허, 공법관계 / 허가의 거부도 처분

공유재산의 관리청이 행정재산의 사용·수익에 대한 허가는 순전히 사경제주체로서 행하는 사법상의 행위가 아니라 관리청이 공권력을 가진 우월적 지위에서 행하는 행정처분으로서 특정인에게 행정재산을 사용할 수 있는 권리를 설정하여 주는 강학상 특허에 해당하고, 이러한 행정재산의 사용·수익허가처분의 성질에 비추어 국민에게는 행정재산의 사용·수익허가를 신청할 법규상 또는 조리상의 권리가 있다고 할 것이므로 공유재산의 관리청이 이러한 신청을 거부한 행위 역시 행정처분에 해당한다고 할 것이다(1998.2.27. 97누1105).

필수 문제 02

공법관계와 사법관계의 구별 및 그에 따른 쟁송방식에 대한 설명으로 옳지 않은 것은? (다툼이 있는 경우 판례에 의함)

16국회8

ⓢ ① 「국가를 당사자로 하는 계약에 관한 법률」에 의하여 국가와 사인 간에 체결된 계약은 특별한 사정이 없는 한 사법상의 계약으로서 그 본질적인 내용은 사인 간의 계약과 다를 바가 없다.

소 ② 국·공유 일반재산의 대부·매각·교환·양여행위는 사법상의 행위로서 그에 대해서는 민사소송으로 다투어야 한다.

ⓒ ③ 행정재산을 원래의 목적 외로 사용할 경우 그에 대한 사용·수익허가는 행정처분으로서 항고소송의 대상이 된다. 그러나 사용허가를 받은 행정재산을 전대하는 경우 그 전대행위는 사법상의 임대차에 해당한다.

기 ④ 각종 사회보험, 연금관련법 등에 따른 사회보장급부청구권 등은 공권으로 본다. 다만 이러한 공권을 행사한 경우 당해 행정청이 이를 거부하였다면 항고소송의 대상성이 인정되고 법령에 의해 바로 급부청구권이 발생하는 경우에는 당사자소송의 대상이 된다.

ⓑ ⑤ 「국가를 당사자로 하는 계약에 관한 법률」에 의하여 국가기관이 특정기업의 입찰참가자격을 제한하는 경우 이것은 사법관계이므로 이에 대해 다투기 위하여서는 민사소송을 제기하여야 한다.

관련 OX

② 관련

1 지방자치단체가 일반재산을 「지방자치단체를 당사자로 하는 계약에 관한 법률」에 따라 입찰이나 수의계약을 통해 매각하는 것은 지방자치단체가 우월적 공행정 주체로서의 지위에서 행하는 행위이다. 21군무원7

④ 관련

2 사회보장수급권의 경우 구체적인 권리가 발생하지 않은 상태에서 곧바로 행정청이 속한 국가나 지방자치단체 등을 상대로 한 당사자소송이나 민사소송으로 급부의 지급을 소구하는 것은 허용되지 않는다. 24국가7

⑤ 관련

3 국가가 당사자가 되는 공사도급계약에서 부정당업자에 대한 입찰참가자격제한조치는 항고소송의 대상이 되는 처분에 해당한다. 21군무원7

4 구 「예산회계법」에 따라 체결되는 계약에 있어서 입찰보증금의 국고귀속조치에 관한 분쟁은 민사소송의 대상이 되지만, 입찰자격정지에 대해서는 항고소송으로 다투어야 한다. 16지방7

해설

① ○ **국가를 당사자로 하는 공공계약: 사법상 계약, 사법의 원리가 그대로 적용**
「국가를 당사자로 하는 계약에 관한 법률」에 따라 〈국가가 당사자〉가 되는 이른바 공공계약은 사경제주체로서 상대방과 대등한 위치에서 체결하는 **사법상 계약**으로서 본질적인 내용은 사인 간의 계약과 다를 바가 없으므로, 그에 관한 법령에 특별한 정함이 있는 경우를 제외하고는 사적 자치와 계약자유의 원칙 등 **사법의 원리가 그대로 적용**된다(2012.9.20. 2012마1097).

② ○ 일반재산을 빌려주는 것(대부)뿐 아니라 파는 것(매각), 바꾸는 것(교환), 주는 것(양여) 역시 사법상 법률관계에 불과하여 민사소송의 대상이다.
- 일반재산의 대부·매각·양여: 사법상 행위
  산림청장이 산림법 등의 정하는 바에 따라 국유임야를 대부하거나 〈매각 또는 양여〉하는 행위는 사경제주체로서 상대방과 대등한 입장에서 하는 사법상의 행위이다(1984.12.11. 83누291).

③ ○ **행정재산 사용허가: 처분(특허, 공법관계) ↔ 사용허가받은 행정재산의 전대: 사법상 임대차(사법관계)**
- 국유재산 등의 관리청이 하는 **행정재산의 사용·수익에 대한 허가**는 순전히 사경제주체로서 행하는 사법상의 행위가 아니라 관리청이 공권력을 가진 우월적 지위에서 행하는 행정처분으로서 특정인에게 행정재산을 사용할 수 있는 권리를 설정하여 주는 강학상 **특허에 해당**한다(2006.3.9. 2004다31074).
- 한국공항공단이 무상사용허가를 받은 행정재산에 대하여 하는 전대행위는 통상의 사인 간의 임대차와 다를 바가 없고, 그 임대차계약이 임차인의 사용승인신청과 임대인의 사용승인의 형식으로 이루어졌다고 하여 달리 볼 것은 아니다(2004.1.15. 2001다12638).

선지분석 & 요플·기풀기링크

선지	THEME	요플	기풀기
①		02	002
②		56	056
③	T53 대상적격(법률관계)	38	043
④		118	120
⑤		10	016

④ ○ 판례는 행정주체에 대한 금전지급 신청이 거부된 경우의 쟁송방법에 대하여 대체로 아래 논리구조에 따라 판단하고 있다. 사인이 갖는 각종 **사회보장급부청구권**은 기본적으로 **공권**이므로 공법관계의 논리가 적용된다. ④[앞]

사법관계	민사소송으로 금전지급을 청구	
공법관계	법령 등에 의하여 이미 관련 권리의 존부·범위가 구체적·명시적으로 확정	행정청의 거부행위는 **사실행위**에 불과 → **당사자소송**으로 거부당한 금전의 지급을 청구 ④[뒤2]
	행정청의 결정으로 비로소 관련 권리의 존부·범위가 창설·확정	행정청의 거부행위는 **행정처분**에 해당 → **항고소송**으로 거부처분을 취소·무효확인 ④[뒤1]

⑤ ✕ 「국가를 당사자로 하는 계약에 관한 법률」상 국가기관에 의한 입찰참가자격 제한: 처분

「국가를 당사자로 하는 계약에 관한 법률」 제27조 제1항에 의하면, 각 중앙관서의 장은 대통령령이 정하는 바에 의하여 경쟁의 공정한 집행 또는 계약의 적정한 이행을 해칠 염려가 있거나 기타 입찰에 참가시키는 것이 부적합하다고 인정되는 자에 대하여서는 일정기간 입찰참가자격을 제한하여야 한다고 규정하고 … **입찰참가자격제한처분**은 국민의 권리나 이익을 박탈하거나 제재를 가하는 침해적 행정**처분**으로서 법치행정의 원리상 엄격한 법적 근거를 필요로 하고 … (2000.10.13. 99두3201)

+ PLUS 국가나 지자체가 행하는 **입찰참가자격제한**의 경우 국가계약법(구 예산회계법)과 지방계약법(구 지방재정법) 등 법령에 근거를 둔 **처분**에 해당한다. 따라서 **항고소송**으로 다퉈야 한다.

03

공법과 사법의 구별에 대한 설명으로 옳지 않은 것을 〈보기〉에서 모두 고르면? (다툼이 있는 경우 판례에 의함)

17국회8

〔보기〕

ㄱ. 공법과 사법의 구별기준에 대한 신주체설은 국가나 지방자치단체 등의 행정주체가 관련되는 법률관계를 공법관계로 보고 사인 간의 법률관계는 사법관계로 본다.

ㄴ. 대법원은 국가나 지방자치단체가 당사자가 되는 공공계약(조달계약)은 상대방과 대등한 관계에서 체결하는 공법상의 계약으로 본다.

ㄷ. 대법원은 행정재산의 목적 외 사용에 해당하는 사인에 대한 행정재산의 사용수익허가를 강학상 특허로 보고 있다.

ㄹ. 대법원은 석탄가격안정지원금 지급청구권은 석탄산업법령에 의하여 정책적으로 당연히 부여되는 공법상 권리이므로, 지원금의 지급을 구하는 소송은 공법상 당사자소송의 대상이 된다고 본다.

ㅁ. 대법원은 지방자치단체가 공공조달계약 입찰을 일정기간 동안 제한하는 부정당업자제재는 사법상의 통지행위에 불과하다고 본다.

① ㄴ, ㅁ
② ㄷ, ㄹ
③ ㄱ, ㄴ, ㅁ
④ ㄱ, ㄷ, ㄹ
⑤ ㄱ, ㄴ, ㄷ, ㅁ

관련 OX

ㄴ. 관련

1 「지방재정법」에 따라 지방자치단체가 당사자가 되어 체결하는 계약에 관한 분쟁은 행정소송으로 다투어야 한다.
15(1)경행

ㄷ. 관련

2 ❹ 공유재산의 관리청이 행하는 행정재산의 사용·수익에 대한 허가는 순전히 사경제주체로서 행하는 사법상의 법률행위이다.
20국가7

ㄹ. 관련

3 석탄산업법령 및 '석탄가격안정지원금 지급요령'에 의한 석탄가격안정지원금의 지급(은 「행정소송법」상 당사자소송의 대상이 된다)
24소간

해설

ㄱ. ✕ 지문은 신주체설이 아닌 주체설에 대한 설명이다.

요플 공법관계와 사법관계의 구별기준

	내용	비판
주체설	• 당사자 중 **행정주체** 있으면 공법 • 당사자 모두 사인이면 사법	행정주체가 사인으로 행위하는 경우(국고관계) 및 사법형식의 공행정작용(행정사법)도 공법관계로 봄 / 현재 주장되지 않음
권력설 (종속설, 복종설)	• 행정주체에 **우월적 지위** 인정되면 공법 • 당사자 간 **대등**하면 사법 → 권력관계에 대해 설명 가능	• 비권력적 공법관계도 사법관계로 봄 • 사법관계 중에도 권력적 관계 있음(친자관계)
이익설	• **공익** 관련이면 공법 • **사익** 관련이면 사법 → 관리관계까지 대해 설명 가능	• 공익·사익의 구별은 상대적 • 공법관계도 사익과, 사법관계도 공익과 관련 있음
귀속설 (신주체설)	• 공권력 주체에만 권리·의무 **귀속**시키면 공법 • 모든 권리주체에 권리·의무 귀속시키면 사법	• 행정주체가 공권력 주체의 지위를 갖는지 불분명 • 공권력 주체는 공법관계를 전제하므로 논리순환
복수기준설	주체설 제외한 나머지 학설들을 종합 고려	일관된 기준을 제시하지 못함

선지분석 & 요플·기풀기링크

선지	THEME	요플	기풀기
ㄱ	T10 행정상 법률관계	10	010
ㄴ		03	003
ㄷ	T53 대상적격(법률관계)	37	036
ㄹ		133	135
ㅁ		12	018

ㄴ. ✕ 공공조달계약은 국가·지자체·공공기관 중 어디가 당사자이건 모두 사법상의 계약이고, 이에 대한 분쟁은 민사소송으로 해결한다.

- 국가를 당사자로 하는 계약이나 공공기관운영에 관한 법률의 적용대상인 공기업이 일방 당사자가 되는 계약(이하 편의상 '**공공계약**'이라 한다)은 국가 또는 공기업이 사경제주체로서 상대방과 대등한 위치에서 체결하는 **사법상 계약**으로서 본질적인 내용은 사인 간의 계약과 다를 바가 없으므로, 법령에 특별한 정함이 있는 경우를 제외하고는 서로 대등한 입장에서 당사자의 합의에 따라 계약을 체결하여야 하고 당사자는 계약의 내용을 신의성실의 원칙에 따라 이행하여야 하는 등 사적 자치와 계약 자유의 원칙을 비롯한 사법의 원리가 원칙적으로 적용된다(2020.5.14. 2018다298409).

- 지방자치단체가 일방 당사자가 되는 이른바 '**공공계약**'이 사경제의 주체로서 상대방과 대등한 위치에서 체결하는 **사법상 계약**에 해당하는 경우 그에 관한 법령에 특별한 정함이 있는 경우를 제외하고는 사적 자치와 계약자유의 원칙 등 사법의 원리가 그대로 적용된다(2018.2.13. 2014두11328).

ㄷ. ○ 행정재산 사용·수익허가의 성질: 특허
공유재산의 관리청이 **행정재산의 사용·수익에 대한 허가**는 순전히 사경제주체로서 행하는 **사법상의 행위가 아니라** 관리청이 공권력을 가진 우월적 지위에서 행하는 행정처분으로서 특정인에게 행정재산을 사용할 수 있는 권리를 설정하여 주는 강학상 **특허에 해당한다**(1998.2.27. 97누1105).

ㄹ. ○ 석탄가격안정지원금: 법령만으로 확정되는 공법상 권리 → 곧바로 보상금지급소송(당사자소송)
석탄가격안정지원금은 국가정책적 차원에서 지급하는 지원비의 성격을 갖는 것이고, **지원금지급청구권**은 석탄사업법령에 의하여 정책적으로 당연히 부여되는 공법상의 권리이므로, 석탄광업자가 석탄산업합리화사업단을 상대로 지원금의 지급을 구하는 소송은 공법상의 법률관계에 관한 소송인 공법상의 당사자소송에 해당한다(1997.5.30. 95다28960).

ㅁ. ✕ 국가나 지자체가 행하는 입찰참가자격제한: 국가계약법, 지방계약법 등 법령에 근거를 둔 처분에 해당한다. 따라서 항고소송으로 다퉈야 한다.

- 「국가를 당사자로 하는 계약에 관한 법률」 제27조 제1항에 의하면, "각 중앙관서의 장은 대통령령이 정하는 바에 의하여 경쟁의 공정한 집행 또는 계약의 적정한 이행을 해칠 염려가 있거나 기타 입찰에 참가시키는 것이 부적합하다고 인정되는 자에 대하여서는 일정 기간 입찰참가자격을 제한하여야 한다."라고 규정하고 … **입찰참가자격제한처분**은 국민의 권리나 이익을 박탈하거나 제재를 가하는 침해적 행정처분으로서 … (2000.10.13. 99두3201)

- 지방자치단체의 장인 피고가 행하는 부정당업자에 대한 **입찰참가자격제한**에 대하여는 국가계약법이 아닌 지방재정법이 적용되어야 할 것인바 … 위와 같은 침익적 행정처분의 근거가 되는 행정법규는 엄격하게 해석·적용하여야 하고 … (2008.2.28. 2007두13791·13807)

+ PLUS 공기업 등이 행하는 입찰참가자격제한

1) 공기업·준정부기관(ex 한국수력원자력 주식회사): 「공공기관의 운영에 관한 법률」에 근거한 것이면 처분이지만, 계약에 근거한 것이면 처분이 아니다. 이는 의사표시 해석의 문제이다.

2) 기타 공공기관(ex 수도권매립지관리공사): 「공공기관의 운영에 관한 법률」에 근거가 없어 처분이 아니다.

필수문제 04

행정상 계약에 관한 설명으로 옳지 않은 것은? (다툼이 있는 경우 판례에 의함) 23소방

Ⓐ ① 행정청은 법령등을 위반하지 아니하는 범위에서 행정목적을 달성하기 위하여 필요한 경우에는 공법상 법률관계에 대한 계약을 체결할 수 있다.

Ⓢ ② 국가가 당사자가 되는 이른바 공공계약은 사경제주체로서 상대방과 대등한 위치에서 체결하는 사법상 계약이다.

③ 국가와 사인 사이에 계약이 체결되었다면 법령에 따라 작성해야 하는 계약서가 따로 작성되지 않았다고 하더라도 효력이 있다.

④ 「공공기관의 운영에 관한 법률」에 따른 입찰참가자격제한조치는 행정처분에 해당한다.

관련 OX

② 관련

1 「국가를 당사자로 하는 계약에 관한 법률」에 따라 국가가 당사자가 되는 공공계약은 공법상 계약에 해당한다. 24행정사

③ 관련

2 국가가 사인과 계약을 체결할 때에는 「국가를 당사자로 하는 계약에 관한 법률」에 따른 계약서를 따로 작성하는 등 그 요건과 절차를 이행하여야 한다. 19(1)서울9

3 「국가를 당사자로 하는 계약에 관한 법률」에 따른 계약서를 따로 작성하는 등 그 요건과 절차를 거치지 않고 체결된 계약이라고 해서 무효가 되는 것은 아니다. 19(1)서울9

추가기출(① 관련)

ⓐ Ⓐ 「행정기본법」에 따르면 신속히 처리할 필요가 있거나 사안이 경미한 경우에는 말 또는 서면으로 공법상 계약을 체결할 수 있다. 23지방7

해설

① ○

행정기본법 제27조(공법상 계약의 체결) ① 행정청은 **법령등을 위반하지 아니하는 범위**에서 행정**목적을 달성하기 위하여 필요한 경우**에는 공법상 법률관계에 관한 계약(이하 '**공법상 계약**'이라 한다)을 체결할 수 있다. 이 경우 계약의 목적 및 내용을 명확하게 적은 **계약서를 작성**하여야 한다.ⓐ

② ○ 국가를 당사자로 하는 공공계약: 사법상 계약
「국가를 당사자로 하는 계약에 관한 법률」에 따라 〈국가가 당사자〉가 되는 이른바 공공계약은 사경제주체로서 상대방과 대등한 위치에서 체결하는 **사법상 계약**에 해당한다(2012.9.20. 2012마1097).

③ ✕ 국가가 당사자가 되는 계약체결시 계약서 작성 등 요건·절차 이행필요, 위반시 무효
국가가 사인과 계약을 체결할 때에는 국가계약법령에 따른 **계약서를 따로 작성하는 등 요건과 절차를 이행하여야 할 것**이고, 설령 국가와 사인 사이에 계약이 체결되었더라도 이러한 법령상 요건과 절차를 거치지 아니한 계약은 효력이 없다(2015.1.15. 2013다215133).

④ ○ 계약에 근거한 권리행사가 아닌 「공공기관의 운영에 관한 법률」에 근거한 입찰참가자격제한조치는 **행정처분**으로 봄이 타당하다(2019.2.14. 2016두33292).

+ PLUS 공공기관운영법에 따른 공공기관에서 행하는 입찰참가자격제한조치는 사안에 따라 **계약에 근거한 것**일 수도 있고, **공공기관운영법에 근거한 것**일 수도 있다. 지문과 같이 후자에 해당할 경우, 이는 우월적 지위에서 내리는 처분에 해당한다.

선지선택비율 ① 2.85% ② 4.66% ③ 88.44% ④ 4.05%   오답률 11.56%

선지분석 & 요플·기풀기링크

선지	THEME	요플	기풀기
①	T36 공법상 계약	01	014
②		02	002
③	T53 대상적격(법률관계)	34	013
④		14	020

정답 ③

OX 1✕ 2○ 3✕ ⓐ✕

05

행정상 법률관계에 관한 설명으로 옳지 않은 것은? (다툼이 있는 경우 판례에 의함) 23소방

① 국가가 사경제의 주체로서 상대방과 대등한 지위에서 체결하는 계약의 본질적인 내용은 사인 간의 계약과 다를 바 없으므로 사적 자치와 계약자유의 원칙을 비롯한 사법의 원리가 원칙적으로 적용된다.

② 국가가 수익자인 수요기관을 위하여 국민을 계약상대자로 하여 체결하는 요청조달계약에는 다른 법률에 특별한 규정이 없는 한 당연히 「국가를 당사자로 하는 계약에 관한 법률」이 적용된다.

③ 요청조달계약에 적용되는 「국가를 당사자로 하는 계약에 관한 법률」 조항은 국가가 사경제 주체로서 국민과 대등한 관계에 있음을 전제로 한 사법관계에 대한 규정뿐만 아니라, 고권적 지위에서 국민에게 침익적 효과를 발생시키는 행정처분에 대한 규정까지 적용된다.

④ 한국자산관리공사가 국유재산 중 일반재산에 관하여 그 처분을 위임받아 매도하는 것은 행정청이 공권력의 주체라는 우월적 지위에서 행하는 공법상의 행정처분이 아니라 사경제주체로서 행하는 사법상의 법률행위에 해당하여 헌법소원심판의 대상이 되는 공권력의 행사에 해당하지 않는다.

해설

① ○ **국가를 당사자로 하는 공공계약: 사법상 계약**
「국가를 당사자로 하는 계약에 관한 법률」에 따라 **국가가 당사자가 되는 이른바 공공계약**은 사경제 주체로서 상대방과 대등한 위치에서 체결하는 **사법상 계약**으로서 본질적인 내용은 사인 간의 계약과 다를 바 없으므로, 그에 관한 법령에 특별한 정함이 있는 경우를 제외하고는 **사적 자치와 계약자유의 원칙 등 사법의 원리가 그대로 적용된다**(2012.9.20. 2012마1097).

② ○, ③ × **국가가 당사자인 요청조달계약: 국가계약법 적용 / 단, 이는 대등한 사법관계에 관한 규정에 한정되는 것이고, 고권적 처분에 관한 규정은 당연 적용×**
국가가 수익자인 수요기관을 위하여 국민을 계약상대자로 하여 **체결하는 요청조달계약에는 다른 법률에 특별한 규정이 없는 한 당연히 국가계약법이 적용된다**.② 그러나 위 법리에 의하여 요청조달계약에 적용되는 국가계약법 조항은 국가가 사경제주체로서 국민과 대등한 관계에 있음을 전제로 한 **사법관계에 관한 규정에 한정되고, 고권적 지위에서 국민에게 침익적 효과를 발생시키는 행정처분에 관한 규정까지 당연히 적용된다고 할 수 없다**③(2017.6.29. 2014두14389).

④ ○ **한국자산관리공사의 국유 일반재산 매도: 사법행위 so 헌법소원대상×**
한국자산관리공사가 국유재산 중 **일반재산**에 관하여 그 처분을 위임받아 **매도하는 것은 행정청이 공권력의 주체라는 우월적 지위에서 행하는 공법상의 행정처분이 아니라 사경제주체로서 행하는 사법상의 법률행위에 해당하여 헌법소원심판의 대상이 되는 공권력의 행사에 해당하지 않는다**(헌재 2020.6.23. 2020헌마785).

선지선택비율 ① 3.42% ② 9.72% ③ 75.34% ④ 11.53% **오답률** 24.66%

정답 ③

선지분석 & 요플·기풀기링크

선지	THEME	요플	기풀기
①		06	005
②	T53 대상적격(법률관계)	26	026
③		27	027
④		56	056

06

공법상 계약에 관한 설명으로 옳은 것은? (다툼이 있는 경우 판례에 의함) 23소간

① 지방자치단체가 근무기간을 정하여 임용하는 공무원으로 시민옴부즈만을 채용하는 행위는 공법상 계약에 해당한다.
② 국가를 당사자로 하는 계약이나 「공공기관의 운영에 관한 법률」의 적용대상인 공기업이 일방 당사자가 되는 모든 계약은 공법상 계약으로 본다.
③ 기부채납은 기부자의 소유재산을 지방자치단체의 공유재산으로 무상증여하도록 하는 지방자치단체의 일방적 의사표시인 행정처분에 해당한다.
④ 공공사업의 시행자가 그 사업에 필요한 토지를 협의취득하는 행위는 공행정주체로서 행하는 공법상 계약에 해당한다.
⑤ 중앙행정기관인 방위사업청과 부품개발 협약을 체결한 기업이 협약을 이행하는 과정에서 환율변동 및 물가상승 등 외부적 요인으로 발생한 초과비용 지급에 대한 소송은 민사소송에 의한다.

해설

① ○ **시민옴부즈만 채용: 공법상 계약**
지방계약직공무원인 이 사건 옴부즈만 **채용행위**는 공법상 대등한 당사자 사이의 의사표시의 합치로 성립하는 **공법상 계약**에 해당한다(2014.4.24. 2013두6244).

② × **공공계약: 사법상 계약**
국가를 당사자로 하는 계약이나 「공공기관의 운영에 관한 법률」의 적용대상인 공기업이 일방 당사자가 되는 계약(이하 편의상 '**공공계약**'이라 한다)은 국가 또는 공기업(이하 '국가 등'이라 한다)이 사경제의 주체로서 상대방과 대등한 지위에서 체결하는 **사법상의 계약**으로서 본질적인 내용은 사인 간의 계약과 다를 바가 없다(2017.12.21. 2012다74076 전합).

③ × **기부채납** 자체는 **사법상 증여계약**에 해당한다. 이에 반하여 기부채납된 행정재산을 그 기부자에게 다시 무상으로 사용하도록 허가하는 것은 사법관계로 본 판례도 있고(93누7365), 행정처분이라고 본 판례도 있다(99두509).

• 구 지방재정법 제57조의9 및 같은 법 시행령 제70조의2에 규정되어 있는 **기부채납은 기부자가 그의 소유재산을 지방자치단체의 공유재산으로 증여하는 의사표시를 하고 지방자치단체는 이를 승낙하는 채납의 의사표시를 함으로써 성립하는 증여계약이다**(1992.12.8. 92다4031).

관련 **대부계약의 연장거부: 사법상 행위** ⓐ
기부자가 기부채납한 부동산을 일정 기간 무상사용한 후에 한 사용허가기간 **연장신청을 거부한 행정청의 행위도** 단순한 **사법상의 행위일 뿐 행정처분** 기타 공법상 법률관계에 있어서의 행위는 **아니다** ⓐ (1994.1.25. 93누7365).

④ × 도시계획사업의 시행자가 그 사업에 필요한 토지를 협의취득하는 행위는 사경제주체로서 행하는 사법상의 법률행위에 지나지 않으며 공권력의 주체로서 우월한 지위에서 행하는 공법상의 행정처분이 아니므로 행정소송의 대상이 되지 않는다(1992.10.27. 91누3871).

⑤ × **방위사업청과 한국형 헬기 핵심구성품 개발협약을 체결한 기업이 국가를 상대로 초과비용의 지급을 구하는 소송: 공법관계 so 행정소송(당사자소송)**
국책사업인 '한국형 헬기 개발사업'(Korean Helicopter Program)에 개발주관사업자 중 하나로 참여하여 국가 산하 중앙행정기관인 **방위사업청**과 '한국형 헬기 민군 겸용 **핵심구성품 개발협약**'을 체결한 甲주식회사가 협약을 이행하는 과정에서 환율변동 및 물가상승 등 외부적 요인 때문에 협약금액을 초과하는 비용이 발생하였다고 주장하면서 **국가를 상대로 초과비용의 지급을 구하는** 민사소송을 제기한 사안에서, 위 협약의 법률관계는 **공법관계**에 해당하므로 이에 관한 분쟁은 **행정소송으로 제기하여야** 한다고 한 사례(2017.11.9. 2015다215526)

관련 OX

① 관련

1 공법상 근무관계의 형성을 목적으로 하는 채용계약의 체결 과정에서 행정청의 일방적인 의사표시로 계약이 성립하지 아니한 경우, 관계 법령이 상대방의 법률관계에 관하여 구체적으로 어떻게 규정하고 있는지에 따라 의사표시가 항고소송의 대상이 되는 처분에 해당하는지 아니면 공법상 계약관계의 일방 당사자로서 대등한 지위에서 행하는 의사표시인지를 개별적으로 판단하여야 한다. 19국가7

② 관련

2 「공공기관의 운영에 관한 법률」의 적용대상인 공기업이 일방 당사자가 되는 계약(은 공법상 계약에 해당한다) 21소간

추가기출(③ 관련)

ⓐ
지방자치단체가 일반재산인 부동산을 무상으로 기부자에게 사용을 허용하는 행위는 사경제주체로서 상대방과 대등한 입장에서 하는 사법상 행위이지만 기부자가 그 부동산을 일정기간 무상사용한 후에 한 사용허가기간 연장신청을 지방자치단체가 거부한 경우, 당해 거부행위는 단순한 사법상의 행위가 아니라 행정처분에 해당한다. 21국회8

선지분석 & 요플·기풀기링크

선지	THEME	요플	기풀기
① T53 대상적격(법률관계)		76	078
②		04	004
③	T32 부관	90	090
④	T75 손실보상(토지보상법)	19	078
⑤	T36 공법상 계약	22	023

정답 ①
OX 1○ 2× ⓐ×

07

항고소송의 대상이 되는 것만을 〈보기〉에서 있는 대로 모두 고른 것은? (다툼이 있는 경우 판례에 의함)

19소간

─〈보기〉─
ⓐ ㄱ. 「건축법」상 공용건축물에 대한 건축협의 취소
ㄴ. 「개별토지가격합동조사지침」에 따른 개별공시지가 경정결정신청에 대한 행정청의 정정불가결정 통지
ㄷ. 국립대학교 학칙의 [별표 2] 모집단위별 입학정원을 개정한 학칙개정행위
ⓒ ㄹ. 「국세징수법」상 가산금 또는 중가산금의 고지
인 ㅁ. 공공기관 입찰의 낙찰적격 심사기준인 점수를 감점한 조치

① ㄱ, ㄷ
② ㄱ, ㄹ
③ ㄱ, ㄴ, ㄷ
④ ㄱ, ㄴ, ㄹ
⑤ ㄱ, ㄷ, ㅁ

관련 OX

ㄱ. 관련

1 지방자치단체 등이 건축물을 건축하기 위해 건축물 소재지 관할 허가권자인 지방자치단체의 장과 건축협의를 하였는데 허가권자인 지방자치단체의 장이 그 협의를 취소한 경우, 건축협의 취소는 항고소송의 대상인 행정처분에 해당한다. 17지방9

ㅁ. 관련

2 국가계약법상 감점조치는 계약사무를 처리함에 있어 내부규정인 세부기준에 의하여 종합취득점수의 일부를 감점하게 된다는 뜻의 사법상의 효력을 가지는 통지행위에 불과하므로 항고소송의 대상이 되지 않는다. 23군무원9

해설

※ ㄱ과 ㄷ은 항고소송의 대상이 된다.

ㄱ. ○ **지자체의 건축협의 취소: 처분○**
건축협의 취소는 상대방이 다른 지방자치단체 등 행정주체라 하더라도 '행정청이 행하는 구체적 사실에 관한 법집행으로서의 공권력 행사'(행정소송법 제2조 제1항 제1호)로서 **처분에 해당한다**(2014.2.27. 2012두22980).

ㄴ. × **개별공시지가 경정결정신청에 대한 행정청의 정정불가결정 통지: 처분×**
개별토지가격합동조사지침 제12조의3은 행정청이 개별토지가격결정에 위산·오기 등 명백한 오류가 있음을 발견한 경우 **직권으로 이를 경정하도록 한** 규정으로서 토지소유자 등 이해관계인이 그 **경정결정을 신청할 수 있는 권리**를 인정하고 있지 아니하므로, 행정청이 **정정불가결정 통지를 한 것은** 이른바 관념의 통지에 불과할 뿐 항고소송의 대상이 되는 처분이 **아니다**(1999.5.25. 98다53134).

ㄷ. ○ **모집단위별 입학정원을 개정한 국립대학 학칙개정행위: 처분○**
국립공주대학교 학칙 제122조 제3항은 학칙을 개정하고자 할 때에는 그 내용과 사유를 20일 이상 예고하여 구성원의 의견을 청취하도록 규정하고 있음에도, 피고는 정당한 사유 없이 위 예고절차를 거치지 않은 채 2007.10.16. 국립공주대학교 학칙의 [별표 2] 모집단위별 입학정원을 원심판결 별지 도표와 같이 개정하였으므로 피고(공주대학교 총장)의 위 **학칙개정행위는** 위법하다고 판단한 후 (편저자: 처분성을 인정해 본안판단). … (2009.1.30. 2008두19550, 2008두19567)

ㄹ. × **가산금·중가산금의 고지: 처분×**
(구)국세징수법 제21조, 제22조가 규정하는 **가산금 또는 중가산금은** 국세를 납부기한까지 납부하지 아니하면 과세청의 확정절차 없이도 법률규정에 의하여 당연히 발생하는 것이므로 **가산금 또는 중가산금의 고지가** 항고소송의 대상이 되는 **처분이라고 볼 수 없다**(2005.6.10. 2005다15482).

ㅁ. × **한국철도시설공단이 공사낙찰적격심사세부기준에 따라서 한 감점통보: 처분×**
한국철도시설공단이 甲주식회사에 대하여 시설공사 입찰참가 당시 허위 실적증명서를 제출하였다는 이유로 향후 2년간 **공사낙찰적격심사시** 종합취득점수의 10/100을 **감점한다는 내용의 통보**를 한 사안에서, 위 통보는 행정소송의 대상이 되는 행정**처분이라고 할 수 없다**(2014.12.24. 2010두6700).

선지분석 & 요플·기풀기링크

선지	THEME	요플	기풀기
ㄱ	T55 공권과 원고적격	50	051
ㄴ	T54 거부처분	34	030
ㄷ	T53 대상적격(법률관계)	183	192
ㄹ	T48 새로운 확보수단	38	038
ㅁ	T53 대상적격(법률관계)	20	011

정답 ①
OX 1 ○ 2 ○

필수문제 08

공법상 계약에 대한 설명으로 옳은 것은? (다툼이 있는 경우 판례에 의함) 25국가9

① 甲주식회사가 국책사업인 '한국형 헬기 개발사업'에 개발주관사업자 중 하나로 참여하여 국가 산하 중앙행정기관인 방위사업청과 체결한 '한국형 헬기 민군 겸용 핵심구성품 개발협약'의 법률관계는 공법관계에 해당한다.

② 구 「예산회계법」상 입찰보증금의 국고귀속조치는 국가가 공권력을 행사하는 것이므로 이에 관한 분쟁은 행정소송의 대상이 된다.

③ 과학기술기본법령상 국가연구개발사업 협약의 해지 통보는 단순히 대등 당사자의 지위에서 형성된 공법상 계약을 계약당사자의 지위에서 종료시키는 의사표시에 불과하다.

④ 국립의료원 부설 주차장에 관한 위탁관리용역운영계약은 관리청인 국립의료원이 순전히 사경제주체로서 행한 사법상 계약이다.

관련 OX

② 관련

1 「국가를 당사자로 하는 계약에 관한 법률」에 의한 입찰보증금의 국고귀속조치는 국가가 공권력을 행사하거나 공권력작용과 일체성을 가진 것으로서 이에 대한 분쟁은 행정소송의 대상이 된다. 23국회8

③ 관련

2 재단법인 한국연구재단이 A대학교 총장에게 연구개발비의 부당집행을 이유로 과학기술기본법령에 따라 '두뇌한국(BK)21 사업 협약'의 해지를 통보한 것은 공법상 계약을 계약당사자의 지위에서 종료시키는 의사표시에 해당한다. 19국가7

④ 관련

3 국립의료원 부설 주차장 위탁관리용역운영계약은 공법상 계약에 해당한다. 22지방9

해설

① ○ 방위사업청과 '한국형 헬기 핵심구성품 개발협약'을 체결한 기업이 국가를 상대로 초과비용의 지급을 구하는 소송: 공법관계 so 행정소송(당사자소송)

국책사업인 '한국형 헬기 개발사업'(Korean Helicopter Program)에 개발주관사업자 중 하나로 참여하여 국가 산하 중앙행정기관인 방위사업청과 '한국형 헬기 민군 겸용 핵심구성품 개발협약'을 체결한 甲주식회사가 협약을 이행하는 과정에서 환율변동 및 물가상승 등 외부적 요인 때문에 협약금액을 초과하는 비용이 발생하였다고 주장하면서 국가를 상대로 초과비용의 지급을 구하는 민사소송을 제기한 사안에서, 위 협약의 법률관계는 공법관계에 해당하므로 이에 관한 분쟁은 행정소송으로 제기하여야 한다고 한 사례(2017.11.9. 2015다215526).

② ✕ 예산회계법(현 국가계약법)상 입찰보증금(=사법상 손해배상 예정) 귀속조치: 민사소송대상

예산회계법에 따라 체결되는 계약은 사법상의 계약이라고 할 것이고 동법 제70조의5의 입찰보증금은 낙찰자의 계약체결의무이행의 확보를 목적으로 하여 그 불이행시에 이를 국고에 귀속시켜 국가의 손해를 전보하는 사법상의 손해배상 예정으로서의 성질을 갖는 것이라고 할 것이므로 입찰보증금의 국고귀속조치는 국가가 사법상의 재산권의 주체로서 행위하는 것이지 공권력을 행사하는 것이거나 공권력작용과 일체성을 가진 것이 아니라 할 것이므로 이에 관한 분쟁은 행정소송이 아닌 민사소송의 대상이 될 수밖에 없다(1983.12.27. 81누366).

+ PLUS 입찰보증금국고귀속: 사법행위(민사소송) ↔ 입찰참가자격제한: 처분(항고소송) but 사법상 통지인 경우도 존재(기타 공공기관, 의사표시해석의 문제)

③ ✕ (BK21 사건) 과학기술기본법령상 사업협약의 해지통보: 처분에 해당

과학기술기본법령상 사업 협약의 해지 통보는 단순히 대등 당사자의 지위에서 형성된 공법상 계약을 계약당사자의 지위에서 종료시키는 의사표시에 불과한 것이 아니라 행정청이 우월적 지위에서 연구개발비의 회수 및 관련자에 대한 국가연구개발사업 참여제한 등의 법률상 효과를 발생시키는 행정처분에 해당한다(2014.12.11. 2012두28704).

④ ✕ 국립의료원 부설 주차장 위탁관리용역운영계약: 특허(사법상 계약✕, 공법상 계약✕)

국립의료원 부설 주차장에 관한 위탁관리용역운영계약의 실질은 행정재산인 위 부설 주차장에 대한 국유재산법에 의한 사용·수익허가로서, 특정인에게 행정재산을 사용할 수 있는 권리를 설정하여 주는 강학상 특허에 해당한다 할 것이고 순전히 사경제주체로서 원고와 대등한 위치에서 행한 사법상의 계약으로 보기 어렵다(2006.3.9. 2004다31074).

선지선택비율 ① 62.20% ② 9.79% ③ 17.03% ④ 10.98% 오답률 37.80%

선지분석 & 요플·기풀기링크

선지	THEME	요플	기풀기
①	T36 공법상 계약	21	022
②	T53 대상적격(법률관계)	08	014
③	T52 대상적격(행정작용)	47	047
④	T53 대상적격(법률관계)	59	040

정답 ①
OX 1✕ 2○ 3✕

필수문제 09

공법상 계약에 대한 설명으로 옳지 않은 것은? (다툼이 있는 경우 판례에 의함) 21지방7

① 구 「정부투자기관 관리기본법」의 적용 대상인 정부투자기관이 일방 당사자가 되는 계약은 사법상의 계약으로서 그에 관한 법령에 특별한 정함이 있는 경우를 제외하고는 사적 자치의 원칙이 그대로 적용된다.

② 구 「중소기업 기술혁신촉진법」상 중소기업 정보화지원사업에 따른 지원금 출연을 위하여 중소기업청장이 체결하는 협약은 공법상 대등한 당사자 사이의 의사표시의 합치로 성립하는 공법상 계약에 해당한다.

③ 행정청이 자신과 상대방 사이의 법률관계를 일방적인 의사표시로 종료시켰다면 그 의사표시는 공법상 계약관계의 일방 당사자로서 대등한 지위에서 행하는 의사표시가 아니라 공권력 행사로서 행정처분에 해당한다.

④ 공법상 계약의 한쪽 당사자가 다른 당사자를 상대로 효력을 다투거나 이행을 청구하는 소송은 분쟁의 실질이 공법상 권리·의무의 존부·범위에 관한 다툼이 아니라 손해배상액의 구체적인 산정방법·금액에 국한되는 등의 특별한 사정이 없는 한 공법상 당사자소송으로 제기하여야 한다.

관련 OX

① 관련

1 국가계약의 본질적인 내용은 사인 간의 계약과 다르므로 법령에 특정한 규정이 있는 경우에 한하여 사법의 규정 내지 법원리가 적용된다. 19서울9

② 관련

2 중소기업 정보화지원사업에 대한 지원금출연협약의 해지 및 환수통보는 공법상 계약에 따른 의사표시가 아니라 행정청이 우월한 지위에서 행하는 공권력의 행사로서 행정처분이다. 21국가9

해설

① ○ 공공계약: 사법상 계약 → 사법의 원리 그대로 적용 ○
구 「정부투자기관 관리기본법」의 적용 대상인 정부투자기관이 일방 당사자가 되는 계약(이하 '공공계약'이라 한다)은 정부투자기관이 사경제의 주체로서 상대방과 대등한 위치에서 체결하는 **사법(私法)상의 계약**으로서 본질적인 내용은 사인 간의 계약과 다를 바가 없으므로 그에 관한 **법령에 특별한 정함이 있는 경우를 제외하고는 사적 자치와 계약자유의 원칙 등 사법의 원리가 그대로 적용**된다(2014.12.24. 2010다83182).

② ○ 중소기업 정보화 지원사업 지원금 출연을 위한 협약: 공법상 계약
중소기업기술정보진흥원장이 甲주식회사와 **중소기업 정보화지원사업** 지원대상인 사업의 지원에 관한 협약을 체결하였는데, 협약이 甲회사에 책임이 있는 사업실패로 해지되었다는 이유로 **협약에서 정한 대로 지급받은 정부지원금을 반환할 것을 통보**한 사안에서, 중소기업 정보화지원사업에 따른 지원금 출연을 위하여 중소기업청장이 체결하는 **협약**은 공법상 대등한 당사자 사이의 의사표시의 합치로 성립하는 **공법상 계약**에 해당한다(2015.8.27. 2015두41449).

③ × 행정청의 일방적인 법률관계 종료 의사표시: 처분으로 단정 불가, 개별적 판단 필요
행정청이 자신과 상대방 사이의 법률관계를 일방적인 의사표시로 종료시켰다고 하더라도 곧바로 의사표시가 행정청으로서 공권력을 행사하여 행하는 행정처분이라고 단정할 수는 없고, 관계 법령이 상대방의 법률관계에 관하여 구체적으로 어떻게 규정하고 있는지에 따라 의사표시가 항고소송의 대상이 되는 행정처분에 해당하는지 아니면 공법상 계약관계의 일방 당사자로서 대등한 지위에서 행하는 의사표시인지를 개별적으로 판단하여야 한다(2015.8.27. 2015두41449).

④ ○ 공법상 계약의 당사자 간 계약의 효력을 다투거나 이행을 구하는 경우: 당사자소송
공법상 계약의 한쪽 당사자가 다른 당사자를 상대로 효력을 다투거나 이행을 청구하는 소송은 공법상의 법률관계에 관한 분쟁이므로 분쟁의 실질이 공법상 권리·의무의 존부·범위에 관한 다툼이 아니라 손해배상액의 구체적인 산정방법·금액에 국한되는 등의 특별한 사정이 없는 한 공법상 **당사자소송**으로 제기하여야 한다(2021.2.4. 2019다277133).

선지선택비율 ① 16.26% ② 14.38% ③ 57.95% ④ 11.41% 오답률 42.05%

선지분석 & 요플·기풀기링크

선지	THEME	요플	기풀기
①	T53 대상적격(법률관계)	04	004
②	T52 대상적격(행정작용)	45	045
③	T53 대상적격(법률관계)	93	095
④	T36 공법상 계약	20	021

정답 ③
OX 1× 2×

필수 문제 10

행정소송의 대상에 대한 판례의 입장으로 옳지 않은 것은? 19국가9

① 「수도법」에 의하여 지방자치단체인 수도사업자가 그 수돗물의 공급을 받는 자에게 하는 수도료 부과·징수와 이에 따른 수도료 납부관계는 공법상의 권리·의무관계이므로, 이에 관한 분쟁은 행정소송의 대상이다.

② 구 「예산회계법」상 입찰보증금의 국고귀속조치는 국가가 공권력을 행사하는 것이라는 점에서, 이를 다투는 소송은 행정소송에 해당한다.

③ 「도시 및 주거환경정비법」상 주택재건축정비사업조합을 상대로 관리처분계획안에 대한 조합총회결의의 효력 등을 다투는 소송은 「행정소송법」상 당사자소송에 해당한다.

④ 공익사업을 위한 토지 등의 취득 및 보상에 관한 법령에 의한 협의취득은 사법상의 법률행위이므로, 이에 관한 분쟁은 민사소송의 대상이다.

해설

① ○ 수도사업자(지자체)의 수도료 부과·징수: 공법관계, 행정소송대상

수도법에 의하여 지방자치단체인 수도사업자가 그 수돗물의 공급을 받은 자에 대하여 하는 <u>수도료</u>의 부과징수와 이에 따른 수도료의 납부관계는 공법상의 권리·의무관계라 할 것이므로, 이에 관한 소송은 행정소송절차에 의하여야 한다(1977.2.22. 76다2517).

▪ 수도·전기·전화 판례정리

수도	수도료 부과·징수: 행정소송 / 단수행위: 처분○
전기·전화	전기·전화: 사법관계 / 단전·단통요구: 처분×

② × 입찰보증금 국고귀속조치: 사법행위, 민사소송대상

사법상의 손해배상 예정으로서의 성질을 갖는 것이라고 할 것이므로 <u>입찰보증금의 국고귀속조치는</u> 국가가 사법상의 재산권의 주체로서 행위하는 것이지 공권력을 행사하는 것이거나 공권력작용과 일체성을 가진 것이 아니라 할 것이므로 이에 관한 분쟁은 행정소송이 아닌 <u>민사소송의 대상이 될 수밖에 없다</u>(1983.12.27. 81누366).

+ PLUS 구 예산회계법(현행 국가계약법)상의 입찰보증금 귀속조치는 계약체결의무이행을 담보하기 위한 **사법상 손해배상액의 예정**에 불과하다. 따라서 **사법관계**이고, 행정소송의 대상이 아닌 **민사소송의 대상**이다. 지방자치단체가 계약당사자인 경우도 마찬가지이다. ⓐ

③ ○ 관리처분계획안에 대한 조합총회결의의 효력을 다투는 소송: 당사자소송

행정주체인 재건축조합을 상대로 관리처분계획안에 대한 조합총회결의의 효력 등을 다투는 소송은 행정처분에 이르는 절차적 요건의 존부나 효력 유무에 관한 소송으로서 그 소송결과에 따라 행정처분의 위법 여부에 직접 영향을 미치는 <u>공법상 법률관계</u>에 관한 것이므로, 이는 행정소송법상의 <u>당사자소송</u>에 해당한다(2009.9.17. 2007다2428 전합).

▪ 관리처분계획안에 대한 총회결의하자시 쟁송방법(정비조합이 시행하는 사업시행계획도 동일)

시기	쟁송방법	이유
인가 전	총회결의의 효력을 다투는 당사자소송③	총회결의는 처분은 아니나 공법상 법률관계
인가 후	관리처분계획(처분)의 효력을 다투는 항고소송 ↔ 총회결의부분만 독립적 다툼×	인가된 관리처분계획은 처분성이 인정되고, 총회결의는 그 처분의 절차적 요건에 불과

④ ○ 협의취득: 사법상 계약, 민사소송대상

구 「공공용지의 취득 및 손실보상에 관한 특례법」에 따른 토지 등의 <u>협의취득</u>은 공공사업에 필요한 토지 등을 그 소유자와의 협의에 의하여 취득하는 것으로서 공공기관이 사경제주체로서 행하는 사법상 매매 내지 <u>사법상 계약</u>의 실질을 가지는 것이다(2010.11.11. 2010두14367). ❶

관련 OX

① 관련

1. 공공하수도의 이용관계(는 공법관계에 해당한다) 19소방

④ 관련

2. 「공익사업을 위한 토지 등의 취득 및 보상에 관한 법률」상 협의취득은 공법상 당사자소송의 대상이다. 24국회8

추가기출(② 관련)

ⓐ S

「지방재정법」에 따라 지방자치단체가 당사자가 되어 체결하는 계약에 있어 계약보증금의 귀속조치(는 행정소송의 대상이 된다) 19(2)서울9

추가기출(④ 관련)

ⓑ S

「공익사업을 위한 토지 등의 취득 및 보상에 관한 법률」에 의한 협의취득은 사법상의 법률행위이므로 당사자 사이의 자유로운 의사에 따라 채무불이행책임이나 매매대금 과부족금에 대한 지급의무를 약정할 수 있다. 16지방7(변형)

선지분석 & 요플·기풀기링크

선지	THEME	요플	기풀기
①	T53 대상적격(법률관계)	135	137
②		08	014
③	T20 정비사업	16	019
④	T75 손실보상(토지보상법)	21	083

❶ 관련

협의취득: 협의 성립을 통해 이루어지는 **사법상 행위(사법상 계약)** → 당사자 간 자유로이 채무불이행책임이나 과부족금 지급의무 약정 가능 ⓑ

공익사업을 위한 토지 등의 취득 및 보상에 관한 법령에 의한 협의취득은 사법상의 법률행위이므로 당사자 사이의 **자유로운 의사**에 따라 **채무불이행책임**이나 매매대금 **과부족금에 대한 지급의무를 약정**할 수 있다 ⓑ (2012.2.23. 2010다91206).

정답 ②

OX 1○ 2× ⓐ× ⓑ○

11

공법관계와 사법관계에 대한 설명으로 옳지 않은 것은? (다툼이 있는 경우 판례에 의함) 16지방7

① 국유 일반재산의 대부료 등의 징수에 관하여 「국세징수법」 규정을 준용한 간이하고 경제적인 특별구제절차가 마련되어 있으므로, 특별한 사정이 없는 한 민사소송의 방법으로 대부료 등의 지급을 구하는 것은 허용되지 아니한다.

② 국유재산의 관리청이 그 무단점유자에 대하여 하는 변상금부과처분은 관리청이 공권력을 가진 우월적 지위로 행한 것으로서 행정소송의 대상이 되는 행정처분이라고 보아야 한다.

③ 구 「예산회계법」에 따라 체결되는 계약에 있어서 입찰보증금의 국고귀속조치에 관한 분쟁은 민사소송의 대상이 되지만, 입찰자격정지에 대해서는 항고소송으로 다투어야 한다.

④ 공익사업의 시행으로 인하여 건축허가 등 관계법령에 의한 절차를 진행 중이던 사업이 폐지되는 경우 그 사업 등에 소요된 비용 등의 손실에 대한 쟁송은 민사소송절차에 의해야 한다.

관련 OX

② 관련
1 국유재산 무단점유자에 대한 변상금 부과처분(은 사법관계에 해당한다) 15서울9

해설

①② ○

국·공유재산의 사용·수익·처분 등 일괄정리

		행정재산	일반재산
빌려줌		• 사용·수익허가: 특허 • 단, 전대는 사법상 임대차에 불과	• 대부: 사법상 계약
돈 받음	부과	• 사용료 부과: 처분	• 대부료 고지: 사법상 이행청구
	미납시	• 체납처분: 처분 - 미납 가산금도 행정소송으로 다툼	• 체납처분: 처분 - 민사소송으로 대부료지급청구 불가①
소유권 넘김		불가능 (공용폐지로 일반재산 전환해야 가능)	• 파는 것: 매각 / 주는 것: 양여 → 사법상 행위(산림청장 양여거부도 가능)
무단점유자 제재		• 변상금 부과: 처분(120%)② - 단, 변상금 부과·징수 대신 민사소송으로 부당이득반환청구도 가능(100%)	

• ① **대부료 징수**: 국세징수법상의 체납처분 준용 so 민사소송 불가
국유 일반재산의 대부료 등의 징수에 관하여는 국세징수법 규정을 준용한 간이하고 경제적인 특별구제절차가 마련되어 있으므로, 특별한 사정이 없는 한 민사소송의 방법으로 대부료 등의 지급을 구하는 것은 허용되지 아니한다(2014.9.4. 2014다203588).

• ② **행정재산 무단점유자에 대한 변상금 부과**: 처분
국유재산의 관리청이 그 〈무단점유자에 대하여 하는 변상금부과처분〉은 순전히 사경제주체로서 행하는 사법상의 법률행위라 할 수 없고 이는 관리청이 공권력을 가진 우월적 지위에서 행한 것으로서 행정소송의 대상이 되는 행정처분이라고 보아야 한다(1988.2.23. 87누1046·1047).

③ ○ 입찰보증금 귀속조치: 민사소송대상 ↔ 입찰자격제한: 항고소송대상
• 〈입찰보증금의 국고귀속조치〉는 국가가 사법상의 재산권의 주체로서 행위하는 것이지 공권력을 행사하는 것이거나 공권력작용과 일체성을 가진 것이 아니라 할 것이므로 이에 관한 분쟁은 행정소송이 아닌 민사소송의 대상이 될 수밖에 없다(1983.12.27. 81누366).
• 「국가를 당사자로 하는 계약에 관한 법률」 제27조 제1항에 의하면 … 입찰에 참가시키는 것이 부적합하다고 인정되는 자에 대하여서는 일정기간 입찰참가자격을 제한하여야 한다고 규정하고 … 〈입찰참가자격제한처분〉은 국민의 권리나 이익을 박탈하거나 제재를 가하는 침해적 행정처분으로서 법치행정의 원리상 엄격한 법적 근거를 필요로 하고 … (2000.10.13. 99두3201)

④ ✕ **사업폐지에 따른 손실보상청구권**: 공권 → 행정소송절차 따라야
〈사업폐지 등에 대한 보상청구권〉은 공익사업의 시행 등 적법한 공권력의 행사에 의한 재산상 특별한 희생에 대하여 전체적인 공평부담의 견지에서 공익사업의 주체가 손해를 보상하여 주는 손실보상의 일종으로 공법상 권리임이 분명하므로 그에 관한 쟁송은 민사소송이 아닌 행정소송절차에 의하여야 한다(2012.10.11. 2010다23210).

선지분석 & 요플·기풀기링크

선지	THEME	요플	기풀기
①		49	053
②	T53 대상적격(법률관계)	50	059
③		10	016
④	T74 손실보상(헌법)	40	040

+ PLUS

국가나 지자체가 행하는 **입찰참가자격제한**의 경우 국가계약법(구 예산회계법)과 지방계약법(구 지방재정법) 등 법령에 근거를 둔 처분에 해당한다. 따라서 **항고소송**으로 다퉈야 한다.

정답 ④
OX 1 ✕

필수 문제 12

다음 중 국가와 사인 간의 관계에 대한 공법적 규율과 사법적 규율에 대한 판례의 설명으로 옳지 않은 것은?

15국회8

① 국유재산의 관리청이 하는 행정재산의 사용·수익에 대한 허가는 강학상 특허에 해당한다.
② 국유재산의 관리청이 행정재산의 사용·수익을 허가한 다음 그 사용·수익하는 자에 대하여 하는 사용료 부과는 사경제주체로서 행하는 사법상의 이행청구이다.
③ 국립의료원 부설 주차장에 관한 위탁관리용역운영계약은 공법관계로서 이와 관련한 가산금 지급채무부존재에 대한 소송은 행정소송에 의해야 한다.
④ 「국유재산법」의 규정에 의하여 총괄청 또는 그 권한을 위임받은 기관이 국유재산을 매각하는 행위는 사경제주체로서 행하는 사법상의 법률행위에 지나지 아니한다.
⑤ 개발부담금 부과처분이 취소된 경우, 그 과오납금에 대한 부당이득반환청구의 법률관계는 사법관계이다.

관련 OX

② 관련
1 국유재산의 관리청이 행정재산의 사용·수익을 허가한 다음 그 사용·수익하는 자에 대하여 하는 사용료 부과는 순전히 사경제주체로서 행하는 사법상의 이행청구라 할 수 없고 항고소송의 대상이 되는 행정처분이라 할 것이다.
23소간

③ 관련
2 국립의료원 부설 주차장에 관한 위탁관리용역운영계약과 관련한 가산금지급채무부존재를 소송상 다투는 경우 소송형태는 민사소송으로 하여야 한다.
08국가9

해설

① ○ 행정재산 사용·수익허가: 강학상 특허
국유재산 등의 관리청이 하는 **행정재산의 사용·수익에 대한 허가**는 순전히 사경제주체로서 행하는 사법상의 행위가 아니라 관리청이 공권력을 가진 우월적 지위에서 행하는 행정처분으로서 특정인에게 행정재산을 사용할 수 있는 권리를 설정하여 주는 **강학상 특허에 해당한다**(2006.3.9. 2004다31074).

② ✕ 행정재산에 대한 사용료 부과: 사법상 이행청구✕, 처분○
국유재산의 관리청이 행정재산의 사용·수익을 허가한 다음 그 사용·수익하는 자에 대하여 하는 〈사용료 부과〉는 순전히 사경제주체로서 행하는 **사법상의 이행청구라 할 수 없고**, 이는 관리청이 공권력을 가진 우월적 지위에서 행한 것으로서 항고소송의 대상이 되는 **행정처분이라 할 것이다**(1996.2.13. 95누11023).

③ ○ 국립의료원 부설 주차장 위탁관리용역운영계약: 특허 → 관련 가산금 지급채무의 존부: 행정소송대상
〈국립의료원 부설 주차장에 관한 위탁관리용역운영계약〉의 실질은 … 특정인에게 행정재산을 사용할 수 있는 권리를 설정하여 주는 강학상 특허에 해당한다 할 것이고 순전히 사경제주체로서 원고와 대등한 위치에서 행한 사법상의 계약으로 보기 어렵다고 할 것이다. … 이 사건 가산금 지급채무의 부존재를 주장하여 구제를 받으려면, 적절한 행정쟁송절차를 통하여 권리관계를 다투어야 할 것이다(2006.3.9. 2004다31074).

④ ○ 국유재산의 매각: 사법상 행위
국유재산법의 규정에 의하여 총괄청 또는 그 권한을 위임받은 기관이 **국유재산을 매각하는 행위**는 사경제주체로서 행하는 **사법상의 법률행위**에 지나지 아니하며 행정청이 공권력의 주체라는 지위에서 행하는 공법상의 행정처분은 아니라 할 것이므로 국유재산매각 신청을 반려한 거부행위도 단순한 사법상의 행위일 뿐 공법상의 행정처분으로 볼 수 없다(1986.6.24. 86누171).

⑤ ○ 개발부담금 부과처분 취소시 과오납금 반환청구: 민사소송○, 행정소송✕
개발부담금 부과처분이 취소된 이상 그 후의 부당이득으로서의 과오납금 〈반환〉에 관한 법률관계는 단순한 민사관계에 불과한 것이고, 행정소송절차에 따라야 하는 관계로 볼 수 없다(1995.12.22. 94다51253).

선지분석 & 요플·기풀기링크

선지	THEME	요플	기풀기
①	T19 형성적 VA	09	012
②		39	038
③	T53 대상적격(법률관계)	61	042
④		56	056
⑤		153	148

정답 ②
OX 1○ 2✕

필수문제 13

공법관계와 사법관계에 대한 판례의 입장으로 옳은 것으로만 묶은 것은?　　17(하)국가7

- ⓑ ㄱ. 「국유재산법」상의 국유재산무단사용 변상금의 부과처분 – 공법관계
- ⓢ ㄴ. 개발부담금부과처분의 직권취소를 이유로 한 부당이득반환청구 – 공법관계
- ⓘ ㄷ. 「귀속재산처리법」에 의한 귀속재산의 매각행위 – 공법관계
- ⓢ ㄹ. 「도시 및 주거환경정비법」상의 주택재건축정비사업조합이 수립한 관리처분계획안에 대한 조합총회결의 – 사법관계

① ㄱ, ㄴ　　　　② ㄱ, ㄷ
③ ㄱ, ㄹ　　　　④ ㄷ, ㄹ

관련 OX

ㄱ. 관련

1 「국유재산법」상 일반재산의 무단사용자에 대한 변상금의 부과는 그 관리청이 행하는 행정처분에 해당하며 이에 따라 발생하는 변상금납부의무는 공법상 의무이다. 　25소간

ㄴ. 관련

2 개발부담금 부과처분이 취소된 이상 그 후의 부당이득으로서의 과오납금 반환에 관한 법률관계는 단순한 민사 관계에 불과한 것이고, 행정소송 절차에 따라야 하는 관계로 볼 수 없다. 　25국가9

해설

ㄱ. ○ **공법관계**
국유재산의 관리청이 그 무단점유자에 대하여 하는 변상금부과처분은 순전히 사경제주체로서 행하는 사법상의 법률행위라 할 수 없고 이는 관리청이 공권력을 가진 우월적 지위에서 행한 것으로서 행정소송의 대상이 되는 행정처분이라고 보아야 한다(1988.2.23. 87누1046·1047).
　＋ PLUS 무단점유자에 대한 변상금: 처분(하명)

ㄴ. × **사법관계**
판례는 국가배상청구, 과오납금(세금·부담금) 반환청구 등을 사법상 법률관계로 보아 민사소송으로 처리한다. 반면 학설은 이들을 공법상 법률관계로 보아 당사자소송으로 보는 견해가 많다.

ㄷ. ○ **공법관계**
행정관청이 국유재산을 매각하는 것은 사법상의 매매계약일 수도 있으나 귀속재산처리법에 의하여 귀속재산을 매각하는 것은 행정처분이지 사법상의 매매가 아니다(1991.6.25. 91다10435).
　＋ PLUS 귀속재산의 임대차에 관하여 같은 법 제15조가 규정한 우선권자가 있음에도 불구하고 타인에게 임대차한 경우에는 그 임대에는 하자가 있는 경우에 해당하며 그 임대를 취소할 수 있을 뿐만 아니라 그 임대자의 존재를 전제로 한 불하처분(편저자: 매각처분)도 취소할 수 있는 것이다(하자의 승계가 인정된다)(1963.2.7. 62주215).
　＋ PLUS 귀속재산이란, 해방 후 대한민국과 미국 간 협정에 따라 일제로부터 회수한 재산으로, 이를 국·공유재산 등으로 지정하고 남은 것을 국민에게 임대하거나 불하(매각)하였는바, 이는 국가가 우월적 지위에서 행하는 행정처분에 해당한다. 이처럼 처분성이 인정되는 귀속재산임대와 귀속재산 매각(불하) 사이에 하자의 승계가 인정된다는 점도 함께 기억하자.

ㄹ. × **공법관계**
행정주체인 재건축조합을 상대로 관리처분계획안에 대한 조합총회결의의 효력 등을 다투는 소송은 행정처분에 이르는 절차적 요건의 존부나 효력 유무에 관한 소송으로서 그 소송결과에 따라 행정처분의 위법 여부에 직접 영향을 미치는 공법상 법률관계에 관한 것이므로, 이는 행정소송법상의 당사자소송에 해당한다(2009.9.17. 2007다2428 전합).

관리처분계획안에 대한 총회결의 하자시 쟁송방법(정비조합이 시행하는 사업시행계획도 동일)

시기	쟁송방법	이유
인가 전	총회결의의 효력을 다투는 당사자소송	총회결의는 처분이 아니나 공법상 법률관계ᄅ
인가 후	관리처분계획(처분)의 효력을 다투는 항고소송 ↔ 총회결의부분만 독립적 다툼×	인가된 관리처분계획은 처분성이 인정되고, 총회결의는 그 처분의 절차적 요건에 불과

선지분석 & 요플·기풀기링크

선지	THEME	요플	기풀기
ㄱ		50	059
ㄴ	T53 대상적격(법률관계)	153	148
ㄷ		58	058
ㄹ	T20 정비사업	13	017

정답 ②
OX 1○ 2○

14

공법관계와 사법관계의 구별에 대한 설명으로 옳지 않은 것은? (다툼이 있는 경우 판례에 의함)

23국가9

① 국유재산 중 행정재산의 사용허가는 공법관계이나, 한국공항공단이 무상사용허가를 받은 행정재산에 대하여 하는 전대행위는 사법관계이다.
② 조달청장이 「예산회계법」에 따라 계약을 체결하거나 입찰보증금 국고귀속조치를 취하는 것은 사법관계에 해당한다.
③ 국유재산의 무단점유에 대한 변상금부과는 공법관계에 해당하나, 국유 일반재산의 대부행위는 사법관계에 해당한다.
④ 조달청장이 법령에 근거하여 입찰참가자격을 제한하는 것은 사법관계에 해당한다.

해설

① ○ 행정재산의 사용허가: 처분(특허, 공법관계) ↔ 사용허가받은 행정재산의 전대: 사법상 임대차(사법관계)
- 국유재산 등의 관리청이 하는 **행정재산의 사용·수익에 대한 허가**는 순전히 사경제주체로서 행하는 사법상의 행위가 아니라 관리청이 공권력을 가진 우월적 지위에서 행하는 **행정처분**으로서 특정인에게 행정재산을 사용할 수 있는 권리를 설정하여 주는 강학상 특허에 해당한다(2006.3.9. 2004다31074).
- 한국공항공단이 무상사용허가를 받은 **행정재산**에 대하여 하는 **전대행위**는 통상의 사인 간의 **임대차와 다를 바가 없고**, 그 임대차계약이 임차인의 사용승인신청과 임대인의 사용승인의 형식으로 이루어졌다고 하여 달리 볼 것은 아니다(2004.1.15. 2001다12638).

② ○ 예산회계법(현 국가계약법)상 입찰보증금귀속조치: 사법관계
  예산회계법에 따라 체결되는 계약은 사법상의 계약이라고 할 것이고, 동법 제70조의5의 입찰보증금은 사법상의 손해배상 예정으로서의 성질을 갖는 것이라고 할 것이므로 **입찰보증금의 국고귀속조치**는 국가가 사법상의 재산권의 주체로서 행위하는 것이지 공권력을 행사하는 것이거나 공권력 작용과 일체성을 가진 것이 아니라 할 것이므로 이에 관한 분쟁은 행정소송이 아닌 민사소송의 대상이 될 수밖에 없다(1983.12.27. 81누366).

③ ○ 무단점유자에 대한 변상금부과: 처분○ / 일반재산의 대부: 사법상 계약(처분×)
- 국유재산의 관리청이 그 무단점유자에 대하여 하는 **변상금부과처분**은 순전히 사경제주체로서 행하는 사법상의 법률행위라 할 수 없고 이는 관리청이 공권력을 가진 우월적 지위에서 행한 것으로서 행정소송의 대상이 되는 **행정처분**이라고 보아야 한다(1988.2.23. 87누1046·1047).
- 국유잡종재산(편저자: 일반재산)을 **대부하는 행위**는 국가가 사경제주체로서 상대방과 대등한 위치에서 행하는 **사법상의 계약**이고, 행정청이 공권력의 주체로서 상대방의 의사 여하에 불구하고 일방적으로 행하는 행정처분이라고 볼 수 없으며, 국유잡종재산(일반재산)에 관한 **대부료의 납부고지** 역시 **사법상의 이행청구**에 해당하고, 이를 행정처분이라고 할 수 없다(2000.2.11. 99다61675).
  관련 지방자치단체장이 **국유 잡종재산(일반재산)을 대부하여 달라는 신청을 거부**한 것은 항고소송의 대상이 되는 **행정처분이 아니므로** 행정소송으로 그 취소를 구할 수 없다(1998.9.22. 98두7602).

④ × 계약체결업무를 위탁받은 조달청장은 국가계약법에 따라 입찰참가자격제한처분을 할 수 있고, 국가계약법에 따른 입찰참가자격제한처분은 처분(공법관계)이다.
- 준정부기관으로부터 공공기관운영법 제44조 제2항에 따라 계약 체결 업무를 위탁받은 조달청장은 국가계약법 제27조 제1항에 따라 입찰참가자격 제한처분을 할 수 있는 권한이 있다(2017.12.28. 2017두39433).

선지선택비율 ① 7.86% ② 6.65% ③ 5.18% ④ 80.31% 오답률 19.69%

관련 OX

② 관련

1 「국가를 당사자로 하는 계약에 관한 법률」에 의한 입찰보증금의 국고귀속조치는 국가가 공권력을 행사하거나 공권력작용과 일체성을 가진 것으로서 이에 대한 분쟁은 행정소송의 대상이 된다. 23국회8

2 구 「예산회계법」상 입찰보증금의 국고귀속조치(는 공법관계에 해당한다) 17교행9

③ 관련

3 판례는 잡종재산(일반재산)의 대부행위는 공법상 계약이며 그에 의해 형성되는 이용관계는 공법관계로 보았다. 12국가7

추가기출(③ 관련)

ⓐ 국유일반재산에 관한 대부료의 납부고지(는 공법관계에 해당한다) 17교행9

ⓑ 국유의 일반재산에 대한 대부신청을 거부하는 행위는 취소소송의 대상이 되는 행정처분에 해당한다. 25소간

선지분석 & 요플·기풀기링크

선지	THEME	요플	기풀기
①		38	043
②	T53 대상적격(법률관계)	08	014
③		45	051
④		11	017

정답 ④
OX 1× 2× 3× ⓐ× ⓑ×

필수문제 15

「행정소송법」상 행정소송에 해당하지 않는 것은? (다툼이 있는 경우 판례에 의함)   18지방9

- ① 행정재산의 사용·수익허가에 따른 사용료를 미납한 경우에 부과된 가산금의 징수를 다투는 소송
- ② 행정편의를 위하여 사법상의 금전급부의무의 불이행에 대하여 「국세징수법」상 체납처분에 관한 규정을 준용하는 경우에 체납처분을 다투는 소송
- ③ 국가나 지방자치단체에 근무하는 청원경찰의 징계처분에 대한 소송
- ④ 「개발이익환수에 관한 법률」상 개발부담금 부과처분이 취소된 경우 그 과오납금의 반환을 청구하는 소송

관련 OX

③ 관련

1 국가나 지방자치단체에 근무하는 청원경찰의 근무관계는 사법상의 고용계약관계이므로, 그에 대한 징계처분의 시정을 구하는 소는 민사소송으로 한다.   17(하)국가

2 ❌
지방자치단체에 근무하는 청원경찰에 대한 징계처분의 시정을 구하는 소는 행정소송의 대상이지 민사소송의 대상이 아니다.   24경찰간부

해설

① ○ 행정재산 사용료 체납시 가산금 징수: 행정소송으로 다툼

국유재산 등의 관리청이 하는 행정재산의 사용·수익허가에 따른 사용료에 대하여는 국유재산법 … 국세징수법 … 규정한 〈가산금과 중가산금을 징수〉할 수 있다 할 것이고, 위 가산금과 중가산금은 위 사용료가 납부기한까지 납부되지 않은 경우 미납분에 관한 지연이자의 의미로 부과되는 **부대세의 일종** … 행정쟁송절차를 통하여 권리관계를 다투어야 할 것이다(2006.3.9. 2004다31074).

+ **PLUS** 행정재산의 사용·수익에 대한 허가는 공법관계로서 강학상 특허에 해당한다. 따라서 사용·수익을 허가받은 자에게 사용료를 부과하는 것은 사법상의 이행청구가 아닌, 우월적 지위에서 행하는 행정처분으로 항고소송을 통해 다투어야 하고, 그 사용료 미납시 가산금을 징수하는 것 역시 민사소송이 아닌 행정소송을 통해 다투어야 한다.

② ○ 국유재산 대부를 받은 사인의 대부료 납부의무는 사법상 의무이다. 다만, 국유재산법 등은 대부료 미납시 이를 국세징수법의 체납처분(행정처분)의 방식으로 징수할 수 있도록 별도 규정을 두고 있는 바 이에 따라 행정주체가 체납처분을 실행하였다면, 사인이 다툴 때는 **체납처분(=행정처분)에 대한 항고소송**에 의하게 된다.

+ **PLUS** 즉, 관련 법령에서 행정편의를 위해 행정처분(체납처분)을 할 수 있게 한 경우는 그 기초 법률관계가 사법상 금전급부불이행(대부료 미납)에 불과하더라도 항고소송으로 다투어야 하는 것이다.

③ ○ 지자체 근무 청원경찰에 대한 징계처분: 행정소송으로 다툼

국가나 지방자치단체에 근무하는 〈청원경찰〉은 국가공무원법이나 지방공무원법상의 **공무원은 아니지만**, 다른 청원경찰과는 달리 그 임용권자가 행정기관의 장이고, 국가나 지방자치단체로부터 보수를 받으며, 산업재해보상보험법이나 근로기준법이 아닌 공무원연금법에 따른 재해보상과 퇴직급여를 지급받고, 직무상의 불법행위에 대하여도 민법이 아닌 국가배상법이 적용되는 등의 특질이 있으며 그외 임용자격, 직무, 복무의무 내용 등을 종합하여 볼 때, 그 근무관계를 사법상의 고용계약관계로 보기는 어려우므로 그에 대한 **징계처분의 시정을 구하는 소는 행정소송의 대상이지 민사소송의 대상이 아니다**(1993.7.13. 92다47564).

④ ✗ 개발부담금 부과처분 취소시 과오납금 반환청구: 민사소송으로 다툼

개발부담금 부과처분이 취소된 이상 그 후의 부당이득으로서의 과오납금 〈반환〉에 관한 법률관계는 **단순한 민사관계**에 불과한 것이고, 행정소송절차에 따라야 하는 관계로 볼 수 없다(1995.12.22. 94다51253).

+ **PLUS** 판례는 국가배상청구, 과오납금(세금·부담금) 반환청구 등을 사법상 법률관계로 보아 민사소송으로 처리한다. 반면 학설은 이들을 공법상 법률관계로 보아 당사자소송으로 보는 견해가 많다.

선지분석 & 요플·기풀기링크

선지	THEME	요플	기풀기
①		40	039
②	T53 대상적격(법률관계)	47	054
③		104	106
④		153	148

정답 ④
OX 1✗ 2○

16 사례형 〔고난도〕

甲은 乙을 명예훼손 등 혐의로 고소하였다. 검사 丙은 乙에 대하여 불기소결정을 하였으나, 甲에게 그 결과를 통지하지 않았다. 甲은 대검찰청에 丙이 자신의 고소사건 처리를 태만히 하고 있으니 징계하여 달라는 진정서를 제출하였다. 이에 검찰총장은 丙이 직무를 태만히 하여 甲에게 「형사소송법」에 의한 처분결과를 통지하지 아니한 잘못이 있으나 그 정도가 중하지 않으므로 「검사징계법」상 징계사유에는 해당하지 않는다고 판단하였다. 그러나 장래에 동일한 잘못을 되풀이하지 않도록 엄중히 경고할 필요가 있다고 판단하여, 丙에 대하여 대검찰청 내부규정에 근거하여 경고조치를 하였다. 이에 관한 설명 중 옳지 않은 것을 모두 고른 것은? (다툼이 있는 경우 판례에 의함)

22변시

ㄱ. 丙의 불기소결정은 고소사건에 관하여 공권력의 행사인 공소제기를 거부하는 거부처분에 해당하므로, 甲은 취소소송을 제기하는 방식으로 불복할 수 있다.
ㄴ. 丙이 불기소결정을 하면서 甲에게 「형사소송법」에 의한 처분결과 통지를 하지 않음으로써 행정청의 의사가 외부에 표시되지 아니하여 아직 거부처분이 성립하였다고 볼 수 없으므로, 甲은 부작위위법확인소송을 제기하는 방식으로 불복할 수 있다.
ㄷ. 대검찰청 내부규정에서 검찰총장의 경고조치를 받은 검사에 대하여 직무성과급 지급이나 승진·전보인사에서 불이익을 주도록 규정하고 있다면, 丙은 검찰총장의 경고조치에 대하여 취소소송을 제기하는 방식으로 불복할 수 있다.
ㄹ. 丙의 직무상 의무 위반의 정도가 중하지 않아 「검사징계법」상 징계사유에 해당하지 않는데도 검찰총장이 대검찰청 내부규정에 근거하여 경고조치를 한 것은 법률유보원칙에 반하므로 허용될 수 없다.

① ㄱ, ㄴ
② ㄱ, ㄹ
③ ㄴ, ㄷ
④ ㄷ, ㄹ
⑤ ㄱ, ㄴ, ㄹ

관련 OX

ㄱ. 관련
1 검사의 불기소결정은 「행정소송법」상 처분에 해당되어 항고소송을 제기할 수 있다. 19지방9
2 검사의 불기소결정에 대해서는 항고소송을 제기할 수 없다. 19서울7

해설

ㄱ, ㄴ. × 검사의 불기소결정: 항고소송대상× ㄱ / 신청한 것이 처분이 아닌 경우의 부작위: 부작위위법확인소송대상× ㄴ

- 처분의 개념 정의에는 해당한다고 하더라도 그 처분의 근거 법률에서 행정소송 이외의 다른 절차에 의하여 불복할 것을 예정하고 있는 처분은 항고소송의 대상이 될 수 없다. 〈검사의 불기소결정〉에 대해서는 검찰청법에 의한 항고와 재항고, 형사소송법에 의한 재정신청에 의해서만 불복할 수 있는 것이므로, 이에 대해서는 행정소송법상 항고소송을 제기할 수 없다. ㄱ
- 이 사건 신청은 형사소송법 제258조 제1항의 '처분결과 통지'의무의 이행을 요구하는 내용이고, 이러한 처분결과 통지는 사실행위로서 그 자체가 별도의 독립한 처분이 된다고 볼 수는 없으므로, 이 사건 신청에 대한 피고의 부작위 또는 거부는 행정소송법상 부작위위법확인소송의 대상인 '처분의 부작위' 또는 거부처분취소소송의 대상인 '거부처분'에 해당하지 않는다 ㄴ (2018.9.28. 2017두47465).

ㄷ. ○, ㄹ. × 검사징계법상 징계처분이 아닌 내부지침에 근거한 검사에 대한 경고조치: 처분에 해당 ㄷ / 검사징계법상 징계사유에 해당하지 않는데도 내부지침에 근거하여 경고조치(=가능) ㄹ

선지분석 & 요플·기풀기링크

선지	THEME	요플	기풀기
ㄱ	T52 대상적격(행정작용)	85	088
ㄴ		86	089
ㄷ	T53 대상적격(법률관계)	81	083
ㄹ		82	084

- 검찰총장이 사무검사 및 사건평정을 기초로 「대검찰청 자체감사규정」, 「검찰공무원의 범죄 및 비위 처리지침」 등에 근거하여 검사에 대하여 하는 '경고조치'는 일정한 서식에 따라 검사에게 개별 통지를 하고 이의신청을 할 수 있으며, 검사가 검찰총장의 경고를 받으면 1년 이상 감찰관리 대상자로 선정되어 특별관리를 받을 수 있고, 경고를 받은 사실이 인사자료로 활용되어 복무평정, 직무성과금 지급, 승진·전보인사에서도 불이익을 받게 될 가능성이 높아지며, 향후 다른 징계사유로 징계처분을 받게 될 경우에 징계양정에서 불이익을 받게 될 가능성이 높아지므로, 검사의 권리·의무에 영향을 미치는 행위로서 항고소송의 대상이 되는 처분이라고 보아야 한다.
- 위와 같은 검찰총장의 경고처분은 검사징계법에 따른 징계처분이 아니라 검찰청법에 근거하여 검사에 대한 직무감독권을 행사하는 작용에 해당하므로, 검사의 직무상 의무위반의 정도가 중하지 않아 검사징계법에 따른 '징계사유'에는 해당하지 않더라도 징계처분보다 낮은 수준의 감독조치로서 '경고처분'을 할 수 있고, 법원은 그것이 직무감독권자에게 주어진 재량권을 일탈·남용한 것이라는 특별한 사정이 없는 한 이를 존중하는 것이 바람직하다(2021.2.10. 2020두47564).

17

행정상 법률관계에 대한 판례의 입장으로 옳지 않은 것은?

19국가7

① 공법상 근무관계의 형성을 목적으로 하는 채용계약의 체결과정에서 행정청의 일방적인 의사표시로 계약이 성립하지 아니한 경우, 관계법령이 상대방의 법률관계에 관하여 구체적으로 어떻게 규정하고 있는지에 따라 의사표시가 항고소송의 대상이 되는 처분에 해당하는지 아니면 공법상 계약관계의 일방 당사자로서 대등한 지위에서 행하는 의사표시인지를 개별적으로 판단하여야 한다.

② 행정처분과 부관 사이에 실제적 관련성이 있다고 볼 수 없는 경우 공무원이 이와 같은 공법상의 제한을 회피할 목적으로 행정처분의 상대방과 사이에 사법상 계약을 체결하는 형식을 취하였다면 이는 법치행정의 원리에 반하는 것으로서 위법하다.

③ 지방전문직공무원 채용계약해지의 의사표시에 대하여는 공법상 당사자소송으로 그 의사표시의 무효확인을 청구할 수 있다.

④ 재단법인 한국연구재단이 A대학교 총장에게 연구개발비의 부당집행을 이유로 과학기술기본법령에 따라 '두뇌한국(BK)21 사업' 협약의 해지를 통보한 것은 공법상 계약을 계약당사자의 지위에서 종료시키는 의사표시에 해당한다.

관련 OX

③ 관련

1 지방전문직공무원 채용계약의 해지에 대한 불복은 당사자소송이 아니라 항고소송으로 하여야 한다. 14행정사

④ 관련

2 재단법인 한국연구재단이 과학기술기본법령에 따라 체결한 연구개발비 지원사업 협약의 해지 통보에 대한 불복의 소는 행정청의 처분 등이나 부작위에 대하여 제기하는 소송이다. 23국회8

해설

①③ ○

- ① 계약직공무원 채용과정에서 행정청의 일방적 계약파기 → 처분으로 단정X, 관계법령에 따라 개별판단
  행정청이 자신과 상대방 사이의 〈근로관계를 일방적인 의사표시로 종료〉시켰다고 하더라도 곧바로 그 의사표시가 행정청으로서 공권력을 행사하여 행하는 행정처분이라고 단정할 수는 없고, 관계법령이 상대방의 근무관계에 관하여 구체적으로 어떻게 규정하고 있는지에 따라 그 의사표시가 항고소송의 대상이 되는 행정처분에 해당하는 것인지 아니면 공법상 계약관계의 일방 당사자로서 대등한 지위에서 행하는 의사표시인지 여부를 개별적으로 판단하여야 한다. 이러한 법리는 공법상 근무관계의 형성을 목적으로 하는 채용계약의 체결과정에서 행정청의 〈일방적인 의사표시로 계약이 성립하지 아니〉하게 된 경우에도 마찬가지이다(2014.4.24. 2013두6244).

- ③ 지방전문직공무원 계약해지: 대등지위 의사표시 → 당사자소송
  현행 실정법이 〈지방전문직공무원 채용계약해지의 의사표시〉를 일반공무원에 대한 징계처분과는 달리 항고소송의 대상이 되는 처분등의 성격을 가진 것으로 인정하지 아니하고, 지방전문직공무원규정 제7조 각 호의 1에 해당하는 사유가 있을 때 지방자치단체가 채용계약관계의 한쪽 당사자로서 대등한 지위에서 행하는 의사표시로 취급하고 있는 것으로 이해되므로, 지방전문직공무원 채용계약해지의 의사표시에 대하여는 대등한 당사자 간의 소송형식인 공법상 당사자소송으로 그 의사표시의 무효확인을 청구할 수 있다(1993.9.14. 92누4611).

  ✚ PLUS 판례는 1) 계약직 공무원과의 계약을 일방적으로 종료시킨 경우,③ 2) 채용계약체결과정에서 채용의향을 일방적으로 철회한 경우① 모두 처분성을 단정할 수 없고 관계법령 등에 의거 개별적으로 살펴보아야 한다는 입장이다. 이러한 견지에서 양자 모두에서 처분성을 부정하고(따라서 행정절차법상의 이유제시 등 처분절차를 거치지 않아도 됨), 이에 대한 다툼은 당사자소송에 의하도록 판결하고 있다. 계약직공무원, 전문직공무원, 공중보건의사는 모두 같이 취급하면 된다(계약직공무원과 전문직공무원은 법개정에 따른 용어의 차이이고, 공중보건의사는 계약직공무원의 한 종류이다).

선지분석 & 요플·기풀기링크

선지	THEME	요플	기풀기
①	T53 대상적격(법률관계)	76	078
②	T32 부관	32	069
③	T53 대상적격(법률관계)	97	098
④	T52 대상적격(행정작용)	47	047

② ○ 처분과 실제적 관련이 없어 부관으로 못 붙이는 내용을 사법상 계약으로 체결: 법치행정 위반(위법)
행정처분과 부관 사이에 **실제적 관련성이 있다고 볼 수 없는 경우** 공무원이 위와 같은 공법상의 제한을 회피할 목적으로 행정처분의 상대방과 사이에 **사법상 계약**을 체결하는 형식을 취하였다면 이는 법치행정의 원리에 반하는 것으로서 **위법**하다(2009.12.10. 2007다63966).

④ ×

■ BK21사건 정리

행위	처분성	원고적격(법률상 이익)	판단
대학과의 협약 해지통보④	○(∵)법령에 근거	연구팀장 개인도○	본안
연구팀장에 대한 국가연구사업 참여제한	○(∵)법령에 근거	연구팀장 본인은○	본안
연구팀장에 대한 대학 자체징계 요구	×(∵)권유에 불과	–	각하

• 과학기술기본법령상 사업 협약의 해지 통보는 단순히 대등 당사자의 지위에서 형성된 공법상 계약을 계약당사자의 지위에서 종료시키는 의사표시에 불과한 것이 아니라 행정청이 우월적 지위에서 연구개발비의 회수 및 관련자에 대한 국가연구개발사업 참여제한 등의 법률상 효과를 발생시키는 행정처분에 해당한다(2014.12.11. 2012두28704).

18

다음 〈보기〉에서 항고소송의 대상적격에 관한 설명으로 옳지 않은 것만을 고른 것은? (다툼이 있는 경우 판례에 의함) 22소간

―〈보기〉―
ㄱ. 「교육공무원법」상 승진후보자 명부에 의한 승진심사 방식으로 행해지는 승진임용에서 승진후보자 명부에 있던 후보자를 승진임용 인사발령에서 제외하는 행위는 행정처분에 해당한다.
ㄴ. 군의관이 수행하는 「병역법」상 신체등위판정은 그에 따라 「병역법」상의 권리의무가 정해지는 것이므로 행정처분에 해당한다.
ㄷ. 한국토지주택공사가 택지개발사업의 시행자로서 손실보상대상자들에 대한 생활대책의 수립·시행에 있어 생활대책대상자에 해당하지 않는다는 결정을 하고 그 결정에 대한 당사자들의 이의신청에 따른 재심사 결과로도 선정되지 않았다는 동일한 결론의 재심사통보를 받았다면, 그 재심사통보는 단순히 업무처리의 적정 및 편의를 위한 조치에 불과하므로 항고소송의 대상이 되지 아니한다.
ㄹ. 요양급여의 적정성 평가 결과 전체 하위 20% 이하에 해당하는 요양기관이 건강보험심사평가원으로부터 받은 입원료 가산 및 별도 보상 적용 제외 통보는 해당 요양기관의 권리 또는 법률상 이익에 직접적 영향을 미치는 공권력 행사에 해당하여 항고소송의 대상이 된다.
ㅁ. 「표시·광고의 공정화에 관한 법률」 위반으로 인한 공정거래위원회의 경고의결은 당해 표시·광고의 위법을 확인하되 구체적인 조치까지는 명하지 아니하는 것으로 사업자의 자유와 권리를 제한하는 행정처분에 해당하지 아니한다.
ㅂ. 「진실·화해를 위한 과거사정리 기본법」에 따른 과거사정리위원회의 진실규명결정은 피해자 등에게 진실규명 신청권 및 그 결정에 대한 이의신청권 등이 부여되고, 그 결정에서 규명된 진실에 따라 국가가 법률상 의무를 부담하게 된다는 점 등에서 항고소송의 대상이 된다.

① ㄱ, ㄷ, ㅁ
② ㄴ, ㄷ, ㄹ
③ ㄴ, ㄷ, ㅁ
④ ㄴ, ㄷ, ㅂ
⑤ ㄹ, ㅁ, ㅂ

해설

ㄱ. ○ 승진후보자 명부에 포함됐으나 승진인사에서 제외: 처분○
교육공무원법상 승진후보자 명부에 의한 승진심사 방식으로 행해지는 승진임용에서 승진후보자 **명부에 포함되어 있던 후보자를 승진임용 인사발령에서 제외하는 행위는** 불이익처분으로서 항고소송의 대상인 **처분에 해당한다**고 보아야 한다(2018.3.27. 2015두47492).

ㄴ. × 군의관의 신체등위판정: 처분× / 그에 따른 지방병무청장의 병역처분: 처분○
병역법상 신체등위판정은 행정청이라고 볼 수 없는 군의관이 하도록 되어 있으며, 그 자체만으로 바로 병역법상의 권리·의무가 정하여지는 것이 아니라 그에 따라 **지방병무청장이 병역처분을 함으로써 비로소** 병역의무의 종류가 정하여지는 것이므로 항고소송의 대상이 되는 행정처분이라 보기 어렵다(1993. 8.27. 93누3356).

관련 OX

ㄱ. 관련
1 「교육공무원법」상 승진후보자 명부에 의한 승진심사 방식으로 행해지는 승진임용에서 승진후보자 명부에 포함되어 있던 후보자를 승진임용인사발령에서 제외하는 행위는 항고소송의 대상인 처분에 해당하지 않는다. 19지방9

ㄴ. 관련
2 「병역법」에 따른 군의관의 신체등위판정은 처분이 아니지만 그에 따른 지방병무청장의 병역처분은 처분이다. 16사복9

선지분석 & 요플·기풀기링크

선지	THEME	요플	기풀기
ㄱ	T53 대상적격(법률관계)	78	080
ㄴ	T52 대상적격(행정작용)	36	036
ㄷ	T54 거부처분	25	044
ㄹ	T15 행정규칙	72	070
ㅁ		85	087
ㅂ	T53 대상적격(법률관계)	188	189

ㄷ. ✕ LH의 생활대책대상자 부적격통보에 대해 이의신청했으나 같은 결론의 재심사통보 → 재심사통보는 새로운 거부처분으로 항고소송의 대상

한국토지주택공사가 택지개발사업의 시행자로서 생활대책을 수립·시행하였는데, 직권으로 甲 등이 생활대책대상자에 해당하지 않는다는 결정(이하 '**부적격통보**'라고 한다)을 하고, **甲 등의 이의신청에 대하여 재심사 결과로도** 생활대책대상자로 선정되지 않았다는 통보(이하 '재심사통보'라고 한다)를 한 사안에서, 비록 **재심사통보가 부적격통보와 결론이 같더라도**, 단순히 한국토지주택공사의 업무처리의 적정 및 甲 등의 편의를 위한 조치에 불과한 것이 아니라 별도의 의사결정 과정과 절차를 거쳐 이루어진 독립한 **행정처분으로서 항고소송의 대상이 된다**(2016.7.14. 2015두58645).

ㄹ. ○ 요양급여 적정성 평가 결과 하위 20% 기관에 대한 입원료 가산·보상 제외 통보: 처분○

요양급여의 적정성 평가 결과 전체 **하위 20% 이하에 해당하는 요양기관**이 평가결과와 함께 그로 인한 **입원료 가산 및 별도 보상 제외 통보**를 받게 되면, 해당 요양기관은 평가결과 발표 직후 2분기 동안 요양급여비용 청구시 입원료 가산 및 별도 보상 규정을 적용받지 못하게 되므로, 결국 **위 통보는** 해당 요양기관의 권리 또는 법률상 이익에 직접적인 영향을 미치는 공권력의 행사이고, … 위 통보는 항고소송의 대상이 되는 **처분**으로 보는 것이 타당하다(2013.11.14. 2013두13631).

ㅁ. ✕ 표시광고법 위반에 대한 공정위의 경고의결: 처분○

구 「표시·광고의 공정화에 관한 법률」 위반을 이유로 한 **공정거래위원회의 경고의결**은 당해 표시·광고의 위법을 확인하되 구체적인 조치까지는 명하지 않는 것으로 사업자가 장래 다시 「표시·광고의 공정화에 관한 법률」 위반행위를 할 경우 **과징금 부과 여부나 그 정도에 영향을 주는 고려사항**이 되어 사업자의 자유와 권리를 제한하는 행**처분에 해당한다**(2013.12.26. 2011두4930).

cf. 공정위의 고발의결·고발조치는 처분성✕

ㅂ. ○ 「진실·화해를 위한 과거사정리 기본법」에 따른 과거사정리위원회의 진실규명결정: 처분○

「진실·화해를 위한 과거사정리 기본법」과 구 「과거사 관련 권고사항 처리에 관한 규정」의 목적, 내용 및 취지를 바탕으로, 피해자 등에게 명문으로 **진실규명 신청권**, 진실규명결정 통지 수령권 및 진실규명결정에 대한 이의신청권 등이 부여된 점, 진실규명결정이 이루어지면 **그 결정에서 규명된 진실에 따라 국가가** 피해자 등에 대하여 피해 및 명예회복 조치를 취할 법률상 **의무를 부담하게 되는 점**, … 등 여러 사정을 종합하여 보면, 「진실·화해를 위한 과거사정리 기본법」이 규정하는 **진실규명결정**은 국민의 권리의무에 직접적으로 영향을 미치는 행위로서 항고소송의 대상이 되는 **행정처분**이라고 보는 것이 타당하다(2013.1.16. 2010두22856).

관련 OX

ㄷ.관련
1 「남녀차별금지 및 구제에 관한 법률」에 의한 국가인권위원회의 성희롱결정과 이에 따른 시정조치의 권고는 처분성이 인정되지 않는다. 15국회8

19

판례의 입장에 의할 때, 행정소송의 대상인 행정처분에 해당하는 것만을 모두 고른 것은?

17(하)국가9

- ㄱ. 「공익사업을 위한 토지 등의 취득 및 보상에 관한 법률」상 공익사업시행자가 하는 이주대책대상자 확인·결정
- ㄴ. 공무원연금관리공단이 퇴직연금의 수급자에 대하여 공무원연금법령의 개정으로 퇴직연금 중 일부금액의 지급정지 대상자가 되었음을 통보하는 행위
- ㄷ. 구 「남녀차별금지 및 구제에 관한 법률」상 국가인권위원회가 한 성희롱결정과 이에 따른 시정조치의 권고
- ㄹ. 공무원시험승진후보자명부에 등재된 자에 대하여 이전의 징계처분을 이유로 시험승진후보자명부에서 삭제하는 행위
- ㅁ. 「질서위반행위규제법」에 따라 행정청이 부과한 과태료처분

① ㄱ, ㄷ
② ㄱ, ㅁ
③ ㄴ, ㄷ, ㄹ
④ ㄴ, ㄹ, ㅁ

해설

ㄱ. ○ 사업시행자의 이주대책대상자 확인·결정: 처분
「공익사업을 위한 토지 등의 취득 및 보상에 관한 법률」상의 공익사업시행자가 하는 **이주대책대상자 확인·결정**은 구체적인 이주대책상의 수분양권을 부여하는 요건이 되는 행정작용으로서의 **처분**이지 이를 단순히 절차상의 필요에 따른 사실행위에 불과한 것으로 평가할 수는 없다(2014.2.27. 2013두10885).

ㄴ. ×

■ 행정주체가 돈을 안 주는 사안

사안	구제
연금·명예퇴직수당의 지급거부결정, 일부만 지급결정	• 행정청의 결정이 있어야 구체적 권리창설·확정 – 행정청의 거부·일부지급결정은 **처분** – **항고소송○**, 곧바로 당사자소송으로 지급청구×
연금 지급결정을 받아 지급받던 중 법령개정으로 감액 명예퇴직수당 지급대상자로 선정, 구체적 금액을 다툼 초과근무수당·연가보상비 미지급	• 법령만으로 구체적 존부·범위 확정 – 행정청의 거부·미지급 등은 사실행위에 불과 – **항고소송×**, 곧바로 **당사자소송**으로 지급청구○

ㄷ. ○ 국가인권위의 성희롱결정과 그에 따른 시정권고조치: 처분○
국가인권위원회의 성희롱결정과 이에 따른 시정조치의 권고는 불가분의 일체로 행하여지는 것인데 국가인권위원회의 이러한 결정과 시정조치의 권고는 성희롱 행위자로 결정된 자의 인격권에 영향을 미침과 동시에 공공기관의 장 또는 사용자에게 일정한 법률상의 의무를 부담시키는 것이므로 국가인권위원회의 성희롱결정 및 시정조치권고는 행정소송의 대상이 되는 **행정처분에 해당**한다고 보지 않을 수 없다(2005.7.8. 2005두487).

+ PLUS 통상의 권고 등은 비권력적 사실행위로서 처분성이 없는 것이 원칙이다. 다만, 판례는 1) **인권위의 성희롱결정·시정조치 권고**, 2) 공정위의 표준약관 사용권장 등에 대해서는 법률상 의무부과와 연결된다거나 국민의 권리·의무에 영향을 미친다는 점 등을 고려하여 처분성을 인정한 바 있다.

선지분석 & 요플·기풀기링크

선지	THEME	요플	기풀기
ㄱ	T75 손실보상(토지보상법)	116	060
ㄴ	T53 대상적격(법률관계)	121	125
ㄷ	T52 대상적격(행정작용)	18	018
ㄹ	T53 대상적격(법률관계)	77	079
ㅁ	T42 실효성 확보(공통쟁점)	41	041

ㄹ. ✕ 공무원 승진후보자명부에서 삭제: 내부과정에 불과, 처분✕

시험승진후보자명부에 등재되어 있던 자가 그 명부에서 삭제됨으로써 승진임용의 대상에서 제외되었다 하더라도, 그와 같은 〈시험승진후보자명부에서의 삭제행위〉는 결국 그 명부에 등재된 자에 대한 **승진 여부를 결정하기 위한 행정청 내부의 준비과정에 불과**하고, 그 자체가 어떠한 권리나 의무를 설정하거나 법률상 이익에 직접적인 변동을 초래하는 별도의 행정처분이 된다고 할 수 없다(1997.11.14. 97누7325).

■ 승진정리

작용	소송대상 여부
승진후보자명부에서 삭제	처분✕ ㄹ
승진후보자명부에 있는 자를 승진인사에서 제외	처분○
승진대상자로 결정되어 공표 but 승진인사 미실시	승진임용신청권○ → 부작위법확인소송○

ㅁ. ✕ 질서위반행위규제법에 과태료에 대해 별도의 불복절차를 규정하고 있으므로, 과태료 부과에 대해서는 항고소송을 제기할 수 없다. 따라서 과태료 부과행위의 처분성을 인정할 수도 없고, 인정할 필요도 없다.

정답 ①
OX 1✕

20

판례의 입장으로 옳은 것은? 19지방7

① 공무원연금법령상 급여를 받으려고 하는 자는 우선 급여지급을 신청하여 공무원연금공단이 이를 거부하거나 일부 금액만 인정하는 급여지급결정을 하는 경우 그 결정을 대상으로 항고소송을 제기하는 등으로 구체적 권리를 인정받아야 한다.

② 행정청이 공무원에게 국가공무원법령상 연가보상비를 지급하지 아니한 행위는 공무원의 연가보상비청구권을 제한하는 행위로서 항고소송의 대상이 되는 처분이다.

③ 법관이 이미 수령한 명예퇴직수당액이 구「법관 및 법원공무원 명예퇴직수당 등 지급규칙」에서 정한 정당한 명예퇴직수당액에 미치지 못한다고 주장하며 차액의 지급을 신청한 것에 대하여 법원행정처장이 행한 거부의 의사표시는 행정처분에 해당한다.

④「도시 및 주거환경정비법」상 주택재건축정비사업조합을 상대로 관리처분계획안에 대한 조합총회결의의 효력 등을 다투는 소송은 관리처분계획의 인가·고시가 있은 이후라도 특별한 사정이 없는 한 허용되어야 한다.

관련 OX

① 관련

1「공무원연금법」상 급여를 받으려고 하는 자는 관계 법령에 따라 공무원연금공단에 급여지급을 신청하지 않고도 곧바로 공무원연금공단을 상대로 한 당사자소송으로 권리의 확인이나 급여의 지급을 소구할 수 있다. 21변시

④ 관련

2「도시 및 주거환경정비법」상 재건축조합의 관리처분계획에 대한 인가·고시 후 관리처분계획 결의의 하자를 다투고자 하는 경우 조합총회의 결의는 관리처분계획처분의 실체적 요건에 해당하기 때문에 조합총회결의를 대상으로 효력 유무를 다투는 확인의 소를 제기하는 것이 허용된다. 20국회8

3 관리처분계획에 대한 인가를 받고 난 이후에 관리처분계획을 다투기 위해서는 인가처분 자체를 취소소송으로 다투어야 한다. 13국회8

4 재건축조합이 행하는 관리처분계획은 일종의 행정처분으로서 이를 다투고자 하면 재건축조합을 피고로 하여 항고소송으로 이를 다투어야 한다. 16국회8

해설

① ○ 연금공단의 지급거부·일부금액만 인정: 처분 / 곧바로 당사자소송✕, 일단 항고소송○
공무원연금법령상 급여를 받으려고 하는 자는 우선 관계 법령에 따라 공무원연금공단에 급여지급을 신청하여 **공무원연금공단이 이를 거부하거나 일부금액만** 인정하는 급여지급결정을 하는 경우 **그 결정을 대상으로 항고소송을 제기하는 등으로 구체적 권리를 인정받아야** 하고, 구체적인 권리가 발생하지 않은 상태에서 곧바로 공무원연금공단을 상대로 한 **당사자소송**으로 권리의 확인이나 급여의 지급을 소구하는 것은 허용되지 **아니한다**(2017.2.9. 2014두43264).

② ✕ 연가보상비: 법령에서 직접 발생 so 행정청의 부지급행위는 처분성✕
공무원의 **연가보상비청구권**은 공무원이 연가를 실시하지 아니하는 등 **법령상 정해진 요건이 충족**되면 그 자체만으로 지급기준일 또는 보수지급기관의 장이 정한 지급일에 구체적으로 **발생**하고 행정청의 지급결정에 의하여 비로소 발생하는 것은 아니라고 할 것이므로, 행정청이 공무원에게 연가보상비를 지급하지 아니한 행위로 인하여 공무원의 연가보상비청구권 등 법률상 지위에 아무런 영향을 미친다고 할 수는 없으므로 행정청의 **연가보상비 부지급** 행위는 항고소송의 대상이 되는 처분이라고 볼 수 없다(1999.7.23. 97누10857).

+ PLUS 초과근무수당미지급도 동일(2012다102629)

선지분석 & 요플·기풀기링크

선지	THEME	요플	기풀기
①		119	123
②	T53 대상적격(법률관계)	127	122
③		124	129
④	T20 정비사업	21	022

③ ✕ 명예퇴직수당 지급대상자로는 선정, 구체적 지급액을 다툼: 법령에 의해 금액 확정 → 법원행정처장의 차액지급거부: 처분✕ / 곧바로 차액지급소송(당사자소송)

명예퇴직수당은 명예퇴직수당 지급신청자 중에서 일정한 심사를 거쳐 피고가 명예퇴직수당 지급대상자로 결정한 경우에 비로소 지급될 수 있지만, 명예퇴직수당 〈**지급대상자로 결정된 법관에 대하여 지급할 수당액**〉은 명예퇴직수당규칙 제4조 [별표 1]에 산정 기준이 정해져 있으므로, 위 법관은 위 **규정에서 정한 정당한 산정 기준**에 따라 산정된 명예퇴직수당액을 수령할 구체적인 권리를 가진다. 따라서 위 법관이 이미 수령한 수당액이 위 규정에서 정한 정당한 명예퇴직수당액에 미치지 못한다고 주장하며 **차액의 지급**을 신청함에 대하여 법원행정처장이 거부하는 의사를 표시했더라도, 그 의사표시는 명예퇴직수당액을 형성·확정하는 행정처분이 아니라 공법상의 법률관계의 한쪽 당사자로서 지급의무의 존부 및 범위에 관하여 자신의 의견을 밝힌 것에 불과하므로 행정**처분으로 볼 수 없다**. … 지급을 구하는 소송은 행정소송법의 **당사자소송**에 해당하며, 그 법률관계의 당사자인 **국가**를 상대로 제기하여야 한다(2016.5.24. 2013두14863).

▣ 행정주체가 돈을 안 주는 사안

사안	구제
연금·명예퇴직수당의 지급거부결정, 일부만 지급결정①	• 행정청의 결정이 있어야 구체적 권리창설·확정 – 행정청의 거부·일부지급결정은 처분 – 항고소송○, 곧바로 당사자소송으로 지급청구✕
연금 지급결정을 받아 지급받던 중 법령개정으로 감액	• 법령만으로 구체적 존부·범위 확정 – 행정청의 거부·미지급 등은 사실행위에 불과 – 항고소송✕, 곧바로 당사자소송으로 지급청구○
명예퇴직수당 지급대상자로 선정, 구체적 금액을 다툼③	
초과근무수당·연가보상비 미지급②	

④ ✕ (인가 후) 총회결의에 하자가 있음에도 관리처분계획 인가·고시 → ① 쟁송대상: 관리처분계획(↔ 결의✕, 인가✕), ② 쟁송형태: 항고소송, ③ 피고: 조합

관리처분계획에 대하여 관할 행정청의 **인가·고시**까지 있게 되면 관리처분계획은 행정처분으로서 효력이 발생하게 되므로, 총회결의의 하자를 이유로 하여 행정처분의 효력을 다투는 **항고소송**의 방법으로 관리처분계획의 **취소 또는 무효확인**을 구하여야 하고, 그와 별도로 행정처분에 이르는 절차적 요건 중 하나에 불과한 총회결의 **부분만**을 따로 떼어내어 효력 유무를 다투는 확인의 소를 제기하는 것은 특별한 사정이 없는 한 허용되지 **않는다**(2009.9.17. 2007다2428 전합).

▣ 관리처분계획안에 대한 총회결의 하자시 쟁송방법(정비조합이 시행하는 사업시행계획도 동일)

시기	쟁송방법	이유
인가 전	총회결의의 효력을 다투는 당사자소송	총회결의는 처분은 아니나 공법상 법률관계
인가 후	관리처분계획(처분)의 효력을 다투는 항고소송 ↔ 총회결의부분만 독립적 다툼✕④	인가된 관리처분계획은 처분성이 인정되고, 총회결의는 그 처분의 절차적 요건에 불과

정답 ①

OX 1✕ 2✕ 3✕ 4○

21

당사자소송에 관한 설명으로 옳은 것은? (다툼이 있는 경우에는 판례에 의함) 14행정사

① 당사자소송에는 행정청의 소송참가가 허용되지 않는다.
② 당사자소송의 피고는 원칙적으로 처분을 행한 행정청이 된다.
③ 지방소방공무원이 소속 지방자치단체를 상대로 초과근무수당의 지급을 구하는 소송은 당사자소송절차에 따라야 한다.
④ 지방전문직공무원 채용계약의 해지에 대한 불복은 당사자소송이 아니라 항고소송으로 하여야 한다.
⑤ 당사자소송의 제소기간에 대해서는 취소소송의 제소기간에 관한 규정이 준용된다.

관련 OX

① 관련
1 행정청의 소송참가는 당사자소송에서도 허용된다. 18국가7

③ 관련
2 2020년 4월 1일부터 시행되는 전부개정 「소방공무원법」 이전의 경우, 지방소방공무원의 보수에 관한 법률관계는 사법상의 법률관계이므로 지방소방공무원이 소속 지방자치단체를 상대로 초과근무수당의 지급을 구하는 소송은 행정소송상 당사자소송이 아닌 민사소송절차에 따라야 했다. 21소방

해설

① × 당사자소송에도 행정청의 소송참가가 허용된다.

행정소송법 제17조(행정청의 소송참가) ① 법원은 다른 행정청을 소송에 참가시킬 필요가 있다고 인정할 때에는 당사자 또는 당해 행정청의 신청 또는 직권에 의하여 결정으로써 그 행정청을 소송에 참가시킬 수 있다.
제44조(준용규정) ① 제14조 내지 제17조, 제22조, 제25조, 제26조, 제30조 제1항, 제32조 및 제33조의 규정은 **당사자소송의 경우에** 준용한다.

	피고경정 (14)	제3자·행정청 소송참가 (16, 17)	제3자 재심청구 (31)	관련청구소송 이송·병합 (10)	공동소송 (15)	소(종류)의 변경 (21)	처분변경으로 인한 소의 변경 (22)
당사자소송	○	○①	×	○	○	○	○

② ×

행정소송법 제39조(피고적격) 당사자소송은 국가·공공단체 그 밖의 권리주체를 피고로 한다.

③ ○ **초과근무수당: 법령에서 직접 발생 so 미지급시 곧바로 당사자소송**
지방소방공무원의 보수에 관한 법률관계는 공법상의 법률관계라고 보아야 한다. 지방소방공무원의 초과근무수당 지급청구권은 법령의 규정에 의하여 직접 그 존부나 범위가 정하여지고 법령에 규정된 수당의 지급요건에 해당하는 경우에는 곧바로 발생한다고 할 것이므로, 지방소방공무원이 자신이 소속된 지방자치단체를 상대로 초과근무수당의 지급을 구하는 청구에 관한 소송은 당사자소송의 절차에 따라야 한다(2013.3.28. 2012다102629).

④ × **지방전문직공무원 계약해지: 대등지위 의사표시 → 당사자소송**
현행 실정법이 〈지방전문직공무원 채용계약해지의 의사표시〉를 일반공무원에 대한 징계처분과는 달리 항고소송의 대상이 되는 처분등의 성격을 가진 것으로 인정하지 아니하고, 지방전문직공무원규정 제7조 각 호의 1에 해당하는 사유가 있을 때 지방자치단체가 채용계약관계의 한쪽 당사자로서 대등한 지위에서 행하는 의사표시로 취급하고 있는 것으로 이해되므로, 지방전문직공무원 채용계약해지의 의사표시에 대하여는 대등한 당사자 간의 소송형식인 공법상 당사자소송으로 그 의사표시의 무효확인을 청구할 수 있다(1993.9.14. 92누4611). ❶

⑤ × 당사자소송에는 취소소송의 제소기간이 준용되지 않는다.

행정소송법 제44조(준용규정) ① 제14조 내지 제17조, 제22조, 제25조, 제26조, 제30조 제1항, 제32조 및 제33조의 규정은 당사자소송의 경우에 준용한다. 제20조(제소기간 규정) 준용×

선지분석 & 요플·기풀기링크

선지	THEME	요플	기풀기
①	T64 소송상 제도	97	098
②	T58 피고적격	37	039
③	T53 대상적격(법률관계)	126	121
④		97	098
⑤	T61 제소기간	27	028

❶ + PLUS

판례는 1) 계약직공무원과의 계약을 일방적으로 종료시킨 경우, ③ 2) 채용계약체결과정에서 채용의향을 일방적으로 철회한 경우 ① 모두 처분성을 단정할 수 없고 관계법령 등에 의거 개별적으로 살펴보아야 한다는 입장이다. 이러한 견지에서 양자 모두에서 처분성을 부정하고(따라서 행정절차법상의 이유제시 등 처분절차를 거치지 않아도 됨), 이에 대한 다툼은 당사자소송에 의하도록 판결하고 있다. 계약직공무원, 전문직공무원 공중보건의사는 모두 같이 취급하면 된다(계약직공무원과 전문직공무원은 법개정에 따른 용어의 차이이고, 공중보건의사는 계약직공무원의 한 종류이다).

정답 ③
OX 1 ○ 2 ×

필수 문제 22

공법상 계약에 대한 설명으로 옳지 않은 것은? (다툼이 있는 경우 판례에 의함) 15지방7

- ① 행정청이 자신과 상대방 사이의 근로관계를 일방적인 의사표시로 종료시켰다면, 곧바로 그 의사표시는 행정청으로서 공권력을 행사하여 행하는 행정처분에 해당한다.
- ② 공공사업에 필요한 토지 등의 협의취득에 기한 손실보상금의 환수통보는 사법상의 이행청구에 해당하는 것으로서 항고소송의 대상이 될 수 없다.
- ③ 서울특별시립무용단원의 위촉은 공법상 계약에 해당하며, 따라서 그 단원의 해촉에 대하여는 공법상의 당사자소송으로 무효확인을 청구할 수 있다.
- ④ 지방계약직공무원에 대해서도, 채용계약상 특별한 약정이 없는 한, 「지방공무원법」, 「지방공무원 징계 및 소청 규정」에 정한 징계절차에 의하지 않고서는 보수를 삭감할 수는 없다.

관련 OX

③ 관련
1 시립무용단원의 위촉은 공법상 계약에 해당하지만 해촉에 대하여는 민사소송으로 다투어야 한다. 24국가7
2 시립무용단원의 해촉(은 행정소송의 대상이 된다) 19서울9

④ 관련
3 채용계약상 특별한 약정이 없는 한, 지방계약직공무원에 대하여 「지방공무원법」, 「지방공무원 징계 및 소청 규정」에 정한 징계절차에 의하지 않고서는 보수를 삭감할 수 없다. 21국가9

해설

① ✗ 행정청이 근로관계 일방적인 의사표시로 종료시킨 경우 → 곧바로 처분으로 단정✗, 관계법령에 따라 개별판단
행정청이 자신과 상대방 사이의 근로관계를 일방적인 의사표시로 종료시켰다고 하더라도 곧바로 그 의사표시가 행정청으로서 공권력을 행사하여 행하는 행정처분이라고 단정할 수는 없고, 관계법령이 상대방의 근무관계에 관하여 구체적으로 어떻게 규정하고 있는지에 따라 그 의사표시가 항고소송의 대상이 되는 행정처분에 해당하는 것인지 아니면 공법상 계약관계의 일방 당사자로서 대등한 지위에서 행하는 의사표시인지 여부를 개별적으로 판단하여야 한다(2014.4.24. 2013두6244).

② ○ 협의취득에 의한 손실보상금 환수통보: 사법상 이행청구이므로 민사소송대상
구 「공공용지의 취득 및 손실보상에 관한 특례법」(편저자: 현 「공익사업을 위한 토지 등의 취득 및 보상에 관한 법률」)에 따른 토지 등의 〈협의취득〉은 공공사업에 필요한 토지 등을 그 소유자와의 협의에 의하여 취득하는 것으로서 공공기관이 사경제주체로서 행하는 사법상 매매 내지 사법상 계약의 실질을 가지는 것이지 행정청이 공권력의 주체로서 상대방의 의사 여하에 불구하고 일방적으로 행하는 행정처분이라 볼 수 없는 것이고, 위 〈협의취득에 기한 손실보상금의 환수통보〉 역시 사법상의 이행청구에 해당하는 것으로서 이를 항고소송의 대상이 되는 행정처분이라고 할 수 없다(2010.11.11. 2010두14367).

③ ○ 서울시 시립무용단원 위촉: 공법상 계약 / 해촉: 대등 지위에서의 의사표시(당사자소송)
서울특별시립 무용단원이 가지는 지위가 공무원과 유사한 것이라면, 서울특별시립무용단 단원의 위촉은 공법상의 계약이라고 할 것이고, 따라서 그 단원의 해촉에 대하여는 공법상의 당사자소송으로 그 무효확인을 청구할 수 있다(1995.12.22. 95누4636).

④ ○ 지방계약직 공무원에 대한 보수삭감시 계약상 약정 없는 한 법령상 징계절차에 근거해야 / 위반시 보수삭감은 징계처분으로 항고소송대상
근로기준법 등의 입법 취지, 지방공무원법과 「지방공무원 징계 및 소청 규정」의 여러 규정에 비추어 볼 때 채용계약상 특별한 약정이 없는 한, 지방계약직공무원에 대하여 지방공무원법, 「지방공무원 징계 및 소청 규정」에 정한 징계절차에 의하지 않고서는 보수를 삭감할 수 없다고 봄이 상당하다. 「서울특별시 지방계약직공무원 인사관리규칙」 제8조 제3항은 근무실적 평가 결과 근무실적이 불량한 사람에 대하여 봉급을 삭감할 수 있도록 규정하고 있는바, 〈(지방계약직 공무원에 대한) 보수의 삭감〉은 이를 당하는 공무원의 입장에서는 징계처분의 일종인 감봉과 다를 바 없다(2008.6.12. 2006두16328).

선지분석 & 요플·기풀기링크

선지	THEME	요플	기풀기
①	T53 대상적격(법률관계)	93	095
②	T75 손실보상(토지보상법)	22	084
③	T53 대상적격(법률관계)	107	109
④		87	089

정답 ①
OX 1✗ 2○ 3○

필수 문제 23

판례에 의할 때 ⊙과 ⓛ에서 甲과 乙이 적법하게 제기할 수 있는 소송의 종류를 바르게 연결한 것은?

18국가9

> ⊙ 법관 甲이 이미 수령한 명예퇴직수당액이 구 「법관 및 법원공무원 명예퇴직수당 등 지급규칙」에서 정한 정당한 명예퇴직수당액에 미치지 못한다고 주장하며 차액의 지급을 신청하였으나 법원행정처장이 이를 거부한 경우
> ⓛ 乙이 군인연금법령에 따라 국방부장관의 인정을 받아 퇴역연금을 지급받아 오던 중 「군인보수법」 및 「공무원 보수규정」에 의한 호봉이나 봉급액의 개정 등으로 퇴역연금액이 변경되어 국방부장관이 乙에게 법령의 개정에 따른 퇴역연금액 감액조치를 한 경우

	⊙	ⓛ
①	미지급명예퇴직수당액지급을 구하는 당사자소송	퇴역연금차액지급을 구하는 당사자소송
②	법원행정처장의 거부처분에 대한 취소소송	퇴역연금차액지급을 구하는 당사자소송
③	미지급명예퇴직수당액지급을 구하는 당사자소송	국방부장관의 퇴역연금감액처분에 대한 취소소송
④	법원행정처장의 거부처분에 대한 취소소송	국방부장관의 퇴역연금감액처분에 대한 취소소송

관련 OX

⊙관련

1 법관이 이미 수령한 명예퇴직수당액이 구 「법관 및 법원공무원 명예퇴직수당 등 지급규칙」에서 정한 정당한 명예퇴직수당액에 미치지 못한다고 주장하며 차액의 지급을 신청한 것에 대하여 법원행정처장이 행한 거부의 의사표시는 행정처분에 해당한다. 19지방7

2 명예퇴직한 법관이 미지급 명예퇴직수당액에 대하여 가지는 권리는 공법상 법률관계에 관한 권리이므로 그 지급을 구하는 소송은 당사자소송에 해당한다. 19서울7

3 명예퇴직한 법관이 미지급 명예퇴직수당액에 대하여 가지는 권리는 명예퇴직수당 지급대상자 결정 절차를 거쳐 명예퇴직수당규칙에 의하여 확정된 공법상 법률관계에 관한 권리로서, 그 지급을 구하는 소송은 당사자소송에 해당하며, 그 법률관계의 당사자인 국가를 상대로 제기하여야 한다. 23지방9

추가기출(ⓛ관련)

ⓐ Ⓢ
공무원연금공단의 인정에 의해 퇴직연금을 지급받아 오던 중 공무원연금법령 개정 등으로 퇴직연금 중 일부 금액에 대해 지급이 정지된 경우, 미지급퇴직연금에 대한 지급청구권은 공법상 권리로서 그의 지급을 구하는 소송은 항고소송이다. 21지방7

해설

※ ⊙의 거부의 의사표시와, ⓛ의 감액조치 모두 처분이 아닌 사실행위에 불과하다. 따라서 상대방은 이에 대해 항고소송을 제기할 필요 없이 곧바로 당사자소송을 제기해 주장하는 금액의 지급을 구할 수 있다.

사안	구제
연금·명예퇴직수당의 지급거부결정, 일부만 지급결정	• 행정청의 결정이 있어야 구체적 권리창설·확정 – 행정청의 거부·일부지급결정은 처분 – 항고소송○, 곧바로 당사자소송으로 지급청구✕
연금 지급결정을 받아 지급받던 중 법령개정으로 감액ⓛⓐ	• 법령만으로 구체적 존부·범위 확정 – 행정청의 거부·미지급 등은 사실행위에 불과 – 항고소송✕, 곧바로 당사자소송으로 지급청구○
명예퇴직수당 지급대상자로 선정, 구체적 금액을 다툼⊙	
초과근무수당·연가보상비 미지급	

선지분석 & 요플·기풀기링크

선지	THEME	요플	기풀기
⊙	T53 대상적격(법률관계)	124	129
ⓛ		123	127

정답 ①
OX 1✕ 2○ 3○ ⓐ✕

24

판례에 따르면 공법상 당사자소송과 가장 옳지 않은 것은?　　22군무원9

① 조세부과처분의 당연무효를 전제로 하여 이미 납부한 세금의 반환청구
② 재개발조합을 상대로 조합원자격 유무에 관한 확인을 구하는 소송
③ 사업주가 당연가입자가 되는 고용보험 및 산재보험에서 보험료 납부의무 부존재확인소송
④ 한국전력공사가 한국방송공사로부터 수신료의 징수업무를 위탁받아 자신의 고유업무와 관련된 고지행위와 결합하여 수신료를 징수할 권한이 있는지 여부를 다투는 쟁송

관련 OX

① 관련

1 조세부과처분의 당연무효를 전제로 하여 이미 납부한 세금의 반환을 청구하는 것은 민사상 부당이득반환청구로서 당사자소송이 아니라 민사소송절차에 따른다.　　21국가7

2 기

판례는 공법상 부당이득반환청구권은 사권(私權)에 해당되며, 그에 관한 소송은 민사소송절차에 따라야 한다고 보고 있다.　　20소방

③ 관련

3 ⓒ

사업주가 당연가입자가 되는 고용보험 및 산재보험에서 보험료 납부의무부존재확인의 소는 행정청의 처분 등을 원인으로 하는 법률관계에 관한 소송, 그 밖에 공법상의 법률관계에 관한 소송으로서 그 법률관계의 한쪽 당사자를 피고로 하는 소송이다)　　23국회8

해설

① ✗ 조세부과처분의 당연무효를 전제로 한 기납부세금 반환청구: 민사소송
조세부과처분이 당연무효임을 전제로 하여 이미 납부한 세금의 반환을 청구하는 것은 민사상의 부당이득반환청구로서 **민사소송절차에 따라야 한다**(1995.4.28. 94다55019).
+ PLUS 공법관계에서 발생한 부당이득반환청구권도 그 내용이 사권에 해당하므로 민사소송절차에 따른다는 것이 판례의 입장이다.

② ○ 재개발조합의 조합원 자격 유무 확인소송: 당사자소송
조합을 상대로 한 쟁송에 있어서 **강제가입제**를 특색으로 한 **조합원의 자격 인정 여부**에 관하여 다툼이 있는 경우에는 그 단계에서는 아직 조합의 어떠한 처분 등이 개입될 여지는 없으므로 공법상의 **당사자소송**에 의하여 그 조합원자격의 확인을 구할 수 있다(1996.2.15. 94다31235).

③ ○ 고용보험·산재보험 보험료 납부의무 부존재확인의 소: 당사자소송
사업주가 당연가입자가 되는 고용보험 및 산재보험에서 **보험료 납부의무 부존재확인의 소**는 공법상의 법률관계 자체를 다투는 소송으로서 공법상 **당사자소송**이다(2016.10.13. 2016다221658).

④ ○ TV수신료 통합징수권 유무: 당사자소송
수신료의 법적 성격, 피고 보조참가인의 수신료 강제징수권의 내용 등에 비추어 보면 **수신료 부과행위는 공권력의 행사에 해당**하므로, 피고(편저자: 한국전력공사)가 피고 보조참가인(편저자: 한국방송공사)으로부터 수신료의 징수업무를 위탁받아 자신의 고유업무와 관련된 고지행위와 〈결합하여 수신료를 징수할 권한이 있는지 여부〉를 다투는 이 사건 쟁송은 민사소송이 아니라 **공법상의 법률관계**를 대상으로 하는 것으로서 행정소송법 제3조 제2호에 규정된 **당사자소송**에 의하여야 한다고 봄이 상당하다(2008.7.24. 2007다25261).

선지선택비율　① 71.41%　② 6.64%　③ 8.78%　④ 13.17%　오답률 28.59%

선지분석 & 요플·기풀기링크

선지	THEME	요플	기풀기
①	T53 대상적격(법률관계)	145	147
②	T20 정비사업	37	044
③	T53 대상적격(법률관계)	152	155
④		137	139

정답 ①

OX 1○　2○　3○

25

판례에 의할 때 사법관계에 해당하는 것은? 09지방7

① 공공하수도의 이용관계
② 국가나 지방자치단체에서 근무하는 청원경찰의 근무관계
③ 징발권자인 국가와 피징발자와의 관계
④ 공무원 및 사립학교 교직원 의료보험관리공단 직원의 근무관계

관련 OX

① 관련

1 공공하수도의 이용관계(는 공법관계에 해당한다) 19소방

해설

① ✗ 공공하수도 이용관계 및 사용료 부과·징수: **공법관계**
   〈공공하수도〉의 이용관계는 **공법관계**라고 할 것이고 공공하수도 사용료의 부과·징수관계 역시 **공법상의 권리·의무관계**이다(2003.6.24. 2001두8865).

② ✗ 국가나 지자체에서 근무하는 청원경찰의 근무관계: **공법관계**
   국가나 지방자치단체에 근무하는 **청원경찰**은 국가공무원법이나 지방공무원법상의 공무원은 아니지만, … 그 근무관계를 사법상의 고용계약관계로 보기는 어려우므로 그에 대한 징계처분의 시정을 구하는 소는 행정소송의 대상이지 민사소송의 대상이 아니다(1993.7.13. 92다47564).

③ ✗ 징발권자인 국가와 피징발자와의 관계: **공법관계**(국방부장관의 징발재산 매수결정은 처분)
   「징발재산 정리에 관한 특별조치법」에 의한 국방부장관의 **징발재산 매수결정**이 있으면 국가는 징발보상에 관한 징발보상증권의 교부, 현금지급 또는 공탁이 없는 것을 해제조건으로 하여 등기 없이 징발재산에 대한 **소유권**을 취득하는 것이고, 이 징발재산 매수결정은 행정**처분이다**(1991.10.22. 91다26690 [소유권이전등기말소]).

④ ○ 공무원 및 사립학교 교직원 의료보험관리공단 직원의 근무관계: **사법관계**
   관계법령의 규정내용에 비추어 보면, 〈공무원 및 사립학교 교직원 의료보험관리공단〉 직원의 근무관계는 공법관계가 아니라 **사법관계**이다(1993.11.23. 93누15212).

선지분석 & 요플·기풀기링크

선지	THEME	요플	기풀기
①	T53 대상적격(법률관계)	136	138
②		104	106
③	T75 손실보상(토지보상법)	36	090
④	T53 대상적격(법률관계)	115	017

정답 ④
OX 1 ○

필수문제 26

오답률 TOP ❸

공법상 부당이득에 대한 설명으로 옳지 않은 것은? (다툼이 있는 경우 판례에 의함) 25국가9

① 개발부담금 부과처분이 취소된 이상 그 후의 부당이득으로서의 과오납금 반환에 관한 법률관계는 단순한 민사관계에 불과한 것이고, 행정소송절차에 따라야 하는 관계로 볼 수 없다.

② 조세환급금은 조세채무가 처음부터 존재하지 않거나 그 후 소멸하였음에도 불구하고 국가가 법률상 원인 없이 수령하거나 보유하고 있는 부당이득에 해당하고, 환급가산금은 그 부당이득에 대한 법정이자로서의 성질을 가진다.

③ 당연무효인 변상금부과처분에 의하여 납부한 오납금에 대한 납부자의 부당이득반환청구권은 처음부터 법률상 원인이 없이 납부된 것이므로 납부시에 발생하여 확정된다.

④ 국가는 국유재산의 무단점유자를 상대로 구 「국유재산법」에 따른 변상금 부과·징수권을 행사해야 하고, 이와 별도로 국유재산의 소유자로서 민사상 부당이득반환청구의 소를 제기할 수는 없다.

관련 OX

① 관련
1 개발부담금 부과처분이 취소된 이상 그 후의 부당이득으로서의 과오납금 반환에 관한 법률관계는 단순한 민사관계라 볼 수 없고, 행정소송절차에 따라야 하는 행정법관계로 보아야 한다. 23군무원9

③ 관련
2 변상금부과처분이 당연무효인 경우, 당해 변상금부과처분에 의하여 납부한 오납금에 대한 납부자의 부당이득반환청구권의 소멸시효는 변상금부과처분의 부과시부터 진행한다. 20국가9

해설

① ○ 개발부담금 부과처분 취소시 과오납금 반환청구: 민사소송○, 행정소송✕
개발부담금 부과처분이 취소된 이상 그 후의 부당이득으로서의 과오납금 반환에 관한 법률관계는 단순한 민사관계에 불과한 것이고, 행정소송절차에 따라야 하는 관계로 볼 수 없다(1995.12.22. 94다51253).

② ○ 조세환급금은 국가의 부당이득. 환급가산금은 그 부당이득에 대한 법정이자의 성질
조세환급금은 조세채무가 처음부터 존재하지 않거나 그 후 소멸하였음에도 불구하고 국가가 법률상 원인 없이 수령하거나 보유하고 있는 부당이득에 해당하고, 환급가산금은 그 부당이득에 대한 법정이자로서의 성질을 가진다(2009.9.10. 2009다11808).

③ ○ 변상금부과처분이 무효인 경우 오납금 반환청구권의 소멸시효 기산점: 납부·징수시
변상금부과처분이 당연무효인 경우에 이 변상금부과처분에 의하여 납부자가 납부하거나 징수당한 오납금은 지방자치단체가 법률상 원인 없이 취득한 부당이득에 해당하고, 이러한 오납금에 대한 납부자의 부당이득반환청구권은 처음부터 법률상 원인이 없이 납부 또는 징수된 것이므로 납부 또는 징수시에 발생하여 확정되며, 그때부터 소멸시효가 진행한다(2005.1.27. 2004다50143).

④ ✕ 변상금 부과·징수와 별도로 민사상 부당이득반환청구 가능
구 국유재산법에 의한 변상금 부과·징수권은 민사상 부당이득반환청구권과 법적 성질을 달리하므로, 국가는 무단점유자를 상대로 변상금 부과·징수권의 행사와 별도로 국유재산의 소유자로서 민사상 부당이득반환청구의 소를 제기할 수 있다(2014.7.16. 2011다76402 전합).

+ PLUS 무단점유자에 대해서는 변상금 부과·징수권을 행사하지 않고 민사소송으로 부당이득반환청구가 가능하다. 대부료 미납자에 대해서는 행정상 체납처분만 할 수 있고 민사소송으로 대부료 지급을 구하는 것은 불가하다는 점과 구별한다.

선지분석 & 요플·기풀기링크

선지	THEME	요플	기풀기
①	T53 대상적격(법률관계)	153	148
②	T53 대상적격(법률관계)	154	157
③	T12 사건	08	010
④	T53 대상적격(법률관계)	52	061

선지선택비율 ① 12.45% ② 16.40% ③ 19.29% ④ 51.86%   오답률 48.14%

정답 ④
OX 1✕ 2✕

27

행정소송의 대상인 행정처분에 대한 설명으로 옳지 않은 것은? (다툼이 있는 경우 판례에 의함)

19지방9

① 구 「민원사무 처리에 관한 법률」에서 정한 사전심사결과 통보는 항고소송의 대상이 되는 행정처분에 해당하지 않는다.

② 「교육공무원법」상 승진후보자 명부에 의한 승진심사 방식으로 행해지는 승진임용에서 승진후보자 명부에 포함되어 있던 후보자를 승진임용인사발령에서 제외하는 행위는 항고소송의 대상인 처분에 해당하지 않는다.

③ 건축주가 토지소유자로부터 토지사용승낙서를 받아 그 토지 위에 건축물을 건축하는 건축허가를 받았다가 착공에 앞서 건축주의 귀책사유로 해당 토지를 사용할 권리를 상실한 경우, 토지소유자의 건축허가 철회신청을 거부한 행위는 항고소송의 대상이 된다.

④ 사업시행자인 한국도로공사가 구 「지적법」에 따라 고속도로 건설공사에 편입되는 토지소유자들을 대위하여 토지면적등록 정정신청을 하였으나 관할 행정청이 이를 반려하였다면, 이러한 반려행위는 항고소송대상이 되는 행정처분에 해당한다.

관련 OX

① 관련

1 甲이 A시 소재 임야에 4층 이하의 공동주택을 건축하기 위하여 A시 시장 乙에게 「민원 처리에 관한 법률」상의 사전심사청구를 하였고, 乙이 이에 대해 사전심사결과(건축허가 내지 개발행위허가 불가) 통지를 하였다면, 甲은 이 통지를 항고소송으로 다툴 수 있다. 23변시

② 관련

2 「교육공무원법」에 따라 승진후보자 명부에 포함되어 있던 후보자를 승진심사에 의해 승진임용인사발령에서 제외하는 행위는 항고소송의 대상인 처분으로 보아야 한다. 19지방7

해설

① ○ 「민원 처리에 관한 법률」상 사전심사결과 통보: 구속력×, 처분성×
사전심사청구제도는 … 행정청은 사전심사결과 불가능하다고 통보하였더라도 사전심사결과에 구애되지 않고 민원사항을 처리할 수 있으므로 … 구 민원사무처리법이 규정하는 사전심사결과 통보는 항고소송의 대상이 되는 행정처분에 해당하지 아니한다(2014.4.24. 2013두7834).

　+ PLUS 판례는 민원처리법상 사전심사결과통보의 처분성을 부정하였다. 이에 대해 판례가 동법상 사전심사를 조건부 확약으로 보았다고 평하는 견해가 상당하다. 판례는 확약의 처분성을 부정하고 있음을 함께 기억(ex. 어업면허 우선순위결정)

② × 승진후보자 명부에 포함됐으나 승진인사에서 제외: 처분에 해당
교육공무원법상 승진후보자 명부에 의한 승진심사 방식으로 행해지는 승진임용에서 승진후보자 〈명부에 포함되어 있던 후보자를 승진임용인사발령에서 제외〉하는 행위가 항고소송의 대상인 처분에 해당한다(2018.3.27. 2015두47492).

승진 정리

작용	소송대상 여부
승진후보자 명부에서 삭제	처분×
승진후보자 명부에 있는 자를 승진인사에서 제외	처분○②
승진대상자로 결정되어 공표 but 승진인사 미실시	승진임용신청권○ → 부작위법확인소송○

선지분석 & 요플·기풀기링크

선지	THEME	요플	기풀기
①	T33 단계적 행정결정 등	28	008
②	T53 대상적격(법률관계)	78	080
③	T54 거부처분	38	034
④	T53 대상적격(법률관계)	176	184

③ ○ 건축주가 귀책으로 토지사용권을 상실 → 토지소유자에게 건축허가 철회신청권 인정, 거부행위의 처분성 인정

건축주가 토지소유자로부터 토지사용승낙서를 받아 그 토지 위에 건축물을 건축하는 대물적 성질의 건축허가를 받았다가 착공에 앞서 건축주의 귀책사유로 해당 토지를 사용할 권리를 상실한 경우, 건축허가의 존재로 말미암아 토지에 대한 소유권 행사에 지장을 받을 수 있는 토지소유자로서는 건축허가의 철회를 신청할 수 있다고 보아야 한다. 따라서 토지소유자의 위와 같은 신청을 거부한 행위는 항고소송의 대상이 된다(2017.3.15. 2014두41190).

관련 행정청이 행한 공사중지명령의 상대방은 그 명령 이후에 그 원인사유가 소멸하였음을 들어 행정청에게 공사중지명령의 철회를 요구할 수 있는 조리상의 신청권이 있다 할 것이다(2005.4.14. 2003두7590).

+ PLUS 판례는 원칙적으로 행정처분의 취소·철회·변경에 대한 조리상 신청권을 인정하지 않는다. 단, 다음의 경우에 철회신청권의 존재를 인정한 바 있다.
1) 건축주가 토지사용권을 상실한 경우, 토지소유자의 건축허가 철회신청권.③
2) 공사중지명령 후 원인사유가 소멸된 경우의 그 명령상대방의 공사중지명령 철회신청권. 이 경우에는 철회신청을 거부당할 경우 동 거부행위의 처분성이 인정돼 본안판단을 받을 수 있게 된다.

④ ○ 토지소유자를 대위한 토지면적등록 정정신청 반려: 처분성 인정

한국도로공사가 고속도로 건설공사에 편입되는 토지들의 지적공부에 등록된 면적과 실제 측량 면적이 일치하지 않는 것을 발견하고 구 지적법 제24조 제1항, 제28조 제1호에 따라 〈토지소유자들을 대위하여 토지면적등록 정정신청을 하였으나 화성시장이 이를 반려〉한 사안에서 반려처분은 공공사업의 원활한 수행을 위하여 부여된 사업시행자의 관계 법령상 권리 또는 이익에 영향을 미치는 공권력의 행사 또는 그 거부에 해당하는 것으로서 항고소송대상이 되는 행정처분에 해당한다(2011.8.25. 2011두3371).

28

〈보기〉에서 항고소송의 대상이 되는 것을 모두 고른 것은? 　　　　12국회8

〈보기〉
ㄱ. 과세관청이 사업자등록을 관리하는 과정에서 위장사업자의 사업자명의를 직권으로 실사업자의 명의로 정정하는 행위
ㄴ. 과세처분을 위한 과세관청의 질문조사권이 행해지는 세무조사결정
ㄷ. 관할관청이 무허가건물을 무허가건물관리대장에서 삭제하는 행위
ㄹ. 토지수용절차에서의 사업인정
ㅁ. 건축물대장 소관 행정청이 건축물에 관한 건축물대장을 직권말소한 행위
ㅂ. 공정거래위원회의 표준약관 사용권장행위

① ㄱ, ㄴ, ㄷ
② ㄱ, ㄷ, ㅁ
③ ㄴ, ㄹ, ㅂ
④ ㄴ, ㄷ, ㄹ, ㅁ
⑤ ㄴ, ㄹ, ㅁ, ㅂ

관련 OX

ㄱ. 관련
1 과세관청이 사업자등록을 관리하는 과정에서 위장사업자의 사업자명의를 직권으로 실사업자의 명의로 정정하는 행위는 항고소송의 대상이 되는 행정처분이 아니다. 　15국회8

ㄷ. 관련
2 무허가건물 등 대장삭제행위는 무허가 건물에 대한 설치상의 관리관계에 변동을 가져오는 것이 아니므로 항고소송의 대상인 처분이 아니다. 　12서울9

ㄹ. 관련
3 토지수용에 있어 사업인정은 항고소송의 대상이 되지 않는다. 　07국가9

ㅁ. 관련
4 공정거래위원회의 표준약관 사용권장행위는 비록 그 통지를 받은 해당 사업자 등에게 표준약관을 사용할 경우 표준약관과 다르게 정한 주요 내용을 고객이 알기 쉽게 표시하여야 할 의무를 부과하고 그 불이행에 대해서는 과태료에 처하도록 되어 있으나, 이는 어디까지나 구속력이 없는 행정지도에 불과하므로 행정처분에 해당되지 아니한다. 　17국회8

해설

ㄱ. ✕ 사업자등록 직권말소·사업자 명의 정정: 처분성✕
과세관청의 〈사업자등록 직권말소〉행위도 폐업사실의 기재일 뿐 그에 의하여 사업자로서의 지위에 변동을 가져오는 것이 아니라는 점에서 항고소송의 대상이 되는 행정처분으로 볼 수 없다. 이러한 점에 비추어 볼 때, 과세관청이 사업자등록을 관리하는 과정에서 위장사업자의 사업자명의를 〈직권으로 실사업자의 명의로 정정〉하는 행위 또한 당해 사업사실 중 주체에 관한 정정기재일 뿐 그에 의하여 사업자로서의 지위에 변동을 가져오는 것이 아니므로 항고소송의 대상이 되는 행정처분으로 볼 수 없다(2011.1.27. 2008두2200).

ㄴ. ○ 세무조사결정: 처분성○
부과처분을 위한 과세관청의 질문조사권이 행해지는 〈세무조사결정〉이 있는 경우 납세의무자는 세무공무원의 과세자료 수집을 위한 질문에 대답하고 검사를 수인하여야 할 법적 의무를 부담하게 되는 점 … 납세의무자로 하여금 개개의 과태료 처분에 대하여 불복하거나 조사 종료 후의 과세처분에 대하여만 다툴 수 있도록 하는 것보다는 그에 앞서 세무조사결정에 대하여 다툼으로써 분쟁을 조기에 근본적으로 해결할 수 있는 점 등을 종합하면, 세무조사결정은 납세의무자의 권리·의무에 직접 영향을 미치는 공권력의 행사에 따른 행정작용으로서 항고소송의 대상이 된다(2011.3.10. 2009두23617·23624).

ㄷ. ✕ 무허가건물관리대장에서 삭제: 처분성✕
무허가건물관리대장은, 행정관청이 지방자치단체의 조례 등에 근거하여 무허가건물 정비에 관한 행정상 사무처리의 편의와 사실증명의 자료로 삼기 위하여 작성, 비치하는 대장으로서 무허가건물을 무허가건물관리대장에 등재하거나 등재된 내용을 변경 또는 삭제하는 행위로 인하여 당해 무허가건물에 대한 실체상의 권리관계에 변동을 가져오는 것이 아니고, 무허가건물의 건축시기, 용도, 면적 등이 무허가건물관리대장의 기재에 의해서만 증명되는 것도 아니므로, 관할관청이 무허가건물의 무허가건물관리대장 등재요건에 관한 오류를 바로잡으면서 당해 〈무허가건물을 무허가건물관리대장에서 삭제〉하는 행위는 다른 특별한 사정이 없는 한 항고소송의 대상이 되는 행정처분이 아니다(2009.3.12. 2008두11525).

선지분석 & 요플 · 기풀기링크

선지	THEME	요플	기풀기
ㄱ		169	171
ㄴ	T53 대상적격(법률관계)	142	144
ㄷ		182	183
ㄹ	T75 손실보상(토지보상법)	28	087
ㅁ	T53 대상적격(법률관계)	179	180
ㅂ	T52 대상적격(행정작용)	19	019

ㄹ. ○ 사업인정: 처분성○

토지보상법 제20조 제1항, 제22조 제3항은 사업시행자가 토지등을 수용하거나 **사용하려면** 국토교통부장관의 **사업인정을 받아야** 하고, 사업인정은 고시한 날부터 효력이 발생한다고 규정하고 있다. 이러한 **사업인정은 수용권을 설정해 주는 행정처분으로서**, 이에 따라 수용할 목적물의 범위가 확정되고, 수용권자가 목적물에 대한 현재 및 장래의 권리자에게 대항할 수 있는 공법상 권한이 생긴다(2019.12.12. 2019두47629).

ㅁ. ○ 건축물대장 직권말소: 처분성○

〈건축물대장은〉 건축물에 대한 공법상의 규제, 지방세의 과세대상, 손실보상가액의 산정 등 **건축행정의 기초자료로서 공법상의 법률관계에 영향**을 미칠 뿐만 아니라, 건축물에 관한 소유권보존등기 또는 소유권이전등기를 신청하려면 이를 등기소에 제출하여야 하는 점 등을 종합해 보면, 건축물대장은 건축물의 소유권을 제대로 행사하기 위한 **전제요건**으로서 건축물 소유자의 실체적 권리관계에 밀접하게 관련되어 있으므로, 이러한 〈**건축물대장을 직권말소**〉한 행위는 국민의 권리관계에 영향을 미치는 것으로서 항고소송의 대상이 되는 행정**처분에 해당**한다(2010.5.27. 2008두22655).

ㅂ. ○ 공정위의 표준약관 사용권장행위: 처분성○

공정거래위원회의 '표준약관 사용권장행위'는 그 통지를 받은 해당 사업자 등에게 표준약관과 다른 약관을 사용할 경우 표준약관과 다르게 정한 주요 내용을 고객이 알기 쉽게 **표시하여야 할 의무**를 부과하고, 그 불이행에 대해서는 과태료에 처하도록 되어 있으므로, 이는 사업자 등의 권리·의무에 직접 영향을 미치는 행정**처분으로서 항고소송의 대상이 된다**(2010.10.14. 2008두23184).

29

판례의 입장으로 옳지 않은 것은? 19지방7

① 건축허가관청은 특단의 사정이 없는 한 건축허가 내용대로 완공된 건축물의 준공을 거부할 수 없다.
② 지적공부 소관청이 토지대장을 직권으로 말소하는 행위는 항고소송의 대상이 되는 행정처분에 해당한다.
③ 무허가건물을 무허가건물관리대장에서 삭제하는 행위는 다른 특별한 사정이 없는 한 항고소송의 대상이 되는 행정처분에 해당한다.
④ 지목은 토지소유권을 제대로 행사하기 위한 전제요건이므로 지적공부 소관청의 지목변경신청 반려행위는 항고소송의 대상이 되는 행정처분에 해당한다.

관련 OX

② 관련
1 지적공부 소관청의 토지대장 직권말소행위는 판례에 의해 항고소송의 대상으로 인정된다) 14지방7

④ 관련
2 지적공부 소관청의 지목변경신청 반려행위는 국민의 권리관계에 영향을 미치는 것으로서 항고소송의 대상이 되는 행정처분에 해당한다. 23군무원9

추가기출(④ 관련)
ⓐ ㅇ
건축물대장 소관청의 건축물대장 작성신청 반려행위는 항고소송의 대상이 된다. 19소방

해설

① ㅇ 준공검사: 확인행위 & 기속행위 → 허가대로 완공된 건물의 준공거부 불가 / 단, 건축허가 자체가 위법하면 거부 가능
준공검사 처분은 건축허가를 받아 건축한 건물이 건축허가사항대로 건축행정목적에 적합한가의 여부를 확인하고, 준공검사필증을 교부하여 줌으로써 허가받은 자로 하여금 건축한 건물을 사용, 수익할 수 있게 하는 법률효과를 발생시키는 것이다. … 허가관청은 특단의 사정이 없는 한 건축허가내용대로 완공된 건축물의 준공을 거부할 수 없다고 하겠으나, 만약 건축허가 자체가 건축관계 법령에 위반되는 하자가 있는 경우에는 비록 건축허가내용대로 완공된 건축물이라 하더라도 위법한 건축물이 되는 것으로서 그 하자의 정도에 따라 건축허가를 취소할 수 있음은 물론 그 준공도 거부할 수 있다고 하여야 할 것이다(1992.4.10. 91누5358).

+PLUS 준공검사는 완공된 건축물이 당초 허가사항대로 건축되었는지를 판단하는 것이다. 준공검사가 되어야 건축물을 사용·수익할 수 있게 된다. 강학상 확인이다(준법률행위적 VA). 따라서 기속행위이고, 건축허가내용대로 완공시 준공을 거부할 수 없음이 원칙이다. 단, 건축허가 자체가 위법시 정도에 따라 거부할 수도 있다.

②④ ㅇ, ③ ×

■ 토지대장·건축물대장 관련 처분성 정리

토지대장(지적공부)	건축물대장
• 지목변경신청반려ㅇ④	• 용도변경신청 거부ㅇ
• 토지대장 직권말소ㅇ②	• 건축물대장 직권말소ㅇ / 작성신청 반려ㅇⓐ
• 토지분할신청 거부ㅇ	• 건축물대장 합병ㅇ
• 소유자명의변경신청 거부×	• 무허가건물관리대장에서 삭제×③

- ② 토지대장을 직권으로 말소한 행위는 국민의 권리관계에 영향을 미치는 것으로서 항고소송의 대상이 되는 행정처분에 해당한다(2013.10.24. 2011두13286).
- ③ 관할관청이 무허가건물의 무허가건물관리대장 등재 요건에 관한 오류를 바로잡으면서 당해 무허가건물을 무허가건물관리대장에서 삭제하는 행위는 다른 특별한 사정이 없는 한 항고소송의 대상이 되는 행정처분이 아니다(2009.3.12. 2008두11525).
- ④ 지목은 토지소유권을 제대로 행사하기 위한 전제요건으로서 토지소유자의 실체적 권리관계에 밀접하게 관련되어 있으므로 지적공부 소관청의 지목변경신청 반려행위는 국민의 권리관계에 영향을 미치는 것으로서 항고소송의 대상이 되는 행정처분에 해당한다(2004.4.22. 2003두9015 전합).

(관련) 건축물대장 작성신청 반려: 처분성 인정ⓐ
사용승인을 얻어야 하는 자 외의 자는 건축물대장의 작성 신청권을 가지고 있고, 한편 건축물대장은 … 건축행정의 기초자료로서 공법상의 법률관계에 영향 … 소유권을 제대로 행사하기 위한 전제요건 … 〈건축물대장 소관청의 작성신청 반려〉행위는 국민의 권리관계에 영향을 미치는 것으로서 항고소송의 대상이 되는 행정처분에 해당한다ⓐ(2009.2.12. 2007두17359).

선지분석 & 요플·기풀기링크

선지	THEME	요플	기풀기
①	T24 건축 관련 쟁점	27	028
②		174	176
③	T53 대상적격(법률관계)	182	183
④		173	175

정답 ③

OX 1ㅇ 2ㅇ ⓐㅇ

30

고난도

항고소송의 대상이 되는 행정처분으로 인정되는 것만을 모두 고른 것은? (다툼이 있는 경우 판례에 의함)

15지방9

- Ⓑ ㄱ. 「산업재해보상보험법」상 장해보상금 결정의 기준이 되는 장애등급결정
- Ⓐ ㄴ. 한국마사회의 기수에 대한 징계처분
- Ⓒ ㄷ. 지적 소관청의 토지분할신청 거부행위
- ㄹ. 「하수도법」상 하수도정비기본계획
- 인 ㅁ. 건축계획심의신청에 대한 반려
- ㅂ. 진실·화해를 위한 과거사정리위원회의 진실규명결정
- Ⓢ ㅅ. 어업권면허에 선행하는 우선순위결정

① ㄱ, ㄴ, ㄷ, ㄹ
② ㄱ, ㄷ, ㅁ, ㅂ
③ ㄴ, ㄹ, ㅁ, ㅅ
④ ㄷ, ㅁ, ㅂ, ㅅ

관련 OX

ㄱ.관련

1 병역처분의 자료로 군의관이 하는 「병역법」상의 신체등급판정은 처분이나, 「산업재해보상보험법」상 장해보상금결정의 기준이 되는 장해등급결정은 처분이 아니다. 17(하)지방9

ㄴ.관련

2 한국마사회가 조교사 또는 기수의 면허를 취소하는 것은 국가 기타 행정기관으로부터 위탁받은 행정권한의 행사가 아니라 일반 사법상의 법률관계에서 이루어지는 단체 내부에서의 징계 내지 제재처분이다. 22국가7

ㅅ.관련

3 어업권면허에 선행하는 우선순위결정은 행정청이 우선권자로 결정된 자의 신청이 있으면 어업권면허처분을 하겠다는 것을 약속하는 행위로서 강학상 확약에 불과하고 행정처분은 아니다. 23국가7

해설

ㄱ. 처분 ○
판례는 산업재해보상보험법상 장해보상금 결정의 기준이 되는 **장해등급결정**(2004두12957), 국민연금법상 장애연금 결정의 기준이 되는 **장애등급결정**(2012두15135)의 **처분성**을 인정한다.
+ PLUS 지문의 산재법상 '장애'등급결정은 '장해'등급결정의 오기로 보인다.

ㄴ. 처분 × (사법관계)
한국마사회가 조교사 또는 **기수의 면허**를 부여하거나 **취소**하는 것은 행정권한의 행사가 아니라 일반 **사법상의 법률관계**에서 이루어지는 단체 내부에서의 징계 내지 제재처분이다(2008.1.31. 2005두8269).

ㄷ. 처분 ○
지적 소관청의 이러한 **토지분할신청의 거부행위**는 국민의 권리관계에 영향을 미치는 것으로서 항고소송의 대상이 되는 **처분**으로 보아야 할 것이다(1992.12.8. 92누7542).

ㄹ. 처분 × (직접적 법률상 효과 없음)
구 하수도법에 의하여 수립한 **하수도정비기본계획**은 항고소송의 대상이 되는 행정**처분**에 해당하지 아니한다(2002.5.17. 2001두10578).

ㅁ. 처분 ○
피고의 건축계획심의신청에 대한 반려처분은 원고의 권리·의무나 법률관계에 직접 영향을 미쳤다고 할 것이다. 나아가 법규상 내지 조리상으로 원고에게 건축계획심의를 신청할 권리도 있다고 할 것이므로, **건축계획심의신청에 대한 반려**처분은 항고소송의 대상이 된다 할 것이다(2007.10.11. 2007두1316).

ㅂ. 처분 ○
「진실·화해를 위한 과거사정리 기본법」제26조에 따른 **진실·화해를 위한 과거사정리위원회의 진실규명결정**이 항고소송의 대상이 되는 행정**처분**이다(2013.1.16. 2010두22856).

ㅅ. 처분 × (확약)
어업권면허에 선행하는 **우선순위결정**은 행정청이 우선권자로 결정된 자의 신청이 있으면 어업권면허처분을 하겠다는 것을 약속하는 행위로서 **강학상 확약**에 불과하고 행정**처분은 아니므로**, 우선순위결정에 공정력이나 불가쟁력과 같은 효력은 인정되지 않는다(1995.1.20. 94누6529).

선지분석 & 요플·기풀기링크

선지	THEME	요플	기풀기
ㄱ	T52 대상적격(행정작용)	40	041
ㄴ	T53 대상적격(법률관계)	109	115
ㄷ	T53 대상적격(법률관계)	175	177
ㄹ	T34 행정계획	21	017
ㅁ	T54 거부처분	45	046
ㅂ	T53 대상적격(법률관계)	188	189
ㅅ	T33 단계적 행정결정 등	26	005

정답 ②

OX 1× 2○ 3○

31

항고소송에 대한 판례의 입장으로 옳은 것만을 모두 고르면?   22국가7

> ㄱ. 건축물대장 소관청의 용도변경신청 거부행위는 국민의 권리관계에 영향을 미치는 것으로서 항고소송의 대상이 되는 행정처분에 해당한다.
> ㄴ. 자동차운전면허대장에 일정한 사항을 등재하는 행위와 운전경력증명서상의 기재행위는 행정소송의 대상이 되는 독립한 행정처분으로 볼 수 없다.
> ㄷ. 「병역법」에 따라 관할 지방병무청장이 1차로 병역의무기피자 인적사항 공개 대상자 결정을 하고 그에 따라 병무청장이 같은 내용으로 최종적 공개결정을 하였더라도, 해당 공개 대상자는 관할 지방병무청장의 공개 대상자 결정을 다툴 수 있다.
> ㄹ. 한국마사회가 조교사 또는 기수의 면허를 취소하는 것은 국가 기타 행정기관으로부터 위탁받은 행정권한의 행사가 아니라 일반 사법상의 법률관계에서 이루어지는 단체 내부에서의 징계 내지 제재처분이다.

① ㄱ, ㄴ, ㄷ ② ㄱ, ㄴ, ㄹ
③ ㄱ, ㄷ, ㄹ ④ ㄴ, ㄷ, ㄹ

관련 OX

ㄱ.관련
1 판례는 건축물대장 소관청의 용도변경신청 거부행위의 처분성을 부인한다. 11국회8

ㄴ.관련
2 자동차운전면허대장상 등재행위(는 처분성이 인정된다) 18(1)서울7

해설

ㄱ. ○ 건축물대장 용도변경신청 거부: 처분○
구 건축법 … 규정은 건축물의 소유자에게 건축물대장의 용도변경신청권을 부여한 것이고, 한편 건축물의 〈용도는〉 토지의 지목에 대응하는 것으로서 건물의 이용에 대한 공법상의 규제, 건축법상의 시정명령, 지방세 등의 과세대상 등 공법상 법률관계에 영향을 미치고, 건물소유자는 용도를 토대로 건물의 사용·수익·처분에 일정한 영향을 받게 된다. 이러한 점 등을 고려해 보면, 건축물대장의 용도는 건축물의 소유권을 제대로 행사하기 위한 전제요건으로서 건축물 소유자의 실체적 권리관계에 밀접하게 관련되어 있으므로, 〈건축물대장 소관청의 용도변경신청 거부〉행위는 국민의 권리관계에 영향을 미치는 것으로서 항고소송의 대상이 되는 행정처분에 해당한다(2009.1.30. 2007두7277).

ㄴ. ○ 자동차운전면허대장상 등재행위 & 운전경력증명서 기재행위: 처분×
자동차운전면허대장상 일정한 사항의 등재행위는 운전면허행정사무집행의 편의와 사실증명의 자료로 삼기 위한 것일 뿐 그 등재행위로 인하여 당해 운전면허 취득자에게 새로이 어떠한 권리가 부여되거나 변동 또는 상실되는 효력이 발생하는 것은 아니므로 이는 행정소송의 대상이 되는 독립한 행정처분으로 볼 수 없고, 운전경력증명서상의 기재행위 역시 당해 운전면허 취득자에 대한 자동차운전면허대장상의 기재사항을 옮겨 적는 것에 불과할 뿐이므로 운전경력증명서에 한 등재의 말소를 구하는 소는 부적법하다 할 것이다(1991.9.24. 91누1400).

ㄷ. × 병무청장이 최종결정을 한 경우, 관할 지방병무청장의 공개 대상 결정을 다툴 소의 이익×
관할 지방병무청장이 1차로 공개 대상자 결정을 하고, 그에 따라 병무청장이 같은 내용으로 최종적 공개결정을 하였다면, 공개 대상자는 병무청장의 최종적 공개결정만을 다투는 것으로 충분하고, 관할 지방병무청장의 공개 대상자 결정을 별도로 다툴 소의 이익은 없어진다(2019.6.27. 2018두49130).

ㄹ. ○ 마사회의 조교사·기수 면허취소: 처분×, 사법상 제재○
한국마사회가 조교사 또는 기수의 면허를 부여하거나 취소하는 것은 행정권한의 행사가 아니라 일반 사법상의 법률관계에서 이루어지는 단체 내부에서의 징계 내지 제재처분이다(2008.1.31. 2005두8269).

선지선택비율 ① 9.18% ② 81.78% ③ 6.85% ④ 2.19% 오답률 18.22%

선지분석 & 요플·기풀기링크

선지	THEME	요플	기풀기
ㄱ	T53 대상적격(법률관계)	178	179
ㄴ		171	173
ㄷ	T42 실효성 확보(공통쟁점)	50	050
ㄹ	T53 대상적격(법률관계)	109	0115

정답 ②

OX 1× 2×

32 행정처분에 대한 설명으로 옳지 않은 것은? (다툼이 있는 경우 판례에 의함)

24국가9

① 과징금부과처분이 법이 정한 한도액을 초과하여 위법할 경우 법원으로서는 그 한도액을 초과한 부분이나 법원이 적정하다고 인정되는 부분을 초과한 부분만을 취소할 수 있다.

② 건축물대장의 용도는 건축물의 소유권을 제대로 행사하기 위한 전제요건으로서 건축물 소유자의 실체적 권리관계에 밀접하게 관련되어 있으므로, 건축물대장 소관청의 용도변경신청 거부행위는 국민의 권리관계에 영향을 미치는 것으로서 항고소송의 대상이 되는 행정처분에 해당한다.

③ 한국철도시설공단(현 국가철도공단)이 공사낙찰적격심사 감점처분의 근거로 내세운 규정은 공사낙찰적격심사세부기준이고, 이러한 규정은 공공기관이 사인과의 계약관계를 공정하고 합리적·효율적으로 처리할 수 있도록 관계 공무원이 지켜야 할 계약사무처리에 관한 필요한 사항을 규정한 것으로서 공공기관의 내부규정에 불과하여 대외적 구속력이 없다.

④ 「식품위생법」에 따른 식품접객업(일반음식점영업)의 영업신고의 요건을 갖춘 자라고 하더라도, 그 영업신고를 한 당해 건축물이 「건축법」 소정의 허가를 받지 아니한 무허가 건물이라면 적법한 신고를 할 수 없다.

관련 OX

② 관련

1 판례는 건축물대장 소관청의 용도변경신청 거부행위의 처분성을 부인한다. 11국회8

④ 관련

2 「식품위생법」에 따른 식품접객업(일반음식점영업)의 영업신고의 요건을 갖춘 자라고 하더라도 그 영업신고를 한 당해 건축물이 「건축법」 소정의 허가를 받지 아니한 무허가 건물이라면 적법한 신고를 할 수 없다. 12국회8

해설

① ✕ 재량행위인 과징금부과처분에서 법정한도액을 초과한 경우: 전부 취소(초과 부분만 취소✕)
과징금부과처분이 법이 정한 한도액을 초과하여 위법할 경우 법원으로서는 그 전부를 취소할 수밖에 없고, 그 한도액을 초과한 부분이나 법원이 적정하다고 인정되는 부분을 초과한 부분만을 취소할 수 없다(1998.4.10. 98두2270).

+ PLUS 기속행위: 가분·특정 가능시 초과부분만 취소, 불가시 전부 취소 ↔ 재량행위: 본질적으로 가분·특정 불가로 전부 취소. 단 수개의 위반행위에 대한 하나의 과징금부과처분의 경우 위법 인정부분만 취소 가능

② ○ 건물대장 용도변경신청 거부: 처분성 인정
건축물대장의 용도는 건축물의 소유권을 제대로 행사하기 위한 전제요건으로서 건축물 소유자의 실체적 권리관계에 밀접하게 관련되어 있으므로, 건축물대장 소관청의 용도변경신청 거부행위는 국민의 권리관계에 영향을 미치는 것으로서 항고소송의 대상이 되는 행정처분에 해당한다(2009.1.30. 2007두7277).

③ ○ 한국철도시설공단이 공사낙찰적격심사세부기준: 대외적 구속력✕
원고에 대하여 한 공사낙찰적격심사 감점처분의 근거로 내세운 규정은 피고(한국철도시설공단)의 공사낙찰적격심사세부기준인 사실, 이 사건 세부기준은 「공공기관의 운영에 관한 법률」, 구 「공기업·준정부기관 계약사무규칙」에 근거하고 있으나, 이러한 규정은 공공기관이 사인과 사이의 계약관계를 공정하고 합리적·효율적으로 처리할 수 있도록 관계 공무원이 지켜야 할 계약사무처리에 관한 필요한 사항을 규정한 것으로서 공공기관의 내부규정에 불과하여 대외적 구속력이 없다(2014.12.24. 2010두6700).

④ ○ 식품위생법 요건 갖추어도 건축법상 무허가건물이면 적법한 신고✕
식품위생법에 따른 식품접객업(일반음식점영업)의 영업신고의 요건을 갖춘 자라고 하더라도, 그 영업신고를 한 당해 건축물이 건축법 소정의 허가를 받지 아니한 무허가 건물이라면 적법한 신고를 할 수 없다(2009.4.23. 2008도6829).

선지선택비율 ① 74.86% ② 8.09% ③ 10.84% ④ 6.20% 오답률 25.14%

선지분석 & 요플·기풀기링크

선지	THEME	요플	기풀기
①	T65 판결 기준시/종류	23	024
②	T53 대상적격(법률관계)	178	179
③		19	010
④	T23 신고	40	024

정답 ①
OX 1✕ 2○

33

행정소송의 대상에 관한 설명으로 옳지 않은 것을 모두 고르면? (다툼이 있는 경우 판례에 따름)

09국회8

> ㄱ. 행정청이 식품위생법령에 따라 영업자에게 행정제재처분을 한 후 당초처분을 영업자에게 유리하게 변경하는 처분을 한 경우, 취소소송의 대상은 변경된 내용의 당초처분이지 변경처분은 아니다.
>
> ㄴ. 민주화운동 관련자 명예회복 및 보상심의위원회의 보상금 등의 지급대상자에 관한 결정은 국민의 권리·의무에 직접 영향을 미치는 행정처분에 해당하지 않는다.
>
> ㄷ. 대학교원의 신규채용에 있어서 유일한 면접심사 대상자로 선정된 임용지원자에 대한 교원신규채용 중단조치는 임용지원자에 대한 신규임용을 사실상 거부하는 종국적인 조치로서 항고소송의 대상이 되는 처분 등에 해당한다.
>
> ㄹ. 노동조합규약의 변경보완시정명령은 노동행정에 관한 행정관청의 의사를 조합에 직접 표시한 것이고 「행정소송법」 제2조 제1항에서 규정하고 있는 행정처분이라고 할 수 없다.

① ㄱ, ㄴ   ② ㄱ, ㄷ
③ ㄴ, ㄷ   ④ ㄴ, ㄹ
⑤ ㄷ, ㄹ

관련 OX

ㄴ. 관련

1 「민주화운동 관련자 명예회복 및 보상 등에 관한 법률」의 규정들만으로는 바로 법상의 보상금 등의 지급대상자가 확정된다고 볼 수 없고, 심의위원회에서 심의·결정을 받아야만 비로소 보상금 등의 지급대상자로 확정될 수 있는 경우의 보상금 지급을 구하는 소송(은 판례가 당사자소송으로 다루어야 한다고 본다)   14국회8

2 ㉢ 「민주화운동 관련자 명예회복 및 보상 등에 관한 법률」에 따른 보상심의위원회의 결정을 다투는 소송(은 공법상 당사자소송에 해당한다)   15지방7

ㄷ. 관련

3 유일한 면접대로 선정된 임용지원자에 대하여 국립대학교 총장이 교원신규채용업무를 중단하는 조치는 항고소송의 대상이 아니다.   12국가7

해설

ㄱ. ○ 행정청이 제재처분을 유리하게 변경: 변경된 당초처분이 불복대상·제소기간 판단기준
행정청이 식품위생법령에 따라 영업자에게 〈행정제재처분을 한 후 그 처분을 영업자에게 유리하게 변경〉하는 처분을 한 경우, 변경처분에 의하여 당초처분은 소멸하는 것이 아니고 당초부터 유리하게 변경된 내용의 처분으로 존재하는 것이므로, 변경처분에 의하여 유리하게 변경된 내용의 행정제재가 위법하다 하여 그 취소를 구하는 경우 그 취소소송의 대상은 변경된 내용의 당초처분이지 변경처분은 아니고, 제소기간의 준수 여부도 변경처분이 아닌 변경된 내용의 당초처분을 기준으로 판단하여야 한다(2007.4.27. 2004두9302).

ㄴ. × 민주화보상법에 따른 보상금결정: 처분에 해당○
「〈민주화운동〉 관련자 명예회복 및 보상 등에 관한 법률」 … 규정들만으로는 바로 법상의 보상금 등의 지급대상자가 확정된다고 볼 수 없고, '민주화운동 관련자 명예회복 및 보상심의위원회'에서 심의·결정을 받아야만 비로소 보상금 등의 지급대상자로 확정될 수 있다. 따라서 그와 같은 심의위원회의 결정은 국민의 권리·의무에 직접 영향을 미치는 행정처분에 해당한다. 심의위원회가 보상금 등의 지급을 기각하는 결정을 한 경우에는 신청인은 심의위원회를 상대로 그 결정의 취소를 구하는 소송을 제기하여 보상금 등의 지급대상자가 될 수 있다(2008.4.17. 2005두16185 전합).
+ PLUS ① 민주화보상법에 따른 보상금 지급거부(처분○, 항고소송으로 불복), ② 광주민주화보상법에 따른 보상금 지급거부(처분×, 당사자소송으로 불복)

ㄷ. ○ 유일면접대상자로 선정된 임용지원자에 대한 신규채용중단: 처분○
관계 법령에 대학교원의 신규임용에 있어서의 심사단계나 심사방법 등에 관하여 아무런 규정을 두지 않았다고 하더라도, 대학 스스로 교원의 임용규정이나 신규채용업무시행지침 등을 제정하여 그에 따라 교원을 신규임용하여 온 경우, 임용지원자가 당해 대학의 교원임용규정 등에 정한 심사단계 중

선지분석 & 요플·기풀기링크

선지	THEME	요플	기풀기
ㄱ	T52 대상적격(행정작용)	73	075
ㄴ		130	132
ㄷ	T53 대상적격(법률관계)	72	074
ㄹ		189	191

중요한 대부분의 단계를 통과하여 다수의 임용지원자 중 〈유일한 면접심사대상자로 선정〉되는 등으로 장차 나머지 일부의 심사단계를 거쳐 대학교원으로 **임용될** 것을 상당한 정도로 기대할 수 있는 지위에 이르렀다면, 그러한 임용지원자는 임용에 관한 법률상 이익을 가진 자로서 임용권자에 대하여 나머지 심사를 공정하게 진행하여 그 심사에서 통과되면 대학교원으로 **임용해 줄 것을 신청할 조리상의 권리**가 있다고 보아야 할 것이고, 또한 유일한 면접심사 대상자로 선정된 임용지원자에 대한 교원신규채용업무를 중단하는 조치는 임용지원자에게 직접 고지되지 않았다고 하더라도 임용지원자가 이를 알게 됨으로써 효력이 발생한 것으로 보아야 할 것이므로, 이는 임용지원자의 권리 내지 법률상 이익에 직접 관계되는 것으로서 항고소송의 대상이 되는 **처분** 등에 해당한다(2004.6.11. 2001두7053).

+ PLUS 임용거부의 처분성

부정	인정
① 일반적 임용지원자	① 임용지원자 중 유일한 면접심사대상자로 선정된 자 ② 기간제 교수의 재임용의 경우 ③ 대학추천을 받은 총장후보자 ④ 검사임용의 경우

ㄹ. ✕ 노동조합규약 변경보완시정명령(명령): 처분에 해당

〈노동조합규약의 변경보완시정명령〉은 조합규약의 내용이 노동조합법에 위반된다고 보아 구체적 사실에 관한 법집행으로서 같은 **법 제16조 소정의 명령권**을 발동하여 조합규약의 해당 조항을 지적된 법률조항에 위반되지 않도록 적절히 변경보완할 것을 명하는 노동행정에 관한 행정관청의 의사를 조합에게 직접 표시한 것이므로 행정소송법 제2조 제1항에서 규정하고 있는 행정**처분에 해당**된다(1993.5.11. 91누10787).

정답 ④
OX 1✕ 2✕ 3✕

THEME 54 거부처분 관련 쟁점

기 812-833
요 232-237

필수문제 01

거부처분의 취소소송에 대한 설명으로 옳지 않은 것은? (다툼이 있는 경우 판례에 의함)

25지방9

① 도시계획구역 내 토지 등을 소유하고 있는 주민으로서는 도시시설계획의 입안권자 내지 결정권자에게 도시시설계획의 입안 내지 변경을 요구할 수 있는 법규상 또는 조리상 신청권이 있다.

② 주민등록번호가 피해자의 의사와 무관하게 유출된 경우 조리상 주민등록번호의 변경을 요구할 신청권이 인정된다.

③ 신청권은 그 신청에 따른 단순한 응답을 받을 권리를 넘어서 신청의 인용이라는 만족적 결과를 얻을 권리를 의미한다.

④ 「민원사무 처리에 관한 법률」에서 민원사항의 신청에 대한 행정기관의 절차적인 접수의무를 규정하고 있다고 하더라도, 그로써 바로 민원인에게 그 민원에서 요구하는 행정기관의 행위에 대한 실체적인 신청권까지 인정되는 것이라고 볼 수 없다.

관련 OX

③ 관련

1 기
취소소송을 제기하기 위해서는 처분등이 존재하여야 하며, 거부처분이 성립하기 위해서는 개인의 신청권이 존재하여야 하고, 여기서 신청권이란 신청인이 신청의 인용이라는 만족적 결과를 얻을 권리를 의미하는 것이다. 17(1)서울9

2 C
국민이 어떤 신청을 한 경우에 그 신청의 근거가 된 조항의 해석상 행정발동에 대한 개인의 신청권을 인정하고 있다고 보이면 그 거부행위는 항고소송의 대상이 되는 처분으로 보아야 하고, 구체적으로 그 신청이 인용될 수 있는가 하는 점은 본안에서 판단하여야 할 사항이다. 21군무원9

해설

① ○ 도시계획구역 내 토지등소유자와 같이 이해관계 있는 주민 → 도시시설계획의 입안·변경신청권○ so 거부에 처분성○
도시계획구역 내 토지 등을 소유하고 있는 사람과 같이 당해 도시계획시설결정에 이해관계가 있는 주민으로서는 도시시설계획의 입안권자 내지 결정권자에게 도시시설계획의 입안 내지 변경을 요구할 수 있는 법규상 또는 조리상의 신청권이 있고, 이러한 신청에 대한 거부행위는 항고소송의 대상이 되는 행정처분에 해당한다(2015.3.26. 2014두42742).

② ○ 주민등록번호 불법유출시: 변경신청권○ → 거부시 처분○
피해자의 의사와 무관하게 주민등록번호가 유출된 경우에는 조리상 주민등록번호의 변경을 요구할 신청권을 인정함이 타당하고, 구청장의 주민등록번호 변경신청 거부행위는 항고소송의 대상이 되는 행정처분에 해당한다(2017.6.15. 2013두2945).

③ × 신청권: 일반 국민으로서 응답을 받을 수 있는 추상적 권리○, 신청을 인용받을 권리×
거부처분의 처분성을 인정하기 위한 전제요건이 되는 신청권의 존부는 구체적 사건에서 신청인이 누구인가를 고려하지 않고 관계 법규의 해석에 의하여 일반 국민에게 그러한 신청권을 인정하고 있는가를 살펴 추상적으로 결정되는 것이고, 신청인이 그 신청에 따른 단순한 응답을 받을 권리를 넘어서 신청의 인용이라는 만족적 결과를 얻을 권리를 의미하는 것은 아니다(2009.9.10. 2007두20638).

+ PLUS 신청권 인정되면 거부행위의 처분성 인정 / 신청의 인용 여부는 본안판단사항
국민이 어떤 신청을 한 경우에 그 신청의 근거가 된 조항의 해석상 행정발동에 대한 개인의 신청권을 인정하고 있다고 보이면 그 거부행위는 항고소송의 대상이 되는 처분으로 보아야 할 것이고, 구체적으로 그 신청이 인용될 수 있는가 하는 점은 본안에서 판단하여야 할 사항이다(2009.9.10. 2007두20638).

선지분석 & 요플·기풀기링크

선지	THEME	요플	기풀기
①	T34 행정계획	63	063
②		43	040
③	T54 거부처분	10	013
④		30	026

④ ○ 민원처리법상 절차적 접수의무 규정에서 민원에서 요구하는 행위에 대한 실체적 신청권까지 인정×
구 「행정규제 및 민원사무기본법」 제2조 제3호와 제9조 제3항 및 같은 법 시행령 제2조 제3호 (바)목의 규정은, 행정기관에 대하여 특정한 행위를 요구하는 행위도 민원사항의 하나로 규정하면서 그에 관한 신청이 있을 경우 행정기관은 그 접수를 보류 또는 거부하거나 혹은 접수된 서류를 부당하게 되돌려 보낼 수 없도록 규정하고 있으나, 위 법이 민원사무의 처리에 관한 기본적인 사항을 정하는 것을 그 입법목적으로 하여 주로 절차적인 사항을 정하고 있는 점에 비추어 볼 때, 위 각 규정에서 위와 같이 민원사항의 신청에 대한 행정기관의 절차적인 접수의무를 규정하고 있다고 하더라도 그로써 바로 민원인에게 그 민원에서 요구하는 행정기관의 행위에 대한 실체적인 신청권까지 인정되는 것이라고 볼 수는 없다(1999.8.24. 97누7004).

+ PLUS 원고들이 피고(서울특별시 노원구청장)에게 '재개발구역 분할 및 사업계획 변경신청서'를 제출한 것이 행정기관에 대하여 특정한 행위를 요구하는 민원사항의 신청에 해당하여 민원사무법의 위 규정상 피고에게 그에 대한 접수의무가 있다고 하더라도 그로써 원고들에게 재개발사업계획의 변경에 관한 실체적인 신청권까지 인정되는 것은 아니므로, 피고가 그에 관하여 원고들이 신청한 재개발사업계획의 변경이 허용되지 않는다는 요지의 통지를 하였다고 하더라도 이는 항고소송의 대상이 되는 거부처분이 아니라고 본 사안

선지선택비율 ① 5.80% ② 4.25% ③ 84.63% ④ 5.32%   오답률 15.37%

정답 ③
OX 1× 2○

필수문제 02

항고소송의 대상인 처분에 대한 설명으로 옳은 것은? (다툼이 있는 경우 판례에 의함) 19국가9

ⓒ ① 국립대학교 총장의 임용권한은 대통령에게 있으므로, 교육부장관이 대통령에게 임용제청을 하면서 대학에서 추천한 복수의 총장 후보자들 중 일부를 임용제청에서 제외한 행위는 처분에 해당하지 않는다.

ⓢ ② 인터넷 포털사이트의 개인정보 유출사고로 주민등록번호가 불법유출되었음을 이유로 주민등록번호 변경신청을 하였으나 관할 구청장이 이를 거부한 경우, 그 거부행위는 처분에 해당하지 않는다.

ⓑ ③ 검사의 불기소결정은 공권력의 행사에 포함되므로, 검사의 자의적인 수사에 의하여 불기소결정이 이루어진 경우 그 불기소결정은 처분에 해당한다.

ⓒ ④ 국가인권위원회가 진정에 대하여 각하 및 기각결정을 할 경우 피해자인 진정인은 인권침해 등에 대한 구제조치를 받을 권리를 박탈당하게 되므로, 국가인권위원회의 진정에 대한 각하 및 기각결정은 처분에 해당한다.

관련 OX

② 관련

1 피해자의 의사와 무관하게 주민등록번호가 유출된 경우라고 하더라도 주민등록번호의 변경을 요구할 신청권은 인정되지 않으므로, 구청장의 주민등록번호 변경신청 거부행위는 항고소송의 대상이 되는 행정처분에 해당하지 않는다. 19서울9

④ 관련

2 국가인권위원회의 각하 및 기각결정은 항고소송의 대상이 되는 처분에 해당하지 아니하므로 헌법소원의 보충성 요건을 충족하여야 헌법소원의 대상이 된다. 17국회8

해설

① ✕ 교육부장관의 총장 후보자 임용제청 제외행위: 처분 ○
대학의 추천을 받은 총장 후보자는 교육부장관으로부터 정당한 심사를 받을 것이라는 기대를 하게 된다. 교육부장관이 대학에서 추천한 복수의 총장 후보자들 전부 또는 일부를 임용제청에서 제외하는 행위는 제외된 후보자들에 대한 불이익처분으로서 항고소송의 대상이 되는 처분에 해당한다고 보아야 한다(2018.6.15. 2016두57564).

교육부장관의 대학총장 임용제청 제외사건

	쟁점	판시내용	
쟁송방법	1) 대통령의 임용 전	교육부장관의 임용제청 제외처분에 대해 항고소송(처분 ○)	피고: 교육부장관
	2) 대통령의 임용 후	대통령의 처분에 대해 항고소송(교육부장관의 제청제외는 소익 ✕)	

② ✕ 주민등록번호 불법유출시: 변경신청권 ○ → 거부시 처분 ○
(甲 등이 인터넷 포털사이트 등의 개인정보 유출사고로 자신들의 주민등록번호 등 개인정보가 불법유출되자 주민등록번호를 변경해 줄 것을 신청하였으나 구청장이 거부하는 취지의 통지를 한 사안에서) 피해자의 의사와 무관하게 주민등록번호가 유출된 경우에는 조리상 주민등록번호의 변경을 요구할 신청권을 인정함이 타당하고, 구청장의 주민등록번호 변경신청 거부행위는 항고소송의 대상이 되는 행정처분에 해당한다(2017.6.15. 2013두2945).

③ ✕ 검사의 불기소결정: 처분 ✕
〈검사의 불기소결정〉에 대해서는 검찰청법에 의한 항고와 재항고, 형사소송법에 의한 재정신청에 의해서만 불복할 수 있는 것이므로, 이에 대해서는 행정소송법상 항고소송을 제기할 수 없다(2018.9.28. 2017두47465).

④ ○ 국가인권위원회의 진정 각하·기각결정: 처분 ○
국가인권위원회는 법률상의 독립된 국가기관이고, 피해자인 진정인에게는 국가인권위원회법이 정하고 있는 구제조치를 신청할 법률상 신청권이 있는데 〈국가인권위원회가 진정을 각하 및 기각결정〉을 할 경우 피해자인 진정인으로서는 자신의 인격권 등을 침해하는 인권침해 또는 차별행위 등이 시정되고 그에 따른 구제조치를 받을 권리를 박탈당하게 되므로, 진정에 대한 국가인권위원회의 각하 및 기각결정은 피해자인 진정인의 권리행사에 중대한 지장을 초래하는 것으로서 항고소송의 대상이 되는 행정처분에 해당한다(헌재 2015.3.26. 2013헌마214 등).

선지분석 & 요플·기풀기링크

선지	THEME	요플	기풀기
①	T53 대상적격(법률관계)	74	077
②	T54 거부처분	44	041
③	T52 대상적격(행정작용)	85	088
④	T54 거부처분	28	024

정답 ④
OX 1 ✕ 2 ✕

03

항고소송의 대상적격에 관한 설명으로 옳지 않은 것은? (다툼이 있는 경우 판례를 따름)

19(1)서울9

① 피해자의 의사와 무관하게 주민등록번호가 유출된 경우라고 하더라도 주민등록번호의 변경을 요구할 신청권은 인정되지 않으므로, 구청장의 주민등록번호변경신청 거부행위는 항고소송의 대상이 되는 행정처분에 해당하지 않는다.

② 거부행위의 처분성을 인정하기 위한 전제요건이 되는 신청권의 존부는 구체적 사건에서 신청인이 누구인가를 고려하지 말고 관계 법규에서 일반 국민에게 그러한 신청권을 인정하고 있는가를 살펴 추상적으로 결정하여야 한다.

③ 도시계획시설결정에 이해관계가 있는 주민으로서는 도시시설계획의 입안권자 내지 결정권자에게 도시시설계획의 입안 내지 변경을 요구할 수 있는 법규상 또는 조리상의 신청권이 있고, 이러한 신청에 대한 거부행위는 항고소송의 대상이 되는 행정처분에 해당한다.

④ 제소기간이 이미 도과하여 불가쟁력이 생긴 행정처분에 대하여는 개별 법규에서 그 변경을 요구할 신청권을 규정하고 있거나 관계법령의 해석상 그러한 신청권이 인정될 수 있는 등 특별한 사정이 없는 한 국민에게 그 행정처분의 변경을 구할 신청권이 있다 할 수 없다.

관련 OX

① 관련

1 인터넷 포털사이트의 개인정보 유출 사고로 자신의 주민등록번호가 불법유출되었음을 이유로 이를 변경해줄 것을 신청하였으나 행정청이 거부하는 취지의 통지를 한 경우, 행정청의 변경신청 거부행위는 항고소송의 대상인 행정처분에 해당하지 않는다. 23국회9

③ 관련

2 「국토의 계획 및 이용에 관한 법률」상 도시계획시설결정에 이해관계가 있는 주민에게는 도시시설계획의 입안 내지 변경을 요구할 수 있는 법규상 또는 조리상의 신청권이 있다. 17(하)지방9

해설

① ✕ 주민등록번호 불법유출시: 변경신청권○ → 거부시 처분○
(甲 등이 인터넷 포털사이트 등의 개인정보 유출사고로 자신들의 주민등록번호 등 개인정보가 불법 유출되자 주민등록번호를 변경해 줄 것을 신청하였으나 구청장이 거부하는 취지의 통지를 한 사안에서) 피해자의 의사와 무관하게 **주민등록번호가 유출**된 경우에는 **조리상 주민등록번호의 변경을 요구할 신청권을 인정**함이 타당하고, **구청장의 주민등록번호 변경신청 거부행위는 항고소송의 대상이 되는 행정처분에 해당**한다(2017.6.15. 2013두2945).

② ○ 신청권의 존부: 신청인이 누구인가를 고려하지 않고 추상적으로 결정
거부처분의 **처분성**을 인정하기 위한 전제요건이 되는 〈신청권의 존부〉는 구체적 사건에서 신청인이 누구인가를 고려하지 않고 관계 법규의 해석에 의하여 **일반 국민에게 그러한 신청권을 인정하고 있는가를 살펴 추상적으로 결정**되는 것이다(2009.9.10. 2007두20638).

③ ○ 도시계획구역 내 토지등소유자와 같이 이해관계 있는 주민 → 도시시설계획의 입안·변경신청권○ so 거부에 처분성○
도시계획구역 내 토지 등을 소유하고 있는 사람과 같이 당해 도시계획시설결정에 〈이해관계가 있는 주민〉으로서는 도시시설계획의 입안권자 내지 결정권자에게 **도시시설계획의 입안 내지 변경을 요구할 수 있는 법규상 또는 조리상의 신청권**이 있고, 이러한 신청에 대한 **거부행위는 항고소송의 대상이 되는 행정처분에 해당**한다(2015.3.26. 2014두42742).

④ ○ 불가쟁력 발생시 특별사정 없는 한 처분변경 신청권 인정✕
제소기간이 이미 도과하여 **불가쟁력이 생긴 행정처분**에 대하여는 개별 법규에서 그 변경을 요구할 신청권을 규정하고 있거나 관계 법령의 해석상 그러한 신청권이 인정될 수 있는 등 특별한 사정이 없는 한 국민에게 그 행정처분의 **변경을 구할 신청권**이 있다 할 수 없다. … 거부행위인 이 사건 통지는 항고소송의 대상이 되는 행정처분이 될 수 없다(2007.4.26. 2005두11104).

선지분석 & 요플·기풀기링크

선지	THEME	요플	기풀기
①	T54 거부처분	44	041
②		09	012
③	T34 행정계획	65	064
④	T54 거부처분	35	031

정답 ①

OX 1✕ 2○

필수문제 04

취소판결의 기속력에 대한 설명으로 옳은 것은? (다툼이 있는 경우 판례에 의함) 15국가7

- ① 취소소송이 기각되어 처분의 적법성이 확정된 이후에도 처분청은 당해 처분이 위법함을 이유로 직권취소할 수 있다.
- ② 거부처분 취소판결이 확정된 후, 사실심 변론종결 이후에 발생한 새로운 사유를 근거로 다시 거부처분을 하는 것은 기속력에 위반된다.
- ③ 행정청이 판결확정 이후 상대방에 대해 재처분을 하였다면 그 처분이 기속력에 위반되는 경우라도 간접강제의 대상은 되지 않는다.
- ④ 기속력은 당해 취소소송의 당사자인 행정청에 대해서만 효력을 미치며, 그 밖의 다른 행정청은 기속하지 않는다.

관련 OX

② 관련

1 확정판결의 당사자인 처분 행정청은 그 행정소송의 사실심 변론종결 이후 발생한 새로운 사유를 내세워 다시 이전의 신청에 대하여 거부처분을 할 수 있다. 24지방7

2 거부처분취소의 확정판결을 받은 행정청이 사실심 변론종결 이후 발생한 새로운 사유를 내세워 다시 거부처분을 한 경우도 「행정소송법」 제30조 제2항에 규정된 재처분에 해당한다. 15국회8

③ 관련

3 거부처분에 대한 취소의 확정판결이 있음에도 행정청이 아무런 재처분을 하지 않는 경우뿐만 아니라 재처분을 하였더라도 그 재처분이 취소판결의 기속력에 반하는 경우에는 간접강제의 대상이 된다. 16국가7

④ 관련

4 처분등을 취소하는 확정판결은 그 사건에 관하여 당사자인 행정청과 그 밖의 관계행정청을 기속한다. 25국회8

해설

① ○ 기속력이란 행정청이 확정판결의 취지대로 행동하도록 당사자인 행정청과 그 외 관계행정청을 구속하는 힘을 말한다. 기속력은 형성력과 마찬가지로 인용판결에서만 인정되는 힘이다. 따라서 취소소송이 기각되어 처분의 적법성이 확정되더라도 처분청은 이에 기속됨이 없이 스스로 당해 처분이 위법하다고 판단하고 처분을 직권취소할 수 있다.

② ✕ 변론종결 후 발생한 새로운 사유: 재거부 가능
행정청의 거부처분을 취소하는 판결이 확정된 경우에는 행정청은 그 행정소송의 사실심 변론종결 이후 발생한 새로운 사유를 내세워 다시 이전의 신청에 대하여 거부처분을 할 수 있으며, 그러한 처분도 이 조항에 규정된 재처분에 해당한다(편저자: 기속력에 반하지 않는 적법한 재처분이다)(1999.12.28. 98두1895).

③ ✕ 재처분을 하긴 했으나 기속력에 반함: 당연무효 → 간접강제의 대상
거부처분에 대한 취소의 확정판결이 있음에도 행정청이 아무런 재처분을 하지 아니하거나, 재처분을 하였다 하더라도 그것이 종전 거부처분에 대한 취소의 확정판결의 기속력에 반하는 등으로 당연무효라면 이는 아무런 재처분을 하지 아니한 때와 마찬가지라 할 것이므로 이러한 경우에는 행정소송법 제30조 제2항, 제34조 제1항 등에 의한 간접강제신청에 필요한 요건을 갖춘 것으로 보아야 한다 (2002.12.11. 2002무22).

④ ✕ 기속력은 패소한 당사자인 피고 행정청뿐 아니라 관계행정청도 기속한다. 판결의 실효성을 확보하기 위해서는 처분청 외 그 처분과 관련된 기초행위나 부수행위를 할 수 있는 관계행정청도 구속시킬 필요가 있기 때문이다.

행정소송법 제30조(취소판결등의 기속력) ① 처분등을 취소하는 확정판결은 그 사건에 관하여 당사자인 행정청과 그 밖의 관계행정청을 기속한다.

선지분석 & 요플·기풀기링크

선지	THEME	요플	기풀기
①	T66 판결의 효력	11	035
②	T54 거부처분	56	056
③		64	066
④	T66 판결의 효력	13	042

정답 ①

OX 1○ 2○ 3○ 4○

05

행정소송상 간접강제에 대한 설명으로 가장 옳은 것은? (다툼이 있는 경우 판례를 따름)

23서울(지적)7

① 거부처분에 대해 무효확인소송을 제기하여 무효확인판결이 확정된 경우, 행정청에 판결의 취지에 따른 재처분의무가 인정될 뿐 간접강제는 허용되지 않는다.

② 간접강제결정에서 정한 의무이행기한이 경과하였다면 그 이후 확정판결의 취지에 따른 재처분의 이행이 있더라도 처분의 상대방은 간접강제결정에 기한 배상금을 추심할 수 있다.

③ 거부처분을 취소하는 판결이 확정된 후 행정청이 일단 재처분을 하였다면 설령 그 재처분이 기속력에 위반되는 내용일지라도 재처분을 이행한 것이므로 간접강제의 대상이 되지는 않는다.

④ 주택건설사업 승인신청 거부처분의 취소를 명하는 판결이 확정되었음에도 행정청이 그에 따른 재처분을 하지 않은 채 위 취소소송계속 중에 도시계획법령이 개정되었다는 이유를 들어 다시 거부처분을 한 사안에서, 개정된 법령에 종전 규정에 따른다는 경과규정이 있더라도 개정된 법령을 적용하여 다시 거부처분을 할 수 있고 그 거부처분은 종전 거부처분 취소판결의 기속력에 저촉되지 않으므로 간접강제가 허용되지 않는다.

관련 OX

① 관련

1 취소 확정판결의 기속력에 대한 규정은 무효확인판결에도 준용되므로, 무효확인판결의 취지에 따른 처분을 하지 아니할 때에는 1심 수소법원은 간접강제결정을 할 수 있다. 21국가7

② 관련

2 법원이 간접강제결정에서 정한 의무이행기한이 경과한 후에라도 확정판결의 취지에 따른 재처분이 행하여지면, 처분 상대방이 더 이상 배상금을 추심하는 것은 허용되지 않는다. 23국가7

해설

① ○ 무효확인소송에서는 취소소송의 재처분의무에 관한 규정은 준용되나 **간**접강제에 관한 규정은 준용되지 않는다. 따라서 거부처분에 대한 무효확인판결이 내려진 경우 재처분의무는 인정되지만 간접강제는 허용되지 않는다. **사전기간**

② × 간접강제결정에 기한 배상금: 재처분 지연에 대한 제재·손해배상×, 심리적 강제수단○ → 이행기간 도과 후에라도 일단 이행하면 추심 불가
행정소송법 제34조 소정의 〈간접강제결정에 기한 배상금〉은 확정판결의 취지에 따른 재처분의 지연에 대한 **제재나 손해배상**이 아니고 재처분의 이행에 관한 **심리적 강제수단**에 불과한 것으로 보아야 하므로, 간접강제결정에서 정한 의무이행기한이 **경과한 후에라도** 확정판결의 취지에 따른 **재처분이 행하여지면** 배상금을 추심함으로써 심리적 강제를 꾀한다는 당초의 목적이 소멸하여 **처분상대방이 더 이상 배상금을 추심하는 것이 허용되지 않는다**(2010.12.23. 2009다37725).

③ × 재처분을 하긴 했으나 기속력에 반함: 당연무효 → 간접강제의 대상
거부처분에 대한 취소의 확정판결이 있음에도 행정청이 아무런 재처분을 하지 아니하거나, **재처분을 하였다 하더라도 그것이 종전 거부처분에 대한 취소의 확정판결의 기속력에 반하는 등으로 당연무효라면** 이는 아무런 재처분을 하지 아니한 때와 마찬가지라 할 것이므로 이러한 경우에는 행정소송법 제30조 제2항, 제34조 제1항 등에 의한 **간접강제신청에 필요한 요건을 갖춘 것으로 보아야** 한다(2002.12.11. 2002무22).

④ × 개정법령에 종전 규정에 따른다는 경과규정이 있음에도 개정법령을 적용하여 다시 거부처분 → 기속력에 저촉돼 당연무효 so 간접강제대상
주택건설사업 승인신청 거부처분의 취소를 명하는 판결이 확정되었음에도 행정청이 그에 따른 재처분을 하지 않은 채 위 취소소송계속 중에 도시계획법령이 개정되었다는 이유를 들어 다시 거부처분을 한 사안에서, **개정된 도시계획법령에 그 시행 당시 이미 개발행위허가를 신청 중인 경우에는 종전 규정에 따른다는 경과규정을 두고 있으므로** 위 사업승인신청에 대하여는 종전 규정에 따른 재처분을 하여야 함에도 불구하고 개정법령을 적용하여 새로운 거부처분을 한 것은 확정된 종전 거부처분 **취소판결의 기속력에 저촉되어 당연무효이다**(편저자: 따라서 간접강제의 대상이 된다)(2002.12.11. 2002무22).
+ PLUS 이 판례의 경우 법령이 개정되었으나 경과규정이 있어 개정법령을 근거로 한 재처분이 불가했던 사안이므로 종전 거부처분 후 개정법령을 이유로 다시 거부처분을 할 수 있다는 판례(97두22)와는 구별해야 한다.

선지분석 & 요플·기풀기링크

선지	THEME	요플	기풀기
①	T66 판결의 효력	66	065
②		69	070
③	T54 거부처분	64	066
④		66	068

정답 ①

OX 1× 2○

THEME 55-56 공권·원고적격·제3자의 지위(1)

📖 834-869
📝 238-247

T55 공권과 원고적격

01

□□□

공권에 대한 설명으로 옳지 않은 것은?

11사복9

① 처분의 근거법규가 공익뿐만 아니라 개인의 이익도 아울러 보호하고 있는 경우에 공권이 인정될 수 있다.
② 재량권이 영으로 수축하는 경우 행정개입청구권은 무하자재량행사청구권으로 전환된다.
③ 반사적 이익의 공권화 경향에 따라 행정개입청구권의 성립요건이 그만큼 완화되고 있다.
④ 제3자와 소권(訴權)의 포기에 관한 계약을 체결하더라도 그 계약은 무효이다.

관련 OX

① 관련

1 개인적 공권은 강행적인 행정법규에 의하여 행정청을 기속함으로써 비로소 성립하는 것일 뿐 개인의 사익보호성은 성립요건이 아니라는 것이 일반적인 견해이다. 12국가9

② 관련

2 재량행위라고 할지라도 재량이 영으로 수축하는 경우에는 행정개입청구권이 성립할 수 있다. 09국가9

④ 관련

3 당사자 사이에 「석탄산업법 시행령」 제41조 제4항 제5호 소정의 재해위로금에 대한 지급청구권에 관한 부제소합의가 있는 경우 그러한 합의는 효력이 인정된다. 21군무원9

해설

① ○ 개인적 공권이 성립하기 위해서는 근거법규나 관련법규가 공익뿐 아니라 **사익보호도 목적으로** 하고 있어야 한다.
+ PLUS 근거법규 등에서 오로지 공익만을 보호하려는 것이라면 그때 개인이 얻는 이익은 법이 의도한 법적 이익이 아닌 공익을 추구하는 과정에서 우연히 편승된 반사적 이익(사실적 이익)에 불과한 것으로 그러한 경우에까지 법의 보호를 받을 수는 없기 때문이다.

② ✕ 재량권이 0으로 수축된 경우에는 재량행위이더라도 특정한 처분을 할 수밖에 없어 기속행위나 마찬가지가 되고, 따라서 **무하자재량행사청구권이 행정개입청구권으로** 전환되게 된다. 지문은 행정개입청구권과 무하자재량행사청구권이 바뀌었다.

③ ○ 최근 사익보호성 인정을 넓게 하여 종래 반사적 이익에 불과하다고 본 경우들에도 이제는 법률상 이익으로 보아 공권성립을 인정하고 있는 추세이다(경업자, 인근주민 등). 이를 반사적 이익의 공권화라 한다. 공권의 일종인 행정개입청구권 역시 반사적 이익의 공권화로 인해 그 성립요건이 완화된다.

④ ○ **행정소송에서의 소권: 합의 포기✕ → 부제소특약은 무효**
지방자치단체장이 농수산물도매시장의 도매시장법인으로 지정함에 있어서 그 지정조건으로 "지정기간 중이라도 개설자가 농수산물 유통정책의 방침에 따라 도매시장법인 이전 및 지정취소 또는 폐쇄지시에도 **일체 소송이나 손실보상을 청구할 수 없다.**"라는 부관을 붙였으나, 그중 **부제소특약에 관한 부분은** 당사자가 임의로 처분할 수 없는 공법상의 권리관계를 대상으로 하여 사인의 국가에 대한 공권인 **소권을 당사자의 합의로 포기**하는 것으로서 허용될 수 없다. 따라서 위 부제소특약은 **무효**이다(1998.8.21. 98두8919).

선지분석 & 요플·기풀가링크 ⑬

선지	THEME	요플	기풀기
①		02	002
②	T55 공권과 원고적격	28	034
③		31	036
④		35	012

정답 ②

 1✕ 2○ 3✕

02

개인적 공권에 관한 설명으로 옳은 것은? (단, 다툼이 있는 경우 판례에 따름) 17교행9

① 공법상 계약을 통해서는 개인적 공권이 성립할 수 없다.
② 재량권의 영으로의 수축이론은 개인적 공권을 확대하는 이론이다.
③ 개인적 공권은 사권처럼 자유롭게 포기할 수 있는 것이 원칙이다.
❸ ④ 헌법상의 기본권 규정으로부터는 개인적 공권이 바로 도출될 수 없다.

관련 OX

③ 관련

1 개인적 공권은 공익적 성질을 가지므로 임의로 포기할 수 없는 것이 원칙이다.
09국가9

④ 관련

2 특정한 사익의 보호가 필요한 경우에도 헌법상의 기본권 규정만으로는 특정한 개인의 이익보호를 위한 공권을 도출할 수 없다.
12(하)지방9

해설

① ✗ 계약은 쌍방 당사자의 합의로 각자에게 권리와 의무를 부여하는 것이다. 따라서 행정주체와의 공법상 계약이 체결되면 상대방 개인은 행정주체에 대해 공법적 권리, 즉 공권을 갖게 된다.

② ○ **재량권의 0으로 수축이론**은 재량행위에 인정되는 **형식적 권리**에 불과한 무하자재량행사청구권을 기속행위에 인정되는 **실질적 권리**인 행정개입청구권으로 **전환**시킨다는 점에서 공권을 확대하는 이론이다.

+ PLUS '재량권이 0으로 수축'된다는 표현은, 일정 상황에서 행정청의 선택의 여지가 없어져 더 이상 재량이 남지 않게 되었다(0이 되었다)는 의미이다. 이는 ① **중대한 법익**(생명·신체·재산)에 중대한 위험이 있는데, ② 개인의 노력으로는 그를 충분히 막을 수 없으나, ③ 행정권에 의한 제거는 가능한 경우에 인정된다. 이처럼 재량권이 0으로 수축된 경우에는 재량행위이더라도 특정한 처분을 할 수밖에 없어 기속행위나 마찬가지가 되고, 따라서 **무하자재량행사청구권이 행정개입청구권으로 전환**되게 된다.

③ ✗ 사권은 사인의 이익을 위한 것이므로 사인 스스로 이를 포기하는 것이 원칙적으로 허용된다. 반면 **공권**은 사익뿐 아니라 공익적 목적도 동시에 가지고 있으므로 **포기가 제한**되는 경우가 많다.

④ ✗ 소극적 방어권인 **자유권**이나 **평등권, 재산권** 등 기본권은 그 자체가 **구체적 권리**이므로 공권이 도출될 수 있다.

+ PLUS 반면에 사회적 기본권과 관련한 권리는 별도로 법률에 의해 구체화되지 않는 한 공권으로 도출될 수 없으므로 결국 헌법상 기본권으로부터 개인적 공권이 바로 도출될 수는 있으나, 모든 기본권으로부터 공권이 도출되는 것은 아니라고 정리할 수 있다.

선지분석 & 요플·기풀기링크

선지	THEME	요플	기풀기
①		20	025
②	T55 공권과 원고적격	29	035
③		32	009
④		09	020

정답 ②
OX 1○ 2✗

03

개인적 공권에 관한 설명으로 옳은 것은? (다툼이 있으면 판례에 따름) 15교행9

① 행정개입청구권은 현행법상 의무이행소송을 통하여 행사될 수 있다.
② 처분의 근거법규가 재량규정으로 되어 있는 경우에는 공권이 성립될 수 없다.
③ 헌법상의 모든 기본권은 법률에 의해 구체화되지 않더라도 재판상 주장될 수 있는 구체적 공권이다.
④ 처분의 직접적인 근거법규뿐만 아니라 관계법규가 사익을 보호하는 것으로 인정되는 경우에도 공권이 성립될 수 있다.

관련 OX

② 관련

1 개인적 공권이 성립하려면 공법상 강행법규가 국가 기타 행정주체에게 행위의무를 부과해야 한다. 과거에는 그 의무가 기속행위의 경우에만 인정되었으나, 오늘날에는 재량행위에도 인정된다고 보는 것이 일반적이다. 17(상)국가9

2 행정청에게 부여된 공권력 발동권한이 재량행위인 경우, 행정청의 권한행사에 이해관계가 있는 개인은 행정청에 대하여 무하자재량행사청구권을 가진다. 23군무원9

해설

① ✗ 일정한 경우 제3자에게도 이처럼 행정권 발동을 청구할 권리가 있고 행정청도 그에 따를 개입의무가 있다고 보며, 이때 제3자에게 인정되는 공권을 (협의의) **행정개입청구권**이라고 한다. 단, 행정개입청구권이 인정된다 하더라도 이는 **의무이행소송으로 실현될 수는 없다**. 현행 행정소송법이 의무이행소송을 인정하지 않기 때문이다.
   ➕ PLUS 따라서 이 경우 우선 행정권 발동을 신청을 한 뒤 거부당할 경우 거부처분취소소송을 해야 한다.

② ✗ 종래에는 행정청의 의무는 기속행위에만 존재한다고 보았으나, 오늘날에는 **재량행위에서도 재량권을 하자 없이 행사하는 데 대한 의무가 존재한다고 보고, 그에 대응하는 공권을 무하자재량행사청구권**이라고 한다. 판례가 검사의 임용과 관련하여 재량권의 한계 일탈이나 남용이 없는 위법하지 않은 응답을 할 의무가 행정청에게 있다고 판시하였는데, 이를 두고 판례도 무하자재량행사청구권을 인정한 것이라고 보는 견해가 일반적이다(1991.2.12. 90누5825).

③ ✗ 헌법상 기본권으로부터 개인적 공권이 바로 도출될 수는 있으나, 모든 기본권으로부터 공권이 도출되는 것은 아니다. 소극적 방어권인 **자유권**이나 **평등권**, 재산권 등 기본권은 그 자체가 **구체적 권리**이므로 공권이 도출될 수 있으나, 사회적 기본권과 관련한 권리는 별도로 **법률에 의해 구체화되지 않는 한** 공권으로 도출될 수 없다.

④ ○ 개인적 공권이 성립하기 위해서는 근거법규나 관련법규가 공익뿐 아니라 **사익보호도 목적**으로 하고 있어야 한다. 이러한 사익보호성 유무의 판단은 처분의 **근거법규** 외에 **관련법규**도 고려하여 판단한다.

• 법률상 보호되는 이익은 당해 처분의 **근거법규 및 관련법규**에 의하여 보호되는 개별적 · 직접적 · 구체적 이익이 있는 경우를 말한다(2024.3.12. 2021두58998).

선지분석 & 요플·기풀기링크

선지	THEME	요플	기풀기
①		26	032
②	T55 공권과 원고적격	22	027
③		12	021
④		07	008

정답 ④

OX 1 ○ 2 ○

04

개인적 공권에 대한 설명으로 옳은 것은? (다툼이 있는 경우 판례에 의함) 12국가9

① 근로자가 퇴직급여를 청구할 수 있는 권리와 같은 이른바 사회적 기본권은 헌법 규정에 의하여 바로 도출되는 개인적 공권이라 할 수 없다.
② 개인적 공권은 명확한 법규의 존재를 전제로 하는 것이므로 성문법에 근거하지 않으면 성립할 수 없다.
③ 개인적 공권은 공법상 계약을 통해서는 성립할 수 없다.
④ 개인적 공권은 강행적인 행정법규에 의하여 행정청을 기속함으로써 비로소 성립하는 것일 뿐 개인의 사익보호성은 성립요건이 아니라는 것이 일반적인 견해이다.

해설

① ○ 퇴직급여청구권: 헌법상 바로 도출×, 법률로 구체화되어야 권리 인정
근로자가 〈퇴직급여〉를 청구할 수 있는 권리도 **헌법상 바로 도출되는 것이 아니라** 퇴직급여법 등 관련 **법률**이 구체적으로 정하는 바에 따라 비로소 인정될 수 있는 것이다.
　+ PLUS 연금수급권, 퇴직급여청구권, 직장존속청구권, 의료급여수급권과 같이 사회적 기본권과 관련한 권리는 별도로 법률에 의해 구체화되지 않는 한 공권으로 도출될 수 없고 따라서 재판상 주장할 수도 없다.
② × 성문법이 아닌 불문법도 행정법의 법원이 된다. 따라서 관습법(관행어업권)이나 조리(거부처분에서의 조리상 신청권, 예컨대 검사임용신청권)에 따라 공권이 성립할 수 있다.
③ × 계약은 쌍방 당사자의 합의로 각자에게 권리와 의무를 부여하는 것이다. 따라서 행정주체와의 공법상 계약이 체결되면 상대방 개인은 행정주체에 대해 공법적 권리, 즉 공권을 갖게 된다.
④ × 개인적 공권이 성립하기 위해서는 근거법규나 관련법규가 공익뿐 아니라 **사익보호도** 목적으로 하고 있어야 한다.

선지	THEME	요플	기풀기
①		14	017
②	T55 공권과 원고적격	17	022
③		20	025
④		02	002

정답

05

항고소송의 원고적격에 대한 설명으로 옳은 것을 〈보기〉에서 모두 고르면? (다툼이 있는 경우 판례에 의함) 17국회8

〔보기〕

ㄱ. 「행정소송법」 제2조 전단의 '법률상 이익'의 개념과 관련하여서는 권리구제설, 법률상 보호된 이익구제설, 보호가치 있는 이익구제설, 적법성 보장설 등으로 나누어지며 이 중에서 보호가치 있는 이익구제설이 통설·판례의 입장이다.

ㄴ. 법률상 보호되는 이익이라 함은 당해 처분의 근거법규에 의하여 보호되는 개별적·구체적 이익을 의미하며 관련법규에 의하여 보호되는 개별적·구체적 이익까지 포함하는 것은 아니라는 것이 판례의 입장이다.

ㄷ. 기존업자가 특허기업인 경우에는 그 특허로 인하여 받는 영업상 이익은 반사적 이익 내지 사실상 이익에 불과한 것으로 보는 것이 일반적이나, 허가기업인 경우에는 기존업자가 그 허가로 인하여 받은 영업상 이익은 법률상 이익으로 본다.

ㄹ. 인허가 등의 수익적 행정처분을 신청한 수인이 서로 경쟁관계에 있어서 일방에 대한 허가 등의 처분이 타방에 대한 불허가 등으로 귀결될 수밖에 없는 때 허가 등의 처분을 받지 못한 자는 비록 경원자에 대하여 이루어진 허가 등 처분의 상대방이 아니라 하더라도 당해 처분의 취소를 구할 원고적격이 있다. 다만, 명백한 법적 장애로 인하여 원고 자신의 신청이 인용될 가능성이 처음부터 배제되어 있는 경우에는 법률상 보호되는 이익이 인정되지 않는다.

ㅁ. 환경영향평가대상지역 밖의 주민들은 공유수면매립면허처분으로 인하여 그 처분 전과 비교하여 수인한도를 넘는 환경피해를 받거나 받을 우려가 있다는 점을 입증할 경우 법률상 보호되는 이익이 인정된다.

① ㄷ, ㅁ
② ㄹ, ㅁ
③ ㄱ, ㄴ, ㄷ
④ ㄴ, ㄹ, ㅁ
⑤ ㄷ, ㄹ, ㅁ

〔해설〕

ㄱ. ✗ 행정소송법 제12조 전단의 '법률상 이익'의 개념과 관련하여 '법률상 보호되는 이익구제설'과 '(소송상) 보호할 가치 있는 이익구제설'이 대립하고 있다. 종래에는 이에 더하여 권리구제설, 적법성 보장설 등도 주장되고 있었다. 이 중 **법률상 보호된 이익구제설**'이 통설과 판례의 입장이다.

학설	내용	비판 등
권리구제설	항고소송은 침해된 **권리**의 회복이 목적. 처분등으로 권리가 침해된 자가 원고적격	보호범위가 좁고, 권리와 법적 이익의 구별이 사라진 현대에는 법률상 보호된 이익구제설과 차이가 없음
법률상 보호된 이익구제설 (법적 이익구제설)	항고소송은 **법적 이익**의 구제수단. **근거법규나 관계법규** 등에 의해 보호되는 **법적 이익** 침해된 자가 원고적격	다수설·판례
(소송상) 보호가치 있는 이익구제설	실체법적 개념(권리, 법적 이익)과 별개로 소송법적 관점에서 보호가치 있는 이익이 침해된 자가 원고적격	객관적 기준이 존재하지 않고, 법원이 구체적 사안에 따라 결정하게 됨
적법성 보장설	항고소송은 행정의 적법성을 통제하는 것. 따라서 그를 다툴 적합한 이익을 갖는 자에 원고적격 인정	원고적격이 과도하게 확대되고 재판의 본질에도 어긋남

관련 OX

ㄴ. 관련

1 판례에 따르면 처분의 직접적 근거규정은 물론 관련규정에 의거해서도 공권의 성립요건 충족 여부를 판단한다. 13국가7

ㄹ. 관련

2 인·허가 등 수익적 처분을 신청한 여러 사람이 상호 경쟁관계에 있다면, 그 처분이 타방에 대한 불허가 등으로 될 수밖에 없는 때에도 수익적 처분을 받지 못한 사람은 처분의 직접 상대방이 아니므로 원칙적으로 당해 수익적 처분의 취소를 구할 수 없다. 17지방9

3 인·허가 등의 수익적 행정처분을 신청한 수인이 서로 경쟁관계에 있어서 일방에 대한 허가 등의 처분이 타방에 대한 불허가 등으로 귀결될 수밖에 없는 때 허가 등의 처분을 받지 못한 자는 비록 경원자에 대하여 이루어진 허가 등 처분의 상대방이 아니라 하더라도 당해 처분의 취소를 구할 원고적격이 있다. 따라서 명백한 법적 장애로 인해 원고 자신의 신청이 인용될 가능성이 처음부터 배제되어 있다고 하더라도 이는 본안의 문제로 다루어야 하고 일단 원고적격은 인정해야 한다는 것이 대법원의 태도이다. 13국회8

4 서로 경원관계에서 허가가 어느 한 사람에게 발급된 경우, 허가를 받지 못한 자는 타인에 대한 허가의 취소를 구할 법률상 이익이 있다. 12국회9

선지분석 & 요플·기풀기링크

선지	THEME	요플	기풀기
ㄱ	T55 공권과 원고적격	05	005
ㄴ		07	008
ㄷ		06	006
ㄹ	T56 경업·경원·주민	26	027
ㅁ		36	037

ㄴ. ✕ 판례는 '법률상 보호되는 이익' 내지 '공권'의 인정과 관련하여, 근거법규에 한정하는 것이 아니라 **관련법규**까지 포함하며, 근거법규·관련법규에 **명시**된 것뿐 아니라, 해석상 도출되는 것도 포함한다.

- 법률상 보호되는 이익: 근거법규 및 관련법규의 명문상·해석상 보호되는 이익

  행정처분의 직접 상대방이 아닌 제3자라 하더라도 당해 행정처분으로 인하여 〈법률상 보호되는 이익〉을 침해당한 경우에는 취소소송을 제기하여 그 당부의 판단을 받을 자격이 있다. 여기에서 말하는 법률상 보호되는 이익은 당해 처분의 **근거법규 및 관련법규**에 의하여 보호되는 개별적·직접적·구체적 이익이 있는 경우를 말한다. 또 당해 처분의 근거법규 및 관련법규에 의하여 보호되는 법률상 이익은 당해 처분의 **근거법규의 명문 규정**에 의하여 보호받는 법률상 이익, 당해 처분의 근거법규에 의하여 보호되지는 아니하나 당해 처분의 행정목적을 달성하기 위한 일련의 단계적인 관련 처분들의 **근거법규에 의하여 명시**적으로 보호받는 법률상 이익, 당해 처분의 근거법규 또는 관련법규에서 명시적으로 당해 이익을 보호하는 **명문의 규정이 없더라도 근거법규 및 관련법규의 합리적 해석상** 그 법규에서 행정청을 제약하는 이유가 순수한 공익의 보호만이 아닌 개별적·직접적·구체적 이익을 보호하는 취지가 포함되어 있다고 해석되는 경우까지를 말한다(2024.3.12. 2021두58998).

ㄷ. ✕ 상대방에게 독점권 내지 지위를 창설시키는 **특허의 경우** 사익보호성이 인정되어 기존업자의 원고적격이 **인정**되지만, 질서유지(공익)목적의 금지를 해제하는 것에 불과한 **허가의 경우** 사익보호성이 부정되어 기존업자의 원고적격이 **부정**되는 것이 일반적이다.

  + PLUS 단, 허가의 경우에도 근거규정 등에서 '과당경쟁으로 인한 경영 불합리 방지'를 목적으로 하고 있는 경우라면 당연히 사익보호성이 인정되어 기존업자의 원고적격이 인정될 수 있다. 대표적인 것이 기존업자와 일정 거리 이내에는 신규허가를 내주지 않는 이른바 '**거리제한**'규정이나 영업구역을 제한하는 '**영업구역**'규정이 있는 경우이다.

ㄹ. ○ 경원관계에서 상대방에 대한 허가 등 처분: 원고적격·소익 인정(단, 원고에게 어차피 인허가 못 받을 명백한 법적 장애시✕)

  인·허가 등의 수익적 행정처분을 신청한 수인이 서로 경쟁관계에 있어서 일방에 대한 허가 등의 처분이 타방에 대한 불허가 등으로 귀결될 수밖에 없을 때 허가 등의 처분을 받지 못한 자는 비록 〈경원자에 대하여 이루어진 허가 등 처분〉의 상대방이 아니라 하더라도 당해 처분의 취소를 구할 원고적격이 있다. 다만, **명백한 법적 장애**로 인하여 원고 자신의 신청이 인용될 가능성이 처음부터 배제되어 있는 경우에는 당해 처분의 **취소를 구할 정당한 이익이 없다**(2009.12.10. 2009두8359).

ㅁ. ○ 영향권 등 밖의 주민: 환경상 이익침해를 별도 입증하면 원고적격 인정

  환경영향평가대상지역 밖의 주민이라 할지라도 공유수면매립면허처분 등으로 인하여 그 처분 전과 비교하여 수인한도를 넘는 환경피해를 받거나 받을 우려가 있는 경우에는, 공유수면매립면허처분 등으로 인하여 환경상 이익에 대한 침해 또는 침해우려가 있다는 것을 **입증**함으로써 그 처분등의 무효확인을 구할 원고적격을 인정받을 수 있다(2006.3.16. 2006두330).

정답 ②

OX 1○ 2✕ 3✕ 4○

06

법률상 이익에 대한 판례의 입장으로 옳은 것은? 17(상)지방9

① 사회권적 기본권의 성격을 가지는 연금수급권은 헌법에 근거한 개인적 공권이므로 헌법 규정만으로도 실현할 수 있다.
② 소극적 방어권인 헌법상의 자유권적 기본권은 법률의 규정이 없다고 하더라도 직접 공권이 성립될 수도 있다.
③ 인·허가 등 수익적 처분을 신청한 여러 사람이 상호경쟁관계에 있다면, 그 처분이 타방에 대한 불허가 등으로 될 수밖에 없는 때에도 수익적 처분을 받지 못한 사람은 처분의 직접 상대방이 아니므로 원칙적으로 당해 수익적 처분의 취소를 구할 수 없다.
④ 「환경정책기본법」 제6조의 규정 내용 등에 비추어 국민에게 구체적인 권리를 부여한 것으로 볼 수 없더라도 환경영향평가대상지역 밖에 거주하는 주민에게 헌법상의 환경권 또는 「환경정책기본법」에 근거하여 공유수면매립면허처분과 농지개량사업 시행인가처분의 무효확인을 구할 원고적격이 있다.

해설

① ✕, ② ○ 헌법상 기본권 중 소극적 방어권인 자유권이나 평등권, 재산권 등 기본권은 그 자체가 구체적 권리이므로 공권이 도출될 수 있으나,② 적극적 요구권인 사회권적 기본권은 별도로 법률에 의해서 구체화되지 않는 한 그 자체로는 추상적 권리에 불과해 공권이 도출될 수 없다는 것이 통설적 견해이다.

• 공무원연금수급권과 같은 사회보장수급권은 헌법으로부터 도출되는 사회적 기본권 중의 하나로서, 헌법 규정만으로는 이를 실현할 수 없어 법률에 의한 형성이 필요하다①(헌재 2013.9.26. 2011헌바272).

③ ✕ 경원관계에서 상대방에 대한 허가 등 처분: 원고적격·소익 인정
인·허가 등의 수익적 행정처분을 신청한 수인이 서로 경쟁관계에 있어서 일방에 대한 허가 등의 처분이 타방에 대한 불허가 등으로 귀결될 수밖에 없는 때 허가 등의 처분을 받지 못한 자는 비록 〈경원자에 대하여 이루어진 허가 등 처분〉의 상대방이 아니라 하더라도 당해 처분의 취소를 구할 원고적격이 있다. 다만, 명백한 법적 장애로 인하여 원고 자신의 신청이 인용될 가능성이 처음부터 배제되어 있는 경우에는 당해 처분의 취소를 구할 정당한 이익이 없다(2009.12.10. 2009두8359).

➕ PLUS 일방에 대한 인·허가가 타방에 대한 불허가로 귀결되는 관계를 경원관계라고 한다. 이 경우 허가를 받지 못한 자는 허가처분의 상대방이 아니더라도 동 처분의 취소를 구할 원고적격이 있다는 것이 판례의 태도이다. 단, 설령 허가처분을 취소시키더라도 어차피 자신은 허가를 받을 수 없는 명백한 법적 장애가 있는 자라면 원고적격이 부정된다.

④ ✕ 영향권 등 밖의 주민: 헌법상 환경권, 환경정책기본법 등에 근거한 원고적격✕
헌법 제35조 제1항에서 정하고 있는 환경권에 관한 규정만으로는 그 권리의 주체·대상·내용·행사방법 등이 구체적으로 정립되어 있다고 볼 수 없고, 환경정책기본법 제6조도 그 규정 내용 등에 비추어 국민에게 구체적인 권리를 부여한 것으로 볼 수 없으므로, (환경영향평가대상지역 밖에 거주하는 주민)에게 헌법상의 환경권 또는 환경정책기본법에 근거하여 공유수면매립면허처분과 농지개량사업 시행인가처분의 무효확인을 구할 원고적격이 없다(2006.3.16. 2006두330 전합).

➕ PLUS 추상적·정책적 규정에 불과한 헌법상 환경권이나 환경정책기본법에 근거하여서는 원고적격을 인정받을 수는 없다.

관련 OX

① 관련
1 근로자가 퇴직급여를 청구할 수 있는 권리와 같은 이른바 사회적 기본권은 헌법 규정에 의하여 바로 도출되는 개인적 공권이라 할 수 없다. 12국가9

③ 관련
2 인·허가 등의 수익적 행정처분을 신청한 수인이 서로 경쟁관계에 있어서 일방에 대한 허가 등의 처분이 타방에 대한 불허가 등으로 귀결될 수밖에 없는 때 허가 등의 처분을 받지 못한 자는 비록 경원자에 대하여 이루어진 허가 등 처분의 상대방이 아니라 하더라도 당해 처분의 취소를 구할 원고적격이 있다. 다만, 명백한 법적 장애로 인하여 원고 자신의 신청이 인용될 가능성이 처음부터 배제되어 있는 경우에는 법률상 보호되는 이익이 인정되지 않는다. 17국회8

④ 관련
3 환경영향평가대상지역 밖에 거주하는 주민에게 헌법상의 환경권 또는 「환경정책기본법」에 근거하여 공유수면매립면허처분과 농지개량사업 시행인가처분의 무효확인을 구할 원고적격은 인정되지 아니한다. 10지방7

선지분석 & 요플·기풀기링크

선지	THEME	요플	기풀기
①	T55 공권과 원고적격	13	016
②		10	014
③	T56 경업·경원·주민	26	027
④		32	038

정답 ②
OX 1○ 2○ 3○

07

다음 사례에서 개인적 공권이 성립할 수 없는 것은? 10국가9

① 서울특별시의 '철거민에 대한 시영아파트특별분양개선지침'에 의한 무허가 건물 소유자의 시영아파트 특별분양신청권
② 구 「수산업법」 제40조 소정의 관행어업권
③ 도시계획구역 내 토지소유자의 도시계획시설변경입안 요구신청권
④ 헌법상 변호인접견권

해설

① ✕ 서울시 시영아파트특별분양개선지침은 행정규칙 → 철거민에 대한 개인적 공권(분양신청권) 도출 ✕
서울특별시의 〈'철거민에 대한 시영아파트특별분양개선지침'〉은 서울특별시가 사업주체로 된 주택인 시영아파트를 공급함에 있어서 도시정비사업 등으로 인하여 주택이 철거된 가옥주로서 일정한 요건에 해당하는 자에게 위 시영아파트를 특별분양하는 혜택을 부여하도록 하는 서울특별시 내부에 있어서의 행정지침에 불과하며 그 지침 소정의 자에게 공법상의 분양신청권이 부여되는 것은 아니라고 할 것이어서 서울특별시의 위 아파트에 대한 분양불허의 의사표시는 항고소송의 대상이 되는 신청거부의 행정처분으로 볼 수 없다(1989.12.26. 87누1214).

+ PLUS 행정규칙은 국민에 대한 법규성이 없으므로 국민은 그에 대해 구속되지도 않고, 그에 근거해 권리를 갖지도 못하는 것이 원칙이다. 따라서 행정규칙에 불과한 서울시 지침으로부터 공권이 도출되지 않는 것이 원칙이다.

② ○ 성문법이 아닌 불문법도 행정법의 법원이 된다. 따라서 관습법(관행어업권)이나 조리(거부처분에서의 조리상 신청권, 예컨대 검사임용신청권)에 따라 공권이 성립할 수 있다.

③ ○ 도시계획구역 내 토지등소유자와 같이 이해관계 있는 주민 → 도시시설계획의 입안·변경신청권 ○
도시계획구역 내 〈토지 등을 소유하고 있는 사람〉과 같이 당해 도시계획시설결정에 〈이해관계가 있는 주민〉으로서는 도시시설계획의 입안권자 내지 결정권자에게 도시시설계획의 입안 내지 변경을 요구할 수 있는 법규상 또는 조리상의 신청권이 있고, 이러한 신청에 대한 거부행위는 항고소송의 대상이 되는 행정처분에 해당한다(2015.3.26. 2014두42742).

④ ○ 변호인접견권: 자유권적 기본권으로서 헌법에 의해 직접 공권으로 인정
만나고 싶은 사람을 만날 수 있다는 것은 인간이 가지는 가장 기본적인 자유 중 하나로서, 이는 헌법 제10조가 보장하고 있는 인간으로서의 존엄과 가치 및 행복추구권 가운데 포함되는 헌법상의 기본권이라고 할 것인바 … 〈구속된 피고인 또는 피의자의 타인과의 접견권〉은 위와 같은 헌법상의 기본권을 확인하는 것일 뿐 형사소송법의 규정에 의하여 비로소 피고인 또는 피의자의 접견권이 창설되는 것으로는 볼 수 없다(1992.5.8. 91부8).

선지	THEME	요플	기풀기
①	T55 공권과 원고적격	19	024
②		18	023
③	T34 행정계획	63	063
④	T55 공권과 원고적격	11	015

정답

필수문제 08

개인적 공권에 대한 설명으로 가장 적절하지 않은 것은? (다툼이 있는 경우 판례에 의함)

17(2)경행

① 헌법 제32조 제1항이 규정하는 근로의 권리는 사회적 기본권으로서 국가에 대하여 직접 일자리를 청구하거나 일자리에 갈음하는 생계비의 지급청구권을 의미하는 것이 아니라 고용증진을 위한 사회적·경제적 정책을 요구할 수 있는 권리에 그치며, 근로의 권리로부터 국가에 대한 직접적인 직장존속청구권이 도출되는 것도 아니다.

② 환경영향평가 대상지역 밖의 주민이라 할지라도 공유수면매립면허처분 등으로 인하여 그 처분 전과 비교하여 수인한도를 넘는 환경피해를 받거나 받을 우려가 있는 경우에는, 공유수면매립면허처분 등으로 인하여 환경상 이익에 대한 침해 또는 침해우려가 있다는 것을 입증함으로써 그 처분등의 무효확인을 구할 원고적격을 인정받을 수 있다.

③ 검사의 임용 여부는 임용권자의 자유재량에 속하는 사항이므로, 임용권자가 동일한 검사신규임용의 기회에 원고를 비롯한 다수의 검사 임용신청자 중 일부만을 검사로 임용하는 결정을 함에 있어, 임용신청자들에게 전형의 결과인 임용 여부의 응답을 할 것인지 여부는 임용권자의 편의재량사항이다.

④ 행정소송에 있어서의 소권은 개인의 국가에 대한 공권이므로 당사자의 합의로써 이를 포기할 수 없다.

관련 OX

② 관련

1 환경영향평가대상지역 밖의 주민은 자신에 대한 수인한도를 넘는 환경피해를 입증하더라도 원고적격이 인정될 수 없다.

15교행9

해설

① ○ **직장존속청구권: 헌법상 근로의 권리로부터 바로 도출×, 법률로 구체화되어야 권리 인정**
헌법 제32조 제1항이 규정하는 근로의 권리는 사회적 기본권으로서 국가에 대하여 직접 일자리를 청구하거나 일자리에 갈음하는 생계비의 지급청구권을 의미하는 것이 아니라 고용증진을 위한 사회적·경제적 정책을 요구할 수 있는 권리에 그치며, 근로의 권리로부터 국가에 대한 직접적인 〈직장존속청구권〉이 도출되는 것도 아니다(헌재 2011.7.28. 2009헌마408).

② ○ **영향권 등 밖의 주민: 환경상 이익침해를 별도 입증하면 원고적격 인정**
환경영향평가 대상지역 밖의 주민이라 할지라도 공유수면매립면허처분 등으로 인하여 그 처분 전과 비교하여 수인한도를 넘는 환경피해를 받거나 받을 우려가 있는 경우에는, 공유수면매립면허처분 등으로 인하여 환경상 이익에 대한 침해 또는 침해우려가 있다는 것을 입증함으로써 그 처분등의 무효확인을 구할 원고적격을 인정받을 수 있다(2006.3.16. 2006두330).

③ × **검사임용을 신청한 사법연수생: 임용 여부는 자유재량 but 응답 여부는 편의재량×(∵ 조리상 응답의무, 조리상 응답신청권 인정됨)**
검사의 임용 여부는 임용권자의 자유재량에 속하는 사항이나, 임용권자가 동일한 검사신규임용의 기회에 원고를 비롯한 다수의 검사 지원자들로부터 임용 신청을 받아 전형을 거쳐 자체에서 정한 임용기준에 따라 이들 일부만을 선정하여 검사로 임용하는 경우에 있어서 법령상 검사임용 신청 및 그 처리의 제도에 관한 명문 규정이 없다고 하여도 조리상 임용권자는 임용신청자들에게 전형의 결과인 임용 여부의 응답을 해줄 의무가 있다고 할 것이며, 응답할 것인지 여부조차도 임용권자의 편의재량 사항이라고는 할 수 없다(1991.2.12. 90누5825).

④ ○ **행정소송에서의 소권: 합의 포기×**
행정소송에 있어서 소권은 개인의 국가에 대한 공권이므로 당사자의 합의로써 이를 포기할 수 없다(1995.9.15. 94누4455).

선지분석 & 요플·기풀가링크

선지	THEME	요플	기풀기
①	T55 공권과 원고적격	15	018
②	T56 경업·경원·주민	36	037
③	T53 대상적격(법률관계)	75	076
④	T55 공권과 원고적격	34	011

정답 ③

OX 1 ×

09

개인적 공권에 대한 설명으로 옳은 것은? (다툼이 있는 경우 판례에 의함) 15국가9

① 규제권한발동에 관해 행정청의 재량을 인정하는 「건축법」의 규정은 소정의 사유가 있는 경우 행정청에 건축물의 철거 등을 명할 수 있는 권한을 부여한 것일 뿐만 아니라, 행정청에 그러한 의무가 있음을 규정한 것이다.

② 공무원의 직무행위로 인한 국가배상책임이 인정되려면 공무원에게 부과된 직무상 의무의 내용이 단순히 공공일반의 이익을 위한 것이거나 행정기관 내부의 질서를 규율하기 위한 것이 아니고 전적으로 또는 부수적으로 사회구성원 개인의 안전과 이익을 보호하기 위하여 설정된 것이어야 한다.

③ 다수의 검사 임용신청자 중 일부만을 검사로 임용하는 결정을 함에 있어, 임용신청자들에게 전형의 결과인 임용 여부의 응답을 할 것인지는 임용권자의 편의재량사항이다.

④ 일반적인 개인적 공권의 성립요건인 사익보호성은 무하자재량행사청구권이나 행정개입청구권에는 적용되지 않는다.

해설

① ✕ 규제권한 발동에 재량을 부여한 건축법 규정: 행정청에 대한 권한 부여○, 의무규정✕
구 건축법 및 기타 관계 법령에 국민이 행정청에 대하여 〈제3자에 대한 건축허가의 취소나 준공검사의 취소〉 또는 〈제3자 소유의 건축물에 대한 철거 등의 조치를 요구〉할 수 있다는 취지의 규정이 없고, 같은 법 제69조 제1항 및 제70조 제1항은 각 조항 소정의 사유가 있는 경우에 시장·군수·구청장에게 건축허가 등을 취소하거나 건축물의 철거 등 필요한 조치를 명할 수 있는 권한 내지 권능을 부여한 것에 불과할 뿐, 시장·군수·구청장에게 그러한 의무가 있음을 규정한 것은 아니므로 위 조항들도 그 근거 규정이 될 수 없으며, 그 밖에 조리상 이러한 권리가 인정된다고 볼 수도 없다(1999.12.7. 97누17568).

+ PLUS 판례는 국민이 행정청에 대하여 제3자에 대한 건축허가·준공검사의 취소 또는 제3자 소유의 건축물에 대한 철거 등을 요구한 사안에서, 그러한 신청권을 인정하는 명문의 규정도 없고, 행정청에게는 필요시 당해 조치를 취할 권능이 있을 뿐 그러한 의무가 있는 것도 아니어서 신청권이 해석상 도출될 수도 없으며, 그 밖에 조리상 신청권도 인정될 수 없다고 보아 거부행위의 처분성을 부정

② ○ 직무상 의무가 전적 혹은 부수적으로 개인의 안전과 이익보호를 위해 설정: 배상책임 인정
공무원에게 부과된 직무상 의무의 내용이 단순히 공공일반의 이익을 위한 것이거나 행정기관 내부의 질서를 규율하기 위한 것이 아니고, 전적으로 또는 부수적으로 사회구성원 개인의 안전과 이익을 보호하기 위하여 설정된 것이라면 공무원이 그와 같은 직무상 의무를 위반함으로 인하여 피해자가 입은 손해에 대하여는 상당인과관계가 인정되는 범위 내에서 국가 또는 지방자치단체가 배상책임을 지는 것이다(1997.9.9. 97다12907).

③ ✕ 검사임용을 신청한 사법연수생: 임용 여부는 자유재량 but 응답 여부는 편의재량✕(∵ 조리상 응답의무, 조리상 응답신청권 인정됨)
검사의 임용 여부는 임용권자의 자유재량에 속하는 사항이나, 임용권자가 동일한 검사신규임용의 기회에 원고를 비롯한 다수의 검사 지원자들로부터 임용 신청을 받아 전형을 거쳐 자체에서 정한 임용기준에 따라 이들 일부만을 선정하여 검사로 임용하는 경우에 있어서 법령상 검사임용 신청 및 그 처리의 제도에 관한 명문 규정이 없다고 하여도 조리상 임용권자는 임용신청자들에게 전형의 결과인 임용 여부의 응답을 해줄 의무가 있다고 할 것이며, 응답할 것인지 여부조차도 임용권자의 편의재량사항이라고는 할 수 없다(1991.2.12. 90누5825).

④ ✕ 개인적 공권의 성립요건은 1) 행정권의 의무존재, 2) 관계법규의 사익보호성이다. 이 중 1)의 범위가 확대되어 인정되는 공권이 무하자재량행사청구권이고, 2)의 범위 확대와 관련된 것이 경업자·인근주민에 대한 공권(원고적격)의 인정문제이다. 제3자에게 인정되는 공권인 행정개입청구권은 1), 2) 모두와 관련이 깊다고 할 수 있다. 무하자재량행사청구권 및 행정개입청구권 모두 공권이므로 2)의 사익보호성 요건도 당연히 요구된다.

관련 OX

① 관련

1 ✕
국민이 행정청에 대하여 제3자에 대한 건축허가와 준공검사의 취소 및 제3자 소유의 건축물에 대한 철거명령을 요구할 수 있는 법규상 또는 조리상 권리는 인정되지 않는다. 08(하)지방7

③ 관련

2 검사의 임용에 있어서 임용권자는 적어도 재량권의 일탈이나 남용이 없는 위법하지 않은 응답을 할 의무가 있고, 이에 대응하여 임용신청자는 적법한 응답을 요구할 수 있는 응답신청권을 가지며 나아가 이를 바탕으로 재량권 남용의 임용거부처분에 대하여 항고소송으로 그 취소를 구할 수 있다. 08국가7

선지분석 & 요플·기풀기링크

선지	THEME	요플	기풀기
①	T57 소의 이익	50	049
②	T71 국가배상(2조)	108	111
③	T53 대상적격(법률관계)	75	076
④	T55 공권과 원고적격	30	026

정답 ②
OX 1 ○ 2 ○

필수 문제 10

개인적 공권에 대한 설명으로 옳지 않은 것은? (다툼이 있는 경우 판례에 의함) 17(상)국가9

① 환경영향평가에 관한 자연공원법령 및 환경영향평가법령들의 취지는 환경공익을 보호하려는 데 있으므로 환경영향평가대상지역 안의 주민들이 수인한도를 넘는 환경침해를 받지 아니하고 쾌적한 환경에서 생활할 수 있는 개별적 이익까지 보호하는 데 있다고 볼 수는 없다.

② 행정처분에 있어서 불이익처분의 상대방은 직접 개인적 이익의 침해를 받은 자로서 취소소송의 원고적격이 인정되지만 수익처분의 상대방은 그의 권리나 법률상 보호되는 이익이 침해 되었다고 볼 수 없으므로 달리 특별한 사정이 없는 한 취소를 구할 이익이 없다.

③ 상수원보호구역 설정의 근거가 되는 규정은 상수원의 확보와 수질보전일 뿐이고, 그 상수원에서 급수를 받고 있는 지역주민들이 가지는 이익은 상수원의 확보와 수질보호라는 공공의 이익이 달성됨에 따라 반사적으로 얻게 되는 이익에 불과하다.

④ 개인적 공권이 성립하려면 공법상 강행법규가 국가 기타 행정주체에게 행위의무를 부과해야 한다. 과거에는 그 의무가 기속행위의 경우에만 인정되었으나, 오늘날에는 재량행위에도 인정된다고 보는 것이 일반적이다.

관련 OX

① 관련

1 대법원은 속리산국립공원 용화집단시설지구의 개발을 위한 공원 사업시행허가에 대한 취소소송사건에서 자연공원법령뿐만 아니라 허가와 불가분적으로 관계가 있는 환경영향평가법령도 공원사업시행 허가 처분의 근거법령이 된다고 판시하여 근거법률의 범위를 확대하였다. 11국가9

② 관련

2 행정처분의 취소를 구할 이익은 불이익처분의 상대방뿐만 아니라 수익처분의 상대방에게도 인정되는 것이 원칙이다. 11국가9

③ 관련

3 상수원보호구역 변경에 대해 이를 다투는 지역주민(은 원고적격이 인정된다) 10서울9

④ 관련

4 처분의 근거법규가 재량규정으로 되어 있는 경우에는 공권이 성립될 수 없다. 15교행9

해설

① × 환경영향평가에 관한 법령들의 취지 → 환경공익 보호뿐 아니라 대상지역 내 주민들 환경상 이익(사익)도 개별적으로 보호

환경영향평가에 관한 자연공원법령 및 환경영향평가법령의 규정들의 취지는 집단시설지구개발사업이 환경을 해치지 아니하는 방법으로 시행되도록 함으로써 집단시설지구개발사업과 관련된 환경공익을 보호하려는 데에 그치는 것이 아니라 그 사업으로 인하여 직접적이고 중대한 환경피해를 입으리라고 예상되는 환경영향평가대상지역 안의 주민들이 개발 전과 비교하여 수인한도를 넘는 환경침해를 받지 아니하고 쾌적한 환경에서 생활할 수 있는 개별적 이익까지도 이를 보호하려는 데에 있다(1998.4.24. 97누3286).

+ PLUS 대법원은 환경영향평가 등을 먼저 거쳐야 하는 개발사업에 대해서 처분 자체의 근거법률 외 환경영향평가의무를 규정한 환경영향평가법령 등까지 근거법률의 범위를 확대한다. 예컨대 대법원은 용화집단시설지구 공원사업시행허가처분 취소사건에서 동 처분 자체의 근거법규인 자연공원법령 외 환경영향평가법령도 함께 검토하여 환경영향평가대상지역 내 주민들에게도 법률상 보호되는 개별적 이익이 있다고 보아 원고적격을 인정하였다.

② ○ 침익처분의 상대방: 원고적격 인정 ↔ 수익처분의 상대방: 특별한 사정이 없는 한 소의 이익× → 원고적격 인정×

- 불이익처분의 상대방은 직접 개인적 이익의 침해를 받은 자로서 원고적격이 인정된다(2018.3.27. 2015두47492).

- 행정처분이 수익적인 처분이거나 신청에 의하여 신청 내용대로 이루어진 처분인 경우에는 처분 상대방의 권리나 법률상 보호되는 이익이 침해되었다고 볼 수 없으므로 달리 특별한 사정이 없는 한 처분의 상대방은 그 취소를 구할 이익이 없다(1995.5.26. 94누7324).

③ ○ 상수원보호구역변경처분: 인근주민의 법률상 이익×(수도법상 이익은 반사적 이익)

상수원보호구역 설정의 근거가 되는 수도법 … 이 보호하고자 하는 것은 상수원의 확보와 수질보전일 뿐이고, 그 상수원에서 급수를 받고 있는 지역주민들이 가지는 상수원의 오염을 막아 양질의 급수를 받을 이익은 … 상수원의 확보와 수질보호라는 공공의 이익이 달성됨에 따라 반사적으로 얻게 되는 이익에 불과하므로 지역주민들에 불과한 원고들에게는 위 〈상수원보호구역변경처분〉의 취소를 구할 법률상의 이익이 없다(1995.9.26. 94누14544).

④ ○ 종래에는 행정청의 의무는 기속행위에만 존재한다고 보았으나, 오늘날에는 재량행위에서도 재량권을 하자 없이 행사하는 데 대한 의무가 존재한다고 보고, 그에 대응하는 공권을 무하자재량행사청구권이라고 한다.

선지분석 & 요플 · 기풀기링크

선지	THEME	요플	기풀기
①	T56 경업·경원·주민	33	032
②	T55 공권과 원고적격	38	039
③	T56 경업·경원·주민	38	040
④	T55 공권과 원고적격	22	027

정답 ①

OX 1○ 2× 3× 4×

11

「행정소송법」상 '법률상 이익'에 대한 설명으로 옳지 않은 것은? (다툼이 있는 경우 판례에 의함)

17(하)국가7

⑤ ① 사업의 양도행위가 무효라고 주장하는 자가 민사쟁송으로 양도·양수행위의 무효를 구함이 없이 사업양도·양수에 따른 허가관청의 지위승계 신고수리처분의 무효확인을 구할 경우, 그 법률상 이익이 있다.

Ⓐ ② 채석허가를 받은 자로부터 영업양수 후 명의변경신고 이전에 양도인의 법위반사유를 이유로 채석허가가 취소된 경우, 양수인은 수허가자의 지위를 사실상 양수받았다고 하더라도 그 처분의 취소를 구할 법률상 이익을 가지지 않는다.

Ⓑ ③ 교육부장관이 사학분쟁조정위원회의 심의를 거쳐 학교법인의 이사와 임시이사를 선임한 데 대하여 그 대학교의 교수협의회와 총학생회는 이사선임처분을 다툴 법률상 이익을 가지지만, 직원으로 구성된 노동조합은 법률상 이익을 가지지 않는다.

Ⓒ ④ 원천징수의무자에 대한 소득금액변동통지는 원천납세의무의 존부나 범위와 같은 원천납세의무자의 권리나 법률상 지위에 어떠한 영향을 준다고 할 수 없으므로 소득처분에 따른 소득의 귀속자는 법인에 대한 소득금액변동통지의 취소를 구할 법률상 이익이 없다.

관련 OX

① 관련

1 사업의 양도·양수신고가 수리된 경우, 甲은 민사쟁송으로 양도·양수행위의 무효를 구함이 없이 곧바로 항고소송으로 신고수리의 무효확인을 구할 법률상 이익이 있다. 17지방7

② 관련

2 「식품위생법」상 양도계약이 있은 후 신고 전에 행정청이 종전의 영업자(양도인)에 대하여 영업허가를 위법하게 취소한 경우에, 영업자의 지위를 승계한 자(양수인)는 양도인에 대한 영업허가취소처분을 다툴 원고적격을 갖지 못한다. 18국회8

추가기출(④ 관련)

ⓐ ⓧ

구 「소득세법 시행령」에 따른 소득 귀속자에 대한 소득금액변동통지는 원천납세의무자인 소득 귀속자의 법률상 지위에 직접적인 법률적 변동을 가져오므로 행정처분이다. 17국회8

해설

① ○ 영업양도계약이 무효임에도 지위승계신고가 수리된 경우: 양도자는 곧바로 수리처분 무효확인소송(항고소송) 가능

사업양도·양수에 따른 허가관청의 지위승계신고의 수리는 적법한 사업의 양도·양수가 있었음을 전제로 하는 것이므로 그 수리대상인 사업양도·양수가 존재하지 아니하거나 무효인 때에는 수리를 하였다 하더라도 그 수리는 유효한 대상이 없는 것으로서 당연히 무효라 할 것이고, 사업의 양도행위가 무효라고 주장하는 양도자는 민사쟁송으로 양도·양수행위의 무효를 구함이 없이 막바로 허가관청을 상대로 하여 행정소송으로 위 신고수리처분의 무효확인을 구할 법률상 이익이 있다(2005.12.23. 2005두3554).

② ✕ 양도인에 대한 채석허가 취소처분: 양수인이 이에 대해 항고소송 가능

〈채석허가를 받은 자에 대한〉 관할 행정청의 채석허가 취소처분에 대하여 수허가자의 지위를 양수한 양수인에게 그 취소처분의 취소를 구할 법률상 이익이 있다(2003.7.11. 2001두6289).

③ ○ 학교법인의 이사·임시이사 선임처분에 대한 원고적격: 학생회·교수회○ / 대학노조✕

(교육부장관이 사학분쟁조정위원회의 심의를 거쳐 甲대학교를 설치·운영하는 乙학교법인의 이사 8인과 임시이사 1인을 선임한 데 대하여) … 甲대학교 교수협의회와 총학생회는 이사선임처분을 다툴 법률상 이익을 가지지만, … 학교직원들로 구성된 전국대학노동조합 乙대학교지부의 법률상 이익까지 보호하고 있는 것으로 해석할 수는 없다(2015.7.23. 2012두19496·19502).

④ ○ 원천징수의무자에 대한 소득금액변동통지에 대해 소득귀속자는 법률상 이익✕

〈원천징수의무자에 대한〉 소득금액변동통지는 원천납세의무의 존부나 범위와 같은 원천납세의무자의 권리나 법률상 지위에 어떠한 영향을 준다고 할 수 없으므로 소득처분에 따른 소득의 귀속자는(편저자: 소득의 귀속자는) 법인에 대한 소득금액변동통지의 취소를 구할 법률상 이익이 없다(2015.3.26. 2013두9267).

관련 원천납세의무자(소득의 귀속자)에 대한 소득금액변동통지: 처분성✕ ⓐ

구 「소득세법 시행령」 제192조 제1항 단서에 따른 〈소득의 귀속자에 대한〉 소득금액변동통지는 원천납세의무자인 소득귀속자의 법률상 지위에 직접적인 법률적 변동을 가져오는 것이 아니므로, 항고소송의 대상이 되는 행정처분이라고 볼 수 없다 ⓐ (2015.3.26. 2013두9267).

소득금액 변동통지

to 납세의무자	대 처분성✕ ⓐ
to 징수의무자	대 처분성○, 원 징수의무자 원고적격○, 납세의무자 원고적격✕, ④ 이 전체금액 감소시 소익✕

선지분석 & 요플·기풀기링크

선지	THEME	요플	기풀기
①	T25 영업양도의 쟁점	14	015
②		08	007
③	T55 공권과 원고적격	42	041
④	T53 대상적격(법률관계)	166	167

정답 ②

OX 1○ 2✕ ⓐ✕

12

「행정소송법」상 취소소송에 대한 설명으로 옳지 않은 것은? (다툼이 있는 경우 판례에 의함) 22지방7

① 상대방의 권리를 제한하는 행위라 하더라도 행정청 또는 그 소속기관이나 권한을 위임받은 공공단체 등의 행위가 아닌 한 이를 행정처분이라고 할 수 없다.
② 국가가 국토이용계획과 관련한 지방자치단체의 장의 기관위임사무의 처리에 관하여 지방자치단체의 장을 상대로 취소소송을 제기하는 것은 허용되지 않는다.
③ 「건축법」상 지방자치단체를 상대방으로 하는 건축협의의 취소는 행정처분에 해당한다고 볼 수 없으므로 지방자치단체가 건축물 소재지 관할 건축허가권자를 상대로 항고소송을 통해 건축협의 취소의 취소를 구할 수 없다.
④ 어떠한 처분의 근거가 행정규칙에 규정되어 있는 경우에도, 그 처분이 상대방의 권리·의무에 직접 영향을 미치는 행위라면 취소소송의 대상이 되는 행정처분에 해당한다.

해설

① ○ 권리를 제한하는 행위이지만, 행정청 등의 행위가 아닌 경우: 처분 X
행정소송의 대상이 되는 행정처분이란 행정청 또는 그 소속기관이나 법령에 의하여 행정권한의 위임 또는 위탁을 받은 공공단체 등이 국민의 권리·의무에 관계되는 사항에 관하여 직접 효력을 미치는 공권력의 발동으로서 하는 공법상의 행위를 말하며, 그것이 상대방의 권리를 제한하는 행위라 하더라도 행정청 또는 그 소속기관이나 권한을 위임받은 공공단체 등의 행위가 아닌 한 이를 행정처분이라고 할 수 없다(2008.1.31. 2005두8269).

② ○ 국가가 지자체장에게 기관위임한 사무 → 국가는 지자체장 상대로 취소소송 제기 불가(시정명령 후 직접 조치권 등 존재)
건설교통부장관은 지방자치단체의 장이 기관위임사무인 국토이용계획 사무를 처리함에 있어 자신과 의견이 다를 경우 행정협의조정위원회에 협의·조정 신청을 하여 그 협의·조정 결정에 따라 의견불일치를 해소할 수 있고, 법원에 의한 판결을 받지 않고서도 「행정권한의 위임 및 위탁에 관한 규정」이나 구 지방자치법에서 정하고 있는 지도·감독을 통하여 직접 지방자치단체의 장의 사무처리에 대하여 시정명령을 발하고 그 사무처리를 취소 또는 정지할 수 있으며, 지방자치단체의 장에게 기간을 정하여 직무이행명령을 하고 지방자치단체의 장이 이를 이행하지 아니할 때에는 직접 필요한 조치를 할 수도 있으므로, 〈국가가〉 국토이용계획과 관련한 지방자치단체의 장의 기관위임사무의 처리에 관하여 지방자치단체의 장을 상대로 취소소송을 제기하는 것은 허용되지 않는다(2007.9.20. 2005두6935).

③ ✕ 지자체가 건축물 소재지 관할 지자체장으로부터 건축협의를 취소당한 것은 처분에 해당 → 건축협의취소에 대한 취소소송 가능. 지자체에 원고적격 인정
지방자치단체의 장이 다른 지방자치단체를 상대로 한 건축협의(편저자: 지자체 등에 대한 건축허가) 취소에 관하여 다툼이 있는 경우에 법적 분쟁을 실효적으로 해결할 구제수단을 찾기도 어렵다. 따라서 건축협의 취소는 상대방이 다른 지방자치단체 등 행정주체라 하더라도 '행정청이 행하는 구체적 사실에 관한 법집행으로서의 공권력 행사'(행정소송법 제2조 제1항 제1호)로서 처분에 해당한다고 볼 수 있고, 지방자치단체인 원고가 이를 다툴 실효적 해결 수단이 없는 이상, 원고(편저자: 건축협의를 받은 지자체)는 건축물 소재지 관할 허가권자인 지방자치단체의 장을 상대로 항고소송을 통해 건축협의 취소의 취소를 구할 수 있다(2014.2.27. 2012두22980).

④ ○ 처분의 근거·효과가 행정규칙에 규정: 그래도 권리·의무에 직접 영향시 처분 ○
어떠한 처분의 근거나 법적인 효과가 행정규칙에 규정되어 있다고 하더라도, 그 처분이 행정규칙의 내부적 구속력에 의하여 상대방에게 권리의 설정 또는 의무의 부담을 명하거나 기타 법적인 효과를 발생하게 하는 등으로 그 상대방의 권리·의무에 직접 영향을 미치는 행위라면, 이 경우에도 항고소송의 대상이 되는 행정처분에 해당한다(2002.7.26. 2001두3532).

선지선택비율 ① 10.26% ② 15.06% ③ 71.39% ④ 3.29% 오답률 28.61%

관련 OX

③ 관련
1 지방자치단체 등이 건축물을 건축하기 위해 건축물 소재지 관할 허가권자인 지방자치단체의 장과 건축협의를 하였는데 허가권자인 지방자치단체의 장이 그 협의를 취소한 경우, 건축협의 취소는 항고소송의 대상인 행정처분에 해당한다. 17(상)지방9

④ 관련
2 어떠한 처분의 근거나 법적인 효과가 행정규칙에 규정되어 있다면, 그 처분이 행정규칙의 내부적 구속력에 의하여 상대방의 권리·의무에 직접 영향을 미치는 행위라도 항고소송의 대상이 되는 행정처분이라 볼 수 없다. 20국가9

선지분석 & 요플·기풀기링크

선지	THEME	요플	기풀기
①	T16 VA의 개념과 분류	04	006
②	T55 공권과 원고적격	49	050
③		50	051
④	T52 대상적격(행정작용)	02	002

❶ + PLUS
국가사무인 기관사무위임을 위임받은 지자체의 장과 국가 간의 의견이 다른 경우에는 협의·조정 등의 내부적인 분쟁해결 수단이 존재하기에 국가가 취소소송을 제기하는 것은 허용되지 않는다.

❷ + PLUS
자치사무인 건축협의의 취소에 대해서는 내부적인 분쟁해결 수단이 존재하지 않았기에 건축협의취소의 상대방이 된 지자체는 건축협의를 취소한 타 지자체를 상대로 취소소송을 제기할 수 있다.

❸ + PLUS
판례는 행정작용의 근거가 무엇이었는지에 형식적으로 얽매이지 않고, 그것이 국민의 권리·의무에 직접적 영향을 미친다면 처분성을 인정한다(ex. 불문경고).

정답 ③
OX 1○ 2✕

필수문제 13

「행정소송법」상 취소소송에 대한 설명으로 옳지 않은 것은? (다툼이 있는 경우 판례에 의함)
22국가9

ⓒ ① 대한민국에서 출생하여 오랜 기간 대한민국 국적을 보유하면서 거주한 재외동포는 사증발급 거부처분의 취소를 구할 법률상 이익이 있다.

ⓑ ② 국민권익위원회가 소방청장에게 일정한 의무를 부과하는 내용의 조치요구를 한 경우 소방청장은 조치요구의 취소를 구할 당사자능력 및 원고적격이 인정되지 않는다.

인 ③ 임용지원자가 특별채용 대상자로서 자격을 갖추고 있고 유사한 지위에 있는 자에 대하여 정규교사로 특별채용한 전례가 있다 하더라도, 교사로의 특별채용을 요구할 법규상 또는 조리상의 권리가 있다고 할 수 없다.

ⓢ ④ 피해자의 의사와 무관하게 주민등록번호가 유출된 경우, 조리상 주민등록번호의 변경을 요구할 신청권을 인정함이 타당하다.

관련 OX

① 관련

1 (외국인 甲은 결혼이민 사증발급을 신청하였다가 A국 소재 한국총영사관 총영사로부터 사증발급을 거부당하였다) 행정처분에 대한 취소소송에서의 원고적격과 관련된 법률상 이익이라 함은 당해 처분의 근거 법률에 의하여 보호되는 직접적이고 구체적인 이익을 말하는 것인데, 외국인 甲은 사증발급 거부처분의 직접 상대방이므로 그 취소를 구할 법률상 이익이 있다. 20변시

2 사증발급의 법적 성질과 출입국관리법의 입법목적을 고려할 때 외국인은 사증발급 거부처분의 취소를 구할 법률상 이익이 있다. 20군무원7

② 관련

3 국가기관인 소방청장은 국민권익위원회를 상대로 조치요구의 취소를 구할 당사자능력이 없기 때문에 항고소송의 원고적격이 인정되지 않는다. 20소방

선지분석 & 요플·기풀기링크

선지	THEME	요플	기풀기
①	T55 공권과 원고적격	58	059
②		54	056
③	T53 대상적격(법률관계)	69	071
④	T54 거부처분	43	040

해설

① ○ 재외동포인 외국인(스티브 유승준): 사증발급거부에 원고적격 인정
원고는 대한민국에서 출생하여 오랜 기간 대한민국 국적을 보유하면서 거주한 사람이므로 이미 대한민국과 실질적 관련성이 있거나 대한민국에서 법적으로 보호가치 있는 이해관계를 형성하였다고 볼 수 있다. 또한 재외동포의 대한민국 출입국과 대한민국 안에서의 법적 지위를 보장함을 목적으로 「재외동포의 출입국과 법적 지위에 관한 법률」(이하 '재외동포법'이라 한다)이 특별히 제정되어 시행 중이다. 따라서 원고는 이 사건 사증발급 거부처분의 취소를 구할 법률상 이익이 인정된다(2019.7.11. 2017두38874).

② × 소방청장: 권리·의무의 주체가 아닌 기관이지만 항고소송의 당사자능력, 원고적격 인정
〈국민권익위원회가 소방청장에게〉 인사와 관련하여 부당한 지시를 한 사실이 인정된다며 이를 취소할 것을 요구하기로 의결하고 그 내용을 통지하자 소방청장이 국민권익위원회 조치요구의 취소를 구하는 소송을 제기한 사안에서, 법률에서 행정기관 사이의 기관소송을 허용하는 규정을 두고 있지 않고, 정부조직 내에서 그 처분의 당부에 대한 심사·조정을 할 수 있는 다른 방도도 없으며, 권한쟁의심판도 할 수 없고, 이행하지 않을 경우 과태료나 형사처벌까지 정하고 있으므로 처분성이 인정되는 국민권익위원회의 조치요구에 불복하고자 하는 소방청장으로서는 예외적으로 당사자능력과 원고적격을 가진다(2018.8.1. 2014두35379). ❶

❶ + PLUS

행정주체가 아닌 행정기관은 당사자능력 및 원고적격을 갖지 못함이 원칙이다. 단, 국민권익위원회의 조치요구에 대해서 권리보호 필요가 인정된 소방청장과 시·도 선관위원장에게는 예외적으로 이를 인정하였다.

③ ○ 법령상 특별채용 대상자로서의 자격을 갖춘 자: 특별채용신청권 없음. 거부해도 처분×
원고가 교육공무원임용령상의 특별채용 대상자로서의 자격을 갖추고 있고, 원고 등과 유사한 지위에 있는 전임강사에 대하여는 피고가 정규교사로 특별채용한 전례가 있다 하더라도 그러한 사정만으로 임용지원자에 불과한 원고 등에게 피고에 대하여 교사로의 특별채용을 요구할 법규상 또는 조리상의 권리가 있다고 할 수는 없으므로 피고가 원고 등의 특별채용 신청을 거부하였다고 하여도 그 거부행위가 항고소송의 대상이 되는 행정처분에 해당한다고 할 수 없다(2005.4.15. 2004두11626).

④ ○ 주민등록번호 불법유출시: 변경신청권○ → 거부시 처분○
(甲 등이 인터넷 포털사이트 등의 개인정보 유출사고로 자신들의 주민등록번호 등 개인정보가 불법유출되자 주민등록번호를 변경해 줄 것을 신청하였으나 구청장이 거부하는 취지의 통지를 한 사안에서) 피해자의 의사와 무관하게 주민등록번호가 유출된 경우에는 조리상 주민등록번호의 변경을 요구할 신청권을 인정함이 타당하고, 구청장의 주민등록번호 변경신청 거부행위는 항고소송의 대상이 되는 행정처분에 해당한다(2017.6.15. 2013두2945).

선지선택비율 ① 6.54% ② 79.89% ③ 9.50% ④ 4.07% 오답률 20.11%

정답 ②
OX 1× 2× 3×

14

항고소송의 원고적격에 대한 판례의 입장으로 옳지 않은 것은? 16지방9

① 기존의 고속형 시외버스운송사업자 A는 경업관계에 있는 직행형 시외버스운송사업자에 대한 사업계획변경인가처분의 취소를 구할 법률상 이익이 있다.

② 학교법인에 의하여 임원으로 선임된 B는 자신에 대한 관할청의 임원취임승인신청 반려처분 취소소송의 원고적격이 있다.

③ 예탁금회원제 골프장에 가입되어 있는 기존 회원 C는 그 골프장 운영자가 당초 승인을 받을 때 정한 예정인원을 초과하여 회원을 모집하는 내용의 회원모집계획서에 대한 시·도지사의 검토결과통보의 취소를 구할 법률상 이익이 있다.

④ 재단법인인 수녀원 D는 소속된 수녀 등이 쾌적한 환경에서 생활할 수 있는 환경상 이익을 침해받는다면 매립목적을 택지조성에서 조선시설용지로 변경하는 내용의 공유수면매립목적 변경 승인처분의 무효확인을 구할 원고적격이 있다.

해설

① ○ **직행형 버스운송사업면허 사업계획변경인가처분: 고속형 사업자에게 법률상 이익 인정**
고속형 시외버스운송사업과 직행형 시외버스운송사업은 … 본질적인 차이가 있다고 할 수 없으며, 직행형 시외버스운송사업자에 대한 사업계획변경인가처분으로 인하여 기존의 고속형 시외버스운송사업자의 … 수익감소가 예상된다면 … 〈기존의 고속형 시외버스운송사업자〉에게 직행형 시외버스운송사업자에 대한 〈사업계획변경인가처분〉의 취소를 구할 법률상의 이익이 있다(2010.11.11. 2010두4179).

 + PLUS 경업관계에서는 기존 특허권자에게 신규 특허에 대해 다툴 원고적격이 인정된다. 버스면허는 강학상 특허이므로 기존업자에게 신규면허에 대해 다툴 원고적격이 있다(한정 vs 일반, 고속 vs 직행 불문). 반면, 기존 허가권자에게는 신규 허가에 대해 다툴 원고적격이 부정된다(단, 거리제한 규정 등 특별한 규정이 있다면 인정 가능).

② ○ **학교법인의 임원취임신청을 거부: 상대방 학교법인은 물론 해당 임원도 원고적격 인정**
관할청의 임원취임승인행위는 학교법인의 임원선임행위의 법률상 효력을 완성케 하는 보충적 법률행위(편저자: 인가)이다. 따라서 관할청이 학교법인의 임원취임승인신청에 대하여 이를 반려하거나 거부하는 경우 학교법인에 의하여 임원으로 선임된 사람은 학교법인의 임원으로 취임할 수 없게 되는 불이익을 입게 되는바, 이와 같은 불이익은 간접적이거나 사실상의 불이익이 아니라 직접적이고도 구체적인 법률상의 불이익이라 할 것이므로 학교법인에 의하여 〈임원으로 선임된 사람〉에게는 관할청의 임원취임승인신청 반려처분을 다툴 수 있는 원고적격이 있다(2007.12.27. 2005두9651).

③ ○ **예탁금회원제 골프장에 대한 초과회원 모집계획서 검토결과통보: 기존회원에 원고적격 인정**
예탁금회원제 골프장에 있어서, 체육시설업자 또는 그 사업계획의 승인을 얻은 자가 회원모집계획서를 제출하면서 허위의 사업시설 설치공정확인서를 첨부하거나 사업계획의 승인을 받을 때 정한 예정인원을 초과하여 회원을 모집하는 내용의 회원모집계획서를 제출하여 그에 대한 시·도지사 등의 검토결과 통보를 받는다면 이는 기존회원의 골프장에 대한 법률상의 지위에 영향을 미치게 되므로, 이러한 경우 〈기존회원〉은 위와 같은 회원모집계획서에 대한 시·도지사의 검토결과 통보의 취소를 구할 법률상의 이익이 있다(2009.2.26. 2006두16243).

 + PLUS 업자의 회원모집계획서 제출(수리 요하는 신고) → 행정청의 검토결과통보(수리) → 기존회원의 동 수리에 대한 취소소송(원고적격○)

④ ✕ **공유수면매립목적 변경승인: 재단법인 수녀원은 원고적격 인정✕**
공유수면매립목적 변경승인처분으로 甲수녀원에 소속된 〈수녀 등〉이 쾌적한 환경에서 생활할 수 있는 환경상 이익을 침해받는다고 하더라도 이를 가리켜 곧바로 甲〈수녀원〉의 법률상 이익이 침해된다고 볼 수 없고, 자연인이 아닌 재단법인 甲수녀원은 쾌적한 환경에서 생활할 수 있는 이익을 향수할 수 있는 주체가 아니므로 위 처분으로 위와 같은 생활상의 이익이 직접적으로 침해되는 관계에 있다고 볼 수도 없(어) … 甲수녀원에 처분의 무효확인을 구할 원고적격이 없다(2012.6.28. 2010두2005).

관련 OX

① 관련

1 기존 시내버스업자는 시외버스사업을 하는 자에 대해 시내버스로 전환함을 허용하는 사업계획변경인가처분의 취소를 구할 법률상 이익이 있다. 15국회8

③ 관련

2 이른바 예탁금회원제 골프장에 있어서, 체육시설업자가 회원모집계획서를 제출하면서 사업계획의 승인을 받을 때 정한 예정인원을 초과하여 회원을 모집하는 내용의 회원모집계획서를 제출하여 그에 대한 시·도지사 등의 검토결과 통보를 받은 경우, 기존회원이 회원모집계획서에 대한 시·도지사의 검토결과 통보에 대한 취소소송(은 법률상 이익이 인정된다) 22군무원7

④ 관련

3 재단법인 甲수녀원은 매립목적을 택지조성에서 조선시설 용지로 변경하는 내용의 공유수면매립목적 변경승인처분으로 인하여 법률상 보호되는 환경상 이익을 침해받았다면서 처분청을 상대로 처분의 무효확인을 구할 원고적격이 없다. 24경찰간부

선지분석 & 요플·기풀기링크

선지	THEME	요플	기풀기
①	T56 경업·경원·주민	20	018
②	T55 공권과 원고적격	44	045
③		61	062
④	T56 경업·경원·주민	57	058

정답 ④

OX 1○ 2○ 3○

15

〈보기〉에서 판례가 취소소송의 원고적격을 부정한 것을 모두 고른 것은? 18소방

〔보기〕
ㄱ. 목욕탕영업허가에 대하여 기존 목욕탕업자
ㄴ. 부교수임용처분에 대하여 같은 학과의 기존교수
ㄷ. 당초 병원설치가 불가능한 용도에서 병원설치가 가능한 용도로 건축물 용도를 변경하여 준 처분에 대하여 인근의 기존 병원경영자
ㄹ. 교도소장의 접견허가거부처분에 대하여 그 접견신청의 대상자였던 미결수

① ㄱ, ㄷ
② ㄱ, ㄴ, ㄷ
③ ㄴ, ㄷ, ㄹ
④ ㄱ, ㄴ, ㄷ, ㄹ

관련 OX

ㄱ. 관련
1 기존 목욕장영업장 부근에 신설 영업장 허가처분에 따른 수입감소를 이유로 한 기존업자의 취소청구소송(에서 판례는 제3자에게 법률상의 이익을 인정하였다) 08지방9

ㄹ. 관련
2 제3자의 접견허가신청에 대한 교도소장의 거부처분에 있어서 접견권이 침해되었다고 주장하는 구속된 피고인(은 행정소송의 원고적격을 가진다) 19국회8

해설

ㄱ. ✕ 목욕탕영업허가에 대하여 기존 목욕탕업자: 원고적격✕(기존 허가자의 영업이익 감소는 반사적 이익)
원고에 대한 공중목욕장업 경영 허가는 경찰금지의 해제로 인한 영업자유의 회복이라고 볼 것이므로(편저자: 강학상 허가이므로) … 원고가 이 사건 허가처분에 의하여 〈목욕장업〉에 의한 이익이 사실상 감소된다 하여도 이 불이익은 본건 허가처분의 단순한 사실상의 반사적 결과에 불과하고 … 원고(기존 목욕탕업자)는 피고의 피고 보조참가인(신규업자)에 대한 이 사건 목욕장업허가처분에 대하여 그 취소를 소구할 수 있는 법률상 이익이 없다(1963.8.31. 63누101).

ㄴ. ✕ 부교수임용처분에 대하여 같은 학과의 기존교수: 원고적격✕
甲을 부교수로 신규임용한 이 사건 처분에 대하여, 乙이 같은 학과 교수로서 교수회의 구성원이라는 사정만으로는 乙에게 그 취소를 구할 구체적인 법률상의 이익이 있다고 할 수 없다(1995.12.12. 95누11856).

ㄷ. ✕ 의원개설이 불가한 건물에 개설할 수 있도록 한 용도변경처분에 대하여 기존의원 경영자: 원고적격✕
치과의원을 경영하는 원고로서는 그 치과의원과 같은 아파트단지 내에서 30미터 정도의 거리에 있는 건물에 대하여 당초에 상품매도점포로서의 근린생활시설로 되어 있던 용도를 원고와 경합관계에 있는 치과의원을 개설할 수 있도록 의원으로서의 근린생활시설로 변경한 서울특별시장의 용도변경처분으로 인하여 받게 될 불이익은 간접적이거나 사실적·경제적 불이익에 지나지 아니하여 그것만으로는 원고에게 위 용도변경처분의 취소를 구할 소익이 있다고 할 수 없다(1990.5.22. 90누813).

ㄹ. ○ 교도소장의 접견허가거부에 대하여 접견신청 대상자인 피고인: 원고적격○
구속된 피고인이 사전에 접견신청한 자와의 접견을 원하지 않는다는 의사표시를 하였다는 등의 특별한 사정이 없는 한 구속된 피고인은 교도소장의 접견허가거부처분으로 인하여 자신의 접견권이 침해되었음을 주장하여 위 거부처분의 취소를 구할 원고적격을 가진다(1992.5.8. 91누7552).

선지분석 & 요플·기풀기링크

선지	THEME	요플	기풀기
ㄱ	T56 경업·경원·주민	12	014
ㄴ	T55 공권과 원고적격	65	066
ㄷ	T56 경업·경원·주민	10	012
ㄹ	T55 공권과 원고적격	47	048

정답 ②

OX 1✕ 2○

16

행정소송의 원고적격을 가지는 자에 해당하지 않는 것은? (다툼이 있는 경우 판례에 의함)

19국회8

- Ⓐ ① 지방자치단체가 건축물 소재지 관할 허가권자인 지방자치단체의 장을 상대로 건축협의취소의 취소를 구하는 사안에서의 지방자치단체
- 소 ② 제3자의 접견허가신청에 대한 교도소장의 거부처분에 있어서 접견권이 침해되었다고 주장하는 구속된 피고인
- Ⓒ ③ 미얀마 국적의 甲이 위명(僞名)인 乙 명의의 여권으로 대한민국에 입국한 뒤 乙 명의로 난민신청을 하였으나 법무부장관이 乙 명의를 사용한 甲을 직접 면담하여 조사한 후 甲에 대하여 난민불인정 처분을 한 사안에서의 그 처분의 취소를 구하는 甲
- Ⓑ ④ 국민권익위원회가 소방청장에게 인사와 관련하여 부당한 지시를 한 사실이 인정된다며 이를 취소할 것을 요구하기로 의결하고 내용을 통지하자 그 국민권익위원회 조치요구의 취소를 구하는 사안에서의 소방청장
- Ⓐ ⑤ 하자 있는 건축물에 대한 사용검사처분의 무효확인 및 취소를 구하는 구 「주택법」상 입주자

관련 OX

③ 관련

1 외국 국적의 甲이 위명(僞名)인 乙 명의의 여권으로 대한민국에 입국한 뒤 乙 명의로 난민신청을 하였고 법무부장관이 乙 명의를 사용한 甲을 직접 면담하여 조사한 후에 甲에 대하여 난민불인정 처분을 한 경우, 甲은 난민불인정 처분의 취소를 구할 법률상 이익이 없다.
23국가7

④ 관련

2 처분성이 인정되는 국민권익위원회의 조치요구에 대해 소방청장은 취소소송을 제기할 당사자능력과 원고적격을 갖는다.
20군무원7

⑤ 관련

3 신축건물의 하자를 이유로 입주자나 입주예정자들이 사용검사처분의 무효확인이나 취소를 구할 법률상 이익은 인정되지 않는다.
19소간

해설

① ○ 건축협의취소의 취소를 구하는 지자체: 원고적격○
지방자치단체의 장이 다른 지방자치단체를 상대로 한 건축협의취소에 관하여 다툼이 있는 경우에 법적 분쟁을 실효적으로 해결할 구제수단을 찾기도 어렵다. 따라서 건축협의취소는 상대방이 다른 지방자치단체 등 행정주체라 하더라도 '행정청이 행하는 구체적 사실에 관한 법집행으로서의 공권력 행사'(행정소송법 제2조 제1항 제1호)로서 처분에 해당한다고 볼 수 있고, <지방자치단체인 원고가> 이를 다툴 실효적 해결수단이 없는 이상, 원고는 건축물 소재지 관할 허가권자인 지방자치단체의 장을 상대로 항고소송을 통해 건축협의취소의 취소를 구할 수 있다(2014.2.27. 2012두22980).
+ PLUS 자치사무인 건축협의의 취소에 대해서는 내부적인 분쟁해결 수단이 존재하지 않기에 건축협의취소의 상대방이 된 지자체는 건축협의를 취소한 타 지자체를 상대로 취소소송을 제기할 수 있다.

② ○ 교도소장의 접견허가거부에 대하여 접견신청 대상자인 피고인: 원고적격○
구속된 피고인이 사전에 접견신청한 자와의 접견을 원하지 않는다는 의사표시를 하였다는 등의 특별한 사정이 없는 한 구속된 피고인은 교도소장의 접견허가거부처분으로 인하여 자신의 접견권이 침해되었음을 주장하여 위 거부처분의 취소를 구할 원고적격을 가진다(1992.5.8. 91누7552).

③ ○ 위명 여권으로 입국해 위명으로 난민신청을 하였다가 거부당한 미얀마인: 원고적격○
미얀마 국적의 甲이 위명(僞名)인 '乙' 명의의 여권으로 대한민국에 입국한 뒤 乙 명의로 난민 신청을 하였으나 법무부장관이 乙 명의를 사용한 甲을 직접 면담하여 조사한 후 甲에 대하여 난민불인정 처분을 한 사안에서, 처분의 상대방은 허무인이 아니라 '乙'이라는 위명을 사용한 甲이라는 이유로, 甲이 처분의 취소를 구할 법률상 이익이 있다(2017.3.9. 2013두16852).

④ ○ 국민권익위원회 조치요구의 취소를 구하는 소방청장: 원고적격○
국민권익위원회가 소방청장에게 인사와 관련하여 부당한 지시를 한 사실이 인정된다며 이를 취소할 것을 요구하기로 의결하고 그 내용을 통지하자 소방청장이 국민권익위원회 조치요구의 취소를 구하는 소송을 제기한 사안에서, 법률에서 행정기관 사이의 기관소송을 허용하는 규정을 두고 있지 않고 … 정부조직 내에서 그 처분의 당부에 대한 심사·조정을 할 수 있는 다른 방도도 없으며 … 권한쟁의심판도 할 수 없고 … 이행하지 않을 경우 과태료나 형사처벌까지 정하고 있으므로 … 처분성이 인정되는 국민권익위원회의 조치요구에 불복하고자 하는 소방청장으로서는 … 예외적으로 당사자능력과 원고적격을 가진다(2018.8.1. 2014두35379).

선지분석 & 요플·기풀기링크

선지	THEME	요플	기풀기
①		51	052
②	T55 공권과 원고적격	47	048
③		60	061
④		54	056
⑤	T57 소의 이익	52	051

⑤ ✕ 하자 있는 건축물에 대한 사용검사처분의 무효확인 및 취소를 구하는 입주자·입주예정자: 원고적격✕
건축물에 대한 사용검사처분이 취소된다고 하더라도 사용검사 이전의 상태로 돌아가 건축물을 사용할 수 없게 되는 것에 그칠 뿐 곧바로 건축물의 하자상태 등이 제거되거나 보완되는 것도 아니다. 그리고 입주자나 입주예정자들은 사용검사처분을 취소하지 않고서도 민사소송 등을 통하여 분양계약에 따른 법률관계 및 하자 등을 주장·증명함으로써 사업주체 등으로부터 하자 제거·보완 등에 관한 권리구제를 받을 수 있으므로, 사용검사처분의 취소 여부에 의하여 법률적인 지위가 달라진다고 할 수 없으며 … 이러한 사정들을 종합해 보면, 구 주택법상 〈입주자나 입주예정자〉는 〈사용검사처분〉의 취소를 구할 법률상 이익이 없다(2014.7.24. 2011두30465).

17

항고소송에 대한 설명으로 옳은 것만을 〈보기〉에서 모두 고르면? (다툼이 있는 경우 판례에 의함)

21국회8

〈보기〉

ㄱ. 한정면허를 받은 시외버스운송사업자는 일반면허를 받은 시외버스운송사업자에 대한 사업계획변경 인가처분으로 수익감소가 예상되는 경우라 하더라도, 일반면허 시외버스운송사업자에 대한 사업계획변경 인가처분의 취소를 구할 법률상의 이익이 인정되지 않는다.

ㄴ. 지방법무사회가 법무사의 사무원 채용승인 신청을 거부하거나 채용승인을 얻어 채용 중인 사람에 대한 채용승인을 취소하는 것은 처분에 해당하고, 이러한 처분에 대해서는 처분 상대방인 법무사뿐 아니라 그 때문에 사무원이 될 수 없게 된 사람도 이를 다툴 원고적격이 인정된다.

ㄷ. 조달청이 계약상대자에 대하여 나라장터 종합쇼핑몰에서의 거래를 일정기간 정지하는 조치는, 비록 물품구매계약의 추가특수조건이라는 사법상 계약에 근거한 것이라고 하더라도 행정청인 조달청이 행하는 구체적 사실에 관한 법집행으로서의 공권력의 행사로서 그 상대방 회사의 권리·의무에 직접 영향을 미치므로 항고소송의 대상이 되는 행정처분에 해당한다.

ㄹ. 납세고지서에 공동상속인들이 납부할 총세액 등과 공동상속인들 각자가 납부할 상속세액 등을 기재한 연대납세의무자별 고지세액 명세서를 첨부하여 공동상속인들 각자에게 고지하였다면, 연대납부의무의 징수처분을 받은 공동상속인들 중 1인은 다른 공동상속인들에 대한 과세처분 자체에 취소사유가 있다는 이유만으로는 그 징수처분의 취소를 구할 수 없다.

ㅁ. 외국인이라고 하더라도 대한민국과의 실질적 관련성 내지 법적으로 보호가치가 있는 이해관계를 형성한 경우에는 사증발급 거부처분의 취소를 구할 원고적격이 인정된다.

① ㄱ, ㄴ
② ㄷ, ㄹ
③ ㄱ, ㄹ, ㅁ
④ ㄴ, ㄷ, ㅁ
⑤ ㄴ, ㄷ, ㄹ, ㅁ

ㄷ. ○ 나라장터 종합쇼핑몰 거래정지: 사법상 계약에 근거한 조치이나 처분성 인정

조달청이 계약상대자에 대하여 나라장터 종합쇼핑몰에서의 거래를 일정 기간 정지하는 조치는 「전자조달의 이용 및 촉진에 관한 법률」, 「조달사업에 관한 법률」 등에 의하여 보호되는 계약상대자의 직접적이고 구체적인 **법률상 이익**인 나라장터를 통하여 수요기관의 전자입찰에 참가하거나 나라장터 종합쇼핑몰에서 등록된 물품을 수요기관에 직접 판매할 수 있는 지위를 직접 제한하거나 침해하는 행위에 해당하는 점 등을 종합하면, 위 거래정지조치는 비록 **추가특수조건이라는 사법상 계약에 근거한 것이지만** 행정청인 조달청이 행하는 **구체적 사실에 관한 법집행으로서의 공권력의 행사로서** 그 상대방인 甲회사의 권리·의무에 직접 영향을 미치므로 항고소송의 대상이 되는 **행정처분에 해당한다**(2018.11.29. 2015두52395).

ㄹ. ○ 연대납부의무의 '징수처분'을 받은 공동상속인 중 1인이 다른 공동상속인에 대한 '과세처분' 자체에 취소사유가 있다는 이유로 그 '징수처분'의 취소를 구할 수 없음

납세고지서에 공동상속인들이 납부할 총세액 등을 기재함과 아울러 공동상속인들 각자의 상속재산 점유비율과 그 비율에 따라 산정한 각자가 납부할 상속세액 등을 기재한 연대납세의무자별 고지세액 명세서를 첨부하여 공동상속인들 각자에게 고지하였다면 그와 같은 납세고지에 의하여 공동상속인들 중 1인에게 한 다른 공동상속인들의 상속세에 대한 연대납부의무의 징수고지는 다른 공동상속인들 각자에 대한 과세처분에 따르는 징수절차상의 처분으로서의 성격을 가지는 것이어서, 다른 공동상속인들에 대한 과세처분이 무효 또는 부존재가 아닌 한 그 과세처분에 있어서의 하자는 그 징수처분에 당연히 승계된다고는 할 수 없으므로, 〈연대납부의무의 징수처분을 받은 공동상속인들 중 1인〉은 다른 공동상속인들에 대한 과세처분 자체에 취소사유가 있다는 이유만으로는 그 징수처분의 취소를 구할 수 없게 된다(2001.11.27. 98두9530).

ㅁ. ○ 재외동포인 외국인(스티브 유승준): 사증발급거부에 원고적격 인정

원고는 대한민국에서 **출생**하여 오랜 기간 대한민국 국적을 보유하면서 **거주**한 사람이므로 이미 **대한민국과 실질적 관련성**이 있거나 대한민국에서 법적으로 보호가치 있는 **이해관계를 형성**하였다고 볼 수 있다. 또한 **재외동포**의 대한민국 출입국과 대한민국 안에서의 법적 지위를 보장함을 목적으로 「재외동포의 출입국과 법적 지위에 관한 법률」(이하 '**재외동포법**'이라 한다)이 특별히 제정되어 시행 중이다. 따라서 원고는 이 사건 **사증발급 거부처분의 취소를 구할 법률상 이익이 인정**된다(2019.7.11. 2017두38874).

정답 ⑤

OX 1○ 2× 3○

필수문제 18

항고소송의 원고적격에 대한 판례의 입장으로 옳지 않은 것은? 19국가7

① 일반면허를 받은 시외버스운송사업자에 대한 사업계획변경 인가처분으로 인하여 노선 및 운행계통의 일부 중복으로 기존에 한정면허를 받은 시외버스운송사업자의 수익감소가 예상된다면, 기존의 한정면허를 받은 시외버스운송사업자는 일반면허 시외버스운송사업자에 대한 사업계획변경 인가처분의 취소를 구할 법률상의 이익이 있다.

② 처분의 근거 법규 또는 관련 법규에 그 처분으로써 이루어지는 행위 등 사업으로 인하여 환경상 침해를 받으리라고 예상되는 영향권의 범위가 구체적으로 규정되어 있는 경우, 그 영향권 내의 주민들에 대하여는 특단의 사정이 없는 한 환경상 이익에 대한 침해 또는 침해우려가 있는 것으로 사실상 추정된다.

③ 「출입국관리법」상의 체류자격 및 사증발급의 기준과 절차에 관한 규정들은 대한민국의 출입국 질서와 국경관리라는 공익을 보호하려는 취지로 해석될 뿐이므로, 동법상 체류자격변경 불허가처분, 강제퇴거명령 등을 다투는 외국인에게는 해당 처분의 취소를 구할 법률상 이익이 인정되지 않는다.

④ 법령이 특정한 행정기관으로 하여금 다른 행정기관에 제재적 조치를 취할 수 있도록 하면서, 그에 따르지 않으면 그 행정기관에 과태료 등을 과할 수 있도록 정하는 경우, 권리구제나 권리보호의 필요성이 인정된다면 예외적으로 그 제재적 조치의 상대방인 행정기관에게 항고소송의 원고적격을 인정할 수 있다.

관련 OX

① 관련

1 甲에게 허가가 부여된 이후 乙에게 또 다른 신규허가가 행해진 경우, 甲에게는 특별한 규정이 없더라도 乙에 대한 신규허가를 다툴 수 있는 원고적격이 인정되는 것이 원칙이다. 19지방9

2 허가를 받은 경업자에게는 원고적격이 인정되나, 특허사업의 경업자는 특별한 사정이 없는 한 원고적격이 부인된다. 15국가9

④ 관련

3 국가기관인 시·도선거관리위원회 위원장은 국민권익위원회가 그에게 소속 직원에 대한 중징계요구를 취소하라는 등의 조치요구를 한 것에 대해서 취소소송을 제기할 원고적격을 가진다고 볼 수 없다. 16국가9

추가기출(③ 관련)

ⓐ 중국 국적자인 외국인이 사증발급 거부처분의 취소를 구하는 경우(는 판례상 항고소송의 원고적격이 인정된다) 21국가9

선지분석 & 요플·기풀기링크

선지	THEME	요플	기풀기
①	T56 경업·경원·주민	19	017
②		34	033
③	T55 공권과 원고적격	60	061
④		53	054

해설

※ 원고적격이 문제되는 특수한 경우들을 종합한 문제이다. ①은 경업관계에서의 기존업자, ②는 환경영향평가구역 인근주민, ③은 외국인, ④는 행정기관의 원고적격 인정 여부를 묻고 있다.

① ○ **일반면허 버스운송면허 사업계획변경인가처분: 기존 한정면허자에게 법률상 이익 인정**
〈기존의 한정면허를 받은 시외버스운송사업자〉는 일반면허 시외버스운송사업자에 대한 〈사업계획변경인가처분〉의 취소를 구할 **법률상의 이익이 있다**(2018.4.26. 2015두53824).
    ✚ PLUS 경업관계에서는 기존 특허권자에게 신규 특허에 대해 다툴 원고적격이 인정된다. 버스면허는 강학상 특허이므로 기존업자에게 신규면허에 대해 다툴 원고적격이 있다(한정 vs 일반, 고속 vs 직행 불문). 반면, 기존 허가권자에게는 신규 허가에 대해 다툴 원고적격이 부정된다(단, 거리제한 규정 등 특별한 규정이 있다면 인정 가능).

② ○ **영향권 등 내의 주민: 환경상 이익침해 사실상 추정**
행정처분의 근거 법규 또는 관련 법규에 그 처분으로써 이루어지는 행위 등 사업으로 인하여 환경상 침해를 받으리라고 예상되는 영향권의 범위가 구체적으로 규정되어 있는 경우에는, 그 **영향권 내의 주민들**에 대하여는 … 특단의 사정이 없는 한 환경상 이익에 대한 **침해 또는 침해우려가 있는 것으로 사실상 추정**되어 법률상 보호되는 이익으로 인정됨으로써 원고적격이 인정된다(2009.9.24. 2009두2825).

■ 환경영향평가구역 관련 원고적격(법률상 이익)

관련	내용
보호규범	• 처분의 직접 근거법률 외 **환경영향평가법령도** 근거법률 범주○ ex. 공원사업시행허가: 자연공원법령 외 환경영향평가법령도 • 헌법상 환경권, 환경정책기본법 등은 근거법률 범주에 불포함
영향권(환경영향평가구역) 안	• **환경상 이익침해 사실상 추정**② – 주민○ / (현실적 이익향유자) 경작자○ – 토지·건물 소유자✕ / 일시적 이익향유자✕
영향권(환경영향평가구역) 밖	• 환경상 이익침해 추정✕ – 환경상 이익침해를 별도로 **입증시** 인정가능

③ ✕ 외국인: 귀화불허가, 체류자격변경불허가, 강제퇴거명령에 원고적격 인정

국적법상 〈귀화불허가처분〉이나 출입국관리법상 〈체류자격변경 불허가처분, 강제퇴거명령〉 등을 다투는 외국인은 대한민국에 적법하게 입국하여 상당한 기간을 체류한 사람이므로, 이미 대한민국과의 실질적 관련성 내지 대한민국에서 법적으로 보호가치 있는 이해관계를 형성한 경우이어서, 해당 처분의 취소를 구할 법률상 이익이 인정된다(2018.5.15. 2014두42506).

✚ PLUS 외국인: 귀화불허가 · 체류자격변경불허가 · 강제퇴거명령에 원고적격○ ↔ 사증발급거부에 원고적격✕(단, 재외동포○)

비교 외국인: 사증발급거부에 원고적격✕ⓐ

사증발급의 법적 성질, 출입국관리법의 입법 목적, 사증발급 신청인의 대한민국과의 실질적 관련성, 상호주의원칙 등을 고려하면, 우리 출입국관리법의 해석상 외국인에게는 〈사증발급 거부처분〉의 취소를 구할 법률상 이익이 인정되지 않는다고 봄이 타당하다ⓐ(2018.5.15. 2014두42506).

④ ○ 행정기관에 대한 조치요구 및 미이행시 제재규정이 있으나 항고소송 외 다툴 방법이 없을 시 → 행정기관에도 권리구제나 권리보호 필요성이 인정돼 당사자능력 및 원고적격 인정

법령이 특정한 행정기관 등으로 하여금 다른 행정기관을 상대로 제재적 조치를 취할 수 있도록 하면서, 그에 따르지 않으면 그 행정기관에 대하여 과태료를 부과하거나 형사처벌을 할 수 있도록 정하는 경우가 있다. 이러한 경우 권리구제나 권리보호의 필요성이 인정된다면 예외적으로 그 제재적 조치의 상대방인 행정기관 등에게 항고소송 원고로서의 당사자능력과 원고적격을 인정할 수 있다(2018.8.1. 2014두35379).

✚ PLUS 행정주체와 달리 행정기관은 원고가 될 수 없는 것이 원칙이다(행정소송법에서 특별히 처분청의 피고적격은 인정). 그러나 타 행정기관의 처분을 불이행시 벌금 · 과태료 등 중대한 불이익이 예정되어 있고, 이에 대하여 정부조직 내 조정, 기관소송, 권한쟁의심판 등이 모두 불가하여 다른 구제수단이 없다면 예외적으로 행정기관에게 원고적격을 인정한다. 그에 대한 사례가 국민권익위의 조치요구에 대해 그 상대방인 소방청장과 시 · 도선관위원장에게 원고적격을 인정한 사례이다.

정답 ③

OX 1✕ 2✕ 3✕ ⓐ✕

T56 제3자의 지위(1) - 경업자·경원자·인근주민 소송 등 일괄정리

01

항고소송에서의 제3자의 원고적격에 대한 설명으로 옳지 않은 것은? (다툼이 있는 경우 판례에 의함)
23국회8

① 일반적으로 면허 등의 수익적 행정처분의 근거가 되는 법률이 해당 업자들 사이의 과당경쟁으로 인한 경영의 불합리를 방지하는 것도 목적으로 하는 경우 이미 같은 종류의 면허 등을 받아 영업을 하고 있는 기존의 업자는 경업자에 대하여 이루어진 면허 등 행정처분의 상대방이 아니라 하더라도 당해 행정처분의 취소를 구할 법률상 이익이 있다.

② 한정면허를 받은 시외버스운송사업자가 일반면허를 받은 시외버스운송사업자에 대한 사업계획변경인가처분으로 수익감소가 예상되는 경우 일반면허 시외버스운송사업자에 대한 사업계획변경인가처분의 취소를 구할 법률상 이익이 있다.

③ 인가·허가 등 수익적 행정처분을 신청한 여러 사람이 서로 경원관계에 있어서 한 사람에 대한 허가 등 처분이 다른 사람에 대한 불허가 등으로 귀결될 수밖에 없을 때 허가 등 처분을 받지 못한 사람은 신청에 대한 거부처분의 직접 상대방으로서 원칙적으로 자신에 대한 거부처분의 취소를 구할 법률상 이익이 있다.

④ 상수원보호구역 설정의 근거가 되는 「수도법」이 보호하고자 하는 것은 상수원의 확보와 수질보전일 뿐이고, 그 상수원에서 급수를 받고 있는 지역주민들이 가지는 상수원의 오염을 막아 양질의 급수를 받을 이익은 반사적 이익에 불과하므로 지역주민들에게는 상수원보호구역변경처분의 취소를 구할 법률상 이익이 없다.

⑤ 경업자에 대한 행정처분이 경업자에게 불리한 내용이라면 그와 경쟁관계에 있는 기존의 업자에게는 특별한 사정이 없는 한 유리할 것이지만 기존의 업자는 그 행정처분의 무효확인 또는 취소를 구할 법률상 이익이 있다.

관련 OX

④ 관련

1 상수원보호구역 설정의 근거가 되는 구 「수도법」 제5조 제1항 및 동 시행령 제7조 제1항은 상수원의 오염을 막아 양질의 급수를 받을 직접적이고 구체적인 지역주민들의 이익을 보호하고 있으므로 그 주민들에게는 상수원보호구역변경처분의 취소를 구할 법률상 이익이 있다. 21소간

2 상수원보호구역 설정의 근거가 되는 규정은 상수원의 확보와 수질보전일 뿐이고, 그 상수원에서 급수를 받고 있는 지역주민들이 가지는 이익은 상수원의 확보와 수질보호라는 공공의 이익이 달성됨에 따라 반사적으로 얻게 되는 이익에 불과하다. 17국가9

⑤ 관련

3 경업자에 대한 행정처분이 경업자에게 불리한 내용이라면 그와 경쟁관계에 있는 기존의 업자에게는 특별한 사정이 없는 한 유리할 것이므로 기존의 업자가 그 행정처분의 무효확인 또는 취소를 구할 이익은 없다고 보아야 한다. 23서울(지적)7

해설

① ○ 경업자에 대한 수익처분: 근거규정이 과당경쟁 방지목적시 기존업자에게 원고적격 인정
일반적으로 면허나 인허가 등의 수익적 행정처분의 근거가 되는 법률이 해당 업자들 사이의 과당경쟁으로 인한 경영의 불합리를 방지하는 것도 목적으로 하고 있는 경우, 다른 업자에 대한 면허나 인허가 등의 수익적 행정처분에 대하여 미리 같은 종류의 면허나 인허가 등의 수익적 행정처분을 받아 영업을 하고 있는 기존의 업자는 경업자에 대하여 이루어진 면허나 인허가 등 행정처분의 상대방이 아니라고 하더라도 당해 행정처분의 무효확인 또는 취소를 구할 이익이 있다(2020.4.9. 2019두49953).

② ○ 일반면허 버스운송면허 사업계획변경인가처분: 기존 한정면허자에게 법률상 이익 인정
일반면허를 받은 시외버스운송사업자에 대한 사업계획변경 인가처분으로 인하여 기존에 한정면허를 받은 시외버스운송사업자의 … 수익감소가 예상된다면 … 〈기존의 한정면허를 받은 시외버스운송사업자〉는 일반면허 시외버스운송사업자에 대한 〈사업계획변경인가처분〉의 취소를 구할 법률상의 이익이 있다(2018.4.26. 2015두53824).

③ ○ 경원관계에서 자신에 대한 거부처분: 원고적격 인정
허가 등 수익적 행정처분을 신청한 여러 사람이 서로 경원관계에 있어서 한 사람에 대한 허가 등 처분이 다른 사람에 대한 불허가 등으로 귀결될 수밖에 없을 때, 허가 등 처분을 받지 못한 사람은 신청에 대한 거부처분의 직접 상대방으로서 원칙적으로 자신에 대한 거부처분의 취소를 구할 원고적격이 있다(2015.10.29. 2013두27517).

선지분석 & 요플·기풀기링크

선지	THEME	요플	기풀기
①		04	004
②		19	017
③	T56 경업·경원·주민	28	026
④		38	040
⑤		05	005

④ ○ 상수원보호구역변경처분: 인근주민의 법률상 이익×(수도법상 이익은 반사적 이익)

상수원보호구역 설정의 근거가 되는 수도법 제5조 제1항 및 동 시행령 제7조 제1항이 보호하고자 하는 것은 상수원의 확보와 수질보전일 뿐이고, 그 상수원에서 급수를 받고 있는 지역주민들이 가지는 상수원의 오염을 막아 양질의 급수를 받을 이익은 직접적이고 구체적으로는 보호하고 있지 않음이 명백하여 위 지역주민들이 가지는 이익은 상수원의 확보와 수질보호라는 공공의 이익이 달성됨에 따라 반사적으로 얻게 되는 이익에 불과하므로 지역주민들에 불과한 원고들에게는 위 〈상수원보호구역변경처분〉의 취소를 구할 법률상의 이익이 없다(1995.9.26. 94누14544).

⑤ × 경업자에 불리한(기존업자에 유리한) 처분: 기존업자의 법률상 이익 부정

경업자에 대한 행정처분이 경업자에게 불리한 내용이라면 그와 경쟁관계에 있는 기존의 업자에게는 특별한 사정이 없는 한 유리할 것이므로 기존의 업자가 그 행정처분의 무효확인 또는 취소를 구할 이익은 없다고 보아야 한다(2020.4.9. 2019두49953).

정답 ⑤
OX 1× 2○ 3○

02

법률상 이익에 대한 판례의 태도로 옳지 않은 것은?　　　13국회8

① 이전고시의 효력 발생으로 이미 대다수 조합원 등에 대하여 획일적·일률적으로 처리된 권리귀속 관계를 모두 무효화하고 다시 처음부터 관리처분계획을 수립하여 이전고시 절차를 거치도록 하는 것은 정비사업의 공익적·단체법적 성격에 배치되므로, 이전고시가 효력을 발생한 후에는 조합원 등이 관리처분계획의 취소 또는 무효확인을 구할 법률상 이익이 없다.

② 구「석탄수급조정에 관한 임시조치법」소정의 석탄가공업에 관한 허가는 사업경영의 권리를 설정하는 형성적 행정행위이므로 기존에 허가를 받은 원고들이 신규허가로 인하여 영업상 이익이 감소될 수 있다는 이유로 기존의 업자에 대해 처분의 취소를 구할 법률상 이익이 있다.

③ 면허나 인·허가 등의 수익적 행정처분의 근거가 되는 법률이 해당 업자들 사이의 과당경쟁으로 인한 경영의 불합리를 방지하는 것도 그 목적으로 하고 있는 경우 기존의 업자는 경업자에 대하여 이루어진 면허나 인·허가 등 행정처분의 상대방이 아니라 하더라도 당해 행정처분의 취소를 구할 원고적격이 있다.

④ 공장설립승인처분의 근거 법규 및 관련 법규인 구「산업집적활성화 및 공장설립에 관한 법률」등은 공장설립승인처분과 그 후속절차에 따라 공장이 설립되어 가동됨으로써 그 배출수 등으로 인한 수질오염 등으로 직접적이고도 중대한 환경상 피해를 입을 것으로 예상되는 주민들이 환경상 침해를 받지 아니한 채 물을 마시거나 용수를 이용하며 쾌적하고 안전하게 생활할 수 있는 개별적 이익까지도 구체적·직접적으로 보호하려는 데 있다. 따라서 수돗물을 공급받아 이를 마시거나 이용하는 주민들로서는 위 근거 법규 및 관련 법규가 환경상 이익의 침해를 받지 않은 채 깨끗한 수돗물을 마시거나 이용할 수 있는 자신들의 생활환경상의 개별적 이익을 직접적·구체적으로 보호하고 있음을 증명하여 원고적격을 인정받을 수 있다.

⑤ 면허받은 장의자동차운송사업구역을 위반하였음을 이유로 한 행정청의 과징금부과처분에 의하여 동종업자의 영업이 보호되는 결과는 사업구역제도의 반사적 이익에 불과하기 때문에 그 과징금부과처분을 취소한 재결에 대하여 처분의 상대방이 아닌 제3자는 그 취소를 구할 법률상 이익이 없다.

관련 OX

① 관련

1 이전고시가 효력을 발생하게 된 이후에는 조합원 등이 관리처분계획의 취소 또는 무효확인을 구할 법률상 이익이 없다.　16국가7

③ 관련

2 면허나 인·허가 등의 수익적 행정처분의 근거가 되는 법률이 해당 업자들 사이의 과당경쟁으로 인한 경영의 불합리를 방지하는 것도 그 목적으로 하고 있는 경우, 다른 업자에 대한 면허나 인·허가 등의 수익적 행정처분에 대하여 미리 같은 종류의 면허나 인·허가 등의 처분을 받아 영업을 하고 있는 기존의 업자는 당해 행정처분의 취소를 구할 원고적격이 인정될 수 있다.　21군무원9

해설

① ○ 이전고시 발효 후 조합원 등이 관리처분계획의 취소·무효확인: 불가

이전고시의 효력 발생으로 이미 **대다수 조합원 등**에 대하여 획일적·일률적으로 처리된 **권리귀속관계를 모두 무효화**하고 다시 처음부터 관리처분계획을 수립하여 **이전고시절차를 거치도록 하는 것은** 정비사업의 공익적·단체법적 성격에 배치되므로, 〈이전고시가 효력을 발생한 후〉에는 조합원 등이 **관리처분계획의 취소 또는 무효확인을 구할 법률상 이익이 없다**고 보는 것이 타당하고, 이는 **관리처분계획에 대한 인가처분의 취소 또는 무효확인을 구하는 경우에도 마찬가지이다**(2012.5.24. 2009두22140).

선지분석 & 요플·기풀기링크

선지	THEME	요플	기풀기
①	T20 정비사업	47	035
②		11	013
③	T56 경업·경원·주민	04	004
④		44	046
⑤		55	056

② ✕ 석탄가공업 신규 허가: 기존 허가자의 영업이익 감소는 반사적 이익○, 법률상 이익✕
「석탄수급조정에 관한 임시조치법」 소정의 〈석탄가공업에 관한 허가〉는 사업경영의 권리를 설정하는 **형성적 행정행위가 아니라**(편저자: 강학상 특허가 아니라) 질서유지와 공공복리를 위한 금지를 해제하는 **명령적 행정행위여서**(편저자: 강학상 허가이므로) 그 허가를 받은 자는 영업자유를 회복하는 데 불과하고 독점적 영업권을 부여받은 것이 아니기 때문에 기존 허가를 받은 원고들이 신규허가로 인하여 영업상 이익이 감소된다 하더라도 이는 원고들의 반사적 이익을 침해하는 것에 지나지 아니하므로 원고들은 신규허가처분에 대하여 행정소송을 제기할 **법률상 이익이 없다**(1980.7.22. 80누33·34).

③ ○ 경업자에 대한 수익처분: 근거규정이 과당경쟁 방지 목적시 기존업자에게 원고적격 인정
일반적으로 면허나 인허가 등의 수익적 행정처분의 근거가 되는 법률이 해당 업자들 사이의 **과당경쟁으로 인한 경영의 불합리를 방지**하는 것도 **목적**으로 하고 있는 경우, 다른 업자에 대한 면허나 인허가 등의 수익적 행정처분에 대하여 미리 같은 종류의 면허나 인허가 등의 수익적 행정처분을 받아 영업을 하고 있는 기존의 업자는 경업자에 대하여 이루어진 면허나 인허가 등 행정처분의 상대방이 아니라고 하더라도 **당해 행정처분의 무효확인 또는 취소를 구할 이익이 있다**(2020.4.9. 2019두49953).

④ ○ 공장설립인가처분: 수돗물 이용 주민은 환경상 이익침해를 입증하면 원고적격 인정
〈공장설립승인처분〉의 **근거법규 및 관련법규**인 구 「산업집적활성화 및 공장설립에 관한 법률」 … **취지**는, 공장설립승인처분과 그 후속절차에 따라 공장이 설립되어 가동됨으로써 그 배출수 등으로 인한 수질오염 등으로 직접적이고도 중대한 환경상 피해를 입을 것으로 예상되는 주민들이 환경상 침해를 받지 아니한 채 물을 마시거나 용수를 이용하며 쾌적하고 안전하게 생활할 수 있는 개별적 이익까지도 구체적·직접적으로 보호하려는 데 있다. 따라서 (수돗물을 공급받아 이를 마시거나 이용하는 주민들)로서는 위 근거법규 및 관련법규가 환경상 이익의 침해를 받지 않은 채 깨끗한 수돗물을 마시거나 이용할 수 있는 자신들의 생활환경상의 개별적 이익을 직접적·구체적으로 보호하고 있음을 증명하여 **원고적격을 인정받을 수 있다**(2010.4.15. 2007두16127).

⑤ ○ 사업구역 위반에 따른 과징금부과처분을 취소한 재결: 동종업자에게 원고적격✕
면허받은 장의자동차운송사업구역에 위반하였음을 이유로 한 행정청의 과징금부과처분에 의하여 동종업자의 영업이 보호되는 결과는 **사업구역제도의 반사적 이익**에 불과하기 때문에 그 과징금부과처분을 취소한 재결에 대하여 처분의 상대방 아닌 제3자는 그 취소를 구할 **법률상 이익이 없다**(1992.12.8. 91누13700).

정답 ②
OX 1○ 2○

03 필수 문제

항고소송의 원고적격과 소의 이익에 관한 설명으로 옳은 것(○)과 옳지 않은 것(×)을 올바르게 조합한 것은? (다툼이 있는 경우 판례에 의함) 23변시

ㄱ. 청구인이 공공기관에 대하여 정보공개를 청구하였다가 거부처분을 받은 것 자체만으로는 법률상 이익의 침해에 해당한다고 볼 수 없고, 청구인은 추가로 위 거부처분의 취소를 구할 어떤 구체적인 이익이 있다는 점에 관해 주장·증명하여야 한다.

ㄴ. 행정처분의 근거 법규 또는 관련 법규에 그 처분으로써 이루어지는 행위 등 사업으로 인하여 환경상 침해를 받으리라고 예상되는 영향권의 범위가 구체적으로 규정되어 있는 경우에는, 그 영향권 내의 주민들에 대하여는 특단의 사정이 없는 한 환경상 이익에 대한 침해 또는 침해우려가 있는 것으로 사실상 추정되어 원고적격이 인정된다.

ㄷ. 허가 등 처분을 신청한 甲과 乙이 서로 경원관계에 있는 경우, 행정청이 甲에게 허가 등을 거부하는 처분(이하 '이 사건 거부처분'이라 함)을 함과 동시에 乙에게 허가 등 처분을 하였다면, 이 사건 거부처분에 대한 취소판결이 확정되더라도 乙에 대한 허가 등 처분이 취소되거나 효력이 소멸되는 것은 아니므로, 甲은 이 사건 거부처분의 취소를 구할 소의 이익이 없다.

ㄹ. 「법무사규칙」이 이의신청 절차를 규정한 것은 채용승인을 신청한 법무사뿐만 아니라 사무원이 되려는 사람의 이익도 보호하려는 취지로 볼 수 있으므로, 지방법무사회의 사무원채용승인 거부처분에 대해서는 처분상대방인 법무사뿐만 아니라 그 때문에 사무원이 될 수 없게 된 사람도 이를 다툴 원고적격이 인정된다.

① ㄱ(○), ㄴ(○), ㄷ(×), ㄹ(○)
② ㄱ(○), ㄴ(×), ㄷ(○), ㄹ(×)
③ ㄱ(×), ㄴ(×), ㄷ(○), ㄹ(○)
④ ㄱ(×), ㄴ(○), ㄷ(×), ㄹ(×)
⑤ ㄱ(×), ㄴ(○), ㄷ(×), ㄹ(○)

관련 OX

ㄱ. 관련

1 청구인이 공공기관에 대하여 정보공개를 청구하였다가 거부처분을 받은 것 자체가 법률상 이익의 침해에 해당한다고 할 것이고, 거부처분을 받은 것 이외에 추가로 어떤 법률상의 이익을 가질 것을 요구하는 것은 아니다. 21지방7

2 판례에 의하면 청구인이 공공기관에 대하여 정보공개를 청구하였다가 거부처분을 받았다면 그 자체가 법률상 이익의 침해에 해당하여 원고적격이 있다고 본다. 10국회8

ㄴ. 관련

3 행정처분의 근거법규 또는 관련법규에 그 처분으로써 이루어지는 행위 등 사업으로 인하여 환경상 침해를 받으리라고 예상되는 영향권의 범위가 구체적으로 규정되어 있는 경우에도 환경상 이익에 대한 침해 또는 침해우려가 있는 것을 입증하여야만 원고적격이 인정된다. 12(하)지방9

4 환경영향평가대상지역 안의 주민들이 전원개발사업실시 계획승인처분의 취소를 구할 경우(는 판례상 원고적격이 인정된다) 14서울9

해설

ㄱ. × 정보공개거부처분을 받은 것 자체가 법률상 이익의 침해 ○
정보공개청구권은 법률상 보호되는 구체적인 권리이므로 청구인이 공공기관에 대하여 정보공개를 청구하였다가 거부처분을 받은 것 자체가 법률상 이익의 침해에 해당한다(2003.12.12. 2003두8050).
→ 따라서 청구인은 추가로 위 거부처분의 취소를 구할 어떤 구체적인 이익이 있다는 점에 관해 주장·증명할 필요가 없다.

ㄴ. ○ 영향권 등 내의 주민: 환경상 이익침해 사실상 추정
행정처분의 근거 법규 또는 관련 법규에 그 처분으로써 이루어지는 행위 등 사업으로 인하여 환경상 침해를 받으리라고 예상되는 영향권의 범위가 구체적으로 규정되어 있는 경우에는, 그 영향권 내의 주민들에 대하여는 … 특단의 사정이 없는 한 환경상 이익에 대한 침해 또는 침해우려가 있는 것으로 사실상 추정되어 법률상 보호되는 이익으로 인정됨으로써 원고적격이 인정된다(2009.9.24. 2009두2825).

선지분석 & 요플·기풀기링크

선지	THEME	요플	기풀기
ㄱ	T77 정보공개법(청구권)	18	018
ㄴ	T56 경업·경원·주민	34	033
ㄷ		28	026
ㄹ	T55 공권과 원고적격	45	046

ㄷ. ✕ 경원관계에서 자신에 대한 거부처분: 원고적격·소익 인정(∵ 기속력에 따른 재심사의무)

인가·허가 등 수익적 행정처분을 신청한 여러 사람이 서로 [경원관계]에 있어서 한 사람에 대한 허가 등 처분이 다른 사람에 대한 불허가 등으로 귀결될 수밖에 없을 때, 허가 등 처분을 받지 못한 사람은 신청에 대한 거부처분의 직접 상대방으로서 원칙적으로 〈자신에 대한 거부처분의 취소〉를 구할 원고적격이 있고, 취소판결이 확정되는 경우 판결의 직접적인 효과로 경원자에 대한 허가 등 처분이 취소되거나 효력이 소멸되는 것은 아니더라도 행정청은 취소판결의 기속력에 따라 판결에서 확인된 위법사유를 배제한 상태에서 취소판결의 원고와 경원자의 각 신청에 관하여 처분요건의 구비 여부와 우열을 다시 심사하여야 할 의무가 있으며, 재심사 결과 경원자에 대한 수익적 처분이 직권취소되고 취소판결의 원고에게 수익적 처분이 이루어질 가능성을 완전히 배제할 수는 없으므로, 특별한 사정이 없는 한 경원관계에서 허가 등 처분을 받지 못한 사람은 자신에 대한 거부처분의 취소를 구할 소의 이익이 있다(편저자: 협의의 소익)(2015.10.29. 2013두27517).

ㄹ. ○ 지방법무사회의 법무사사무원 채용신청거부·채용승인취소: 상대방인 법무사는 물론 사무원도 원고적격 인정

지방법무사회가 법무사의 사무원 채용승인 신청을 거부하거나 채용승인을 얻어 채용 중인 사람에 대한 채용승인을 취소하면, 상대방인 법무사로서도 그 사람을 사무원으로 채용할 수 없게 되는 불이익을 입게 될 뿐만 아니라, 그 사람도 법무사 사무원으로 채용되어 근무할 수 없게 되는 불이익을 입게 된다. 법무사규칙 제37조 제4항이 이의신청 절차를 규정한 것은 채용승인을 신청한 법무사뿐만 아니라 사무원이 되려는 사람의 이익도 보호하려는 취지로 볼 수 있다. 따라서 지방법무사회가 법무사의 사무원 채용승인신청을 거부하거나 채용승인을 얻어 채용 중인 사람에 대한 채용승인을 취소한 경우, 처분상대방인 법무사뿐만 아니라 그 때문에 사무원이 될 수 없게 된 사람도 이를 다툴 원고적격이 인정되어야 한다(2020.4.9. 2015다34444).

필수문제 04

「행정소송법」상 원고적격에 관한 판례의 설명으로 옳지 않은 것은?   21소간

① 시외버스운송사업계획변경인가처분으로 시외버스 운행노선 중 일부가 기존의 시내버스 운행노선과 중복하게 되어 기존의 시내버스사업자의 수익감소가 예상되는 경우, 기존의 시내버스 운송사업자에게 위 처분의 취소를 구할 법률상의 이익이 있다.

② 인가·허가 등 수익적 행정처분을 신청한 여러 사람이 서로 경원관계에 있어서 한 사람에 대한 허가 등 처분이 다른 사람에 대한 불허가 등으로 귀결될 수밖에 없을 때 허가 등 처분을 받지 못한 사람은 원칙적으로 자신에 대한 거부처분의 취소를 구할 원고적격이 있다.

③ 행정처분의 근거 법규 또는 관련 법규에 그 처분으로써 이루어지는 행위 등 사업으로 인하여 환경상 침해 영향권의 범위가 구체적으로 규정되어 있는 경우, 그 영향권 밖의 주민들은 당해 처분으로 인하여 자신의 환경상 이익에 대한 침해 또는 침해우려가 있음을 증명하여야만 원고적격이 인정된다.

④ 김해시장이 낙동강에 합류하는 하천수 주변의 토지에 구「산업집적활성화 및 공장설립에 관한 법률」제13조에 따라 공장설립을 승인하는 처분을 한 경우, 공장설립으로 수질오염 등이 발생할 우려가 있는 취수장에서 물을 공급받는 부산광역시 또는 양산시에 거주하는 주민들도 원고적격이 인정된다.

⑤ 상수원보호구역 설정의 근거가 되는 구「수도법」제5조 제1항 및 동 시행령 제7조 제1항은 상수원의 오염을 막아 양질의 급수를 받을 직접적이고 구체적인 지역주민들의 이익을 보호하고 있으므로 그 주민들에게는 상수원보호구역변경처분의 취소를 구할 법률상의 이익이 있다.

관련 OX

① 관련

1 기존 시내버스업자는 시외버스사업을 하는 자에 대해 시내버스로 전환함을 허용하는 사업계획변경인가처분의 취소를 구할 법률상 이익이 있다.   15국회8

② 관련

2 경원관계에서 허가처분을 받지 못한 사람은 자신에 대한 거부처분이 취소되더라도, 그 판결의 직접적 효과로 경원자에 대한 허가처분이 취소되거나 효력이 소멸하는 것은 아니므로 자신에 대한 거부처분의 취소를 구할 소의 이익이 없다.   16지방7

⑤ 관련

3 상수원보호구역 설정의 근거가 되는 규정은 상수원의 확보와 수질보전일 뿐이고, 그 상수원에서 급수를 받고 있는 지역주민들이 가지는 이익은 상수원의 확보와 수질보호라는 공공의 이익이 달성됨에 따라 반사적으로 얻게 되는 이익에 불과하다.   17국가9

해설

① ○ 시내버스노선과 중복되는 시외버스운송사업계획변경인가처분: 기존 시내버스업자에게 법률상 이익 인정
시내버스운송사업과 시외버스운송사업은 … 본질적인 차이가 있다고 할 수는 없으며, 시외버스운송사업계획변경인가처분으로 인하여 기존의 시내버스운송사업자의 노선 및 운행계통과 시외버스운송사업자들의 그것들이 일부 중복되게 되고 기존업자의 수익감소가 예상된다면, 기존의 시내버스운송사업자와 시외버스운송사업자들은 경업관계에 있는 것으로 봄이 상당하다 할 것이어서 <기존의 시내버스운송사업자>에게 <시외버스운송사업계획변경인가처분>의 취소를 구할 법률상의 이익이 있다 (2002. 10. 25. 2001두4450).

② ○ 경원관계에서 자신에 대한 거부처분: 원고적격 인정
인가·허가 등 수익적 행정처분을 신청한 여러 사람이 서로 경원관계에 있어서 한 사람에 대한 허가 등 처분이 다른 사람에 대한 불허가 등으로 귀결될 수밖에 없을 때, 허가 등 처분을 받지 못한 사람은 신청에 대한 거부처분의 직접 상대방으로서 원칙적으로 자신에 대한 거부처분의 취소를 구할 원고적격이 있다(2015.10.29. 2013두27517).

③ ○ 영향권 등 밖의 주민: 환경상 이익침해를 별도 입증하면 원고적격 인정
행정처분의 근거 법규 또는 관련 법규에 그 처분으로써 이루어지는 행위 등 사업으로 인하여 환경상 침해를 받으리라고 예상되는 영향권의 범위가 구체적으로 규정되어 있는 경우, … (영향권 밖의 주민들)은 당해 처분으로 인하여 그 처분 전과 비교하여 수인한도를 넘는 환경피해를 받거나 받을 우려가 있다는 자신의 환경상 이익에 대한 침해 또는 침해우려가 있음을 입증하여야만 법률상 보호되는 이익으로 인정되어 원고적격이 인정된다(2009.9.24. 2009두2825).

선지분석 & 요플·기풀기링크

선지	THEME	요플	기풀기
①		21	019
②		28	026
③	T56 경업·경원·주민	36	037
④		45	047
⑤		38	040

④ ○ 취수장 근처 공장설립인가처분: 취수장에서 물을 공급받는 주민들의 원고적격 인정

김해시장이 낙동강에 합류하는 하천수 주변의 토지에 구「산업집적활성화 및 공장설립에 관한 법률」제13조에 따라 **공장설립을 승인하는 처분**을 한 사안에서, 공장설립으로 수질오염 등이 발생할 우려가 있는 **취수장에서 물을 공급받는 부산광역시 또는 양산시에 거주하는 주민들**도 위 처분의 근거 법규 및 관련 법규에 의하여 법률상 보호되는 이익이 침해되거나 침해될 우려가 있는 주민으로서 **원고적격이 인정된다**(2010.4.15. 2007두16127).

⑤ × 상수원보호구역변경처분: 인근주민의 법률상 이익×(수도법상 이익은 반사적 이익)

상수원보호구역 설정의 근거가 되는 수도법 제5조 제1항 및 동 시행령 제7조 제1항이 보호하고자 하는 것은 상수원의 확보와 수질보전일 뿐이고, 그 상수원에서 급수를 받고 있는 지역주민들이 가지는 상수원의 오염을 막아 양질의 급수를 받을 이익은 직접적이고 구체적으로는 보호하고 있지 않음이 명백하여 위 지역주민들이 가지는 이익은 상수원의 확보와 수질보호라는 공공의 이익이 달성됨에 따라 **반사적으로 얻게 되는 이익에 불과하므로** 지역주민들에 불과한 원고들에게는 위 〈상수원보호구역변경처분〉의 취소를 구할 **법률상의 이익이 없다**(1995.9.26. 94누14544).

정답 ⑤
OX 1○ 2× 3○

05

항고소송의 원고적격에 관한 내용으로 옳지 않은 것은? (다툼이 있는 경우 판례에 의함) 22소간

① 법학전문대학원 설치인가신청을 하였으나 인가처분을 받지 못한 대학은 처분의 상대방이 아니더라도 다른 대학에 대하여 이루어진 설치인가처분의 취소를 구할 법률상 이익이 있다.
② 콘크리트제조업종의 공장입지지정승인처분이 취소됨으로 인하여 다른 지역에 거주하면서 그 공장설립예정지에 인접한 토지를 소유하고 있거나 그 지상에 묘소를 두고 있는 자가 분진, 소음, 수질오염 등의 피해를 입을 우려에서 벗어나는 이익은 그 입지지정승인처분의 근거법률에 의하여 보호되는 직접적이고 구체적인 법률상 이익이라고 할 수 없다.
③ 개발제한구역 안에서의 공장설립을 승인한 처분이 위법하다는 이유로 쟁송취소되었다면 인근주민들의 환경상 이익이 침해될 위험이 종료되었다고 할 것이므로 인근주민들이 더 나아가 그 승인처분에 기초한 공장건축허가처분에 대하여 취소를 구할 법률상 이익은 없다.
④ 직행형 시외버스운송사업자에 대한 사업계획변경인가처분으로 인하여 기존의 고속형 시외버스운송사업자의 노선 및 운행계통과 일부 중복되고 기존업자의 수익감소가 예상된다면, 기존의 고속형 시외버스운송사업자는 직행형 시외버스운송사업자에 대한 사업계획변경인가처분의 취소를 구할 법률상의 이익이 있다.
⑤ 토사채취로 인하여 생활환경의 피해를 입으리라고 예상되는 인근 지역 주민들의 주거·생활환경상의 이익은 토사채취허가의 근거법률에 의하여 보호되는 직접적이고 구체적인 법률상 이익이라고 할 수 있다.

관련 OX

③ 관련

1 개발제한구역 안에서의 공장설립을 승인한 처분이 위법하다는 이유로 쟁송취소되었다면, 설령 그 승인처분에 기초한 공장건축허가처분이 잔존하는 경우에도 인근주민들에게는 공장건축허가처분의 취소를 구할 법률상 이익이 없다. 19지방9

④ 관련

2 기존의 고속형 시외버스운송사업자 A는 경업관계에 있는 직행형 시외버스운송사업자에 대한 사업계획변경인가처분의 취소를 구할 법률상 이익이 있다. 16지방9

해설

① ○ **법학전문대학원 설치인가처분: 설치인가신청을 했으나 인가받지 못한 대학에 법률상 이익 인정**
원고 학교법인 조선대학교를 포함하여 법학전문대학원 설치인가 신청을 한 41개 대학들은 2,000명이라는 총 입학정원을 두고 그 설치인가 여부 및 개별 입학정원의 배정에 관하여 서로 경쟁관계에 있고 이 사건 각 예비인가처분이 취소될 경우 원고의 신청이 인용될 가능성도 배제할 수 없으므로, 원고가 이 사건 각 예비인가처분의 상대방이 아니라도 그 처분의 취소 등을 구할 원고적격이 있다 (2009.12.10. 2009두8359).

② ○ **공장입지지정승인: 서울에 거주하며 인접 토지에 묘지소유자, 500m 밖 주민에 원고적격 부정**
콘크리트제조업종의 공장입지지정승인처분이 취소됨으로 인하여 그 공장설립예정지에 인접한 마을과 주위 토지 및 그 지상의 묘소가 분진, 소음, 수질오염 등의 해를 입을 우려에서 벗어나는 것과 같은 이익은 그 입지지정승인처분의 근거법률에 의하여 보호되는 직접적이고 구체적인 이익이라고 할 수 없고, 그 공장입지지정승인처분이 건축된 공장의 가동으로 인하여 발생할 공해의 발생까지 정당화하는 것은 아니며 이는 별도의 법률의 규제를 받게 되므로, 서울에 거주하며 그 공장설립예정지에 인접한 곳에 2필지의 토지를 공유하여 그 지상에 선대의 묘 4기를 두고 있는 자나 공장설립예정지로부터 약 500m 떨어진 곳에서 살고 있는 주민 등은 그 지정승인처분의 취소를 구할 원고적격이 없다 (1995.2.28. 94누3964).

③ × **공장설립승인처분이 쟁송취소되었어도, 그에 기초한 공장건축허가처분을 취소할 소익 인정**
개발제한구역 안에서의 공장설립을 승인한 처분이 위법하다는 이유로 쟁송취소되었다고 하더라도 그 〈승인처분에 기초한 공장건축허가처분이 잔존〉하는 이상, 공장설립승인처분이 취소되었다는 사정만으로 인근주민들의 환경상 이익이 침해되는 상태나 침해될 위험이 종료되었다거나 이를 시정할 수 있는 단계가 지나버렸다고 단정할 수는 없고, 인근주민들은 여전히 공장건축허가처분의 취소를 구할 법률상 이익이 있다고 보아야 한다 (2018.7.12. 2015두3485).

선지분석 & 요플·기풀기링크

선지	THEME	요플	기풀기
①	T56 경업·경원·주민	27	028
②		56	057
③	T57 소의 이익	10	010
④	T56 경업·경원·주민	20	018
⑤		49	050

④ ○ 직행형 버스운송사업면허 사업계획변경인가처분: 고속형 사업자에게 법률상 이익 인정

직행형 시외버스운송사업자에 대한 사업계획변경인가처분으로 인하여 기존의 **고속형** 시외버스운송사업자의 노선 및 운행계통과 **직행형** 시외버스운송사업자들의 그것들이 **일부 중복**되게 되고 기존업자의 **수익감소**가 예상된다면, 기존의 고속형 시외버스운송사업자와 직행형 시외버스운송사업자들은 경업관계에 있는 것으로 봄이 상당하므로, 〈**기존의 고속형 시외버스운송사업자**〉에게 **직행형** 시외버스운송사업자에 대한 〈**사업계획변경인가처분**〉의 취소를 구할 **법률상의 이익**이 있다(2010.11.11. 2010두4179).

⑤ ○ 토사채취허가: 인근주민들에게 원고적격 인정

구 산림법 … 규정 취지는 … 그로 인하여 직접적이고 중대한 생활환경의 피해를 입으리라고 예상되는 〈**토사채취허가**〉 등 **인근 지역의 주민들**이 주거·생활환경을 유지할 수 있는 개별적 이익까지도 보호하고 있다 할 것이므로, 인근주민들이 토사채취허가와 관련하여 가지게 되는 이익은 처분의 근거법규 등에 의하여 보호되는 직접적·구체적인 **법률상 이익**이라고 할 것이다(2007.6.15. 2005두9736).

정답 ③

OX 1× 2○

06

다음 중 제3자에게 법률상의 이익을 인정한 판례가 아닌 것은?   08(상)지방9

① 연탄공장 건축허가에 대한 구 「도시계획법」상 주거지역에 거주하는 인근주민의 취소청구소송
② 구 「해상운송사업법」에 근거한 신규선박운항사업 면허허가처분에 대한 당해 항로에 취항하고 있는 기존업자의 취소청구소송
③ 원자력 발전소건설을 위한 부지 사전승인처분에 대하여 환경영향평가법령에 따른 환경영향평가대상지역 안의 주민들의 취소청구소송
④ 기존 목욕장영업장 부근에 신설 영업장 허가처분에 따른 수입감소를 이유로 한 기존업자의 취소청구소송

관련 OX

① 관련

1 주거지역 내에서 법령상의 제한면적을 초과하는 연탄공장의 건축허가처분으로 불이익을 받고 있는 인근주민은 당해 처분의 취소를 소구할 법률상 자격이 없다.   18교행9

④ 관련

2 목욕탕영업허가에 대하여 기존 목욕탕업자는 판례가 취소소송의 원고적격을 부정하였다)   18소방

해설

① ○ 주거지역에 제한면적 초과하는 연탄공장 건축허가: 인근주민 원고적격 인정
주거지역 내의 도시계획법 제19조 제1항과 개정 전 건축법 제32조 제1항 소정 제한면적을 초과한 〈연탄공장〉 건축허가처분으로 불이익을 받고 있는 제3거주자는 당해 행정처분의 취소를 소구할 **법률상 자격이 있다**(1975.5.13. 73누96).

② ○ 선박운항사업면허처분: 기존업자의 법률상 이익 인정
해상운송사업법 … 허가조건을 제한하여 기존업자의 경영의 합리화를 보호하자는 데도 목적이 있다. … 〈선박운항사업면허처분〉에 대하여 기존업자는 행정처분취소를 구할 **법률상 이익이 있다**(1969.12.30. 69누106).

③ ○ 원자로부지시설 사전승인: 환경영향평가대상지역 안의 주민 원고적격 인정
〈환경영향평가대상지역 안의 주민들〉에게는 방사성 물질 이외에 원전냉각수 순환시 발생되는 온배수로 인한 환경침해를 이유로 부지사전승인처분의 취소를 구할 **원고적격도 있다**(1998.9.4. 97누19588).

④ × 목욕장 신규허가: 기존 목욕탕업자는 원고적격×(기존 허가자의 영업이익 감소는 반사적 이익)
원고에 대한 공중목욕장업 경영 허가는 경찰금지의 해제로 인한 영업자유의 회복이라고 볼 것이므로 (편저자: 강학상 허가이므로) … 원고가 이 사건 허가처분에 의하여 〈목욕장업〉에 의한 이익이 사실상 감소된다 하여도 이 불이익은 본건 허가처분의 단순한 **사실상의 반사적 결과에 불과하고** … 원고(기존 목욕탕업자)는 피고의 피고 보조참가인(신규업자)에 대한 이 사건 목욕장업허가처분에 대하여 그 취소를 소구할 수 있는 **법률상 이익이 없다**(1963.8.31. 63누101).

선지분석 & 요플·기풀기링크

선지	THEME	요플	기풀기
①		47	049
②	T56 경업·경원·주민	22	021
③		34	033
④		12	014

정답 ④

  1× 2○

THEME 57 (협의의) 소의 이익

기 870-889
요 248-253

01

「행정소송법」상 취소소송에 대한 설명으로 옳지 않은 것은? 23국가7

ⓑ ① 부당해고 구제신청에 관한 중앙노동위원회의 결정에 대하여 취소소송을 제기하는 경우, 법원은 중앙노동위원회의 결정 후에 생긴 사유를 들어 그 결정의 적법 여부를 판단할 수 있다.

ⓒ ② 취소소송에서 쟁송의 대상이 되는 행정처분의 존부는 소송요건으로서 법원의 직권조사사항이고 자백의 대상이 될 수 없다.

ⓑ ③ 이미 직위해제처분을 받아 직위해제된 공무원에 대하여 행정청이 새로운 사유에 기하여 직위해제처분을 하였다면, 이전 직위해제처분의 취소를 구하는 소송을 제기하는 것은 부적법하다.

ⓒ ④ 취소소송계속 중에 처분청이 계쟁 처분을 직권으로 취소하더라도, 동일한 소송당사자 사이에서 그 처분과 동일한 사유로 위법한 처분이 반복될 위험성이 있어 그 처분에 대한 위법성의 확인이 필요한 경우에는 그 처분의 취소를 구할 소의 이익이 있다.

해설

① ✕ 중노위 결정의 적법·위법 여부 판단: 해당 결정일 기준 so 결정 후 사유로 판단✕
부당해고 구제신청에 관한 중앙노동위원회의 명령 또는 결정의 취소를 구하는 소송에서 그 명령 또는 결정이 적법한지는 그 명령 또는 결정이 이루어진 시점을 기준으로 판단하여야 하고, 그 명령 또는 결정 후에 생긴 사유를 들어 적법 여부를 판단할 수는 없으나, 그 명령 또는 결정의 기초가 된 사실이 동일하다면 노동위원회에서 주장하지 아니한 사유도 행정소송에서 주장할 수 있다(2021.7.29. 2016두64876).

② ○ 소송요건: 직권조사사항(자백대상✕)
행정소송에서 쟁송의 대상이 되는 행정처분의 존부는 소송요건으로서 직권조사사항이고, 자백의 대상이 될 수 없는 것이므로, 설사 그 존재를 당사자들이 다투지 아니한다 하더라도 그 존부에 관하여 의심이 있는 경우에는 이를 직권으로 밝혀 보아야 할 것이다(2004.12.24. 2003두15195).

③ ○ 직위해제처분 후, 새로운 사유로 다시 직위해제: 이전 직위해제는 소익✕
행정청이 공무원에 대하여 새로운 직위해제사유에 기한 직위해제처분을 한 경우 그 이전에 한 직위해제처분은 이를 묵시적으로 철회하였다고 봄이 상당하므로, 그 이전 처분의 취소를 구하는 부분은 존재하지 않는 행정처분을 대상으로 한 것으로서 그 소의 이익이 없어 부적법하다(2003.10.10. 2003두5945).

④ ○ 처분이 직권취소됐음에도 ① 회복할 다른 권익 존재, ② 위법의 반복 위험이 있어 확인 필요시 소익○
처분청의 직권취소에도 불구하고 완전한 원상회복이 이루어지지 않아 무효확인 또는 취소로써 회복할 수 있는 다른 권리나 이익이 남아 있거나 또는 동일한 소송당사자 사이에서 그 행정처분과 동일한 사유로 위법한 처분이 반복될 위험성이 있어 행정처분의 위법성 확인 내지 불분명한 법률문제에 대한 해명이 필요한 경우 예외적으로 그 처분의 취소를 구할 소의 이익을 인정할 수 있다(2019.6.27. 2018두49130).

선지선택비율 ① 70.88% ② 12.31% ③ 7.63% ④ 9.19% 오답률 29.12%

관련 OX

②관련
1 행정소송의 대상이 되는 행정처분의 존부는 소송요건으로서 직권조사사항이고, 자백의 대상이 될 수 없는 것이므로, 설사 그 존재를 당사자들이 다투지 아니한다 하더라도 그 존부에 관하여 의심이 있는 경우에는 이를 직권으로 밝혀 보아야 할 것이다. 15지방9

③관련
2 ⓑ
행정청이 현재 직위해제상태에 있는 공무원에 대하여 새로운 직위해제사유에 기한 직위해제처분을 한 경우 그 이전에 한 직위해제처분은 명시적으로 철회되지 않는 이상 소멸하는 것은 아니다. 25소간

3 ⓑ
행정청이 공무원에 대하여 새로운 사유에 기한 직위해제처분을 한 경우에도 그 이전에 한 직위해제처분의 취소를 구할 소의 이익이 있다. 12국가7

④관련
4 ⓒ
소송 계속 중 처분청이 행정처분을 직권으로 취소하면 그 처분은 더 이상 존재하지 않게 되어 소의 이익이 없지만, 예외적으로 취소를 통해 회복되는 권리나 이익이 남아 있는 경우에는 그 처분의 취소를 구할 소의 이익이 인정된다. 23소간

선지분석 & 요플·기풀가링크 ⓓ

선지	THEME	요플	기풀기
①	T65 판결 기준시/종류	09	009
②	T63 소송방식	02	014
③	T57 소의 이익	13	015
④		07	006

정답 ①

OX 1○ 2✕ 3○ 4○

02

다음 중 취소소송에 대한 설명으로 가장 옳지 않은 것은? (단, 다툼이 있는 경우 판례에 의함)

22군무원9

① 제재적 행정처분의 효력이 제재기간 경과로 소멸하였더라도 관련 법규에서 제재적 행정처분을 받은 사실을 가중사유나 전제요건으로 삼아 장래의 제재적 행정처분을 하도록 정하고 있다면, 선행처분의 취소를 구할 법률상 이익이 있다.

② 행정처분의 취소소송계속 중 처분청이 다툼의 대상이 되는 행정처분을 직권으로 취소하면 그 처분은 효력을 상실하여 더 이상 존재하지 않는 것이므로 존재하지 않는 처분을 대상으로 한 항고소송은 원칙적으로 소의 이익이 소멸하여 부적법하다.

③ 고등학교졸업이 대학입학자격이나 학력인정으로서의 의미밖에 없다고 할 수 없으므로 고등학교졸업학력검정고시에 합격하였다 하여 고등학교 학생으로서의 신분과 명예가 회복될 수 없는 것이니 퇴학처분을 받은 자로서는 퇴학처분의 위법을 주장하여 그 취소를 구할 소송상의 이익이 있다.

④ 소송계속 중 해당 처분이 기간의 경과로 그 효과가 소멸하더라도 예외적으로 그 처분의 취소를 구할 소의 이익을 인정할 수 있는 '행정처분과 동일한 사유로 위법한 처분이 반복될 위험성이 있는 경우'란 해당 사건의 동일한 소송당사자 사이에서 반복될 위험이 있는 경우만을 의미한다.

관련 OX

① 관련

1 제재적 행정처분이 그 처분에서 정한 제재기간의 경과로 인하여 그 효과가 소멸되었다면, 그 처분이 후행처분의 가중적 요건사실이 되는 경우라도 선행처분의 취소를 구할 소의 이익이 없다.

20소간

② 관련

2 행정처분이 취소되면 그 처분은 효력을 상실하여 더 이상 존재하지 않는 것이고, 존재하지 않는 행정처분을 대상으로 한 취소소송은 소의 이익이 없어 부적법하다.

13서울7

③ 관련

3 고등학교에서 퇴학처분을 당한 후 고등학교 졸업학력 검정고시에 합격하였다면 퇴학처분을 받은 자는 퇴학처분의 위법을 주장하여 그 취소를 구할 소송상의 이익이 없다.

25지방9

해설

① ○ 계쟁처분은 기간경과로 소멸 but 그 전력이 장래 다른 제재의 전제·가중요건으로 규정: 소익 인정
제재적 행정처분이 그 처분에서 정한 제재기간의 경과로 인하여 그 효과가 소멸되었으나, 부령인 시행규칙 또는 지방자치단체의 규칙의 형식으로 정한 처분기준에서 제재적 행정처분(이하 '선행처분'이라고 한다)을 받은 것을 가중사유나 전제요건으로 삼아 장래의 제재적 행정처분(이하 '후행처분'이라고 한다)을 하도록 정하고 있는 경우, … 선행처분을 받은 상대방은 비록 그 처분에서 정한 제재기간이 경과하였다 하더라도 선행처분의 취소를 구할 법률상 이익이 있다고 보아야 한다(2006.6.22. 2003두1684 전합).

② ○ 처분이 직권취소됨: 소익×
행정처분이 취소되면 그 처분은 취소로 인하여 그 효력이 상실되어 더 이상 존재하지 않는 것이고, 존재하지 않는 행정처분을 대상으로 한 취소소송은 소의 이익이 없어 부적법하다(2006.9.28. 2004두5317).

③ ○ 고교퇴학처분을 받은 뒤 고졸검정고시 합격: 여전히 퇴학처분에 대한 소익 인정
고등학교졸업이 대학입학자격이나 학력인정으로서의 의미밖에 없다고 할 수 없으므로 고등학교졸업학력검정고시에 합격하였다 하여 고등학교 학생으로서의 신분과 명예가 회복될 수 없는 것이니 퇴학처분을 받은 자로서는 퇴학처분의 위법을 주장하여 그 취소를 구할 소송상의 이익이 있다(1992.7.14. 91누4737).

④ × 행정처분과 동일한 사유로 위법한 처분이 반복될 위험성이 있는 경우: 반드시 해당 사건의 동일한 소송당사자 사이에서 반복될 위험이 있는 경우만을 의미×
소송계속 중 해당 행정처분이 기간의 경과 등으로 그 효과가 소멸한 때에 처분이 취소되어도 원상회복이 불가능하다고 보이는 경우라도, 무효확인 또는 취소로써 회복할 수 있는 다른 권리나 이익이 남아 있거나 또는 그 행정처분과 동일한 사유로 위법한 처분이 반복될 위험성이 있어 행정처분의 위법성 확인 내지 불분명한 법률문제에 대한 해명이 필요한 경우에는 행정의 적법성 확보와 그에 대한 사법통제, 국민의 권리구제 확대 등의 측면에서 예외적으로 그 처분의 취소를 구할 소의 이익을 인정할 수 있다. 여기에서 '그 행정처분과 동일한 사유로 위법한 처분이 반복될 위험성이 있는 경우'란 반드시 '해당 사건의 동일한 소송당사자 사이에서' 반복될 위험이 있는 경우만을 의미하는 것은 아니다 (2020.12.24. 2020두30450).

선지선택비율 ① 6.88% ② 6.17% ③ 8.90% ④ 78.05% 오답률 21.95%

선지분석 & 요플·기풀기링크

선지	THEME	요플	기풀기
①		19	019
②	T57 소의 이익	02	002
③		28	030
④		09	009

정답 ④

OX 1× 2○ 3×

03

항고소송의 소의 이익에 대한 판례로서 가장 옳지 않은 것은? 18(1)서울7

① 처분청이 당초의 운전면허취소처분을 철회하고 정지처분을 하였다면, 당초의 처분인 운전면허취소처분은 철회로 인하여 그 효력이 상실되어 더 이상 존재하지 않는 것이고 그 후의 운전면허정지처분만이 남아 있는 것이라 할 것이며, 존재하지 않는 행정처분을 대상으로 한 취소소송은 소의 이익이 없어 부적법하다.

② 주택건설사업계획 사전결정반려처분 취소청구소송의 계속 중 구「주택건설촉진법」의 개정으로 주택건설사업계획 사전결정제도가 폐지된 경우 소의 이익이 없다.

③ 지방의회의원에 대한 제명의결 취소소송계속 중 의원의 임기가 만료된 사안에서, 제명의결의 취소로 의원의 지위를 회복할 수는 없다 하더라도 제명의결시부터 임기만료일까지의 기간에 대한 월정수당의 지급을 구할 수 있는 등 여전히 그 제명의결의 취소를 구할 법률상 이익이 있다.

④ 건축허가처분의 취소를 구하는 소를 제기하기 전에 건축공사가 완료된 경우에는 소의 이익이 없으나, 소를 제기한 후 사실심 변론종결일 전에 건축공사가 완료된 경우에는 소의 이익이 있다.

관련 OX

① 관련
1 처분청이 당초의 운전면허취소처분을 철회하고 정지처분을 한 경우 당초의 취소처분을 대상으로 한 소의 이익은 없다. 17소간

③ 관련
2 지방의회의원에 대한 제명의결 취소소송계속 중 의원의 임기가 만료된 경우, 제명의결의 취소로 의원의 지위를 회복할 수는 없으므로 제명의결시부터 임기만료일까지의 기간에 대한 월정수당의 지급을 구할 수 있다 하더라도 그 제명의결의 취소를 구할 법률상 이익을 인정할 수 없다. 21소간

3 행정처분의 무효확인 또는 취소를 구하는 소가 제소 당시에는 소의 이익이 있어 적법하였더라도, 소송계속 중 처분청이 다툼의 대상이 되는 행정처분을 직권으로 취소했다면 원칙적으로 소의 이익이 소멸하여 부적법하다. 21소간

해설

① ○ 면허취소처분을 철회하고, 새로 정지처분: 면허취소처분은 소익×
처분청이 〈당초의 운전면허**취소처분**을 신뢰보호의 원칙과 형평의 원칙에 반하는 너무 무거운 처분으로 보아 이를 **철회하고 새로이 265일간의 운전면허정지처분**〉을 하였다면, 당초의 처분인 운전면허취소처분은 철회로 인하여 그 효력이 상실되어 더 이상 존재하지 않는 것이고 그 후의 운전면허정지처분만이 남아 있는 것이라 할 것이며, 한편 존재하지 않는 행정처분을 대상으로 한 취소소송은 소의 이익이 없어 부적법하다(1997.9.26. 96누1931).

② ○ 주택건설사업계획 사전결정 반려처분 후 법령개정으로 제도폐지: 소익×
주택건설사업계획 **사전결정반려처분** 취소청구소송의 계속 중 구 주택건설촉진법의 개정으로 주택건설사업계획 사전결정제도가 폐지된 경우, 소의 이익이 없다(1999.6.11. 97누379).

③ ○ (지방의회의원) 제명의결 취소소송 중 임기만료: 소익 인정(수당 관련 이익)
지방의회의원에 대한 제명의결 취소소송계속 중 의원의 〈**임기가 만료**〉된 사안에서, 제명의결의 취소로 의원의 지위를 회복할 수는 없다 하더라도 제명의결시부터 임기만료일까지의 기간에 대한 **월정수당**의 지급을 구할 수 있는 등 여전히 그 제명의결의 취소를 구할 **법률상 이익이 있다**(2009.1.30. 2007두13487).

④ × 제소시 기준 소익 있었으나(완공 전) 변론종결시 기준 소익×(완공됨): 소익×(각하)
건축허가처분의 **취소**를 구할 이익이 없게 되는 것은 건축허가처분의 취소를 구하는 소를 제기하기 전에 건축공사가 **완료**된 경우뿐 아니라 소를 제기한 후 사실심 **변론종결일** 전에 건축공사가 완료된 경우에도 마찬가지이다(2007.4.26. 2006두18409).

+ PLUS 제소시에는 소송요건을 갖췄더라도, 변론종결시에 소송요건에 흠결이 생긴 경우에는 본안판결을 받을 수 없다. 즉, **각하판결**을 받게 된다. 예컨대 건축허가처분에 대하여 인근 주택소유자가 이격거리 위반 등을 이유로 취소소송을 제기한 경우, 제소 당시에는 아직 건축물이 완공되지 않아 소의 이익이 존재했더라도, 소송진행 도중 건축물이 완공되면 변론종결 기준으로는 소의 이익이 없게 되는 것이고, 따라서 각하판결을 받게 된다.

선지분석 & 요플·기풀가링크

선지	THEME	요플	기풀기
①		11	011
②	T57 소의 이익	55	054
③		38	038
④	T65 판결 기준시/종류	03	003

정답 ④
OX 1○ 2× 3○

필수문제 04

제재적 행정처분에 대한 설명으로 옳지 않은 것은? (다툼이 있는 경우 판례에 의함) 16국가7

① 업무정지처분을 받은 후 새로운 업무정지처분을 받음이 없이 1년이 경과하여 실제로 가중된 제재처분을 받을 우려가 없어졌다면 위 처분에서 정한 정지기간이 경과한 이상 특별한 사정이 없는 한 그 처분의 취소를 구할 법률상 이익이 없다.

② 행정법규 위반에 대하여 가하는 제재조치는 반드시 현실적인 행위자가 아니라도 법령상 책임자로 규정된 자에게 부과되고 특별한 사정이 없는 한 위반자에게 고의나 과실이 없더라도 부과할 수 있다.

③ 제재적 처분기준이 부령의 형식으로 규정되어 있는 경우, 그 처분기준에 따른 제재적 행정처분이 현저히 부당하다고 인정할 만한 합리적인 이유가 없는 한 섣불리 그 처분이 재량권의 범위를 일탈하였거나 재량권을 남용한 것이라고 판단해서는 안 된다.

④ 제재적 행정처분의 가중사유나 전제요건에 관한 규정이 법령이 아닌 행정규칙의 형식으로 되어 있다면 이는 행정청 내부의 재량준칙을 규정한 것에 불과하므로 관할 행정청이나 담당공무원은 이를 준수할 의무가 없다.

관련 OX

① 관련

1 가중요건이 법령에 규정되어 있는 경우, 업무정지처분을 받은 후 새로운 제재처분을 받음이 없이 법률이 정한 기간이 경과하여 실제로 가중된 제재처분을 받을 우려가 없어졌다면 특별한 사정이 없는 한 업무정지처분의 취소를 구할 법률상 이익이 인정되지 않는다. 19국가9

② 관련

2 대법원은 행정법규 위반에 대하여 가하는 제재조치로서의 행정처분에도 특별한 경우가 아닌 한 고의 또는 과실을 그 요건으로 한다고 판시하였다. 17서울7

해설

① ○ 건축사 업무정지처분 후, 새로 업무정지처분을 받은 적 없이 가중기간(1년)이 경과: 소익×
업무정지처분을 받은 후 새로운 업무정지처분을 받음이 없이 1년이 경과하여 실제로 **가중된 제재처분을 받을 우려가 없어졌다면** 위 처분에서 정한 정지기간이 경과한 이상 특별한 사정이 없는 한 그 처분의 취소를 구할 **법률상 이익이 없다**(2000.4.21. 98두10080).

② ○ 행정상 제재: 현실적 행위자×, 법령상 책임자에 부과 / 고의·과실, 책임능력 등 불요
행정법규 위반에 대한 제재조치는 행정목적의 달성을 위하여 행정법규 위반이라는 객관적 사실에 착안하여 가하는 제재이므로, 반드시 현실적인 행위자가 아니라도 **법령상 책임자로** 규정된 자에게 부과되고, 특별한 사정이 없는 한 위반자에게 **고의나 과실이 없더라도** 부과할 수 있다(2017.5.11. 2014두8773).

③ ○ 총리령·부령 형식의 제재처분기준: 행정규칙 → 대외효× / 어겨도 위법 단정×, 따라도 적법 보장× → 단, 일단 따른 이상 섣불리 위법 인정×
제재적 행정처분의 기준이 부령의 형식으로 규정되어 있더라도 그것은 행정청 내부의 사무처리준칙을 정한 것에 지나지 아니하여 대외적으로 국민이나 법원을 기속하는 효력이 없고, 당해 처분의 적법 여부는 위 처분기준만이 아니라 관계 법령의 규정 내용과 취지에 따라 판단되어야 하므로, 위 처분기준에 적합하다 하여 곧바로 당해 처분이 적법한 것이라고 할 수는 없지만, 위 처분기준이 그 자체로 헌법 또는 법률에 합치되지 아니하거나 위 처분기준에 따른 제재적 행정처분이 그 처분사유가 된 위반행위의 내용 및 관계 법령의 규정 내용과 취지에 비추어 **현저히 부당하다고 인정할 만한 합리적인 이유가 없는 한** 섣불리 그 처분이 재량권의 범위를 일탈하였거나 재량권을 남용한 것이라고 판단해서는 안 된다(2007.9.20. 2007두6946).

④ × 제재적 행정처분의 가중사유나 전제요건이 행정규칙의 형식으로 되어 있다 하더라도 담당공무원은 준수할 의무 있음
제재적 행정처분의 가중사유나 전제요건에 관한 규정이 법령이 아니라 규칙의 형식으로 되어 있다고 하더라도, 그러한 규칙이 법령에 근거를 두고 있는 이상 그 법적 성질이 대외적·일반적 구속력을 갖는 법규명령인지 여부와는 상관없이, **관할 행정청이나 담당공무원은 이를 준수할 의무가 있으므로** 이들이 그 규칙에 정해진 바에 따라 행정작용을 할 것이 당연히 예견되고, 그 결과 행정작용의 상대방인 국민으로서는 그 규칙의 영향을 받을 수밖에 없다(2006.6.22. 2003두1684 전합).

선지분석 & 요플·기풀기링크

선지	THEME	요플	기풀기
①	T57 소의 이익	26	023
②	T42 실효성 확보(공통쟁점)	51	052
③	T15 행정규칙	18	018
④	T57 소의 이익	25	022

정답 ④

OX 1 ○   2 ×

05

취소소송의 원고적격 및 협의의 소익에 대한 설명으로 옳지 않은 것은? (다툼이 있는 경우 판례에 의함)
15국가9

① 허가를 받은 경업자에게는 원고적격이 인정되나, 특허사업의 경업자는 특별한 사정이 없는 한 원고적격이 부인된다.
② 원천납세의무자는 원천징수의무자에 대한 납세고지를 다툴 수 있는 원고적격이 없다.
③ 사법시험 제2차 시험 불합격처분 이후 새로 실시된 제2차 및 제3차 시험에 합격한 자는 불합격처분의 취소를 구할 협의의 소익이 없다.
④ 고등학교졸업학력검정고시에 합격하였다 하더라도, 고등학교에서 퇴학처분을 받은 자는 퇴학처분의 취소를 구할 협의의 소익이 있다.

관련 OX

① 관련

1 이미 허가한 영업시설과 동종의 영업허가를 함으로써 기존업자의 영업이익에 피해가 발생한 경우 기존업자는 동종의 신규 영업허가의 취소소송을 제기할 수 있는 원고적격이 인정된다. 11국가9

2 甲에게 허가가 부여된 이후 乙에게 또 다른 신규허가가 행해진 경우, 甲에게는 특별한 규정이 없더라도 乙에 대한 신규허가를 다툴 수 있는 원고적격이 인정되는 것이 원칙이다. 19지방9

② 관련

3 원천징수의무자에 대한 소득금액변동통지는 원천납세의무의 존부나 범위와 같은 원천납세의무자의 권리나 법률상 지위에 어떠한 영향을 준다고 할 수 없으므로 소득처분에 따른 소득의 귀속자는 법인에 대한 소득금액변동통지의 취소를 구할 법률상 이익이 없다. 7(하)국가7

③ 관련

4 세무사 자격시험 제1차 시험 불합격처분 후 새로 실시된 세무사 자격시험 제1차 시험에 합격한 경우, 불합격처분의 취소를 구할 법률상 이익이 없다. 17소간

해설

① ✕ 상대방에게 독점권 내지 지위를 창설시키는 **특허**의 경우 사익보호성이 인정되어 기존업자의 원고적격이 **인정**되지만, 질서유지(공익)목적의 금지를 해제하는 것에 불과한 **허가**의 경우 사익보호성이 부정되어 기존업자의 원고적격이 **부정**되는 것이 원칙이다(지문은 반대로 기술되어 틀린 것).

② ○ 원천징수의무자에 대한 납세고지: 원천납세의무자는 법률상 이익 ✕
원천징수에 있어서 **원천납세의무자**는 과세권자가 직접 그에게 원천세액을 부과한 경우가 아닌 한 과세권자의 **원천징수의무자에 대한 납세고지**로 인하여 자기의 원천세납세의무의 존부나 범위에 아무런 영향을 받지 아니하므로 이에 대하여 **항고소송을 제기할 수 없다**(1994.9.9. 93누22234).

③ ○ 사시 2차 불합격 후 다음 해 2·3차 시험합격: 종전 불합격처분에 소익 ✕
사법시험법 제1조 내지 제12조, 법원조직법 제72조의 각 규정을 종합하여 보면, 사법시험에 최종합격한 것은 합격자가 사법연수생으로 임명될 수 있는 전제요건이 되는 것일 뿐이고, 그 자체만으로 합격한 자의 법률상의 지위가 달라지게 되는 것이 아니므로, 사법시험 제2차 시험 불합격처분 이후에 새로이 실시된 제2차와 제3차 시험에 합격한 사람이 불합격처분의 취소를 구할 법률상 이익이 없다고 보아야 할 것이다(2007.9.21. 2007두12057).

④ ○ 고교퇴학처분을 받은 뒤 고졸검정고시 합격: 여전히 퇴학처분에 대한 소익 인정
고등학교졸업이 대학입학자격이나 학력인정으로서의 의미밖에 없다고 할 수 없으므로 고등학교졸업학력검정고시에 합격하였다 하여 고등학교 학생으로서의 신분과 명예가 회복될 수 없는 것이니 퇴학처분을 받은 자로서는 퇴학처분의 위법을 주장하여 그 취소를 구할 소송상의 이익이 있다(1992.7.14. 91누4737).

선지분석 & 요플·기풀기링크

선지	THEME	요플	기풀기
①	T56 경업·경원·주민	07	007
②	T53 대상적격(법률관계)	166	167
③	T57 소의 이익	27	027
④		28	030

정답 ①

OX 1✕ 2✕ 3○ 4○

06 사례형

甲은 값싼 외국산 수입재료를 국내산 유기농 재료로 속여 상품을 제조·판매하였음을 이유로 식품위생법령에 따라 관할 행정청으로부터 영업정지 3개월 처분을 받았다. 한편, 위 영업정지의 처분기준에는 1차 위반의 경우 영업정지 3개월, 2차 위반의 경우 영업정지 6개월, 3차 위반의 경우 영업허가취소처분을 하도록 규정되어 있다. 甲은 영업정지 3개월 처분의 취소를 구하는 소송을 제기하였다. 이에 대한 설명으로 옳지 않은 것은? (다툼이 있는 경우 판례에 의함)
17지방7

① 위와 같은 처분기준이 없는 경우라면, 영업정지처분에 정하여진 기간이 경과되어 효력이 소멸한 경우에는 그 영업정지처분의 취소를 구할 법률상 이익은 부정된다.

② 위 처분기준이 「식품위생법」이나 동법 시행령에 규정되어 있는 경우에는 대외적 구속력이 인정되나, 동법 시행규칙에 규정되어 있는 경우에는 대외적 구속력은 부정된다.

③ 甲에 대하여 법령상 임의적 감경사유가 있음에도, 관할 행정청이 이를 전혀 고려하지 않았거나 감경사유에 해당하지 않는다고 오인하여 영업정지 3개월 처분을 한 경우에는 재량권을 일탈·남용한 위법한 처분이 된다.

④ 甲에 대한 영업정지 3개월의 기간이 경과되어 효력이 소멸한 경우에 위 처분기준이 「식품위생법」이나 동법 시행령에 규정되어 있다면 甲은 영업정지 3개월 처분의 취소를 구할 소의 이익이 있지만, 동법 시행규칙에 규정되어 있다면 소의 이익이 인정되지 않는다.

관련 OX

③ 관련

1 법령에 과징금의 임의적 감경사유가 있음에도 감경사유에 해당하지 않는다고 오인하여 과징금을 감경하지 않은 경우, 그 과징금 부과처분은 재량권을 일탈·남용한 위법한 처분이 아니다. 14지방7

STORY 해설

- 위반횟수가 누적되어 제재처분이 가중되는 경우이므로 1차 영업정지처분의 기간이 경과되어 동 처분의 효력이 소멸된 경우에도 여전히 그 취소를 구할 소의 이익이 인정된다. 다만, 이러한 가중처분기준이 없는 경우라면 원칙대로 효력이 소멸된 영업정지처분의 취소를 구할 소의 이익이 부정될 것이다.① 한편, 대법원은 제재적 처분기준이 법률이나 대통령령(시행령)에 규정된 경우에는 대외적 구속력(법규성)을 인정하나, 부령(시행규칙)에 규정된 경우에는 대외적 구속력(법규성)을 부정하고 있다.② 그러나 이처럼 전제·가중의 근거가 되는 제재처분 기준이 대외적 효력이 있는지와 무관히 전력이 되는 선행처분의 취소를 구할 소의 이익은 인정하고 있다. 따라서 가중처분기준이 대외적 효력이 있는 식품위생법이나 동법 시행령이 아닌, 대외적 효력이 없는 동법 시행규칙에 규정되어 있더라도 소의 이익은 인정될 것이다.④

- 따라서 제시문과 같은 가중기준이 없었다면 甲은 영업정지 기간이 지난 뒤에는 더 이상 영업정지처분의 취소를 구할 소익이 부정되었을 것이나,① 이러한 가중기준이 있는 이상 영업정지 기간이 지났어도 취소를 구할 소익이 인정되고, 이는 동 가중기준이 법률이나 시행령에 규정되어 대외효가 인정되는 경우는 물론, 시행규칙에 규정되어 대외효가 없는② 경우라도 마찬가지이다.④

사례분석 사례지수 상중하

- 법규명령 형식의 행정규칙의 대외효 문제와 가중기준이 있을 때의 소익에 대한 문제를 결합한 좋은 사례 문제이다. 또한 실제 판례 사안과도 거의 같아 반복 출제 가능성이 높다.

- 일반적인 4지 선다형에서는 "**가중처분 기준이 있다.**"고 직접적으로 알려주지만, 이러한 사례형에서는 제시문과 같이 "**1차 위반은 3개월, 2차 위반은 6개월, 3차 위반은 취소하도록 기준을 두고 있다.**"고만 안내한다. 이를 보고 "아 가중처분 기준이 있구나. 아마도 제재처분 자체는 끝났어도 가중처분 기준이 있기 때문에 여전히 소익이 있다는 쟁점을 묻는 문제가 나오겠구나. 그리고 이러한 소익은 가중기준이 대외효가 있건 없건 인정된다는 것도 물을 수 있겠구나."라고 떠올릴 수 있어야 한다. 그래야 당황하지 않고 빠르게 풀 수 있다.

해설

① ○ 처분의 효력기간이 경과: 소익×

행정처분에 그 효력기간이 정하여져 있는 경우, 그 처분의 효력 또는 집행이 정지된 바 없다면 위 기간의 경과로 그 행정처분의 효력은 상실되므로 그 기간 경과 후에는 그 처분이 외형상 잔존함으로 인하여 어떠한 법률상 이익이 침해되고 있다고 볼 만한 별다른 사정이 없는 한 그 처분의 취소를 구할 법률상 이익이 없다(2002.7.26. 2000두7254).

② ○, ④ ×

- 대통령령으로 정한 제재처분기준: 대외효 있는 법규명령

  영업정지처분의 기준이 된 「주택건설촉진법 시행령」[별표 1]은 대통령령이므로 그 성질이 부령인 시행규칙이나 또는 지방자치단체의 규칙과 같이 통상적으로 행정조직 내부에 있어서의 행정명령에 지나지 않는 것이 아니라 대외적으로 국민이나 법원을 구속하는 힘이 있는 법규명령에 해당한다(1997.12.26. 97누15418).②

- 총리령·부령 형식의 제재처분기준: 대외효 없는 행정규칙

  제재적 행정처분의 기준이 부령의 형식으로 규정되어 있더라도 그것은 행정청 내부의 사무처리준칙을 정한 것에 지나지 아니하여 대외적으로 국민이나 법원을 기속하는 효력이 없다(2007.9.20. 2007두6946).②

- 계쟁처분은 기간경과로 소멸 & 가중기준은 대외효 없음(부령 형식의 행정규칙, 일반행정규칙 등) → 가중기준에 대외효 없더라도 공무원은 준수의무가 있으므로 여전히 계쟁처분에 소익 인정

  제재적 행정처분이 그 처분에서 정한 제재기간의 경과로 인하여 그 효과가 소멸되었으나, 부령인 시행규칙 또는 지방자치단체의 규칙(이하 이들을 '규칙'이라고 한다)의 형식으로 정한 처분기준에서 제재적 행정처분(이하 '선행처분'이라고 한다)을 받은 것을 가중사유나 전제요건으로 삼아 장래의 제재적 행정처분(이하 '후행처분'이라고 한다)을 하도록 정하고 있는 경우, 제재적 행정처분의 가중사유나 전제요건에 관한 규정이 법령이 아니라 규칙의 형식으로 되어 있다고 하더라도, 그러한 규칙이 법령에 근거를 두고 있는 이상 그 법적 성질이 대외적·일반적 구속력을 갖는 법규명령인지 여부와는 상관없이, 관할 행정청이나 담당공무원은 이를 준수할 의무가 있으므로 이들이 그 규칙에 정해진 바에 따라 행정작용을 할 것이 당연히 예견되고, 그 결과 행정작용의 상대방인 국민으로서는 그 규칙의 영향을 받을 수밖에 없다. 따라서 선행처분을 받은 상대방은 비록 그 처분에서 정한 제재기간이 경과하였다 하더라도 그 처분의 취소소송을 통하여 그러한 불이익을 제거할 권리보호의 필요성이 충분히 인정된다고 할 것이므로, 선행처분의 취소를 구할 법률상 이익이 있다고④ 보아야 한다(2006.6.22. 2003두1684 전합).

③ ○ 임의적 감경사유가 있음에도 감경사유 고려 없이 혹은 없다고 오인해 전액 부과: 위법

임의적 감경사유가 존재하더라도 과징금 부과관청이 감경사유까지 고려하고도 과징금을 감경하지 않은 채 과징금 전액을 부과하는 처분을 한 경우에는 이를 위법하다고 단정할 수는 없으나, 위 감경사유가 있음에도 이를 전혀 고려하지 않았거나 감경사유에 해당하지 않는다고 오인한 나머지 과징금을 감경하지 않았다면 그 과징금 부과처분은 재량권을 일탈·남용한 위법한 처분이라고 할 수밖에 없다(2010.7.15. 2010두7031).

■ 침익적 처분에 대하여 법령상 감경사유를 반영하지 않은 경우

감경행위의 성격		미감경 처분의 적부
필요적 감경사유	기속	위법
임의적 감경사유	재량	감경사유를 고려하였으나 미감경: 위법하다고 단정× / 적법할 수
		감경사유를 미고려 or 없다고 오인해 이를 누락하고 미감경: 위법, 재량일탈·남용(불행사)③

정답 ④

OX 1×

07

취소소송에서 협의의 소의 이익에 대한 설명으로 옳지 않은 것은? (다툼이 있는 경우 판례에 의함)

19국가9

① 현역입영대상자가 현역병입영통지처분에 따라 현실적으로 입영을 한 후에는 처분의 집행이 종료되었고 입영으로 처분의 목적이 달성되어 실효되었으므로 입영통지처분을 다툴 법률상 이익이 인정되지 않는다.

② 가중요건이 법령에 규정되어 있는 경우, 업무정지처분을 받은 후 새로운 제재처분을 받음이 없이 법률이 정한 기간이 경과하여 실제로 가중된 제재처분을 받을 우려가 없어졌다면 특별한 사정이 없는 한 업무정지처분의 취소를 구할 법률상 이익이 인정되지 않는다.

③ 공장등록이 취소된 후 그 공장시설물이 철거되었고 다시 복구를 통하여 공장을 운영할 수 없는 상태라 하더라도 대도시 안의 공장을 지방으로 이전할 경우 조세감면 및 우선입주 등의 혜택이 관계법률에 보장되어 있다면, 공장등록취소처분의 취소를 구할 법률상 이익이 인정된다.

④ 지방의회 의원에 대한 제명의결 취소소송계속 중 의원의 임기가 만료된 경우에도 여전히 제명의결의 취소를 구할 법률상 이익이 인정된다.

관련 OX

② 관련

1 (甲은 乙 군수에게 「식품위생법」에 의한 일반음식점 영업신고를 하고 영업을 하던 중 청소년에게 주류를 판매하였다는 이유로 적발되었다. 관할 행정청인 乙 군수는 「식품위생법 시행규칙」 [별표 23] 행정처분기준에 따라 사전통지 등 적법절차를 거쳐 1회 위반으로 영업정지 2월의 제재처분을 하였다) 甲이 취소소송을 제기하기 전 영업정지 2월의 처분이 종료한 경우로서 처분이 발해진 후 1년이 경과하여 후행 처분의 가중사유가 되지 않는 경우라면 甲은 취소소송을 제기할 협의의 소의 이익이 인정되지 않는다.

23군무원7

④ 관련

2 지방의회 의원이 제명의결 취소소송 계속 중 임기가 만료되어 제명의결의 취소로 의원 지위를 회복할 수 없다고 할지라도 제명의결시부터 임기만료일까지의 기간에 대한 월정수당의 지급을 구할 수 있으므로 그 제명의결의 취소를 구할 법률상 이익이 인정된다.

16국가9

해설

① ✕ 현역병입영통지처분을 받고 실제로 입영: 여전히 입영통지처분에 대한 소익 인정
현역병입영통지처분에 따라 현실적으로 입영을 한 경우에는 그 처분의 집행은 종료되지만, … 현역입영대상자로서는 … 입영 이후의 법률관계에 영향을 미치고 있는 **현역병입영통지처분** 등을 한 관할지방병무청장을 상대로 위법을 주장하여 그 취소를 구할 **소송상의 이익이 있다**(2003.12.26. 2003두1875).

비교 현역병입영대상자로 병역처분을 받은 자가 그 취소소송 중 모병에 응하여 현역병으로 자진입대한 경우, 소의 이익이 없다(1998.9.8. 98두9165). ❶

② ○ 건축사 업무정지처분 후, 새로 업무정지처분 받은 적 없이 가중기간(1년)이 경과: 소익✕
업무정지처분을 받은 후 새로운 업무정지처분을 받음이 없이 1년이 경과하여 실제로 **가중된 제재처분**을 받을 우려가 없어졌다면 위 처분에서 정한 정지기간이 경과한 이상 특별한 사정이 없는 한 그 처분의 취소를 구할 **법률상 이익이 없다**(2000.4.21. 98두10080).

▪ 제재처분이 종기 도래 등으로 실효된 경우 동 처분을 다툴 소익 여부(ex. 업무정지 3개월 → 이미 3개월 지남)

원칙	이미 실효된 당해 제재처분을 취소할 소익✕
예외	당해 제재처분을 받은 전력이 향후 다른 제재처분의 전제·가중요건이 되는 경우라면 소익○ – 그 전제·가중요건의 대외적 효력 여부 불문 → 대외효 없는 부령형식 제재기준○, 단순 행정규칙○
재예외	다른 제재처분의 전제·가중요건으로 작용할 수 있는 기간마저 경과시에는 소익✕ ② – ex. 건축사 업무정지처분 후 새로 업무정지처분 받은 적 없이 1년이 경과

③ ○ 공장등록취소 후 시설물철거로 복구불가상태이나, 세제혜택을 받을 수 있는 경우: 소익 인정
공장등록이 취소된 후 그 〈공장시설물이 철거〉되었다 하더라도 대도시 안의 공장을 지방으로 이전할 경우 조세특례제한법상의 세액공제 및 소득세 등의 **감면혜택**이 있고, 「공업배치 및 공장설립에 관한 법률」상의 간이한 이전절차 및 우선 입주의 혜택이 있는 경우, 그 공장등록취소처분의 취소를 구할 **법률상의 이익이 있다**(2002.1.11. 2000두3306).

④ ○ (지방의회 의원) 제명의결 취소소송 중 임기만료: 소익 인정(수당 관련 이익)
지방의회 의원에 대한 제명의결 취소소송계속 중 의원의 〈임기가 만료〉된 사안에서, 제명의결의 취소로 의원의 지위를 회복할 수는 없다 하더라도 제명의결시부터 임기만료일까지의 기간에 대한 **월정수당의 지급**을 구할 수 있는 등 여전히 그 제명의결의 취소를 구할 **법률상 이익이 있다**(2009.1.30. 2007두13487).

선지분석 & 요플·기풀기링크

선지	THEME	요플	기풀기
①		32	031
②	T57 소의 이익	26	023
③		43	044
④		38	038

❶ + PLUS

두 판례 비교: 현역병입영통지처분을 다투는 자가 동 처분에 응해 이미 입대한 경우라 하더라도, 동 처분을 취소시키면 그때라도 제대할 수 있으므로 소의 이익이 있다. 반면, 현역병으로 병역처분을 다투는 자가 별도의 통로로 모병에 응해 자진입대해 버린 경우에는 동 처분을 취소하더라도 제대할 수 없으므로 소의 이익이 없다.

정답 ①
OX 1 ○ 2 ○

08

협의의 소의 이익에 대한 판례의 입장으로 옳지 않은 것은? 13지방7

① 공익근무요원 소집해제신청을 거부한 후 원고가 계속 공익근무요원으로 복무함에 따라 복무기간 만료를 이유로 소집해제처분을 한 경우, 거부처분의 취소를 구할 소의 이익이 없다.

② 고등학교에서 퇴학처분을 받은 자가 고등학교졸업학력검정고시에 합격하였다면 퇴학처분의 취소를 구할 소의 이익이 없다.

③ 원자로건설허가처분이 있게 되면 원자로부지사전승인처분에 대한 취소소송은 소의 이익을 잃게 된다.

④ 건축허가가 「건축법」 소정의 이격거리를 두지 아니하고 건축하도록 되어 있어 위법하다 하더라도 그 건축허가에 기하여 건축공사가 완료되었다면 인접한 대지의 소유자는 그 건축허가처분의 취소를 구할 소의 이익이 없다.

관련 OX

① 관련

1 공익근무요원 소집해제신청을 거부한 후에 원고가 계속하여 공익근무요원으로 복무함에 따라 복무기간 만료를 이유로 소집해제처분을 한 경우, 원고는 거부처분의 취소를 구할 소의 이익이 있다. 21지방9

② 관련

2 고등학교에서 퇴학처분을 당한 후 고등학교졸업학력검정고시에 합격하였다면 퇴학처분을 받은 자는 퇴학처분의 위법을 주장하여 그 취소를 구할 소송상의 이익이 없다. 25지방9

해설

① ○ 소집해제신청 거부 후 복무기간 만료에 따라 소집해제됨: 종전 소집해제 거부처분에 소익×
공익근무요원 소집해제신청을 거부한 후에 원고가 계속하여 공익근무요원으로 복무함에 따라 복무기간 만료를 이유로 소집해제처분을 한 경우, 원고가 입게 되는 권리와 이익의 침해는 소집해제처분으로 해소되었으므로 위 거부처분의 취소를 구할 소의 이익이 없다(2005.5.13. 2004두4369).

② × 고교퇴학처분을 받은 뒤 고졸검정고시 합격: 여전히 퇴학처분에 대한 소익 인정
고등학교졸업이 대학입학자격이나 학력인정으로서의 의미밖에 없다고 할 수 없으므로 고등학교졸업학력검정고시에 합격하였다 하여 고등학교 학생으로서의 신분과 명예가 회복될 수 없는 것이니 퇴학처분을 받은 자로서는 퇴학처분의 위법을 주장하여 그 취소를 구할 소송상의 이익이 있다(1992.7.14. 91누4737).

③ ○ 원자로부지사전승인: 독립한 처분이지만 건설허가처분이 있게 되면 소익 상실하고, 건설허가처분만 소송대상
원자로 및 관계 시설의 부지사전승인처분은 그 자체로서 건설부지를 확정하고 사전공사를 허용하는 법률효과를 지닌 독립한 행정처분이기는 하지만, 건설허가 전에 신청자의 편의를 위하여 미리 그 건설허가의 일부 요건을 심사하여 행하는 사전적 부분 건설허가처분의 성격을 갖고 있는 것이어서 나중에 건설허가처분이 있게 되면 그 건설허가처분에 흡수되어 독립된 존재가치를 상실함으로써 그 건설허가처분만이 쟁송의 대상이 되는 것이므로, 부지사전승인처분의 취소를 구하는 소는 소의 이익을 잃게 되고, 따라서 부지사전승인처분의 위법성은 나중에 내려진 건설허가처분의 취소를 구하는 소송에서 이를 다투면 된다(1998.9.4. 97누19588).

+ **PLUS** 종국적 처분이 이루어지면 사전적 처분은 그에 흡수돼 독립적 존재가치가 상실되므로, 이 때부터는 사전적 처분이 아닌 종국적 처분만이 항고소송의 대상이 된다.

④ ○ 이격거리 위반 등으로 위법한 건축허가: 인접소유자는 완공 후 건축허가의 취소를 구할 소익×
건축허가가 건축법 소정의 이격거리를 두지 아니하고 건축물을 건축하도록 되어 있어 위법하다 하더라도 그 건축허가에 기하여 건축공사가 완료되었다면 그 건축허가를 받은 대지와 접한 대지의 소유자인 원고가 위 건축허가처분의 취소를 받아 이격거리를 확보할 단계는 지났으며 민사소송으로 위 건축물 등의 철거를 구하는 데 있어서도 위 처분의 취소가 필요한 것이 아니므로 원고로서는 위 처분의 취소를 구할 법률상의 이익이 없다(1992.4.24. 91누11131).

선지분석 & 요플·기풀기링크

선지	THEME	요플	기풀기
①	T57 소의 이익	29	028
②		28	030
③	T33 단계적 행정결정 등	37	036
④	T57 소의 이익	48	047

정답 ②

 1× 2×

09

행정소송상 협의의 소익에 대한 설명으로 옳은 것만을 모두 고르면? (다툼이 있는 경우 판례에 의함)　　21지방9

> ㄱ. 월정수당을 받는 지방의회의원에 대한 제명의결 취소소송계속 중 의원의 임기가 만료된 경우 지방의회의원은 그 제명의결의 취소를 구할 법률상 이익이 있다.
> ㄴ. 파면처분 취소소송의 사실심 변론종결 전에 금고 이상의 형을 선고받아 당연퇴직된 경우에도 해당 공무원은 파면처분의 취소를 구할 이익이 있다.
> ㄷ. 공익근무요원 소집해제신청을 거부한 후에 원고가 계속하여 공익근무요원으로 복무함에 따라 복무기간만료를 이유로 소집해제처분을 한 경우, 원고는 거부처분의 취소를 구할 소의 이익이 있다.

① ㄱ
② ㄴ
③ ㄱ, ㄴ
④ ㄴ, ㄷ

관련 OX

ㄷ. 관련

1 공익근무요원 소집해제신청을 거부한 후 원고가 계속 공익근무요원으로 복무함에 따라 복무기간만료를 이유로 소집해제처분을 한 경우, 거부처분의 취소를 구할 소의 이익이 없다.　13(하)지방7

해설

ㄱ. ○ (지방의회의원) 제명의결 취소소송 중 임기만료: 소익 인정(수당 관련 이익)
지방의회의원에 대한 제명의결 취소소송계속 중 의원의 〈임기가 만료〉된 사안에서, 제명의결의 취소로 의원의 지위를 회복할 수는 없다 하더라도 제명의결시부터 임기만료일까지의 기간에 대한 월정수당의 지급을 구할 수 있는 등 여전히 그 제명의결의 취소를 구할 법률상 이익이 있다(2009.1.30. 2007두13487).

ㄴ. ○ (공무원) 파면처분 취소소송 중 금고 이상 형으로 당연퇴직: 소익 인정(급여 관련 이익)
파면처분 취소소송의 사실심 변론종결 전에 원고가 허위공문서등작성죄로 징역 8월에 2년간 집행유예의 형을 선고받아 확정되었다면 원고는 위 판결이 확정된 날 지방공무원법에 따라 당연퇴직되어 그 공무원의 신분을 상실하고, 당연퇴직이나 파면이 퇴직급여에 관한 불이익의 점에 있어 동일하다 하더라도, 최소한도 이 사건 파면처분이 있은 때부터 위 법규정에 의한 당연퇴직일자까지의 기간에 있어서는 파면처분의 취소를 구하여 그로 인해 박탈당한 이익의 회복을 구할 소의 이익이 있다(1985.6.25. 85누39).

ㄷ. ✕ 소집해제신청 거부 후 복무기간만료에 따라 소집해제됨: 종전 소집해제 거부처분에 소익✕
공익근무요원 소집해제신청을 거부한 후에 원고가 계속하여 공익근무요원으로 복무함에 따라 복무기간만료를 이유로 소집해제처분을 한 경우 원고가 입게 되는 권리와 이익의 침해는 소집해제처분으로 해소되었으므로 위 거부처분의 취소를 구할 소의 이익이 없다(2005.5.13. 2004두4369).

선지선택비율 ① 44.45% ② 8.30% ③ 41.10% ④ 6.15%　오답률 58.90%

선지분석 & 요플·기풀기링크

선지	THEME	요플	기풀기
ㄱ		38	038
ㄴ	T57 소의 이익	36	036
ㄷ		29	028

정답 ③
OX 1○

필수문제 10

소의 이익에 대한 설명으로 옳지 않은 것은? (다툼이 있는 경우 판례에 의함)   25지방9

① 지방의회의원에 대한 제명의결 취소소송계속 중 의원의 임기가 만료된 경우라도 그 제명의결의 취소를 구할 법률상 이익이 인정된다.
② 특별한 사정이 없는 한 경원관계에서 허가 등 수익적 처분을 받지 못한 사람은 자신에 대한 거부처분의 취소를 구할 소의 이익이 있다.
③ 항고소송의 일종인 무효확인소송에서는 행정처분의 근거 법률에 의해 보호되는 직접적이고 구체적인 이익이 있는 경우에 '무효확인을 구할 법률상 이익'이 있고, 별도로 무효확인소송의 보충성이 요구되지 않는다.
④ 고등학교에서 퇴학처분을 당한 후 고등학교졸업학력검정고시에 합격하였다면 퇴학처분을 받은 자는 퇴학처분의 위법을 주장하여 그 취소를 구할 소송상의 이익이 없다.

관련 OX

③ 관련

1 행정처분의 근거 법률에 의하여 보호되는 직접적이고 구체적인 이익이 있는 경우에는 「행정소송법」상 '무효확인을 구할 법률상 이익'이 있다고 보아야 하고, 이와 별도로 무효확인소송의 보충성이 요구되는 것은 아니다.   24국가7

해설

① ○ 제명의결 취소소송 중 임기만료: 소익 인정(월정수당의 지급 등 법률상 이익)
지방의회의원에 대한 제명의결 취소소송계속 중 의원의 **임기가 만료된** 사안에서, 제명의결의 취소로 의원의 지위를 회복할 수는 없다 하더라도 제명의결시부터 임기만료일까지의 기간에 대한 **월정수당의 지급**을 구할 수 있는 등 여전히 그 제명의결의 취소를 구할 **법률상 이익이 있다**(2009.1.30. 2007두13487).

② ○ 경원관계에서 자신에 대한 거부처분취소소송: 원고적격·소익 인정
인가·허가 등 수익적 행정처분을 신청한 여러 사람이 서로 경원관계에 있어서 한 사람에 대한 허가 등 처분이 다른 사람에 대한 불허가 등으로 귀결될 수밖에 없을 때, 허가 등 처분을 받지 못한 사람은 신청에 대한 거부처분의 직접 상대방으로서 원칙적으로 **자신에 대한 거부처분의 취소를 구할 원고적격**이 있고, 취소판결이 확정되는 경우 판결의 직접적인 효과로 경원자에 대한 허가 등 처분이 취소되거나 효력이 소멸되는 것은 아니더라도 행정청은 **취소판결의 기속력에 따라** … 재심사결과 경원자에 대한 수익적 처분이 직권취소되고 취소판결의 원고에게 수익적 처분이 이루어질 가능성을 완전히 배제할 수는 없으므로, 특별한 사정이 없는 한 경원관계에서 허가 등 처분을 받지 못한 사람은 자신에 대한 거부처분의 취소를 구할 소의 이익이 있다(편저자: 협의의 소익)(2015.10.29. 2013두27517).

③ ○ 무효확인소송: 보충성(확인의 이익) 요구×
행정처분의 근거 법률에 의하여 보호되는 직접적이고 구체적인 이익이 있는 경우에는 행정소송법 제35조에 규정된 **'무효확인을 구할 법률상 이익'**이 있다고 보아야 하고, 이와 별도로 **무효확인소송의 보충성이 요구되는 것은 아니므로** 행정처분의 무효를 전제로 한 이행소송 등과 같은 직접적인 구제수단이 있는지 여부를 따질 필요가 없다고 해석함이 상당하다(2008.3.20. 2007두6342 전합).

④ × 고교퇴학처분을 받은 뒤 고졸검정고시 합격: 여전히 퇴학처분에 대한 소익 인정
퇴학처분을 받은 후 고등학교졸업학력검정고시에 합격하였다 하더라도 고등학교 졸업이 대학입학자격이나 학력인정의 의미밖에 없다고는 할 수 없고, 고등학교 졸업이 대학입학자격이나 학력인정으로서의 의미밖에 없다고 할 수 없으므로 고등학교졸업학력검정고시에 합격하였다 하여 고등학교 학생으로서의 신분과 명예가 회복될 수 없는 것이니 퇴학처분을 받은 자로서는 **퇴학처분의 위법**을 주장하여 그 취소를 구할 **소송상의 이익이 있다**(1992.7.14. 91누4737).

선지선택비율 ① 8.15% ② 6.37% ③ 7.34% ④ 78.14% 오답률 21.86%

선지분석 & 요플·기풀기링크

선지	THEME	요플	기풀기
①	T57 소의 이익	38	038
②	T56 경업·경원·주민	28	026
③	T57 소의 이익	61	060
④		28	030

정답 ④

OX 1 ○

11

협의의 소익에 대한 판례의 입장으로 옳은 것은? 18지방9

① 학교법인 임원취임승인의 취소처분 후 그 임원의 임기가 만료되고 구 「사립학교법」 소정의 임원결격사유기간마저 경과한 경우에 취임승인이 취소된 임원은 취임승인취소처분의 취소를 구할 소의 이익이 없다.

② 배출시설에 대한 설치허가가 취소된 후 그 배출시설이 철거되어 다시 가동할 수 없는 상태라도 그 취소처분이 위법하다는 판결을 받아 손해배상청구소송에서 이를 원용할 수 있다면 배출시설의 소유자는 당해 처분의 취소를 구할 법률상 이익이 있다.

③ 건축물에 대한 사용검사처분이 취소되면 사용검사 전의 상태로 돌아가 건축물을 사용할 수 없게 되므로 구 「주택법」상 입주자나 입주예정자가 사용검사처분의 무효확인 또는 취소를 구할 법률상 이익이 있다.

④ 구 「도시 및 주거환경정비법」상 조합설립추진위원회 구성승인처분을 다투는 소송계속 중에 조합설립인가처분이 이루어졌다면 조합설립추진위원회 구성승인처분의 취소를 구할 법률상 이익은 없다.

관련 OX

③ 관련

1 신축건물의 하자를 이유로 입주자나 입주예정자들이 사용검사처분의 무효확인이나 취소를 구할 법률상 이익은 인정되지 않는다. 19소간

④ 관련

2 「도시 및 주거환경정비법」상 조합설립추진위원회 구성승인처분을 다투는 소송계속 중 조합설립인가처분이 이루어진 경우에도 조합설립추진위원회 구성승인처분에 대하여 취소 또는 무효확인을 구할 법률상 이익이 있다. 23군무원9

해설

① × ※ 경기학원 임시이사 사건

정식이사에 대한 임원취임승인취소: 임기가 지나고 결격기간마저 지났어도 소익 인정

비록 취임승인이 취소된 학교법인의 정식이사들(甲)에 대하여 원래 정해져 있던 임기가 만료되고 구 사립학교법 제22조 제2호 소정의 임원결격사유기간마저 경과하였다 하더라도, 그 임원취임승인취소처분이 위법하다고 판명되고 나아가 임시이사들의 지위가 부정되어 직무권한이 상실되면, 그 정식이사들은 후임이사 선임시까지 민법 제691조의 유추적용에 의하여 직무수행에 관한 긴급처리권을 가지게 되고 이에 터잡아 후임 정식이사들을 선임할 수 있게 되는바, 이는 감사의 경우에도 마찬가지이다. … 그러므로 취임승인이 취소된 학교법인의 정식이사들로서는 그 〈취임승인취소처분〉에 대한 취소를 구할 법률상 이익이 있다(2007.7.19. 2006두19297 전합).

+ PLUS **임시이사에 대한 임시이사선임처분: 소송계속 중 새 임시이사로 교체됐어도 소익 인정**

〈제소 당시에는 권리보호의 이익을 갖추었는데 제소 후 취소대상 행정처분이 기간의 경과 등으로 그 효과가 소멸한 때〉, 동일한 소송당사자 사이에서 동일한 사유로 위법한 처분이 반복될 위험성이 있어 행정처분의 위법성 확인 내지 불분명한 법률문제에 대한 해명이 필요하다고 판단되는 경우, 그리고 선행처분과 후행처분이 단계적인 일련의 절차로 연속하여 행하여져 후행처분이 선행처분의 적법함을 전제로 이루어짐에 따라 선행처분의 하자가 후행처분에 승계된다고 볼 수 있어 이미 소를 제기하여 다투고 있는 선행처분의 위법성을 확인하여 줄 필요가 있는 경우 등에는 행정의 적법성 확보와 그에 대한 사법통제, 국민의 권리구제의 확대 등의 측면에서 여전히 그 처분의 취소를 구할 법률상 이익이 있다. … 〈임시이사선임처분〉에 대하여 취소를 구하는 소송의 계속 중 임기만료 등의 사유로 새로운 임시이사들로 교체된 경우, 선행 임시이사선임처분의 효과가 소멸하였다는 이유로 그 취소를 구할 법률상 이익이 없다고 보게 되면, 원래의 정식이사들로서는 계속 중인 소를 취하하고 후행 임시이사선임처분을 별개의 소로 다툴 수밖에 없게 되며, 그 별소 진행 도중 다시 임시이사가 교체되면 또 새로운 별소를 제기하여야 하는 등 무익한 처분과 소송이 반복될 가능성이 있으므로 … 선행 임시이사선임처분의 취소를 구하는 소송 도중에 선행 임시이사가 후행 임시이사로 교체되었다고 하더라도 여전히 선행 임시이사선임처분의 취소를 구할 법률상 이익이 있다(2007.7.19. 2006두19297 전합).

선지분석 & 요플 · 기풀기링크

선지	THEME	요플	기풀기
①		46	042
②	T57 소의 이익	44	045
③		52	051
④	T20 정비사업	02	002

+ PLUS 교육부가 학교법인 이사 甲에 대한 임원취임승인을 취소하고, 그 자리에 임시이사 A를 선임하는 처분을 하자, 甲이 ① 자신에 대한 **임원취임승인취소처분**을 취소하고, ② A에 대한 **임시이사 선임처분**을 취소하라는 취소소송을 제기한 사안이다. 이에 대해서 대법원은 **1)** 어차피 甲의 임기가 만료되었고, 임원취임승인을 취소받은 전력에 대한 결격사유 기간마저 도과한 경우라 하더라도 여전히 자신에 대한 임원취임승인취소처분을 취소할 소의 이익이 있다고 보았다(퇴임이사의 긴급처리권 관련 이익이 있음).① 또한 **2)** 취소소송 중 A의 임기가 만료해 A는 퇴임해 버리고 새로운 B가 임시이사가 되었다 하더라도, A에 대한 임시이사선임처분을 취소할 소의 이익이 계속 존재한다고 보아 A에 대한 기존의 소를 취하하고 새로 B에 대한 취소소송을 제기해야 하는 것도 아니라고 보았다. 그렇게 보지 않을 경우 위법처분이 반복될(계속 임시이사를 바꿔서 소의 이익을 상실시키는) 우려가 있기 때문이다.

② × **배출시설에 대한 설치허가취소 후 시설철거로 재가동이 불가: 소익×**
배출시설에 대한 설치허가가 취소된 후 그 배출시설이 어떠한 경위로든 철거되어 다시 복구 등을 통하여 배출시설을 가동할 수 없는 상태라면 이는 배출시설 설치허가의 대상이 되지 아니하므로 … 설령 원고가 이 사건 처분이 위법하다는 점에 대한 판결을 받아 피고에 대한 손해배상청구소송에서 이를 원용할 수 있다거나 위 배출시설을 다른 지역으로 이전하는 경우 행정상의 편의를 제공받을 수 있는 이익이 있다 하더라도, 그러한 이익은 사실적·경제적 이익에 불과하여 이 사건 처분의 취소를 구할 법률상 이익에 해당하지 않는다(2002.1.11. 2000두2457).

+ PLUS 이미 배출시설이 철거되어 원상회복도 불가하고(배출시설을 설치했던 대지가 국·공유지였는데 사용·수익기간도 종료됨), 행정소송(취소소송)에서 승소시 민사소송(국가배상소송)에서 유리하다는 점은 '법률상 이익'에 해당하지 않는다고 보아 소의 이익이 부정된 사례이다. 이미 공장이 철거되었어도 공장등록이 유지된다면(페이퍼라도 유지되면) 조세감면 등 혜택이 있어 소의 이익이 인정된다는 사례와 구별해서 기억한다(2002.1.11. 2000두3306).

③ × **건축물에 하자 있더라도 입주자·입주예정자는 사용검사처분의 취소를 구할 법률상 이익×**
건축물에 대한 **사용검사처분**이 취소된다고 하더라도 사용검사 이전의 상태로 돌아가 건축물을 사용할 수 없게 되는 것에 그칠 뿐 곧바로 건축물의 하자상태 등이 제거되거나 보완되는 것도 아니다. 그리고 입주자나 입주예정자들은 사용검사처분을 **취소하지 않고서도** 민사소송 등을 통하여 분양계약에 따른 법률관계 및 하자 등을 주장·증명함으로써 사업주체 등으로부터 하자 제거·보완 등에 관한 권리구제를 받을 수 있으므로, … 이러한 사정들을 종합해 보면, 구 주택법상 〈입주자나 입주예정자〉는 〈사용검사처분〉의 취소를 구할 **법률상 이익이 없다**(2014.7.24. 2011두30465).

+ PLUS 완공된 건축물에 하자가 있다는 이유로 입주자나 입주예정자가 사용검사처분의 취소를 구할 수는 없다. 사용검사처분을 취소시킨다 하더라도 하자가 보완되는 것이 아니고, 사용검사처분을 취소하지 않아도 민사소송으로 하자보수를 받을 수 있기 때문이다.

④ ○ **추진위 구성승인처분을 다투던 중 조합설립인가처분이 이뤄진 경우**
→ 추진위 구성승인에 대한 항고소송은 더 이상 소익×(이제는 조합설립인가처분을 다퉈야)
조합설립추진위원회 구성승인처분은 … 그 법률요건이나 효과가 조합설립인가처분의 그것과는 다른 독립적인 처분이기 때문에, 추진위원회 구성승인처분에 대한 취소 또는 무효확인 판결의 확정만으로는 이미 조합설립인가를 받은 조합에 의한 정비사업의 진행을 저지할 수 없다. 따라서 〈**추진위원회 구성승인처분을 다투는 소송계속 중에 조합설립인가처분**〉이 이루어진 경우에는 추진위원회 구성승인처분에 위법이 존재하여 조합설립인가 신청행위가 무효라는 점 등을 들어 직접 **조합설립인가처분을 다툼**으로써 정비사업의 진행을 **저지하여야** 하고, 이와는 별도로 **추진위원회 구성승인처분**에 대하여 **취소 또는 무효확인**을 구할 **법률상의 이익은 없다**(2013.1.31. 2011두11112, 2011두11129).

■ 후속 결정으로 소익이 없어지는 경우들

(조합설립인가 후라면)	추진위 구성승인(인가)을 다툴 소익×, 조합설립인가(특허)를 다퉈야(T20)④
(최종결정 후라면)	폐기물처리업사업계획 적정통보에 대해 다툴 소익×, 최종 허가처분에 대해 다퉈야(T33)
(최종결정 후라면)	원자로부지사전승인에 대해 다툴 소익×, 최종 허가처분에 대해 다퉈야(T33)

12

판례에 의할 때 적법한 소로 볼 수 없는 것을 〈보기〉에서 모두 고른 것은?

12국회8

〔보기〕
ㄱ. 무효인 조세부과처분에 대해 무효확인소송을 제기하는 경우
ㄴ. 지방의회의원의 징계처분에 대한 취소소송계속 중에 의원의 임기가 만료된 경우
ㄷ. 「건축법」상 이격거리(건축한계선)를 고려하지 않은 위법한 건축허가에 기해 이미 건축공사가 완료되고 건축물의 사용승인이 내려진 후, 일조권이 침해된 인근 주민이 건축허가 또는 사용승인의 취소를 청구하는 경우
ㄹ. 임원취임승인의 취소처분과 임시이사선임처분의 취소소송을 동시에 제기하여 소송계속 중 임시이사의 임기가 만료되고 새로운 임시이사가 선임된 경우
ㅁ. 운전면허정지처분에 대한 취소소송계속 중 일반사면이 내려진 경우

① ㄱ, ㄹ　　② ㄴ, ㄷ　　③ ㄷ, ㅁ
④ ㄴ, ㄷ, ㄹ　　⑤ ㄷ, ㄹ, ㅁ

관련 OX

ㄴ. 관련

1 ◯ 지방의회 의원이 제명의결 취소소송 계속 중 임기가 만료되어 제명의결의 취소로 의원 지위를 회복할 수 없다고 할지라도 제명의결시부터 임기만료일까지의 기간에 대한 월정수당의 지급을 구할 수 있으므로 그 제명의결의 취소를 구할 법률상 이익이 인정된다. 16국가9

ㄷ. 관련

2 건축허가가 「건축법」 소정의 이격거리를 두지 아니하고 건축하도록 되어 있어 위법하다 하더라도 그 건축허가에 기하여 건축공사가 완료되었다면 인접한 대지의 소유자는 그 건축허가처분의 취소를 구할 소의 이익이 없다. 13지방7

해설

ㄱ. (적법) 판례는 과세처분 등이 처음부터 무효이거나 취소되어 무효가 된 경우의 과오납금 반환청구를 사법상 부당이득반환청구로 보아 당사자소송이 아닌 민사소송에 의한다고 본다. 단, 과세처분의 무효를 확인하기 위해 항고소송인 무효확인소송을 제기하는 것 역시 가능하다. 판례는 항고소송인 무효확인소송에서 보충성을 요하지 않기 때문이다.

ㄴ. (적법) (지방의회의원) 제명의결 취소소송 중 임기만료: 소익 인정(수당 관련 이익)
지방의회의원에 대한 제명의결 취소소송계속 중 의원의 〈임기가 만료〉된 사안에서, 제명의결의 취소로 의원의 지위를 회복할 수는 없다 하더라도 제명의결시부터 임기만료일까지의 기간에 대한 월정수당의 지급을 구할 수 있는 등 여전히 그 제명의결의 취소를 구할 법률상 이익이 있다(2009.1.30. 2007두13487).

ㄷ. (부적법) 판례는 이격거리를 위반하고 완공된 건축물에 대하여 인접 대지나 주택의 소유자가 건축허가의 취소를 구할 수도 없고(1992.4.24. 91누11131), 사용검사처분(준공처분)의 취소를 구할 수도 없다고 보았다(1994.1.14. 93누20481). 건축허가나 사용검사처분을 취소시킨다 하더라도 이격거리를 위반한 건축물이 철거되는 것이 아니고, 이는 민사소송에 의하거나 행정청이 별도로 시정명령을 내려 결정할 사항이기 때문이다.

ㄹ. (적법) 경기학원 임시이사 사건: 소송계속 중 임시이사의 임기가 만료하고 새 임시이사로 교체됐어도 소익 인정
취임승인이 취소된 학교법인의 정식이사들로서는 그 〈취임승인취소처분〉 및 〈임시이사선임처분〉에 대한 각 취소를 구할 법률상 이익이 있고, 나아가 선행 임시이사선임처분의 취소를 구하는 소송 도중에 선행 임시이사가 후행 임시이사로 교체되었다고 하더라도 여전히 선행 임시이사선임처분의 취소를 구할 법률상 이익이 있다(2007.7.19. 2006두19297 전합).
+ PLUS 무익한 처분과 소송이 반복될 가능성이 있어서 소의 이익을 인정함

ㅁ. (부적법) 운전면허정지처분에 대한 일반사면이 있으면 정지처분의 효력이 상실된다(아래 사면법 제4조, 제5조 참조). 따라서 곧바로 운전을 할 수 있게 되므로 취소소송은 소의 이익이 없게 된다.

사면법 제4조(사면규정의 준용) 행정법규 위반에 대한 범칙(犯則) 또는 과벌(科罰)의 면제와 징계법규에 따른 징계 또는 징벌의 면제에 관하여는 이 법의 사면에 관한 규정을 준용한다.

제5조(사면 등의 효과) ① 사면, 감형 및 복권의 효과는 다음 각 호와 같다.
　1. 일반사면: 형 선고의 효력이 상실되며, 형을 선고받지 아니한 자에 대하여는 공소권(公訴權)이 상실된다. 다만, 특별한 규정이 있을 때에는 예외로 한다.

선지분석 & 요플·기풀기링크

선지	THEME	요플	기풀기
ㄱ	T53 대상적격(법률관계)	150	149
ㄴ		38	038
ㄷ		48	047
ㄹ	T57 소의 이익	47	043
ㅁ		플지모	

정답 ③
OX 1 ◯　2 ◯

13

협의의 소의 이익에 대한 설명으로 옳은 것은? (다툼이 있는 경우 판례에 의함) 17(상)지방9

① 취임승인이 취소된 학교법인의 정식이사들에 대해 원래 정해져 있던 임기가 만료되면 그 임원취임승인취소처분의 취소를 구할 소의 이익이 없다.
② 지방의회 의원의 제명의결 취소소송계속 중 임기만료로 지방의원으로서의 지위를 회복할 수 없는 자는 제명의결의 취소를 구할 소의 이익이 없다.
③ 수형자의 영치품에 대한 사용신청 불허처분 후 수형자가 다른 교도소로 이송된 경우 원래 교도소로의 재이송 가능성이 소멸되었으므로 그 불허처분의 취소를 구할 소의 이익이 없다.
④ 법인세 과세표준과 관련하여 과세관청이 법인의 소득처분 상대방에 대한 소득처분을 경정하면서 증액과 감액을 동시에 한 결과 전체로서 소득처분금액이 감소된 경우, 법인이 소득금액변동통지의 취소를 구할 소의 이익이 없다.

해설

① × (경기학원 임시이사 사건) 정식이사에 대한 임원취임승인취소: 임기가 지나고 결격기간마저 지났어도 소익 인정
비록 취임승인이 취소된 학교법인의 정식이사들(甲)에 대하여 원래 정해져 있던 임기가 만료되고 구 사립학교법 제22조 제2호 소정의 임원결격사유기간마저 경과하였다 하더라도, … 취임승인이 취소된 학교법인의 정식이사들로서는 그 취임승인취소처분에 대한 취소를 구할 법률상 이익이 있다(2007.7.19. 2006두19297 전합).

+ PLUS 대법원은 어차피 이사임기가 만료되었고, 임원취임승인을 취소받은 전력에 대한 결격사유기간마저 도과한 경우라 하더라도 여전히 자신에 대한 임원취임승인취소처분을 취소할 소의 이익이 있다고 보았다(퇴임이사의 긴급처리권 관련 이익이 있음).

② × (지방의회 의원) 제명의결 취소소송 중 임기만료: 소익 인정(수당 관련 이익)
지방의회 의원에 대한 제명의결 취소소송계속 중 의원의 〈임기가 만료〉된 사안에서, 제명의결의 취소로 의원의 지위를 회복할 수는 없다 하더라도 제명의결시부터 임기만료일까지의 기간에 대한 월정수당의 지급을 구할 수 있는 등 여전히 그 제명의결의 취소를 구할 법률상 이익이 있다(2009.1.30. 2007두13487).

③ × 수형자의 영치품에 대한 사용신청 불허처분 후 다른 교도소로 이송: 여전히 소익 인정
(원고의 형기가 만료되기까지는 아직 상당한 기간이 남아 있을 뿐만 아니라, 진주교도소가 전국 교정시설의 결핵 및 정신질환 수형자들을 수용·관리하는 의료교도소인 사정을 감안할 때 원고의 진주교도소로의 재이송 가능성이 소멸하였다고 단정하기 어려운 점을 고려하면) 수형자의 영치품에 대한 사용신청 불허처분 후 수형자가 다른 교도소로 이송되었다 하더라도 수형자의 권리와 이익의 침해 등이 해소되지 않은 점 등에 비추어, 위 영치품 사용신청 불허처분의 취소를 구할 이익이 있다 (2008.2.14. 2007두13203).

④ ○ 증액·감액이 동시 일어나 전체로서 소득처분금액이 감소: 소득금액변동통지를 취소할 소익×
과세관청이 직권으로 상대방에 대한 소득처분을 경정하면서 일부 항목에 대한 증액과 다른 항목에 대한 감액을 동시에 한 결과 전체로서 소득처분금액이 감소된 경우에는 그에 따른 소득금액변동통지가 납세자인 당해 법인에 불이익을 미치는 처분이 아니므로 당해 법인은 그 소득금액변동통지의 취소를 구할 이익이 없다(2012.4.13. 2009두5510).

+ PLUS 원천징수의무자(법인)에 대한 소득금액변동통지에 대하여 그 상대방인 원천징수의무자는 당연히 이를 다툴 법률상 이익(원고적격)이 있다. 다만, 소득금액변동통지가 결과적으로 불이익하지 않은 경우(즉, 전체 금액은 오히려 감소한 경우)는 이에 대한 소의 이익이 없다. 반면, 납세의무자인 소득의 귀속자의 경우 처음부터 원고적격 자체가 없다.

관련 OX

① 관련
1 학교법인 임원취임승인의 취소처분 후 그 임원의 임기가 만료되고 구 「사립학교법」 소정의 임원결격사유기간마저 경과한 경우에 취임승인이 취소된 임원은 취임승인취소처분의 취소를 구할 소의 이익이 없다. 18지방9

② 관련
2 지방의회의원이 제명의결 취소소송 계속 중 임기가 만료되어 제명의결의 취소로 의원 지위를 회복할 수 없다고 할지라도 제명의결시부터 임기만료일까지의 기간에 대한 월정수당의 지급을 구할 수 있으므로 그 제명의결의 취소를 구할 법률상 이익이 인정된다. 16국가9

④ 관련
3 원천징수의무자에 대한 소득금액변동통지는 원천납세의무의 존부나 범위와 같은 원천납세의무자의 권리나 법률상 지위에 어떠한 영향을 준다고 할 수 없으므로 소득처분에 따른 소득의 귀속자는 법인에 대한 소득금액변동통지의 취소를 구할 법률상 이익이 없다. 17(하)국가7

선지분석 & 요플·기풀기링크

선지	THEME	요플	기풀기
①		46	042
②	T57 소의 이익	38	038
③		58	057
④	T53 대상적격(법률관계)	165	168

정답 ④
OX 1× 2○ 3○

필수 문제 14

행정소송의 심리에 관한 설명 중 옳지 않은 것은? (다툼이 있는 경우 판례에 의함) 22변시

① 취소판결을 받더라도 해당 처분으로 발생한 위법상태를 원상으로 회복시킬 수 없는 경우에는 그 취소를 구할 소의 이익이 인정되지 않는 것이 원칙이나, 그 취소로써 회복할 수 있는 다른 이익이 남아 있거나 또는 불분명한 법률문제의 해명이 필요한 경우에는 예외적으로 소의 이익을 인정할 수 있다.

② 처분의 위법 여부는 처분 당시의 법령과 사실상태를 기준으로 판단하여야 하므로, 법원은 처분 당시에 행정청이 알고 있었던 자료만을 기초로 처분 당시 존재하였던 객관적 사실을 확정하여 처분의 위법 여부를 판단하여야 한다.

③ 처분에 대한 무효확인소송에는 확인소송의 보충성이 요구되지 않으므로 처분의 무효를 전제로 한 부당이득반환청구소송과 같은 직접적인 구제수단이 있는지 여부를 따질 필요가 없다.

④ 공법상 당사자소송에서는 이행소송이라는 직접적인 권리구제방법이 있다면 확인소송은 허용되지 않는다.

⑤ 부작위위법확인소송에서는 사실심 변론종결시를 기준으로 부작위의 위법 여부를 판단하여야 하고, 사실심 변론종결 전에 거부처분이 이루어져 부작위상태가 해소된 경우에는 소의 이익이 소멸하므로 원고가 거부처분 취소소송으로 소변경을 하지 않는 이상 법원은 소를 각하하여야 한다.

해설

① ○ 취소판결을 받더라도 원상회복이 불가능한 경우 → 원칙: 소익× / 예외: 소익○(회복할 다른 권익 존재, 위법반복 위험 있어 확인 및 해명이 필요)
취소판결을 받더라도 처분에 의하여 발생한 위법상태를 원상으로 회복시키는 것이 불가능한 경우에는 원칙적으로 무효확인 또는 취소를 구할 법률상 이익이 없다. 다만 무효확인 또는 취소로써 회복할 수 있는 다른 권리나 이익이 남아 있거나 또는 그 행정처분과 동일한 사유로 위법한 처분이 반복될 위험성이 있어 행정처분의 위법성 확인 내지 불분명한 법률문제에 대한 해명이 필요한 경우에는 예외적으로 그 처분의 취소를 구할 소의 이익을 인정할 수 있다(2016.8.30. 2015두60617).

② × 처분의 위법성 판단의 자료: 처분 후 제출된 자료도 활용 가능(처분시 자료에 한정×)
항고소송에서 행정처분의 적법 여부는 특별한 사정이 없는 한 행정처분 당시를 기준으로 하여 판단해야 하는바, 여기서 행정처분의 위법 여부를 판단하는 기준시점에 관하여 판결시가 아니라 처분시라고 하는 의미는 행정처분의 위법 여부를 판단할 때 처분 후 법령의 개폐나 사실상태의 변동에 영향을 받지 않는다는 뜻이지 처분 당시 존재하였던 자료나 행정청에 제출되었던 자료만으로 위법 여부를 판단한다는 의미는 아니므로, 처분 당시의 사실상태 등에 관한 증명은 사실심 변론종결 당시까지 할 수 있고, 법원은 행정처분 당시 행정청이 알고 있었던 자료뿐만 아니라 사실심 변론종결 당시까지 제출된 모든 자료를 종합하여 처분 당시 존재하였던 객관적 사실을 확정하고 그 사실에 기초하여 처분의 위법 여부를 판단할 수 있다(2014.10.30. 2012두25125).

관련 OX

① 관련

1 행정처분의 취소를 구하는 소에서, 비록 행정처분의 위법을 이유로 취소판결을 받더라도 처분에 의하여 발생한 위법상태를 원상회복시키는 것이 불가능한 경우에는 원칙적으로 취소를 구할 법률상 이익이 없으므로, 수소법원은 소를 각하하여야 한다. 22국가9

2 제소 후 취소대상 행정처분이 기간의 경과 등으로 그 효과가 소멸하더라도, 동일한 소송당사자 사이에서 동일한 사유로 위법한 처분이 반복될 위험성이 있어 행정처분의 위법성 확인 내지 불분명한 법률문제에 대한 해명이 필요한 경우에는 그 처분의 취소를 구할 법률상 이익이 있다. 21소간

② 관련

3 행정처분의 위법 여부는 행정처분이 있을 때의 법령과 사실상태를 기준으로 판단하여야 하며, 법원은 행정처분 당시 행정청이 알고 있었던 자료뿐만 아니라 사실심 변론종결 당시까지 제출된 모든 자료를 종합하여 처분 당시 존재하였던 객관적 사실을 확정하고 그 사실에 기초하여 처분의 위법 여부를 판단할 수 있다. 23군무원7

③ 관련

4 처분등을 취소하는 확정판결의 기속력 및 행정청의 재처분의무에 관한 「행정소송법」 제30조가 무효확인소송에도 준용되므로 무효확인판결 자체만으로도 실효성이 확보될 수 있다. 17국회8

④ 관련

5 계약직공무원 채용계약 해지의 의사표시의 무효확인을 구하는 당사자소송의 경우 즉시확정의 이익이 요구된다. 22소간

⑤ 관련

6 (부작위위법확인소송과 관련하여) 소 제기의 전후를 통하여 판결시까지 행정청이 그 신청에 대하여 적극 또는 소극의 처분을 함으로써 부작위상태가 해소된 때에는 소의 이익을 상실하게 되어 당해 소는 각하를 면할 수가 없다. 18국회8

선지분석 & 요플·기풀기링크

선지	THEME	요플	기풀기
①	T57 소의 이익	33	033
②	T65 판결 기준시/종류	12	011
③		63	062
④	T57 소의 이익	65	064
⑤		69	069

③ ○ 항고소송인 무효확인소송에는 취소판결의 기속력 및 재처분의무가 준용돼 그 자체로 실효적 → 무효확인소송: 보충성(확인의 이익) 요구✕

행정소송법 제4조에서는 무효확인소송을 항고소송의 일종으로 규정하고 있고, 행정소송법 제38조 제1항에서는 처분등을 취소하는 확정판결의 **기속력** 및 행정청의 **재처분의무**에 관한 행정소송법 제30조를 무효확인소송에도 준용하고 있으므로 **무효확인판결 자체만으로도 실효성을 확보할 수 있다.** … 행정처분의 근거 법률에 의하여 보호되는 직접적이고 구체적인 이익이 있는 경우에는 행정소송법 제35조에 규정된 '무효확인을 구할 법률상 이익'이 있다고 보아야 하고, 이와 별도로 무효확인소송의 **보충성**이 요구되는 것은 아니므로 행정처분의 무효를 전제로 한 **이행소송 등과 같은 직접적인 구제수단**이 있는지 여부를 따질 필요가 없다(2008.3.20. 2007두6342 전합).

④ ○ 공법상 법률관계의 확인을 구하는 **당사자소송**의 경우 민사소송과 같이 **확인의 이익**이 요구된다. 즉, 이행소송으로 직접적인 권리구제가 가능하다면 확인소송은 허용되지 않는다. 따라서, 공법상 계약해지 의사표시의 무효확인을 구하는 경우 미지급급여의 지급이행소송 등으로 직접적인 권리구제가 가능하다면 확인소송은 허용되지 않는다.

• 계약직공무원에 대한 해지의사표시 무효확인소송 중 계약기간이 만료: 소익✕

이 사건과 같이 **이미 채용기간이 만료**되어 소송 결과에 의해 법률상 그 직위가 회복되지 않는 이상 〈**채용계약해지의 의사표시의 무효확인**〉만으로는 당해 소송에서 추구하는 권리구제의 기능이 있다고 할 수 없고, 침해된 **급료지급청구권**이나 사실상의 명예를 회복하는 수단은 바로 급료의 지급을 구하거나 명예훼손을 전제로 한 손해배상을 구하는 등의 이행청구소송으로 직접적인 권리구제방법이 있는 이상 이 사건 소 중 채용계약 해지의사표시의 무효확인청구 부분은 확인의 이익이 없어 **부적법**하다(2008.6.12. 2006두16328).

⑤ ○ 판결(변론종결시) 전 행정청이 거부의 의사표시로 부작위 해소되면: 부작위법확인소송의 소익✕

소제기의 전후를 통하여 **판결시까지**(편저자: 변론종결시까지) 행정청이 그 신청에 대하여 적극 또는 소극의 처분을 함으로써 부작위상태가 해소된 때에는 소의 이익을 상실하게 되어 당해 소는 **각하**를 면할 수가 없는 것이다(1990.9.25. 89누4758).

58-61 피고적격, 관할, 전치주의, 제소기간

기 890-921
요 254-262

T58 피고적격

필수 문제

01   23소방

항고소송의 피고에 관한 설명으로 옳지 않은 것은? (다툼이 있는 경우 판례에 의함)

① 항고소송은 원칙적으로 소송의 대상인 처분등을 외부적으로 그의 명의로 행한 행정청을 피고로 하여야 하는 것이다.
② 「행정소송법」 제14조에 의한 피고경정은 사실심 변론종결에 이르기까지 허용된다.
③ 처분등이 있은 뒤에 그 처분등에 관계되는 권한이 다른 행정청에 승계된 때에는 그 처분등에 대한 사무가 귀속되는 국가 또는 지방자치단체를 피고로 한다.
④ 대리기관이 대리관계를 표시하고 피대리 행정청을 대리하여 행정처분을 한 때에는 피대리 행정청이 피고가 되어야 한다.

관련 OX

② 관련
1 원고가 피고를 잘못 지정한 경우 피고경정은 취소소송과 당사자소송 모두에서 사실심 변론종결에 이르기까지 허용된다. 21군무원9

④ 관련
2 ⓐ
대리기관이 대리관계를 표시하고 피대리 행정청을 대리하여 행정처분을 한 때에는 피대리 행정청이 피고가 된다. 25국가9

해설

① ○ 항고소송의 피고: 처분등을 외부적으로 그의 명의로 행한 행정청
행정처분의 취소 또는 무효확인을 구하는 행정소송은 다른 법률에 특별한 규정이 없는 한 소송의 대상인 행정처분 등을 외부적으로 그의 명의로 행한 행정청을 피고로 하여야 하는 것이다(1995.12.22. 95누14688).

② ○ 행정소송법 제14조에 의한 피고경정은 사실심 변론종결에 이르기까지 허용되는 것으로 해석하여야 할 것이다(2006.2.23. 2005부4).

행정소송법 제14조(피고경정) ① 원고가 **피고를 잘못 지정**한 때에는 법원은 원고의 신청에 의하여 결정으로써 **피고의 경정**을 허가할 수 있다.

③ × 승계한 행정청이 피고가 되는 것이지, 해당 사무의 귀속주체가 피고가 되는 것이 아니다(행정소송법 제13조 제1항). 해당 사무의 귀속주체인 국가·지자체가 피고가 되는 경우는, 지문과 같이 권한이 승계된 경우가 아니라, 행정청이 없게 된 경우이다(동조 제2항).

행정소송법 제13조(피고적격) ① 취소소송은 다른 법률에 특별한 규정이 없는 한 그 처분등을 행한 행정청을 피고로 한다. 다만, 처분등이 있은 뒤에 그 처분등에 관계되는 권한이 다른 행정청에 **승계된 때**에는 이를 **승계한 행정청**을 피고로 한다.
② 제1항의 규정에 의한 행정청이 **없게 된 때**에는 그 처분등에 관한 **사무가 귀속되는 국가 또는 공공단체**를 피고로 한다.

④ ○ 대리청이 대리관계를 밝힌 경우: 피고는 피대리청
대리기관이 대리관계를 표시하고 피대리 행정청을 대리하여 행정처분을 한 때에는 피대리 행정청이 피고로 되어야 한다(2018.10.25. 2018두43095).

선지선택비율 ① 7.71% ② 15.32% ③ 61.03% ④ 15.95%   오답률 38.97%

선지분석 & 요플·기풀기링크

선지	THEME	요플	기풀기
①	T58 피고적격	02	005
②	T64 소송상 제도	11	004
③	T58 피고적격	04	003
④		19	019

정답 ③
OX 1 ○ 2 ○

02

행정소송의 피고적격에 대한 설명으로 옳지 않은 것은? (다툼이 있는 경우 판례에 의함)

17(하)국가9

① 행정권한을 위탁받은 공공단체 또는 사인이 자신의 이름으로 처분을 한 경우에는 그 공공단체 또는 사인이 항고소송의 피고가 된다.
② 납세의무부존재확인청구소송은 공법상 법률관계 그 자체를 다투는 소송이므로 과세처분청이 아니라 그 법률관계의 한쪽당사자인 국가·공공단체 그 밖의 권리주체에게 피고적격이 있다.
③ 행정처분을 행할 적법한 권한이 있는 상급행정청으로부터 내부위임을 받은 데 불과한 하급행정청이 권한 없이 자신의 이름으로 행정처분을 한 경우에는 하급행정청이 항고소송의 피고가 된다.
④ 대외적으로 의사를 표시할 수 없는 내부기관이라도 행정처분의 실질적인 의사가 그 기관에 의하여 결정되는 경우에는 그 내부기관에게 항고소송의 피고적격이 있다.

해설

①③ ○, ④ × 처분권한이 위임·위탁된 경우 그 수임청·수탁청에게 권한이 이전되므로 수임청·수탁청이 피고적격을 가진다. 이는 공공단체나 사인이 행정권한을 위임·위탁받은 경우 역시 마찬가지이다(행정소송법 제2조 제2항). ① 반면, 내부위임의 경우 사실상 수임기관에 의하여 행정처분이 결정되는 경우라 하더라도 이는 내부적 사정일 뿐, 대외적 권한은 여전히 위임청에 있는 것이므로 위임청이 피고가 된다. ④ 단, 이 경우에도 하급행정청인 수임청이 자신의 명의로 처분을 하면 명의인 수임청이(하급행정청이) 피고가 되고, ③ 이는 무권한자의 처분으로서 원칙적으로 무효가 될 것이다.

행정소송법 제2조(정의) ② 이 법을 적용함에 있어서 행정청에는 법령에 의하여 행정권한의 위임 또는 위탁을 받은 행정기관, 공공단체 및 그 기관 또는 사인이 포함된다.

- ① 세무서장의 공매권한위임받은 성업공사(현 한국자산관리공사)의 압류재산 공매 → 피고는 성업공사
  〈성업공사가 체납압류된 재산을 공매〉하는 것은 세무서장의 공매권한위임에 의한 것으로 보아야 할 것이므로, 성업공사가 한 그 공매처분에 대한 취소 등의 항고소송을 제기함에 있어서는 수임청으로서 실제로 공매를 행한 성업공사를 피고로 하여야 하고, 위임청인 세무서장은 피고적격이 없다(1997.2.28. 96누1757).

- ③ 내부위임받은 데 불과한 하급청이 권한 없이 '자신의 이름'으로 처분: 하급청에 피고적격 인정
  행정처분을 행할 적법한 권한 있는 상급행정청으로부터 〈내부위임을 받은 데 불과한 하급행정청이 권한 없이 행정처분〉을 한 경우에도 실제로 그 처분을 행한 하급행정청을 피고로 하여야 할 것이지 그 처분을 행할 적법한 권한 있는 상급행정청을 피고로 할 것은 아니다(1994.8.12. 94누2763).
  + PLUS 내부위임을 받은 수임관청이 '자기의 이름'으로 한 처분은 무효이고(1995.11.28. 94누6475), 이 경우 피고적격은 해당 수임관청에 인정된다.

- ④ 대외적 표시권한이 없는 내부기관: 처분의 실질적 의사를 결정하더라도 피고적격 ×
  '행정청'이라 함은 국가 또는 공공단체의 기관으로서 국가나 공공단체의 의견을 결정하여 외부에 표시할 수 있는 권한, 즉 처분권한을 가진 기관을 말하고, 대외적으로 의사를 표시할 수 있는 기관이 아닌 〈내부기관〉은 실질적인 의사가 그 기관에 의하여 결정되더라도 피고적격을 갖지 못한다(2014.5.16. 2014두274).

- ② ○ 납세의무부존재확인소송(당사자소송)의 피고: 권리주체
  〈납세의무부존재확인〉의 소는 공법상의 법률관계 그 자체를 다투는 소송으로서 당사자소송이라 할 것이므로 … 그 법률관계의 한쪽 당사자인 국가·공공단체 그 밖의 권리주체가 피고적격을 가진다(2000.9.8. 99두2765).
  + PLUS 피고적격: 항고소송은 행정청, 당사자소송은 권리주체 → 납세의무부존재확인소송은 당사자소송이므로 권리주체

관련 OX

② 관련
1 납세의무부존재확인의 소는 공법상의 법률관계 그 자체를 다투는 소송으로서 당사자소송이다. 19지방9
2 공법상 당사자소송으로서 납세의무부존재확인의 소는 과세처분을 한 과세관청이 아니라 「행정소송법」 제3조 제2호, 제39조에 의하여 그 법률관계의 한쪽 당사자인 국가·공공단체, 그 밖의 권리주체가 피고적격을 가진다. 20지방9
3 납세의무부존재확인의 소는 당사자소송이고 항고소송의 성격을 가지므로 해당 과세처분 관할 행정청이 피고가 된다. 19(2)서울7

추가기출(③ 관련)
ⓐ 내부위임을 받은 행정기관이 자신의 이름으로 행정처분을 한 경우, 그 처분은 무효이므로 처분의 상대방은 내부위임을 받은 행정기관을 피고로 하여 항고소송을 제기할 수 있다. 17지방7

선지분석 & 요플·기풀기링크

선지	THEME	요플	기풀기
①	T58 피고적격	10	010
②	T53 대상적격(법률관계)	151	154
③	T58 피고적격	15	015
④		14	014

정답 ④
OX 1○ 2○ 3× ⓐ○

03

행정소송과 그 피고에 대한 연결이 옳은 것만을 모두 고르면?

18지방9

- Ⓐ ㄱ. 대통령의 검사임용처분에 대한 취소소송 – 법무부장관
- Ⓢ ㄴ. 국토교통부장관으로부터 권한을 내부위임받은 국토교통부차관이 처분을 한 경우에 그에 대한 취소소송 – 국토교통부차관
- Ⓒ ㄷ. 헌법재판소장이 소속 직원에게 내린 징계처분에 대한 취소소송 – 헌법재판소 사무처장
- Ⓑ ㄹ. 환경부장관의 권한을 위임받은 서울특별시장이 내린 처분에 대한 취소소송 – 서울특별시장

① ㄱ, ㄴ
② ㄷ, ㄹ
③ ㄱ, ㄷ, ㄹ
④ ㄱ, ㄴ, ㄷ, ㄹ

관련 OX

ㄹ. 관련

1 Ⓑ
행정청의 권한의 위임이 있는 경우 위임청은 그 사무를 처리할 권한을 상실하고 그 사항은 수임청의 권한으로 되고 항고소송에서 수임청이 피고가 된다.

22소간

해설

ㄱ. ○ 대통령의 공무원에 대한 징계·면직 기타 불이익처분에 대하여 피고는 관련 공무원의 <u>소속 장관</u>이다. 검사 임용에 대한 다툼은 법무부 소관이므로 <u>법무부장관</u>이 피고가 된다(90두4).

국가공무원법 제16조(행정소송과의 관계) ① 제75조에 따른 처분, 그 밖에 본인의 의사에 반한 불리한 처분이나 부작위(不作爲)에 관한 행정소송은 소청심사위원회의 심사·결정을 거치지 아니하면 제기할 수 없다.
② 제1항에 따른 행정소송을 제기할 때에는 **대통령**의 처분 또는 부작위의 경우에는 **소속 장관**(대통령령으로 정하는 기관의 장을 포함한다. 이하 같다)을, 중앙선거관리위원회위원장의 처분 또는 부작위의 경우에는 중앙선거관리위원회사무총장을 각각 피고로 한다.

ㄴ. ×, ㄹ. ○ 1) 처분권한이 위임·위탁된 경우 그 수임청·수탁청에게 권한이 이전되므로 <u>수임청·수탁청이 피고적격</u>을 가진다. 이는 공공단체나 사인이 행정권한을 위임·위탁받은 경우 역시 마찬가지이다(행정소송법 제2조 제2항). 예컨대 세금을 체납한 자에 대한 강제징수권(독촉·압류·매각·청산)은 세무서장에게 있으나, 실제 압류재산에 대한 매각(공매)처분은 공공단체인 성업공사(현 한국자산관리공사)가 행하게 되는데, 이는 세무서장의 공매권한이 성업공사에 위임·위탁되었기 때문으로, 이 경우 위임·위탁자인 세무서장이 아닌 수임·수탁자인 성업공사가 공매처분의 피고가 되는 것이다. ㄹ.지문의 경우 환경부장관의 권한이 서울특별시장에게 위임되었으므로, 수임청인 서울특별시장이 피고가 된다.ᵉ 반면, 2-1) 내부위임의 경우 사실상 수임기관에 의하여 행정처분이 결정되는 경우라 하더라도 이는 내부적 사정일 뿐, 대외적 권한은 여전히 위임청에 있는 것이므로 <u>위임청이 피고</u>가 된다. 따라서 ㄴ.지문의 경우 <u>수임청인 차관이 아닌 위임청인 장관이 피고</u>가 된다.ᴸ 2-2) 단, 이때도 수임청이 자신의 명의로 처분을 하면 명의자인 <u>수임청</u>이 피고가 되고, 이는 무권한자의 처분으로서 원칙적으로 <u>무효</u>가 될 것이다.

- 1) 위임·위탁: 성업공사가 체납압류된 재산을 공매하는 것은 세무서장의 공매권한 위임에 의한 것으로 보아야 할 것이므로, 성업공사가 한 그 공매처분에 대한 취소 등의 항고소송을 제기함에 있어서는 <u>수임청으로서 실제로 공매를 행한 성업공사를 피고로 하여야 하고, 위임청인 세무서장은 피고적격이 없다</u>ᵉ(1997.2.28. 96누1757).

선지분석 & 요플·기풀기링크 ①

선지	THEME	요플	기풀기
ㄱ		32	029
ㄴ	T58 피고적격	14	014
ㄷ		35	032
ㄹ		11	011

- 2-1) **내부위임(원칙)**: '행정청'이라 함은 국가 또는 공공단체의 기관으로서 국가나 공공단체의 의견을 결정하여 외부에 표시할 수 있는 권한, 즉 처분권한을 가진 기관을 말하고(편저자: 위임청), 대외적으로 의사를 표시할 수 있는 기관이 아닌 내부기관은 실질적인 의사가 그 기관에 의하여 결정되더라도 피고적격을 갖지 못한다(2014.5.16. 2014두274).
- 2-2) **내부위임(예외)**: 행정처분을 행할 적법한 권한 있는 상급행정청으로부터 내부위임을 받은 데 불과한 하급행정청이 권한 없이 행정처분을 한 경우에도 실제로 그 처분을 행한 하급행정청을 피고로 하여야 할 것이지 그 처분을 행할 적법한 권한 있는 상급행정청을 피고로 할 것은 아니다(1994.8.12. 94누2763).

ㄷ. ○

헌법재판소법 제17조(사무처) ⑤ 헌법재판소장이 한 처분에 대한 행정소송의 피고는 헌법재판소 **사무처장**으로 한다.

04

행정소송의 피고적격에 관한 설명으로 옳지 않은 것은?

08국회8

① 세무서장이 압류한 재산의 공매를 성업공사로 대행하게 한 경우 피고는 성업공사이다.
② 세무서는 행정조직 내에서 사무분담기구일 뿐이고 대외적으로 의사를 결정, 표시할 권한을 가진 행정청이 아니므로 피고는 행정청인 세무서장이 된다.
③ 판례에 따르면 내부위임에 의한 처분이 수임기관의 명의로 행해진 경우에는 수임기관이 피고가 된다.
④ 무효등확인소송에 있어서의 피고는 효력 유무나 존재 여부의 확인대상이 되는 처분등을 한 행정청이다.
⑤ 공무원에 대한 징계·면직 기타 본인의 의사에 반하는 불이익처분에 있어서 그 처분청이 대통령인 때에는 법무부장관을 피고로 하여야 한다.

해설

① ○ 세무서장의 공매권한 위임받은 성업공사의 압류재산 공매 → 피고는 세무서장×, 성업공사○
성업공사(현 한국자산관리공사)가 압류재산을 공매하는 것은 세무서장의 **공매권한 위임**에 의한 것으로 보아야 할 것이므로, 성업공사가 한 공매처분에 대한 취소 등의 항고소송을 제기함에 있어서는 수임청으로서 실제로 공매를 행한 **성업공사를 피고로 하여야** 할 것이고, 위임청인 세무서장은 피고적격이 없다(1997.2.28. 96누1757).

② ○ 세무서는 행정조직 내에서 사무분담기구일 뿐이고 대외적으로 의사를 결정·표시할 권한을 가진 행정청이 아니므로 피고는 **행정청인 세무서장**이 된다.

③ ○ 내부위임받은 데 불과한 하급청이 권한 없이 '자신의 이름'으로 처분: 하급청에 피고적격 인정
행정처분을 행할 적법한 권한 있는 상급행정청으로부터 〈내부위임을 받은 데 불과한 하급행정청이 권한 없이 행정처분〉을 한 경우에도 실제로 그 처분을 행한 **하급행정청을 피고로 하여야** 할 것이지 그 처분을 행할 적법한 권한 있는 상급행정청을 피고로 할 것은 아니다(1994.8.12. 94누2763).
+ PLUS 내부위임을 받은 수임관청이 '자기의 이름'으로 한 처분은 무효이고(1995.11.28. 94누6475), 이 경우 피고적격은 해당 수임관청에 인정된다.

④ ○ 무효등확인소송에 있어서의 피고는 효력 유무나 존재 여부의 확인대상이 되는 처분등을 한 행정청이다(행정소송법 제38조, 제13조 제1항).

행정소송법 제38조(준용규정) ① 제9조, 제10조, 제13조 내지 제17조, 제19조, 제22조 내지 제26조, 제29조 내지 제31조 및 제33조의 규정은 무효등확인소송의 경우에 준용한다.

제13조(피고적격) ① 취소소송은 다른 법률에 특별한 규정이 없는 한 그 처분등을 행한 행정청을 피고로 한다. 다만, 처분등이 있은 뒤에 그 처분등에 관계되는 권한이 다른 행정청에 승계된 때에는 이를 승계한 행정청을 피고로 한다.

⑤ × 공무원 등에 대한 징계·면직 기타 불이익처분의 처분청이 대통령인 경우, 행정소송의 피고는 그 공무원의 소속 장관이 된다.

국가공무원법 제16조(행정소송과의 관계) ① 제75조에 따른 처분(편저자: 징계처분, 강임·휴직·직위해제 또는 면직처분), 그 밖에 본인의 의사에 반한 불리한 처분이나 부작위(不作爲)에 관한 행정소송은 소청심사위원회의 심사·결정을 거치지 아니하면 제기할 수 없다.
② 제1항에 따른 행정소송을 제기할 때에는 **대통령**의 처분 또는 부작위의 경우에는 **소속 장관**(대통령령으로 정하는 기관의 장을 포함한다. 이하 같다)을, 중앙선거관리위원회위원장의 처분 또는 부작위의 경우에는 중앙선거관리위원회사무총장을 각각 피고로 한다.

선지분석 & 요플·기풀기링크

선지	THEME	요플	기풀기
①		12	012
②		03	002
③	T58 피고적격	16	016
④		36	038
⑤		31	028

정답 ⑤

필수문제 05

행정소송의 피고에 대한 설명으로 옳지 않은 것은? 24지방9

① 취소소송은 다른 법률에 특별한 규정이 없는 한 그 처분등을 행한 행정청을 피고로 하지만, 처분등이 있은 뒤에 그 처분등에 관계되는 권한이 다른 행정청에 승계된 때에는 이를 승계한 행정청을 피고로 한다.

② 조례가 집행행위의 개입 없이도 그 자체로서 직접 국민의 구체적인 권리·의무나 법적 이익에 영향을 미치는 등의 법률상 효과를 발생하는 경우 무효확인소송의 피고는 당해 조례를 통과시킨 지방의회가 된다.

③ 「행정소송법」상 원고가 피고를 잘못 지정한 때에는 법원은 원고의 신청에 의하여 결정으로써 피고의 경정을 허가할 수 있다.

④ 행정처분을 행할 적법한 권한 있는 상급행정청으로부터 내부위임을 받은 데 불과한 하급행정청이 권한 없이 행정처분을 한 경우 실제로 그 처분을 행한 하급행정청을 피고로 하여야 할 것이지 그 처분을 행할 적법한 권한 있는 상급행정청을 피고로 할 것은 아니다.

관련 OX

④ 관련

1 행정권한을 내부위임 받은 하급행정청이 자신의 명의로 처분을 한 경우, 그에 대한 항고소송의 피고는 수임기관인 하급행정청이 된다. 21국회8

해설

① ○

행정소송법 제13조(피고적격) ① 취소소송은 다른 법률에 특별한 규정이 없는 한 그 처분등을 행한 행정청을 피고로 한다. 다만, 처분등이 있은 뒤에 그 처분등에 관계되는 **권한이 다른 행정청에 승계**된 때에는 이를 **승계한 행정청을 피고로 한다.**

② ✕ 처분적 조례에 대한 항고소송의 피고적격: 지방의회✕, 지자체장○
조례가 집행행위의 개입 없이도 그 자체로서 직접 국민의 구체적인 권리의무나 법적 이익에 영향을 미치는 등의 법률상 효과를 발생하는 경우 그 조례는 항고소송의 대상이 되는 행정처분에 해당하고, 이러한 조례에 대한 무효확인소송을 제기함에 있어서 피고적격이 있는 처분 등을 행한 행정청은, 행정주체인 지방자치단체 또는 지방자치단체의 내부적 의결기관으로서 지방자치단체의 의사를 외부에 표시할 권한이 없는 지방의회가 아니라, 지방자치단체의 집행기관으로서 조례로서의 효력을 발생시키는 공포권이 있는 **지방자치단체의 장이다**(1996.9.20. 95누8003).

③ ○

행정소송법 제14조(피고경정) ① 원고가 **피고를 잘못 지정한 때에는 법원은 원고의 신청에 의하여 결정으로써 피고의 경정을 허가할 수 있다.**

④ ○ 내부위임받은 데 불과한 하급청이 권한 없이 '자신의 이름'으로 처분: 하급청에 피고적격 인정
행정처분을 행할 적법한 권한 있는 상급행정청으로부터 내부위임을 받은 데 불과한 하급행정청이 권한 없이 행정처분을 한 경우에도 실제로 그 처분을 행한 **하급행정청을 피고로 하여야 할 것이지 그 처분을 행할 적법한 권한 있는 상급행정청을 피고로 할 것은 아니다**(1994.8.12. 94누2763).

선지선택비율 ① 7.04% ② 68.31% ③ 8.62% ④ 16.03%   오답률 31.69%

선지분석 & 요플·기풀기링크

선지	THEME	요플	기풀기
① T58 피고적격		04	003
②		26	033
③ T64 소송상 제도		02	001
④ T58 피고적격		15	015

정답 ②

OX 1 ○

06

행정기관의 권한에 대한 설명으로 옳지 않은 것은? (다툼이 있는 경우 판례에 의함) 23국가7

① 「정부조직법」 제6조 제1항은 권한위임 등에 관한 대강을 정한 것에 불과할 뿐 권한위임의 근거규정이 될 수 없으므로 권한의 위임을 위해서는 법률의 개별적 근거가 필요하다.

② 대외적으로 처분 권한이 있는 처분청이 상급행정기관의 지시를 위반하는 처분을 한 경우, 그러한 사정만으로 처분이 곧바로 위법하게 되는 것은 아니다.

③ 피대리행정청의 의사에 의해 대리권을 수여받은 행정기관이 대리관계를 표시하면서 피대리행정청을 대리하여 처분을 한 경우, 당해 처분에 대한 취소소송의 피고는 피대리행정청이 된다.

④ 「국세징수법」에 근거하여 한국자산관리공사가 행하는 공매의 대행은 세무서장의 공매권한의 위임에 해당하므로 한국자산관리공사의 공매처분에 대한 취소소송에서 피고는 한국자산관리공사이다.

관련 OX

③ 관련

1 대리기관이 대리관계를 표시하고 피대리행정청을 대리하여 행정처분을 한 때에는 피대리행정청이 피고가 된다. 25국가9

④ 관련

2 성업공사가 체납압류한 재산을 공매하는 것은 세무서장의 공매권한위임에 의한 것이므로 성업공사의 공매처분에 대한 취소소송의 피고는 세무서장이다. 12국회9

추가기출(② 관련)

ⓐ

행정규칙에 따른 처분의 적법성 여부는 상위법령의 규정과 입법 목적 등에 적합한지 여부에 따라 판단해야 한다. 24행정사

해설

※ ① 지문은 각론에 해당한다.

① ✗ 정부조직법 제5조 제1항(편저자: 현행 제6조)의 규정은 법문상 행정권한의 위임 및 재위임의 근거규정임이 명백하고 정부조직법이 국가행정기관의 설치, 조직과 직무범위의 대강을 정하는 데 목적이 있다고 하여 그 이유만으로 같은 법의 권한위임 및 재위임에 관한 규정마저 권한위임 및 재위임 등에 관한 대강을 정한 것에 불과할 뿐 권한위임 및 재위임의 근거규정이 아니라고 할 수 없다(1990.6.26. 88누12158).

② ○ 상급청의 개별·구체적 지시 → 따라도 적법 보장✗, 안 따라도 위법 단정✗(행정규칙과 동일법리)
대외적으로 처분 권한이 있는 처분청이 상급행정기관의 지시를 위반하는 처분을 하였다고 해서 그러한 사정만으로 처분이 곧바로 위법하게 되는 것은 아니고, 처분이 상급행정기관의 지시를 따른 것이라고 해서 적법성이 보장되는 것도 아니다(2019.7.11. 2017두38874).

(관련) 행정규칙: 내부효만 있고 대외효 없음 → 따라도 적법 보장✗, 안 따라도 위법 단정✗, so 처분의 적법성은 상위법령에 따라 판단ⓐ
상급행정기관이 소속 공무원이나 하급행정기관에 대하여 업무처리지침이나 법령의 해석·적용 기준을 정해 주는 '행정규칙'은 일반적으로 행정조직 내부에서만 효력을 가질 뿐 대외적으로 국민이나 법원을 구속하는 효력이 없다. 처분이 행정규칙을 위반하였다고 해서 그러한 사정만으로 곧바로 위법하게 되는 것은 아니고, 처분이 행정규칙을 따른 것이라고 해서 적법성이 보장되는 것도 아니다. 처분이 적법한지는 행정규칙에 적합한지 여부가 아니라 상위법령의 규정과 입법 목적 등에 적합한지 여부에 따라 판단해야 한다ⓐ(2019.7.11. 2017두38874).

③ ○ 대리청이 대리관계를 밝힌 경우: 피고는 피대리청
대리기관이 대리관계를 표시하고 피대리행정청을 대리하여 행정처분을 한 때에는 피대리행정청이 피고로 되어야 한다(2018.10.25. 2018두43095).

④ ○ 세무서장의 공매권한 위임받은 성업공사의 압류재산 공매 → 피고는 세무서장✗, 성업공사○
성업공사(현 한국자산관리공사)가 압류재산을 공매하는 것은 세무서장의 공매권한의 위임에 의한 것으로 보아야 할 것이므로, 성업공사가 한 공매처분에 대한 취소 등의 항고소송을 제기함에 있어서는 수임청으로서 실제로 공매를 행한 성업공사를 피고로 하여야 할 것이고, 위임청인 세무서장은 피고적격이 없다(1997.2.28. 96누1757).

선지선택비율 ① 59.79% ② 7.80% ③ 6.93% ④ 25.48% 오답률 40.21%

선지분석 & 요플·기풀기링크

선지	THEME	요플	기풀기
①	각론 행정조직법		
②	T13 행정입법	06	007
③	T58 피고적격	19	019
④		12	012

정답 ①

필수문제 07

행정소송의 피고적격에 대한 설명으로 가장 옳지 않은 것은? (다툼이 있는 경우 판례를 따름)

18서울9

Ⓐ ① 조례가 항고소송의 대상이 되는 경우 피고는 지방자치단체의 의결기관으로서 조례를 제정한 지방의회이다.

Ⓒ ② 대리권을 수여받은 데 불과하여 그 자신의 명의로는 행정처분을 할 권한이 없는 행정청의 경우 대리관계를 밝힘이 없이 그 자신의 명의로 행정처분을 하였다면 그에 대하여는 처분명의자인 당해 행정청이 항고소송의 피고가 되어야 하는 것이 원칙이다.

Ⓑ ③ 취소소송은 다른 법률에 특별한 규정이 없는 한 그 처분등을 행한 행정청을 피고로 하며, 당사자소송은 국가·공공단체 그 밖의 권리주체를 피고로 한다.

Ⓐ ④ 「국가공무원법」에 의한 처분, 기타 본인의 의사에 반한 불리한 처분이나 부작위에 관한 행정소송을 제기할 때에 대통령의 처분 또는 부작위의 경우에는 소속 장관을 피고로 한다.

해설

① ✕ 처분적 조례에 대한 항고소송의 피고적격: 지방의회✕, 지자체장○
조례가 집행행위의 개입 없이도 그 자체로서 직접 국민의 구체적인 권리·의무나 법적 이익에 영향을 미치는 등의 법률상 효과를 발생하는 경우 그 조례는 항고소송의 대상이 되는 행정처분에 해당하고, 이러한 조례에 대한 무효확인소송을 제기함에 있어서 피고적격이 있는 처분등을 행한 행정청은, 행정주체인 지방자치단체 또는 지방자치단체의 내부적 의결기관으로서 지방자치단체의 의사를 외부에 표시한 권한이 없는 지방의회가 아니라, 지방자치단체의 집행기관으로서 조례로서의 효력을 발생시키는 공포권이 있는 지방자치단체의 장이다(1996.9.20. 95누8003).

② ○ 대리청이 대리관계를 밝히지 않고 '자신의 명의'로 처분한 경우의 피고
→ ① (원칙) 대리청 / ② (예외) 대리청은 대리의사로 처분 & 상대방도 알고 수용: 피대리청
대리권을 수여받은 데 불과하여 그 자신의 명의로는 행정처분을 할 권한이 없는 행정청의 경우 대리관계를 밝힘이 없이 그 자신의 명의로 행정처분을 하였다면 그에 대하여는 처분명의자인 당해 행정청이 항고소송의 피고가 되어야 하는 것이 원칙이지만, 비록 대리관계를 명시적으로 밝히지는 아니하였다 하더라도 처분명의자가 피대리행정청 산하의 행정기관으로서 실제로 피대리행정청으로부터 대리권한을 수여받아 피대리행정청을 대리한다는 의사로 행정처분을 하였고 처분명의자는 물론 그 상대방도 그 행정처분이 피대리행정청을 대리하여 한 것임을 알고서 이를 받아들인 예외적인 경우에는 피대리행정청이 피고가 되어야 한다(2006.2.23. 2005부4).

③ ○

행정소송법 제13조(피고적격) ① 취소소송은 다른 법률에 특별한 규정이 없는 한 그 **처분등을 행한 행정청**을 피고로 한다. 다만, 처분등이 있은 뒤에 그 처분등에 관계되는 권한이 다른 행정청에 승계된 때에는 이를 승계한 행정청을 피고로 한다.

제39조(피고적격) 당사자소송은 국가·공공단체 그 밖의 **권리주체**를 피고로 한다.

④ ○ 공무원 등에 대한 징계·면직 기타 불이익처분의 처분청이 대통령인 경우, 행정소송의 피고는 소속 장관이 된다.

국가공무원법 제16조(행정소송과의 관계) ① 제75조에 따른 처분(편저자: 징계처분, 강임·휴직·직위해제 또는 면직처분), 그 밖에 본인의 의사에 반한 불리한 처분이나 부작위(不作爲)에 관한 행정소송은 소청심사위원회의 심사·결정을 거치지 아니하면 제기할 수 없다.
② 제1항에 따른 행정소송을 제기할 때에는 **대통령의 처분 또는 부작위의 경우에는 소속 장관**(대통령령으로 정하는 기관의 장을 포함한다. 이하 같다)을, 중앙선거관리위원회위원장의 처분 또는 부작위의 경우에는 중앙선거관리위원회사무총장을 각각 피고로 한다.

관련 OX

②관련

1 대리권을 수여받은 데 불과하여 원행정청과 대리관계를 밝히지 아니하고는 그의 명의로 처분등을 할 권한이 없는 행정청이 권한 없이 그의 명의로 한 처분에서 그 취소소송시 피고는 본처분권한이 있는 행정청이 된다. 21군무원7

2 Ⓒ
대리권을 수여받은 행정기관이 대리관계를 명시적으로 밝히지 않고 자신의 명의로 처분을 하였다면, 비록 처분명의자가 피대리 행정청 산하의 행정기관으로서 실제로 피대리 행정청으로부터 대리권한을 수여받아 피대리 행정청을 대리한다는 의사로 행정처분을 하였고 처분명의자는 물론 그 상대방도 그 행정처분이 피대리 행정청을 대리하여 한 것임을 알고서 이를 받아들였다 하더라도 그 처분의 취소소송에서의 피고는 처분명의자인 대리 행정기관이 되어야 한다.
22지방7

선지분석 & 요플·기풀기링크

선지	THEME	요플	기풀기
①		26	033
②	T58 피고적격	21	021
③		01	001
④		31	028

정답 ①
OX 1✕ 2✕

08

다음 중 행정소송의 피고적격에 대한 설명으로 옳은 것만을 모두 고른 것은? (다툼이 있는 경우 판례에 의함)

14지방7

ㄱ. 국회의장이 행한 처분의 경우 국회사무총장이 피고가 된다.
ㄴ. 당사자소송은 국가·공공단체 그 밖의 권리주체가 피고가 된다.
ㄷ. 처분등이 있은 뒤에 그 처분등에 관계되는 권한이 다른 행정청에 승계된 때에는 이를 승계한 행정청이 피고가 된다.
ㄹ. 대통령이 행한 처분의 경우 국무총리가 피고가 된다.
ㅁ. 구「저작권법」상 저작권등록처분에 대한 무효확인소송에서 저작권심의조정위원회위원장이 피고가 된다.
ㅂ. 시·도의 교육·학예에 관한 조례가 항고소송의 대상이 되는 경우에는 지방자치단체장이 피고가 된다.

① ㄱ, ㄴ, ㄷ
② ㄱ, ㅁ, ㅂ
③ ㄴ, ㄹ, ㅁ
④ ㄷ, ㄹ, ㅂ

관련 OX

ㄷ. 관련

1 처분등이 있은 뒤에 그 처분등에 관계되는 권한이 다른 행정청에 승계된 때에는 그 처분등에 대한 사무가 귀속되는 국가 또는 지방자치단체를 피고로 한다.
23소방

ㅁ. 관련

2 저작권심의조정위원회 위원장은 저작권 등록업무의 처분청으로서 그 등록처분에 대한 무효확인소송에서 피고적격을 가진다.
24소방승진

ㅂ. 관련

3 교육에 관한 시·도의 조례에 대한 무효확인소송은 시·도지사가 아니라 시·도교육감을 피고로 하여 제기하여야 한다.
14국가7

해설

ㄱ. ○

국회사무처법 제4조(사무총장) ③ **의장이 한 처분**에 대한 행정소송의 피고는 **사무총장**으로 한다.

ㄴ. ○

행정소송법 제39조(피고적격) 당사자소송은 국가·공공단체 그 밖의 **권리주체를** 피고로 한다.

ㄷ. ○

행정소송법 제13조(피고적격) ① 취소소송은 다른 법률에 특별한 규정이 없는 한 그 처분등을 행한 행정청을 피고로 한다. 다만, 처분등이 있은 뒤에 그 처분등에 관계되는 권한이 다른 행정청에 **승계된 때에는** 이를 **승계한 행정청을** 피고로 한다.

ㄹ. ✕

국가공무원법 제16조(행정소송과의 관계) ② 제1항에 따른 행정소송을 제기할 때에는 **대통령의 처분** 또는 부작위의 경우에는 **소속 장관**(대통령령으로 정하는 기관의 장을 포함한다. 이하 같다)을, 중앙선거관리위원회위원장의 처분 또는 부작위의 경우에는 중앙선거관리위원회사무총장을 각각 **피고로 한다.**

ㅁ. ✕ 저작권등록처분을 다투는 소송의 피고: 저작권심의위원회○ / 위원회의 위원장✕
'저작권심의조정위원회'가 저작권 등록업무의 처분청으로서 그 등록처분에 대한 무효확인소송에서 피고적격을 가진다(2009.7.9. 2007두16608).
+ PLUS 공정거래위원회, 중앙토지수용위원회, 감사원 등 합의제기관이 처분청인 경우, 특별한 규정이 없는 한 그 기관의 장이 아니라, **기관 자체가** 행정청으로서 피고가 된다. 따라서 저작권심의조정위원회의 저작권등록처분을 다투는 소송의 피고는 저작권심의위원회이지, 동 위원회의 위원장이 아니다.

ㅂ. ✕ 교육에 관한 조례의 무효확인소송의 피고: 교육감○ / 지방자치단체의 장✕
시·도의 교육·학예에 관한 사무의 집행기관은 시·도교육감이고 시·도교육감에게 지방교육에 관한 조례안의 공포권이 있다고 규정되어 있으므로, 〈교육에 관한 조례의 무효확인소송〉을 제기함에 있어서는 그 집행기관인 시·도교육감을 피고로 하여야 한다(1996.9.20. 95누8003).

선지분석 & 요플·기풀기링크

선지	THEME	요플	기풀기
ㄱ		33	030
ㄴ		37	039
ㄷ	T58 피고적격	04	003
ㄹ		31	028
ㅁ		24	026
ㅂ		27	034

정답 ①
OX 1✕ 2✕ 3○

09

행정소송의 피고적격에 대한 설명이다. 아래 ㉠부터 ㉣까지의 설명 중 옳은 것을 모두 고른 것은?

17(2)경행

㉠ 헌법재판소장이 한 처분에 대한 행정소송의 피고는 헌법재판소 사무처장으로 한다.
㉡ 대법원장이 한 처분에 대한 행정소송의 피고는 대법원장이다.
㉢ 중앙노동위원회의 처분에 대한 행정소송은 중앙노동위원회위원장을 피고로 한다.
㉣ 국회의장이 행한 처분에 대한 행정소송의 피고는 국회부의장이 된다.

① ㉠, ㉢
② ㉡, ㉢
③ ㉢, ㉣
④ ㉠, ㉡

관련 OX

ㄱ.관련
1 헌법재판소장이 소속 직원에게 내린 징계처분에 대한 취소소송(의 피고는) 헌법재판소사무처장(이다) 18지방9

해설

㉠ ○, ㉡㉣ ×

기관	처분청	피고적격	관련 규정
행정부	대통령	소속 장관	국가공무원법 제16조(행정소송과의 관계) ② 제1항에 따른 행정소송을 제기할 때에는 대통령의 처분* 또는 부작위의 경우에는 소속 장관(대통령령으로 정하는 기관의 장을 포함한다. 이하 같다)을 … 피고로 한다. * 공무원에 대한 징계·강임·휴직·직위해제·면직·기타 불이익처분
국회	국회의장	사무총장㉣	국회사무처법 제4조(사무총장) ③ 의장이 한 처분에 대한 행정소송의 피고는 사무총장으로 한다.
법원	대법원장	법원행정처장㉡	법원조직법 제70조(행정소송의 피고) 대법원장이 한 처분에 대한 행정소송의 피고는 법원행정처장으로 한다.
헌법재판소	헌법재판소장	사무처장㉠	헌법재판소법 제17조(사무처) ⑤ 헌법재판소장이 한 처분에 대한 행정소송의 피고는 헌법재판소 사무처장으로 한다.
중앙선관위	중앙선관위위원장	사무총장	국가공무원법 제16조(행정소송과의 관계) ② 제1항에 따른 행정소송을 제기할 때에는 … 중앙선거관리위원회위원장의 처분* 또는 부작위의 경우에는 중앙선거관리위원회사무총장을 … 피고로 한다. * 공무원에 대한 징계·강임·휴직·직위해제·면직·기타 불이익처분

㉢ ○

노동위원회법 제27조(중앙노동위원회의 처분에 대한 소송) ① **중앙노동위원회의 처분**에 대한 소송은 **중앙노동위원회 위원장**을 피고(被告)로 하여 처분의 송달을 받은 날부터 15일 이내에 제기하여야 한다.

선지분석 & 요플·기풀기링크

선지	THEME	요플	기풀기
ㄱ		35	032
ㄴ	T58 피고적격	34	031
ㄷ		25	027
ㄹ		33	030

정답 ①
OX 1 ○

10

행정소송의 당사자에 대한 설명으로 옳지 않은 것은? (다툼이 있는 경우 판례에 의함) 19지방9

① 대리기관이 대리관계를 표시하고 피대리 행정청을 대리하여 행정처분을 한 때에는 피대리 행정청이 피고로 되어야 한다.
② 「국가공무원법」에 따른 처분, 그 밖에 본인의 의사에 반한 불리한 처분이나 부작위에 관한 행정소송을 제기할 때에 대통령의 처분 또는 부작위의 경우에는 소속 장관을 피고로 한다.
③ 약제를 제조·공급하는 제약회사는 보건복지부 고시인 「약제급여·비급여목록 및 급여상한금액표」 중 약제의 상한금액 인하 부분에 대하여 그 취소를 구할 원고적격이 있다.
④ 개발제한구역 안에서의 공장설립을 승인한 처분이 위법하다는 이유로 쟁송취소되었다면, 설령 그 승인처분에 기초한 공장 건축허가처분이 잔존하는 경우에도 인근 주민들에게는 공장 건축허가처분의 취소를 구할 법률상 이익이 없다.

해설

① ○ 대리의 경우 대리기관이 〈대리관계를 밝히고〉 처분을 하는 것이 원칙이고, 이때 피대리기관이 처분청으로서 피고적격을 갖게 된다. 반면, 대리기관이 대리관계를 밝히지 않고 자신의 명의로 처분을 한 경우에는, 명의자인 대리기관이 피고적격을 갖게 된다. 단, 이 경우에도 당해 처분이 피대리기관을 대리하는 의사로 행해진 것이고 이를 처분상대방도 알고서 받아들인 경우에는 여전히 피대리기관에게 피고적격이 인정된다는 것이 판례의 태도이다.

② ○ 대통령의 공무원에 대한 징계·면직 기타 불이익처분에 대하여 피고는 관련 공무원의 소속 장관이다. 예컨대 교육부 공무원에 대한 대통령의 징계처분에서 피고는 교육부장관이 된다. 검사 임용거부에 대한 다툼은 법무부 소관이므로 법무부장관이 피고가 된다(90두4).

기관	처분청	피고적격	관련 규정
행정부	대통령	소속 장관	국가공무원법 제16조(행정소송과의 관계) ② 제1항에 따른 행정소송을 제기할 때에는 대통령의 처분* 또는 부작위의 경우에는 소속 장관(대통령령으로 정하는 기관의 장을 포함한다. 이하 같다)을 … 피고로 한다. * 공무원에 대한 징계·강임·휴직·직위해제·면직·기타 불이익처분
국회	국회의장	사무총장	국회사무처법 제4조(사무총장) ③ 의장이 한 처분에 대한 행정소송의 피고는 사무총장으로 한다.
법원	대법원장	법원행정처장	법원조직법 제70조(행정소송의 피고) 대법원장이 한 처분에 대한 행정소송의 피고는 법원행정처장으로 한다.
헌법재판소	헌법재판소장	사무처장	헌법재판소법 제17조(사무처) ⑤ 헌법재판소장이 한 처분에 대한 행정소송의 피고는 헌법재판소 사무처장으로 한다.
중앙선관위	중앙선관위위원장	사무총장	국가공무원법 제16조(행정소송과의 관계) ② 제1항에 따른 행정소송을 제기할 때에는 … 중앙선거관리위원회위원장의 처분* 또는 부작위의 경우에는 중앙선거관리위원회사무총장을 … 피고로 한다. * 공무원에 대한 징계·강임·휴직·직위해제·면직·기타 불이익처분

관련 OX

① 관련
1 대리권을 수여받은 데 불과하여 그 자신의 명의로는 행정처분을 할 권한이 없는 행정청의 경우 대리관계를 밝힘이 없이 그 자신의 명의로 행정처분을 하였다면 그에 대하여는 처분명의자인 당해 행정청이 항고소송의 피고가 되어야 하는 것이 원칙이다. 18서울9

② 관련
2 공무원에 대한 징계·면직 기타 본인의 의사에 반하는 불이익처분에 있어서 그 처분청이 대통령인 때에는 법무부장관을 피고로 하여야 한다. 08국회8

3 국회의장이 행한 처분에 대한 행정소송의 피고는 국회부의장이 된다. 17경행

4 대법원장이 한 처분에 대한 행정소송의 피고는 대법원장이다. 17경행

④ 관련
5 공장설립승인처분이 위법하다는 이유로 쟁송취소되었다고 하더라도 그 승인처분에 기초한 공장건축허가처분이 잔존하는 이상, 인근 주민들은 여전히 공장 건축허가처분의 취소를 구할 법률상 이익이 있다. 19서울7

선지분석 & 요플·기풀기링크

선지	THEME	요플	기풀기
①	T58 피고적격	19	019
②		31	028
③	T55 공권과 원고적격	41	043
④	T57 소의 이익	10	010

③ ○ 약제급여 고시로 법률상 이익이 침해된 제약회사: 원고적격 인정

〈제약회사〉가 자신이 공급하는 약제에 관하여 국민건강보험법, 같은 법 시행령, 「국민건강보험 요양급여의 기준에 관한 규칙」 등 약제상한금액고시의 근거 법령에 의하여 보호되는 직접적이고 구체적인 이익을 향유하는데, 보건복지부 고시인 「약제급여 · 비급여목록 및 급여상한금액표」로 인하여 자신이 제조 · 공급하는 약제의 상한금액이 인하됨에 따라 위와 같이 보호되는 법률상 이익이 침해당할 경우, 제약회사는 위 고시의 취소를 구할 원고적격이 있다(2006.9.22. 2005두2506).

④ × 공장설립승인처분이 쟁송취소되었어도, 그에 기초한 공장건축허가처분을 취소할 소익 인정

개발제한구역 안에서의 공장설립을 승인한 처분이 위법하다는 이유로 쟁송취소되었다고 하더라도 그 〈승인처분에 기초한 공장건축허가처분이 잔존〉하는 이상, 공장설립승인처분이 취소되었다는 사정만으로 인근주민들의 환경상 이익이 침해되는 상태나 침해될 위험이 종료되었다거나 이를 시정할 수 있는 단계가 지나버렸다고 단정할 수는 없고, 인근주민들은 여전히 공장건축허가처분의 취소를 구할 법률상 이익이 있다(2018.7.12. 2015두3485).

+ PLUS A처분이 실효되면 A처분을 쟁송취소할 소익은 부정됨이 원칙이다. 그러나 A처분이 실효되었더라도 A를 기초로 하는 B처분이 잔존한다면 B를 쟁송취소할 소익은 인정될 수 있다. 예컨대 공장설립승인처분(A) 및 그에 기초한 공장허가처분(B)이 있은 후 A만 취소된 경우, B의 기초가 되는 A가 무효가 되었더라도 B가 잔존하는 이상 B를 취소할 소의 이익이 있다.

정답 ④
OX 1○ 2× 3× 4× 5○

필수문제 11

항고소송의 피고에 대한 설명으로 가장 옳은 것은? (다툼이 있는 경우 판례를 따름) 16서울7

① 항고소송에서 원고가 피고를 잘못 지정하였다면 법원은 석명권을 행사하여 피고를 경정하게 하여 소송을 진행하여야 한다.
② 행정심판위원회가 1,000만원의 과징금 부과처분에 대한 취소심판에서 500만원의 과징금 부과처분으로 변경하는 내용의 재결을 하였고 청구인인 처분의 상대방이 관할 법원에 취소소송을 제기하였다면 재결에 의한 감액처분을 항고소송의 대상으로 하여야 한다.
③ 초등학교의 공용폐지를 내용으로 하는 조례를 대상으로 관할 법원에 취소소송을 제기하였다면, 피고는 조례안을 의결한 지방의회가 되어야 한다.
④ 중앙노동위원회의 재심판정에 대한 취소소송에 있어서 그 피고는 중앙노동위원회가 되어야 한다.

관련 OX

① 관련
1 취소소송에서 원고가 처분청 아닌 행정관청을 피고로 잘못 지정한 경우, 법원은 석명권의 행사 없이 소송요건의 불비를 이유로 소를 각하할 수 있다.
20국가9

해설

① ○ 원고가 피고를 잘못 지정: 법원은 곧바로 각하X, 석명의무○
원고가 피고를 잘못 지정하였다면 법원으로서는 당연히 **석명권을 행사**하여 원고로 하여금 피고를 경정하게 하여 소송을 진행케 하였어야 할 것임에도 불구하고 이러한 조치를 취하지 아니한 채 피고의 지정이 잘못되었다는 이유로 소를 각하한 것이 위법하다(2004.7.8. 2002두7852).

② × 판례는 당초처분을 감액한 사안에서 상대방이 감액되고 남은 부분 역시 위법하다고 다투고자 하는 경우, 변경처분(감액처분)이 아닌 **당초처분을 다툼의 대상**으로 본다. 따라서 제소기간의 준수도 **당초처분시를 기준**으로 판단한다. 이러한 변경처분(감액처분)이 행정심판위원회의 변경재결이나 변경명령재결로서 이뤄진 경우에도 소송의 대상은 여전히 감경되고 남은 **당초처분**이다.

• 감액변경처분시 불복대상: 당초처분(중 감액되고 남은 부분)
감액처분은 감액된 과징금 부분에 관하여만 법적 효과가 미치는 것으로서 처음의 부과처분과 별개 독립의 과징금 부과처분이 아니라 그 실질은 당초 부과처분의 변경이고, 그 감액처분으로도 아직 취소되지 않고 남아 있는 부분이 위법하다고 하여 다투는 경우 항고소송의 대상은 처음의 부과처분 중 **감액처분에 의하여 취소되지 않고 남은 부분**이고 감액처분이 항고소송의 대상이 되는 것은 아니다(2008.2.15. 2006두3957).

　cf 증액변경처분의 경우는 변경처분(증액처분)이 불복대상

③ × 교육·학예에 관한 조례 항고소송의 피고적격: 지방의회X, 지자체장X, 교육감○
시·도의 교육·학예에 관한 사무의 집행기관은 시·도교육감이고 시·도교육감에게 지방교육에 관한 조례안의 공포권이 있다고 규정되어 있으므로, 〈교육에 관한 조례의 무효확인소송〉을 제기함에 있어서는 그 집행기관인 **시·도교육감을 피고**로 하여야 한다. … 상색국민학교 〈두밀분교를 폐지하는 내용의 이 사건 조례〉는 위 두밀분교의 취학아동과의 관계에서 영조물인 특정의 국민학교를 구체적으로 이용할 이익을 직접적으로 상실하게 하는 것이므로 항고소송의 대상이 되는 행정처분이라고 전제한 다음, 이 사건과 같이 교육에 관한 조례무효확인소송의 **정당한 피고는 시·도의 교육감**이라 할 것이므로 지방의회를 피고로 한 이 사건 소는 부적법하다(1996.9.20. 95누8003).

④ × 지방노동위원회의 처분(원처분)에 불복하기 위해서는 그에 대한 중앙노동위원회의 재심을 거쳐 **재심판정(재결)을 대상**으로 소송을 제기하여야 한다. 이때 피고는 **중앙노동위원회 위원장이 된다**(노동위원회법 제26조, 제27조).

• 지노위 처분에 불복: 중노위 재심을 거쳐, 중노위원장을 피고로 재심판정취소의 소
당사자가 지방노동위원회의 처분에 대하여 불복하기 위하여는 처분 송달일로부터 10일 이내에 **중앙노동위원회에 재심을 신청**하고 중앙노동위원회의 재심판정서 송달일로부터 15일 이내에 **중앙노동위원장을 피고**로 하여 **재심판정취소의 소**를 제기하여야 할 것이다(1995.9.15. 95누6724).

＋PLUS 합의제기관이 처분청인 경우, 그 기관의 장이 아니라, **기관 자체가 행정청으로서 피고**가 된다. 다만, 중앙노동위원회의 처분의 경우 노동위원회법에서 위원장을 피고로 하도록 별도로 규정하고 있으므로 예외적으로 중앙노동위원회 자체가 아닌 **중앙노동위원회 위원장이 피고**가 된다.

선지분석 & 요플·기풀기링크

선지	THEME	요플	기풀기
①	T64 소송상 제도	09	005
②	T52 대상적격(행정작용)	66	068
③	T58 피고적격	28	035
④		25	027

정답 ①
OX 1 ×

필수 문제 12

「행정소송법」의 피고적격에 관한 설명으로 옳은 것은? 08국가9

① 대법원은 처분청과 통지한 자가 다른 경우에는 통지한 자가 피고가 된다고 보았다.
② 중앙노동위원회의 처분에 대한 행정소송의 피고는 중앙노동위원회가 된다.
③ 조례가 항고소송의 대상이 되는 경우 조례를 제정한 지방의회가 피고가 된다.
④ 공무수탁사인은 당사자소송의 피고가 될 수 있다.

관련 OX

① 관련
1 처분청과 통지한 자가 다른 경우에는 처분청이 피고가 된다. 12국회9

해설

① ✕ 처분권한자가 자신의 명의로 처분을 하였으나 그 처분을 통지한 자가 다른 경우에도 **처분명의자인 처분청이 피고가 된다.**

- 인천시장의 처분을 북구청장이 통지한 경우: 피고는 북구청장✕, 인천시장○
  인천직할시장의 사업장폐쇄명령처분을 통지한 인천직할시 북구청장이 위 처분의 취소를 구하는 소의 피고적격이 없다(1990.4.27. 90누233).

② ✕

> **노동위원회법 제27조(중앙노동위원회의 처분에 대한 소송)** ① **중앙노동위원회**의 처분에 대한 소송은 중앙노동위원회 **위원장을 피고(被告)로** 하여 처분의 송달을 받은 날부터 15일 이내에 제기하여야 한다.

③ ✕ 처분적 조례에 대한 항고소송의 피고적격: 지방의회✕, 지자체장○
  조례가 집행행위의 개입 없이도 그 자체로서 직접 국민의 구체적인 권리의무나 법적 이익에 영향을 미치는 등의 법률상 효과를 발생하는 경우 그 조례는 항고소송의 대상이 되는 행정처분에 해당하고, 이러한 조례에 대한 무효확인소송을 제기함에 있어서 피고적격이 있는 처분 등을 행한 행정청은, 행정주체인 지방자치단체 또는 지방자치단체의 내부적 의결기관으로서 지방자치단체의 의사를 외부에 표시한 권한이 없는 지방의회가 아니라, 지방자치단체의 집행기관으로서 조례로서의 효력을 발생시키는 공포권이 있는 **지방자치단체의 장이다**(1996.9.20. 95누8003).

④ ○ 항고소송의 피고는 처분청이나, 당사자소송의 피고는 **권리주체**이다. 따라서 행정청이 아니라 **행정주체(국가·공공단체·공무수탁사인 등)**가 당사자소송의 피고가 된다.

선지분석 & 요플·기풀기링크

선지	THEME	요플	기풀기
①		06	006
②	T58 피고적격	25	027
③		26	033
④		38	040

정답 ④
OX 1○

13

행정소송에 대한 설명으로 옳지 않은 것은? (다툼이 있는 경우 판례에 의함) 20국가7

① 무효확인소송에서 '무효확인을 구할 법률상 이익'이 있는지를 판단할 때, 행정처분의 무효를 전제로 한 이행소송 등과 같은 직접적인 구제수단이 있는지를 먼저 따질 필요는 없다.

② 「국토의 계획 및 이용에 관한 법률」상 토지소유자 등이 도시·군계획시설 사업시행자의 토지의 일시사용에 대하여 정당한 사유 없이 동의를 거부한 경우, 사업시행자가 토지소유자를 상대로 동의의 의사표시를 구하는 소송은 당사자소송으로 보아야 한다.

③ 합의제행정청의 처분에 대하여는 합의제행정청이 피고가 되므로 부당노동행위에 대한 구제명령 등 중앙노동위원회의 처분에 대한 소송에서는 중앙노동위원회가 피고가 된다.

④ 권한의 내부위임이 있는 경우 내부수임기관이 착오 등으로 원처분청의 명의가 아닌 자기명의로 처분을 하였다면, 내부수임기관이 그 처분에 대한 항고소송의 피고가 된다.

관련 OX

③ 관련

1 구「저작권법」상 저작권등록처분에 대한 무효확인소송에서 저작권심의조정위원회 위원장이 피고가 된다. 14지방7

2 지방노동위원회의 구제명령에 대해서는 중앙노동위원회에 재심을 신청한 후 그 재심판정에 대하여 중앙노동위원회를 피고로 하여 재심판정 취소의 소를 제기하여야 한다. 13국가7

3 중앙노동위원회의 처분(에 대한 항고소송에서 피고는) 중앙노동위원회 위원장(이다) 15국가9

해설

① ○ 무효확인소송의 보충성이 요구되는 것은 아니므로 행정처분의 무효를 전제로 한 이행소송 등과 같은 직접적인 구제수단이 있는지 여부를 따질 필요가 없다고 해석함이 상당하다(2008.3.20. 2007두6342 전합).

② ○ 공공기관이 사인을 상대로 토지 일시사용의 동의를 구하는 소송 → 당사자소송
「국토의 계획 및 이용에 관한 법률」상 토지의 소유자 등이 사업시행자의 일시사용에 대하여 정당한 사유 없이 동의를 거부하는 경우, 사업시행자는 해당 토지의 소유자 등을 상대로 동의의 의사표시를 구하는 소를 제기할 수 있다. 이와 같은 토지의 일시사용에 대한 동의의 의사표시를 할 의무는「국토의 계획 및 이용에 관한 법률」에서 특별히 인정한 공법상의 의무이므로, 그 의무의 존부를 다투는 소송은 '공법상의 법률관계에 관한 소송으로서 그 법률관계의 한쪽 당사자를 피고로 하는 소송', 즉 행정소송법 제3조 제2호에서 규정한 당사자소송이라고 보아야 한다(2019.9.9. 2016다262550).

③ × 공정거래위원회, 중앙토지수용위원회, 감사원 등 합의제기관이 처분청인 경우, 그 기관의 장이 아니라, 기관 자체가 행정청으로서 피고가 된다. 예컨대 저작권심의조정위원회의 저작권등록처분을 다투는 소송의 피고는 저작권심의위원회이지, 동 위원회의 위원장이 아니다. 다만, 중앙노동위원회의 처분의 경우 노동위원회법에서 위원장을 피고로 하도록 별도로 규정하고 있으므로 예외적으로 중앙노동위원회 자체가 아닌 중앙노동위원회 위원장이 피고가 된다.

노동위원회법 제27조(중앙노동위원회의 처분에 대한 소송) ① 중앙노동위원회의 처분에 대한 소송은 중앙노동위원회 위원장을 피고(被告)로 하여 처분의 송달을 받은 날부터 15일 이내에 제기하여야 한다.

④ ○ 내부위임받은 데 불과한 하급청이 권한 없이 '자신의 이름'으로 처분: 하급청에 피고적격 인정
행정처분을 행할 적법한 권한 있는 상급행정청으로부터 〈내부위임을 받은 데 불과한 하급행정청이 권한 없이 행성처분〉을 한 경우에도 실세로 그 처분을 행한 하급행정청을 피고로 하여야 할 것이지 그 처분을 행할 적법한 권한 있는 상급행정청을 피고로 할 것은 아니다(1994.8.12. 94누2763).

+ PLUS 내부위임시 피고적격 1) 위임청(원칙), 2) 수임청(수임청이 자기명의로 처분한 경우의 예외)

선지분석 & 요플·기풀기링크

선지	THEME	요플	기풀기
①	T57 소의 이익	63	062
②		40	042
③	T58 피고적격	25	027
④		15	015

정답 ③

 1× 2× 3○

T59 관할법원

01

「행정소송법」과 관련된 설명으로 옳지 않은 것은? (다툼이 있는 경우 판례에 의함) 15서울7

① 토지의 수용 기타 부동산 또는 특정의 장소에 관계되는 처분등에 대한 취소소송은 그 부동산 또는 장소의 소재지를 관할하는 행정법원에 이를 제기할 수 있다.
② 국가의 사무를 위임 또는 위탁받은 공공단체 또는 그 장에 대하여 취소소송을 제기하는 경우에는 대법원 소재지를 관할하는 행정법원에 제기할 수 있다.
③ 중앙행정기관의 부속기관과 합의제행정기관 또는 그 장에 대하여 취소소송을 제기하는 경우에는 대법원 소재지를 관할하는 행정법원에 제기할 수 있다.
④ 취소소송의 제1심 관할법원은 원고의 소재지를 관할하는 행정법원으로 한다.

관련 OX

① 관련
1 토지의 수용 기타 부동산에 관계되는 처분등에 대한 취소소송은 그 부동산의 소재지를 관할하는 행정법원에 이를 제기할 수 있다. 25지방9

③④ 관련
2 취소소송의 제1심 관할법원은 피고의 소재지를 관할하는 행정법원으로 한다. 다만, 중앙행정기관 또는 그 장이 피고인 경우 관할법원은 대법원 소재지의 행정법원으로 한다. 14국회8

④ 관련
3 취소소송의 제1심 관할법원은 피고의 소재지를 관할하는 행정법원으로 함을 원칙으로 한다. 10지방9

해설

①②③ ○, ④ × 피고(원고×)의 소재지를 관할하는 행정법원이다.

행정소송법 제9조(재판관할) ① 취소소송의 제1심 관할법원은 **피고의 소재지**를 관할하는 행정법원으로 한다.④
② 제1항에도 불구하고 다음 각 호의 어느 하나에 해당하는 피고에 대하여 취소소송을 제기하는 경우에는 **대법원 소재지**를 관할하는 행정법원에 제기할 수 있다.
  1. 중앙행정기관, 중앙행정기관의 부속기관과 합의제행정기관 또는 그 장③
  2. 국가의 사무를 위임 또는 위탁받은 공공단체 또는 그 장②
③ 토지의 수용 기타 부동산 또는 특정의 장소에 관계되는 처분등에 대한 취소소송은 그 **부동산 또는 장소의 소재지**를 관할하는 행정법원에 이를 제기할 수 있다.①

선지분석 & 요플·기풀기링크

선지	THEME	요플	기풀기
①	T59 관할법원	14	015
②		12	013
③		16	011
④		09	009

정답 ④
OX 1○ 2× 3○

필수문제 02

취소소송의 제1심 관할법원에 대한 설명으로 옳지 않은 것은? 16지방7

① 세종특별자치시에 위치한 해양수산부의 장관이 한 처분에 대한 취소소송은 서울행정법원에 제기할 수 있다.
② 경상북도 김천시에 위치한 한국도로공사가 국토교통부장관의 국가사무의 위임을 받아 한 처분에 대한 취소소송은 서울행정법원에 제기할 수 없다.
③ 경기도 토지수용위원회가 수원시 소재 부동산을 수용하는 재결처분을 한 경우 이에 대한 취소소송은 수원지방법원본원에 제기할 수 있다.
④ 「식품위생법」에 따른 서울특별시 서초구청장의 음식점영업허가 취소처분에 대한 취소소송은 서울행정법원에 제기한다.

관련 OX

추가기출(③ 관련)

ⓐ ◯
(서울지방국토관리청이 기획재정부장관으로부터 관할행정재산 관리사무를 법률에 따라 위임받아 특정 행정재산의 사용허가를 한 경우) 서울지방국토관리청의 그 효력을 제한한 사용허가로 인하여 사용허가의 일부거부를 취소하는 소송을 제기할 때 그 소송의 제1심 관할법원은 피고의 소재지를 관할하는 행정법원이 아니라 해당 행정재산의 소재지를 관할하는 행정법원이다. 16서울7

ⓑ ◯
토지의 수용 기타 부동산 또는 특정의 장소에 관계되는 처분등에 대한 취소소송은 그 부동산 또는 장소의 소재지를 관할하는 행정법원에 제기해야 하므로, 「민사소송법」상의 합의관할 및 변론관할에 관한 규정은 적용되지 않는다. 10국가7

해설

①③④ ◯, ② ✕

행정소송법은 토지관할, 즉 지역적 관할을 규정하고 있다. 피고 소재지가 원칙이고, 경우에 따라 대법원 소재지나 사건과 관련된 부동산 소재지 등도 추가적으로 인정된다. 다만 이는 임의관할이므로 민사소송법상 합의관할·변론관할 규정이 적용돼 당사자의 합의나 피고의 관할위반 항변포기시 다른 지역 법원에서 재판하는 것도 가능하다.

행정소송법 제9조(재판관할) ① 취소소송의 제1심 관할법원은 피고의 소재지를 관할하는 행정법원으로 한다.
② 제1항에도 불구하고 다음 각 호의 어느 하나에 해당하는 피고에 대하여 취소소송을 제기하는 경우에는 대법원 소재지를 관할하는 행정법원에 제기할 수 있다.
1. 중앙행정기관, 중앙행정기관의 부속기관과 합의제행정기관 또는 그 장
2. 국가의 사무를 위임 또는 위탁받은 공공단체 또는 그 장
③ 토지의 수용 기타 부동산 또는 특정의 장소에 관계되는 처분등에 대한 취소소송은 그 부동산 또는 장소의 소재지를 관할하는 행정법원에 이를 제기할 수 있다.

- [기본 토지관할] 토지관할은 피고의 소재지에 있다(행정소송법 제9조 제1항). 소를 제기하는 측에서(원고 측에서) 소를 제기당하는 자의 지역으로(피고 소재지로) 찾아가 소를 제기하는 것이 공평하다는 생각에서 비롯된 것이다. 따라서 서초구에 위치한 서초구청장의 처분에 대한 불복은 서초구를 관할로 하는 행정법원인 서울행정법원에 있다.④

- [추가 토지관할①] 그런데 중앙행정기관(그 부속기관·합의제행정기관) 또는 그 장을 피고로 하거나, 국가사무를 위임·위탁받은 공공단체나 그 장을 피고로 할 경우는 대법원 소재지 행정법원에도 토지관할이 생긴다(행정소송법 제9조 제2항). 따라서 중앙행정기관인 해양수산부장관이 한 처분에 대한 취소소송은 대법원 소재지인 서울행정법원에 제기할 수 있다.① 다만, 이는 토지관할이 추가로 부여된 것이므로 원고는 피고의 소재지 행정법원과 대법원 소재지 행정법원 중 하나를 택할 수 있게 된 것이지, 대법원 소재지 행정법원에만 소를 제기해야 하는 것은 아니다. 예컨대 국가사무를 위임받은 공공단체인 한국도로공사(경북 김천시 소재)가 피고가 된 경우 원칙대로 피고 소재지인 대구지방법원 본원(김천지역은 대구지방법원 본원이 행정법원 역할)에 소를 제기할 수도 있고, 대법원 소재지인 서울행정법원에 소를 제기할 수도 있다.②

선지분석 & 요플·기풀기링크

선지	THEME	요플	기풀기
①		11	012
②	T59 관할법원	13	014
③		15	016
④		10	010

- [추가 토지관할②] 또한 토지의 수용 등 부동산이나 장소와 관계되는 처분에 대한 항고소송은 그 부동산·장소의 소재지에도 토지관할이 생긴다(행정소송법 제9조 제3항). 따라서 수원시 소재 부동산에 대한 재결처분에 대한 항고소송은 그 부동산 소재지인 수원지방법원 본원에 제기할 수 있다.③ 이 역시 토지관할이 추가로 부여된 것이므로 원고는 피고 소재지와 부동산·장소 소재지 중 하나를 택할 수 있다는 것이지, 부동산·장소 소재지에만 소를 제기해야 하는 것은 아니다. 예컨대 기재부장관으로부터 국가사무인 행정재산 사용·허가권한을 위임받은 서울지방국토관리청의 처분에 대하여는 해당 행정재산의 소재지 관할법원뿐 아니라, 피고 소재지 관할법원에도 소를 제기할 수 있는 것이다.ⓐ 나아가 이 경우는 국가사무를 위임받은 공공기관의 처분이므로 대법원 소재지에도 소를 제기할 수 있다.ⓐ
- [토지관할은 임의관할] 이러한 토지관할은 임의관할이므로, 당사자의 합의나, 피고의 관할위반의 항변포기시 다른 지역의 법원에서도 재판을 진행할 수 있다. 즉, 민사소송법상 합의관할과 변론관할의 규정이 적용된다.ⓑ

■ 항고소송의 관할

종류		내용
전속관할	행정법원	• 행정소송대상을 민사법원에 제기 → **행정법원으로 이송** 　- 재건축조합의 사업시행계획안에 대해 민사소송으로 제기 → 당사자소송으로 보아 행정법원으로 이송(T20) • (구별) 민사소송대상을 행정법원에 제기 → 합의관할·변론관할 있으면 행정법원도 가능 　- 환매금증감을 다투는 소송을 행정법원에 제기 → 피고가 항변 없이 변론하면 이송✕
	심급관할	• 심급위반시 **정당한 심급으로 이송** 　- 원칙: 1심 행정법원이 심급관할 　- 예외: 2심제 취하는 특허청 심결, 공정위 심결은 고등법원에 심급관할
임의관할ⓑ	(기본) 피고 소재지	• 서초구청장의 영업허가취소처분 → 서초구를 관할하는 서울행정법원④
	(추가①) 대법원 소재지	• 피고가 중앙행정기관(그 부속기관·합의제행정기관 포함)① • 피고가 국가사무 위임받은 공공단체 　- 국가사무를 위임받은 김천시 소재 도로공사가 피고 　→ 대구지법 본원 외 대법원 소재지에 위치한 서울행정법원도 가능②
	(추가②)ⓐ 부동산·장소 소재지	• 부동산·장소와 관련되는 처분시③

03

행정소송에 대한 설명으로 옳지 않은 것은? 23국가9

① 건축물의 하자를 다투는 입주예정자들은 건물의 사용검사처분에 대해 제3자효 행정행위의 차원에서 행정소송을 통해 다툴 수 있다.
② 당사자소송으로 서울행정법원에 제기할 것을 민사소송으로 지방법원에 제기하여 판결이 내려진 경우, 그 판결은 관할위반에 해당한다.
③ 민사소송인 소가 서울행정법원에 제기되었는데도 피고가 제1심법원에서 관할위반이라고 항변하지 않고 본안에서 변론을 한 경우에는 제1심법원에 변론관할이 생긴다.
④ 환경부장관이 생태·자연도 1등급으로 지정되었던 지역을 2등급으로 변경하는 내용의 생태·자연도 수정·보완을 고시하는 경우, 1등급지역에 거주하던 인근주민은 생태·자연도 등급변경처분의 무효확인을 구할 원고적격이 없다.

해설

① ✕ 건축물에 하자 있더라도 입주자·입주예정자는 사용검사처분의 취소를 구할 법률상 이익 ✕
건축물에 대한 **사용검사처분이 취소된다고** 하더라도 사용검사 이전의 상태로 돌아가 건축물을 사용할 수 없게 되는 것에 그칠 뿐 곧바로 건축물의 하자상태 등이 제거되거나 보완되는 것도 아니다. 그리고 입주자나 입주예정자들은 사용검사처분을 **취소하지 않고서도** 민사소송 등을 통하여 분양계약에 따른 법률관계 및 하자 등을 주장·증명함으로써 사업주체 등으로부터 하자 제거·보완 등에 관한 권리구제를 받을 수 있으므로, … 이러한 사정들을 종합해 보면, 구 주택법상 〈입주자나 입주예정자〉는 〈사용검사처분〉의 취소를 구할 **법률상 이익이 없다**(2014.7.24. 2011두30465).

② ○ 행정사건을 민사소송으로 잘못 제기하였는데 간과하고 판결이 난 경우: 관할위반으로 위법
이 사건 소(편저자: 당사자소송을 민사소송을 제기한 소)는 제1심 관할법원인 서울행정법원에 제기되었어야 할 것인데도 서울북부지방법원에 제기되어 심리되었으므로 확인의 이익 유무에 앞서 전속관할을 위반한 위법이 있다(2009.9.24. 2008다60568).
+ PLUS 행정사건은 반드시 행정법원에서 심리·판결하여야 한다(전속관할). 따라서 원고가 고의·중과실 없이 **행정소송으로 제기해야 할 사건을 민사소송으로 잘못 제기한 경우**, ① 수소법원인 민사법원이 마침 행정소송 관할도 동시에 가지고 있다면(즉, 행정법원이 설치되어 있지 않아 지방법원이 행정사건도 관할하는 지방에서 소제기한 경우) 이를 행정소송으로 소변경(석명)하여 심리·판단하여야 할 것이나, ② 수소법원인 민사법원에 행정사건 관할이 없는 경우라면(즉, 행정법원이 별도로 설치되어 있는 서울에서 소제기한 경우) 어차피 행정소송의 소송요건을 갖추지 못하여 행정법원에 가도 각하될 사건이 아닌 이상 스스로 판결할 수 없고 **행정법원으로 이송하여야** 한다. 만약 이송하지 않고 그대로 민사법원에서 판결을 하였다면 이는 관할위반으로 위법하다. 위 지문과 판례가 바로 이러한 경우에 해당한다.

③ ○ 민사사건을 행정소송으로 제기: 피고가 무항변 변론시 변론관할 생김 → 이송 불필요
민사소송인 이 사건 소(편저자: 환매권의 존부확인 및 환매금증감청구)가 서울행정법원에 제기되었는데도 피고는 제1심법원에서 관할위반이라고 **항변하지 아니하고 본안에 대하여 변론을** 한 사실을 알 수 있는 바 행정소송법 제8조 제2항, 민사소송법 제30조에 의하여 제1심법원에 **변론관할이 생겼다**고 봄이 상당하다(2013.2.28. 2010두22368). ❶

④ ○ 생태·자연도 등급변경처분: 1등급으로 누리던 이익은 반사적 이익 → 인근주민의 원고적격 ✕
환경부장관이 생태·자연도 1등급으로 지정되었던 지역을 2등급 또는 3등급으로 변경하는 내용의 생태·자연도 수정·보완을 고시하자, 근인 주민 甲이 〈생태·자연도 **등급변경처분**〉의 무효확인을 청구한 사안에서 생태·자연도는 토지이용 및 개발계획의 수립이나 시행에 활용하여 자연환경을 체계적으로 보전·관리하기 위한 것일 뿐 1등급 권역의 인근주민들이 가지는 이익은 환경보호라는 공공의 이익이 달성됨에 따라 **반사적으로 얻게 되는 이익에** 불과하므로, 인근주민에 불과한 甲은 원고적격이 없다(2014.2.21. 2011두29052).

선지선택비율 ① 63.93% ② 12.48% ③ 13.89% ④ 9.71%   오답률 36.07%

관련 OX

① 관련
1 하자 있는 건축물에 대한 사용검사처분의 무효확인 및 취소를 구하는 구 「주택법」상 입주자(는 행정소송의 원고적격을 가진다) 19국회8

② 관련
2 당사자소송으로 제기해야 할 사건을 민사소송으로 잘못 제기한 경우, 수소법원이 행정소송에 대한 관할을 가지고 있지 않다면 당해 소송이 당사자소송으로서의 소송요건을 갖추지 못하였음이 명백하지 않는 한 당사자소송의 관할법원으로 이송하여야 한다. 20군무원7

④ 관련
3 생태·자연도 1등급으로 지정되었던 지역을 2등급 또는 3등급으로 변경하는 내용의 환경부장관의 결정에 대해 해당 1등급 권역의 인근주민은 취소소송을 제기할 원고적격이 인정된다. 16국가9

선지분석 & 요플·기풀기링크

선지	THEME	요플	기풀기
①	T57 소의 이익	52	051
②	T59 관할법원	01	003
③		05	005
④	T56 경업·경원·주민	52	053

❶ + PLUS

민사사건은 민사법원에서 심리·판결함이 원칙이나, 당사자의 의사에 따라 행정법원에서 심리·판결할 수도 있다(임의관할). 즉, 당사자 간 미리 행정법원에서 하기로 합의하거나(합의관할), 원고가 행정법원에 소를 제기한 데 대해 피고가 항변하지 않고 변론하는 경우에는(변론관할), 민사법원으로 이송함이 없이 행정법원에서 심리·판결한다.

정답 ①
OX 1✕ 2○ 3✕

T60 행정심판 임의주의 - 예외적 전치주의

01

행정심판에 대한 다음의 설명 중 옳은 것은? 14국회8

Ⓐ ① 행정심판전치주의가 적용되도록 하는 규정이 있는 경우일지라도 처분의 무효를 구하는 소송에는 행정심판전치주의가 적용되지 않으므로 무효사유의 하자를 취소소송으로 다투는 경우에도 행정심판을 거칠 필요가 없다.

Ⓒ ② 행정심판전치주의가 적용되는 경우에 행정심판을 제기하고 행정심판의 재결을 거치지 않아도 되는 경우는 현행법상 규정되어 있지 않다.

③ 행정처분의 상대방에게 행정심판전치주의가 적용되는 경우라도, 제3자가 제기하는 행정소송의 경우 제3자는 행정처분의 존재를 알지 못하고 행정심판에 대한 고지도 받지 못하게 되므로 행정심판전치주의가 적용되지 않는다.

소 ④ 둘 이상의 행정심판절차가 존재하는 경우라면 명문규정이 없어도 그중 어느 하나는 거쳐야 한다.

⑤ 감사원의 심사청구를 거친 경우에는 다른 행정심판절차를 거칠 필요 없이 바로 행정소송을 제기할 수 있다.

해설

① ✕ 무효등확인소송은 예외적으로 행정심판을 거쳐야 하는 경우에 대해 준용하지 않고 있다. 따라서 예외적 전치주의 대상 처분이더라도 곧바로 항고소송을 제기할 수 있다. 다만, 무효사유의 하자를 취소소송으로 다투는 이른바 무효선언 의미의 취소소송의 경우 소송의 형식이 취소소송인 이상 **취소소송으로서의 소송요건을 모두 갖추어야 하므로 행정심판을 거쳐야 한다.**

- 무효선언 의미의 취소소송: 허용. 단, 취소소송으로서의 소송요건(전심절차, 제소기간 등) 갖춰야
  행정처분의 당연무효를 선언하는 의미에서 그 취소를 청구하는 행정소송을 제기한 경우에도 전심절차와 제소기간의 준수 등 취소소송의 제소요건을 갖추어야 한다(1990.12.26. 90누6279).

② ✕ 예외적 행정심판전치주의가 적용되는 경우에도 행정심판을 청구하되, 재결까지 거치진 않고 취소소송을 제기할 수 있는 경우는 행정소송법 제18조 제2항에 규정되어 있다. **6손재정빨**

행정소송법 제18조(행정심판과의 관계) ② 제1항 단서의 경우에도 다음 각 호의 1에 해당하는 사유가 있는 때에는 행정심판의 **재결을 거치지 아니하고**(빨리) 취소소송을 제기할 수 있다.
1. 행정심판청구가 있은 날로부터 **60**일이 지나도 재결이 없는 때
2. 처분의 집행 또는 절차의 속행으로 생길 중대한 **손**해를 예방하여야 할 긴급한 필요가 있는 때
3. 법령의 규정에 의한 행정심판기관이 의결 또는 **재**결을 하지 못할 사유가 있는 때
4. 그 밖의 **정**당한 사유가 있는 때

③ ✕ 처분의 상대방이 아닌 제3자가 행정소송을 제기할 때에도 전치주의 규정이 적용된다는 것이 판례의 태도이다.

- 행정처분의 상대방이 아닌 제3자는 행정심판법 제18조 제3항 본문 소정의 제척기간 내에 심판청구가 가능하였다는 특별한 사정이 없는 한 그 제척기간에 구애됨이 없이 행정심판을 제기할 수 있으나, 어떠한 경우에도 행정심판을 제기함이 없이 곧바로 행정소송을 제기할 수는 없다고 보아야 할 것이다(1989.5.9. 88누5150).

④ ✕ 둘 이상의 행정심판절차가 존재하는 경우라도 임의적 전치주의라면 심판절차를 거칠 필요가 없고, 필요적 전치주의인 경우라도 모두 거치라는 명문규정이 없는 한 하나만 거치면 족하다. 결국 지문은 틀렸다.

⑤ ○ 감사원의 심사청구를 거친 경우에는 필요적 전치주의라고 할지라도 다른 행정심판절차를 거칠 필요 없이 바로 행정소송을 제기할 수 있다(감사원법 제46조의2).

감사원법 제46조의2(행정소송과의 관계) 청구인은 제43조 및 제46조에 따른 **심사청구 및 결정을 거친 행정기관의 장의 처분**에 대하여는 **해당 처분청을 당사자로 하여** 해당 결정의 통지를 받은 날부터 90일 이내에 행정소송을 제기할 수 있다.

선지분석 & 요플·기풀기링크

선지	THEME	요플	기풀기
①	T65 판결 기준시/종류	44	045
②		15	019
③	T60 행정심판 임의주의	07	011
④		19	008
⑤		20	009

정답 ⑤

필수문제 02

다음 중 행정심판과 행정소송의 관계에 대한 설명으로 옳지 않은 것은? (다툼이 있는 경우 판례에 의함)

15국회8

① 「행정소송법」 이외의 법률에 당해 처분에 대한 행정심판의 재결을 거치지 아니하면 취소소송을 제기할 수 없다는 규정이 있는 경우에도, 서로 내용상 관련되는 처분 또는 같은 목적을 위하여 단계적으로 진행되는 처분 중 어느 하나가 이미 행정심판의 재결을 거친 때에는 행정심판을 제기함이 없이 취소소송을 제기할 수 있다.

② 「행정소송법」 이외의 법률에 당해 처분에 대한 행정심판의 재결을 거치지 아니하면 취소소송을 제기할 수 없다는 규정이 있는 경우에도, 처분의 집행 또는 절차의 속행으로 생길 중대한 손해를 예방하여야 할 긴급한 필요가 있는 때에는 행정심판의 재결을 거치지 아니하고 취소소송을 제기할 수 있다.

③ 필요적 행정심판전치주의가 적용되는 경우 그 요건을 구비하였는지 여부는 법원의 직권조사사항이다.

④ 기간경과 등의 부적법한 심판제기가 있었고, 행정심판위원회가 각하하지 않고 기각재결을 한 경우는 심판전치의 요건이 구비된 것으로 볼 수 있다.

⑤ 행정심판전치주의가 적용되는 경우에 행정심판을 거치지 않고 소제기를 하였더라도 사실심 변론종결 전까지 행정심판을 거친 경우 하자는 치유된 것으로 볼 수 있다.

관련 OX

① 관련

1 서로 내용상 관련되는 처분 또는 같은 목적을 위하여 단계적으로 진행되는 처분 중 어느 하나가 이미 행정심판의 재결을 거친 경우(는 필요적 전치주의가 적용되는 사안에서, 행정심판을 청구하여야 하나 당해 처분에 대한 행정심판의 재결을 거치지 아니하고 취소소송을 제기할 수 있는 경우에 해당한다) 17(상)지방9

② 관련

2 처분의 집행 또는 절차의 속행으로 인하여 생길 중대한 손해를 예방하여야 할 긴급한 필요가 있는 때는 필요적 행정심판전치일 경우에 행정심판을 제기함이 없이 취소소송을 제기할 수 있는 경우이다. 15국가7

④ 관련

3 행정심판의 필요적 전치주의가 적용되는 경우, 부적법한 취소심판의 청구가 있었음에도 행정심판위원회가 기각재결을 하자 원처분에 대하여 제기한 취소소송(은 각하되는 경우에 해당한다) 17국가7

⑤ 관련

4 필요적 행정심판 전치주의가 적용되는 경우 행정심판전치요건은 사실심 변론종결시까지 충족하면 된다. 14사복9

선지분석 & 요플·기풀기링크

선지	THEME	요플	기풀기
①	T60 행정심판 임의주의	10	014
②		15	019
③	T63 소송방식	03	013
④	T60 행정심판 임의주의	08	012
⑤	T65 판결 기준시/종류	02	002

해설

①② ○

행정소송법 제18조(행정심판과의 관계) ① 취소소송은 법령의 규정에 의하여 당해 처분에 대한 **행정심판**을 제기할 수 있는 경우에도 이를 거치지 아니하고 제기할 수 있다.	임의적 전치
다만, 다른 법률에 당해 처분에 대한 행정심판의 재결을 거치지 아니하면 취소소송을 제기할 수 없다는 **규정**이 있는 때에는 그러하지 아니하다.	필요적 전치
② 제1항 단서의 경우에도 다음 각 호의 1에 해당하는 사유가 있는 때에는 행정심판의 **재결을 거치지 아니하고**(빨리) 취소소송을 제기할 수 있다. 1. 행정심판청구가 있은 날부터 **60**일이 지나도 재결이 없는 때 2. 처분의 집행 또는 절차의 속행으로 생길 중대한 **손**해를 예방하여야 할 긴급한 필요가 있는 때② 3. 법령의 규정에 의한 행정심판기관이 의결 또는 **재**결을 하지 못할 사유가 있는 때 4. 그 밖의 **정**당한 사유가 있는 때	행정심판은 제기하되 재결 생략 가능 6손재정빨
③ 제1항 단서의 경우에 다음 각 호의 1에 해당하는 사유가 있는 때에는 **행정심판을 제기함이 없이**(無) 취소소송을 제기할 수 있다. 1. **동종**사건에 관하여 이미 행정심판의 기각재결이 있은 때 2. 서로 내용상 관련되는 처분 또는 같은 목적을 위하여 **단**계적으로 진행되는 처분 중 어느 하나가 이미 행정심판의 재결을 거친 때① 3. 행정청이 사실심의 변론종결 후 소송의 대상인 처분을 **변**경하여 당해 변경된 처분에 관하여 소를 제기하는 때 4. 처분을 행한 행정청이 행정심판을 거칠 필요가 없다고 잘못 알린 때(편저자: **오고지**)	행정심판제기 생략 가능 오단변동무
④ 제2항 및 제3항의 규정에 의한 **사유**는 이를 **소명**하여야 한다.	예외사유 소명

③ ○ 행정소송에 있어 **전심절차를 거친 여부**는 소송요건으로서 직권조사사항에 속한다(1995.12.26. 95누14220).

④ × 부적법한 행정심판청구를 행심위가 간과해 본안판단: 그래도 전치주의 요건을 갖추지 못한 것
행정처분의 취소를 구하는 항고소송의 전심절차인 **행정심판청구**가 기간도과로 인하여 **부적법**한 경우에는 행정소송 역시 **전치**의 요건을 **충족치 못한** 것이 되어 부적법 각하를 면치 못하는 것이고, 이 점은 행정청이 행정심판의 제기기간을 도과한 〈부적법한 심판에 대하여 그 부적법을 간과한 채 실질적 재결〉을 하였다 하더라도 달라지는 것이 아니다(1991.6.25. 90누8091). → 소송요건 흠결로 **각하판결**

⑤ ○ 제소시 전치요건 구비 못했으나 변론종결 전에 거친 경우: 하자치유
전심절차를 밟지 아니한 채 증여세부과처분취소소송을 제기하였다면 **제소 당시**로 보면 전치요건을 구비하지 못한 위법이 있다 할 것이지만, **소송계속 중 심사청구 및 심판청구를 하여 각 기각결정을 받았**다면 원심**변론종결일** 당시에는 위와 같은 전치요건흠결의 **하자**는 **치유**되었다고 볼 것이다(1987.4.28. 86누29).

필수 문제 03

「행정소송법」상 필요적 전치주의가 적용되는 사안에서, 행정심판을 청구하여야 하나 당해 처분에 대한 행정심판의 재결을 거치지 아니하고 취소소송을 제기할 수 있는 경우에 해당하는 것은?

17(상)지방9

① 동종사건에 관하여 이미 행정심판의 기각재결이 있는 경우
② 서로 내용상 관련되는 처분 또는 같은 목적을 위하여 단계적으로 진행되는 처분 중 어느 하나가 이미 행정심판의 재결을 거친 경우
③ 처분의 집행 또는 절차의 속행으로 생길 중대한 손해를 예방하여야 할 긴급한 필요가 있는 경우
④ 처분을 행한 행정청이 행정심판을 거칠 필요가 없다고 잘못 알린 경우

관련 OX

①②③④ 관련

1 행정청이 사실심의 변론종결 후 소송의 대상인 처분을 변경하여 당해 변경된 처분에 관하여 소를 제기하는 때(는 「행정소송법」 제18조 제3항에서 규정하고 있는 '행정심판을 거칠 필요가 없는 경우'에 해당한다) 16서울9

2 행정청의 처분의 변경으로 인한 소(訴)의 변경의 경우 변경된 처분이 필요적 행정심판전치의 대상이더라도 행정심판을 거칠 필요가 없다. 08국회8

3 법령의 규정에 의한 행정심판기관이 의결 또는 재결을 하지 못할 사유가 있는 때(는 「행정소송법」 제18조 제3항에서 규정하고 있는 '행정심판을 거칠 필요가 없는 경우에 해당한다) 16서울9

해설

①②④ ×, ③ ○

※ 행정소송법은 1) 원칙적으로 임의적 전치주의를 하고 있어 행정심판을 거치지 않고 곧바로 항고소송을 제기할 수 있음이 원칙이다. 단, 2) 예외적으로 개별법에서 필요적 전치주의를 규정하는 경우가 있는바 이때는 행정심판을 먼저 거쳐야만 한다. 그러나 이때에도 3) 예외의 예외로서, 행정심판을 청구하지 않아도 되는 경우가 있고, 행정심판을 청구하되 재결을 거치지 않아도 되는 경우가 있다. 이 문제는 후자에 해당하는 경우를 묻는 것이다. ①②④는 전자에 해당하고, ③이 후자에 해당한다. 따라서 ③이 답이다.

1) 원칙	임의적 전치주의	곧바로 항고소송 가능
2) 예외	필요적 전치주의	• 개별법상 행정심판을 먼저 거쳐야만 항고소송을 할 수 있도록 규정한 경우 • 행정심판청구가 부적법하면(ex. 청구기간 경과) 설령 행심위가 이를 간과해 본안판단을 했어도 전치주의의 요건을 갖추지 못한 것 → 항고소송시 각하
		① 국가공무원법·지방공무원법·교육공무원법 – 징계 등 불이익처분 ② 도로교통법 – 운전면허취소 등 ③ 국세기본법, 지방세기본법, 관세법 등
3) 예외의 예외	행정심판을 청구하지 않아도 되는 경우	– 행정청이 행정심판을 거칠 필요가 없다고 잘못 알린 때(오고지)④ – 내용상 관련되는 처분 또는 같은 목적을 위하여 단계적으로 진행되는 처분 중 어느 하나가 이미 행정심판의 재결을 거친 때② – 행정청이 사실심의 변론종결 후 소송의 대상인 처분을 변경하여 당해 변경된 처분에 관하여 소를 제기하는 때(처분변경으로 인한 소변경시에도 동일함) – 동종사건에 관하여 이미 행정심판의 기각재결이 있은 때①
	행정심판을 청구하되 재결은 거치지 않아도 되는 경우	– 행정심판청구가 있은 날로부터 60일이 지나도 재결이 없는 때 – 처분의 집행 또는 절차의 속행으로 생길 중대한 손해를 예방하여야 할 긴급한 필요가 있는 때③ – 법령의 규정에 의한 행정심판기관이 의결 또는 재결을 하지 못할 사유가 있는 때 – 그 밖의 정당한 사유가 있는 때

선지분석 & 요플·기풀기링크

선지	THEME	요플	기풀기
①		14	018
②	T60 행정심판 임의주의	10	014
③		15	019
④		09	013

정답 ③

OX 1○ 2○ 3×

04

행정소송과 행정심판의 관계에 관하여 다른 법률에서 행정심판을 필요적 전치절차로 규정하고 있음에도 불구하고 행정심판을 제기하지 않고도 행정소송을 제기할 수 있는 경우는? 09국가7

① 동종사건에 관하여 이미 행정심판의 기각재결이 있은 때
② 처분의 집행 또는 절차의 속행으로 생길 중대한 손해를 예방하여야 할 긴급한 필요가 있는 때
③ 법령의 규정에 의한 행정심판기관이 의결 또는 재결을 하지 못할 사유가 있는 때
④ 기타 정당한 사유가 있는 때

해설

① ○, ②③④ × ①을 제외한 ②③④는 행정심판은 제기하되 재결을 생략 가능한 경우이다.

「행정소송법」제18조(행정심판과의 관계) ① 취소소송은 법령의 규정에 의하여 당해 처분에 대한 **행정심판**을 제기할 수 있는 경우에도 이를 **거치지 아니하고** 제기할 수 있다.	임의적 전치
다만, **다른 법률**에 당해 처분에 대한 행정심판의 재결을 거치지 아니하면 취소소송을 제기할 수 없다는 **규정**이 있는 때에는 그러하지 아니하다.	필요적 전치
② 제1항 단서의 경우에도 다음 각 호의 1에 해당하는 사유가 있는 때에는 행정심판의 **재결을 거치지 아니하고**(빨리) 취소소송을 제기할 수 있다. 1. 행정심판청구가 있은 날로부터 **60**일이 지나도 재결이 없는 때 2. 처분의 집행 또는 절차의 속행으로 생길 중대한 **손**해를 예방하여야 할 긴급한 필요가 있는 때② 3. 법령의 규정에 의한 행정심판기관이 의결 또는 **재**결을 하지 못할 사유가 있는 때③ 4. 그 밖의 **정**당한 사유가 있는 때④	행정심판은 제기하되 재결 생략 가능 **6손재정빨**
③ 제1항 단서의 경우에 다음 각 호의 1에 해당하는 사유가 있는 때에는 **행정심판을 제기함이 없이**(無) 취소소송을 제기할 수 있다. 1. **동**종사건에 관하여 이미 행정심판의 기각재결이 있은 때① 2. 서로 내용상 관련되는 처분 또는 같은 목적을 위하여 **단**계적으로 진행되는 처분 중 어느 하나가 이미 행정심판의 재결을 거친 때 3. 행정청이 사실심의 변론종결 후 소송의 대상인 처분을 **변**경하여 당해 변경된 처분에 관하여 소를 제기하는 때 4. 처분을 행한 행정청이 행정심판을 거칠 필요가 없다고 잘못 알린 때(편저자: **오**고지)	행정심판제기 생략 가능 **오단변동무**
④ 제2항 및 제3항의 규정에 의한 **사유**는 이를 소명하여야 한다.	예외사유 소명

선지분석 & 요플·기풀기링크

선지	THEME	요플	기풀기
①		14	018
②	T60 행정심판 임의주의	15	019
③		16	020
④		17	021

정답

T61 제소기간

01

甲이 행정청으로부터 202X년 5월 13일에 처분을 받았고 그 처분이 있음을 안 날이 같은 해 5월 16일인 경우, 甲이 그 처분에 대해 적법하게 취소소송을 제기할 수 있는 마지막 날은 202X년 8월 [ ]일이다. [ ] 속에 들어갈 숫자는? (아래 달력에서 □로 표시된 날짜는 일요일 이외의 공휴일임)

25경찰간부

5월						
일	월	화	수	목	금	토
				1	2	3
4	5	6	7	8	9	10
11	12	13	14	15	16	17
18	19	20	21	22	23	24
25	26	27	28	29	30	31

6월						
일	월	화	수	목	금	토
1	2	3	4	5	6	7
8	9	10	11	12	13	14
15	16	17	18	19	20	21
22	23	24	25	26	27	28
29	30					

7월						
일	월	화	수	목	금	토
		1	2	3	4	5
6	7	8	9	10	11	12
13	14	15	16	17	18	19
20	21	22	23	24	25	26
27	28	29	30	31		

8월						
일	월	화	수	목	금	토
					1	2
3	4	5	6	7	8	9
10	11	12	13	14	15	16
17	18	19	20	21	22	23
24	25	26	27	28	29	30
31						

① 13   ② 14   ③ 16   ④ 18

관련 OX

② 관련

1 취소소송은 처분등이 있음을 안 날부터 90일, 처분등이 있은 날부터 180일이 경과하면 이를 제기하지 못한다. 13경행

2 기간의 계산에 있어서 기간의 초일(初日)은 원칙상 산입하여 계산한다. 16교행9

해설

① ○ 취소소송의 제소기간은 1) 처분이 있음을 안 날로부터 90일 또는 2) 처분이 있은 날로부터 1년이며(행정소송법 제20조), 둘 중 하나의 기간이라도 도과하면 제소기간이 도과하게 된다. 한편, 행정소송법에는 기간의 계산에 관한 규정이 없고 이러한 경우 보충적으로 민사소송법을 준용하도록 하고 있는데(제8조 제2항), 민사소송법 제170조에서는 "기간의 계산은 민법을 따른다."라고 하여 민법을 다시 준용하고 있으므로 제소기간은 **민법에 따라 계산**하게 된다. 민법에 의하면 기간을 일·주·월·연으로 정한 때에는 그 기간이 오전 영시로부터 시작하는 때가 아닌 한 기간의 초일을 산입하지 않고 기산하며(제157조), 기간 말일의 종료로 기간이 만료하는데, 다만 기간의 말일이 토요일 또는 공휴일에 해당한 때에는 그다음 날로 기간이 만료한다(제161조).

사안의 경우 처분이 있음을 안 날이 5월 16일이므로 다음 날인 5월 17일부터 90일이 되는 날인 8월 14일까지가 취소소송을 제기할 수 있는 기간이 된다.

＋PLUS 만일 처분을 안 날이 5월 17일이었다면 기간 말일이 공휴일인 8월 15일이고 다음 날인 16일, 17일도 토요일과 공휴일이므로 월요일인 8월 18일이 제소기간 만료일이 된다.

선지분석 & 요플·기풀기링크

선지	THEME	요플 기풀기
①		
②	T61 제소기간	01 001
③		
④		

정답 ②

OX 1 ○ 2 ×

02

❸ 다음은 「행정소송법」상 제소기간에 대한 설명이다. ㉠~㉤에 들어갈 내용은?　20지방9

> 취소소송은 처분등이 (㉠)부터 (㉡) 이내에 제기하여야 한다. 다만, 행정심판청구를 할 수 있는 경우 또는 행정청이 행정심판청구를 할 수 있다고 잘못 알린 경우에 행정심판청구가 있은 때의 기간은 (㉢)을 (㉣)부터 기산한다. 한편 취소소송은 처분등이 있은 날부터 (㉤)을 경과하면 이를 제기하지 못한다. 다만, 정당한 사유가 있는 때에는 그러하지 아니하다.

	㉠	㉡	㉢	㉣	㉤
①	있은 날	30일	결정서의 정본	통지받은 날	180일
②	있음을 안 날	90일	재결서의 정본	송달받은 날	1년
③	있은 날	1년	결정서의 부본	통지받은 날	2년
④	있음을 안 날	1년	재결서의 부본	송달받은 날	3년

관련 OX

㉠~㉤ 관련

1 취소소송은 처분 등이 있음을 안 날부터 90일, 처분 등이 있은 날부터 180일이 경과하면 이를 제기하지 못한다.　13경행

2 행정심판을 거친 경우의 제소기간은 행정심판재결서 정본을 송달받은 날로부터 90일 이내이다.　17교행9

3 ❸ 취소소송은 처분등이 있음을 안 날부터 90일 이내에, 처분등이 있은 날부터 1년 이내에 제기할 수 있고, 다만 처분등이 있은 날부터 1년이 경과하여도 정당한 사유가 있다면 취소소송을 제기할 수 있다.　20소방

해설

①③④ ×, ② ○

행정소송법 제20조(제소기간) ① 취소소송은 처분등이 있음을 안 날부터㉠ 90일㉡ 이내에 제기하여야 한다. 다만, 제18조 제1항 단서에 규정한 경우와 그 밖에 행정심판청구를 할 수 있는 경우 또는 행정청이 행정심판청구를 할 수 있다고 잘못 알린 경우에 행정심판청구가 있은 때의 기간은 재결서의 정본을㉢ 송달받은 날부터㉣ 기산한다.
② 취소소송은 처분등이 있은 날부터 1년㉤(제1항 단서의 경우는 재결이 있은 날부터 1년)을 경과하면 이를 제기하지 못한다. 다만, **정당한 사유**가 있는 때에는 그러하지 아니하다.
③ 제1항의 규정에 의한 기간은 **불변기간**으로 한다.

청구기간·제소기간 정리

행정심판	처분이 있음을 안 날부터㉠	90일㉡	처분이 있은 날부터	180일
행정소송	처분등이 있음을 안 날부터	90일	처분등이 있은 날부터	1년㉤
행정심판을 거친 행정소송	재결서정본㉢ 송달일부터㉣	90일	재결이 있은 날부터	1년

선지선택비율 ① 6.62%　② 81.46%　③ 3.31%　④ 8.61%　오답률 18.54%

선지분석 & 요플·기풀기링크 ①

선지	THEME	요플	기풀기
	T61 제소기간	N1	004

정답 ②
OX 1× 2○ 3○

03

취소소송의 제소기간에 관한 기술 중 옳지 않은 것은? (다툼이 있는 경우 판례에 의함) 10국회9

① 행정심판을 거치지 아니하고 바로 취소소송을 제기하는 경우의 제소기간은 처분등이 있음을 안 날로부터 90일 이내이다.

② 처분등이 있은 날이란 당해 처분이 그 효력을 발생한 날을 말하며 상대방이 있는 처분의 경우에는 상대방에게 도달되어야 한다.

③ 통상 고시 또는 공고에 의하여 처분을 하는 경우 당사자가 고시 또는 공고 등이 있음을 현실로 알았는지 여부를 불문하고 그 고시 또는 공고의 효력이 발생하는 날이 제소기간의 기산일이 된다.

④ 특정인에 대한 처분을 주소불명 등의 이유로 송달할 수 없어 관보·공보·게시판·일간신문 등에 공고(공시송달)한 경우에는 당해 공고가 효력을 발생하는 날이 제소기간의 기산일이 된다.

⑤ 「행정절차법」은 행정청이 처분을 하는 때에는 당사자에게 제소기간을 알려야 한다고 규정하고 있으나 제소기간을 알리지 아니하거나, 알렸지만 잘못 알린 경우에 관하여는 아무런 규정이 없다.

관련 OX

② 관련

1 행정처분이 있은 날이란 상대방이 있는 행정처분의 경우는 특별한 규정이 없는 한 의사표시의 일반적 법리에 따라 그 행정처분이 상대방에게 고지되어 효력이 발생한 날을 말한다. 12국회9

해설

① ○ 행정심판을 거치지 않은 경우의 제소기간은 '처분등이 있음을 안 날로부터 90일' 혹은 '처분등이 있은 날로부터 1년'이다.

> **행정소송법 제20조(제소기간)** ① 취소소송은 처분등이 있음을 안 날부터 90일 이내에 제기하여야 한다. 다만, 제18조 제1항 단서에 규정한 경우와 그 밖에 행정심판청구를 할 수 있는 경우 또는 행정청이 행정심판청구를 할 수 있다고 잘못 알린 경우에 행정심판청구가 있은 때의 기간은 재결서의 정본을 송달받은 날부터 기산한다.
> ② 취소소송은 처분등이 있은 날부터 1년(제1항 단서의 경우는 재결이 있은 날부터 1년)을 경과하면 이를 제기하지 못한다. 다만, 정당한 사유가 있는 때에는 그러하지 아니하다.

② ○ 처분이 있은 날: 처분의 효력발생일 so 상대방 있는 처분의 경우 처분 송달일
행정소송법 제20조 제2항에서 〈처분이 있은 날〉이라 함은 상대방이 있는 행정처분의 경우는 특별한 규정이 없는 한 의사표시의 일반적 법리에 따라 그 행정처분이 상대방에게 고지되어 효력이 발생한 날을 말한다고 할 것이다(1990.7.13. 90누2284).

③ ○ 불특정 다수인 대상 고시·공고에 의한 처분 → 특별히 고시의 효력발생일을 안 날로 간주(↔ 현실적으로 안 날×)
고시 또는 공고에 의하여 행정처분을 하는 경우에는 그 처분의 상대방이 불특정 다수인이고 그 처분의 효력이 불특정 다수인에게 일률적으로 적용되는 것이므로, 그 행정처분에 이해관계를 갖는 자가 고시 또는 공고가 있었다는 사실을 현실적으로 알았는지 여부에 관계없이 고시가 효력을 발생하는 날 행정처분이 있음을 알았다고 보아야 한다(2007.6.14. 2004두619).

선지분석 & 요플·기풀기링크

선지	THEME	요플	기풀기
①		01	001
②	T61 제소기간	10	016
③		14	008
④		13	010
⑤	T70 고지제도	01	001

④ × 주소불명·송달불능에 따른 공고에 의한 처분 → 원칙대로 현실적으로 안 날을 기준(↔ 공고의 효력발생일×)

특정인에 대한 행정처분을 주소불명 등의 이유로 송달할 수 없어 관보·공보·게시판·일간신문 등에 공고한 경우에는, 공고가 효력을 발생하는 날에 상대방이 그 행정처분이 있음을 알았다고 볼 수는 없고, 상대방이 당해 처분이 있었다는 사실을 현실적으로 안 날에 그 처분이 있음을 알았다고 보아야 한다(2006.4.28. 2005두14851).

⑤ ○ 행정절차법은 고지의무는 규정이 있으나, 그 위반의 효과에 대해서는 규정이 없다.

> **행정절차법 제26조(고지)** 행정청이 처분을 할 때에는 **당사자에게** 그 처분에 관하여 행정심판 및 행정소송을 **제기할 수 있는지 여부**, 그 밖에 불복을 할 수 있는지 여부, 청구절차 및 **청구기간**, 그 밖에 필요한 사항을 **알려야** 한다.

+ **PLUS** 행정심판법은 모두 규정이 있다. 행정소송법은 모두 규정이 없다.

정답 ④
OX 1 ○

04

「행정소송법」에 의하면, 취소소송은 처분등이 있음을 안 날부터 90일, 처분등이 있은 날부터 1년 이내에 제기하여야 한다. 행정심판청구를 하지 않은 경우, 취소소송의 제소기간에 관한 설명으로 옳지 않은 것은? (다툼이 있는 경우 판례에 의함)   23변시

① '처분등이 있음을 안 날'이란 통지·공고 기타의 방법에 의하여 해당 처분이 있었음을 현실적·구체적으로 안 날을 말한다. 또한 행정처분이 있었다는 사실을 알면 족하고, 구체적으로 그 위법 여부에 대한 판단까지 요하는 것은 아니다.

② 제소기간이 도과한 후에 소를 제기한 경우에 있어서 피고 행정청이 이를 다투지 않고 변론에 응하더라도 제소기간에 대한 요건의 흠결은 치유되지 않는다.

③ 甲은 2022.8.26. 지방보훈청장으로부터 '재심신체검사 무변동처분 통보서'를 송달받았다. 그런데 甲은 위 통보서를 송달받기 전에 자신의 의무기록에 관한 정보공개를 청구하여 2022.5.28. 위 통보서를 포함한 일체의 서류를 교부받은 바 있다. 甲이 위 재심신체검사 무변동처분의 취소를 구하는 소를 제기함에 있어 제소기간의 기산점이 되는 '처분등이 있음을 안 날'은 2022.8.26.이다.

④ 처분서가 처분상대방의 주소지에 송달되는 등 사회통념상 처분이 있음을 처분상대방이 알 수 있는 상태에 놓인 때에는 반증이 없는 한 처분상대방이 처분이 있음을 알았다고 추정할 수 있다.

⑤ 특정인에 대한 행정처분을 주소불명 등의 이유로 송달할 수 없어 관보·공보·게시판·일간신문 등에 공고한 경우에는, 공고가 효력을 발생하는 날에 상대방이 그 행정처분이 있음을 알았다고 보아야 한다.

관련 OX

① 관련

1 ◯
제소기간의 적용에 있어 '처분이 있음을 안 날'이란 처분의 존재를 현실적으로 안 날을 의미하는 것이 아니라 처분의 위법 여부를 인식한 날을 말한다.   15사복9

③ 관련

2 '처분이 있음을 안 날'은 처분이 있었다는 사실을 현실적으로 안 날을 의미하므로, 처분서를 송달받기 전 정보공개청구를 통하여 처분을 하는 내용의 일체의 서류를 교부받았다면 그 서류를 교부받은 날부터 제소기간이 기산된다.   21국가9

⑤ 관련

3 당사자의 주소 등을 통상적인 방법으로 알 수 없어 「행정절차법」이 정한 바에 따라 관보와 인터넷으로 공고하여 소정의 기간이 경과하면, 그때부터 당사자는 '처분이 있음을 안' 것으로 의제되어 「행정심판법」 또는 「행정소송법」상의 불변기간이 개시된다.   24군무원7

해설

① ◯ 처분이 있음을 안 날: 처분이 있음을 현실적으로 안 날◯, 위법 여부까지 판단한 날✕
행정소송법 제20조 제2항 소정의 제소기간 기산점인 〈'처분이 있음을 안 날'〉이란 통지, 공고 기타의 방법에 의하여 당해 처분이 있었다는 사실을 현실적으로 안 날을 의미하고 구체적으로 그 행정처분의 위법 여부를 판단한 날을 가리키는 것은 아니다(1991.6.28. 90누6521).

② ◯ 제소기간과 같은 소송요건심리의 경우 당사자의 주장에 구애받지 않도록 직권심리주의가 적용된다. 그러므로 제소기간 도과에 대해서는 당사자 간 다툼이 없더라도 자백의 구속력이 인정될 수 없고, 흠결이 치유되지도 않으며 법원이 직권으로 심리 가능하다.

③ ◯ 처분서 송달 미고지 상태(효력발생✕)라면, 정보공개청구로 서류를 받아도 제소기간 기산✕
처분이 甲에게 고지되어 처분이 있다는 사실을 현실적으로 알았을 때 행정소송법 제20조 제1항에서 정한 제소기간이 진행한다고 보아야 하고, 甲이 통보서를 송달받기 전에 자신의 의무기록에 관한 정보공개를 청구하여 위 처분을 하는 내용의 통보서를 비롯한 일체의 서류를 교부받은 날부터 제소기간을 기산한다고 볼 수는 없다(2014.9.25. 2014두8254).

선지분석 & 요플·기풀기링크

선지	THEME	요플	기풀기
① T61 제소기간	03	005
② T63 소송방식	04	015
③	04	007
④ T61 제소기간	05	006
⑤	13	010

④ ○ 처분이 있음을 안 날: 처분이 있었음을 현실적으로 안 날(일 수 있었던 날 ×) / 단, 알 수 있었던 날을 안 날로 추정 가능

심판청구기간의 기산점인 행정심판법 제18조 제1항 소정의 '**처분이 있음을 안 날**'이라 함은 당사자가 통지·공고 기타의 방법에 의하여 당해 처분이 있었다는 사실을 **현실적으로 안 날**을 의미하고, 추상적으로 알 수 있었던 날을 의미하는 것은 아니라 할 것이며, 다만 **처분을 기재한 서류가 당사자의 주소에 송달되는 등으로 사회통념상 처분이 있음을 당사자가 알 수 있는 상태에 놓여진 때에는 반증이 없는 한 그 처분이 있음을 알았다고 추정할 수는 있다**(2002.8.27. 2002두3850).

⑤ × 주소불명·송달불능에 따른 공고에 의한 처분 → 원칙대로 현실적으로 안 날을 기준(← 공고의 효력발생일×)

특정인에 대한 행정처분을 **주소불명 등의 이유로 송달할 수 없어 관보·공보·게시판·일간신문 등에 공고한 경우에는**, 공고가 효력을 발생하는 날에 상대방이 그 행정처분이 있음을 알았다고 볼 수는 없고, **상대방이 당해 처분이 있었다는 사실을 현실적으로 안 날에 그 처분이 있음을 알았다고 보아야 한다**(2006.4.28. 2005두14851).

정답 ⑤
OX 1× 2× 3×

05 필수 문제

취소소송의 제소기간에 대한 설명으로 옳은 것(○)과 옳지 않은 것(×)을 바르게 연결한 것은?
(다툼이 있는 경우 판례에 의함)   21국가9

> ㄱ. 행정청이 행정심판청구를 할 수 있다고 잘못 알려 행정심판을 청구한 경우에는 재결서 정본을 송달받은 날이 아닌 처분이 있음을 안 날로부터 제소기간이 기산된다.
> ㄴ. 행정심판을 청구하였으나 심판청구기간을 도과하여 각하된 후 제기하는 취소소송은 재결서를 송달받은 날부터 90일 이내에 제기하면 된다.
> ㄷ. '처분이 있음을 안 날'은 처분이 있었다는 사실을 현실적으로 안 날을 의미하므로, 처분서를 송달받기 전 정보공개청구를 통하여 처분을 하는 내용의 일체의 서류를 교부받았다면 그 서류를 교부받은 날부터 제소기간이 기산된다.
> ㄹ. 동일한 처분에 대하여 무효확인의 소를 제기하였다가 그 처분의 취소를 구하는 소를 추가적으로 병합한 경우, 주된 청구인 무효확인의 소가 적법한 제소기간 내에 제기되었다면 추가로 병합된 취소청구의 소도 적법하게 제기된 것으로 볼 수 있다.

	ㄱ	ㄴ	ㄷ	ㄹ
①	×	×	○	×
②	○	○	×	○
③	○	×	○	×
④	×	×	×	○

해설

ㄱ. ×

행정소송법 제20조(제소기간) ① 취소소송은 처분등이 있음을 안 날부터 90일 이내에 제기하여야 한다. 다만, 제18조 제1항 단서에 규정한 경우와 그 밖에 행정심판청구를 할 수 있는 경우 또는 행정청이 행정심판청구를 할 수 있다고 잘못 알린 경우에 행정심판청구가 있은 때의 기간은 **재결서의 정본을 송달받은 날부터 기산한다**.

ㄴ. × 부적법한 행정심판(각하대상 재결)을 거친 경우: 재결서 송달일로 기산점 변경×

처분이 있음을 안 날부터 90일 이내에 행정심판을 청구하지도 않고 취소소송을 제기하지도 않은 경우에는 그 후 제기된 취소소송은 제소기간을 경과한 것으로서 부적법하고, 처분이 있음을 안 날부터 90일을 넘겨 청구한 **부적법한 행정심판청구**에 대한 (각하)재결이 있은 후 재결서를 송달받은 날부터 90일 이내에 원래의 처분에 대하여 취소소송을 제기하였다고 하여 취소소송이 다시 제소기간을 준수한 것으로 되는 것은 아니다(2011.11.24. 2011두18786).

✚ PLUS 제소기간은 처분등이 있음을 '안 날'부터 90일이다. 그러나 행정심판을 거쳐 소를 제기하는 경우는 '재결서 정본 송달일'부터 90일까지 제소기간을 늦춰준다. 그렇게 하지 않을 경우 행정심판을 거치는 사이 '안 날'부터 90일이 지나버려 소송을 할 수 없는 결과가 벌어지기 때문이다. 다만, 이는 적법한 행정심판을 거친 경우에 한하는 것이고, 청구기간을 도과한 행정심판 등 **부적법한 행정심판**을 거쳐 소를 제기하는 경우는 원칙대로 처분등이 있음을 '안 날부터 90일'이 적용된다. 다만, 행정청이 잘못 알려 부적법한 행정심판을 청구하여 제소기간을 놓치게 된 경우는 원고의 탓을 할 수 없으므로 이때는 다시 '재결서 정본 송달일'부터 90일이 제소기간이 된다.

관련 OX

ㄱ. 관련

1 행정청이 행정심판청구를 할 수 있다고 잘못 알려 행정심판청구를 한 경우 취소소송의 제소기간은 행정심판재결서 정본을 송달받은 날부터 기산한다.   13지방9

ㄴ. 관련

2 행정처분이 있음을 안 날부터 90일을 넘겨 행정심판을 청구하였다가 각하재결을 받은 후 그 재결서를 송달받은 날부터 90일 내에 원래의 처분에 대하여 취소소송을 제기한 경우, 취소소송의 제소기간을 준수한 것으로 볼 수 없다.   17지방7

ㄷ. 관련

3 甲은 2022.8.26. 지방보훈청장으로부터 '재심신체검사 무변동처분 통보서'를 송달받았다. 그런데 甲은 위 통보서를 송달받기 전에 자신의 의무기록에 관한 정보공개를 청구하여 2022.5.28. 위 통보서를 포함한 일체의 서류를 교부받은 바 있다. 甲이 위 재심신체검사 무변동처분의 취소를 구하는 소를 제기함에 있어 제소기간의 기산점이 되는 '처분등이 있음을 안 날'은 2022.8.26.이다.   23변시

ㄹ. 관련

4 행정처분의 무효확인을 구하는 소에는 특단의 사정이 없는 한 그 취소를 구하는 취지도 포함되어 있다고 보아야 하는 점 등에 비추어 볼 때, 동일한 행정처분에 대하여 무효확인의 소를 제기하였다가 그 후 그 처분의 취소를 구하는 소를 추가적으로 병합한 경우, 주된 청구인 무효확인의 소가 적법한 제소기간 내에 제기되었더라도 추가로 병합된 취소청구의 소가 제소기간 도과 후에 병합되었다면 그 취소청구의 소는 제소기간을 도과하여 부적법하다.   25국회8

선지분석 & 요플·기풀기링크 ①

선지	THEME	요플	기풀기
ㄱ		19	020
ㄴ	T61 제소기간	18	019
ㄷ		04	007
ㄹ	T64 소송상 제도	50	051

ㄷ. ✕ 처분서 송달 미고지 상태(효력발생✕)라면, 정보공개청구로 서류를 받았어도 제소기간 기산✕

처분이 甲에게 고지되어 처분이 있다는 사실을 현실적으로 알았을 때 행정소송법 제20조 제1항에서 정한 제소기간이 진행한다고 보아야 하고, 甲이 통보서를 송달받기 전에 자신의 의무기록에 관한 정보공개를 청구하여 위 처분을 하는 내용의 통보서를 비롯한 일체의 서류를 교부받은 날부터 제소기간을 기산한다고 볼 수는 없다(2014.9.25. 2014두8254).

+ PLUS 처분등이 '있음을' 안 날이란, 적어도 당해 처분등의 효력이 발생하였어야 기산된다. 따라서 아무리 처분 전 미리 정보공개청구로 처분의 내용을 파악했다 하더라도 처분서를 송달받기 전에는 기산되지 않는다.

ㄹ. ○ 무효확인소송 제기 후 취소소송 추가 → 무효확인소송이 취소소송 제소기간 내 제기됐다면, 취소소송 추가시 제소기간 도과했어도 적법

동일한 행정처분에 대하여 무효확인의 소를 제기하였다가 그 후 그 처분의 취소를 구하는 소를 추가적으로 병합한 경우, 주된 청구인 무효확인의 소가 적법한 제소기간 내에 제기되었다면 추가로 병합된 취소청구의 소도 적법하게 제기된 것으로 볼 수 있다(2005.12.23. 2005두3554).

선지선택비율 ① 12.53% ② 14.34% ③ 14.27% ④ 58.86% 오답률 41.14%

06

「행정소송법」상 제소기간에 대한 판례의 입장으로 옳은 것은? 17(상)지방9

Ⓑ ① 청구취지를 변경하여 종전의 소가 취하되고 새로운 소가 제기된 것으로 변경되었다면 새로운 소에 대한 제소기간 준수 여부는 원칙적으로 소의 변경이 있은 때를 기준으로 한다.

Ⓒ ② 납세자의 이의신청에 의한 재조사결정에 따른 행정소송의 제소기간은 이의신청인 등이 재결청으로부터 재조사결정의 통지를 받은 날부터 기산한다.

Ⓑ ③ 처분의 불가쟁력이 발생하였고 그 이후에 행정청이 당해 처분에 대해 행정심판청구를 할 수 있다고 잘못 알렸다면, 그 처분의 취소소송의 제소기간은 행정심판의 재결서를 받은 날부터 기산한다.

Ⓢ ④ 「산업재해보상보험법」상 보험급여의 부당이득 징수결정의 하자를 이유로 징수금을 감액하는 경우 감액처분으로도 아직 취소되지 않고 남아 있는 부분이 위법하다 하여 다툴 때에는, 제소기간의 준수 여부는 감액처분을 기준으로 판단해야 한다.

관련 OX

② 관련

1 「국세기본법」상의 이의신청에 대한 재조사결정에 따른 심사청구기간이나 심판청구기간은 이의신청인이 후속 처분의 통지를 받은 날부터 기산된다. 16국가7

해설

① ○ 청구취지를 교환적으로 변경하여 종전의 소가 취하되고 새로운 소가 제기된 것으로 보게 되는 경우에 새로운 소에 대한 제소기간의 준수 등은 원칙적으로 소의 변경이 있은 때를 기준으로 하여 판단된다(2013.7.11. 2011두27544).

② × 이의신청 등에 대한 재조사결정 후 심사청구·심판청구·행정소송을 하는 경우 → 재조사결정 통지시부터 기산×, 후속 처분의 통지를 받은 날부터 기산○

이의신청 등에 대한 결정의 한 유형으로 실무상 행해지고 있는 재조사결정은 … 그에 따른 후속 처분의 통지를 받은 후에야 비로소 다음 단계의 쟁송절차에서 불복할 대상과 범위를 구체적으로 특정할 수 있게 된다. … 〈재조사결정에 따른 심사청구기간이나 심판청구기간 또는 행정소송의 제소기간〉은 이의신청인 등이 후속 처분의 통지를 받은 날부터 기산된다고 봄이 타당하다(2010.6.25. 2007두12514 전합).

+ PLUS 현행 국세기본법은 2017.1.1.부터 아래와 같이 명문화하여 이제는 입법적으로 정리된 문제이다.

국세기본법 제56조(다른 법률과의 관계) ② 제55조에 규정된 위법한 처분에 대한 행정소송은 「행정소송법」 제18조 제1항 본문, 제2항 및 제3항에도 불구하고 이 법에 따른 심사청구 또는 심판청구와 그에 대한 결정을 거치지 아니하면 제기할 수 없다. 다만, 심사청구 또는 심판청구에 대한 제65조 제1항 제3호 단서(제80조의2에서 준용하는 경우를 포함한다)의 〈재조사결정에 따른 처분청의 처분에 대한 행정소송〉은 그러하지 아니하다.

④ 제2항 단서에 따른 행정소송은 「행정소송법」 제20조에도 불구하고 다음 각 호의 기간 내에 제기하여야 한다.

1. 이 법에 따른 심사청구 또는 심판청구를 거치지 아니하고 제기하는 경우: **재조사 후 행한 처분청의 처분의 결과 통지를 받은 날부터 90일 이내.** 다만, 제65조 제5항(제80조의2에서 준용하는 경우를 포함한다)에 따른 처분기간(제65조 제5항 후단에 따라 조사를 연기하거나 조사기간을 연장하거나 조사를 중지한 경우에는 해당 기간을 포함한다. 이하 이 호에서 같다)에 처분청의 처분 결과 통지를 받지 못하는 경우에는 그 처분기간이 지난 날부터 행정소송을 제기할 수 있다.

2. 이 법에 따른 심사청구 또는 심판청구를 거쳐 제기하는 경우: **재조사 후 행한 처분청의 처분에 대하여 제기한 심사청구 또는 심판청구에 대한 결정의 통지를 받은 날부터 90일 이내.** 다만, 제65조 제2항(제80조의2에서 준용하는 경우를 포함한다)에 따른 결정기간에 결정의 통지를 받지 못하는 경우에는 그 결정기간이 지난 날부터 행정소송을 제기할 수 있다.

선지분석 & 요플·기풀기링크

선지	THEME	요플	기풀기
①	T64 소송상 제도	46	046
②	T61 제소기간	21	022
③		20	021
④	T52 대상적격(행정작용)	67	066

③ ✕ 행정청이 잘못 알려준 것이나, 그 시점에 이미 불가쟁력이 발생했던 경우: 재결서 송달일로 변경✕

이미 제소기간이 지나 불가쟁력이 발생한 후에 행정청이 행정심판청구를 할 수 있다고 잘못 알린 경우, 그 안내에 따라 청구된 행정심판 재결서 정본을 송달받은 날부터 다시 취소소송의 제소기간이 기산되지 않는다(2012.9.27. 2011두27247).

행정심판을 거친 취소소송의 제소기간

for 재결서 송달일 ~ 90일	• 행정심판을 거친 경우, 그에 대한 재결서 송달일까지 기산점을 늦춤 ① 필요적 전치주의여서 거친 경우, 임의적 전치주의이지만 거쳐본 경우 ② 부적법한 행정심판(각하대상 재결)을 거친 경우는 해당✕ ③ 행정청이 행정심판을 할 수 있다고 잘못 알려줘서 행정심판을 거친 경우는 해당○ – 단, 이미 처분의 불가쟁력이 발생한 후 행정청이 잘못 알려준 경우는 해당✕③
for 재결이 있은 날 ~ 1년	–

④ ✕ 감액처분시 제소기간 판단기준: 당초처분(중 감액되고 남은 부분)

행정청이 산업재해보상보험법에 의한 보험급여 수급자에 대하여 부당이득 징수결정을 한 후 징수결정의 하자를 이유로 **징수금 액수를 감액**하는 경우 … 감액처분을 항고소송의 대상으로 할 수는 없고, 당초 징수결정 중 감액처분에 의하여 취소되지 않고 남은 부분을 항고소송의 대상으로 할 수 있을 뿐이며, 그 결과 제소기간의 준수 여부도 감액처분이 아닌 **당초처분을 기준**으로 판단해야 한다(2012.9.27. 2011두27247).

필수 문제 07

행정소송의 제소기간과 행정심판의 청구기간에 대한 설명으로 옳지 않은 것은? (다툼이 있는 경우 판례에 의함)

25국가9

① 부작위위법확인의 소는 부작위상태가 계속되는 한 제소기간의 제한을 받지 않으므로, 행정심판 등 전심절차를 거친 경우에도 「행정소송법」상 제소기간이 적용되지 않는다.

② 당사자소송에 관하여 법령에 제소기간이 정하여져 있을 때에는 그 기간은 불변기간으로 한다.

③ 행정청이 법정심판청구기간보다 긴 기간으로 잘못 알린 경우에 그 잘못 알린 기간 내에 심판청구가 있으면 그 심판청구는 법정심판청구기간 내에 제기된 것으로 본다는 취지의 「행정심판법」의 규정은 행정소송 제기에도 당연히 적용되는 규정이라고 할 수는 없다.

④ 처분이 있음을 안 날부터 90일을 넘겨 청구한 부적법한 행정심판청구에 대한 재결이 있은 후 재결서를 송달받은 날부터 90일 이내에 원래의 처분에 대하여 취소소송을 제기하였다고 하여 취소소송이 다시 제소기간을 준수한 것으로 되는 것은 아니다.

해설

① ✕ 부작위위법확인소송 – 행정심판을 안 거친 경우: 제소기간 제한✕ / 거친 경우: 제소기간 제한○
부작위위법확인의 소는 부작위상태가 계속되는 한 그 위법의 확인을 구할 이익이 있다고 보아야 하므로 원칙적으로 제소기간의 제한을 받지 않는다. 그러나 행정소송법 제38조 제2항이 제소기간을 규정한 같은 법 제20조를 부작위위법확인소송에 준용하고 있는 점에 비추어 보면, **행정심판 등 전심절차를 거친 경우에는 행정소송법 제20조가 정한 제소기간 내에 부작위위법확인의 소를 제기하여야 한다**(2009.7.23. 2008두10560).

② ○
행정소송법 제41조(제소기간) 당사자소송에 관하여 법령에 제소기간이 정하여져 있을 때에는 그 기간은 불변기간으로 한다.

③ ○ 행정심판법상 오고지 규정은 행정소송에는 적용✕
행정처분시나 그 이후 행정청으로부터 행정심판 제기기간에 관하여 법정심판청구기간보다 **긴 기간으로 잘못 통지받은 경우에 보호할 신뢰이익은 그 통지받은 기간 내에 행정심판을 제기한 경우에 한하는 것이지 행정소송을 제기한 경우에까지 확대된다고 할 수 없다**(2001.5.8. 2000두6916).

행정심판법 제27조(심판청구의 기간) ⑤ 행정청이 **심판청구기간**을 제1항에 규정된 기간(편저자: 처분이 있음을 안 날부터 90일)보다 **긴 기간으로 잘못 알린 경우 그 잘못 알린 기간**에 심판청구가 있으면 그 행정심판은 제1항에 규정된 기간에 청구된 것으로 본다.
⑥ 행정청이 **심판청구기간을 알리지 아니한 경우에는 제3항에 규정된 기간**에(편저자: 처분이 있었던 날부터 180일) 심판청구를 할 수 있다.

④ ○ 부적법한 행정심판(각하대상 재결)을 거친 경우: 재결서 송달일로 기산점 변경✕
처분이 있음을 안 날부터 90일 이내에 행정심판을 청구하지도 않고 취소소송을 제기하지도 않은 경우에는 그 후 제기된 취소소송은 제소기간을 경과한 것으로서 부적법하고, 처분이 있음을 안 날부터 90일을 넘겨 청구한 **부적법한 행정심판청구에 대한 (각하)재결이 있은 후 재결서를 송달받은 날부터 90일** 이내에 원래의 처분에 대하여 취소소송을 제기하였다고 하여 **취소소송이 다시 제소기간을 준수한 것으로 되는 것은 아니다**(2011.11.24. 2011두18786).

선지선택비율 ① 75.49% ② 6.64% ③ 11.46% ④ 6.41% 오답률 24.51%

관련 OX

① 관련
1 부작위위법확인의 소는 부작위상태가 계속되는 한 그 위법의 확인을 구할 이익이 있다고 보아야 하므로 제소기간의 제한이 없음이 원칙이나 행정심판 등 전심절차를 거친 경우에는 제소기간의 제한이 있다. 19국회8

② 관련
2 당사자소송은 취소소송의 제소기간이 적용되지 않으나, 법령에 제소기간이 정해져 있는 경우에 그 기간은 불변기간이다. 16국회8

③ 관련
3 「행정소송법」에서는 행정소송 제기기간을 법령보다 긴 기간으로 잘못 알린 경우에 대해 이를 구제할 수 있는 규정을 두고 있지 않으나 「행정심판법」의 준용을 통해 구제가 가능하다. 21국회8

④ 관련
4 행정처분이 있음을 안 날부터 90일을 넘겨 행정심판을 청구하였다가 각하재결을 받은 후 그 재결서를 송달받은 날부터 90일 이내에 원래의 처분에 대하여 취소소송을 제기하였다면, 취소소송의 제소기간을 준수한 것으로 볼 수 있다. 25해경승진

선지분석 & 요플·기풀기링크

선지	THEME	요플	기풀기
①	T61 제소기간	26	027
②	T61 제소기간	28	029
③	T70 고지제도	07	008
④	T61 제소기간	18	019

➊ + PLUS

제소기간은 처분등이 있음을 '안 날부터 90일이다. 그러나 행정심판을 거쳐 소를 제기하는 경우는 '재결서 정본 송달일'부터 90일까지 제소기간을 늦춰준다. 그렇게 하지 않을 경우 행정심판을 거치는 사이 '안 날'부터 90일이 지나버려 소송을 할 수 없는 결과가 벌어지기 때문이다. 다만, 이는 적법한 행정심판을 거친 경우에 한하는 것이고, 청구기간을 도과한 행정심판 등 부적법한 행정심판을 거쳐 소를 제기하는 경우는 원칙대로 처분등이 있음을 '**안 날**'부터 **90일**이 적용된다. 다만, **행정청이 잘못 알려** 부적법한 행정심판을 청구하여 제소기간을 놓치게 된 경우는 원고의 탓을 할 수 없으므로 이때는 다시 '**재결서 정본 송달일**'부터 **90일**이 제소기간이 된다.

정답 ①
OX 1○ 2○ 3✕ 4✕

THEME 62 가구제 - 집행정지(항고소송) / 가처분(당사자소송)

기 922-939
요 263-268

01

「행정소송법」상 집행정지에 대한 설명으로 옳지 않은 것은? (다툼이 있는 경우 판례에 의함)

15사복9

① 집행정지의 대상은 처분등의 효력, 그 집행 또는 절차의 속행이다.
② '회복하기 어려운 손해'란 금전보상이 불가능한 경우뿐만 아니라 금전보상으로는 사회관념상 행정처분을 받은 당사자가 참고 견딜 수 없거나 또는 참고 견디기가 현저히 곤란한 경우의 유형·무형의 손해를 말한다.
③ 적법한 본안소송이 법원에 계속되어 있을 것을 요하지만, 본안소송의 제기와 집행정지신청이 동시에 행하여지는 경우도 허용된다.
④ 본안에 관한 이유 유무는 원칙적으로 집행정지 결정단계에서 판단할 것은 아니므로 집행정지사건 자체에 의하여 신청인의 본안청구가 이유 없음이 명백한 때에도 집행정지를 명할 수 있다.

관련 OX

③ 관련
1 행정소송은 민사소송과는 달리 본안소송이 법원에 계속되어 있음을 요하므로 행정소송제기와 동시에 집행정지를 신청할 수 없다. 08(하)지방9

④ 관련
2 행정처분의 집행정지를 구하는 신청사건에서는 행정처분 자체의 적법 여부는 원칙적으로 판단의 대상이 아니나, 집행정지사건 자체에 의하여도 신청인의 본안청구가 이유 없음이 명백할 때에는 행정처분의 집행정지를 명할 수 없다. 23지방7

해설

① ○

행정소송법 제23조(집행정지) ② 취소소송이 제기된 경우에 처분등이나 그 집행 또는 절차의 속행으로 인하여 생길 회복하기 어려운 손해를 예방하기 위하여 긴급한 필요가 있다고 인정할 때에는 본안이 계속되고 있는 법원은 **당사자의** 신청 또는 직권에 의하여 **처분등의 효력이나 그 집행 또는 절차의 속행의** 전부 또는 일부의 **정지**(이하 '집행정지'라 한다)를 결정할 수 있다. 다만, 처분의 효력정지는 처분등의 집행 또는 절차의 속행을 정지함으로써 목적을 달성할 수 있는 경우에는 허용되지 아니한다.

② ○ 회복하기 어려운 손해: 금전보상 불가능 or 금전보상으로 수인하기 어려운 손해
행정소송법 제23조 제2항에서 정하고 있는 효력정지요건인 '회복하기 어려운 손해'란 특별한 사정이 없는 한 금전으로 보상할 수 없는 손해로서 이는 금전보상이 불가능한 경우 내지는 금전보상으로는 사회관념상 행정처분을 받은 당사자가 참고 견딜 수 없거나 참고 견디기가 현저히 곤란한 경우의 유형·무형의 손해를 일컫는다(2024.6.19. 2024무689).

③ ○ 집행정지는 취소소송(본안소송)이 제기되어 법원에 계속 중일 것을 요건으로 한다. 논리적으로는 본안소송을 먼저 제기하여 집행정지의 요건을 갖춘 뒤 집행정지신청을 하는 것이 선후관계에 맞으나, 양자를 동시에 제기하는 것도 허용되고 오히려 이것이 실무상 보통이다.

④ × 본안청구의 이유 없음이 명백하면 집행정지 인정×
어차피 본안소송에서 처분의 취소될 가능성이 전혀 없는 경우에까지 처분의 효력정지나 집행정지를 인정한다는 것은 제도의 취지에 반하므로 집행정지사건 자체에 의하여도 신청인의 **본안청구가 이유 없음이 명백할 때에는** 행정처분의 효력정지나 **집행정지를 명할 수 없다**(1992.8.7. 92두30).

+ PLUS 행정처분의 적법 여부는 향후 본안에서 판단할 문제이고 집행정지단계에서는 본안제기의 적법(적법한 본안소송이 제기되었는지) 및 다른 집행정지의 요건만 판단하는 것이 원칙이다. 그러나 행정처분이 위법하지 않은 것이 명백한 경우, 즉 본안청구가 이유 없음이 명백한 경우에는 집행정지를 명할 수 없다는 것이 판례의 태도이다. 집행정지제도가 '신청인에게 본안의 실효성을 확보해주려는 것'이라는 점에서 본안 인용가능성이 없다면 집행정지를 인정할 필요도 없다는 점에 근거한 것이다.

선지분석 & 요플·기풀기링크

선지	THEME	요플	기풀기
①	T62 집행정지	32	032
②		10	010
③		08	008
④		22	022

정답 ④
OX 1× 2○

필수 문제 02

「행정소송법」상 가구제제도에 관한 설명 중 옳지 않은 것은 모두 몇 개인가? (다툼이 있는 경우 판례에 따름)

〔고난도〕   10국회8

가. 집행정지 요건인 '회복하기 어려운 손해'라 함은 금전배상이 불가능한 경우와 사회통념상 원상회복이나 금전배상이 가능하더라도 금전배상만으로 수인할 수 없거나 수인하기 어려운 유·무형의 손해를 의미하고 손해의 규모가 현저하게 큰 것임을 요한다.

나. 본안소송이 취하되어 소송이 계속되지 아니한 것으로 되면 집행정지결정은 당연히 그 효력이 소멸되는 것이고 별도의 취소조치를 필요로 하는 것이 아니다.

다. 행정처분의 효력정지나 집행정지를 구하는 신청사건에 있어서는 「행정소송법」 제23조 제2항, 제3항 소정의 요건의 존부만이 판단의 대상이 되는 것이고, 행정처분 자체의 적법 여부는 궁극적으로 본안재판에서 심리를 거쳐 판단할 성질의 것이어서 신청사건에서는 판단의 대상이 되는 것은 아니다.

라. 행정처분의 효력정지나 집행정지를 구하는 신청사건에 있어서 집행정지사건 자체에 의하여도 본안청구가 적법한 것이어야 한다.

마. 행정처분에 대한 효력정지신청을 구함에 있어서 이를 구할 법률상 이익이 있어야 하는 것은 아니다.

바. 거부처분의 효력정지는 그 거부처분으로 인하여 신청인에게 생길 손해를 방지하는 데에 아무런 소용이 없어 그 효력정지를 구할 이익이 없다.

사. 집행정지의 결정 또는 기각의 결정에 대하여는 즉시항고할 수 있으며 집행정지의 결정에 대한 즉시항고에는 결정의 집행을 정지하는 효력이 없다.

① 0개 ② 1개
③ 2개 ④ 3개
⑤ 4개

관련 OX

가. 관련

1 「행정소송법」 제23조 제2항 소정의 행정처분 등의 효력이나 집행을 정지하기 위한 요건으로서의 '회복하기 어려운 손해'라 함은 특별한 사정이 없는 한 금전적 보상을 과도하게 요하는 경우, 금전보상이 불가능한 경우, 그 밖에 금전보상으로는 사회관념상 행정처분을 받은 당사자가 참고 견딜 수 없거나 또는 참고 견디기가 현저히 곤란한 경우의 유형, 무형의 손해를 일컫는다. 20소방

나. 관련

2 집행정지결정 후 본안소송이 취하되어 소송이 계속되지 아니하더라도 집행정지결정의 효력이 당연히 소멸되는 것은 아니고 별도의 취소조치를 필요로 한다. 25지방9

라. 관련

3 (영업정지처분을 받은 甲이) 취소소송을 제기하면서 집행정지신청을 한 경우 법원이 집행정지결정을 하는 데 있어 甲의 본안청구의 적법 여부는 집행정지의 요건에 포함되지 않는다. 22지방9

마. 관련

4 (「행정소송법」상 집행정지와 관련하여) 행정처분에 대한 효력정지신청을 구함에 있어서도 이를 구할 법률상 이익이 있어야 한다. 18경행

해설

※ 집행정지의 중요 지문을 집약적으로 모아 물어본 종합선물set 문제이다.

가. ✗ 회복하기 어려운 손해: 금전보상 불가능 or 금전보상으로 수인하기 어려운 손해
행정소송법 제23조 제2항에서 정하고 있는 효력정지요건인 '회복하기 어려운 손해'란 특별한 사정이 없는 한 금전으로 보상할 수 없는 손해로서 이는 금전보상이 불가능한 경우 내지는 금전보상으로는 사회관념상 행정처분을 받은 당사자가 참고 견딜 수 없거나 참고 견디기가 현저히 곤란한 경우의 유형·무형의 손해를 일컫는다(2024.6.19. 2024무689).
➕ PLUS "손해의 규모가 현저하게 클 것임을 요한다."는 뒷부분이 틀렸다.

나. ○ 본안소송이 취하된 경우: 집행정지결정 당연실효(별도 취소조치 불요)
집행정지결정을 한 후에라도 본안소송이 취하되어 소송이 계속하지 아니한 것으로 되면 집행정지결정은 당연히 그 효력이 소멸되는 것이고 별도의 취소조치를 필요로 하는 것이 아니다(2007.6.28. 2005무75).

선지분석 & 요플·기풀기링크

선지	THEME	요플	기풀기
가		10	010
나		29	030
다		21	021
라	T62 집행정지	06	006
마		15	015
바		38	039
사		51	053

다. 라. ○ 집행정지의 요건: 처분 자체의 적법성×, 본안청구의 적법성○

행정처분의 효력정지나 집행정지를 구하는 신청사건에 있어서는 〈행정처분 자체의 적법 여부〉는 궁극적으로 본안재판에서 심리를 거쳐 판단할 성질의 것이므로 원칙적으로 판단할 것이 아니고 그 행정처분의 효력이나 집행을 정지할 것인가에 관한 행정소송법 제23조 제2항 소정의 요건의 존부만이 판단의 대상이 된다고 할 것이지만,^다 집행정지사건 자체에 의하여도 신청인의 〈본안청구가 적법〉한 것이어야 한다는 것을 집행정지의 요건에 포함시켜야 한다^라(1999.11.26. 99부3).

마. × 집행정지(효력정지): 법률상 이익이 요구됨

행정처분에 대한 효력정지신청을 구함에 있어서도 이를 구할 법률상 이익이 있어야 하는바 이 경우 법률상 이익이라 함은 그 행정처분으로 인하여 발생하거나 확대되는 손해가 당해 처분의 근거 법률에 의하여 보호되는 직접적이고 구체적인 이익과 관련된 것을 말하는 것이고 단지 간접적이거나 사실적·경제적 이해관계를 가지는 데 불과한 경우는 여기에 포함되지 않는다(2000.10.10. 2000무17).

바. ○ 거부처분의 효력정지: 신청의 이익×

신청에 대한 거부처분의 효력을 정지하더라도 거부처분이 없었던 것과 같은 상태, 즉 거부처분이 있기 전의 신청시의 상태로 되돌아가는 데에 불과하고 행정청에게 신청에 따른 처분을 하여야 할 의무가 생기는 것이 아니므로, 거부처분의 효력정지는 그 거부처분으로 인하여 신청인에게 생길 손해를 방지하는 데 아무런 보탬이 되지 아니하여 그 효력정지를 구할 이익이 없다(1995.6.21. 95두26).

사. ○

행정소송법 제23조(집행정지) ⑤ 제2항의 규정에 의한 집행정지의 결정 또는 기각의 결정에 대하여는 즉시항고할 수 있다. 이 경우 집행정지의 결정에 대한 즉시항고에는 결정의 집행을 정지하는 효력이 없다.

03

행정소송에서의 가구제에 대한 설명으로 옳지 않은 것은? (다툼이 있는 경우 판례에 의함)

14국가9

① 처분의 효력정지는 처분등의 집행 또는 절차의 속행을 정지함으로써 목적을 달성할 수 있는 경우에는 허용되지 아니한다.
② 본안문제인 행정처분 자체의 적법 여부는 집행정지 신청의 요건이 되지 아니하는 것이 원칙이지만, 본안소송의 제기 자체는 적법한 것이어야 한다.
③ 유흥접객영업허가의 취소처분으로 5,000여 만원의 시설비를 회수하지 못하게 된다면 생계까지 위협받을 수 있다는 등의 사정이 집행정지를 인정하기 위한 회복하기 어려운 손해가 생길 우려가 있는 경우에 해당하지 아니한다.
④ 「행정소송법」은 다툼이 있는 법률관계에 대하여 임시의 지위를 정하기 위한 가처분신청의 경우 현저한 손해나 급박한 위험을 피할 것을 목적으로 한다고 규정하고 있다.

관련 OX

① 관련

1 집행정지결정은 속행정지, 집행정지, 효력정지로 구분되고 이 중 속행정지는 처분의 집행이나 효력을 정지함으로써 목적을 달성할 수 있는 경우에는 허용되지 아니한다. 22군무원9

해설

① ○ 처분의 효력정지는 보충적으로 허용된다.

행정소송법 제23조(집행정지) ② 취소소송이 제기된 경우에 처분등이나 그 집행 또는 절차의 속행으로 인하여 생길 회복하기 어려운 손해를 예방하기 위하여 긴급한 필요가 있다고 인정할 때에는 본안이 계속되고 있는 법원은 당사자의 신청 또는 직권에 의하여 처분등의 효력이나 그 집행 또는 절차의 속행의 전부 또는 일부의 정지(이하 '집행정지'라 한다)를 결정할 수 있다. 다만, **처분의 효력정지는 처분등의 집행 또는 절차의 속행을 정지함으로써 목적을 달성할 수 있는 경우에는 허용되지 아니한다.**

② ○ 집행정지의 요건: 처분 자체의 적법성×, 본안청구의 적법성○
행정처분의 효력정지나 집행정지를 구하는 신청사건에 있어서는 〈행정처분 자체의 적법 여부〉는 궁극적으로 본안재판에서 심리를 거쳐 판단할 성질의 것이므로 원칙적으로 판단할 것이 아니고 그 행정처분의 효력이나 집행을 정지할 것인가에 관한 행정소송법 제23조 제2항 소정의 요건의 존부만이 판단의 대상이 된다고 할 것이지만, 집행정지사건 자체에 의하여도 신청인의 〈본안청구가 적법〉한 것이어야 한다는 것을 집행정지의 요건에 포함시켜야 한다(1999.11.26. 99부3).

③ ○ 5,000여 만원의 시설비 회수 불능 → 회복하기 어려운 손해×
유흥접객영업허가의 취소처분으로 5,000여 만원의 시설비를 회수하지 못하게 된다면 생계까지 위협받게 되는 결과가 초래될 수 있다는 등의 사정이 행정처분의 효력이나 집행을 정지하기 위한 요건인 '회복하기 어려운 손해'가 생길 우려가 있는 경우에 해당하지 않는다(1991.3.2. 91두1).

④ × 행정소송법상 가처분 규정은 없다. 민사집행법상 가처분제도를 항고소송에 준용할 수도 없다.
• 항고소송의 대상이 되는 행정처분의 효력이나 집행 혹은 절차속행 등의 정지를 구하는 신청은 행정소송법상 집행정지신청의 방법으로서만 가능할 뿐 민사소송법상 가처분의 방법으로는 허용될 수 없다(2009.11.2. 2009마596).

선지분석 & 요플·기풀기링크

선지	THEME	요플	기풀기
①		33	033
②	T62 집행정지	07	007
③		13	013
④	T68 행정심판(조문)	99	098

 ④
 1×

04

「행정소송법」상 집행정지에 대한 설명으로 가장 적절하지 않은 것은? (다툼이 있는 경우 판례에 의함)

18(2)경행

① 행정처분에 대한 효력정지신청을 구함에 있어서도 이를 구할 법률상 이익이 있어야 한다.
② 집행정지결정을 한 후에라도 행정사건의 본안소송이 취하되어 그 소송이 계속하지 아니한 것으로 되면 이에 따라 집행정지결정은 당연히 그 효력이 소멸되며 별도의 취소조치가 필요한 것은 아니다.
③ 집행정지는 행정처분의 집행부정지원칙의 예외로 인정되는 것이므로 본안청구의 적법과는 상관이 없기 때문에 적법한 본안소송의 계속을 요건으로 하지 않는다.
④ 집행정지의 요건으로 규정하고 있는 '공공복리에 중대한 영향을 미칠 우려'가 없을 것이라고 할 때의 '공공복리'는 그 처분의 집행과 관련된 구체적이고 개별적인 공익을 말한다.

관련 OX

① 관련
1 (「행정소송법」상 가구제제도와 관련하여) 행정처분에 대한 효력정지신청을 구함에 있어서 이를 구할 법률상 이익이 있어야 하는 것은 아니다. 10국회8

③ 관련
2 집행정지는 적법한 본안소송이 계속 중일 것을 요한다. 16국가9

해설

① ○ **집행정지(효력정지): 법률상 이익이 요구됨**
행정처분에 대한 효력정지신청을 구함에 있어서도 이를 구할 법률상 이익이 있어야 하는바 이 경우 법률상 이익이라 함은 그 행정처분으로 인하여 발생하거나 확대되는 손해가 당해 처분의 근거 법률에 의하여 보호되는 직접적이고 구체적인 이익과 관련된 것을 말하는 것이고 단지 간접적이거나 사실적·경제적 이해관계를 가지는 데 불과한 경우는 여기에 포함되지 않는다(2000.10.10. 2000무17).

② ○ **본안소송이 취하된 경우: 집행정지결정 당연실효(별도 취소조치 불요)**
집행정지결정을 한 후에라도 본안소송이 취하되어 소송이 계속하지 아니한 것으로 되면 집행정지결정은 당연히 그 효력이 소멸되는 것이고 별도의 취소조치를 필요로 하는 것이 아니다(2007.6.28. 2005무75).

③ × 집행정지는 **취소소송(본안소송)**이 제기되어 법원에 계속 중일 것을 요건으로 하며(행정소송법 제23조 제2항). 여기서 계속 중이어야 할 본안소송이란, 적법한 본안소송에 한정된다.

• **집행정지의 요건에 본안청구의 적법성 포함됨**
집행정지는 행정처분의 집행부정지원칙의 예외로서 인정되는 것이고 또 본안에서 원고가 승소할 수 있는 가능성을 전제로 한 권리보호수단이라는 점에 비추어 보면 집행정지사건 자체에 의하여도 신청인의 〈본안청구가 적법〉한 것이어야 한다는 것을 집행정지의 요건에 포함시켜야 한다(1999.11.26. 99부3).

④ ○ **집행정지의 소극적 요건인 공공복리: 구체적·개별적 공익이어야**
집행정지의 요건으로 규정하고 있는 '공공복리에 중대한 영향을 미칠 우려'가 없을 것이라고 할 때의 '공공복리'는 그 처분의 집행과 관련된 구체적이고도 개별적인 공익을 말하는 것이다(1999.12.20. 99무42).

선지분석 & 요플·기풀기링크

선지	THEME	요플	기풀기
①		15	015
②	T62 집행정지	29	030
③		05	005
④		19	019

 ③
 1× 2○

05

「행정소송법」상 집행정지에 대한 설명으로 옳은 것만을 모두 고르면? (다툼이 있는 경우 판례에 의함)
18국가7

> ㄱ. 보조금 교부결정 취소처분에 대하여 법원이 효력정지결정을 하면서 주문에서 그 법원에 계속 중인 본안소송의 판결선고시까지 처분의 효력을 정지한다고 선언하였을 경우, 본안소송의 판결선고에 의하여 정지결정의 효력은 소멸하고 이와 동시에 당초의 보조금 교부결정 취소처분의 효력이 당연히 되살아난다.
> ㄴ. 집행정지의 결정이 확정된 후 집행정지가 공공복리에 중대한 영향을 미치거나 그 정지사유가 없어진 때에는 당사자의 신청 또는 직권에 의하여 결정으로써 집행정지의 결정을 취소할 수 있다.
> ㄷ. 집행정지결정에 의하여 효력이 정지되는 처분이 당사자의 신청을 거부하는 것을 내용으로 하는 경우에는 그 처분을 행한 행정청은 집행정지결정의 취지에 따라 다시 이전의 신청에 대한 처분을 하여야 한다.
> ㄹ. 집행정지의 결정에 대하여는 즉시항고할 수 있으며, 이 경우 집행정지의 결정에 대한 즉시항고에는 결정의 집행을 정지하는 효력이 없다.

① ㄱ, ㄷ
② ㄴ, ㄹ
③ ㄱ, ㄴ, ㄹ
④ ㄴ, ㄷ, ㄹ

관련 OX

ㄱ. 관련
1. 보조금 교부결정의 일부를 취소한 행정청의 처분에 대하여 법원이 효력정지결정을 하면서 주문에서 그 법원에 계속 중인 본안소송의 판결선고시까지 처분의 효력을 정지한다고 선언하였을 경우, 본안소송의 판결선고에 의하여 정지결정의 효력은 소멸하지만 당초의 보조금 교부결정 취소처분의 효력이 당연히 되살아나는 것은 아니다. 22소간

ㄷ. 관련
2. (「행정소송법」상 집행정지와 관련하여) 접견허가신청에 대한 교도소장의 거부처분은 집행정지의 대상이 된다. 12국가9

ㄹ. 관련
3. (「행정소송법」상 집행정지와 관련하여) 집행정지의 결정 또는 기각의 결정에 대하여는 즉시 항고할 수 있다. 19서울9

4. (「행정소송법」상 집행정지와 관련하여) 집행정지의 결정에 대한 즉시항고에는 결정의 집행을 정지하는 효력이 있다. 18서울(2회)7

해설

ㄱ. ○ "보조금교부취소처분에 대해 본안판결시까지 효력을 정지한다."는 결정
→ 본안판결선고로 효력정지결정은 당연 실효 & 보조금교부취소처분의 효력은 당연 부활
보조금 교부결정의 일부를 취소한 행정청의 처분에 대하여 법원이 효력정지결정을 하면서 주문에서 그 법원에 계속 중인 본안소송의 판결선고시까지 처분의 효력을 정지한다고 선언하였을 경우, 본안소송의 판결선고에 의하여 정지결정의 효력은 소멸하고 이와 동시에 당초의 보조금 교부결정 취소처분의 효력이 당연히 되살아난다. 따라서 효력정지결정의 효력이 소멸하여 보조금 교부결정 취소처분의 효력이 되살아난 경우, 특별한 사정이 없는 한 행정청으로서는 보조금법 제31조 제1항에 따라 취소처분에 의하여 취소된 부분의 보조사업에 대하여 효력정지기간 동안 교부된 보조금의 반환을 명하여야 한다(2017.7.11. 2013두25498).

ㄴ. ○

행정소송법 제24조(집행정지의 취소) ① 집행정지의 결정이 확정된 후 집행정지가 공공복리에 중대한 영향을 미치거나 그 정지사유가 없어진 때에는 당사자의 **신청 또는 직권에 의하여** 결정으로써 **집행정지의 결정을 취소할 수** 있다.

ㄷ. × 집행정지결정에는 확정판결의 기속력 규정은 준용되지만, 거부처분에 대한 취소확정판결시 행정청이 지게 되는 재처분의무규정은 준용되지 않는다. 따라서 거부처분에 대해 집행정지결정을 내리더라도 거부처분이 없던 상태, 즉 신청만 있는 상태로 돌아가는 것에 불과하고, 행정청에게 다시 이전 신청에 따른 처분을 할 의무는 인정되진 않는다. 결국 거부처분에 대해서는 집행정지(효력정지)를 받아봤자 실익이 없으므로 허용되지 않는다. 예컨대 택시면허신청이나 접견허가신청에 대해서 거부처분을 받았더라도 그에 대한 집행정지(효력정지)는 허용되지 않고, 신청할 경우 각하된다.

선지분석 & 요플·기풀기링크

선지	THEME	요플	기풀기
ㄱ		46	047
ㄴ	T62 집행정지	27	028
ㄷ		37	038
ㄹ		51	053

행정소송법 제23조(집행정지) ⑥ 제30조 제1항의 규정은 제2항의 규정에 의한 집행정지의 결정에 이를 **준용**한다(편저자: 즉, 재처분의무를 규정한 제30조 제2항은 준용하지 않음).

제30조(취소판결등의 기속력) ② 판결에 의하여 **취소**되는 **처분이** 당사자의 신청을 **거부**하는 것을 내용으로 하는 경우에는 그 처분을 행한 **행정청은** 판결의 취지에 따라 **다시** 이전의 **신청에 대한 처분을 하여야** 한다.

ㄹ. ○

행정소송법 제23조(집행정지) ⑤ 제2항의 규정에 의한 집행정지의 결정 또는 기각의 결정에 대하여는 **즉시항고**할 수 있다. 이 경우 집행정지의 결정에 대한 즉시항고에는 결정의 **집행을 정지하는 효력이 없다.**

정답 ③
OX 1× 2× 3○ 4×

06

「행정소송법」상 가구제에 관한 설명으로 옳지 않은 것은?

19행정사

① 「행정심판법」에서 인정되는 임시처분제도가 「행정소송법」에는 없다.
② 집행정지는 공공복리에 중대한 영향을 미칠 우려가 있을 때에는 허용되지 아니한다.
③ 집행정지신청이 인용되려면 취소소송이 제기된 경우에 처분등이나 그 집행 또는 절차의 속행으로 인하여 생길 중대한 손해를 예방하기 위한 경우이어야 한다.
④ 집행정지의 결정을 신청함에 있어서는 그 이유에 대한 소명이 있어야 한다.
⑤ 처분의 효력정지는 처분등의 집행 또는 절차의 속행을 정지함으로써 목적을 달성할 수 있는 경우에는 허용되지 아니한다.

관련 OX

① 관련

1 「행정소송법」은 다툼이 있는 법률관계에 대하여 임시의 지위를 정하기 위한 가처분신청의 경우 현저한 손해나 급박한 위험을 피할 것을 목적으로 한다고 규정하고 있다. 14국가9

2 「행정심판법」은 「행정소송법」과는 달리 집행정지뿐만 아니라 임시처분도 규정하고 있다. 18국가9

해설

① ○ 행정심판법은 가구제제도로서 집행정지 외에 임시처분제도도 두고 있다(제31조). 반면에 행정소송법에는 **임시처분제도는** 규정되어 있지 **않다.** 즉, 항고소송에서는 집행정지만 허용될 뿐이고, 당사자소송에서만 민사소송법을 준용해 가처분을 인정하고 있다.

②④⑤ ○, ③ × **중대한 손해예방(×), 회복하기 어려운 손해예방(○)**

> **행정소송법 제23조(집행정지)** ② **취소소송이 제기된 경우에 처분등**이나 그 집행 또는 절차의 속행으로 인하여 생길 **회복하기 어려운 손해를 예방하기 위하여**③ **긴급한 필요**가 있다고 인정할 때에는 본안이 계속되고 있는 법원은 당사자의 신청 또는 직권에 의하여 처분등의 효력이나 그 집행 또는 절차의 속행의 전부 또는 일부의 정지를 결정할 수 있다. 다만, 처분의 **효력정지는** 처분등의 **집행** 또는 절차의 **속행을 정지함으로써 목적을 달성할 수 있는 경우에는 허용되지 아니한다.**⑤
> ③ 집행정지는 **공공복리에 중대한 영향**을 미칠 우려가 있을 때에는 **허용되지 아니한다.**②
> ④ 제2항의 규정에 의한 집행정지의 결정을 신청함에 있어서는 그 이유에 대한 **소명이 있어야** 한다.④

> 비교 **행정심판법 제30조(집행정지)** ② 위원회는 처분, 처분의 집행 또는 절차의 속행 때문에 **중대한 손해**가 생기는 것을 예방할 필요성이 긴급하다고 인정할 때에는 직권으로 또는 당사자의 신청에 의하여 처분의 효력, 처분의 집행 또는 절차의 속행의 전부 또는 일부의 정지를 결정할 수 있다. 다만, 처분의 효력정지는 처분의 집행 또는 절차의 속행을 정지함으로써 그 목적을 달성할 수 있을 때에는 허용되지 아니한다.

선지분석 & 요플·기풀기링크

선지	THEME	요플	기풀기
①	T68 행정심판(조문)	99	098
②	T62 집행정지	18	018
③	T68 행정심판(조문)	92	087
④	T62 집행정지	23	023
⑤		33	033

정답 ③

OX 1× 2○

필수문제 07

「행정소송법」상 집행정지에 대한 설명으로 옳지 않은 것은? (다툼이 있는 경우 판례에 의함)

24국회9

① 집행정지는 공공복리에 중대한 영향을 미칠 우려가 있을 때에는 허용되지 아니한다.
② 집행정지결정의 효력은 결정주문에서 정한 기간까지 존속하다가 그 기간이 만료되면 장래에 향하여 당연히 소멸한다.
③ 신청에 대한 거부처분의 효력을 정지하더라도 거부처분이 없었던 것과 같은 상태로 되돌아가는 데에 불과한 경우 그 신청에 대한 거부처분의 효력정지를 구할 이익이 없다.
④ 취소소송의 본안이 계속되고 있는 법원의 집행정지의 결정에 대한 즉시항고에는 결정의 집행을 정지하는 효력이 있다.
⑤ 집행정지의 결정이 확정된 후 집행정지가 공공복리에 중대한 영향을 미치거나 그 정지사유가 없어진 때에는 당사자의 신청 또는 직권에 의하여 결정으로써 집행정지의 결정을 취소할 수 있다.

해설

① ○

행정소송법 제23조(집행정지) ③ 집행정지는 **공공복리에 중대한 영향**을 미칠 우려가 있을 때에는 **허용되지 아니**한다.

② ○ 집행정지 존속기간: 주문에서 정한 기간 만료시 장래 향해 당연 소멸

집행정지결정의 효력은 **결정주문에서 정한 기간**까지 존속하다가 그 기간이 만료되면 장래에 향하여 **소멸**한다. 항고소송을 제기한 원고가 본안소송에서 패소확정판결을 받았더라도 집행정지결정의 효력이 소급하여 소멸하지 않는다(2020.9.3. 2020두34070).

+ PLUS 집행정지결정의 효력발생과 소멸은 모두 장래효

③ ○ 거부처분에 대한 집행정지(효력정지): 불허(신청의 이익×)

신청에 대한 거부처분의 효력을 정지하더라도 거부처분이 없었던 것과 같은 상태, 즉 거부처분이 있기 전의 신청시의 상태로 되돌아가는 데에 불과하고 행정청에게 신청에 따른 처분을 하여야 할 의무가 생기는 것이 아니므로, 〈거부처분의 효력정지〉는 그 거부처분으로 인하여 신청인에게 생길 손해를 방지하는 데 아무런 보탬이 되지 아니하여 그 효력정지를 구할 이익이 없다(1995.6.21. 95두26).

④ ×

행정소송법 제23조(집행정지) ⑤ 제2항의 규정에 의한 집행정지의 결정 또는 기각의 결정에 대하여는 즉시항고할 수 있다. 이 경우 집행정지의 결정에 대한 즉시항고에는 **결정의 집행을 정지하는 효력이 없다**.

⑤ ○

행정소송법 제24조(집행정지의 취소) ① 집행정지의 **결정**이 확정된 **후** 집행정지가 **공공복리**에 중대한 영향을 미치거나 그 **정지사유가 없**어진 때에는 당사자의 신청 또는 직권에 의하여 **결정으로써** 집행정지의 결정을 **취소할 수** 있다.

선지	THEME	요플	기풀기
①		18	018
②		41	042
③	T62 집행정지	38	039
④		51	053
⑤		27	028

정답 ④

08

「행정소송법」상 집행정지에 대한 설명으로 가장 옳은 것은? (다툼이 있는 경우 판례를 따름)

18(2)서울7

① 본안소송이 무효확인소송인 경우에도 집행정지가 가능하다.
② 거부처분에 대해서도 그 효력정지를 구할 이익이 인정된다.
③ 집행정지의 결정에 대한 즉시항고에는 결정의 집행을 정지하는 효력이 있다.
④ 집행정지결정의 효력은 정지결정의 대상인 처분의 발령시점에 소급하는 것이 원칙이다.

관련 OX

① 관련

1 취소소송에서 인정되는 집행정지에 관한 「행정소송법」 규정은 무효등확인소송에 대하여도 준용된다. 10국가7

② 관련

2 거부처분에 대한 집행정지는 그 거부처분으로 인하여 신청인에게 생길 손해를 방지하는 데 아무런 보탬이 되지 아니하므로 허용되지 않는다. 23국가9

3 개인택시운송사업면허가 거부된 경우, 거부처분에 대해 취소소송과 함께 제기한 甲의 집행정지 신청은 법원에 의해 허용된다. 17(상)지방9

④ 관련

4 집행정지결정 중 효력정지결정은 효력 그 자체를 잠정적으로 정지시키는 것이므로 행정처분이 없었던 원래 상태와 같은 상태를 가져오지만 장래에 향하여 효력을 발생하는 것이 원칙이다. 11국가9

해설

① ○ 무효등확인소송에서도 취소소송의 집행정지 규정(행정소송법 제23조)을 준용하고 있는바, 집행부정지의 원칙 및 집행정지제도가 인정된다.

행정소송법 제38조(준용규정) ① 제9조, 제10조, 제13조 내지 제17조, 제19조, 제22조 내지 제26조, 제29조 내지 제31조 및 제33조의 규정은 <U>무효등확인소송의 경우에 준용한다.</U> 집행정지 규정(제23조)을 준용

② × 거부처분에 대한 집행정지(효력정지): 불허(신청의 이익×)
신청에 대한 거부처분의 효력을 정지하더라도 거부처분이 없었던 것과 같은 상태, 즉 거부처분이 있기 전의 신청시의 상태로 되돌아가는 데에 불과하고 행정청에게 신청에 따른 처분을 하여야 할 의무가 생기는 것이 아니므로, 〈거부처분의 효력정지〉는 그 거부처분으로 인하여 신청인에게 생길 손해를 방지하는 데 아무런 보탬이 되지 아니하여 그 효력정지를 구할 이익이 없다(1995.6.21. 95두26).

③ ×

행정소송법 제23조(집행정지) ⑤ 제2항의 규정에 의한 집행정지의 결정 또는 기각의 결정에 대하여는 **즉시항고할 수 있다.** 이 경우 집행정지의 결정에 대한 즉시항고에는 결정의 **집행을 정지하는 효력이 없다.**

④ × 집행정지결정의 효력발생과 소멸은 모두 <U>장래효</U>이다. 즉, 결정된 시점부터 장래를 향하여 효력이 발생하고, 결정주문에서 정한 시기 동안 존속하다가 그 기간이 만료되면 본안소송에서의 승패(인용·기각)를 불문하고 <U>장래를 향하여 효력이 소멸한다.</U>

선지분석 & 요플·기풀기링크

선지	THEME	요플	기풀기
①		58	056
②	T62 집행정지	38	039
③		51	053
④		40	041

정답 ①

OX 1○ 2○ 3× 4○

09

「행정소송법」상 집행정지에 관한 설명으로 옳지 않은 것은? (다툼이 있는 경우 판례에 의함)

24소방

① '처분등이나 그 집행 또는 절차의 속행으로 인한 손해발생의 우려' 등 적극적 요건에 관한 주장·소명책임은 원칙적으로 신청인 측에 있고, 이 요건을 결여하였다는 이유로 효력정지 신청을 기각한 결정에 대하여 행정처분 자체의 적법 여부를 가지고 불복사유로 삼을 수 없다.

② 집행정지결정을 하려면 이에 대한 본안소송이 법원에 제기되어 계속 중임을 요하고, 집행정지신청 기각결정 후 본안소송이 취하되었다면, 그 기각결정에 대한 재항고는 그 실익이 없어 각하될 수밖에 없다.

③ 제재처분에 대한 행정쟁송절차에서 처분에 대해 집행정지결정이 이루어졌더라도 본안에서 해당 처분이 최종적으로 적법한 것으로 확정되어 집행정지결정이 실효된 경우, 처분청은 당초 집행정지결정이 없었던 경우와 동등한 수준으로 해당 제재처분이 집행되도록 하여서는 아니 된다.

④ 효력기간이 정해져 있는 제재적 행정처분에 대한 취소소송에서 법원이 본안소송의 판결선고시까지 집행정지결정을 하면, 처분에서 정해 둔 효력기간은 판결선고시까지 진행하지 않다가 판결이 선고되면 그때 집행정지결정의 효력이 소멸함과 동시에 처분의 효력이 당연히 부활하여 처분에서 정한 효력기간이 다시 진행한다.

관련 OX

① 관련

1 회복하기 어려운 손해예방의 필요 등 집행정지의 적극적 요건에 관한 주장·소명책임은 원칙적으로 신청인에게 있으나, 공공복리에 중대한 영향을 미칠 우려가 없을 것 등 집행정지의 소극적 요건에 대한 주장·소명책임은 행정청에 있다.

22소간

해설

① ○ 손해 우려 등 적극적 요건: 신청인이 주장·소명책임 / 처분의 적법 여부는 집행정지의 불복사유 ✕
'처분등이나 그 집행 또는 절차의 속행으로 인한 손해발생의 우려' 등 **적극적 요건에 관한 주장·소명책임은 원칙적으로 신청인 측에 있으며**, 이러한 요건을 결여하였다는 이유로 **효력정지신청을 기각한 결정에 대하여 행정처분 자체의 적법 여부를 가지고 불복사유로 삼을 수 없다**(2011.4.21. 2010무111 전합).
+ PLUS 집행정지의 소극적 요건: 행정청이 주장·소명 책임

② ○ 본안소송 취하시 집행정지신청 기각결정에 대한 재항고는 실익이 없어 각하
집행정지결정을 하려면 이에 대한 본안소송이 법원에 제기되어 계속 중임을 요하고, 따라서 집행정지신청 기각결정 후 **본안소송이 취하되었다면 위 기각결정에 대한 재항고는 그 실익이 없어 각하될 수밖에 없다**(2019.6.27. 2019무622).

③ ✕ 집행정지결정 발부 but 처분이 적법으로 판명: 제재를 덜 받는 일이 없도록 집행정지 없었던 경우와 동등 수준 제재조치 필요
제재처분에 대한 행정쟁송절차에서 처분에 대해 **집행정지결정이 이루어졌더라도 본안에서 해당 처분이 최종적으로 적법한 것으로 확정되어** 집행정지결정이 실효되고 제재처분을 다시 집행할 수 있게 되면, 처분청으로서는 당초 **집행정지결정이 없었던 경우와 동등한 수준으로 해당 제재처분이 집행되도록 필요한 조치를 취하여야 한다**(2020.9.3. 2020두34070).
+ PLUS 반대로, 본안판결로 처분의 위법이 확인될 경우 행정청은 동 처분으로 초래된 불이익한 결과를 제거하기 위하여 필요한 조치를 취하여야

④ ○ 효력기간이 정해진 제재처분에 판결선고시까지 집행정지 → 집행정지결정시부터 판결선고시까지 미진행 / 판결선고시부터 재진행
집행정지결정의 효력은 결정주문에서 정한 종기까지 존속하고, 그 종기가 도래하면 당연히 소멸한다. 따라서 **효력기간이 정해져 있는 제재적 행정처분에 대한 취소소송에서 법원이 본안소송의 판결선고시까지 집행정지결정을 하면, 처분에서 정해 둔 효력기간**(집행정지결정 당시 이미 일부 집행되었다면 그 나머지 기간)은 **판결선고시까지 진행하지 않다가 판결이 선고되면 그때 집행정지결정의 효력이 소멸함과 동시에 처분의 효력이 당연히 부활하여 처분에서 정한 효력기간이 다시 진행한다**(2022.2.11. 2021두40720).

선지선택비율 ① 10.67% ② 6.09% ③ 76.36% ④ 6.88% 오답률 23.64%

선지분석 & 요풀·기풀기링크

선지	THEME	요풀	기풀기
①		24	024
②	T62 집행정지	30	031
③		48	049
④		42	043

정답 ③

OX 1

10

「행정소송법」상 집행정지에 관한 설명 중 옳지 않은 것을 모두 고른 것은? (다툼이 있는 경우 판례에 의함)
24변시

- ㄱ. 본안소송인 취소소송이 제기되었는데 그 소송의 대상인 행위가 처분이 아니라는 이유로 각하될 경우라도 긴급한 필요 등에 근거한 집행정지제도의 취지에 비추어 집행정지는 허용된다.
- ㄴ. 집행정지의 요건 중 공공복리에 중대한 영향을 미칠 우려와 관련된 주장 및 소명책임은 집행정지결정 신청인에게 있다.
- ㄷ. 집행정지결정의 취소사유는 특별한 사정이 없는 한 집행정지결정이 확정된 이후에 발생한 것이어야 한다.
- ㄹ. 본안 확정판결로 제재처분이 적법하다는 점이 확인되었다면 제재처분의 상대방이 잠정적 집행정지를 통해 집행정지가 이루어지지 않은 경우와 비교하여 제재를 덜 받게 되는 결과가 초래되도록 해서는 안 된다.

① ㄱ, ㄴ
② ㄱ, ㄷ
③ ㄴ, ㄷ
④ ㄱ, ㄴ, ㄹ
⑤ ㄴ, ㄷ, ㄹ

관련 OX

ㄹ. 관련

1. 제재처분에 대한 행정쟁송절차에서 처분에 대해 집행정지결정이 이루어졌더라도 본안에서 해당 처분이 최종적으로 적법한 것으로 확정되어 집행정지결정이 실효된 경우, 처분청은 당초 집행정지결정이 없었던 경우와 동등한 수준으로 해당 제재처분이 집행되도록 하여서는 아니 된다. 24소방

해설

ㄱ. ✕ 판례는 적법한 본안소송이 제기될 것을 집행정지의 요건으로 본다. 따라서 처분이 아니라는 이유로 각하될 경우라면 집행정지는 허용되지 않는다.

- 집행정지의 요건에 본안청구의 적법성 포함됨
  집행정지는 행정처분의 집행부정지원칙의 예외로서 인정되는 것이고 또 본안에서 원고가 승소할 수 있는 가능성을 전제로 한 권리보호수단이라는 점에 비추어 보면 집행정지사건 자체에 의하여도 신청인의 〈본안청구가 적법〉한 것이어야 한다는 것을 집행정지의 요건에 포함시켜야 한다(1999.11.26. 99부3).

ㄴ. ✕ 공공복리 등 소극적 요건: 행정청이 주장·소명책임
행정소송법 제23조 제3항에서 집행정지의 요건으로 규정하고 있는 '공공복리에 중대한 영향을 미칠 우려'가 없을 것이라고 할 때의 '공공복리'는 그 처분의 집행과 관련된 구체적이고도 개별적인 공익을 말하는 것으로서 이러한 집행정지의 소극적 요건에 대한 주장·소명책임은 행정청에게 있다(1999.12.20. 99무42).

ㄷ. ○ 집행정지결정의 취소사유: 집행정지결정 확정 후에 발생한 것이어야
행정소송법 제24조 제1항에서 규정하고 있는 집행정지결정의 취소사유는 특별한 사정이 없는 한 집행정지결정이 확정된 이후에 발생한 것이어야 하고, 그중 '집행정지가 공공복리에 중대한 영향을 미치는 때'라 함은 일반적·추상적인 공익에 대한 침해의 가능성이 아니라 당해 집행정지결정과 관련된 구체적·개별적인 공익에 중대한 해를 입힐 개연성을 말하는 것이다(2005.7.15. 2005무16).

선지분석 & 요플·기풀기링크

선지	THEME	요플	기풀기
ㄱ		05	005
ㄴ	T62 집행정지	25	025
ㄷ		28	029
ㄹ		48	049

ㄹ. ○ 집행정지결정 발부 but 처분이 적법으로 판명: 제재를 덜 받는 일이 없도록 집행정지 없었던 경우와 동등 수준 제재조치 필요

집행정지결정의 효력은 결정주문에서 정한 기간까지 존속하다가 그 기간이 만료되면 **장래에 향하여 소멸**한다. 항고소송을 제기한 원고가 **본안소송에서 패소확정판결을 받았더라도 집행정지결정의 효력이 소급하여 소멸하지 않는다.**

그러나 **집행정지**는 행정쟁송절차에서 실효적 권리구제를 확보하기 위한 **잠정적 조치일 뿐**이므로, 본**안확정판결로 해당 제재처분이 적법하다는** 점이 확인되었다면 제재처분의 상대방이 잠정적 집행정지를 통해 집행정지가 이루어지지 않은 경우와 비교하여 **제재를 덜 받게 되는 결과가 초래되도록 해서는 안 된다.**

따라서 제재처분에 대한 행정쟁송절차에서 처분에 대해 **집행정지결정이 이루어졌더라도** 본안에서 해당 **처분이 최종적으로 적법한 것으로 확정**되어 집행정지결정이 실효되고 제재처분을 다시 집행할 수 있게 되면, 처분청으로서는 당초 **집행정지결정이 없었던 경우와 동등한 수준**으로 해당 제재처분이 **집행되도록 필요한 조치를 취하여야 한다**(2020.9.3. 2020두34070).

11

행정소송에서의 집행정지에 관한 설명 중 옳은 것을 모두 고른 것은? (다툼이 있는 경우 판례에 의함) 25변시

- ㄱ. 신청에 대한 거부처분의 효력을 정지하더라도 거부처분이 없었던 것과 같은 상태로 되돌아가는 데에 불과하고, 신청에 따른 처분을 하여야 할 행정청의 의무가 생기는 것은 아니므로, 거부처분의 효력정지는 이를 구할 이익이 없다.
- ㄴ. 제재처분에 대한 행정쟁송절차에서 집행정지결정이 이루어졌더라도 본안에서 해당 처분이 최종적으로 적법한 것으로 확정되어 집행정지결정이 실효되고 해당 처분을 다시 집행할 수 있게 되면, 처분청으로서는 당초 집행정지결정이 없었던 경우와 동등한 수준으로 해당 처분이 집행되도록 필요한 조치를 취하여야 한다.
- ㄷ. 효력기간이 정해져 있는 제재적 행정처분에 대한 취소소송에서 법원이 본안소송의 판결선고시까지 집행을 정지하는 결정을 한 경우, 해당 처분에서 정해 둔 효력기간의 시기와 종기가 집행정지기간 중에 모두 경과하면, 경과와 동시에 해당 처분은 실효된다.
- ㄹ. 사업자가 집행정지를 신청하면서 재산상의 손해 또는 기업이미지 및 신용 훼손을 주장하는 경우 그 손해가 「행정소송법」 제23조 제2항에서 정하고 있는 '회복하기 어려운 손해'에 해당한다고 하기 위해서는 그 경제적 손실이나 기업이미지 및 신용의 훼손으로 인하여 사업자의 자금 사정이나 경영 전반에 미치는 파급효과가 매우 중대하여 사업 자체를 계속할 수 없거나 중대한 경영상의 위기를 맞게 될 것으로 보이는 등의 사정이 존재하여야 한다.

① ㄱ, ㄷ
② ㄴ, ㄹ
③ ㄱ, ㄴ, ㄷ
④ ㄱ, ㄴ, ㄹ
⑤ ㄱ, ㄴ, ㄷ, ㄹ

관련 OX

ㄱ. 관련

1 거부처분의 효력정지는 그 거부처분으로 인하여 신청인에게 생길 손해를 방지하는 데 필요하므로 신청인에게는 그 효력정지를 구할 이익이 있다. 21지방9

2 허가에 붙은 기한의 종기 도래로 허가의 효력이 상실된 경우, 기한연장신청 거부에 대한 집행정지로 인해 그 효력이 회복되므로 집행정지신청의 이익이 있다. 24국회8

해설

ㄱ. ○ 거부처분에 대한 집행정지(효력정지): 불허(신청의 이익×)
신청에 대한 거부처분의 효력을 정지하더라도 거부처분이 없었던 것과 같은 상태, 즉 거부처분이 있기 전의 신청시의 상태로 되돌아가는 데에 불과하고 행정청에게 신청에 따른 처분을 하여야 할 의무가 생기는 것이 아니므로, 〈거부처분의 효력정지〉는 그 거부처분으로 인하여 신청인에게 생길 손해를 방지하는 데 아무런 보탬이 되지 아니하여 그 효력정지를 구할 이익이 없다(1995.6.21. 95두26).

ㄴ. ○ 집행정지결정 발부 but 처분이 적법으로 판명: 집행정지 없었던 경우와 동등 수준 제재조치 필요
제재처분에 대한 행정쟁송절차에서 처분에 대해 **집행정지결정이 이루어졌더라도** 본안에서 해당 **처분이 최종적으로 적법한 것으로 확정되어** 집행정지결정이 실효되고 제재처분을 다시 집행할 수 있게 되면, 처분청으로서는 당초 집행정지결정이 없었던 경우와 동등한 수준으로 해당 제재처분이 집행되도록 필요한 조치를 취하여야 한다(2020.9.3. 2020두34070).

ㄷ. ✕ 효력기간이 정해진 제재처분에 판결선고시까지 집행정지 → 집행정지결정시부터 판결선고시까지 미진행 / 판결선고시부터 재진행(집행정지기간 중 당초의 유효기간이 경과했더라도 재진행하는 것은 마찬가지)

집행정지결정의 효력은 결정주문에서 정한 종기까지 존속하고, 그 종기가 도래하면 당연히 소멸한다. 따라서 **효력기간이 정해져 있는 제재적 행정처분**에 대한 취소소송에서 법원이 본안소송의 **판결선고시까지 집행정지결정**을 하면, 처분에서 정해 둔 효력기간(집행정지결정 당시 이미 일부 집행되었다면 그 나머지 기간)은 판결선고시까지 진행하지 않다가 판결이 선고되면 그때 집행정지결정의 효력이 소멸함과 동시에 처분의 효력이 당연히 부활하여 처분에서 정한 **효력기간이 다시 진행한다**. 이는 처분에서 효력기간의 시기(始期)와 종기(終期)를 정해 두었는데, 그 시기와 종기가 집행정지기간 중에 모두 경과한 경우에도 특별한 사정이 없는 한 마찬가지이다(편저자: 처분 실효✕, 처분의 효력이 당연 부활하여 재진행)(2022.2.11. 2021두40720).

ㄹ. ○ 재산상 손해나 이미지·신용 훼손으로 인한 손해: 그로 인해 사업을 계속할 수 없거나 중대한 경영상 위기를 맞게 되는 등의 사정이 있어야 회복하기 어려운 손해에 해당

당사자가 처분등이나 그 집행 또는 절차의 속행으로 인하여 재산상의 손해를 입거나 기업 이미지 및 신용이 훼손당하였다고 주장하는 경우에 그 손해가 금전으로 보상될 수 없어 '**회복하기 어려운 손해**'에 해당한다고 하기 위해서는 그 **경제적 손실이나 기업 이미지 및 신용의 훼손**으로 인하여 사업자의 자금사정이나 경영전반에 미치는 파급효과가 매우 중대하여 **사업 자체를 계속할 수 없거나 중대한 경영상의 위기를 맞게 될 것으로 보이는 등의 사정이 존재하여야** 한다(2003.10.9. 2003무23).

필수문제 12

「행정소송법」제8조 제2항은 "행정소송에 관하여 이 법에 특별한 규정이 없는 사항에 대하여는 「법원조직법」과 「민사소송법」 및 「민사집행법」의 규정을 준용한다."고 규정한다. 이에 관한 다음의 설명 중 옳지 않은 것은? (단, 다툼이 있는 경우 판례에 의함) 17사복9

① 행정소송사건에서 「민사소송법」상 보조참가가 허용된다.
② 「민사소송법」상 가처분은 항고소송에서 허용된다.
③ 「민사집행법」상 가처분은 당사자소송에서 허용된다.
④ 행정소송으로 제기해야 할 사건을 민사소송으로 잘못 제기한 경우에 수소법원이 행정소송에 대한 관할이 없다면 특별한 사정이 없는 한 관할법원에 이송하여야 한다.

해설

① ○ 행정소송사건에서도 민사소송법상 보조참가 가능
행정소송사건에서 참가인이 한 보조참가가 행정소송법 제16조가 규정한 제3자의 소송참가에 해당하지 않는 경우에도, 판결의 효력이 참가인에게까지 미치는 점 등 행정소송의 성질에 비추어 보면 그 참가는 민사소송법 제78조에 규정된 공동소송적 보조참가이다(2013.3.28. 2011두13729).

+ PLUS 국민은 행정소송법상 제3자의 소송참가 외에 민사소송법상 보조참가를 할 수도 있다. 반면, 행정청은 민사소송법상 보조참가를 할 수는 없고, 행정소송법상 행정청의 참가를 할 수 있을 뿐이다.

② × 항고소송: 행정소송법상 집행정지 가능 so 민사소송법상의 가처분 불가
항고소송의 대상이 되는 행정처분의 효력이나 집행 혹은 절차속행 등의 정지를 구하는 신청은 행정소송법상 집행정지신청의 방법으로서만 가능할 뿐 민사소송법상 가처분의 방법으로는 허용될 수 없다(2009.11.2. 2009마596).

+ PLUS 2002년 민사집행법이 제정되기 전의 판례이다. 그 이전에는 민사소송법에 가처분 규정이 있었다.

③ ○ 당사자소송: 행정소송법상 집행정지 불가 so 민사집행법상 가처분 가능
당사자소송에 대하여는 행정소송법 제23조 제2항의 집행정지에 관한 규정이 준용되지 아니하므로(행정소송법 제44조 제1항 참조), 이를 본안으로 하는 가처분에 대하여는 행정소송법 제8조 제2항에 따라 민사집행법상 가처분에 관한 규정이 준용되어야 한다(2015.8.21. 2015무26).

	집행정지(행정소송법)	가처분(민사집행법)	가집행(민사집행법)
항고소송	○ • 단, 거부처분에는 × • 부작위법확인소송에는 ×	×②	×
당사자소송	× (∵ 집행정지 준용 ×)	○ (∵ 집행정지 사용 ×)	○③

④ ○ 행정사건을 민사소송으로 잘못 제기 → 수소법원에 행정관할이 없는 경우: 행정법원에 이송(단, 소송요건결여 명백시 이송 없이 각하)
원고가 고의 또는 중대한 과실 없이 행정소송으로 제기하여야 할 사건을 민사소송으로 잘못 제기한 경우, 수소법원으로서는 만약 그 행정소송에 대한 관할을 동시에 가지고 있다면 이를 행정소송으로 심리·판단하여야 하고, 그 행정소송에 대한 관할을 가지고 있지 아니하다면 당해 소송이 이미 행정소송으로서의 전심절차와 제소기간을 도과하였거나 행정소송의 대상이 되는 처분등이 존재하지도 아니한 상태에 있는 등 행정소송으로서 소송요건을 결하고 있음이 명백하여 행정소송으로 제기되었더라도 어차피 부적법하게 되는 경우가 아닌 이상 이를 부적법한 소라고 하여 각하할 것이 아니라 관할법원에 이송하여야 한다(2018.7.26. 2015다221569).

관련 OX

② 관련

1 행정처분의 효력이나 집행 혹은 절차속행 등의 정지를 구하는 신청은 「행정소송법」상 집행정지신청의 방법으로서만 가능할 뿐 「민사소송법」상 가처분의 방법으로는 허용될 수 없다. 25지방9

④ 관련

2 원고가 고의 또는 중대한 과실 없이 행정소송으로 제기하여야 할 사건을 민사소송으로 잘못 제기한 경우, 수소법원으로서는 만약 그 행정소송에 대한 관할도 동시에 가지고 있다면 이를 행정소송으로 심리·판단하여야 하고, 그 행정소송에 대한 관할을 가지고 있지 아니하다면 관할법원에 이송하여야 한다. 21군무원9

3 원고가 고의 또는 중대한 과실 없이 행정소송으로 제기하여야 할 사건을 민사소송으로 잘못 제기한 경우, 행정소송에 대한 관할을 가지고 있지 아니한 수소법원은 당해 소송이 행정소송으로서의 제소기간을 도과한 것이 명백하더라도 관할법원에 이송하여야 한다. 22지방7

선지분석 & 요플·기풀기링크

선지	THEME	요플	기풀기
①	T64 소송상 제도	16	014
②	T62 집행정지	52	058
③		53	059
④	T59 관할법원	03	002

정답 ②

OX 1○ 2○ 3×

13

행정쟁송에 있어서 가구제에 대한 설명으로 옳지 않은 것은? (다툼이 있는 경우 판례에 의함)

25지방9

① 「행정소송법」상 집행정지의 결정 또는 기각의 결정에 대하여는 즉시항고할 수 있다.
② 행정처분의 효력이나 집행 혹은 절차속행 등의 정지를 구하는 신청은 「행정소송법」상 집행정지신청의 방법으로서만 가능할 뿐 「민사소송법」상 가처분의 방법으로는 허용될 수 없다.
③ 「행정심판법」상 임시처분은 집행정지로 목적을 달성할 수 없는 경우 관할 행정심판위원회가 직권으로 또는 당사자의 신청에 의하여 결정할 수 있다.
④ 집행정지결정 후 본안소송이 취하되어 소송이 계속되지 아니하더라도 집행정지결정의 효력이 당연히 소멸되는 것은 아니고 별도의 취소조치를 필요로 한다.

관련 OX

② 관련

1 (「행정소송법」 제8조 제2항은 "행정소송에 관하여 이 법에 특별한 규정이 없는 사항에 대하여는 「법원조직법」과 「민사소송법」 및 「민사집행법」의 규정을 준용한다."고 규정한 것과 관련하여) 「민사소송법」상 가처분은 항고소송에서 허용된다.

17사복9

해설

① ○

행정소송법 제23조(집행정지) ⑤ 제2항의 규정에 의한 집행정지의 결정 또는 기각의 결정에 대하여는 즉시항고할 수 있다. 이 경우 집행정지의 결정에 대한 즉시항고에는 결정의 집행을 정지하는 효력이 없다.

② ○ 항고소송: 행정소송법상 집행정지 가능 so 민사소송법상의 가처분 불가
항고소송의 대상이 되는 행정처분의 효력이나 집행 혹은 절차속행 등의 정지를 구하는 신청은 행정소송법상 집행정지신청의 방법으로서만 가능할 뿐 민사소송법상 가처분의 방법으로는 허용될 수 없다(2009.11.2. 2009마596).

③ ○

행정심판법 제31조(임시처분) ① 위원회는 처분 또는 부작위가 위법·부당하다고 상당히 의심되는 경우로서 처분 또는 부작위 때문에 당사자가 받을 우려가 있는 중대한 불이익이나 당사자에게 생길 급박한 위험을 막기 위하여 임시지위를 정하여야 할 필요가 있는 경우에는 직권으로 또는 당사자의 신청에 의하여 임시처분을 결정할 수 있다.
③ 제1항에 따른 임시처분은 제30조 제2항에 따른 집행정지로 목적을 달성할 수 있는 경우에는 허용되지 아니한다.

④ × 본안소송이 취하된 경우: 집행정지결정 당연실효(별도 취소조치 불요)
집행정지결정을 한 후에라도 본안소송이 취하되어 소송이 계속하지 아니한 것으로 되면 집행정지결정은 당연히 그 효력이 소멸되는 것이고 별도의 취소조치를 필요로 하는 것이 아니다(2007.6.28. 2005무75).

선지선택비율 ① 6.82% ② 9.01% ③ 8.30% ④ 75.86% 오답률 24.14%

선지분석 & 요플·기풀기링크

선지	THEME	요플	기풀기
①	T62 집행정지	50	052
②		52	058
③	T68 행정심판(조문)	104	096
④	T62 집행정지	29	030

THEME 62 가구제 – 집행정지(항고소송) / 가처분(당사자소송)

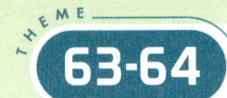

63-64 행정소송의 심리

기 940-981
요 269-280

T63 행정소송의 심리(1) - 심리의 원칙·종류·내용

01

항고소송에 대한 설명으로 옳은 것은? (다툼이 있는 경우 판례에 의함) 18지방9

① 취소소송의 소송물을 처분의 위법성 일반으로 보게 되면, 어떠한 처분에 대한 청구기각의 확정판결이 있는 경우에도 후에 제기되는 취소소송에서 그 처분의 위법성을 주장할 수 있다.
② 소송에 있어서 처분권주의는 사적 자치에 근거를 둔 법질서에 뿌리를 두고 있으므로 취소소송에는 적용되지 않는다.
③ 취소소송의 심리에 있어서 주장책임은 직권탐지주의를 보충적으로 인정하고 있는 한도 내에서 그 의미가 완화된다.
④ 부작위위법확인소송에서 사인의 신청권의 존재 여부는 부작위의 성립과 관련하므로 원고적격의 문제와는 관련이 없다.

해설

① ✗
■ 취소소송의 소송물 - 위법성 일반설 vs 개개 위법사유설

	기판력의 범위	논거
계쟁처분의 위법성 일반설(多, 判)	• 처분의 위법·적법 일반에 기판력 발생 → 기각판결 후 후소에서 다른 사유를 들어 처분의 위법성을 주장할 수 없음①	분쟁의 일회적 해결
계쟁처분의 개개 위법사유설	• 처분의 사유별 위법·적법에 기판력 발생 → 기각판결 후 후소에서 다른 사유를 들어 처분의 위법성 주장 가능	국민의 권리구제 확대
계쟁처분에 의하여 권리가 침해되었다는 원고의 법적 주장설	권리침해에 대한 원고의 법적주장에 대한 인부에 기판력 발생	주관소송성 및 소송법적 관점에서의 접근 강조

• 소송물이란, 심판의 대상이 되는 소송상의 청구를 말하며, 기판력이 미치는 범위가 된다. 취소소송의 소송물이 무엇인지에 대해 견해의 대립이 있다. 취소소송의 소송물을 처분의 〈위법성 일반〉으로 보는 통설·판례에 따를 경우, 어떠한 처분에 대해 청구기각의 확정판결이 있으면 동 처분은 일반적으로 적법하다는 데에 기판력이 발생한다. 따라서 후소에서 동일 처분에 대하여 다른 위법사유를 들며 위법을 주장할 수 없다. ① 전소와 후소 모두 당해 '처분의 위법 여부'가 소송물이 되어 소송물이 동일하기 때문이다.

• 반면, 취소소송의 소송물을 처분의 〈개개의 위법사유〉로 보는 소수설에 따를 경우, 어떠한 처분에 대해 청구기각의 확정판결이 있더라도 동 처분이 문제된 위법사유(A)와의 관계에서는 적법하다는데 기판력이 발생할 뿐이다. 따라서 후소에서 동일 처분에 대하여 다른 위법사유(B)를 들며 위법을 주장할 수 있다. 이 경우는 전소의 소송물은 'A사유에 대한 처분의 위법 여부', 후소의 소송물은 'B사유에 대한 처분의 위법 여부'가 되어 소송물이 동일하지 않아 기판력이 미치지 않기 때문이다.

관련 OX

① 관련

1 취소판결의 기판력은 소송의 대상이 된 처분의 위법성 존부에 관한 판단 그 자체에만 미치기 때문에 기각판결의 원고는 당해 소송에서 주장하지 아니한 다른 위법사유를 들어 다시 처분의 효력을 다툴 수 있다. 18국회8

2 취소확정판결이 있으면 당사자는 동일한 소송물을 대상으로 다시 소를 제기할 수 없다. 14지방9

② ③ 관련

3 「행정소송법」 제26조는 행정소송에서 직권심리주의가 적용되도록 하고 있지만, 행정소송에서도 당사자주의나 변론주의의 기본 구도는 여전히 유지된다. 17국가(상)9

4 행정소송에서 기록상 자료가 나타나 있다 하더라도 당사자가 주장하지 않았다면 행정소송의 특수성에 비추어 법원은 이를 판단할 수 없다. 15지방7

5 법원은 행정소송에서 기록상 자료가 나타나 있다면 당사자가 주장하지 않았더라도 판단할 수 있다. 14국가9

선지분석 & 요플·기풀기링크

선지	THEME	요플	기풀기
①	T66 판결의 효력	53	022
②	T63 소송방식	10	001
③		15	006
④	T54 거부처분	22	022

② ×, ③ ○

행정소송법 제26조(직권심리) 법원은 필요하다고 인정할 때에는 직권으로 증거조사를 할 수 있고, 당사자가 주장하지 아니한 사실에 대하여도 판단할 수 있다.③

> **+ PLUS** 소송의 심리방식은 크게 당사자주의와 직권심리주의로 대별할 수 있다. 이와 관련하여 행정소송법 제26조는 취소소송에서 직권심리주의를 인정하고 있다. 그러나 이는 전면적 직권심리주의의 도입이 아니라, 처분권주의와 변론주의를 근간으로 하는 당사자주의의 기본구도는 유지하되,② 행정소송의 공익적 성격을 고려해 직권심리주의로 보충하는 것이다. 즉, 변론주의하에서는 사실의 주장책임과 증거의 제출책임이 온전히 당사자에게만 맡겨져 있으나, 이러한 주장책임과 증거제출책임을 직권심리주의로 보충하여 당사자의 책임을 완화하는 것이다(행정소송법 제26조).③ 따라서 행정소송에서 기록상 나타난 사항까지는 당사자가 주장하지 않아도 법원에서 판단할 수 있다는 것이 판례의 태도이다. 그러나 기록상으로도 나타나지 않은 사항에 대해서까지 법원이 직권으로 증거조사를 하여 사실을 판단할 수는 없다. 직권주의는 어디까지나 예외적으로 당사자주의를 보충하는 것일 뿐, 직권주의 자체가 원칙이 되는 것은 아니기 때문이다.
>
> **관련** 기록에 현출되어 있는 사항에 관하여서만 직권으로 증거조사를 하고 이를 기초로 하여 판단할 수 있을 따름이고, 그것도 법원이 필요하다고 인정할 때에 한하여 청구의 범위 내에서 증거조사를 하고 판단할 수 있을 뿐이다(1994.10.11. 94누4820).

④ × 부작위법확인의 소에 있어 당사자가 행정청에 대하여 어떠한 행정행위를 하여 줄 것을 요구할 수 있는 법규상 또는 조리상 권리를 갖고 있지 아니한 경우에는 원고적격이 없거나 항고소송의 대상인 위법한 부작위가 있다고 볼 수 없어 그 부작위법확인의 소는 부적법하다(1999.12.7. 97누17568).

> **+ PLUS** 부작위법확인소송에서는 신청권의 존재가 대상적격(부작위의 존재) 및 원고적격(법률상 이익) 모두와 관련이 있다.

정답 ③
OX 1× 2○ 3○ 4× 5○

02

행정소송의 심리에 대한 설명으로 옳지 않은 것은? (다툼이 있는 경우 판례에 의함) 14국가9

① 소송요건의 존부는 사실심 변론종결시를 기준으로 판단한다.
② 「행정소송법」은 법원이 직권으로 관계행정청에 자료제출을 요구할 수 있음을 규정하고 있다.
③ 법원은 소송제기가 없는 사건에 대하여 심리 · 재판할 수 없다.
④ 법원은 행정소송에서 기록상 자료가 나타나 있다면 당사자가 주장하지 않았더라도 판단할 수 있다.

관련 OX

① 관련

1 취소소송의 원고적격은 소송요건의 하나이므로 사실심 변론종결시는 물론 상고심에서도 존속하여야 하고 이를 흠결하면 부적법한 소가 된다. 15사복9

④ 관련

2 (행정소송법에 따르면) 법원은 필요하다고 인정할 때에는 직권으로 증거조사를 할 수 있고, 당사자가 주장하지 아니한 사실에 대하여도 판단할 수 있다. 16경행

3 행정소송에서 기록상 자료가 나타나 있다 하더라도 당사자가 주장하지 않았다면 행정소송의 특수성에 비추어 법원은 이를 판단할 수 없다. 15지방7

해설

① ○ <u>소송요건의 존부</u>는 제소시가 아니라, <u>변론종결시를 기준으로 판단</u>한다. 따라서 제소시 기준으로는 소송요건에 흠결이 있더라도 변론종결시 기준으로는 흠결이 없다면 적법한 소로 취급돼 본안판결을 받을 수 있다. 반대로 제소시에는 소송요건을 갖췄더라도, 변론종결시에 소송요건에 흠결이 생긴 경우에는 본안판결을 받을 수 없다. 즉, 각하판결을 받게 된다.

② × 현행 행정소송법은 일반적 자료제출요구제도 대신 재결청에 대한 행정심판 제출명령제도만을 두고 있다. 입법론적으로는 관계행정청에 대한 자료제출요구제도를 도입하자는 견해가 상당하다.

행정소송법 제25조(행정심판기록의 제출명령) ① 법원은 당사자의 **신청**이 있는 때에는 결정으로써 **재결을 행한 행정청**에 대하여 **행정심판에 관한 기록의 제출을 명**할 수 있다.

③ ○ 행정소송에서도 원칙적으로 당사자주의가 적용된다. 따라서 당사자주의의 내용인 처분권주의가 행정소송에 적용되는바, 소송의 개시, 소송의 대상, 그리고 소송의 종료는 모두 당사자의 책임과 권능으로 한다. 따라서 <u>법원은 소송제기가 없는 사건을 심리 · 재판할 수 없다.</u>
+ PLUS 행정소송에도 당사자주의(처분권주의 + 변론주의) 적용○ → 소송의 개시, 대상, 종료는 당사자가 정함

④ ○ 기록상 나타난 자료: 당사자가 주장하거나 제출하지 않아도 직권으로 판단하고 조사 가능
<u>행정소송에서 기록상 자료가 나타나 있다면 당사자가 주장하지 않았더라도 판단할 수 있고</u>, 당사자가 제출한 소송자료에 의하여 법원이 처분의 적법 여부에 관한 합리적인 의심을 품을 수 있음에도 단지 구체적 사실에 관한 주장을 하지 아니하였다는 이유만으로 당사자에게 석명을 하거나 직권으로 심리 · 판단하지 아니함으로써 구체적 타당성이 없는 판결을 하는 것은 허용될 수 없다(2010.2.11. 2009두18035).

행정소송법 제26조(직권심리) 법원은 필요하다고 인정할 때에는 직권으로 증거조사를 할 수 있고, <u>당사자가 주장하지 아니한 사실에 대하여도 판단할 수 있다.</u>

선지분석 & 요플 · 기풀기링크

선지	THEME	요플	기풀기
①	T65 판결 기준시/종류	01	001
②		21	010
③	T63 소송방식	11	002
④		14	007

정답 ②

 1○ 2○ 3×

03

행정소송의 심리에 대한 설명으로 옳은 것은? (다툼이 있는 경우 판례에 의함)   15지방7

① "법원은 필요하다고 인정할 때에는 직권으로 증거조사를 할 수 있고, 당사자가 주장하지 아니한 사실에 대하여도 판단할 수 있다."라고 규정하고 있는 「행정소송법」 제26조는 당사자소송에도 준용된다.
② 취소소송의 직권심리주의를 규정하고 있는 「행정소송법」 제26조의 규정을 고려할 때, 행정소송에 있어서 법원은 원고의 청구범위를 초월하여 그 이상의 청구를 인용할 수 있다.
③ 사실심에서 변론종결시까지 당사자가 주장하지 않던 직권조사사항에 해당하는 사항을 상고심에서 비로소 주장하는 경우 그 직권조사사항에 해당하는 사항은 상고심의 심판범위에 해당하지 않는다.
④ 행정소송에서 기록상 자료가 나타나 있다 하더라도 당사자가 주장하지 않았다면 행정소송의 특수성에 비추어 법원은 이를 판단할 수 없다.

관련 OX

③ 관련
1 행정소송에서 쟁송의 대상이 되는 행정처분의 존부에 관한 사항이 상고심에서 비로소 주장된 경우에 행정처분의 존부에 관한 사항은 상고심의 심판범위에 해당한다.   20국가9

④ 관련
2 법원은 행정소송에서 기록상 자료가 나타나 있다면 당사자가 주장하지 않았더라도 판단할 수 있다.   14국가9

해설

① ○ 취소소송의 직권심리주의(행정소송법 제26조) 규정은 당사자소송에도 준용된다.

행정소송법 제26조(직권심리) 법원은 필요하다고 인정할 때에는 직권으로 증거조사를 할 수 있고, 당사자가 주장하지 아니한 사실에 대하여도 판단할 수 있다.
제44조(준용규정) ① … 제26조의 규정은 당사자소송의 경우에 준용한다.

② ✕ 행정소송법 제26조의 직권심리 규정: 행정소송에서 청구범위를 초월한 인용을 허용하는 의미 ✕
행정소송법 제26조에서 직권심리주의를 채용하고 있으나 이는 행정소송에 있어서 원고의 청구범위를 초월하여 그 이상의 청구를 인용할 수 있다는 의미가 아니라 원고의 청구범위를 유지하면서 그 범위 내에서 필요에 따라 주장 외의 사실에 관하여도 판단할 수 있다는 뜻이다(1987.11.10. 86누491).

③ ✕ 소송요건: 직권조사사항 / 상고심에서야 주장해도 심판범위 해당
행정소송에서 쟁송의 대상이 되는 행정처분의 존부는 〈소송요건〉으로서 직권조사사항이고, 자백의 대상이 될 수 없는 것이므로, 설사 그 존재를 당사자들이 다투지 아니한다 하더라도 그 존부에 관하여 의심이 있는 경우에는 이를 직권으로 밝혀 보아야 할 것이고, 사실심에서 변론종결시까지 당사자가 주장하지 않던 직권조사사항에 해당하는 사항을 상고심에서 비로소 주장하는 경우 그 직권조사사항에 해당하는 사항은 상고심의 심판범위에 해당한다(2004.12.24. 2003두15195).

④ ✕ 기록상 나타난 자료: 당사자가 주장하거나 제출하지 않아도 직권으로 판단하고 조사 가능
행정소송에서 기록상 자료가 나타나 있다면 당사자가 주장하지 않았더라도 판단할 수 있고 … (2010. 2.11. 2009두18035).

선지분석 & 요플·기풀기링크

선지	THEME	요플	기풀기
①		18	020
②	T63 소송방식	12	003
③		05	016
④		14	007

정답 ①
OX 1○ 2○

04

행정소송의 심리에 대한 설명으로 옳지 않은 것은? 23지방9

① 「행정소송법」에 따르면 법원은 필요하다고 인정할 때에는 직권으로 증거조사를 할 수 있으나, 당사자가 주장하지 아니한 사실에 대하여는 판단할 수 없다.

② 법원은 행정처분 당시 행정청이 알고 있었던 자료뿐만 아니라 사실심 변론종결 당시까지 제출된 모든 자료를 종합하여 처분 당시 존재하였던 객관적 사실을 확정하고 그 사실에 기초하여 처분의 위법 여부를 판단할 수 있다.

③ 「행정소송법」에 따르면 법원은 당사자의 신청이 있는 때에는 결정으로써 재결을 행한 행정청에 대하여 행정심판에 관한 기록의 제출을 명할 수 있고, 제출명령을 받은 행정청은 지체 없이 당해 행정심판에 관한 기록을 법원에 제출하여야 한다.

④ 결혼이민[F-6 (다)목] 체류자격을 신청한 외국인에 대하여 행정청이 그 요건을 충족하지 못하였다는 이유로 거부처분을 하는 경우 '그 요건을 갖추지 못하였다는 판단', 즉 '혼인파탄의 주된 귀책사유가 국민인 배우자에게 있지 않다는 판단' 자체가 처분사유가 되는바, 결혼이민[F-6 (다)목] 체류자격 거부처분 취소소송에서 그 처분사유에 관한 증명책임은 피고 행정청에 있다.

관련 OX

② 관련

1 처분의 위법 여부는 처분 당시의 법령과 사실상태를 기준으로 판단하여야 하므로, 법원은 처분 당시에 행정청이 알고 있었던 자료만을 기초로 처분 당시 존재하였던 객관적 사실을 확정하여 처분의 위법 여부를 판단하여야 한다. 22변시

③ 관련

2 법원으로부터 행정심판기록의 제출명령을 받은 행정청은 지체없이 당해 행정심판에 관한 기록을 법원에 제출하여야 한다. 23국회8

해설

① ✕ 법원은 직권으로 증거조사를 할 수 있고, 당사자가 주장하지 아니한 사실에 대하여도 판단할 수 있다. 주장하지 아니한 사실을 판단할 수 없다고 한 부분이 틀렸다.

행정소송법 제26조(직권심리) 법원은 **필요하다고 인정**할 때에는 **직권으로 증거조사**를 할 수 있고, 당사자가 **주장하지 아니한 사실**에 대하여도 **판단할 수** 있다.

② ○ 처분의 위법성 판단의 자료: 처분 후 제출된 자료도 활용 가능(처분시 자료에 한정✕)
처분 당시의 사실상태 등에 관한 증명은 사실심 변론종결 당시까지 할 수 있고, 법원은 행정처분 당시 행정청이 알고 있었던 자료뿐만 아니라 사실심 변론종결 당시까지 제출된 모든 자료를 종합하여 처분 당시 존재하였던 객관적 사실을 확정하고 그 사실에 기초하여 처분의 위법 여부를 판단할 수 있다(2019.7.25. 2017두55077).

+ PLUS 처분의 위법성은 처분시를 기준으로 판단한다. 처분의 위법 여부를 처분시를 기준으로 판단한다는 것은 처분 후 밝혀진 사실이나 제출된 자료로 처분시 상황을 판단할 수 없다는 뜻은 아니다. 법원이 사실심 변론종결 당시까지 제출된 모든 자료를 통합하여 처분 당시의 객관적 사실을 확정하고 그에 기초하여 처분의 위법 여부를 판단하는 것이 처분시를 기준으로 처분의 위법 여부를 판단하는 것이다.

③ ○

행정소송법 제25조(행정심판기록의 제출명령) ① 법원은 **당사자의 신청**이 있는 때에는 결정으로써 재결을 행한 행정청에 대하여 **행정심판에 관한 기록의 제출을 명할 수 있다.**
② 제1항의 규정에 의한 제출명령을 받은 행정청은 **지체 없이** 당해 행정심판에 관한 기록을 법원에 **제출하여야** 한다.

④ ○ 결혼이민 체류자격 거부처분에서의 거부사유(국민인 배우자에게 혼인파탄의 귀책 없음) → 피고 행정청이 거부사유 입증책임
결혼이민 체류자격을 신청한 외국인에 대하여 행정청이 그 요건을 충족하지 못하였다는 이유로 거부처분을 하는 경우에는 '그 요건을 갖추지 못하였다는 판단', 다시 말해 '혼인파탄의 주된 귀책사유가 국민인 배우자에게 있지 않다는 판단' 자체가 처분사유가 된다. 결혼이민 체류자격 거부처분 취소소송에서도 그 처분사유에 관한 증명책임은 피고 행정청에 있다(2019.7.4. 2018두66869).

선지선택비율 ① 69.98% ② 5.90% ③ 7.50% ④ 16.63% 오답률 30.02%

선지분석 & 요플·기풀기링크

선지	THEME	요플	기풀기
①	T63 소송방식	13	004
②	T65 판결 기준시/종류	12	011
③	T63 소송방식	20	011
④		23	024

정답 ①
OX 1✕ 2○

T64 행정소송의 심리(2) - 소송 중 각종 변동제도 일괄정리

01

행정소송제도에 대한 설명으로 옳지 않은 것은?

21군무원9

① 개별법령에 합의제 행정청의 장을 피고로 한다는 명문규정이 없는 한 합의제 행정청 명의로 한 행정처분의 취소소송의 피고적격자는 당해 합의제 행정청이 아닌 합의제 행정청의 장이다.
② 원고가 피고를 잘못 지정한 경우 피고경정은 취소소송과 당사자소송 모두에서 사실심 변론종결에 이르기까지 허용된다.
③ 법원은 당사자소송을 취소소송으로 변경하는 것이 상당하다고 인정할 때에는 청구의 기초에 변경이 없는 한 사실심의 변론종결시까지 원고의 신청에 의하여 결정으로써 소의 변경을 허가할 수 있다.
④ 당사자소송의 원고가 피고를 잘못 지정하여 피고경정신청을 한 경우 법원은 결정으로써 피고의 경정을 허가할 수 있다.

관련 OX

② 관련
1 원고가 피고를 잘못 지정한 경우 피고경정은 사실심 변론종결까지만 허용되므로 상고심에서는 피고경정이 허용되지 않는다. 23서울(지적)7(변형)

③ 관련
2 당사자소송을 항고소송으로 변경하는 것은 허용되지 않는다. 18서울9

해설

① × 원칙적으로 공정거래위원회, 감사원 등 **합의제기관이 처분청인 경우에는** 특별한 규정이 없는 한 그 기관의 장이 아니라 **기관 자체가 행정청으로서 피고가 된다.** 다만, 노동위원회법에서는 중앙노동위원회의 처분의 경우 위원장을 피고로 하도록 규정하고 있다.
②④ ○ 판례는 피고경정의 경우 사실심 변론종결에 이르기까지 허용된다고 한다. 당사자소송에서도 취소소송의 피고경정 규정을 준용한다. 따라서 취소소송, 당사자소송 모두 사실심 변론종결에 이르기까지 피고경정이 허용된다.② 이때, 피고경정은 원고의 신청에 의하여 법원이 결정으로써 피고의 경정을 허가할 수 있다.④

• 행정소송법 제14조에 의한 **피고경정은 사실심 변론종결에 이르기까지 허용**되는 것으로 해석하여야 할 것이고, 굳이 제1심 단계에서만 허용되는 것으로 해석할 근거는 없다(2006.2.23. 2005부4).

행정소송법 제14조(피고경정) ① 원고가 피고를 잘못 지정한 때에는 법원은 원고의 신청에 의하여 결정으로써 피고의 경정을 허가할 수 있다.

③ ○

행정소송법 제42조(소의 변경) 제21조의 규정은 당사자소송을 항고소송으로 변경하는 경우에 준용한다.
제21조(소의 변경) ① 법원은 **취소소송을** 당해 처분등에 관계되는 사무가 귀속하는 국가 또는 공공단체에 대한 **당사자소송** 또는 취소소송 외의 항고소송으로 **변경하는 것이 상당하다고 인정**할 때에는 청구의 기초에 변경이 없는 한 사실심의 변론종결시까지 원고의 **신청**에 의하여 결정으로써 소의 변경을 허가할 수 있다.

선지분석 & 요플·기풀가링크

선지	THEME	요플	기풀기
①	T58 피고적격	23	025
②		11	004
③	T64 소송상 제도	32	039
④		95	096

정답 ①
OX 1○ 2×

02

제3자의 소송참가에 대한 설명으로 옳지 않은 것은? 12국가9

① 제3자의 소송참가에는 신청에 의한 경우와 직권에 의한 경우가 있다.
② 「행정소송법」은 제3자 보호를 위하여 제3자의 소송참가 외에 제3자의 재심청구를 인정하고 있다.
③ 취소소송의 제3자 소송참가에 관한 규정은 무효등확인소송, 부작위위법확인소송, 당사자소송에도 준용된다.
④ 제3자는 판결의 형성력에 의해 권리 또는 이익의 침해를 받을 자를 말하며, 판결의 기속력에 의해 권리 또는 이익의 침해를 받는 경우는 포함되지 않는다.

관련 OX

① 관련

1 법원은 소송의 결과에 따라 권리 또는 이익의 침해를 받을 제3자가 있는 경우에는 당사자 또는 제3자의 신청 또는 직권에 의하여 결정으로써 그 제3자를 소송에 참가시킬 수 있다. 24소간

해설

① ○

행정소송법 제16조(제3자의 소송참가) ① 법원은 소송의 결과에 따라 권리 또는 이익의 침해를 받을 제3자가 있는 경우에는 당사자 또는 제3자의 **신청 또는 직권**에 의하여 결정으로써 그 **제3자를 소송에 참가**시킬 수 있다.

② ○

행정소송법 제31조(제3자에 의한 재심청구) ① 처분등을 취소하는 판결에 의하여 권리 또는 이익의 침해를 받은 제3자는 자기에게 **책임 없는 사유로 소송에 참가하지 못함**으로써 판결의 결과에 영향을 미칠 공격 또는 방어방법을 제출하지 못한 때에는 이를 이유로 확정된 종국판결에 대하여 **재심의 청구를 할 수** 있다.

③ ○ 행정소송법은 소송참가 규정(제16, 17조)을③ 취소소송 외 항고소송(무효등확인소송, 부작위위법확인소송)과 당사자소송에 준용하고 있다(제38, 44조).

■ 취소소송 준용 여부 – 소송계속 중의 각종 제도

	피고경정 (14)	제3자·행정청 소송참가③ (16, 17)	제3자 재심청구 (31)	관련청구소송 이송·병합 (10)	공동소송 (15)	소(종류)의 변경 (21)	처분변경으로 인한 소의 변경 (22)
무효등확인	○	○	○	○	○	○	○
부작위 위법확인	○	○	○	○	○	○	×
당사자소송	○	○	×	○	○	○	○

④ × 제3자의 소송참가는 "소송결과에 따라 권리나 이익의 침해를 받을 제3자가" 스스로의 이익을 옹호하기 위해 타인의 소송에 참가하는 것이다(행정소송법 제16조). "소송결과에 따라 권리나 이익의 침해를 받는다."는 것은 사실상의 이익이 아닌 **법률상의 이익**을 말한다. 그리고 법률상의 이익인 이상 판결의 형성력에 의한 이익침해뿐 아니라, 기속력에 의한 이익침해도 포함한다.

선지분석 & 요플·기풀기링크

선지	THEME	요플	기풀기
①	T64 소송상 제도	04	006
②	T67 제3자의 지위	16	016
③	T64 소송상 제도	96	097
④	T67 제3자의 지위	12	012

 정답 ④
 OX 1○

03

행정소송에 대한 판례의 입장으로 옳은 것은? 15국가9

① 사립학교 교원에 대한 학교법인의 해임처분을 취소소송의 대상이 되는 행정청의 처분으로 볼 수 있으므로 학교법인을 상대로 한 불복은 행정소송에 의한다.

② 취소소송에 당해 처분의 취소를 선결문제로 하는 부당이득반환청구가 병합된 경우 그 청구가 인용되려면 소송절차에서 당해 처분의 취소가 확정되어야 한다.

③ 특정 소송사건에서 당사자 일방을 보조하기 위하여 보조참가를 하려면 당해 소송의 결과에 대하여 사실상, 경제상 또는 감정상의 이해관계가 있으면 충분하며 법률상의 이해관계가 요구되는 것은 아니다.

④ 행정처분에 대한 무효확인과 취소청구는 서로 양립할 수 없는 청구로서 주위적·예비적 청구로서만 병합이 가능하고 선택적 청구로서의 병합은 허용되지 않는다.

관련 OX

① 관련

1 사립학교 교원의 징계는 사립학교의 공적 성격을 고려할 때 행정처분에 해당한다. 21국회8

② 관련

2 취소소송에 당해 처분과 관련되는 부당이득반환청구소송이 병합되어 제기된 경우, 부당이득반환청구가 인용되기 위해서는 그 소송절차에서 판결에 의해 당해 처분이 취소되면 충분하고 그 처분의 취소가 확정되어야 하는 것은 아니다. 18국가7

3 (국민건강보험공단은 甲에게 보험료 부과처분을 하였다. 이에 甲은 그 잔액을 납부하였으나 나중에 위 보험료 부과처분에 하자가 있다는 사실을 알게 되었다) 甲이 취소소송과 부당이득반환청구소송을 병합하여 제기한 경우 법원은 보험료 부과처분의 취소가 확정되지 않은 이상 그 효력을 부정할 수 없으므로 甲의 부당이득반환청구를 인용할 수 없게 된다. 13국회8

해설

① ✕ 사립학교 교원의 징계처분에 대한 불복: 민사소송○ 행정소송✕ (학교법인의 징계는 처분✕)
사립학교 교원은 학교법인 또는 사립학교 경영자에 의하여 임면되는 것으로서 사립학교 교원과 학교법인의 관계를 공법상의 권력관계라고는 볼 수 없으므로 사립학교 교원에 대한 학교법인의 해임처분을 취소소송의 대상이 되는 행정청의 처분으로 볼 수 없고, 따라서 학교법인을 상대로 한 불복은 행정소송에 의할 수 없고 민사소송절차에 의할 것이다(1993.2.12. 92누13707).

② ✕ 취소소송 확정 전이라도 취소판결만 있으면 취소를 선결문제로 한 부당이득반환청구 인용 가능
행정소송법 제10조는 처분의 취소를 구하는 취소소송에 당해 처분과 관련되는 부당이득반환소송을 관련 청구로 병합할 수 있다고 규정하고 있는바 … 이러한 부당이득반환청구가 인용되기 위해서는 그 소송절차에서 판결에 의해 당해 처분이 취소되면 충분하고 그 처분의 취소가 확정되어야 하는 것은 아니라고 보아야 한다(2011.9.29. 2008두23153).

③ ✕ 보조참가 요건: 법률상 이해관계 필요(사실상·경제상·감정상 이해관계✕)
특정 소송사건에서 당사자 일방을 보조하기 위하여 보조참가를 하려면 당해 소송의 결과에 대하여 이해관계가 있어야 하고, 여기서 말하는 이해관계라 함은 사실상·경제상 또는 감정상의 이해관계가 아니라 법률상의 이해관계를 가리킨다(2014.8.28. 2011두17899).

④ ○ 무효확인과 취소소송의 병합: 양립불가관계 so 주위적·예비적 병합○ / 단순·선택적 병합✕
행정처분에 대한 〈무효확인과 취소청구〉는 서로 양립할 수 없는 청구로서 주위적·예비적 청구로서만 병합이 가능하고 선택적 청구로서의 병합이나 단순병합은 허용되지 아니한다(1999.8.20. 97누6889).

선지분석 & 요플·기풀기링크

선지	THEME	요플	기풀기
①	T51 원처분주의/재결주의	23	023
②		30	023
③	T64 소송상 제도	17	016
④		29	024

정답 ④

OX 1✕ 2○ 3✕

04

「행정소송법」상 행정소송에 대한 설명으로 옳지 않은 것은? (다툼이 있는 경우 판례에 의함)

23국회9

① 「행정소송법」제14조에 의한 피고경정은 사실심 변론종결시까지 허용된다.
② 행정청의 위법한 처분등의 취소 또는 변경을 구하는 취소소송의 대상이 될 수 있는 것은 구체적인 권리·의무에 관한 분쟁이어야 하고 일반적, 추상적인 법령이나 규칙 등은 그 자체로서 국민의 구체적인 권리·의무에 직접적 변동을 초래케 하는 것이 아니므로 그 대상이 될 수 없다.
③ 처분변경으로 인한 소의 변경의 신청은 처분의 변경이 있음을 안 날로부터 90일 이내에 하여야 한다.
④ 행정청으로 하여금 일정한 행정처분을 하도록 명하는 이행판결을 구하는 소송이나 법원으로 하여금 행정청이 일정한 행정처분을 행한 것과 같은 효과가 있는 행정처분을 직접 행하도록 하는 형성판결을 구하는 소송은 허용되지 아니한다.
⑤ 취소청구가 사정판결에 의하여 기각되거나 행정청이 처분등을 취소 또는 변경함으로 인하여 청구가 각하 또는 기각된 경우에는 소송비용은 피고의 부담으로 한다.

관련 OX

② 관련

1 일반적·추상적인 법령 그 자체로서 국민의 구체적인 권리의무에 직접적인 변동을 초래하는 것이 아닌 것은 취소소송의 대상이 될 수 없다. 15지방9

④ 관련

2 「행정소송법」상 행정청으로 하여금 일정한 행정처분을 하도록 명하는 이행판결을 구하는 소송이나 법원으로 하여금 행정청이 일정한 행정처분을 행한 것과 같은 효과가 있는 행정처분을 직접 행하도록 하는 형성판결을 구하는 소송은 허용되지 아니한다. 25소방

해설

① ○ 피고경정: 사실심 변론종결시까지 가능
행정소송법 제14조에 의한 피고경정은 사실심 변론종결에 이르기까지 허용되는 것으로 해석하여야 할 것이고, 굳이 제1심 단계에서만 허용되는 것으로 해석할 근거는 없다(2006.2.23. 2005부4).

행정소송규칙 제6조(피고경정) 법 제14조 제1항에 따른 **피고경정은 사실심 변론을 종결할 때**까지 할 수 있다.

② ○ 일반적·추상적인 법령이나 규칙: 취소소송의 대상×
행정청의 위법한 처분등의 취소 또는 변경을 구하는 **취소소송의 대상**이 될 수 있는 것은 **구체적인 권리·의무에 관한 분쟁**이어야 하고 **일반적, 추상적인 법령이나 규칙** 등은 그 자체로서 국민의 구체적인 권리·의무에 **직접적 변동을 초래케 하는 것이 아니므로 그 대상이 될 수 없다**(1992.3.10. 91누12639).

③ ×

행정소송법 제22조(처분변경으로 인한 소의 변경) ① 법원은 행정청이 소송의 대상인 처분을 소가 제기된 후 변경한 때에는 원고의 신청에 의하여 결정으로써 청구의 취지 또는 원인의 변경을 허가할 수 있다.
② 제1항의 규정에 의한 신청은 처분의 변경이 있음을 안 날로부터 **60일** 이내에 하여야 한다.

④ ○ 처분을 명하거나 처분을 행하는 종류의 소송(의무이행소송): 불허
현행 행정소송법상 행정청으로 하여금 일정한 행정처분을 하도록 명하는 이행판결을 구하는 소송이나 법원으로 하여금 행정청이 일정한 행정처분을 행한 것과 같은 효과가 있는 행정처분을 직접 행하도록 하는 형성판결을 구하는 소송은 허용되지 아니한다(1997.9.30. 97누3200).

⑤ ○

행정소송법 제32조(소송비용의 부담) 취소청구가 제28조의 규정에 의하여 기각되거나 사정판결 행정청이 처분 등을 취소 또는 변경함으로 인하여 청구가 각하 또는 기각된 경우에는 소송비용은 **피고의 부담**으로 한다.

선지분석 & 요플·기풀기링크

선지	THEME	요플	기풀기
①	T64 소송상 제도	11	004
②	T14 법규명령	70	064
③	T64 소송상 제도	42	043
④	T50 행정소송 개관	수2/03	019
⑤	T66 판결의 효력	70	062

정답 ③
OX 1○ 2○

05

행정소송에 대한 설명으로 옳지 않은 것은? 24지방9

① 해당 처분을 다툴 법률상 이익이 있는지 여부는 직권조사사항으로 이에 관한 당사자의 주장은 직권발동을 촉구하는 의미밖에 없으므로, 원심법원이 이에 관하여 판단하지 않았다고 하여 판단유탈의 상고이유로 삼을 수 없다.

② 행정청은 「민사소송법」상의 보조참가를 할 수 있을 뿐만 아니라 「행정소송법」에 의한 소송참가를 할 수 있고 공법상 당사자소송의 원고가 된다.

③ 부작위위법확인의 소에 있어 당사자가 행정청에 대하여 어떠한 행정행위를 하여 줄 것을 요구할 수 있는 법규상 또는 조리상 권리를 갖고 있지 아니한 경우에는 원고적격이 없거나 항고소송의 대상인 위법한 부작위가 있다고 볼 수 없어 그 부작위위법확인의 소는 부적법하다.

④ 국가가 국토이용계획과 관련한 지방자치단체의 장의 기관위임사무의 처리에 관하여 지방자치단체의 장을 상대로 취소소송을 제기하는 것은 허용되지 않는다.

관련 OX

② 관련

1 타인 사이의 항고소송에서 행정청은 「민사소송법」상의 보조참가를 할 수는 없고 다만 「행정소송법」에 의한 소송참가를 할 수 있을 뿐이다. 23서울7

④ 관련

2 국가는 국토이용계획과 관련한 기관위임사무의 처리에 관하여 지방자치단체의 장을 상대로 취소소송을 제기할 수 있다. 10국회8

해설

① ○ 당사자의 소송요건에 대한 주장은 직권발동 촉구에 불과: 판단하지 않았어도 판단유탈 상고 불가
해당 처분을 다툴 **법률상 이익이 있는지** 여부는 **직권조사사항**으로 이에 관한 당사자의 주장은 직권발동을 촉구하는 의미밖에 없으므로, 원심법원이 이에 관하여 **판단하지 않았다고 하여 판단유탈의 상고이유로 삼을 수 없다**(2017.3.9. 2013두16852).

② ✕ 행정청: 민사소송법상 보조참가✕, 행정소송법상의 참가○, 당사자소송의 원고✕
타인 사이의 항고소송에서 소송의 결과에 관하여 이해관계가 있다고 주장하면서 민사소송법 제71조에 의한 보조참가를 할 수 있는 제3자는 민사소송법상의 당사자능력 및 소송능력을 갖춘 자이어야 하므로 그러한 당사자능력 및 소송능력이 없는 **행정청으로서는 민사소송법상의 보조참가를 할 수는 없고 다만 행정소송법 제17조 제1항에 의한 소송참가를 할 수 있을 뿐이다**(행정청에 불과한 서울특별시장의 보조참가신청을 부적법하다고 한 사례)(2002.9.24. 99두1519).

행정청의 소송상 지위

	원칙	예외
소송의 원고	불가	항고소송에서 소방청장, 시·도선관위 위원장(판례상 인정)
소송의 피고	불가	항고소송만큼은 행정청이 피고가 됨이 원칙(행정소송법 규정)
소송의 참가인	불가	항고소송, 당사자소송은 행정청의 참가 허용(행정소송법 규정)

③ ○ 부작위위법확인소: 법규상·조리상 신청권 필요 → if not 원고적격·대상적격(부작위)이 없어 부적법
부작위위법확인의 소에 있어 당사자가 행정청에 대하여 어떠한 행정행위를 하여 줄 것을 요구할 수 있는 **법규상 또는 조리상 권리를 갖고 있지 아니한 경우에는 원고적격이 없거나 항고소송의 대상인 위법한 부작위가 있다고 볼 수 없어 그 부작위위법확인의 소는 부적법하다**(1999.12.7. 97누17568).

④ ○ 국가가 지자체장에게 기관위임한 사무 → 국가는 지자체장 상대로 취소소송 제기 불가
국가가 국토이용계획과 관련한 지방자치단체의 장의 기관위임사무의 처리에 관하여 **지방자치단체의 장을 상대로 취소소송을 제기하는 것은 허용되지 않는다**(편저자: 국가에게는 시정명령권 및 직접조치권 등이 존재하기 때문이다)(2007.9.20. 2005두6935).

선지선택비율 ① 29.01% ② 41.13% ③ 7.51% ④ 22.35% **오답률** 58.87%

선지분석 & 요플·기풀기링크

선지	THEME	요플	기풀기
①	T63 소송방식	06	017
②	T64 소송상 제도	20	017
③	T54 거부처분	22	022
④	T55 공권과 원고적격	49	050

정답 ②

OX 1○ 2✕

필수 문제 06

「행정소송법」상 행정청의 소송참가에 대한 설명으로 옳지 않은 것은? 18국가7

① 법원은 다른 행정청을 취소소송에 참가시킬 필요가 있다고 인정할 때에는 당사자 또는 당해 행정청의 신청 또는 직권에 의하여 결정으로써 그 행정청을 소송에 참가시킬 수 있다.
② 행정청의 소송참가는 당사자소송에서도 허용된다.
③ 소송참가할 수 있는 행정청이 자기에게 책임 없는 사유로 소송에 참가하지 못함으로써 판결의 결과에 영향을 미칠 공격방어방법을 제출하지 못한 때에는 이를 이유로 확정된 종국판결에 대하여 재심을 청구할 수 있다.
④ 행정청의 소송참가는 처분의 효력 유무가 민사소송의 선결문제가 되어 당해 민사소송의 수소법원이 이를 심리·판단하는 경우에도 허용된다.

해설

①④ ○, ③ ×

행정소송법 제17조(행정청의 소송참가) ① 법원은 다른 행정청을 소송에 참가시킬 필요가 있다고 인정할 때에는 당사자 또는 당해 행정청의 신청 또는 직권에 의하여 결정으로써 그 행정청을 소송에 참가시킬 수 있다.①
③ 제1항의 규정에 의하여 소송에 참가한 행정청에 대하여는 민사소송법 제76조의 규정을 준용한다.

> **민사소송법 제76조(참가인의 소송행위)** ① 참가인은 소송에 관하여 공격·방어·이의·상소, 그 밖의 모든 소송행위를 할 수 있다. 다만, 참가할 때의 소송의 진행정도에 따라 할 수 없는 소송행위는 그러하지 아니하다.
> ② 참가인의 소송행위가 피참가인의 소송행위에 어긋나는 경우에는 그 참가인의 소송행위는 효력을 가지지 아니한다.

제11조(선결문제) ① 처분등의 효력 유무 또는 존재 여부가 민사소송의 선결문제로 되어 당해 민사소송의 수소법원이 이를 심리·판단하는 경우에는 제17조, 제25조, 제26조 및 제33조의 규정을 준용한다.④ [편저자: 행정청의 소송참가(제17조), 행정심판기록 제출명령(제25조), 직권심리(제26조), 소송비용에 대한 재판의 효력(제33조)].

제31조(제3자에 의한 재심청구) ① 처분등을 취소하는 판결에 의하여 권리 또는 이익의 침해를 받은 제3자는 자기에게 책임 없는 사유로 소송에 참가하지 못함으로써 판결의 결과에 영향을 미칠 공격 또는 방어방법을 제출하지 못한 때에는 이를 이유로 확정된 종국판결에 대하여 재심의 청구를 할 수 있다[편저자: 반면 행정청에게는 이러한 재심청구권이 없다③].
② 제1항의 규정에 의한 청구는 확정판결이 있음을 안 날로부터 30일 이내, 판결이 확정된 날로부터 1년 이내에 제기하여야 한다.
③ 제2항의 규정에 의한 기간은 불변기간으로 한다.

② ○

■ 취소소송 준용 여부 – 소송계속 중의 각종 제도

	피고경정 (14)	소송참가 (16)	제3자 재심청구 (31)	관련청구소송 이송·병합 (10)	공동소송 (15)	소(종류)의 변경 (21)	처분변경으로 인한 소의 변경 (22)
무효등확인	○	○	○	○	○	○	○
부작위 위법확인	○	○	○	○	○	○	×
당사자소송	○	○②	×	○	○	○	○

관련 OX

① 관련
1 (甲은 건물 신축을 위해 A시 시장 乙에게 「건축법」상 건축허가신청을 하였으나, 乙은 A시 소방서장 丙의 동의 거부를 이유로 건축불허가처분을 하였다) 乙의 건축불허가처분에 불복하여 甲이 제기한 취소소송에서 법원은 丙을 소송에 참가시킬 필요가 있다고 인정하는 경우 丙을 당해 소송에 참가시키는 결정을 할 수 있다. 24국회8

② 관련
2 당사자소송에는 행정청의 소송참가가 허용되지 않는다. 14행정사

③ 관련
3 처분등을 취소하는 판결에 의하여 권리 또는 이익을 침해받은 제3자는 소송에 참가하지 못함으로써 판결의 결과에 영향을 미칠 공격 또는 방어 방법을 제출하지 못한 때에는 그 귀책사유 여부와 관계없이 확정된 종국판결에 대하여 재심의 청구를 할 수 있다. 15국회8

선지분석 & 요플·기풀기링크

선지	THEME	요플	기풀기
①		05	009
②	T64 소송상 제도	97	098
③		14	012
④		15	013

정답 ③
OX 1○ 2× 3×

07

오답률 TOP ❷

「행정소송법」상 피고 및 피고의 경정에 대한 설명으로 옳은 것은? (다툼이 있는 경우 판례에 의함)

20국가9

① 취소소송에서 원고가 처분청 아닌 행정관청을 피고로 잘못 지정한 경우, 법원은 석명권의 행사 없이 소송요건의 불비를 이유로 소를 각하할 수 있다.
② 소의 종류의 변경에 따른 피고의 변경은 교환적 변경에 한한다고 봄이 상당하므로 예비적 청구만이 있는 피고의 추가경정신청은 예외적 규정이 있는 경우를 제외하고는 원칙적으로 허용되지 않는다.
③ 상급행정청의 지시에 의해 하급행정청이 자신의 명의로 처분을 하였다면, 당해 처분에 대한 취소소송에서는 지시를 내린 상급행정청이 피고가 된다.
④ 취소소송에서 피고가 될 수 있는 행정청에는 대외적으로 의사를 표시할 수 있는 기관이 아니더라도 국가나 공공단체의 의사를 실질적으로 결정하는 기관이 포함된다.

관련 OX

① 관련

1 취소소송에서 원고가 피고를 잘못 지정한 것으로 보이는 경우 법원으로서는 마땅히 석명권을 행사하여 원고로 하여금 정당한 피고로 경정하게 하여 소송을 진행하게 하여야 한다. 24군무원5

③ 관련

2 행정처분을 하게 된 연유가 상급행정청이나 타 행정청의 지시나 통보에 의한 것이라 하여도, 취소소송에서의 피고는 원칙적으로 행정처분 등을 외부적으로 그의 명의로 행한 행정청이 된다. 19서울7

해설

① × 원고가 피고를 잘못 지정: 법원은 곧바로 각하×, 석명의무○
원고가 피고를 잘못 지정하였다면 법원으로서는 당연히 석명권을 행사하여 원고로 하여금 피고를 경정하게 하여 소송을 진행케 하였어야 할 것임에도 불구하고 이러한 조치를 취하지 아니한 채 피고의 지정이 잘못되었다는 이유로 소를 각하한 것이 위법하다(2004.7.8. 2002두7852).
➕ PLUS 피고경정은 1) 종전의 피고에 대한 소를 종료시키고(취하), 변경된 피고에 대한 소를 제기시키는(개시) 효과가 있다. 따라서 처분권주의의 원칙상 법원이 직권으로 할 수는 없고, 당사자의 신청에 의해서만 할 수 있다(예외 있음). 2) 다만 원고가 피고를 잘못 지정해 온 경우 법원은 어차피 자신이 직권으로 피고를 바꿀 수는 없다는 이유로 소를 그냥 각하시킬 수는 없고, 원고에게 스스로 피고를 바꾸는 것이 어떤지 석명권을 행사해 보아야 한다.① 3) 피고가 경정된 경우 새로운 피고에 대한 소송은 처음의 소를 제기한 때에 제기된 것으로 본다. 즉, 제소기간의 준수 여부는 피고가 경정된 때(즉, 더 뒤의 시점)가 아닌 처음 소를 제기하였을 때(즉, 더 앞의 시점)를 기준으로 판단한다. 이렇게 함으로써 국민이 피고를 잘못 선택했다가 바꾸는 과정에서 제소기간이 도과해 버리는 불이익을 받지 않도록 한 것이다. 4) 만약 법원이 피고경정신청을 받아주지 않는 경우(각하한 경우) 즉시항고로 불복할 수 있다.

② ○ 소의 종류변경에 따른 피고변경은 교환적 변경에 한함 → 예비적 청구만 있는 피고의 추가경정은 원칙적으로 불가
소위 주관적, 예비적 병합은 행정소송법 제28조 제3항과 같은 예외적 규정이 있는 경우를 제외하고는 원칙적으로 허용되지 않는 것이고, 또 행정소송법상 소의 종류의 변경에 따른 당사자(피고)의 변경은 교환적 변경에 한한다고 봄이 상당하므로 예비적 청구만이 있는 피고의 추가경정신청은 허용되지 않는다(1989.10.27. 89두1).

③ × 하급청이 '자기명의'로 처분했으나 이는 상급청의 지시에 따른 것 → 피고는 명의자인 행정청○, 지시를 내린 행정청×
행정처분의 취소 또는 무효확인을 구하는 행정소송은 다른 법률에 특별한 규정이 없는 한 소송의 대상인 행정처분 등을 외부적으로 그의 명의로 행한 행정청을 피고로 하여야 하는 것으로서 그 행정처분을 하게 된 연유가 상급행정청이나 타 행정청의 지시나 통보에 의한 것이라 하여 다르지 않다고 할 것이다(1995.12.22. 95누14688).

④ × 대외적 표시권한이 없는 내부기관: 처분의 실질적 의사를 결정하더라도 피고적격×
'행정청'이라 함은 국가 또는 공공단체의 기관으로서 국가나 공공단체의 의견을 결정하여 외부에 표시할 수 있는 권한, 즉 처분권한을 가진 기관을 말하고, 대외적으로 의사를 표시할 수 있는 기관이 아닌 〈내부기관〉은 실질적인 의사가 그 기관에 의하여 결정되더라도 피고적격을 갖지 못한다(2014.5.16. 2014두274).

선지선택비율 ① 12.68% ② 47.10% ③ 13.04% ④ 27.17% 오답률 52.90%

선지분석 & 요플·기풀기링크

선지	THEME	요플	기풀기
①	T64 소송상 제도	09	005
②		37	030
③	T58 피고적격	17	017
④		14	014

정답 ②

 1○ 2○

THEME 63-64 행정소송의 심리

08

「행정소송법」상 행정소송에 대한 설명으로 옳은 것은? (다툼이 있는 경우 판례에 의함) 22지방7

① 「도시 및 주거환경정비법」상 주택재건축정비사업조합을 상대로 관리처분계획안에 대한 조합총회결의의 효력을 다투는 소송은 당사자소송에 해당하므로 당해 소송에서 「민사집행법」상 가처분에 관한 규정이 준용되지 않는다.

② 원고가 고의 또는 중대한 과실 없이 행정소송으로 제기하여야 할 사건을 민사소송으로 잘못 제기한 경우, 행정소송에 대한 관할을 가지고 있지 아니한 수소법원은 당해 소송이 행정소송으로서의 제소기간을 도과한 것이 명백하더라도 관할법원에 이송하여야 한다.

③ 「도시 및 주거환경정비법」상 주택재건축사업조합이 새로이 조합설립인가처분을 받은 것과 동일한 요건과 절차를 거쳐 조합설립변경인가처분을 받은 경우, 당초의 조합설립인가처분이 유효한 것을 전제로 당해 주택재건축사업조합이 시공사 선정 등의 후속행위를 하였다 하더라도 특별한 사정이 없는 한 당초의 조합설립인가처분의 무효확인을 구할 소의 이익은 없다.

④ 처분에 대한 취소소송에 당해 처분의 취소를 선결문제로 하는 부당이득반환청구가 병합된 경우, 부당이득반환청구가 인용되기 위해서는 당해 처분이 그 소송절차에서 판결에 의해 취소되면 충분하고 당해 처분의 취소가 확정되어야 하는 것은 아니다.

관련 OX

②관련

1 행정소송으로 제기해야 할 사건을 민사소송으로 잘못 제기한 경우에 수소법원이 행정소송에 대한 관할이 없다면 특별한 사정이 없는 한 관할법원에 이송하여야 한다. 17(1)서울9

④관련

2 취소소송에 당해 처분의 취소를 선결문제로 하는 부당이득반환청구가 병합된 경우 그 청구가 인용되려면 소송절차에서 당해 처분의 취소가 확정되어야 한다. 15국가9

해설

① ✕ 「도시 및 주거환경정비법」(이하 '도시정비법'이라 한다)상 행정주체인 주택재건축정비사업조합을 상대로 관리처분계획안에 대한 조합총회결의의 효력을 다투는 소송은 행정처분에 이르는 절차적 요건의 존부나 효력 유무에 관한 소송으로서 소송결과에 따라 행정처분의 위법 여부에 직접 영향을 미치는 공법상 법률관계에 관한 것이므로, 이는 행정소송법상 당사자소송에 해당한다. 그리고 이러한 당사자소송에 대하여는 행정소송법 제23조 제2항의 집행정지에 관한 규정이 준용되지 아니하므로(행정소송법 제44조 제1항 참조), 이를 본안으로 하는 가처분에 대하여는 행정소송법 제8조 제2항에 따라 민사집행법상 가처분에 관한 규정이 준용되어야 한다(2015.8.21. 2015무26).

② ✕ 제소기간 등 소송요건을 결하고 있음이 명백하다면 이송하는 것이 아니라 각하한다.

• 원고가 고의 또는 중대한 과실 없이 행정소송으로 제기하여야 할 사건을 민사소송으로 잘못 제기한 경우, 수소법원으로서는 만약 그 행정소송에 대한 관할을 동시에 가지고 있다면 이를 행정소송으로 심리·판단하여야 하고, 그 행정소송에 대한 관할을 가지고 있지 아니하다면 당해 소송이 이미 행정소송으로서의 전심절차와 제소기간을 도과하였거나 행정소송의 대상이 되는 처분 등이 존재하지도 아니한 상태에 있는 등 행정소송으로서 소송요건을 결하고 있음이 명백하여 행정소송으로 제기되었더라도 어차피 부적법하게 되는 경우가 아닌 이상 이를 부적법한 소라고 하여 각하할 것이 아니라 관할법원에 이송하여야 한다(2018.7.26. 2015다221569).

선지분석 & 요플·기풀기링크

선지	THEME	요플	기풀기
①	T20 정비사업	18	026
②	T59 관할법원	03	002
③	T20 정비사업	33	040
④	T64 소송상 제도	30	023

③ ✕ 주택재건축사업조합이 새로이 조합설립인가처분을 받는 것과 동일한 요건과 절차를 거쳐 **조합설립변경인가처분**을 받는 경우 당초 **조합설립인가처분의 유효를** 전제로 해당 주택재건축사업조합이 매도청구권 행사, 시공자 선정에 관한 총회 결의, 사업시행계획의 수립, 관리처분계획의 수립 등과 같은 **후속행위를** 하였다면, 당초 조합설립인가처분이 무효로 확인되거나 취소될 경우 그것이 유효하게 존재하는 것을 전제로 이루어진 위와 같은 후속행위 역시 소급하여 효력을 상실하게 되므로, 특별한 사정이 없는 한 위와 같은 형태의 조합설립변경인가가 있다고 하여 **당초 조합설립인가처분의 무효확인을 구할 소의 이익이 소멸된다고 볼 수는 없다**(편저자: 소의 이익은 인정된다)(2014.5.16. 2011두27094).

④ ○ 행정소송법 제10조는 처분의 취소를 구하는 **취소소송에 당해 처분과 관련되는 부당이득반환소송을 관련 청구로 병합할 수 있다고** 규정하고 있는바, 이 조항을 둔 취지에 비추어 보면, 취소소송에 병합할 수 있는 당해 처분과 관련되는 부당이득반환소송에는 당해 처분의 취소를 선결문제로 하는 부당이득반환청구가 포함되고, 이러한 부당이득반환청구가 인용되기 위해서는 그 소송절차에서 판결에 의해 당해 처분이 취소되면 충분하고 그 처분의 취소가 확정되어야 하는 것은 아니라고 보아야 한다(2009.4.9. 2008두23153).

선지선택비율 ① 6.47% ② 5.30% ③ 14.78% ④ 73.45% 오답률 26.55%

09

판례에 의할 때 행정소송 상호 간의 관계에 관한 설명으로 옳지 않은 것은? 12국회8

① 취소소송에 부당이득반환청구가 병합된 경우, 부당이득반환청구가 인용되려면 그 소송절차에서 판결에 의해 당해 처분이 취소되면 충분하고 그 처분의 취소가 확정되어야 하는 것은 아니라고 보아야 한다.

② 행정처분의 무효확인을 구하는 소에는 원고가 그 처분의 취소를 구하지 아니한다고 밝히지 아니한 이상 그 처분이 만약 당연무효가 아니라면 그 취소를 구하는 취지도 포함되어 있는 것으로 보아야 한다.

③ 행정처분의 당연무효를 선언하는 의미에서 그 취소를 구하는 행정소송을 제기하는 경우에는 전치절차와 그 제소기간의 준수 등 취소소송의 제소요건을 갖추어야 한다.

④ 단순위법의 하자 있는 파면처분을 받은 공무원은 파면처분취소소송을 제기하여야 하고, 바로 당사자소송으로 공무원지위확인소송을 제기할 수는 없다.

⑤ 무효확인과 취소청구는 서로 양립할 수 없는 청구이므로 예비적 병합은 허용되지 아니하고, 단순병합이나 선택적 병합만이 가능하다.

관련 OX

④ 관련

1 파면처분을 당한 공무원은 그 처분에 취소사유인 하자가 존재하는 경우 파면처분취소소송을 제기하여야 하고 곧바로 공무원지위확인소송을 제기할 수 없다. 19서울9

⑤ 관련

2 행정처분에 대한 무효확인과 취소청구는 서로 양립할 수 없는 청구로서 주위적·예비적 청구로서만 병합이 가능하고 선택적 청구로서의 병합이나 단순병합은 허용되지 않는다. 18소방

해설

① ○ 취소소송 확정 전이라도 취소판결만 있으면 취소를 선결문제로 한 부당이득반환청구 인용 가능
행정소송법 제10조는 처분의 취소를 구하는 취소소송에 당해 처분과 관련되는 부당이득반환소송을 관련 청구로 병합할 수 있다고 규정하고 있는바 … 이러한 부당이득반환청구가 인용되기 위해서는 그 소송절차에서 판결에 의해 당해 처분이 취소되면 충분하고 그 처분의 취소가 확정되어야 하는 것은 아니라고 보아야 한다(2011.9.29. 2008두23153).

② ○ 무효확인소송: 원고의 명시적 반대가 있지 않는 한 무효가 아닐 시 취소를 구하는 취지도 포함
일반적으로 행정처분의 무효확인을 구하는 소에는 원고가 그 처분의 취소를 구하지 아니한다고 밝히지 아니한 이상 그 처분이 만약 당연무효가 아니라면 그 취소를 구하는 취지도 포함되어 있는 것으로 보아야 한다(1994.12.23. 94누477).

③ ○ 무효선언 의미의 취소소송: 취소소송으로서의 소송요건(전심절차, 제소기간 등) 갖춰야
행정처분의 당연무효를 선언하는 의미에서 그 취소를 구하는 행정소송을 제기한 경우에도 전심절차와 제소기간의 준수 등 취소소송의 제소요건을 갖추어야 한다(1990.12.26. 90누6279).

④ ○ 파면처분의 하자가 당연무효이거나, 취소사유라면 취소되지 않는 한 공무원지위가 인정될 수 없다. 따라서 곧바로 공무원지위확인소송(당사자소송)을 제기할 수 없고, 우선 파면처분취소소송(항고소송) 등을 통해 파면처분을 취소시켜야 한다.

⑤ × 무효확인과 취소소송의 병합: 양립불가관계 so 주위적·예비적 병합○ / 단순·선택적 병합×
행정처분에 대한 〈무효확인과 취소청구〉는 서로 양립할 수 없는 청구로서 주위적·예비적 청구로서만 병합이 가능하고 선택적 청구로서의 병합이나 단순병합은 허용되지 아니한다(1999.8.20. 97누6889).

선지분석 & 요플·기풀기링크

선지	THEME	요플	기풀기
①	T64 소송상 제도	30	023
②	T65 판결 기준시/종류	48	049
③		43	044
④	T27 공정력	32	026
⑤	T64 소송상 제도	29	024

정답 ⑤
OX 1○ 2○

10 고난도

다음 〈보기〉에 「행정소송법」상 법원이 직권으로 할 수 있는 사항을 있는 대로 고른 것은? 21소간

〈보기〉
ㄱ. 처분변경으로 인한 소의 변경
ㄴ. 관련청구소송의 이송
ㄷ. 행정청의 소송참가
ㄹ. 집행정지
ㅁ. 처분등에 관계되는 권한이 다른 행정청에 승계된 경우에 있어서 피고의 경정

① ㄱ
② ㄴ, ㄷ
③ ㄴ, ㄷ, ㄹ
④ ㄴ, ㄷ, ㄹ, ㅁ
⑤ ㄱ, ㄴ, ㄷ, ㄹ, ㅁ

관련 OX

ㄱ. 관련

1 법원은 행정청이 소송의 대상인 처분을 소가 제기된 후 변경한 때에는 원고의 신청에 의하여 결정으로써 청구의 취지 또는 원인의 변경을 허가할 수 있다. 14국회8

해설

ㄱ. ✕ 처분변경에 따른 소변경은 당사자 신청에 의해 할 수 있을 뿐, 직권으로는 할 수 없다.

행정소송법 제22조(처분변경으로 인한 소의 변경) ① 법원은 행정청이 소송의 대상인 처분을 소가 제기된 후 변경한 때에는 원고의 신청에 의하여 결정으로써 청구의 취지 또는 원인의 변경을 허가할 수 있다.

ㄴ, ㄷ, ㄹ, ㅁ. ○ 관련청구소송의 이송, 행정청의 소송참가, 집행정지, 처분등에 관계되는 권한이 다른 행정청에 승계된 경우에 있어서 피고의 경정은 법원이 직권으로 할 수 있다. 이 밖에 제3자 소송참가, 집행정지취소 등이 있다.

+ PLUS 직권 vs 신청

법원이 직권으로 할 수 있는 것	당사자 신청으로만 할 수 있는 것
• 피고경정(관계 권한 타 행정청 승계, 행정청이 없게 된 때) • 제3자 소송참가 / 행정청의 소송참가 • 관련청구소송의 이송 • 집행정지 / 집행정지취소	• 피고경정 • 소변경(종류, 처분변경에 따른) • 간접강제 • 직접처분

선지분석 & 요풀·기풀기링크

선지	THEME	요풀	가풀기
	T64 소송상 제도	N1	042
ㄱ		40	040
ㄴ	T64 소송상 제도	06	025
ㄷ		05	009
ㄹ	T62 집행정지	26	027
ㅁ	T64 소송상 제도	02	001

정답 ④
OX 1 ○

11

다음 중 공법상의 당사자소송에 대한 설명으로 가장 적절하지 않은 것은? (다툼이 있는 경우 판례에 의함)

24군무원7

① 공법상 당사자소송에 대하여 청구의 기초가 바뀌지 아니하는 한도 안에서 민사소송으로 소변경은 금지된다.
② 대법원은 여러 차례에 걸쳐 「행정소송법」상 항고소송으로 제기해야 할 사건을 민사소송으로 잘못 제기한 경우 수소법원으로서는 원고로 하여금 항고소송으로 소변경을 하도록 석명권을 행사하여 「행정소송법」이 정하는 절차에 따라 심리·판단해야 한다고 판시해 왔다.
③ 당사자소송에 대하여는 「행정소송법」에 따라 「민사집행법」상 가처분에 관한 규정이 준용된다.
④ 「도시 및 주거환경정비법」상의 주택재건축정비사업조합을 상대로 관리처분계획안 또는 사업시행계획안에 대한 조합총회결의의 효력 등을 다투는 소송은 「행정소송법」상 당사자소송이다.

관련 OX

① 관련

1 공법상 당사자소송에 대하여 그 청구의 기초가 바뀌지 아니하는 한도 안에서 민사소송으로 소변경이 가능하다. 25국회8

2 민사소송에서 항고소송으로의 소변경이 허용되는 이상, 공법상 당사자소송과 민사소송이 서로 다른 소송절차에 해당한다는 이유만으로 청구기초의 동일성이 없다고 해석하여 양자 간의 소변경을 허용하지 않을 이유가 없다. 25변시

④ 관련

3 주택재건축정비사업조합을 상대로 사업시행계획의 인가·고시 전에 사업시행계획 결의의 효력을 다투는 소송(은 당사자소송에 해당한다) 17세무사

해설

① ✕, ② ○ 민사소송을 행정소송(항고소송)으로 소변경: 가능(그간의 판례)② / 행정소송(당사자소송)을 민사소송으로 소변경: 가능(이번의 판례)①
행정소송법은 공법상 당사자소송을 민사소송으로 변경할 수 있는지에 관하여 명문의 규정을 두고 있지 않다. 그러나 공법상 당사자소송에 대하여도 청구의 기초가 바뀌지 아니하는 한도 안에서 민사소송으로 소변경이 가능하다고 해석하는 것이 타당하다.① 이유는 다음과 같다.

- 행정소송법 제8조 제2항은 행정소송에 관하여 민사소송법을 준용하도록 하고 있으므로, 행정소송의 성질에 비추어 적절하지 않다고 인정되는 경우가 아닌 이상 공법상 당사자소송의 경우도 민사소송법 제262조에 따라 청구의 기초가 바뀌지 아니하는 한도 안에서 변론을 종결할 때까지 청구의 취지를 변경할 수 있다.

- 한편 대법원은 여러 차례에 걸쳐 행정소송법상 항고소송으로 제기해야 할 사건을 민사소송으로 잘못 제기한 경우 수소법원으로서는 원고로 하여금 항고소송으로 소변경을 하도록 석명권을 행사하여 행정소송법이 정하는 절차에 따라 심리·판단해야 한다고 판시해 왔다.② 이처럼 민사소송에서 항고소송으로의 소변경이 허용되는 이상, 공법상 당사자소송과 민사소송이 서로 다른 소송절차에 해당한다는 이유만으로 청구기초의 동일성이 없다고 해석하여 양자 간의 소변경을 허용하지 않을 이유가 없다.

- 소변경 필요성이 인정됨에도, 단지 소변경에 따라 소송절차가 달라진다는 이유만으로 이미 제기한 소를 취하하고 새로 민사상의 소를 제기하도록 하는 것은 당사자의 권리구제나 소송경제의 측면에서도 바람직하지 않다(2023.6.29. 2022두44262).

③ ○ 당사자소송: 민사집행법상 가처분 규정 준용
당사자소송에 대하여는 행정소송법 제23조 제2항의 집행정지에 관한 규정이 준용되지 아니하므로(행정소송법 제44조 제1항 참조), 이를 본안으로 하는 가처분에 대하여는 행정소송법 제8조 제2항에 따라 민사집행법상 가처분에 관한 규정이 준용되어야 한다(2015.8.21. 2015무26).

선지분석 & 요플·기풀기링크

선지	THEME	요플	기풀기
①	T64 소송상 제도	44	045
②		43	044
③	T62 집행정지	53	059
④	T20 정비사업	16	019

④ ○ 조합을 상대로 (인가 전) 관리처분계획안 또는 사업시행계획안에 대한 조합총회결의의 효력을 다투는 소송: 당사자소송

- 행정주체인 재건축조합을 상대로 관리처분계획안에 대한 조합총회결의의 효력 등을 다투는 소송은 행정처분에 이르는 절차적 요건의 존부나 효력 유무에 관한 소송으로서 … 공법상 법률관계에 관한 것이므로, 이는 행정소송법상의 당사자소송에 해당한다(2009.9.17. 2007다2428 전합).
- 조합설립변경 인가 또는 사업시행계획안에 대한 인가가 이루어지기 전에 행정주체인 재건축조합을 상대로 그 조합설립변경 결의 또는 사업시행계획 결의의 효력 등을 다투는 소송은 행정처분에 이르는 절차적 요건의 존부나 효력 유무에 관한 소송으로서 … 공법상 법률관계에 관한 것이므로 이는 행정소송법상의 당사자소송에 해당한다(2010.7.29. 2008다6328).

    + PLUS 행정소송규칙은 이러한 판례를 반영하여 아래와 같이 ① 인가 전 조합설립변경에 대한 결의를 다투는 소송, ② 인가 전 사업시행계획에 대한 결의를 다투는 소송, ③ 인가 전 관리처분계획에 대한 결의를 다투는 소송을 모두 당사자소송의 대상으로 명문화하였다.

행정소송규칙 제19조(당사자소송의 대상) 당사자소송은 다음 각 호의 소송을 포함한다.
3. 처분에 이르는 절차적 요건의 존부나 효력 유무에 관한 다음 각 목의 소송
    가. 「도시 및 주거환경정비법」 제35조 제5항에 따른 **인가 이전 조합설립변경에 대한 총회결의의 효력 등을 다투는 소송**
    나. 「도시 및 주거환경정비법」 제50조 제1항에 따른 **인가 이전 사업시행계획에 대한 총회결의의 효력 등을 다투는 소송**
    다. 「도시 및 주거환경정비법」 제74조 제1항에 따른 **인가 이전 관리처분계획에 대한 총회결의의 효력 등을 다투는 소송**

선지선택비율 ① 64.29% ② 11.31% ③ 11.31% ④ 13.10%   오답률 35.71%

12 사례형

다음 사례에 대한 설명으로 옳지 않은 것은? (다툼이 있는 경우 판례에 의함)   15사복9

> 관할행정청은 甲에게 A를 사유로 면허취소처분을 내렸다가 甲이 이를 다투자 소송계속 중에 당해 면허취소처분의 새로운 사유로 B를 주장하였다.

① 처분사유의 추가·변경을 널리 허용한다면 처분의 상대방에게 예기치 못한 불이익이 발생할 가능성이 있다.
② 처분사유를 B로 추가·변경한다는 관할행정청의 주장이 법원에서 받아들여진 경우, 甲은 처분변경으로 인한 소의 변경을 신청하여야 한다.
③ 위와 같은 처분사유의 추가·변경은 사실심 변론종결시까지만 허용된다.
④ A사유와 기본적 사실관계가 동일성이 있다고 인정되는 한도 내에서만 B사유로의 추가·변경이 허용된다.

해설

① ○ 처분사유의 추가·변경이란 처분청이 처분을 하면서 일단 처분사유(처분의 사실적·법적 근거)를 밝힌 후 이에 대한 항고소송이 제기된 경우에 그 처분의 적법성을 유지하기 위하여 처분사유를 추가하거나 변경할 수 있는지의 문제이다. 처분사유 추가·변경은 소송경제(분쟁의 일회적 해결), 공익, 실체적 진실 발견의 필요 등 측면에서 허용할 필요가 있는 반면에 당사자의 방어권보장과 신뢰보호 등으로 제한할 필요도 있다. 국민은 당초 처분사유가 이유 없다고 생각해서 시간과 비용을 들여 소를 제기했는데, 행정청이 나중에 다른 사유를 내세워 버리면 예기치 못한 불이익을 발생시킬 수 있기 때문이다.

② × 처분사유의 추가·변경과 처분 자체의 변경은 구별해야 한다. 전자는 처분은 그대로 두고 그 사유를 보강하는 것인 반면, 후자는 처분 자체를 바꿔버리는 것이다. 후자의 경우 국민은 처분변경에 따른 소변경을 해서 다퉈 나가야 하나(행정소송법 제22조), 전자의 경우 소변경할 필요 없이 추가·변경된 사유에 대해 당해 소송에서 방어해 나가면 족하다. 사안은 면허취소처분이라는 처분 자체는 그대로 두고 그 사유를 보강한 처분사유의 추가·변경에 해당하므로, 처분변경으로 인한 소의 변경을 하는 사안이 아니다.

처분사유의 추가·변경	처분의 변경
소송 중 계쟁처분의 근거를 보완하는 것	소송 중 계쟁처분 자체를 바꾸는 것
소의 변경 필요×②	소의 변경 필요○
기본적 사실관계의 동일성 범위 내에서만 가능	기본적 사실관계의 동일성 범위 내인지를 불문

③④ ○ 처분사유의 추가·변경은 당초 처분사유와 기사동 있는 범위 내에서, 사실심 변론종결시까지 허용된다.
- 행정청은 기본적 사실관계의 동일성이 있다고 인정되는 한도 내에서만 다른 처분사유를 추가, 변경할 수 있다고 할 것이나 이는 사실심 변론종결시까지만 허용된다(1999.8.20. 98두17043).

행정소송규칙 제9조(처분사유의 추가·변경) 행정청은 **사실심 변론을 종결할 때까지**③ 당초의 처분사유와 **기본적 사실관계가 동일한 범위 내에서**④ 처분사유를 추가 또는 변경할 수 있다.

선지분석 & 요품·기풀기링크

선지	THEME	요품	기풀기
①		54	055
②	T64 소송상 제도	56	059
③		93	094
④		59	060

정답 ②

13

행정소송에 있어서 처분사유의 추가·변경에 대한 설명으로 옳지 않은 것은? (다툼이 있는 경우 판례에 의함)
17국가7

① 위법판단의 기준시점을 처분시로 볼 경우, 처분 이후에 발생한 새로운 사실적·법적 사유를 추가·변경하고자 하는 것은 허용될 수 없고 이러한 경우에는 계쟁처분을 직권취소하고 이를 대체하는 새로운 처분을 할 수 있다.
② 행정처분의 취소를 구하는 항고소송에서 처분청은 당초 처분의 근거로 삼은 사유와 기본적 사실관계가 동일성이 있다고 인정되는 한도 내에서만 다른 사유를 추가하거나 변경할 수 있다.
③ 처분청이 처분 당시에 적시한 구체적 사실을 변경하지 아니하는 범위 내에서 단지 처분의 근거법령만을 추가·변경하는 것은 새로운 처분사유의 추가라고 볼 수 없다.
④ 처분사유의 변경으로 소송물이 변경되는 경우, 반드시 청구가 변경되는 것은 아니므로 처분사유의 추가·변경은 허용될 수 있다.

관련 OX

③ 관련

1 처분청이 처분 당시 적시한 구체적 사실을 변경하지 아니하는 범위 내에서 단지 처분의 근거법령만을 추가·변경하는 경우에 법원은 처분청이 처분 당시 적시한 구체적 사실에 대하여 처분 후 추가·변경한 법령을 적용하여 처분의 적법 여부를 판단할 수 있다. 16국가9

해설

① ○ 처분시설에 따를 경우, 처분 후 발생한 새로운 사유를 추가·변경하는 것은 허용될 수 없다. 따라서 행정청에서 위와 같은 새로운 사유를 처분사유에 넣고 싶다면, 아예 기존 처분 자체를 직권취소하고, 자신들이 원하는 새로운 사유로 새롭게 처분을 하여야 한다.

+ PLUS 처분시설 vs 판결시설
처분의 위법성 판단의 기준시점에 대하여 처분시설과 판결시설이 대립한다. 처분시설은 처분시 법령에 근거하여 처분시까지 발생한 사유만 보고 처분의 위법 여부를 판단한다는 것이고, 판결시설은 판결시(사실심 변론종결시) 법령에 근거하여 처분 후 발생한 사유까지도 포함해 처분의 위법 여부를 판단한다는 것이다. 판결시설에 의하면 쟁송 후 판결시까지도 계속하여 처분사유를 추가·변경하는 것은 오히려 당연한 것이 되어 처분사유의 추가·변경을 허용할 것인지 말 것인지는 특별히 문제되지 않는다. 즉, 처분사유의 추가·변경의 논의는 처분시설을 취하면서 시작되는 것이다. 처분시설이 판례의 태도이다. 학자들 사이에서는 판결시설도 비중 있게 주장된다.

② ○ 행정처분의 취소를 구하는 항고소송에 있어서, 처분청은 당초 처분의 근거로 삼은 사유와 기본적 사실관계가 동일성이 있다고 인정되는 한도 내에서만 다른 사유를 추가하거나 변경할 수 있다 (2003.12.11. 2001두8827).

③ ○ 처분에 적시한 사실은 변경하지 않고, 처분의 근거법령만 추가·변경: 가능
처분청이 처분 당시에 적시한 구체적 사실을 변경하지 아니하는 범위 내에서 단지 그 처분의 근거법령만을 추가·변경하거나 당초의 처분사유를 구체적으로 표시하는 것에 불과한 경우에는 새로운 처분사유를 추가하거나 변경하는 것이라고 볼 수 없다(편저자: 그 추가·변경이 허용된다는 의미)(2008.2.28. 2007두13791·13807).

④ × 처분사유의 추가·변경은 소송물이 동일할 것을 요건으로 한다. 만약 어떠한 처분사유의 변경으로 소송물이 변경된다면, 이는 처분사유의 변경을 넘어 처분 자체를 변경한 것이다. 이때는 처분사유의 추가·변경의 문제가 아닌, 소의 변경의 문제가 된다.

선지분석 & 요플·기풀기링크

선지	THEME	요플	기풀기
①		58	056
②	T64 소송상 제도	59	060
③		89	089
④		88	088

정답 ④
OX 1○

필수문제 14

처분사유의 추가·변경에 대한 판례의 태도로 옳은 것은? 13국가7

① 피고의 방어권 보장을 위해 기본적 사실관계의 동일성이 없더라도 처분사유의 추가·변경을 인정한다.

② 추가 또는 변경된 사유가 당초의 처분시 그 사유가 명기되지 않았을 뿐 처분시에 이미 존재하고 있었고 당사자도 그 사실을 알고 있었다면 당초의 처분사유와 동일성이 인정된다.

③ 군사시설보호구역 밖의 토지에 주유소를 설치·경영하도록 하기 위한 석유판매업 허가를 함에 있어서 관할 부대장의 동의를 얻어야 할 법령상의 근거가 없음에도 그 동의가 없다는 이유로 한 불허가처분에 대한 소송에서, 당해 토지가 탄약창에 근접한 지점에 위치하고 있다는 사실을 불허가사유로 추가하는 것은 허용되지 않는다.

④ 주택신축을 위한 산림형질변경허가신청에 대한 거부처분의 근거로 제시된 준농림지역에서의 행위제한이라는 사유와 나중에 거부처분의 근거로 추가한 자연경관 및 생태계의 교란, 국토 및 자연의 유지와 환경보전 등 중대한 공익상의 필요라는 사유는 기본적 사실관계의 동일성이 없다.

해설

①② ✕ **처분사유 추가·변경: 기사동 한도 내**① / **기사동: 당사자가 알고 있었는지와 무관**②
행정처분의 취소를 구하는 항고소송에 있어서, 처분청은 당초 처분의 근거로 삼은 사유와 **기본적 사실관계가 동일성이 있다고 인정되는 한도 내에서만** 다른 사유를 추가하거나 변경할 수 있고, 여기서 기본적 사실관계의 동일성 유무는 처분사유를 법률적으로 평가하기 이전의 구체적인 사실에 착안하여 그 기초인 사회적 사실관계가 기본적인 점에서 동일한지 여부에 따라 결정되며 이와 같이 **기본적 사실관계와 동일성이 인정되지 않는 별개의 사실을 들어 처분사유로 주장하는 것이 허용되지 않는다**고 해석하는 이유는 행정처분의 상대방의 방어권을 보장함으로써① 실질적 법치주의를 구현하고 행정처분의 상대방에 대한 신뢰를 보호하고자 함에 그 취지가 있고, **추가 또는 변경된 사유가 당초의 처분시 그 사유를 명기하지 않았을 뿐 처분시에 이미 존재하고 있었고 당사자도 그 사실을 알고 있었다 하여 당초의 처분사유와 동일성이 있는 것이라 할 수 없다**②(2003.12.11. 2001두8827).

+ PLUS ① 처분사유 추가·변경은 기본적 사실관계의 동일성이 있을 때만 인정된다. '원고'(국민)의 방어권과 신뢰를 보호하고 소송경제와 공익을 도모하기 위함이다. ② 기본적 사실관계의 동일성은 '객관적'으로 판단하기에 당사자가 알고 있었다는 주관적 사정은 고려하지 않는다.

③ ○ **관할 군부대장 동의 미획득 → 탄약창에 인접해 공공안전과 군사시설보호상 필요: 기사동✕**
석유판매업허가신청에 대하여 당초 사업장소인 토지가 군사보호시설구역 내에 위치하고 있는 **관할 군부대장의 동의를 얻지 못하였다는 이유로 이를 불허가하였다가**, 소송에서 위 토지는 탄약창에 근접한 지점에 위치하고 있어 **공공의 안전과 군사시설의 보호**라는 공익적인 측면에서 보아 허가신청을 불허한 것은 적법하다는 것을 불허가사유로 추가한 경우, 양자는 **기본적 사실관계에 있어서의 동일성이 인정되지 아니하는 별개의 사유**라고 할 것이므로 이와 같은 사유를 불허가처분의 근거로 추가할 수 없다(1991.11.8. 91누70).

④ ✕ **준농림지역에서의 행위제한 → 자연경관, 생태계 교란, 국토·자연유지, 환경보호 공익상 필요: 기사동○**
주택신축을 위한 산림형질변경허가신청에 대하여 행정청이 거부처분을 하면서 당초 **거부처분의 근거로 삼은 준농림지역에서의 행위제한이라는 사유와 나중에 거부처분의 근거로 추가한 자연경관 및 생태계의 교란, 국토 및 자연의 유지와 환경보전 등 중대한 공익상의 필요라는 사유는 기본적 사실관계에 있어서 동일성이 인정된다**(2004.11.26. 2004두4482).

관련 OX

① 관련

1 (관할행정청은 甲에게 A를 사유로 면허취소처분을 내렸다가 甲이 이를 다투자 소송계속 중에 당해 면허취소처분의 새로운 사유로 B를 주장하였다) A사유와 기본적 사실관계가 동일성이 있다고 인정되는 한도 내에서만 B사유로의 추가·변경이 허용된다. 15사복9

② 관련

2 추가 또는 변경된 사유가 당초의 처분시 그 사유를 명기하지 않았을 뿐 처분시에 이미 존재하고 있었고 당사자도 그 사실을 알고 있었다 하여 당초의 처분사유와 동일성이 있는 것이라 할 수 없다. 17서울9

③ 관련

3 석유판매업허가신청에 대하여, 관할 군부대장의 동의를 얻지 못하였다는 당초의 불허가사유와, 토지가 탄약창에 근접한 지점에 있어 공익적인 측면에서 보아 허가신청을 불허한 것은 적법하다는 사유(는 판례에 따르면, 처분사유의 추가·변경시 기본적 사실관계 동일성을 긍정한 사례이다) 22군무원9

④ 관련

4 준농림지역에서의 행위제한이라는 사유와 나중에 거부처분의 근거로 추가한 자연경관 및 생태계의 교란, 국토 및 자연의 유지와 환경보전 등 중대한 공익상의 필요라는 사유(는 처분사유의 추가·변경과 관련하여 판례가 기본적 사실관계의 동일성을 인정한 것이다) 10경행

선지분석 & 요플·기풀기링크

선지	THEME	요플	기풀기
①		59	060
②	T64 소송상 제도	62	063
③		78	086
④		79	074

정답 ③

OX 1○ 2○ 3✕ 4○

15

취소소송에서의 처분사유의 추가·변경에 대한 설명으로 옳은 것은? (다툼이 있는 경우 판례에 의함) 17(상)국가9

① 처분청은 원고의 권리방어가 침해되지 않는 한도 내에서 당해 취소소송의 대법원 확정판결이 있기 전까지 처분사유의 추가·변경을 할 수 있다.
② 처분사유의 추가·변경이 인정되기 위한 요건으로서의 기본적 사실관계의 동일성 유무는, 처분사유를 법률적으로 평가하기 이전의 구체적인 사실에 착안하여 그 기초적인 사회적 사실관계가 기본적인 점에서 동일한지 여부에 따라 결정된다.
③ 추가 또는 변경된 사유가 당초의 처분시 그 사유를 명기하지 않았을 뿐 처분시에 이미 존재하고 있었고 당사자도 그 사실을 알고 있었다면 당초의 처분사유와 동일성이 인정된다.
④ 처분사유의 추가·변경이 절차적 위법성을 치유하는 것인 데 반해, 처분이유의 사후제시는 처분의 실체법상의 적법성을 확보하기 위한 것이다.

관련 OX

① 관련

1 ○
처분사유의 추가·변경은 원칙적으로 행정소송의 제기 이후부터 사실심 변론종결시 이전 사이에 문제된다. 13국가7

해설

① ✕ 처분사유 추가·변경: 기사동 한도 내·사실심 변론종결시까지 허용
행정청은 기본적 사실관계의 동일성이 있다고 인정되는 한도 내에서만 다른 처분사유를 추가, 변경할 수 있다고 할 것이나 이는 사실심 변론종결시까지만 허용된다(1999.8.20. 98두17043).
  + PLUS 처분사유의 추가·변경은 사실심 변론종결시까지만 허용되고, 상고심(대법원) 단계에서는 허용되지 않는다. 또한 처분사유 추가·변경은 쟁송제기 후부터 문제됨이 원칙이다. 결국 처분사유 추가·변경은 쟁송제기 후 사실심 변론종결 전에 문제된다고 할 수 있다.

② ○ 기사동: 법률적 평가 이전 그 기초가 된 사회적 사실관계가 동일한지 여부로 판단
기본적 사실관계의 동일성 유무는 처분사유를 법률적으로 평가하기 이전의 구체적인 사실에 착안하여 그 기초인 사회적 사실관계가 기본적인 점에서 동일한지 여부에 따라 결정된다(2003.12.11. 2001두8827).

③ ✕ 기사동: 당사자가 알고 있었는지와 무관
추가 또는 변경된 사유가 당초의 처분시 그 사유를 명기하지 않았을 뿐 처분시에 이미 존재하고 있었고 당사자도 그 사실을 알고 있었다 하여 당초의 처분사유와 동일성이 있는 것이라 할 수 없다 (2003.12.11. 2001두8827).

④ ✕ 처분이유의 사후제시와 처분사유의 추가·변경이 반대로 되어서 틀렸다.

▪ 이유제시의 사후보완과 처분사유 추가·변경 비교

	이유제시하자의 사후보완(치유)	처분사유 추가·변경
구도	제소 전까지만 가능 [이유제시는 쟁송제기 결정에 편의를 위한 것]	제소 후 쟁송 중 허용 여부 문제 [소송경제(허용) vs 방어권·신뢰보호(불허)]
목적	절차적 위법을 치유④(뒤)	실체적 적법을 확보④(앞)
내용	처분시의 하자를 사후 보완하는 것	처분시의 적법사유를 사후주장하는 것
성격	행정작용법적 문제	행정쟁송법적 문제

선지분석 & 요플·기풀기링크

선지	THEME	요플	기풀기
①		93	094
②	T64 소송상 제도	60	061
③		62	063
④		55	057

정답 ②

OX 1 ○

16 필수문제

행정소송에서 처분사유의 추가·변경에 관한 설명으로 옳지 않은 것은? (다툼이 있는 경우 판례에 의함) 24소방

① 추가 또는 변경된 사유가 처분 당시에 이미 존재하고 있었다거나 당사자가 그 사실을 알고 있었다면 당초의 처분사유와 동일성이 있다고 할 수 있다.

② 소송에서 처분사유와 기본적 사실관계가 동일하여 추가·변경할 수 있는 다른 사유가 있었음에도 처분청이 이를 적절하게 주장·증명하지 못하여 법원이 그 처분을 위법하다고 판단하여 취소하는 판결이 확정되면, 처분청이 그 다른 사유를 근거로 다시 종전과 같은 내용의 처분을 하는 것은 허용되지 않는다.

③ 어떤 처분의 당초 처분사유와 기본적 사실관계의 동일성이 인정되지 않는 다른 사유가 있다면, 그 처분에 대한 취소소송에서 처분사유 추가·변경은 허용되지 않지만, 처분청이 그 처분에 대한 취소판결 확정 후 그 다른 사유를 근거로 별도의 처분을 하는 것은 허용된다.

④ 처분청이 처분 당시에 적시한 구체적 사실을 변경하지 아니하는 범위 내에서 단지 그 처분의 근거 법령만을 추가·변경하는 것에 불과한 경우에는 새로운 처분사유의 추가라고 볼 수 없으므로 행정청이 처분 당시에 적시한 구체적 사실에 대하여 처분 후에 추가·변경한 법령을 적용하여 그 처분의 적법 여부를 판단할 수 있다.

관련 OX

④ 관련

1 처분 당시에 적시한 구체적 사실을 변경하지 아니하는 범위 내에서 단지 처분의 근거법령만을 추가·변경하는 것도 새로운 처분사유의 추가에 해당한다. 24경찰간부

2 처분청이 처분 당시 적시한 구체적 사실을 변경하지 아니하는 범위 내에서 단지 처분의 근거법령만을 추가·변경하는 경우에 법원은 처분청이 처분 당시 적시한 구체적 사실에 대하여 처분 후 추가·변경한 법령을 적용하여 처분의 적법 여부를 판단할 수 있다. 16국가9

해설

① ✕ 추가 또는 변경된 사유가 처분 당시에 이미 존재하고 있었다거나 당사자가 그 사실을 알고 있었다고 하여 당초의 처분사유와 동일성이 있다고 할 수 없다(2014.5.16. 2013두26118).

② ○ 당초 처분사유와 기사동이 있는 사유 → 그 처분에 대한 취소소송에서 처분사유 추가·변경하여 주장했어야 함 → 그 처분에 대한 취소판결이 확정된 후 다시 동일 내용의 처분을 하는 데 사용하는 것은 불가
어떤 처분 내용의 적법성을 뒷받침하기 위하여 당초 처분사유와 〈기본적 사실관계의 동일성이 인정〉되는 다른 사유가 있다면 처분청은 그 처분에 대한 취소소송의 사실심 변론종결시까지(편저자: 처분사유 추가변경은 사실심 변론종결시까지만 가능) 그 사유를 적극적으로 주장·증명하여 법원으로부터 그 처분이 적법하다는 판단을 받아야 한다. 만약 소송에서 추가·변경할 수 있는 다른 사유가 있었음에도 처분청이 이를 적절하게 주장·증명하지 못하여 법원이 그 처분을 위법하다고 판단하여 취소하는 판결이 확정되면, 처분청이 그 다른 사유를 근거로 다시 종전과 같은 내용의 처분을 하는 것은 허용되지 않는다(2020.12.24. 2019두55675).

선지분석 & 요플·기풀기링크

선지	THEME	요플	기풀기
①	T64 소송상 제도	62	063
②	T66 판결의 효력	38	051
③	T66 판결의 효력	35	053
④	T64 소송상 제도	89	089

③ ○ 당초 처분사유와 기사동이 없는 사유 → 그 처분에 대한 취소소송에서 처분사유 추가·변경하여 주장하는 것은 불가 → 그 처분에 대한 취소판결이 확정된 후 다시 동일 내용의 처분을 하는 데 사용하는 것은 가능

어떤 처분의 당초 처분사유와 〈기본적 사실관계의 동일성이 인정되지 않〉는 다른 사유가 있다면, 그 처분에 대한 취소소송에서 **처분사유 추가·변경은 허용되지 않지만**, 처분청이 그 처분에 대한 **취소판결확정 후 그 다른 사유를 근거로 별도의 처분을 하는 것은 허용된다**(2020.12.24. 2019두55675).

기사동	처분사유 추가·변경	판결확정 후 그 다른사유에 근거하여 종전과 같은 내용의 처분
인정○	가능	불가
인정×	불가	가능

④ ○ 처분에 적시한 사실은 변경하지 않고, 처분의 근거법령만 추가·변경: 가능

처분청이 처분 당시에 적시한 구체적 **사실을 변경하지 아니하는** 범위 내에서 단지 그 처분의 **근거법령만을 추가·변경**하거나 당초의 처분사유를 구체적으로 표시하는 것에 불과한 경우에는 **새로운 처분사유를 추가하거나 변경하는 것이라고 볼 수 없으므로** 행정청이 처분 당시에 적시한 구체적 사실에 대하여 처분 후에 추가·변경한 **법령을 적용**하여 그 처분의 적법 여부를 **판단할 수 있다**(2021.7.29. 2021두34756).

선지선택비율 ① 70.50% ② 17.12% ③ 6.09% ④ 6.29%   오답률 29.5%

17

처분사유의 추가·변경에 대한 설명으로 옳지 않은 것은? (다툼이 있는 경우 판례에 의함)

25지방9

① 항고소송에서 처분청은 당초 처분의 근거로 삼은 사유와 기본적 사실관계가 동일성이 있다고 인정되는 한도 내에서만 다른 사유를 추가·변경할 수 있다.

② 당초 처분의 근거로 삼은 사유와 사회적 사실관계의 기본적 동일성이 인정된다면 그에 대한 규범적 평가와 처분의 근거법령 변경으로 당초 처분의 내용을 변경할 필요성이 제기되는 경우라도, 처분청은 당초 처분의 내용을 그대로 유지한 채 근거법령만 추가·변경할 수 있다.

③ 처분청이 처분 당시에 적시한 구체적 사실을 변경하지 아니하는 범위 내에서 단지 그 처분의 근거 법령만을 추가·변경하는 것에 불과한 경우에는 새로운 처분사유의 추가라고 볼 수 없다.

④ 어떤 처분 내용의 적법성을 뒷받침하기 위하여 당초 처분사유와 기본적 사실관계의 동일성이 인정되는 다른 사유가 처분 당시에 이미 존재하고 있다면 처분청은 그 처분에 대한 취소소송의 사실심 변론종결시까지 그 사유를 적극적으로 주장·증명하여 법원으로부터 그 처분이 적법하다는 판단을 받아야 한다.

해설

① ○ 행정처분의 취소를 구하는 항고소송에서 처분청은 당초 처분의 근거로 삼은 사유와 **기본적 사실관계가 동일성이 있다고 인정되는 한도 내에서만** 다른 사유를 **추가 또는 변경**할 수 있다(2014.5.16. 2013두26118).

② ×, ③ ○ 처분에 적시한 사실은 변경하지 않고, 처분의 근거법령만 추가·변경: 가능③ / 단, 사회적 사실관계의 기본적 동일성이 인정되더라도 처분 내용을 변경할 필요성이 제기되는 경우 → 근거법령만 추가·변경하는 것 불가, 해당 처분을 취소하고 다시 처분을 해야②

행정청이 처분 당시에 제시한 <u>구체적 사실을 변경하지 않는</u> 범위 내에서 단지 처분의 <u>근거법령만을 추가·변경</u>하거나 당초의 처분사유를 구체적으로 표시하는 것에 불과한 경우에는 <u>새로운 처분사유를 추가하거나 변경하는 것이라고 볼 수 없다</u>(편저자: 즉, 허용된다).③ 그러나 **사회적 사실관계의 기본적 동일성이 인정되는 경우**라고 하더라도 그에 대한 규범적 평가와 처분의 근거법령의 변경으로, 예를 들어 기속행위가 재량행위로 변경되는 경우와 같이, **당초 처분의 내용을 변경할 필요성이 제기되는 경우**에는 해당 처분을 취소한 후 처분청으로 하여금 다시 처분절차를 거쳐 새로운 처분을 하도록 하여야 할 것이지 당초 처분의 내용을 그대로 유지한 채 근거법령만 추가·변경하는 것은 허용될 수 없다②(2024.11.28. 2023두61349).

+ PLUS 처분에 적시한 사실은 그대로 둔 채 **근거법령만 추가·변경하는 경우**는 기사동이 인정돼 **허용됨**이 원칙이다. 다만, 사실관계가 기본적으로 동일하더라도 근거법령의 추가·변경으로 인해 **처분의 내용 자체가 변경돼야 하는 경우**라면 근거법령만 추가·변경하는 것이 **허용되지 않는다**. 근거법령의 추가·변경으로 인해 당초 **기속행위였던 처분이 재량행위가 되는 경우**가 이에 해당한다. 이때는 처분 간 동일성이 없으므로 당초 처분을 취소한 후 다시 처분절차를 거쳐 새로운 처분을 하여야 한다.

선지	THEME	요플	기풀기
①		59	060
②	T64 소송상 제도	90	091
③		89	089
④	T66 판결의 효력	37	050

④ ○ 당초 처분사유와 기사동이 있는 사유 → 그 처분에 대한 취소소송에서 처분사유 추가·변경하여 주장했어야 함 → 그 처분에 대한 취소판결이 확정된 후 다시 동일 내용의 처분을 하는 데 사용하는 것은 불가

어떤 처분 내용의 적법성을 뒷받침하기 위하여 당초 처분사유와 〈기본적 사실관계의 동일성이 인정〉되는 다른 사유가 있다면 처분청은 그 처분에 대한 취소소송의 사실심 변론종결시까지(편저자: 처분사유 추가변경은 사실심 변론종결시까지만 가능) 그 사유를 적극적으로 주장·증명하여 법원으로부터 그 처분이 적법하다는 판단을 받아야 한다. 만약 소송에서 추가·변경할 수 있는 다른 사유가 있었음에도 처분청이 이를 적절하게 주장·증명하지 못하여 법원이 그 처분을 위법하다고 판단하여 취소하는 판결이 확정되면, 처분청이 그 다른 사유를 근거로 다시 종전과 같은 내용의 처분을 하는 것은 허용되지 않는다(2020.12.24. 2019두55675).

선지선택비율 ① 6.20% ② 65.02% ③ 9.30% ④ 19.48%   오답률 34.98%

정답 ②

18

취소소송에서 추가하려는 처분사유와 당초의 처분사유 사이에 기본적인 사실관계의 동일성이 인정되는 경우를 모두 고른 것은? (다툼이 있는 경우 판례에 의함)   25경찰간부

> 가. 건축신고수리 거부처분을 하면서 건축하려는 토지가 「건축법」상 도로에 해당하여 건축을 허용할 수 없다는 사유를 들었다가, 위 토지가 인근주민들의 통행에 제공된 사실상의 도로여서 인근주민들의 통행을 막게 된다는 사유를 추가한 경우
> 나. 주택신축을 위한 산림형질변경허가신청에 대하여 행정청이 거부처분을 하면서 당초 준농림지역에서의 행위제한이라는 사유를 들었다가, 자연경관 및 생태계의 교란, 국토 및 자연의 유지와 환경보전 등 중대한 공익상의 필요라는 처분사유를 추가한 경우
> 다. 입찰참가자격제한을 하면서 당초에는 정당한 이유 없이 계약을 이행하지 않았다는 사유를 들었다가, 계약의 이행과 관련하여 관계 공무원에게 뇌물을 주었다는 사유를 추가한 경우
> 라. 액화석유가스판매사업불허가처분을 하면서 당초에는 허가기준에 따라 검토한 결과 허가기준에 맞지 않다는 사유를 들었다가, 이격거리기준에 위배된다는 사유를 추가한 경우

① 가, 나
② 가, 다
③ 가, 나, 라
④ 나, 다, 라

관련 OX

나. 관련

1 준농림지역에서의 행위제한이라는 사유와 나중에 거부처분의 근거로 추가한 자연경관 및 생태계의 교란, 국토 및 자연의 유지와 환경보전 등 중대한 공익상의 필요라는 사유(는 처분사유의 추가·변경과 관련하여 판례가 기본적 사실관계의 동일성을 인정한 것이다)   10경행

라. 관련

2 허가기준에 맞지 않는다는 이유로 허가신청을 반려하였다가 소송계속 중 이격거리기준 위배를 반려사유로 주장한 경우(는 처분사유의 추가·변경과 관련하여 판례가 기본적 사실관계의 동일성을 인정한 것이다)   10경행

해설

가. ○ 〈건축신고 수리거부〉 (당초) 건축법상 도로여서 거부 → (추가) 통행에 쓰는 사실상 도로여서 거부: 기사동 인정
甲이 '사실상의 도로'로서 인근주민들의 통행로로 이용되고 있는 토지를 매수한 다음 2층 규모의 주택을 신축하겠다는 내용의 건축신고서를 제출하였으나, 구청장이 "위 토지가 <u>건축법상 도로에 해당하여 건축을 허용할 수 없다.</u>"는 사유로 건축신고수리 거부처분을 하자 甲이 처분에 대한 취소를 구하는 소송을 제기하였는데, 1심법원이 위 토지가 건축법상 도로에 해당하지 않는다는 이유로 甲의 청구를 인용하는 판결을 선고하자 구청장이 항소하여 "<u>위 토지가 인근주민들의 통행에 제공된 사실상의 도로인데, 주택을 건축하여 주민들의 통행을 막는 것은 사회공동체와 인근주민들의 이익에 반하므로</u> 甲의 주택건축을 허용할 수 없다."는 주장을 추가한 사안에서, 당초 처분사유와 구청장이 원심에서 추가로 주장한 처분사유는 위 토지상의 사실상 도로의 법적 성질에 관한 <u>평가를 다소 달리하는 것일 뿐</u>, 모두 토지의 이용현황이 '도로'이므로 거기에 주택을 신축하는 것은 허용될 수 없다는 것이므로 <u>기본적 사실관계의 동일성이 인정된다</u>(2019.10.31. 2017두74320).

나. ○ 〈산림형질변경불허〉 (당초) 준농림지역에서의 행위제한 → (추가) 자연경관, 생태계 교란, 국토·자연 유지, 환경보호 공익상 필요: 기사동 인정
주택신축을 위한 산림형질변경허가신청에 대하여 행정청이 거부처분을 하면서 당초 거부처분의 근거로 삼은 <u>준농림지역에서의 행위제한이라는 사유</u>와 나중에 거부처분의 근거로 추가한 <u>자연경관 및 생태계의 교란, 국토 및 자연의 유지와 환경보전 등 중대한 공익상의 필요</u>라는 사유는 기본적 사실관계에 있어서 동일성이 인정된다(2004.11.26. 2004두4482).

선지분석 & 요플·기풀기링크

선지	THEME	요플	기풀기
가		72	080
나	T64 소송상 제도	86	079
다		75	073
라		85	078

다. ✕ 〈입찰참가자격제한〉 (당초) 정당한 이유 없이 계약을 이행하지 않은 사실 → (추가) 계약의 이행과 관련하여 관계 공무원에게 뇌물을 준 사실: 기사동 부정

피고가 지방재정법 제63조에 의하여 준용되는 「국가를 당사자로 하는 계약에 관한 법률」(이하 '법'이라 한다) 제27조 제1항에 의하여 원고의 입찰참가자격을 제한시킨 이 사건 처분을 함에 있어서 그 처분사유로 단지 정당한 이유 없이 계약을 이행하지 아니한 사실과 그에 대한 법령상의 근거로 법시행령 제76조 제1항 제6호를 명시하고 있음이 분명하고, 피고가 이 사건 소송에서 비로소 이 사건 처분사유로 내세우고 있는 같은 조항 제10호 소정의 '계약의 이행과 관련하여 관계 공무원에게 뇌물을 준 것'은 피고가 당초 이 사건 처분의 근거로 삼은 위 구체적 사실과는 그 기초가 되는 사회적 사실관계의 기본적인 점에서 다르다고 할 것이므로 피고는 이와 같은 사유를 이 사건 처분의 근거로 주장할 수 없다(1999.3.9. 98두18565).

라. ◯ 〈액화석유가스판매사업불허〉 (당초) 허가기준에 맞지 않음 → (추가) 이격거리기준 위반: 기사동 인정

원고가 제출한 이 사건 허가신청에 대하여 … 허가기준에 맞지 않아 허가신청을 반려한다고 하였는바 … 이 사건에서 이격거리기준 위배를 반려사유로 주장하는 것은 그 처분의 사유를 구체적으로 표시하는 것이지 당초의 처분사유와 기본적 사실관계와 동일성이 없는 별개의 또는 새로운 처분사유를 추가하거나 변경하는 것이라고 할 수는 없다(1989.7.25. 88누11926).

T65 행정소송의 판결(1) - 판단의 기준시와 판결의 종류

01 사례형 · 고난도

구 「과징금부과 세부기준 등에 관한 고시」의 위반행위에 대한 시정조치 횟수를 근거로 공정거래위원회가 부과한 과징금부과처분에 대한 취소소송의 계속 중 위반행위 자체가 존재하지 않는다는 이유로 시정조치의 취소판결이 확정되었다. 이에 대한 설명으로 옳지 않은 것은? (다툼이 있는 경우 판례에 의함)

22국회8

① 과징금부과처분 취소소송의 수소법원은 행정처분의 위법 여부를 행정처분이 있을 때의 법령과 사실상태를 기준으로 판단하여야 하므로 처분 후 법령의 개폐나 사실상태의 변동에 영향을 받지 않는다.

② 위반행위에 대한 시정조치를 취소하는 확정판결은 과징금부과처분 후 사실상태의 변동에 해당하므로 과징금부과처분 취소소송의 수소법원의 위법 여부 판단에 영향을 주지 않는다.

③ 법원은 행정처분 당시 행정청이 알고 있었던 자료뿐만 아니라 사실심 변론종결 당시까지 제출된 모든 자료를 종합하여 처분 당시 존재하였던 객관적 사실을 확정하고 그 사실에 기초하여 처분의 위법 여부를 판단할 수 있다.

④ 위반행위에 대한 시정조치의 취소판결이 확정되었다면 그 행정처분은 처분시에 소급하여 효력을 잃은 것으로 본다.

⑤ 시정조치에 대한 취소판결의 확정으로 해당 위반행위가 위반 횟수 가중을 위한 횟수 산정에서 제외되더라도 그 사유가 과징금부과처분에 영향을 미치지 아니하여 처분의 정당성이 인정되는 경우에는 그 처분을 위법하다고 할 수 없다.

STORY 해설

- 처분과 관련된 사실상태나 법령이 변경된 경우, 어느 시점의 사실상태와 법령을 기준으로 처분의 위법 여부를 판단할지가 문제된다. 판례는 처분시점의 사실상태와 법령을 기준으로 처분의 위법 여부를 판단한다고 한다(처분시설).① 예컨대 어떠한 행위가 처분시법 기준으로는 과징금부과대상이었다면, 그 후 법이 개정돼 과징금을 부과할 수 없게 되었더라도 부과처분은 적법한 것이고, 반대로 처분시법 기준으로는 과징금을 부과할 수 없었다면, 그 후 법이 개정돼 과징금을 부과할 수 있게 되었더라도 부과처분은 위법한 것이다.

- 다만, 판례가 처분시설을 취한다는 것은, 처분시의 상황과 법령을 기준으로 처분의 위법 여부를 판단한다는 것일 뿐, 실제 처분시의 상황이 어땠는지를 밝히기 위해 처분 후에 새롭게 발견된 자료나 알게 된 사실을 고려할 수 없다는 뜻은 아니다. 예컨대 혈중알코올농도가 0.08%를 넘었다는 이유로 운전면허취소처분을 받은 경우를 생각해 보자. 이후 법이 개정돼 해당 혈중알코올농도가 면허취소가 아닌 면허정지대상으로 변경되었더라도, 처분 당시에는 취소사유였다면 적법한 처분이다. 즉, 처분 후 법이 바뀐 것은 고려하지 않는다. 그러나 처분 후 정밀감식결과 애초에 혈중알코올농도가 0.08%에 못 미쳤던 것으로 밝혀진다면, 그러한 사정이 처분 후에야 밝혀졌더라도 당해 처분은 위법해지는 것이다. 즉, 처분의 위법 여부는 처분시의 상황과 법에 따라 판단되지만, 처분시의 상황과 법이 실제로 어땠는지는 처분 이후 사실심 변론종결시까지 밝혀진 모든 자료를 고려할 수 있는 것이다.③

사례분석 · 사례지수 상중하

- 2017두55077 판결을 그대로 가져온 사례이다. 처분의 위법 여부는 '처분시'의 법령과 사실상태를 기준으로 판단하지만, 처분시의 법령과 사실상태가 어땠는지는 '처분 후'에 밝혀진 사실과 자료도 고려할 수 있다는 이론을 사례를 통해 묻고 있다. 판례의 사실관계를 미리 알고 있지 않았다면 사실상 시험장에서 무엇을 묻는지조차 판단하기 어려운 문제로 판례공부(사실관계까지 아는)의 필요성을 증명하고 있다.

- 사안의 경우 기존에 이미 시정조치를 받은 전력이 5번이나 있음을 이유로 20%가 가중된 과징금부과처분을 받았으나, 이후 전력 중 하나가 취소된 사안이다. 취소의 효력은 소급하여 발생하는바,④ 전력 중 1건은 처음부터 없었던 것이 된다. 결국 처분시에 5번의 동종 전력이 있음을 전제로 처분의 수위를 정하였으나, 사실은 4번이었음이 사후적으로 드러난 것이고, 이는 당해 과징금 처분의 위법판단에 고려되어야 한다.② 처분 후 사실상태가 변한 것이 아니라, 처분 당시의 진실한 사실상태가 무엇인지가 나중에야 밝혀진 것이기 때문이다(원래 5번인 줄 알았는데 4번이었음).
- 다만 전력이 5번이 아닌, 4번임을 감안하더라도 당초의 과징금부과 수위가 과하다고 인정되지 않는다면, 그 처분을 위법하다고 할 수 없을 것이다.⑤

해설

①③④⑤ ○, ② ×

- 처분의 위법: 처분시 법령과 사실상태 기준①
  행정처분의 위법 여부는 행정처분이 있을 때의 법령과 사실상태를 기준으로 판단하여야 하고, 처분 후 법령의 개폐나 사실상태의 변동에 의하여 영향을 받지는 않는다.①

- 처분의 위법성 판단의 자료: 사실심 변론종결시까지 제출된 자료도 활용 가능③
  단, 법원은 행정처분 당시 행정청이 알고 있었던 자료뿐만 아니라 사실심 변론종결 당시까지 제출된 모든 자료를 종합하여 처분 당시 존재하였던 객관적 사실을 확정하고 그 사실에 기초하여 처분의 위법 여부를 판단할 수는 있다.③

- 처분의 취소: 소급효 발생④
  한편, 행정청으로부터 행정처분을 받았으나 나중에 그 행정처분이 행정쟁송절차에서 취소되었다면, 그 행정처분은 처분시에 소급하여 효력을 잃게 된다.④

- 과징금부과처분의 가중사유로 삼았던 위반행위 중 일부에 대해서 위반행위가 존재하지 않는 것으로 취소판결이 확정: 과징금부과처분은 위법해질 여지 있음②
  따라서 공정거래위원회가 과징금 산정시 위반 횟수 가중의 근거로 삼은 위반행위에 대한 시정조치가 그 후 '위반행위 자체가 존재하지 않는다는 이유로 취소판결이 확정된 경우' 과징금부과처분의 상대방은 결과적으로 처분 당시 객관적으로 존재하지 않는 위반행위로 과징금이 가중되므로, 그 과징금부과처분은 비례·평등원칙 및 책임주의원칙에 위배될 여지가 있다.②

- 단, 해당 위반행위를 제외하더라도 과징금액에 정당성이 인정되는 경우: 과징금부과처분은 여전히 적법⑤
  다만 공정거래위원회는 독점규제 및 공정거래에 관한 법령상의 과징금 상한의 범위 내에서 과징금 부과 여부 및 과징금 액수를 정할 재량을 가지고 있다. 또한 재량준칙인 '구 과징금 고시' Ⅳ. 2. 나. (1)항은 위반 횟수와 벌점 누산점수에 따른 과징금 가중비율의 상한만을 규정하고 있다. 따라서 법 위반행위 자체가 존재하지 않아 위반행위에 대한 시정조치에 대하여 취소판결이 확정된 경우에 위반 횟수 가중을 위한 횟수 산정에서 제외하더라도, 그 사유가 과징금 부과처분에 영향을 미치지 아니하여 처분의 정당성이 인정되는 경우에는 그 처분을 위법하다고 할 수 없다.⑤(2019.7.25. 2017두55077).

선지분석 & 요플·기풀기링크

선지	THEME	요플	기풀기
	T65 판결 기준시/종류	N1	014
①	T65 판결 기준시/종류	06	006
②		12	011

정답 ②

필수문제 02

항고소송에서 수소법원이 하여야 하는 판결에 대한 설명으로 옳지 않은 것은? (다툼이 있는 경우 판례에 의함)
19국가9

① 무효확인소송의 제1심 판결시까지 원고적격을 구비하였는데 제2심 단계에서 원고적격을 흠결하게 된 경우, 제2심 수소법원은 각하판결을 하여야 한다.

② 행정처분이 있음을 안 날부터 90일을 넘겨 행정심판을 청구하였다가 각하재결을 받은 후 그 재결서를 송달받은 날부터 90일 내에 원래의 처분에 대하여 취소소송을 제기한 경우, 수소법원은 각하판결을 하여야 한다.

③ 허가처분 신청에 대한 부작위를 다투는 부작위위법확인소송을 제기하여 제1심에서 승소판결을 받았는데 제2심 단계에서 피고행정청이 허가처분을 한 경우, 제2심 수소법원은 각하판결을 하여야 한다.

④ 행정심판을 청구하여 기각재결을 받은 후 재결 자체에 고유한 위법이 있음을 주장하며 그 기각재결에 대하여 취소소송을 제기한 경우, 수소법원은 심리 결과 재결 자체에 고유한 위법이 없다면 각하판결을 하여야 한다.

관련 OX

① 관련
1 (행정소송의 심리와 관련하여) 소송요건의 존부는 사실심 변론종결시를 기준으로 판단한다. 14국가9

2 甲이 무효확인소송의 제기 당시에 원고적격을 갖추었더라도 상고심 중에 원고적격을 상실하면 그 소는 부적법한 것이 된다. 19지방7

④ 관련
3 재결 자체의 고유한 위법이 없는 경우에도 재결에 대한 취소소송을 제기한 경우에는 기각판결을 하여야 한다. 12서울9

해설

① ○ 원고적격은 소송요건의 하나이므로 사실심 변론종결시는 물론 상고심에서도 존속하여야 하고 이를 흠결하면 부적법한 소가 된다 할 것이다(2007.4.12. 2004두7924).

+ PLUS 소송요건의 존부는 변론종결시를 기준으로 판단한다. 따라서 제소시 기준으로는 소송요건에 흠결이 있더라도 변론종결시 기준으로는 흠결이 없다면 적법한 소로 취급돼 본안판결을 받을 수 있다. 반대로 제소시에는 소송요건을 갖췄더라도, 변론종결시에 소송요건에 흠결이 생긴 경우에는 본안판결을 받을 수 없다. 또한 소송요건은 소가 본안판결을 받을 수 있는 자격요건에 해당하므로, 전 심급에서 소송요건을 갖췄어도 당해 심급에서 소송요건을 잃으면 각하판결을 받게 된다. 이는 취소소송이건, 무효등확인소송이건 마찬가지이다. 따라서 무효확인소송의 1심 변론종결시까지는 원고적격이 있어 본안판단을 받았더라도, 2심 단계에서 원고적격을 잃으면 각하판결을 받게 된다. 마찬가지로 2심 변론종결시(사실심 변론종결시)까지는 원고적격을 갖춰 본안판단을 받았더라도 3심(상고심)에서 원고적격을 잃으면 각하판결을 받는다.

② ○ 처분이 있음을 안 날부터 90일을 넘겨 청구한 부적법한 행정심판청구에 대한 (각하)재결이 있은 후 재결서를 송달받은 날부터 90일 이내에 원래의 처분에 대하여 취소소송을 제기하였다고 하여 취소소송이 다시 제소기간을 준수한 것으로 되는 것은 아니다(2011.11.24. 2011두18786).

for 재결서 송달일 ~ 90일	• 행정심판을 거친 경우, 그에 대한 재결서 송달일까지 기산점을 늦춤 ① 필요적 전치주의여서 거친 경우, 임의적 전치주의에서 거쳐본 경우 ② 부적법한 행정심판(각하대상 재결)을 거친 경우는 해당 X ② ③ 행정청이 행정심판을 할 수 있다고 잘못 알려줘서 행정심판을 거친 경우는 해당 ○ – 단, 이미 처분의 불가쟁력이 발생한 후 행정청이 잘못 알려준 경우는 해당 X
for 재결이 있은 날 ~ 1년	–

선지분석 & 요플·기풀기링크

선지	THEME	요플	기풀기
①	T65 판결 기준시/종류	03	003
②	T61 제소기간	18	019
③	T57 소의 이익	68	070
④	T51 원처분주의/재결주의	08	004

③ ○ 소송요건은 사실심 변론종결시를 기준으로 판단하므로 소 제기 당시에는 처분이 부존재하였으나, 소송계속 중 행정청이 어떠한 처분을 한 경우에는 더 이상 부작위가 인정되지 않게 된다. 따라서 **허가신청에 대한 부작위에 대해서 다투던 중** 행정청이 거부처분을 하면, 취소소송으로 소변경을 하지 않는 한 각하판결을 받게 되고, **허가처분을 하면** 소변경 여지도 없어(원하는 걸 받았으니 다툴 것이 없다) **각하판결**을 받게 된다.

④ × 재결취소소송의 경우 재결 자체에 고유한 위법이 있는지 여부를 심리할 것이고, 재결 자체에 고유한 위법이 없는 경우에는 원처분의 당부와는 상관없이 당해 재결취소소송은 이를 **기각**하여야 한다 (1994.1.25. 93누16901).

+ PLUS 행정소송법은 원처분주의를 택하고 있다(제19조). 따라서 재결은 그 자체에 고유한 위법이 있는 경우에 한해 취소소송이 된다. 만약 재결 자체에 고유한 위법이 없는데도 재결을 대상으로 취소소송을 제기하는 경우, 각하판결을 할 것인지 기각판결을 할 것인지에 대하여 학설은 각하설과 기각설로 나뉘나, 판례는 기각설을 취한다(93누16901).

정답 ④
OX 1○ 2○ 3○

필수문제 03

행정소송에서 소송이 각하되는 경우에 해당하는 것만을 모두 고른 것은? (다툼이 있는 경우 판례에 의함)

17국가7

> ㄱ. 신청권이 없는 신청에 대한 거부행위에 대하여 제기된 거부처분 취소소송
> ㄴ. 재결 자체에 고유한 위법이 없음에도 재결에 대해 제기된 재결취소소송
> ㄷ. 행정심판의 필요적 전치주의가 적용되는 경우, 부적법한 취소심판의 청구가 있었음에도 행정심판위원회가 기각재결을 하자 원처분에 대하여 제기한 취소소송
> ㄹ. 사실심 단계에서는 원고적격을 구비하였으나 상고심에서 원고적격이 흠결된 취소소송

① ㄱ, ㄷ
② ㄴ, ㄷ
③ ㄱ, ㄷ, ㄹ
④ ㄱ, ㄴ, ㄹ

해설

ㄱ. ○ 거부행위의 처분성이 인정되려면 상대방에게 법규상·조리상 신청권이 인정되어야 한다. 신청권이 없는 자의 신청에 대해서는 거부행위가 있더라도 그 거부행위에 처분성이 인정되지 않으므로 각하대상이다.

ㄴ. × 행정소송법은 원처분주의를 택하고 있다(제19조). 따라서 재결은 그 자체에 고유한 위법이 있는 경우에 한해 취소소송의 된다. 만약 재결 자체에 고유한 위법이 없는데도 재결을 대상으로 취소소송을 제기하는 경우, 각하판결을 할 것인지 기각판결을 할 것인지에 대하여 학설은 각하설과 기각설로 나뉘나, 판례는 기각설을 취한다(93누16901).

ㄷ. ○ 행정처분의 취소를 구하는 항고소송의 전심절차인 행정심판청구가 기간도과로 인하여 부적법한 경우에는 행정소송 역시 전치의 요건을 충족치 못한 것이 되어 부적법 각하를 면치 못하는 것이고, 이 점은 행정청이 행정심판의 제기기간을 도과한 부적법한 심판에 대하여 그 부적법을 간과한 채 실질적 재결을 하였다 하더라도 달라지는 것이 아니다(1991.6.25. 90누8091).

+ PLUS 필요적 전치주의가 적용되는 경우, 적법한 행정심판을 거쳤어야만 전치주의를 이행한 것이 된다. 따라서 부적법한 행정심판을 제기한 경우라면 설령 행정심판위원회가 이를 간과해 본안재결을(기각재결을) 내렸더라도 전치주의의 요건을 갖추지 못한 것이 된다(90누8091). 따라서 이에 대해 취소소송을 제기할 경우 소송요건 흠결로 각하판결을 받게 된다.

ㄹ. ○ 원고적격은 소송요건의 하나이므로 사실심 변론종결시는 물론 상고심에서도 존속하여야 하고 이를 흠결하면 부적법한 소가 된다 할 것이다(2007.4.12. 2004두7924).

+ PLUS 소송요건은 소가 본안판단을 받을 수 있는 자격요건에 해당하므로, 전 심급에서 요구된다.

선지분석 & 요플·기풀기링크

선지	THEME	요플	기풀기
ㄱ	T54 거부처분	13	011
ㄴ	T51 원처분주의/재결주의	08	004
ㄷ	T60 행정심판 임의주의	08	012
ㄹ	T65 판결 기준시/종류	04	005

정답 ③

필수 문제 04

다음 중 행정소송의 판결에 대한 설명으로 옳은 것은? 13서울7

① 기각판결은 소송요건의 불비를 이유로 본안의 심리를 거부하는 판결이다.
② 사정판결은 처분이 위법함에도 청구가 기각되는 것으로, 이로 인하여 당해 처분은 위법성이 치유되어 적법하게 된다.
③ 사정판결은 무효등확인소송에도 적용된다.
④ 사정판결에서의 소송비용은 패소한 원고가 부담한다.
⑤ 사정판결의 경우 법원은 판결의 주문에 당해 처분이 위법함을 명시하여야 한다.

관련 OX

④ 관련

1 사정판결을 하는 경우 법원은 원고의 청구를 기각하는 판결을 하게 되나, 소송비용은 피고의 부담으로 한다. 16국가7

해설

① ✕ 소송요건의 불비로 심리 자체를 하지 않는 것은 '각하'판결이다. 반면 '기각'판결은 소송요건은 충족하나, 본안요건을 갖추지 못하는 경우에 내리는 판결이다. 소송요건이 충족해 본안심리에 들어간 결과, 본안요건도 충족하는 경우(원고의 청구가 이유 있는 경우) 인용판결을 한다.

② ✕, ⑤ ○ 사정판결은 처분의 위법성이 인정됨에도 공익을 위하여 처분을 유지시키는 제도이다. 따라서 판결이유가 아닌 판결주문에 "취소청구를 기각하지만, 처분이 위법한 것은 맞다."는 취지를 명시하도록 규정되어 있다(행정소송법 제28조 제1항). ⑤ 사정판결은 비록 처분의 취소를 기각하는 판결이지만, 위법성을 치유해주는 판결은 아니며, ② 오히려 위법성을 확인하고 기판력까지 부여해주는 판결이다.

행정소송법 제28조(사정판결) ① 원고의 청구가 이유 있다고 인정하는 경우에도 처분등을 취소하는 것이 현저히 공공복리에 적합하지 아니하다고 인정하는 때에는 법원은 원고의 청구를 기각할 수 있다. 이 경우 법원은 그 판결의 **주문에서 그 처분등이 위법함을 명시하여야** 한다.④

③ ✕ 사정판결은 취소소송에서만 인정되고, 무효등확인소송이나③ 부작위위법확인소송에서는 인정되지 않는다. 행정소송법은 취소소송 외의 항고소송에서는 사정판결을 준용하지 않고, 판례 역시 이를 당연무효의 행정처분에 대해서는 사정판결을 부정하기 때문이다. **사전기간**

④ ✕ 사정판결은 비록 기각판결(원고패소판결)이나, 처분의 위법성이 인정된 판결이므로 소송비용을 패소자인 원고 국민이 아닌, 승소자인 피고 행정청이 부담한다.

행정소송법 제32조(소송비용의 부담) 취소청구가 제28조의 규정에 의하여 기각되거나 행정청이 처분등을 취소 또는 변경함으로 인하여 청구가 각하 또는 기각된 경우에는 소송비용은 **피고의 부담**으로 한다.

선지분석 & 요플·기풀기링크

선지	THEME	요플	기풀기
①		15	016
②		35	037
③	T65 판결 기준시/종류	37	039
④		36	038
⑤		34	036

정답 ⑤
OX 1 ○

05

행정소송에 있어서 일부취소판결의 허용 여부에 대한 판례의 입장으로 가장 옳은 것은? 19(2)서울9

① 재량행위의 성격을 갖는 과징금부과처분이 법이 정한 한도액을 초과하여 위법한 경우에는 법원으로서는 그 한도액을 초과한 부분만을 취소할 수 있다.

② 「독점규제 및 공정거래에 관한 법률」을 위반한 광고행위와 표시행위를 하였다는 이유로 공정거래위원회가 사업자에 대하여 법위반사실 공표명령을 행한 경우, 표시행위에 대한 법위반사실이 인정되지 아니한다면 법원으로서는 그 부분에 대한 공표명령의 효력만을 취소할 수 있을 뿐, 공표명령 전부를 취소할 수 있는 것은 아니다.

③ 개발부담금부과처분에 대한 취소소송에서 당사자가 제출한 자료에 의하여 정당한 부과금액을 산출할 수 없는 경우에도 법원은 증거조사를 통하여 정당한 부과금액을 산출한 후 정당한 부과금액을 초과하는 부분만을 취소하여야 한다.

④ 「독점규제 및 공정거래에 관한 법률」을 위반한 수개의 행위에 대하여 공정거래위원회가 하나의 과징금부과처분을 하였으나 수개의 위반행위 중 일부의 위반행위에 대한 과징금부과만이 위법하고, 그 일부의 위반행위를 기초로 한 과징금액을 산정할 수 있는 자료가 있는 경우에도 법원은 과징금부과처분 전부를 취소하여야 한다.

해설

① ✗ **재량행위인 과징금부과처분에서 법정한도액을 초과한 경우: 전부 취소(초과 부분만 취소✗)**
자동차운수사업면허조건 등을 위반한 사업자에 대하여 행정청이 행정제재수단으로 사업정지를 명할 것인지, 과징금을 부과할 것인지, 과징금을 부과키로 한다면 그 금액은 얼마로 할 것인지에 관하여 재량권이 부여되었다 할 것이므로 과징금부과처분이 법이 정한 한도액을 초과하여 위법할 경우 법원으로서는 그 전부를 취소할 수밖에 없고, 그 한도액을 초과한 부분이나 법원이 적정하다고 인정되는 부분을 초과한 부분만을 취소할 수 없다(1998.4.10. 98두2270).

+ **PLUS** 기속행위: 가분·특정 가능시 초과부분만 취소, 불가시 전부 취소 ↔ 재량행위: 본질적으로 가분·특정 불가로 전부 취소, 단 수개의 위반행위에 대한 하나의 과징금부과처분의 경우 위법 인정 부분만 취소 가능

② ○ **법위반사실 공표명령(광고위반 + 표시위반)에서 표시위반 부분만 위법: 해당 부분만 취소(전부취소✗)**
공정거래위원회가 사업자에 대하여 행한 〈법위반사실 공표명령〉은 비록 하나의 조항으로 이루어진 것이라고 하여도 그 대상이 된 사업자의 광고행위와 표시행위로 인한 각 법위반사실은 별개로 특정될 수 있어 위 각 법위반사실에 대한 독립적인 공표명령이 경합된 것으로 보아야 할 것이므로, 이 중 표시행위에 대한 법위반사실이 인정되지 아니하는 경우에 그 부분에 대한 공표명령의 효력만을 취소할 수 있을 뿐, 공표명령 전부를 취소할 수 있는 것은 아니다(2000.12.12. 99두12243).

③ ✗ **금전부과처분에서 제출된 자료로 정당 부과금액이 산출됨: 초과 부분만 취소**
일반적으로 금전 부과처분 취소소송에서 부과금액 산출과정의 잘못 때문에 부과처분이 위법한 것으로 판단되더라도 사실심 변론종결시까지 제출된 자료에 의하여 〈적법하게 부과될 정당한 부과금액이 산출〉되는 때에는 부과처분 전부를 취소할 것이 아니라 정당한 부과금액을 초과하는 부분만 취소하여야 한다(2016.7.14. 2015두4167).

cf 제출된 자료만으로 정당 부과금액이 산출되지 않을 때는 전부 취소(이 경우 법원이 직권조사, 증명촉구 등으로 정당 금액을 산출할 의무 없음)

④ ✗ **수개 위반행위에 외형상 한 개 과징금. 그중 일부만 위법: 해당 부분 산정 가능시 그 부분만 취소**
공정거래위원회가 위반행위에 대한 과징금을 부과하면서 〈여러 개의 위반행위〉에 대하여 〈외형상 하나의 과징금〉 납부명령을 하였으나 여러 개의 위반행위 중 일부의 위반행위에 대한 과징금 부과만이 위법하고 소송상 그 일부의 위반행위를 기초로 한 과징금액을 산정할 수 있는 자료가 있는 경우에는, 하나의 과징금 납부명령일지라도 그 일부의 위반행위에 대한 과징금액에 해당하는 부분만을 취소하여야 한다(2019.1.31. 2013두14726).

관련 OX

③ 관련
1 개발부담금부과처분 취소소송에 있어 당사자가 제출한 자료에 의하여 적법하게 부과될 정당한 부과금액을 산출할 수 없을 경우에는 부과처분 전부를 취소할 수밖에 없으나, 그렇지 않은 경우에는 그 정당한 금액을 초과하는 부분만 취소하여야 한다. 23군무원7

④ 관련
2 공정거래위원회가 위반행위에 대한 과징금을 부과하면서 여러 개의 위반행위에 대하여 외형상 하나의 과징금 납부명령을 하였으나 여러 개의 위반행위 중 일부의 위반행위에 대한 과징금부과만이 위법하고 소송상 그 일부의 위반행위를 기초로 한 과징금액을 산정할 수 있는 자료가 있는 경우에는, 하나의 과징금 납부명령일지라도 그 일부의 위반행위에 대한 과징금액에 해당하는 부분만을 취소하여야 한다. 22소간

선지분석 & 요플·기풀기링크

선지	THEME	요플	기풀기
①		23	024
②	T65 판결 기준시/종류	18	020
③		22	023
④		25	026

정답 ②
OX 1 ○ 2 ○

06

사정판결에 대한 설명으로 옳지 않은 것은? (다툼이 있는 경우 판례에 의함) 15국가9

① 당연무효의 행정처분을 대상으로 하는 행정소송에서도 사정판결을 할 수 있다.
② 당사자의 명백한 주장이 없는 경우에도 직권으로 사정판결을 할 수 있다.
③ 처분이 위법하여 청구가 이유 있는 경우이어야 한다.
④ 청구의 인용판결이 현저히 공공복리에 적합하지 아니하여야 한다.

관련 OX

③ 관련

1 사정판결은 원고의 주장을 기각하는 판결이므로 당해 처분은 적법한 처분으로 인정된다. 09지방9

해설

① ✕ 당연무효의 행정처분을 소송목적물로 하는 행정소송에서는 존치시킬 효력이 있는 행정행위가 없기 때문에 행정소송법 제28조 소정의 **사정판결을 할 수 없다**(1996.3.22. 95누5509).
  + PLUS 이러한 이유로 행정소송법은 무효확인소송에서는 사정판결규정을 준용하지 않는다.

② ○ 행정소송법 제26조, 제28조 제1항 전단의 각 규정에 비추어 행정소송에 있어서 법원이 사정판결을 할 필요가 있다고 인정하는 때에는 **당사자의 명백한 주장이 없는 경우에도** 일건기록에 나타난 사실을 기초로 하여 **직권으로 사정판결을 할 수 있다**(1992.2.14. 90누9032).

③④ ○

행정소송법 제28조(사정판결) ① 원고의 청구가 이유 있다고 인정하는 경우에도③ 처분등을 취소하는 것이 현저히 공공복리에 적합하지 아니하다고④ 인정하는 때에는 법원은 원고의 청구를 기각할 수 있다. 이 경우 법원은 그 판결의 주문에서 그 처분등이 위법함을 명시하여야 한다.

  + PLUS 사정판결은 처분이 위법하여 원고의 청구가 이유가 있어③ 인용판결을 하여야 할 사안이나, 인용판결을 할 경우 현저한 공공복리상 문제가④ 있을 시 내리게 되는 기각판결이다.

선지분석 & 요플·기풀기링크

선지	THEME	요플	기풀기
①		38	041
②	T65 판결 기준시/종류	31	035
③		28	029
④		29	030

정답 ①
OX 1✕

THEME 65-66 행정소송의 판결

07

사정판결에 대한 설명으로 옳지 않은 것은? (다툼이 있는 경우 판례에 의함) 21지방9

① 사정판결은 본안심리 결과 원고의 청구가 이유 있다고 인정됨에도 불구하고 처분을 취소하는 것이 현저히 공공복리에 적합하지 아니하다고 인정하는 때 원고의 청구를 기각하는 판결을 말한다.

② 사정판결은 항고소송 중 취소소송 및 무효등확인소송에서 인정되는 판결의 종류이다.

③ 법원이 사정판결을 함에 있어서는 미리 원고가 그로 인하여 입게 될 손해의 정도와 배상방법 그 밖의 사정을 조사하여야 한다.

④ 원고는 피고인 행정청이 속하는 국가 또는 공공단체를 상대로 손해배상, 제해시설의 설치 그 밖에 적당한 구제방법의 청구를 당해 취소소송 등이 계속된 법원에 병합하여 제기할 수 있다.

해설

① ○

> **행정소송법 제28조(사정판결)** ① **원고의 청구가 이유 있다고 인정하는 경우에도** 처분등을 취소하는 것이 현저히 공공복리에 적합하지 아니하다고 인정하는 때에는 법원은 원고의 청구를 **기각할 수 있다.** 이 경우 법원은 그 판결의 주문에서 그 처분등이 위법함을 명시하여야 한다.

② × 사정판결은 취소소송에만 인정될 뿐, 무효등확인소송과 부작위위법확인소송, 당사자소송에는 준용되지 않는다.

③ ○

> **행정소송법 제28조(사정판결)** ② **법원이** 제1항의 규정에 의한 판결을 함에 있어서는 미리 원고가 그로 인하여 입게 될 손해의 정도와 배상방법 그 밖의 사정을 **조사하여야** 한다.

④ ○

> **행정소송법 제28조(사정판결)** ③ **원고는** 피고인 행정청이 속하는 국가 또는 공공단체를 상대로 손해배상, 제해시설의 설치 그 밖에 적당한 **구제방법의 청구를** 당해 취소소송 등이 계속된 법원에 **병합하여 제기할 수 있다.**

선지선택비율 ① 6.95% ② 75.71% ③ 8.62% ④ 8.72% 오답률 24.29%

선지분석 & 요플·기풀기링크

선지	THEME	요플	기풀기
①		26	027
②	T65 판결 기준시/종류	37	039
③		33	033
④		32	034

정답 ②

08

사정판결에 관한 설명으로 옳지 않은 것은? 08국회8

① 사정판결을 하는 경우 법원은 주문에 그 처분이 위법함을 명시하여야 하는데, 그 위법성에 대하여 기판력이 발생한다.
② 법원은 사정판결을 함에 있어서 미리 원고가 그로 인하여 입게 될 손해의 정도와 배상방법 그 밖의 사정을 조사하여야 한다.
③ 법원은 당사자의 신청 없이 직권으로 사정판결 여부를 결정할 수 있다.
④ 사정판결을 함에 있어서 법원은 원고에 대하여 상당한 구제방법을 취하거나 피고행정청에 상당한 구제방법을 취할 것을 명하여야 한다.
⑤ 사정판결의 대상이 되는 처분의 위법 여부는 처분시를 기준으로 판단하여야 하지만, 사정판결의 필요성은 판결시를 기준으로 판단하여야 하는 것이 다수설 및 판례이다.

관련 OX

① 관련
1 사정판결을 하는 경우 법원은 처분의 위법함을 판결의 주문에 표기할 수 없으므로 판결의 내용에서 그 처분등이 위법함을 명시함으로써 원고에 대한 실질적 구제가 이루어지도록 하여야 한다. 20소방

해설

① ○ 사정판결은 처분의 위법성이 인정됨에도 공익을 위하여 처분을 유지시키는 제도이다. 따라서 판결이유가 아닌 판결주문에 "취소청구를 기각하지만, 처분이 위법한 것은 맞다."는 취지를 명시하도록 규정되어 있다. 이는 판결의 기판력이 발생하는 주문에 처분의 위법성을 명시하여 처분의 위법성에 기판력을 부여함으로써 향후 당사자가 처분의 위법성이 선결문제가 되는 국가배상청구 등을 할 시, 그 위법성을 곧바로 인정받을 수 있게 하기 위함이다.

② ○

행정소송법 제28조(사정판결) ② 법원이 제1항의 규정에 의한 판결을 함에 있어서는 미리 원고가 그로 인하여 입게 될 **손해의 정도와 배상방법 그 밖의 사정을 조사**하여야 한다.

③ ○ 사정판결은 직권으로 가능
행정소송법 제26조, 제28조 제1항 전단의 각 규정에 비추어 행정소송에 있어서 법원이 사정판결을 할 필요가 있다고 인정하는 때에는 당사자의 명백한 주장이 없는 경우에도 일건기록에 나타난 사실을 기초로 하여 **직권으로 사정판결을 할 수 있다**(1992.2.14. 90누9032).

④ × 사정판결(소송)에서는 법원이 직접 구제방법을 취하거나 이를 명할 수 없다. 원고가 구제방법의 청구를 병합할 수 있을 뿐이다. 즉, 지문은 사정재결(심판)의 내용을 사정판결(소송)의 내용으로 잘못 기재하여 틀렸다.

행정심판법 제44조(사정재결) ② 위원회는 제1항에 따른 재결을 할 때에는 청구인에 대하여 상당한 **구제방법을 취하거나** 상당한 구제방법을 취할 것을 피청구인에게 **명할 수** 있다.

⑤ ○ 사정판결의 경우에도 처분의 위법 여부 판단은 일반적인 소송과 동일하게 **처분시를 기준으로 판단**한다. 사정판결의 필요성은 처분이 위법하나 그 후의 사정 등으로 이를 취소하는 것이 공공복리에 현저히 반하는지를 따져보아야 하기에 **판결시를 기준으로 판단**한다.

선지분석 & 요플·기풀기링크

선지	THEME	요플	기풀기
①		34	036
②	T65 판결 기준시/종류	33	033
③		31	035
④	T68 행정심판(조문)	124	123
⑤	T65 판결 기준시/종류	30	031

정답 ④
OX 1 ×

필수문제 09

사정판결에 관한 설명으로 옳지 않은 것은? 14서울7

① 원고는 피고 행정청이 속하는 국가 또는 공공단체를 상대로 손해배상 등 적당한 구제방법의 청구를 당해 취소소송 등이 계속된 법원에 병합하여 제기할 수 있다.

② 판례는 당연무효의 처분은 존치시킬 효력이 있는 행정행위가 없기 때문에 사정판결을 할 수 없다고 하여 부정적이다.

③ 판례는 직권으로 사정판결을 할 수 있다는 입장이다.

④ 사정판결의 대상이 되는 처분의 위법 여부에 대한 판단은 처분시를 기준으로 하고, 사정판결의 필요성 판단은 판결시를 기준으로 하는 것이 일반적 견해이다.

⑤ 원고의 청구가 이유가 있다고 인정하는 경우에도, 즉 처분등이 위법한 경우에도 처분등을 취소하는 것이 현저히 공공복리에 적합하지 아니하다고 인정하는 때에는 법원은 원고의 청구를 각하할 수 있다.

해설

① ○

행정소송법 제28조(사정판결) ③ 원고는 피고인 행정청이 속하는 **국가 또는 공공단체를 상대로** 손해배상, 제해시설의 설치 그 밖에 적당한 **구제방법의 청구를** 당해 취소소송등이 계속된 법원에 **병합하여 제기할 수** 있다.

② ○ 당연무효의 행정처분: 사정판결 불가
당연무효의 행정처분을 소송목적물로 하는 행정소송에서는 존치시킬 효력이 있는 행정행위가 없기 때문에 행정소송법 제28조 소정의 사정판결을 할 수 없다(1996.3.22. 95누5509).

③ ○ 사정판결은 공익(공공복리)에 직결되는 것인바, 법원은 피고 처분청이 주장하지 않더라도 직권으로 할 수 있다.

- 사정판결은 직권으로 가능
행정소송법 제26조, 제28조 제1항 전단의 각 규정에 비추어 행정소송에 있어서 법원이 사정판결을 할 필요가 있다고 인정하는 때에는 당사자의 명백한 주장이 없는 경우에도 일건기록에 나타난 사실을 기초로 하여 **직권으로 사정판결을 할 수 있다**(1992.2.14. 90누9032).

④ ○ 사정판결의 경우에도 처분의 위법 여부 판단은 일반적인 소송과 동일하게 **처분시를 기준으로 판단**한다. 사정판결의 필요성은 처분이 위법하나 그 후의 사정 등으로 이를 취소하는 것이 공공복리에 현저히 반하는지를 따져보아야 하기에 판결시를 기준으로 판단한다.

사정판결의 요건		요건의 판단기준시
처분의 위법성	처분이 **위법**할 것	**처분시** 기준(처분시설)
사정판결의 필요성	처분을 취소하면 **공공복리에 현저히 반할 것**	**판결시**(변론종결시) 기준

행정소송규칙 제14조(사정판결) 법원이 법 제28조 제1항에 따른 판결을 할 때 그 처분등을 취소하는 것이 현저히 **공공복리**에 적합하지 아니한지 여부는 **사실심 변론을 종결할 때를 기준**으로 판단한다.

⑤ × 청구를 기각할 수 있다.

행정소송법 제28조(사정판결) ① 원고의 청구가 이유 있다고 인정하는 경우에도 처분등을 취소하는 것이 현저히 공공복리에 적합하지 아니하다고 인정하는 때에는 법원은 원고의 청구를 **기각할 수 있다**. 이 경우 법원은 그 판결의 주문에서 그 처분등이 위법함을 명시하여야 한다.

+ PLUS 사정판결은 소송요건 미구비시 이루어지는 각하판결이 아니라, 소송요건 구비를 전제로 처분의 위법성은 인정되나, 공공복리상 처분을 취소하기 어려울 때 이루어지는 기각판결이다.

관련 OX

① 관련

1 ◯ (사정판결과 관련하여) 원고는 처분을 한 행정청을 상대로 손해배상, 제해시설의 설치 그 밖에 적당한 구제방법의 청구를 당해 취소소송이 계속된 법원에 병합하여 제기할 수 있다. 16국가7

② 관련

2 당연무효의 행정처분을 대상으로 하는 행정소송에서도 사정판결을 할 수 있다. 15국가9

⑤ 관련

3 사정판결은 본안심리 결과 원고의 청구가 이유 있다고 인정됨에도 불구하고 처분을 취소하는 것이 현저히 공공복리에 적합하지 아니하다고 인정하는 때 원고의 청구를 기각하는 판결을 말한다. 21지방9

선지분석 & 요플·기풀기링크

선지	THEME	요플	기풀기
①		32	034
②		38	041
③	T65 판결 기준시/종류	31	035
④		30	031
⑤		26	027

정답 ⑤
OX 1× 2× 3○

10

행정행위가 있은 후 그 근거가 된 법률이 헌법재판소에 의해 위헌으로 결정된 경우, ㉠ 당해 행정행위의 하자의 유형과 ㉡ 취소소송의 제소기간이 도과한 후 원고가 무효확인소송으로 이 사안을 다툰다고 할 때 법원은 어떻게 판단해야 하는지 바르게 연결한 것은? (다툼이 있는 경우 대법원 판례에 의함)

13지방9

	㉠	㉡
①	무효	각하
②	무효	기각
③	취소	각하
④	취소	기각

관련 OX

㉡관련

1 (A행정청은 미성년자에게 주류를 판매하였다는 이유로 甲에게 영업정지처분에 갈음하는 과징금부과처분을 하였다. 甲은 이에 대하여 행정소송을 제기할 것을 고려하고 있다) 甲이 과징금부과처분의 하자가 취소사유임에도 A행정청을 상대로 무효확인의 소를 제기하였는데 만약 취소소송의 제기요건을 구비하지 못하였다면 무효확인청구는 기각된다.

21변시

해설

㉠ 취소, ㉡ 기각

① 처분 후 근거 법률이 위헌으로 결정된 경우: 취소사유, ② 불가쟁력이 발생한 취소사유에 대해 무효확인소송을 제기한 경우: 기각판결○ / 각하판결×

법률에 근거하여 행정처분이 발하여진 후에 헌법재판소가 그 행정처분의 근거가 된 법률을 위헌으로 결정하였다면 결과적으로 행정처분은 법률의 근거가 없이 행하여진 것과 마찬가지가 되어 하자가 있는 것이 되나, 하자 있는 행정처분이 당연무효가 되기 위하여는 그 하자가 중대할 뿐만 아니라 명백한 것이어야 하는데, 일반적으로 법률이 헌법에 위반된다는 사정이 헌법재판소의 위헌결정이 있기 전에는 객관적으로 명백한 것이라고 할 수는 없으므로 헌법재판소의 위헌결정 전에 행정처분의 근거되는 당해 법률이 헌법에 위반된다는 사유는 특별한 사정이 없는 한 그 행정처분의 취소소송의 전제가 될 수 있을 뿐 당연무효사유는 아니라고 봄이 상당하다. … 어느 행정처분에 대하여 그 행정처분의 근거가 된 법률이 위헌이라는 이유로 무효확인청구의 소가 제기된 경우에는 다른 특별한 사정이 없는 한 법원으로서는 그 법률이 위헌인지 여부에 대하여는 판단할 필요 없이 그 무효확인청구를 기각하여야 한다(1994.10.28. 92누9463).

선지분석 & 요플·기풀기링크

선지	THEME	요플	기풀기
	T65 판결 기준시 / 종류	N2	051

정답 ④

OX 1

11 사례형 고난도

甲은 중대·명백한 하자가 있어 무효인 A처분에 대해 소송을 제기하려고 한다. 이에 대한 설명으로 옳은 것은? (다툼이 있는 경우 판례에 의함) 21국회8

① 甲은 A처분에 대한 무효확인소송과 취소소송을 선택적 청구로서 병합하여 제기할 수 있다.
② 甲이 A처분에 대해 취소소송을 제기하는 경우 제소기간의 제한을 받지 않는다.
③ 甲이 취소소송을 제기하였더라도 A처분에 중대·명백한 하자가 있다면 법원은 무효확인판결을 하여야 한다.
④ 甲이 A처분에 대해 무효확인소송을 제기하려면 확인소송의 일반적 요건인 즉시확정의 이익이 있어야 한다.
⑤ 甲이 A처분에 대해 무효확인소송을 제기하였다가 그 후 그 처분에 대한 취소소송을 추가적으로 병합한 경우, 주된 청구인 무효확인소송이 적법한 제소기간 내에 제기되었다면 추가로 병합된 취소소송도 제소기간을 준수한 것으로 보아야 한다.

관련 OX

② 관련
1 행정처분의 당연무효를 선언하는 의미에서 그 취소를 구하는 행정소송을 제기하는 경우에는 취소소송의 제소기간을 준수하여야 한다. 19국회8

③ 관련
2 무효인 처분에 대하여 취소소송이 제기된 경우 소송제기요건이 구비되었다면 법원은 당해 소를 각하하여서는 아니 되며, 무효를 선언하는 의미의 취소판결을 하여야 한다. 14지방9

STORY 해설

- 어떠한 처분에 하자가 있다 하더라도 처분상대방으로서는 그것이 무효사유인지, 취소사유인지 확신하기 어렵다. 따라서 아래와 같이 다양한 형태로 소송을 제기하게 된다.
- (취소소송을 제기) 이 경우 실체적으로 무효사유라 하더라도 쟁송의 형태가 취소소송인 이상 취소소송으로서의 <u>제소기간의 제한을 받고</u>,② <u>무효확인판결을 할 수도 없다</u>(무효선언 의미의 취소판결을 하여야 함).③
- (무효확인소송을 제기) 판례는 무효확인소송을 더 이상 보충적 소송으로 보지 않는다(즉, <u>즉시확정의 이익이 없어도 된다</u>).④
- (무효확인소송을 제기했다가 취소소송을 추가) 단, 이 경우에는 추가된 취소소송이 제소기간을 넘어 제기되었어도 앞서 제기한 무효확인소송이 제소기간 내에 제기된 것이라면 <u>제소기간을 준수한 것으로 본다</u>.⑤
- (처음부터 무효확인소송과 취소소송을 병합하여 제기) 어떠한 처분이 무효사유가 있다는 것과 유효이지만 취소사유가 있다는 것은 양립불가능한 관계이므로 <u>주위적·예비적 병합을 해야 한다</u>.①

사례분석 사례지수 상 중 하

- 제시문을 "다음 중 무효인 처분에 대한 설명으로 틀린 것은?"으로 수정하더라도 문제가 없어 사례지수는 떨어진다. 다만, 처분상대방이 **무효확인소송과 취소소송 사이에서 갈등할 때 선택할 수 있는 소송의 형태**(취소소송제기,②③ 무효확인소송제기,④ 무효확인소송과 취소소송의 병합제기,① 무효확인소송제기 후 취소소송의 병합⑤)를 모두 제시했다는 점에서 성의와 밀도가 있는 좋은 문제이다.

해설

① ✕ **무효확인과 취소소송의 병합: 양립불가관계 so 주위적·예비적 병합○ / 단순·선택적 병합✕**
행정처분에 대한 <무효확인과 취소청구>는 서로 양립할 수 없는 청구로서 <u>주위적·예비적 청구로서만</u> 병합이 가능하고 <u>선택적 청구로서의 병합이나 단순병합은 허용되지 아니한다</u>(1999.8.20. 97누6889).
⊕ PLUS 취소청구는 위법하나 유효한 행위를 전제로 하고, 무효확인은 무효인 행위를 전제로 한다. 하나의 행위가 유효이고 동시에 무효일 수는 없다(양립할 수 없다). 따라서 주위적·예비적 병합만 가능하다. 선택적 병합이나 단순병합은 양립가능한 청구에 대해서만 허용되기 때문이다.

② ✕ **무효선언 의미의 취소소송: 허용. 단, 취소소송으로서의 소송요건(전심절차, 제소기간 등) 갖춰야**
행정처분의 <u>당연무효를 선언하는 의미에서 그 취소를 청구하는 행정소송을 제기한 경우에도 전심절차와 제소기간의 준수 등 취소소송의 제소요건을 갖추어야 한다</u>(1990.12.26. 90누6279).

③ ✕ 무효사유의 하자가 있더라도 제기된 소송의 형식이 취소소송인 이상 무효확인판결이 아닌 취소판결을 내릴 수밖에 없다. 따라서 무효를 선언하는 의미의 취소판결을 내리게 된다.

선지분석 & 요플·기풀기링크

선지	THEME	요플	기풀기
①	T64 소송상 제도	29	024
②	T65 판결 기준시/종류	46	047
③		47	048
④	T57 소의 이익	62	061
⑤	T64 소송상 제도	50	051

888 PART Ⅳ 행정구제법

④ ✕ **무효확인소송: 보충성(확인의 이익) 요구✕**

행정처분의 근거 법률에 의하여 보호되는 직접적이고 구체적인 이익이 있는 경우에는 행정소송법 제35조에 규정된 '무효확인을 구할 법률상 이익'이 있다고 보아야 하고, 이와 별도로 무효확인소송의 **보충성이 요구되는 것은 아니므로** 행정처분의 무효를 전제로 한 이행소송 등과 같은 직접적인 구제수단이 있는지 여부를 따질 필요가 없다(2008.3.20. 2007두6342 전합).

⑤ ○ **무효확인소송제기 후 취소소송 추가: 무효확인소송이 취소소송 제소기간 내 제기됐다면, 취소소송 추가시 제소기간 도과했어도 적법**

동일한 행정처분에 대하여 **무효확인의 소를 제기하였다가 그 후 그 처분의 취소를 구하는** 소를 추가적으로 병합한 경우, 주된 청구인 **무효확인의 소가 적법한 제소기간 내에 제기되었다면** 추가로 병합된 **취소청구의 소도 적법**하게 제기된 것으로 볼 수 있다(2005.12.23. 2005두3554).

+ PLUS 소가 병합된 경우 병합된 소의 제소기간은 병합시를 기준으로 판단함이 원칙일 것이나, 사안과 같이 병합된 소의 기본적 취지가 종전의 소와 같다면 종전의 소 제기시를 기준으로 제소기간 준수 여부를 판단한다(무효소송이건 취소소송이건 원고는 결국 처분의 효력을 배제하려는 것).

■ 소 변경과 제소기간

사례		제소기간 준수 여부 판단기준시
피고경정시		**처음 소 제기시** 기준으로 새로운 피고에 대한 제소기간 준수 여부 판단
소 변경시	일반	• **변경시** 기준으로 새로운 소의 제소기간 준수 여부 판단
	특별	• **종전 소 제기시** 기준으로 새로운 소의 제소기간 준수 판단 1) 행정소송법상 **소 종류의 변경** 2) 새로운 소의 기본적 취지가 기존의 소와 동일한 경우 　① 무효확인소송 → **취소소송 추가**⑤ 　② 선행취소 → 후행취소 → 다시 선행취소 　　(후속처분으로 변경된 소에서도 선행처분의 취소를 구하는 취지가 포기되지 않고 남아 있었던 것으로 볼 수 있는 특별한 사정이 있다면) 　③ 부작위위법확인 → 거부취소 → 다시 부작위위법확인 추가 3) 선행취소 → 후행취소 청구취지 추가(선행이 후행에 흡수 & 양자에 위법사유 공통시)

정답 ⑤
OX 1○ 2○

T66 행정소송의 판결(2) - 판결의 효력

01

취소소송 판결의 기속력에 관한 설명으로 옳지 않은 것은? 12국회8

① 청구기각판결의 경우에도 행정청은 그 판결에 저촉되는 행위를 해서는 안 된다.
② 기속력의 성질에 관하여는 기판력설과 특수효력설로 나누어져 있다.
③ 당사자인 행정청과 그 밖의 관계행정청이 확정판결에 따라 행동해야 하는 의무를 발생시키는 효력이다.
④ 거부처분의 취소판결 후 당초의 거부사유 외에 새로운 사유를 들어 다시 거부처분을 할 경우 그러한 처분도 재처분에 해당한다.
⑤ 자동차의 압류처분이 취소되면 행정청은 그 자동차를 원고에게 반환해야 한다.

관련 OX

①③ 관련
1 취소판결의 기속력은 그 사건의 당사자인 행정청과 그 밖의 관계행정청에게 확정판결의 취지에 따라 행동하여야 할 의무를 지우는 것으로 이는 인용판결에 한하여 인정된다. 18국회8

2 취소소송의 기각판결이 확정되면 기판력은 발생하나 기속력은 발생하지 않는다. 16국가9

② 관련
3 「행정소송법」상 기속력의 성질에 관한 판례의 입장은 특수효력설을 취한 경우도 있으나 대부분 기판력설을 취하고 있으며, 통설도 기판력설을 취하고 있다. 08(하)지방9

④ 관련
4 (甲은 개발제한구역 내의 토지에 건축물을 건축하기 위하여 건축허가를 신청하였다) 허가가 거부되자 甲이 이에 대해 취소소송을 제기하여 승소하였고 판결이 확정되었다면, 관할 행정청은 甲에게 허가를 하여야 하며 이전 처분사유와 다른 사유를 들어 다시 허가를 거부할 수 없다. 19국가7

해설

① ✕ 기판력이 기각판결에서도 인정되는 것과 달리, 기속력은 인용판결에서만 인정된다(기각판결은 행정청이 승소한 것이므로 행정청을 구속할 것이 없다).

② ○ 기속력의 성질에 대하여, ① 기속력도 기판력의 일종이고 양자는 본질적으로 같다고 보는 견해도 있으나(기판력설), ② 기속력은 취소판결의 실효성을 확보하기 위하여 행정소송법이 특별히 부여한 효력으로서 기판력과는 본질적으로 다르다고 보는 견해가 통설·판례이다(특수효력설).

③ ○ 기속력이란, 행정청이 확정판결의 취지대로 행동하도록 당사자인 행정청과 그 외 관계행정청을 구속하는 힘을 말한다.

행정소송법 제30조(취소판결등의 기속력) ① 처분등을 취소하는 확정판결은(편저자: 인용판결)① 그 사건에 관하여 당사자인 행정청과 그 밖의 관계**행정청을 기속**한다.③

④ ○ 당초 거부사유 외 새로운 사유를 들어 다시 거부처분: 가능(적법한 재처분의무 이행에 해당)
행정청의 거부처분을 취소하는 판결이 확정된 경우 확정판결의 당사자인 처분 행정청은 종전 처분 후에 발생한 새로운 사유를 내세워 다시 거부처분을 할 수 있고, 그러한 처분도 행정소송법 제30조 제2항에 규정된 재처분에 해당한다(2011.10.27. 2011두14401).

⑤ ○ 취소판결이 확정되면 행정청은 취소된 처분에 의해 초래된 위법상태를 제거하여 원상회복할 의무를 진다(원상회복의무 = 결과제거의무). 따라서 재산의 압류처분이 취소되면 행정청은 당해 재산을 반환해야 할 의무를 진다.

· 취소판결 확정시 기속력의 내용: 재처분의무, 결과제거의무 등
어떤 행정처분을 위법하다고 판단하여 취소하는 판결이 확정되면 행정청은 취소판결의 기속력에 따라 그 판결에서 확인된 위법사유를 배제한 상태에서 다시 처분을 하거나 그 밖에 위법한 결과를 제거하는 조치를 할 의무가 있다(행정소송법 제30조)(2019.10.17. 2018두104).

선지분석 & 요플·기풀기링크

선지	THEME	요플	기풀기
①		10	034
②	T66 판결의 효력	09	036
③		12	033
④	T54 거부처분	54	054
⑤	T66 판결의 효력	42	040

정답 ①
OX 1○ 2○ 3✕ 4✕

02

취소소송 확정판결의 기판력에 대한 설명으로 옳지 않은 것은? (다툼이 있는 경우 판례에 의함)

25지방9

① 「행정소송법」은 기판력에 관한 명문의 규정을 두지 않아, 「행정소송법」 제8조 제2항에 따라 「민사소송법」상 기판력 규정이 준용된다.

② 취소판결의 기판력은 소송물로 된 행정처분의 위법성 존부에 관한 판단에 미치는 것이므로 전소와 후소가 그 소송물을 달리하는 경우에는 전소 확정판결의 기판력이 후소에 미치지 아니한다.

③ 과세처분의 취소소송에서 청구가 기각된 확정판결의 기판력은 그 과세처분의 무효확인을 구하는 소송에는 미치지 않는다.

④ 과세처분 취소소송의 피고는 처분청이지만 행정청을 피고로 하는 취소소송에 있어서의 기판력은 당해 처분이 귀속하는 국가 또는 공공단체에 미친다.

관련 OX

① 관련
1 「행정소송법」은 기판력에 관한 명문의 규정을 두고 있다는 것이 통설·판례의 입장이다. 11지방9

② 관련
2 취소소송에서 전소와 후소가 그 소송물을 달리하는 경우에는 전소 확정판결의 기판력이 후소에 미치지 아니한다. 09국회8

③ 관련
3 과세처분 취소소송에서 청구가 기각된 확정판결의 기판력은 그 과세처분의 무효확인을 구하는 소송에 미친다. 11국회8

④ 관련
4 취소소송의 피고는 처분청이므로 행정청을 피고로 하는 취소소송에 있어서의 기판력은 당해 처분이 귀속하는 국가 또는 공공단체에 미친다. 10국가9

해설

① ○ 행정소송법상 기판력에 관한 명문 규정은 두고 있지 않다. 그러나 민사소송법의 규정을 준용하여 인정될 수 있고(행정소송법 제8조 제2항, 민사소송법 제216, 218조), 소송의 본질상으로도 당연히 인정될 수 있다고 보는 것이 통설·판례이다.

행정소송법 제8조(법적용례) ② 행정소송에 관하여 이 법에 특별한 규정이 없는 사항에 대하여는 법원조직법과 민사소송법 및 민사집행법의 규정을 준용한다.

민사소송법 제216조(기판력의 객관적 범위) ① 확정판결(確定判決)은 주문에 포함된 것에 한하여 기판력(旣判力)을 가진다.

제218조(기판력의 주관적 범위) ① 확정판결은 당사자, 변론을 종결한 뒤의 승계인(변론 없이 한 판결의 경우에는 판결을 선고한 뒤의 승계인) 또는 그를 위하여 청구의 목적물을 소지한 사람에 대하여 효력이 미친다.

② ○ **취소판결의 기판력: 소송물이 다르면 안 미침**
취소판결의 기판력은 소송물로 된 행정처분의 위법성 존부에 관한 판단 그 자체에만 미치는 것이므로 전소와 후소가 그 소송물을 달리하는 경우에는 전소 확정판결의 기판력이 후소에 미치지 아니한다 (1996.4.26. 95누5820).

③ × **과세처분의 취소소송의 기판력: 무효확인을 구하는 소송에도 미침**
과세처분취소청구를 기각하는 판결이 확정되면 그 처분이 적법하다는 점에 관하여 기판력이 생기고 그 후 원고가 다시 이를 무효라 하여 그 무효확인을 소구할 수는 없는 것이어서, 과세처분의 취소소송에서 청구가 기각된 확정판결의 기판력은 그 과세처분의 무효확인을 구하는 소송에도 미친다 (1996.6.25. 95누1880).

④ ○ **취소소송의 기판력: 피고 행정청은 물론, 당해 처분이 귀속하는 행정주체(국가·공공단체)에도 미침**
과세처분 취소소송의 피고는 처분청이므로 행정청을 피고로 하는 취소소송의 기판력은 당해 처분이 귀속하는 국가 또는 공공단체에 미친다(1998.7.24. 98다10854).

+ PLUS 이는 본래 항고소송의 당사자(피고)는 행정주체가 되는 것이 타당하나 편의상 처분청이 행정주체를 대신해 당사자가 되었던 것일 뿐이기 때문이다.

선지선택비율 ① 13.64% ② 9.90% ③ 66.48% ④ 9.99% 오답률 33.52%

정답 ③

OX 1× 2○ 3○ 4○

03

다음 취소판결의 효력과 관련된 설명으로 가장 적절하지 않은 것은? (다툼이 있으면 판례에 의함)

15(1)경행

① 전소와 후소의 소송물이 동일하지 않다고 하더라도 전소의 기판력 있는 법률관계가 후소의 선결적 법률관계가 되는 때에는 전소의 판결의 기판력이 후소에 미쳐 후소의 법원은 전에 한 판단과 모순되는 판단을 할 수 없다.

② 판결에 의하여 취소되는 처분이 당사자의 신청을 거부하는 것을 내용으로 하는 경우에는 그 처분을 행한 행정청은 판결의 취지에 따라 다시 이전의 신청에 대한 처분을 할 수 있다.

③ 행정처분을 취소한다는 확정판결이 있으면 그 취소판결의 형성력에 의하여 당해 행정처분의 취소나 취소통지 등의 별도의 절차를 요하지 아니하고 당연히 취소의 효과가 발생한다.

④ 기판력의 객관적 범위는 소송물로 주장된 법률관계의 존부에 관한 판단의 결론 그 자체에만 미치는 것이다.

관련 OX

① 관련

1 전소의 판결이 확정된 경우 후소의 소송물이 전소의 소송물과 동일하지 않더라도 전소의 소송물에 관한 판단이 후소의 선결문제가 되는 경우에 후소에서 전소 판결의 판단과 다른 주장을 하는 것은 기판력에 반한다. 23국가7

② 관련

2 취소판결에 의하여 취소되는 처분이 당사자의 신청을 거부하는 것을 내용으로 하는 경우에는 그 처분을 행한 행정청은 판결의 취지에 따라 다시 이전의 신청에 대한 처분을 하여야 한다. 24지방7

③ 관련

3 영업정지처분에 대한 취소소송에서 취소판결이 확정되면 처분청은 영업정지처분의 효력을 소멸시키기 위하여 영업정지처분을 취소하는 처분을 하여야 할 의무를 진다. 22지방9

4 영업허가취소처분 취소소송을 제기하여 인용판결이 확정되어도 영업허가취소처분의 효력이 바로 소멸하는 것은 아니고 그 판결의 기속력에 따라 영업허가취소처분이 관할 행정청에 의해 취소되면 비로소 영업허가취소처분의 효력이 소멸한다. 17(하)국가9(변형)

해설

① ○ 전소의 기판력 있는 법률관계가 후소의 선결관계에 해당: 기판력 미침(모순되는 판단 불가)
전소와 후소의 소송물이 동일하지 아니하여도 전소의 기판력 있는 법률관계가 후소의 **선결적 법률관계**가 되는 때에는 전소의 판결의 기판력이 후소에 미쳐 후소의 법원은 전에 한 판단과 **모순되는 판단**을 할 수 없다(2000.2.25. 99다55472).
+ PLUS 전소와 후소가 동일관계에 있지 않더라도, 전소의 소송물에 대한 판단이 후소의 소송물에 대한 판단의 전제, 즉 선결문제에 있는 경우에도 전소의 기판력이 후소에 미친다.

② ×

행정소송법 제30조(취소판결 등의 기속력) ② 판결에 의하여 취소되는 처분이 당사자의 신청을 거부하는 것을 내용으로 하는 경우에는 그 처분을 행한 행정청은 판결의 취지에 따라 다시 이전의 신청에 대한 처분을 **하여야** 한다.

③ ○ 취소확정판결의 형성효: 판결 자체로 계쟁처분 소멸(행정청의 후속행위로 비로소 소멸×)
행정처분을 취소한다는 확정판결이 있으면 그 취소판결의 형성력에 의하여 당해 행정처분의 취소나 취소통지 등의 별도의 절차를 요하지 아니하고 **당연히 취소의 효과가 발생한다**(1991.10.11. 90누5443).

④ ○ 기판력: 주문(소송물에 대한 판단의 결론)에만 미침 / 이유에는 안 미침
확정판결의 **기판력**은 그 판결의 주문에 포함된 것, 즉 소송물로 주장된 법률관계의 존부에 관한 판단의 결론 그 자체에만 미치는 것이고 판결이유에서 설시된 그 전제가 되는 법률관계의 존부에까지 미치는 것은 아니다(2000.2.25. 99다55472).

선지분석 & 요플·기풀기링크

선지	THEME	요플	기풀기
①	T66 판결의 효력	57	026
②	T54 거부처분	50	047
③	T66 판결의 효력	03	002
④		23	016

정답 ②

OX 1○ 2○ 3× 4×

04

취소소송에 있어서 판결의 기속력에 관한 설명으로 옳은 것은? (다툼이 있는 경우 판례에 따름)

14국회8

① 기속력은 인용판결과 기각판결에서 모두 인정된다.
② 기속력은 원고와 피고, 나아가 관계행정청에 미친다.
③ 위법성 판단기준시점인 처분시 이후에 생긴 새로운 사실관계나 개정된 법령과 같이 새로운 처분사유를 들어 동일한 내용의 처분을 하는 것은 가능하다.
④ 기속력은 판결주문에 나타난 판단에만 미친다.
⑤ 「행정소송법」상 집행정지결정의 경우 취소판결의 기속력에 관한 원칙규정과 재처분의무의 규정을 준용하고 있다.

관련 OX

③ 관련

1 판례에 의하면 처분의 위법함을 인정하는 청구인용판결이 확정된 경우에도 처분시점 이후에 생긴 새로운 사유나 사실관계를 들어 동일한 내용의 처분을 하는 것은 무방하다. 08국가9

④ 관련

2 취소판결의 기속력은 확정판결의 주문에 포함된 것에 한하여 발생하고, 그 전제가 되는 처분 등의 구체적 위법사유에 관한 이유 중의 판단에 대하여는 인정되지 않는다. 15서울7

⑤ 관련

3 집행정지결정이 있더라도 당사자인 행정청과 그 밖의 관계행정청에 대하여 법적 구속력은 발생하지 않는다. 15교행9

해설

① ✕ 기속력은 인용판결에만 인정된다.

② ✕ 기속력은 피고 행정청과 관계행정청에는 미치지만 승소한 당사자인 원고에게는 미치지 않는다. 판결의 실효성 확보와 무관하기 때문이다.

행정소송법 제30조(취소판결등의 기속력) ① 처분등을 **취소하는 확정판결**은① 그 사건에 관하여 **당사자인 행정청**과 그 밖의 **관계행정청을 기속**한다.②

③ ○ 종전 처분 후 새롭게 발생한 사유로 동일 내용 처분: 기속력 위반✕

또한 행정처분의 위법 여부는 행정처분이 행하여진 때의 법령과 사실을 기준으로 판단하므로, 확정판결의 당사자인 처분 행정청은 종전 〈처분 후에 발생한 새로운 사유〉를 내세워 다시 처분을 할 수 있다(2016.3.24. 2015두48235).

④ ✕ 취소판결의 기속력: 주문 및 이유에도 인정

행정소송법 제30조 제1항에 의하여 인정되는 취소소송에서 처분등을 취소하는 확정판결의 기속력은 주로 판결의 실효성 확보를 위하여 인정되는 효력으로서 판결의 주문뿐만 아니라 그 전제가 되는 처분 등의 구체적 위법사유에 관한 이유 중의 판단에 대하여도 인정된다(2001.3.23. 99두5238).

+ PLUS 확정판결의 기판력은 주문에만 미치고 이유에는 미치지 않는다. 그러나 기속력은 판결의 주문은 물론 그 전제가 되는 처분등의 구체적 위법사유에 관한 이유 중의 판단에도 미친다.

⑤ ✕ 집행정지결정에는 확정판결의 기속력 규정이 준용되므로, ⑤(앞) 사건 당사자인 행정청과 관계행정청은 집행정지결정에 구속된다(행정소송법 제23조 제6항, 제30조 제1항). 그러나 거부처분에 대한 취소확정판결시 행정청이 지게 되는 재처분의무규정은 준용되지 않는다(제23조 제6항, 제30조 제2항). ⑤(뒤)

행정소송법 제23조(집행정지) ⑥ 제30조 제1항의 규정은 제2항의 규정에 의한 집행정지의 결정에 이를 **준용**한다.⑤(앞) (편저자: 즉, 재처분의무를 규정한 제30조 제2항은 준용하지 않음⑤(뒤))

제30조(취소판결등의 기속력) ① 처분등을 취소하는 확정판결은 그 사건에 관하여 당사자인 **행정청**과 그 밖의 **관계행정청을 기속**한다.
② **판결**에 의하여 **취소되는 처분**이 당사자의 신청을 **거부**하는 것을 내용으로 하는 경우에는 그 처분을 행한 **행정청**은 판결의 취지에 따라 **다시 이전**의 **신청에 대한 처분을 하여야** 한다.

선지분석 & 요플·기풀기링크

선지	THEME	요플	기풀기
①		10	034
②	T66 판결의 효력	15	044
③		34	055
④		16	045
⑤	T62 집행정지	36	037

정답 ③

OX 1○ 2✕ 3✕

05 취소소송의 판결 효력에 대한 설명으로 옳지 않은 것은? (다툼이 있는 경우 판례에 의함)

17국회8

① 재량행위인 과징금 납부명령이 재량권을 일탈하였을 경우 법원이 적정하다고 인정하는 부분을 초과한 부분만 취소할 수 있다.

② 사정판결을 할 사정에 관한 주장·입증책임은 피고 처분청에 있지만 처분청의 명백한 주장이 없는 경우에도 사건 기록에 나타난 사실을 기초로 법원이 직권으로 석명권을 행사하거나 증거조사를 통해 사정판결을 할 수도 있다.

③ 취소확정판결의 기판력은 판결에 적시된 위법사유에 한하여 미치므로 행정청이 그 확정판결에 적시된 위법사유를 보완하여 행한 새로운 행정처분은 확정판결에 의하여 취소된 종전처분과는 별개의 처분으로서 확정판결의 기판력에 저촉되지 않는다.

④ 징계처분의 취소를 구하는 소에서 징계사유가 될 수 없다고 취소확정판결을 한 사유와 동일한 사유를 내세워 다시 징계처분을 하는 것은 확정판결에 저촉되는 행정처분으로 허용될 수 없다.

⑤ 취소소송에서 소송의 대상이 된 거부처분을 실체법상의 위법사유에 기초하여 취소하는 확정판결이 있는 경우에는 당해 거부처분을 한 행정청은 원칙적으로 신청을 인용하는 처분을 하여야 하고, 사실심 변론종결 이전의 사유를 내세워 다시 거부처분을 하는 것은 기속력에 반하여 허용되지 아니한다.

관련 OX

② 관련

1 당사자의 명백한 주장이 없는 경우에는 기록에 나타난 여러 사정을 기초로 법원이 직권으로 사정판결을 할 수 없다. 13지방7

2 원고의 청구가 이유 있다고 인정하는 경우에도 이를 인용하는 것이 현저히 공공복리에 적합하지 않다고 판단되면 법원은 피고 행정청의 주장이나 신청이 없더라도 사정판결을 할 수 있다. 22지방9

④ 관련

3 징계처분의 취소를 구하는 소에서 징계사유가 될 수 없다고 판결한 사유와 동일한 사유를 내세워 행정청이 다시 징계처분을 한 것은 확정판결에 저촉되지 않는 행정처분을 한 것으로서 허용될 수 있다. 24군무원9

해설

① ✕ 재량행위인 과징금부과처분에서 법정한도액을 초과한 경우: 전부 취소(초과 부분만 취소✕)
처분을 할 것인지 여부와 처분의 정도에 관하여 **재량이 인정되는 과징금 납부명령**에 대하여 그 명령이 **재량권을 일탈하였을 경우**, 법원으로서는 재량권의 일탈 여부만 판단할 수 있을 뿐이지 재량권의 범위 내에서 어느 정도가 적정한 것인지에 관하여는 판단할 수 없어 그 **전부를 취소할 수밖에 없고**, 법원이 적정하다고 인정하는 부분을 초과한 부분만 취소할 수는 **없다**(2009.6.23. 2007두18062).

② ○ 사정판결의 필요성: 처분청의 주장이 없더라도 법원이 직권으로 판단 가능
행정소송에 있어서 법원이 행정소송법 제28조 소정의 사정판결을 할 필요가 있다고 인정하는 때에는 당사자의 명백한 주장이 **없는** 경우에도 일건 기록에 나타난 사실을 기초로 하여 **직권으로 사정판결을** 할 수 있다고 풀이함이 상당하다 할 것이다(1992.2.14. 90누9032).

+ PLUS 사정판결은 처분의 취소를 면하게 하는 것으로 피고 처분청에 유리한 것이다. 따라서 사정판결의 필요성에 대한 주장·입증책임은 피고 처분청에게 있다. 다만, 사정판결은 공익(공공복리)에 직결되는 것인바, **법원은 피고 처분청이 주장하지 않더라도 직권으로 할 수 있다**. 즉, 직권심리가 발동하는 영역이다(행정소송법 제26조).

③ ○ 취소확정판결에서 적시된 위법사유를 보완하여 행한 새로운 행정처분: 기속력 저촉✕
행정처분에 위법이 있어 행정처분을 **취소하는 판결이 확정**된 경우 그 확정판결의 기판력은 거기에 적시된 위법사유에 한하여 미치는 것이므로, 행정관청이 그 **확정판결에 적시된 위법사유를 보완하여 행한 새로운 행정처분**은 확정판결에 의하여 취소된 종전의 처분과는 별개의 처분으로서 확정판결의 기판력(편저자: 기속력)에 **저촉된다고 할 수 없다**(1997.2.11. 96누13057).

+ PLUS 처분청이 판결에서 적시한 **위법사유를 보완하여** 새로운 행정처분을 할 경우 확정판결의 기속력에 저촉되지 않는다(위 지문의 '기판력'은 '기속력'도 포함하는 것으로 보아야 한다).

선지분석 & 요플·기출기링크

선지	THEME	요플	기출기
①	T65 판결 기준시/종류	24	025
②		31	035
③	T66 판결의 효력	30	047
④		44	057
⑤	T54 거부처분	55	061

④ ○ 징계사유 없음을 이유로 취소판결이 확정되면, 동일 사유로 다시 징계처분 불가
징계처분의 취소를 구하는 소에서 징계사유가 될 수 없다고 판결한 사유와 **동일한 사유를 내세워 행정청이 다시 징계처분**을 한 것은 확정판결에 저촉되는 행정처분을 한 것으로서, 위 취소판결의 기속력이나 확정판결의 기판력에 저촉되어 **허용될 수 없다**(1992.7.14. 92누2912).

+ PLUS 확정판결에서 **부정된 사유**를 후행처분에서 **또 사용**하는 경우는 판결 내용에 정면으로 반하므로 당연히 기속력에 반한다.

⑤ ○ 당초 거부처분에 실체적 위법이 있어서 취소된 경우: 원칙적으로 신청을 인용하는 처분을 해야
취소소송에서 소송의 대상이 된 거부처분을 **실체법상의 위법사유에 기하여 취소하는** 판결이 확정된 경우에는 당해 거부처분을 한 행정청은 **원칙적으로 신청을 인용**하는 처분을 **하여야** 하고, 사실심 변론종결 이전의 사유를 내세워 다시 거부처분을 하는 것은 확정판결의 기속력에 저촉되어 허용되지 아니한다(2001.3.23. 99두5238).

+ PLUS 거부처분의 **내용 자체**에 위법이 있어 취소된 경우, 즉 **실체법상 위법**이 있는 경우에는 종전 거부사유로 다시 거부처분을 하는 것은 판결의 취지에 반하게 되는바, 이때는 **원칙적으로 신청을 인용**하는 처분을 해야 재처분의무를 이행한 것이 된다.

06 필수문제

취소소송의 판결의 효력에 대한 설명으로 옳지 않은 것은?

18국회8

① 거부처분의 취소판결이 확정되었더라도 그 거부처분 후에 법령이 개정·시행되었다면 처분청은 그 개정된 법령 및 허가기준을 새로운 사유로 들어 다시 이전 신청에 대하여 거부처분을 할 수 있다.

② 거부처분의 취소판결이 확정된 경우 그 판결의 당사자인 처분청은 그 소송의 사실심 변론종결 이후 발생한 사유를 들어 다시 이전의 신청에 대하여 거부처분을 할 수 있다.

③ 취소판결의 기속력은 그 사건의 당사자인 행정청과 그 밖의 관계행정청에게 확정판결의 취지에 따라 행동하여야 할 의무를 지우는 것으로 이는 인용판결에 한하여 인정된다.

④ 취소판결의 기판력은 판결의 대상이 된 처분에 한하여 미치고 새로운 처분에 대해서는 미치지 아니한다.

⑤ 취소판결의 기판력은 소송의 대상이 된 처분의 위법성 존부에 관한 판단 그 자체에만 미치기 때문에 기각판결의 원고는 당해 소송에서 주장하지 아니한 다른 위법사유를 들어 다시 처분의 효력을 다툴 수 있다.

관련 OX

① 관련

1 거부처분 후에 법령이 개정·시행된 경우, 거부처분취소의 확정판결을 받은 행정청이 개정된 법령을 새로운 사유로 들어 다시 거부처분을 한 경우도 재처분에 해당한다. 19서울9

2 행정처분의 적법 여부는 그 행정처분이 행하여진 때의 법령과 사실을 기준으로 하여 판단하는 것이므로 거부처분 후에 법령이 개정·시행된 경우에는 개정된 법령 및 허가기준을 새로운 사유로 들어 다시 이전의 신청에 대한 거부처분을 할 수 있다. 09국회8

⑤ 관련

3 취소소송의 소송물을 처분의 위법성 일반으로 보게 되면, 어떠한 처분에 대한 청구기각의 확정판결이 있는 경우에도 후에 제기되는 취소소송에서 그 처분의 위법성을 주장할 수 있다. 18지방9

해설

① ○ **종전 처분 후 법령 및 허가기준이 개정: 이를 사유로 재거부 가능**
행정처분의 적법 여부는 그 행정처분이 행하여진 때의 법령과 사실을 기준으로 하여 판단하는 것이므로 **거부처분 후에 법령이 개정·시행된 경우에는** 개정된 법령 및 허가기준을 새로운 사유로 들어 다시 이전의 신청에 대한 **거부처분을 할 수 있으며** 그러한 처분도 행정소송법 제30조 제2항에 규정된 재처분에 해당한다(1998.1.7. 97두22).

② ○ **변론종결 후 발생한 새로운 사유: 재거부 가능**
행정청의 거부처분을 취소하는 판결이 확정된 경우에는 … 행정청은 그 행정소송의 **사실심 변론종결 이후 발생한 새로운 사유를** 내세워 다시 이전의 신청에 대하여 **거부처분을 할 수 있으며**, 그러한 처분도 이 조항에 규정된 재처분에 해당한다(1999.12.28. 98두1895).

③ ○ 기속력이란, 행정청이 확정판결의 취지대로 행동하도록 당사자인 행정청과 그 외 관계행정청을 구속하는 힘을 말한다. **기속력은 인용판결에서만 인정된다**(기각판결은 행정청이 승소한 것이므로 행정청을 구속할 것이 없다).

④ ○ **취소판결의 기판력: 소송물이 다르면 안 미침**
취소판결의 기판력은 소송물로 된 행정처분의 위법성 존부에 관한 판단 그 자체에만 미치는 것이므로 **전소와 후소가 그 소송물을 달리하는 경우에는** 전소 확정판결의 기판력이 후소에 **미치지 아니한다**(2009.1.15. 2006두14926).

⑤ × 취소소송의 소송물을 처분의 위법성 일반으로 보는 다수설·판례에 따를 경우, 어떠한 처분에 대해 **청구기각의 확정판결**이 있으면 동 처분은 일반적으로 적법하다는 데에 기판력이 발생한다. 따라서 후소에서 동일 처분에 대하여 **다른 위법사유를 들며 위법을 주장할 수 없다**. 전소와 후소 모두 당해 '처분의 위법 여부'가 소송물이 되어 소송물이 동일하기 때문이다.

선지분석 & 요플·기풀기링크

선지	THEME	요플	기풀기
①	T54 거부처분	58	058
②		56	056
③		10	034
④	T66 판결의 효력	24	020
⑤		53	022

정답 ⑤

OX 1○ 2○ 3×

07

행정처분을 취소하는 확정판결의 기속력에 관한 설명으로 옳은 것은? 09지방9

① 행정처분을 취소하는 확정판결은 그 사건에 관하여 당사자인 행정청을 기속하지만 그 밖의 관계행정청을 기속하지는 아니한다.

② 특정의 행정처분이 절차상의 위법사유로 인하여 취소된 경우에는 행정청은 이러한 절차상의 하자를 보완하여 다시 새로운 행정처분을 할 수 있다.

③ 취소판결의 기속력에 위반하여 행정청이 행한 처분은 취소의 대상이 될 뿐이고 무효는 아니라는 것이 판례의 입장이다.

④ 판결에 의하여 취소되는 처분이 당사자의 신청을 인용하는 것을 내용으로 하는 경우에는 그 처분을 행한 행정청은 판결의 취지에 따라 다시 이전의 신청에 대한 처분을 하여야 한다.

관련 OX

③ 관련

1 취소판결이 확정된 후에 그 기속력에 위반하여 같은 사유에 의한 동일한 내용의 처분은 그 하자가 중대하고도 명백하여 당연무효이다. 10국가9

2 취소판결의 당사자인 행정청이 행정소송의 사실심 변론종결 이전의 사유를 내세워 다시 확정판결과 저촉되는 행정처분을 하는 경우, 이러한 행정처분은 그 하자가 중대하고도 명백한 것이어서 당연무효이다. 21변시

④ 관련

3 신청에 따른 처분이 절차의 위법을 이유로 취소되는 경우에는 판결의 취지에 따라 다시 이전의 신청에 대한 처분을 하여야 한다. 15서울7

해설

① ✕

행정소송법 제30조(취소판결등의 기속력) ① 처분등을 취소하는 확정판결은 그 사건에 관하여 당사자인 행정청과 그 밖의 **관계행정청을 기속**한다.

② ○ 절차·형식적 위법으로 취소확정: 적법절차·형식 갖추어 같은 내용의 처분 가능 → 이는 취소된 처분과는 별개의 처분으로서 기속력 저촉✕

과세처분시 납세고지서에 과세표준, 세율, 세액의 산출근거 등이 누락되어 있어 이러한 **절차 내지 형식의 위법을 이유로 과세처분을 취소하는 판결이 확정**된 경우에 그 확정판결의 기판력(편저자: 기속력)은 확정판결에 적시된 절차 내지 형식의 위법사유에 한하여 미친다고 할 것이므로 과세처분권자가 그 확정판결에 적시된 〈위법사유를 보완하여 행한 새로운 과세처분〉은 확정판결에 의하여 취소된 종전의 과세처분과는 **별개의 처분**으로서 확정판결의 기판력(편저자: 기속력)에 **저촉되는 것은 아니다**(1986. 11.11. 85누231).

③ ✕ 기속력 반하는 후속처분: 당연무효

확정판결의 당사자인 처분행정청이 그 행정소송의 **사실심 변론종결 이전의 사유를 내세워**(편저자: 사실심 변론종결 전 존재한 모든 사유가 아니라 사실심 변론종결 전 '주장할 수 있었던 사유', 즉 처분사유와 기사동이 있는 사유를 의미) 다시 **확정판결과 저촉되는 행정처분을 하는 것은 허용되지 않는 것으로서 이러한 행정처분은 그 하자가 중대하고도 명백한 것이어서 당연무효**라 할 것이다(1990.12.11. 90누3560).

④ ✕ 신청에 대한 거부처분이 판결에 의해 취소된 경우, 행정청은 그 취지에 따라 재처분할 의무를 진다(행정소송법 제30조 제2항). 그런데 신청에 따른 처분(예컨대 신청을 받아들여 발급된 특허처분)이 판결에 의해 취소된 경우에도 재처분의무가 있다. 단, 이때의 재처분의무는 취소사유가 절차의 하자인 경우에 한정된다(동법 제30조 제3항). 지문은 절차적 하자에 한하지 않고 언제나 재처분의무가 있는 것처럼 서술하고 있으므로 틀린 지문이 된다.

행정소송법 제30조(취소판결등의 기속력) ② 판결에 의하여 취소되는 처분이 당사자의 **신청을 거부**하는 것을 내용으로 하는 경우에는 그 처분을 행한 행정청은 **판결의 취지에 따라 다시 이전의 신청에 대한 처분을 하여야 한다**.
③ 제2항의 규정은 **신청에 따른 처분**이 **절차의 위법**을 이유로 취소되는 경우**에 준용**한다.

선지분석 & 요플·기풀기링크

선지	THEME	요플	기풀기
①		13	042
②	T66 판결의 효력	31	049
③		18	061
④	T54 거부처분	46	064

정답 ②
OX 1○ 2○ 3○

08

「행정소송법」상 취소판결의 효력 중 기속력에 관한 설명으로 가장 옳지 않은 것은? (다툼이 있는 경우 판례에 의함)

17(2)서울9

① 종전 확정판결의 행정소송 과정에서 한 주장 중 처분사유가 되지 아니하여 판결의 판단대상에서 제외된 부분을 행정청이 그 후 새로이 행한 처분의 적법성과 관련하여 새로운 소송에서 다시 주장하는 것은 확정판결의 기판력에 저촉된다.

② 여러 법규위반을 이유로 한 영업허가취소처분이 처분의 이유로 된 법규위반 중 일부가 인정되지 않고 나머지 법규위반으로는 영업허가취소처분이 비례의 원칙에 위반된다고 취소된 경우에 판결에서 인정되지 않은 법규위반사실을 포함하여 다시 영업정지처분을 내리는 것은 동일한 행위의 반복은 아니지만 판결의 취지에 반한다.

③ 파면처분에 대한 취소판결이 확정되면 파면되었던 원고를 복직시켜야 한다.

④ 법규위반을 이유로 내린 영업허가취소처분이 비례의 원칙 위반으로 취소된 경우에 동일한 법규위반을 이유로 영업정지처분을 내리는 것은 기속력에 반하지 않는다.

해설

① ✕ 전 소송에서 주장했으나 판단대상에서 제외된 사유: 후소에서 주장 가능

종전 확정판결의 행정소송 과정에서 <u>한 주장 중 처분사유가 되지 아니하여 판결의 판단대상에서 제외된 부분</u>을 행정청이 그후 새로이 행한 처분의 적법성과 관련하여 <u>새로운 소송에서 다시 주장하는 것</u>이 위 확정판결의 기판력(편저자: 기속력)에 저촉되지 않는다(1991.8.9. 90누7326).

②④ ○

- ②지문과 같이 확정판결에서 **부정된** 사유를 후행처분에서 **또** 사용하는 경우는 판결 내용에 정면으로 반하므로 당연히 기속력에 반한다.②

- 반면, 확정판결에서 부정된 사유와 기본적 사실관계에서 동일하지 않은 **다른** 사유를 사용한 경우는 기속력에 반하지 않는다. 확정판결에서 판단된 적이 없는 다른 사유를 내세운 것이기 때문이다.

- ④지문과 같이 확정판결에서 **사유 자체는 인정되었으나**, 그 처분이 과다다고 하여 비례원칙 위반으로 취소된 경우에는 그 사유를 그대로 사용하면서 **처분만 완화**하는 것도 당연히 가능하다.④

판결 내용에 어긋나지 않음 → 기속력 위반✕	판결 내용에 어긋남 → 기속력 위반○
• 확정판결로 부정된 종전 처분사유와 **다른** 사유로 후행처분① ex. 청소년을 출입시킨 적이 없었던 것으로 밝혀져 영업취소처분에 대한 취소판결 확정 → 다른 사유인 청소년 고용을 이유로 영업취소처분 가능	• 확정판결로 부정된 종전 처분사유와 **동일** 사유로 후행처분 ex. 청소년을 출입시킨 적이 없었던 것으로 밝혀져 영업취소처분에 대한 취소판결 확정 → 또다시 청소년 출입을 이유로 영업취소처분은 기속력 위반
• (종전 처분사유 자체는 인정되나, 비례원칙 위반으로 취소된 경우) 확정판결로 인정된 종전 처분사유와 동일한 사유로 **완화한** 내용의 후행처분④ ex. 청소년을 출입시킨 것은 맞으나 영업취소처분까지 하는 것은 비례원칙에 반한다는 이유로 취소판결 확정 → 청소년 출입을 이유로 한 영업정지처분으로 완화하는 것은 가능	• (종전 처분이 비례원칙 위반으로 취소되어, 완화한 내용의 처분을 한 사안이더라도) 확정판결로 부정된 종전 처분사유도 포함해 후행처분② ex. 청소년 출입과 청소년 고용으로 영업취소처분을 받았으나, 이 중 청소년 고용은 부정되고, 청소년 출입만 인정돼 그것만으로는 영업취소처분을 하는 것이 비례원칙에 반한다고 판단돼 취소판결이 확정 → 영업정지처분으로 완화하면서도, 여전히 청소년 고용도 처분사유로 삼고 있는 경우는 기속력 위반

선지분석 & 요플 · 기풀기링크

선지	THEME	요플	기풀기
①	T54 거부처분	60	060
②		46	058
③	T66 판결의 효력	41	039
④		45	059

③ ○ 취소판결이 확정되면 행정청은 취소된 처분에 의해 초래된 위법상태를 제거하여 원상회복할 의무를 진다(원상회복의무 = 결과제거의무). 따라서 파면처분에 대한 취소판결이 확정되면 파면되었던 원고를 복직시켜야 한다.

- 취소판결 확정시 기속력의 내용: 재처분의무, 결과제거의무 등

  어떤 행정처분을 위법하다고 판단하여 취소하는 판결이 확정되면 행정청은 **취소판결의 기속력에** 따라 그 판결에서 확인된 **위법사유를 배제한 상태에서 다시 처분**을 하거나 그 밖에 **위법한 결과를 제거**하는 조치를 할 의무가 있다(행정소송법 제30조)(2019.10.17. 2018두104).

정답 ①

09

「행정소송법」상 확정된 취소판결의 효력에 관한 설명 중 옳지 않은 것은? (다툼이 있는 경우 판례에 의함)
21변시

① 취소판결의 기속력은 취소청구가 인용된 판결에서 인정되는 것으로서 당사자인 행정청과 그 밖의 관계행정청에 확정판결의 취지에 따라 행동하여야 할 의무를 부과한다.

② 취소판결의 기속력은 판결의 주문 및 전제가 되는 처분등의 구체적 위법사유에 관한 판단에도 미치나, 종전 처분이 판결에 의하여 취소되었더라도 종전 처분과 다른 사유를 들어서 새로이 처분을 하는 것은 기속력에 저촉되지 않는다.

③ 취소판결의 당사자인 행정청이 행정소송의 사실심 변론종결 이전의 사유를 내세워 다시 확정판결과 저촉되는 행정처분을 하는 경우, 이러한 행정처분은 그 하자가 중대하고도 명백한 것이어서 당연무효이다.

④ 취소소송에서 기각판결이 확정된 경우에는 처분이 적법하다는 점에 기판력이 발생하므로, 패소한 당사자는 해당 처분에 관한 무효확인소송에서 그 처분이 위법하다고 주장할 수 없다.

⑤ 새로운 처분의 처분사유가 종전 처분의 처분사유와 기본적 사실관계에서 동일하지 않은 다른 사유에 해당하더라도, 처분사유가 종전 처분 당시 이미 존재하고 있었고 당사자가 이를 알고 있었다면 이를 내세워 새로이 처분을 하는 것은 확정판결의 기속력에 저촉된다.

관련 OX

③ 관련

1 취소판결의 기속력에 위반하여 행정청이 행한 처분은 취소의 대상이 될 뿐이고 무효는 아니라는 것이 판례의 입장이다. 09지방9

⑤ 관련

2 취소판결이 확정된 경우 행정청은 종전 처분과 다른 사유로 다시 처분할 수 있고, 이 경우 그 다른 사유가 종전 처분 당시 이미 존재하고 있었고 당사자가 이를 알고 있었다 하더라도 확정판결의 기속력에 저촉되지 않는다. 22군무원9

해설

① ○ 기속력이란, 행정청이 확정판결의 취지대로 행동하도록 당사자인 행정청과 그 외 관계행정청을 구속하는 힘을 말한다. 기속력은 인용판결에서만 인정된다.

행정소송법 제30조(취소판결 등의 기속력) ① 처분등을 취소하는 확정판결은 그 사건에 관하여 당사자인 행정청과 그 밖의 관계행정청을 기속한다.

② ○ 판결에 의해 취소확정된 종전 처분의 사유와 다른 사유(기사동 없는 사유)를 들어 동일 내용 처분 가능
취소확정판결의 기속력은 판결의 주문 및 전제가 되는 처분등의 구체적 위법사유에 관한 판단에도 미치나, 종전 처분이 판결에 의하여 취소되었더라도 종전 처분과 다른 사유를 들어서 새로이 처분을 하는 것은 기속력에 저촉되지 않는다. 여기에서 동일 사유인지 다른 사유인지는 확정판결에서 위법한 것으로 판단된 종전 처분사유와 기본적 사실관계에서 동일성이 인정되는지 여부에 따라 판단되어야 한다(2016.3.24. 2015두48235).

③ ○ 기속력 반하는 후속처분: 당연무효
확정판결의 당사자인 처분행정청이 그 행정소송의 사실심 변론종결 이전의 사유를 내세워(편저자: 사실심 변론종결 전 존재한 모든 사유가 아니라 사실심 변론종결 전 '주장할 수 있었던 사유', 즉 처분사유와 기사동이 있는 사유를 의미) 다시 확정판결과 저촉되는 행정처분을 하는 것은 허용되지 않는 것으로서 이러한 행정처분은 그 하자가 중대하고도 명백한 것이어서 당연무효라 할 것이다(1990.12.11. 90누3560).

선지분석 & 요플·기풀기링크

선지	THEME	요플	기풀기
①		12	033
②		33	054
③	T66 판결의 효력	18	061
④		54	023
⑤		36	056

④ ○ 취소소송이 기각 확정돼 처분의 적법성에 기판력 발생: 무효확인소송에도 기판력 미침

과세처분취소청구를 기각하는 판결이 확정되면 그 처분이 적법하다는 점에 관하여 기판력이 생기고 그 후 원고가 다시 이를 무효라 하여 그 무효확인을 소구할 수는 없는 것이어서, 과세처분의 **취소소송에서 청구가 기각된 확정판결의 기판력은 그 과세처분의 무효확인을 구하는 소송에도 미친다** (1996.6.25. 95누1880).

+ PLUS 취소소송에서 기각판결이 확정되어 처분의 적법성에 기판력이 발생하였는데, 다시 동일 처분에 대하여 처분이 위법하다는 내용의 **무효확인소송**을 제기하는 것은 전소의 기판력에 정면으로 모순된다. 따라서 기판력이 미친다.

⑤ × 기사동 없는 사유인 이상 종전 처분 당시 이미 존재하였고, 당사자도 알았더라도 이를 후속처분에 사용 가능

새로운 처분의 처분사유가 종전 처분의 처분사유와 〈기본적 사실관계에서 동일하지 않〉은 다른 사유에 해당하는 이상, 처분사유가 종전 처분 당시 이미 존재하고 있었고 당사자가 이를 알고 있었더라도 이를 내세워 새로이 처분을 하는 것은 확정판결의 기속력에 **저촉되지 않는다**(2016.3.24. 2015두48235 [감차명령처분취소등]).

10

행정소송의 판결의 효력에 관한 설명으로 가장 옳은 것은? (다툼이 있는 경우 판례를 따름)

19(2)서울9

① 기속력은 청구인용판결뿐만 아니라 청구기각판결에도 미친다.
② 처분등의 무효를 확인하는 확정판결은 소송당사자 이외의 제3자에 대하여는 효력이 미치지 않는다.
③ 사정판결의 경우에는 처분의 적법성이 아닌 처분의 위법성에 대하여 기판력이 발생한다.
④ 세무서장을 피고로 하는 과세처분취소소송에서 패소하여 그 판결이 확정된 자가 국가를 피고로 하여 과세처분의 무효를 주장하여 과오납금반환청구소송을 제기하더라도 취소소송의 기판력에 반하는 것은 아니다.

관련 OX

② 관련

1 행정처분의 무효확인판결은 확인판결이라고 하여도 행정처분의 취소판결과 같이 소송당사자는 물론 제3자에게도 미치는 것이다. 21군무원7

해설

① ✕ 기속력은 인용판결에서만 인정된다(기각판결은 행정청이 승소한 것이므로 행정청을 구속할 것이 없다).
  cf 기판력은 기각판결에서도 인정

② ✕ 무효확인판결의 효력에 대하여는 취소판결의 효력에 관한 규정이 준용된다. 따라서 무효확인판결은 제3자에 대하여 효력이 미친다.

■ 취소소송 준용규정 정리

	제3자효 (제29조 제1항)	기속력 (제30조 제1항)	재처분의무 (제30조 제2항)	간접강제 (제34조)
무효등확인소송	○①	○	○	✕
부작위법확인소송	○	○	○	○
당사자소송	✕	○	✕	✕

③ ○ 사정판결을 하는 경우 판결주문에 위법성을 명시해야 하며(행정소송법 제28조 제1항), 그에 따라 당해 처분이 위법하다는 것에 기판력이 발생한다.

④ ✕ 과세처분에 대한 **취소소송**에서 기각판결이 확정될 경우, 당해 처분의 적법함에 기판력이 발생한다. 따라서 당해 처분의 위법·무효를 전제로 하는 **부당이득반환청구소송**(과오납금반환청구)은 기판력에 반하게 된다. 이는 취소소송의 피고는 세무서장이나, 부당이득반환청구소송의 피고는 그 사무가 귀속하는 국가라 하더라도 마찬가지이다.

- **취소소송의 기판력은 행정주체에도 미침**: 행정청을 피고로 한 과세처분취소소송이 기각 확정되면, 행정주체를 피고로 한 과오납금 반환청구도 불가

  과세처분취소소송의 피고는 처분청이므로 행정청을 피고로 하는 **취소소송**에 있어서의 기판력은 당해 처분이 귀속하는 **국가 또는 공공단체**에 미친다. 따라서 이 사건 **과세처분취소청구를 기각한 판결이 확정됨으로써** 이 사건 과세처분이 적법하다는 점에 관한 기판력이 생긴 이상 원고가 다시 이 사건 과세처분이 무효라 하여 그 무효확인을 구하거나 혹은 민사소송으로 그 처분이 무효임을 전제로 납부한 세금의 반환을 구할 수는 없다(1998.7.24. 98다10854).

정답 ③
OX 1○

11

취소소송의 판결에 대한 설명으로 옳은 것은? (다툼이 있는 경우 판례에 의함) 22지방9

① 원고의 청구가 이유 있다고 인정하는 경우에도 이를 인용하는 것이 현저히 공공복리에 적합하지 않다고 판단되면 법원은 피고 행정청의 주장이나 신청이 없더라도 사정판결을 할 수 있다.

② 영업정지처분에 대한 취소소송에서 취소판결이 확정되면 처분청은 영업정지처분의 효력을 소멸시키기 위하여 영업정지처분을 취소하는 처분을 하여야 할 의무를 진다.

③ 공사중지명령의 상대방이 제기한 공사중지명령취소소송에서 기각판결이 확정된 경우 특별한 사정변경이 없더라도 그 후 상대방이 제기한 공사중지명령해제신청 거부처분취소소송에서는 그 공사중지명령의 적법성을 다시 다툴 수 있다.

④ 행정청은 취소판결에서 위법하다고 판단된 처분사유와 기본적 사실관계의 동일성이 없는 사유이더라도 처분시에 존재한 사유를 들어 종전의 처분과 같은 처분을 다시 할 수 없다.

관련 OX

① 관련

1 사정판결을 할 사정에 관한 주장·입증책임은 피고 처분청에 있지만 처분청의 명백한 주장이 없는 경우에도 사건기록에 나타난 사실을 기초로 법원이 직권으로 석명권을 행사하거나 증거조사를 통해 사정판결을 할 수도 있다. 17국회8

② 관련

2 영업허가취소처분 취소소송을 제기하여 인용판결이 확정되어도 영업허가취소처분의 효력이 바로 소멸하는 것은 아니고 그 판결의 기속력에 따라 영업허가취소처분이 관할 행정청에 의해 취소되면 비로소 영업허가취소처분의 효력이 소멸한다. 17(하)국가9(변형)

③ 관련

3 (관할 행정청은 甲에게 공사중지명령을 하였다. 甲은 공사중지명령의 해제를 신청하였으나 거부되자 거부처분취소소송을 제기하였다) 甲이 앞서 공사중지명령 취소소송에서 패소하여 그 판결이 확정되었더라도, 甲은 그 후 공사중지명령의 해제를 신청한 후 해제신청 거부처분 취소소송에서 다시 그 공사중지명령의 적법성을 다툴 수 있다. 21국가9

해설

① ○ **사정판결은 직권으로 가능**
행정소송법 제26조, 제28조 제1항 전단의 각 규정에 비추어 행정소송에 있어서 법원이 사정판결을 할 필요가 있다고 인정하는 때에는 당사자의 명백한 주장이 없는 경우에도 일건기록에 나타난 사실을 기초로 하여 <U>직권으로 사정판결을 할 수 있다</U>(1992.2.14. 90누9032).

② × 확정된 취소판결은 형성력을 갖는다. 형성력이란, ⅰ) 당해 처분의 효력을 처분청의 취소를 기다릴 것 없이 판결 그 자체로서 상실시키는 힘(형성효), ⅱ) 이러한 형성효를 처분시로 소급시키는 힘(소급효), ⅲ) 형성효와 소급효를 소송당사자가 아닌 제3에게도 주장할 수 있게 하는 힘이다(대세효). 따라서 영업정지처분에 대한 취소판결이 확정되면 판결 그 자체로서 당해 처분의 효력이 상실되는 것이지, 처분청이 별도로 이를 취소하는 처분을 하여야 할 의무를 부담하게 되는 것이 아니다.

• **취소확정판결의 형성효: 판결 자체로 계쟁처분 소멸(행정청의 후속행위로 비로소 소멸×)**
<U>행정처분을 취소한다는 확정판결</U>이 있으면 그 취소판결의 형성력에 의하여 당해 행정처분의 취소나 취소통지 등의 별도의 절차를 요하지 아니하고 <U>당연히 취소의 효과가 발생</U>한다(1991.10.11. 90누5443).

③ × **공사중지명령 취소소송 기각 → 명령의 적법성에 기판력 발생 → 동 명령 해제신청 거부처분에 대한 취소소송에서 명령의 적법성 다툴 수 없음**
행정청이 관련 법령에 근거하여 행한 <U>공사중지명령의 상대방이 명령의 취소를 구한 소송에서 패소함으로써 그 명령이 적법한 것으로 이미 확정되었다면</U>, 이후 이러한 공사중지명령의 상대방은 <U>그 명령의 해제신청을 거부한 처분의 취소를 구하는 소송에서 그 명령의 적법성을 다툴 수 없다</U>(2014.11.27. 2014두37665).

④ × 행정청은 취소판결에서 위법하다고 판단된 처분사유와 기본적 사실관계의 동일성이 있는 사유를 들어 종전과 같은 처분을 하는 것은 불가하다. 취소판결의 기속력에 반하기 때문이다. 그러나 **기본적 사실관계의 동일성이 없는 사유를 들어 같은 처분을 하는 것은 가능하며**, 이는 해당 사유가 종전 처분 후 발생한 경우는 물론, **종전 처분시 이미 존재한 사유이더라도** 마찬가지이다. 즉, 취소판결의 기속력은 종전의 사유와 '기본적 사실관계의 동일성이 있는 사유'에 미치는 것이지, 그것이 처분시에 존재하였는지, 처분 후에 발생하였는지에 달린 것이 아니다.

선지선택비율 ① 68.52% ② 13.97% ③ 8.07% ④ 9.44% 오답률 31.48%

선지분석 & 요플·기풀기링크

선지	THEME	요플	기풀기
①	T65 판결 기준시/종류	31	035
②		02	001
③	T66 판결의 효력	56	025
④		36	056

정답 ①

OX 1○ 2× 3×

필수문제 12

판결의 효력에 대한 설명으로 옳지 않은 것은? (다툼이 있는 경우 판례에 의함) 25국회8

① 확정판결의 기판력은 그 판결의 주문에 포함된 것, 즉 소송물로 주장된 법률관계의 존부에 관한 판단의 결론 그 자체에만 미치는 것이고, 판결의 이유에서 제시된 그 전제가 되는 구체적인 위법사유에 관한 판단에는 미치지 아니한다.

② 영업의 금지를 명한 영업허가취소처분 자체가 나중에 행정쟁송절차에 의하여 취소되었다면 그 영업허가취소처분 이후의 영업행위는 무허가영업이다.

③ 취소판결 자체의 효력으로써 그 행정처분을 기초로 하여 새로 형성된 제3자의 권리까지 당연히 그 행정처분 전의 상태로 환원되는 것이라고는 할 수 없고, 단지 취소판결의 존재와 취소판결에 의하여 형성되는 법률관계를 소송당사자가 아니었던 제3자라 할지라도 이를 용인하지 않으면 아니 된다는 것을 의미하는 것에 불과하다.

④ 행정청은 확정판결의 취지에 따라 절차·방법의 위법사유를 보완하여 다시 종전의 신청에 대한 거부처분을 할 수 있다.

⑤ 도시관리계획 입안제안거부처분에 대한 취소판결 확정 후 새로운 이익형량을 하여 입안제안된 내용과는 다른 도시관리계획을 수립한 경우, 새로운 도시관리계획은 취소판결의 기속력에 위반되지 않는다.

관련 OX

① 관련

1 판례는 기판력의 객관적 범위가 판결의 주문 이외에 판결이유에 설시된 그 전제가 되는 법률관계의 존부에도 미친다고 판시하고 있다. 11지방9

③ 관련

2 행정처분을 취소하는 확정판결이 있으면 그 취소판결 자체의 효력에 의해 그 행정처분을 기초로 하여 새로 형성된 제3자의 권리는 당연히 그 행정처분 전의 상태로 환원된다. 23국가7

⑤ 관련

3 인

주민 등의 도시관리계획의 입안 제안을 거부하는 처분에 대하여 이익형량의 하자를 이유로 취소판결이 확정된 후에 행정청이 다시 이익형량을 하여 주민 등이 제안한 것과는 다른 내용의 계획을 수립한다면 이는 재처분의무를 이행한 것으로 볼 수 없다. 23국가7

해설

① ○ 기판력: 주문(소송물에 대한 판단의 결론)에만 미침 / 이유에는 안 미침
확정판결의 **기판력**은 그 판결의 주문에 포함된 것, 즉 소송물로 주장된 법률관계의 존부에 관한 판단의 결론 그 자체에만 미치는 것이고, 판결이유에 설시된 그 전제가 되는 법률관계의 존부에까지 미치는 것은 아니다(2000.2.25. 99다55472).

② × 영업허가 취소처분이 취소 → 그동안의 영업이 무허가영업이 되는 것 아님(∵취소판결의 소급효)
영업의 금지를 명한 **영업허가취소처분** 자체가 나중에 행정쟁송절차에 의하여 **취소되었다면** 그 영업허가취소처분은 그 처분시에 소급하여 효력을 잃게 되며, 그 영업허가취소처분에 복종할 의무가 원래부터 없었음이 확정되었다고 봄이 타당하고, 영업허가취소처분이 장래에 향하여서만 효력을 잃게 된다고 볼 것은 아니므로 그 **영업허가취소처분 이후의 영업행위를 무허가영업이라고 볼 수는 없다** (1993.6.25. 93도277).

+ PLUS 영업허가취소처분이 취소되면, 영업은 처음부터 취소된 적이 없던 것이 된다(취소판결의 소급효). 따라서 영업허가취소처분을 받고 계속 영업을 해왔더라도 무허가영업에 해당하지 않게 된다.

③ ○ 취소확정판결의 대세효: 취소된 처분을 기초로 형성된 제3자의 권리까지 당연 환원×
행정처분을 취소하는 확정판결이 제3자에 대하여도 효력이 있다고 하더라도 일반적으로 판결의 효력은 주문에 포함한 것에 한하여 미치는 것이니 **취소판결 자체의 효력으로써 그 행정처분을 기초로 하여 새로 형성된 제3자의 권리까지 당연히 그 행정처분 전의 상태로 환원되는 것이라고는 할 수 없고**, 단지 취소판결의 존재와 취소판결에 의하여 형성되는 법률관계를 소송당사자가 아니었던 제3자라 할지라도 이를 용인하지 않으면 아니 된다는 것을 의미하는 것에 불과하다(1986.8.19. 83다카2022).

선지분석 & 요플·기풀기링크

선지	THEME	요플	기풀기
①	T66 판결의 효력	23	016
②	T27 공정력	39	040
③	T66 판결의 효력	06	005
④	T54 거부처분	51	051
⑤		62	062

요플 형성력

행정소송법 제29조(취소판결등의 효력) ① 처분등을 취소하는 확정판결은 제3자에 대하여도 효력이 있다.

형성효	인용판결 자체로 취소된 처분 소멸○ ↔ 행정청의 후속 취소행위가 있어야 소멸×
소급효	처분시로 소급하여 소멸②
대세효	• 원고 / 피고 외 제3자에게도 효력 • 단, 취소된 행정처분을 기초로 형성된 **제3자의 권리까지 당연히 동 처분 전의 상태로 환원되는 것은 아님**③ → 환지계획변경처분이 취소 확정되고 그 판결이 근거가 되어 소유권이전등기말소소송에서 패소함으로써 소유권을 상실한 토지소유자가 그 손해를 알게 된 시기 → 동 말소청구의 소송에서 패소확정이 되었을 때(↔ 동 말소청구의 소장부본을 송달받은 때×)(∵A 명의의 소유권이전등기는 위 취소판결 자체의 효력에 의해 당연히 말소되는 것이 아님)

* 취소판결로 취소된 처분을 대상으로 하는 처분은 무효 → **과세처분에 대한 취소판결**이 확정시, **경정처분은 무효**

26 요플 p.285

④ ○ 절차·방법의 하자로 취소판결 → 위법사유 보완하여 다시 거부처분 가능

행정소송법 제30조 제2항의 규정에 의하면 행정청의 거부처분을 취소하는 판결이 확정된 경우에는 그 처분을 행한 행정청이 판결의 취지에 따라 이전의 신청에 대하여 재처분할 의무가 있다고 할 것이나, 그 취소사유가 행정처분의 절차, 방법의 위법으로 인한 것이라면 그 처분행정청은 그 확정판결의 취지에 따라 그 위법사유를 보완하여 다시 종전의 신청에 대한 거부처분을 할 수 있고, 그러한 처분도 위 조항에 규정된 재처분에 해당한다(2005.1.14. 2003두13045).

⑤ ○ 도시계획 입안제안에 대한 거부처분이 이익형량에 하자 있어 취소 → 이익형량 다시 해서 계획을 수립하면 재처분의무 위반×

취소확정판결의 기속력의 범위에 관한 법리 및 도시관리계획의 입안 결정에 관하여 행정청에게 부여된 재량을 고려하면, 주민 등의 도시관리계획입안 제안을 거부한 처분을 이익형량에 하자가 있어 위법하다고 판단하여 취소하는 판결이 확정되었더라도 행정청에게 그 입안 제안을 그대로 수용하는 내용의 도시관리계획을 수립할 의무가 있다고는 볼 수 없고, 행정청이 다시 새로운 이익형량을 하여 적극적으로 도시관리계획을 수립하였다면 취소판결의 기속력에 따른 재처분의무를 이행한 것이라고 보아야 한다(2020.6.25. 2019두56135).

+ PLUS 도시계획 입안제안에 대한 거부처분의 이익형량에 하자(계획재량에 하자)가 있어 취소되었다면, 행정청은 다시 이익형량을 하여 새로운 계획을 수립하면 되는 것이지(그것으로 재처분의무를 이행하는 것이지), 당초의 입안제안을 그대로 수용할 의무는 없다.

정답 ②
OX 1× 2× 3×

필수문제 13

행정소송의 판결에 대한 설명으로 옳지 않은 것은? 23지방9

① 처분등을 취소하는 확정판결은 제3자에 대하여도 효력이 있다.
② 취소확정판결의 기속력은 판결의 주문 및 전제가 되는 처분등의 구체적 위법사유에 관한 판단에도 미치므로, 종전 처분이 판결에 의하여 취소되었다면 종전 처분의 처분사유와 기본적 사실관계에서 동일하지 않은 다른 사유를 들어서 새로이 동일한 내용을 처분하는 것 또한 확정판결의 기속력에 저촉된다.
③ 법원은 원고의 청구가 이유 있다고 인정하는 경우에도 처분등을 취소하는 것이 현저히 공공복리에 적합하지 아니하다고 인정하는 때에는 원고의 청구를 기각할 수 있다.
④ 과세의 절차 내지 형식에 위법이 있어 과세처분을 취소하는 판결이 확정되었을 경우 과세관청은 그 위법사유를 보완하여 다시 새로운 과세처분을 할 수 있고, 그 새로운 과세처분은 확정판결에 의하여 취소된 종전의 과세처분과는 별개의 처분이다.

관련 OX

① 관련

1 ✕ 처분을 취소하는 확정판결은 제3자에 대하여는 효력이 없다. 14(2)경행

④ 관련

2 이유제시에 하자가 있어 당해 처분을 취소하는 판결이 확정된 경우에 처분청이 그 이유제시의 하자를 보완하여 종전의 처분과 동일한 내용의 처분을 하는 것은 종전의 처분과는 별개의 처분을 하는 것이다. 18지방9

해설

① ○ 인용판결의 경우 판결의 형성력(대세효)에 따라 소송참가를 하지 않은 제3자에게도 효력이 있다.

행정소송법 제29조(취소판결등의 효력) ① 처분등을 취소하는 확정판결은 제3자에 대하여도 효력이 있다.

② ✕ 판결에 의해 취소확정된 종전 처분의 사유와 다른 사유(기사동 없는 사유)를 들어 동일 내용 처분 가능
취소확정판결의 기속력은 판결의 주문 및 전제가 되는 처분등의 구체적 위법사유에 관한 판단에도 미치나, 종전 처분이 판결에 의하여 취소되었더라도 종전 처분과 다른 사유를 들어서 새로이 처분을 하는 것은 기속력에 저촉되지 않는다. 여기에서 동일 사유인지 다른 사유인지는 확정판결에서 위법한 것으로 판단된 종전 처분사유와 기본적 사실관계에서 동일성이 인정되는지 여부에 따라 판단되어야 한다(2016.3.24. 2015두48235).

③ ○

행정소송법 제28조(사정판결) ① 원고의 청구가 이유 있다고 인정하는 경우에도 처분등을 취소하는 것이 **현저히 공공복리에 적합하지 아니**하다고 인정하는 때에는 법원은 원고의 청구를 **기각할 수** 있다. 이 경우 법원은 그 판결의 주문에서 그 처분등이 위법함을 명시하여야 한다.

④ ○ 절차·형식적 위법으로 취소확정: 적법절차·형식 갖추어 같은 내용의 처분 가능 → 이는 취소된 처분과는 별개의 처분으로서 기속력 저촉✕
절차 내지 형식의 위법을 이유로 과세처분을 취소하는 판결이 확정된 경우에 … 과세처분권자가 그 확정판결에 적시된 〈위법사유를 보완하여 행한 새로운 과세처분〉은 확정판결에 의하여 취소된 종전의 과세처분과는 별개의 처분으로서 확정판결의 기판력(편저자: 기속력)에 저촉되는 것은 아니다 (1986.11.11. 85누231).

선지선택비율 ① 9.35% ② 81.03% ③ 4.32% ④ 5.30% 오답률 18.97%

선지분석 & 요플·기풀기링크

선지	THEME	요플	기풀기
①	T66 판결의 효력	05	004
②		33	054
③	T65 판결 기준시/종류	26	027
④	T66 판결의 효력	32	048

정답 ②

OX 1✕ 2○

14

부작위위법확인판결의 효력에 대한 설명으로 옳지 않은 것은?　15국가7

① 부작위위법확인판결에는 취소판결의 기속력에 관한 규정과 거부처분취소판결의 간접강제에 관한 규정이 준용된다.

② 실체적 심리설(특정처분의무설)에 의하면, 부작위위법확인소송의 인용판결에 실질적 기속력이 부인되게 된다.

③ 절차적 심리설(응답의무설)에 의하면, 부작위위법확인소송의 인용판결의 경우에 행정청이 신청에 대한 가부의 응답만 하여도 「행정소송법」 제2조 제1항 제2호의 '일정한 처분'을 취한 것이 된다.

④ 절차적 심리설(응답의무설)에 의하면, 신청의 대상이 기속행위인 경우에 행정청이 거부처분을 하여도 재처분의무를 이행한 것이 된다.

관련 OX

① 관련

1　부작위위법확인소송에는 취소판결의 사정판결규정은 준용되지 않지만 제3자효, 기속력, 간접강제에 관한 규정은 준용된다.　18국회8

④ 관련

2　(부작위위법확인소송과 관련하여) 절차적 심리설(응답의무설)에 의하면, 부작위위법확인소송의 인용판결의 경우에 행정청이 신청에 대한 가부의 응답만 하여도 「행정소송법」 제2조 제1항 제2호의 '일정한 처분'을 취한 것이 된다.　15국가7

3　(甲은 A시에 흐르는 X하천에서 목초를 채취하려 한다. 이에 甲은 X하천의 관리청인 A시 시장 乙에게 하천법령에 따른 하천의 점용허가를 신청하였다. 그러나 乙은 甲의 신청을 받고도 상당한 기간이 지나도록 아무런 응답을 하지 않고 있다. 이에 甲은 乙을 상대로 부작위위법확인의 소를 제기하려 한다) 甲의 부작위위법확인청구가 인용되어 그 판결이 확정되는 경우 취소판결 등의 기속력을 정한 「행정소송법」 제30조가 준용되므로, 乙은 甲이 신청한 대로 하천점용허가를 하여야 한다.　25변시

해설

① ○ 부작위위법확인소송은 취소소송의 기속력·재처분의무·간접강제 규정을 모두 준용하고 있다.

행정소송법 제38조(준용규정) ② 제9조, 제10조, 제13조 내지 제19조, 제20조, 제25조 내지 제27조, 제29조 내지 제31조, 제33조 및 제34조의 규정은 부작위위법확인소송의 경우에 준용한다.

제30조(취소판결등의 기속력) ① 처분등을 취소하는 확정판결은 그 사건에 관하여 당사자인 행정청과 그 밖의 관계행정청을 기속한다.
② 판결에 의하여 취소되는 처분이 당사자의 신청을 거부하는 것을 내용으로 하는 경우에는 그 처분을 행한 행정청은 판결의 취지에 따라 다시 이전의 신청에 대한 처분을 하여야 한다.

제34조(거부처분취소판결의 간접강제) ① 행정청이 제30조 제2항의 규정에 의한 처분을 하지 아니하는 때에는 제1심수소법원은 당사자의 신청에 의하여 결정으로써 상당한 기간을 정하고 행정청이 그 기간내에 이행하지 아니하는 때에는 그 지연기간에 따라 일정한 배상을 할 것을 명하거나 즉시 손해배상을 할 것을 명할 수 있다.

+ PLUS 반면, 처분변경에 따른 소변경, 집행정지, 사정판결의 규정은 준용되지 않는다. **처변집사**

② ✕ 소수설인 실체적 심리설(특정처분의무설)에 따르면, 법원은 국민이 신청한 처분에 대해 실체심리를 하여야 하고, 행정청은 인용판결이 있을 시 국민이 신청한 특정처분을 하여야 한다는 견해이다. 이 견해에 따르면 국민은 인용판결만 받으면 원하는 처분을 받을 수 있는 것이 되어 실질적 기속력이 인정된다.

③④ ○ 판례인 절차적 심리설(응답의무설)에 따르면, 법원은 신청에 대한 무응답, 즉 부작위의 위법성만을 심리하여야 하고, 행정청은 인용판결이 있을 때에도 신청에 대해 응답만 하면 족하다는 견해이다. 행정청이 신청에 대한 가부의 응답만 하면 행정소송법상의 '일정한 처분'을 취한 것으로서③ 판결의 기속력에 따른 (재)처분의무를 이행한 것이 되고, 이는 해당 행위가 재량행위인 경우는 물론 기속행위인 경우라도④ 마찬가지이다.

선지분석 & 요플·기풀기링크

선지	THEME	요플	기풀기
①		67	066
②	T66 판결의 효력	49	069
③		48	070
④		48	070

정답 ②

OX 1○ 2○ 3✕

THEME 67 제3자의 지위(2) - 절차순 일괄정리

기 1020-1025
요 290

필수 문제 01

복효적 행정행위 또는 제3자효 행정행위에 대한 설명으로 가장 옳지 않은 것은? (다툼이 있는 경우 판례를 따름)
16서울7

- ⓢ ① 「행정절차법」 소정의 사전통지의 대상에서 규정하는 당사자등에는 행정청이 직권으로 또는 신청에 따라 행정절차에 참여하게 된 이해관계인이 포함된다.
- Ⓐ ② 수익적 행정행위의 직권취소와 철회는 행위의 상대방의 신뢰보호뿐만 아니라 필요시 제3자의 이익도 함께 고려되어야 한다.
- Ⓒ ③ 「행정소송법」상 취소소송의 결과에 대하여 이해관계 있는 제3자는 취소소송에 참가할 수 있으나, 그 소송에 참가하지 못한 것이 자신에게 책임 없는 사유인 경우에는 그 확정판결에 대하여 재심을 청구할 수 없다.
- ④ 행정처분의 직접상대방이 아닌 제3자는 「행정심판법」 제27조 제3항 소정의 심판청구의 제척기간 내에 처분이 있었음을 알았다는 특별한 사정이 없는 한 그 제척기간의 적용을 배제할 같은 조항 단서 소정의 정당한 사유가 있는 때에 해당한다.

관련 OX

① 관련

1 「행정절차법」상 사전통지 및 의견제출에 대한 권리를 부여하고 있는 '당사자등'에는 불이익처분의 직접 상대방인 당사자와 행정청이 직권으로 또는 신청에 따라 행정절차에 참여하게 한 이해관계인, 그 밖에 제3자가 포함된다. 23지방9

해설

① ○

행정절차법 제21조(처분의 사전 통지) ① 행정청은 당사자에게 의무를 부과하거나 권익을 제한하는 처분을 하는 경우에는 미리 다음 각 호의 사항을 당사자등에게 통지하여야 한다. 〈각 호 생략〉

제2조(정의) 이 법에서 사용하는 용어의 뜻은 다음과 같다.
4. '당사자등'이란 다음 각 목의 자를 말한다.
가. 행정청의 처분에 대하여 직접 그 상대가 되는 당사자
나. 행정청이 직권으로 또는 신청에 따라 행정절차에 참여하게 한 이해관계인

② ○ 수익적 행정행위의 취소제한: 공익, 제3자의 이익보호, 상대방의 불이익 비교·교량의무

수익적 행정처분을 취소 또는 철회하는 경우에는 이미 부여된 그 국민의 기득권을 침해하는 것이 되므로, 비록 취소 등의 사유가 있다고 하더라도 그 취소권 등의 행사는 기득권의 침해를 정당화할 만한 중대한 공익상의 필요 또는 제3자의 이익보호의 필요가 있는 때에 한하여 상대방이 받는 불이익과 비교·교량하여 결정하여야 하고, 그 처분으로 인하여 공익상의 필요보다 상대방이 받게 되는 불이익 등이 막대한 경우에는 재량권의 한계를 일탈한 것으로서 그 자체가 위법하다(2004.11.26. 2003두10251).

③ ✕ 취소소송의 결과에 대하여 이해관계 있는 제3자는 취소소송에 참가할 수 있고, 자기에게 책임 없는 사유로 소송에 참가하지 못한 경우에는 그 확정판결에 대하여 재심을 청구할 수 있다.

선지분석 & 요플·기풀기링크

선지	THEME	요플	기풀기
①	T67 제3자의 지위	01	001
②	T31 VA의 취소·철회·실효	22	011
③	T67 제3자의 지위	16	016
④		09	010

행정소송법 제16조(제3자의 소송참가) ① 법원은 소송의 결과에 따라 권리 또는 이익의 침해를 받을 제3자가 있는 경우에는 당사자 또는 제3자의 신청 또는 직권에 의하여 결정으로써 그 제3자를 소송에 참가시킬 수 있다.

제31조(제3자에 의한 재심청구) ① 처분등을 취소하는 판결에 의하여 권리 또는 이익의 침해를 받은 제3자는 자기에게 **책임 없는 사유로 소송에 참가하지 못함**으로써 판결의 결과에 영향을 미칠 공격 또는 방어방법을 제출하지 못한 때에는 이를 이유로 확정된 종국판결에 대하여 **재심의 청구를 할 수 있다.**

④ ○ 제3자: '있은 날'로부터 180일 지나도 심판청구 가능(정당한 사유 인정)

행정처분의 직접 상대방이 아닌 제3자는 일반적으로 처분이 있는 것을 바로 알 수 없는 처지에 있으므로, 위와 같은 심판청구기간 내에 심판청구를 제기하지 아니하였다고 하더라도, 그 기간 내에 처분이 있은 것을 알았거나 쉽게 알 수 있었기 때문에 심판청구를 제기할 수 있었다고 볼 만한 특별한 사정이 없는 한, 위 법조항 본문의 적용을 배제할 '정당한 사유'가 있는 경우에 해당한다고 보아 위와 같은 심판청구기간이(편저자: 있은 날로부터 180일이) 경과한 뒤에도 심판청구를 제기할 수 있다(1992.7.28. 91누12844).

행정심판법 제27조(심판청구의 기간) ③ 행정심판은 처분이 있었던 날부터 180일이 지나면 청구하지 못한다. 다만, 정당한 사유가 있는 경우에는 그러하지 아니하다.

정답 ③
OX 1 ×

필수 문제 02

처분에 대하여 이해관계가 있는 제3자의 법적 지위에 대한 설명으로 옳은 것만을 모두 고르면?

18지방9

> ㄱ. 행정청이 처분을 서면으로 하는 경우 상대방과 제3자에게 행정심판을 제기할 수 있는지 여부와 제기하는 경우의 행정심판절차 및 청구기간을 직접 알려야 한다.
> ㄴ. 행정소송의 결과에 따라 권리 또는 이익의 침해우려가 있는 제3자는 당해 행정소송에 참가할 수 있으며, 이때 참가인인 제3자는 실제로 소송에 참가하여 소송행위를 하였는지 여부를 불문하고 판결의 효력을 받는다.
> ㄷ. 처분을 취소하는 판결에 의하여 권리의 침해를 받은 제3자는 자기에게 책임 없는 사유로 인하여 소송에 참가하지 못함으로써 판결의 결과에 영향을 미칠 공격 또는 방어방법을 제출하지 못한 때에는 이를 이유로 확정된 종국 판결에 대하여 재심의 청구를 할 수 있다.
> ㄹ. 이해관계가 있는 제3자는 자신의 신청 또는 행정청의 직권에 의하여 행정절차에 참여하여 처분 전에 그 처분의 관할 행정청에 서면이나 말로 또는 정보통신망을 이용하여 의견제출을 할 수 있다.

① ㄱ, ㄴ
② ㄷ, ㄹ
③ ㄴ, ㄷ, ㄹ
④ ㄱ, ㄴ, ㄷ, ㄹ

관련 OX

ㄱ.관련

1 행정청은 제3자인 이해관계인이 요구하면, 해당 처분이 행정심판의 대상이 되는 처분인지와 행정심판의 대상이 되는 경우 소관위원회 및 심판청구기간을 지체 없이 알려주어야 한다. 24소간

해설

※ 처분의 직접 상대방이 아닌 제3자에게도 처분절차에서부터 쟁송 및 판결에 이르기까지 일정 지위가 부여된다. 이 문제는 제3자의 지위를 종합적으로 물어보면서 행정법 전반을 훑는 좋은 문제이다.
ㄱ,ㄹ.은 처분시의 지위, ㄴ.은 소송 중과 판결시의 지위, ㄷ.은 판결 후의 지위를 묻고 있다.

ㄱ. ✕, ㄹ. ○ 처분의 상대방이 아닌 이해관계인은 행정청이 직권 또는 신청에 따라 행정절차에 참여하게 한 경우에 한해서만 당사자'등'의 지위를 갖게 되어 일정 부분 절차적 보장을 받게 된다(행정절차법 제2조 제4호 나목). 이러한 이해관계인은 **사전통지**(제21조), **의견청취**(제22, 27조, 청문, 공청회, 의견제출ᵉ)의 상대방이 될 수 있다. 반면, 처분의 **이유제시**(제23조)는 당사자에게만 하고, 이해관계인은 위 절차의 상대방이 되지 않는다. 행정심판 가부 및 청구기간 등에 대한 직권고지(행정심판법 제58조 제1항) 역시 처분 상대방에게만 한다.ᵍ 이해관계인의 경우 요청시에만 고지의무가 있다(행정심판법 제58조 제2항).

행정절차법 제2조(정의) 이 법에서 사용하는 용어의 뜻은 다음과 같다.
4. '당사자등'이란 다음 각 목의 자를 말한다.
  가. 행정청의 처분에 대하여 직접 그 상대가 되는 당사자
  나. 행정청이 **직권으로 또는 신청에** 따라 행정절차에 참여하게 한 이해관계인

제21조(처분의 사전통지) ① 행정청은 당사자에게 의무를 부과하거나 권익을 제한하는 처분을 하는 경우에는 미리 다음 각 호의 사항을 **당사자등**에게 통지하여야 한다.

제27조(의견제출) ① **당사자등**은 처분 전에 그 처분의 관할행정청에 서면이나 말로 또는 정보통신망을 이용하여 의견제출을 할 수 있다.ᵉ

제23조(처분의 이유제시) ① 행정청은 처분을 할 때에는 다음 각 호의 어느 하나에 해당하는 경우를 제외하고는 **당사자에게** 그 근거와 이유를 제시하여야 한다.

행정심판법 제58조(행정심판의 고지) ① 행정청이 처분을 할 때에는 처분의 **상대방에게**ᵍ 다음 각 호의 사항을 알려야 한다.
 1. 해당 처분에 대하여 행정심판을 청구할 수 있는지
 2. 행정심판을 청구하는 경우의 심판청구절차 및 심판청구기간
② 행정청은 **이해관계인이 요구하면** 다음 각 호의 사항을 지체 없이 알려주어야 한다. 이 경우 서면으로 알려줄 것을 요구받으면 서면으로 알려주어야 한다.
 1. 해당 처분이 행정심판의 대상이 되는 처분인지
 2. 행정심판의 대상이 되는 경우 소관 위원회 및 심판청구기간

선지분석 & 요플·기풀기링크

선지	THEME	요플	기풀기
ㄱ	T70 고지제도	03	004
ㄴ		14	014
ㄷ	T67 제3자의 지위	16	016
ㄹ		02	002

ㄴ. ○ 소송결과에 따라 권리나 이익의 침해를 받을 제3자는 스스로의 이익을 옹호하기 위해 타인의 소송에 참가할 수 있다(행정소송법 제16조). 이를 제3자 소송참가라 한다. 한편 항고소송의 확정판결은 제3자에게도 효력을 미치는데(행정소송법 제29조 제1항, 제38조). 이는 소송참가를 한 제3자가 실제 소송에서 아무런 소송행위를 하지 않았더라도 마찬가지이다.

> **행정소송법 제16조(제3자의 소송참가)** ① 법원은 소송의 결과에 따라 권리 또는 이익의 침해를 받을 **제3자**가 있는 경우에는 당사자 또는 제3자의 신청 또는 직권에 의하여 결정으로써 그 제3자를 **소송에 참가**시킬 수 있다.
>
> **제29조(취소판결등의 효력)** ① 처분등을 취소하는 **확정판결은 제3자에 대하여도 효력**이 있다.

ㄷ. ○ 책임 없는 사유로 소송에 참가하지 못한 제3자에게는 확정판결에 대한 재심청구권이 인정된다.

> **행정소송법 제31조(제3자에 의한 재심청구)** ① 처분등을 취소하는 판결에 의하여 권리 또는 이익의 침해를 받은 제3자는 자기에게 **책임 없는 사유로 소송에 참가하지 못함**으로써 판결의 결과에 영향을 미칠 공격 또는 방어방법을 제출하지 못한 때에는 이를 이유로 확정된 종국판결에 대하여 **재심의 청구를 할 수 있다.**
> ② 제1항의 규정에 의한 청구는 확정판결이 있음을 안 날로부터 **30일** 이내, 판결이 확정된 날로부터 **1년** 이내에 제기하여야 한다.
> ③ 제2항의 규정에 의한 기간은 불변기간으로 한다.

정답 ③
OX 1○

03

제3자효 행정행위에 관한 설명으로 가장 옳지 않은 것은? (다툼이 있는 경우 판례를 따름)

19(2)서울9

① 행정행위는 상대방에 대한 통지(도달)로서 효력이 발생하며, 행정청은 개별법에서 달리 정하지 않는 한 제3자인 이해관계인에 대한 행정행위 통지의무를 부담하지 않는다.

② 제3자인 이해관계인은 법원의 참가결정이 없어도 관계 처분에 의하여 자신의 법률상 이익이 침해되는 한 청문이나 공청회 등 의견청취절차에 참가할 수 있다.

③ 제3자가 어떠한 방법에 의하든지 행정처분이 있었음을 안 경우에는 안 날로부터 90일 이내에 행정심판이나 행정소송을 제기하여야 한다.

④ 갑(甲)에 대한 건축허가에 의하여 법률상 이익을 침해받은 인근주민 을(乙)이 취소소송을 제기한 경우 을(乙)은 소송당사자로서 「행정소송법」 소정의 요건을 충족하는 한 그가 다투는 행정처분의 집행정지를 신청할 수 있다.

관련 OX

④ 관련

1 제3자효 행정행위에 의해 법률상 이익을 침해받은 제3자는 취소소송의 제기와 동시에 행정행위의 집행정지를 신청할 수 있다. 14국가7

해설

① ○, ② ✕

- 처분의 직접 상대방이 아닌 이해관계인은 행정청이 직권으로 또는 신청에 따라 행정절차에 **참여하게 한 경우에 한해서만 당사자 '등'**의 지위를 갖게 되어 일정 부분 절차적 보장을 받게 된다(행정절차법 제2조 제4호 나목). 즉, 당사자등의 지위를 갖게 된 이해관계인은 **사전통지**의 상대방이 되어(제21조), **의견제출**의 기회를 받게 된다(제22조 제3항, 제27조). 그러나 행정청이 **참여하게 하지 않은** 이해관계인은 사전통지를 받지 못하고 의견청취절차에 참가할 수도 없다.②

- 한편, 처분의 효력발생요건으로서의 **통지**와① **이유제시**(제23조)는 처분의 상대방인 **당사자에게만** 할 의무가 있고, 이해관계인은 설령 당사자등의 지위를 갖더라도 위 절차를 보장받을 순 없다.

③ ○ 제소기간(혹은 심판청구기간), 즉 '안 날로부터 90일', '있은 날로부터 1년(심판은 180일)'은 처분의 상대방뿐 아니라 이해관계인인 **제3자에게도 적용**된다. 다만 처분 상대방이 아닌 제3자의 경우, 처분을 통지받지 못해 통상 처분의 존재를 알 수 없으므로 '안 날로부터 90일'이 인정되기 어려울 뿐이다. 따라서 제3자라 하더라도 **어떤 경위로든 처분의 존재를 알게 되면** 그때부터 90일의 기간이 진행된다(1995.8.25. 94누12494 참조).

④ ○ 행정소송법이 제3자가 집행정지를 신청할 수 있는지에 대해서 직접 규정하고 있지는 않으나, 법률상 이익이 인정돼 원고적격이 인정되는 제3자의 경우 당연히 집행정지를 신청할 수 있다는 것이 통설, 판례이다.

선지분석 & 요플·기풀기링크

선지	THEME	요플	기풀기
①		03	004
②	T67 제3자의 지위	04	003
③		10	009
④		07	007

정답 ②

OX 1 ○

04

제3자효 행정행위에 대한 설명으로 옳지 않은 것은? 14국가7

① 제3자효 행정행위에 의하여 권리 또는 이익을 침해받은 제3자가 처분이 있음을 안 경우에는 안 날부터 90일 이내에 취소소송을 제기하여야 한다.

기 ② 제3자효 행정행위에 의해 법률상 이익을 침해받은 제3자는 취소소송의 제기와 동시에 행정행위의 집행정지를 신청할 수 있다.

③ 제3자에 의해 항고소송이 제기된 경우에 제3자효 행정행위의 상대방은 소송참가를 할 수 있다.

④ 제3자효 행정행위를 취소하거나 무효를 확인하는 확정판결은 제3자에 대해서 효력을 미치지 않는다.

관련 OX

② 관련

1 「행정소송법」은 제3자효 행정행위에 있어서 제3자도 집행정지를 신청할 수 있는지에 대해서는 규정하고 있지 않다. 15국회8

③ 관련

2 법원은 소송의 결과에 따라 권리 또는 이익을 침해받을 제3자가 있는 경우에는 당사자 또는 제3자의 신청 또는 직권에 의하여 결정으로써 제3자를 소송에 참가시킬 수 있다. 15국회8

해설

① ○ 제3자: 어떠한 계기로든 처분을 알았으면 그 '안 날'부터 90일 내 심판청구해야

행정처분의 상대방이 아닌 제3자가 어떤 경위로든 행정처분이 있음을 안 이상 행정심판법 제18조 제1항에 의하여 그 처분이 있음을 안 날로부터 60일(편저자: 현 90일) 이내에 심판청구를(편저자: 행정소송도 같은 법리가 적용된다) 하여야 하고, 이 경우 제3자가 그 청구기간을 지키지 못하였음에 정당한 사유가 있는지 여부는 문제가 되지 아니한다(1995.8.25. 94누12494).

② ○ 제3자가 집행정지를 신청할 수 있는지에 대해서 행정소송법이 직접 규정하고 있지는 않다. 그러나 법률상 이익이 인정돼 원고적격이 인정되는 제3자의 경우에는 당연히 집행정지를 신청할 수 있다는 것이 통설, 판례이다. 실무상 보통 집행정지는 취소소송의 제기와 동시에 신청한다.

행정소송법 제23조(집행정지) ② 취소소송이 제기된 경우에 처분등이나 그 집행 또는 절차의 속행으로 인하여 생길 회복하기 어려운 손해를 예방하기 위하여 긴급한 필요가 있다고 인정할 때에는 본안이 계속되고 있는 법원은 당사자의 신청 또는 직권에 의하여 처분등의 효력이나 그 집행 또는 절차의 속행의 전부 또는 일부의 정지(이하 '집행정지'라 한다)를 결정할 수 있다. 다만, 처분의 효력정지는 처분등의 집행 또는 절차의 속행을 정지함으로써 목적을 달성할 수 있는 경우에는 허용되지 아니한다.

③ ○ 제3자의 소송참가는 소송 결과에 따라 권리나 이익의 침해를 받을 제3자가 스스로의 이익을 옹호하기 위하여 타인의 소송에 참가하는 것이다. 제3자효 행정행위에서의 제3자가 이에 해당한다. 여기서 소송 결과에 따라 권리나 이익의 침해를 받는 것은 사실상의 이익이 아니라 법률상의 이익을 말한다.

행정소송법 제16조(제3자의 소송참가) ① 법원은 **소송의 결과에 따라 권리 또는 이익의 침해를 받을 제3자가 있는 경우**에는 당사자 또는 제3자의 **신청** 또는 **직권**에 의하여 **결정**으로써 그 **제3자를 소송에 참가**시킬 수 있다.
② 법원이 제1항의 규정에 의한 결정을 하고자 할 때에는 미리 당사자 및 제3자의 의견을 들어야 한다.
③ 제1항의 규정에 의한 신청을 한 제3자는 그 신청을 각하한 결정에 대하여 즉시항고할 수 있다.
④ 제1항의 규정에 의하여 소송에 참가한 제3자에 대하여는 민사소송법 제67조의 규정을 준용한다.

+ **PLUS** 소송의 결과에 따라 권리 또는 이익을 침해받을 제3자 → 신청 또는 직권으로 소송참가 가능

④ × 행정소송법 제38조 제1항에 의하여 무효등확인소송에 동법 제29조 제1항의 제3자효 규정이 준용된다. 따라서 무효등확인소송의 확정판결은 제3자에게도 영향을 미친다.

행정소송법 제38조(준용규정) ① 제9조, 제10조, 제13조 내지 제17조, 제19조, 제22조 내지 제26조, **제29조** 내지 제31조 및 제33조의 규정은 **무효등확인소송의 경우에 준용**한다.

제29조(취소판결등의 효력) ① 처분등을 취소하는 확정판결은 제3자에 대하여도 효력이 있다.

선지분석 & 요플·기풀기링크

선지	THEME	요플	기풀기
①		10	009
②	T67 제3자의 지위	07	007
③		11	011
④		15	015

정답 ④
OX 1 ○ 2 ○

05

다음 중 복효적 행정행위에 대한 설명으로 옳지 않은 것은? (다툼이 있는 경우 판례에 의함)

15국회8

B ① 기존 시내버스업자는 시외버스사업을 하는 자에 대해 시내버스로 전환함을 허용하는 사업계획변경인가처분의 취소를 구할 법률상 이익이 있다.

C ② 처분등을 취소하는 판결에 의하여 권리 또는 이익을 침해받은 제3자는 소송에 참가하지 못함으로써 판결의 결과에 영향을 미칠 공격 또는 방어 방법을 제출하지 못한 때에는 그 귀책사유 여부와 관계없이 확정된 종국판결에 대하여 재심의 청구를 할 수 있다.

③ 행정심판위원회는 필요하다고 인정하면 그 심판결과에 이해관계가 있는 제3자에게 그 사건 심판에 참가할 것을 요구할 수 있으며, 이 요구를 받은 제3자는 지체 없이 참가 여부를 위원회에 통지하여야 한다.

Z ④ 「행정소송법」은 제3자효 행정행위에 있어서 제3자도 집행정지를 신청할 수 있는지에 대해서는 규정하고 있지 않다.

기 ⑤ 법원은 소송의 결과에 따라 권리 또는 이익을 침해받을 제3자가 있는 경우에는 당사자 또는 제3자의 신청 또는 직권에 의하여 결정으로써 제3자를 소송에 참가시킬 수 있다.

관련 OX

② 관련

1 처분을 취소하는 판결에 의하여 권리의 침해를 받은 제3자는 자기에게 책임 없는 사유로 인하여 소송에 참가하지 못함으로써 판결의 결과에 영향을 미칠 공격 또는 방어방법을 제출하지 못한 때에는 이를 이유로 확정된 종국판결에 대하여 재심의 청구를 할 수 있다. 18지방9

③ 관련

2 행정심판위원회는 필요하다고 인정하면 그 행정심판 결과에 이해관계가 있는 제3자나 행정청에 그 사건 심판에 참가할 것을 요구할 수 있다.

23소방승진(변형)

해설

① ○ **시내버스로 전환하는 시외버스업자의 사업계획변경인가처분: 시내버스업자에게 법률상 이익 인정**
자동차운수사업법 제6조 제1호의 규정의 목적이 자동차운수사업에 관한 질서를 확립하고 자동차운수의 종합적인 발달을 도모하여 공공의 복리를 증진함과 동시에 업자 간의 경쟁으로 인한 경영의 불합리를 미리 방지하자는 데 있다 할 것이므로 〈기존 시내버스업자〉로서는, 다른 운송사업자가 운행하고 있는 기존 시외버스를 시내버스로 전환을 허용하는 〈사업계획변경인가처분〉에 대하여 그 취소를 구할 법률상의 이익이 있다고 할 것이다(1987.9.22. 85누985).

② × 제3자가 자신에게 **책임 없는** 사유로 소송에 참가하지 못한 경우 확정판결에 대한 재심청구권이 인정된다.

행정소송법 제31조(제3자에 의한 재심청구) ① 처분등을 취소하는 판결에 의하여 권리 또는 이익의 침해를 받은 제3자는 자기에게 **책임 없는 사유로** 소송에 **참가하지 못함**으로써 판결의 결과에 영향을 미칠 공격 또는 방어방법을 제출하지 못한 때에는 이를 이유로 확정된 종국판결에 대하여 **재심의 청구를 할 수** 있다.

③ ○

행정심판법 제21조(심판참가의 요구) ① **위원회는** 필요하다고 인정하면 그 행정심판 결과에 이해관계가 있는 제3자나 행정청에 그 사건 심판에 **참가할 것을 요구**할 수 있다. ③(앞)
② 제1항의 요구를 받은 **제3자나 행정청은 지체 없이** 그 사건 심판에 참가할 것인지 여부를 위원회에 **통지**하여야 한다. ③(뒤)

④ ○ 행정소송법이 제3자가 집행정지를 신청할 수 있는지에 대해서 직접 규정하고 있지는 않다. 다만, 법률상 이익이 인정돼 원고적격이 인정되는 제3자의 경우 당연히 집행정지를 신청할 수 있다는 것이 통설, 판례이다.

⑤ ○

행정소송법 제16조(제3자의 소송참가) ① 법원은 소송의 결과에 따라 권리 또는 이익의 침해를 받을 제3자가 있는 경우에는 당사자 또는 제3자의 신청 또는 직권에 의하여 결정으로써 그 제3자를 **소송에 참가**시킬 수 있다.

선지분석 & 요플·기풀기링크

선지	THEME	요플	기풀기
① T56 경업·경원·주민		21	019
② T67 제3자의 지위		16	016
③ T68 행정심판(조문)		67	061
④ T67 제3자의 지위		06	006
⑤ T64 소송상 제도		04	006

정답 ②
OX 1 ○ 2 ○

06

제3자효 행정행위에 관한 설명으로 옳지 않은 것은? (다툼이 있는 경우 판례에 의함) 24소간

① 행정청은 제3자인 이해관계인이 요구하면, 해당 처분이 행정심판의 대상이 되는 처분인지와 행정심판의 대상이 되는 경우 소관 위원회 및 심판청구기간을 지체 없이 알려주어야 한다.

② 처분등을 취소하는 판결에 의하여 권리 또는 이익의 침해를 받은 제3자는 자기에게 책임 없는 사유로 소송에 참가하지 못함으로써 판결의 결과에 영향을 미칠 공격 또는 방어방법을 제출하지 못한 때에는 이를 이유로 확정된 종국판결에 대하여 재심의 청구를 할 수 있다.

③ 제3자에 의한 재심청구는 제3자가 항고소송의 확정판결이 있음을 안 날로부터 90일 이내, 판결이 확정된 날로부터 1년 이내에 제기하여야 한다.

④ 법원은 소송의 결과에 따라 권리 또는 이익의 침해를 받을 제3자가 있는 경우에는 당사자 또는 제3자의 신청 또는 직권에 의하여 결정으로써 그 제3자를 소송에 참가시킬 수 있다.

⑤ 제3자효를 수반하는 행정행위에 대한 행정심판청구에 있어서 그 청구를 인용하는 내용의 재결로 인하여 비로소 권리이익을 침해받게 되는 자는 그 인용재결에 대하여 취소소송을 제기할 수 있다.

해설

① ○

행정심판법 제58조(행정심판의 고지) ② 행정청은 **이해관계인이 요구**하면 다음 각 호의 사항을 지체 없이 **알려주어야** 한다. 이 경우 서면으로 알려줄 것을 요구받으면 서면으로 알려주어야 한다.
1. 해당 처분이 행정심판의 대상이 되는 처분인지
2. 행정심판의 대상이 되는 경우 소관 위원회 및 심판청구기간

+ PLUS 행정심판법상 고지: ① 상대방에게는 직권고지, ② 이해관계인에게는 신청이 있으면 고지

② ○, ③ × 안 날부터 90일×, 30일○

행정소송법 제31조(제3자에 의한 재심청구) ① 처분등을 취소하는 판결에 의하여 권리 또는 이익의 침해를 받은 제3자는 자기에게 **책임 없는 사유로** 소송에 **참가하지 못**함으로써 판결의 결과에 영향을 미칠 공격 또는 방어방법을 제출하지 못한 때에는 이를 이유로 확정된 종국판결에 대하여 **재심의 청구를 할 수 있다.**②
② 제1항의 규정에 의한 청구는 확정판결이 있음을 **안 날**로부터 **30일** 이내, 판결이 **확정된 날**로부터 **1년** 이내에 제기하여야 한다.③

④ ○

행정소송법 제16조(제3자의 소송참가) ① 법원은 소송의 결과에 따라 권리 또는 이익의 침해를 받을 제3자가 있는 경우에는 당사자 또는 제3자의 **신청** 또는 **직권**에 의하여 결정으로써 그 **제3자를 소송에 참가**시킬 수 있다.

+ PLUS ① 피고경정: 신청으로만 가능함이 원칙, ② 제3자참가·행정청참가: 신청과 직권 모두 가능

⑤ ○ 사업승인 등 제3자효 행위가 인용재결로 취소됨: 재결취소소송은 재결 고유 위법 주장이므로 가능
제3자효를 수반하는 행정행위에 대한 행정심판청구에 있어서 그 청구를 **인용하는 내용의 재결로 인하여 비로소 권리이익을 침해받게 되는 자**는 그 인용재결에 대하여 다툴 필요가 있고, 그 인용재결은 원처분과 내용을 달리하는 것이므로 그 인용재결의 취소를 구하는 것은 원처분에는 없는 재결에 고유한 하자를 주장하는 셈이어서 당연히 **항고소송의 대상이 된다.**⑤ 당해 재결과 같이 그 인용재결청 스스로가 직접 당해 **사업계획승인처분을 취소하는 형성적 재결**을 한 경우, 그 재결 외에 그에 따른 별도의 처분이 없기 때문에 **재결 자체를 쟁송의 대상으로 할 수 있다**ⓐ(1997.12.23. 96누10911).

+ PLUS 인용재결로 인하여 비로소 권리이익을 침해받게 되는 자는, 그 인용재결의 취소를 구할 수 있다. 인용재결은 원처분과 반대의 내용(원처분이 위법하다는 내용)이므로 원처분에는 없는 고유의 위법이 있기 때문이다. 예컨대 인용재결이 수익적 처분의 취소재결(형성재결)인 경우가 이에 해당한다. 인용재결로 인해 수익적 처분이 침해되는 권리이익을 침해받았기 때문이다.

관련 OX

① 관련

1 행정청이 처분을 서면으로 하는 경우 상대방과 제3자에게 행정심판을 제기할 수 있는지 여부와 제기하는 경우의 행정심판절차 및 청구기간을 직접 알려야 한다. 18지방9

③ 관련

2 「행정소송법」상 제3자에 의한 재심청구는 확정판결이 있음을 안 날로부터 20일 이내에 제기하여야 한다. 11지방7(변형)

④ 관련

3 제3자의 소송참가에는 신청에 의한 경우와 직권에 의한 경우가 있다. 12국가9

⑤ 관련

4 제3자효를 수반하는 행정행위에 대한 행정심판청구에 있어서 그 청구를 인용하는 내용의 재결로 인하여 비로소 권리이익을 침해받게 되는 자는 그 인용재결에 대하여 다툴 필요가 있고, 그 인용재결은 원처분과 내용을 달리하는 것이므로 그 인용재결의 취소를 구하는 것은 원처분에는 없는 재결에 고유한 하자를 주장하는 셈이어서 당연히 항고소송의 대상이 된다. 21국가7

추가기출(⑤ 관련)

ⓐ 제3자효 행정행위에 대하여 재결청이 직접 당해 사업계획승인처분을 취소하는 형성적 재결을 한 경우에는 그 재결 외에 그에 따른 행정청의 별도의 처분이 있지 않기 때문에 재결 자체를 쟁송의 대상으로 할 수 있다. 21국가7

선지분석 & 요플·기풀기링크

선지	THEME	요플	기풀기
①	T70 고지제도	03	004
②	T67 제3자의 지위	16	016
③		17	017
④	T64 소송상 제도	04	006
⑤	T51 원처분주의/재결주의	10	010

정답 ③

OX 1× 2× 3○ 4○ ⓐ○

THEME 68-70 행정심판 및 고지제도

📖 1026-1082
📑 291-306

T68 행정심판(1) - 조문별 쟁점·기출정리

01

「행정심판법」에 대한 설명이다. 아래 ㉠부터 ㉤까지의 설명 중 옳고 그름의 표시(○, ×)가 바르게 된 것은?

17(2)경행

> ㉠ 행정청의 처분 또는 부작위에 대하여는 다른 법률에 특별한 규정이 있는 경우 외에는 이 법에 따라 행정심판을 청구할 수 있다.
> ㉡ 대통령의 처분 또는 부작위에 대하여는 다른 법률에서 행정심판을 청구할 수 있도록 정한 경우 외에는 행정심판을 청구할 수 없다.
> ㉢ 사안(事案)의 전문성과 특수성을 살리기 위하여 특히 필요한 경우 외에는 이 법에 따른 행정심판을 갈음하는 특별한 행정불복절차(이하 '특별행정심판'이라 한다)나 이 법에 따른 행정심판절차에 대한 특례를 다른 법률로 정할 수 있다.
> ㉣ 다른 법률에서 특별행정심판이나 이 법에 따른 행정심판절차에 대한 특례를 정한 경우에도 그 법률에서 규정하지 아니한 사항에 관하여는 이 법에서 정하는 바에 따른다.
> ㉤ 관계 행정기관의 장이 특별행정심판 또는 이 법에 따른 행정심판절차에 대한 특례를 신설하거나 변경하는 법령을 제정·개정할 때에는 미리 중앙행정심판위원회의 동의를 구하여야 한다.

① ㉠(○) ㉡(○) ㉢(○) ㉣(○) ㉤(×) ② ㉠(○) ㉡(○) ㉢(×) ㉣(○) ㉤(×)
③ ㉠(○) ㉡(○) ㉢(×) ㉣(○) ㉤(○) ④ ㉠(×) ㉡(×) ㉢(○) ㉣(○) ㉤(○)

관련 OX

㉢.관련

1 사안의 전문성과 특수성을 살리기 위하여 특히 필요한 경우 외에는 「행정심판법」에 따른 행정심판을 갈음하는 특별한 행정불복절차나 「행정심판법」에 따른 행정심판절차에 대한 특례를 다른 법률로 정할 수 없다. 13국회8

㉤.관련

2 관계행정기관의 장이 특별행정심판 또는 「행정심판법」에 따른 행정심판절차에 대한 특례를 신설하거나 변경하는 법령을 제정·개정할 때에는 미리 중앙행정심판위원회와 협의하여야 한다. 24국회8

해설

㉠ ○

행정심판법 제3조(행정심판의 대상) ① 행정청의 **처분 또는 부작위**에 대하여는 다른 법률에 특별한 규정이 있는 경우 외에는 이 법에 따라 행정심판을 청구할 **수 있다**.

㉡ ○

행정심판법 제3조(행정심판의 대상) ② **대통령의 처분 또는 부작위**에 대하여는 다른 법률에서 행정심판을 청구할 수 있도록 정한 경우 외에는 행정심판을 청구할 **수 없다**.

㉢ ×

행정심판법 제4조(특별행정심판 등) ① 사안(事案)의 **전문성과 특수성**을 살리기 위하여 특히 필요한 경우 외에는 이 법에 따른 행정심판을 갈음하는 특별한 행정불복절차(이하 '**특별행정심판**')나 이 법에 따른 행정심판절차에 대한 **특례**를 다른 법률로 정할 수 없다.

㉣ ○

행정심판법 제4조(특별행정심판 등) ② 다른 법률에서 특별행정심판이나 이 법에 따른 행정심판절차에 대한 특례를 정한 경우에도 **그 법률에서 규정하지 아니한 사항**에 관하여는 **이 법에서 정하는 바에 따른다**.

㉤ × 협의를 하면 족한 것이지 동의를 받아야 하는 것은 아니다.

행정심판법 제4조(특별행정심판 등) ③ 관계행정기관의 장이 **특별행정심판 또는** 이 법에 따른 행정심판절차에 대한 **특례를 신설**하거나 **변경**하는 법령을 제정·개정할 때에는 미리 **중앙행정심판위원회와 협의**하여야 한다.

선지분석 & 요플·기풀기링크

선지	THEME	요플	기풀기
㉠		01	001
㉡		03	003
㉢	T68 행정심판(조문)	04	004
㉣		05	005
㉤		07	007

정답 ②
OX 1○ 2○

02

「행정심판법」의 규정 내용으로 옳지 않은 것은? 20군무원9

① 관계 행정기관의 장이 특별행정심판 또는 「행정심판법」에 따른 행정심판절차에 대한 특례를 신설하거나 변경하는 법령을 제정·개정할 때에는 미리 법무부장관과 협의하여야 한다.
② 행정청의 처분 또는 부작위에 대하여는 다른 법률에 특별한 규정이 있는 경우 외에는 이 법에 따라 행정심판을 청구할 수 있다.
③ 대통령의 처분 또는 부작위에 대하여는 다른 법률에서 행정심판을 청구할 수 있도록 정한 경우 외에는 행정심판을 청구할 수 없다.
④ 행정청이란 행정에 관한 의사를 결정하여 표시하는 국가 또는 지방자치단체의 기관, 그 밖에 법령 또는 자치법규에 따라 행정권한을 가지고 있거나 위탁을 받은 공공단체나 그 기관 또는 사인(私人)을 말한다.

관련 OX

② 관련

1 행정청의 처분 또는 부작위에 대하여 다른 법률에 특별한 규정이 있는 경우 외에는 「행정심판법」에 따라 행정심판을 청구할 수 있다. 17(2)경행

③ 관련

2 대통령의 처분 또는 부작위에 대하여는 다른 법률에서 행정심판을 청구할 수 있도록 정한 경우 외에는 행정심판을 청구할 수 없다. 19국가9

해설

① ✗ 특별행정심판이나 특례 신설 변경시: 중앙행정심판위원회와 협의(↔ 법무부장관✗)

행정심판법 제4조(특별행정심판 등) ③ 관계 행정기관의 장이 특별행정심판 또는 이 법에 따른 행정심판절차에 대한 특례를 신설하거나 변경하는 법령을 제정·개정할 때에는 미리 **중앙행정심판위원회와 협의**하여야 한다.

②③ ○

행정심판법 제3조(행정심판의 대상) ① 행정청의 **처분 또는 부작위**에 대하여는 다른 법률에 특별한 규정이 있는 경우 외에는 이 법에 따라 행정심판을 청구할 수 있다.②
② **대통령의 처분 또는 부작위**에 대하여는 다른 법률에서 행정심판을 청구할 수 있도록 정한 경우 외에는 행정심판을 청구할 수 없다.③

④ ○

행정심판법 제2조(정의) 이 법에서 사용하는 용어의 뜻은 다음과 같다.
4. '**행정청**'이란 행정에 관한 의사를 결정하여 표시하는 국가 또는 지방자치단체의 기관, 그 밖에 법령 또는 자치법규에 따라 행정권한을 가지고 있거나 위탁을 받은 공공단체나 그 기관 또는 사인(私人)을 말한다.

선지분석 & 요플·기풀기링크

선지	THEME	요플	기풀기
①		06	006
②	T68 행정심판(조문)	01	001
③		03	003
④	T16 VA의 개념과 분류	05	004

정답 ①
OX 1○ 2○

03

행정심판과 행정소송의 관계에 관한 설명으로 가장 타당한 것은? (다툼이 있는 경우 판례에 의함)

15서울9

① 양자는 행정권에 대한 국민의 권리구제 기능을 한다는 점에서는 공통되지만, 행정소송이 제3자 기관인 법원에 의해 심판되므로 당사자가 청구한 범위 내에서만 심리·판단하는 데 대하여, 행정심판은 행정조직 내에서 자기통제 기능을 겸하기 때문에 심판청구의 대상이 되는 처분 또는 부작위 외의 사항에 대하여도 재결할 수 있다.
② 행정소송은 철저한 대심주의를 관철하여 당사자가 제출한 공격·방어방법에 한정하여서만 심리·판단하지만, 행정심판에서는 직권탐지주의를 원칙으로 한다.
③ 행정심판에서는 변경재결과 같이 원처분을 적극적으로 변경하는 것도 가능하다.
④ 행정심판과 행정소송이 동시에 제기되어 진행 중 행정심판의 인용재결이 행해지면 동일한 처분등을 다투는 행정소송에 영향이 없지만, 기각재결이 있으면 행정소송은 소의 이익을 상실한다.

관련 OX

① 관련

1 행정심판위원회는 심판청구의 대상이 되는 처분 또는 부작위 외의 사항에 대하여는 재결하지 못한다. 16국회8

② 관련

2 행정심판의 심리는 원칙적으로 행정심판위원회가 주도하며, 당사자의 처분권주의는 예외적으로 인정된다. 13지방7

3 행정심판위원회는 당사자가 주장하지 아니한 사실에 대하여 심리할 수 없다. 16지방9

해설

※ 행정심판과 행정소송의 공통점과 차이점을 묻는 문제이다.

① × (소송과 동일) 심판과 소송 모두 불고불리원칙이 적용된다. 즉, 청구인이나 원고가 청구한 처분등 외의 사항에 대해서는 심판할 수 없다.

행정심판법 제47조(재결의 범위) ① 위원회는 **심판청구의 대상이 되는 처분 또는 부작위 외의 사항**에 대하여는 **재결하지 못한다.**

② × (소송과 동일) 심판과 소송 모두 **당사자주의**를 원칙으로 하고 보충적으로 **직권주의**가 적용된다. 즉, 대립하는 당사자인 청구인·피청구인, 원고·피고가 서로 대등한 입장에서 공격·방어를 통해 심리를 진행하고(대심주의), 위원회·법원은 당사자가 제출한 공격·방어방법에 한정하여 심리·판단하되(변론주의), 필요한 경우에는 당사자가 주장하지 않은 사실이나 제출하지 않은 증거도 조사할 수 있다(직권심리, 직권탐지, 직권증거조사).

행정심판법 제39조(직권심리) 위원회는 필요하면 당사자가 **주장하지 아니한 사실**에 대하여도 심리할 수 있다.

제36조(증거조사) ① 위원회는 사건을 심리하기 위하여 필요하면 **직권으로** 또는 당사자의 **신청**에 의하여 다음 각 호의 방법에 따라 **증거조사를 할 수** 있다.

✚ PLUS 대심주의(對審主義)란 대립되는 분쟁당사자들이 서로 대등한 입장에서 공격·방어를 통해 심리를 진행하는 소송원칙으로 당사자주의의 한 측면이다.

③ ○ (적극적 변경 가부: 소송과 차이) 심판에서는 행정소송과 달리 처분을 적극적으로 변경하는 것도 가능하다. 예컨대 영업정지에 대해 취소심판이 제기된 경우 영업정지를 과징금부과로 변경하는 변경재결도 가능하다.

행정심판과 행정소송의 비교

공통점	• 국민의 권리구제 기능(사후적 구제수단) • 개괄주의 채택 • 법률상 이익이 있는 자만 제기 가능(원고적격, 청구인적격) • 제기기간 있음(제소기간, 심판청구기간) • 불고불리의 원칙 적용① • 당사자주의 원칙 / 직권주의 보충② • 불이익변경금지의 원칙 적용 • 집행부정지원칙 • 소송참가제도, 청구의 변경 인정 • 사정판결·사정재결제도 채택

선지분석 & 요플·기풍기링크

선지	THEME	요플	기풍기
①		128	129
②	T68 행정심판(조문)	109	104
③		22	114
④	T69 이의신청·재심사 등	32	032

차이점		
	행정심판	행정소송
판단기관	행정심판위원회	법원
심사대상	• 처분 또는 부작위 위법·**부당** • 대통령의 처분 또는 부작위×	• 처분 또는 부작위의 위법성 • 대통령의 처분 또는 부작위○
거부나 부작위	**의무이행심판** 허용	의무이행소송 불허
당사자심판(소송)	×	○
적극적 변경 가부	**가능** (ex. 영업정지를 과징금부과로 변경 가능)③	**불가** (소극적 변경으로 일부취소는 가능)
제기기간	• 취소심판: 안 날 90일, 있은 날 **180일** • 무효등확인심판: 제한× • 부작위에 대한 의무이행심판: 제한× • 거부처분에 대한 의무이행심판: 안 날 90일, 있은 날 180일	• 취소소송: 안 날 90일, 있은 날 1년 • 무효등확인소송: 제한× • 부작위위법확인소송: 행정심판을 거친 경우 제한○
가구제	집행정지○, **임시처분**○	집행정지○, 임시처분×
집행정지요건	**중대한** 손해가 생기는 것을 예방할 필요성이 긴급하다고 인정할 때	**회복하기 어려운** 손해를 예방하기 위하여 긴급한 필요가 있다고 인정할 때
심리방식	• 서면 또는 구술심리(동등) • 비공개원칙	• 구술심리원칙 • 공개원칙
재처분의무 불이행시	간접강제○, **직접처분**○	간접강제○, 직접처분×
오·불고지 규정	○	×

④ × 행정심판과 행정소송이 동시에 제기된 후, ① 인용재결이 행해지면 행정소송은 소의 이익을 상실하여 각하될 것이지만, ② 기각재결이 있는 경우에는 행정소송에 영향이 없다. 소송은 전심(행정심판)의 판단에 구속되지 않기 때문이다.

04

행정심판에 관한 설명으로 옳지 않은 것은?　09지방7

① 행정심판의 제기는 처분청을 경유하여야 한다.
② 행정심판사항에 대해 개괄주의가 채택되고 있다.
③ 처분 또는 부작위의 위법성뿐만 아니라 부당성도 심사의 대상이다.
④ 불고불리의 원칙이 적용된다.

관련 OX

① 관련

1 행정심판을 청구하려는 자는 행정심판위원회뿐만 아니라 피청구인인 행정청에도 행정심판청구서를 제출할 수 있으나 행정소송을 제기하려는 자는 법원에 소장을 제출하여야 한다.　18국가9

2 행정심판청구서는 피청구인인 행정청을 거쳐 행정심판위원회에 제출하여야 한다.　17국회8

③ 관련

3 「행정심판법」상 위법한 처분·부작위뿐만 아니라 부당한 처분·부작위에 대해서도 다툴 수 있다.　12지방7

해설

① × (소송과 차이) 심판청구서는 소송상 소장에 대응한다. 소송의 경우 소장은 반드시 법원에 제출해야 하나, 심판의 경우는 청구서를 행정심판위원회뿐 아니라, 피청구인(처분청)에게 제출하는 것도 가능하다. 그러나 피청구인을 경유할 의무가 있는 것은 아니다.

행정심판법 제23조(심판청구서의 제출) ① 행정심판을 청구하려는 자는 제28조에 따라 심판청구서를 작성하여 **피청구인이나 위원회에 제출**하여야 한다. 이 경우 피청구인의 수만큼 심판청구서 부본을 함께 제출하여야 한다.

+ PLUS 종래 행정심판을 청구하려는 자는 반드시 피청구인인 처분청을 거쳐 재결청에 청구하여야 했으나(처분청 경유주의), 현재는 처분청을 경유하지 않고 바로 위원회에 심판청구를 할 수 있다(선택주의).

② ○ (소송과 동일) 행정심판은 소송과 마찬가지로 대상을 특정해 열거하지 않고 일체의 처분 또는 부작위를 대상으로 하는 개괄주의(↔ 열기주의×)를 취하고 있다.

행정심판법 제3조(행정심판의 대상) ① 행정청의 처분 또는 부작위에 대하여는 다른 법률에 특별한 규정이 있는 경우 외에는 이 법에 따라 행정심판을 청구할 수 있다.

③ ○ (소송과 차이) 소송은 처분과 부작위의 위법성만 심사할 수 있으나, 행정심판은 처분과 부작위의 위법성뿐만 아니라 부당성도 심사할 수 있다.

행정심판법 제1조(목적) 이 법은 행정심판절차를 통하여 행정청의 위법 또는 **부당**한 처분이나 부작위로 침해된 국민의 권리 또는 이익을 구제하고, 아울러 행정의 적정한 운영을 꾀함을 목적으로 한다.

④ ○ (소송과 동일) 심판도 소송과 마찬가지로 불고불리원칙이 적용된다. 즉, 청구인이 청구한 처분등 외의 사항에 대해서는 심판할 수 없다.

행정심판법 제47조(재결의 범위) ① 위원회는 **심판청구의 대상이 되는 처분 또는 부작위 외의 사항**에 대하여는 **재결하지 못한다.**

선지분석 & 요플·기풀기링크

선지	THEME	요플	기풀기
①		70	064
②	T68 행정심판(조문)	02	002
③		10	016
④		127	130

정답 ①

OX 1○ 2× 3○

05

「행정심판법」의 규정에 대한 설명으로 옳은 것은? 18국회8

① 특별행정심판 또는 「행정심판법」에 따른 행정심판절차에 대한 특례를 신설하거나 변경하는 법령을 제정·개정할 때 중앙행정심판위원회와 사전에 협의하여야 하는 것은 아니다.
② 대통령의 처분 또는 부작위에 대하여는 다른 법률에서 행정심판을 청구할 수 있도록 정한 경우 외에는 행정심판을 청구할 수 없다.
③ 국가인권위원회의 처분 또는 부작위에 대한 행정심판의 청구는 국민권익위원회에 두는 중앙행정심판위원회에서 심리·재결한다.
④ 행정심판 결과에 이해관계가 있는 제3자나 행정청은 신청에 의하여 행정심판에 참가할 수 있으나, 행정심판위원회가 직권으로 심판에 참가할 것을 요구할 수는 없다.
⑤ 행정심판위원회는 무효확인심판의 청구가 이유가 있더라도 이를 인용하는 것이 공공복리에 크게 위배된다고 인정하면 그 청구를 기각하는 재결을 할 수 있다.

관련 OX

⑤ 관련
1 무효등확인심판의 경우에는 사정재결이 인정되지 않는다. 13지방9

해설

① ✕

행정심판법 제4조(특별행정심판 등) ③ 관계 행정기관의 장이 특별행정심판 또는 이 법에 따른 행정심판절차에 대한 특례를 신설하거나 변경하는 법령을 제정·개정할 때에는 미리 중앙행정심판위원회와 **협의하여야 한다**.

② ○

행정심판법 제3조(행정심판의 대상) ② 대통령의 처분 또는 부작위에 대하여는 다른 법률에서 행정심판을 청구할 수 있도록 정한 경우 외에는 행정심판을 청구할 수 없다.

③ ✕

행정심판법 제6조(행정심판위원회의 설치) ① 다음 각 호의 행정청 또는 그 소속 행정청(행정기관의 계층구조와 관계없이 그 감독을 받거나 위탁을 받은 모든 행정청을 말하되, 위탁을 받은 행정청은 그 위탁받은 사무에 관하여는 위탁한 행정청의 소속 행정청으로 본다. 이하 같다)의 처분 또는 부작위에 대한 행정심판의 청구(이하 '심판청구'라 한다)에 대하여는 다음 **각 호의 행정청에 두는 행정심판위원회**에서 심리·재결한다.
3. **국가인권위원회**, 그 밖에 지위·성격의 독립성과 특수성 등이 인정되어 대통령령으로 정하는 행정청

④ ✕

행정심판법 제21조(심판참가의 요구) ① 위원회는 필요하다고 인정하면 그 행정심판 결과에 이해관계가 있는 제3자나 행정청에 그 사건 심판에 참가할 것을 **요구할 수 있다**.

⑤ ✕

행정심판법 제44조(사정재결) ① 위원회는 심판청구가 이유가 있다고 인정하는 경우에도 이를 인용(認容)하는 것이 공공복리에 크게 위배된다고 인정하면 그 심판청구를 기각하는 재결을 할 수 있다. 이 경우 위원회는 재결의 주문(主文)에서 그 처분 또는 부작위가 위법하거나 부당하다는 것을 구체적으로 밝혀야 한다.
③ 제1항과 제2항은 **무효등확인심판에는 적용하지 아니한다**.

선지분석 & 요플·기풀기링크

선지	THEME	요플	기풀기
①		07	007
②		03	003
③	T68 행정심판(조문)	36	023
④		66	060
⑤		119	124

정답 ②
OX 1

필수문제 06

「행정심판법」상 행정심판에 대한 설명으로 옳지 않은 것은? 17(하)국가9

① 행정심판청구는 처분의 효력이나 그 집행 또는 절차의 속행에 영향을 주지 않는다.
② 「행정심판법」에서 규정한 행정심판의 종류로는 「행정소송법」상 항고소송에 대응하는 취소심판, 무효등확인심판, 의무이행심판과 당사자소송에 대응하는 당사자심판이 있다.
③ 행정심판위원회는 취소심판청구가 이유 있다고 인정하는 경우에도 이를 인용하는 것이 공공복리에 크게 위배된다고 인정하면 그 심판청구를 기각하는 재결을 할 수 있다.
④ 행정심판청구에 대한 재결이 있으면 그 재결에 대하여 다시 행정심판을 청구할 수 없다.

관련 OX

① 관련
1 행정심판법은 집행부정지의 원칙을 취하면서도 예외적으로 일정한 요건하에 집행정지를 인정한다. 09국가9

③ 관련
2 행정심판의 경우에는 사정재결이 인정되지 않는다. 12지방(하)9
3 의무이행심판에도 사정재결의 적용이 있다. 14서울9
4 행정심판위원회는 무효확인심판의 청구가 이유가 있더라도 이를 인용하는 것이 공공복리에 크게 위배된다고 인정하면 그 청구를 기각하는 재결을 할 수 있다. 18국회8

해설

① ○

행정심판법 제30조(집행정지) ① 심판청구는 처분의 효력이나 그 집행 또는 절차의 속행(續行)에 영향을 주지 아니한다.

+ PLUS 집행부정지를 원칙으로 하고, 예외적으로 집행정지를 허용하는 것은 소송과 심판이 동일하다.

② ✕ 행정심판은 항고소송(취소, 무효등확인, 부작위법확인)에 대응하여 취소심판, 무효등확인심판, 의무이행심판을 두고 있을 뿐, 당사자소송에 대응하는 당사자심판은 두고 있지 않다.

③ ○

행정심판법 제44조(사정재결) ① 위원회는 심판청구가 이유가 있다고 인정하는 경우에도 이를 인용하는 것이 공공복리에 크게 위배된다고 인정하면 그 심판청구를 기각하는 재결을 할 수 있다. 이 경우 위원회는 재결의 주문에서 그 처분 또는 부작위가 위법하거나 부당하다는 것을 구체적으로 밝혀야 한다.

+ PLUS 행정심판에서도 사정재결이 인정된다. 단, 항고소송의 경우 취소소송에서만 사정판결이 인정되나, 행정심판의 경우 취소심판 외 의무이행심판에서도 사정재결이 인정된다는 차이가 있다. 소송이건 심판이건 무효등확인소송·심판에서는 사정재결이 인정되지 않는다.

④ ○

행정심판법 제51조(행정심판 재청구의 금지) 심판청구에 대한 재결이 있으면 그 재결 및 같은 처분 또는 부작위에 대하여 다시 행정심판을 청구할 수 없다.

선지분석 & 요플·기풀기링크

선지	THEME	요플	기풀기
①		91	086
②	T68 행정심판(조문)	09	010
③		120	121
④		177	177

정답 ②

OX 1○ 2✕ 3○ 4✕

07 필수 문제

오답률 TOP ❷

「행정심판법」상의 행정심판에 대한 설명으로 옳지 않은 것은? (다툼이 있는 경우 판례에 의함)

20지방9

① 행정청의 부당한 처분을 변경하는 행정심판은 현행법상 허용된다.
② 당사자의 신청에 대한 행정청의 부당한 거부처분에 대하여 일정한 처분을 하도록 하는 행정심판은 현행법상 허용된다.
③ 당사자의 신청에 대한 행정청의 위법한 부작위에 대하여 행정청의 부작위가 위법하다는 것을 확인하는 행정심판은 현행법상 허용되지 않는다.
④ 당사자의 신청에 대한 행정청의 부당한 거부처분을 취소하는 행정심판은 현행법상 허용되지 않는다.

관련 OX

③ 관련

1 「행정심판법」상 행정심판의 종류로는 취소심판, 무효등확인심판, 부작위위법확인심판이 있다. 10지방9

해설

※ 행정심판 및 재결의 종류를 종합적으로 묻는 문제이다. 해설 마지막 부분의 표로 정리한다.

① ○ 취소소송은 위법한 처분만 취소·변경할 수 있으나 취소심판은 부당한 처분도 취소·변경할 수 있다. 따라서 행정청의 부당한 처분에 대해서 이를 변경하는 행정심판은 허용된다. 한편 취소소송에서의 변경이란, 소극적 의미의 일부취소만 의미하나, 취소심판에서의 적극적 변경도 포함한다.

행정소송법	행정심판법
제4조(항고소송) 항고소송은 다음과 같이 구분한다. 1. 취소소송: 행정청의 위법한 처분등을 취소 또는 변경하는 소송	**제5조(행정심판의 종류)** 행정심판의 종류는 다음 각 호와 같다. 1. 취소심판: 행정청의 위법 또는 부당한 처분을 취소하거나 변경하는 행정심판

② ○, ④ × 〈거부처분〉에 대해서 소송의 경우 취소·무효등확인소송만 제기할 수 있으나, 행정심판의 경우 일정한 처분을 하도록 하는 의무이행심판도 가능하다.② 다만, 당사자는 의무이행심판 대신 취소·무효등확인심판도 청구할 수도 있다.④

③ ○ 〈부작위〉에 대해서 소송의 경우 그 부작위가 위법하다고 판단받는 부작위위법확인소송만 가능하나, 행정심판의 경우 일정한 처분을 하도록 하는 의무이행심판이 가능하다. 이처럼 의무이행심판이 가능한 이상 소극적 확인만 구하는 부작위위법확인심판은 허용되지 않는다.

선지분석 & 요플·기풀기링크

선지	THEME	요플	기풀기
①		19	017
②	T68 행정심판(조문)	12	012
③		13	015
④		14	013

쟁송대상	소송 - 위법만		심판 - 부당도①	
	제소	판결	청구	재결
침익처분	취소소송	취소판결	취소심판	취소재결 / 취소명령재결
		변경판결 (일부취소만)		변경재결① / 변경명령재결 (적극변경도)
수익신청 but 거부처분	취소소송	취소판결 + 재처분의무 + 간접강제	취소심판④	취소재결 + 재처분의무 + 간접강제
			의무이행심판②	처분재결 / [처분명령재결 + 재처분의무 + 간접강제 + **직접처분**]
수익신청 but 무응답 (부작위)	부작위 위법확인	인용판결 + 재처분의무 + 간접강제	의무이행심판③	처분재결 / [처분명령재결 + 재처분의무 + 간접강제 + **직접처분**]

선지선택비율 ① 8.61% ② 10.26% ③ 19.21% ④ 61.92%   오답률 38.08%

정답 ④
OX 1×

08

「행정심판법」상 행정심판에 대한 설명으로 옳지 않은 것은? (다툼이 있는 경우 판례에 의함)

19국가9

① 대통령의 처분 또는 부작위에 대하여는 다른 법률에서 행정심판을 청구할 수 있도록 정한 경우 외에는 행정심판을 청구할 수 없다.
② 당사자의 신청에 대한 행정청의 부당한 거부처분에 대하여 일정한 처분을 하도록 하는 행정심판의 청구는 현행법상 허용되고 있다.
③ 「행정심판법」에 따른 서류의 송달에 관하여는 「행정절차법」 중 송달에 관한 규정을 준용한다.
④ 행정심판 청구인이 경제적 능력으로 인해 대리인을 선임할 수 없는 경우에는 행정심판위원회에 국선대리인을 선임하여 줄 것을 신청할 수 있다.

해설

① ○

행정심판법 제3조(행정심판의 대상) ② **대통령의 처분 또는 부작위**에 대하여는 다른 법률에서 행정심판을 청구할 수 있도록 정한 경우 외에는 **행정심판을 청구할 수 없다**.

② ○ 〈거부처분〉에 대해서 소송의 경우 그것이 위법한 경우에 한하여 취소·무효등확인소송만 제기할 수 있으나, 행정심판의 경우는 그것이 부당한 경우에도 심판을 청구할 수 있으며, 일정한 처분을 하도록 하는 의무이행심판과 단순히 거부처분을 취소하거나 그 무효등만 확인하는 취소·무효등확인심판이 모두 가능하다.

③ × 행정절차법이 아닌 민사소송법을 준용한다. 행정심판은 실질적 사법행위, 즉 쟁송행위이므로 쟁송에 관한 일반법을 준용하는 것이다.

행정심판법 제57조(서류의 송달) 이 법에 따른 서류의 송달에 관하여는 「**민사소송법**」 중 송달에 관한 규정을 준용한다.

행정소송법 제8조(법적용례) ② 행정소송에 관하여 이 법에 특별한 규정이 없는 사항에 대하여는 법원조직법과 <u>민사소송법</u> 및 민사집행법의 규정을 준용한다.

+ PLUS 행정소송법 역시 동법에서 특별히 규정한 것 외에는 민사소송법을 준용하도록 하고 있다(제8조의2). 반면, 행정절차법은 쟁송이 아닌 행정작용의 절차를 규정하는 법이므로 민사소송법을 준용하지 않는다.

④ ○

행정심판법 제18조의2(국선대리인) ① 청구인이 경제적 능력으로 인해 대리인을 선임할 수 없는 경우에는 위원회에 국선대리인을 선임하여 줄 것을 신청할 수 있다.

선지분석 & 요플·기풀기링크

선지	THEME	요플	기풀기
①		03	003
②	T68 행정심판(조문)	12	012
③		138	183
④		63	057

정답 ③

09

「행정심판법」상 행정심판에 관한 설명으로 옳은 것은? (단, 다툼이 있는 경우 판례에 따름)

18교행9

① 시·도행정심판위원회와 중앙행정심판위원회는 모두 행정심판의 심리권한과 재결권한을 가진다.
② 중앙행정심판위원회의 위원장은 법제처장이 되고 유고시에는 법제처 차장이 그 직무를 대행한다.
③ 행정심판위원회는 필요하다고 판단하는 경우에는 심판청구의 대상이 되는 처분보다 청구인에게 불리한 재결을 할 수 있다.
④ 예외적으로 당해 지방자치단체의 조례에서 시·도행정심판위원회의 위원장을 공무원이 아닌 위원으로 정한 경우에 그는 상임으로 직무를 수행한다.

관련 OX

① 관련

1 행정심판의 청구를 심리·재결하기 위하여 행정심판위원회를 둔다.
08(상)지방9

2 행정심판위원회가 행정심판사건을 심리하여 직접 재결을 내린다. 11국가7

② 관련

3 중앙행정심판위원회의 위원장은 국민권익위원회의 부위원장 중 1명이 되며, 위원장이 필요하다 인정하는 경우에는 상임위원이 그 직무를 대행한다.
11지방9

4 중앙행정심판위원회의 위원장은 그 행정심판위원회가 소속된 행정청이 되며, 위원장이 부득이한 사유로 직무를 수행할 수 없거나 위원장이 필요하다고 인정하는 경우에는 위원장이 사전에 지명한 위원이 있는 경우 그 위원이 위원장의 직무를 대행한다. 21국회8

③ 관련

5 행정심판은 행정의 자기통제절차이므로 심판청구의 대상이 되는 처분보다 청구인에게 불리한 재결을 하는 것도 가능하다.
13지방9

해설

① ○ 구법에서는 행정심판위원회는 심리·의결을, 재결청은 재결을 담당하는 것으로 권한을 분리하였으나, 2008.2. 개정법 이후 **행정심판위원회에서 심리·재결권을 모두 갖는 것으로** 개정하였다. 이는 중앙행정심판위원회, 시·도행정심판위원회 모두 마찬가지이다.

② × 중앙행정심판위원회 위원장: 법제처장×, 권익위 부위원장 중 1인○ / 대행: 법제처차장×, 상임위원이 재직기간·나이순

행정심판법 제8조(중앙행정심판위원회의 구성) ② 중앙행정심판위원회의 **위원장**은 **국민권익위원회의 부위원장 중 1명**이 되며, 위원장이 없거나 부득이한 사유로 직무를 수행할 수 없거나 위원장이 필요하다고 인정하는 경우에는 **상임위원**(상임으로 재직한 기간이 긴 위원 순서로, 재직기간이 같은 경우에는 연장자 순서로 한다)이 위원장의 직무를 **대행**한다.

③ × 필요하다고 판단하는 경우라도 당초 처분보다 더 불리한 재결×

행정심판법 제47조(재결의 범위) ② 위원회는 심판청구의 대상이 되는 처분보다 청구인에게 불리한 재결을 하지 못한다.

④ × 위원장이 공무원 아니면 상임×, 비상임○

행정심판법 제7조(행정심판위원회의 구성) ③ 제2항에도 불구하고 제6조 제3항에 따라 **시·도지사 소속으로 두는** 행정심판위원회의 경우에는 해당 지방자치단체의 조례로 정하는 바에 따라 **공무원이 아닌 위원을 위원장**으로 정할 수 있다. 이 경우 위원장은 **비상임**으로 한다.

선지	THEME	요플	기풀기
①		24	019
②	T68 행정심판(조문)	39	034
③		129	131
④		44	032

정답 ①
OX 1○ 2○ 3○ 4× 5×

10

국민권익위원회에 두는 중앙행정심판위원회가 심리·재결하는 행정처분이 아닌 것은? 14국가9

① 국가정보원장의 행정처분
② 서울특별시 의회의 행정처분
③ 대구광역시 교육감의 행정처분
④ 해양경찰청장의 행정처분

관련 OX

① 관련

1 국가인권위원회의 처분 또는 부작위에 대한 행정심판의 청구는 국민권익위원회에 두는 중앙행정심판위원회에서 심리·재결한다. 18국회8

해설

① ×, ②③④ ○

행정심판법 제6조(행정심판위원회의 설치) ① 다음 각 호의 행정청 또는 그 소속 행정청(행정기관의 계층구조와 관계없이 그 감독을 받거나 위탁을 받은 모든 행정청을 말하되, 위탁을 받은 행정청은 그 위탁받은 사무에 관하여는 위탁한 행정청의 소속 행정청으로 본다. 이하 같다)의 처분 또는 부작위에 대한 행정심판의 청구(이하 '심판청구'라 한다)에 대하여는 **다음 각 호의 행정청에 두는 행정심판위원회**에서 **심리·재결**한다.
1. **감사원, 국가정보원장**,① 그 밖에 대통령령으로 정하는 대통령 소속 기관의 장
2. **국회사무총장·법원행정처장·헌법재판소사무처장 및 중앙선거관리위원회사무총장**
3. **국가인권위원회**, 그 밖에 지위·성격의 **독립성과 특수성** 등이 인정되어 대통령령으로 정하는 행정청
② **다음 각 호의 행정청의 처분 또는 부작위에 대한 심판청구에 대하여는 「부패방지 및 국민권익위원회의 설치와 운영에 관한 법률」에 따른 국민권익위원회(이하 '국민권익위원회'라 한다)에 두는 중앙행정심판위원회에서 심리·재결**한다.
1. 제1항에 따른 행정청 외의 **국가행정기관**의 장 또는 그 소속 행정청④
2. 특별시장·광역시장·특별자치시장·도지사·특별자치도지사(특별시·광역시·특별자치시·도 또는 특별자치도의 **교육감**③을 포함한다. 이하 '**시·도지사**'라 한다) 또는 **특별시**·광역시·특별자치시·도·특별자치도(이하 '시·도'라 한다)의 **의회**②(의장, 위원회의 위원장, 사무처장 등 의회 소속 모든 행정청을 포함한다)
3. 「지방자치법」에 따른 지방자치단체조합 등 관계 법률에 따라 국가·지방자치단체·공공법인 등이 공동으로 설립한 행정청. 다만, 제3항 제3호에 해당하는 행정청은 제외한다.

+ PLUS 감사원, 국가정보원 등은 그 독립성과 특수성으로 인하여 자체 행정심판위원회가 심리·재결한다.

선지분석 & 요플·기풀기링크

선지	THEME	요플	기풀기
①		33	020
②	T68 행정심판(조문)	29	028
③		28	027
④		25	024

정답 ①

OX 1 ×

11

행정심판제도에 관한 다음 설명 중 잘못된 내용을 포함하고 있는 것을 모두 고른 것은?

09지방9(변형)

ㄱ. 서울특별시장의 식품위생업무에 관련된 처분에 대하여 행정심판이 제기된 경우에는 보건복지가족부장관 소속 행정심판위원회가 재결을 행한다.
ㄴ. 중앙행정심판위원회의 위원장은 법제처장이 된다.
ㄷ. 행정심판의 청구기간에 관한 규정은 무효등확인심판청구와 부작위에 대한 의무이행심판청구에는 이를 적용하지 아니한다.
ㄹ. 요건심리의 결과 심판청구의 제기요건을 갖추고 있지 못한 것으로 판단되는 경우에는 기각재결을 한다.
ㅁ. 행정심판의 청구는 서면으로 하여야 하며, 구술에 의한 청구는 허용되지 아니한다.

① ㄱ, ㄴ, ㄷ
② ㄴ, ㄷ, ㅁ
③ ㄱ, ㄴ, ㄹ
④ ㄱ, ㄷ, ㄹ, ㅁ

관련 OX

ㄱ. 관련

1 서울특별시장의 처분에 대한 행정심판은 중앙행정심판위원회에서 심리·재결한다. 15서울7

2 특별시장·광역시장·특별자치시장·도지사·특별자치도지사의 처분 또는 부작위에 대한 심판청구에 대하여는 국민권익위원회에 두는 중앙행정심판위원회에서 심리·재결한다. 25국회8

해설

ㄱ. × 중앙행정심판위원회에서 심리·재결한다.

행정심판법 제6조(행정심판위원회의 설치) ② 다음 각 호의 행정청의 처분 또는 부작위에 대한 심판청구에 대하여는 「부패방지 및 국민권익위원회의 설치와 운영에 관한 법률」에 따른 국민권익위원회(이하 '국민권익위원회'라 한다)에 두는 **중앙행정심판위원회**에서 심리·재결한다.
2. **특별시장**·광역시장·특별자치시장·도지사·특별자치도지사(특별시·광역시·특별자치시·도 또는 특별자치도의 교육감을 포함한다. 이하 '시·도지사'라 한다) 또는 특별시·광역시·특별자치시·도·특별자치도(이하 '시·도'라 한다)의 의회(의장, 위원회의 위원장, 사무처장 등 의회 소속 모든 행정청을 포함한다)

ㄴ. × 중앙행정심판위원회 위원장은 국민권익위원회의 부위원장 중 1명이 된다.

행정심판법 제8조(중앙행정심판위원회의 구성) ② 중앙행정심판위원회의 **위원장**은 **국민권익위원회의 부위원장 중 1명**이 되며, 위원장이 없거나 부득이한 사유로 직무를 수행할 수 없거나 위원장이 필요하다고 인정하는 경우에는 상임위원(상임으로 재직한 기간이 긴 위원 순서로, 재직기간이 같은 경우에는 연장자 순서로 한다)이 위원장의 직무를 대행한다.

ㄷ. ○

행정심판법 제27조(심판청구의 기간) ① 행정심판은 처분이 있음을 알게 된 날부터 90일 이내에 청구하여야 한다. ③ 행정심판은 처분이 있었던 날부터 180일이 지나면 청구하지 못한다. 다만, 정당한 사유가 있는 경우에는 그러하지 아니하다. ⑦ 제1항부터 제6항까지의 규정은 **무효등확인심판청구와 부작위에 대한 의무이행심판청구**에는 적용하지 **아니**한다.

ㄹ. × 소송과 마찬가지로 대상적격(처분성), 청구인적격 등 **청구제기요건**을 갖추지 못해 부적법한 심판청구는 각하재결을 한다.

행정심판법 제43조(재결의 구분) ① 위원회는 심판청구가 적법하지 아니하면 그 심판청구를 **각하**한다.

ㅁ. ○

행정심판법 제28조(심판청구의 방식) ① 심판청구는 **서면**으로 하여야 한다.

정답 ③

OX 1○ 2○

12

행정심판위원회에 대한 설명으로 옳은 것은? (다툼이 있는 경우 판례에 의함) 21국회8

① 국회사무총장의 처분에 대한 행정심판의 청구에 대해서는 국민권익위원회에 두는 중앙행정심판위원회에서 심리·재결한다.

② 행정심판위원회의 임시처분 결정은 당사자의 신청이 있어야 하며 직권으로 할 수는 없다.

③ 중앙행정심판위원회의 위원장은 그 행정심판위원회가 소속된 행정청이 되며, 위원장이 부득이한 사유로 직무를 수행할 수 없거나 위원장이 필요하다고 인정하는 경우에는 위원장이 사전에 지명한 위원이 있는 경우 그 위원이 위원장의 직무를 대행한다.

④ 행정심판위원회는 당사자의 권리 및 권한의 범위에서 직권으로 심판청구의 신속하고 공정한 해결을 위하여 조정을 할 수 있지만, 그 조정이 공공복리에 적합하지 아니하거나 해당 처분의 성질에 반하는 경우에는 그러하지 아니하다.

⑤ 중앙행정심판위원회는 심판청구를 심리·재결할 때에 처분 또는 부작위의 근거가 되는 명령 등이 상위법령에 위반되면 관계 행정기관에 그 명령 등의 개정·폐지 등 적절한 시정조치를 요청할 수 있고, 그 사실을 법제처장에게 통보하여야 한다.

관련 OX

② 관련

1 「행정심판법」상 임시처분은 집행정지로 목적을 달성할 수 없는 경우 관할 행정심판위원회가 직권으로 또는 당사자의 신청에 의하여 결정할 수 있다. 25지방9

④ 관련

2 행정심판위원회는 당사자의 권리 및 권한의 범위에서 당사자의 동의를 받아 행정심판 청구의 신속하고 공정한 해결을 위하여 조정을 할 수 있으나, 그 조정이 공공복리에 적합하지 아니하거나 해당 처분의 성질에 반하는 경우에는 그러하지 아니하다. 18지방7

해설

① ✕

행정심판법 제6조(행정심판위원회의 설치) ① 다음 각 호의 행정청 또는 그 소속 행정청(행정기관의 계층구조와 관계없이 그 감독을 받거나 위탁을 받은 모든 행정청을 말하되, 위탁을 받은 행정청은 그 위탁받은 사무에 관하여는 위탁한 행정청의 소속 행정청으로 본다. 이하 같다)의 처분 또는 부작위에 대한 행정심판의 청구(이하 '심판청구'라 한다)에 대하여는 **다음 각 호의 행정청에 두는 행정심판위원회에서 심리·재결**한다.
1. 감사원, 국가정보원장, 그 밖에 대통령령으로 정하는 대통령 소속기관의 장
2. **국회**사무총장·법원행정처장·헌법재판소사무처장 및 중앙선거관리위원회사무총장
3. 국가인권위원회, 그 밖에 지위·성격의 독립성과 특수성 등이 인정되어 대통령령으로 정하는 행정청

② ✕ 임시처분 결정은 행정심판위원회의 직권으로도 할 수 있다.

행정심판법 제31조(임시처분) ① 위원회는 처분 또는 부작위가 위법·부당하다고 상당히 의심되는 경우로서 처분 또는 부작위 때문에 당사자가 받을 우려가 있는 중대한 불이익이나 당사자에게 생길 급박한 위험을 막기 위하여 임시지위를 정하여야 할 필요가 있는 경우에는 **직권**으로 또는 당사자의 **신청**에 의하여 **임시처분을 결정**할 수 있다.

③ ✕

행정심판법 제8조(중앙행정심판위원회의 구성) ② 중앙행정심판위원회의 **위원장은 국민권익위원회의 부위원장 중 1명이** 되며, 위원장이 없거나 부득이한 사유로 직무를 수행할 수 없거나 위원장이 필요하다고 인정하는 경우에는 **상임위원**(상임으로 재직한 기간이 긴 위원 순서로, 재직기간이 같은 경우에는 연장자 순서로 한다)이 위원장의 직무를 **대행**한다.

④ ✕ 조정은 당사자의 동의가 필요하다. '직권으로' 부분이 틀렸다. 나머지는 옳다.

행정심판법 제43조의2(조정) ① 위원회는 당사자의 권리 및 권한의 범위에서 당사자의 **동의를 받아** 심판청구의 신속하고 공정한 해결을 위하여 조정을 할 수 있다. 다만, 그 조정이 **공공복리**에 적합하지 아니하거나 해당 처분의 **성질**에 반하는 경우에는 그러하지 아니하다.

⑤ ○

행정심판법 제59조(불합리한 법령 등의 개선) ① **중앙행정심판위원회는** 심판청구를 심리·재결할 때에 처분 또는 부작위의 근거가 되는 명령 등(대통령령·총리령·부령·훈령·예규·고시·조례·규칙 등을 말한다. 이하 같다)이 법령에 근거가 없거나 상위법령에 위배되거나 국민에게 과도한 부담을 주는 등 크게 불합리하면 **관계 행정기관에** 그 명령 등의 개정·폐지 등 적절한 **시정조치를 요청**할 수 있다. 이 경우 중앙행정심판위원회는 시정조치를 요청한 사실을 **법제처장에게 통보**하여야 한다.

13

「행정심판법」상 위원회에 대한 설명으로 옳지 않은 것은? 21소방

① 중앙행정심판위원회의 비상임위원은 일정한 요건을 갖춘 사람 중에서 중앙행정심판위원회 위원장의 제청으로 국무총리가 성별을 고려하여 위촉한다.
② 중앙행정심판위원회의 회의는 위원장, 상임위원 및 위원장이 회의마다 지정하는 비상임위원을 포함하여 총 15명으로 구성한다.
③ 「행정심판법」 제10조에 의하면, 위원장은 제척신청이나 기피신청을 받으면 제척 또는 기피 여부에 대한 결정을 한다.
④ 중앙행정심판위원회는 위원장 1명을 포함하여 70명 이내의 위원으로 구성한다.

관련 OX

④ 관련

1 행정심판위원회는 제기된 행정심판을 심리·재결하는 기능을 하는 합의제 행정기관이며 국민권익위원회에 설치되는 중앙행정심판위원회는 위원장 1명을 포함한 70명 이내의 위원으로 구성하되 위원 중 상임위원은 4명 이내로 한다. 10국회8

해설

① ○

행정심판법 제8조(중앙행정심판위원회의 구성) ④ 중앙행정심판위원회의 비상임위원은 제7조 제4항 각 호의 어느 하나에 해당하는 사람 중에서 중앙행정심판위원회 위원장의 제청으로 국무총리가 성별을 고려하여 위촉한다.

제7조(행정심판위원회의 구성) ④ 행정심판위원회의 위원은 해당 행정심판위원회가 소속된 행정청이 다음 각 호의 어느 하나에 해당하는 사람 중에서 성별을 고려하여 위촉하거나 그 소속 공무원 중에서 지명한다.
1. 변호사 자격을 취득한 후 5년 이상의 실무 경험이 있는 사람
2. 「고등교육법」 제2조 제1호부터 제6호까지의 규정에 따른 학교에서 조교수 이상으로 재직하거나 재직하였던 사람
3. 행정기관의 4급 이상 공무원이었거나 고위공무원단에 속하는 공무원이었던 사람
4. 박사학위를 취득한 후 해당 분야에서 5년 이상 근무한 경험이 있는 사람
5. 그 밖에 행정심판과 관련된 분야의 지식과 경험이 풍부한 사람

② ×

행정심판법 제8조(중앙행정심판위원회의 구성) ⑤ 중앙행정심판위원회의 회의(제6항에 따른 소위원회 회의는 제외한다)는 위원장, 상임위원 및 위원장이 회의마다 지정하는 비상임위원을 포함하여 총 **9명**으로 구성한다.

③ ○

행정심판법 제10조(위원의 제척·기피·회피) ⑥ 위원장은 제척신청이나 기피신청을 받으면 제척 또는 기피 여부에 대한 결정을 하고, 지체 없이 신청인에게 결정서 정본(正本)을 송달하여야 한다.

④ ○

행정심판법 제8조(중앙행정심판위원회의 구성) ① 중앙행정심판위원회는 위원장 1명을 포함하여 70명 이내의 위원으로 구성하되, 위원 중 상임위원은 4명 이내로 한다.

선지선택비율 ① 40.72% ② 38.14% ③ 7.73% ④ 13.40% 오답률 61.86%

선지분석 & 요플·기풀기링크

선지	THEME	요플	기풀기
①		42	036
②	T68 행정심판(조문)	43	037
③		46	040
④		38	033

정답 ②
OX 1○

14

「행정심판법」의 내용에 대한 설명으로 옳지 않은 것은? (다툼이 있는 경우 판례에 의함) 24국회8

소 ① 심판청구기간은 부작위에 대한 의무이행심판청구에는 적용되지 아니한다.
② 청구의 변경결정이 있으면 처음 행정심판이 청구되었을 때부터 변경된 청구의 취지나 이유로 행정심판이 청구된 것으로 본다.
소 ③ 중앙행정심판위원회의 상임위원은 위원장의 제청으로 국무총리를 거쳐 대통령이 임명하고, 상임위원의 임기는 2년으로 하되 1차에 한하여 연임할 수 있다.
④ 위원회는 당사자의 권리 및 권한의 범위에서 당사자의 동의를 받아 심판청구의 신속하고 공정한 해결을 위하여 조정을 할 수 있고, 조정은 당사자가 합의한 사항을 조정서에 기재한 후 당사자가 서명 또는 날인하고 위원회가 이를 확인함으로써 성립하며, 성립한 조정에는 「행정심판법」 제50조(위원회의 직접처분)의 규정을 준용한다.
⑤ 관계 행정기관의 장이 특별행정심판 또는 「행정심판법」에 따른 행정심판절차에 대한 특례를 신설하거나 변경하는 법령을 제정·개정할 때에는 미리 중앙행정심판위원회와 협의하여야 한다.

해설

① ○ 부작위에 대한 소송(부작위위법확인소송)은 곧바로 소송을 제기하는 경우는 제소기간의 제한이 없으나 행정심판을 거쳐 소송하는 경우 제소기간의 제한이 있다. 반면, 부작위에 대한 심판(의무이행심판)의 경우 행정심판을 거치고 올 여지가 없으므로 청구기간의 제한이 없다.

행정심판법 제27조(심판청구의 기간) ⑦ 제1항부터 제6항까지의 규정(편저자: 심판청구기간)은 무효등확인심판청구와 **부작위에 대한 의무이행심판청구**에는 **적용하지 아니**한다.

② ○

행정심판법 제29조(청구의 변경) ⑧ 청구의 변경결정이 있으면 **처음 행정심판이 청구되었을 때부터** 변경된 청구의 취지나 이유로 행정심판이 청구된 것으로 본다.

③ × 지문의 뒷부분이 틀렸다. 2년(×), 3년(○)

행정심판법 제8조(중앙행정심판위원회의 구성) 중앙행정심판위원회의 **상임위원**은 일반직공무원으로서 국가공무원법 제26조의5에 따른 임기제공무원으로 임명하되, 3급 이상 공무원 또는 고위공무원단에 속하는 일반직공무원으로 3년 이상 근무한 사람이나 그 밖에 행정심판에 관한 지식과 경험이 풍부한 사람 중에서 중앙행정심판위원회 **위원장의 제청으로 국무총리를 거쳐 대통령이 임명**한다.③(앞)
제9조(위원의 임기 및 신분보장 등) ② 제8조 제3항에 따라 임명된 중앙행정심판위원회 상임위원의 임기는 **3년**으로 하며, **1차**에 한하여 연임할 수 있다.③(뒤)

④ ○

행정심판법 제43조의2(조정) ① 위원회는 당사자의 권리 및 권한의 범위에서 **당사자의 동의를 받아** 심판청구의 신속하고 공정한 해결을 위하여 조정을 할 수 있다. 다만, 그 조정이 **공공복리**에 적합하지 아니하거나 해당 **처분의 성질**에 반하는 경우에는 그러하지 아니하다.
③ 조정은 당사자가 합의한 사항을 조정서에 기재한 후 **당사자가 서명 또는 날인**하고 **위원회가 이를 확인**함으로써 성립한다.
④ 제3항에 따른 조정에 대하여는 제48조부터 **제50조(위원회의 직접처분)**까지, 제50조의2, 제51조의 규정을 **준용**한다.

⑤ ○

행정심판법 제4조(특별행정심판 등) ③ 관계행정기관의 장이 **특별행정심판 또는** 이 법에 따른 행정심판절차에 대한 **특례를 신설**하거나 **변경**하는 법령을 제정·개정할 때에는 미리 **중앙행정심판위원회와 협의**하여야 한다.

관련 OX

② 관련
1 청구의 변경결정이 있으면 그때부터 변경된 청구나 이유로 행정심판이 청구된 것으로 본다. 11국회9

③ 관련
2 중앙행정심판위원회의 상임위원은 위원장의 제청으로 국무총리를 거쳐 대통령이 임명하고, 상임위원의 임기는 3년으로 하되 1차에 한하여 연임할 수 있다. 25해경승진

3 소
중앙행정심판위원회의 상임위원은 별정직 국가공무원으로 임명하며, 중앙행정심판위원회 위원장의 제청으로 국무총리를 거쳐 대통령이 임명한다. 16국회8

선지분석 & 요플·기풀기링크

선지	THEME	요플	기풀기
①		80	075
②		89	084
③	T68 행정심판(조문)	41	038
④		117	120
⑤		07	007

정답 ③
OX 1× 2○
3×(별정직×, 일반직○)

15

행정심판에 관한 설명 중 옳지 않은 것은?

10국회8(변형)

① 행정심판 당사자는 행정심판위원회의 위원에 대한 기피신청을 할 수 있고 이러한 신청에 대해 위원장은 위원회의 의결을 거쳐 기피 여부를 결정한다.
② 의무이행심판은 처분을 신청한 자로서 행정청의 거부처분 또는 부작위에 대하여 일정한 처분을 구할 법률상 이익이 있는 자가 청구할 수 있다.
③ 「행정심판법」상 임시처분은 당사자의 신청 또는 행정심판위원회의 직권으로 결정할 수 있으나 집행정지로 목적을 달성할 수 있는 경우에는 허용되지 않는다.
④ 행정심판위원회는 제기된 행정심판을 심리·재결하는 기능을 하는 합의제 행정기관이며 국민권익위원회에 설치되는 중앙행정심판위원회는 위원장 1명을 포함한 70명 이내의 위원으로 구성하되 위원 중 상임위원은 4명 이내로 한다.
⑤ 행정심판의 결과에 이해관계가 있는 제3자나 행정청은 해당 심판청구에 대한 위원회나 소위원회의 의결이 있기 전까지 그 사건에 대하여 심판참가를 할 수 있다.

관련 OX

④ 관련

1 중앙행정심판위원회는 위원장 1명을 포함하여 50명 이내의 위원으로 구성하되 위원 중 상임위원은 5명 이내로 한다.

19국회8

해설

① ✕ 제척·기피에 대한 결정: 위원회 의결✕, 위원장 결정○

행정심판법 제10조(위원의 제척·기피·회피) ⑥ **위원장**은 제척신청이나 기피신청을 받으면 제척 또는 기피 여부에 대한 **결정**을 하고, 지체 없이 신청인에게 결정서 정본(正本)을 송달하여야 한다.

② ○

행정심판법 제13조(청구인적격) ③ **의무이행심판**은 처분을 신청한 자로서 행정청의 거부처분 또는 부작위에 대하여 일정한 처분을 구할 **법률상 이익**이 있는 자가 청구할 수 있다.

③ ○

행정심판법 제31조(임시처분) ① 위원회는 처분 또는 부작위가 위법·부당하다고 상당히 의심되는 경우로서 처분 또는 부작위 때문에 당사자가 받을 우려가 있는 중대한 불이익이나 당사자에게 생길 급박한 위험을 막기 위하여 임시지위를 정하여야 할 필요가 있는 경우에는 **직권**으로③[앞] 또는 당사자의 **신청**에 의하여 **임시처분**을 결정할 수 있다.
③ 제1항에 따른 임시처분은 제30조 제2항에 따른 **집행정지로 목적을 달성할 수 있는 경우**에는 **허용되지 아니한다**.③[뒤]

④ ○

행정심판법 제6조(행정심판위원회의 설치) ② 다음 각 호의 행정청의 처분 또는 부작위에 대한 심판청구에 대하여는 「부패방지 및 국민권익위원회의 설치와 운영에 관한 법률」에 따른 **국민권익위원회**(이하 '국민권익위원회'라 한다)에 두는 **중앙행정심판위원회**에서 **심리·재결**한다.
제8조(중앙행정심판위원회의 구성) ① **중앙행정심판위원회**는 위원장 1명을 포함하여 **70명** 이내의 위원으로 구성하되, 위원 중 **상임위원은 4명** 이내로 한다.

⑤ ○

행정심판법 제20조(심판참가) ① 행정심판의 결과에 **이해관계가 있는 제3자나 행정청**은 해당 심판청구에 대한 제7조 제6항 또는 제8조 제7항에 따른 **위원회나 소위원회의 의결이 있기 전까지** 그 사건에 대하여 심판참가를 할 수 있다.

선지	THEME	요플	기풀기
①		46	040
②		51	043
③	T68 행정심판(조문)	100	097
④		38	033
⑤		65	058

정답 ①
OX 1✕

필수 문제 16

행정심판에 대한 설명으로 옳은 것은? (다툼이 있는 경우 판례에 의함) 17국회8

① 거부처분에 대하여서는 의무이행심판을 제기하여야 하며 취소심판을 제기할 수 없다.
② 행정심판청구서는 피청구인인 행정청을 거쳐 행정심판위원회에 제출하여야 한다.
③ 임시처분은 집행정지로 목적을 달성할 수 있는 경우에는 허용되지 아니한다.
④ 행정심판의 재결에 고유한 위법이 있는 경우에는 재결에 대하여 다시 행정심판을 청구할 수 있다.
⑤ 행정청이 재결의 기속력에도 불구하고 처분명령재결의 취지에 따라 이전의 신청에 대한 처분을 하지 아니하는 때에는 행정심판위원회는 손해배상을 명할 수 있다.

관련 OX

② 관련
1 행정심판의 제기는 처분청을 경유하여야 한다. 09(하)지방7

③ 관련
2 당사자의 임시지위를 정하여야 할 필요성이 인정된다면, 집행정지로 목적을 달성할 수 있는 경우에도 임시처분은 선택적으로 사용될 수 있다. 22국회8

해설

① ✕ 거부처분에 대하여서는 의무이행심판뿐만 아니라 취소심판을 제기할 수도 있다.

행정심판법 제2조(정의) 이 법에서 사용하는 용어의 뜻은 다음과 같다.
1. '처분'이란 행정청이 행하는 구체적 사실에 관한 법집행으로서의 공권력의 행사 또는 그 **거부**, 그 밖에 이에 준하는 행정작용을 말한다.

제5조(행정심판의 종류) 행정심판의 종류는 다음 각 호와 같다.
1. 취소심판: 행정청의 위법 또는 부당한 **처분**을 취소하거나 변경하는 행정심판
3. 의무이행심판: 당사자의 신청에 대한 행정청의 위법 또는 부당한 **거부처분**이나 부작위에 대하여 일정한 처분을 하도록 하는 행정심판

② ✕ 피청구인을 반드시 경유해야 하는 것은 아니다.

행정심판법 제23조(심판청구서의 제출) ① 행정심판을 청구하려는 자는 제28조에 따라 심판청구서를 작성하여 **피청구인이나 위원회**에 제출하여야 한다. 이 경우 피청구인의 수만큼 심판청구서 부본을 함께 제출하여야 한다.

③ ○

행정심판법 제31조(임시처분) ③ 제1항에 따른 임시처분은 제30조 제2항에 따른 **집행정지로 목적을 달성할 수 있는 경우에는 허용되지 아니한다.**

④ ✕ 재결 자체에 고유한 위법이 있는 경우라도 다시 행정심판은 청구할 수 없다.

행정심판법 제51조(행정심판 재청구의 금지) 심판청구에 대한 재결이 있으면 그 재결 및 같은 처분 또는 부작위에 대하여 <u>다시 행정심판을 청구할 수 없다.</u>

+ PLUS 행정심판법은 한 번의 행정심판청구만을 인정한다. 따라서 한 번 재결을 받으면 이유를 불문하고 그 재결이나 재결의 대상이 된 처분 또는 부작위에 대해 다시 행정심판을 청구할 수 없다.

⑤ ✕ (출제 당시) → ○ (현재) 종래 행정심판법에서는 행정청이 재처분의무를 이행하지 않는 경우 행정소송법과는 달리 간접강제조항을 두지 않아 배상을 명하는 것이 불가능하였으나, 2017년 개정을 통해 위원회에 의한 간접강제조항이 신설되었다. 따라서 출제 당시에는 틀린 지문이었지만 현재는 옳은 지문이 된다.

행정심판법 제50조의2(위원회의 간접강제) ① 위원회는 피청구인이 제49조 제2항(제49조 제4항에서 준용하는 경우를 포함한다) 또는 제3항에 따른 **처분을 하지 아니하면** 청구인의 신청에 의하여 결정으로 상당한 기간을 정하고 피청구인이 그 기간 내에 이행하지 아니하는 경우에는 그 지연기간에 따라 일정한 배상을 하도록 명하거나 즉시 **배상을 할 것을 명할 수 있다.**

선지분석 & 요플·기풀기링크

선지	THEME	요플	기풀기
①		14	013
②		70	064
③	T68 행정심판(조문)	100	097
④		179	179
⑤		171	163

정답 ③, ⑤
OX 1✕ 2✕

필수문제 17

행정심판에 대한 설명으로 옳은 것은? (다툼이 있는 경우 판례에 의함) 18국가9

① 종중이나 교회와 같은 비법인사단은 사단 자체의 명의로 행정심판을 청구할 수 없고 대표자가 청구인이 되어 행정심판을 청구하여야 한다.
② 행정심판의 대상과 관련되는 권리나 이익을 양수한 특정승계인은 행정심판위원회의 허가를 받아 청구인의 지위를 승계할 수 있다.
③ 행정심판에서는 항고소송에서와 달리 처분청이 당초 처분의 근거로 삼은 사유와 기본적 사실관계가 동일성이 인정되지 않는 다른 사유를 처분사유로 추가하거나 변경할 수 있다.
④ 행정심판의 재결이 확정되면 피청구인인 행정청을 기속하는 효력이 있고 그 처분의 기초가 된 사실관계나 법률적 판단이 확정되므로 이후 당사자 및 법원은 이에 모순되는 주장이나 판단을 할 수 없다.

관련 OX

① 관련

1
「행정심판법」상 법인이 아닌 사단 또는 재단으로서 대표자나 관리인이 정하여져 있는 경우에도 그 사단이나 재단의 이름으로 심판청구를 할 수 없다.
24소방승진

2 법인이 아닌 사단 또는 재단으로서 대표자나 관리인이 정하여져 있는 경우에는 그 사단이나 재단의 이름으로 심판청구를 할 수 있다.
15서울9

③ 관련

3 행정처분의 취소를 구하는 항고소송에서 처분청은 당초 처분의 근거로 삼은 사유와 기본적 사실관계가 동일성이 있다고 인정되는 한도 내에서만 다른 사유를 추가 또는 변경할 수 있다는 법리는 행정심판 단계에서도 그대로 적용된다.
18지방7

해설

① ✕

행정심판법 제14조(법인이 아닌 사단 또는 재단의 청구인 능력) 법인이 아닌 사단 또는 재단으로서 대표자나 관리인이 정하여져 있는 경우에는 그 **사단이나 재단의 이름으로 심판청구를 할 수 있다.**

② ◯

행정심판법 제16조(청구인의 지위 승계) ① 청구인이 **사망**한 경우에는 상속인이나 그 밖에 법령에 따라 심판청구의 대상에 관계되는 권리나 이익을 승계한 자가 청구인의 지위를 승계한다.
② 법인인 청구인이 **합병**(合倂)에 따라 소멸하였을 때에는 합병 후 존속하는 법인이나 합병에 따라 설립된 법인이 청구인의 지위를 승계한다.
⑤ 심판청구의 대상과 관계되는 권리나 이익을 양수한 자는 위원회의 허가를 받아 청구인의 지위를 승계할 수 있다.

+ PLUS 상속인, 합병법인과 같은 포괄승계인은 사망, 합병 등이 있을 시 청구인의 지위를 승계하도록 되어 있다(제16조 제1항, 제2항). 반면, 양수인과 같은 특정승계인의 경우는 위원회의 허가를 받아 승계하도록 되어 있다(제16조 제5항).

③ ✕ 심판에서의 처분사유 추가·변경: 기사동 내에서만 가능(소송과 동일)

행정처분의 취소를 구하는 항고소송에서 처분청은 당초 처분의 근거로 삼은 사유와 기본적 사실관계가 동일성이 있다고 인정되는 한도 내에서만 다른 〈처분사유를 추가 또는 변경〉할 수 있고 … 이러한 법리는 행정심판단계에서도 그대로 적용된다(2014.5.16. 2013두26118).

+ PLUS 처분사유의 추가·변경에 대해서는 항고소송과 행정심판 모두 명문의 근거는 없다. 그러나 양자 모두 '기본적 사실관계의 동일성'을 기준으로 허용 여부를 결정한다는 것이 판례의 태도이다. 따라서 심판의 경우에도 기본적 사실관계의 동일성이 없는 사유를 처분사유로 추가·변경하는 것은 허용되지 않는다.

④ ✕ 소송과 달리 재결에서는 기속력만 인정될 뿐, 기판력은 인정되지 않는다. 따라서 재결이 확정되어도 당사자 중 피고 행정청과 관계 행정청에 대한 기속력이 발생할 뿐, 원고나 법원은 이에 구속되지 않고, 다른 사건에서 이에 모순되는 주장이나 판단을 할 수 있다.

선지분석 & 요플·기풀기링크

선지	THEME	요플	기풀기
①		49	045
②	T68 행정심판(조문)	56	050
③		90	085
④		174	174

정답 ②

OX 1✕ 2◯ 3◯

18

행정심판에 대한 설명으로 옳지 않은 것은? (다툼이 있는 경우 판례에 의함) 24지방7

① 행정심판청구가 부적법하지 않음에도 각하한 재결은 심판청구인의 실체심리를 받을 권리를 박탈한 것으로서 원처분에 없는 고유한 하자가 있는 경우에 해당한다.

② 선정대표자가 선정되더라도 다른 청구인들은 그 선정대표자를 통해서만 그 사건에 관한 행위를 할 수 있는 것은 아니다.

③ 「행정심판법」상 임시처분은 집행정지로 목적을 달성할 수 있는 경우에는 허용되지 아니한다.

④ 처분의 상대방이 아닌 제3자가 심판청구를 한 경우 행정심판위원회는 재결서의 등본을 지체 없이 피청구인을 거쳐 처분의 상대방에게 송달하여야 한다.

해설

① ○ 적법한 행정심판을 부적법하다고 각하: 재결 고유의 하자에 해당하여 재결취소소송 가능

행정심판청구가 부적법하지 않음에도 각하한 재결은 심판청구인의 실체심리를 받을 권리를 박탈한 것으로서 원처분에 없는 고유한 하자가 있는 경우에 해당하고, 따라서 위 재결은 취소소송의 대상이 된다(2001.7.27. 99두2970).

② ✗

행정심판법 제15조(선정대표자) ① 여러 명의 청구인이 공동으로 심판청구를 할 때에는 청구인들 중에서 3명 이하의 선정대표자를 선정할 수 있다.
④ 선정대표자가 선정되면 다른 청구인들은 그 **선정대표자를 통해서만** 그 사건에 관한 행위를 할 수 있다.

③ ○

행정심판법 제31조(임시처분) ① 위원회는 처분 또는 부작위가 위법·부당하다고 상당히 의심되는 경우로서 처분 또는 부작위 때문에 당사자가 받을 우려가 있는 중대한 불이익이나 당사자에게 생길 급박한 위험을 막기 위하여 임시지위를 정하여야 할 필요가 있는 경우에는 직권으로 또는 당사자의 신청에 의하여 임시처분을 결정할 수 있다.
③ 제1항에 따른 임시처분은 제30조 제2항에 따른 **집행정지로 목적을 달성할 수 있는 경우**에는 허용되지 아니한다.

④ ○

행정심판법 제24조(피청구인의 심판청구서 등의 접수·처리) ② 피청구인은 처분의 상대방이 아닌 **제3자가 심판청구를** 한 경우에는 지체 없이 **처분의 상대방에게** 그 사실을 **알려야** 한다. 이 경우 심판청구서 사본을 함께 송달하여야 한다.

선지선택비율 ① 6.75% ② 66.88% ③ 7.40% ④ 18.97% 오답률 33.12% 정답 ②

19

행정심판에 대한 설명으로 옳은 것은?　　20지방7

① 「행정심판법」은 당사자심판을 규정하여 당사자소송과 연동시키고 있다.
② 피청구인의 경정은 행정심판위원회에서 결정하며 언제나 당사자의 신청을 전제로 한다.
③ 조정은 당사자가 합의한 사항을 조정서에 기재한 후 당사자가 서명 또는 날인함으로써 완성된다.
④ 법령의 규정에 따라 공고하거나 고시한 처분이 재결로써 취소되거나 변경되면 처분을 한 행정청은 지체 없이 그 처분이 취소 또는 변경되었다는 것을 공고하거나 고시하여야 한다.

관련 OX

① 관련
1 행정심판법에서 규정한 행정심판의 종류로는 행정소송법상항고소송에 대응하는 취소심판, 무효등확인심판, 의무이행 심판과 당사자소송에 대응하는 당사자심판이 있다.　　17(하)국가9

② 관련
2 청구인이 피청구인을 잘못 지정한 경우에는 위원회는 직권으로 또는 당사자의 신청에 의하여 결정으로써 피청구인을 경정할 수 있다.　　22소방

해설

① × 행정심판은 항고소송(취소, 무효등확인, 부작위법확인)에 대응하여 취소심판, 무효등확인심판, 의무이행심판을 두고 있을 뿐, 당사자소송에 대응하는 당사자심판은 두고 있지 않다.

② ×

행정심판법 제17조(피청구인의 적격 및 경정) ② 청구인이 피청구인을 잘못 지정한 경우에는 위원회는 **직권으로 또는 당사자의 신청**에 의하여 결정으로써 피청구인을 경정할 수 있다.

+ PLUS 항고소송에서의 피고경정은 신청으로만 할 수 있다. 그러나 행정심판에서의 피청구인경정은 직권으로도 할 수 있다.

③ ×

행정심판법 제43조의2(조정) ③ 조정은 당사자가 합의한 사항을 조정서에 기재한 후 당사자가 서명 또는 날인하고 **위원회가 이를 확인**함으로써 성립한다.

④ ○

행정심판법 제49조(재결의 기속력 등) ⑤ 법령의 규정에 따라 **공고하거나 고시한 처분이 재결로써 취소되거나 변경되면** 처분을 한 행정청은 지체 없이 그 처분이 **취소 또는 변경되었다는 것을 공고하거나 고시하여야** 한다.

선지분석 & 요플·기풀기링크

선지	THEME	요플	기풀기
①		09	010
②	T68 행정심판(조문)	60	054
③		118	119
④		173	157

정답 ④
OX 1× 2○

필수 문제 20

오답률 TOP ❸

「행정심판법」상 행정심판에 대한 설명으로 옳지 않은 것은? (다툼이 있는 경우 판례에 의함)

21지방9

① 심판청구기간의 기산점인 '처분이 있음을 안 날'이라 함은 당사자가 통지·공고 기타의 방법에 의하여 당해 처분이 있었다는 사실을 현실적으로 안 날을 의미한다.

② 행정청의 부작위에 대한 의무이행심판은 심판청구기간 규정의 적용을 받지 않고, 사정재결이 인정되지 아니한다.

③ 심판청구에 대한 재결이 있으면 그 재결 및 같은 처분 또는 부작위에 대하여 다시 행정심판을 청구할 수 없다.

④ 재결이 확정된 경우에도 처분의 기초가 된 사실관계나 법률적 판단이 확정되고 당사자들이나 법원이 이에 기속되어 모순되는 주장이나 판단을 할 수 없게 되는 것은 아니다.

관련 OX

③ 관련

1 청구인은 심판청구에 대한 재결이 있는 경우 당해 재결에 대하여 이의가 있으면 재심청구를 하여 다툴 수 있다.
12(하)지방7

해설

① ○ 심판청구기간의 기산점인 행정심판법 제18조 제1항 소정의 '처분이 있음을 안 날'이라 함은 당사자가 통지·공고 기타의 방법에 의하여 당해 처분이 있었다는 사실을 현실적으로 안 날을 의미하고, 추상적으로 알 수 있었던 날을 의미하는 것은 아니라 할 것이다(2002.8.27. 2002두3850).

② × 부작위에 대한 의무이행심판은 심판청구기간 규정의 적용을 받지 않는다. 그러나 사정재결은 인정된다(사정재결이 인정되지 않는 것은 무효등확인심판이다). 따라서 지문의 전단은 옳으나 후단이 틀렸다.

행정심판법 제27조(심판청구의 기간) ⑦ 제1항부터 제6항까지의 규정은 무효등확인심판청구와 부작위에 대한 의무이행심판청구에는 적용하지 아니한다.

제44조(사정재결) ③ 제1항과 제2항은 무효등확인심판에는 적용하지 아니한다.

	심판청구기간	사정재결
무효등확인심판	×	×
부작위에 대한 의무이행심판	×	○

③ ○

행정심판법 제51조(행정심판 재청구의 금지) 심판청구에 대한 재결이 있으면 그 재결 및 같은 처분 또는 부작위에 대하여 다시 행정심판을 청구할 수 없다.

④ ○ 재결에 판결에서와 같은 기판력이 인정되는 것은 아니어서 재결이 확정된 경우에도 처분의 기초가 된 사실관계나 법률적 판단이 확정되고 당사자들이나 법원이 이에 기속되어 모순되는 주장이나 판단을 할 수 없게 되는 것은 아니다(2015.11.27. 2013다6759).

+ PLUS 재결은 판결이 아니다. 따라서 판결과 같은 기판력이 인정되지 않는다.

선지선택비율 ① 13.86% ② 57.36% ③ 11.50% ④ 17.27% 오답률 42.64%

선지분석 & 요플·기풀기링크

선지	THEME	요플	기풀기
①		74	070
②	T68 행정심판(조문)	122	126
③		177	177
④		174	174

정답 ②

OX 1 ×

21

행정심판에 관한 설명으로 가장 옳은 것은? (다툼이 있는 경우 판례를 따름) 18(1)서울7

- ① 취소재결의 경우 기판력과 기속력이 인정된다.
- ② 무효등확인심판은 심판청구기간의 제한이 없고, 사정재결도 인정되지 않는다.
- ③ 피청구인의 경정이 있으면 심판청구는 피청구인의 경정시에 제기된 것으로 본다.
- ④ 고시 또는 공고에 의하여 행정처분을 하는 경우에는 고시 또는 공고의 효력발생일을 처분이 있는 날로 보아 그날로부터 180일 이내에 행정심판을 청구할 수 있다.

해설

① ✕ 취소재결이 나온 경우 기속력이 발생하지만, 기판력은 판결의 효력이므로 인정되지 않는다.

② ○ 무효등확인심판은 심판청구기간의 제한이 없고, 사정재결도 인정되지 않는다.

> **행정심판법 제27조(심판청구의 기간)** ⑦ 제1항부터 제6항까지의 규정은 **무효등확인심판청구**와 부작위에 대한 의무이행심판청구에는 적용하지 **아니**한다.
> **제44조(사정재결)** ③ 제1항과 제2항은 **무효등확인심판에**는 적용하지 **아니**한다.

③ ✕ 경정시✕, 처음 심판청구시○

> **행정심판법 제17조(피청구인의 적격 및 경정)** ② 청구인이 피청구인을 잘못 지정한 경우에는 위원회는 직권으로 또는 당사자의 신청에 의하여 결정으로써 피청구인을 경정(更正)할 수 있다.
> ④ 제2항에 따른 결정이 있으면 종전의 피청구인에 대한 심판청구는 취하되고 **종전의 피청구인에 대한 행정심판이 청구된 때**에 새로운 피청구인에 대한 행정심판이 청구된 것으로 본다.

④ ✕ 고시 또는 공고에 의하여 행정처분을 하는 경우 이해관계자가 고시 또는 공고가 있었다는 것을 현실적으로 알았는지 여부에 관계없이 고시가 효력을 발생한 날에 행정처분이 있음을 알았다고 본다(2000.9.8. 99두11257). 따라서 효력발생일로부터 90일 이내에 심판을 청구해야 한다.

정답 ②

22

「행정심판법」상 행정심판에 관한 내용이다. ( ) 안에 들어갈 숫자를 모두 더한 값은? 16(2)경행

> ㉠ 행정심판은 처분이 있음을 알게 된 날부터 ( )일 이내에 청구하여야 한다.
> ㉡ 청구인이 천재지변, 전쟁, 사변, 그 밖의 불가항력으로 인하여 ㉠의 기간에 심판청구를 할 수 없었을 때에는 그 사유가 소멸한 날부터 ( )일 이내에 행정심판을 청구할 수 있다. 다만, 국외에서 행정심판을 청구하는 경우에는 그 기간을 ( )일로 한다.
> ㉢ 재결은 「행정심판법」 제23조에 따라 피청구인 또는 위원회가 심판청구서를 받은 날부터 ( )일 이내에 하여야 한다. 다만, 부득이한 사정이 있는 경우에는 위원장이 직권으로 ( )일을 연장할 수 있다.

① 134
② 164
③ 224
④ 254

관련 OX

㉡관련

1 청구인이 천재지변, 전쟁, 사변(事變), 그 밖의 불가항력으로 인하여 처분이 있음을 알게 된 날부터 90일 이내에 심판청구를 할 수 없었을 때에는 그 사유가 소멸한 날부터 14일 이내에 행정심판을 청구할 수 있다. 23소방승진

㉢관련

2 행정심판의 재결은 피청구인 또는 행정심판위원회가 심판청구서를 받은 날부터 60일 이내에 하여야 하나 부득이한 사정이 있는 경우에는 위원장이 직권으로 30일을 연장할 수 있다. 25소방

해설

③ (90)㉠ + (14 + 30)㉡ + (60 + 30)㉢ = 224

㉠ (90)

> **행정심판법 제27조(심판청구의 기간)** ① 행정심판은 처분이 있음을 알게 된 날부터 **90일** 이내에 청구하여야 한다.

㉡ (14, 30)

> **행정심판법 제27조(심판청구의 기간)** ② 청구인이 천재지변, 전쟁, 사변, 그 밖의 불가항력으로 인하여 제1항에서 정한 기간에 심판청구를 할 수 없었을 때에는 그 사유가 소멸한 날부터 **14일** 이내에 행정심판을 청구할 수 있다. 다만, 국외에서 행정심판을 청구하는 경우에는 그 기간을 **30일**로 한다.

㉢ (60, 30)

> **행정심판법 제45조(재결기간)** ① 재결은 제23조에 따라 피청구인 또는 위원회가 심판청구서를 받은 날부터 **60일** 이내에 하여야 한다. 다만, 부득이한 사정이 있는 경우에는 위원장이 직권으로 **30일**을 연장할 수 있다.

선지분석 & 요플·기풀기링크

선지	THEME	요플	기풀기
ㄱ		73	067
ㄴ	T68 행정심판(조문)	76	068
ㄷ		125	127

정답 ③
OX 1 ○ 2 ○

필수문제 23

행정심판에 대한 설명 중 옳은 것은? 13서울7

① 무효등확인심판에는 심판청구기간의 제한이 없다.
② 무효등확인심판에서는 사정재결을 인정한다.
③ 취소심판에서는 스스로 처분을 취소하거나 다른 처분으로 변경할 수 없다.
④ 거부처분에 대한 의무이행심판에는 심판청구에 기간상의 제한이 없다.
⑤ 부작위에 대한 의무이행심판에는 심판청구에 기간상의 제한이 있다.

관련 OX
④⑤ 관련

1 심판청구기간은 취소심판청구와 거부처분에 대한 의무이행심판청구에만 적용되고, 무효등확인심판청구나 부작위에 대한 의무이행심판청구에는 적용되지 아니한다. 24국회9

해설

① ○, ④⑤ ×

- (무효등확인심판) 무효등확인소송과 마찬가지로 청구기간의 제한이 없다.①

- (의무이행심판) 1) 부작위에 대한 소송(부작위위법확인소송)은 곧바로 소송을 제기하는 경우는 제소기간의 제한이 없으나 행정심판을 거쳐 소송하는 경우 제소기간의 제한이 있다. 반면, 부작위에 대한 심판(의무이행심판)의 경우 행정심판을 거치고 올 여지가 없으므로 청구기간의 제한이 없다.⑤ 반면, 2) 거부처분에 대한 의무이행심판은 취소심판과 같이 청구기간의 제한이 있다④(처분이 있음을 안 날로부터 90일, 처분이 있은 날로부터 180일).

    행정심판법 제27조(심판청구의 기간) ① 행정심판은 처분이 있음을 알게 된 날부터 90일 이내에 청구하여야 한다.
    ③ 행정심판은 처분이 있었던 날부터 180일이 지나면 청구하지 못한다. 다만, 정당한 사유가 있는 경우에는 그러하지 아니하다.
    ⑦ 제1항부터 제6항까지의 규정은 **무효등확인심판청구**와① **부작위에 대한 의무이행심판청구**에는④⑤ 적용하지 아니한다.
    → 즉, '부작위에 대한' 의무이행심판은 청구기간을 적용하지 않는 방법으로 기간의 제한을 두지 않는다. 반면, '거부처분에 대한' 의무이행심판은 이러한 미적용 특례가 없으므로 원칙대로 90일, 180일의 제한을 받게 된다.

② × 소송의 경우 취소소송에서만 사정판결이 인정되고, 무효등확인소송이나 부작위위법확인소송에는 사정판결이 인정되지 않는다. 그러나 심판의 경우 취소심판과 의무이행심판에서 사정재결이 인정되고, 무효등확인심판에서만 사정재결이 인정되지 않는다.

행정심판법 제44조(사정재결) ③ 제1항과 제2항은 **무효등확인심판에는** 적용하지 **아니한다**.

③ × 행정심판위원회는 취소심판에서 청구가 이유가 있는 경우 스스로 처분을 취소하거나 다른 처분으로 변경할 수 있다.

행정심판법 제43조(재결의 구분) ③ 위원회는 취소심판의 청구가 이유가 있다고 인정하면 처분을 **취소** 또는 다른 처분으로 **변경**하거나 처분을 다른 처분으로 변경할 것을 피청구인에게 명한다.

선지분석 & 요플·기풀기링크

선지	THEME	요플	기풀기
①		79	074
②		119	124
③	T68 행정심판(조문)	N3	112
④		81	076
⑤		80	075

 정답 ①
 OX 1 ○

24

행정심판에 대한 설명으로 옳지 않은 것은? (다툼이 있는 경우 판례에 의함) 15지방9

① 시·도의 관할구역에 있는 둘 이상의 시·군·자치구 등이 공동으로 설립한 행정청의 처분에 대하여는 시·도지사 소속 행정심판위원회에서 심리·재결한다.

② 행정청이 행정심판 청구기간 등을 고지하지 아니하였다고 하여도 처분의 상대방이 처분이 있었다는 사실을 알았을 경우에는 처분이 있은 날로부터 90일 이내에 심판청구를 하여야 한다.

③ 행정심판청구 후 피청구인인 행정청이 새로운 처분을 하거나 대상인 처분을 변경한 때에는 청구인은 새로운 처분이나 변경된 처분에 맞추어 청구의 취지 또는 이유를 변경할 수 있다.

④ 행정심판에 있어서 행정처분의 위법·부당 여부는 원칙적으로 처분시를 기준으로 판단하여야 할 것이나, 재결 당시까지 제출된 모든 자료를 종합하여 처분 당시 존재하였던 객관적 사실을 확정하고 그 사실에 기초하여 처분의 위법·부당 여부를 판단할 수 있다.

해설

① ○

행정심판법 제6조(행정심판위원회의 설치) ③ 다음 각 호의 행정청의 처분 또는 부작위에 대한 심판청구에 대하여는 **시·도지사 소속**으로 두는 행정심판위원회에서 심리·재결한다.
1. 시·도 소속 행정청
2. 시·도의 관할구역에 있는 시·군·자치구의 장, 소속 행정청 또는 시·군·자치구의 의회(의장, 위원회의 위원장, 사무국장, 사무과장 등 의회 소속 모든 행정청을 포함한다)
3. 시·도의 관할구역에 있는 둘 이상의 지방자치단체(시·군·자치구를 말한다)·공공법인 등이 공동으로 설립한 행정청

② ✕

행정심판법 제27조(심판청구의 기간) ① 행정심판은 처분이 있음을 알게 된 날부터 90일 이내에 청구하여야 한다.
③ 행정심판은 처분이 **있었던 날부터 180일**이 지나면 청구하지 못한다. 다만, 정당한 사유가 있는 경우에는 그러하지 아니하다.
⑤ 행정청이 심판청구기간을 제1항에 규정된 기간보다 긴 기간으로 잘못 알린 경우 그 잘못 알린 기간에 심판청구가 있으면 그 행정심판은 제1항에 규정된 기간에 청구된 것으로 본다.
⑥ 행정청이 심판청구기간을 **알리지 아니한 경우에는 제3항에 규정된 기간**에 처분이 있었던 날부터 180일 심판청구를 할 수 있다.

③ ○

행정심판법 제29조(청구의 변경) ② 행정심판이 청구된 후에 **피청구인이** 새로운 처분을 하거나 심판청구의 대상인 **처분을 변경**한 경우에는 **청구인은** 새로운 처분이나 변경된 처분에 맞추어 **청구의 취지나 이유를 변경**할 수 있다.

④ ○ 행정심판에 있어서 행정처분의 위법·부당 여부는 원칙적으로 처분시를 기준으로 판단하여야 할 것이나, 재결청은 처분 당시 존재하였거나 행정청에 제출되었던 자료뿐만 아니라, 재결 당시까지 제출된 모든 자료를 종합하여 처분 당시 존재하였던 객관적 사실을 확정하고 그 사실에 기초하여 처분의 위법·부당 여부를 판단할 수 있다(2001.7.27. 99두5092).

+ PLUS 처분의 위법성 판단은 처분시를 기준으로 하나, 그 위법성 판단을 위한 자료는 판결·재결시까지 제출된 자료를 종합하여 판단한다.

정답 ②

25

「행정심판법」 및 「행정소송법」상의 집행정지에 대한 설명으로 옳지 않은 것은? 17국회8

① 행정심판청구와 취소소송의 제기는 모두 처분의 효력이나 그 집행 또는 절차의 속행에 영향을 주지 아니한다.
② 공공복리에 중대한 영향을 미칠 우려가 있을 때에는 「행정심판법」 및 「행정소송법」상의 집행정지가 모두 허용되지 아니한다.
③ 「행정소송법」은 집행정지결정에 대한 즉시항고에 관하여 규정하고 있는 반면, 「행정심판법」에는 집행정지결정에 대한 즉시항고에 관하여 규정하고 있지 아니하다.
④ 「행정심판법」은 위원회의 심리·결정을 갈음하는 위원장의 직권결정에 관한 규정을 두고 있는 반면, 「행정소송법」은 법원의 결정에 갈음하는 재판장의 직권결정에 관한 규정을 두고 있지 아니하다.
⑤ 「행정소송법」이 집행정지의 요건 중 하나로 '중대한 손해'가 생기는 것을 예방할 필요성에 관하여 규정하고 있는 반면, 「행정심판법」은 집행정지의 요건 중 하나로 '회복하기 어려운 손해'를 예방할 필요성에 관하여 규정하고 있다.

해설

①②③④ ○
⑤ × 지문은 소송과 심판이 반대로 기재되어 있다.

심판과 소송 집행정지 비교

구별	심판	소송
집행부정지 원칙	행정심판법 제30조(집행정지) ① 심판청구는 **처분**의 효력이나 그 집행 또는 절차의 속행에 **영향**을 주지 **아니한다**.①	행정소송법 제23조(집행정지) ① **취소소송의 제기**는 **처분등**의 효력이나 그 집행 또는 절차의 속행에 **영향**을 주지 **아니한다**.①
적극적 요건	② 위원회는 처분, 처분의 집행 또는 절차의 속행 때문에 **중대한 손해**가⑤(뒤) 생기는 것을 예방할 필요성이 긴급하다고 인정할 때에는 **직권**으로 또는 당사자의 **신청**에 의하여 처분의 효력, 처분의 집행 또는 절차의 속행의 전부 또는 일부의 정지(이하 '집행정지'라 한다)를 결정할 수 있다. 다만, 처분의 **효력정지는** 처분의 집행 또는 절차의 속행을 정지함으로써 그 목적을 달성할 수 있을 **때에는 허용되지 아니한다**.	② 취소소송이 제기된 경우에 처분등이나 그 집행 또는 절차의 속행으로 인하여 생길 **회복하기 어려운 손해를**⑤(앞) 예방하기 위하여 긴급한 필요가 있다고 인정할 때에는 본안이 계속되고 있는 법원은 당사자의 **신청 또는 직권**에 의하여 처분등의 효력이나 그 집행 또는 절차의 속행의 전부 또는 일부의 정지(이하 '집행정지'라 한다)를 결정할 수 있다. 다만, 처분의 **효력정지는** 처분등의 집행 또는 절차의 속행을 정지함으로써 목적을 달성할 수 있는 **경우에는 허용되지 아니한다**.
소극적 요건	③ 집행정지는 **공공복리에 중대한 영향을 미칠 우려가 있을 때에는 허용되지 아니한다**.②	③ 집행정지는 **공공복리에 중대한 영향을 미칠 우려가 있을 때에는 허용되지 아니한다**.②
절차	⑥ 제2항과 제4항에도 불구하고 위원회의 심리·결정을 기다릴 경우 중대한 손해가 생길 우려가 있다고 인정되면 위원장은 **직권으로**③(앞) 위원회의 심리·결정을 갈음하는 결정을 할 수 있다. 이 경우 위원장은 지체 없이 위원회에 그 사실을 보고하고 **추인(追認)을 받아야** 하며, 위원회의 추인을 받지 못하면 위원장은 집행정지 또는 집행정지취소에 관한 결정을 취소하여야 한다.	**(법원이 아닌 재판장의) 직권결정 부존재**③(뒤)

관련 OX

① 관련

1 행정심판청구에는 행정소송제기와는 달리 처분의 효력이나 그 집행 또는 절차의 속행에 영향을 미치는 집행정지원칙이 적용된다. 20군무원7

2 「행정심판법」은 집행부정지의 원칙을 취하면서도 예외적으로 일정한 요건 하에 집행정지를 인정한다. 09국가9

⑤ 관련

3 「행정심판법」과 「행정소송법」은 모두 집행정지의 적극적 요건으로 '회복하기 어려운 손해를 예방하기 위하여 긴급한 필요가 있다고 인정할 때'를 요구하고 있다. 16사복9

4 취소소송이 제기된 경우에 처분등이나 그 집행 또는 절차의 속행으로 인하여 생길 중대한 손해를 예방하기 위하여 긴급한 필요가 있다고 인정할 때에는 본안이 계속되고 있는 법원은 당사자의 신청 또는 직권에 의하여 처분등의 효력이나 그 집행 또는 절차의 속행의 전부 또는 일부의 정지를 결정할 수 있다. 25국회8

선지분석 & 요플·기풀기링크

선지	THEME	요플	기풀기
①		91	086
②		93	088
③	T68 행정심판(조문)	98	091
④		95	090
⑤		92	087

불복 제도	즉시항고×④(뒤)	⑤ 제2항의 규정에 의한 집행정지의 결정 또는 기각의 결정에 대하여는 **즉시항고**할 수 있다.④(앞) 이 경우 집행정지의 결정에 대한 즉시항고에는 결정의 집행을 정지하는 효력이 없다.
취소 결정	④ 위원회는 집행정지를 결정한 후에 집행정지가 공공복리에 중대한 영향을 미치거나 그 정지사유가 없어진 경우에는 **직권**으로 또는 당사자의 **신청**에 의하여 **집행정지결정을 취소**할 수 있다.	**제24조(집행정지의 취소)** ① 집행정지의 결정이 확정된 후 집행정지가 공공복리에 중대한 영향을 미치거나 그 정지사유가 없어진 때에는 당사자의 **신청** 또는 **직권**에 의하여 결정으로써 **집행정지의 결정을 취소**할 수 있다. ② 제1항의 규정에 의한 집행정지결정의 취소결정과 이에 대한 불복의 경우에는 제23조 제4항 및 제5항의 규정을 준용한다.

정답 ⑤

OX 1× 2○ 3× 4×

26

「행정심판법」상 임시처분에 대한 설명으로 옳지 않은 것은? (다툼이 있는 경우 판례에 의함)

22국회8

① 임시처분이란 행정청의 처분이나 부작위 때문에 발생할 수 있는 당사자의 중대한 불이익이나 급박한 위험을 막기 위해 당사자에게 임시지위를 부여하는 행정심판위원회의 결정을 말한다.
② 당사자의 임시지위를 정하여야 할 필요성이 인정된다면, 집행정지로 목적을 달성할 수 있는 경우에도 임시처분은 선택적으로 사용될 수 있다.
③ 행정심판위원회는 적극적 가구제수단인 임시처분을 직권으로 결정할 수 있다.
④ 행정심판위원회가 임시처분결정을 하기 위해서 행정심판청구의 계속이 요구된다.
⑤ 임시처분 결정절차에는 집행정지결정의 절차에 관한 규정이 준용된다.

관련 OX

① 관련

1 행정심판위원회는 심판청구된 행정청의 부작위가 위법·부당하다고 상당히 의심되는 경우로서 당사자가 받을 우려가 있는 중대한 불이익이나 당사자에게 생길 급박한 위험을 막기 위하여 임시지위를 정할 필요가 있는 경우 직권 또는 당사자의 신청에 의하여 임시처분을 결정할 수 있다.

18국가7

해설

①③④⑤ ○, ② ✕

- ① 행정심판법은 가구제제도로서 집행정지 외에 임시처분제도도 두고 있다(제31조). 집행정지제도가 단순히 처분의 집행, 속행, 효력 등을 정지하는 소극적 효력밖에 없다면, 임시처분은 임시로나마 당사자가 원하는 지위를 정해주는 적극적 효력을 가지고 있다.
- ② 임시처분은 집행정지의 한계를 보완하는 성격을 지니고 있다. 따라서 집행정지로 목적을 달성할 수 있는 경우에는 집행정지를 할 수 있을 뿐 임시처분을 할 수는 없다(제31조 제3항). 즉, 임시처분은 집행정지와 보충적 관계에 있다.
- ③ 임시처분은 당사자의 신청은 물론 위원회 직권으로도 할 수 있다(집행정지와 동일).
- ④ 임시처분도 가구제인 이상 집행정지와 마찬가지로 본안 심판청구가 계속 중일 것을 요건으로 한다.
- ⑤ 임시처분도 집행정지와 같은 가구제수단이므로, 공통적인 부분에서는 집행정지의 규정을 준용하고 있다.

행정심판법 제31조(임시처분) ① 위원회는 처분 또는 부작위가 위법·부당하다고 상당히 의심되는 경우로서 처분 또는 부작위 때문에 당사자가 받을 우려가 있는 **중대한 불이익**이나 당사자에게 생길 급박한 위험을 막기 위하여 임시지위를 정하여야 할 필요가 있는 경우에는 **직권**으로③ 또는 당사자의 **신청**에 의하여 **임시처분**을 결정할 수 있다.①
② 제1항에 따른 임시처분에 관하여는 제30조(편저자: 집행정지) 제3항부터 제7항까지를 **준용한다.**⑤ 이 경우 같은 조 제6항 전단 중 '중대한 손해가 생길 우려'는 '중대한 불이익이나 급박한 위험이 생길 우려'로 본다.
③ 제1항에 따른 임시처분은 제30조 제2항에 따른 **집행정지로 목적을 달성할 수 있는 경우에는 허용되지 아니한다.**②

선지분석 & 요플·기풀기링크

선지	THEME	요플	기풀기
①		102	094
②		100	097
③	T68 행정심판(조문)	104	096
④		101	095
⑤		103	099

정답 ②

OX 1 ○

27

「행정심판법」상 행정심판에 대한 설명으로 옳은 것만을 모두 고르면? 23지방7

ㄱ. 심판청구에 대한 재결이 있으면 그 재결 및 같은 처분 또는 부작위에 대하여 다시 행정심판을 청구할 수 없다.
ㄴ. 행정심판위원회는 처분 또는 부작위가 위법·부당하다고 상당히 의심되는 경우로서 처분 또는 부작위 때문에 당사자가 받을 우려가 있는 중대한 불이익이나 당사자에게 생길 급박한 위험을 막기 위하여 임시지위를 정하여야 할 필요가 있는 경우에는 집행정지로 목적을 달성할 수 있더라도 직권으로 또는 당사자의 신청에 의하여 임시처분을 결정할 수 있다.
ㄷ. 행정심판위원회는 피청구인이 의무이행재결 중 처분명령재결의 취지에 따른 처분을 하지 아니하는 경우에, 청구인의 신청에 의하여 결정으로 상당한 기간을 정하고 피청구인이 그 기간 내에 이행하지 아니하는 경우에는 그 지연기간에 따라 일정한 배상을 하도록 명하거나 즉시 배상을 할 것을 명할 수 있다.
ㄹ. 피청구인 또는 행정심판위원회는 전자정보처리조직을 통하여 행정심판을 청구하거나 심판참가를 한 자가 동의한 경우에 전자정보처리조직과 그와 연계된 정보통신망을 이용하여 재결서나 「행정심판법」에 따른 각종 서류를 청구인 또는 참가인에게 송달할 수 있다.

① ㄱ, ㄷ
② ㄱ, ㄴ, ㄹ
③ ㄱ, ㄷ, ㄹ
④ ㄴ, ㄷ, ㄹ

해설

ㄱ. ○

행정심판법 제51조(행정심판 재청구의 금지) 심판청구에 대한 재결이 있으면 그 재결 및 같은 처분 또는 부작위에 대하여 다시 행정심판을 청구할 수 없다.

ㄴ. × 집행정지로 목적을 달성할 수 있는 경우 임시처분을 할 수는 없다.

행정심판법 제31조(임시처분) ① 위원회는 처분 또는 부작위가 위법·부당하다고 상당히 의심되는 경우로서 처분 또는 부작위 때문에 당사자가 받을 우려가 있는 **중대한 불이익**이나 당사자에게 생길 급박한 위험을 막기 위하여 임시지위를 정하여야 할 필요가 있는 경우에는 **직권**으로 또는 당사자의 **신청**에 의하여 **임시처분**을 결정할 수 있다.
③ 제1항에 따른 임시처분은 제30조 제2항에 따른 **집행정지로 목적을 달성할 수 있는 경우**에는 허용되지 아니한다.

ㄷ. ○

행정심판법 제50조의2(위원회의 간접강제) ① 위원회는 피청구인이 제49조 제2항(제49조 제4항에서 준용하는 경우를 포함한다) 또는 제3항[편저자: 처분명령재결(의무이행재결)에 따른 (재)처분]에 따른 처분을 하지 아니하면 청구인의 **신청**에 의하여 결정으로 상당한 기간을 정하고 피청구인이 그 기간 내에 이행하지 아니하는 경우에는 그 **지연기간에 따라** 일정한 배상을 하도록 명하거나 **즉시** 배상을 할 것을 명할 수 있다.

ㄹ. ○

행정심판법 제54조(전자정보처리조직을 이용한 송달 등) ① **피청구인 또는 위원회는** 제52조 제1항에 따라[편저자: 전자정보처리조직을 통하여] 행정심판을 청구하거나 심판참가를 한 자에게 **전자정보처리조직과 그와 연계된 정보통신망을 이용하여** 재결서나 이 법에 따른 **각종 서류를 송달할 수 있다.** 다만, 청구인이나 참가인이 동의하지 아니하는 경우에는 그러하지 아니하다.

선지선택비율 ① 5.60% ② 6.43% ③ 83.70% ④ 4.26% 오답률 16.30%

정답 ③

28

행정심판의 심리와 재결에 대한 설명으로 옳은 것은? 08(상)지방9

① 당사자가 구술심리를 신청하면 당사자주의에 의하여 구술심리를 하여야 하고 서면심리를 할 수는 없다.

소 ② 재결은 피청구인인 행정청이 행정심판청구서를 받은 날로부터 90일 이내 하여야 한다.

③ 행정심판의 청구를 심리·재결하기 위하여 행정심판위원회를 둔다.

소 ④ 재결의 효력으로서 행정청에 대한 불가변력이 인정되나, 불가쟁력은 인정되지 않는다.

관련 OX

③ 관련

1 「행정심판법」은 권리구제의 실효성을 확보하기 위해서 심리의결기능과 재결기능을 분리시키고 있다. 09국가9

④ 관련

2 행정심판위원회의 재결에는 불가변력이 인정된다. 18소방

해설

① × (구술심리가 원칙×: 소송과 차이) 소송의 경우 구술심리가 원칙이나, 심판의 경우 구술심리와 서면심리를 동등하게 규정하고 있을 뿐 구술심리와 서면심리 중 어느 하나를 더 원칙적 방식으로 규정하고 있지 않다. 또한 당사자가 별도로 구술심리 신청을 할 경우에는 구술심리를 하는 것이 원칙이기는 하나, 이때에도 서면심리만으로 결정할 수 있다고 인정된다면 서면심리에 의할 수 있다.

행정심판법 제40조(심리의 방식) ① 행정심판의 심리는 **구술심리나 서면심리**로 한다. 다만, 당사자가 구술심리를 신청한 경우에는 서면심리만으로 결정할 수 있다고 인정되는 경우① 외에는 구술심리를 하여야 한다.
② 위원회는 제1항 단서에 따라 구술심리 신청을 받으면 그 허가 여부를 결정하여 신청인에게 알려야 한다.
③ 제2항의 통지는 간이통지방법으로 할 수 있다.

② ×

행정심판법 제45조(재결 기간) ① 재결은 제23조에 따라 피청구인 또는 위원회가 **심판청구서를 받은 날부터 60일 이내**에 하여야 한다. 다만, 부득이한 사정이 있는 경우에는 위원장이 직권으로 30일을 연장할 수 있다.

③ ○

행정심판법 제6조(행정심판위원회의 설치) ① 다음 각 호의 행정청 또는 그 소속 행정청(행정기관의 계층구조와 관계없이 그 감독을 받거나 위탁을 받은 모든 행정청을 말하되, 위탁을 받은 행정청은 그 위탁받은 사무에 관하여는 위탁한 행정청의 소속 행정청으로 본다. 이하 같다)의 처분 또는 부작위에 대한 <u>행정심판의 청구(이하 '심판청구'라 한다)에 대하여는</u> 다음 각 호의 행정청에 두는 <u>행정심판위원회에서 **심리·재결**</u>한다.

+ PLUS 구법에서는 행정심판위원회는 심리·의결을, 재결청은 재결을 담당하는 것으로 권한을 분리하였으나, 2008.2. 개정법 이후 행정심판위원회에서 심리·재결권을 모두 갖는 것으로 개정하였다.

④ × 재결은 준법률행위적 행정행위(그중 확인)에 속하는 행위로서 한 번 내려지면 행정청도 부인할 수 없는 불가변력이 인정된다. 나아가 재결도 행정행위이므로 제소기간 도과시 그에 대해 쟁송을 할 수 없는 불가쟁력 역시 인정된다.

선지분석 & 요플·기풀기링크

선지	THEME	요플	기풀기
①		111	106
②	T68 행정심판(조문)	125	127
③		24	019
④		176	176

정답 ③

OX 1× 2○

필수문제 29

「행정심판법」상 심판절차에 대한 설명으로 옳은 것은? 16지방9

① 취소심판이 제기된 경우, 행정청이 처분시에 심판청구기간을 알리지 아니하였다 할지라도 당사자가 처분이 있음을 알게 된 날부터 90일이 경과하면 행정심판위원회는 부적법 각하재결을 하여야 한다.
② 행정심판위원회는 당사자가 주장하지 아니한 사실에 대하여 심리할 수 없다.
③ 당사자의 신청을 거부하거나 부작위로 방치한 처분의 이행을 명하는 재결이 있으면 행정청은 지체 없이 이전의 신청에 대하여 재결의 취지에 따라 처분을 하여야 한다.
④ 시·도 행정심판위원회의 기각재결이 내려진 경우 청구인은 중앙행정심판위원회에 그 재결에 대하여 다시 행정심판을 청구할 수 있다.

관련 OX

① 관련

1 행정청이 심판청구기간을 알리지 아니한 경우에는 청구인은 언제든지 심판청구를 할 수 있다. 19서울7

2 행정청이 처분을 할 때에 처분의 상대방에게 심판청구기간을 알리지 아니한 경우에는 처분이 있었던 날부터 180일까지가 취소심판이나 의무이행심판의 청구기간이 된다. 19서울9

해설

① ✕

행정심판법 제27조(심판청구의 기간) ⑥ 행정청이 심판청구기간을 <알리지 아니한 경우>에는 제3항에 규정된 기간에 있은 날부터 180일 심판청구를 할 수 있다.

+ PLUS 심판청구기간을 알리지 않은 경우(불고지)에는 '안 날로부터 90일'의 기간은 적용되지 않고, 처분이 '있었던 날로부터 180일'의 기간만 적용된다(행정심판법 제27조 제6항).

② ✕

행정심판법 제39조(직권심리) 위원회는 필요하면 당사자가 주장하지 아니한 사실에 대하여도 심리할 수 있다.

+ PLUS 행정심판 역시 소송과 마찬가지로 당사자주의(처분권주의, 대심주의)가 원칙이나 필요시 직권심리도 가능하다. 따라서 당사자가 주장하지 않은 사실이나 제출하지 않은 증거도 필요성이 인정된다면 심리할 수 있다.

③ ○

행정심판법 제49조(재결의 기속력 등) ③ 당사자의 신청을 거부하거나 부작위로 방치한 처분의 **이행을 명하는 재결이 있으면** 행정청은 지체 없이 이전의 신청에 대하여 **재결의 취지에 따라 처분**을 하여야 한다. 처분명령재결에 따른 재처분의무

+ PLUS 수익적 처분의 신청에 대한 거부나 부작위에 대해서는 의무이행심판을 청구할 수 있다(거부에 대해서는 취소심판도 가능). 의무이행심판의 인용재결은 행정심판위원회가 직접처분을 발하는 처분재결과 행정청으로 하여금 재결의 취지에 따라 처분을 하도록 명하는 처분명령재결이 있다. 처분명령재결이 있을 경우 행정청은 그 취지에 따라 처분할 의무가 있다. 이를 처분명령재결에 따른 재처분의무라 한다.

④ ✕

행정심판법 제51조(행정심판 재청구의 금지) 심판청구에 대한 재결이 있으면 그 재결 및 같은 처분 또는 부작위에 대하여 다시 행정심판을 청구할 수 없다.

+ PLUS 행정심판법은 한 번의 행정심판청구만을 인정한다. 즉, 재청구를 금지한다. 따라서 시·도 행심위의 재결에 불복하여 중앙행심위에 다시 행정심판을 청구할 수도 없다.

선지분석 & 요플·기풀기링크

선지	THEME	요플	기풀기
① T70 고지제도		05	005
②		109	104
③ T68 행정심판(조문)		153	153
④		178	178

정답 ③

 1✕ 2○

30

「행정심판법」상 행정심판위원회가 취소심판의 청구가 이유가 있다고 인정하는 경우에 행할 수 있는 재결에 해당하지 않는 것은? 21국가9

① 처분을 취소하는 재결
② 처분을 할 것을 명하는 재결
③ 처분을 다른 처분으로 변경하는 재결
④ 처분을 다른 처분으로 변경할 것을 명하는 재결

관련 OX

①②③④ 관련

1 취소심판의 재결로서 처분취소재결, 처분변경재결, 처분변경명령재결을 할 수 있으며, 처분취소명령재결은 할 수 없다. 19서울7

2 (甲은 관할 행정청인 A시장에게 처분을 신청하였으나 A시장은 甲의 신청을 거부하는 처분을 하였고, 이에 대해 甲은 행정심판을 통해 다투고자 한다) 甲이 제기한 거부처분취소심판의 청구가 이유가 있다고 인정하면 행정심판위원회는 거부처분을 취소할 것을 A시장에게 명한다. 25소간

3 행정심판위원회는 취소심판의 청구가 이유 있다고 인정하면 처분을 취소 또는 다른 처분으로 변경하거나 처분을 다른 처분으로 변경할 것을 피청구인에게 명한다. 08국가7(변형)

해설

①③④ ○, ② ✕

행정심판법 제43조(재결의 구분) ③ 위원회는 **취소심판**의 청구가 이유가 있다고 인정하면 처분을 **취소**① 또는 다른 처분으로 **변경**③하거나 처분을 다른 처분으로 **변경할 것을** 피청구인에게 **명**④한다.
⑤ 위원회는 **의무이행심판**의 청구가 이유가 있다고 인정하면 지체 없이 신청에 따른 **처분을 하거나 처분을 할 것을** 피청구인에게 **명**②한다.

+ **PLUS** 취소심판에는 취소재결,① 변경재결,③ 변경명령재결이④ 인정된다. 처분명령재결은② 의무이행심판에 인정되는 것이다.

선지선택비율 ① 7.3% ② 49.97% ③ 23.17% ④ 19.47% 오답률 50.03%

선지분석 & 요플·기풀기링크

선지	THEME	요플	기풀기
	T68 행정심판(조문)	N3	112

정답 ②

OX 1○ 2✕ 3○

31 사례형

甲은 단란주점영업을 하던 중 관할 행정청으로부터 「식품위생법」위반을 이유로 1개월의 영업정지처분을 받게 되었다. 이에 甲이 관할 행정청을 피청구인으로 하여 취소심판을 제기한 경우에 관한 설명으로 옳은 것은?

24소간

Ⓐ ① 행정심판위원회는 1개월의 영업정지처분의 취소를 명하는 재결을 할 수 있다.
소 ② 행정심판위원회가 1개월의 영업정지처분 취소재결을 내린 경우, 관할 행정청은 취소재결 취소소송을 제기할 수 있다.
Ⓒ ③ 행정심판위원회는 취소심판청구가 이유 있다고 인정하면 처분을 다른 처분으로 변경할 수 있다.
④ 甲이 구술심리를 신청하는 경우 행정심판위원회는 구술심리를 하여야 한다.
⑤ 甲은 심판청구에 대하여 구두로 심판청구를 취하할 수 있다.

관련 OX

④ 관련
1 행정심판의 심리는 구술심리 또는 서면심리로 한다. 10지방9

해설

① ✕, ③ ○ 취소심판의 인용재결에는 취소재결, 변경재결, ③ 변경명령재결이 있다. 그러나 취소명령재결은 존재하지 않는다.①

행정심판법 제43조(재결의 구분) ③ 위원회는 취소심판의 청구가 이유가 있다고 인정하면 처분을 취소(편저자: 처분취소재결) 또는 다른 처분으로 변경(편저자: 처분변경재결)하거나③ 처분을 다른 처분으로 변경할 것을 피청구인에게 명한다(편저자: 처분변경명령재결).

② ✕ 인용재결의 기속력으로 인해 행정청은 인용재결에 불복하여 소송을 제기할 수 없다. 따라서 관할 행정청이 인용재결(취소재결)에 불복하여 소송을 제기할 수 있다고 한 위 지문은 틀렸다. 반면, 청구인은 재결에 불복하여 소송을 제기할 수 있고, 이때 재결 고유의 위법이 있다면 재결을 대상으로 한 재결취소소송도 할 수 있으나, 그렇지 않다면 원처분을 대상으로 한 원처분취소소송만 할 수 있다.

- 행정심판법 제37조(현행 제49조) 제1항에 "재결은 피청구인인 행정청과 그 밖의 관계행정청을 기속한다."고 규정하고 있으므로 이에 따라 처분행정청은 재결에 기속되어 재결의 취지에 따른 처분의무를 부담하게 되므로 이에 불복하여 행정소송을 제기할 수 없다(1998.5.8. 97누15432).

행정심판법 제49조(재결의 기속력 등) ① 심판청구를 **인용하는** 재결은 **피청구인**과 그 밖의 **관계행정청**을 **기속**한다.

④ ✕ 구술심리가 원칙인 행정소송과 달리 행정심판은 구술심리나 서면심리 중 하나를 동등하게 선택할 수 있도록 하고 있다. 나아가 당사자에게 구술심리신청권을 인정하고는 있으나, 이 경우에도 서면심리만으로 결정할 수 있다고 인정되는 경우 서면심리로 진행할 수 있다.

행정심판법 제40조(심리의 방식) ① 행정심판의 심리는 **구술심리**나 **서면심리**로 한다. 다만, 당사자가 **구술심리를 신청한 경우**에는 **서면심리만으로 결정**할 수 있다고 인정되는 경우 외에는 **구술심리를 하여야 한다**.

⑤ ✕ 심판청구취하: 구두로✕, 서면으로○

행정심판법 제42조(심판청구 등의 취하) ① 청구인은 심판청구에 대하여 제7조 제6항 또는 제8조 제7항에 따른 의결이 있을 때까지 **서면**으로 심판청구를 취하할 수 있다.

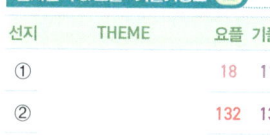

선지분석 & 요플·기풀기링크

선지	THEME	요플	기풀기
①		18	111
②		132	134
③	T68 행정심판(조문)	22	114
④		111	106
⑤		113	108

정답 ③
OX 1 ○

32

행정심판의 재결에 대한 설명으로 옳은 것은? (단, 다툼이 있는 경우 판례에 의함) 21군무원7

① 행정심판을 거친 후에 원처분에 대하여 취소소송을 제기할 경우 재결서의 정본을 송달받은 날부터 60일 이내에 제기하여야 한다.
② 의무이행심판의 청구가 이유 있다고 인정되는 경우에는 행정심판위원회는 직접 신청에 따른 처분을 할 수 없고, 피청구인에게 처분을 할 것을 명하는 재결을 할 수 있을 뿐이다.
③ 사정재결은 취소심판의 경우에만 인정되고, 의무이행심판과 무효확인심판의 경우에는 인정되지 않는다.
④ 취소심판의 심리 후 행정심판위원회는 영업허가취소처분을 영업정지처분으로 적극적으로 변경하는 변경재결 또는 변경명령재결을 할 수 있다.

관련 OX

① 관련
1 행정심판을 거친 경우의 제소기간은 행정심판재결서 정본을 송달받은 날로부터 90일 이내이다. 17교행9

② 관련
2 행정심판위원회는 의무이행심판청구가 이유가 있다고 인정하면 지체 없이 신청에 따른 처분을 하거나 처분을 할 것을 피청구인에게 명한다. 19소간

④ 관련
3 (甲은 단란주점영업을 하던 중 관할 행정청으로부터 「식품위생법」 위반을 이유로 1개월의 영업정지처분을 받게 되었다. 이에 甲이 관할 행정청을 피청구인으로 하여 취소심판을 제기하였다) 행정심판위원회는 취소심판청구가 이유 있다고 인정하면 처분을 다른 처분으로 변경할 수 있다. 24소간

해설

① × 행정심판을 거쳐 취소소송을 제기하는 경우 제소기간은 '재결서 정본을 송달받은 날부터 90일' 혹은 '재결이 있은 날로부터 1년'이다. 둘 중 어느 한 기간이라도 도과하면 더 이상 취소소송을 제기할 수 없다.

행정소송법 제20조(제소기간) ① 취소소송은 처분등이 있음을 안 날부터 90일 이내에 제기하여야 한다. 다만, 제18조 제1항 단서에 규정한 경우와 그 밖에 행정심판청구를 할 수 있는 경우 또는 행정청이 행정심판청구를 할 수 있다고 잘못 알린 경우에 행정심판청구가 있은 때의 기간은 **재결서의 정본을 송달받은 날부터 기산**한다.
② 취소소송은 처분등이 있은 날부터 1년(제1항 단서의 경우는 재결이 있은 날부터 1년)을 경과하면 이를 제기하지 못한다. 다만, 정당한 사유가 있는 때에는 그러하지 아니하다.
③ 제1항의 규정에 의한 기간은 불변기간으로 한다.

② × 거부나 부작위에 대한 의무이행심판에 대한 인용재결은, ① 행정심판위원회 재결 자체로 의무이행의 처분을 시키는 **처분재결**과 ② 행정청으로 하여금 그러한 처분을 하도록 명하는 **처분명령재결**이 모두 가능하다.

행정심판법 제43조(재결의 구분) ⑤ 위원회는 **의무이행심판**의 청구가 이유가 있다고 인정하면 지체 없이 신청에 따른 **처분을 하거나**〈처분재결〉 처분을 할 것을 피청구인에게 **명한다.**〈처분명령재결〉

③ × 소송의 경우 취소소송에서만 사정판결이 인정되고, 무효등확인소송이나 부작위위법확인소송에는 사정판결이 인정되지 않는다. 그러나 심판의 경우 취소심판과 의무이행심판에서 사정재결이 인정되고, **무효등확인심판에서만** 사정재결이 인정되지 않는다.

행정심판법 제44조(사정재결) ③ 제1항과 제2항은 **무효등확인심판에는** 적용하지 **아니**한다.

④ ○ 취소심판의 경우 ① 처분을 취소하는 취소재결은 물론, ② 변경재결을 통해 적극적 변경도 할 수 있고(예컨대 지문처럼 영업허가취소처분을 영업정지로 변경), 재량행위의 일부취소도 할 수 있다. ③ 나아가 변경재결을 통해 스스로 변경을 하는 대신, 행정청에 변경할 것을 명하는 **변경명령재결**도 할 수 있다. 다만, 그러나 취소를 명하는 **취소명령재결**은 존재하지 **않는다**(구법에 존재하였으나 삭제됨).

선지분석 & 요플·기풀기링크

선지	THEME	요플	기풀기
①	T61 제소기간	16	002
②		16	116
③	T68 행정심판(조문)	122	126
④		22	114

정답 ④
OX 1○ 2○ 3○

필수문제 33

행정심판의 재결에 관한 설명으로 옳은 것끼리 연결된 것은? (다툼이 있는 경우 판례에 따름)

12교행9

> ㉠ 형성재결인 취소재결이 있는 경우 재결의 형성력에 의해 처분청의 별도의 처분 없이 처분의 효력이 소멸된다.
> ㉡ 재결의 기속력은 각하재결에는 인정되지 아니하고, 인용재결 및 사정재결에 인정된다.
> ㉢ 행정심판의 대상이 된 처분이 기간의 경과, 처분의 집행, 그 밖의 사유로 효력이 소멸한 경우에는 각하재결을 하여야 한다.
> ㉣ 재량행위인 영업정지처분기간을 1년에서 6개월로 변경하는 일부취소의 재결도 가능하다.
> ㉤ 사정재결을 할 경우 당해 처분 또는 부작위가 위법하거나 부당하다는 것은 재결의 이유에서 밝히면 충분하다.

① ㉠, ㉡, ㉣ ② ㉠, ㉢, ㉣
③ ㉡, ㉢, ㉤ ④ ㉢, ㉣, ㉤

관련 OX

ㄱ. 관련

1 ❌ 행정심판위원회가 처분을 취소하거나 변경하는 재결을 하면, 행정청은 재결의 기속력에 따라 처분을 취소 또는 변경하는 처분을 하여야 하고, 이를 통하여 당해 처분은 처분시에 소급하여 소멸되거나 변경된다. 17(2)서울9

ㄴ. 관련

2 ❌ 행정심판재결의 기속력은 인용재결뿐만 아니라 각하재결과 기각재결에도 인정되는 효력이다. 18서울9

ㅁ. 관련

3 행정심판위원회는 사정재결을 함에 있어서 청구인에 대하여 상당한 구제방법을 취하거나 피청구인에게 상당한 구제방법을 취할 것을 명할 수 있으나, 재결주문에 그 처분등이 위법 또는 부당함을 명시할 필요는 없다. 15국회8

해설

② ㉠㉢㉣이 옳다.

㉠ ○ 취소심판에서의 취소재결이나 변경재결, 의무이행심판에서의 처분재결과 같은 형성재결의 경우 **형성력**(재결 그 자체로 처분 관련 법률관계를 변동시키는 힘)이 있다. 따라서 **취소재결이 있으면** 그 자체로(행정청의 별도의 취소처분 없이) 계쟁처분은 소급소멸하고, **변경재결이 있으면** 그 자체로(행정청의 별도의 변경처분 없이) 원처분이 변경재결로 변경되어 존재하게 된다.

㉡ × 재결의 기속력은 소송과 마찬가지로 **인용재결에만** 인정될 뿐이고 각하재결, 기각재결에는 인정되지 않는다. 사정재결도 기각재결이므로 재결의 기속력이 인정되지 않는다.

㉢ ○ 심판도 소송과 마찬가지로 대상적격(처분성), 청구인적격 등 **청구제기요건**을 갖추지 못해 부적법한 심판청구는 각하재결을 한다. 처분의 효력이 소멸된 경우 심판의 이익이 없으므로 심판청구는 각하된다.

㉣ ○ 취소소송의 경우 재량행위의 일부취소는 불가함이 원칙이지만 취소심판의 경우 **재량행위의 일부취소도 할 수 있다.** 지문과 같이 재량행위인 영업정지처분기간을 1년에서 6개월로 변경하는 재결도 가능하다.

㉤ × 소송과 마찬가지로 행정심판에도 **사정재결**, 즉 청구가 이유 있음에도 공공복리를 이유로 기각하는 재결이 인정된다. 주문에 해당 처분의 위법성(심판의 경우 부당성도 포함)을 명시하는 점도 소송과 동일하다. 지문은 이유에 명시한다고 하여 틀렸다.

행정심판법 제44조(사정재결) ① 위원회는 **심판청구가 이유가 있다고 인정하는 경우에도** 이를 인용(認容)하는 것이 **공공복리**에 크게 위배된다고 인정하면 그 심판청구를 **기각**하는 재결을 할 수 있다. 이 경우 **위원회는 재결의 주문에서** 그 처분 또는 부작위가 위법하거나 부당하다는 것을 구체적으로 밝혀야 한다.

선지분석 & 요플·기풀기링크

선지	THEME	요플	기풀기
ㄱ		175	175
ㄴ		139	140
ㄷ	T68 행정심판(조문)	114	109
ㄹ		20	115
ㅁ		123	122

정답 ②

OX 1× 2× 3×

34

「행정심판법」상 재결에 대한 설명으로 옳지 않은 것은?

19국회8

① 심판청구를 인용하는 재결은 청구인과 피청구인, 그 밖의 관계행정청을 기속한다.
② 재결에 의하여 취소되거나 무효 또는 부존재로 확인되는 처분이 당사자의 신청을 거부하는 것을 내용으로 하는 경우에는 그 처분을 한 행정청은 재결의 취지에 따라 다시 이전의 신청에 대한 처분을 하여야 한다.
③ 재결은 서면으로 하며 재결서에 적는 이유에는 주문 내용이 정당하다는 것을 인정할 수 있는 정도의 판단을 표시하여야 한다.
④ 처분의 상대방이 아닌 제3자가 심판청구를 한 경우 위원회는 재결서의 등본을 지체 없이 피청구인을 거쳐 처분의 상대방에게 송달하여야 한다.
⑤ 위원회는 의무이행심판의 청구가 이유가 있다고 인정하면 지체 없이 신청에 따른 처분을 하거나 처분을 할 것을 피청구인에게 명한다.

관련 OX

① 관련

1 심판청구를 인용하는 재결은 피청구인과 그 밖의 관계행정청을 기속한다. 18소간

⑤ 관련

2 의무이행심판의 청구가 이유 있다고 인정되는 경우에는 행정심판위원회는 직접 신청에 따른 처분을 할 수 없고, 피청구인에게 처분을 할 것을 명하는 재결을 할 수 있을 뿐이다. 21군무원7

해설

① ✕ 기속력은 행정작용을 하는 처분청(피청구인)과 관계행정청을 기속하는 것이지 행정작용을 당하는 국민(청구인)을 기속하는 것이 아니다.

행정심판법 제49조(재결의 기속력 등) ① 심판청구를 **인용하는** 재결은 **피청구인과 그 밖의 관계행정청**을 기속(覊束)한다

② ○

행정심판법 제49조(재결의 기속력 등) ② 재결에 의하여 취소되거나 무효 또는 부존재로 확인되는 처분이 당사자의 **신청을 거부**하는 것을 내용으로 하는 경우에는 그 처분을 한 행정청은 재결의 취지에 따라 **다시 이전의 신청에 대한 처분을 하여야** 한다. 재처분의무

③ ○

행정심판법 제46조(재결의 방식) ① 재결은 **서면으로** 한다.
③ 재결서에 적는 이유에는 **주문 내용이 정당하다는 것을 인정할 수 있는 정도의 판단**을 표시하여야 한다.

④ ○

행정심판법 제48조(재결의 송달과 효력발생) ④ 처분의 상대방이 아닌 제3자가 심판청구를 한 경우 **위원회**는 재결서의 **등본**을 지체 없이 피청구인을 거쳐 **처분의 상대방에게** 송달하여야 한다.

⑤ ○

행정심판법 제43조(재결의 구분) ⑤ 위원회는 **의무이행심판**의 청구가 이유가 있다고 인정하면 지체 없이 신청에 따른 **처분을 하거나** 처분재결 처분을 할 것을 피청구인에게 **명한다.** 처분명령재결

선지분석 & 요플·기풀기링크

선지	THEME	요플	기풀기
①		142	142
②		152	152
③	T68 행정심판(조문)	126	128
④		131	133
⑤		16	116

정답 ①
OX 1○ 2✕

필수문제 35

행정심판위원회에 관한 설명 중 옳지 않은 것은? 　13국회9

① 행정심판위원회는 심판청구사건에 대하여 심리권과 재결권을 가진다.
② 행정심판위원회는 당사자의 신청 또는 직권에 의하여 집행정지결정을 할 수 있다.
③ 행정심판위원회는 처분 또는 부작위가 위법·부당하다고 상당히 의심되는 경우로서 당사자가 받을 우려가 있는 중대한 불이익이나 급박한 위험을 막기 위하여 필요한 경우 직권으로 또는 당사자의 신청에 의하여 임시처분을 결정할 수 있다.
④ 중앙행정심판위원회는 심판청구의 심리·재결시 처분 또는 부작위의 근거가 되는 명령 등이 크게 불합리한 경우 관계 행정기관에 그 개정·폐지 등 적절한 시정조치를 요청할 수 있다.
⑤ 행정심판위원회는 처분의 이행을 명하는 재결에도 불구하고 피청구인이 처분을 하지 않는 경우에는 당사자의 신청 또는 직권으로 기간을 정하여 서면으로 시정을 명하고 그 기간에도 이행하지 않으면 직접처분을 할 수 있다.

해설

① ○ 구법에서는 행정심판위원회는 심리·의결을, 재결청은 재결을 담당하는 것으로 권한을 분리하였으나, 2008.2. 개정법 이후 **행정심판위원회에서 심리·재결권을 모두 갖는 것으로** 개정하였다.

② ○

행정심판법 제30조(집행정지) ② 위원회는 처분, 처분의 집행 또는 절차의 속행 때문에 **중대한 손해**가 생기는 것을 예방할 필요성이 긴급하다고 인정할 때에는 **직권**으로 또는 당사자의 **신청**에 의하여 처분의 효력, 처분의 집행 또는 절차의 속행의 전부 또는 일부의 정지를 결정할 수 있다. 다만, 처분의 효력정지는 처분의 집행 또는 절차의 속행을 정지함으로써 그 목적을 달성할 수 있을 때에는 허용되지 아니한다.

③ ○

행정심판법 제31조(임시처분) ① 위원회는 처분 또는 부작위가 위법·부당하다고 상당히 의심되는 경우로서 처분 또는 부작위 때문에 당사자가 받을 우려가 있는 중대한 불이익이나 당사자에게 생길 급박한 위험을 막기 위하여 임시지위를 정하여야 할 필요가 있는 경우에는 **직권**으로 또는 당사자의 **신청**에 의하여 **임시처분**을 결정할 수 있다.

④ ○

행정심판법 제59조(불합리한 법령 등의 개선) ① **중앙행정심판위원회는** 심판청구를 심리·재결할 때에 처분 또는 부작위의 근거가 되는 <u>명령 등</u>(대통령령·총리령·부령·훈령·예규·고시·조례·규칙 등을 말한다. 이하 같다)이 <u>법령에 근거가 없거나 상위법령에 위배되거나 국민에게 과도한 부담을 주는 등 크게 불합리</u>하면 **관계 행정기관에** 그 명령 등의 개정·폐지 등 적절한 **시정조치를 요청**할 수 있다. 이 경우 중앙행정심판위원회는 시정조치를 요청한 사실을 **법제처장에게 통보**하여야 한다.

⑤ × 직권으로 가능하다는 부분이 틀렸다.

행정심판법 제50조(위원회의 직접처분) ① 위원회는 피청구인이 제49조 제3항 처분명령재결에 따른 재처분의무에도 불구하고 처분을 하지 아니하는 경우에는 당사자가 **신청하면** 기간을 정하여 서면으로 시정을 명하고 그 기간에 이행하지 아니하면 **직접처분**을 할 수 있다. 다만, 그 처분의 성질이나 그 밖의 불가피한 사유로 위원회가 직접처분을 할 수 없는 경우에는 그러하지 아니하다.

관련 OX

③ 관련

1 행정심판위원회는 심판청구된 행정청의 부작위가 위법·부당하다고 상당히 의심되는 경우로서 당사자가 받을 우려가 있는 중대한 불이익이나 당사자에게 생길 급박한 위험을 막기 위하여 임시지위를 정할 필요가 있는 경우 직권 또는 당사자의 신청에 의하여 임시처분을 결정할 수 있다. 　18국가7

④ 관련

2 중앙행정심판위원회는 위법 또는 불합리한 명령 등의 시정조치를 관계 행정기관에 요청할 수 있다. 　22소방

⑤ 관련

3 행정심판위원회는 피청구인이 처분 이행명령재결에도 불구하고 처분을 하지 아니하는 경우에는 당사자가 신청하면 기간을 정하여 서면으로 이행을 명하고 그 기간에 이행하지 아니하면 직접처분을 할 수 있다. 　15국회8

선지분석 & 요플·기풀기링크

선지	THEME	요플	기풀기
①		94	089
②		94	089
③	T68 행정심판(조문)	104	096
④		37	184
⑤		171	163

정답 ⑤
OX 1○ 2○ 3○

36

행정심판에 대한 설명으로 옳은 것은?

14지방9(변형)

① 행정심판위원회는 직접처분을 하였을 때에는 그 사실을 해당 행정청에 통보하여야 하며, 그 통보를 받은 행정청은 행정심판위원회가 한 처분을 자기가 한 처분으로 보아 관계 법령에 따라 관리·감독 등 필요한 조치를 하여야 한다.

② 임시처분은 집행정지와 보충성 관계가 없고, 행정심판위원회는 집행정지로 목적을 달성할 수 있는 경우에도 임시처분 결정을 할 수 있다.

③ 취소심판의 인용재결에는 취소재결, 취소명령재결, 변경재결, 변경명령재결이 있다.

④ 「행정심판법」에서는 재결의 집행력을 확보하는 수단으로서 간접강제제도를 두고 있지 않다.

관련 OX

① 관련

1 행정심판위원회가 직접처분을 하였을 때에는 그 사실을 해당 행정청에 통보하여야 하며, 그 통보를 받은 행정청은 행정심판위원회의 직접처분 취지에 따라 처분을 하고 관계법령에 따라 관리·감독 등 필요한 조치를 하여야 한다.

24군무원9

해설

① ○

행정심판법 제50조(위원회의 직접처분) ① 위원회는 피청구인이 제49조 제3항에도 불구하고 처분을 하지 아니하는 경우에는 당사자가 신청하면 기간을 정하여 서면으로 시정을 명하고 그 기간에 이행하지 아니하면 **직접처분을 할 수 있다**. 다만, 그 처분의 성질이나 그 밖의 불가피한 사유로 위원회가 직접처분을 할 수 없는 경우에는 그러하지 아니하다.
② 위원회는 제1항 본문에 따라 직접처분을 하였을 때에는 그 사실을 해당 행정청에 **통보**하여야 하며, 그 통보를 받은 행정청은 위원회가 한 처분을 자기가 한 처분으로 보아 관계 법령에 따라 **관리·감독** 등 필요한 조치를 하여야 한다.

② × 임시처분과 집행정지는 보충관계○ → 집행정지로 목적달성 가능한 경우 임시처분 불가

행정심판법 제31조(임시처분) ① 위원회는 처분 또는 부작위가 위법·부당하다고 상당히 의심되는 경우로서 처분 또는 부작위 때문에 당사자가 받을 우려가 있는 중대한 불이익이나 당사자에게 생길 급박한 위험을 막기 위하여 임시지위를 정하여야 할 필요가 있는 경우에는 직권으로 또는 당사자의 신청에 의하여 임시처분을 결정할 수 있다.
③ 제1항에 따른 임시처분은 제30조 제2항에 따른 **집행정지로 목적을 달성할 수 있는 경우에는 허용되지 아니한다**.

③ × 취소심판 인용재결의 종류: 취소재결, 변경재결, 변경명령재결

행정심판법 제43조(재결의 구분) ③ 위원회는 취소심판의 청구가 이유가 있다고 인정하면 처분을 **취소** 또는 **다른** 처분으로 **변경**하거나 처분을 다른 처분으로 **변경할 것을 피청구인에게 명한다**.

④ × 행정심판법상 간접강제가 인정됨

행정심판법 제50조의2(위원회의 간접강제) ① 위원회는 피청구인이 **제49조 제2항**(제49조 **제4항**에서 준용하는 경우를 포함한다) 또는 **제3항**에 따른 처분을 하지 아니하면 청구인의 **신청**에 의하여 결정으로 상당한 기간을 정하고 피청구인이 그 기간 내에 이행하지 아니하는 경우에는 그 **지연기간에 따라** 일정한 배상을 하도록 명하거나 **즉시** 배상을 할 것을 명할 수 있다.

선지분석 & 요플·기풀기링크

선지	THEME	요플	기풀기
①		172	164
②	T68 행정심판(조문)	100	097
③		18	111
④		157	165

정답 ①

 1×

37

다음 중 행정심판에 대한 설명으로 가장 옳은 것은? (다툼이 있는 경우 판례에 의함)

25해경승진(변형)

① 당사자의 신청을 거부하거나 부작위로 방치한 처분의 이행을 명하는 재결이 있었음에도 행정청이 재결의 취지에 따른 아무런 처분을 하지 않는 경우, 위원회는 당사자의 신청이 없더라도 시정을 명하고 이에 처분을 이행하지 아니하면 직접처분을 할 수 있다.

② 위원회의 임시처분은 집행정지로 목적을 달성할 수 없는 경우에는 허용되지 아니한다.

③ 심판청구의 대상과 관계되는 권한이 다른 행정청에 승계된 경우에는 권한을 승계해 준 원행정청을 피청구인으로 하여야 한다.

④ 거부처분취소재결이 있는 경우에 행정청이 그 재결의 취지에 따른 처분을 하지 아니하고 그 처분과는 양립할 수 없는 다른 처분을 하는 것은 위법한 것이며 이 경우 그 재결의 신청인은 위법한 다른 처분의 취소를 구할 이익이 있다.

관련 OX

③ 관련

1 심판청구의 대상과 관계되는 권한이 다른 행정청에 승계된 경우에는 권한을 승계한 행정청을 피청구인으로 하여야 한다. 15(1)경행

④ 관련

2 거부처분취소재결이 있는 경우에는 행정청은 그 재결의 취지에 따라 이전의 신청에 대한 처분을 하여야 하는 것이므로 행정청이 그 재결의 취지에 따른 처분을 하지 아니하고 그 처분과는 양립할 수 없는 다른 처분을 하는 것은 재결의 기속력에 반하여 위법하다. 17(2)서울9

해설

① X 당사자의 '신청이 없더라도'(X) → 당사자가 '신청하면'(○)

행정심판법 제50조(위원회의 직접처분) ① 위원회는 피청구인이 제49조 제3항 처분명령재결에 따른 재처분의무 에도 불구하고 처분을 하지 아니하는 경우에는 당사자가 **신청하면** 기간을 정하여 서면으로 시정을 명하고 그 기간에 이행하지 아니하면 **직접처분**을 할 수 있다. 다만, 그 처분의 성질이나 그 밖의 불가피한 사유로 위원회가 직접처분을 할 수 없는 경우에는 그러하지 아니하다.

② X 없는(X) → 있는(○)

행정심판법 제31조(임시처분) ③ 제1항에 따른 임시처분은 제30조 제2항에 따른 **집행정지로 목적을 달성할 수 있는 경우에는 허용되지 아니한다.**

③ X 원행정청(X) → 승계한 행정청(○)

행정심판법 제17조(피청구인의 적격 및 경정) ① 행정심판은 **처분을 한 행정청**(의무이행심판의 경우에는 청구인의 신청을 받은 행정청)을 **피청구인**으로 하여 청구하여야 한다. 다만, 심판청구의 대상과 관계되는 권한이 다른 행정청에 승계된 경우에는 권한을 **승계한 행정청**을③ 피청구인으로 하여야 한다.

④ ○ 재처분의무: 재결의 취지에 따라 다시 처분을 해야 함 → 이에 따르지 않은 처분은 위법하고, 재결신청인은 그 다른 처분의 취소를 구할 소익이 있음

당사자의 신청을 거부하는 처분을 취소하는 재결이 있는 경우에는 행정청은 그 재결의 취지에 따라 이전의 신청에 대한 처분을 하여야 하는 것이므로 행정청이 그 재결의 취지에 따른 처분을 하지 아니하고 그 처분과는 양립할 수 없는 다른 처분을 하는 것은 **위법한 것**이라 할 것이고 이 경우 그 **재결의 신청인은 위법한 다른 처분의 취소를 소구할 이익이 있다**(1988.12.13. 88누7880).

선지분석 & 요플·기풀기링크

선지	THEME	요플	기풀기
①		171	163
②	T68 행정심판(조문)	100	097
③		59	053
④		155	155

정답 ④

OX 1○ 2○

38

행정심판에 대한 설명으로 옳지 않은 것은? (다툼이 있는 경우 판례에 의함) 18지방7

① 행정심판위원회는 피청구인이 거부처분의 취소재결에도 불구하고 처분을 하지 아니하는 경우에는 당사자가 신청하면 기간을 정하여 서면으로 시정을 명하고, 그 기간에 이행하지 아니하면 직접처분을 할 수 있다.

② 개별공시지가의 결정에 이의가 있는 자가 행정심판을 거쳐 취소소송을 제기하는 경우 취소소송의 제소기간은 그 행정심판 재결서 정본을 송달받은 날부터 또는 재결이 있는 날부터 기산한다.

③ 행정처분의 취소를 구하는 항고소송에서 처분청은 당초 처분의 근거로 삼은 사유와 기본적 사실관계가 동일성이 있다고 인정되는 한도 내에서만 다른 사유를 추가 또는 변경할 수 있다는 법리는 행정심판단계에서도 그대로 적용된다.

④ 행정심판위원회는 당사자의 권리 및 권한의 범위에서 당사자의 동의를 받아 행정심판청구의 신속하고 공정한 해결을 위하여 조정을 할 수 있으나, 그 조정이 공공복리에 적합하지 아니하거나 해당 처분의 성질에 반하는 경우에는 그러하지 아니하다.

해설

① ✕ 거부처분에 대해서는 취소심판과 의무이행심판이 모두 가능하다. 취소심판을 택한 경우 인용재결(취소재결)을 받을 시 재처분의무와 간접강제는 인정되나 직접처분은 허용되지 않는다. 반면, 의무이행심판을 택한 경우 인용재결(처분명령재결)을 받을 시 재처분의무, 간접강제 외 직접처분도 허용된다. 지문의 취소재결에 대해 직접처분이 인정된다고 하였으므로 틀린 것이다. 직접처분은 당사자의 신청에 의해서만 가능하고, 직권으로는 불가하다.

행정심판법 제50조(위원회의 직접처분) ① 위원회는 피청구인이 제49조 제3항[처분명령재결에 따른 재처분의무]에도 불구하고 처분을 하지 아니하는 경우에는 당사자가 **신청하면** 기간을 정하여 서면으로 시정을 명하고 그 **기간에** 이행하지 아니하면 **직접처분**을 할 수 있다. 다만, 그 처분의 성질이나 그 밖의 불가피한 사유로 위원회가 직접처분을 할 수 없는 경우에는 그러하지 아니하다.

제49조(재결의 기속력 등) ③ 당사자의 신청을 거부하거나 부작위로 방치한 처분의 **이행을 명하는 재결**이 있으면 행정청은 지체 없이 이전의 신청에 대하여 **재결의 취지에 따라 처분**을 하여야 한다. [처분명령재결에 따른 재처분의무]

+ PLUS 거부처분에 대한 **취소재결**, 침익적 처분에 대한 **변경명령재결** 등 그 외의 재결에 대해서는 (재)처분의무를 불이행하더라도 직접처분이 불가하다.

② ○ 개별공시지가결정에 대한 이의신청: 행정심판이 아닌 이의신청 → 이의신청 후 행정심판을 거쳐 소제기 가능 → 제소기간: 행정심판 재결서 송달일로부터 90일○(이의신청 결과통지일로부터 90일✕)
「부동산 가격공시 및 감정평가에 관한 법률」이 이의신청에 관하여 규정하고 있다고 하여 이를 행정심판법 제3조 제1항에서 행정심판의 제기를 배제하는 '다른 법률에 특별한 규정이 있는 경우'에 해당한다고 볼 수 없으므로, 개별공시지가에 대하여 이의가 있는 자는 곧바로 행정소송을 제기하거나 「부동산 가격공시 및 감정평가에 관한 법률」에 따른 이의신청과 「행정심판법」에 따른 **행정심판청구** 중 어느 하나만을 거쳐 행정소송을 제기할 수 있을 뿐 아니라, 이의신청을 하여 그 결과 통지를 받은 후 다시 행정심판을 거쳐 행정소송을 제기할 수도 있다고 보아야 하고, 이 경우 행정소송의 제소기간은 그 행정심판 재결서 정본을 송달받은 날부터 기산한다(2010.1.28. 2008두19987).

관련 OX

① 관련

1 ❌
직접처분은 당사자의 신청을 거부하거나 부작위로 방치한 처분의 이행을 명하는 재결에 적용된다. 24군무원9

2 행정심판위원회는 처분의 이행을 명하는 재결에도 불구하고 피청구인이 처분을 하지 않는 경우에는 당사자의 신청 또는 직권으로 기간을 정하여 서면으로 시정을 명하고 그 기간에도 이행하지 않으면 직접 처분을 할 수 있다. 13국회9

3 처분청이 처분이행명령재결에 따른 처분을 하지 아니한 경우에는 행정심판위원회는 당사자의 신청 여부를 불문하고 직권으로 직접처분을 할 수 있다. 19서울7

② 관련

4 (甲은 재산세 부과의 근거가 되는 개별공시지가와 그 산정의 기초가 되는 표준지공시지가가 위법하게 산정되었다고 주장한다) 甲은 개별공시지가결정에 대하여 곧바로 행정소송을 제기하거나 「부동산 가격공시에 관한 법률」에 따른 이의신청과 「행정심판법」에 따른 행정심판청구 중 어느 하나만을 거쳐 행정소송을 제기할 수 있을 뿐 아니라, 이의신청을 하여 그 결과 통지를 받은 후 다시 행정심판을 거쳐 행정소송을 제기할 수도 있다. 19국가7

④ 관련

5 행정심판위원회는 당사자의 권리 및 권한범위에서 당사자의 신청에 따라 심판청구의 신속하고 공정한 해결을 위하여 조정을 할 수 있다. 25군무원5

선지분석 & 요플·기풀기링크 ①

선지	THEME	요플	기풀기
①	T68 행정심판(조문)	169	160
②	T69 이의신청·재심사 등	03	006
③		90	085
④	T68 행정심판(조문)	116	118

③ ○ 심판에서의 처분사유 추가·변경: 기사동 내에서만 가능(소송과 동일)

행정처분의 취소를 구하는 항고소송에서 처분청은 당초 처분의 근거로 삼은 사유와 기본적 사실관계가 동일성이 있다고 인정되는 한도 내에서만 다른 〈처분사유를 추가 또는 변경〉할 수 있고 … 이러한 법리는 행정심판단계에서도 그대로 적용된다(2014.5.16. 2013두26118).

④ ○

행정심판법 제43조의2(조정) ① 위원회는 당사자의 권리 및 권한의 범위에서 당사자의 **동의를 받아** 심판청구의 신속하고 공정한 해결을 위하여 조정을 할 수 있다. 다만, 그 조정이 **공공복리**에 적합하지 아니하거나 해당 처분의 **성질**에 반하는 경우에는 그러하지 아니하다.

39. 재결의 기속력에 대한 설명으로 옳은 것만을 모두 고르면? (다툼이 있는 경우 판례에 의함)

21지방9

ㄱ. 재결에 의하여 취소되거나 무효 또는 부존재로 확인되는 처분이 당사자의 신청을 거부하는 것을 내용으로 하는 경우에는 그 처분을 한 행정청은 재결의 취지에 따라 다시 이전의 신청에 대한 처분을 하여야 한다.
ㄴ. 재결의 기속력은 인용재결의 경우에만 인정되고, 기각재결에서는 인정되지 않는다.
ㄷ. 기속력은 재결의 주문에만 미치고, 처분등의 구체적 위법사유에 관한 판단에는 미치지 않는다.
ㄹ. 행정심판 인용재결에 따른 행정청의 재처분의무에도 불구하고 행정청이 인용재결에 따른 처분을 하지 아니하는 경우에, 행정심판위원회는 청구인의 신청이 없어도 결정으로 일정한 배상을 하도록 명할 수 있다.

① ㄱ, ㄴ
② ㄱ, ㄴ, ㄹ
③ ㄱ, ㄷ, ㄹ
④ ㄴ, ㄷ, ㄹ

해설

※ 재결의 기속력을 종합적으로 묻는 문제이다. 재결의 기속력은 **인용재결**에ㄴ 인정되는 것이고, 재결의 결론을 넘어 재결의 취지, 즉 **주문을 넘어 처분등의 구체적 위법사유에 대한 이유의 판단에 대해서까지**ㄷ 미치는 것이다. 특히 취소되는 처분이 단순한 침익적인 처분이 아닌 신청을 거부하는 처분인 경우에는 **재처분의무,**ㄱ **간접강제**ㄹ가 인정된다. 나아가 거부처분에 대해 취소심판이 아닌 의무이행심판을 청구하여 처분명령재결이 있는 경우 행정심판위원회의 직접처분도 인정된다.

ㄱ. ○

행정심판법 제49조(재결의 기속력 등) ② 재결에 의하여 취소되거나 무효 또는 부존재로 확인되는 처분이 당사자의 신청을 **거부**하는 것을 내용으로 하는 경우에는 그 처분을 한 행정청은 재결의 취지에 따라 **다시 이전의 신청에 대한 처분을 하여야** 한다.

ㄴ. ○

행정심판법 제49조(재결의 기속력 등) ① 심판청구를 **인용하는 재결**은 피청구인과 그 밖의 관계행정청을 기속(羈束)한다.

ㄷ. × 재결의 기속력은 재결의 주문 및 그 전제가 된 요건사실의 인정과 판단, 즉 처분등의 구체적 위법사유에 관한 판단에만 미친다고 할 것이다(2005.12.9. 2003두7705).

ㄹ. × 간접강제는 청구인의 신청에 의해서 할 수 있을 뿐 직권으로는 할 수 없다.

행정심판법 제50조의2(위원회의 간접강제) ① 위원회는 피청구인이 제49조 제2항(제49조 제4항에서 준용하는 경우를 포함한다) 또는 제3항에 따른 **처분을 하지 아니하면 청구인의 신청에 의하여** 결정으로 상당한 기간을 정하고 피청구인이 그 기간 내에 이행하지 아니하는 경우에는 그 지연기간에 따라 **일정한 배상을 하도록 명하거나 즉시 배상을 할 것을 명할 수 있다.**

선지선택비율 ① 51.97% ② 28.54% ③ 11.35% ④ 8.13% 오답률 48.03%

정답 ①

40

행정심판에 대한 설명으로 옳지 않은 것은? 17(1)서울9

① 판례에 따르면, 처분의 절차적 위법사유로 인용재결이 있었으나 행정청이 절차적 위법사유를 시정한 후 행정청이 종전과 같은 처분을 하는 것은 재결의 기속력에 반한다.
② 사정재결은 무효등확인심판에는 적용되지 아니한다.
③ 당사자의 신청을 거부하거나 부작위로 방치한 처분의 이행을 명하는 재결이 있으면 행정청은 지체 없이 이전의 신청에 대하여 재결의 취지에 따라 처분을 하여야 한다.
④ 행정심판위원회는 필요하면 당사자가 주장하지 않은 사실에 대하여도 심리할 수 있다.

해설

① ✕ 절차적 하자로 인용재결: 절차적 하자 시정해 동일 내용 처분: 가능
행정처분의 절차 또는 형식에 위법이 있어 행정처분을 취소하는 판결이 확정되거나 행정심판청구를 인용하는 재결이 있는 경우, 그 확정판결의 기판력이나 행정심판의 기속력은 거기에 적시된 절차 및 형식의 위법사유에 한하여 미치는 것이므로 행정청은 적법한 절차 또는 형식을 갖추는 등 그 위법사유를 보완하여 다시 동일한 행정처분을 할 수 있다(2012.1.12. 2011두18649).

② ○

행정심판법 제44조(사정재결) ① 위원회는 심판청구가 이유가 있다고 인정하는 경우에도 이를 인용(認容)하는 것이 공공복리에 크게 위배된다고 인정하면 그 심판청구를 기각하는 재결을 할 수 있다. 이 경우 위원회는 재결의 주문(主文)에서 그 처분 또는 부작위가 위법하거나 부당하다는 것을 구체적으로 밝혀야 한다. ③ 제1항과 제2항은 무효등확인심판에는 적용하지 아니한다.

③ ○

행정심판법 제49조(재결의 기속력 등) ③ 당사자의 신청을 거부하거나 부작위로 방치한 처분의 **이행을 명하는 재결이 있으면** 행정청은 지체 없이 이전의 신청에 대하여 **재결의 취지에 따라 처분을 하여야 한다.** 처분명령재결에 따른 재처분의무

④ ○

행정심판법 제39조(직권심리) 위원회는 **필요하면** 당사자가 **주장하지 아니한 사실**에 대하여도 심리할 수 있다.

정답 ①

필수문제 41

「행정심판법」상 재결에 관한 내용으로 가장 옳은 것은? (다툼이 있는 경우 판례를 따름)

18(2)서울7

① 재결에 의하여 취소되는 처분이 당사자의 신청을 거부하는 것을 내용으로 하는 경우라도 그 처분을 한 행정청이 재결의 취지에 따라 다시 이전의 신청에 대한 처분을 하여야 할 의무는 없다.
② 행정심판위원회는 재처분의무가 있는 피청구인이 재처분의무를 이행하지 아니하면 지연기간에 따라 일정한 배상을 하도록 명할 수는 있으나 즉시배상을 할 것을 명할 수는 없다.
③ 행정심판 청구인은 행정심판위원회의 간접강제 결정에 불복하는 경우 그 결정에 대하여 행정소송을 제기할 수 없다.
④ 행정심판청구에 대한 재결이 있으면 그 재결 및 같은 처분 또는 부작위에 대하여 다시 행정심판을 청구할 수 없다.

관련 OX

③ 관련
1 청구인은 행정심판위원회의 간접강제결정에 불복하는 경우 그 결정에 대하여 행정소송을 제기할 수 있다. 19지방9

해설

① ✕

행정심판법 제49조(재결의 기속력 등) ② 재결에 의하여 취소되거나 무효 또는 부존재로 확인되는 처분이 당사자의 신청을 거부하는 것을 내용으로 하는 경우에는 그 처분을 한 행정청은 재결의 취지에 따라 다시 이전의 신청에 대한 처분을 **하여야 한다**.

②③ ✕ · 지연기간에 따른 배상과 즉시배상이 모두 가능②
· 간접강제결정 or 내용변경결정에 행정소송으로 불복 가능③

행정심판법 제50조의2(위원회의 간접강제) ① 위원회는 피청구인이 제49조 제2항(제49조 제4항에서 준용하는 경우를 포함한다) 또는 제3항에 따른 처분을 하지 아니하면 청구인의 신청에 의하여 결정으로 상당한 기간을 정하고 피청구인이 그 기간 내에 이행하지 아니하는 경우에는 그 지연기간에 따라 일정한 배상을 하도록 명하거나 즉시 배상을 할 것을 **명할 수 있다.**②
② 위원회는 사정의 변경이 있는 경우에는 당사자의 신청에 의하여 제1항에 따른 결정의 내용을 변경할 수 있다.
제50조의2(위원회의 간접강제) ④ 청구인은 제1항 또는 제2항에 따른 결정에 **불복**하는 경우 그 결정에 대하여 **행정소송을 제기할 수 있다.**③

④ ○

행정심판법 제51조(행정심판 재청구의 금지) 심판청구에 대한 재결이 있으면 그 재결 및 같은 처분 또는 부작위에 대하여 다시 행정심판을 청구할 수 없다.

선지분석 & 요플·기풀기링크

선지	THEME	요플	기풀기
①	T54 거부처분	50	047
②		159	168
③	T68 행정심판(조문)	162	170
④		177	177

정답 ④
OX 1 ○

42

오답률 TOP

행정심판에 대한 설명으로 옳지 않은 것은? (다툼이 있는 경우 판례에 의함) 21국가7

① 취소심판의 인용재결로서 취소재결, 변경재결, 변경명령재결을 할 수 있다.
② 당사자의 신청을 받아들이지 않은 거부처분이 재결에서 취소된 경우에 행정청은 재결 후에 발생한 새로운 사유를 내세워 다시 거부처분을 할 수 있다.
③ 정보공개명령재결은 행정심판위원회에 의한 직접처분의 대상이 된다.
④ 인용재결의 기속력은 피청구인과 그 밖의 관계행정청에 미치고, 행정심판위원회의 간접강제결정의 효력은 피청구인인 행정청이 소속된 국가·지방자치단체 또는 공공단체에 미친다.

해설

① ○

행정심판법 제43조(재결의 구분) ③ 위원회는 **취소심판**의 청구가 이유가 있다고 인정하면 처분을 **취소** 또는 다른 처분으로 **변경**하거나 처분을 다른 처분으로 **변경할 것**을 피청구인에게 **명**한다.

> **+ PLUS** 취소심판의 인용재결로는 취소재결(형성재결), 변경재결(형성재결), 변경명령재결(이행재결)이 인정된다. 이와 관련하여 취소명령재결은 인정되지 않는다는 점이 종종 출제된다. 또한 취소소송의 인용판결시에도 변경판결을 할 수 있으나 적극적 변경도 허용되는 변경재결과 달리 소극적 변경(일부취소)만 허용된다는 점, 이행판결인 변경명령판결은 아예 인정되지 않는다는 점도 기억한다.

② ○ 거부처분이 재결로 취소된 경우 거부처분이나 재결 후에 발생한 새로운 사유로 재거부: 가능
당사자의 신청을 받아들이지 않은 거부처분이 재결에서 취소된 경우에 행정청은 종전 거부처분 또는 재결 후에 발생한 새로운 사유를 내세워 다시 거부처분을 할 수 있다. 그 재결의 취지에 따라 이전의 신청에 대하여 다시 어떠한 처분을 하여야 할지는 처분을 할 때의 법령과 사실을 기준으로 판단하여야 하기 때문이다(2017.10.31. 2015두45045).

③ × 정보공개명령재결의 경우에는 실제로 정보를 보유하는 기관만이 정보를 공개할 수 있으므로 처분의 성질상 위원회가 **직접처분을 할 수 없는** 경우에 해당한다. 직접처분이 원칙이고 직접처분을 할 수 없는 사유는 예외이므로 '위원회가 직접처분을 할 수 없는 그 밖의 불가피한 사유'라 함은 엄격하게 해석하여야 한다(박균성).

행정심판법 제50조(위원회의 직접처분) ① 위원회는 피청구인이 제49조 제3항에도 불구하고 처분을 하지 아니하는 경우에는 당사자가 신청하면 기간을 정하여 서면으로 시정을 명하고 그 기간에 이행하지 아니하면 직접처분을 할 수 있다. 다만, 그 처분의 성질이나 그 밖의 불가피한 사유로 위원회가 직접처분을 할 수 없는 경우에는 그러하지 아니하다.

④ ○

행정심판법 제49조(재결의 기속력 등) ① 심판청구를 인용하는 재결은 **피청구인과 그 밖의 관계행정청**을 기속(羈束)한다.

제50조의2(위원회의 간접강제) ⑤ 제1항 또는 제2항에 따른 결정의 효력은(편저자: 간접강제결정의 효력은) **피청구인인 행정청이 소속된 국가·지방자치단체 또는 공공단체**에 미치며, 결정서 정본은 제4항에 따른 소송제기와 관계없이 「민사집행법」에 따른 강제집행에 관하여는 집행권원과 같은 효력을 가진다. 이 경우 집행문은 위원장의 명에 따라 위원회가 소속된 행정청 소속 공무원이 부여한다.

선지선택비율 ① 9.70% ② 6.35% ③ 62.54% ④ 21.40% 오답률 37.46%

관련 OX

② 관련

1 당사자의 신청을 받아들이지 않은 거부처분이 재결에서 취소된 경우에 행정청은 종전 거부처분 또는 재결 후에 발생한 새로운 사유를 내세워 다시 거부처분을 할 수 없다. 24국가9

2 당사자의 신청을 받아들이지 않은 거부처분이 재결에서 취소된 경우, 그 재결의 취지에 따라 이전의 신청에 대하여 다시 어떠한 처분을 하여야 할지는 처분을 할 때의 법령과 사실을 기준으로 판단하여야 하므로, 행정청은 종전 거부처분 또는 재결 후에 발생한 새로운 사유를 내세워 다시 거부처분을 할 수 있다. 19국가7

④ 관련

3 간접강제결정의 효력은 피청구인인 행정청이 소속된 국가·지방자치단체 또는 공공단체에 미치며, 결정서 정본은 간접강제결정에 불복하는 행정소송의 제기와 관계없이 「민사집행법」에 따른 강제집행에 관하여는 집행권원과 같은 효력을 가진다. 22소간

선지분석 & 요플·기풀기링크

선지	THEME	요플	기풀기
①		18	111
②	T68 행정심판(조문)	156	156
③		170	162
④		163	171

정답 ③
OX 1× 2○ 3○

43

행정심판에 대한 설명으로 옳지 않은 것은? 16국가9

① 행정청의 위법·부당한 거부처분이나 부작위에 대하여 일정한 처분을 하도록 하는 의무이행심판은 현행법상 인정된다.
② 행정심판위원회는 심판청구의 대상이 되는 처분보다 청구인에게 불리한 재결을 하지 못한다.
③ 행정심판의 재결에 대해서는 재결 자체에 고유한 위법이 있음을 이유로 하는 경우에 한하여 다시 행정심판을 청구할 수 있다.
④ 행정심판위원회는 당사자의 신청에 의한 경우는 물론 직권으로도 임시처분을 결정할 수 있다.

관련 OX

① 관련
1 당사자의 신청에 대하여 위법하지는 않으나 부당한 거부처분을 한 경우 현행법상 일정한 처분을 하도록 하는 행정심판을 청구할 수 있다. 24해경간부

② 관련
2 행정심판은 행정의 자기통제절차이므로 심판청구의 대상이 되는 처분보다 청구인에게 불리한 재결을 하는 것도 가능하다. 13지방9

④ 관련
3 행정심판위원회의 임시처분결정은 당사자의 신청이 있어야 하며 직권으로 할 수는 없다. 21국회8

선지분석 & 요플·기풀기링크

선지	THEME	요플	기풀기
①		12	012
②	T68 행정심판(조문)	129	131
③		179	179
④		104	096

해설

① ○

행정심판법 제5조(행정심판의 종류) 행정심판의 종류는 다음 각 호와 같다.
3. 의무이행심판: 당사자의 신청에 대한 행정청의 위법 또는 부당한 **거부처분이나 부작위**에 대하여 일정한 처분을 하도록 하는 행정심판

② ○

행정심판법 제47조(재결의 범위) ① 위원회는 심판청구의 대상이 되는 처분 또는 부작위 외의 사항에 대하여는 재결하지 못한다.
② 위원회는 심판청구의 대상이 되는 처분보다 청구인에게 **불리한 재결을 하지 못**한다.

➕ PLUS 행정심판도 항고소송에서와 마찬가지로 불고불리의 원칙과(제47조 제1항) 불이익금지의 원칙이 모두 적용된다(제47조 제2항). 따라서 청구인이 심판대상으로 삼은 처분 또는 부작위 외의 사항에 대해서는 재결할 수 없고, 심판대상으로 삼은 당초의 처분보다 불리한 재결을 할 수도 없다.

③ ✕

행정심판법 제51조(행정심판 재청구의 금지) 심판청구에 대한 <u>재결이 있으면</u> 그 재결 및 같은 처분 또는 부작위에 대하여 <u>다시 **행정심판**을 **청구할 수 없다**</u>.

➕ PLUS 행정심판법은 한 번의 행정심판청구만을 인정한다. 즉, 한 번 재결을 받으면 그 재결이나 재결의 대상이 된 처분 또는 부작위에 대해 다시 행정심판을 청구할 수 없다. 시·도행심위의 재결에 불복하여 중앙행심위에 다시 행정심판을 청구할 수도 없고, <u>재결 자체에서 고유한 하자가 발견된다</u>고 하더라도 마찬가지이다. 재결 자체에 고유한 하자가 있을 경우 원처분이 아닌 재결에 대해서 취소 '소송'을 할 수 있다는 점과 구별한다.

④ ○

행정심판법 제31조(임시처분) ① 위원회는 처분 또는 부작위가 위법·부당하다고 상당히 의심되는 경우로서 처분 또는 부작위 때문에 당사자가 받을 우려가 있는 중대한 불이익이나 당사자에게 생길 급박한 위험을 막기 위하여 임시지위를 정하여야 할 필요가 있는 경우에는 **직권으로 또는 당사자의 신청**에 의하여 임시처분을 결정할 수 있다.

➕ PLUS 집행정지와 임시처분 모두 직권 또는 당사자의 신청에 따라 할 수 있다. 직접처분은 당사자의 신청으로만 할 수 있다는 점과 구별한다.

정답 ③
OX 1○ 2✕ 3✕

44

행정심판과 행정소송에 대한 설명으로 옳지 않은 것은? (다툼이 있는 경우 판례에 의함) 18국가9

① 행정심판을 청구하려는 자는 행정심판위원회뿐만 아니라 피청구인인 행정청에도 행정심판청구서를 제출할 수 있으나 행정소송을 제기하려는 자는 법원에 소장을 제출하여야 한다.

② 행정심판에서는 행정청이 상대방에게 심판청구기간을 법정심판청구기간보다 긴 기간으로 잘못 알린 경우에 그 잘못 알린 기간 내에 심판청구가 있으면 그 심판청구는 법정심판청구기간 내에 제기된 것으로 보나 행정소송에서는 그렇지 않다.

③ 「행정심판법」은 「행정소송법」과는 달리 집행정지뿐만 아니라 임시처분도 규정하고 있다.

④ 행정심판에서 행정심판위원회는 행정청의 부작위가 위법, 부당하다고 판단되면 직접처분을 할 수 있으나 행정소송에서 법원은 행정청의 부작위가 위법한 경우에만 직접처분을 할 수 있다.

관련 OX

② 관련

1 처분청이 처분을 하면서 행정심판 제기기간에 관하여 법정심판청구기간보다 긴 기간으로 잘못 알렸다면 그 잘못 알린 기간 내에 제기된 항고소송은 「행정소송법」상 법정제소기간을 도과하였더라도 제소기간을 준수한 것으로 본다.   25소간

④ 관련

2 「행정심판법」에서는 거부처분에 대한 이행명령재결에 따르지 않을 경우 직접처분에 관한 규정을 두고 있으나, 「행정소송법」에서는 이에 관한 규정을 두지 않고 있다.   21국회8

해설

① ○ 심판청구서는 소송상 소장에 대응한다. 소송의 경우 소장은 반드시 법원에 제출해야 하나, 심판의 경우는 청구서를 행정심판위원회뿐 아니라, 피청구인(처분청)에게 제출하는 것도 가능하다. 그러나 피청구인에게 제출할 의무가 있거나, 피청구인을 경유할 의무가 있는 것은 아니다.

행정심판법 제23조(심판청구서의 제출) ① 행정심판을 청구하려는 자는 제28조에 따라 심판청구서를 작성하여 **피청구인이나 위원회에 제출하여야 한다**. 이 경우 피청구인의 수만큼 심판청구서 부본을 함께 제출하여야 한다.

② ○ 행정심판법은 심판청구기간에 대해 행정청에게 고지의무를 부여하고(제58조) 그러한 고지의무를 이행하지 않거나 잘못 이행한 경우의(오고지・불고지) 구제에 대해서도 규정하고 있다(제27조). 반면, 행정소송법은 이러한 규정을 두고 있지 않다. 즉, 심판청구기간을 더 길게 잘못 알린 경우(오고지)에는 그 잘못 알린 기간 내에 심판청구가 있으면 적법한 것으로 보나(제27조 제5항), 항고소송에서는 제소기간을 잘못 알린 경우의 구제에 대해 규정하고 있지 않다. ② 또한 심판청구기간을 아예 알리지 않은 경우(불고지)에는 '안 날로부터 90일'의 기간은 적용되지 않고, 처분이 '있었던 날로부터 180일'의 기간만 적용되나(제27조 제6항), 항고소송에서는 이러한 취지의 규정을 두고 있지 않다. 이러한 오고지・불고지는 청구기간과 관련하여 구제효과를 가질 뿐 처분 자체에 직접 영향을 미치는 것은 아니다. 따라서 오고지・불고지가 있었다 하여 처분에 하자가 생겼다고 할 수는 없다.

③ ○ 항고소송은 가구제수단으로 집행정지 외 가처분(임시처분)을 인정하지 않으나, 행정심판은 집행정지와 임시처분을 모두 규정하여 인정하고 있다.

④ × 행정심판은 위법・부당한 거부처분이나 부작위에 대해서 의무이행소송 및 행정심판위원회의 직접처분을 허용하고 있다. 반면, 항고소송의 경우 위법한 거부처분이나 부작위에 대해서 거부처분취소소송이나 부작위위법확인소송만 가능하고 설령 그 거부나 부작위가 위법하더라도 의무이행소송이나 직접처분을 할 수는 없다.

선지분석 & 요플・기풀기링크

선지	THEME	요플	기풀기
①	T68 행정심판(조문)	69	063
②	T70 고지제도	08	010
③	T68 행정심판(조문)	99	098
④		166	158

정답 ④

OX 1× 2○

45

「행정심판법」상 중앙행정심판위원회에만 인정되는 고유한 권한인 것은?

20국회8

① 심리·재결권
② 불합리한 법령 등의 개선을 위한 시정조치요청권
③ 청구인지위의 승계허가권
④ 대리인 선임허가권
⑤ 피청구인경정결정권

해설

② 중앙행정심판위원회는 처분 등의 근거규정에서(법규명령, 행정규칙) 불합리가 발견되면, 1) 관계 행정기관에 시정조치 요청을 할 수 있고, 2) 법제처장에게 이를 통보한다. 이러한 '불합리한 법령 등의 개선을 위한 시정조치요청권'은 시·도행정심판위원회 등에는 인정되지 않는 중앙행정심판위원회의 고유한 권한이다.

> **행정심판법 제59조(불합리한 법령 등의 개선)** ① **중앙행정심판위원회는** 심판청구를 심리·재결할 때에 처분 또는 부작위의 근거가 되는 명령 등(대통령령·총리령·부령·훈령·예규·고시·조례·규칙 등을 말한다. 이하 같다)이 법령에 근거가 없거나 상위법령에 위배되거나 국민에게 과도한 부담을 주는 등 크게 불합리하면 **관계 행정기관에** 그 명령 등의 개정·폐지 등 적절한 **시정조치를 요청**할 수 있다. 이 경우 중앙행정심판위원회는 시정조치를 요청한 사실을 **법제처장에게 통보**하여야 한다.
> ② 제1항에 따른 요청을 받은 관계 행정기관은 정당한 사유가 없으면 이에 따라야 한다.

정답 ②

T69 행정심판(2) - 이의신청·재심사 등

01

행정심판에 대한 설명으로 옳은 것은? (다툼이 있는 경우 판례에 의함) 16국회8

① 이의신청은 그것이 준사법적 절차의 성격을 띠어 실질적으로 행정심판의 성질을 가지더라도 이를 행정심판으로 볼 수 없다.
② 이의신청이 「민원 처리에 관한 법률」의 민원 이의신청과 같이 별도의 행정심판절차가 존재하고 행정심판과는 성질을 달리하는 경우에는 그 이의신청은 행정심판과는 다른 것으로 본다.
③ 개별 법률에 이의신청제도를 두면서 행정심판에 대한 명시적인 규정이 없는 경우, 이의신청과는 별도로 행정심판을 제기할 수 없다.
④ 진정이라는 표현을 사용하면 그것이 실제로 행정심판의 실체를 가지더라도 행정심판으로 다룰 수 없다.
⑤ 이의신청을 제기하여야 할 사람이 처분청에 표제를 '행정심판청구서'로 한 서류를 제출한 경우 그 서류의 실질이 이의신청일지라도 이를 행정심판으로 다룬다.

관련 OX

④ 관련

1 ㉢
행정심판청구서의 형식을 다 갖추지 않았다면 비록 그 문서내용이 행정심판의 청구를 구하는 것을 내용으로 하더라도 부적법하다. 12사복9

해설

① × 이의신청이 준사법절차의 성격을 가지는 경우 이는 행정심판으로 해석된다(다수설). 이러한 이의신청(실질상 행정심판)에는 개별법에 규정된 것 외에는 「행정심판법」이 적용될 것이고, 이의신청과 별도로 행정심판을 제기할 수는 없을 것이다.

- **실질이 행정심판인 이의신청은 행정심판에 해당**
토지수용위원회의 수용재결에 대한 이의절차는 실질적으로 행정심판의 성질을 갖는 것이므로 「공익사업을 위한 토지 등의 취득 및 보상에 관한 법률」에 특별한 규정이 있는 것을 제외하고는 행정심판법의 규정이 적용된다(1992.6.9. 92누565).

② ○ 「민원 처리에 관한 법률」은 행정기관의 거부처분에 대하여 그 행정기관에 이의신청할 수 있다고 하면서 이와 별도로 행정심판도 제기할 수 있도록 명시적으로 규정하고 있으므로(제35조 제3항) 행정심판이 아닌 이의신청으로 본다.

③ × 개별 법률에 이의신청제도를 두면서 행정심판에 대한 명시적인 규정이 없는 경우에도 해당 이의신청제도가 행정심판이 아닌 이의신청으로 해석되는 경우에는 이의신청은 물론 별도로 행정심판도 제기할 수 있다.

  + PLUS 지문은 별도로 행정심판을 제기할 수 없다고 단정했기 때문에 틀렸다.

④ × **형식은 진정이라도 행정심판의 실체를 갖는 경우는 행정심판으로 봄**
비록 〈제목이 '진정서'〉로 되어 있고, 재결청의 표시, 심판청구의 취지 및 이유, 처분을 한 행정청의 고지의 유무 및 그 내용 등 행정심판법 제19조 제2항 소정의 사항들을 구분하여 기재하고 있지 아니하여 〈행정심판청구서로서의 형식〉을 다 갖추고 있다고 볼 수는 없으나, 피청구인인 처분청과 청구인의 이름과 주소가 기재되어 있고, 청구인의 기명이 되어 있으며, 문서의 기재 내용에 의하여 심판청구의 대상이 되는 행정처분의 내용과 심판청구의 취지 및 이유, 처분이 있은 것을 안 날을 알 수 있는 경우, 위 문서에 기재되어 있지 않은 재결청, 처분을 한 행정청의 고지의 유무 등의 내용과 날인 등의 불비한 점은 보정이 가능하므로 위 문서를 행정처분에 대한 행정심판청구로 보는 것이 옳다(2000.6.9. 98두2621).

⑤ × **이의신청을 제기할 사람이 '행정심판청구서'라는 표제를 사용: 이의신청으로 인정 가능**
지방자치법 제140조 제3항에서 정한 이의신청은 행정청의 위법·부당한 처분에 대하여 행정기관이 심판하는 행정심판과는 구별되는 별개의 제도이나, 이의신청과 행정심판은 모두 본질에 있어 행정처분으로 인하여 권리나 이익을 침해당한 상대방의 권리구제에 목적이 있고, 행정소송에 앞서 먼저 행정기관의 판단을 받는 데에 목적을 둔 엄격한 형식을 요하지 않는 서면행위이므로, 이의신청을 제기해야 할 사람이 처분청에 〈표제를 '행정심판청구서'〉로 한 서류를 제출한 경우라 할지라도 서류의 내용에 이의신청요건에 맞는 불복취지와 사유가 충분히 기재되어 있다면 표제에도 불구하고 이를 처분에 대한 이의신청으로 볼 수 있다(2012.3.29. 2011두26886).

선지분석 & 요플·기풀기링크

선지	THEME	요플	기풀기
①		05	003
②	T69 이의신청·재심사 등	01	001
③		04	002
④	T68 행정심판(조문)	84	079
⑤		86	081

정답 ②

OX 1 ×

02

다음 중 「행정심판법」에 따른 행정심판을 제기할 수 없는 경우만을 모두 고르면? (다툼이 있는 경우 판례에 의함)
22국가9

> ㄱ. 「공공기관의 정보공개에 관한 법률」상 정보공개와 관련한 공공기관의 비공개결정에 대하여 이의신청을 한 경우
> ㄴ. 「공익사업을 위한 토지 등의 취득 및 보상에 관한 법률」상 토지수용위원회의 수용재결에 이의가 있어 중앙토지수용위원회에 이의를 신청한 경우
> ㄷ. 「난민법」상 난민불인정결정에 대해 법무부장관에게 이의신청을 한 경우
> ㄹ. 「민원 처리에 관한 법률」상 법정민원에 대한 행정기관의 장의 거부처분에 대해 그 행정기관의 장에게 이의신청을 한 경우

① ㄱ, ㄴ
② ㄱ, ㄹ
③ ㄴ, ㄷ
④ ㄷ, ㄹ

해설

ㄱ. ○

공공기관의 정보공개에 관한 법률 제18조(이의신청) ① 청구인이 정보공개와 관련한 공공기관의 비공개 결정 또는 부분 공개 결정에 대하여 불복이 있거나 정보 공개 청구 후 20일이 경과하도록 정보공개 결정이 없는 때에는 … 해당 공공기관에 문서로 이의신청을 할 수 있다.
④ 공공기관은 이의신청을 각하(却下) 또는 기각(棄却)하는 결정을 한 경우에는 청구인에게 **행정심판** 또는 **행정소송을 제기할 수 있다**는 사실을 제3항에 따른 결과 통지와 함께 알려야 한다.

ㄴ. ✕ 토지수용위원회의 수용재결에 대한 이의절차는 실질적으로 행정심판의 성질을 갖는 것이므로 토지수용법에 특별한 규정이 있는 것을 제외하고는 행정심판법의 규정이 적용된다고 할 것이다(1992.6.9. 92누565).

행정심판법 제51조(행정심판 재청구의 금지) 심판청구에 대한 재결이 있으면 그 재결 및 같은 처분 또는 부작위에 대하여 다시 **행정심판을 청구할 수 없다.**

ㄷ. ✕

난민법 제21조(이의신청) ① 제18조 제2항 또는 제19조에 따라 난민불인정결정을 받은 사람 또는 제22조에 따라 난민 인정이 취소 또는 철회된 사람은 그 통지를 받은 날부터 30일 이내에 법무부장관에게 이의신청을 할 수 있다. 이 경우 이의신청서에 이의의 사유를 소명하는 자료를 첨부하여 지방출입국·외국인 관서의 장에게 제출하여야 한다.
② 제1항에 따른 이의신청을 한 경우에는 「행정심판법」에 따른 **행정심판을 청구할 수 없다.**

ㄹ. ○

민원 처리에 관한 법률 제35조(거부처분에 대한 이의신청) ① 법정민원에 대한 행정기관의 장의 거부처분에 불복하는 민원인은 그 거부처분을 받은 날부터 60일 이내에 그 행정기관의 장에게 문서로 이의신청을 할 수 있다.
③ 민원인은 제1항에 따른 이의신청 여부와 관계없이 「행정심판법」에 따른 **행정심판** 또는 「행정소송법」에 따른 행정소송을 제기할 수 있다.

■ 개별법상 이의신청의 분류·종류

분류	구별실익	종류
행정심판과 별개의 불복제도인 경우	행정심판법상 행정심판도 가능	• 민원처리법상 이의신청ㄹ • 정보공개법상 이의신청ㄱ • 부동산공시법상 개별공시지가 결정에 대한 이의신청
		이의신청 후 행정심판까지 거쳐 항고소송 제기시 제소기간 기산점 → **재결서 송달일**(← 이의신청결과통지일×)
행정심판인 이의신청인 경우	행정심판법상 행정심판은 불가	• 난민법상 이의신청ㄷ • 토지보상법상 재결에 대한 이의신청ㄴ

선지선택비율 ① 12.79% ② 14.89% ③ 42.46% ④ 29.86%   오답률 57.54%

정답 ③

03

「행정기본법」상 이의신청에 대한 설명으로 옳은 것은? 24국회9

① 행정청의 처분에 이의가 있는 당사자는 해당 행정청 또는 감독청에 이의신청을 할 수 있다.
② 행정청은 이의신청을 받으면 그 신청을 받은 날부터 30일 이내에 그 이의신청에 대한 결과를 신청인에게 통지하여야 한다.
③ 과태료 부과 및 징수에 관한 사항은 이의신청의 대상이 아니다.
④ 행정청의 처분에 이해관계가 있는 제3자는 이의신청을 할 수 있다.
⑤ 이의신청을 한 경우에는 「행정심판법」에 따른 행정심판을 제기할 수 없다.

관련 OX

② 관련
1 행정청은 이의신청을 받으면 부득이한 사유가 아니라면 그 신청을 받은 날부터 14일 이내에 그 이의신청에 대한 결과를 신청인에게 통지하여야 한다. 24소간

⑤ 관련
2 처분에 대한 이의신청을 한 경우에는 「행정심판법」에 따른 행정심판을 제기할 수 없다. 24소간

3 Ⓑ
행정청의 처분에 대해 이의신청을 한 경우에도 그 이의신청과 관계없이 「행정심판법」에 따른 행정심판 또는 「행정소송법」에 따른 행정소송을 제기할 수 있다. 24지방7

추가기출(③ 관련)
ⓐ Ⓒ
과태료·과징금의 부과 및 징수에 관한 사항에 대하여는 「행정기본법」상 이의신청 규정을 적용하지 않는다. 24군무원9(변형)

해설

①②④⑤ ×, ③ ○
- ① 해당 행정청에 이의신청을 하는 것이지 감독청에 하는 것이 아니다.
- ② 30일×, 14일○
- ④ 행정기본법상 이의신청을 할 수 있는 자는 당사자이지, 제3자가 아니다.
- ⑤ 이의신청을 한 경우에도 행정심판법에 따른 행정심판을 제기할 수 있다.

행정기본법 제36조(처분에 대한 이의신청) ① 행정청의 처분(「행정심판법」 제3조에 따라 같은 법에 따른 행정심판의 대상이 되는 처분을 말한다. 이하 이 조에서 같다)에 이의가 있는 **당사자는**④ 처분을 받은 날부터 30일 이내에 **해당 행정청에**① 이의신청을 할 수 있다.
② 행정청은 제1항에 따른 이의신청을 받으면 그 신청을 받은 날부터 **14일 이내**에 그 이의신청에 대한 결과를 신청인에게 통지하여야 한다.② 다만, 부득이한 사유로 14일 이내에 통지할 수 없는 경우에는 그 기간을 만료일 다음 날부터 기산하여 10일의 범위에서 한 차례 연장할 수 있으며, 연장사유를 신청인에게 통지하여야 한다.
③ 제1항에 따라 이의신청을 한 경우에도 그 이의신청과 관계없이 「행정심판법」에 따른 **행정심판** 또는 「**행정소송법**」에 따른 행정소송을 제기할 수 있다.⑤
⑧ 다음 각 호의 어느 하나에 해당하는 사항에 관하여는 이 조를 **적용하지 아니**한다.
1. **공무원 인사**관계법령에 따른 징계 등 처분에 관한 사항
2. 「국가인권위원회법」 제30조에 따른 진정에 대한 **국가인권위원회**의 결정
3. 「노동위원회법」 제2조의2에 따라 **노동위원회**의 의결을 거쳐 행하는 사항
4. **형사**, 행형 및 보안처분 관계법령에 따라 행하는 사항
5. **외국인**의 출입국·난민인정·귀화·국적회복에 관한 사항
6. **과태료** 부과 및 징수에 관한 사항③ⓐ

+ PLUS ⓐ해설: 과태료는 이의신청 적용제외대상이 맞지만, 과징금은 제외대상이 아니다.

선지분석 & 요플·기풀기링크

선지	THEME	요플	기풀기
①		10	011
②		11	012
③	T69 이의신청·재심사 등	26	028
④		08	009
⑤		13	014

정답 ③
OX 1○ 2× 3○ ⓐ×

04

「행정기본법」상 처분에 대한 이의신청에 관한 설명으로 옳지 않은 것은?   24소간

① 행정청의 처분에 이의가 있는 당사자는 처분을 받은 날부터 30일 이내에 해당 행정청에 이의신청을 할 수 있다.
② 행정청은 이의신청을 받으면 부득이한 사유가 아니라면 그 신청을 받은 날부터 14일 이내에 그 이의신청에 대한 결과를 신청인에게 통지하여야 한다.
③ 처분에 대한 이의신청을 한 경우에는 「행정심판법」에 따른 행정심판을 제기할 수 없다.
④ 과태료 부과 및 징수에 관한 사항은 「행정기본법」에 따른 이의신청이 인정되지 아니한다.
⑤ 다른 법률에서 이의신청과 이에 준하는 절차에 대하여 정하고 있는 경우에도 그 법률에서 규정하지 아니한 사항에 관하여는 「행정기본법」에서 정하는 바에 따른다.

해설

①②④⑤ ○, ③ ✕

행정기본법 제36조(처분에 대한 이의신청) ① 행정청의 처분(「행정심판법」 제3조에 따라 같은 법에 따른 **행정심판의 대상이 되는 처분**을 말한다. 이하 이 조에서 같다)에 이의가 있는 **당사자는 처분을 받은 날부터 30일 이내에 해당 행정청에 이의신청을 할 수 있다.**①
② 행정청은 제1항에 따른 이의신청을 받으면 그 **신청을 받은 날부터 14일 이내에** 그 이의신청에 대한 **결과를 신청인에게 통지**하여야 한다. 처리기간 결과통지 다만, 부득이한 사유로 14일 이내에 통지할 수 없는 경우에는 그 기간을 만료일 다음 날부터 기산하여 10일의 범위에서 한 차례 연장할 수 있으며, 연장사유를 신청인에게 통지하여야 한다.②
③ 제1항에 따라 이의신청을 한 경우에도 그 **이의신청과 관계없이** 「행정심판법」에 따른 **행정심판** 또는 「행정소송법」에 따른 행정소송을 제기할 수 있다. 행정쟁송과의 관계③
⑤ 행정청은 제2항 또는 다른 법률에 따라 **이의신청에 대한 결과를 통지할 때**에는 대통령령으로 정하는 바에 따라 제4항에 따른 **행정심판 또는 행정소송을 제기할 수 있는 기간 등** 행정심판 또는 행정소송의 제기에 관한 사항을 함께 **안내하여야** 한다. 불복에 대한 안내(고지)의무 다만, 이의신청에 대한 결과를 통지하기 전에 **이미** 신청인이 행정심판 또는 행정소송을 제기한 경우에는 안내하지 **아니할 수** 있다. 안내(고지)의무의 면제 〈2025.9.19. 시행〉
⑥ **다른 법률**에서 이의신청과 이에 준하는 절차에 대하여 정하고 있는 경우에도 그 법률에서 **규정하지 아니한 사항**에 관하여는 **이 조에서 정하는 바에 따른다.** 일반법적 지위⑤
⑧ 다음 각 호의 어느 하나에 해당하는 사항에 관하여는 **이 조를 적용하지 아니한다.** 적용제외
1. 공무원 **인사**관계법령에 따른 징계 등 처분에 관한 사항
2. 「국가인권위원회법」 제30조에 따른 진정에 대한 **국가인권위원회**의 결정
3. 「노동위원회법」 제2조의2에 따라 **노동위원회**의 의결을 거쳐 행하는 사항
4. **형사**, 행형 및 보안처분 관계법령에 따라 행하는 사항
5. **외국인**의 출입국·난민인정·귀화·국적회복에 관한 사항
6. **과태료** 부과 및 징수에 관한 사항④

선지	THEME	요플	기풀기
①		09	010
②		11	012
③	T69 이의신청·재심사 등	13	014
④		26	028
⑤		16	017

정답 ③

필수 문제 05

「행정기본법」상 처분의 재심사에 대한 설명으로 옳지 않은 것은? (다툼이 있는 경우 판례에 의함)

25국회8

① 처분의 재심사신청은 해당 처분의 절차, 행정심판, 행정소송 및 그 밖의 쟁송에서 당사자가 중대한 과실 없이 처분의 재심사사유를 주장하지 못한 경우에만 할 수 있다.
② 처분의 재심사 결과 중 처분을 유지하는 결과에 대해서는 행정심판, 행정소송 및 그 밖의 쟁송수단을 통하여 불복할 수 있다.
③ 처분의 재심사신청은 당사자가 처분의 재심사사유를 안 날부터 60일 이내에 하여야 한다. 다만, 처분이 있은 날부터 5년이 지나면 신청할 수 없다.
④ 행정청의 위법 또는 부당한 처분의 취소와 적법한 처분의 철회는 처분의 재심사에 의하여 영향을 받지 아니한다.
⑤ 공무원 인사관계법령에 따른 징계 등 처분에 관한 사항에 관하여는 처분의 재심사를 적용하지 아니한다.

관련 OX

②관련

1 처분의 재심사 결과 중 처분을 유지하는 결과에 대해서는 행정소송을 통하여 불복할 수 없다. 25지방9

해설

② × 처분의 재심사 결과 중 처분을 유지하는 결과에 대해서는 불복 ×

행정기본법 제37조(처분의 재심사) ① 당사자는 처분(제재처분 및 행정상 강제는 제외한다. 이하 이 조에서 같다)이 행정심판, 행정소송 및 그 밖의 쟁송을 통하여 다툴 수 없게 된 경우(법원의 확정판결이 있는 경우는 제외한다)라도 다음 각 호의 어느 하나에 해당하는 경우에는 해당 처분을 한 행정청에 처분을 취소·철회하거나 변경하여 줄 것을 신청할 수 있다.
 1. 처분의 근거가 된 사실관계 또는 법률관계가 추후에 당사자에게 유리하게 바뀐 경우
 2. 당사자에게 유리한 결정을 가져다주었을 새로운 증거가 있는 경우
 3. 「민사소송법」 제451조에 따른 재심사유에 준하는 사유가 발생한 경우 등 대통령령으로 정하는 경우
② 제1항에 따른 신청은 해당 처분의 절차, 행정심판, 행정소송 및 그 밖의 쟁송에서 당사자가 중대한 과실 없이 제1항 각 호의 사유를 주장하지 못한 경우에만 할 수 있다. 허용의 한계①
③ 제1항에 따른 신청은 당사자가 제1항 각 호의 사유를 안 날부터 60일 이내에 하여야 한다. 다만, 처분이 있은 날부터 5년이 지나면 신청할 수 없다.③
⑤ 제4항에 따른 처분의 재심사결과 중 처분을 유지하는 결과에 대해서는 행정심판, 행정소송 및 그 밖의 쟁송수단을 통하여 불복할 수 없다.②
⑥ 행정청의 제18조에 따른 취소와 제19조에 따른 철회는 처분의 재심사에 의하여 영향을 받지 아니한다 (재심사와 별도로 처분을 취소 또는 철회를 할 수 있다는 뜻). 직권취소 철회와의 관계④
⑧ 다음 각 호의 어느 하나에 해당하는 사항에 관하여는 이 조를 적용하지 아니한다.
 1. 공무원 인사관계법령에 따른 징계 등 처분에 관한 사항⑤
 2. 「노동위원회법」 제2조의2에 따라 노동위원회의 의결을 거쳐 행하는 사항
 3. 형사, 행형 및 보안처분 관계법령에 따라 행하는 사항
 4. 외국인의 출입국·난민인정·귀화·국적회복에 관한 사항
 5. 과태료 부과 및 징수에 관한 사항
 6. 개별 법률에서 그 적용을 배제하고 있는 경우

선지분석 & 요플·기풀기링크

선지	THEME	요플	기풀기
①		21	023
②		23	025
③	T69 이의신청·재심사 등	22	024
④		24	026
⑤		N3①	029

정답 ②
OX 1 ○

06

다음 중 「행정기본법」상 처분의 재심사에 관한 설명으로 가장 적절하지 않은 것은? (다툼이 있는 경우 판례에 의함)

24군무원5

① 과태료 부과 및 징수에 관한 사항에 대하여는 처분의 재심사청구가 인정되지 않는다.
② 당사자는 제재처분 및 행정상 강제처분 이외의 처분에 대하여 법원의 확정판결로 다툴 수 없게 된 경우 처분의 재심사를 청구할 수 있다.
③ 처분의 근거가 된 사실관계 또는 법률관계가 추후에 당사자에게 불리하게 바뀐 경우에는 처분의 재심사사유로 인정되지 않는다.
④ 처분의 재심사 결과 중 처분을 유지하는 결과에 대해서는 행정심판, 행정소송 및 그 밖의 쟁송수단을 통하여 불복할 수 없다.

관련 OX

②관련

1 처분에 관한 법원의 확정판결이 있는 경우, 그러한 처분은 재심사의 대상에서 제외된다.
25지방9

해설

② × 법원의 확정판결로 다툴 수 없게 된 경우는 재심사청구×

행정기본법 제37조(처분의 재심사) ① 당사자는 처분(제재처분 및 행정상 강제는 제외한다. 이하 이 조에서 같다)이 행정심판, 행정소송 및 그 밖의 쟁송을 통하여 다툴 수 없게 된 경우(**법원의 확정판결이 있는 경우는 제외한다**②)라도 다음 각 호의 어느 하나에 해당하는 경우에는 해당 처분을 한 행정청에 처분을 취소·철회하거나 변경하여 줄 것을 신청할 수 있다.
1. 처분의 근거가 된 **사실관계 또는 법률관계가 추후에 당사자에게 유리하게 바뀐 경우**③
2. 당사자에게 **유리한** 결정을 가져다주었을 **새로운 증거**가 있는 경우
3. 「민사소송법」 제451조에 따른 **재심사유에 준하는 사유**가 발생한 경우 등 대통령령으로 정하는 경우
⑤ 제4항에 따른 처분의 재심사 결과 중 **처분을 유지하는 결과**에 대해서는 행정심판, 행정소송 및 그 밖의 쟁송수단을 통하여 **불복할 수 없다**.거부결정에는 불복 불가④
⑧ 다음 각 호의 어느 하나에 해당하는 사항에 관하여는 **이 조를 적용하지 아니한다**.적용제외
1. **공무원 인사**관계법령에 따른 징계 등 처분에 관한 사항
2. 「노동위원회법」 제2조의2에 따라 **노동위원회**의 의결을 거쳐 행하는 사항
3. **형사**, 행형 및 보안처분 관계법령에 따라 행하는 사항
4. **외국인**의 출입국·난민인정·귀화·국적회복에 관한 사항
5. **과태료** 부과 및 징수에 관한 사항①
6. **개별 법률**에서 그 적용을 배제하고 있는 경우

선지분석 & 요플·기풀기링크

선지	THEME	요플	기풀기
①		28	030
②	T69 이의신청·재심사 등	19	021
③		20	022
④		23	025

 ②

 1 ○

07

다음 중 「행정기본법」상 처분의 재심사가 적용되지 않는 경우로서 가장 적절하지 않은 것은?

24군무원7

① 공무원 인사관계법령에 따른 징계 등 처분에 관한 사항
② 형사, 행형 및 보안처분 관계법령에 따라 행하는 사항
③ 외국인의 출입국·난민인정·귀화·국적회복에 관한 사항
④ 부담금 부과 및 징수에 관한 사항

관련 OX

① 관련

1 공무원 인사관계법령에 따른 징계 등 처분에 관한 사항에 관하여는 처분의 재심사를 적용하지 아니한다. 25국회8

2 공무원 인사관계법령에 따른 징계 등 처분에 관한 사항은 재심사의 대상에서 제외된다. 25지방9

해설

④ × 부담금 부과 및 징수에 관한 사항은 재심사 적용제외 대상이 아니다.

행정기본법 제37조(처분의 재심사) ⑧ 다음 각 호의 어느 하나에 해당하는 사항에 관하여는 **이 조를 적용하지 아니한다.** 적용제외
1. **공무원 인사**관계법령에 따른 징계 등 처분에 관한 사항①
2. 「노동위원회법」 제2조의2에 따라 **노동위원회**의 의결을 거쳐 행하는 사항
3. **형사**, 행형 및 보안처분 관계법령에 따라 행하는 사항②
4. **외국인**의 출입국·난민인정·귀화·국적회복에 관한 사항③
5. **과태료** 부과 및 징수에 관한 사항
6. **개별 법률**에서 그 적용을 배제하고 있는 경우

선지선택비율 ① 13.69% ② 13.10% ③ 16.07% ④ 57.14%   오답률 42.86%

선지분석 & 요플·기풀기링크

선지	THEME	요플	기풀기
	T69 이의신청·재심사 등	N3	029

정답 ④

OX 1 ○ 2 ○

08

「행정기본법」상 처분에 대한 이의신청 및 재심사에 대한 설명으로 가장 옳지 않은 것은? (다툼이 있는 경우 판례에 의함)   23서울(지적)7

① 행정청이 부득이한 사유로 14일 이내에 이의신청에 대한 결과를 통지할 수 없는 경우에는 그 기간을 만료일 다음 날부터 기산하여 10일의 범위에서 한 차례 연장할 수 있다.
② 이의신청에 대한 결과를 통지받은 후 행정심판을 제기하려는 자는 그 결과를 통지받은 날부터 90일 이내에 행정심판을 제기할 수 있다.
③ 당사자는 제재처분을 행정심판, 행정소송 및 그 밖의 쟁송을 통하여 다툴 수 없게 된 경우에 해당 처분을 한 행정청에 처분을 취소 또는 철회하여 줄 것을 신청할 수 없다.
④ 당사자는 「국가인권위원회법」에 따른 진정에 대한 국가인권위원회의 결정을 행정심판, 행정소송 및 그 밖의 쟁송을 통하여 다툴 수 없게 된 경우에 해당 결정을 한 국가인권위원회에 결정을 취소 또는 철회하여 줄 것을 신청할 수 없다.

관련 OX

② 관련

1 이의신청에 대한 결과를 통지받은 후 행정심판 또는 행정소송을 제기하려는 자는 그 결과를 통지받은 날부터 90일 이내에 행정심판 또는 행정소송을 제기할 수 있다.   23군무원7

해설

①② ○

행정기본법 제36조(처분에 대한 이의신청) ① 행정청의 처분(「행정심판법」 제3조에 따라 같은 법에 따른 **행정심판의 대상이 되는 처분**을 말한다. 이하 이 조에서 같다)에 이의가 있는 **당사자**는 **처분을 받은 날부터 30일 이내에** 해당 **행정청**에 이의신청을 할 수 있다.
② 행정청은 제1항에 따른 이의신청을 받으면 그 신청을 받은 날부터 14일 이내에 그 이의신청에 대한 결과를 신청인에게 통지하여야 한다. 다만, **부득이한 사유로 14일 이내에 통지할 수 없는 경우에는 그 기간을 만료일 다음 날부터 기산하여 10일의 범위에서 한 차례 연장**할 수 있으며, 연장사유를 신청인에게 통지하여야 한다. 연장기간사유통지①
④ 이의신청에 대한 **결과를 통지받은 후 행정심판 또는 행정소송을 제기**하려는 자는 그 **결과를 통지받은 날**(제2항에 따른 통지기간 내에 결과를 통지받지 못한 경우에는 같은 항에 따른 통지기간이 만료되는 날의 다음 날을 말한다)부터 90일 이내에 제1항의 처분(이의신청 결과 처분이 변경된 경우에는 변경된 처분으로 한다)에 대하여 **행정심판 또는 행정소송을 제기할 수 있다.** 불복기간 기산점(제소기간 특례)②

③ ○, ④ ✕

- ③ 제재처분은 처분의 재심사대상이 아니다.
- ④ 국가인권위원회법에 따른 진정에 대한 국가인권위원회의 결정은 처분의 이의신청 규정의 적용제외 대상이지만(제36조 제8항 제2호) 처분의 재심사 규정의 적용제외 대상은 아니다. 즉, 이의신청대상은 아니지만 재심사대상은 된다.

행정기본법 제37조(처분의 재심사) ① 당사자는 **처분**(제재처분 및 행정상 강제는 제외한다. ③ 이하 이 조에서 같다)이 행정심판, 행정소송 및 그 밖의 **쟁송을 통하여 다툴 수 없게 된 경우**(법원의 확정판결이 있는 경우는 제외한다)라도 다음 각 호의 어느 하나에 해당하는 경우에는 해당 처분을 한 행정청에 **처분을 취소·철회하거나 변경하여 줄 것을 신청**할 수 있다.
⑧ 다음 각 호의 어느 하나에 해당하는 사항에 관하여는 **이 조를 적용하지 아니**한다. 적용제외④
1. **공무원 인사**관계법령에 따른 징계 등 처분에 관한 사항
2. 「노동위원회법」 제2조의2에 따라 **노동위원회**의 의결을 거쳐 행하는 사항
3. **형사**, 행형 및 보안처분 관계 법령에 따라 행하는 사항
4. **외국인**의 출입국·난민인정·귀화·국적회복에 관한 사항
5. **과태료** 부과 및 징수에 관한 사항
6. **개별 법률**에서 그 적용을 배제하고 있는 경우

선지분석 & 요플·기풀기링크

선지	THEME	요플	기풀기
①		12	013
②	T69 이의신청·재심사 등	14	015
③		18	020
④		27	031

정답 ④
 1 ○

09

오답률 TOP ❶

「행정기본법」상 이의신청과 재심사에 관한 설명으로 옳지 않은 것은? 23군무원7

① 이의신청에 대한 결과를 통지받은 후 행정심판 또는 행정소송을 제기하려는 자는 그 결과를 통지받은 날부터 90일 이내에 행정심판 또는 행정소송을 제기할 수 있다.
② 공무원 인사관계법령에 의한 징계 등 처분에 관한 사항에 대하여도 「행정기본법」상의 이의신청 규정이 적용된다.
③ 당사자는 처분에 대하여 법원의 확정판결이 있는 경우에는 처분의 근거가 된 사실관계 또는 법률관계가 추후에 당사자에게 유리하게 바뀐 경우에도 해당 처분을 한 행정청이 처분을 취소·철회하거나 변경하여 줄 것을 신청할 수는 없다.
④ 처분을 유지하는 재심사 결과에 대하여는 행정심판, 행정소송 및 그 밖의 쟁송수단을 통하여 불복할 수 없다.

관련 OX

① 관련

1 이의신청에 대한 결과를 통지받은 후 행정심판을 제기하려는 자는 그 결과를 통지받은 날부터 90일 이내에 행정심판을 제기할 수 있다. 23서울(지적)7

해설

① ○, ② ✕

행정기본법 제36조(처분에 대한 이의신청) ④ 이의신청에 대한 **결과를 통지받은 후 행정심판 또는 행정소송**을 제기하려는 자는 그 **결과를 통지받은 날**(제2항에 따른 통지기간 내에 결과를 통지받지 못한 경우에는 같은 항에 따른 **통지기간이 만료되는 날의 다음 날**을 말한다)부터 **90일 이내**에 제1항의 **처분**(이의신청 결과 처분이 **변경된 경우**에는 **변경된 처분**으로 한다)에 대하여 행정심판 또는 행정소송을 제기할 수 있다.①
⑧ 다음 각 호의 어느 하나에 해당하는 사항에 관하여는 **이 조를 적용하지 아니한다.** 적용제외
 1. **공무원 인사**관계법령에 따른 징계 등 처분에 관한 사항②
 2. 「**국가인권위원회법**」 제30조에 따른 진정에 대한 국가인권위원회의 결정
 3. 「**노동위원회법**」 제2조의2에 따라 **노동위원회**의 의결을 거쳐 행하는 사항
 4. **형사**, 행형 및 보안처분 관계법령에 따라 행하는 사항
 5. **외국인**의 출입국·난민인정·귀화·국적회복에 관한 사항
 6. **과태료** 부과 및 징수에 관한 사항

③④ ○

행정기본법 제37조(처분의 재심사) ① 당사자는 **처분**(제재처분 및 행정상 강제는 제외한다. 이하 이 조에서 같다)이 행정심판, 행정소송 및 그 밖의 **쟁송**을 통해 다툴 수 없게 된 경우(법원의 확정판결이 있는 경우는 제외한다)라도 다음 각 호의 어느 하나에 해당하는 경우에는 해당 처분을 한 행정청에 **처분을 취소·철회하거나 변경하여 줄 것**을 신청할 수 있다. 재심사사유
 1. 처분의 근거가 된 **사실관계 또는 법률관계**가 추후에 당사자에게 **유리하게 바뀐 경우**③
 2. 당사자에게 **유리한** 결정을 가져다주었을 **새로운 증거**가 있는 경우
 3. 「민사소송법」 제451조에 따른 **재심사유에 준하는 사유**가 발생한 경우 등 대통령령으로 정하는 경우
⑤ 제4항에 따른 처분의 재심사 결과 중 처분을 **유지하는 결과**에 대해서는 행정심판, 행정소송 및 그 밖의 쟁송수단을 통하여 **불복할 수 없다.** 거부결정에는 불복 불가④

선지선택비율 ① 17.37% ② 45.51% ③ 18.56% ④ 18.56%   오답률 54.49%

선지분석 & 요플·기풀기링크

선지	THEME	요플	기풀기
①		14	015
②	T69 이의신청·재심사 등	25	027
③		19	021
④		23	025

정답 ②
OX **1** ○

71-73 국가배상법

기 1083-1158
요 307-327

T71 국가배상법(1) - 공무원의 위법행위에 대한 국가배상책임(제2조)

01

국가배상과 관련하여 가장 적절하지 않은 것은? (다툼이 있으면 판례에 의함) 11(1)경행

① 국가, 강원지방경찰청장, 전라남도, 서울특별시, 행정안전부 중 「국가배상법」에 따라 손해배상의 피고가 될 수 있는 것은 국가, 전라남도, 서울특별시이다.
② '교통할아버지'로 선정된 노인이 위탁받은 공무범위를 넘어 교차로 중앙에서 교통정리를 하다가 교통사고를 발생시킨 경우, 지방자치단체가 「국가배상법」 제2조 소정의 배상책임을 부담한다.
③ 시청 소속 공무원이 시장을 (구)부패방지위원회에 부패혐의자로 신고한 후 동사무소로 전보된 경우, 사회통념상 용인될 수 없을 정도로 객관적 상당성을 결여하였으므로 불법행위를 구성한다.
④ 구청 세무과 소속 공무원 甲이 乙에게 무허가 건물 세입자들에 대한 시영아파트 입주권 매매행위를 한 경우 외형상 직무범위 내의 행위라고 볼 수 없다.

해설

① ○ 국가배상법 제2조 제1항에 의해 배상책임자는 '국가 또는 지방자치단체'로 한정된다.

> **국가배상법 제2조(배상책임)** ① 국가나 지방자치단체는 공무원 또는 공무를 위탁받은 사인(이하 '공무원'이라 한다)이 직무를 집행하면서 고의 또는 과실로 법령을 위반하여 타인에게 손해를 입히거나, 「자동차손해배상 보장법」에 따라 손해배상의 책임이 있을 때에는 이 법에 따라 그 손해를 배상하여야 한다. (단서 생략)

② ○ 교통할아버지: 국가배상법상 공무원○ → 교통할아버지가 위탁범위 넘어서 교통정리를 하다 발생한 사고에 국가배상책임 인정
지방자치단체가 '교통할아버지 봉사활동 계획'을 수립한 후 관할 동장으로 하여금 '교통할아버지'를 선정하게 하여 어린이보호, 교통안내, 거리질서확립 등의 공무를 위탁하여 집행하게 하던 중 '교통할아버지'로 선정된 노인이 위탁받은 업무범위를 넘어 교차로 중앙에서 교통정리를 하다가 교통사고를 발생시킨 경우, 지방자치단체가 국가배상법 제2조 소정의 배상책임을 부담한다(2001.1.5. 98다39060).

③ ✕ 시장을 부패혐의자로 신고한 소속 공무원을 동사무소로 전보: 그것만으로 불법행위로 단정✕
시청 소속 공무원이 시장을 부패방지위원회에 부패혐의자로 신고한 후 동사무소로 하향 전보된 사안에서, 그 전보인사 조치는 해당 공무원에 대한 다면평가 결과, 원활한 업무수행의 필요성 등을 고려하여 이루어진 것으로 볼 여지도 있으므로, 사회통념상 용인될 수 없을 정도로 객관적 상당성을 결여하였다고 단정할 수 없어 불법행위를 구성하지 않는다(2009.5.28. 2006다16215).

④ ○ 세무과 공무원의 시영아파트 입주권 매매: 직무집행✕
구청 공무원 甲이 주택정비계장으로 부임하기 이전에 그의 처 등과 공모하여 乙에게 무허가건물철거 세입자들에 대한 시영아파트 입주권 매매행위를 한 경우 이는 甲이 개인적으로 저지른 행위에 불과하고 당시 근무하던 세무과에서 수행하던 지방세 부과, 징수 등 본래의 직무와는 관련이 없는 행위로서 외형상으로도 직무범위 내에 속하는 행위라고 볼 수 없다(1993.1.15. 92다8514).

선지분석 & 요플·기풀기링크

선지	THEME	요플	기풀기
① T73 국가배상(공통·특례)	08	003
②	08	008
③ T71 국가배상(2조)	83	061
④	45	045

정답 ③

02

국가배상책임의 요건에 대한 설명으로 가장 옳지 않은 것은? (다툼이 있는 경우 판례를 따름)

19(1)서울9

① 공무원에는 조직법상 의미의 공무원뿐만 아니라 기능적 의미의 공무원이 포함된다.
② 공무원의 직무에는 국가나 지방자치단체의 권력적 작용, 비권력적 작용, 단순한 사경제의 주체로서 하는 작용이 포함된다.
③ 과실개념을 객관화하려는 태도는 국가배상책임의 성립을 용이하게 하려는 의도를 지니고 있다.
④ 헌법에 의하여 부과되는 국가의 구체적인 입법의무 자체가 인정되지 않는 경우에는 애당초 부작위로 인한 불법행위가 성립할 여지가 없다.

관련 OX

② 관련

1 「국가배상법」 제2조 제1항의 공무원의 직무에는 권력적 작용만이 아니라 행정지도와 같은 비권력적 작용도 포함되지만, 행정주체가 사경제주체로서 하는 활동은 제외된다. 17지방7

③ 관련

2 ○
(국가배상청구권과 관련하여) 과실개념의 주관화(主觀化) 경향이 나타나고 있다. 14서울9

해설

① ○ 국가배상법상 공무원: 조직법상의 공무원에 국한× → 널리 공무를 위탁받은 실질적 공무종사자 일체 ○ (기능적 의미의 공무원)
   국가배상법 제2조 소정의 '공무원'이라 함은 국가공무원법이나 지방공무원법에 의하여 공무원으로서의 신분을 가진 자에 국한하지 않고, 널리 공무를 위탁받아 실질적으로 공무에 종사하고 있는 일체의 자를 가리키는 것으로서, 공무의 위탁이 일시적이고 한정적인 사항에 관한 활동을 위한 것이어도 달리 볼 것은 아니다(2001.1.5. 98다39060).
   + PLUS 국가배상법 제2조의 공무원은 조직법상의 공무원뿐 아니라 널리 공무를 위탁받아 실질적으로 공무에 종사하기만 한다면 그 일체를 공무원으로 본다(기능적 개념).

② × 공무원의 직무: 권력적 작용 외 비권력적 작용도 포함 / 사경제주체로서의 활동은 제외
   국가배상법이 정한 손해배상청구의 요건인 '공무원의 직무'에는 국가나 지방자치단체의 권력적 작용뿐만 아니라 비권력적 작용도 포함되지만 단순한 사경제의 주체로서 하는 작용은 포함되지 않는다(2004.4.9. 2002다10691).

③ ○ 공무원의 과실 여부에 대해 주관적 주의의무가 아닌 객관적 주의의무를 기준으로 과실의 존부를 판단하는 과실의 객관화 경향은 가해행위 공무원 개인을 특정해 그 개인의 주관적 의사를 기준으로 과실을 입증해야 하는 번거로움 내지 어려움을 해소시킴으로써 배상책임의 성립을 용이하게 하여 국민의 권익보호를 증진시키려는 것이다.

④ ○ 입법부작위에 대한 배상책임: 구체적 입법의무 인정시 가능. 그렇지 않다면 성립 여지×
   국회의원의 입법행위는 국가가 일정한 사항에 관하여 헌법에 의하여 부과되는 구체적인 입법의무를 부담하고 있음에도 불구하고 그 입법에 필요한 상당한 기간이 경과하도록 고의 또는 과실로 이러한 입법의무를 이행하지 아니하는 등 극히 예외적인 사정이 인정되는 사안에 한정하여 국가배상법 소정의 배상책임이 인정될 수 있으며, 위와 같은 구체적인 입법의무 자체가 인정되지 않는 경우에는 애당초 부작위로 인한 불법행위가 성립할 여지가 없다(2008.5.29. 2004다33469).

선지분석 & 요플·기풀기링크

선지	THEME	요플	기풀기
①		04	004
②	T71 국가배상(2조)	18	017
③		50	084
④		31	026

정답 ②
OX 1○ 2×

03

「국가배상법」 제2조에서 규정하는 '공무원'으로 볼 수 없는 것은? (다툼이 있는 경우 판례에 의함)

19소방

- 소 ① 「의용소방대 설치 및 운영에 관한 법률」에 따라 소방서장이 임명한 의용소방대원
- 인 ② 구청 소속 청소차량 운전원
- 소 ③ 지방자치단체에 근무하는 청원경찰
- 기 ④ 지방자치단체로부터 어린이보호 등의 공무를 위탁받아 집행하는 교통할아버지

관련 OX

① ② ③ 관련

1 판례에 따르면 〈보기〉에서 「국가배상법」 제2조에 따른 공무원에 해당하는 이는 모두 몇 명인가? 09국회9

〈보기〉
- A. 전투경찰
- B. 동원 중인 향토예비군
- C. 시 청소차 운전수
- D. 통장
- E. 국가나 지방자치단체에 근무하는 청원경찰
- F. 의용소방대원

④ 관련

2 지방자치단체가 '교통할아버지 봉사활동 계획'을 설립한 후, 이 계획에 따라 관할 동장이 선정한 '교통할아버지'도 공무원에 해당한다. 19소간

추가기출

ⓐ 인
시 청소차 운전수나 전입신고서에 확인인을 찍는 통장은 「국가배상법」 제2조의 공무원에 해당한다. 10국가9

ⓑ 기
법관이나 헌법재판소 재판관은 「국가배상법」 제2조에서 말하는 공무원에 해당하지 않는다. 12(1)경행

해설

① ✕ 의용소방대원: 국가배상법상 공무원 ✕
의용소방대는 국가기관이라 할 수 없음은 물론이고 군(郡)에 예속된 기관이라고 할 수도 없으니 의용소방대원이 소방호수를 교환받기 위하여 소방대장의 승인을 받고 위 의용소방대가 보관 사용하는 차량을 운전하고 가다가 운전사고가 발생하였다면 이를 군의 사무집행에 즈음한 행위라고 볼 수 없다(1975.11.25. 73다1896).

② ○ 시·군 청소차운전원: 국가배상법상 공무원 ○ ⓐ(앞)
서울시 산하 구청 소속의 청소차량 운전원이 지방잡급직원규정에 의하여 단순노무제공만을 행하는 기능직 잡급직원이라면 이는 지방공무원법 제2조 제2항 제7호 소정의 단순한 노무에 종사하는 별정직 공무원이다(1980.9.24. 80다1051).

③ ○ 국가·지자체에 근무하는 청원경찰: 국가배상법상 공무원 ○
국가나 지방자치단체에 근무하는 청원경찰은 국가공무원법이나 지방공무원법상의 공무원은 아니지만, 직무상의 불법행위에 대하여도 민법이 아닌 국가배상법이 적용된다(1993.7.13. 92다47564).

④ ○ 교통할아버지: 국가배상법상 공무원 ○
지방자치단체가 '교통할아버지 봉사활동 계획'을 수립한 후 관할 동장으로 하여금 '교통할아버지'를 선정하게 하여 어린이보호, 교통안내, 거리질서확립 등의 공무를 위탁하여 집행하게 하던 중 '교통할아버지'로 선정된 노인이 위탁받은 업무범위를 넘어 교차로 중앙에서 교통정리를 하다가 교통사고를 발생시킨 경우, 지방자치단체가 국가배상법 제2조 소정의 배상책임을 부담한다(2001.1.5. 98다39060).

관련 국가배상법상의 공무원
- 전입신고서에 확인인을 찍는 통장○(1991.7.9. 91다5570) ⓐ(뒤)
- 입법부(국회의원)·사법부(법관)·헌법재판소(헌법재판관) 소속 공무원○ ⓑ

선지분석 & 요플·기풀기링크

선지	THEME	요플	기풀기
①		13	013
②	T71 국가배상(2조)	10	010
③		11	011
④		07	007

정답 ①

OX 1 5명(의용소방대원만 미해당)
2 ○ ⓐ ○ ⓑ ✕

04

「국가배상법」상 공무원의 직무행위에 대한 판례의 내용으로 옳지 않은 것은? 16지방7

① 강남구청이 도시계획사업의 주무관청으로서 그 사업을 적극적으로 대행·지원하는 과정에서 토지소유권 이전에 필요한 일체의 서류를 반대급부로 제공할 것을 조건으로 토지수용보상금을 공탁한 경우, 이는 행정지도의 일환으로 직무수행으로서 행하였다고 할 것이므로, 비권력적 작용인 공탁으로 인한 손해배상책임은 성립할 수 있다.

② 서울특별시장의 대행자인 도봉구청장이 서울지하철 도봉차량기지 건설사업의 부지로 예정된 원고 소유의 토지를 구「공공용지의 취득 및 손실보상에 관한 특례법」에 따라 매수하기로 하는 내용의 매매계약을 체결한 경우, 이 매매계약은 공공기관이 사경제주체로서 행한 사법상 매매이므로 이에 대하여는「국가배상법」을 적용하기는 어렵고 일반「민법」의 규정을 적용할 수 있을 뿐이다.

③ 도로개설 등 공사로 인한 무허가건물의 강제철거와 관련하여 이루어지는 지방자치단체의 그 철거건물 소유자에 대한 시영아파트 분양권 부여 등의 업무는, 사경제주체로서의 활동이므로 지방자치단체의 공권력행사로 보기 어렵다고 할 것이다.

④ 육군중사 甲이 다음 날 실시예정인 독수리 훈련에 대비하여 사전정찰차 훈련지역 일대를 살피고 귀대하던 중 교통사고가 일어났다면, 甲이 비록 개인소유의 오토바이를 운전하였다 하더라도 실질적·객관적으로 위 甲의 운전행위는 그에게 부여된 훈련지역의 사전정찰임무를 수행하기 위한 직무와 밀접한 관련이 있다고 보아야 한다.

관련 OX

① 관련

1 행정지도는 비권력적 작용이므로「국가배상법」이 정한 배상청구의 요건인 공무원의 직무에 포함되지 않는다. 19서울9

2 「국가배상법」이 정한 배상청구의 요건은 '공무원의 직무'에는 권력적 작용만이 아니라 행정지도와 같은 비권력적 작용도 포함된다. 17(상)국가9

② 관련

3 「국가배상법」이 정한 손해배상청구의 요건인 '공무원의 직무'에는 권력적 작용뿐만 아니라 비권력적 작용과 단순한 사경제의 주체로서 하는 작용도 포함된다. 17사복(서울)9

4 「국가배상법」제2조 제1항의 공무원의 직무에는 권력적 작용만이 아니라 행정지도와 같은 비권력적 작용도 포함되지만, 행정주체가 사경제주체로서 하는 활동은 제외된다. 17지방7

해설

① ○ **지자체의 위법한 조건부 수용보상금 공탁의 행정지도: 직무행위로 인정(배상책임 성립)**
피고(편저자: 서울특별시) 및 그 산하의 강남구청은 이 사건 도시계획사업의 주무관청으로서 그 사업을 적극적으로 대행·지원하여 왔고 이 사건 공탁도 **행정지도의 일환으로 직무수행으로서 행하였다고 할 것이므로, 비권력적 작용인 공탁**으로 인한 피고의 손해배상책임은 성립할 수 있다(1998.7.10. 96다38971).
+ PLUS 행정지도와 같은 비권력적 작용도 직무집행에 해당 ○

② ○ **지하철 차량기지 건설부지 매매계약: 사법상 매매계약 → 국가배상 ×, 민법상 불법행위책임 ○**
서울특별시장의 대행자인 도봉구청장이 원고와 사이에 체결한(편저자: 서울지하철 도봉차량기지 건설사업의 부지에 대한) 이 사건 〈매매계약〉은 공공기관이 사경제주체로서 행한 **사법상 매매이므로, … 이에 대하여는 국가배상법을 적용하기는 어렵고 일반 민법의 규정을 적용할 수 있을 뿐이라 할 것이다**(1999.11.26. 98다47245).
+ PLUS 협의취득(매수)와 같은 사경제적 활동은 직무집행 해당 ×

③ × **시영아파트 분양권부여업무 → 사경제적 활동이 아닌 공행정작용(국가배상 인정 가능)**
도로개설 등 공사로 인한 무허가건물의 강제철거와 관련하여 이루어지는 시나 구 등 지방자치단체의 그 철거건물 소유자에 대한 **시영아파트 분양권 부여** 및 세입자에 대한 지원대책 등의 업무는 지방자치단체의 공권력행사 기타 **공행정작용과 관련된 활동으로 볼 것이지 이를 지방자치단체가 단순한 사경제주체로서 하는 활동이라고는 볼 수 없다**(1991.7.26. 91다14819).

④ ○ **개인오토바이 운전 중 사고라도, 훈련을 위한 정찰 및 귀대 중 일어난 사고라면 직무관련성 ○**
(육군중사가 〈개인소유 오토바이〉 뒷좌석에 같은 부대 소속 군인을 태우고 다음 날부터 실시예정인 훈련에 대비하여 사전정찰차 훈련지역 일대를 살피고 귀대하던 중 교통사고가 난 사안에서) 개인소유의 오토바이를 운전한 경우라 하더라도 실질적, 객관적으로 위 운전행위는 그에게 부여된 훈련지역의 사전정찰임무를 수행하기 위한 **직무와 밀접한 관련이 있다**(1994.5.27. 94다6741).

선지분석 & 요플·기풀기링크

선지	THEME	요플	기풀기
①		17	019
②	T71 국가배상(2조)	20	021
③		22	020
④		139	141

정답 ③

OX 1× 2○ 3× 4○

05

국가배상에 관한 설명으로 옳은 것을 모두 고른 것은? (다툼이 있으면 판례에 따름) 16교행9

> ㄱ. 공무원의 직무상 불법행위에 대한 국가배상의 요건이 되는 '위법'은 형식적 의미의 법령에 명시적으로 위반한 경우만을 말한다.
> ㄴ. 영조물의 설치·관리상 하자로 인한 국가배상의 기초가 되는 '공공의 영조물'은 공공의 목적에 공여된 유체물 내지 물적 설비를 말한다.
> ㄷ. 영조물의 설치·관리상 하자로 인한 국가배상에 관하여는 명문의 헌법상 근거가 없다.
> ㄹ. 국회가 제정한 법률이 헌법재판소에 의해 위헌결정을 받은 경우 국회는 그에 대해 국가배상책임을 진다.

① ㄱ, ㄴ ② ㄱ, ㄹ
③ ㄴ, ㄷ ④ ㄷ, ㄹ

관련 OX

ㄹ.관련

1 입법행위로 인한 손해에 대한 국가배상청구에서 법률이 위헌인 경우 입법행위는 위법하다. 13국회9

해설

ㄱ. ✕ **국가배상법상 법령위반: 형식적 법령위반에 한정✕ → 인권존중·신의성실·공서양속 등 위반 포함 널리 객관적 정당성을 결여한 것**
국가배상책임에 있어 공무원의 가해행위는 법령을 위반한 것이어야 하는데, 여기서 법령을 위반하였다 함은 **엄격한 의미의 법령위반뿐** 아니라 인권존중, 권력남용금지, 신의성실과 같이 공무원으로서 마땅히 지켜야 할 준칙이나 규범을 지키지 아니하고 위반한 경우를 포함하여 **널리 그 행위가 객관적인 정당성을 결여하고 있음을 뜻한다**(2018.10.25. 2013다44720).

ㄴ. ○ **국가배상법 제5조의 '영조물': 특정 공적 목적에 공여된 유체물 내지 물적 설비(=공물)**
국가배상법 제5조 제1항 소정의 '공공의 영조물'이라 함은 국가 또는 지방자치단체에 의하여 특정 공공의 목적에 공여된 유체물 내지 물적 설비를 말하며, 국가 또는 지방자치단체가 소유권, 임차권 그 밖의 권한에 기하여 관리하고 있는 경우뿐만 아니라 **사실상의 관리를 하고 있는 경우도 포함된다**(1998.10.23. 98다17381).

ㄷ. ○ 국가배상법 제2조의 책임은 헌법상 근거가 있으나(헌법 제29조), 영조물의 하자로 인한 제5조의 국가배상책임은 **헌법상 근거가 없고, 법률(국가배상법)로서 인정되는 것이다**.

ㄹ. ✕ 국회의원은 원칙적으로 입법과 관련해 정치적 책임만 진다. 따라서 어떠한 **입법을 한 것이 헌법에 명백히 위반됨에도** 굳이 입법을 해버린 것과 같은 경우가 아니면 위법행위로 볼 수 없다. 따라서 그 법이 **사후적으로 위헌결정을 받더라도 그것만으로 배상책임을 지진 않는다**.

• **법률의 위헌만으로는 위법✕ → 위헌이 명백함에도 굳이 입법하는 특수 사례에만 위법 인정 가능**
국회의원은 입법에 관하여 원칙적으로 국민 전체에 대한 관계에서 **정치적 책임을 질 뿐** 국민 개개인의 권리에 대응하여 법적 의무를 지는 것이 아니므로, **국회의원의 입법행위는 그 입법내용이 헌법의 문언에 명백히 위배됨에도 불구하고 국회가 굳이 당해 입법을 한 것과 같은 특수한 경우가 아닌 한** 국가배상법 제2조 제1항 소정의 **위법행위에 해당한다고 볼 수 없다**(2008.5.29. 2004다33469).

선지분석 & 요플·기풀기링크

선지	THEME	요플	기풀기
ㄱ	T71 국가배상(2조)	68	046
ㄴ	T72 국가배상(5조)	06	006
ㄷ		01	001
ㄹ	T71 국가배상(2조)	29	025

 ③
 1 ✕

06

국가배상에 관한 다음 설명 중 가장 적절하지 않은 것은? (다툼이 있으면 판례에 의함) 14(2)경행

① 「국가배상법」 제2조 제1항의 '직무를 집행하면서'라고 할 때 직무집행에 대한 판단기준은 행위 자체의 외관을 객관적으로 관찰하여 판단하여야 하므로 직무행위로 보여질 때에는 공무원의 행위가 실질적으로 직무행위가 아니거나 또는 행위자로서 주관적으로 공무집행의사가 없다고 하여도 '직무를 집행하면서'로 보아야 한다.

② 도로·하천, 그 밖의 공공의 영조물의 설치나 관리에 하자가 있기 때문에 타인에게 손해를 발생하게 하였을 때에는 국가나 지방자치단체는 그 손해를 배상하여야 하며, 손해의 원인에 대하여 책임을 질 자가 따로 있으면 국가나 지방자치단체는 그 자에게 구상할 수 있다.

③ 공무원이 그 직무를 집행하기 위하여 국가 또는 지방자치단체 소유의 공용차를 운행하는 경우, 그 자동차에 대한 운행지배나 운행이익은 그 공무원이 소속한 국가 또는 지방자치단체에 귀속된다고 할 것이므로, 그 공무원이 자기를 위하여 공용차를 운행하는 자로서 「자동차손해배상 보장법」 제3조 소정의 손해배상책임의 주체가 될 수는 없다.

④ '국가의 철도운행사업'은 국가가 공권력의 행사로 하는 것이 아니고 사경제적 작용이라 하여도 그로 인한 사고에 공무원이 간여하였을 경우 「국가배상법」에 따라 배상청구를 하는 배상절차를 거쳐야 한다.

해설

① ○ 직무집행 관련성: 행위의 외관을 객관적으로 관찰하여 결정 → 행위의 실질이나 행위자의 주관적 의사는 직무집행이 아니더라도, 직무집행으로 인정 가능
국가배상법 제2조 제1항에서 말하는 '직무를 행함에 당하여'라는 취지는 공무원의 행위의 외관을 객관적으로 관찰하여 공무원의 직무행위로 보여질 때에는 비록 그것이 실질적으로 직무행위이거나 아니거나 또는 행위자의 주관적 의사에 관계없이 그 행위는 공무원의 직무집행행위로 볼 것이다(1966.6.28. 66다781).

② ○

국가배상법 제5조(공공시설 등의 하자로 인한 책임) ① 도로·하천, 그 밖의 공공의 영조물의 설치나 관리에 하자가 있기 때문에 타인에게 손해를 발생하게 하였을 때에는 국가나 지방자치단체는 그 손해를 배상하여야 한다. 이 경우 제2조 제1항 단서, 제3조 및 제3조의2를 준용한다.
② 제1항을 적용할 때 손해의 원인에 대하여 책임을 질 자가 따로 있으면 국가나 지방자치단체는 그 자에게 구상할 수 있다.

③ ○ 관용차 사고: ① 국가·지자체 자배법상 무과실책임, ② 공무원은 국가배상법 원리대로
「자동차손해배상 보장법」 제3조 소정의 '자기를 위하여 자동차를 운행하는 자'라고 함은 자동차에 대한 운행을 지배하여 그 이익을 향수하는 책임주체로서의 지위에 있는 자를 뜻하는 것인바, 공무원이 그 직무를 집행하기 위하여 국가 또는 지방자치단체 소유의 〈관용차〉를 운행하는 경우, 그 자동차에 대한 **운행지배나 운행이익은** 그 공무원이 소속한 **국가 또는 지방자치단체에 귀속된다**고 할 것이고, 그 공무원 자신이 개인적으로 그 자동차에 대한 운행지배나 운행이익을 가지는 것이라고는 볼 수 없으므로, 그 **공무원이 자기를 위하여 관용차를 운행하는 자로서 「자동차손해배상 보장법」 제3조 소정의 손해배상책임의 주체가 될 수는 없다**(1992.2.25. 91다12356).

④ ✕ 철도운행사업: 사경제적 활동에 불과 → 국가배상법 제2조 책임✕ / 철도시설물의 설치·관리의 하자: 공물의 하자에 해당 → 국가배상법 제5조 책임○
국가의 〈철도운행사업〉은 국가가 공권력의 행사로서 하는 것이 아니고 **사경제적 작용**이라 할 것이므로, 이로 인한 사고에 공무원이 간여하였다고 하더라도 **국가배상법을 적용할 것이 아니고 일반 민법**의 규정에 따라야 하므로, 국가배상법상의 배상전치절차를 거칠 필요가 없으나, 공공의 영조물인 〈철도시설물의 설치 또는 관리의 하자〉로 인한 불법행위를 원인으로 하여 국가에 대하여 손해배상청구를 하는 경우에는 **국가배상법이 적용되므로 배상전치절차를 거쳐야 한다**(1999.6.22. 99다7008).

관련 OX

② 관련

1 ○
영조물의 설치·관리상의 하자로 인한 손해의 원인에 대하여 책임을 질 사람이 따로 있는 경우에는 국가·지방자치단체는 그 사람에게 구상할 수 있다.
17지방7

③ 관련

2 공무원이 그 직무를 수행하기 위하여 국가 소유의 공용차를 운행하다가 인적 손해가 발생한 경우, 자동차에 대한 운행지배나 운행이익은 그 공무원이 소속한 국가에 귀속되므로 국가가 「자동차손해배상 보장법」에 따른 배상책임을 진다.
24군무원5

④ 관련

3 국가의 철도운행사업은 국가가 공권력의 행사로서 하는 것이 아니고 사경제적 작용이라 할 것이므로, 이로 인한 사고에 공무원이 간여하였다고 하더라도 「국가배상법」을 적용할 것이 아니고 일반 「민법」의 규정에 따라야 한다.
24군무원9

4 ○
국가 또는 공공단체라 할지라도 사경제의 주체로 활동하였을 경우에는 그 손해 배상의 책임에 「국가배상법」의 규정이 적용될 수 없고 「민법」이 적용된다.
12지방9

선지분석 & 요플·기풀기링크

선지	THEME	요플	기풀기
①	T71 국가배상(2조)	39	039
②	T73 국가배상(공통·특례)	10	002
③	T71 국가배상(2조)	137	139
④		21	022

❶ + PLUS

국가의 사경제적 활동에 대한 손해 배상책임에는 사법의 일반법인 민법이 적용된다.

정답 ④
OX 1○ 2○ 3○ 4○

07

「국가배상법」상 국가배상책임의 요건에 관한 설명으로 옳지 않은 것은? 15교행9

① 절차상의 위법도 「국가배상법」상 법령위반에 해당한다.
② 국가배상책임의 요건으로서 직무행위에는 국회의 입법작용도 포함된다.
③ 국가배상책임의 대상이 되는 손해에는 재산상의 손해는 물론 정신상의 손해도 포함된다.
④ 불법행위를 행한 가해공무원을 특정할 수 없는 경우에는 국가배상책임이 인정되지 않는다.

관련 OX

④ 관련

1 「국가배상법」상 과실을 판단할 경우 보통 일반의 공무원을 그 표준으로 하고 반드시 누구의 행위인지 가해공무원을 특정하여야 한다. 12국가9

해설

① ○ 판례는 내용상 위법뿐만 아니라 절차상 위법에도 국가배상책임을 인정한다.
- 경매 담당공무원이 이해관계인에 대한 **기일통지를 잘못한 것**이 원인이 되어 경락허가결정이 취소된 사안에서, 그 사이 경락대금을 완납하고 소유권이전등기를 마친 경락인에 대하여 국가배상책임을 인정한다(2008.7.10. 2006다23664).
② ○ **국회의원의 입법작용**도 국가배상법상 직무행위의 범주에 포함되어, 위법성 등 다른 요건들이 충족되면 국가배상책임이 성립할 수 있다.
③ ○ 국가배상책임이 인정되는 손해에는, 장례비(생명), 요양비(신체), 물건의 교환가액 내지 수리비(재산) 등 **적극적 손해**뿐 아니라 수입손실액, 휴업배상 등의 소극적 손해도 모두 포함된다. 또한 **재산상 손해**뿐 아니라 비재산적 손해인 위자료, 즉 **정신적 손해**도 포함된다.
④ × 국가배상책임의 요건인 공무원의 과실은 담당공무원 **개인이 아닌** 당해 직무를 담당하는 '**평균적 공무원**'을 기준으로 과실 여부를 판단하고, 가해행위가 공무원에 의한 것이면 족하며 구체적 가해공무원을 **특정하지 않아도**(예컨대 시위진압과 관련한 경찰 측 과실) 된다(과실의 객관화 경향).

선지분석 & 요플·기풀기링크

선지	THEME	요플	기풀기
①	T71 국가배상(2조)	73	051
②		28	023
③	T73 국가배상(공통·특례)	01	020
④	T71 국가배상(2조)	49	083

정답 ④
OX 1×

필수 문제 08

국가배상에 대한 판례의 입장으로 옳지 않은 것은? 16지방9

① 국회의원의 입법행위는 그 입법내용이 헌법의 문언에 명백히 위배됨에도 불구하고 국회가 굳이 당해 입법을 한 것과 같은 특수한 경우가 아닌 한 「국가배상법」 제2조 제1항 소정의 위법행위에 해당된다고 볼 수 없다.

② 일반적으로 공무원이 관계법규를 알지 못하거나 필요한 지식을 갖추지 못하고 법규의 해석을 그르쳐 행정처분을 하였다면 그가 법률전문가가 아닌 행정직 공무원이라고 하여 과실이 없다고는 할 수 없다.

③ 법령의 규정을 따르지 아니한 법관의 재판상 직무행위는 곧바로 「국가배상법」 제2조 제1항에서 규정하고 있는 위법행위가 되어 국가의 손해배상책임이 발생한다.

④ 영업허가취소처분이 행정심판에 의하여 재량권의 일탈을 이유로 취소되었다고 하더라도 그 처분이 당시 시행되던 「공중위생법 시행규칙」에 정해진 행정처분의 기준에 따른 것인 이상 그 영업허가취소처분을 한 행정청 공무원에게 그와 같은 위법한 처분을 한 데 있어 직무집행상의 과실이 있다고 할 수는 없다.

관련 OX

② 관련

1 ❹ 일반적으로 공무원이 관계법규를 알지 못하였거나 필요한 지식을 갖추지 못하여 법규의 해석을 그르쳐 어떤 행정처분을 하였다면 그가 법률전문가가 아닌 행정직공무원인 경우에는 과실이 없다.   15(2)경행

③ 관련

2 법관의 재판행위가 위법행위로서 국가배상책임이 인정되려면 당해 법관이 위법 또는 부당한 목적을 가지고 재판하는 등 법관에게 부여된 권한의 취지에 명백히 어긋나게 이를 행사하였다고 인정할 특별한 사정이 있어야 한다.   17(하)국가7

3 재판행위로 인한 국가배상에 있어서 위법은 판결 자체의 위법이 아니라 법관의 공정한 재판을 위한 직무수행상 의무의 위반으로서의 위법이다.   12국가9

선지분석 & 요플·기풀기링크

선지	THEME	요플	기풀기
①		30	024
②	T71 국가배상(2조)	60	092
③		36	036
④		56	088

해설

① ○ 국회의원의 입법행위 → 위헌이 명백함에도 굳이 입법하는 특수 사례에만 위법 인정 가능
국회의원은 입법에 관하여 원칙적으로 국민 전체에 대한 관계에서 **정치적 책임**을 질 뿐 국민 개개인의 권리에 대응하여 법적 의무를 지는 것은 아니므로, 국회의원의 입법행위는 그 입법내용이 헌법의 문언에 명백히 위배됨에도 불구하고 국회가 굳이 당해 입법을 한 것과 같은 특수한 경우가 아닌 한 국가배상법 제2조 제1항 소정의 위법행위에 해당한다고 볼 수 없다(2008.5.29. 2004다33469).

② ○ 관계법규를 몰랐거나 필요한 지식결여로 위법한 처분: 과실 인정(법률전문가 아니라도)
법령에 대한 해석이 복잡·미묘하여 워낙 어렵고, 이에 대한 학설·판례조차 귀일되어 있지 않는 등의 특별한 사정이 없는 한 일반적으로 공무원이 관계법규를 알지 못하거나 필요한 지식을 갖추지 못하고 법규의 해석을 그르쳐 행정처분을 하였다면 그가 법률전문가가 아닌 행정직 공무원이라고 하여도 과실이 있다(2001.2.9. 98다52988).

③ ✕ 재판의 위법성 인정요건 → 단순 법령위반은✕, 위법·부당 목적으로 재판 or 현저한 기준위반 등 특별사정 필요
법관의 〈재판에 법령의 규정을 따르지 아니한 잘못〉이 있다 하더라도 이로써 바로 그 재판상 직무행위가 국가배상법 제2조 제1항에서 말하는 위법한 행위로 되어 국가의 손해배상책임이 발생하는 것은 아니고, 그 국가배상책임이 인정되려면 당해 법관이 **위법 또는 부당한 목적을 가지고 재판**을 하였다거나 법이 법관의 직무수행상 준수할 것을 요구하고 있는 **기준을 현저하게 위반**하는 등 법관이 그에게 부여된 권한의 취지에 명백히 어긋나게 이를 행사하였다고 인정할 만한 특별한 사정이 있어야 한다(2003.7.11. 99다24218).

■ 사법작용(재판)에 대한 국가배상청구

- 불복·시정절차○ → 국가배상 불가(공무원 귀책으로 불복 자체를 못했다는 등 특별사정이 없는 한)
- 불복·시정절차✕ → 국가배상 가능 / 단, 위법·부당한 목적 or 현저한 기준위반 등에 한정③
  - 헌법재판관의 청구기간 오인 각하 → 어차피 기각될 것이었어도 배상○(위자료)

④ ○ 재량준칙을 따른 처분이 위법으로 판명: 공무원의 과실 인정✕
영업허가취소처분이 나중에 행정심판에 의하여 재량권을 일탈한 위법한 처분임이 판명되어 취소되었다고 하더라도 그 처분이 당시 시행되던 **공중위생법 시행규칙**에 정하여진 **행정처분의 기준에 따른 것인 이상** 그 영업허가취소처분을 한 행정청 공무원에게 그와 같은 위법한 처분을 한 데 있어 어떤 **직무집행상의 과실**이 있다고 할 수는 **없다**(1994.11.8. 94다26141).

➕ PLUS 부령(시행규칙) 형식의 재량준칙은 대외적 구속력이 부정되나, 대내적 구속력은 인정된다. 따라서 그에 따른 처분이 사후적으로 위법한 것으로 밝혀지더라도 그에 대해 공무원의 과실을 인정할 수는 없다.

정답 ③

 1✕ 2○ 3○

09

「국가배상법」제2조에 의한 손해배상에 대한 설명으로 옳은 것은? (다툼이 있는 경우 판례에 의함)   17국가7

① 헌법에 의하여 일반적으로 부과된 의무가 있음에도 불구하고 국회가 그 입법을 하지 않고 있다면 「국가배상법」상 배상책임이 인정된다.
② 헌법재판소 재판관이 청구기간을 오인하여 청구기간 내에 제기된 헌법소원심판청구를 위법하게 각하한 경우, 설령 본안판단을 하였더라도 어차피 청구가 기각되었을 것이라는 사정이 있다면 국가배상책임이 인정될 수 없다.
③ 공무원의 가해행위에 대해 형사상 무죄판결이 있었더라도 그 가해행위를 이유로 국가배상책임이 인정될 수 있다.
④ 배상청구권의 시효와 관련하여 '가해자를 안다는 것'은 피해자나 그 법정대리인이 가해공무원의 불법행위가 그 직무를 집행함에 있어서 행해진 것이라는 사실까지 인식함을 요구하지 않는다.

관련 OX

① 관련
1 구체적인 입법의무 자체가 인정되지 않는 경우에는 애당초 부작위로 인한 불법행위가 성립할 여지가 없다.   17소간

② 관련
2 헌법재판소재판관이 청구기간 내에 제기된 헌법소원심판청구 사건에서 청구기간을 오인하여 각하결정을 한 경우, 이에 대한 불복절차 내지 시정절차가 없는 때에는 국가배상책임을 인정할 수 있다.   19지방9

3 헌법재판소재판관의 위법한 직무집행의 결과 잘못된 각하결정을 함으로써 청구인으로 하여금 본안판단을 받을 기회를 상실하게 한 이상, 설령 본안판단을 하였더라도 어차피 청구가 기각되었을 것이라는 사정이 있다고 하더라도 청구인의 합리적인 기대를 침해한 것이고, 그 침해로 인한 정신상의 고통에 대하여는 위자료를 지급할 의무가 있다.   15지방7

해설

① ✕ 입법부작위에 대한 배상책임: 구체적 입법의무 인정시 가능, 그렇지 않다면 성립 여지✕
같은 맥락에서 국가가 일정한 사항에 관하여 헌법에 의하여 부과되는 구체적인 입법의무를 부담하고 있음에도 불구하고 그 입법에 필요한 상당한 기간이 경과하도록 고의 또는 과실로 이러한 입법의무를 이행하지 아니하는 등 극히 예외적인 사정이 인정되는 사안에 한정하여 국가배상법 소정의 배상책임이 인정될 수 있으며, 위와 같은 구체적인 입법의무 자체가 인정되지 않는 경우에는 애당초 부작위로 인한 불법행위가 성립할 여지가 없다(2008.5.29. 2004다33469).
+ PLUS 구체적 입법의무가 아닌 일반적 입법의무만으로는 입법부작위에 대한 배상책임이 인정되지 않으므로 틀린 지문

② ✕ 헌법재판관이 청구기간 오인해 각하: 어차피 기각될 것이었어도 배상 인정(위자료지급의무)
헌법재판소 재판관이 청구기간 내에 제기된 〈헌법소원심판청구사건에서 청구기간을 오인하여 각하〉결정을 한 경우, 이에 대한 불복절차 내지 시정절차가 없는 때에는 국가배상책임(위법성)을 인정할 수 있다. … 설령 본안판단을 하였더라도 어차피 청구가 기각되었을 것이라는 사정이 있다고 하더라도 잘못된 판단으로 인하여 헌법소원심판 청구인의 위와 같은 합리적인 기대를 침해한 것이고 이러한 기대는 인격적 이익으로서 보호할 가치가 있다고 할 것이므로 그 침해로 인한 정신상 고통에 대하여는 위자료를 지급할 의무가 있다(2003.7.11. 99다24218).

③ ○ 형사상 범죄 여부와 민사상 불법 여부는 별개: 가해공무원이 무죄판결을 받아도, 국가배상 인정 가능
형사상 범죄를 구성하지 아니하는 침해행위라고 하더라도 그것이 민사상 불법행위를 구성하는지 여부는 형사책임과 별개의 관점에서 검토하여야 한다(2008.2.1. 2006다6713).

④ ✕ 가해자를 안 날: 가해공무원의 공법상 근무관계 및 그의 행위가 직무집행임을 알아야
국가배상법 제2조 제1항 본문 전단 규정에 따른 배상책임을 묻는 사건에 대하여는 동법 제8조의 규정에 의하여 민법 제766조 소정의 단기소멸시효제도가 손해 및 가해자를 안 날로부터 3년 적용되는 것인바, 여기서 가해자를 안다는 것은 피해자가 가해공무원이 국가 또는 지방자치단체와의 간에 공법상 근무관계가 있다는 사실을 알고, 또한 일반인이 당해 공무원의 불법행위가 국가 또는 지방자치단체의 직무를 집행함에 있어서 행해진 것이라고 판단하기에 족한 사실까지도 인식하는 것을 의미한다(1989.11.14. 88다카32500).

선지분석 & 요플·기풀기링크

선지	THEME	요플	기풀기
①		31	026
②	T71 국가배상(2조)	37	037
③		75	053
④	T73 국가배상(공통·특례)	54	055

정답 ③
 1○ 2○ 3○

필수 문제 10

행정상 손해배상에 대한 설명으로 옳지 않은 것은 몇 개인가? (다툼이 있는 경우 판례에 의함)

12국가9

- ⓒ ㉠ 법령해석에 여러 견해가 있어 관계 공무원이 신중한 태도로 어느 일설을 취하여 처분한 경우, 위법한 것으로 판명되었다고 하더라도 그것만으로 배상책임을 인정할 수 없다.
- ⓑ ㉡ 법령에 명시적으로 공무원의 작위의무가 규정되어 있지 않은 경우라 할지라도 공무원의 부작위로 인한 국가배상책임을 인정할 수 있다.
- ⓒ ㉢ 실질적으로 직무행위가 아니거나 또는 직무행위를 수행한다는 행위자의 주관적 의사가 없는 공무원의 행위는 「국가배상법」상 공무원의 직무행위가 될 수 없다.
- ㉣ 「국가배상법」상 과실을 판단할 경우 보통 일반의 공무원을 그 표준으로 하고 반드시 누구의 행위인지 가해공무원을 특정하여야 한다.
- ⓢ ㉤ 재판행위로 인한 국가배상에 있어서 위법은 판결 자체의 위법이 아니라 법관의 공정한 재판을 위한 직무수행상 의무의 위반으로서의 위법이다.
- ⓖ ㉥ 서울특별시 강서구 교통할아버지사건과 같은 경우 공무를 위탁받아 수행하는 일반 사인(私人)은 「국가배상법」제2조 제1항에 따른 공무원이 될 수 없다.

① 2개 ② 3개
③ 4개 ④ 5개

관련 OX

ㄱ. 관련

1 ⓒ
공무원이 관계 법령의 해석이 확립되기 전에 어느 한 설을 취하여 업무를 처리한 것이 결과적으로 위법하더라도 처분 당시 그 이상의 업무처리를 성실한 평균적 공무원에게 기대하기 어려웠던 경우라면 원칙적으로 공무원의 과실을 인정할 수 없다.

22국가9

ㄴ. 관련

2 공무원의 부작위로 인한 국가배상책임을 인정할 것인지 여부가 문제되는 경우에 관련 공무원에 대하여 작위의무를 명하는 형식적 법률의 규정이 없는 경우에는 국가배상책임이 인정되지 않는다.

21지방7

ㄷ. 관련

3 행위 자체의 외관이 객관적으로 관찰하여 공무원의 직무행위로 보일 때에는 그것이 실질적으로 직무행위가 아니거나 또는 행위자에게 주관적으로 공무집행의 의사가 없었다고 하더라도 그 행위는 직무행위에 해당한다.

14국가7

4 「국가배상법」상 공무원의 직무행위는 객관적으로 직무행위로서의 외형을 갖추고 있어야 할 뿐만 아니라 주관적 공무집행의 의사도 있어야 한다.

18국가9

해설

② ㉢㉣㉥ 3개가 틀렸다.

㉠ ○ **해석의 확립 전 해석·적용상 잘못으로 위법한 처분: 과실×**
행정청이 관계법령의 해석이 확립되기 전에 어느 한 설을 취하여 업무를 처리한 것이 결과적으로 위법하게 되어 그 법령의 부당집행이라는 결과를 빚었다고 하더라도 처분 당시 그와 같은 처리방법 이상의 것을 성실한 평균적 공무원에게 기대하기 어려웠던 경우라면 특별한 사정이 없는 한 이를 두고 <u>공무원의 과실로 인한 것이라고 볼 수는 없다</u>(2004.6.11. 2002다31018).

+ PLUS 공무원의 법령해석·적용상 잘못: 해석의 확립 전(과실×), 관계법규를 몰랐거나 필요한 지식결여(과실○)

㉡ ○ **공무원에 대하여 작위의무를 명하는 형식적 법률이 없는 경우에도 부작위로 인한 국가배상책임 인정 가능**
공무원의 부작위로 인한 국가배상책임을 인정하기 위하여는 공무원의 작위로 인한 국가배상책임을 인정하는 경우와 마찬가지로 '공무원이 그 직무를 집행함에 당하여 고의 또는 과실로 법령에 위반하여 타인에게 손해를 가한 때'라고 하는 국가배상법 제2조 제1항의 요건이 충족되어야 할 것인바, 공무원의 부작위로 인한 국가배상책임을 인정할 것인지 여부가 문제되는 경우에 관련 공무원에 대하여 <u>작위의무를 명하는 법령의 규정이 없다면</u> 공무원의 부작위로 인하여 침해된 국민의 법익 또는 국민에게 발생한 손해가 어느 정도 심각하고 절박한 것인지, 관련 공무원이 그와 같은 결과를 예견하여 그 결과를 회피하기 위한 조치를 취할 수 있는 가능성이 있는지 등을 <u>종합적으로 고려하여 판단하여야</u> 할 것이다(1998.10.13. 98다18520).

선지분석 & 요플·기풀기링크

선지	THEME	요플	기풀기
ㄱ		58	090
ㄴ		86	063
ㄷ	T71 국가배상(2조)	39	039
ㄹ		49	083
ㅁ		36	036
ㅂ		07	007

ⓒ × 직무집행 관련성: 행위의 외관을 객관적으로 관찰하여 결정 → 행위의 실질이나 행위자의 주관적 의사는 직무집행이 아니더라도, 직무집행으로 인정 가능

국가배상법 제2조 제1항에서 말하는 '직무를 행함에 당하여'라는 취지는 공무원의 행위의 <u>외관을 객관적으로 관찰하여</u> 공무원의 직무행위로 보여질 때에는 비록 그것이 <u>실질적으로</u> 직무행위이거나 아니거나 또는 행위자의 <u>주관적 의사에 관계없이</u> 그 행위는 공무원의 <u>직무집행행위</u>로 볼 것이다 (1966.6.28. 66다781).

ⓓ × 과실을 판단할 경우 담당공무원 <u>개인이</u> 아닌 당해 직무를 담당하는 '<u>평균적 공무원</u>'을 기준으로 과실 여부를 판단하고, 가해행위가 공무원에 의한 것이면 족하며 구체적 가해공무원을 <u>특정하지 않아도</u>(예컨대 시위진압과 관련한 경찰 측 과실) 된다(과실의 객관화 경향).

ⓔ ○ 재판행위로 인한 국가배상책임에 있어서 위법은 판결 자체의 위법이 아니라 법관이 재판상 직무수행을 함에 있어 공정한 재판을 위한 직무상 의무를 위반하였다는 의미의 위법이라고 보아야 한다.

· 재판의 위법성 인정요건 → 단순 법령위반은×, 위법·부당 목적으로 재판 or 현저한 기준위반 등 특별사정 필요

법관의 〈재판에 법령의 규정을 따르지 아니한 잘못〉이 있다 하더라도 이로써 바로 그 재판상 직무행위가 국가배상법 제2조 제1항에서 말하는 위법한 행위로 되어 국가의 <u>손해배상책임</u>이 발생하는 것은 아니고, 그 국가배상책임이 인정되려면 당해 법관이 <u>위법 또는 부당한 목적</u>을 가지고 재판을 하였다거나 법이 법관의 직무수행상 준수할 것을 요구하고 있는 <u>기준을 현저하게 위반</u>하는 등 법관이 그에게 부여된 권한의 취지에 명백히 어긋나게 이를 행사하였다고 인정할 만한 특별한 사정이 있어야 한다(2003.7.11. 99다24218).

ⓕ × 국가배상법상 공무원: 일시적·한정적인 위탁받아 실질적으로 공무에 종사하는 일체의 자 포함(교통할아버지○)

국가배상법 제2조 소정의 '공무원'이라 함은 국가공무원법이나 지방공무원법에 의하여 공무원으로서의 신분을 가진 자에 국한하지 않고, 널리 공무를 <u>위탁받아 실질적으로 공무에 종사하고 있는 일체의 자</u>를 가리키는 것으로서, … 지방자치단체가 '교통할아버지 봉사활동 계획'을 수립한 후 관할 동장으로 하여금 '교통할아버지'를 선정하게 하여 어린이 보호, 교통안내, 거리질서 확립 등의 공무를 위탁하여 집행하게 하던 중 '<u>교통할아버지</u>'로 선정된 노인이 위탁받은 업무범위를 넘어 교차로 중앙에서 교통정리를 하다가 교통사고를 발생시킨 경우, 지방자치단체가 국가배상법 제2조 소정의 <u>배상책임</u>을 부담한다(2001.1.5. 98다39060).

정답 ②
OX 1○ 2× 3○ 4×

필수 문제 11

국가배상에 대한 설명으로 옳은 것만을 모두 고르면? (다툼이 있는 경우 판례에 의함) 19지방9

> ㉮ ㄱ. 헌법재판소 재판관이 청구기간 내에 제기된 헌법소원심판청구사건에서 청구기간을 오인하여 각하결정을 한 경우, 이에 대한 불복절차 내지 시정절차가 없는 때에는 국가배상책임을 인정할 수 있다.
>
> ㉯ ㄴ. 형벌에 관한 법령이 헌법재판소의 위헌결정으로 소급하여 효력을 상실한 경우, 위헌선언 전 그 법령에 기초하여 수사가 개시되어 공소가 제기되고 유죄판결이 선고되었더라도, 그러한 사정만으로 국가의 손해배상책임이 발생한다고 볼 수 없다.
>
> ㉰ ㄷ. 법령의 위탁에 의해 지방자치단체로부터 대집행을 수권받은 구 한국토지공사는 지방자치단체의 기관으로서 「국가배상법」 제2조 소정의 공무원에 해당한다.
>
> ㉱ ㄹ. 취소판결의 기판력은 국가배상청구소송에도 미치므로, 행정처분이 후에 항고소송에서 위법을 이유로 취소된 경우에는 그 기판력에 의하여 당해 행정처분이 곧바로 공무원의 고의 또는 과실에 의한 불법행위를 구성한다고 보아야 한다.

① ㄱ, ㄴ ② ㄱ, ㄹ
③ ㄴ, ㄷ ④ ㄷ, ㄹ

해설

ㄱ. ○ 헌법재판관이 청구기간 오인해 각하: 어차피 기각될 것이었어도 배상 인정
헌법재판소 재판관이 청구기간 내에 제기된 〈헌법소원심판청구 사건에서 청구기간을 오인하여 각하〉결정을 한 경우, 이에 대한 불복절차 내지 시정절차가 없는 때에는 국가배상책임(위법성)을 인정할 수 있다. … 설령 본안판단을 하였더라도 어차피 청구가 기각되었을 것이라는 사정이 있다고 하더라도 … 침해로 인한 정신상 고통에 대하여는 위자료를 지급할 의무가 있다(2003.7.11. 99다24218).

ㄴ. ○ 수사 및 유죄판결의 근거가 된 형벌 관련 법령이 위헌으로 판명: 그것만으로 과실×
형벌에 관한 법령이 헌법재판소의 위헌결정으로 소급하여 효력을 상실하였거나 법원에서 위헌·무효로 선언된 경우, 그 〈법령이 위헌으로 선언〉되기 전에 그 법령에 기초하여 수사가 개시되어 공소가 제기되고 유죄판결이 선고되었더라도, 그러한 사정만으로 수사기관의 직무행위나 법관의 재판상 직무행위가 「국가배상법」 제2조 제1항에서 말하는 공무원의 고의 또는 과실에 의한 불법행위에 해당하여 국가의 손해배상책임이 발생한다고 볼 수는 없다(2010.1.28. 2007다82950·82967).

관련 처분 후 근거법령에 위헌결정: 위헌법률을 따랐던 담당공무원의 과실×

개인정보가 기재된 증거서류의 제출 및 송달에 관한 근거규정인 행정심판법 제27조에 대하여 〈위헌결정이 선고〉된다 하더라도, 당시 청구인의 인적사항이 기재된 증거서류의 제출 및 송달에 관여한 공무원들로서는 그 행위 당시에 위 법률조항이 헌법에 위반되는지 여부를 심사할 권한이 없이 오로지 위 법률조항에 따라 증거자료를 제출하고 이를 송달하였을 뿐이라 할 것이므로 당해 공무원들에게 고의 또는 과실이 있다 할 수 없어 대한민국의 청구인에 대한 손해배상책임은 성립되지 아니한다(헌재 2009.9.24. 2008헌바23).

➕ PLUS 공무원들에게는 법령준수의무가 있다. 따라서 공무원이 법령에 따라 처분을 하였는데 이후 근거 법령이 위헌으로 판명되었다고 하여 관련 공무원에게 과실이 있다고 할 수는 없다.

ㄷ. × 한국토지공사는 이러한 법령의 위탁에 의하여 이 사건 대집행을 수권받은 자로서 공무인 대집행을 실시함에 따르는 권리·의무 및 책임이 귀속되는 행정주체의 지위에 있다고 볼 것이지 지방자치단체 등의 기관으로서 국가배상법 제2조 소정의 공무원에 해당한다고 볼 것은 아니다(2010.1.28. 2007다82950·82967).

ㄹ. × 행정처분이 항고소송에서 취소확정: 공무원의 고의·과실까지 확정되는 것은 아님
어떠한 행정처분이 후에 항고소송에서 취소되었다고 할지라도 그 기판력에 의하여 당해 행정처분이 곧바로 공무원의 고의 또는 과실로 인한 것으로서 불법행위를 구성한다고 단정할 수는 없는 것이다(2000.5.12. 99다70600).

관련 OX

ㄴ. 관련

1 ○ 처분이 있은 후에 근거법률이 위헌으로 결정된 경우, 그 법률을 적용한 공무원에게 고의 또는 과실이 있었다고 단정할 수 있다. 19서울9

ㄷ. 관련

2 시·도지사 등의 업무에 속하는 대집행권한을 위탁받은 한국토지공사가 대집행을 실시하는 과정에서 국민에게 손해가 발생할 경우 한국토지공사는 공무수탁사인에 해당하므로, 「국가배상법」 제2조의 공무원과 같은 지위를 갖게 된다. 19서울7

3 법령에 의해 대집행권한을 위탁받은 한국토지공사는 국가배상법 제2조에서 말하는 공무원에 해당하지 않는다. 12(하)지방7

ㄹ. 관련

4 어떠한 행정처분이 항고소송에서 취소되었을지라도 그 기판력에 의하여 당해 행정처분이 곧바로 공무원의 고의 또는 과실로 인한 것으로서 국가배상책임이 성립한다고 단정할 수는 없다. 19국가7

선지분석 & 요플·기풀기링크

선지	THEME	요플	기풀기
ㄱ		37	037
ㄴ	T71 국가배상(2조)	64	096
ㄷ		134	136
ㄹ	T66 판결의 효력	59	028

정답 ①
OX 1× 2× 3○ 4○

필수 문제 12

「국가배상법」에 대한 설명으로 옳지 않은 것은? (다툼이 있는 경우 판례에 의함) 21국가7

Ⓐ ① 공무원들의 공무원증 발급 업무를 하는 공무원이 다른 공무원의 공무원증을 위조하는 행위는 「국가배상법」상의 직무집행에 해당하지 않는다.

Ⓒ ② 국가의 철도운행사업과 관련하여 발생한 사고로 인한 손해배상청구의 경우 그 사고에 공무원이 간여하였다고 하더라도 「국가배상법」이 아니라 「민법」이 적용되어야 하지만, 철도시설물의 설치 또는 관리의 하자로 인한 손해배상청구의 경우에는 「국가배상법」이 적용된다.

Ⓢ ③ 재판작용에 대한 국가배상의 경우, 재판에 대하여 불복절차 내지 시정절차 자체가 없는 경우에는 부당한 재판으로 인하여 불이익 내지 손해를 입은 사람은 국가배상책임의 요건이 충족된다면 국가배상을 청구할 수 있다.

Ⓑ ④ 영업허가취소처분이 나중에 행정심판에 의하여 재량권을 일탈한 위법한 처분이 되었더라도 그 처분이 당시 시행되던 「공중위생법 시행규칙」에 정하여진 행정처분의 기준에 따른 것이라면 그 영업허가취소처분을 한 공무원에게 그와 같은 위법한 처분을 한 데 있어 어떤 직무집행상의 과실이 있다고 할 수 없다.

해설

① ✕ 인사업무담당자의 다른 공무원 공무원증 위조: 직무집행 인정
인사업무 담당공무원이 다른 공무원의 공무원증 등을 위조한 행위에 대하여 실질적으로는 직무행위에 속하지 아니한다 할지라도 외관상으로 국가배상법 제2조 제1항의 **직무집행관련성을 인정**한다 (2005.1.14. 2004다26805).

+ PLUS 실질적으로는 직무행위에 속하지 않는 범죄행위이더라도, 외관상 직무행위처럼 보이면 직무관련성 인정(외관설)

② ○ 철도운행사업: 사경제적 활동에 불과 → 국가배상법 제2조 책임✕ / 철도시설물의 설치·관리의 하자: 공물의 하자에 해당 → 국가배상법 제5조 책임○
국가의 **철도운행사업**은 국가가 공권력의 행사로서 하는 것이 아니고 사경제적 작용이라 할 것이므로, 이로 인한 사고에 공무원이 간여하였다고 하더라도 국가배상법을 적용할 것이 아니고 일반 **민법**의 규정에 따라야 하므로, 국가배상법상의 배상전치절차를 거칠 필요가 없으나, 공공의 영조물인 철도시설물의 설치 또는 관리의 하자로 인한 불법행위를 원인으로 하여 국가에 대하여 손해배상청구를 하는 경우에는 국가배상법이 적용되므로 배상전치절차를 거쳐야 한다(1999.6.22. 99다7008). ❶

③ ○ 재판에 대해 불복·시정절차가 없는 경우: 재판에 국가배상 가능
재판에 대하여 **불복절차 내지 시정절차 자체가 없는 경우**에는 부당한 재판으로 인하여 불이익 내지 손해를 입은 사람은 국가배상 이외의 방법으로는 자신의 권리 내지 이익을 회복할 방법이 없으므로, 이와 같은 경우에는 배상책임의 요건이 충족되는 한 **국가배상책임을 인정**하지 않을 수 없다(2003.7.11. 99다24218).

cf 재판에 대하여 따로 **불복절차 또는 시정절차가 마련되어 있는 경우**에는 재판의 결과로 불이익 내지 손해를 입었다고 여기는 사람은 그 절차에 따라 자신의 권리 내지 이익을 회복하도록 함이 법이 예정하는 바이므로, … 스스로 그와 같은 시정을 구하지 아니한 결과 권리 내지 이익을 회복하지 못한 사람은 원칙적으로 **국가배상에 의한 권리구제를 받을 수 없다**(2003.7.11. 99다24218).

④ ○ 재량준칙을 따른 처분이 위법으로 판명: 공무원의 과실 인정
영업허가취소처분이 나중에 행정심판에 의하여 재량권을 일탈한 위법한 처분임이 판명되어 취소되었다고 하더라도 그 처분이 당시 시행되던 「공중위생법 **시행규칙**」에 정하여진 **행정처분의 기준에 따른 것인 이상** 그 영업허가취소처분을 한 행정청 공무원에게 그와 같은 위법한 처분을 한 데 있어 어떤 직무집행상의 과실이 있다고 할 수는 없다(1994.11.8. 94다26141). ❷

선지선택비율 ① 76.92% ② 12.37% ③ 5.35% ④ 5.35% 오답률 23.08%

관련 OX

① 관련

1 Ⓐ
인사업무 담당공무원이 다른 공무원의 공무원증 등을 위조하여 대출받은 경우, 인사업무 담당공무원의 공무원증 위조행위는 실질적으로 직무행위에 속하지 아니하므로 대출은행은 국가배상청구를 할 수 없다. 14지방9

② 관련

2 국가의 철도운행사업은 사경제적 작용이라 할지라도 공공의 영조물인 철도시설물의 설치 또는 관리의 하자로 인한 불법행위를 원인으로 하여 국가에 대하여 손해배상청구를 하는 경우에는 「국가배상법」이 적용된다. 21국회8

③ 관련

3 Ⓢ
재판에 대하여 불복절차 내지 시정절차 자체가 없는 경우, 부당한 재판으로 인하여 불이익 내지 손해를 입은 사람에게는 배상책임의 요건이 충족되는 한 국가배상책임이 인정될 수 있다. 19국가9

선지분석 & 요플·기풀기링크 CD

선지	THEME	요플	기풀기
①	T71 국가배상(2조)	43	043
②	T72 국가배상(5조)	13	016
③	T71 국가배상(2조)	35	035
④		56	088

❶ + PLUS
원고가 대한민국 산하 철도청 소속 공무원의 과실에 의한 제2조 책임 및 대한민국이 설치·관리하는 승강장의 하자에 대한 제5조 책임을 모두 구한 사건에서 전자에는 국가배상법이 적용되지 않으나, 후자에는 적용된다고 본 사안

❷ + PLUS
부령(시행규칙) 형식의 재량준칙에 따른 처분이 사후적으로 위법한 것으로 밝혀지더라도 그에 대해 공무원의 과실을 인정할 수는 없는 것이 원칙이다(위법과 과실은 별개).

정답 ①
OX 1✕ 2○ 3○

13

국가배상책임에 관한 설명으로 옳지 않은 것은? (다툼이 있는 경우 판례에 의함) 21소방

① 「국가배상법」에서는 공무원 개인의 피해자에 대한 배상책임을 인정하는 명시적인 규정을 두고 있지 않다.

② 공무원증 발급업무를 담당하는 공무원이 대출을 받을 목적으로 다른 공무원의 공무원증을 위조하는 행위는 「국가배상법」 제2조 제1항의 직무집행관련성이 인정되지 않는다.

③ 군교도소 수용자들이 탈주하여 일반 국민에게 손해를 입혔다면 국가는 그로 인하여 피해자들이 입은 손해를 배상할 책임이 있다.

④ 「국가배상법」 제2조 제1항 단서에 의해 군인 등의 국가배상청구권이 제한되는 경우, 공동불법행위자인 민간인은 피해를 입은 군인 등에게 그 손해 전부에 대하여 배상하여야 하는 것은 아니며 자신의 부담 부분에 한하여 손해배상의무를 부담한다.

관련 OX

④ 관련

1 민간인과 직무집행 중인 군인의 공동불법행위로 인하여 직무집행 중인 다른 군인이 피해를 입은 경우, 민간인이 공동불법행위자로 부담하는 책임은 공동불법행위의 일반적 경우와는 달리 모든 손해에 대한 것이 아니라 귀책비율에 따른 부분으로 한정된다는 것이 대법원의 입장이다. 10국가7

해설

① ○ 국가배상법은 공무원이 국가 등과의 관계에서 고의·중과실시 공무원이 국가 등에 구상책임을 진다는 점은 규정하고 있으나, 피해자와의 관계에서 배상책임을 지는지는 규정하고 있지 않다. 즉, 대내적 구상책임은 규정하고 있으나, 대외적 배상책임은 규정하지 않고 있다.

② × 인사업무담당자의 다른 공무원 공무원증 위조: 직무집행 인정
인사업무 담당공무원이 다른 공무원의 공무원증 등을 위조한 행위에 대하여 실질적으로는 직무행위에 속하지 아니한다 할지라도 외관상으로 국가배상법 제2조 제1항의 직무집행관련성을 인정한다(2005.1.14. 2004다26805).

③ ○ 군교도소 경계 감호와 관련된 직무상 의무: 사익보호성 인정 → 수용자 탈주로 인해 국민에게 손해시 배상책임
군행형법과 「군행형법 시행령」이 군교도소나 미결수용실에 대한 경계 감호를 위하여 관련 공무원에게 각종 직무상의 의무를 부과하고 있는 것은, 일차적으로는 그 수용자들을 격리보호하고 교정교화함으로써 공공일반의 이익을 도모하고 교도소 등의 내부질서를 유지하기 위한 것이라 할 것이지만, 부수적으로는 그 수용자들이 탈주한 경우에 그 도주과정에서 일어날 수 있는 2차적 범죄행위로부터 일반국민의 인명과 재화를 보호하고자 하는 목적도 있다고 할 것이므로, 국가공무원들이 위와 같은 직무상의 의무를 위반한 결과 〈수용자들이 탈주함으로써 일반국민에게 손해〉를 입히는 사건이 발생하였다면, 국가는 그로 인하여 피해자들이 입은 손해를 배상할 책임이 있다(2003.2.14. 2002다62678).

④ ○ (대법) 민간인은 자신의 귀책비율에 해당하는 만큼만 배상하면 됨
국가배상법 제2조 제1항 단서의 입법 취지를 관철하기 위하여는 피해 군인 등에 대하여 민간인이 자신의 귀책부분을 넘어서 배상한 경우에도 국가 등은 민간인에 대하여 국가 등의 귀책부분의 구상의무를 부담하지 않도록 할 필요가 있는데, 그렇게 하면 민간인의 권리가 부당하게 침해되는 결과가 되므로, 이러한 부당한 결과를 방지하기 위하여 민간인은 피해 군인 등에 대하여 손해 전부가 아니라 그 손해 중 국가 등의 귀책부분을 제외한 나머지 자신의 부담부분에 한하여 배상의무를 부담한다(2001.2.15. 96다42420 전합).

선지선택비율 ① 15.98% ② 70.10% ③ 7.73% ④ 6.19% 오답률 29.90%

선지분석 & 요플·기풀기링크

선지	THEME	요플	기풀기
①		121	123
②	T71 국가배상(2조)	43	043
③		113	117
④	T73 국가배상(공통·특례)	43	047

정답 ②
OX 1 ○

14

「국가배상법」 제2조 제1항에서 규정하는 공무원의 '과실'에 관한 판례의 입장과 가장 부합하는 설명은?

15서울9

① 당해 직무를 담당하는 평균적 공무원의 주의능력을 기준으로 판단한다.
② 직무행위가 위법하다고 판단되면 과실의 존재도 추정된다.
③ 행정소송에서 행정처분이 위법한 것으로 확정되었고 그 이유가 법령해석의 잘못이었다면 그 행정처분을 한 공무원의 과실은 당연히 인정된다.
④ 과실의 입증책임은 원고가 아니라 피고인 국가 또는 지방자치단체로 전환된다.

관련 OX

④ 관련

1 (「국가배상법」 제2조의 손해배상책임과 관련하여) 가해공무원의 과실 여부에 대한 입증책임은 원고에게 있다.

14지방7

해설

① ○ 과실: 평균적 공무원의 주의능력을 기준으로 판단
공무원의 직무집행상의 과실이라 함은 공무원이 그 직무를 수행함에 있어 당해 직무를 담당하는 평균인이 보통 갖추어야 할 주의의무를 게을리한 것을 말하는 것이다(1987.9.22. 87다카1164).

② × 위법은 행위의 법령위반 여부이고, 과실은 그러한 법령위반에 주의의무위반이 존재하는지에 대한 문제이다. 즉, 양자는 별개이다. 따라서 직무행위가 위법하더라도 과실이 추정되는 것은 아니다.

③ × 행정처분이 항고소송에서 취소확정: 공무원의 고의·과실까지 확정되는 것은 아님
어떠한 행정처분이 후에 항고소송에서 취소되었다고 할지라도 그 기판력에 의하여 당해 행정처분이 곧바로 공무원의 고의 또는 과실로 인한 것으로서 불법행위를 구성한다고 단정할 수는 없는 것이다 (2000.5.12. 99다70600).

④ × 공무원의 고의·과실은 배상책임의 성립요건으로서 피해자인 원고, 즉 국민에게 그 존재를 입증할 책임이 있다.

선지분석 & 요플·기풀기링크

선지	THEME	요플	기풀기
①		58	090
②	T71 국가배상(2조)	54	086
③		57	089
④		120	080

정답 ①
OX 1 ○

15 필수문제

국가배상책임의 요건에 관한 설명으로 옳지 않은 것은? (다툼이 있는 경우 판례에 의함) 23소방

① 「국가배상법」이 정한 손해배상청구의 요건인 '공무원의 직무'에는 국가나 지방자치단체의 권력적 작용뿐만 아니라 비권력적 작용도 포함되지만 단순한 사경제의 주체로서 하는 작용은 포함되지 않는다.

② 공무원에게 부과된 직무상 의무의 내용이 전적으로 또는 부수적으로 사회구성원 개인의 안전과 이익을 보호하기 위하여 설정된 것이라면, 그와 같은 의무를 위반함으로 인하여 피해자가 입은 손해에 대하여는 상당인과관계가 인정되는 범위 내에서 배상책임이 성립한다.

③ 항고소송에서 위법한 것으로서 취소된 행정처분이 객관적 정당성을 상실하였다고 인정될 정도에 이른 것이 아닌 경우, 당해 행정처분은 공무원의 고의 또는 과실에 의한 불법행위를 구성하게 된다.

④ 공무원 개인이 지는 손해배상책임에서 중과실이란 공무원에게 통상 요구되는 정도의 상당한 주의를 하지 않더라도 약간의 주의를 한다면 손쉽게 위법·유해한 결과를 예견할 수 있는 경우임에도 만연히 이를 간과한 경우와 같이, 거의 고의에 가까운 현저한 주의를 결여한 상태를 의미한다.

관련 OX

② 관련

1 공무원이 직무를 수행하면서 그 근거가 되는 법령의 규정에 따라 구체적으로 의무를 부여받았어도 그것이 국민의 이익과 관계없이 순전히 행정기관 내부의 질서를 유지하기 위한 것이라면 그 의무에 위반하여 국민에게 손해를 가하여도 국가 등은 배상책임을 부담하지 않는다. 22국가9

③ 관련

2 행정처분이 후에 항고소송에서 취소되었다고 할지라도 그 기판력에 의하여 당해 행정처분이 곧바로 공무원의 고의 또는 과실로 인한 것으로서 불법행위를 구성한다고 단정할 수는 없다. 22국가9

해설

① ○ 국가배상법상 공무원의 직무: 권력작용○, 비권력적 작용○ / 단순 사경제 작용×
국가배상법이 정한 손해배상청구의 요건인 '공무원의 직무'에는 국가나 지방자치단체의 권력적 작용뿐만 아니라 비권력적 작용도 포함되지만, 단순한 사경제의 주체로서 하는 작용은 포함되지 아니한다(1999.11.26. 98다47245).

② ○ 직무상 의무가 전적 혹은 부수적으로 개인의 안전과 이익보호를 위해 설정: 배상책임 인정
공무원에게 부과된 직무상 의무의 내용이 단순히 공공 일반의 이익을 위한 것이거나 행정기관 내부의 질서를 규율하기 위한 것이 아니고 전적으로 또는 부수적으로 사회구성원 개인의 안전과 이익을 보호하기 위하여 설정된 것이라면, 공무원이 그와 같은 직무상 의무를 위반함으로 인하여 피해자가 입은 손해에 대하여는 상당인과관계가 인정되는 범위 내에서 국가가 배상책임을 지는 것이다(1993.2.12. 91다43466).

③ × 처분이 쟁송에서 위법하다고 판명돼 취소: 공무원의 고의·과실 단정×(객관적 정당성 상실에 이르러야 함)
어떠한 행정처분이 후에 항고소송에서 취소되었다고 할지라도 그 기판력에 의하여 당해 행정처분이 곧바로 공무원의 고의 또는 과실로 인한 것으로서 불법행위를 구성한다고 단정할 수는 없는 것이고, 그 행정처분의 담당공무원이 보통 일반의 공무원을 표준으로 하여 볼 때 객관적 주의의무를 결하여 그 행정처분이 객관적 정당성을 상실하였다고 인정될 정도에 이른 경우에 국가배상법 제2조 소정의 국가배상책임의 요건을 충족하였다고 봄이 상당할 것이다(2000.5.12. 99다70600).

④ ○ 중과실: 약간의 주의조차도 하지 않아 고의에 가까운 현저한 주의 결여
공무원이 직무수행 중 불법행위로 타인에게 손해를 입힌 경우에 국가나 지방자치단체가 국가배상책임을 부담하는 외에 공무원 개인도 고의 또는 중과실이 있는 경우에는 불법행위로 인한 손해배상책임을 지고, 여기서 공무원의 중과실이란 공무원에게 통상 요구되는 정도의 상당한 주의를 하지 않더라도 약간의 주의를 한다면 손쉽게 위법·유해한 결과를 예견할 수 있는 경우임에도 만연히 이를 간과함과 같은 거의 고의에 가까운 현저한 주의를 결여한 상태를 의미한다(2011.9.8. 2011다34521).

선지선택비율 ① 8.68% ② 5.70% ③ 79.73% ④ 5.90% 오답률 20.27%

선지분석 & 요플·기풀기링크

선지	THEME	요플	기풀기
①		18	017
②	T71 국가배상(2조)	108	111
③		55	087
④		126	126

정답 ③
OX 1 ○ 2 ○

16

「국가배상법」의 해석에 대한 설명으로 옳지 않은 것은?   13지방7

① 공무원의 부작위로 인한 국가배상책임을 인정하기 위하여는 공무원의 작위로 인한 국가배상책임을 인정하는 경우와 마찬가지로「국가배상법」제2조 제1항의 요건이 충족되어야 한다.

② '공무원'이라 함은「국가공무원법」과「지방공무원법」상의 공무원에 한정되지 않고 공무를 위탁받은 사인도 포함한다.

③ '법령에 위반하여'라 함은 엄격하게 형식적 의미의 법령에 명시적으로 공무원의 작위의무가 정하여져 있음에도 이를 위반하는 경우만을 의미한다.

④ 절박하고 중대한 위험상태가 발생하였거나 발생할 우려가 있는 경우가 아닌 한, 원칙적으로 공무원이 관련 법령대로만 직무를 수행하였다면 그와 같은 공무원의 부작위를 가지고 '고의 또는 과실로 법령에 위반'하였다고 할 수는 없다.

관련 OX

② 관련

1 「국가배상법」제2조에 따른 공무원은「국가공무원법」등에 의해 공무원의 신분을 가진 자에 국한하지 않고, 널리 공무를 위탁받아 실질적으로 공무에 종사하고 있는 일체의 자를 가리킨다.   19국가7

2 국가나 지방자치단체는 공무를 위탁받은 사인이 직무를 집행하면서 고의 또는 과실로 법령을 위반하여 타인에게 손해를 입힌 때에는「국가배상법」에 따라 그 손해를 배상하여야 한다.   21군무원9

③ 관련

3 부작위로 인한 손해에 대한 국가배상청구는 공무원의 작위의무를 명시한 형식적 의미의 법령에 위배된 경우에 한한다.   17사복9

해설

①④ ○, ③ ×

1) 부작위로 인한 국가배상책임도 국배법 요건 갖추어야 함①
2) 국배법상 법령위반은 형식적 법령위반만을 뜻하는 것이 아님③
3) 절박하고 중대한 위험이 있는 경우: 형식적인 법령의 근거가 없어도 작위의무 인정 가능 / 위험이 없는 경우: 법령을 준수했다면 법령위반 인정 불가

공무원의 부작위로 인한 국가배상책임을 인정하기 위하여는 공무원의 작위로 인한 국가배상책임을 인정하는 경우와 마찬가지로 '공무원이 그 직무를 집행함에 당하여 고의 또는 과실로 법령에 위반하여 타인에게 손해를 가한 때'라고 하는 국가배상법 제2조 제1항의 요건이 충족되어야① 할 것인바, 여기서 '법령에 위반하여'라고 하는 것이 엄격하게 형식적 의미의 법령에 명시적으로 공무원의 작위의무가 규정되어 있는데도 이를 위반하는 경우만을 의미하는 것은 아니고,③ 국민의 생명, 신체, 재산 등에 대하여 절박하고 중대한 위험상태가 발생하였거나 발생할 우려가 있어서 국민의 생명, 신체, 재산 등을 보호하는 것을 본래적 사명으로 하는 국가가 초법규적, 일차적으로 그 위험배제에 나서지 아니하면 국민의 생명, 신체, 재산 등을 보호할 수 없는 경우에는 형식적 의미의 법령에 근거가 없더라도 국가나 관련 공무원에 대하여 그러한 위험을 배제할 작위의무를 인정할 수 있을 것이지만, 그와 같은 절박하고 중대한 위험상태가 발생하였거나 발생할 우려가 있는 경우가 아니라면 원칙적으로 공무원이 관련 법령을 준수하여 직무를 수행하였다면 그와 같은 공무원의 부작위를 가지고 '고의 또는 과실로 법령에 위반'하였다고 할 수는 없을 것이므로,④ 공무원의 부작위로 인한 국가배상책임을 인정할 것인지 여부가 문제되는 경우에 관련 공무원에 대하여 작위의무를 명하는 법령의 규정이 없다면 공무원의 부작위로 인하여 침해된 국민의 법익 또는 국민에게 발생한 손해가 어느 정도 심각하고 절박한 것인지, 관련 공무원이 그와 같은 결과를 예견하여 그 결과를 회피하기 위한 조치를 취할 수 있는 가능성이 있는지 등을 종합적으로 고려하여 판단하여야 할 것이다(1998.10.13. 98다18520).

② ○ 국배법상 공무원: 일시적·한정적인 위탁받아 실질적으로 공무에 종사하는 일체의 자 포함

국가배상법 제2조 소정의 '공무원'이라 함은 국가공무원법이나 지방공무원법에 의하여 공무원으로서의 신분을 가진 자에 국한하지 않고, 널리 공무를 위탁받아 실질적으로 공무에 종사하고 있는 일체의 자를 가리키는 것으로서, 공무의 위탁이 일시적이고 한정적인 사항에 관한 활동을 위한 것이어도 달리 볼 것은 아니다(2001.1.5. 98다39060).

선지분석 & 요플·기풀기링크

선지	THEME	요플	기풀기
①		84	062
②	T71 국가배상(2조)	05	005
③		86	063
④		89	065

정답 ③

OX 1○ 2○ 3×

17 사례형

제시문을 전제로 한 설명으로 옳지 않은 것은? (다툼이 있는 경우 판례에 의함)

> 甲이 A시에 공장을 설립하였는데 그 공장이 들어선 이후로 공장 인근에 거주하는 주민들에게 중한 피부질환과 호흡기질환이 발생하였다. 환경운동실천시민단체와 주민들은 역학조사를 실시하였고 그 결과에 따라 甲의 공장에서 배출되는 매연물질과 오염물질이 주민들에게 발생한 질환의 원인이라고 판단하고 있다. 주민들은 규제권한이 있는 A시장에게 甲의 공장에 대해 개선조치를 해줄 것을 요청하였으나, A시장은 상당한 기간이 지나도록 아무런 조치를 취하지 않고 있다.

① 관계 법령에서 A시장에게 일정한 조치를 취하여야 할 작위의무를 규정하고 있지 않더라도 甲의 공장에서 나온 매연물질과 오염물질로 인해 질환을 앓게 된 주민들이 많고 그 정도가 심각하여 주민들의 생명, 신체에 가해지는 위험이 절박하고 중대하다고 인정된다면 A시장에게 그러한 위험을 배제하는 조치를 하여야 할 작위의무를 인정할 수 있다.

② 개선조치를 요청한 주민이 A시장을 상대로 개선조치를 해 달라는 행정쟁송을 하고자 할 때 가능한 쟁송유형으로 의무이행심판은 가능하나 의무이행소송은 허용되지 않는다.

③ 甲의 공장에서 배출된 물질 때문에 피해를 입은 주민이 A시장의 부작위를 원인으로 하여 국가배상을 청구한 경우에 국가배상책임이 인정되기 위해서는 A시장의 작위의무위반이 인정되면 충분하고, A시장이 그와 같은 결과를 예견하여 그 결과를 회피하기 위한 조치를 취할 수 있는 가능성까지 인정되어야 하는 것은 아니다.

④ 부작위위법확인소송에서 A시장의 부작위가 위법하다고 확인한 인용판결이 확정되어도 A시장의 부작위를 원인으로 한 국가배상소송에서 A시장의 부작위가 고의 또는 과실에 의한 불법행위를 구성한다는 점이 곧바로 인정되는 것은 아니다.

관련 OX

①③ 관련

1 공무원의 부작위로 인한 국가배상책임을 인정하기 위하여는 공무원의 작위로 인한 국가배상책임을 인정하는 경우와 마찬가지로 「국가배상법」 제2조 제1항의 요건이 충족되어야 한다.

2 부작위로 인한 손해에 대한 국가배상청구는 공무원의 작위의무를 명시한 형식적 의미의 법령에 위배된 경우에 한한다.

3 법령에 명시적으로 공무원의 작위의무가 규정되어 있지 않은 경우라 할지라도 공무원의 부작위로 인한 국가배상책임을 인정할 수 있다.

4 절박하고 중대한 위험상태가 발생하였거나 발생할 우려가 있는 경우가 아닌 한, 원칙적으로 공무원이 관련 법령대로만 직무를 수행하였다면 그와 같은 공무원의 부작위를 가지고 '고의 또는 과실로 법령에 위반'하였다고 할 수는 없다.

STORY 해설

甲은 공장설치허가를 받아 오염물질배출시설인 공장을 설치하려고 한다. 인근주민들은 반대할 것이다. 이때 주민들이 취할 수 있는 방법은 어떻게 될까. (1) 우선 공장설치허가에 대한 취소소송을 제기할 것이다. 이때 동 허가와 관련해 제3자인 주민들은 환경영향평가구역 내에 있든지, 혹은 다른 법률상 이익을 입증해 원고적격을 인정받아야만 본안판단을 받을 수 있을 것이다(T56). (2) 이미 공장이 설치·가동되어 오염물질로 인해 피해를 보고 있는 경우 주민들은 관할 행정청인 A시장에게 정화시설을 설치할 때까지 가동을 정지시켜 달라는 등 법령상 허용된 규제권한의 행사를 요청할 수 있을 것이다. 그럼에도 불구하고 A시장이 무응답과 부작위로 일관할 경우, 행정심판이라면 규제권한을 행사하도록 하는 의무이행심판을(T68), 행정소송이라면 무응답에 대한 부작위위법확인소송을 제기할 수 있을 것이다. (3) 또한 오염물질로 인해 발생한 신체 등 손해를 배상하라고 A시를 상대로 국가배상청구를 할 수도(너희가 규제를 안 해서 내가 아팠으니 배상해라. T71), 甲을 상대로 민법상 손해배상청구를 할 수도 있을 것이다(네가 오염물질을 내뿜어서 내가 아팠으니 배상해라). 이때 국가배상청구소송에서 A시의 부작위가 위법하다고 인정받기 위해서는 A시에게 작위의무가 인정되어야 할 것이다. 이 문제는 이처럼 다양한 구제수단들이 인정되기 위한 요건과 그들 사이의 관계를 묻고 있다. ①, ③은 국가배상청구, ②는 의무이행심판, ④는 부작위위법확인소송 및 국가배상청구와 관련해 묻고 있다.

사례분석

현실감 있는 사례를 통해 행정청의 부작위에 대한 구제제도 전반을 살펴보도록 구성한 좋은 사례문제이다. 다만, 제시문과 지문 간 연관성이 높지는 않다(지문 각각을 독립된 OX로 봐도 무리가 없다).

> 해설

① ○, ③ × 1) 주민들이 국가배상청구소송에서 승소하기 위해서는 A시장의 부작위가 위법해야 하고, A시장의 부작위가 위법하기 위해서는 우선 A에게 작위의무가 인정되어야 한다. 관련 법령에 A의 작위의무를 명시적으로 규정하고 있다면 별문제가 안 될 것이다. 이러한 규정이 없을 경우에는 작위의무를 인정할 수 있는지가 문제된다. 이와 관련하여 판례는 국민의 신체, 생명, 재산상 중대·절박한 위험이 있다면 형식적 법령에 근거가 없더라도 작위의무가 인정될 수 있다고 한다. 따라서 지문과 같이 A시장에게 어떠한 조치를 할 작위의무가 규정되어 있지 않더라도 주민들의 생명·신체에 중대·절박한 위험이 있다면 작위의무가 인정될 것이다.① 2) 또한 판례는 부작위에 의한 국가배상책임도 작위에 의한 국가배상책임과 마찬가지로 국가배상법 제2조 제1항의 요건이 충족되어야 한다고 본다. 따라서 관련 공무원에게 결과에 대한 예견가능성 및 회피조치 가능성이 있는지, 즉 과실이 있는지도 고려돼야 한다.③

- 공무원의 부작위로 인한 국가배상책임을 인정하기 위하여는 공무원의 작위로 인한 국가배상책임을 인정하는 경우와 마찬가지로 '공무원이 그 직무를 집행함에 당하여 고의 또는 과실로 법령에 위반하여 타인에게 손해를 가한 때'라고 하는 국가배상법 제2조 제1항의 요건이 충족되어야 할 것인바, … 국민의 생명, 신체, 재산 등을 보호할 수 없는 경우에는 형식적 의미의 법령에 근거가 없더라도 국가나 관련 공무원에 대하여 그러한 위험을 배제할 작위의무를 인정할 수 있을 것이다.① … 공무원의 부작위로 인하여 침해된 국민의 법익 또는 국민에게 발생한 손해가 어느 정도 심각하고 절박한 것인지, 관련 공무원이 그와 같은 결과를 예견하여 그 결과를 회피하기 위한 조치를 취할 수 있는 가능성이 있는지 등을 종합적으로 고려하여③ 판단하여야 할 것이다(1998.10.13. 98다18520).

② ○ 행정청의 부작위에 대해 의무이행심판은 허용되나, 의무이행소송은 허용되지 않고 부작위위법확인소송만을 허용하고 있다.

④ ○ 출제자는 부작위위법확인소송에서 인용판결이 있더라도 그 기판력은 위법성에만 미칠 뿐 관련 공무원의 고의·과실에는 미치지 않는다는 취지로 물은 것으로 보인다(아래 판례 참조). 그런데 보다 근본적으로 접근해 보면 부작위위법확인소송에서의 인용판결의 기판력은 주민들의 개선조치요청에 아무런 응답도 하지 않은 것이 위법하다는 데 미칠 뿐, 더 나아가 甲에게 개선조치를 해야 할 의무까지 확인하는 것은 아니다. 이러한 관점에서 접근하더라도 부작위위법확인소송의 인용판결이 국가배상청구소송의 인용을 뜻하지 않는다는 결론은 동일하다(어떻게 보든 위 지문은 옳은 지문이다).

- 어떠한 행정처분이 후에 항고소송에서 취소되었다고 할지라도 그 기판력에 의하여 당해 행정처분이 곧바로 공무원의 고의 또는 과실로 인한 것으로서 불법행위를 구성한다고 단정할 수는 없는 것이다(2000.5.12. 99다70600).

선지	THEME	요플	기풀기
①	T71 국가배상(2조)	87	066
②	T50 행정소송 개관	13	018
③	T71 국가배상(2조)	88	067
④		55	087

정답 ③
OX 1○ 2× 3○ 4○

18

「국가배상법」상 공무원의 불법행위로 인한 국가배상책임에 관한 설명으로 옳지 않은 것은? (다툼이 있는 경우 판례에 의함) 19소간

① 공무원은 법률상 공무원뿐만 아니라 널리 공무를 위탁받아 실질적으로 공무에 종사하는 자를 포함하며, 공무를 위탁받은 사인도 포함된다.
② 지방자치단체가 '교통할아버지 봉사활동 계획'을 설립한 후, 이 계획에 따라 관할 동장이 선정한 '교통할아버지'도 공무원에 해당한다.
③ 식품의약품안전청장이 구 「식품위생법」상의 규제권한을 행사하지 않아서 미니컵 젤리가 수입·유통되어 이를 먹던 아동이 질식사하였다면 국가는 이에 대한 손해배상책임을 부담해야 한다.
④ 공무원에 대한 전보인사가 법령이 정한 기준과 원칙에 위배되거나 인사권을 다소 부적절하게 행사한 것으로 볼 여지가 있더라도, 그 사유만으로 당연히 해당 전보인사가 불법행위를 구성한다고 볼 수는 없다.
⑤ 손해의 발생에는 적극적 손해뿐만 아니라 소극적 손해를 포함하여 재산상 손해는 물론 생명, 신체, 정신적 손해를 모두 포함한다.

관련 OX

④ 관련
1 공무원에 대한 전보인사가 법령이 정한 기준과 원칙에 위배되거나 인사권을 부적절하게 행사한 것이라면 그 전보인사는 당연히 당해 공무원에 대한 관계에서 손해배상책임이 인정되는 불법행위를 구성한다. 22변시

⑤ 관련
2 국가배상법은 생명·신체의 침해에 대한 위자료의 지급만을 규정하고 있으므로, 재산권의 침해에 대해서는 위자료를 청구할 수 없다. 12경행

해설

① ○ 국가배상법상 공무원: 널리 공무를 위탁받은 실질적 공무종사자(공무위탁사인 포함)
국가배상법 제2조 소정의 '공무원'이라 함은 국가공무원법이나 지방공무원법에 의하여 공무원으로서의 신분을 가진 자에 국한하지 않고, 널리 공무를 위탁받아 실질적으로 공무에 종사하고 있는 일체의 자를 가리키는 것으로서, 공무의 위탁이 일시적이고 한정적인 사항에 관한 활동을 위한 것이어도 달리 볼 것은 아니다(2001.1.5. 98다39060).

② ○ 교통할아버지: 국가배상법상 공무원○
지방자치단체가 '교통할아버지 봉사활동 계획'을 수립한 후 관할 동장으로 하여금 '교통할아버지'를 선정하게 하여 어린이보호, 교통안내, 거리질서확립 등의 공무를 위탁하여 집행하게 하던 중 '교통할아버지'로 선정된 노인이 위탁받은 업무범위를 넘어 교차로 중앙에서 교통정리를 하다가 교통사고를 발생시킨 경우, 지방자치단체가 국가배상법 제2조 소정의 배상책임을 부담한다(2001.1.5. 98다39060).

③ × 미니컵 젤리 사건에서의 규제권한 불행사: 현저한 불합리× → 배상책임×
미니컵 젤리가 수입·유통되어 이를 먹던 아동이 질식사한 경우, 식품의약품안전청장이 구 식품위생법상의 규제권한을 행사하지 않은 것이 현저하게 합리성을 잃어 사회적 타당성이 없다거나 객관적 정당성을 상실하여 위법하다고 할 수 있을 정도에까지 이르렀다고 보기 어렵고, 그 권한 불행사에 과실이 있다고 할 수도 없으므로 국가는 이에 대한 손해배상책임을 부담하지 않는다(2010.9.9. 2008다77795).

④ ○ 전보인사가 법령에 위배되거나 인사권을 부적절하게 행사한 것으로 볼 여지: 불법행위 단정×
공무원에 대한 전보인사가 법령이 정한 기준과 원칙에 위배되거나 인사권을 다소 부적절하게 행사한 것으로 볼 여지가 있다 하더라도 그러한 사유만으로 그 전보인사가 당연히 불법행위를 구성한다고 볼 수는 없다(2009.5.28. 2006다16215).

⑤ ○ 국가배상법상 인정되는 손해에는 적극적 손해, 소극적 손해, 재산상 손해 그리고 비재산적 손해인 정신적 손해(위자료)도 포함된다.
• 국가배상법 제3조 제5항에 생명, 신체에 대한 침해로 인한 위자료의 지급을 규정하였을 뿐이고 재산권 침해에 대한 위자료의 지급에 관하여 명시한 규정을 두지 아니하였으나 같은 법조 제4항의 규정이 재산권 침해로 인한 위자료의 지급의무를 배제하는 것이라고 볼 수는 없다(1990.12.21. 90다6033).

선지분석 & 요플·기풀기링크

선지	THEME	요플	기풀기
①		05	005
②	T71 국가배상(2조)	07	007
③		67	099
④		82	060
⑤	T73 국가배상(공통·특례)	01	020

정답 ③
 1× 2×

19

국가배상에 대한 설명으로 옳지 않은 것은? (다툼이 있는 경우 판례에 의함) 21지방7

① 공무원이 고의 또는 과실로 그에게 부과된 직무상 의무를 위반하였을 경우라고 하더라도 국가는 그러한 직무상의 의무위반과 피해자가 입은 손해 사이에 상당인과관계가 인정되는 범위 내에서만 배상책임을 진다.

② 공무원의 부작위로 인한 국가배상책임을 인정할 것인지 여부가 문제되는 경우에 관련 공무원에 대하여 작위의무를 명하는 형식적 법률의 규정이 없는 경우에는 국가배상책임이 인정되지 않는다.

③ 「국가배상법」 제5조 소정의 공공의 영조물이란 공유나 사유임을 불문하고 행정주체에 의하여 특정 공공의 목적에 공여된 유체물 또는 물적 설비를 의미한다.

④ 설치 공사 중인 옹벽은 아직 완성되지 아니하여 일반공중의 이용에 제공되지 않고 있었던 이상 공공의 영조물에 해당한다고 할 수 없다.

관련 OX

② 관련

1 법령에 명시적으로 공무원의 작위의무가 규정되어 있지 않은 경우라 할지라도 공무원의 부작위로 인한 국가배상책임을 인정할 수 있다. 12국가9

2 (「국가배상법」 제2조의 배상책임과 관련하여) 공무원의 직무상 의무는 명문의 규정이 없는 경우에도 관련규정에 비추어 조리상 인정될 수 있다. 12지방9

③ 관련

3 공공의 영조물은 사물(私物)이 아닌 공물(公物)이어야 하지만, 공유나 사유임을 불문하고 행정주체에 의하여 특정 공공의 목적에 공여된 유체물이면 족하다. 22군무원9

해설

① ○ 공무원의 직무상 의무위반과 피해자의 손해 사이에 상당인과관계 인정되어야 국가배상책임 성립
공무원이 그와 같은 직무상 의무를 위반함으로 인하여 피해자가 입은 손해에 대하여는 상당인과관계가 인정되는 범위 내에서 국가가 배상책임을 지는 것이고 … (2008.4.10. 2005다48994)

② × 부작위에 의한 '법령위반': 형식적 법령에 규정된 작위의무를 위반한 경우에 한정×
공무원의 〈부작위로 인한 국가배상책임〉을 인정하기 위하여는 … '공무원이 그 직무를 집행함에 당하여 고의 또는 과실로 법령에 위반하여 타인에게 손해를 가한 때'라고 하는 국가배상법 제2조 제1항의 요건이 충족되어야 할 것이다. 여기서 〈'법령에 위반하여'〉라고 함은 엄격하게 형식적 의미의 법령에 명시적으로 공무원의 작위의무가 정하여져 있음에도 이를 위반하는 경우만을 의미하는 것은 아니고, 인권존중·권력남용금지·신의성실과 같이 공무원으로서 마땅히 지켜야 할 준칙이나 규범을 지키지 아니하고 위반한 경우를 포함하여 널리 그 행위가 객관적인 정당성을 결여하고 있는 경우도 포함한다 (2012.7.26. 2010다95666).

③ ○ 국가배상법 제5조의 '영조물': 특정 공적 목적에 공여된 유체물 내지 물적 설비(= 공물)
국가배상법 제5조 제1항 소정의 '공공의 영조물'이라 함은 국가 또는 지방자치단체에 의하여 특정 공공의 목적에 공여된 유체물 내지 물적 설비를 말하며, 국가 또는 지방자치단체가 소유권, 임차권 그 밖의 권한에 기하여 관리하고 있는 경우뿐만 아니라 사실상의 관리를 하고 있는 경우도 포함된다 (1998.10.23. 98다17381).

④ ○ 완성되지 않아 일반공중에 제공 전인 옹벽: 공공의 영조물×
공사 중이며 아직 완성되지 않아 일반공중의 이용에 제공되지 않는 옹벽이 국가배상법 제5조 제1항 소정의 영조물에 해당하지 않는다(1998.10.23. 98다17381).

선지선택비율 ① 11.68% ② 65.68% ③ 8.72% ④ 13.93% 오답률 34.32%

선지분석 & 요플·기풀기링크

선지	THEME	요플	기풀기
①	T71 국가배상(2조)	102	104
②		86	063
③	T72 국가배상(5조)	06	006
④		16	012

정답 ②

OX 1○ 2○ 3○

20

국가배상에 대한 설명으로 옳은 것만을 〈보기〉에서 모두 고르면? (다툼이 있는 경우 판례에 의함)

19국회8

〈보기〉

ㄱ. 공무원에게 부과된 직무상 의무의 내용이 공공일반의 이익을 위한 것이거나 행정기관의 내부질서를 규율하기 위한 경우에도 공무원이 그 직무상 의무를 위반하여 피해자가 입은 손해에 대하여서는 상당인과관계가 인정되는 범위 내에서 국가가 배상책임을 진다.

ㄴ. 서울특별시가 점유·관리하는 도로에 대하여 행정권한 위임조례에 따라 보도 관리 등을 위임받은 관할 자치구청장 甲으로부터 도급받은 A주식회사가 공사를 진행하면서 남은 자갈더미를 그대로 방치하여 오토바이를 타고 이곳을 지나가던 乙이 넘어져 상해를 입은 경우 서울특별시는 「국가배상법」 제5조 제1항에서 정한 설치·관리상의 하자로 인한 국가배상책임을 부담하지 아니한다.

ㄷ. 도지사에 의한 지방의료원의 폐업결정과 관련하여 국가배상책임이 성립하기 위하여서는 공무원의 직무집행이 위법하다는 점만으로는 부족하고 그로 인하여 타인의 권리·이익이 침해되어 구체적 손해가 발생하여야 한다.

ㄹ. 소방공무원의 권한행사가 관계 법률의 규정에 의하여 소방공무원의 재량에 맡겨져 있으면 구체적인 상황에서 소방공무원이 권한을 행사하지 아니한 것이 현저하게 합리성을 잃어 사회적 타당성이 없는 경우에도 직무상 의무를 위반하여 위법하게 되는 것은 아니다.

① ㄱ
② ㄷ
③ ㄱ, ㄷ
④ ㄴ, ㄷ
⑤ ㄴ, ㄷ, ㄹ

관련 OX

ㄹ. 관련

1 소방공무원의 행정권한행사가 관계 법률의 규정 형식상 소방공무원의 재량에 맡겨져 있는 경우에 소방공무원이 권한을 행사하지 아니한 것이 현저하게 합리성을 잃어 사회적 타당성이 없다면 소방공무원의 직무상 의무를 위반한 것으로서 위법하게 된다. 20소간

해설

ㄱ. × 직무상 의무위반이 있으나 그것이 오로지 공익이나 내부질서를 위한 것: 배상책임×
공무원에게 직무상 의무를 부과한 법령의 보호목적이 사회구성원 개인의 이익과 안전을 보호하기 위한 것이 아니고 단순히 공공일반의 이익이나 행정기관 내부의 질서를 규율하기 위한 것이라면, 가사 공무원이 그 직무상 의무를 위반한 것을 계기로 하여 제3자가 손해를 입었다 하더라도 공무원이 직무상 의무를 위반한 행위와 제3자가 입은 손해 사이에는 법리상 상당인과관계가 있다고 할 수 없다(편저자: 배상책임×)(2001.4.13. 2000다3489).

ㄴ. × [지방도로] 서울시가 구청장에게 기관위임. 이를 도급받은 업체가 자갈을 방치해 사고: 서울시 사무귀속자책임(제5조)
서울특별시가 점유·관리하는 도로에 대하여 '서울특별시 도로 등 주요시설물 관리에 관한 조례'에 따라 보도 관리 등의 위임을 받은 관할 자치구청장으로부터 도로에 접한 보도의 가로수 생육환경 개선공사를 도급받은 甲주식회사가 공사를 진행하면서 사용하고 남은 자갈더미를 그대로 도로에 적치해 두었고, 乙이 오토바이를 운전하다가 도로에 적치되어 있던 공사용 자갈더미를 발견하지 못하고 그대로 진행하는 바람에 중심을 잃고 넘어지면서 상해를 입은 사안에서, 서울특별시에 국가배상법 제5조 제1항에서 정한 설치·관리상의 하자가 없다고 본 원심판단에 법리오해의 잘못이 있다(편저자: 설치·관리상의 하자가 인정돼 서울시도 국가배상책임을 부담한다는 취지)(2017.9.21. 2017다223538).

선지분석 & 요플·기풀기링크

선지	THEME	요플	기풀기
ㄱ	T71 국가배상(2조)	107	109
ㄴ	T73 국가배상(공통·특례)	풀지모	
ㄷ	T71 국가배상(2조)	98	100
ㄹ		91	069

ㄷ. ○ 국가배상책임: 공무원의 위법한 직무집행 외 구체적 손해발생까지 있어야 인정 가능

　　甲도지사가 도에서 설치·운영하는 乙지방의료원을 폐업하겠다는 결정을 발표하고 그에 따라 폐업을 위한 일련의 조치가 이루어진 후 乙지방의료원을 해산한다는 내용의 조례를 공포하고 乙지방의료원의 청산절차가 마쳐진 사안에서, 국가배상책임이 성립하기 위해서는 공무원의 직무집행이 위법하다는 점만으로는 부족하고, 그로 인해 타인의 권리·이익이 침해되어 구체적 손해가 발생하여야 한다(2016.8.30. 2015두60617).

ㄹ. ✕ 소방공무원의 권한행사: 소방공무원의 재량 but 권한불행사가 현저하게 불합리하면 위법

　　소방공무원의 행정권한행사가 관계 법률의 규정 형식상 소방공무원의 재량에 맡겨져 있다고 하더라도 소방공무원에게 그러한 권한을 부여한 취지와 목적에 비추어 볼 때에 구체적인 상황 아래에서 소방공무원이 그 권한을 행사하지 않은 것이 현저하게 합리성을 잃어 사회적 타당성이 없는 경우에는 소방공무원의 직무상 의무를 위반한 것으로서 위법하게 된다(2008.4.10. 2005다48994).

21

국가배상에 대한 설명으로 옳지 않은 것은? (다툼이 있는 경우 판례에 의함) 21지방9

① 국가나 지방자치단체가 손해를 배상할 책임이 있는 경우에 공무원의 선임·감독 또는 영조물의 설치·관리를 맡은 자와 공무원의 봉급·급여, 그 밖의 비용 또는 영조물의 설치·관리 비용을 부담하는 자가 동일하지 아니하면 그 비용을 부담하는 자도 손해를 배상하여야 한다.

② 국가배상책임에 있어서 국가는 직무상의 의무 위반과 피해자가 입은 손해 사이에 상당인과관계가 인정되는 범위 내에서만 배상책임을 지는 것이고, 이 경우 상당인과관계가 인정되기 위해서는 공무원에게 부과된 직무상 의무의 내용이 전적으로 또는 부수적으로 사회구성원 개인의 안전과 이익을 보호하기 위하여 설정된 것이어야 한다.

③ 「국가배상법」상 '공공의 영조물'은 지방자치단체가 소유권, 임차권 그밖의 권한에 기하여 관리하고 있는 경우는 포함하지만, 사실상의 관리를 하고 있는 경우는 포함하지 않는다.

④ 공무원 개인이 고의 또는 중과실이 있는 경우에는 불법행위로 인한 손해배상책임을 진다고 할 것이지만, 공무원의 위법행위가 경과실에 기한 경우에는 공무원은 손해배상책임을 부담하지 않는다.

관련 OX

④ 관련

1 가해공무원에게 경과실이 있는 경우 공무원 개인은 손해배상책임을 부담한다. 19소방

해설

① ○

국가배상법 제6조(비용부담자 등의 책임) ① 제2조·제3조 및 제5조에 따라 국가나 지방자치단체가 손해를 배상할 책임이 있는 경우에 공무원의 선임·감독 또는 영조물의 설치·관리를 맡은 자와 공무원의 봉급·급여, 그 밖의 비용 또는 영조물의 설치·관리 비용을 부담하는 자가 동일하지 아니하면 그 비용을 부담하는 자도 손해를 배상하여야 한다.

② ○ **상당인과관계 인정요건: 직무상 의무가 전적 혹은 부수적으로 개인의 안전과 이익보호를 위해 설정되어야 함(사익보호성)**
공무원이 고의 또는 과실로 그에게 부과된 직무상 의무를 위반하였을 경우라고 하더라도 국가는 그러한 직무상의 의무 위반과 피해자가 입은 손해 사이에 **상당인과관계가 인정되는** 범위 내에서만 배상책임을 지는 것이고, 이 경우 상당인과관계가 인정되기 위하여는 공무원에게 부과된 직무상 의무의 내용이 단순히 **공공일반의 이익을 위한 것이거나 행정기관 내부의 질서를 규율하기 위한 것이 아니고 전적으로 또는 부수적으로 사회구성원 개인의 안전과 이익을 보호**하기 위하여 설정된 것이어야 한다 (2010.9.9. 2008다77795).

+ PLUS 국가배상책임이 인정되기 위해서는 공무원이 위반한 직무상 의무에 사익보호성이 인정되어야 한다. 판례는 이러한 사익보호성을 위반행위에 손해 간 상당인과관계의 문제 혹은 위반행위의 위법성의 문제로 보고 있다(최근의 판례는 상당인과관계의 문제로 접근).

③ × **국가배상법 제5조의 '영조물': 권원에 의한 관리가 아닌 사실상 관리도 포함**
국가배상법 제5조 제1항 소정의 '공공의 영조물'이라 함은 국가 또는 지방자치단체에 의하여 특정 공공의 목적에 공여된 유체물 내지 물적 설비를 말하며, 국가 또는 지방자치단체가 소유권, 임차권 그 밖의 권한에 기하여 관리하고 있는 경우뿐만 아니라 **사실상의 관리를 하고 있는 경우도 포함된다** (1998.10.23. 98다17381).

④ ○ **공무원이 고의·중과실: 공무원 개인도 배상책임○ ↔ 공무원이 경과실: 공무원은 배상책임×**
공무원이 직무수행 중 불법행위로 타인에게 손해를 입힌 경우에 국가 등이 국가배상책임을 부담하는 외에 공무원 개인도 고의 또는 중과실이 있는 경우에는 불법행위로 인한 손해배상책임을 진다. 반면 경과실이 있을 뿐인 경우에는 공무원 개인은 손해배상책임을 부담하지 아니한다(1996.2.15. 95다38677 전합).

선지선택비율 ① 6.74% ② 4.72% ③ 82.33% ④ 6.21% 오답률 17.67%

선지분석 & 요플·기풀기링크

선지	THEME	요플	기풀기
①	T73 국가배상(공통·특례)	11	005
②	T71 국가배상(2조)	109	110
③	T72 국가배상(5조)	08	008
④	T71 국가배상(2조)	124	124

정답 ③
OX 1 ×

22

국가배상에 관한 판례의 입장으로 옳은 것을 모두 고른 것은? 22변시

> ㄱ. 「국가배상법」 제2조 소정의 '공무원'이라 함은 「국가공무원법」이나 「지방공무원법」에 의하여 공무원으로서의 신분을 가진 자에 국한하지 않고 널리 공무를 위탁받아 실질적으로 공무에 종사하고 있는 일체의 자를 가리키나, 공무의 위탁이 일시적이고 한정적인 사항에 관한 활동을 위한 것인 경우는 이에 포함되지 않는다.
> ㄴ. 「국가배상법」 제2조 소정의 '법령을 위반하여'라고 함은 인권존중·권력남용금지·신의성실과 같이 공무원으로서 마땅히 지켜야 할 준칙이나 규범을 지키지 아니하고 위반한 경우를 비롯하여 널리 그 행위가 객관적인 정당성을 결여하고 있는 경우를 포함한다.
> ㄷ. 공무원에 대한 전보인사가 법령이 정한 기준과 원칙에 위배되거나 인사권을 부적절하게 행사한 것이라면 그 전보인사는 당연히 당해 공무원에 대한 관계에서 손해배상책임이 인정되는 불법행위를 구성한다.
> ㄹ. 공무원이 직무를 수행하면서 근거되는 법령의 규정에 따라 구체적으로 의무를 부여받았어도 그것이 직접 국민 개개인의 이익을 위한 것이 아니라 전체적으로 공공일반의 이익을 도모하기 위한 것이라면 그 의무를 위반하여 국민에게 손해를 가하여도 국가 또는 지방자치단체는 배상책임을 부담하지 아니한다.

① ㄱ, ㄷ
② ㄱ, ㄹ
③ ㄴ, ㄹ
④ ㄱ, ㄴ, ㄹ
⑤ ㄴ, ㄷ, ㄹ

해설

ㄱ. ✕ **국가배상법상 공무원: 일시적·한정적인 위탁받아 실질적으로 공무에 종사하는 일체의 자 포함**
국가배상법 제2조 소정의 '공무원'이라 함은 국가공무원법이나 지방공무원법에 의하여 공무원으로서의 신분을 가진 자에 국한하지 않고, 널리 공무를 위탁받아 실질적으로 공무에 종사하고 있는 일체의 자를 가리키는 것으로서, 공무의 위탁이 일시적이고 한정적인 사항에 관한 활동을 위한 것이어도 달리 볼 것은 아니다(2001.1.5. 98다39060).

ㄴ. ○ **국가배상법상 법령위반: 객관적인 정당성을 결여하고 있는 경우 포함**
'법령을 위반하여'라고 함은 엄격하게 형식적 의미의 법령에 명시적으로 공무원의 행위의무가 정하여져 있음에도 이를 위반하는 경우만을 의미하는 것은 아니고, 인권존중·권력남용금지·신의성실과 같이 공무원으로서 마땅히 지켜야 할 준칙이나 규범을 지키지 아니하고 위반한 경우를 비롯하여 널리 그 행위가 객관적인 정당성을 결여하고 있는 경우도 포함한다(2015.8.27. 2012다204587). ❶

ㄷ. ✕ **전보인사가 법령에 위배되거나 인사권을 부적절하게 행사한 것으로 볼 여지: 불법행위 단정 ✕**
공무원에 대한 전보인사가 법령이 정한 기준과 원칙에 위배되거나 인사권을 다소 부적절하게 행사한 것으로 볼 여지가 있다 하더라도 그러한 사유만으로 그 전보인사가 당연히 불법행위를 구성한다고 볼 수는 없다(2009.5.28. 2006다16215).

ㄹ. ○ **직무상 의무위반이 있으나 그것이 오로지 공익이나 내부질서를 위한 것: 배상책임 ✕**
공무원이 직무를 수행하면서 근거되는 법령의 규정에 따라 구체적으로 의무를 부여받았어도 그것이 국민의 이익과는 관계없이 순전히 행정기관 내부의 질서를 유지하기 위한 것이거나, 또는 국민의 이익과 관련된 것이라도 직접 국민 개개인의 이익을 위한 것이 아니라 전체적으로 공공일반의 이익을 도모하기 위한 것이라면 그 의무를 위반하여 국민에게 손해를 가하여도 국가 또는 지방자치단체는 배상책임을 부담하지 아니한다(2015.5.28. 2013다41431).

관련 OX

ㄱ.관련

1 공무를 위탁받아 실질적으로 공무에 종사하고 있는 자는 공무의 위탁이 일시적이고 한정적이라고 할지라도 공무원이 될 수 있다. 09국가9

ㄴ.관련

2 공무원의 부작위가 공무원으로서 마땅히 지켜야 할 준칙이나 규범을 위반한 경우를 포함하여 널리 객관적인 정당성이 없는 경우, 그 부작위는 '법령을 위반'하는 경우에 해당한다. 22지방7

3 헌법상 과잉금지의 원칙 내지 비례의 원칙을 위반하여 국민의 기본권을 침해한 국가작용은 국가배상책임에 있어 법령을 위반한 가해행위가 된다. 24지방9

ㄷ.관련

4 공무원에 대한 전보인사가 법령이 정한 기준과 원칙에 위배되거나 인사권을 다소 부적절하게 행사한 것으로 볼 여지가 있더라도 그 사유만으로 당연히 해당 전보인사가 불법행위를 구성한다고 볼 수는 없다. 19소간

선지분석 & 요플·기풀기링크

선지	THEME	요플	기풀기
ㄱ		06	006
ㄴ	T71 국가배상(2조)	69	047
ㄷ		82	060
ㄹ		107	109

❶ **+ PLUS**

따라서 헌법상 과잉금지의 원칙 내지 비례의 원칙을 위반하여 국민의 기본권을 침해한 국가작용은 국가배상책임에 있어 법령을 위반한 가해행위가 될 수 있다.

정답 ③

OX 1○ 2○ 3○ 4○

23

행정상 손해배상에 관한 설명으로 옳지 않은 것은? (다툼이 있는 경우 판례에 의함) 23변시

① 甲이 乙과 동일한 이름으로 개명허가를 받은 것처럼 호적등본을 위조하여 주민등록상 성명을 위법하게 정정하고, 乙명의의 주민등록증을 발급받아 乙의 부동산에 관하여 근저당권설정등기를 마친 경우, 주민등록사무를 담당하는 공무원이 위와 같은 성명정정 사실을 甲의 본적지 관할관청에 통보하지 아니한 직무상 의무위배행위와 乙이 입은 손해 사이에 상당인과관계를 인정할 수 없다.

② 재판에 대하여 따로 불복절차 또는 시정절차가 마련되어 있는 경우에는, 불복에 의한 시정을 구할 수 없었던 것 자체가 공무원의 귀책사유로 인한 것이라는 등의 특별한 사정이 없는 한, 스스로 시정을 구하지 아니한 결과 권리 내지 이익을 회복하지 못한 사람은 원칙적으로 국가배상에 의한 권리구제를 받을 수 없다.

③ 공무원의 직무집행이 법령이 정한 요건과 절차에 따라 이루어진 것이라면, 그 과정에서 개인의 권리가 침해되는 일이 생긴다고 하더라도, 특별한 사정이 없는 한 그 직무집행의 법령적합성이 곧바로 부정되는 것은 아니다.

④ 국회의원의 입법행위는 그 입법내용이 헌법의 문언에 명백히 위배됨에도 불구하고 국회가 굳이 당해 입법을 한 것과 같은 특수한 경우가 아닌 한「국가배상법」제2조 제1항 소정의 위법행위에 해당한다고 볼 수 없다.

⑤ 개별공시지가 산정업무 담당공무원이 직무상 의무에 위반하여 현저하게 불합리한 개별공시지가가 결정되도록 함으로써 국민 개개인의 재산권을 침해한 경우, 그 손해에 대하여 상당인과관계 있는 범위 내에서 그 담당공무원이 소속된 지방자치단체가「국가배상법」상 배상책임을 진다.

관련 OX

③ 관련

1. 소
(「국가배상법」제2조의 손해배상책임과 관련하여) 공무원의 직무집행이 법령이 정한 요건과 절차에 따라 이루어진 것이라면 특별한 사정이 없는 한 공무원의 행위는 법령에 적합한 것이나, 그 과정에서 개인의 권리가 침해된 경우에는 법령적합성이 곧바로 부정된다. 14지방7

해설

① ✕ 甲이 乙과 동일한 이름으로 개명허가를 받은 것처럼 호적등본을 위조하여 주민등록상 성명을 위법하게 정정하고, 乙명의의 주민등록증을 발급받아 乙의 부동산에 관하여 근저당권설정등기를 마친 사안: 담당공무원이 주민등록상 성명정정을 甲의 본적지 호적관서에 통보하지 않은 부작위와 乙의 손해와의 인과관계 인정

甲이 乙의 이름으로 개명허가를 받은 것처럼 호적등본을 위조하여 제출하였고 이에 담당공무원이 본적지 관할청에 통보를 하지 않고 성명을 정정하여 乙의 부동산에 대해 甲이 이익을 얻게 되자 乙이 국가배상을 청구한 사안에서, … 주민등록사무를 담당하는 공무원이 <개명으로 인한 주민등록상 성명정정을 본적지 관할관청에 통보하지 아니>한 직무상 의무위배행위와 甲과 같은 이름으로 개명허가를 받은 듯이 호적등본을 위조하여 주민등록상 성명을 위법하게 정정한 乙이 甲의 부동산에 관하여 불법적으로 근저당권설정등기를 경료함으로써 甲이 입은 손해 사이에는 <U>상당인과관계가 있다</U>(2003.4.25. 2001다59842).

② ○ 재판에 대해 불복·시정절차가 있는 경우: 특별사정 없는 한 재판에 국가배상 불가

재판에 대하여 따로 <U>불복절차 또는 시정절차가 마련되어 있는 경우</U>에는 재판의 결과로 불이익 내지 손해를 입었다고 여기는 사람은 그 절차에 따라 자신의 권리 내지 이익을 회복하도록 함이 법이 예정하는 바이므로, <U>불복에 의한 시정을 구할 수 없었던 것 자체가 법관이나 다른 공무원의 귀책사유로 인한 것이라거나 그와 같은 시정을 구할 수 없었던 부득이한 사정이 있었다는 등의 특별한 사정이 없는 한</U>, 스스로 그와 같은 시정을 구하지 아니한 결과 권리 내지 이익을 회복하지 못한 사람은 원칙적으로 <U>국가배상에 의한 권리구제를 받을 수 없다</U>고 봄이 상당하다(2003.7.11. 99다24218).

선지	THEME	요플	기풀기
①		112	116
②		34	034
③	T71 국가배상(2조)	72	050
④		30	024
⑤		116	118

③ ○ 법령상 요건·절차 따랐으면 그 과정에서 개인의 권리침해가 있었다 하여 곧바로 위법은 ✕

국가배상책임은 공무원의 직무집행이 법령에 위반한 것임을 요건으로 하는 것으로서, **공무원의 직무집행이 법령이 정한 요건과 절차에 따라 이루어진 것이라면** 특별한 사정이 없는 한 이는 법령에 적합한 것이고 그 과정에서 **개인의 권리가 침해되는** 일이 생긴다고 하여 그 **법령적합성이 곧바로 부정되는 것은 아니라고** 할 것이다(1997.7.25. 94다2480).

④ ○ 국회의원의 입법행위: 위헌이 명백함에도 굳이 입법하는 특수 사례에만 위법 인정 가능

국회의원은 입법에 관하여 원칙적으로 국민 전체에 대한 관계에서 **정치적 책임을 질 뿐** 국민 개개인의 권리에 대응하여 법적 의무를 지는 것은 아니므로, **국회의원의 입법행위**는 그 입법내용이 헌법의 문언에 **명백히 위배됨에도** 불구하고 국회가 **굳이** 당해 입법을 한 것과 같은 특수한 경우가 **아닌 한** 국가배상법 제2조 제1항 소정의 위법행위에 해당한다고 볼 수 없다(2008.5.29. 2004다33469).

⑤ ○ 개별공시지가 담당공무원의 적정가격 결정·공시의무: 개인 재산권에 대한 사익보호성 인정 → 이를 위반해 손해발생시 상당인과관계 내 배상책임

개별공시지가 산정업무를 담당하는 공무원 … 산정지가의 검증을 의뢰받은 감정평가업자나 시·군·구 부동산평가위원회 … 〈**적정한 개별공시지가 결정·공시되도록 조치할 직무상의 의무**〉가 있고, 이러한 직무상 의무는 단순히 **공공일반의 이익**을 위한 것이거나 행정기관 내부의 질서를 규율하기 위한 것이 아니고 전적으로 또는 부수적으로 국민 **개개인의 재산권** 보장을 목적으로 하여 규정된 것이라고 봄이 상당하다. 따라서 개별공시지가 산정업무 담당공무원 등이 그 직무상 의무에 위반하여 현저하게 불합리한 개별공시지가가 결정되도록 함으로써 국민 개개인의 재산권을 침해한 경우에는 그 손해에 대하여 **상당인과관계** 있는 범위 내에서 그 담당공무원 등이 소속된 지방자치단체가 **배상책임**을 지게 된다(2010.7.22. 2010다13527).

정답 ①
OX 1 ✕

24

국가배상에 대한 설명으로 옳은 것은? (다툼이 있는 경우 판례에 의함) 20지방7

① 행정처분의 담당공무원이 주관적 주의의무를 결하여 그 행정처분이 주관적 정당성을 상실하였다고 인정될 정도에 이른 경우에 「국가배상법」 제2조의 요건을 충족하였다고 봄이 상당하다.
② 「국가배상법」 제6조 제1항에 의하면 지방자치단체장이 설치하여 관할 지방경찰청장에게 관리권한이 위임된 교통신호기의 고장으로 인하여 교통사고가 발생한 경우, 지방자치단체가 손해배상책임을 지고 국가는 피해자에 대하여 배상책임을 지지 않는다.
③ 국민이 법령에 정하여진 수질기준에 미달한 상수원수로 생산된 수돗물을 마심으로써 건강상의 위해 발생에 대한 염려 등에 따른 정신적 고통을 받았다고 하더라도, 이러한 사정만으로는 국가 또는 지방자치단체가 국민에게 손해배상책임을 부담하지 아니한다.
④ 「국가배상법」 제5조 제1항 소정의 '공공의 영조물'이라 함은 국가 또는 지방자치단체에 의하여 특정 공공의 목적에 공여된 유체물 내지 물적 설비를 말하며, 국가 또는 지방자치단체가 소유권, 임차권, 그 밖의 권한에 기하여 관리하고 있는 경우로 한정되고, 사실상의 관리를 하고 있는 경우는 포함되지 않는다.

관련 OX

① 관련

1 「국가배상법」상 공무원 과실의 판단기준은 보통 일반의 공무원을 표준으로 하여 볼 때 위법한 행정처분의 담당공무원이 객관적 주의의무를 소홀히 하고 그로 인해 행정처분이 객관적 정당성을 잃었다고 볼 수 있는 경우에 「국가배상법」 제2조가 정한 국가배상책임이 성립할 수 있다. 23국회9

② 관련

2 지방자치단체장이 설치하여 관할 지방경찰청장에게 관리권한이 위임된 교통신호기의 고장으로 인하여 교통사고가 발생한 경우, 그 권한을 위임한 지방자치단체장이 소속된 지방자치단체뿐만 아니라 국가도 「국가배상법」에 의한 배상책임을 부담한다. 16국가7

해설

① ✗ 국가배상책임의 인정요건 → 보통 일반의 공무원을 기준으로 객관적 주의의무위반 / 객관적 정당성 결여
행정처분의 담당공무원이 보통 일반의 공무원을 표준으로 하여 볼 때 객관적 주의의무를 결하여 그 행정처분이 객관적 정당성을 상실하였다고 인정될 정도에 이른 경우에 비로소 국가배상법 제2조 소정의 국가배상책임의 요건을 충족하였다고 봄이 상당할 것이다(2003.11.27. 2001다33789·33796·33802·33819).

+ PLUS 과실의 객관화: 주관적 주의의무, 주관적 정당성✗ ↔ 객관적 주의의무, 객관적 정당성○

문제정리 과실의 객관화 → 국가배상책임 성립 용이

a. (국가배상청구권과 관련하여) 과실개념의 주관화(主觀化) 경향이 나타나고 있다. 14서울9
b. 과실개념을 객관화하려는 태도는 국가배상책임의 성립을 용이하게 하려는 의도를 지니고 있다. 19서울9
c. 공무원의 직무집행상의 과실이라 함은 공무원이 그 직무를 수행함에 있어 당해 직무를 담당하는 평균인이 통상 갖추어야 할 주의의무를 게을리한 것을 말한다. 11사복9
d. 불법행위를 행한 가해공무원을 특정할 수 없는 경우에는 국가배상책임이 인정되지 않는다. 15교행9

해설
- 과실의 객관화 → 국가배상책임 성립 용이
  - 인(人): 해당 공무원 개인✗ → 평균적 공무원 기준○ & 가해공무원 개인 특정 불필요
  - 의무: 주관적 주의의무✗ → 객관적 주의의무 기준○
  - 정당성: 주관적 정당성 상실✗ → 객관적 정당성 상실○

정답 a.✗ b.○ c.○ d.✗

선지분석 & 요플·기풀기링크

선지	THEME	요플	기풀기
①	T71 국가배상(2조)	48	082
②	T73 국가배상(공통·특례)	20	013
③	T71 국가배상(2조)	117	119
④	T72 국가배상(5조)	08	008

② ✕ [교통신호기] 지자체 → 국가(경찰): 지자체 사무귀속자책임(제5조) / 국가 비용부담자책임(제6조)
〈지방자치단체장이 교통신호기를 설치하여〉 그 관리권한이 도로교통법 제71조의2 제1항의 규정에 의하여 〈관할 지방경찰청장에게 위임〉되어 지방자치단체 소속 공무원과 지방경찰청 소속 공무원이 합동근무하는 교통종합관제센터에서 그 관리업무를 담당하던 중 위 신호기가 고장난 채 방치되어 교통사고가 발생한 경우 … 교통신호기를 관리하는 지방경찰청장 산하 경찰관들에 대한 봉급을 부담하는 국가도 국가배상법 제6조 제1항에 의한 배상책임을 부담한다(1999.6.25. 99다11120).

③ ○ 1) 수질기준 유지의무 및 2) 기준미달 하천수의 고도정수처리의무는 모두 사익보호성✕ → 배상책임✕

- 1) 국가 등에게 일정한 기준에 따라 상수원수의 수질을 유지하여야 할 의무를 부과하고 있는 법령의 규정은 국민에게 양질의 수돗물이 공급되게 함으로써 국민 일반의 건강을 보호하여 공공일반의 전체적인 이익을 도모하기 위한 것이지, 국민 개개인의 안전과 이익을 직접적으로 보호하기 위한 규정이 아니므로, 국민에게 공급된 수돗물의 상수원의 수질이 수질기준에 미달한 경우가 있고, 이로 말미암아 국민이 법령에 정하여진 수질기준에 미달한 상수원수로 생산된 수돗물을 마심으로써 건강상의 위해 발생에 대한 염려 등에 따른 정신적 고통을 받았다고 하더라도, 이러한 사정만으로는 국가 또는 지방자치단체가 국민에게 손해배상책임을 부담하지 아니한다. … 2) 또한 상수원수 2급에 미달하는 상수원수는 고도의 정수처리 후 사용하여야 한다는 환경정책기본법령상의 의무 역시 위에서 본 수질기준 유지의무와 같은 성질의 것이므로, 지방자치단체가 상수원수의 수질기준에 미달하는 하천수를 취수하거나 상수원수 3급 이하의 하천수를 취수하여 고도의 정수처리가 아닌 일반적 정수처리 후 수돗물을 생산·공급하였다고 하더라도, 그렇게 공급된 수돗물이 음용수 기준에 적합하고 몸에 해로운 물질이 포함되어 있지 아니한 이상, 지방자치단체의 위와 같은 수돗물 생산·공급행위가 국민에 대한 불법행위가 되지 아니한다(2001.10.23. 99다36280).

④ ✕ 영조물: 권원에 의한 관리가 아닌 사실상 관리도 포함
국가배상법 제5조 제1항 소정의 '공공의 영조물'이라 함은 국가 또는 지방자치단체에 의하여 특정 공공의 목적에 공여된 유체물 내지 물적 설비를 말하며, 국가 또는 지방자치단체가 소유권, 임차권 그 밖의 권한에 기하여 관리하고 있는 경우뿐만 아니라 사실상의 관리를 하고 있는 경우도 포함된다(1998.10.23. 98다17381).

▣ 공공의 영조물

• 강학상 영조물(物 + 人)✕ / 강학상 공물(物)○ → 특정 공적 목적에 공여된 유체물 내지 물적 설비	
• 국가·지자체의 소유 한정✕	사인 소유여도 국가·지자체의 관리로 충분
• 권원에 의한 관리에 한정✕	**사실상 관리로 충분**④
• 공중에 제공하는 공공용물(도로)에 한정✕	공용물(청사), 보존공물(문화재)도○
• 인공공물(도로)에 한정✕	자연공물(하천)도○

25

유흥주점에 감금된 채 윤락을 강요받으며 생활하던 여종업원들이 유흥주점에 화재가 났을 때 미처 피신하지 못하고 유독가스에 질식해 사망하였다. 이에 대한 설명으로 옳지 않은 것은? (다툼이 있는 경우 판례에 의함)

24경찰간부

① 소방공무원이 위 유흥주점에 대하여 화재발생 전 실시한 소방점검 등에서 구 「소방법」상 방염 규정 위반에 대한 시정조치 및 화재발생시 대피에 장애가 되는 잠금장치의 제거 등 시정조치를 명하지 않은 직무상 의무 위반은 현저히 불합리한 경우에 해당하여 위법하다.

② 상당인과관계의 유무를 판단함에 있어서는 일반적인 결과 발생의 개연성은 물론 직무상 의무를 부과하는 법령 기타 행동규범의 목적이나 가해행위의 태양 및 피해의 정도 등을 종합적으로 고려하여야 한다.

③ 해당 기초지방자치단체의 담당 공무원이 「식품위생법」상 취하여야 할 조치를 게을리한 직무상 의무위반행위와 위 사망의 결과 사이에는 상당인과관계가 인정된다.

④ 경찰관이 감금 및 윤락강요행위를 제지하거나 윤락업주들을 체포·수사하는 등 필요한 조치를 취하지 아니하고 오히려 업주들로부터 뇌물을 수수하며 그와 같은 행위를 방치한 것은 경찰관의 직무상 의무에 위반하여 위법하다.

해설

① ○, ③ ×

- ① 소방공무원의 소방법상 시정조치 미발령: 위법성 인정,① 화재로 인한 종업원 사망과의 인과관계 인정
유흥주점에 감금된 채 윤락을 강요받으며 생활하던 여종업원들이 유흥주점에 화재가 났을 때 미처 피신하지 못하고 유독가스에 질식해 사망한 사안에서, 소방공무원이 위 유흥주점에 대하여 화재발생 전 실시한 소방점검 등에서 구 소방법상 방염 규정 위반에 대한 시정조치 및 화재발생시 대피에 장애가 되는 잠금장치의 제거 등 시정조치를 명하지 않은 직무상 의무위반은 현저히 불합리한 경우에 해당하여 위법하고① 이러한 직무상 의무위반과 위 사망의 결과 사이에 상당인과관계가 존재한다.

- ③ 담당공무원의 식품위생법상 시정조치 미발령: 화재로 인한 종업원 사망과의 인과관계 부정③
반면, 지방자치단체의 담당공무원이 위 유흥주점의 용도변경, 무허가영업 및 시설기준에 위배된 개축에 대하여 시정명령 등 식품위생법상 취하여야 할 조치를 게을리한 직무상 의무위반행위와 위 종업원들의 사망 사이에 상당인과관계가 존재하지 않는다③(2008.4.10. 2005다48994).

② ○ 상당인과관계 판단기준: 결과발생 개연성·규범목적·가해행위 태양·피해정도 등 종합 고려
상당인과관계의 유무를 판단함에 있어서는 일반적인 결과 발생의 개연성은 물론 직무상 의무를 부과하는 법령 기타 행동규범의 목적이나 가해행위의 태양 및 피해의 정도 등을 종합적으로 고려하여야 한다(2008.4.10. 2005다48994).

④ ○ 경찰이 감금·윤락강요 사실을 알고도 방치했고, 이후 건물화재로 피해자 다수 사망: 책임 인정
윤락녀들이 윤락업소에 감금된 채로 윤락을 강요받으면서 생활하고 있음을 쉽게 알 수 있는 상황이었음에도, 경찰관이 이러한 〈감금 및 윤락강요행위〉를 제지하거나 윤락업주들을 체포·수사하는 등 필요한 조치를 취하지 아니하고 오히려 업주들로부터 뇌물을 수수하며 그와 같은 행위를 방치한 것은 경찰관의 직무상 의무에 위반하여 위법하므로 국가는 이로 인한 정신적 고통에 대하여 위자료를 지급할 의무가 있다(2004.9.23. 2003다49009).

정답

필수문제 26

「국가배상법」제2조의 국가배상책임에 대한 설명으로 옳지 않은 것은? (다툼이 있는 경우 판례에 의함) 14국가7

① 공무원에게 부과된 직무상 의무의 내용이 전적으로 공공일반의 이익을 위한 것이거나 행정기관 내부의 질서를 규율하기 위한 것인 경우에도, 공무원의 그와 같은 직무상 의무위반으로 인한 손해에 대하여 국가는 배상책임을 진다.

② 어떠한 행정처분이 후에 항고소송에서 취소되었다고 할지라도 그 기판력에 의하여 당해 행정처분이 곧바로 공무원의 고의 또는 과실로 인한 것으로서 불법행위를 구성한다고 단정할 수는 없다.

③ 성폭력범죄의 수사를 담당하거나 수사에 관여하는 경찰관이 직무상 의무에 위반하여 피해자의 인적사항 등을 공개 또는 누설한 경우, 그로 인하여 피해자가 입은 손해에 대하여 국가는 배상책임을 진다.

④ 행위 자체의 외관이 객관적으로 관찰하여 공무원의 직무행위로 보일 때에는 그것이 실질적으로 직무행위가 아니거나 또는 행위자에게 주관적으로 공무집행의 의사가 없었다고 하더라도 그 행위는 직무행위에 해당한다.

관련 OX

① 관련

1 ◎ 국가배상책임이 인정되려면 공무원의 직무상 의무위반행위와 손해 사이에 상당인과관계가 인정되어야 하는데 공무원에게 직무상 의무를 부과한 법령이 단순히 공공의 이익을 위한 것이고 사익을 보호하기 위한 것이 아니라면 상당인과관계가 부인되어 배상책임이 인정되지 않는다. 17서울7

② 관련

2 ◎ 어떠한 행정처분이 후에 항고소송에서 취소되었다면 그 기판력에 의하여 당해 행정처분은 곧바로 「국가배상법」제2조의 공무원의 고의 또는 과실로 인한 불법행위를 구성한다. 17(상)국가9

해설

① ✗ **직무상 의무위반이 있으나 그것이 오로지 공익이나 내부질서를 위한 것: 배상책임✗**
공무원에게 직무상 의무를 부과한 법령의 보호목적이 사회 구성원 개인의 이익과 안전을 보호하기 위한 것이 아니고 단순히 <u>공공일반의 이익이나 행정기관 내부의 질서를 규율</u>하기 위한 것이라면, 가사 공무원이 그 직무상 의무를 위반한 것을 계기로 하여 제3자가 손해를 입었다 하더라도 <u>공무원의 직무상 의무를 위반한 행위와 제3자가 입은 손해 사이에는 법리상 상당인과관계가 있다고 할 수 없다</u>(2001.4.13. 2000다34891).

② ○ **행정처분이 항고소송에서 취소확정: 공무원의 고의·과실까지 확정되는 것은 아님**
어떠한 행정처분이 후에 항고소송에서 취소되었다고 할지라도 그 기판력에 의하여 당해 행정처분이 곧바로 공무원의 고의 또는 과실로 인한 것으로서 불법행위를 구성한다고 단정할 수는 없는 것이다(2000.5.12. 99다70600).

③ ○ **경찰이 성폭력 피해자의 인적사항 누설 → 국가배상책임 성립○**
「성폭력범죄의 처벌 및 피해자보호 등에 관한 법률」제21조는 성폭력범죄의 수사 또는 재판을 담당하거나 이에 관여하는 공무원에 대하여 피해자의 인적사항과 사생활의 비밀을 엄수할 직무상 의무를 부과하고 있고, 이는 주로 성폭력범죄 피해자의 명예와 사생활의 평온을 보호하기 위한 것이므로, 성폭력범죄의 수사를 담당하거나 수사에 관여하는 경찰관이 위와 같은 직무상 의무에 반하여 피해자의 인적사항 등을 공개 또는 누설하였다면 국가는 그로 인하여 피해자가 입은 손해를 배상하여야 한다(2008.6.12. 2007다64365).

④ ○ **직무관련성 판단기준: 외형설**
본조 제1항에서 말하는 '직무를 행함에 당하여'라는 취지는 공무원의 <u>행위의 외관을 객관적으로 관찰</u>하여 공무원의 직무행위로 보여질 때에는 비록 그것이 <u>실질적으로 직무행위이거나 아니거나 또는 행위자의 주관적 의사에 관계없이</u> 그 행위는 공무원의 직무집행행위로 볼 것이요 이러한 행위가 실질적으로 공무집행행위가 아니라는 사정을 피해자가 알았다 하더라도 그것을 '직무를 행함에 당하여'라고 단정하는 데 아무런 영향을 미치는 것이 아니다(1966.6.28. 66다781).

선지분석 & 요플 · 기풀기링크

선지	THEME	요플	기풀기
①		107	109
②	T71 국가배상(2조)	55	087
③		114	112
④		39	039

정답 ①
OX 1○ 2✗

27

국가배상과 관련한 판례의 태도로 옳지 않은 것은? 12국가7

① 토석채취공사 도중 경사지를 굴러 내린 암석이 가스저장시설을 충격하여 화재가 발생한 경우, 토지형질변경허가권자에게 허가 당시 사업자로 하여금 위해방지시설을 설치하게 할 의무는 없다.

② 인감증명사무를 처리하는 공무원은 인감증명이 타인과의 권리·의무에 관계되는 일에 사용되는 것을 예상하여 그 발급된 인감증명으로 인한 부정행위의 발생을 방지할 직무상의 의무가 있다.

③ 주민등록사무를 담당하는 공무원은 개명과 같은 사유로 주민등록상의 성명을 정정한 경우에는 반드시 본적지 관할관청에 그 변경사항을 통보하여 본적지의 호적관서로 하여금 그 정정사항의 진위를 재확인할 수 있도록 할 직무상의 의무가 있다.

④ 국가 또는 지방자치단체가 법령이 정하는 상수원수 수질기준유지의무를 다하지 못하고, 법령이 정하는 고도의 정수처리방법이 아닌 일반적 정수처리방법으로 수돗물을 생산·공급하였다는 사유만으로 그 수돗물을 마신 개인에 대하여 손해배상책임을 부담하지 않는다.

관련 OX

④ 관련

1 국가 등에게 일정한 기준에 따라 상수원수의 수질을 유지하여야 할 의무를 부과하고 있는 「수도법」의 규정은 국민에게 양질의 수돗물이 공급되게 함으로써 국민 개개인의 안전과 이익을 직접적으로 보호하기 위한 것으로서, 그 의무에 위반하여 국민에게 손해를 가하였다면 국가 또는 지방자치단체는 배상책임을 부담한다. 10국회8

2 국민이 법령에 정하여진 수질기준에 미달한 상수원수로 생산된 수돗물을 마심으로써 건강상의 위해발생에 대한 염려 등에 따른 정신적 고통을 받았다고 하더라도, 이러한 사정만으로는 국가 또는 지방자치단체가 국민에게 손해배상책임을 부담하지 아니한다. 20지방7

해설

① ✕ 토석채취공사 중 암석이 떨어져 가스시설을 충격해 화재발생 → 위해방지시설을 설치하게 하고 사고예방조치를 할 직무상 의무 인정
〈토석채취공사 도중 경사지를 굴러 내린 암석이 가스저장시설을 충격하여 화재〉가 발생한 사안에서, 토지형질변경허가권자에게 허가 당시 사업자로 하여금 위해방지시설을 설치하게 할 의무를 다하지 아니한 위법과 작업 도중 구체적인 위험이 발생하였음에도 작업을 중지시키는 등의 사고예방조치를 취하지 아니한 위법이 있다(2001.3.9. 99다64278).

② ○ 인감증명 담당공무원에게 인감증명을 이용한 부정을 방지할 의무 인정
〈인감증명〉은 인감 자체의 동일성과 거래행위자의 의사에 의한 것임을 확인하는 자료로서 일반인의 거래상 극히 중요한 기능을 갖고 있는 것이므로 인감증명사무를 처리하는 공무원으로서는 그것이 타인과의 권리·의무에 관계되는 일에 사용되어지는 것을 예상하여 그 발급된 인감으로 인한 부정행위의 발생을 방지할 직무상의 의무가 있다(2004.3.26. 2003다54490).

③ ○ 주민등록 담당공무원이 개명을 사유로 한 주민등록상 성명정정에 대해 본적지 호적관서에 통보하여 재확인하게 할 의무 인정
주민등록사무를 담당하는 공무원으로서는 만일 개명과 같은 사유로 주민등록상의 성명을 정정한 경우에는 위에서 본 바와 같은 법령의 규정에 따라 반드시 본적지의 관할관청에 대하여 그 변경사항을 통보하여 본적지의 호적관서로 하여금 그 정정사항의 진위를 재확인할 수 있도록 할 직무상의 의무가 있다고 할 것이다(2003.4.25. 2001다59842).

④ ○ 법령상 수질기준 유지의무 및 기준미달 하천수의 고도 정수처리의무: 사익보호성✕ → 수질미달 하천수를 고도 정수처리하지 않고 일반 정수처리했다는 것만으로는 배상책임✕
국가 등에게 일정한 기준에 따라 상수원수의 수질을 유지하여야 할 의무를 부과하고 있는 법령의 규정은 국민에게 양질의 수돗물이 공급되게 함으로써 국민 일반의 건강을 보호하여 공공일반의 전체적인 이익을 도모하기 위한 것이지, 국민 개개인의 안전과 이익을 직접적으로 보호하기 위한 규정이 아니므로, 국민에게 공급된 수돗물의 상수원의 수질이 〈수질기준에 미달〉한 경우 … 국가 또는 지방자치단체가 국민에게 손해배상책임을 부담하지 아니한다. 또한 상수원수 2급에 미달하는 상수원수는 고도의 정수처리 후 사용하여야 한다는 환경정책기본법령상의 의무 역시 위에서 본 수질기준 유지의무와 같은 성질의 것이므로, 지방자치단체가 상수원수의 수질기준에 미달하는 하천수를 취수하거나 상수원수 3급 이하의 하천수를 취수하여 〈고도의 정수처리가 아닌 일반적 정수처리〉 후 수돗물을 생산·공급하였다고 하더라도, 그렇게 공급된 수돗물이 음용수 기준에 적합하고 몸에 해로운 물질이 포함되어 있지 아니한 이상, 지방자치단체의 위와 같은 수돗물 생산·공급행위가 국민에 대한 불법행위가 되지 아니한다(2001.10.23. 99다36280).

선지분석 & 요플·기풀기링크

선지	THEME	요플	기풀기
①		110	114
②	T71 국가배상(2조)	95	073
③		111	115
④		117	119

 ①
 1✕ 2○

28

행정상 손해배상에 대한 설명으로 옳은 것은? (다툼이 있는 경우 판례에 의함) 22소방

① 국회의원은 원칙적으로 정치적 책임을 질 뿐이므로 헌법에 따른 구체적 입법의무를 부담하고 있음에도 그 입법에 필요한 상당한 기간이 경과하도록 고의 또는 과실로 그 입법의무를 이행하지 아니하는 경우 그 배상책임이 인정되기 어렵다.

② 주무 부처인 중앙행정기관이 입법예고를 통해 법령안의 내용을 국민에게 예고한 적이 있다면, 그것이 법령으로 확정되지 아니하였다고 하더라도 국가는 위 법령안에 관련된 사항에 대해 이해관계자들에게 어떠한 신뢰를 부여한 것으로 볼 수 있다.

③ 공무원에게 부과된 직무상 의무의 내용이 전적으로 또는 부수적으로 사회구성원 개인의 안전과 이익을 보호하기 위하여 설정된 것이라면, 공무원이 그와 같은 직무상 의무를 위반함으로써 피해자가 입은 손해에 대해서는 상당인과관계가 인정되는 범위에서 국가가 배상책임을 진다.

④ 「금융위원회의 설치 등에 관한 법률」의 입법취지에 비추어 볼 때, 금융감독원에 금융기관에 대한 검사·감독의무를 부과한 법령의 목적이 금융상품에 투자한 투자자 개인의 이익을 직접 보호하기 위한 것이라고 할 수 있으므로, 피고 금융감독원 및 그 직원들의 위법한 직무집행과 해당 저축은행의 후순위사채에 투자한 원고들이 입은 손해 사이에 상당인과관계가 인정된다.

해설

① ✕ **입법부작위에 대한 배상책임: 구체적 입법의무 인정시 가능, 그렇지 않다면 성립 여지 ✕**
국회의원의 **입법행위**는 국가가 일정한 사항에 관하여 헌법에 의하여 부과되는 **구체적인 입법의무를 부담**하고 있음에도 불구하고 그 입법에 필요한 상당한 기간이 경과하도록 **고의 또는 과실로 이러한 입법의무를 이행하지 아니하는** 등 극히 예외적인 사정이 인정되는 사안에 **한정하여 국가배상법 소정의 배상책임이 인정될 수 있으며**, 위와 같은 구체적인 입법의무 자체가 인정되지 않는 경우에는 애당초 부작위로 인한 불법행위가 성립할 여지가 없다(2008.5.29. 2004다33469).

② ✕ **입법예고를 통해 법령안의 내용예고: 신뢰 부여에 해당 ✕**
정책의 주무 부처인 중앙행정기관이 그 소관 사항에 대하여 입안한 법령안은 법제처 심사 등의 절차를 거쳐 공포함으로써 확정되므로, 법령이 확정되기 이전에는 법적 효과가 발생할 수 없다. 따라서 **입법예고를 통해 법령안의 내용을 국민에게 예고한 적이 있다고 하더라도 그것이 법령으로 확정되지 아니한 이상** 국가가 이해관계자들에게 위 법령안에 관련된 사항을 약속하였다고 볼 수 없으며, 이러한 사정만으로 어떠한 **신뢰를 부여하였다고 볼 수도 없다**(2018.6.15. 2017다249769).

③ ○ **직무상 의무가 전적 혹은 부수적으로 개인의 안전과 이익보호를 위해 설정: 배상책임 인정**
공무원에게 부과된 직무상 의무의 내용이 단순히 **공공일반의 이익**을 위한 것이거나 행정기관 내부의 질서를 규율하기 위한 것이 아니고, **전적으로 또는 부수적으로 사회구성원 개인의 안전과 이익을 보호**하기 위하여 설정된 것이라면 공무원이 그와 같은 직무상 의무를 위반함으로 인하여 피해자가 입은 손해에 대하여는 **상당인과관계가 인정되는 범위 내에서 국가 또는 지방자치단체가 배상책임을 지는 것이다**(1997.9.9. 97다12907).

④ ✕ **금융감독원의 금융기관에 대한 검사·감독의무: 투자자 개인보호와 무관 → 저축은행 검사·감독에 위법이 있더라도 저축은행 투자자들에게 배상책임(인과관계) ✕**
피고 **금융감독원에 금융기관에 대한 검사·감독의무**를 부과한 법령의 목적이 금융상품에 **투자한 투자자 개인의 이익을 직접 보호하기 위한 것이라고 할 수 없으므로** 피고 금융감독원 및 그 직원들의 위법한 직무집행과 부산저축은행의 후순위사채에 투자한 원고들이 입은 손해 사이에 **상당인과관계가 있다고 보기 어렵다**(2015.12.23. 2015다210194).

선지선택비율 ① 11.42% ② 9.32% ③ 65.87% ④ 13.39% 오답률 34.13%

관련 OX

② 관련

1 국회에서 일정한 법률안을 심의하거나 의결한 적이 있다고 하더라도 그것이 법률로 확정되지 아니한 이상 국가가 이해관계자들에게 위 법률안에 관련된 사항을 약속하였다고 볼 수 없으며, 이러한 사정만으로 어떠한 신뢰를 부여하였다고 볼 수도 없다. 24국가9

③ 관련

2 공무원에게 부과된 직무상 의무의 내용이 전적으로 또는 부수적으로 사회구성원 개인의 안전과 이익을 보호하기 위하여 설정된 것이라면, 공무원이 그와 같은 직무상 의무를 위반함으로써 피해자가 입은 손해에 대해서는 상당인과관계가 인정되는 범위에서 그 공무원이 속한 국가 또는 지방자치단체가 배상책임을 진다. 23국회9

선지분석 & 요풀·기풀기링크

선지	THEME	요풀	기풀기
①	T71 국가배상(2조)	32	027
②	T05 신뢰보호원칙	53	012
③	T71 국가배상(2조)	108	111
④		119	121

정답 ③
OX 1 ○ 2 ○

29

다음 중 행정상 손해배상에 관한 설명 중 가장 옳지 않은 것은? (다툼이 있는 경우 판례에 의함)

25해경승진

① 산업기술혁신 촉진법령에 따른 중앙행정기관과 지방자치단체 등의 인증신제품 구매의무는 공공일반의 전체적인 이익을 도모하기 위한 것으로 봄이 타당하고, 신제품 인증을 받은 자의 재산상 이익은 법령이 보호하고자 하는 이익으로 보기는 어려우므로, 지방자치단체가 위 법령에서 정한 인증신제품 구매의무를 위반하였다고 하더라도, 이를 이유로 신제품 인증을 받은 자에 대하여 국가배상책임을 지는 것은 아니다.

② 국가배상청구의 요건인 '공무원의 직무'에는 국가나 지방자치단체의 권력적 작용뿐만 아니라 비권력적 작용도 포함되지만, 단순한 사경제주체로서 하는 작용은 포함되지 않는다.

③ 행위 자체의 외관을 객관적으로 관찰하여 공무원의 직무행위로 보여진다 하더라도 그것이 실질적으로 직무행위에 해당하지 않는다면 그 행위는 '직무를 집행하면서' 행한 것으로 볼 수 없다.

④ 국가배상청구권의 소멸시효기간이 지났으나, 국가가 소멸시효완성을 주장하는 것이 신의성실의 원칙에 반하는 권리남용으로 허용될 수 없어 배상책임을 이행한 경우에는, 그 소멸시효 완성 주장이 권리남용에 해당하게 된 원인행위와 관련하여 해당 공무원이 그 원인이 되는 행위를 적극적으로 주도하였다는 등의 특별한 사정이 없는 한, 국가의 해당 공무원에 대한 구상권 행사는 신의칙상 허용되지 않는다.

관련 OX

④ 관련

1 국가배상청구권의 소멸시효기간은 지났으나 국가가 소멸시효 완성을 주장하는 것이 신의성실의 원칙에 반하는 권리남용으로 허용될 수 없어 배상책임을 이행한 경우, 국가는 원칙적으로 해당 공무원에 대해 구상권을 행사할 수 있다.

22국가9

해설

① ○ 공공기관의 인증신제품 구매의무: 공익 도모를 위한 것일 뿐, 인증받은 자의 사익보호성× → 공공기관이 인증신제품 구매의무를 위반했어도 신제품 인증을 받은 자에 배상책임×

신제품 인증을 받은 제품(이하 '인증신제품'이라 한다) 구매의무는 기업에 신기술개발제품의 판로를 확보하여 줌으로써 산업기술개발을 촉진하기 위한 국가적 지원책의 하나로 국민경제의 지속적인 발전과 국민의 삶의 질 향상이라는 **공공일반의 이익을 도모하기 위한 것**이고, 공공기관이 구매의무를 이행한 결과 신제품 인증을 받은 자가 재산상 이익을 얻게 되더라도 이는 반사적 이익에 불과할 뿐 위 법령(편저자: 구 산업기술혁신 촉진법령)이 보호하고자 하는 이익으로 보기는 어렵다. 따라서 공공기관이 위 법령에서 정한 **인증신제품 구매의무를 위반하였다고 하더라도**, 이를 이유로 신제품 인증을 받은 자에 대하여 국가배상법 제2조가 정한 배상책임이나 불법행위를 이유로 한 **손해배상책임을 지는 것은 아니다**(2015.5.28. 2013다41431).

② ○ 공무원의 직무: 권력적 작용 외 비권력적 작용도 포함 / 사경제주체로서의 활동은 제외

국가배상법이 정한 손해배상청구의 요건인 '공무원의 직무'에는 국가나 지방자치단체의 **권력적 작용**뿐만 아니라 **비권력적 작용도 포함되지만** 단순한 **사경제의 주체로서 하는 작용은 포함되지 않는다**(2004.4.9. 2002다10691).

③ × 직무집행 관련성: 행위의 외관을 객관적으로 관찰하여 결정 → 행위의 실질이 직무집행이 아니더라도, 직무집행으로 인정

국가배상법 제2조 제1항의 '직무를 집행함에 당하여'라 함은 … 행위 자체의 **외관을 객관적으로 관찰**하여 공무원의 직무행위로 보여질 때에는 비록 그것이 **실질적으로 직무행위가 아니거나** 또는 행위자로서는 **주관적으로 공무집행의 의사가 없었다고 하더라도** 그 행위는 공무원이 '**직무를 집행함에 당하여**' 한 것으로 보아야 한다(2005.1.14. 2004다26805).

④ ○ 소멸시효가 완성됐으나, 국가의 소멸시효 완성 주장이 신의칙에 반해 배상책임을 이행 → 국가는 해당 공무원이 적극 주도자라는 등의 특별사정 없는 한 그에게 구상 불가

공무원의 불법행위로 손해를 입은 피해자의 국가배상청구권의 **소멸시효기간이 지났으나** 국가가 소멸시효 완성을 주장하는 것이 신의성실의 원칙에 반하는 **권리남용으로 허용될 수 없어 배상책임을 이행한 경우**에는, 그 소멸시효 완성 주장이 권리남용에 해당하게 된 원인행위와 관련하여 **해당 공무원이** 그 원인이 되는 행위를 적극적으로 주도하였다는 등의 특별한 사정이 없는 한, 국가가 해당 **공무원에게 구상권을 행사하는 것은 신의칙상 허용되지 않는다**고 봄이 상당하다(2016.6.9. 2015다200258).

선지분석 & 요플·기풀기링크

선지	THEME	요플	기풀기
①		118	120
②	T71 국가배상(2조)	18	017
③		39	039
④	T73 국가배상(공통·특례)	56	057

정답 ③

OX 1 ×

필수문제 30

「국가배상법」상 공무원의 책임과 관련한 설명으로 옳지 않은 것은? (다툼이 있는 경우 판례에 의함)   15서울7

① 공무원이 직무수행 중 불법행위로 타인에게 손해를 입힌 경우에 국가 등이 국가배상책임을 부담하는 외에 공무원 개인도 고의 또는 중과실이 있는 경우에는 불법행위로 인한 손해배상책임을 진다.

② 공무원에게 경과실이 있을 뿐인 경우에는 공무원 개인은 손해배상책임을 부담하지 아니한다.

③ 경과실이 있는 공무원이 피해자에게 직접 손해를 배상하였다면 그것은 채무자 아닌 사람이 타인의 채무를 변제한 경우에 해당한다.

④ 피해자에게 손해를 직접 배상한 경과실이 있는 공무원이 국가에 대하여 국가의 손해배상책임의 범위 내에서 자신이 변제한 금액에 관하여 구상권을 행사하는 것은 권리남용으로 허용되지 아니한다.

관련 OX

① 관련

1 Ⓐ 공무원이 고의 또는 중과실로 직무상 불법행위를 한 경우에는 피해자는 공무원에 대해 선택적 청구가 가능하나 단순 경과실에 의한 경우에는 선택적 청구가 부정된다.   22소간

③ 관련

2 Ⓒ 경과실로 불법행위를 한 공무원이 피해자에게 손해를 배상하였다면 이는 타인의 채무를 변제한 경우에 해당하므로 피해자는 공무원에게 이를 반환할 의무가 있다.   22지방9

④ 관련

3 피해자에게 손해를 직접 배상한 경과실이 있는 공무원은 특별한 사정이 없는 한, 국가의 피해자에 대한 손해배상책임의 범위 내에서 자신이 변제한 금액에 관하여 국가에 대한 구상권을 취득한다.   19국가9

해설

①②③ ○, ④ ✕

1) 공무원 개인의 배상책임 – ① 고의·중과실: 책임○,① ② 경과실: 책임✕②
2) 경과실인 공무원이 손해를 배상한 경우: 도의관념에 적합한 비채변제(국가라는 타인의 채무를 변제)③
   → 공무원은 피해자에게는 반환청구 불가, 국가에게는 구상청구 가능(이는 권리남용이 아님)④

공무원이 직무수행 중 불법행위로 타인에게 손해를 입힌 경우에 국가 등이 국가배상책임을 부담하는 외에 공무원 개인도 〈고의 또는 중과실〉이 있는 경우에는 불법행위로 인한 손해배상책임을 지고,① 공무원에게 〈경과실〉이 있을 뿐인 경우에는 공무원 개인은 손해배상책임을 부담하지 아니한다.② 이처럼 경과실이 있는 공무원이 피해자에 대하여 손해배상책임을 부담하지 아니함에도 피해자에게 〈손해를 배상하였다면〉 그것은 채무자 아닌 사람이 타인의 채무를 변제한 경우에 해당하고,③ 이는 민법 제469조의 '제3자의 변제' 또는 민법 제744조의 '도의관념에 적합한 비채변제'에 해당하여 피해자는 공무원에 대하여 이를 반환할 의무가 없고, 그에 따라 피해자의 국가에 대한 손해배상청구권이 소멸하여 국가는 자신의 출연 없이 채무를 면하게 되므로, 피해자에게 손해를 직접 배상한 경과실이 있는 공무원은 특별한 사정이 없는 한 국가에 대하여 국가의 피해자에 대한 손해배상책임의 범위 내에서 공무원이 변제한 금액에 관하여 구상권을 취득한다고 봄이 타당하다④ (2014.8.20. 2012다54478).

공무원의 대외적·대내적 책임

	고의·중과실	경과실
피해자의 배상청구 (대외적)	국가 or 공무원 개인① 중 선택적 청구 가능	국가에게만 청구 가능②
국가/공무원 간 구상 (대내적)	• 국가가 배상시 – 공무원에게 구상 가능 (전액✕, 신의칙상 상당 범위○)	• 공무원이 배상시 – 국가에 구상 가능(권리남용✕)④ – 피해자에게 반환청구 불가능 (도의관념에 부합하는 비채변제)③

선지분석 & 요플·기풀기링크

선지	THEME	요플	기풀기
①		124	124
②	T71 국가배상(2조)	128	129
③		129	127
④		128	129

정답 ④
OX 1○ 2✕ 3○

필수문제 31

국가배상책임에 관한 설명 중 옳은 것(○)과 옳지 않은 것(×)을 올바르게 조합한 것은? (다툼이 있는 경우 판례에 의함) 25변시

> ㄱ. 공법인이 국가로부터 위탁받은 공행정사무를 집행하는 과정에서 공법인의 임직원이나 피용인이 고의 또는 과실로 법령을 위반하여 타인에게 손해를 입힌 경우, 공법인의 임직원이나 피용인은 「국가배상법」제2조에서 정한 공무원에 해당하므로 고의 또는 중과실이 있는 경우에만 배상책임을 부담한다.
>
> ㄴ. 군인·군무원 등에 관한 「국가배상법」제2조 제1항 단서 규정은, 다른 법령에 보상제도가 규정되어 있고 그 법령에 규정된 요건에 해당되어 위 단서 규정에 열거된 사람에게 보상을 받을 수 있는 권리가 발생한 이상, 실제로 그 권리를 행사하였는지 또는 그 권리를 행사하고 있는지 여부에 관계없이 적용된다.
>
> ㄷ. 국가나 지방자치단체가 행정절차를 진행하는 과정에서 주민들의 의견제출 등 절차적 권리를 보장하지 않은 위법이 있어서 그 후 이를 시정하여 절차를 다시 진행한 경우, 이러한 조치로도 주민들의 절차적 권리침해로 인한 정신적 고통이 여전히 남아 있다고 볼 특별한 사정이 있다면 국가나 지방자치단체는 그 정신적 고통으로 인한 손해를 배상할 책임이 있고, 이때 특별한 사정이 있다는 사실에 대한 주장·증명책임은 이를 청구하는 주민들에게 있다.
>
> ㄹ. 영조물이 그 설치 및 관리에 있어 완전무결한 상태를 유지할 정도의 고도의 안전성을 갖추지 아니하였다고 하여 하자가 있다고 단정할 수는 없고, 영조물 이용자의 상식적이고 질서 있는 이용방법을 기대한 상대적인 안전성을 갖추는 것으로 족하다.

① ㄱ(○), ㄴ(○), ㄷ(○), ㄹ(○)
② ㄱ(○), ㄴ(○), ㄷ(×), ㄹ(○)
③ ㄱ(○), ㄴ(×), ㄷ(○), ㄹ(×)
④ ㄱ(×), ㄴ(○), ㄷ(×), ㄹ(○)
⑤ ㄱ(×), ㄴ(×), ㄷ(×), ㄹ(○)

관련 OX

ㄱ. 관련

1 ⓒ 공법인이 국가로부터 위탁받은 공행정사무를 집행하는 과정에서 공법인의 임직원이나 피용인이 고의 또는 과실로 법령을 위반하여 타인에게 손해를 입힌 경우에 공법인은 위탁받은 공행정사무에 관한 행정보조의 지위에 있으므로 배상책임을 부담하지 않는다. 23국회9

ㄷ. 관련

2 공법인이 국가나 지방자치단체의 행정작용을 대신하여 공익사업을 시행하면서 행정절차를 진행하는 과정상 주민들의 절차적 권리를 보장하지 않은 위법이 있는 경우, 절차상 위법의 시정으로도 주민들에게 정신적 고통이 남아 있다고 볼 특별한 사정이 있어도 정신적 손해의 배상을 구하는 것은 불가능하다. 24국회8

추가기출 (ㄷ. 관련)

ⓐ ⓒ 행정절차는 그 자체가 독립적으로 의미를 가지는 것이라기보다는 행정의 공정성과 적정성을 보장하는 공법적 수단으로서의 의미가 크므로, 관련 행정처분의 성립이나 무효·취소 여부 등을 따지지 않은 채 주민들이 일시적으로 행정절차에 참여할 권리를 침해받았다는 사정만으로 곧바로 국가나 지방자치단체가 주민들에게 정신적 손해에 대한 배상의무를 부담한다고 단정할 수 없다. 24변시

해설

ㄱ. ○ 공법인이 위탁사무 집행과정에서 공법인의 임직원이나 피용인이 불법행위를 한 경우 → 공법인: 공무원×, 행정주체로서 책임 / 임직원이나 피용인: 공무원○ → 경과실 면책

공법인이 국가로부터 위탁받은 공행정사무를 집행하는 과정에서 공법인의 임직원이나 피용인이 고의 또는 과실로 법령을 위반하여 타인에게 손해를 입힌 경우에는, 공법인은 위탁받은 공행정사무에 관한 행정주체의 지위에서 배상책임을 부담하여야 하지만, 공법인의 임직원이나 피용인은 실질적인 의미에서 공무를 수행한 사람으로서 국가배상법 제2조에서 정한 공무원에 해당하므로 고의 또는 중과실이 있는 경우에만 배상책임을 부담하고 경과실이 있는 경우에는 배상책임을 면한다(2021.1.28. 2019다260197).

ㄴ. ○ 보상청구권 발생한 이상 실제 행사 여부 관계없이 이중배상금지 적용됨

국가배상법 제2조 제1항 단서 규정(편저자: 이중배상금지)은 다른 법령에 보상제도가 규정되어 있고, 그 법령에 규정된 상이등급 또는 장애등급 등의 요건에 해당되어 그 권리가 발생한 이상, 실제로 그 권리를 행사하였는지 또는 그 권리를 행사하고 있는지 여부에 관계없이 적용된다고 보아야 하고, 원고의 그 각 법률에 의한 보상금청구권이 시효로 소멸되었다 하여 적용되지 않는다고 할 수는 없다(2002.5.10. 2000다39735).

선지분석 & 요플·기풀기링크

선지	THEME	요플	기풀기
ㄱ	T71 국가배상(2조)	132	134
ㄴ	T73 국가배상(공통·특례)	37	041
ㄷ	T71 국가배상(2조)	100	102
ㄹ	T72 국가배상(5조)	19	020

ㄷ. ○ 주민의견 수렴절차가 생략됐으나 이후 시정됐거나, 직권 혹은 소송을 통해 취소·무효확인됨 → 특별한 사정이 없는 한 절차침해로 인한 배상책임 부정ⓐ → 단, 이때도 정신적 고통이 남을 특별사정 있다면 배상책임 인정. 특별사정은 주민이 입증책임ㄷ

행정절차는 그 자체가 독립적으로 의미를 가지는 것이라기보다는 행정의 공정성과 적정성을 보장하는 공법적 수단으로서의 의미가 크므로, 관련 행정처분의 성립이나 무효·취소 여부 등을 따지지 않은 채 주민들이 일시적으로 행정절차에 참여할 권리를 침해받았다는 사정만으로 곧바로 국가나 지방자치단체가 주민들에게 정신적 손해에 대한 배상의무를 부담한다고 단정할 수 없다.ⓐ 이와 같은 행정절차상 권리의 성격이나 내용 등에 비추어 볼 때, 국가나 지방자치단체가 행정절차를 진행하는 과정에서 주민들의 의견제출 등 절차적 권리를 보장하지 않은 위법이 있다고 하더라도 ① 그 후 이를 시정하여 절차를 다시 진행한 경우, ② 종국적으로 행정처분단계까지 이르지 않거나 처분을 직권으로 취소하거나 철회한 경우, ③ 행정소송을 통하여 처분이 취소되거나 처분의 무효를 확인하는 판결이 확정된 경우 등에는 주민들이 절차적 권리의 행사를 통하여 환경권이나 재산권 등 사적 이익을 보호하려던 목적이 실질적으로 달성된 것이므로 특별한 사정이 없는 한 절차적 권리침해로 인한 정신적 고통에 대한 배상은 인정되지 않는다. 다만 이러한 조치로도 주민들의 절차적 권리침해로 인한 정신적 고통이 여전히 남아 있다고 볼 특별한 사정이 있는 경우에 국가나 지방자치단체는 그 정신적 고통으로 인한 손해를 배상할 책임이 있다. 이때 특별한 사정이 있다는 사실에 대한 주장·증명책임은 이를 청구하는 주민들에게 있다ㄷ(2021.7.29. 2015다221668).

ㄹ. ○ 완전무결한 '고도의 안전성' 요구×, 이용자의 상식 내 이용을 전제한 '상대적 안전성'으로 충분

영조물이 그 설치 및 관리에 있어 완전무결한 상태를 유지할 정도의 고도의 안전성을 갖추지 아니하였다고 하여 하자가 있다고 단정할 수는 없고, 영조물 이용자의 상식적이고 질서 있는 이용방법을 기대한 상대적인 안전성을 갖추는 것으로 족하다(2022.7.28. 2022다225910).

32

다음 중 국가배상에 대한 설명으로 옳지 않은 것은? (다툼이 있는 경우 판례에 의함) 15국회8

① 국가배상청구소송을 제기하기 전에 반드시 국가배상심의회의 결정을 거치지 않아도 된다.
② 법령의 해석이 복잡·미묘하여 어렵고 학설·판례가 통일되지 않을 때에 공무원이 신중을 기해 그중 어느 한 설을 취하여 처리한 경우에는 그 해석이 결과적으로 위법한 것이었다 하더라도 「국가배상법」상 공무원의 과실을 인정할 수 없다.
③ 법령에 의해 대집행권한을 위탁받은 한국토지공사는 「국가배상법」 제2조에서 말하는 공무원에 해당한다.
④ 공무원이 자기소유 차량으로 공무수행 중 사고를 일으킨 경우 공무원 개인은 경과실에 의한 것인지 또는 고의 또는 중과실에 의한 것인지를 가리지 않고 「자동차손해배상 보장법」상의 운행자성이 인정되는 한 배상책임을 부담한다.
⑤ 행정처분이 후에 항고소송에서 취소된 사실만으로 당해 행정처분이 곧바로 공무원의 고의 또는 과실로 인한 불법행위를 구성한다고 단정할 수 없다.

관련 OX

① 관련
1 「국가배상법」에 따른 손해배상의 소송은 배상심의회에 배상신청을 하지 아니하면 제기할 수 없다. 24지방9

③ 관련
2 지방자치단체로부터 법령에 의해 대집행권한을 위탁받은 한국토지주택공사가 공무인 대집행을 실시하면서 경과실로 불법행위를 한 경우 한국토지주택공사는 불법행위로 인한 손해배상책임을 진다. 25소간

④ 관련
3 공무원이 자기소유의 자동차로 공무수행 중 사고를 일으킨 경우에는 그 공무원은 「자동차손해배상 보장법」에 의한 '자기를 위하여 자동차를 운행하는 자'에 해당하지 않아 손해배상책임을 부담하지 않는다. 23국회8

⑤ 관련
4 어떠한 행정처분이 후에 항고소송에서 취소되었다면 그 기판력에 의하여 당해 행정처분은 곧바로 「국가배상법」 제2조의 공무원의 고의 또는 과실로 인한 불법행위를 구성한다. 17(상)국가9

해설

① ○

국가배상법 제9조(소송과 배상신청의 관계) 이 법에 따른 손해배상의 소송은 배상심의회(이하 '심의회'라 한다)에 배상신청을 하지 아니하고도 제기할 수 있다.

② ○ 해석의 확립 전 해석·적용상 잘못으로 위법한 처분: 과실 ×
법령에 대한 해석이 그 문언 자체만으로는 명백하지 아니하여 여러 견해가 있을 수 있는데다가 이에 대한 선례나 학설·판례 등도 귀일된 바 없어 이의가 없을 수 없는 경우에 관계공무원이 그 나름대로 신중을 다하여 합리적인 근거를 찾아 그중 어느 한 견해를 따라 내린 해석이 후에 대법원이 내린 입장과 같지 않아 결과적으로 잘못된 해석에 돌아가고, 이에 따른 처리가 역시 결과적으로 위법하게 되어 그 법령의 부당집행이라는 결과를 가져오게 되었다고 하더라도 그와 같은 처리방법 이상의 것을 성실한 평균적 공무원에게 기대하기는 어려운 일이고, 따라서 이러한 경우에까지 공무원의 과실을 인정할 수는 없다(2010.4.29. 2009다97925).

③ × 대집행을 위탁받은 한국토지공사: 공무원 ×, 행정주체 ○ → 경과실도 책임
〈한국토지공사〉는 「공익사업을 위한 토지 등의 취득 및 보상에 관한 법률」에 의하여, 본래 시·도지사나 시장·군수 또는 구청장의 업무에 속하는 대집행권한을 한국토지공사에게 위탁하도록 되어 있는바, 한국토지공사는 이러한 법령의 위탁에 의하여 이 사건 대집행을 수권받은 자로서 공무인 대집행을 실시함에 따르는 권리·의무 및 책임이 귀속되는 행정주체의 지위에 있다고 볼 것이지, 지방자치단체 등의 기관으로서 국가배상법 제2조 소정의 공무원에 해당한다고 볼 것은 아니다(편저자: 따라서 한국토지공사는 경과실만 있는 경우에도 면책되지 않으며, 민법상 불법행위로 인한 손해배상책임을 지게 된다)(2010. 1.28. 2007다82950·82867). ❶

④ ○ 공무원 개인차 사고: 공무원에 자배법상 무과실책임 인정
공무원이 〈자기소유의 자동차〉로 공무수행 중 사고를 일으킨 경우에는 그 손해배상책임은 「자동차손해배상 보장법」이 정한 바에 의하게 되어, 그 사고가 자동차를 운전한 공무원의 경과실에 의한 것인지 중과실 또는 고의에 의한 것인지를 가리지 않고 그 공무원이 「자동차손해배상 보장법」 제3조 소정의 '자기를 위하여 자동차를 운행하는 자'에 해당하는 한 손해배상책임을 부담한다(1996.5.31. 94다15271).

⑤ ○ 행정처분이 항고소송에서 취소확정: 공무원의 고의·과실까지 확정되는 것은 아님
어떠한 행정처분이 후에 항고소송에서 취소되었다고 할지라도 그 기판력에 의하여 당해 행정처분이 곧바로 공무원의 고의 또는 과실로 인한 것으로서 불법행위를 구성한다고 단정할 수는 없는 것이다 (2000.5.12. 99다70600).

선지분석 & 요플·기풀기링크

선지	THEME	요플	기풀기
①	T73 국가배상(공통·특례)	57	058
②		58	090
③	T71 국가배상(2조)	134	136
④		138	140
⑤		55	087

❶ + PLUS

만약 대집행권한을 위탁받은 한국토지공사가 국가배상법상의 공무원이라면 고의 또는 중과실이 있는 경우에만 불법행위로 인한 민사상 손해배상책임을 지고 경과실만 있는 경우에는 면책된다. 그러나 판례에 따르면 한국토지공사는 행정주체일 뿐 국가배상법상의 공무원이 아니므로 경과실만 있다고 하여 면책되지 않고 손해배상책임을 지게 된다.

정답 ③
OX 1× 2○ 3× 4×

T72 국가배상법(2) - 영조물의 하자에 따른 국가배상책임(제5조)

01

영조물의 설치·관리 하자에 의한 국가배상책임에 관한 설명으로 옳지 않은 것은? 08국회8

① 「국가배상법」상의 영조물은 학문상 공물과 같은 의미로 해석하는 것이 통설이다.
② 영조물의 설치·관리 하자 유무를 객관적 견지에서 본 안전성의 문제로 판단하는 객관설이 종래의 판례 입장이다.
③ 안전성의 결여에 관하여 관리자의 과실은 요하지 않으나 하자의 존재 자체는 필요하다.
④ 배상의 범위는 영조물의 하자와 상당인과관계에 있는 모든 손해이다.
⑤ 영조물의 설치·관리 하자로 인한 손해배상의 경우 피해자의 위자료청구는 포함되지 않는다.

관련 OX

⑤ 관련

1 판례는 「국가배상법」 제5조의 영조물의 설치·관리상의 하자로 인한 손해가 발생한 경우, 피해자의 위자료 청구권이 배제되지 아니한다고 판시하였다. 21소방

해설

① ○ "본래 영조물이란, 공적 목적을 위해 제공된 **인적·물적의 종합시설**(예컨대, 국립대학)을 의미한다. 그러나 국가배상법 제5조의 영조물은 본래적 의미의 영조물이 아닌 **강학상 공물**, 즉 직접 행정목적에 제공된 **물건(유체물·물적 설비)**을 의미한다고 보는 것이 통설·판례이다.

② ○ 판례는 영조물의 설치 또는 관리상의 하자를 '공공의 목적에 제공된 영조물이 그 **용도에 따라 통상적으로 갖추어야 할 안전성을 결여한 상태**'로 이해하여 기본적으로 객관설의 입장을 취하여 왔으나, 근래에는 하자의 판단시 **기능상 결함** 유무뿐 아니라 관리자의 **방호조치의무** 준수 여부, 손해발생과 관련한 **예견가능성 및 회피가능성** 유무 등의 주관적 요소도 고려한다. 이러한 판례의 입장을 '수정된 객관설'이라고 표현하기도 하고, 절충설에 가깝다고도 한다.

③ ○ 영조물책임(국가배상법 제5조)은 무과실책임으로 규정되어 있어 그 책임이 성립하기 위해 관리자의 과실은 필요로 하지 않지만, 설치·관리상의 하자 자체는 필요하다.

국가배상법 제5조(공공시설 등의 하자로 인한 책임) ① 도로·하천, 그 밖의 공공의 영조물의 설치나 관리에 **하자**가 있기 때문에 타인에게 손해를 발생하게 하였을 때에는 국가나 지방자치단체는 그 손해를 배상하여야 한다.

④ ○ 국가배상법 제5조의 영조물책임이 성립하기 위해서는 제2조의 책임과 마찬가지로, 영조물의 하자와 손해 사이에 상당인과관계가 요구되며, 상당인과관계가 인정되는 범위 내의 모든 손해에 대하여 배상책임이 인정된다.

⑤ × 위자료청구권: 공무원의 위법행위에 따른 손해는 물론 영조물의 하자에 따른 손해에서도 인정
국가배상법 제5조 제1항의 영조물의 설치·관리상의 하자로 인한 손해가 발생한 경우 같은 법 제3조 제1항 내지 제5항의 해석상 피해자의 **위자료청구권**이 반드시 배제되지 아니한다(1990.11.13. 90다카25604).

선지분석 & 요플·기풀기링크

선지	THEME	요플	기풀기
①		05	005
②	T72 국가배상(5조)	32	030
③		02	002
④		45	046
⑤	T73 국가배상(공통·특례)	02	021

정답 ⑤
OX 1 ○

02

다음 중 「국가배상법」 제5조에 의한 영조물에 해당하지 않는 것은? (다툼이 있으면 판례에 의함)

10(1)경행

① 매향리 사격장
② 철도건널목 자동경보기
③ 노선인정 기타 공용지정을 갖추지 못하였으나 사실상 군민의 통행에 제공되고 있던 도로
④ 도로와 일체가 되어 그 효용을 다하게 되는 시설인 여의도광장

관련 OX

③ 관련

1 ◯ 공유나 사유임을 불문하고 사실상 도로로 사용되고 있었다면, 도로의 노선인정 기타 공용개시가 없었다고 하여도 해당 도로는 「국가배상법」상 영조물이라고 할 수 있다. 25국가9

해설

① ◯ 매향리사격장 소음과 관련해 영조물책임 인정(2004.3.12. 2002다14242)
② ◯ 철도건널목의 하자에 대한 영조물책임 인정(1997.6.24. 97다10444)
③ ✕ 군민에 제공되었으나 노선인정 전의 도로: 공공의 영조물✕
　사실상 군민의 통행에 제공되고 있던 도로 옆의 암벽으로부터 떨어진 낙석에 맞아 소외인이 사망하는 사고가 발생하였다고 하여도 동 사고지점 도로가 피고 군에 의하여 노선인정 기타 공용개시가 없었으면 이를 영조물이라 할 수 없다(1981.7.7. 80다2478).
　➕ PLUS 인공공물의 경우에는 공용개시가 있어야 국가배상법상 영조물이 된다.
④ ◯ 도로와 일체된 여의도광장 차량진입 사고에 영조물 책임 인정(1995.2.24. 94다57671)

■ 영조물(공물성) 인정 여부

영조물◯	영조물✕
• 도로, 여의도광장,④ 교통신호기 • 철도건널목 자동경보기② • 철도시설물(대합실과 승강장) • 김포공항, 매향리사격장(소음)① • 하천(홍수)	• 일반재산(ex. 현금) • 완성되지 않아 일반공중에 제공 전인 옹벽 • 군민에 제공되었으나 노선인정 전의 도로③

선지분석 & 요플·기풀기링크

선지	THEME	요플	기풀기
①		12	017
②	T72 국가배상(5조)	14	018
③		17	013
④		10	014

정답 ③

OX 1 ✕

필수문제 03

공공의 영조물의 설치·관리의 하자로 인한 「국가배상법」상 배상책임에 대한 설명으로 옳지 않은 것은? (다툼이 있는 경우 판례에 의함)   18국회8

① 영조물의 설치·관리의 하자란 '영조물이 그 용도에 따라 통상 갖추어야 할 안전성을 갖추지 못한 상태에 있음'을 말한다.
② 영조물의 설치·관리상의 하자로 인한 배상책임은 무과실책임이고, 국가는 영조물의 설치·관리상의 하자로 인하여 타인에게 손해를 가한 경우에 그 손해방지에 필요한 주의를 해태하지 아니하였다 하여 면책을 주장할 수 없다.
③ 객관적으로 보아 시간적·장소적으로 영조물의 기능상 결함으로 인한 손해발생의 예견가능성과 회피가능성이 없는 경우에는 영조물의 설치·관리상의 하자를 인정할 수 없다.
④ 영조물의 설치·관리의 하자에는 영조물이 공공의 목적에 이용됨에 있어 그 이용상태 및 정도가 일정한 한도를 초과하여 제3자에게 사회통념상 참을 수 없는 피해를 입히는 경우도 포함된다.
⑤ 광역시와 국가 모두가 도로의 점유자 및 관리자, 비용부담자로서의 책임을 중첩적으로 지는 경우 국가만이 「국가배상법」에 따라 궁극적으로 손해를 배상할 책임이 있는 자가 된다.

관련 OX

③ 관련

1 ○
주관적 요소를 고려하는 최근의 판례에 따르면 영조물의 결함이 영조물의 설치관리자의 관리행위가 미칠 수 없는 상황 아래에 있는 것이 입증되는 경우 영조물의 설치·관리상의 하자를 인정할 수 있다.   16국회8

해설

① ○ 영조물의 하자: '통상의 안전성'을 갖추지 못한 상태
국가배상법 제5조에서 말하는 영조물의 설치·관리의 하자란 영조물이 그 용도에 따라 통상 갖추어야 할 안전성을 갖추지 못한 상태에 있음을 말하는 것으로서 … (2000.1.14. 99다24201)

② ○ 영조물책임: 무과실책임 → 면책주장 불가
국가배상법 제5조 소정의 영조물의 설치·관리상의 하자로 인한 책임은 무과실책임이고 나아가 민법 제758조 소정의 공작물의 점유자의 책임과는 달리 면책사유도 규정되어 있지 않으므로, 국가 또는 지방자치단체는 영조물의 설치·관리상의 하자로 인하여 타인에게 손해를 가한 경우에 그 손해의 방지에 필요한 주의를 해태하지 아니하였다 하여 면책을 주장할 수 없다(1994.11.22. 94다32924).

③ ○ 손해에 대한 예견가능성·회피가능성 없음: 하자✕
만일 객관적으로 보아 시간적·장소적으로 영조물의 기능상 결함으로 인한 손해발생의 예견가능성과 회피가능성이 없는 경우, 즉 그 영조물의 결함이 영조물의 설치·관리자의 관리행위가 미칠 수 없는 상황 아래에 있는 경우임이 입증되는 경우라면 영조물의 설치·관리상의 하자를 인정할 수 없다(2001.7.27. 2000다56822). ❶

④ ○ 영조물 하자: 이용상태·정도가 수인한도를 넘는 경우 포함
국가배상법 제5조 제1항에 정하여진 '영조물의 설치 또는 관리의 하자'라 함은 … 그 영조물이 공공의 목적에 이용됨에 있어 그 이용상태 및 정도가 일정한 한도를 초과하여 제3자에게 사회통념상 수인할 것이 기대되는 한도를 넘는 피해를 입히는 경우까지 포함된다고 보아야 한다(2005.1.27. 2003다49566).

⑤ ✕ 지자체와 국가가 모두 점유·관리자(관리주체)이자 비용부담자로서 지위가 중첩되는 사안 → 모두가 종국적 배상책임자
광역시와 국가 모두가 도로의 〈점유자 및 관리자, 비용부담자로서의 책임을 중첩적으로 지는 경우〉에는, 광역시와 국가 모두가 국가배상법 제6조 제2항 소정의 궁극적으로 손해를 배상할 책임이 있는 자라고 할 것이고, 결국 광역시와 국가의 내부적인 부담 부분은, 그 도로의 인계·인수 경위, 사고의 발생 경위, 광역시와 국가의 그 도로에 관한 분담비용 등 제반 사정을 종합하여 결정함이 상당하다(1998.7.10. 96다42819).

+ PLUS 국가배상법은 비용부담자가 배상책임을 이행한 경우 내부관계에서 책임이 있는 자에게 구상할 수 있다고 규정하고 있다(제6조 제2항). 그런데 관리주체와 비용부담자 간 궁극적 비용부담자가 누군지에 대해서는 학설이 대립하고 있고, 판례 역시 사안별로 판단하는 경향이다. 이와 관련하여 판례는 광역시와 국가 모두가 관리주체와 비용부담자의 지위를 중첩적으로 갖는 경우 모두가 궁극적 배상책임자이며, 따라서 내부적으로 부담비율을 산정해 배상책임이 안분된다고 보았는데, 이는 기여도설에 가깝다고 볼 수 있다.

선지분석 & 요플·기풀기링크

선지	THEME	요플	기풀기
①		18	019
②	T72 국가배상(5조)	03	004
③		30	033
④		24	025
⑤	T73 국가배상(공통·특례)	23	018

❶ + PLUS

판례는 하자를 통상의 안전성 구비 여부의 문제로 보면서, 이에 대해 판단시 **기능상 결함** 유무뿐 아니라 관리자의 **방호조치의무** 준수 여부, 손해발생과 관련한 **예견가능성 및 회피가능성** 유무 등도 고려한다. 즉, 판례는 기본적으로 물적 하자를 하자의 개념요소로 보면서도 **주관적 요소도 고려**하고 있다고 볼 수 있다. 이러한 견지에서 판례는 영조물의 결함이 관리자의 **관리가 미칠 수 없는** 상황에서 나타난 것이라면 **하자를 인정할 수 없다**고 하였다.

정답 ⑤
OX 1 ✕

04

국가배상책임에 대한 판례의 입장으로 옳지 않은 것은? 12사복9

① 지방자치단체장으로부터 교통신호기의 관리권한을 위임받은 기관 소속의 공무원이 위임사무 처리에 있어 고의 또는 과실로 타인에게 손해를 가하였거나 위임사무로 설치·관리하는 영조물의 하자로 타인에게 손해를 발생하게 한 경우에는 권한을 위임한 관청이 소속된 지방자치단체가 「국가배상법」 제2조 또는 제5조에 의한 배상책임을 부담한다.

② 관리청이 「하천법」 등 관련규정에 의해 책정한 하천정비기본계획 등에 따라 개수를 완료한 하천 또는 아직 개수 중이라 하더라도 개수를 완료한 부분에 있어서는, 위 하천정비기본계획 등에서 정한 계획홍수량 및 계획홍수위를 충족하여 하천이 관리되고 있다면 당초부터 계획홍수량 및 계획홍수위를 잘못 책정하였다거나 그 후 이를 시급히 변경해야 할 사정이 생겼음에도 불구하고 이를 해태하였다는 등의 특별한 사정이 없는 한, 그 하천은 용도에 따라 통상 갖추어야 할 안전성을 갖추고 있다고 보아야 한다.

③ 공무원이 직무상 의무를 위반함으로 인하여 피해자가 입은 손해에 대하여는 상당인과관계가 인정되는 범위 내에서 국가가 배상책임을 지는 것이고, 이때 상당인과관계의 유무를 판단함에 있어서는 일반적인 결과 발생의 개연성은 물론 직무상 의무를 부과하는 법령 기타 행동규범의 목적, 그 수행하는 직무의 목적 내지 기능으로부터 예견가능한 행위 후의 사정, 가해행위의 태양 및 피해의 정도 등을 종합적으로 고려하여야 한다.

④ 「국가배상법」 제5조 제1항 소정의 '공공의 영조물'이라 함은 일반공중의 자유로운 사용에 직접적으로 제공되는 공공용물에 한하지 아니하고, 행정주체 자신의 사용에 제공되는 공용물도 포함하며 국가 또는 지방자치단체가 소유권, 임차권, 그 밖의 권한에 기하여 관리하고 있는 경우는 포함하나 사실상의 관리를 하고 있는 경우는 포함되지 아니한다.

관련 OX

① 관련

1 「도로교통법」 제3조 제1항에 의하여 특별시장·광역시장·제주특별자치도지사 또는 시장·군수의 권한으로 규정되어 있는 도로에서 경찰서장 등이 설치·관리하는 신호기의 하자로 인한 「국가배상법」 제5조 소정의 배상책임은 그 사무의 귀속 주체인 국가가 부담한다. 23군무원9

2 「국가배상법」 제2조 또는 제5조에 따라 국가나 지방자치단체가 배상책임을 진다는 것은 당해 사무의 귀속주체에 따라서 배상책임을 진다는 것을 의미하기 때문에 기관위임사무의 경우에도 위임기관이 속한 행정주체가 사무의 귀속주체로서 배상책임을 진다. 23국회9

② 관련

3 하천의 홍수위가 「하천법」상 관련규정이나 하천정비계획 등에서 정한 홍수위를 충족하고 있다고 해도 하천이 범람하거나 유량을 지탱하지 못해 제방이 무너지는 경우는 안전성을 결여한 것으로 하자가 있다고 본다. 22군무원9

해설

① ○ [교통신호기] 지자체 → 국가(경찰): 지자체가 사무귀속자로서 책임
〈지방자치단체장이 교통신호기를 설치하여〉 그 관리권한이 도로교통법 제71조의2 제1항의 규정에 의하여 〈관할 지방경찰청장에게 위임〉되어 지방자치단체 소속 공무원과 지방경찰청 소속 공무원이 합동근무하는 교통종합관제센터에서 그 관리업무를 담당하던 중 위 신호기가 고장난 채 방치되어 교통사고가 발생한 경우, 국가배상법 제2조 또는 제5조에 의한 배상책임을 부담하는 것은 지방경찰청장이 소속된 국가가 아니라, 그 권한을 위임한 지방자치단체장이 소속된 지방자치단체라고 할 것이나, 교통신호기를 관리하는 지방경찰청장 산하 경찰관들에 대한 봉급을 부담하는 국가도 국가배상법 제6조 제1항에 의한 배상책임을 부담한다(1999.6.25. 99다11120).

② ○ 하천정비기본계획(계획홍수위)에 따라 개수완료한 하천 혹은 개수 중이라도 개수완료 부분 하자×
관리청이 하천법 등 관련 규정에 의해 책정한 하천정비기본계획 등에 따라 개수를 완료한 하천 또는 아직 개수 중이라 하더라도 개수를 완료한 부분에 있어서는, 위 하천정비기본계획 등에서 정한 계획홍수량 및 계획홍수위를 충족하여 하천이 관리되고 있다면 당초부터 계획홍수량 및 계획홍수위를 잘못 책정하였다거나 그 후 이를 시급히 변경해야 할 사정이 생겼음에도 불구하고 이를 해태하였다는 등의 특별한 사정이 없는 한, 그 하천은 용도에 따라 통상 갖추어야 할 안전성을 갖추고 있다고 봄이 상당하다(2007.9.21. 2005다65678).

선지분석 & 요플·기풀기링크

선지	THEME	요플	기풀기
①	T73 국가배상(공통·특례)	19	012
②	T72 국가배상(5조)	43	044
③	T71 국가배상(2조)	103	105
④	T72 국가배상(5조)	08	008

③ ○ 상당인과관계 판단기준: 결과발생 개연성·규범목적·가해행위 태양·피해정도 등 종합 고려

공무원이 그와 같은 직무상 의무를 위반함으로 인하여 피해자가 입은 손해에 대하여는 **상당인과관계**가 인정되는 범위 내에서 국가가 배상책임을 지는 것이고, 상당인과관계의 유무를 판단함에 있어서는 일반적인 **결과 발생의 개연성**은 물론 직무상 의무를 부과하는 법령 기타 행동**규범의 목적**이나 **가해행위의 태양** 및 피해의 **정도** 등을 **종합**적으로 **고려**하여야 한다(2008.4.10. 2005다48994).

④ × 영조물: 공공용물뿐 아니라 공용물도 포함 / 소유물뿐 아니라 관리물도 포함(사실상의 관리 포함)

국가배상법 제5조 제1항 소정의 '공공의 영조물'이라 함은 일반공중의 자유로운 사용에 직접적으로 제공되는 공공용물에 한하지 아니하고, 행정주체 자신의 사용에 제공되는 공용물도 포함하며 국가 또는 지방자치단체가 **소유권**, 임차권 그밖의 권한에 기하여 **관리**하고 있는 경우뿐만 아니라 **사실상의 관리**를 하고 있는 경우도 포함한다(1995.1.24. 94다45302).

정답 ④

OX 1× 2○ 3×

05

다음 설명 중 옳지 않은 것은? (다툼이 있는 경우 판례에 의함) 21소방

① 지방자치단체가 옹벽시설공사를 업체에게 주어 공사를 시행하다가 사고가 일어난 경우, 옹벽이 공사 중이고 아직 완성되지 아니하여 일반공중의 이용에 제공되지 않았다면 「국가배상법」 제5조 소정의 영조물에 해당한다고 할 수 없다.

② 김포공항을 설치·관리함에 있어 항공법령에 따른 항공기 소음기준 및 소음대책을 준수하려는 노력을 하였더라도, 공항이 항공기 운항이라는 공공의 목적에 이용됨에 있어 그와 관련하여 배출하는 소음 등의 침해가 인근주민들에게 통상의 수인한도를 넘는 피해를 발생하게 하였다면 공항의 설치·관리상에 하자가 있다고 보아야 한다.

③ 가변차로에 설치된 두 개의 신호기에서 서로 모순되는 신호가 들어오는 고장으로 인하여 사고가 발생한 경우, 그 고장이 현재의 기술수준상 부득이한 것으로 예방할 방법이 없는 것이라면 손해발생의 예견가능성이나 회피가능성이 없어 영조물의 하자를 인정할 수 없다.

④ 영조물 설치자의 재정사정이나 영조물의 사용목적에 의한 사정은, 안전성을 요구하는 데 대한 참작사유는 될지언정 안전성을 결정지을 절대적 요건은 아니다.

관련 OX

① 관련
1 아직 물적 시설이 완성되지 아니하여 일반 공중의 이용에 제공되지 않은 옹벽도 「국가배상법」상의 영조물에 해당한다. 11국회8

② 관련
2 공항의 소음은 설치나 관리상의 하자가 아니라 이용상의 하자에 불과하므로 영조물책임이 성립하지 않는다. 16소간

③ 관련
3 (공공의 영조물의 설치·관리의 하자로 인한 「국가배상법」상 배상책임과 관련하여) 객관적으로 보아 시간적·장소적으로 영조물의 기능상 결함으로 인한 손해발생의 예견가능성과 회피가능성이 없는 경우에는 영조물의 설치·관리상의 하자를 인정할 수 없다. 18국회8

해설

① ○ 완성되지 않아 일반공중에 제공 전인 옹벽: 공공의 영조물 ✕
지방자치단체가 비탈사면인 언덕에 대하여 현장조사를 한 결과 붕괴의 위험이 있음을 발견하고 이를 붕괴위험지구로 지정하여 관리하여 오다가 붕괴를 예방하기 위하여 언덕에 옹벽을 설치하기로 하고 소외 회사에게 옹벽시설공사를 도급주어 소외 회사가 공사를 시행하다가 깊이 3m의 구덩이를 파게 되었는데, 피해자가 공사현장 주변을 지나가다가 흙이 무너져 내리면서 위 구덩이에 추락하여 상해를 입게된 사안에서, 위 사고 당시 설치하고 있던 옹벽은 소외 회사가 공사를 도급받아 공사 중에 있었을 뿐만 아니라 아직 완성도 되지 아니하여 일반공중의 이용에 제공되지 않고 있었던 이상 국가배상법 제5조 제1항 소정의 영조물에 해당한다고 할 수 없다(1998.10.23. 98다17381).

② ○ 김포공항 비행장 소음: 소음이 수인한도를 넘어 설치·관리상 하자 인정
김포공항을 설치·관리함에 있어 항공법령에 따른 항공기 소음기준 및 소음대책을 준수하려는 노력을 경주하였다고 하더라도, 김포공항이 항공기 운항이라는 공공의 목적에 이용됨에 있어 그와 관련하여 배출하는 소음 등의 침해가 인근주민인 선정자들에게 통상의 수인한도를 넘는 피해를 발생하게 하였다면 김포공항의 설치·관리상에 하자가 있다고 보아야 할 것이다(2005.1.27. 2003다49566).

③ ✕ 가변차로에서 2개 신호등의 오작동: 기술수준상 부득이한 것이더라도 하자 인정
〈가변차로에 설치된 신호등〉의 용도와 오작동시에 발생하는 사고의 위험성과 심각성을 감안할 때, 만일 가변차로에 설치된 두 개의 신호기에서 서로 모순되는 신호가 들어오는 고장을 예방할 방법이 없음에도 그와 같은 신호기를 설치하여 그와 같은 고장을 발생하게 한 것이라면, 그 고장이 자연재해 등 외부요인에 의한 불가항력에 기인한 것이 아닌 한 그 자체로 설치·관리자의 방호조치의무를 다하지 못한 것으로서 신호등이 그 용도에 따라 통상 갖추어야 할 안전성을 갖추지 못한 상태에 있었다고 할 것이고, 따라서 설령 적정전압보다 낮은 저전압이 원인이 되어 위와 같은 오작동이 발생하였고 그 고장은 현재의 기술수준상 부득이한 것이라고 가정하더라도 그와 같은 사정만으로 손해발생의 예견가능성이나 회피가능성이 없어 영조물의 하자를 인정할 수 없는 경우라고 단정할 수 없다(2001.7.27. 2000다56822).

④ ○ 재정사정(예산부족): 참작사유는 가능, 면책사유는 ✕
영조물의 하자 유무는 객관적 견지에서 본 안전성의 문제이고, 설치자의 〈재정사정〉이나 영조물의 사용목적에 의한 사정은 안전성을 요구하는 데 대한 정도 문제로서 참작사유에는 해당할지언정 안전성을 결정지을 절대적 요건에는 해당하지 아니한다(1967.2.21. 66다1723).

선지선택비율 ① 18.56% ② 13.92% ③ 58.76% ④ 8.76% 오답률 41.24%

선지분석 & 요플·기풀가링크

선지	THEME	요플	기풀기
①		16	012
②	T72 국가배상(5조)	26	027
③		36	037
④		54	054

정답 ③
OX 1✕ 2✕ 3○

06

국가배상책임에 관한 설명으로 옳지 않은 것은? (다툼이 있는 경우 판례에 의함) 24소방

① 영조물이 그 설치 및 관리에 있어 완전무결한 상태를 유지할 정도의 고도의 안전성을 갖추지 아니하였다고 하여 하자가 있다고 단정할 수는 없고, 영조물 이용자의 상식적이고 질서 있는 이용방법을 기대한 상대적인 안전성을 갖추는 것으로 족하다.

② '영조물의 설치나 관리의 하자'란 공공의 목적에 공여된 영조물이 그 용도에 따라 갖추어야 할 안전성을 갖추지 못한 상태에 있음을 말하고, 여기서 안전성을 갖추지 못한 상태란 그 영조물을 구성하는 물적 시설 자체에 있는 물리적·외형적 흠결이나 불비로 인하여 그 이용자에게 위해를 끼칠 위험성이 있는 경우에 한한다.

③ 대법원의 판단으로 관계 법령의 해석이 확립되고 이어 상급 행정기관 내지 유관 행정부서로부터 시달된 업무지침이나 업무연락 등을 통하여 이를 충분히 인식할 수 있게 된 상태에서, 확립된 법령의 해석에 어긋나는 견해를 고집하여 계속하여 위법한 행정처분을 하거나 이에 준하는 행위로 평가될 수 있는 불이익을 처분상대방에게 주게 된다면, 이는 그 공무원의 고의 또는 과실로 인한 것이 되어 그 손해를 배상할 책임이 있다.

④ 상위 지방자치단체가 하위 지방자치단체장에게 영조물의 설치·관리 권한을 기관위임한 경우(단, 비용은 상위 지방자치단체가 부담하기로 함), 하위 지방자치단체장이 기관위임사무로 설치·관리하는 영조물의 하자로 타인에게 손해를 발생하게 한 경우에는 권한을 위임한 상위 지방자치단체가 그 손해배상책임을 진다.

해설

① ○ 완전무결한 '고도의 안전성' 요구×, 이용자의 상식 내 이용을 전제한 '상대적 안전성'으로 충분
영조물이 그 설치 및 관리에 있어 완전무결한 상태를 유지할 정도의 고도의 안전성을 갖추지 아니하였다고 하여 하자가 있다고 단정할 수는 없고, 영조물 이용자의 상식적이고 질서 있는 이용방법을 기대한 상대적인 안전성을 갖추는 것으로 족하다(2022.7.28. 2022다225910).

② × 하자: 용도에 따른 안전성을 갖추지 못한 상태 → 물리적·외형적 흠결에 한정×, 이용상태·정도가 수인한도를 넘는 경우 포함
국가배상법 제5조 제1항에 정하여진 '영조물의 설치 또는 관리의 하자'라 함은 공공의 목적에 공여된 영조물이 그 용도에 따라 갖추어야 할 안전성을 갖추지 못한 상태에 있음을 말하고, 안전성을 갖추지 못한 상태, 즉 타인에게 위해를 끼칠 위험성이 있는 상태라 함은 당해 영조물을 구성하는 물적 시설 그 자체에 있는 물리적·외형적 흠결이나 불비로 인하여 그 이용자에게 위해를 끼칠 위험성이 있는 경우뿐만 아니라, 그 영조물이 공공의 목적에 이용됨에 있어 그 이용상태 및 정도가 일정한 한도를 초과하여 제3자에게 사회통념상 수인할 것이 기대되는 한도를 넘는 피해를 입히는 경우까지 포함된다고 보아야 한다(2005.1.27. 2003다49566).

③ ○ 대법원의 확립된 법령 해석과 어긋나는 견해를 고집하여 위법한 처분: 배상책임 인정
대법원의 판단으로 관계 법령의 해석이 확립되고 이어 상급 행정기관 내지 유관 행정부서로부터 시달된 업무지침이나 업무연락 등을 통하여 이를 충분히 인식할 수 있게 된 상태에서, 행정청이 확립된 법령의 해석에 어긋나는 견해를 고집하여 계속하여 위법한 행정처분을 하거나 이에 준하는 행위로 평가될 수 있는 불이익을 처분상대방에게 계속 주는 경우, 손해배상책임이 있다(2007.5.10. 2005다31828).

④ ○ 상위 지자체가 하위 지자체장에게 영조물 설치·관리 권한 기관위임: 상위 지자체가 손해배상책임
도로의 유지·관리(편저자: 영조물의 설치·관리)에 관한 상위 지방자치단체의 행정권한이 행정권한 위임조례로 하위 지방자치단체장에게 위임되었다면 그것은 기관위임이다. 하위 지방자치단체장을 보조하는 그 지방자치단체 소속 공무원이 위임사무를 처리하면서 고의 또는 과실로 타인에게 손해를 가하거나 위임사무로 설치·관리하는 영조물의 하자로 타인에게 손해를 발생하게 한 경우에는 권한을 위임한 상위 지방자치단체가 그 손해배상책임을 진다(2017.9.21. 2017다223538).

선지선택비율 ① 8.26% ② 50.87% ③ 5.24% ④ 35.63%   오답률 49.13%

관련 OX

① 관련

1 [(가) 甲은 자동차로 좌로 굽은 내리막 국도 편도 1차로를 달리던 중 커브길에서 앞선 차량을 무리하게 추월하기 위하여 중앙선을 침범하여 반대편 도로를 벗어나 도로 옆 계곡으로 떨어져 중상해를 입었다. (나) 乙은 자동차로 겨울철 눈이 내린 직후에 산간지역에 위치한 국도를 달리던 중 도로에 생긴 빙판길에 미끄러져 상해를 입었다] (가)와 (나) 사례에서 국가가 甲과 乙에게 손해배상책임을 부담할 것인지 여부는 위 도로들이 모든 가능한 경우를 예상하여 고도의 안전성을 갖추었는지 여부에 따라 결정될 것이다. 18지방9

② 관련

2 사격장이나 공항과 같은 영조물 자체에 물적 결함이 존재하지 않는 경우에도 영조물의 설치·관리의 하자가 인정될 수 있다. 19소간

④ 관련

3 지방자치단체장으로부터 교통신호기의 관리권한을 위임받은 기관 소속의 공무원이 위임사무 처리에 있어 고의 또는 과실로 타인에게 손해를 가하였거나 위임사무로 설치·관리하는 영조물의 하자로 타인에게 손해를 발생하게 한 경우에는 권한을 위임한 관청이 소속된 지방자치단체가 「국가배상법」 제2조 또는 제5조에 의한 배상책임을 부담한다. 12(하)지방9

선지분석 & 요플·기풀기링크

선지	THEME	요플	기풀기
①	T72 국가배상(5조)	19	020
②	T72 국가배상(5조)	23	024
③	T71 국가배상(2조)	61	093
④	T73 국가배상(공통·특례)	19	012

정답 ②

OX 1 × 2 ○ 3 ○

07

「국가배상법」 제5조(공공시설 등의 하자로 인한 책임)에 대한 설명으로 옳지 않은 것은? (다툼이 있는 경우 판례에 의함)

25국회8

① 강설의 특성, 기상적 요인과 지리적 요인, 이에 따른 도로의 상대적 안전성을 고려하면 겨울철 산간지역에 위치한 도로에 강설로 생긴 빙판을 그대로 방치하고 도로상황에 대한 경고나 위험표지판을 설치하지 않았다는 사정만으로도 도로관리상의 하자가 있다고 보아야 한다.

② 「국가배상법」 제5조 제1항에 규정된 영조물이 그 설치·관리에 있어 완전무결한 상태를 유지할 정도의 고도의 안전성을 갖추지 아니하였다고 하여 하자가 있다고 단정할 수는 없고, 영조물 이용자의 상식적이고 질서 있는 이용방법을 기대한 상대적인 안전성을 갖추는 것으로 족하다.

③ 하천 관리주체로서는 익사사고의 위험성이 있는 모든 하천구역에 대해 위험관리를 하는 것은 불가능하므로 해당 하천의 현황과 이용상황, 과거에 발생한 사고 이력 등을 종합적으로 고려하여 하천구역의 위험성에 비례하여 사회통념상 일반적으로 요구되는 정도의 방호조치 의무를 다하였다면 하천의 설치·관리상의 하자를 인정할 수 없다.

④ 소음 등을 포함한 공해 등의 위험지역으로 이주하여 들어가 거주하는 경우와 같이 위험의 존재를 인식하거나 과실로 인식하지 못하고 이주한 경우에는 손해배상액의 산정에 있어 형평의 원칙상 과실상계에 준하여 감경 또는 면제사유로 고려하여야 한다.

⑤ '영조물의 설치 또는 관리의 하자'에 관한 제3자의 수인한도의 기준을 결정함에 있어서는 일반적으로 침해되는 권리나 이익의 성질과 침해의 정도뿐만 아니라 침해행위가 갖는 공공성의 내용과 정도, 그 지역환경의 특수성, 공법적인 규제에 의하여 확보하려는 환경기준, 침해를 방지 또는 경감시키거나 손해를 회피할 방안의 유무 및 그 난이 정도 등 여러 사정을 종합적으로 고려하여 구체적 사건에 따라 개별적으로 결정하여야 한다.

관련 OX

④ 관련

1 소음 등을 포함한 공해 등의 위험지역으로 이주하여 들어가 거주하는 경우와 같이 위험의 존재를 인식하거나 과실로 인식하지 못하고 이주한 경우에는 손해배상액의 산정에 있어 형평의 원칙상 과실상계에 준하여 감경 또는 면제사유로 고려하여야 한다. 21소간

해설

① × 빙판길 위험표지판 미설치만으로 도로관리상 하자책임×
적설지대에 속하는 지역의 도로라든가 최저속도의 제한이 있는 고속도로 등 특수 목적을 갖고 있는 도로가 아닌 일반 보통의 도로까지도 도로관리자에게 완전한 인적, 물적 설비를 갖추고 제설작업을 하여 도로통행상의 위험을 즉시 배제하여 그 안전성을 확보하도록 하는 관리의무를 부과하는 것은 도로의 안전성의 성질에 비추어 적당하지 않고, 오히려 그러한 경우의 도로통행의 안전성은 그와 같은 위험에 대면하여 도로를 이용하는 통행자 개개인의 책임으로 확보하여야 한다. … 강설의 특성, 기상적 요인과 지리적 요인, 이에 따른 도로의 상대적 안전성을 고려하면 겨울철 산간지역에 위치한 도로에 강설로 생긴 빙판을 그대로 방치하고 도로상황에 대한 경고나 위험표지판을 설치하지 않았다는 사정만으로 도로관리상의 하자가 있다고 볼 수 없다(2000.4.25. 99다54998).

② ○ 하자의 판단기준: 상대적인 안전성 구비 여부(완전무결한 상태×)
영조물의 설치 및 관리에 있어서 항상 완전무결한 상태를 유지할 정도의 고도의 안전성을 갖추지 아니하였다고 하여 영조물의 설치 또는 관리에 하자가 있다고 단정할 수 없는 것이고, … 그것을 이용하는 자의 상식적이고 질서 있는 이용방법을 기대한 상대적인 안전성을 갖추는 것으로 족하다(2001.7.27. 2000다56822).

선지분석 & 요플·기풀기링크

선지	THEME	요플	기풀기
①		21	022
②		19	020
③	T72 국가배상(5조)	33	032
④		50	051
⑤		25	026

③ ○ 익사사고 방지 위해 사회통념상 요구되는 정도의 방호조치를 하면 충분
자연영조물로서 하천은 이를 설치할 것인지 여부에 대한 선택의 여지가 없고, 위험을 내포한 상태에서 자연적으로 존재하고 있으며, 그 유역의 광범위성과 유수(流水)의 상황에 따른 하상의 가변성 등으로 인하여 익사사고에 대비한 하천 자체의 위험관리에는 일정한 한계가 있을 수밖에 없어, 하천관리주체로서는 익사사고의 위험성이 있는 모든 하천구역에 대해 위험관리를 하는 것은 불가능하므로, 당해 하천의 현황과 이용상황, 과거에 발생한 사고 이력 등을 종합적으로 고려하여 하천구역의 위험성에 비례하여 사회통념상 일반적으로 요구되는 정도의 방호조치의무를 다하였다면 하천의 설치·관리상의 하자를 인정할 수 없다(2014.1.23. 2013다211865).

+ PLUS 수련회에 참석한 미성년자 甲이 하천을 가로질러 수심이 깊은 맞은 편 바위 위에서 다이빙을 하며 놀다가 익사하자, 甲의 유족들이 하천 관리주체인 지방자치단체를 상대로 손해배상을 구한 사안에서, 하천 관리자인 지방자치단체가 유원지 입구나 유원지를 거쳐 하천에 접근하는 길에 수영금지의 경고표지판과 현수막을 설치함으로써 하천을 이용하는 사람들의 안전을 보호하기 위하여 통상 갖추어야 할 시설을 갖추었다고 볼 수 있고, 지방자치단체에게 사고지점에 각별한 주의를 촉구하는 내용의 위험표지나 부표를 설치하는 것과 같은 방호조치를 취하지 않은 과실이 인정되더라도 익사사고와 상당인과관계가 있다고 보기 어려운데도 지방자치단체의 손해배상책임을 인정한 원심판결에 하천의 설치 또는 관리상 하자책임에 관한 법리오해의 위법이 있다고 한 사례이다.

④ ○ 위험지역으로 이주하여 거주 → 손해배상액의 산정에 있어 감경 또는 면제사유로 고려하여야 함
공군사격장 주변지역에서 발생하는 소음 등으로 피해를 입은 주민들이 국가를 상대로 손해배상을 청구한 사안에서, 소음 등을 포함한 공해 등의 위험지역으로 이주하여 들어가 거주하는 경우와 같이 위험의 존재를 인식하거나 과실로 인식하지 못하고 이주한 경우에는 손해배상액의 산정에 있어 형평의 원칙상 과실상계에 준하여 감경 또는 면제사유로 고려하여야 한다. … 특히 소음 등의 공해로 인한 법적 쟁송이 제기되거나 그 피해에 대한 보상이 실시되는 등 피해지역임이 구체적으로 드러나고 또한 이러한 사실이 그 지역에 널리 알려진 이후에 이주하여 오는 경우에는 위와 같은 위험에의 접근에 따른 가해자의 면책 여부를 보다 적극적으로 인정할 여지가 있다(2010.11.11. 2008다57975).

⑤ ○ 기능적 하자에서 수인한도 기준 결정: 여러 사정 종합 고려
국가배상법 제5조 제1항에 정하여진 '영조물의 설치 또는 관리의 하자'라 함은 공공의 목적에 공여된 영조물이 그 용도에 따라 갖추어야 할 안전성을 갖추지 못한 상태에 있음을 말하고, 여기서 안전성을 갖추지 못한 상태, 즉 타인에게 위해를 끼칠 위험성이 있는 상태라 함은 당해 영조물을 구성하는 물적 시설 그 자체에 있는 물리적·외형적 흠결이나 불비로 인하여 그 이용자에게 위해를 끼칠 위험성이 있는 경우뿐만 아니라, 그 영조물이 공공의 목적에 이용됨에 있어 그 이용상태 및 정도가 일정한 한도를 초과하여 제3자에게 사회통념상 수인할 것이 기대되는 한도를 넘는 피해를 입히는 경우까지 포함된다고 보아야 할 것이다. 그리고 수인한도의 기준을 결정함에 있어서는 일반적으로 침해되는 권리나 이익의 성질과 침해의 정도뿐만 아니라 침해행위가 갖는 공공성의 내용과 정도, 그 지역환경의 특수성, 공법적인 규제에 의하여 확보하려는 환경기준, 침해를 방지 또는 경감시키거나 손해를 회피할 방안의 유무 및 그 난이 정도 등 여러 사정을 종합적으로 고려하여 구체적 사건에 따라 개별적으로 결정하여야 할 것이다(2010.11.25. 2007다20112).

정답 ①
OX 1 ○

08

「국가배상법」제5조의 국가배상책임에 대한 설명으로 옳은 것은? (다툼이 있는 경우 판례에 의함)

14국가7

① 국가 또는 지방자치단체가 관리하지만 사인의 소유에 속하는 공물에 대하여는 「국가배상법」 제5조가 적용되지 아니한다.
② 「국가배상법」의 규정에 의하면 영조물의 설치·관리를 맡은 자와 영조물의 설치·관리비용을 부담하는 자가 동일하지 아니한 경우에는 영조물의 설치·관리 비용을 부담하는 자가 우선적으로 손해를 배상하여야 한다.
③ 학생이 담배를 피우기 위하여 3층 건물 화장실 밖의 난간을 지나다가 실족하여 사망한 경우, 학교관리자에게 그와 같은 이례적인 사고가 있을 것을 예상하여 화장실 창문에 난간으로의 출입을 막기 위한 출입금지장치나 추락 위험을 알리는 경고표지판을 설치할 의무는 없으므로 학교시설의 설치·관리상의 하자는 인정되지 아니한다.
④ 강설에 대처하기 위하여 완벽한 방법으로 도로 자체에 융설 설비를 갖추는 것은 현대의 과학기술 수준이나 재정사정에 비추어 사실상 불가능하다고 할 것이므로, 고속도로의 관리자에게 도로의 구조, 기상예보 등을 고려하여 사전에 충분한 인적·물적 설비를 갖추어 강설시 신속한 제설작업을 하고 필요한 경우 제때에 교통통제 조치를 취할 관리의무가 있다고 할 수 없다.

관련 OX

② 관련

1 (甲은 A시장의 영업허가 취소처분이 위법함을 이유로 국가배상청구소송을 제기하였다.) A시장의 영업허가 취소사무가 국가사무로서 국가가 실질적인 비용을 부담하는 자인 경우에는 甲은 국가를 상대로 국가배상을 청구하여야 한다.

17국회8

③ 관련

2 학교관리자에게 고등학교 학생이 교사의 단속을 피해 담배를 피우기 위하여 3층 건물 화장실 밖의 난간을 지나다가 실족할 경우까지 대비하여 화장실 창문에 난간으로의 출입을 막는 출입금지장치를 설치할 의무가 있다고 볼 수는 없다.

24소간

해설

① × 사인의 소유에 속하나 국가·지자체가 관리하는 공물도 국가배상법상 영조물에 포함 ○
국가배상법 제5조 제1항 소정의 '공공의 영조물'이라 함은 국가 또는 지방자치단체가 소유권, 임차권 그 밖의 권한에 기하여 관리하고 있는 경우뿐만 아니라 사실상의 관리를 하고 있는 경우도 포함된다 (1998.10.23. 98다17381).

② × 국가배상법 제6조에서 비용을 부담하는 자도 손해를 배상하여야 한다고 규정하고 있지, 비용부담자가 우선적으로 배상하여야 한다고 규정하고 있지 않다.

국가배상법 제6조(비용부담자 등의 책임) ① 제2조·제3조 및 제5조에 따라 국가나 지방자치단체가 손해를 배상할 책임이 있는 경우에 공무원의 선임·감독 또는 영조물의 설치·관리를 맡은 자와 공무원의 봉급·급여, 그 밖의 비용 또는 영조물의 설치·관리 비용을 부담하는 자가 동일하지 아니하면 그 비용을 부담하는 자도 손해를 배상하여야 한다.
② 제1항의 경우에 손해를 배상한 자는 내부관계에서 그 손해를 배상할 책임이 있는 자에게 구상할 수 있다.

③ ○ 고교 3학년이 담배단속을 피하려 3층 화장실 밖 난간을 지나다 사고 → 그것까지 예상해 조치해 둘 의무×, 설치·관리상 하자 부정
학생이 교사의 단속을 피해 담배를 피우기 위하여 3층 건물 화장실 밖의 난간을 지나다가 실족하여 사망한 사안에서 학교 관리자에게 그와 같은 이례적인 사고가 있을 것을 예상하여 복도나 화장실 창문에 난간으로의 출입을 막기 위하여 출입금지장치나 추락위험을 알리는 경고표지판을 설치할 의무가 있다고 볼 수는 없다는 이유로 학교시설의 설치·관리상의 하자가 없다(1997.5.16. 96다54102).

④ × 최저속도 제한 있는 고속도로에서 신속제설·적시통제 안 하여 정체: 융설 설비 둘 수 없더라도 하자 인정
강설에 대처하기 위하여 완벽한 방법으로 도로 자체에 융설(편저자: 눈을 녹이는 것) 설비를 갖추는 것이 현대의 과학기술수준이나 재정사정에 비추어 사실상 불가능하다고 하더라도, 최저속도의 제한이 있는 고속도로의 경우에 있어서는 도로관리자가 도로의 구조, 기상예보 등을 고려하여 사전에 충분한 인적·물적 설비를 갖추어 강설시 신속한 제설작업을 하고 나아가 필요한 경우 제때에 교통통제 조치를 취함으로써 고속도로로서의 기본적인 기능을 유지하거나 신속히 회복할 수 있도록 하는 관리의무가 있다(2008.3.13. 2007다29287·29294).

선지분석 & 요플·기풀기링크

선지	THEME	요플	기풀기
①	T72 국가배상(5조)	07	007
②	T73 국가배상(공통·특례)	22	016
③	T72 국가배상(5조)	22	023
④		41	041

정답 ③

OX 1× 2○

09

국가배상에 대한 판례의 태도로 옳지 않은 것은?

11사복9

① A가 운전하던 트럭의 앞바퀴가 고속도로상에 떨어져 있는 타이어에 걸려 중앙분리대를 넘어가 맞은편에서 오던 트럭과 충돌하여 부상을 입었다. 그런데, 위 타이어가 사고지점 고속도로상에 떨어진 것은 사고가 발생하기 10분 내지 15분 전이었다. A는 국가배상책임을 물을 수 없다.

② 지방자치단체의 장이 국도의 관리청이 되었다 하더라도 국가는 도로관리상 하자로 인한 손해배상책임을 면할 수 없다.

③ 공무원의 직무집행상의 과실이라 함은 공무원이 그 직무를 수행함에 있어 당해 직무를 담당하는 평균인이 통상 갖추어야 할 주의의무를 게을리 한 것을 말한다.

④ 영조물이 공공의 목적에 이용됨에 있어 그 이용상태 및 정도가 일정한 한도를 초과하여 제3자에게 사회통념상 수인할 것이 기대되는 한도를 넘는 피해를 입히는 경우는 손실보상의 대상으로 논의될 수 있을 뿐, 국가배상법 제5조 제1항의 '영조물의 설치 또는 관리의 하자'에 해당될 수 없다.

해설

① ○ 고속도로에 10~15분 전 떨어진 타이어: 하자×(사고방지조치 취하기엔 시간적 불가능) → 국가배상책임×

트럭 앞바퀴가 고속도로상에 떨어져 있는 타이어에 걸려 중앙분리대를 넘어가 사고가 발생한 경우에 있어서 타이어의 낙하시점, 한국도로공사가 고속도로상의 안전성 결함을 알고도 사고방지조치를 취하지 않았는지 여부 등을 심리하였어야 한다. … 사고발생의 원인이 된 타이어가 사고지점 고속도로상에 떨어진 것은 위 소외 2가 사고지점을 통과한 후로서 사고시로부터 10분 내지 15분밖에 경과되지 아니 … 이 사건 사고지점의 도로에 떨어진 타이어를 발견하고 이를 제거하여 사고방지조치를 취한다는 것은 시간적으로 거의 불가능한 일이 아닌가 생각된다. 따라서 피고의 손해배상책임을 인정한 원심의 조치는 수긍하기 어렵다(1992.9.14. 92다3243).

② ○ 국가가 국도관리사무를 지자체장에 위임: 국가는 사무귀속주체로 책임

도로법 제22조 제2항에 의하여 지방자치단체의 장인 시장이 국도의 관리청이 되었다 하더라도 이는 시장이 국가로부터 관리업무를 위임받아 국가행정기관의 지위에서 집행하는 것이므로 국가는 도로관리상 하자로 인한 손해배상책임을 면할 수 없다(1993.1.26. 92다2684).

③ ○ 과실: 보통 일반의 (평균적) 공무원 기준

공무원의 직무집행상의 과실이라 함은 공무원이 그 직무를 수행함에 있어 당해 직무를 담당하는 평균인이 보통 갖추어야 할 주의의무를 게을리 한 것을 말한다(1987.9.22. 87다카1164).

④ × 영조물 하자: 이용상태·정도가 수인한도를 넘는 경우 포함

국가배상법 제5조 제1항에 정하여진 '영조물의 설치 또는 관리의 하자'라 함은 공공의 목적에 공여된 영조물이 그 용도에 따라 갖추어야 할 안전성을 갖추지 못한 상태에 있음을 말하고, 안전성을 갖추지 못한 상태, 즉 타인에게 위해를 끼칠 위험성이 있는 상태라 함은 당해 영조물을 구성하는 물적 시설 그 자체에 있는 물리적·외형적 흠결이나 불비로 인하여 그 이용자에게 위해를 끼칠 위험성이 있는 경우뿐만 아니라, 그 영조물이 공공의 목적에 이용됨에 있어 이용상태 및 정도가 일정한 한도를 초과하여 제3자에게 사회통념상 수인할 것이 기대되는 한도를 넘는 피해를 입히는 경우까지 포함된다고 보아야 한다(2005.1.27. 2003다49566).

관련 OX

① 관련

1 A가 운전하던 트럭의 앞바퀴가 고속도로상에 떨어져 있는 타이어에 걸려 03:25경 중앙분리대를 넘어가 맞은편에서 오던 트럭과 충돌하여 사망하였다. 그런데 위 타이어가 사고지점 고속도로상에 떨어진 것은 사고가 발생하기 10분 내지 15분 전이었다(고 하더라도 법원 판례에 의할 때 국가배상 책임이 인정된다)

10국회8

② 관련

2 국도의 관리사무가 지방자치단체의 장에게 위임되어 지방자치단체장이 국도의 관리청이 된 경우, 국가는 해당 국도의 도로관리상의 하자로 인한 손해에 대하여 책임이 없다.

25경찰간부

④ 관련

3 '영조물의 설치 또는 관리의 하자'에는 영조물이 공공의 목적에 이용됨에 있어 그 이용상태 및 정도가 일정한 한도를 초과하여 제3자에게 사회통념상 수인할 것이 기대되는 한도를 넘는 피해를 입히는 경우까지 포함된다.

25국가9

선지분석 & 요플·기풀기링크

선지	THEME	요플	기풀기
①	T72 국가배상(5조)	42	043
②	T73 국가배상(공통·특례)	25	015
③	T71 국가배상(2조)	48	082
④	T72 국가배상(5조)	24	025

정답 ④

OX 1× 2× 3○

필수 문제 10

「국가배상법」 제5조에 따른 배상책임에 대한 설명으로 옳지 않은 것은? (다툼이 있는 경우 판례에 의함)

16국가9

① '공공의 영조물'이란 국가 또는 지방자치단체가 소유권, 임차권 그 밖의 권한에 기하여 관리하고 있는 경우를 의미하고, 그러한 권원 없이 사실상의 관리를 하고 있는 경우는 제외된다.

② '영조물의 설치 또는 관리의 하자'란 공공의 목적에 제공된 영조물이 그 용도에 따라 통상 갖추어야 할 안전성을 갖추지 못한 상태에 있음을 말한다.

③ 예산부족 등 설치·관리자의 재정사정은 배상책임 판단에 있어 참작사유는 될 수 있으나 안전성을 결정지을 절대적 요건은 아니다.

④ 소음 등을 포함한 공해 등의 위험지역으로 이주하여 거주하는 것이 피해자가 위험의 존재를 인식하고 그로 인한 피해를 용인하면서 접근한 것이라고 볼 수 있는 경우 가해자의 면책이 인정될 수 있다.

관련 OX

② 관련

1 ○ 영조물의 설치·관리하자란 영조물이 그 용도에 따라 통상 갖추어야 할 안전성을 갖추지 못한 상태에 있음을 말하며, 안전성의 구비 여부는 당해 영조물의 구조, 본래의 용법, 장소적 환경 및 이용상황 등의 여러 사정을 종합적으로 고려하여 구체적 개별적으로 판단하여야 한다.

23소간

③ 관련

2 영조물의 하자 유무는 객관적 견지에서 본 안전성의 문제이며, 국가의 예산부족으로 인해 영조물의 설치·관리에 하자가 생긴 경우에도 국가는 면책될 수 없다.

17(상)지방9

3 판례는 예산부족은 절대적인 면책사유가 된다고 보고 있다.

11지방9

해설

① ✕ 공공의 영조물: 사실상의 관리를 하고 있는 경우도 포함
- 국가배상법 제5조 제1항 소정의 공공의 영조물이라 함은 국가 또는 지방자치단체에 의하여 특정 공공의 목적에 공여된 유체물 내지 물적 설비를 말하며, 국가 또는 지방자치단체가 소유권, 임차권 그 밖의 권한에 기하여 관리하고 있는 경우뿐만 아니라 **사실상의 관리를 하고 있는 경우도 포함**된다 (1998.10.23. 98다17381).

② ○ 영조물의 하자: '통상의 안전성'을 갖추지 못한 상태
국가배상법 제5조에서 말하는 **영조물의 설치·관리의 하자**란 영조물이 그 용도에 따라 **통상 갖추어야 할 안전성을 갖추지 못한 상태**에 있음을 말하는 것으로서, 이와 같은 안전성의 구비 여부는 당해 영조물의 구조, 본래의 용법, 장소적 환경 및 **이용상황** 등의 여러 사정을 종합적으로 고려하여 **구체적·개별적으로 판단하여야** 한다(2000.1.14. 99다24201).

③ ○ 재정사정(예산부족): 하자 여부를 결정할 절대적 요인✕(참작사유 중 하나일 뿐)
영조물의 하자 유무는 객관적 견지에서 본 안전성의 문제이고, 설치자의 〈재정사정〉이나 영조물의 사용목적에 의한 사정은 안전성을 요구하는 데 대한 정도 문제로서 **참작사유에는 해당**할지언정 안전성을 결정지을 **절대적 요건에는 해당하지 아니한다**(1967.2.21. 66다1723).
＋ PLUS 참작사유는 가능, 면책사유는✕

④ ○ 위험의 존재를 인식하고 피해도 용인하며 접근: 특별한 사정이 없는 한 면책 인정 가능
[소음 등을 포함한 공해 등의 위험지역으로 이주]하여 들어가서 거주하는 경우와 같이 〈위험의 존재를 인식하면서 그로 인한 피해를 용인하며 접근〉한 것으로 볼 수 있는 경우에, 그 피해가 직접 생명이나 신체에 관련된 것이 아니라 정신적 고통이나 생활방해의 정도에 그치고 그 침해행위에 고도의 공공성이 인정되는 때에는, 위험에 접근한 후 실제로 입은 피해 정도가 위험에 접근할 당시에 인식하고 있었던 위험의 정도를 초과하는 것이거나 위험에 접근한 후에 그 위험이 특별히 증대하였다는 등의 특별한 사정이 없는 한 **가해자의 면책을 인정하여야 하는 경우도 있다**(2010.11.25. 2007다74560).

선지분석 & 요플·기풀기링크

선지	THEME	요플	기풀기
①		08	008
②	T72 국가배상(5조)	18	019
③		54	054
④		51	052

정답 ①
OX 1○ 2○ 3✕

11

「국가배상법」제5조상 영조물의 설치·관리의 하자로 인한 손해배상책임에 대한 설명으로 옳지 않은 것은? (다툼이 있는 경우 판례에 의함) 20국가7

① '공공의 영조물'에는 철도시설물인 대합실과 승강장 및 도로상에 설치된 보행자 신호기와 차량신호기도 포함된다.
② 하천의 제방이 계획홍수위를 넘고 있더라도, 하천이 그 후 새로운 하천시설을 설치할 때 '하천시설기준'으로 정한 여유고(餘裕高)를 확보하지 못하고 있다면 그 사정만으로 안전성이 결여된 하자가 있다고 보아야 한다.
③ 국가나 지방자치단체가 손해를 배상할 책임이 있는 경우에 영조물의 설치·관리를 맡은 자와 영조물의 설치·관리 비용을 부담하는 자가 동일하지 아니하면 그 비용을 부담하는 자도 손해를 배상하여야 한다.
④ 사실상 군민(郡民)의 통행에 제공되고 있던 도로라고 하여도 군(郡)에 의하여 노선인정 기타 공용개시가 없었던 이상이 도로를 '공공의 영조물'이라 할 수 없다.

관련 OX

② 관련
1 집중호우로 제방도로가 유실되면서 그곳을 걸어가던 보행자가 강물에 휩쓸려 익사한 경우, 사고 당일의 집중호우가 50년 빈도의 최대강우량에 해당한다는 사실만으로도「국가배상법」제5조상의 영조물의 설치 또는 관리의 하자로 인한 손해배상책임에서의 면책사유인 불가항력에 해당한다. 15사복9

④ 관련
2 노선인정 기타 공용지정을 갖추지 못하였으나 사실상 군민의 통행에 제공되고 있던 도로(는「국가배상법」제5조에 의한 영조물에 해당한다) 10경행

해설

① ○ 판례는 철도시설물인 대합실과 승강장, 도로에 설치된 교통신호기에 대해 '공공의 영조물'로 보아 국가배상법 제5조의 배상책임을 인정하였다(99다7008, 99다11120).

② × 계획홍수위 충족시, 그 후 제정된 하천시설기준이 정한 여유고를 확보 못했더라도 하자×
하천의 관리청이 관계 규정에 따라 설정한 계획홍수위를 변경시켜야 할 사정이 생기는 등 특별한 사정이 없는 한, 이미 존재하는 하천의 제방이 계획홍수위를 넘고 있다면 그 하천은 용도에 따라 통상 갖추어야 할 안전성을 갖추고 있다고 보아야 하고, 그와 같은 하천이 그 후 새로운 하천시설을 설치할 때 기준으로 삼기 위하여 제정한 '하천시설기준'이 정한 여유고를 확보하지 못하고 있다는 사정만으로 바로 안전성이 결여된 하자가 있다고 볼 수는 없다(2003.10.23. 2001다48057).

③ ○

국가배상법 제6조(비용부담자 등의 책임) ① … 제5조에 따라 국가나 지방자치단체가 손해를 배상할 책임이 있는 경우에 … **영조물의 설치·관리를 맡은 자**와 … **영조물의 설치·관리 비용을 부담하는 자**가 동일하지 아니하면 그 비용을 부담하는 자도 손해를 배상하여야 한다.

④ ○ 군민에 제공되었으나 노선인정 전의 도로: 공공의 영조물×
사실상 군민의 통행에 제공되고 있던 도로 옆의 암벽으로부터 떨어진 낙석에 맞아 소외인이 사망하는 사고가 발생하였다고 하여도 동 사고지점 도로가 피고 군에 의하여 노선인정 기타 공용개시가 없었으면 이를 영조물이라 할 수 없다(1981.7.7. 80다2478).

선지분석 & 요플·기풀기링크

선지	THEME	요플	기풀기
①	T72 국가배상(5조)	11	015
②		44	045
③	T73 국가배상(공통·특례)	12	011
④	T72 국가배상(5조)	17	013

정답 ②
OX 1× 2×

12

영조물의 설치·관리상 하자책임에 대한 설명으로 옳지 않은 것은? (다툼이 있는 경우 판례에 의함)

17(상)지방9

① 일반공중이 사용하는 공공용물 외에 행정주체가 직접 사용하는 공용물이나 하천과 같은 자연공물도 「국가배상법」 제5조의 '공공의 영조물'에 포함된다.

② 영조물의 하자 유무는 객관적 견지에서 본 안전성의 문제이며, 국가의 예산부족으로 인해 영조물의 설치·관리에 하자가 생긴 경우에도 국가는 면책될 수 없다.

③ 고속도로의 관리상 하자가 인정되더라도 고속도로의 관리상 하자를 판단할 때 고속도로의 점유관리자가 손해의 방지에 필요한 주의의무를 해태하였다는 주장·입증책임은 피해자에게 있다.

④ 소음 등의 공해로 인한 법적 쟁송이 제기되거나 그 피해에 대한 보상이 실시되는 등 피해지역임이 구체적으로 드러나고 이러한 사실이 그 지역에 널리 알려진 이후에 이주하여 오는 경우에는 위와 같은 위험에의 접근에 따른 가해자의 면책 여부를 보다 적극적으로 인정할 여지가 있다.

관련 OX

① 관련

1 「국가배상법」상의 '공공의 영조물'은 일반 공중의 자유로운 사용에 직접적으로 제공되는 공공용물에 한하고, 행정주체 자신의 사용에 제공되는 공용물은 포함하지 않는다. 23지방7

해설

① ○

■ 공공의 영조물

• 강학상 영조물(物+人)× / 강학상 공물(物)○ → 특정 공적 목적에 공여된 유체물 내지 물적 설비	
• 국가·지자체의 소유 한정×	사인 소유여도 국가·지자체의 관리로 충분
• 권원에 의한 관리에 한정×	사실상 관리로 충분
• 공중에 제공하는 공공용물(도로)에 한정×	**공용물(청사)**,① 보존공물(문화재)도○
• 인공공물(도로)에 한정×	**자연공물(하천)**도○①

국가배상법 제5조(공공시설 등의 하자로 인한 책임) ① 도로·**하천**, 그 밖의 공공의 영조물(營造物)의 설치나 관리에 하자(瑕疵)가 있기 때문에 타인에게 손해를 발생하게 하였을 때에는 국가나 지방자치단체는 그 손해를 배상하여야 한다. 이 경우 제2조 제1항 단서, 제3조 및 제3조의2를 준용한다.

② ○ 재정사정(예산부족): 참작사유는 가능, 면책사유는×
영조물의 하자 유무는 객관적 견지에서 본 안전성의 문제이고, 설치자의 〈재정사정〉이나 영조물의 사용목적에 의한 사정은 안전성을 요구하는 데 대한 정도 문제로서 <u>참작사유에는 해당할지언정 안전성을 결정지을 절대적 요건에는 해당하지 아니한다</u>(1967.2.21. 66다1723).

③ × 도로의 관리상 하자를 원고가 입증하면, 주의의무를 해태하지 않았음은 피고가 입증
<u>고속도로의 관리상 하자가 인정되는 이상</u> 고속도로의 **점유관리자**는 그 하자가 불가항력에 의한 것이거나 손해의 방지에 필요한 <u>주의를 해태하지 아니하였다는 점을 주장·입증하여야</u> 비로소 그 책임을 면할 수 있다(2008.3.13. 2007다29287·29294).

■ 하자 – 입증책임

- 1) (객관적) **하자는 피해자가 입증**, 2) (주관적) **예견가능성·회피가능성** 없었음은 관리주체가 입증
- 고속도로의 관리상 하자가 입증 → 손해방지의 **주의의무를 해태하지 않았음은 관리주체가 입증**

④ ○ 1) 위험의 존재를 인식하고 피해도 용인하며 접근: 특별한 사정이 없는 한 면책 인정 가능
2) 이미 법적 쟁송이나 보상이 실시된 상황에서 이주: 보다 적극적으로 면책 인정 가능④
3) 위험의 존재를 인식하고 피해를 용인했다고 볼 수 없는 경우: 과실상계에 준해서 감액 고려

소음 등을 포함한 공해 등의 위험지역으로 이주하여 들어가서 거주하는 경우와 같이 〈위험의 존재를 인식하면서 그로 인한 피해를 용인하며 접근〉한 것으로 볼 수 있는 경우에, 그 피해가 직접 생명이나 신체에 관련된 것이 아니라 정신적 고통이나 생활방해의 정도에 그치고 그 침해행위에 고도의 공공성이 인정되는 때에는, 위험에 접근한 후 실제로 입은 피해 정도가 위험에 접근할 당시에 인식하고 있었던 위험의 정도를 초과하는 것이거나 위험에 접근한 후에 그 위험이 특별히 증대하였다는 등의 **특별한 사정이 없는 한 가해자의 면책을 인정하여야 하는 경우도 있다**. 특히 소음 등의 공해로 인한 **법적 쟁송이 제기되거나 그 피해에 대한 보상이 실시되는 등** 피해지역임이 구체적으로 드러나고 또한 이러한 사실이 그 지역에 널리 알려진 이후에 이주하여 오는 경우에는 위와 같은 위험에의 접근에 따른 가해자의 **면책 여부를 보다 적극적으로 인정할 여지가 있다**.④ 다만 일반인이 공해 등의 위험지역으로 이주하여 거주하는 경우라고 하더라도 위험에 접근할 당시에 그러한 위험이 존재하는 사실을 정확하게 알 수 없는 경우가 많고, 그 밖에 위험에 접근하게 된 경위와 동기 등의 여러 가지 사정을 종합하여 그와 같은 〈위험의 존재를 인식하면서도 위험으로 인한 피해를 용인하면서 접근하였다고 볼 수 없는 경우〉에는 손해배상액의 산정에 있어 형평의 원칙상 **과실상계에 준하여 감액사유로 고려하여야 한다**(2010.11.25. 2007다74560).

▪ 감면사유 – 피해자의 과실(소음 등 위험지역으로 스스로 이주한 뒤 그 소음 등에 따른 배상을 구하는 경우)

1) 위험의 존재를 인식하고 피해를 용인하며 접근한 경우
   – 당시 인식정도를 초과하거나 위험이 특별히 증대하는 등 특별사정 없는 한 면책을 인정 가능
   – 특히 이미 **법적 쟁송이나 보상이 실시된 상황에서 이주한 경우는 면책을 적극적으로 인정 가능**④

2) 위험의 존재를 인식하고 피해를 용인했다고 볼 수 없는 경우
   – **면책은 불가**, 단, 과실상계에 준해서 **감액사유로 고려하여야 함**

13 사례형

다음 행정상 손해배상과 관련된 사례에 대한 설명으로 옳은 것은? (다툼이 있는 경우 판례에 의함)

18지방9

> (가) 甲은 자동차로 좌로 굽은 내리막 국도 편도 1차로를 달리던 중 커브 길에서 앞선 차량을 무리하게 추월하기 위하여 중앙선을 침범하여 반대편 도로를 벗어나 도로 옆 계곡으로 떨어져 중상해를 입었다.
> (나) 乙은 자동차로 겨울철 눈이 내린 직후에 산간지역에 위치한 국도를 달리던 중 도로에 생긴 빙판길에 미끄러져 상해를 입었다.

① (가)와 (나) 사례에서 국가가 甲과 乙에게 손해배상책임을 부담할 것인지 여부는 위 도로들이 모든 가능한 경우를 예상하여 고도의 안전성을 갖추었는지 여부에 따라 결정될 것이다.

② (가)사례에서 만약 반대편 갓길에 차량용 방호울타리가 설치되었다면 甲이 상해를 입지 않았거나 경미한 상해를 입었을 것이므로 그 방호울타리 미설치만으로도 손해배상을 받기에 충분한 요건을 갖추었다고 볼 수 있다.

③ (나)사례에서 乙은 산악지역의 특성상 빙판길 위험 경고나 위험 표지판이 설치되었다면 주의를 기울여 운행하여 상해를 입지 않았을 것이므로 그 미설치만으로도 국가에 대한 손해배상책임을 묻기에 충분하다.

④ (가)와 (나) 사례에서 만약 도로의 관리상 하자가 인정된다면 비록 그 사고의 원인에 제3자의 행위가 개입되었더라도 甲과 乙은 국가에 대하여 손해배상책임을 물을 수 있다.

관련 OX

③ 관련

1 강설에 대처하기 위하여 완벽한 방법으로 도로 자체에 융설 설비를 갖추는 것은 현대의 과학기술 수준이나 재정사정에 비추어 사실상 불가능하다고 할 것이므로, 고속도로의 관리자에게 도로의 구조, 기상예보 등을 고려하여 사전에 충분한 인적·물적 설비를 갖추어 강설 시 신속한 제설작업을 하고 필요한 경우 제때에 교통통제 조치를 취할 관리의무가 있다고 할 수 없다. 14국가7

④ 관련

2 배상의 범위는 영조물의 하자와 상당인과관계에 있는 모든 손해이다. 08국회8

3 다른 자연적 사실이나 제3자의 행위 또는 피해자의 행위와 경합하여 손해가 발생하였더라도 영조물의 설치·관리상의 하자가 공동원인의 하나가 된 이상 그 손해는 영조물의 설치·관리상의 하자에 의하여 발생한 것이라고 보아야 한다. 08국가9

STORY 해설

- 위 사례들 모두 국도에서 사고가 났다. 국도는 공물이다. 따라서 국도에 하자가 있었다면 국가배상책임이 성립한다. 하자란 안전성의 문제이고, 안전성이란 모든 경우의 수를 고려한 고도의 완전한 안전성이 아닌 통상의 안전성을 의미한다.①
- (가)의 경우 내리막 편도 1차로를 중앙선 넘어 추월하다가 사고가 났으면 그 사고까지 방지할 장치를 마련하지 않은 국도에 하자가 있는 것이 아니라 그런 짓까지 하다 사고가 난 운전자 본인의 책임이다. 따라서 배상책임은 인정되지 않는다.②
- (나)의 경우 국도는 최저속도 제한도 없어 얼마든지 천천히 달릴 수 있다. 특히 겨울철 산간에 눈이 내리면 미끄럽다는 것은 상식이다. 따라서 운전자가 스스로 저속운행을 하며 조심했어야지 그 상식을 알릴 표지판을 설치하지 않았다는 이유로 국도에 하자가 있다고 할 수 없다. 따라서 배상책임은 인정되지 않는다.③
- 만약 하자가 인정되는 경우라면, 사고에 다른 원인이 개입되었어도 국가배상책임은 성립한다.④

사례분석

- 실제 판례사안 2개를 그대로 가져와 만든 사례문제이다. (가)사례에서는 '**무리하게 추월하기 위해 중앙선을 침범**'했다는 부분에서 도로의 하자가 아닌 운전자의 과실이 문제될 것이라는 점. (나)사례에서는 최저속도 제한이 없어 얼마든지 천천히 달리는 것이 허용되므로, 개인의 책임이 보다 요구되는 '**국도**'라는 점 정도를 취해가면 된다.

> 해설

①② ✕ 하자: 모든 경우의 수를 고려한 고도의 안전성✕[①] / 그 용도에서 갖춰야 할 통상의 안전성○ → 운전자가 도로의 이용방법을 벗어나 무리한 앞지르기를 위해 중앙선을 침범하는 경우까지 대비해 방호울타리를 설치할 의무✕(설치하지 않았더라도 하자✕)[②]

- (甲이 차량을 운전하여 지방도 편도 1차로를 진행하던 중 커브길에서 중앙선을 침범하여 반대편 도로를 벗어나 도로 옆 계곡으로 떨어져 동승자인 乙이 사망한 사안에서) 국가배상법 제5조 제1항에 규정된 영조물 설치·관리상의 〈하자〉는 공공의 목적에 공여된 영조물이 그 용도에 따라 통상 갖추어야 할 안전성을 갖추지 못한 상태에 있음을 말한다. … 따라서 영조물인 도로의 경우도 그 설치 및 관리에 있어 완전무결한 상태를 유지할 정도의 고도의 안전성을 갖추지 아니하였다고 하여 하자가 있다고 단정할 수는 없고,[①] 그것을 이용하는 자의 상식적이고 질서 있는 이용방법을 기대한 상대적인 안전성을 갖추는 것으로 족하다. … 좌로 굽은 도로에서 운전자가 무리하게 앞지르기를 시도하여 중앙선을 침범하여 반대편 도로로 미끄러질 경우까지 대비하여 도로관리자인 지방자치단체가 차량용 방호울타리를 설치하지 않았다고 하여 도로에 통상 갖추어야 할 안전성이 결여된 설치·관리상의 하자가 있다고 보기 어렵다[②](2013.10.24. 2013다208074).

③ ✕ 적설지대에 속하는 지역의 도로라든가 최저속도의 제한이 있는 고속도로 등 특수 목적을 갖고 있는 도로가 아닌 일반 보통의 도로까지도 도로관리자에게 완전한 인적, 물적 설비를 갖추고 제설작업을 하여 도로통행상의 위험을 즉시 배제하여 그 안전성을 확보하도록 하는 관리의무를 부과하는 것은 도로의 안전성의 성질에 비추어 적당하지 않고, 오히려 그러한 경우의 도로통행의 안전성은 그와 같은 위험에 대면하여 도로를 이용하는 통행자 개개인의 책임으로 확보하여야 한다. … 강설의 특성, 기상적 요인과 지리적 요인, 이에 따른 도로의 상대적 안전성을 고려하면 겨울철 산간지역에 위치한 도로에 강설로 생긴 빙판을 그대로 방치하고 도로상황에 대한 경고나 위험표지판을 설치하지 않았다는 사정만으로 도로관리상의 하자가 있다고 볼 수 없다(2000.4.25. 99다54998).

> 관련

강설에 대처하기 위하여 완벽한 방법으로 도로 자체에 융설(편저자: 눈을 녹이는 것) 설비를 갖추는 것이 현대의 과학기술 수준이나 재정사정에 비추어 사실상 불가능하다고 하더라도, 최저속도의 제한이 있는 고속도로의 경우에 있어서는 도로관리자가 도로의 구조, 기상예보 등을 고려하여 사전에 충분한 인적·물적 설비를 갖추어 강설시 신속한 제설작업을 하고 나아가 필요한 경우 제때에 교통통제 조치를 취함으로써 고속도로로서의 기본적인 기능을 유지하거나 신속히 회복할 수 있도록 하는 관리의무가 있다(2008.3.13. 2007다29287·29294).

④ ○ 영조물의 설치 또는 관리상의 하자로 인한 사고라 함은 영조물의 설치 또는 관리상의 하자만이 손해발생의 원인이 되는 경우만을 말하는 것이 아니고, 다른 자연적 사실이나 제3자의 행위 또는 피해자의 행위와 경합하여 손해가 발생하더라도 영조물의 설치 또는 관리상의 하자가 공동원인의 하나가 되는 이상 그 손해는 영조물의 설치 또는 관리상의 하자에 의하여 발생한 것이라고 해석함이 상당하다(1994.11.22. 94다32924).

+ PLUS 손해가 하자 외에 다른 자연적 사실, 제3자나 피해자의 행위가 경합해 공동원인이 되어 발생한 것이더라도, 당해 손해와 하자 간 상당인과관계를 인정하는 것이 판례의 태도이다. 단, 이 경우 다른 원인사유의 존재가 감액사유로 고려되는 경우는 있을 것이다.

14

영조물의 설치 또는 관리상의 하자로 인한 손해배상책임에 관한 설명으로 옳지 않은 것은?

08국가9

① 「국가배상법」 제5조는 점유자의 면책조항을 두고 있는 점에서 「민법」 제758조의 공작물 등의 배상책임과 동일하며, 다만 그 대상을 공작물에 한정하고 있지 않는 점에서 「민법」상의 배상책임규정과 차이가 있다.

② 다른 자연적 사실이나 제3자의 행위 또는 피해자의 행위와 경합하여 손해가 발생하였더라도 영조물의 설치·관리상의 하자가 공동원인의 하나가 된 이상 그 손해는 영조물의 설치·관리상의 하자에 의하여 발생한 것이라고 보아야 한다.

③ 영조물의 설치·관리를 맡은 자와 영조물의 설치·관리의 비용을 부담하는 자가 다른 경우에는 피해자는 어느 쪽에 대하여도 선택적으로 손해배상을 청구할 수 있다.

④ 판례에 의하면 영조물의 설치의 하자 유무는 객관적 견지에서 본 안전성의 문제이므로 재정사정은 영조물의 안전성의 정도에 관하여 참작사유는 될 수 있을지언정 안전성을 결정지을 절대적 요건은 되지 못한다.

관련 OX

① 관련

1 「국가배상법」상의 영조물의 설치·관리상의 하자로 인한 책임은 무과실책임이고 나아가 「민법」상의 공작물의 점유자의 책임과는 달리 면책사유도 규정되어 있지 않다. 25국가9

2 공물의 설치·관리상의 하자로 인한 국가나 지방자치단체의 배상책임은 「민법」이 아니라 「국가배상법」에 의한다. 10지방7

② 관련

3 영조물 설치 또는 관리상의 하자에 의하여 타인에게 손해가 발생하는 경우 하자와 손해발생과의 사이에 상당인과관계가 성립하면 손해발생의 직접적 원인이 자연력에 의하거나 제3자 또는 피해자의 행위에 의하더라도 행정주체의 손해배상책임이 성립한다. 17소간

해설

① ✕ 영조물 하자에 대한 국가배상책임과 유사한 것이 민법상 공작물 하자에 대한 점유자·소유자의 배상책임이다. 다만 국가배상책임의 경우 민법과 달리 **면책규정을 두고 있지 않고**, 대상물 역시 인공 **공작물에 한정하지 않고**, 자연공물을 포함한 영조물(공물) 일반으로 보고 있다는 점에서 민법보다 두텁게 피해자를 보호하고 있다고 볼 수 있다.

② ○ 하자 외 다른 자연적 사실, 제3자 행위, 피해자 행위가 경합해 공동원인으로 손해가 발생 → 그래도 하자에 의한 손해로 인정(인과관계 인정)

영조물의 설치 또는 관리상의 하자로 인한 사고라 함은 영조물의 설치 또는 관리상의 하자만이 손해발생의 원인이 되는 경우만을 말하는 것이 아니고, <u>다른 자연적 사실이나 제3자의 행위 또는 피해자의 행위와 경합</u>하여 손해가 발생하더라도 영조물의 설치 또는 관리상의 하자가 <u>공동원인의 하나가 되는 이상</u> 그 손해는 영조물의 설치 또는 관리상의 하자에 의하여 발생한 것이라고 해석함이 <u>상당하다</u>(1994.11.22. 94다32924).

③ ○

국가배상법 제6조(비용부담자 등의 책임) ① 제2조·제3조 및 제5조에 따라 국가나 지방자치단체가 손해를 배상할 책임이 있는 경우에 **공무원의 선임·감독 또는 영조물의 설치·관리를 맡은 자**와(편저자: 사무귀속주체) **공무원의 봉급·급여, 그 밖의 비용 또는 영조물의 설치·관리비용을 부담하는 자**가(편저자: 비용부담주체) 동일하지 아니하면 그 **비용을 부담하는 자도 손해를 배상**하여야 한다.

④ ○ 재정사정(예산부족): 참작사유는 가능, 면책사유는 ✕

영조물의 하자 유무는 객관적 견지에서 본 안전성의 문제이고, 설치자의 〈재정사정〉이나 영조물의 사용목적에 의한 사정은 안전성을 요구하는 데 대한 정도 문제로서 <u>참작사유에는 해당할지언정 안전성을 결정지을 절대적 요건에는 해당하지 아니한다</u>(1967.2.21. 66다1723).

선지분석 & 요플·기풀기링크

선지	THEME	요플	기풀기
①	T72 국가배상(5조)	23	004
②		46	047
③	T73 국가배상(공통·특례)	22	016
④	T72 국가배상(5조)	54	054

정답 ①

OX 1○ 2○ 3○

T73 국가배상법(3) - 공통사항 및 특례규정

01

기 서울특별시 소속의 공무원이 공무집행 중 폭행을 가하여 손해를 입힌 경우에 피해자는 누구를 피고로 하여 손해배상청구소송을 제기하여야 하는가?   13서울9

① 서울특별시
② 서울특별시장
③ 안전행정부장관
④ 경찰청장
⑤ 서울시지방경찰청장

해설

① ○ 국가배상법상 배상주체는 사무귀속주체가 되는 것이 원칙이다(제2조, 제5조 공통). 따라서 서울특별시 소속 공무원의 위법행위로 인한 손해에 대해서는 그 사무귀속주체인 서울특별시가 배상책임을 지게 된다.

정답 ①

02

국가배상에 관한 설명으로 옳은 것은? 07국가7

① 처분의 위법을 원인으로 하는 국가배상청구권은 그 원인관계에 비추어 공권으로 보는 것이 판례의 입장이다.
② 공무원의 부작위에 의한 개인의 손해발생에 대해 국가배상책임이 인정되기 위해서는 공무원의 부작위가 위법하여야 한다.
③ 헌법은 배상책임자를 '국가 또는 지방자치단체'로 규정하고 있으나, 「국가배상법」은 배상책임자를 '국가 또는 공공단체'로 규정하고 있다.
④ 판례에 의할 경우 행정처분이 위법한 것으로 취소판결이 있으면 국가배상청구소송에 있어서 해당 공무원의 고의·과실을 불문하고 불법행위책임은 인정된다.

관련 OX

③ 관련

1 「국가배상법」은 공공의 영조물의 설치나 관리에 하자가 있기 때문에 타인에게 손해를 발생하게 하였을 때에는 국가나 공공단체가 그 손해를 배상하여야 함을 규정하고 있다. 23소간

해설

① ✕ 지문과 같은 경우 공법상 원인관계에 의해 발생한 것이므로 국가배상청구권을 공권으로 보아 당사자소송에 의해야 한다는 견해가 있지만 판례는 비록 위법한 처분이 원인이 된 것이라 하더라도 여전히 국가배상청구권을 사권으로 보아 민사소송에 의하도록 하고 있다.

② ○ 국가배상책임이 인정되기 위해서는 위법성이 인정되어야 하므로 부작위에 대한 국가배상책임이 인정되려면 공무원의 부작위가 위법하여야 한다.

③ ✕ 헌법은 배상주체를 국가 또는 '공공단체'로 규정하고 있으나, 국가배상법에서는 이를 국가 또는 '지방자치단체'로 한정하고 있다.

> **헌법 제29조** ① 공무원의 직무상 불법행위로 손해를 받은 국민은 법률이 정하는 바에 의하여 **국가 또는 공공단체**에 정당한 배상을 청구할 수 있다.
> **국가배상법 제2조(배상책임)** ① **국가나 지방자치단체**는 … 때에는 이 법에 따라 그 손해를 배상하여야 한다. (단서 생략)
> **제5조(공공시설 등의 하자로 인한 책임)** ① 도로·하천, 그 밖의 공공의 영조물(營造物)의 설치나 관리에 하자(瑕疵) … **국가나 지방자치단체는** 그 손해를 배상하여야 한다. (후문 생략)

④ ✕ 국가배상책임이 성립되기 위해서는 처분이 위법하기만 하면 되는 것이 아니라 그 처분이 공무원의 고의·과실로 인한 것이어야 한다.

- 처분이 쟁송에서 위법하다고 판명돼 취소: 불법행위 단정✕
  어떠한 행정처분이 후에 **항고소송에서 취소되었다고** 할지라도 그 기판력에 의하여 당해 행정처분이 곧바로 공무원의 고의 또는 과실로 인한 것으로서 **불법행위를 구성한다고 단정할 수는 없다**(2000.5.12. 99다70600).

선지분석 & 요플·기풀기링크

선지	THEME	요플	기풀기
①	T73 국가배상(공통·특례)	64	065
②	T71 국가배상(2조)	84	062
③	T73 국가배상(공통·특례)	08	003
④	T71 국가배상(2조)	55	087

 ②
 1✕

03

국가배상에 대한 판례의 태도로 옳지 않은 것은? 20소방

① 성폭력범죄의 수사를 담당하거나 수사에 관여하는 경찰관이 피해자의 인적사항 등을 공개 또는 누설함으로써 피해자가 손해를 입은 경우, 국가의 배상책임이 인정된다는 것이 판례의 태도이다.

② 음주운전으로 적발된 주취운전자가 도로 밖으로 차량을 이동하겠다며 단속 경찰관으로부터 보관 중이던 차량 열쇠를 반환받아 몰래 차량을 운전하여 가던 중 사고를 일으킨 경우, 국가 배상책임이 인정되지 않는다는 것이 판례의 태도이다.

③ 지방자치단체장이 설치하여 관할 지방경찰청장에게 관리권한이 위임된 교통신호기의 고장으로 인하여 교통사고가 발생한 경우, 지방자치단체뿐만 아니라 국가도 손해배상책임을 부담한다는 것이 판례의 태도이다.

④ 군수 또는 그 보조 공무원이 농수산부장관으로부터 도지사를 거쳐 군수에게 재위임된 국가사무(기관위임사무)인 개간허가 및 그 취소사무를 처리함에 있어 고의 또는 과실로 타인에게 손해를 가한 경우, 「국가배상법」 제6조에 의하여 지방자치단체인 군이 비용을 부담한다고 볼 수 있는 경우에 한하여 국가와 함께 손해배상책임을 부담한다.

해설

① ○ 경찰이 성폭력 피해자의 인적사항 누설: 국가배상책임 인정
성폭력범죄의 수사를 담당하거나 수사에 관여하는 경찰관이 위와 같은 직무상 의무에 반하여 피해자의 인적사항 등을 공개 또는 누설하였다면 국가는 그로 인하여 피해자가 입은 손해를 배상하여야 한다(2008.6.12. 2007다64365).

② × 경찰관이 음주운전으로 적발된 자에게 차키를 반환해 둔 주취운전자가 이를 가지고 몰래 운전하다 사고: 국가배상책임 인정
음주운전으로 적발된 주취운전자가 도로 밖으로 차량을 이동하겠다며 단속경찰관으로부터 보관 중이던 차량열쇠를 반환받아 몰래 차량을 운전하여 가던 중 사고를 일으킨 경우, 국가배상책임을 인정할 수 있다(1998.5.8. 97다54482).

③ ○ [교통신호기] 지자체 → 국가(경찰): 지자체 사무귀속자책임(제5조) / 국가 비용부담자책임(제6조)
〈지방자치단체장이 교통신호기를 설치하여〉 그 관리권한이 도로교통법 제71조의2 제1항의 규정에 의하여 〈관할 지방경찰청장에게 위임〉되어 지방자치단체 소속 공무원과 지방경찰청 소속 공무원이 합동근무하는 교통종합관제센터에서 그 관리업무를 담당하던 중 위 신호기가 고장난 채 방치되어 교통사고가 발생한 경우, 국가배상법 제2조 또는 제5조에 의한 배상책임을 부담하는 것은 지방경찰청장이 소속된 국가가 아니라, 그 권한을 위임한 지방자치단체장이 소속된 지방자치단체라고 할 것이나, 교통신호기를 관리하는 지방경찰청장 산하 경찰관들에 대한 봉급을 부담하는 국가도 국가배상법 제6조 제1항에 의한 배상책임을 부담한다(1999.6.25. 99다11120).

④ ○ 국가사무가 도지사를 거쳐 군수에게 재위임. 군수 내지 보조공무원의 고의·과실로 손해발생 → 군이 비용을 부담하는 경우라면 제6조 비용부담자로서 제2조 책임을 지는 국가와 함께 배상책임
농수산부장관 소관의 국가사무로 규정되어 있는 개간허가와 개간허가의 취소사무는 같은 법 제61조 제1항, 같은 법 시행령 제37조 제1항에 의하여 도지사에게 위임되고, 같은 법 제61조 제2항에 근거하여 도지사로부터 하위 지방자치단체장인 군수에게 재위임되었으므로 이른바 기관위임사무라 할 것이고, 이러한 경우 군수는 그 사무의 귀속주체인 국가 산하 행정기관의 지위에서 그 사무를 처리하는 것에 불과하므로, 군수 또는 군수를 보조하는 공무원이 위임사무처리에 있어 고의 또는 과실로 타인에게 손해를 가하였다 하더라도 원칙적으로 군에는 국가배상책임이 없고 그 사무의 귀속주체인 국가가 손해배상책임을 지는 것이며, 다만 국가배상법 제6조에 의하여 군이 비용을 부담한다고 볼 수 있는 경우에 한하여 국가와 함께 손해배상책임을 부담한다(2000.5.12. 99다70600).

선지선택비율 ① 10.26% ② 41.03% ③ 12.82% ④ 35.90% 오답률 58.97%

관련 OX

② 관련

1 음주운전으로 적발된 주취운전자가 도로 밖으로 차량을 이동하겠다며 단속경찰관으로부터 보관 중이던 차량열쇠를 반환받아 몰래 차량을 운전하여 가던 중 사고를 일으킨 경우, 국가배상책임은 인정된다. 21소간

④ 관련

2 장관으로부터 도지사를 거쳐 군수에게 재위임된 국가사무인 기관위임사무를 처리함에 있어서 군수가 고의 또는 과실로 타인에게 손해를 가한 경우, 원칙적으로 그 사무의 귀속주체인 국가가 손해배상책임을 지며 군은 비용을 부담한다고 볼 수 있는 경우에 한하여 국가와 함께 손해배상책임을 진다. 24소간

선지분석 & 요플·기풀기링크

선지	THEME	요플	기풀기
①	T71 국가배상(2조)	114	112
②		81	059
③	T73 국가배상(공통·특례)	20	013
④		18	008

정답 ②
OX 1 ○ 2 ○

04

국가배상책임에 관한 설명으로 옳은 것은?
08국가7

① 「국가배상법」이 정하는 배상기준의 성격에 대하여 판례는 한정액설을 취함으로써 「국가배상법」이 정하는 배상금액 이상의 배상을 인정하지 아니한다.

② 피해자가 손해를 입은 동시에 이익을 얻은 경우 이를 공제할 수 없으며, 이것은 「국가배상법」이 가지는 생계보장적 성격에서 타당하다.

③ 공무원이 자기소유의 자동차로 공무수행 중 사고를 일으킨 경우 그 공무원은 '자기를 위하여 자동차를 운행하는 자'에 해당하는 한 「자동차손해배상 보장법」에 따른 손해배상책임을 부담한다.

④ 국가배상청구권의 소멸시효기간은 피해자나 그 법정대리인이 손해 및 가해자를 안 날로부터 10년이다.

관련 OX

④ 관련

1 국가배상청구권은 피해자나 법정대리인이 손해 및 가해자를 안 날로부터 3년간, 불법행위가 있은 날로부터 5년간 이를 행사하지 않으면 시효로 인하여 소멸된다. 23군무원7

해설

① ✕ 국가배상법상 배상기준: 상한액✕, 기준제시에 불과○ → 동 기준을 초과하는 배상도 가능

국가배상법 제3조 제1항, 제3항 규정의 손해배상기준은 배상심의회의 배상금지급기준을 정함에 있어서의 하나의 기준을 정한 것에 불과하고, 이로써 배상액의 상환을 제한한 것으로는 볼 수 없다. 손해배상액을 산정함에 있어서 국가배상법 제3조 소정의 기준에 구애되지 않고 이를 초과하여 그 액을 정하였다 하더라도 다른 특별한 사정이 없는 한 위법이라고 할 수 없다(1970.3.10. 69다1772).

② ✕ 피해자가 손해를 입은 동시에 이익을 얻은 경우 이를 공제한다.

국가배상법 제3조의2(공제액) ① 제2조 제1항을 적용할 때 피해자가 **손해를 입은 동시에 이익을 얻은 경우**에는 손해배상액에서 그 **이익**에 상당하는 금액을 **빼야** 한다.

③ ○ 공무원 개인차 사고: 공무원이 자배법상 운행자에 해당 → 동법상의 손배책임 인정

공무원이 〈자기소유의 자동차〉로 공무수행 중 사고를 일으킨 경우에는 그 손해배상책임은 「자동차손해배상 보장법」이 정한 바에 의하게 되어, 그 사고가 자동차를 운전한 공무원의 경과실에 의한 것인지 중과실 또는 고의에 의한 것인지를 가리지 않고 그 공무원이 「자동차손해배상 보장법」 제3조 소정의 '자기를 위하여 자동차를 운행하는 자'에 해당하는 한 손해배상책임을 부담한다(1996.5.31. 94다15271).

	관용차	개인차
운행자성 (지배·이익)	국가·지자체	공무원 개인
국가·지자체의 책임	• 자배법상 책임 → 무과실책임 (단, 배상실행은 국가배상법에 따름)	• 국가배상법 원리대로 → 과실책임 → 고의·과실, 위법성, 직무관련성 등 인정시 국가배상법상 책임
공무원 개인의 책임	• 국가배상법 원리대로 → 민법상 책임 / 경과실 면책	• 자배법상 책임③ → 무과실책임 (배상실행도 자배법을 따름)

④ ✕ 국가배상청구권은 국가·지자체에 대한 채권이므로 원칙적으로 불법행위 종료일로부터 5년의 소멸시효가 적용된다(국가재정법, 지방재정법). 다만, 민법에서 불법행위의 소멸시효로 '손해 및 가해자를 안 날로부터 3년'의 규정을 두고 있고, 5년보다 짧은 시효에 대해서는 해당 법률이 우선하게 되므로 위와 같은 민법상 시효도 국가배상청구권에 적용되게 된다. 결과적으로 국가배상청구권의 소멸시효기간은 ① 피해자가 손해 및 가해자를 안 날로부터 3년, 혹은 ② 불법행위가 종료한 날로부터 5년 중 먼저 도래하는 시점에 완성된다.

선지분석 & 요플·기출기링크

선지	THEME	요플	기출기
①	T73 국가배상(공통·특례)	05	024
②		07	026
③	T71 국가배상(2조)	138	140
④	T73 국가배상(공통·특례)	53	054

정답 ③
OX 1 ○

05

「국가배상법」의 내용에 대한 설명으로 옳지 않은 것은? (단, 다툼이 있는 경우 판례에 의함)

21군무원9

① 국가나 지방자치단체는 공무를 위탁받은 사인이 직무를 집행하면서 고의 또는 과실로 법령을 위반하여 타인에게 손해를 입힌 때에는 「국가배상법」에 따라 그 손해를 배상하여야 한다.

② 도로·하천, 그 밖의 공공의 영조물(營造物)의 설치나 관리에 하자(瑕疵)가 있기 때문에 타인에게 손해를 발생하게 하였을 때에는 국가나 지방자치단체는 그 손해를 배상하여야 한다. 이 경우 군인·군무원의 2중배상금지에 관한 규정은 적용되지 않는다.

③ 직무를 집행하는 공무원에게 고의 또는 중대한 과실이 있으면 국가나 지방자치단체는 그 공무원에게 구상(求償)할 수 있다.

④ 군인·군무원이 전투·훈련 등 직무집행과 관련하여 전사(戰死)·순직(殉職)하거나 공상(公傷)을 입은 경우에 본인이나 그 유족이 다른 법령에 따라 재해보상금·유족연금·상이연금 등의 보상을 지급받을 수 있을 때에는 「국가배상법」 및 「민법」에 따른 손해배상을 청구할 수 없다.

관련 OX

추가기출(③ 관련)

ⓐ ○

국가가 가해 공무원에 대하여 구상권을 행사하는 경우 국가가 배상한 배상액 전액에 대하여 구상권을 행사하여야 한다.

21국가9

해설

①③④ ○

국가배상법 제2조(배상책임) ① 국가나 지방자치단체는 공무원 또는 공무를 위탁받은 사인(이하 '공무원'이라 한다)이 직무를 집행하면서 고의 또는 과실로 법령을 위반하여 타인에게 손해를 입히거나, 「자동차손해배상 보장법」에 따라 손해배상의 책임이 있을 때에는 이 법에 따라 그 손해를 배상하여야 한다.① 다만, 군인·군무원·**경찰공무원 또는 예비군대원**이 전투·훈련 등 직무집행과 관련하여 전사(戰死)·순직(殉職)하거나 공상(公傷)을 입은 경우에 본인이나 그 유족이 다른 법령에 따라 재해보상금·유족연금·상이연금 등의 보상을 지급받을 수 있을 때에는 이 법 및 「민법」에 따른 손해배상을 청구할 수 없다.④
② 제1항 본문의 경우에 공무원에게 고의 또는 중대한 과실이 있으면 국가나 지방자치단체는 그 공무원에게 **구상(求償)**할 수 있다.③
③ 제1항 단서에도 불구하고 **전사**하거나 **순직**한 군인·군무원·경찰공무원 또는 예비군대원의 **유족**은 **자신의 정신적 고통에 대한 위자료**를 청구할 수 있다. 〈신설 2025.1.7.〉

+ PLUS 지문③ 국가배상법 제2조 제2항과 관련하여 국가가 가해 공무원에 대하여 구상권을 행사하는 경우 그 구상권의 범위가 문제되는데, 판례는 배상액 전액이 아니라 손해의 공평한 분담이라는 견지에서 신의칙상 상당하다고 인정되는 한도 내에서만 구상권을 행사할 수 있다는 입장이다(1991.5.10. 91다6764).ⓐ

② × 도로·하천, 그 밖의 영조물의 설치나 관리에 대한 책임에도 이중배상금지 원칙 준용○

국가배상법 제5조(공공시설 등의 하자로 인한 책임) ① 도로·하천, 그 밖의 공공의 영조물(營造物)의 설치나 관리에 하자(瑕疵)가 있기 때문에 타인에게 손해를 발생하게 하였을 때에는 국가나 지방자치단체는 그 손해를 배상하여야 한다. 이 경우 제2조 제1항 단서, 제3조 및 제3조의2를 준용한다.
② 제1항을 적용할 때 손해의 원인에 대하여 **책임을 질 자가 따로** 있으면 국가나 지방자치단체는 그 자에게 **구상**할 수 있다.

선지분석 & 요플·기풀기링크

선지	THEME	요플	기풀기
①	T71 국가배상(2조)	05	005
②	T73 국가배상(공통·특례)	46	028
③	T71 국가배상(2조)	123	130
④	T73 국가배상(공통·특례)	26	027

정답 ②

OX ⓐ ×

06

「국가배상법」 제2조의 이중배상배제에 관한 설명으로 옳지 않은 것은? 09지방7

① 국가배상법 제2조 제1항 단서에서 '군인·군무원·경찰공무원 또는 향토예비군대원'에 대하여 이중배상에 관한 배제조항을 두고 있으며, 헌법재판소는 이중배상을 금지하는 이러한 단서를 합헌으로 보았다.

② 판례는 이중배상이 배제되는 자는 전투경찰순경과 공익근무요원 등이라고 하였다.

③ 군인·군무원·경찰공무원의 경우에는 헌법상으로도 이중배상배제가 인정되는 자로 규정되어 있다.

④ 이중배상이 배제되는 군인 및 경찰공무원 등의 경우에도 다른 법령에 의하여 재해보상금·유족연금·상이연금 등의 보상을 지급받을 수 없을 때에는 「국가배상법」에 의하여 배상을 청구할 수 있다.

관련 OX

① 관련

1 군인 등의 이중배상금지를 규정하는 「국가배상법」 제2조 제1항 단서는 헌법 제29조 제1항에 의하여 보장되는 국가배상청구권을 헌법 내재적으로 제한하는 헌법 제29조 제2항에 직접 근거하고, 실질적으로 그 내용을 같이 하는 것이므로 합헌이다. 24군무원5

③ 관련

2 직무집행과 관련하여 공상을 입은 소방공무원이 먼저 「국가배상법」에 따라 손해배상을 받은 경우에는 이후 다른 법령에 따른 보상을 받을 수 없다. 25소간

④ 관련

3 군인이 교육훈련으로 공상을 입은 경우라도 「군인연금법」 또는 「국가유공자 예우 등에 관한 법률」에 의하여 재해보상금·유족연금·상이연금 등 별도의 보상을 받을 수 없는 경우에는 「국가배상법」 제2조 제1항 단서의 적용대상에서 제외하여야 한다. 23국가9

해설

① ○ 군인 등의 이중배상을 금지하는 국가배상법 제2조 제1항 단서: 헌법 제29조 제2항에 직접 근거해 합헌
「국가배상법」 제2조 제1항 단서는 헌법 제29조 제1항에 의하여 보장되는 국가배상청구권을 헌법 내재적으로 제한하는 헌법 제29조 제2항에 직접 근거하고, 실질적으로 그 내용을 같이하는 것이므로 헌법에 위반되지 아니한다(헌재 2001.2.22. 2000헌바38).

② × <u>전투경찰순경은</u> 이중배상금지규정이 적용되어 손해배상청구가 제한되는 자에 해당하나(95헌바39), 보충역에 편입돼 군에 복무하지 않는 <u>공익근무요원</u>이나(97다4036), 현역병으로 입영하였더라도 그 후 <u>경비교도로 전임된 자는</u>(97다45914) 이에 해당하지 않는다는 것이 판례의 태도이다.

③ ○

헌법 제29조 ② **군인·군무원·경찰공무원 기타 법률이 정하는 자**가 전투·훈련 등 직무집행과 관련하여 받은 손해에 대하여는 법률이 정하는 **보상 외**에 국가 또는 공공단체에 공무원의 직무상 불법행위로 인한 **배상은 청구할 수 없다.**

④ ○ 타 법령에 의해 보상금을 받을 수 없는 경우라면, 이중배상금지원칙은 적용되지 않고, 국가배상법에 의한 배상을 받을 수 있다.

- 보상을 받을 수 없는 경우에는 배상청구 가능
군인·군무원 등 국가배상법 제2조 제1항에 열거된 자가 전투, 훈련 기타 직무집행과 관련하는 등으로 공상을 입은 경우라고 하더라도 군인연금법 또는 「국가유공자예우 등에 관한 법률」에 의하여 재해보상금·유족연금·상이연금 등 별도의 보상을 받을 수 없는 경우에는 국가배상법 제2조 제1항 단서의 적용대상에서 제외하여야 한다(1997.2.14. 96다28066).

선지분석 & 요플·기풀기링크

선지	THEME	요플	기풀기
①	T73 국가배상(공통·특례)	27	029
②		29	031
③		28	030
④		39	040

정답 ②

OX 1○ 2× 3○

07 필수문제

「국가배상법」 제2조 제1항 단서는 "군인·군무원·경찰공무원 또는 향토예비군대원이 전투·훈련 등 직무집행과 관련하여 전사·순직하거나 공상을 입은 경우에 본인이나 그 유족이 다른 법령에 따라 재해보상금·유족연금·상이연금 등의 보상을 지급받을 수 있을 때에는 이 법 및 「민법」에 따른 손해배상을 청구할 수 없다."고 규정하고 있다. 이에 대한 내용으로 옳지 않은 것은? (다툼이 있는 경우 판례에 의함)   11지방7

① 「국가배상법」 제2조 제1항 단서에 대해서는 위헌성 시비가 있으나, 헌법재판소와 대법원은 헌법에 위반되지 않는 것으로 보고 있다.
② 경비교도나 공익근무요원은 「국가배상법」 제2조 제1항 단서의 적용대상에 해당하지 아니하나, 전투경찰순경은 「국가배상법」 제2조 제1항 단서의 적용대상에 해당한다.
③ 헌법재판소는 일반국민이 직무집행 중인 군인과의 공동불법행위로 다른 군인에게 공상을 입혀 그 피해자에게 손해전부를 배상했을지라도, 공동불법행위자인 군인의 부담부분에 관하여 국가에 대한 구상권은 허용되지 않는다고 본다.
④ 경찰서 숙직실에서 순직한 경찰공무원의 유족들은 「국가배상법」에 의한 손해배상을 청구할 권리가 있다.

해설

① ○ 국가배상법 제2조 제1항 단서 조항이 군인 등의 손해배상청구권을 과도하게 제한해 위헌이 아닌지가 문제된다. 그러나 헌법 자체에서 이미 이러한 제한을 두고 있으므로(제29조 제2항) 이를 위헌으로 볼 수 없다는 것이 헌재의 태도이고, 대법원 역시 위 국가배상법 조항에 대해서 위헌법률심판을 제청하는 등의 조치 없이 합헌임을 전제로 판결하고 있다.
- (헌재) 국가배상법 제2조 제1항 단서는 … 헌법 제29조 제2항에 직접 근거하고, 실질적으로 그 내용을 같이하는 것이므로 헌법에 위반되지 아니한다(헌재 2001.2.22. 2000헌바38).
- (대법) 국가배상법 제2조 제1항 단서가 헌법 제29조 제2항의 위임범위를 벗어났다고 할 수 없다 (1994.12.13. 93다29969).

② ○ 전투경찰순경은 이중배상금지 규정이 적용되어 손해배상청구가 제한되는 자에 해당하나(95헌바39), 보충역으로 편입돼 군에 복무하지 않는 공익근무요원이나(97다4036), 현역병으로 입영하였더라도 그 후 경비교도로 전임된 자는(97다45914) 이에 해당하지 않는다는 것이 판례의 태도이다.

③ × (헌재) 민간인이 자신의 귀책비율을 넘어 배상한 경우: 국가에 구상 가능
국가배상법 제2조 제1항 단서 중 군인에 관련되는 부분을, 〈일반국민이〉 직무집행 중인 군인과의 공동불법행위로 직무집행 중인 다른 군인에게 공상을 입혀 그 피해자에게 공동의 불법행위로 인한 손해를 배상한 다음 공동불법행위자인 군인의 부담부분에 관하여 국가에 대하여 구상권을 행사하는 것을 허용하지 않는다고 해석한다면, 이는 위 단서 규정의 헌법상 근거규정인 헌법 제29조가 구상권의 행사를 배제하지 아니하는데도 이를 배제하는 것으로 해석하는 것으로서 합리적인 이유 없이 일반국민을 국가에 대하여 지나치게 차별하는 경우에 해당하므로 헌법에 위반된다(헌재 1994.12.29. 93헌바21 전원).
비교 (대법) 민간인은 자신의 귀책비율에 해당하는 만큼만 배상하면 됨 → 만약 민간인이 이를 넘어 배상했더라도, 국가에게 구상 불가(2001.2.15. 96다42420 전합)

④ ○ 경찰서 숙직실에서 순직한 경찰공무원에게는 이중배상금지 적용× → 보상금 지급 여부와 별개로 국가배상법 및 민법 등에 의한 배상청구 가능
경찰서지서의 숙직실은 국가배상법 제2조 제1항 단서에서 말하는 전투·훈련에 관련된 시설이라고 볼 수 없으므로 위 숙직실에서 순직한 경찰공무원의 유족들은 국가배상법 제2조 제1항 본문에 의하여 국가배상법 및 민법의 규정에 의한 손해배상을 청구할 권리가 있다(1979.1.30. 77다2389 전합).

관련 OX

①관련
1 군인 등의 이중배상금지를 규정하는 「국가배상법」 제2조 제1항 단서는 헌법 제29조 제1항에 의하여 보장되는 국가배상청구권을 헌법 내재적으로 제한하는 헌법 제29조 제2항에 직접 근거하고, 실질적으로 그 내용을 같이 하는 것이므로 합헌이다.   24군무원5

②관련
2 현역병으로 입영한 후 군사교육을 마치고 경비교도로 전임되어 근무하는 자는 「국가배상법」 제2조 제1항 단서 소정의 군인 등에 해당하므로 국가배상청구권 행사에 제한을 받는다.   15경행

3 공익근무요원은 「국가배상법」 제2조 제1항 단서규정에 의하여 손해배상청구가 제한된다.   22국가7

④관련
4 경찰서지서의 숙직실에서 순직한 경찰공무원의 유족들은 「국가배상법」 및 「민법」의 규정에 의한 손해배상을 청구할 권리가 있다.   23군무원9

선지분석 & 요플·기풀기링크

선지	THEME	요플	기풀기
①	T73 국가배상(공통·특례)	27	029
②		29	031
③		45	048
④		31	033

정답 ③
OX 1○ 2× 3× 4○

08

「국가배상법」상 이중배상금지에 대한 판례의 입장으로 옳지 않은 것은? 23국가9

① 「국가배상법」 제2조 제1항 단서에서 정한 '다른 법령의 규정'에 따른 보상금청구권이 모두 시효로 소멸된 경우라고 하더라도 「국가배상법」 제2조 제1항 단서 규정이 적용된다.

② 경찰공무원인 피해자가 「공무원연금법」에 따라 공무상 요양비를 지급받는 것은 「국가배상법」 제2조 제1항 단서에서 정한 '다른 법령의 규정'에 따라 보상을 지급받는 것에 해당하지 않는다.

③ 훈련으로 공상을 입은 군인이 「국가배상법」에 따라 손해배상금을 지급받은 다음 「보훈보상대상자 지원에 관한 법률」이 정한 보훈급여금의 지급을 청구하는 경우, 국가는 「국가배상법」 제2조 제1항 단서에 따라 그 지급을 거부할 수 있다.

④ 군인이 교육훈련으로 공상을 입은 경우라도 「국가유공자예우 등에 관한 법률」에 의하여 재해보상금·유족연금·상이연금 등 별도의 보상을 받을 수 없는 경우에는 「국가배상법」 제2조 제1항 단서의 적용대상에서 제외하여야 한다.

해설

① ○ 보상금이 수령 가능했으나 소멸시효가 완성된 경우: 배상청구 불가
국가배상법 제2조 제1항 단서 규정은 다른 법령에 보상제도가 규정되어 있고, 그 법령에 규정된 상이등급 또는 장애등급 등의 요건에 해당되어 그 권리가 발생한 이상, 실제로 그 권리를 행사하였는지 또는 그 권리를 행사하고 있는지 여부에 관계없이 적용된다고 보아야 하고, 그 각 법률에 의한 보상금청구권이 시효로 소멸되었다 하여 적용되지 않는다고 할 수는 없다(2002.5.10. 2000다39735).

+ PLUS 원래 보상금을 받을 수 있었음에도 시효기간 내 수령하지 않아 받을 수 없게 된 경우라면, 여전히 이중배상금지가 적용돼 배상이 불가하다는 취지

② ○ 공무원연금법상 공무상 요양비: 이중배상금지가 적용되는 '다른 법령의 규정'에 따른 보상금×
경찰공무원인 피해자가 구 공무원연금법의 규정에 따라 공무상 요양비를 지급받는 것은 국가배상법 제2조 제1항 단서에서 정한 '다른 법령의 규정'에 따라 보상을 지급받는 것에 해당하지 않는다(2019.5.30. 2017다16174).

+ PLUS 공무원연금법에 따른 공무상 요양비는 이중배상금지가 적용되는 보상금에 해당하지 않으므로, 이를 지급받았어도 배상청구가 제한되지 않는다.

③ × 국가배상을 먼저 받았어도, 보훈보상자법상 보상금(보훈급여금) 청구 가능
전투·훈련 등 직무집행과 관련하여 공상을 입은 군인·군무원·경찰공무원 또는 향토예비군대원이 먼저 국가배상법에 따라 손해배상금을 지급받은 다음 「보훈보상대상자 지원에 관한 법률」이 정한 보상금 등 보훈급여금의 지급을 청구하는 경우, 국가배상법에 따라 손해배상을 받았다는 사정을 들어 보상금 등 보훈급여금의 지급을 거부할 수 없다(2017.2.3. 2015두60075).

+ PLUS 보상이 가능하다면, 배상을 거부할 수는 있다. 그러나 배상을 받았다는 이유로 보상을 거부할 수는 없다.

④ ○ 보상금을 받을 수 없는 경우는 이중배상금지원칙 적용×
군인, 군무원 등 국가배상법 제2조 제1항 단서에 열거된 자가 전투·훈련 기타 직무집행과 관련하는 등으로 공상을 입은 경우라고 하더라도 군인연금법 또는 「국가유공자예우 등에 관한 법률」에 의하여 재해보상금, 유족연금, 상이연금 등 별도의 보상을 받을 수 없는 경우에는 국가배상법 제2조 제1항 단서의 적용대상에서 제외된다(1996.12.20. 96다42178).

+ PLUS 다른 법령에 의해 보상금을 받을 수 없는 경우라면 당연히 이중배상금지원칙은 적용되지 않고, 국가배상법에 의한 배상을 받을 수 있다.

선지선택비율 ① 8.31% ② 11.31% ③ 70.45% ④ 9.92% 오답률 29.55%

관련 OX

① 관련

1 공상 군인이 「국가배상법」에 의한 손해배상청구소송 중 「국가유공자 등 예우 및 지원에 관한 법률」에 의한 국가유공자 등록신청을 하였으나 거부되고 이에 불복하지 아니한 상태로 앞의 법률상의 보상금청구권과 「군인연금법」상의 재해보상금청구권이 모두 시효완성된 경우라면, 「국가배상법」 제2조 제1항 단서 소정의 '다른 법령에 의하여 보상을 받을 수 있는 경우'에 해당되어 국가배상청구는 할 수 없다. 24군무원7

2 이중배상금지가 적용되지 않는 다른 법률에 의한 보상청구가 가능한 경우에 다른 법률상 보상청구권이 시효완성된 경우에도 국가배상을 청구할 수 있다. 22소간

선지분석 & 요플·기풀기링크

선지	THEME	요플	기풀기
①		38	042
②	T73 국가배상(공통·특례)	32	038
③		33	034
④		39	040

정답 ③

OX 1 ○ 2 ○

09 필수 문제

국가배상에 대한 설명으로 옳지 않은 것은? 23지방9

① 시·도경찰청장 또는 경찰서장이 지방자치단체의 장으로부터 권한을 위탁받아 설치·관리하는 신호기의 하자로 인해 손해가 발생한 경우 「국가배상법」 제5조 소정의 배상책임의 귀속주체는 국가뿐이다.

② 헌법재판소 재판관이 청구기간 내에 제기된 헌법소원심판청구사건에서 청구기간을 오인하여 각하결정을 한 경우, 이에 대한 불복절차 내지 시정절차가 없는 때에는 배상책임의 요건이 충족되는 한 국가배상책임을 인정할 수 있다.

③ 영조물의 설치·관리자와 비용부담자가 다른 경우 피해자에게 손해를 배상한 자는 내부관계에서 그 손해를 배상할 책임이 있는 자에게 구상할 수 있다.

④ 군 복무 중 사망한 군인 등의 유족이 「국가배상법」에 따른 손해배상금을 지급받은 경우 그 손해배상금 상당 금액에 대해서는 「군인연금법」에서 정한 사망보상금을 지급받을 수 없다.

해설

① ✕ **지방자치단체**가 사무귀속주체로서 국가배상법 **제5조**에 의한 배상책임을 부담하고, **국가**는 비용부담자로서 동법 **제6조**에 의한 배상책임을 진다.

- **[교통신호기] 지자체 → 국가(경찰): 지자체 사무귀속자책임(제5조) / 국가 비용부담자책임(제6조)**
  지방자치단체장이 교통신호기를 설치하여 그 관리권한이 도로교통법 제71조의2 제1항의 규정에 의하여 관할 지방경찰청장에게 위임되어 지방자치단체 소속 공무원과 지방경찰청 소속 공무원이 합동근무하는 교통종합관제센터에서 그 관리업무를 담당하던 중 위 신호기가 고장난 채 방치되어 교통사고가 발생한 경우, **국가배상법 제2조 또는 제5조에 의한 배상책임**을 부담하는 것은 지방경찰청장이 소속된 국가가 아니라, 그 권한을 위임한 지방자치단체장이 소속된 **지방자치단체**라고 할 것이나, 교통신호기를 관리하는 지방경찰청장 산하 경찰관들에 대한 봉급을 부담하는 국가도 국가배상법 **제6조 제1항에 의한 배상책임**을 부담한다(1999.6.25. 99다11120).

② ◯ **헌법재판관이 청구기간 오인해 각하: 불복·시정절차 없어 배상 인정**
  헌법재판소 재판관이 청구기간 내에 제기된 헌법소원심판청구사건에서 **청구기간을 오인하여 각하결정**을 한 경우, 이에 대한 **불복절차 내지 시정절차가 없는 때**에는 국가배상책임(위법성)을 인정할 수 있다(2003.7.11. 99다24218).

③ ◯

> **국가배상법 제6조(비용부담자 등의 책임)** ① 제2조·제3조 및 제5조에 따라 국가나 지방자치단체가 손해를 배상할 책임이 있는 경우에 공무원의 선임·감독 또는 **영조물의 설치·관리를 맡은 자**와 공무원의 봉급·급여, 그 밖의 비용 또는 영조물의 **설치·관리 비용을 부담하는 자**가 동일하지 아니하면 그 **비용을 부담하는 자도 손해를 배상하여야** 한다.
> ② 제1항의 경우에 손해를 배상한 자는 내부관계에서 그 손해를 배상할 책임이 있는 자에게 **구상할 수 있다**.

④ ◯ **국가배상을 먼저 받았으면, 그 상당액에 대해서는 군인연금법상 사망보상금 청구 불가**(즉, 공제 가능)
  군인연금법 제41조 제1항은 "다른 법령에 따라 국가나 지방자치단체의 부담으로 이 법에 따른 급여와 같은 종류의 급여를 받은 사람에게는 그 급여금에 상당하는 금액에 대하여는 이 법에 따른 급여를 지급하지 아니한다."라고 명시적으로 규정하고 있다. 나아가 군인연금법이 정하고 있는 급여 중 사망보상금(군인연금법 제31조)은 일실손해의 보전을 위한 것으로 불법행위로 인한 소극적 손해배상과 같은 종류의 급여라고 봄이 타당하다. 따라서 피고에게 군인연금법 제41조 제1항에 따라 원고가 받은 손해배상금 상당 금액에 대하여는 **사망보상금을 지급할 의무가 존재하지 아니한다**(편저자: 즉, 해당 금액만큼을 사망보상금 지급시에 공제할 수 있다)(2018.7.20. 2018두36691).

선지선택비율 ① 60.57% ② 4.09% ③ 5.27% ④ 30.06%   오답률 39.43%

관련 OX

① 관련

1 지방자치단체장이 설치하여 관할 지방경찰청장에게 관리권한이 위임된 교통신호기의 고장으로 교통사고가 발생한 경우에는 국가는 배상책임을 지지 않는다. 10지방9

2 구 국토해양부장관(현 국토교통부장관)이 하천공사를 대행하던 중 지방하천의 관리상 하자로 인하여 손해가 발생하였다면 하천관리청이 속한 지방자치단체는 국가와 함께 「국가배상법」 제5조 제1항에 따라 지방하천의 관리자로서 손해배상책임을 부담한다. 20소간

④ 관련

3 군 복무 중 사망한 군인 등의 유족인 원고가 「국가배상법」에 따른 손해배상금을 지급받은 경우, 국가는 「군인연금법」 소정의 사망보상금을 지급함에 있어 원고가 받은 손해배상금 상당 금액을 공제할 수 없다. 24국가9

선지분석 & 요플·기풀기링크

선지	THEME	요플	기풀기
①	T73 국가배상(공통·특례)	19	012
②	T71 국가배상(2조)	37	037
③	T73 국가배상(공통·특례)	13	017
④		34	035

❶ + PLUS

판례는 **군인연금법상 사망보상금**과 관련하여서는, 동법상에 공제규정이 있음을 이유로 국가로부터 먼저 **손해배상을 받았다면** 그 상당액에 대해서는 사망**보상금을 지급받을 수 없다**고(공제해야 한다고) 보았다. 다만, 사망보상금의 성격은 일종의 소극적 손해배상에 해당하므로, 기지급받은 국가배상 중 **소극적 손해배상**에 해당하는 부분만 **공제해야** 하는 것이지 **정신적 손해배상에 대한 부분까지 공제할 수는 없다**고 본다(2021.12.16. 2019두45944).

정답 ①
OX 1✕ 2◯ 3✕

필수문제 10

행정상 손해배상에 대한 설명으로 옳은 것은? (다툼이 있는 경우 판례에 의함) 18국가9

① 국가나 지방자치단체는 공무원이 직무를 집행하면서 고의 또는 과실로 위법하게 타인에게 손해를 가한 때에「국가배상법」상 배상책임을 지고, 공무원의 선임 및 감독에 상당한 주의를 한 경우에도 그 배상책임을 면할 수 없다.

② 국가 또는 지방자치단체가 공무원의 위법한 직무집행으로 발생한 손해에 대해「국가배상법」에 따라 배상한 경우에 당해 공무원에게 구상권을 행사할 수 있는지에 대해「국가배상법」은 규정을 두고 있지 않으나, 판례에 따르면 당해 공무원에게 고의 또는 중과실이 인정될 경우 국가 또는 지방자치단체는 그 공무원에게 구상권을 행사할 수 있다.

③「국가배상법」상 공무원의 직무행위는 객관적으로 직무행위로서의 외형을 갖추고 있어야 할 뿐만 아니라 주관적 공무집행의 의사도 있어야 한다.

④ 민간인과 직무집행 중인 군인의 공동불법행위로 인하여 직무집행 중인 다른 군인이 피해를 입은 경우 민간인이 피해 군인에게 자신의 과실비율에 따라 내부적으로 부담할 부분을 초과하여 피해금액 전부를 배상한 경우에 대법원 판례에 따르면 민간인은 국가에 대해 가해 군인의 과실비율에 대한 구상권을 행사할 수 있다.

관련 OX

① 관련

1 공무원이 직무를 집행하면서 고의 또는 과실로 위법하게 타인에게 손해를 가하였어도 국가나 지방자치단체가 그 공무원의 선임 및 감독에 상당한 주의를 하였다면 국가나 지방자치단체는 국가배상책임을 면한다. 17(하)국가9

② 관련

2 국가나 지방자치단체가 공무원의 위법한 직무집행으로 발생한 손해를 배상한 경우에 공무원에게 고의 또는 중과실이 있으면 국가나 지방자치단체는 그 공무원에게 구상권을 행사할 수 있다. 17(하)국가9

③ 관련

3 (「국가배상법」제2조의 손해배상책임과 관련하여) 행위 자체의 외관을 객관적으로 관찰하여 직무행위로 보여질 때에는 행위자가 주관적으로 직무행위의 의사가 없었다고 하여도 그 행위는 직무행위에 해당한다. 14지방7

해설

① ○ 민법과 달리 국가배상법에는 면책규정 존재×

국가배상법 제2조 제1항 본문 및 제2항의 입법 취지는 공무원의 직무상 위법행위로 타인에게 손해를 끼친 경우에는 변제자력이 충분한 국가 등에게 선임·감독상 과실 여부에 불구하고 손해배상책임을 부담시켜 국민의 재산권을 보장하려는 것이라고 봄이 합당하다(1996.2.15. 95다38677 전합).

+ PLUS 국가배상책임은 민법상 사용자책임과 달리 면책규정이 없다. 즉, 국가·지자체가 그간 선임·감독상 철두철미한 주의를 기울여 왔더라도 결과적으로 공무원 개인이 직무집행 과정에서 고의·과실로 타인에게 손해를 가하면 배상책임을 진다. 혹시 공무원에게 고의나 중과실이 인정된다면 그에 대해서 구상할 수 있을 뿐이다.

② × 국가배상법은 공무원 개인에게 고의·중과실이 있으면 국가·지자체가 구상권을 행사할 수 있음을 명시적으로 규정하고 있다(제2조 제2항). 판례에 의해서 비로소 인정되는 이론이 아니다.

국가배상법 제2조(배상책임) ② 제1항 본문의 경우에 공무원에게 고의 또는 중대한 과실이 있으면 국가나 지방자치단체는 그 공무원에게 구상할 수 있다.

③ × 직무집행 관련성: 행위의 외관을 객관적으로 관찰하여 결정 → 공무집행의사 없어도 직무집행으로 인정 가능

국가배상법 제2조 제1항의 '직무를 집행함에 당하여'라 함은 직접 공무원의 직무집행행위이거나 그와 밀접한 관련이 있는 행위를 포함하고, 이를 판단함에 있어서는 행위 자체의 외관을 객관적으로 관찰하여 공무원의 직무행위로 보여질 때에는 비록 그것이 실질적으로 직무행위가 아니거나 또는 행위자로서는 주관적으로 공무집행의 의사가 없었다고 하더라도 그 행위는 공무원이 '직무를 집행함에 당하여' 한 것으로 보아야 한다(2005.1.14. 2004다26805).

■ 직무관련성 요건
- 외관설 - 행위 자체의 외관을 객관적으로 관찰해 판단○
  → 실질적 직무행위×, 주관적 직무의사×, 정당한 권한×여도 무관
  ex 범죄행위라도 밖에서 직무로 보이면○

선지분석 & 요플·기풀기링크

선지	THEME	요플	기풀기
①		53	078
②	T71 국가배상(2조)	123	130
③		39	039
④	T73 국가배상(공통·특례)	44	046

④ × (대법) 민간인은 자신의 귀책비율에 해당하는 만큼만 배상하면 됨
→ 만약 민간인이 이를 넘어 배상했더라도, 처음부터 배상책임을 지지 않는 국가에게 구상 불가

국가배상법 제2조 제1항 단서가 적용되는 공무원의 직무상 불법행위로 인하여 직무집행과 관련하여 피해를 입은 군인 등에 대하여 위 불법행위에 관련된 〈일반국민이〉 공동불법행위책임, 사용자책임, 자동차운행자책임 등에 의하여 그 손해를 자신의 **귀책부분을 넘어서 배상한 경우에도**, 국가 등은 피해 군인 등에 대한 국가배상책임을 면할 뿐만 아니라, 나아가 민간인에 대한 국가의 귀책비율에 따른 **구상의무도 부담하지 않는다**고 하여야 할 것이다.④ … 위와 같은 경우에는 공동불법행위자 등이 부진정연대채무자로서 각자 피해자의 손해 전부를 배상할 의무를 부담하는 **공동불법행위의 일반적인 경우와 달리** 예외적으로 **민간인은** 피해 군인 등에 대하여 그 손해 중 국가 등이 민간인에 대한 구상의무를 부담한다면 그 내부적인 관계에서 부담하여야 할 부분을 제외한 나머지 **자신의 부담부분에 한하여 손해배상의무를 부담**하고, 한편 국가 등에 대하여는 그 귀책부분의 구상을 청구할 수 없다고 해석함이 상당하다 할 것이고, 이러한 해석이 손해의 공평·타당한 부담을 그 지도원리로 하는 손해배상제도의 이상에도 맞는다 할 것이다(2001.2.15. 96다42420 전합).

비교 (헌재) 민간인이 자신의 귀책비율을 넘어 배상한 경우: 국가에 구상 가능

국가배상법 제2조 제1항 단서 중 군인에 관련되는 부분을, 〈일반국민이〉 직무집행 중인 군인과의 공동불법행위로 직무집행 중인 다른 군인에게 공상을 입혀 그 피해자에게 공동의 불법행위로 인한 **손해를 배상한 다음 공동불법행위자인 군인의 부담부분에 관하여 국가에 대하여 구상권을 행사하는 것을 허용하지 않는다**고 해석한다면, 이는 위 단서 규정의 헌법상 근거규정인 헌법 제29조가 구상권의 행사를 배제하지 아니하는데도 이를 배제하는 것으로 해석하는 것으로서 합리적인 이유 없이 일반국민을 국가에 대하여 지나치게 차별하는 경우에 해당하므로 **헌법에 위반된다**(헌재 1994.12.29. 93헌바21 전원).

문제정리 이중배상금지 – 민간인의 구상권 제한 여부

a. 민간인과 직무집행 중인 군인의 공동불법행위로 인하여 직무집행 중인 다른 군인이 피해를 입은 경우, 민간인이 공동불법행위자로 부담하는 책임은 공동불법행위의 일반적 경우와는 달리 모든 손해에 대한 것이 아니라 귀책비율에 따른 부분으로 한정된다는 것이 대법원의 입장이다. 10국가7

b. 헌법재판소는 일반국민이 직무집행 중인 군인과의 공동불법행위로 다른 군인에게 공상을 입혀 그 피해자에게 손해전부를 배상했을지라도, 공동불법행위자인 군인의 부담부분에 관하여 국가에 대한 구상권은 허용되지 않는다고 본다. 11지방(하)7

해설

1. 상황
공무원(가해자 A)과 민간인(가해자 B)의 공동불법행위로 공무원(피해자 甲)에게 손해를 입힌 경우. 甲에게는 보상금 지급요건이 충족되어 이중배상금지의 원칙상 국가로부터 손해배상금을 받을 수는 없는 상황. 이때 이중배상금지원칙의 적용을 받지 않는 민간인 B가 먼저 甲이 입은 손해를 전액배상한 뒤, A의 과실비율만큼을 국가에게 구상할 수 있는지의 문제. 만약 이것이 허용된다면 甲이 B로부터 받은 손해배상금의 출처는 결국 국가인 셈이 되므로(甲←B←국가) 甲이 B를 매개로 국가로부터 보상 외 배상까지 받게 되는 결과가 되어 이중배상금지의 원칙에 반하게 되는 것이 아닌지의 문제

2. 대법원
 – 국가는 관련 보상금만 지급하면 되는 것이고, 배상금 지급의무는 없음
 – 따라서 위 상황하에서라면 민간인 B는 처음부터 甲이 입은 손해전액이 아닌 B의 귀책비율에 해당하는 만큼만 배상하면 됨(책임제한)③ → 만약 B가 이를 넘어서 배상하였더라도, 처음부터 배상책임을 지지 않는 국가에 구상 불가④

3. 헌재
 – 이중배상금지를 규정한 국가배상법 제2조 제1항 단서는 국가의 배상을 제한하는 규정일 뿐 민간인의 구상권 행사를 제한하는 것이 아님 → 국가배상법 제2조 제1항 단서를 이러한 민간인의 구상권마저 제한된다고 해석한다면 위헌
 – 따라서 민간인 B가 자신의 귀책비율을 넘어 전액을 배상한 경우, 국가에 구상 가능 b

정답 a. ○ b. ×

정답 ①
OX 1× 2○ 3○

11

국가배상에 대한 설명으로 옳은 것은? 24지방9

- ① 「국가배상법」에 따른 손해배상의 소송은 배상심의회에 배상신청을 하지 아니하면 제기할 수 없다.
- ② 국가배상소송을 제기하는 경우 민사소송이 아니라 공법상 당사자소송으로 제기하여야 한다.
- ③ 군 복무 중 사망한 사람의 유족이 국가배상을 받은 경우, 관할 행정청 등은 「군인연금법」상 사망보상금에서 소극적 손해배상금 상당액을 공제할 수 있을 뿐, 이를 넘어 정신적 손해배상금까지 공제할 수는 없다.
- ④ 공공시설물의 하자로 손해를 입은 외국인에게는 해당 국가와 상호보증이 없더라도 「국가배상법」이 적용된다.

관련 OX

① 관련

1 국가배상청구소송을 제기하기 전에 반드시 국가배상심의회의 결정을 거치지 않아도 된다. 15국회8

② 관련

2 국가배상책임을 공법적 책임으로 보는 견해는 국가배상청구소송은 당사자소송으로 제기되어야 한다고 보나, 재판실무에서는 민사소송으로 다루고 있다. 15서울9

추가기출(① 관련)

ⓐ 인
배상심의회의 결정은 대외적인 법적 구속력을 가지므로 배상 신청인과 상대방은 그 결정에 항상 구속된다. 20지방9

추가기출(④ 관련)

ⓑ S
외국인이 피해자인 경우에는 해당 국가와 상호보증이 있을 때에만 「국가배상법」이 적용되며, 상호보증은 해당 국가와 조약이 체결되어 있어야 한다. 22국가7

ⓒ C
「국가배상법」상 '상호보증'은 외국에서 구체적으로 우리나라 국민에게 국가배상청구를 인정한 사례가 있어 실제로 국가배상이 상호 인정될 수 있는 상태가 인정되어야 한다. 25해경승진

해설

① × 배상심의회는 임의적 절차로 거치지 않고 곧바로 소송제기 가능

국가배상법 제9조(소송과 배상신청의 관계) 이 법에 따른 손해배상의 소송은 배상심의회(이하 '심의회'라 한다)에 **배상신청을 하지 아니하고도** 제기할 수 있다.

+ PLUS 국가배상법은 국가나 지자체에 대한 국가배상신청을 심의하는 기구로 배상심의회에 대해 규정하고 있다(제9조 내지 제15조의2). 그러나 이는 임의적 절차에 불과해 배상심의회를 거치지 않고 곧바로 소송을 하는 것도 가능하고(제9조), 이를 거치더라도 배상심의회 결정은 **구속력 없는 전치절차에 불과하다.**ⓐ 따라서 배상심의회 결정에 동의하지 않고 소송을 제기할 수 있고, 나아가 일단 동의하여 배상금을 수령한 이후에도 소송을 제기하여 증액을 구할 수 있다. 배상심의회 결정에 처분성도 인정되지 않는다.

■ 배상심의회

성격	• 임의적 절차 → 배상심의회 안 거치고 곧바로 소송 가능 • 민사상 손해배상청구(판례)의 사전절차에 불과 → 배상심의회 결정은 **구속력도 없고**ⓐ 처분성도 ×
관련 심의회	• 법무부 산하 **본부심의회** / (군인·군무원) 국방부 산하 **특별심의회** / 각 심의회 산하 **지구심의회**
지휘·감독권	• 모든 심의회는(특별심의회도) 법무부장관의 지휘를 받음

② × 학설은 대체로 국가배상청구권을 공권으로 보고 국가배상청구소송은 행정소송(당사자소송)에 의하여야 한다고 보지만 판례는 이를 사권으로 보고 **민사소송**에 의한다.

• 공무원의 직무상 불법행위로 손해를 받은 국민이 국가 또는 공공단체에 배상을 청구하는 경우 국가 또는 공공단체에 대하여 그의 불법행위를 이유로 손해배상을 구함은 국가배상법이 정한 바에 따른다 하여도 이 역시 민사상의 손해배상책임을 특별법인 국가배상법이 정한 데 불과하다(1972.10.10. 69다701).

③ ○ 국가배상을 먼저 받은 경우 군인연금법상 사망보상금: 소극적 배상금(공제○), 정신적 배상금(공제×)
군 복무 중 사망한 사람의 유족이 국가배상을 받은 경우 국가보훈처장 등은 사망보상금에서 소극적 손해배상금 상당액을 공제할 수 있을 뿐, 이를 넘어 정신적 손해배상금까지 공제할 수 없다(2021.12.16. 2019두45944).

④ × 국가배상책임은 피해자가 외국인인 경우에는 그 국가와 상호보증이 있을 때에만 보호

국가배상법 제7조(외국인에 대한 책임) 이 법은 **외국인**이 피해자인 경우에는 해당 국가와 **상호보증이 있을 때에만** 적용한다.

(관련) 상호보증: 반드시 조약이 체결되어 있을 필요는 없고, 외국과 발생요건을 비교하여 인정되면 충분ⓑ / 인정선례 불필요ⓒ

상호보증은 외국의 법령, 판례 및 관례 등에 의하여 발생요건을 비교하여 인정되면 충분하고 반드시 당사국과의 조약이 체결되어 있을 필요는 없으며,ⓑ 당해 외국에서 구체적으로 우리나라 국민에게 국가배상청구를 인정한 사례가 없더라도ⓒ 실제로 인정될 것이라고 기대할 수 있는 상태이면 충분하다 (2015.6.11. 2013다208388).

선지선택비율 ① 10.44% ② 13.79% ③ 62.14% ④ 13.62%   오답률 37.86%

정답 ③
OX 1○ 2○ ⓐ× ⓑ× ⓒ×

12

행정상 손해배상에 대한 설명으로 옳은 것만을 모두 고른 것은? (다툼이 있는 경우 판례에 의함)

17(하)지방9

- ㄱ. 공무원의 직무상 불법행위로 손해를 입은 피해자의 국가배상청구권의 소멸시효기간이 지났으나 국가가 소멸시효 완성을 주장하는 것이 권리남용으로 허용될 수 없어 배상책임을 이행한 경우에는, 소멸시효 완성주장이 권리남용에 해당하게 된 원인행위와 관련하여 공무원이 원인이 되는 행위를 적극적으로 주도하였다는 등의 특별한 사정이 없는 한, 국가가 공무원에게 구상권을 행사하는 것은 신의칙상 허용되지 않는다.
- ㄴ. 경찰은 국민의 생명, 신체 및 재산의 보호 등과 기타 공공의 안녕과 질서유지도 직무로 하고 있고 그 직무의 원활한 수행을 위한 권한은 일반적으로 경찰관의 전문적 판단에 기한 합리적인 재량에 위임되어 있는 것이나, 그 취지와 목적에 비추어 볼 때 구체적인 사정에 따라 경찰관이 그 권한을 행사하여 필요한 조치를 취하지 아니하는 것이 현저하게 불합리하다고 인정되는 경우에는 그러한 권한의 불행사는 직무상의 의무를 위반한 것이 되어 위법하게 된다.
- ㄷ. 지방자치단체의 장이 기관위임된 국가행정사무를 처리하는 경우 그에 소요되는 경비의 실질적·궁극적 부담자는 국가라고 하더라도 당해 지방자치단체는 국가로부터 내부적으로 교부된 금원으로 그 사무에 필요한 경비를 대외적으로 지출하는 자이므로, 이러한 경우 지방자치단체는 「국가배상법」 제6조 제1항의 비용부담자로서 공무원의 직무상 불법행위로 인한 손해를 배상할 책임이 있다.

① ㄱ, ㄴ
② ㄱ, ㄷ
③ ㄴ, ㄷ
④ ㄱ, ㄴ, ㄷ

관련 OX

ㄴ.관련

1. 경찰권의 발동이 객관적 정당성을 상실하여 현저하게 불합리하다고 인정되지 않더라도 그와 다른 조치를 취하지 아니한 부작위가 있다면, 그러한 부작위는 국가배상책임의 요건인 법령위반에 해당한다.
17국가7

ㄷ.관련

2. (甲은 A지방자치단체가 관리하는 도로를 운행하던 중 도로에 방치된 낙하물로 인하여 손해를 입었고, 이를 이유로 「국가배상법」상 손해배상을 청구하려고 한다) 위 도로가 국도이며 그 관리권이 A지방자치단체의 장에게 위임되었다면, A지방자치단체가 도로의 관리에 필요한 일체의 경비를 대외적으로 지출하는 자에 불과하더라도 甲은 A지방자치단체에 대해 국가배상을 청구할 수 있다.
20국가9

해설

ㄱ. ○ 소멸시효가 완성됐으나, 국가의 소멸시효 완성 주장이 신의칙에 반해 배상책임을 이행 → 국가는 해당 공무원이 적극 주도자라는 등의 특별사정 없는 한 그에게 구상 불가

공무원의 불법행위로 손해를 입은 피해자의 국가배상청구권의 **소멸시효기간이 지났으나 국가가** 소멸시효 완성을 주장하는 것이 신의성실의 원칙에 반하는 **권리남용으로 허용될 수 없어 배상책임을 이행한 경우에는**, 그 소멸시효 완성 주장이 권리남용에 해당하게 된 원인행위와 관련하여 해당 공무원이 그 원인이 되는 행위를 적극적으로 주도하였다는 등의 특별한 사정이 없는 한, 국가가 해당 공무원에게 **구상권을 행사하는 것은 신의칙상 허용되지 않는다**고 봄이 상당하다(2016.6.9. 2015다200258).

ㄴ. ○ 경찰의 경찰권 발동: 경찰관의 재량 but 권한불행사가 현저하게 불합리하면 위법

경찰은 범죄의 예방, 진압 및 수사와 함께 국민의 생명, 신체 및 재산의 보호 등과 기타 공공의 안녕과 질서유지도 직무로 하고 있고, 그 직무의 원활한 수행을 위하여 … 여러 가지 권한을 적절하게 행사하여 필요한 조치를 취할 수 있는 것이고, 그러한 권한은 일반적으로 경찰관의 전문적 판단에 기한 합리적인 재량에 위임되어 있는 것이나, 경찰관에게 권한을 부여한 취지와 목적에 비추어 볼 때 구체적인 사정에 따라 경찰관이 그 권한을 행사하여 **필요한 조치를 취하지 아니하는 것이 현저하게 불합리하다고 인정되는 경우에는 그러한 권한의 불행사는 직무상의 의무를 위반한 것이 되어 위법하게 된다**(2004.9.23. 2003다49009).

+ **PLUS** 어떠한 직무가 재량행위로 규정되어 있어 그 행사 여부에 재량이 있더라도, 그 불행사가 현저히 불합리하면 위법성이 인정된다.

선지분석 & 요풀·기풀기링크

선지	THEME	요풀	기풀기
ㄱ	T73 국가배상(공통·특례)	56	057
ㄴ	T71 국가배상(2조)	90	068
ㄷ	T73 국가배상(공통·특례)	15	007

ㄷ. ○ 국가사무를 지자체장에 위임한 경우: 지자체는 국가배상법 제6조의 비용부담자로서 배상책임

〈지방자치단체의 장이 기관위임된 국가행정사무를 처리〉하는 경우 그에 소요되는 경비의 실질적·궁극적 부담자는 국가라고 하더라도 당해 **지방자치단체**는 국가로부터 내부적으로 교부된 금원으로 그 사무에 필요한 경비를 대외적으로 지출하는 자이므로, 이러한 경우 지방자치단체는 국가배상법 제6조 제1항 소정의 **비용부담자로서** 공무원의 불법행위로 인한 같은 법에 의한 손해를 배상할 **책임**이 있다(1994.12.9. 94다38137).

+ PLUS · 국가배상법은 사무귀속주체(공무원의 선임·감독자)와 비용부담자(공무원의 봉급·급여, 그 밖의 비용을 부담하는 자)가 다른 경우, 사무귀속주체뿐 아니라 비용부담자도 국민에 대하여 배상책임을 부담하도록 하고 있다(제6조 제1항).

국가배상법 제6조(비용부담자 등의 책임) ① 제2조 … 에 따라 국가나 지방자치단체가 손해를 배상할 책임이 있는 경우에 **공무원의 선임·감독 … 맡은 자**와 **공무원의 봉급·급여, 그 밖의 비용 … 을 부담하는 자**가 동일하지 아니하면 그 비용을 부담하는 자도 손해를 배상하여야 한다.

· 따라서 〈국가사무가 지자체장에게 위임된 경우〉, 해당 지자체는 대외적 비용부담자로서 제6조에 따른 책임을 지게 되고, ㄷ 국가는 사무귀속주체로서 제2조에 따른 책임을 지게 된다. 이와 관련하여 판례는 농수산부장관 소관 국가사무가 도지사를 거쳐 군수에게 재위임된 사안에서, 군수 혹은 그 보조공무원의 고의·과실로 타인에게 손해를 가한 경우 국가가 사무귀속주체로서 배상책임을 지는 것이 원칙이고, 군(지자체)의 경우도 비용부담주체로 인정되면 제6조에 따른 배상책임을 진다고 보았다. 마찬가지로 〈지자체 간 기관위임〉이 있는 경우, 사무를 위임받은 지자체장이 속한 하위 지자체는 비용부담자로서 제6조에 따른 책임을 지고, 사무를 위임한 측인 상위 지자체는 사무귀속주체로서 제2조에 따른 책임을 지게 된다.

· 이처럼 사무귀속주체와 비용부담주체가 모두 배상책임을 지게 된 경우 피해국민은 그중 하나를 선택하여 배상을 청구하면 되는 것이고, 어느 한 쪽을 우선하여야 하는 것이 아니다.

· 한편, 사무귀속주체와 비용부담주체 간에는 사무귀속주체가 최종적 배상책임을 지고, 따라서 국민이 비용부담주체로부터 배상을 받아간 경우, 비용부담주체는 이를 사무귀속주체에게 구상할 수 있다는 것이 다수견해이다.

정답 ④
OX 1× 2○

필수문제 13

국가배상에 관한 설명으로 가장 옳지 않은 것은? (다툼이 있는 경우 판례를 따름) 19(2)서울9

① 소방공무원들이 다중이용업소인 주점의 비상구와 피난시설 등에 대한 점검을 소홀히 함으로써 주점의 피난통로 등에 중대한 피난 장애요인이 있음을 발견하지 못하여 업주들에 대한 적절한 지도·감독을 하지 아니한 경우 직무상 의무 위반과 주점 손님들의 사망 사이에 상당인과관계가 인정된다.

② 일본「국가배상법」이 국가배상청구권의 발생요건 및 상호보증에 관하여 우리나라「국가배상법」과 동일한 내용을 규정하고 있는 점 등에 비추어 우리나라와 일본 사이에 우리나라「국가배상법」제7조가 정하는 상호보증이 있다.

③ 국가배상청구권의 소멸시효기간이 지났으나 국가가 소멸시효 완성을 주장하는 것이 신의성실의 원칙에 반하는 권리남용으로 허용될 수 없어 배상책임을 이행한 경우에는, 그 소멸시효 완성 주장이 권리남용에 해당하게 된 원인행위와 관련하여 해당 공무원이 그 원인이 되는 행위를 적극적으로 주도하였다는 등의 특별한 사정이 없는 한, 국가가 해당 공무원에게 구상권을 행사하는 것은 신의칙상 허용되지 않는다.

④ 전투·훈련 등 직무집행과 관련하여 공상을 입은 군인 등이 먼저「국가배상법」에 따라 손해배상금을 지급받은 다음「보훈보상대상자 지원에 관한 법률」이 정한 보상금 등 보훈급여금의 지급을 청구하는 경우, 보훈지청장은「국가배상법」에 따라 손해배상을 받았다는 사정을 들어 지급을 거부할 수 있다.

관련 OX

④ 관련

1 직무집행과 관련하여 공상을 입은 군인이 먼저「국가배상법」상 손해배상을 받은 다음 구「국가유공자 등 예우 및 지원에 관한 법률」상 보훈급여금을 지급청구하는 경우, 국가배상을 받았다는 이유로 그 지급을 거부할 수 없다. 19국가9

해설

① ○ 소방공무원의 점검소홀 이후 화재로 손님 등 사망: 상당인과관계 인정
〈주점에서 발생한 화재로 사망〉한 甲 등의 유족들이 乙광역시를 상대로 손해배상을 구한 사안에서, 소방공무원들이 업주들에 대하여 적절한 지도·감독을 하지 않는 등 직무상 의무를 위반하였고, **소방공무원들의 직무상 의무위반과 甲 등의 사망 사이에 상당인과관계가 인정된다**(2016.8.25. 2014다225083).

② ○ 우리나라와 일본: 상호보증 ○
일본「국가배상법」제1조 제1항, 제6조가 국가배상청구권의 발생요건 및 상호보증에 관하여 우리나라 국가배상법과 동일한 내용을 규정하고 있는 점 등에 비추어 우리나라와 일본 사이에 국가배상법 제7조가 정하는 **상호보증이 있다**(2015.6.11. 2013다208388).

국가배상법 제7조(외국인에 대한 책임) 이 법은 **외국인이 피해자**인 경우에는 해당 국가와 **상호보증**이 있을 때에만 적용한다.

③ ○ 소멸시효가 완성됐으나, 국가의 소멸시효 완성 주장이 신의칙에 반해 배상책임을 이행 → 국가는 해당 공무원이 적극 주도자라는 등의 특별사정 없는 한 그에게 구상 불가
공무원의 불법행위로 손해를 입은 피해자의 국가배상청구권의 **소멸시효기간이 지났으나** 국가가 소멸시효 완성을 주장하는 것이 신의성실의 원칙에 반하는 **권리남용으로 허용될 수 없어 배상책임을 이행한 경우**에는, 그 소멸시효 완성 주장이 권리남용에 해당하게 된 원인행위와 관련하여 **해당 공무원이** 그 원인이 되는 행위를 적극적으로 주도하였다는 등의 특별한 사정이 없는 한, 국가가 해당 **공무원에게 구상권을** 행사하는 것은 신의칙상 허용되지 **않는다**고 봄이 상당하다(2016.6.9. 2015다200258).

④ ✕ 국가배상을 먼저 받았어도, 보훈보상자법상 보상금(보훈급여금 등) 청구 가능
전투·훈련 등 **직무집행과 관련하여 공상을 입은 군인·군무원·경찰공무원 또는 향토예비군대원이 먼저 국가배상법에 따라 손해배상금을 지급받은 다음「보훈보상대상자 지원에 관한 법률」**이 정한 **보상금 등 보훈급여금의 지급을 청구**하는 경우, 국가배상법에 따라 손해배상을 받았다는 사정을 들어 **보상금 등 보훈급여금의 지급을 거부할 수 없다**(2017.2.3. 2015두60075).

+ PLUS 보상이 가능하다면, 배상을 거부할 수는 있다. 그러나 배상을 받았다는 이유로 보상을 거부할 수는 없다.

선지분석 & 요플·기풀기링크

선지	THEME	요플	기풀기
①	T71 국가배상(2조)	104	106
②		50	051
③	T73 국가배상(공통·특례)	56	057
④		33	034

정답 ④
OX 1 ○

THEME 74-75 손실보상

T74 손실보상(1) - 헌법적 검토

01

행정상 손실보상제도에 대한 설명으로 옳지 않은 것은? 17(상)지방9

① 헌법 제23조 제1항의 규정이 재산권의 존속을 보호하는 것이라면 제23조 제3항의 수용제도를 통해 존속보장은 가치보장으로 변하게 된다.
② 평등의 원칙으로부터 파생된 '공적 부담 앞의 평등'은 손실보상의 이론적 근거가 될 수 있다.
③ 헌법 제23조 제3항을 불가분조항으로 볼 경우, 보상규정을 두지 아니한 수용법률은 헌법위반이 된다.
④ 대법원은 구 「하천법」 부칙 제2조와 이에 따른 특별조치법에 의한 손실보상청구권의 법적 성질을 사법상의 권리로 보아 그에 대한 쟁송은 행정소송이 아닌 민사소송절차에 의하여야 한다고 판시하고 있다.

관련 OX

④ 관련

1 손실보상청구권의 법적 성질에 대해서는 공권설과 사권설의 대립이 있다. 14서울9

2 대법원은 구 「하천법」상 하천구역 편입토지에 대한 손실보상청구를 공법상의 권리라고 보아 당사자소송에 의하여야 한다고 보고 있다. 11지방9

해설

① ○ 헌법 제23조 제1항에서 "모든 재산권은 보장된다. 그 내용과 한계는 법률로 정한다."고 하는 것은 기본적으로 존속보장을 의미한다. 반면 헌법 제23조 제3항에서 공용침해에 대해 "정당한 보상을 지급하여야 한다."고 규정한 것은 가치보장(금전보상)을 의미한다. 이는 가치보장적 사고를 지닌 경계이론은 물론 존속보장을 중시하는 분리이론에 의하더라도 마찬가지이다.

헌법 제23조 ① 모든 국민의 재산권은 **보장된다**. 그 내용과 한계는 법률로 정한다.
② 재산권의 행사는 공공복리에 적합하도록 하여야 한다.
③ 공공필요에 의한 재산권의 수용·사용 또는 제한 및 그에 대한 보상은 법률로써 하되, **정당한 보상을** 지급하여야 한다.

② ○ 손실보상의 이론적 근거에 대해 특별희생설이 통설이다. 이는 공익을 위해 개인이 특별한 희생을 지는 경우, 공동체 전체의 부담으로 보상하는 것이 정의·공평의 요구에 합치한다는 사고, 즉 '공적 부담 앞의 평등'을 근거로 한다.

③ ○

공용침해 근거규정과 보상규정의 관계		위헌성	구제
위헌무효설	불가분	위헌○③	(국가배상을 청구)
직접적용설	가분	위헌×	헌23③에 직접 근거해 보상청구
유추적용설			헌23③을 유추적용해 보상청구

④ × 하천법 부칙 및 특별조치법에 따른 손실보상청구권의 성격: 사권×, 공권○ → 당사자소송○
하천법 부칙 제2조 제1항 및 '… 보상청구권의 소멸시효가 만료된 「하천구역 편입토지 보상에 관한 특별조치법」 제2조 제1항에서 정하고 있는 손실보상청구권은 공법상 권리이고 그 쟁송절차는 당사자소송에 의하여야 한다(2006.5.18. 2004다6207 전합).

선지분석 & 요플·기풀기링크

선지	THEME	요플	기풀기
①		03	004
②	T74 손실보상(헌법)	30	030
③		22	022
④		37	037

정답 ④
OX 1 2

02

행정상 손실보상에 관한 설명으로 옳지 않은 것은? (단, 다툼이 있는 경우 판례에 따름)

18교행9(변형)

① 분리이론과 경계이론은 재산권의 내용·한계설정과 공용침해를 보다 합리적으로 구분하려는 이론이다.
② 헌법 제23조 제3항에서 보상은 법률로써 하되 정당한 보상을 지급하여야 한다고 하여 구체적인 보상액의 산출기준은 법률에 유보하고 있다.
③ 중앙토지수용위원회의 이의재결에 대한 행정소송은 재결서를 받은 날부터 30일 이내에 제기해야 한다.
④ 헌법재판소는 헌법 제23조 제3항의 정당한 보상에 세입자의 이주대책까지 포함된다고 본다.

관련 OX

② 관련

1 기
(손실보상은) 헌법 제23조 제3항이 헌법적 근거가 된다. 14서울9

③ 관련

2 「공익사업을 위한 토지 등의 취득 및 보상에 관한 법률」상 사업시행자, 토지소유자 또는 관계인은 토지수용위원회의 재결에 불복할 때에는 재결서를 받은 날부터 90일 이내에, 이의신청을 거쳤을 때에는 이의신청에 대한 재결서를 받은 날부터 60일 이내에 각각 행정소송을 제기할 수 있다. 21지방7

해설

① ○ 분리이론과 경계이론은 모두 **사회적 제약**에 대한 내용규정과(헌법 제23조 제1, 2항) 공용침해에 대한 공용침해규정(제23조 제3항)의 내용과 관계에 대한 견해의 대립으로 양자를 합리적으로 구분하려는 이론이다.

+ PLUS 경계이론과 분리이론

- 헌법 제23조 제1항 및 제2항은 모든 국민의 재산권을 보장하되, 그 내용과 한계는 법률로 제약될 수 있음을 규정하고 있다. 이를 **사회적 제약**이라고 하고, 동 헌법규정들을 재산권에 관한 내용규정이라 한다. 이러한 사회적 제약은 일반적 공익을 위해 국민이 수인해야 하는 것으로 별도의 보상규정을 두지 않아도 됨이 원칙이다.

- 한편 헌법 제23조 제3항은 공공필요에 의한 재산권의 수용·사용·제한시 법률로써 하여야 하고 또한 법률로써 정당한 보상을 하도록 규정하고 있다. 이러한 수용·사용·제한을 **공용침해**라 하고, 동 헌법규정을 **공용침해규정**이라 한다.

헌법 제23조 ① 모든 국민의 재산권은 보장된다. 그 **내용과 한계**는 법률로 정한다. ② 재산권의 행사는 **공공복리**에 적합하도록 하여야 한다. [원칙: 자유로운 수익·처분 보장 / 존속보장]	**내용규정** (사회적 제약)
③ **공공필요**에 의한 재산권의 **수용·사용 또는 제한** 및 그에 대한 보상은 법률로써 하되, **정당한 보상**을 지급하여야 한다. [예외: 수용·사용·제한 / 가치보장]	**공용침해규정** (공용침해)

- 경계이론은 헌법 제23조 제1항·제2항과 제3항 모두 보상의 근거가 되며, 단지 제한정도의 차이가 있는 것에 불과하다고 보는 견해이고, 분리이론은 헌법 제23조 제1항·제2항과 제3항을 별개의 제도를 규정하고 있는 것으로 보는 견해이다. 즉, **경계이론**은 보상이 필요하지 않은 사회적 제약과 보상이 필요한 공용침해는 **제한의 정도**에 따른 구별이며, 그 제한의 정도가 특별한 희생에 이를 경우 보상한다는 이론이다. 이 이론은 재산권의 내용제한이 한계를 넘으면 공용침해의 영역으로 넘어가 금전보상을 하는 것으로 해결하는바, **가치보장적** 사고에 기초를 두고 있다.

- 반면, 분리이론은 사회적 제약과 공용침해는 제한의 정도가 아닌 그 **형식과 내용**에서 구별되는 것으로 전자는 **일반·추상적** 형식으로 장래의 권리·의무를 설정하는 것이고, 후자는 **개별·구체**적으로 기존의 재산권을 제약하는 것이라고 한다. 이 이론은 재산권의 내용제한이 한계를 넘으면 비례원칙 등 위반으로 위헌이 되고, 따라서 국가에는 그 한계를 넘지 않기 위한 다양한 조정조치 의무가 인정된다고 본다. 이때 조정조치로는 경과규정, 예외규정, 해제규정, **국가침해의 제한** 등 비금전적 구제가 우선되어야 하고, 이러한 구제가 어려운 경우에 손실보상, 매수청구 등 금전적 보상이 이루어져야 한다고 본다. 따라서 이 견해는 단순한 금전(가치)보장이 아닌 존속보장적 사고에 기초하고 있다고 볼 수 있다.

선지분석 & 요플·기풀기링크

선지	THEME	요플	기풀기
①	T74 손실보상(헌법)	05	005
②		33	033
③	T75 손실보상(토지보상법)	57	117
④		102	045

② ○ 손실보상의 헌법적 근거는 제23조 제3항에 있다. 헌법은 보상청구권의 근거뿐만 아니라 보상의 기준과 방법에 관해서도 법률에 유보하고 있다.

헌법 제23조 ③ 공공필요에 의한 재산권의 수용·사용 또는 제한 및 그에 대한 보상은 **법률**로써 하되, 정당한 보상을 지급하여야 한다.

③ ○ (출제 당시) → × (현재) 출제 당시는 옳은 지문이었으나 2018년 개정으로 틀린 지문이 되었다. 30일이 아니라 60일이다.

공익사업을 위한 토지 등의 취득 및 보상에 관한 법률 제85조(행정소송의 제기) ① 사업시행자, 토지소유자 또는 관계인은 제34조에 따른 재결에 불복할 때에는 재결서를 받은 날부터 90일 이내에, **이의신청**을 거쳤을 때에는 **이의신청에 대한 재결서를 받은 날부터 60일** 이내에 각각 행정소송을 제기할 수 있다. 이 경우 사업시행자는 행정소송을 제기하기 전에 제84조에 따라 늘어난 보상금을 공탁하여야 하며, 보상금을 받을 자는 공탁된 보상금을 소송이 종결될 때까지 수령할 수 없다.

④ × (현재) 세입자에 대한 이주대책: 헌법 제23조 제3항의 정당한 보상에 포함× / 세입자를 이주대책에서 제외하더라도 합헌

〈이주대책〉은 헌법 제23조 제3항에 규정된 정당한 보상에 포함되는 것이라기보다는 이에 부가하여 이주자들에게 종전의 생활상태를 회복시키기 위한 생활보상의 일환으로서 국가의 정책적인 배려에 의하여 마련된 제도라고 볼 것이다. 따라서 이주대책의 실시 여부는 입법자의 **입법정책적 재량**의 영역에 속하므로 「공익사업을 위한 토지 등의 취득 및 보상에 관한 법률 시행령」 제40조 제3항 제3호가 이주대책의 대상자에서 세입자를 제외하고 있는 것이 세입자의 재산권을 침해하는 것이라 볼 수 없다(헌재 2006.2.23. 2004헌마19).

03

행정상 손실보상에 대한 판례의 입장으로 옳은 것은? 14지방9

① 정비기반시설과 그 부지의 소유·관리·유지관계를 정한 「도시 및 주거환경정비법」 제65조 제2항의 전단에 따른 정비기반시설의 소유권 귀속은 헌법 제23조 제3항의 수용에 해당한다.

② 법률 제3782호 「하천법」 중 개정법률 부칙 제2조의 규정에 의한 보상청구권의 소멸시효가 만료된 구 「하천구역 편입토지 보상에 관한 특별조치법」 제2조에 의한 손실보상청구권은 사법상의 권리이고 그에 관한 쟁송도 민사소송절차에 의하여야 한다.

③ 헌법재판소는 구 「도시계획법」상 개발제한구역의 지정으로 일부 토지소유자에게 사회적 제약의 범위를 넘는 가혹한 부담이 발생하는 경우에 보상규정을 두지 않은 것은 위헌성이 있는 것이고, 보상의 구체적 기준과 방법은 입법자가 입법정책적으로 정할 사항이라고 결정하였다.

④ 헌법재판소는 생업의 근거를 상실하게 된 자에 대하여 일정 규모의 상업용지 또는 상가분양권 등을 공급하는 생활대책이 헌법 제23조 제3항이 규정하는 정당한 보상에 포함된다고 결정하였다.

해설

① ✕ 도시정비법상 정비기반시설의 소유권 귀속: 헌법 제23조 제3항의 수용✕

정비사업의 시행으로 인하여 용도가 폐지되는 국가 또는 지방자치단체 소유의 정비기반시설을 사업시행자가 새로이 설치한 정비기반시설의 설치비용에 상당하는 범위 안에서 사업시행자에게 무상으로 양도되도록 한 도시정비법 제65조 제2항 전단은 사업시행자의 정비기반시설에 대한 재산권을 박탈·제한함에 본질이 있는 것이 아니라, 재산권의 내용과 한계를 정한 것으로 이해함이 타당하다. 따라서 도시정비법 제65조 제2항 전단에 따른 정비기반시설의 소유권 귀속은 **헌법 제23조 제3항의 수용에 해당하지 않는다**(헌재 2013.10.24. 2011헌바355 전원).

② ✕ 하천법 부칙 및 특별조치법에 따른 손실보상청구권의 성격: 사권✕, 공권○ → 당사자소송○

'법률 제3782호 **하천법** 중 **개정법률 부칙**, 제2조의 규정에 의한 보상청구권의 소멸시효가 만료된 「**하천구역 편입토지 보상에 관한 특별조치법**」 제2조는 개정 하천법 부칙 제2조 제1항에 해당하는 토지로서 개정 하천법 부칙 제2조 제2항에서 규정하고 있는 소멸시효의 만료로 보상청구권이 소멸되어 보상을 받지 못한 토지에 대하여는 시·도지사가 그 손실을 보상하도록 규정하고 있는바, 위 각 규정들에 의한 **손실보상청구권**은 국가가 반성적 고려와 국민의 권리구제 차원에서 그 손실을 보상하기 위하여 규정한 것으로서, 그 법적 성질은 하천법 본칙(本則)이 원래부터 규정하고 있던 하천구역에의 편입에 의한 손실보상청구권과 하등 다를 바 없는 것이어서 **공법상의 권리임이 분명하므로 그에 관한 쟁송도 행정소송절차**(편저자: 당사자소송)**에 의하여야 한다**(2006.5.18. 2004다6207 전합).

③ ○ 도시계획법상 개발제한구역제도에 대한 보상의 기준과 방법: 입법정책의 영역

도시계획법 제21조에 규정된 개발제한구역제도 그 자체는 원칙적으로 합헌적인 규정인데, 다만 개발제한구역의 지정으로 말미암아 일부 토지소유자에게 사회적 제약의 범위를 넘는 **가혹한 부담**이 발생하는 예외적인 경우에 대하여 보상규정을 두지 않은 것에 위헌성이 있는 것이고, **보상의 구체적 기준과 방법**은 헌법재판소가 결정할 성질의 것이 아니라 광범위한 입법형성권을 가진 **입법자가 입법정책적으로 정할 사항이다**(헌재 1998.12.24. 89헌마214, 90헌바16, 97헌바78 전원).

④ ✕ (헌재) 생활대책: 헌법 제23조 제3항의 정당한 보상이 아닌(의무가 아닌) 정책적 배려에 불과

'생업의 근거를 상실하게 된 자에 대하여 일정 규모의 **상업용지 또는 상가분양권 등을 공급하는**' 〈생활대책〉은 헌법 제23조 제3항에 규정된 정당한 보상에 포함되는 것이라기보다는 **생활보상의 일환**으로서 국가의 **정책적인 배려**에 의하여 마련된 제도이므로, 그 실시 여부는 입법자의 입법정책적 재량의 영역에 속한다(헌재 2013.7.25. 2012헌바71).

선지분석 & 요플·기풀기링크

선지	THEME	요플	기풀기
①		20	020
②	T74 손실보상(헌법)	37	037
③		11	011
④	T75 손실보상(토지보상법)	120	062

정답 ③

04

행정상 손실보상에 관한 설명으로 옳은 것은? (다툼이 있을 경우 판례에 의함) 14서울7(변형)

① 판례는 손실보상의 원인이 공법적이라도 손실의 내용이 사권이므로 손실보상청구권도 사권이라고 일관하여 판시하고 있다.
② 손실보상청구권을 발생시키는 침해는 재산권이나 신체에 대한 것이어야 한다.
③ 판례는 구 「하천법」상 하천구역 편입토지에 대한 손실보상청구를 공법상의 권리라고 보아 항고소송에 의하여야 한다고 보고 있다.
④ 헌법재판소는 공익사업의 시행으로 인한 개발이익은 완전보상의 범위에 포함되는 피수용토지의 객관적 가치 내지 피수용자의 손실이라고 본다.
⑤ 원칙적으로 적법한 공권력 행사로 인한 손해의 전보제도로서 위법한 공권력행사로 인한 침해에 대한 보상인 국가배상제도와는 다르다.

관련 OX

1 행정상 손실보상과 관련 없는 내용은? 15서울7

① 행정청이 위법하게 운전면허를 취소하는 경우
② 사후적 행정구제제도
③ 개인의 특별한 희생
④ 공공 도로용지를 위한 토지수용

해설

① ✕ 판례는 과거 손실보상의 원인이 공법적이라도 그 손실의 내용이 사권이라는 이유로 손실보상청구권을 사권으로 취급해 왔다. 다만, 근래에는 하천법상 보상청구권이나 토지보상법상 보상청구권 등을 공권으로 보아 당사자소송으로 처리하고 있다.

② ✕ 헌법상 손실보상은 **재산권**에 대한 공용침해를 대상으로 하므로 비재산적 손해, 즉 **생명·신체** 등에 대한 침해는 손실보상의 대상이 아니다(헌법 제23조 제3항 참조). 적법한 공권력작용으로 인하여 발생한 생명·신체 등 비재산적 법익의 손실에 대한 보상은 손실보상이 아니라 희생보상의 문제로서 논의된다.

> **헌법 제23조** ③ 공공필요에 의한 **재산권**의 수용·사용 또는 제한 및 그에 대한 보상은 법률로써 하되, 정당한 보상을 지급하여야 한다.

③ ✕ 하천법상 하천구역 편입토지에 대한 손실보상청구권: 공권, 당사자소송 대상
개정 하천법 등이 하천구역으로 편입된 토지에 대하여 손실보상청구권을 규정한 것은 헌법 제23조 제3항이 선언하고 있는 손실보상청구권을 하천법에서 구체화한 것으로서, 하천법 그 자체에 의하여 직접 사유지를 국유로 하는 이른바 입법적 수용이라는 국가의 공권력 행사로 인한 토지소유자의 손실을 보상하기 위한 것이므로 하천구역 편입토지에 대한 손실보상청구권은 공법상의 권리임이 분명하고, 따라서 그 손실보상을 둘러싼 쟁송은 사인 간의 분쟁을 대상으로 하는 민사소송이 아니라 공법상의 법률관계를 대상으로 하는 **당사자소송절차에 의하여야 할 것이다**(2006.5.18. 2004다6207 전합).

④ ✕ (당해) 공익사업의 시행으로 인한 개발이익: 완전보상의 범위에 포함 ✕
헌법 제23조 제3항에서 규정한 '정당한 보상'이란 원칙적으로 피수용재산의 객관적인 재산가치를 완전하게 보상하여야 한다는 완전보상을 뜻하는 것이다. 그러나 공익사업의 시행으로 지가가 상승하여 발생하는 개발이익은 궁극적으로는 국민 모두에게 귀속되어야 할 성질의 것이며, 완전보상의 범위에 포함되는 피수용토지의 객관적 가치 내지 피수용자의 손실이라고는 볼 수 없다(헌재 1991.2.11. 90헌바17). → 따라서 보상하지 않아도 정당보상에 위배되지 않는다.

⑤ ○ 행정상 손실보상은 **적법한** 침해에 대한 손해전보제도이다. 이 점이 위법한 침해에 대한 구제수단인 국가배상제도와의 차이점이다.

선지분석 & 요플·기풀기링크

선지	THEME	요플	기풀기
①		36	036
②	T74 손실보상(헌법)	53	053
③		37	037
④	T75 손실보상(토지보상법)	05	004
⑤	T74 손실보상(헌법)	50	050

정답 ⑤
OX 1 ①

05

행정상 손실보상에 대한 설명으로 옳은 것은? 17(상)국가9

① 손실보상의 이론적 근거로서 특별희생설에 의하면, 공공복지와 개인의 권리 사이에 충돌이 있는 경우에는 개인의 권리가 우선한다.
② 손실보상청구권을 공권으로 보게 되면 손실보상청구권을 발생시키는 침해의 대상이 되는 재산권에는 공법상의 권리만이 포함될 뿐 사법상의 권리는 포함되지 않는다.
③ 헌법재판소는 헌법 제23조 제3항의 '공공필요'는 '국민의 재산권을 그 의사에 반하여 강제적으로라도 취득해야 할 공익적 필요성'을 의미하고, 이 요건 중 공익성은 기본권 일반의 제한사유인 '공공복리'보다 좁은 것으로 보고 있다.
④ 헌법 제23조 제3항을 국민에 대한 직접적인 효력이 있는 규정으로 보는 견해는 동 조항의 재산권의 수용·사용·제한 규정과 보상규정을 불가분조항으로 본다.

관련 OX

② 관련
1 손실보상청구권을 발생시키는 침해는 재산권에 대한 것이면 족하며 재산권의 종류는 불문한다. 14서울9
2 손실보상은 재산권침해에 대한 보상이며, 여기서 재산권침해란 재산적 가치가 있는 공권을 제외한 모든 사권(私權)의 침해를 의미한다. 14국회8

③ 관련
3 재산권의 존속보장과의 조화를 위하여서는 '공공필요'의 요건에 관하여 공익성은 추상적인 공익 일반 또는 국가의 이익 이상의 중대한 공익을 요구하므로 기본권 일반의 제한사유인 '공공복리'보다 넓게 보는 것이 타당하다. 17국회8

해설

① ✗ 손실보상의 이론적 근거에 대해 **특별희생설**이 통설이다. 이는 공익을 위해 개인이 특별한 희생을 지는 경우, 공동체 전체의 부담으로 보상하는 것이 정의·공평의 요구에 합치한다는 사고, 즉 '공적 부담 앞의 평등'을 근거로 한다. 하필 네 땅이 수용당해서 네가 특별히 희생을 보았는데, 너만 손해 보면 안 되니까 공평하게 우리 모두 너한테 조금씩 돈을 주겠다는 것이다(우리 모두가 낸 세금으로 보상). 따라서 개인의 권리를 공공복지에 우선하는 것이 아니라 오히려 개인의 희생을 전제로 논의가 시작되는 것이다.
② ✗ 손실보상청구권의 성질에 대해 공권설과 사권설의 대립이 있으나, 어느 견해에 따르든 손실보상의 대상이 되는 재산권은 **공법상 권리, 사법상 권리를 불문한** 일체의 재산적 가치 있는 권리가 대상이 된다.
③ ○ 공공필요의 요건인 '공익성'의 범위: 기본권의 일반적 제한사유인 '공공복리'보다 좁음
헌법 제23조 제3항에서 규정하고 있는 '공공필요'의 의미를 '국민의 재산권을 그 의사에 반하여 강제적으로라도 취득해야 할 공익적 필요성'으로 해석하여 왔다. 즉, '공공필요'의 개념은 '공익성'과 '필요성'이라는 요소로 구성되어 있다. … '공공필요'의 요건에 관하여 **공익성**은 추상적인 공익 일반 또는 국가의 이익 이상의 중대한 공익을 요구하므로 기본권 일반의 제한사유인 '**공공복리**'보다 좁게 보는 것이 타당하다(헌재 2014.10.30. 2011헌바172).
④ ✗ 헌법 제23조 제3항을 국민에 대한 직접적인 효력이 있는 규정으로 보는 견해는 재산권의 공용침해를 규정한 법률에서 별도의 보상규정을 함께 두고 있지 않는 것도 가능하다고 본다(즉, 수용·사용·제한 규정과 보상규정은 불가분관계가 아닌 가분관계라고 본다). 법률에서 보상규정을 두지 않아도 어차피 헌법으로 보상을 받을 수 있다고 보기 때문이다.

헌법 제23조 ③ 공공필요에 의한 재산권의 수용·사용 또는 제한 및 그에 대한 보상은 법률로써 하되, 정당한 보상을 지급하여야 한다.

선지분석 & 요플·기풀기링크

선지	THEME	요플	기풀기
①		31	031
②	T74 손실보상(헌법)	55	055
③		45	045
④		23	023

+ **PLUS**

- 헌법 제23조 제3항의 해석과 관련해 1) 공용침해의 근거규정과 그에 따른 보상규정을 같은 법률로 규정해야 하는지에 대한 견해 대립과(가분조항설 / 불가분조항설), 2) 보상규정이 결여된 공용침해 규정에 대해 국민을 어떻게 구제할 것인지에 대한 견해 대립(직접적용설·유추적용설 / 위헌무효설)이 있다.
- 이를 〈불가분조항〉으로 보는 견해는 보상규정이 결여된 경우 해당 공용침해규정을 위헌무효로 보는 견해로 연결된다. 반면, 이를 〈가분조항〉으로 보는 견해에 따르면 보상규정이 결여되었더라도 그것만으로 해당 공용침해규정이 위헌무효인 것은 아니고, 국민은 동 헌법규정에 직접 근거하거나(직접적용설),④ 이를 유추적용해(유추적용설) 배상을 청구할 수 있다고 본다.
- 판례는 위와 같은 학설 중 어느 하나에 정확히 부합한다고 보기는 어렵다(따라서 독자적으로 기억). 헌법재판소는 보상규정이 없는 법률에 대해 위헌선언을 하고 입법의무를 부과하는 입장이고, 대법원은 보상규정이 결여된 공용침해 규정에 대해 대체로 관련 법령상 보상규정을 유추적용해 보상을 인정하고 있다.

공용침해 근거규정과 보상규정의 관계

	관계	위헌성	구제
위헌무효설	불가분	위헌○	(국가배상을 청구)
직접적용설	가분④	위헌×	헌23③에 직접 근거해 보상청구
유추적용설			헌23③을 유추적용해 보상청구

정답 ③

OX 1○ 2× 3×

06

행정상 손실보상에 관한 설명으로 옳지 않은 것은? (다툼이 있는 경우 판례에 의함) 22소간

① 국가가 소유자를 상대로 취득시효 완성을 원인으로 한 소유권이전등기청구를 함으로써 토지의 소유권을 취득할 수 있는 지위에 있었는데도 권리를 제때 행사하지 않고 있던 중에 토지가 하천구역에 편입되어 국유로 되고 토지소유자에게 손실보상청구권이 발생하자 비로소 취득시효 완성 주장을 하는 경우에는 원래 소유자의 손실보상청구를 배척할 수 있다.

② 「특수임무수행자 보상에 관한 법률」 및 동법 시행령의 규정들만으로 바로 특수임무수행자 중에서 보상금 등 지급대상자가 확정된다고 볼 수 없고, '특수임무수행자 보상심의위원회'의 심의·의결을 거쳐 특수임무수행자로 인정되어야만 비로소 보상금 등 지급대상자로 확정될 수 있다.

③ 어느 수용대상 토지에 관하여 특정 시점에서 용도지역 등의 지정 또는 변경을 하지 않은 것이 특정 공익사업의 시행을 위한 것일 경우, 용도지역 등의 지정 또는 변경이 이루어진 상태를 상정하여 토지가격을 평가하여야 한다.

④ 토지소유자 등이 수용재결에 대해 이의신청을 거친 후 취소소송을 제기하는 경우에 그 대상은 이의신청에 대한 재결 자체에 고유한 위법이 없는 한 수용재결이다.

⑤ 개발제한구역의 지정으로 인한 개발가능성의 소멸과 그에 따른 지가의 하락이나 지가상승률의 상대적 감소는 토지소유자가 감수해야 하는 사회적 제약의 범주에 속하는 것으로 보아야 한다.

관련 OX

④ 관련

1 「공익사업을 위한 토지 등의 취득 및 보상에 관한 법률」상 중앙토지수용위원회의 이의재결에 대한 불복으로서 취소소송의 대상은 재결주의에 따라 수용재결이 된다. 12서울9

⑤ 관련

2 ⓒ 개발제한구역의 지정으로 인한 지가의 하락은 토지소유자가 수인해야 하는 사회적 제약의 한계를 넘는 것으로, 아무런 보상없이 이를 감수하도록 하고 있는 한, 헌법에 위반된다. 12국가7

3 ⓒ (비교) 개발제한구역지정으로 인하여 토지를 종래의 목적으로 사용할 수 없거나 또는 더 이상 법적으로 허용된 토지 이용의 방법이 없기 때문에 실질적으로 토지의 사용·수익의 길이 없는 경우에도 토지소유자가 수인해야 하는 사회적 제약의 한계를 넘는 것으로 볼 수 없다. 15(1)경행

해설

① ✗ 토지소유자의 하천편입에 따른 손실보상청구: 국가가 토지 취득시효 완성을 주장하여 배척 불가
국가가 소유자를 상대로 취득시효 완성을 원인으로 한 소유권이전등기청구를 함으로써 토지의 소유권을 취득할 수 있는 지위에 있었는데도 권리를 제때 행사하지 않고 있던 중에 토지가 하천구역에 편입되어 국유로 되고 소유자에게 손실보상청구권이 발생하자 비로소 취득시효 완성 주장을 하는 경우까지 그 주장을 받아들여 원래 소유자의 손실보상청구를 배척하는 것은 헌법상 재산권 보장의 이념과 하천편입토지보상법의 취지에 부합한다고 보기 어려운 점 등을 종합하면, 점유취득시효가 완성되어 국가에 소유권이전등기청구권이 발생하였다는 사정은 <u>토지소유자가 국가를 상대로 소유권에 기초한 **물권적** 청구권을 행사하는 것을 **저지**할 수 있는 사유는 될 수 있으나, 나아가 <u>토지소유자가 소유권의 상실을 전제로 하천편입토지보상법에 따른 손실보상청구권을 행사하는 것을 저지하는 사유가 될 수는 없다</u>(2016.6.28. 2016두35243).

② ○ 「특수임무수행자 보상에 관한 법률」상 보상금 등 지급대상자: 법률로 확정✗(위원회의 의결로 확정)
「특수임무수행자 보상에 관한 법률」 제2조 및 개정 전 시행령 제2조, 제3조, 제4조 등의 규정들만으로는 바로 「특수임무수행자 보상에 관한 법률」상의 보상금 등 지급대상자가 확정된다고 볼 수 없고, '특수임무수행자 보상심의위원회'의 심의·의결을 거쳐 특수임무수행자로 인정되어야만 비로소 보상금 등 지급대상자로 확정될 수 있다(2014.7.24. 2012두23501).

③ ○ 특정 사업시행을 위해 용도지역 등을 미지정: 용지지역 등의 지정된 상태를 상정해 가격평가
어느 수용대상 토지에 관하여 특정 시점에서 용도지역·지구·구역(이하 '용도지역 등'이라고 한다)을 지정 또는 변경하지 않은 것이 특정 공익사업의 시행을 위한 것일 경우 이는 해당 공익사업의 시행을 직접 목적으로 하는 제한이라고 보아 용도지역 등의 지정 또는 변경이 이루어진 상태를 상정하여 토지가격을 평가하여야 한다(2018.1.25. 2017두61799).

선지분석 & 요플·기풀기링크

선지	THEME	요플	기풀기
①	각론 공용부담법		
②	T53 대상적격(법률관계)	플지모	
③	T75 손실보상(토지보상법)	07	007
④	T51 원처분주의/재결주의	19	019
⑤	T74 손실보상(헌법)	09	009

④ ○ **수용재결에 이의신청을 거쳐 소송시: 소송의 대상은 (원처분인) 수용재결 / 피고는 수용재결을 한 위원회**
수용재결에 불복하여 취소소송을 제기하는 때에는 〈이의신청을 거친 경우에도〉 수용재결을 한 중앙토지수용위원회 또는 지방토지수용위원회를 피고로 하여 수용재결의 취소를 구하여야 하고(편저자: 원처분을 대상으로 하여야 하고), 다만 이의신청에 대한 재결 자체에 고유한 위법이 있음을 이유로 하는 경우에는 그 이의재결을 한 중앙토지수용위원회를 피고로 하여 이의재결의 취소를 구할 수 있다고 보아야 한다(편저자: 재결에 대해서는 고유의 위법이 있는 경우에만 대상으로 삼을 수 있다)(2010.1.28. 2008두1504).

⑤ ○ **당초 지목·현황에 따라 이용가능한 일반적 경우: 합헌(지가하락 등은 감수할 사회적 제약)**
이 사건 법률조항에 의한 재산권의 제한은 개발제한구역으로 지정된 토지를 원칙적으로 〈지정 당시의 지목과 토지현황에 의한 이용방법에 따라 사용〉할 수 있는 한, 재산권에 내재하는 사회적 제약을 비례의 원칙에 합치하게 합헌적으로 구체화한 것이라고 할 것이나, 구역의 지정으로 인한 개발가능성의 소멸과 그에 따른 지가의 하락이나 지가상승률의 상대적 감소는 토지소유자가 **감수해야 하는 사회적 제약**의 범주에 속하는 것으로 보아야 한다. … 구「도시계획법」제21조에 규정된 개발제한구역제도 그 자체는 원칙적으로 합헌적인 규정이다(헌재 1998.12.24. 89헌마214).

비교 **개발제한구역의 지정으로 종래 목적대로 이용 불가하거나 실질적 사용·수익 불가: 사회적 제약의 한계를 넘는 것으로 보상 필요**
개발제한구역 지정으로 인하여 토지를 종래의 목적으로도 사용할 수 없거나 또는 더 이상 법적으로 허용된 토지 이용의 방법이 없기 때문에 실질적으로 토지의 사용·수익의 길이 없는 경우에는 토지소유자가 수인해야 하는 사회적 제약의 한계를 넘는 것으로 보아야 한다(헌재 1998.12.24. 89헌마214).

필수문제 07

행정소송으로 청구할 수 없는 것은? (다툼이 있는 경우 판례에 의함) 17국가7

① 공익사업으로 인하여 영업을 폐지하거나 휴업하는 자의 영업손실로 인한 보상에 관한 소송
② 동일한 소유자에게 속하는 일단의 건축물의 일부가 수용됨으로써 발생한 잔여 건축물 가격감소 등으로 인한 손실보상에 관한 소송
③ 「공익사업을 위한 토지 등의 취득 및 보상에 관한 법률」상 환매권의 존부에 관한 확인 및 환매금액의 증감을 구하는 소송
④ 잔여지 수용청구를 받아들이지 않은 토지수용위원회의 재결에 불복하여 제기하는 소송

관련 OX

③ 관련

1 환매권자와 사업시행자가 환매금액에 대하여 협의가 성립되지 않아 환매금액의 증감을 구하는 소송은 형식적 당사자소송에 해당한다. 16국가7

2 사업시행자가 환매권의 존부에 관한 확인을 구하는 소송은 민사소송이다. 18(2)서울7

해설

※ ①②④는 토지보상법상 손실보상청구로 모두 행정소송이다. 반면, ③은 환매와 관련된 소송으로 민사소송이다.

① ○ 사업폐지에 따른 손실보상청구권: 공권 → 행정소송
〈사업폐지 등에 대한 보상청구권〉은 공익사업의 시행 등 적법한 공권력의 행사에 의한 재산상 특별한 희생에 대하여 전체적인 공평부담의 견지에서 공익사업의 주체가 손해를 보상하여 주는 손실보상의 일종으로 공법상 권리임이 분명하므로 그에 관한 쟁송은 민사소송이 아닌 행정소송절차에 의하여야 한다(2012.10.11. 2010다23210).

② ○ 잔여 건축물 가격감소에 따른 손실보상청구권: 공권 → 행정소송
토지소유자가 … 〈잔여지 또는 잔여 건축물 가격감소 등으로 인한 손실보상〉을 받기 위해서는 공익사업법 제34조, 제50조 등에 규정된 재결절차를 거친 다음 그 재결에 대하여 불복할 때 비로소 공익사업법 제83조 내지 제85조(편저자: 행정소송제기 규정)에 따라 권리구제를 받을 수 있다(2014.9.25. 2012두24092).

③ × 환매권 존부확인·환매금액 증감청구: 민사소송
구 「공익사업을 위한 토지 등의 취득 및 보상에 관한 법률」 제91조에 규정된 … 〈환매권의 존부에 관한 확인〉을 구하는 소송 및 구 공익사업법 제91조 제4항에 따라 〈환매금액의 증감〉을 구하는 소송 역시 민사소송에 해당한다(2013.2.28. 2010두22368).

관련 「징발재산정리에 관한 특별조치법」 제20조 소정의 〈환매〉권은 일종의 형성권으로서 그 존속기간은 제척기간으로 보아야 할 것이며, 위 환매권은 재판상이든 재판외이든 그 기간 내에 행사하면 이로써 매매의 효력이 생기고, 위 매매는 같은 조 제1항에 적힌 환매권자와 국가 간의 사법상의 매매라 할 것이다(1992.4.24. 92다4673).

+ PLUS 환매란 공익사업 목적으로 협의취득·수용한 토지가 필요 없게 되거나 일정 기간 이상 사업에 이용되지 않는 경우 원소유자 등이 사업시행자로부터 다시 사오는 것이다. 이 경우 환매대금은 당초 지급받은 보상금에 상당하는 금액으로 하되, 그 가격이 취득일 대비 현저히 변동된 경우 당사자는 법원에 환매금액의 증감을 청구할 수 있다. 환매권행사로 형성되는 매매계약은 사법상 계약이고, 환매권 존부에 관한 소송 및 환매금 증감청구소송은 민사소송으로 한다.

④ ○ 잔여지수용청구 거부에 불복: 보상금증감소송(당사자소송)
잔여지 수용청구를 받아들이지 않은 토지수용위원회의 재결에 대하여 토지소유자가 불복하여 제기하는 소송은 위 법 제85조 제2항에 규정되어 있는 '보상금의 증감에 관한 소송'에 해당하여(편저자: 당사자소송) 사업시행자를 피고로 하여야 한다(2010.8.19. 2008두822).

선지분석 & 요플·기풀기링크

선지	THEME	요플	기풀기
①	T74 손실보상(헌법)	40	040
②		41	041
③	T53 대상적격(법률관계)	65	067
④	T75 손실보상(토지보상법)	84	028

정답 ③

 1× 2○

08

행정상 손실보상에 대한 설명으로 옳지 않은 것은? (다툼이 있는 경우 판례에 의함) 11국가9(변형)

① 토지수용위원회는 손실보상의 신청범위와 관계없이 손실보상의 증액재결을 할 수 없다.
② 공공용물에 관하여 적법한 개발행위 등이 이루어짐으로 말미암아 이에 대한 일정 범위의 사람들의 일반사용이 종전에 비하여 제한받게 되었다 하더라도 특별한 사정이 없는 한 그로 인한 불이익은 손실보상의 대상이 되는 특별한 손실에 해당한다고 할 수 없다.
③ 손실보상청구권에 관하여 대법원은 민사소송으로 다루기도 하였으나, 최근에는 당사자소송으로 보고 있다.
④ 헌법재판소는 재산권의 제한이 특별한 희생에 해당하는 경우에 보상규정을 두지 않는 것은 위헌이라고 하면서도 단순위헌이 아닌 헌법불합치결정을 하였다.

해설

① × 신청을 받은 토지수용위원회는 재결의 형식으로 수용 등과 함께 보상액을 결정한다(토지보상법 제50조 제1항). 재결은 원칙적으로 신청범위 내에서 이루어져야 하나, 증액재결은 신청범위를 넘어서도 할 수 있다(제50조 제2항).

> **공익사업을 위한 토지 등의 취득 및 보상에 관한 법률 제50조(재결사항)** ① 토지수용위원회의 재결사항은 다음 각 호와 같다.
> 1. 수용하거나 사용할 토지의 구역 및 사용방법
> 2. 손실보상
> 3. 수용 또는 사용의 개시일과 기간
> 4. 그 밖에 이 법 및 다른 법률에서 규정한 사항
> ② 토지수용위원회는 사업시행자, 토지소유자 또는 관계인이 **신청한 범위에서 재결**하여야 한다. 다만, 제1항 제2호의 손실보상의 경우에는 **증액재결**을 할 수 있다.

② ○ 공공용물에 대한 적법한 개발행위로 인한 일반사용의 제한: 특별한 손실×
일반 공중의 이용에 제공되는 공공용물에 대하여 특허 또는 허가를 받지 않고 하는 **일반사용**은 다른 개인의 자유이용과 국가 또는 지방자치단체 등의 공공목적을 위한 개발 또는 관리·보존행위를 방해하지 않는 범위 내에서만 허용된다 할 것이므로, 공공용물에 관하여 적법한 개발행위 등이 이루어짐으로 말미암아 이에 대한 일정 범위의 사람들의 일반사용이 종전에 비하여 제한받게 되었다 하더라도 특별한 사정이 없는 한 그로 인한 불이익은 손실보상의 대상이 되는 특별한 손실에 해당한다고 할 수 없다(2002.2.26. 99다35300).

③ ○ 판례는 과거 손실보상의 원인이 공법적이라도 그 손실의 내용이 사권이라는 이유로 손실보상청구권을 사권으로 취급해 왔으나, 근래에는 하천법상 보상청구권이나 토지보상법상 보상청구권 등을 공권으로 보아 **당사자소송**으로 처리하고 있다.

④ ○ 개발제한구역제도는 원칙적 합헌, 예외적 경우 보상규정을 두지 않은 것만 위헌 → 보상의 구체적 기준과 방법은 입법자가 정하도록 헌법불합치결정
도시계획법 제21조에 규정된 개발제한구역제도 그 자체는 **원칙적으로 합헌적인 규정**인데 다만 개발제한구역의 지정으로 말미암아 일부 토지소유자에게 사회적 제약의 범위를 넘는 가혹한 부담이 발생하는 예외적인 경우에 대하여 보상규정을 두지 않은 것에 위헌성이 있는 것이고, 보상의 구체적 기준과 방법은 헌법재판소가 결정할 성질의 것이 아니라 **광범위한 입법형성권을 가진 입법자**가 입법정책적으로 정할 사항이므로, 입법자가 보상입법을 마련함으로써 위헌적인 상태를 제거할 때까지 위 조항을 형식적으로 존속케 하기 위하여 **헌법불합치결정을 하는 것인바** … (헌재 1998.12.24. 89헌마214, 90헌바16, 97헌바78).

정답 ①

선지분석 & 요플·기풀기링크

선지	THEME	요플	기풀기
①	T75 손실보상(토지보상법)	41	100
②		63	064
③	T74 손실보상(헌법)	36	036
④		12	012

09

행정상 손실보상제도에 관한 설명으로 옳지 않은 것은? (다툼이 있는 경우 판례에 의함) 23소방

① 구「소하천정비법」에 따라 소하천구역으로 편입된 토지의 소유자가 사용·수익에 대한 권리행사에 제한을 받아 손해를 입고 있는 경우, 손실보상을 청구할 수 있을 뿐만 아니라, 관리청의 제방부지에 대한 점유를 권원 없는 점유와 같이 보아 관리청을 상대로 손해배상이나 부당이득의 반환을 청구할 수 있다.

② 구「전염병예방법」에 의한 피해보상제도가 수익적 행정처분의 형식을 취하고는 있지만, 구「전염병예방법」의 취지와 입법 경위 등을 고려하면 그 실질은 피해자의 특별한 희생에 대한 보상에 가까우므로 그 인정 여부는 객관적으로 합리적인 재량권의 범위 내에서 타당하게 결정하여야 한다.

③ 제방부지 및 제외지가 유수지와 더불어 하천구역이 되어 국유로 되는 이상 그로 인하여 소유자가 입은 손실은 특별한 희생에 해당하고, 보상방법을 유수지에 대한 것과 달리할 아무런 합리적인 이유가 없으므로 소유자에게 손실을 보상하여야 한다.

④ 「국토의 계획 및 이용에 관한 법률」에서 규정하는 도시계획시설사업은 도로·철도·항만·공항·주차장 등 교통시설, 수도·전기·가스공급설비 등 공급시설과 같은 도시계획시설을 설치·정비 또는 개량하여 공공복리를 증진시키고 국민의 삶의 질을 향상시키는 것을 목적으로 하고 있으므로, 그 자체로 공공필요성의 요건이 충족된다.

관련 OX

④ 관련

1 도시계획시설사업은 도시계획시설을 설치·정비 또는 개량하여 공공복리를 증진시키고 국민의 삶의 질을 향상시키는 것을 목적으로 하고 있으므로, 도시계획시설사업은 그 자체로 공공필요성의 요건이 충족된다. 21소간

해설

① × 토지가 적법하게 편입된 이상 토지소유자는 손실보상청구만 ○, 손해배상·부당이득반환청구는 ×
토지가 구 소하천정비법에 의하여 소하천구역으로 적법하게 편입된 경우 그로 인하여 그 토지의 소유자가 사용·수익에 관한 권리행사에 제한을 받아 손해를 입고 있다고 하더라도 구 소하천정비법 제24조에서 정한 절차에 따라 손실보상을 청구할 수 있음은 별론으로 하고, 관리청의 제방 부지에 대한 점유를 권원 없는 점유와 같이 보아 손해배상이나 부당이득의 반환을 청구할 수 없다(2021.12.30. 2018다284608).

② ○ 예방접종으로 인한 질병·장애·사망의 인정 여부 결정: 재량(특별한 희생에 따른 보상에 가까우므로 합리적 재량권 행사의 필요가 큼)
구 전염병예방법에 의하여 보건복지가족부장관(현 보건복지부장관)에게 예방접종으로 인한 질병, 장애 또는 사망의 인정 권한을 부여한 것은, 예방접종과 장애 등 사이에 인과관계가 있는지를 판단하는 데에 고도의 전문적 의학 지식이나 기술이 필요한 점과 전국적으로 일관되고 통일적인 해석이 필요한 점을 감안한 것으로 보건복지가족부장관의 재량에 속하는 것이므로, 인정에 관한 보건복지가족부장관의 결정은 가능한 한 존중되어야 한다. 다만 구「전염병예방법」에 의한 피해보상제도가 수익적 행정처분의 형식을 취하고는 있지만, 구「전염병예방법」의 취지와 입법 경위 등을 고려하면 그 실질은 피해자의 특별한 희생에 대한 보상에 가깝다고 할 것이므로, 보건복지가족부장관은 위와 같은 사정 등을 두루 고려하여 객관적으로 합리적인 재량권의 범위 내에서 타당한 결정을 하여야 하고, 그렇지 않을 경우 그 인정 여부의 결정은 주어진 재량권을 남용한 것으로서 위법하게 된다(2014.5.16. 2014두274).

선지분석 & 요플·기풀기링크

선지	THEME	요플	기풀기
①	T74 손실보상(헌법)	52	052
②	T16 VA의 개념과 분류	47	045
③	T74 손실보상(헌법)	26	026
④		46	046

③ ○ 제방부지 및 제외지에 특별희생 있음에도 보상규정이 없음: 유수지 보상규정을 유추해 보상

법률 제2292호 하천법 개정법률에 의하면, 제방부지 및 제외지는 법률규정에 의하여 당연히 하천구역이 되어 국유로 되는데도, 「하천편입토지 보상 등에 관한 특별조치법」은 법률 제2292호 하천법 개정법률 시행일(1971.7.20.)부터 법률 제3782호 하천법 중 개정법률의 시행일(1984.12.31.) 전에 국유로 된 제방부지 및 제외지에 대하여는 명시적인 보상규정을 두고 있지 않다. 제방부지 및 제외지가 유수지와 더불어 하천구역이 되어 **국유로 되는 이상** 그로 인하여 소유자가 입은 손실은 보상되어야 하고 보상방법을 유수지에 관한 것과 달리할 아무런 합리적인 이유가 없으므로, 이러한 제방부지 및 제외지에 대하여도 특별조치법 제2조를 **유추적용**하여 소유자에게 **손실을 보상하여야** 한다 (2011.8.25. 2011두2743).

④ ○ 교통시설·공급시설 등 도시계획시설사업: 그 자체로 공공필요성 충족

도시계획시설사업은 도로·철도·항만·공항·주차장 등 교통시설, 수도·전기·가스공급설비 등 공급시설과 같은 도시계획시설을 설치·정비 또는 개량하여 공공복리를 증진시키고 국민의 삶의 질을 향상시키는 것을 목적으로 하고 있으므로, 도시계획시설사업은 그 자체로 공공필요성의 요건이 충족된다(헌재 2011.6.30. 2008헌바166 전원).

선지선택비율 ① 47.72% ② 13.64% ③ 26.27% ④ 12.37% 오답률 52.28%

T75 손실보상(2) - 토지보상법 중심 검토

필수문제 01

행정상 손실보상에 대한 설명으로 옳지 않은 것은? (다툼이 있는 경우 판례에 의함) 20군무원7

① 수용에 따른 손실보상액 산정의 경우 헌법 제23조 제3항에 따른 정당한 보상이란 원칙적으로 피수용재산의 객관적인 재산가치를 완전하게 보상하여야 한다는 완전보상을 뜻한다.

② 「공익사업을 위한 토지 등의 취득 및 보상에 관한 법률」상 잔여지 수용청구를 받아들이지 않은 토지수용위원회의 재결에 대하여 토지소유자가 불복하여 제기하는 소송은 항고소송에 해당하여 토지수용위원회를 피고로 하여야 한다.

③ 「공익사업을 위한 토지 등의 취득 및 보상에 관한 법률」에 의한 보상합의는 공공기관이 사경제주체로서 행하는 사법상 계약의 실질을 가지는 것이다.

④ 공익사업으로 인하여 영업을 폐지하거나 휴업하는 자는 「공익사업을 위한 토지 등의 취득 및 보상에 관한 법률」상의 재결절차를 거치지 않은 채 곧바로 사업시행자를 상대로 손실보상을 청구하는 것은 허용되지 않는다.

관련 OX

② 관련

1 잔여지 수용청구를 받아들이지 않은 토지수용위원회의 재결에 대하여 토지소유자가 불복하여 제기하는 소송은 보상금의 증감에 관한 소송에 해당하여 사업시행자를 피고로 하여야 한다. 23서울(지적)7

④ 관련

2 공익사업시행지구 밖에서 영업을 휴업하는 자는 토지보상법에 규정된 재결절차를 거치지 않고 곧바로 사업시행자를 상대로 영업손실에 대한 보상청구를 할 수 있다. 23국회8

해설

① ○ 헌법 제23조 제3항의 '정당한 보상'의 의미: 완전보상
헌법 제23조 제3항에 따른 **정당한 보상**이란 원칙적으로 피수용재산의 객관적인 재산가치를 완전하게 보상하여야 한다는 **완전보상**을 뜻하는 것이다(2001.9.25. 2000두2426).

② × 수용청구 거부에 불복: 보상금증감 당사자소송(→ 항고소송×), 피고는 사업시행자(→ 수용위×)
잔여지 수용청구를 받아들이지 않은 토지수용위원회의 재결에 대하여 토지소유자가 불복하여 제기하는 소송은 위 법 제85조 제2항에 규정되어 있는 '**보상금의 증감에 관한 소송**'에 해당하여 **사업시행자를 피고로 하여야 한다**(2010.8.19. 2008두822).

③ ○ 보상합의: 사법상 계약
「공익사업을 위한 토지 등의 취득 및 보상에 관한 법률」(이하 '공익사업법'이라고 한다)에 의한 **보상합의**는 공공기관이 사경제주체로서 행하는 **사법상 계약**의 실질을 가지는 것으로서 당사자 간의 합의로 같은 법 소정의 손실보상의 기준에 의하지 아니한 손실보상금을 정할 수 있다(2013.8.22. 2012다3517).

④ ○ (영업폐지·휴업에 대한 손실보상) 재결을 거치지 않고 곧바로 보상청구 불가
공익사업으로 인하여 **영업을 폐지하거나 휴업**하는 자가 사업시행자에게서 구 공익사업법 제77조 제1항에 따라 〈**영업손실에 대한 보상**〉을 받기 위해서는 구 공익사업법 제34조, 제50조 등에 규정된 재결절차를 거친 다음 재결에 대하여 불복이 있는 때에 비로소 구 공익사업법 제83조 내지 제85조에 따라 권리구제를 받을 수 있을 뿐, 이러한 **재결절차를 거치지 않은 채 곧바로 사업시행자를 상대로 손실보상을 청구하는 것은 허용되지 않는다**(2011.9.29. 2009두10963).

선지분석 & 요플·기풀기링크

선지	THEME	요플	기풀기
①		01	001
②	T75 손실보상(토지보상법)	84	028
③		20	079
④		44	103

정답 ②

OX 1○ 2×

02

「공익사업을 위한 토지 등의 취득 및 보상」에 관한 법률상 손실보상에 대한 설명으로 옳지 않은 것은? (다툼이 있는 경우 판례에 의함)   16국가7

① 주거용 건물의 거주자에 대하여는 주거 이전에 필요한 비용과 가재도구 등 동산의 운반에 필요한 비용을 보상하여야 한다.
② 이의신청에 대한 재결에 대하여 기한 내에 행정소송이 제기되지 않거나 그 밖의 사유로 이의신청에 대한 재결이 확정된 때에는 「민사소송법」상의 확정판결이 있은 것으로 본다.
③ 재결에 의한 토지취득의 경우 보상액 산정은 수용재결 당시의 가격을 기준으로 함이 원칙이나, 보상액을 산정할 경우에 해당 공익사업으로 인하여 수용대상 토지의 가격이 변동되었을 때에는 이를 고려하여야 한다.
④ 표준지공시지가 결정에 위법이 있는 경우 수용보상금의 증액을 구하는 소송에서 수용대상 토지가격 산정의 기초가 된 비교표준지공시지가결정의 위법을 독립된 사유로 주장할 수 있다.

관련 OX

① 관련

1 주거용 건물의 거주자에 대하여는 주거이전에 필요한 비용 외에 가재도구 등 동산의 운반에 필요한 비용은 보상하지 않아도 된다.   20국회8

해설

① ○

공익사업을 위한 토지 등의 취득 및 보상에 관한 법률 제78조(이주대책의 수립 등) 주거용 건물의 거주자에 대하여는 주거 이전에 필요한 비용과 가재도구 등 동산의 운반에 필요한 비용을 산정하여 보상하여야 한다.

② ○

공익사업을 위한 토지 등의 취득 및 보상에 관한 법률 제86조(이의신청에 대한 재결의 효력) ① 제85조 제1항에 따른 기간 이내에 소송이 제기되지 아니하거나 그 밖의 사유로 **이의신청에 대한 재결이 확정**된 때에는 「민사소송법」상의 **확정판결**이 있은 것으로 보며, 재결서 정본은 집행력 있는 판결의 정본과 동일한 효력을 가진다.

③ × 재결 당시 가격을 기준으로 한다는 앞부분은 옳으나, 해당 공익사업으로 인한 가격변동을 고려한다는 뒷부분이 틀림

공익사업을 위한 토지 등의 취득 및 보상에 관한 법률 제67조(보상액의 가격시점 등) ① 보상액의 산정은 협의에 의한 경우에는 협의 성립 당시의 가격, 재결에 의한 경우에는 수용 또는 사용의 **재결 당시의 가격**을 기준으로 한다.
② 보상액을 산정할 경우에 **해당 공익사업으로 인하여 토지등의 가격이 변동**되었을 때에는 이를 **고려하지 아니한다**.

④ ○ 표준공시지가결정 / 수용재결(보상금 결정): 하자승계 인정

표준지공시지가결정은 이를 기초로 한 수용재결 등과는 별개의 독립된 처분으로서 서로 독립하여 별개의 법률효과를 목적으로 하지만, … 위법한 표준지공시지가를 기초로 한 수용재결 등 후행 행정처분에서 표준지공시지가결정의 위법을 주장할 수 없도록 하는 것은 수인한도를 넘는 불이익을 강요하는 것으로서 … 표준지공시지가결정이 위법한 경우에는 … 수용보상금의 증액을 구하는 소송에서도 선행처분으로서 그 수용대상 토지가격 산정의 기초가 된 비교표준지공시지가결정의 위법을 독립한 사유로 주장할 수 있다(2008.8.21. 2007두13845).

+ PLUS 표준공시지가결정과 수용재결은 별개의 법적 효과를 가져오는 관계에 있으나, 표준공시지가결정의 특성상(개별고지×, 기준표준지 알 수 없음) 하자승계 부정시 국민의 수인한도를 넘게 된다고 보아 하자의 승계를 인정한다. 따라서 수용보상금액을 구하는 소송에서 선행처분인 비교표준지공시지가결정의 위법을 주장할 수 있다.

선지분석 & 요플·기풀기링크

선지	THEME	요플	기풀기
①		119	061
②	T75 손실보상(토지보상법)	54	114
③		03	003
④	T30 하자의 승계	53	058

정답 ③
OX 1 ×

03

「공익사업을 위한 토지 등의 취득 및 보상에 관한 법률」상 잔여지 수용청구 및 손실보상에 대한 설명으로 옳은 것은? (다툼이 있는 경우 판례에 의함)

19지방7(변형)

① 동일한 토지소유자에 속하는 일단의 토지의 일부가 취득됨으로써 잔여지의 가격이 감소한 때에는 잔여지를 종래의 목적으로 사용하는 것이 가능한 경우라도 그 잔여지는 손실보상의 대상이 된다.

② 토지소유자가 잔여지 수용청구에 대한 재결절차를 거친 경우에는 곧바로 사업시행자를 상대로 잔여지 가격감소 등으로 인한 손실보상을 청구할 수 있다.

③ 잔여지 수용청구는 당해 공익사업의 사업완료일까지 해야 하지만, 토지소유자가 그 기간 내에 잔여지 수용청구권을 행사하지 않았더라도 그 권리가 소멸하는 것은 아니다.

④ 토지소유자가 사업시행자에게 잔여지 매수청구의 의사표시를 하였다면, 그 의사표시는 특별한 사정이 없는 한 관할 토지수용위원회에 한 잔여지 수용청구의 의사표시로 볼 수 있다.

해설

① ○ 잔여지를 종래 목적대로 사용은 가능하나, 가격이 감소하거나 공사비 등 필요: 잔여지 보상 인정
잔여지의 가격이 감소하거나 그 밖의 손실이 있을 때 등에는 잔여지를 종래의 목적으로 사용하는 것이 가능한 경우라도 잔여지 손실보상의 대상이 되며, 잔여지를 종래의 목적에 사용하는 것이 불가능하거나 현저히 곤란한 경우이어야만 잔여지 손실보상청구를 할 수 있는 것이 아니다(2018.7.20. 2015두4044).

공익사업을 위한 토지 등의 취득 및 보상에 관한 법률 제73조(잔여지의 손실과 공사비 보상) ① 사업시행자는 동일한 소유자에게 속하는 일단의 토지의 일부가 취득되거나 사용됨으로 인하여 **잔여지의 가격이 감소**하거나 그 밖의 손실이 있을 때 또는 잔여지에 통로·도랑·담장 등의 신설이나 그 밖의 공사가 필요할 때에는 국토교통부령으로 정하는 바에 따라 그 손실이나 공사의 비용을 **보상하여야 한다**. 다만, 잔여지의 가격 감소분과 잔여지에 대한 공사의 비용을 합한 금액이 잔여지의 가격보다 큰 경우에는 사업시행자는 그 잔여지를 매수할 수 있다.

[관련] 토지소유자가 사업시행자로부터 공익사업법 제73조, 제75조의2에 따른 잔여지 또는 잔여 건축물 가격감소 등으로 인한 손실보상을 받기 위해서는 공익사업법 제34조, 제50조 등에 규정된 재결절차를 거친 다음 그 재결에 대하여 불복할 때 비로소 공익사업법 제83조 내지 제85조(편저자: 행정소송-사안의 경우 당사자소송)에 따라 권리구제를 받을 수 있다(2014.9.25. 2012두24092).❶

② ✕ 잔여지 수용청구에 대한 재결만 거쳤을 뿐, 잔여지 가격감소에 대한 재결은 안 거침 → 가격감소에 대한 보상청구 불가
토지소유자가 사업시행자로부터 공익사업법 제73조, 제75조의2에 따른 잔여지 또는 잔여 건축물 〈가격감소 등으로 인한 손실보상〉을 받기 위해서는 공익사업법 제34조, 제50조 등에 규정된 **재결절차를 거친 다음 그 재결에 대하여 불복할 때 비로소** 공익사업법 제83조 내지 제85조에 따라 권리구제를 받을 수 있을 뿐이며, 특별한 사정이 없는 한 이러한 **재결절차를 거치지 않은 채 곧바로 사업시행자를 상대로 손실보상을 청구하는 것은 허용되지 않는다** 할 것이고, 이는 잔여지 또는 잔여 건축물 **수용청구에 대한 재결절차를 거친 경우라고 하여 달리 볼 것이 아니다**(2014.9.25. 2012두24092).❷

③ ✕ **잔여지수용청구권: 기간도과시 소멸(제척기간)**
토지수용법에 의한 **잔여지수용청구권**은 그 요건을 구비한 때에는 토지수용위원회의 특별한 조치를 기다릴 것 없이 청구에 의하여 수용의 효과가 발생하는 형성권적 성질을 가지고, 그 행사기간은 **제척기간**으로서, 토지소유자가 그 행사기간 내에 잔여지수용청구권을 행사하지 아니하면 그 권리가 소멸한다(2001.9.4. 99두11080).❸

선지분석 & 요플·기풀기링크

선지	THEME	요플	기풀기
①		86	029
②	T75 손실보상(토지보상법)	88	106
③		82	026
④		81	027

❶ 잔여지 사용곤란에 따른 매수청구·수용청구와 달리, 잔여지 가격감소에 따른 손실보상의 경우 잔여지 발생으로 인한 가격감소만 있으면 족하고, 그것을 종래 목적으로 이용하지 못할 것을 요하지 않는다. ① 단, 적어도 그러한 가격감소가 해당 공익사업에 따른 취득·사용에 따라 일어난 것이어야지 별개의 원인으로 인한 가격하락을 보상하는 것은 아니다.ª 잔여 건축물 가격감소 등으로 인한 손실보상에 관한 소송은 재결을 거쳐 행정소송(당사자소송)으로 다투게 된다.ᵇ

❷ 토지보상법상 각종의 보상청구는 토지수용위원회의 재결을 먼저 거친 다음에만 청구할 수 있다(쟁송절차에 나갈 수 있다). 그런데 잔여지 수용과 잔여지 가격감소분 보상은 별개의 제도이므로 잔여지 수용청구에 대해 재결절차를 거쳤더라도 잔여지 가격감소에 대한 보상에 대해서는 별도로 그에 대한 재결을 거쳐 이의신청 및 쟁송절차에 나갈 수 있는 것이지, **잔여지 수용에 대해 재결절차를 거쳤다는 이유로 곧바로 가격감소에 따른 보상금청구를 할 수는 없다.**

④ ✕ 매수청구한 것을 수용청구한 것으로 볼 수 없음(매수청구했어도 수용청구는 별도로 해야)

잔여지 수용청구의 의사표시는 관할 토지수용위원회에 하여야 하는 것으로서, 관할 토지수용위원회가 사업시행자에게 잔여지 수용청구의 의사표시를 수령할 권한을 부여하였다고 인정할 만한 사정이 없는 한, 사업시행자에게 한 잔여지 매수청구의 의사표시를 관할 토지수용위원회에 한 잔여지 수용청구의 의사표시로 볼 수는 없다(2010.8.19. 2008두822).

관련 잔여지 수용청구를 받아들이지 않은 토지수용위원회의 재결에 대하여 토지소유자가 불복하여 제기하는 소송은 위 법 제85조 제2항에 규정되어 있는 '보상금의 증감에 관한 소송'에 해당하여(편저자: 당사자소송) 사업시행자를 피고로 하여야 한다(2010.8.19. 2008두822). ④

문제정리   잔여지 관련 손실보상

a. 잔여지에 현실적 이용상황 변경 또는 사용가치 및 교환가치의 하락 등이 발생하였더라도 그 손실이 토지가 공익사업에 취득·사용됨으로써 발생한 것이 아닌 경우에는 손실보상의 대상이 되지 않는다. 19서울7

b. 동일한 소유자에게 속하는 일단의 건축물의 일부가 수용됨으로써 발생한 잔여 건축물 가격감소 등으로 인한 손실보상에 관한 소송(은 행정소송으로 청구할 수 있다) 17(상)국가7

c. 잔여지 수용청구권은 그 요건을 구비한 때에는 잔여지를 수용하는 토지수용위원회의 재결이 없더라도 그 청구에 의하여 수용의 효과가 발생하는 형성권적 성질을 가진다. 20국가7

d. 잔여지 수용청구의 의사표시는 관할 토지수용위원회에 하여야 하므로, 원칙적으로 사업시행자에게 한 잔여지 매수청구의 의사표시를 관할 토지수용위원회에 한 잔여지 수용청구의 의사표시로 볼 수 없다. 16지방7

e-1. 「공익사업을 위한 토지 등의 취득 및 보상에 관한 법률」에 의한 잔여지 수용청구를 받아들이지 않은 토지수용위원회의재결에 대하여 토지소유자가 불복하여 제기하는 소송은 항고소송에 해당한다. 19지방9

e-2. 「공익사업을 위한 토지 등의 취득 및 보상에 관한 법률」상 잔여지 수용청구권은 형성권적 성질을 가지므로, 잔여지 수용청구를 받아들이지 않은 재결에 대하여 토지소유자가 불복하여 제기하는 소송은 보상금증감청구소송에 해당한다. 17(하)지방9

e-3. 잔여지 수용청구를 받아들이지 않은 토지수용위원회의 재결에 불복하여 제기하는 소송(은 행정소송으로 청구할 수 있다) 17(상)국가7

해설

1. 잔여지 가격감소나 공사비 등 필요시
   - 손실보상
   - 종래 목적대로 사용이 가능하더라도,①,a 공용침해에 기인한 가치하락도 전보하는 것
   - 해당 수용·사용에 기인하지 않는 가치하락은 보상✕
   - 재결을 거쳐 당사자소송으로 다툼[b]

2. 잔여지를 종래 목적으로 사용하는 것이 현저 곤란시
   - 매수청구 – 사업인정 전에도 할 수 있는 것 to 시행자
   - 수용청구 – 사업인정 후로서 매수협의 불성립시 할 수 있는 것 to 토지수용위원회
   ① 기한: 사업완료일까지(제척기간) → 기한 내 미행사시 자동소멸 ③
   ② **매수청구**(to 시행자)한 것을 두고 **수용청구**(to 수용위원회)한 것으로 볼 수 없음 ④,d
   ③ 수용청구권은 형성권[c]
   → 수용위 거부에 대해 항고소송✕ / 보상금증감소송○(피고: 수용위✕, 시행자○)[e]

3. 가격감소에 따른 손실보상청구와 사용곤란에 따른 수용청구는 별개의 제도
   - 잔여지 수용청구에 대한 재결은 거쳤으나, 가격감소에 대한 재결은 거치지 않은 경우
   → 양자는 별개 → 가격감소에 대한 보상청구 불가 ②

정답 a.○ b.○ c.○ d.○ e-1.✕ e-2.○ e-3.○

---

❸ 잔여지수용청구권은 관할 토지수용위원회를 상대방으로 하는 형성권[c]으로 그 행사기간은 사업완료일까지이며, 이는 제척기간이다. 즉, 사업완료일까지 행사하지 않으면 권리는 소멸한다. ③

❹ 사업시행자에게 하는 매수청구를 한 것을 두고 토지수용위원회에 해야 할 수용청구도 했다고 볼 수는 없고 ④,d 그 상태에서 수용청구권의 제척기간을 도과한 경우 더 이상 잔여지수용청구권은 행사할 수 없다. 반대로 잔여지수용청구권을 제척기간 내 행사하였으나 토지수용위원회에서 이를 거부한 경우에는 보상금증감소송(당사자소송)으로 다툴 수 있다.[e] 이는 잔여지수용청구권이 형성권이라는 점, 궁극적 목적은 수용자체가 아닌 보상금 지급이라는 점에 근거한다. 피고는 사업시행자가 된다.

정답 ①

필수문제 04

「공익사업을 위한 토지 등의 취득 및 보상에 관한 법률」상 토지수용에 따른 권리구제에 대한 기술로 옳은 것은? (단, 다툼이 있는 경우 판례에 의함)   17(1)서울9

① 사업폐지에 대한 손실보상청구권은 사법상 권리로서 민사소송절차에 의해야 한다.
② 농업손실에 대한 보상청구권은 「행정소송법」상 당사자소송에 의해야 한다.
③ 수용재결에 불복하여 이의신청을 거쳐 취소소송을 제기하는 때에는 이의재결을 한 중앙토지수용위원회를 피고로 해야 한다.
④ 잔여지 수용청구를 받아들이지 않는 토지수용위원회의 재결에 대해서는 취소소송을 제기할 수 있다.

관련 OX

④ 관련

1 「공익사업을 위한 토지 등의 취득 및 보상에 관한 법률」상 잔여지 수용청구권은 형성권적 성질을 가지므로, 잔여지 수용청구를 받아들이지 않은 재결에 대하여 토지소유자가 불복하여 제기하는 소송은 보상금증감청구소송에 해당한다.   17(하)지방9

해설

① ✕ 사업폐지에 따른 손실보상청구권: 공권 → 당사자소송
〈사업폐지 등에 대한 보상청구권〉은 공익사업의 시행 등 적법한 공권력의 행사에 의한 재산상 특별한 희생에 대하여 전체적인 공평부담의 견지에서 공익사업의 주체가 손해를 보상하여 주는 손실보상의 일종으로 **공법상 권리임이 분명하므로** 그에 관한 쟁송은 민사소송이 아닌 **행정소송절차에 의하여야** 한다(2012.10.11. 2010다23210).

② ○ 농업손실에 따른 손실보상청구권: 공권 → 당사자소송
〈농업손실보상청구권〉은 공익사업의 시행 등 적법한 공권력의 행사에 의한 재산상의 특별한 희생에 대하여 전체적인 공평부담의 견지에서 공익사업의 주체가 그 손해를 보상하여 주는 손실보상의 일종으로 **공법상의 권리임이 분명하므로** 그에 관한 쟁송은 민사소송이 아닌 **행정소송절차에 의하여야 할** 것이다(2011.10.13. 2009다43461).

③ ✕ 수용재결에 이의신청을 거쳐 소송시: 소송의 대상은 (원처분인) 수용재결 / 피고는 수용재결을 한 위원회
수용재결에 불복하여 취소소송을 제기하는 때에는 〈이의신청을 거친 경우에도〉 수용재결을 한 중앙토지수용위원회 또는 지방토지수용위원회를 피고로 하여 수용재결의 취소를 구하여야 하고(편저자: 원처분을 대상으로 하여야 하고), 다만 이의신청에 대한 재결 자체에 고유한 위법이 있음을 이유로 하는 경우에는 그 이의재결을 한 중앙토지수용위원회를 피고로 하여 이의재결의 취소를 구할 수 있다고 보아야 한다(편저자: 재결에 대해서는 고유의 위법이 있는 경우에만 대상으로 삼을 수 있다)(2010.1.28. 2008두1504).
➕ PLUS 수용재결에 대한 이의신청은 행정심판인 이의신청에 해당한다(T75, 68). 따라서 이의신청에 대한 재결에 대해 불복시 수용재결(원처분)과 이의재결(재결) 중 무엇을 대상으로 할지가 문제된다. 판례는 원칙대로 원처분주의가 적용되어 수용재결이 취소소송의 대상이 된다고 보았다(T51). 따라서 피고는 수용재결을 한 지방토지수용위원회 또는 중앙토지수용위원회가 되는 것이고, 이의재결을 한 중앙토지수용위원회가 되는 것이 아니다(T58).

④ ✕ 잔여지 수용청구 거부에 불복: 보상금증감소송(↔ 취소소송✕)
잔여지 수용청구권은 손실보상의 일환으로 토지소유자에게 부여되는 권리로서 그 요건을 구비한 때에는 잔여지를 수용하는 토지수용위원회의 재결이 없더라도 그 청구에 의하여 수용의 효과가 발생하는 형성권적 성질을 가지므로, **잔여지 수용청구를 받아들이지 않은 토지수용위원회의 재결에 대하여 토지소유자가 불복하여 제기하는 소송은** 위 법 제85조 제2항에 규정되어 있는 '**보상금의 증감에 관한 소송**'에 해당하여 **사업시행자를 피고로 하여야 한다**(2010.8.19. 2008두822).

선지분석 & 요플·기풀기링크

선지	THEME	요플	기풀기
①	T74 손실보상(헌법)	40	040
②		39	039
③	T51 원처분주의/재결주의	20	020
④	T75 손실보상(토지보상법)	84	028

정답 ②
OX 1 ○

05

재산권 보장과 손실보상에 대한 설명으로 옳은 것은? (다툼이 있는 경우 판례에 의함) 21국가7

- ① 공용수용은 공공필요에 부합하여야 하므로, 수용 등의 주체를 국가 등의 공적 기관에 한정하여야 한다.
- ② 공익사업시행으로 인한 개발이익은 완전보상의 범위에 포함되는 피수용토지의 객관적 가치 내지 피수용자의 손실에 해당한다.
- ③ 구 「공유수면매립법」상 간척사업의 시행으로 인하여 관행어업권이 상실될 경우, 실질적이고 현실적인 피해가 발생한 경우에만 「공유수면매립법」에서 정하는 손실보상청구권이 발생한다.
- ④ 「공익사업을 위한 토지 등의 취득 및 보상에 관한 법률」에 따른 보상은 토지소유자나 관계인 개인별로 하는 것이 아니라 수용 또는 사용의 대상이 되는 물건별로 행해지는 것이다.

해설

① ✕ 수용의 주체: 국가 등 공적 기관에 한정✕
헌법 제23조 제3항은 정당한 보상을 전제로 하여 재산권의 수용 등에 관한 가능성을 규정하고 있지만, 재산권 수용의 주체를 한정하지 않고 있다. … 위 수용 등의 주체를 국가 등의 공적 기관에 한정하여 해석할 이유가 없다(헌재 2009.9.24. 2007헌바114). → so 민간기업을 토지수용 주체로 정해도 위헌✕

② ✕ 당해 사업시행으로 인한 개발이익: 보상범위에서 제외
공익사업의 시행으로 인한 개발이익은 완전보상의 범위에 포함되는 피수용토지의 객관적 가치 내지 피수용자의 손실이라고는 볼 수 없다(헌재 1990.6.25. 89헌마107 전원).
+ PLUS 개발이익과 같은 당해 공익사업으로 인한 가격변동은 보상범위에서 배제한다. 이것이 완전보상의 원칙에 어긋난다고 볼 수 없다.

③ ◯ 손실은 현실적 피해에 한정. 공유수면매립면허 고시상태만으로는✕. 실제 공사가 실행되어야◯
공유수면 매립면허의 고시가 있다고 하여 반드시 그 사업이 시행되고 그로 인하여 손실이 발생한다고 할 수 없으므로, 매립면허 고시 이후 매립공사가 실행되어 관행어업권자에게 실질적이고 현실적인 피해가 발생한 경우에만 공유수면매립법에서 정하는 손실보상청구권이 발생하였다고 할 것이다(2010. 12.19. 2007두6571).

④ ✕ 물건별 보상이 아니라 개인별 보상이 원칙이다.

공익사업을 위한 토지 등의 취득 및 보상에 관한 법률 제64조(개인별 보상) 손실보상은 토지소유자나 관계인에게 개인별로 하여야 한다. 다만, 개인별로 보상액을 산정할 수 없을 때에는 그러하지 아니하다.

보상방법

사업시행자보상	소유자나 관계인이 입은 손실은 사업시행자가 보상
사전보상원칙	예외 - 천재지변 등의 경우 후급도 가능 → 후급시 지연이자도 보상◯
현금보상원칙	예외 - 대토보상(적어도 소유자가 원해야) - 채권보상(재량. 단, 투기우려지역은 의무)
개인별 보상	물건별 보상✕ 단, 개인별로 보상액을 산정할 수 없을 때는 개인별 보상원칙 미적용
일괄보상	토지소유자 등이 요구하는 경우에 한함
상계금지	잔여지 가격 증가 등을 이유로 상계 불가

선지선택비율 ① 6.35% ② 12.04% ③ 66.56% ④ 15.05% 오답률 33.44%

관련 OX

① 관련
1 재산권의 수용·사용·제한은 공공필요가 인정되는 경우에만 예외적으로 허용될 수 있는 것이므로 사업시행자가 사인인 경우에는 수용재결의 전제가 되는 사업인정을 받을 수 없다. 22변시

② 관련
2 헌법 제23조 제3항에서 정한 '정당한 보상'이란 피수용재산의 객관적인 재산가치를 완전하게 보상하여야 한다는 완전보상을 뜻하는 것이므로, 해당 공익사업의 시행으로 인한 개발이익도 완전보상의 범위에 포함된다. 22변시

④ 관련
3 손실보상은 토지소유자나 관계인에게 개인별로 하여야 한다. 다만, 개인별로 보상액을 산정할 수 없을 때에는 그러하지 아니하다. 20국회8

선지분석 & 요플·기풀기링크

선지	THEME	요플	기풀기
①	T74 손실보상(헌법)	48	048
②	T75 손실보상(토지보상법)	05	004
③	T74 손실보상(헌법)	60	060
④	T75 손실보상(토지보상법)	16	075

정답 ③
OX 1✕ 2✕ 3◯

필수문제 06

손실보상에 대한 설명으로 옳지 않은 것은? (다툼이 있는 경우 판례에 의함) 12국가9

① 손실보상이 인정되기 위하여 재산권에 대한 침해가 현실적으로 발생하여야 하는 것은 아니다.
② 토지의 문화적·학술적 가치는 특별한 사정이 없는 한 손실보상의 대상이 되지 않는다.
③ 공익사업의 시행으로 인한 개발이익을 손실보상액에서 배제하는 것은 헌법에 위반되지 않는다.
④ 손실보상의 지급에서는 개인별 보상의 원칙이 적용된다.

관련 OX

① 관련
1 손실보상이 인정되기 위해서는 재산권에 대한 실질적이고 현실적인 피해가 발생해야 한다. 15경행

② 관련
2 재산권이란 재산적 가치가 있는 공권과 사권을 말하므로 영업기회나 이득가능성은 포함되지 않지만 철새도래지와 같은 자연·문화적인 학술적 가치는 특별한 재산적 가치를 높이는 것이므로 손실보상의 대상이 된다. 24군무원5

해설

① ✗ 손실보상: 침해가(손실이) 현실적으로 발생하여야 함
  〈공유수면매립면허의 고시〉가 있다고 하여 반드시 그 사업이 시행되고 그로 인하여 손실이 발생한다고 할 수 없으므로 매립면허 고시 이후 매립공사가 실행되어 관행어업권자에게 실질적이고 현실적인 피해가 발생한 경우에만 공유수면매립법에서 정하는 손실보상청구권이 발생하였다고 할 것이다 (2010.12.19. 2007두6571).

② ○ 문화적·학술적 가치: 보상대상 ✗
  문화적·학술적 가치는 특별한 사정이 없는 한 그 토지의 부동산으로서의 경제적·재산적 가치를 높여 주는 것이 아니므로 토지수용법 제51조 소정의 손실보상의 대상이 될 수 없으니, 이 사건 토지가 철새 도래지로서 자연 문화적인 학술가치를 지녔다 하더라도 손실보상의 대상이 될 수 없다(1989.9.12. 88누11216).

③ ○ 개발이익 배제: 합헌
  구 토지수용법 제46조 제2항 및 「지가공시 및 토지등의 평가에 관한 법률」제10조 제1항 제1호가 토지수용으로 인한 손실보상액의 산정을 공시지가를 기준으로 하되 개발이익을 배제하고, 공시기준일부터 재결시까지의 시점보정을 인근토지의 가격변동률과 도매물가상승률 등에 의하여 행하도록 규정한 것은 … 헌법상의 정당보상의 원칙에 위배되는 것이 아니며, 또한 위 헌법 조항의 법률유보를 넘어섰다거나 과잉금지의 원칙에 위배되었다고 볼 수 없다(헌재 1995.4.20. 93헌바20·66).

④ ○ 개인별○ / 물건별✗
  공익사업을 위한 토지 등의 취득 및 보상에 관한 법률 제64조(개인별 보상) 손실보상은 토지소유자나 관계인에게 **개인별로** 하여야 한다. 다만, 개인별로 보상액을 산정할 수 없을 때에는 그러하지 아니하다.

선지분석 & 요플·기풀기링크

선지	THEME	요플	기풀기
①	T74 손실보상(헌법)	59	059
②		72	015
③	T75 손실보상(토지보상법)	06	005
④		16	075

정답 ①
OX 1○ 2✗

07 필수문제

「공익사업을 위한 토지 등의 취득 및 보상에 관한 법률」에서 규정하고 있는 이주대책에 대한 판례의 태도로 옳은 것은?   11사복9

① 사업시행자가 실제로 이주대책을 수립하기 이전에도 이주대책대상자에게는 구체적인 수분양권이 발생하게 된다.
② 이주대책의 실시 여부는 입법자의 입법정책적 재량의 영역에 속한다.
③ 세입자를 이주대책대상자에서 제외하는 것은 세입자의 평등권과 재산권을 침해한다.
④ '공익사업을 위한 관계법령에 의한 고시 등이 있은 날' 당시 주거용 건물이 아니었던 건물이 그 이후에 주거용으로 불법용도변경된 경우에도 이주대책대상이 되는 주거용 건축물이 될 수 있다.

관련 OX

추가기출(① 관련)

ⓐ ◯

이주대책대상자 선정에서 배제되어 수분양권을 취득하지 못한 이주자가 사업시행자를 상대로 공법상 당사자소송으로 이주대책상의 수분양권의 확인을 구하는 것은 허용될 수 없다.   21국회8

해설

① ✕ 사업시행자가 이주대책계획을 수립·공고 후, 이주자가 대상자 선정신청을 하면, 사업시행자가 이를 확인·결정까지 해야 비로소 수분양권 발생

사업시행자에게 이주대책을 수립·실시할 의무를 부과하고 있다고 하여 그 규정 자체만에 의하여 이주자에게 사업시행자가 수립한 이주대책상의 택지분양권이나 아파트 입주권 등을 분양받을 수 있는 구체적인 권리(수분양권)가 직접 발생하는 것이라고는 볼 수 없다. 사업시행자가 이주대책에 관한 구체적인 계획을 수립하여 이를 이주자에게 통지하거나 공고한 후 이주자가 수분양권을 취득하기를 희망하여 이주대책에 정한 절차에 따라 사업시행자에게 이주대책대상자 선정신청을 하고 사업시행자가 그 신청을 받아들여 이주대책대상자로 확인·결정을 하여야만 비로소 구체적인 수분양권이 발생하게 된다(1995.6.30. 94다14391, 94다14407).

관련 이주대책대상자 선정 거부시 불복: 수분양권 확인소송✕, 거부처분 취소소송◯ ⓐ

이주대책대상자 선정신청을 한 데 대하여 이주대책대상자에서 제외시키거나 또는 거부조치한 경우에 이주자는 사업시행자를 상대로 그 처분의 취소를 구하는 항고소송을 제기할 수 있을 뿐, 이주자가 구체적인 수분양권을 아직 취득하지도 못한 상태에서 곧바로 분양의무의 주체인 사업시행자를 상대로 이주대책상의 수분양권의 확인 등을 청구하는 민사소송(편저자: 당사자소송도 마찬가지)을 제기하는 것은 허용되지 않는다(1995.6.30. 94다14391). ⓐ

② ◯, ③ ✕ 이주대책의 실시 여부는 입법재량영역② SO 세입자를 이주대책에서 제외하더라도 평등권·재산권 침해✕③

이주대책의 실시 여부는 입법자의 입법정책적 재량의 영역에 속하므로② 「공익사업을 위한 토지 등의 취득 및 보상에 관한 법률 시행령」 제40조 제3항 제3호가 이주대책의 대상자에서 세입자를 제외하고 있는 것이 세입자의 재산권을 침해하는 것이라 볼 수 없다③(헌재 2006.2.23. 2004헌마19).

④ ✕ 이주대책대상: 고시일 기준 주거용 건물이어야 → 관련 고시 후 주거용으로 변경한 것은 보상✕

〈이주대책의 대상〉이 되는 주거용 건축물이란 위 시행령 제40조 제3항 제2호의 '공익사업을 위한 관계법령에 의한 고시 등이 있은 날' 당시 건축물의 용도가 주거용인 건물을 의미한다고 해석되므로, 그 당시 주거용 건물이 아니었던 건물이 그 이후에 주거용으로 용도변경된 경우에는 건축허가를 받았는지 여부에 상관없이 수용재결 내지 협의계약 체결 당시 주거용으로 사용된 건물이라 할지라도 이주대책대상이 되는 주거용 건축물이 될 수 없다(2009.2.26. 2007두13340).

선지분석 & 요플·기풀기링크

선지	THEME	요플	기풀기
①		115	058
②	T75 손실보상(토지보상법)	104	046
③		105	047
④		118	052

정답 ②
OX ⓐ ◯

08

손실보상에 대한 판례의 입장으로 옳은 것은? 19국가7

① 이주대책은 이른바 생활보상에 해당하는 것으로서 헌법 제23조 제3항이 규정하는 손실보상의 한 형태로 보아야 하므로, 법률이 사업시행자에게 이주대책의 수립·실시의무를 부과하였다면 이로부터 사업시행자가 수립한 이주대책상의 택지분양권 등의 구체적 권리가 이주자에게 직접 발생한다.

② 공공사업 시행으로 사업시행지 밖에서 발생한 간접손실은 손실발생을 쉽게 예견할 수 있고 손실범위도 구체적으로 특정할 수 있더라도, 사업시행자와 협의가 이루어지지 않고 그 보상에 관한 명문의 근거법령이 없는 경우에는 보상의 대상이 아니다.

③ 공익사업으로 인해 농업손실을 입은 자가 사업시행자에게서 「공익사업을 위한 토지 등의 취득 및 보상에 관한 법률」에 따른 보상을 받으려면 재결절차를 거쳐야 하고, 이를 거치지 않고 곧바로 민사소송으로 보상금을 청구하는 것은 허용되지 않는다.

④ 「공익사업을 위한 토지 등의 취득 및 보상에 관한 법률」상 주거용 건축물 세입자의 주거이전비 보상청구권은 사법상의 권리이고, 주거이전비 보상청구소송은 민사소송에 의해야 한다.

관련 OX

② 관련

1 공공사업시행지구 밖에서 발생한 간접손실에 관하여 그 피해자와 사업시행자 사이에 협의가 이루어지지 아니하고, 그 보상에 관한 명문의 근거법령이 없는 경우라고 하더라도 공공사업의 시행으로 인하여 그러한 손실이 발생하리라는 것을 쉽게 예견할 수 있고, 그 손실의 범위도 구체적으로 특정할 수 있다면 그 손실보상에 관하여 관련 규정 등을 유추적용할 수 있다. 22소방

④ 관련

2 「공익사업을 위한 토지 등의 취득 및 보상에 관한 법률」상 적법하게 시행된 공익사업으로 인하여 이주하게 된 주거용 건축물 세입자의 주거이전비 보상청구권은 공법상의 권리이고, 따라서 그 보상을 둘러싼 쟁송은 민사소송이 아니라 공법상의 법률관계를 대상으로 하는 행정소송에 의하여야 한다. 24지방9

선지분석 & 요플·기풀기링크

선지	THEME	요플	기풀기
①		114	057
②	T75 손실보상(토지보상법)	124	065
③		46	105
④	T74 손실보상(헌법)	43	043

해설

① ✕ 지문의 앞·뒤가 모두 틀렸다. 판례는 이주대책을 헌법 제23조 제3항에 따른 손실보상이 아니라 헌법 제34조에 근거한 생활보상으로 본다. 한편, 구체적 수분양권은 사업시행자가 이주대책대상자로 확인·결정하여야 발생한다.

- **이주대책: 정책적 배려인 생활보상의 일환○(헌법 제23조 제3항의 손실보상✕)**①(앞)
  〈이주대책〉은 헌법 제23조 제3항에 규정된 **정당한 보상**에 포함되는 것이라기보다는 이에 부가하여 이주자들에게 종전의 생활상태를 회복시키기 위한 **생활보상의 일환**으로서 국가의 **정책적인 배려**에 의하여 마련된 제도라고 볼 것이다(헌재 2006.2.23. 2004헌마19 전원).

- **이주대책 수립·실시의무 규정만으로는 이주자에게 수분양권 등 구체적 권리발생✕**①(뒤) **/ 사업시행자가 이주대책계획을 수립·공고 후, 이주자가 대상자 선정신청을 하면, 사업시행자가 이를 확인·결정까지 해야 비로소 수분양권 발생**
  「공공용지의 취득 및 손실보상에 관한 특례법」에서 사업시행자에게 이주대책을 수립·실시할 의무를 부과하고 있다고 하여 그 규정 자체만에 의하여 이주자에게 사업시행자가 수립한 이주대책상의 택지분양권이나 아파트 입주권 등을 분양받을 수 있는 구체적인 권리(수분양권)가 직접 발생하는 것이라고는 볼 수 없고①(뒤) 사업시행자가 이주대책에 관한 구체적인 계획을 수립하여 이를 이주자에게 통지하거나 공고한 후 이주자가 수분양권을 취득하기를 희망하여 이주대책에 정한 절차에 따라 사업시행자에게 이주대책대상자 선정신청을 하고 사업시행자가 그 신청을 받아들여 이주대책대상자로 확인·결정을 하여야만 비로소 구체적인 수분양권이 발생하게 된다(1995.6.30. 94다14391, 94다14407).

② ✕ **사업지구 밖의 간접손실: 예상 가능하고 특정 가능하면 시행규칙을 유추적용하여 보상 가능**
공공사업의 시행으로 인하여 사업지구 밖에서 수산제조업에 대한 **간접손실**이 발생하리라는 것을 쉽게 예견할 수 있고 그 손실의 범위도 구체적으로 **특정**할 수 있는 경우라면, 그 손실의 보상에 관하여 같은 법 **시행규칙의 간접보상 규정을 유추적용할 수**(편저자: 유추적용하여 보상할 수) 있다(1999.12.24. 98다57419, 57426).

③ ○ (농업손실보상) 재결을 거치지 않고 곧바로 보상청구 불가
공익사업으로 인하여 〈농업의 손실〉을 입게 된 자가 사업시행자로부터 구 공익사업법 제77조 제2항에 따라 농업손실에 대한 보상을 받기 위해서는 구 공익사업법 제34조, 제50조 등에 규정된 **재결절차를 거친 다음 그 재결에 대하여 불복**이 있는 때에 비로소 구 공익사업법 제83조 내지 제85조에 따라 **권리구제를 받을 수 있다**(2011.10.13. 2009다43461).

+ **PLUS** 토지보상법상 각종의 보상청구는 토지수용위원회의 재결을 먼저 거친 다음에만 청구할 수 있다(쟁송절차에 나갈 수 있다). 재결을 거치더라도 민사소송이 아닌 당사자소송에 의한다. 따라서 재결을 거치지도 않고 소송의 형태도 민사소송으로 하는 것은 어느 모로 보나 허용되지 않는다.

④ × 건축물 세입자의 주거이전비 보상청구권: 공권 → 당사자소송

공익사업으로 인하여 이주하게 된 주거용 건축물 〈세입자의 주거이전비 보상청구권〉은 **공법상의 권리**이고, 따라서 그 보상을 둘러싼 쟁송은 민사소송이 아니라 공법상의 법률관계를 대상으로 하는 **행정소송에 의하여야 한다.** … 세입자의 주거이전비 보상청구권은 그 요건을 충족하는 경우에 당연히 발생하는 것이므로, **주거이전비 보상청구소송은 행정소송법 제3조 제2호에 규정된 당사자소송에 의하여야 한다**(2008.5.29. 2007다8129).

+ **PLUS** 토지보상법상의 각종 보상금청구권은 공법상 권리로서 당사자소송의 대상이다.

09

「공익사업을 위한 토지 등의 취득 및 보상에 관한 법률」상 토지수용절차 및 보상에 대한 설명으로 옳지 않은 것은? (다툼이 있는 경우 판례에 의함) 20국가7

① 토지수용위원회가 토지에 대하여 사용재결을 하는 경우 사용할 토지의 위치와 면적, 권리자, 손실보상액, 사용개시일뿐만 아니라 사용방법, 사용기간도 구체적으로 재결서에 특정하여야 한다.

② 사업인정기관은 어떠한 사업이 외형상 토지 등을 수용 또는 사용할 수 있는 사업에 해당한다 하더라도, 사업시행자에게 해당 공익사업을 수행할 의사와 능력이 없다면 사업인정을 거부할 수 있다.

③ 협의취득으로 인한 사업시행자의 토지에 대한 소유권 취득은 승계취득이므로 관할 토지수용위원회에 의한 협의성립의 확인이 있었더라도 사업시행자는 수용재결의 경우와 동일하게 그 토지에 대한 원시취득의 효과를 누릴 수 없다.

④ 사업시행자의 이주대책 수립·실시의무 및 이주대책의 내용에 관한 규정은 당사자의 합의 또는 사업시행자의 재량에 의하여 적용을 배제할 수 없는 강행법규이다.

해설

① ○ **재결서 기재사항: 사용토지의 위치·면적 등 외에 사용방법, 사용기간 등도 구체적으로 특정해야**
관할 토지수용위원회가 토지에 관하여 **사용재결을 하는 경우에는** 재결서에 사용할 토지의 위치와 면적, 권리자, 손실보상액, 사용개시일 외에도 **사용방법, 사용기간을 구체적으로 특정하여야** 한다(2019.6.13. 2018두42641).

> **공익사업을 위한 토지 등의 취득 및 보상에 관한 법률 제50조(재결사항)** ① 토지수용위원회의 재결사항은 다음 각 호와 같다.
> 1. 수용하거나 **사용할 토지의 구역 및 사용방법**
> 2. 손실보상
> 3. 수용 또는 **사용의 개시일과 기간**
> 4. 그 밖에 이 법 및 다른 법률에서 규정한 사항

② ○ **사업인정요건: 외형상 대상사업 해당 + 시행자의 수행 의사·능력**
해당 사업이 외형상 토지 등을 수용 또는 사용할 수 있는 사업에 해당한다고 하더라도 사업인정기관으로서는 … 해당 공익사업을 수행하여 공익을 실현할 의사나 능력이 없는 자에게 타인의 재산권을 공권력적·강제적으로 박탈할 수 있는 수용권을 설정하여 줄 수는 없으므로, **사업시행자에게 해당 공익사업을 수행할 의사와 능력이 있어야 한다는 것도 사업인정의 한 요건이라고 보아야 한다**(2011.1.27. 2009두1051).

관련 사업인정 후라도 수행의사·능력상실시 수용권행사 불가
공용수용은 헌법상의 재산권 보장의 요청상 불가피한 최소한에 그쳐야 한다는 헌법 제23조의 근본취지에 비추어 볼 때, 사업시행자가 **사업인정을 받은 후** 그 사업이 공용수용을 할 만한 공익성을 상실하거나 사업인정에 관련된 자들의 이익이 현저히 비례의 원칙에 어긋나게 된 경우 또는 사업시행자가 **해당 공익사업을 수행할 의사나 능력을 상실**하였음에도 여전히 그 사업인정에 기하여 수용권을 행사하는 것은 수용권의 공익 목적에 반하는 **수용권의 남용에 해당하여 허용되지 않는다**(2011.1.27. 2009두1051).

③ × **협의취득은 승계취득 but 협의취득도 협의성립확인시 수용재결과 같은 원시취득 효과발생**
공증을 받아 협의성립의 확인을 신청하는 경우 신청이 수리됨으로써 **협의성립의 확인이 있었던 것으로 간주되면**, 토지보상법 제29조 제4항에 따라 **그에 관한 재결이 있었던 것으로 재차 의제되고**, 그에 따라 사업시행자는 사법상 매매의 효력만을 갖는 협의취득과는 달리 확인대상 토지를 수용재결의 경우와 동일하게 **원시취득하는 효과를 누리게 된다**(2018.12.13. 2016두51719).

관련 OX

② 관련

1 (「공익사업을 위한 토지 등의 취득 및 보상에 관한 법률」상 토지수용절차로서 사업인정에 대하여) 사업시행자가 해당 공익사업을 수행할 의사와 능력이 있어야 한다는 것은 사업인정의 요건에 해당한다. 21국가7

③ 관련

2 사업시행자가 「공증인법」에 따른 공증을 받아 협의성립의 확인을 신청한 경우, 그 신청이 수리되면 협의성립의 확인이 있었던 것으로 간주되고 그에 관한 재결이 있었던 것으로 재차 의제되므로 그에 따라 사업시행자는 사법상 매매의 효력만을 갖는 협의취득과는 달리 확인대상 토지를 수용재결의 경우와 동일하게 원시취득하는 효과를 누리게 된다. 23국가7

④ 관련

3 「공익사업을 위한 토지 등의 취득 및 보상에 관한 법률」상 사업시행자에 의한 이주대책 수립·실시 및 이주대책의 내용에 관한 규정은 당사자의 합의에 의하여 적용을 배제할 수 있다. 17국가7

선지분석 & 요플·기풀기링크

선지	THEME	요플	기풀기
①		75	018
②	T75 손실보상(토지보상법)	31	092
③		26	085
④		107	050

공익사업을 위한 토지 등의 취득 및 보상에 관한 법률 제29조(협의성립의 확인) ① 사업시행자와 토지소유자 및 관계인 간에 제26조에 따른 절차를 거쳐 협의가 성립되었을 때에는 사업시행자는 제28조 제1항에 따른 재결 신청기간 이내에 해당 토지소유자 및 관계인의 동의를 받아 대통령령으로 정하는 바에 따라 관할 **토지수용위원회**에 협의성립의 확인을 신청할 수 있다.
③ 사업시행자가 협의가 성립된 토지의 소재지·지번·지목 및 면적 등 대통령령으로 정하는 사항에 대하여 「공증인법」에 따른 공증을 받아 제1항에 따른 협의성립의 확인을 신청하였을 때에는 관할 **토지수용위원회가 이를 수리함으로써 협의성립이 확인**된 것으로 본다.
④ 제1항 및 제3항에 따른 **확인은 이 법에 따른 재결로 보며**, 사업시행자, 토지소유자 및 관계인은 그 확인된 협의의 성립이나 내용을 **다툴 수 없다**.

④ ○ 이주대책 수립·실시 여부는 물론, 이주대책의 내용에 관한 규정도 강행법규(합의배제 불가)
사업시행자의 이주대책 수립·실시의무를 정하고 있는 구 공익사업법 제78조 제1항은 물론 <u>이주대책의 내용에 관하여 규정하고 있는 같은 조 제4항 본문 역시 당사자의 합의 또는 사업시행자의 재량에 의하여 적용을 배제할 수 없는 강행법규</u>이다(2011.6.23. 2007다63089·63096 전합).

관련 사업시행자는 이주대책기준을 정하여 이주대책대상자 중에서 이주대책을 수립·실시하여야 할 자를 선정하여 그들에게 <u>공급할 택지 또는 주택의 내용이나 수량을 정할 수 있고, 이를 정하는 데 재량을 가지므로</u>, 이를 위해 사업시행자가 설정한 기준은 그것이 객관적으로 합리적이 아니라거나 타당하지 않다고 볼 만한 다른 특별한 사정이 없는 한 존중되어야 한다(2009.3.12. 2008두12610).

+ PLUS 사업시행자의 이주대책 수립·실시의무와 그에 담겨야 할 필요적 사항(내용)을 정한 규정은 모두 강행법규로서 사업시행자에게는 이를 배제할 재량이 없다. 이는 사업시행자가 이에 따라 이주대책을 수립하면서 이주대책대상자를 선정해 그들에게 공급할 주택의 내용이나 수량을 정하는 등 그 내용결정에 있어 재량을 가진다는 점과 구별한다.

문제정리 이주대책

a. 사업시행자는 이주대책을 수립할 의무를 질 뿐, 그 내용결정에 있어서 재량권을 갖는 것은 아니다. 10지방7

> **해설**
> 1. 헌법적 쟁점
> • 생활보상에 해당 → 헌23③의 보상× (헌재, 대법 동일) / 정책적 배려○ → 광범위한 입법자유
>   − 세입자를 이주대책에서 제외하더라도 위헌×
>
> 2. 현행 토지보상법
> 가. to 주거용 건물 제공자
> • 이주대책 수립·시행 의무 & 이주대책의 내용규정
>   → 강행규정④ → 법령상 대상자 제외 불가 / 법령외 이해관계인 포함 가능
>   → 이주대책 미수립 or 대상자가 타 지역 이주를 원할 시 이주정착금 지급의무
> • 이주대책상 공급될 택지·주택 등의 내용·기준에 대한 결정은 재량[a]
> • 실제로 이주대책이 수립·실행되기 전에는 수분양권 등 구체적 권리× → 대상자 결정·거부는 처분○
> • 주거용 건물이어야 → 사업인정 고시 후 주거용으로 변경한 것은 보상×
> 나. to 세입자
> • 이전비 보상청구권만 인정(가재도구 운반비 포함)

정답 a. ×

정답 ③
OX 1○ 2○ 3×

10

「공익사업을 위한 토지 등의 취득 및 보상에 관한 법률」상 이주대책에 대한 설명으로 옳지 않은 것은? (다툼이 있는 경우 판례에 의함) 20국회8

① 이주대책은 생활보상의 일환으로 국가의 적극적이고 정책적인 배려에 의하여 마련된 제도이다.
② 이주대책의 수립의무자는 사업시행자이며, 법령에서 정한 일정한 경우 이주대책을 수립할 의무가 있다.
③ 사업시행자는 이주대책을 수립하려면 미리 관할 지방자치단체의 장과 협의하여야 한다.
④ 도시개발사업의 사업시행자가 이주대책기준을 정하여 이주대책대상자 가운데 이주대책을 수립·실시하여야 할 자를 선정하여 그들에게 공급할 택지 등을 정할 때는 재량권을 갖는다.
⑤ 주거용 건물의 거주자에 대하여는 주거이전에 필요한 비용 외에 가재도구 등 동산의 운반에 필요한 비용은 보상하지 않아도 된다.

관련 OX

① 관련

1 이주대책은 그 본래의 취지에 있어 이주자들에 대하여 종전의 생활상태를 원상으로 회복시키면서 동시에 인간다운 생활을 보장하여 주기 위한 이른바 생활보상의 일환으로 국가의 적극적이고 정책적인 배려에 의하여 마련된 제도이다. 10지방

② 관련

2 대법원은 이주대책이 생활보상의 일환으로 마련된 제도라고 보고 있다. 11지방9

④ 관련

3 사업시행자는 이주대책을 수립할 의무를 질 뿐, 그 내용결정에 있어서 재량권을 갖는 것은 아니다. 10지방7

⑤ 관련

4 주거용 건물의 거주자에 대하여는 주거이전에 필요한 비용과 가재도구 등 동산의 운반에 필요한 비용을 보상하여야 한다. 16국가7

해설

① ○ 이주대책: 정책적 배려인 생활보상의 일환 ○
〈이주대책〉은 헌법 제23조 제3항에 규정된 정당한 보상에 포함되는 것이라기보다는 이에 부가하여 이주자들에게 종전의 생활상태를 회복시키기 위한 생활보상의 일환으로서 국가의 정책적인 배려에 의하여 마련된 제도라고 볼 것이다(헌재 2006.2.23. 2004헌마19).

②③ ○, ⑤ ×

공익사업을 위한 토지 등의 취득 및 보상에 관한 법률 제78조(이주대책의 수립 등) ① 사업시행자는 공익사업의 시행으로 인하여 주거용 건축물을 제공)함에 따라 생활의 근거를 상실하게 되는 자(이하 '이주대책대상자'라 한다)를 위하여 대통령령으로 정하는 바에 따라 이주대책을 수립·실시하거나 이주정착금을 지급하여야 한다.②
② 사업시행자는 제1항에 따라 이주대책을 수립하려면 미리 관할 지방자치단체의 장과 협의하여야 한다.③
⑥ 주거용 건물의 거주자에 대하여는 주거이전에 필요한 비용과 가재도구 등 동산의 운반에 필요한 비용을 산정하여 보상하여야 한다.⑤

④ ○ 이주대책 수립·실시할 자를 선정해 공급할 택지·주택 등의 내용·수량 등 결정하는 것은 재량
사업시행자는 이주대책기준을 정하여 이주대책대상자 중에서 이주대책을 수립·실시하여야 할 자를 선정하여 그들에게 공급할 택지 또는 주택의 내용이나 수량을 정할 수 있고, 이를 정하는 데 재량을 가지므로, 이를 위해 사업시행자가 설정한 기준은 그것이 객관적으로 합리적이 아니라거나 타당하지 않다고 볼 만한 다른 특별한 사정이 없는 한 존중되어야 한다(2009.3.12. 2008두12610).

선지분석 & 요플·기풀기링크

선지	THEME	요플	기풀기
①		104	046
②		106	048
③	T75 손실보상(토지보상법)	109	053
④		113	051
⑤		119	061

정답 ⑤
OX 1○ 2○ 3× 4○

11

행정상 손실보상에 대한 설명으로 옳지 않은 것은? (다툼이 있는 경우 판례에 의함) 17(하)국가9

① 손실보상은 공공필요에 의한 행정작용에 의하여 사인에게 발생한 특별한 희생에 대한 전보이므로 재산권 침해로 인한 손실이 특별한 희생에 해당하여야 한다.

② 「공익사업을 위한 토지 등의 취득 및 보상에 관한 법률」상 손실보상은 원칙적으로 토지 등의 현물로 보상하여야 하고, 현금으로 지급하는 것은 다른 법률에 특별한 규정이 있는 경우에 예외적으로 허용된다.

③ 당해 공익사업으로 인한 개발이익을 손실보상액 산정에서 배제하는 것은 헌법상 정당보상의 원칙에 위배되지 아니한다.

④ 이주대책은 이주자들에게 종전의 생활상태를 회복시키기 위한 생활보상의 일환으로서 국가의 정책적인 배려에 의하여 마련된 제도이므로, 이주대책의 실시 여부는 입법자의 입법정책적 재량의 영역에 속한다.

해설

① ○ 손실보상은 공공필요에 의한 행정작용에 의하여 사인에게 발생한 특별한 희생에 대한 전보라는 점에서 그 사인에게 특별한 희생이 발생하여야 하는 것은 당연히 요구되는 것이다(2010.12.9. 2007두6571).

② × 현금보상이 원칙이고, 현물보상이 예외이다. 지문은 반대로 되어 있다.

공익사업을 위한 토지 등의 취득 및 보상에 관한 법률 제63조(현금보상 등) ① 손실보상은 다른 법률에 특별한 규정이 있는 경우를 제외하고는 **현금으로 지급하여야** 한다. 다만, 토지소유자가 원하는 경우로서 사업시행자가 해당 공익사업의 합리적인 토지이용계획과 사업계획 등을 고려하여 토지로 보상이 가능한 경우에는 토지소유자가 받을 보상금 중 본문에 따른 현금 또는 제7항 및 제8항에 따른 채권으로 보상받는 금액을 제외한 부분에 대하여 다음 각 호에서 정하는 기준과 절차에 따라 그 공익사업의 시행으로 조성한 토지로 보상할 수 있다.

③ ○ 공익사업의 시행으로 인한 〈개발이익〉은 완전보상의 범위에 포함되는 피수용토지의 객관적 가치 내지 피수용자의 손실이라고는 볼 수 없다(헌재 1990.6.25. 89헌마107 전원). → 따라서 보상하지 않아도 정당보상에 위배되지 않는다.

공익사업을 위한 토지 등의 취득 및 보상에 관한 법률 제67조(보상액의 가격시점 등) ② 보상액을 산정할 경우에 **해당 공익사업**으로 인하여 토지 등의 가격이 변동되었을 때에는 이를 고려하지 아니한다.

관련 (문화재보호구역의 확대)지정이 당해 공공사업인 택지개발사업의 시행을 직접 목적으로 하여 가하여진 것이 아님이 명백하므로 토지의 수용보상액은 그러한 공법상 제한을 받는 상태대로 평가하여야 한다(2005.2.18. 2003두14222).

비교 당해 공공사업과는 관계없는 다른 사업의 시행으로 인한 개발이익은 이를 배제하지 아니한 가격으로 평가하여야 한다(1999.1.15. 98두8896).

④ ○ (헌재) 이주대책 / 정책적 배려인 생활보상의 일환○(헌법 제23조 제3항의 보상대상×) → 실시 여부는 입법재량 so 세입자를 이주대책에서 제외하더라도 평등권·재산권 침해×

〈이주대책〉은 헌법 제23조 제3항에 규정된 **정당한 보상**에 포함되는 것이라기보다는 이에 부가하여 이주자들에게 종전의 생활상태를 회복시키기 위한 **생활보상**의 일환으로서 국가의 **정책적인 배려**에 의하여 마련된 제도라고 볼 것이다. 따라서 이주대책의 실시 여부는 입법자의 **입법정책적 재량**의 영역에 속하므로 「공익사업을 위한 토지 등의 취득 및 보상에 관한 법률 시행령」 제40조 제3항 제3호가 이주대책의 대상자에서 **세입자를** 제외하고 있는 것이 세입자의 재산권을 **침해**하는 것이라 볼 수 없다(헌재 2006.2.23. 2004헌마19 전원).

관련 OX

② 관련

1 토지투기가 우려되는 지역으로서 대통령령이 정하는 지역 안에서 택지개발촉진법상의 택지개발사업을 시행하는 공공단체는 부재부동산 소유자의 토지에 대한 보상금 중 대통령령이 정하는 1억원 이상의 일정금액을 초과하는 부분에 대하여는 해당 사업시행자가 발행하는 채권으로 지급할 수 있다. 11(하)지방7

④ 관련

2 헌법재판소는 헌법 제23조 제3항의 정당한 보상에 세입자의 이주대책까지 포함된다고 본다. 18교행9

3 대법원은 이주대책이 생활보상의 일환으로 마련된 제도라고 보고 있다. 11(상)지방9

4 세입자를 이주대책대상자에서 제외하는 것은 세입자의 평등권과 재산권을 침해한다. 11사복9

선지분석 & 요풀·기풀기링크

선지	THEME	요풀	기풀기
①	T74 손실보상(헌법)	62	062
②		14	073
③	T75 손실보상(토지보상법)	06	005
④		104	046

정답 ②

OX 1× 2× 3○ 4×

12

「공익사업을 위한 토지 등의 취득 및 보상에 관한 법률」의 내용으로 옳지 않은 것은? 11지방7

① 토지투기가 우려되는 지역으로서 대통령령이 정하는 지역 안에서 「택지개발촉진법」상의 택지개발사업을 시행하는 공공단체는 부재부동산소유자의 토지에 대한 보상금 중 대통령령이 정하는 1억원 이상의 일정 금액을 초과하는 부분에 대하여는 해당 사업시행자가 발행하는 채권으로 지급할 수 있다.

② 농업의 손실에 대하여는 농지의 단위면적당 소득 등을 고려하여 실제 경작자에게 보상하여야 하지만, 농지소유자가 해당 지역에 거주하는 농민인 경우에는 농지소유자와 실제 경작자가 협의하는 바에 따라 보상할 수 있다.

③ 사업시행자는 동일한 사업지역에 보상시기를 달리하는 동일인 소유의 토지 등이 여러 개 있는 경우 토지소유자나 관계인이 요구할 때에는 한꺼번에 보상금을 지급하도록 하여야 한다.

④ 광업권·어업권 및 물 등의 사용에 관한 권리에 대하여는 투자비용, 예상수익 및 거래가격 등을 고려하여 평가한 적정가격으로 보상하여야 한다.

관련 OX

① 관련

1 손실보상은 금전(현금)보상을 원칙으로 하고 채권보상은 인정하지 않는다. 12국가7

② 관련

2 「공익사업을 위한 토지 등의 취득 및 보상에 관한 법률」에 따르면 농업의 손실에 대하여는 농지소유자가 해당 지역에 거주하는 농민인 경우가 아니라면 농지의 단위면적당 소득 등을 고려하여 실제 경작자에게 보상하여야 한다. 25소방

④ 관련

3 사업시행자가 광업권·어업권·양식업권 또는 물의 사용에 관한 권리를 취득하거나 사용하는 경우에는 토지보상법이 적용되지 않는다. 22군무원7(변형)

해설

① × 투기우려지역에서 공공단체가 시행하는 특정공익사업(ex. 택지개발사업)과 관련하여서는 보상금 중 1억원 이상의 일정 금액 초과부분은 의무적으로 채권으로 보상하여야 한다(토지보상법 제63조 제8항).

공익사업을 위한 토지 등의 취득 및 보상에 관한 법률 제63조(현금보상 등) ⑧ 토지투기가 우려되는 지역으로서 대통령령으로 정하는 지역에서 다음 각 호의 어느 하나에 해당하는 공익사업을 시행하는 자 중 대통령령으로 정하는 「공공기관의 운영에 관한 법률」에 따라 지정·고시된 공공기관 및 **공공단체**는 제7항에도 불구하고 제7항 제2호에 따른 부재부동산 소유자의 토지에 대한 보상금 중 대통령령으로 정하는 **1억원 이상의 일정 금액을 초과하는 부분**에 대하여는 해당 사업시행자가 발행하는 **채권으로 지급하여야** 한다.
1. 「**택지개발촉진법**」에 따른 택지개발사업

+ PLUS 할 수 있다(×) → 하여야 한다(○)

② ○

공익사업을 위한 토지 등의 취득 및 보상에 관한 법률 제77조(영업의 손실 등에 대한 보상) ② 농업의 손실에 대하여는 농지의 단위면적당 소득 등을 고려하여 **실제 경작자에게** 보상하여야 한다. 다만, 농지소유자가 해당 지역에 거주하는 농민인 경우에는 **농지소유자와 실제 경작자가 협의**하는 바에 따라 보상할 수 있다.

③ ○

공익사업을 위한 토지 등의 취득 및 보상에 관한 법률 제65조(일괄보상) 사업시행자는 동일한 사업지역에 보상시기를 달리하는 동일인 소유의 토지등이 여러 개 있는 경우 토지소유자나 관계인이 **요구할 때에는 한꺼번에** 보상금을 지급하도록 하여야 한다.

④ ○

공익사업을 위한 토지 등의 취득 및 보상에 관한 법률 제76조(권리의 보상) ① 광업권·어업권·양식업권 및 **물**(용수시설을 포함한다) 등의 사용에 관한 권리에 대하여는 투자비용, 예상수익 및 거래가격 등을 고려하여 평가한 적정가격으로 보상하여야 한다.

선지분석 & 요플·기출기링크

선지	THEME	요플	기출기
①		15	074
②	T75 손실보상(토지보상법)	99	041
③		17	076
④		91	033

정답 ①

OX 1× 2○ 3×

13

손실보상에 대한 설명으로 옳지 않은 것은? (다툼이 있는 경우 판례에 의함) 17(하)지방9

① 농지개량사업 시행지역 내의 토지등소유자가 토지사용에 관한 승낙을 한 경우, 그에 대한 정당한 보상을 받지 않았더라도 농지개량사업 시행자는 토지소유자 및 그 승계인에 대하여 보상할 의무가 없다.

② 「공익사업을 위한 토지 등의 취득 및 보상에 관한 법률」상 토지수용위원회의 수용재결에 대한 이의절차는 실질적으로 행정심판의 성질을 갖는 것이므로 동법에 특별한 규정이 있는 것을 제외하고는 「행정심판법」의 규정이 적용된다.

③ 「공익사업을 위한 토지 등의 취득 및 보상에 관한 법률」상 수용재결이나 이의신청에 대한 재결에 불복하는 행정소송의 제기는 사업의 진행 및 토지 수용 또는 사용을 정지시키지 아니한다.

④ 「공익사업을 위한 토지 등의 취득 및 보상에 관한 법률」상 잔여지 수용청구권은 형성권적 성질을 가지므로, 잔여지 수용청구를 받아들이지 않은 재결에 대하여 토지소유자가 불복하여 제기하는 소송은 보상금증감청구소송에 해당한다.

관련 OX

③ 관련
1 (건설회사 A는 택지개발사업을 위해 관련 법령에 따른 절차를 거쳐 甲 소유의 토지에 대한 수용재결을 받았다) 甲이 수용재결에 대하여 이의신청을 제기하면 사업의 진행 및 토지의 수용 또는 사용을 정지시키는 효력이 있다. 22국가9

해설

① × 소유자의 사용승낙을 받은 사용이라도 당연히 보상의무 존재
구 농촌근대화촉진법 … 농지개량사업 시행지역 내의 토지등소유자가 토지사용에 관한 승낙을 하였더라도 그에 대한 정당한 보상을 받은 바가 없다면 농지개량사업 시행자는 토지소유자 및 승계인에 대하여 보상할 의무가 있고, 그러한 보상 없이 타인의 토지를 점유·사용하는 것은 법률상 원인 없이 이득을 얻은 때에 해당한다(2016.6.23. 2016다206369).
+ PLUS 토지보상법에 대한 판례는 아니다. 2016년도 판례라는 점에서 2017년도의 시험에 등장했던 것으로 보인다.

② ○ 토지수용위원회의 수용재결에 대한 이의신청: 행정심판의 성질 & 행정심판법 적용
토지수용위원회의 수용재결에 대한 이의절차는 실질적으로 행정심판의 성질을 갖는 것이므로 「공익사업을 위한 토지 등의 취득 및 보상에 관한 법률」에 특별한 규정이 있는 것을 제외하고는 행정심판법의 규정이 적용된다고 할 것이다(1992.6.9. 92누565).

③ ○

공익사업을 위한 토지 등의 취득 및 보상에 관한 법률 제88조(처분효력의 부정지) 제83조에 따른 이의의 신청이나 제85조에 따른 행정소송의 제기는 사업의 진행 및 토지의 수용 또는 사용을 **정지시키지 아니**한다.

④ ○ 잔여지수용청구권은 형성권 / 잔여지수용청구 거부에 불복: 보상금증감소송(당사자소송○)
잔여지 수용청구권은 손실보상의 일환으로 토지소유자에게 부여되는 권리로서 그 요건을 구비한 때에는 잔여지를 수용하는 토지수용위원회의 재결이 없더라도 그 청구에 의하여 수용의 효과가 발생하는 형성권적 성질을 가지므로, 잔여지 수용청구를 받아들이지 않은 토지수용위원회의 재결에 대하여 토지소유자가 불복하여 제기하는 소송은 위 법 제85조 제2항에 규정되어 있는 '보상금의 증감에 관한 소송'에 해당하여(편저자: 당사자소송) 사업시행자를 피고로 하여야 한다(2010.8.19. 2008두822).

선지분석 & 요플·기풀기링크

선지	THEME	요플	기풀기
①		74	017
②	T75 손실보상(토지보상법)	49	109
③		64	123
④		84	028

정답 ①
 1×

14

행정상 손실보상제도에 대한 설명으로 옳지 않은 것은? (다툼이 있는 경우 판례에 의함)

25국회8

① 공공사업의 시행에 따른 손실보상청구권은 적법한 공익사업에 따라 필연적으로 발생하는 손실에 대한 보상을 구하는 권리로서 「국가배상법」에 따른 손해배상청구권이나 「민법」상 채무불이행 또는 불법행위로 인한 손해배상청구권 등과 같은 사법상의 권리와는 그 성질을 달리한다.

② 「감염병의 예방 및 관리에 관한 법률」에 근거한 집합제한조치로 인하여 영업이 제한되어 영업이익이 감소되었다 하더라도, 청구인들이 소유하는 영업시설·장비 등에 대한 구체적인 사용·수익 및 처분권한을 제한받는 것은 아니므로 보상규정의 부재가 청구인들의 재산권을 제한한다고 볼 수 없다.

③ 사업시행자가 동일한 토지소유자에 속하는 일단의 토지 일부를 취득함으로써 잔여지의 가격이 감소하거나 그 밖의 손실이 있을 때에 잔여지를 종래의 목적으로 사용할 수 있는 경우라면 잔여지 손실보상의 대상이 되지 못한다.

④ 「공익사업을 위한 토지 등의 취득 및 보상에 관한 법률」상 보상금증감소송의 당사자는 토지소유자 또는 관계인과 사업시행자이므로 소송당사자에서 재결청은 제외된다.

⑤ 헌법 제23조 제3항에 의한 손실보상의 대상은 재산권으로 명시되어 있으나, 개별 법령에 의해 생명·신체의 침해에 대한 손실보상이 가능하다.

관련 OX

③ 관련

1 동일한 토지소유자에 속하는 일단의 토지의 일부가 취득됨으로써 잔여지의 가격이 감소한 때에는 잔여지를 종래의 목적으로 사용하는 것이 가능한 경우라도 그 잔여지는 손실보상의 대상이 된다. 19지방7

④ 관련

2 형식적 당사자소송인 보상금의 증감에 관한 소송을 제기하는 경우 그 소송을 제기하는 자가 토지소유자일 때에는 사업시행자와 토지수용위원회를, 사업시행자일 때에는 토지소유자와 토지수용위원회를 각각 피고로 한다. 17지방7

해설

① ○ **손실보상청구권: 공법상 권리 → 당사자소송**
공공사업의 시행에 따른 **손실보상청구권**은 적법한 공익사업에 따라 필연적으로 발생하는 손실에 대한 보상을 구하는 권리로서 국가배상법에 따른 손해배상청구권이나 민법상 채무불이행 또는 불법행위로 인한 손해배상청구권 등과 같은 **사법상의 권리와는 그 성질을 달리하는** 것으로, 그에 관한 쟁송은 민사소송이 아니라 행정소송법 제3조 제2호에서 정하고 있는 **공법상 당사자소송절차에 의하여야** 한다(2019.11.28. 2018두227).

② ○ **집합제한조치로 인하여 영업이익 감소: 재산권 제한×**
「감염병의 예방 및 관리에 관한 법률」 제49조 제1항 제2호에 근거한 **집합제한조치**로 인하여 청구인들의 일반음식점영업이 제한되어 **영업이익이 감소**되었다 하더라도, 청구인들이 소유하는 영업시설·장비 등에 대한 구체적인 사용·수익 및 처분권한을 제한받는 것은 아니므로, 보상규정의 부재가 청구인들의 **재산권을 제한한다고 볼 수 없다**(헌재 2023.6.29. 2020헌마1669).

③ × 동일한 토지소유자에 속하는 일단의 토지의 일부가 취득됨으로써 잔여지의 가격이 감소한 때에는 잔여지를 종래의 목적으로 사용하는 것이 가능한 경우라도 그 잔여지는 손실보상의 대상이 된다.

공익사업을 위한 토지 등의 취득 및 보상에 관한 법률 제73조(잔여지의 손실과 공사비 보상) ① 사업시행자는 동일한 소유자에게 속하는 일단의 토지의 일부가 취득되거나 사용됨으로 인하여 **잔여지의 가격이 감소**하거나 그 밖의 손실이 있을 때 또는 잔여지에 통로·도랑·담장 등의 신설이나 그 밖의 공사가 필요할 때에는 국토교통부령으로 정하는 바에 따라 그 손실이나 공사의 비용을 **보상하여야 한다**. 다만, 잔여지의 가격 감소분과 잔여지에 대한 공사의 비용을 합한 금액이 잔여지의 가격보다 큰 경우에는 사업시행자는 그 잔여지를 매수할 수 있다.

④ ○ 보상금증감청구소송의 경우 재결청인 토지수용위원회를 피고로 하지 않고 대등한 당사자인 토지소유자 또는 관계인과 사업시행자를 각각 원고와 피고로 하고 있다는 점에서 형식적 당사자소송에 해당한다.

공익사업을 위한 토지 등의 취득 및 보상에 관한 법률 제85조(행정소송의 제기) ② 제1항에 따라 제기하려는 행정소송이 보상금의 증감(增減)에 관한 소송인 경우 그 소송을 제기하는 자가 토지소유자 또는 관계인일 때에는 **사업시행자를**, 사업시행자일 때에는 **토지소유자 또는 관계인을** 각각 〈**피고**〉로 한다.

⑤ ○ 헌법 제23조 제3항에 의한 손실보상은 재산권에 대한 침해를 보상하는 것이므로, 비재산적 손해, 즉 생명·신체 등에 대한 손해에는 직접 적용이 불가능하다. 그러나 개별법에서 손실보상을 인정하는 것은 당연히 가능하다. 경찰관의 적법한 직무집행과정에서 발생한 재산상의 손실 외에 생명 또는 신체상의 손실에 대하여도 보상을 인정하는 「경찰관 직무집행법」 제11조의2 등이 그 예이다.

+ PLUS 이러한 개별법이 없는 경우에도 비재산적 손해에 대한 손실보상을 인정할 수 있는지에 대한 논의가 희생보상청구권에 대한 논의이다.

정답 ③
OX 1○ 2×

15

손실보상에 대한 설명으로 옳은 것은?　　　23국가9

① 「공익사업을 위한 토지 등의 취득 및 보상에 관한 법률」상 사업시행자와 토지소유자 사이의 협의취득에 대한 분쟁은 민사소송으로 다투어야 한다.

② 「공익사업을 위한 토지 등의 취득 및 보상에 관한 법률」에 따라 사업인정고시가 된 후 토지의 사용으로 인하여 토지의 형질이 변경되는 경우에 토지소유자는 중앙토지수용위원회에 그 토지의 매수청구권을 행사할 수 있다.

③ 헌법재판소는 「개발제한구역의 지정 및 관리에 관한 특별조치법」 제11조 제1항 등에 대한 위헌소원사건에서 토지의 효용이 감소한 토지소유자에게 토지매수청구권을 인정하는 등 보상규정을 두었지만 적절한 손실보상에 해당하지 않는다고 위헌결정을 하였다.

④ 사업시행자는 동일한 사업지역에 보상시기를 달리하는 동일인 소유의 토지등이 여러 개가 있는 경우 토지 등의 소유자가 일괄보상을 요구하더라도 「공익사업을 위한 토지 등의 취득 및 보상에 관한 법률」에 따라 단계적으로 보상금을 지급하여야 한다.

관련 OX

① 관련
1 「공익사업을 위한 토지 등의 취득 및 보상에 관한 법률」에 의한 협의취득은 공법상 계약이다. 　16지방9

④ 관련
2 사업시행자는 동일한 사업지역에 보상시기를 달리하는 동일인 소유의 토지 등이 여러 개 있는 경우 토지소유자나 관계인이 요구할 때에는 한꺼번에 보상금을 지급하도록 하여야 한다. 13국가9

해설

① ○ 사업시행자와 토지소유자 사이의 협의취득은 사법상의 법률행위에 해당하므로, 이에 대한 분쟁은 행정소송이 아니라 민사소송으로 다투어야 한다.

- 도시계획사업의 시행자가 그 사업에 필요한 토지를 협의취득하는 행위는 사경제주체로서 행하는 사법상의 법률행위에 지나지 않으며 공권력의 주체로서 우월한 지위에서 행하는 공법상의 행정처분이 아니므로 행정소송의 대상이 되지 않는다(1992.10.27. 91누3871).

② × 사업인정고시가 된 후 토지의 사용으로 인하여 토지의 형질이 변경되는 경우에 해당 토지의 소유자는 사업시행자에게 토지의 매수를 청구하거나 관할 토지수용위원회에 토지의 수용을 청구할 수 있다. 위 지문은 중앙토지수용위원회에 토지의 매수를 청구할 수 있다고 하였기에 틀렸다.

공익사업을 위한 토지 등의 취득 및 보상에 관한 법률 제72조(사용하는 토지의 매수청구 등) 사업인정고시가 된 후 다음 각 호의 어느 하나에 해당할 때에는 해당 토지소유자는 사업시행자에게 해당 토지의 매수를 청구하거나 관할 토지수용위원회에 그 토지의 수용을 청구할 수 있다. 이 경우 관계인은 사업시행자나 관할 토지수용위원회에 그 권리의 존속(存續)을 청구할 수 있다.
1. 토지를 사용하는 기간이 3년 이상인 경우
2. 토지의 사용으로 인하여 **토지의 형질이 변경**되는 경우
3. 사용하려는 토지에 그 토지소유자의 건축물이 있는 경우

③ × 특별조치법(토지효용이 현저히 감소한 소유자들에게 매수청구권 인정): 합헌
개발제한구역의 지정으로 그 효용이 현저히 감소한 토지 또는 당해 토지의 사용 및 수익이 사실상 불가능한 토지의 소유자에게 토지매수청구권을 인정하고 있는 점 등을 종합할 때, 구 「개발제한구역의 지정 및 관리에 관한 특별조치법」 제11조 제1항은 비례의 원칙에 위반하여 당해 토지 소유자의 재산권을 침해하지 않는다(편저자: 즉, 합헌이다)(헌재 2007.8.30. 2006헌바9 전원).❶

④ × 사업시행자는 동일한 사업지역에 보상시기를 달리하는 여러 개의 토지를 소유하는 자가 일괄보상을 요구하면 한꺼번에 보상금을 지급하도록 하여야 한다. 단계적으로 보상금을 지급하여야 한다는 부분이 틀렸다.

공익사업을 위한 토지 등의 취득 및 보상에 관한 법률 제65조(일괄보상) 사업시행자는 **동일한 사업지역**에 보상시기를 달리하는 **동일인 소유의 토지 등**이 여러 개 있는 경우 토지소유자나 관계인이 **요구**할 때에는 **한꺼번에 보상금을 지급**하도록 하여야 한다.

선지선택비율 ① 68.53% ② 16.01% ③ 8.95% ④ 6.51%　　오답률 31.47%

선지분석 & 요플·기풀기링크

선지	THEME	요플	기풀기
① T75 손실보상(토지보상법)		21	083
②		77	020
③ T74 손실보상(헌법)		13	013
④ T75 손실보상(토지보상법)		17	076

❶ + PLUS
도시계획법 제21조에 대한 위헌소원에서 개발제한구역의 지정으로 일부 토지소유자에게 사회적 제약의 범위를 넘는 가혹한 부담이 발생하는 경우에 보상규정을 두지 않은 것을 위헌이라고 보아 헌법불합치결정을 한 이후 국회가 토지매수청구권을 인정하는 등 보상규정을 둔 특별조치법을 입법하였는데 이 법률은 합헌이라고 한 것이다.

정답 ①
OX 1× 2○

필수문제 16

손실보상에 대한 설명으로 옳은 것은? (다툼이 있는 경우 판례에 의함) 19지방9

① 「공익사업을 위한 토지 등의 취득 및 보상에 관한 법률」에 의한 잔여지 수용청구를 받아들이지 않은 토지수용위원회의 재결에 대하여 토지소유자가 불복하여 제기하는 소송은 항고소송에 해당한다.

② 「공익사업을 위한 토지 등의 취득 및 보상에 관한 법률」에 따른 사업폐지 등에 대한 보상청구권은 사법상 권리로서 그에 관한 소송은 민사소송절차에 의하여야 한다.

③ 「공익사업을 위한 토지 등의 취득 및 보상에 관한 법률」에 의한 보상합의는 공공기관이 사경제주체로서 행하는 사법상 계약의 실질을 가진다.

④ 공유수면매립면허의 고시가 있는 경우 그 사업이 시행되고 그로 인하여 직접 손실이 발생한다고 할 수 있으므로, 관행 어업권자는 공유수면매립면허의 고시를 이유로 손실보상을 청구할 수 있다.

관련 OX

② 관련

1 공익사업으로 인하여 영업을 폐지하거나 휴업하는 자의 영업손실로 인한 보상에 관한 소송은 행정소송으로 청구할 수 있다. 17국가7

④ 관련

2 손실보상은 공공필요에 의한 행정작용에 의하여 사인에게 발생한 특별한 희생에 대한 전보라는 점에서 그 사인에게 특별한 희생이 발생하여야 하는 것은 당연히 요구되는 것이고, 공유수면매립면허의 고시가 있다고 하여 반드시 간척사업이 시행되고 그로 인하여 손실이 발생한다고 할 수 없다. 25지방9

3 간척사업의 시행으로 종래의 관행어업권자에게 구 「공유수면매립법」에서 정하는 손실보상청구권이 인정되기 위해서는 매립면허고시 후 매립공사가 실행되어 관행어업권자에게 실질적이고 현실적인 피해가 발생해야 한다. 23서울(지적)7

해설

① ✗ 잔여지 수용청구 거부에 불복: 보상금증감소송(당사자소송○ ↔ 항고소송✗), 피고는 사업시행자(↔ 수용위✗)

잔여지 수용청구를 받아들이지 않은 토지수용위원회의 재결에 대하여 토지소유자가 불복하여 제기하는 소송은 위 법 제85조 제2항에 규정되어 있는 '보상금의 증감에 관한 소송'에 해당하여(편저자: 당사자소송) 사업시행자를 피고로 하여야 한다(2010.8.19. 2008두822).

② ✗ 사업폐지에 따른 손실보상청구권: 공권 → 당사자소송 대상

〈사업폐지 등에 대한 보상청구권〉은 공익사업의 시행 등 적법한 공권력의 행사에 의한 재산상 특별한 희생에 대하여 전체적인 공평부담의 견지에서 공익사업의 주체가 손해를 보상하여 주는 손실보상의 일종으로 공법상 권리임이 분명하므로 그에 관한 쟁송은 민사소송이 아닌 행정소송절차에 의하여야 한다(2012.10.11. 2010다23210).

+ PLUS 판례는 토지보상법상의 각종 보상금청구권에 대해서 공법상 권리로 보아 당사자소송의 대상이라고 본다(단, 이들은 먼저 수용재결절차를 거쳐야만 다툼이 가능함에 유의).

③ ○ 보상합의: 사법상 계약

「공익사업을 위한 토지 등의 취득 및 보상에 관한 법률」(이하 '공익사업법'이라고 한다)에 의한 보상합의는 공공기관이 사경제주체로서 행하는 사법상 계약의 실질을 가지는 것이다(2013.8.22. 2012다3517).

+ PLUS 합의(협의)취득은 사법상 매매 ↔ 수용재결은 행정처분

④ ✗ 손실보상은 손실이 현실적으로 발생하여야 가능 → 공유수면매립면허 고시상태만으로는 보상✗

〈공유수면매립면허의 고시〉가 있다고 하여 반드시 그 사업이 시행되고 그로 인하여 손실이 발생한다고 할 수 없으므로, 매립면허 고시 이후 매립공사가 실행되어 관행어업권자에게 실질적이고 현실적인 피해가 발생한 경우에만 공유수면매립법에서 정하는 손실보상청구권이 발생하였다고 할 것이다(2010.12.9. 2007두6571).

선지분석 & 요플·기풀기링크

선지	THEME	요플	기풀기
①	T75 손실보상(토지보상법)	84	028
②	T74 손실보상(헌법)	40	040
③	T75 손실보상(토지보상법)	20	079
④	T74 손실보상(헌법)	60	060

정답 ③

OX 1○ 2○ 3○

필수문제 17

甲의 토지는 공익사업의 대상지역으로 「공익사업을 위한 토지 등의 취득 및 보상에 관한 법률」에 따라 사업인정절차를 거쳐 甲의 토지에 대한 수용재결이 있었다. 이에 대한 설명으로 가장 옳은 것은? (다툼이 있으면 판례를 따름)

16서울7

① 위 사업인정에 취소사유인 위법이 있는 경우 사업인정의 하자는 후행처분인 수용재결에 승계되지 않는다.
② 甲이 수용재결에서 정해진 보상금에 불복하여 보상금의 증액을 청구하려면 수용재결에 대한 취소소송을 제기하여야 한다.
③ 甲이 수용재결에 대해 항고소송으로 다투려면 우선적으로 이의재결을 거쳐야만 한다.
④ 甲이 수용재결에 대해 이의재결을 거친 경우 항고소송의 대상은 이의재결이 된다.

관련 OX

① 관련

1 사업인정에 불가쟁력이 발생한 경우 당연무효가 아닌 한 사업인정의 하자를 이유로 수용재결의 취소를 구할 수 없다.
24행정사

② 관련

2 (공익사업의 대상지역 내 甲의 토지가 사업인정절차를 거쳐 수용재결된 경우) 甲이 수용재결에서 정해진 보상금에 불복하여 보상금의 증액을 청구하려면 수용재결에 대한 취소소송을 제기하여야 한다.
16서울7

해설

① ○ 사업인정 / 수용재결: 승계 부정
토지수용법상 **사업인정의 고시 절차를 누락한 것을 이유로 수용재결처분의 취소를 구하거나 무효확인을 구할 수 없다**(2000.10.13. 2000두5142).

② × 보상금 증액을 청구하려면 수용재결에 대한 취소소송이 아니라 형식적 당사자소송인 보상금증액청구소송을 제기하여야 한다.

「공익사업을 위한 토지 등의 취득 및 보상에 관한 법률」 제85조(행정소송의 제기) ② 제1항에 따라 제기하려는 행정소송이 **보상금의 증감(增減)에 관한 소송**인 경우 그 소송을 제기하는 자가 토지소유자 또는 관계인일 때에는(편저자: 증액소송) **사업시행자를**, 사업시행자일 때에는(편저자: 감액소송) **토지소유자 또는 관계인을** 각각 **피고**로 한다.

+ PLUS 보상금액수에 대한 불복
- 쟁송형태: 보상금증감청구소송(형식적 당사자소송)
- 피고: 사업시행자(소유자의 증액소송) or 토지소유자·관계인(시행자의 감액소송) ↔ 토지수용위원회×

③ × 토지보상법상 이의신청은 임의적 절차이다. 이의신청을 거치지 아니하고 바로 행정소송을 제기할 수도 있다.

「공익사업을 위한 토지 등의 취득 및 보상에 관한 법률」 제83조(이의의 신청) ① 중앙토지수용위원회의 제34조에 따른 재결에 이의가 있는 자는 **중앙토지수용위원회에 이의를 신청할 수 있다**.
② 지방토지수용위원회의 제34조에 따른 재결에 이의가 있는 자는 **해당 지방토지수용위원회를 거쳐 중앙토지수용위원회에 이의를 신청할 수 있다**.

④ × 수용재결에 이의신청을 거쳐 소송시: 소송의 대상은 (원처분인) 수용재결 / 피고는 수용재결을 한 위원회
수용재결에 불복하여 취소소송을 제기하는 때에는 이의신청을 거친 경우에도 수용재결을 한 중앙토지수용위원회 또는 지방토지수용위원회를 피고로 하여 수용재결의 취소를 구하여야 하고(편저자: 원처분을 대상으로 하여야 하고), 다만 이의신청에 대한 재결 자체에 고유한 위법이 있음을 이유로 하는 경우에는 그 이의재결을 한 중앙토지수용위원회를 피고로 하여 이의재결의 취소를 구할 수 있다고 보아야 한다(편저자: 재결에 대해서는 고유의 위법이 있는 경우에만 대상으로 삼을 수 있다)(2010.1.28. 2008두1504).

행위	주체	성격	불복	피고
수용재결	(지방/중앙) 수용위	원처분	(원칙) 수용재결대상 불복	(지방/중앙) 수용위
이의신청	피수용자	특별행정심판	–	–
이의재결	중앙 수용위	재결	(예외) 고유위법 있을 때만 이의재결대상 불복	중앙 수용위

선지분석 & 요플·기풀기링크

선지	THEME	요플	기풀기
①	T30 하자의 승계	45	047
②	T75 손실보상(토지보상법)	59	119
③		50	110
④	T51 원처분주의/재결주의	19	019

정답 ①
OX 1 ○ 2 ×

18

손실보상에 대한 설명으로 옳지 않은 것은? (다툼이 있는 경우 판례에 의함) 24국회9

① 토지수용위원회의 재결에서 피보상자별로 여러 가지의 토지, 물건, 권리 또는 영업의 손실에 관하여 심리·판단이 이루어졌을 때, 피보상자 또는 사업시행자는 반드시 재결 전부에 관하여 불복하여야 하는 것은 아니다.

② 「공익사업을 위한 토지 등의 취득 및 보상에 관한 법률」에 의한 보상합의는 공공기관이 사경제주체로서 행하는 사법상 계약의 실질을 가진다.

③ 「의사상자예우에 관한 법률」에 의해 지급되거나 지급될 보상금, 의료보호, 교육보호 등의 혜택을 「국가배상법」에 의하여 배상하여야 할 손해액에서 공제할 수는 없다.

④ 공익사업의 시행자가 사전보상을 하지 않은 채 공사에 착수함으로써 토지소유자와 관계인이 손해를 입은 경우, 토지소유자와 관계인이 입은 손해는 손실보상청구권이 침해된 데에 따른 손해이므로 사업시행자가 배상해야 할 손해액은 원칙적으로 손실보상금이다.

⑤ 보상금증액청구의 소는 토지소유자 등이 사업시행자를 상대로 제기하는 당사자소송의 형식을 취하고 있어서, 토지수용위원회의 재결을 다투는 항고소송의 성질을 가진다고 볼 수 없다.

해설

① ○ 하나의 재결에서 피보상자별로 여러 물건, 권리, 손실에 대해 심리·판단한 경우 → 피보상자·사업시행자는 재결 전부가 아닌 일부항목에 관해서만 개별적 불복 가능

토지보상법상 하나의 재결에서 피보상자별로 여러 가지의 토지, 물건, 권리 또는 영업의 손실에 관하여 심리·판단이 이루어졌을 때, 피보상자 또는 사업시행자가 반드시 재결 전부에 관하여 불복하여야 하는 것은 아니며, 여러 보상항목들 중 일부에 관해서만 불복하는 경우에는 그 부분에 관해서만 개별적으로 불복의 사유를 주장하여 행정소송을 제기할 수 있다(2018.5.15. 2017두41221).

② ○ 보상합의: 사법상 계약

「공익사업을 위한 토지 등의 취득 및 보상에 관한 법률」에 의한 **보상합의**는 공공기관이 사경제주체로서 행하는 **사법상 계약**의 실질을 가지는 것이다(2013.8.22. 2012다3517).

③ ○ 「의사상자 예우에 관한 법률」상 보상금을 국가배상법에 의한 손해배상액에서 공제 불가

의상자 및 의사자의 유족에 대하여 보상금 등을 지급 및 실시하는 제도는 의상자 및 의사자의 유족의 생활안정과 복지향상을 도모한다는 **사회보장적 성격**을 가질 뿐만 아니라 그들의 국가 및 사회를 위한 공헌이나 희생에 대한 **국가적 예우**를 시행하는 것으로서 손해를 배상하는 제도와는 그 취지나 목적을 달리 하는 등 손실 또는 손해를 전보하기 위하여 시행하는 제도가 아니라 할 것이므로, 「의사상자 예우에 관한 법률」에 의해 지급되거나 지급될 보상금, 의료보호, 교육보호 등의 혜택을 국가배상법에 의하여 배상하여야 할 손해액에서 공제할 수는 없다(2001.2.23. 2000다46894).

④ ○ 사전보상 없이 공사착수: 불법행위(손해배상액은 손실보상금 상당액)

공익사업의 시행자가 **사전보상을 하지 않은 채 공사에 착수**함으로써 토지소유자와 관계인이 손해를 입은 경우, 토지소유자와 관계인이 입은 손해는 손실보상청구권이 침해된 데에 따른 손해이므로, 사업시행자가 배상해야 할 손해액은 원칙적으로 손실보상금이다(2021.11.11. 2018다204022).

⑤ × 보상금증액청구의 소: 형식은 당사자소송이나 실질적으로는 재결을 다투는 항고소송의 성질

「공익사업을 위한 토지 등의 취득 및 보상에 관한 법률」 제85조 제2항에 따른 **보상금증액청구의 소**는 토지소유자 등이 사업시행자를 상대로 제기하는 **당사자소송의 형식**을 취하고 있지만, 토지수용위원회의 재결 중 보상금 산정에 관한 부분에 불복하여 그 증액을 구하는 소이므로 **실질적으로는 재결을 다투는 항고소송의 성질**을 가진다(편저자: 형식적 당사자소송이라는 뜻)(2022.11.24. 2018두67 전합).

선지분석 & 요플·기풀기링크

선지	THEME	요플	기풀기
①	T75 손실보상(토지보상법)	66	124
②		20	079
③	T73 국가배상(공통·특례)	47	039
④	T75 손실보상(토지보상법)	12	072
⑤		60	120

정답 ⑤

필수문제 19

「공익사업을 위한 토지 등의 취득 및 보상에 관한 법률」(이하 '토지보상법'이라 함)에 대한 설명으로 옳지 않은 것은? (다툼이 있는 경우 판례에 의함)   18국가7

① 손실보상금에 관한 당사자 간의 합의가 성립하면, 그 합의내용이 토지보상법에서 정하는 손실보상기준에 맞지 않는다고 하더라도 합의가 적법하게 취소되는 등의 특별한 사정이 없는 한 추가로 토지보상법상 기준에 따른 손실보상금청구를 할 수 없다.

② 하나의 수용재결에서 여러 가지의 토지, 물건, 권리 또는 영업의 손실의 보상에 관하여 심리·판단이 이루어졌을 때, 피보상자는 재결 전부에 관하여 불복하여야 하고 여러 보상항목들 중 일부에 관해서만 개별적으로 불복할 수는 없다.

③ 토지수용위원회의 수용재결이 있은 후라고 하더라도 토지소유자와 사업시행자가 다시 협의하여 토지 등의 취득·사용 및 그에 대한 보상에 관하여 임의로 계약을 체결할 수 있다.

④ 사업인정고시가 된 후 사업시행자가 토지를 사용하는 기간이 3년 이상인 경우 토지소유자는 토지수용위원회에 토지의 수용을 청구할 수 있고, 토지수용위원회가 이를 받아들이지 않는 재결을 한 경우에는 사업시행자를 피고로 하여 토지보상법상 보상금의 증감에 관한 소송을 제기할 수 있다.

관련 OX

① 관련

1 「공익사업을 위한 토지 등의 취득 및 보상에 관한 법률」에 의한 보상합의는 공공기관이 사경제주체로서 행하는 사법상계약의 실질을 가진다.   19지방9

③ 관련

2 토지수용위원회의 수용재결이 있은 후에는 토지소유자 등과 사업시행자가 다시 협의하여 토지 등의 취득이나 사용 및 그에 대한 보상에 관하여 임의로 계약을 체결할 수 없다.   22지방7

④ 관련

3 「공익사업을 위한 토지 등의 취득 및 보상에 관한 법률」 제72조에 의한 사용토지에 대한 수용청구를 받아들이지 아니한 토지수용위원회의 재결에 대하여 토지소유자는 당해 토지수용위원회를 피고로 하여 항고소송을 제기할 수 있다.   16지방7

해설

① ○ 합의(협의)취득은 사법상 매매 → 토지보상법상의 손실보상기준과 달라도 유효하고, 적법하게 취소되지 않는 한 추가청구 불가
「공익사업을 위한 토지 등의 취득 및 보상에 관한 법률」(이하 '공익사업법'이라고 한다)에 의한 보상합의는 공공기관이 사경제주체로서 행하는 **사법상 계약**의 실질을 가지는 것으로서, 당사자 간의 합의로 같은 법 소정의 손실보상의 기준에 의하지 아니한 손실보상금을 정할 수 있으며, 이와 같이 같은 **법이 정하는 기준에 따르지 아니하고 손실보상액에 관한 합의를 하였다고 하더라도 그 합의가 착오 등을 이유로 적법하게 취소되지 않는 한 유효하다.** 따라서 공익사업법에 의한 보상을 하면서 손실보상금에 관한 당사자 간의 합의가 성립하면 그 합의내용대로 구속력이 있고, 손실보상금에 관한 합의내용이 공익사업법에서 정하는 손실보상기준에 맞지 않는다고 하더라도 합의가 적법하게 취소되는 등의 특별한 사정이 없는 한 추가로 공익사업법상 기준에 따른 손실보상금 청구를 할 수는 없다(2013.8.22. 2012다3517).

② × 하나의 재결에서 피보상자별로 여러 물건, 권리, 손실에 대해 심리·판단한 경우 → 피보상자·사업시행자는 재결 전부가 아닌 일부항목에 관해서만 개별적 불복 가능
토지보상법상 **하나의 재결에서 피보상자별로 여러 가지의 토지, 물건, 권리 또는 영업의 손실에 관하여 심리·판단이 이루어졌을 때, 피보상자 또는 사업시행자가 반드시 재결 전부에 관하여 불복하여야 하는 것은 아니며,** 여러 보상항목들 중 일부에 관해서만 불복하는 경우에는 그 부분에 관해서만 **개별적으로 불복의 사유를 주장하여 행정소송을 제기할 수 있다**(2018.5.15. 2017두41221).

③ ○ 강제취득보다는 협의에 의한 취득이 우선 → 수용재결 이후에도 다시 협의해 계약체결 가능
토지수용위원회의 **수용재결이 있은 후라고 하더라도 토지소유자 등과 사업시행자가 다시 협의하여** 토지 등의 취득이나 사용 및 그에 대한 보상에 관하여 **임의로 계약을 체결할 수 있다**고 보아야 한다(2017.4.13. 2016두64241).

④ ○ 토지사용기간이 3년 이상인 경우 토지소유자는 수용청구를 할 수 있고, 이를 거부하는 재결에 대해서는 사업시행자를 피고로 보상금증감소송(당사자소송)을 제기한다(잔여지 수용청구와 동일한 논리).

공익사업을 위한 토지 등의 취득 및 보상에 관한 법률 제72조(사용하는 토지의 매수청구 등) 사업인정고시가 된 후 다음 각 호의 어느 하나에 해당할 때에는 해당 토지소유자는 사업시행자에게 해당 토지의 매수를 청구하거나 관할 토지수용위원회에 그 토지의 수용을 청구할 수 있다. 이 경우 관계인은 사업시행자나 관할 토지수용위원회에 그 권리의 존속(存續)을 청구할 수 있다.
1. 토지를 사용하는 기간이 3년 이상인 경우
2. 토지의 사용으로 인하여 토지의 형질이 변경되는 경우
3. 사용하려는 토지에 그 토지소유자의 건축물이 있는 경우

- 제72조의 … 수용청구권은 토지보상법 제74조 제1항이 정한 잔여지 수용청구권과 같이 손실보상의 일환으로 토지소유자에게 부여되는 권리로서 그 청구에 의하여 수용효과가 생기는 형성권의 성질을 지니므로, 토지소유자의 토지수용청구를 받아들이지 아니한 토지수용위원회의 재결에 대하여 토지소유자가 불복하여 제기하는 소송은 토지보상법 제85조 제2항에 규정되어 있는 '보상금의 증감에 관한 소송'에 해당하고, 피고는 토지수용위원회가 아니라 사업시행자로 하여야 한다(2015.4.9. 2014두46669).

20

「공익사업을 위한 토지 등의 취득 및 보상에 관한 법률」상 손실보상에 대한 설명으로 옳지 않은 것은? (다툼이 있는 경우 판례에 의함) 20국가7

① 잔여지 수용청구권은 그 요건을 구비한 때에는 잔여지를 수용하는 토지수용위원회의 재결이 없더라도 그 청구에 의하여 수용의 효과가 발생하는 형성권적 성질을 가진다.

② 공익사업에 영업시설 일부가 편입됨으로 인하여 잔여 영업시설에 손실을 입은 자는 재결절차를 거치지 않은 채 곧바로 사업시행자를 상대로 잔여 영업시설의 손실에 대한 보상을 청구할 수 있다.

③ 국가 등의 공적 기관이 직접 수용의 주체가 되는 것이든 그러한 공적 기관의 최종적인 허부판단과 승인결정하에 민간기업이 수용의 주체가 되는 것이든, 양자 사이에 공공필요에 대한 판단과 수용의 범위에 있어서 본질적인 차이가 있는 것은 아니다.

④ 손실보상금 산정을 위한 감정평가 중 어느 한 가지 점이라도 위법사유가 있으면 그것으로써 감정평가결과는 위법하게 되나, 법원은 그 감정내용 중 위법하지 않은 부분을 추출하여 판결에서 참작할 수 있다.

관련 OX

① 관련
1 공익사업을 위한 토지 등의 취득 및 보상에 관한 법령에 의한 잔여지 수용청구권은 토지수용위원회의 재결이 없더라도 그 청구에 의하여 수용의 효과가 발생하는 청구권적 성질을 가진다. 16국회8

② 관련
2 건축물의 일부가 공익사업에 편입됨으로 인하여 잔여 건축물의 가격감소 손실이 발생한 경우에 토지보상법에 규정된 재결절차를 거치지 않은 채 곧바로 사업시행자를 상대로 손실보상을 청구하는 것은 허용되지 않는다. 21변시

③ 관련
3 민간기업을 토지수용의 주체로 정한 법률조항도 헌법 제23조 제3항에서 정한 '공공필요'를 충족하면 헌법에 위반되지 아니한다. 16서울9

해설

① ○ **잔여지수용청구권: 청구에 의하여 바로 수용효과 발생(형성권)**
토지수용법에 의한 **잔여지수용청구권은** 그 요건을 구비한 때에는 토지수용위원회의 특별한 조치를 기다릴 것 없이 청구에 의하여 수용의 효과가 발생하는 형성권적 성질을 가진다(2001.9.4. 99두11080).

② × **(잔여 영업시설 손실보상) 재결을 거치지 않고 곧바로 보상청구 불가**
공익사업에 영업시설 일부가 편입됨으로 인하여 잔여 영업시설에 손실을 입은 자가 사업시행자로부터 구 토지보상법 시행규칙 제47조 제3항에 따라 〈잔여 영업시설의 손실에 대한 보상〉을 받기 위해서는, 토지보상법 제34조, 제50조 등에 규정된 재결절차를 거친 다음 그 재결에 대하여 불복이 있는 때에 비로소 토지보상법 제83조 내지 제85조에 따라 권리구제를 받을 수 있을 뿐이다. 이러한 재결절차를 거치지 않은 채 곧바로 사업시행자를 상대로 손실보상을 청구하는 것은 허용되지 않는다(2018.7.20. 2015두4044).
　✚ **PLUS** 토지보상법상 각종의 보상청구는 토지수용위원회의 재결을 먼저 거친 다음에만 청구할 수 있다(쟁송절차에 나갈 수 있다).

③ ○ **헌법은 수용의 주체 제한×, 수용주체에 따라 공공필요성 인정에 본질적 차이×**
헌법 제23조 제3항은 정당한 보상을 전제로 하여 재산권의 수용 등에 관한 가능성을 규정하고 있지만, 재산권 수용의 주체를 한정하지 않고 있다. … 국가 등의 공적 기관이 직접 수용의 주체가 되는 것이든 그러한 공적 기관의 최종적인 허부판단과 승인결정하에 민간기업이 수용의 주체가 되는 것이든, 양자 사이에 공공필요에 대한 판단과 수용의 범위에 있어서 본질적인 차이를 가져올 것으로 보이지 않는다. 따라서 위 수용 등의 주체를 국가 등의 공적 기관에 한정하여 해석할 이유가 없다(헌재 2009.9.24. 2007헌바114).
　✚ **PLUS** 따라서 법률에서 민간기업을 토지수용 주체로 정해도 위헌×

④ ○ **손실보상금 산정을 위한 감정평가결과가 위법한 경우에도 감정내용 중 위법하지 않은 부분을 판결에서 참작 가능**
토지수용의 경우 손실보상금 산정을 위한 감정평가 중 어느 한 가지 점이라도 위법사유가 있으면 그것으로써 그 감정평가결과는 위법하게 되나, 감정평가가 위법하다고 하여도 법원은 그 감정내용 중 위법하지 않은 부분은 이를 추출하여 판결에서 참작할 수 있다(1999.8.24. 99두4754).

선지분석 & 요플·기풀기링크

선지	THEME	요플	기풀기
①	T75 손실보상(토지보상법)	83	025
②		45	104
③	T74 손실보상(헌법)	47	047
④	T75 손실보상(토지보상법)	63	125

정답 ②

OX

21

공익사업을 위한 토지 등의 취득 및 보상에 관한 법령상 재결에 대한 설명으로 옳은 것은? (다툼이 있는 경우 판례에 의함)   22지방7

① 관할 토지수용위원회가 사실을 오인하여 어떤 보상항목이 손실보상대상에 해당하지 않는다고 잘못된 내용의 재결을 한 경우, 피보상자가 이를 다투려면 그 재결에 대한 항고소송을 제기하여야 한다.

② 사업시행자가 토지소유자 등의 재결신청의 청구를 거부하는 경우, 토지소유자 등은 민사소송의 방법으로 그 절차이행을 구할 수 있다.

③ 토지수용위원회의 수용재결이 있은 후에는 토지소유자 등과 사업시행자가 다시 협의하여 토지 등의 취득이나 사용 및 그에 대한 보상에 관하여 임의로 계약을 체결할 수 없다.

④ 토지소유자 등이 손실보상대상에 해당한다고 주장하며 보상을 요구하는데도 사업시행자가 손실보상대상에 해당하지 아니한다며 보상대상에서 이를 제외한 채 협의를 하지 않아 결국 협의가 성립하지 않은 경우, 토지소유자 등에게는 재결신청청구권이 인정된다.

관련 OX

① 관련

1 어떤 보상항목이 공익사업을 위한 토지 등의 취득 및 보상에 관한 법령상 손실보상대상에 해당함에도 관할 토지수용위원회가 법리를 오해함으로써 손실보상대상에 해당하지 않는다고 잘못된 내용의 재결을 한 경우에는, 피보상자는 관할 토지수용위원회를 상대로 그 재결에 대한 취소소송을 제기하여야 한다.   22소방

② 관련

2 인

공익사업 시행으로 영업손실이 발생하였음에도 사업시행자가 재결을 신청하지 않는 경우에는 피해자는 '정당한 보상'을 받기 위하여 사업시행자를 상대로 공법상 당사자소송으로 손실보상금의 지급을 청구할 수 있다.   22변시

해설

① ✕ 토지수용위원회가 손실보상대상에 대해 보상대상이 아니라는 내용의 재결을 한 경우 불복방법 → 토지수용위 상대 재결취소소송✕, 사업시행자 상대 보상금증감소송○
어떤 보상항목이 공익사업을 위한 토지 등의 취득 및 보상에 관한 법령상 손실보상대상에 해당함에도 관할 토지수용위원회가 사실을 오인하거나 법리를 오해함으로써 손실보상대상에 해당하지 않는다고 잘못된 내용의 재결을 한 경우에는, 피보상자는 관할 토지수용위원회를 상대로 그 재결에 대한 취소소송을 제기할 것이 아니라, 사업시행자를 상대로 「공익사업을 위한 토지 등의 취득 및 보상에 관한 법률」 제85조 제2항에 따른 보상금증감소송을 제기하여야 한다(2019.11.28. 2018두227).
+ PLUS 손실보상의 대상에 해당하지 않는다는 재결에 대한 다툼은 사실상 보상금을 더 달라고 주장하는 것이므로 재결취소소송이 아니라 보상금증감소송을 제기하여야 한다.

② ✕ 사업시행자가 재결신청청구를 거부하거나 무응답: 거부처분 취소소송 / 부작위위법확인소송
토지소유자나 관계인의 재결신청청구에도 사업시행자가 재결신청을 하지 않을 때 토지소유자나 관계인은 사업시행자를 상대로 거부처분 취소소송 또는 부작위위법확인소송의 방법으로 다투어야 한다(2019.8.29. 2018두57865).
+ PLUS 사업시행자가 재결신청의 청구를 거부하는 경우에는 민사소송이 아니라 거부에 대한 취소소송이나 부작위위법확인소송으로 다투어야 한다.

③ ✕ 강제취득보다는 협의에 의한 취득이 우선 → 수용재결 이후에도 다시 협의해 계약체결 가능
토지수용위원회의 수용재결이 있은 후라고 하더라도 토지소유자 등과 사업시행자가 다시 협의하여 토지 등의 취득이나 사용 및 그에 대한 보상에 관하여 임의로 계약을 체결할 수 있다(2017.4.13. 2016두64241).

④ ○ 재결신청청구의 요건인 '협의가 성립하지 아니한 때'의 의미: 협의를 거쳤으나 불성립한 경우는 물론, 사업시행자가 손실보상대상에 해당하지 않는다며 협의를 하지 않은 경우도 포함
(편저자: 토지보상법 제30조의) '협의가 성립되지 아니한 때'에는 사업시행자가 토지소유자 등과 공익사업법 제26조에서 정한 협의절차를 거쳤으나 보상액 등에 관하여 협의가 성립하지 아니한 경우는 물론 토지소유자 등이 손실보상대상에 해당한다고 주장하며 보상을 요구하는데도 사업시행자가 손실보상대상에 해당하지 아니한다며 보상대상에서 이를 제외한 채 협의를 하지 않아 결국 협의가 성립하지 않은 경우도 포함된다고 보아야 한다(2011.7.14. 2011두2309). ❶

공익사업을 위한 토지 등의 취득 및 보상에 관한 법률 제30조(재결신청의 청구) ① 사업인정고시가 된 후 협의가 성립되지 아니하였을 때에는 토지소유자와 관계인은 대통령령으로 정하는 바에 따라 서면으로 사업시행자에게 재결을 신청할 것을 청구할 수 있다.

선지선택비율 ① 18.80% ② 8.92% ③ 10.60% ④ 61.68%   오답률 38.32%

선지분석 & 요플·기풀기링크

선지	THEME	요플	기풀기
①		62	122
②	T75 손실보상(토지보상법)	40	098
③		25	082
④		38	097

❶ + PLUS

사업시행자에게는 재결신청권이 있으나, 토지소유자 등에게는 재결신청권이 없다. 협의불성립시 사업시행자에게 재결을 신청할 것을 청구할 수 있을 뿐이다(토지보상법 제30조 제1항). 이때 협의불성립이란 협의절차를 거쳤으나 결국 결렬된 경우뿐 아니라, 사업시행자가 손실보상대상 자체가 아니라고 하며 협의 자체를 하지 않은 경우도 포함된다.

정답 ④
OX 1 ✕ 2 ✕

22

손실보상에 대한 설명으로 옳은 것만을 모두 고르면? (다툼이 있는 경우 판례에 의함) 24지방9

> ㄱ. 공공필요에 의한 재산권의 수용·사용 또는 제한 및 그에 대한 보상은 법률로써 하되, 정당한 보상을 지급하여야 한다.
> ㄴ. 「하천법」 부칙과 이에 따른 특별조치법이 하천구역으로 편입된 토지에 대하여 손실보상청구권을 규정하였다고 하더라도 당해 법률규정이 아니라 관리청의 보상금지급결정에 의하여 비로소 손실보상청구권이 발생한다.
> ㄷ. 「공익사업을 위한 토지 등의 취득 및 보상에 관한 법률」상 보상금의 증감에 관한 소송인 경우 그 소송을 제기하는 자가 토지소유자 또는 관계인일 때에는 지방토지수용위원회 또는 중앙토지수용위원회를 피고로 한다.
> ㄹ. 수용재결에 불복하여 취소소송을 제기하는 때에는 이의신청을 거친 경우에도 수용재결을 한 중앙토지수용위원회 또는 지방토지수용위원회를 피고로 하여 수용재결의 취소를 구하여야 하지만, 이의신청에 대한 재결 자체에 고유한 위법이 있는 경우에는 그 이의재결을 한 중앙토지수용위원회를 피고로 하여 이의재결의 취소를 구할 수 있다.

① ㄱ, ㄴ
② ㄱ, ㄹ
③ ㄴ, ㄷ
④ ㄴ, ㄷ, ㄹ

관련 OX

ㄷ. 관련
1. 피수용자가 수용재결에서 정한 보상금의 액수가 과소하여 헌법상 '정당한 보상' 원칙에 위배된다는 이유로 보상금증감소송을 제기하는 경우 관할 토지수용위원회가 아니라 사업시행자를 피고로 하여야 한다. 22변시

ㄹ. 관련
2. 토지수용위원회의 수용재결에 대해 이의신청을 거쳐 취소소송을 제기하는 경우, 이의재결에 고유한 위법이 있는 때에는 이의재결의 취소를 구할 수 있다. 25소간

해설

ㄱ. ○

헌법 제23조 ③ **공공필요**에 의한 재산권의 **수용·사용 또는 제한** 및 그에 대한 **보상**은 법률로써 하되, **정당한 보상**을 **지급하여야 한다.**

ㄴ. ✕ 하천법상 손실보상청구권: 지급결정으로 발생✕, 법률규정에서 당연 발생○ → 당사자소송으로 청구
개정 하천법 부칙 제2조와 특별조치법 제2조, 제6조의 각 규정들을 종합하면, 위 규정들에 의한 손실보상청구권은 1984.12.31. 전에 토지가 하천구역으로 된 경우에는 당연히 발생되는 것이지, 관리청의 보상금지급결정에 의하여 비로소 발생하는 것은 아니다(2006.5.18. 2004다6207 전원).

ㄷ. ✕ 보상금증감소송의 피고: 사업시행자(증액소송) or 토지소유자·관계인(감액소송) ↔ 토수위✕

공익사업을 위한 토지 등의 취득 및 보상에 관한 법률 제85조(행정소송의 제기) ① 사업시행자, 토지소유자 또는 관계인은 제34조에 따른 재결에 불복할 때에는 재결서를 받은 날부터 90일 이내에, 이의신청을 거쳤을 때에는 이의신청에 대한 재결서를 받은 날부터 60일 이내에 각각 행정소송을 제기할 수 있다. 이 경우 사업시행자는 행정소송을 제기하기 전에 제84조에 따라 늘어난 보상금을 공탁하여야 하며, 보상금을 받을 자는 공탁된 보상금을 소송이 종결될 때까지 수령할 수 없다.
② 제1항에 따라 제기하려는 행정소송이 보상금의 증감(增減)에 관한 소송인 경우 그 소송을 제기하는 자가 토지소유자 또는 관계인일 때에는 **사업시행자를**, 사업시행자일 때에는 **토지소유자 또는 관계인을** 각각 **피고로 한다.**

ㄹ. ○ ※ 수용재결에 이의신청을 거쳐 소송시 소송의 대상과 피고
1) (원처분인) 수용재결에 대해 소송 / 피고는 수용재결을 한 토수위
2) 단, 이의재결 고유의 위법 존재: (재결인) 이의재결에 대해 소송 가능 / 피고는 이의재결 한 중토위
수용재결에 불복하여 취소소송을 제기하는 때에는 이의신청을 거친 경우에도 수용재결을 한 중앙토지수용위원회 또는 지방토지수용위원회를 피고로 하여 수용재결의 취소를 구하여야 하고(편저자: 원처분을 대상으로 하여야 하고) 다만 이의신청에 대한 재결 자체에 고유한 위법이 있음을 이유로 하는 경우에는 그 이의재결을 한 중앙토지수용위원회를 피고로 하여 이의재결의 취소를 구할 수 있다고 보아야 한다(편저자: 재결에 대해서는 고유의 위법이 있는 경우에만 대상으로 삼을 수 있다)(2010.1.28. 2008두1504).

선지선택비율 ① 26.90% ② 58.05% ③ 7.52% ④ 7.53% 오답률 41.95%

선지분석 & 요플·기풀기링크

선지	THEME	요플	기풀기
ㄱ	T74 손실보상(헌법)	02	002
ㄴ		38	038
ㄷ	T75 손실보상(토지보상법)	61	121
ㄹ	T51 원처분주의/재결주의	21	021

정답 ②
OX 1○ 2○

23

행정상 손실보상에 대한 설명으로 옳은 것은? (다툼이 있는 경우 판례에 의함) 08지방7

① 토지수용으로 인한 손실보상액을 산정함에 있어 당해 공공사업의 시행과 관련이 없는 다른 사업으로 인한 개발이익을 배제한 가격으로 평가하여야 한다.
② 영업손실에 관한 보상에 있어서 영업의 휴업과 폐지를 구별하는 기준은 당해 영업을 다른 장소로 실제로 이전하였는지의 여부에 달려 있다.
③ 잔여지수용청구권은 그 요건을 구비한 때에 형성권의 성질을 갖는다.
④ 토지수용 보상액 산정시 당해 공공사업의 시행을 직접 목적으로 하는 계획의 승인·고시로 인한 가격변동을 고려하여야 한다.

해설

①④ ✕ 당해 공익사업 시행을 직접 목적으로 하는 계획으로 인한 가격변동은 고려✕④ → 당해 공익사업과 무관한 다른 사업으로 인한 가격변동은 반영①
토지수용으로 인한 손실보상액을 산정함에 있어서 **당해 공공사업의 시행을 직접 목적으로 하는 계획의 승인·고시로 인한 가격변동은 이를 고려함이 없이 수용재결 당시의 가격을 기준으로 하여 적정가격을 정하여야 하나**, ④ **당해 공공사업과는 관계없는 다른 사업의 시행으로 인한 개발이익은 이를 배제하지 아니한 가격으로 평가하여야 한다**①(1999.1.15. 98두8896).

공익사업을 위한 토지 등의 취득 및 보상에 관한 법률 ① 보상액의 산정은 협의에 의한 경우에는 **협의성립 당시의 가격**을, 재결에 의한 경우에는 수용 또는 사용의 **재결 당시의 가격**을 기준으로 한다.
② 보상액을 산정할 경우에 **해당 공익사업으로 인하여** 토지등의 **가격이 변동**되었을 때에는 이를 **고려하지 아니**한다.

② ✕ 폐지 vs 휴업 여부: 실제 이전 여부 기준✕, 이전가능성 기준○
영업손실에 관한 보상에 있어 영업의 폐지로 볼 것인지 아니면 영업의 휴업으로 볼 것인지를 **구별하는 기준은 당해 영업을 그 영업소 소재지나 인접 시·군 또는 구 지역 안의 다른 장소로 이전하는 것이 가능한지의 여부에 달려 있다**(2001.11.13. 2000두1003). → 즉, 실제 이전 여부가 아니라, 이전의 가능성이 기준

③ ○ 잔여지수용청구권: 형성권(청구에 의하여 바로 수용효과발생)
토지수용법에 의한 **잔여지수용청구권은** 그 요건을 구비한 때에는 토지수용위원회의 특별한 조치를 기다릴 것 없이 청구에 의하여 수용의 효과가 발생하는 형성권적 성질을 가진다(2001.9.4. 99두11080).

관련 OX

①관련
1 토지수용으로 인한 보상액을 산정함에 있어서 당해 공공사업과 관계없는 다른 사업의 시행으로 인한 개발이익은 이를 배제하지 아니한 가격으로 평가하여야 한다. 19소방

②관련
2 영업손실에 관한 보상에 있어서 영업의 휴업과 폐지를 구별하는 기준은 당해 영업을 다른 장소로 실제로 이전하였는지의 여부에 달려 있는 것이 아니라, 당해 영업을 그 영업소 소재지나 인접 시·군 또는 구 지역 안의 다른 장소로 이전하는 것이 가능한지의 여부에 달려 있다. 11경행

④관련
3 토지수용으로 인한 손실보상액은 당해 공공사업의 시행을 직접 목적으로 하는 계획의 승인·고시로 인한 가격변동을 고려함이 없이 수용재결 당시의 가격을 기준으로 하여 정하여야 한다. 14국가7

4 공법상의 제한을 받는 토지의 수용보상액을 산정함에 있어 그 공법상의 제한이 당해 공공사업의 시행을 직접 목적으로 하여 가하여진 경우에는 그러한 제한을 받는 상태 그대로 평가하여야 한다. 25소간

선지분석 & 요플·기풀기링크

선지	THEME	요플	기풀기
①		08	008
②	T75 손실보상(토지보상법)	95	039
③		83	025
④		04	006

정답 ③
OX 1○ 2○ 3○ 4✕

24

「공익사업을 위한 토지 등의 취득 및 보상에 관한 법률」의 내용으로 옳지 않은 것은? (다툼이 있는 경우 판례에 의함)

25국가9

① 사업시행자가 사업인정고시가 된 날부터 1년 이내에 재결신청을 하지 아니한 경우에는 사업인정고시가 된 날부터 1년이 되는 날의 다음 날에 사업인정은 그 효력을 상실한다.
② 재결에 계산상 또는 기재상의 잘못이 있는 것이 명백할 때에는 토지수용위원회는 직권으로 또는 당사자의 신청에 의하여 경정재결을 할 수 있다.
③ 보상액의 산정은 협의에 의한 경우에는 협의성립 당시의 가격을, 재결에 의한 경우에는 수용 또는 사용의 재결 당시의 가격을 기준으로 한다.
④ 중앙토지수용위원회는 이의신청을 받은 경우 재결이 위법하다고 인정할 때에는 그 재결의 전부 또는 일부를 취소할 수 있고 보상액을 변경할 수는 없다.

관련 OX

④ 관련

1 이의신청을 받은 중앙토지수용위원회는 수용재결이 위법 또는 부당한 때에는 그 재결의 전부 또는 일부를 취소하거나 보상액을 변경할 수 있다.

23군무원7

해설

① ○

공익사업을 위한 토지 등의 취득 및 보상에 관한 법률 제23조(사업인정의 실효) ① 사업시행자가 제22조 제1항에 따른 사업인정의 고시(이하 '사업인정고시'라 한다)가 된 날부터 1년 이내에 제28조 제1항에 따른 재결신청을 하지 아니한 경우에는 사업인정고시가 된 날부터 1년이 되는 날의 다음 날에 사업인정은 그 효력을 상실한다.

② ○

공익사업을 위한 토지 등의 취득 및 보상에 관한 법률 제36조(재결의 경정) ① 재결에 계산상 또는 기재상의 잘못이나 그 밖에 이와 비슷한 잘못이 있는 것이 명백할 때에는 토지수용위원회는 직권으로 또는 당사자의 신청에 의하여 경정재결(更正裁決)을 할 수 있다.

③ ○

공익사업을 위한 토지 등의 취득 및 보상에 관한 법률 제67조(보상액의 가격시점 등) ① 보상액의 산정은 **협의**에 의한 경우에는 **협의성립 당시의 가격**을, **재결**에 의한 경우에는 수용 또는 사용의 **재결 당시의 가격**을 기준으로 한다.

④ × 이의신청을 받은 중앙토지수용위원회는 손실보상액을 변경할 수도 있다.

공익사업을 위한 토지 등의 취득 및 보상에 관한 법률 제84조(이의신청에 대한 재결) ① 중앙토지수용위원회는 제83조에 따른 이의신청을 받은 경우 제34조에 따른 재결이 위법하거나 부당하다고 인정할 때에는 그 재결의 전부 또는 일부를 취소하거나 **보상액을 변경할 수 있다.**

선지선택비율 ① 11.04% ② 10.29% ③ 9.96% ④ 68.70%　오답률 31.30%

선지분석 & 요플·기풀기링크

선지	THEME	요플	기풀기
①		34	095
②	T75 손실보상(토지보상법)	42	101
③		02	002
④		52	112

 ④
 1 ○

필수문제 25

오답률 TOP ❸

「공익사업을 위한 토지 등의 취득 및 보상에 관한 법률」에 대한 설명으로 옳지 않은 것은?

23지방9

① 구 「하천법」에 의한 하천수 사용권은 「공익사업을 위한 토지 등의 취득 및 보상에 관한 법률」이 손실보상의 대상으로 규정하고 있는 '물의 사용에 관한 권리'에 해당한다.

② 토지수용위원회의 재결에 대한 토지소유자의 행정소송 제기는 사업의 진행 및 토지의 수용 또는 사용을 정지시키지 아니한다.

③ 사업인정은 공익사업의 시행자에게 그 후 일정한 절차를 거칠 것을 조건으로 일정한 내용의 수용권을 설정하여 주는 형성행위이다.

④ 어떤 보상항목이 공익사업을 위한 토지 등의 취득 및 보상에 관한 법령상 손실보상대상에 해당함에도 관할 토지수용위원회가 사실을 오인하거나 법리를 오해함으로써 손실보상대상에 해당하지 않는다고 잘못된 내용의 재결을 한 경우에는, 피보상자는 관할 토지수용위원회를 상대로 재결취소소송을 제기하여야 한다.

관련 OX

① 관련

1 「하천법」 제50조에 의한 하천수 사용권은 「공익사업을 위한 토지 등의 취득 및 보상에 관한 법률」 제76조 제1항이 손실보상의 대상으로 규정하고 있는 '물의 사용에 관한 권리'에 해당하지 않는다.

23군무원7

④ 관련

2 토지수용위원회가 토지보상법상 손실보상대상에 해당하는 보상항목을 손실보상대상에 해당하지 않는다고 잘못된 내용의 재결을 한 경우에는 피보상자는 그 재결에 대한 취소소송을 제기할 것이 아니라 사업시행자를 상대로 토지보상법에 따른 보상금증감소송을 제기하여야 한다.

23국회8

해설

① ○ 하천수 사용권: '물의 사용에 관한 권리'로서 보상대상

하천법 제50조에 의한 하천수 사용권은 동법상 하천의 점용허가에 따라 해당 하천을 점용할 수 있는 권리와 마찬가지로 특허에 의한 공물사용권의 일종으로서, 양도가 가능하고 이에 대한 민사집행법상의 집행 역시 가능한 독립된 재산적 가치가 있는 구체적인 권리라고 보아야 한다. 따라서 하천법 제50조에 의한 하천수 사용권도 토지보상법상 손실보상의 대상으로 규정된 '물의 사용에 관한 권리'에 해당한다(2018.12.27. 2014두11601).

② ○ 취소소송의 제기는 처분등의 효력이나 그 집행 또는 절차의 속행에 영향을 주지 않는 것이 원칙이기에 별도로 집행정지를 신청하여야 한다. 토지보상법에서도 이와 유사하게 행정소송의 제기는 사업의 진행 등을 정지시키지 아니한다고 규정하고 있다.

공익사업을 위한 토지 등의 취득 및 보상에 관한 법률 제88조(처분효력의 부정지) 제83조에 따른 이의의 신청이나 제85조에 따른 **행정소송의 제기**는 사업의 진행 및 토지의 수용 또는 사용을 **정지시키지 아니**한다.

행정소송법 제23조(집행정지) ① 취소소송의 제기는 처분등의 효력이나 그 집행 또는 절차의 속행에 영향을 주지 아니한다.

③ ○ 토지수용법 제14조의 규정에 의한 **사업인정**은 그 후 일정한 절차를 거칠 것을 조건으로 하여 일정한 내용의 **수용권을 설정해 주는 행정처분**의 성격을 띠는 것으로서 그 사업인정을 받음으로써 수용할 목적물의 범위가 확정되고 수용권으로 하여금 목적물에 관한 현재 및 장래의 권리자에게 대항할 수 있는 일종의 공법상의 권리로서의 효력을 발생시킨다(1994.11.11. 93누19375).

④ × 토지수용위원회가 손실보상대상에 대해 보상대상이 아니라는 내용의 재결을 한 경우 불복방법 → 토지수용위 상대 재결취소소송×, 사업시행자 상대 보상금증감소송○

어떤 보상항목이 공익사업을 위한 토지 등의 취득 및 보상에 관한 법령상 손실보상대상에 해당함에도 관할 토지수용위원회가 사실을 오인하거나 법리를 오해함으로써 손실보상대상에 해당하지 않는다고 잘못된 내용의 재결을 한 경우에는, 피보상자는 관할 토지수용위원회를 상대로 그 재결에 대한 취소소송을 제기할 것이 아니라, 사업시행자를 상대로 「공익사업을 위한 토지 등의 취득 및 보상에 관한 법률」 제85조 제2항에 따른 보상금증감소송을 제기하여야 한다(2019.11.28. 2018두227).

선지선택비율 ① 13.50% ② 13.79% ③ 12.44% ④ 60.27% 오답률 39.73%

선지분석 & 요플·기풀기링크

선지	THEME	요플	기풀기
①		92	034
②	T75 손실보상(토지보상법)	64	123
③		27	086
④		62	122

정답 ④

OX 1× 2○

필수문제 26 사례형

다음 사례에 대한 설명으로 옳은 것을 고르시오.

22국가9

> 건설회사 A는 택지개발사업을 위해 관련 법령에 따른 절차를 거쳐 甲 소유의 토지 등을 취득하고자 甲과 보상에 관한 협의를 하였으나 협의가 성립되지 않았다. 이에 관할 지방토지수용위원회에 재결을 신청하여 토지의 수용 및 보상금에 대한 수용재결을 받았다.

① 甲이 수용재결에 대하여 이의신청을 제기하면 사업의 진행 및 토지의 수용 또는 사용을 정지시키는 효력이 있다.
② 甲이 수용 자체를 다투는 경우 관할 지방토지수용위원회를 상대로 수용재결에 대하여 취소소송을 제기할 수 있다.
③ 甲은 보상금 증액을 위해 A를 상대로 손실보상을 구하는 민사소송을 제기할 수 있다.
④ 甲이 계속 거주하고 있는 건물과 토지의 인도를 거부할 경우 행정대집행의 대상이 될 수 있다.

관련 OX

② 관련

1 O
사업시행자, 토지소유자 또는 관계인은 토지수용위원회의 재결에 불복할 때에는 재결서를 받은 날부터 60일 이내에 행정소송을 제기할 수 있다. 11지방7

STORY 해설

- 토지수용위원회의 수용재결은 '재결'이라는 이름을 지니고 있어 마치 행정심판의 결론인 재결로 오해될 수 있으나, 이는 '처분'에 해당한다. 이러한 수용재결에 불만이 있는 경우는 두 가지이다.
- 하나는 수용재결 자체가 불만인 경우, 즉 자신의 재산에 대한 <u>수용 자체를 원치 않는 경우</u>이다. 이때는 수용재결이라는 이름의 처분을 취소하라는 <u>취소소송을 제기</u>하고, 피고는 처분청인 <u>토지수용위원회</u>가 된다. ②
- 다른 하나는 수용 자체에는 불만이 없으나 <u>보상금을 더 달라는 경우</u>이다. 혹은 오히려 보상금이 너무 높이 책정되었으니 깎아 달라는 경우이다. 이때는 <u>보상금증감소송이라는 이름의 당사자소송을 제기</u>한다(따라서 민사소송이라고 한 ③은 틀린 지문). ③ 전자는 돈을 적게 준 사업시행자가 피고가 되고, 후자는 돈을 많이 받게 된 토지소유자 등이 피고가 된다.
- 취소소송이건, 보상금증감소송이건 여하튼 수용을 둘러싸고 소송이 벌어지더라도 사업의 진행이나 토지의 수용·사용 등은 정지되지 않는다. ① 다수의 이해관계가 얽혀 있기 때문에 누군가가 소송을 제기했더라도 멈추지 않는 것을 원칙으로 명문화한 것이다.

사례분석

- 토지수용과 관련한 각종 쟁점을 묻고 있다. 다만 제시문을 안 읽더라도 모든 지문의 답이 판별될 정도로 제시문과 사례 간 긴밀성이 없어 사례지수는 떨어진다. 수용과 관련해 가장 많이 출제되는 것은, 수용에 대한 다툼방법이다. 하나는 재산을 뺏기지 않기 위한 취소소송(피고는 수용을 한 수용위원회), ② 다른 하나는 돈을 더 받고 싶거나 덜 주기 위한 보상금증감소송이다(당사자소송으로서 피고는 돈을 내놓을 사업시행자 혹은 돈을 덜 받을 토지소유자등). ③ 사안에 따라 소송의 종류가 달라지고 피고 역시 달라짐을 주의해서 기억한다. 보통 후자가 출제되나, 이 문제에서는 전자와 후자를 동시에 물어보았고 후자만 암기하던 많은 수험생들이 틀렸다.

선지분석 & 요플·기풀기링크

선지	THEME	요플	기풀기
①		64	123
②	T75 손실보상(토지보상법)	58	118
③		60	120
④	T43 대집행	09	010

해설

① ✗

공익사업을 위한 토지 등의 취득 및 보상에 관한 법률 제88조(처분효력의 부정지) 제83조에 따른 <u>이의의 신청</u>이나 제85조에 따른 <u>행정소송의 제기</u>는 <u>사업의 진행 및 토지의 수용 또는 사용을 정지시키지 아니한다</u>.

② ○, ③ ✗

공익사업을 위한 토지 등의 취득 및 보상에 관한 법률 제85조(행정소송의 제기) ① 사업시행자, 토지소유자 또는 관계인은 제34조에 따른 <u>재결에 불복할 때에는 재결서를 받은 날부터 90일 이내에, 이의신청을 거쳤을 때에는 이의신청에 대한 재결서를 받은 날부터 60일 이내에 각각 행정소송을 제기할 수 있다</u>. 이 경우 사업시행자는 행정소송을 제기하기 전에 제84조에 따라 늘어난 보상금을 공탁하여야 하며, 보상금을 받을 자는 공탁된 보상금을 소송이 종결될 때까지 수령할 수 없다.
② 제1항에 따라 제기하려는 행정소송이 <u>보상금의 증감(增減)에 관한 소송</u>인 경우 그 소송을 제기하는 자가 토지소유자 또는 관계인일 때에는 <u>사업시행자를</u>, 사업시행자일 때에는 토지소유자 또는 관계인을 각각 <u>피고로 한다</u>.

요플 토지보상법 관련 행정소송

제소 기간	※ 토지보상법상 **특례규정 존재**(행정소송법상 제소기간 규정 적용×)	
	이의신청 안 거침	수용재결서 받은 날부터 **90일**
	이의신청 거침	이의재결서 받은 날부터 **60일**

쟁송 방식		수용재결 자체에 대한 불복②	보상금액에 대한 불복③
	형태	수용재결 취소소송(항고소송)	보상금증감소송(형식적 당사자소송)
	피고	to 관할 수용위원회	• (증액) to **사업시행자**(↔ 수용위원회×) • (감액) to 소유자·관계인
	관련 쟁점	※ 이의재결도 거친 경우의 소송대상 및 피고 • 원칙은 수용재결에 대해 관할 토수위에 항고소송 • 단, 이의재결 고유의 위법이 있다면 **이의재결**을 대상으로 중앙토수위에 항고소송도 가능	※ 보상금증감소송을 하는 경우들 • 어떤 항목이 보상대상임에도 수용위가 **보상대상**이 아니라고 한 재결에 불복하는 경우 • **사용토지 수용청구**를 거부한 재결에 불복하는 경우 • **잔여지 수용청구**를 거부한 재결에 불복하는 경우

기타	• 위법사유가 있는 감정평가 → 그 감정평가결과는 위법. 단, 위법하지 않은 부분을 추출해 참작 가능 • 이의신청·행정소송 제기 → 그로 인해 사업진행, 토지의 수용·사용이 **정지되지는 않음** • 재결에서 정한 보상액과 소송에서 정한 보상액의 차액 → **지연손해금 당연발생**(∵ 수용시 발생 but 미지급)

26 요플 p.335

④ × 구 토지수용법 규정에서의 '**인도**'에는 명도도 포함되는 것으로 보아야 하고, 이러한 명도의무는 그것을 강제적으로 실현하면서 직접적인 실력행사가 필요한 것이지 대체적 작위의무라고 볼 수 없으므로 특별한 사정이 없는 한 행정대집행법에 의한 대집행의 대상이 될 수 있는 것이 아니다(2005.8.19. 2004다2809).

선지선택비율 ① 15.76% ② 46.27% ③ 19.54% ④ 18.43% 오답률 53.73%

27

국민권익위원회에 관한 설명으로 옳지 않은 것은?

19소방(변형)

① 19세 이상의 국민은 공공기관의 사무처리가 법령위반 또는 부패행위로 인하여 공익을 현저히 해하는 경우 대통령령으로 정하는 일정한 수 이상의 국민의 연서로 감사원에 감사를 청구할 수 있다.
② 공직자 행동강령의 시행·운영 및 「행정심판법」에 따른 중앙행정심판위원회의 운영에 관한 업무를 수행한다.
③ 누구든지 부패행위를 알게 된 때에는 이를 위원회에 신고할 수 있다.
④ 위원장과 위원의 임기는 각각 3년으로 하되 1차에 한하여 연임할 수 있다.

관련 OX

④ 관련
1 국민권익위원회의 위원장과 위원의 임기는 각각 2년으로 하되 1차에 한하여 연임할 수 있다.   09지방7

해설

① ✕

부패방지 및 국민권익위원회의 설치와 운영에 관한 법률 제72조(감사청구권) ① 18세 이상의 국민은 공공기관의 사무처리가 법령위반 또는 부패행위로 인하여 공익을 현저히 해하는 경우 대통령령으로 정하는 일정한 수 이상의 국민의 연서로 감사원에 감사를 청구할 수 있다. 다만, 국회·법원·헌법재판소·선거관리위원회 또는 감사원의 사무에 대하여는 국회의장·대법원장·헌법재판소장·중앙선거관리위원회 위원장 또는 감사원장(이하 '당해 기관의 장'이라 한다)에게 감사를 청구하여야 한다.

② ○

부패방지 및 국민권익위원회의 설치와 운영에 관한 법률 제12조(기능) 위원회는 다음 각호의 업무를 수행한다.
14. 공직자 행동강령의 시행·운영 및 그 위반행위에 대한 신고의 접수·처리 및 신고자의 보호
19. 「행정심판법」에 따른 중앙행정심판위원회의 운영에 관한 사항

③ ○

부패방지 및 국민권익위원회의 설치와 운영에 관한 법률 제55조(부패행위의 신고) 누구든지 부패행위를 알게 된 때에는 이를 위원회에 신고할 수 있다.

④ ○

부패방지 및 국민권익위원회의 설치와 운영에 관한 법률 제16조(직무상 독립과 신분보장) ② 위원장과 위원의 임기는 각각 3년으로 하되 1차에 한하여 연임할 수 있다.

선지분석 & 요플·기풀기링크

선지	THEME	요플	기풀기
①		147	151
②	T75 손실보상(토지보상법)	139	144
③		146	150
④		140	145

 ①
 1✕

28

「부패방지 및 국민권익위원회의 설치와 운영에 관한 법률」의 내용으로 옳은 것은? 09지방7

① 고충민원의 처리와 이에 관련된 불합리한 행정제도를 개선하고, 부패의 발생을 예방하며 부패행위를 효율적으로 규제하도록 하기 위하여 대통령 소속으로 국민권익위원회를 둔다.
② 18세 이상의 국민은 공공기관의 사무처리가 법령위반 또는 부패행위로 인하여 공익을 현저히 해하는 경우 대통령령으로 정하는 일정한 수 이상의 국민의 연서로 감사원에 감사를 청구할 수 있다.
③ 국민권익위원회의 위원장과 위원의 임기는 각각 2년으로 하되 1차에 한하여 연임할 수 있다.
④ 누구든지 국민권익위원회 또는 시민고충처리위원회에 고충민원을 신청할 수 있다. 이 경우 하나의 권익위원회에 대하여 고충민원을 제기한 신청인은 다른 권익위원회에 대하여도 고충민원을 신청할 수 있다.

관련 OX

① 관련

1 (국민권익위원회는) 고충민원의 처리와 이에 관련된 불합리한 행정제도를 개선하고, 부패의 발생을 예방하며 부패행위를 효율적으로 규제하도록 하기 위하여 국무총리 소속으로 설치하였다. 09국가9

해설

① × 대통령 소속×, 국무총리 소속○

부패방지 및 국민권익위원회의 설치와 운영에 관한 법률 제11조(국민권익위원회의 설치) ① 고충민원의 처리와 이에 관련된 불합리한 행정제도를 개선하고, 부패의 발생을 예방하며 부패행위를 효율적으로 규제하도록 하기 위하여 **국무총리 소속**으로 **국민권익위원회**(이하 '위원회'라 한다)를 둔다.

② × (출제 당시) → ○ (현재) 감사청구권 연령은 출제 당시는 19세 이상이어서 틀린 지문이었으나 2022년에 18세 이상으로 개정되어 현재는 맞는 지문이다.

부패방지 및 국민권익위원회의 설치와 운영에 관한 법률 제72조(감사청구권) ① **18세 이상의 국민**은 공공기관의 사무처리가 법령위반 또는 부패행위로 인하여 공익을 현저히 해하는 경우 대통령령으로 정하는 **일정한 수 이상의 국민의 연서로 감사원에 감사를 청구**할 수 있다. 다만, 국회·법원·헌법재판소·선거관리위원회 또는 감사원의 사무에 대하여는 국회의장·대법원장·헌법재판소장·중앙선거관리위원회 위원장 또는 감사원장(이하 '당해 기관의 장'이라 한다)에게 감사를 청구하여야 한다

③ × 2년×, 3년○

부패방지 및 국민권익위원회의 설치와 운영에 관한 법률 제16조(직무상 독립과 신분보장) ① 위원회는 그 권한에 속하는 업무를 독립적으로 수행한다.
② 위원장과 위원의 임기는 각각 **3년**으로 하되 **1차**에 한하여 연임할 수 있다.

④ ○

부패방지 및 국민권익위원회의 설치와 운영에 관한 법률 제39조(고충민원의 신청 및 접수) ① **누구든지**(국내에 거주하는 외국인을 포함한다) 위원회 또는 시민고충처리위원회(이하 이 장에서 '권익위원회'라 한다)에 **고충민원을 신청할 수** 있다. 이 경우 **하나의 권익위원회**에 대하여 고충민원을 제기한 신청인은 **다른 권익위원회에 대하여도** 고충민원을 신청할 수 있다.

선지분석 & 요플·기풀기링크

선지	THEME	요플	기풀기
①		138	143
②	T75 손실보상(토지보상법)	147	151
③		140	145
④		144	148

정답 ②, ④
OX 1 ○

PART

V

정보공개법·보호법

T 76 **공공기관 정보공개법(1) - 조문별 기출정리**

T 77 공공기관 정보공개법(2) - 정보공개청구권

T 78 공공기관 정보공개법(3) - 정보공개의 대상

T 79 공공기관 정보공개법(4) - 비공개대상정보

T 80 개인정보 보호법(1) - 조문별 기출정리

T 81 개인정보 보호법(2) - 기타 사항

THEME 76-79 공공기관 정보공개법

기 1222-1267
요 344-353

T76 공공기관 정보공개법(1) - 조문별 기출정리

01

「공공기관의 정보공개에 관한 법률」에 대한 설명으로 옳지 않은 것은? 21군무원9

① 정보공개의 원칙에 따라 공공기관이 보유·관리하는 정보는 국민의 알권리 보장 등을 위하여 이 법에서 정하는 바에 따라 적극적으로 공개하여야 한다.
② 모든 국민은 정보의 공개를 청구할 권리를 가진다.
③ 공공기관의 정보공개 담당자(정보공개 청구대상 정보와 관련된 업무 담당자를 포함한다)는 정보공개 업무를 성실하게 수행하여야 하며, 공개 여부의 자의적인 결정, 고의적인 처리 지연 또는 위법한 공개 거부 및 회피 등 부당한 행위를 하여서는 아니 된다.
④ 공공기관은 예산집행의 내용과 사업평가결과 등 행정감시를 위하여 필요한 정보에 대해서는 공개의 구체적 범위, 주기, 시기 및 방법 등을 미리 정하여 정보통신망 등을 통하여 알릴 필요까지는 없으나, 정기적으로 공개하여야 한다.

해설

① ○

공공기관의 정보공개에 관한 법률 제3조(정보공개의 원칙) 공공기관이 보유·관리하는 정보는 국민의 알권리 보장 등을 위하여 이 법에서 정하는 바에 따라 적극적으로 공개하여야 한다.

② ○

공공기관의 정보공개에 관한 법률 제5조(정보공개 청구권자) ① 모든 국민은 정보의 공개를 청구할 권리를 가진다.

③ ○

공공기관의 정보공개에 관한 법률 제6조의2(정보공개 담당자의 의무) 공공기관의 정보공개 담당자(정보공개 청구대상 정보와 관련된 업무 담당자를 포함한다)는 정보공개 업무를 성실하게 수행하여야 하며, 공개 여부의 자의적인 결정, 고의적인 처리 지연 또는 위법한 공개 거부 및 회피 등 부당한 행위를 하여서는 아니 된다.

④ ✕

공공기관의 정보공개에 관한 법률 제7조(정보의 사전적 공개 등) ① 공공기관은 다음 각 호의 어느 하나에 해당하는 정보에 대해서는 공개의 구체적 범위, 주기, 시기 및 방법 등을 미리 정하여 정보통신망 등을 통하여 **알리고**, 이에 따라 정기적으로 공개하여야 한다. 다만, 제9조 제1항 각 호의 어느 하나에 해당하는 정보에 대해서는 그러하지 아니하다.
1. 국민생활에 매우 큰 영향을 미치는 정책에 관한 정보
2. 국가의 시책으로 시행하는 공사(工事) 등 대규모 예산이 투입되는 사업에 관한 정보
3. 예산집행의 내용과 사업평가 결과 등 행정감시를 위하여 필요한 정보
4. 그 밖에 공공기관의 장이 정하는 정보

선지	THEME	요플	기풀기
①	T76 정보공개법(조문)	66	003
②	T77 정보공개법(청구권)	07	007
③	T76 정보공개법(조문)	06	009
④		08	011

정답

02

다음 중 「공공기관의 정보공개에 관한 법률」에 대한 설명으로 가장 적절하지 않은 것은?

24군무원7

① 공공기관은 정보의 공개를 청구하는 국민의 권리가 존중될 수 있도록 이 법을 운영하고 소관 관계법령을 정비하며, 정보를 투명하고 공개하는 조직문화 형성에 노력하여야 한다.
② 외국인을 포함하여 모든 사람은 정보의 공개를 청구할 권리를 가진다.
③ 행정안전부장관은 공공기관의 정보공개에 관한 업무를 종합적·체계적·효율적으로 지원하기 위하여 통합정보공개시스템을 구축·운영하여야 한다.
④ 공공기관은 정보의 공개에 관한 사무를 신속하고 원활하게 수행하기 위하여 정보공개 장소를 확보하고 공개에 필요한 시설을 갖추어야 한다.

해설

① ○

공공기관의 정보공개에 관한 법률 제6조(공공기관의 의무) ① 공공기관은 정보의 공개를 청구하는 국민의 권리가 존중될 수 있도록 이 법을 운영하고 소관 관계법령을 정비하며, 정보를 투명하고 적극적으로 공개하는 조직문화 형성에 노력하여야 한다.

② × 외국인은 일정한 경우에만 정보공개를 청구할 권리를 가진다.

공공기관의 정보공개에 관한 법률 제5조(정보공개청구권자) ② 외국인의 정보공개청구에 관하여는 대통령령으로 정한다.

공공기관의 정보공개에 관한 법률 시행령 제3조(외국인의 정보공개청구) 법 제5조 제2항에 따라 정보공개를 청구할 수 있는 외국인은 다음 각 호의 어느 하나에 해당하는 자로 한다.
1. 국내에 일정한 주소를 두고 거주하거나 학술·연구를 위하여 일시적으로 체류하는 사람
2. 국내에 사무소를 두고 있는 법인 또는 단체

③ ○

공공기관의 정보공개에 관한 법률 제6조(공공기관의 의무) ③ 행정안전부장관은 공공기관의 정보공개에 관한 업무를 종합적·체계적·효율적으로 지원하기 위하여 통합정보공개시스템을 구축·운영하여야 한다.

④ ○

공공기관의 정보공개에 관한 법률 제8조(정보목록의 작성·비치 등) ② 공공기관은 정보의 공개에 관한 사무를 신속하고 원활하게 수행하기 위하여 정보공개장소를 확보하고 공개에 필요한 시설을 갖추어야 한다.

선지선택비율 ① 9.52% ② 58.93% ③ 19.05% ④ 12.50% 오답률 41.07%

선지	THEME	요플	기풀기
①	T76 정보공개법(조문)	04	007
②	T77 정보공개법(청구권)	11	011
③	T76 정보공개법(조문)	05	008
④		09	012

정답 ②

03

행정정보공개제도에 대한 설명으로 옳은 것은? 12사복9

① 개인정보는 절대적 비공개대상정보이다.
② 외국인은 정보공개를 청구할 수 없다.
③ 정보공개의 청구는 반드시 문서로 하여야 한다.
④ 공공기관은 정보의 비공개결정을 한 때에는 그 사실을 청구인에게 지체 없이 문서로 통지하여야 한다.

관련 OX

① 관련

1 당해 정보에 포함되어 있는 이름, 주민등록번호 등 개인에 관한 사항으로서 공개될 경우 개인의 사생활의 비밀 또는 자유를 침해할 우려가 있다고 인정되는 정보(는 「공공기관의 정보공개에 관한 법률」상 비공개대상정보에 해당된다) 16소간

③ 관련

2 청구인은 구술로도 정보의 공개를 청구할 수 있다. 08국가9

④ 관련

3 공공기관은 정보의 비공개결정을 한 경우 지체 없이 청구인에게 비공개이유와 불복의 방법 및 절차를 구체적으로 밝혀 문서로 통지하여야 한다. 15교행9(변형)

해설

① ✕ 개인정보 중 사생활 침해우려가 있는 것에 한하여 비공개대상이고(정보공개법 제9조 제6호), 그조차 제6호 가.~마.목의 경우는 공개한다. 따라서 개인정보라고 절대적 비공개정보가 되는 것은 아니다.

> **공공기관의 정보공개에 관한 법률 제9조(비공개대상정보)** ① 공공기관이 보유·관리하는 정보는 공개대상이 된다. 다만, 다음 각 호의 어느 하나에 해당하는 정보는 공개하지 아니할 수 있다.
> 6. 해당 정보에 포함되어 있는 성명·주민등록번호 등 **개인에 관한 사항으로서** 공개될 경우 **사생활**의 비밀 또는 자유를 **침해할 우려**가 있다고 인정되는 정보. 다만, 다음 각 목에 열거한 개인에 관한 정보는 **제외**한다. (각 목 생략)

② ✕ 외국인에게도 일정한 경우 정보공개청구권이 인정된다.

> **공공기관의 정보공개에 관한 법률 제5조(정보공개청구권자)** ② 외국인의 정보공개청구에 관하여는 대통령령으로 정한다.
>
> **공공기관의 정보공개에 관한 법률 시행령 제3조(외국인의 정보공개청구)** 법 제5조 제2항에 따라 **정보공개를 청구할 수 있는 외국인**은 다음 각 호의 어느 하나에 해당하는 자로 한다.
> 1. 국내에 일정한 **주소**를 두고 거주하거나 **학술·연구**를 위하여 **일시적**으로 체류하는 사람
> 2. 국내에 **사무소**를 두고 있는 법인 또는 단체

③ ✕ 정보공개청구는 말로도 가능하다.

> **공공기관의 정보공개에 관한 법률 제10조(정보공개의 청구방법)** ① 정보의 공개를 청구하는 자(이하 '청구인'이라 한다)는 해당 정보를 보유하거나 관리하고 있는 공공기관에 다음 각 호의 사항을 적은 정보공개 **청구서**를 제출하거나 **말로써** 정보의 공개를 청구할 수 있다. (각 호 생략)

④ ○

> **공공기관의 정보공개에 관한 법률 제13조(정보공개 여부 결정의 통지)** ⑤ 공공기관은 제11조에 따라 정보의 **비공개결정**을 한 경우에는 그 사실을 청구인에게 **지체 없이 문서로** 통지하여야 한다. 이 경우 제9조 제1항 각 호 중 어느 규정에 해당하는 비공개대상정보인지를 포함한 비공개 이유와 불복의 방법 및 절차를 구체적으로 밝혀야 한다.

선지분석 & 요플·기풀기링크

선지	THEME	요플	기풀기
①	T79 정보공개법(비공개)	27	034
②	T77 정보공개법(청구권)	11	011
③	T76 정보공개법(조문)	11	014
④		26	033

정답 ④
OX 1○ 2○ 3○

04

「공공기관의 정보공개에 관한 법률」상의 정보공개청구절차에 관한 내용으로 옳은 것은? 09국가9

① 정보의 공개를 청구하는 자는 당해 정보를 보유하거나 관리하고 있는 공공기관에 대하여 공개를 청구하는 정보의 내용 및 공개방법을 기재한 정보공개청구서를 제출하거나 구술로써 정보의 공개를 청구할 수 있으며, 정보공개청구권자의 인적 사항은 익명을 원칙으로 한다.
② 공공기관은 공개청구된 공개대상정보의 전부 또는 일부가 제3자와 관련이 있다고 인정되는 때에는 그 사실을 제3자에게 지체 없이 통지하여야 하며, 필요한 경우에는 그의 의견을 청취할 수 있다.
③ 공공기관은 전자적 형태로 보유·관리하는 정보에 대하여 청구인이 전자적 형태로 공개하여 줄 것을 요청하더라도 이를 출력한 형태로 공개하는 것이 원칙이다.
④ 「공공기관의 정보공개에 관한 법률」에는 부분공개제도가 채택되어 있지 않아, 비공개대상정보에 해당하는 부분과 공개가 가능한 부분을 분리할 수 있는 경우에도 부분공개는 허용되지 않는다.

관련 OX

③ 관련

1 공공기관은 전자적 형태로 보유·관리하는 정보에 대하여 청구인이 전자적 형태로 공개를 요청하는 경우에는 원칙적으로 이에 따라야 한다. 13지방9

2 공공기관은 전자적 형태로 보유·관리하는 정보에 대하여 청구인이 전자적 형태로 공개하여 줄 것을 요청하는 경우에는 어떠한 경우라도 청구인의 요청에 따라야 한다. 25소방

해설

① ✕ 정보공개청구시 정보공개청구권자의 인적사항의 기재를 요한다.

공공기관의 정보공개에 관한 법률 제10조(정보공개의 청구방법) ① 정보의 공개를 청구하는 자(이하 '청구인'이라 한다)는 해당 정보를 보유하거나 관리하고 있는 공공기관에 다음 각 호의 사항을 적은 정보공개청구서를 제출하거나 말로써 정보의 공개를 청구할 수 있다.
1. 청구인의 성명·주민등록번호·주소 및 연락처(전화번호·전자우편주소 등을 말한다)
2. 공개를 청구하는 정보의 내용 및 공개방법
② 제1항에 따라 청구인이 말로써 정보의 공개를 청구할 때에는 담당 공무원 또는 담당 임직원(이하 '담당공무원등'이라 한다)의 앞에서 진술하여야 하고, 담당공무원등은 정보공개 청구조서를 작성하여 이에 청구인과 함께 기명날인하거나 서명하여야 한다.

② ○

공공기관의 정보공개에 관한 법률 제11조(정보공개 여부의 결정) ③ 공공기관은 공개청구된 공개대상정보의 전부 또는 일부가 제3자와 관련이 있다고 인정할 때에는 그 사실을 제3자에게 지체 없이 통지하여야 하며, 필요한 경우에는 그의 의견을 들을 수 있다.

③ ✕

공공기관의 정보공개에 관한 법률 제15조(정보의 전자적 공개) ① 공공기관은 전자적 형태로 보유·관리하는 정보에 대하여 청구인이 전자적 형태로 공개하여 줄 것을 요청하는 경우에는 그 정보의 성질상 현저히 곤란한 경우를 제외하고는 청구인의 요청에 따라야 한다.

④ ✕

공공기관의 정보공개에 관한 법률 제14조(부분공개) 공개청구한 정보가 제9조 제1항 각 호의 어느 하나에 해당하는 부분(비공개 부분)과 공개 가능한 부분이 혼합되어 있는 경우로서 공개청구의 취지에 어긋나지 아니하는 범위에서 두 부분을 분리할 수 있는 경우에는 제9조 제1항 각 호의 어느 하나에 해당하는 부분을 제외하고 공개하여야 한다.

선지분석 & 요플·기풀가링크

선지	THEME	요플	기풀기
①		12	015
②	T76 정보공개법(조문)	54	059
③		33	038
④		36	041

정답 ②
OX 1○ 2✕

05 필수문제

공공기관의 정보공개에 대한 설명으로 가장 옳지 않은 것은? 10국가9

① 정보공개청구는 시민단체의 정보공개청구와 같이 개인적인 이해관계가 없는 공익을 위한 경우에도 인정된다.
② 공개를 거부한 정보에 비공개대상정보에 해당하는 부분과 공개가 가능한 부분이 혼합되어 있는 경우라면 법원은 정보공개거부처분 전부를 취소해야 한다.
③ 공개거부결정에 대하여 「공공기관의 정보공개에 관한 법률」상의 이의신청을 거치지 아니하고 직접 행정소송을 제기할 수 있다.
④ 판례에 의하면 공개대상정보는 공공기관이 직무상 작성 또는 취득하여 관리하고 있는 문서에 한정되는 것이기는 하나, 그 문서가 반드시 원본일 필요는 없다.

해설

① ○ 정보공개법은 이해관계와 무관히 모든 국민에게 정보공개청구권을 인정한다(제5조 제1항). 이때 국민에는 자연인과 법인은 물론 권리능력 없는 사단·재단도 포함되고, 이들의 이해관계나 설립목적도 불문한다. 따라서 권리능력 없는 시민단체가 이해관계가 없는 공익을 위해 행정감시 목적의 정보공개청구를 하고 그 거부에 대해 다투는 것도 가능하다.

② × 공개청구된 정보에 비공개 부분과 공개가능 부분이 혼합되어 있고, 양자를 분리할 수 있는 경우, 공공기관은 공개 가능한 부분이라도 공개할 부분공개의무가 있다(정보공개법 제14조).

• 공개 가능한 부분과 비공개대상 부분이 분리 가능시 일부취소 판결방법 → 공개 가능한 정보를 특정한 후 판결주문에 해당 부분만을 취소한다고 표시
법원이 행정청의 정보공개거부처분의 위법 여부를 심리한 결과 공개를 거부한 정보에 비공개대상정보에 해당하는 부분과 공개가 가능한 부분이 혼합되어 있고 공개청구의 취지에 어긋나지 아니하는 범위 안에서 두 부분을 분리할 수 있음을 인정할 수 있을 때에는, 위 정보 중 공개가 가능한 부분을 특정하고 판결의 주문에 행정청의 위 거부처분 중 공개가 가능한 정보에 관한 부분만을 취소한다고 표시하여야 한다(2003.3.11. 2001두6425).

③ ○ 이의신청은 임의적 절차에 불과하므로 청구인은 이의신청절차를 거치지 아니하고 행정심판을 청구하거나 행정소송을 제기할 수 있다.

공공기관의 정보공개에 관한 법률 제18조(이의신청) ① 청구인이 정보공개와 관련한 공공기관의 비공개결정 또는 부분공개결정에 대하여 불복이 있거나 정보공개청구 후 20일이 경과하도록 정보공개결정이 없는 때에는 공공기관으로부터 정보공개 여부의 결정통지를 받은 날 또는 정보공개청구 후 20일이 경과한 날부터 30일 이내에 해당 공공기관에 문서로 이의신청을 할 수 있다.

④ ○ 공개대상정보는 원본에 한정×
「공공기관의 정보공개에 관한 법률」상 공개청구의 대상이 되는 정보란 공공기관이 직무상 작성 또는 취득하여 현재 보유·관리하고 있는 문서에 한정되는 것이기는 하나, 그 문서가 반드시 원본일 필요는 없다(2006.5.25. 2006두30499).

관련 OX

① 관련
1 정보공개청구권자는 당해 정보와 이해관계가 있는 개인 또는 단체이다. 07국가9

② 관련
2 인
정보공개거부처분 취소소송에서 공개청구의 취지에 어긋나지 아니하는 범위 안에서 공개를 거부한 정보가 비공개대상정보에 해당하는 부분과 공개가 가능한 부분으로 분리될 수 있다고 인정되면 법원은 공개가 가능한 부분을 특정하고 판결의 주문에 공개가 가능한 정보에 관한 부분만을 취소한다고 표시해야 한다. 23국가7

③ 관련
3 정보공개와 관련한 공공기관의 처분에 대하여 행정소송을 제기하는 경우에는 이의신청을 반드시 거쳐야 한다. 11지방9

④ 관련
4 판례는 「공공기관의 정보공개에 관한 법률」상 공개청구의 대상이 되는 정보란 공공기관이 직무상 작성 또는 취득하여 현재 보유·관리하고 있는 문서에 한정되지 않으며, 그 문서가 반드시 원본일 필요는 없다고 한다. 10지방9

5 「공공기관의 정보공개에 관한 법률」상 공개청구의 대상이 되는 정보란 공공기관이 직무상 작성 또는 취득하여 현재 보유·관리하고 있는 원본인 문서만을 의미한다. 21국가9

선지분석 & 요플·기풀기링크

선지	THEME	요플	기풀기
①	T77 정보공개법(청구권)	09	009
②	T76 정보공개법(조문)	38	042
③		47	057
④	T78 정보공개법(공개)	21	021

정답 ②
OX 1× 2○ 3× 4× 5×

06

「공공기관의 정보공개에 관한 법률」상 정보공개에 대한 설명으로 옳은 것은? 24국회9

① 공공기관은 정보공개의 청구를 받으면 그 청구를 받은 날부터 30일 이내에 공개 여부를 결정하여야 한다.
② 공공기관은 정보를 공개하는 경우에 그 정보의 원본이 더럽혀지거나 파손될 우려가 있거나 그 밖에 상당한 이유가 있다고 인정할 때에는 그 정보를 공개하지 않을 수 있다.
③ 법령 등에 따라 공개를 목적으로 작성된 정보로서 즉시 또는 말로 처리가 가능한 정보라도 정보공개 여부의 결정에 따른 절차를 거쳐 공개하여야 한다.
④ 공개를 청구하는 정보의 사용목적이 공공복리의 유지·증진을 위하여 필요하다고 인정되는 경우에도 청구인이 부담하는 비용은 감면할 수 없다.
⑤ 정보의 공개를 청구하는 자는 해당 정보를 보유하거나 관리하고 있는 공공기관에 정보공개 청구서를 제출하거나 말로써 정보의 공개를 청구할 수 있다.

관련 OX

① 관련
1 공공기관은 정보공개의 청구가 있는 때에는 원칙적으로 10일 이내에 공개 여부를 결정하여야 한다. 24군무원9

② 관련
2 행정청이 정보를 공개하는 경우에 그 정보의 원본이 더럽혀지거나 파손될 우려가 있거나 그 밖에 상당한 이유가 있다고 인정할 때에는 그 정보의 사본·복제물을 공개할 수 있다. 24지방9

해설

① ✕

공공기관의 정보공개에 관한 법률 제11조(정보공개 여부의 결정) ① 공공기관은 제10조에 따라 정보공개의 청구를 받으면 그 청구를 받은 날부터 **10일** 이내에 공개 여부를 결정하여야 한다.

② ✕ 원본이 아닌 사본이나 복제물로 공개할 수 있는 것이지, 공개 자체를 하지 않을 수 있는 것이 아니다.

공공기관의 정보공개에 관한 법률 제13조(정보공개 여부 결정의 통지) ④ 공공기관은 제1항에 따라 정보를 공개하는 경우에 그 정보의 원본이 더럽혀지거나 파손될 우려가 있거나 그 밖에 상당한 이유가 있다고 인정할 때에는 그 정보의 **사본·복제물을 공개**할 수 있다.

③ ✕ 정보공개 여부의 결정에 따른 절차를 거치지 않고 공개하여야 한다.

공공기관의 정보공개에 관한 법률 제16조(즉시처리가 가능한 정보의 공개) 다음 각 호의 어느 하나에 해당하는 정보로서 즉시 또는 말로 처리가 가능한 정보에 대해서는 제11조(정보공개 여부의 결정)에 따른 **절차를 거치지 아니하고** 공개하여야 한다.
1. 법령 등에 따라 **공개를 목적**으로 작성된 **정보**
2. 일반국민에게 알리기 위하여 작성된 각종 홍보자료
3. 공개하기로 결정된 정보로서 공개에 오랜 시간이 걸리지 아니하는 정보
4. 그 밖에 공공기관의 장이 정하는 정보

④ ✕

공공기관의 정보공개에 관한 법률 제17조(비용부담) ① 정보의 공개 및 우송 등에 드는 비용은 실비(實費)의 범위에서 청구인이 부담한다.
② 공개를 청구하는 정보의 사용목적이 **공공복리**의 유지·증진을 위하여 필요하다고 인정되는 경우에는 제1항에 따른 비용을 **감면할 수 있다**.

⑤ ○

공공기관의 정보공개에 관한 법률 제10조(정보공개의 청구방법) ① 정보의 공개를 청구하는 자(이하 '청구인'이라 한다)는 해당 정보를 보유하거나 관리하고 있는 공공기관에 다음 각 호의 사항을 적은 정보공개 **청구서를 제출**하거나 **말로써** 정보의 공개를 청구할 수 있다. (각 호 생략)

선지분석 & 요플·기풀기링크

선지	THEME	요플	기풀기
①		17	020
②		35	037
③	T76 정보공개법(조문)	23	026
④		41	046
⑤		11	014

정답 ⑤
OX 1 ○ 2 ○

07

「공공기관의 정보공개에 관한 법률」(이하 정보공개법)상 정보공개제도에 대한 설명으로 옳은 것은? (다툼이 있는 경우 판례에 의함)　21국회8

① 사립대학교는 정보공개 의무기관인 공공기관에 해당하지 않는다.
② 정보공개제도는 공공기관이 보유·관리하는 정보를 그 상태대로 공개하는 제도이므로, 전자적 형태로 보유·관리하는 정보를 검색·편집하여야 하는 경우는 새로운 정보의 생산으로서 정보공개의 대상이 아니다.
③ 예산집행의 내용과 사업평가결과 등 행정감시를 위하여 필요한 정보 등 공개를 목적으로 작성되고 이미 정보통신망 등을 통하여 공개된 정보는 해당 정보의 소재 안내의 방법으로 공개한다.
④ 「형사소송법」이 형사재판확정기록의 공개 여부나 공개범위, 불복절차 등에 대하여 규정하고 있는 것은 정보공개법 제4조 제1항에서 정한 '정보의 공개에 관하여 다른 법률에 특별한 규정이 있는 경우'에 해당한다고 볼 수 없으므로 형사재판확정기록의 공개에 관하여는 정보공개법에 의한 공개청구가 허용된다.
⑤ 법원 이외의 공공기관이 정보공개법 제9조 제1항 제4호에서 정한 '진행 중인 재판에 관련된 정보'에 해당한다는 사유로 정보공개를 거부하기 위하여는 원칙적으로 그 정보가 진행 중인 재판의 소송기록 자체에 포함된 내용이어야 한다.

관련 OX

② 관련
1 정보공개청구의 대상이 되는 공공기관이 보유하는 정보는 공공기관이 직무상 작성 또는 취득한 원본문서이어야 하며 전자적 형태로 보유·관리되는 경우에는 행정기관의 업무수행에 큰 지장을 주지 않는 한도 내에서 검색·편집하여 제공하여야 한다.　17(하)지방9

④ 관련
2 형사재판확정기록의 공개에 관하여는 「형사소송법」의 규정이 적용되므로 「공공기관의 정보공개에 관한 법률」에 의한 공개청구는 허용되지 아니한다.　19지방7

3 「형사소송법」은 형사재판확정기록의 공개 여부 등에 대하여 「공공기관의 정보공개에 관한 법률」과 달리 규정하고 있으므로, 형사재판확정기록의 공개에 관하여는 「공공기관의 정보공개에 관한 법률」에 의한 공개청구가 허용되지 아니한다.　22국가7

⑤ 관련
4 비공개대상정보로 '진행 중인 재판에 관련된 정보'는 재판에 관련된 일체의 정보가 그에 해당하는 것은 아니고, 진행 중인 재판의 심리 또는 재판결과에 구체적으로 영향을 미칠 위험이 있는 정보에 한정된다.　21지방7

해설

① × 정보공개법 시행령은 국·공립과 사립의 구별 없이 각급 학교를 정보공개의무가 있는 공공기관으로 규정하고 있다(정보공개법 시행령 제2조 제1호)(2006.8.24. 2004두2783). 따라서 사립대학교도 정보공개 의무기관인 공공기관에 해당한다.

공공기관의 정보공개에 관한 법률 시행령 제2조(공공기관의 범위)
1. 「유아교육법」, 「초·중등교육법」, 「고등교육법」에 따른 각급 학교 또는 그 밖의 다른 법률에 따라 설치된 학교

② × ※ 청구인이 구하는 대로의 정보를 보유하고 있지는 않아 검색·편집이 필요한 경우
　1) 정보공개는 가진 정보를 그대로 공개하는 것 → 검색·편집으로 새로운 정보 생산의무 ×
　2) 그러나 기초자료를 전자적 형태로 보유·관리 & 검색·편집이 업무수행에 큰 장애도 없다면 → 해당 정보는 이미 보유·관리하는 것으로 볼 수 있고, 검색·편집이 새로운 정보 생산에 해당 ×
「공공기관의 정보공개에 관한 법률」(이하 '정보공개법'이라 한다)에 의한 정보공개제도는 공공기관이 보유·관리하는 정보를 그 상태대로 공개하는 제도이지만, 전자적 형태로 보유·관리되는 정보의 경우에는, 그 정보가 청구인이 구하는 대로는 되어 있지 않다고 하더라도, 공개청구를 받은 공공기관이 공개청구대상정보의 기초자료를 전자적 형태로 보유·관리하고 있고, 당해 기관에서 통상 사용되는 컴퓨터 하드웨어 및 소프트웨어와 기술적 전문지식을 사용하여 그 기초자료를 검색하여 청구인이 구하는 대로 편집할 수 있으며, 그러한 작업이 당해 기관의 컴퓨터 시스템 운용에 별다른 지장을 초래하지 아니한다면, 그 공공기관이 공개청구대상정보를 보유·관리하고 있는 것으로 볼 수 있고, 이러한 경우에 기초자료를 검색·편집하는 것은 새로운 정보의 생산 또는 가공에 해당한다고 할 수 없다(2010.2.11. 2009두6001).

③ ○

> **공공기관의 정보공개에 관한 법률 제11조의2(반복 청구 등의 처리)** ② 공공기관은 제11조에도 불구하고 제10조 제1항 및 제2항에 따른 정보공개청구가 다음 각 호의 어느 하나에 해당하는 경우에는 다음 각 호의 구분에 따라 안내하고, 해당 청구를 종결 처리할 수 있다.
> 1. 제7조 제1항에 따른 정보 등 공개를 목적으로 작성되어 이미 정보통신망 등을 통하여 공개된 정보를 청구하는 경우: 해당 정보의 **소재(所在)를 안내**
>
> **제7조(정보의 사전적 공개 등)** ① 공공기관은 다음 각 호의 어느 하나에 해당하는 정보에 대해서는 공개의 구체적 범위, 주기, 시기 및 방법 등을 미리 정하여 정보통신망 등을 통하여 알리고, 이에 따라 정기적으로 공개하여야 한다. 다만, 제9조 제1항 각 호의 어느 하나에 해당하는 정보에 대해서는 그러하지 아니하다.
> 3. 예산집행의 내용과 사업평가 결과 등 행정감시를 위하여 필요한 정보

④ × 형사재판확정기록 공개: 형사소송법이 특별규정 해당 → 정보공개법에 의한 공개청구 불가

형사소송법 제59조의2는 형사재판확정기록의 공개 여부나 공개범위, 불복절차 등에 대하여 구「공공기관의 정보공개에 관한 법률」과 달리 규정하고 있는 것으로 정보공개법 제4조 제1항에서 정한 '정보의 공개에 관하여 다른 법률에 특별한 규정이 있는 경우'에 해당한다. 따라서 형사재판확정기록의 공개에 관하여는 정보공개법에 의한 공개청구가 허용되지 아니한다(2016.12.15. 2013두20882).

⑤ × 진행 중인 재판에 관련된 정보임을 이유로 공개를 거부할 수 있는 정보 → 소송기록에 한정× / 재판 관련 일체 정보× / 재판에 구체적 영향 위험 정보○

법원 이외의 공공기관이 정보공개법 제9조 제1항 제4호에서 정한 '진행 중인 재판에 관련된 정보'에 해당한다는 사유로 정보공개를 거부하기 위하여는 반드시 그 정보가 진행 중인 재판의 소송기록 자체에 포함된 내용일 필요는 없다. 그러나 재판에 관련된 일체의 정보가 그에 해당하는 것은 아니고 진행 중인 재판의 심리 또는 재판결과에 구체적으로 영향을 미칠 위험이 있는 정보에 한정된다고 보는 것이 타당하다(2011.11.24. 2009두19021).

정답 ③
OX 1× 2○ 3○ 4○

08

「공공기관의 정보공개에 관한 법률」에 따른 정보공개에 대한 설명으로 옳지 않은 것은? (다툼이 있는 경우 판례에 의함)   17(상)국가9

① 한국증권업협회는 증권회사 상호 간의 업무질서를 유지하고 유가증권의 공정한 매매거래 및 투자자보호를 위하여 구성된 회원조직으로, 「증권거래법」 또는 그 법에 의한 명령에 대하여 특별한 규정이 있는 것을 제외하고는 「민법」 중 사단법인에 관한 규정을 적용받으므로 구 「공공기관의 정보공개에 관한 법률 시행령」상의 '특별법에 의하여 설립된 특수법인'에 해당하지 않는다.

② 정보공개청구에 대하여 공공기관이 비공개결정을 한 경우 청구인이 이에 불복한다면 이의신청절차를 거치지 않고 행정심판을 청구할 수 있다.

③ 모든 국민은 정보의 공개를 청구할 권리를 가진다고 규정하고 있고, 여기의 국민에는 자연인과 법인이 포함되지만 권리능력 없는 사단은 포함되지 않는다.

④ 공공기관은 정보공개의 청구를 받으면 그 청구를 받은 날부터 10일 이내에 공개 여부를 결정하여야 하나 부득이한 사유로 이 기간 이내에 공개 여부를 결정할 수 없는 때에는 그 기간이 끝나는 날의 다음 날부터 기산하여 10일의 범위에서 공개 여부 결정기간을 연장할 수 있다.

관련 OX

④ 관련

1 공공기관은 정보공개의 청구를 받으면 그 청구를 받은 날부터 20일 이내에 공개 여부를 결정하여야 한다. 16경행

2 공공기관은 원칙적으로 정보공개의 청구를 받은 날부터 10일 이내에 공개 여부를 결정하여야 한다. 16교행9

해설

① ○ 한국증권업협회: 정보공개의무가 있는 '특별법에 의하여 설립된 특수법인'에 해당 ×
'한국증권업협회'는 증권회사 상호 간의 업무질서를 유지하고 유가증권의 공정한 매매거래 및 투자자보호를 위하여 일정 규모 이상인 증권회사 등으로 구성된 회원조직으로서, 증권거래법 또는 그 법에 의한 명령에 대하여 특별한 규정이 있는 것을 제외하고는 민법 중 사단법인에 관한 규정을 준용받는 점, 그 업무가 국가기관 등에 준할 정도로 공동체 전체의 이익에 중요한 역할이나 기능에 해당하는 공공성을 갖는다고 볼 수 없는 점 등에 비추어, 「공공기관의 정보공개에 관한 법률」 시행령 제2조 제4호의 '특별법에 의하여 설립된 특수법인'에 해당한다고 보기 어렵다(2010.4.29. 2008두5643).
➕ **PLUS** 특수법인: 특수법인이기만 하면 모두 해당× / 역할 등 고려 개별판단○ → 한국방송공사○, 한국증권협회×

② ○ 공공기관의 비공개·부분공개결정, 20일 내 미공개결정에 대해 불복절차를 밟을 수 있다(이의신청, 행정심판, 행정소송 모두 가능. 제18~20조). 이의신청과 행정심판은 임의적 제도여서 이들을 거치지 않거나, 일부만 거치고 행정소송을 제기하는 것도 가능하다. 따라서 이의신청을 거치지 않고 행정심판을 청구할 수 있고, 더 나아가 곧바로 행정소송을 제기할 수도 있다.

③ × 정보공개청구권자인 '모든 국민' → 자연인·법인은 물론, 권리능력 없는 사단·재단도 포함. 설립목적·이해관계도 불문
「공공기관의 정보공개에 관한 법률」 제6조(편저자: 현행 제5조) 제1항은 "모든 국민은 정보의 공개를 청구할 권리를 가진다."고 규정하고 있는데, 여기에서 말하는 국민에는 자연인은 물론 법인, 권리능력 없는 사단·재단도 포함되고, 법인, 권리능력 없는 사단·재단 등의 경우에는 설립목적을 불문한다(2003.12.12. 2003두8050).

④ ○

공공기관의 정보공개에 관한 법률 제11조(정보공개 여부의 결정) ① 공공기관은 제10조에 따라 정보공개의 청구를 받으면 그 청구를 받은 날부터 **10일** 이내에 공개 여부를 **결정**하여야 한다.
② 공공기관은 부득이한 사유로 제1항에 따른 기간 이내에 공개 여부를 결정할 수 없을 때에는 그 기간이 끝나는 날의 다음 날부터 기산(起算)하여 **10일**의 범위에서 공개 여부 결정기간을 **연장**할 수 있다. 이 경우 공공기관은 연장된 사실과 연장 사유를 청구인에게 지체 없이 문서로 통지하여야 한다.

선지분석 & 요플·기풀가링크

선지	THEME	요플	기풀기
①	T78 정보공개법(공개)	11	011
②	T76 정보공개법(조문)	46	056
③	T77 정보공개법(청구권)	08	008
④	T76 정보공개법(조문)	18	021

정답 ③
 1× 2○

09

「공공기관의 정보공개에 관한 법률」상 정보공개에 대한 설명으로 옳은 것만을 모두 고르면? (다툼이 있는 경우 판례에 의함) 25국가9

> ㄱ. 정보비공개결정에 대하여 이의신청이 있는 경우 국가기관등은 정보공개심의회를 개최해야 하는데, 법령에 따라 비밀로 규정된 정보에 대한 청구에 해당하는 경우에는 정보공개심의회를 개최하지 아니할 수 있다.
> ㄴ. 공공기관이 보유·관리하고 있는 정보가 제3자와 관련이 있는 경우, 제3자의 비공개요청이 있다는 사유만으로도 「공공기관의 정보공개에 관한 법률」상 정보의 비공개사유에 해당한다.
> ㄷ. 재소자가 교도관의 가혹행위를 이유로 형사고소 및 민사소송을 제기하면서 그 증명자료 확보를 위해 '징벌위원회 회의록' 등의 정보공개를 요청한 경우, 징벌위원회 회의록 중 징벌절차 진행 부분은 비공개사유에 해당한다.

① ㄱ
② ㄱ, ㄷ
③ ㄴ, ㄷ
④ ㄱ, ㄴ, ㄷ

해설

ㄱ. ○

> **공공기관의 정보공개에 관한 법률 제18조(이의신청)** ① 청구인이 정보공개와 관련한 공공기관의 비공개결정 또는 부분공개결정에 대하여 불복이 있거나 정보공개청구 후 20일이 경과하도록 정보공개결정이 없는 때에는 공공기관으로부터 정보공개 여부의 결정 통지를 받은 날 또는 정보공개청구 후 20일이 경과한 날부터 30일 이내에 해당 공공기관에 문서로 이의신청을 할 수 있다.
> ② 국가기관등은 제1항에 따른 이의신청이 있는 경우에는 심의회를 개최하여야 한다. 다만, 다음 각 호의 어느 하나에 해당하는 경우에는 심의회를 개최하지 아니할 수 있으며 개최하지 아니하는 사유를 청구인에게 문서로 통지하여야 한다.
> 1. 심의회의 심의를 이미 거친 사항
> 2. 단순·반복적인 청구
> 3. 법령에 따라 비밀로 규정된 정보에 대한 청구

ㄴ. × 해당 정보와 관련 있는 제3자의 비공개요청이 있더라도 공개결정 가능

공공기관이 보유·관리하고 있는 정보가 제3자와 관련이 있는 경우, 제3자가 비공개를 요청하였다고 하여 「공공기관의 정보공개에 관한 법률」상 정보의 **비공개사유에 해당하는 것은 아니다**(2008.9.25. 2008두8680).

ㄷ. × 교도소 징벌위원회 회의록 → 비공개 심사·의결 부분은 비공개○ / 징벌절차 진행 부분은 비공개×

재소자가 교도관의 가혹행위를 이유로 형사고소 및 민사소송을 제기하면서 그 증명자료 확보를 위해 '근무보고서'와 '징벌위원회 회의록' 등의 정보공개를 요청하였으나 교도소장이 이를 거부한 사안에서, 근무보고서는 비공개대상정보에 해당한다고 볼 수 없고, 징벌위원회 회의록 중 비공개 심사·의결 부분은 비공개사유에 해당하지만 **징벌절차 진행 부분은 비공개사유에 해당하지 않는다**고 보아 분리 공개가 허용된다(2009.12.10. 2009두12785).

선지선택비율 ① 44.23% ② 41.37% ③ 6.24% ④ 8.16%   오답률 55.77%   정답 ①

필수문제 10

「공공기관의 정보공개에 관한 법률」(이하 '정보공개법'이라 함)상 정보공개에 대한 설명으로 옳은 것은? (다툼이 있는 경우 판례에 의함)   22국회8

① 공개청구된 정보가 이미 인터넷을 통해 공개되어 인터넷 검색으로 쉽게 접근할 수 있는 경우에는 비공개결정이 정당화될 수 있다.

② 정보공개거부처분 취소소송에 있어서 정보의 분리공개가 가능하다 하더라도 원고가 공개가 가능한 정보에 관한 부분만의 일부취소로 청구취지를 변경하지 않았다면 법원은 일부취소를 명할 수 없다.

③ 공공기관은 공개청구된 공개대상정보의 전부 또는 일부가 제3자와 관련이 있다고 인정할 때에는 그 사실을 제3자에게 지체 없이 통지하여야 하며, 공개청구된 사실을 통지받은 제3자는 그 통지를 받은 날부터 3일 이내에 해당 공공기관에 대하여 자신과 관련된 정보를 공개하지 아니할 것을 요청할 수 있다.

④ 공공기관이 정보공개를 거부할 때에는 개괄적인 사유만을 들 수 없고 어느 부분이 어떠한 법익 또는 기본권과 충돌하여 비공개사유에 해당하는지를 밝혀야 하나, 정보공개법 제9조 제1항 몇 호에서 정하고 있는 비공개사유에 해당하는지 주장·입증할 필요까지는 없다.

⑤ 사립대학교는 정보공개법 시행령에 따른 정보공개의무를 지는 공공기관에 해당하나, 국비의 지원을 받는 범위 내에서만 그러한 공공기관의 성격을 가진다.

관련 OX

③ 관련

1 「공공기관의 정보공개에 관한 법률」 제11조 제3항에 따라 공개청구된 사실을 통지받은 제3자는 그 통지를 받은 날부터 7일 이내에 해당 공공기관에 대하여 자신과 관련된 정보를 공개하지 아니할 것을 요청할 수 있다.   20군무원9

④ 관련

2 공공기관이 정보공개를 거부하는 경우에는 어느 부분이 어떠한 법익 또는 기본권과 충돌되어 비공개사유에 해당하는지를 주장·증명하여야 하고, 그에 이르지 아니한 채 개괄적인 사유만을 들어 공개를 거부하는 것은 허용되지 아니한다.   22지방9

해설

① × 이미 알려짐 or 인터넷 검색으로 찾을 수 있다는 이유로 비공개 정당화×
공개청구의 대상이 되는 정보가 이미 다른 사람에게 공개하여 널리 알려져 있다거나 인터넷이나 관보 등을 통하여 공개하여 인터넷 검색이나 도서관에서의 열람 등을 통하여 쉽게 알 수 있다는 사정만으로는 소의 이익이 없다거나 비공개결정이 정당화될 수는 없다(2008.11.27. 2005두15694).

② × 공개 가능한 부분과 비공개대상 부분이 분리 가능함에도 공공기관에서 전부 비공개 → 법원은 청구취지의 변경이 없더라도 공개 가능한 부분만의 일부취소 판결 가능
법원이 행정기관의 정보공개거부처분의 위법 여부를 심리한 결과 공개를 거부한 정보에 비공개대상정보에 해당하는 부분과 공개가 가능한 부분이 혼합되어 있고 공개청구의 취지에 어긋나지 아니하는 범위 안에서 두 부분을 분리할 수 있음을 인정할 수 있을 때에는 청구취지의 변경이 없더라도 공개가 가능한 정보에 관한 부분만의 일부취소를 명할 수 있다(2004.12.9. 2003두12707).

③ ○

공공기관의 정보공개에 관한 법률 제11조(정보공개 여부의 결정) ③ 공공기관은 공개청구된 공개대상정보의 전부 또는 일부가 제3자와 관련이 있다고 인정할 때에는 그 사실을 제3자에게 지체 없이 통지하여야 하며, 필요한 경우에는 그의 의견을 들을 수 있다.

제21조(제3자의 비공개 요청 등) ① 제11조 제3항에 따라 공개청구된 사실을 통지받은 제3자는 그 통지를 받은 날부터 3일 이내에 해당 공공기관에 대하여 자신과 관련된 정보를 공개하지 아니할 것을 요청할 수 있다.

④ × 공개거부시: 몇 호 비공개사유인지 구체적 주장·입증의무○ / 개괄적 사유로 비공개×
국민으로부터 보유·관리하는 정보에 대한 공개를 요구받은 공공기관으로서는, 이를 거부하는 경우라 할지라도, 대상이 된 정보의 내용을 구체적으로 확인·검토하여, 어느 부분이 어떠한 법익 또는 기본권과 충돌되어 정보공개법 제9조 제1항 몇 호에서 정하고 있는 비공개사유에 해당하는지를 주장·증명하여야만 하고, 그에 이르지 아니한 채 개괄적인 사유만을 들어 공개를 거부하는 것은 허용되지 아니한다(2018.4.12. 2014두5477).

⑤ × 사립대학교가 국비지원범위 내에서만 정보공개의무를 지는 공공기관에 해당한다고 해석×
정보공개의 목적, 교육의 공공성 및 공·사립학교의 동질성, 사립대학교에 대한 국가의 재정지원 및 보조 등 여러 사정을 고려해 보면, 사립대학교에 대한 국비지원이 한정적·일시적·국부적이라는 점을 고려하더라도, 같은 법 시행령 제2조 제1호가 정보공개의무를 지는 공공기관의 하나로 사립대학교를 들고 있는 것이 모법인 구 「공공기관의 정보공개에 관한 법률」의 위임범위를 벗어났다거나 사립대학교가 국비의 지원을 받는 범위 내에서만 공공기관의 성격을 가진다고 볼 수 없다(2006.8.24. 2004두2783).

선지분석 & 요플·기풀기링크

선지	THEME	요플	기풀기
①	T79 정보공개법(비공개)	49	049
②	T76 정보공개법(조문)	38	042
③		55	060
④	T79 정보공개법(비공개)	50	050
⑤	T78 정보공개법(공개)	06	005

정답 ③
OX 1× 2○

11

공공기관의 정보공개절차에 관한 설명으로 가장 옳지 않은 것은? (다툼이 있는 경우 판례를 따름)

18(1)서울7(변형)

① 정보의 공개 및 우송 등에 소요되는 비용은 실비의 범위에서 청구인의 부담으로 한다. 다만 그 액수가 너무 많아서 청구인에게 과중한 부담을 주는 경우에는 비용을 감면할 수 있다.
② 공개대상의 양이 과다하여 정상적인 업무수행에 현저한 지장을 초래할 우려가 있는 경우에는 해당 정보를 일정 기간별로 나누어 제공하거나 사본·복제물의 교부 또는 열람과 병행하여 제공할 수 있다.
③ 국가안전보장·국방·통일·외교관계 분야 업무를 주로 하는 국가기관의 정보공개심의회 구성시 최소한 3분의 1 이상은 외부 전문가로 위촉하여야 한다.
④ 공개대상정보의 일부 또는 전부가 제3자와 관련이 있다고 인정하는 때에는 공공기관은 지체 없이 관련된 제3자에게 통지하여야 한다.

관련 OX

① 관련

1 정보의 공개 및 우송 등에 소요되는 비용은 실비의 범위에서 청구인이 부담하나, 공개를 청구하는 정보의 사용목적이 공공복리의 유지·증진을 위하여 필요하다고 인정되는 경우에는 그 비용을 감면할 수 있다. 15지방9

해설

① ✗

공공기관의 정보공개에 관한 법률 제17조(비용부담) ① 정보의 공개 및 우송 등에 드는 비용은 **실비(實費)**의 범위에서 **청구인**이 부담한다.
② 공개를 청구하는 정보의 사용목적이 **공공복리**의 유지·증진을 위하여 필요하다고 인정되는 경우에는 제1항에 따른 비용을 감면할 수 있다.

② ○ 출제 이후 2020년 개정법에 따라 지문을 변형하였다.

공공기관의 정보공개에 관한 법률 제13조(정보공개 여부 결정의 통지) ② 공공기관은 청구인이 사본 또는 복제물의 **교부를 원하는 경우**에는 이를 교부하여야 한다.
③ 공공기관은 공개대상정보의 양이 너무 많아 정상적인 업무수행에 현저한 지장을 초래할 우려가 있는 경우에는 해당 정보를 일정 기간별로 **나누어 제공**하거나 **사본·복제물의 교부 또는 열람과 병행**하여 제공할 수 있다.

③ ○

공공기관의 정보공개에 관한 법률 제12조(정보공개심의회) ③ 심의회의 위원은 소속 공무원, 임직원 또는 외부 전문가로 지명하거나 위촉하되, 그 중 **3분의 2**는 해당 국가기관 등의 업무 또는 정보공개의 업무에 관한 지식을 가진 **외부 전문가**로 위촉하여야 한다. 다만, 제9조 제1항 제2호 및 제4호에 해당하는 업무를 주로 하는 국가기관은 그 국가기관의 장이 외부 전문가의 위촉 비율을 따로 정하되, **최소한 3분의 1 이상**은 **외부 전문가**로 위촉하여야 한다.

제9조(비공개대상정보) ① 공공기관이 보유·관리하는 정보는 공개대상이 된다. 다만, 다음 각 호의 어느 하나에 해당하는 정보는 공개하지 아니할 수 있다.
  2. 국가안전보장·국방·통일·외교관계 등에 관한 사항으로서 공개될 경우 국가의 중대한 이익을 현저히 해칠 우려가 있다고 인정되는 정보

④ ○

공공기관의 정보공개에 관한 법률 제11조(정보공개 여부의 결정) ③ 공공기관은 공개청구된 공개대상정보의 전부 또는 일부가 **제3자와 관련**이 있다고 인정할 때에는 그 사실을 제3자에게 **지체 없이 통지하여야** 하며, 필요한 경우에는 그의 의견을 들을 수 있다.

선지분석 & 요플·기풀기링크

선지	THEME	요플	기풀기
①		41	046
②	T76 정보공개법(조문)	32	036
③		63	031
④		54	059

정답 ①

 1 ○

필수문제 12

「공공기관의 정보공개에 관한 법률」에 따른 정보공개에 대한 설명으로 옳은 것은? (다툼이 있는 경우 판례에 의함)

16국가9

① 국·공립의 초등학교는 공공기관의 정보공개에 관한 법령상 공공기관에 해당하지만, 사립 초등학교는 이에 해당하지 않는다.
② 공개방법을 선택하여 정보공개를 청구하였더라도 공공기관은 정보공개청구자가 선택한 방법에 따라 정보를 공개하여야 하는 것은 아니며, 원칙적으로 그 공개방법을 선택할 재량권이 있다.
③ 정보공개청구에 대해 공공기관의 비공개결정이 있는 경우 이의신청절차를 거치지 않더라도 행정심판을 청구할 수 있다.
④ 정보공개청구자는 정보공개와 관련한 공공기관의 비공개결정에 대해서는 이의신청을 할 수 있지만, 부분공개의 결정에 대해서는 따로 이의신청을 할 수 없다.

해설

① × 정보공개법은 국·공립학교와 사립학교를 구분하지 않고 정보공개의무를 지는 공공기관으로 규정하고 있다.

공공기관의 정보공개에 관한 법률 시행령 제2조(공공기관의 범위) 「공공기관의 정보공개에 관한 법률」(이하 '법'이라 한다) 제2조 제3호 마목에서 "대통령령으로 정하는 기관"이란 다음 각 호의 기관 또는 단체를 말한다.
1. 「유아교육법」, 「초·중등교육법」, 「고등교육법」에 따른 각급 학교 또는 그 밖의 다른 법률에 따라 설치된 학교

② × 청구인에게 공개방법을 지정할 신청권이 있다. 따라서 공공기관에는 공개방법을 정할 재량이 없다. 만약 청구인이 신청한 방법이 아닌 방법으로 공개할 경우 이는 일부 거부처분에 해당하여 항고소송으로 다툴 수 있다.

공공기관의 정보공개에 관한 법률 제13조(정보공개 여부 결정의 통지) ② 공공기관은 청구인이 사본 또는 복제물의 교부를 원하는 경우에는 이를 교부하여야 한다.
제15조(정보의 전자적 공개) ① 공공기관은 전자적 형태로 보유·관리하는 정보에 대하여 청구인이 전자적 형태로 공개하여 줄 것을 요청하는 경우에는 그 정보의 성질상 현저히 곤란한 경우를 제외하고는 청구인의 요청에 따라야 한다.

③ ○, ④ × 공공기관의 비공개결정, 부분공개결정④ 및 20일 내 미공개결정에 대해 불복절차를 밟을 수 있다(이의신청, 행정심판, 행정소송 모두 가능, 제18~20조). 이의신청과 행정심판은 임의적 제도여서 이들을 거치지 않거나, 일부만 거치고 행정소송을 제기하는 것도 가능하다. 따라서 이의신청을 거치지 않고 행정심판을 청구할 수③ 있고, 더 나아가 곧바로 행정소송을 제기할 수도 있다.

공공기관의 정보공개에 관한 법률 제18조(이의신청) ① 청구인이 정보공개와 관련한 공공기관의 비공개결정 또는 부분공개결정에 대하여④ 불복이 있거나 정보공개청구 후 20일이 경과하도록 정보공개결정이 없는 때에는 공공기관으로부터 정보공개 여부의 결정통지를 받은 날 또는 정보공개청구 후 20일이 경과한 날부터 30일 이내에 해당 공공기관에 문서로 이의신청을 할 수 있다.
제19조(행정심판) ② 청구인은 제18조에 따른 이의신청절차를 거치지 아니하고 행정심판을 청구할 수 있다.③

선지분석 & 요플·기풀기링크

선지	THEME	요플	기풀기
①	T78 정보공개법(공개)	05	003
②		30	035
③	T76 정보공개법(조문)	46	056
④		42	047

정답 ③

13

「공공기관의 정보공개에 관한 법률」의 내용으로 옳지 않은 것은? 11지방9(변형)

① 공공기관은 이의신청을 받은 날부터 7일 이내에 그 이의신청에 대하여 결정하고 그 결과를 청구인에게 지체 없이 문서로 통지하여야 한다.
② 교정에 관한 사항으로서 공개될 경우 그 직무수행을 현저히 곤란하게 하는 정보는 비공개대상정보에 해당한다.
③ '정보'란 공공기관이 직무상 작성 또는 취득하여 관리하고 있는 문서 및 전자매체를 비롯한 모든 형태의 매체 등에 기록된 사항을 말한다.
④ 정보공개와 관련한 공공기관의 처분에 대하여 행정소송을 제기하는 경우에는 이의신청을 반드시 거쳐야 한다.

해설

① ○

　공공기관의 정보공개에 관한 법률 제18조(이의신청) ③ 공공기관은 이의신청을 받은 날부터 **7일 이내**에 그 이의신청에 대하여 **결정**하고 그 결과를 청구인에게 지체 없이 문서로 통지하여야 한다. 다만, 부득이한 사유로 정하여진 기간 이내에 결정할 수 없을 때에는 그 기간이 끝나는 날의 다음 날부터 기산하여 7일의 범위에서 연장할 수 있으며, 연장사유를 청구인에게 통지하여야 한다.

② ○

　공공기관의 정보공개에 관한 법률 제9조(비공개대상정보) ① 공공기관이 보유 · 관리하는 정보는 공개 대상이 된다. 다만, 다음 각 호의 어느 하나에 해당하는 정보는 공개하지 아니할 수 있다.
　4. 진행 중인 재판에 관련된 정보와 범죄의 예방, 수사, 공소의 제기 및 유지, 형의 집행, **교정(矯正)**, 보안처분에 관한 사항으로서 공개될 경우 그 **직무수행을 현저히 곤란**하게 하거나 형사피고인의 공정한 재판을 받을 권리를 침해한다고 인정할 만한 상당한 이유가 있는 정보

③ ○ 2020년 개정법의 정의에 맞게 지문을 변형하였다.

　공공기관의 정보공개에 관한 법률 제2조(정의) 이 법에서 사용하는 용어의 뜻은 다음과 같다.
　1. '정보'란 공공기관이 직무상 작성 또는 취득하여 관리하고 있는 문서(전자문서를 포함한다. 이하 같다) 및 전자매체를 비롯한 **모든 형태의 매체 등에 기록된 사항**을 말한다.

④ × 정보공개법 제18조의 이의신청절차는 임의적 절차이므로 이의신청을 거치지 않고 바로 행정소송을 제기할 수 있다.

정답 ④

선지	THEME	요플	기풀기
①	T76 정보공개법(조문)	51	052
②	T79 정보공개법(비공개)	18	016
③	T78 정보공개법(공개)	18	018
④	T76 정보공개법(조문)	47	057

14

「공공기관의 정보공개에 관한 법률」상 정보공개에 관한 설명으로 옳은 것은?

15교행9

① 외국인은 국내에 주소를 두고 거주하는 경우에도, 정보공개청구권이 인정되지 않는다.
② 공공기관은 정보의 비공개결정을 한 경우 청구인에게 비공개 이유와 불복의 방법 및 절차를 구체적으로 밝혀 문서로 통지하여야 한다.
③ 공공기관의 비공개결정에 대하여 불복이 있는 청구인은 해당 공공기관의 상급기관에 이의신청을 하여야 한다.
④ 비공개결정에 대하여 청구인은 이의신청절차를 거치지 않고서는 행정심판을 청구할 수 없다.

관련 OX

① 관련

1 국내에 일정한 주소를 두고 거주하는 외국인은 정보공개청구권을 가진다.
22군무원7

2 국내에 일정한 주소를 두고 있는 외국인은 오로지 상대방을 괴롭힐 목적으로 정보공개를 구하고 있다는 등의 특별한 사정이 없는 한 한국방송공사(KBS)에 대하여 정보공개를 청구할 수 있다.
19국회8

③ 관련

3 ⓒ 청구인이 정보공개와 관련한 공공기관의 결정에 대하여 불복이 있는 때에는 결정통지를 받은 날부터 30일 이내에 당해 공공기관에 문서로 이의신청할 수 있다.
09국가7

4 ⓒ 정보공개청구 후 20일이 경과하도록 정보공개결정이 없는 때에는 정보공개청구 후 20일이 경과한 날부터 30일 이내에 해당 공공기관에 문서로 이의신청을 할 수 있다.
15서울7

해설

① ✕

공공기관의 정보공개에 관한 법률 시행령 제3조(외국인의 정보공개청구) 법 제5조 제2항에 따라 **정보공개를 청구할 수 있는 외국인**은 다음 각 호의 어느 하나에 해당하는 자로 한다.
1. 국내에 일정한 **주소**를 두고 거주하거나 학술·연구를 위하여 일시적으로 체류하는 사람
2. 국내에 사무소를 두고 있는 법인 또는 단체

② ○

공공기관의 정보공개에 관한 법률 제13조(정보공개 여부 결정의 통지) ⑤ 공공기관은 제11조에 따라 정보의 비공개결정을 한 경우에는 그 사실을 청구인에게 지체 없이 문서로 통지하여야 한다. 이 경우 제9조 제1항 각 호 중 어느 규정에 해당하는 비공개대상정보인지를 포함한 **비공개 이유와 불복의 방법 및 절차를 구체적으로 밝혀야** 한다.

③ ✕ 이의신청은 상급기관이 아닌, 당해 공공기관에 한다.

공공기관의 정보공개에 관한 법률 제18조(이의신청) ① 청구인이 정보공개와 관련한 공공기관의 비공개결정 또는 부분공개결정에 대하여 불복이 있거나 정보공개청구 후 20일이 경과하도록 정보공개결정이 없는 때에는 공공기관으로부터 정보공개 여부의 결정통지를 받은 날 또는 정보공개청구 후 20일이 경과한 날부터 30일 이내에 **해당 공공기관에** 문서로 이의신청을 **할 수 있다.**

④ ✕

공공기관의 정보공개에 관한 법률 제19조(행정심판) ② 청구인은 제18조에 따른 **이의신청절차를 거치지 아니하고** 행정심판을 청구할 수 있다.

＋ PLUS 이의신청과 행정심판 모두 임의적 제도이다. 즉, 이의신청을 안 거치고 행정심판이나 행정소송을 하는 것이 가능하고, 행정심판을 안 거치고 행정소송을 하는 것이 가능하다.

선지분석 & 요플·기풀기링크

선지	THEME	요플	기풀기
① T77 정보공개법(청구권)	12	012
②	26	033
③ T76 정보공개법(조문)	49	050
④	46	056

정답 ②

OX 1○ 2○ 3○ 4○

15

「공공기관의 정보공개에 관한 법률」상 정보공개에 대한 설명으로 옳은 것은? (다툼이 있는 경우 판례에 의함) 19국가9

① 공개청구된 정보가 인터넷을 통하여 공개되어 인터넷 검색을 통하여 쉽게 알 수 있다는 사정만으로 비공개결정이 정당화될 수는 없다.
② 정보공개 청구 후 20일이 경과하도록 정보공개 결정이 없는 경우, 이의신청은 허용되나 행정심판청구는 허용되지 않는다.
③ 정보의 공개 및 우송 등에 드는 비용은 정보공개청구를 받은 행정청이 부담한다.
④ 행정소송의 재판기록 일부의 정보공개청구에 대한 비공개결정은 전자문서로 통지할 수 없다.

해설

① ○ 이미 알려짐 or 인터넷 검색으로 찾을 수 있다는 이유로 비공개결정 정당화×
공개청구의 대상이 되는 정보가 이미 다른 사람에게 공개하여 널리 알려져 있다거나 인터넷이나 관보 등을 통하여 공개하여 인터넷 검색이나 도서관에서의 열람 등을 통하여 쉽게 알 수 있다는 사정만으로는 소의 이익이 없다거나 비공개결정이 정당화될 수는 없다(2008.11.27. 2005두15694).

② ✕ 청구인은 공공기관의 비공개결정이나 부분공개결정에는 물론 20일 내 미공개결정시에도 불복절차를 밟을 수 있다(이의신청, 행정심판, 행정소송 모두 가능).

공공기관의 정보공개에 관한 법률 제18조(이의신청) ① 청구인이 정보공개와 관련한 공공기관의 **비공개결정 또는 부분공개결정에 대하여 불복**이 있거나 **정보공개청구 후 20일이 경과하도록 정보공개 결정이 없는 때**에는 공공기관으로부터 정보공개 여부의 결정통지를 받은 날 또는 정보공개청구 후 20일이 경과한 날부터 30일 이내에 해당 공공기관에 문서로 **이의신청**을 할 수 있다.
제19조(행정심판) ① 청구인이 정보공개와 관련한 공공기관의 **결정에 대하여 불복**이 있거나 정보공개청구 후 **20일**이 경과하도록 정보공개**결정이 없는 때**에는「행정심판법」에서 정하는 바에 따라 **행정심판**을 청구할 수 있다. 이 경우 국가기관 및 지방자치단체 외의 공공기관의 결정에 대한 감독행정기관은 관계 중앙행정기관의 장 또는 지방자치단체의 장으로 한다.

③ ✕

공공기관의 정보공개에 관한 법률 제17조(비용 부담) ① 정보의 공개 및 우송 등에 드는 비용은 실비(實費)의 범위에서 **청구인**이 부담한다.

④ ✕ 정보공개법은 문서의 개념에 전자문서를 포함함. 이는 전자문서에 의한 처분을 제한하는 행정절차법의 특별규정에 해당함 → 비공개결정은 문서로 해야 하나, 여기에는 전자문서도 포함됨
甲이 재판기록 일부의 정보공개를 청구한 데 대하여 서울행정법원장이 민사소송법 제162조를 이유로 소송기록의 정보를 비공개한다는 결정을 전자문서로 통지한 사안에서, '문서'에 '전자문서'를 포함한다고 규정한 구「공공기관의 정보공개에 관한 법률」제2조와 정보의 비공개결정을 '문서'로 통지하도록 정한 정보공개법 제13조 제4항의 규정에 의하면 정보의 비공개결정은 전자문서로 통지할 수 있고, 위 규정들은 행정절차법 제3조 제1항에서 행정절차법의 적용이 제외되는 것으로 정한 '다른 법률'에 특별한 규정이 있는 경우에 해당하므로, 비공개결정 당시 정보의 **비공개결정은 정보공개법 제13조 제4항에 의하여 전자문서로 통지할 수 있다**(2014.4.10. 2012두17384).

공공기관의 정보공개에 관한 법률 제13조(정보공개 여부 결정의 통지) ⑤ 공공기관은 제11조에 따라 정보의 **비공개결정**을 한 경우에는 그 사실을 청구인에게 지체 없이 **문서로 통지하여야** 한다. 이 경우 제9조 제1항 각 호 중 어느 규정에 해당하는 비공개대상정보인지를 포함한 비공개 이유와 불복(不服)의 방법 및 절차를 구체적으로 밝혀야 한다.
제2조(정의) 1. '정보'란 공공기관이 직무상 작성 또는 취득하여 관리하고 있는 문서(**전자문서를 포함**한다. 이하 같다) 및 전자매체를 비롯한 모든 형태의 매체 등에 기록된 사항을 말한다.

+ PLUS 비공개결정을 하는 '문서'에는 전자문서도 포함된다는 것이 판례의 태도이다. 정보공개법 제2조 제1호에서 '문서'의 개념에 '전자문서'를 포함하고 있음을 근거로 한다.

관련 OX

② 관련
1 청구인이 정보공개와 관련한 공공기관의 결정에 대하여 불복이 있거나 정보공개청구 후 20일이 경과하도록 정보공개결정이 없는 때에는「행정심판법」에서 정하는 바에 따라 행정심판을 청구할 수 있다. 21소간

③ 관련
2 국민의 정보공개청구권을 보장하기 위하여 정보공개에 드는 비용은 무료로 한다. 14서울9

3 정보의 공개 및 우송 등에 드는 비용은 실비의 범위에서 청구인이 부담한다. 21지방9

선지분석 & 요플·기풀기링크

선지	THEME	요플	기풀기
①	T79 정보공개법(비공개)	49	049
②		44	054
③	T76 정보공개법(조문)	40	045
④		27	034

정답 ①
OX 1○ 2✕ 3○

16

행정상 정보공개에 대한 설명으로 옳은 것은? (다툼이 있는 경우 판례에 의함) 19국회8

① 국회는 「공공기관의 정보공개에 관한 법률」상 공공기관에 해당하지만 동법이 적용되는 것이 아니라 「국회정보공개규칙」이 적용된다.

② 국내에 일정한 주소를 두고 있는 외국인은 오로지 상대방을 괴롭힐 목적으로 정보공개를 구하고 있다는 등의 특별한 사정이 없는 한 한국방송공사(KBS)에 대하여 정보공개를 청구할 수 있다.

③ 독립유공자서훈 공적심사위원회의 심의·의결 과정 및 그 내용을 기재한 회의록은 독립유공자 등록에 관한 신청당사자의 알권리 보장과 공정한 업무수행을 위해서 공개되어야 한다.

④ 정보공개에 관한 정책 수립 및 제도 개선에 관한 사항을 심의·조정하기 위하여 국무총리 소속으로 정보공개위원회를 둔다.

⑤ 행정안전부장관은 정보공개에 관하여 필요할 경우에 국회사무총장에게 정보공개 처리실태의 개선을 권고할 수 있고 전년도의 정보공개 운영에 관한 보고서를 매년 국정감사 시작 30일 전까지 국회에 제출하여야 한다.

관련 OX

④ 관련

1 정보공개에 관한 정책 수립 및 제도개선에 관한 사항을 심의·조정하기 위하여 행정안전부장관 소속으로 정보공개위원회를 둔다. 18경행

⑤ 관련

2 행정안전부장관은 전년도의 정보공개 운영에 관한 보고서를 매년 정기국회 개회 전까지 국회에 제출하여야 한다. 18소방

해설

① ✕ 국회는 정보공개법상 공공기관에 해당한다. 다만 '다른 법률에 특별한 규정이 있는 경우'에 해당하여 정보공개법의 적용을 배제하기 위해서는 그 특별한 규정이 '법률'이어야 하는데, 국회정보공개규칙은 법률이 아니므로 정보공개법이 여전히 적용된다.

공공기관의 정보공개에 관한 법률 제2조(정의) 이 법에서 사용하는 용어의 뜻은 다음과 같다.
3. '공공기관'이란 다음 각 목의 기관을 말한다.
　가. 국가기관
　　1) 국회, 법원, 헌법재판소, 중앙선거관리위원회

- '다른 법률에 특별규정': '법률'일 것 & 대상·범위·절차·비공개대상 등을 달리 규정했을 것
「공공기관의 정보공개에 관한 법률」(이하 '정보공개법'이라 한다) 제4조 제1항은 "정보의 공개에 관하여는 다른 법률에 특별한 규정이 있는 경우를 제외하고는 이 법이 정하는 바에 의한다."고 규정하고 있는바, 여기서 '정보공개에 관하여 다른 법률에 특별한 규정이 있는 경우'에 해당한다고 하여서 정보공개법의 적용을 배제하기 위해서는, 그 특별한 규정이 '법률'이어야 하고, 나아가 그 내용이 정보공개의 대상 및 범위, 정보공개의 절차, 비공개대상정보 등에 관하여 정보공개법과 달리 규정하고 있는 것이어야 할 것이다(2007.6.1. 2007두2555).

② ○ 조문과 판례 2개를 한번에 물어보는 지문이다. 국내에 일정한 주소를 두고 있는 외국인은 정보공개청구권이 있고 한국방송공사(KBS)는 정보공개의무를 지는 공공기관에 해당한다. 따라서 권리남용이 되는 특별한 사정이 없는 한 정보공개청구가 가능하다.

공공기관의 정보공개에 관한 법률 시행령 제3조(외국인의 정보공개청구) 법 제5조 제2항에 따라 정보공개를 청구할 수 있는 외국인은 다음 각 호의 어느 하나에 해당하는 자로 한다.
1. 국내에 일정한 주소를 두고 거주하거나 학술·연구를 위하여 일시적으로 체류하는 사람

- 한국방송공사: 정보공개의무가 있는 '특별법에 의하여 설립된 특수법인'에 해당
방송법이라는 특별법에 의하여 설립·운영되는 한국방송공사(KBS)는 「공공기관의 정보공개에 관한 법률 시행령」 제2조 제4호의 '특별법에 의하여 설립된 특수법인'으로서 정보공개의무가 있는 「공공기관의 정보공개에 관한 법률」 제2조 제3호의 '공공기관'에 해당한다(2010.12.23. 2008두13101).

- **부당이득을 얻거나 오로지 공무원을 괴롭힐 목적으로 정보공개청구: 권리남용으로 불허**
  국민의 정보공개청구는 정보공개법 제9조에 정한 비공개대상정보에 해당하지 아니하는 한 원칙적으로 폭넓게 허용되어야 하지만, 실제로는 해당 정보를 취득 또는 활용할 의사가 전혀 없이 정보공개제도를 이용하여 사회통념상 용인될 수 없는 **부당한 이득**을 얻으려 하거나, 오로지 공공기관의 **담당공무원을 괴롭힐 목적**으로 정보공개청구를 하는 경우처럼 **권리의 남용**에 해당하는 것이 명백한 경우에는 정보공개청구권의 행사를 허용하지 아니하는 것이 옳다(2014.12.24. 2014두9349).

③ × **독립유공자서훈 공적심사위원회 심의·의결 회의록: 비공개(제5호)**
  국가보훈처장(현 국가보훈부장관)에게 '망인들에 대한 **독립유공자서훈** 공적심사위원회의 심의·의결 과정 및 그 내용을 기재한 **회의록**' 등의 공개를 청구하였는데, 국가보훈처장이 공개할 수 없다는 통보를 한 사안에서, 위 회의록은「공공기관의 정보공개에 관한 법률」제9조 제1항 **제5호**에서 정한 '공개될 경우 업무의 공정한 수행에 현저한 지장을 초래한다고 인정할 만한 상당한 이유가 있는 정보'에 해당한다(2014.7.24. 2013두20301).

④ ×

> **공공기관의 정보공개에 관한 법률 제22조(정보공개위원회의 설치)** 다음 각 호의 사항을 심의·조정하기 위하여 **행정안전부장관 소속**으로 정보공개위원회(이하 '위원회'라 한다)를 둔다.
> 1. 정보공개에 관한 정책 수립 및 제도 개선에 관한 사항

+ **PLUS** 역사가 깊은 지문이다. 출제 당시 정보공개위원회는 행안부장관 소속이었으나(따라서 출제 당시는 틀린 지문), 2020년 개정으로 국무총리 소속으로 되었다가(이때는 맞는 지문), 다시 2023년 개정으로 행안부장관 소속이 되었다(돌고 돌아 현재는 다시 틀린 지문).

⑤ × 앞부분과 뒷부분이 모두 틀렸다.
- 앞: 국회사무총장×, 공공기관의 장○
- 뒤: 국정감사 30일 전×, 정기국회 개회 전○

> **공공기관의 정보공개에 관한 법률 제24조(제도 총괄 등)** ④ **행정안전부장관**은 정보공개에 관하여 필요할 경우에 **공공기관**(국회·법원·헌법재판소 및 중앙선거관리위원회는 제외한다)의 장에게 정보공개 처리 실태의 **개선을 권고할 수 있다**. 이 경우 권고를 받은 공공기관은 이를 이행하기 위하여 성실하게 노력하여야 하며, 그 조치 결과를 행정안전부장관에게 알려야 한다.
> **제26조(국회에의 보고)** ① 행정안전부장관은 전년도의 정보공개 운영에 관한 보고서를 **매년 정기국회 개회 전까지** 국회에 제출하여야 한다.

T77 공공기관 정보공개법(2) - 정보공개청구권

01

정보공개제도에 관한 설명으로 옳은 것은? 10지방9

① 정보공개청구권은 모든 국민에게 인정되는 것은 아니며, 공개대상정보와 이해관계를 가진 당사자에게 인정되는 권리이다.
② 판례는 「공공기관의 정보공개에 관한 법률」과 같은 실정법의 근거가 없는 경우에는 정보공개청구권이 인정되기 어렵다고 보고 있다.
③ 헌법재판소는 정보공개청구권을 알권리의 핵심으로 파악하고 있으며, 알권리의 헌법상 근거를 헌법 제21조의 표현의 자유에서 찾고 있다.
④ 판례는 「공공기관의 정보공개에 관한 법률」상 공개청구의 대상이 되는 정보란 공공기관이 직무상 작성 또는 취득하여 현재 보유·관리하고 있는 문서에 한정되지 않으며 그 문서가 반드시 원본일 필요는 없다고 한다.

해설

① × 정보공개법은 이해관계와 무관히 모든 국민에게 정보공개청구권을 인정한다(제5조 제1항). 이때 국민에는 자연인과 법인은 물론 권리능력 없는 사단·재단도 포함되고, 이들의 이해관계나 설립목적도 불문한다.

② ×, ③ ○ 판례는 정보공개청구권의 헌법적 근거를 헌법 제21조에서 도출하고 있다. 즉, 헌법 제21조의 언론·출판의 자유(표현의 자유)에서 알권리가 도출되고, 알권리는 정보 수집·처리에 방해받지 않을 자유권적 성질과 그러한 정보를 적극적으로 할 수 있는 청구권적 성질을 공유한다고 보았다. 이러한 알권리의 청구권적 성격이 바로 정보공개청구권이며, 헌재는 이것을 알권리의 **핵심**이라 한 것이다.③ 이처럼 국민은 헌법적 차원에서 정보공개청구권을 보장받기에, 정보공개법과 같은 **법률이 없더라도 헌법 제21조에 직접 근거하여 정보공개를 청구할 수 있다고 보았다.**②

- 알권리: 헌법 제21조의 언론·출판의 자유(표현의 자유)에서 직접 도출③(뒤)

헌법 제21조는 언론·출판의 자유, 즉 표현의 자유를 규정하고 있는데 이 자유는 전통적으로 사상 또는 의견의 자유로운 표명(발표의 자유)과 그것을 전파할 자유(전달의 자유)를 의미하는 것으로서 사상 또는 의견의 자유로운 표명은 자유로운 의사의 형성을 전제로 한다. 자유로운 의사의 형성은 정보에의 접근이 충분히 보장됨으로써 비로소 가능한 것이며, 그러한 의미에서 정보에의 접근·수집·처리의 자유, 즉 '알권리'는 표현의 자유와 표리일체의 관계에 있으며 자유권적 성질과 청구권적 성질을 공유하는 것이다.

- 정보공개청구권: 알권리의 핵심(청구권)③(앞) → 법률 없이도 헌법 제21조에서 직접 보장②

자유권적 성질은 일반적으로 정보에 접근하고 수집·처리함에 있어서 국가권력의 방해를 받지 아니한다는 것을 말하며, **청구권적 성질**을 의사형성이나 여론형성에 필요한 정보를 적극적으로 수집하고 수집을 방해하는 방해제거를 청구할 수 있다는 것을 의미하는바 이는 정보수집권 또는 **정보공개청구권**으로 나타난다. 행정의 공개에 대하여서는 명문규정을 두고 있지 않지만 '**알권리'의 생성기반**을 살펴볼 때 이 권리의 핵심은 정부가 보유하고 있는 정보에 대한 국민의 '알권리', 즉 국민의 정부에 대한 일반적 **정보공개를 구할 권리(청구권적 기본권)**라고 할 것이며,③(앞) 이러한 '알권리'의 실현은 법률의 제정이 뒤따라 이를 구체화시키는 것이 충실하고도 바람직하지만, 그러한 **법률이 제정되어 있지 않다고 하더라도 불가능한 것은 아니고 헌법 제21조에 의해 직접 보장될 수 있다**②(헌재 1991.5.13. 90헌마133).

④ × 공개대상정보는 원본에 한정×
「공공기관의 정보공개에 관한 법률」상 공개청구의 대상이 되는 **정보란 공공기관이 직무상 작성 또는 취득하여 현재 보유·관리하고 있는 문서에 한정되는 것이기는 하나, 그 문서가 반드시 원본일 필요는 없다**(2006.5.25. 2006두30499).

관련 OX

① 관련

1 이해관계자인 당사자에게 문서열람권을 인정하는 「행정절차법」상의 정보공개와는 달리 「공공기관의 정보공개에 관한 법률」은 모든 국민에게 정보공개청구를 허용한다. 17서울9

③ 관련

2 행정정보공개의 출발점은 국민의 알권리인데, 알권리 자체는 헌법상으로 명문화되어 있지 않음에도 불구하고, 우리 헌법재판소는 초기부터 국민의 알권리를 헌법상의 기본권으로 인정하여 왔다. 17서울9

3 국민의 알권리의 내용에는 일반 국민 누구나 국가에 대하여 보유·관리하고 있는 정보의 공개를 청구할 수 있는 이른바 일반적인 정보공개청구권이 포함된다. 21국9

4
국민의 알 권리, 즉 정보에의 접근·수집·처리의 자유는 자유권적 성질과 청구권적 성질을 공유하는 것으로서 헌법 제21조에 의하여 직접 보장되는 권리이다. 20지방7

선지분석 & 요플·기풀기링크

선지	THEME	요플	기풀기
①		07	007
②	T77 정보공개법(청구권)	04	004
③		03	003
④	T78 정보공개법(공개)	21	021

정답 ③
OX 1○ 2○ 3○ 4○

02

「공공기관의 정보공개에 관한 법률」에 관한 설명으로 가장 옳지 않은 것은? (다툼이 있는 경우 판례에 의함)   17(2)서울9

- ① 이해관계자인 당사자에게 문서열람권을 인정하는 「행정절차법」상의 정보공개와는 달리 「공공기관의 정보공개에 관한 법률」은 모든 국민에게 정보공개청구를 허용한다.
- ② 행정정보공개의 출발점은 국민의 알권리인데, 알권리 자체는 헌법상으로 명문화되어 있지 않음에도 불구하고, 우리 헌법재판소는 초기부터 국민의 알권리를 헌법상의 기본권으로 인정하여 왔다.
- ③ 재건축사업계약에 의하여 조합원들에게 제공될 무상보상평수 산출내역은 법인 등의 영업상 비밀에 관한 사항이 아니며 비공개대상정보에 해당되지 않는다.
- ④ 판례는 특별법에 의하여 설립된 특수법인이라는 점만으로 정보공개의무를 인정하고 있으며, 다시금 해당 법인의 역할과 기능에서 정보공개의무를 지는 공공기관에 해당하는지 여부를 판단하지 않는다.

관련 OX

① 관련

1 정보공개청구권은 모든 국민에게 인정되는 것은 아니며, 공개대상정보와 이해관계를 가진 당사자에게 인정되는 권리이다.   10지방9

해설

① ○

행정절차법 제37조(문서의 열람 및 비밀유지) ① 당사자등은 의견제출의 경우에는 처분의 사전통지가 있는 날부터 의견제출기한까지, 청문의 경우에는 청문의 통지가 있는 날부터 청문이 끝날 때까지 행정청에 해당 사안의 조사결과에 관한 문서와 그 밖에 해당 처분과 관련되는 문서의 열람 또는 복사를 요청할 수 있다. 이 경우 행정청은 다른 법령에 따라 공개가 제한되는 경우를 제외하고는 그 요청을 거부할 수 없다.

공공기관의 정보공개에 관한 법률 제5조(정보공개청구권자) ① 모든 국민은 정보의 공개를 청구할 권리를 가진다.

② ○ 알권리: 표현의 자유에 포함, 법률 없이도 헌법에 의해 직접 보장
헌법상 입법의 공개(제50조 제1항), 재판의 공개(제109조)와는 달리 행정의 공개에 대하여서는 명문 규정을 두고 있지 않지만 '알권리'의 생성기반을 살펴볼 때 이 권리의 핵심은 정부가 보유하고 있는 정보에 대한 국민의 '알권리', 즉 국민의 정부에 대한 일반적 정보공개를 구할 권리(청구권적 기본권)라고 할 것이며, 이러한 '알권리'는 표현의 자유에 당연히 포함되는 것으로 보아야 하며 이러한 '알권리'의 실현은 법률의 제정이 뒤따라 이를 구체화시키는 것이 충실하고도 바람직하지만, 그러한 법률이 제정되어 있지 않다고 하더라도 불가능한 것은 아니고 헌법 제21조에 의해 직접 보장될 수 있다(헌재 1991.5.13. 90헌마133).

③ ○ 아파트재건축주택조합의 조합원들에게 제공될 무상보상평수 산출내역: 비공개 ✕
아파트재건축주택조합의 조합원들에게 제공될 무상보상평수의 사업수익성 등을 검토한 자료가 구「공공기관의 정보공개에 관한 법률」제7조 제1항에서 정한 비공개대상정보에 해당하지 않는다(2006.1.13. 2003두9459).

④ ✕ '특별법에 의하여 설립된 특수법인'이기만 하면 모두 정보공개의무를 인정하는 것이 아니라, 해당 법인의 역할과 기능을 중심으로 개별적으로 판단하는 것이 판례의 태도이다.

- 특별법상 특수법인이라는 점만으로 정보공개의무 인정 ✕, 역할 등 고려 개별판단해야
어느 법인이「공공기관의 정보공개에 관한 법률」제2조 제3호, 같은 법 시행령 제2조 제4호에 따라 〈정보를 공개할 의무가 있는 '특별법에 의하여 설립된 특수법인'에 해당하는지〉 여부는, 국민의 알권리를 보장하고 국정에 대한 국민의 참여와 국정운영의 투명성을 확보하고자 하는 위 법의 입법목적을 염두에 두고, 해당 법인에게 부여된 업무가 국가행정업무이거나 이에 해당하지 않더라도 그 업무수행으로써 추구하는 이익이 해당 법인 내부의 이익에 그치지 않고 공동체 전체의 이익에 해당하는 공익적 성격을 갖는지 여부를 중심으로 개별적으로 판단 … 하여야 한다(2010.12.23. 2008두13101).

선지분석 & 요플·기풀기링크

선지	THEME	요플	기풀기
①	T77 정보공개법(청구권)	07	007
②		03	003
③	T20 정비사업	플지모	
④	T78 정보공개법(공개)	08	008

정답 ④
OX 1 ✕

03

공공기관의 정보공개제도에 관한 판례의 내용으로 옳지 않은 것은? 08국가7

① 국민의 알권리에서 파생되는 정부의 정보공개의무는 특별한 사정이 없는 한 적극적인 정보수집행위, 특히 특정 정보에 대하여 공개청구를 하지 아니하였지만 그 정보와 이해관계를 가지는 자에 대해서도 존재한다.

② 「공공기관의 정보공개에 관한 법률」 제9조 제1항 제1호에서 '법률이 위임한 명령'에 의하여 비밀 또는 비공개 사항으로 규정된 정보는 공개하지 아니할 수 있다고 할 때의 '법률이 위임한 명령'이란 정보의 공개에 관하여 법률의 구체적인 위임 아래 제정된 법규명령을 의미한다.

③ 「공공기관의 정보공개에 관한 법률」 제5조 제1항은 "모든 국민은 정보의 공개를 청구할 권리를 가진다."고 규정하고 있는데, 여기서 말하는 국민에는 자연인은 물론 법인, 권리능력 없는 사단·재단도 포함되고, 법인, 권리능력 없는 사단·재단 등의 경우에는 설립목적을 불문한다.

④ 보안관찰 관련 통계자료는 「공공기관의 정보공개에 관한 법률」 제9조 제1항 제2호 소정의 공개될 경우 국가안전보장·국방·통일·외교관계 등 국가의 중대한 이익을 해할 우려가 있는 정보, 또는 제3호 소정의 공개될 경우 국민의 생명·신체 및 재산의 보호 기타 공공의 안전과 이익을 현저히 해할 우려가 있다고 인정되는 정보에 해당한다.

해설

① ✕ 알권리에서 파생되는 정부의 공개의무: 특별한 사정이 없는 한 국민의 공개청구가 있는 경우에야 비로소 존재

알권리에서 파생되는 정부의 공개의무는 특별한 사정이 없는 한 국민의 적극적인 정보수집행위, 특히 특정 정보에 대한 공개청구가 있는 경우에야 비로소 존재하므로, 정보공개청구가 없었던 경우 대한민국과 중화인민공화국이 2000. 7. 31. 체결한 양국 간 마늘교역에 관한 합의서 및 그 부속서 중 "2003. 1. 1.부터 한국의 민간기업이 자유롭게 마늘을 수입할 수 있다."는 부분을 사전에 마늘재배농가들에게 공개할 정부의 의무는 인정되지 아니한다(헌재 2004.12.16. 2002헌마579).

② ○ 비공개의 근거가 되는 '법률이 위임한 명령': 법률의 구체적 위임을 받은 법규명령(위임명령)

「공공기관의 정보공개에 관한 법률」 제9조 제1항 제1호에서 '법률이 위임한 명령'에 의하여 비밀 또는 비공개사항으로 규정된 정보는 공개하지 아니할 수 있다고 할 때의 '법률이 위임한 명령'은 정보의 공개에 관하여 법률의 구체적인 위임 아래 제정된 법규명령(위임명령)을 의미한다(2006.10.26. 2006두11910).

③ ○ 정보공개청구권자인 '모든 국민' → 자연인·법인은 물론, 권리능력 없는 사단·재단도 포함. 설립목적·이해관계도 불문

「공공기관의 정보공개에 관한 법률」 제6조(편저자: 현행 제5조) 제1항은 "모든 국민은 정보의 공개를 청구할 권리를 가진다."고 규정하고 있는데, 여기에서 말하는 국민에는 자연인은 물론 법인, 권리능력 없는 사단·재단도 포함되고, 법인, 권리능력 없는 사단·재단 등의 경우에는 설립목적을 불문한다(2003.12.12. 2003두8050). ❶

④ ○ 보안관찰 관련 통계자료: 비공개(제2호 & 제3호)

보안관찰법 소정의 보안관찰 관련 통계자료는, 그 통계자료의 분석에 의하여 대남공작활동이 유리한 지역으로 보안관찰처분대상자가 많은 지역을 선택하는 등으로 위 정보가 북한정보기관에 의한 간첩의 파견, 포섭, 선전선동을 위한 교두보의 확보 등 북한의 대남전략에 있어 매우 유용한 자료로 악용될 우려가 없다고 할 수 없으므로, 위 정보는 구 「공공기관의 정보공개에 관한 법률」 제7조 제1항 제2호 소정의 공개될 경우 국가안전보장·국방·통일·외교관계 등 국가의 중대한 이익을 해할 우려가 있는 정보, 또는 제3호 소정의 공개될 경우 국민의 생명·신체 및 재산의 보호 기타 공공의 안전과 이익을 현저히 해할 우려가 있다고 인정되는 정보에 해당한다(2004.3.18. 2001두8254 전합).

관련 OX

① 관련

1 알권리에서 파생되는 정보의 공개의 무는 특별한 사정이 없는 한, 특정의 정보에 대한 공개청구가 있는 경우에 비로소 존재한다. 12지방7

2 국민의 알권리에서 파생되는 정부의 공개의무는 특별한 사정이 없는 한 국민의 적극적인 정보수집행위나 특정의 정보에 대한 공개청구가 있는 경우에야 비로소 존재하는 것은 아니다. 25소방

③ 관련

3 모든 국민은 정보의 공개를 청구할 권리를 가진다고 규정하고 있고, 여기의 국민에는 자연인과 법인이 포함되지만 권리능력 없는 사단은 포함되지 않는다. 17(상)국가9

4 ❶
정보공개청구권자인 '모든 국민'에는 자연인 외에 법인, 권리능력 없는 사단·재단도 포함되므로 지방자치단체도 포함된다. 19(1)서울9

선지분석 & 요플·기풀기링크

선지	THEME	요플	기풀기
①	T77 정보공개법(청구권)	06	006
②	T79 정보공개법(비공개)	03	003
③	T77 정보공개법(청구권)	08	008
④	T79 정보공개법(비공개)	15	015

❶ 비교

지자체: 정보공개의무자일뿐, 정보공개청구권자는 될 수 없음

「공공기관의 정보공개에 관한 법률」은 국민을 정보공개청구권자로, 지방자치단체를 국민에 대응하는 정보공개의무자로 상정하고 있다고 할 것이므로, 지방자치단체는 「공공기관의 정보공개에 관한 법률」 제5조에서 정한 정보공개청구권자인 '국민'에 해당되지 아니한다(서울행정법원 2005.10.12. 2005구합10484).

정답 ①
OX 1○ 2✕ 3✕ 4✕

필수문제 04

정보공개에 대한 설명으로 옳지 않은 것은? (다툼이 있는 경우 판례에 의함) 20국가9

① 정보공개거부처분의 취소를 구하는 소송에서 공공기관이 청구정보를 증거 등으로 법원에 제출하여 법원을 통하여 그 사본을 청구인에게 교부 또는 송달되게 하여 청구인에게 정보를 공개하는 셈이 되었다면, 이러한 우회적인 방법에 의한 공개는 「공공기관의 정보공개에 관한 법률」에 의한 공개라고 볼 수 있다.

② 정보공개청구권자에는 자연인은 물론 법인, 권리능력 없는 사단·재단도 포함되고, 법인, 권리능력 없는 사단·재단 등의 경우에는 설립목적을 불문한다.

③ 공개청구의 대상이 되는 정보가 이미 다른 사람에게 공개되어 널리 알려져 있다거나 인터넷 등을 통하여 공개되어 인터넷 검색 등을 통하여 쉽게 알 수 있다는 사정만으로는 비공개결정이 정당화될 수 없다.

④ 「공공기관의 정보공개에 관한 법률」은 정보공개청구권자가 공개를 청구하는 정보와 어떤 관련성을 가질 것을 요구하거나 정보공개청구의 목적에 특별한 제한을 두고 있지 아니하므로 정보공개청구권자의 권리구제 가능성 등은 정보의 공개 여부 결정에 아무런 영향을 미치지 못한다.

관련 OX

① 관련

1 청구인이 정보공개거부처분의 취소를 구하는 소송에서 공공기관이 청구정보를 증거 등으로 법원에 제출하여 법원을 통하여 그 사본을 청구인에게 교부 또는 송달되게 하여 결과적으로 청구인에게 정보를 공개하는 셈이 되었다면, 당해 정보의 비공개결정의 취소를 구할 소의 이익은 소멸된다. 24지방7

④ 관련

2 정보공개청구권자의 권리구제가능성은 정보의 공개 여부 결정에 아무런 영향을 미치지 못한다. 22지방9

해설

① × 소송과정에서 공공기관이 제출한 증거의 사본을 송달받아 우회적으로 공개한 셈이 됨 → 정보공개법에 의한 공개× so 소익 소멸×

청구인이 정보공개거부처분의 취소를 구하는 소송에서 공공기관이 청구정보를 증거 등으로 법원에 제출하여 법원을 통하여 그 사본을 청구인에게 교부 또는 송달되게 하여 결과적으로 청구인에게 정보를 공개하는 셈이 되었다고 하더라도 이러한 우회적인 방법은 정보공개법이 예정하고 있지 아니한 방법으로서 정보공개법에 의한 공개라고 볼 수는 없으므로, 당해 정보의 비공개결정의 취소를 구할 소의 이익은 소멸되지 않는다(2004.3.26. 2002두6583).

② ○ 정보공개청구권자인 '모든 국민' → 자연인·법인은 물론, 권리능력 없는 사단·재단도 포함. 설립목적·이해관계도 불문

「공공기관의 정보공개에 관한 법률」제6조(편저자: 현행 제5조) 제1항은 "모든 국민은 정보의 공개를 청구할 권리를 가진다."고 규정하고 있는데, 여기에서 말하는 국민에는 자연인은 물론 법인, 권리능력 없는 사단·재단도 포함되고, 법인, 권리능력 없는 사단·재단 등의 경우에는 설립목적을 불문한다(2003.12.12. 2003두8050).

③ ○ 이미 알려짐 or 인터넷 검색으로 찾을 수 있다는 이유로 비공개 정당화×

공개청구의 대상이 되는 정보가 이미 다른 사람에게 공개하여 널리 알려져 있다거나 인터넷이나 관보 등을 통하여 공개하여 인터넷 검색이나 도서관에서의 열람 등을 통하여 쉽게 알 수 있다는 사정만으로는 소의 이익이 없다거나 비공개결정이 정당화될 수는 없다(2008.11.27. 2005두15694).

④ ○ 청구권자의 권리구제가능성: 정보공개 여부 결정시 고려사항×

「공공기관의 정보공개에 관한 법률」은 정보공개청구권자가 공개를 청구하는 정보와 어떤 관련성을 가질 것을 요구하거나 정보공개청구의 목적에 특별한 제한을 두고 있지 아니하므로 정보공개청구권자의 권리구제 가능성 등은 정보의 공개 여부 결정에 아무런 영향을 미치지 못한다(2017.9.7. 2017두44558).

선지선택비율 ① 71.38% ② 9.78% ③ 6.88% ④ 11.96% 오답률 28.62%

선지분석 & 요플·기풀기링크

선지	THEME	요플	기풀기
① T76 정보공개법(조문)	28	001
② T77 정보공개법(청구권)	08	008
③ T79 정보공개법(비공개)	49	049
④ T77 정보공개법(청구권)	15	015

정답 ①
  1× 2○

05

「공공기관의 정보공개에 관한 법률」에 관한 설명으로 옳은 것은? (다툼이 있는 경우 판례에 의함)

24소방

① 대법원은 정보공개청구권의 헌법적 근거를 헌법 제21조 표현의 자유에서 도출하고 있다.
② 모든 국민은 정보의 공개를 청구할 권리를 가지나, 외국인은 정보공개를 청구할 수 없다.
③ 사법시험 제2차 시험의 답안지 열람은 사법시험업무의 수행에 현저한 지장을 초래한다고 볼 수 있으므로 비공개사유에 해당한다.
④ 청구인이 정보공개와 관련한 공공기관의 결정에 대하여 불복이 있거나 정보공개청구 후 30일이 경과하도록 정보공개결정이 없는 때에는 「행정소송법」에서 정하는 바에 따라 행정소송을 제기할 수 있다.

관련 OX

① 관련
1 통설과 판례는 행정정보공개의 헌법상의 근거를 국민의 기본권의 하나로서의 행복추구권에서 찾고 있다. 07국가9

② 관련
2 외국인에게도 국민과 동일하게 정보공개청구권이 인정된다. 14서울9

3 외국인의 정보공개청구에 대해서는 대통령령으로 정한다. 11국회9

해설

① ○ 판례는 정보공개청구권의 헌법적 근거를 헌법 제21조에서 도출하고 있다.
• 국민의 알권리, 특히 국가정보에의 접근의 권리는 우리 헌법상 기본적으로 표현의 자유와 관련하여 인정되는 것으로 그 권리의 내용에는 일반 국민 누구나 국가에 대하여 보유·관리하고 있는 정보의 공개를 청구할 수 있는 이른바 일반적인 정보공개청구권이 포함된다(1999.9.21. 97누5114).

② × 일정한 범위의 외국인도 정보공개를 청구할 수 있다.

> 공공기관의 정보공개에 관한 법률 제5조(정보공개 청구권자) ① 모든 국민은 정보의 공개를 청구할 권리를 가진다.
> ② 외국인의 정보공개청구에 관하여는 대통령령으로 정한다.
>
> 공공기관의 정보공개에 관한 법률 시행령 제3조(외국인의 정보공개청구) 법 제5조 제2항에 따라 정보공개를 청구할 수 있는 외국인은 다음 각 호의 어느 하나에 해당하는 자로 한다.
> 1. 국내에 일정한 주소를 두고 거주하거나 학술·연구를 위하여 일시적으로 체류하는 사람
> 2. 국내에 사무소를 두고 있는 법인 또는 단체

③ × 사시 2차 답안지: 공개 / 채점위원별 채점결과: 비공개
사법시험 제2차 시험의 답안지 열람은 시험문항에 대한 채점위원별 채점결과의 열람과 달리 사법시험업무의 수행에 현저한 지장을 초래한다고 볼 수 없다(2003.3.14. 2000두6114).

④ × 30일(×) → 20일(○)

> 공공기관의 정보공개에 관한 법률 제20조(행정소송) ① 청구인이 정보공개와 관련한 공공기관의 결정에 대하여 불복이 있거나 정보공개청구 후 20일이 경과하도록 정보공개결정이 없는 때에는 「행정소송법」에서 정하는 바에 따라 행정소송을 제기할 수 있다.

선지선택비율 ① 65.62% ② 4.74% ③ 9.25% ④ 20.38% 오답률 34.38%

선지분석 & 요플·기풀기링크

선지	THEME	요플	기풀기
①	T77 정보공개법(청구권)	01	001
②		11	011
③	T79 정보공개법(비공개)	25	024
④	T76 정보공개법(조문)	45	055

정답 ①
OX 1× 2× 3○

06

정보공개에 대한 설명으로 옳지 않은 것은? (다툼이 있는 경우 판례에 의함) 24국가7

① 정보공개거부처분의 취소를 구하는 행정소송에서 정보공개청구인이 정보공개거부처분을 받은 것 외에 추가로 법률상 이익이 있어야 하는 것도 아니며, 정보공개청구의 대상이 되는 정보가 이미 공개되어 있다는 사정만으로 소의 이익이 없는 것도 아니다.

② 「공공기관의 정보공개에 관한 법률」에 따라 중앙행정기관은 전자적 형태로 보유·관리하는 정보 중 공개대상으로 분류된 정보를 국민의 정보공개청구가 없더라도 정보통신망을 활용한 정보공개시스템 등을 통하여 공개하여야 한다.

③ 정보공개청구인이 공공기관의 비공개결정 또는 부분공개결정에 대한 이의신청을 하여 공공기관으로부터 이의신청에 대한 결과를 통지받은 후 취소소송을 제기하는 경우, 그 제소기간은 이의신청에 대한 결과를 통지받은 날부터 기산한다.

④ 견책의 징계처분을 받은 자가 소속 기관의 장에게 징계위원회에 참여한 징계위원의 성명과 직위에 대한 정보공개청구를 하였으나 해당 정보가 비공개대상이라는 이유로 거부된 경우, 그 견책처분에 대한 취소소송의 기각판결이 확정되었다면 정보공개거부처분의 취소를 구할 법률상 이익은 인정되지 않는다.

관련 OX

③ 관련

1 (甲의 정보공개청구에 대해 A광역시가 거부처분을 하였다. 甲이 이에 불복하여 이의신청을 하였으나, A광역시는 이의신청을 각하하는 결정을 하였다) 甲이 이의신청의 결과를 통지받은 후 거부처분에 대해 취소소송을 제기하는 경우, 그 제소기간은 거부처분을 통지받은 날부터 기산한다. 25소간(변형)

해설

① ○ **정보공개청구권: 그 자체가 구체적인 권리 → 거부당하면 그 자체로 소송요건 충족(처분성, 법률상 이익). 추가적 이익 불필요**

국민의 정보공개청구권은 법률상 보호되는 **구체적인 권리**이므로, 공공기관에 대하여 정보의 공개를 청구하였다가 공개거부처분을 받은 청구인은 행정소송을 통하여 그 공개거부처분의 취소를 구할 **법률상의 이익이 있고, 그 밖에 추가로 어떤 이익이 있어야 하는 것은 아니다.** 공개청구의 대상이 되는 정보가 이미 공개되어 있다거나 다른 방법으로 손쉽게 알 수 있다는 사정만으로 소의 이익이 없다거나 비공개결정이 정당화될 수 없다(2022.5.26. 2022두34562).

② ○

공공기관의 정보공개에 관한 법률 제8조의2(공개대상정보의 원문공개) 공공기관 중 중앙행정기관 및 대통령령으로 정하는 기관은 **전자적 형태로 보유·관리하는 정보 중 공개대상으로 분류**된 정보를 국민의 정보공개청구가 **없더라도** 정보통신망을 활용한 정보공개시스템 등을 통하여 **공개하여야** 한다.

③ ○ **비공개·부분공개결정에 이의신청을 거쳐 제소시 제소기간: 이의신청 결과통지일부터 기산**

「공공기관의 정보공개에 관한 법률」 제18조 제1항, 제3항, 제4항, 제20조 제1항, 행정소송법 제20조 제1항의 규정 내용과 그 취지 등을 종합하여 보면, 청구인이 공공기관의 비공개결정 또는 부분공개결정에 대한 이의신청을 하여 공공기관으로부터 이의신청에 대한 결과를 통지받은 후 취소소송을 제기하는 경우 그 제소기간은 이의신청에 대한 결과를 통지받은 날부터 기산한다고 봄이 타당하다 (2023.7.27. 2022두52980).

④ × **징계위원들에 대한 정보공개청구를 거부당했으나, 이후 징계처분 취소소송에서 기각판결 확정 → 징계에서 구제될 이익은 사라졌으나, 정보공개거부처분의 취소를 구할 소익은 여전히 인정**

견책의 징계처분을 받은 甲이 사단장에게 징계위원회에 참여한 징계위원의 성명과 직위에 대한 정보공개청구를 하였으나 위 정보가 「공공기관의 정보공개에 관한 법률」 제9조 제1항 제1호, 제2호, 제5호, 제6호에 해당한다는 이유로 공개를 거부한 사안에서, 비록 징계처분취소사건에서 甲의 청구를 기각하는 판결이 확정되었더라도 이러한 사정만으로 위 처분의 취소를 구할 이익이 없어지지 않고, 사단장이 甲의 정보공개청구를 거부한 이상 甲으로서는 여전히 정보공개거부처분의 취소를 구할 법률상 이익이 있다(2022.5.26. 2022두33439).

선지선택비율 ① 8.33% ② 9.85% ③ 7.01% ④ 74.81%   오답률 25.00%

선지분석 & 요플·기풀기링크

선지	THEME	요플	기풀기
①	T77 정보공개법(청구권)	18	018
②	T76 정보공개법(조문)	10	013
③		52	053
④	T77 정보공개법(청구권)	21	021

정답 ④
OX 1 ×

07 사례형

다음 사례에 대한 설명으로 옳은 것은? (다툼이 있는 경우 판례에 의함) 22국가9

> 민간시민단체 A는 관할 행정청 B에게 개발사업의 승인과 관련한 정보공개를 청구하였으나 B는 현재 재판진행 중인 사안이 포함되어 있다는 이유로 「공공기관의 정보공개에 관한 법률」 제9조 제1항 제4호의 사유를 들어 A의 정보공개청구를 거부하였다.

① A는 공개청구한 정보에 대해 개별·구체적 이익이 없는 경우에도 B의 정보공개거부에 대해 취소소송으로 다툴 수 있다.
② A가 공개청구한 정보에 대해 직접적인 이해관계가 있는 경우에는 B의 정보공개거부에 대해 정보공개의 이행을 구하는 당사자소송을 제기하여 다툴 수 있다.
③ A가 공개청구한 정보의 일부가 「공공기관의 정보공개에 관한 법률」상 비공개사유에 해당하는 때에는 그 나머지 정보만을 공개하는 것이 가능한 경우라 하더라도 법원은 공개가능한 정보에 관한 부분만의 일부취소를 명할 수는 없다.
④ B의 비공개사유가 정당화되기 위해서는 A가 공개청구한 정보가 진행 중인 재판의 소송기록 자체에 포함된 내용이어야 한다.

관련 OX

② 관련

1 ⓢ 공공기관이 정보공개청구에 대해 이를 거부하는 행위는 취소소송의 대상이 되는 처분이다. 18교행9

④ 관련

2 법원 이외의 공공기관이 「공공기관의 정보공개에 관한 법률」 제9조 제1항 제4호에서 정한 '진행 중인 재판에 관련된 정보'에 해당한다는 사유로 정보공개를 거부하기 위하여는 반드시 그 정보가 진행 중인 재판의 소송기록 자체에 포함된 내용일 필요는 없다. 13국회8

STORY 해설

- (A의 소제기) 시민단체 A가 공익목적으로 정보공개를 구하였다가 거부당한 사안이다. 그런데 A가 법인에 해당하는지는 설문상 불분명하고, A가 해당 정보와 직접적 이해관계가 있어 보이지도 않아 A에게 애당초 해당 정보의 <u>공개를 청구할 권리(신청권)</u>가 있는지 문제된다. 신청권이 있다면 거부행위에 <u>처분성(대상적격)</u>이 인정되고, A에게 <u>원고적격</u>도 인정될 것이나, 신청권이 없다면 거부행위는 처분도 아니고, A에게 원고적격도 인정되지 못할 것이다(거부의 처분성 및 원고적격은 신청한 자가 신청권을 갖고 있는지에 달렸기 때문이다).

- 판례는 정보공개청구권은 법인에 해당치 않는 <u>권리능력 없는 사단·재단</u>에게도 인정되고, 설립목적이나 이해관계를 불문한다고 본다. 정보공개법에서 '모든' 국민에게 정보공개청구권을 인정하고 있기 때문이다(제5조). 따라서 <u>A에게도 신청권이 인정되고, 당해 거부행위는 처분에 해당하며 A에게는 원고적격이 있으므로,</u>① <u>항고소송을 통해</u>② 동 처분을 다툴 수 있다.

- (법원의 심리) 이렇게 A가 거부처분 취소소송을 제기하면 법원은 B가 제시한 비공개사유, 즉, '진행 중 재판에 관련된 정보'에 해당하는지를 심리할 것이다. 이때 <u>'진행 중 재판에 관련된 정보'란 소송기록에 포함된 정보에 한정하지는 않지만,</u>④ 그렇다고 하여 재판에 관련된 일체의 정보를 일컫는 것은 아니고, 해당 정보가 재판결과에 영향을 미칠만한 정보인지를 기준으로 판단한다.

- (법원의 판결) 법원의 심리결과 분명 비공개할 부분도 있지만, <u>공개가능한 부분도 혼합되어 있다면, 판례는 거부된 정보 중 공개가능한 부분에 대한 거부만큼은 취소시켜 국민에게 공개하도록 한다(일부취소판결).</u>③

사례분석

- 정보공개청구를 거부당한 자의 소제기(소송요건 및 형태), 그에 대한 법원의 심리 및 판결에 대해 종합적으로 묻는 문제이다. 다만, ③지문 정도만이 제시문과 관련이 있고(재판 중 사안임을 이유로 거부했다는 부분) 나머지는 사실상 독립된 OX문제라고 봐도 좋아 사례지수는 낮다.

> 해설

① ○ 「공공기관의 정보공개에 관한 법률」 제6조 제1항은 "모든 국민은 정보의 공개를 청구할 권리를 가진다."고 규정하고 있는데, 여기에서 말하는 국민에는 자연인은 물론 법인, 권리능력 없는 사단·재단도 포함되고, 법인, 권리능력 없는 사단·재단 등의 경우에는 설립목적을 불문하며, 한편 정보공개청구권은 법률상 보호되는 구체적인 권리이므로 청구인이 공공기관에 대하여 정보공개를 청구하였다가 거부처분을 받은 것 자체가 법률상 이익의 침해에 해당한다(2003.12.12. 2003두8050).

② × 정보공개를 거부한 행위는 '처분'에 해당한다. 따라서 항고소송으로 다투게 된다.

③ × 법원이 행정기관의 정보공개거부처분의 위법 여부를 심리한 결과 공개를 거부한 정보에 비공개대상정보에 해당하는 부분과 공개가 가능한 부분이 혼합되어 있고 공개청구의 취지에 어긋나지 아니하는 범위 안에서 두 부분을 분리할 수 있음을 인정할 수 있을 때에는 청구취지의 변경이 없더라도 공개가 가능한 정보에 관한 부분만의 일부취소를 명할 수 있다(2004.12.9. 2003두12707).

④ × 법원 이외의 공공기관이 정보공개법 제9조 제1항 제4호에서 정한 '진행 중인 재판에 관련된 정보'에 해당한다는 사유로 정보공개를 거부하기 위하여는 반드시 그 정보가 진행 중인 재판의 소송기록 자체에 포함된 내용일 필요는 없다. 그러나 재판에 관련된 일체의 정보가 그에 해당하는 것은 아니고 진행 중인 재판의 심리 또는 재판결과에 구체적으로 영향을 미칠 위험이 있는 정보에 한정된다고 보는 것이 타당하다(2011.11.24. 2009두19021).

선지선택비율 ① 61.63% ② 17.00% ③ 7.99% ④ 13.38%　오답률 38.37%

선지분석 & 요플·기풀기링크

선지	THEME	요플	기풀기
①	T77 정보공개법(청구권)	19	017
②		20	020
③	T76 정보공개법(조문)	38	042
④	T79 정보공개법(비공개)	16	017

정답 ①
OX 1○ 2○

T78 공공기관 정보공개법(3) - 정보공개의 대상

01

「공공기관의 정보공개에 관한 법률」상 정보공개청구에 대한 설명으로 옳지 않은 것은? 24지방9

① 정보의 공개를 청구하는 자는 정보공개청구서에 청구대상정보를 기재함에 있어서 사회일반인의 관점에서 청구대상정보의 내용과 범위를 확정할 수 있을 정도로 특정함을 요한다.

② 공공기관이 공개청구의 대상이 된 정보를 공개는 하되, 청구인이 신청한 공개방법 이외의 방법으로 공개하기로 하는 결정을 하였다면, 이는 정보공개청구 중 정보공개방법에 관한 부분에 대하여 일부 거부처분을 한 것이고, 청구인은 그에 대하여 항고소송으로 다툴 수 있다.

③ 「유아교육법」에 따른 사립유치원은 공공기관의 정보공개에 관한 법령상 공공기관에 해당하지 않는다.

④ 행정청이 정보를 공개하는 경우에 그 정보의 원본이 더럽혀지거나 파손될 우려가 있거나 그 밖에 상당한 이유가 있다고 인정할 때에는 그 정보의 사본·복제물을 공개할 수 있다.

관련 OX

① 관련

1 정보의 공개를 청구하는 자가 청구대상정보를 기재함에 있어서는 사회일반인의 관점에서 청구대상정보의 내용과 범위를 확정할 수 있을 정도로 특정하여야 한다.
19지방7

② 관련

2 공공기관이 공개청구의 대상이 된 정보를 공개는 하되, 청구인이 신청한 공개방법 이외의 방법으로 공개하기로 하는 결정을 하였다면, 이는 정보공개청구 중 정보공개방법에 관한 부분만을 달리한 것이므로 일부 거부처분이라 할 수 없다.
22지방7

3 정보공개청구에 대하여 행정청이 전부공개 결정을 하는 경우에는, 청구인이 지정한 정보공개방법에 의하지 않았다고 하더라도 청구인은 이를 다툴 수 없다.
22국가7

해설

① ○ 공개청구시 내용·범위 특정 필요

「공공기관의 정보공개에 관한 법률」 제10조 제1항 제2호는 정보의 공개를 청구하는 자는 정보공개청구서에 '공개를 청구하는 정보의 내용' 등을 기재할 것을 규정하고 있는바, 청구대상정보를 기재함에 있어서는 사회일반인의 관점에서 청구대상정보의 내용과 범위를 확정할 수 있을 정도로 특정함을 요한다(2007.6.1. 2007두2555).

② ○ 청구인이 요청한 방법과 다른 방법으로 공개: 방법에 대한 일부 거부처분 so 항고소송 가능

공공기관이 공개청구의 대상이 된 정보를 공개는 하되, 청구인이 신청한 공개방법 이외의 방법으로 공개하기로 하는 결정을 하였다면, 이는 정보공개청구 중 정보공개방법에 관한 부분에 대하여 일부 거부처분을 한 것이고, 청구인은 그에 대하여 항고소송으로 다툴 수 있다(2016.11.10. 2016두44674).

③ × 정보공개법 시행령은 국·공립과 사립의 구별 없이 각급 학교를 정보공개의무가 있는 공공기관으로 규정

공공기관의 정보공개에 관한 법률 제2조(정의) 이 법에서 사용하는 용어의 뜻은 다음과 같다.
3. '공공기관'이란 다음 각 목의 기관을 말한다.
마. 그 밖에 대통령령으로 정하는 기관

공공기관의 정보공개에 관한 법률 시행령 제2조(공공기관의 범위) 「공공기관의 정보공개에 관한 법률」(이하 '법'이라 한다) 제2조 제3호 마목에서 '대통령령으로 정하는 기관'이란 다음 각 호의 기관 또는 단체를 말한다.
1. 「**유아교육법**」, 「초·중등교육법」, 「고등교육법」에 따른 **각급 학교** 또는 그 밖의 다른 법률에 따라 설치된 학교

④ ○

공공기관의 정보공개에 관한 법률 제13조(정보공개 여부 결정의 통지) ④ 공공기관은 제1항에 따라 정보를 공개하는 경우에 그 정보의 원본이 더럽혀지거나 파손될 우려가 있거나 그 밖에 상당한 이유가 있다고 인정할 때에는 그 정보의 사본·복제물을 공개할 수 있다.

선지선택비율 ① 8.01% ② 8.42% ③ 79.82% ④ 3.75%   오답률 20.18%

선지분석 & 요플·기풀기링크

선지	THEME	요플	기풀기
①	T76 정보공개법(조문)	13	016
②		31	040
③	T78 정보공개법(공개)	04	002
④	T76 정보공개법(조문)	35	037

 ③
 1○ 2× 3×

02

행정정보공개 및 개인정보보호에 관한 설명으로 옳지 않은 것은? (다툼이 있는 경우 판례에 의함)

24소방

① 정보공개청구의 대상이 되는 정보는 반드시 원본이어야 한다.
② 「공공기관의 정보공개에 관한 법률」에 따르면 지방자치단체는 그 소관 사무에 관하여 법령에 위배되지 않는 범위에서 정보공개에 관한 조례를 제정할 수 있다.
③ 「개인정보 보호법」에 따르면 정보주체는 개인정보처리자가 이 법을 위반한 행위로 손해를 입으면 개인정보처리자에게 손해배상을 청구할 수 있다. 이 경우 그 개인정보처리자는 고의 또는 과실이 없음을 입증하지 아니하면 책임을 면할 수 없다.
④ 「개인정보 보호법」에 따르면 개인정보와 관련한 분쟁의 조정을 원하는 자는 개인정보 분쟁조정위원회에 조정을 신청할 수 있으며, 개인정보 분쟁조정위원회는 그 신청 내용을 상대방에게 알려야 하며, 상대방은 특별한 사유가 없는 한 분쟁조정에 응하여야 한다.

관련 OX

① 관련

1 ❷
「공공기관의 정보공개에 관한 법률」상 공개청구의 대상이 되는 정보란 공공기관이 직무상 작성 또는 취득하여 현재 보유·관리하고 있는 문서에 한정되는 것이기는 하나, 그 문서가 반드시 원본일 필요는 없다. 21소간

② 관련

2 지방자치단체는 그 소관 사무에 관하여 법령의 범위에서 정보공개에 관한 조례를 정하여야 한다. 23소방승진

해설

① ✗ 공개대상정보는 원본에 한정 ✗
「공공기관의 정보공개에 관한 법률」상 공개청구의 대상이 되는 정보란 공공기관이 직무상 작성 또는 취득하여 현재 보유·관리하고 있는 문서에 한정되는 것이기는 하나, 그 문서가 반드시 원본일 필요는 없다(2006.5.25. 2006두30499).

② ○

공공기관의 정보공개에 관한 법률 제4조(적용범위) ② 지방자치단체는 그 소관 사무에 관하여 법령의 범위에서 정보공개에 관한 조례를 정할 수 있다.

③ ○

개인정보 보호법 제39조(손해배상책임) ① 정보주체는 개인정보처리자가 이 법을 위반한 행위로 손해를 입으면 개인정보처리자에게 손해배상을 청구할 수 있다. 이 경우 그 개인정보처리자는 고의 또는 과실이 없음을 입증하지 아니하면 책임을 면할 수 없다.

+ PLUS 청구인이 아닌 개인정보처리자에게 입증책임이 있음에 유의

④ ○

개인정보 보호법 제43조(조정의 신청 등) ① 개인정보와 관련한 분쟁의 조정을 원하는 자는 분쟁조정위원회에 분쟁조정을 신청할 수 있다.
② 분쟁조정위원회는 당사자 일방으로부터 분쟁조정 신청을 받았을 때에는 그 신청내용을 상대방에게 알려야 한다.
③ 개인정보처리자가 제2항에 따른 분쟁조정의 통지를 받은 경우에는 특별한 사유가 없으면 분쟁조정에 응하여야 한다.

선지선택비율 ① 91.97% ② 3.16% ③ 2.83% ④ 2.04% 오답률 8.03%

선지분석 & 요플·기풀기링크

선지	THEME	요플	기풀기
①	T78 정보공개법(공개)	21	021
②	T76 정보공개법(조문)	03	004
③	T80 정보보호법(조문)	61	060
④		65	063

정답 ①
OX 1 ○ 2 ✗

03

정보공개의무를 부담하는 공공기관에 대한 설명으로 옳지 않은 것은? (다툼이 있는 경우 판례에 의함)

17(상)지방9

① 사립대학교는 「공공기관의 정보공개에 관한 법률 시행령」에 따른 공공기관에 해당하나, 국비의 지원을 받는 범위 내에서만 공공기관의 성격을 가진다.

② 한국방송공사는 「공공기관의 정보공개에 관한 법률 시행령」 제2조 제4호에 규정된 '특별법에 따라 설립된 특수법인'에 해당한다.

③ 한국증권업협회는 「공공기관의 정보공개에 관한 법률 시행령」 제2조 제4호에 규정된 '특별법에 따라 설립된 특수법인'에 해당하지 아니한다.

④ 사립학교에 대하여 「교육관련기관의 정보공개에 관한 특례법」이 적용되는 경우에도 「공공기관의 정보공개에 관한 법률」을 적용할 수 없는 것은 아니다.

해설

① ×, ④ ○

- ① 사립대학교가 국비지원범위 내에서만 정보공개의무를 지는 공공기관에 해당한다고 해석 ×
  정보공개의 목적, 교육의 공공성 및 공·사립학교의 동질성, 사립대학교에 대한 국가의 재정지원 및 보조 등 여러 사정을 고려해 보면, 사립대학교에 대한 국비지원이 한정적·일시적·국부적이라는 점을 고려하더라도, 같은 법 시행령 제2조 제1호가 정보공개의무를 지는 공공기관의 하나로 사립대학교를 들고 있는 것이 모법인 구 「공공기관의 정보공개에 관한 법률」의 위임범위를 벗어났다거나 사립대학교가 국비의 지원을 받는 범위 내에서만 공공기관의 성격을 가진다고 볼 수 없다(2006.8.24. 2004두2783).

- ④ 학교에 대해 적용되는 교육기관정보공개법이 있으나, 정보공개법을 적용할 수 없는 것은 아님
  교육기관정보공개법은 공공기관이 직무상 작성 또는 취득하여 관리하고 있는 정보 가운데 교육관련기관이 학교교육과 관련하여 직무상 작성 또는 취득하여 관리하고 있는 정보의 공개에 관하여 특별히 규율하는 법률이므로, 학교에 대하여 교육기관정보공개법이 적용된다고 하여 더 이상 정보공개법을 적용할 수 없게 되는 것은 아니라고 할 것이다(2013.11.28. 2011두5049).

공공기관의 정보공개에 관한 법률 시행령 제2조(공공기관의 범위) 「공공기관의 정보공개에 관한 법률」(이하 '법'이라 한다) 제2조 제3호 마목에서 '대통령령으로 정하는 기관'이란 다음 각 호의 기관 또는 단체를 말한다.
1. 「유아교육법」, 「초·중등교육법」, 「고등교육법」에 따른 각급 학교 또는 그 밖의 다른 법률에 따라 설치된 학교

②③ ○ 특수법인: 특수법인이기만 하면 모두 해당 × / 역할 등 고려 개별판단 ○ → 한국방송공사 ○, 한국증권협회 ×

- ② 방송법이라는 특별법에 의하여 설립·운영되는 한국방송공사(KBS)는 「공공기관의 정보공개에 관한 법률 시행령」 제2조 제4호의 '특별법에 의하여 설립된 특수법인'으로서 정보공개의무가 있는 「공공기관의 정보공개에 관한 법률」 제2조 제3호의 '공공기관'에 해당한다(2010.12.23. 2008두13101).

- ③ '한국증권업협회'는 증권회사 상호 간의 업무질서를 유지하고 유가증권의 공정한 매매거래 및 투자자 보호를 위하여 일정 규모 이상인 증권회사 등으로 구성된 회원조직으로서, … 그 업무가 국가기관 등에 준할 정도로 공동체 전체의 이익에 중요한 역할이나 기능에 해당하는 공공성을 갖는다고 볼 수 없는 점 등에 비추어, 「공공기관의 정보공개에 관한 법률 시행령」 제2조 제4호의 '특별법에 의하여 설립된 특수법인'에 해당한다고 보기 어렵다(2010.4.29. 2008두5643).

공공기관의 정보공개에 관한 법률 시행령 제2조(공공기관의 범위) 「공공기관의 정보공개에 관한 법률」(이하 '법'이라 한다) 제2조 제3호 마목에서 '대통령령으로 정하는 기관'이란 다음 각 호의 기관 또는 단체를 말한다.
4. 특별법에 따라 설립된 특수법인

관련 OX

① 관련

1 사립대학교에 대한 국비 지원이 한정적·일시적·국부적이라는 점을 고려하더라도 사립대학교가 국비의 지원을 받는 범위 내에서만 공공기관의 성격을 가진다고 볼 수 없다. 15서울7

2 구 「공공기관의 정보공개에 관한 법률 시행령」 제2조 제1호가 정보공개의무기관으로 사립대학교를 들고 있는 것은 모법의 위임범위를 벗어난 것으로 위법하다. 15국가9

3 사립대학교는 정보공개대상이 되는 공공기관에 해당한다. 14지방7

③ 관련

4 판례에 의하면 '한국증권업협회'는 정보공개의무를 지는 '특별법에 의하여 설립된 특수법인'에 해당한다. 11국가7

선지분석 & 요플·기풀기링크

선지	THEME	요플	기풀기
①		06	005
②	T78 정보공개법(공개)	09	009
③		11	011
④		02	006

정답 ①

OX 1○ 2× 3○ 4×

T79 공공기관 정보공개법(4) – 비공개대상정보

01

「공공기관의 정보공개에 관한 법률」상 비공개대상정보에 해당된다고 볼 수 없는 것은? (다툼이 있는 경우 판례에 의함)   16소간

① 공개될 경우 부동산 투기, 매점매석 등으로 특정인에게 이익 또는 불이익을 줄 우려가 있다고 인정되는 정보
② 법인·단체 또는 개인(이하 '법인등'이라 한다)의 경영·영업상 비밀에 관한 사항으로서 공개될 경우 법인등의 정당한 이익을 현저히 해할 우려가 있다고 인정되는 정보
③ 당해 정보에 포함되어 있는 이름, 주민등록번호 등 개인에 관한 사항으로서 공개될 경우 개인의 사생활의 비밀 또는 자유를 침해할 우려가 있다고 인정되는 정보
④ 공개될 경우 국민의 생명, 신체 및 재산의 보호에 현저한 지장을 초래할 우려가 있다고 인정되는 정보
⑤ 다른 법률 또는 행정규칙에 의하여 비밀 또는 비공개사항으로 규정된 정보

해설

①②③④ ○, ⑤ × 행정규칙(×)

- 「공공기관의 정보공개에 관한 법률」제9조 제1항 제1호 소정의 '법률에 의한 명령'은 법률의 위임규정에 의하여 제정된 대통령령, 총리령, 부령 전부를 의미한다기보다는 정보의 공개에 관하여 법률의 구체적인 위임 아래 제정된 법규명령(위임명령)을 의미한다(2003.12.11. 2003두8395).

공공기관의 정보공개에 관한 법률 제9조(비공개대상정보) ① 공공기관이 보유·관리하는 정보는 공개대상이 된다. 다만, 다음 각 호의 어느 하나에 해당하는 정보는 공개하지 아니할 수 있다.
1. 다른 **법률** 또는 **법률에서 위임한 명령**(국회규칙·대법원규칙·헌법재판소규칙·중앙선거관리위원회규칙·대통령령 및 조례로 한정한다)에 따라 비밀이나 비공개 사항으로 규정된 정보⑤
2. 국가안전보장·국방·통일·외교관계 등에 관한 사항으로서 공개될 경우 국가의 중대한 이익을 현저히 해칠 우려가 있다고 인정되는 정보ⓐ
3. 공개될 경우 **국민의 생명·신체 및 재산의 보호에 현저한 지장을 초래할 우려**가 있다고 인정되는 정보④
6. 해당 정보에 포함되어 있는 **성명·주민등록번호** 등 「개인정보 보호법」제2조 제1호에 따른 개인정보로서 **공개될 경우 사생활의 비밀 또는 자유를 침해할 우려**가 있다고 인정되는 정보③ 다만, 다음 각 목에 열거한 사항은 제외한다.
   가. 법령에서 정하는 바에 따라 열람할 수 있는 정보
   나. 공공기관이 공표를 목적으로 작성하거나 취득한 정보로서 사생활의 비밀 또는 자유를 부당하게 침해하지 아니하는 정보
   다. 공공기관이 작성하거나 취득한 정보로서 공개하는 것이 공익이나 개인의 권리구제를 위하여 필요하다고 인정되는 정보
   라. 직무를 수행한 공무원의 성명·직위
   마. 공개하는 것이 공익을 위하여 필요한 경우로서 법령에 따라 국가 또는 지방자치단체가 업무의 일부를 위탁 또는 위촉한 개인의 성명·직업ⓑ
7. 법인·단체 또는 개인(이하 '법인등'이라 한다)의 **경영상·영업상 비밀에 관한 사항으로서 공개될 경우 법인등의 정당한 이익을 현저히 해할 우려**가 있다고 인정되는 정보② 다만, 다음 각 목에 열거한 정보는 제외한다.
   가. 사업활동에 의하여 발생하는 위해(危害)로부터 사람의 생명·신체 또는 건강을 보호하기 위하여 공개할 필요가 있는 정보
   나. 위법·부당한 사업활동으로부터 국민의 재산 또는 생활을 보호하기 위하여 공개할 필요가 있는 정보
8. **공개될 경우 부동산 투기, 매점매석 등으로 특정인에게 이익 또는 불이익을 줄 우려**가 있다고 인정되는 정보①

관련 OX

① 관련
1 공개될 경우 부동산 투기, 매점매석 등으로 특정인에게 이익 또는 불이익을 줄 우려가 있다고 인정되는 정보라도 공공기관이 보유·관리하는 정보라면 이를 공개하여야 한다.   24행정사

③ 관련
2 개인정보는 절대적 비공개대상정보이다.   12(하)지방9

⑤ 관련
3 다른 법률 또는 법률에서 위임한 대통령령 및 부령에 따라 비밀이나 비공개사항으로 규정된 정보는 비공개의 대상이 된다.   14지방7

추가기출

ⓐ 기
국가안전보장·국방·통일·외교관계 등에 관한 사항으로서 공개될 경우 국가의 중대한 이익을 현저히 해칠 우려가 있다고 인정되는 정보는 공개하지 아니할 수 있다.   23소방승진

ⓑ B
공개하는 것이 공익을 위하여 필요한 경우로서 법령에 따라 국가가 업무의 일부를 위탁 또는 위촉한 개인의 성명·직업은, 공개되면 사생활의 비밀 또는 자유가 침해될 우려가 있다고 인정되더라도 공개대상정보에 해당한다.   18국가7

선지분석 & 요플·기풀가링크

선지	THEME	요플	기풀기
①		41	048
②		36	043
③	T79 정보공개법(비공개)	27	034
④		14	014
⑤		03	003

정답 ⑤
OX 1× 2× 3× ⓐ○ ⓑ○

02

「공공기관의 정보공개에 관한 법률」(이하 '정보공개법'이라 함)상 정보공개제도에 대한 설명으로 옳은 것은? (다툼이 있는 경우 판례에 의함) 25국회8

① 정보공개법에 의한 정보공개의 청구와 「군사기밀 보호법」에 의한 군사기밀의 공개요청은 그 상대방, 처리절차 및 공개의 사유 등이 유사하므로 특별한 규정이 없는 한 정보공개법에 의한 정보공개청구를 「군사기밀 보호법」에 의한 군사기밀 공개요청과 동일한 것으로 보거나 그 공개요청이 포함되어 있는 것으로 볼 수 있다.

② 정보공개청구권은 해당 정보에 대하여 이해관계를 가지는 국민에게만 인정되며 여기에서 국민의 범위에는 자연인은 물론 법인, 권리능력 없는 사단·재단도 포함되고, 법인, 권리능력 없는 사단·재단 등의 경우에는 설립목적을 불문하고 포함된다.

③ 한국증권업협회는 그 업무가 국가기관 등에 준할 정도로 공동체 전체의 이익에 중요한 역할이나 기능에 해당하는 공공성을 가진다고 볼 수 있으므로 정보공개의무를 지는 '특별법에 따라 설립된 특수법인'에 해당한다.

④ 공개청구의 대상이 되는 정보가 이미 다른 사람에게 공개되어 널리 알려져 있거나 인터넷 등을 통하여 공개되어 인터넷 검색 등을 통하여 쉽게 알 수 있는 경우에는 소의 이익이 없거나 비공개결정이 정당화될 수 있다.

⑤ 정보공개제도는 공공기관이 보유·관리하는 정보를 그 상태대로 공개하는 제도라는 점 등에 비추어 보면, 해당 정보를 공공기관이 보유·관리하고 있다는 점에 관하여 정보공개를 구하는 자에게 입증책임이 있다 할 것이지만, 그 입증의 정도는 그러한 정보를 공공기관이 보유·관리하고 있을 상당한 개연성이 있다는 점을 증명하면 족하다.

관련 OX

④ 관련

1 공개청구의 대상이 되는 정보가 이미 다른 사람에게 공개되어 널리 알려져 있다거나 인터넷 등을 통하여 공개되어 인터넷 검색 등을 통하여 쉽게 알 수 있다는 사정만으로는 소의 이익이 없다거나 비공개결정이 정당화될 수 없다. 24소방승진

⑤ 관련

2 ⓒ 어떤 정보를 공공기관이 보유·관리하고 있다는 점에 관하여는 입증책임이 정보공개를 구하는 자에게 있으며, 그 입증의 정도는 그러한 정보를 공공기관이 보유·관리하고 있을 상당한 개연성이 있다는 점을 증명하는 것으로 족하다. 23국회8

해설

① ✕ 정보공개법에 의한 정보공개청구는 「군사기밀 보호법」에 의한 군사기밀 공개요청과 다르고, 군가기밀 공개요청이 포함된 것도 아님

정보공개법에 의한 정보공개의 청구와 「군사기밀 보호법」에 의한 군사기밀의 공개요청은 그 상대방, 처리절차 및 공개의 사유 등이 전혀 다르므로 특별한 규정이 없는 한 정보공개법에 의한 정보공개청구를 「군사기밀 보호법」에 의한 군사기밀 공개요청과 동일한 것으로 보거나 그 공개요청이 포함되어 있는 것으로 볼 수는 없다고 할 것이다(2006.11.10. 2006두9351).

➕ PLUS 원고가 정보공개법에 따라 피고(감사원장)에게 한국형 다목적 헬기(KMH) 도입사업에 대한 감사결과보고서 전체를 공개할 것을 요구한 데 대하여 피고는 이 감사결과보고서가 군사2급비밀로서 공개될 경우 국가의 중대한 이익을 해할 우려가 있다는 이유로 정보공개법 제9조 제1항 제1호에 근거하여 비공개결정을 내린 사안에서, 원심은 정보공개청구와 「군사기밀 보호법」에 따른 절차가 동일한 것으로 보아 피고가 「군사기밀 보호법」의 규정에 따른 절차를 거치지 않고 비공개결정을 한 것을 위법하다고 판단했으나, 대법원은 정보공개청구가 「군사기밀 보호법」에 의한 공개요청과 동일시될 수 없으므로 「군사기밀 보호법」에 따른 절차를 거치지 않았다고 해서 비공개결정이 위법하다고 볼 수 없다고 본 사례

선지분석 & 요플·기풀기링크

선지	THEME	요플	기풀기
①	T79 정보공개법(비공개)	12	007
②	T77 정보공개법(청구권)	07	007
③	T78 정보공개법(공개)	11	011
④	T79 정보공개법(비공개)	49	049
⑤	T78 정보공개법(공개)	13	013

② ✕ 지문의 뒷부분은 맞지만 앞부분이 틀렸다. 정보공개법은 **이해관계와 무관하게** 모든 국민에게 정보공개청구권을 인정하고 있다. 따라서 이해관계 없는 시민단체도 정보의 공개를 청구할 수 있고, 정보공개의 거부를 받은 것 자체가 법률상 이익의 침해에 해당한다.

- 「공공기관의 정보공개에 관한 법률」 제6조 제1항은 "모든 국민은 정보의 공개를 청구할 권리를 가진다."고 규정하고 있는데, 여기에서 말하는 국민에는 자연인은 물론 **법인, 권리능력 없는 사단·재단**도 포함되고, 법인, 권리능력 없는 사단·재단 등의 경우에는 **설립목적을 불문**하며, 한편 정보공개청구권은 법률상 보호되는 구체적인 권리이므로 청구인이 공공기관에 대하여 정보공개를 청구하였다가 **거부처분을 받은 것 자체가 법률상 이익의 침해**에 해당한다(2003.12.12. 2003두8050).

③ ✕ 한국증권업협회: 정보공개의무 있는 공공기관 해당 ✕

'한국증권업협회'는 증권회사 상호 간의 업무질서를 유지하고 유가증권의 공정한 매매거래 및 투자자 보호를 위하여 일정 규모 이상인 증권회사 등으로 구성된 회원조직으로서, 증권거래법 또는 그 법에 의한 명령에 대하여 특별한 규정이 있는 것을 제외하고는 민법 중 사단법인에 관한 규정을 준용받는 점, 그 업무가 국가기관 등에 준할 정도로 공동체 전체의 이익에 중요한 역할이나 기능에 해당하는 공공성을 갖는다고 볼 수 없는 점 등에 비추어, 「공공기관의 정보공개에 관한 법률 시행령」 제2조 제4호의 '**특별법에 의하여 설립된 특수법인**'에 해당한다고 보기 어렵다(2010.4.29. 2008두5643).

④ ✕ 널리 알려지거나 인터넷 검색으로 찾을 수 있다는 사정: 비공개결정 정당화 ✕

공개청구의 대상이 되는 정보가 이미 다른 사람에게 공개하여 널리 알려져 있다거나 인터넷이나 관보 등을 통하여 공개하여 인터넷 검색이나 도서관에서의 열람 등을 통하여 쉽게 알 수 있다는 사정만으로는 소의 이익이 없다거나 **비공개결정이 정당화될 수는 없다**(2008.11.27. 2005두15694).

⑤ ○ 공공기관이 해당 정보를 보유·관리하고 있을 상당한 개연성: 공개청구자가 입증책임

정보공개제도는 공공기관이 보유·관리하는 정보를 그 상태대로 공개하는 제도로서 공개를 구하는 정보를 공공기관이 보유·관리하고 있을 상당한 개연성이 있다는 점에 대하여 원칙적으로 공개청구자에게 증명책임이 있다고 할 것이다(2004.12.9. 2003두12707).

정답 ⑤

OX 1○ 2○

03

공공기관이 보유·관리하는 정보는 공개하는 것이 원칙이나, 다른 법률 또는 법률이 위임한 명령에 의하여 비밀 또는 비공개 사항으로 규정된 정보는 공개하지 아니할 수 있다. 이에 관한 판례의 입장으로 옳은 것은?
10지방9

① 여기서의 법률이 위임한 명령이란 법률의 위임에 의하여 제정된 대통령령, 총리령, 부령 전부를 의미하는 것이 아니라 정보의 공개에 관하여 법률의 구체적 위임에 의하여 제정된 법규명령을 의미한다.
② 「교육공무원법」의 위임에 따라 제정된 「교육공무원 승진규정」은 정보공개에 관한 사항에 관하여 구체적인 법률의 위임에 의하여 제정된 법규명령이라고 할 수 있다.
③ 「교육공무원 승진규정」이 근무성적평정결과를 공개하지 아니한다고 규정하고 있는 경우 동 규정을 근거로 정보공개청구를 거부할 수 있다.
④ 감사원장의 감사결과가 군사2급비밀에 해당한다고 하여 「공공기관의 정보공개에 관한 법률」 제9조 제1항 제1호에 의하여 공개하지 아니할 수는 없다.

관련 OX

③ 관련

1 교육공무원에 대한 근무성적평정의 결과는 비공개대상정보에 해당하지 않는다
10국가9

2 정보의 공개에 관하여 법률의 구체적인 위임이 없는 「교육공무원 승진규정」상 근무성적평정 결과를 공개하지 않는다는 규정을 근거로 정보공개청구를 거부할 수 없다.
21국가7

해설

① ○ 비공개의 근거가 되는 '법률이 위임한 명령': 법률의 구체적 위임을 받은 법규명령(위임명령)
「공공기관의 정보공개에 관한 법률」 제9조 제1항 제1호에서 '법률이 위임한 명령'에 의하여 비밀 또는 비공개사항으로 규정된 정보는 공개하지 아니할 수 있다고 할 때의 '법률이 위임한 명령'은 **정보의 공개에 관하여 법률의 구체적인 위임 아래 제정된 법규명령(위임명령)을 의미한다**(2006.10.26. 2006두11910).

②③ ✕ 「교육공무원 승진규정」: 정보공개 관련 사항은 위임✕② → 동 규정에 근거한 비공개✕③
교육공무원법 제13조, 제14조의 위임에 따라 제정된 〈교육공무원 승진규정〉은 정보공개에 관한 사항에 관하여 **구체적인 법률의 위임에 따라 제정된 명령이라고 할 수 없고**,② 따라서 「교육공무원 승진규정」 제26조에서 근무성적평정의 결과를 공개하지 아니한다고 규정하고 있다고 하더라도 위 「교육공무원 승진규정」은 「공공기관의 정보공개에 관한 법률」 제9조 제1항 제1호에서 말하는 **법률이 위임한 명령에 해당하지 아니하므로 위 규정을 근거로 정보공개청구를 거부하는 것은 잘못이다**③ (2006.10.26. 2006두11910).

★ PLUS 「교육공무원 승진규정」은 교육공무원법의 위임에 따라 제정된 것이기는 하나, 정보공개에 관하여 구체적 위임을 받아 제정된 법규명령은 아니고,② 따라서 동 규정에 근무평정을 비공개하는 것으로 규정하고 있다고 하여도 그를 근거로 정보공개청구를 거부할 수 없다.③

④ ✕ 군사2급비밀에 해당하는 감사원 결과보고서: 비공개대상정보(「군사기밀 보호법」상 비밀)
국방부의 한국형 다목적 헬기(KMH) 도입사업에 대한 **감사원장의 감사결과보고서가 군사2급비밀에 해당하는 이상** 「공공기관의 정보공개에 관한 법률」 제9조 제1항 제1호에 의하여 **공개하지 아니할 수 있다**(2006.11.10. 2006두9351).

선지분석 & 요플 · 기풀기링크

선지	THEME	요플	기풀기
①		03	003
②	T79 정보공개법(비공개)	06	009
③		07	010
④		11	006

정답 ①

 1○ 2○

04

정보공개에 대한 설명으로 옳지 않은 것은? 24국가9

① 구 「학교폭력예방 및 대책에 관한 법률」에 따른 학교폭력대책자치위원회의 회의록은 「공공기관의 정보공개에 관한 법률」 소정의 '공개될 경우 업무의 공정한 수행에 현저한 지장을 초래한다고 인정할 만한 상당한 이유가 있는 정보'에 해당한다.

② 정보공개를 청구하는 자가 공공기관에 대해 정보의 사본 또는 출력물의 교부방법으로 공개방법을 선택하여 정보공개청구를 한 경우, 공개청구를 받은 공공기관은 「공공기관의 정보공개에 관한 법률」에서 규정한 정보의 사본 또는 복제물의 교부를 제한할 수 있는 사유에 해당하지 않는 한 그 공개방법을 선택할 재량권이 없다.

③ '2002학년도부터 2005학년도까지의 대학수학능력시험 원데이터'는 연구목적으로 그 정보의 공개를 청구하는 경우 「공공기관의 정보공개에 관한 법률」 소정의 비공개대상정보에 해당한다.

④ 「공공기관의 정보공개에 관한 법률」상 '공개하는 것이 공익 또는 개인의 권리구제를 위하여 필요하다고 인정되는 정보'에 해당하는지 여부는 비공개에 의하여 보호되는 개인의 사생활의 비밀 등 이익과 공개에 의하여 보호되는 국정운영의 투명성 확보 등의 공익 또는 개인의 권리구제 등 이익을 비교·교량하여 구체적 사안에 따라 신중히 판단하여야 한다.

해설

① ○ 학폭위 회의록: 제1호 법령상 비공개대상 & 제5호 업무공정수행 등에 현저한 지장 초래하여 비공개대상
「학교폭력예방 및 대책에 관한 법률」 제21조 제3항이 학교폭력대책자치위원회의 회의를 공개하지 못하도록 규정하고 있는 점 등에 비추어, ⟨학교폭력대책자치위원회의 회의록⟩은 「공공기관의 정보공개에 관한 법률」 제9조 제1항 **제1호**의 '다른 법률 또는 법률이 위임한 명령에 의하여 비밀 또는 비공개 사항으로 규정된 정보'에 해당한다. 또한 **제5호**의 '공개될 경우 업무의 공정한 수행에 현저한 지장을 초래한다고 인정할 만한 상당한 이유가 있는 정보'에 해당한다(2010.6.10. 2010두2913).

② ○ 청구인이 공개방법을 택하여 공개청구한 경우: 공공기관은 공개방법을 선택할 재량권 없음
정보공개를 **청구하는 자가** 공공기관에 대해 정보의 사본 또는 출력물의 교부의 방법으로 **공개방법을 선택**하여 정보공개청구를 한 경우에 공개청구를 받은 **공공기관으로서는** 「공공기관의 정보공개에 관한 법률」에서 규정한 정보의 사본 또는 복제물의 교부를 제한할 수 있는 사유에 해당하지 않는 한 정보공개청구자가 선택한 공개방법에 따라 정보를 공개하여야 하므로 그 **공개방법을 선택할 재량권**이 **없다**(2003.12.12. 2003두8050).

③ × (연구목적의) 대학수능 원데이터: 비공개×
'2002학년도부터 2005학년도까지의 **대학수학능력시험 원데이터**'는 **연구목적으로** 그 정보의 공개를 **청구하는 경우**, 공개로 인하여 초래될 부작용이 공개로 얻을 수 있는 이익보다 더 클 것이라고 단정하기 어려우므로 그 공개로 대학수학능력시험 업무의 공정한 수행이 객관적으로 현저하게 지장을 받을 것이라는 고도의 개연성이 존재한다고 볼 수 없어 위 조항의 **비공개대상정보에 해당하지 않는다** (2010.2.25. 2007두9877).
〔비교〕 국가수준 학업성취도평가 자료: 비공개(제5호)

④ ○ '공개하는 것이 공익 또는 개인의 권리구제를 위하여 필요하다고 인정되는 정보'(제6호 다목) → 비공개로 보호되는 사익과 공개로 보호되는 공익 및 다른 개인의 권리구제를 비교·형량
「공공기관의 정보공개에 관한 법률」 제9조 제1항 제6호 단서 (다)목에 정한 '공개하는 것이 공익 또는 개인의 권리구제를 위하여 필요하다고 인정되는 정보'에 해당하는지 여부는 비공개에 의하여 보호되는 **개인의 사생활의 비밀 등 이익**과 공개에 의하여 보호되는 국정운영의 투명성 확보 등의 **공익 또는 개인의 권리구제 등 이익**을 **비교·교량하여** 구체적 사안에 따라 신중히 판단하여야 한다 (2009.10.29. 2009두14224).

선지선택비율 ① 7.52% ② 10.80% ③ 78.74% ④ 2.94% 오답률 21.26%

관련 OX

③ 관련

1 ○
'2002학년도부터 2005학년도까지의 대학수학능력시험 원데이터'는 연구목적으로 그 정보의 공개를 청구하는 경우라도 공개로 인하여 초래될 부작용이 공개로 얻을 수 있는 이익보다 더 클 것이므로, 그 공개로 대학수학능력시험 업무의 공정한 수행이 객관적으로 현저하게 지장을 받을 것이라는 개연성이 있어 비공개 대상정보에 해당한다. 16사복9

선지분석 & 요플·기플기링크

선지	THEME	요플	기플기
①	T79 정보공개법(비공개)	43	029
②	T76 정보공개법(조문)	30	035
③	T79 정보공개법(비공개)	24	023
④		29	035

정답 ③
OX 1 ×

05

정보공개제도에 대한 판례의 입장으로 옳은 것은? 17(하)지방9

- ⓑ ① 정보공개청구의 대상이 되는 공공기관이 보유하는 정보는 공공기관이 직무상 작성 또는 취득한 원본문서이어야 하며 전자적 형태로 보유·관리되는 경우에는 행정기관의 업무수행에 큰 지장을 주지 않는 한도 내에서 검색·편집하여 제공하여야 한다.
- Ⓐ ② 법무부령인 검찰보존사무규칙에서 불기소사건기록 등의 열람·등사 등을 제한하는 것은 「공공기관의 정보공개에 관한 법률」에 따른 '다른 법률 또는 명령에 의하여 비공개사항으로 규정된 경우'에 해당되어 적법하다.
- ③ '독립유공자 서훈 공적심사위원회의 심의·의결 과정 및 그 내용을 기재한 회의록'은 공개될 경우에 업무의 공정한 수행에 현저한 지장을 초래한다고 인정할 만한 상당한 이유가 있는 정보에 해당한다.
- Ⓢ ④ 정보공개제도를 이용하여 사회통념상 용인될 수 없는 부당한 이득을 얻으려 하거나, 오로지 공공기관의 담당공무원을 괴롭힐 목적으로 정보공개청구를 하는 경우라 하더라도 적법한 공개청구요건을 갖추고 있는 경우라면 정보공개청구권 행사 자체를 권리남용으로 볼 수는 없다.

관련 OX

① 관련

1 정보공개제도는 공공기관이 보유·관리하는 정보를 그 상태대로 공개하는 제도이므로, 전자적 형태로 보유·관리하는 정보를 검색·편집하여야 하는 경우는 새로운 정보의 생산으로서 정보공개의 대상이 아니다. 21국회8

③ 관련

2 독립유공자서훈 공적심사위원회의 심의·의결 과정 및 그 내용을 기재한 회의록은 독립유공자 등록에 관한 신청당사자의 알권리 보장과 공정한 업무수행을 위해서 공개되어야 한다. 19국회8

④ 관련

3 해당 정보를 취득 또는 활용할 의사가 전혀 없이 정보공개제도를 이용하여 사회통념상 용인될 수 없는 부당한 이득을 얻으려 하거나, 오로지 공공기관의 담당공무원을 괴롭힐 목적으로 정보공개청구를 하는 경우 권리남용에 해당함이 명백하므로 정보공개청구권의 행사가 허용되지 아니한다. 23지방9

4 오로지 상대방을 괴롭힐 목적으로 정보공개를 구하고 있다는 등의 특별한 사정이 없는 한 정보공개청구는 권리남용에 해당하지 아니한다. 12지방7

선지분석 & 요플·기출기링크

선지	THEME	요플	기풀기
①	T78 정보공개법(공개)	17	017
②	T79 정보공개법(비공개)	05	008
③		46	031
④	T77 정보공개법(청구권)	23	023

해설

① ✕ 지문은 아래 두 판례를 하나의 지문으로 물은 것이다. 공개대상 문서가 원본에 한한다고 서술한 앞은 틀렸고(사본도 되므로), 전자적 형태 보유 정보라면 크게 어렵지 않는 한 검색·편집해 제공해야 한다는 뒤는 옳다. 따라서 전체적으로는 틀린 지문이 된다.

- 「공공기관의 정보공개에 관한 법률」상 공개청구의 대상이 되는 정보란 공공기관이 직무상 작성 또는 취득하여 현재 보유·관리하고 있는 문서에 한정되는 것이기는 하나, 그 문서가 반드시 원본일 필요는 없다(2006.5.25. 2006두3049).

- 정보공개제도는 공공기관이 보유·관리하는 정보를 그 상태대로 공개하는 제도이지만, 전자적 형태로 보유·관리되는 정보의 경우에는, 그 정보가 청구인이 구하는 대로는 되어 있지 않다고 하더라도, 공개청구를 받은 공공기관이 공개청구대상정보의 기초자료를 전자적 형태로 보유·관리하고 있고, 당해 기관에서 통상 사용되는 컴퓨터 하드웨어 및 소프트웨어와 기술적 전문지식을 사용하여 그 기초자료를 검색하여 청구인이 구하는 대로 편집할 수 있으며, 그러한 작업이 당해 기관의 컴퓨터 시스템 운용에 별다른 지장을 초래하지 아니한다면, 그 공공기관이 공개청구대상정보를 보유·관리하고 있는 것으로 볼 수 있고, 이러한 경우에 기초자료를 검색·편집하는 것은 새로운 정보의 생산 또는 가공에 해당한다고 할 수 없다(2010.2.11. 2009두6001).

  ■ 공공기관도 검색·편집을 통해야만 얻을 수 있는 정보가 공개대상인 '보유·관리 중 정보'인지?
  - 원칙: ✕ (∵) 가지고 있는 정보를 그 상태대로 공개하는 제도이므로 검색·편집의무✕
  - 예외: ○ (∵) **기초자료 전자형태** 보유 & 업무에 큰 **지장 없는 경우**(통상의 방법으로 지장 없이 검색·편집 가능)① → **수능시험 원점수와 등급구분점수** 공개 인정(2009두6001)

② ✕ 열람·등사 제한한 검찰보존사무규칙: 법률의 위임 없는 행정규칙에 불과 → 비공개사항✕
〈검찰보존사무규칙〉은 비록 법무부령으로 되어 있으나, 그중 불기소사건기록 등의 열람·등사에 대하여 제한하고 있는 부분은 위임근거가 없어 행정기관 내부의 사무처리준칙으로서 행정규칙에 불과하므로, 위 규칙에 의한 열람·등사의 제한을 구 정보공개법 제7조 제1항 제1호(편저자: 현 제9조 제1항 제1호)의 '다른 법률 또는 법률에 의한 명령에 의하여 비공개사항으로 규정된 경우'에 해당한다고 볼 수 없다(2004.9.23. 2003두1370).

③ ○ 독립유공자서훈 공적심사위원회 심의 · 의결 회의록: 비공개(제5호)

망인들에 대한 '**독립유공자서훈 공적심사위원회의 심의 · 의결 과정 및 그 내용을 기재한 회의록**' 등의 공개를 청구하였는데, 국가보훈처장이 공개할 수 없다는 통보를 한 사안에서, <u>위 회의록은「공공기관의 정보공개에 관한 법률」제9조 제1항 **제5호**에서 정한 '공개될 경우 업무의 공정한 수행에 현저한 지장을 초래한다고 인정할 만한 상당한 이유가 있는 정보'에 **해당**</u>한다(2014.7.24. 2013두20301).

■ 회의록 정리

대상	공개 여부	사유
한일 군사보호협정 및 상호군수지원협정 관련 회의자료 · 회의록 등(가분성 없어 분리공개도 불가)	비공개	제5호 공정업무수행지장 & 제2호 국가안보 등
학교폭력대책자치위원회 회의록		제5호 공정업무수행지장 & 제1호 법령상 비공개
학교환경위생정화위원회 회의록(의 발언자 인적사항)		제5호 공정업무수행지장
독립유공자서훈 공적심사위원회 심의 · 의결 회의록③		
교도소 징벌위원회 회의록 중 비공개 심의 · 의결 부분 (나중 only 위원들 → 비공개)		
교도소 징벌위원회 회의록 중 징벌절차 진행 부분 (먼저 with 청구인 → 공개)	공개	–

④ ✕ 부당이득을 얻거나 오로지 공무원을 괴롭힐 목적으로 정보공개청구: 권리남용으로 불허

해당 정보를 취득 또는 활용할 의사가 전혀 없이 <u>정보공개제도를 이용하여 사회통념상 용인될 수 없는 부당한 이득을 얻으려 하거나, 오로지 공공기관의 담당공무원을 괴롭힐 목적으로 정보공개청구를 하는 경우처럼 권리의 남용에 해당하는 것이 명백한 경우에는 정보공개청구권의 행사를 허용하지 아니하는 것이 옳다</u>(2014.12.24. 2014두9349).

06

「공공기관의 정보공개에 관한 법률」(이하 '정보공개법'이라 함)에 대한 설명으로 옳지 않은 것은?

23지방7

① 도시공원위원회의 회의관련자료 및 회의록은 시장 등의 결정의 대외적 공표행위가 있은 후에는 이를 의사결정과정이나 내부검토과정에 있는 사항이라고 할 수 없고 위 위원회의 회의관련자료 및 회의록을 공개하더라도 업무의 공정한 수행에 지장을 초래할 염려가 없으므로 공개대상이 된다.

② 전자적 형태로 보유·관리되는 정보의 경우에 그 정보가 청구인이 구하는 대로 되어 있지 않더라도 공개청구를 받은 공공기관이 공개청구대상정보의 기초자료를 검색하여 청구인이 구하는 대로 편집할 수 있으며, 그 작업이 당해 기관의 업무수행에 별다른 지장을 초래하지 않는다면 그 공공기관이 공개청구대상정보를 보유·관리하고 있는 것으로 볼 수 있다.

③ 정보공개법에서 공개대상의 예외로 규정하고 있는 '다른 법률 또는 법률에서 위임한 명령(국회규칙·대법원규칙·헌법재판소규칙·중앙선거관리위원회규칙·대통령령 및 조례로 한정함)에 따라 비밀이나 비공개 사항으로 규정된 정보'의 해석에 있어서 '법률에서 위임한 명령'은 정보의 공개에 관하여 법률의 구체적인 위임 아래 제정된 법규명령(위임명령)을 의미한다.

④ 정보공개청구인이 정보공개와 관련한 공공기관의 비공개결정 또는 부분공개결정에 대하여 불복하는 경우에는 정보공개법상 이의신청절차를 거친 후에야 비로소 행정심판을 청구할 수 있다.

해설

① ○ 도시공원위원회의 회의관련자료 및 회의록: 비공개대상(제5호). 단, 대외적 공표 후에는 공개대상
지방자치단체의 도시공원에 관한 조례에서 규정된 **도시공원위원회의 회의관련자료 및 회의록**은 「공공기관의 정보공개에 관한 법률」 제7조 제1항 제5호에서 규정하는 **비공개대상정보에 해당**한다고 할 것이고, 다만 시장 등의 결정의 **대외적 공표행위가 있은 후**에는 이를 의사결정과정이나 내부검토과정에 있는 사항이라고 할 수 없고 위 위원회의 회의관련자료 및 회의록을 공개하더라도 업무의 공정한 수행에 지장을 초래할 염려가 없으므로, 시장 등의 결정의 대외적 공표행위가 있은 후에는 위 위원회의 회의관련자료 및 회의록은 같은 법 제7조 제2항에 의하여 **공개대상이 된다**(2000.5.30. 99추85).

② ○ 기초자료를 전자적 형태로 보유·관리 & 검색·편집이 업무수행에 큰 장애도 없다면 → 해당 정보는 이미 보유·관리하는 것으로 볼 수 있음(따라서 정보공개의 대상이 됨)
전자적 형태로 보유·관리되는 정보의 경우에는, 그 정보가 청구인이 구하는 대로는 되어 있지 않다고 하더라도, 공개청구를 받은 공공기관이 공개청구대상정보의 기초자료를 전자적 형태로 보유·관리하고 있고, 당해 기관에서 통상 사용되는 컴퓨터 하드웨어 및 소프트웨어와 기술적 전문지식을 사용하여 그 **기초자료를 검색하여 청구인이 구하는 대로 편집**할 수 있으며, 그러한 작업이 당해 기관의 컴퓨터 시스템 운용에 별다른 지장을 초래하지 아니한다면, 그 공공기관이 공개청구대상정보를 보유·관리하고 있는 것으로 볼 수 있다(2014.6.12. 2013두4309).

③ ○ 비공개의 근거가 되는 '법률이 위임한 명령': 법률의 구체적 위임을 받은 법규명령(위임명령)
「공공기관의 정보공개에 관한 법률」 제9조 제1항 제1호에서 '법률이 위임한 명령'에 의하여 비밀 또는 비공개사항으로 규정된 정보는 공개하지 아니할 수 있다고 할 때의 '법률이 위임한 명령'은 **정보의 공개에 관하여 법률의 구체적인 위임 아래 제정된 법규명령(위임명령)**을 의미한다(2006.10.26. 2006두11910).

④ ✕

공공기관의 정보공개에 관한 법률 제18조(이의신청) ① 청구인이 정보공개와 관련한 공공기관의 비공개결정 또는 부분공개결정에 대하여 불복이 있거나 정보공개 청구 후 20일이 경과하도록 정보공개결정이 없는 때에는 공공기관으로부터 정보공개 여부의 결정 통지를 받은 날 또는 정보공개 청구 후 20일이 경과한 날부터 30일 이내에 해당 공공기관에 문서로 이의신청을 할 수 있다.
제19조(행정심판) ② 청구인은 제18조에 따른 **이의신청절차를 거치지 아니하고** 행정심판을 청구할 수 있다.

선지분석 & 요플·기풀기링크

선지	THEME	요플	기풀기
①	T79 정보공개법(비공개)	48	033
②	T78 정보공개법(공개)	16	016
③	T79 정보공개법(비공개)	03	003
④	T76 정보공개법(조문)	46	056

선지선택비율 ① 15.91% ② 4.90% ③ 5.79% ④ 73.39%   오답률 26.61%   정답 ④

07

「공공기관의 정보공개에 관한 법률」상 정보공개에 대한 설명으로 옳지 않은 것은? (다툼이 있는 경우 판례에 의함)   20국가7

① 정보공개청구권자에는 자연인은 물론 법인, 권리능력 없는 사단·재단도 포함되며, 법인, 권리능력 없는 사단·재단의 경우에는 설립목적을 불문한다.
② 공개청구된 정보가 수사의견서인 경우 수사의 방법 및 절차 등이 공개되더라도 수사기관의 직무수행을 현저히 곤란하게 하지 않는 때에는 비공개대상정보에 해당하지 않는다.
③ 외국 또는 외국기관으로부터 비공개를 전제로 입수한 정보는 비공개를 전제로 하였다는 이유만으로 비공개대상정보에 해당한다.
④ 교육공무원의 근무성적평정 결과를 공개하지 아니한다고 규정하고 있는 「교육공무원 승진규정」을 근거로 정보공개청구를 거부하는 것은 위법하다.

관련 OX

③ 관련
1 외국기관으로부터 비공개를 전제로 정보를 입수하였다는 이유만으로, 이를 공개할 경우 업무의 공정한 수행에 현저한 지장을 받을 것이라 단정할 수 없다.   19서울7

해설

① ○ 정보공개청구권자인 '모든 국민' → 자연인·법인은 물론, 권리능력 없는 사단·재단도 포함. 설립목적·이해관계도 불문
「공공기관의 정보공개에 관한 법률」 제6조(편저자: 현행 제5조) 제1항은 "모든 국민은 정보의 공개를 청구할 권리를 가진다."고 규정하고 있는데, 여기에서 말하는 국민에는 자연인은 물론 법인, 권리능력 없는 사단·재단도 포함되고, 법인, 권리능력 없는 사단·재단 등의 경우에는 설립목적을 불문한다(2003.12.12. 2003두8050).

② ○ 수사의견서는 곧바로 비공개× / 공개시 직무수행을 현저히 곤란하게 할 증거에 한정○
공개청구대상인 정보가 의견서 등에 해당한다고 하여 곧바로 정보공개법 제9조 제1항 제4호에 규정된 비공개대상정보라고 볼 것은 아니고, 의견서 등의 실질적인 내용을 구체적으로 살펴 수사의 방법 및 절차 등이 공개됨으로써 수사기관의 직무수행을 현저히 곤란하게 한다고 인정할 만한 상당한 이유가 있어야만 위 비공개대상정보에 해당한다(2017.9.7. 2017두44558).

공공기관의 정보공개에 관한 법률 제9조(비공개대상정보) 4. 진행 중인 재판에 관련된 정보와 범죄의 예방, 수사, 공소의 제기 및 유지, 형의 집행, 교정(矯正), 보안처분에 관한 사항으로서 공개될 경우 그 직무수행을 현저히 곤란하게② 하거나 형사피고인의 공정한 재판을 받을 권리를 침해한다고 인정할 만한 상당한 이유가 있는 정보

+ PLUS 제4호의 비공개사유 – 재판 / 형사사법
① 진행 중 재판: 소송기록에 한정× / 재판 관련 일체 정보× / 재판에 영향 우려 정보○
② 형사사법: 범죄예방, 수사, 기소, 형집행, 교정, 보안처분 + 직무수행 곤란 or 형사피고인 공정재판 침해 → 수사의견서에 해당한다는 이유만으로 곧바로 비공개대상×②

③ × 외국기관에서 비공개를 전제 입수했다는 사정만으로 공정업무수행에 현저한 지장 인정×
외국 또는 외국기관으로부터 비공개를 전제로 정보를 입수하였다는 이유만으로 이를 공개할 경우 업무의 공정한 수행에 현저한 지장을 받을 것이라고 단정할 수는 없다. 다만 위와 같은 사정은 정보제공자와의 관계, 정보제공자의 의사, 정보의 취득경위, 정보의 내용 등과 함께 업무의 공정한 수행에 현저한 지장이 있는지를 판단할 때 고려하여야 할 형량요소이다(2018.9.28. 2017두69892).

④ ○ 「교육공무원 승진규정」에 근거한 비공개는 위법
교육공무원법 제13조, 제14조의 위임에 따라 제정된 〈교육공무원 승진규정〉은 정보공개에 관한 사항에 관하여 구체적인 법률의 위임에 따라 제정된 명령이라고 할 수 없고, 따라서 「교육공무원 승진규정」 제26조에서 근무성적평정의 결과를 공개하지 아니한다고 규정하고 있다고 하더라도 위 「교육공무원 승진규정」은 「공공기관의 정보공개에 관한 법률」 제9조 제1항 제1호에서 말하는 법률이 위임한 명령에 해당하지 아니하므로 위 규정을 근거로 정보공개청구를 거부하는 것은 잘못이다(2006.10.26. 2006두11910).

선지분석 & 요플·기풀기링크

선지	THEME	요플	기풀기
①	T77 정보공개법(청구권)	08	008
②		20	019
③	T79 정보공개법(비공개)	23	022
④		07	010

정답 ③
OX 1 ○

THEME 76-79 공공기관 정보공개법

08

정보공개에 대한 판례의 입장으로 옳은 것은? 19지방9

① 지방자치단체의 업무추진비 세부항목별 집행내역 및 그에 관한 증빙서류에 포함된 개인에 관한 정보는 「공공기관의 정보공개에 관한 법률」 소정의 '공개하는 것이 공익을 위하여 필요하다고 인정되는 정보'에 해당하여 공개대상이 된다.

② 학교환경위생구역 내 금지행위(숙박시설) 해제결정에 관한 학교환경위생정화위원회의 회의록에 기재된 발언내용에 대한 해당 발언자의 인적사항 부분에 관한 정보는 「공공기관의 정보공개에 관한 법률」 소정의 비공개대상정보에 해당하지 않는다.

③ 「보안관찰법」 소정의 보안관찰 관련 통계자료는 「공공기관의 정보공개에 관한 법률」 소정의 비공개대상정보에 해당하지 않는다.

④ 학교폭력대책자치위원회가 피해학생의 보호를 위한 조치, 가해학생에 대한 조치, 학교폭력과 관련된 분쟁의 조정 등에 관하여 심의한 결과를 기재한 회의록은 「공공기관의 정보공개에 관한 법률」 소정의 비공개대상정보에 해당한다.

관련 OX

① 관련

1 지방자치단체의 업무추진비 세부항목별 집행내역 및 그에 관한 증빙서류에 포함된 개인에 관한 정보는 비공개대상정보에 해당한다. 18서울9

② 관련

2 학교환경위생구역 내 금지행위(숙박시설) 해제결정에 관한 학교환경위생정화위원회의 회의록에 기재된 발언내용에 대한 해당 발언자의 인적사항 부분에 관한 정보는 「공공기관의 정보공개에 관한 법률」상 비공개대상에 해당한다. 16사복9

③ 관련

3 보안관찰 관련 통계자료는 「공공기관의 정보공개에 관한 법률」 제9조 제1항 제2호 소정의 공개될 경우 국가안전보장·국방·통일·외교관계 등 국가의 중대한 이익을 해할 우려가 있는 정보, 또는 제3호 소정의 공개될 경우 국민의 생명·신체 및 재산의 보호, 기타 공공의 안전과 이익을 현저히 해할 우려가 있다고 인정되는 정보에 해당한다. 08국가7

해설

① × **지자체 업무추진비 집행내역 및 증빙서류에 포함된 개인정보: 비공개(제6호)**
지방자치단체의 업무추진비 세부항목별 집행내역 및 그에 관한 증빙서류에 포함된 개인에 관한 정보는 '공개하는 것이 공익을 위하여 필요하다고 인정되는 정보'에 해당하지 않는다(2003.3.11. 2001두6425).

② × **학교환경위생정화위원회 회의록의 발언자 인적사항: 비공개(제5호)**
학교환경위생구역 내 금지행위(숙박시설) 해제결정에 관한 〈학교환경위생정화위원회의 회의록〉에 기재된 발언내용에 대한 해당 발언자의 인적사항 부분에 관한 정보는 구 「공공기관의 정보공개에 관한 법률」 제7조 제1항 제5호 소정의 비공개대상에 해당한다(2003.8.22. 2002두12946).

③ × **보안관찰 관련 통계자료: 비공개(제2호 & 제3호)**
보안관찰법 소정의 보안관찰 관련 통계자료는, … 구 「공공기관의 정보공개에 관한 법률」 제7조 제1항 제2호 소정의 공개될 경우 국가안전보장·국방·통일·외교관계 등 국가의 중대한 이익을 해할 우려가 있는 정보, 또는 제3호 소정의 공개될 경우 국민의 생명·신체 및 재산의 보호 기타 공공의 안전과 이익을 현저히 해할 우려가 있다고 인정되는 정보에 해당한다(2004.3.18. 2001두8254 전합).

+ PLUS 판례는 국가보안법위반자 등이 보안관찰대상임을 고려하여 관련 통계자료가 제2, 3호의 비공개대상에 해당한다고 보았다.

공공기관의 정보공개에 관한 법률 제9조(비공개대상정보)
2. 국가안전보장·국방·통일·외교관계 등에 관한 사항으로서 공개될 경우 국가의 중대한 이익을 현저히 해칠 우려가 있다고 인정되는 정보
3. 공개될 경우 국민의 생명·신체 및 재산의 보호에 현저한 지장을 초래할 우려가 있다고 인정되는 정보

④ ○ **학폭위 회의록: 제1호 법령상 비공개대상 & 제5호 업무공정수행 등에 현저한 지장 초래하여 비공개대상**
「학교폭력예방 및 대책에 관한 법률」 제21조 제3항이 학교폭력대책자치위원회의 회의를 공개하지 못하도록 규정하고 있는 점 등에 비추어, 〈학교폭력대책자치위원회의 회의록〉은 「공공기관의 정보공개에 관한 법률」 제9조 제1항 제1호의 '다른 법률 또는 법률이 위임한 명령에 의하여 비밀 또는 비공개 사항으로 규정된 정보'에 해당한다. 또한 제5호의 '공개될 경우 업무의 공정한 수행에 현저한 지장을 초래한다고 인정할 만한 상당한 이유가 있는 정보'에 해당한다(2010.6.10. 2010두2913).

선지분석 & 요플·기풀기링크

선지	THEME	요플	기풀기
①		34	040
②	T79 정보공개법(비공개)	45	030
③		15	015
④		43	029

정답 ④
OX 1○ 2○ 3○

09

행정정보공개에 관한 판례의 입장으로 옳은 것은? 13국가9

① 사법시험 제2차 시험의 답안지와 시험문항에 대한 채점위원별 채점 결과는 비공개정보에 해당한다.
② 청주시의회에서 의결한 청주시 행정정보공개조례안은 행정에 대한 주민의 알권리의 실현을 그 근본내용으로 하면서도 이로 인한 개인의 권익침해 가능성을 배제하고 있으므로, 이를 들어 주민의 권리를 제한하거나 의무를 부과하는 조례라고는 단정할 수 없고 따라서 그 제정에 있어서 반드시 법률의 개별적 위임이 따로 필요한 것은 아니다.
③ 교도관이 직무 중 발생한 사유에 관하여 작성한 근무보고서는 비공개대상정보에 해당한다.
④ 학교폭력대책자치위원회의 회의록은 공개대상정보에 해당한다.

관련 OX

④ 관련

1 ◯
학교폭력대책자치위원회의 회의록은 「공공기관의 정보 공개에 관한 법률」 제9조 제1항 제1호의 '다른 법률 또는 법률이 위임한 명령에 의하여 비밀 또는 비공개 사항으로 규정된 정보'에 해당하지 않는다. 19소방

해설

① ✕ 사시 2차 답안지: 공개 / 채점위원별 채점결과: 비공개
사법시험 제2차 시험의 **답안지** 열람은 시험문항에 대한 채점위원별 **채점결과**의 열람과 달리 사법시험업무의 수행에 현저한 지장을 초래한다고 볼 수 없다(2003.3.14. 2000두6114).

② ◯ 청주시 정보공개조례: 권리제한 아닌, 알권리 실현이므로 개별적 위임이 없어도 제정 가능
청주시의회에서 의결한 청주시 행정정보공개조례안은 행정에 대한 주민의 알권리의 실현을 그 근본내용으로 하면서도 이로 인한 개인의 권익침해 가능성을 배제하고 있으므로 이를 들어 주민의 **권리를 제한하거나 의무를 부과하는 조례라고는 단정할 수 없고** 따라서 그 제정에 있어서 반드시 법률의 **개별적 위임이 따로 필요한 것은 아니다**(1992.6.23. 92추17).
+ PLUS 법률의 개별적 위임 없이도 정보공개에 관한 조례 제정 가능

③ ✕ 교도관 근무보고서: 비공개대상✕ / 징벌위원회 회의록 중 비공개 심사·의결 부분: 비공개대상◯ → 분리 공개 가능
교도소에 수용 중이던 재소자가 담당 교도관들을 상대로 가혹행위를 이유로 '근무보고서'와 '징벌위원회 회의록' 등의 정보공개를 요청하였으나 교도소장이 이를 거부한 사안에서, **근무보고서는** 「공공기관의 정보공개에 관한 법률」 제9조 제1항 제4호에 정한 **비공개대상정보에 해당한다고 볼 수 없고**, **징벌위원회 회의록 중 비공개 심사·의결 부분은** 위 법 제9조 제1항 제5호의 **비공개사유에 해당**하지만 재소자의 진술, 위원장 및 위원들과 재소자 사이의 문답 등 징벌절차 진행 부분은 비공개사유에 해당하지 않는다고 보아 **분리 공개가 허용**된다(2009.12.10. 2009두12785).

④ ✕ 학폭위 회의록: 제1호 법령상 비공개대상 & 제5호 업무공정수행 등에 현저한 지장 초래하여 비공개대상
「학교폭력예방 및 대책에 관한 법률」 제21조 제3항이 학교폭력대책자치위원회의 회의를 공개하지 못하도록 규정하고 있는 점 등에 비추어, 〈**학교폭력대책자치위원회의 회의록**〉은 「공공기관의 정보공개에 관한 법률」 제9조 제1항 **제1호**의 '다른 법률 또는 법률이 위임한 명령에 의하여 비밀 또는 비공개 사항으로 규정된 정보'에 해당한다. 또한 **제5호**의 '공개될 경우 업무의 공정한 수행에 현저한 지장을 초래한다고 인정할 만한 상당한 이유가 있는 정보'에 해당한다(2010.6.10. 2010두2913).

선지분석 & 요플·기풀기링크

선지	THEME	요플	기풀기
①	T79 정보공개법(비공개)	25	024
②	T77 정보공개법(청구권)	05	005
③	T79 정보공개법(비공개)	19	020
④		43	029

정답 ②
OX 1 ✕

10

「공공기관의 정보공개에 관한 법률」(이하 '정보공개법'이라 함)에 대한 판례의 설명으로 옳지 않은 것은?

17국회8

① 정보공개청구를 거부하는 처분이 있은 후 대상정보가 폐기되었다든가 하여 공공기관이 그 정보를 보유·관리하지 아니하게 된 경우에는 특별한 사정이 없는 한 정보공개거부처분의 취소를 구할 법률상의 이익이 없다.

② 「공직자윤리법」상의 등록의무자가 구 「공직자윤리법 시행규칙」 제2조에 따라 제출한 '자신의 재산등록사항의 고지를 거부한 직계존비속의 본인과의 관계, 성명, 고지거부사유, 서명'이 기재되어 있는 문서는 정보공개법상의 비공개대상정보에 해당한다.

③ 정보공개를 구하는 정보를 공공기관이 한때 보유·관리하였으나 후에 그 정보가 담긴 문서들이 폐기되어 존재하지 않게 된 것이라면 그 정보를 더 이상 보유·관리하고 있지 아니하다는 점에 대한 증명책임은 공공기관에 있다.

④ 정보공개법 제13조 제2항에서 규정한 정보의 사본 또는 복제물의 교부를 제한할 수 있는 사유에 해당하지 아니하는 한 정보공개청구자가 선택한 공개방법에 따라 공개하여야 하므로 공공기관은 정보공개방법을 선택할 재량권이 없다.

⑤ 공공기관은 정보공개청구를 거부할 경우에도 대상이 된 정보의 내용을 구체적으로 확인·검토하여 어느 부분이 어떠한 법익 또는 기본권과 충돌되어 정보공개법 제9조 제1항 몇 호에서 정하고 있는 비공개사유에 해당하는지를 주장·입증하여야 하며 그에 이르지 아니한 채 개괄적인 사유만 들어 공개를 거부하는 것은 허용되지 아니한다.

관련 OX

1 공개대상정보는 원칙적으로 공개를 청구하는 자가 작성한 정보공개청구서의 기재내용에 의하여 특정되며, 공개청구자가 특정한 바와 같은 정보를 공공기관이 보유·관리하고 있지 않은 경우라도 해당 정보에 대한 공개거부처분에 대해 취소를 구할 법률상 이익은 인정된다.
15국회8

2 정보공개거부처분 후 대상정보의 폐기 등으로 공공기관이 그 정보를 보유·관리하지 않게 된 경우에는 특별한 사정이 없는 한 소의 이익이 없으므로 각하사유에 해당된다.
10국회8

해설

① ○ 해당 공공기관에서 그 정보를 보유·관리하지 않는 경우: 법률상 이익×(각하)
정보공개제도는 공공기관이 보유·관리하는 정보를 그 상태대로 공개하는 제도라는 점 등에 비추어 보면, 정보공개를 구하는 자가 공개를 구하는 정보를 행정기관이 보유·관리하고 있을 상당한 개연성이 있다는 점을 입증함으로써 족하다 할 것이지만, 공공기관이 그 정보를 보유·관리하고 있지 아니한 경우에는 특별한 사정이 없는 한 정보공개거부처분의 취소를 구할 법률상 이익이 없다(2006.1.13. 2003두9459).

② × 재산등록 고지거부 문서 자체(관계, 거부사유, 성명, 서명 등 포함): 제1호의 비공개×
공직자윤리법상의 등록의무자가 제출한 '자신의 재산등록사항의 고지를 거부한 직계존비속의 본인과의 관계, 성명, 고지거부사유, 서명(날인)'이 기재되어 있는 구 「공직자윤리법 시행규칙」 제12조 관련 [별지 14호 서식]의 문서는 구 「공공기관의 정보공개에 관한 법률」 제7조 제1항 제1호에 정한 법령비정보에도 해당하지 않는다(2007.12.13. 2005두13117).

cf 재산등록 고지거부 문서 중 인적사항(성명·서명) 부분: 제6호의 비공개○

③ ○ 한때 보유·관리하였으나 이제 폐기되어 부존재사실: 공공기관이 입증책임
공개를 구하는 정보를 공공기관이 한때 보유·관리하였으나 후에 그 정보가 담긴 문서 등이 폐기되어 존재하지 않게 된 것이라면 그 정보를 더 이상 보유·관리하고 있지 아니하다는 점에 대한 증명책임은 공공기관에게 있다(2004.12.9. 2003두12707).

cf 공공기관이 해당 정보를 보유·관리하고 있을 상당한 개연성: 공개청구자가 입증책임

선지분석 & 요플·기풀기링크

선지	THEME	요플	기풀기
①	T78 정보공개법(공개)	15	015
②	T79 정보공개법(비공개)	09	012
③	T78 정보공개법(공개)	14	014
④	T76 정보공개법(조문)	30	035
⑤	T79 정보공개법(비공개)	50	050

④ ○ 청구인이 공개방법을 택하여 공개청구한 경우: 공공기관은 공개방법을 선택할 재량권 없음
정보공개를 청구하는 자가 공공기관에 대해 정보의 사본 또는 출력물의 교부의 방법으로 공개방법을 선택하여 정보공개청구를 한 경우에 공개청구를 받은 공공기관으로서는 「공공기관의 정보공개에 관한 법률」에서 규정한 정보의 사본 또는 복제물의 교부를 제한할 수 있는 사유에 해당하지 않는 한 정보공개청구자가 선택한 공개방법에 따라 정보를 공개하여야 하므로 그 **공개방법을 선택할 재량권이 없다**(2003.12.12. 2003두8050).

⑤ ○ 공개거부시: 몇 호 비공개사유인지 구체적 주장·입증의무○ / 개괄적 사유로 비공개×
국민으로부터 보유·관리하는 정보에 대한 공개를 요구받은 공공기관으로서는, 이를 **거부하는 경우**라 할지라도, 대상이 된 정보의 내용을 구체적으로 확인·검토하여, 어느 부분이 어떠한 법익 또는 기본권과 충돌되어 정보공개법 제9조 제1항 **몇 호에서 정하고 있는 비공개사유에 해당하는지를 주장·증명하여야만** 하고, 그에 이르지 아니한 채 **개괄적인 사유만을 들어 공개를 거부하는 것은 허용되지 아니한다**(2018.4.12. 2014두5477).

정답 ②

OX 1× 2○

필수문제 11

정보공개청구에 대한 설명으로 옳은 것은? (다툼이 있는 경우 판례에 의함) 20지방9

① 공공기관이 공개청구의 대상이 된 정보를 공개는 하되, 청구인이 신청한 공개방법 이외의 방법으로 공개하기로 하는 결정을 한 경우 이는 정보공개방법만을 달리 한 것이므로 일부 거부처분이라 할 수 없다.

② 「공공기관의 정보공개에 관한 법률」에 의하면 '다른 법률 또는 법률에서 위임한 명령에 의하여 비밀 또는 비공개사항으로 규정된 정보'는 이를 공개하지 아니할 수 있다고 규정하고 있는 바, 여기에서 '법률에 의한 명령'은 정보의 공개에 관하여 법률의 구체적인 위임 아래 제정된 법규명령(위임명령)을 의미한다.

③ 국민의 알권리를 두텁게 보호하기 위해 「공공기관의 정보공개에 관한 법률」 제9조 제1항 제6호 본문의 규정에 따라 비공개대상이 되는 정보는 이름 · 주민등록번호 등 '개인식별정보'로 한정된다.

④ 공개청구의 대상이 되는 정보가 이미 다른 사람에게 공개되어 널리 알려져 있다거나 인터넷 등을 통하여 공개되어 인터넷 검색 등을 통하여 쉽게 알 수 있다면 행정청의 정보비공개결정이 정당화될 수 있다.

관련 OX

② 관련

1 정보공개법 제9조 제1항 제1호에서 '다른 법률 또는 법률에서 위임한 명령에 따라 비밀이나 비공개사항으로 규정된 정보'를 비공개대상정보로 규정하고 있는데, 여기서 '법령에서 위임한 명령'이란 법규명령은 물론 행정규칙을 포함한다. 19소간

해설

① ✕ 청구인이 요청한 방법과 다른 방법으로 공개: 방법에 대한 일부 거부처분 so 항고소송 가능
청구인에게는 특정한 공개방법을 지정하여 정보공개를 청구할 수 있는 법령상 신청권이 있다. 따라서 공공기관이 공개청구의 대상이 된 정보를 공개는 하되, 청구인이 신청한 공개방법 이외의 방법으로 공개하기로 하는 결정을 하였다면, 이는 정보공개청구 중 정보공개방법에 관한 부분에 대하여 일부 거부처분을 한 것이고, 청구인은 그에 대하여 항고소송으로 다툴 수 있다(2016.11.10. 2016두44674).

② ○ 비공개의 근거가 되는 '법률이 위임한 명령': 법률의 구체적 위임을 받은 법규명령(위임명령)
「공공기관의 정보공개에 관한 법률」 제9조 제1항 제1호에서 '법률이 위임한 명령'에 의하여 비밀 또는 비공개사항으로 규정된 정보는 공개하지 아니할 수 있다고 할 때의 '법률이 위임한 명령'은 정보의 공개에 관하여 법률의 구체적인 위임 아래 제정된 법규명령(위임명령)을 의미한다(2006.10.26. 2006두11910).

③ ✕ 비공개대상인 개인정보: 이름 · 주민번호 등 개인식별정보에 한정✕
「공공기관의 정보공개에 관한 법률」 제9조 제1항 제6호에서 말하는 비공개대상정보에는 성명 · 주민등록번호 등 '개인식별정보'뿐만 아니라 그 외에 정보의 내용에 따라 '개인에 관한 사항의 공개로 인하여 개인의 내밀한 내용의 비밀 등이 알려지게 되고, 그 결과 인격적 · 정신적 내면생활에 지장을 초래하거나 자유로운 사생활을 영위할 수 없게 될 위험성이 있는 정보'도 포함된다(2017.9.7. 2017두44558).

④ ✕ 이미 알려짐 or 인터넷 검색으로 찾을 수 있다는 이유로 비공개 정당화✕
공개청구의 대상이 되는 정보가 이미 다른 사람에게 공개하여 널리 알려져 있다거나 인터넷이나 관보 등을 통하여 공개하여 인터넷 검색이나 도서관에서의 열람 등을 통하여 쉽게 알 수 있다는 사정만으로는 소의 이익이 없다거나 비공개결정이 정당화될 수는 없다(2008.11.27. 2005두15694).

선지선택비율 ① 10.93% ② 69.87% ③ 11.26% ④ 7.95% 오답률 30.13%

선지분석 & 요플 · 기풀기링크

선지	THEME	요플	기풀기
①	T76 정보공개법(조문)	31	040
②		03	003
③	T79 정보공개법(비공개)	28	038
④		49	049

정답 ②
OX 1 ✕

12

공공기관의 정보공개에 관한 법령의 내용에 대한 설명으로 옳지 않은 것은? 15지방9

① 정보의 공개 및 우송 등에 소요되는 비용은 실비의 범위에서 청구인이 부담하나, 공개를 청구하는 정보의 사용목적이 공공복리의 유지·증진을 위하여 필요하다고 인정되는 경우에는 그 비용을 감면할 수 있다.
② 지방자치단체는 그 소관 사무에 관하여 법령의 범위에서 정보공개에 관한 조례를 정할 수 있다.
③ 직무를 수행한 공무원의 성명과 직위는 공개될 경우 개인의 사생활의 비밀 또는 자유를 침해할 우려가 있다면 비공개대상정보에 해당한다.
④ 학술·연구를 위하여 일시적으로 체류하는 외국인은 정보공개청구를 할 수 있다.

관련 OX

② 관련
1 지방자치단체는 그 소관 사무에 관하여 법령의 범위에서 정보공개에 관한 조례를 정하여야 한다. 23소방승진

③ 관련
2 직무를 수행한 공무원의 성명과 직위는 「공공기관의 정보공개에 관한 법률」에 의하여 공개대상정보에 해당한다. 16국가7

④ 관련
3 국내에 일정한 주소를 두고 있지 않은 외국인이 학술대회 발표를 위해 1주일간 체류하는 경우에는 정보공개청구권자가 될 수 없다. 24소간

4 국내에 사무소를 두고 있는 외국법인 또는 외국단체는 학술·연구를 위한 목적으로만 정보공개를 청구할 수 있다. 23군무원9

해설

① ○

공공기관의 정보공개에 관한 법률 제17조(비용 부담) ① 정보의 공개 및 우송 등에 드는 비용은 **실비(實費)**의 범위에서 **청구인이 부담**한다.
② 공개를 청구하는 정보의 사용 목적이 **공공복리**의 유지·증진을 위하여 필요하다고 인정되는 경우에는 제1항에 따른 비용을 **감면할 수** 있다.

② ○

공공기관의 정보공개에 관한 법률 제4조(적용범위) ② 지방자치단체는 그 소관 사무에 관하여 법령의 범위에서 정보공개에 관한 조례를 정할 수 있다.

③ × 직무를 수행한 공무원의 성명과 직위는 사생활의 비밀 또는 자유를 침해할 우려가 있어도 공개한다.

공공기관의 정보공개에 관한 법률 제9조(비공개 대상 정보) ① 공공기관이 보유·관리하는 정보는 공개대상이 된다. 다만, 다음 각 호의 어느 하나에 해당하는 정보는 공개하지 아니할 수 있다.
6. 해당 정보에 포함되어 있는 성명·주민등록번호 등 「개인정보 보호법」 제2조 제1호에 따른 개인정보로서 공개될 경우 사생활의 비밀 또는 자유를 침해할 우려가 있다고 인정되는 정보. 다만, 다음 각 목에 열거한 사항은 제외한다.
라. 직무를 수행한 공무원의 성명·직위

④ ○

공공기관의 정보공개에 관한 법률 시행령 제3조(외국인의 정보공개청구) 법 제5조 제2항에 따라 정보공개를 청구할 수 있는 외국인은 다음 각 호의 어느 하나에 해당하는 자로 한다.
1. 국내에 일정한 주소를 두고 거주하거나 학술·연구를 위하여 일시적으로 체류하는 사람
2. 국내에 사무소를 두고 있는 법인 또는 단체

선지분석 & 요플·기풀기링크

선지	THEME	요플	기풀기
①	T76 정보공개법(조문)	41	046
②		03	004
③	T79 정보공개법(비공개)	30	036
④	T77 정보공개법(청구권)	14	013

정답 ③

OX 1× 2○ 3× 4×

13

행정정보의 공개와 개인정보의 보호에 대한 설명으로 옳은 것은? (다툼이 있는 경우 판례에 의함)

17(하)국가7

① 개인정보의 열람청구와 삭제 또는 정정청구는 정보주체가 직접 하여야 하고 대리인에 의한 청구는 허용되지 않는다.
② 공공기관이 정보를 한때 보유·관리하였으나 후에 그 정보를 더 이상 보유·관리하고 있지 아니하다는 점에 대한 증명책임의 소재는 정보공개청구권자에게 있다.
③ 법인등이 거래하는 금융기관의 계좌번호에 관한 정보는 법인등의 영업상 비밀에 관한 사항으로서 공개될 경우 법인등의 정당한 이익을 현저히 해할 우려가 있다고 인정되는 정보에 해당한다.
④ 「검찰보존사무규칙」상의 정보의 열람·등사의 제한은 「공공기관의 정보공개에 관한 법률」 제9조 제1항 제1호의 '다른 법률 또는 법률에 의한 명령에 의하여 비공개사항으로 규정된 경우'에 해당한다.

관련 OX

③ 관련

1 법인등이 거래하는 금융기관의 계좌번호에 관한 정보는 영업상 비밀에 관한 사항으로서 「공공기관의 정보공개에 관한 법률」상 비공개대상정보에 해당한다.
16국가7

④ 관련

2 법무부령인 「검찰보존사무규칙」은 행정기관 내부의 사무처리준칙인 행정규칙이지만, 「검찰보존사무규칙」상의 열람·등사의 제한은 「공공기관의 정보공개에 관한 법률」 제9조 제1항 제1호의 '다른 법률 또는 법률에 의한 명령에 의하여 비공개사항으로 규정된 경우'에 해당한다.
23지방9

해설

① ✗ 정보주체는 대리인에게 열람, 삭제 또는 정정청구를 대리인에게 하게 할 수 있다.

개인정보 보호법 제38조(권리행사의 방법 및 절차) ① **정보주체는** 제35조에 따른 **열람**, 제35조의2에 따른 전송, 제36조에 따른 **정정·삭제**, 제37조에 따른 처리정지 및 동의 철회, 제37조의2에 따른 거부·설명 등의 요구(이하 '열람등요구'라 한다)를 문서 등 대통령령으로 정하는 방법·절차에 따라 **대리인에게 하게 할 수 있다.**

＋ PLUS 「개인정보 보호법」이 개정되어 정보주체는 개인정보의 전송 요구, 개인정보의 처리 정지 등도 대리인에게 하게 할 수 있게 되었다.

② ✗ 한때 보유·관리하였으나 이제 폐기되어 부존재사실: 공공기관이 입증책임
공개를 구하는 정보를 공공기관이 한때 보유·관리하였으나 후에 그 정보가 담긴 문서 등이 폐기되어 존재하지 않게 된 것이라면 그 정보를 더 이상 보유·관리하고 있지 아니하다는 점에 대한 증명책임은 공공기관에게 있다(2004.12.9. 2003두12707).

③ ○ 법인등의 사업자등록번호: 비공개✗ / 법인등의 거래금융기관 계좌번호: 비공개○(제7호)
법인등의 상호, 단체명, 영업소명, 사업자등록번호 등에 관한 정보는 법인등의 영업상 비밀에 관한 사항으로서 공개될 경우 법인등의 정당한 이익을 현저히 해할 우려가 있다고 인정되는 정보에 해당하지 아니하지만, 법인등이 거래하는 금융기관의 계좌번호에 관한 정보는 법인등의 영업상 비밀에 관한 사항으로서 법인등의 이름과 결합하여 공개될 경우 당해 법인등의 영업상 지위가 위협받을 우려가 있다고 할 것이므로 위 정보는 법인등의 영업상 비밀에 관한 사항으로서 공개될 경우 법인등의 정당한 이익을 현저히 해할 우려가 있다고 인정되는 정보에 해당한다(2004.8.20. 2003두8302).

공공기관의 정보공개에 관한 법률 제9조(비공개대상정보) 7. 법인·단체 또는 개인(이하 '법인등'이라 한다)의 경영상·영업상 비밀에 관한 사항으로서 공개될 경우 법인등의 정당한 이익을 현저히 해할 우려가 있다고 인정되는 정보. 다만, 다음 각 목에 열거한 정보는 제외한다.
  가. 사업활동에 의하여 발생하는 위해(危害)로부터 사람의 생명·신체 또는 건강을 보호하기 위하여 공개할 필요가 있는 정보
  나. 위법·부당한 사업활동으로부터 국민의 재산 또는 생활을 보호하기 위하여 공개할 필요가 있는 정보

④ ✗ 열람·등사 제한한 검찰보존사무규칙: 법률의 위임 없는 행정규칙에 불과 → 비공개사항✗
〈검찰보존사무규칙〉은 비록 법무부령으로 되어 있으나, 그중 불기소사건기록 등의 열람·등사에 대하여 제한하고 있는 부분은 위임근거가 없어 행정기관 내부의 사무처리준칙으로서 행정규칙에 불과하므로, 위 규칙에 의한 열람·등사의 제한을 구 정보공개법 제7조 제1항 제1호(편저자: 현 제9조 제1항 제1호)의 '다른 법률 또는 법률에 의한 명령에 의하여 비공개사항으로 규정된 경우'에 해당한다고 볼 수 없다(2004.9.23. 2003두1370).

선지분석 & 요플·기풀기링크

선지	THEME	요플	기풀기
①	T80 정보보호법(조문)	54	057
②	T78 정보공개법(공개)	14	014
③	T79 정보공개법(비공개)	40	046
④		05	008

정답 ③
OX 1○ 2✗

필수문제 14

「공공기관의 정보공개에 관한 법률」상 정보공개에 대한 설명으로 옳지 않은 것은? (다툼이 있는 경우 판례에 의함) *18지방9*

① 공개될 경우 부동산 투기로 특정인에게 이익 또는 불이익을 줄 우려가 있다고 인정되는 정보는 비공개대상에 해당한다.

② 공개청구의 대상이 되는 정보가 인터넷에 공개되어 인터넷 검색 등을 통하여 쉽게 알 수 있다면 정보공개청구권자는 공개거부처분의 취소를 구할 법률상의 이익이 없다.

③ 불기소처분기록 중 피의자신문조서 등에 기재된 피의자 등의 인적사항 이외의 진술내용이 개인의 사생활의 비밀 또는 자유를 침해할 우려가 인정된다면 비공개대상에 해당한다.

④ 정보공개거부처분취소소송에서 공개를 거부한 정보에 비공개 대상 부분과 공개가 가능한 부분이 혼합되어 있는 경우, 공개청구의 취지에 어긋나지 아니하는 범위 안에서 두 부분을 분리할 수 있다면 법원은 청구취지의 변경이 없더라도 공개가 가능한 정보에 관한 부분만의 일부취소를 명할 수 있다.

관련 OX

① 관련
1. 공개될 경우 부동산 투기, 매점매석 등으로 특정인에게 이익 또는 불이익을 줄 우려가 있다고 인정되는 정보라도 공공기관이 보유·관리하는 정보라면 이를 공개하여야 한다. *24행정사*

④ 관련
2. 정보공개거부처분 취소소송에 있어서 정보의 분리공개가 가능하다 하더라도 원고가 공개가 가능한 정보에 관한 부분만의 일부취소로 청구취지를 변경하지 않았다면 법원은 일부취소를 명할 수 없다. *22국회8*

해설

① ○

공공기관의 정보공개에 관한 법률 제9조(비공개대상정보) ① 공공기관이 보유·관리하는 정보는 공개 대상이 된다. 다만, 다음 각 호의 어느 하나에 해당하는 정보는 공개하지 아니할 수 있다.
8. 공개될 경우 부동산 **투기**, 매점매석 등으로 특정인에게 이익 또는 불이익을 줄 우려가 있다고 인정되는 정보

② × 이미 알려짐 or 인터넷 검색으로 찾을 수 있다는 이유로 소익 상실×
공개청구의 대상이 되는 정보가 이미 다른 사람에게 공개하여 널리 알려져 있다거나 인터넷이나 관보 등을 통하여 공개하여 인터넷 검색이나 도서관에서의 열람 등을 통하여 쉽게 알 수 있다는 사정만으로는 소의 이익이 없다거나 비공개결정이 정당화될 수는 없다(2008.11.27. 2005두15694).

③ ○ 불기소기록·내사기록 중 인적사항 외 진술부분도 사생활침해 우려시 비공개대상
불기소처분 기록이나 내사기록 중 피의자신문조서 등 조서에 기재된 피의자 등의 인적사항 이외의 진술내용 역시 개인의 사생활의 비밀 또는 자유를 침해할 우려가 인정되는 경우에는 위 비공개대상정보에 해당한다(2017.9.7. 2017두44558).

④ ○ 공개 가능한 부분과 비공개대상 부분이 분리 가능함에도 공공기관에서 전부 비공개 → 법원은 청구취지의 변경이 없더라도 공개 가능한 부분만의 일부취소 판결 가능
법원이 행정기관의 정보공개거부처분의 위법 여부를 심리한 결과 공개를 거부한 정보에 비공개대상 정보에 해당하는 부분과 공개가 가능한 부분이 혼합되어 있고 공개청구의 취지에 어긋나지 아니하는 범위 안에서 두 부분을 분리할 수 있음을 인정할 수 있을 때에는 청구취지의 변경이 없더라도 공개가 가능한 정보에 관한 부분만의 일부취소를 명할 수 있다(2004.12.9. 2003두12707).

공공기관의 정보공개에 관한 법률 제14조(부분공개) 공개청구한 정보가 제9조 제1항 각 호의 어느 하나에 해당하는 부분과 공개 가능한 부분이 혼합되어 있는 경우로서 공개청구의 취지에 어긋나지 아니하는 범위에서 두 부분을 분리할 수 있는 경우에는 제9조 제1항 각 호의 어느 하나에 해당하는 부분을 제외하고 공개하여야 한다.

선지분석 & 요플·기풀기링크

선지	THEME	요플	기풀기
①		41	048
②	T79 정보공개법(비공개)	49	049
③		33	039
④	T76 정보공개법(조문)	38	042

정답 ②
OX 1× 2×

필수문제 15

정보공개에 대한 판례의 입장으로 옳은 것은? 19국가7

① 공공기관이 정보공개청구권자가 신청한 공개방법 이외의 방법으로 정보를 공개하기로 하는 결정을 하였다면, 정보공개청구자는 이에 대하여 항고소송으로 다툴 수 있다.

② 공개청구된 정보가 이미 인터넷을 통해 공개되어 인터넷 검색으로 쉽게 접근할 수 있는 경우는 비공개사유가 된다.

③ 공개청구된 정보를 공공기관이 한때 보유·관리하였으나 후에 그 정보가 담긴 문서가 정당하게 폐기되어 존재하지 않게 된 경우, 정보 보유·관리 여부의 입증책임은 정보공개청구자에게 있다.

④ 정보공개를 청구한 목적이 손해배상소송에 제출할 증거자료를 획득하기 위한 것이었고 그 소송이 이미 종결되었다면, 그러한 정보공개청구는 권리남용에 해당한다.

관련 OX

③ 관련

1 공개를 구하는 정보를 공공기관이 한때 보유·관리하였으나 후에 그 정보가 담긴 문서 등이 폐기되어 존재하지 않게 된 것이라면 그 정보를 더 이상 보유·관리하고 있지 아니하다는 점에 대한 증명책임은 공공기관에게 있다. 22지방9

해설

① ○ 청구인이 요청한 방법과 다른 방법으로 공개: 방법에 대한 일부 거부처분 so 항고소송 가능
공공기관이 공개청구의 대상이 된 정보를 공개는 하되, 청구인이 신청한 공개방법 이외의 방법으로 공개하기로 하는 결정을 하였다면, 이는 정보공개청구 중 정보공개방법에 관한 부분에 대하여 일부 거부처분을 한 것이고, 청구인은 그에 대하여 항고소송으로 다툴 수 있다(2016.11.10. 2016두44674).

② × 이미 알려짐 or 인터넷 검색으로 찾을 수 있다는 이유로 비공개 정당화×
공개청구의 대상이 되는 정보가 이미 다른 사람에게 공개하여 널리 알려져 있다거나 인터넷이나 관보 등을 통하여 공개하여 인터넷 검색이나 도서관에서의 열람 등을 통하여 쉽게 알 수 있다는 사정만으로는 소의 이익이 없다거나 비공개결정이 정당화될 수는 없다(2008.11.27. 2005두15694).

③ × 한때 보유·관리하였으나 이제 폐기되어 부존재사실: 공공기관이 입증책임
공개를 구하는 정보를 공공기관이 한때 보유·관리하였으나 후에 그 정보가 담긴 문서 등이 폐기되어 존재하지 않게 된 것이라면 그 정보를 더 이상 보유·관리하고 있지 아니하다는 점에 대한 증명책임은 공공기관에게 있다(2004.12.9. 2003두12707).

cf 공공기관이 해당 정보를 보유·관리하고 있을 상당한 개연성: 공개청구자가 입증책임

④ × 손해배상소송에 제출할 증거자료 취득목적의 정보공개청구 → 관련 소송이 이미 종결되었어도 권리남용×
정보공개를 청구한 목적이 이 사건 손해배상소송에 제출할 증거자료를 획득하기 위한 것이었고 위 소송이 이미 종결되었다고 하더라도, 원고가 오로지 피고를 괴롭힐 목적으로 정보공개를 구하고 있다는 등의 특별한 사정이 없는 한, 위와 같은 사정만으로는 원고가 이 사건 소송을 계속하고 있는 것이 권리남용에 해당한다고 볼 수 없다(2004.9.23. 2003두1370).

요플 · 정보공개청구 관련 권리남용 쟁점

권리남용	① 정보취득·활용의사 전혀× / 부당이득을 얻거나 오로지 공무원 괴롭힐 목적 → 권리남용으로 불허
	② (구별) 손해배상소송에 제출할 증거자료 취득목적 → 그 관련 소송이 이미 종결되었어도 권리남용×

26 요플 p.349

선지분석 & 요플·기풀기링크

선지	THEME	요플	기풀기
①	T76 정보공개법(조문)	31	040
②	T79 정보공개법(비공개)	49	049
③	T78 정보공개법(공개)	14	014
④	T77 정보공개법(청구권)	24	024

정답 ①
OX 1 ○

필수 문제 16 (사례형)

甲은 행정청 A가 보유·관리하는 정보 중 乙과 관련이 있는 정보를 사본 교부의 방법으로 공개하여 줄 것을 청구하였다. 이에 대한 설명으로 옳은 것은? (다툼이 있는 경우 판례에 의함) 17(하)국가9

① A는 甲이 청구한 사본 교부의 방법이 아닌 열람의 방법으로 정보를 공개할 수 있는 재량을 가진다.

② A가 정보의 주체인 乙로부터 의견을 들은 결과, 乙이 정보의 비공개를 요청한 경우에는 A는 정보를 공개할 수 없다.

③ A가 내부적인 의사결정 과정임을 이유로 정보공개를 거부하였다가 정보공개거부처분 취소소송의 계속 중에 개인의 사생활 침해우려를 공개거부사유로 추가하는 것은 허용되지 않는다.

④ 甲이 공개청구한 정보가 甲과 아무런 이해관계가 없는 경우라면, 정보공개가 거부되더라도 甲은 이를 항고소송으로 다툴 수 있는 법률상 이익이 없다.

해설

① ✗ 청구인에게는 원칙적으로 공개방법 지정권이 있다. 즉, 청구인이 사본이나 복제물을 교부해 달라고 하면 공공기관은 이를 교부하여야 하고, 열람에 그치도록 할 재량은 없다(정보공개법 제13조 제2항).

공공기관의 정보공개에 관한 법률 제13조(정보공개 여부 결정의 통지) ② 공공기관은 청구인이 사본 또는 복제물의 교부를 원하는 경우에는 이를 교부하여야 한다.

② ✗ 제3자 관련 정보가 공개청구될 시 공공기관은 이를 제3자에게 통지할 의무가 있고, 제3자는 이에 대해 비공개 요청을 할 권리가 있다. 그러나 공공기관이 제3자의 요청에 구속되는 것은 아니며 제3자의 요청에도 불구하고 공개할 수 있다.

③ ○ 처분사유의 추가·변경은 기본적 사실관계의 동일성이 인정되는 범위 내에서 허용된다. 판례는 비공개사유 제5호(의사결정 과정 중 정보)와 제6호(사생활 침해우려 정보)는 기본적 사실관계의 동일성이 없고 따라서 처분사유(거부사유)로 추가할 수 없다고 보았다.

- 의사결정 과정임을 이유로 거부 후(제5호), 사생활 침해우려를 거부사유로 추가(제6호): 불가
  당초의 정보공개거부처분사유인 제4호 및 제6호(편저자: 개인의 사생활 침해우려)의 사유는 새로이 추가된 같은 항 제5호(편저자: 내부의사결정과정)의 사유와 기본적 사실관계의 동일성이 인정되지 않는다 (2003.12.11. 2001두8827). → 따라서 처분사유의 추가·변경이 불가

④ ✗ 거부처분 자체가 법률상 이익의 침해이므로, 아무런 이해관계가 없어도 비공개결정(거부결정)에 대해 다툴 수 있다.

- 〈정보공개청구권〉은 법률상 보호되는 구체적인 권리이므로 청구인이 공공기관에 대하여 정보공개를 청구하였다가 거부처분을 받은 것 자체가 법률상 이익의 침해에 해당한다(2003.12.12. 2003두8050).

관련 OX

① 관련

1 [신문사 기자 갑(甲)은 A광역시가 보유·관리하고 있던 시의원 을(乙)과 관련이 있는 정보를 사본 교부의 방법으로 공개하여 줄 것을 청구하였다] 정보공개청구권자가 선택한 공개방법에 따라 정보를 공개하여야 하므로, 원칙적으로 A광역시는 사본 교부가 아닌 열람의 방법으로는 공개할 수 없다. 22소방

2 정보공개를 청구하는 자가 공공기관에 대해 정보의 사본 또는 출력물의 교부 방법으로 공개방법을 선택하여 정보공개청구를 한 경우, 공개청구를 받은 공공기관은 「공공기관의 정보공개에 관한 법률」에서 규정한 정보의 사본 또는 복제물의 교부를 제한할 수 있는 사유에 해당하지 않는 한 그 공개방법을 선택할 재량권이 없다. 24국가9

② 관련

3 공공기관은 공개청구된 공개대상정보의 전부 또는 일부가 제3자와 관련이 있다고 인정되는 때에는 그 사실을 지체 없이 통지하여야 하며, 이 경우 제3자로부터 비공개요청이 있는 때에는 당해 정보를 공개하여서는 아니 된다. 09국가7

④ 관련

4 정보공개거부처분을 받은 청구인은 그 정보의 열람에 관한 구체적 이익을 입증해야만 행정소송을 통하여 그 공개거부처분의 취소를 구할 법률상의 이익이 인정된다. 13지방9

선지분석 & 요플·기풀기링크

선지	THEME	요플	기풀기
①	T76 정보공개법(조문)	30	035
②		56	061
③	T79 정보공개법(비공개)	51	051
④	T77 정보공개법(청구권)	19	017

정답 ③

OX 1○ 2○ 3✗ 4✗

개인정보 보호법

01

「개인정보 보호법」의 내용으로 옳은 것은? 17(1)서울9

① 개인정보처리자가 「개인정보 보호법」을 위반한 행위로 손해를 입힌 경우 정보주체는 손해배상을 청구할 수 있는데, 이때 개인정보처리자가 고의·과실이 없음에 대한 입증책임을 진다.
② 개인정보는 살아 있는 개인뿐만 아니라 사망자의 성명, 주민등록번호 및 영상 등을 통하여 개인을 알아볼 수 있는 정보도 포함한다.
③ 「개인정보 보호법」의 대상정보의 범위에는 공공기관·법인·단체에 의하여 처리되는 정보가 포함되고, 개인에 의해서 처리되는 정보는 포함되지 않는다.
④ 개인정보처리자는 개인정보가 유출되었음을 알게 되었을 때에는 지체 없이 방송통신위원회 위원장에게 신고하여야 한다.

관련 OX

① 관련

1 ◯
정보주체는 개인정보처리자가 「개인정보보호법」을 위반한 행위로 손해를 입으면 개인정보처리자에게 손해배상을 청구할 수 있으며, 이 경우 그 정보주체는 고의 또는 과실을 입증해야 한다. 14국가9

③ 관련

2 「개인정보 보호법」은 공공기관에 의해 처리되는 정보뿐만 아니라 민간에 의해 처리되는 정보까지 보호대상으로 하고 있다. 14국가9

해설

① ◯

개인정보 보호법 제39조(손해배상책임) ① 정보주체는 개인정보처리자가 이 법을 위반한 행위로 **손해**를 입으면 개인정보처리자에게 손해배상을 청구할 수 있다. 이 경우 그 **개인정보처리자는 고의 또는 과실이 없음을 입증**하지 아니하면 책임을 면할 수 없다.

② ✕ 「개인정보 보호법」의 보호대상이 되는 '개인정보'는 '살아 있는' '개인'에 대한 것이다. 따라서 사자(사망자)나 개인이 아닌 법인에 대한 정보는 포함되지 않는다.

개인정보 보호법 제2조(정의) 이 법에서 사용하는 용어의 뜻은 다음과 같다.
1. '**개인정보**'란 **살아 있는 개인**에 관한 정보로서 다음 각 목의 어느 하나에 해당하는 정보를 말한다.
 가. 성명, 주민등록번호 및 영상 등을 통하여 개인을 알아볼 수 있는 정보
 나. 해당 정보만으로는 특정 개인을 알아볼 수 없더라도 다른 정보와 쉽게 결합하여 알아볼 수 있는 정보. 이 경우 쉽게 결합할 수 있는지 여부는 다른 정보의 입수 가능성 등 개인을 알아보는 데 소요되는 시간, 비용, 기술 등을 합리적으로 고려하여야 한다.
1의2. '**가명처리**'란 개인정보의 일부를 삭제하거나 일부 또는 전부를 대체하는 등의 방법으로 추가 정보가 없이는 특정 개인을 알아볼 수 없도록 처리하는 것을 말한다.

③ ✕ 개인에 의해서 처리되는 정보도 「개인정보 보호법」의 대상정보의 범위에 포함된다.

개인정보 보호법 제2조(정의) 이 법에서 사용하는 용어의 뜻은 다음과 같다.
5. '**개인정보처리자**'란 업무를 목적으로 개인정보파일을 운용하기 위하여 **스스로 또는 다른 사람을 통하여** 개인정보를 처리하는 **공공기관, 법인, 단체 및 개인** 등을 말한다.

선지분석 & 요플·기풀기링크

선지	THEME	요플	기풀기
①		61	060
②	T80 정보보호법(조문)	01	001
③		07	011
④		55	052

④ ✕ 방송통신위원회 위원장에게 신고할 의무는 없다.

개인정보 보호법 제34조(개인정보유출 등의 통지·신고) ① 개인정보처리자는 개인정보가 **분실·도난·유출**(이하 이 조에서 '유출등'이라 한다)되었음을 알게 되었을 때에는 지체 없이 해당 **정보주체에게**④ 다음 각 호의 사항을 **알려야** 한다. 다만, 정보주체의 연락처를 알 수 없는 경우 등 정당한 사유가 있는 경우에는 대통령령으로 정하는 바에 따라 통지를 갈음하는 조치를 취할 수 있다.
1. 유출등이 된 개인정보의 항목
2. 유출등이 된 시점과 그 경위
3. 유출등으로 인하여 발생할 수 있는 피해를 최소화하기 위하여 정보주체가 할 수 있는 방법 등에 관한 정보
4. 개인정보처리자의 대응조치 및 피해구제절차
5. 정보주체에게 피해가 발생한 경우 신고 등을 접수할 수 있는 담당부서 및 연락처

③ 개인정보처리자는 개인정보의 유출등이 있음을 알게 되었을 때에는 개인정보의 유형, 유출등의 경로 및 규모 등을 고려하여 대통령령으로 정하는 바에 따라 제1항 각 호의 사항을 지체 없이 **보호위원회** 또는 대통령령으로 정하는 전문기관에④ **신고**하여야 한다. 이 경우 **보호위원회** 또는 대통령령으로 정하는 전문기관은 피해 확산방지, 피해 복구 등을 위한 기술을 지원할 수 있다.

필수문제 02

「개인정보 보호법」에 대한 설명으로 옳지 않은 것은? (다툼이 있는 경우 판례에 의함) 18지방7

① 시장·군수 또는 구청장이 개인의 지문정보를 수집하고, 경찰청장이 이를 보관·전산화하여 범죄수사목적에 이용하는 것은 모두 개인정보자기결정권을 제한하는 것이다.
② 개인정보자기결정권의 보호대상이 되는 개인정보는 개인의 신체, 신념, 사회적 지위, 신분 등과 같이 개인의 인격주체성을 특징짓는 사항으로서 그 개인의 동일성을 식별할 수 있는 일체의 정보이고, 이미 공개된 개인정보는 포함하지 않는다.
③ 「개인정보 보호법」을 위반한 개인정보처리자의 행위로 손해를 입은 정보주체가 개인정보처리자에게 손해배상을 청구한 경우, 그 개인정보처리자는 고의 또는 과실이 없음을 입증하지 아니하면 책임을 면할 수 없다.
④ 법인의 정보는 「개인정보 보호법」의 보호대상이 아니다.

관련 OX
② 관련
1 개인정보자기결정권의 보호대상이 되는 개인정보는 그 개인의 동일성을 식별할 수 있게 하는 일체의 정보로서 반드시 개인의 내밀한 영역이나 사사(私事)의 영역에 속하는 정보에 국한되지 않고 이미 공개된 개인정보까지 포함한다. 12국가9

2 개인정보자기결정권의 보호대상이 되는 개인정보는 인격주체성을 특징짓는 사항으로서 개인의 동일성을 식별할 수 있게 하는 일체의 정보를 의미하며, 반드시 개인의 내밀한 영역에 속하는 정보에 국한되지 않고 공적 생활에서 형성되었거나 이미 공개된 개인정보까지도 포함한다. 20군무원7

해설

① ○ 지문: 개인의 동일성을 식별하게 하는 개인정보에 해당 → 지문정보를 수집·이용하는 지문날인제도는 개인정보자기결정권의 제한○ but 침해×
개인의 고유성, 동일성을 나타내는 지문은 그 정보주체를 타인으로부터 식별가능하게 하는 개인정보이므로, 시장·군수 또는 구청장이 개인의 지문정보를 수집하고, 경찰청장이 이를 보관·전산화하여 범죄수사목적에 이용하는 것은 모두 개인정보자기결정권을 제한하는 것이라고 할 수 있다. 단, 이 사건 지문날인제도가 과잉금지의 원칙에 위배하여 청구인들의 개인정보자기결정권을 침해하였다고 볼 수 없다(헌재 2005.5.26. 99헌마513).

② × 개인정보자기결정권의 보호대상이 되는 개인정보: 개인의 동일성을 식별하게 하는 일체의 정보 / 이미·공개정보도 포함○
개인정보자기결정권의 보호대상이 되는 개인정보는 개인의 신체, 신념, 사회적 지위, 신분 등과 같이 개인의 인격주체성을 특징짓는 사항으로서 그 개인의 동일성을 식별할 수 있게 하는 일체의 정보라고 할 수 있고, 반드시 개인의 내밀한 영역이나 사사(私事)의 영역에 속하는 정보에 국한되지 않고 공적 생활에서 형성되었거나 이미 공개된 개인정보까지 포함한다. 또한 그러한 개인정보를 대상으로 한 조사·수집·보관·처리·이용 등의 행위는 모두 원칙적으로 개인정보자기결정권에 대한 제한에 해당한다(헌재 2005.5.26. 99헌마513).

③ ○ 「개인정보 보호법」상 손해배상의 고의·과실 입증책임: 개인정보처리자가 부담

개인정보 보호법 제39조(손해배상책임) ① 정보주체는 개인정보처리자가 이 법을 위반한 행위로 손해를 입으면 개인정보처리자에게 손해배상을 청구할 수 있다. 이 경우 그 개인정보처리자는 고의 또는 과실이 없음을 입증하지 아니하면 책임을 면할 수 없다.

④ ○

개인정보 보호법 제2조(정의) 이 법에서 사용하는 용어의 뜻은 다음과 같다.
1. '개인정보'란 살아 있는 개인에 관한 정보로서 다음 각 목의 어느 하나에 해당하는 정보를 말한다.

선지분석 & 요플·기풀기링크

선지	THEME	요플	기풀기
①	T81 정보보호법(기타)	07	005
②		03	003
③	T80 정보보호법(조문)	62	059
④		02	002

정답 ②
OX 1○ 2○

03

「개인정보 보호법」상 개인정보 보호제도에 대한 설명으로 옳은 것은? 22소방

① 살아 있는 개인에 관하여 알아볼 수 있는 정보라도 가명처리함으로써 원래의 상태로 복원하기 위한 추가 정보의 사용·결합 없이는 특정 개인을 알아볼 수 없게 된 정보는 이 법에 따른 개인정보에 해당하지 아니한다.
② 개인정보 보호위원회는 대통령 직속 기관으로 대통령이 직접 지휘·감독한다.
③ 정보주체가 자신의 개인정보에 대한 열람을 공공기관에 요구하고자 할 때에는 공공기관에 직접 열람을 요구하거나 대통령령으로 정하는 바에 따라 개인정보 보호위원회를 통하여 열람을 요구할 수 있다.
④ 개인정보처리자는 당초 수집 목적과 합리적으로 관련된 범위에서 정보주체에게 불이익이 발생하는지 여부, 암호화 등 안전성 확보에 필요한 조치를 하였는지 여부 등을 고려하더라도 정보주체의 동의 없이는 개인정보를 제3자에게 제공할 수 없다.

관련 OX

① 관련
1 가명정보도 개인정보에 해당한다. 24해경간부

④ 관련
2 개인정보처리자는 당초 수집목적과 합리적으로 관련된 범위에서 정보주체에게 불이익이 발생하는지 여부, 암호화 등 안전성 확보에 필요한 조치를 하였는지 여부 등을 고려하여 대통령령으로 정하는 바에 따라 정보주체의 동의 없이 개인정보를 제공할 수 있다. 21국회8

해설

① × 살아 있는 개인에 관한 가명정보도 개인정보에 포함된다.

개인정보 보호법 제2조(정의) 이 법에서 사용하는 용어의 뜻은 다음과 같다.
1. '개인정보'란 **살아 있는 개인**에 관한 정보로서 다음 각 목의 어느 하나에 해당하는 정보를 말한다.
    가. 성명, 주민등록번호 및 영상 등을 통하여 개인을 알아볼 수 있는 정보
    나. 해당 정보만으로는 특정 개인을 알아볼 수 없더라도 다른 정보와 **쉽게 결합**하여 알아볼 수 있는 정보. 이 경우 쉽게 결합할 수 있는지 여부는 **다른 정보의 입수 가능성** 등 개인을 알아보는 데 소요되는 시간, 비용, 기술 등을 **합리적으로 고려**하여야 한다.
    다. 가목 또는 나목을 제1호의2에 따라 가명처리함으로써 원래의 상태로 복원하기 위한 추가 정보의 사용·결합 없이는 특정 개인을 알아볼 수 없는 정보(이하 '**가명정보**'라 한다)
1의2. '**가명처리**'란 개인정보의 일부를 삭제하거나 일부 또는 전부를 대체하는 등의 방법으로 추가 정보가 없이는 특정 개인을 알아볼 수 없도록 처리하는 것을 말한다.

② × 개인정보 보호위원회: 국무총리 소속○ / 대통령 직속×

개인정보 보호법 제7조(개인정보 보호위원회) ① 개인정보 보호에 관한 사무를 독립적으로 수행하기 위하여 **국무총리 소속**으로 개인정보 보호위원회(이하 '보호위원회'라 한다)를 둔다.

③ ○

개인정보 보호법 제35조(개인정보의 열람) ② 제1항에도 불구하고 정보주체가 자신의 개인정보에 대한 열람을 공공기관에 요구하고자 할 때에는 공공기관에 **직접** 열람을 요구하거나 대통령령으로 정하는 바에 따라 **보호위원회를 통하여** 열람을 요구할 수 있다.

④ × 당초 수집 목적과 합리적으로 관련된 범위에서 정보주체의 불이익 발생 여부 등을 고려하여 정보주체 동의 없이 개인정보의 제공이 가능한 경우도 있다.

개인정보 보호법 제17조(개인정보의 제공) ④ 개인정보처리자는 당초 **수집 목적과 합리적으로 관련된 범위**에서 정보주체에게 불이익이 발생하는지 여부, 암호화 등 안전성 확보에 필요한 조치를 하였는지 여부 등을 고려하여 대통령령으로 정하는 바에 따라 **정보주체의 동의 없이** 개인정보를 제공할 수 있다.

선지선택비율 ① 10.23% ② 4.50% ③ 59.71% ④ 25.56% 오답률 40.29%

선지분석 & 요플·기풀기링크

선지	THEME	요플	기풀기
①		43	006
②	T80 정보보호법(조문)	09	015
③		55	052
④		25	031

정답 ③
 1○ 2○

04

「개인정보 보호법」의 내용으로 가장 옳지 않은 것은? (다툼이 있는 경우 판례를 따름) 18(2)서울7

① 개인정보는 살아 있는 개인에 관한 정보로서 성명, 주민등록번호 및 영상 등을 통하여 개인을 알아볼 수 있는 정보이며, 해당 정보만으로는 특정 개인을 알아볼 수 없다면, 다른 정보와 쉽게 결합하여 그 개인을 알아볼 수 있는 경우라도 개인정보라 할 수 없다.
② 개인정보처리자는 법령상 의무를 준수하기 위하여 불가피한 경우에는 개인정보를 수집할 수 있으며 그 수집목적의 범위 내에서 이용할 수 있다.
③ 개인정보처리자로부터 개인정보를 제공받은 자는 정보주체로부터 별도의 동의를 받은 경우나 다른 법률에 특별한 규정이 있는 경우를 제외하고는 개인정보를 제공받은 목적 외의 용도로 이용하거나 이를 제3자에게 제공하여서는 아니 된다.
④ 개인정보처리자의 고의 또는 중대한 과실로 인하여 개인정보가 유출된 경우로서 정보주체에게 손해가 발생한 때에는 법원은 그 손해액의 5배를 넘지 아니하는 범위에서 손해배상액을 정할 수 있다.

관련 OX

① 관련

1 살아 있는 개인에 관한 정보로서 해당 정보만으로는 특정 개인을 알아볼 수 없더라도 다른 정보와 쉽게 결합하여 알아볼 수 있는 정보는 개인정보에 해당한다.
21국회8

해설

① ✕ 해당 정보만으로 개인을 특정할 수 없더라도, 해당 정보가 다른 정보와 쉽게 결합하여 알아볼 수 있다면 이 경우도 개인정보에 포함된다.

개인정보 보호법 제2조(정의) 이 법에서 사용하는 용어의 뜻은 다음과 같다.
1. '**개인정보**'란 살아 있는 개인에 관한 정보로서 다음 각 목의 어느 하나에 해당하는 정보를 말한다.
  가. 성명, 주민등록번호 및 영상 등을 통하여 개인을 알아볼 수 있는 정보
  나. 해당 정보만으로는 특정 개인을 알아볼 수 없더라도 **다른 정보와 쉽게 결합하여** 알아볼 수 있는 정보. 이 경우 쉽게 결합할 수 있는지 여부는 다른 정보의 입수 가능성 등 개인을 알아보는 데 소요되는 시간, 비용, 기술 등을 합리적으로 고려하여야 한다.
  다. 가목 또는 나목을 제1호의2에 따라 가명처리함으로써 원래의 상태로 복원하기 위한 추가 정보의 사용·결합 없이는 특정 개인을 알아볼 수 없는 정보(이하 '가명정보'라 한다)
1의2. '가명처리'란 개인정보의 일부를 삭제하거나 일부 또는 전부를 대체하는 등의 방법으로 추가 정보가 없이는 특정 개인을 알아볼 수 없도록 처리하는 것을 말한다.

② ○

개인정보 보호법 제15조(개인정보의 수집·이용) ① 개인정보처리자는 다음 각 호의 어느 하나에 해당하는 경우에는 개인정보를 **수집**할 수 있으며 그 **수집목적의 범위**에서 **이용**할 수 있다.
1. 정보주체의 동의를 받은 경우
2. 법률에 특별한 규정이 있거나 **법령상 의무**를 준수하기 위하여 불가피한 경우

③ ○

개인정보 보호법 제19조(개인정보를 제공받은 자의 이용·제공 제한) 개인정보처리자로부터 개인정보를 제공받은 자는 다음 각 호의 어느 하나에 해당하는 경우를 제외하고는 개인정보를 제공받은 **목적 외의 용도로 이용**하거나 이를 제**3자에게 제공**하여서는 아니 된다.
1. 정보주체로부터 **별도의 동의**를 받은 경우
2. 다른 **법률에 특별한 규정이 있는 경우**

④ ○ 2023년 개정으로 손해배상책임의 한도액이 3배에서 5배로 상향되었다.

개인정보 보호법 제39조(손해배상책임) ③ 개인정보처리자의 고의 또는 중대한 과실로 인하여 개인정보가 분실·도난·유출·위조·변조 또는 훼손된 경우로서 정보주체에게 손해가 발생한 때에는 법원은 그 **손해액의 5배**를 넘지 아니하는 범위에서 손해배상액을 정할 수 있다. 다만, 개인정보처리자가 고의 또는 중대한 과실이 없음을 증명한 경우에는 그러하지 아니하다.

선지분석 & 요플·기풀기링크

선지	THEME	요플	기풀기
①		03	003
②	T80 정보보호법(조문)	13	016
③		19	027
④		61	060

정답 ①
OX 1 ○

필수문제 05

「개인정보 보호법」에 대한 설명으로 옳은 것은?   16지방7(변형)

① 개인정보처리자란 개인정보파일을 운용하기 위하여 스스로 개인정보를 처리하는 공공기관, 법인, 단체 및 개인 등을 말한다.
② 개인정보처리자가 「개인정보 보호법」상의 허용요건을 충족하여 개인정보를 수집하는 경우에는 그 목적에 필요한 최소한의 개인정보를 수집하여야 한다. 이 경우 개인정보처리자가 최소한의 개인정보 수집이라는 의무를 위반한 경우 그 입증책임은 이의를 제기하는 정보주체가 부담한다.
③ 불특정 다수가 이용하는 목욕실, 화장실, 발한실(發汗室), 탈의실 등에의 고정형 영상정보처리기기 설치는 대통령령으로 정하는 바에 따라 안내판 설치 등 필요한 조치를 취하는 경우에만 허용된다.
④ 정보주체의 동의 없이 처리할 수 있는 개인정보라는 입증책임은 개인정보처리자가 부담한다.

관련 OX

② 관련
1 개인정보처리자가 「개인정보 보호법」에 따라 최소한의 개인정보를 수집한 경우, 최소 필요성 요건의 충족 여부에 대한 입증책임은 정보주체에게 있다.   16서울7

③ 관련
2 불특정 다수가 이용하는 목욕실, 화장실, 발한실, 탈의실 등 개인의 사생활을 현저히 침해할 우려가 있는 장소의 내부를 볼 수 있도록 영상정보처리기기를 설치하고 운영하여서는 아니 되며, 다만 교도소, 정신보건시설 등 법령에서 정하는 시설은 설치가 가능하다.   14(2)경행

해설

① ✕

개인정보 보호법 제2조(정의) 이 법에서 사용하는 용어의 뜻은 다음과 같다.
5. '개인정보처리자'란 업무를 목적으로 개인정보파일을 운용하기 위하여 <u>스스로 또는 다른 사람을 통하여 개인정보를 처리하는 공공기관, 법인, 단체 및 개인</u> 등을 말한다.

+ PLUS 개인정보처리자란, 업무를 목적으로 개인정보파일을 운용하기 위하여 개인정보를 처리하는 자로서, 여기에는 스스로 처리하는 경우뿐 아니라, 다른 사람을 통하여 처리하는 경우도 포함되며, 공공기관, 법인, 단체뿐 아니라 개인도 포함된다.

② ✕, ④ ◯

개인정보 보호법 제16조(개인정보의 수집 제한) ① 개인정보처리자는 제15조 제1항 각 호의 어느 하나에 해당하여 개인정보를 수집하는 경우에는 그 목적에 **필요한 최소한**의 개인정보를 수집하여야 한다. 이 경우 <u>최소한의 개인정보 수집이라는</u> **입증책임은 개인정보처리자가** 부담한다.②

제22조(동의를 받는 방법) ③ 개인정보처리자는 정보주체의 **동의 없이 처리할 수 있는 개인정보**에 대해서는 그 항목과 처리의 법적 근거를 정보주체의 **동의를 받아 처리하는** 개인정보와 **구분**하여 제30조 제2항에 따라 **공개**하거나 전자우편 등 대통령령으로 정하는 방법에 따라 정보주체에게 **알려야** 한다. 이 경우 <u>동의 없이 처리할 수 있는 개인정보라는</u> **입증책임은 개인정보처리자가** 부담한다.④

■ 정보보호법 입증책임정리

• 목적범위 내 최소한의 정보수집이라는 점(16① 단서)②	정보처리자가 입증책임 ◯
• 정보주체 동의 없이 처리할 수 있는 개인정보라는 점(22③ 단서)④	정보주체가 입증책임 ✕
• 손해배상시 정보처리자의 귀책사유(39, 39의2)	

③ ✕ 사생활 침해우려가 큰 목욕실, 화장실 등에는 안내판 등을 설치하더라도 고정형 영상정보처리기기 설치가 불가능하다. 다만, 교도소, 정신보건시설 등과 같이 법령에 근거가 있다면 가능하다(제25조 제2항).

개인정보 보호법 제25조(고정형 영상정보처리기기의 설치·운영 제한) ② 누구든지 불특정 다수가 이용하는 **목욕실, 화장실, 발한실(發汗室), 탈의실** 등 개인의 사생활을 현저히 침해할 우려가 있는 장소의 내부를 볼 수 있도록 **고정형 영상정보처리기기를 설치·운영하여서는 아니 된다. 다만, 교도소, 정신보건 시설** 등 법령에 근거하여 사람을 구금하거나 보호하는 시설로서 대통령령으로 정하는 시설에 대하여는 그러하지 아니하다.

+ PLUS 2023년에 「개인정보 보호법」에 이동형 영상정보처리기기에 관한 규정이 신설되었다. 기존의 CCTV는 고정형 영상정보처리기기라고 한다.

선지분석 & 요플·기풀가링크

선지	THEME	요플	기풀기
①		08	010
②	T80 정보보호법(조문)	63	021
③		38	041
④		64	029

정답 ④
OX 1✕ 2◯

06

「개인정보 보호법」에 대한 설명으로 옳지 않은 것은? (다툼이 있는 경우 판례에 의함) 21국회8

① 개인정보처리자가 주민등록번호를 처리하기 위해서는 정보주체에게 다른 개인정보의 처리에 대한 동의와 별도로 동의를 받아야 한다.
② 가명처리란 개인정보의 일부를 삭제하거나 일부 또는 전부를 대체하는 등의 방법으로 추가 정보가 없이는 특정 개인을 알아볼 수 없도록 처리하는 것을 말한다.
③ 개인정보처리자는 당초 수집 목적과 합리적으로 관련된 범위에서 정보주체에게 불이익이 발생하는지 여부, 암호화 등 안전성 확보에 필요한 조치를 하였는지 여부 등을 고려하여 대통령령으로 정하는 바에 따라 정보주체의 동의 없이 개인정보를 제공할 수 있다.
④ 개인정보처리자는 개인정보처리자의 정당한 이익을 달성하기 위하여 필요한 경우로서 명백하게 정보주체의 권리보다 우선하는 경우에는 개인정보처리자의 정당한 이익과 상당한 관련이 있고 합리적인 범위를 초과하지 않는다면 정보주체의 동의가 없더라도 개인정보를 수집할 수 있다.
⑤ 살아 있는 개인에 관한 정보로서 해당 정보만으로는 특정 개인을 알아볼 수 없더라도 다른 정보와 쉽게 결합하여 알아볼 수 있는 정보는 개인정보에 해당한다.

관련 OX

① 관련

1 개인정보처리자는 다른 개인정보의 처리에 대한 동의와 별도로 동의를 받은 경우라 하더라도 주민등록번호는 법에서 정한 예외적 인정사유에 해당하지 않는 한 처리할 수 없다. 20군무원9

③ 관련

2 개인정보처리자는 당초 수집목적과 합리적으로 관련된 범위에서 정보주체에게 불이익이 발생하는지 여부, 암호화 등 안전성 확보에 필요한 조치를 하였는지 여부 등을 고려하더라도 정보주체의 동의 없이는 개인정보를 제3자에게 제공할 수 없다. 22소방

해설

① ✕ 개인정보처리자는 정보주체에게 다른 개인정보의 처리에 대한 동의와 별도로 동의를 받은 경우 고유식별정보를 처리할 수 있지만(「개인정보 보호법」 제24조 제1항). 주민등록번호만큼은 별도의 동의를 받아도 처리할 수 없다(제24조의2 제1항의 각 호에 '동의'는 포함 안 됨).

개인정보 보호법 제24조의2(주민등록번호 처리의 제한) ① 제24조 제1항에도 불구하고 개인정보처리자는 다음 각 호의 어느 하나에 해당하는 경우를 **제외하고는 주민등록번호를 처리할 수 없다**.
1. **법률·대통령령**·국회규칙·대법원규칙·헌법재판소규칙·중앙선거관리위원회규칙 및 감사원**규칙**에서 **구체적으로** 주민등록번호의 처리를 요구하거나 허용한 경우
2. 정보주체 또는 제3자의 급박한 생명, 신체, 재산의 이익을 위하여 명백히 필요하다고 인정되는 경우
3. 제1호 및 제2호에 준하여 주민등록번호 처리가 불가피한 경우로서 보호위원회가 고시로 정하는 경우

+ PLUS 「개인정보 보호법」상 주민등록번호
- 주민등록번호는 고유식별정보 중에서도 특별한 취급이 필요하다. 현행법은 주민등록번호만큼은 별도의 동의를 받아도 처리할 수 없도록 규정하고 있다(제24조의2 제1항의 각 호에 '동의'는 포함 안 됨).①
- 다만 법률 등에서 구체적으로 주민등록번호의 처리를 요구하거나 허용할 경우 등에는 주민등록번호의 처리가 가능하다(제24조의2 제1항). 그러나 이 경우라도, 관련 인터넷 홈페이지의 회원가입단계에서는 주민등록번호를 사용하지 않고도 회원으로 가입할 수 있도록 하여야 한다(제24조의2 제3항).
- 정보처리자는 주민등록번호가 분실·도난·유출 등이 되지 않도록 암호화 의무가 있다(제24조의2 제2항). 만약 개인정보의 분실·도난·유출 등이 발생한 경우 보호위원회는 과징금을 부과할 수 있다.

② ○

개인정보 보호법 제2조(정의) 이 법에서 사용하는 용어의 뜻은 다음과 같다.
1의2. '**가명처리**'란 개인정보의 일부를 삭제하거나 일부 또는 전부를 대체하는 등의 방법으로 추가 정보가 없이는 특정 개인을 알아볼 수 없도록 처리하는 것을 말한다.

선지분석 & 요플·기풀기링크

선지	THEME	요플	기풀기
①		35	038
②		44	008
③	T80 정보보호법(조문)	25	031
④		15	019
⑤		03	003

③ ◯

> **개인정보 보호법 제17조(개인정보의 제공)** ④ 개인정보처리자는 당초 **수집목적과 합리적으로 관련된 범위**에서 정보주체에게 불이익이 발생하는지 여부, 암호화 등 안전성 확보에 필요한 조치를 하였는지 여부 등을 고려하여 대통령령으로 정하는 바에 따라 **정보주체의 동의 없이** 개인정보를 **제공할 수** 있다.

④ ◯

> **개인정보 보호법 제15조(개인정보의 수입·이용)** ① 개인정보처리자는 다음 각 호의 어느 하나에 해당하는 경우에는 개인정보를 **수집**할 수 있으며 그 **수집목적의 범위**에서 **이용**할 수 있다.
> 6. **개인정보처리자의** 정당한 **이익**을 달성하기 위하여 필요한 경우로서 **명백하게 정보주체의 권리보다 우선**하는 경우. 이 경우 개인정보처리자의 정당한 이익과 상당한 관련이 있고 합리적인 범위를 초과하지 아니하는 경우에 한한다.

⑤ ◯

> **개인정보 보호법 제2조(정의)** 이 법에서 사용하는 용어의 뜻은 다음과 같다.
> 1. '**개인정보**'란 살아 있는 개인에 관한 정보로서 다음 각 목의 어느 하나에 해당하는 정보를 말한다.
>   가. 성명, 주민등록번호 및 영상 등을 통하여 개인을 알아볼 수 있는 정보
>   나. 해당 정보만으로는 특정 개인을 알아볼 수 없더라도 **다른 정보와 쉽게 결합하여** 알아볼 수 있는 정보. 이 경우 쉽게 결합할 수 있는지 여부는 다른 정보의 입수 가능성 등 개인을 알아보는 데 소요되는 시간, 비용, 기술 등을 합리적으로 고려하여야 한다.
>   다. 가목 또는 나목을 제1호의2에 따라 가명처리함으로써 원래의 상태로 복원하기 위한 추가 정보의 사용·결합 없이는 특정 개인을 알아볼 수 없는 정보(이하 '가명정보'라 한다)

정답 ①
OX 1◯ 2×

07

「개인정보 보호법」에 관한 설명으로 옳지 않은 것은? (다툼이 있는 경우 판례에 의함) 21소간(변형)

① 가명정보는 원래의 상태로 복원하기 위한 추가 정보의 사용·결합 없이는 특정 개인을 알아볼 수 없는 정보이기 때문에 개인정보에 해당하지 않는다.

② 법률정보 제공 사이트를 운영하는 甲주식회사가 乙대학교 법학과 교수로 재직 중인 丙의 개인정보를 별도 동의 없이 위 법학과 홈페이지 등을 통해 수집하여 위 사이트 내 법조인 항목에서 유료로 제공하더라도 위법하다고 할 수 없다.

③ 검사 또는 수사관서의 장이 수사를 위하여 구「전기통신사업법」 제54조 제3항, 제4항에 의하여 전기통신사업자에게 통신자료의 제공을 요청하고, 이에 전기통신사업자가 위 규정에서 정한 형식적·절차적 요건을 심사하여 이용자의 통신자료를 제공하였다면, 특별한 사정이 없는 한 이로 인하여 이용자의 개인정보자기결정권이나 익명표현의 자유 등이 위법하게 침해된 것은 아니다.

④ 정보주체와 체결한 계약을 이행하거나 계약을 체결하는 과정에서 정보주체의 요청에 따른 조치를 이행하기 위하여 필요한 경우 정보주체의 별도 동의 없이 개인정보처리자가 개인정보를 수집할 수 있으며 그 수집목적의 범위에서 이용할 수 있다.

⑤ 시설안전 및 관리, 화재 예방을 위하여 정당한 권한을 가진 자는 공개된 장소에 고정형 영상정보처리기기를 설치·운영할 수 있다.

관련 OX

⑤ 관련

1 공개된 장소에는 고정형 영상정보처리기기의 설치·운영이 제한되나, 시설의 안전 및 관리, 화재 예방을 위해서는 공개된 장소라도 권한 유무를 불문하고 누구나 고정형 영상정보처리기기를 설치·운영할 수 있다. 25소방

해설

① × 가명정보도 개인정보에 해당한다.

개인정보 보호법 제2조(정의) 이 법에서 사용하는 용어의 뜻은 다음과 같다.
1. '**개인정보**'란 살아 있는 개인에 관한 정보로서 다음 각 목의 어느 하나에 해당하는 정보를 말한다.
   가. 성명, 주민등록번호 및 영상 등을 통하여 개인을 알아볼 수 있는 정보
   나. 해당 정보만으로는 특정 개인을 알아볼 수 없더라도 다른 정보와 쉽게 결합하여 알아볼 수 있는 정보. 이 경우 쉽게 결합할 수 있는지 여부는 다른 정보의 입수 가능성 등 개인을 알아보는 데 소요되는 시간, 비용, 기술 등을 합리적으로 고려하여야 한다.
   다. 가목 또는 나목을 제1호의2에 따라 가명처리함으로써 원래의 상태로 복원하기 위한 추가 정보의 사용·결합 없이는 특정 개인을 알아볼 수 없는 정보(이하 '**가명정보**'라 한다)
1의2. '**가명처리**'란 개인정보의 일부를 삭제하거나 일부 또는 전부를 대체하는 등의 방법으로 추가 정보가 없이는 특정 개인을 알아볼 수 없도록 처리하는 것을 말한다.

② ○ 교수 프로필을 대학 홈페이지에서 수집해 유료로 제공한 로앤비는 동의 안 받았어도 위법×
법률정보 제공 사이트를 운영하는 甲주식회사가 공립대학교인 乙대학교 법과대학 법학과 교수로 재직 중인 丙의 사진, 성명, 성별, 출생연도, 직업, 직장, 학력, 경력 등의 개인정보를 위 법학과 홈페이지 등을 통해 수집하여 위 사이트 내 '법조인' 항목에서 유료로 제공한 사안에서, 甲회사가 영리 목적으로 丙의 개인정보를 수집하여 제3자에게 제공하였더라도 그에 의하여 얻을 수 있는 법적 이익이 정보처리를 막음으로써 얻을 수 있는 정보주체의 인격적 법익에 비하여 우월하므로, 甲회사의 행위를 丙의 개인정보자기결정권을 침해하는 위법한 행위로 평가할 수 없고, 甲회사가 丙의 개인정보를 수집하여 제3자에게 제공한 행위는 丙의 동의가 있었다고 객관적으로 인정되는 범위 내이고, 甲회사에 영리목적이 있었다고 하여 달리 볼 수 없으므로, 甲회사가 丙의 별도의 동의를 받지 아니하였다고 하여 「개인정보 보호법」 제15조나 제17조를 위반하였다고 볼 수 없다(2016.8.17. 2014다235080).

선지분석 & 요플·기풀기링크

선지	THEME	요플	기풀기
①	T80 정보보호법(조문)	43	006
②		28	024
③	T81 정보보호법(기타)	05	007
④	T80 정보보호법(조문)	17	017
⑤		37	040

③ ○ 전기통신사업자가 검사 또는 수사관서의 장의 요청에 따라 법상 요건을 심사하여 이용자의 통신자료 제공: 이용자의 개인정보자기결정권이나 익명표현의 자유를 위법하게 침해×

검사 또는 수사관서의 장이 수사를 위하여 구 전기통신사업법에 의하여 전기통신사업자에게 통신자료의 제공을 요청하고, 이에 전기통신사업자가 위 규정에서 정한 형식적·절차적 요건을 심사하여 검사 또는 수사관서의 장에게 이용자의 통신자료를 제공하였다면, 검사 또는 수사관서의 장이 통신자료의 제공 요청 권한을 남용하여 정보주체 또는 제3자의 이익을 부당하게 침해하는 것임이 객관적으로 명백한 경우와 같은 특별한 사정이 없는 한, 이로 인하여 이용자의 개인정보자기결정권이나 익명표현의 자유 등이 위법하게 침해된 것이라고 볼 수 없다(2016.3.10. 2012다105482).

+ PLUS 단, 최근 헌재는 "이 사건 법률조항(편저자: 수사기관 등의 통신자료 제공 요청의 근거조항)은 통신자료 취득에 대한 사후통지절차를 두지 않아 적법절차원칙에 위배된다."라며 헌법불합치결정을 내린 바 있다(헌재 2022.7.21. 2016헌마388). 지문의 근거가 된 대법원 판례와 모순되는 것은 아니어서 위 지문이 여전히 유효하기는 하나, 그 근거규정이 결국 헌법불합치결정을 받았다는 점에서 향후 출제되기에 부적절한 면이 있다.

④ ○

개인정보 보호법 제15조(개인정보의 수집·이용) ① 개인정보처리자는 다음 각 호의 어느 하나에 해당하는 경우에는 개인정보를 수집할 수 있으며 그 수집목적의 범위에서 이용할 수 있다.
  4. 정보주체와 체결한 계약을 이행하거나 계약을 체결하는 과정에서 정보주체의 요청에 따른 조치를 이행하기 위하여 필요한 경우

⑤ ○

개인정보 보호법 제25조(고정형 영상정보처리기기의 설치·운영 제한) ① 누구든지 다음 각 호의 경우를 제외하고는 공개된 장소에 고정형 영상정보처리기기를 설치·운영하여서는 아니 된다.
  3. 시설의 안전 및 관리, 화재 예방을 위하여 정당한 권한을 가진 자가 설치·운영하는 경우

정답 ①
OX 1×

08

「개인정보 보호법」상 개인정보 보호원칙에 관한 설명 중 옳지 않은 것은? 13국회9

① 개인정보처리자는 개인정보의 처리목적을 명확하게 하고 그 목적에 필요한 범위에서 최소한의 개인정보만을 수집하여야 한다.

② 개인정보처리자는 그의 정당한 이익을 달성하기 위하여 필요한 경우에 명백히 정보주체의 권리보다 우선하는 경우에는 정보주체의 동의 없이 정보주체의 개인정보를 제3자에게 제공할 수 있다.

③ 개인정보 보호에 관한 사항을 심의·의결하기 위하여 대통령 소속으로 개인정보보호위원회를 둔다.

④ 국가 및 지방자치단체, 개인정보보호단체 및 기관, 정보주체, 개인정보처리자는 정보주체의 피해 또는 권리침해가 다수의 정보주체에게 같거나 비슷한 유형으로 발생하는 경우로서 일정한 사건에 대하여는 분쟁조정위원회에 집단분쟁조정을 의뢰 또는 신청할 수 있다.

⑤ 「개인정보 보호법」 소정의 일정한 요건을 갖춘 소비자단체나 비영리단체는 개인정보처리자가 집단분쟁조정을 거부하거나 집단분쟁조정의 결과를 수락하지 아니한 경우에는 법원에 권리침해행위의 금지·중지를 구하는 단체소송을 제기할 수 있다.

관련 OX

④ 관련

1 「개인정보 보호법」은 집단분쟁조정제도에 대하여 규정하고 있다. 18국가9

⑤ 관련

2 개인정보처리자가 「개인정보 보호법」에 따른 집단분쟁조정을 거부하거나 집단분쟁조정의 결과를 수락하지 아니한 경우 「개인정보 보호법」 소정의 일정한 요건을 갖춘 소비자단체나 비영리단체는 법원에 권리침해에 대한 손해배상소송을 제기할 수 있다. 24경찰간부

3 인

「개인정보보호법」에는 개인정보 단체소송을 제기할 수 있는 단체에 대한 제한을 두고 있지 않으므로 법인격이 있는 단체라면 어느 단체든지 권리침해 행위의 금지·중지를 구하는 소송을 제기할 수 있다. 18국가9

해설

① ○

개인정보 보호법 제3조(개인정보 보호원칙) ① 개인정보처리자는 개인정보의 처리목적을 명확하게 하여야 하고 그 목적에 필요한 범위에서 최소한의 개인정보만을 적법하고 정당하게 수집하여야 한다.

② ✕ (출제 당시) → ○ (현재) 구법에서는 개인정보처리자의 이익을 위한 경우는 개인정보의 '수집'사유에는 해당하지만(제15조 제1항 제6호), 제3자에게 '제공'할 사유는 되지 못하였으나, 최근(2023년)에 이 경우에도 제공할 수 있도록 개정되었다.

개인정보 보호법 제17조(개인정보의 제공) ① 개인정보처리자는 다음 각 호의 어느 하나에 해당되는 경우에는 정보주체의 개인정보를 제3자에게 제공(공유를 포함한다. 이하 같다)할 수 있다.
1. 정보주체의 **동의**를 받은 경우
2. 제15조 제1항 **제2호, 제3호 및 제5호부터 제7호까지**에 따라 개인정보를 **수집한 목적범위**에서 개인정보를 제공하는 경우②

제15조(개인정보의 수집·이용) ① 개인정보처리자는 다음 각 호의 어느 하나에 해당하는 경우에는 개인정보를 **수집**할 수 있으며 그 **수집목적**의 범위에서 **이용**할 수 있다.
1. 정보주체의 동의를 받은 경우
2. 법률에 특별한 규정이 있거나 법령상 의무를 준수하기 위하여 불가피한 경우
3. 공공기관이 법령 등에서 정하는 소관 업무의 수행을 위하여 불가피한 경우
4. 정보주체와 체결한 계약을 이행하거나 계약을 체결하는 과정에서 정보주체의 요청에 따른 조치를 이행하기 위하여 필요한 경우
5. 명백히 정보주체 또는 제3자의 급박한 생명, 신체, 재산의 이익을 위하여 필요하다고 인정되는 경우
6. **개인정보처리자의** 정당한 **이익**을 달성하기 위하여 필요한 경우로서 **명백하게 정보주체의 권리보다 우선하는 경우.**② 이 경우 개인정보처리자의 정당한 이익과 상당한 관련이 있고 합리적인 범위를 초과하지 아니하는 경우에 한한다.
7. 공중위생 등 공공의 안전과 안녕을 위하여 긴급히 필요한 경우

선지분석 & 요플·기풀기링크

선지	THEME	요플	기풀기
①	T80 정보보호법(조문)	20	012
②		18	025
③	T76 정보공개법(조문)	61	066
④	T80 정보보호법(조문)	67	065
⑤		72	069

③ ○ (출제 당시) → × (현재) 출제 당시에는 옳은 지문이었지만 2020년 개정으로 현재는 틀린 지문이다.

개인정보 보호법 제7조(개인정보보호위원회) ① 개인정보 보호에 관한 사무를 독립적으로 수행하기 위하여 **국무총리 소속**으로 개인정보보호위원회(이하 '보호위원회'라 한다)를 둔다.

④ ○

개인정보 보호법 제49조(집단분쟁조정) ① 국가 및 지방자치단체, **개인정보 보호단체 및 기관, 정보주체, 개인정보처리자**는 정보주체의 피해 또는 권리침해가 **다수의 정보주체에게 같거나 비슷한 유형**으로 발생하는 경우로서 대통령령으로 정하는 사건에 대하여는 분쟁조정위원회에 일괄적인 분쟁조정(이하 '**집단분쟁조정**'이라 한다)을 의뢰 또는 신청할 수 있다.

⑤ ○

개인정보 보호법 제51조(단체소송의 대상 등) 다음 각 호의 어느 하나에 해당하는 단체는 개인정보처리자가 제49조에 따른 집단분쟁**조정을 거부**하거나 집단분쟁**조정의 결과를 수락하지 아니**한 경우에는 법원에 **권리침해행위의 금지·중지를 구하는 소송**(이하 '**단체소송**'이라 한다)을 제기할 수 있다.
1. 「소비자기본법」 제29조에 따라 공정거래위원회에 등록한 **소비자단체**로서 다음 각 목의 요건을 모두 갖춘 단체
   가. 정관에 따라 상시적으로 정보주체의 권익증진을 주된 목적으로 하는 단체일 것
   나. 단체의 정회원수가 **1천명** 이상일 것
   다. 「소비자기본법」 제29조에 따른 등록 후 3년이 경과하였을 것
2. 「비영리민간단체 지원법」 제2조에 따른 **비영리민간단체**로서 다음 각 목의 요건을 모두 갖춘 단체
   가. 법률상 또는 사실상 동일한 침해를 입은 **100명 이상의 정보주체**로부터 단체소송의 제기를 **요청**받을 것
   나. 정관에 개인정보 보호를 단체의 목적으로 명시한 후 최근 3년 이상 이를 위한 활동실적이 있을 것
   다. 단체의 상시 구성원수가 **5천명** 이상일 것
   라. 중앙행정기관에 등록되어 있을 것

09

「개인정보 보호법」에 대한 내용으로 옳지 않은 것은?

12지방9(변형)

① 개인정보처리자란 업무를 목적으로 개인정보파일을 운용하기 위하여 스스로 또는 다른 사람을 통하여 개인정보를 처리하는 공공기관, 법인, 단체 및 개인 등을 말한다.
② 고정형 영상정보처리기기운영자는 고정형 영상정보처리기기의 설치목적과 다른 목적으로 고정형 영상정보처리기기를 임의로 조작하거나 다른 곳을 비춰서는 아니 되며, 녹음기능은 사용할 수 없다.
③ 개인정보에 관한 분쟁의 조정을 위하여 위원장 1명을 포함한 20명 이내의 위원으로 구성된 개인정보보호위원회를 두고 있다.
④ 정보주체는 자신의 개인정보 처리와 관련하여 개인정보의 처리 정지, 정정·삭제 및 파기를 요구할 권리를 가진다.

관련 OX

① 관련

1 개인정보처리자란 개인정보파일을 운용하기 위하여 스스로 개인정보를 처리하는 공공기관, 법인, 단체 및 개인 등을 말한다. 16지방7

해설

① ○

개인정보 보호법 제2조(정의) 이 법에서 사용하는 용어의 뜻은 다음과 같다.
5. '**개인정보처리자**'란 업무를 목적으로 개인정보파일을 운용하기 위하여 **스스로 또는 다른 사람을 통하여** 개인정보를 처리하는 **공공기관, 법인, 단체 및 개인** 등을 말한다.

② ○

개인정보 보호법 제25조(고정형 영상정보처리기기의 설치·운영 제한) ⑤ **고정형 영상정보처리기기운영자는** 고정형 영상정보처리기기의 설치목적과 다른 목적으로 고정형 영상정보처리기기를 **임의로 조작하거나 다른 곳을 비춰서는 아니 되며, 녹음기능은 사용할 수 없다.**

③ × 개인정보에 관한 분쟁조정을 위해 위원장 1명과 30명 이내의 위원으로 구성된 조직은 보호위원회가 아닌 분쟁조정위원회이다(「개인정보 보호법」 제40조 제1항, 제2항).

개인정보 보호법 제40조(설치 및 구성) ① 개인정보에 관한 **분쟁의 조정(調停)을** 위하여 개인정보분쟁조정위원회(이하 '**분쟁조정위원회**'라 한다)를 둔다. ③(앞, 뒤)
② 분쟁조정위원회는 위원장 1명을 포함한 **30명** 이내의 위원으로 구성하며, 위원은 **당연직위원과 위촉위원**으로 구성한다. ③(중간)

④ ○

개인정보 보호법 제4조(정보주체의 권리) 정보주체는 **자신의 개인정보 처리와 관련하여** 다음 각 호의 권리를 가진다.
4. 개인정보의 **처리 정지, 정정·삭제 및 파기를** 요구할 권리

선지분석 & 요플·기풀기링크

선지	THEME	요플	기풀기
①		08	019
②	T80 정보보호법(조문)	39	042
③		10	061
④		53	014

정답 ③

OX 1×

필수문제 10

개인정보의 보호에 대한 판례의 설명으로 옳은 것만을 모두 고르면? 21국가9

ㄱ. 개인정보자기결정권의 보호대상이 되는 개인정보는 반드시 개인의 내밀한 영역에 속하는 정보에 국한되지 않고 공적 생활에서 형성되었거나 이미 공개된 개인정보까지 포함한다.

ㄴ. 이미 공개된 개인정보를 정보주체의 동의가 있었다고 객관적으로 인정되는 범위 내에서 처리를 할 때는 정보주체의 별도의 동의는 불필요하다고 보아야 하고, 별도의 동의를 받지 아니하였다고 하여 「개인정보 보호법」을 위반한 것으로 볼 수 없다.

ㄷ. 개인정보 처리위탁에 있어 수탁자는 정보제공자의 관리·감독 아래 위탁받은 범위 내에서만 개인정보를 처리하게 되지만, 위탁자로부터 위탁사무 처리에 따른 대가를 지급받는 이상 개인정보 처리에 관하여 독자적인 이익을 가지므로, 그러한 수탁자는 「개인정보 보호법」 제17조에 의해 개인정보처리자가 정보주체의 개인정보를 제공할 수 있는 '제3자'에 해당한다.

ㄹ. 인터넷 포털사이트 등의 개인정보 유출사고로 주민등록번호가 불법유출되어 그 피해자가 주민등록번호 변경을 신청했으나 구청장이 거부통지를 한 사안에서, 피해자의 의사와 무관하게 주민등록번호가 유출된 경우에는 조리상 주민등록번호의 변경요구신청권을 인정함이 타당하다.

① ㄱ, ㄷ   ② ㄴ, ㄹ
③ ㄱ, ㄴ, ㄷ   ④ ㄱ, ㄴ, ㄹ

해설

ㄱ. ○ 개인정보자기결정권의 보호대상이 되는 개인정보: 내밀·사사영역에 국한× / 공적 형성·공개정보도 포함○
개인정보자기결정권의 보호대상이 되는 개인정보는 반드시 개인의 내밀한 영역이나 사사(私事)의 영역에 속하는 정보에 국한되지 않고 공적 생활에서 형성되었거나 이미 공개된 개인정보까지 포함한다 (헌재 2005.5.26. 99헌마513).

ㄴ. ○ 이미 공개한 개인정보의 동의범위 내 처리시: 별도 동의 불요
이미 공개된 개인정보를 정보주체의 동의가 있었다고 객관적으로 인정되는 범위 내에서 수집·이용·제공 등 처리를 할 때는 정보주체의 별도의 동의는 불필요하다고 보아야 하고, 별도의 동의를 받지 아니하였다고 하여 「개인정보 보호법」 제15조나 제17조를 위반한 것으로 볼 수 없다(2016.8.17. 2014다235080).

ㄷ. × 「개인정보 보호법」 제17조의 '제3자 제공'과 제26조의 '처리위탁'은 다름 → 처리위탁시 수탁자는 '제3자'가 아님. so '제3자 제공'의 요건을 요하지 않음
「개인정보 보호법」 제17조와 정보통신망법 제24조의2에서 말하는 개인정보의 '제3자 제공'은 본래의 개인정보 수집·이용 목적의 범위를 넘어 정보를 제공받는 자의 업무처리와 이익을 위하여 개인정보가 이전되는 경우인 반면, 「개인정보 보호법」 제26조와 정보통신망법 제25조에서 말하는 개인정보의 '처리위탁'은 본래의 개인정보 수집·이용 목적과 관련된 위탁자 본인의 업무처리와 이익을 위하여 개인정보가 이전되는 경우를 의미한다. 개인정보 처리위탁에 있어 수탁자는 위탁자로부터 위탁사무 처리에 따른 대가를 지급받는 것 외에는 개인정보 처리에 관하여 독자적인 이익을 가지지 않고, 정보제공자의 관리·감독 아래 위탁받은 범위 내에서만 개인정보를 처리하게 되므로, 「개인정보 보호법」 제17조와 정보통신망법 제24조의2에 정한 '제3자'에 해당하지 않는다(2017.4.7. 2016도13263).

ㄹ. ○ 주민등록번호 불법유출시: 변경신청권○ → 거부시 처분○
甲 등이 인터넷 포털사이트 등의 개인정보 유출사고로 자신들의 주민등록번호 등 개인정보가 불법유출되자 … 주민등록번호를 변경해 줄 것을 신청하였으나 구청장이 … 거부하는 취지의 통지를 한 사안에서, 피해자의 의사와 무관하게 주민등록번호가 유출된 경우에는 조리상 주민등록번호의 변경을 요구할 신청권을 인정함이 타당하다(2017.6.15. 2013두2945).

선지선택비율 ① 9.07% ② 6.61% ③ 7.15% ④ 77.17% 오답률 22.83%

선지분석 & 요플·기풀기링크

선지	THEME	요플	기풀기
ㄱ	T81 정보보호법(기타)	03	003
ㄴ	T80 정보보호법(조문)	27	023
ㄷ		29	045
ㄹ	T54 거부처분	43	040

정답 ④

11

「개인정보 보호법」상 '영상정보처리기기' 및 '자동화된 결정'에 관한 설명으로 옳지 않은 것은?

25소방

① 공개된 장소에는 고정형 영상정보처리기기의 설치·운영이 제한되나, 시설의 안전 및 관리, 화재 예방을 위해서는 공개된 장소라도 권한 유무를 불문하고 누구나 고정형 영상정보처리기기를 설치·운영할 수 있다.

② 불특정 다수가 이용하는 목욕실, 화장실 등 개인의 사생활을 현저히 침해할 우려가 있는 장소의 내부를 볼 수 있는 곳에서라도 소방공무원이 화재 발생시 인명의 구조·구급을 위하여 필요한 경우에는 이동형 영상정보처리기기로 개인정보에 해당하는 사람 또는 그 사람과 관련된 사물의 영상을 촬영할 수 있다.

③ 자동화된 결정은 인공지능 기술을 적용한 시스템을 포함하여 완전히 자동화된 시스템으로 개인정보를 처리하여 이루어지는 결정으로서, 「행정기본법」 제20조에 따른 행정청의 자동적 처분은 제외된다.

④ 개인정보처리자는 정보주체가 자동화된 결정을 거부하거나 그 결정에 대한 설명 등을 요구한 경우에는 정당한 사유가 없는 한 자동화된 결정을 적용하지 아니하거나 인적 개입에 의한 재처리·설명 등 필요한 조치를 하여야 한다.

해설

① × '권한 유무를 불문하고'가 틀렸다.

> **개인정보 보호법 제25조(고정형 영상정보처리기기의 설치·운영 제한)** ① 누구든지 다음 각 호의 경우를 제외하고는 공개된 장소에 고정형 영상정보처리기기를 설치·운영하여서는 아니 된다.
> 3. 시설의 안전 및 관리, 화재 예방을 위하여 정당한 **권한을 가진 자**가 설치·운영하는 경우

② ○

> **개인정보 보호법 제25조의2(이동형 영상정보처리기기의 운영 제한)** ② 누구든지 불특정 다수가 이용하는 목욕실, 화장실, 발한실, 탈의실 등 개인의 사생활을 현저히 침해할 우려가 있는 장소의 내부를 볼 수 있는 곳에서 이동형 영상정보처리기기로 사람 또는 그 사람과 관련된 사물의 영상을 촬영하여서는 아니 된다. 다만, 인명의 구조·구급 등을 위하여 필요한 경우로서 대통령령으로 정하는 경우에는 그러하지 아니하다.
>
> **개인정보 보호법 시행령 제27조(이동형 영상정보처리기기 운영 제한의 예외)** 법 제25조의2 제2항 단서에서 '대통령령으로 정하는 경우'란 범죄, 화재, 재난 또는 이에 준하는 상황에서 인명의 구조·구급 등을 위하여 사람 또는 그 사람과 관련된 사물의 영상(개인정보에 해당하는 경우로 한정한다. 이하 같다)의 촬영이 필요한 경우를 말한다.

③④ ○

> **개인정보 보호법 제37조의2(자동화된 결정에 대한 정보주체의 권리 등)** ① 정보주체는 완전히 자동화된 시스템(인공지능 기술을 적용한 시스템을 포함한다)으로 개인정보를 처리하여 이루어지는 결정(행정기본법 제20조에 따른 행정청의 자동적 처분은 제외하며, 이하 이 조에서 '자동화된 결정'이라 한다③)이 자신의 권리 또는 의무에 중대한 영향을 미치는 경우에는 해당 개인정보처리자에 대하여 해당 결정을 거부할 수 있는 권리를 가진다. 다만, 자동화된 결정이 제15조 제1항 제1호·제2호 및 제4호에 따라 이루어지는 경우에는 그러하지 아니하다.
> ③ 개인정보처리자는 제1항 또는 제2항에 따라 정보주체가 자동화된 결정을 거부하거나 이에 대한 설명 등을 요구한 경우에는 정당한 사유가 없는 한 자동화된 결정을 적용하지 아니하거나 인적 개입에 의한 재처리·설명 등 필요한 조치를 하여야 한다.④

선지선택비율 ① 41.10% ② 33.58% ③ 21.54% ④ 3.78% 오답률 58.90%

정답 ①

선지	THEME	요플	기풀기
①		37	040
②	T80 정보보호법(조문)	40	044
③		58	054
④		60	056

최신 12

「개인정보 보호법」에 대한 설명으로 가장 적절한 것은? 25군무원9

① 사망한 사람의 민감한 개인정보는 「개인정보 보호법」의 보호대상에 해당한다.
② 개인정보처리자는 재화 또는 서비스를 제공하는 과정에서 공개되는 정보에 정보주체의 민감정보가 포함됨으로써 사생활 침해의 위험성이 있다고 판단하는 때에는 재화 또는 서비스의 제공을 즉시 중단하여야 한다.
③ 개인정보처리자는 정보주체의 재산의 이익을 위하여 명백히 필요하다고 인정되는 경우에도 다른 법률에서 구체적으로 주민등록번호의 처리를 요구하거나 허용한 경우가 아니라면 주민등록번호를 처리할 수 없다.
④ 「개인정보 보호법」에서는 고정형 영상정보처리기기와 이동형 영상정보처리기기를 분리하여 규정하고 있다.

관련 OX

① 관련

1 개인정보는 살아 있는 개인뿐만 아니라 사망자의 성명, 주민등록번호 및 영상 등을 통하여 개인을 알아볼 수 있는 정보도 포함한다. 17시복9

해설

① ✕ 사망한 사람의 개인정보는 「개인정보 보호법」의 보호대상에서 제외된다.

개인정보 보호법 제2조(정의) 이 법에서 사용하는 용어의 뜻은 다음과 같다.
1. '**개인정보**'란 **살아 있는 개인에 관한 정보**로서 다음 각 목의 어느 하나에 해당하는 정보를 말한다.
 가. 성명, 주민등록번호 및 영상 등을 통하여 개인을 알아볼 수 있는 정보

② ✕ 제공 전에 알려야 하는 것이지 제공을 중단하는 것이 아니다.

개인정보 보호법 제23조(민감정보의 처리 제한) ③ 개인정보처리자는 재화 또는 서비스를 제공하는 과정에서 공개되는 정보에 정보주체의 민감정보가 포함됨으로써 사생활 침해의 위험성이 있다고 판단하는 때에는 재화 또는 서비스의 제공 전에 민감정보의 공개 가능성 및 비공개를 선택하는 방법을 정보주체가 알아보기 쉽게 **알려야** 한다.

③ ✕ 정보주체의 재산의 이익을 위하여 명백히 필요하다고 인정되는 경우에는 주민등록번호를 처리할 수 있다.

개인정보 보호법 제24조의2(주민등록번호 처리의 제한) ① 제24조 제1항에도 불구하고 개인정보처리자는 다음 각 호의 어느 하나에 해당하는 경우를 **제외하고는 주민등록번호를 처리할 수 없다.**
1. 법률·대통령령·국회규칙·대법원규칙·헌법재판소규칙·중앙선거관리위원회규칙 및 감사원규칙에서 구체적으로 주민등록번호의 처리를 요구하거나 허용한 경우
2. 정보주체 또는 제3자의 급박한 생명, 신체, **재산**의 이익을 위하여 명백히 필요하다고 인정되는 경우
3. 제1호 및 제2호에 준하여 주민등록번호 처리가 불가피한 경우로서 보호위원회가 고시로 정하는 경우

④ ○ 23년 개정법은 고정형 영상정보처리기기와 이동형 영상정보처리기기를 분리하여 규정하고 있다.

개인정보 보호법 제25조(고정형 영상정보처리기기의 설치·운영 제한) ① 누구든지 다음 각 호의 경우를 제외하고는 공개된 장소에 고정형 영상정보처리기기를 설치·운영하여서는 아니 된다. (이하 생략)
제25조의2(이동형 영상정보처리기기의 운영 제한) ① 업무를 목적으로 이동형 영상정보처리기기를 운영하려는 자는 다음 각 호의 경우를 제외하고는 공개된 장소에서 이동형 영상정보처리기기로 사람 또는 그 사람과 관련된 사물의 영상(개인정보에 해당하는 경우로 한정한다. 이하 같다)을 촬영하여서는 아니 된다. (이하 생략)

선지분석 & 요플·기풀기링크

선지	THEME	요플	기풀기
①		01	001
②	T80 정보보호법(조문)	31	034
③		15	019
④		38	041

정답 ④
OX 1 ✕

13

「개인정보 보호법」상 개인정보에 관한 설명으로 옳지 않은 것은? (다툼이 있으면 판례에 따름)

16교행9

① 정치적 견해, 건강, 사상·신념에 관한 정보는 민감정보에 해당한다.
② 판례는 지문(指紋)을 개인정보에 해당하지 않는 것으로 본다.
③ 개인정보와 관련한 분쟁의 조정을 원하는 자는 개인정보 분쟁조정위원회에 분쟁조정을 신청할 수 있다.
④ 「개인정보 보호법」은 단체소송에 관한 규정을 두고 있다.

관련 OX

② 관련
1 개인의 고유성, 동일성을 나타내는 지문은 그 정보주체를 타인으로부터 식별가능하게 하는 개인정보이다. 21지방9

해설

① ○

개인정보 보호법 제23조(민감정보의 처리 제한) ① 개인정보처리자는 **사상·신념, 노동조합·정당의 가입·탈퇴, 정치적 견해, 건강, 성생활** 등에 관한 정보, 그 밖에 정보주체의 사생활을 현저히 침해할 우려가 있는 개인정보로서 대통령령으로 정하는 정보(이하 '**민감정보**'라 한다)를 처리하여서는 아니 된다. 다만, 다음 각 호의 어느 하나에 해당하는 경우에는 그러하지 아니하다.
1. 정보주체에게 제15조 제2항 각 호 또는 제17조 제2항 각 호의 사항을 알리고 다른 개인정보의 처리에 대한 동의와 **별도로 동의**를 받은 경우
2. **법령**에서 민감정보의 처리를 요구하거나 허용하는 경우

② ✕ 지문: 개인의 동일성을 식별하게 하는 개인정보에 해당 → 지문정보를 수집·이용하는 지문날인제도는 개인정보자기결정권의 제한○ but 침해✕
개인의 고유성, 동일성을 나타내는 **지문**은 그 정보주체를 타인으로부터 식별가능하게 하는 **개인정보**이므로, 시장·군수 또는 구청장이 개인의 **지문정보**를 수집하고, 경찰청장이 이를 보관·전산화하여 범죄수사목적에 이용하는 것은 모두 **개인정보자기결정권**을 제한하는 것이라고 할 수 있다. 단, 이 사건 지문날인제도가 과잉금지의 원칙에 위배하여 청구인들의 개인정보자기결정권을 **침해**하였다고 볼 수 없다(헌재 2005.5.26. 99헌마513).

③ ○

개인정보 보호법 제43조(조정의 신청 등) ① 개인정보와 관련한 분쟁의 **조정**을 **원하는 자**는 분쟁조정위원회에 **분쟁조정**을 신청할 수 있다.

④ ○

개인정보 보호법 제51조(단체소송의 대상 등) 다음 각 호의 어느 하나에 해당하는 단체는 개인정보처리자가 제49조에 따른 집단분쟁조정을 거부하거나 집단분쟁조정의 결과를 수락하지 아니한 경우에는 법원에 권리침해행위의 금지·중지를 구하는 소송(이하 '**단체소송**'이라 한다)을 제기할 수 있다.
1. 「소비자기본법」 제29조에 따라 공정거래위원회에 등록한 소비자단체로서 다음 각 목의 요건을 모두 갖춘 단체 (가~다. 생략)
2. 「비영리민간단체 지원법」 제2조에 따른 비영리민간단체로서 다음 각 목의 요건을 모두 갖춘 단체(가~라. 생략)

선지분석 & 요플·기풀기링크

선지	THEME	요플	기풀기
①	T80 정보보호법(조문)	30	033
②	T81 정보보호법(기타)	06	004
③	T80 정보보호법(조문)	66	064
④		72	069

정답 ②
OX 1○

14

다음 중 「개인정보 보호법」에 대한 설명으로 가장 적절하지 않은 것은?

24군무원9

① 공중위생 등 공공의 안전과 안녕을 위하여 긴급히 필요한 경우는 개인정보처리자는 정보주체의 동의가 없더라도 개인정보를 수집 또는 이용할 수 있다.
② 공공기관은 등록대상이 되는 개인정보파일에 대하여는 개인정보 처리방침을 정하여야 한다.
③ 공공기관의 장은 일정한 기준에 해당하는 개인정보파일의 운용으로 인하여 정보주체의 개인정보 침해가 우려되는 경우에는 그 위험요인의 분석과 개선 사항 도출을 위한 평가를 하고 그 결과를 정보주체에게 알려야 한다.
④ 정보주체가 자신의 개인정보에 대한 열람을 공공기관에 요구하고자 할 때에는 공공기관에 직접 열람을 요구할 수도 있고, 아니면 개인정보보호위원회를 통하여 열람을 요구할 수도 있다.

해설

① ○

개인정보 보호법 제15조(개인정보의 수집·이용) ① 개인정보처리자는 다음 각 호의 어느 하나에 해당하는 경우에는 개인정보를 **수집**할 수 있으며 그 **수집목적의 범위**에서 **이용**할 수 있다.
1. 정보주체의 동의를 받은 경우
2. 법률에 특별한 규정이 있거나 법령상 의무를 준수하기 위하여 불가피한 경우
3. 공공기관이 법령 등에서 정하는 소관 업무의 수행을 위하여 불가피한 경우
4. 정보주체와 체결한 계약을 이행하거나 계약을 체결하는 과정에서 정보주체의 요청에 따른 조치를 이행하기 위하여 필요한 경우
5. 명백히 정보주체 또는 제3자의 급박한 생명, 신체, 재산의 이익을 위하여 필요하다고 인정되는 경우
6. 개인정보처리자의 정당한 이익을 달성하기 위하여 필요한 경우로서 명백하게 정보주체의 권리보다 우선하는 경우. 이 경우 개인정보처리자의 정당한 이익과 상당한 관련이 있고 합리적인 범위를 초과하지 아니하는 경우에 한한다.
7. **공중위생** 등 **공공의 안전과 안녕**을 위하여 긴급히 필요한 경우

② ○

개인정보 보호법 제30조(개인정보 처리방침의 수립 및 공개) ① **개인정보처리자는** 다음 각 호의 사항이 포함된 개인정보의 처리방침(이하 '개인정보 처리방침'이라 한다)을 정하여야 한다. 이 경우 공공기관은 제32조에 따라 등록대상이 되는 개인정보파일에 대하여 개인정보 처리방침을 정한다. (각 호 생략)

③ ✕

개인정보 보호법 제33조(개인정보 영향평가) ① **공공기관의 장은** 대통령령으로 정하는 기준에 해당하는 개인정보파일의 운용으로 인하여 정보주체의 개인정보 침해가 우려되는 경우에는 그 위험요인의 분석과 개선 사항 도출을 위한 평가(이하 '**영향평가**'라 한다)를 하고 그 **결과를 보호위원회에 제출**하여야 한다.

④ ○

개인정보 보호법 제35조(개인정보의 열람) ① 정보주체는 개인정보처리자가 처리하는 자신의 개인정보에 대한 열람을 해당 개인정보처리자에게 요구할 수 있다.
② 제1항에도 불구하고 정보주체가 자신의 개인정보에 대한 열람을 공공기관에 요구하고자 할 때에는 공공기관에 **직접** 열람을 요구하거나 대통령령으로 정하는 바에 따라 **보호위원회를 통하여** 열람을 요구할 수 있다.

선지선택비율 ① 31.95% ② 8.12% ③ 38.00% ④ 21.93% 오답률 62.00%

관련 OX

③ 관련

1 공공기관의 장은 대통령령으로 정하는 기준에 해당하는 개인정보파일의 운용으로 인하여 정보주체의 개인정보 침해가 우려되는 경우에는 그 위험요인을 분석하고 개선사항을 도출하기 위하여 '개인정보 영향평가'를 하고 그 결과를 보호위원회에 제출하여야 한다. 12국회9

선지분석 & 요플·기풀기링크

선지	THEME	요플	기풀기
①		16	020
②	T80 정보보호법(조문)		
③		52	050
④		55	052

정답 ③
OX 1 ○

15

「개인정보 보호법」에 대한 내용으로 옳지 않은 것은? (다툼이 있는 경우 판례에 의함) 24국가7

① 고정형 영상정보처리기기운영자는 고정형 영상정보처리기기의 설치 목적과 다른 목적으로 고정형 영상정보처리기기를 임의로 조작하거나 다른 곳을 비춰서는 아니 되며, 녹음기능은 사용할 수 없다.

② 개인정보처리자는 공중위생 등 공공의 안전과 안녕을 위하여 긴급히 필요한 경우에는 개인정보를 수집할 수 있으며 그 수집 목적의 범위에서 이용할 수 있다.

③ 개인정보처리자는 정보주체가 필요한 최소한의 정보 외의 개인정보 수집에 동의하지 아니한다는 이유로 정보주체에게 재화 또는 서비스의 제공을 거부하여서는 아니 된다.

④ 정보주체는 「행정기본법」 제20조에 따른 행정청의 자동적 처분이 자신의 권리 또는 의무에 중대한 영향을 미치는 경우에는 해당 개인정보처리자에 대하여 해당 결정을 거부할 수 있는 권리를 가진다.

관련 OX

② 관련

1 공중위생 등 공공의 안전과 안녕을 위하여 긴급히 필요한 경우는 개인정보처리자는 정보주체의 동의가 없더라도 개인정보를 수집 또는 이용할 수 있다. 24군무원9

③ 관련

2 개인정보처리자는 정보주체가 필요한 최소한의 정보 외의 개인정보 수집에 동의하지 아니한다는 이유로 정보주체에게 재화 또는 서비스의 제공을 거부할 수 있다. 23군무원9

해설

① ○

개인정보 보호법 제25조(고정형 영상정보처리기기의 설치·운영 제한) ⑤ 고정형 영상정보처리기기운영자는 고정형 영상정보처리기기의 설치 목적과 다른 목적으로 고정형 영상정보처리기기를 임의로 조작하거나 다른 곳을 비춰서는 아니 되며, 녹음기능은 사용할 수 없다.

② ○

개인정보 보호법 제15조(개인정보의 수집·이용) ① 개인정보처리자는 다음 각 호의 어느 하나에 해당하는 경우에는 개인정보를 수집할 수 있으며 그 수집 목적의 범위에서 이용할 수 있다.
7. 공중위생 등 공공의 안전과 안녕을 위하여 긴급히 필요한 경우

③ ○

개인정보 보호법 제22조(동의를 받는 방법) ⑤ 개인정보처리자는 정보주체가 선택적으로 동의할 수 있는 사항을 동의하지 아니하거나 제1항 제3호 및 제7호에 따른 동의를 하지 아니한다는 이유로 정보주체에게 재화 또는 서비스의 제공을 거부하여서는 아니 된다.

④ ✕

개인정보 보호법 제37조의2(자동화된 결정에 대한 정보주체의 권리 등) ① 정보주체는 완전히 자동화된 시스템(인공지능 기술을 적용한 시스템을 포함한다)으로 개인정보를 처리하여 이루어지는 결정(**행정기본법 제20조에 따른 행정청의 자동적 처분은 제외**하며, 이하 이 조에서 '자동화된 결정'이라 한다)이 자신의 권리 또는 의무에 중대한 영향을 미치는 경우에는 해당 개인정보처리자에 대하여 해당 결정을 거부할 수 있는 권리를 가진다. 다만, 자동화된 결정이 제15조 제1항 제1호·제2호 및 제4호에 따라 이루어지는 경우에는 그러하지 아니하다.

선지선택비율 ① 13.07% ② 24.62% ③ 9.66% ④ 52.65% 오답률 47.35%

선지분석 & 요플·기풀가링크

선지	THEME	요플	기풀가
①	T80 정보보호법(조문)	39	042
②		16	020
③		21	022
④		59	055

정답 ④
OX 1○ 2✕

16

「개인정보 보호법」에 관한 설명으로 옳지 않은 것은? (다툼이 있는 경우 판례에 의함) 19소방

① 개인정보자기결정권의 보호대상이 되는 개인정보는 공적 생활에서 형성되었거나 이미 공개된 개인정보까지도 포함한다.
② 개인정보 분쟁조정위원회는 집단분쟁조정의 당사자인 다수의 정보주체 중 일부의 정보주체가 법원에 소를 제기한 경우에는 그 조정절차를 중지하고, 이를 당사자에게 알려야 한다.
③ 개인정보 분쟁조정위원회 위원장은 위원 중에서 공무원이 아닌 사람으로 개인정보보호위원회 위원장이 위촉한다.
④ 개인정보를 처리하거나 처리하였던 자로부터 직접 개인정보를 제공받지 아니하더라도, 개인정보를 처리하거나 처리하였던 자가 업무상 알게 된 개인정보를 누설하거나 권한 없이 다른 사람이 이용하도록 제공한 것이라는 사정을 알면서도 영리 또는 부정한 목적으로 개인정보를 제공받은 자라면, 「개인정보 보호법」상 벌칙의 대상자가 된다.

해설

① ○ 개인정보자기결정권의 보호대상이 되는 개인정보: 공적 형성·공개정보도 포함 ○
개인정보자기결정권의 보호대상이 되는 개인정보는 개인의 신체, 신념, 사회적 지위, 신분 등과 같이 개인의 인격주체성을 특징짓는 사항으로서 그 개인의 동일성을 식별할 수 있게 하는 일체의 정보라고 할 수 있고, 반드시 개인의 내밀한 영역이나 **사사(私事)의 영역**에 속하는 정보에 국한되지 않고 **공적 생활에서 형성되었거나 이미 공개된 개인정보**까지 포함한다. 또한 그러한 개인정보를 대상으로 한 조사·수집·보관·처리·이용 등의 행위는 모두 원칙적으로 개인정보자기결정권에 대한 제한에 해당한다(헌재 2005.5.26. 99헌마513).

② ✕

개인정보 보호법 제49조(집단분쟁조정) ⑥ 제48조 제2항에도 불구하고 분쟁조정위원회는 집단분쟁조정의 당사자인 다수의 정보주체 중 일부의 정보주체가 법원에 소를 제기한 경우에는 그 절차를 중지하지 아니하고, 소를 제기한 일부의 정보주체를 그 절차에서 제외한다.

③ ○

개인정보 보호법 제40조(설치 및 구성) ④ 위원장은 위원 중에서 공무원이 아닌 사람으로 보호위원회 위원장이 위촉한다.

④ ○

개인정보 보호법 제71조(벌칙) 다음 각 호의 어느 하나에 해당하는 자는 <u>5년 이하의 징역 또는 5천만원 이하의 벌금</u>에 처한다.
9. 제59조 제2호를 위반하여 **업무상 알게 된 개인정보를 누설하거나 권한 없이 다른 사람이 이용하도록 제공한 자 및 그 사정을 알면서도 영리 또는 부정한 목적으로 개인정보를 제공받은 자**

선지분석 & 요플·기출기링크

선지	THEME	요플	기출기
①	T81 정보보호법(기타)	03	003
②		68	066
③	T80 정보보호법(조문)	11	062
④		81	080

정답 ②

17 「개인정보 보호법」상 개인정보 보호에 대한 설명으로 옳지 않은 것은? (다툼이 있는 경우 판례에 의함)

23국회8

① 정보주체는 개인정보처리자가 「개인정보 보호법」을 위반한 행위로 손해를 입으면 개인정보처리자에게 손해배상을 청구할 수 있다. 이 경우 그 개인정보처리자는 고의 또는 과실이 없음을 입증하지 아니하면 책임을 면할 수 없다.

② 헌법재판소는 개인정보자기결정권을 사생활의 비밀과 자유, 일반적 인격권, 국민주권원리 등을 이념적 기초로 하는 독자적 기본권으로서 헌법에 명시되지 않은 기본권으로 보고 있다.

③ 「개인정보 보호법」상의 개인정보란 살아 있는 개인에 관한 정보로서 사자(死者)에 관한 정보는 해당되지 않는다.

④ 국가 및 지방자치단체, 개인정보 보호단체는 정보주체의 피해 또는 권리침해가 다수의 정보주체에게 같거나 비슷한 유형으로 발생하는 경우로서 대통령령으로 정하는 사건에 대하여는 분쟁조정위원회에 집단분쟁조정을 의뢰 또는 신청할 수 있다.

⑤ 개인정보처리자가 「개인정보 보호법」 제49조에 따른 집단분쟁조정의 결과를 수락하지 아니한 경우, 「소비자기본법」 제29조에 따라 공정거래위원회에 등록한 후 1년이 경과한 소비자단체는 법원에 권리침해행위의 중지를 구하는 단체소송을 제기할 수 있다.

관련 OX

② 관련

1 개인정보자기결정권은 자신에 관한 정보가 언제 누구에게 어느 범위까지 알려지고 또 이용되도록 할 것인지를 정보주체가 스스로 결정할 수 있는 권리로서 헌법에 명시된 권리이다. 21군무원7

⑤ 관련

2 개인정보처리자가 「개인정보 보호법」에 따른 집단분쟁조정의 결과를 수락하지 아니한 경우 「소비자기본법」에 따라 공정거래위원회에 등록 후 3년이 경과한 일정한 소비자단체는 법원에 권리침해행위의 중지를 구하는 단체소송을 제기할 수 있다. 24해경간부

해설

① ○

개인정보 보호법 제39조(손해배상책임) ① 정보주체는 개인정보처리자가 이 법을 위반한 행위로 손해를 입으면 개인정보처리자에게 **손해배상**을 청구할 수 있다. 이 경우 그 **개인정보처리자는 고의 또는 과실이 없음을 입증**하지 아니하면 책임을 면할 수 없다.

② ○ 개인정보자기결정권: 헌법에 명시되지 않은 독자적 기본권 / 사생활의 비밀·자유, 인격권, 자유민주질서, 국민주권 등을 이념적 기초로 함

개인정보자기결정권의 헌법상 근거로는 헌법 제17조의 사생활의 비밀과 자유, 헌법 제10조 제1문의 인간의 존엄과 가치 및 행복추구권에 근거를 둔 일반적 인격권 또는 위 조문들과 동시에 우리 헌법의 **자유민주적 기본질서** 규정 또는 **국민주권원리**와 민주주의원리 등을 고려할 수 있으나, 개인정보자기결정권으로 보호하려는 내용을 위 각 기본권들 및 헌법원리들 중 일부에 완전히 포섭시키는 것은 불가능하다고 할 것이므로, 그 헌법적 근거를 굳이 어느 한두 개에 국한시키는 것은 바람직하지 않은 것으로 보이고, 오히려 개인정보자기결정권은 이들을 이념적 기초로 하는 독자적 기본권으로서 헌법에 명시되지 아니한 기본권이라고 보아야 할 것이다(헌재 2005.5.26. 2004헌마190).

③ ○ 「개인정보 보호법」의 보호대상이 되는 '개인정보'는 '살아 있는' '개인'에 대한 것이다. 따라서 사자(死者)나 개인이 아닌 법인에 대한 정보는 포함되지 않는다.

개인정보 보호법 제2조(정의) 이 법에서 사용하는 용어의 뜻은 다음과 같다.
1. '**개인정보**'란 **살아 있는 개인에 관한 정보**로서 다음 각 목의 어느 하나에 해당하는 정보를 말한다. (각 목 생략)

선지분석 & 요플·기풀기링크

선지	THEME	요플	기풀기
①	T80 정보보호법(조문)	62	059
②	T81 정보보호법(기타)	02	002
③		01	001
④	T80 정보보호법(조문)	67	065
⑤		79	072

④ ○

개인정보 보호법 제49조(집단분쟁조정) ① 국가 및 지방자치단체, **개인정보 보호단체 및 기관, 정보주체, 개인정보처리자**는 정보주체의 피해 또는 권리침해가 다수의 정보주체에게 같거나 비슷한 유형으로 발생하는 경우로서 대통령령으로 정하는 사건에 대하여는 분쟁조정위원회에 일괄적인 분쟁조정(이하 '**집단분쟁조정**'이라 한다)을 의뢰 또는 신청할 수 있다.

⑤ × 1년×, 3년○

개인정보 보호법 제51조(단체소송의 대상 등) 다음 각 호의 어느 하나에 해당하는 단체는 **개인정보처리자**가 제49조에 따른 집단분쟁조정을 거부하거나 집단분쟁**조정의 결과를 수락하지 아니**한 경우에는 법원에 **권리침해행위의 금지·중지를 구하는 소송**(이하 '**단체소송**'이라 한다)을 제기할 수 있다.
1. 「소비자기본법」 제29조에 따라 공정거래위원회에 등록한 **소비자단체**로서 다음 각 목의 요건을 모두 갖춘 단체
   가. 정관에 따라 상시적으로 정보주체의 권익증진을 주된 목적으로 하는 단체일 것
   나. 단체의 정회원수가 1천명 이상일 것
   다. 「소비자기본법」 제29조에 따른 등록 후 **3년**이 경과하였을 것

18

「개인정보 보호법」상 개인정보 단체소송에 대한 설명으로 옳은 것은? 16지방9

① 개인정보 단체소송은 개인정보처리자가 「개인정보 보호법」상의 집단분쟁조정을 거부하거나 집단분쟁조정의 결과를 수락하지 아니한 경우에 법원의 허가를 받아 제기할 수 있다.
② 개인정보 단체소송을 허가하거나 불허가하는 법원의 결정에 대하여는 불복할 수 없다.
③ 개인정보 단체소송에 관하여 「개인정보 보호법」에 특별한 규정이 없는 경우에는 「행정소송법」을 적용한다.
④ 「소비자기본법」에 따라 공정거래위원회에 등록한 소비자단체가 개인정보 단체소송을 제기하려면 그 단체의 정회원수가 1백명 이상이어야 한다.

관련 OX

① 관련
1 법원은 개인정보처리자가 분쟁조정위원회의 조정을 거부하는 경우에만, 결정으로 단체소송을 허가한다. 21소방(변형)

② 관련
2 「개인정보 보호법」상 단체소송을 허가하거나 불허가하는 법원의 결정에 대하여는 더 이상 소송으로 다툴 수 없다. 15지방9

③ 관련
3 단체소송에 관하여 「개인정보 보호법」에 특별한 규정이 없는 경우에는 「민사소송법」을 적용한다. 21소방

해설

① ○, ②③④ ×

개인정보 보호법 제51조(단체소송의 대상 등) 다음 각 호의 어느 하나에 해당하는 단체는 개인정보처리자가 제49조에 따른 집단분쟁조정을 **거부하거나** 집단분쟁조정의 **결과를 수락하지 아니한 경우**에는 법원에 권리침해행위의 금지·중지를 구하는 소송(이하 '**단체소송**'이라 한다)을 제기할 수 있다.①
1. 「소비자기본법」 제29조에 따라 공정거래위원회에 등록한 소비자단체로서 다음 각 목의 요건을 모두 갖춘 단체
   가. 정관에 따라 상시적으로 정보주체의 권익증진을 주된 목적으로 하는 단체일 것
   나. 단체의 정회원수가 **1천명** 이상일 것④
   다. 「소비자기본법」 제29조에 따른 등록 후 3년이 경과하였을 것
2. 「비영리민간단체 지원법」 제2조에 따른 비영리민간단체로서 다음 각 목의 요건을 모두 갖춘 단체
   가. 법률상 또는 사실상 동일한 침해를 입은 100명 이상의 정보주체로부터 단체소송의 제기를 요청받을 것
   나. 정관에 개인정보 보호를 단체의 목적으로 명시한 후 최근 3년 이상 이를 위한 활동실적이 있을 것
   다. 단체의 상시 구성원수가 5천명 이상일 것
   라. 중앙행정기관에 등록되어 있을 것

제54조(소송허가신청) ① 단체소송을 제기하는 단체는 소장과 함께 다음 각 호의 사항을 기재한 소송허가신청서를 법원에 제출하여야 한다.①

제55조(소송허가요건 등) ② 단체소송을 허가하거나 불허가하는 결정에 대하여는 **즉시항고할 수 있다**.②

제57조(「민사소송법」의 적용 등) ① 단체소송에 관하여 이 법에 특별한 규정이 없는 경우에는 「**민사소송법**」을 적용한다.③

구제제도 정리

분쟁조정	분쟁조정 원하는 자는(정보주체이건, 정보처리자이건), 분쟁조정위에 조정신청 가능 → 당사자 수락시 재판상 화해와 동일한 효력(기판력 발생)
집단 분쟁조정	다수의 정보주체에 같거나 비슷한 유형으로 발생하는 침해행위에 대하여 분쟁조정위원회에 일괄적 분쟁조정 신청 가능 / 대표당사자 선임 가능 / 민사조정법 준용
단체소송	아래 단체는 정보처리자가 집단분쟁조정을 거부하거나 결과를 수락하지 않을 시 법원에 단체소송 가능① / 변호사 선임 필수 / 소송 허가받아야① (즉시항고로 불복②) / 민사소송법 적용③
	• 소비자단체 – 정회원 1천명 이상④ & 등록 후 3년 이상 & 정관목적에 정보주체 권익증진 포함
	• 비영리민간단체 – 상시구성원 5천명 이상 & 중앙행정기관 등록 & 정관목적에 정보보호 포함 및 3년 이상 실적 & 100명 이상 정보주체로부터 요청받을 것

정답 ①
OX 1× 2× 3○

19

「개인정보 보호법」상 개인정보 단체소송에 대한 설명으로 옳지 않은 것은?

21소방(변형)

① 단체소송의 원고는 변호사를 소송대리인으로 선임하여야 한다.
② 단체소송에 관하여 「개인정보 보호법」에 특별한 규정이 없는 경우에는 「민사소송법」을 적용한다.
③ 법원은 개인정보처리자가 분쟁조정위원회의 조정을 거부하는 경우에만, 결정으로 단체소송을 허가한다.
④ 단체소송의 절차에 관하여 필요한 사항은 대법원규칙으로 정한다.

관련 OX

③ 관련

1 개인정보 단체소송은 개인정보처리자가 「개인정보 보호법」상의 집단분쟁조정을 거부하거나 집단분쟁조정의 결과를 수락하지 아니한 경우에 법원의 허가를 받아 제기할 수 있다. 16지방9

해설

① ○

개인정보 보호법 제53조(소송대리인의 선임) 단체소송의 원고는 변호사를 소송대리인으로 선임하여야 한다.

② ○

개인정보 보호법 제57조(「민사소송법」의 적용 등) ① 단체소송에 관하여 이 법에 특별한 규정이 없는 경우에는 「민사소송법」을 적용한다.

③ ✕

개인정보 보호법 제55조(소송허가요건 등) ① 법원은 다음 각 호의 요건을 모두 갖춘 경우에 한하여 결정으로 단체소송을 허가한다.
1. 개인정보처리자가 분쟁조정위원회의 조정을 거부**하거나** 조정결과를 수락하지 아니하였을 것
2. 제54조에 따른 소송허가신청서의 기재사항에 흠결이 없을 것

④ ○

개인정보 보호법 제57조(「민사소송법」의 적용 등) ③ 단체소송의 절차에 관하여 필요한 사항은 대법원규칙으로 정한다.

선지선택비율 ① 9.79% ② 4.64% ③ 69.07% ④ 16.49% 오답률 30.93%

선지분석 & 요플·기풀기링크

선지	THEME	요플	기풀기
①		73	073
②	T80 정보보호법(조문)	76	076
③		71	068
④		77	077

정답 ③
OX 1 ○

PART

VI

종합문제 모음

제1절	행정작용법(T1-41)	1170
제2절	행정쟁송법(T50-69)	1183
제3절	전범위 종합문제(T1-81)	1218
제4절	전범위 종합 사례형 문제(T1-81)	1244

01-41 제1절 행정작용법

01

판례의 입장으로 옳지 않은 것은? 24지방7

① 입학전형이의신청을 거부하는 경우 국립대학교 총장은 공권력을 행사하는 주체이자 기본권 수범자로서의 지위를 갖는다.
② '환경오염 발생우려'와 같이 장래에 발생할 불확실한 상황과 파급효과에 대한 예측이 필요한 요건에 관한 행정청의 재량적 판단은 그 내용이 현저히 합리성을 결여하였다거나 상반되는 이익이나 가치를 대비해 볼 때 형평이나 비례의 원칙에 뚜렷하게 배치되는 등의 사정이 없는 한 폭넓게 존중하여야 한다.
③ WTO협정에 따른 회원국 정부의 반덤핑부과처분이 WTO협정 위반이라는 이유만으로 사인이 직접 국내 법원에 회원국 정부를 상대로 그 처분의 취소를 구하는 소를 제기할 수 있다.
④ 행정처분은 그 근거 법령이 개정된 경우에도 경과규정에서 달리 정함이 없는 한 처분 당시 시행되는 개정 법령과 거기에서 정한 기준에 의하는 것이 원칙이고, 그러한 개정 법령의 적용과 관련하여서는 개정 전 법령의 존속에 대한 국민의 신뢰가 개정 법령의 적용에 관한 공익상의 요구보다 더 보호가치가 있다고 인정되는 경우에 그러한 국민의 신뢰를 보호하기 위하여 그 적용이 제한될 수 있는 여지가 있다.

관련 OX

② 관련
1 환경오염 발생우려와 같이 장래에 발생할 불확실한 상황과 파급효과에 대한 예측이 필요한 요건에 관한 허가권자의 재량적 판단은 형평이나 비례의 원칙에 뚜렷하게 배치되는 등의 사정이 없는 한 폭넓게 존중하여야 한다. 24군무원7

③ 관련
2 회원국 정부의 반덤핑부과처분이 WTO협정 위반이라는 이유만으로 사인이 직접 국내 법원에 회원국 정부를 상대로 그 처분의 취소를 구하는 소를 제기할 수 있다. 17(하)국가9

④ 관련
3 기
행정처분은 그 근거법령이 개정된 경우에도 경과규정에서 달리 정함이 없는 한 처분 당시 시행되는 개정법령과 그에 정한 기준에 의하는 것이 원칙이다. 14지방7

해설

① ○ 국립대 총장은 공권력 행사주체이자 기본권 수범자 → 차별처우의 위법성이 사적 단체·사인보다 폭넓게 인정
(○○교 신자 甲이 종교적 신념을 지키기 위해 입학면접일정의 변경을 신청하였으나 총장이 이를 거부하고 불합격 통지를 한 사안에서) 국립대학교 총장은 공권력을 행사하는 주체이자 기본권 수범자로서의 지위를 갖는다. 그 결과 사적 단체 또는 사인의 경우 차별처우가 사회공동체의 건전한 상식과 법감정에 비추어 볼 때 도저히 용인될 수 있는 한계를 벗어난 경우에 한해 사회질서에 위반되는 행위로서 위법한 행위로 평가되는 것과 달리, 국립대학교 총장은 헌법상 평등원칙의 직접적인 구속을 받고, 국민의 기본권을 보호 내지 실현할 책임과 의무를 부담하므로, 그 차별처우의 위법성이 보다 폭넓게 인정된다(2024.4.4. 2022두56661).

② ○ '환경오염 발생우려'와 같은 예측이 필요한 요건에 관한 재량적 판단: 폭넓게 존중
'환경오염 발생우려'와 같이 장래에 발생할 불확실한 상황과 파급효과에 대한 예측이 필요한 요건에 관한 행정청의 재량적 판단은 그 내용이 합리성이 없거나 상반되는 이익과 가치를 대비해 볼 때 형평과 비례의 원칙에 뚜렷하게 배치되지 않는 한 폭넓게 존중되어야 한다(2018.4.12. 2017두71789).

③ × 회원국 정부의 반덤핑부과처분이 WTO협정 위반이라는 이유만으로 사인이 직접 국내 법원에 그 처분의 취소를 구하는 소를 제기하거나 협정 위반을 처분의 독립된 취소사유로 주장할 수 없다(2009.1.30. 2008두17936).

④ ○ 처분의 근거법령이 별다른 경과규정 없이 개정된 경우: 처분시법(개정법령)에 따름이 원칙 / 단, 신뢰보호원칙에 따른 제한 가능
행정처분은 그 근거법령이 개정된 경우에도 경과규정에서 달리 정함이 없는 한 처분 당시 시행되는 개정법령과 거기에서 정한 기준에 의하는 것이 원칙이고, 개정법령의 적용과 관련하여 개정 전 법령의 존속에 대한 국민의 신뢰가 개정법령의 적용에 관한 공익상의 요구보다 더 보호가치가 있다고 인정되는 경우에 국민의 신뢰를 보호하기 위하여 개정법령의 적용이 제한될 수 있는 여지가 있다(2023.2.2. 2020두43722).

선지분석 & 요플·기풀기링크

선지	THEME	요플	기풀기
①	T06 기타 일반원칙	38	031
②	T16 VA의 개념과 분류	45	043
③	T04 법원(法源)	16	016
④	T08 개정시 적용법	17	017

선지선택비율 ① 5.39% ② 3.74% ③ 87.86% ④ 3.02% 오답률 12.14%

정답 ③
OX 1○ 2× 3○

02

행정법관계에 대한 설명으로 옳지 않은 것은? (다툼이 있는 경우 판례에 의함) 22국가9

① 군인연금법령상 급여를 받으려고 하는 사람이 국방부장관에게 급여지급을 청구하였으나 거부된 경우, 곧바로 국가를 상대로 한 당사자소송으로 급여의 지급을 청구할 수 있다.
② 법무사가 사무원을 채용할 때 소속 지방법무사회로부터 승인을 받아야 할 의무는 공법상 의무이다.
③ 사무처리의 긴급성으로 인하여 해양경찰의 직접적인 지휘를 받아 보조로 방제작업을 한 경우, 사인은 그 사무를 처리하며 지출한 필요비 내지 유익비의 상환을 국가에 대하여 민사소송으로 청구할 수 있다.
④ 「공익사업을 위한 토지 등의 취득 및 보상에 관한 법률」상 환매권의 존부에 관한 확인을 구하는 소송 및 환매금액의 증감을 구하는 소송은 민사소송이다.

관련 OX

③ 관련
1 사무처리의 긴급성으로 인하여 해양경찰의 직접적인 지휘를 받아 보조로 방제작업을 한 경우, 사인은 그 범위 안에서 국가에 대하여 그 사무를 처리하며 지출한 필요비 내지 유익비의 상환을 청구할 수 있다. 24해경간부

④ 관련
2 「공익사업을 위한 토지 등의 취득 및 보상에 관한 법률」상 환매권의 존부에 관한 확인 및 환매금액의 증감을 구하는 소송(은 행정소송으로 청구할 수 있다) 17국가7

해설

① ✗ 군인연금: 국방부장관의 급여지급결정에 의해 비로소 확정 → 국방부장관의 지급거부·일부금액만 인정: 처분 / 곧바로 당사자소송✗, 일단 항고소송○
국방부장관 등이 하는 급여지급결정은 단순히 급여수급 대상자를 확인·결정하는 것에 그치는 것이 아니라 구체적인 급여수급액을 확인·결정하는 것까지 포함한다. 구 군인연금법령상 급여를 받으려고 하는 사람은 우선 관계 법령에 따라 국방부장관 등에게 급여지급을 청구하여 국방부장관 등이 이를 거부하거나 일부 금액만 인정하는 급여지급결정을 하는 경우 그 결정을 대상으로 항고소송을 제기하는 등으로 구체적 권리를 인정받은 다음 비로소 당사자소송으로 그 급여의 지급을 구해야 한다. 이러한 구체적인 권리가 발생하지 않은 상태에서 곧바로 국가를 상대로 한 당사자소송으로 급여의 지급을 소구하는 것은 허용되지 않는다(2021.12.16. 2019두45944).

+ PLUS 연금지급에 대한 국방부장관의 결정은 법령에 따라 이미 발생한 권리를 단순히 확인하는 것이 아니라, 구체적 권리를 창설·확정하는 것이다. 따라서 국방부장관의 거부결정은 처분에 해당하고 이에 대해서 우선 항고소송으로 다투어야 한다. 그렇지 않고 곧바로 당사자소송을 제기할 경우, 아직 연금지급권이 창설되지 않았으므로 기각당할 수밖에 없다.

② ○ 법무사에 대하여 지방법무사회로부터 채용승인을 얻어 사무원을 채용할 의무는 법무사법에 의하여 강제되는 공법적 의무이다(2020.4.9. 2015다34444).

+ PLUS 법무사사무원채용승인과 관련하여, 지방법무사회는 공법인으로서 행정청의 지위에 있고, 지방법무사회의 승인을 받을 의무는 공법적 의무이다. 따라서 지방법무사회의 승인거부는 행정청의 공권력 행사 내지 거부로서 처분에 해당한다. 반복 출제가 계속될 중요 최신판례이다.

③ ○ 국가사무에 대한 사인의 사무관리가 인정되려면 사무처리의 긴급성이 인정돼야 함 → 해양경찰 지휘 하에 방제작업한 국민이 국가에 비용(필요비·유익비) 청구 가능
(甲회사 소유의 유조선에서 원유가 유출되는 사고가 발생하자 乙회사가 피해 방지를 위해 해양경찰의 직접적인 지휘를 받아 방제작업을 보조한 사안에서) 사무처리의 긴급성 등 국가의 사무에 대한 사인의 개입이 정당화되는 경우에 한하여 사무관리가 성립하고, 사인은 그 범위 내에서 국가에 대하여 국가의 사무를 처리하면서 지출된 필요비 내지 유익비의 상환을 청구할 수 있다(2014.12.11. 2012다15602).

+ PLUS 국가의 사무에 대한 국민의 사무관리를 인정하되, 그 요건으로 사무처리의 긴급성을 요구

④ ○ 환매권 존부확인·환매금액 증감청구: 민사소송
구 「공익사업을 위한 토지 등의 취득 및 보상에 관한 법률」 제91조에 규정된 … 환매권의 존부에 관한 확인을 구하는 소송 및 구 공익사업법 제91조 제4항에 따라 환매금액의 증감을 구하는 소송 역시 민사소송에 해당한다(2013.2.28. 2010두22368).

+ PLUS 환매권 행사로 형성되는 매매계약(사법상 매매계약) / 환매권의 존부에 대한 소송·환매금액 증감청구 소송(민사소송)

선지분석 & 요플·기풀기링크

선지	THEME	요플	기풀기
①	T53 대상적격(법률관계)	120	124
②	T16 VA의 개념과 분류	08	007
③	T12 사건	31	037
④	T53 대상적격(법률관계)	65	067

선지선택비율 ① 43.80% ② 18.04% ③ 26.03% ④ 12.12% 오답률 56.20%

정답 ①

OX 1○ 2✗

03

허가 및 특허에 대한 설명으로 옳지 않은 것은? (다툼이 있는 경우 판례에 의함) 14지방9

① 「여객자동차 운수사업법」에 의한 개인택시운송사업면허는 특정인에게 권리나 이익을 부여하는 행정청의 재량행위이며, 동법(同法) 및 그 시행규칙의 범위 내에서 면허를 위하여 필요한 기준을 정하는 것 역시 행정청의 재량에 속한다.

② 주류판매업면허는 강학상의 허가로 해석되므로 「주세법」에 열거된 면허제한사유에 해당하지 아니하는 한 면허관청으로서는 임의로 그 면허를 거부할 수 없다.

③ 건축허가시 건축허가서에 건축주로 기재된 자는 당연히 그 건물의 소유권을 취득하며, 건축 중인 건물의 소유자와 건축허가의 건축주는 일치하여야 한다.

④ 한약조제시험을 통하여 약사에게 한약조제권을 인정함으로써 한의사들의 영업상 이익이 감소되었다고 하더라도 이러한 이익은 사실상의 이익에 불과하다.

관련 OX

① 관련

1 「여객자동차 운수사업법」에 의한 개인택시운송사업면허는 특정인에게 권리나 이익을 부여하는 행정행위로서 법령에 특별한 규정이 없는 한 재량행위이다. 15국회8

④ 관련

2 한의사 면허는 허가에 해당하고, 한약조제 시험을 통해 약사에게 한약조제권을 인정함으로써 한의사들의 영업이익이 감소되었다고 하더라도 이는 법률상 이익 침해라고 할 수 없다. 22군무원9

3 약사들에 대한 한약조제시험 합격처분의 무효확인을 구하는 한의사(에게는 판례상 원고적격이 부정되었다) 22세무사

해설

① ○ 개인택시운송사업면허: 특허(재량행위) / 그 기준을 정하는 것 역시 재량행위
「여객자동차 운수사업법」에 의한 개인택시운송사업의 면허는 특정인에게 권리나 이익을 부여하는 행정청의 재량행위이고, 위 법과 그 시행규칙의 범위 내에서 면허를 위하여 필요한 기준을 정하는 것 역시 행정청의 재량에 속하는 것이므로, 그 설정된 기준이 객관적으로 합리적이 아니라거나 타당하지 않다고 볼 만한 다른 특별한 사정이 없는 이상 행정청의 의사는 가능한 한 존중되어야 하는바, 행정청이 개인택시운송사업의 면허를 하면서, 택시 운전경력이 버스 등 다른 차종의 운전경력보다 개인택시의 운전업무에 더 유용할 수 있다는 점 등을 고려하여 택시의 운전경력을 다소 우대하는 것이 객관적으로 합리적이 아니라거나 타당하지 않다고 볼 수 없다(2009.11.26. 2008두16087).

② ○ 주류판매업 면허: 허가 → 주세법상 이외의 사유로 면허 발급 거부 불가
주류판매업 면허는 설권적 행위가 아니라 주류판매의 질서유지, 주세 보전의 행정목적 등을 달성하기 위하여 개인의 자연적 자유에 속하는 영업행위를 일반적으로 제한하였다가 특정한 경우에 이를 회복하도록 그 제한을 해제하는 강학상의 허가로 해석되므로 주세법 제10조 제1호 내지 제11호에 열거된 면허제한사유에 해당하지 아니하는 한 면허관청으로서는 임의로 그 면허를 거부할 수 없다(1995.11.10. 95누5714).

③ ✕ 건축허가서에 건축주로 기재된 사람: 당연히 소유권 취득✕ so 건축주와 소유자는 불일치 가능
건축허가는 상대적 금지를 관계 법규에 적합한 일정한 경우에 해제함으로써 일정한 건축행위를 하도록 회복시켜주는 행정처분일 뿐, 허가받은 자에게 새로운 권리나 능력을 부여하는 것이 아니다. 그리고 건축허가서는 허가된 건물에 관한 실체적 권리의 득실변경의 공시방법이 아니며 그 추정력도 없으므로 건축허가서에 건축주로 기재된 자가 그 소유권을 취득하는 것은 아니며, 건축 중인 건물의 소유자와 건축허가의 건축주가 반드시 일치하여야 하는 것도 아니다(2009.3.12. 2006다28454).

④ ○ 한의사 면허: 강학상 허가 → 영업상 이익의 감소는 사실상 이익에 불과하여 원고적격 인정✕
〈한의사면허〉는 경찰금지를 해제하는 명령적 행위(강학상 허가)에 해당하고, 한약조제시험을 통하여 약사에게 한약조제권을 인정함으로써 한의사들의 영업상 이익이 감소되었다고 하더라도 이러한 이익은 사실상의 이익에 불과하고 약사법이나 의료법 등의 법률에 의하여 보호되는 이익이라고는 볼 수 없으므로, 한의사들이 한약조제시험을 통하여 한약조제권을 인정받은 약사들에 대한 합격처분의 무효확인을 구하는 당해 소는 원고적격이 없는 자들이 제기한 소로서 부적법하다(1998.3.10. 97누4289).

선지분석 & 요폴·기풀기링크

선지	THEME	요폴	기풀기
①	T19 형성적 VA	03	006
②	T17 명령적 VA	21	017
③	T24 건축 관련 쟁점	02	002
④	T56 경업·경원·주민	08	010

정답 ③
OX 1○ 2○ 3○

04

행정행위에 대한 설명으로 옳은 것은? (다툼이 있는 경우 판례에 의함) 17국가7

① 하명의 대상은 불법광고물의 철거와 같은 사실행위에 한정된다.
② 허가의 갱신은 허가취득자에게 종전의 지위를 계속 유지시키는 효과를 갖게 하는 것으로 갱신 후라도 갱신 전 법위반사실을 근거로 허가를 취소할 수 있다.
③ 인가처분에 하자가 없더라도 기본행위의 하자를 이유로 행정청의 인가처분의 취소 또는 무효확인을 구할 법률상 이익이 인정된다.
④ 제소기간이 이미 도과하여 불가쟁력이 생긴 행정처분에 대하여는, 관계 법령의 해석상 그 변경을 요구할 신청권이 인정될 수 있는 경우라 하더라도 국민에게 그 행정처분의 변경을 구할 신청권이 없다.

관련 OX

① 관련
1 하명의 대상은 법률행위뿐만 아니라 사실행위일 수도 있다. 08(상)지방9

③ 관련
2 인가처분에 하자가 없다면 기본행위에 하자가 있다 하더라도 기본행위의 무효를 내세워 바로 그에 대한 행정청의 인가처분의 취소 또는 무효확인을 소구할 법률상의 이익이 없다. 22국가7

해설

① × 하명은 **법률행위**(영업금지)와 **사실행위**(건축물사용금지, 통행금지)를 모두 대상으로 한다.
② ○ 유료직업 소개사업 허가갱신: 갱신 후에도 갱신 전 법위반사실을 이유로 행정제재 가능
유료직업 소개사업의 〈허가갱신〉은 허가취득자에게 종전의 지위를 계속 유지시키는 효과를 갖는 것에 불과하고 갱신 후에는 갱신 전의 법위반사항을 불문에 부치는 효과를 발생하는 것이 아니므로 일단 갱신이 있은 후에도 갱신 전의 법위반사실을 근거로 허가를 취소할 수 있다(1982.7.27. 81누174).
③ × 인가처분에는 하자가 없고 기본행위에 하자가 있는 경우: 기본행위를 대상으로 소송해야 → 기본행위의 하자를 이유 삼아 인가처분에 대한 항고소송 제기시 소익 흠결로 각하
인가는 기본행위인 재단법인의 정관변경에 대한 법률상의 효력을 완성시키는 보충행위로서, 그 기본이 되는 정관변경 결의에 하자가 있을 때에는 그에 대한 인가가 있었다 하여도 기본행위인 정관변경 결의가 유효한 것으로 될 수 없으므로 기본행위인 정관변경 결의가 적법·유효하고 보충행위인 인가처분 자체에만 하자가 있다면 그 인가처분의 무효나 취소를 주장할 수 있지만, 인가처분에 하자가 없다면 기본행위에 하자가 있다 하더라도 따로 그 기본행위의 하자를 다투는 것은 별론으로 하고 기본행위의 무효를 내세워 바로 그에 대한 행정청의 인가처분의 취소 또는 무효확인을 소구할 법률상의 이익이 없다(1996.5.16. 95누4810 전합).
+ PLUS 기본행위 적법·유효하고 인가에만 하자 있는 경우: 인가처분의 무효나 취소 주장 가능 / 기본행위에 하자가 있는 경우: 인가처분의 무효나 취소 주장 불가
④ × 불가쟁력 발생시 관계 법령에서 취소신청권을 규정하거나, 해석상 신청권이 인정되는 경우 등 특별사정 없는 한 처분변경 신청권 인정×
제소기간이 이미 도과하여 불가쟁력이 생긴 행정처분에 대하여는 개별 법규에서 그 변경을 요구할 신청권을 규정하고 있거나 관계 법령의 해석상 그러한 신청권이 인정될 수 있는 등 특별한 사정이 없는 한 국민에게 그 행정처분의 변경을 구할 신청권이 있다 할 수 없다. … 거부행위인 이 사건 통지는 항고소송의 대상이 되는 행정처분이 될 수 없다(2007.4.26. 2005두11104).
+ PLUS 판례는 원칙적으로 행정처분의 취소·철회·변경에 대한 조리상 신청권을 인정하지 않는다(동 처분에 불가쟁력이 발생했어도 마찬가지). 그러나 개별 법령상 또는 법령의 해석상 동 신청권이 도출되는 등의 특별한 사정이 있다면 당연히 신청권이 인정된다.

선지분석 & 요플·기풀기링크

선지	THEME	요플	기풀기
①	T17 명령적 VA	05	004
②	T32 부관	38	019
③	T19 형성적 VA	50	059
④	T54 거부처분	36	032

정답 ②
OX 1○ 2○

05

행정행위에 대한 설명으로 옳지 않은 것은? (다툼이 있는 경우 판례에 의함) 15국가7

① 무효인 행정행위에 대하여는 사정판결이 인정되지 않는다.
② 행정행위에 흠이 있는 경우에도 당연무효인 경우를 제외하고는 권한 있는 기관에 의하여 취소될 때까지는 효력을 지속한다.
③ 형성적 행정행위는 명령적 행정행위와 함께 법률행위적 행정행위에 속하며, 이에는 특허·인가·대리가 속한다.
④ 확인은 특정한 사실 또는 법률관계에 관하여 의문이 있는 경우에 행정청이 그 존부 또는 정부를 판단하는 준법률행위적 행정행위이며, 그 예로는 합격증서의 발급 및 영수증의 교부 등을 들 수 있다.

관련 OX

① 관련
1 (사정판결과 관련하여) 판례는 당연무효의 처분은 존치시킬 효력이 있는 행정행위가 없기 때문에 사정판결을 할 수 없다고 하여 부정적이다.   14서울7

② 관련
2 (「행정기본법」에 따르면) 처분은 무효가 아닌 한 권한이 있는 기관이 취소 또는 철회하거나 기간의 경과 등으로 소멸되기 전까지는 유효한 것으로 통용된다.   22국가7

해설

① ○ 사정판결은 취소소송에서만 허용된다. 행정소송법은 취소소송 외의 행정소송에서는 사정판결 규정(제28조)을 준용하지 않고, 판례 역시 이를 부정하기 때문이다.

행정소송법 제38조(준용규정) ① 제9조, 제10조, 제13조 내지 제17조, 제19조, 제22조 내지 제26조, 제29조 내지 제31조 및 제33조의 규정은 무효등확인소송의 경우에 준용한다.
② 제9조, 제10조, 제13조 내지 제19조, 제20조, 제25조 내지 제27조, 제29조 내지 제31조, 제33조 및 제34조의 규정은 부작위위법확인소송의 경우에 준용한다.

• 당연무효의 행정처분을 소송목적물로 하는 행정소송에서는 존치시킬 효력이 있는 행정행위가 없기 때문에 행정소송법 제28조 소정의 사정판결을 할 수 없다(1996.3.22. 95누5509).

② ○ 공정력에 대한 설명이다. 행정기본법은 다음과 같이 공정력을 명문화하였다.

행정기본법 제15조(처분의 효력) 처분은 권한이 있는 기관이 취소 또는 철회하거나 기간의 경과 등으로 소멸되기 전까지는 유효한 것으로 통용된다. 다만, 무효인 처분은 처음부터 그 효력이 발생하지 아니한다.

③ ○ 명령적 행위에는 본래적 자유를 제한하는 하명과, 본래적 자유를 회복시키는 허가·면제가 있고, 형성적 행위에는 직접 상대방에게 권리 등을 설정하는 특허, 타인을 대신해 행위하는 대리, 타인의 행위를 보충·완성하는 인가가 있다.

법률행위적 행정행위	명령적	하명, 허가, 면제
	형성적	특허, 대리, 인가
준법률행위적 행정행위		확인, 공증, 통지, 수리

④ ✕ 지문 앞단의 확인에 대한 설명 부분은 옳으나 뒷단의 그에 대한 예시가 잘못되었다. 합격증서 발급이나 영수증 교부 등 각종 증명서 발급행위는 확인이 아닌 공증의 예시이다.

	확인	공증
의의	의문·다툼이 있는 특정한 사실이나 법률관계 존부나 정부를 판단	의문·다툼을 전제함이 없이 특정 사실이나 법률관계에 대한 공적 인식을 표시
예시	누가 합격자인지 결정, 납세의무의 확정	합격증서 발급, 영수증 교부

선지분석 & 요플·기풀기링크

선지	THEME	요플	기풀기
①	T65 판결 기준시/종류	38	041
②	T27 공정력	01	001
③	T16 VA의 개념과 분류	21	024
④	T21 준법률행위적 VA	수01/29	001

정답 ④
OX 1○ 2○

06

허가에 대한 설명으로 옳지 않은 것은? (다툼이 있는 경우 판례에 의함) 20군무원7

① 건축허가는 대물적 성질을 갖는 것이어서 행정청으로서는 허가를 할 때에 건축주 또는 토지소유자가 누구인지 등 인적 요소에 관하여는 형식적 심사만 한다.

② 구 「학원의 설립·운영에 관한 법률」 제5조 제2항에 의한 학원의 설립인가는 강학상의 이른바 인가에 해당하는 것으로서 그 인가를 받은 자에게 특별한 권리를 부여하는 것이고 일반적인 금지를 특정한 경우에 해제하여 학원을 설립할 수 있는 자유를 회복시켜주는 것이 아니다.

③ 유료직업 소개사업의 허가갱신은 허가취득자에게 종전의 지위를 계속 유지시키는 효과를 갖는 것에 불과하고 갱신 후에는 갱신 전의 법위반사항을 불문에 부치는 효과를 발생하는 것이 아니므로 일단 갱신이 있은 후에도 갱신 전의 법위반사실을 근거로 허가를 취소할 수 있다.

④ 허가 등의 행정처분은 원칙적으로 처분시의 법령과 허가기준에 의하여 처리되어야 하고 허가신청 당시의 기준에 따라야 하는 것은 아니며, 비록 허가신청 후 허가기준이 변경되었다 하더라도 그 허가관청이 허가신청을 수리하고도 정당한 이유 없이 그 처리를 늦추어 그 사이에 허가기준이 변경된 것이 아닌 이상 변경된 허가기준에 따라서 처분을 하여야 한다.

관련 OX

① 관련

1 건축허가는 대물적 성질을 갖는 것이어서 행정청으로서는 허가를 할 때에 건축주 또는 토지소유자가 누구인지 등 인적 요소에 관하여는 형식적 심사만 한다. 22지방9

④ 관련

2 허가신청 후 허가기준이 변경되었다 하더라도 허가관청이 허가신청을 수리하고도 정당한 이유 없이 그 처리를 늦추어 그 사이에 허가기준이 변경된 것이 아닌 이상, 허가관청은 변경된 허가기준에 따라서 처분을 하여야 한다. 18지방7

해설

① ○ 건축허가: 대물적 → 인적 요소는 형식적 심사
건축허가는 대물적 성질을 갖는 것이어서 행정청으로서는 허가를 할 때에 건축주 또는 토지소유자가 누구인지 등 인적 요소에 관하여는 형식적 심사만 한다(2017.3.15. 2014두41190).

② × 학원의 설립인가: 허가
학원법에 의한 학원의 설립인가는 강학상의 이른바 허가의 성질을 지니는 것으로서 그 인가를 받는 자에게 특별한 권리를 부여하는 것은 아니고 일반적인 금지를 특정한 경우에 해제하여 학원을 설립할 수 있는 자유를 회복시켜주는 것이다(1994.2.8. 93누8276).

③ ○ 유료직업 소개사업 허가갱신: 갱신 후에도 갱신 전 법위반사실을 이유로 행정제재 가능
유료직업 소개사업의 〈허가갱신〉은 허가취득자에게 종전의 지위를 계속 유지시키는 효과를 갖는 것에 불과하고 갱신 후에는 갱신 전의 법위반사항을 불문에 부치는 효과를 발생하는 것이 아니므로 일단 갱신이 있은 후에도 갱신 전의 법위반사실을 근거로 허가를 취소할 수 있다(1982.7.27. 81누174).

④ ○ 허가신청 후 법령이 개정된 경우 → 별도의 경과규정이 없는 한 처분시법에 따름
행정행위는 처분 당시에 시행 중인 법령과 허가기준에 의하여 하는 것이 원칙이고, 인·허가신청 후 처분 전에 관계 법령이 개정 시행된 경우 신 법령 부칙에 그 시행 전에 이미 허가신청이 있는 때에는 종전의 규정에 의한다는 취지의 경과규정을 두지 아니한 이상 당연히 허가신청 당시의 법령에 의하여 허가 여부를 판단하여야 하는 것은 아니며, 소관 행정청이 허가신청을 수리하고도 정당한 이유 없이 처리를 늦추어 그 사이에 법령 및 허가기준이 변경된 것이 아닌 한 변경된 법령 및 허가기준에 따라서 한 불허가처분은 위법하다고 할 수 없다(2005.7.29. 2003두3550).

행정기본법 제14조(법 적용의 기준) ② 당사자의 **신청에 따른 처분**은 법령등에 특별한 규정이 있거나 처분 당시의 법령등을 적용하기 곤란한 특별한 사정이 있는 경우를 제외하고는 **처분 당시**의 법령등에 따른다.

선지분석 & 요플·기풀기링크

선지	THEME	요플	기풀기
①	T24 건축 관련 쟁점	03	003
②	T17 명령적 VA	수1/10	012
③	T32 부관	39	020
④	T08 개정시 적용법	05	005

정답 ②

OX 1○ 2○

07

행정행위에 대한 설명으로 옳지 않은 것은? (다툼이 있는 경우 판례에 의함) 22지방9

① 건축허가는 대물적 성질을 갖는 것이어서 행정청으로서는 허가를 할 때에 건축주 또는 토지소유자가 누구인지 등 인적 요소에 관하여는 형식적 심사만 한다.

② 시·도경찰청장이 횡단보도를 설치하여 보행자 통행방법 등을 규제하는 것은 국민의 권리·의무에 직접 관계가 있는 행위로서 행정처분이다.

③ 국유재산의 무단점유에 대한 변상금 징수의 요건은 「국유재산법」에 명백히 규정되어 있으므로 변상금을 징수할 것인가는 처분청의 재량을 허용하지 않는 기속행위이다.

④ 공유수면의 점용·사용허가는 특정인에게 공유수면 이용권이라는 독점적 권리를 설정하여 주는 처분이 아니라 일반적인 상대적 금지를 해제하는 처분이다.

관련 OX

② 관련

1 시·도경찰청장이 횡단보도를 설치하여 보행자 통행방법 등을 규제하는 것은 국민의 권리·의무에 직접 관계가 있는 행위로서 행정처분이다. 24해경승진

④ 관련

2 공유수면점용허가는 특정인에게 공유수면이용권이라는 독점적 권리를 설정하여 주는 처분으로서 그 처분의 여부 및 내용의 결정은 원칙적으로 행정청의 재량에 속한다. 15서울7

해설

① ○ 건축허가: 대물적 → 인적 요소는 형식적 심사
건축허가는 **대물적** 성질을 갖는 것이어서 행정청으로서는 허가를 할 때에 건축주 또는 토지소유자가 누구인지 등 인적 요소에 관하여는 **형식적 심사만** 한다(2017.3.15. 2014두41190).

② ○ 횡단보도 설치: 처분
지방경찰청장이 **횡단보도**를 설치하여 보행자 통행방법 등을 규제하는 것은 행정청이 특정사항에 대하여 부담을 명하는 행위이고 이는 **국민의 권리·의무에 직접 관계가 있는** 행위로서 행정**처분이다**(2000.10.27. 98두8964).

③ ○ 국공유재산 무단점유 등에 대한 변상금 징수: 기속행위
국유재산의 **무단점유** 등에 대한 **변상금 징수**의 요건은 국유재산법 제51조 제1항에 명백히 규정되어 있으므로 변상금을 징수할 것인가는 처분청의 재량을 허용하지 않는 **기속행위**이고, 여기에 재량권 일탈·남용의 문제는 생길 여지가 없다(1998.9.22. 98두7602).
+ PLUS 무단점유자에 대한 변상금 징수: 기속행위 but 무단점유자에 대해 변상금 부과·징수와 별도로 민사상 부당이득반환청구를 하는 것도 가능(T53. 대상적격(3))

④ × 공유수면 점용·사용허가: 특허(재량)
「공유수면 관리 및 매립에 관한 법률」에 따른 **공유수면의 점용·사용허가**는 특정인에게 공유수면이용권이라는 **독점적 권리를 설정**하여 주는 처분으로서 처분 여부 및 내용의 결정은 원칙적으로 **행정청의 재량**에 속한다(2017.4.28. 2017두30139).
+ PLUS 지문의 "독점적 권리를 설정하여 주는 처분이 아니라 일반적 상대적 금지를 해제하는 처분이다."란 "특허가 아니라 허가이다."라는 의미이므로 틀린 것이다.
ex '독점적 권리설정'(특허), '일반적·상대적 금지해제'(허가), '보충행위로서 효력부여'(인가)

선지분석 & 요플·기풀기링크

선지	THEME	요플	기풀기
①	T24 건축 관련 쟁점	03	003
②	T16 VA의 개념과 분류	10	013
③	T17 명령적 VA	03	002
④	T19 형성적 VA	12	015

선지선택비율 ① 8.38% ② 6.01% ③ 11.77% ④ 73.84% 오답률 26.16%

정답 ④
OX 1○ 2○

08

강학상 허가·특허·인가 등에 대한 판례의 태도로 가장 옳지 않은 것은? (다툼이 있는 경우 판례를 따름)
19(1)서울9

ⓑ ① 환경의 보전 등 중대한 공익상 필요가 있다고 인정되더라도 법규에 명문의 근거가 없다면 산림훼손기간 연장허가를 거부할 수 없다.

기 ② 건축허가는 수허가자에게 어떤 새로운 권리나 능력을 부여하는 것이 아니다.

Ⓐ ③ 「출입국관리법」상 체류자격 변경허가는 신청인에게 당초의 체류자격과 다른 체류자격에 해당하는 활동을 할 수 있는 권한을 부여하는 일종의 설권적 처분이다.

ⓑ ④ 기본행위인 이사선임결의가 적법·유효하고 보충행위인 승인처분 자체에만 하자가 있다면 그 승인처분의 무효확인이나 그 취소를 주장할 수 있다.

관련 OX

① 관련

1 ⓑ
산림형질변경허가시 법령상의 금지 또는 제한지역에 해당하지 않더라도 국토 및 자연의 유지와 상수원 수질과 같은 환경의 보전 등을 위한 중대한 공익상의 필요가 있을 경우 그 허가를 거부할 수 있다. 12지방9

③ 관련

2 「출입국관리법」상 체류자격 변경허가는 설권적 처분의 성격을 가지므로, 허가권자는 허가 여부를 결정할 수있는 재량을 가진다. 19소방

해설

① ✗ 산림훼손허가(산림형질변경허가)·연장허가: 법령상 금지·제한지역이 아니더라도 환경보전 등 중대한 공익상 필요시 거부 가능
산림형질변경(편저자: 산림훼손허가)는 법령상의 금지 또는 제한지역에 해당하지 않더라도 신청 대상 토지의 현상과 위치 및 주위의 상황 등을 고려하여 국토 및 자연의 유지와 상수원 수질과 같은 환경의 보전 등을 위한 중대한 공익상의 필요가 있을 경우 그 허가를 거부할 수 있으며, 이는 산림형질변경허가기간을 연장하는 경우에도 마찬가지이다(2000.7.7. 99두66).

② ○ 건축허가는 상대적 금지의 해제일 뿐, 새로운 권리의 부여가 아님(허가○, 특허✗)
건축허가는 시장·군수 등의 행정관청이 건축행정상 목적을 수행하기 위하여 수허가자에게 일반적으로 행정관청의 허가 없이는 건축행위를 하여서는 안 된다는 **상대적 금지**를 관계 법규에 적합한 일정한 경우에 해제함으로써 일정한 건축행위를 하도록 회복시켜주는 행정처분일 뿐, 허가받은 자에게 새로운 권리나 능력을 부여하는 것이 아니다(2009.3.12. 2006다28454).

③ ○ 체류자격 변경허가: 특허(재량) → 법령상 요건을 충족했더라도 공익을 참작해 거부 가능
체류자격 변경허가는 신청인에게 당초의 체류자격과 다른 체류자격에 해당하는 활동을 할 수 있는 권한을 부여하는 일종의 설권적 처분의 성격을 가지므로, 허가권자는 신청인이 관계 법령에서 정한 요건을 충족하였더라도, 신청인의 적격성, 체류목적, 공익상의 영향 등을 참작하여 허가 여부를 결정할 수 있는 재량을 가진다(2016.7.14. 2015두48846).

④ ○ 이사선임결의(기본행위)는 적법, 승인처분(인가)에만 하자: 승인처분에 대해 항고소송
기본행위인 이사선임결의가 적법·유효하고 보충행위인 승인처분 자체에만 하자가 있다면 그 승인처분의 무효확인이나 그 취소를 주장할 수 있다(2002.5.24. 2000두3641).

선지분석 & 요플·기풀기링크

선지	THEME	요플	기풀기
①	T17 명령적 VA	25	020
②	T24 건축 관련 쟁점	01	001
③	T19 형성적 VA	20	020
④		53	062

정답 ①
OX 1 ○ 2 ○

필수문제 09

다음 중 행정행위에 대한 설명으로 옳은 것은? (다툼이 있는 경우 판례에 의함) 15국회8

- 기 ① 허가는 원칙적으로 재량행위, 특허는 원칙적으로 기속행위로 본다.
- 인 ② 건설업면허증 및 건설업면허수첩의 재교부는 건설업의 면허를 받았다고 하는 특정사실에 대하여 형식적으로 그것을 증명하고 공적인 증거력을 부여하는 행정행위이다.
- S ③ 인가란 타인의 법률적 행위를 보충하여 그 법률적 효력을 완성시켜 주는 행정행위를 말하는데, 기본행위의 하자가 있는 경우 인가행위를 다투는 것이 원칙이다.
- ④ 담배 일반소매인으로 지정되어 있는 기존업자가 신규 담배구내소매인 지정처분을 다투는 경우에는 원고적격이 있다.
- B ⑤ 산림형질변경허가의 경우 중대한 공익상 필요가 있다고 인정되는 때에는 그 허가를 거부할 수 있으며, 다만 그 경우 별도로 명문의 근거가 있어야 한다.

관련 OX

③ 관련

1 인가처분에 하자가 없더라도 기본행위의 하자를 이유로 행정청의 인가처분의 취소 또는 무효확인을 구할 법률상 이익이 인정된다. 17국가7

④ 관련

2 담배 일반소매인으로 지정되어 있는 기존업자가 신규 담배 구내소매인 지정처분을 다투는 경우(는 판례상 원고적격이 인정된다) 14서울9

해설

① ✕ 허가가 원칙적으로 기속행위인 반면, 특허는 원칙적으로 재량행위이다.
  + PLUS 허가는 인간의 본래적 자유를 돌려주는 것이기 때문에 명령적 행정행위이고, 법상 요건만 갖추면 반드시 하여야 하는 기속행위임이 원칙이다.
  특허는 본래 가지지 않은 것을 국가가 새롭게 만들어 주는 것이기 때문에 형성적 행정행위이고 재량행위가 원칙이다.

② ○ 건설업면허증 및 건설업면허수첩의 재교부: 공증
  건설업면허증 및 건설업면허수첩의 재교부는 종전의 면허증 및 면허수첩과 동일한 내용의 면허증 및 면허수첩을 새로이 또는 교체하여 발급하여 주는 것으로서, 이는 건설업의 면허를 받았다고 하는 특정사실에 대하여 형식적으로 그것을 증명하고 공적인 증거력을 부여하는 행정행위(강학상의 공증행위)이다(1994.10.25. 93누21231).
  + PLUS 영수증 교부, 의료유사업자 자격증 갱신발급(요식행위), 건설업면허증 및 건설업면허수첩의 재교부 등 각종의 증명서 발급은 공증에 해당한다.

③ ✕ 인가란 타인의 법률적 행위를 보충하여 그 법률적 효력을 완성시키는 행정행위로서, 법률행위적 행정행위 중에서도 형성적 행정행위에 속한다. 이처럼 인가가 보충행위에 불과한 이상 기본행위에 하자가 있다면 인가가 있어도 기본행위의 하자는 치유되지 않고, 이 경우 기본행위를 대상으로 소를 제기하여야지 인가를 대상으로 소를 제기할 수는 없다.

④ ✕ 신규 구내소매인 지정처분: 기존 일반소매인에 원고적격 부정 (∵ 거리제한 부존재)
  한편 〈구내소매인과 일반소매인 사이〉에서는 구내소매인의 영업소와 일반소매인의 영업소 간에 거리제한을 두지 아니 … 하는 등 일반소매인의 입장에서 구내소매인과의 과당경쟁으로 인한 경영의 불합리를 방지하는 것을 그 목적으로 할 수 있다고 보기 어려우므로, 일반소매인으로 지정되어 영업을 하고 있는 기존업자의 신규 구내소매인에 대한 이익은 법률상 보호되는 이익이 아니라 단순한 사실상의 반사적 이익이라고 해석함이 상당하므로, 기존 일반소매인은 신규 구내소매인 지정처분의 취소를 구할 원고적격이 없다(2008.4.10. 2008두402).
  cf 신규 일반소매인 지정처분: 기존 일반소매인에 원고적격 인정 (∵ 거리제한 존재)

⑤ ✕ 산림형질변경허가·연장허가: 법령상 금지·제한지역이 아니더라도 환경보전 등 중대한 공익상 필요 시 거부 가능
  산림형질변경(편저자: 산림훼손허가)은 법령상의 금지 또는 제한지역에 해당하지 않더라도 신청 대상 토지의 현상과 위치 및 주위의 상황 등을 고려하여 국토 및 자연의 유지와 상수원 수질과 같은 환경의 보전 등을 위한 중대한 공익상의 필요가 있을 경우 그 허가를 거부할 수 있으며, 이는 산림형질변경 허가기간을 연장하는 경우에도 마찬가지이다(2000.7.7. 99두66).

선지분석 & 요플·기풀기링크

선지	THEME	요플	기풀기
①	T19 형성적 VA	02	005
②	T21 준법률행위적 VA	수01/33	019
③	T19 형성적 VA	50	059
④	T56 경업·경원·주민	17	009
⑤	T17 명령적 VA	24	019

정답 ②
OX 1✕ 2✕

10

행정행위에 대한 설명으로 옳지 않은 것은? (다툼이 있는 경우 판례에 의함) 24경찰간부

① 구 「원자력법」 제11조 제3항에 따른 부지사전승인처분은 그 자체로서 건설부지를 확정하고 사전공사를 허용하는 법률효과를 지닌 독립한 행정처분이다.
② 일반적으로 처분이 주체·내용·절차와 형식의 요건을 모두 갖추고 외부에 표시된 경우에는 처분의 존재가 인정된다.
③ 법무사의 사무원 채용승인 신청에 대하여 소속 지방법무사회가 채용승인을 거부하는 조치 또는 일단 채용승인을 하였으나 「법무사규칙」을 근거로 채용승인을 취소하는 조치는 항고소송의 대상인 처분이라고 볼 수 없다.
④ 「도시공원 및 녹지 등에 관한 법률」상 행정청이 복수의 민간공원추진자로부터 자기의 비용과 책임으로 공원을 조성하는 내용의 공원조성계획 입안 제안을 받은 후 도시·군계획시설사업 시행자지정 및 협약체결 등을 위하여 순위를 정하여 특정 제안자를 우선협상자로 지정하는 행위는 재량행위로 보아야 한다.

관련 OX

① 관련
1 구 「원자력법」상 원자로 및 관계 시설의 부지사전승인처분은 그 자체로서 건설부지를 확정하고 사전공사를 허용하는 법률효과를 지닌 독립한 행정처분이다.
17(하)국가9

③ 관련
2 지방법무사회가 법무사의 사무원 채용승인 신청을 거부하거나 채용승인을 얻어 채용 중인 사람에 대한 채용승인을 취소하는 것은 처분에 해당하고, 이러한 처분에 대해서는 처분 상대방인 법무사뿐 아니라 그 때문에 사무원이 될 수 없게 된 사람도 이를 다툴 원고적격이 인정된다.
21국회8

해설

① ○ 원자로 부지사전승인: 독립한 처분
원자로 및 관계 시설의 부지사전승인처분은 그 자체로서 건설부지를 확정하고 사전공사를 허용하는 법률효과를 지닌 독립한 행정처분이다(1998.9.4. 97누19588).

② ○ 처분의 성립시점: 주체·내용·절차·형식 요건을 갖추고 외부에 표시돼 취소·철회할 수 없는 구속을 받는 시점 / 이는 공식적 방법의 외부표시인지가 기준
일반적으로 처분이 주체·내용·절차와 형식의 요건을 모두 갖추고 외부에 표시된 경우에는 처분의 존재가 인정된다. 행정의사가 외부에 표시되어 행정청이 자유롭게 취소·철회할 수 없는 구속을 받게 되는 시점에 처분이 성립하고, 그 성립 여부는 행정청이 행정의사를 공식적인 방법으로 외부에 표시하였는지를 기준으로 판단해야 한다(2019.7.11. 2017두38874).

③ ✕ 지방법무사회의 채용승인 거부·취소: 처분에 해당
법무사에 대하여 지방법무사회로부터 채용승인을 얻어 사무원을 채용할 의무는 법무사법에 의하여 강제되는 공법적 의무이다. 지방법무사회의 법무사 사무원 채용승인은 단순히 지방법무사회와 소속 법무사 사이의 내부 법률문제라거나 지방법무사회의 고유사무라고 볼 수 없고, 법무사 감독이라는 국가사무를 위임받아 수행하는 것이라고 보아야 한다. 따라서 지방법무사회는 법무사 감독사무를 수행하기 위하여 법률에 의하여 설립과 법무사의 회원 가입이 강제된 공법인으로서 법무사 사무원 채용승인에 관한 한 공권력 행사의 주체라고 보아야 한다. 따라서 법무사의 사무원 채용승인 신청에 대하여 소속 지방법무사회가 '채용승인을 거부'하는 조치 또는 일단 채용승인을 하였으나 '채용승인을 취소'하는 조치는 공법인인 지방법무사회가 행하는 구체적 사실에 관한 법집행으로서 공권력의 행사 또는 그 거부에 해당하므로 항고소송의 대상인 '처분'이라고 보아야 한다(2020.4.9. 2015다34444).

④ ○ 민간사업자의 공원조성계획 입안제안에 대한 수용 여부 및 우선협상자 지정: 재량
쾌적한 도시환경을 조성하여 건전하고 문화적인 도시생활을 확보하고 공공의 복리를 증진시키는 데에 이바지하기 위한 공원녹지법의 목적 등을 종합하여 볼 때, 행정청이 복수의 민간공원추진자로부터 자기의 비용과 책임으로 공원을 조성하는 내용의 공원조성계획 입안 제안을 받은 후 도시·군계획시설사업 시행자지정 및 협약체결 등을 위하여 순위를 정하여 그 제안을 받아들이거나 거부하는 행위 또는 특정 제안자를 우선협상자로 지정하는 행위는 재량행위로 보아야 한다(2019.1.10. 2017두43319).

선지분석 & 요플·기풀기링크

선지	THEME	요플	기풀기
①	T33 단계적 행정결정 등	36	035
②	T26 VA의 성립과 효력	01	002
③	T55 공권과 원고적격	45	046
④	T16 VA의 개념과 분류	43	041

정답 ③
OX 1○ 2○

필수 문제 11

행정행위에 대한 설명으로 옳지 않은 것은? (다툼이 있는 경우 판례에 의함) 17(하)국가9

① 기속행위에 대한 사법심사는 법원이 사실인정과 관련 법규의 해석·적용을 통하여 일정한 결론을 도출한 후 그 결론에 비추어 행정청이 한 판단의 적법 여부를 독자의 입장에서 판정하는 방식에 의하게 된다.

② 구「원자력법」상 원자로 및 관계 시설의 부지사전승인처분은 그 자체로서 건설부지를 확정하고 사전공사를 허용하는 법률효과를 지닌 독립한 행정처분이다.

③ 귀화허가는 외국인에게 대한민국 국적을 부여함으로써 국민으로서의 법적 지위를 포괄적으로 설정하는 행위에 해당하므로 법무부장관은 귀화신청인이「국적법」소정의 귀화요건을 모두 갖춘 경우에는 관계 법령에서 정하는 제한사유 외에 공익상의 이유로 귀화허가를 거부할 수 없다.

④ 지적공부 소관청의 지목변경신청 반려행위는 국민의 권리관계에 영향을 미치는 것으로서 항고소송의 대상이 되는 행정처분에 해당한다.

관련 OX

② 관련

1 구「원자력법」에 따른 원자로 시설의 부지사전승인처분은 그 자체로서 독립한 행정처분이다. 24행정사

③ 관련

2 귀화신청인이 구「국적법」에서 정한 귀화요건을 갖추지 못한 경우에도 법무부장관은 귀화 허부에 관한 재량권을 행사할 수 있고, 재량권 행사 결과에 따라 귀화불허처분을 할 수 있다. 24국회9

④ 관련

3 지목은 토지소유권을 제대로 행사하기 위한 전제요건이므로 지적공부 소관청의 지목변경신청 반려행위는 항고소송의 대상이 되는 행정처분에 해당한다. 19지방7

해설

① ○ **기속행위의 사법심사: 법원이 일정 결론 도출 / 독자적 입장에서 행위의 적법 여부 판단**
기속행위의 경우 그 법규에 대한 원칙적인 기속성으로 인하여 법원이 사실인정과 관련 법규의 해석·적용을 통하여 일정한 결론을 도출한 후 그 결론에 비추어 행정청이 한 판단의 적법 여부를 독자의 입장에서 판정하는 방식에 의하게 된다(2001.2.9. 98두17593).

② ○ **원자로 부지사전승인: 독립한 처분**
원자로 및 관계 시설의 부지사전승인처분은 그 자체로서 건설부지를 확정하고 사전공사를 허용하는 법률효과를 지닌 독립한 행정처분이다(1998.9.4. 97누19588).

③ × **귀화허가: 특허(재량) → 귀화요건을 갖췄더라도 허부 판단에 재량**
귀화허가는 외국인에게 대한민국 국적을 부여함으로써 국민으로서의 법적 지위를 포괄적으로 설정하는 행위에 해당한다. … 법무부장관은 귀화신청인이 귀화요건을 갖추었다 하더라도 귀화를 허가할 것인지 여부에 관하여 재량권을 가진다고 보는 것이 타당하다(편저자: 귀화요건을 갖췄어도 공익상 이유로 거부할 수 있다)(2010.10.28. 2010두6496).

➕ **PLUS** 귀화허가·체류자격변경허가: 포괄적 지위설정·설권행위 → 특허 → 재량행위 → 법령상 요건 갖췄어도 공익상 이유로 거부 가능

④ ○ **지목변경신청반려: 처분성 인정**
지적공부 소관청의 지목변경 신청 반려행위는 국민의 권리관계에 영향을 미치는 것으로서 항고소송의 대상이 되는 행정처분에 해당한다(2004.4.22. 2003두9015 전합).

선지분석 & 요플·기풀기링크

선지	THEME	요플	기풀기
①	T16 VA의 개념과 분류	37	030
②	T33 단계적 행정결정 등	36	035
③	T16 VA의 개념과 분류	21	021
④	T53 대상적격(법률관계)	173	175

정답 ③

OX 1○ 2× 3○

12

행정행위에 대한 설명으로 옳은 것은? (다툼이 있는 경우 판례에 의함) 25국가9

① 사실상 영업이 양도·양수되었지만 승계신고 및 그 수리처분이 있기 이전에 양도인이 양수인으로 하여금 영업을 하도록 허락하였다면 양수인의 영업 중 발생한 위반행위에 대한 행정적인 책임은 양도인에게 귀속된다.

② 산림청장이 「산림법」 등이 정하는 바에 따라 국유임야를 대부하는 행위는 사경제적 주체로서 하는 사법상 계약이지만, 이 대부계약에 의한 대부료부과 조치는 행정청이 공권력의 주체로서 일방적으로 행하는 행정처분이다.

③ 인가처분에 하자가 없더라도 기본행위에 하자가 있다면, 기본행위의 하자를 내세워 바로 그에 대한 행정청의 인가처분의 취소를 구할 수 있다.

④ 행정청이 행정처분을 하면서 논리적으로 당연히 수반되어야 하는 의사표시를 명시적으로 하지 않았으면, 그것이 행정청의 추단적 의사에 부합하고 상대방이 이를 알 수 있는 경우에도, 행정처분에 이와 같은 의사표시가 묵시적으로 포함되어 있다고 볼 수 없다.

관련 OX

① 관련

1 ⓒ
사실상 영업이 양도·양수되었지만 아직 승계신고 및 수리처분이 있기 이전의 경우라면 행정제재 처분사유의 유무는 양도인을 기준으로 판단한다. 19소간

2 사실상 영업이 양도·양수되었지만 승계신고 및 수리처분이 있기 전에 양도인이 허락한 양수인의 영업 중 발생한 위반행위에 대한 행정적 책임은 양수인에게 귀속된다. 22지방9

③ 관련

3 인가처분에 하자가 없더라도 기본행위의 하자를 이유로 행정청의 인가처분의 취소 또는 무효확인을 구할 법률상 이익이 인정된다. 17국가7

해설

① ○ **지위승계신고 수리 전 양도인 허락하에 영업 중인 양수인이 위법을 저지른 경우: 행정적 책임은 양도인에 귀속**
사실상 영업이 양도·양수되었지만 아직 승계신고 및 그 수리처분이 있기 이전에는 여전히 종전의 영업자인 **양도인이 영업허가자**이고, 양수인은 영업허가자가 되지 못한다 할 것이어서 행정제재처분의 사유가 있는지 여부 및 그 사유가 있다고 하여 행하는 행정제재처분은 영업허가자인 **양도인을 기준으로 판단**하여 그 **양도인에 대하여 행하여야** 할 것이고, 한편 양도인이 그의 의사에 따라 양수인에게 영업을 양도하면서 양수인으로 하여금 영업을 하도록 허락하였다면 그 **양수인의 영업 중 발생한 위반행위에 대한 행정적인 책임은 영업허가자인 양도인에게 귀속된다**(1995.2.24. 94누9146).

② ✕ **대부료 납부고지(=대부료 부과조치): 사법상의 이행청구**
산림청장이나 그로부터 권한을 위임받은 행정청이 산림법 등이 정하는 바에 따라 **국유임야를 대부하거나 매각하는 행위**는 사경제적 주체로서 상대방과 대등한 입장에서 하는 **사법상 계약**이지 행정처분이라고 볼 수 없으며 이 대부계약에 의한 **대부료 부과 조치 역시 행정처분이라고 할 수 없다**(1993.12.7. 91누11612).

③ ✕ **기본행위의 무효를 들어 인가를 대상으로 쟁송 불가**
기본행위가 적법·유효하고 보충행위인 인가처분 자체에만 하자가 있다면 그 인가처분의 무효나 취소를 주장할 수 있다고 할 것이지만, 인가처분에 하자가 없다면 기본행위에 하자가 있다고 하더라도 따로 그 기본행위의 하자를 다투는 것은 별론으로 하고 **기본행위의 무효를 내세워 바로 그에 대한 인가처분의 취소 또는 무효확인을 구할 수 없다**(2014.2.27. 2011두25173).

+ PLUS 기본행위 적법·유효하고 인가에만 하자 있는 경우: 인가처분의 무효나 취소 주장 가능 / 기본행위에 하자가 있는 경우: 인가처분의 무효나 취소 주장 불가

④ ✕ **처분에 당연히 수반되어야 할 의사표시가 명시적으로 포함되지 않은 경우: 그것이 행정청의 의사에 부합하고 상대방도 알 수 있다면 그 의사표시가 묵시적으로 포함된 것으로 인정 가능**
행정청이 문서로 처분을 한 경우 원칙적으로 처분서의 문언에 따라 어떤 처분을 하였는지 확정하여야 한다. 그러나 처분서의 문언만으로는 행정청이 어떤 처분을 하였는지 불분명한 경우에는 처분 경위와 목적, 처분 이후 상대방의 태도 등 여러 사정을 고려하여 처분서의 문언과 달리 처분의 내용을 해석할 수 있다. 특히 행정청이 행정처분을 하면서 논리적으로 당연히 수반되어야 하는 의사표시를 **명시적으로 하지 않았다고 하더라도, 그것이 행정청의 추단적 의사에도 부합하고 상대방도 이를 알 수 있는 경우에는 행정처분에 위와 같은 의사표시가 묵시적으로 포함되어 있다고 볼 수 있다**(2021.2.4. 2017다207932).

선지분석 & 요플·기풀기링크

선지	THEME	요플	기풀기
①	T25 영업양도의 쟁점	05	005
②	T53 대상적격(법률관계)	46	052
③	T19 형성적 VA	50	059
④	T37 절차법(조문)	25	029

선지선택비율 ① 68.53% ② 10.96% ③ 12.54% ④ 7.97% 오답률 31.47%

정답 ①
OX 1 ○ 2 ✕ 3 ✕

13

행정행위의 효력에 대한 설명으로 옳지 않은 것은? (다툼이 있는 경우 판례에 의함) 18국회8

① 행정처분에 그 효력기간이 부관으로 정하여져 있는 경우, 그 처분의 효력 또는 집행이 정지된 바 없다면 위 기간의 경과로 그 행정처분의 효력은 상실되므로 그 기간 경과 후에는 그 처분이 외형상 잔존함으로 인하여 어떠한 법률상 이익이 침해되고 있다고 볼 만한 별다른 사정이 없는 한 그 처분의 취소를 구할 법률상의 이익이 없다.
② 침익적 행정행위의 근거가 되는 행정법규는 엄격하게 해석·적용하여야 하고 그 행정행위의 상대방에게 불리한 방향으로 지나치게 확장해석하거나 유추해석해서는 아니 된다.
③ 과세처분에 취소할 수 있는 위법사유가 있다 하더라도 그 과세처분은 그것이 적법하게 취소되기 전까지는 유효하다 할 것이므로, 민사소송절차에서 그 과세처분의 효력을 부인할 수 없다.
④ 허가에 붙은 기한이 그 허가된 사업의 성질상 부당하게 짧은 경우에는 이를 그 허가 자체의 존속기간이 아니라 그 허가조건의 존속기간으로 보아 그 기한이 도래함으로써 그 조건의 개정을 고려한다는 뜻으로 해석할 수 있을 것이다.
⑤ 구 「중기관리법」에 「도로교통법 시행령」 제86조 제3항 제4호와 같은 운전면허의 취소 정지에 대한 통지에 관한 규정이 없다면 중기조종사면허의 취소나 정지는 상대방에 대한 통지를 요하지 아니한다고 할 수 있고 행정행위의 일반원칙에 따라 이를 상대방에게 고지하여야 효력이 발생한다고 볼 수 없다.

관련 OX

③ 관련

1 조세과오납에 따른 부당이득반환청구안에서 민사법원은 사전통지 및 의견제출절차를 거치지 않은 하자를 이유로 행정행위의 효력을 부인할 수 있다. 20국회8

④ 관련

2 허가에 붙은 기한이 그 허가된 사업의 성질상 부당하게 짧은 경우에는 이를 그 허가 자체의 존속기간으로 보아야 한다. 24국회9

해설

① ○ 처분의 효력기간이 경과: 소익×
행정처분에 그 **효력기간**이 정하여져 있는 경우, 그 처분의 효력 또는 집행이 정지된 바 없다면 위 기간의 경과로 그 행정처분의 효력은 상실되므로 그 기간 경과 후에는 그 처분이 외형상 잔존함으로 인하여 어떠한 법률상 이익이 침해되고 있다고 볼 만한 별다른 사정이 없는 한 그 처분의 취소를 구할 법률상의 이익이 없다(2002.7.26, 2000두7254).

② ○ 침익적 행위의 근거법규 해석방법 → 엄격 해석해야 / 지나친 확장·유추해석은 금지
침익적 행정행위의 근거가 되는 행정법규는 엄격하게 해석·적용하여야 하고 그 행정행위의 상대방에게 불리한 방향으로 지나치게 확장해석하거나 유추해석해서는 안 되며, 그 입법 취지와 목적 등을 고려한 목적론적 해석이 전적으로 배제되는 것은 아니라고 하더라도 그 해석이 문언의 통상적인 의미를 벗어나서는 안 된다(2013.12.12, 2011두3388).

③ ○ 하자가 취소사유: 민사법원이 효력 부인 불가
과세처분이 당연무효라고 볼 수 없는 한 과세처분에 **취소할 수 있는 위법사유가 있다 하더라도** 그 과세처분은 행정행위의 공정력 또는 집행력에 의하여 그것이 적법하게 **취소되기 전까지는 유효**하다 할 것이므로, 민사소송절차에서 그 과세처분의 효력을 부인할 수 없다(1999.8.20, 99다20179).

④ ○ 유효기간이 허가사업 성질에 비춰 부당하게 짧은 경우: 허가조건의 존속기간○ (허가 자체의 존속기간×)
일반적으로 행정처분에 효력기간이 정하여져 있는 경우에는 그 기간의 경과로 그 행정처분의 효력은 상실되며, 다만 허가에 붙은 기한이 그 허가된 사업의 성질상 **부당하게 짧은 경우**에는 이를 그 허가 **자체의 존속기간이 아니라 그 허가조건의 존속기간으로 보아** 그 기한이 도래함으로써 그 **조건의 개정**을 고려한다는 뜻으로 해석할 수 있다(2004.3.25, 2003두12837).

⑤ × 처분의 근거가 되는 개별법령에서 처분을 통지하도록 별도 규정을 두지 않았더라도 처분의 송달은 당연히 필요함
중기관리법에 「도로교통법 시행령」 제53조와 같은 운전면허의 취소 정지에 대한 **통지**에 관한 **규정이 없다고 하여** 중기조종사면허의 취소나 정지는 상대방에 대한 통지를 요하지 아니한다고 할 수 없고, 오히려 반대의 규정이 없다면 **행정행위의 일반원칙**에 따라 이를 상대방에게 **고지하여야 효력이 발생**한다(1993.6.29, 93다10224).

선지분석 & 요플·기풀기링크

선지	THEME	요플	기풀기
① T57 소의 이익	03	003
② T16 VA의 개념과 분류	18	020
③ T27 공정력	21	021
④ T32 부관	34	015
⑤ T26 VA의 성립과 효력	08	007

정답 ⑤

OX 1× 2×

THEME 50-69 제2절 행정쟁송법

01 취소소송 종합

01
취소소송의 소송요건에 관한 설명으로 옳은 것은? (다툼이 있으면 판례에 따름) 15교행9

① 재결취소소송의 대상이 되는 재결의 고유한 위법에는 주체·형식·절차상의 위법은 물론, 내용상의 위법도 포함된다.
② 행정청의 거부행위가 거부처분이 되려면 국민에게 법규상의 신청권이 있어야 하며, 조리상의 신청권으로는 될 수 없다.
③ 환경영향평가 대상지역 밖의 주민은 자신에 대한 수인한도를 넘는 환경피해를 입증하더라도 원고적격이 인정될 수 없다.
④ 처분이 있음을 알고 90일이 경과하였더라도 처분이 있은 지 1년이 경과하지 않은 경우에는 취소소송을 제기할 수 있다.

관련 OX

① 관련
1 재결취소소송에 있어서 재결 자체의 고유한 위법은 재결의 주체·절차 및 형식상의 위법만을 의미하고, 내용상의 위법은 이에 포함되지 않는다. 16지방9

② 관련
2 행정청의 거부행위가 항고소송의 대상이 되는 행정처분에 해당하려면 행정청의 행위를 요구할 법규상 또는 조리상의 신청권이 그 국민에게 있어야 한다. 08지방7

③ 관련
3 판례에 따르면 환경영향평가대상지역 밖의 주민이라 할지라도 수인한도를 넘는 환경피해를 받거나 받을 우려가 있는 경우에는 환경상 이익에 대한 침해나 우려를 입증함으로써 공유수면매립면허처분을 다툴 수 있다. 13국가7

④ 관련
4 처분이 있음을 안 날부터 90일이 경과하였으나, 아직 처분이 있은 날부터 1년이 경과되지 않은 시점에서 제기된 취소소송(은 소송요건을 충족하지 않은 경우에 해당한다) 18지방7

해설

① ○ 재결 자체의 고유한 위법: 주체, 절차, 형식 외 내용상 위법도 포함
행정소송법 제19조에서 말하는 '재결 자체에 고유한 위법'이란 원처분에는 없고 재결에만 있는 **재결청의 권한 또는 구성의 위법**(편저자: 주체), **재결의 절차나 형식의 위법, 내용의 위법** 등을 뜻하고, 그중 내용의 위법에는 위법·부당하게 인용재결을 한 경우가 해당된다(1997.9.12. 96누14661).

② × 거부행위가 거부처분이 되기 위해서는 국민에게 법규상 또는 조리상의 신청권이 있으면 된다.

• 거부행위의 처분성 인정요건: 법규상·조리상 신청권 존재
국민의 적극적 신청행위에 대하여 행정청이 그 신청에 따른 행위를 하지 않겠다고 거부한 행위가 항고소송의 대상이 되는 행정처분에 해당하는 것이라고 하려면, 그 국민에게 그 행위발동을 요구할 **법규상 또는 조리상의 신청권**이 있어야 한다(2009.9.10. 2007두20638).

③ × 영향권 등 밖의 주민: 환경상 이익침해를 별도 입증하면 원고적격 인정
(영향권 밖의 주민들)은 당해 처분으로 인하여 그 처분 전과 비교하여 수인한도를 넘는 환경피해를 받거나 받을 우려가 있다는 자신의 환경상 이익에 대한 **침해 또는 침해우려가 있음을 입증하여야만** 법률상 보호되는 이익으로 인정되어 원고적격이 인정된다(2009.9.24. 2009두2825).

④ × 취소소송의 제소기간인 처분을 '안 날로부터 90일'과 처분이 '있은 날로부터 1년'은 AND가 아닌 OR의 관계이다. 즉, 두 기간이 모두 지나야 제소기간이 종료되는 것이 아니라, 둘 중 하나라도 도과하면 제소기간이 종료하는 것이다.

선지분석 & 요플·기풀기링크

선지	THEME	요플	기풀기
①	T51 원처분주의/재결주의	05	007
②	T54 거부처분	08	010
③	T56 경업·경원·주민	36	037
④	T61 제소기간	12	018

정답 ①
OX 1× 2○ 3○ 4○

02

취소소송에 대한 설명으로 옳지 않은 것은? (다툼이 있는 경우 판례에 의함) 15국가9

① 제재적 행정처분이 제재기간의 경과로 인하여 그 효과가 소멸되었고, 제재적 행정처분을 받은 것을 가중사유로 삼아 장래의 제재적 행정처분을 하도록 정한 처분기준이 부령인 시행규칙이라면 처분의 취소를 구할 이익이 없다.

② 거부처분에 대해서는 집행정지가 인정되지 않는다.

③ 자연물인 도롱뇽 또는 그를 포함한 자연 그 자체로서는 소송을 수행할 당사자능력을 인정할 수 없다.

④ 처분등이 있은 뒤에 그 처분등에 관계되는 권한이 다른 행정청에 승계된 때에는 이를 승계한 행정청을 피고로 한다.

관련 OX

① 관련

1 부령인 시행규칙 형식으로 정한 처분기준에서 제재적 행정처분을 받은 것을 가중사유나 전제요건으로 삼아 장래의 제재적 행정처분을 하도록 정하고 있는 경우, 선행처분인 제재적 행정처분을 받은 상대방이 그 처분에서 정한 제재기간이 경과하였다 하더라도 그 처분의 취소를 구할 법률상 이익이 있다. 24군무원9

④ 관련

2 처분등이 있은 뒤에 그 처분등에 관계되는 권한이 다른 행정청에 승계된 때에는 그 처분등에 대한 사무가 귀속되는 국가 또는 지방자치단체를 피고로 한다. 23소방

해설

① ✕ 계쟁처분은 기간경과로 소멸 & 가중기준은 대외효 없음(부령 형식의 행정규칙, 일반행정규칙 등) → 가중기준에 대외효 없더라도 공무원은 준수의무가 있으므로 여전히 계쟁처분에 소익 인정

제재적 행정처분이 그 처분에서 정한 제재기간의 경과로 인하여 그 효과가 소멸되었으나, <u>부령인 시행규칙의 형식으로 정한 처분기준에서 제재적 행정처분(이하 '선행처분'이라고 한다)을 받은 것을 가중사유나 전제요건으로 삼아 장래의 제재적 행정처분(이하 '후행처분'이라고 한다)을 하도록 정하고 있는 경우</u>, 그 규칙이 정한 바에 따라 선행처분을 가중사유 또는 전제요건으로 하는 후행처분을 받을 우려가 현실적으로 존재하는 때에는, 선행처분을 받은 상대방은 비록 그 처분에서 정한 제재기간이 경과하였다 하더라도 그 처분의 취소소송을 통하여 그러한 불이익을 제거할 권리보호의 필요성이 충분히 인정된다고 할 것이므로, <u>선행처분의 취소를 구할 법률상 이익이 있다고 보아야 할 것이다</u> (2006.6.22. 2003두1684).

■ 선행 제재적 처분은 소멸하였으나, 동 처분전력이 후행처분의 가중사유 · 전제요건으로 규정된 경우

가중 · 전제요건의 규정형식	대외효	선행처분 취소를 구할 소익
부령 형식 제재처분기준	✕	○
시행령 형식 제재처분기준	○	○

② ○ 거부처분에 대한 집행정지: 불허

신청에 대한 거부처분의 효력을 정지하더라도 거부처분이 없었던 것과 같은 상태, 즉 거부처분이 있기 전의 신청시의 상태로 되돌아가는 데에 불과하고 행정청에게 신청에 따른 처분을 하여야 할 의무가 생기는 것이 아니므로, 〈거부처분의 효력정지〉는 그 거부처분으로 인하여 신청인에게 생길 손해를 방지하는 데 아무런 보탬이 되지 아니하여 그 효력정지를 구할 이익이 없다(1995.6.21. 95두26).

③ ○ 자연물인 도롱뇽: 당사자능력✕

도롱뇽은 천성산 일원에 서식하고 있는 도롱뇽목 도롱뇽과에 속하는 양서류로서 <u>자연물인 도롱뇽 또는 그를 포함한 자연 그 자체로서는 소송을 수행할 당사자능력을 인정할 수 없다</u>(2006.6.2. 2004마1148).

④ ○

행정소송법 제13조(피고적격) ① 취소소송은 다른 법률에 특별한 규정이 없는 한 그 처분등을 행한 행정청을 피고로 한다. 다만, 처분등이 있은 뒤에 그 처분등에 관계되는 권한이 다른 행정청에 승계된 때에는 이를 **승계한 행정청**을 피고로 한다.

선지분석 & 요플 · 기풀기링크

선지	THEME	요플	기풀기
①	T57 소의 이익	23	020
②	T62 집행정지	39	040
③	T55 공권과 원고적격	01	001
④	T58 피고적격	04	003

필수문제 03

판례의 입장으로 옳지 않은 것은? 23국가9

① 거부처분에 대한 집행정지는 그 거부처분으로 인하여 신청인에게 생길 손해를 방지하는 데 아무런 보탬이 되지 아니하므로 허용되지 않는다.

② 사정판결의 요건인 처분의 위법성은 변론종결시를 기준으로 판단하고, 공공복리를 위한 사정판결의 필요성은 처분시를 기준으로 판단하여야 한다.

③ 집행정지의 요건으로 규정하고 있는 '공공복리에 중대한 영향을 미칠 우려'가 없을 것이라고 할 때의 '공공복리'는 그 처분의 집행과 관련된 구체적이고도 개별적인 공익을 말하는 것으로서 이러한 집행정지의 소극적 요건에 대한 주장·소명책임은 행정청에게 있다.

④ 「도시 및 주거환경정비법」에 근거한 조합설립인가처분은 행정주체로서의 지위를 부여하는 설권적 처분이고, 조합설립결의는 조합설립인가처분의 요건이므로, 조합설립결의에 하자가 있다면 그 하자를 이유로 직접 항고소송의 방법으로 조합설립인가처분의 취소 또는 무효확인을 구하여야 한다.

관련 OX

① 관련
1 개인택시운송사업면허가 거부된 경우, 거부처분에 대해 취소소송과 함께 제기한 甲의 집행정지 신청은 법원에 의해 허용된다. 17(상)지방9

③ 관련
2 집행정지의 요건 중 공공복리에 중대한 영향을 미칠 우려와 관련된 주장 및 소명책임은 집행정지결정 신청인에게 있다. 24변시

해설

① ○ **거부처분에 대한 집행정지(효력정지): 불허(신청의 이익×)**
신청에 대한 거부처분의 효력을 정지하더라도 거부처분이 없었던 것과 같은 상태, 즉 거부처분이 있기 전의 신청시의 상태로 되돌아가는 데에 불과하고 행정청에게 신청에 따른 처분을 하여야 할 의무가 생기는 것이 아니므로, 〈거부처분의 효력정지〉는 그 거부처분으로 인하여 신청인에게 생길 손해를 방지하는 데 아무런 보탬이 되지 아니하여 그 효력정지를 구할 이익이 없다(1995.6.21. 95두26).

② × 사정판결에서 **처분의 위법성**은 **처분시**를 기준으로 판단하고, **사정판결의 필요성**은 **변론종결시**를 기준으로 판단한다. 위 지문은 각 판단시점이 반대로 되어 있어서 틀린 것이다.

사정판결의 요건	요건의 판단기준시	소유자시행
처분의 위법성	처분이 위법할 것	처분시 기준
사정판결의 필요성	처분을 취소하면 공공복리에 현저히 반할 것	판결시(변론종결시) 기준

③ ○ 공공복리에 중대한 영향을 미칠 우려가 없을 것은 소극적 요건에 해당하므로, 행정청이 주장·소명책임을 진다.

적극적 요건 (신청인이 주장·소명)	① 적법한 본안소송의 계속, ② 처분 등의 존재 ③ 회복하기 어려운 손해예방의 필요, ④ 긴급한 필요의 존재
소극적 요건 (행정청이 주장·소명)	① 공공복리에 중대한 영향을 미칠 우려가 없을 것 ② 본안청구가 이유 없음이 명백하지 않을 것

행정소송법 제23조(집행정지) ③ 집행정지는 **공공복리에 중대한 영향을 미칠 우려가 있을 때에는 허용되지 아니**한다.

④ ○ **재개발조합설립인가: 행정주체의 지위를 부여하는 설권적 처분(특허) / 설립결의에 하자가 있음에도 설립인가가 있을 시 쟁송: 설립인가를 대상으로 항고소송**
행정청이 도시정비법 등 관련 법령에 근거하여 행하는 조합설립인가처분은 단순히 사인들의 조합설립행위에 대한 보충행위로서의 성질을 갖는 것에 그치는 것이 아니라 법령상 요건을 갖출 경우 도시정비법상 주택재건축사업을 시행할 수 있는 권한을 갖는 행정주체(공법인)로서의 지위를 부여하는 일종의 설권적 처분의 성격을 갖는다고 보아야 한다. 그와 같이 보는 이상 조합설립결의는 조합설립인가처분이라는 행정처분을 하는 데 필요한 요건 중 하나에 불과한 것이어서, 조합설립결의에 하자가 있다면 그 하자를 이유로 직접 항고소송의 방법으로 조합설립인가처분의 취소 또는 무효확인을 구하여야 한다(2009.9.24. 2008다60568).

+ PLUS 조합설립인가는 강학상 특허에 해당한다. 조합설립인가 후에는 그 인가(특허) 자체를 대상으로 항고소송을 제기하여야 하며, 조합설립결의부분만을 따로 다투는 것은 소의 이익이 없다.

선지선택비율 ① 9.53% ② 69.56% ③ 11.01% ④ 9.90% 오답률 30.44%

선지분석 & 요플·기풀기링크

선지	THEME	요플	기풀기
①	T54 거부처분	04	004
	T62 집행정지	39	040
②	T65 판결 기준시/종류	30	031
③	T62 집행정지	25	025
④	T20 정비사업	06	006

정답 ②
OX 1× 2×

02 무효등확인소송

01

무효확인의 소에 대한 설명으로 옳은 것은? (다툼이 있는 경우 판례에 의함) 25국회8

① 행정처분의 근거 법률에 의하여 보호되는 직접적이고 구체적인 이익이 있는 경우에는 「행정소송법」 제35조에 규정된 '무효확인을 구할 법률상 이익'이 인정되는 것과는 별개로 무효확인소송의 보충성이 요구되므로 행정처분의 무효를 전제로 한 이행소송 등과 같은 직접적인 구제수단이 있는지 여부를 따져 보아야 한다.

② 행정처분의 무효확인을 구하는 소에는 특단의 사정이 없는 한 그 취소를 구하는 취지도 포함되어 있다고 보아야 하는 점 등에 비추어 볼 때, 동일한 행정처분에 대하여 무효확인의 소를 제기하였다가 그 후 그 처분의 취소를 구하는 소를 추가적으로 병합한 경우, 주된 청구인 무효확인의 소가 적법한 제소기간 내에 제기되었더라도 추가로 병합된 취소청구의 소가 제소기간 도과 후에 병합되었다면 그 취소청구의 소는 제소기간을 도과하여 부적법하다.

③ 행정처분의 당연무효를 주장하여 무효확인을 구하는 행정소송에서는 원고에게 행정처분이 무효인 사유를 주장·증명할 책임이 있고, 무효확인을 구하는 뜻에서 행정처분의 취소를 구하는 소송에서는 처분이 적법함을 주장하는 피고에게 적법사유에 대한 증명책임이 있다.

④ 행정처분이 무효인 경우에도 처분이 무효임을 확인하는 것이 현저히 공공복리에 적합하지 아니하다고 인정하는 때에는 「행정소송법」 제28조에 따라 사정판결을 할 수 있다.

⑤ 상수도원인자부담금은 택지개발사업의 시행자가 납부의무를 지므로 택지개발사업으로 조성된 토지를 취득하여 택지개발계획에서 정해진 규모 및 용도에 따라 건축물의 건축행위를 한 자에 대하여 상수도원인자부담금을 부과한 처분은 그 하자가 중대·명백하여 당연무효에 해당한다.

관련 OX

① 관련

1 (A행정청은 미성년자에게 주류를 판매하였다는 이유로 甲에게 영업정지처분에 갈음하는 과징금부과처분을 하였다. 甲은 이에 대하여 행정소송을 제기할 것을 고려하고 있다) 甲이 만일 부과된 과징금을 납부한 후 과징금부과처분에 대하여 무효확인의 소를 제기하였다면, 甲은 부당이득반환청구의 소로써 직접 위법상태를 제거할 수 있으므로 甲이 제기한 무효확인의 소는 법률상 이익이 없다. 21변시

④ 관련

2 원고의 청구가 이유 있다고 인정하는 경우에도 처분의 무효를 확인하는 것이 현저히 공공복리에 적합하지 아니하다고 인정하는 때에는 법원은 청구를 기각할 수 있다. 17지방7

해설

① × **무효확인소송: 보충성(확인의 이익) 요구×**
행정처분의 근거 법률에 의하여 보호되는 직접적이고 구체적인 이익이 있는 경우에는 행정소송법 제35조에 규정된 '무효확인을 구할 법률상 이익'이 있다고 보아야 하고, 이와 별도로 무효확인소송의 보충성이 요구되는 것은 아니므로 행정처분의 무효를 전제로 한 이행소송 등과 같은 직접적인 구제수단이 있는지 여부를 따질 필요가 없다고 해석함이 상당하다(2008.3.20. 2007두6342 전합).

② × **무효확인소송이 제소기간 내에 제기되면 → 병합된 취소소송도 적법**
하자 있는 행정처분을 놓고 이를 무효로 볼 것인지 아니면 단순히 취소할 수 있는 처분으로 볼 것인지는 동일한 사실관계를 토대로 한 법률적 평가의 문제에 불과하고, 행정처분의 무효확인을 구하는 소에는 특단의 사정이 없는 한 그 취소를 구하는 취지도 포함되어 있다고 보아야 하는 점 등에 비추어 볼 때, 동일한 행정처분에 대하여 무효확인의 소를 제기하였다가 그 후 그 처분의 취소를 구하는 소를 추가적으로 병합한 경우, 주된 청구인 무효확인의 소가 적법한 제소기간 내에 제기되었다면 추가로 병합된 취소청구의 소도 적법하게 제기된 것으로 볼 수 있다(2005.12.23. 2005두3554).

③ × **무효확인소송: 원고에게 무효사유 입증책임 → 무효확인을 구하는 취소소송도 동일**
민사소송법이 준용되는 행정소송에서 증명책임은 원칙적으로 민사소송의 일반원칙에 따라 당사자 간에 분배되고, 항고소송은 그 특성에 따라 해당 처분의 적법성을 주장하는 피고에게 적법사유에 대한 증명책임이 있으나, 예외적으로 행정처분의 당연무효를 주장하여 무효확인을 구하는 행정소송에서는 원고에게 행정처분이 무효인 사유를 주장·증명할 책임이 있고, 이는 무효확인을 구하는 뜻에서 행정처분의 취소를 구하는 소송에 있어서도 마찬가지이다(편저자: 원고에게 주장·증명책임)(2023.6.29. 2020두46073).

선지분석 & 요플·기풀기링크

선지	THEME	요플	기풀기
① T57 소의 이익		63	062
② T64 소송상 제도		50	051
③ T63 소송방식		27	028
④ T65 판결 기준시/종류		39	040
⑤ T29 VA의 하자와 효력		54	050

④ × 당연무효의 행정처분: 사정판결 불가

당연무효의 행정처분을 소송목적물로 하는 행정소송에서는 존치시킬 효력이 있는 행정행위가 없기 때문에 행정소송법 제28조 소정의 사정판결을 할 수 없다(1996.3.22. 95누5509).

+ PLUS 사정판결은 취소소송에서만 허용된다. 행정소송법은 취소소송 외의 행정소송에서는 사정판결을 준용하지 않고, 판례 역시 이를 부정하기 때문이다(95누5509 등). 따라서 무효확인소송에서 처분의 무효가 인정될 경우 인용판결을 하여야 하고, 공공복리를 이유로 기각하는 것은 불가하다.

⑤ ○ 납부의무자(택지개발사업시행자)가 아닌 택지를 분양받아 건축한 자에 대한 상수도원인자부담금: 당연무효

택지개발사업으로 조성된 택지에 그 개발계획에서 정해진 규모 및 용도에 따라 건축물이 건축된 경우 수도법령에 따른 상수도원인자부담금 납부의무는 택지개발사업의 사업시행자가 부담하는 것이 원칙이고, 해당 건축물이 원래 택지개발사업에서 예정된 범위를 초과하는 등의 특별한 사정이 없는 한 택지를 분양받아 건축물의 건축행위를 한 자는 별도로 상수도원인자부담금 납부의무를 부담하지 않는다고 보아야 한다. 이 사건 사업지구에 관한 상수도원인자부담금의 납부의무자는 이 사건 택지개발사업의 시행자인 한국토지주택공사인데, 그 납부의무자가 아닌 원고(편저자: 택지를 분양받아 택지개발계획에서 정해진 규모 및 용도에 따라 건축물의 건축행위를 한 자)에 대하여 상수도원인자부담금을 부과한 이 사건 처분은 그 하자가 중대·명백하여 당연무효이다(2020.7.29. 2019두30140).

정답 ⑤

OX 1× 2×

필수문제 02

무효등확인소송 및 부작위위법확인소송에 관한 설명으로 옳은 것은? 13서울9

① 무효등확인소송에서는 사정판결이 인정되지 않는다.
② 취소소송의 제소기간에 관한 규정은 무효등확인소송과 부작위위법확인소송에서는 준용되지 않는다.
③ 부작위위법확인소송에서의 위법판단의 기준시는 처분시이다.
④ 부작위위법확인소송에서 '부작위'라 함은 행정청이 당사자의 신청에 대하여 상당한 기간 내에 일정한 처분을 하여야 할 법률상 의무가 있음에도 불구하고 처분을 하지 않는다는 의사를 통지하는 것을 말한다.
⑤ 무효등확인소송은 확인소송의 일종이므로 무효등확인소송을 제기하기 위해서는 '확인의 이익' 내지 '보충성'이 요구된다.

관련 OX

③ 관련

1 (부작위위법확인소송에서) 위법판단의 기준시점은 처분시가 아니라 사실심 변론종결시로 보아야 한다. 13국회8

해설

① ○ 취소소송에서만 사정판결이 인정되고, 무효등확인소송이나 부작위위법확인소송에는 사정판결이 인정되지 않는다.
② × 무효등확인소송과 달리 부작위위법확인소송은 취소소송의 제소기간을 준용하고 있다.
③ × 부작위위법확인소송의 위법판단 기준시: 판결시(사실심 변론종결시)
부작위위법확인의 소는 … 판결(사실심의 구두변론종결)시를 기준으로 그 부작위의 위법을 확인함으로써 행정청의 응답을 신속하게 하여 부작위 내지 무응답이라고 하는 소극적인 위법상태를 제거하는 것을 목적으로 하는 것이다(1990.9.25. 89누4758).
④ × 허가처분이건 거부처분이건 행정청이 무언가 처분만 하면 부작위는 더 이상 인정될 수 없게 된다. 따라서 처분을 하지 않는다는 의사를 통지한 것은 부작위가 아니라 작위(거부)이다. 이 경우 부작위위법확인소송을 제기할 수 없고, 거부처분취소소송을 제기하여야 한다.
⑤ × 무효확인소송: 보충성(확인의 이익) 요구×
행정처분의 근거 법률에 의하여 보호되는 직접적이고 구체적인 이익이 있는 경우에는 행정소송법 제35조에 규정된 '무효확인을 구할 법률상 이익'이 있다고 보아야 하고, 이와 별도로 무효확인소송의 보충성이 요구되는 것은 아니므로 행정처분의 무효를 전제로 한 이행소송 등과 같은 직접적인 구제수단이 있는지 여부를 따질 필요가 없다(2008.3.20. 2007두6342 전합).

선지분석 & 요플·기풀기링크

선지	THEME	요플	기풀기
①	T65 판결 기준시/종류	38	041
②	T61 제소기간	24	025
③	T65 판결 기준시/종류	11	015
④	T54 거부처분	16	019
⑤	T57 소의 이익	63	062

 ①
 1○

03 부작위위법확인소송

01

「행정소송법」상 부작위위법확인소송에 대한 설명으로 옳지 않은 것은? (다툼이 있는 경우 판례에 의함)
20국가9

① 어떠한 처분에 대하여 그 근거 법률에서 행정소송 이외의 다른 절차에 의하여 불복할 것을 예정하고 있는 경우, 그 처분이 「행정소송법」상 처분의 개념에 해당한다고 하더라도 그 처분의 부작위는 부작위위법확인소송의 대상이 될 수 없다.

② 어떠한 행정처분에 대한 법규상 또는 조리상의 신청권이 인정되지 않는 경우, 그 처분의 신청에 대한 행정청의 무응답이 위법하다고 하여 제기된 부작위위법확인소송은 적법하지 않다.

③ 취소소송의 제소기간에 관한 규정은 부작위위법확인소송에 준용되지 않으므로 행정심판 등 전심절차를 거친 경우에도 부작위위법확인소송에 있어서는 제소기간의 제한을 받지 않는다.

④ 처분의 신청 후에 원고에게 생긴 사정의 변화로 인하여, 그 처분에 대한 부작위가 위법하다는 확인을 받아도 종국적으로 침해되거나 방해받은 원고의 권리 · 이익을 보호 · 구제받는 것이 불가능하게 되었다면, 법원은 각하판결을 내려야 한다.

해설

① ○ 별도의 불복절차가 있는 경우 작용: 처분 개념에 해당해도 항고소송대상인 처분× / 이처럼 신청한 것이 처분이 아닌 경우의 부작위: 부작위위법확인소송의 대상인 '처분의 부작위'×
행정소송법 제2조의 **처분의 개념 정의에는 해당한다고 하더라도 그 처분의 근거 법률에서 행정소송 이외의 다른 절차에 의하여 불복할 것을 예정하고 있는 처분은 항고소송의 대상이 될 수 없다.** … 이 사건 신청은 형사소송법 제258조 제1항의 '처분결과 통지' 의무의 이행을 요구하는 내용이고, 이러한 **처분결과 통지는 사실행위로서 그 자체가 별도의 독립한 처분이 된다고 볼 수는 없으므로**, 이 사건 신청에 대한 **피고의 부작위** 또는 거부는 행정소송법상 부작위위법확인소송의 대상인 '**처분의 부작위**' 또는 거부처분취소소송의 대상인 '거부처분'에 **해당하지 않는다**(2018.9.28. 2017두47465).
+ PLUS 부작위위법확인소송의 대상인 부작위는 '**처분**'의 신청에 응답하지 않은 경우에만 인정된다. 따라서 신청한 것이 처분이 아니라면, 인정될 수 없다.

② ○ 부작위위법확인의 소: 법규상 · 조리상 신청권 필요
부작위위법확인의 소에 있어 당사자가 행정청에 대하여 어떠한 행정행위를 하여 줄 것을 요구할 수 있는 법규상 또는 조리상 권리를 갖고 있지 아니한 경우에는 원고적격이 없거나 항고소송의 대상인 위법한 부작위가 있다고 볼 수 없어 **그 부작위위법확인의 소는 부적법하다**(1999.12.7. 97누17568).

③ × 부작위위법확인소송: 원칙적 제소기간 제한×. 단, 심판 거친 경우에 제한○
부작위위법확인의 소는 부작위상태가 계속되는 한 그 위법의 확인을 구할 이익이 있다고 보아야 하므로 원칙적으로 제소기간의 제한을 받지 않는다. 그러나 행정소송법 제38조 제2항이 제소기간을 규정한 같은 법 제20조를 부작위위법확인소송에 준용하고 있는 점에 비추어 보면, **행정심판 등 전심절차를 거친 경우에는** 행정소송법 제20조가 정한 **제소기간 내에 부작위위법확인의 소를 제기하여야 한다**(2009.7.23. 2008두10560).
+ PLUS 부작위위법확인소송에서는 취소소송의 제소기간을 준용하고 있다(반면, 무효등확인소송은 취소소송의 제소기간을 준용 안 함). 그러나 부작위의 성질상 제소기간을 두기는 부당하므로 판례는 이를 제한적으로 해석한다. 즉, 부작위위법확인소송에서는 원칙적으로 제소기간의 제한이 없다. 다만 행정심판 등의 전심절차를 거친 경우라면 이때는 제소기간의 제한이 있다. 이 경우 재결서를 송달받은 날부터 90일, 재결이 있은 날부터 1년 이내에 소를 제기해야 한다.

④ ○ 부작위위법확인을 받아도 권익보호 · 구제가 불가: 소익×
당사자의 신청이 있은 이후 당사자에게 생긴 사정의 변화로 인하여 위 **부작위가 위법하다는 확인**을 받는다고 하더라도 종국적으로 침해되거나 방해받은 **권리와 이익을 보호 · 구제받는 것이 불가능**하게 되었다면 그 부작위가 위법하다는 확인을 구할 **이익은 없다**(편저자: 따라서 각하판결을 내려야 한다)(2002. 6.28. 2000두4750).

선지선택비율 ① 11.59% ② 9.42% ③ 68.84% ④ 10.14% 오답률 31.16%

관련 OX

① 관련
1 「행정소송법」제2조 소정의 행정처분이라고 하더라도 그 처분의 근거 법률에서 행정소송 이외의 다른 절차에 의하여 불복할 것을 예정하고 있는 처분은 항고소송의 대상이 될 수 없다. 19서울7

② 관련
2 (부작위위법확인소송과 관련하여) 부작위가 성립하기 위해서는 법규상 또는 조리상 신청권이 있어야 한다. 12서울9

3 부작위위법확인소송에서 사인의 신청권의 존재 여부는 부작위의 성립과 관련하므로 원고적격의 문제와는 관련이 없다. 18지방9

③ 관련
4 행정심판을 거친 후 부작위위법확인소송을 제기하는 경우에는 제소기간이 적용되지 않는다. 16지방9

5 행정청의 부작위에 대하여 행정심판을 거치지 않고 부작위위법확인소송을 제기하는 경우에는 제소기간의 제한을 받지 않는다. 19지방9

선지분석 & 요플 · 기풀기링크

선지	THEME	요플	기풀기
①	T54 거부처분	17	017
②		21	021
③	T61 제소기간	26	027
④	T57 소의 이익	70	071

정답 ③
OX 1○ 2○ 3× 4× 5○

02

부작위위법확인소송에 대한 설명으로 옳지 않은 것은? (다툼이 있는 경우 판례에 의함) 18국회8

① 부작위위법확인의 소는 부작위상태가 계속되는 한 그 위법의 확인을 구할 이익이 있다고 보아야 하므로 원칙적으로 제소기간의 제한을 받지 않으나, 행정심판 등 전심절차를 거친 경우에는 「행정소송법」 제20조가 정한 제소기간 내에 소를 제기해야 한다.

② 소제기의 전후를 통하여 판결시까지 행정청이 그 신청에 대하여 적극 또는 소극의 처분을 함으로써 부작위상태가 해소된 때에는 소의 이익을 상실하게 되어 당해 소는 각하를 면할 수가 없다.

③ 행정청에 대하여 어떠한 행정처분을 하여 줄 것을 요청할 수 있는 법규상 또는 조리상의 권리를 갖는 자만이 제기할 수 있다.

④ 법원은 단순히 행정청의 방치행위의 적부에 관한 절차적 심리만 하는 게 아니라, 신청의 실체적 내용이 이유 있는지도 심리하며 그에 대한 적정한 처리방향에 관한 법률적 판단을 해야 한다.

⑤ 부작위위법확인소송에는 취소판결의 사정판결규정은 준용되지 않지만 제3자효, 기속력, 간접강제에 관한 규정은 준용된다.

해설

① ○ 부작위위법확인소송 – 행정심판을 안 거친 경우: 제소기간 제한× / 거친 경우: 제소기간 제한○
부작위위법확인의 소는 부작위상태가 계속되는 한 그 위법의 확인을 구할 이익이 있다고 보아야 하므로 원칙적으로 제소기간의 제한을 받지 않는다. 그러나 행정소송법 제38조 제2항이 제소기간을 규정한 같은 법 제20조를 부작위위법확인소송에 준용하고 있는 점에 비추어 보면, 행정심판 등 전심절차를 거친 경우에는 행정소송법 제20조가 정한 제소기간 내에 부작위위법확인의 소를 제기하여야 한다(2009.7.23. 2008두10560).

② ○ 판결(변론종결시) 전 행정청이 거부의 의사표시로 부작위 해소되면: 소익×
소제기의 전후를 통하여 판결시까지(편저자: 변론종결시까지) 행정청이 그 신청에 대하여 적극 또는 소극의 처분을 함으로써 부작위상태가 해소된 때에는 소의 이익을 상실하게 되어 당해 소는 각하를 면할 수가 없는 것이다(1990.9.25. 89누4758).

③ ○ 부작위위법확인의 소: 법규상·조리상 신청권 필요
부작위위법확인의 소에 있어 당사자가 행정청에 대하여 어떠한 행정행위를 하여 줄 것을 요구할 수 있는 법규상 또는 조리상 권리를 갖고 있지 아니한 경우에는 원고적격이 없거나 항고소송의 대상인 위법한 부작위가 있다고 볼 수 없어 그 부작위위법확인의 소는 부적법하다(1999.12.7. 97누17568).

④ × 통설·판례가 취하는 절차적 심리설(응답의무설)에 의하면 법원은 행정청의 부작위(무응답)의 위법 여부만 심리·확인해주면 된다. 따라서 부작위(무응답)의 적부만 심사하면 되며, 신청의 실체적 내용이 이유 있는지도 심리할 필요 없고 적정한 처리방향에 관한 법률적 판단을 할 필요도 없다.

⑤ ○ 부작위위법확인소송의 경우 행정청의 처분이 존재하지 않으므로 사정판결은 인정되지 않는다.

■ 취소소송 준용규정

	제3자효 (제29조 제1항)	기속력 (제30조 제1항)	재처분의무 (제30조 제2항)	간접강제 (제34조)
무효등확인소송	○	○	○	×
부작위위법확인소송	○⑤	○⑤	○	○⑤
당사자소송	×	○	×	×

관련 OX

① 관련

1 부작위위법확인의 소는 부작위상태가 계속되는 한 제소기간의 제한을 받지 않으므로, 행정심판 등 전심절차를 거친 경우에도 「행정소송법」상 제소기간이 적용되지 않는다. 25국가9

② 관련

2 부작위위법확인소송에서는 사실심 변론종결시를 기준으로 부작위의 위법 여부를 판단하여야 하고, 사실심 변론종결 전에 거부처분이 이루어져 부작위상태가 해소된 경우에는 소의 이익이 소멸하므로 원고가 거부처분 취소소송으로 소변경을 하지 않는 이상 법원은 소를 각하하여야 한다. 22변시

③ 관련

3 부작위위법확인의 소에 있어 당사자가 행정청에 대하여 어떠한 행정행위를 하여 줄 것을 요구할 수 있는 법규상 또는 조리상 권리를 갖고 있지 아니한 경우에는 원고적격이 없거나 항고소송의 대상인 위법한 부작위가 있다고 볼 수 없어 그 부작위위법확인의 소는 부적법하다. 24지방9

⑤ 관련

4 부작위위법확인소송의 확정판결은 제3자에 대하여도 효력이 있다. 20군무원7

5 부작위위법확인판결에는 취소판결의 기속력에 관한 규정과 거부처분취소판결의 간접강제에 관한 규정이 준용된다. 15국가7

선지분석 & 요플·기풀가링크

선지	THEME	요플	기풀기
①	T61 제소기간	26	027
②	T57 소의 이익	69	069
③	T54 거부처분	21	021
④	T66 판결의 효력	47	071
⑤		67	066

정답 ④

OX 1× 2○ 3○ 4○ 5○

03

부작위위법확인소송에 대한 설명으로 옳지 않은 것은? (다툼이 있는 경우 판례에 의함)

20군무원7

① 부작위위법확인소송의 확정판결은 제3자에 대하여도 효력이 있다.
② 부작위위법확인의 소는 부작위상태가 계속되는 한 그 위법의 확인을 구할 이익이 있다고 보아야 하므로 원칙적으로 제소기간의 제한을 받지 않는다.
③ 부작위위법확인의 소는 신청에 대한 부작위의 위법을 확인하여 소극적인 위법상태를 제거하는 동시에 신청의 실체적 내용이 이유 있는 것인가도 심리하는 것을 목적으로 한다.
④ 부작위위법확인소송에 있어서의 판결은 행정청의 특정 부작위의 위법 여부를 확인하는 데 그치고, 적극적으로 행정청에 대하여 일정한 처분을 할 의무를 직접 명하지는 않는다.

관련 OX

② 관련
1 부작위위법확인소송에는 언제나 제소기간의 제한이 있다. 17교행9(변형)

④ 관련
2 판례는 「행정소송법」상 행정청의 부작위에 대하여 부작위위법확인소송과 작위의무이행소송을 인정하고 있다.
21소방

해설

① ○ 부작위위법확인소송의 확정판결도 취소소송과 마찬가지로 제3자에 대하여도 효력이 있다.

행정소송법 제29조(취소판결등의 효력) ① 처분등을 취소하는 확정판결은 제3자에 대하여도 효력이 있다.
제38조(준용규정) ② 제9조, 제10조, 제13조 내지 제19조, 제20조, 제25조 내지 제27조, 제29조 내지 제31조, 제33조 및 제34조의 규정은 부작위위법확인소송의 경우에 준용한다.

■ 취소소송 준용규정 정리

	제3자효 (제29조 제1항)	기속력 (제30조 제1항)	재처분의무 (제30조 제2항)	간접강제 (제34조)
무효등확인소송	○	○	○	×
부작위위법확인소송	○①	○	○	○
당사자소송	×	○	×	×

② ○ **부작위위법확인소송: 원칙적 제소기간 제한×, 단, 심판 거친 경우에 제한○**
부작위위법확인의 소는 부작위상태가 계속되는 한 그 위법의 확인을 구할 이익이 있다고 보아야 하므로 원칙적으로 제소기간의 제한을 받지 않는다. 그러나 행정소송법 제38조 제2항이 제소기간을 규정한 같은 법 제20조를 부작위위법확인소송에 준용하고 있는 점에 비추어 보면, 〈행정심판 등 전심절차를 거친 경우〉에는 행정소송법 제20조가 정한 제소기간 내에 부작위위법확인의 소를 제기하여야 한다(2009.7.23. 2008두10560).

③ ×, ④ ○ 행정소송법은 부작위위법확인소송을 '행정청의 부작위가 위법하다는 것을 확인하는 소송'으로 정의하고 있다. 이와 관련하여 부작위위법확인소송에 있어서 법원은 행정청의 부작위(무응답)의 위법 여부만 심리·확인해주면 된다는 절차적 심리설(응답의무설)과 부작위(무응답)의 위법 여부뿐만 아니라 당사자가 신청한 처분의 실체적 내용도 심리하여 신청에 따른 처분의무가 있는지 판단해야 한다는 실체적 심리설(특정처분의무설)이 대립한다. 통설·판례는 절차적 심리설(응답의무설)을 취한다. 따라서 부작위(무응답)의 적부만 심사하면 되며, 더 나아가 신청을 들어줘야 하는지 실체적 심리를 하지도 않고③ 행정청에 대하여 신청에 따른 처분을 하도록 명하지도 않는다.④

• **부작위위법확인소송의 목적: 부작위의 위법을 확인함으로써 부작위·무응답이라는 소극적 위법상태 제거**
부작위위법확인의 소는 행정청이 당사자의 법규상 또는 조리상의 권리에 기한 신청에 대하여 상당한 기간 내에 그 신청을 인용하는 적극적 처분을 하거나 각하 또는 기각하는 등의 소극적 처분을 하여야 할 법률상의 응답의무가 있음에도 불구하고 이를 하지 아니하는 경우, 그 부작위의 위법을 확인함으로써 행정청의 응답을 신속하게 하여 부작위 내지 무응답이라고 하는 소극적인 위법상태를 제거하는 것을 목적으로 하는 것이다(2002.6.28. 2000두4750).

선지분석 & 요플·기풀기링크

선지	THEME	요플	기풀기
①	T66 판결의 효력	67	066
②	T61 제소기간	25	026
③	T66 판결의 효력	47	071
④	T50 행정소송 개관	수2/13	018

정답 ③

 1× 2×

04

부작위위법확인소송에 대한 설명으로 가장 옳지 않은 것은? (다툼이 있는 경우 판례를 따름)

16서울7

① 집행정지결정은 부작위위법확인소송에 준용되지 않는다.

기 ② 부작위위법확인소송에서 예외적으로 행정심판전치가 인정될 경우 그 전치되는 행정심판은 의무이행심판이다.

③ 당사자의 신청에 대한 행정청의 거부처분이 있는 경우에는 행정청이 당사자의 신청에 대하여 일정한 처분을 이행하지 아니함으로써 위법상태가 야기된 것이므로 이를 제거하기 위하여 부작위위법확인소송도 허용된다.

기 ④ 부작위위법확인소송은 부작위의 위법함을 확인함으로써 행정청의 응답을 신속하게 하여 부작위 내지 무응답이라고 하는 소극적인 위법상태를 제거하는 것을 목적으로 한다.

관련 OX

① 관련

1 집행정지결정은 부작위위법확인소송에 준용되지 않는다. 16서울7

② 관련

2 당사자의 신청에 대한 행정청의 거부처분이 있는 경우에는 행정청이 당사자의 신청에 대하여 상당한 기간 내에 일정한 처분을 하여야 할 법률상 응답의무를 이행하지 아니함으로써 야기된 부작위라는 위법상태를 제거하기 위하여 제기하는 부작위위법확인소송은 허용되지 아니한다. 23소간

③④ 관련

3 부작위위법확인소송은 행정청의 부작위 또는 무응답, 거부처분 등 소극적 위법상태를 제거하기 위한 제도이다. 08(하)지방9

해설

① ○ 부작위위법확인소송은 어떠한 처분도 없는 상태(부작위)를 전제로 하는 것이다. 따라서 처분의 존재를 전제하는 ① **처분변**경으로 인한 소의 변경(행정소송법 제22조), ② **처분의 집행정지**(제23조), ③ **사**정판결(제28조)은 준용되지 않는다. **처변집사**

② ○ 부작위위법확인소송도 임의적 전치가 원칙이고, 타 법률의 규정이 있는 때에만 예외적으로 필요적 전치주의가 적용된다. 이때 거칠 행정심판은 의무이행심판이다.

행정심판법 제5조(행정심판의 종류) 행정심판의 종류는 다음 각 호와 같다.
3. **의무이행심판:** 당사자의 신청에 대한 행정청의 위법 또는 부당한 거부처분이나 **부작위**에 대하여 일정한 처분을 하도록 하는 행정심판

③ ✕ 거부처분: 부작위위법확인소송 불가

행정청이 당사자의 신청에 대하여 **거부처분을 한 경우에는 항고소송의 대상인 위법한 부작위가 있다고 볼 수 없어 그 부작위위법확인의 소는 부적법**하다(1998.1.23. 96누12641).

＋PLUS 부작위위법확인소송은 부작위(무응답)를 대상으로 한다. 거부처분은 부작위가 아닌 '작위'이다(무응답이 아니라 거부라는 답변을 한 것). 따라서 거부처분은 부작위위법확인소송의 대상이 될 수 없다.

④ ○ 부작위위법확인소송의 목적: 부작위의 위법을 확인함으로써 부작위·무응답이라는 소극적 위법상태 제거

부작위위법확인의 소는 행정청이 당사자의 법규상 또는 조리상의 권리에 기한 신청에 대하여 상당한 기간 내에 그 신청을 인용하는 적극적 처분을 하거나 각하 또는 기각하는 등의 소극적 처분을 하여야 할 법률상의 응답의무가 있음에도 불구하고 이를 하지 아니하는 경우, 그 **부작위의 위법을 확인함으로써 행정청의 응답을 신속하게 하여 부작위 내지 무응답이라고 하는 소극적인 위법상태를 제거하는 것을 목적으로 하는 것이다**(2002.6.28. 2000두4750).

선지분석 & 요플·기풀기링크

선지	THEME	요플	기풀기
①	T62 집행정지	N2ㄷ	057
②	T50 행정소송 개관	수2/12	014
③	T54 거부처분	03	003
④	T50 행정소송 개관	수2/12	014

정답 ③

OX 1○ 2○ 3✕

05

부작위위법확인소송에 관한 설명 중 옳지 않은 것은? (다툼이 있는 경우 판례에 의함) 10국회9

① 국가보훈처장 발행서적의 독립투쟁에 관한 내용을 시정하여 관보에 그 뜻을 표명해야 할 의무의 확인을 구하는 청구는 항고소송의 대상이 되지 아니한다.

② 압수가 해제된 것으로 간주된 물건에 대한 피압수자의 환부신청에 대하여 검사가 아무런 결정이나 통지를 하지 않았다고 하더라도 그와 같은 부작위는 부작위위법확인소송의 대상이 되지 않는다.

③ 행정청에게 일정한 처분을 하여야 할 법률상 의무가 있어야 하는데, 이때 법률상 의무란 명문 규정에 의해 인정되는 경우만을 뜻한다.

④ 부작위위법확인소송은 처분의 신청을 한 자로서 부작위의 위법의 확인을 구할 법률상 이익이 있는 자만이 제기할 수 있다.

⑤ 부작위위법확인소송을 제기한 뒤에 판결시까지 행정청이 그 신청에 대하여 적극적 또는 소극적 처분을 하였다면 소의 이익을 상실하게 되어 당해 소는 각하된다.

관련 OX

④ 관련

1 ○
부작위위법확인소송은 처분의 신청을 한 자로서 부작위의 위법의 확인을 구할 법률상의 이익이 있는 자만이 제기할 수 있다. 22국가7

해설

① ○ 국가보훈처장을 상대로 발행서적의 내용을 시정 · 표명할 의무확인하는 항고소송 → 작위의무확인소송에 해당, 불가
국가보훈처장 발행서적의 독립투쟁에 관한 내용을 시정하여 관보에 그 뜻을 표명하여야 할 의무 및 독립운동단체 소속의 독립운동자들에게 법률 소정의 보상급여의무의 확인을 구하는 청구는 작위의무확인소송으로서 항고소송의 대상이 되지 아니한다(1989.1.24. 88누3116).

② ○ 압수해제 간주된 물건의 환부신청에 대한 부작위: 부작위위법확인소송대상×
형사본안사건에서 무죄가 선고되어 확정되었다면 형사소송법 규정에 따라 검사가 압수물을 제출자나 소유자 기타 권리자에게 환부하여야 할 의무가 당연히 발생한 것이고, 권리자의 환부신청에 대한 검사의 환부결정 등 어떤 처분에 의하여 비로소 환부의무가 발생하는 것은 아니므로 〈압수가 해제된 것으로 간주〉된 압수물에 대하여 피압수자나 기타 권리자가 민사소송으로 그 반환을 구함은 별론으로 하고 검사가 피압수자의 압수물 환부신청에 대하여 아무런 결정이나 통지도 하지 아니하고 있다고 하더라도 그와 같은 부작위는 현행 행정소송법상의 부작위위법확인소송의 대상이 되지 아니한다(1995.3.10. 94누14018).

③ × 부작위가 성립하려면 행정청에 처분의무가 존재해야 하는바, 이에 대응하여 신청인에게는 신청권이 필요하다. 이러한 처분의무 내지 신청권은 명문상 인정되는 것뿐 아니라 조리상 인정되는 것도 포함된다는 것이 통설 · 판례이다.

• 부작위위법확인의 소: 법규상 · 조리상 신청권 필요 → if not 원고적격이나 대상적격(부작위)이 없어 부적법
부작위위법확인의 소에 있어 당사자가 행정청에 대하여 어떠한 행정행위를 하여 줄 것을 요구할 수 있는 법규상 또는 조리상 권리를 갖고 있지 아니한 경우에는 원고적격이 없거나 항고소송의 대상인 위법한 부작위가 있다고 볼 수 없어 그 부작위위법확인의 소는 부적법하다(1999.12.7. 97누17568).

④ ○

행정소송법 제36조(부작위위법확인소송의 원고적격) 부작위위법확인소송은 처분의 신청을 한 자로서 부작위의 위법의 확인을 구할 **법률상 이익이 있는 자**만이 제기할 수 있다.

⑤ ○ 판결(변론종결시) 전 행정청이 거부의 의사표시로 부작위 해소되면: 소익×
소제기의 전후를 통하여 판결시까지(편저자: 변론종결시까지) 행정청이 그 신청에 대하여 적극 또는 소극의 처분을 함으로써 부작위상태가 해소된 때에는 소의 이익을 상실하게 되어 당해 소는 각하를 면할 수가 없는 것이다(1990.9.25. 89누4758).

선지분석 & 요플 · 기풀기링크

선지	THEME	요플	기풀기
①	T53 대상적격(법률관계)	185	186
②	T54 거부처분	19	018
③		20	020
④	T55 공권과 원고적격	66	067
⑤	T57 소의 이익	69	069

정답 ③
OX 1 ○

04 항고소송 종합

01

「행정소송법」상 항고소송에 대한 설명으로 옳지 않은 것만을 모두 고른 것은? (다툼이 있는 경우 판례에 의함)   17지방7

ㄱ. 동일한 행정처분에 대하여 무효확인소송을 제기하였다가 그 후 그 처분에 대한 취소소송을 추가적으로 병합한 경우, 무효확인소송이 취소소송의 제소기간 내에 제기되었다면 제소기간 도과 후 병합된 취소소송도 적법하게 제기된 것으로 볼 수 있다.

ㄴ. 무효확인소송의 제기는 처분의 효력이나 그 집행 또는 절차의 속행에 영향을 주지 아니한다.

ㄷ. 행정처분의 당연무효를 주장하여 그 무효확인을 구하는 행정소송에 있어서는 원고에게 그 행정처분이 무효인 사유를 주장·입증할 책임이 있다.

ㄹ. 원고의 청구가 이유 있다고 인정하는 경우에도 처분의 무효를 확인하는 것이 현저히 공공복리에 적합하지 아니하다고 인정하는 때에는 법원은 청구를 기각할 수 있다.

ㅁ. 부작위위법확인소송은 원칙적으로 제소기간의 제한을 받지 않지만, 행정심판을 거친 경우에는 「행정소송법」 제20조가 정한 제소기간 내에 부작위위법확인의 소를 제기하여야 한다.

① ㄱ, ㄴ, ㄷ
② ㄱ, ㄹ, ㅁ
③ ㄹ
④ ㄹ, ㅁ

관련 OX

ㄷ. 관련
1 행정처분의 당연무효를 주장하여 그 무효확인을 구하는 행정소송에 있어서는 피고 행정청이 그 행정처분에 중대·명백한 하자가 없음을 주장·입증할 책임이 있다.   16지방9

ㄹ. 관련
2 행정처분이 무효인 경우에도 처분이 무효임을 확인하는 것이 현저히 공공복리에 적합하지 아니하다고 인정되는 때에는 「행정소송법」 제28조에 따라 사정판결을 할 수 있다.   25국회8

해설

ㄱ. ○ 동일한 행정처분에 대하여 무효확인의 소를 제기하였다가 그 후 그 처분의 취소를 구하는 소를 추가적으로 병합한 경우, 주된 청구인 무효확인의 소가 적법한 제소기간 내에 제기되었다면 추가로 병합된 취소청구의 소도 적법하게 제기된 것으로 볼 수 있다(2005.12.23. 2005두3554).
  + PLUS 소가 병합된 경우 병합된 소의 제소기간은 병합시를 기준으로 판단함이 원칙일 것이나, 사안과 같이 병합된 소의 기본적 취지가 종전의 소와 같다면 종전의 소제기시를 기준으로 제소기간 준수 여부를 판단한다.

ㄴ. ○ 무효등확인소송에서도 취소소송의 집행정지 규정(행정소송법 제23조)을 준용하고 있다. 즉, 집행부정지의 원칙이 동일하게 적용되고 대신 그 보완책으로 집행정지제도가 인정된다.

행정소송법 제38조(준용규정) ① 제9조, 제10조, 제13조 내지 제17조, 제19조, 제22조 내지 제26조, 제29조 내지 제31조 및 제33조의 규정은 무효등확인소송의 경우에 준용한다.

제23조(집행정지) ① 취소소송의 제기는 처분등의 효력이나 그 집행 또는 절차의 속행에 영향을 주지 아니한다.

ㄷ. ○ 행정처분의 당연무효를 주장하여 그 무효확인을 구하는 행정소송에 있어서는 원고에게 그 행정처분이 무효인 사유를 주장·입증할 책임이 있다(2010.5.13. 2009두3460).

ㄹ. × 당연무효의 행정처분을 소송목적물로 하는 행정소송에서는 존치시킬 효력이 있는 행정행위가 없기 때문에 행정소송법 제28조 소정의 사정판결을 할 수 없다(1996.3.22. 95누5509).
  + PLUS 사정판결은 취소소송에서만 허용된다. 행정소송법은 취소소송 외의 행정소송에서는 사정판결을 준용하지 않고, 판례 역시 이를 부정하기 때문이다(95누5509 등). 따라서 무효확인소송에서 처분의 무효가 인정될 경우 인용판결을 하여야 하고, 공공복리를 이유로 기각하는 것은 불가하다.

ㅁ. ○ 부작위위법확인의 소는 부작위상태가 계속되는 한 그 위법의 확인을 구할 이익이 있다고 보아야 하므로 원칙적으로 제소기간의 제한을 받지 않는다. 그러나 행정소송법 제38조 제2항이 제소기간을 규정한 같은 법 제20조를 부작위위법확인소송에 준용하고 있는 점에 비추어 보면, 행정심판 등 전심절차를 거친 경우에는 행정소송법 제20조가 정한 제소기간 내에 부작위위법확인의 소를 제기하여야 한다(2009.7.23. 2008두10560).
  + PLUS 부작위위법확인소송: 제소기간 규정 준용○ / 제소기간 제한× but 전심절차(행정심판 등)

선지분석 & 요플·기풀기링크

선지	THEME	요플	기풀기
ㄱ	T64 소송상 제도	50	051
ㄴ	T62 집행정지	57	055
ㄷ	T63 소송방식	26	027
ㄹ	T65 판결 기준시/종류	39	040
ㅁ	T61 제소기간	26	027

정답 ③
OX

02

항고소송의 소송요건에 관한 설명 중 옳지 않은 것은? (다툼이 있으면 판례에 의함) 13국회9

① 행정행위의 부관은 부담의 경우를 제외하고는 독립하여 행정소송의 대상이 될 수 있다.
② 취소소송의 대상은 행정청의 '처분등', 즉 처분과 재결이다.
③ 침해적 행정처분이 내려진 후에 내려진 동일한 내용의 반복된 침해적 행정처분은 처분이 아니다.
④ 판례는 「행정소송법」 제12조의 법률상 이익은 직접적이고 구체적·개인적 이익을 말하고 간접적이거나 사실·경제적 이해관계를 가지는 데 불과한 경우 및 공익은 포함되지 않는다고 보고 있다.
⑤ 처분이 있음을 안 날이라 함은 처분에 관한 서류가 당사자의 주소에 송달되는 등 사회통념상 처분이 있음을 당사자가 알 수 있는 상태에 놓여진 때에는 반증이 없는 한 그 처분이 있음을 알았다고 추정할 수 있다.

관련 OX

④ 관련

1 원고적격의 요건으로서 법률상 이익에는 당해 처분의 근거 법률에 의하여 보호되는 직접적이고 구체적인 이익뿐만 아니라 간접적이거나 사실적·경제적 이해관계를 가지는 경우도 여기에 포함된다. 24국가9

2 기
처분의 직접 상대방이 아닌 제3자가 해당 처분과 간접적·사실적·경제적인 이해관계를 가지는 데 불과한 경우에는 처분의 취소를 구할 원고적격이 인정되지 않는다. 25변시

해설

① × 행정행위의 부관은 부담의 경우를 제외하고는 독립하여 행정소송의 대상이 될 수 없다(1991.12.13. 90누8503).

② ○ 취소소송의 대상은 '처분등', 즉 처분과 재결이다.

> **행정소송법 제19조(취소소송의 대상)** 취소소송은 **처분등**을 대상으로 한다. 다만, 재결취소소송의 경우에는 재결 자체에 고유한 위법이 있음을 이유로 하는 경우에 한한다.
> **제2조(정의)** ① 이 법에서 사용하는 용어의 정의는 다음과 같다.
>   1. '**처분등**'이라 함은 행정청이 행하는 구체적 사실에 관한 법집행으로서의 공권력의 행사 또는 그 거부와 그 밖에 이에 준하는 행정작용(이하 '처분'이라 한다) **및** 행정심판에 대한 **재결**을 말한다.

③ ○ 판례는 침해적 행정처분이 내려진 후에 내려진 동일한 내용의 반복된 침해적 행정처분은 처분이 아니라고 본다.

• 행정대집행법상의 건물철거의무는 제1차 철거명령 및 계고처분으로서 발생하였고 **제2차, 제3차의 계고처분은 새로운 철거의무를 부과한 것이 아니고 다만 대집행기한의 연기통지에 불과하므로 행정처분이 아니다**(1994.10.28. 94누5144).

④ ○ 법률상 보호되는 이익: 개별적·직접적·구체적 이익(↔ 간접적·사실적·경제적 이익×)
행정처분의 직접 상대방이 아닌 제3자라 하더라도 당해 행정처분으로 인하여 〈법률상 보호되는 이익〉을 침해당한 경우에는 취소소송을 제기하여 그 당부의 판단을 받을 자격이 있다. 여기에서 말하는 법률상 보호되는 이익은 당해 처분의 근거법규 및 관련법규에 의하여 보호되는 개별적·직접적·구체적 이익이 있는 경우를 말하고, 공익보호의 결과로 국민 일반이 공통적으로 가지는 일반적·간접적·추상적 이익과 같이 사실적·경제적 이해관계를 갖는 데 불과한 경우는 여기에 포함되지 아니한다(2013.9.12. 2011두33044).

⑤ ○ 처분이 있음을 안 날: 처분이 있었음을 현실적으로 안 날(알 수 있었던 날×) / 단, 알 수 있었던 날을 안 날로 추정 가능
심판청구기간의 기산점인 행정심판법 제18조 제1항 소정의 '처분이 있음을 안 날'이라 함은 당사자가 통지·공고 기타의 방법에 의하여 당해 처분이 있었다는 사실을 현실적으로 안 날을 의미하고, 추상적으로 알 수 있었던 날을 의미하는 것은 아니라 할 것이며, 다만 처분을 기재한 서류가 당사자의 주소에 송달되는 등으로 사회통념상 처분이 있음을 당사자가 알 수 있는 상태에 놓여진 때에는 반증이 없는 한 그 처분이 있음을 알았다고 추정할 수는 있다(2002.8.27. 2002두3850).

선지분석 & 요플·기풀기링크

선지	THEME	요플	기풀기
①	T32 부관	85	079
②	T51 원처분주의/재결주의	01	001
③	T42 실효성 확보(공통쟁점)	32	032
④	T55 공권과 원고적격	08	007
⑤	T61 제소기간	05	006

 ①
 1× 2○

필수문제 03

항고소송의 제기요건에 대한 설명으로 옳지 않은 것은? (다툼이 있는 경우 판례에 의함) 16지방9

- ① 건국훈장 독립장이 수여된 망인에 대하여 사후적으로 친일행적이 확인되었다는 이유로 대통령에 의하여 망인에 대한 독립유공자서훈취소가 결정되고, 그 서훈취소에 따라 훈장 등을 환수조치하여 달라는 당시 행정안전부장관의 요청에 의하여 국가보훈처장이 망인의 유족에게 독립유공자서훈취소 결정을 통보한 사안에서, 독립유공자서훈취소결정에 대한 취소소송에서의 피고적격이 있는 자는 국가보훈처장이다.
- ② 「국가를 당사자로 하는 계약에 관한 법률」에 따른 계약에 있어 입찰보증금의 국고귀속조치는 항고소송의 대상이 되는 처분에 해당하지 않는다.
- ③ 고시에 의한 행정처분의 상대방이 불특정 다수인인 경우, 그 행정처분에 이해관계를 갖는 자는 고시가 있었다는 사실을 현실적으로 알았는지 여부에 관계없이 고시가 효력을 발생하는 날부터 90일 이내에 취소소송을 제기하여야 한다.
- ④ 한국방송공사 사장은 해임처분 무효확인 또는 취소소송계속 중 임기가 만료되어 해임처분의 무효확인 또는 취소로 지위를 회복할 수 없다고 할지라도, 그 무효확인 또는 취소로 해임처분일부터 임기만료일까지의 기간에 대한 보수지급을 구할 수 있는 경우에는 해임처분의 무효확인 또는 취소를 구할 법률상 이익이 있다.

관련 OX

③ 관련

1 통상 고시 또는 공고에 의하여 행정처분을 하는 경우에 행정처분의 있었음을 안 날이란 행정처분의 이해관계를 갖는 자가 고시 또는 공고가 있었다는 사실을 현실적으로 안 날이 된다. 17사복(서울)9

2 고시 또는 공고에 의하여 행정처분을 하는 경우 그 행정처분에 이해관계를 갖는 사람이 고시 또는 공고가 있었다는 사실을 현실적으로 알았는지 여부에 관계없이 고시 또는 공고가 효력을 발생한 날에 행정처분이 있음을 알았다고 보아야 한다. 20지방9

해설

※ 각종의 소송요건을 종합적으로 묻는 문제이다. ①은 피고적격, ②는 대상적격, ③은 제소기간, ④는 협의의 소익

① ✕

문제정리 서훈취소 4쟁점

① 통치행위✕
  → 사법심사 가능(T02)
② 유족은 처분의 상대방✕
  → 유족에 대한 통지가 아닌 다른 상당한 방법의 대외적 표시로도 성립(T26)
③ 국가보훈처장은 피고적격✕①
  → 대통령이○(대통령이 처분결정자, 국가보훈처장은 통보한 자에 불과)(T58)
④ 본안판단✕, 피고경정 여부 석명 필요○
  → 따라서 국가보훈처장의 통보를 서훈취소처분으로 보고 국가보훈처장을 상대로 제기된 위 소송에서 본안판결을 한 원심을 파기환송하면서, 피고경정 여부를 석명해 대통령의 처분을 대상으로 다시 판결하도록 한 사안(T64)

- **(통치행위✕)** 비록 서훈취소가 대통령이 국가원수로서 행하는 행위라고 하더라도 법원이 사법심사를 자제하여야 할 고도의 정치성을 띤 행위라고 볼 수는 없다(2015.4.23. 2012두26920).
- **(상대방)** 망인에 대한 서훈취소는 유족에 대한 것이 아니므로 유족에 대한 통지에 의해서만 성립하여 효력이 발생한다고 볼 수 없고, 그 결정이 처분권자의 의사에 따라 상당한 방법으로 대외적으로 표시됨으로써 행정행위로서 성립하여 효력이 발생한다고 봄이 타당하다(2014.9.26. 2013두2518).

- **(피고적격)** 국무회의에서 건국훈장 독립장이 수여된 망인에 대한 서훈취소를 의결하고 대통령이 결재함으로써 서훈취소가 결정된 후 국가보훈처장이 망인의 유족 甲에게 '독립유공자 서훈취소결정 통보'를 하자 甲이 국가보훈처장을 상대로 서훈취소결정의 무효확인 등의 소를 제기한 사안에서, 甲이 서훈취소 처분을 행한 행정청(대통령)이 아니라 국가보훈처장을 상대로 제기한 위 소는 피고를 잘못 지정한 경우에① 해당하므로, 법원으로서는 석명권을 행사하여 정당한 피고로 경정하게 하여 소송을 진행해야 함에도 국가보훈처장이 서훈취소 처분을 한 것을 전제로 처분의 적법 여부를 판단한 원심 판결에 법리오해 등의 잘못이 있다(2014.9.26. 2013두2518).

- **(피고경정)** 원고가 피고를 잘못 지정하였다면 법원으로서는 당연히 석명권을 행사하여 원고로 하여금 피고를 경정하게 하여 소송을 진행케 하였어야 할 것임에도 불구하고 이러한 조치를 취하지 아니한 채 피고의 지정이 잘못되었다는 이유로 소를 각하한 것이 위법하다(2004.7.8. 2002두7852).

선지	THEME	요플	기풀기
①	T58 피고적격	07	008
②	T53 대상적격(법률관계)	08	014
③	T61 제소기간	15	009
④	T57 소의 이익	37	037

② ○ 사법상의 손해배상 예정으로서의 성질을 갖는 것이라고 할 것이므로 입찰보증금의 국고귀속조치는 국가가 사법상의 재산권의 주체로서 행위하는 것이지 공권력을 행사하는 것이거나 공권력작용과 일체성을 가진 것이 아니라 할 것이므로 이에 관한 분쟁은 행정소송이 아닌 민사소송의 대상이 될 수밖에 없다(1983.12.27. 81누366).

+ PLUS 입찰보증금국고귀속: 사법행위(민사소송) ↔ 입찰참가자격제한: 처분(항고소송) but 사법상 통지인 경우도 있음(기타공공기관, 의사표시해석의 문제)

③ ○ 고시 또는 공고에 의하여 행정처분을 하는 경우에는 그 처분의 상대방이 불특정 다수인이고 그 처분의 효력이 불특정 다수인에게 일률적으로 적용되는 것이므로, 그 행정처분에 이해관계를 갖는 자가 고시 또는 공고가 있었다는 사실을 현실적으로 알았는지 여부에 관계없이 고시가 효력을 발생하는 날 행정처분이 있음을 알았다고 보아야 한다(2007.6.14. 2004두619).

방법	상대방	효력발생	제소기간 기산점	관련 쟁점
고시·공고	불특정 다수	5일 후 (고시에서 다르게 정할 수 있음)	효력발생일 ⇒ 안 날③ (현실적으로 알았는지 무관)	• 처분성 갖는 고시○ - 요양급여고시, 청소년유해매체물 • 행정절차법상 사전통지·의견청취×
공고	• 주소불명 • 송달불능	14일 후 (공고에서 다르게 정할 수 있음)	효력발생일 ≠ 안 날 (현실적으로 알아야만 함)	관보·공보·게시판·일간신문 중 하나 AND 인터넷에도 공고해야

+ PLUS 불특정 다수인에 대한 고시·공고가 처분성이 인정되는 경우가 있다. 그러나 그 처분의 성질상 행정절차법상 사전통지·의견청취 등을 거치지 않아도 되고, 제소기간 역시 원고가 그 고시·공고를 현실적으로 알았는지를 불문하고 고시의 효력발생일로부터 90일로 한다. 반면, 특정인에 대한 처분이나 그의 주소가 불명이거나 송달이 불능하여 공고하는 경우에는 그가 처분이 있음을 현실적으로 안 날로부터 제소기간이 기산된다.

④ ○ 해임처분 무효확인 또는 취소소송계속 중 임기가 만료되어 해임처분의 무효확인 또는 취소로 지위를 회복할 수는 없다고 할지라도, 그 무효확인 또는 취소로 해임처분일부터 임기만료일까지 기간에 대한 보수 지급을 구할 수 있는 경우에는 해임처분의 무효확인 또는 취소를 구할 법률상 이익이 있다. 해임권자와 보수지급의무자가 다른 경우에도 마찬가지이다(2012.2.23. 2011두5001).

+ PLUS KBS사장, 지방의회의원 → 소송 중 임기만료되었어도 승소시 해임·제명시부터 임기만료일까지 보수·수당을 받을 이익이 있으므로 소익○

정답 ①
OX 1× 2○

04

항고소송의 제기요건에 대한 설명으로 옳지 않은 것은? (다툼이 있는 경우 판례에 의함) 20국회8

① 체납자는 자신이 점유하는 제3자 소유의 동산에 대한 압류처분의 취소나 무효확인을 구할 원고적격이 있다.
② 원천징수의무자인 법인에 대한 소득금액변동통지는 법인의 납세의무에 직접 영향을 미치므로 항고소송의 대상이 되는 처분이다.
③ 사업의 양도행위가 무효임을 주장하는 양도자는 양도·양수행위의 무효를 구함이 없이 사업양도·양수에 따른 허가관청의 지위승계 신고수리처분의 무효확인을 구할 법률상 이익은 없다.
④ 검사의 공소제기가 적법절차에 따라 정당하게 이루어진 것인지 여부에 관계없이 검사의 공소에 대하여는 형사소송절차에 의하여서만 다툴 수 있고, 행정소송의 방법으로 공소의 취소를 구할 수 없다.
⑤ 공정거래위원회의 처분에 대하여 불복의 소를 제기하였다가 청구취지를 추가하는 경우, 추가된 청구취지에 대한 제소기간의 준수 등은 원칙적으로 청구취지의 추가·변경 신청이 있는 때를 기준으로 판단하여야 한다.

관련 OX

① 관련

1 납세자가 아닌 제3자의 재산을 대상으로 한 압류처분은 그 처분의 내용이 법률상 실현될 수 없는 것이어서 당연무효이다. 22국가7

③ 관련

2 사업의 양도·양수신고가 수리된 경우, 甲은 민사쟁송으로 양도·양수행위의 무효를 구함이 없이 곧바로 항고소송으로 신고수리의 무효확인을 구할 법률상 이익이 있다. 17지방7

④ 관련

3 검사의 공소에 대하여는 형사소송절차에 의하여서만 다툴 수 있고 행정소송의 방법으로 공소의 취소를 구할 수는 없다. 18(2)경행

해설

① ○ 체납자가 점유하는 제3자 소유 동산을 압류시, 압류처분은 무효이고, 이에 대해 체납자도 원고적격이 있음

체납처분으로서 압류의 요건을 규정하는 국세징수법 제24조 각 항의 규정을 보면 어느 경우에나 압류의 대상을 납세자의 재산에 국한하고 있으므로, 납세자가 아닌 제3자의 재산을 대상으로 한 압류처분은 그 처분의 내용이 법률상 실현될 수 없는 것이어서 당연무효이다. … 과세관청이 조세의 징수를 위하여 체납자가 점유하고 있는 제3자의 소유 동산을 압류한 경우, 그 체납자는 그 압류처분에 의하여 당해 동산에 대한 점유권의 침해를 받은 자로서 그 압류처분에 대하여 법률상 직접적이고 구체적인 이익을 가지는 것이어서 그 압류처분의 취소나 무효확인을 구할 원고적격이 있다(2006.4.13. 2005두15151).

② ○ 원천징수의무자에 대한 소득금액변동통지: 처분성 인정

(편저자: 원천징수의무자에 대한) 소득금액변동통지는 원천징수의무자인 법인의 납세의무에 직접 영향을 미치는 과세관청의 행위로서, 항고소송의 대상이 되는 조세행정처분이라고 봄이 상당하다(2006.4.20. 2002두1878 전합).

+ PLUS (원천징수의무자에 대한) 소득금액변동통지는 처분○ / (원천납세의무자에 대한) 소득금액변동통지는 처분X

③ X 영업양도계약이 무효임에도 지위승계신고가 수리된 경우: 양도자는 곧바로 수리처분 무효확인소송(항고소송) 가능

사업양도·양수에 따른 허가관청의 지위승계신고의 수리는 적법한 사업의 양도·양수가 있었음을 전제로 하는 것이므로 그 수리대상인 사업양도·양수가 존재하지 아니하거나 무효인 때에는 수리를 하였다 하더라도 그 수리는 유효한 대상이 없는 것으로서 당연히 무효라 할 것이고, 사업의 양도행위가 무효라고 주장하는 양도자는 민사쟁송으로 양도·양수행위의 무효를 구함이 없이 막바로 허가관청을 상대로 하여 행정소송으로 위 신고수리처분의 무효확인을 구할 법률상 이익이 있다(2005.12.23. 2005두3554).

선지분석 & 요플·기풀기링크

선지	THEME	요플	기풀기
①	T29 VA의 하자와 효력	52	048
②	T53 대상적격(법률관계)	163	165
③	T25 영업양도의 쟁점	14	015
④	T52 대상적격(행정작용)	84	087
⑤	T64 소송상 제도	48	048

④ ○ 검사의 공소제기: 처분×(형사소송으로 불복)

행정소송법 제2조 소정의 행정처분이라고 하더라도 그 처분의 근거 법률에서 행정소송 이외의 다른 절차에 의하여 불복할 것을 예정하고 있는 처분은 항고소송의 대상이 될 수 없다. … 형사소송법에 의하면 〈검사가 공소를 제기〉한 사건은 기본적으로 법원의 심리대상이 되고 피의자 및 피고인은 수사의 적법성 및 공소사실에 대하여 **형사소송절차를 통하여 불복**할 수 있는 절차와 방법이 따로 마련되어 있으므로 검사의 공소제기가 적법절차에 의하여 정당하게 이루어진 것이냐의 여부에 관계없이 검사의 공소에 대하여는 형사소송절차에 의하여서만 이를 다툴 수 있고 행정소송의 방법으로 공소의 취소를 구할 수는 없다(2000.3.28. 99두11264).

⑤ ○ 공정위 처분에 소송 중 청구취지 추가: 추가시 기준으로 추가된 청구의 제소기간 준수 여부 판단

공정위의 처분에 대하여 불복의 소를 제기하였다가 청구취지를 추가하는 경우, 청구취지가 추가된 때에 새로운 소를 제기한 것으로 보므로 추가된 청구취지에 대한 제소기간 준수 등은 원칙적으로 청구취지의 추가·변경 신청이 있는 때를 기준으로 판단하여야 한다(2018.11.15. 2016두48737).

정답 ③
OX 1○ 2○ 3○

05

「행정소송법」상 항고소송에 대한 설명으로 옳지 않은 것은? 13국가7

① 간접강제결정에 기한 배상금은 확정판결에 따른 재처분의 지연에 대한 제재 또는 손해배상이라는 것이 판례의 입장이다.
② 행정청이 처분등을 취소 또는 변경함으로 인하여 취소청구가 각하 또는 기각된 경우, 소송비용은 피고의 부담이 된다.
③ 무효등확인소송에는 취소소송의 제소기간에 관한 규정이 준용되지 않는다.
④ 판례는 무효를 선언하는 의미의 취소판결을 인정하고 있다.

관련 OX

③ 관련
1 (무효등확인소송은) 제소기간이 상대적으로 단기이다. 08중선위

④ 관련
2 무효인 처분에 대하여 취소소송이 제기된 경우 소송제기요건이 구비되었다면 법원은 당해 소를 각하하여서는 아니되며, 무효를 선언하는 의미의 취소판결을 하여야 한다. 14지방9

해설

① ✕ 간접강제에 기한 배상금의 성질: 제재나 손해배상✕ / 이행에 관한 심리적 강제수단○
행정소송법 제34조 소정의 **간접강제결정에 기한 배상금**은 확정판결의 취지에 따른 재처분의 지연에 대한 **제재나 손해배상이 아니고** 재처분의 이행에 관한 **심리적 강제수단에 불과한** 것으로 보아야 하므로, 간접강제결정에서 정한 의무이행기한이 경과한 후에라도 확정판결의 취지에 따른 재처분이 행하여지면 배상금을 추심함으로써 심리적 강제를 꾀한다는 당초의 목적이 소멸하여 처분상대방이 더 이상 배상금을 추심하는 것이 허용되지 **않는다**(2010.12.23. 2009다37725).

② ○ 소송비용의 부담 - ① 원칙: 패소자 부담, ② 예외: 사정판결로 인한 기각판결, 처분청이 계쟁처분을 취소·변경하여 각하·기각판결한 경우에는 처분청(승소자) 부담

행정소송법 제32조(소송비용의 부담) 취소청구가 제28조의 규정에 의하여 기각되거나 행정청이 처분등을 취소 또는 변경함으로 인하여 청구가 각하 또는 기각된 경우에는 소송비용은 피고의 부담으로 한다.
제8조(법적용례) ② 행정소송에 관하여 이 법에 특별한 규정이 없는 사항에 대하여는 법원조직법과 민사소송법 및 민사집행법의 규정을 준용한다.
민사소송법 제98조(소송비용부담의 원칙) 소송비용은 패소한 당사자가 부담한다.

③ ○ 행정소송법 제38조 제1항에 의하여 제소기간에 관한 규정인 동법 제20조는 준용되지 않는다. 따라서 무효등확인소송의 경우에는 제소기간의 제한이 없다. 다만, 무효를 선언하는 의미에서 취소를 구하는 경우에는 취소소송의 제소기간을 준수해야 한다.

행정소송법 제38조(준용규정) ① 제9조, 제10조, 제13조 내지 제17조, 제19조, 제22조 내지 제26조, 제29조 내지 제31조 및 제33조의 규정은 무효등확인소송의 경우에 준용한다.
제20조(제소기간) ① 취소소송은 처분등이 있음을 안 날부터 90일 이내에 제기하여야 한다. 다만, 제18조 제1항 단서에 규정한 경우와 그 밖에 행정심판청구를 할 수 있는 경우 또는 행정청이 행정심판청구를 할 수 있다고 잘못 알린 경우에 행정심판청구가 있은 때의 기간은 재결서의 정본을 송달받은 날부터 기산한다.
② 취소소송은 처분등이 있은 날부터 1년(제1항 단서의 경우는 재결이 있은 날부터 1년)을 경과하면 이를 제기하지 못한다. 다만, 정당한 사유가 있는 때에는 그러하지 아니하다.
③ 제1항의 규정에 의한 기간은 불변기간으로 한다.

④ ○ 판례는 무효인 처분에 대하여 취소소송을 제기하는 것을 허용하고 있다. 이를 무효선언 의미의 취소소송이라 한다.

• 무효선언 의미의 취소소송: 허용. 단, 취소소송으로서의 소송요건(전심절차, 제소기간 등) 갖춰야
행정처분의 당연무효를 선언하는 의미에서 그 취소를 청구하는 행정소송을 제기한 경우에도 전심절차와 제소기간의 준수 등 취소소송의 제소요건을 갖추어야 한다(1990.12.26. 90누6279).

선지분석 & 요플·기풀기링크

선지	THEME	요플	기풀기
①	T54 거부처분	68	069
②	T66 판결의 효력	70	062
③	T61 제소기간	23	024
④	T47 행정질서벌	47	048

정답 ①
OX 1✕ 2○

06

행정소송에 대한 설명으로 옳지 않은 것은? (다툼이 있는 경우 판례에 의함) 17(하)국가7

① 무효확인소송을 제기하였는데 해당 사건에서의 위법이 취소사유에 불과할 때, 법원은 취소소송의 요건을 충족한 경우 취소판결을 내린다.

② 행정청이 금전부과처분을 한 후 감액처분을 한 경우에 감액되고 남은 부분이 위법하다고 다투고자 할 때에는 감액처분 자체를 항고소송의 대상으로 삼아야 한다.

③ 취소소송의 대상인 처분은 행정청이 행하는 구체적 사실에 관한 법집행행위이므로 불특정 다수인을 대상으로 하여 반복적으로 적용되는 일반적·추상적 규율은 원칙적으로 처분이 아니다.

④ 상대방이 있는 행정처분에 대하여 행정심판을 거치지 아니하고 바로 취소소송을 제기하는 경우 처분이 있음을 안 날이란 통지, 공고 기타의 방법에 의해 당해 행정처분이 있었다는 사실을 현실적으로 안 날을 의미한다.

관련 OX

② 관련

1 당초의 과징금 부과처분을 한 후 그 과징금 액수를 감액하는 처분을 한 경우, 감액처분은 당초처분과 별개인 독립의 과징금 부과처분이 아니라 그 실질은 당초 과징금의 일부취소라는 유리한 결과를 가져오는 처분에 불과하므로 독립한 항고소송의 대상이 되지 않는다. 24변시

④ 관련

2 제소기간의 적용에 있어 '처분이 있음을 안 날'이란 처분의 존재를 현실적으로 안 날을 의미하는 것이 아니라 처분의 위법 여부를 인식한 날을 말한다. 15사복9

해설

① ○ 행정처분의 <u>무효확인을 구하는 소</u>에는 원고가 그 처분의 취소를 구하지 아니한다고 밝히지 아니한 이상 그 처분이 만약 당연무효가 아니라면 그 취소를 구하는 취지도 포함되어 있는 것으로 보아야 한다(1994.12.23. 94누477).
→ 따라서 <u>취소소송의 요건을 충족했다면 취소판결을 내림</u>.

처분	소송	소송요건	판결	
무효 사유	취소 소송	• 취소소송으로서의 소송요건 필요 → 필요적 전치주의시 행정심판 거쳐야 → 안 날부터 90일 등 제소기간 내 해야	취소소송 요건×	무효소송으로 소변경 or 각하
			취소소송 요건○	무효선언의미의 **취소판결**
취소 사유	무효 소송	• 무효소송으로서의 소송요건 필요 → 별문제 안 됨	취소소송 요건×	기각
			취소소송 요건○	일부인용취지에서 **취소판결**①

② ✗ 감액처분시 불복대상: 당초처분(중 감액되고 남은 부분)
과세표준과 세액을 감액하는 경정처분 … 으로도 아직 취소되지 아니하고 남아 있는 부분이 위법하다 하여 다투는 경우, <u>항고소송의 대상은 당초의 부과처분 중 경정처분에 의하여 아직 취소되지 않고 남은 부분</u>이고, 그 경정처분이 항고소송의 대상이 되는 것은 아니다(2009.5.28. 2006두16403).

③ ○ 일반적·추상적인 법령이나 규칙: 항고소송의 대상×
행정소송의 대상이 될 수 있는 것은 구체적인 권리의무에 관한 분쟁이어야 하고 <u>일반적·추상적인 법령</u> 그 자체로서 국민의 구체적인 권리의무에 직접적인 변동을 초래하는 것이 아닌 것은 그 <u>대상이 될 수 없다</u>(1987.3.24. 86누656).

+ PLUS 행정입법은 일반적·추상적 규율로서 원칙적으로 처분성이 인정되지 않는다. 다만, 그것이 다른 집행행위의 매개 없이 직접적으로 국민의 권리의무에 영향을 미치는 등 특별한 사정이 있다면 처분성이 인정될 수 있다(두밀분교조례, 약제급여고시 등).

④ ○ 처분이 있음을 안 날: 처분이 있음을 현실적으로 안 날○, 위법 여부까지 판단한 날×
행정소송법 제20조 제2항 소정의 제소기간 기산점인 '<u>처분이 있음을 안 날</u>'이란 통지, 공고 기타의 방법에 의하여 당해 처분이 있었다는 사실을 <u>현실적으로 안 날</u>을 의미하고 구체적으로 그 행정처분의 위법 여부를 판단한 날을 가리키는 것은 아니다(1991.6.28. 90누6521).

선지분석 & 요플·기풀기링크

선지	THEME	요플	기풀기
①	T65 판결 기준시/종류	50	052
②	T52 대상적격(행정작용)	65	065
③	T16 VA의 개념과 분류	11	009
④	T61 제소기간	03	005

정답 ②

OX 1○ 2✗

05 당사자소송

01

「행정소송법」상 당사자소송에 대한 설명으로 옳은 것만을 모두 고르면? (다툼이 있는 경우 판례에 의함) 20지방7

ㄱ. 공법상 당사자소송에서 재산권의 청구를 인용하는 판결을 하는 경우 가집행선고를 할 수 있다.
ㄴ. 소송형태는 당사자소송의 형식을 취하지만 실질적으로는 처분등의 효력을 다투는 항고소송의 성질을 가지는 소송은 현행법상 인정되지 아니한다.
ㄷ. 「도시 및 주거환경정비법」상 행정주체인 주택재건축정비 사업조합을 상대로 관리처분계획안에 대한 조합총회결의의 효력 등을 다투는 소송은 민사상 법률관계에 관한 것이므로 민사소송에 해당한다.
ㄹ. 「석탄산업법」과 관련하여 피재근로자는 석탄산업합리화 사업단이 한 재해위로금 지급거부의 의사표시에 불복이 있는 경우 공법상의 당사자소송을 제기하여야 한다.

① ㄱ, ㄴ ② ㄱ, ㄹ
③ ㄴ, ㄷ ④ ㄷ, ㄹ

관련 OX

ㄱ. 관련
1 ⓒ 공법상 당사자소송에서 재산권의 청구를 인용하는 판결을 하는 경우에는 가집행선고를 할 수 없다. 08국가9

ㄷ. 관련
2 주택재건축정비사업조합을 상대로 관리처분계획안에 대한 조합총회결의의 효력을 다투는 소송은 사법상 법률관계에 관한 소송이다. 24소간

해설

ㄱ. ○ 행정소송법 제8조 제2항에 의하면 행정소송에도 민사소송법의 규정이 일반적으로 준용되므로 법원으로서는 공법상 당사자소송에서 재산권의 청구를 인용하는 판결을 하는 경우 가집행선고를 할 수 있다(2000.11.28. 99두3416).

행정소송법 제43조(가집행선고의 제한) 국가를 상대로 하는 당사자소송의 경우에는 가집행선고를 할 수 없다.
[2022.2.24. 2020헌가12 단순 위헌]

ㄴ. × 소송의 형태는 당사자소송의 형식이나, 그 실질상 처분등의 효력을 다투는 것을 형식적 당사자소송이라고 한다. 현행법은 토지보상법상 보상금증감소송 등에서 이를 인정하고 있다.

ㄷ. ×

관리처분계획안에 대한 총회결의 하자시 쟁송방법(정비조합이 시행하는 사업시행계획도 동일)

시기	쟁송방법	이유
인가 전	총회결의의 효력을 다투는 당사자소송	총회결의는 처분은 아니나 공법상 법률관계
인가 후	관리처분계획(처분)의 효력을 다투는 항고소송 ↔ 총회결의부분만 독립적 다툼×	인가된 관리처분계획은 처분성이 인정되고, 총회결의는 그 처분의 절차적 요건에 불과

ㄹ. ○ 폐광된 광산에서 재해를 입은 근로자에 대한 재해위로금: 법령만으로 확정되는 공법상 권리 → 사업단의 지급거부 의사표시는 처분× / 곧바로 위로금 지급소송(당사자소송)
석탄산업법령의 각 규정에 의하여 폐광대책비의 일종으로 〈폐광된 광산〉에서 업무상 재해를 입은 근로자에게 지급하는 〈재해위로금〉은, 위 규정이 정하는 지급요건이 충족되면 당연히 발생함과 아울러 그 금액도 확정되는 것이지 위 사업단의 지급결정 여부에 의하여 그 청구권의 발생이나 금액이 좌우되는 것이 아니므로, 위 사업단이 표시한 재해위로금 지급거부의 의사표시에 불복이 있는 경우에는 위 사업단을 상대로 그 지급거부의 의사표시에 대한 항고소송을 제기하여야 하는 것이 아니라 직접 **공법상의 당사자소송**을 제기하여야 한다(1999.1.26. 98두12598).

선지분석 & 요플·기풀기링크

선지	THEME	요플	기풀기
ㄱ	T62 집행정지	54	060
ㄴ	T50 행정소송 개관	수2/17	024
ㄷ	T20 정비사업	15	018
ㄹ	T53 대상적격(법률관계)	134	136

정답 ②
OX 1× 2×

필수문제 02

당사자소송에 대한 설명으로 옳지 않은 것은? (다툼이 있는 경우 판례에 의함) 24국가7

① 「행정소송법」상 당사자소송의 피고적격에 관한 규정은 당사자소송의 경우 피고적격이 인정되는 권리주체를 행정주체로 한정한다는 취지이므로, 사인을 피고로 하는 당사자소송을 제기할 수는 없다.

② 명예퇴직한 법관이 미지급 명예퇴직수당액에 대하여 가지는 권리는 명예퇴직수당 지급대상자 결정 절차를 거쳐 「법관 및 법원공무원 명예퇴직수당 등 지급규칙」에 의하여 확정된 공법상 법률관계에 관한 권리로서, 그 지급을 구하는 소송은 「행정소송법」의 당사자소송에 해당한다.

③ 「도시 및 주거환경정비법」상 행정주체인 주택재건축정비사업조합을 상대로 관리처분계획안에 대한 조합총회결의의 효력을 다투는 소송에 대하여는 「행정소송법」상 집행정지에 관한 규정이 준용되지 아니하므로, 이를 본안으로 하는 가처분에 대하여는 「민사집행법」상 가처분에 관한 규정이 준용되어야 한다.

④ 공법상 계약의 한쪽 당사자가 다른 당사자를 상대로 효력을 다투거나 이행을 청구하는 소송은 공법상의 법률관계에 관한 분쟁이므로 분쟁의 실질이 공법상 권리·의무의 존부·범위에 관한 다툼이 아니라 손해배상액의 구체적인 산정방법·금액에 국한되는 등의 특별한 사정이 없는 한 공법상 당사자소송으로 제기하여야 한다.

관련 OX

② 관련
1. 명예퇴직한 법관이 미지급 명예퇴직수당액에 대하여 가지는 권리는 공법상 법률관계에 관한 권리이므로 그 지급을 구하는 소송은 당사자소송에 해당한다. 19(2)서울7

③ 관련
2. 「도시 및 주거환경정비법」상 주택재건축정비사업조합을 상대로 관리처분계획 확인에 대한 조합 총회결의의 효력을 다투는 소송은 당사자소송에 해당하므로 당해 소송에서 「민사집행법」상 가처분에 관한 규정이 준용되지 않는다. 22지방7

해설

① × 사인도 당사자소송에서 피고가 될 수 있음
행정소송법 제39조는, "당사자소송은 국가·공공단체 그 밖의 권리주체를 피고로 한다."라고 규정하고 있다. 이것은 당사자소송의 경우 항고소송과 달리 '행정청'이 아닌 '권리주체'에게 피고적격이 있음을 규정하는 것일 뿐, 피고적격이 인정되는 권리주체를 행정주체로 한정한다는 취지가 아니므로, 이 규정을 들어 사인(私人)을 피고로 하는 당사자소송을 제기할 수 있다(2019.9.9. 2016다262550).

② ○ 법관의 명예퇴직수당청구: 당사자소송(∵ 법령에 의해 금액 확정)
명예퇴직한 법관이 미지급 명예퇴직수당액에 대하여 가지는 권리는 명예퇴직수당 지급대상자 결정 절차를 거쳐 명예퇴직수당규칙에 의하여 확정된 공법상 법률관계에 관한 권리로서, 그 지급을 구하는 소송은 행정소송법의 당사자소송에 해당하며, 그 법률관계의 당사자인 국가를 상대로 제기하여야 한다(2016.5.24. 2013두14863).

③ ○ 인가 전 총회결의를 다투는 소송: 당사자소송 / 당사자소송: 행정소송법상 집행정지 불가 so 민사집행법상 가처분 가능
「도시 및 주거환경정비법」(이하 '도시정비법'이라 한다)상 행정주체인 주택재건축정비사업조합을 상대로 관리처분계획안에 대한 조합총회결의의 효력을 다투는 소송은 행정처분에 이르는 절차적 요건의 존부나 효력 유무에 관한 소송으로서 소송결과에 따라 행정처분의 위법 여부에 직접 영향을 미치는 공법상 법률관계에 관한 것이므로, 이는 행정소송법상 당사자소송에 해당한다. 그리고 이러한 당사자소송에 대하여는 행정소송법 제23조 제2항의 집행정지에 관한 규정이 준용되지 아니하므로(행정소송법 제44조 제1항 참조), 이를 본안으로 하는 가처분에 대하여는 행정소송법 제8조 제2항에 따라 민사집행법상 가처분에 관한 규정이 준용되어야 한다(2015.8.21. 2015무26).

+ PLUS 사업시행·관리처분 계획안 인가 전: 당사자소송 → 민집법 가처분 준용 / 사업시행·관리처분 계획안 인가 후: 항고소송 → 행소법 집행정지 적용

④ ○ 공법상 계약의 당사자 간 계약의 효력을 다투거나 이행을 구하는 경우: 당사자소송
공법상 계약의 한쪽 당사자가 다른 당사자를 상대로 효력을 다투거나 이행을 청구하는 소송은 공법상의 법률관계에 관한 분쟁이므로 분쟁의 실질이 공법상 권리·의무의 존부·범위에 관한 다툼이 아니라 손해배상액의 구체적인 산정방법·금액에 국한되는 등의 특별한 사정이 없는 한 공법상 당사자소송으로 제기하여야 한다(2021.2.4. 2019다277133).

선지선택비율 ① 73.86% ② 10.04% ③ 10.61% ④ 5.49% 오답률 26.14%

선지분석 & 요플·기풀기링크

선지	THEME	요플	기풀기
①	T58 피고적격	39	041
②	T53 대상적격(법률관계)	124	129
③	T20 정비사업	18	026
④	T36 공법상 계약	20	021

정답 ①
OX 1 ○ 2 ×

06 행정소송 종합

01

행정소송에 대한 판례의 입장으로 옳지 않은 것은? 15지방9

① 일반적·추상적인 법령 그 자체로서 국민의 구체적인 권리·의무에 직접적인 변동을 초래하는 것이 아닌 것은 취소소송의 대상이 될 수 없다.
② 행정소송의 대상이 되는 행정처분의 존부는 소송요건으로서 직권조사사항이고, 자백의 대상이 될 수 없는 것이므로, 설사 그 존재를 당사자들이 다투지 아니한다 하더라도 그 존부에 관하여 의심이 있는 경우에는 이를 직권으로 밝혀 보아야 할 것이다.
③ 「행정소송법」상 행정청이 일정한 처분을 하지 못하도록 그 부작위를 구하는 청구는 허용되지 않는 부적법한 소송이다.
④ 행정심판청구가 부적법하지 않음에도 각하한 재결은 원처분주의에 의해서 취소소송의 대상이 되지 않는다.

관련 OX

① 관련

1 행정소송의 대상은 구체적인 권리·의무에 관한 분쟁이어야 하므로 구체적인 권리·의무에 관한 분쟁을 떠나서 법령 자체의 무효확인을 구하는 청구는 행정소송이 대상이 아닌 사항에 대한 것으로서 부적법하다. 12(하)지방9

② 관련

2 소송요건의 구비 여부는 법원에 의한 직권조사사항으로 당사자의 주장에 구속되지 않는다. 15교행9

③ 관련

3 ○

신축건물의 준공처분을 하여서는 아니 된다는 내용의 부작위를 청구하는 행정소송은 예외적으로 허용된다. 18교행9

해설

① ○ 일반적·추상적인 법령: 취소소송의 대상 ✕

행정소송의 대상이 될 수 있는 것은 구체적인 권리의무에 관한 분쟁이어야 하고 **일반적·추상적인 법령 그 자체로서 국민의 구체적인 권리·의무에 직접적인 변동을 초래하는 것이 아닌 것은 그 대상이 될 수 없다**(1987.3.24. 86누656).

+ PLUS 법령은 추상적이므로 항고소송의 대상✕. 단, 구체성을 가진 처분적 법령은 항고소송 대상○

② ○ 행정처분의 존부: 소송요건으로서 직권조사사항(자백 대상✕, 당사자 간 다툼이 없어도 심리해야)

행정소송에서 쟁송의 대상이 되는 **행정처분의 존부는 소송요건으로서 직권조사사항**이고, 자백의 대상이 될 수 없는 것이므로, 설사 그 존재를 당사자들이 다투지 아니한다 하더라도 그 존부에 관하여 의심이 있는 경우에는 이를 직권으로 밝혀 보아야 할 것이고, 사실심에서 변론종결시까지 당사자가 주장하지 않던 직권조사사항에 해당하는 사항을 상고심에서 비로소 주장하는 경우 그 직권조사사항에 해당하는 사항은 상고심의 심판범위에 해당한다(2004.12.24. 2003두15195).

+ PLUS 소송요건(처분의 존부)은 직권조사가 적용. 반면, 본안요건(처분의 권한 유무)은 변론주의가 원칙적으로 적용되고 필요시에만 직권주의로 보충

③ ○ 예방적 금지소송(부작위소송): 불허

신축건물의 준공처분을 하여서는 아니 된다는 내용의 **부작위를 구하는 원고의 예비적 청구는** 행정소송에서 허용되지 아니하는 것이므로 부적법하다는 취지로 판단하였는바, 위와 같은 원심의 조치는 정당하고, 거기에 소론과 같은 행정쟁송에 관한 법리오해, 판단유탈의 위법이 있다 할 수 없다(1987.3.24. 86누182).

+ PLUS 침해적 처분의 발령된 후에 그의 사후적 취소나 무효확인을 구하는 소송, 즉 취소소송이나 무효등확인소송은 허용된다. 그러나 침해적 처분이 발령되기도 전에 그의 사전적 금지를 구하는 소송, 이른바 예방적 부작위소송은 허용되지 않는다. 판례는 규정되지 않은 항고소송, 즉 무명항고소송을 부정하기 때문이다. 같은 이유로 판례는 의무이행소송도 부정한다.

④ ✕ 적법한 행정심판을 부적법하다고 각하: 재결 고유의 하자에 해당하여 재결취소소송 가능

행정심판청구가 부적법하지 않음에도 각하한 재결은 심판청구인의 실체심리를 받을 권리를 박탈한 것으로서 원처분에 없는 고유한 하자가 있는 경우에 해당하고, 따라서 위 재결은 **취소소송의 대상이 된다**(2001.7.27. 99두2970).

선지분석 & 요플·기풀기링크

선지	THEME	요플	기풀기
①	T14 법규명령	70	064
②	T63 소송방식	04	015
③	T50 행정소송 개관	수2/01	015
④	T51 원처분주의/재결주의	09	009

정답 ④

OX 1○ 2○ 3✕

02

행정소송에 관한 설명으로 옳지 않은 것은? (다툼이 있는 경우 판례에 의함)   25소방

① 「행정소송법」상 행정청으로 하여금 일정한 행정처분을 하도록 명하는 이행판결을 구하는 소송이나 법원으로 하여금 행정청이 일정한 행정처분을 행한 것과 같은 효과가 있는 행정처분을 직접 행하도록 하는 형성판결을 구하는 소송은 허용되지 아니한다.

② 「행정소송법」은 취소소송이 계속된 법원으로 이송할 수 있는 '관련청구소송'의 범위를 당해 처분등과 관련되는 손해배상·부당이득반환·원상회복 등 청구소송과 당해 처분 등과 관련되는 취소소송으로 규정하고 있다.

③ 행정처분에 있어서 불이익처분의 상대방은 직접 개인적 이익의 침해를 받은 자로서 원고적격이 인정되지만 수익처분의 상대방은 그의 권리나 법률상 보호되는 이익이 침해되었다고 볼 수 없으므로 달리 특별한 사정이 없는 한 취소를 구할 이익이 없다.

④ 과세처분취소소송의 소송물은 과세관청이 결정한 세액의 객관적 존부이므로 처분 당시의 자료만에 의하여 처분의 적법 여부를 판단하여야 하고 처분 당시의 처분사유만을 주장할 수 있기 때문에, 과세관청은 소송 도중 사실심 변론종결시까지 당해 처분에서 인정한 과세표준 또는 세액의 정당성을 뒷받침할 수 있는 새로운 자료를 제출할 수 없다.

관련 OX

① 관련
1 대법원 판례는 의무이행소송이나 적극적 형성판결을 구하는 행정소송을 인정하지 아니한다.   10(1)경행

③ 관련
2 행정처분의 취소를 구할 이익은 불이익처분의 상대방뿐만 아니라 수익처분의 상대방에게도 인정되는 것이 원칙이다.   11국가9

해설

① ○ **처분을 명하거나 처분을 행하는 종류의 소송(의무이행소송): 불허**
현행 행정소송법상 행정청으로 하여금 일정한 **행정처분**을 하도록 명하는 이행판결을 구하는 소송이나 법원으로 하여금 행정청이 일정한 행정처분을 행한 것과 같은 효과가 있는 **행정처분을 직접 행하도록 하는 형성판결을 구하는 소송은 허용되지 아니한다**(1997.9.30. 97누3200).

② ○

행정소송법 제10조(관련청구소송의 이송 및 병합) ① 취소소송과 다음 각 호의 1에 해당하는 소송(이하 '관련청구소송'이라 한다)이 각각 다른 법원에 계속되고 있는 경우에 **관련청구소송이 계속된 법원이** 상당하다고 인정하는 때에는 당사자의 **신청 또는 직권에 의하여 이를 취소소송이 계속된 법원으로 이송**할 수 있다.
 1. 당해 처분등과 관련되는 손해배상·부당이득반환·원상회복 등 청구소송
 2. 당해 처분등과 관련되는 취소소송

③ ○ **불이익처분의 상대방: 원고적격 인정 ↔ 수익처분의 상대방: 특별한 사정 없는 한 원고적격 인정×**
행정처분에 있어서 **불이익처분의 상대방**은 직접 개인적 이익의 침해를 받은 자로서 **원고적격이 인정**되지만 수익처분의 상대방은 그의 권리나 법률상 보호되는 이익이 침해되었다고 볼 수 없으므로 달리 특별한 사정이 없는 한 취소를 구할 이익이 없다(1995.8.22. 94누8129).

④ × 사실심 변론종결시까지 새로운 자료를 제출하거나 처분의 동일성이 유지되는 범위 내에서 처분사유를 교환·변경할 수 있다.

• **과세처분취소소송의 소송물: 과세관청이 결정한 세액의 객관적 존부 → 처분의 동일성이 인정되는 범위 내라면 사실심 변론종결시까지 새로운 자료제출이나 처분사유의 추가·변경 가능**
과세처분취소소송의 소송물은 과세관청이 결정한 세액의 객관적 존부이므로, 과세관청으로서는 소송 도중 **사실심 변론종결시까지 당해 처분에서 인정한 과세표준 또는 세액의 정당성을 뒷받침할 수 있는 새로운 자료를 제출**하거나 **처분의 동일성이 유지되는 범위 내에서 그 사유를 교환·변경할 수 있는** 것이고, 반드시 **처분 당시의 자료만에 의하여 처분의 적법 여부를 판단하여야 하거나 처분 당시의 처분사유만을 주장할 수 있는 것은 아니다**(2002.10.11. 2001두1994).

선지선택비율 ① 6.06% ② 6.56% ③ 8.84% ④ 78.54%   오답률 21.46%

선지분석 & 요플·기풀기링크

선지	THEME	요플	기풀기
①	T50 행정소송 개관	수2/03	019
②	T64 소송상 제도	23	018
③	T55 공권과 원고적격	38	039
④	T65 판결 기준시/종류	13	013

정답 ④
OX 1○ 2×

03

다음 중 행정소송에 관한 설명으로 옳지 않은 것은? (다툼이 있는 경우 판례에 따름) 14국회8

① 취소소송의 제1심 관할법원은 피고의 소재지를 관할하는 행정법원으로 한다. 다만, 중앙행정기관 또는 그 장이 피고인 경우 관할법원은 대법원 소재지의 행정법원으로 한다.
② 법원은 행정청이 소송의 대상인 처분을 소가 제기된 후 변경한 때에는 원고의 신청에 의하여 결정으로써 청구의 취지 또는 원인의 변경을 허가할 수 있다.
③ 취소소송에 병합할 수 있는 당해 처분과 관련된 부당이득반환소송은 당해 처분의 취소를 선결문제로 하는 부당이득반환청구가 포함된다.
④ 행정청은 사실심 변론종결시까지 기본적 사실관계가 동일하다면 다른 처분사유를 추가, 변경할 수 있다.
⑤ 재결취소소송의 경우 재결 자체에 고유한 위법이 없더라도 원처분의 당부에 따라 기각 여부의 판결을 하여야 한다.

관련 OX

① 관련
1 중앙행정기관의 부속기관과 합의제 행정기관 또는 그 장에 대하여 취소소송을 제기하는 경우에는 대법원 소재지를 관할하는 행정법원에 제기할 수 있다. 15서울7

④ 관련
2 처분청은 원고의 권리방어가 침해되지 않는 한도 내에서 당해 취소소송의 대법원 확정판결이 있기 전까지 처분사유의 추가·변경을 할 수 있다. 17(상)국가9

해설

① ○

행정소송법 제9조(재판관할) ① 취소소송의 제1심 관할법원은 <u>피고의 소재지를 관할하는 행정법원</u>으로 한다.
② 제1항에도 불구하고 다음 각 호의 어느 하나에 해당하는 피고에 대하여 취소소송을 제기하는 경우에는 <u>대법원 소재지를 관할하는 행정법원</u>에 제기할 수 있다.
 1. 중앙행정기관, 중앙행정기관의 부속기관과 합의제 행정기관 <u>또는 그 장</u>
 2. 국가의 사무를 위임 또는 위탁받은 공공단체 또는 그 장

② ○

행정소송법 제22조(처분변경으로 인한 소의 변경) ① 법원은 행정청이 소송의 대상인 <u>처분을 소가 제기된 후 변경</u>한 때에는 원고의 신청에 의하여 결정으로써 청구의 취지 또는 원인의 변경을 허가할 수 있다.

③ ○ <u>당해 처분의 취소를 선결문제로 하는 부당이득반환청구소송: 관련 청구사건으로 취소소송에 병합 가능</u>
행정소송법 제10조는 처분의 취소를 구하는 취소소송에 당해 처분과 관련되는 부당이득반환소송을 관련 청구로 병합할 수 있다고 규정하고 있는바, 이 조항을 둔 취지에 비추어 보면, <u>취소소송에 병합할 수 있는 당해 처분과 관련되는 부당이득반환소송에는 당해 처분의 취소를 선결문제로 하는 부당이득반환청구가 포함된다</u>(2009.4.9. 2008두23153).

④ ○

행정소송규칙 제9조(처분사유의 추가·변경) 행정청은 <u>사실심 변론을 종결할 때까지</u> 당초의 처분사유와 기본적 사실관계가 동일한 범위 내에서 처분사유를 추가 또는 변경할 수 있다.

⑤ × <u>재결취소소송에서 재결 고유의 위법이 없는 경우: 원처분 당부와 무관히 기각판결</u>
재결취소소송의 경우 재결 자체에 고유한 위법이 있는지 여부를 심리할 것이고, 재결 자체에 고유한 위법이 없는 경우에는 <u>원처분의 당부와는 상관없이</u> 당해 재결취소소송은 이를 기각하여야 한다 (1994.1.25. 93누16901).

선지분석 & 요플·기풀기링크

선지	THEME	요플	기풀기
①	T59 관할법원	16	011
②		40	040
③	T64 소송상 제도	24	019
④		93	094
⑤	T51 원처분주의/재결주의	07	003

정답 ⑤
OX 1○ 2×

필수문제 04

행정소송에 대한 설명으로 옳은 것은? (다툼이 있는 경우 판례에 의함) 16지방9

① 행정처분의 당연무효를 주장하여 그 무효확인을 구하는 행정소송에 있어서는 피고 행정청이 그 행정처분에 중대·명백한 하자가 없음을 주장·입증할 책임이 있다.

② 재결취소소송에 있어서 재결 자체의 고유한 위법은 재결의 주체, 절차 및 형식상의 위법만을 의미하고, 내용상의 위법은 이에 포함되지 않는다.

③ 무효인 과세처분에 의해 조세를 납부한 자가 부당이득반환청구소송을 제기할 수 있는 경우에도 과세처분에 대한 무효확인소송을 제기할 수 있다.

④ 행정심판을 거친 후 부작위위법확인소송을 제기하는 경우에는 제소기간이 적용되지 않는다.

해설

① × **무효확인소송: 원고가 하자의 중대·명백성 입증책임**
항고소송은 그 특성에 따라 해당 처분의 적법성을 주장하는 피고에게 적법사유에 대한 증명책임이 있으나, 예외적으로 행정처분의 당연무효를 주장하여 무효확인을 구하는 행정소송에서는 원고에게 행정처분이 무효인 사유를 주장·증명할 책임이 있고, 이는 무효확인을 구하는 뜻에서 행정처분의 취소를 구하는 소송에 있어서도 마찬가지이다(2023.6.29. 2020두46073).

요플 항고소송에서의 입증책임

소송요건	원고가 입증 → 부작위위법확인소송에서 처분을 신청한 사실, 신청권의 존재 등은 원고가 입증	
본안요건	취소소송	① 피고 행정청이 처분의 적법성(처분사유) 입증 → 결혼이민 체류자격 거부처분 → 거부사유(국민인 배우자에게 혼인파탄의 귀책×) 행정청이 입증 ② 단, 처분의 장애사유, 재량의 일탈·남용 등은 원고가 입증
	무효등확인소송	원고가 하자의 중대·명백성을 입증① (무효확인 취지의 취소소송, 처분의 무효가 선결문제가 된 민사소송도 마찬가지)
	부작위위법확인소송	피고 행정청이 상당기간 처분하지 않은 것을 정당화하는 사유를 입증

26 요플 p.271

② × **재결 자체의 고유한 위법: 주체, 절차, 형식 외 내용상 위법도 포함**
행정소송법 제19조에서 말하는 '재결 자체에 고유한 위법'이란 원처분에는 없고 재결에만 있는 재결청의 권한 또는 구성의 위법(편저자: 주체), 재결의 절차나 형식의 위법, 내용의 위법 등을 뜻하고, 그 중 내용의 위법에는 위법·부당하게 인용재결을 한 경우가 해당한다(1997.9.12. 96누14661).

③ ○ **무효확인소송: 보충성(확인의 이익) 요구×(무효를 전제로 한 이행소송 가부를 따질 필요×)**
행정처분의 근거 법률에 의하여 보호되는 직접적이고 구체적인 이익이 있는 경우에는 행정소송법 제35조에 규정된 '무효확인을 구할 법률상 이익'이 있다고 보아야 하고, 이와 별도로 무효확인소송의 보충성이 요구되는 것은 아니므로 행정처분의 무효를 전제로 한 이행소송 등과 같은 직접적인 구제수단이 있는지 여부를 따질 필요가 없다(2008.3.20. 2007두6342 전합).

+ PLUS 종전 판례는 무효등확인소송에서 확인의 소의 보충성을 요구하여 행정처분의 무효를 전제로 한 다른 직접적인 구제수단이 있는 경우 무효등확인소송을 제기할 수 없었다. 그러나 전합판결로 견해가 변경되어 더 이상 무효등확인소송에서 확인의 소의 보충성을 요구하지 않게 되었고 행정처분의 무효를 전제로 한 다른 직접적인 구제수단이 있더라도 무효등확인소송을 제기할 수 있게 되었다. 변경된 현재 판례에 따르면 과세처분이 무효여서 이행소송(부당이득반환소송)이 가능하더라도, 곧바로 과세처분 무효확인소송을 제기하는 것이 가능하다. 물론 이행소송을 하는 것도 여전히 가능하므로 국민은 선택하면 된다.

④ × **부작위법확인소송: 원칙적 제소기간 제한×. 단, 심판 거친 경우에 제한○**
부작위위법확인의 소는 부작위상태가 계속되는 한 그 위법의 확인을 구할 이익이 있다고 보아야 하므로 원칙적으로 제소기간의 제한을 받지 않는다. 그러나 행정소송법 제38조 제2항이 제소기간을 규정한 같은 법 제20조를 부작위위법확인소송에 준용하고 있는 점에 비추어 보면, 〈행정심판 등 전심절차를 거친 경우〉에는 행정소송법 제20조가 정한 제소기간 내에 부작위위법확인의 소를 제기하여야 한다(2009.7.23. 2008두10560).

관련 OX

② 관련
1 재결취소소송의 대상이 되는 재결의 고유한 위법에는 주체·형식·절차상의 위법은 물론, 내용상의 위법도 포함된다. 15교행9

③ 관련
2 무효확인소송에서 '무효확인을 구할 법률상 이익'이 있는지를 판단할 때, 행정처분의 무효를 전제로 한 이행소송 등과 같은 직접적인 구제수단이 있는지를 먼저 따질 필요는 없다. 20국가7

선지분석 & 요플·기출기링크

선지	THEME	요플	기출기
①	T63 소송방식	26	027
②	T51 원처분주의/재결주의	05	007
③	T57 소의 이익	64	063
④	T61 제소기간	27	027

정답 ③
OX 1○ 2○

05

「행정소송법」상 행정소송에 대한 설명으로 옳지 않은 것은? (다툼이 있는 경우 판례에 의함)

22지방7

① 교도소장이 수형자를 '접견내용 녹음·녹화 및 접견시 교도관 참여대상자'로 지정한 행위는 수형자의 구체적 권리·의무에 직접적 변동을 가져오는 행정청의 공법상 행위로서 항고소송의 대상이 되는 처분에 해당한다.

② 어느 하나의 처분의 취소를 구하는 소에 당해 처분과 관련되는 처분의 취소를 구하는 청구를 추가적으로 병합한 경우, 추가적으로 병합된 소의 소제기 기간의 준수 여부는 그 청구취지의 추가신청이 있은 때를 기준으로 한다.

③ 일정한 납부기한을 정한 과징금부과처분에 대하여 집행정지결정이 내려졌다면 과징금부과처분에서 정한 과징금의 납부기간은 더 이상 진행되지 아니하고 집행정지결정의 주문에 표시된 종기의 도래로 인하여 집행정지가 실효된 때부터 다시 진행된다.

④ 법원이 어느 하나의 사유에 의한 과징금부과처분에 대하여 그 사유와 기본적 사실관계의 동일성이 인정되지 아니하는 다른 처분사유가 존재한다는 이유로 적법하다고 판단하는 것은 특별한 사정이 없는 한 직권심사주의의 한계를 넘는 것이 아니다.

관련 OX

① 관련

1 교도소장이 특정 수형자를 '접견내용 녹음·녹화 및 접견시 교도관 참여대상자'로 지정한 행위는 수형자의 구체적 권리·의무에 직접적 변동을 가져오는 행위로서 항고소송의 대상이 되는 행정처분에 해당한다. 16국가9

해설

① ○ 접견시 녹음·녹화 및 교도관 참여대상자 지정: 처분○
교도소장이 수형자 甲을 '접견내용 녹음·녹화 및 접견시 교도관 참여대상자'로 지정한 사안에서, 위 지정행위는 수형자의 구체적 권리·의무에 직접적 변동을 가져오는 행정청의 공법상 행위로서 항고소송의 대상이 되는 '처분'에 해당한다고 한 사례(2014.2.13. 2013두20899)

② ○ 청구취지 추가·변경: 추가·변경시 기준으로 제소기간 준수 여부 판단
보충역편입처분취소처분의 효력을 다투는 소에 공익근무요원복무중단처분, 현역병입영대상편입처분 및 현역병입영통지처분의 취소를 구하는 청구를 추가적으로 병합한 경우, 공익근무요원복무중단처분, 현역병입영대상편입처분 및 현역병입영통지처분의 취소를 구하는 소의 소제기 기간의 준수 여부는 각 그 청구취지의 추가·변경신청이 있은 때를 기준으로 개별적으로 판단한 사례(2004.12.10. 2003두12257)

③ ○ 과징금부과처분에 대한 집행정지기간 동안에는 납부기간 진행X, 집행정지결정이 실효되면 그때부터 나머지 기간 다시 진행
일정한 납부기한을 정한 과징금부과처분에 대하여 '회복하기 어려운 손해'를 예방하기 위하여 긴급한 필요가 있고 달리 공공복리에 중대한 영향을 미치지 아니한다는 이유로 집행정지결정이 내려졌다면 그 집행정지기간 동안은 과징금부과처분에서 정한 과징금의 납부기간은 더 이상 진행되지 아니하고 집행정지결정이 당해 결정의 주문에 표시된 시기의 도래로 인하여 실효되면 그때부터 당초의 과징금부과처분에서 정한 기간(집행정지결정 당시 이미 일부 진행되었다면 그 나머지 기간)이 다시 진행하는 것으로 보아야 한다(2003.7.11. 2002다48023).

④ X 당초 처분사유와 기사동 없는 사유로는 처분의 적법판단X(∵직권심사주의 한계일탈)
명의신탁등기 과징금과 장기미등기 과징금은 위반행위의 태양, 부과 요건, 근거조항을 달리하므로, 그 각 과징금부과처분의 사유는 상호 간에 기본적 사실관계의 동일성이 있다고 할 수 없다. 그러므로 그중 어느 하나의 처분사유에 의한 과징금부과처분에 대하여 당해 처분사유가 아닌 다른 처분사유가 존재한다는 이유로 적법하다고 판단하는 것은 특별한 사정이 없는 한 행정소송법상 직권심사주의의 한계를 넘는 것으로서 허용될 수 없다(2017.5.17. 2016두53050).

선지선택비율 ① 9.15% ② 32.63% ③ 9.98% ④ 48.24% 오답률 51.76%

선지분석 & 요플·기풀기링크

선지	THEME	요플	기풀기
①	T52 대상적격(행정작용)	13	013
②	T64 소송상 제도	47	047
③	T62 집행정지	44	045
④	T63 소송방식	17	009

정답 ④
OX 1○

06

행정소송에 대한 설명으로 옳은 것은? (다툼이 있는 경우 판례에 의함)　　16국가9

① 납세의무자에 대한 국가의 부가가치세 환급세액 지급의무는 부당이득반환의무에 해당하므로, 그에 대한 지급청구는 민사소송의 절차에 따라야 한다.

② 국가기관인 시·도선거관리위원회 위원장은 국민권익위원회가 그에게 소속 직원에 대한 중징계요구를 취소하라는 등의 조치요구를 한 것에 대해서 취소소송을 제기할 원고적격을 가진다고 볼 수 없다.

③ 생태·자연도 1등급으로 지정되었던 지역을 2등급 또는 3등급으로 변경하는 내용의 환경부장관의 결정에 대해 해당 1등급권역의 인근주민은 취소소송을 제기할 원고적격이 인정된다.

④ 처분청이 처분 당시 적시한 구체적 사실을 변경하지 아니하는 범위 내에서 단지 처분의 근거법령만을 추가·변경하는 경우에 법원은 처분청이 처분 당시 적시한 구체적 사실에 대하여 처분 후 추가·변경한 법령을 적용하여 처분의 적법 여부를 판단할 수 있다.

관련 OX

③ 관련

1 환경부장관이 생태·자연도 1등급으로 지정되었던 지역을 2등급으로 변경하는 내용의 생태·자연도 수정·보완을 고시하는 경우, 1등급지역에 거주하던 인근주민은 생태·자연도 등급변경처분의 무효확인을 구할 원고적격이 없다.　23국가9

④ 관련

2 처분 당시에 적시한 구체적 사실을 변경하지 아니하는 범위 내에서 단지 처분의 근거법령만을 추가·변경하는 것도 새로운 처분사유의 추가에 해당한다.　24경찰간부

3 처분청이 처분 당시에 적시한 구체적 사실을 변경하지 아니하는 범위 내에서 단지 그 처분의 근거법령만을 추가·변경하는 것에 불과한 경우에는 새로운 처분사유의 추가라고 볼 수 없다.　25지방9

해설

① × 납세의무자의 부가가치세 환급세액 반환청구: 민사소송×, 당사자소송○
납세의무자에 대한 국가의 부가가치세 환급세액 지급의무에 대응하는 국가에 대한 납세의무자의 부가가치세 환급세액 지급청구는 민사소송이 아니라 행정소송법 제3조 제2호에 규정된 당사자소송의 절차에 따라야 한다(2013.3.21. 2011다95564 전합).

② × 시·도선관위 위원장: 권리·의무의 주체가 아닌 기관이지만 항고소송의 당사자능력·원고적격 인정
〈국민권익위원회가 甲의 소속 기관장인 乙시·도선거관리위원회 위원장에게〉 甲에 대한 중징계요구 취소 등을 조치요구한 사안에서, 국가기관 일방의 조치요구에 불응한 상대방 국가기관에 국민권익위원회법상의 제재규정이 있음에도, 乙이 국민권익위원회의 조치요구를 다툴 별다른 방법이 없는 점 등에 비추어 보면, 처분성이 인정되는 위 조치요구에 불복하고자 하는 乙로서는 … 국가기관이더라도 당사자능력 및 원고적격을 가진다고 보는 것이 타당하다(2013.7.25. 2011두1214).

③ × 생태·자연도 등급변경처분: 1등급으로 누리던 이익은 반사적 이익 → 인근주민의 원고적격×
환경부장관이 생태·자연도 1등급으로 지정되었던 지역을 2등급 또는 3등급으로 변경하는 내용의 생태·자연도 수정·보완을 고시하자, 인근주민 甲이 〈생태·자연도 등급변경처분〉의 무효확인을 청구한 사안에서 생태·자연도는 토지이용 및 개발계획의 수립이나 시행에 활용하여 자연환경을 체계적으로 보전·관리하기 위한 것일 뿐 1등급 권역의 인근주민들이 가지는 이익은 환경보호라는 공공의 이익이 달성됨에 따라 반사적으로 얻게 되는 이익에 불과하므로, 인근주민에 불과한 甲은 원고적격이 없다(2014.2.21. 2011두29052).

④ ○ 처분에 적시한 사실은 변경하지 않고, 처분의 근거법령만 추가·변경: 가능
처분청이 처분 당시에 적시한 구체적 사실을 변경하지 아니하는 범위 내에서 단지 그 처분의 근거법령만을 추가·변경하거나 당초의 처분사유를 구체적으로 표시하는 것에 불과한 경우에는 새로운 처분사유를 추가하거나 변경하는 것이라고 볼 수 없다(편저자: 그 추가·변경이 허용된다는 의미)(2008.2.28. 2007두13791·13807).

+ PLUS 처분사유의 추가·변경은 기본적 사실관계의 동일성이 인정되는 범위 내에서 허용된다. 처분의 근거법령만을 추가·변경하는 것은 기본적 사실관계를 전혀 추가하거나 변경하는 것이 아니므로 허용된다. 따라서 법원은 그 법령을 적용해 처분의 적법 여부를 판단할 수 있다.

선지분석 & 요플·기풀기링크

선지	THEME	요플	기풀기
①	T53 대상적격(법률관계)	149	153
②	T55 공권과 원고적격	55	055
③	T56 경업·경원·주민	52	053
④	T64 소송상 제도	89	089

정답 ④
OX 1○ 2× 3○

07

행정소송에 관한 설명으로 옳은 것은? (단, 다툼이 있는 경우 판례에 따름) 17교행9

① 국세부과처분 취소소송에는 임의적 행정심판전치주의가 적용된다.
② 당사자소송 계속 중 법원의 허가를 얻어도 취소소송으로 변경할 수 없다.
③ 취소소송에는 대세효(제3자효)가 있으나 당사자소송에는 인정되지 않는다.
④ 취소소송에서 행정처분의 위법 여부는 판결선고 당시의 법령과 사실상태를 기준으로 판단한다.

관련 OX

① 관련

1 국세의 부과처분에 불복하여 행정소송을 제기하고자 하는 경우에는 행정소송 제기 전에 국세청장에 대한 심사청구 또는 조세심판원에 대한 심판청구를 택일하여 청구하여야 한다. 15지방7

해설

① ✕ 국세기본법은 동법 내지 국세징수법 등 세법에 따른 처분에 대하여 심사청구 또는 심판청구와 그에 대한 결정을 거치지 아니하면 제기할 수 없도록 하여 필요적 전치주의를 규정하고 있다(제56조 제2항).

국세기본법 제56조(다른 법률과의 관계) ② 제55조에 규정된 위법한 처분에 대한 행정소송은 행정소송법 제18조 제1항 본문, 제2항 및 제3항에도 불구하고 이 법에 따른 **심사청구 또는 심판청구와 그에 대한 결정을 거치지 아니하면** 제기할 수 없다. 다만, 심사청구 또는 심판청구에 대한 제65조 제1항 제3호 단서의 재조사 결정에 따른 처분청의 처분에 대한 행정소송은 그러하지 아니하다.

② ✕ 취소소송의 소종류의 변경 규정은 다른 항고소송과 당사자소송에도 준용된다(행정소송법 제37, 42조). 따라서 취소소송을 다른 항고소송이나 당사자소송으로 바꾸는 것뿐 아니라(제21조), 다른 항고소송이나 당사자소송을 취소소송으로 바꾸는 것 역시 가능하다(제37, 42조).

행정소송법 제21조(소의 변경) 법원은 〈취소소송을〉 당해 처분등에 관계되는 사무가 귀속하는 국가 또는 공공단체에 대한 **당사자소송 또는 취소소송 외의 항고소송으로 변경하는 것이** 상당하다고 인정할 때에는 청구의 기초에 변경이 없는 한 사실심의 변론종결시까지 원고의 **신청에 의하여** 결정으로써 소의 변경을 허가할 수 있다.

제42조(소의 변경) 제21조의 규정은 〈당사자소송을〉 항고소송으로 변경하는 경우에 준용한다.

③ ○ 취소소송에 있어서 판결의 기속력은 당사자소송의 판결에도 준용된다(행정소송법 제44조 제1항, 제30조 제1항). 다만, 취소판결의 제3자효(제29조 제1항), 재처분의무(제30조 제2항), 간접강제(제34조) 등은 당사자소송에서는 준용되지 않는다.

	제3자효 (제29조 제1항)	기속력 (제30조 제1항)	재처분의무 (제30조 제2항)	간접강제 (제34조)
당사자소송	✕③	○	✕	✕

④ ✕ 처분의 위법 여부 판단의 기준시: 처분시

행정소송에서 행정처분의 위법 여부는 행정처분이 행하여졌을 때의 법령과 사실상태를 기준으로 하여 판단하여야 하고, 처분 후 법령의 개폐나 사실상태의 변동에 의하여 영향을 받지는 않는다(2007.5.11. 2007두1811 [공사중지명령처분취소]).

선지분석 & 요플·기풀기링크

선지	THEME	요플	기풀기
①	T60 행정심판 임의주의	18	007
②	T64 소송상 제도	32	039
③	T66 판결의 효력	68	067
④	T65 판결 기준시 / 종류	06	006

정답 ③
OX 1○

08

행정소송에 대한 설명으로 옳지 않은 것은? (다툼이 있는 경우 판례에 의함) 17(하)지방9

① 지방자치단체가 건축물을 건축하기 위하여 구 「건축법」에 따라 미리 건축물의 소재지를 관할하는 허가권자인 다른 지방자치단체의 장과 건축협의를 한 경우, 허가권자인 지방자치단체의 장이 건축협의를 취소하는 행위는 항고소송의 대상이 되는 처분에 해당한다.

② 불특정 다수인에 대한 행정처분을 고시 또는 공고에 의하여 하는 경우에는 그 행정처분에 이해관계를 갖는 사람이 고시 또는 공고가 있었다는 사실을 현실적으로 알았는지 여부에 관계없이 고시 또는 공고가 효력을 발생한 날에 행정처분이 있음을 알았다고 보아야 한다.

③ 취소소송이 제기된 후에 피고를 경정하는 경우 제소기간의 준수 여부는 피고를 경정한 때를 기준으로 판단한다.

④ 구 「도시 및 주거환경정비법」상 조합설립추진위원회 구성승인처분을 다투는 소송계속 중 조합설립인가처분이 이루어진 경우 조합설립추진위원회 구성승인처분에 대하여 취소 또는 무효확인을 구할 법률상 이익이 없다.

관련 OX

② 관련

1 통상 고시 또는 공고에 의하여 행정처분을 하는 경우에 행정처분의 있었음을 안 날이란 행정처분의 이해관계를 갖는 자가 고시 또는 공고가 있었다는 사실을 현실적으로 안 날이 된다. 17사복(서울)9

③ 관련

2 피고경정의 결정이 있는 때에는 새로운 피고에 대한 소송은 처음에 소를 제기한 때에 제기된 것으로 본다. 08(하)지방7

④ 관련

3 「도시 및 주거환경정비법」상 조합설립추진위원회 구성승인처분을 다투는 소송계속 중 조합설립인가처분이 이루어진 경우에도 조합설립추진위원회 구성승인처분에 대하여 취소 또는 무효확인을 구할 법률상 이익이 있다. 23군무원9

선지분석 & 요플·기풀기링크

선지	THEME	요플	기풀기
①	T55 공권과 원고적격	50	051
②	T61 제소기간	14	008
③	T64 소송상 제도	12	003
④	T20 정비사업	02	002

해설

① ○ 지자체가 건축물 소재지 관할 지자체장으로부터 건축협의를 취소당한 것은 처분에 해당 → 건축협의취소에 대한 취소소송 가능

건축협의취소는 상대방이 다른 지방자치단체 등 행정주체라 하더라도 '행정청이 행하는 구체적 사실에 관한 법집행으로서의 공권력 행사'(행정소송법 제2조 제1항 제1호)로서 처분에 해당한다고 볼 수 있고, 지방자치단체인 원고가 이를 다툴 실효적 해결 수단이 없는 이상, 원고는 건축물 소재지 관할 허가권자인 지방자치단체의 장을 상대로 항고소송을 통해 건축협의취소의 취소를 구할 수 있다 (2014.2.27. 2012두22980).

+ PLUS 지자체가 타 지자체의 건축협의취소(건축허가취소)의 상대방이 된 경우, 위 건축협의취소는 처분에 해당하고, 동 처분의 상대방이 된 지자체에는 이를 다툴 실효적 수단이 없다는 이유로 원고적격도 갖는다고 본 사안이다.

② ○ 불특정 다수인 대상 고시·공고에 의한 처분 → 특별히 고시의 효력발생일을 안 날로 간주(↔ 현실적으로 안 날X)

고시 또는 공고에 의하여 행정처분을 하는 경우에는 그 처분의 상대방이 불특정 다수인이고 그 처분의 효력이 불특정 다수인에게 일률적으로 적용되는 것이므로, 그 행정처분에 이해관계를 갖는 자가 고시 또는 공고가 있었다는 사실을 현실적으로 알았는지 여부에 관계없이 고시가 효력을 발생하는 날 행정처분이 있음을 알았다고 보아야 한다(2007.6.14. 2004두619).

③ × 피고가 경정된 경우 새로운 피고에 대한 소송은 처음의 소를 제기한 때에 제기된 것으로 본다. 즉, 제소기간의 준수 여부는 피고가 경정된 때(즉, 더 뒤의 시점)가 아닌 처음 소를 제기하였을 때(즉, 더 앞의 시점)를 기준으로 판단한다. 이렇게 함으로써 국민이 피고를 잘못 선택했다가 바꾸는 과정에서 제소기간이 도과해 버리는 불이익을 받지 않도록 한 것이다.

행정소송법 제14조(피고경정) ④ 제1항의 규정에 의한 결정이 있는 때에는 새로운 피고에 대한 소송은 **처음에 소를 제기한 때**에 제기된 것으로 본다.

④ ○ 추진위 구성승인처분을 다투던 중 조합설립인가처분이 이뤄진 경우
→ 추진위 구성승인에 대한 항고소송은 더 이상 소익X(이제는 조합설립인가처분을 다퉈야)

추진위원회 구성승인처분을 다투는 소송계속 중에 조합설립인가처분이 이루어진 경우에는 … 직접 조합설립인가처분을 다툼으로써 정비사업의 진행을 저지하여야 하고, 이와는 별도로 추진위원회 구성승인처분에 대하여 취소 또는 무효확인을 구할 법률상의 이익은 없다(2013.1.31. 2011두11112, 2011두11129).

정답 ③

OX 1× 2○ 3×

09

행정소송에 대한 설명으로 옳지 않은 것은? (다툼이 있는 경우 판례에 의함) 18지방7

① 당사자소송에 대하여는 「행정소송법」의 집행정지에 관한 규정이 준용되지 아니하므로, 「민사집행법」상 가처분에 관한 규정 역시 준용되지 아니한다.

② 서훈은 서훈대상자의 특별한 공적에 의하여 수여되는 고도의 일신전속적 성격을 가지는 것이므로, 망인에게 수여된 서훈이 취소된 경우 그 유족은 서훈취소처분의 상대방이 되지 아니한다.

③ 「민사소송법」 규정이 준용되는 행정소송에서 증명책임은 원칙적으로 민사소송 일반원칙에 따라 당사자 사이에 분배되고, 항고소송의 경우에는 그 특성에 따라 처분의 적법성을 주장하는 피고에게 그 적법사유에 대한 증명책임이 있다.

④ 행정처분의 무효확인을 구하는 청구에는 특별한 사정이 없는 한 그 처분의 취소를 구하는 취지까지도 포함되어 있다고 볼 수 있다.

관련 OX

① 관련

1 당사자소송을 본안으로 하는 가처분에 대하여는 「행정소송법」상 집행정지에 관한 규정이 준용되지 않고, 「민사집행법」상 가처분에 관한 규정이 준용되어야 한다. 16국가7

② 관련

2 망인에 대한 서훈취소는 유족에 대한 것이 아니므로 유족에 대한 통지에 의해서만 성립하여 효력이 발생한다고 볼 수 없고, 그 결정이 처분권자의 의사에 따라 상당한 방법으로 대외적으로 표시됨으로써 행정행위로서 성립하여 효력이 발생한다고 봄이 타당하다. 17(하)지방9

③ 관련

3 항고소송에서 해당 처분의 적법성에 대한 증명책임은 원칙적으로 처분의 적법을 주장하는 처분청에 있다. 24경찰간부

④ 관련

4 무효확인소송을 제기하였는데 해당 사건에서의 위법이 취소사유에 불과한 때, 법원은 취소소송의 요건을 충족한 경우 취소판결을 내린다. 17국가(하)7

해설

① ✕ 취소소송에는 행정소송법상 집행정지라는 특별한 가구제수단을 두고 있으므로 민사집행법상의 가처분이 인정되지 않는다. 반면, 당사자소송에는 집행정지 규정이 준용되고 있지 않아 집행정지가 인정될 수 없고, 따라서 민사집행법상의 가처분을 허용하고 있다.

	집행정지(행정소송법)	가처분(민사집행법)	가집행(민사집행법)
항고소송	○ • 단, 거부처분에는 ✕ • 부작위위법확인소송에는 ✕	✕	✕
당사자소송	✕ (∵ 집행정지 준용✕)	○① (∵ 집행정지 사용✕)	○

② ○ 망인에 대한 서훈취소는 유족에 대한 것이 아니므로 유족에 대한 통지에 의해서만 성립하여 효력이 발생한다고 볼 수 없고, 그 결정이 처분권자의 의사에 따라 상당한 방법으로 대외적으로 표시됨으로써 행정행위로서 성립하여 효력이 발생한다고 봄이 타당하다(2014.9.26. 2013두2518).

③ ○ 민사소송법 규정이 준용되는 행정소송에서의 증명책임은 원칙적으로 민사소송 일반원칙에 따라 당사자 간에 분배되고, 항고소송의 경우에는 그 특성에 따라 처분의 적법성을 주장하는 피고에게 적법사유에 대한 증명책임이 있다(2016.10.27. 2015두42817).

소송요건	원고	
본안요건	취소소송	① 피고가 처분의 적법성 입증(원칙),③ ② 단, 재량의 일탈·남용은 원고가 입증
	무효등확인소송	하자의 중대·명백성을 원고가 입증
	부작위위법확인소송	피고가 상당기간 처분하지 않은 것에 대한(부작위에 대한) 정당화사유를 입증

④ ○ 행정처분의 무효확인을 구하는 소에는 원고가 그 처분의 취소를 구하지 아니한다고 밝히지 아니한 이상 그 처분이 만약 당연무효가 아니라면 그 취소를 구하는 취지도 포함되어 있는 것으로 보아야 한다(1994.12.23. 94누477). → 따라서 취소소송의 요건을 충족했다면 취소판결을 내림

선지분석 & 요플·기풀기링크

선지	THEME	요플	기풀기
①	T62 집행정지	53	059
②	T26 VA의 성립과 효력	32	022
③	T63 소송방식	22	023
④	T65 판결 기준시/종류	48	049

정답 ①

OX 1○ 2○ 3○ 4○

10

행정소송에 대한 판례의 입장으로 옳은 것은?　　　18지방9

① 개발제한구역 중 일부 취락을 개발제한구역에서 해제하는 내용의 도시관리계획변경결정에 대하여 개발제한구역 해제대상에서 누락된 토지의 소유자는 그 결정의 취소를 구할 법률상 이익이 있다.
② 금융기관 임원에 대한 금융감독원장의 문책경고는 상대방의 권리·의무에 직접 영향을 미치지 않으므로 행정소송의 대상이 되는 처분에 해당하지 않는다.
③ 부가가치세 증액경정처분의 취소를 구하는 항고소송에서 납세의무자는 과세관청의 증액경정 사유만 다툴 수 있을 뿐이지 당초 신고에 관한 과다신고사유는 함께 주장하여 다툴 수 없다.
④ 주택건설사업 승인신청 거부처분에 대한 취소의 확정판결이 있은 후 행정청이 재처분을 하였다 하더라도 그 재처분이 종전 거부처분에 대한 취소의 확정판결의 기속력에 반하는 경우, 「행정소송법」상 간접강제신청에 필요한 요건을 갖춘 것으로 보아야 한다.

관련 OX

③ 관련
1 증액경정처분이 있는 경우, 원칙적으로는 당초 신고나 결정에 대한 불복기간의 경과 여부 등에 관계없이 증액경정처분만이 항고소송의 심판대상이 되고, 납세의무자는 그 항고소송에서 당초 신고나 결정에 대한 위법사유도 함께 주장할 수 있다. 　22국가7

④ 관련
2 행정청이 판결 확정 이후 상대방에 대해 재처분을 하였다면 그 처분이 기속력에 위반되는 경우라도 간접강제의 대상은 되지 않는다. 　15국가7

해설

① ✕ 개발제한구역 중 일부를 해제하는 도시관리계획변경결정 → 해제대상에서 누락된 토지소유자는 취소소송✕(법률상 이익✕)
개발제한구역 중 일부 취락을 개발제한구역에서 해제하는 내용의 도시관리계획변경결정에 대하여, **개발제한구역 해제대상에서 누락된 토지의 소유자는** 위 결정의 취소를 구할 **법률상 이익이 없다** (2008.7.10. 2007두10242).

② ✕ 금융기관 임원에 대한 금감원장의 문책경고: 처분에 해당
금융기관의 임원에 대한 금융감독원장의 문책경고는 그 상대방에 대한 직업선택의 자유를 직접 제한하는 효과(편저자: 일정기간 임원선임제한 등)를 발생하게 하는 등 상대방의 권리·의무에 직접 영향을 미치는 행위로서 항고소송의 대상이 되는 행정**처분에 해당**한다(2005.2.17. 2003두14765).

③ ✕ 증액경정처분에 대한 항고소송에서 당초 신고·결정에 대한 위법사유도 주장 가능
국세기본법 제22조의2의 시행 이후에도 **증액경정처분이** 있는 경우, 당초 신고나 결정은 증액경정처분에 흡수됨으로써 독립한 존재가치를 잃게 된다고 보아야 하므로, **원칙적으로는 당초 신고나 결정에 대한 불복기간의 경과 여부 등에 관계없이 증액경정처분만이 항고소송의 심판대상이 되고, 납세의무자는 그 항고소송에서 당초 신고나 결정에 대한 위법사유도 함께 주장할 수 있다**(2009.5.14. 2006두17390).
　+ PLUS 증액경정시 당초처분은 소멸하고, 변경처분을 대상으로 항고소송하여야 함. 그러나 그 항고소송에서 당초 신고나 결정의 위법사유를 주장하는 것은 가능(절차하자만 제외)

④ ○ 재처분을 하긴 했으나 기속력에 반함: 당연무효 → 간접강제의 대상
거부처분에 대한 취소의 확정판결이 있음에도 행정청이 아무런 재처분을 하지 아니하거나, **재처분을 하였다 하더라도 그것이 종전 거부처분에 대한 취소의 확정판결의 기속력에 반하는 등으로 당연무효라면** 이는 아무런 재처분을 하지 아니한 때와 마찬가지라 할 것이므로 이러한 경우에는 행정소송법 제30조 제2항, 제34조 제1항 등에 의한 **간접강제신청에 필요한 요건을 갖춘 것으로 보아야 한다** (2002.12.11. 2002무22).
　+ PLUS 거부처분에 대해 취소판결이 확정된 경우 행정청은 재처분의무가 있다. 그럼에도 재처분을 하지 않았거나, 재처분을 했더라도 그것이 앞선 취소판결의 기속력에 반해 무효인 경우에는 간접강제를 신청할 수 있다.

선지분석 & 요플·기풀기링크

선지	THEME	요플	기풀기
①	T34 행정계획	69	066
②	T53 대상적격(법률관계)	83	085
③	T52 대상적격(행정작용)	63	063
④	T54 거부처분	64	066

정답 ④
OX 1○ 2✕

11 사례형

다음 사례에 대한 설명으로 옳은 것은? 23국가9

> A구 의회 의원인 甲은 공무원을 폭행하는 등 의원으로서 품위를 손상시키는 행위를 하였다. 이러한 사유를 들어 A구 의회는 甲을 의원직에서 제명하는 의결을 하였다. 이에 甲은 위 제명의결을 행정소송의 방법으로 다투고자 한다.

① 甲이 제명의결을 행정소송으로 다투는 경우 소송의 유형은 무효확인소송으로 하여야 하며 취소소송으로는 할 수 없다.

② A구 의회는 입법기관으로서 행정청의 지위를 가지지 못하므로 甲에 대한 제명의결을 다투는 행정소송에서는 A구 의회 사무총장이 피고가 되어야 한다.

③ 「행정소송법」제12조의 '법률상 이익' 개념에 관하여 법률상 이익구제설에 따르는 판례에 의하면 甲은 제명의결을 다툴 원고적격을 갖지 못한다.

④ 법원이 甲이 제기한 행정소송을 받아들여 소송의 계속 중에 甲의 임기가 만료되었더라도 수소법원은 소의 이익을 인정할 수 있다.

STORY 해설

지방의회의 의원에 대한 징계를 한번에 정리할 수 있는 문제이다. 판례는 의원징계의결은 의원의 권리에 직접 법률효과를 미치는 처분이기에 의원은 이에 대하여 항고소송으로 다툴 수 있고,①③ 처분청인 지방의회가 피고가 된다는 입장이다.② 의원의 임기가 만료된 경우, 의원의 지위를 회복할 수는 없지만 월정수당의 지급을 청구할 수 있기에 법률상 이익도 인정된다.④

해설

① ✕ 판례는 지방의회의 의원징계의결에 대해 처분성을 인정하고, 이에 대한 취소소송을 적법하다고 보아 본안판단을 하였다(1993.11.26. 93누7341). 취소소송을 할 수 없다는 부분이 틀렸다.

② ✕ 지방의회의원에 대한 징계의결이나 지방의회의 의장선거, 의장에 대한 불신임결의의 처분청은 지방의회이므로 이들 처분에 대한 취소소송의 피고적격은 지방의회가 갖는다. 판례 역시 지방의회의 의원이 지방의회를 상대로 징계의결을 다투는 소송에서, 지방의회의 피고적격을 인정하고 본안판단을 한 바 있다(1993.11.26. 93누7341 참조).

③ ✕ 제명의결은 甲의 권리에 직접 법률효과를 미치는 불이익처분에 해당하므로, 불이익처분의 상대방 甲은 제명의결을 다툴 원고적격을 갖는다.

- 지방자치법 제78조 내지 제81조의 규정에 의거한 지방의회의 의원징계의결은 그로 인해 의원의 권리에 직접 법률효과를 미치는 행정처분의 일종으로서 행정소송의 대상이 된다(1993.11.26. 93누7341).
- 불이익처분의 상대방은 직접 개인적 이익의 침해를 받은 자로서 원고적격이 인정된다(2018.3.27. 2015두47492).

④ ◯ 지방의회의원에 대한 제명의결 취소소송 계속 중 의원의 임기가 만료된 사안에서, 제명의결의 취소로 의원의 지위를 회복할 수는 없다 하더라도 제명의결시부터 임기만료일까지의 기간에 대한 월정수당의 지급을 구할 수 있는 등 여전히 그 제명의결의 취소를 구할 법률상 이익이 있다(2009.1.30. 2007두13487).

선지선택비율 ① 5.04% ② 10.90% ③ 7.03% ④ 77.03% 오답률 22.97%

관련 OX

① 관련

1 국회의원에 대한 징계처분에 대하여는 헌법 제64조 제4항이 법원에 제소할 수 없다고 규정하고 있으므로 행정소송의 대상이 되지 아니하나, 그러한 특별한 규정이 없는 지방의회의원에 대한 징계의결은 항고소송의 대상이 된다. 23변시

② 관련

2 지방의회의 지방의회의원에 대한 징계의결에 대한 항고소송에서 피고는 지방의회의장이다. 15국가9(변형)

3 지방의회 의장의 불신임의결과 지방의회 의원의 징계는 취소소송 등의 대상이 되며, 이때 소송의 피고는 지방의회가 된다. 12국회8

③ 관련

4 불이익한 행정처분의 상대방은 직접 개인적 이익을 침해당한 것으로 볼 수 없으므로 처분 취소소송에서 원고적격을 바로 인정받지 못한다. 21군무원7

사례분석 사례지수 상 중 하

- 의원제명처분을 소재로 하여 침해적 처분에 대한 쟁송형태(①), 피고적격(②), 원고적격(③), 소의 이익(④) 등을 종합적으로 묻고 있다. 다만, 침해적 처분이 이루어졌다는 것이 사실상 제시된 사실관계의 전부여서 진정한 의미의 사례문제라고 보긴 어렵다.

선지분석 & 요플·기풀기링크

선지	THEME	요플	기풀기
①	T52 대상적격(행정작용)	89	091
②	T58 피고적격	29	036
③	T55 공권과 원고적격	37	038
④	T57 소의 이익	38	038

정답 ④

OX 1◯ 2✕ 3◯ 4✕

07 행정쟁송 종합

01

행정쟁송에 대한 설명으로 옳은 것은? (다툼이 있는 경우 판례에 의함) 22지방9

① 행정심판의 재결에도 판결에서와 같은 기판력이 인정되는 것이어서 재결이 확정되면 처분의 기초가 된 사실관계나 법률적 판단이 확정되는 것이므로 당사자는 이와 모순되는 주장을 할 수 없게 된다.

② 무효인 처분에 대해 무효선언을 구하는 취소소송을 제기하는 경우에는 제소기간의 제한이 없다.

③ 거부행위가 항고소송의 대상인 처분이 되기 위해서는 그 거부행위가 신청인의 실체상의 권리관계에 직접적인 변동을 일으키는 것이어야 하며, 신청인이 실체상의 권리자로서 권리를 행사함에 중대한 지장을 초래하는 것만으로는 부족하다.

④ 처분시에 행정청으로부터 행정심판 제기기간에 관하여 법정 심판청구기간보다 긴 기간으로 잘못 통지받은 경우에 보호할 신뢰이익은 그 통지받은 기간 내에 행정소송을 제기한 경우에까지 확대되지 않는다.

관련 OX

① 관련

1 행정심판의 재결이 확정되면 피청구인인 행정청을 기속하는 효력이 있고 그 처분의 기초가 된 사실관계나 법률적 판단이 확정되므로 이후 당사자 및 법원은 이에 모순되는 주장이나 판단을 할 수 없다. 18국가9

④ 관련

2 「행정소송법」에서는 행정소송 제기기간을 법령보다 긴 기간으로 잘못 알린 경우에 대해 이를 구제할 수 있는 규정을 두고 있지 않으나 「행정심판법」의 준용을 통해 구제가 가능하다. 21국회8

해설

① × 재결: 기속력○, 기판력× → 당사자는 소송에서 재결에 모순되는 주장을 할 수 있고, 법원도 이를 받아들일 수 있음
행정심판의 재결은 피청구인인 행정청을 기속하는 효력을 가지지만, 나아가 재결에 판결에서와 같은 기판력이 인정되는 것은 아니어서 재결이 확정된 경우에도 처분의 기초가 된 사실관계나 법률적 판단이 확정되고 당사자들이나 법원이 이에 기속되어 모순되는 주장이나 판단을 할 수 없게 되는 것은 아니다(2015.11.27. 2013다6759).

② × 무효선언을 구하는 취소소송: 취소소송으로서의 소송요건 요구됨
행정처분의 당연무효를 선언하는 의미에서 취소를 구하는 행정소송을 제기한 경우에도 제소기간의 준수 등 취소소송의 제소요건을 갖추어야 한다(1993.3.12. 92누11039).

③ × 거부행위의 처분성 인정요건: 신청인의 법률관계를 변동시킬 것 → 직접 변동에 한정×, 중대한 지장을 초래하는 경우도○
행정청이 그 신청에 따른 행위를 하지 않겠다고 거부한 행위가 항고소송의 대상이 되는 행정처분에 해당하는 것이라고 하려면, 그 거부행위가 신청인의 법률관계에 어떤 변동을 일으키는 것이어야 하는바, 여기에서 '신청인의 법률관계에 어떤 변동을 일으키는 것'이라는 의미는 신청인의 실체상의 권리관계에 직접적인 변동을 일으키는 것은 물론, 그렇지 않다 하더라도 신청인이 실체상의 권리자로서 권리를 행사함에 중대한 지장을 초래하는 것도 포함한다(2007.10.11. 2007두1316).

④ ○ 행정심판 제기기간을 길게 알린 경우: 행정소송제기에까지 신뢰이익 확대×
행정처분시나 그 이후 행정청으로부터 행정심판 제기기간에 관하여 법정 심판청구기간보다 긴 기간으로 잘못 통지받은 경우에 보호할 신뢰이익은 그 통지받은 기간 내에 행정심판을 제기한 경우에 한하는 것이지 행정소송을 제기한 경우에까지 확대된다고 할 수 없다(2001.5.8. 2000두6916). → 따라서 잘못 알린 기간 내의 심판청구는 적법하나, 행정소송은 부적법하게 된다.

행정심판법 제27조(심판청구의 기간) ⑤ 행정청이 **심판청구기간**을 제1항에 규정된 기간(편저자: 처분이 있음을 안 날부터 90일)보다 **긴 기간으로 잘못 알린** 경우 **그 잘못 알린 기간**에 심판청구가 있으면 그 행정심판은 제1항에 규정된 기간에 청구된 것으로 본다.
⑥ 행정청이 심판청구**기간을 알리지 아니한** 경우에는 **제3항에 규정된 기간**에(편저자: 처분이 있었던 날부터 180일) 심판청구를 할 수 있다.

+ **PLUS** 행정소송의 경우 행정심판과 달리 오고지나 불고지에 대한 **보호규정**이 없고, 행정심판의 보호규정이 준용되지도 않는다.

선지선택비율 ① 18.94% ② 15.69% ③ 37.59% ④ 27.79% 오답률 72.21%

선지분석 & 요플·기풀기링크

선지	THEME	요플	기풀기
①	T68 행정심판(조문)	174	174
②	T65 판결 기준시/종류	46	047
③	T54 거부처분	07	009
④	T70 고지제도	04	009

정답 ④

OX 1× 2×

02 사례형

오답률 TOP ❷ 고난도

다음 각 사례에 대한 설명으로 옳은 것은? (다툼이 있는 경우 판례에 의함) 22지방9

> - A시장으로부터 3월의 영업정지처분을 받은 숙박업자 甲은 이에 불복하여 행정쟁송을 제기하고자 한다.
> - B시장으로부터 건축허가거부처분을 받은 乙은 이에 불복하여 행정쟁송을 제기하고자 한다.

① 甲이 취소소송을 제기하면서 집행정지신청을 한 경우 법원이 집행정지결정을 하는 데 있어 甲의 본안청구의 적법 여부는 집행정지의 요건에 포함되지 않는다.

② 甲이 2022.1.5. 영업정지처분을 통지받았고, 행정심판을 제기하여 2022.3.29. 1월의 영업정지처분으로 변경하는 재결이 있었고 그 재결서 정본을 2022.4.2. 송달받은 경우 취소소송의 기산점은 2022.1.5.이다.

③ 乙이 의무이행심판을 제기하여 처분명령재결이 있었음에도 B시장이 허가를 하지 않는 경우 행정심판위원회는 직권으로 시정을 명하고 이를 이행하지 아니하면 직접 건축허가처분을 할 수 있다.

④ 乙이 건축허가거부처분에 대해 제기한 취소소송에서 인용판결이 확정되었으나 B시장이 기속력에 위반하여 다시 거부처분을 한 경우 乙은 간접강제신청을 할 수 있다.

STORY 해설

※ 길지 않은 제시문과 지문에 너무나 많은 내용을 담은 소름 끼치도록 잘 만든 문제이다. 이 문제는 다음과 같이 행정법의 주요 쟁점을 망라하고 있는 완성형 종합문제이다.

- 국민이 쟁송에 나아가는 대표사례, 즉 침해적 처분을 당한 경우와^{위 사례} 수익적 처분을 거부당한 경우를^{아래 사례} 모두 제시하였다.
- 소송과①④ 심판을②③ 모두 다루고 있다.
- 소송에서는 본안소송 외 가구제제도(집행정지)도 다루고 있다.①
- 심판에서도 변경재결과② 처분명령재결을③ 모두 다루고 있다.
- 거부처분이 나오면 기속력을 물을 가능성이 매우 높다. 그런데 기속력을 물으면서 간접강제와④ 직접처분을③ 모두 물었다. 직접처분은 심판에서만 인정된다. 즉, 심판도 다루고 있기 때문에 자연스레 기속력도 풍부하게 다루게 되었다.

결국 이 문제는 행정청이 국민의 권익을 침해하는 유형(침해, 거부), 그에 대해 국민이 쟁송을 제기하는 방법(소송, 심판)과 주어지는 수단(본안, 가구제), 이러한 국민의 요청에 법원 내지 행정심판위원회가 응답하는 판결 내지 재결의 유형(변경재결, 처분명령재결) 및 그 효력(기속력)을 모두 다룬 매우 훌륭한 종합문제이다. 빈출쟁점을 짜임새 있게 종합함으로써 너무 어렵지는 않으나, 암기식 공부만 한 수험생은 충분히 거를 수 있도록 요소를 두어 난도조절 역시 훌륭하다고 볼 수 있다.

사례분석

사례지수 상 중 하

- 좋은 문제이지만 사례지수가 높다고 보긴 어렵다(좋은 종합문제이지, 좋은 사례문제는 아니다). 제시문에서 주어지는 정보는 관련 처분이 침해적 처분과 거부처분이라는 것일 뿐이고, 이조차 지문의 풀이와 직접 연결되지는 않기 때문이다. 만약 이 제시문을 활용해 진정한 사례문제를 만든다면 아래의 거부처분 사례를 ①번 지문과 연결해 **거부처분에는 집행정지가 인정되지 않는다**는 점을 묻는 문제, 아래의 거부처분 사례를 ③번 지문과 연결해 **거부처분에는 의무이행심판 외 취소심판도 허용된다**는 문제 등을 제조할 수 있다.

해설

① ✗ 행정처분의 효력정지나 집행정지를 구하는 신청사건에 있어서는 행정처분 자체의 적법 여부는 궁극적으로 본안재판에서 심리를 거쳐 판단할 성질의 것이므로 원칙적으로 판단할 것이 아니고, 그 행정처분의 효력이나 집행을 정지할 것인가에 관한 행정소송법 제23조 제2항 소정의 요건의 존부만이 판단의 대상이 된다고 할 것이지만, 나아가 집행정지는 행정처분의 집행부정지원칙의 예외로서 인정되는 것이고 또 본안에서 원고가 승소할 수 있는 가능성을 전제로 한 권리보호수단이라는 점에 비추어 보면 집행정지사건 자체에 의하여도 신청인의 본안청구가 적법한 것이어야 한다는 것을 집행정지의 요건에 포함시켜야 한다(1999.11.26. 99부3).

선지분석 & 요플·기풀기링크

선지	THEME	요플	기풀기
① T62 집행정지		06	006
② T61 제소기간		17	003
③ T68 행정심판(조문)		171	163
④ T54 거부처분		64	066

+ **PLUS** 다음 3가지를 정확히 구별하여야 한다.

쟁점	집행정지의 요건 여부
청구의 적법 여부(소송의 적법 여부)	○①
청구의 이유 유무(처분의 적법 여부)	×
청구가 이유 없음이 명백하지 않을 것	○(소극적 요건이 됨)

② × 행정심판을 거쳐 항고소송에 나아가는 경우이므로, 제소기간의 기산점은 재결서 정본 송달일인 2022.4.2.부터 90일이 된다. 처분서 송달일인 2022.1.5.부터 기산하는 것이 아니다.

행정소송법 제20조(제소기간) ① 취소소송은 **처분등이 있음을 안 날부터 90일** 이내에 제기하여야 한다. 다만, 제18조 제1항 단서에 규정한 경우와 그 밖에 행정심판청구를 할 수 있는 경우 또는 행정청이 행정심판청구를 할 수 있다고 잘못 알린 경우에 **행정심판청구가 있은 때의 기간은 재결서의 정본을 송달받은 날부터 기산**한다.
② 취소소송은 **처분등이 있은 날부터 1년**(제1항 단서의 경우는 **재결이 있은 날부터 1년**)을 경과하면 이를 제기하지 못한다. 다만, 정당한 사유가 있는 때에는 그러하지 아니하다.

+ **PLUS** 제소기간은 심판을 거치지 않고 소송을 제기하는 경우와, 심판을 거쳐서 소송을 제기하는 경우 그 기산점이 다르다.

사례	제소기간(1)	제소기간(2)
행정심판을 거치지 않고 제소	처분이 있음을 안 날부터 90일 (처분서 송달일을 안 날로 추정하므로 사안에서는 2022.1.5.)	처분이 있은 날부터 1년
행정심판을 거치고 나서 제소	재결서 송달일부터 90일 (사안에서는 2022.4.2.)	재결이 있은 날부터 1년

+ **PLUS** 한편, 지문과 같이 원처분에 대해서 변경재결이 있었으나, 그 변경된 처분에도 불복하여 소송을 제기하는 경우 소송의 대상이 되는 처분이 변경된 원처분인지, 변경재결인지에 대해 견해대립이 있다(판례는 변경된 원처분으로 본다). 다만, 어느 견해를 취하건 어차피 제소기간은 재결시를 기준으로 미뤄지므로 학설대립의 실익은 크지 않다.

③ × 행정심판위원회의 시정명령 및 직접처분은 행정청이 처분명령재결을 이행하지 않을 때 인정된다. 단, 이는 당사자의 신청이 있어야 한다. 위원회가 직권으로 할 수 있는 것이 아니다.

행정심판법 제50조(위원회의 직접처분) ① 위원회는 피청구인이 제49조 제3항에도 불구하고 처분을 하지 아니하는 경우에는 **당사자가 신청하면** 기간을 정하여 서면으로 시정을 명하고 그 기간에 이행하지 아니하면 **직접처분**을 할 수 있다. 다만, 그 처분의 성질이나 그 밖의 불가피한 사유로 위원회가 직접처분을 할 수 없는 경우에는 그러하지 아니하다.
제49조(재결의 기속력 등) ③ 당사자의 신청을 거부하거나 부작위로 방치한 처분의 **이행을 명하는 재결**이 있으면 행정청은 지체 없이 이전의 신청에 대하여 재결의 취지에 따라 처분을 하여야 한다.

④ ○ 간접강제는 거부처분에 대해 취소판결(인용판결)이 확정되었는데도 재처분을 하지 않은 경우에 인정된다. 그런데 아무런 재처분을 하지 않은 경우는 물론, 무언가 재처분을 하긴 하였으나 그것이 기속력에 반하는 경우에도 간접강제가 인정된다. 기속력에 반하는 재처분은 안한 것과 같다고 보기 때문이다(무효로 취급).

· 거부처분에 대한 취소의 확정판결이 있음에도 행정청이 아무런 **재처분을 하지 아니하거나, 재처분을 하였다 하더라도 그것이 종전 거부처분에 대한 취소의 확정판결의 기속력에 반하는** 등으로 당연무효라면 이는 아무런 재처분을 하지 아니한 때와 마찬가지라 할 것이므로 이러한 경우에는 행정소송법 제30조 제2항, 제34조 제1항 등에 의한 **간접강제신청에 필요한 요건을 갖춘 것으로 보아야 한다**(2002.12.11. 2002무22).

행정심판법 제50조의2(위원회의 간접강제) ① 위원회는 피청구인이 제49조 제2항(제49조 제4항에서 준용하는 경우를 포함한다) 또는 제3항에 따른 **처분을 하지 아니하면** 청구인의 신청에 의하여 결정으로 상당한 기간을 정하고 피청구인이 그 기간 내에 이행하지 아니하는 경우에는 그 지연기간에 따라 일정한 배상을 하도록 명하거나 즉시 **배상을 할 것을 명할 수 있다.**

선지선택비율 ① 12.19% ② 10.10% ③ 28.95% ④ 48.76%   오답률 51.24%   정답 ④

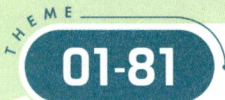

제3절 전범위 종합문제

01

다음 설명 중 옳지 않은 것은? (다툼이 있는 경우 판례에 의함) 14국가7(변형)

① 「국가공무원법」상 직위해제처분은 행정작용의 성질상 행정절차를 거치기 곤란하거나 불필요하다고 인정되는 사항 또는 행정절차에 준하는 절차를 거친 사항에 해당하므로, 처분의 사전통지 및 의견청취 등에 관한 「행정절차법」의 규정이 별도로 적용되지 않는다.

② 권고사직의 형식을 취하고 있더라도 사직의 권고가 공무원의 의사결정의 자유를 박탈할 정도의 강박에 해당하는 경우에는 당해 권고사직은 무효이다.

③ 「사립학교법」에 따른 학교법인 또는 사립학교 경영자가 사립학교 교원이 제기한 소청신청에 대한 교원소청심사위원회의 결정에 불복하고자 하는 경우, 그 결정서를 송달받은 날부터 30일 이내에 행정소송을 제기할 수 있다.

④ 행정청은 개인택시 운송사업의 양도·양수에 대한 인가가 있은 후에는 그 양도·양수 이전에 있었던 양도인에 대한 운송사업면허 취소사유를 들어 양수인의 운송사업면허를 취소할 수 없다.

[관련 OX]

① 관련
1 「국가공무원법」상의 직위해제 처분(은 「행정절차법」의 적용이 배제된다) 24해경간부

④ 관련
2 행정청은 개인택시운송사업의 양도·양수에 대한 인가를 한 후, 그 양도·양수 이전에 있었던 양도인에 대한 운송사업면허취소사유를 들어 양수인의 사업면허를 취소할 수 있다. 25지방9

해설

① ○ 국가공무원법상 직위해제: 행정절차법 적용 ✗
국가공무원법상 직위해제처분은 구 행정절차법 제3조 제2항 제9호, 구 「행정절차법 시행령」제2조 제3호에 의하여 당해 행정작용의 **성질상** 행정절차를 거치기 곤란하거나 불필요하다고 인정되는 사항(편저자: 잠정적·가처분적 성질) 또는 행정절차에 준하는 절차를 거친 사항에 해당하므로, 처분의 **사전통지 및 의견청취 등에 관한 행정절차법의 규정이 별도로 적용되지 않는다**(2014.5.16. 2012두26180).

② ○ 의사결정의 자유가 박탈당한 상태에서의 사직서의 제출 → 무효
사직서의 제출이 감사기관이나 상급관청 등의 강박에 의한 경우에는 그 정도가 **의사결정의 자유를 박탈할 정도에 이른 것이라면** 그 의사표시가 **무효**로 될 것이고 그렇지 않고 **의사결정의 자유를 제한**하는 정도에 그친 경우라면 그 성질에 반하지 아니하는 한 의사표시에 관한 민법 제110조의 규정을 준용하여 그 효력을 따져보아야 할 것이나, 사직을 권고·종용한 것에 지나지 않고 위 공무원이 여러 사정을 고려하여 사직서를 제출한 경우라면 그 의사결정이 의원면직처분의 효력에 영향을 미칠 하자가 있었다고는 볼 수 없다(1997.12.12. 97누13962).

+ PLUS 강박에 의한 사직서 제출 → 의사결정 자유를 박탈: 무효 / 의사결정 자유를 제한: 취소사유 / 권고종용 정도: 하자 없이 유효

③ ○
교원의 지위 향상 및 교육활동 보호를 위한 특별법 제10조(소청심사 결정 등) ① 심사위원회는 소청심사청구를 접수한 날부터 60일 이내에 이에 대한 결정을 하여야 한다. 다만, 심사위원회가 불가피하다고 인정하면 그 의결로 30일을 연장할 수 있다.
③ 처분권자는 심사위원회의 결정서를 송달받은 날부터 30일 이내에 제1항에 따른 결정의 취지에 따라 조치(이하 '구제조치'라 한다)를 하여야 하고, 그 결과를 심사위원회에 제출하여야 한다.
④ 제1항에 따른 심사위원회의 결정에 대하여 교원, 「사립학교법」 제2조에 따른 학교법인 또는 사립학교 경영자 등 당사자(공공단체는 제외한다)는 그 결정서를 송달받은 날부터 **30일 이내**에 「행정소송법」으로 정하는 바에 따라 소송을 제기할 수 있다.
⑤ 제4항에 따른 기간 이내에 행정소송을 제기하지 아니하면 그 결정은 확정된다.
⑥ 소청심사의 청구·심사 및 결정 등 심사 절차에 관하여 필요한 사항은 대통령령으로 정한다.

④ ✗ 양도·양수 후 양도인에 대한 면허취소사유를 들어 양수인의 면허를 취소(가능)
개인택시운송사업의 양도·양수가 있고 그에 대한 인가가 있은 후 그 **양도·양수 이전**에 있었던 양도인에 대한 **운송사업면허취소사유**(음주운전 등으로 인한 자동차운전면허의 취소)를 들어 양수인의 운송사업면허를 취소한 것은 정당하다(1998.6.26. 96누18960).

+ PLUS 승계처리 전 제재처분 or 제재사유 없더라도, 제재사유의 원인되는 사실 있는 경우 → 승계 ○

선지분석 & 요플·기풀기링크

선지	THEME	요플	기풀기
①	T38 절차법(근거·적용범위)	32	033
②	T22 사인의 공법행위	12	011
③	T68 행정심판(조문)	플지모	
④	T25 영업양도의 쟁점	23	024

정답 ④
OX 1 ○ 2 ○

02

행정행위에 관한 설명으로 옳은 것은? (다툼이 있는 경우 판례에 의함) 12지방9

① 수익적 행정행위에 철회원인이 있는 경우에 행정청은 철회원인이 있다는 것만으로 자유로이 철회권을 행사할 수 있다.
② 국유임야대부·매각행위 및 대부계약에 의한 대부료 부과조치는 취소소송의 대상이 되는 처분에 해당하지 않는다.
③ 공중보건의사 채용계약 해지의 의사표시에 대하여는 대등한 당사자 간의 소송형식인 공법상의 당사자소송으로 그 의사표시의 무효확인을 청구할 수 없고 행정처분을 전제한 항고소송을 제기하여야 한다.
④ 침해적 행정처분을 할 때 처분의 근거법령 등에서 청문을 실시하도록 규정하고 있다면 「행정절차법」 등의 예외에 해당하지 않는 한 반드시 청문을 실시하여야 하며, 그러한 절차를 결여한 처분은 위법한 처분으로서 당연무효이다.

관련 OX

② 관련
1 국·공유 일반재산의 대부·매각·교환·양여행위는 사법상의 행위로서 그에 대해서는 민사소송으로 다투어야 한다. 16국회8

③ 관련
2 대법원은 구 「농어촌 등 보건의료를 위한 특별조치법」 및 관계법령에 따른 전문직공무원인 공중보건의사의 채용계약 해지의 의사표시는 일반공무원에 대한 징계처분과 같은 성격을 가지며, 따라서 항고소송의 대상이 된다고 본다. 17(상)국가9

④ 관련
3 행정청이 침해적 행정처분을 하면서 당사자에게 「행정절차법」상의 사전통지를 하지 않거나 의견제출의 기회를 주지 아니한 경우, 그 처분은 당연무효이다. 16사복9

추가기출(② 관련)
ⓐ 국유 일반재산 임대계약의 취소는 강학상 행정행위의 철회에 해당한다. 19소간

해설

① × 수익적 행정행위의 철회는 **결과적으로 상대방에게 침익적**이므로 철회사유가 발생하였더라도 자유로이 철회할 수는 없고 행정법의 일반원칙에 따른 제한을 받게 된다.
　cf 침익적 행정행위의 철회는 결과적으로 상대방에게 수익적이므로 자유로운 것이 원칙이다.

② ○ 국유임야 매각·대부와 대부료 부과는 처분×(사법관계)
　산림청장이나 그로부터 권한을 위임받은 행정청이 산림법 등이 정하는 바에 따라 국유임야를 대부하거나 매각하는 행위는 사경제적 주체로서 상대방과 대등한 입장에서 하는 사법상 계약이지 행정처분이라고 볼 수 없으며 이 대부계약에 의한 대부료 부과조치 역시 행정처분이라고 할 수 없다(1993.12.7. 91누11612).
　+ PLUS 한편, 일반재산(잡종재산) 대부계약은 사법상 계약이므로 대부계약의 취소는 사법상 계약을 취소하는 것일 뿐, 행정행위를 철회하는 것이 아니다.ⓐ

③ × 계약직공무원인 공중보건의사의 채용계약해지: 처분×, 대등 의사표시 → 당사자소송
　현행 실정법이 전문직공무원인 공중보건의사의 채용계약 해지의 의사표시는 일반공무원에 대한 징계처분과는 달라서 항고소송의 대상이 되는 처분 등의 성격을 가진 것으로 인정되지 아니하고, 일정한 사유가 있을 때에 관할 도지사가 채용계약 관계의 한쪽 당사자로서 대등한 지위에서 행하는 의사표시로 취급하고 있는 것으로 이해되므로, 공중보건의사 채용계약 해지의 의사표시에 대하여는 대등한 당사자 간의 소송형식인 공법상의 당사자소송으로 그 의사표시의 무효확인을 청구할 수 있는 것이지, 이를 항고소송의 대상이 되는 행정처분이라는 전제하에서 그 취소를 구하는 항고소송을 제기할 수는 없다(1996.5.31. 95누10617).

④ × 법령등에 규정된 청문을 미실시: 절차상 하자로서 취소사유
　행정청이 특히 침해적 행정처분을 할 때 그 처분의 근거 법령등에서 청문을 실시하도록 규정하고 있다면, 행정절차법 등 관련 법령상 청문을 실시하지 않아도 되는 예외적인 경우에 해당하지 않는 한 반드시 청문을 실시하여야 하며, 그러한 절차를 결여한 처분은 위법한 처분으로서 취소사유에 해당한다(2007.11.16. 2005두15700).
　+ PLUS 사전통지·의견청취절차(의견제출, 청문, 공청회)를 위반한 것은 무효사유가 아닌 취소사유

선지분석 & 요플·기풀기링크

선지	THEME	요플	기풀기
①	T31 VA의 취소·철회·실효	33	057
②	T53 대상적격(법률관계)	56	056
③		95	099
④	T41 절차의 하자	24	024

정답 ②
OX 1○ 2× 3× ⓐ×

03

자동차운전면허 및 운송사업면허에 대한 설명으로 옳지 않은 것은? (다툼이 있는 경우 판례에 의함) 20국가7

① 운전면허취소처분에 대한 취소소송에서 취소판결이 확정되었다면 운전면허취소처분 이후의 운전행위를 무면허운전이라 할 수는 없다.

② 음주운전 여부에 대한 조사 과정에서 운전자 본인의 동의를 받지 아니하고 법원의 영장도 없이 채혈조사가 행해졌다면, 그 조사 결과를 근거로 한 운전면허취소처분은 특별한 사정이 없는 한 위법하다.

③ 개인택시 운송사업의 양도·양수에 대한 인가가 있은 후에 그 양도·양수 이전에 있었던 양도인에 대한 운송사업면허 취소사유를 들어 양수인의 사업면허를 취소할 수 있다.

④ 음주운전으로 인해 운전면허를 취소하는 경우의 이익형량에서 음주운전으로 인한 교통사고를 방지할 공익상의 필요가 취소의 상대방이 입게 될 불이익보다 강조되어야 하는 것은 아니다.

관련 OX

③ 관련

1. 개인택시운송사업의 양도·양수가 있고 그에 대한 인가가 있은 후 그 양도·양수 이전에 있었던 양도인에 대한 운송사업면허 취소사유(음주운전 등으로 인한 자동차운전면허의 취소)를 들어 양수인의 운송사업면허를 취소한 것은 위법하다. 23지방7

④ 관련

2. 음주운전으로 인한 운전면허취소처분의 재량권 일탈·남용 여부를 판단할 때, 운전면허의 취소로 입게 될 당사자의 불이익보다 음주운전으로 인한 교통사고를 방지하여야 하는 일반예방적 측면이 더 강조되어야 한다. 23지방7

해설

① ○ 운전면허취소처분 후에 운전하였으나 면허취소처분이 취소된 경우: 무면허운전죄 성립 ✕
운전면허취소처분을 받은 후 자동차를 운전하였으나 위 취소처분이 행정쟁송절차에 의하여 취소된 경우, 행정행위에 인정되는 공정력에도 불구하고 무면허운전이 성립되지 않는다(1999.2.5. 98도4239).

② ○ 운전자 동의나 영장 없이 한 채혈조사에 근거한 운전면허 정지·취소처분: 위법
음주운전 여부에 관한 조사방법 중 혈액 채취(이하 '채혈'이라고 한다)는 상대방의 신체에 대한 직접적인 침해를 수반하는 방법으로서, 이에 관하여 도로교통법은 호흡조사와 달리 운전자에게 조사에 응할 의무를 부과하는 규정을 두지 아니할 뿐만 아니라, 측정에 앞서 운전자의 동의를 받도록 규정하고 있으므로(제44조 제3항), 운전자의 동의 없이 임의로 채혈조사를 하는 것은 허용되지 아니한다. 그리고 수사기관이 범죄 증거를 수집할 목적으로 운전자의 동의 없이 혈액을 취득·보관하는 행위는 형사소송법상 '감정에 필요한 처분' 또는 '압수'로서 법원의 감정처분허가장이나 압수영장이 있어야 가능하고, 다만 음주운전 중 교통사고를 야기한 후 운전자가 의식불명 상태에 빠져 있는 등으로 호흡조사에 의한 음주측정이 불가능하고 채혈에 대한 동의를 받을 수도 없으며 법원으로부터 감정처분허가장이나 사전 압수영장을 발부받을 시간적 여유도 없는 긴급한 상황이 발생한 경우에는 수사기관은 예외적인 요건하에 음주운전 범죄의 증거 수집을 위하여 운전자의 동의나 사전 영장 없이 혈액을 채취하여 압수할 수 있으나 이 경우에도 형사소송법에 따라 사후에 지체 없이 법원으로부터 압수영장을 받아야 한다. 따라서 음주운전 여부에 대한 조사 과정에서 운전자 본인의 동의를 받지 아니하고 또한 법원의 영장도 없이 채혈조사를 한 결과를 근거로 한 운전면허 정지·취소 처분은 도로교통법 제44조 제3항을 위반한 것으로서 특별한 사정이 없는 한 위법한 처분으로 볼 수밖에 없다(2016.12.27. 2014두46850).

③ ○ 양도·양수 후 양도인에 대한 면허취소사유를 들어 양수인의 면허취소 가능
개인택시운송사업의 양도·양수가 있고 그에 대한 인가가 있은 후 그 양도·양수 이전에 있었던 양도인에 대한 운송사업면허취소사유를 들어 양수인의 운송사업면허를 취소한 것은 정당하다(1998.6.26. 96누18960).

④ ✕ 음주운전면허취소: 당사자의 불이익보다는 공익(일반예방)을 더 강조해야
음주운전으로 인한 운전면허취소처분의 재량권 일탈·남용 여부를 판단할 때, 운전면허의 취소로 입게 될 당사자의 불이익보다 음주운전으로 인한 교통사고를 방지하여야 하는 일반예방적 측면이 더 강조되어야 한다(2019.1.17. 2017두59949).

선지분석 & 요플·기풀기링크

선지	THEME	요플	기풀기
①	T27 공정력	41	042
②	T49 행정조사	15	017
③	T25 영업양도의 쟁점	23	024
④	T06 기타 일반원칙	18	017

 ④
 1✕ 2○

04

하천점용허가에 대한 설명으로 옳은 것은? (다툼이 있는 경우 판례에 의함) 18지방9

① 하천점용허가는 성질상 일반적 금지의 해제에 불과하여 허가의 일정한 요건을 갖춘 경우 기속적으로 판단하여야 한다.
② 위법한 점용허가를 다투지 않고 있다가 제소기간이 도과한 경우에는 처분청이라도 그 점용허가를 취소할 수 없다.
③ 하천점용허가에 조건인 부관이 부가된 경우 해당 부관에 대해서는 독립적으로 소를 제기할 수 없다.
④ 점용허가취소처분을 취소하는 확정판결의 기속력은 판결의 주문에 미치는 것으로 그 전제가 되는 처분등의 구체적 위법사유에 관한 이유 중의 판단에 대해서는 인정되지 않는다.

관련 OX

① 관련
1 「하천법」상 하천부지 점용허가에는 그 성질상 부관을 붙일 수 없다. 24행정사

④ 관련
2 취소판결의 기속력은 확정판결의 주문에 포함된 것에 한하여 발생하고, 그 전제가 되는 처분 등의 구체적 위법사유에 관한 이유 중의 판단에 대하여는 인정되지 않는다. 15서울7

해설

① ✕ 하천부지 점용허가 여부는 관리청의 재량에 속하고 재량행위에 있어서는 법령상의 근거가 없어도 부관을 붙일 것인가의 여부는 당해 행정청의 재량에 속한다(2008.7.24. 2007두25930·25947·25954).
　+ PLUS 도로점용허가, 하천점용허가, 공유수면점용허가 등 행정재산의 사용·수익허가는 통상 특정인에게 배타적 권리를 설정하는 설권행위이므로 특허에 해당하고, 따라서 재량행위라는 것이 판례이다. 어업면허도 마찬가지로 특허로서 재량행위이다(↔ 어업허가는 강학상 허가, 어업신고는 행위요건적 신고).

② ✕ 불가쟁력과 불가변력은 별개이다. 따라서 불가쟁력이 발생하였더라도 국민이 제소를 못하게 되는 것일 뿐 행정청은 여전히 그를 직권취소시킬 수 있다. 따라서 위법한 하천점용허가에 대하여 제소기간이 도과해 불가쟁력이 발생한 경우, 이해관계인은 쟁송을 제기할 수는 없게 되지만(불가쟁력○), 처분청은 여전히 이를 직권취소시킬 수 있다(불가변력✕).

③ ○ 조건과 같이 부담이 아닌 부관에 대해서는 독립하여 소를 제기할 수 없다는 것이 판례이다.

④ ✕ 행정소송법 제30조 제1항에 의하여 인정되는 취소소송에서 처분등을 취소하는 확정판결의 기속력은 주로 판결의 실효성 확보를 위하여 인정되는 효력으로서 판결의 주문뿐만 아니라 그 전제가 되는 처분등의 구체적 위법사유에 관한 이유 중의 판단에 대하여도 인정된다(2001.3.23. 99두5238).
　+ PLUS 확정판결의 기판력은 주문에만 미치고 이유에는 미치지 않는다. 그러나 기속력은 판결의 주문은 물론 그 전제가 되는 처분등의 구체적 위법사유에 관한 이유 중의 판단에도 미친다.

선지분석 & 요플·기풀기링크

선지	THEME	요플	기풀기
①	T19 형성적 VA	11	014
②	T28 불가쟁력·불가변력 등	10	017
③	T32 부관	81	080
④	T66 판결의 효력	16	045

정답 ③
OX 1✕ 2✕

05

행정법관계에 대한 설명으로 옳지 않은 것은? (다툼이 있는 경우 판례에 의함) 21국가7

① 행정에 관한 기간의 계산에 관하여는 「행정기본법」 또는 다른 법령등에 특별한 규정이 있는 경우를 제외하고는 「민법」을 준용한다.
② 구 「산림법」에 의해 형질변경허가를 받지 아니하고 산림을 형질변경한 자가 사망한 경우, 해당 토지의 소유권을 승계한 상속인은 그 복구의무를 부담하지 않으므로, 행정청은 그 상속인에 대하여 복구명령을 할 수 없다.
③ 구 「지방재정법」에 의한 변상금부과처분이 당연무효인 경우, 이 변상금부과처분에 의하여 납부자가 납부한 오납금은 지방자치단체가 법률상 원인 없이 취득한 부당이득에 해당한다.
④ 주민등록의 신고는 행정청에 도달하기만 하면 신고로서의 효력이 발생하는 것이 아니라 행정청이 수리한 경우에 비로소 신고의 효력이 발생한다.

관련 OX

① 관련
1 행정에 대한 기간의 계산에 관하여는 「민법」 또는 다른 법령등에 특별한 규정이 있는 경우를 제외하고는 「행정기본법」에 따른다. 23소방

② 관련
2 산림을 무단 형질변경한 자가 사망한 경우 당해 토지의 소유권 또는 점유권을 승계한 상속인은 그 복구의무를 부담한다고 봄이 상당하고, 따라서 관할 행정청은 그 상속인에 대하여 복구명령을 할 수 있다고 보아야 한다. 18소간

해설

① ○

행정기본법 제6조(행정에 관한 기간의 계산) ① 행정에 관한 기간의 계산에 관하여는 이 법 또는 다른 법령등에 특별한 규정이 있는 경우를 제외하고는 「민법」을 준용한다.

② × 산림을 무단형질변경한 자 사망: 상속인이 복구의무 부담
산림을 무단형질변경한 자가 사망한 경우 당해 토지의 소유권 또는 점유권을 승계한 상속인은 그 복구의무를 부담한다고 봄이 상당하고, 따라서 관할 행정청은 그 상속인에 대하여 복구명령을 할 수 있다(2005.8.19. 2003두9817).

③ ○ 변상금부과처분: 당연무효시 납부자가 납부·징수한 오납금은 지자체의 부당이득이 됨
변상금부과처분이 당연무효인 경우에 이 변상금부과처분에 의하여 납부자가 납부하거나 징수당한 오납금은 지방자치단체가 법률상 원인 없이 취득한 부당이득에 해당하고, 이러한 오납금에 대한 납부자의 부당이득반환청구권은 처음부터 법률상 원인이 없이 납부 또는 징수된 것이므로 납부 또는 징수 시에 발생하여 확정되며, 그때부터 소멸시효가 진행한다(2005.1.27. 2004다50143).

④ ○ 주민등록의 신고는 수리를 요하는 신고(행위요건적 신고)
주민등록의 신고는 행정청에 도달하기만 하면 신고로서의 효력이 발생하는 것이 아니라 행정청이 수리한 경우에 비로소 신고의 효력이 발생한다. 따라서 주민등록 신고서를 행정청에 제출하였다가 행정청이 이를 수리하기 전에 신고서의 내용을 수정하여 위와 같이 수정된 전입신고서가 수리되었다면 수정된 사항에 따라서 주민등록신고가 이루어진 것으로 보는 것이 타당하다(2009.1.30. 2006다17850).

선지선택비율 ① 6.69% ② 80.60% ③ 7.02% ④ 5.69% 오답률 19.40%

선지분석 & 요플·기풀기링크

선지	THEME	요플	기풀기
①	T12 사건	01	001
②	T42 실효성 확보(공통쟁점)	84	089
③	T27 공정력	29	031
④	T23 신고	45	040

정답 ②
OX 1× 2○

필수문제 06

행정상 법률관계와 관련한 판례의 입장으로 옳은 것은? 14지방9

① 「도시 및 주거환경정비법」상 조합설립인가처분에서 조합설립결의에 하자가 있는 경우, 조합설립결의 부분만을 따로 떼어내어 그 효력 유무를 다투는 확인의 소를 제기하는 것은 원고의 권리 또는 법률상의 지위에 현존하는 불안·위험을 제거하는 데 가장 유효·적절한 수단이라 할 수 없어 특별한 사정이 없는 한 확인의 이익은 인정되지 아니한다.

② 위임명령이 법률상의 위임근거 없이 제정되었다면 이는 무효인 법규명령이며, 사후에 법개정을 통해 위임의 근거가 부여되었다고 하여 그때부터 유효한 법규명령으로 되는 것은 아니다.

③ 주민등록전입신고는 수리를 요하는 신고이므로, 전입신고자가 거주의 목적 이외에 부동산투기나 이주대책의 요구 등 다른 이해관계에 관한 의도를 가지고 있는지의 여부를 고려하여 신고의 수리 여부를 심사할 수 있다.

④ 과징금부과처분이 재량행위라고 하더라도 법이 정한 한도액을 초과하여 위법한 경우에는 부과처분의 전부를 취소할 것이 아니라 한도액을 초과한 부분만 취소하여야 한다.

관련 OX

② 관련

1 법률의 위임에 따라 효력을 갖는 법규명령의 경우에 위임의 근거가 없어 무효였더라도 나중에 법개정으로 위임의 근거가 다시 부여된 경우에는 이전부터 소급하여 유효한 법규명령이 있었던 것으로 본다. 21국가7

③ 관련

2 주민등록전입신고의 수리 여부와 관련하여서는, 전입신고자가 거주의 목적 외에 다른 이해관계에 관한 의도를 가지고 있었는지 여부, 무허가건축물의 관리, 전입신고를 수리함으로써 당해 지방자치단체에 미치는 영향 등도 고려하여야 한다. 17지방7

해설

① ○ 조합설립인가 후: 조합설립결의 대상으로 소제기 불가
조합설립인가처분은 「도시 및 주거환경정비법」상 주택재건축사업을 시행할 수 있는 권한을 갖는 행정주체(공법인)로서의 지위를 부여하는 일종의 설권적 처분의 성격을 갖는다고 보아야 한다. 그리고 그와 같이 보는 이상 조합설립결의는 조합설립인가처분이라는 행정처분을 하는 데 필요한 요건 중 하나에 불과한 것이어서, 조합설립결의에 하자가 있다면 그 하자를 이유로 직접 항고소송의 방법으로 조합설립인가처분의 취소 또는 무효확인을 구하여야 하고, 이와는 별도로 조합설립결의 부분만을 따로 떼어내어 그 효력 유무를 다투는 확인의 소를 제기하는 것은 원고의 권리 또는 법률상의 지위에 현존하는 불안·위험을 제거하는 데 가장 유효·적절한 수단이라 할 수 없어 특별한 사정이 없는 한 확인의 이익은 인정되지 아니한다(2009.9.24. 2008다60568).

② × 구법에 위임근거 없으면 무효이나 사후에 근거 부여되면 그때부터 유효
일반적으로 법률의 위임에 의하여 효력을 갖는 법규명령의 경우, 구법에 위임의 근거가 없어 무효였더라도 사후에 법개정으로 위임의 근거가 부여되면 그때부터는 유효한 법규명령이 되나, 반대로 구법의 위임에 의한 유효한 법규명령이 법개정으로 위임의 근거가 없어지게 되면 그때부터 무효인 법규명령이 된다(1995.6.30. 93추83).

③ × 주민등록신고: 수리를 요하는 신고 / 주민등록법 이외의 사유 심사 불가
주민들의 거주지 이동에 따른 주민등록전입신고에 대하여 행정청이 이를 심사하여 그 수리를 거부할 수는 있다고 하더라도, 전입신고를 받은 시장·군수 또는 구청장의 심사대상은 전입신고자가 30일 이상 생활의 근거로 거주할 목적으로 거주지를 옮기는지 여부만으로 제한된다고 보아야 한다. 따라서 전입신고자가 거주의 목적 이외에 다른 이해관계에 관한 의도를 가지고 있는지 여부는, 주민등록전입신고의 수리 여부를 심사하는 단계에서는 고려대상이 될 수 없다(2009.6.18. 2008두10997 전합).

④ × 재량행위인 과징금부과처분에서 법정한도액을 초과한 경우: 전부 취소(초과 부분만 취소×)
과징금을 부과할 것인지, 과징금을 부과키로 하였다면 그 금액은 얼마로 할 것인지 등에 관하여 재량권이 부여되어 있다 할 것이고, 과징금부과처분이 법이 정한 한도액을 초과하여 위법할 경우 법원으로서는 그 전부를 취소할 수밖에 없고, 그 한도액을 초과한 부분이나 법원이 적정하다고 인정되는 부분을 초과한 부분만을 취소할 수는 없다(1993.7.27. 93누1077).

선지분석 & 요플·기풀기링크

선지	THEME	요플	기풀기
①	T20 정비사업	07	007
②	T14 법규명령	17	012
③	T23 신고	47	042
④	T65 판결 기준시/종류	23	024

정답 ①
OX 1× 2×

07

행정작용에 관한 설명 중 옳은 것을 〈보기〉에서 모두 고르면?

18국회8

〈보기〉

Ⓐ ㄱ. 인가의 대상이 되는 행위에 취소원인이 있더라도 일단 인가가 있는 때에는 그 흠은 치유된다.

㉯ ㄴ. 행정계획의 수립에 있어서 행정청에게 인정되는 광범위한 형성의 자유, 즉 '계획재량'은 '형량명령의 원칙'에 따라 통제한다.

Ⓐ ㄷ. 관계법령을 위반하였음을 이유로 장례식장의 사용중지를 명하고 이를 불이행할 경우 「행정대집행법」에 의하여 대집행하겠다는 내용의 장례식장사용중지계고처분은 적법하다.

Ⓒ ㄹ. 이유부기를 결한 행정행위는 무효이며 그 흠의 치유를 인정하지 아니하는 것이 판례의 입장이다.

ㅁ. 행정행위의 구성요건적 효력은 처분청 이외의 다른 국가기관으로 하여금 당해 행위의 존재와 효과를 인정하고 그 내용에 구속될 것을 요구하는 효력을 말한다.

① ㄱ, ㄴ ② ㄱ, ㄷ
③ ㄴ, ㄹ ④ ㄴ, ㅁ
⑤ ㄷ, ㅁ

관련 OX

ㄱ. 관련

1 인가의 전제가 되는 기본행위에 하자가 있다고 하더라도 행정청의 적법한 인가가 있으면 그 하자는 치유가 된다.

14서울9

ㄷ. 관련

2 판례에 의하면 용도위반 부분을 장례식장으로 사용하는 것을 중지할 것과 이를 불이행할 경우 행정대집행을 하겠다는 내용의 계고처분은 적법하다고 본다.

10국가9

ㄹ. 관련

3 Ⓐ 세액산출근거가 기재되지 아니한 납세고지서에 의한 부과처분은 강행법규에 위반하여 취소대상이 된다고 할 것이지만 이와 같은 하자는 납세의무자가 전심절차에서 이를 주장하지 아니하였거나, 그 후 부과된 세금을 자진납부하였다거나, 또는 조세채권의 소멸시효기간이 만료된 경우 치유된다.

23국가9

해설

ㄱ. ✕ 인가란 타인의 법률적 행위를 보충하여 그 법률적 효력을 완성시키는 행정행위로서, 인가가 보충행위에 불과한 이상 <u>기본행위에 하자가 있다면 인가가 있어도 기본행위의 하자는 치유되지 않는다</u>. 이 경우 기본행위를 대상으로 소를 제기하여야지 인가를 대상으로 소를 제기할 수는 없다.

ㄴ. ○ 행정계획의 수립·변경에 대하여 행정청에게 인정되는 재량을 **계획재량**이라고 한다. 계획재량은 일반재량보다 광범위한 것이기는 하나, <u>관련되는 이익을 정당하게 비교·교량하여야 한다는(저울질하여 더 정당한 이익을 택해야 한다는)</u> 제한을 받는다. 이러한 계획재량에 대한 통제이론을 **형량명령**이라 한다.

ㄷ. ✕ <u>위법한 영업을 한 장례식장의 사용 중지의무: 부작위의무 → 대집행계고 불가</u>
"장례식장의 사용을 중지할 것을 명하며 만일 중지하지 아니하면 대집행하겠다."는 취지의 대집행계고처분은 … '장례식장 사용중지 의무'가 원고 이외의 '타인이 대신'할 수도 없고(대체적이지 않고)(비대체적이고), 타인이 대신하여 '행할 수 있는 행위'라고도 할 수 없는(작위의무도 아닌)(부작위의무인) 비대체적 부작위의무에 대한 것이므로, 그 자체로 위법함이 명백하다(2005.9.28. 2005두7464).

+ PLUS 대집행은 철거의무, 제거의무 등의 대체적 작위의무를 대상으로 한다. 각종의 장례식장 사용중지, 영업금지 등의 각종의 중지·금지의무는 <u>부작위의무</u>이므로 대집행의 대상이 될 수 없다.

ㄹ. ✕ 판례는 이유제시가 아예 누락된 경우와 **불충분한** 경우를 구별하지 않고 모두 **취소사유**로 본다. 취소사유이므로 행정쟁송제기 전까지 **하자치유**도 인정된다. 다만 자진납부 등은 하자치유사유가 아니라고 판시한 바 있다.

• 세액산출근거가 기재되지 아니한 납세고지서에 의한 부과처분은 강행법규에 위반하여 **취소대상이 된**다 할 것이므로 이와 같은 하자는 납세의무자가 전심절차에서 이를 주장하지 아니하였거나, 그 후 부과된 세금을 <u>자진납부하였다거나,</u> 또는 조세채권의 소멸시효기간이 만료되었다 하여 <u>치유되는 것이라고는 할 수 없다</u>(1985.4.9. 84누431).

ㅁ. ○ 어떠한 처분이 위법하더라도 **처분청이 아닌 국가기관**은 그 효력을 부인하지 못하게 되는데 이를 **구성요건적 효력**이라 하며 공정력과 구별하는 견해가 있다. 이에 따르면 공정력은 처분의 **상대방과 이해관계인**, 즉 국민 측을 구속하는 힘인 반면, 구성요건적 효력은 다른 국가기관, 즉 **국가** 측을 구속하는 힘이어서 그 상대방에 큰 차이가 있다고 한다.

선지분석 & 요플·기풀기링크

선지	THEME	요플	기풀기
ㄱ	T19 형성적 VA	41	050
ㄴ	T34 행정계획	40	040
ㄷ	T43 대집행	26	026
ㄹ	T41 절차의 하자	26	026
ㅁ	T27 공정력	11	009

정답 ④
OX 1✕ 2✕ 3✕

08

행정상 법률관계에 관한 설명으로 옳지 않은 것은? (다툼이 있는 경우 판례에 의함) 25소간

① 「국유재산법」상 일반재산의 무단사용자에 대한 변상금의 부과는 그 관리청이 행하는 행정처분에 해당하며 이에 따라 발생하는 변상금납부의무는 공법상 의무이다.

② 납세의무자에 대한 국가의 부가가치세 환급세액 지급의무는 부가가치세법령에 의하여 그 존부나 범위가 구체적으로 확정되고 조세정책적 관점에서 특별히 인정되는 공법상 의무이다.

③ 「국가를 당사자로 하는 계약에 관한 법률」에 따른 입찰보증금의 국고귀속조치는 행정청의 일방적 조치로서 행정처분에 해당하며 그에 의한 법률관계는 공법관계이다.

④ 「도시 및 주거환경정비법」에 따른 재건축정비사업조합은 관할 행정청의 감독 아래 재건축사업을 시행하는 공법인으로서, 그 목적범위 내에서 법령이 정하는 바에 따라 일정한 행정작용을 행하는 행정주체의 지위를 갖는다.

⑤ 공익사업을 위한 토지 등의 취득 및 보상에 관한 법령에 근거한 공익사업시행지구 밖에서의 영업손실에 대한 보상청구권은 공법상의 권리에 해당한다.

해설

① ○ 국유재산 무단점유자에 대한 변상금 부과는 행정처분이므로 이에 따라 발생하는 변상금납부의무는 공법상 의무이다.
- 국유재산의 관리청이 그 무단점유자에 대하여 하는 변상금부과처분은 관리청이 공권력을 가진 우월적 지위에서 행한 것으로서 행정소송의 대상이 되는 행정처분이라고 보아야 한다(1988.2.23. 87누1046·1047).
  + PLUS 국유재산의 무단점유로 인한 변상금징수권은 공법상의 권리채무를 내용으로 하는 것으로서 사법상의 채권과는 그 성질을 달리하는 것이다(1989.11.24. 89누787).

② ○ 납세의무자에 대한 국가의 부가가치세 환급세액 지급의무는 그 납세의무자로부터 어느 과세기간에 과다하게 거래징수된 세액 상당을 국가가 실제로 납부받았는지와 관계없이 부가가치세법령의 규정에 의하여 직접 발생하는 것으로서, 그 법적 성질은 정의와 공평의 관념에서 수익자와 손실자 사이의 재산상태조정을 위해 인정되는 부당이득반환의무가 아니라 부가가치세법령에 의하여 그 존부나 범위가 구체적으로 확정되고 조세정책적 관점에서 특별히 인정되는 공법상 의무라고 봄이 타당하다(2013.3.21. 2011다95564 전합).

③ × 「국가를 당사자로 하는 계약에 관한 법률」상 입찰보증금의 국고귀속조치는 사법행위이다.
- 입찰보증금의 국고귀속조치는 국가가 사법상의 재산권의 주체로서 행위하는 것이지 공권력을 행사하는 것이거나 공권력작용과 일체성을 가진 것이 아니라 할 것이므로 이에 관한 분쟁은 행정소송이 아닌 민사소송의 대상이 될 수밖에 없다고 할 것이다(1983.12.27. 81누366).

④ ○ 구「도시 및 주거환경정비법」에 따른 주택재건축정비사업조합은 관할 행정청의 감독 아래 위 법상 주택재건축사업을 시행하는 공법인으로서, 그 목적범위 내에서 법령이 정하는 바에 따라 일정한 행정작용을 행하는 행정주체의 지위를 가진다(2009.11.2. 2009마596).

⑤ ○ 공익사업을 위한 토지 등의 취득 및 보상에 관한 법령에 근거한 공익사업시행지구 밖에서의 영업손실에 대한 보상청구권은 공법상의 권리에 해당한다.
- 「공익사업을 위한 토지 등의 취득 및 보상에 관한 법률」제79조 제2항의 위임에 따른 같은 법 시행규칙 제64조 제1항 제2호에 의하면, 공익사업시행지구 밖에서 영업손실의 보상대상이 되는 영업을 하고 있는 자가 공익사업의 시행으로 인하여 '진출입로의 단절, 그 밖의 부득이한 사유로 인하여 일정한 기간 동안 휴업하는 것이 불가피한 경우'에 해당하는 경우 그 영업자의 청구에 의하여 당해 영업을 공익사업시행지구에 편입되는 것으로 보아 보상하여야 한다. 이러한 보상청구권은 공익사업의 시행이라는 적법한 공권력의 행사로 발생한 재산상 특별한 희생에 대하여 전체적인 공평부담의 견지에서 공익사업의 주체가 보상하여 주는 손실보상의 일종으로서 공법상 권리에 해당하므로 그에 관한 쟁송은 민사소송이 아닌 행정소송절차에 의하여야 한다(2019.11.28. 2018두227).

관련 OX

① 관련

1 국유재산의 관리청이 그 무단점유자에 대하여 하는 변상금부과처분은 관리청이 공권력을 가진 우월적 지위로 행한 것으로서 행정소송의 대상이 되는 행정처분이라고 보아야 한다. 16지방7

② 관련

2 ⓢ 납세의무자에 대한 국가의 부가가치세 환급세액 지급의무는 그 납세의무자로부터 어느 과세기간에 과다하게 거래징수된 세액 상당을 국가가 실제로 납부받았는지와 관계없이 부가가치세법령의 규정에 의하여 직접 발생하는 것으로서, 그 법적 성질은 부당이득 반환의무가 아니다. 22국가7

③ 관련

3 구「예산회계법」상 입찰보증금의 국고귀속조치는 국가가 공권력을 행사하는 것이므로 이에 관한 분쟁은 행정소송의 대상이 된다. 25국가9

선지분석 & 요플·기풀기링크

선지	THEME	요플	기풀기
①		50	059
②	T53 대상적격(법률관계)	148	152
③		08	014
④	T20 정비사업	03	003
⑤	T74 손실보상(헌법)	42	042

정답 ③
OX 1○ 2○ 3×

09

행정청의 침익적 행위에 대한 판례의 입장으로 옳지 않은 것은? 19국가7

① 「국민연금법」상 연금 지급결정을 취소하는 처분과 그 처분에 기초하여 잘못 지급된 급여액에 해당하는 금액을 환수하는 처분이 적법한지를 판단하는 경우 비교·교량할 각 사정이 상이하다고는 할 수 없으므로, 연금 지급결정을 취소하는 처분이 적법하다면 환수처분도 적법하다고 판단하여야 한다.

② 세무조사가 과세자료의 수집 등의 본연의 목적이 아니라 부정한 목적을 위하여 행하여진 것이라면 세무조사에 중대한 위법사유가 있는 경우에 해당하고, 이러한 세무조사에 의하여 수집된 과세자료를 기초로 한 과세처분 역시 위법하다.

③ 과세관청이 과세예고 통지 후 과세전적부심사청구나 그에 대한 결정이 있기 전에 과세처분을 한 경우, 특별한 사정이 없는 한 그 과세처분은 절차상 하자가 중대·명백하여 당연무효이다.

④ 건축주 등이 장기간 시정명령을 이행하지 아니하였으나 그 기간 중에 시정명령의 이행 기회가 제공되지 아니하였다가 뒤늦게 이행 기회가 제공된 경우, 이행 기회가 제공되지 아니한 과거의 기간에 대한 이행강제금까지 한꺼번에 부과하였다면 그러한 이행강제금 부과처분은 하자가 중대·명백하여 당연무효이다.

해설

① ✕ 지급결정취소처분과 환수처분은 독립해 별도로 행해질 수 있고 위법성 판단도 별개 → 지급결정을 취소하는 처분이 적법한 경우 그에 기초한 환수처분도 반드시 적법하다고 판단✕ → 사안의 경우 지급결정취소처분은 적법하나, 환수처분은 위법이 의심됨

연금 지급결정을 취소하는 처분과 그 처분에 기초하여 잘못 지급된 급여액에 해당하는 금액을 환수하는 처분이 적법한지를 판단하는 경우 비교·교량할 각 사정이 동일하다고는 할 수 없으므로, 연금 지급결정을 취소하는 처분이 적법하다고 하여 환수처분도 반드시 적법하다고 판단하여야 하는 것은 아니다. 이 사건 환수처분을 함으로써 얻을 수 있는 공익상 필요가 그로 말미암아 원고가 입게 될 불이익을 정당화할 만큼 강하다고 보기 어렵다. 반면, 이 사건 지급결정취소처분은 원고에 대한 연금 지급근거를 상실시킴으로써 장기적으로 국민연금기금의 재정적 건전성을 확보하여야 할 공익상 필요가 원고의 신뢰보호 필요성에 비하여 강하다고 보아야 한다(2017.3.30. 2015두43971).

✚ PLUS 판례는 잘못 지급된 보상금·연금 등 금전급부처분에 대한 지급결정 취소처분과 그에 기초한 환수처분의 위법성을 분리하여 판단하고 있다.

② ○ 위법한 세무조사에 기한 과세처분도 위법함

세무조사가 과세자료의 수집 또는 신고내용의 정확성 검증이라는 본연의 목적이 아니라 부정한 목적을 위하여 행하여진 것이라면 이는 세무조사에 중대한 위법사유가 있는 경우에 해당하고 이러한 세무조사에 의하여 수집된 과세자료를 기초로 한 과세처분 역시 위법하다(2016.12.15. 2016두47659).

③ ○ 과세적부심 누락한 과세처분(청구·결정 전 과세처분): 무효

과세관청이 과세예고 통지 후 과세전적부심사청구나 그에 대한 결정이 있기 전에 과세처분을 한 경우, 절차상 하자가 중대·명백하여 과세처분이 무효이다(2016.12.27. 2016두49228).

④ ○ 뒤늦게 시정명령 이행 기회를 제공한 뒤 시정기회 미제공 기간에 대해서까지 한꺼번에 이행강제금 부과: 불가 → 부과시 무효

비록 건축주 등이 장기간 시정명령을 이행하지 아니하였더라도, 그 기간 중에는 시정명령의 이행 기회가 제공되지 아니하였다가 뒤늦게 시정명령의 이행 기회가 제공된 경우라면, 시정명령의 이행 기회 제공을 전제로 한 1회분의 이행강제금만을 부과할 수 있고, 시정명령의 이행 기회가 제공되지 아니한 과거의 기간에 대한 이행강제금까지 한꺼번에 부과할 수는 없다. 그리고 이를 위반하여 이루어진 이행강제금 부과처분의 … 하자는 중대할 뿐만 아니라 객관적으로도 명백하다(편저자: 무효이다)(2016.7.14. 2015두46598).

관련 OX

① 관련

1 ❸ 출생연월일 정정으로 특례노령연금 수급요건을 충족하지 못하게 된 자에 대하여 지급결정을 소급적으로 직권취소하고 이미 지급된 급여를 환수하는 처분을 한 경우, 지급결정 취소처분과 급여 환수처분은 모두 위법하다. 18(2)서울7

② 관련

2 세무조사가 과세자료의 수집 또는 신고내용의 정확성 검증이라는 본연의 목적이 아니라 부정한 목적을 위하여 행하여졌다고 하더라도, 이러한 세무조사에 의하여 수집된 과세자료를 기초로 한 과세처분은 위법하지 않다. 25지방9

④ 관련

3 시정명령의 이행 기회가 제공되지 아니한 과거의 기간에 대한 이행강제금까지 한꺼번에 부과할 수는 없으나, 이를 위반하여 이루어진 이행강제금 부과처분이라 하여 중대하고도 명백한 하자라고는 할 수 없다. 17(하)국가7

4 ❸ 건축주 등이 장기간 건축철거를 명하는 시정명령을 이행하지 아니하였다면, 비록 그 기간 중에 시정명령의 이행 기회가 제공되지 아니하였다가 뒤늦게 시정명령의 이행 기회가 제공된 경우라 하더라도, 행정청은 이행 기회가 제공되지 아니한 과거의 기간에 대한 이행강제금까지 한꺼번에 부과할 수 있다. 17(하)지방9

선지분석 & 요플·기풀기링크

선지	THEME	요플	기풀기
①	T31 VA의 취소·철회·실효	56	038
②	T49 행정조사	09	011
③	T41 절차의 하자	05	005
④	T44 강제집행 등	12	013

정답 ①

OX 1✕ 2✕ 3✕ 4✕

10

재무행정에 대한 설명으로 옳지 않은 것은? (다툼이 있는 경우 판례에 의함) 18지방7

① 「지방세기본법」에 따르면, 지방자치단체의 장은 적절하고 공평한 과세의 실현을 위하여 필요한 최소한의 범위에서 세무조사를 하여야 하며, 다른 목적 등을 위하여 조사권을 남용해서는 아니 된다.

② 특별한 사정이 없는 한, 과세관청이 과세처분에 앞서 필수적으로 행하여야 할 과세예고 통지를 하지 아니함으로써 납세자에게 과세전적부심사의 기회를 부여하지 아니한 채 과세처분을 하였다면, 그 과세처분은 위법하다.

③ 하나의 납세고지서에 의하여 복수의 과세처분을 함께하는 경우에는 과세처분별로 그 세액과 산출근거 등을 구분하여 기재함으로써 납세의무자가 각 과세처분의 내용을 알 수 있도록 해야 한다.

④ 지방국세청장이 조세범칙행위에 대하여 형사고발을 한 후에 동일한 조세범칙행위에 대하여 한 통고처분은 특별한 사정이 없는 한 위법하지만 무효는 아니다.

해설

① ○

지방세기본법 제80조(조사권의 남용 금지) ① 지방자치단체의 장은 적절하고 공평한 과세의 실현을 위하여 **필요한 최소한의 범위**에서 세무조사를 하여야 하며, 다른 목적 등을 위하여 조사권을 남용해서는 아니 된다.

② ○ 과세예고 통지없이 과세처분: 절차하자로 위법

과세관청이 과세처분에 앞서 필수적으로 행하여야 할 과세예고 통지를 하지 아니함으로써 납세자에게 과세전적부심사의 기회를 부여하지 아니한 채 과세처분을 하였다면, 이는 납세자의 절차적 권리를 침해한 것으로서 과세처분의 효력을 부정하는 방법으로 통제할 수밖에 없는 중대한 절차적 하자가 존재하는 경우에 해당하므로, 과세처분은 위법하다(2016.4.15. 2015두52326).

〔관련〕 과세관청이 과세예고통지 후 과세전적부심사 청구나 그에 대한 결정이 있기 전에 과세처분을 한 경우, 절차상 하자가 중대·명백하여 과세처분이 무효이다(2016.12.27. 2016두49228).

③ ○ 하나의 납세고지서에 여러 종의 가산세 부과: 가산세별로 구분해 산출근거 등 기재해야 → 합계액만 기재시 위법

하나의 납세고지서에 의하여 복수의 과세처분을 함께하는 경우에는 과세처분별로 그 세액과 산출근거 등을 구분하여 기재함으로써 납세의무자가 각 과세처분의 내용을 알 수 있도록 해야 하는 것 역시 당연하다고 할 것이다. … 가산세 부과처분이라고 하여 그 종류와 세액의 산출근거 등을 전혀 밝히지 않고 가산세의 합계액만을 기재한 경우에는 그 부과처분은 위법함을 면할 수 없다(2012.10.18. 2010두12347 전합).

④ × 고발 후 통고처분은 무권한자의 행위로 무효④ → 범칙행위자가 이행했어도 형사절차 진행 가능(일사부재리 위반×)ⓐ

지방국세청장 또는 세무서장이 조세범칙행위에 대하여 **고발을 한 후**에 동일한 조세범칙행위에 대하여 통고처분을 하였더라도, 이는 법적 권한 소멸 후에 이루어진 것으로서 특별한 사정이 없는 한 **효력이 없고**,④ 조세범칙행위자가 이러한 통고처분을 이행하였더라도 「조세범 처벌절차법」 제15조 제3항에서 정한 일사부재리의 원칙이 적용될 수 없다ⓐ(2016.9.28. 2014도10748).

+ PLUS 통고처분을 할 수 있는 경우라 하더라도 행정청이 통고처분을 할 것인지, 정식의 고발조치를 할 것인지는 행정청의 재량행위이며, 따라서 통고처분이 가능함에도 고발한 경우 그 고발이나 그에 따른 검사의 기소행위는 위법하다고 볼 수 없다. 그러나 행정청이 통고처분 권한을 행사하지 않고 **고발을 한 이상**, 그 후에는 더 이상 당해사건에 대해 통고처분 할 권한이 없고, 그럼에도 불구하고 통고처분을 하면 권한 없는 행위로 무효이다.

관련 OX

① 관련

1 「지방세기본법」은 지방자치단체장의 세무조사권에 대한 남용금지를 규정하고 있다. 18(2)서울7

② 관련

2 과세예고 통지 후 과세전적부심사 청구나 그에 대한 결정이 있기도 전에 과세처분을 하는 것은 절차상 하자가 중대하고도 명백하여 무효이다. 24소방

추가기출 ④ 관련

ⓐ ⓒ

지방국세청장이 조세범칙행위에 대하여 고발을 한 후에 동일한 조세범칙행위에 대하여 통고처분을 하여 조세범칙행위자가 이를 이행하였다면 고발에 따른 형사절차의 이행은 일사부재리의 원칙에 반하여 위법하다. 20군무원9

선지분석 & 요플·기풀기링크

선지	THEME	요플	기풀기
①	T49 행정조사	30	030
②	T41 절차의 하자	05	005
③	T38 절차법(근거·적용범위)	39	039
④	T46 행정형벌	20	013

정답 ④

OX 1○ 2○ ⓐ×

11

판례의 입장으로 옳은 것은? 20국가9

① 변상금부과처분이 당연무효인 경우, 당해 변상금부과처분에 의하여 납부한 오납금에 대한 납부자의 부당이득반환청구권의 소멸시효는 변상금부과처분의 부과시부터 진행한다.

② 행정소송에서 쟁송의 대상이 되는 행정처분의 존부에 관한 사항이 상고심에서 비로소 주장된 경우에 행정처분의 존부에 관한 사항은 상고심의 심판범위에 해당한다.

③ 어떠한 처분의 근거나 법적인 효과가 행정규칙에 규정되어 있다면, 그 처분이 행정규칙의 내부적 구속력에 의하여 상대방의 권리·의무에 직접 영향을 미치는 행위라도 항고소송의 대상이 되는 행정처분이라 볼 수 없다.

④ 어떠한 허가처분에 대하여 타법상의 인·허가가 의제된 경우, 의제된 인·허가는 통상적인 인·허가와 동일한 효력을 갖는 것은 아니므로 '부분 인·허가의제'가 허용되는 경우에도 의제된 인·허가에 대한 쟁송취소는 허용되지 않는다.

해설

① ✕ 변상금부과처분이 무효인 경우 오납금 반환청구권의 소멸시효 기산점: 납부·징수시
변상금부과처분이 당연무효인 경우에 이 변상금부과처분에 의하여 납부자가 납부하거나 징수당한 오납금은 지방자치단체가 법률상 원인 없이 취득한 부당이득에 해당하고, 이러한 오납금에 대한 납부자의 부당이득반환청구권은 처음부터 법률상 원인이 없이 납부 또는 징수된 것이므로 납부 또는 징수시에 발생하여 확정되며, 그때부터 소멸시효가 진행한다(2005.1.27. 2004다50143).

② ○ 행정처분의 존부는 소송요건: 직권조사사항 → 당사자 간 다툼이 없어도 심리 가능 / 상고심에서야 주장해도 심판범위 해당
행정소송에서 쟁송의 대상이 되는 행정처분의 존부는 소송요건으로서 직권조사사항이고, 자백의 대상이 될 수 없는 것이므로, 설사 그 존재를 당사자들이 다투지 아니한다 하더라도 그 존부에 관하여 의심이 있는 경우에는 이를 직권으로 밝혀 보아야 할 것이고, 사실심에서 변론종결시까지 당사자가 주장하지 않던 직권조사사항에 해당하는 사항을 상고심에서 비로소 주장하는 경우 그 직권조사사항에 해당하는 사항은 상고심의 심판범위에 해당한다(2004.12.24. 2003두15195).

③ ✕ 처분의 근거·효과가 행정규칙에 규정: 그래도 권리·의무에 직접 영향시 처분○
어떠한 처분의 근거나 법적인 효과가 행정규칙에 규정되어 있다고 하더라도, 그 처분이 행정규칙의 내부적 구속력에 의하여 상대방에게 권리의 설정 또는 의무의 부담을 명하거나 기타 법적인 효과를 발생하게 하는 등으로 그 상대방의 권리·의무에 직접 영향을 미치는 행위라면, 이 경우에도 항고소송의 대상이 되는 행정처분에 해당한다(2002.7.26. 2001두3532).

+ PLUS 판례는 행정작용의 근거가 무엇이었는지에 형식적으로 얽매이지 않고, 그것이 국민의 권리·의무에 직접적 영향을 미친다면 처분성을 인정한다(ex 불문경고).

④ ✕ 관련 인허가도 통상의 인허가와 동일 효력 → 부분 인허가의제가 허용되는 경우 관련 인허가만의 독립적 직권취소·쟁송취소 허용
의제된 인허가는 통상적인 인허가와 동일한 효력을 가지므로, 적어도 '부분 인허가의제'가 허용되는 경우에는 그 효력을 제거하기 위한 법적 수단으로 의제된 인허가의 취소나 철회가 허용될 수 있고, 이러한 직권 취소·철회가 가능한 이상 그 의제된 인허가에 대한 쟁송취소 역시 허용된다(2018.11.29. 2016두38792).

■ 인·허가의제 – 허가처분시 불복 by 제3자

존재하는 처분	쟁송방법	불가쟁력 발생
주된 인허가는 처분有 / 하자無 → 주택건설사업승인有 but 하자無		
의제 인허가는 처분有 / 하자有	의제 인허가처분에 항고소송○④	의제 인허가처분에 불가쟁력 발생可 → 제소기간 내 지구단위계획결정처분 취소소송 제기要
→ 지구단위계획결정 처분有 / 하자有	→ 지구단위계획결정처분 취소소송○ → 의제되는 인허가가 부분 인허가인 사안 cf 지구단위계획결정처분만 직권취소도○	

선지선택비율 ① 19.20% ② 57.25% ③ 9.06% ④ 14.49%   오답률 42.75%

관련 OX

① 관련

1 당연무효인 변상금부과처분에 의하여 납부한 오납금에 대한 납부자의 부당이득반환청구권은 처음부터 법률상 원인이 없이 납부된 것이므로 납부시에 발생하여 확정된다. 25국가9

③ 관련

2 어떠한 처분의 근거나 법적인 효과가 행정규칙에 규정되어 있다고 하더라도, 그 처분이 행정규칙의 내부적 구속력에 의하여 상대방에게 권리의 설정 또는 의무의 부담을 명하거나 기타 법적인 효과를 발생하게 하는 등으로 그 상대방의 권리·의무에 직접 영향을 미치는 행위라면, 이 경우에도 항고소송의 대상이 되는 행정처분에 해당한다. 21군무원7

선지분석 & 요플·기풀기링크

선지	THEME	요플	기풀기
①	T12 사건	08	010
②	T63 소송방식	05	016
③	T52 대상적격(행정작용)	02	002
④	T18 인·허가의제	36	034

정답 ②

OX 1○ 2○

12

행정법관계에 대한 설명으로 옳지 않은 것은? (다툼이 있는 경우 판례에 의함) 22국가9

① 군인연금법령상 급여를 받으려고 하는 사람이 국방부장관에게 급여지급을 청구하였으나 거부된 경우, 곧바로 국가를 상대로 한 당사자소송으로 급여의 지급을 청구할 수 있다.

② 법무사가 사무원을 채용할 때 소속 지방법무사회로부터 승인을 받아야 할 의무는 공법상 의무이다.

③ 사무처리의 긴급성으로 인하여 해양경찰의 직접적인 지휘를 받아 보조로 방제작업을 한 경우, 사인은 그 사무를 처리하며 지출한 필요비 내지 유익비의 상환을 국가에 대하여 민사소송으로 청구할 수 있다.

④ 「공익사업을 위한 토지 등의 취득 및 보상에 관한 법률」상 환매권의 존부에 관한 확인을 구하는 소송 및 환매금액의 증감을 구하는 소송은 민사소송이다.

관련 OX

③ 관련

1 사무처리의 긴급성으로 인하여 해양경찰의 직접적인 지휘를 받아 보조로 방제작업을 한 경우, 사인은 그 범위 안에서 국가에 대하여 그 사무를 처리하며 지출한 필요비 내지 유익비의 상환을 청구할 수 있다. 24해경간부

④ 관련

2 「공익사업을 위한 토지 등의 취득 및 보상에 관한 법률」상 환매권의 존부에 관한 확인 및 환매금액의 증감을 구하는 소송(은 행정소송으로 청구할 수 있다) 17국가7

해설

① ✗ 군인연금: 국방부장관의 급여지급결정에 의해 비로소 확정 → 국방부장관의 지급거부·일부금액만 인정: 처분 / 곧바로 당사자소송✗, 일단 항고소송○
국방부장관 등이 하는 급여지급결정은 단순히 급여수급 대상자를 확인·결정하는 것에 그치는 것이 아니라 구체적인 급여수급액을 확인·결정하는 것까지 포함한다. 구 군인연금법령상 급여를 받으려고 하는 사람은 우선 관계 법령에 따라 국방부장관 등에게 급여지급을 청구하여 국방부장관 등이 이를 거부하거나 일부 금액만 인정하는 급여지급결정을 하는 경우 그 결정을 대상으로 항고소송을 제기하는 등으로 구체적 권리를 인정받은 다음 비로소 당사자소송으로 그 급여의 지급을 구해야 한다. 이러한 구체적인 권리가 발생하지 않은 상태에서 곧바로 국가를 상대로 한 당사자소송으로 급여의 지급을 소구하는 것은 허용되지 않는다(2021.12.16. 2019두45944).

+ PLUS 연금지급에 대한 국방부장관의 결정은 법령에 따라 이미 발생한 권리를 단순히 확인하는 것이 아니라, 구체적 권리를 창설·확정하는 것이다. 따라서 국방부장관의 거부결정은 처분에 해당하고 이에 대해서 우선 항고소송으로 다투어야 한다. 그렇지 않고 곧바로 당사자소송을 제기할 경우, 아직 연금지급권이 창설되지 않았으므로 기각당할 수밖에 없다.

② ○ 법무사에 대하여 지방법무사회로부터 채용승인을 얻어 사무원을 채용할 의무는 법무사법에 의하여 강제되는 공법적 의무이다(2020.4.9. 2015다34444).

+ PLUS 법무사사무원채용승인과 관련하여, 지방법무사회는 공법인으로서 행정청의 지위에 있고, 지방법무사회의 승인을 받을 의무는 공법적 의무이다. 따라서 지방법무사회의 승인거부는 행정청의 공권력 행사 내지 거부로서 처분에 해당한다. 반복 출제가 계속될 중요 최신판례이다.

③ ○ 국가사무에 대한 사인의 사무관리가 인정되려면 사무처리의 긴급성이 인정돼야 함 → 해양경찰 지휘 하에 방제작업한 국민이 국가에 비용(필요비·유익비) 청구 가능
(甲회사 소유의 유조선에서 원유가 유출되는 사고가 발생하자 乙회사가 피해 방지를 위해 해양경찰의 직접적인 지휘를 받아 방제작업을 보조한 사안에서) 사무처리의 긴급성 등 국가의 사무에 대한 사인의 개입이 정당화되는 경우에 한하여 사무관리가 성립하고, 사인은 그 범위 내에서 국가에 대하여 국가의 사무를 처리하면서 지출된 필요비 내지 유익비의 상환을 청구할 수 있다(2014.12.11. 2012다15602).

+ PLUS 국가의 사무에 대한 국민의 사무관리를 인정하되, 그 요건으로 사무처리의 긴급성을 요구

④ ○ 환매권 존부확인·환매금액 증감청구: 민사소송
구 「공익사업을 위한 토지 등의 취득 및 보상에 관한 법률」 제91조에 규정된 … 환매권의 존부에 관한 확인을 구하는 소송 및 구 공익사업법 제91조 제4항에 따라 환매금액의 증감을 구하는 소송 역시 민사소송에 해당한다(2013.2.28. 2010두22368).

+ PLUS 환매권 행사로 형성되는 매매계약(사법상 매매계약) / 환매권의 존부에 대한 소송·환매금액 증감청구 소송(민사소송)

선지선택비율 ① 43.80% ② 18.04% ③ 26.03% ④ 12.12%   **오답률** 56.20%

선지분석 & 요플·기풀가링크

선지	THEME	요플	기풀가
①	T53 대상적격(법률관계)	120	124
②	T16 VA의 개념과 분류	08	007
③	T12 사건	31	037
④	T53 대상적격(법률관계)	65	067

정답 ①

 1○ 2✗

13

행정법관계에 대한 설명으로 옳지 않은 것은? (다툼이 있는 경우 판례에 의함) 18국회8

① 취소소송은 원칙적으로 처분등의 취소를 구할 법령상 보호가치 있는 이익을 가진 자이면 제기할 수 있다.

② 자치법규에 따라 행정권한을 가지고 있는 공공단체는 행정청에 해당된다.

③ 수익처분의 상대방에게도 당해 처분의 취소를 구할 이익이 인정될 수 있다.

④ 광업권 허가에 대한 취소처분을 한 후 적법한 광업권 설정의 선출원이 있는 경우에는 취소처분을 취소하여 광업권을 복구시키는 조처는 위법하다.

⑤ 구「산림법」상 산림을 무단형질변경한 자가 사망한 경우 당해 토지의 소유권 또는 점유권을 승계한 상속인은 그 복구의무를 부담한다고 봄이 상당하다.

해설

① ✕ 법령상 보호가치 있는 이익이 아니라 법률상 이익이 요구된다.

행정소송법 제12조(원고적격) 취소소송은 처분등의 취소를 구할 **법률상 이익**이 있는 자가 제기할 수 있다. 처분등의 효과가 기간의 경과, 처분등의 집행 그 밖의 사유로 인하여 소멸된 뒤에도 그 처분등의 취소로 인하여 회복되는 법률상 이익이 있는 자의 경우에는 또한 같다.ⓐ

② ○ 행정기본법 등은 행정청의 범주에 본래적 행정청(국가·지방자치단체의 행정청 및 공공단체)뿐 아니라 법령등에 따라 권한을 위임·위탁받은 기관·단체·사인도 포함하고 있다. 따라서 자치법규에 따라 행정권한을 가지고 있는 공공단체는 행정청에 해당된다.

행정기본법 제2조(정의) 이 법에서 사용하는 용어의 뜻은 다음과 같다.
2. '**행정청**'이란 다음 각 목의 자를 말한다.
  가. 행정에 관한 의사를 결정하여 표시하는 국가 또는 지방자치단체의 기관
  나. 그 밖에 법령등에 따라 행정에 관한 의사를 결정하여 표시하는 권한을 가지고 있거나 그 권한을 위임 또는 위탁받은 공공단체 또는 그 기관이나 사인(私人)

③ ○ 수익처분의 상대방: 특별한 사정이 없는 한 소의 이익✕ → 원고적격 인정✕
행정처분에 있어서 불이익처분의 상대방은 직접 개인적 이익의 침해를 받은 자로서 원고적격이 인정되지만 수익처분의 상대방은 그의 권리나 법률상 보호되는 이익이 침해되었다고 볼 수 없으므로 달리 특별한 사정이 없는 한 취소를 구할 이익이 없다(1995.8.22. 94누8129).
　➕ PLUS 판례를 반대해석하면 '특별한 사정이 있는 경우'에는 수익처분의 상대방에게도 당해 처분의 취소를 구할 이익이 인정될 수 있다는 의미에서 옳은 지문으로 출제되었다. 바람직하지 않은 출제이다.

④ ○ 광업권 취소처분을 취소해 광업권을 복구: 가능. 단, 그 사이 선출원한 제3자 있으면 불가
피고가 본건 취소처분을 한 후에 원고가 1966.1.19.에 본건 광구에 대하여 **선출원을 적법히 함으로써 이해관계인이 생긴 이 사건에 있어서**, 피고가 1966.8.24.자로 1965.12.30.자의 **취소처분을 취소**하여, 소외인 명의의 광업권을 복구시키는 조처는, 원고의 **선출원 권리를 침해하는 위법한 처분이다** (1967.10.23. 67누126).
　➕ PLUS 광업권 부여는 수익적 행위이므로 원칙적으로는 취소의 취소가 허용된다. 그러나 사안에서는 당초의 광업권 취소처분 후 광업권을 출원한 제3자가 존재하므로, 재취소를 인정시 그 제3자의 권익을 침해하게 되므로 재취소가 불허된다.

⑤ ○ 산림을 무단형질변경한 자가 사망: 상속인이 복구의무 부담
산림을 무단형질변경한 자가 사망한 경우 당해 토지의 소유권 또는 점유권을 승계한 **상속인은 그 복구의무를 부담한다고 봄이 상당하고**, 따라서 관할 행정청은 그 상속인에 대하여 복구명령을 할 수 있다(2005.8.19. 2003두9817).

관련 OX

⑤ 관련

1 산림을 무단형질변경한 자가 사망한 경우 당해 토지의 소유권 또는 점유권을 승계한 상속인은 그 복구의무가 일신전속적이어서 승계하지 않으므로 따라서 관할 행정청은 그 상속인에 대하여 복구명령을 할 수 없다.   23해경간부

추가기출(① 관련)

ⓐ ○
처분의 효과가 기간의 경과로 인하여 소멸된 뒤에도 그 처분의 취소로 인하여 회복되는 법률상 이익이 있는 자의 경우에는 취소소송을 제기할 수 있다.   16행정사

선지분석 & 요플·기풀기링크

선지	THEME	요플	기풀기
①	T55 공권과 원고적격	05	005
②	T09 행정주체와 객체	05	006
③	T55 공권과 원고적격	39	040
④	T31 VA의 취소·철회·실효	67	037
⑤	T42 실효성 확보(공통쟁점)	84	089

정답 ①
OX 1✕ ⓐ○

14

다음 중 판례의 입장으로 옳지 않은 것은?

17(하)국가9

① 납세의무자에 대한 국가의 부가가치세 환급세액 지급의무에 대응하는 국가에 대한 납세의무자의 부가가치세 환급세액 지급청구는 민사소송이 아니라 당사자소송의 절차에 따라야 한다.

② 변상금 부과처분에 대한 취소소송이 진행 중이면 변상금부과권의 권리행사에 법률상의 장애사유가 있는 경우에 해당하므로 그 부과권의 소멸시효는 진행되지 않는다.

③ 개별공시지가 결정에 대한 재조사청구에 따른 감액조정에 대하여 더 이상 불복하지 아니한 경우에는 선행처분의 불가쟁력이나 구속력이 수인한도를 넘는 가혹한 것이거나 예측불가능하다고 볼 수 없어 이를 기초로 한 양도소득세 부과처분 취소소송에서 다시 개별공시지가결정의 위법을 당해 과세처분의 위법사유로 주장할 수 없다.

④ 「국토의 계획 및 이용에 관한 법률」에 따른 토지의 형질변경허가는 그 금지요건이 불확정개념으로 규정되어 있어 그 금지 요건에 해당하는지 여부를 판단함에 있어서 행정청에 재량권이 부여되어 있다고 할 것이므로, 이 법에 따른 토지의 형질변경행위를 수반하는 건축허가는 재량행위에 속한다.

관련 OX

① 관련

1 부가가치세 납세의무를 부담하는 사업자가 국가를 상대로 부가가치세 환급세액의 지급을 청구하는 경우 (「행정소송법」상 당사자소송으로 다투어야 한다) 24변시

③ 관련

2 양도소득세 산정의 기초가 되는 개별공시지가결정에 대하여 한 재조사청구에 따른 조정결정을 통지받고서도 더 이상 다투지 않았다 하더라도 위 개별공시지가결정의 위법을 양도소득세부과처분의 위법사유로 주장할 수 있다. 10국가7

해설

① ○ 납세의무자의 부가가치세 환급세액 반환청구: 민사소송×, 당사자소송○
납세의무자에 대한 국가의 부가가치세 환급세액 지급의무에 대응하는 국가에 대한 납세의무자의 부가가치세 환급세액 지급청구는 민사소송이 아니라 행정소송법 제3조 제2호에 규정된 당사자소송의 절차에 따라야 한다(2013.3.21. 2011다95564 전합).

② × 취소소송 진행 중에도 변상금부과권에 대한 소멸시효는 진행됨
변상금 부과처분에 대한 〈취소소송이 진행 중〉이라도 그 부과권자로서는 위법한 처분을 스스로 취소하고 그 하자를 보완하여 다시 적법한 부과처분을 할 수도 있는 것이어서 그 권리행사에 법률상의 장애사유가 있는 경우에 해당한다고 할 수 없으므로, 그 처분에 대한 취소소송이 진행되는 동안에도 그 부과권의 소멸시효가 진행된다(2006.2.10. 2003두5686).

③ ○ 이미 개별공시지가결정에 대해 재조사청구를 하여 그 결과에 불복하지 않았던 경우라면 → 개별공시지가결정과 과세처분 간 승계 부정
개별토지가격 결정에 대한 재조사청구에 따른 감액조정에 대하여 더 이상 불복하지 아니한 경우, 이를 기초로 한 양도소득세 부과처분 취소소송에서 다시 개별토지가격 결정의 위법을 당해 과세처분의 위법사유로 주장할 수 없다(1998.3.13. 96누6059).

+ PLUS 개별공시지가결정과 과세처분은 별개의 법적 효과를 가져오는 관계에 있으나, 개별공시지가결정의 특성상(개별 고지×, 유·불리 예측 어려움) 하자승계 부정시 수인한도를 넘게 된다고 보아 하자승계를 인정한다. 개별공시지가결정과 부담금부과처분 역시 같은 이유로 하자의 승계가 인정된다. 다만, 이미 개별공시지가결정에 대해 국민 스스로 다투고(재조사청구) 더 불복하지 않은 별도의 사정이 있다면 하자의 승계를 부정한다. 이때는 국민 스스로 불복하지 않고 수인하기로 한 것이므로 하자의 승계를 인정해 또다시 다툼을 벌일 수 있게 해줄 필요가 없기 때문이다.

④ ○ 형질변경허가: 금지요건에 불확정개념이 있어 재량행위 / 형질변경허가 수반하는 건축허가: 개발행위허가의 성질을 아울러 갖게 되어 같이 재량행위
토지의 형질변경허가는 그 금지요건이 불확정개념으로 규정되어 있어 그 금지요건에 해당하는지 여부를 판단함에 있어서 행정청에게 재량권이 부여되어 있다고 할 것이므로, 같은 법에 의하여 지정된 도시지역 안에서 토지의 형질변경행위를 수반하는 건축허가는 결국 재량행위에 속한다(2005.7.14. 2004두6181).

선지분석 & 요플·기풀기링크

선지	THEME	요플	기풀기
①	T53 대상적격(법률관계)	149	153
②	T31 VA의 취소·철회·실효	61	043
③	T30 하자의 승계	59	064
④	T24 건축 관련 쟁점	08	008

정답 ②

OX 1○ 2×

15

조세행정에 대한 설명으로 옳지 않은 것은? (다툼이 있는 경우 판례에 의함) 18국가7

① 납세의무자에 대한 국가의 부가가치세 환급세액 지급의무에 대응하는 국가에 대한 납세의무자의 부가가치세 환급세액 지급청구는 민사소송이 아니라 당사자소송에 의하여야 한다.

② 과세관청이 과세예고 통지 후 과세전적부심사 청구나 그에 대한 결정이 있기 전에 국세부과처분을 한 경우, 특별한 사정이 없는 한 그 하자가 중대·명백하다고 볼 수 없어 당연무효가 아닌 취소사유에 해당한다.

③ 과세처분에 관한 납세고지서의 송달이 「국세기본법」의 규정에 위배되는 부적법한 것으로서 송달의 효력이 발생하지 아니하는 이상, 그 과세처분은 무효이다.

④ 하나의 납세고지서로 본세와 여러 종류의 가산세를 함께 부과하는 경우에 납세고지서에 가산세의 종류와 세액의 산출근거 등을 따로 구별하지 않고 가산세의 합계액만을 기재하였다면 그 부과처분은 위법하다.

관련 OX

① 관련

1 납세의무자에 대한 국가의 부가가치세 환급세액 지급의무에 대응하는 국가에 대한 납세의무자의 부가가치세 환급세액 지급청구는 민사소송이 아니라 당사자소송의 절차에 따라야 한다. 17(하)국가9

② 관련

2 과세관청이 과세예고 통지 후 과세전적부심사 청구나 그에 대한 결정이 있기 전에 과세처분을 한 경우, 특별한 사정이 없는 한 그 과세처분은 절차상 하자가 중대·명백하여 당연무효이다. 19국가7

해설

① ○ 납세의무자의 부가가치세 환급세액 반환청구: 민사소송×, 당사자소송○
납세의무자에 대한 국가의 부가가치세 환급세액 지급의무에 대응하는 국가에 대한 납세의무자의 부가가치세 환급세액 지급청구는 민사소송이 아니라 행정소송법 제3조 제2호에 규정된 당사자소송의 절차에 따라야 한다(2013.3.21. 2011다95564 전합).

② ✕ 과세적부심 누락한 과세처분(청구·결정 전 과세처분): 무효
과세관청이 과세예고 통지 후 과세전적부심사 청구나 그에 대한 결정이 있기 전에 과세처분을 한 경우, 절차상 하자가 중대·명백하여 과세처분이 무효이다(2016.12.27. 2016두49228).
➕ PLUS 절차상 하자가 있는 경우 원칙적으로 취소사유이다. 그러나 사안과 같이 과세적부심사의 청구나 그 결정 전에 과세처분을 한 경우에는 그 절차상 하자가 중대·명백하여 무효이다.

③ ○ 처분의 송달이 위법해 무효인 경우: 처분은 효력발생요건 결여로 무효
과세처분에 관한 납세고지서의 송달이 국세기본법 제8조 제1항의 규정에 위배되는 부적법한 것으로서 송달의 효력이 발생하지 아니하는 이상, 그 과세처분은 무효이다(1995.8.22. 95누3909).

④ ○ 하나의 납세고지서에 여러 종의 가산세 부과: 가산세별로 구분해 산출근거 등 기재해야 → 합계액만 기재시 위법
하나의 납세고지서에 의하여 복수의 과세처분을 함께 하는 경우에는 과세처분별로 그 세액과 산출근거 등을 구분하여 기재함으로써 납세의무자가 각 과세처분의 내용을 알 수 있도록 해야 하는 것 역시 당연하다고 할 것이다. … 가산세 부과처분이라고 하여 그 종류와 세액의 산출근거 등을 전혀 밝히지 않고 가산세의 합계액만을 기재한 경우에는 그 부과처분은 위법함을 면할 수 없다(2012.10.18. 2010두12347 전합).

선지분석 & 요플·기풀기링크

선지	THEME	요플	기풀기
①	T53 대상적격(법률관계)	149	153
②	T41 절차의 하자	05	005
③	T26 VA의 성립과 효력	09	006
④	T38 절차법(근거·적용범위)	41	041

정답 ②

OX 1○ 2○

16

행정작용에 대한 설명으로 옳은 것은? (다툼이 있는 경우 판례에 의함) 22 국가9

① 구체적인 계획을 입안함에 있어 지침이 되거나 특정 사업의 기본방향을 제시하는 내용의 행정계획은 항고소송의 대상인 행정처분에 해당하지 않는다.
② 공법상 계약이 법령 위반 등의 내용상 하자가 있는 경우에도 그 하자가 중대·명백한 것이 아니면 취소할 수 있는 하자에 불과하고 이에 대한 다툼은 당사자소송에 의하여야 한다.
③ 지도, 권고, 조언 등의 행정지도는 법령의 근거를 요하고 항고소송의 대상이 된다.
④ 「국가를 당사자로 하는 계약에 관한 법률」에 따라 국가가 당사자가 되는 이른바 공공계약에 관한 법적 분쟁은 원칙적으로 행정법원의 관할 사항이다.

관련 OX

② 관련

1 중대한 하자 있는 공법상 계약은 무효이다. 13국회8

해설

① ○ '4대강 살리기 마스터플랜' 등은 4대강 정비사업과 주변 지역의 관련 사업을 체계적으로 추진하기 위하여 수립한 종합계획이자 '4대강 살리기 사업'의 기본방향을 제시하는 계획으로서, 행정기관 내부에서 사업의 기본방향을 제시하는 것일 뿐, 국민의 권리·의무에 직접 영향을 미치는 것이 아니어서 행정처분에 해당하지 않는다(2011.4.21. 2010무111 전합).
   + PLUS 구체적 계획을 위한 지침 내지 기본방향을 제기하는 기본계획은 처분성이 부정된다(도시기본계획, 하수도정비기본계획, 4대강 살리기 마스터플랜).

② × 우월적 지위에서 행해지는 행정처분의 경우 공정력이 있다. 따라서 위법한 처분이라도 권한 있는 기관에 의하여 취소되지 않는 한 유효로 통용된다. 단, 그 하자가 중대하고 명백한 경우에만 예외적으로 무효가 될 뿐이다. 반면, 대등한 지위에서 행해지는 공법상 계약은 공정력이 없다. 따라서 위법한 계약은 유효로 통용되지 못하고 원칙적으로 무효라는 것이 다수의 견해이다. 위 지문 중 당사자소송으로 다툰다는 부분은 옳으나, 취소사유에 불과하다는 부분이 틀린 것이다.

③ × 행정지도는 비권력적 사실행위이다. 즉, 상대방 국민의 임의적 협력을 구하는 지도·권고·조언이므로 비권력적 행위이고, 그 자체로는 아무런 법적 효과를 가져오지 않으므로 사실행위이다. 따라서 행정지도는 처분성이 없는 것이 원칙이다. 또한 강제성이 없으므로 법률의 근거가 없어도 가능하다(다수설, 판례).

④ × 「국가를 당사자로 하는 계약에 관한 법률」에 따라 국가가 당사자가 되는 이른바 공공계약은 사경제주체로서 상대방과 대등한 위치에서 체결하는 사법상 계약으로서 본질적인 내용은 사인 간의 계약과 다를 바가 없으므로, 그에 관한 법령에 특별한 정함이 있는 경우를 제외하고는 사적 자치와 계약자유의 원칙 등 사법의 원리가 그대로 적용된다(2012.9.20. 2012마1097). → 따라서 이에 대한 분쟁은 민사법원의 관할이다.
   + PLUS 공공조달 계약은 국가·지자체·공공기관 중 어디가 당사자이건 모두 사법상의 계약이고, 이에 대한 분쟁은 민사소송으로 해결한다.

선지분석 & 요플·기풀기링크

선지	THEME	요플	기풀기
①	T34 행정계획	17	019
②	T36 공법상 계약	08	019
③	T35 행정지도	21	022
④	T53 대상적격(법률관계)	05	006

선지선택비율 ① 60.46% ② 24.63% ③ 6.50% ④ 8.41% 오답률 39.54%

정답 ①
OX 1 ○

17

허가에 대한 설명으로 옳지 않은 것은? (다툼이 있는 경우 판례에 의함) 18국회8

① 인·허가 등 수익적 행정처분을 신청한 여러 사람이 서로 경원관계에 있어서 한 사람에 대한 허가 등 처분이 다른 사람에 대한 불허가 등으로 귀결될 수밖에 없을 때 허가 등 처분을 받지 못한 사람은 신청에 대한 거부처분의 직접 상대방으로서 원칙적으로 자신에 대한 거부처분의 취소를 구할 원고적격이 있고 특별한 사정이 없는 한 자신에 대한 거부처분의 취소를 구할 소의 이익이 있다.

② 공익법인의 기본재산에 대한 감독관청의 처분허가는 그 성질상 특정 상대에 대한 처분행위의 허가가 아니고 처분의 상대가 누구이든 이에 대한 처분행위를 보충하여 유효하게 하는 행위라 할 것이므로 그 처분행위에 따른 권리의 양도가 있는 경우에도 처분이 완전히 끝날 때까지는 허가의 효력이 유효하게 존속한다.

③ 건축허가를 받은 자가 법정착수기간이 지나 공사에 착수한 경우, 허가권자는 착수기간이 지났음을 이유로 건축허가를 취소하여야 한다.

④ 어업에 관한 허가 또는 신고에 유효기간연장제도가 마련되어 있지 않은 경우 그 유효기간이 경과하면 그 허가나 신고의 효력이 당연히 소멸하며, 재차 허가를 받거나 신고를 하더라도 허가나 신고의 기간만 갱신되어 종전의 어업허가나 신고의 효력 또는 성질이 계속된다고 볼 수 없고 새로운 허가 내지 신고로서의 효력이 발생한다고 할 것이다.

⑤ 정당한 어업허가를 받고 공유수면매립사업지구 내에서 허가어업에 종사하고 있던 어민들에 대하여 손실보상을 할 의무가 있는 사업시행자가 손실보상의무를 이행하지 아니한 채 공유수면매립공사를 시행함으로써 실질적이고 현실적인 침해를 가한 때에는 불법행위를 구성하는 것이고, 이 경우 허가어업자들이 입게 되는 손해는 그 손실보상금 상당액이다.

관련 OX

① 관련

1 경원관계에서 허가처분을 받지 못한 사람은 자신에 대한 거부처분이 취소되더라도, 그 판결의 직접적 효과로 경원자에 대한 허가처분이 취소되거나 효력이 소멸하는 것은 아니므로 자신에 대한 거부처분의 취소를 구할 소의 이익이 없다. 16지방7

④ 관련

2 어업에 관한 허가 또는 신고의 경우에는 어업면허와 달리 유효기간 연장제도가 마련되어 있지 아니하므로 그 유효기간이 경과하면 그 허가나 신고의 효력이 당연히 소멸하며, 재차 허가를 받거나 신고를 하더라도 허가나 신고의 기간만 갱신되어 종전의 어업허가나 신고의 효력 또는 성질이 계속된다고 볼 수 없고 새로운 허가 내지 신고로서의 효력이 발생한다. 12사복9

해설

① ○ **경원관계에서 자신에 대한 거부처분: 원고적격·소익 인정 (∵) 기속력에 따른 재심사의무**
인가·허가 등 수익적 행정처분을 신청한 여러 사람이 서로 **경원관계에 있어서 한 사람에 대한 허가 등 처분이 다른 사람에 대한 불허가 등으로 귀결될 수밖에 없을 때**, **허가 등 처분을 받지 못한 사람은** 신청에 대한 거부처분의 직접 상대방으로서 원칙적으로 **자신에 대한 거부처분의 취소를 구할 원고적격이 있고**, 취소판결이 확정되는 경우 판결의 직접적인 효과로 경원자에 대한 허가 등 처분이 취소되거나 효력이 소멸되는 것은 아니더라도 행정청은 **취소판결의 기속력에 따라** 판결에서 확인된 위법사유를 배제한 상태에서 취소판결의 원고와 경원자의 각 신청에 관하여 처분요건의 구비 여부와 우열을 다시 심사하여야 할 의무가 있으며, 재심사 결과 경원자에 대한 수익적 처분이 직권취소되고 취소판결의 원고에게 수익적 처분이 이루어질 가능성을 완전히 배제할 수는 없으므로, 특별한 사정이 없는 한 경원관계에서 허가 등 처분을 받지 못한 사람은 **자신에 대한 거부처분의 취소를 구할 소의 이익이 있다**(편저자: 협의의 소익)(2015.10.29. 2013두27517).

② ○ **공익법인의 기본재산처분허가: 처분행위 종료시까지 허가 존속**
공익법인의 기본재산에 대한 감독관청의 처분허가는 그 성질상 특정 상대에 대한 처분행위의 허가가 아니고 처분의 상대가 누구이든 이에 대한 **처분행위를 보충하여 유효하게 하는 행위**라 할 것이므로 그 처분행위에 따른 권리의 양도가 있는 경우에도 **처분이 완전히 끝날 때까지는 허가의 효력이 유효하게 존속한다**(2005.9.28. 2004다50044).

선지분석 & 요플·기풀기링크

선지	THEME	요플	기풀기
①	T56 경업·경원·주민	28	026
②	T32 부관	59	055
③	T31 VA의 취소·철회·실효	37	061
④		43	024
⑤	T75 손실보상(토지보상법)	12	072

③ × 건축허가를 받고 법정착수기간이 도과(철회사유 발생) but 일단 착수했으면 취소×(철회제한)
건축허가를 받은 자가 건축허가가 취소되기 전에 공사에 착수하였다면 허가권자는 그 착수기간이 지났다고 하더라도 **건축허가를 취소하여야 할 특별한 공익상 필요가 인정되지 않는 한 건축허가를 취소할 수 없다**. 이는 건축허가를 받은 자가 건축허가가 취소되기 전에 공사에 착수하려 하였으나 허가권자의 위법한 공사중단명령으로 공사에 착수하지 못한 경우에도 마찬가지이다(2017.7.11. 2012두22973).

+ PLUS 건축허가를 받은 자가 법정착수기간이 넘도록 공사에 착수하지 아니하여 일단 철회사유가 발생하였더라도, 현 시점에서 그가 뒤늦게나마 공사에 착수하였다면 특별한 공익상 필요가 없는 한 건축허가를 취소(철회)할 수 없다는 판례. 즉, 철회할 공익이 크지 않아 철회를 제한

④ ○ 연장제도가 없는 어업허가 · 신고 → 재차 허가신고 있더라도 이는 새로운 허가 · 신고에 해당(→ 종전 허가 · 신고가 계속×)
어업에 관한 허가 또는 신고의 경우에는 어업면허와 달리 유효기간**연장제도가 마련되어 있지 아니하므로** 그 유효기간이 경과하면 그 허가나 신고의 효력이 당연히 소멸하며, **재차 허가를 받거나 신고를 하더라도** 허가나 신고의 기간만 갱신되어 종전의 어업허가나 신고의 효력 또는 성질이 계속된다고 볼 수 없고 **새로운 허가 내지 신고로서의 효력이 발생한다**고 할 것이다(2011.7.28. 2011두5728).

⑤ ○ 보상의무를 이행 않고 공사시행시 불법행위에 해당해 손해배상의무(손실보상금 상당액)
정당한 어업허가를 받고 공유수면매립사업지구 내에서 허가어업에 종사하고 있던 어민들에 대하여 손실보상을 할 의무가 있는 **사업시행자가 손실보상의무를 이행하지 아니한 채 공유수면매립공사를 시행함으로써** 실질적이고 현실적인 침해를 가한 때에는 **불법행위를 구성**하는 것이고, 이 경우 허가어업자들이 입게 되는 손해는 그 **손실보상금 상당액**이다(1999.11.23. 98다11529).

18

행정처분의 위법성에 대한 설명으로 옳지 않은 것은? (다툼이 있는 경우 판례에 의함) 22지방9

① 행정청이 행정처분을 하면서 상대방에게 불복절차에 관한 고지의무를 이행하지 않았다면 이는 절차적 하자로서 그 행정처분은 위법하게 된다.

② 행정처분이 나중에 항고소송에서 위법하다고 판단되어 취소되더라도 그러한 사실만으로 바로 행정처분이 공무원의 고의나 과실로 인한 불법행위를 구성한다고 할 수 없다.

③ 절차상의 하자를 이유로 행정처분을 취소하는 판결이 선고되어 확정된 경우, 그 확정판결의 기속력은 취소사유로 된 절차의 위법에 한하여 미치는 것이므로 행정청은 적법한 절차를 갖추어 동일한 내용의 처분을 다시 할 수 있다.

④ 권한 없는 행정청이 한 위법한 행정처분을 취소할 수 있는 권한은 그 행정처분을 한 처분청에게 속하는 것이고, 그 행정처분을 할 수 있는 적법한 권한을 가지는 행정청에게 그 취소권이 귀속되는 것은 아니다.

관련 OX

② 관련

1 어떠한 행정처분이 후에 항고소송에서 취소되었다면 그 기판력에 의하여 당해 행정처분은 곧바로 「국가배상법」 제2조의 공무원의 고의 또는 과실로 인한 불법행위를 구성한다. 17(상)국가9

③ 관련

2 행정처분이 절차의 하자를 이유로 취소된 경우, 적법한 절차를 갖추더라도 이전의 처분과 동일한 내용의 처분을 다시 하는 것은 기속력에 위반되어 허용되지 않는다. 17국회8

해설

① ✗ **고지의무 위반: 처분의 제소기간에 영향을 줄 뿐, 처분을 위법하게 만드는 것이 아님**
고지절차에 관한 규정은 행정처분의 상대방이 그 처분에 대한 행정심판의 절차를 밟는 데 있어 편의를 제공하려는 데 있으며 처분청이 위 규정에 따른 **고지의무를 이행하지 아니하였다고 하더라도** 경우에 따라서는 행정심판의 제기기간이 연장될 수 있는 것에 그치고 이로 인하여 심판의 대상이 되는 행정처분에 어떤 하자가 수반된다고 할 수 없다(1987.11.24. 87누529).

행정심판법 제27조(심판청구의 기간) ⑤ 행정청이 심판청구 기간을 제1항에 규정된 기간(편저자: 처분이 있음을 안 날부터 90일)보다 **긴 기간으로 잘못 알린 경우 그 잘못 알린 기간**에 심판청구가 있으면 그 행정심판은 제1항에 규정된 기간에 청구된 것으로 본다.
⑥ 행정청이 심판청구 **기간을 알리지 아니한** 경우에는 **제3항에 규정된 기간**에(편저자: 처분이 있었던 날부터 180일) 심판청구를 할 수 있다.

② ○ **처분이 쟁송에서 위법하다고 판명돼 취소: 불법행위 단정✗(공무원의 고의·과실 단정✗)**
어떠한 행정처분이 후에 항고소송에서 취소되었다고 할지라도 그 기판력에 의하여 당해 행정처분이 곧바로 공무원의 고의 또는 과실로 인한 것으로서 불법행위를 구성한다고 단정할 수는 없다(2000.5.12. 99다70600).

➕ PLUS 항고소송에서 처분이 취소 → 처분의 위법이 인정된 것일 뿐, 공무원의 고의·과실이 인정된 것은 아님. 따라서 국가배상을 받기 위해서는(불법행위의 성립을 인정하기 위해서는) 추가로 공무원의 고의·과실 등에 대한 판단과 인정이 필요하게 됨

③ ○ **절차상 하자로 행정처분이 취소: 적법절차를 갖춰 동일한 내용의 처분을 반복 가능**
과세처분시 납세고지서에 과세표준, 세율, 세액의 산출근거 등이 누락되어 있어 이러한 **절차 내지 형식의 위법**을 이유로 과세처분을 취소하는 판결이 확정된 경우에 그 확정판결의 기판력(편저자: 기속력)은 확정판결에 적시된 절차 내지 형식의 위법사유에 한하여 미친다고 할 것이므로 과세처분권자가 그 확정판결에 적시된 위법사유를 보완하여 행한 새로운 과세처분은 확정판결에 의하여 취소된 종전의 과세처분과는 별개의 처분으로서 확정판결의 기판력(편저자: 기속력)에 저촉되는 것은 아니다(1986.11.11. 85누231).

④ ○ **무권한청이 한 처분의 취소권: 처분청○ / 권한청✗**
권한 없는 행정기관이 한 당연무효인 행정처분을 취소할 수 있는 권한은 당해 행정처분을 한 처분청에게 속하고, 당해 행정처분을 할 수 있는 적법한 권한을 가지는 행정청에게 그 취소권이 귀속되는 것이 아니다(1984.10.10. 84누463).

선지선택비율 ① 49.17% ② 5.26% ③ 16.31% ④ 29.25%　오답률 50.83%

선지분석 & 요플·기풀가링크

선지	THEME	요플	기풀기
①	T70 고지제도	09	007
②	T71 국가배상(2조)	55	087
③	T66 판결의 효력	31	049
④	T31 VA의 취소·철회·실효	31	006

정답 ①

OX 1✗ 2✗

19

헌법재판소와 대법원 판례의 내용으로 옳지 않은 것은?

23군무원9

① 「감염병의 예방 및 관리에 관한 법률」 제71조에 의한 예방접종 피해에 대한 국가의 보상책임은 무과실책임이지만, 질병, 장애 또는 사망이 예방접종으로 발생하였다는 점이 인정되어야 한다.

② 당사자적격, 권리보호이익 등 소송요건은 직권조사사항으로서 당사자가 주장하지 아니하더라도 법원이 직권으로 조사하여 판단하여야 하고, 사실심 변론종결 이후에 소송요건이 흠결되거나 그 흠결이 치유된 경우 상고심에서도 이를 참작하여야 한다.

③ 법령이 특정한 행정기관 등으로 하여금 다른 행정기관을 상대로 제재적 조치를 취할 수 있도록 하면서, 그에 따르지 않으면 그 행정기관에 대하여 과태료를 부과하거나 형사처벌을 할 수 있도록 정하는 경우, 제재적 조치의 상대방인 행정기관 등에게 항고소송 원고로서의 당사자능력과 원고적격을 인정할 수 없다.

④ 원고가 「행정소송법」상 항고소송으로 제기해야 할 사건을 민사소송으로 잘못 제기한 경우에 수소법원이 그 항고소송에 대한 관할을 가지고 있지 아니하여 관할법원에 이송하는 결정을 하였고, 그 이송결정이 확정된 후 원고가 항고소송으로 소변경을 하였다면, 그 항고소송에 대한 제소기간의 준수 여부는 원칙적으로 처음에 소를 제기한 때를 기준으로 판단하여야 한다.

관련 OX

③ 관련

1 법령이 특정한 행정기관으로 하여금 다른 행정기관에 제재적 조치를 취할 수 있도록 하면서, 그에 따르지 않으면 그 행정기관에 과태료 등을 과할 수 있도록 정하는 경우, 권리구제나 권리보호의 필요성이 인정된다면 예외적으로 그 제재적 조치의 상대방인 행정기관에게 항고소송의 원고적격을 인정할 수 있다. 19국가7

④ 관련

2 항고소송으로 제기해야 할 사건을 민사소송으로 잘못 제기하였다가 이송결정에 따라 관할법원으로 이송된 뒤 항고소송으로 소변경을 하였다면, 그 항고소송에 대한 제소기간의 준수 여부는 소변경시를 기준으로 판단하여야 한다. 25소간

3 원고가 항고소송으로 제기해야 할 사건을 민사소송으로 잘못 제기한 경우, 수소법원이 관할법원에 이송하는 결정을 하였고 그 이송 결정이 확정된 후 원고가 항고소송으로 소변경을 하였다면, 그 항고소송에 대한 제소기간의 준수 여부는 원칙적으로 이송결정이 있은 때를 기준으로 판단하여야 한다. 24경찰간부

선지분석 & 요플 · 기풀링크

선지	THEME	요플	기풀기
①	T75 손실보상(토지보상법)	129	132
②	T65 판결 기준시/종류	05	004
③	T55 공권과 원고적격	53	054
④	T64 소송상 제도	45	050

해설

① ○ 예방접종 등에 따른 피해의 국가보상: 무과실책임이지만 예방접종과의 인과관계는 필요
「감염병의 예방 및 관리에 관한 법률」 제71조에 의한 예방접종 피해에 대한 국가의 보상책임은 무과실책임이지만, 질병, 장애 또는 사망이 예방접종으로 발생하였다는 점이 인정되어야 한다(2019.4.3. 2017두52764).

② ○ 소송요건은 직권조사사항 → 소송요건의 흠결 · 치유는 상고심에서도 참작해야 함
당사자적격, 권리보호이익 등 소송요건은 직권조사사항으로서 당사자가 주장하지 아니하더라도 법원이 직권으로 조사하여 판단하여야 하고, 사실심 변론종결 이후에 소송요건이 흠결되거나 그 흠결이 치유된 경우 상고심에서도 이를 참작하여야 한다(2017.8.18. 2016두52064).

③ × 행정기관에 대한 조치요구 및 미이행시 제재규정 있으나 항고소송 외 다툴 방법이 없을 시 → 행정기관에도 당사자능력 · 원고적격 인정
법령이 특정한 행정기관 등으로 하여금 다른 행정기관을 상대로 제재적 조치를 취할 수 있도록 하면서, 그에 따르지 않으면 그 행정기관에 대하여 과태료를 부과하거나 형사처벌을 할 수 있도록 정하는 경우가 있다. … 이 경우 항고소송을 통한 구제의 길을 열어주는 것이 법치국가원리에도 부합한다. 따라서 이러한 권리구제나 권리보호의 필요성이 인정된다면 예외적으로 그 제재적 조치의 상대방인 행정기관 등에게 항고소송 원고로서의 당사자능력과 원고적격을 인정할 수 있다(2018.8.1. 2014두35379).

④ ○ 민사소송으로 잘못 제기되어 항고소송으로 소변경한 경우 제소기간 준수 여부 기준: 최초 제소시 기준○(변경시×)
원고가 행정소송법상 항고소송으로 제기해야 할 사건을 민사소송으로 잘못 제기한 경우에 수소법원이 그 항고소송에 대한 관할을 가지고 있지 아니하여 관할법원에 이송하는 결정을 하였고, 그 이송결정이 확정된 후 원고가 항고소송으로 소변경을 하였다면, 그 항고소송에 대한 제소기간의 준수 여부는 원칙적으로 처음에 소를 제기한 때를 기준으로 판단하여야 한다(2022.11.17. 2021두44425).

선지선택비율 ① 7.25% ② 17.24% ③ 70.56% ④ 4.95% 오답률 29.44%

정답 ③

OX 1○ 2× 3×

필수문제 20

행정절차와 공공기관의 정보공개에 관한 설명 중 옳은 것을 모두 고른 것은? (다툼이 있는 경우 판례에 의함) 25변시

ㄱ. 국가에 대한 행정처분도 가능하며, 이때에도 사전통지, 의견청취, 이유제시와 관련한 「행정절차법」 규정이 그대로 적용된다.

ㄴ. 처분서에 기재된 내용과 관계 법령 및 해당 처분에 이르기까지의 전체적인 과정 등을 종합적으로 고려하여 처분 당시 당사자가 어떠한 근거와 이유로 처분이 이루어진 것인지를 충분히 알 수 있어서 그에 불복하여 행정구제절차로 나아가는 데에 별다른 지장이 없었더라도, 처분서에 처분의 근거와 이유가 구체적으로 명시되어 있지 않았다면 그 처분은 위법하다.

ㄷ. 정보공개청구인이 제기한 정보공개거부처분취소소송에서 해당 공공기관이 법원에 증거로 제출한 청구정보의 사본을 청구인이 송달받아 결과적으로 해당 공공기관이 정보공개청구인에게 정보를 공개하는 셈이 되었더라도, 해당 정보의 비공개결정의 취소를 구할 소의 이익은 소멸되지 않는다.

ㄹ. 징계처분을 받은 군인 甲이 징계위원회 구성의 절차상 하자를 확인하기 위해 징계위원의 성명과 직위에 대한 공개를 청구하였으나 거부당하여 이에 대한 취소소송을 제기하였는데, 甲이 제기한 징계항고 절차에서 징계위원회 구성에 하자가 있음을 알게 되었고, 그 하자를 이유로 해당 징계처분이 취소되었다면, 甲의 위 취소소송에서 정보의 공개를 구할 법률상 이익은 소멸한다.

① ㄱ, ㄴ ② ㄱ, ㄷ
③ ㄴ, ㄹ ④ ㄷ, ㄹ
⑤ ㄱ, ㄷ, ㄹ

ㄷ. ○ 소송과정에서 공공기관이 제출한 증거의 사본을 송달받아 우회적으로 공개한 셈이 됨 → 소익 소멸×

청구인이 정보공개거부처분의 취소를 구하는 소송에서 공공기관이 청구정보를 증거 등으로 법원에 제출하여 **법원을 통하여** 그 사본을 청구인에게 교부 또는 송달되게 하여 **결과적으로** 청구인에게 정보를 공개하는 셈이 되었다고 하더라도, 이러한 우회적인 방법은 정보공개법이 예정하고 있지 아니한 방법으로서 정보공개법에 의한 공개라고 볼 수는 없으므로, 당해 정보의 비공개결정의 취소를 구할 소의 이익은 소멸되지 않는다(2016.12.15. 2012두11409·11416 병합).

ㄹ. × 징계위원들에 대한 정보공개청구를 거부당했으나, 이후 징계처분이 취소됨 → 이미 징계에서 구제되었으나 정보공개거부처분의 취소를 구할 소익은 여전히 인정

감봉 1개월의 징계처분을 받은 원고가 **징계위원들의 성명과 직위에 대한 정보공개청구**를 하였다가 거부처분을 받은 사안에서, 비록 **징계처분에 대한 항고절차**에서 원고가 징계위원회 구성에 절차상 하자가 있다는 점을 알게 되었다거나 **징계처분이 취소되었다고 하더라도**, 그와 같은 사정들만으로 위 거부처분의 취소를 구할 법률상 이익이 없다고 볼 수 없고, 피고가 원고의 정보공개청구를 거부한 이상 원고로서는 여전히 그 **정보공개거부처분의 취소를 구할 법률상 이익을 갖는다**(2022.5.26. 2022두34562).

관련 견책의 징계처분을 받은 甲이 사단장에게 징계위원회에 참여한 징계위원의 성명과 직위에 대한 정보공개청구를 하였으나 위 정보가 「공공기관의 정보공개에 관한 법률」 제9조 제1항 제1호, 제2호, 제5호, 제6호에 해당한다는 이유로 공개를 거부한 사안에서, 비록 징계처분 취소사건에서 甲의 청구를 기각하는 판결이 확정되었더라도 이러한 사정만으로 위 처분의 취소를 구할 이익이 없어지지 않고, 사단장이 甲의 정보공개청구를 거부한 이상 甲으로서는 여전히 정보공개거부처분의 취소를 구할 법률상 이익이 있다(2022.5.26. 2022두33439).

21

다음 설명 중 옳은 것은? (다툼이 있는 경우 판례에 의함) 15지방9

① 「자동차손해배상 보장법」은 배상책임의 성립요건에 관하여 「국가배상법」에 우선하여 적용된다.
② 「개인정보 보호법」상 단체소송을 허가하거나 불허가하는 법원의 결정에 대하여는 더 이상 소송으로 다툴 수 없다.
③ 행정심판에 있어서 사건의 심리·의결에 관한 사무에 관여하는 직원에게는 「행정심판법」 제10조의 위원의 제척·기피·회피가 적용되지 않는다.
④ 「공익사업을 위한 토지 등의 취득 및 보상에 관한 법률」상 행정청이 아닌 사업시행자가 이주대책을 수립·실시하는 경우에 이주정착지에 대한 도로 등 통상적인 생활기본시설에 필요한 비용은 지방자치단체가 부담하여야 한다.

관련 OX

① 관련

1 (국가 또는 지방자치단체의 손해배상책임과 관련하여 「국가배상법」, 「자동차손해배상 보장법」, 「민법」 등의 법률이 있을 경우) 「자동차손해배상 보장법」 – 「국가배상법」 – 「민법」 (순으로 적용한다) 16소간

② 관련

2 개인정보 단체소송을 허가하거나 불허가하는 법원의 결정에 대하여는 불복할 수 없다. 16지방9

해설

① ○ 「자동차손해배상 보장법」은 자동차 운행과 관련한 사고에 대해서 운행자가 무과실책임을 지는 것으로 규정하고 있다. 즉, 공무원의 고의·과실이 필요한 국가배상책임보다 인정되기 용이하다. 따라서 「자동차손해배상 보장법」상 책임과 국가배상책임이 모두 문제되는 경우 <u>「자동차손해배상 보장법」</u>이 국가배상법이나 민법의 특별법으로 우선 적용된다.

자동차손해배상 보상법	국가배상법
제3조(자동차손해배상책임) 자기를 위하여 자동차를 운행하는 자는 그 운행으로 다른 사람을 사망하게 하거나 부상하게 한 경우에는 그 손해를 배상할 책임을 진다.	제2조(배상책임) ① 국가나 지방자치단체는 … 「자동차손해배상 보장법」에 따라 손해배상의 책임이 있을 때에는 이 법에 따라 그 손해를 배상하여야 한다.

② ✕

개인정보 보호법 제55조(소송허가요건 등) ② 단체소송을 허가하거나 불허가하는 결정에 대하여는 **즉시항고**할 수 있다.

③ ✕ 행정심판에 있어서 사건의 심리·의결에 관한 사무에 관여하는 위원 아닌 직원에게도 행정심판법 제10조의 위원의 제척·기피·회피를 준용한다.

행정심판법 제10조(위원의 제척·기피·회피) ⑧ 사건의 심리·의결에 관한 사무에 관여하는 위원 아닌 **직원에게도** 제1항부터 제7항까지의 규정을(편저자: 제척·기피·회피 규정을) 준용한다.

④ ✕

공익사업을 위한 토지 등의 취득 및 보상에 관한 법률 제78조(이주대책의 수립 등) ④ 이주대책의 내용에는 이주정착지(이주대책의 실시로 건설하는 주택단지를 포함한다)에 대한 도로, 급수시설, 배수시설, 그 밖의 공공시설 등 통상적인 수준의 생활기본시설이 포함되어야 하며, 이에 필요한 비용은 **사업시행자가 부담**한다. 다만, 행정청이 아닌 사업시행자가 이주대책을 수립·실시하는 경우에 **지방자치단체는 비용의 일부를 보조**할 수 있다.

➕ **PLUS** 행정청이 아닌 사업시행자가 이주대책을 수립·실시하는 경우에 이주정착지에 대한 도로 등 통상적인 생활기본시설에 필요한 비용은 <u>사업시행자가 부담</u>하고, 지방자치단체는 비용의 일부를 보조할 수 있을 뿐이다.

선지분석 & 요플·기풀기링크

선지	THEME	요플	기풀기
①	T71 국가배상(2조)	136	138
②	T80 정보보호법(조문)	75	075
③	T68 행정심판(조문)	47	041
④	T75 손실보상(토지보상법)	111	056

 ①
 1○ 2✕

22

현행 「공공기관의 정보공개에 관한 법률」 및 「행정절차법」에 대한 설명으로 옳은 것은?

08(하)지방7(변형)

① 공공기관은 본래 전자적 형태로 보유·관리하는 정보에 대해서만 전자적 형태로 공개할 수 있다.
② 헌법 제12조의 적법절차의 원리는 형사사법권에 대한 것이며 행정절차에 대하여는 적용되지 아니한다.
③ 현행 「행정절차법」상 긴급을 요하는 경우에는 일반적인 공청회를 대신하여 온라인공청회를 실시할 수 있다.
④ 정보공개대상기관에는 국가나 지방자치단체로부터 보조금을 받는 사회복지법인과 사회복지사업을 하는 비영리법인도 포함된다.

해설

① ✗ 전자적 형태로 보유·관리하지 않는 정보도 전자적 형태의 공개의무가 없을 뿐, 해당 형태로의 공개가 금지되는 것은 아니기에 틀린 지문이다.

공공기관의 정보공개에 관한 법률 제15조(정보의 전자적 공개) ① 공공기관은 **전자적 형태로 보유·관리하는 정보**에 대하여 청구인이 전자적 형태로 공개하여 줄 것을 요청하는 경우에는 그 정보의 성질상 현저히 곤란한 경우를 제외하고는 청구인의 **요청에 따라야** 한다.
② 공공기관은 **전자적 형태로 보유·관리하지 아니하는** 정보에 대하여 청구인이 전자적 형태로 공개하여 줄 것을 요청한 경우에는 정상적인 업무수행에 현저한 지장을 초래하거나 그 정보의 성질이 훼손될 우려가 없으면 그 정보를 **전자적 형태로 변환하여 공개할 수** 있다.

② ✗ 헌법상 적법절차의 원칙: 형사절차를 넘어 모든 국가작용에 적용 / 따라서 행정절차에도 적법절차원칙 적용
우리 헌법재판소는 이 적법절차의 원칙의 적용범위를 형사소송절차에 국한하지 않고 모든 국가작용에 대하여 문제된 법률의 실체적 내용이 합리성과 정당성을 갖추고 있는지 여부를 판단하는 기준으로 적용된다고 판시함으로써, 행정절차에도 적법절차의 원칙이 적용됨을 명백히 하고 있다(헌재 2007.4.26. 2006헌바10).

③ ✗ 구법에서는 일반 공청회와 병행하여서만 전자공청회를 개최할 수 있도록 했었다. 2022년 개정으로 온라인공청회를 단독으로 개최할 수 있는 사유가 신설되었으나 긴급을 요하는 경우는 여기에 포함되지 않는다.

행정절차법 제38조의2(온라인공청회) ① 행정청은 제38조에 따른 공청회와 **병행하여서만** 정보통신망을 이용한 공청회(이하 '온라인공청회'라 한다)를 실시할 수 있다.
② 제1항에도 불구하고 다음 각 호의 어느 하나에 해당하는 경우에는 온라인공청회를 **단독**으로 개최할 수 있다.
1. 국민의 생명·신체·재산의 보호 등 **국민의 안전 또는 권익보호** 등의 이유로 제38조에 따른 공청회를 개최하기 어려운 경우
2. 제38조에 따른 공청회가 행정청이 **책임질 수 없는 사유로 개최되지 못하거나** 개최는 되었으나 정상적으로 진행되지 못하고 **무산된 횟수가 3회 이상**인 경우
3. **행정청이** 널리 의견을 수렴하기 위하여 온라인공청회를 단독으로 개최할 필요가 있다고 **인정**하는 경우. 다만, 제22조 제2항 제1호(편저자: 법령상 공청회) 또는 제3호(편저자: 일정 수 이상 당사자등의 요구에 따른 공청회)에 따라 공청회를 실시하는 경우는 제외한다.

+ PLUS 온라인공청회 – 원칙: 일반 공청회와 병행하여서만○ / 예외: 단독개최 가능(① 국민안전·권익보호, ② 개최 실패·진행 무산(3회 이상), ③ 행정청이 필요성 인정)

④ ○

공공기관의 정보공개에 관한 법률 제2조(정의) 이 법에서 사용하는 용어의 뜻은 다음과 같다.
1. '공공기관'이란 다음 각 목의 기관을 말한다.
   마. 그 밖에 대통령령으로 정하는 기관

공공기관의 정보공개에 관한 법률 시행령 제2조(공공기관의 범위) 「공공기관의 정보공개에 관한 법률」(이하 '법'이라 한다) 제2조 제3호 마목에서 '대통령령으로 정하는 기관'이란 다음 각 호의 기관 또는 단체를 말한다.
5. 「사회복지사업법」 제42조 제1항에 따라 국가나 지방자치단체로부터 보조금을 받는 사회복지법인과 사회복지사업을 하는 비영리법인

정답 ④

선지분석 & 요플·기풀기링크

선지	THEME	요플	기풀기
①	T76 정보공개법(조문)	34	039
②	T38 절차법(근거·적용범위)	04	002
③	T37 절차법(조문)	76	097
④	T78 정보공개법(공개)	12	012

23

판례의 입장으로 옳지 않은 것만을 모두 고르면?   24국가9

ㄱ. 정보의 부분공개가 허용되는 경우란 당해 정보에서 비공개대상정보에 관련된 기술 등을 제외 혹은 삭제하고 나머지 정보만 공개하는 것이 가능하고 나머지 부분의 정보만으로도 공개의 가치가 있는 경우를 의미한다.

ㄴ. 음주운전으로 적발된 주취운전자가 도로 밖으로 차량을 이동하겠다며 단속경찰관으로부터 보관 중이던 차량열쇠를 반환받아 몰래 차량을 운전하여 가던 중 사고를 일으킨 경우, 국가배상책임이 인정되지 않는다.

ㄷ. 원고적격의 요건으로서 법률상 이익에는 당해 처분의 근거 법률에 의하여 보호되는 직접적이고 구체적인 이익뿐만 아니라 간접적이거나 사실적·경제적 이해관계를 가지는 경우도 여기에 포함된다.

ㄹ. 영어 과목의 2종 교과용 도서에 대하여 검정신청을 하였다가 불합격결정처분을 받은 자는 자신들이 검정신청한 교과서의 과목과 전혀 관계가 없는 수학 과목의 교과용 도서에 대한 합격결정처분에 대하여 그 취소를 구할 법률상 이익이 없다.

① ㄱ, ㄴ   ② ㄱ, ㄹ
③ ㄴ, ㄷ   ④ ㄷ, ㄹ

관련 OX

ㄱ. 관련

1 정보의 공개방법 및 절차에 비추어 당해 정보에서 비공개대상정보에 관련된 기술 등을 제외 혹은 삭제하고 나머지 정보만을 공개하는 것이 가능하고 나머지 부분의 정보만으로도 공개가치가 있는 경우 정보의 부분 공개가 허용된다.   22소간7

ㄷ. 관련

2 판례는 「행정소송법」 제12조의 법률상 이익은 직접적이고 구체적·개인적 이익을 말하고 간접적이거나 사실적·경제적 이해관계를 가지는 데 불과한 경우 및 공익은 포함되지 않는다고 보고 있다.   13국회9

해설

ㄱ. ○ **부분공개 허용요건: 비공개부분을 뺄 수 있고 나머지만으로 공개가치 있어야**
정보의 부분공개가 허용되는 경우란 그 정보의 공개방법 및 절차에 비추어 당해 정보에서 **비공개대상정보에 관련된 기술 등을 제외 혹은 삭제하고 나머지 정보만을 공개하는 것이 가능하고 나머지 부분의 정보만으로도 공개의 가치가 있는 경우**를 의미한다(2009.12.10. 2009두12785).

ㄴ. ✕ **경찰관이 음주운전으로 적발된 자에게 차키를 반환해 둔 주취운전자가 이를 가지고 몰래 운전하다 사고: 국가배상책임 인정**
음주운전으로 적발된 주취운전자가 도로 밖으로 차량을 이동하겠다며 단속경찰관으로부터 보관 중이던 **차량열쇠를 반환받아 몰래 차량을 운전하여 가던 중 사고를 일으킨 경우, 국가배상책임**을 인정할 수 있다(1998.5.8. 97다54482).

ㄷ. ✕ **간접적·사실적·경제적인 이해관계는 법률상 이익✕**
행정처분의 직접 상대방이 아닌 제3자라도 당해 행정처분의 취소를 구할 법률상의 이익이 있는 경우에는 원고적격이 인정된다고 할 것이나, 여기서 말하는 **법률상의 이익**은 당해 처분의 근거 법률에 의하여 보호되는 **직접적이고 구체적인 이익**이 있는 경우를 말하고 다만 공익보호의 결과로 국민 일반이 공통적으로 가지는 추상적, 평균적, 일반적 이익과 같이 **간접적**이거나 **사실적, 경제적 이해관계**를 가지는 데 불과한 경우는 여기에 포함되지 않는다(1999.12.7. 97누12556).

ㄹ. ○ **교과용 도서 합격결정처분: 그와 무관한 과목에서 불합격처분을 받은 자는 원고적격✕**
2종 교과용 도서에 대하여 검정신청을 하였다가 불합격결정처분을 받은 원고들은 각 한문, 영어, 음악과목에 관한 교과용 도서에 대하여 검정신청을 하였던 자들이므로 자신들이 검정신청한 교과서의 과목과 **전혀 관계가 없는 수학, 미술과목의 교과용 도서에 대한 합격결정처분에 대하여는 그 취소를 구할 법률상의 이익이 없다**(1992.4.24. 91누6634).

선지선택비율 ① 8.49% ② 14.50% ③ 66.14% ④ 10.88% 오답률 33.86%

선지분석 & 요플·기풀기링크

선지	THEME	요플	기풀기
ㄱ	T76 정보공개법(조문)	37	044
ㄴ	T71 국가배상(2조)	81	059
ㄷ	T55 공권과 원고적격	08	007
ㄹ	T56 경업·경원·주민	30	031

정답 ③
OX 1○ 2○

24

행정상 권리구제에 대한 설명으로 옳은 것은? (다툼이 있는 경우 판례에 의함) 16국가7

① 법률의 집행을 위해 시행규칙을 제정할 의무가 있음에도 불구하고 행정청이 시행규칙을 제정하지 않고 있는 경우, 부작위위법확인소송을 통하여 다툴 수 있다.
② 당사자소송을 본안으로 하는 가처분에 대하여는 「행정소송법」상 집행정지에 관한 규정이 준용되지 않고, 「민사집행법」상 가처분에 관한 규정이 준용되어야 한다.
③ 이주대책은 생활보상의 한 내용이므로 이주대책이 수립되면 이주자들에게는 구체적인 권리가 발생하며, 사업시행자의 확인·결정이 있어야만 구체적인 수분양권이 발생하는 것은 아니다.
④ 국가공무원이 직무수행 중 경과실로 인한 불법행위로 국민에게 손해를 입힌 경우에 피해자에게 손해를 직접 배상하였다 하더라도 자신이 변제한 금액에 관하여 국가에 대하여 구상권을 취득할 수 없다.

관련 OX

① 관련

1 (A법률이 해당 법률의 집행에 관한 특정한 사항을 부령에 위임하고 있음에도 관계 행정기관은 그에 따른 B부령을 제정하고 있지 않다) B부령을 제정하여야 할 작위의무가 인정되는 경우에는 B부령을 제정하지 않은 입법부작위에 대해 「행정소송법」상 부작위위법확인소송으로 다툴 수 있다. 23변시

③ 관련

2 구 「공공용지의취득및손실보상에관한특례법」상 사업시행자가 이주대책을 수립하여 이주대책에서 정한 절차에 따라 이주대책대상자로 확인·결정하여야만 이주자에게 비로소 구체적인 수분양권이 발생한다. 24소간

해설

① ✕ **행정입법부작위: 항고소송(부작위위법확인소송) 불가**
행정소송은 구체적 사건에 대한 법률상 분쟁을 법에 의하여 해결함으로써 법적 안정을 기하자는 것이므로 부작위위법확인소송의 대상이 될 수 있는 것은 구체적 권리의무에 관한 분쟁이어야 하고 **추상적인 법령에 관하여 제정의 여부 등은 그 자체로서 국민의 구체적인 권리의무에 직접적 변동을 초래하는 것이 아니어서 부작위위법확인소송의 대상이 될 수 없다**(1992.5.8. 91누11261).

+ PLUS 행정입법부작위에 대해서는 부작위위법확인소송을 할 수 없다. 헌법소원의 대상은 된다.

② ○

	집행정지(행정소송법)	가처분(민사집행법)	가집행(민사집행법)
항고소송	○	✕	✕
당사자소송	✕	○②	○

③ ✕ **사업시행자가 이주대책계획을 수립·공고 후, 이주자가 대상자 선정신청을 하면, 사업시행자가 이를 확인·결정까지 해야 비로소 수분양권 발생**
사업시행자가 이주대책에 관한 구체적인 계획을 수립하여 이를 이주자에게 통지하거나 공고한 후 이주자가 수분양권을 취득하기를 희망하여 이주대책에 정한 절차에 따라 사업시행자에게 이주대책 대상자 선정신청을 하고 사업시행자가 그 신청을 받아들여 이주대책 대상자로 확인·결정을 하여야만 비로소 구체적인 수분양권이 발생하게 된다(1995.6.30. 94다14391, 94다14407).

④ ✕ **경과실인 공무원이 손해를 배상한 경우: 국가에 구상청구 가능**
피해자에게 손해를 직접 배상한 경과실이 있는 공무원은 특별한 사정이 없는 한 국가에 대하여 국가의 피해자에 대한 손해배상책임의 범위 내에서 공무원이 변제한 금액에 관하여 구상권을 취득한다고 봄이 타당하다(2014.8.20. 2012다54478).

	고의·중과실	경과실
피해자의 배상청구 (대외적)	국가 or 공무원 개인 중 선택적 청구 가능	국가에게만 청구 가능
국가 / 공무원 간 구상 (대내적)	• 국가가 배상시 - 공무원에게 구상 가능	• 공무원이 배상시 - 국가에 구상 가능(권리남용✕)④ - 피해자에게 반환청구 불가능 (도의관념에 부합하는 비채변제)

선지분석 & 요플·기풀기링크

선지	THEME	요플	기풀기
①	T13 행정입법	31	032
②	T62 집행정지	53	059
③	T75 손실보상(토지보상법)	115	058
④	T71 국가배상(2조)	128	129

정답 ②
OX 1✕ 2○

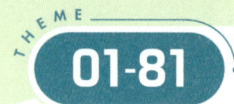

제4절 전범위 종합 사례형 문제

01 사례형

다음 사례에 대한 설명으로 옳은 것을 고르시오. (다툼이 있는 경우 판례에 의함) 22국가9

> A시 시장은 식품접객업주 甲에게 청소년고용금지업소에 청소년을 고용하였다는 사유로 식품위생법령에 근거하여 영업정지 2개월 처분에 갈음하는 과징금부과처분을 하였고, 甲은 부과된 과징금을 납부하였다. 그러나 甲은 이후 과징금부과처분에 하자가 있음을 알게 되었다.

① 甲은 납부한 과징금을 돌려받기 위해 관할 행정법원에 과징금반환을 구하는 당사자소송을 제기할 수 있다.

② A시 시장이 과징금부과처분을 함에 있어 과징금부과통지서의 일부 기재가 누락되어 이를 이유로 甲이 관할 행정법원에 과징금부과처분의 취소를 구하는 소를 제기한 경우, A시 시장은 취소소송 절차가 종결되기 전까지 보정된 과징금부과처분 통지서를 송달하면 일부 기재 누락의 하자는 치유된다.

③ 「식품위생법」이 청소년을 고용한 행위에 대하여 영업허가를 취소하거나 6개월 이내의 기간을 정하여 그 영업의 전부 또는 일부를 정지하거나 영업소 폐쇄를 명할 수 있다고 하면서 행정처분의 세부기준은 총리령으로 위임한다고 정하고 있는 경우에, 총리령에서 정하고 있는 행정처분의 기준은 재판규범이 되지 못한다.

④ 甲이 자신은 청소년을 고용한 적이 없다고 주장하면서 제기한 과징금부과처분의 취소소송 계속 중에 A시 시장은 甲이 유통기한이 경과한 식품을 판매한 사실을 처분사유로 추가·변경할 수 있다.

해설

① × 처분에 공정력이 있으므로, 처음부터 당연무효이거나 취소되기 전까지는 반환을 구할 수 없다. 또한 무효사유라 하더라도 당사자소송이 아닌 민사소송을 통해 돌려받을 수 있다. 따라서 곧바로 당사자소송을 통해 돌려받을 수 있다는 지문은 어떤 경우라도 틀린 것이다.

- 과세처분의 하자가 단지 취소할 수 있는 정도에 불과할 때에는 과세관청이 이를 스스로 취소하거나 항고소송절차에 의하여 취소되지 않는 한 그로 인한 조세의 납부가 부당이득이 된다고 할 수 없다 (1994.11.11. 94다28000).
- 조세 부과처분이 당연무효임을 전제로 하여 이미 납부한 세금의 반환을 청구하는 것은 민사상의 부당이득반환청구로서 민사소송절차에 따라야 한다(1995.4.28. 94다55019).

②④ × 처분에 하자가 있거나 이유가 부실한 경우, 쟁송제기 전까지는 하자의 치유를 할 수 있다. 그러나 쟁송이 제기된 후에는 하자의 치유가 불가하고, 당초 처분사유와 기본적 사실관계의 동일한 범위 내에서 처분사유를 추가·변경하는 것만 가능하다. ②의 경우 쟁송 후이므로 하자의 치유가 불가하여 틀린 지문이고, ④의 경우 청소년을 고용한 적이 없다는 것과 유통기간 넘은 식품을 팔았다는 것은 기본적 사실관계의 동일성이 없어 추가·변경이 불가능하므로 틀린 지문이다.

- 과세처분이 있은 지 4년이 지나서 그 취소소송이 제기된 때에 보정된 납세고지서를 송달하였다는 사실이나 오랜 기간(4년)의 경과로써 과세처분의 하자가 치유되었다고 볼 수는 없다(1983.7.26. 82누420).
- 행정처분의 취소를 구하는 항고소송에서 처분청은 당초 처분의 근거로 삼은 사유와 **기본적 사실관계가 동일성**이 있다고 인정되는 한도 내에서만 다른 사유를 **추가 또는 변경할 수** 있다(2014.5.16. 2013두26118).

③ ○ 실질은 행정규칙에 해당하는 제재처분기준을 법규명령에 규정한 경우, 즉 법규명령 형식의 행정규칙과 관련하여 시행령(대통령령)에 규정된 경우는 대외적 구속력이 있으나, 시행규칙(총리령·부령)에 규정된 경우에는 대외적 구속력이 없다는 것이 판례이다. 사안은 총리령으로 정한 제재처분 기준이므로 대외적 구속력이 없고, 따라서 재판에 쓰일 수 없다(재판규범성이 없다).

- 구 「식품위생법 시행규칙」(편저자: 총리령) 제89조가 법 제74조에 따라 마련한 행정처분의 기준은 행정청 내부의 재량준칙에 불과하다(2015.7.9. 2014두47853).

선지선택비율 ① 23.14% ② 24.56% ③ 40.29% ④ 12.01% 오답률 59.71%

관련 OX

③ 관련

1 통상 고시 또는 공고에 의하여 행정처분을 하는 경우에 행정처분의 있었음을 안 날이란 행정처분의 이해관계를 갖는 자가 고시 또는 공고가 있었다는 사실을 현실적으로 안 날이 된다. 17사복(서울)9

2 고시 또는 공고에 의하여 행정처분을 하는 경우 그 행정처분에 이해관계를 갖는 사람이 고시 또는 공고가 있었다는 사실을 현실적으로 알았는지 여부에 관계없이 고시 또는 공고가 효력을 발생한 날에 행정처분이 있음을 알았다고 보아야 한다. 20지방9

사례분석 사례지수 상 중 하

- 하나의 사례에서 처분의 근거가 되는 행정입법부터, ③ 처분이 발령된 후의 하자치유,② 그리고 소송이 제기된 후의 처분사유의 추가·변경과④ 쟁송형태① 등을 종합적으로 묻고 있다. 즉, 행정법의 뼈대가 되는 처분 전 근거, 처분 후 쟁송을 종합적으로 묻는 좋은 문제이다. 다만, 제시문을 보지 않더라도 지문만으로 답이 도출되는 형태이고, 지문 간 연관성도 없어서 사례지수를 높이 볼 수는 없다.

선지분석 & 요플·기풀기링크

선지	THEME	요플	기풀기
① T27 공정력	33	032
② T41 절차의 하자	31	038
③ T15 행정규칙	22	024
④ T64 소송상 제도	61	062

정답 ③

OX 1× 2×

02 사례형 〔고난도〕

다음 사례에 대한 설명으로 옳지 않은 것은? (다툼이 있는 경우 판례에 의함) 24국회8

> 「소방시설 설치 및 관리에 관한 법률」은 "건축허가 등의 권한이 있는 행정기관은 건축허가 등을 할 때 미리 그 건축물 등의 소재지를 관할하는 소방서장의 동의를 받아야 한다."고 규정하고 있다. 甲은 건물 신축을 위해 A시 시장 乙에게 「건축법」상 건축허가신청을 하였으나, 乙은 A시 소방서장 丙의 동의 거부를 이유로 건축불허가처분을 하였다.

① 乙이 건축불허가처분을 하면서 丙의 건축부동의 의견을 듣고 있으나 丙이 건축부동의로 삼은 사유가 보완이 가능한 것인 경우, 乙이 보완을 요구하지 아니한 채 곧바로 건축허가 신청을 거부한 것은 재량권의 범위를 벗어난 것이다.

② 乙의 건축불허가처분에 불복하여 甲이 제기한 취소소송에서 법원은 丙을 소송에 참가시킬 필요가 있다고 인정하는 경우 丙을 당해 소송에 참가시키는 결정을 할 수 있다.

③ 乙의 건축불허가처분에 불복하여 甲이 제기한 취소소송에서 인용판결이 확정되면 丙에게도 판결의 기속력이 발생한다.

④ 乙이 건축불허가처분을 하면서 건축불허가사유뿐만 아니라 丙의 건축부동의사유를 들고 있는 경우, 甲은 건축불허가처분에 관한 쟁송에서 丙의 건축부동의사유에 관하여는 다툴 수 없다.

⑤ 甲이 위 건축불허가처분을 취소소송으로 다투고자 하는 경우 피고는 乙이 된다.

관련 OX

⑤ 관련
1 취소소송은 다른 법률에 특별한 규정이 없는 한 그 처분 등을 행한 행정청을 피고로 하며, 당사자소송은 국가·공공단체 그 밖의 권리주체를 피고로 한다. 18서울9

해설

① ○ 보완 가능한 소방서장의 건축부동의 의견을 이유로 보완요구 없이 건축불허가처분: 위법
건축불허가처분을 하면서 그 사유의 하나로 소방시설과 관련된 소방서장의 건축부동의 의견을 들고 있으나 그 보완이 가능한 경우, 보완을 요구하지 아니한 채 곧바로 건축허가신청을 거부한 것은 재량권의 범위를 벗어난 것이다(2004.10.15. 2003두6573).

+ PLUS 동래소방서장은 옥내소화전과 3층 피난기구가 누락되어 있고, 전력구 규모가 명시되지 않아 법정 소방시설의 검토가 불가능하다는 이유로 건축부동의 의견을 제시하였는바, 위와 같은 사유들은 그 내용에 비추어 볼 때 보완이 가능한 것으로서, 그 보완을 요구하지도 않은 채 곧바로 이 사건 건축허가신청을 거부한 것은 재량권의 범위를 벗어난 것이어서 위법하다(2004.10.15. 2003두6573).

② ○

행정소송법 제17조(행정청의 소송참가) ① 법원은 다른 행정청을 소송에 참가시킬 필요가 있다고 인정할 때에는 당사자 또는 당해 행정청의 신청 또는 직권에 의하여 결정으로써 그 행정청을 소송에 참가시킬 수 있다.

③ ○

행정심판법 제49조(재결의 기속력 등) ① 심판청구를 인용하는 재결은 피청구인과 그 밖의 관계행정청을 기속(羈束)한다.

④ ×, ⑤ ○ 건축불허가의 계기가 된 소방서장의 부동의: 처분×, 불허가처분에 관한 소송(피고는 불허가처분청⑤)에서 부동의사유를 다퉈야 함④
건축허가권자가 건축불허가처분을 하면서 그 처분사유로 건축불허가사유뿐만 아니라 소방법에 따른 소방서장의 건축부동의사유를 들고 있다고 하여 그 건축불허가처분 외에 별개로 건축부동의처분이 존재하는 것이 아니므로, 그 건축불허가처분을 받은 사람은 그 건축불허가처분에 관한 쟁송에서 건축법상의 건축불허가사유뿐만 아니라 소방서장의 부동의사유에 관하여도 다툴 수 있으며,④ 이 경우 피고는 소방서장이 아닌 건축불허가처분청이 된다⑤(2004.10.15. 2003두6573).

선지분석 & 요플·기풀기링크 ⑬

선지	THEME	요플	기풀기
①	T37 절차법(조문)	38	049
②	T64 소송상 제도	05	009
③	T66 판결의 효력	14	043
④	T18 인·허가의제	32	032
⑤	T58 피고적격	01	001

정답 ④
OX 1○

03 사례형

17(하)국가9

다음 사례에 대한 설명으로 옳지 않은 것은? (다툼이 있는 경우 판례에 의함)

> 「식품위생법」에 따르면 식품접객업자가 청소년에게 주류를 제공하는 행위는 금지되고, 이를 위반할 경우 관할 행정청이 영업허가 또는 등록을 취소하거나 6개월 이내의 기간을 정하여 그 영업의 전부 또는 일부를 정지할 수 있으며, 관할 행정청이 영업허가 또는 등록의 취소를 하는 경우에는 청문을 실시하여야 한다. 식품접객업자인 甲은 영업장에서 청소년에게 술을 팔다 적발되었고, 관할 행정청인 乙은 청문절차를 거쳐 甲에게 영업허가취소처분을 하였다.

① 부령인 「식품위생법 시행규칙」에 위반행위의 종류 및 위반횟수에 따른 행정처분의 기준을 구체적으로 정하고 있는 경우에 이 행정처분기준은 행정기관 내부의 사무처리준칙을 규정한 것에 불과하여 법적 구속력이 인정되지 않는다.

② 甲이 청소년에게 주류를 제공한 것이 인정되더라도 영업허가취소처분으로 인하여 甲이 입게 되는 불이익이 공익상 필요보다 막대한 경우에는 영업허가취소처분이 위법하다고 인정될 수 있다.

③ 乙이 청문을 실시할 때 청문서 도달기간을 준수하지 않았는데 甲이 이에 대하여 이의를 제기하지 않고 청문일에 출석하여 그 의견을 진술하고 변명함으로써 방어의 기회를 충분히 가졌다면 청문서 도달기간을 준수하지 아니한 영업허가취소처분의 하자는 치유되었다고 볼 수 있다.

④ 甲이 영업허가취소처분 취소소송을 제기하여 인용판결이 확정되어도 영업허가취소처분의 효력이 바로 소멸하는 것은 아니고 그 판결의 기속력에 따라 영업허가취소처분이 乙에 의해 취소되면 비로소 영업허가취소처분의 효력이 소멸한다.

관련 OX

① 관련

1 [시장은 「식품위생법」상 영업시간 제한을 위반한 甲에 대하여 '「식품위생법 시행규칙」 [별표 23] 행정처분기준'(이하, '[별표 23]'이라 함)에 따라 영업정지 1월의 처분을 하였다] [별표 23]은 행정기관 내부의 사무처리준칙을 규정한 것에 불과하다. 24경찰간부

④ 관련

2 행정처분을 취소한다는 확정판결이 있으면 그 취소판결의 형성력에 의하여 당해 행정처분의 취소나 취소통지 등의 별도의 절차를 요하지 아니하고 당연히 취소의 효과가 발생한다. 24군무원9

해설

① ○ 「식품위생법 시행규칙」상 제재기준: 행정규칙(대외효×)
구 「식품위생법 시행규칙」 제53조에서 [별표 15]로 식품위생법 제58조에 따른 행정처분의 기준을 정하였다고 하더라도 이는 형식만 부령으로 되어 있을 뿐, 그 성질은 행정기관 내부의 사무처리준칙을 정한 것으로서 행정명령의(편저자: 행정규칙) 성질을 가지는 것이다(1995.3.28. 94누6925).
  ✚ PLUS 판례는 총리령이나 부령으로 정한 제재처분기준을 행정규칙으로 본다. 한편, 「식품위생법 시행규칙」은 2013.3.23.부터 부령에서 총리령으로 변경되었으나, 동 규정상 제재기준의 실질이 행정규칙이라는 판례의 태도는 동일하다(2014두47853).

② ○ 수익적 행정행위의 철회제한: 공익과 상대방의 불이익 비교·형량
구 식품위생법 제58조 제1항에 의한 영업정지 등 행정처분의 적법 여부는 같은 법 시행규칙 제53조 [별표 15]의 행정처분기준에 적합한 것인가의 여부에 따라 판단할 것이 아니라(편저자: 대외적 구속력이 없다는 취지, 즉 ①번 지문과 ②번 지문은 연계된 것이다) 법의 규정 및 그 취지에 적합한 것인가의 여부에 따라 판단하여야 하는 것이고, 행정처분으로 인하여 달성하려는 공익상의 필요와 이로 인하여 상대방이 받는 불이익을 비교·형량하여 그 처분으로 인하여 공익상 필요보다 상대방이 받게 되는 불이익 등이 막대한 경우에는 재량권의 한계를 일탈한 것으로서 위법하다(1997.11.28. 97누12952).
  ✚ PLUS 수익적 행정행위의 철회의 경우, 행정청은 철회사유가 발생하였더라도 비례의 원칙에 따라 철회로 인해 상대방이 입게 될 불이익과 철회로 달성될 공익이나 제3자의 이익 등을 종합적으로 비교·형량하여 철회 여부를 결정하여야 한다. 사안의 식품위생법상 영업허가취소는 강학상 철회에 해당하는데, 영업허가취소사유인 청소년에게 주류제공사실이 인정된다고 하더라도 영업허가취소처분으로 인하여 甲이 입게 되는 불이익이 공익상 필요보다 막대한 경우에는 영업허가취소처분은 비례의 원칙에 반하여 위법하다고 인정될 수 있다.

선지분석 & 요플·기풀기링크

선지	THEME	요플	기풀기
①	T15 행정규칙	22	024
②	T06 기타 일반원칙	07	003
③	T41 절차의 하자	25	034
④	T66 판결의 효력	03	002

③ ○ 청문서 도달이 늦었으나 이의하지 않고 자진출석·의견진술: 하자치유됨

행정청이 청문서 도달기간을 다소 어겼다 하더라도 영업자가 이에 대하여 이의하지 아니한 채 스스로 청문일에 출석하여 그 의견을 진술하고 변명하는 등 방어의 기회를 충분히 가졌다면 청문서 도달기간을 준수하지 아니한 하자는 치유되었다고 봄이 상당하다(1992.10.23. 92누2844).

④ × 확정된 취소판결은 **형성력**을 갖는다. 형성력이란, ⅰ) 당해 처분의 효력을 처분청의 취소를 기다릴 것 없이 판결 그 자체로서 상실시키는 힘(**형성효**), ⅱ) 이러한 형성효를 처분시로 소급시키는 힘(**소급효**), ⅲ) 형성효와 소급효를 소송당사자가 아닌 제3자에게도 주장할 수 있게 하는 힘으로(**대세효**) 이루어진다(행정소송법 제29조 제1항). 지문은 이 중 형성효와 관련된 것이다. 즉, 영업허가취소처분이 취소확정판결에 따라 취소되면, 동 취소처분의 효력은 판결에 의하여 곧바로 소급소멸되는 것이지, 행정청의 후속 취소행위가 있어야 소멸되는 것이 아니다.

정답 ④

OX 1○ 2○

04 사례형 고난도

甲은 재산세 부과의 근거가 되는 개별공시지가와 그 산정의 기초가 되는 표준지공시지가가 위법하게 산정되었다고 주장한다. 이에 대한 설명으로 옳은 것만을 모두 고르면? (다툼이 있는 경우 판례에 의함)

19국가7

ㄱ. 취소사유에 해당하는 하자가 있는 표준지공시지가결정에 대한 취소소송의 제소기간이 지난 경우, 甲은 개별토지가격결정을 다투는 소송에서 그 개별토지가격 산정의 기초가 된 표준지공시지가의 위법성을 다툴 수 있다.

ㄴ. 甲은 개별공시지가결정에 대하여 곧바로 행정소송을 제기하거나 「부동산 가격공시에 관한 법률」에 따른 이의신청과 「행정심판법」에 따른 행정심판청구 중 어느 하나만을 거쳐 행정소송을 제기할 수 있을 뿐만 아니라, 이의신청을 하여 그 결과 통지를 받은 후 다시 행정심판을 거쳐 행정소송을 제기할 수도 있다.

ㄷ. 개별공시지가 산정업무 담당공무원 등이 그 직무상 의무에 위반하여 현저하게 불합리한 개별공시지가가 결정되도록 함으로써 甲의 재산권을 침해한 경우 상당인과관계가 인정되는 범위에서 그 손해에 대하여 그 담당공무원 등이 속한 지방자치단체가 배상책임을 지게 된다.

ㄹ. 甲이 개별공시지가결정에 따라 부과된 재산세를 납부한 후 이미 납부한 재산세에 대한 부당이득반환을 구하는 민사소송을 제기한 경우, 민사법원은 재산세부과처분에 취소사유의 하자가 있음을 이유로 재산세부과처분의 효력을 부인하고 그 납세액의 반환을 명하는 판결을 내릴 수 있다.

① ㄱ, ㄴ
② ㄱ, ㄹ
③ ㄴ, ㄷ
④ ㄷ, ㄹ

관련 OX

ㄱ.관련
1 표준지공시지가결정과 개별공시지가결정(간 하자의 승계가 인정된다)
14서울9

ㄷ.관련
2 개별공시지가 산정업무 담당공무원이 직무상 의무에 위반하여 현저하게 불합리한 개별공시지가가 결정되도록 함으로써 국민 개개인의 재산권을 침해한 경우, 그 손해에 대하여 상당인과관계 있는 범위 내에서 그 담당공무원이 소속된 지방자치단체가 「국가배상법」상 배상책임을 진다.
23변시

STORY 해설

- 표준공시지가결정과 개별공시지가결정 간 하자의 승계가 부정되므로, 표준공시지가결정에 하자가 있어도 개별공시지가결정에 대한 소송에서 주장할 수는 없다. ㄱ
- 개별공시지가결정에 대해 부동산가격공시법이 규정한 이의신청은 행정심판과 구별되는 것이다. 따라서 이의신청과 행정심판 중 어느 하나만 거치고 행정소송을 하는 것은 물론, 양자 모두 거치고 행정소송을 하는 것도 가능하다. ㄴ
- 공무원이 직무를 집행하며 위법하게 손해를 입혔으므로 국가배상책임이 인정된다. ㄷ
- 과세처분에 취소사유가 있더라도 유효하므로(공정력), 먼저 항고소송을 통해 취소시키지 않는 한(무효로 만들지 않는 한) 민사소송으로 납세액의 반환을 구할 수 없다. ㄹ

사례분석

- 4개 지문 모두 제시문에 기재된 개별공시지가결정과 관련은 되지만, 사실상 일반적인 4지선다형 문제로 보아야 한다. 제시문이 없더라도 정오 판별에 전혀 지장이 없다. 다만, **하자의 승계**, ㄱ **이의신청과 행정심판의 관계**, ㄴ **국가배상책임의 인정요건**, ㄷ **공정력과 선결문제** ㄹ 등 행정법의 주요쟁점을 종합적으로 물었다는 점에서 좋은 문제이다.

해설

ㄱ. × 판례는 표준공시지가결정과 개별공시지가결정 간 하자의 승계를 부정한다(1995.3.28. 94누12920).

독립하여 별개효과 → 승계 ×	독립하여 별개효과 but 예측불가 수인 불가 → 승계 ○
• 표준지공시지가결정 / 개별공시지가결정 ㄱ • 표준지공시지가결정 / 과세처분 • 토지등급 설정·수정 / 과세처분	• 표준지공시지가 / 수용재결 • 개별공시지가 / 과세·부담금처분

선지분석 & 요플·기풀기링크

선지	THEME	요플	기풀기
ㄱ	T30 하자의 승계	60	054
ㄴ	T69 이의신청·재심사 등	02	005
ㄷ	T71 국가배상(2조)	116	118
ㄹ	T27 공정력	22	022

ㄴ. ○ 「부동산 가격공시 및 감정평가에 관한 법률」이 이의신청에 관하여 규정하고 있다고 하여 이를 행정심판법 제3조 제1항에서 행정심판의 제기를 배제하는 '다른 법률에 특별한 규정이 있는 경우'에 해당한다고 볼 수 없으므로, 개별공시지가에 대하여 이의가 있는 자는 곧바로 행정소송을 제기하거나 「부동산 가격공시 및 감정평가에 관한 법률」에 따른 이의신청과 행정심판법에 따른 행정심판청구 중 어느 하나만을 거쳐 행정소송을 제기할 수 있을 뿐 아니라, 이의신청을 하여 그 결과 통지를 받은 후 다시 행정심판을 거쳐 행정소송을 제기할 수도 있다고 보아야 하고, 이 경우 행정소송의 제소기간은 그 행정심판 재결서 정본을 송달받은 날부터 기산한다(2010.1.28. 2008두19987).

ㄷ. ○ 개별공시지가 산정업무 담당공무원 등이 그 직무상 의무에 위반하여 현저하게 불합리한 개별공시지가가 결정되도록 함으로써 국민 개개인의 재산권을 침해한 경우에는 그 손해에 대하여 상당인과관계 있는 범위 내에서 그 담당공무원 등이 소속된 지방자치단체가 배상책임을 지게 된다(2010.7.22. 2010다13527).

+ PLUS 개별공시지가 산정업무를 담당하는 공무원 … 적정한 개별공시지가가 결정·공시되도록 조치할 직무상의 의무가 있고, 이러한 직무상 의무는 단순히 공공일반의 이익을 위한 것이거나 행정기관 내부의 질서를 규율하기 위한 것이 아니고 전적으로 또는 부수적으로 국민 개개인의 재산권 보장을 목적으로 하여 규정된 것이라고 봄이 상당하다(2010.7.22. 2010다13527).

ㄹ. × 과세처분에 취소사유가 있는 경우, 공정력이 인정되어 민사법원은 동 처분의 효력을 부인할 수 없고, 따라서 납세액의 반환도 명할 수 없다(부당이득반환이 인정되지 않는다).

05 사례형

다음 사례에 대한 설명으로 옳은 것만을 모두 고르면? (다툼이 있는 경우 판례에 의함) 25지방9

> 1976.12.15. 대한민국에서 출생한 甲은 2002.1.18. 미국 시민권을 취득하여 대한민국 국적을 상실한 재외동포이다. 법무부장관은 "甲이 공연을 위하여 병무청장의 국외여행허가를 받고 출국한 후 미국 시민권을 취득하여 사실상 병역의무를 면탈하였으므로 甲의 입국 자체를 금지해 달라."는 병무청장의 요청에 응하여「출입국관리법」에 따라 2002.2.1. 甲의 입국을 금지하는 결정을 하였다. 법무부장관은 그 정보를 내부전산망인「출입국관리정보시스템」에 입력하였으나, 甲에게 통보하지는 않았다(이하 '이 사건 입국금지결정'). 이후 2015.8.27. 甲은 자신의 거주 지역을 관할하는 재외공관장 乙에게 재외동포(F-4) 체류자격의 사증발급을 신청하였다. 乙은 甲의 아버지에게 전화로 "이 사건 입국금지결정으로 사증발급이 불허되었다."고 통보하면서 처분이유를 기재한 사증발급 거부처분서를 작성해 주지는 않았다(이하 '이 사건 사증발급 거부처분').

ㄱ. 이 사건 입국금지결정은 항고소송의 대상인 처분에 해당한다.
ㄴ. 이 사건 사증발급 거부처분은 문서로 처분을 하도록 한「행정절차법」제24조 제1항을 위반한 하자가 있다.
ㄷ. 乙은 이 사건 입국금지결정의 공정력과 불가쟁력으로 인해 甲에게 사증을 발급할 수 없다.
ㄹ. 재외동포에 대한 사증발급은 행정청의 재량행위에 속하는 것으로서, 재외동포가 사증발급을 신청한 경우 재외동포 체류자격의 요건을 갖추었다고 해서 무조건 사증을 발급해야 하는 것은 아니다.

① ㄱ, ㄷ
② ㄱ, ㄹ
③ ㄴ, ㄷ
④ ㄴ, ㄹ

ㄴ. ○ 재외공관장의 사증발급 거부처분: 신속을 요하거나 경미한 사안× so 문서로 해야 함 / 거부처분서를 작성해 주지 않은 것은 행정절차법 제24조 위반

甲이 재외공관의 장에게 재외동포(F-4) 체류자격의 사증발급을 신청하자 재외공관장이 처분이유를 기재한 사증발급 거부처분서를 작성해 주지 않은 채 甲의 아버지에게 전화로 사증발급이 불허되었다고 통보한 사안에서, 甲의 재외동포(F-4) 체류자격 사증발급 신청에 대하여 재외공관장이 6일 만에 한 사증발급 거부처분이 문서에 의한 처분 방식의 예외로 행정절차법 제24조 제1항 단서(현행 제2항)에서 정한 '신속히 처리할 필요가 있거나 사안이 경미한 경우'에 해당한다고 볼 수도 없으므로 사증발급 거부처분에는 행정절차법 제24조 제1항(현행 제2항)을 위반한 하자가 있다(2019.7.11. 2017두38874).

+ PLUS 외국인 사증발급 거부처분: 사전통지·의견제출 대상×[ⓐ]

외국인의 사증발급 신청에 대한 **거부처분**은 당사자에게 의무를 부과하거나 적극적으로 권익을 제한하는 처분이 아니므로, 행정절차법상 **처분의 사전통지와 의견제출 기회 부여의 대상은 아니다**[ⓐ] (2019.7.11. 2017두38874).

ㄹ. ○ 재외동포 사증발급: 재량행위 → 법령상 요건을 갖췄어도 발급하지 않을 수 있음

재외동포에 대한 사증발급은 행정청의 재량행위에 속하는 것으로서, 재외동포가 사증발급을 신청한 경우에 「출입국관리법 시행령」[별표 1의2]에서 정한 재외동포체류자격의 요건을 갖추었다고 해서 무조건 사증을 발급해야 하는 것은 아니다(2019.7.11. 2017두38874).

선지선택비율 ① 8.15% ② 25.25% ③ 7.36% ④ 59.23% 오답률 40.77%

06 사례형

甲에 대한 과세처분 이후 조세부과의 근거가 되었던 법률에 대해 헌법재판소의 위헌결정이 있었고, 위헌결정 이후에 그 조세채권의 집행을 위해 甲의 재산에 대해 압류처분이 있었다. 이에 대한 설명으로 옳은 것은? (다툼이 있는 경우 판례에 의함)   19국가7

① 甲은 압류처분에 대해 무효확인소송을 제기하려면 무효확인심판을 거쳐야 한다.
② 위헌결정 당시 이미 과세처분에 불가쟁력이 발생하여 조세채권이 확정된 경우에도 甲의 재산에 대한 압류처분은 무효이다.
③ 甲이 압류처분에 대해 무효확인소송을 제기하였다가 압류처분에 대한 취소소송을 추가로 병합하는 경우, 무효확인의 소가 취소소송 제소기간 내에 제기됐더라도 취소청구의 소의 추가 병합이 제소기간을 도과했다면 병합된 취소청구의 소는 부적법하다.
④ 甲이 압류처분에 대해 무효확인소송을 제기하였다가 취소소송으로 소의 종류를 변경하는 경우, 제소기간의 준수 여부는 취소소송으로 변경되는 때를 기준으로 한다.

STORY 해설

- 과세처분 후 그 근거법률이 위헌으로 판명된 경우, 위헌결정의 소급효가 인정돼 동 처분에는 취소사유가 있게 된다. 다만, 이미 과세처분에 대해 불가쟁력이 발생한 상태라면 위헌결정의 소급효도 인정되지 않고 동 처분은 유효한 것으로 확정된다는 것이 대법원의 태도이다. 다만, 이처럼 과세처분이 유효로 확정된 상태이더라도 그를 집행하기 위해 강제징수에 착수하거나, 이전에 착수해 놓은 강제징수를 속행하는 것은 위헌결정의 기속력에 반해 불가능하고, 그럼에도 불구하고 강제징수를 착수·속행하는 경우 무효라는 것이 판례이다.② 따라서 甲에 대한 과세처분에 이미 불가쟁력이 발생하였더라도 위헌결정이 난 이상 甲의 재산을 강제징수(압류)하는 것은 무효이다.
- 이 경우 甲은 압류처분에 대해 행정심판을 거침이 없이 곧바로 무효확인소송을 제기할 수 있다.① 본래 과세와 관련해서는 필요적 전치주의가 적용되나, 무효확인소송에서는 전치주의 규정이 준용되지 않기 때문이다.
- 취소소송의 제소기간 준수 여부는 취소소송 제기시점을 기준으로 판단해야 한다. 다만, 일단 무효확인소송을 제기했다가 취소소송으로 변경하는④ 등 소종류의 변경을 통해 취소소송이 제기되는 경우나, 무효확인소송을 제기했다가 취소소송을 추가하는③ 방법으로 취소소송을 제기하는 경우에는 최초의 소제기시, 즉 무효확인소송 제기시점을 기준으로 제소기간을 판단한다. 전자는 행정소송법 제37조에 따른 것이고, 후자는 판례에 의해 인정되는 것이다.

해설

① ✕ 무효등확인소송에서는 전치주의가 적용되지 않는다. 따라서 무효등확인소송에서는 필요적 전치주의 대상 처분이더라도 행정심판을 거치지 않고 바로 항고소송을 제기할 수 있다.
② ○ 조세 부과의 근거가 되었던 법률규정이 위헌으로 선언된 경우, 비록 그에 기한 과세처분이 위헌결정 전에 이루어졌고, 과세처분에 대한 제소기간이 이미 경과하여 조세채권이 확정되었으며, 조세채권의 집행을 위한 체납처분의 근거규정 자체에 대하여는 따로 위헌결정이 내려진 바 없다고 하더라도, 위와 같은 위헌결정 이후에 조세채권의 집행을 위한 새로운 체납처분에 착수하거나 이를 속행하는 것은 더 이상 허용되지 않고, 나아가 이러한 위헌결정의 효력에 위배하여 이루어진 체납처분은 그 사유만으로 하자가 중대하고 객관적으로 명백하여 당연무효라고② 보아야 한다(2012.2.16. 2010두10907 전합).
③ ✕ 동일한 행정처분에 대하여 무효확인의 소를 제기하였다가 그 후 그 처분의 취소를 구하는 소를 추가적으로 병합한 경우, 주된 청구인 무효확인의 소가 적법한 제소기간 내에 제기되었다면 추가로 병합된 취소청구의 소도 적법하게 제기된 것으로 볼 수 있다(2005.12.23. 2005두3554).

관련 OX

① 관련

1 ○ 「행정소송법」제18조 제1항 단서에 따라 행정심판전치주의가 적용되는 경우에도 무효확인의 소를 제기함에 있어서는 행정심판을 거쳐야만 하는 것은 아니다.   16국회8

② 관련

2 ✕ 법률이 위헌으로 선언된 경우, 위헌결정 전에 이미 형성된 법률관계에 기한 후속처분은 비록 그것이 새로운 위헌적 법률관계를 생성·확대하는 경우라도 당연무효로 볼 수는 없다.   16지방7

3 ✕ 부담금 부과처분 이후에 처분의 근거법률이 위헌결정된 경우, 그 부과처분에 불가쟁력이 발생하였고 위헌결정 전에 이미 관할 행정청이 압류처분을 하였다면, 위헌결정 이후에도 후속절차인 체납처분절차를 통하여 부담금을 강제징수할 수 있다.   16국가9

사례분석

- **처분 후 위헌**이 나온 사례로서 자주 출제되는 유형이다. 모든 지문이 제시문과 무관히 정오가 판단되는 것이어서 사례지수는 낮지만, 다음과 같은 이유로 출제자가 섬세하게 신경 쓴 세련된 문제라고 볼 수 있다.

- 우선 ①의 경우 짧지만 어려운 지문이다. 과세와 관련해서는 필요적 전치주의가 적용된다는 점. 그럼에도 불구하고 무효확인소송에서는 전치주의가 미적용된다는 점 2가지를 정확히 알고 있어야 한다.

- ③④도 의도적으로 함께 낸 것이다. 양자 모두 무효확인소송을 먼저 제기했다가 사후적으로 취소소송을 제기하는 케이스인데 ④는 취소소송으로의 변경을, ③은 취소소송의 추가를 묻고 있다. 어느 경우나 무효확인소송 제소시를 기준으로 제소기간 준수 여부를 판단해 국민을 제소기간의 도과로부터 보호하고 있으나 전자는 법률에 근거를 두고 있고, 후자는 판례에 근거를 두고 있다. 결론을 암기하는 것을 넘어 이러한 차이점까지 장악하고 있어야 어떠한 형태의 질문에도 대답할 수 있다. 이미 이 문제에서 양자의 공통점과 차이점을 의식하고 함께 출제한 것이다.

④ ✕ 행정소송법은 소의 종류 변경시 제소기간 준수 여부는 변경시가 아닌 종전의 소 제기시를 기준으로 하도록 규정하고 있다.

> **행정소송법 제37조(소의 변경)** 제21조의 규정은 무효등확인소송이나 부작위위법확인소송을 취소소송 또는 당사자소송으로 변경하는 경우에 준용한다.
>
> **제21조(소의 변경)** ① 법원은 취소소송을 당해 처분등에 관계되는 사무가 귀속하는 국가 또는 공공단체에 대한 당사자소송 또는 취소소송 외의 항고소송으로 변경하는 것이 상당하다고 인정할 때에는 청구의 기초에 변경이 없는 한 사실심의 변론종결시까지 원고의 신청에 의하여 결정으로써 소의 변경을 허가할 수 있다.
> ④ 제1항의 규정에 의한 허가결정에 대하여는 제14조 제2항·제4항 및 제5항의 규정을 준용한다.
>
> **제14조(피고경정)** ① 원고가 피고를 잘못 지정한 때에는 법원은 원고의 신청에 의하여 결정으로써 피고의 경정을 허가할 수 있다.
> ④ 제1항의 규정에 의한 결정이 있은 때에는 새로운 피고에 대한 소송은 **처음에 소를 제기한 때에 제기된 것으로** 본다.

소변경과 제소기간 일괄정리

사례		제소기간 준수 여부 판단기준시
피고경정시		처음 소제기시 기준으로 새로운 피고에 대한 제소기간 준수 여부 판단
소변동시	일반	• 변동시 기준으로 새로운 소의 제소기간 준수 여부 판단
	특별	• 종전 소제기시 기준으로 새로운 소의 제소기간 준수 판단 1) 행정소송법상 소종류의 변경④ 2) 새로운 소의 기본적 취지가 기존의 소와 동일한 경우 ① 무효확인소송 → 취소소송 추가③ ② 선행취소 → 후행취소 → 다시 선행취소 후속처분으로 변경된 소에서도 선행처분의 취소를 구하는 취지가 포기되지 않고 남아 있었던 것으로 볼 수 있는 특별한 사정이 있다면 ③ 부작위위법확인 → 거부취소 → 다시 부작위위법확인 추가 3) 선행취소 → 후행취소 청구취지 추가(선행이 후행에 흡수 & 양자에 위법사유 공통시)

소의 변동이 있는 경우 변동시 기준으로 변경된 소의 제소기간 준수 여부를 판단함이 원칙일 것이다. 그러나 1) 행정소송법은 소의 종류 변경시 제소기간 준수 여부는 변경시가 아닌 종전의 소제기시를 기준으로 하도록 규정하고 있다. 그렇지 않을 경우, 변경된 소가 제소기간 등을 도과해 버리는 불이익이 있을 수 있기 때문이다. 예컨대 종전에 무효확인소송을 제기하였다가 취소소송으로 소의 종류를 변경했다면 제소기간의 준수 여부는 취소소송으로 변경된 때가 아닌 당초의 무효확인소송 제기시가 된다.④ 2) 나아가 판례는 새로운 소의 기본적 취지가 기존의 소와 동일한 경우에도 종전 소제기시를 기준으로 새로운 소의 제소기간 준수 여부를 판단함으로써 국민을 제소기간 도과의 위험에서 구제하고 있다. 예컨대 어떠한 처분에 대해 무효확인소송을 제기하였다가 그 후 동일 처분에 대한 취소소송을 병합하는 경우 처음의 무효확인소송의 제소시점을 기준으로 뒤의 취소소송의 제소기간 준수 여부를 판단해 준다.③

선지분석 & 요플·기풀기링크

선지	THEME	요플	기풀기
①	T60 행정심판 임의주의	22	023
②	T29 VA의 하자와 효력	74	071
③	T64 소송상 제도	50	051
④		49	049

정답 ②
OX 1○ 2✕ 3✕

07 사례형

다음 사례에 관한 설명으로 옳지 않은 것은? (다툼이 있는 경우 판례에 의함) 21국가9

> A도(道) B군(郡)에서 식품접객업을 하는 甲은 청소년에게 술을 팔다가 적발되었다. 「식품위생법」은 위법하게 청소년에게 주류를 제공한 영업자에게 "6개월 이내의 기간을 정하여 그 영업의 전부 또는 일부를 정지할 수 있다."라고 규정하고, 「식품위생법 시행규칙」[별표 23]은 청소년 주류제공(1차 위반)시 행정처분기준을 '영업정지 2개월'로 정하고 있다. B군수는 甲에게 2개월의 영업정지처분을 하였다.

① 甲은 영업정지처분에 불복하여 A도행정심판위원회에 행정심판을 청구할 수 있다.
② 甲은 행정심판을 청구하지 않고 영업정지처분에 대한 취소소송을 제기할 수 있다.
③ 「식품위생법 시행규칙」의 행정처분기준은 행정규칙의 형식이나, 「식품위생법」의 내용을 보충하면서 「식품위생법」의 규정과 결합하여 위임의 범위 내에서 대외적인 구속력을 가진다.
④ 甲이 취소소송을 제기하는 경우 법원은 재량권의 일탈·남용이 인정되면 영업정지처분을 취소할 수 있다.

STORY 해설

아는 만큼 보이는 굉장히 좋은 사례문제이다. 당해 영업정지처분은 군수에 의한 것이므로, 상위 지자체인 시·도행정심판위원회에 행정심판을 청구하여 다툴 수 있다.① 또한 동 처분은 필요적 전치주의의 대상이 아니므로 행정심판을 거치지 않고 취소소송을 제기할 수 있다.② 이때 식품위생법(법률)은 동 처분을 재량행위로 규정하였음에도("~할 수 있다"), 시행규칙 별표에서 이를 기속행위처럼(1차 위반시 2개월) 규정하고 있으므로 동 별표의 성격이 문제된다. 이러한 부령(시행규칙)형식의 재량준칙에 대해서 판례는 대외적 효력을 부정한다.③ 따라서 동 별표는 재판규범성을 갖지 못하고, 법률에 준거하여 동 처분의 위법 여부가 판단된다. 결국 동 처분은 시행규칙 별표가 아닌 법률에 규정된 바와 같이 재량행위로서 심사되고, 재량의 일탈·남용이 있는지에 따라 취소 여부가 결정될 것이다.④

해설

① ○ A도(道) 관할구역에 있는 자치군(B)의 장이 한 처분이므로 A도행정심판위원회에 청구한다.

> **행정심판법 제6조(행정심판위원회의 설치)** ③ 다음 각 호의 행정청의 처분 또는 부작위에 대한 심판청구에 대하여는 시·도지사 소속으로 두는 행정심판위원회에서 심리·재결한다.
> 1. 시·도 소속 행정청
> 2. 시·도의 관할구역에 있는 시·군·자치구의 장, 소속 행정청 또는 시·군·자치구의 의회(의장, 위원회의 위원장, 사무국장, 사무과장 등 의회 소속 모든 행정청을 포함한다)
> 3. 시·도의 관할구역에 있는 둘 이상의 지방자치단체(시·군·자치구를 말한다)·공공법인 등이 공동으로 설립한 행정청

② ○ 행정소송법은 개별법에서 별도로 필요적 전치주의로 규정되어 있지 않는 한 임의적 전치주의를 원칙으로 한다. 식품위생법상 영업정지처분은 별도로 필요적 전치주의로 규정되어 있지 않으므로 행정심판을 거치지 않고 취소소송을 제기할 수 있다.

> **행정소송법 제18조(행정심판과의 관계)** ① 취소소송은 법령의 규정에 의하여 당해 처분에 대한 행정심판을 제기할 수 있는 경우에도 이를 거치지 아니하고 제기할 수 있다. 다만, 다른 법률에 당해 처분에 대한 행정심판의 재결을 거치지 아니하면 취소소송을 제기할 수 없다는 규정이 있는 때에는 그러하지 아니하다.

관련 OX

②관련

1 (취소소송은) 원칙적으로 임의적 행정심판전치주의를 취하고 있다. 16교행9

2 ○ 취소소송은 법령의 규정에 의하여 당해 처분에 대한 행정심판을 제기할 수 있는 경우에도 이를 거치지 아니하고 제기할 수 있다. 다만, 다른 법률에 당해 처분에 대한 행정심판의 재결을 거치지 아니하면 취소소송을 제기할 수 없다는 규정이 있는 때에는 그러하지 아니하다. 16(2)경행

④관련

3 「식품위생법」이 청소년을 고용한 행위에 대하여 영업허가를 취소하거나 6개월 이내의 기간을 정하여 그 영업의 전부 또는 일부를 정지하거나 영업소 폐쇄를 명할 수 있다고 하면서 행정처분의 세부기준은 총리령으로 위임한다고 정하고 있는 경우에, 총리령에서 정하고 있는 행정처분의 기준은 재판규범이 되지 못한다. 22국가9

사례분석

- ①②는 행정심판에 대하여(관할, 전치주의), ③④는 법규명령형식의 행정규칙에 대하여 묻고 있다.

- 특히 법규명령형식의 행정규칙에 대해서는 실제 판례사안을 그대로 가져왔다. 그러나 "상위법령에 재량행위로 규정된 제재처분기준을 시행규칙에서 일의적으로 정한 경우, 해당 시행규칙이 대외적 구속력을 가져 기속행위화되느냐"와 같이 직접적으로 물은 것이 아니라, 실제 법률규정과 시행규칙규정을 제시하면서 문제를 해결하도록 하였다.

- 즉, 제시문 중 식품위생법 조문이 "영업정지 … 할 수 있다."라고 규정된 데에서 재량행위임을, 따라서 시행규칙에서 '영업정지 2개월'이라고 일의적으로 규정한 것은 실질적으로 재량준칙에 불과함을, 따라서 법규명령의 형식을 취하고 있더라도 대외적 구속력이 없고,③ 재판규범이 되지 못하며, 법원에서는 기속행위가 아닌 재량행위로 판단함④ 파악하는 것이 중요하다.

- 2022년도 국가직9급에도 2년 연속하여 같은 유형이 사례문제로 출제되었고, 앞으로도 행정입법과 관련하여 단편적 지문보다 이러한 사례형태의 출제가 꾸준할 것으로 예측한다.

③ ✗, ④ ○ 구 「식품위생법 시행규칙」에서 [별표]로 식품위생법 제58조에 따른 행정처분의 기준을 정하였다고 하더라도 이는 형식만 부령으로 되어 있을 뿐, 그 성질은 행정기관 내부의 사무처리준칙을 정한 것으로서 행정명령의(편저자: 행정규칙) 성질을 가지는 것이고, 대외적으로 국민이나 법원을 기속하는 힘이 있는 것은 아니므로③ 식품위생법 제58조 제1항에 의한 처분의 적법 여부는 위 규칙에 적합한 것인가의 여부에 따라 판단할 것이 아니라 위 법의 규정 및 그 취지에 적합한 것인가의 여부에 따라 판단하여야 한다④(1995.3.28. 94누6925).

+ PLUS 「식품위생법 시행규칙」 별표상 처분기준은 형식은 법규명령(부령)이나, 실질은 행정규칙(재량준칙)이다. 이러한 부령형식 행정규칙에 대해서 판례는 대외적 구속력을 부정한다. ③번 지문은 형식은 행정규칙이나, 실질은 법규성을 가진 법령보충적 행정규칙에 대한 설명이다.

행정소송법 제27조(재량처분의 취소) 행정청의 재량에 속하는 처분이라도 재량권의 한계를 넘거나 그 남용이 있는 때에는 법원은 이를 취소할 수 있다.

선지선택비율 ① 15.37% ② 16.26% ③ 45.55% ④ 22.83%   오답률 54.45%

선지	THEME	요플	기풀기
①	T68 행정심판(조문)	30	029
②	T60 행정심판 임의주의	01	002
③	T15 행정규칙	22	024
④		22	024

정답 ③
OX 1○ 2○ 3○

08 사례형

A광역시 지방경찰청장(현 시·도경찰청장)은 혈중알코올농도 0.13%의 주취상태에서 차량을 운전하다가 적발된 甲에게 「도로교통법」에 의거 운전면허취소처분을 하였고, 甲은 이 처분을 다투고자 한다. 가장 적절하지 않은 것은? (다툼이 있으면 판례에 의함)   13(2)경행

① 甲이 행정심판을 청구하면 국민권익위원회에 소속된 중앙행정심판위원회가 심리·재결한다.
② 甲은 행정심판을 거치지 않고 바로 행정소송을 제기할 수도 있다.
③ 사전통지 없이 운전면허가 취소됐다면 쟁송에서 이를 취소사유로 주장할 수 있다.
④ 판례에 따르면, 이 처분이 관계법령상의 기준에 따른 것이라도 재량권 일탈·남용에 해당할 수 있다.

관련 OX

② 관련
1 운전면허취소처분에 대해서는 행정심판의 필요적 전치주의가 적용된다. 11국가7

해설

① ○ 지방경찰청장(현 시·도경찰청장)의 처분에 대한 행정심판은 중앙행정심판위원회가 관할한다.

> **행정심판법 제6조(행정심판위원회의 설치)** ② 다음 각 호의 행정청의 처분 또는 부작위에 대한 심판청구에 대하여는 「부패방지 및 국민권익위원회의 설치와 운영에 관한 법률」에 따른 국민권익위원회(이하 '국민권익위원회'라 한다)에 두는 **중앙행정심판위원회**에서 심리·재결한다.
> 1. 제1항에 따른 행정청 외의 **국가행정기관의 장 또는 그 소속 행정청**
> ④ 제2항 제1호에도 불구하고 대통령령으로 정하는 국가행정기관 소속 특별지방행정기관의 장의 처분 또는 부작위에 대한 심판청구에 대하여는 해당 행정청의 직근 상급행정기관에 두는 행정심판위원회에서 심리·재결한다.

> **+ PLUS** 지방경찰청(현 시·도경찰청)은 중앙행정기관인 경찰청에 소속된 특별지방행정기관이다. 이러한 특별지방행정기관의 장(지방경찰청장, 지방병무청장, 지방국세청장 등)이 행한 처분의 경우 대통령령으로 정하는 일부를 제외하고 모두 중앙행정심판위원회에서 관할한다(행정심판법 제6조 제4항 참고).

② × 도로**교통**법상 처분에는 필요적 전치주의가 적용된다. 따라서 지방경찰청장의 운전면허취소처분에 대해서는 곧바로 취소소송을 제기할 수는 없고, 중앙행정심판위원회의 행정심판을 거쳐야 한다.

> **도로교통법 제142조(행정소송과의 관계)** 이 법에 따른 처분으로서 해당 처분에 대한 행정소송은 **행정심판의 재결을 거치지 아니하면** 제기할 수 없다.

> **+ PLUS** 필요적 행정심판 전치주의: **공통세**

③ ○ 행정청이 침해적 행정처분을 함에 있어서 당사자에게 위와 같은 **사전통지**를 하거나 **의견제출의 기회를 주지** 아니하였다면 사전통지를 하지 않거나 의견제출의 기회를 주지 아니하여도 되는 예외적인 경우에 해당하지 아니하는 한 **그 처분은 위법**하여 취소를 면할 수 없다(2000.11.14. 99두5870).

④ ○ 사례에 나와 있지는 않으나 운전면허의 취소·정지처분기준을 규정하고 있는 「도로교통법 시행규칙」은 부령형식의 제재적 처분기준으로서 판례에 의하면 행정규칙의 성질을 가진다. 따라서 그 기준을 따랐다고 하여 곧바로 적법한 것은 아니며 면허취소처분이 과중하여 비례원칙 등에 위반되는 경우 등에는 재량권의 일탈·남용에 해당할 수 있다.

선지분석 & 요플·기풀기링크

선지	THEME	요플	기풀기
①	T68 행정심판(조문)	26	025
②	T60 행정심판 임의주의	06	006
③	T41 절차의 하자	23	023
④	T15 행정규칙	17	017

정답 ②
OX 1 ○